ŒUVRES COMPLÈTES

DE

P. CORNEILLE

ET ŒUVRES CHOISIES

DE TH. CORNEILLE

TOME SECOND

PARIS. — TYPOGRAPHIE DE FIRMIN DIDOT FRÈRES, FILS ET CIE, RUE JACOB, N° 56.

ŒUVRES COMPLÈTES
DE
P. CORNEILLE

SUIVIES DES ŒUVRES CHOISIES

DE TH. CORNEILLE

AVEC LES NOTES DE TOUS LES COMMENTATEURS

TOME SECOND

PARIS

CHEZ FIRMIN DIDOT FRÈRES, FILS ET Cie, LIBRAIRES
IMPRIMEURS DE L'INSTITUT DE FRANCE
RUE JACOB, 56

M DCCC LVIII

OEDIPE,

TRAGÉDIE. — 1659.

VERS

PRÉSENTÉS A MONSEIGNEUR
LE PROCUREUR GÉNÉRAL FOUQUET,

SURINTENDANT DES FINANCES [1].

Laisse aller ton essor jusqu'à ce grand génie [2]
Qui te rappelle au jour dont les ans t'ont bannie,
Muse, et n'oppose plus un silence obstiné
A l'ordre surprenant que sa main t'a donné.
De ton âge importun la timide faiblesse [3]
A trop et trop longtemps déguisé ta paresse,
Et fourni de couleurs à la raison d'État
Qui mutine ton cœur contre le siècle ingrat [4].
L'ennui de voir toujours ses louanges frivoles
Rendre à tes longs travaux paroles pour paroles [5],
Et le stérile honneur d'un éloge impuissant [6]
Terminer son accueil le plus reconnaissant;
Ce légitime ennui qu'au fond de l'âme excite
L'excusable fierté d'un peu de vrai mérite,
Par un juste dégoût ou par ressentiment,
Lui pouvait de tes vers envier l'agrément :
Mais aujourd'hui qu'on voit un héros magnanime
Témoigner pour ton nom une tout autre estime,
Et répandre l'éclat de sa propre bonté
Sur l'endurcissement de ton oisiveté,
Il te serait honteux d'affermir ton silence
Contre une si pressante et douce violence;
Et tu ferais un crime à lui dissimuler
Que ce qu'il fait pour toi te condamne à parler.
Oui, généreux appui de tout notre Parnasse,
Tu me rends ma vigueur lorsque tu me fais grâce;
Et je veux bien apprendre à tout notre avenir
Que tes regards bénins ont su me rajeunir [1].
Je m'élève sans crainte avec de si bons guides :
Depuis que je t'ai vu, je ne vois plus mes rides;
Et, plein d'une plus claire et noble vision,
Je prends mes cheveux gris pour cette illusion.
Je sens le même feu, je sens la même audace,
Qui fit plaindre le Cid, qui fit combattre Horace;
Et je me trouve encor la main qui crayonna
L'âme du grand Pompée et l'esprit de Cinna.
Choisis-moi seulement quelque nom dans l'histoire
Pour qui tu veuilles place au temple de la Gloire,
Quelque nom favori [2] qu'il te plaise arracher
A la nuit de la tombe, aux cendres du bûcher.
Soit qu'il faille ternir ceux d'Énée et d'Achille
Par un noble attentat sur Homère et Virgile,
Soit qu'il faille obscurcir par un dernier effort
Ceux que j'ai sur la scène affranchis de la mort;
Tu me verras le même, et je le ferai dire,
Si jamais pleinement ta grande âme m'inspire,
Que dix lustres et plus n'ont pas tout emporté
Cet assemblage heureux de force et de clarté,
Ces prestiges secrets de l'aimable imposture
Qu'à l'envi m'ont prêtée et l'art et la nature.
N'attends pas toutefois que j'ose m'enhardir [3]

---

[1] Imprimés à la tête de l'*Œdipe*; Paris 1657, in-12. Ce fut M. Fouquet qui engagea Corneille à faire cette tragédie. « Si le « public, dit ce grand poëte, a reçu quelque satisfaction de ce « poëme, et s'il en reçoit encore de ceux de cette nature et de « ma façon qui pourront le suivre, c'est à lui qu'il en doit impu-« ter le tout, puisque sans ses commandements je n'aurais ja-« mais fait l'*Œdipe*. » (Dans l'avis au lecteur qui est à la tête de la tragédie de l'édition que j'ai indiquée au commencement de cette note.) (V.)

[2] Ce grand génie n'était pas Nicolas Fouquet, c'était Pierre Corneille, malgré *Pertharite*, et malgré quelques pièces assez faibles, et malgré *Œdipe* même. (V.)

[3] Il avait cinquante-six ans; c'était l'âge où Milton faisait son poëme épique. (V.)

[4] Il eût dû dire que le peu de justice qu'on lui avait rendu l'avait dégoûté : *Ploravere suis non respondere favorem spe-ratum meritis*; mais le dégoût d'un poëte n'est pas une raison d'État. (V.)

[5] Il se plaint qu'ayant trafiqué de la parole, on ne lui a donné que des louanges. Boileau a dit bien plus noblement :

Apollon ne promet qu'un nom et des lauriers, etc. (V.)

[6] Il se plaint que les éloges du public n'ont pas contribué à sa fortune. « Mais à présent que le grand Fouquet, héros magna-« nime, répand l'éclat de sa propre bonté sur l'endurcissement « de l'oisiveté de l'auteur, il lui serait honteux d'affermir son « silence contre cette douce violence. » Que dire sur de tels vers? plaindre la faiblesse de l'esprit humain, et admirer les beaux morceaux de *Cinna*. (V.)

[1] On est fâché des *regards bénins*, et de la *claire vision*, et que, dans le temps qu'il fait de si étranges vers, il dise qu'il se sent encore la main qui crayonna l'âme du grand Pompée. (V.)

[2] Il eût fallu que ces noms favoris eussent été célébrés par des vers tels que ceux des *Horaces* et de *Cinna*. (V.)

[3] On est bien plus fâché encore qu'un homme tel que Cor-neille ose s'enhardir *jusqu'à applaudir* un autre homme, et que *la plus vaste étendue* du cœur d'un procureur général de Pa-ris *ne puisse être vue d'une seule vue*. Il eût mieux valu, à mon avis, pour l'auteur de *Cinna*, vivre à Rouen avec du pain bis

CORNEILLE. — TOME II.

Ou jusqu'à te dépeindre, ou jusqu'à t'applaudir :
Ce serait présumer que d'une seule vue
J'aurais vu de ton cœur la plus vaste étendue ;
Qu'un moment suffirait à mes débiles yeux
Pour démêler en toi ces dons brillants des cieux
De qui l'inépuisable et perçante lumière,
Sitôt que tu parais, fait baisser la paupière.
J'ai déjà vu beaucoup en ce moment heureux,
Je t'ai vu magnanime, affable, généreux ;
Et, ce qu'on voit à peine après dix ans d'excuses,
Je t'ai vu tout d'un coup libéral pour les muses.
Mais, pour te voir entier, il faudrait un loisir
Que tes délassements daignassent me choisir,
C'est lors que je verrais la saine politique
Soutenir par tes soins la fortune publique,
Ton zèle infatigable à servir ton grand roi,
Ta force et ta prudence à régir ton emploi ;
C'est lors que je verrais ton courage intrépide
Unir la vigilance à la vertu solide ;
Je verrais cet illustre et haut discernement
Qui te met au-dessus de tant d'accablement ;
Et tout ce dont l'aspect d'un astre salutaire
Pour le bonheur des lis t'a fait dépositaire.
Jusque-là ne crains pas que je gâte un portrait
Dont je ne puis encor tracer qu'un premier trait ;
Je dois être témoin de toutes ces merveilles
Avant que d'en permettre une ébauche à mes veilles,
Et ce flatteur espoir fera tous mes plaisirs,
Jusqu'à ce que l'effet succède à mes désirs.
Hâte-toi cependant de rendre un vol sublime
Au génie amorti que ta bonté ranime,
Et dont l'impatience attend pour se borner
Tout ce que tes faveurs lui voudront ordonner.

AU LECTEUR.

Ce n'est pas sans raison que je fais marcher ces vers à la tête de l'*Œdipe*, puisqu'ils sont cause que je vous donne l'*Œdipe*. Ce fut par eux que je tâchai de témoigner à M. le procureur général quelque sentiment de reconnaissance pour une faveur signalée que j'en venais de recevoir ; et bien qu'ils fussent remplis de cette présomption si naturelle à ceux de notre métier, qui manquent rarement d'amour-propre, il me fit cette nouvelle grâce d'accepter les offres qu'ils lui faisaient de ma part, et de me proposer

et de la gloire, que de recevoir de l'argent d'un sujet du roi, et de lui faire de si mauvais vers pour son argent. On ne peut trop exhorter les hommes de génie à ne jamais prostituer ainsi leurs talents. On n'est pas toujours le maître de sa fortune, mais on l'est toujours de faire respecter sa médiocrité, et même sa pauvreté. (V.) — Il eût mieux valu ne pas conserver ces vers, qui laisseraient peu de chose à regretter, que de les accompagner d'un commentaire si dur. On voit que l'adversité réduisit quelquefois Corneille à l'adulation ; et sans doute il eût été plus noble de savoir souffrir : mais Voltaire, qui n'avait pas l'excuse du malheur, n'a-t-il pas souvent prodigué d'indignes éloges à des idoles de cour qui n'avaient pas le mérite de M. Fouquet ? (P.)

trois sujets pour le théâtre, dont il me laissa le choix. Chacun sait que ce grand ministre n'est pas moins le surintendant des belles-lettres que des finances ; que sa maison est aussi ouverte aux gens d'esprit qu'aux gens d'affaires, et que, soit à Paris, soit à la campagne, c'est dans les bibliothèques qu'on attend ses précieux moments qu'il dérobe aux occupations qui l'accablent, pour en gratifier ceux qui ont quelque talent d'écrire avec succès. Ces vérités sont connues de tout le monde ; mais tout le monde ne sait pas que sa bonté s'est étendue jusqu'à ressusciter les muses ensevelies dans un long silence, et qui étaient comme mortes au monde, puisque le monde les avait oubliées. C'est donc à moi à le publier après qu'il a daigné m'y faire revivre si avantageusement. Non que j'ose prendre l'occasion de faire ses éloges : nos dernières années ont produit peu de livres considérables, ou pour la profondeur de la doctrine, ou pour la pompe et la netteté de l'expression, ou pour les agréments et la justesse de l'art, dont les auteurs ne se soient mis sous une protection si glorieuse, et ne lui aient rendu les hommages que nous devons tous à ce concert éclatant et merveilleux de rares qualités et de vertus extraordinaires qui laissent une admiration continuelle à ceux qui ont le bonheur de l'approcher. Les téméraires efforts que j'y pourrais faire après eux ne serviraient qu'à montrer combien je suis au-dessous d'eux : la matière est inépuisable, mais nos esprits sont bornés ; et, au lieu de travailler à la gloire de mon protecteur, je ne travaillerais qu'à ma honte. Je me contenterai de vous dire simplement que si le public a reçu quelque satisfaction de ce poëme, et s'il en reçoit encore de ceux de cette nature et de ma façon qui pourront le suivre, c'est à lui qu'il en doit imputer le tout, puisque sans ses commandements je n'aurais jamais fait l'*Œdipe*, et que cette tragédie a plu assez au roi pour me faire recevoir de véritables et solides marques de son approbation ; je veux dire ses libéralités, que j'ose nommer des ordres tacites, mais pressants, de consacrer aux divertissements de Sa Majesté ce que l'âge et les vieux travaux m'ont laissé d'esprit et de force.

Au reste, je ne vous dissimulerai point qu'après avoir arrêté mon choix sur ce sujet, dans la confiance que j'aurais pour moi les suffrages de tous les savants, qui l'ont regardé comme le chef-d'œuvre de l'antiquité, et que les pensées de ces grands génies qui l'ont traité en grec et en latin me faciliteraient les moyens d'en venir à bout assez tôt pour le faire représenter dans le carnaval, je n'ai pas laissé de trembler quand je l'ai envisagé de près, et un peu plus à loisir que je n'avais fait en le choisissant. J'ai reconnu que ce qui avait passé pour miraculeux dans ces siècles éloignés pourrait sembler horrible au nôtre, et que cette éloquente et curieuse description[1] de la manière

[1] *Cette éloquente description* réussirait sans doute beaucoup, si elle était de ce style mâle et terrible, et en même temps pur et exact, qui caractérise Sophocle. Je ne sais même si, aujourd'hui que la scène est libre et dégagée de tout ce qui la défigurait, on ne pourrait pas faire Œdipe tout sanglant, comme il parut sur le théâtre d'Athènes. La disposition des lumières, Œdipe ne paraissant que dans l'enfoncement, pour ne pas trop offenser les yeux, beaucoup de pathétique dans l'acteur, et peu de déclamation dans l'auteur, les cris de Jocaste et

dont ce malheureux prince se crève les yeux, et le spectacle de ces mêmes yeux crevés dont le sang lui distille sur le visage, qui occupe tout le cinquième acte chez ces incomparables originaux, ferait soulever la délicatesse de nos dames, qui composent la plus belle partie de notre auditoire, et dont le dégoût attire aisément la censure de ceux qui les accompagnent; et qu'enfin l'amour n'ayant point de part dans ce sujet, ni les femmes d'emploi; il était dénué des principaux ornements qui nous gagnent d'ordinaire la voix publique. J'ai tâché de remédier à ces désordres au moins mal que j'ai pu, en épargnant d'un côté à mes auditeurs ce dangereux spectacle, et y ajoutant de l'autre l'heureux épisode des amours de Thésée et de Dircé, que je fais fille de Laïus, et seule héritière de sa couronne, supposé que son frère, qu'on avait exposé aux bêtes sauvages, en eût été dévoré comme on le croyait; j'ai retranché le nombre des oracles, qui pouvait être importun, et donner trop de jour à Œdipe pour se connaître; j'ai rendu la réponse de Laïus, évoqué par Tirésie, assez obscure dans sa clarté pour faire un nouveau nœud, et qui peut-être n'est pas moins beau que celui de nos anciens; j'ai cherché même des raisons pour justifier ce qu'Aristote y trouve sans raison, et qu'il excuse en ce qu'il arrive au commencement de la fable; et j'ai fait en sorte qu'Œdipe, encore qu'il se souvienne d'avoir combattu trois hommes au lieu même où fut tué Laïus, et dans le même temps de sa mort, bien loin de s'en croire l'auteur, la croit avoir vengée sur trois brigands à qui le bruit commun l'attribue. Cela m'a fait perdre l'avantage que je m'étais promis de n'être souvent que le traducteur de ces grands hommes qui m'ont précédé. Comme j'ai pris une autre route que la leur, il m'a été impossible de me rencontrer avec eux; mais, en récompense, j'ai eu le bonheur de faire avouer à la plupart de mes auditeurs que je n'ai fait aucune pièce de théâtre où il se trouve tant d'art qu'en celle-ci, bien que ce ne soit qu'un ouvrage de deux mois [1], que l'impatience

française m'a fait précipiter, par un juste empressement d'exécuter les ordres favorables que j'avais reçus.

PERSONNAGES.

ŒDIPE, roi de Thèbes, fils et mari de Jocaste.
THÉSÉE, prince d'Athènes, et amant de Dircé.
JOCASTE, reine de Thèbes, femme et mère d'Œdipe.
DIRCÉ, princesse de Thèbes, fille de Laïus et de Jocaste, sœur d'Œdipe et amante de Thésée.
CLÉANTE, }
DYMAS,   } confidents d'Œdipe.
PHORBAS, vieillard thébain.
IPHICRATE, vieillard de Corinthe.
NÉRINE, dame d'honneur de la reine.
MÉGARE, fille d'honneur de Dircé.
PAGE [1].

La scène est à Thèbes.

ACTE PREMIER.

SCÈNE PREMIÈRE.

THÉSÉE, DIRCÉ.

THÉSÉE.
N'écoutez plus, madame, une pitié cruelle,
Qui d'un fidèle amant vous ferait un rebelle :
La gloire d'obéir n'a rien qui me soit doux
Lorsque vous m'ordonnez de m'éloigner de vous [2].

---

les douleurs de tous les Thébains, pourraient former un spectacle admirable. Les magnifiques tableaux dont Sophocle a orné son Œdipe feraient sans doute le même effet que les autres parties du poëme firent dans Athènes : mais, du temps de Corneille, nos jeux de paume étroits, dans lesquels on représentait ses pièces, les vêtements ridicules des acteurs, la décoration aussi mal entendue que ces vêtements, excluaient la magnificence d'un spectacle véritable, et réduisaient la tragédie à de simples conversations, que Corneille anima quelquefois par le feu de son génie. (V.) — Cette remarque de Voltaire prouve combien l'expérience avait fortifié son génie : elle fait regretter que, dans son Œdipe, si supérieur à celui de Corneille, il n'eût pas osé tenter ce magnifique spectacle; mais alors tout s'opposait sur nos théâtres à ces beautés fortement tragiques; et c'en était bien assez pour la gloire de Voltaire que d'avoir lutté avec tant de succès contre Corneille, dans ce premier essai de sa jeunesse. Il faut être juste, et convenir que cet essai de Voltaire fut un phénomène, et qu'indépendamment du mérite du style, la première scène du quatrième acte de son Œdipe était, elle seule, infiniment supérieure à toute la pièce de Corneille. (P.)

[1] Il eût bien mieux valu que c'eût été l'ouvrage de deux ans, et qu'il ne fût resté presque rien de ce qui fut fait en deux mois.

Travaillez à loisir, quelque ordre qui vous presse,
Et ne vous piquez point d'une folle vitesse.

Il semble que Fouquet ait commandé à Corneille une tragédie pour lui être rendue dans deux mois, comme on commande un habit à un tailleur, ou une table à un menuisier. N'oublions pas ici de faire sentir une grande vérité : Fouquet n'est plus connu aujourd'hui que par un malheur éclatant, et qui même n'a été célèbre que parce que tout le fut dans le siècle de Louis XIV. L'auteur de Cinna, au contraire, sera connu à jamais de toutes les nations, et sera même malgré ses dernières pièces et malgré ses vers à Fouquet, et j'ose dire encore malgré Œdipe. C'est une chose étrange que de la Bruyère, dans son Parallèle de Corneille et de Racine, ait dit les Horaces et Œdipe; mais il dit aussi Phèdre et Pénélope. Voilà comme l'or et le plomb sont souvent confondus souvent. On disait Mignard et le Brun : le temps seul apprécie, et souvent ce temps est long. (V.)

[1] A la cour des princes grecs, il y avait des officiers, des hérauts, des soldats; mais ils n'avaient pour les servir que des esclaves, et ne connaissaient point les pages. Rotrou, dans son Antigone, avait donné à Corneille cet exemple, que Racine a suivi dans sa Thébaïde. (GEOFFROY.)

[2] Jamais la malheureuse habitude de tous les auteurs français de mettre sur le théâtre des conversations amoureuses, et de rimer les phrases des romans, n'a paru plus condamnable que quand elle force Corneille à débuter, dans la tragédie d'Œdipe, par faire dire à Thésée qu'il est un fidèle amant, mais qu'il

Quelque ravage affreux qu'étale ici la peste,
L'absence aux vrais amants est encor plus funeste [1];
Et d'un si grand péril l'image s'offre en vain
Quand ce péril douteux épargne un mal certain [2].

DIRCÉ.

Le trouvez-vous douteux quand toute votre suite
Par cet affreux ravage à Phædime est réduite,
De qui même le front déjà pâle et glacé
Porte empreint le trépas dont il est menacé?
Seigneur, toutes ces morts dont il vous environne
Sont des avis pressants que de grâce il vous donne;
Et tant lever le bras avant que de frapper,
C'est vous dire assez haut qu'il est temps d'échapper.

THÉSÉE.

Je le vois comme vous; mais, alors qu'il m'assiége,
Vous laisse-t-il, madame, un plus grand privilége?
Ce palais par la peste est-il plus respecté?
Et l'air auprès du trône est-il moins infecté?

DIRCÉ.

Ah! seigneur, quand l'amour tient une âme alarmée,
Il l'attache aux périls de la personne aimée [3].
Je vois aux pieds du roi chaque jour des mourants;
J'y vois tomber du ciel les oiseaux expirants;
Je me vois exposée à ces vastes misères;
J'y vois mes sœurs, la reine, et les princes mes frères;
Je sais qu'en ce moment je puis les perdre tous :
Et mon cœur toutefois ne tremble que pour vous,
Tant de cette frayeur les profondes atteintes
Repoussent fortement toutes les autres craintes!

THÉSÉE.

Souffrez donc que l'amour me fasse même loi,
Que je tremble pour vous quand vous tremblez pour moi;
Et ne m'imposez pas cette indigne faiblesse
De craindre autres périls que ceux de ma princesse :
J'aurais en ma faveur le courage bien bas,
Si je fuyais des maux que vous ne fuyez pas.
Votre exemple est pour moi la seule règle à suivre :
Éviter vos périls c'est vouloir vous survivre;
Je n'ai que cette honte à craindre sous les cieux.
Ici je puis mourir, mais mourir à vos yeux,
Et si, malgré la mort de tous côtés errante,
Le destin me réserve à vous y voir mourante,
Mon bras sur moi du moins enfoncera les coups
Qu'aura son insolence élevés jusqu'à vous,
Et saura me soustraire à cette ignominie
De souffrir après vous quelques moments de vie,
Qui, dans le triste état où le ciel nous réduit,
Seraient de mon départ l'infâme et le seul fruit.

DIRCÉ.

Quoi! Dircé par sa mort deviendrait criminelle
Jusqu'à forcer Thésée à mourir après elle!
Et ce cœur intrépide au milieu du danger
Se défendrait si mal d'un malheur si léger!
M'immoler une vie à tous si précieuse,
Ce serait rendre à tous ma mémoire odieuse,
Et par toute la Grèce animer trop d'horreur
Contre une ombre chérie avec tant de fureur.
Ces infâmes brigands dont vous l'avez purgée,
Ces ennemis publics dont vous l'avez vengée,
Après votre trépas à l'envi renaissants,
Pilleraient sans frayeur les peuples impuissants;
Et chacun maudirait, en les voyant paraître,
La cause d'une mort qui les ferait renaître.
Oserai-je, seigneur, vous dire hautement
Qu'un tel excès d'amour n'est pas d'un tel amant [1]?
S'il est vertu pour nous que le ciel n'a formées
Que pour le doux emploi d'aimer et d'être aimées,
Il faut qu'en vos pareils les belles passions
Ne soient que l'ornement des grandes actions.
Ces hauts emportements qu'un beau feu leur inspire
Doivent les élever, et non pas les détruire;
Et, quelque désespoir que leur cause un trépas,
Leur vertu seule a droit de faire agir leurs bras.
Ces bras, que craint le crime à l'égal du tonnerre,
Sont des dons que le ciel fait à toute la terre;
Et l'univers en eux perd un trop grand secours,

---

sera un rebelle aux ordres de sa maîtresse, si elle lui ordonne de se séparer d'elle. (V.)

[1] On ne revient point de sa surprise à cette absence qui est, pour les vrais amants, pire que la peste : on ne peut concevoir ni comment Corneille a fait ces vers, ni comment il n'eut point d'amis pour les lui faire rayer, ni comment les comédiens osèrent les dire. (V.)

[2] Ce *péril douteux*, c'est la peste; *ce mal certain*, c'est l'absence de l'objet aimé. (V.)

[3] C'est assez qu'on débite de ces maximes d'amour pour bannir tout l'intérêt d'un ouvrage. Cette scène est une contestation entre deux amants qui ressemble aux conversations de Clélie. Rien ne serait plus froid, même dans un sujet galant, à plus forte raison dans le sujet le plus terrible de l'antiquité. Y a-t-il une plus forte preuve de la nécessité où étaient les auteurs d'introduire toujours l'amour dans leurs pièces, que cet épisode de Thésée et de Dircé, dont Corneille même a le malheur de s'applaudir dans son *Examen d'Œdipe*? Encore si, au lieu d'un amour galant et raisonneur, il eût peint une passion aussi funeste que la désolation où Thèbes était plongée, si cette passion eût été théâtrale, si elle avait été liée au sujet! mais un amour qui n'est imaginé que pour remplir le vide d'un ouvrage trop long n'est pas supportable. Racine même y aurait échoué avec ses vers élégants : comment donc put-on supporter une si plate galanterie débitée en si mauvais vers? et comment reconnaître la même nation qui, ayant applaudi aux morceaux admirables du *Cid*, d'*Horace*, de *Cinna*, et de *Polyeucte*, n'avait pu souffrir ni *Pertharite*, ni *Théodore*? (V.)

[1] Jugez quel effet ferait aujourd'hui au théâtre une princesse inutile dissertant sur l'amour, et voulant prouver en forme que ce qui serait vertu dans une femme ne le serait pas dans un homme. Je ne parle pas du style et des fautes contre la langue, et de l'*horreur animée par toute la Grèce*, et des *hauts emportements qu'un beau feu inspire*; ce galimatias froid et boursouflé est assez condamné aujourd'hui. (V.)

Pour souffrir que l'amour soit maître de leurs jours.
Faites voir, si je meurs, une entière tendresse ;
Mais vivez après moi pour toute notre Grèce,
Et laissez à l'amour conserver par pitié
De ce tout désuni la plus digne moitié ;
Vivez pour faire vivre en tous lieux ma mémoire,
Pour porter en tous lieux vos soupirs et ma gloire,
Et faire partout dire : « Un si vaillant héros
« Au malheur de Dircé donne encor des sanglots ;
« Il en garde en son âme encor toute l'image,
« Et rend à sa chère ombre encor ce triste hommage. »
Cet espoir est le seul dont j'aime à me flatter,
Et l'unique douceur que je veux emporter.

THÉSÉE.

Ah ! madame, vos yeux combattent vos maximes [1] ;
Si j'en crois leur pouvoir, vos conseils sont des crimes.
Je ne vous ferai point ce reproche odieux
Que, si vous aimiez bien, vous conseilleriez mieux :
Je dirai seulement qu'auprès de ma princesse
Aux seuls devoirs d'amant un héros s'intéresse,
Et que, de l'univers fût-il le seul appui,
Aimant un tel objet, il ne doit rien qu'à lui.
Mais ne contestons point, et sauvons l'un et l'autre ;
L'hymen justifira ma retraite et la vôtre.
Le roi me pourrait-il en refuser l'aveu,
Si vous en avouez l'audace de mon feu ?
Pourrait-il s'opposer à cette illustre envie
D'assurer sur un trône une si belle vie,
Et ne point consentir que des destins meilleurs
Vous exilent d'ici pour commander ailleurs ?

DIRCÉ.   [tre ;

Le roi, tout roi qu'il est, seigneur, n'est pas mon maî-
Et le sang de Laïus, dont j'eus l'honneur de naître,
Dispense trop mon cœur de recevoir la loi
D'un trône que sa mort n'a dû laisser qu'à moi.
Mais comme enfin le peuple, et l'hymen de ma mère,
Ont mis entre ses mains le sceptre de mon père,
Et qu'en ayant ici toute l'autorité
Je ne puis rien pour vous contre sa volonté,
Pourra-t-il trouver bon qu'on parle d'hyménée
Au milieu d'une ville à périr condamnée,
Où le courroux du ciel, changeant l'air en poison,
Donne lieu de trembler pour toute sa maison ?

MÉGARE.

(*Elle lui parle à l'oreille.*)
Madame.

DIRCÉ.

Adieu, seigneur : la reine, qui m'appelle,

[1] Et que dirons-nous de ce Thésée, qui lui répond galamment que ses yeux combattent ses maximes, que si elle aimait bien elle conseillerait mieux, et *qu'auprès de sa princesse aux seuls devoirs d'amant un héros s'intéresse ?* Disons la vérité, cela ne serait pas supporté aujourd'hui dans le plus plat de nos romans. (V.)

M'oblige à vous quitter pour me rendre auprès d'elle ;
Et d'ailleurs le roi vient.

THÉSÉE.
Que ferai-je ?

DIRCÉ.
Parlez.
Je ne puis plus vouloir que ce que vous voulez.

SCÈNE II.

OEDIPE, THÉSÉE, CLÉANTE.

OEDIPE.

Au milieu des malheurs que le ciel nous envoie,
Prince, nous croiriez-vous capables d'une joie ,
Et que, nous voyant tous sur les bords du tombeau ,
Nous puissions d'un hymen allumer le flambeau ?
C'est choquer la raison peut-être et la nature :
Mais mon âme en secret s'en forme un doux augure
Que Delphes, dont j'attends réponse en ce moment,
M'envoîra de nos maux le plein soulagement.

THÉSÉE.

Seigneur, si j'avais cru que parmi tant de larmes
La douceur d'un hymen pût avoir quelques charmes,
Que vous en eussiez pu supporter le dessein,
Je vous aurais fait voir un beau feu dans mon sein [1],

[1] Thésée qui fait voir *un beau feu dans son sein*, et qui s'appelle *amant misérable ;* OEdipe qui devine qu'un intérêt d'amour retient Thésée au milieu de la peste ; l'offre d'une fille, la demande d'une autre fille, l'aveu d'Antigone est *parfaite ,* Ismène *admirable*, et que Dircé *n'a rien de comparable ;* en un mot, ce style d'un froid comique, qui revient toujours, ces ironies, ces dissertations sur l'amour galant, tant de petitesses grossières dans un sujet si sublime, font voir évidemment que la rouille de notre barbarie n'était pas encore enlevée, malgré tous les efforts que Corneille avait faits dans les belles scènes de *Cinna* et d'*Horace.* Le sujet d'*OEdipe* demandait le style d'*A-thalie ;* et celui dont Corneille s'est servi n'est pas , à beaucoup près, aussi noble que celui du *Misanthrope.* Cependant Corneille avait montré, dans plusieurs scènes de *Pompée,* qu'il savait orner ses vers de toute la magnificence de l'art. Le sujet d'*OEdipe* n'est pas moins poétique que celui de *Pompée ;* pourquoi donc le langage est-il dans *OEdipe* si opposé au sujet ? Corneille s'était trop accoutumé à ce style familier, à ce ton de dissertation. Tous ses personnages, dans presque tous ses ouvrages, raisonnent sur l'amour et sur la politique. C'est non-seulement l'opposé de la tragédie, mais de toute poésie ; car la poésie n'est guère que peinture, sentiment et imagination. Les raisonnements sont nécessaires dans une tragédie, quand on délibère sur un grand intérêt d'État ; il faut seulement que celui qui raisonne ne tienne point du sophiste : mais des raisonnements sur l'amour sont partout hors de saison. L'abbé d'Aubignac écrivit contre l'*OEdipe* de Corneille ; il y reprend plusieurs fautes avec lesquelles une pièce pourrait être admirable, fautes de bienséance, duplicité d'action, violation des règles. D'Aubignac n'en savait pas assez pour voir que la principale faute est d'être froid dans un sujet intéressant, et rampant dans un sujet sublime. Cette scène, dans laquelle il n'est question que de savoir si Thésée épousera Antigone qui est parfaite, ou Ismène qui est admirable, ou Dircé qui n'a rien de comparable.

Et tâché d'obtenir cet aveu favorable
Qui peut faire un heureux d'un amant misérable.
ŒDIPE.
Je l'avais bien jugé qu'un intérêt d'amour
Fermait ici vos yeux aux périls de ma cour :
Mais je croirais me faire à moi-même un outrage,
Si je vous obligeais d'y tarder davantage,
Et si trop de lenteur à seconder vos feux
Hasardait plus longtemps un cœur si généreux.
Le mien sera ravi que de si nobles chaînes
Unissent les États de Thèbes et d'Athènes.
Vous n'avez qu'à parler, vos vœux sont exaucés :
Nommez ce cher objet, grand prince, et c'est assez.
Un gendre tel que vous m'est plus qu'un nouveau trône;
Et vous pouvez choisir d'Ismène ou d'Antigone;
Car je n'ose penser que le fils d'un grand roi,
Un si fameux héros, aime ailleurs que chez moi,
Et qu'il veuille en ma cour, au mépris de mes filles,
Honorer de sa main de communes familles.
THÉSÉE.
Seigneur, il est tout vrai, j'aime en votre palais;
Chez vous est la beauté qui fait tous mes souhaits :
Vous l'aimez à l'égal d'Antigone et d'Ismène :
Elle tient même rang chez vous et chez la reine :
En un mot, c'est leur sœur, la princesse Dircé,
Dont les yeux....
ŒDIPE.
Quoi! ses yeux, prince, vous ont blessé!
Je suis fâché pour vous que la reine sa mère
Ait su vous prévenir pour un fils de son frère.
Ma parole est donnée, et je n'y puis plus rien;
Mais je crois qu'après tout ses sœurs la valent bien.
THÉSÉE.
Antigone est parfaite, Ismène est admirable;
Dircé, si vous voulez, n'a rien de comparable;
Elles sont l'une et l'autre un chef-d'œuvre des cieux :
Mais où le cœur est pris on charme en vain les yeux.
Si vous avez aimé, vous avez su connaître
Que l'amour de son choix veut être le seul maître;
Que, s'il ne choisit pas toujours le plus parfait,
Il attache du moins les cœurs au choix qu'il fait;
Et qu'entre cent beautés dignes de notre hommage
Celle qu'il nous choisit plaît toujours davantage.
Ce n'est pas offenser deux si charmantes sœurs,
Que voir en leur aînée aussi quelques douceurs.
J'avouerai, s'il le faut, que c'est un pur caprice,
Un pur aveuglement qui leur fait injustice;
Mais ce serait trahir tout ce que je leur doi,
Que leur promettre un cœur quand il n'est plus à moi.

est une vraie scène de comédie, mais de comédie très-froide.
Je ne relève pas les fautes contre la langue; elles sont en trop
grand nombre. (V.)

ŒDIPE.
Mais c'est m'offenser moi, prince, que de prétendre
A des honneurs plus hauts que le nom de mon gen-
Je veux toutefois être encor de vos amis;   [dre.
Mais ne demandez plus un bien que j'ai promis.
Je vous l'ai déjà dit que, pour cet hyménée,
Aux vœux du prince Æmon ma parole est donnée;
Vous avez attendu trop tard à m'en parler,
Et je vous offre assez de quoi vous consoler.
La parole des rois doit être inviolable.
THÉSÉE.
Elle est toujours sacrée et toujours adorable;
Mais ils ne sont jamais esclaves de leur voix,
Et le plus puissant roi doit quelque chose aux rois.
Retirer sa parole à leur juste prière,
C'est honorer en eux son propre caractère;
Et si le prince Æmon ose encor vous parler,
Vous lui pouvez offrir de quoi se consoler.
ŒDIPE.   [foudre,
Quoi! prince, quand les dieux tiennent en main leur
Qu'ils ont le bras levé pour nous réduire en poudre,
J'oserai violer un serment solennel,
Dont j'ai pris à témoin leur pouvoir éternel?
THÉSÉE.
C'est pour un grand monarque un peu bien du scru-
ŒDIPE.   [pule.
C'est en votre faveur être un peu bien crédule
De présumer qu'un roi, pour contenter vos yeux,
Veuille pour ennemis les hommes et les dieux.
THÉSÉE.
Je n'ai qu'un mot à dire après un si grand zèle :
Quand vous connez Dircé, Dircé se donne-t-elle?
ŒDIPE.
Elle sait son devoir.
THÉSÉE.
            Savez-vous quel il est?
ŒDIPE.
L'aurait-elle réglé suivant votre intérêt?
A me désobéir l'auriez-vous résolue?
THÉSÉE.
Non, je respecte trop la puissance absolue;
Mais lorsque vous voudrez sans elle en disposer,
N'aura-t-elle aucun droit, seigneur, de s'excuser?
ŒDIPE.
Le temps vous fera voir ce que c'est qu'une excuse.
THÉSÉE.
Le temps me fera voir jusques où je m'abuse;
Et ce sera lui seul qui saura m'éclaircir
De ce que pour Æmon vous ferez réussir.
Je porte peu d'envie à sa bonne fortune;
Mais je commence à voir que je vous importune.
Adieu. Faites, seigneur, de grâce un juste choix;
Et, si vous êtes roi, considérez les rois.

SCÈNE III.

OEDIPE, CLÉANTE.

OEDIPE.
Si je suis roi, Cléante! et que me croit-il être?
Cet amant de Dircé déjà me parle en maître!
Vois, vois ce qu'il ferait s'il était son époux.
    CLÉANTE.
Seigneur, vous avez lieu d'en être un peu jaloux.
Cette princesse est fière; et, comme sa naissance
Croit avoir quelque droit à la toute-puissance,
Tout est au-dessous d'elle à moins que de régner,
Et sans doute qu'Æmon s'en verra dédaigner.
    OEDIPE.
Le sang a peu de droits dans le sexe imbécile [1];
Mais c'est un grand prétexte à troubler une ville;
Et lorsqu'un tel orgueil se fait un fort appui,
Le roi le plus puissant doit tout craindre de lui.
Toi qui, né dans Argos, et nourri dans Mycènes,
Peux être mal instruit de nos secrètes haines,
Vois-les jusqu'en leur source, et juge entre elle et moi
Si je règne sans titre, et si j'agis en roi.
On t'a parlé du sphinx, dont l'énigme funeste
Ouvrit plus de tombeaux que n'en ouvre la peste [2].
Ce monstre à voix humaine, aigle, femme et lion [3],
Se campait fièrement sur le mont Cythéron,
D'où chaque jour ici devait fondre sa rage,
A moins qu'on éclaircît un si sombre nuage.
Ne porter qu'un faux jour dans son obscurité,
C'était de ce prodige enfler la cruauté;
Et les membres épars de mauvais interprètes
Ne laissaient dans ces murs que des bouches muettes.
Mais, comme aux grands périls le salaire enhardit,
Le peuple offre le sceptre, et la reine son lit;
De cent cruelles morts cette offre est tôt suivie :
J'arrive, je l'apprends, j'y hasarde ma vie.
Au pied du roc affreux semé d'os blanchissants,
Je demande l'énigme et j'en cherche le sens;
Et, ce qu'aucun mortel n'avait encor pu faire;
J'en dévoile l'image et perce le mystère.
Le monstre, furieux de se voir entendu,
Venge aussitôt sur lui tant de sang répandu,
Du roc s'élance en bas, et s'écrase lui-même.
La reine tint parole, et j'eus le diadème.
Dircé fournissait lors à peine un lustre entier,
Et me vit sur le trône avec un œil altier.
J'en vis frémir son cœur, j'en vis couler ses larmes;
J'en pris pour l'avenir dès lors quelques alarmes :
Et, si l'âge en secret a pu la révolter,
Vois ce que mon départ n'en doit point redouter.
La mort du roi mon père à Corinthe m'appelle;
J'en attends aujourd'hui la funeste nouvelle,
Et je hasarde tout à quitter les Thébains
Sans mettre ce dépôt en de fidèles mains.
Æmon serait pour moi digne de la princesse;
S'il a de la naissance, il a quelque faiblesse;
Et le peuple au moins pourrait se partager,
Si dans quelque attentat il osait l'engager :
Mais un prince voisin, tel que tu vois Thésée,
Ferait de ma couronne une conquête aisée,
Si d'un pareil hymen le dangereux lien
Armait pour lui son peuple et soulevait le mien.
Athènes est trop proche, et, durant une absence,
L'occasion qui flatte anime l'espérance;
Et, quand tous mes sujets me garderaient leur foi,
Désolés comme ils sont, que pourraient-ils pour moi?
La reine a pris le soin d'en parler à sa fille.
Æmon est de son sang, et chef de sa famille;
Et l'amour d'une mère a souvent plus d'effet
Que n'ont.... Mais la voici; sachons ce qu'elle a fait.

SCÈNE IV [1].

OEDIPE, JOCASTE, CLÉANTE, NÉRINE.

JOCASTE.
J'ai perdu temps, seigneur; et cette âme embrasée
Met trop de différence entre Æmon et Thésée.
Aussi je l'avoûrai, bien que l'un soit mon sang,
Leur mérite diffère encor plus que leur rang;
Et l'on a peu d'éclat auprès d'une personne
Qui joint à de hauts faits celui d'une couronne.
    OEDIPE.
Thésée est donc, madame, un dangereux rival?
    JOCASTE.
Æmon est fort à plaindre, ou je devine mal.
J'ai tout mis en usage auprès de la princesse,
Conseil, autorité, reproche, amour, tendresse;
J'en ai tiré des pleurs, arraché des soupirs,

---

[1] Que veut dire *le sang a peu de droits dans le sexe imbécile?* c'est une injure très-déplacée et très-grossière, fort mal exprimée. L'auteur entend-il que les femmes ont peu de droits au trône? entend-il que le sang a peu de pouvoir sur leurs cœurs? (V.)

[2] OEdipe raconte l'histoire du sphinx à un confident qui doit en être instruit; c'est un défaut très-commun et très-difficile à éviter. Ce récit a de la force et des beautés : on l'écoutait avec plaisir, parce que tout ce qui forme un tableau plaît toujours plus que les contestations qui ne sont pas sublimes, et que l'amour qui n'est pas attendrissant. (V.)

[3] Ce même vers est dans l'*OEdipe* de Voltaire; il appartenait au sujet : d'ailleurs, avec un talent qui s'annonçait d'une manière si brillante, Voltaire pouvait bien se permettre l'emprunt de quelques vers; c'était même une espèce d'hommage qu'il rendait à Corneille. (P.)

[1] Jocaste raisonne sur l'amour de Dircé; sur lequel Thésée n'a déjà raisonné que trop : elle dit que Dircé est amante à bon titre, et princesse avisée. Prenez cette scène isolée, on ne devinera jamais que c'est là le sujet d'*OEdipe*. (V.)

Et n'ai pu de son cœur ébranler les désirs.
J'ai poussé le dépit de m'en voir séparée
Jusques à la nommer fille dénaturée.
« Le sang royal n'a point ces bas attachements
« Qui font les déplaisirs de ces éloignements,
« Et les âmes, dit-elle, au trône destinées,
« Ne doivent aux parents que les jeunes années. »

ŒDIPE.
Et ces mots ont soudain calmé votre courroux?

JOCASTE.
Pour les justifier elle ne veut que vous.
Votre exemple lui prête une preuve assez claire
Que le trône est plus doux que le sein d'une mère.
Pour régner en ces lieux vous avez tout quitté.

ŒDIPE.
Mon exemple et sa faute ont peu d'égalité.
C'est loin de ses parents qu'un homme apprend à vivre,
Hercule m'a donné ce grand exemple à suivre,
Et c'est pour l'imiter que par tous nos climats
J'ai cherché comme lui la gloire et les combats.
Mais, bien que la pudeur par des ordres contraires
Attache de plus près les filles à leurs mères,
La vôtre aime une audace où vous la soutenez.

JOCASTE.
Je la condamnerai, si vous la condamnez;
Mais, à parler sans fard, si j'étais en sa place,
J'en userais comme elle et j'aurais même audace.
Et vous-même, seigneur, après tout, dites-moi
La condamneriez-vous si vous n'étiez son roi?

ŒDIPE.
Si je condamne en roi son amour ou sa haine,
Vous devez comme moi la condamner en reine.

JOCASTE.
Je suis reine, seigneur, mais je suis mère aussi :
Aux miens, comme à l'État, je dois quelque souci.
Je sépare Dircé de la cause publique,
Je vois qu'ainsi que vous elle a sa politique :
Comme vous agissez en monarque prudent,
Elle agit de sa part en cœur indépendant,
En amante à bon titre, en princesse avisée,
Qui mérite ce trône où l'appelle Thésée.
Je ne puis vous flatter, et croirais vous trahir
Si je vous promettais qu'elle pût obéir.

ŒDIPE.
Pourrait-on mieux défendre un esprit si rebelle?

JOCASTE.   [qu'elle;
Parlons-en comme il faut; nous nous aimons plus
Et c'est trop nous aimer que voir d'un œil jaloux
Qu'elle nous rend le change, et s'aime plus que nous.
Un peu trop de lumière à nos désirs s'oppose.
Peut-être avec le temps nous pourrions quelque chose :
Mais n'espérons jamais qu'on change en moins d'un
Quand la raison soutient le parti de l'amour. [jour,

ŒDIPE.   [donne;
Souscrivons donc, madame, à tout ce qu'elle or-
Couronnons cet amour de ma propre couronne;
Cédons de bonne grâce, et d'un esprit content
Remettons à Dircé tout ce qu'elle prétend.
A mon ambition Corinthe peut suffire,
Et pour les plus grands cœurs c'est assez d'un empire.
Mais vous souvenez-vous que vous avez deux fils
Que le courroux du ciel a fait naître ennemis,
Et qu'il vous en faut craindre un exemple barbare,
A moins que pour régner leur destin les sépare?

JOCASTE.
Je ne vois rien encor fort à craindre pour eux :
Dircé les aime en sœur, Thésée est généreux;
Et, si pour un grand cœur c'est assez d'un empire,
A son ambition Athènes doit suffire.

ŒDIPE.
Vous mettez une borne à cette ambition!

JOCASTE.
J'en prends, quoi qu'il en soit, peu d'appréhension;
Et Thèbes et Corinthe ont des bras comme Athènes.
Mais nous touchons peut-être à la fin de nos peines;
Dymas est de retour, et Delphes a parlé.

ŒDIPE.
Que son visage montre un esprit désolé!

SCÈNE V[1].

ŒDIPE, JOCASTE, DYMAS, CLÉANTE,
NÉRINE.

ŒDIPE.
Eh bien! quand verrons-nous finir notre fortune?
Qu'apportez-vous, Dymas? quelle réponse?

DYMAS.
                              Aucune.

ŒDIPE.
Quoi! les dieux sont muets?

DYMAS.
            Ils sont muets et sourds.
Nous avons par trois fois imploré leur secours,
Par trois fois redoublé nos vœux et nos offrandes;
Ils n'ont pas daigné même écouter nos demandes.
A peine parlions-nous, qu'un murmure confus

[1] Cette scène paraît la plus mauvaise de toutes, parce qu'elle détruit le grand intérêt de la pièce; et cet intérêt est détruit, parce que le malheur et le danger publics dont il s'agit ne sont présentés qu'en épisode, et comme une affaire presque oubliée; c'est qu'il n'a été question jusqu'ici que du mariage de Dircé; c'est qu'au lieu de ce tableau si grand et si touchant de Sophocle, c'est un confident qui vient apporter froidement des nouvelles; c'est qu'Œdipe cherche une raison du courroux du ciel, laquelle n'est pas la vraie raison; c'est qu'enfin, dans ce premier acte de tragédie, il n'y a pas quatre vers tragiques, pas quatre vers bien faits. (V.)

Sortant du fond de l'antre expliquait leur refus;
Et cent voix tout à coup, sans être articulées,
Dans une nuit subite à nos soupirs mêlées,
Faisaient avec horreur soudain connaître à tous
Qu'ils n'avaient plus ni d'yeux ni d'oreilles pour nous.
ŒDIPE.
Ah, madame!
JOCASTE.
Ah! seigneur, que marque un tel silence?
ŒDIPE.
Que pourrait-il marquer qu'une juste vengeance?
Les dieux, qui tôt ou tard savent se ressentir,
Dédaignent de répondre à qui les fait mentir.
Ce fils dont ils avaient prédit les aventures,
Exposé par votre ordre, a trompé leurs augures;
Et ce sang innocent, et ces dieux irrités,
Se vengent maintenant de vos impiétés.
JOCASTE.
Devions-nous l'exposer à son destin funeste,
Pour le voir parricide et pour le voir inceste?
Et des crimes si noirs, étouffés au berceau,
Auraient-ils su pour moi faire un crime nouveau?
Non, non, de tant de maux Thèbes n'est assiégée
Que pour la mort du roi que l'on n'a pas vengée;
Son ombre incessamment me frappe encor les yeux;
Je l'entends murmurer à toute heure, en tous lieux,
Et se plaindre en mon cœur de cette ignominie
Qu'imprime à son grand nom cette mort impunie.
ŒDIPE.
Pourrions-nous en punir des brigands inconnus,
Que peut-être jamais en ces lieux on n'a vus?
Si vous m'avez dit vrai, peut-être ai-je moi-même
Sur trois de ces brigands vengé le diadème;
Au lieu même, au temps même, attaqué seul par trois,
J'en laissai deux sans vie, et mis l'autre aux abois.
Mais ne négligeons rien, et du royaume sombre
Faisons par Tirésie évoquer sa grande ombre.
Puisque le ciel se tait, consultons les enfers;
Sachons à qui de nous sont dus les maux soufferts;
Sachons-en, s'il se peut, la cause et le remède.
Allons tout de ce pas réclamer tout son aide.
J'irai revoir Corinthe avec moins de souci,
Si je laisse plein calme et pleine joie ici.

ACTE SECOND.

SCÈNE PREMIÈRE [1].

ŒDIPE, DIRCÉ, CLÉANTE, MÉGARE.

ŒDIPE.
Je ne le cèle point, cette hauteur m'étonne.
Æmon a du mérite, on chérit sa personne;
Il est prince; et de plus étant offert par moi....
DIRCÉ.
Je vous ai déjà dit, seigneur, qu'il n'est pas roi.
ŒDIPE.
Son hymen toutefois ne vous fait point descendre:
S'il n'est pas dans le trône, il a droit d'y prétendre;
Et, comme il est sorti de même sang que vous,
Je crois vous faire honneur d'en faire votre époux.
DIRCÉ.
Vous pouvez donc sans honte en faire votre gendre;
Mes sœurs en l'épousant n'auront point à descendre;
Mais pour moi, vous savez qu'il est ailleurs des rois,
Et même en votre cour, dont je puis faire choix.
ŒDIPE.
Vous le pouvez, madame, et n'en voudrez pas faire
Sans en prendre mon ordre et celui d'une mère.
DIRCÉ.
Pour la reine, il est vrai qu'en cette qualité
Le sang peut lui devoir quelque civilité [2];
Je m'en suis acquittée, et ne puis bien comprendre,

---

[1] Toutes les fois que, dans un sujet pathétique et terrible, fondé sur ce que la religion a de plus auguste et de plus effrayant, vous introduisez un intérêt d'État, cet intérêt, si puissant ailleurs, devient alors petit et faible. Si, au milieu d'un intérêt d'État, d'une conspiration, ou d'une grande intrigue politique qui attache l'âme (supposé qu'une intrigue politique puisse attacher), si, dis-je, vous faites entrer la terreur et le sublime tiré de la religion ou de la fable dans ces sujets, ce sublime déplacé perd toute sa grandeur, et n'est plus qu'une froide déclamation. Il ne faut jamais détourner l'esprit du but principal. Si vous traitez *Iphigénie*, ou *Électre*, ou *Pélops*, n'y mêlez point de petite intrigue de cour. Si votre sujet est un intérêt d'État, un droit au trône disputé, une conjuration découverte, n'allez pas y mêler les dieux, les autels, les oracles, les sacrifices, les prophéties : *non erat his locus*. S'agit-il de la guerre et de la paix? raisonnez. S'agit-il de ces horribles infortunes que la destinée ou la vengeance céleste envoient sur la terre? effrayez, touchez, pénétrez. Peignez-vous un amour malheureux? faites répandre des larmes. Ici Dircé brave Œdipe, et l'avilit; défaut trop ordinaire de toutes nos anciennes tragédies, dans lesquelles on voit presque toujours des femmes parler arrogamment à ceux dont elles dépendent, et traiter les empereurs, les rois, les vainqueurs, comme des domestiques dont on serait mécontent. Cette longue scène ne finit que par un petit souvenir du sujet de la pièce; *mais il faut aller voir ce qu'a fait Tirésie*. Ce n'est donc que par occasion qu'on dit un mot de la seule chose dont on aurait dû parler. (V.)

[2] Cette princesse est un peu mal apprise. (V.)

Étant ce que je suis, quel ordre je dois prendre.
ŒDIPE.
Celui qu'un vrai devoir prend des fronts couronnés,
Lorsqu'on tient auprès d'eux le rang que vous tenez.
Je pense être ici roi.
DIRCÉ.
Je sais ce que vous êtes :
Mais, si vous me comptez au rang de vos sujettes,
Je ne sais si celui qu'on vous a pu donner
Vous asservit un front qu'on a dû couronner. [sée;
Seigneur, quoi qu'il en soit, j'ai fait choix de Thé-
Je me suis à ce choix moi-même autorisée.
J'ai pris l'occasion que m'ont faite les dieux
De fuir l'aspect d'un trône où vous blessez mes yeux,
Et de vous épargner cet importun ombrage
Qu'à des rois comme vous peut donner mon visage.
ŒDIPE.
Le choix d'un si grand prince est bien digne de vous,
Et je l'estime trop pour en être jaloux :
Mais le peuple au milieu des colères célestes
Aime encor de Laïus les adorables restes,
Et ne pourra souffrir qu'on lui vienne arracher
Ces gages d'un grand roi qu'il tint jadis si cher.
DIRCÉ.
De l'air dont jusqu'ici ce peuple m'a traitée,
Je dois craindre fort peu de m'en voir regrettée.
S'il eût eu pour son roi quelque ombre d'amitié,
Si mon sexe ou mon âge eût ému sa pitié,
Il n'aurait jamais eu cette lâche faiblesse
De livrer en vos mains l'État et sa princesse,
Et me verra toujours éloigner sans regret,
Puisque c'est l'affranchir d'un reproche secret.
ŒDIPE.
Quel reproche secret lui fait votre présence?
Et quel crime a commis cette reconnaissance
Qui, par un sentiment et juste et relevé,
L'a consacré lui-même à qui l'a conservé [1]?
Si vous aviez du sphinx vu le sanglant ravage....
DIRCÉ.
Je puis dire, seigneur, que j'ai vu davantage :
J'ai vu ce peuple ingrat que l'énigme surprit,
Vous payer assez bien d'avoir eu de l'esprit [2].
Il pouvait toutefois avec quelque justice
Prendre sur lui le prix d'un si rare service :
Mais, quoiqu'il ait osé vous payer de mon bien,
En vous faisant son roi, vous a-t-il fait le mien?
En se donnant à vous, eut-il droit de me vendre?
ŒDIPE.
Ah! c'est trop me forcer, madame, à vous entendre.

[1] La reconnaissance qui n'a point commis de crime, et qui, par un sentiment et juste et relevé, a consacré le peuple lui-même à qui a conservé le peuple! (V.)
[2] Elle a vu plus que la mort de tout un peuple, elle a vu un homme élu roi pour avoir eu de l'esprit! (V.)

La jalouse fierté qui vous enfle le cœur
Me regarde toujours comme un usurpateur;
Vous voulez ignorer cette juste maxime,
Que le dernier besoin peut faire un roi sans crime,
Qu'un peuple sans défense, et réduit aux abois....
DIRCÉ. [rois [1].
Le peuple est trop heureux quand il meurt pour ses
Mais, seigneur, la matière est un peu délicate.
Vous pouvez vous flatter, peut-être je me flatte.
Sans rien approfondir, parlons à cœur ouvert.
Vous régnez en ma place, et les dieux l'ont souffert :
Je dis plus, ils vous ont saisi de ma couronne.
Je n'en murmure point, comme eux je vous la donne;
J'oublierai qu'à moi seule ils devaient la garder :
Mais, si vous attentez jusqu'à me commander,
Jusqu'à prendre sur moi quelque pouvoir de maître,
Je me souviendrai lors de ce que je dois être;
Et, si je ne le suis pour vous faire la loi,
Je le serai du moins pour me choisir un roi.
Après cela, seigneur, je n'ai rien à vous dire;
J'ai fait choix de Thésée, et ce mot doit suffire.
ŒDIPE.
Et je veux à mon tour, madame, à cœur ouvert,
Vous apprendre en deux mots que ce grand choix vous
Qu'il vous remplit le cœur d'une attente frivole, [perd,
Qu'au prince Æmon pour vous j'ai donné ma parole,
Que je perdrai le sceptre, ou saurai la tenir.
Puissent, si je la romps, tous les dieux m'en punir!
Puisse de plus de maux m'accabler leur colère
Qu'Apollon n'en prédit jadis pour votre frère [2]!
DIRCÉ.
N'insultez point au sort d'un enfant malheureux,
Et faites des serments qui soient plus généreux.
On ne sait pas toujours ce qu'un serment hasarde;
Et vous ne voyez pas ce que le ciel vous garde.
ŒDIPE.
On se hasarde à tout quand un serment est fait.
DIRCÉ.
Ce n'est pas de vous seul que dépend son effet.
ŒDIPE.
Je suis roi, je puis tout.
DIRCÉ.
Je puis fort peu de chose;
Mais enfin de mon cœur moi seule je dispose,
Et jamais sur ce cœur on n'avancera rien
Qu'en me donnant un sceptre, ou me rendant le mien.
ŒDIPE.
Il est quelques moyens de vous faire dédire.

[1] *Trop heureux!* ah! madame, la maxime est un peu violente. Il paraît, à votre humeur, que le peuple a très-bien fait de ne vous pas choisir pour reine. (V.)
[2] Quoique cette imprécation soit peu naturelle, et amenée de trop loin, cependant elle fait effet; elle est tragique; elle ramène, du moins pour un moment, au sujet de la pièce, et montre qu'il ne fallait jamais le perdre de vue. (V.)

DIRCÉ.
Il en est de braver le plus injuste empire ;
Et, de quoi qu'on menace en de tels différends,
Qui ne craint point la mort ne craint point les tyrans [1].
Ce mot m'est échappé, je n'en fais point d'excuse ;
J'en ferai, si le temps m'apprend que je m'abuse.
Rendez-vous cependant maître de tout mon sort ;
Mais n'offrez à mon choix que Thésée ou la mort.

OEDIPE.
On pourra vous guérir de cette frénésie.
Mais il faut aller voir ce qu'a fait Tirésie :
Nous saurons au retour encor vos volontés.

DIRCÉ.
Allez savoir de lui ce que vous méritez.

SCÈNE II.

DIRCÉ, MÉGARE.

DIRCÉ.
Mégare, que dis-tu de cette violence [2] ?
Après s'être emparé des droits de ma naissance,
Sa haine opiniâtre à croître mes malheurs
M'ose encore envier ce qui me vient d'ailleurs.
Elle empêche le ciel de m'être enfin propice,
De réparer vers moi ce qu'il eut d'injustice,
Et veut lier les mains au destin adouci
Qui m'offre en d'autres lieux ce qu'on me vole ici.

MÉGARE
Madame, je ne sais ce que je dois vous dire.
La raison vous anime, et l'amour vous inspire :
Mais je crains qu'il n'éclate un peu plus qu'il ne faut,
Et que cette raison ne parle un peu trop haut.
Je crains qu'elle n'irrite un peu trop la colère
D'un roi qui jusqu'ici vous a traitée en père,
Et qui vous a rendu tant de preuves d'amour,
Qu'il espère de vous quelque chose à son tour.

DIRCÉ.
S'il a cru m'éblouir par de fausses caresses,
J'ai vu sa politique en former les tendresses [3] ;
Et ces amusements de ma captivité
Ne me font rien devoir à qui m'a tout ôté.

MÉGARE.
Vous voyez que d'Æmon il a pris la querelle,
Qu'il l'estime, chérit.

DIRCÉ.
Politique nouvelle.

MÉGARE.
Mais comment pour Thésée en viendrez-vous à bout ?
Il le méprise, hait,

DIRCÉ.
Politique partout.
Si la flamme d'Æmon en est favorisée,
Ce n'est pas qu'il l'estime, ou méprise Thésée ;
C'est qu'il craint dans son cœur que le droit souverain
(Car enfin il m'est dû) ne tombe en bonne main.
Comme il connaît le mien, sa peur de me voir reine
Dispense à mes amants sa faveur ou sa haine,
Et traiterait ce prince ainsi que ce héros,
S'il portait la couronne ou de Sparte ou d'Argos.

MÉGARE.
Si vous en jugez bien, que vous êtes à plaindre !
Il fera de l'éclat, il voudra me contraindre ;
Mais, quoi qu'il me prépare à souffrir dans sa cour,
Il éteindra ma vie avant que mon amour.

MÉGARE.
Espérons que le ciel vous rendra plus heureuse.
Cependant je vous trouve assez peu curieuse :
Tout le peuple, accablé de mortelles douleurs,
Court voir ce que Laïus dira de nos malheurs ;
Et vous ne suivez point le roi chez Tirésie
Pour savoir ce qu'en juge une ombre si chérie ?

DIRCÉ.
J'ai tant d'autres sujets de me plaindre de lui,
Que je fermais les yeux à ce nouvel ennui.
Il aurait fait trop peu de menacer la fille,
Il faut qu'il soit tyran de toute la famille,
Qu'il porte sa fureur jusqu'aux âmes sans corps,
Et trouble insolemment jusqu'aux cendres des morts.
Mais ces mânes sacrés qu'il arrache au silence
Se vengeront sur lui de cette violence ;
Et les dieux des enfers, justement irrités,
Puniront l'attentat de ses impiétés.

MÉGARE.
Nous ne savons pas bien comme agit l'autre monde ;
Il n'est point d'œil perçant dans cette nuit profonde ;
Et, quand les dieux vengeurs laissent tomber leur bras,
Il tombe assez souvent sur qui n'y pense pas.

DIRCÉ.
Dût leur décret fatal me choisir pour victime,
Si j'ai part au courroux, je n'en veux point au crime.
Je veux m'offrir sans tache à leur bras tout-puissant,
Et n'avoir à verser que du sang innocent.

---

[1] Le mot de *tyran* est ici très-mal placé ; car si OEdipe ne mérite pas ce titre, Dircé n'est qu'une impertinente ; et s'il le mérite, plus de compassion pour ses malheurs ; la pitié et la crainte, les deux pivots de la tragédie, ne subsistent plus. Corneille a souvent oublié ces deux ressorts du théâtre tragique. Il a mis à la place des conversations dans lesquelles on trouve souvent des idées fortes, mais qui ne vont point au cœur. (V.)

[2] Mégare n'a rien à dire de cette violence, sinon que Dircé est un personnage très-étranger et très-insipide dans cette tragédie. (V.)

[3] *Sa politique, politique nouvelle, politique partout.* Je n'insiste pas sur le comique de cette répétition et de ce tour ; mais il faut remarquer que toute femme passionnée qui parle politique est toujours très-froide, et que l'amour de Dircé, dans de telles circonstances, est plus froid encore. (V.)

SCÈNE III.

DIRCÉ, NÉRINE, MÉGARE.

NÉRINE.

Ah, madame! il en faut de la même innocence
Pour apaiser du ciel l'implacable vengeance;
Il faut une victime et pure et d'un tel rang,
Que chacun la voudrait racheter de son sang.

DIRCÉ.

Nérine, que dis-tu? serait-ce bien la reine?
Le ciel ferait-il choix d'Antigone, ou d'Ismène?
Voudrait-il Étéocle, ou Polynice, ou moi?
Car tu me dis assez que ce n'est pas le roi;
Et, si le ciel demande une victime pure,
Appréhender pour lui, c'est lui faire une injure[1].
Serait-ce enfin Thésée? Hélas! si c'était lui....
Mais nomme, et dis quel sang le ciel veut aujourd'hui.

NÉRINE.

L'ombre du grand Laïus, qui lui sert d'interprète,
De honte ou de dépit sur ce nom est muette;
Je n'ose vous nommer ce qu'elle nous a tu :
Mais préparez, madame, une haute vertu,
Prêtez à ce récit une âme généreuse,
Et vous-même jugez si la chose est douteuse.

DIRCÉ.

Ah! ce sera Thésée, ou la reine.

NÉRINE.

Écoutez,
Et tâchez d'y trouver quelques obscurités.
Tirésie a longtemps perdu ses sacrifices
Sans trouver ni les dieux ni les ombres propices;
Et celle de Laïus évoqué par son nom
S'obstinait au silence aussi bien qu'Apollon.

---

[1] Ce vers seul suffirait pour faire un grand tort à la pièce, pour en bannir tout l'intérêt. Il ne faut jamais tâcher de rendre odieux un personnage qui doit attirer sur lui la compassion; c'est manquer à la première règle. J'avertis encore que je ne remarque point, dans cette pièce, les fautes de langage; elles sont à peu près les mêmes que dans les pièces précédentes. Corneille n'écrivit presque jamais purement. La langue française ne se perfectionna que lorsque Corneille, ayant déjà donné plusieurs pièces, s'était formé un style dont il ne pouvait plus se défaire. Mais voici une observation plus importante. Dircé se croit destinée pour victime, elle se prépare généreusement à mourir; c'est une situation très-belle, très-touchante par elle-même : pourquoi ne fait-elle nul effet? pourquoi ennuie-t-elle? c'est qu'elle n'est point préparée, c'est que Dircé a déjà révolté les spectateurs par son caractère, c'est qu'enfin on sent bien que ce péril n'est pas véritable. (V.) — Voltaire oublie que la langue française se perfectionna par les beaux vers du *Cid*, des *Horaces*, de *Cinna*, de *Pompée* et de *Polyeucte*, et qu'ainsi ce fut à Corneille lui-même qu'elle fut redevable de ses succès. Il y a plus loin, en effet, du style de ce grand poëte à celui de ses prédécesseurs que du style à celui de Pascal, de Boileau et de Racine, qui achevèrent de perfectionner la langue de manière qu'elle semble n'avoir plus rien à acquérir, et qu'ils en resteront toujours les plus parfaits modèles. (P.)

Mais la reine en la place à peine est arrivée,
Qu'une épaisse vapeur s'est du temple élevée,
D'où cette ombre aussitôt sortant jusqu'en plein jour
A surpris tous les yeux du peuple et de la cour.
L'impérieux orgueil de son regard sévère
Sur son visage pâle avait peint la colère;
Tout menaçait en elle; et des restes de sang
Par un prodige affreux lui dégouttaient du flanc.
A ce terrible aspect la reine s'est troublée,
La frayeur a couru dans toute l'assemblée;
Et de vos deux amants j'ai vu les cœurs glacés
A ces funestes mots que l'ombre a prononcés :
« Un grand crime impuni cause votre misère;
« Par le sang de ma race il se doit effacer;
« Mais, à moins que de le verser,
« Le ciel ne se peut satisfaire;
« Et la fin de vos maux ne se fera point voir
« Que mon sang n'ait fait son devoir.»
Ces mots dans tous les cœurs redoublent les alarmes;
L'ombre, qui disparaît, laisse la reine en larmes,
Thésée au désespoir, Æmon tout hors de lui;
Le roi même arrivant partage leur ennui;
Et d'une voix commune ils refusent une aide
Qui fait trouver le mal plus doux que le remède.

DIRCÉ.

Peut-être craignent-ils que mon cœur révolté
Ne leur refuse un sang qu'ils n'ont pas mérité;
Mais ma flamme à la mort m'avait trop résolue
Pour ne pas y courir quand les dieux l'ont voulue.
Tu m'as fait sans raison concevoir de l'effroi;
Je n'ai point dû trembler, s'ils ne veulent que moi.
Ils m'ouvrent une porte à sortir d'esclavage,
Que tient trop précieuse un généreux courage;
Mourir pour sa patrie est un sort plein d'appas
Pour quiconque à des fers préfère le trépas.
Admire, peuple ingrat, qui m'as déshéritée,
Quelle vengeance en prend ta princesse irritée,
Et connais dans la fin de tes longs déplaisirs
Ta véritable reine à ses derniers soupirs.
Vois comme à tes malheurs je suis tout asservie.
L'un m'a coûté mon trône, et l'autre veut ma vie.
Tu t'es sauvé du sphinx aux dépens de mon rang,
Sauve-toi de la peste aux dépens de mon sang.
Mais, après avoir vu dans la fin de ta peine
Que pour toi le trépas semble doux à ta reine,
Fais-toi de son exemple une adorable loi;
Il est encor plus doux de mourir pour son roi.

MÉGARE.

Madame, aurait-on cru que cette ombre d'un père,
D'un roi dont vous tenez la mémoire si chère,
Dans votre injuste perte eût pris tant d'intérêt
Qu'elle vînt elle-même en prononcer l'arrêt?

DIRCÉ.

N'appelle point injuste un trépas légitime :

Si j'ai causé sa mort, puis-je vivre sans crime?
NÉRINE.
Vous, madame?
DIRCÉ.
Oui, Nérine; et tu l'as pu savoir.
L'amour qu'il me portait eut sur lui tel pouvoir,
Qu'il voulut sur mon sort faire parler l'oracle;
Mais, comme à ce dessein la reine mit obstacle,
De peur que cette voix des destins ennemis
Ne fût aussi funeste à la fille qu'au fils,
Il se déroba d'elle, ou plutôt prit la fuite,
Sans vouloir que Phorbas et Nicandre pour suite.
Hélas! sur le chemin il fut assassiné [1].
Ainsi se vit pour moi son destin terminé;
Ainsi j'en fus la cause.
MÉGARE.
Oui, mais trop innocente
Pour vous faire un supplice où la raison consente;
Et jamais des tyrans les plus barbares lois....
DIRCÉ.
Mégare, tu sais mal ce que l'on doit aux rois.
Un sang si précieux ne saurait se répandre
Qu'à l'innocente cause on n'ait droit de s'en prendre;
Et, de quelque façon que finisse leur sort,
On n'est point innocent quand on cause leur mort.
C'est ce crime impuni qui demande un supplice,
C'est par là que mon père a part au sacrifice;
C'est ainsi qu'un trépas qui me comble d'honneur
Assure sa vengeance et fait votre bonheur,
Et que tout l'avenir chérira la mémoire
D'un châtiment si juste où brille tant de gloire.

SCÈNE IV [2].

THÉSÉE, DIRCÉ, MÉGARE, NÉRINE.

DIRCÉ.
Mais que vois-je! Ah, seigneur! quels que soient vos
Que venez-vous me dire en l'état où je suis? [ennuis,

THÉSÉE.
Je viens prendre de vous l'ordre qu'il me faut suivre;
Mourir, s'il faut mourir, et vivre, s'il faut vivre.
DIRCÉ.
Ne perdez point d'efforts à m'arrêter au jour;
Laissez faire l'honneur.
THÉSÉE.
Laissez agir l'amour.
DIRCÉ.
Vivez, prince, vivez.
THÉSÉ.
Vivez donc, ma princesse.
DIRCÉ.
Ne me ravalez point jusqu'à cette bassesse.
Retarder mon trépas, c'est faire tout périr :
Tout meurt si je ne meurs.
THÉSÉE.
Laissez-moi donc mourir.
DIRCÉ.
Hélas! qu'osez-vous dire?
THÉSÉE.
Hélas! qu'allez-vous faire?
DIRCÉE.
Finir les maux publics, obéir à mon père,
Sauver tous mes sujets.
THÉSÉ.
Par quelle injuste loi
Faut-il les sauver tous pour ne perdre que moi,
Eux dont le cœur ingrat porte les justes peines
D'un rebelle mépris qu'ils ont fait de vos chaînes,
Qui dans les mains d'un autre ont mis tout votre bien!
DIRCÉE.
Leur devoir violé doit-il rompre le mien?
Les exemples abjects de ces petites âmes
Règlent-ils de leurs rois les glorieuses trames?
Et quel fruit un grand cœur pourrait-il recueillir
A recevoir du peuple un exemple à faillir?
Non, non; s'il m'en faut un, je ne veux que le vôtre;
L'amour que j'ai pour vous n'en reçoit aucun autre.
Pour le bonheur public n'avez-vous pas toujours
Prodigué votre sang et hasardé vos jours?
Quand vous avez défait le Minotaure en Crète,
Quand vous avez puni Damaste et Périphète,
Sinnis, Phæa, Scirron, que faisiez-vous, seigneur,
Que chercher à périr pour le commun bonheur?

---

[1] Voilà une raison bien forcée, bien peu naturelle, et par conséquent nullement intéressante. Dircé suppose qu'elle a causé la mort de son père, parce qu'il fut tué en allant consulter l'oracle par amitié pour elle. Jusqu'à présent, elle n'en a point encore parlé : elle invente tout d'un coup cette fausse raison pour faire parade d'un sentiment filial et héroïque. Ce sentiment n'est point du tout touchant, parce qu'elle n'a été occupée jusqu'ici qu'à dire des injures à OEdipe. (V.)

[2] Cette scène devrait encore échauffer le spectateur, et elle le glace. Rien de plus attendrissant que deux amants dont l'un va mourir; rien de plus insipide, quand l'auteur n'a pas eu l'art de rendre ses personnages aimables et intéressants. Dircé a pris tout d'un coup la résolution de mourir sur un oracle équivoque,

« Et la fin de vos maux ne se fera point voir
« Que mon sang n'ait fait son devoir; »

et il semble qu'elle ne veut mourir que par vanité : elle avait débité plus haut cette maxime atroce et ridicule :

Un peuple est trop heureux quand il meurt pour ses rois;

et elle dit le moment d'après :

Ne perdez point d'efforts à m'arrêter au jour...
Ne me ravalez point jusqu'à cette bassesse...
Les exemples abjects de ces petites âmes
Règlent-ils de leurs rois les glorieuses trames?

Quels vers! quel langage! et la scène dégénère en une longue dissertation : *quæstio in utramque partem*, s'il faut mourir ou non. (V.)

Souffrez que pour la gloire une chaleur égale
D'une amante aujourd'hui vous fasse une rivale.
Le ciel offre à mon bras par où me signaler;
S'il ne sait pas combattre, il saura m'immoler;
Et, si cette chaleur ne m'a point abusée,
Je deviendrai par là digne du grand Thésée.
Mon sort en ce point seul du vôtre est différent,
Que je ne puis sauver mon peuple qu'en mourant,
Et qu'au salut du vôtre un bras si nécessaire
A chaque jour pour lui d'autres combats à faire.

THÉSÉE.

J'en ai fait et beaucoup, et d'assez généreux :
Mais celui-ci, madame, est le plus dangereux.
J'ai fait trembler partout, et devant vous je tremble.
L'amant et le héros s'accordent mal ensemble :
Mais enfin après vous tous deux veulent courir :
Le héros ne peut vivre où l'amant doit mourir;
La fermeté de l'un par l'autre est épuisée;
Et, si Dircé n'est plus, il n'est plus de Thésée.

DIRCÉ.

Hélas, c'est maintenant, c'est lorsque je vous voi,
Que ce même combat est dangereux pour moi.
Ma vertu la plus forte à votre aspect chancelle;
Tout mon cœur applaudit à sa flamme rebelle;
Et l'honneur, qui charmait ses plus noirs déplaisirs,
N'est plus que le tyran de mes plus chers désirs.
Allez, prince; et du moins par pitié de ma gloire
Gardez-vous d'achever une indigne victoire;
Et si jamais l'honneur a su vous animer....

THÉSÉE.

Hélas! à votre aspect je ne sais plus qu'aimer.

DIRCÉ.

Par un pressentiment j'ai déjà su vous dire
Ce que ma mort sur vous se réserve d'empire :
Votre bras de la Grèce est le plus ferme appui :
Vivez pour le public, comme je meurs pour lui.

THÉSÉE.

Périsse l'univers, pourvu que Dircé vive!
Périsse le jour même avant qu'elle s'en prive!
Que m'importe la perte ou le salut de tous?
Ai-je rien à sauver, rien à perdre que vous?
Si votre amour, madame, était encor le même,
Si vous saviez encore aimer comme on vous aime....

DIRCÉ.

Ah! faites moins d'outrage à ce cœur affligé
Que pressent les douleurs où vous l'avez plongé.
Laissez vivre du peuple un pitoyable reste
Aux dépens d'un moment que m'a laissé la peste,
Qui peut-être à vos yeux viendra trancher mes jours,
Si mon sang répandu ne lui tranche le cours.
Laissez-moi me flatter de cette triste joie
Que si je ne mourais vous en seriez la proie,
Et que ce sang aimé, que répandront mes mains,
Sera versé pour vous plus que pour les Thébains.

Des dieux mal obéis la majesté suprême
Pourrait en ce moment s'en venger sur vous-même;
Et j'aurais cette honte, en ce funeste sort,
D'avoir prêté mon crime à faire votre mort.

THÉSÉE.

Et ce cœur généreux me condamne à la honte
De voir que ma princesse en amour me surmonte,
Et de n'obéir pas à cette aimable loi
De mourir avec vous quand vous mourez pour moi.
Pour moi, comme pour vous, soyez plus magnanime ·
Voyez mieux qu'il y va même de votre estime,
Que le choix d'un amant si peu digne de vous
Souillerait cet honneur qui vous semble si doux,
Et que de ma princesse on dirait d'âge en âge
Qu'elle eut de mauvais yeux pour un si grand courage.

DIRCÉ.

Mais, seigneur, je vous sauve en courant au trépas;
Et mourant avec moi vous ne me sauvez pas.

THÉSÉE.

La gloire de ma mort n'en deviendra pas moindre;
Si ce n'est vous sauver, ce sera vous rejoindre :
Séparer deux amants, c'est tous deux les punir;
Et dans le tombeau même il est doux de s'unir.

DIRCÉ.

Que vous m'êtes cruel de jeter dans mon âme
Un si honteux désordre avec des traits de flamme!
Adieu, prince; vivez, je vous l'ordonne ainsi :
La gloire de ma mort est trop douteuse ici;
Et je hasarde trop une si noble envie
A voir l'unique objet pour qui j'aime la vie.

THÉSÉE.

Vous fuyez, ma princesse! et votre adieu fatal....

DIRCÉ.

Prince, il est temps de fuir quand on se défend mal.
Vivez, encore un coup; c'est moi qui vous l'ordonne.

THÉSÉE.

Le véritable amour ne prend loi de personne;
Et, si ce fier honneur s'obstine à nous trahir,
Je renonce, madame, à vous plus obéir.

ACTE TROISIÈME.

SCÈNE PREMIÈRE.

DIRCÉ.

Impitoyable soif de gloire [1],
Dont l'aveugle et noble transport

[1] Ces stances de Dircé sont bien différentes de celles de Polyeucte : il n'y a que de l'esprit, et encore de l'esprit alambiqué

Me fait précipiter ma mort
Pour faire vivre ma mémoire,
Arrête pour quelques moments
Les impétueux sentiments
De cette inexorable envie,
Et souffre qu'en ce triste et favorable jour,
Avant que te donner ma vie,
Je donne un soupir à l'amour.

Ne crains pas qu'une ardeur si belle
Ose te disputer un cœur
Qui de ton illustre rigueur
Est l'esclave le plus fidèle.
Ce regard tremblant et confus,
Qu'attire un bien qu'il n'attend plus,
N'empêche pas qu'il ne se dompte.
Il est vrai qu'il murmure, et se dompte à regret ;
Mais, s'il m'en faut rougir de honte,
Je n'en rougirai qu'en secret.

L'éclat de cette renommée
Qu'assure un si brillant trépas
Perd la moitié de ses appas
Quand on aime et qu'on est aimée.
L'honneur en monarque absolu
Soutient ce qu'il a résolu
Contre les assauts qu'on te livre.
Il est beau de mourir pour en suivre les lois ;
Mais il est assez doux de vivre
Quand l'amour a fait un beau choix.

Toi qui faisais toute la joie
Dont sa flamme osait me flatter,
Prince que j'ai peine à quitter,
A quelques honneurs qu'on m'envoie,
Accepte ce faible retour
Que vers toi d'un si juste amour
Fait la douloureuse tendresse.
Sur les bords de la tombe où tu me vois courir,
Je crains les maux que je te laisse,
Quand je fais gloire de mourir.

J'en fais gloire, mais je me cache
Un comble affreux de déplaisirs ;
Je fais taire tous mes désirs,
Mon cœur à soi-même s'arrache.
Cher prince, dans un tel aveu,
Si tu peux voir quel est mon feu,
Vois combien il se violente.

Si Dircé était dans un véritable danger, ces épigrammes déplacées ne toucheraient personne. Jugez quel effet elles doivent produire quand on voit évidemment que Dircé, à laquelle personne ne s'intéresse, ne court aucun risque ! (V.)

Je meurs l'esprit content ; l'honneur m'en fait la loi ;
Mais j'aurais vécu plus contente,
Si j'avais pu vivre pour toi.

SCÈNE II.

JOCASTE, DIRCÉ.

DIRCÉ.
Tout est-il prêt, madame, et votre Tirésie
Attend-il aux autels la victime choisie ?
JOCASTE.   [jours
Non, ma fille ; et du moins nous aurons quelques
A demander au ciel un plus heureux secours.
On prépare à demain exprès d'autres victimes.
Le peuple ne vaut pas que vous payiez ses crimes ;
Il aime mieux périr qu'être ainsi conservé :
Et le roi même, encor que vous l'ayez bravé,
Sensible à vos malheurs autant qu'à ma prière,
Vous offre sur ce point liberté tout entière.
DIRCÉ.
C'est assez vainement qu'il m'offre un si grand bien,
Quand le ciel ne veut pas que je lui doive rien :
Et ce n'est pas à lui de mettre des obstacles
Aux ordres souverains que donnent ses oracles.
JOCASTE.
L'oracle n'a rien dit.
DIRCÉ.
Mais mon père a parlé ;
L'ordre de nos destins par lui s'est révélé :
Et des morts de son rang les ombres immortelles
Servent souvent aux dieux de truchements fidèles [1].
JOCASTE.
Laissez la chose en doute, et du moins hésitez
Tant qu'on ait par leur bouche appris leurs volontés.
DIRCÉ.
Exiger qu'avec nous ils s'expliquent eux-mêmes,
C'est trop nous asservir ces majestés suprêmes.
JOCASTE.
Ma fille, il est toujours assez tôt de mourir.
DIRCÉ.
Madame, il n'est jamais trop tôt de secourir ;
Et, pour un mal si grand qui réclame notre aide,
Il n'est point de trop sûr ni de trop prompt remède.
Plus nous le différons, plus ce mal devient grand.
J'assassine tous ceux que la peste surprend ;
Aucun n'en peut mourir qui ne me laisse un crime :

[1] C'est toujours le même défaut d'intérêt et de chaleur qui règne dans toutes ces scènes. C'est une chose bien singulière que l'obstination de Dircé à vouloir mourir de sang-froid, sans nécessité, et par vanité : Mon père a parlé obscurément, mais un *mort de son rang* est un truchement des dieux. Cela ressemble à cette dame qui disait que Dieu y regarde à deux fois quand il s'agit de damner une femme de qualité. (V.)

Je viens d'étouffer seule et Sostrate et Phædime;
Et durant ce refus des remèdes offerts,
La Parque se prévaut des moments que je perds.
Hélas! si sa fureur dans ces pertes publiques
Enveloppait Thésée après ses domestiques!
Si nos retardements....

JOCASTE.
Vivez pour lui, Dircé;
Ne lui dérobez point un cœur si bien placé.
Avec tant de courage ayez quelque tendresse;
Agissez en amante aussi bien qu'en princesse [1].
Vous avez liberté tout entière en ces lieux :
Le roi n'y prend pas garde, et je ferme les yeux.
C'est vous en dire assez : l'amour est un doux maître;
Et quand son choix est beau, son ardeur doit paraî-
DIRCÉ.   [tre.
Je n'ose demander si de pareils avis
Portent des sentiments que vous avez suivis [2].
Votre second hymen put avoir d'autres causes :
Mais j'oserai vous dire, à bien juger des choses,
Que pour avoir reçu la vie en votre flanc
J'y dois avoir sucé fort peu de votre sang.
Celui du grand Laïus, dont je m'y suis formée,
Trouve bien qu'il est doux d'aimer et d'être aimée;
Mais il ne peut trouver qu'on soit digne du jour
Quand aux soins de sa gloire on préfère l'amour.
Je sais sur les grands cœurs ce qu'il se fait d'empire;
J'avoue, et hautement, que le mien en soupire: [ceurs,
Mais, quoi qu'un si beau choix puisse avoir de dou-
Je garde un autre exemple aux princesses mes sœurs.

JOCASTE.
Je souffre tout de vous en l'état où vous êtes.
Si vous ne savez pas même ce que vous faites,
Le chagrin inquiet du trouble où je vous voi
Vous peut faire oublier que vous parlez à moi.
Mais quittez ces dehors d'une vertu sévère,
Et souvenez-vous mieux que je suis votre mère.

DIRCÉ.
Ce chagrin inquiet, pour se justifier,
N'a qu'à prendre chez vous l'exemple d'oublier.
Quand vous mîtes le sceptre en une autre famille,
Vous souvint-il assez que j'étais votre fille?

JOCASTE.
Vous n'étiez qu'un enfant.

DIRCÉ.
J'avais déjà des yeux,
Et sentais dans mon cœur le sang de mes aïeux;
C'était ce même sang dont vous m'avez fait naître
Qui s'indignait dès lors qu'on lui donnât un maître,
Et que vers soi Laïus aime mieux rappeler
Que de voir qu'à vos yeux on l'ose ravaler.
Il oppose ma mort à l'indigne hyménée
Où, par raison d'État, il me voit destinée;
Il la fait glorieuse, et je meurs plus pour moi
Que pour ces malheureux qui se sont fait un roi.
Le ciel en ma faveur prend ce cher interprète,
Pour m'épargner l'affront de vivre encor sujette;
Et s'il a quelque foudre, il saura le garder
Pour qui m'a fait des lois où j'ai dû commander.

JOCASTE.
Souffrez qu'à ses éclairs votre orgueil se dissipe.
Ce foudre vous menace un peu plus tôt qu'Œdipe;
Et le roi n'a pas lieu d'en redouter les coups,
Quand parmi tout son peuple ils n'ont choisi que vous.

DIRCÉ.
Madame, il se peut faire encor qu'il me prévienne.
S'il sait ma destinée, il ignore la sienne.
Le ciel pourra venger ses ordres retardés.
Craignez ce changement que vous lui demandez.
Souvent on l'entend mal quand on le croit entendre;
L'oracle le plus clair se fait le moins comprendre.
Moi-même je le dis sans comprendre pourquoi;
Et ce discours en l'air m'échappe malgré moi.
Pardonnez cependant à cette humeur hautaine :
Je veux parler en fille, et je m'explique en reine.
Vous qui l'êtes encor, vous savez ce que c'est,
Et jusqu'où nous emporte un si haut intérêt.
Si je n'en ai le rang, j'en garde la teinture.
Le trône a d'autres droits que ceux de la nature.
J'en parle trop peut-être alors qu'il faut mourir.
Hâtons-nous d'empêcher ce peuple de périr;
Et sans considérer quel fût vers moi son crime,
Puisque le ciel le veut, donnons-lui sa victime.

JOCASTE.
Demain ce juste ciel pourra s'expliquer mieux.
Cependant vous laissez bien du trouble en ces lieux;
Et si votre vertu pouvait croire mes larmes,
Vous nous épargneriez cent mortelles alarmes.

DIRCÉ.
Dussent avec vos pleurs tous vos Thébains s'unir,
Ce que n'a pu l'amour, rien ne doit l'obtenir.

---

[1] Jocaste conseille à Dircé de s'enfuir avec Thésée, et de s'aller marier où elle voudra : elle ajoute que l'amour est un doux maître. Le conseil n'est pas mauvais en temps de peste; mais cela tient un peu trop de la farce. (V.)

[2] La réponse de Dircé est d'une insolence révoltante : *des avis qui portent des sentiments*, *bien juger des choses*, *du sang sucé dans un flanc*, et toutes ces expressions vicieuses, sont de faibles défauts en comparaison de cette indécence intolérable avec laquelle cette Dircé parle à sa mère. Toute cette scène est aussi odieuse et aussi mal faite qu'inutile. (V.)

SCÈNE III[1].

OEDIPE, JOCASTE, DIRCÉ.

DIRCÉ.

A quel propos, seigneur, voulez-vous qu'on diffère,
Qu'on dédaigne un remède à tous si salutaire ?
Chaque instant que je vis vous enlève un sujet,
Et l'État s'affaiblit par l'affront qu'on me fait.
Cette ombre de pitié n'est qu'un comble d'envie.
Vous m'avez envié le bonheur de ma vie;
Et je vous vois par là jaloux de tout mon sort,
Jusques à m'envier la gloire de ma mort.

OEDIPE.

Qu'on perd de temps, madame, alors qu'on vous fait [grâce !
Le ciel m'en a trop fait pour souffrir qu'on m'en fasse.

JOCASTE.

Faut-il voir votre esprit obstinément aigri,
Quand ce qu'on fait pour vous doit l'avoir attendri ?

DIRCÉ.

Fait-il voir son envie à mes vœux opposée,
Quand il ne s'agit plus d'Æmon ni de Thésée !

OEDIPE.

Il s'agit de répandre un sang si précieux,
Qu'il faut un second ordre et plus exprès des dieux.

DIRCÉ.

Doutez-vous qu'à mourir je ne sois toute prête,
Quand les dieux par mon père ont demandé ma tête ?

OEDIPE.

Je vous connais, madame, et je n'ai point douté
De cet illustre excès de générosité ;
Mais la chose, après tout, n'est pas encor si claire,
Que cet ordre nouveau ne nous soit nécessaire.

DIRCÉ.

Quoi ! mon père tantôt parlait obscurément ?

OEDIPE.

Je n'en ai rien connu que depuis un moment.
C'est un autre que vous peut-être qu'il menace.

DIRCÉ.

Si l'on ne m'a trompée, il n'en veut qu'à sa race.

OEDIPE.

Je sais qu'on vous a fait un fidèle rapport :
Mais vous pourriez mourir et perdre votre mort ;
Et la reine sans doute était bien inspirée,
Alors que par ses pleurs elle l'a différée.

JOCASTE.

Je ne reçois qu'en trouble un si confus espoir.

OEDIPE.

Ce trouble augmentera peut-être avant ce soir.

JOCASTE.

Vous avancez des mots que je ne puis comprendre.

OEDIPE.

Vous vous plaindrez fort peu de ne les point entendre ;
Nous devons bientôt voir le mystère éclairci.
Madame, cependant vous êtes libre ici ;
La reine vous l'a dit, ou vous a dû le dire ;
Et, si vous m'entendez, ce mot vous doit suffire.

DIRCÉ.

Quelque secret motif qui vous ait excité
A ce tardif excès de générosité,
Je n'emporterai point de Thèbes dans Athènes
La colère des dieux et l'amas de leurs haines,
Qui pour premier objet pourraient choisir l'époux
Pour qui j'aurais osé mériter leur courroux.
Vous leur faites demain offrir un sacrifice ?

OEDIPE.

J'en espère pour vous un destin plus propice.

DIRCÉ.

J'y trouverai ma place, et ferai mon devoir.
Quant au reste, seigneur, je n'en veux rien savoir :
J'y prends si peu de part, que, sans m'en mettre en [peine,
Je vous laisse expliquer votre énigme à la reine.
Mon cœur doit être las d'avoir tant combattu,
Et fuit un piége adroit qu'on tend à sa vertu.

SCÈNE IV[1].

JOCASTE, OEDIPE, SUITE.

OEDIPE.

Madame, quand des dieux la réponse funeste,
De peur d'un parricide et de peur d'un inceste,
Sur le mont Cythéron fit exposer ce fils
Pour qui tant de forfaits avaient été prédits,
Sûtes-vous faire choix d'un ministre fidèle ?

JOCASTE.

Aucun pour le feu roi n'a montré plus de zèle,
Et, quand par des voleurs il fut assassiné,

---

[1] Cette scène est encore aussi glaçante, aussi inutile, aussi mal écrite que toutes les précédentes. On parle toujours mal quand on n'a rien à dire. Presque toutes nos tragédies sont trop longues : le public voulait, pour ses dix sous, avoir un spectacle de deux heures ; et il y avait trop souvent une heure et demie d'ennui. Ce n'était pas des archontes qui donnaient des jeux aux peuples d'Athènes ; ce n'était pas des édiles qui assemblaient le peuple romain ; c'était une société d'histrions qui, moyennant quelque argent qu'ils donnaient au clerc d'un lieutenant civil, obtenaient la permission de jouer dans un jeu de paume ; les décorations étaient peintes par un barbouilleur, les habits fournis par un fripier. Le parterre voulait des épisodes d'amour ; et celle qui jouait les amoureuses voulait absolument un rôle. Ce n'est pas ainsi que l'*Œdipe* de Sophocle fut représenté sur le théâtre d'Athènes. (V.)

[1] C'est ici que commence la pièce. Le spectateur est remué dès les premiers vers que dit OEdipe. Cela seul fait voir combien d'Aubignac était mauvais juge de l'art dont il donna des règles. Il soutient que le sujet d'*Œdipe* ne peut intéresser, et dès les premiers vers où ce sujet est traité, il intéresse, malgré le froid de tout ce qui précède. (V.)

Ce digne favori l'avait accompagné.
Par lui seul on a su cette noire aventure;
On le trouva percé d'une large blessure,
Si baigné dans son sang, et si près de mourir,
Qu'il fallut une année et plus pour l'en guérir.

OEDIPE.
Est-il mort?

JOCASTE.
Non, seigneur; la perte de son maître
Fut cause qu'en la cour il cessa de paraître :
Mais il respire encore, assez vieil et cassé;
Et Mégare, sa fille, est auprès de Dircé.

OEDIPE.
Où fait-il sa demeure?

JOCASTE.
Au pied de cette roche
Que de ces tristes murs nous voyons la plus proche.

OEDIPE.
Tâchez de lui parler.

JOCASTE.
J'y vais tout de ce pas.
Qu'on me prépare un char pour aller chez Phorbas.
Son dégoût de la cour pourrait sur un message
S'excuser par caprice, et prétexter son âge.
Dans une heure au plus tard je saurai vous revoir.
Mais que dois-je lui dire, et qu'en faut-il savoir ?

OEDIPE.
Un bruit court depuis peu qu'il vous a mal servie [1],
Que ce fils qu'on croit mort est encor plein de vie.
L'oracle de Laïus par là devient douteux,
Et tout ce qu'il a dit peut s'étendre sur deux.

JOCASTE.
Seigneur, ou sur ce bruit je suis fort abusée,
Ou ce n'est qu'un effet de l'amour de Thésée.
Pour sauver ce qu'il aime et vous embarrasser,
Jusques à votre oreille il l'aura fait passer :
Mais Phorbas aisément convaincra d'imposture
Quiconque ose à sa foi faire une telle injure.

OEDIPE.
L'innocence de l'âge aura pu l'émouvoir.

JOCASTE.
Je l'ai toujours connu ferme dans son devoir;
Mais, si déjà ce bruit vous met en jalousie,
Vous pouvez consulter le devin Tirésie,
Publier sa réponse, et traiter d'imposteur
De cette illusion le téméraire auteur.

OEDIPE.
Je viens de le quitter, et de là vient ce trouble [2]

[1] OEdipe devrait donc en avoir déjà parlé au premier acte : il ne devait donc pas dire, dans ce premier acte, que c'était le sang innocent de cet enfant qui était la cause des malheurs de Thèbes. (V.)
[2] Quelle différence entre ce froid récit de la consultation et les terribles prédictions que fait Tirésie dans Sophocle! Pour-

Qu'en mon cœur alarmé chaque moment redouble.
« Ce prince, m'a-t-il dit, respire en votre cour;
« Vous pourrez le connaître avant la fin du jour;
« Mais il pourra vous perdre en se faisant connaître.
« Puisse-t-il ignorer quel sang lui donna l'être ! »
Voilà ce qu'il m'a dit d'un ton si plein d'effroi,
Qu'il l'a fait rejaillir jusqu'en l'âme d'un roi.
Ce fils, qui devait être inceste et parricide,
Doit avoir un cœur lâche, un courage perfide;
Et, par un sentiment facile à deviner,
Il ne se cache ici que pour m'assassiner :
C'est par là qu'il aspire à devenir monarque,
Et vous le connaîtrez bientôt à cette marque.
Quoi qu'il en soit, madame, allez trouver Phorbas;
Tirez-en, s'il se peut, les clartés qu'on n'a pas.
Tâchez en même temps de voir aussi Thésée;
Dites-lui qu'il peut faire une conquête aisée,
Qu'il ose pour Dircé, que je n'en verrai rien.
J'admire un changement si confus que le mien :
Tantôt dans leur hymen je croyais voir ma perte,
J'allais pour l'empêcher jusqu'à la force ouverte;
Et, sans savoir pourquoi, je voudrais que tous deux
Fussent, loin de ma vue, au comble de leurs vœux,
Que les emportements d'une ardeur mutuelle
M'eussent débarrassé de son amant et d'elle.
Bien que de leur vertu rien ne me soit suspect,
Je ne sais quelle horreur me trouble à leur aspect ;
Ma raison la repousse, et ne m'en peut défendre;
Moi-même en cet état je ne puis me comprendre :
Et l'énigme [1] du sphinx fut moins obscur pour moi,
Que le fond de mon cœur ne l'est dans cet effroi :
Plus je le considère, et plus je m'en irrite.
Mais ce prince paraît, souffrez que je l'évite,
Et, si vous vous sentez l'esprit moins interdit,
Agissez avec lui comme je vous ai dit.

quoi n'a-t-on pu faire paraître ce Tirésie sur le théâtre de Paris? J'ose croire que si on avait eu, du temps de Corneille, un théâtre tel que nous l'avons depuis peu d'années, grâce à la générosité éclairée de M. le comte de Lauraguais, le grand Corneille n'eût pas hésité à produire Tirésie sur la scène, à imiter le dialogue admirable de Sophocle: on eût connu alors la raison pour laquelle les arrêts des dieux veulent qu'OEdipe se prive lui-même de la vue : c'est qu'il a reproché à l'interprète des dieux son aveuglement. Je sais bien qu'à la farce dite *italienne* ou représenterait Tirésie habillé en Quinze-vingt, une tasse à la main, et que cela divertirait la populace; mais ceux *quibus est equus, et pater, et res*, applaudiraient à une belle imitation de Sophocle. Si ce sujet n'a jamais été traité parmi nous comme il a dû l'être, accusons-en, encore une fois, la construction malheureuse de nos théâtres, autant que notre habitude méprisable d'introduire toujours une intrigue d'amour, ou plutôt de galanterie, dans les sujets qui excluent tout amour. (V.)

[1] Ce mot est aujourd'hui féminin.

SCÈNE V[1].

JOCASTE, THÉSÉE.

JOCASTE.

Prince, que faites-vous? quelle pitié craintive,
Quel faux respect des dieux tient votre flamme oisive?
Avez-vous oublié comme il faut secourir?

THÉSÉE.

Dircé n'est plus, madame, en état de périr;
Le ciel vous rend un fils; et ce n'est qu'à ce prince
Qu'est dû le triste honneur de sauver sa province.

JOCASTE.

C'est trop vous assurer sur l'éclat d'un faux bruit.

THÉSÉE.

C'est une vérité dont je suis mieux instruit.

JOCASTE.

Vous le connaissez donc?

THÉSÉE.

A l'égal de moi-même.

JOCASTE.

De quand?

THÉSÉE.

De ce moment.

JOCASTE.

Et vous l'aimez?

THÉSÉE.

Je l'aime
Jusqu'à mourir du coup dont il sera percé.

JOCASTE.

Mais cette amitié cède à l'amour de Dircé?

THÉSÉE.

Hélas! cette princesse à mes désirs si chère
En un fidèle amant trouve un malheureux frère,
Qui mourrait de douleur d'avoir changé de sort,
N'était le prompt secours d'une plus digne mort,
Et qu'assez tôt connu pour mourir au lieu d'elle
Ce frère malheureux meurt en amant fidèle.

JOCASTE.

Quoi! vous seriez mon fils?

THÉSÉE.

Et celui de Laïus.

JOCASTE.

Qui vous a pu le dire?

[1] Cette scène de Jocaste et de Thésée détruit l'intérêt qu'OEdipe commençait d'inspirer. Le spectateur voit trop bien que Thésée n'est pas le fils de Jocaste; on connaît trop l'histoire de Thésée, on aperçoit trop aisément l'inutilité de cet artifice. De plus, il faut bien observer qu'une méprise est toujours insipide au théâtre, quand ce n'est qu'une méprise, quand elle n'amène pas une catastrophe attendrissante. Thésée se croit le fils de Jocaste, et cela, dit-il, *sans en avoir la preuve manifeste*. Cela ne produit pas le plus petit événement. Thésée s'est trompé, et voilà tout. Cette aventure ressemble (s'il est permis d'employer une telle comparaison) à Arlequin qui se dit curé de Domfront, et qui en est quitte pour dire, *Je croyais l'être*. (V.)

THÉSÉE.

Un témoin qui n'est plus,
Phædime, qu'à mes yeux vient de ravir la peste:
Non qu'il m'en ait donné la preuve manifeste;
Mais Phorbas, ce vieillard qui m'exposa jadis,
Répondra mieux que lui de ce que je vous dis,
Et vous éclaircira touchant une aventure
Dont je n'ai pu tirer qu'une lumière obscure.
Ce peu qu'en ont pour moi les soupirs d'un mourant
Du grand droit de régner serait mauvais garant.
Mais ne permettez pas que le roi me soupçonne,
Comme si ma naissance ébranlait sa couronne;
Quelque honneur, quelques droits qu'elle ait pu m'acquérir,
Je ne viens disputer que celui de mourir.

JOCASTE.

Je ne sais si Phorbas avoûra votre histoire;
Mais, qu'il l'avoue ou non, j'aurai peine à vous croire.
Avec votre mourant Tirésie est d'accord,
A ce que dit le roi, que mon fils n'est point mort:
C'est déjà quelque chose; et toutefois mon âme
Aime à tenir suspecte une si belle flamme.
Je ne sens point pour vous l'émotion du sang,
Je vous trouve en mon cœur toujours en même rang;
J'ai peine à voir un fils où j'ai cru voir un gendre;
La nature avec vous refuse de s'entendre,
Et me dit en secret, sur votre emportement,
Qu'il a bien peu d'un frère, et beaucoup d'un amant:
Qu'un frère a pour des sœurs une ardeur plus remise,
A moins que sous ce titre un amant se déguise,
Et qu'il cherche en mourant la gloire et la douceur
D'arracher à la mort ce qu'il nomme sa sœur.

THÉSÉE.

Que vous connaissez mal ce que peut la nature!
Quand d'un parfait amour elle a pris la teinture,
Et que le désespoir d'un illustre projet
Se joint aux déplaisirs d'en voir périr l'objet,
Il est doux de mourir pour une sœur si chère.
Je l'aimais en amant, je l'aime encore en frère:
C'est sous un autre nom le même empressement;
Je ne l'aime pas moins, mais je l'aime autrement.
L'ardeur sur la vertu fortement établie
Par ces retours du sang ne peut être affaiblie;
Et ce sang qui prêtait sa tendresse à l'amour
A droit d'en emprunter les forces à son tour.

JOCASTE.

Eh bien! soyez mon fils, puisque vous voulez l'être,
Mais donnez-moi la marque où je le dois connaître.
Vous n'êtes point ce fils, si vous n'êtes méchant;
Le ciel sur sa naissance imprima ce penchant:
J'en vois quelque partie en ce désir inceste;
Mais, pour ne plus douter, vous chargez-vous du reste?
Êtes-vous l'assassin et d'un père et d'un roi?

THÉSÉE.

Ah, madame! ce mot me fait pâlir d'effroi.

JOCASTE.

C'était là de mon fils la noire destinée ;
Sa vie à ces forfaits par le ciel condamnée
N'a pu se dégager de cet astre ennemi,
Ni de son ascendant s'échapper à demi.
Si ce fils vit encore, il a tué son père ;
C'en est l'indubitable et le seul caractère ;
Et le ciel, qui prit soin de nous en avertir,
L'a dit trop hautement pour se voir démentir.
Sa mort seule pouvait le dérober au crime.
   Prince, renoncez donc à toute votre estime ;
Dites que vos vertus sont crimes déguisés ;
Recevez tout le sort que vous vous imposez ;
Et pour remplir un nom dont vous êtes avide
Acceptez ceux d'inceste et de fils parricide.
J'en croirai ces témoins que le ciel m'a prescrits,
Et ne vous puis donner mon aveu qu'à ce prix.

THÉSÉE.

Quoi ! la nécessité des vertus et des vices[1]
D'un astre impérieux doit suivre les caprices,
Et Delphes, malgré nous, conduit nos actions
Au plus bizarre effet de ses prédictions.
L'âme est donc tout esclave : une loi souveraine
Vers le bien ou le mal incessamment l'entraîne ;
Et nous ne recevons ni crainte ni désir
De cette liberté qui n'a rien à choisir,
Attachés sans relâche à cet ordre sublime,
Vertueux sans mérite, et vicieux sans crime.
Qu'on massacre les rois, qu'on brise les autels,
C'est la faute des dieux, et non pas des mortels :
De toute la vertu sur la terre épandue,
Tout le prix à ces dieux, toute la gloire est due ;
Ils agissent en nous quand nous pensons agir ;
Alors qu'on délibère on ne fait qu'obéir ;
Et notre volonté n'aime, hait, cherche, évite,
Que suivant que d'en haut leur bras la précipite[2].

D'un tel aveuglement daignez me dispenser.
Le ciel, juste à punir, juste à récompenser,
Pour rendre aux actions leur peine ou leur salaire,
Doit nous offrir son aide, et puis nous laisser faire.
N'enfonçons toutefois ni votre œil ni le mien
Dans ce profond abîme où nous ne voyons rien :
Delphes a pu vous faire une fausse réponse ;
L'argent put inspirer la voix qui les prononce ;
Cet organe des dieux put se laisser gagner
A ceux que ma naissance éloignait de régner ;
Et par tous les climats on n'a que trop d'exemples
Qu'il est ainsi qu'ailleurs des méchants dans les temples.
   Du moins puis-je assurer que dans tous mes combats
Je n'ai jamais souffert de seconds que mon bras ;
Que je n'ai jamais vu ces lieux de la Phocide
Où fut par des brigands commis ce parricide ;
Que la fatalité des plus pressants malheurs
Ne m'aurait pu réduire à suivre des voleurs ;
Que j'en ai trop puni pour en croître le nombre....

JOCASTE.

Mais Laïus a parlé, vous en avez vu l'ombre :
De l'oracle avec elle on voit tant de rapport,
Qu'on ne peut qu'à ce fils en imputer la mort ;
Et c'est le dire assez qu'ordonner qu'on efface
Un grand crime impuni par le sang de sa race.
Attendons toutefois ce qu'en dira Phorbas ;
Autre que lui n'a vu ce malheureux trépas ;
Et de ce témoin seul dépend la connaissance
Et de ce parricide et de votre naissance.
Si vous êtes coupable, évitez-en les yeux ;
Et, de peur d'en rougir, prenez d'autre aïeux.

THÉSÉE.

Je le verrai, madame, et sans inquiétude.
Ma naissance confuse a quelque incertitude ;
Mais, pour ce parricide, il est plus que certain
Que ce ne fut jamais un crime de ma main.

ACTE QUATRIÈME.

SCÈNE PREMIÈRE[1].

THÉSÉE, DIRCÉ, MÉGARE.

DIRCÉ.

Oui, déjà sur ce bruit l'amour m'avait flattée ;
Mon âme avec plaisir s'était inquiétée ;

---

[1] Ce morceau contribua beaucoup au succès de la pièce. Les disputes sur le libre arbitre agitaient alors les esprits. Cette tirade de Thésée, belle par elle-même, acquit un nouveau prix par les querelles du temps ; et plus d'un amateur la sait encore par cœur. Il y a dans ce beau morceau quelques expressions impropres et vicieuses, comme *une nécessité de vertus et de vices qui suit les caprices d'un astre impérieux, un bras qui précipite d'en haut une volonté, rendre aux actions leur peine, enfoncer un œil dans un abîme* ; mais le beau prédomine. Ce couplet même n'est pas une déclamation étrangère au sujet ; au contraire, des réflexions sur la fatalité ne peuvent être mieux placées que dans l'histoire d'Œdipe. Il est vrai que Thésée condamne ici les dieux qui ont prédestiné Œdipe au parricide et à l'inceste. Il y aurait de plus belles choses à dire pour l'opinion contraire à celle de Thésée : les idées de la toute-puissance divine, l'inflexibilité du destin, le portrait de la faiblesse des vils mortels, auraient fourni des images fortes et terribles. Il y en a quelques-unes dans Sophocle. (V.)

[2] Racine, dans *Les Frères ennemis*, acte III, scène II, a imité cette déclamation contre la fatalité ; mais il y est resté inférieur à Corneille.

[1] Tout retombe ici dans la langueur. Ce n'est plus ce Thésée qui croyait être le fils de Laïus ; il avoue que tout cela n'est qu'un stratagème. Ces malheureuses finesses détournent l'esprit de l'objet principal ; on ne s'intéresse plus à rien : les grandes idées du salut public, de la découverte du meurtrier de Laïus, de la destinée d'Œdipe, des crimes involontaires auxquels il ne

Et ce jaloux honneur qui ne consentait pas
Qu'un frère me ravît un glorieux trépas,
Après cette douceur fièrement refusée,
Ne me refusait point de vivre pour Thésée,
Et laissait doucement corrompre sa fierté
A l'espoir renaissant de ma perplexité.
Mais si je vois en vous ce déplorable frère,
Quelle faveur du ciel voulez-vous que j'espère,
S'il n'est pas en sa main de m'arrêter au jour
Sans faire soulever et l'honneur et l'amour?
S'il dédaigne mon sang, il accepte le vôtre;
Et si quelque miracle épargne l'un et l'autre,
Pourra-t-il détacher de mon sort le plus doux
L'amertume de vivre, et n'être point à vous?

THÉSÉE.

Le ciel choisit souvent de secrètes conduites
Qu'on ne peut démêler qu'après de longues suites;
Et de mon sort douteux l'obscur événement
Ne défend pas l'espoir d'un second changement.
Je chéris ce premier qui vous est salutaire.
Je ne puis en amant ce que je puis en frère;
J'en garderai le nom tant qu'il faudra mourir :
Mais, si jamais d'ailleurs on peut vous secourir,
Peut-être que le ciel me faisant mieux connaître,
Sitôt que vous vivrez, je cesserai de l'être;
Car je n'aspire point à calmer son courroux,
Et ne veux ni mourir ni vivre que pour vous.

DIRCÉ.

Cet amour mal éteint sied mal au cœur d'un frère :
Où le sang doit parler, c'est à lui de se taire;
Et sitôt que sans crime il ne peut plus durer,
Pour ses feux les plus vifs il est temps d'expirer.

THÉSÉE.

Laissez-lui conserver ces ardeurs empressées
Qui vous faisaient l'objet de toutes mes pensées.
J'ai mêmes yeux encore, et vous mêmes appas :
Si mon sort est douteux, mon souhait ne l'est pas.
Mon cœur n'écoute point ce que le sang veut dire;
C'est d'amour qu'il gémit, c'est d'amour qu'il soupire;
Et pour pouvoir sans crime en goûter la douceur,
Il se révolte exprès contre le nom de sœur.
De mes plus chers désirs ce partisan sincère
En faveur de l'amant tyrannise le frère,
Et partage à tous deux le digne empressement
De mourir comme frère et vivre comme amant.

DIRCÉ.

O du sang de Laïus preuves trop manifestes!
Le ciel, vous destinant à des flammes incestes,
A su de votre esprit déraciner l'horreur
Que doit faire à l'amour le sacré nom de sœur :
Mais si sa flamme y garde une place usurpée,
Dircé dans votre erreur n'est point enveloppée;
Elle se défend mieux de ce trouble intestin;
Et, si c'est votre sort, ce n'est pas son destin.
Non qu'enfin sa vertu vous regarde en coupable;
Puisque le ciel vous force, il vous rend excusable;
Et l'amour pour les sens est un si doux poison,
Qu'on ne peut pas toujours écouter la raison.
Moi-même, en qui l'honneur n'accepte aucune grâce,
J'aime en ce douteux sort tout ce qui m'embarrasse;
Je ne sais quoi m'y plaît qui n'ose s'exprimer,
Et ce confus mélange a de quoi me charmer.
Je n'aime plus qu'en sœur, et malgré moi j'espère.
Ah! prince, s'il se peut, ne soyez point mon frère,
Et laissez-moi mourir avec les sentiments
Que la gloire permet aux illustres amants.

THÉSÉE.

Je vous ai déjà dit, princesse, que peut-être,
Sitôt que vous vivrez, je cesserai de l'être :
Faut-il que je m'explique? et toute votre ardeur
Ne peut-elle sans moi lire au fond de mon cœur?
Puisqu'il est tout à vous, pénétrez-y, madame,
Vous verrez que sans crime il conserve sa flamme.
Si je suis descendu jusqu'à vous abuser,
Un juste désespoir m'aurait fait plus oser;
Et l'amour pour défendre une si chère vie,
Peut faire vanité d'un peu de tromperie.
J'en ai tiré ce fruit, que ce nom décevant
A fait connaître ici que ce prince est vivant.
Phorbas l'a confessé; Tirésie a lui-même
Appuyé de sa voix cet heureux stratagème;
C'est par lui qu'on a su qu'il respire en ces lieux.
Souffrez donc qu'un moment je trompe encor leurs [yeux;
Et puisque dans ce jour ce frère doit paraître,
Jusqu'à ce qu'on l'ait vu permettez-moi de l'être.

DIRCÉ.

Je pardonne un abus que l'amour a formé,
Et rien ne peut déplaire alors qu'on est aimé.
Mais hasardiez-vous tant sans aucune lumière?

THÉSÉE.

Mégare m'avait dit le secret de son père;
Il m'a valu l'honneur de m'exposer pour tous;
Mais je n'en abusais que pour mourir pour vous.
Le succès a passé cette triste espérance;
Ma flamme en vos périls ne voit plus d'apparence.
Si l'on peut à l'oracle ajouter quelque foi,
Ce fils a de sa main versé le sang du roi;
Et son ombre, en parlant de punir un grand crime,

---

peut échapper, sont toutes dissipées ; à peine a-t-il attiré sur lui l'attention ; il ne peut plus se ressaisir du cœur des spectateurs, qui l'ont oublié. Corneille a voulu intriguer ce qu'il fallait laisser dans sa simplicité majestueuse : tout est perdu dès ce moment ; et Thésée n'est plus qu'un personnage intrigant, qu'un valet de comédie qui a imaginé un très-plat mensonge pour tirer la pièce en longueur. Il est très-inutile de remarquer toutes les fautes de diction, et le style obscur et entortillé de toutes ces scènes, où Thésée joue un si froid et si avilissant personnage. — Nous avons déjà vu que toutes les scènes qui pèchent par le fond pèchent aussi par le style. (V.)

Dit assez que c'est lui qu'elle veut pour victime.
DIRCÉ.
Prince, quoi qu'il en soit n'empêchez plus ma mort,
Si par le sacrifice on n'éclaircit mon sort.
La reine, qui paraît, fait que je me retire;
Sachant ce que je sais, j'aurais peur d'en trop dire;
Et, comme enfin ma gloire a d'autres intérêts,
Vous saurez mieux sans moi ménager vos secrets :
Mais, puisque vous voulez que mon espoir revive,
Ne tenez pas longtemps la vérité captive.

SCÈNE II[1].

JOCASTE, THÉSÉE, NÉRINE.

JOCASTE.
Prince, j'ai vu Phorbas; et tout ce qu'il m'a dit
A ce que vous croyez peut donner du crédit.
Un passant inconnu, touché de cette enfance
Dont un astre envieux condamnait la naissance,
Sur le mont Cythéron reçut de lui mon fils,
Sans qu'il lui demandât son nom ni son pays,
De crainte qu'à son tour il ne conçût l'envie
D'apprendre dans quel sang il conservait la vie.
Il l'a revu depuis, et presque tous les ans,
Dans le temple d'Élide offrir quelques présents.
Ainsi chacun des deux connaît l'autre au visage,
Sans s'être l'un à l'autre expliqués davantage.
Il a bien su de lui que ce fils conservé
Respire encor le jour dans un rang élevé :
Mais je demande en vain qu'à mes yeux il le montre,
A moins que ce vieillard avec lui se rencontre.
Si Phædime après lui vous eut en son pouvoir,
De cet inconnu même il put vous recevoir,
Et, voyant à Trézène une mère affligée
De la perte du fils qu'elle avait eu d'Ægée,
Vous offrir en sa place, elle vous accepter.
Tout ce qui sur ce point pourrait faire douter,
C'est qu'il vous a souffert dans une flamme inceste,
Et n'a parlé de rien qu'en mourant de la peste.
Mais d'ailleurs Tirésie a dit que dans ce jour
Nous pourrons voir ce prince, et qu'il vit dans la cour.
Quelques moments après on vous a vu paraître ;
Ainsi vous pouvez l'être, et pouvez ne pas l'être.

Passons outre. A Phorbas ajouteriez-vous foi ?
S'il n'a pas vu mon fils il vit la mort du roi;
Il connaît l'assassin; voulez-vous qu'il vous voie?
THÉSÉE.
Je le verrai, madame, et l'attends avec joie,
Sûr, comme je l'ai dit, qu'il n'est point de malheurs
Qui m'eussent pu réduire à suivre des voleurs.
JOCASTE.
Ne vous assurez point sur cette conjecture,
Et souffrez qu'elle cède à la vérité pure.
Honteux qu'un homme seul eût triomphé de trois,
Qu'il en eût tué deux, et mis l'autre aux abois,
Phorbas nous supposa ce qu'il nous en fit croire,
Et parla de brigands pour sauver quelque gloire.
Il me vient d'avouer sa faiblesse à genoux.
« D'un bras seul, m'a-t-il dit, partirent tous les coups :
« Un bras seul à tous trois nous ferma le passage,
« Et d'une seule main ce grand crime est l'ouvrage. »
THÉSÉE.
Le crime n'est pas grand s'il fut seul contre trois.
Mais jamais sans forfait on ne se prend aux rois;
Et, fussent-ils cachés sous un habit champêtre,
Leur propre majesté les doit faire connaître.
L'assassin de Laïus est digne du trépas[1],
Bien que, seul contre trois, il ne le connût pas.
Pour moi, je l'avoûrai que jamais ma vaillance
A mon bras contre trois n'a commis ma défense.
L'œil de votre Phorbas aura beau me chercher,
Jamais dans la Phocide on ne m'a vu marcher :
Qu'il vienne; à ses regards sans crainte je m'expose;
Et c'est un imposteur s'il vous dit autre chose.
JOCASTE.
Faites entrer Phorbas. Prince, pensez-y bien.
THÉSÉE.
S'il est homme d'honneur, je n'en dois craindre rien.
JOCASTE.
Vous voudrez, mais trop tard, en éviter la vue.
THÉSÉE.
Qu'il vienne, il tarde trop, cette lenteur me tue;
Et, si je le pouvais sans perdre le respect,
Je me plaindrais un peu de me voir trop suspect.

---

[1] Il semble qu'alors on se fit un mérite de s'écarter de la noble simplicité des anciens, et surtout de leur pathétique. Jocaste vient ici conter froidement une histoire, sans faire paraître aucune de ces terribles inquiétudes qui devaient l'agiter : elle parle d'un passant inconnu qui se chargea d'élever son fils, sans demander qui était cet enfant, et sans vouloir le savoir : un Phædime savait qui était cet enfant, mais il est mort de la peste : *ainsi*, dit-elle, *vous pouvez l'être, et ne le pas être* : tout cela est discuté, comme s'il s'agissait d'un procès; nulle tendresse de mère, nulle crainte, nul retour sur soi-même. Il ne faut pas s'étonner si on ne peut plus jouer cette pièce. (V)

[1] Quoique le théâtre permette quelquefois un peu d'exagération, je ne crois pas que de telles maximes soient approuvées des gens sensés : comment peut-on reconnaître un monarque sous l'habit d'un paysan? Le Gascon qui a écrit les *Mémoires du duc de Guise*, prisonnier à Naples, dit que *les princes ont quelque chose entre les deux yeux qui les distingue des autres hommes*. Cela est bon pour un Gascon; mais ce qui n'est bon pour personne, c'est d'assurer qu'on est digne de mort quand on se défend contre trois hommes dont l'un, par hasard, se trouve un roi : cette maxime paraît plus cruelle que raisonnable. Qu'on se souvienne que Montgomeri ne fut pas seulement mis en prison pour avoir tué malheureusement Henri II, son maître, dans un tournoi. (V)

SCÈNE III.

JOCASTE, THÉSÉE, PHORBAS, NÉRINE.

JOCASTE.

Laissez-moi lui parler, et prêtez-nous silence.
Phorbas, envisagez ce prince en ma présence :
Le reconnaissez-vous ?

PHORBAS.

Je crois vous avoir dit
Que je ne l'ai point vu depuis qu'on le perdit,
Madame : un si long temps laisse mal reconnaître
Un prince qui pour lors ne faisait que de naître ;
Et, si je vois en lui l'effet de mon secours,
Je n'y puis voir les traits d'un enfant de deux jours.

JOCASTE.

Je sais, ainsi que vous, que les traits de l'enfance
N'ont avec ceux d'un homme aucune ressemblance ;
Mais comme ce héros, s'il est sorti de moi,
Doit avoir de sa main versé le sang du roi,
Seize ans n'ont pas changé tellement son visage,
Que vous n'en conserviez quelque imparfaite image.

PHORBAS.

Hélas ! j'en garde encor si bien le souvenir,
Que je l'aurai présent durant tout l'avenir.
Si pour connaître un fils il vous faut cette marque,
Ce prince n'est point né de notre grand monarque.
Mais désabusez-vous, et sachez que sa mort
Ne fut jamais d'un fils le parricide effort.

JOCASTE.

Et de qui donc, Phorbas ? Avez-vous connaissance
Du nom du meurtrier ? Savez-vous sa naissance ?

PHORBAS.

Et, de plus, sa demeure et son rang. Est-ce assez ?

JOCASTE.

Je saurai le punir si vous le connaissez.
Pourrez-vous le convaincre ?

PHORBAS.

Et par sa propre bouche.

JOCASTE.

A nos yeux ?

PHORBAS.

A vos yeux. Mais peut-être il vous touche,
Peut-être y prendrez-vous un peu trop d'intérêt
Pour m'en croire aisément quand j'aurai dit qui c'est.

THÉSÉE.

Ne nous déguisez rien, parlez en assurance ;
Que le fils de Laïus en hâte la vengeance.

JOCASTE.

Il n'est pas assuré, prince, que ce soit vous,
Comme il l'est que Laïus fut jadis mon époux ;
Et d'ailleurs, si le ciel vous choisit pour victime,
Vous me devez laisser à punir ce grand crime.

THÉSÉE.

Avant que de mourir, un fils peut le venger.

PHORBAS.

Si vous l'êtes ou non, je ne le puis juger ;
Mais je sais que Thésée est si digne de l'être,
Qu'au seul nom qu'il en prend je l'accepte pour maître.
Seigneur, vengez un père, ou ne soutenez plus
Que nous voyons en vous le vrai sang de Laïus.

JOCASTE.

Phorbas, nommez ce traître, et nous tirez de doute ;
Et j'atteste à vos yeux le ciel, qui nous écoute,
Que pour cet assassin il n'est point de tourments
Qui puissent satisfaire à mes ressentiments.

PHORBAS.

Mais, si je vous nommais quelque personne chère,
Æmon votre neveu, Créon votre seul frère,
Ou le prince Lycus, ou le roi votre époux,
Me pourriez-vous en croire, ou garder ce courroux ¹ ?

JOCASTE.

De ceux que vous nommez je sais trop l'innocence.

PHORBAS.

Peut-être qu'un des quatre a fait plus qu'il ne pense ;
Et j'ai lieu de juger qu'un trop cuisant ennui....

JOCASTE.

Voici le roi qui vient ; dites tout devant lui.

SCÈNE IV ².

OEDIPE, JOCASTE, THÉSÉE, PHORBAS,

SUITE.

OEDIPE.

Si vous trouvez un fils dans le prince Thésée,
Mon âme en son effroi s'était bien abusée :
Il ne choisira point de chemin criminel
Quand il voudra rentrer au trône paternel,
Madame ; et ce sera du moins à force ouverte
Qu'un si vaillant guerrier entreprendra ma perte.
    Mais dessus ce vieillard plus je porte les yeux,
Plus je crois l'avoir vu jadis en d'autres lieux :
Ses rides me font peine à le bien reconnaître.
Ne m'as-tu jamais vu ?

PHORBAS.

Seigneur, cela peut-être.

---

¹ Ce tour que prend Phorbas suffirait pour ôter à la pièce tout son tragique. Il semble que Phorbas fasse une plaisanterie : *Si je vous nommais quelqu'un à qui vous vous intéressez, que diriez-vous ?* C'est là le discours d'un homme qui raille, qui veut embarrasser ceux auxquels il parle ; et rien n'est plus indécent dans un subalterne. (V.)

² Il n'y a pas moyen de déguiser la vérité : cette scène, qui est si tragique dans Sophocle, est tout le contraire dans l'auteur français : non-seulement le langage est bas, *il y pourrait avoir entre quinze et vingt ans*, c'est un de mes brigands, *ce furent brigands*, un des suivants de Laïus qui était *louche*, Laïus *chauve sur le devant et mêlé sur le derrière* ; mais le discours de Thésée, et une espèce de défi entre OEdipe et Thésée, achèvent de tout gâter. (V.)

OEDIPE.
Il y pourrait avoir entre quinze et vingt ans.
PHORBAS.
J'ai de confus rapports d'environ même temps.
OEDIPE.
Environ ce temps-là fis-tu quelque voyage?
PHORBAS.
Oui, seigneur, en Phocide; et là, dans un passage....
OEDIPE.
Ah! je te reconnais, ou je suis fort trompé.
C'est un de mes brigands à la mort échappé,
Madame, et vous pouvez lui choisir des supplices;
S'il n'a tué Laïus, il fut un des complices.
JOCASTE.
C'est un de vos brigands! Ah! que me dites-vous!
OEDIPE.
Je le laissai pour mort, et tout percé de coups.
PHORBAS.
Quoi! vous m'auriez blessé? moi, seigneur?
OEDIPE.
Oui, perfide.
Tu fis, pour ton malheur, ma rencontre en Phocide,
Et tu fus un des trois que je sus arrêter
Dans ce passage étroit qu'il fallut disputer :
Tu marchais le troisième; en faut-il davantage?
PHORBAS.
Si de mes compagnons vous peignez le visage,
Je n'aurais rien à dire, et ne pourrais nier.
OEDIPE.
Seize ans, à ton avis, m'ont fait les oublier!
Ne le présume pas : une action si belle
En laisse au fond de l'âme une idée immortelle;
Et si dans un combat on ne perd point de temps
A bien examiner les traits des combattants,
Après que celui-ci m'eut tout couvert de gloire,
Je sus tout à loisir contempler ma victoire.
Mais tu n'iras encore, et n'y connaîtras rien.
PHORBAS.
Je serai convaincu, si vous les peignez bien :
Les deux que je suivis sont connus de la reine.
OEDIPE.
Madame, jugez donc si sa défense est vaine.
Le premier de ces trois que mon bras sut punir
A peine méritait un léger souvenir :
Petit de taille, noir, le regard un peu louche,
Le front cicatrisé, la mine assez farouche;
Mais homme, à dire vrai, de si peu de vertu,
Que dès le premier coup je le vis abattu.
Le second, je l'avoue, avait un grand courage,
Bien qu'il parût déjà dans le penchant de l'âge :
Le front assez ouvert, l'œil perçant, le teint frais;
On en peut voir en moi la taille et quelques traits;
Chauve sur le devant, mêlé sur le derrière,
Le port majestueux, et la démarche fière.

Il se défendit bien, et me blessa deux fois;
Et tout mon cœur s'émut de le voir aux abois.
Vous pâlissez, madame!
JOCASTE.
Ah! seigneur, puis-je apprendre
Que vous ayez tué Laïus après Nicandre,
Que vous ayez blessé Phorbas de votre main
Sans en frémir d'horreur, sans en pâlir soudain!
OEDIPE.
Quoi! c'est là ce Phorbas qui vit tuer son maître?
JOCASTE.
Vos yeux, après seize ans, l'ont trop su reconnaître;
Et ses deux compagnons, que vous avez dépeints,
De Nicandre et du roi portent les traits empreints.
OEDIPE.
Mais ce furent brigands, dont le bras...
JOCASTE.
C'est un conte
Dont Phorbas au retour voulut cacher sa honte.
Une main seule, hélas! fit ces funestes coups,
Et, par votre rapport, ils partirent de vous.
PHORBAS.
J'en fus presque sans vie un peu plus d'une année.
Avant ma guérison on vit votre hyménée.
Je guéris; et mon cœur, en secret mutiné
De connaître quel roi vous nous aviez donné,
S'imposa cet exil dans un séjour champêtre,
Attendant que le ciel me fît un autre maître.
THÉSÉE.
Seigneur, je suis le frère ou l'amant de Dircé;
Et son père ou le mien, de votre main percé....
OEDIPE.
Prince, je vous entends, il faut venger ce père;
Et ma perte à l'État semble être nécessaire,
Puisque de nos malheurs la fin ne se peut voir
Si le sang de Laïus ne remplit son devoir.
C'est ce que Tirésie avait voulu me dire.
Mais ce reste du jour souffrez que je respire.
Le plus sévère honneur ne saurait murmurer
De ce peu de moments que j'ose différer;
Et ce coup surprenant permet à votre haine
De faire cette grâce aux larmes de la reine.
THÉSÉE.
Nous nous verrons demain, seigneur, et résoudrons....
OEDIPE.
Quand il en sera temps, prince, nous répondrons;
Et s'il faut, après tout, qu'un grand crime s'efface
Par le sang que Laïus a transmis à sa race,
Peut-être aurez-vous peine à reprendre son rang,
Qu'il ne vous ait coûté quelque peu de ce sang.
THÉSÉE.
Demain chacun de nous fera sa destinée.

SCÈNE V[1].

OEDIPE, JOCASTE, SUITE.

JOCASTE.

Que de maux nous promet cette triste journée!
J'y dois voir ou ma fille ou mon fils s'immoler,
Tout le sang de ce fils de votre main couler,
Ou de la sienne enfin le vôtre se répandre;
Et, ce qu'oracle aucun n'a fait encore attendre,
Rien ne m'affranchira de voir sans cesse en vous,
Sans cesse en un mari, l'assassin d'un époux.
Puis-je plaindre à ce mort la lumière ravie,
Sans haïr le vivant, sans détester ma vie?
Puis-je de ce vivant plaindre l'aveugle sort,
Sans détester ma vie et sans trahir le mort?

OEDIPE.

Madame, votre haine est pour moi légitime;
Et cet aveugle sort m'a fait vers vous un crime,
Dont ce prince demain me punira pour vous,
Ou mon bras vengera ce fils et cet époux;
Et, m'offrant pour victime à votre inquiétude,
Il vous affranchira de toute ingratitude.
Alors sans balancer vous plaindrez tous les deux,
Vous verrez sans rougir alors vos derniers feux,
Et permettrez sans honte à vos douleurs pressantes
Pour Laïus et pour moi des larmes innocentes.

JOCASTE.

Ah! seigneur, quelque bras qui puisse vous punir,
Il n'effacera rien dedans mon souvenir :
Je vous verrai toujours sa couronne à la tête
De sa place en mon lit faire votre conquête;
Je me verrai toujours vous placer en son rang,
Et baiser votre main fumante de son sang.
Mon ombre même un jour dans les royaumes sombres
Ne recevra des dieux pour bourreaux que vos ombres;
Et, sa confusion l'offrant à toutes deux,
Elle aura pour tourments tout ce qui fit mes feux.
Oracles décevants, qu'osiez-vous me prédire!
Si sur notre avenir vos dieux ont quelque empire,
Quelle indigne pitié divise leur courroux!
Ce qu'elle épargne au fils retombe sur l'époux;
Et, comme si leur haine, impuissante, ou timide,
N'osait le faire ensemble inceste et parricide,
Elle partage à deux un sort si peu commun,
Afin de me donner deux coupables pour un.

OEDIPE.

O partage inégal de ce courroux céleste!
Je suis le parricide, et ce fils est l'inceste.
Mais mon crime est entier, et le sien imparfait;
Le sien n'est qu'en désirs, et le mien en effet.
Ainsi, quelques raisons qui puissent me défendre,
La veuve de Laïus ne saurait les entendre;
Et les plus beaux exploits passent pour trahisons,
Alors qu'il faut du sang, et non pas des raisons.

JOCASTE.

Ah! je n'en vois que trop qui me déchirent l'âme.
La veuve de Laïus est toujours votre femme,
Et n'oppose que trop, pour vous justifier,
A la moitié du mort celle du meurtrier.
Pour toute autre que moi votre erreur est sans crime,
Toute autre admirerait votre bras magnanime;
Et toute autre réduite à punir votre erreur,
La punirait du moins sans trouble et sans horreur.
Mais, hélas! mon devoir aux deux partis m'attache;
Nul espoir d'aucun deux, nul effort ne m'arrache;
Et je trouve toujours dans mon esprit confus
Et tout ce que je suis et tout ce que je fus.
Je vous dois de l'amour, je vous dois de la haine;
L'un et l'autre me plaît, l'un et l'autre me gêne;
Et mon cœur, qui doit tout, et ne voit rien permis,
Souffre tout à la fois deux tyrans ennemis.
La haine aurait l'appui d'un serment qui me lie;
Mais je le romps exprès pour en être punie;
Et, pour finir des maux qu'on ne peut soulager,
J'aime à donner aux dieux un parjure à venger.
C'est votre foudre, ô ciel! qu'à mon secours j'appelle :
OEdipe est innocent, je me fais criminelle;
Par un juste supplice osez me désunir
De la nécessité d'aimer et de punir.

OEDIPE.

Quoi! vous ne voyez pas que sa fausse justice
Ne sait plus ce que c'est qu'un juste supplice,
Et que, par un désordre à confondre nos sens,
Son injuste rigueur n'en veut qu'aux innocents?
Après avoir choisi ma main pour ce grand crime,
C'est le sang de Laïus qu'il choisit pour victime;
Et le bizarre éclat de son discernement
Sépare le forfait d'avec le châtiment.
C'est un sujet nouveau d'une haine implacable
De voir sur votre sang la peine du coupable;
Et les dieux vous en font une éternelle loi,
S'ils punissent en lui ce qu'ils ont fait par moi.
Voyez comme les fils de Jocaste et d'OEdipe
D'une si juste haine ont tous deux le principe :
A voir leurs actions, à voir leur entretien,
L'un n'est que votre sang, l'autre n'est que le mien,
Et leur antipathie inspire à leur colère

---

[1] La scène précédente, qui devait porter l'effroi et la douleur dans l'âme, étant très-froide, porte de glace sur celle-ci, qui, par elle-même, est aussi froide que l'autre. OEdipe, au lieu de se livrer à sa douleur et à l'horreur de son état, prodigue des antithèses sur *le vivant* et sur *le mort*; Jocaste raisonne, au lieu d'être accablée. Quelle est la source d'un si grand défaut? c'est qu'en effet le caractère de Corneille le portait à la dissertation; c'est qu'il avait le talent de nouer une intrigue adroite, mais non intéressante : il abandonna trop souvent le pathétique, qui doit être l'âme de la tragédie. Je ne parle pas du style; il n'est pas tolérable. (V.)

Des préludes secrets de ce qu'il vous faut faire.
JOCASTE.
Pourrez-vous me haïr jusqu'à cette rigueur
De souhaiter pour vous même haine en mon cœur?
ŒDIPE.
Toujours de vos vertus j'adorerai les charmes,
Pour ne haïr qu'en moi la source de vos larmes.
JOCASTE.
Et je me forcerai toujours à vous blâmer,
Pour ne haïr qu'en moi ce qui vous fit m'aimer.
Mais finissons, de grâce, un discours qui me tue :
L'assassin de Laïus doit me blesser la vue;
Et, malgré ce courroux par sa mort allumé,
Je sens qu'OEdipe enfin sera toujours aimé.
ŒDIPE.
Que fera cet amour?
JOCASTE.
Ce qu'il doit à la haine.
ŒDIPE.
Qu'osera ce devoir?
JOCASTE.
Croître toujours ma peine.
ŒDIPE.
Faudra-t-il pour jamais me bannir de vos yeux?
JOCASTE.
Peut-être que demain nous le saurons des dieux.

ACTE CINQUIÈME.

SCÈNE PREMIÈRE[1].

OEDIPE, DYMAS.

DYMAS.
Seigneur, il est trop vrai que le peuple murmure,
Qu'il rejette sur vous sa funeste aventure,

---

[1] Quel est le lecteur qui ne sente pas combien ce terrible sujet est affaibli dans toutes les scènes? J'avoue que la diction vicieuse, obscure, sans chaleur, sans pathétique, contribue beaucoup aux vices de la pièce; mais la malheureuse intrigue de Thésée et de Dircé, introduite pour remplir les vides, est ce qui tue la pièce. Peut-on souffrir que, dans des moments destinés à la plus grande terreur, OEdipe parle froidement de se battre en duel demain avec Thésée? Un duel chez des Grecs! et dans le sujet d'*OEdipe!* et ce qu'il y a de pis, c'est qu'OEdipe, qui se voit l'auteur de la désolation de Thèbes, et le meurtrier de Laïus; Thésée, qui doit craindre que le reste de l'oracle ne soit accompli ; Thésée, qui doit être saisi d'horreur et l'inspirer, s'occupent tous deux de la crainte d'un soulèvement de ces pauvres pestiférés qui pourraient bien devenir mutins. Si vous ne frappez pas le cœur du spectateur par des coups toujours redoublés au même endroit, ce cœur vous échappe. Si vous mélez plusieurs intérêts ensemble, il n'y a plus d'intérêt. (V.)

Et que de tous côtés on n'entend que mutins
Qui vous nomment l'auteur de leurs mauvais destins.
« D'un devin suborné les infâmes prestiges
« De l'ombre, disent-ils, ont fait tous les prodiges :
« L'or mouvait ce fantôme ; et, pour perdre Dircé,
« Vos présents lui dictaient ce qu'il a prononcé. »
Tant ils conçoivent mal qu'un si grand roi consente
A venger son trépas sur sa race innocente,
Qu'il assure son sceptre, aux dépens de son sang,
A ce bras impuni qui lui perça le flanc,
Et que, par cet injuste et cruel sacrifice,
Lui-même de sa mort il se fasse justice!
ŒDIPE.
Ils ont quelque raison de tenir pour suspect
Tout ce qui s'est montré tantôt à leur aspect;
Et je n'ose blâmer cette horreur que leur donne
L'assassin de leur roi qui porte sa couronne.
Moi-même au fond du cœur, de même horreur frappé,
Je veux fuir le remords de son trône occupé;
Et je dois cette grâce à l'amour de la reine,
D'épargner ma présence aux devoirs de sa haine,
Puisque de notre hymen les liens mal tissus
Par ces mêmes devoirs semblent être rompus.
Je vais donc à Corinthe achever mon supplice.
Mais ce n'est pas au peuple à se faire justice :
L'ordre que tient le ciel à lui choisir des rois
Ne lui permet jamais d'examiner son choix,
Et le devoir aveugle y doit toujours souscrire
Jusqu'à ce que d'en haut on veuille s'en dédire.
Pour chercher mon repos, je veux bien me bannir ;
Mais s'il me haïssait, je saurais l'en punir;
Ou, si je succombais sous sa troupe mutinée,
Je saurais l'accabler du moins sous ma ruine.
DYMAS.
Seigneur, jusques ici ses plus grands déplaisirs
Pour armes contre vous n'ont pris que des soupirs ;
Et cet abattement que lui cause la peste,
Ne souffre à son murmure aucun dessein funeste.
Mais il faut redouter que Thésée et Dircé
N'osent pousser plus loin ce qu'il a commencé.
Phorbas même est à craindre, et pourrait le réduire
Jusqu'à se vouloir mettre en état de vous nuire.
ŒDIPE.
Thésée a trop de cœur pour une trahison ;
Et d'ailleurs j'ai promis de lui faire raison.
Pour Dircé, son orgueil dédaignera sans doute
L'appui tumultueux que ton zèle redoute.
Phorbas est plus à craindre, étant moins généreux ;
Mais il nous est aisé de nous assurer d'eux.
Fais-les venir tous trois, que je lise en leur âme
S'ils prêteraient la main à quelque sourde trame.
Commence par Phorbas : je saurai démêler
Quels desseins....

SCÈNE II.

OEDIPE, DYMAS, UN PAGE.

LE PAGE.
　　　　Un vieillard demande à vous parler.
Il se dit de Corinthe, et presse.

ŒDIPE.
　　　　　　　　　　Il vient me faire
Le funeste rapport du trépas de mon père;
Préparons nos soupirs à ce triste récit.
Qu'il entre. Cependant fais ce que je t'ai dit.

SCÈNE III[1].

OEDIPE, IPHICRATE, SUITE.

ŒDIPE.
Eh bien! Polybe est mort?
　　　　　　IPHICRATE.
　　　　　　　　　Oui, seigneur.
ŒDIPE.
　　　　　　　　　Mais vous-même
Venir me consoler de ce malheur suprême!
Vous, qui, chef du conseil, devriez maintenant,
Attendant mon retour, être mon lieutenant!
Vous, à qui tant de soins d'élever mon enfance
Ont acquis justement toute ma confiance!
Ce voyage me trouble autant qu'il me surprend.

IPHICRATE.
Le roi Polybe est mort; ce malheur est bien grand:
Mais comme enfin, seigneur, il est suivi d'un pire,
Pour l'apprendre de moi faites qu'on se retire.

*OEdipe fait un signe de tête à sa suite, qui l'oblige
à se retirer.*

ŒDIPE.
Ce jour est donc pour moi le grand jour des malheurs,
Puisque vous apportez un comble à mes douleurs[2].
J'ai tué le feu roi jadis sans le connaître;
Son fils, qu'on croyait mort, vient ici de renaître;
Son peuple mutiné me voit avec horreur;
Sa veuve mon épouse en est dans la fureur.

Le chagrin accablant qui me dévore l'âme
Me fait abandonner et peuple, et sceptre, et femme,
Pour remettre à Corinthe un esprit éperdu;
Et par d'autres malheurs je m'y vois attendu!

IPHICRATE.
Seigneur, il faut ici faire tête à l'orage;
Il faut faire ici ferme, et montrer du courage.
Le repos à Corinthe en effet serait doux;
Mais il n'est plus de sceptre à Corinthe pour vous.

ŒDIPE.
Quoi! l'on s'est emparé de celui de mon père?

IPHICRATE.
Seigneur, on n'a rien fait que ce qu'on a dû faire;
Et votre amour en moi ne voit plus qu'un banni,
De son amour pour vous trop doucement puni.

ŒDIPE.
Quelle énigme!

IPHICRATE.
　　　　Apprenez avec quelle justice
Ce roi vous a dû rendre un si mauvais office.
Vous n'étiez point son fils.

ŒDIPE.
　　　　　　　Dieu! qu'entends-je?

IPHICRATE.
　　　　　　　　　　　A regret
Ses remords en mourant ont rompu le secret.
Il vous gardait encore une amitié fort tendre:
Mais le compte qu'aux dieux la mort force de rendre
A porté dans son cœur un si pressant effroi,
Qu'il a remis Corinthe aux mains de son vrai roi.

ŒDIPE.
Je ne suis point son fils! et qui suis-je, Iphicrate?

IPHICRATE.
Un enfant exposé, dont le mérite éclate,
Et de qui par pitié j'ai dérobé les jours
Aux ongles des lions, aux griffes des vautours.

ŒDIPE.
Et qui m'a fait passer pour le fils de ce prince?

IPHICRATE.
Le manque d'héritiers ébranlait sa province.
Les trois que lui donna le conjugal amour
Perdirent en naissant la lumière du jour:
Et la mort du dernier me fit prendre l'audace
De vous offrir au roi, qui vous mit en sa place.
Ce que l'on se promit de ce fils supposé
Réunit sous ses lois son État divisé;
Mais, comme cet abus finit avec sa vie,
Sa mort de mon supplice aurait été suivie,
S'il n'eût donné cet ordre à son dernier moment
Qu'un juste et prompt exil fût mon seul châtiment.

ŒDIPE.
Ce revers serait dur pour quelque âme commune;
Mais je me fis toujours maître de ma fortune;
Et puisqu'elle a repris l'avantage du sang,

---

[1] Ces scènes sont beaucoup plus intéressantes que les autres, parce qu'elles sont uniquement prises du sujet: on n'y disserte point; on n'y cherche point à étaler des raisons et des traits ingénieux; tout est naturel; mais il y manque ces grands mouvements de terreur et de pitié qu'on attend d'une si affreuse situation. Cette tragédie pèche par toutes les choses qu'on y a introduites, et par celles qui lui manquent. (V.)

[2] Je n'examine point si on apporte *un comble à la douleur*, s'il est bien de dire que son épouse *est dans la fureur:* je dis que je retrouve le véritable esprit de la tragédie dans cette scène d'Iphicrate, où l'on ne dit rien qui ne soit nécessaire à la pièce, dans cette simplicité éloignée de la fatigante dissertation, dans cet art théâtral et naturel qui fait naître successivement tous les malheurs d'OEdipe les uns des autres. Voilà la vraie tragédie; le reste est du verbiage: mais comment faire cinq actes sans verbiage? (V.)

Je ne dois plus qu'à moi tout ce que j'eus de rang.
Mais n'as-tu point appris de qui j'ai reçu l'être?
IPHICRATE.
Seigneur, je ne puis seul vous le faire connaître.
Vous fûtes exposé jadis par un Thébain
Dont la compassion vous remit en ma main,
Et qui, sans m'éclaircir touchant votre naissance,
Me chargea seulement d'éloigner votre enfance.
J'en connais le visage, et l'ai revu souvent
Sans nous être tous deux expliqués plus avant :
Je lui dis qu'en éclat j'avais mis votre vie,
Et lui cachai toujours mon nom et ma patrie,
De crainte, en les sachant, que son zèle indiscret
Ne vînt mal à propos troubler notre secret.
Mais, comme de sa part il connaît mon visage,
Si je le trouve ici, nous saurons davantage.
ŒDIPE.
Je serais donc Thébain à ce compte[1]?
IPHICRATE.
Oui, seigneur.
ŒDIPE.
Je ne sais si je dois le tenir à bonheur;
Mon cœur, qui se soulève, en forme un noir augure
Sur l'éclaircissement de ma triste aventure.
Où me reçûtes-vous?
IPHICRATE.
Sur le mont Cythéron.
ŒDIPE.
Ah! que vous me frappez par ce funeste nom!
Le temps, le lieu, l'oracle, et l'âge de la reine,
Tout semble concerté pour me mettre à la gêne.
Dieu! serait-il possible? Approchez-vous, Phorbas.

SCÈNE IV.

ŒDIPE, IPHICRATE, PHORBAS.

IPHICRATE.
Seigneur, voilà celui qui vous mit en mes bras;
Permettez qu'à vos yeux je montre un peu de joie.
(à Phorbas.)
Se peut-il faire, ami, qu'encor je te revoie!
PHORBAS.
Que j'ai lieu de bénir ton retour fortuné!
Qu'as-tu fait de l'enfant que je t'avais donné?
Le généreux Thésée a fait gloire de l'être;
Mais sa preuve est obscure, et tu dois le connaître;
Parle.

IPHICRATE.
Ce n'est point lui, mais il vit en ces lieux.
PHORBAS.
Nomme-le donc, de grâce.
IPHICRATE.
Il est devant tes yeux.
PHORBAS.
Je ne vois que le roi.
IPHICRATE.
C'est lui-même.
PHORBAS.
Lui-même!
IPHICRATE.
Oui : le secret n'est plus d'une importance extrême :
Tout Corinthe le sait. Nomme-lui ses parents.
PHORBAS.
En fussions-nous tous trois à jamais ignorants!
IPHICRATE.
Seigneur, lui seul enfin peut dire qui vous êtes.
ŒDIPE.
Hélas! je le vois trop; et vos craintes secrètes,
Qui vous ont empêchés de vous entre éclaircir,
Loin de tromper l'oracle, ont fait tout réussir[1].
Voyez où m'a plongé votre fausse prudence :
Vous cachiez ma retraite, il cachait ma naissance :
Vos dangereux secrets, par un commun accord,
M'ont livré tout entier aux rigueurs de mon sort.
Ce sont eux qui m'ont fait l'assassin de mon père :
Ce sont eux qui m'ont fait le mari de ma mère.
D'une indigne pitié le fatal contre-temps
Confond dans mes vertus ces forfaits éclatants :
Elle fait voir en moi, par un mélange infâme,
Le frère de mes fils et le fils de ma femme.
Le ciel l'avait prédit, vous avez achevé;
Et vous avez tout fait quand vous m'avez sauvé.
PHORBAS.
Oui, seigneur, j'ai tout fait, sauvant votre personne
M'en punissent les dieux si je me le pardonne.

SCÈNE V.

ŒDIPE, IPHICRATE.

ŒDIPE.
Que n'obéissais-tu, perfide, à mes parents,
Qui se faisaient pour moi d'équitables tyrans?
Que ne lui disais-tu ma naissance et l'oracle,
Afin qu'à mes destins il pût mettre un obstacle?
Car, Iphicrate, en vain j'accuserais ta foi;

---

[1] Ne prenons point garde à *ce compte*; ce n'est qu'une expression triviale qui ne diminue rien de l'intérêt de cette situation : un mot familier et même bas, quand il est naturel, est moins répréhensible cent fois que toutes ces pensées alambiquées, ces dissertations froides, ces raisonnements fatigants, et souvent faux, qui ont gâté quelquefois les plus belles scènes de l'auteur. (V.)

[1] Ici l'art manque; Œdipe exerce trop tôt son autre art de deviner les énigmes. Plus de surprise, plus de terreur, plus d'horreur. L'auteur retombe dans ses malheureuses dissertations, *voyez où m'a plongé votre fausse prudence*, etc. Il est d'autant plus inexcusable, qu'il avait devant les yeux Sophocle, qui a traité ce morceau en maître. (V.)

Tu fus dans ces destins aveugle comme moi ;
Et tu ne m'abusais que pour ceindre ma tête
D'un bandeau dont par là tu faisais ma conquête.

IPHICRATE.

Seigneur, comme Phorbas avait mal obéi,
Que l'ordre de son roi par là se vit trahi,
Il avait lieu de craindre, en me disant le reste,
Que son crime par moi devenu manifeste....

ŒDIPE.

Cesse de l'excuser : que m'importe en effet
S'il est coupable ou non de tout ce que j'ai fait ? me
En ai-je moins de trouble, ou moins d'horreur en l'â-

SCÈNE VI[1].

OEDIPE, DIRCÉ, IPHICRATE.

ŒDIPE.

Votre frère est connu ; le savez-vous, madame ?

DIRCÉ.

Oui, seigneur, et Phorbas m'a tout dit en deux mots.

ŒDIPE.

Votre amour pour Thésée est dans un plein repos.
Vous n'appréhendez plus que le titre de frère
S'oppose à cette ardeur qui vous était si chère :
Cette assurance entière a de quoi vous ravir,
Ou plutôt votre haine a de quoi s'assouvir.
Quand le ciel de mon sort l'aurait faite l'arbitre,
Elle ne m'eût choisi rien de pis que ce titre.

DIRCÉ

Ah ! seigneur, pour Æmon j'ai su mal obéir ;
Mais je n'ai point été jusques à vous haïr.
La fierté de mon cœur, qui me traitait de reine,
Vous cédait en ces lieux la couronne sans peine ;
Et cette ambition que me prêtait l'amour
Ne cherchait qu'à régner dans un autre séjour.
Cent fois de mon orgueil l'éclat le plus farouche
Aux termes odieux a refusé ma bouche :
Pour vous nommer tyran il fallait cent efforts ;
Ce mot ne m'a jamais échappé sans remords.
D'un sang respectueux la puissance inconnue
A mes soulèvements mêlait la retenue ;
Et cet usurpateur dont j'abhorrais la loi,
S'il m'eût donné Thésée, eût eu le nom de roi.

ŒDIPE.

C'était ce même sang dont la pitié secrète
De l'ombre de Laïus me faisait l'interprète.
Il ne pouvait souffrir qu'un mot mal entendu
Détournât sur ma sœur un sort qui m'était dû,
Et que votre innocence immolée à mon crime
Se fît de nos malheurs l'inutile victime.

DIRCÉ.

Quel crime avez-vous fait que d'être malheureux ?

ŒDIPE.

Mon souvenir n'est plein que d'exploits généreux ;
Cependant je me trouve inceste et parricide,
Sans avoir fait un pas que sur les pas d'Alcide,
Ni recherché partout que lois à maintenir,
Que monstres à détruire, et méchants à punir.
Aux crimes malgré moi l'ordre du ciel m'attache ;
Pour m'y faire tomber à moi-même il me cache ;

---

[1] Le spectateur qui était ému cesse ici de l'être. OEdipe, qui raisonne avec Dircé de l'amour de cette princesse pour Thésée, fait oublier ses malheurs ; il rompt le fil de l'intérêt. Dircé est si étrangère à l'aventure d'OEdipe, que, toutes les fois qu'elle paraît, elle fait beaucoup plus de tort à la pièce que l'*infante* n'en fait à la tragédie du *Cid*, et Livie à *Cinna* ; car on peut retrancher Livie et l'*infante*, et on ne peut retrancher Dircé et Thésée, qui sont malheureusement des acteurs principaux. Il reste une réflexion à faire sur la tragédie d'*OEdipe* : c'est, sans contredit, le chef-d'œuvre de l'antiquité, quoique avec de grands défauts. Toutes les nations éclairées se sont réunies à l'admirer, en convenant des fautes de Sophocle. Pourquoi ce sujet n'a-t-il pu être traité avec un plein succès chez aucune de ces nations ? ce n'est pas certainement qu'il ne soit très-tragique. Quelques personnes ont prétendu qu'on ne peut s'intéresser aux crimes involontaires d'OEdipe, et que son châtiment révolte plus qu'il ne touche : cette opinion est démentie par l'expérience ; car tout ce qui a été imité de Sophocle, quoique très-faiblement, dans l'*OEdipe*, a toujours réussi parmi nous ; et tout ce qu'on a mêlé d'étranger à ce sujet a été condamné. Il faut donc conclure qu'il fallait traiter OEdipe dans toute la simplicité grecque. Pourquoi ne l'avons-nous pas fait ? c'est que nos pièces en cinq actes, dénuées de chœurs, ne peuvent être conduites jusqu'au dernier acte sans des secours étrangers au sujet ; nous les chargeons d'épisodes, et nous les étouffons : cela s'appelle du remplissage. J'ai déjà dit qu'on veut une tragédie qui dure deux heures ; il faudrait qu'elle durât moins, et qu'elle fût meilleure. C'est le comble du ridicule de parler d'amour dans *OEdipe*, dans *Électre*, dans *Mérope*. Lorsqu'en 1718 il fut question de représenter le seul OEdipe qui soit resté depuis au théâtre, les comédiens exigèrent quelques scènes où l'amour ne fût pas oublié ; et l'auteur gâta et avilit ce beau sujet par le froid ressouvenir d'un amour insipide entre Philoctète et Jocaste. L'actrice qui représentait Dircé, dans l'*OEdipe* de Corneille, dit au nouvel auteur : « C'est moi qui joue l'amoureuse ; et si on ne me donne « un rôle, la pièce ne sera pas jouée. » À ces paroles, *je joue l'amoureuse dans OEdipe*, deux étrangers du bon ton éclatèrent de rire : mais il fallut en passer par ce que les acteurs exigeaient ; il fallut s'asservir à l'abus le plus méprisable ; et si l'auteur, indigné de cet abus auquel il cédait, n'avait pas mis dans sa tragédie le moins de conversation amoureuse qu'il put, s'il n'avait pas prononcé le mot d'amour dans les trois derniers actes, la pièce ne mériterait pas d'être représentée. Il y a bien des manières de parvenir au froid et à l'insipide. La Motte, l'un des plus ingénieux auteurs que nous ayons, y est arrivé par une autre route, par une versification lâche, par l'introduction de deux grands enfants d'OEdipe sur la scène, par la soustraction entière de la terreur et de la pitié. (V.) — Voltaire ne parle ici de son *OEdipe*, que pour convenir des fautes qu'il a été forcé d'y laisser ; et, en jugeant celui de Corneille, c'est tout ce qu'il pouvait en dire avec bienséance. Il était difficile qu'après avoir traité, dans sa jeunesse, le même sujet d'une manière très-supérieure, il ne fût pas tenté d'être sévère dans ses remarques : cependant il eût été plus noble de n'y pas mêler d'indécentes railleries. On doit avouer qu'il a peu fait d'observations dans son commentaire qui prouvent mieux la grande connaissance qu'il avait de l'art dramatique et des effets du théâtre. (P.)

Il offre, en m'aveuglant sur ce qu'il a prédit,
Mon père à mon épée, et ma mère à mon lit.
Hélas! qu'il est bien vrai qu'en vain on s'imagine
Dérober notre vie à ce qu'il nous destine!
Les soins de l'éviter font courir au-devant,
Et l'adresse à le fuir y plonge plus avant.
Mais si les dieux m'ont fait la vie abominable,
Ils m'en font par pitié la sortie honorable;
Puisque enfin leur faveur mêlée à leur courroux
Me condamne à mourir pour le salut de tous,
Et qu'en ce même temps qu'il faudrait que ma vie
Des crimes qu'ils m'ont fait traînât l'ignominie,
L'éclat de ces vertus que je ne tiens pas d'eux
Reçoit pour récompense un trépas glorieux.

DIRCÉ.
Ce trépas glorieux comme vous me regarde;
Le juste choix du ciel peut-être me le garde:
Il fit tout votre crime; et le malheur du roi
Ne vous rend pas, seigneur, plus coupable que moi.
D'un voyage fatal qui seul causa sa perte
Je fus l'occasion; elle vous fut offerte:
Votre bras contre trois disputa le chemin;
Mais ce n'était qu'un bras qu'empruntait le destin,
Puisque votre vertu qui servit sa colère
Ne put voir en Laïus ni de roi ni de père.
Ainsi j'espère encor que demain par son choix
Le ciel épargnera le plus grand de nos rois.
L'intérêt des Thébains et de votre famille
Tournera son courroux sur l'orgueil d'une fille
Qui n'a rien que l'État doive considérer,
Et qui contre son roi n'a fait que murmurer.

OEDIPE.
Vous voulez que le ciel, pour montrer à la terre
Qu'on peut innocemment mériter le tonnerre,
Me laisse de sa haine étaler en ces lieux
L'exemple le plus noir et le plus odieux!
Non, non; vous le verrez demain au sacrifice
Par le choix que j'attends couvrir son injustice,
Et par la peine due à son propre forfait
Désavouer ma main de tout ce qu'elle a fait.

SCÈNE VII.

OEDIPE, THÉSÉE, DIRCÉ, IPHICRATE.

OEDIPE.
Est-ce encor votre bras qui doit venger son père [1]?

[1] Thésée et Dircé viennent achever de répandre leur glace sur cette fin, qui devait être si touchante et si terrible. OEdipe appelle Dircé sa sœur comme si de rien n'était; il lui parle *de l'empire qu'une belle flamme lui fit sur une âme; il va en consoler la reine :* tout se passe en civilités, et Dircé reste à disserter avec Thésée; et, pour comble, l'auteur se félicite, dans sa préface, de *l'heureux épisode* de Thésée et de Dircé. Plaignons la faiblesse de l'esprit humain. (V.)

Son amant en a-t-il plus de droit que son frère,
Prince?

THÉSÉE.
Je vous en plains, et ne puis concevoir,
Seigneur....

OEDIPE.
La vérité ne se fait que trop voir.
Mais nous pourrons demain être tous deux à plaindre,
Si le ciel fait le choix qu'il nous faut tous deux crain-
S'il me choisit, ma sœur, donnez-lui votre foi: [dre.
Je vous en prie en frère, et vous l'ordonne en roi.
Vous, seigneur, si Dircé garde encor sur votre âme
L'empire que lui fit une si belle flamme,
Prenez soin d'apaiser les discords de mes fils,
Qui par les nœuds du sang vous deviendront unis.
Vous voyez où des dieux nous a réduits la haine.
Adieu : laissez-moi seul en consoler la reine;
Et ne m'enviez pas un secret entretien,
Pour affermir son cœur sur l'exemple du mien.

SCÈNE VIII.

THÉSÉE, DIRCÉ.

DIRCÉ.
Parmi de tels malheurs que sa constance est rare!
Il ne s'emporte point contre un sort si barbare;
La surprenante horreur de cet accablement
Ne coûte à sa grande âme aucun égarement;
Et sa haute vertu, toujours inébranlable,
Le soutient au-dessus de tout ce qui l'accable.

THÉSÉE.
Souvent, avant le coup qui doit nous accabler,
Le nuit qui l'enveloppe a de quoi nous troubler;
L'obscur pressentiment d'une injuste disgrâce
Combat avec effroi sa confuse menace :
Mais, quand ce coup tombé vient d'épuiser le sort
Jusqu'à n'en pouvoir craindre un plus barbare effort,
Ce trouble se dissipe, et cette âme innocente,
Qui brave impunément la fortune impuissante,
Regarde avec dédain ce qu'elle a combattu,
Et se rend tout entière à toute sa vertu

SCÈNE IX.

THÉSÉE, DIRCÉ, NÉRINE.

NÉRINE.
Madame....

DIRCÉ.
Que veux-tu, Nérine?

NÉRINE.
Hélas! la reine...

DIRCÉ.
Que fait-elle?

ŒDIPE, ACTE V, SCÈNE X.   31

NÉRINE.
　　　　Elle est morte ; et l'excès de sa peine,
Par un prompt désespoir....
　　　　　　　DIRCÉ.
　　　　　　　　　Jusques où portez-vous,
Impitoyables dieux, votre injuste courroux!
　　　　　　　THÉSÉE.
Quoi! même aux yeux du roi son désespoir la tue?
Ce monarque n'a pu....
　　　　　　　NÉRINE.
　　　　　　　　Le roi ne l'a point vue,
Et quant à son trépas, ses pressantes douleurs
L'ont cru devoir sur l'heure à de si grands malheurs.
Phorbas l'a commencé, sa main a fait le reste.
　　　　　　　DIRCÉ.
Quoi! Phorbas....
　　　　　　　NÉRINE.
　　　　　　Oui, Phorbas, par son récit funeste,
Et par son propre exemple, a su l'assassiner.
　Ce malheureux vieillard n'a pu se pardonner ;
Il s'est jeté d'abord aux genoux de la reine,
Où, détestant l'effet de sa prudence vaine :
« Si j'ai sauvé ce fils pour être votre époux,
« Et voir le roi son père expirer sous ses coups,
« A-t-il dit, la pitié qui me fit le ministre
« De tout ce que le ciel eut pour vous de sinistre,
« Fait place au désespoir d'avoir si mal servi,
« Pour venger sur mon sang votre ordre mal suivi.
« L'inceste où malgré vous tous deux je vous abîme
« Recevra de ma main sa première victime :
« J'en dois le sacrifice à l'innocente erreur　[reur.
« Qui vous rend l'un pour l'autre un objet plein d'hor-
Cet arrêt qu'à nos yeux lui-même il se prononce
Est suivi d'un poignard qu'en ses flancs il enfonce[1].
La reine, à ce malheur si peu prémédité,
Semble le recevoir avec stupidité.
L'excès de sa douleur la fait croire insensible ;
Rien n'échappe au dehors qui la rende visible,
Et tous ses sentiments enfermés dans son cœur
Ramassent en secret leur dernière vigueur.
Nous autres cependant, autour d'elle rangées,
Stupides ainsi qu'elle, ainsi qu'elle affligées,
Nous n'osons rien permettre à nos fiers déplaisirs,
Et nos pleurs par respect attendent ses soupirs.
　Mais enfin tout à coup, sans changer de visage,
Du mort qu'elle contemple elle imite la rage,
Se saisit du poignard, et de sa propre main

A nos yeux comme lui s'en traverse le sein.
On dirait que du ciel l'implacable colère
Nous arrête les bras pour lui laisser tout faire.
Elle tombe, elle expire avec ces derniers mots :
« Allez dire à Dircé qu'elle vive en repos,
« Que de ces lieux maudits en hâte elle s'exile ;
« Athènes a pour elle un glorieux asile,
« Si toutefois Thésée est assez généreux　[reux. »
« Pour n'avoir point d'horreur d'un sang si malheu-
　　　　　　　THÉSÉE.
Ah! ce doute m'outrage ; et si jamais vos charmes....
　　　　　　　DIRCÉ.
Seigneur, il n'est saison que de verser des larmes.
La reine, en expirant, a donc pris soin de moi!
Mais tu ne me dis point ce qu'elle a dit du roi?
　　　　　　　NÉRINE.
Son âme en s'envolant, jalouse de sa gloire,
Craignait d'en emporter la honteuse mémoire ;
Et, n'osant le nommer son fils ni son époux,
Sa dernière tendresse a tout été pour vous.
　　　　　　　DIRCÉ.
Et je puis vivre encore après l'avoir perdue !

SCÈNE X.

THÉSÉE, DIRCÉ, CLÉANTE, DYMAS,
NÉRINE.

(*Cléante sort d'un côté, et Dymas de l'autre, environ quatre vers après Cléante.*)

　　　　　　　CLÉANTE.
La santé dans ces murs tout d'un coup répandue
Fait crier au miracle et bénir hautement
La bonté de nos dieux d'un si prompt changement.
Tous ces mourants, madame, à qui déjà la peste
Ne laissait qu'un soupir, qu'un seul moment de reste,
En cet heureux moment rappelés des abois,
Rendent grâces au ciel d'une commune voix ;
Et l'on ne comprend point quel remède il applique
A rétablir sitôt l'allégresse publique.
　　　　　　　DIRCÉ.
Que m'importe qu'il montre un visage plus doux,
Quand il fait des malheurs qui ne sont que pour nous?
Avez-vous vu le roi, Dymas?
　　　　　　　DYMAS.
　　　　　　　　　　Hélas! princesse,
On ne doit qu'à son sang la publique allégresse.
Ce n'est plus que pour lui qu'il faut verser des pleurs :
Ses crimes inconnus avaient fait vos malheurs ;
Et sa vertu souillée à peine s'est punie,
Qu'aussitôt de ces lieux la peste s'est bannie.
　　　　　　　THÉSÉE.
L'effort de son courage a su nous éblouir :
D'un si grand désespoir il cherchait à jouir,

---

[1] Outre les nombreuses imitations que cette pièce a fournies à l'*OEdipe* de Voltaire, ces deux vers se trouvent encore presque mot à mot dans *la Henriade*. L'auteur les a placés dans la description de la famine de Paris, à la fin du récit de l'action épouvantable de cette infortunée qui, au milieu des horreurs qui l'environnent, oublie un instant qu'elle est mère.

Et de sa fermeté n'empruntait les miracles
Que pour mieux éviter toutes sortes d'obstacles.
DIRCÉ.
Il s'est rendu par là maître de tout son sort.
Mais achève, Dymas, le récit de sa mort;
Achève d'accabler une âme désolée.
DYMAS.
Il n'est point mort, madame; et la sienne, ébranlée
Par les confus remords d'un innocent forfait,
Attend l'ordre des dieux pour sortir tout à fait.
DIRCÉ.
Que nous disais-tu donc?
DYMAS.
Ce que j'ose encor dire,
Qu'il vit et ne vit plus, qu'il est mort et respire;
Et que son sort douteux, qui seul reste à pleurer,
Des morts et des vivants semble le séparer.[1]
J'étais auprès de lui sans aucunes alarmes;
Son cœur semblait calmé, je le voyais sans armes,
Quand soudain, attachant ses deux mains sur ses yeux :
« Prévenons, a-t-il dit, l'injustice des dieux; [nent;
« Commençons à mourir avant qu'ils nous l'ordon-
« Qu'ainsi que mes forfaits mes supplices étonnent.
« Ne voyons plus le ciel après sa cruauté :
« Pour nous venger de lui dédaignons sa clarté;
« Refusons-lui nos yeux, et gardons quelque vie
« Qui montre encore à tous quelle est sa tyrannie. »
Là, ses yeux arrachés par ses barbares mains
Font distiller un sang qui rend l'âme aux Thébains.
Ce sang si précieux touche à peine la terre,
Que le courroux du ciel ne leur fait plus la guerre;
Et trois mourants guéris au milieu du palais
De sa part tout d'un coup nous annoncent la paix.
Cléante vous a dit que par toute la ville....
THÉSÉE.
Cessons de nous gêner d'une crainte inutile.
A force de malheurs le ciel fait assez voir
Que le sang de Laïus a rempli son devoir :
Son ombre est satisfaite; et ce malheureux crime
Ne laisse plus douter du choix de sa victime.
DIRCÉ.
Un autre ordre demain peut nous être donné
Allons voir cependant ce prince infortuné,
Pleurer auprès de lui notre destin funeste,
Et remettons aux dieux à disposer du reste.

DÉCLARATION DE VOLTAIRE.

Mon respect pour l'auteur des admirables morceaux du *Cid*, de *Cinna*, et de tant de chefs-d'œuvre, mon amitié constante pour l'unique héritière du nom de ce grand homme, ne m'ont pas empêché de voir et de dire la vérité, quand j'ai examiné son *Œdipe* et ses autres pièces indignes de lui; et je crois avoir prouvé tout ce que j'ai dit. Le souvenir même que j'ai fait autrefois une tragédie d'*Œdipe* ne m'a point retenu. Je ne me suis point cru égal à Corneille ; je me suis mis hors d'intérêt; je n'ai eu devant les yeux que l'intérêt du public, l'instruction des jeunes auteurs, l'amour du vrai, qui l'emporte dans mon esprit sur toutes les autres considérations. Mon admiration sincère pour le beau est égale à ma haine pour le mauvais. Je ne connais ni l'envie, ni l'esprit de parti : je n'ai jamais songé qu'à la perfection de l'art, et je dirai hardiment la vérité en tout genre jusqu'au dernier moment de ma vie.

EXAMEN D'OEDIPE.

La mauvaise fortune de *Pertharite* m'avait assez dégoûté du théâtre pour m'obliger à faire retraite, et à m'imposer un silence que je garderais encore si M. le procureur général Fouquet ne l'eût permis. Comme il n'était pas moins surintendant des belles-lettres que des finances, je ne pus me défendre des ordres qu'il daigna me donner de mettre sur notre scène un des trois sujets qu'il me proposa. Il m'en laissa le choix, et je m'arrêtai à celui-ci, dont le bonheur me vengea bien de la déroute de l'autre, puisque le roi s'en satisfit assez pour me faire recevoir des marques solides de son approbation par ses libéralités, que je pris pour des commandements tacites de consacrer aux divertissements de Sa Majesté ce que l'âge et les vieux travaux m'avaient laissé d'esprit et de vigueur.

Je ne déguiserai point qu'après avoir fait le choix de ce sujet, sur cette confiance que j'aurais pour moi les suffrages de tous les savants, qui le regardent encore comme le chef-d'œuvre de l'antiquité, et que les pensées de Sophocle et de Sénèque, qui l'ont traité en leurs langues, me faciliteraient les moyens d'en venir à bout, je tremblai quand je l'envisageai de près : je reconnus que ce qui avait passé pour merveilleux en leurs siècles pourrait sembler horrible au nôtre : que cette éloquente et sérieuse description de la manière dont ce malheureux prince se crève les yeux, qui occupe tout leur cinquième acte, ferait soulever la délicatesse de nos dames, dont le dégoût attire aisément celui du reste de l'auditoire; et qu'enfin l'amour n'ayant point de part en cette tragédie, elle était dénuée des principaux agréments qui sont en possession de gagner la voix publique.

Ces considérations m'ont fait cacher aux yeux un si dangereux spectacle, et introduire l'heureux épisode de Thésée et de Dircé. J'ai retranché le nombre des oracles qui pouvait être importun, et donner à Œdipe trop de soupçon de sa naissance. J'ai rendu la réponse de Laïus, évoquée par Tirésie, assez obscure dans sa clarté apparente pour en faire une fausse application à cette princesse; j'ai rectifié ce qu'Aristote y trouve sans raison, et qu'il n'excuse que parce qu'il arrive avant le commencement de la pièce; et j'ai fait en sorte qu'Œdipe, loin de se croire l'auteur de la mort du roi son prédécesseur, s'imagine l'avoir vengée sur trois brigands, à qui le bruit commun l'attribue; et ce n'est pas un petit artifice qu'il s'en convainque lui-même lorsqu'il en veut convaincre Phorbas.

---

[1] Voilà encore un vers que Voltaire a conservé dans son *Œdipe*. (P.)

Ces changements m'ont fait perdre l'avantage que je m'étais promis, de n'être souvent que le traducteur de ces grands génies qui m'ont précédé. La différente route que j'ai prise m'a empêché de me rencontrer avec eux, et de me parer de leur travail; mais, en récompense, j'ai eu le bonheur de faire avouer qu'il n'est point sorti de pièce de ma main où il se trouve tant d'art qu'en celle-ci. On m'y a fait deux objections : l'une, que Dircé, au troisième acte, manque de respect envers sa mère, ce qui ne peut être une faute de théâtre, puisque nous ne sommes pas obligés de rendre parfaits ceux que nous y faisons voir; outre que cette princesse considère encore tellement ces devoirs de la nature, que, bien qu'elle ait lieu de regarder cette mère comme une personne qui s'est emparée d'un trône qui lui appartient, elle lui demande pardon de cette échappée, et la condamne aussi bien que les plus rigoureux de mes juges. L'autre objection regarde la guérison publique, sitôt qu'Œdipe s'est puni. La narration s'en fait par Cléante et par Dymas; et l'on veut qu'il eût pu suffire de l'un des deux pour la faire : à quoi je réponds que ce miracle s'étant fait tout d'un coup, un seul homme n'en pouvait savoir assez tôt tout l'effet, et qu'il a fallu donner à l'un le récit de ce qui s'était passé dans la ville, et à l'autre, de ce qu'il avait vu dans le palais. Je trouve plus à dire à Dircé, qui les écoute, et devrait avoir couru auprès de sa mère sitôt qu'on lui en a dit la mort : mais on peut répondre que si les devoirs de la nature nous appellent auprès de nos parents quand ils meurent, nous nous retirons d'ordinaire d'auprès d'eux quand ils sont morts, afin de nous épargner ce funeste spectacle, et qu'ainsi Dircé a pu n'avoir aucun empressement de voir sa mère, à qui son secours ne pouvait plus être utile, puisqu'elle était morte; outre que, si elle y eût couru, Thésée l'aurait suivie, et il ne me serait demeuré personne pour entendre ces récits. C'est une incommodité de la représentation qui doit faire souffrir quelque manquement à l'exacte vraisemblance. Les anciens avaient leurs chœurs qui ne sortaient point du théâtre, et étaient toujours prêts d'écouter tout ce qu'on leur voulait apprendre; mais cette facilité était compensée par tant d'autres importunités de leur part, que nous ne devons point nous repentir du retranchement que nous en avons fait [1].

[1] Observez que, dans cet examen, Corneille s'applaudit beaucoup de l'heureux épisode de Thésée et de Dircé, et que cet épisode est précisément ce qu'il y a de plus défectueux dans sa pièce. (P.)

FIN D'ŒDIPE.

LA CONQUÊTE

DE

LA TOISON D'OR,

TRAGÉDIE. — 1661.

ARGUMENT

DE LA CONQUÊTE DE LA TOISON D'OR,

TRAGÉDIE,

Représentée par la troupe royale du Marais, chez M. le marquis de Sourdéac[1], en son château de Neubourg, pour réjouissance publique du mariage du roi[2], et de la paix avec l'Espagne, et ensuite sur le théâtre royal du Marais.

L'antiquité n'a rien fait passer jusqu'à nous qui soit si généralement connu que le voyage des Argonautes; mais, comme les historiens qui en ont voulu démêler la vérité d'avec la fable qui l'enveloppe ne s'accordent pas en tout, et que les poëtes qui l'ont embelli de leurs fictions n'ont pas pris la même route, j'ai cru que, pour en faciliter l'intelligence entière, il était à propos d'avertir le lecteur de quelques particularités où je me suis attaché, qui peut-être ne sont pas connues de tout le monde. Elles sont pour la plupart tirées de Valérius Flaccus, qui en a fait un poëme épique en latin, et de qui, entre autres choses, j'ai emprunté la métamorphose de Junon en Chalciope.

Phryxus était fils d'Athamas, roi de Thèbes, et de Néphélé, qu'il répudia pour épouser Ino. Cette seconde femme persécuta si bien ce jeune prince, qu'il fut obligé de s'enfuir sur un mouton dont la laine était d'or, que sa mère lui donna après l'avoir reçu de Mercure : il le sacrifia à Mars, sitôt qu'il fut abordé à Colchos, et lui en appendit la dépouille dans une forêt qui lui était consacrée. Aætes, fils du Soleil, et roi de cette province, lui donna pour femme Chalciope, sa fille aînée, dont il eut quatre fils, et mourut quelque temps après. Son ombre apparut ensuite à ce monarque, et lui révéla que le destin de son État dépendait de cette toison; qu'en même temps qu'il la perdrait, il perdrait aussi son royaume; et qu'il était résolu dans le ciel que Médée, son autre fille, aurait un époux étranger. Cette prédiction fit deux effets. D'un côté, Aætes, pour conserver cette toison, qu'il voyait si nécessaire à sa propre conservation, voulut en rendre la conquête impossible par le moyen des charmes de Circé sa sœur, et de Médée sa fille. Ces deux savantes magiciennes firent en sorte qu'on ne pouvait s'en rendre maître qu'après avoir dompté deux taureaux dont l'haleine était toute de feu, et leur avoir fait labourer le champ de Mars, où ensuite il fallait semer des dents de serpents, dont naissaient aussitôt autant de gens d'armes, qui tous ensemble attaquaient le téméraire qui se hasardait à une si dangereuse entreprise; et, pour dernier péril, il fallait combattre un dragon qui ne dormait jamais, et qui était le plus fidèle et le plus redoutable gardien de ce trésor. D'autre côté, les rois voisins, jaloux de la grandeur d'Aætes, s'armèrent pour cette conquête, et, entre autres, Persès, roi de la Chersonèse Taurique, et fils du Soleil, comme lui. Comme il s'appuya du secours des Scythes, Aætes emprunta celui de Styrus, roi d'Albanie, à qui il promit Médée, pour satisfaire à l'ordre qu'il croyait en avoir reçu du ciel par cette ombre de Phryxus : ils donnaient bataille, et la victoire penchait du côté de Persès, lorsque Jason arriva suivi de ses Argonautes, dont la valeur la fit tourner du parti contraire; et en moins d'un mois ces héros firent emporter[1] tant d'avantages au roi de Colchos sur ses ennemis, qu'ils furent contraints de prendre la fuite et d'abandonner leur camp. C'est ici que commence la pièce; mais, avant que d'en venir au détail,

---

[1] On se souviendra longtemps de la magnificence avec laquelle ce marquis donna une grande fête dans son château de Neubourg, en réjouissance de l'heureux mariage de Sa Majesté, et de la paix qu'il lui avait plu donner à ses peuples. La tragédie de *la Toison d'Or*, mêlée de musique et de superbes spectacles, fut faite exprès pour cela. Il fit venir au Neubourg les comédiens du Marais, qui l'y représentèrent plusieurs fois en présence de plus de soixante des plus considérables personnes de la province, qui furent logées dans le château, et régalées pendant plus de huit jours, avec toute la propreté et l'abondance imaginables. Cela se fit au commencement de l'hiver de l'année 1660; et ensuite M. le marquis de Sourdéac donna aux comédiens toutes les machines et toutes les décorations qui avaient servi à ce grand spectacle, qui attira tout Paris, chacun y ayant couru longtemps en foule. (DE VISÉ.)

[2] Louis XIV épousa, le 9 juin 1661, à Saint-Jean-de-Luz, Marie-Thérèse, fille aînée de Philippe IV.

---

[1] *Remporter* serait aujourd'hui le mot propre.

il faut dire un mot de Jason, et du dessein qui l'amenait à Colchos.

Il était fils d'Æson, roi de Thessalie, sur qui Pélias, son frère, avait usurpé le royaume. Ce tyran était fils de Neptune et de Tyro, fille de Salmonée, qui épousa ensuite Chrétéus, père d'Æson, que je viens de nommer. Cette usurpation, lui donnant la défiance ordinaire à ceux de sa sorte, lui rendit suspect le courage de Jason, son neveu, et légitime héritier de ce royaume. Un oracle qu'il reçut le confirma dans ses soupçons, si bien que, pour l'éloigner, ou plutôt pour le perdre, il lui commanda d'aller conquérir la toison d'or, dans la croyance que ce prince y périrait, et le laisserait, par sa mort, paisible possesseur de l'État dont il s'était emparé. Jason, par le conseil de Pallas, fit bâtir pour ce fameux voyage le navire Argo, où s'embarquèrent avec lui quarante des plus vaillants de toute la Grèce. Orphée fut du nombre, avec Zéthès et Calaïs, fils du vent Borée et d'Orithie, princesse de Thrace, qui étaient nés avec des ailes, comme leur père, et qui, par ce moyen, délivrèrent Phinée, en passant, des harpies qui fondaient sur ses viandes sitôt que sa table était servie, et leur donnèrent la chasse par le milieu de l'air. Ces héros, durant leur voyage, reçurent beaucoup de faveurs de Junon et de Pallas, et prirent terre à Lemnos, dont était reine Hypsipile, et où ils tardèrent deux ans, pendant lesquels Jason fit l'amour à cette reine, et lui donna parole de l'épouser à son retour; ce qui ne l'empêcha pas de s'attacher auprès de Médée, et de lui faire les mêmes protestations sitôt qu'il fut arrivé à Colchos, et qu'il eut vu le besoin qu'il en avait. Ce nouvel amour lui réussit si heureusement, qu'il eut d'elle des charmes pour surmonter tous les périls, et enlever la toison d'or, malgré le dragon qui la gardait, et qu'elle assoupit. Un auteur que cite le mythologiste Noël le Comte, et qu'il appelle Denys le Mylésien, dit qu'elle lui porta la toison jusque dans son navire; et c'est sur son rapport que je me suis autorisé à changer la fin ordinaire de cette fable, pour la rendre plus surprenante et plus merveilleuse. Je l'aurais été assez par la liberté qu'en donne la poésie en de pareilles rencontres; mais j'ai cru en avoir encore plus de droit en marchant sur les pas d'un autre, que si j'avais inventé ce changement.

PERSONNAGES DU PROLOGUE.

LA FRANCE.
LA VICTOIRE.
MARS.
LA PAIX.
L'HYMÉNÉE.
LA DISCORDE.
L'ENVIE.
QUATRE AMOURS.

PERSONNAGES DE LA TRAGÉDIE.

JUPITER.
JUNON.
PALLAS.
IRIS.
L'AMOUR.
LE SOLEIL.
AÆTES, roi de Colchos, fils du Soleil.
ABSYRTE, fils d'Aætes.
CHALCIOPE, fille d'Aætes, veuve de Phryxus.
MÉDÉE, fille d'Aætes, amante de Jason.
HYPSIPILE, reine de Lemnos.
JASON, prince de Thessalie, chef des Argonautes.
PÉLÉE, }
IPHITE, } Argonautes.
ORPHÉE, }
ZÉTHÈS, }
CALAIS, } Argonautes ailés, fils de Borée et d'Orithie.
GLAUQUE, dieu marin.
DEUX TRITONS.
DEUX SIRÈNES.
QUATRE VENTS.

La scène est à Colchos.

PROLOGUE[1].

L'heureux mariage de Sa Majesté, et la paix qu'il lui a plu donner à ses peuples, ayant été les motifs de la réjouissance publique pour laquelle cette tragédie a été préparée, non-seulement il était juste qu'ils servissent de sujet au prologue qui la précède, mais il était même absolument impossible d'en choisir une plus illustre matière.

L'ouverture du théâtre fait voir un pays ruiné par les guerres, et terminé dans son enfoncement par une ville qui n'en est pas mieux traitée; ce qui marque le pitoyable état où la France était réduite avant cette faveur du ciel, qu'elle a si longtemps souhaitée, dont la bonté de son généreux monarque la fait jouir à présent.

[1] Les prologues d'*Andromède* et de *la Toison d'Or*, où Louis XIV était loué, servirent ensuite de modèle à tous les prologues de Quinault, et ce fut une coutume indispensable de faire l'éloge du roi à la tête de tous les opéras, comme dans les discours à l'Académie française. Il y a de grandes beautés dans le prologue de *la Toison d'Or*; ces vers surtout, que dit la France personnifiée, plurent à tout le monde :

A vaincre tant de fois mes forces s'affaiblissent :
L'État est florissant, mais les peuples gémissent;
Leurs membres décharnés courbent sous mes hauts faits,
Et la gloire du trône accable les sujets.

Longtemps après, il arriva, sur la fin du règne de Louis XIV, que cette pièce ayant disparu du théâtre, et n'étant lue tout au plus que par un petit nombre de gens de lettres, un de nos poëtes [*], dans une tragédie nouvelle, mit ces quatre vers dans la bouche d'un de ses personnages : ils furent défendus par la police. C'est une chose singulière qu'ayant été bien reçus en 1660, ils déplurent trente ans après, et qu'après avoir été regardés comme la noble expression d'une vérité importante, ils furent pris dans un autre auteur pour un trait de satire: ils ne devaient être regardés que comme un plagiat. (V.)

[*] Campistron, dans *Andronic*.

SCÈNE PREMIÈRE.
LA FRANCE, LA VICTOIRE.

LA FRANCE.

Doux charme des héros, immortelle Victoire,
Ame de leur vaillance, et source de leur gloire,
Vous qu'on fait si volage, et qu'on voit toutefois
Si constante à me suivre, et si ferme en ce choix,
Ne vous offensez pas si j'arrose de larmes
Cette illustre union qu'ont avec vous mes armes,
Et si vos faveurs même obstinent mes soupirs
A pousser vers la Paix mes plus ardents désirs.
Vous faites qu'on m'estime aux deux bouts de la terre,
Vous faites qu'on m'y craint : mais il vous faut la guerre;
Et quand je vois quel prix me coûtent vos lauriers,
J'en vois avec chagrin couronner mes guerriers.

LA VICTOIRE.

Je ne me repens point, incomparable France,
De vous avoir suivie avec tant de constance;
Je vous prépare encor mêmes attachements :
Mais j'attendais de vous d'autres remercîments.
Vous lassez-vous de moi qui vous comble de gloire,
De moi qui de vos fils assure la mémoire,
Qui fais marcher partout l'effroi devant leurs pas?

LA FRANCE.

Ah! Victoire, pour fils n'ai-je que des soldats?
La gloire qui les couvre, à moi-même funeste,
Sous mes plus beaux succès fait trembler tout le reste;
Ils ne vont aux combats que pour me protéger,
Et n'en sortent vainqueurs que pour me ravager.
S'ils renversent des murs, s'ils gagnent des batailles,
Ils prennent droit par là de ronger mes entrailles ;
Leur retour me punit de mon trop de bonheur,
Et mes bras triomphants me déchirent le cœur.
A vaincre tant de fois mes forces s'affaiblissent :
L'État est florissant, mais les peuples gémissent;
Leurs membres décharnés courbent sous mes hauts faits,
Et la gloire du trône accable les sujets.
Voyez autour de moi que de tristes spectacles!
Voilà ce qu'en mon sein enfantent vos miracles.
Quelque encens que je doive à cette fermeté
Qui vous fait en tous lieux marcher à mon côté,
Je me lasse de voir mes villes désolées,
Mes habitants pillés, mes campagnes brûlées :
Mon roi, que vous rendez le plus puissant des rois,
En goûte moins le fruit de ses propres exploits;
Du même œil dont il voit ses plus nobles conquêtes,
Il voit ce qu'il leur faut sacrifier de têtes;
De ce glorieux trône où brille sa vertu,
Il tend sa main auguste à son peuple abattu;
Et, comme à tous moments la commune misère
Rappelle en son grand cœur les tendresses de père,
Ce cœur se laisse vaincre aux vœux que j'ai formés,
Pour faire respirer ce que vous opprimez.

LA VICTOIRE.

France, j'opprime donc ce que je favorise!
A ce nouveau reproche excusez ma surprise :
J'avais cru jusqu'ici qu'à vos seuls ennemis
Ces termes odieux pouvaient être permis,
Qu'eux seuls de ma conduite avaient droit de se plaindre.

LA FRANCE.

Vos dons sont à chérir, mais leur suite est à craindre.
Pour faire deux héros ils font cent malheureux :
Et ce dehors brillant que mon nom reçoit d'eux
M'éclaire à voir les maux qu'à ma gloire il attache,
Le sang dont il m'épuise, et les nerfs qu'il m'arrache.

LA VICTOIRE.

Je n'ose condamner de si justes ennuis,
Quand je vois quels malheurs malgré moi je produis;
Mais ce dieu dont la main m'a chez vous affermie,
Vous pardonnera-t-il d'aimer son ennemie.
Le voilà qui paraît, c'est lui-même, c'est Mars,
Qui vous lance du ciel de farouches regards ;
Il menace, il descend : apaisez sa colère
Par le prompt désaveu d'un souhait téméraire.

(*Le ciel s'ouvre et fait voir Mars en posture menaçante, un pied en l'air, et l'autre porté sur son étoile. Il descend ainsi à un des côtés du théâtre, qu'il traverse en parlant; et, sitôt qu'il a parlé, il remonte au même lieu dont il est parti.*)

SCÈNE II.
MARS, LA FRANCE, LA VICTOIRE.

MARS.

France ingrate, tu veux la paix!
   Et pour toute reconnaissance
D'avoir en tant de lieux étendu ta puissance,
   Tu murmures de mes bienfaits!
Encore un lustre ou deux, et sous tes destinées
Ton État n'aurait eu pour bornes que ton choix ;
Et tu devais tenir pour assuré présage,
Voyant toute l'Europe apprendre ton langage,
Que toute cette Europe allait prendre tes lois.

   Tu renonces à cette gloire,
   La Paix a pour toi plus d'appas!
   Et tu dédaignes la Victoire
Que j'ai de ma main propre attachée à tes pas!
Vois dans quels fers sous moi la Discorde et l'Envie
   Tiennent cette Paix asservie.
La Victoire t'a dit comme on peut m'apaiser ;
J'en veux bien faire encor ta compagne éternelle;
   Mais sache que je la rappelle,
   Si tu manques d'en bien user.

(*Avant que de disparaître, ce dieu, en colère contre la*

France, lui fait voir la Paix, qu'elle demande avec tant d'ardeur, prisonnière dans son palais, entre les mains de la Discorde et de l'Envie, qu'il lui a données pour gardes. Ce palais a pour colonnes des canons, qui ont pour bases des mortiers, et des boulets pour chapiteaux ; le tout accompagné, pour ornement, de trompettes, de tambours, et autres instruments de guerre entrelacés ensemble, et découpés à jour qui font comme un second rang de colonnes. Le lambris est composé de trophées d'armes, et de tout ce qui peut désigner et embellir la demeure de ce dieu des batailles.)

SCÈNE III.

LA PAIX, LA DISCORDE, L'ENVIE, LA FRANCE, LA VICTOIRE.

LA PAIX.

En vain à tes soupirs il est inexorable :
Un dieu plus fort que lui me va rejoindre à toi ;
Et tu devras bientôt ce succès adorable
 A cette reine incomparable [1]
Dont les soins et l'exemple ont formé ton grand roi.
Ses tendresses de sœur, ses tendresses de mère,
Peuvent tout sur un fils, peuvent tout sur un frère.
Bénis, France, bénis ce pouvoir fortuné ;
Bénis le choix qu'il fait d'une reine comme elle :
Cent rois en sortiront, dont la gloire immortelle
Fera trembler sous toi l'univers étonné,
Et dans tout l'avenir sur leur front couronné
 Portera l'image fidèle
 De celui qu'elle t'a donné.

Ce dieu dont le pouvoir suprême
Étouffe d'un coup d'œil les plus vieux différents,
Ce dieu par qui l'amour plaît à la vertu même,
Et qui borne souvent l'espoir des conquérants,
 Le blond et pompeux Hyménée
 Prépare en ta faveur l'éclatante journée
 Où sa main doit briser mes fers.
Ces monstres insolents dont je suis prisonnière,
Prisonniers à leur tour au fond de leurs enfers,
Ne pourront mêler d'ombre à sa vive lumière.
 A tes cantons les plus déserts
 Je rendrai leur beauté première ;
Et dans les doux torrents d'une allégresse entière
Tu verras s'abîmer tes maux les plus amers.

Tu vois comme déjà ces deux autres puissances
Que Mars semblait plonger en d'immortels discords
Ont malgré ses fureurs assemblé sur tes bords
 Les sublimes intelligences
Qui de leurs grands États meuvent les vastes corps.

[1] Anne d'Autriche, mère de Louis XIV, sœur de Philippe IV.

 Les surprenantes harmonies
 De ces miraculeux génies
Savent tout balancer, savent tout soutenir :
Leur prudence était due à cet illustre ouvrage ;
 Et jamais on n'eût pu fournir
Aux intérêts divers de la Seine et du Tage,
Ni zèle plus savant en l'art de réunir,
Ni savoir mieux instruit du commun avantage.
Par ces organes seuls ces dignes potentats
 Se font eux-mêmes leurs arbitres ;
Aux conquêtes par eux il donnent d'autres titres,
 Et des bornes à leurs États.
Ce dieu même qu'attend ma longue impatience
N'a droit de m'affranchir que par leur conférence ;
Sans elle son pouvoir serait mal reconnu.
Mais enfin je le vois, leur accord me l'envoie.
 France, ouvre ton cœur à la joie ;
Et vous, monstres, fuyez ; ce grand jour est venu.

(L'Hyménée paraît couronné de fleurs, portant en sa main droite un dard semé de lis et de roses, et en la gauche le portrait de la reine peint sur son bouclier.)

SCÈNE IV.

L'HYMÉNÉE, LA PAIX, LA DISCORDE, L'ENVIE, LA FRANCE, LA VICTOIRE.

LA DISCORDE.

En vain tu le veux croire, orgueilleuse captive :
Pourrions-nous fuir le secours qui t'arrive ?

L'ENVIE.

Pourrions-nous craindre un dieu qui contre nos fu-
Ne prend pour armes que des fleurs. [reurs

L'HYMÉNÉE.

Oui, monstres, oui, craignez cette main vengeresse :
Mais craignez encor plus cette grande princesse
 Pour qui je viens allumer mon flambeau ;
Pourriez-vous soutenir les traits de son visage ?
 Fuyez, monstres, à son image ;
Fuyez ; et que l'enfer, qui fut votre berceau,
 Vous serve à jamais de tombeau.
Et vous, noirs instruments d'un indigne esclavage,
Tombez, fers odieux, à ce divin aspect,
 Et, pour lui rendre un prompt hommage,
Anéantissez-vous de honte ou de respect.

(Il présente ce portrait aux yeux de la Discorde et de l'Envie, qui trébuchent aussitôt aux enfers, et ensuite il le présente aux chaînes qui tiennent la Paix prisonnière, lesquelles tombent et se brisent tout à l'heure.)

LA PAIX.

Dieu des sacrés plaisirs, vous venez de me rendre
Un bien dont les dieux même ont lieu d'être jaloux ;

Mais ce n'est pas assez, il est temps de descendre,
Et de remplir les vœux qu'en terre on fait pour nous.
L'HYMÉNÉE.
Il en est temps, déesse, et c'est trop faire attendre
Les effets d'un espoir si doux.
Vous donc, mes ministres fidèles,
Venez, Amours, et prêtez-nous vos ailes.

(*Quatre Amours descendent du ciel, deux de chaque côté, et s'attachent à l'Hyménée et à la Paix pour les apporter en terre.*)
LA FRANCE.
Peuple, fais voir ta joie à ces divinités
Qui vont tarir le cours de tes calamités.
CHŒUR DE MUSIQUE.
(*L'Hyménée, la Paix, et les quatre Amours descendent cependant qu'il chante.*)

Descends, Hymen, et ramène sur terre
Les délices avec la paix;
Descends, objet divin de nos plus doux souhaits,
Et par tes feux éteins ceux de la guerre.

(*Après que l'Hyménée et la Paix sont descendus, les quatre Amours remontent au ciel, premièrement de droit fil tous quatre ensemble, et puis se séparant deux à deux et croisant leur vol, en sorte que ceux qui sont au côté droit se retirent à gauche dans les nues, et ceux qui sont à gauche se perdent dans celles du côté droit.*)

SCÈNE V.
L'HYMÉNÉE, LA PAIX, LA FRANCE, LA VICTOIRE.

LA FRANCE, *à la Paix*.
Adorable souhait des peuples gémissants,
Féconde sûreté des travaux innocents,
Infatigable appui du pouvoir légitime,
Qui dissipez le trouble et détruisez le crime,
Protectrice des arts, mère des beaux loisirs,
Est-ce une illusion qui flatte mes désirs?
Puis-je en croire mes yeux, et dans chaque province
De votre heureux retour faire bénir mon prince?
LA PAIX.
France, apprends que lui-même il aime à le devoir
A ces yeux dont tu vois le souverain pouvoir.
Par un effort d'amour réponds à leurs miracles.
Fais éclater ta joie en de pompeux spectacles,
Ton théâtre a souvent d'assez riches couleurs
Pour n'avoir pas besoin d'emprunter rien ailleurs.
Ose donc, et fais voir que ta reconnaissance....
LA FRANCE.
De grâce, voyez mieux quelle est mon impuissance.
Est-il effort humain qui jamais ait tiré
Des spectacles pompeux d'un sein si déchiré?
Il faudrait que vos soins par le cours des années....
L'HYMÉNÉE.
Ces traits divins n'ont pas des forces si bornées.
Mes roses et mes lis par eux en un moment
A ces lieux désolés vont servir d'ornement.
Promets, et tu verras l'effet de ma parole.
LA FRANCE.
J'entreprendrai beaucoup; mais ce qui m'en console,
C'est que sous votre aveu....
L'HYMÉNÉE.
Va, n'appréhende rien;
Nous serons à l'envi nous-mêmes ton soutien.
Porte sur ton théâtre une chaleur si belle,
Que des plus heureux temps l'éclat s'y renouvelle:
Nous en partagerons la gloire et le souci.
LA VICTOIRE.
Cependant la Victoire est inutile ici;
Puisque la Paix y règne, il faut qu'elle s'exile.
LA PAIX.
Non, Victoire; avec moi tu n'es pas inutile.
Si la France en repos n'a plus où t'employer,
Du moins à ses amis elle peut t'envoyer.
D'ailleurs mon plus grand calme aime l'inquiétude
Des combats de prudence, et des combats d'étude;
Il ouvre un champ plus large à ces guerres d'esprits:
Tous les peuples sans cesse en disputent le prix;
Et, comme il fait monter à la plus haute gloire,
Il est bon que la France ait toujours la Victoire.
Fais-lui donc cette grâce, et prends part comme nous
A ce qu'auront d'heureux des spectacles si doux.
LA VICTOIRE.
J'y consens, et m'arrête aux rives de la Seine,
Pour rendre un long hommage à l'une et l'autre reine,
Pour y prendre à jamais les ordres de son roi.
Puissé-je en obtenir, pour mon premier emploi,
Ceux d'aller jusqu'aux bouts de ce vaste hémisphère
Arborer les drapeaux de son généreux frère,
D'aller d'un si grand prince, en mille et mille lieux,
Égaler le grand nom au nom de ses aïeux,
Le conduire au-delà de leurs fameuses traces,
Faire un appui de Mars du favori des Grâces,
Et sous d'autres climats couronner ses hauts faits
Des lauriers qu'en ceux-ci lui dérobe la Paix!
L'HYMÉNÉE.
Tu vas voir davantage, et les dieux, qui m'ordonnent
Qu'attendant tes lauriers mes myrtes le couronnent,
Lui vont donner un prix de toute autre valeur
Que ceux que tu promets avec tant de chaleur.
Cette illustre conquête a pour lui plus de charmes
Que celles que tu veux assurer à ses armes;
Et son œil, éclairé par mon sacré flambeau,
Ne voit point de trophée ou si noble ou si beau.
Ainsi, France, à l'envi l'Espagne et l'Angleterre
Aiment à t'enrichir quand tu finis la guerre;

Et la Paix, qui succède à ses tristes efforts,
Te livre par ma main leurs plus rares trésors.

LA PAIX.

Allons sans plus tarder mettre ordre à tes spectacles ;
Et pour les commencer par de nouveaux miracles,
Toi que rend tout-puissant ce chef-d'œuvre des cieux,
Hymen, fais-lui changer la face de ces lieux.

L'HYMÉNÉE, *seul.*

Naissez à cet aspect, fontaines, fleurs, bocages ;
Chassez de ces débris les funestes images,
Et formez des jardins tels qu'avec quatre mots
Le grand art de Médée en fit naître à Colchos [1].

(Tout le théâtre se change en un jardin magnifique à la vue du portrait de la reine, que l'Hyménée lui présente.)

ACTE PREMIER.

Ce grand jardin, qui en fait la scène, est composé de trois rangs de cyprès, à côté desquels on voit alternativement en chaque châssis des statues de marbre blanc à l'antique, qui versent de gros jets d'eau dans de grands bassins, soutenus par des tritons qui leur servent de piédestal, ou trois vases qui portent, l'un des oranges, et les deux autres diverses fleurs en confusion, chantournées et découpées à jour. Les ornements de ces vases et de ces bassins sont rehaussés d'or, et ces statues portent sur leurs têtes des corbeilles d'or treillissées et remplies de pareilles fleurs. Le théâtre est fermé par une grande arcade de verdure, ornée de festons de fleurs avec une grande corbeille d'or sur le milieu, qui en est remplie comme les autres. Quatre autres arcades qui la suivent composent avec elle un berceau qui laisse voir plus loin un autre jardin de cyprès entremêlés avec quantité d'autres statues à l'antique ; et la perspective du fond borne la vue par un parterre encore plus éloigné, au milieu duquel s'élève une fontaine avec divers autres jets d'eau, qui ne font pas le moindre agrément de ce spectacle.

[1] De même que les opéras de Quinault faisaient oublier *Andromède* et *la Toison d'Or*, ses prologues faisaient oublier aussi ceux de Corneille. Les uns et les autres sont composés de personnages ou allégoriques ou tirés de l'ancienne fable ; c'est Mars et Vénus, c'est la Victoire et la Paix. Le seul moyen de faire supporter ces êtres fantastiques est de les faire peu parler, et de soutenir leurs vains discours par une belle musique et par l'appareil du spectacle. La France et la Victoire, qui raisonnent ensemble, qui s'appellent toutes deux par leurs noms, qui récitent de longues tirades, et qui poussent des arguments, sont de vraies amplifications de collège. Le prologue d'*Amadis* est un modèle en ce genre : ce sont les personnages mêmes de la pièce qui paraissent dans ce prologue, et qui se réveillent à la lueur des éclairs et au bruit du tonnerre ; et, dans tous les prologues de Quinault, les couplets sont courts et harmonieux. (V.)

SCÈNE PREMIÈRE [1].

CHALCIOPE, MÉDÉE.

MÉDÉE.

Parmi ces grands sujets d'allégresse publique,
Vous portez sur le front un air mélancolique ;

[1] L'histoire de la toison d'or est bien moins fabuleuse et moins frivole qu'on ne pense : c'est, de toutes les époques de l'ancienne Grèce, la plus brillante et la plus constatée. Il s'agissait d'ouvrir un commerce de la Grèce aux extrémités de la mer Noire : ce commerce consistait principalement en fourrures ; et c'est de là qu'est venue la fable de la toison. Le voyage des Argonautes servit à faire connaître aux Grecs le ciel et la terre. Chiron, qui était de cette expédition, observa que l'équinoxe du printemps était au milieu de la constellation du Bélier ; et cette observation, faite il y a environ quatre mille trois cents années, est la base sur laquelle on s'est fondé depuis pour constater l'étonnante révolution de vingt-cinq mille neuf cents années que l'axe de la terre fait autour du pôle. Les habitants de Colchos, voisins d'une peuplade de Huns, étaient des barbares, comme ils le sont encore aujourd'hui. Leurs femmes ont toujours eu de la beauté : il est très-vraisemblable que les Argonautes enlevèrent quelques Mingréliennes, puisque nous avons vu de nos jours un homme envoyé à Tornéo pour mesurer un degré du méridien[*] enlever une fille de ce pays-là. L'enlèvement de Médée fut la source de toutes les aventures attribuées à cette femme, qui probablement ne méritait pas d'être connue. Elle passa pour une magicienne. Cette prétendue magie était l'usage de quelques poisons qu'on prétend être assez communs dans la Mingrélie. Il est à croire que ces malheureux secrets furent une des sources de cette croyance à la magie qui a inondé la terre dans tous les temps. L'autre source fut la fourberie ; les hommes ayant été toujours divisés en deux classes, celle des charlatans et celle des sots. Le premier qui employa des herbes au hasard, pour guérir une maladie que la nature guérit toute seule, voulut faire croire qu'il en savait plus que les autres ; et on le crut : bientôt tout fut prestige et miracle. C'était la coutume de tous les Grecs et de tous les peuples, excepté peut-être des Chinois, de tourner toute l'histoire en fable ; la poésie seule célébrait les grands événements : on voulait les orner, et on les défigurait. L'expédition des Argonautes fut chantée en vers ; et quoiqu'elle méritât d'être célèbre par le fond, qui était très-vrai et très-utile, elle ne fut connue que par des mensonges poétiques. La partie fabuleuse de cette histoire semble beaucoup plus convenable à l'opéra qu'à la tragédie : une toison d'or gardée par des taureaux qui jettent des flammes, et par un grand dragon ; ces taureaux attachés à une charrue de diamant ; les dents du dragon qui font naître des hommes armés, toutes ces imaginations ne ressemblent guère à la vraie tragédie, qui, après tout, doit être la peinture fidèle des mœurs. Aussi Corneille voulut en faire une espèce d'opéra, ou du moins une pièce à machines, avec un peu de musique. C'était ainsi qu'il en avait usé en traitant le sujet d'*Andromède*. Les opéras français ne parurent qu'en 1671, et *la Toison d'Or* est de 1660 : cependant un an avant la représentation de la pièce de Corneille, c'est-à-dire en 1659, on avait exécuté à Issy, chez le cardinal Mazarin, une pastorale en musique : mais il n'y avait que peu de scènes, nulles machines, point de danses, et l'opéra s'établit ensuite en réunissant tous ces avantages. Il y a plus de machines et de changements de décoration dans *la Toison d'Or* que de musique ; on y fait seulement chanter les Sirènes dans un endroit, et Orphée dans un autre : mais il n'y avait point dans ce temps-là de

[*] Maupertuis.

Votre humeur paraît sombre; et vous semblez, ma
Murmurer en secret contre notre bonheur. [sœur,
La veuve de Phryxus et la fille d'Aæté
Plaint-elle de Persès la honte et la défaite?
Vous faut-il consoler de ces illustres coups
Qui partent d'un héros parent de votre époux?
Et le vaillant Jason pourrait-il vous déplaire
Alors que dans son trône il rétablit mon père?

CHALCIOPE.

Vous m'offensez, ma sœur; celles de notre rang
Ne savent point trahir leur pays ni leur sang;
Et j'ai vu les combats de Persès et d'Aæté
Toujours avec des yeux de fille et de sujette.
Si mon front porte empreints quelques troubles se-
Sachez que je n'en ai que pour vos intérêts. [crets,
J'aime autant que je dois cette haute victoire;
Je veux bien que Jason en ait toute la gloire:
Mais, à tout dire enfin, je crains que ce vainqueur
N'en étende les droits jusque sur votre cœur.
Je sais que sa brigade, à peine descendue,
Rétablit à nos yeux la bataille perdue,
Que Persès triomphait, que Styrus était mort,
Styrus que pour époux vous envoyait le sort.
Jason de tant de maux borna soudain la course;
Il en dompta la force, il en tarit la source.
Mais avouez aussi qu'un héros si charmant
Vous console bientôt de la mort d'un amant.
L'éclat qu'a répandu le bonheur de ses armes
A vos yeux éblouis ne permet plus de larmes:
Il sait les détourner des horreurs d'un cercueil;
Et la peur d'être ingrate étouffe votre deuil.
Non que je blâme en vous quelques soins de lui
Tant que la guerre ici l'a rendu nécessaire; [plaire,
Mais je ne voudrais pas que cet empressement

---

musicien capable de faire des airs qui répondissent à l'idée qu'on s'est faite du chant d'Orphée et des Sirènes. La mélodie, jusqu'à Lulli, ne consista que dans un chant froid, traînant et lugubre, ou dans quelques vaudevilles, tels que les airs de nos noëls; et l'harmonie n'était qu'un contre-point assez grossier. En général, les tragédies dans lesquelles la musique interrompt la déclamation font rarement un grand effet, parce que l'une étouffe l'autre. Si la pièce est intéressante, on est fâché de voir cet intérêt détruit par des instruments qui détournent toute l'attention; si la musique est belle, l'oreille du spectateur retombe avec peine et avec dégoût de cette harmonie au récit simple. Il n'en était pas de même chez les anciens, dont la déclamation, appelée mélopée, *était une espèce de chant; le passage de cette mélopée à la symphonie des chœurs n'étonnait point l'oreille, et ne la rebutait pas. Ce qui surprit le plus dans la représentation de* la Toison d'Or, *ce fut la nouveauté des machines et des décorations, auxquelles on n'était point accoutumé. Un marquis de Sourdéac, grand mécanicien, et passionné pour les spectacles, fit représenter la pièce, en 1660, dans le château de Neubourg en Normandie, avec beaucoup de magnificence. C'est ce même marquis de Sourdéac à qui on dut, depuis en France l'établissement de l'opéra; il s'y ruina entièrement, et mourut pauvre et malheureux, pour avoir trop aimé les arts. (V.)*

D'un soin étudié fît un attachement.
Car enfin, aujourd'hui que la guerre est finie,
Votre facilité se trouverait punie;
Et son départ suhit ne vous laisserait plus
Qu'un cœur embarrassé de soucis superflus.

MÉDÉE.

La remontrance est douce, obligeante, civile;
Mais, à parler sans feinte, elle est fort inutile:
Si je n'ai point d'amour, je n'y prends point de part;
Et si j'aime Jason, l'avis vient un peu tard.
Quoi qu'il en soit, ma sœur, nommeriez-vous un
Un vertueux amour qui suivrait tant d'estime? [crime
Alors que ses hauts faits lui gagnent tous les cœurs,
Faut-il que ses soupirs excitent mes rigueurs,
Que contre ses exploits moi seule je m'irrite,
Et fonde mes dédains sur son trop de mérite?
Mais, s'il m'en doit bientôt coûter un repentir,
D'où pouvez-vous savoir qu'il soit prêt à partir?

CHALCIOPE.

Je le sais de mes fils, qu'une ardeur de jeunesse
Emporte malgré moi jusqu'à le suivre en Grèce,
Pour voir en ces beaux lieux la source de leur sang,
Et de Phryxus leur père y reprendre le rang.
Déjà tous ces héros au départ se disposent;
Ils ont peine à souffrir que leurs bras se reposent;
Comme la gloire à tous fait leur plus cher souci,
N'ayant plus à combattre, ils n'en ont plus ici;
Ils brûlent d'en chercher dessus quelque autre rive,
Tant leur valeur rougit sitôt qu'elle est oisive.
Jason veut seulement une grâce du roi.

MÉDÉE.

Cette grâce, ma sœur, n'est sans doute que moi.
Ce n'est plus avec vous qu'il faut que je déguise.
Du chef de ces héros j'asservis la franchise;
De tout ce qu'il a fait de grand, de glorieux,
Il rend un plein hommage au pouvoir de mes yeux:
Il a vaincu Persès, il a servi mon père,
Il a sauvé l'État, sans chercher qu'à me plaire.
Vous l'avez vu, peut-être, et vos yeux sont témoins
De combien chaque jour il y donne de soins,
Avec combien d'ardeur….

CHALCIOPE.

Oui, je l'ai vu moi-même
Que pour plaire à vos yeux il prend un soin extrême:
Mais je n'ai pas moins vu combien il vous est doux
De vous montrer sensible aux soins qu'il prend pour
Je vous vois chaque jour avec inquiétude [vous,
Chercher ou sa présence ou quelque solitude,
Et dans ces grands jardins sans cesse repasser
Le souvenir des traits qui vous ont su blesser.
En un mot, vous l'aimez, et ce que j'appréhende….

MÉDÉE.

Je suis prête à l'aimer, si le roi le commande;
Mais jusque-là, ma sœur, je ne fais que souffrir

Les soupirs et les vœux qu'il prend soin de m'offrir.
CHALCIOPE.
Quittez ce faux devoir dont l'ombre vous amuse.
Vous irez plus avant si le roi le refuse ;
Et, quoi que votre erreur vous fasse présumer,
Vous obéirez mal s'il vous défend d'aimer.
Je sais.... Mais le voici que le prince accompagne.

SCÈNE II.
AÆTES, ABSYRTE, CHALCIOPE, MÉDÉE.
AÆTES.
Enfin nos ennemis nous cèdent la campagne,
Et des Scythes défaits le camp abandonné
Nous est de leur déroute un gage fortuné,
Un fidèle témoin d'une victoire entière ;
Mais, comme la fortune est souvent journalière,
Il en faut redouter de funestes retours,
Ou se mettre en état de triompher toujours.
Vous savez de quel poids et de quelle importance
De ce peu d'étrangers s'est fait voir l'assistance.
Quarante, qui l'eût cru ! quarante à leur abord
D'une armée abattue ont relevé le sort,
Du côté des vaincus rappelé la victoire,
Et fait d'un jour fatal un jour brillant de gloire.
Depuis cet heureux jour que n'ont point fait leurs
Leur chef nous a paru le démon des combats ; [bras !
Et trois fois sa valeur d'un noble effet suivie
Au péril de son sang a dégagé ma vie.
Que ne lui dois-je point ! et que ne dois-je à tous !
Ah ! si nous les pouvions arrêter parmi nous,
Que ma couronne alors se verrait assurée !
Qu'il faudrait craindre peu pour la toison dorée,
Ce trésor où les dieux attachent nos destins,
Et que veulent ravir tant de jaloux voisins ! [mes
N'y peux-tu rien, Médée, et n'as-tu point de char-
Qui fixent en ces lieux le bonheur de leurs armes ?
N'est-il herbes, parfums, ni chants mystérieux,
Qui puissent nous unir ces bras victorieux ?
ABSYRTE.
Seigneur, il est en vous d'avoir cet avantage :
Le charme qu'il y faut est tout sur son visage.
Jason l'aime, et je crois que l'offre de son cœur
N'en serait pas reçue avec trop de rigueur.
Un favorable aveu pour ce digne hyménée
Rendrait ici sa course heureusement bornée,
Son exemple aurait force, et ferait qu'à l'envi
Tous voudraient imiter le chef qu'ils ont suivi.
Tous sauraient comme lui, pour faire une maîtresse,
Perdre le souvenir des beautés de leur Grèce ;
Et tous ainsi que lui permettraient à l'amour
D'obstiner des héros à grossir votre cour.
AÆTES.
Le refus d'un tel heur aurait trop d'injustice.

Puis-je d'un moindre prix payer un tel service ?
Le ciel, qui veut pour elle un époux étranger,
Sous un plus digne joug ne saurait l'engager.
Oui, j'y consens, Absyrte, et tiendrai même à grâce
Que du roi d'Albanie il remplisse la place,
Que la mort de Styrus permette à votre sœur
L'incomparable choix d'un si grand successeur.
Ma fille, si jamais les droits de la naissance....
CHALCIOPE.
Seigneur, je vous réponds de son obéissance ;
Mais je réponds pas que vous trouviez les Grecs
Dans la même pensée et les mêmes respects.
Je les connais un peu, veuve d'un de leurs princes :
Ils ont aversion pour toutes nos provinces ;
Et leur pays natal leur imprime un amour
Qui partout les rappelle et presse leur retour.
Ainsi n'espérez pas qu'il soit des hyménées
Qui puissent à la vôtre unir leurs destinées.
Ils les accepteront, si leur sort rigoureux
A fait de leur patrie un lieu mal sûr pour eux ;
Mais, le péril passé, leur soudaine retraite
Vous fera bientôt voir que rien ne les arrête,
Et qu'il n'est point de nœud qui les puisse obliger
A vivre sous les lois d'un monarque étranger.
Bien que Phryxus m'aimât avec quelque tendresse,
Je l'ai vu mille fois soupirer pour sa Grèce,
Et, quelque illustre rang qu'il tînt dans vos États,
S'il eût eu l'accès libre en ces heureux climats,
Malgré ces beaux dehors d'une ardeur empressée,
Il m'eût fallu l'y suivre, ou m'en voir délaissée.
Il semble après sa mort qu'il revive en ses fils ;
Comme ils ont même sang, ils ont mêmes esprits :
La Grèce en leur idée est un séjour céleste,
Un lieu seul digne d'eux. Par là jugez du reste.
AÆTES.
Faites-les-moi venir, que de leur propre voix
J'apprenne les raisons de cet injuste choix.
Et quant à ces guerriers que nos dieux tutélaires
Au salut de l'État rendent si nécessaires,
Si pour les obliger à vivre mes sujets
Il n'est point dans ma cour d'assez dignes objets,
Si ce nom sur leur front jette tant d'infamie
Que leur gloire en devienne implacable ennemie,
Subornons cette gloire, et voyons dès demain
Ce que pourra sur eux le nom de souverain.
Le trône a ses liens ainsi que l'hyménée,
Et, quand ce double nœud tient une âme enchaînée,
Quand l'ambition marche au secours de l'amour
Elle étouffe aisément tous ces soins du retour.
Elle triomphera de cette idolâtrie [trie.
Que tous ces grands guerriers gardent pour leur pa-
Leur Grèce a des climats et plus doux et meilleurs ;
Mais commander ici vaut bien servir ailleurs.
Partageons avec eux l'éclat d'une couronne

Que la bonté du ciel par leurs mains nous redonne :
D'un bien qu'ils ont sauvé je leur dois quelque part ;
Je le perdais sans eux, sans eux il court hasard ;
Et c'est toujours prudence, en un péril funeste,
D'offrir une moitié pour conserver le reste.

ABSYRTE.

Vous les connaissez mal ; ils sont trop généreux
Pour vous vendre à ce prix le besoin qu'on a d'eux.
Après ce grand secours, ce serait pour salaire
Prendre une part du vol qu'on tâchait à vous faire,
Vous piller un peu moins sous couleur d'amitié,
Et vous laisser enfin ce reste par pitié.
C'est là, seigneur, c'est là cette haute infamie
Dont vous verriez leur gloire implacable ennemie.
Le trône a des splendeurs dont les yeux éblouis
Peuvent réduire une âme à l'oubli du pays ;
Mais aussi la Scythie ouverte à nos conquêtes
Offre assez de matière à couronner leurs têtes.
Qu'ils règnent, mais par nous, et sur nos ennemis ;
C'est là qu'il faut trouver un sceptre à nos amis ;
Et lors d'un sacré nœud l'inviolable étreinte
Tirera notre appui d'où partait notre crainte ;
Et l'hymen unira par des liens plus doux
Des rois sauvés par eux à des rois faits par nous.

AÆTES.

Vous regardez trop tôt comme votre héritage
Un trône dont en vain vous craignez le partage.
J'ai d'autres yeux, Absyrte, et vois un peu plus loin.
Je veux bien réserver ce remède au besoin,
Ne faire point cette offre à moins que nécessaire ;
Mais, s'il y faut venir, rien ne m'en peut distraire.
Les voici, parlons-leur ; et pour les arrêter,
Ne leur refusons rien qu'ils daignent souhaiter.

SCÈNE III.

AÆTES, ABSYRTE, MÉDÉE, JASON, PÉLÉE,
IPHITE, ORPHÉE, ARGONAUTES.

AÆTES.

Guerriers par qui mon sort devient digne d'envie,
Héros à qui je dois et le sceptre et la vie,
Après tant de bienfaits et d'un si haut éclat,
Voulez-vous me laisser la honte d'être ingrat ?
Je ne vous fais point d'offre ; et dans ces lieux sau-
Je ne découvre rien digne de vos courages : [vages
Mais si dans mes États, mais si dans mon palais
Quelque chose avait pu mériter vos souhaits,
Le choix qu'en aurait fait cette valeur extrême
Lui donnerait un prix qu'il n'a pas de lui-même ;
Et je croirais devoir à ce précieux choix
L'heur de vous rendre un peu de ce que je vous dois.

JASON.

Si nos bras, animés par vos destins propices,
Vous ont rendu, seigneur, quelques faibles services,
Et s'il en est encore, après un sort si doux,
Que vos commandements puissent vouloir de nous,
Vous avez en vos mains un trop digne salaire,
Et pour ce qu'on a fait, et pour ce qu'on peut faire ;
Et s'il nous est permis de vous le demander….

AÆTES.

Attendez tout d'un roi qui veut tout accorder.
J'en jure le dieu Mars, et le Soleil mon père ;
Et me puisse à vos yeux accabler leur colère, [fets,
Si mes serments pour vous n'ont de si prompts ef-
Que vos vœux dès ce jour se verront satisfaits !

JASON.

Seigneur, j'ose vous dire, après cette promesse,
Que vous voyez la fleur des princes de la Grèce,
Qui vous demandent tous d'une commune voix
Un trésor qui jadis fut celui de ses rois,
La toison d'or, seigneur, que Phryxus, votre gendre,
Phryxus, notre parent….

AÆTES.

Ah ! que viens-je d'entendre !

MÉDÉE.

Ah, perfide !

JASON.

A ce mot vous paraissez surpris !
Notre peu de secours se met à trop haut prix :
Mais enfin je l'avoue, un si précieux gage
Est l'unique motif de tout notre voyage.
Telle est la dure loi que nous font nos tyrans,
Que lui seul peut nous rendre au sein de nos parents ;
Et telle est leur rigueur, que, sans cette conquête,
Le retour au pays nous coûterait la tête.

AÆTES.

Ah ! si vous ne pouvez y rentrer autrement
Dure, dure à jamais votre bannissement !
Prince, tel est mon sort, que la toison ravie
Me doit coûter le sceptre, et peut-être la vie.
De sa perte dépend celle de tout l'État ;
En former un désir c'est faire un attentat ;
Et, si jusqu'à l'effet vous pouvez le réduire,
Vous ne m'avez sauvé que pour mieux me détruire.

JASON.

Qui vous l'a dit, seigneur ? quel tyrannique effroi
Fait cette illusion aux destins d'un grand roi ?

AÆTES.

Votre Phryxus lui-même a servi d'interprète
A ces ordres des dieux dont l'effet m'inquiète.
Son ombre en mots exprès nous les a fait savoir.

JASON.

A des fantômes vains donnez moins de pouvoir.
Une ombre est toujours ombre, et des nuits éternel-
Il ne sort point de jours qui ne soient infidèles. [les
Ce n'est point à l'enfer à disposer des rois ;
Et les ordres du ciel n'empruntent point sa voix.

Mais vos bontés par là cherchent à faire grâce
Au trop d'ambition dont vous voyez l'audace ;
Et c'est pour colorer un trop juste refus
Que vous faites parler cette ombre de Phryxus.
AÆTES.
Quoi, de mon noir destin la triste certitude
Ne serait qu'un prétexte à mon ingratitude?
Et quand je vous dois tout, je voudrais essayer
Un mauvais artifice à ne vous rien payer?
Quoi que vous en croyiez, quoi que vous puissiez dire,
Pour vous désabuser partageons mon empire.
Cette offre peut-elle être un refus coloré?
Et répond-elle mal à ce que j'ai juré?
JASON.
D'autres l'accepteraient avec pleine allégresse ;
Mais elle n'ouvre pas les chemins de la Grèce ;
Et ces héros, sortis ou des dieux ou des rois,
Ne sont pas mes sujets pour vivre sous mes lois.
C'est à l'heur du retour que leur courage aspire,
Et non pas à l'honneur de me faire un empire.
AÆTES.
Rien ne peut donc changer ce rigoureux désir?
JASON.
Seigneur, nous n'avons pas le pouvoir de choisir.
Ce n'est que perdre temps qu'en parler davantage ;
Et vous savez à quoi le serment vous engage.
AÆTES.
Téméraire serment que me fait une loi
Dangereuse pour vous, ou funeste pour moi!
   La toison est à vous si vous pouvez la prendre ;
Car ce n'est pas de moi qu'il vous la faut attendre.
Comme votre Phryxus l'a consacrée à Mars,
Ce dieu même lui fait d'effroyables remparts,
Contre qui tout l'effort de la valeur humaine
Ne peut être suivi que d'une mort certaine ;
Il faut pour l'emporter quelque chose au-dessus.
J'ouvrirai la carrière, et ne puis rien de plus.
Il y va de ma vie ou de mon diadème ;
Mais je tremble pour vous autant que pour moi-même.
Je croirais faire un crime à vous le déguiser ;
Il est en votre choix d'en bien ou mal user.
Ma parole est donnée, il faut que je la tienne ;
Mais votre perte est sûre à moins que de la mienne.
Adieu : pensez-y bien. Toi, ma fille, dis-lui
A quels affreux périls il se livre aujourd'hui.

SCÈNE IV.

MÉDÉE, JASON, ARGONAUTES.

MÉDÉE.
Ces périls sont légers.
JASON.
          Ah! divine princesse!
MÉDÉE.
Il n'y faut que du cœur, des forces, de l'adresse ;
Vous en avez, Jason ; mais peut-être, après tout,
Ce que vous en avez n'en viendra pas à bout.
JASON.
Madame, si jamais....
MÉDÉE.
          Ne dis rien, téméraire.
Tu ne savais que trop quel choix pouvait me plaire.
Celui de la toison m'a fait voir tes mépris :
Tu la veux, tu l'auras ; mais apprends à quel prix.
   Pour voir cette dépouille au dieu Mars consacrée,
A tous dans sa forêt il permet libre entrée ;
Mais pour la conquérir qui s'ose hasarder
Trouve un affreux dragon commis à la garder ;
Rien n'échappe à sa vue, et le sommeil sans force
Fait avec sa paupière un éternel divorce :
Le combat contre lui ne te sera permis
Qu'après deux fiers taureaux par ta valeur soumis :
Leurs yeux sont tout de flamme, et leur brûlante ha-
D'un long embrasement couvre toute la plaine. [leine
   Va leur faire souffrir le joug et l'aiguillon,
Ouvrir du champ de Mars le funeste sillon,
C'est ce qu'il te faut faire, et dans ce champ horrible
Jeter une semence encore plus terrible,
Qui soudain produira des escadrons armés
Contre la même main qui les aura semés ;
Tous, sitôt qu'ils naîtront, en voudront à ta vie :
Je vais moi-même à tous redoubler leur furie.
Juge par là, Jason, de la gloire où tu cours,
Et cherche où tu pourras des bras et du secours.

SCÈNE V.

JASON, PÉLÉE, IPHITE, ORPHÉE,
ARGONAUTES.

JASON.
Amis, voilà l'effet de votre impatience.
Si j'avais eu sur vous un peu plus de croyance,
L'amour m'aurait livré ce précieux dépôt,
Et vous l'avez perdu pour le vouloir trop tôt.
PÉLÉE.
L'amour vous est bien doux, et votre espoir tranquille
Qui vous fit consumer deux ans chez Hypsipile,
En consumerait quatre avec plus de raison
A cajoler Médée, et gagner la toison.
Après que nos exploits l'ont si bien méritée,
Un mot seul, un souhait dût l'avoir emportée ;
Mais, puisqu'on la refuse au service rendu,
Il faut avoir de force un bien qui nous est dû.
JASON.
De Médée en courroux dissipez donc les charmes ;
Combattez ce dragon, ces taureaux, ces gens d'armes.
IPHITE.
Les dieux nous ont sauvés de mille autres dangers ;

Et sont les mêmes dieux en ces bords étrangers.
Pallas nous a conduits, et Junon de nos têtes
A parmi tant de mers écarté les tempêtes.
Ces grands secours unis auront leur plein effet,
Et ne laisseront point leur ouvrage imparfait.
Voyez si je m'abuse, amis, quand je l'espère ;
Regardez de Junon briller la messagère :
Iris nous vient du ciel dire ses volontés.
En attendant son ordre adorons ses bontés.
Prends ton luth, cher Orphée, et montre à la déesse
Combien ce doux espoir charme notre tristesse.

SCÈNE VI.

IRIS, *sur l'arc-en-ciel;* JUNON ET PALLAS,
chacune dans son char; JASON, ORPHÉE,
ARGONAUTES.

ORPHÉE *chante.*
Femme et sœur du maître des dieux,
De qui le seul regard fait nos destins propices,
Nous as-tu jusqu'ici guidés sous tes auspices
  Pour nous voir périr en ces lieux ?
Contre des bras mortels tout ce qu'ont pu nos armes,
  Nous l'avons fait dans les combats :
  Contre les monstres et les charmes
C'est à toi maintenant de nous prêter ton bras.

IRIS.
Prince, ne perdez pas courage ;
  Les deux mêmes divinités
Qui vous ont garantis sur les flots irrités
Prennent votre défense en ce climat sauvage.
(*Ici Junon et Pallas se montrent dans leurs chars.*)
Les voici toutes deux, qui de leurs propres voix
  Vous apprendront sous quelles lois
Le destin vous promet cette illustre conquête ;
  Elles sauront vous la faciliter :
Écoutez leurs conseils, et tenez l'âme prête
  A les exécuter.

JUNON.
  Tous vos bras et toutes vos armes
  Ne peuvent rien contre les charmes
Que Médée en fureur verse sur la toison :
L'amour seul aujourd'hui peut faire ce miracle ;
Et dragon ni taureaux ne vous feront obstacle,
Pourvu qu'elle s'apaise en faveur de Jason.
Prête à descendre en terre afin de l'y réduire,
J'ai pris et le visage et l'habit de sa sœur.
Rien ne vous peut servir si vous n'avez son cœur ;
Et si vous le gagnez, rien ne vous saurait nuire.

PALLAS.
  Pour vous secourir en ces lieux
Junon change de forme et va descendre en terre ;
Et pour vous protéger Pallas remonte aux cieux,
Où Mars et quelques autres dieux
Vont presser contre vous le maître du tonnerre.
Le Soleil, de son fils embrassant l'intérêt,
  Voudra faire changer l'arrêt
Qui vous laisse espérer la toison demandée ;
Mais quoi qu'il puisse faire, assurez-vous qu'enfin
  L'amour fera votre destin,
Et vous donnera tout s'il vous donne Médée.
(Ici, tout d'un temps, Iris disparaît ; Pallas remonte au
ciel, et Junon descend en terre, en traversant toutes
deux le théâtre, et faisant croiser leurs chars.)

JASON.
Eh bien ! si mes conseils....

PÉLÉE.
  N'en parlons plus, Jason ;
Cet oracle l'emporte, et vous aviez raison.
Aimez, le ciel l'ordonne, et c'est l'unique voie
Qu'après tant de travaux il ouvre à notre joie.
N'y perdons point de temps, et sans plus de séjour
Allons sacrifier au tout-puissant Amour.

ACTE SECOND.

La rivière du Phase et le paysage qu'elle traverse succèdent à ce grand jardin, qui disparaît tout d'un coup. On voit tomber de gros torrents des rochers qui servent de rivage à ce fleuve ; et l'éloignement qui borne la vue présente aux yeux divers coteaux dont cette campagne est enfermée.

SCÈNE PREMIÈRE.

JASON, JUNON, *sous le visage de Chalciope.*

JUNON.
Nous pouvons à l'écart, sur ces rives du Phase,
Parler en sûreté du feu qui vous embrase.
Souvent votre Médée y vient prendre le frais,
Et pour y mieux rêver s'échappe du palais.
Il faut venir à bout de cette humeur altière ;
De sa sœur tout exprès j'ai pris l'image entière ;
Mon visage a même air, ma voix a même ton ;
Vous m'en voyez la taille, et l'habit et le nom ;
Et je la cache à tous sous un épais nuage,
De peur que son abord ne trouble mon ouvrage.
Sous ces déguisements j'ai déjà rétabli
Presque en toute sa force un amour affaibli.
L'horreur de vos périls, que redoublent les charmes,
Dans cette âme inquiète excite mille alarmes :
Elle blâme déjà son trop d'emportement.
C'est à vous d'achever un si doux changement :

Un soupir poussé juste, en suite d'une excuse,
Perce un cœur bien avant quand lui-même il s'accuse,
Et qu'un secret retour le force à ressentir
De sa fureur trop prompte un tendre repentir.
JASON.
Déesse, quel encens....
JUNON.
Traitez-moi de princesse,
Jason, et laissez là l'encens et la déesse.
Quand vous serez en Grèce il y faudra penser ;
Mais ici vos devoirs s'en doivent dispenser :
Par ce respect suprême ils m'y feraient connaître.
Laissez-y-moi passer pour ce que je feins d'être,
Jusqu'à ce que le cœur de Médée adouci....
JASON.
Madame, puisqu'il faut ne vous nommer qu'ainsi,
Vos ordres me seront des lois inviolables ;
J'aurai pour les remplir des soins infatigables ;
Et mon amour plus fort....
JUNON.
Je sais que vous aimez,
Que Médée a des traits dont vos sens sont charmés ;
Mais cette passion est-elle en vous si forte
Qu'à tous autres objets elle ferme la porte ?
Ne souffre-t-elle plus l'image du passé ?
Le portrait d'Hypsipile est-il tout effacé ?
JASON.
Ah !
JUNON.
Vous en soupirez !
JASON.
Un reste de tendresse
M'échappe encore au nom d'une belle princesse :
Mais comme assez souvent la distance des lieux
Affaiblit dans le cœur ce qu'elle cache aux yeux,
Les charmes de Médée ont aisément la gloire
D'abattre dans le mien l'effet de sa mémoire.
JUNON.
Peut-être elle n'est pas si loin que vous pensez.
Ses vœux de vous attendre enfin se sont lassés,
Et n'ont pu résister à cette impatience
Dont tous les vrais amants ont trop d'expérience.
L'ardeur de vous revoir l'a hasardée aux flots ;
Elle a pris après vous la route de Colchos :
Et moi, pour empêcher que sa flamme importune
Ne rompît sur ces bords toute votre fortune,
J'ai soulevé les vents, qui, brisant son vaisseau,
Dans les flots mutinés ont ouvert son tombeau.
JASON.
Hélas !
JUNON.
N'en craignez point une funeste issue ;
Dans son propre palais Neptune l'a reçue.
Comme il craint pour Pélie, à qui votre retour
Doit coûter la couronne, et peut-être le jour,
Il va tâcher d'y mettre un obstacle par elle,
Et vous la renverra, plus pompeuse et plus belle,
Rattacher votre cœur à des liens si doux,
Ou du moins exciter des sentiments jaloux
Qui vous rendent Médée à tel point inflexible,
Que le pouvoir du charme en demeure invincible,
Et que vous périssiez en le voulant forcer,
Ou qu'à votre conquête il faille renoncer.
Dès son premier abord une soudaine flamme
D'Absyrte à ses beautés livrera toute l'âme ;
L'Amour me l'a promis : vous l'en verrez charmé ;
Mais vous serez sans doute encor le plus aimé.
Il faut donc prévenir ce dieu qui l'a sauvée,
Emporter la toison avant son arrivée.
Votre amante paraît ; agissez en amant
Qui veut en effet vaincre, et vaincre promptement.

SCÈNE II.
JUNON, MÉDÉE, JASON.
MÉDÉE.
Que faites-vous, ma sœur, avec ce téméraire ?
Quand son orgueil m'outrage, a-t-il de quoi vous plaire ?
Et vous a-t-il réduite à lui servir d'appui,
Vous qui parliez tantôt, et si haut, contre lui ?
JUNON.
Je suis toujours sincère ; et dans l'idolâtrie
Qu'en tous ces héros grecs je vois pour leur patrie,
Si votre cœur était encore à se donner,
Je ferais mes efforts à vous en détourner ;
Je vous dirais encor ce que j'ai su vous dire.
Mais l'amour sur tous deux a déjà trop d'empire ;
Il vous aime, et je vois qu'avec les mêmes traits....
MÉDÉE.
Que dites-vous, ma sœur ? il ne m'aima jamais.
A quelque complaisance il a pu se contraindre ;
Mais s'il feignit d'aimer, il a cessé de feindre,
Et me l'a bien fait voir en demandant au roi,
En ma présence même un autre prix que moi.
JUNON.
Ne condamnons personne avant que de l'entendre.
Savez-vous les raisons dont il se peut défendre ?
Il m'en a dit quelqu'une, et je ne puis nier,
Non pas qu'elle suffise à le justifier,
Il est trop criminel, mais que du moins son crime
N'est pas du tout si noir qu'il l'est dans votre estime ;
Et si vous la saviez, peut-être à votre tour
Vous trouveriez moins lieu d'accuser son amour.
MÉDÉE.
Quoi ! ce lâche tantôt ne m'a pas regardée ;
Il n'a montré qu'orgueil, que mépris pour Médée,
Et je pourrais encor l'entendre discourir !

JASON.
Le discours siérait mal à qui cherche à mourir.
J'ai mérité la mort si j'ai pu vous déplaire.
Mais cessez contre moi d'armer votre colère :
Vos taureaux, vos dragons, sont ici superflus ;
Dites-moi seulement que vous ne m'aimez plus :
Ces deux mots suffiront pour réduire en poussière....
MÉDÉE.
Va, quand il me plaira, j'en sais bien la manière ;
Et si ma bouche encor n'en fulmine l'arrêt,
Rends grâces à ma sœur qui prend ton intérêt.
Par quel art, par quel charme, as-tu pu la séduire,
Elle qui ne cherchait tantôt qu'à te détruire ?
D'où vient que mon cœur même à demi révolté
Semble vouloir s'entendre avec ta lâcheté,
Et, de tes actions favorable interprète,
Ne te peint à mes yeux que tel qu'il te souhaite ?
Par quelle illusion lui fais-tu cette loi ?
Serais-tu dans mon art plus grand maître que moi ?
Tu mets dans tous mes sens le trouble et le divorce :
Je veux ne t'aimer plus, et n'en ai pas la force.
Achève d'éblouir un si juste courroux
Qu'offusquent malgré moi des sentiments trop doux :
Car enfin, et ma sœur l'a bien pu reconnaître,
Tout violent qu'il est, l'amour seul l'a fait naître ;
Il va jusqu'à la haine, et toutefois, hélas !
Je te haïrais peu, si je ne t'aimais pas.
Mais parle, et, si tu peux, montre quelque innocence.
JASON.
Je renonce, madame, à toute autre défense.
Si vous m'aimez encore, et si l'amour en vous
Fait naître cette haine, anime ce courroux ;
Puisque de tous les deux sa flamme est triomphante,
Le courroux est propice et la haine obligeante.
Oui, puisque cet amour vous parle encor pour moi,
Il ne vous permet pas de douter de ma foi ;
Et pour vous faire voir mon innocence entière
Il éclaire vos yeux de toute sa lumière ;
De ses rayons divins le vif discernement
Du chef de ces héros sépare votre amant.
Ces princes, qui pour vous ont exposé leur vie,
Sans qui votre province allait être asservie,
Eux qui de vos destins rompant le cours fatal,
Tous mes égaux qu'ils sont, m'ont fait leur général ;
Eux qui de leurs exploits, eux qui de leur victoire,
Ont répandu sur moi la plus brillante gloire ;
Eux tous ont par ma voix demandé la toison :
C'étaient eux qui parlaient, ce n'était pas Jason.
Il ne voulait que vous : mais pouvait-il dédire
Ces guerriers dont le bras a sauvé votre empire,
Et, par une bassesse indigne de son rang,
Demander pour lui seul tout le prix de leur sang ?
Pouvais-je les trahir, moi, qui de leurs suffrages
De ce rang où je suis tiens tous les avantages ?
Pouvais-je avec honneur à ce qu'il a d'éclat
Joindre le nom de lâche et le titre d'ingrat ?
Auriez-vous pu m'aimer couvert de cette honte ?
JUNON.
Ma sœur, dites le vrai, n'étiez-vous point trop prompte ?
Qu'a-t-il fait qu'un cœur noble et vraiment géné-
MÉDÉE.   [reux....
Ma sœur, je le voulais seulement amoureux.
En qui saurait aimer serait-ce donc un crime, [me ?
Pour montrer plus d'amour, de perdre un peu d'esti-
Et malgré les douceurs d'un espoir si charmant,
Faut-il que le héros fasse taire l'amant ?
Quel que soit ce devoir, ou ce noble caprice,
Tu me devais, Jason, en faire un sacrifice.
Peut-être j'aurais pu t'en entendre blâmer,
Mais non pas t'en haïr, non pas t'en moins aimer.
Tout oblige en amour, quand l'amour en est cause.
JUNON.
Voyez à quoi pour vous cet amour la dispose.
N'abusez point, Jason, des bontés de ma sœur,
Qui semble se résoudre à vous rendre son cœur ;
Et laissez à vos Grecs, au péril de leur vie,
Chercher cette toison si chère à leur envie.
JASON.
Quoi ! les abandonner en ce pas dangereux ?
MÉDÉE.
N'as-tu point assez fait d'avoir parlé pour eux ?
JASON.
Je suis leur chef, madame ; et pour cette conquête
Mon honneur me condamne à marcher à leur tête :
J'y dois périr comme eux, s'il leur faut y périr ;
Et bientôt à leur tête on m'y verrait courir,
Si j'aimais assez mal pour essayer mes armes
A forcer des périls qu'ont préparés vos charmes,
Et si le moindre espoir de vaincre malgré vous
N'était un attentat contre votre courroux.
Oui, ce que nos destins m'ordonnent que j'obtienne,
Je le veux de vos mains, et non pas de la mienne.
Si ce trésor par vous ne m'est point accordé,
Mon bras me punira de l'avoir trop demandé ;
Et mon sang à vos yeux, sur ce triste rivage,
De vos justes refus étalera l'ouvrage.
Vous m'en verrez, madame, accepter la rigueur,
Votre nom en la bouche et votre image au cœur,
Et mon dernier soupir, par un pur sacrifice,
Sauver toute ma gloire et vous rendre justice.
Quel heur de pouvoir dire en terminant mon sort
« Un respect amoureux a seul causé ma mort ! »
Quel heur de voir ma mort charger la renommée
De tout ce digne excès dont vous êtes aimée,
Et dans tout l'avenir....
MÉDÉE.
Va, ne me dis plus rien ;
Je ferai mon devoir comme tu fais le tien.

L'honneur doit m'être cher, si la gloire t'est chère :
Je ne trahirai point mon pays et mon père ;
Le destin de l'État dépend de la toison,
Et je commence enfin à connaître Jason.

Ces paniques terreurs pour ta gloire flétrie
Nous déguisent en vain l'amour de ta patrie ;
L'impatiente ardeur d'en voir le doux climat
Sous ces fausses couleurs ne fait que trop d'éclat.
Mais, s'il faut la toison pour t'en ouvrir l'entrée,
Va traîner ton exil de contrée en contrée ;
Et ne présume pas, pour te voir trop aimé,
Abuser en tyran de mon cœur enflammé.
Puisque le tien s'obstine à braver ma colère,
Que tu me fais des lois, à moi qui t'en dois faire,
Je reprends cette foi que tu crains d'accepter,
Et préviens un ingrat qui cherche à me quitter.

JASON.

Moi, vous quitter, madame! ah ! que c'est mal connaître
Le pouvoir du beau feu que vos yeux ont fait naître !
Que nos héros en Grèce emportent leur butin,
Jason auprès de vous attache son destin.
Donnez-leur la toison qu'ils ont presque achetée ;
Ou si leur sang versé l'a trop peu méritée,
Joignez-y tout le mien, et laissez-moi l'honneur
De leur voir de ma main tenir tout leur bonheur.
Que si le souvenir de vous avoir servie
Me réserve pour vous quelque reste de vie
Soit qu'il faille à Colchos borner notre séjour,
Soit qu'il vous plaise ailleurs éprouver mon amour,
Sous les climats brûlants, sous les zones glacées,
Les routes me plairont que vous m'aurez tracées ;
J'y baiserai partout les marques de vos pas.
Point pour moi de patrie où vous ne serez pas ;
Point pour moi....

MÉDÉE.

Quoi! Jason, tu pourrais pour Médée
Étouffer de ta Grèce et l'amour et l'idée ?

JASON.

Je le pourrai, madame, et de plus....

SCÈNE III.

ABSYRTE, JUNON, JASON, MÉDÉE.

ABSYRTE.

Ah! mes sœurs,
Quel miracle nouveau va ravir tous nos cœurs !
Sur ce fleuve mes yeux ont vu de cette roche
Comme un trône flottant qui de nos bords s'approche.
Quatre monstres marins courbent sous ce fardeau ;
Quatre nains emplumés le soutiennent sur l'eau ;
Et découpant les airs par un battement d'ailes,
Lui servent de rameurs et de guides fidèles.

Sur cet amas brillant de nacre et de coral[1],
Qui sillonne les flots de ce mouvant cristal,
L'opale étincelante à la perle mêlée
Renvoie un jour pompeux vers la voûte étoilée.
Les nymphes de la mer, les tritons, tout autour,
Semblent au dieu caché faire à l'envi leur cour ;
Et sur ces flots heureux, qui tressaillent de joie,
Par mille bonds divers ils lui tracent la voie.
Voyez du fond des eaux s'élever à nos yeux,
Par un commun accord, ces moites demi-dieux.
Puissent-ils sur ces bords arrêter ce miracle !
Admirez avec moi ce merveilleux spectacle.
Le voilà qui les suit. Voyez-le s'avancer.

JASON, à Junon.

Ah! madame!

JUNON.

Voyez sans vous embarrasser.

(Ici l'on voit sortir du milieu du Phase le dieu Glauque avec deux tritons et deux sirènes qui chantent, cependant qu'une grande conque de nacre, semée de branches de corail et de pierres précieuses, portée par quatre dauphins, et soutenue par quatre vents en l'air, vient insensiblement s'arrêter au milieu de ce même fleuve. Tandis qu'elles chantent, le devant de cette conque merveilleuse fond dans l'eau, et laisse voir la reine Hypsipile assise comme dans un trône ; et soudain Glauque commande aux vents de s'envoler, aux tritons et aux sirènes de disparaître, et au fleuve de retirer une partie de ses eaux pour laisser prendre terre à Hypsipile. Les tritons, le fleuve, les vents et les sirènes obéissent, et Glauque se perd lui-même au fond de l'eau sitôt qu'il a parlé ; ensuite de quoi Absyrte donne la main à Hypsipile pour sortir de cette conque, qui s'abîme aussitôt dans le fleuve.)

SCÈNE IV.

ABSYRTE, JUNON, MÉDÉE, JASON, GLAUQUE, SIRÈNES, TRITONS, HYPSIPILE.

CHANT DES SIRÈNES.

Telle Vénus sortit du sein de l'onde
Pour faire régner dans le monde
Les jeux et les plaisirs, les grâces et l'amour ;
Telle tous les matins l'Aurore
Sur le sein émaillé de Flore
Verse la rosée et le jour.

Objet divin, qui vas de ce rivage
Bannir ce qu'il a de sauvage,
Pour y faire régner les grâces et l'amour ;
Telle et plus adorable encore

---

[1] C'est ainsi qu'on écrivit d'abord le mot *corail*, formé de κοράλλιον, *corallium*.

Que n'est Vénus, que n'est l'Aurore,
Tu vas y faire un nouveau jour.

ABSYRTE.
Quelle beauté, mes sœurs, dans ce trône enfermée,
De son premier coup d'œil a mon âme charmée?
Quel cœur pourrait tenir contre de tels appas?

HYPSIPILE
Juste ciel, il me voit, et ne s'avance pas!

GLAUQUE.
Allez, Tritons, allez, Sirènes;
Allez, Vents, et rompez vos chaînes;
Neptune est satisfait,
Et l'ordre qu'il vous donne à son entier effet.
Jason, vois les bontés de ce même Neptune,
Qui, pour achever ta fortune,
A sauvé du naufrage, et renvoie à tes vœux
La princesse qui seule est digne de ta flamme :
A son aspect rallume tous tes feux;
Et pour répondre aux siens, rends-lui toute ton âme.
Et toi, qui jusques à Colchos
Dois à tant de beautés un assuré passage,
Fleuve, pour un moment retire un peu tes flots,
Et laisse approcher ton rivage.

ABSYRTE, à *Hypsipile.*
Princesse, en qui du ciel les merveilleux efforts
Se sont plu d'animer ses plus rares trésors,
Souffrez qu'au nom du roi dont je tiens la naissance
Je vous offre en ces lieux une entière puissance :
Régnez dans ces États, régnez dans son palais;
Et pour premier hommage à vos divins attraits...

HYPSIPILE.
Faites moins d'honneur, prince, à mon peu de mérite :
Je ne cherche en ces lieux qu'un ingrat qui m'évite.
Au lieu de m'aborder, Jason, vous pâlissez!
Dites-moi pour le moins si vous me connaissez.

JASON.
Je sais bien qu'à Lemnos vous étiez Hypsipile;
Mais ici...

HYPSIPILE.
Qui vous rend de la sorte immobile?
Ne suis-je plus la même arrivant à Colchos?

JASON.
Oui; mais je n'y suis pas le même qu'à Lemnos.

HYPSIPILE.
Dieux! que viens-je d'ouïr?

JASON.
J'ai d'autres yeux, madame :
Voyez cette princesse, elle a toute mon âme;
Et pour vous épargner les discours superflus,
Ici je ne connais et ne vois rien de plus.

HYPSIPILE.
O faveurs de Neptune, où m'avez-vous conduite?
Et s'il commence ainsi, quelle sera la suite?

MÉDÉE.
Non, non, madame, non, je ne veux rien d'autrui.
Reprenez votre amant; je vous laisse avec lui.
(à *Jason.*)
Ne m'offre plus un cœur dont une autre est maîtresse,
Volage, et reçois mieux cette grande princesse.
Adieu. Des yeux si beaux valent bien la toison.

JASON, à *Junon*
Ah! madame, voyez qu'avec peu de raison...

JUNON, à *Jason.*
Suivez sans perdre temps, je saurai vous rejoindre.
(à *Hypsipile.*) [moindre.
Madame, on vous trahit; mais votre heur n'est pas
Mon frère qui s'apprête à vous conduire au roi,
N'a pas moins de mérite, et tiendra mieux sa foi.
Si je le connais bien, vous avez qui vous venge;
Et si vous m'en croyez, vous gagnerez au change.
Je vous laisse en résoudre, et prends quelques mo-
Pour rétablir le calme entre ces deux amants. [ments

SCÈNE V.

ABSYRTE, HYPSIPILE.

ABSYRTE.
Madame, si j'osais, dans le trouble où vous êtes,
Montrer à vos beaux yeux des peines plus secrètes,
Si j'osais faire voir à ces divins tyrans
Ce qu'ont déjà soumis de si doux conquérants,
Je mettrais à vos pieds le trône et la couronne
Où le ciel me destine, et que le sang me donne.
Mais, puisque vos douleurs font taire mes désirs,
Ne vous offensez pas du moins de mes soupirs;
Et tant que le respect m'imposera silence,
Expliquez-vous pour eux toute leur violence.

HYPSIPILE.
Prince, que voulez-vous d'un cœur préoccupé
Sur qui domine encor l'ingrat qui l'a trompé?
Si c'est à mon amour une peine cruelle
Où je cherche un amant de voir un infidèle,
C'est un nouveau supplice à mes tristes appas
De faire une conquête où je n'en cherche pas.
Non que je vous méprise, et que votre personne
N'eût de quoi me toucher plus que votre couronne;
Le ciel me donne un sceptre en des climats plus doux,
Et de tous vos États je ne voudrais que vous.
Mais ne vous flattez point sur ces marques d'estime
Qu'en mon cœur, tel qu'il est, votre présence imprime;
Quand l'univers entier vous connaîtrait pour roi,
Que pourrai-je pour vous, si je ne suis à moi?

ABSYRTE.
Vous y serez, madame, et pourrez toute chose :
Le change de Jason déjà vous y dispose;
Et, pour peu qu'il soutienne encor cette rigueur,
Le dépit, malgré vous, vous rendra votre cœur.

D'un si volage amant que pourriez-vous attendre?

HYPSIPILE.
L'inconstance me l'ôte, elle peut me le rendre.

ABSYRTE.
Quoi! vous pourriez l'aimer, s'il rentrait sous vos lois
En devenant perfide une seconde fois?

HYPSIPILE.
Prince, vous savez mal combien charme un courage
Le plus frivole espoir de reprendre un volage,
De le voir, malgré lui, dans nos fers retombé,
Échapper à l'objet qui nous l'a dérobé,
Et sur une rivale et confuse et trompée
Ressaisir avec gloire une place usurpée.
Si le ciel en courroux m'en refuse l'honneur,
Du moins je servirai d'obstacle à son bonheur.
Cependant éteignez une flamme inutile :
Aimez en d'autres lieux, et plaignez Hypsipile;
Et, s'il vous reste encor quelque bonté pour moi,
Aidez contre un ingrat ma plainte auprès du roi.

ABSYRTE.
Votre plainte, madame, aurait pour toute issue
Un nouveau déplaisir de la voir mal reçue.
Le roi le veut pour gendre, et ma sœur pour époux.

HYPSIPILE.
Il me rendra justice, un roi la doit à tous;
Et qui la sacrifie aux tendresses de père
Est d'un pouvoir si saint mauvais dépositaire.

ABSYRTE.
A quelle rude épreuve engagez-vous ma foi,
De me forcer d'agir contre ma sœur et moi!
Mais n'importe, le temps et quelque heureux service
Pourront à mon amour vous rendre plus propice.
Tandis, souvenez-vous que jusqu'à se trahir
Ce prince malheureux cherche à vous obéir.

ACTE TROISIÈME.

Nos théâtres n'ont encore rien fait paraître de si brillant que le palais du roi Aætes, qui sert de décoration à cet acte. On y voit de chaque côté deux rangs de colonnes de jaspe torses, et environnées de pampres d'or à grands feuillages, chantournées, et découpées à jour, au milieu desquelles sont des statues d'or à l'antique, de grandeur naturelle. Les frises, les festons, les corniches et les chapiteaux sont pareillement d'or, et portent pour finissement des vases de porcelaine d'où sortent de gros bouquets de fleurs aussi au naturel. Les bases et les piédestaux sont enrichis de basses-tailles, où sont peintes diverses fables de l'antiquité. Un grand portique doré, soutenu par quatre autres colonnes dans le même ordre, fait la face du théâtre, et est suivi de cinq ou six autres de même manière, qui forment, par le moyen de ces colonnes, comme cinq galeries, où la vue s'enfonçant découvre ce même jardin de cyprès qui a paru au premier acte.

SCÈNE PREMIÈRE.

AÆTES, JASON.

AÆTES.
Je vous devais assez pour vous donner Médée,
Jason; et si tantôt vous l'aviez demandée,
Si vous m'aviez parlé comme vous me parlez,
Vous auriez obtenu le bien que vous voulez.
Mais en est-il saison au jour d'une conquête
Qui doit faire tomber mon trône ou votre tête?
Et vous puis-je accepter pour gendre, et vous chérir,
S'il vous faut, dans une heure, ou me perdre, ou périr?
Prétendre à la toison par l'hymen de ma fille,
C'est pour m'assassiner s'unir à ma famille;
Et si vous abusez de ce que j'ai promis,
Vous êtes le plus grand de tous mes ennemis.
Je ne m'en puis dédire, et le serment me lie.
Mais si tant de périls vous laissent quelque vie,
Après avoir perdu ce roi que vous bravez,
Allez porter vos vœux à qui vous les devez :
Hypsipile vous aime, elle est reine, elle est belle;
Fuyez notre vengeance, et régnez avec elle.

JASON.
Quoi! parler de vengeance, et d'un œil de courroux
Voir l'immuable ardeur de m'attacher à vous!
Vous présumer perdu sur la foi d'un scrupule
Qu'embrasse aveuglément votre âme trop crédule;
Comme si sur la peau d'un chétif animal
Le ciel avait écrit tout votre sort fatal!
Ce que l'ombre a prédit, si vous daignez l'entendre
Ne met aucun obstacle aux prières d'un gendre.
Me donner la princesse, et pour dot la toison,
Ce n'est que l'assurer dedans votre maison,
Puisque par les doux nœuds de ce bonheur suprême
Je deviendrai soudain une part de vous-même,
Et que ce même bras qui vous a pu sauver
Sera toujours armé pour vous la conserver.

AÆTES.
Vous prenez un peu tard une mauvaise adresse.
Nos esprits sont plus lourds que ceux de votre Grèce;
Mais j'ai d'assez bons yeux, dans un si juste effroi,
Pour démêler sans peine un gendre d'avec moi.
Je sais que l'union d'un époux à ma fille
De mon sang et du sien forme une autre famille;
Et que si de moi-même elle fait quelque part,
Cette part de moi-même a ses destins à part.
Ce que l'ombre a prédit se fait assez entendre.
Cessez de vous forcer à devenir mon gendre;
Ce serait un bonheur qui ne vous plairait pas,
Puisque la toison seule a pour vous des appas;

Et que si mon malheur vous l'avait accordée,
Vous n'auriez jamais fait aucun vœu pour Médée.
JASON.
C'est faire trop d'outrage à mon cœur enflammé.
Dès l'abord je la vis, dès l'abord je l'aimai ;
Et mon amour n'est pas un amour politique
Que le besoin colore, et que la crainte explique.
Mais n'ayant que moi-même à vous parler pour moi,
Je n'osais espérer d'être écouté d'un roi,
Ni que sur ma parole il me crût de naissance
A porter mes désirs jusqu'à son alliance.
Maintenant qu'une reine a fait voir que mon sang
N'est pas fort au-dessous de cet illustre rang,
Qu'un refus de son sceptre après votre victoire
Montre qu'on peut m'aimer sans hasarder sa gloire,
J'ose, un peu moins timide, offrir, avec ma foi,
Ce que veut une reine, à la fille d'un roi.
AÆTES.
Et cette même reine est un exemple illustre
Qui met tous vos hauts faits en leur plus digne lustre.
L'état où l'a réduit votre fidélité
Nous instruit hautement de cette vérité,
Que ma fille avec vous serait fort assurée
Sur les gages douteux d'une foi parjurée.
Ce trône refusé dont vous faites le vain
Nous doit donner à tous horreur de votre main.
Il ne faut pas ainsi se jouer des couronnes ;
On doit toujours respect au sceptre, à nos personnes.
Mépriser cette reine en présence d'un roi,
C'est manquer de prudence aussi bien que de foi.
Le ciel nous unit tous en ce grand caractère :
Je ne puis être roi sans être aussi son frère ;
Et si vous étiez né mon sujet ou mon fils,
J'aurais déjà puni l'orgueil d'un tel mépris :
Mais l'unique pouvoir que sur vous je puis prendre,
C'est de vous ordonner de la voir, de l'entendre.
La voilà : pensez bien que tel est votre sort,
Que vous n'avez qu'un choix, Hypsipile, ou la mort.
Car à vous en parler avec pleine franchise,
Ma perte dépend bien de la toison conquise ;
Mais je ne dois pas craindre en ces périls nouveaux
Que votre vie échappe aux feux de nos taureaux.

SCÈNE II.

AÆTES, HYPSIPILE, JASON.

AÆTES.
Madame, j'ai parlé ; mais toutes mes paroles
Ne sont auprès de lui que des discours frivoles.
C'est à vous d'essayer ce que pourront vos yeux ;
Comme ils ont plus de force, ils réussiront mieux.
Arrachez-lui du sein cette funeste envie
Qui dans ce même jour lui va coûter la vie :
Je vous devrai beaucoup si vous touchez son cœur
Jusques à le sauver de sa propre fureur :
Devant ce que je dois au secours de ses armes,
Rompre son mauvais sort, c'est épargner nos larmes.

SCÈNE III.

HYPSIPILE, JASON.

HYPSIPILE.
Eh bien ! Jason, la mort a-t-elle de tels biens
Qu'elle soit plus aimable à vos yeux que les miens ?
Et sa douceur pour vous serait-elle moins pure
Si vous n'y joigniez l'heur de mourir en parjure ?
Oui, ce glorieux titre est si doux à porter,
Que de tout votre sang il le faut acheter.
Le mépris qui succède à l'amitié passée
D'une seule douleur m'aurait trop peu blessée :
Pour mieux punir ce cœur d'avoir su vous chérir,
Il faut vous voir ensemble et changer et périr :
Il faut que le tourment d'être trop tôt vengée
Se mêle aux déplaisirs de me voir outragée ;
Que l'amour, au dépit ne cédant qu'à moitié,
Sitôt qu'il est banni, rentre par la pitié ;
Et que ce même feu, que je devrais éteindre,
M'oblige à vous haïr, et me force à vous plaindre.
Je ne t'empêche pas, volage, de changer ;
Mais du moins, en changeant, laisse-moi me venger :
C'est être trop cruel, c'est trop croître l'offense
Que m'ôter à la fois ton cœur et ma vengeance :
Le supplice où tu cours la va trop tôt finir.
Ce n'est pas me venger, ce n'est que te punir ;
Et toute sa rigueur n'a rien qui me soulage,
S'il n'est de mon souhait et le choix et l'ouvrage.
Hélas ! si tu pouvais le laisser à mon choix,
Ton supplice, il serait de rentrer sous mes lois,
De m'attacher à toi d'une chaîne plus forte,
Et de prendre en ta main le sceptre que je porte.
Tu n'as qu'à dire un mot, ton crime est effacé :
J'ai déjà, si tu veux, oublié le passé.
Mais qu'inutilement je me montre si bonne
Quand tu cours à la mort de peur qu'on te pardonne !
Quoi ! tu ne réponds rien, et mes plaintes en l'air
N'ont rien d'assez puissant pour te faire parler ?
JASON.
Que voulez-vous, madame, ici que je vous die ?
Je ne connais que trop quelle est ma perfidie ;
Et l'état où je suis ne saurait consentir
Que j'en fasse une excuse, ou montre un repentir :
Après ce que j'ai fait, après ce qui se passe,
Tout ce que je dirais aurait mauvaise grâce.
Laissez dans le silence un coupable obstiné,
Qui se plaît dans son crime, et n'en est point gêné.

HYPSIPILE.
Parle toutefois, parle, et non plus pour me plaire,
Mais pour rendre la force à ma juste colère;
Parle, pour m'arracher ces tendres sentiments
Que l'amour enracine au cœur des vrais amants;
Repasse mes bontés et tes ingratitudes;
Joins-y, si tu le peux, des coups encor plus rudes :
Ce sera m'obliger, ce sera m'obéir.
Je te devrai beaucoup, si je te puis haïr,
Et si de tes forfaits la peinture étendue
Ne laisse plus flotter ma haine suspendue.

JASON.
Que dirai-je, après tout, que ce que vous savez?
Madame, rendez-vous ce que vous vous devez.
Il n'est pas glorieux pour une grande reine
De montrer de l'amour, et de voir de la haine;
Et le sexe et le rang se doivent souvenir
Qu'il leur sied bien d'attendre, et non de prévenir;
Et que c'est profaner la dignité suprême,
Que de lui laisser dire : On me trahit, et j'aime.

HYPSIPILE.
Je le puis dire, ingrat, sans blesser mon devoir;
C'est mon époux en toi que le ciel me fait voir,
Du moins si la parole est reçue et donnée
A des nœuds assez forts pour faire un hyménée.
    Ressouviens-t'en, volage, et des chastes douceurs
Qu'un mutuel amour répandit dans nos cœurs.
Je te laissai partir afin que ta conquête
Remît sous mon empire une plus digne tête,
Et qu'une reine eût droit d'honorer de son choix
Un héros que son bras eût fait égal aux rois.
J'attendais ton retour pour pouvoir avec gloire
Récompenser ta flamme, et payer ta victoire;
Et quand jusques ici je t'apporte ma foi,
Je trouve en arrivant que tu n'es plus à moi!
Hélas! je ne craignais que tes beautés de Grèce,
Et je vois qu'une Scythe a rompu ta promesse,
Et qu'un climat barbare a des traits assez doux
Pour m'avoir de mes bras enlevé mon époux!
Mais, dis-moi, ta Médée est-elle si parfaite?
Ce que cherche Jason vaut-il ce qu'il rejette?
Malgré ton cœur changé, j'en fais juges tes yeux.
Tu soupires en vain, il faut t'expliquer mieux :
Ce soupir échappé me dit bien quelque chose;
Tout autre l'entendrait; mais sans toi je ne l'ose.
Parle donc et sans feinte, où porte-t-il ta foi?
Va-t-il vers ma rivale, ou revient-il vers moi?

JASON.
Osez autant qu'une autre; entendez-le, madame,
Ce soupir qui vers vous pousse toute mon âme;
Et concevez par là jusqu'où vont mes malheurs,
De soupirer pour vous, et de prétendre ailleurs.
Il me faut la toison, il y va de la vie
De tous ces demi-dieux que brûle même envie;

Il y va de ma gloire, et j'ai beau soupirer,
Sous cette tyrannie il me faut expirer.
J'en perds tout mon bonheur, j'en perds toute ma
Mais pour sortir d'ici je n'ai que cette voie ; [joie :
Et le même intérêt qui vous fit consentir,
Malgré tout votre amour, à me laisser partir,
Le même me dérobe ici votre couronne :
Pour faire ma conquête, il faut que je me donne,
Que pour l'objet aimé j'affecte des mépris,
Que je m'offre en esclave, et me vende à ce prix :
Voilà ce que mon cœur vous dit quand il soupire.
Ne me condamnez plus, madame, à le redire.
Si vous m'aimez encor, de pareils entretiens
Peuvent aigrir vos maux et redoublent les miens;
Et cet aveu d'un crime où le destin m'attache
Grossit l'indignité des remords que je cache.
Pour me les épargner, vous voyez qu'en ces lieux
Je fuis votre présence, et j'évite vos yeux. [et belle,
L'amour vous montre aux miens toujours charmante
Chaque moment allume une flamme nouvelle;
Mais ce qui de mon cœur fait les plus chers désirs,
De mon change forcé fait tous les déplaisirs;
Et dans l'affreux supplice où me tient votre vue,
Chaque coup d'œil me perce, et chaque instant me tue.
Vos bontés n'ont pour moi que des traits rigoureux :
Plus je me vois aimé, plus je suis malheureux;
Plus vous me faites voir d'amour et de mérite,
Plus vous haussez le prix des trésors que je quitte;
Et l'excès de ma perte allume une fureur
Qui me donne moi-même à moi-même en horreur.
Laissez-moi m'affranchir de la secrète rage
D'être en dépit de moi déloyal et volage ;
Et puisqu'ici le ciel vous offre un autre époux
D'un rang pareil au vôtre, et plus digne de vous,
Ne vous obstinez point à gêner une vie
Que de tant de malheurs vous voyez poursuivie ;
Oubliez un ingrat qui jusques au trépas,
Tout ingrat qu'il paraît, ne vous oubliera pas.
Apprenez à quitter un lâche qui vous quitte.

HYPSIPILE.
Tu te confesses lâche, et veux que je t'imite;
Et quand tu fais effort pour te justifier [1],
Tu veux que je t'oublie, et ne peux m'oublier!
Je vois ton artifice et ce que tu médites;
Tu veux me conserver alors que tu me quittes;
Et par les attentats d'un flatteur entretien
Me dérober ton cœur, et retenir le mien :
Tu veux que je te perde, et que je te regrette,
Que j'approuve en pleurant la perte que j'ai faite,

---

[1] On trouve à peu près la même idée dans la *Phèdre* de Racine :

Tu te feins criminel pour te justifier.

Acte IV, sc. IV.

Que je t'estime et t'aime avec ta lâcheté,
Et me prenne de tout à la fatalité.
　　Le ciel l'ordonne ainsi ; ton change est légitime ;
Ton innocence est sûre au milieu de ton crime ;
Et quand tes trahisons pressent leur noir effet,
Ta gloire, ton devoir, ton destin a tout fait.
　　Reprends, reprends, Jason, tes premières rudesses ;
Leur coup m'est bien plus doux que tes fausses tendresses ;
Tes remords impuissants aigrissent mes douleurs :
Ne me rends point ton cœur, quand tu te vends ailleurs.
D'un cœur qu'on ne voit pas l'offre est lâche et barbare
Quand de tout ce qu'on voit un autre objet s'empare ;
Et c'est faire un hommage et ridicule et vain
De présenter le cœur et retirer la main.

JASON.
L'un et l'autre est à vous, si...

HYPSIPILE.
　　　　　　　　N'achève pas, traître ;
Ce que tu veux cacher se ferait trop paraître :
Un véritable amour ne parle point ainsi.

JASON.
Trouvez donc les moyens de nous tirer d'ici.
La toison emportée, il agira, madame,
Ce véritable amour qui vous donne mon âme ;
Sinon... Mais, dieux ! que vois-je ! O ciel ! je suis perdu,
Si j'ai tant de malheur qu'elle m'ait entendu.

SCÈNE IV.

MÉDÉE, HYPSIPILE.

MÉDÉE.
Vous l'avez vu, madame ? êtes-vous satisfaite ?

HYPSIPILE.
Vous en pouvez juger par sa prompte retraite.

MÉDÉE.
Elle marque le trouble où son cœur est réduit ;
Mais j'ignore, après tout, s'il vous quitte, ou me fuit.

HYPSIPILE.
Vous pouvez donc, madame, ignorer quelque chose ?

MÉDÉE.
Je sais que s'il me fuit vous en êtes la cause.

HYPSIPILE.
Moi, je n'en sais pas tant ; mais j'avoue entre nous
Que, s'il faut qu'il me quitte, il a besoin de vous.

MÉDÉE.
Ce que vous en pensez me donne peu d'alarmes.

HYPSIPILE.
Je n'ai que des attraits, et vous avez des charmes.

MÉDÉE.
C'est beaucoup en amour que de savoir charmer.

HYPSIPILE.
Et c'est beaucoup aussi que de se faire aimer.

MÉDÉE.
Si vous en avez l'art, j'ai celui d'y contraindre.

HYPSIPILE.
A faute d'être aimée on peut se faire craindre.

MÉDÉE.
Il vous aima jadis ?

HYPSIPILE.
　　　　　　　Peut-être il m'aime encor,
Moins que vous toutefois, ou que la toison d'or.

MÉDÉE.
Du moins, quand je voudrai flatter son espérance,
Il saura de nous deux faire la différence.

HYPSIPILE.
J'en vois la différence assez grande à Colchos ;
Mais elle serait autre et plus grande à Lemnos.
Les lieux aident au choix ; et peut-être qu'en Grèce
Quelque troisième objet surprendrait sa tendresse.

MÉDÉE.
J'appréhende assez peu qu'il me manque de foi.

HYPSIPILE.
Vous êtes plus adroite et plus belle que moi.
Tant qu'il aura des yeux vous n'avez rien à craindre.

MÉDÉE.
J'allume peu de feux qu'une autre puisse éteindre ;
Et puisqu'il me promet un cœur ferme et constant...

HYPSIPILE.
Autrefois à Lemnos il m'en promit autant.

MÉDÉE.
D'un amant qui s'en va de quoi sert la parole ?

HYPSIPILE.
A montrer qu'on vous peut voler ce qu'on me vole.
Ces beaux feux qu'en mon île il n'osait démentir...

MÉDÉE.
Eurent un peu de tort de le laisser partir.

HYPSIPILE.
Comme vous en aurez, si jamais ce volage
Porte à quelque autre objet ce qu'il vous rend d'hom-
　　　　　　　　　　　　　　　　　　　　[mage,
MÉDÉE.
Les captifs mal gardés ont droit de nous quitter.

HYPSIPILE.
J'avais quelque mérite, et n'ai pu l'arrêter.

MÉDÉE.
J'en ai peu, mais enfin s'il fait plus que le vôtre ?

HYPSIPILE.
Vous aurez lieu de croire en valoir bien une autre :
Mais prenez moins d'appui sur un cœur usurpé ;
Il peut vous échapper puisqu'il m'est échappé.

MÉDÉE.
Votre esprit n'est rempli que de mauvais augures.

HYPSIPILE.
On peut sur le passé former ses conjectures.

MÉDÉE.
Le passé mal conduit n'est qu'un miroir trompeur,
Où l'œil bien éclairé ne fonde espoir ni peur.

HYPSIPILE.
Si j'ai conçu pour vous des craintes mal fondées...
MÉDÉE.
Laissons faire Jason, et gardons nos idées.
HYPSIPILE.
Avec sincérité je dois vous avouer
Que j'ai quelque sujet encor de m'en louer.
MÉDÉE.
Avec sincérité je dois aussi vous dire
Qu'assez malaisément on sort de mon empire :
Et que, quand jusqu'à moi j'ai permis d'aspirer,
On ne s'abaisse plus à vous considérer.
Profitez des avis que ma pitié vous donne.
HYPSIPILE.
A vous dire le vrai, cette hauteur m'étonne.
Je suis reine, madame, et les fronts couronnés...
MÉDÉE.
Et moi je suis Médée, et vous m'importunez.
HYPSIPILE.
Cet indigne mépris que de mon rang vous faites...
MÉDÉE.
Connaissez-moi, madame, et voyez où vous êtes.
Si Jason pour vos yeux ose encor soupirer,
Il peut chercher des bras à vous en retirer.
Adieu. Souvenez-vous, au lieu de vous en plaindre ;
Qu'à faute d'être aimée on peut se faire craindre.

(Ce palais doré se change en un palais d'horreur sitôt que Médée a dit le premier de ces cinq derniers vers, et qu'elle a donné un coup de baguette. Tout ce qu'il y a d'épouvantable en la nature y sert de termes. L'éléphant, le rhinocéros, le lion, l'once, les tigres, les léopards, les panthères, les dragons, les serpents, tous avec leurs antipathies à leurs pieds, y lancent des regards menaçants. Une grotte obscure borne la vue, au travers de laquelle l'œil ne laisse pas de découvrir un éloignement merveilleux que fait la perspective. Quatre monstres ailés et quatre rampants enferment Hypsipile, et semblent prêts à la dévorer.)

SCÈNE V.

HYPSIPILE.
Que vois-je ? où suis-je ? ô dieux ! quels abîmes ouverts
Exhalent jusqu'à moi les vapeurs des enfers !
Que d'yeux étincelants sous d'horribles paupières
Mêlent au jour qui fuit d'effroyables lumières !
O toi, qui crois par là te faire redouter,
Si tu l'as espéré, cesse de t'en flatter.
Tu perds de ton grand art la force ou l'imposture,
A t'armer contre moi de toute la nature.
L'amour au désespoir ne peut craindre la mort :
Dans un pareil naufrage elle ouvre un heureux port.
Hâtez, monstres, hâtez votre approche fatale.
Mais immoler ainsi ma vie à ma rivale !
Cette honte est pour moi pire que le trépas.
Je ne veux plus mourir, monstres, n'avancez pas.
UNE VOIX, *derrière le théâtre.*
Monstres, n'avancez pas, une reine l'ordonne ;
Respectez ses appas ;
Suivez les lois qu'elle vous donne :
Monstres, n'avancez pas.

(Les monstres s'arrêtent sitôt que cette voix chante.)

HYPSIPILE.
Quel favorable écho, pendant que je soupire,
Répète mes frayeurs avec un tel empire ?
Et d'où vient que, frappés par ces divins accents,
Ces monstres tout à coup deviennent impuissants.
LA VOIX.
C'est l'amour qui fait ce miracle ;
Et veut plus faire en ta faveur ;
N'y mets donc point d'obstacle ;
Aime qui t'aime, et donne cœur pour cœur.
HYPSIPILE.
Quel prodige nouveau ! cet amas de nuages
Vient-il dessus ma tête éclater en orages ?
Vous qui nous gouvernez, dieux, quel est votre but ?
M'annoncez-vous par là ma perte ou mon salut ?
Le nuage descend, il s'arrête, il s'entr'ouvre ;
Et je vais... Mais, ô dieux, qu'est-ce que j'y découvre ?
Serait-ce bien le prince ?

(Un nuage descend jusqu'à terre, et, s'y séparant en deux moitiés qui se perdent chacune de son côté, il laisse sur le théâtre le prince Absyrte.)

SCÈNE VI.

ABSYRTE, HYPSIPILE.

ABSYRTE.
Oui, madame, c'est lui
Dont l'amour vous apporte un ferme et sûr appui ;
Le même qui, pour vous courant à son supplice,
Contre un ingrat trop cher a demandé justice ;
Le même vient encor dissiper votre peur.
J'ai parlé contre moi, j'agis contre ma sœur ;
Et, sitôt que je vois quelque espoir de vous plaire,
Je ne me connais plus, je cesse d'être frère.
Monstres, disparaissez ; fuyez de ces beaux yeux
Que vous avez en vain obsédés en ces lieux.

(Tous les monstres s'envolent ou fondent sous terre, et Absyrte continue.)

Et vous, divin objet, n'en ayez plus d'alarmes ;
Pour détruire le reste il faudrait d'autres charmes :
Contre ceux qu'on pressait de vous faire périr,
Je n'avais que les airs par où vous secourir ;
Et d'un art tout-puissant les forces inconnues

Ne me laissaient ouvert que le milieu des nues ;
Mais le mien, quoique moindre, a pleine autorité
De nous faire sortir d'un séjour enchanté.
Allons, madame.

HYPSIPILE.
Allons, prince trop magnanime,
Prince digne en effet de toute mon estime.

ABSYRTE.
N'aurez-vous rien de plus pour des vœux si constants?
Et ne pourrai-je...

HYPSIPILE.
Allons, et laissez faire au temps.

ACTE QUATRIÈME.

Ce théâtre horrible fait place à un plus agréable : c'est le désert où Médée a de coutume[a] de se retirer pour faire ses enchantements. Il est tout de rochers qui laissent sortir de leurs fentes quelques filaments d'herbes rampantes et quelques arbres moitié verts et moitié secs : ces rochers sont d'une pierre blanche et luisante; de sorte que, comme l'autre théâtre était fort chargé d'ombres, le changement subit de l'un à l'autre fait qu'il semble qu'on passe de la nuit au jour.

SCÈNE PREMIÈRE.

ABSYRTE, MÉDÉE.

MÉDÉE.
Qui donne cette audace à votre inquiétude,
Prince, de me troubler jusqu'en ma solitude?
Avez-vous oublié que dans ces tristes lieux
Je ne souffre que moi, les ombres, et les dieux,
Et qu'étant par mon art consacrés au silence,
Aucun ne peut sans crime y mêler sa présence?

ABSYRTE.
De vos bontés, ma sœur, c'est sans doute abuser ;
Mais l'ardeur d'un amant a droit de tout oser.
C'est elle qui m'amène en ces lieux solitaires,
Où votre art fait agir ses plus secrets mystères,
Vous demander un charme à détacher un cœur,
A dérober une âme à son premier vainqueur.

MÉDÉE.
Hélas ! cet art, mon frère, impuissant sur les âmes,
Ne sait que c'est d'éteindre ou d'allumer des flammes;
Et s'il a sur le reste un absolu pouvoir,
Loin de charmer les cœurs, il n'y saurait rien voir.

---

[a] On disait alors *avoir de coutume*, avec la préposition. (Voy. NICOT, *Trésor de la langue française*, au mot *Coutume*.)

Mais n'avancez-vous rien sur celui d'Hypsipile?
Son péril, son effroi vous est-il inutile?
Après ce stratagème entre nous concerté,
Elle vous croit devoir et vie et liberté ;
Et son ingratitude au dernier point éclate,
Si d'une ombre d'espoir cet effroi ne vous flatte.

ABSYRTE.
Elle croit qu'en votre art aussi savant que vous,
Je prends plaisir pour elle à rabattre vos coups ;
Et, sans rien soupçonner de tout notre artifice,
Elle doit tout, dit-elle, à ce rare service :
Mais à moins toutefois que de perdre l'espoir,
Du côté de l'amour rien ne peut l'émouvoir.

MÉDÉE.
L'espoir qu'elle conserve aura peu de durée,
Puisque Jason en veut à la toison dorée,
Et qu'à la conquérir faire le moindre effort
C'est se livrer soi-même et courir à la mort.
Oui, mon frère, prenez un esprit plus tranquille,
Si la mort d'un rival vous assure Hypsipile;
Et croyez...

ABSYRTE.
Ah ! ma sœur, ce serait me trahir
Que de perdre Jason sans le faire haïr.
L'âme de cette reine, à la douleur ouverte,
A toute la famille imputerait sa perte,
Et m'envelopperait dans le juste courroux
Qu'elle aurait pour le roi, qu'elle prendrait pour vous.
Faites donc qu'il vous aime, afin qu'on le haïsse.
Qu'on regarde sa mort comme un digne supplice.
Non que je la souhaite ; il s'est vu trop aimé
Pour n'en présumer pas votre esprit alarmé;
Je ne veux pas non plus chercher jusqu'en votre âme
Les sentiments qu'y laisse une si belle flamme :
Arrêtez seulement ce héros sous vos lois,
Et disposez sans moi du reste à votre choix.
S'il doit mourir, qu'il meure en amant infidèle,
S'il doit vivre, qu'il vive en esclave rebelle,
Et qu'on n'ait aucun lieu dans l'un ni l'autre sort,
Ni de l'aimer vivant, ni de le plaindre mort.
C'est ce que je demande à cette amitié pure
Qu'avec le jour pour moi vous donna la nature.

MÉDÉE.
Puis-je m'en faire aimer sans l'aimer à mon tour,
Et pour un cœur sans foi me souffrir de l'amour?
Puis-je l'aimer, mon frère, au moment qu'il n'aspire
Qu'à ce trésor fatal dont dépend votre empire?
Ou si par nos taureaux il se fait déchirer,
Voulez-vous que je l'aime, afin de le pleurer?

ABSYRTE.
Aimez, ou n'aimez pas, il suffit qu'il vous aime ;
Et quant à ces périls pour notre diadème,
Je ne suis pas de ceux dont le crédule esprit
S'attache avec scrupule à ce qu'on leur prédit.

Je sais qu'on n'entend point de telles prophéties
Qu'après que par l'effet elles sont éclaircies ;
Et que, quoi qu'il en soit, le sceptre de Lemnos
A de quoi réparer la perte de Colchos.
Ces climats désolés où même la nature
Ne tient que de votre art ce qu'elle a de verdure,
Où nos plus beaux jardins n'ont ni roses ni lis
Dont par votre savoir ils ne soient embellis,
Sont-ils à comparer à ces charmantes îles
Où nos maux trouveraient de glorieux asiles ?
Tomber à bas d'un trône est un sort rigoureux ;
Mais quitter l'un pour l'autre est un échange heureux.

MÉDÉE.

Un amant tel que vous, pour gagner ce qu'il aime,
Changerait sans remords d'air et de diadème...
Comme j'ai d'autres yeux, j'ai d'autres sentiments,
Et ne me règle pas sur vos attachements.
Envoyez-moi ma sœur, que je puisse avec elle
Pourvoir au doux succès d'une flamme si belle.
Ménagez cependant un si cher intérêt :
Faites effort à plaire autant comme on vous plaît.
Pour Jason, je saurai de sorte m'y conduire,
Que, soit qu'il vive ou meure, il ne pourra vous nuire.
Allez sans perdre temps, et laissez-moi rêver
Aux beaux commencements que je veux achever.

SCÈNE II.

MÉDÉE.

Tranquille et vaste solitude,
Qu'à votre calme heureux j'ose en vain recourir !
Et que la rêverie est mal propre à guérir
D'une peine qui plaît la flatteuse habitude !
J'en viens soupirer seule au pied de vos rochers ;
Et j'y porte avec moi dans mes vœux les plus chers
  Mes ennemis les plus à craindre :
Plus je crois les dompter, plus je leur obéis ;
Ma flamme s'en redouble ; et plus je veux l'éteindre,
  Plus moi-même je m'y trahis.

  C'est en vain que tout alarmée
J'envisage à quels maux s'expose un inconstant :
L'amour tremble à regret dans mon esprit flottant ;
Et, timide à l'aimer, je meurs d'en être aimée.
Ainsi j'adore et crains son manquement de foi ;
Je m'offre et me refuse à ce que je prévoi :
  Son change me plaît et m'étonne.
Dans l'espoir le plus doux j'ai tout à soupçonner ;
Et, bien que tout mon cœur obstinément se donne,
  Ma raison n'ose me donner.

  Silence, raison importune ;
Est-il temps de parler quand mon cœur s'est donné ?

Du bien que tu lui veux ce lâche est si gêné,
Que ton meilleur avis lui tient lieu d'infortune.
Ce que tu mets d'obstacle à ses désirs mutins
Anime leur révolte et le livre aux destins
  Contre qui tu prends sa défense :
Ton effort odieux ne sert qu'à les hâter ;
Et ton cruel secours lui porte par avance
  Tous les maux qu'il doit redouter.

  Parle toutefois pour sa gloire ;
Donne encor quelques lois à qui te fait la loi ;
Tyrannise un tyran qui triomphe de toi ;
Et par un faux trophée usurpe sa victoire.
S'il est vrai que l'amour te vole tout mon cœur,
Exile de mes yeux cet insolent vainqueur,
  Dérobe-lui tout mon visage :
Et, si mon âme cède à mes feux trop ardents,
Sauve tout le dehors du honteux esclavage
  Qui t'enlève tout le dedans.

SCÈNE III.

JUNON, MÉDÉE.

MÉDÉE.

L'avez-vous vu, ma sœur, cet amant infidèle ?
Que répond-il aux pleurs d'une reine si belle ?
Souffre-t-il par pitié qu'ils en fassent un roi ?
A-t-il encor le front de vous parler de moi ?
Croit-il qu'un tel exemple ait su si peu m'instruire,
Qu'il lui laisse encor lieu de me pouvoir séduire ?

JUNON.

Modérez ces chaleurs de votre esprit jaloux ;
Prenez des sentiments plus justes et plus doux ;
Et sans vous emporter souffrez que je vous die...

MÉDÉE.

Qu'il pense m'acquérir par cette perfidie ?
Et que ce qu'il fait voir de tendresse et d'amour,
Si j'ose l'accepter, m'en garde une à mon tour ?
Un volage, ma sœur, a beau faire et beau dire,
On peut toujours douter pour qui son cœur soupire ;
Sa flamme à tous moments peut prendre un autre cours,
Et qui change une fois peut changer tous les jours.
Vous, qui vous préparez à prendre sa défense,
Savez-vous, après tout, s'il m'aime ou s'il m'offense ?
Lisez dans son cœur pour y voir ce qui s'y fait,
Et si j'ai de ses feux l'apparence ou l'effet ?

JUNON.

Quoi ! vous vous offensez d'Hypsipile quittée !
D'Hypsipile pour vous à vos yeux maltraitée !
Vous, son plus cher objet ! vous de qui hautement
En sa présence même il s'est nommé l'amant !
C'est mal vous acquitter de la reconnaissance
Qu'une autre croirait due à cette préférence.

Voyez mieux qu'un héros si grand, si renommé,
Aurait peu fait pour vous, s'il n'avait rien aimé.
 En ces tristes climats qui n'ont que vous d'aimable,
Où rien ne s'offre aux yeux qui vous soit comparable,
Un cœur qu'un autre objet ne peut vous disputer
Vous porte peu de gloire à se laisser dompter.
Mais Hypsipile est belle, et joint au diadème
Un amour assez fort pour mériter qu'on l'aime;
Et quand, malgré son trône, et malgré sa beauté,
Et malgré son amour, vous l'avez emporté,
Que ne devez-vous point à l'illustre victoire
Dont ce choix obligeant vous assure la gloire?
Peut-il de vos attraits faire mieux voir le prix,
Que par le don d'un cœur qu'Hypsipile avait pris?
Pouvez-vous sans chagrin refuser un hommage
Qu'une autre lui demande avec tant d'avantage?
Pouvez-vous d'un tel don faire si peu d'état,
Sans vouloir être ingrate, et l'être avec éclat?
Si c'est votre dessein, en faisant la cruelle,
D'obliger ce héros à retourner vers elle,
Vous en pourrez avoir un succès assez prompt;
Sinon...
MÉDÉE.
 Plutôt la mort qu'un si honteux affront.
Je ne souffrirai point qu'Hypsipile me brave,
Et m'enlève ce cœur que j'ai vu mon esclave.
Je voudrais avec vous en vain le déguiser;
Quand je l'ai vu pour moi tantôt la mépriser,
Qu'à ses yeux, sans nous mettre un moment en balance,
Il m'a si hautement donné la préférence,
J'ai senti des transports que mon esprit discret
Par un soudain adieu n'a cachés qu'à regret.
Je ne croirai jamais qu'il soit douceur égale
A celle de se voir immoler sa rivale,
Qu'il soit pareille joie; et je mourrais, ma sœur,
S'il fallait qu'à son tour elle eût même douceur.
JUNON.
Quoi! pour vous cette honte est un malheur extrême?
Ah! vous l'aimez encor!
MÉDÉE.
 Non; mais je veux qu'il m'aime.
Je veux, pour éviter un si mortel ennui,
Le conserver à moi, sans me donner à lui,
L'arrêter sous mes lois, jusqu'à ce qu'Hypsipile
Lui rende de son cœur la conquête inutile,
Et que le prince Absyrte ayant reçu sa foi,
L'ait mise hors d'état de triompher de moi.
Lors, par un juste exil punissant l'infidèle,
Je n'aurai plus de peur qu'il me traite comme elle;
Et je saurai sur lui nous venger toutes deux,
Sitôt qu'il n'aura plus à qui porter ses vœux.
JUNON.
Vous vous promettez plus que vous ne voudrez faire,
Et vous n'en croirez pas toute cette colère.

MÉDÉE.
Je ferai plus encor que je ne me promets,
Si vous pouvez, ma sœur, quitter ses intérêts.
JUNON.
 Quelque chers qu'ils me soient, je veux bien m'y contraindre;
Et, pour mieux vous ôter tout sujet de me craindre,
Le voilà qui paraît, je vous laisse avec lui.
Vous me rappellerez s'il a besoin d'appui.

SCÈNE IV.
JASON, MÉDÉE.
MÉDÉE.
Êtes-vous prêt, Jason, d'entrer dans la carrière?
Faut-il du champ de Mars vous ouvrir la barrière,
Vous donner nos taureaux pour tracer des sillons
D'où naîtront contre vous de soudains bataillons?
Pour dompter ces taureaux et vaincre ces gens d'armes,
Avez-vous d'Hypsipile emprunté quelques charmes?
Je ne demande point quel est votre souci:
Mais, si vous la cherchez, elle n'est pas ici;
Et, tandis qu'en ces lieux vous perdez votre peine,
Mon frère vous pourrait enlever cette reine.
Jason, prenez-y garde, il faut moins s'éloigner
D'un objet qu'un rival s'efforce de gagner,
Et prêter un peu moins les faveurs de l'absence
A ce qui peut entre eux naître d'intelligence.
Mais j'ai tort, je l'avoue, et je raisonne mal;
Vous êtes trop aimé pour craindre un tel rival;
Vous n'avez qu'à paraître, et, sans autre artifice,
Un coup d'œil détruira ce qu'il rend de service.
JASON.
Qu'un si cruel reproche à mon cœur serait doux
S'il avait pu partir d'un sentiment jaloux,
Et si par cette injuste et douteuse colère
Je pouvais m'assurer de ne vous pas déplaire!
Sans raison toutefois j'ose m'en défier;
Il ne me faut que vous pour me justifier.
Vous avez trop bien vu l'effet de vos mérites
Pour garder un soupçon de ce que vous me dites;
Et du change nouveau que vous me supposez
Vous me défendez mieux que vous ne m'accusez.
Si vous avez pour moi vu l'amour d'Hypsipile,
Vous n'avez pas moins vu sa constance inutile;
Que ses plus doux attraits, pour qui j'avais brûlé,
N'ont rien que mon amour ne vous ait immolé;
Que toute sa beauté rehausse votre gloire;
Et que son sceptre même enfle votre victoire:
Ce sont des vérités que vous vous dites mieux,
Et j'ai tort de parler où vous avez des yeux.
MÉDÉE.
Oui, j'ai des yeux, ingrat, meilleurs que tu ne penses.
Et vois jusqu'en ton cœur tes fausses préférences.

Hypsipile à ma vue a reçu des mépris ;
Mais, quand je n'y suis plus, qu'est-ce que tu lui dis ?
Explique, explique encor ce soupir tout de flamme
Qui vers ce cher objet poussait toute ton âme,
Et fais-moi concevoir jusqu'où vont tes malheurs
De soupirer pour elle et de prétendre ailleurs.
Redis-moi les raisons dont tu l'as apaisée,
Dont jusqu'à me braver tu l'as autorisée,
Qu'il te faut la toison pour revoir tes parents,
Qu'à ce prix je te plais, qu'à ce prix tu te vends.
Je tenais cher le don d'une amour si parfaite ;
Mais, puisque tu te vends, va chercher qui t'achète,
Perfide, et porte ailleurs cette vénale foi
Qu'obtiendrait ma rivale à même prix que moi.
Il est, il est encor des âmes toutes prêtes
A recevoir mes lois et grossir mes conquêtes ;
Il est encor des rois dont je fais le désir ;
Et, si parmi tes Grecs il me plaît de choisir,
Il en est d'attachés à ma seule personne,
Qui n'ont jamais su l'art d'être à qui plus leur donne,
Qui, trop contents d'un cœur dont tu fais peu de cas,
Méritent la toison qu'ils ne demandent pas,
Et que pour toi mon âme, hélas ! trop enflammée,
Aurait pu te donner, si tu m'avais aimée.

JASON.

Ah ! si le pur amour peut mériter ce don,
A qui peut-il, madame, être dû qu'à Jason ?
Ce refus surprenant que vous m'avez vu faire,
D'une vénale ardeur n'est pas le caractère.
Le trône qu'à vos yeux j'ai traité de mépris,
En serait pour tout autre un assez digne prix ;
Et rejeter pour vous l'offre d'un diadème,
Si ce n'est vous aimer, j'ignore comme on aime.
Je ne me défends point d'une civilité
Que du bandeau royal voulait la majesté.
Abandonnant pour vous une reine si belle,
J'ai poussé par pitié quelques soupirs vers elle :
J'ai voulu qu'elle eût lieu de se dire en secret
Que je change par force et la quitte à regret,
Que, satisfaite ainsi de son propre mérite,
Elle se consolât de tout ce qui l'irrite ;
Et que l'appât flatteur de cette illusion
La vengeât un moment de sa confusion.
Mais quel crime ont commis ces compliments frivoles ?
Des paroles enfin ne sont que des paroles ;
Et quiconque possède un cœur comme le mien
Doit se mettre au-dessus d'un pareil entretien.
Je n'examine point, après votre menace,
Quelle foule d'amants brigue chez vous ma place.
Cent rois, si vous voulez, vous consacrent leurs vœux,
Je le crois ; mais aussi je suis roi si je veux ;
Et je n'avance rien touchant le diadème
Dont il faille chercher de témoins que vous-même.
Si par le choix d'un roi vous pouvez me punir,
Je puis vous imiter, je puis vous prévenir ;
Et si je me bannis par là de ma patrie,
Un exil couronné peut faire aimer la vie.
Mille autres en ma place, au lieu de s'alarmer....

MÉDÉE.

Eh bien ! je t'aimerai, s'il ne faut que t'aimer :
Malgré tous ces héros, malgré tous ces monarques,
Qui m'ont de leur amour donné d'illustres marques,
Malgré tout ce qu'ils ont et de cœur et de foi,
Je te préfère à tous, si tu ne veux que moi.
Fais voir, en renonçant à ta chère patrie,
Qu'un exil avec moi peut faire aimer la vie ;
Ose prendre à ce prix le nom de mon époux.
Oui, madame, à ce prix tout exil m'est trop doux,
Mais je veux être aimé, je veux pouvoir le croire ;
Et vous ne m'aimez pas, si vous n'aimez ma gloire ;
L'ordre de mon destin l'attache à la toison,
C'est d'elle que dépend tout l'honneur de Jason.
Ah ! si le ciel l'eût mise au pouvoir d'Hypsipile,
Que j'en aurais trouvé la conquête facile !
Ma passion, pour vous, a beau l'abandonner,
Elle m'offre encor tout ce qu'elle peut donner ;
Malgré mon inconstance elle aime sans réserve.

Et moi, je n'aime point, à moins que je te serve ?
Cherche un autre prétexte à lui rendre ta foi ;
J'aurai soin de ta gloire aussi bien que de toi.
Si ce noble intérêt te donne tant d'alarmes,
Tiens, voilà de quoi vaincre et taureaux et gens d'armes ;
Laisse à tes compagnons combattre le dragon,
Ils veulent comme toi leur part à la toison ;
Et comme ainsi qu'à toi la gloire leur est chère,
Ils ne sont pas ici pour te regarder faire.
Zéthès et Calaïs, ces héros emplumés,
Qu'aux routes des oiseaux leur naissance a formés,
Y préparent déjà leurs ailes enhardies
D'avoir pour coup d'essai triomphé des harpies ;
Orphée avec ses chants se promet le bonheur
D'assoupir...

JASON.

Ah ! madame, ils auront tout l'honneur,
Ou du moins j'aurai part moi-même à leur défaite,
Si je laisse comme eux la conquête imparfaite :
Il me la faut entière ; et je veux vous devoir...

MÉDÉE.

Va, laisse quelque chose, ingrat, en mon pouvoir ;
J'en ai déjà trop fait pour une âme infidèle.
Adieu, Je vois ma sœur ; délibère avec elle :
Et songe qu'après tout ce cœur que je te rends,
S'il accepte un vainqueur, ne veut point de tyrans ;
Que s'il aime ses fers, il hait tout esclavage ;
Qu'on perd souvent l'acquis à vouloir davantage ;
Qu'il faut subir la loi de qui peut obliger ;

Et que qui veut un don ne doit pas l'exiger.
Je ne te dis plus rien ; va rejoindre Hypsipile,
Va reprendre auprès d'elle un destin plus tranquille ;
Ou si tu peux, volage, encor la dédaigner,
Choisis en d'autres lieux qui te fasse régner.
Je n'ai pour t'acheter sceptres ni diadèmes ;
Mais telle que je suis crains-moi, si tu ne m'aimes.

SCÈNE V.
JUNON, JASON, L'AMOUR.
L'Amour est dans le ciel de Vénus.

JUNON.
A bien examiner l'éclat de ce grand bruit,
Hypsipile vous sert plus qu'elle ne vous nuit.
Ce n'est pas qu'après tout ce courroux ne m'étonne ;
Médée à sa fureur un peu trop s'abandonne.
L'Amour tient assez mal ce qu'il m'avait promis,
Et peut-être avez-vous trop de dieux ennemis.
Tous veulent à l'envi faire la destinée
Dont se doit signaler cette grande journée ;
Tous se sont assemblés exprès chez Jupiter
Pour en résoudre l'ordre, ou pour le contester ;
Et je vous plains, si ceux qui daignaient vous défendre
Au plus nombreux parti sont forcés de se rendre.
Le ciel s'ouvre, et pourra nous donner quelque jour :
C'est celui de Vénus, j'y vois encor l'Amour ;
Et puisqu'il n'en est pas, toute cette assemblée
Par sa rébellion pourra se voir troublée.
Il veut parler à nous ; écoutez quel appui
Le trouble où je vous vois peut espérer de lui.

(Le ciel s'ouvre, et fait voir le palais de Vénus, composé de termes à face humaine et revêtus de gazes d'or, qui lui servent de colonnes : le lambris n'en est pas moins riche. L'Amour y paraît seul ; et sitôt qu'il a parlé il s'élance en l'air, et traverse le théâtre en volant, non pas d'un côté à l'autre, comme se font les vols ordinaires, mais d'un bout à l'autre, en tirant vers les spectateurs ; ce qui n'a point encore été pratiqué en France de cette manière.)

L'AMOUR.
Cessez de m'accuser, soupçonneuse déesse ;
Je sais tenir promesse :
C'est en vain que les dieux s'assemblent chez leur roi ;
Je vais bien leur faire connaître
Que je suis quand je veux leur véritable maître,
Et que de ce grand jour le destin est à moi.
Toi, si tu sais aimer, ne crains rien de funeste,
Obéis à Médée, et j'aurai soin du reste.

JUNON.
Ces favorables mots vous ont rendu le cœur.

JASON.
Mon espoir abattu reprend d'eux sa vigueur.

Allons, déesse, allons, et, sûrs de l'entreprise,
Reportons à Médée une âme plus soumise.

JUNON.
Allons, je veux encor seconder vos projets,
Sans remonter au ciel qu'après leurs pleins effets.

ACTE CINQUIÈME.

Ce dernier spectacle présente à la vue une forêt épaisse, composée de divers arbres entrelacés ensemble, et si touffus, qu'il est aisé de juger que le respect qu'on porte au dieu Mars, à qui elle est consacrée, fait qu'on n'ose en couper aucune branche, ni même brosser au travers : les trophées d'armes appendus au haut de la plupart de ces arbres marquent encore plus particulièrement qu'elle appartient à ce dieu. La toison d'or est sur le plus élevé, qu'on voit seul de son rang au milieu de cette forêt ; et la perspective du fond fait paraître en éloignement la rivière du Phase, avec le navire Argo, qui semble n'attendre plus que Jason et sa conquête pour partir.

SCÈNE PREMIÈRE.
ABSYRTE, HYPSIPILE.

ABSYRTE.
Voilà ce prix fameux où votre ingrat aspire,
Ce gage où les destins attachent notre empire,
Cette toison enfin, dont Mars est si jaloux :
Chacun impunément la peut voir comme nous ;
Ce monstrueux dragon, dont les fureurs la gardent,
Semble exprès se cacher aux yeux qui la regardent ;
Il laisse agir sans crainte un curieux désir,
Et ne fond que sur ceux qui s'en veulent saisir.
Lors, d'un cri qui suffit à punir tout leur crime,
Sous leur pied téméraire il ouvre un noir abîme,
A moins qu'on n'ait déjà mis au joug nos taureaux,
Et fait mordre la terre aux escadrons nouveaux
Que des dents d'un serpent la semence animée
Doit opposer sur l'heure à qui l'aura semée :
Sa voix perdant alors cet effroyable éclat,
Contre des ravisseurs le réduit au combat.
Telles furent les lois que Circé par ses charmes
Sut faire à ce dragon, aux taureaux, aux gens d'armes ;
Circé, sœur de mon père, et fille du Soleil,
Circé, de qui ma sœur tient cet art sans pareil
Dont tantôt à vous perdre eût abusé sa rage,
Si ce peu que du ciel j'en eus pour mon partage,
Et que je vous consacre aussi bien que mes jours,
Par le milieu des airs n'eût porté du secours.

HYPSIPILE.
Je n'oublierai jamais que sa jalouse envie

Se fût sans vos bontés sacrifié ma vie;
Et, pour dire encor plus, ce penser m'est si doux,
Que si j'étais à moi je voudrais être à vous.
Mais un reste d'amour retient dans l'impuissance
Ces sentiments d'estime et de reconnaissance.
J'ai peine, je l'avoue, à me le pardonner;
Mais enfin je dois tout, et n'ai rien à donner.
Ce qu'à vos yeux surpris Jason m'a fait d'outrage
N'a pas encor rompu cette foi qui m'engage;
Et, malgré les mépris qu'il en montre aujourd'hui,
Tant qu'il peut être à moi je suis encore à lui.
Mon espoir chancelant dans mon âme inquiète
Ne veut pas lui prêter l'exemple qu'il souhaite,
Ni que cet infidèle ait de quoi se vanter
Qu'il ne se donne ailleurs qu'afin de m'imiter.
Pour changer avec gloire il faut qu'il me prévienne,
Que sa foi violée ait dégagé la mienne,
Et que l'hymen ait joint aux mépris qu'il en fait
D'un entier changement l'irrévocable effet.
Alors, par son parjure à moi-même rendue,
Mes sentiments d'estime auront plus d'étendue;
Et, dans la liberté de faire un second choix,
Je saurai mieux penser à ce que je vous dois.

ABSYRTE.
Je ne sais si ma sœur voudra prendre assurance
Sur des serments trompeurs que rompt son inconstance;
Mais je suis sûr qu'à moins qu'elle rompe son sort,
Ce que ferait l'hymen vous l'aurez par sa mort.
Il combat nos taureaux; et telle est leur furie,
Qu'il faut qu'il y périsse, ou lui doive la vie.

HYPSIPILE.
Il combat vos taureaux ! Ah! que me dites-vous?

ABSYRTE.
Qu'il n'en peut plus sortir que mort, ou son époux.

HYPSIPILE.
Ah! prince, votre sœur peut croire encor qu'il m'aime,
Et sur ce faux soupçon se venger elle-même.
Pour bien rompre le coup d'un malheur si pressant
Peut-être que son art n'est pas assez puissant :
De grâce en ma faveur joignez-y tout le vôtre;
Et si....

ABSYRTE.
Quoi! vous voulez qu'il vive pour une autre?

HYPSIPILE.
Oui, qu'il vive, et laissons tout le reste au hasard.

ABSYRTE.
Ah! reine, en votre cœur il garde trop de part;
Et, s'il faut vous parler avec une âme ouverte
Vous montrez trop d'amour pour empêcher sa perte.
Votre rivale et moi nous en sommes d'accord;
A moins que vous m'aimiez, votre Jason est mort.
Ma sœur n'a pas pour vous un sentiment si tendre,
Qu'elle aime à le sauver afin de vous le rendre;
Et je ne suis pas homme à servir mon rival,
Quand vous rendez pour moi mon secours si fatal.
Je ne le vois que trop, pour prix de mes services
Vous destinez mon âme à de nouveaux supplices.
C'est m'immoler à lui que de le secourir;
Et lui sauver le jour, c'est me faire périr.
Puisqu'il faut qu'un des deux cesse aujourd'hui de vivre,
Je vais hâter sa perte, où lui-même il se livre :
Je veux bien qu'on l'impute à mon dépit jaloux :
Mais vous, qui m'y forcez, ne l'imputez qu'à vous.

HYPSIPILE.
Ce reste d'intérêt que je prends à sa vie
Donne trop d'aigreur, prince, à votre jalousie.
Ce qu'on a bien aimé, l'on ne peut le haïr
Jusqu'à le vouloir perdre, ou jusqu'à le trahir.
Ce vif ressentiment qu'excite l'inconstance
N'emporte pas toujours jusques à la vengeance :
Et quand même on la cherche, il arrive souvent
Qu'on plaint mort un ingrat qu'on détestait vivant.
Quand je me défendais sur la foi qui m'engage,
Je voulais à vos feux épargner cet ombrage;
Mais puisque le péril a fait parler l'amour,
Je veux bien qu'il éclate et se montre en plein jour.
Oui j'aime encor Jason, et l'aimerai sans doute
Jusqu'à l'hymen fatal que ma flamme redoute.
Je regarde son cœur encor comme mon bien,
Et donnerais encor tout mon sang pour le sien.
Vous m'aimez, et j'en suis assez persuadée
Pour me donner à vous s'il se donne à Médée :
Mais si, par jalousie, ou par raison d'État,
Vous le laissez tous deux périr dans ce combat,
N'attendez rien de moi que ce qu'ose la rage
Quand elle est une fois maîtresse d'un courage,
Que les pleines fureurs d'un désespoir d'amour.
Vous me faites trembler, tremblez à votre tour;
Prenez soin de sa vie, ou perdez cette reine;
Et si je crains sa mort, craignez aussi ma haine.

SCÈNE II.

AÆTES, ABSYRTE, HYPSIPILE.

AÆTES.
Ah! madame, est-ce là cette fidélité
Que vous gardez aux droits de l'hospitalité?
Quand pour vous je m'oppose aux destins de ma fille,
A l'espoir de mon fils, aux vœux de ma famille,
Quand je presse un héros de vous rendre sa foi,
Vous prêtez à son bras des charmes contre moi ;
De sa témérité vous vous faites complice
Pour renverser un trône où je vous fais justice;
Comme si c'était peu de posséder Jason
Si pour don nuptial il n'avait la toison;
Et que sa foi vous fût indignement offerte,
A moins que son destin éclatât par ma perte!

HYPSIPILE.
Je ne sais pas, seigneur, à quel point vous réduit
Cette témérité de l'ingrat qui me fuit :
Mais je sais que mon cœur ne joint à son envie
Qu'un timide souhait en faveur de sa vie ;
Et que si je savais ce grand art de charmer,
Je ne m'en servirais que pour m'en faire aimer.

AÆTES.
Ah ! je n'ai que trop cru vos plaintes ajustées
A des illusions entre vous concertées ;
Et les dehors trompeurs d'un dédain préparé
N'ont que trop ébloui mon œil mal éclairé.
Oui, trop d'ardeur pour vous, et trop peu de lumière,
M'ont conduit en aveugle à ma ruine entière.
Ce pompeux appareil que soutenaient les vents,
Ces tritons tout autour rangés comme suivants,
Montraient bien qu'en ces lieux vous n'étiez abordée
Que par un art plus fort que celui de Médée.
D'un naufrage affecté, l'histoire, sans raison,
Déguisait le secours amené pour Jason ;   [ce
Et vos pleurs ne semblaient m'en demander vengean-
Que pour mieux faire place à votre intelligence.

HYPSIPILE.
Que ne sont vos soupçons autant de vérités !
Et que ne puis-je ici ce que vous m'imputez !

ABSYRTE.
Qu'a fait Jason, seigneur, et quel mal vous menace,
Quand nous voyons encor la toison en sa place ?

AÆTES.
Nos taureaux sont domptés, nos gens d'armes défaits,
Absyrte ; après cela crains les derniers effets.

ABSYRTE.
Quoi ! son bras...

AÆTES.   [mes
    Oui, son bras secondé par ses char-
A dompté nos taureaux, et défait nos gens d'armes ;
Juge si le dragon pourra faire plus qu'eux !
    Ils ont poussé d'abord de gros torrents de feux,
Ils l'ont enveloppé d'une épaisse fumée,
Dont sur toute la plaine une nuit s'est formée ;
Mais, après ce nuage en l'air évaporé,
On les a vus au joug et le champ labouré :
Lui, sans aucun effroi, comme maître paisible,
Jetait dans les sillons cette semence horrible
D'où s'élève aussitôt un escadron armé,
Par qui de tous côtés il se trouve enfermé.
Tous n'en veulent qu'à lui ; mais son âme plus fière
Ne daigne contre eux tous s'armer que de poussière.
A peine il la répand, qu'une commune erreur
D'eux tous, l'un contre l'autre, anime la fureur,
Ils s'entr'immolent tous au commun adversaire ;
Tous pensent le percer quand ils percent leur frère :
Leur sang partout regorge, et Jason au milieu
Reçoit ce sacrifice en posture d'un dieu ;

Et la terre, en courroux de n'avoir pu lui nuire,
Rengloutit l'escadron qu'elle vient de produire.
On va bientôt, madame, achever à vos yeux
Ce qu'ébauche par là votre abord en ces lieux.
Soit Jason, soit Orphée, ou les fils de Borée,
Ou par eux ou par lui ma perte est assurée ;
Et l'on va faire hommage à votre heureux secours
Du destin de mon sceptre et de mes tristes jours.

HYPSIPILE.   [se ;
Connaissez mieux, seigneur, la main qui vous offen-
Et lorsque je perds tout, laissez-moi l'innocence.
L'ingrat qui me trahit est secouru d'ailleurs.
Ce n'est que de chez vous que partent vos malheurs,
Chez vous en est la source ; et Médée elle-même [me.
Rompt son art par son art, pour plaire à ce qu'elle ai-

ABSYRTE.
Ne l'en accusez point, elle hait trop Jason.
De sa haine, seigneur, vous savez la raison :
La toison préférée aigrit trop son courage
Pour craindre qu'il en tienne un si grand avantage ;
Et, si contre son art ce prince a réussi,
C'est qu'on le sait en Grèce autant ou plus qu'ici.

AÆTES.
Ah ! que tu connais mal jusqu'à quelle manie
D'un amour déréglé passe la tyrannie !
Il n'est rang, ni pays, ni père, ni pudeur,
Qu'épargne de ses feux l'impérieuse ardeur.
Jason plut à Médée, et peut encor lui plaire.
Peut-être es-tu toi-même ennemi de ton père,
Et consens que ta sœur, par ce présent fatal,
S'assure d'un amant qui serait ton rival.
Tout mon sang révolté trahit mon espérance :
Je trouve ma ruine où fut mon assurance ;
Le destin ne me perd que par l'ordre des miens.
Et mon trône est brisé par ses propres soutiens.

ABSYRTE.
Quoi ! seigneur, vous croiriez qu'une action si noire...

AÆTES.
Je sais ce qu'il faut craindre, et non ce qu'il faut croi-
Dans cette obscurité tout me devient suspect.   [re.
L'amour aux droits du sang garde peu de respect :
Ce même amour d'ailleurs peut forcer cette reine
A répondre à nos soins par des effets de haine ;
Et Jason peut avoir lui-même en ce grand art
Des secrets dont le ciel ne nous fit point de part.
Ainsi, dans les rigueurs de mon sort déplorable,
Tout peut être innocent, tout peut être coupable :
Je ne cherche qu'en vain à qui les imputer ;
Et, ne discernant rien, j'ai tout à redouter.

HYPSIPILE.
La vérité, seigneur, se va faire connaître :
A travers ces rameaux je vois venir mon traître.

SCÈNE III.

AÆTES, ABSYRTE, HYPSIPILE, JASON,
ORPHÉE, ZÉTHÈS, CALAÏS.

HYPSIPILE.

Parlez, parlez, Jason; dites sans feinte au roi
Qui vous seconde ici de Médée ou de moi;
Dites, est-ce elle, ou moi, qui contre lui conspire?
Est-ce pour elle, ou moi, que votre cœur soupire?

JASON.

La demande est, madame, un peu hors de saison;
Je vous y répondrai quand j'aurai la toison.
Seigneur, sans différer permettez que j'achève;
La gloire où je prétends ne souffre point de trêve;
Elle veut que du ciel je presse le secours,
Et ce qu'il m'en promet ne descend pas toujours.

AÆTES.

Hâtez à votre gré ce secours de descendre :
Mais encore une fois gardez de vous méprendre.

JASON.

Par ce qu'ont vu vos yeux jugez ce que je puis.
Tout me paraît facile en l'état où je suis;
Et, si la force enfin répond mal au courage,
Il en est parmi nous qui peuvent davantage.
Souffrez donc que l'ardeur dont je me sens brûler....

SCÈNE IV.

AÆTES, ABSYRTE, HYPSIPILE, MÉDÉE,
JASON, ORPHÉE, ZÉTHÈS, CALAÏS.

MÉDÉE, *sur le dragon, élevée en l'air à la hauteur d'un homme.*
Arrête, déloyal, et laisse-moi parler,
Que je rende un plein lustre à ma gloire ternie
Par l'outrageux éclat que fait la calomnie.
Qui vous l'a dit, madame, et sur quoi fondez-vous
Ces dignes visions de votre esprit jaloux?
Si Jason entre nous met quelque différence
Qui flatte malgré moi sa crédule espérance,
Faut-il sur votre exemple aussitôt présumer
Qu'on en peut être aimée et ne le pas aimer?
Connaissez mieux Médée, et croyez-la trop vaine
Pour vouloir d'un captif marqué d'une autre chaîne.
Je ne puis empêcher qu'il vous manque de foi,
Mais je vaux bien un cœur qui n'ait aimé que moi;
Et j'aurai soutenu des revers bien funestes
Avant que je me daigne enrichir de vos restes.

HYPSIPILE.

Puissiez-vous conserver ces nobles sentiments!

MÉDÉE.

N'en croyez plus, seigneur, que les événements.
Ce ne sont plus ici ces taureaux, ces gens d'armes
Contre qui son audace a pu trouver des charmes :
Ce n'est point le dragon dont il est menacé;
C'est Médée elle-même, et tout l'art de Circé.
Fidèle gardien des destins de ton maître,
Arbre, que tout exprès mon charme avait fait naître,
Tu nous défendrais mal contre ceux de Jason;
Retourne en ton néant, et rends-moi la toison.

(Elle prend la toison en sa main, et la met sur le cou du dragon. L'arbre où elle était suspendue disparaît, et se retire derrière le théâtre, après quoi Médée continue en parlant à Jason.)

Ce n'est qu'avec le jour qu'elle peut m'être ôtée.
Viens donc, viens, téméraire, elle est à ta portée;
Viens teindre de mon sang cet or qui t'est si cher,
Qu'à travers tant de mers on te force à chercher.
Approche, il n'est plus temps que l'amour te retienne :
Viens m'arracher la vie, ou m'apporter la tienne;
Et, sans perdre un moment en de vains entretiens,
Voyons qui peut le plus de tes dieux, ou des miens.

AÆTES.

A ce digne courroux je reconnais ma fille; [brille;
C'est mon sang : dans ses yeux, c'est son aïeul qui
C'est le soleil mon père. Avancez donc, Jason,
Et sur cette ennemie emportez la toison.

JASON.

Seigneur, contre ses yeux qui voudrait se défendre?
Il ne faut point combattre où l'on aime à se rendre.
Oui, madame, à vos pieds je mets les armes bas,
J'en fais un prompt hommage à vos divins appas,
Et renonce avec joie à ma plus haute gloire,
S'il faut par ce combat acheter la victoire.
Je l'abandonne, Orphée, aux charmes de ta voix,
Qui traîne les rochers, qui fait marcher les bois;
Assoupis le dragon, enchante la princesse.
Et vous, héros ailés, ménagez votre adresse;
Si pour cette conquête il vous reste du cœur,
Tournez sur le dragon toute votre vigueur.
Je vais dans le navire attendre une défaite,
Qui vous fera bientôt imiter ma retraite.

ZÉTHÈS.

Montrez plus d'espérance et souvenez-vous mieux
Que nous avons dompté des monstres à vos yeux.

SCÈNE V.

AÆTES, ABSYRTE, HYPSIPILE, MÉDÉE
ZÉTHÈS, CALAÏS, ORPHÉE.

CALAÏS.

Élevons-nous, mon frère, au-dessus des nuages.
Du sang dont nous sortons prenons les avantages.
Surtout obéissons aux ordres de Jason :
Respectons la princesse, et donnons au dragon.

(Ici Zéthès et Calaïs s'élèvent au plus haut des nuages en croisant leur vol.)

MÉDÉE, *en s'élevant aussi.*
Donnez où vous pourrez, ce vain respect m'outrage.
Du sang dont vous sortez prenez tout l'avantage.
Je vais voler moi-même au-devant de vos coups,
Et n'avais que Jason à craindre parmi vous.
Et toi, de qui la voix inspire l'âme aux arbres,
Enchaîne les lions, et déplace les marbres;
D'un pouvoir si divin fais un meilleur emploi,
N'en détruis point la force à l'essayer sur moi.
Mais je n'en parle ainsi que de peur que ses charmes
Ne prêtent un miracle à l'effort de leurs armes.
Ne m'en crois pas, Orphée, et prends l'occasion
De partager leur gloire ou leur confusion.

ORPHÉE *chante.*
Hâtez-vous, enfants de Borée,
Demi-dieux, hâtez-vous,
Et faites voir qu'en tous lieux, contre tous,
A vos exploits la victoire assurée
Suit l'effort de vos moindres coups.

MÉDÉE, *voyant qu'aucun des deux ne descend pour la combattre.*
Vos demi-dieux, Orphée, ont peine à vous entendre :
Ils ont volé si haut qu'ils n'en peuvent descendre;
De ce nuage épais sachez les dégager,
Et pratiquez mieux l'art de les encourager.

ORPHÉE.
(*Il chante ce second couplet pendant que Zéthès et Calaïs fondent l'un après l'autre sur le dragon, et le combattent au milieu de l'air. Ils se relèvent aussitôt qu'ils ont tâché de lui donner une atteinte, et tournent face en même temps pour revenir à la charge. Médée est au milieu des deux, qui pare leurs coups, et fait tourner le dragon vers l'un et vers l'autre, suivant qu'ils se présentent.*)

Combattez, race d'Orythie,
Demi-dieux, combattez,
Et faites voir que vos bras indomptés
Se font partout une heureuse sortie
Des périls les plus redoutés.

ZÉTHÈS.
Fuyons, sans plus tarder, la vapeur infernale
Que ce dragon affreux de son gosier exhale;
La valeur ne peut rien contre un air empesté.
Fais comme nous Orphée, et fuis de ton côté.

(*Zéthès, Calaïs et Orphée s'enfuient.*)

MÉDÉE.
Allez, vaillants guerriers, envoyez-moi Pelée,
Mopse, Iphite, Échion, Eurydamas, Oilée,
Et tout ce reste enfin pour qui votre Jason
Avec tant de chaleur demandait la toison.
Aucun d'eux ne paraît! ces âmes intrépides
Règlent sur mes vaincus leurs démarches timides;
Et, malgré leur ardeur pour un exploit si beau,
Leur effroi les renferme au fond de leur vaisseau.
Ne laissons pas ainsi la victoire imparfaite;
Par le milieu des airs courons à leur défaite;
Et nous-mêmes portons à leur témérité
Jusque dans ce vaisseau ce qu'elle a mérité.

(*Médée s'élève encore plus haut sur le dragon.*)

AÆTES.
Que fais-tu? la toison ainsi que toi s'envole!
Ah, perfide! est-ce ainsi que tu me tiens parole,
Toi qui me promettais, même aux yeux de Jason,
Qu'on t'ôterait le jour avant que la toison?

MÉDÉE, *en s'envolant.*
Encor tout de nouveau je vous en fais promesse,
Et vais vous la garder au milieu de la Grèce.
Du pays et du sang l'amour rompt les liens,
Et les dieux de Jason sont plus forts que les miens.
Ma sœur avec ses fils m'attend dans le navire;
Je la suis, et ne fais que ce qu'elle m'inspire;
De toutes deux madame ici vous tiendra lieu.
Consolez-vous, seigneur, et pour jamais adieu.

(*Elle s'envole avec la toison.*)

SCÈNE VI.
AÆTES, ABSYRTE, HYPSIPILE, JUNON.

AÆTES.
Ah, madame! ah, mon fils! ah, sort inexorable!
Est-il sur terre un père, un roi plus déplorable?
Mes filles toutes deux contre moi se ranger!
Toutes deux à ma perte à l'envi s'engager!

JUNON, *dans son char.*
On vous abuse, Aætes; et Médée elle-même,
Dans l'amour qui la force à suivre ce qu'elle aime.
S'abuse comme vous.
Chalciope n'a point de part en cet ouvrage;
Dans un coin du jardin sous un épais nuage
Je l'enveloppe encor d'un sommeil assez doux,
Cependant qu'en sa place ayant pris son visage,
Dans l'esprit de sa sœur j'ai porté les grands coups
Qui donnent à Jason ce dernier avantage.
Junon à tout fait seule; et je remonte aux cieux
Presser le souverain des dieux
D'approuver ce qu'il m'a plu faire.
Mettez votre esprit en repos,
Si le destin vous est contraire,
Lemnos peut réparer la perte de Colchos.

(*Junon remonte au ciel dans ce même char.*)

AÆTES.
Qu'ai-je fait, que le ciel contre moi s'intéresse

Jusqu'à faire descendre en terre une déesse?
ABSYRTE.
La désavouerez-vous, madame, et votre cœur
Dédira-t-il sa voix qui parle en ma faveur?
AÆTES.
Absyrte, il n'est plus temps de parler de ta flamme.
Qu'as-tu pour mériter quelque part en son âme?
Et que lui peut offrir ton ridicule espoir,
Qu'un sceptre qui m'échappe, un trône prêt à choir?
Ne songeons qu'à punir le traître et sa complice.
Nous aurons dieux pour dieux à nous faire justice;
Et déjà le Soleil, pour nous prêter secours,
Fait ouvrir son palais, et détourne son cours.

(Le ciel s'ouvre, et fait paraître le palais du Soleil, où on le voit dans son char tout brillant de lumière s'avancer vers les spectateurs, et, sortant de ce palais, s'élever en haut pour parler à Jupiter, dont le palais s'ouvre aussi quelques moments après. Ce maître des dieux y paraît sur son trône, avec Junon à son côté. Ces trois théâtres, qu'on voit tout à la fois, font un spectacle tout à fait agréable et majestueux. La sombre verdure de la forêt épaisse, qui occupe le premier, relève d'autant plus la clarté des deux autres, par l'opposition de ses ombres. Le palais du Soleil, qui fait le second, a ses colonnes toutes d'oripeau, et son lambris doré, avec divers grands feuillages à l'arabesque. Le rejaillissement des lumières qui portent sur ces dorures produit un jour merveilleux, qu'augmente celui qui sort du trône de Jupiter, qui n'a pas moins d'ornement. Ses marches ont aux deux bouts et au milieu des aigles d'or, entre lesquelles[1] on voit peintes en basse-taille toutes les amours de ce dieu. Les deux côtés font voir chacun un rang de piliers enrichis de diverses pierres précieuses, environnées chacune d'un cercle ou d'un carré d'or. Au haut de ces piliers sont d'autres grandes aigles d'or qui soutiennent de leur bec le plafond de ce palais, composé de riches étoffes de diverses couleurs, qui font comme autant de courtines, dont les aigles laissent pendre les bouts en forme d'écharpe. Jupiter a une autre grande aigle à ses pieds, qui porte son foudre; et Junon est à sa gauche, avec un paon aussi à ses pieds, de grandeur et de couleur naturelles.)

SCÈNE VII.

LE SOLEIL, JUPITER, JUNON, AÆTES, HYPSIPILE, ABSYRTE.

AÆTES.
Ame de l'univers, auteur de ma naissance,
Dont nous voyons partout éclater la puissance,
Souffriras-tu qu'un roi qui tient de toi le jour
Soit lâchement trahi par un indigne amour?
A ces Grecs vagabonds refuse ta lumière,
De leurs climats chéris détourne ta carrière,
N'éclaire point leur fuite après qu'ils m'ont détruit,
Et répands sur leur route une éternelle nuit.
Fais plus, montre-toi père; et, pour venger ta race,
Donne-moi tes chevaux à conduire en ta place;
Prête-moi de tes feux l'éclat étincelant,
Que j'embrase leur Grèce avec ton char brûlant;
Que, d'un de tes rayons lançant sur eux le foudre,
Je les réduise en cendre, et leur butin en poudre;
Et que par mon courroux leur pays désolé
Ait horreur à jamais du bras qui m'a volé.
Je vois que tu m'entends, et ce coup d'œil m'annonce
Que ta bonté m'apprête une heureuse réponse.
Parle donc, et fais voir aux destins ennemis
De quelle ardeur tu prends les intérêts d'un fils.

LE SOLEIL.
Je plains ton infortune, et ne puis davantage :
Un noir destin s'oppose à tes justes desseins;
Et, depuis Phaéton, ce brillant attelage
Ne peut passer en d'autres mains.
Sous un ordre éternel qui gouverne ma route,
Je dispense en esclave et les nuits et les jours.
Mais enfin ton père t'écoute,
Et joint ses vœux aux tiens pour un plus fort secours.

(Ici s'ouvre le ciel de Jupiter, et le Soleil continue en lui adressant la parole.)

Maître absolu des destinées,
Change leurs dures lois en faveur de mon sang,
Et laisse-lui garder son rang
Parmi les têtes couronnées.
C'est toi qui règles les États,
C'est toi qui départs les couronnes;
Et quand le sort jaloux met un monarque à bas,
Il détruit ton ouvrage, et fait des attentats
Qui dérobent ce que tu donnes.

JUNON.
Je ne mets point d'obstacle à de si justes vœux;
Mais laissez ma puissance entière;
Et si l'ordre du sort se rompt à sa prière,
D'un hymen que j'ai fait ne rompez pas les nœuds.
Comme je ne veux point détruire son Aæte,
Ne détruisez pas mes héros :
Assurez à ses jours gloire, sceptre, repos,
Assurez-lui tous les biens qu'il souhaite;
Mais de la même main assurez à Jason
Médée et la toison.

JUPITER.
Des arrêts du destin l'ordre est invariable,
Rien ne saurait le rompre en faveur de ton fils,
Soleil; et ce trésor surpris

---

[1] Le mot *aigle* fut d'abord du féminin, comme en latin. Il prit ensuite les deux genres, qu'il a conservés, mais dans des significations différentes. Aujourd'hui *aigle*, oiseau, est toujours masculin.

Lui rend de ses États la perte inévitable.
  Mais la même légèreté
  Qui donne Jason à Médée
Servira de supplice à l'infidélité
Où pour lui contre un père elle s'est hasardée.
Persès dans la Scythie arme un bras souverain;
Sitôt qu'il paraîtra, quittez ces lieux, Aæte,
  Et, par une prompte retraite,
Épargnez tout le sang qui coulerait en vain.
De Lemnos faites votre asile;
  Le ciel veut qu'Hypsipile
Réponde aux vœux d'Absyrte, et qu'un sceptre dotal
Adoucisse le cours d'un peu de temps fatal.
  Car enfin de votre perfide
Doit sortir un Médus qui vous doit rétablir :
A rentrer dans Colchos il sera votre guide;
Et mille grands exploits qui doivent l'ennoblir
Feront de tous vos maux les assurés remèdes,
Et donneront naissance à l'empire des Mèdes.

(*Le palais de Jupiter et celui du Soleil se referment.*)

LE SOLEIL.

Ne vous permettez plus d'inutiles soupirs,
Puisque le ciel répare et venge votre perte,
  Et qu'une autre couronne offerte
Ne peut plus vous souffrir de justes déplaisirs.
Adieu. J'ai trop longtemps détourné ma carrière,
Et trop perdu pour vous en ces lieux de moments
  Qui devaient ailleurs ma lumière.
  Allez, heureux amants,
Pour qui Jupiter montre une faveur entière;
Hâtez-vous d'obéir à ses commandements.

(*Il disparaît en baissant, comme pour fondre dans la mer.*)

HYPSIPILE.

J'obéis avec joie à tout ce qu'il m'ordonne.
Un prince si bien né vaut mieux qu'une couronne.
Sitôt que je le vis, il en eut mon aveu,
Et ma foi pour Jason nuisait seule à son feu;
Mais à présent, seigneur, cette foi dégagée...

AÆTES.

Ah, madame! ma perte est déjà trop vengée;
Et vous faites trop voir comme un cœur généreux
Se plaît à relever un destin malheureux.
  Allons ensemble, allons, sous de si doux auspices,
Préparer à demain de pompeux sacrifices,
Et par nos vœux unis répondre au doux espoir
Que daigne un dieu si grand nous faire concevoir [1].

---

[1] On ne supporterait pas aujourd'hui la tragédie de la *Toison d'Or*, telle que Corneille l'a traitée; on ne souffrirait pas *Junon sous la figure de Chalciope*, parlant et agissant comme une femme ordinaire, donnant à Jason des conseils de confidente, et lui disant :

C'est à vous d'achever un si doux changement,
Un soupir poussé juste, en suite d'une excuse,

EXAMEN
DE LA CONQUÊTE DE LA TOISON D'OR.

. . . .
. . . .
. . . .

(Comme l'Argument placé en tête de la pièce.)

C'est avec un fondement semblable que j'ai introduit Absyrte en âge d'homme, bien que la commune opinion n'en fasse qu'un enfant, que Médée déchira par morceaux. Ovide et Sénèque le disent; mais Apollonius Rhodius le fait son aîné; et si nous voulons l'en croire, Aæetes l'avait eu d'Astérodie avant qu'il épousât la mère de cette princesse, qu'il nomme Idye, fille de l'Océan; il dit, de plus, qu'après la fuite des Argonautes, la vieillesse d'Aæetes ne

Perce un cœur bien avant, quand lui-même il s'accuse.

JASON *lui répond.*

Déesse, quel encens..

JUNON.

Traitez-moi de princesse,
Jason, et laissez là l'encens et la déesse.

C'est dans cette tragédie qu'on retrouve encore ce goût des pointes et des jeux de mots qui était à la mode pendant presque toutes les cours, et qui mêlait quelquefois du ridicule à la politesse introduite par la mère de Louis XIV, et par les hôtels de Longueville, de la Rochefoucauld et de Rambouillet; c'est ce mauvais goût justement fronde par Boileau dans ces vers :

Toutefois à la cour les turlupins restèrent,
Insipides plaisants, bouffons infortunés,
D'un jeu de mots grossier partisans surannés.

Il nous apprend que la tragédie elle-même fut infectée de ce défaut :

Le madrigal d'abord en fut enveloppé;
La tragédie en fit ses plus chères délices.

Ce dernier vers exagère un peu trop [*]. Il y a, en effet, quelques jeux de mots dans Corneille, mais ils sont rares : le plus remarquable est celui d'Hypsipile, qui, dans la quatrième scène du troisième acte, dit à Médée sa rivale, en faisant allusion à sa magie :

Je n'ai que des attraits, et vous avez des charmes.

Médée lui répond :

C'est beaucoup en amour que de savoir charmer.

Médée se livre encore au goût des pointes dans son monologue, où elle s'adresse à la Raison contre l'Amour, en lui disant :

Donne encor quelques lois à qui te fait la loi ;
Tyrannise un tyran qui triomphe de toi;
Et par un faux trophée usurpe sa victoire....
Sauve tout le dehors d'un honteux esclavage
Qui t'enlève tout le dedans.

Le style de *la Toison d'Or* est fort au-dessous de celui d'*Œdipe* : il n'y a aucun trait brillant qu'on y puisse remarquer. (V.)

---

[*] Il n'y a point ici d'exagération : le reproche de Boileau s'adresse aux prédécesseurs et aux contemporains de Corneille, plutôt qu'à Corneille lui-même.

lui permettant pas de les poursuivre, ce prince monta sur mer, et les joignit autour d'une île située à l'embouchure du Danube, et qu'il appelle Peucé. Ce fut là que Médée, se voyant perdue avec tous ces Grecs, qu'elle voyait trop faibles pour lui résister, feignit de les vouloir trahir; et ayant attiré ce frère trop crédule à conférer avec elle de nuit dans le temple de Diane, elle le fit tomber dans une embuscade de Jason, où il fut tué. Valérius Flaccus dit les mêmes choses d'Absyrte que cet auteur grec; et c'est sur l'autorité de l'un et de l'autre que je me suis enhardi à quitter l'opinion commune, après l'avoir suivie quand j'ai mis Médée sur le théâtre. C'est me contredire moi-même en quelque sorte : mais Sénèque, dont je l'ai tirée, m'en donne l'exemple, lorsque après avoir fait mourir Jocaste dans l'*Œdipe*, il la fait revivre dans *la Thébaïde*, pour se trouver au milieu de ses deux fils comme ils sont près de commencer le funeste duel où ils s'entre-tuent; si toutefois ces deux pièces sont véritablement du même auteur.

FIN DE LA TOISON D'OR.

SERTORIUS,

TRAGÉDIE. — 1662.

AU LECTEUR.

Ne cherchez point dans cette tragédie les agréments qui sont en possession de faire réussir au théâtre les poëmes de cette nature : vous n'y trouverez ni tendresses d'amour ni emportements de passions, ni descriptions pompeuses, ni narrations pathétiques. Je puis dire toutefois qu'elle n'a point déplu, et que la dignité des noms illustres, la grandeur de leurs intérêts, et la nouveauté de quelques caractères, ont suppléé au manque de ces grâces. Le sujet est simple, et du nombre de ces événements connus, où il ne nous est pas permis de rien changer qu'autant que la nécessité indispensable de les réduire dans la règle nous force d'en resserrer les temps et les lieux. Comme il ne m'a fourni aucune femme, j'ai été obligé de recourir à l'invention pour en introduire deux, assez compatibles l'une et l'autre avec les vérités historiques à qui je me suis attaché. L'une a vécu de ce temps-là ; c'est la première femme de Pompée, qu'il répudia pour entrer dans l'alliance de Sylla, par le mariage d'Æmilie, fille de sa femme. Ce divorce est constant par le rapport de tous ceux qui ont écrit la vie de Pompée, mais aucun d'eux ne nous apprend ce que devint cette malheureuse, qu'ils appellent tous Antistie, à la réserve d'un Espagnol, évêque de Gironne, qui lui donne le nom d'Aristie, que j'ai préféré, comme plus doux à l'oreille. Leur silence m'ayant laissé liberté entière de lui faire un refuge, j'ai cru ne lui en pouvoir choisir un avec plus de vraisemblance que chez les ennemis de ceux qui l'avaient outragée : cette retraite en a d'autant plus, qu'elle produit un effet véritable par les lettres des principaux de Rome que je lui fais porter à Sertorius, et que Perpenna remit entre les mains de Pompée, qui en usa comme je le marque. L'autre femme est une pure idée de mon esprit, mais qui ne laisse pas d'avoir aussi quelque fondement dans l'histoire. Elle nous apprend que les Lusitaniens appelèrent Sertorius d'Afrique pour être leur chef contre le parti de Sylla ; mais elle ne nous dit point s'ils étaient en république, ou sous une monarchie. Il n'y a donc rien qui répugne à leur donner une reine ; et je ne la pouvais faire sortir d'un rang plus considérable que celui de Viriatus, dont je lui fais porter le nom, le plus grand homme que l'Espagne ait opposé aux Romains, et le dernier qui leur ait fait tête dans ces provinces avant Sertorius. Il n'était pas roi en effet, mais il en avait toute l'autorité ; et les préteurs et consuls que Rome envoya pour le combattre, et qu'il défit souvent, l'estimèrent assez pour faire des traités de paix avec lui comme avec un souverain et juste ennemi. Sa mort arriva soixante et huit ans avant celle que je traite ; de sorte qu'il aurait pu être aïeul ou bisaïeul de cette reine que je fais parler ici.

Il fut défait par le consul Q. Servilius, et non par Brutus, comme je l'ai fait dire à cette princesse, sur la foi de cet évêque espagnol que je viens de citer, et qui m'a jeté dans l'erreur après lui. Elle est aisée à corriger par le changement d'un mot dans ce vers unique qui en parle, et qu'il faut rétablir ainsi :

Et de Servilius l'astre prédominant [1].

Je sais bien que Sylla, dont je parle tant dans ce poëme, était mort six ans avant Sertorius ; mais, à le prendre à la rigueur, il est permis de presser les temps pour faire l'unité de jour, et, pourvu qu'il n'y ait point d'impossibilité formelle, je puis faire arriver en six jours, voire en six heures, ce qui s'est passé en six ans. Cela posé, rien n'empêche que Sylla ne meure avant Sertorius, sans rien détruire de ce que je dis ici, puisqu'il a pu mourir depuis qu'Arcas est parti de Rome pour apporter la nouvelle de la démission de sa dictature ; ce qu'il fait en même temps que Sertorius est assassiné. Je dis de plus que, bien que nous devions être assez scrupuleux observateurs de l'ordre des temps, néanmoins, pourvu que ceux que nous faisons parler se soient connus, et aient eu ensemble quelques intérêts à démêler, nous ne sommes pas obligés à nous attacher si précisément à la durée de leur vie. Sylla était mort quand Sertorius fut tué, mais il pouvait vivre encore sans miracle ; et l'auditeur, qui communément n'a qu'une teinture superficielle de l'histoire, s'offense rarement d'une pareille prolongation qui ne sort point de la vraisemblance. Je ne voudrais pas toutefois faire une règle générale de cette licence, et y mettre quelque distinction. La mort de Sylla n'apporta aucun changement aux affaires de Sertorius en Espagne, et lui fut de si peu d'importance, qu'il est malaisé, en lisant la vie de ce héros chez Plutarque, de remarquer lequel des deux est mort le premier, si l'on n'en est instruit d'ailleurs. Autre chose est de celles qui renversent les États, détruisent les partis, et donnent une autre face aux affaires, comme a été celle de Pompée, qui ferait révolter tout l'auditoire contre un auteur, s'il avait l'impudence de la mettre après celle de César. D'ailleurs il fallait colorer et excuser en quelque sorte la guerre que Pompée et les autres chefs romains continuaient contre Sertorius ; car il est assez malaisé de comprendre pourquoi l'on s'y obstinait, après que la république semblait être

---

[1] Après une semblable remarque, nous avons dû nous étonner de retrouver la première leçon dans les éditions de 1682 et 1692.

rétabli par la démission volontaire et la mort de son tyran. Sans doute que son esprit de souveraineté qu'il avait fait revivre dans Rome n'y était pas mort avec lui, et que Pompée et beaucoup d'autres, aspirant dans l'âme à prendre sa place, craignaient que Sertorius ne leur y fût un puissant obstacle, ou par l'amour qu'il avait toujours pour sa patrie, ou par la grandeur de sa réputation et le mérite de ses actions, qui lui eussent fait donner la préférence, si ce grand ébranlement de la république l'eût mise en état de ne se pouvoir passer de maître. Pour ne pas déshonorer Pompée par cette jalousie secrète de son ambition, qui semait dès lors ce qu'on a vu depuis éclater si hautement, et qui peut-être était le véritable motif de cette guerre, je me suis persuadé qu'il était plus à propos de faire vivre Sylla, afin d'en attribuer l'injustice à la violence de sa domination. Cela m'a servi de plus à arrêter l'effet de ce puissant amour que je lui fais conserver pour son Aristie, avec qui il n'eût pu se défendre de renouer, s'il n'eût eu rien à craindre du côté de Sylla, dont le nom odieux, mais illustre, donne un grand poids aux raisonnements de la politique, qui fait l'âme de toute cette tragédie.

Le même Pompée semble s'écarter un peu de la prudence d'un général d'armée, lorsque, sur la foi de Sertorius, il vient conférer avec lui dans une ville dont le chef du parti contraire est maître absolu; mais c'est une confiance de généreux à généreux, et de Romain à Romain, qui lui donne quelque droit de ne craindre aucune supercherie de la part d'un si grand homme. Ce n'est pas que je ne veuille bien accorder aux critiques qu'il n'a pas assez pourvu à sa propre sûreté; mais il m'était impossible de garder l'unité de lieu sans lui faire faire cette échappée, qu'il faut imputer à l'incommodité de la règle, plus qu'à moi qui l'ai bien vue. Si vous ne voulez la pardonner à l'impatience qu'il avait de voir sa femme, dont je le fais encore si passionné, et la peur qu'il ne prit un autre mari, faute de savoir ses intentions pour elle, vous la pardonnerez au plaisir qu'on a pris à cette conférence, que quelques-uns des premiers dans la cour et pour la naissance et pour l'esprit ont estimée autant qu'une pièce entière. Vous n'en serez pas désavoué par Aristote, qui souffre qu'on mette quelquefois des choses sans raison sur le théâtre, quand il y a apparence qu'elles seront bien reçues, et qu'on a lieu d'espérer que les avantages que le poëme en tirera [1] pourront mériter cette grâce.

PERSONNAGES.

SERTORIUS, général du parti de Marius en Espagne.
PERPENNA, lieutenant de Sertorius.
AUFIDE, tribun de l'armée de Sertorius.
POMPÉE, général du parti de Sylla.
ARISTIE, femme de Pompée.
VIRIATE, reine de Lusitanie, à présent Portugal.
THAMIRE, dame d'honneur de Viriate.
CELSUS, tribun du parti de Pompée.
ARCAS, affranchi d'Aristius, frère d'Aristie.

La scène est à Nertobrige, ville d'Aragon, conquise par Sertorius, à présent Catalayud.

[1] *Retirera* serait aujourd'hui le mot propre.

ACTE PREMIER.

SCÈNE PREMIÈRE [1].

PERPENNA, AUFIDE.

PERPENNA.

D'où me vient ce désordre, Aufide? et que veut dire
Que mon cœur sur mes vœux garde si peu d'empire [2]?
L'horreur, que malgré moi, me fait la trahison [3]

[1] On doit être plus scrupuleux sur *Sertorius* que sur les quatre ou cinq pièces précédentes, parce que celle-ci vaut mieux. Cette première scène paraît intéressante; les remords d'un homme qui veut assassiner son général font d'abord impression. (V.)

[2] L'abbé d'Aubignac, malgré l'aveuglement de sa haine pour Corneille, a raison de reprendre ces expressions: *que veut dire qu'un cœur garde peu d'empire sur des vœux?* Il traite ces vers de *galimatias;* mais il devait ajouter que cette manière de parler, *que veut dire* au lieu de *pourquoi, est-il possible, comment se peut-il,* etc. était d'usage avant Corneille. Malherbe dit, en parlant du mariage de Louis XIII avec l'infante d'Espagne:

> Son Louis soupire
> Après ses appas.
> Que veut-elle dire
> De ne venir pas?

Cette ridicule stance de Malherbe n'excuse pas Corneille, mais elle fait voir combien il a fallu de temps pour épurer la langue, pour la rendre toujours naturelle et toujours noble, pour s'élever au-dessus du langage du peuple, sans être guindé. (V.)

[3] L'horreur que, malgré moi, me fait la trahison.
Contre tout mon espoir révolte ma raison.

Le premier vers est bien; le second semble pouvoir passer à l'aide des autres, mais il ne peut soutenir l'examen. On voit d'abord que le mot *raison* n'est pas le mot propre: un crime révolte le cœur, l'humanité, la vertu; un système faux et dangereux révolte la raison. Cette raison ne peut être révoltée contre *tout un espoir.* Le mot de *tout* mis avec *espoir* est inutile et faible; et cela seul suffirait pour défigurer le plus beau vers. Examinez encore cette phrase, et vous verrez que le sens en est faux. *L'horreur que me fait la trahison révolte ma raison contre mon espoir* signifie précisément empêche ma raison d'espérer; mais que Perpenna ait des remords ou non, que l'action qu'il médite lui paraisse pardonnable ou horrible, cela n'empêchera pas la raison de Perpenna d'espérer la place de Sertorius. Si l'on examinait ainsi tous les vers, on en trouverait beaucoup plus qu'on ne pense de défectueux, et chargés de mots impropres. Que le lecteur applique cette remarque à tous les vers qui lui feront de la peine, qu'il tourne le vers en prose, qu'il voie si les paroles de cette prose sont précises, si le sens est clair, s'il est vrai, s'il n'y a rien de trop ni de trop peu; et qu'il soit sûr que tout vers qui n'a pas la netteté et la précision de la prose la plus exacte ne vaut rien. Les vers, pour être bons, doivent avoir tout le mérite d'une prose parfaite, en s'élevant au-dessus d'elle par le rhythme, la cadence, la mélodie, par la sage hardiesse des figures. (V.) — Si Voltaire eût voulu se rappeler que la poésie et la prose sont deux langues essentiellement différentes, il eût bientôt reconnu combien est insoutenable le paradoxe qu'il avance à la fin de l'avant-dernière phrase, et c'est ce qu'il eût encore mieux senti, s'il eût fait l'essai de sa méthode, non sur de mauvais vers, qu'il pouvait

5.

SERTORIUS, ACTE I, SCÈNE I.

Contre tout mon espoir révolte ma raison [1];
Et de cette grandeur sur le crime fondée,
Dont jusqu'à ce moment m'a trop flatté l'idée,
L'image tout affreuse, au point d'exécuter,
Ne trouve plus en moi de bras à lui prêter.
En vain l'ambition, qui presse mon courage,
D'un faux brillant d'honneur pare son noir ouvrage;
En vain, pour me soumettre à ses lâches efforts,
Mon âme a secoué le joug de cent remords :
Cette âme, d'avec soi tout à coup divisée [2],
Reprend de ce remords la chaîne mal brisée;
Et de Sertorius le surprenant bonheur
Arrête une main prête à lui percer le cœur.

AUFIDE.

Quel honteux contre-temps de vertu délicate [3]
S'oppose au beau succès de l'espoir qui vous flatte?
Et depuis quand, seigneur, la soif du premier rang
Craint-elle de répandre un peu de mauvais sang?

Avez-vous oublié cette grande maxime,
Que la guerre civile est le règne du crime;
Et qu'aux lieux où le crime a plein droit de régner,
L'innocence timide est seule à dédaigner?
L'honneur et la vertu sont des noms ridicules [1] :
Marius ni Carbon n'eurent point de scrupules;
Jamais Sylla, jamais....

PERPENNA.

Sylla ni Marius
N'ont jamais épargné le sang de leurs vaincus [2];
Tour à tour la victoire, autour d'eux en furie,
A poussé leur courroux jusqu'à la barbarie;
Tour à tour le carnage et les proscriptions
Ont sacrifié Rome à leurs dissensions [3] :   [maîtres
Mais leurs sanglants discords qui nous donnent des
Ont fait des meurtriers, et n'ont point fait de traîtres;
Leurs plus vastes fureurs jamais n'ont consenti
Qu'aucun versât le sang de son propre parti;
Et dans l'un ni dans l'autre aucun n'a pris l'audace
D'assassiner son chef pour monter en sa place.

---

très-bien juger sans se donner la peine de les mettre en prose, mais sur des vers généralement reconnus pour beaux, et tirés de nos meilleurs poètes. Alors il eût vu que ces vers, ainsi décomposés, n'auraient produit souvent qu'une prose très-bizarre, sans qu'on pût leur en faire un sujet de reproche, ni rien en conclure à leur désavantage. Veut-on s'en assurer par une expérience? Que l'on choisisse, dans le récit de la mort d'Hippolyte, quelques vers du style le plus élevé, tels que ceux-ci, par exemple :

> Cependant, sur le dos de la plaine liquide,
> S'élève à gros bouillons une montagne humide, etc.

et qu'on essaye de les mettre en prose sans rien changer aux expressions, cette prose ne paraîtrait-elle pas fort étrange? Que l'on tâche de soumettre à la construction vulgaire ces vers de Racine :

> Ce dieu, depuis longtemps votre unique refuge,
> Que deviendra l'effet de ses prédictions?

ou ces autres vers empruntés du même poète :

> Captive, toujours triste, importune à moi-même,
> Pouvez-vous souhaiter qu'Andromaque vous aime?

bientôt on en reconnaîtra l'impossibilité. C'est ce que démontrerait une foule d'autres exemples; et Voltaire lui-même pourrait en fournir un grand nombre. D'après cela conçoit-on qu'il puisse établir en principe que des vers, pour être bons, doivent avoir la précision de la prose la plus exacte? De quelle précision veut-il donc parler? en est-il qui puisse égaler celle d'un vers bien fait? Voltaire a donc manifestement confondu et les idées et les genres, en proposant pour modèle aux poètes la précision de la prose, tandis qu'au contraire ce serait à celle de la poésie que la prose devrait tâcher quelquefois de s'élever. (P.)

[1] Une raison révoltée contre un espoir, une image qui ne trouve point de bras à lui prêter au point d'exécuter, méritent le même reproche que l'abbé d'Aubignac fait aux premiers vers; et exécuter ne peut être employé comme un verbe neutre. (V.)

[2] Divisée d'avec soi est une faute contre la langue; on est séparé de quelque chose, mais non pas divisé de quelque chose. Cette première scène est déjà intéressante. (V.)

[3] Ce vers n'est pas français. Un contre-temps de vertu est impropre; et comment un contre-temps peut-il être honteux? Le beau succès; et le crime qui a plein droit de régner, révoltent le lecteur. (V.)

[1] Cette maxime abominable est ici exprimée assez ridiculement. Nous avons déjà remarqué, dans la première scène de la Mort de Pompée, qu'il ne faut jamais étaler ces dogmes du crime; que ces sentences triviales, qui enseignent la scélératesse, ressemblent trop à des lieux communs d'un rhéteur qui ne connaît pas le monde. Non-seulement de telles maximes ne doivent jamais être débitées, mais jamais personne ne les a prononcées, même en faisant un crime, ou en se le conseillant. C'est manquer aux lois de l'honnêteté publique et aux règles de l'art; c'est ne pas connaître les hommes, que de proposer le crime comme crime. Voyez avec quelle adresse le scélérat Narcisse presse Néron de faire empoisonner Britannicus : il se garde bien de révolter Néron par l'étalage odieux de ces horribles lieux communs, qu'un empereur doit être empoisonneur et parricide, dès qu'il y va de son intérêt; il échauffe la colère de Néron par degrés, et le dispose petit à petit à se défaire de son frère, sans que Néron s'aperçoive même de l'adresse de Narcisse; et, si ce Narcisse avait un grand intérêt à la mort de Britannicus, la scène en serait incomparablement meilleure. Voyez encore comme Acomat, dans la tragédie de Bajazet, s'exprime, en ne conseillant qu'un simple manquement de parole à une femme ambitieuse et criminelle :

> Et d'un trône si saint la moitié n'est fondée
> Que sur la foi promise, et rarement gardée.
> Je m'emporte, seigneur...

Il corrige la dureté de cette maxime par ce mot si naturel et si adroit, je m'emporte. Le reste de cette première scène est beau et bien écrit. On ne peut, ce me semble, y reprendre qu'une seule chose, c'est qu'on ne sait point que c'est Perpenna qui parle; le spectateur ne peut le deviner. Ce défaut vient en partie de la mauvaise habitude où nous avons toujours été d'appeler nos personnages de tragédie, seigneurs. C'est un nom que les Romains ne se donnèrent jamais. Les autres nations sont en cela plus sages que nous. Shakespeare et Addison appellent César, Brutus, Caton, par leurs noms propres. (V.)

[2] On ne dit point mon vaincu, comme on dit mon esclave, mon ennemi. (V.)

[3] Le carnage qui a sacrifié Rome aux dissensions, quelle incorrection! quelle impropriété! et que ce défaut revient souvent! (V.)

SERTORIUS, ACTE I, SCÈNE I.

AUFIDE.

Vous y renoncez donc, et n'êtes plus jaloux [1]
De suivre les drapeaux d'un chef moindre que vous?
Ah! s'il faut obéir, ne faisons plus la guerre;
Prenons le même joug qu'a pris toute la terre.
Pourquoi tant de périls? pourquoi tant de combats?
Si nous voulons servir, Sylla nous tend les bras.
C'est mal vivre en Romain que prendre loi d'un hom- [me:
Mais, tyran pour tyran, il vaut mieux vivre à Rome.

PERPENNA.

Vois mieux ce que tu dis quand tu parles ainsi.
Du moins la liberté respire encore ici.
De notre république, à Rome anéantie,
On y voit refleurir la plus noble partie;
Et cet asile, ouvert aux illustres proscrits,
Réunit du sénat le précieux débris.
Par lui Sertorius gouverne ces provinces,
Leur impose tribut, fait des lois à leurs princes [2],
Maintient de nos Romains le reste indépendant :
Mais comme tout parti demande un commandant,
Ce bonheur imprévu qui partout l'accompagne,
Ce nom qu'il s'est acquis chez les peuples d'Espagne...

AUFIDE.

Ah! c'est ce nom acquis avec trop de bonheur
Qui rompt votre fortune, et vous ravit l'honneur :
Vous n'en sauriez douter, pour peu qu'il vous souvien- [ne
Du jour que votre armée alla joindre la sienne,
Lors....

PERPENNA.

N'envenime point le cuisant souvenir
Que le commandement devait m'appartenir.
Je le passais en nombre aussi bien qu'en noblesse;
Il succombait sans moi sous sa propre faiblesse;
Mais, sitôt qu'il parut, je vis en moins de rien
Tout mon camp déserté pour repeupler le sien;
Je vis par mes soldats mes aigles arrachées
Pour se ranger sous lui voler vers ses tranchées;
Et, pour en colorer l'emportement honteux,
Je les suivis de rage, et m'y rangeai comme eux.
L'impérieuse aigreur de l'âpre jalousie
Dont en secret dès lors mon âme fut saisie
Grossit de jour en jour sous une passion [3]
Qui tyrannise encor plus que l'ambition :
J'adore Viriate [4]; et cette grande reine,
Des Lusitaniens l'illustre souveraine,
Pourrait par son hymen me rendre sur les siens
Ce pouvoir absolu qu'il m'ôte sur les miens.
Mais elle-même, hélas! de ce grand nom charmée,
S'attache au bruit heureux que fait sa renommée;
Cependant qu'insensible à ce qu'elle a d'appas
Il me dérobe un cœur qu'il ne demande pas.
De son astre opposé telle est la violence [1],
Qu'il me vole partout même sans qu'il y pense,
Et que, toutes les fois qu'il m'enlève mon bien,
Son nom fait tout pour lui sans qu'il en sache rien.
Je sais qu'il peut aimer, et nous cacher sa flamme :
Mais je veux sur ce point lui découvrir mon âme;
Et, s'il peut me céder ce trône où je prétends,
J'immolerai ma haine à mes désirs contents [2];
Et je n'envierai plus le rang dont il s'empare,
S'il m'en assure autant chez ce peuple barbare,
Qui, formé par nos soins, instruit de notre main,
Sous notre discipline est devenu romain.

AUFIDE.

Lorsqu'on fait des projets d'une telle importance,
Les intérêts d'amour entrent-ils en balance?
Et, si ces intérêts vous sont enfin si doux,
Viriate, lui mort, n'est-elle pas à vous?

PERPENNA.

Oui; mais de cette mort la suite m'embarrasse [3].
Aurai-je sa fortune aussi bien que sa place?
Ceux dont il a gagné la croyance et l'appui
Prendront-ils même joie à m'obéir qu'à lui [4]?
Et pour venger sa trame indignement coupée,
N'arboreront-ils point l'étendard de Pompée?

AUFIDE.

C'est trop craindre, et trop tard ; c'est dans votre festin

de lui entendre dire tout d'un coup, *j'adore Viriate.* Il n'y a que la malheureuse habitude de voir toujours des héros amoureux sur le théâtre, comme dans les romans, qui ait pu faire supporter un si étrange contraste. Quand on représente un héros enivré de la passion furieuse et tragique de l'amour, il faut qu'il en parle d'abord : son cœur est plein; son secret doit échapper avec violence : il ne doit pas dire en passant, *j'adore;* le spectateur n'en croira rien. Vous parlez d'abord politique, et après vous parlez d'amour. Si on a dit, *non benè conveniunt, nec cádem in sede morantur majestas et amor,* on en doit dire autant de la puissance et de la politique; l'une fait tort à l'autre; aussi ne s'intéresse-t-on point du tout à la passion prétendue de Perpenna pour la reine de Lusitanie. (V.)

---

[1] Ce couplet du confident est beaucoup plus beau que tout ce que dit le principal personnage. Ce n'est point un défaut qu'Aufide parle bien; mais c'en est un grand que Perpenna, principal personnage, ne parle pas si bien que lui. (V.)

[2] Par un caprice de langue on dit faire la loi à quelqu'un, et non pas faire des lois à quelqu'un. (V.)

[3] Une aigreur s'envenime, devient plus cuisante, se tourne en haine, en fureur; mais une aigreur qui grossit sous une passion n'est pas tolérable. (V.)

[4] Après avoir entendu les discours d'un conjuré romain qui doit assassiner son général ce jour même, on est bien étonné

[1] Un astre, dans les anciens préjugés reçus, a de la puissance, de l'influence, de l'ascendant; mais on n'a jamais attribué de la violence à un astre. (V.) — Si dans les anciens préjugés un astre a non-seulement de la puissance, mais une influence prédominante, un ascendant irrésistible, pourquoi ne pourrait-on pas lui attribuer de la violence? (P.)

[2] *Contents* est de trop, et n'est là que pour la rime. C'est un défaut trop commun. (V.)

[3] *M'embarrasse,* terme de comédie. (V.)

[4] C'est bien pis. Par quelle fatalité, à mesure que la langue se polissait, Corneille mettait-il toujours plus de barbarismes dans ses vers? (V.)

Que ce soir par votre ordre on tranche son destin.
La trêve a dispersé l'armée à la campagne,
Et vous en commandez ce qui nous accompagne.
L'occasion nous rit dans un si grand dessein;
Mais tel bras n'est à nous que jusques à demain.
Si vous rompez le coup, prévenez les indices.
Perdez Sertorius ou perdez vos complices.
Craignez ce qu'il faut craindre : il en est parmi nous
Qui pourraient bien avoir mêmes remords que vous ;
Et si vous différez.... Mais le tyran arrive.
Tâchez d'en obtenir l'objet qui vous vous captive ;
Et je prîrai les dieux que dans cet entretien
Vous ayez assez d'heur pour n'en obtenir rien.

SCÈNE II.

SERTORIUS, PERPENNA.

SERTORIUS.

Apprenez un dessein qui me vient de surprendre.
Dans deux heures Pompée en ce lieu doit se rendre ;
Il veut sur nos débats conférer avec moi,
Et pour toute assurance il ne prend que ma foi.

PERPENNA.

La parole suffit entre les grands courages.
D'un homme tel que vous la foi vaut cent otages ;
Je n'en suis point surpris : mais ce qui me surprend,
C'est de voir que Pompée ait pris le nom de Grand,
Pour faire encore au vôtre entière déférence [1],
Sans vouloir de lieu neutre à cette conférence.
C'est avoir beaucoup fait que d'avoir jusque-là
Fait descendre l'orgueil des héros de Sylla.

SERTORIUS.

S'il est plus fort que nous, ce n'est plus en Espagne,
Où nous forçons les siens de quitter la campagne [2],
Et de se retrancher dans l'empire douteux
Que lui souffre à regret une province ou deux,
Qu'à sa fortune lasse il craint que je n'enlève,
Sitôt que le printemps aura fini la trêve.
C'est l'heureuse union de vos drapeaux aux miens
Qui fait ces beaux succès qu'à toute heure j'obtiens ;
C'est à vous que je dois ce que j'ai de puissance :
Attendez tout aussi de ma reconnaissance.
Je reviens à Pompée, et pense deviner

Quels motifs jusqu'ici peuvent nous l'amener.
Comme il trouve avec nous peu de gloire à prétendre,
Et qu'au lieu d'attaquer il a peine à défendre [1],
Il voudrait qu'un accord, avantageux ou non,
L'affranchît d'un emploi qui ternit ce grand nom ;
Et chatouillé d'ailleurs par l'espoir qui le flatte,
De faire avec plus d'heur la guerre à Mithridate,
Il brûle d'être à Rome, afin d'en recevoir
Du maître qu'il s'y donne et l'ordre et le pouvoir.

PERPENNA.

J'aurais cru qu'Aristie ici réfugiée,
Que, forcé par ce maître, il a répudiée,
Par un reste d'amour l'attirât en ces lieux
Sous une autre couleur lui faire ses adieux [2] ;
Car de son cher tyran l'injustice fut telle,
Qu'il ne lui permit pas de prendre congé d'elle.

SERTORIUS.

Cela peut être encore ; ils s'aimaient chèrement :
Mais il pourrait ici trouver du changement.
L'affront pique à tel point le grand cœur d'Aristie,
Que, sa première flamme en haine convertie,
Elle cherche bien moins un asile chez nous
Que la gloire d'y prendre un plus illustre époux.
C'est ainsi qu'elle parle, et m'offre son assistance
De ce que Rome encore a de gens d'importance [3],
Dont les uns ses parents, les autres ses amis,
Si je veux l'épouser, ont pour moi tout promis.
Leurs lettres en font foi, qu'elle me vient de rendre [4].
Voyez avec loisir ce que j'en dois attendre ;
Je veux bien m'en remettre à votre sentiment.

PERPENNA.

Pourriez-vous bien, seigneur, balancer un moment,

---

[1] *Faire déférence* est un solécisme. On montre, on a de la déférence ; on ne fait point déférence comme on fait hommage. (V.)

[2] *Quitter la campagne* est une de ces expressions triviales qui ne doivent jamais entrer dans le tragique. Scarron, voulant obtenir le rappel de son père, conseiller au parlement, exilé dans une petite terre, dit au cardinal de Richelieu :

Si vous avez fait quitter la campagne
Au roi tanné qui commande en Espagne,
Mon père, hélas ! qui vous crie merci,
La quittera, si vous voulez, aussi. (V.)

[1] C'est un solécisme ; il faut, *il a peine à se défendre*. Ce verbe n'est neutre que quand il signifie *prohiber, empêcher* : je défends qu'on prenne les armes, je défends qu'on marche de ce côté, etc. (V.)

[2] Cela n'est pas français ; c'est un barbarisme de phrase : on vient faire, on engage, on invite à faire, on attire quelqu'un dans une ville pour y faire ses adieux ; mais *attirer faire* est un solécisme intolérable. De plus, toutes ces expressions et ces tours sont de la prose trop négligée et trop embrouillée. *J'aurais cru qu'Aristie l'attirât* est un solécisme ; il faut *l'attirait*, à l'imparfait, parce que la chose est positive : j'aurais cru que vous étiez amis, je ne savais pas que vous fussiez amis ; je pensais que vous aviez été amis, j'espérais que vous seriez amis. (V.) — Voltaire, dans *Nanine*, s'est permis un solécisme à peu près pareil :

En s'épousant, ils crurent qu'ils s'aimèrent.

Il faut *qu'il s'aimaient*, ou *qu'ils s'aimeraient*. Ce solécisme n'excuse pas celui de Corneille ; mais il étonne, parce qu'on ne peut pas l'imputer au temps où Voltaire écrivait. (P.)

[3] *Gens d'importance*, expression populaire et triviale, que la prose et la poésie réprouvent également. (V.)

[4] Cela n'est pas français, il faut, *leurs lettres, qu'elle vient de me rendre, en font foi*. Toute cette conversation est d'un style trop familier, trop négligé. (V.)

A moins d'une secrète et forte antipathie
Qui vous montre un supplice en l'hymen d'Aristie?
Voyant ce que pour dot Rome lui veut donner,
Vous n'avez aucun lieu de rien examiner.

SERTORIUS.

Il faut donc, Perpenna, vous faire confidence
Et de ce que je crains, et de ce que je pense.
J'aime ailleurs [1]. A mon âge il sied si mal d'aimer [2],
Que je le cache même à qui m'a su charmer [3] :
Mais, tel que je puis être, on m'aime, ou, pour mieux dire,
La reine Viriate à mon hymen aspire;
Elle veut que ce choix de son ambition
De son peuple avec nous commence l'union,
Et qu'ensuite à l'envi mille autres hyménées
De nos deux nations l'une à l'autre enchaînées
Mêlent si bien le sang et l'intérêt commun,
Qu'ils réduisent bientôt les deux peuples en un [4].
C'est ce qu'elle prétend pour digne récompense
De nous avoir servis avec cette constance
Qui n'épargne ni biens ni sang de ses sujets
Pour affermir ici nos généreux projets :
Non qu'elle me l'ait dit, ou quelque autre pour elle;
Mais j'en vois chaque jour quelque marque fidèle ;
Et comme ce dessein n'est plus pour moi douteux,
Je ne puis l'ignorer qu'autant que je le veux.
Je crains donc de l'aigrir si j'épouse Aristie,
Et que de ses sujets la meilleure partie,
Pour venger ce mépris, et servir son courroux,
Ne tourne obstinément ses armes contre nous.
Auprès d'un tel malheur, pour nous irréparable,
Ce qu'on promet pour l'autre est peu considérable;
Et, sous un faux espoir de nous mieux établir,
Ce renfort accepté pourrait nous affaiblir [1].
Voilà ce qui retient mon esprit en balance.
Je n'ai pour Aristie aucune répugnance;
Et la reine à tel point n'asservit pas mon cœur,
Qu'il ne fasse encor tout pour le commun bonheur.

PERPENNA.

Cette crainte, seigneur, dont votre âme est gênée
Ne doit pas d'un moment retarder l'hyménée.
Viriate, il est vrai, pourra s'en émouvoir ;
Mais que sert la colère où manque le pouvoir?
Malgré sa jalousie et ses vaines menaces,
N'êtes-vous pas toujours le maître de ses places?
Les siens, dont vous craignez le vif ressentiment,
Ont-ils dans votre armée aucun commandement?
Des plus nobles d'entre eux, et des plus grands courages
N'avez-vous pas les fils dans Osca pour otages [2] !
Tous leurs chefs sont romains; et leurs propres soldats,
Dispersés dans nos rangs, ont fait tant de combats [3],
Que la vieille amitié qui les attache aux nôtres
Leur fait aimer nos lois et n'en vouloir point d'autres.
Pourquoi donc tant les craindre, et pourquoi refuser...

SERTORIUS.

Vous-même, Perpenna, pourquoi tant déguiser?
Je vois ce qu'on m'a dit : vous aimez Viriate [4];
Et votre amour caché dans vos raisons éclate.
Mais les raisonnements sont ici superflus :
Dites que vous l'aimez, et je ne l'aime plus [5].
Parlez : je vous dois tant, que ma reconnaissance
Ne peut être sans honte un moment en balance.

---

[1] Un tel amour est si froid qu'il ne fallait pas en prononcer le nom. *J'aime ailleurs* est d'un jeune galant de comédie : ce n'est pas là Sertorius. Cette passion de l'amour est si différente de toutes les autres, qu'elle ne peut jamais occuper la seconde place; il faut qu'elle soit tragique, ou qu'elle ne se montre pas. Elle est tout à fait étrangère dans cette scène où il ne s'agit que d'intérêt d'État ; mais on était si accoutumé aux intrigues d'amour sur le théâtre, que le vieux Sertorius même prononce ce mot qui sied si mal dans sa bouche. Il dit, *J'aime ailleurs*, comme s'il était absolument nécessaire à la tragédie que le héros aimât en un endroit ou en un autre. Ces mots *j'aime ailleurs* sont du style de la comédie. (V.)

[2] *A mon âge* est encore comique, et *il sied si mal d'aimer* l'est davantage. Il semble qu'on examine ici, comme dans *Clélie*, s'il sied à un vieillard d'aimer ou de n'aimer pas. Ce n'est point ainsi que les héros de la tragédie doivent penser et parler. Si vous voulez un modèle de ces vieux personnages auxquels on propose une jeune princesse par un intérêt de politique, prenez-le dans l'Acomat de l'admirable et sage Racine :

> Voudrais-tu qu'à mon âge
> Je fisse de l'amour le vil apprentissage?
> Qu'un cœur qu'ont endurci la fatigue et les ans
> Suivît d'un vain plaisir les conseils imprudents?

C'est là penser et parler comme il faut. Racine dit toujours ce qu'il doit dire dans la position où il met ses personnages, et le dit de la manière la plus noble, et à la fois la plus simple, la plus élégante. Corneille, surtout dans ses dernières pièces, débite trop souvent des pensées ou fausses, ou mal placées, ou exprimées en solécismes, ou en termes bas, pires que des solécismes; mais aussi il étincelle de temps en temps de beautés sublimes. (V.)

[3] Sertorius que Viriate a su charmer ! ce n'est pas là Horace ou Curiace. (V.)

[4] Mauvaise expression. *En un* finissant un vers choque l'oreille, et réduire *deux en un* choque la langue. (V.)

[1] Observez comme ce style est confus, embarrassé, négligé, comme il pèche contre la langue. *Auprès d'un tel malheur irréparable pour nous, ce qu'on promet pour l'autre est peu considérable* : quel est cet *autre?* c'est Aristie ; mais il faut le deviner : et quel est ce *renfort?* est-ce le *renfort* du mariage d'Aristie? Serait-il permis de s'exprimer ainsi en prose? et quand une telle prose est en rimes, en est-elle meilleure? (V.)

[2] On ne peut dire, vous avez pour otages les fils des plus *grands courages*. La malheureuse nécessité de rimer entraîne d'impropriétés, d'inutilités, de termes louches, de fautes contre la langue! mais qu'il est beau de vaincre tous ces obstacles, et qu'on les surmonte rarement ! (V.)

[3] Expression du peuple de province, *faire des combats, faire une maladie*. (V.)

[4] Vers de comédie. Il semble que ce soit Damis ou Éraste qui parle, et c'est le vieux Sertorius! (V.)

[5] Si Sertorius a le ridicule d'aimer à son âge, il ne doit pas céder tout d'un coup sa maîtresse : s'il n'aime pas, il ne doit pas dire qu'il aime. Dans l'une et l'autre supposition le vers est trop comique. Voilà où conduit cette malheureuse coutume de vou-

PERPENNA.
L'aveu que vous voulez à mon cœur est si doux,
Que j'ose...
SERTORIUS.
C'est assez : je parlerai pour vous.
PERPENNA.
Ah! seigneur, c'en est trop ; et...
SERTORIUS.
Point de repartie :
Tous mes vœux sont déjà du côté d'Aristie ;
Et je l'épouserai, pourvu qu'en même jour
La reine se résolve à payer votre amour[1] :
Car, quoi que vous disiez, je dois craindre sa haine,
Et fuirais à ce prix cette illustre Romaine[2].
La voici : laissez-moi ménager son esprit ;
Et voyez cependant de quel air on m'écrit[3].

SCÈNE III.

SERTORIUS, ARISTIE.

ARISTIE[4].
Ne vous offensez pas si dans mon infortune
Ma faiblesse me force à vous être importune ;
Non pas pour mon hymen : les suites d'un tel choix
Méritent qu'on y pense un peu plus d'une fois ;
Mais vous pouvez, seigneur, joindre à mes espérances
Contre un péril nouveau nouvelles assurances[1].
J'apprends qu'un infidèle, autrefois mon époux,
Vient jusque dans ces murs conférer avec vous :
L'ordre de son tyran, et sa flamme inquiète,
Me pourront envier l'honneur de ma retraite :
L'un en prévoit la suite, et l'autre en craint l'éclat ;
Et tous les deux contre elle ont leur raison d'État.
Je vous demande donc sûreté tout entière
Contre la violence et contre la prière,
Si par l'une ou par l'autre il veut se ressaisir
De ce qu'il ne peut voir ailleurs sans déplaisir.
SERTORIUS.
Il en a lieu, madame ; un si rare mérite
Semble croître de prix quand par force on le quitte ;
Mais vous avez ici sûreté contre tous,
Pourvu que vous puissiez en trouver contre vous,
Et que contre un ingrat dont l'amour fut si tendre,
Lorsqu'il vous parlera, vous sachiez vous défendre.
On a peine à haïr ce qu'on a bien aimé,
Et le feu mal éteint est bientôt rallumé.
ARISTIE.
L'ingrat, par son divorce en faveur d'Æmilie,
M'a livrée au mépris de toute l'Italie.
Vous savez à quel point mon courage est blessé :
Mais s'il se dédisait d'un outrage forcé[2],
S'il chassait Æmilie, et me rendait ma place,
J'aurais peine, seigneur, à lui refuser grâce ;
Et, tant que je serai maîtresse de ma foi,
Je me dois toute à lui s'il revient tout à moi.
SERTORIUS.
En vain donc je me flatte ; en vain j'ose, madame,
Promettre à mon espoir quelque part en votre âme ;
Pompée en est encor l'unique souverain.
Tous vos ressentiments n'offrent que votre main ;
Et, quand par ses refus j'aurai droit d'y prétendre,
Le cœur toujours à lui ne voudra pas se rendre.
ARISTIE.
Qu'importe de mon cœur, si je sais mon devoir,
Et si mon hyménée enfle votre pouvoir ?
Vous ravaleriez-vous jusques à la bassesse[3]
D'exiger de ce cœur des marques de tendresse,
Et de les préférer à ce qu'il fait d'effort

---

loir toujours parler d'amour, de ne point traiter cette passion comme elle doit l'être. Comment a-t-on pu oublier que Virgile dans l'*Énéide* ne l'a peinte que funeste? On ne peut trop redire que l'amour sur le théâtre doit être armé du poignard de Melpomène, ou être banni de la scène. Il est vrai que le Mithridate de Racine est amoureux aussi, et que de plus il a le ridicule d'être le rival de deux jeunes princes ses fils. Mithridate est au fond aussi fade, aussi héros de roman, aussi condamnable que Sertorius ; mais il s'exprime si noblement, il se reproche sa faiblesse en si beaux vers ; Monime est un personnage si décent, si aimable, si intéressant, qu'on est tenté d'excuser dans la tragédie de *Mithridate* l'impertinente coutume de ne fonder les tragédies françaises que sur une jalousie d'amour. (V.) — Ce jugement, si favorable à Racine, n'est pas, comme on pourrait le croire, l'effet d'une aveugle prévention. Il est bien vrai que son style enchanteur fait disparaître toutes ses fautes : et voilà ce que ne peuvent s'imaginer certains écrivains assez malheureux pour n'avoir aucune idée de l'art d'écrire. (P.)

[1] Voilà donc ce vieux Sertorius qui a deux maîtresses, et qui en cède une à son lieutenant. Il forme une partie carrée de Perpenna avec Viriate, et d'Aristie avec Sertorius. Et on a reproché à Racine d'avoir toujours traité l'amour ! mais qu'il l'a traité différemment ! (V.)

[2] *A ce prix* n'est pas juste ; la haine de Viriate n'est pas un prix : il veut dire, *je fuirais cette illustre Romaine, si son hymen me privait des secours de Viriate*. (V.)

[3] Cela est trop comique. (V.)

[4] Ce premier couplet d'Aristie n'a pas toute la netteté qui est absolument nécessaire au dialogue ; *l'un et l'autre qui ont sa raison d'État contre sa retraite, Pompée qui veut se ressaisir par la violence d'un bien qu'il ne peut voir ailleurs sans déplaisir*. Ces phrases n'ont pas l'élégance et le naturel que les vers demandent. Mais le plus grand défaut, ce me semble, c'est qu'Aristie ne lie point une intrigue tragique ; elle ne sait ce qu'elle veut ; elle est délaissée par son mari ; elle est indécise ; elle n'est ni assez animée par la vengeance, ni assez puissante pour se venger, ni assez touchée, ni assez héroïque. (V.)

---

[1] Ces phrases barbares, et le reste du discours d'Aristie, ne sont pas assurément tragiques ; mais ce qui est contre l'esprit de la vraie tragédie, contre la décence aussi bien que contre la vérité de l'histoire, c'est une femme de Pompée qui s'en va en Aragon pour prier un vieux soldat révolté de l'épouser. (V.)

[2] Le mot de *dédire* semble petit et peu convenable. Peut-être *s'il se repentait* serait mieux placé. On ne se dédit point d'un outrage. (V.)

[3] *Ravaler* ne se dit plus. (V.)

Pour braver mon tyran et relever mon sort?
Laissons, seigneur, laissons pour les petites âmes
Ce commerce rampant de soupirs et de flammes [1];
Et ne nous unissons que pour mieux soutenir
La liberté que Rome est prête à voir finir.
Unissons ma vengeance à votre politique,
Pour sauver des abois toute la république [2] :
L'hymen seul peut unir des intérêts si grands.
Je sais que c'est beaucoup que ce que je prétends;
Mais, dans ce dur exil que mon tyran m'impose,
Le rebut de Pompée est encor quelque chose;
Et j'ai des sentiments trop nobles ou trop vains
Pour le porter ailleurs qu'au plus grand des Romains.

SERTORIUS.

Ce nom ne m'est pas dû, je suis...

ARISTIE.

Ce que vous faites
Montre à tout l'univers, seigneur, ce que vous êtes;
Mais quand même ce nom semblerait trop pour vous,
Du moins mon infidèle est d'un rang au-dessous :
Il sert dans son parti, vous commandez au vôtre;
Vous êtes chef de l'un, et lui sujet dans l'autre;
Et son divorce enfin, qui m'arrache sa foi,
L'y laisse par Sylla plus opprimé que moi,
Si votre hymen m'élève à la grandeur sublime [3]
Tandis qu'en l'esclavage un autre hymen l'abîme [4].
Mais, seigneur, je m'emporte, et l'excès d'un tel heur

Me fait vous en parler avec trop de chaleur.
Tout mon bien est encor dedans l'incertitude [1] :
Je n'en conçois l'espoir qu'avec inquiétude;
Et je craindrai toujours d'avoir trop prétendu,
Tant que de cet espoir vous m'ayez répondu [2].
Vous me pouvez d'un mot assurer ou confondre.

SERTORIUS.

Mais, madame, après tout, que puis-je vous répondre?
De quoi vous assurer, si vous-même parlez
Sans être sûre encor de ce que vous voulez?
De votre illustre hymen je sais les avantages;
J'adore les grands noms que j'en ai pour otages,
Et vois que leur secours, nous rehaussant le bras,
Aurait bientôt jeté la tyrannie à bas [3] :
Mais cette attente aussi pourrait se voir trompée
Dans l'offre d'une main qui se garde à Pompée,
Et qui n'étale ici la grandeur d'un tel bien
Que pour me tout promettre et ne me donner rien.

ARISTIE.

Si vous vouliez ma main par choix de ma personne,
Je vous dirais, seigneur : « Prenez, je vous la donne [4];

---

[1] L'abbé d'Aubignac condamne durement ce *commerce rampant*, et je crois qu'il a raison; mais le fond de l'idée est beau. Aristie et Sertorius pensent et s'expriment noblement; et il serait à souhaiter qu'il y eût plus de force, plus de tragique dans le rôle de la femme de Pompée. (V.)

[2] On n'a jamais dû dire *sauver des abois*, parce que *abois* signifie les derniers soupirs, et qu'on ne sauve point d'un soupir; on sauve d'un péril, et on tire d'une extrémité; on rappelle des portes de la mort, on ne sauve point des *abois*. Au reste, ce mot *abois* est pris des cris des chiens qui aboient autour d'un cerf forcé avant de se jeter sur lui. (V.)

[3] *Grandeur sublime* n'est plus d'usage : ce terme, *sublime*, ne s'emploie que pour exprimer les choses qui élèvent l'âme; une pensée sublime, un discours sublime. Cependant pourquoi ne pas appeler de ce nom tout ce qui est élevé? On doit, ce me semble, accorder à la poésie plus de liberté qu'on ne lui en donne. C'est surtout aux bons auteurs qu'il appartient de ressusciter des termes abolis, en les plaçant avantageusement. Mais aussi remarquons que *rang sublime* vaut bien mieux que *grandeur sublime* : pourquoi? c'est que *sublime* joint avec *rang* est une épithète nécessaire; *sublime* apprend que ce rang est élevé; mais *sublime* est inutile avec *grandeur*. Ne vous servez jamais d'épithètes que quand elles ajouteront beaucoup à la chose. (V.)

[4] Le mot d'*abîme* ne convient point à l'esclavage. Pourquoi dit-on, *abîmé dans la douleur, dans la tristesse*, etc.? c'est qu'on y peut ajouter l'épithète de *profonde*; mais un esclavage n'est point profond; on ne saurait y être abîmé. Il y a une infinité d'expressions louches, qui font peine au lecteur; on en sent rarement la raison, on ne la cherche pas même; mais il y en a toujours une, et ceux qui veulent se former le style doivent la chercher. (V.)

[1] Il semble que son bien consiste à être incertaine. Quand on dit, *tout mon bien est dans l'espérance*, on entend que le bonheur consiste à espérer. L'auteur veut dire, *tout mon bien est incertain*. (V.)

[2] On ne répond point d'un espoir, on répond d'une personne, d'un événement. *Tant que* n'est pas ici français en ce sens. (V.)

[3] Des noms pour *otages*, des secours qui *rehaussent le bras*, et qui jettent la tyrannie *à bas*, sont des expressions trop impropres, trop triviales; ce style est trop obscur et trop négligé. Un secours qui rehausse le bras n'est ni élégant ni noble; la tyrannie jetée à bas n'est pas meilleure. Voyez si jamais Racine a jeté la tyrannie à bas. Quoi! dans une scène entre la femme de Pompée et un général romain il n'y a pas quatre vers supérieurement écrits! (V.)

[4] Il semble qu'Aristie ne doit point dire à Sertorius, *Si vous m'aimiez, je vous épouserais*. Ce n'est point du tout son intention de faire des coquetteries à ce vieux général; elle ne veut que se venger de Pompée. Il est vrai que ces mariages politiques ne peuvent faire aucun effet au théâtre; ce sont des intrigues, mais non pas des intrigues tragiques. Le cœur veut être remué, et tout ce qui n'est que politique est plutôt fait pour être lu dans l'histoire que pour être représenté dans la tragédie. Plus j'examine les pièces de Corneille, et plus je suis surpris qu'après le prodigieux succès du *Cid* il ait presque toujours renoncé à émouvoir. Je ne peux m'empêcher de dire ici que, quand je pris la résolution de commenter les tragédies de Corneille, un homme qui honore sa haute naissance par les talents les plus distingués m'écrivit, *Vous prenez donc Tacite et Tite-Live pour des poëtes tragiques?* En effet, *Sertorius* et toutes les pièces suivantes sont plutôt des dialogues sur la politique, et des pensées dans le goût et non dans le style de Tacite, que des pièces de théâtre : il faut bien distinguer les intérêts d'État et les intérêts du cœur. Tout ce qui n'est point fait pour remuer fortement l'âme n'est pas du genre de la tragédie : le plus grand défaut est d'être froid. (V.) — Si ces pensées, sans être du style de Tacite, sont cependant, comme Voltaire le reconnaît, dans le goût de Tacite, il ne fallait pas dire que les plus méprisables écrivains de l'autre siècle n'avaient rien écrit *de si ridicule et*

« Quoi que veuille Pompée, il le voudra trop tard. »
Mais, comme en cet hymen l'amour n'a point de part,
Qu'il n'est qu'un pur effet de noble politique,
Souffrez que je vous die, afin que je m'explique,
Que, quand j'aurais pour dot un million de bras,
Je vous donne encor plus en ne l'achevant pas.
 Si je réduis Pompée à chasser Æmilie,
Peut-il, Sylla régnant, regarder l'Italie?
Ira-t-il se livrer à son juste courroux?
Non, non; si je le gagne, il faut qu'il vienne à vous.
Ainsi par mon hymen vous avez assurance
Que mille vrais Romains prendront votre défense :
Mais, si j'en romps l'accord pour lui rendre mes vœux,
Vous aurez ces Romains et Pompée avec eux;
Vous aurez ses amis par ce nouveau divorce;
Vous aurez du tyran la principale force,
Son armée, ou du moins ses plus braves soldats,
Qui de leur général voudront suivre les pas;
Vous marcherez vers Rome à communes enseignes.
Il sera temps alors, Sylla, que tu me craignes.
Tremble, et crois voir bientôt trébucher ta fierté,
Si je puis t'enlever ce que tu m'as ôté.
Pour faire de Pompée un gendre de ta femme,
Tu l'as fait un parjure, un méchant, un infâme [1] :
Mais, s'il me laisse encor quelques droits sur son cœur,
Il reprendra sa foi, sa vertu, son honneur;
Pour rentrer dans mes fers il brisera tes chaînes;
Et nous t'accablerons sous nos communes haines.
J'abuse trop, seigneur, d'un précieux loisir :
Voilà vos intérêts; c'est à vous de choisir.
Si votre amour trop prompt veut borner sa conquête,
Je vous le dis encor, ma main est toute prête [2].
Je vous laisse y penser : surtout souvenez-vous
Que ma gloire en ces lieux me demande un époux;
Qu'elle ne peut souffrir que ma fuite m'y range,
En captive de guerre, au péril d'un échange,
Qu'elle veut un grand homme à recevoir ma foi [3],
Qu'après vous et Pompée il n'en est point pour moi,
Et que....

SERTORIUS.
Vous le verrez, et saurez sa pensée.

ARISTIE.
Adieu ! seigneur : j'y suis la plus intéressée,
Et j'y vais préparer mon reste de pouvoir [1].

SERTORIUS.
Moi, je vais donner l'ordre à le bien recevoir [2].
Dieux, souffrez qu'à mon tour avec vous je m'expli-
Que c'est un sort cruel d'aimer par politique! [que [3],
Et que ses intérêts sont d'étranges malheurs,
S'ils font donner la main quand le cœur est ailleurs !

ACTE SECOND.

SCÈNE PREMIÈRE.

VIRIATE, THAMIRE.

VIRIATE.
Thamire, il faut parler, l'occasion nous presse :
Rome jusqu'en ces murs m'envoie une maîtresse;
Et l'exil d'Aristie, enveloppé d'ennuis,
Est prêt à l'emporter sur tout ce que je suis.
En vain de mes regards l'ingénieux langage
Pour découvrir mon cœur a tout mis en usage [4];
En vain par le mépris des vœux de tous nos rois
J'ai cru faire éclater l'orgueil d'un autre choix [5] :

---

de si plat que les dernières pièces de Corneille : car ces écrivains ne pensaient pas mieux qu'ils ne s'exprimaient; et, à leur égard, Corneille demeure toujours à une distance incommensurable. (P.)

[1] On ne doit jamais donner le nom d'infâme à Pompée; et surtout Aristie, qui l'aime encore, ne doit point le nommer ainsi. (V.)

[2] L'amour de Sertorius n'est ni prompt ni lent; car en effet il n'en a point du tout, quoiqu'il ait dit qu'il est amoureux, pour être au ton du théâtre. Il faut avouer que les anciens Romains auraient été bien étonnés d'entendre reprocher à Sertorius un amour trop prompt. (V.)

[3] Ce vers n'est pas français, c'est un barbarisme : on dit bien : Il est homme à recevoir sa foi, et encore ce n'est que dans le style familier. Il y a dans Polyeucte : Vous n'êtes pas homme à la violenter; mais un grand homme à faire quelque chose ne se peut dire. Souvenez-vous qu'elle veut un grand homme est beau, mais un grand homme à recevoir une foi ne forme point un sens; vouloir à est encore plus vicieux. (V.)

[1] On ne prépare point un pouvoir. Elle veut dire qu'elle va se préparer à regagner Pompée, ce qui n'est pas bien flatteur pour Sertorius. (V.)

[2] C'est ainsi qu'on pourrait finir une scène de comédie. Rien n'est plus difficile que de terminer heureusement une scène de politique. (V.)

[3] On ne doit, ce me semble, s'adresser aux dieux que dans le malheur ou dans la passion : c'est là qu'on peut dire : nec deus intersit nisi dignus; mais qu'il s'explique avec les dieux comme avec quelqu'un à qui il parlerait d'affaire!... Le mot s'expliquer n'est pas le mot propre. Et que dit-il aux dieux ? que c'est un sort cruel d'aimer par politique, et que les intérêts de ce sort cruel sont des malheurs étranges, s'ils font donner la main quand le cœur est ailleurs. C'est en effet la situation où Sertorius et Aristie se trouvent : mais on ne plaint nullement un vieux soldat dont le cœur est ailleurs. Il y a dans cet acte de beaux vers et de belles pensées; mais tout est affaibli par le peu d'intérêt qu'on prend à la prétendue passion du héros et aux offres que lui fait Aristie, et surtout par le mauvais style. (V.)

[4] Un exil qui est prêt à l'emporter sur tout ce qu'est Viriate, expressions un peu trop négligées et trop impropres. Une grande reine, une héroïne ne doit pas dire, ce me semble, qu'elle a employé l'ingénieux langage de ses regards. (V.)

[5] J'ai cru faire éclater l'orgueil d'un autre choix n'est pas une expression propre; ce choix n'est pas orgueilleux. (V.)

Le seul pour qui je tâche à le rendre visible [1],
Ou n'ose en rien connaître, ou demeure insensible,
Et laisse à ma pudeur des sentiments confus,
Que l'amour-propre obstine à douter du refus [2].
Épargne-m'en la honte, et prends soin de lui dire,
A ce héros si cher...., Tu le connais, Thamire;
Car d'où pourrait mon trône attendre un ferme appui?
Et pour qui mépriser tous nos rois, que pour lui [3]?
Sertorius, lui seul digne de Viriate,
Mérite que pour lui tout mon amour éclate.
Fais-lui, fais-lui savoir le glorieux dessein
De m'affermir au trône en lui donnant la main :
Dis-lui.... Mais j'aurais tort d'instruire ton adresse [4],
Moi qui connais ton zèle à servir ta princesse.

THAMIRE.

Madame, en ce héros tout est illustre et grand ;
Mais, à parler sans fard, votre amour me surprend.
Il est assez nouveau qu'un homme de son âge
Ait des charmes si forts pour un jeune courage,
Et que d'un front ridé les replis jaunissants
Trouvent l'heureux secret de captiver les sens [5].

---

[1] Est-ce son cœur? est-ce l'orgueil de son choix qu'elle tâche à rendre visible? (V.)

[2] Il ne faut jamais parler de sa pudeur; mais il faut encore moins *laisser à sa pudeur des sentiments confus, que l'amour-propre obstine à douter du refus*, parce que c'est un galimatias ridicule. (V.)

[3] Cet embarras, cette crainte de nommer celui qu'elle aime, pourraient convenir à une jeune personne timide, et semblent peu faits pour une femme politique. Mais, *et pour qui mépriser tous nos rois, que pour lui?* est un vers digne de Corneille. Il faudrait, pour que ce vers fît son effet, qu'il fût pour un jeune héros aimable, et non pas pour un vieux soldat de fortune. (V.)

[4] Peut-être le mot *d'adresse* est-il plus propre au comique qu'au tragique dans cette occasion. (V.)

[5] *Des charmes si forts pour un jeune courage, des replis jaunissants d'un front qui trouvent le secret de captiver les sens*. Discours de soubrette, sans doute, plutôt que de la confidente d'une reine; mais discours qui rendent Viriate un personnage intolérable à quiconque a un peu de goût. Ces replis jaunissants, et cette pudeur de Viriate, et ce héros si cher que Thamire connaît, font un étrange contraste. Rien n'est plus indigne de la tragédie. La réplique de Viriate me paraît admirable. Je ne voudrais pourtant pas qu'une reine parlât des *sens*. Racine, qu'on regarde si mal à propos comme le premier qui ait parlé d'amour, mais qui est le seul qui en ait bien parlé, ne s'est jamais servi de ces mots : *les sens*. Voyez la première scène de *Pulchérie*. (V.) — Peu de personnes avaient observé cette délicatesse de Racine; et véritablement il s'est interdit, même dans la tragédie de *Phèdre*, qui est un des chefs-d'œuvre de notre théâtre, l'usage de ce mot, que son sujet semblait amener si naturellement. C'est une difficulté qui n'était pas aisée à vaincre, et que pourtant il a surmontée dans tout le rôle de Phèdre, qui est un des chefs-d'œuvre de notre théâtre. Mais, parce que Racine s'est interdit cette expression, il y aurait trop de rigueur à la condamner dans ces beaux vers de Viriate. Voltaire, dans *Œdipe*, a fait dire à Jocaste :

> Tu sais qu'à mon devoir tout entière attachée
> J'étouffai de mes sens la révolte cachée.

Elle ajoute, à quelques vers de distance, dans la même scène :

> Ce n'était point, Égine, un feu tumultueux,
> De mes sens enchantés enfant impétueux,

VIRIATE.

Ce ne sont pas les sens que mon amour consulte :
Il hait des passions l'impétueux tumulte;
Et son feu que j'attache aux soins de ma grandeur
Dédaigne tout mélange avec leur folle ardeur.
J'aime en Sertorius ce grand art de la guerre
Qui soutient un banni contre toute la terre ;
J'aime en lui ces cheveux tout couverts de lauriers,
Ce front qui fait trembler les plus braves guerriers,
Ce bras qui semble avoir la victoire en partage :
L'amour de la vertu n'a jamais d'yeux pour l'âge :
Le mérite a toujours des charmes éclatants ;
Et quiconque peut tout est aimable en tout temps [1].

THAMIRE.

Mais, madame, nos rois, dont l'amour vous irrite,
N'ont-ils tous ni vertu, ni pouvoir, ni mérite?
Et dans votre parti se peut-il qu'aucun d'eux
N'ait signalé son nom par des exploits fameux?
Celui des Turdetans, celui des Celtibères,
Soutiendraient-ils si mal le sceptre de vos pères?....

VIRIATE.

Contre des rois comme eux j'aimerais leur soutien ;
Mais contre des Romains tout leur pouvoir n'est rien.
Rome seule aujourd'hui peut résister à Rome :
Il faut pour la braver qu'elle nous prête un homme [2],
Et que son propre sang en faveur de ces lieux
Balance les destins, et partage les dieux [3].
Depuis qu'elle a daigné protéger nos provinces,
Et de son amitié faire honneur à leurs princes [4],
Sous un si haut appui nos rois humiliés
N'ont été que sujets sous le nom d'alliés ;
Et ce qu'ils ont osé contre leur servitude
N'en a rendu le joug que plus fort et plus rude.
Qu'a fait Mandonius, qu'a fait Indibilis,
Qu'y plonger plus avant leurs trônes avilis,
Et voir leur fier amas de puissance et de gloire

et personne ne s'en est scandalisé. Il ne faut rien outrer, même en matière de bienséance. (P.)

[1] Ces sentiments de Viriate sont les seuls qu'elle aurait dû exprimer. Il ne fallait pas les affaiblir par cette *pudeur* et ce *héros si cher*. (V.)

[2] C'est dommage qu'un aussi mauvais vers suive ce vers si beau :

> Rome seule aujourd'hui peut résister à Rome.

C'est presque toujours la rime qui amène les vers faibles, inutiles et rampants, avant ou après les beaux vers. On en a fait souvent la remarque. Cet inconvénient attaché à la rime a fait naître plus d'une fois la proposition de la bannir; mais il est plus beau de vaincre une difficulté que de s'en défaire. La rime est nécessaire à la poésie française par la nature de notre langue, et est consacrée à jamais par les ouvrages de nos grands hommes. (V.)

[3] *Balance*, etc. est un très-beau vers ; mais celui qui le précède est mauvais. *Le propre sang de Rome en faveur de ces lieux!* (V.)

[4] *Faire honneur de son amitié* n'est pas le mot propre. (V.)

Brisé contre l'écueil d'une seule victoire ?
Le grand Viriatus, de qui je tiens le jour,
D'un sort plus favorable eut un pareil retour [1].
Il défit trois préteurs, il gagna dix batailles,
Il repoussa l'assaut de plus de cent murailles [2],
Et de Servilius l'astre prédominant [3]
Dissipa tout d'un coup ce bonheur étonnant.
Ce grand roi fut défait, il en perdit la vie,
Et laissait sa couronne à jamais asservie,
Si pour briser les fers de son peuple captif
Rome n'eût envoyé ce noble fugitif.
Depuis que son courage à nos destins préside,
Un bonheur si constant de nos armes décide,
Que deux lustres de guerre assurent nos climats
Contre ces souverains de tant de potentats,
Et leur laissent à peine, au bout de dix années,
Pour se couvrir de nous l'ombre des Pyrénées.
Nos rois, sans ce héros, l'un de l'autre jaloux,
Du plus heureux sans cesse auraient rompu les coups [4];
Jamais ils n'auraient pu choisir entre eux un maître.

THAMIRE.
Mais consentiront-ils qu'un Romain puisse l'être ?

VIRIATE.
Il n'en prend pas le titre, et les traite d'égal :
Mais, Thamire, après tout, il est leur général ;
Ils combattent sous lui, sous son ordre ils s'unissent ;
Et tous ces rois de nom [5] en effet obéissent,
Tandis que de leur rang l'inutile fierté
S'applaudit d'une vaine et fausse égalité.

THAMIRE.
Je n'ose vous rien dire après cet avantage,
Et voudrais comme vous faire grâce à son âge ;
Mais enfin ce héros, sujet au cours des ans,
A trop longtemps vaincu pour vaincre encor long-
Et sa mort....   [temps,

VIRIATE.
Jouissons, en dépit de l'envie,
Des restes glorieux de son illustre vie :

[1] On dit bien en général *un retour du sort*, et encore mieux *un revers du sort*, mais non pas *un retour d'un sort favorable*, pour exprimer une disgrâce ; au contraire, *un retour d'un sort favorable* signifie une nouvelle faveur de la fortune après quelque disgrâce passagère.
[2] *Gagner des batailles, repousser l'assaut de plus de cent murailles*. Voilà de ces vers communs et faibles qu'on doit soigneusement s'interdire. On voit trop que *murailles* n'est là que pour rimer à *batailles*. (V.)
[3] VAR.
Et du consul Brutus l'astre prédominant.
(Voyez la préface de Corneille.)
[4] *Rompre les coups du plus heureux ; avoir l'ombre d'une montagne pour se couvrir, un bonheur qui décide des armes*, tout cela est impropre, irrégulier, obscur. (V.)
[5] Racine s'est approprié cette belle expression dans *Mithridate* :

Reine longtemps de nom, mais en effet captive,

dit Monime en parlant d'elle-même. (P.)

Sa mort me laissera pour ma protection
La splendeur de son ombre et l'éclat de son nom [1].
Sur ces deux grands appuis ma couronne affermie
Ne redoutera point de puissance ennemie ;
Ils feront plus pour moi que ne feraient cent rois.
Mais nous en parlerons encor quelque autre fois.
Je l'aperçois qui vient.

SCÈNE II.

SERTORIUS, VIRIATE, THAMIRE.

SERTORIUS.
Que direz-vous, madame,
Du dessein téméraire où s'échappe mon âme [2] ?
N'est-ce point oublier ce qu'on vous doit d'honneur
Que demander à voir le fond de votre cœur ?

VIRIATE.
Il est si peu fermé, que chacun y peut lire,
Seigneur, peut-être plus que je ne puis vous dire ;
Pour voir ce qui s'y passe, il ne faut que des yeux.

SERTORIUS.
J'ai besoin toutefois qu'il s'explique un peu mieux.
Tous vos rois à l'envi briguent votre hyménée,
Et comme vos bontés font notre destinée,
Par ces mêmes bontés j'ose vous conjurer,
En faisant ce grand choix, de nous considérer.
Si vous prenez un prince inconstant, infidèle,
Ou qui pour le parti n'ait pas assez de zèle,
Jugez en quel état nous nous verrons réduits,
Si je pourrai longtemps encor ce que je puis,
Si mon bras....

VIRIATE.
Vous formez des craintes que j'admire.
J'ai mis tous mes États si bien sous votre empire,
Que quand il me plaira faire choix d'un époux,
Quelque projet qu'il fasse, il dépendra de vous.
Mais, pour vous mieux ôter cette frivole crainte,
Choisissez-le vous-même, et parlez-moi sans feinte :
Pour qui de tous ces rois êtes-vous sans soupçon [3] ?
A qui d'eux pouvez-vous confier ce grand nom ?

[1] Ces figures outrées ne réussissent plus. Le mot d'*ombre* est trop le contraire de *splendeur* ; il n'est pas permis non plus à une femme telle que Viriate de dire que l'ombre d'un général mort protégera plus l'Espagne que ne feraient cent rois : ces exagérations ne seraient pas même tolérées dans une ode. Le vrai doit régner partout, et surtout dans la tragédie. La splendeur d'une ombre a quelque chose de si contradictoire, que cette expression dégénère en pure plaisanterie. (V.)
[2] Une âme ne s'échappe point à un dessein. (V.)
[3] C'est un barbarisme de phrase. On soupçonne quelqu'un, on a des soupçons, on jette des soupçons sur lui ; on n'a pas des soupçons pour quelqu'un, comme on a de l'estime, de l'amitié, de la haine pour quelqu'un. Il est vraisemblable que c'est une faute ancienne des imprimeurs, et qu'on doit lire : *sur qui de tous ces rois êtes-vous sans soupçon ?* (V.)

SERTORIUS, ACTE II, SCÈNE II.

SERTORIUS.
Je voudrais faire un choix qui pût aussi vous plaire ;
Mais à ce froid accueil que je vous vois leur faire,
Il semble que pour tous sans aucun intérêt....

VIRIATE.
C'est peut-être, seigneur, qu'aucun d'eux ne me plaît,
Et que de leur haut rang la pompe la plus vaine
S'efface au seul aspect de la grandeur romaine.

SERTORIUS.
Si donc je vous offrais pour époux un Romain?...

VIRIATE.
Pourrais-je refuser un don de votre main?

SERTORIUS.
J'ose après cet aveu vous faire offre d'un homme
Digne d'être avoué de l'ancienne Rome.
Il en a la naissance, il en a le grand cœur [1],
Il est couvert de gloire, il est plein de valeur ;
De toute votre Espagne il a gagné l'estime,
Libéral, intrépide, affable, magnanime ;
Enfin c'est Perpenna sur qui vous emportez....

VIRIATE.
J'attendais votre nom après ces qualités ;
Les éloges brillants que vous daignez y joindre
Ne me permettaient pas d'espérer rien de moindre :
Mais certes le détour est un peu surprenant.
Vous donnez une reine à votre lieutenant !
Si vos Romains ainsi choisissent des maîtresses,
A vos derniers tribuns il faudra des princesses [2].

SERTORIUS.
Madame....

VIRIATE.
Parlons net sur le choix d'un époux.
Êtes-vous trop pour moi ? suis-je trop peu pour vous ?
C'est m'offrir, et ce mot peut blesser les oreilles :
Mais un pareil amour sied bien à mes pareilles [3] :
Et je veux bien, seigneur, qu'on sache désormais
Que j'ai d'assez bons yeux pour voir ce que je fais.
Je le dis donc tout haut, afin que l'on m'entende [4].

Je veux bien un Romain, mais je veux qu'il com-
Et ne trouverais pas vos rois à dédaigner, [mande ;
N'était qu'ils savent mieux obéir que régner.
Mais, si de leur puissance ils vous laissent l'arbitre [1],
Leur faiblesse du moins en conserve le titre :
Ainsi ce noble orgueil qui vous préfère à tous
En préfère le moindre à tout autre qu'à vous [2] ;
Car enfin, pour remplir l'honneur de ma naissance [3].
Il me faudrait un roi de titre et de puissance [4] :
Mais comme il n'en est plus je pense m'en devoir
Ou le pouvoir sans nom, ou le nom sans pouvoir.

SERTORIUS.
J'adore ce grand cœur qui rend ce qu'il doit rendre
Aux illustres aïeux dont on vous voit descendre [5].
A de moindres pensers son orgueil abaissé
Ne soutiendrait pas bien ce qu'ils vous ont laissé.
Mais puisque, pour remplir la dignité royale,
Votre haute naissance en demande une égale,
Perpenna parmi nous est le seul dont le sang
Ne mêlerait point d'ombre à la splendeur du rang [6] ;
Il descend de nos rois et de ceux d'Étrurie.
Pour moi, qu'un sang moins noble a transmis à la vie,
Je n'ose m'éblouir d'un peu de nom fameux [7],
Jusqu'à déshonorer le trône par mes vœux [8],

---

[1] Cette phrase signifie : *il a la naissance de Rome, il a le grand cœur de Rome*. On sent bien que l'auteur veut dire : *il est né Romain, il a la valeur d'un Romain* ; mais il ne suffit pas qu'on puisse l'entendre, il faut qu'on ne puisse pas l'entendre autrement. (V.)

[2] Cette réponse est fort belle; elle doit toujours faire un grand effet. Les vers suivants semblent l'affaiblir. *Parlons net* sent un peu trop le dialogue de comédie ; et le mot de *maîtresse* n'a jamais été employé par Racine dans ses bonnes pièces. (V.) — On le trouve dans *Bajazet*, dans *Britannicus*, dans *Mithridate*, et par conséquent dans les bonnes pièces de Racine. Voltaire lui-même l'a employé plus d'une fois dans *Zaïre*. (P.)

[3] Un amour qui sied bien ou qui sied mal ne peut se dire ; il semble qu'on parle d'un ajustement. On doit éviter le mot de *mes pareilles* ; il est plus bourgeois que noble. (V.)

[4] Viriate n'élève pas ici la voix ; elle parle devant sa confidente, qui connaît ses sentiments : ainsi ce vers n'est qu'un vers de comédie, qui ne devait pas avoir place dans une scène noble. (V.)

[1] Être *arbitre des rois* se dit très-bien, parce qu'en effet des rois peuvent choisir ou recevoir un arbitre. On est l'arbitre des lois, parce que souvent les lois sont opposées l'une à l'autre ; l'arbitre des États qui ont des prétentions, mais non pas l'arbitre de la puissance ; encore moins a-t-on le titre de sa puissance. (V.)

[2] Elle veut dire *préfère le moindre* des rois à tout autre Romain que vous. (V.)

[3] On soutient l'honneur de sa naissance, on remplit les devoirs de sa naissance, mais on ne remplit point un honneur. Encore une fois, rien n'est si rare que le mot propre. (V.)

[4] On dit bien : *un roi de nom* ; par exemple, Jacques II fut roi de nom, et Guillaume resta roi en effet ; mais on ne dit point *roi de titre* : on dit encore moins *roi de puissance* ; cela n'est pas français. Toutes ces expressions sont des barbarismes de phrase ; mais le sens est fort beau, et tous les sentiments de Viriate ont de la dignité. *Je pense m'en devoir ou le pouvoir sans nom, ou le nom sans pouvoir*. Voilà de ces jeux de mots qu'il faut soigneusement éviter ; et si on se permet cette licence, il faut du moins s'exprimer avec netteté et correctement. *Se devoir le pouvoir d'un roi sans nom* est un barbarisme et une construction très-vicieuse. (V.)

[5] Cette expression ne paraît pas juste ; on ne voit personne descendre de ses aïeux. Racine dit, dans *Iphigénie* :

Le sang de ces héros dont tu me fais descendre ;

mais non pas, *le sang dont on me voit descendre*. (V.)

[6] Qu'est-ce qu'un sang qui ne mêlerait point d'ombre à une splendeur? On ne peut trop redire que toute métaphore doit être juste et faire une image vraie. (V.)

[7] Le mot de *peu* ne convient point à un nom ; un peu de gloire, un peu de renommée, de réputation, de puissance, se dit dans toutes les langues, et *un peu de nom*, dans aucune. Il y a une grammaire commune à toutes les nations, qui ne permet pas les adverbes de quantité se joignent à des choses qui n'ont pas de quantité. On peut avoir plus ou moins de gloire ou de puissance, mais non pas plus ou moins de nom. (V.)

[8] Il est étrange que Corneille fasse parler ainsi un Romain

Cessez de m'estimer jusqu'à lui faire injure :
Je ne veux que le nom de votre créature [1] ;
Un si glorieux titre a de quoi me ravir [2] ;
Il m'a fait triompher en voulant vous servir [3] ;
Et malgré tout le peu que le ciel m'a fait naître [4]....

VIRIATE.

Si vous prenez ce titre, agissez moins en maître,
Ou m'apprenez du moins, seigneur, par quelle loi
Vous n'osez m'accepter, et disposez de moi.
Accordez le respect que mon trône vous donne [5]
Avec cet attentat sur ma propre personne.
Voir toute mon estime, et n'en pas mieux user,
C'en est un qu'aucun art ne saurait déguiser.
Ne m'honorez donc plus jusqu'à me faire injure ;
Puisque vous le voulez, soyez ma créature ;
Et, me laissant en reine ordonner de vos vœux,
Portez-les jusqu'à moi, parce que je le vœux.
Pour votre Perpenna, que sa haute naissance
N'affranchit point encor de votre obéissance,
Fût-il du sang des dieux aussi bien que des rois,
Ne lui promettez plus la gloire de mon choix.
Rome n'attache point le grade à la noblesse.
Votre grand Marius naquit dans la bassesse ;
Et c'est pourtant le seul que le peuple romain
Ait jusques à sept fois choisi pour souverain.
Ainsi pour estimer chacun a sa manière [5] :
Au sang d'un Espagnol je ferais grâce entière [7] ;
Mais parmi vos Romains je prends peu garde au sang,
Quand j'y vois la vertu prendre le plus haut rang.
Vous, si vous haïssez comme eux le nom de reine,

Regardez-moi, seigneur, comme dame romaine [1] :
Le droit de bourgeoisie à nos peuples donné
Ne perd rien de son prix sur un front couronné.
Sous ce titre adoptif, étant ce que vous êtes,
Je pense bien valoir une de mes sujettes ;
Et, si quelque Romaine a causé vos refus,
Je suis tout ce qu'elle est, et reine encor de plus.
Peut-être la pitié d'une illustre misère....

SERTORIUS.

Je vous entends, madame, et, pour ne vous rien taire
J'avoûrai qu'Aristie....

VIRIATE.

Elle nous a tout dit ;
Je sais ce qu'elle espère et ce qu'on vous écrit.
Sans y perdre de temps, ouvrez votre pensée.

SERTORIUS.

Au seul bien de la cause elle est intéressée :
Mais puisque, pour ôter l'Espagne à nos tyrans,
Nous prenons, vous et moi, des chemins différents,
De grâce, examinez le commun avantage,
Et jugez ce que doit un généreux courage.
Je trahirais, madame, et vous et vos États,
De voir un tel secours, et ne l'accepter pas [2] :
Mais ce même secours deviendrait notre perte,
S'il nous ôtait la main que vous m'avez offerte,
Et qu'un destin jaloux de nos communs desseins
Jetât ce grand dépôt en de mauvaises mains [3].
Je tiens Sylla perdu, si vous laissez unie
A ce puissant renfort votre Lusitanie.
Mais vous pouvez enfin dépendre d'un époux,
Et le seul Perpenna peut m'assurer de vous.
Voyez ce qu'il a fait ; je lui dois tant, madame,
Qu'une juste prière en faveur de sa flamme....

VIRIATE.

Si vous lui devez tant, ne me devez-vous rien ?
Et lui faut-il payer vos dettes de mon bien ?
Après que ma couronne a garanti vos têtes [4],

---

après avoir dit ailleurs : *pour être plus qu'un roi, tu te crois quelque chose*, et après avoir répété si souvent cette exagération prodigieuse : *qu'il n'y a point de bourgeois de Rome qui ne soit au-dessus de tous les rois*. Ces manières si différentes d'envisager la même chose font bien voir que l'archevêque Fénelon et le marquis de Vauvénargues avaient raison de dire que Corneille atteignait rarement le véritable but de la tragédie, et que trop souvent, au lieu d'émouvoir, il exagérait ou il dissertait. (V.)

[1] *Créature* ; ce mot, dans notre langue, n'est employé que pour les subalternes qui doivent leur fortune à leurs patrons et semble ne pas convenir à Sertorius. (V.)

[2] Ce titre n'est point *glorieux* ; il n'a point *de quoi ravir*. Ce mot *ravir* est trop familier. (V.)

[3] Par la construction de la phrase, c'est le glorieux titre qui a voulu servir Viriate. (V.)

[4] *Tout le peu* est une contradiction dans les termes ; les mots de *peu* et de *tout* s'excluent l'un l'autre. (V.)

[5] On ne donne point du respect, on l'impose, on l'imprime, on l'inspire, etc. (V.)

[6] *Ainsi pour estimer chacun a sa manière*, est trop familier, et *sa manière pour estimer* est aussi bas que peu français. (V.)

[7] *Au sang d'un Espagnol je ferais grâce entière*, ne dit point ce qu'elle veut dire ; elle entend que ce serait faire une grâce à un Espagnol que de l'épouser. *Faire grâce entière*, c'est ne point pardonner à demi. (V.)

[1] Elle ne doit point dire à Sertorius qu'il peut haïr le trône, après que Sertorius lui a dit qu'il déshonorerait le trône, s'il osait aspirer à elle. Tous ces raisonnements sur le trône semblent trop se contredire ; tantôt le trône de Viriate dépend de Sertorius, tantôt Sertorius est au-dessous du trône, tantôt il hait le trône ; tantôt Viriate veut faire respecter son trône ; mais quand même il y aurait de la justesse dans ces dissertations, il y aurait toujours trop de froideur. Presque tous ces raisonnements sont faux : ils auraient besoin du style le plus élégant et le plus noble pour être tolérés ; mais malheureusement le style est guindé, obscur, souvent bas, et hérissé de solécismes et de barbarismes. (V. — Voltaire affecte toujours d'oublier le temps où Corneille écrivait. (P.)

[2] *Je trahirais de voir* est un solécisme. (V.)

[3] On ne jette point *un dépôt* ; c'est un barbarisme ; il faut : *remit ce grand dépôt*. (V.)

[4] Que veut dire une couronne qui garantit des têtes ? Il fallait au moins dire de quoi elle les garantit : on garantit un traité, une possession, un héritage ; mais une couronne ne garantit point une tête. (V.)

Ne mérité-je point de part en vos conquêtes?
Ne vous ai-je servi que pour servir toujours,
Et m'assurer des fers par mon propre secours?
Ne vous y trompez pas : si Perpenna m'épouse,
Du pouvoir souverain je deviendrai jalouse,
Et le rendrai moi-même assez entreprenant
Pour ne vous pas laisser un roi pour lieutenant.
Je vous avoûrai plus : à qui que je me donne,
Je voudrai hautement soutenir ma couronne;
Et c'est ce qui me force à vous considérer,
De peur de perdre tout, s'il nous faut séparer.
Je ne vois que vous seul qui des mers aux montagnes
Sous un même étendard puisse unir nos Espagnes :
Mais ce que je propose en est le seul moyen;
Et, quoi qu'ait fait pour vous ce cher concitoyen,
S'il vous a secouru contre la tyrannie,
Il en est bien payé d'avoir sauvé sa vie [1].
Les malheurs du parti l'accablaient à tel point,
Qu'il se voyait perdu, s'il ne vous eût pas joint;
Et même, si j'en veux croire la renommée,
Ses troupes, malgré lui, grossirent votre armée. [crit;
Rome offre un grand secours, du moins on vous l'é-
Mais, s'armât-elle toute en faveur d'un proscrit,
Quand nous sommes aux bords d'une pleine victoire [2],
Quel besoin avons-nous d'en partager la gloire?
Encore une campagne, et nos seuls escadrons
Aux aigles de Sylla font repasser les monts.
Et ces derniers venus auront droit de nous dire
Qu'ils auront en ces lieux établi notre empire!
Soyons d'un tel honneur l'un et l'autre jaloux;
Et quand nous pouvons tout, ne devons rien qu'à
      SERTORIUS.   [nous.
L'espoir le mieux fondé n'a jamais trop de forces [3].
Le plus heureux destin surprend par les divorces [4];
Du trop de confiance il aime à se venger [5];
Et dans un grand dessein rien n'est à négliger.
Devons-nous exposer à tant d'incertitude

L'esclavage de Rome et notre servitude [1],
De peur de partager avec d'autres Romains
Un honneur où le ciel veut peut-être leurs mains?
Notre gloire, il est vrai, deviendra sans seconde,
Si nous faisons sans eux la liberté du monde;
Mais si quelque malheur suit tant d'heureux combats,
Quels reproches cruels ne nous ferons-nous pas!
D'ailleurs, considérez que Perpenna vous aime,
Qu'il est ou qu'il se croit digne du diadème,
Qu'il peut ici beaucoup; qu'il s'est vu de tout temps
Qu'en gouvernant le mieux on fait des mécontents;
Que, piqué du mépris, il osera peut-être....
      VIRIATE.
Tranchez le mot, seigneur : je vous ai fait mon maître,
Et je dois obéir malgré mon sentiment;
C'est à quoi se réduit tout ce raisonnement.
Faites, faites entrer ce héros d'importance [2],
Que je fasse un essai de mon obéissance;
Et si vous le craignez, craignez autant du moins
Un long et vain regret d'avoir prêté vos soins [3].
      SERTORIUS.
Madame, croiriez-vous....
      VIRIATE.
      Ce mot vous doit suffire.
J'entends ce qu'on me dit, et ce qu'on me veut dire.
Allez, faites-lui place, et ne présumez pas....
      SERTORIUS.
Je parle pour un autre, et toutefois, hélas [4]!
Si vous saviez....
      VIRIATE.
      Seigneur, que faut-il que je sache?
Et quel est le secret que ce soupir me cache?
      SERTORIUS.
Ce soupir redoublé [5]....

---

[1] C'est un barbarisme et un contre-sens. On est payé en recevant une récompense, on est payé par une récompense; mais on n'est point payé de recevoir une récompense; il fallait : *Il fut assez payé, vous sauvâtes sa vie*, ou quelque chose de semblable. (V.)

[2] La victoire n'a point de bords; on touche à la victoire, on est près de la remporter, de la saisir, mais on n'est point à ses bords. Cela ne peut se dire dans aucune langue, parce que dans toutes les langues les métaphores doivent être justes. (V.)

[3] On ne peut dire *les forces d'un espoir;* aucune langue ne peut admettre ce mot, parce que les forces ne peuvent pas être dans un espoir. C'est un barbarisme. (V.)

[4] Un destin n'a point de divorces : il a des vicissitudes, des changements, des revers; et alors ce n'est pas l'heureux destin qui surprend. Cette expression est un barbarisme. (V.)

[5] Ce destin qui aime à se venger est une idée poétique qui n'a rien de vrai. Pourquoi aimerait-il à se venger de la confiance qu'on a en lui? Est-ce ainsi que doit raisonner un grand capitaine, un homme d'État? (V.)

[1] Ce n'est point l'esclavage qu'on expose ainsi à l'incertitude des événements; au contraire, c'est la liberté de Rome et celle de l'Espagne, pour laquelle Sertorius et Viriate combattent, et qu'on exposerait. (V.)

[2] *Faites, faites entrer ce héros d'importance*, est un peu trop comique. L'auteur a déjà dit *des gens d'importance* : il n'est pas permis d'écrire d'un style si trivial, surtout après avoir écrit de si belles choses. (V.)

[3] Il faudrait achever la phrase. *Prêter vos soins* n'a pas un sens complet; on doit dire à qui on les a prêtés. De plus, on ne prête point de soins, on ne prête que les choses qu'on peut retirer. Quand les soins sont une fois donnés, on peut en refuser de nouveaux. Il n'en est pas de même du mot *appui*, *secours;* on prête son *appui*, son *secours*, son *bras*, son *armée*, etc. parce qu'on peut le retirer, les reprendre. Ce style est très-vicieux. (V.)

[4] Cet *hélas* dans la bouche de Sertorius est trop déplacé; il ne convient ni à son caractère, ni à son âge, ni à la scène politique et raisonnée qui vient de se passer entre Viriate et lui. (V.)

[5] *Ce soupir redoublé* achève de dégrader Sertorius.

Qu'Achille aime autrement que Tyrcis et Philène.

Un vieux capitaine romain qui fait remarquer ses soupirs à

VIRIATE.
　　　　　　N'achevez point; allez :
Je vous obéirai plus que vous ne voulez.

SCÈNE III.
VIRIATE, THAMIRE.

THAMIRE.
Sa dureté m'étonne, et je ne puis, madame ¹....
VIRIATE.
L'apparence t'abuse; il m'aime au fond de l'âme ².
THAMIRE.
Quoi! quand pour un rival il s'obstine au refus ³....
VIRIATE.
Il veut que je l'amuse ⁴, et ne veut rien de plus.
THAMIRE.
Vous avez des clartés que mon insuffisance....
VIRIATE.
Parlons à ce rival; le voilà qui s'avance.

SCÈNE IV.
VIRIATE, PERPENNA, AUFIDE, THAMIRE.

VIRIATE.
Vous m'aimez, Perpenna; Sertorius le dit :
Je crois sur sa parole, et lui dois tout crédit ⁵.
Je sais donc votre amour; mais tirez-moi de peine :
Par où prétendez-vous mériter une reine,
A quel titre lui plaire, et par quel charme un jour
Obliger sa couronne à payer votre amour ¹?
PERPENNA.
Par de sincères vœux, par d'assidus services,
Par de profonds respects, par d'humbles sacrifices;
Et si quelques effets peuvent justifier....
VIRIATE.
Eh bien! qu'êtes-vous prêt à lui sacrifier?
PERPENNA.
Tous mes soins, tout mon sang, mon courage, ma vie².
VIRIATE.
Pourriez-vous la servir dans une jalousie ³?
PERPENNA.
Ah, madame!....
VIRIATE.
　　　　　A ce mot en vain le cœur vous bat;
Elle n'est pas d'amour, elle n'est que d'État.
J'ai de l'ambition, et mon orgueil de reine
Ne peut voir sans chagrin une autre souveraine,
Qui, sur mon propre trône à mes yeux s'élevant,
Jusque dans mes États prenne le pas devant ⁴.
Sertorius y règne; si dans tout notre empire
Il dispense des lois où j'ai voulu souscrire,
Je ne m'en repens point, il en a bien usé;
Je rends grâces au ciel qui l'a favorisé.

---

sa maîtresse est au-dessous de Tyrcis; car Tyrcis soupirera sans le dire, et ce sera sa maîtresse qui s'en apercevra. Qu'un amant passionné soit attendri, ému, troublé, qu'il soupire; mais qu'il ne dise pas : Voyez comme je suis attendri, comme je suis ému, comme je suis touché, comme je soupire. Cette pusillanimité dans laquelle Corneille fait tomber Sertorius et Viriate est une preuve bien manifeste de ce que nous avons dit tant de fois, que l'amour s'était emparé du théâtre très-longtemps avant Racine; qu'il n'y avait aucune pièce où cette passion n'entrât, et c'était presque toujours mal à propos. Encore une fois, l'amour n'a jamais bien été traité dans les scènes du *Cid*, imitées de Guillem de Castro, jusqu'à l'*Andromaque* de Racine : je dis l'*Andromaque*; car, dans *la Thébaïde* et dans l'*Alexandre*, on sent que Racine suit la mauvaise route que Corneille avait tracée; c'est l'unique raison peut-être pour laquelle ces deux pièces n'intéressent point du tout. (V.)

¹ Il est assez difficile de comprendre comment Thamire peut parler de dureté après ces hélas et ces soupirs. (V.)

² Rien n'est assurément moins tragique qu'une femme qui dit qu'un homme l'aime. C'est de la comédie froide. (V.)

³ *Quoi quand* forme une cacophonie désagréable. (V.)

⁴ Viriate, dans cet hémistiche comique, ne dit point ce qu'elle doit dire : sa vanité lui persuade qu'elle est aimée, et que Sertorius sacrifice son amour à l'amitié; ce n'est pas là un amusement. Il faut convenir que rien n'est plus éloigné du caractère de la tragédie. (V.)

⁵ Il fallait dire : *je le crois*. Corneille a bien employé le mot *je crois* sans régime dans *Polyeucte* : *je vois, je sais, je crois, je suis désabusée*; mais c'est dans un autre sens. Pauline veut dire : *j'ai la foi*; mais Viriate n'a point la foi. *Et lui dois tout crédit*; ce terme est impropre et n'est pas noble. *Crédit* ne signifie point *confiance*. Racine s'est servi plus noblement de ce mot dans un autre sens, quand il fait dire à Agrippine :

Je vois mes honneurs croître, et tomber mon crédit.

Crédit alors signifie *autorité, puissance, considération.* (V.) — *Crédit* peut signifier *confiance*, témoin ces vers du *Menteur*, qui sont passés en proverbe :

DORANTE.
Je disais vérité.

CLITON.
　　　Quand un menteur la dit,
En passant par sa bouche elle perd son crédit,

c'est-à-dire elle perd son autorité, elle n'obtient plus de confiance. (P.)

¹ On n'oblige point une couronne à payer; et payer un amour! (V.)

² On peut sacrifier son sang et sa vie, ce qui est la même chose : mais sacrifier son courage! qu'est-ce que cela veut dire? on emploie son courage, ses soins; on sacrifie sa vie. (V.)

³ *Dans une jalousie, le cœur vous bat; un orgueil de reine* : ce n'est pas là le style noble; et cette idée de se *faire servir dans une jalousie* est non-seulement du comique, mais du comique insipide; ce n'est pas là le φόβος καὶ ἔλεος, la terreur et la pitié. Voilà une plaisante intrigue tragique que de savoir qui de deux femmes passera la première à une porte. (V.)

⁴ *Prenne le pas devant* ne se dit plus, et présente une petite idée. Voilà de ces choses qu'il faut ennoblir par l'expression. Racine dit :

Je ceignis la tiare, et marchai son égal.

Prendre le pas devant est une mauvaise façon de parler, qui n'est pas même pardonnable aux gazettes. (V.)

Mais, pour vous dire enfin de quoi je suis jalouse,
Quel rang puis-je garder auprès de son épouse ?
Aristie y prétend, et l'offre qu'elle fait,
Ou que l'on fait pour elle, en assure l'effet¹.
Délivrez nos climats de cette vagabonde,
Qui vient par son exil troubler un autre monde ;
Et forcez-la sans bruit d'honorer d'autres lieux
De cet illustre objet qui me blesse les yeux.
Assez d'autres États lui prêteront asile.

PERPENNA.

Quoi que vous m'ordonniez, tout me sera facile :
Mais quand Sertorius ne l'épousera pas,
Un autre hymen vous met dans le même embarras².
Et qu'importe, après tout, d'un autre ou d'Aristie,
Si....

VIRIATE.

Rompons, Perpenna, rompons cette partie ;
Donnons ordre au présent ; et quant à l'avenir,
Suivant l'occasion nous saurons y fournir. [ses.
Le temps est un grand maître, il règle bien des cho-
Enfin je suis jalouse, et vous en dis les causes.
Voulez-vous me servir ?

PERPENNA.

Si je le veux ? j'y cours,
Madame, et meurs déjà d'y consacrer mes jours³.
Mais pourrai-je espérer que ce faible service
Attirera sur moi quelque regard propice,
Que le cœur attendri fera suivre....

VIRIATE.

Arrêtez,
Vous porteriez trop loin des vœux précipités.
Sans doute un tel service aura droit de me plaire ;
Mais laissez-moi, de grâce, arbitre du salaire :
Je ne suis point ingrate, et sais ce que je dois ;
Et c'est vous dire assez pour la première fois.
Adieu.

SCÈNE V.

PERPENNA, AUFIDE.

AUFIDE.

Vous le voyez, seigneur, comme on vous joue.
Tout son cœur est ailleurs ; Sertorius l'avoue,
Et fait auprès de vous l'officieux rival¹,
Cependant que la reine....

PERPENNA.

Ah ! n'en juge point mal.
A lui rendre service elle m'ouvre une voie
Que tout mon cœur embrasse avec excès de joie².

AUFIDE.

Vous ne voyez donc pas que son esprit jaloux
Ne cherche à se servir de vous que contre vous,
Et que, rompant le cours d'une flamme nouvelle³,
Vous forcez ce rival à retourner vers elle ?

PERPENNA.

N'importe, servons-la, méritons son amour ;
La force et la vengeance agiront à leur tour.
Hasardons quelques jours sur l'espoir qui nous flatte ;
Dussions-nous pour tout fruit ne faire qu'une ingrate.

AUFIDE.

Mais, seigneur....

PERPENNA.

Épargnons les discours superflus,
Songeons à la servir, et ne contestons plus ;
Cet unique souci tient mon âme occupée.
Cependant de nos murs on découvre Pompée ;
Tu sais qu'on me l'a dit : allons le recevoir,
Puisque Sertorius m'impose ce devoir⁴.

---

¹ Encore une fois, style de comédie. (V.)

² *Embrasser avec excès de joie une voie à rendre service* ; on ne peut écrire avec plus d'impropriété. C'est un amas de barbarismes. (V.)

³ *Rompre le cours d'une flamme*, autre barbarisme. (V.)

⁴ Dans cette scène, Perpenna paraît généreux ; il n'est plus question de l'assassinat de Sertorius, qui fait le sujet du drame. C'est d'ordinaire un grand défaut dans une pièce, soit tragique, soit comique, qu'un personnage paraisse sans rappeler les premiers sentiments et les premiers desseins qu'il a d'abord annoncés ; c'est rompre l'unité de dessein qui doit régner dans tout l'ouvrage. Nous sommes entré dans presque tous les détails de ces deux premiers actes, pour montrer aux commençants combien il est difficile de bien écrire en vers, pour éviter le reproche qu'on nous a fait de n'en avoir pas assez dit, et pour répondre au reproche ridicule que quelques gens de parti, très-mal instruits, nous ont fait d'en avoir trop dit. Nous ne pouvons assez répéter que nous cherchons uniquement la vérité, et qu'aucune cabale ne nous a jamais intimidé. Nous reprenons quatre fois plus de fautes dans cette édition * que dans les précédentes, parce que des gens qui ne savent pas le français ont eu le ridicule d'imprimer qu'il ne fallait pas s'apercevoir de ces fautes. (V.)

* L'in-4° de 1774.

---

¹ Il faut éviter ces expressions prosaïques et négligées : celle-ci n'est ni noble ni exacte. Une offre n'assure point un effet ; une offre est acceptée ou dédaignée, le mot d'*effet* ne s'applique qu'aux desseins et aux causes, aux menaces, aux prières. (V.)

² Perpenna n'a aucune raison de parler d'un autre hymen de Sertorius, puisqu'il n'en est point question dans la pièce : et quel style de comédie ! *un hymen qui met dans l'embarras*. (V.)

³ Il fallait : *et je meurs* ; mais cette façon de parler est du style de la comédie ; encore ne dit-on pas même : *je meurs d'aller, je meurs de servir*, mais *je meurs d'envie d'aller, de servir* ; et cela ne se dit que dans la conversation familière. (V.)

ACTE TROISIÈME.

SCÈNE PREMIÈRE [1].

SERTORIUS, POMPÉE, SUITE.

SERTORIUS.

Seigneur, qui des mortels eût jamais osé croire
Que la trêve à tel point dût rehausser ma gloire [2];
Qu'un nom à qui la guerre a fait trop applaudir
Dans l'ombre de la paix trouvât à s'agrandir [3]?
Certes, je doute encore si ma vue est trompée,
Alors que dans ces murs je vois le grand Pompée;
Et quand il lui plaira, je saurai quel bonheur
Comble Sertorius d'un tel excès d'honneur.

POMPÉE.

Deux raisons. Mais, seigneur, faites qu'on se retire [1],
Afin qu'en liberté je puisse vous les dire.
L'inimitié qui règne entre nos deux partis
N'y rend pas de l'honneur tous les droits amortis [2].
Comme le vrai mérite a ses prérogatives [3],
Qui prennent le dessus des haines les plus vives,
L'estime et le respect sont de justes tributs
Qu'aux plus fiers ennemis arrachent les vertus;
Et c'est ce que vient rendre à la haute vaillance [4],
Dont je ne fais ici que trop d'expérience,
L'ardeur de voir de près un si fameux héros,
Sans lui voir en la main piques ni javelots [5],
Et le front désarmé de ce regard terrible [6]
Qui dans nos escadrons guide un bras invincible.
Je suis jeune et guerrier, et tant de fois vainqueur,
Que mon trop de fortune a pu m'enfler le cœur;
Mais, et ce franc aveu sied bien aux grands courages [7],

---

[1] Cette scène, ou plutôt la seconde, dont celle-ci n'est que le commencement, fit le succès de *Sertorius*; et elle aura toujours une grande réputation. S'il y a quelques défauts dans le style, ces défauts n'ôtent rien à la noblesse des sentiments, à la politique, aux bienséances de toute espèce, qui font un chef-d'œuvre de cette conversation. Elle n'est pas tragique, j'en conviens; elle n'est que politique. La pièce de *Sertorius* n'a rien de la chaleur et du pathétique de la vraie tragédie, comme Corneille l'avoue dans son examen; mais cette scène de Sertorius et de Pompée, prise à part, est un grand modèle. Il n'y a, je crois, que deux autres exemples sur le théâtre de ces conférences entre de grands hommes, qui méritent d'être remarquées. La première, dans *Shakespeare*, entre Cassius et Brutus; elle est dans un goût un peu différent de celui de Corneille. Brutus reproche à Cassius *that he hath an itching palm*; ce qui signifie précisément que Cassius se fait graisser la patte. Cassius répond qu'il aimerait mieux être un chien, et aboyer à la lune, que de se faire donner des pots-de-vin. Il y a d'ailleurs des choses vives et animées, mais ce ton de la halle n'est pas tout à fait celui de la scène tragique; ce n'est pas celui du sage Addison. La seconde conférence est dans l'*Alexandre* de Racine, entre Porus, Éphestion, et Taxile. Si Éphestion était un personnage principal, et si la tragédie était intéressante, cette conférence pourrait encore plaire beaucoup au théâtre, même après celle de Sertorius et de Pompée. Le mal est que ces scènes ne sont pas absolument nécessaires à la pièce. Sertorius même dit au quatrième acte :

. . . . . . Quel bruit fait par la ville
De Pompée et de moi l'entrevue inutile?

Ces scènes donnent rarement au spectateur d'autre plaisir que celui de voir de grands hommes conférer ensemble. (V.)

[2] Certainement Sertorius n'a jamais dit à Pompée: *quel homme aurait jamais osé croire que ma gloire pût être augmentée?* On ne parle point ainsi de soi-même; la bienséance n'est pas observée dans les expressions : le fond de la pensée est que la visite de Pompée est le plus grand honneur qu'il ait jamais reçu; mais il ne doit pas commencer par parler de sa gloire, et par dire que nul mortel n'eût osé croire que cette gloire pût augmenter; ces vers peuvent paraître une fanfaronnade plutôt qu'un compliment. Il eût été plus court, plus naturel, plus décent, de supprimer ces vers, et de dire avec une noble simplicité : *Seigneur, je doute encor si ma vue est trompée,* etc. (V.)

[3] Comment est-ce qu'un nom trouve quelque chose? Sertorius veut dire qu'il n'a jamais reçu tant d'honneur; mais un nom ne s'agrandit pas, et il ne fallait pas qu'il commençât une conversation polie et modeste par dire que la guerre a fait applaudir à son nom. Ce n'est pas au nom qu'on applaudit, c'est à la personne, aux actions. (V.) — Le nom d'un homme célèbre s'agrandit dès que sa réputation peut s'accroître. Le nom de Voltaire, déjà très-célèbre par *Zaïre, Alzire, Brutus,* s'agrandit encore par *Mahomet.* Il n'y a rien là que de très-simple. (P.)

[1] Pompée ne doit pas demander qu'on se retire pour pouvoir dire en liberté à Sertorius qu'il l'estime. On peut faire un compliment en public, et faire ensuite retirer les assistants : cela même eût fait un bon effet au théâtre. (V.)

[2] Cet *amortissement des droits*, ces *prérogatives du vrai mérite*, gâtent un peu ce commencement du discours de Pompée. *Prérogatives* n'est pas le mot propre; et des *prérogatives qui prennent le dessus des haines!* rien n'est moins élégant. Quand même ces deux vers seraient bons, ils pècheraient en ce qu'ils affaibliraient ces deux beaux vers si nobles et si simples :

L'estime et le respect sont les justes tributs
Qu'aux cœurs même ennemis arrachent les vertus.

Rien de trop, voilà la grande règle. (V.)

[3] Cette phrase, *ce comme*, ne conviennent pas à Pompée. Cela sent trop son rhéteur. Ce tour est trop apprêté, cette expression trop prosaïque. Le défaut est petit, mais il faut remarquer tout dans un dialogue aussi important que celui de Pompée et de Sertorius. (V.)

[4] Ce *rendre* se rapporte à *tribut;* mais on ne rend point un tribut : on rend justice, on rend hommage, on paye un tribut. (V.)

[5] Il serait à désirer que Corneille eût autrement tourné ce vers. *Voir piques* n'est pas français. (V.) — La phrase est française, mais *voir piques* n'est point agréable. (P.)

[6] *Le front désarmé* se rapporte à *sans voir;* de sorte que la véritable construction est : *sans lui voir le front désarmé;* ce qui est précisément le contraire de ce qu'il entend. Il reste à savoir si un général doit parler à un autre général de son regard terrible. (V.)

[7] C'est ce qu'on doit dire de Pompée, mais c'est ce que Pompée ne doit pas dire de lui : c'est une parenthèse du poëte. Jamais un général d'armée ne se vante ainsi, et n'appelle *grand courage.* Il ne faut jamais faire parler les hommes autrement qu'ils ne parleraient eux-mêmes; c'est une règle générale qu'on ne peut trop répéter. (V.)

J'apprends plus contre vous par mes désavantages,
Que les plus beaux succès, qu'ailleurs j'aie emporté [1],
Ne m'ont encore appris par mes prospérités.
Je vois ce qu'il faut faire, à voir ce que vous faites [2] :
Les siéges, les assauts, les savantes retraites,
Bien camper, bien choisir à chacun son emploi,
Votre exemple est partout une étude pour moi.
Ah! si je vous pouvais rendre à la république,
Que je croirais lui faire un présent magnifique!
Et que j'irais, seigneur, à Rome avec plaisir,
Puisque la trêve enfin m'en donne le loisir,
Si j'y pouvais porter quelque faible espérance
D'y conclure un accord d'une telle importance!
Près de l'heureux Sylla ne puis-je rien pour vous?
Et près de vous, seigneur, ne puis-je rien pour tous?

SERTORIUS.

Vous me pourriez sans doute épargner quelque peine,
Si vous vouliez avoir l'âme toute romaine :
Mais, avant que d'entrer en ces difficultés,
Souffrez que je réponde à vos civilités [3].
  Vous ne me donnez rien par cette haute estime
Que vous n'ayez déjà dans le degré sublime [4].
La victoire attachée à vos premiers exploits,
Un triomphe avant l'âge où le souffrent nos lois,
Avant la dignité qui permet d'y prétendre, [dre.
Font trop voir quels respects l'univers vous doit ren-
Si dans l'occasion je ménage un peu mieux
L'assiette du pays et la faveur des lieux [5],

---

[1] On emporte une place, on remporte un avantage, on a un succès; on n'emporte point un succès. C'est un barbarisme. (V.)

[2] *Je vois à voir*, répétition qu'il faut éviter. (V.)

[3] Il eût été mieux que Sertorius eût répondu aux civilités de Pompée sans le dire; cela donne à son discours un air apprêté et contraint. Il annonce qu'il veut faire un compliment; un tel compliment doit être sans appareil, afin qu'il paraisse plus naturel et plus vrai. On n'a pas besoin de faire retirer les assistants pour faire un compliment. (V.)

[4] *Degré sublime*, expression faible et impropre employée pour la rime. (V.)

[5] Je ne peux m'empêcher de remarquer ici qu'on trouve dans plusieurs livres, et surtout dans l'*Histoire du Théâtre*, que le vicomte de Turenne, à la représentation de *Sertorius*, s'écria : *Où donc Corneille a-t-il pu apprendre l'art de la guerre?* Ce conte est ridicule. Corneille eût très-mal fait d'entrer dans les détails de cet art; il fait dire en général à Sertorius ce que ce Romain devait peut-être se passer de dire, qu'il sait mieux se prévaloir du terrain que Pompée. Il n'y a pas de quoi étonner un Turenne. Les généraux de Charles-Quint et de François Ier pouvaient, en effet, s'étonner que Machiavel, secrétaire de Florence, donnât des règles excellentes de tactique, et enseignât à disposer les bataillons comme on les range aujourd'hui; c'est alors qu'on pouvait dire : *Où Machiavel a-t-il appris l'art de la guerre?* Mais si le vicomte de Turenne en avait dit autant sur un ou deux vers de Corneille, qui n'enseignent point la tactique, et qui ne doivent point l'enseigner, il aurait dit une puérilité dont il était incapable. On pouvait plus justement dire que Corneille parlait supérieurement de politique. La preuve en est dans ces vers:

Lorsque deux factions divisent un empire, etc.

Si mon expérience en prend quelque avantage,
Le grand art de la guerre attend quelquefois l'âge;
Le temps y fait beaucoup; et de mes actions
S'il vous a plu tirer quelques instructions,
Mes exemples un jour ayant fait place aux vôtres,
Ce que je vous apprends, vous l'apprendrez à d'au-
Et ceux qu'aura ma mort saisis de mon emploi, [tres,
S'instruiront contre vous, comme vous contre moi.
  Quant à l'heureux Sylla, je n'ai rien à vous dire.
Je vous ai montré l'art d'affaiblir son empire;
Et, si je puis jamais y joindre des leçons
Dignes de vous apprendre à repasser les monts,
Je suivrai d'assez près votre illustre retraite
Pour traiter avec lui sans besoin d'interprète,
Et sur les bords du Tibre, une pique à la main [1],
Lui demander raison pour le peuple romain.

POMPÉE.

De si hautes leçons, seigneur, sont difficiles,
Et pourraient vous donner quelques soins inutiles,
Si vous faisiez dessein de me les expliquer
Jusqu'à m'avoir appris à les bien pratiquer [2].

SERTORIUS.

Aussi me pourriez-vous épargner quelque peine,
Si vous vouliez avoir l'âme toute romaine;
Je vous l'ai déjà dit.

POMPÉE.

Ce discours rebattu
Lasserait une austère et farouche vertu.   [dre
Pour moi, qui vous honore assez pour me contrain-
A fuir obstinément tout sujet de m'en plaindre,
Je ne veux rien comprendre en ces obscurités.

SERTORIUS.

Je sais qu'on n'aime point de telles vérités :
Mais, seigneur, étant seuls, je parle avec franchise;
Bannissant les témoins, vous me l'avez permise :
Et je garde avec vous la même liberté
Que si votre Sylla n'avait jamais été.

Elle est encore plus dans *Cinna*. Nous sommes inondés depuis peu de livres sur le gouvernement. Des hommes obscurs, incapables de se gouverner eux-mêmes, et ne connaissant ni le monde, ni la cour, ni les affaires, se sont avisés d'instruire les rois et les ministres, et même de les injurier. Y a-t-il un seul de ces livres, je n'en excepte pas un, qui approche de loin de la délibération d'Auguste dans *Cinna*, et de la conversation de Sertorius et de Pompée? C'est là que Corneille est bien grand; et la comparaison qu'on peut faire de ces morceaux avec tous nos fatras de prose sur la politique le rend encore plus grand, et est le plus bel éloge de la poésie. (V.)

[1] On se servait encore de piques en France lorsqu'on représenta *Sertorius*, et cette expression était plus noble qu'aujourd'hui. (V.)

[2] Ce vers n'a pas un sens net. On ne sait si l'intention de l'auteur est : si vous vouliez m'expliquer mes leçons jusqu'à ce que vous m'apprissiez à les mettre en pratique; mais *faire dessein de les expliquer jusqu'à m'avoir appris* est un contresens en toute langue. *Faire dessein* est un barbarisme. (V.)

Est-ce être tout Romain qu'être chef d'une guerre [1]
Qui veut tenir aux fers les maîtres de la terre ?
Ce nom, sans vous et lui, nous serait encor dû ;
C'est par lui, c'est par vous, que nous l'avons perdu.
C'est vous qui sous le joug traînez des cœurs si braves [2] ;
Il étaient plus que rois, ils sont moindres qu'esclaves ;
Et la gloire qui suit vos plus nobles travaux
Ne fait qu'approfondir l'abîme de leurs maux :
Leur misère est le fruit de votre illustre peine :
Et vous pensez avoir l'âme toute romaine !
Vous avez hérité ce nom de vos aïeux ;
Mais, s'il vous était cher, vous le rempliriez mieux.

POMPÉE.

Je crois le bien remplir quand tout mon cœur s'appli- [que
Aux soins de rétablir un jour la république :
Mais vous jugez, seigneur, de l'âme par le bras ;
Et souvent l'un paraît ce que l'autre n'est pas [3].
Lorsque deux factions divisent un empire,
Chacun suit au hasard la meilleure ou la pire,
Suivant l'occasion ou la nécessité
Qui l'emporte vers l'un ou vers l'autre côté.
Le plus juste parti, difficile à connaître,
Nous laisse en liberté de nous choisir un maître ;
Mais, quand ce choix est fait, on ne s'en dédit plus.
J'ai servi sous Sylla du temps de Marius,
Et servirai sous lui tant qu'un destin funeste
De nos divisions soutiendra quelque reste [4].
Comme je ne vois pas dans le fond de son cœur,
J'ignore quels projets peut former son bonheur [5] :
S'il les pousse trop loin, moi-même je l'en blâme,
Je lui prête mon bras sans engager mon âme ;
Je m'abandonne au cours de sa félicité,
Tandis que tous mes vœux sont pour la liberté ;
Et c'est ce qui me force à garder une place
Qu'usurperaient sans moi l'injustice et l'audace,
Afin que, Sylla mort, ce dangereux pouvoir

---

[1] On est chef de parti, on n'est pas chef d'une guerre. Le mot est trop impropre. (V.)

[2] *Traîner des cœurs* peut se dire. Racine a dit :

Charmant, jeune, traînant tous les cœurs après soi.

Mais cet *après soi* ou *après lui* est absolument nécessaire.

Entraînant après lui tous les cœurs des soldats. (V.)

[3] Ces expressions sont trop négligées : et comment un bras peut-il paraître différent d'une âme ? La plupart des fautes de langage sont au fond des défauts de justesse. (V.)

[4] *Soutiendra* n'est pas le mot propre ; on entretient un reste de divisions, on les fomente, etc.; on soutient un parti, une cause, une prétention : mais c'est un très-léger défaut dans un aussi beau discours que celui de Pompée.

Lorsque deux factions divisent un empire,
Chacun suit au hasard la meilleure ou la pire....
Mais, quand ce choix est fait, on ne s'en dédit plus, etc.

Quelle vérité dans ces vers ! et quelle force dans la simplicité ! point d'épithète, rien de superflu ; c'est la raison en vers. (V.)

[5] *Un bonheur qui forme des projets* est trop impropre. (V.)

Ne tombe qu'en des mains qui sachent leur devoir [1].
Enfin je sais mon but, et vous savez le vôtre.

SERTORIUS.

Mais cependant, seigneur, vous servez comme un au- [tre ;
Et nous, qui jugeons tout sur la foi de nos yeux,
Et laissons le dedans à pénétrer aux dieux, [Rome,
Nous craignons votre exemple, et doutons si dans
Il n'instruit point le peuple à prendre loi d'un homme ;
Et si votre valeur, sous le pouvoir d'autrui,
Ne sème point pour vous lorsqu'elle agit pour lui.
Comme je vous estime, il m'est aisé de croire
Que de la liberté vous feriez votre gloire,
Que votre âme en secret lui donne tous ses vœux ;
Mais, si je m'en rapporte aux esprits soupçonneux,
Vous aidez aux Romains à faire essai d'un maître,
Sous ce flatteur espoir qu'un jour vous pourrez l'être.
La main qui les opprime, et que vous soutenez,
Les accoutume au joug que vous leur destinez ;
Et, doutant s'ils voudront se faire à l'esclavage,
Aux périls de Sylla vous tâtez leur courage [2].

POMPÉE.

Le temps détrompera ceux qui parlent ainsi ;
Mais justifira-t-il ce que l'on voit ici ?
Permettez qu'à mon tour je parle avec franchise ;
Votre exemple à la fois m'instruit et m'autorise :
Je juge, comme vous, sur la foi de mes yeux,
Et laisse le dedans à pénétrer aux dieux.
Ne vit-on pas ici sous les ordres d'un homme ?
N'y commandez-vous pas comme Sylla dans Rome ?
Du nom de dictateur, du nom de général,
Qu'importe, si des deux le pouvoir est égal ?
Les titres différents ne font rien à la chose ;
Vous imposez des lois ainsi qu'il en impose ;
Et, s'il est périlleux de s'en faire haïr,
Il ne serait pas sûr de vous désobéir.
Pour moi, si quelque jour je suis ce que vous êtes,
J'en userai peut-être alors comme vous faites :
Jusque-là....

SERTORIUS.

Vous pourriez en douter jusque-là,
Et me faire un peu moins ressembler à Sylla.

---

[1] On peut animer tout dans la poésie ; mais, dans une conférence sans passion, les métaphores outrées ne peuvent avoir lieu : peut-être cette expression porte encore plus l'empreinte d'une négligence qui échappe que d'une figure qu'on recherche. (V.)

[2] Ce mot *tâter*, qui par lui-même est familier, et même ignoble, fait ici un très-bel effet ; car, comme on l'a déjà remarqué, il n'y a guère de mot qui, étant heureusement placé, ne puisse contribuer au sublime. Ce discours de Sertorius est un des plus beaux morceaux de Corneille, et le reste de la scène en est digne, à quelques négligences près. Ces vers :

Et votre empire en est d'autant plus dangereux, etc.
Rome n'est plus dans Rome, elle est toute où je suis, etc.

sont égaux aux plus beaux vers de *Cinna* et *des Horaces*. (V.)

Si je commande ici, le sénat me l'ordonne.
Mes ordres n'ont encore assassiné personne.
Je n'ai pour ennemis que ceux du bien commun ;
Je leur fais bonne guerre, et n'en proscris pas un.
C'est un asile ouvert que mon pouvoir suprême ;
Et, si l'on m'obéit, ce n'est qu'autant qu'on m'aime.
                    POMPÉE.
Et votre empire en est d'autant plus dangereux,
Qu'il rend de vos vertus les peuples amoureux,
Qu'en assujettissant vous avez l'art de plaire,
Qu'on croit n'être en vos fers qu'esclave volontaire,
Et que la liberté trouvera peu de jour
A détruire un pouvoir que fait régner l'amour.
   Ainsi parlent, seigneur, les âmes soupçonneuses.
Mais n'examinons point ces questions fâcheuses,
Ni si c'est un sénat qu'un amas de bannis
Que cet asile ouvert sous vous a réunis.
Une seconde fois, n'est-il aucune voie
Par où je puisse à Rome emporter quelque joie ?
Elle serait extrême à trouver les moyens
De rendre un si grand homme à ses concitoyens.
Il est doux de revoir les murs de la patrie :
C'est elle par ma voix, seigneur, qui vous en prie ;
C'est Rome....
                    SERTORIUS.
            Le séjour de votre potentat,
Qui n'a que ses fureurs pour maximes d'État [1] ?
Je n'appelle plus Rome un enclos de murailles
Que ses proscriptions comblent de funérailles
Ces murs, dont le destin fut autrefois si beau,
N'en sont que la prison, ou plutôt le tombeau :
Mais, pour revivre ailleurs dans sa première force,
Avec les faux Romains elle a fait plein divorce ;
Et, comme autour de moi j'ai tous ses vrais appuis,
Rome n'est plus dans Rome, elle est toute où je suis.
  Parlons pourtant d'accord. Je ne sais qu'une voie
Qui puisse avec honneur nous donner cette joie.
Unissons-nous ensemble, et le tyran est bas :
Rome à ce grand dessein ouvrira tous ses bras.
Ainsi nous ferons voir l'amour de la patrie,
Pour qui vont les grands cœurs jusqu'à l'idolâtrie ;
Et nous épargnerons ces flots de sang romain
Que versent tous les ans votre bras et ma main.

                    POMPÉE.
Ce projet, qui pour vous est tout brillant de gloire,
N'aurait-il rien pour moi d'une action trop noire?
Moi qui commande ailleurs, puis-je servir sous vous ?
                    SERTORIUS.
Du droit de commander je ne suis point jaloux ;
Je ne l'ai qu'en dépôt, et je vous l'abandonne,
Non jusqu'à vous servir de ma seule personne ;
Je prétends un peu plus : mais dans cette union
De votre lieutenant m'enviriez-vous le nom ?
                    POMPÉE.
De pareils lieutenants n'ont des chefs qu'en idée ;
Leur nom retient pour eux l'autorité cédée ;
Ils n'en quittent que l'ombre ; et l'on ne sait que c'est [1]
De suivre ou d'obéir que suivant qu'il leur plaît.
Je sais une autre voie, et plus noble et plus sûre.
Sylla, si vous voulez, quitte sa dictature ;
Et déjà de lui-même il s'en serait démis,
S'il voyait qu'en ces lieux il n'eût plus d'ennemis.
Mettez les armes bas, je réponds de l'issue,
J'en donne ma parole après l'avoir reçue.
Si vous êtes Romain, prenez l'occasion.
                    SERTORIUS.
Je ne m'éblouis point de cette illusion.
Je connais le tyran, j'en vois le stratagème ;
Quoi qu'il semble promettre, il est toujours lui-même.
Vous qu'à sa défiance il a sacrifié
Jusques à vous forcer d'être son allié [2]....
                    POMPÉE.
Hélas ! ce mot me tue, et, je le dis sans feinte,
C'est l'unique sujet qu'il m'a donné de plainte.
J'aimais mon Aristie, il m'en vient d'arracher [3] ;
Mon cœur frémit encore à me le reprocher :
Vers tant de biens perdus sans cesse il me rappelle ;
Et je vous rends, seigneur, mille grâces pour elle,
A vous, à ce grand cœur dont la compassion
Daigne ici l'honorer de sa protection.
                    SERTORIUS.
Protéger hautement les vertus malheureuses,
C'est le moindre devoir des âmes généreuses [4] :
Aussi fais-je encor plus, je lui donne un époux.

---

[1] Il faut éviter ces expressions triviales *que c'est*, qui n'est pas français, et *ce que c'est*, qui, étant plus régulier, est dur à l'oreille et du style de la conversation. (V.)

[2] Cette transition ne me paraît pas assez ménagée. Je crois que Sertorius devait, dans l'énumération des cruautés de Sylla, compter celle d'avoir forcé Pompée à répudier sa femme. (V.)

[3] *J'aimais mon Aristie* est faible, trivial et comique. (V.) — J'aimais mon Aristie ne nous paraît ni trivial, ni comique surtout ; nous n'y voyons qu'une expression simple ou naïve, qui, employée à propos, ne serait pas déplacée dans le sujet le plus noble. Il y a loin du naïf, du familier même, au trivial ; et ce qui n'est que simple n'est pas toujours comique. (P.)

[4] Sertorius ne doit point dire *qu'il est une âme généreuse* ; il doit le laisser entendre : c'est le défaut de tous les héros de Corneille de se vanter toujours. (V.)

---

[1] Voilà encore un des plus beaux endroits de Corneille : il y a de la force, de la grandeur, de la vérité, et même il est supérieurement écrit, à quelques négligences, à quelques familiarités près ; comme *le tyran est bas, donner cette joie, ouvrir tous ses bras*. Mais quand une expression familière et commune est bien placée et fait un contraste, alors elle tient presque du sublime : tel est ce vers :

Je n'appelle plus Rome un enclos de murailles.

Ce mot *enclos*, qui ailleurs est si commun et même bas, s'ennoblit ici, et fait un très-beau contraste avec ce vers admirable :

Rome n'est plus dans Rome elle est toute où je suis.   (V.)

POMPÉE.
Un époux! dieux! qu'entends-je! Et qui, seigneur?
SERTORIUS.
Moi.
POMPÉE.
Vous?
Seigneur, toute son âme est à moi dès l'enfance :
N'imitez point Sylla par cette violence;
Mes maux sont assez grands, sans y joindre celui
De voir tout ce que j'aime entre les bras d'autrui.
SERTORIUS.
(à *Aristie, qui entre.*)
Tout est encore à vous. Venez, venez, madame,
Faire voir quel pouvoir j'usurpe sur votre âme,
Et montrer, s'il se peut, à tout le genre humain
La force qu'on vous fait pour me donner la main [1].
POMPÉE.
C'est elle-même, ô ciel!
SERTORIUS.
Je vous laisse avec elle,
Et sais que tout son cœur vous est encor fidèle.
Reprenez votre bien ; ou ne vous plaignez plus,
Si j'ose m'enrichir, seigneur, de vos refus.

SCÈNE II [2].

POMPÉE, ARISTIE.

POMPÉE.
Me dit-on vrai, madame, et serait-il possible....

ARISTIE.
Oui, seigneur, il est vrai que j'ai le cœur sensible;
Suivant qu'on m'aime ou hait, j'aime ou hais à mon
Et ma gloire soutient ma haine et mon amour. [tour [1],
Mais, si de mon amour elle est la souveraine,
Elle n'est pas toujours maîtresse de ma haine;
Je ne la suis pas même ; et je hais quelquefois
Et moins que je ne veux, et moins que je ne dois.
POMPÉE.
Cette haine a pour moi toute son étendue,
Madame, et la pitié ne l'a point suspendue;
La générosité n'a pu la modérer.
ARISTIE.
Vous ne voyez donc pas qu'elle a peine à durer?
Mon feu, qui n'est éteint que parce qu'il doit l'être,
Cherche en dépit de moi le vôtre pour renaître [2];
Et je sens qu'à vos yeux mon courroux chancelant
Trébuche, perd sa force, et meurt en vous parlant.
M'aimeriez-vous encor, seigneur?
POMPÉE.
Si je vous aime [3]!
Demandez si je vis, ou si je suis moi-même.
Votre amour est ma vie, et ma vie est à vous.
ARISTIE.
Sortez de mon esprit, ressentiments jaloux :
Noirs enfants du dépit, ennemis de ma gloire,
Tristes ressentiments, je ne veux plus vous croire.
Quoi qu'on m'ait fait d'outrage, il ne m'en souvient
Plus de nouvel hymen, plus de Sertorius [4] ; [plus.

---

[1] *La force qu'on vous fait* est un barbarisme : on dit prendre *à force, faire force de rames, de voiles, céder à la force, employer la force* ; mais non *faire force à quelqu'un.* Le terme propre est *faire violence* ou *forcer*. Remarquons ici que le grand Pompée est présenté sous un aspect bien défavorable; c'est l'aventure la plus honteuse de sa vie : il a répudié Antistia, qu'il aimait, et a épousé Æmilia, la petite-fille de Sylla, pour faire sa cour à ce tyran : cette bassesse était d'autant plus honteuse, qu'Æmilie était grosse de son premier mari quand Pompée l'épousa par un double divorce. Pompée avoue ici sa honte à Sertorius et à sa première femme ; il ne paraît que comme un esclave de Sylla, qui craint de déplaire à son maître: dans cette position, quelque chose qu'il dise ou qu'il fasse, il est impossible de s'intéresser à lui. On prend un intérêt médiocre à Sertorius amoureux. Viriate est peut-être le premier personnage de la pièce : mais quiconque n'étalera que de la politique n'excitera jamais les grands mouvements, qui sont l'âme de la tragédie. Il est dit, dans le *Boléana*, que Boileau n'aimait pas cette fameuse conférence de Sertorius et de Pompée. On prétend que Boileau disait que cette scène n'était ni dans la raison, ni dans la nature, et qu'il était ridicule que Pompée vînt redemander sa femme à Sertorius, tandis qu'il en avait une autre de la main de Sylla. J'avoue que l'objet de cette conférence peut être critiqué ; mais j'ai bien de la peine à croire que Boileau ne fût pas content des morceaux adroits et sublimes de cette scène ; il savait trop bien que le goût consiste à savoir admirer les beautés au milieu des défauts. (V.) — Le *Boléana* est un livre assez méprisé, qui n'a jamais eu d'autorité chez les littérateurs instruits. (P.)

[2] Après une scène de politique, il n'est guère possible que jamais une scène de tendresse puisse réussir. Le cœur veut être mené par degrés ; il ne peut passer rapidement d'un sujet à un autre : et toutes les fois qu'on promène ainsi le spectateur d'objets en objets, tout intérêt cesse. C'est une des raisons qui empêchent presque toutes les tragédies de Corneille d'être touchantes. Il paraît qu'il a senti ce défaut, puisque Sertorius et Pompée ne lui ont parlé d'Aristie à la fin de la scène précédente, mais ils n'en ont parlé que par occasion. (V.)

[1] Ce vers et les suivants sont un peu du haut comique, et ôtent à la femme de Pompée toute sa dignité. (V.)

[2] Ce *feu* qui cherche *le feu* de Pompée, ce *courroux* qui *trébuche*; en un mot, cette scène entre un mari et une femme ne passerait pas aujourd'hui. (V.)

[3] Ce qui fait en partie que cette scène est froide, c'est précisément cette chaleur que Pompée essaye de mettre dans sa réponse à sa femme. S'il est vrai qu'il l'aime si tendrement, il joue le rôle d'un lâche de l'avoir répudiée par crainte de Sylla; et Pompée ainsi avili ne peut plus intéresser les spectateurs, comme on vient de le faire voir. Aristie plaît encore moins, en ne paraissant que pour dire à Pompée qu'elle prendra un autre mari, s'il ne veut pas d'elle. Ce sont là des intérêts qui n'ont rien de grand ni d'attendrissant. (V.)

[4] Il n'y a personne qui puisse souffrir cet apprêt, ces refrains, ces jeux d'esprit compassés. Cela ressemble un peu à ces anciennes pièces de poésie nommées chants royaux, ballades, virelais; amusements que jamais ni les Grecs ni les Romains ne connurent, excepté dans les vers phaleuques, qui étaient une espèce de poésie molle et efféminée, où les refrains étaient admis, et quelquefois aussi dans l'églogue :

Ducite ab urbe domum, mea carmina ducite Daphnim. (V.)

Je suis au grand Pompée; et puisqu'il m'aime encore,
Puisqu'il me rend son cœur, de nouveau je l'adore.
Plus de Sertorius. Mais, seigneur, répondez;
Faites parler ce cœur qu'enfin vous me rendez.
Plus de Sertorius. Hélas! quoi que je die,
Vous ne me dites point, seigneur : Plus d'Æmilie [1].
Rentrez dans mon esprit, jaloux ressentiments,
Fiers enfants de l'honneur, nobles emportements;
C'est vous que je veux croire; et Pompée infidèle
Ne saurait plus souffrir que ma haine chancelle;
Il l'affermit pour moi. Venez, Sertorius;
Il me rend toute à vous par ce muet refus.
Donnons ce grand témoin à ce grand hyménée;
Son âme toute ailleurs n'en sera point gênée :
Il le verra sans peine, et cette dureté
Passera chez Sylla pour magnanimité.

POMPÉE.

Ce qu'il vous fait d'injure également m'outrage,
Mais enfin je vous aime, et ne puis davantage [2]. [pas,
Vous, si jamais ma flamme eut pour vous quelque ap-
Plaignez-vous, haïssez, mais ne vous donnez pas;
Demeurez en état d'être toujours ma femme,
Gardez jusqu'au tombeau l'empire de mon âme.
Sylla n'a que son temps, il est vieil et cassé;
Son règne passera, s'il n'est déjà passé;
Ce grand pouvoir lui pèse, il s'apprête à le rendre;
Comme à Sertorius, je veux bien vous l'apprendre.
Ne vous jetez donc point, madame, en d'autres bras [3];
Plaignez-vous, haïssez, mais ne vous donnez pas :
Si vous voulez ma main, n'engagez point la vôtre.

ARISTIE.

Mais quoi! n'êtes-vous pas entre les bras d'une autre?

[1] Cela serait à sa place dans une pastorale; mais dans une tragédie!... (V.)
[2] *Ce qu'il fait d'injure* est un barbarisme; mais *je vous aime, et ne puis davantage*, déshonore entièrement Pompée. Le vainqueur de Mithridate ne devait pas s'avilir jusque-là. (V.)
[3] Corneille a été trop souvent un peintre trop exact des mœurs de l'antiquité. La scène, dans *Sertorius*, entre Pompée et Aristie est admirable pour un homme qui sait se transporter au temps de Pompée; mais elle ne paraît pas vraisemblable au plus grand nombre des spectateurs, qui ne peuvent comprendre qu'un mari dise à sa femme :

Non, ne vous jetez point, madame, en d'autres bras.
. . . .

Pompée, pour prouver à son ancienne épouse que la nouvelle qu'il vient de prendre reste toujours attachée à son premier époux, s'exprime ainsi :

Elle porte en ses flancs. . . . .

A ces mots, qui étonnent un spectateur peu instruit des mœurs romaines, Aristie fait cette réponse non moins étonnante pour lui :

Rendez-le-moi, seigneur. . . . .

Pour sentir la beauté de cette réponse, il faudrait presque être un ancien Romain. Le tableau est ressemblant, mais il l'est trop : il est des occasions où une ressemblance exacte ne convient pas. (L. RACINE.)

POMPÉE.

Non; puisqu'il vous en faut confier le secret,
Æmilie à Sylla n'obéit qu'à regret.
Des bras d'un autre époux ce tyran qui l'arrache
Ne rompt point dans son cœur le saint nœud qui l'at-
Elle porte en ses flancs le fruit de cet amour [1], [tache;
Que bientôt chez moi-même elle va mettre au jour;
Et, dans ce triste état, sa main qu'il m'a donnée
N'a fait que l'éblouir par un feint hyménée,
Tandis que, tout entière à son cher Globrion,
Elle paraît ma femme, et n'en a que le nom.

ARISTIE.

Et ce nom seul est tout pour celles de ma sorte.
Rendez-le-moi, seigneur, ce grand nom qu'elle porte [2].
J'aimai votre tendresse et vos empressements :
Mais je suis au-dessus de ces attachements;
Et tout me sera doux, si ma trame coupée
Me rend à mes aïeux en femme de Pompée,
Et que sur mon tombeau ce grand titre gravé
Montre à tout l'avenir que je l'ai conservé.
J'en fais toute ma gloire et toutes mes délices;
Un moment de sa perte a pour moi des supplices.
Vengez-moi de Sylla, qui me l'ôte aujourd'hui,
Ou souffrez qu'on me venge et de vous et de lui;
Qu'un autre hymen me rende un titre qui l'égale;
Qu'il me relève autant que Sylla me ravale :
Non que je puisse aimer aucun autre que vous;
Mais pour venger ma gloire il me faut un époux [3],
Il m'en faut un illustre, et dont la renommée....

POMPÉE.

Ah! ne vous lassez point d'aimer et d'être aimée [4].
Peut-être touchons-nous au moment désiré
Qui saura réunir ce qu'on a séparé.
Ayez plus de courage et moins d'impatience [5];
Souffrez que Sylla meure, ou quitte sa puissance....

ARISTIE.

J'attendrai de sa mort ou de son repentir

[1] Ce détail domestique, cette confidence de Pompée, qu'il ne couche point avec sa nouvelle femme, et qu'elle est grosse d'un autre, sont au-dessous de la comédie. De telles naïvetés qui succèdent à la belle scène de l'entrevue de Pompée et de Sertorius justifient ce que Molière disait de Corneille, qu'il y avait un lutin qui tantôt lui faisait ses vers admirables, et tantôt le laissait travailler lui-même. (V.)
[2] C'est le lutin qui fit ce vers-là; mais ce n'est pas lui qui fit *pour celles de ma sorte* :

Et ce nom seul est tout pour celles de ma sorte. (V.)

[3] Une femme qui dit que, pour la venger, il lui faut un mari, dit une étrange chose. Corneille l'a bien senti en relevant cet aveu par ces mots, *il m'en faut un illustre ;* et ce n'est peut-être pas encore assez. (V.)
[4] Ah! ne vous lassez point d'aimer et d'être aimée,

est un vers d'églogue; et entre un mari et une femme, il est au-dessous de l'églogue. (V.)
[5] C'est, au contraire, c'est Aristie qui doit dire à Pompée: *ayez plus de courage :* c'est lui seul qui en manque ici. (V.)

Qu'à me rendre l'honneur vous daignez consentir ?
Et je verrais toujours votre cœur plein de glace,
Mon tyran impuni, ma rivale en ma place,
Jusqu'à ce qu'il renonce au pouvoir absolu,
Après l'avoir gardé tant qu'il l'aura voulu ?

POMPÉE.

Mais tant qu'il pourra tout, que pourrai-je, madame [1] ?

ARISTIE.

Suivre en tous lieux, seigneur, l'exil de votre femme [2],
La ramener chez vous avec vos légions,
Et rendre un heureux calme à nos divisions [3].
Que ne pourriez-vous point en tête d'une armée,
Partout, hors de l'Espagne, à vaincre accoutumée ?
Et quand Sertorius sera joint avec vous,
Que pourra le tyran ? qu'osera son courroux ?

POMPÉE.

Ce n'est pas s'affranchir qu'un moment le paraître [4],
Ni secouer le joug que de changer de maître.
Sertorius pour vous est un illustre appui ;
Mais en faire le mien, c'est me ranger sous lui ;
Joindre nos étendards, c'est grossir son empire.
Perpenna qui l'a joint saura que vous en dire [5].
Je sers : mais jusqu'ici l'ordre vient de si loin,
Qu'avant qu'on le reçoive il n'en est plus besoin ;
Et ce peu que j'y rends de vaine déférence,
Jaloux du vrai pouvoir, ne sert qu'en apparence [6].
Je crois n'avoir plus même à servir qu'un moment ;
Et, quand Sylla prépare un si doux changement,
Pouvez-vous m'ordonner de me bannir de Rome,
Pour la remettre au joug sous les lois d'un autre hom-
Moi qui ne suis jaloux de mon autorité   [me ;
Que pour lui rendre un jour toute sa liberté ?
Non, non ; si vous m'aimez comme j'aime à le croire,
Vous saurez accorder votre amour et ma gloire,
Céder avec prudence au temps prêt à changer,
Et ne me perdre pas au lieu de vous venger.

ARISTIE.

Si vous m'avez aimée, et qu'il vous en souvienne,
Vous mettrez votre gloire à me rendre la mienne.
Mais il est temps qu'un mot termine ces débats.
Me voulez-vous, seigneur ? ne me voulez-vous pas [1] ?
Parlez : que votre choix règle ma destinée.
Suis-je encore à l'époux à qui l'on m'a donnée ?
Suis-je à Sertorius ? C'est assez consulté :
Rendez-moi mes liens, ou pleine liberté....

POMPÉE.

Je le vois bien, madame, il faut rompre la trêve,
Pour briser en vainqueur cet hymen, s'il s'achève ;
Et vous savez si peu l'art de vous secourir,
Que, pour vous en instruire, il faut vous conquérir.

ARISTIE.

Sertorius sait vaincre et garder ses conquêtes.

POMPÉE.

La vôtre à la garder coûtera bien des têtes [2] ;
Comme elle fermera la porte à tout accord,
Rien ne la peut jamais assurer que ma mort.
Oui, j'en jure les dieux ; s'il faut qu'il vous obtienne,
Rien ne peut empêcher sa perte que la mienne ;
Et peut-être tous deux, l'un par l'autre percés,
Nous vous ferons connaître à quoi vous nous forcez.

ARISTIE.

Je ne suis pas, seigneur, d'une telle importance.
D'autres soins éteindront cette ardeur de vengeance ;
Ceux de vous agrandir vous porteront ailleurs,
Où vous pourrez trouver quelques destins meilleurs ;
Ceux de servir Sylla, d'aimer son Æmilie,
D'imprimer du respect à toute l'Italie,
De rendre à votre Rome un jour sa liberté,
Sauront tourner vos pas de quelque autre côté.
Surtout ce privilége acquis aux grandes âmes,
De changer à leur gré de maris et de femmes,
Mérite qu'on l'étale aux bouts de l'univers,
Pour en donner l'exemple à cent climats divers.

POMPÉE.

Ah ! c'en est trop, madame, et de nouveau je jure [3]....

ARISTIE.

Seigneur, les vérités font-elles quelque injure ?

POMPÉE.

Vous oubliez trop tôt que je suis votre époux.

---

[1] Ce vers humilie trop Pompée. Il y a des hommes qu'il ne faut jamais faire voir petits. (V.)

[2] On ne suit point un exil, on suit une exilée. (V.)

[3] On rend le calme à un peuple agité et divisé, on ne rend point le calme à une division ; cela est impropre, et forme un contre-sens : on fait succéder le calme au trouble, à l'orage ; l'union, la concorde, à la division. Corneille dans ses vingt dernières pièces*, ne se sert presque jamais du mot propre, ne parle presque jamais français, et surtout n'est jamais intéressant : et cela, tandis que la langue se perfectionnait sous la plume de tant de beaux génies du grand siècle ; tandis que Racine parlait au cœur avec tant de chaleur, de noblesse, d'élégance, et dans un langage si pur. (V.)

[4] Pour que ce vers fût français, il faudrait : *ce n'est pas être affranchi que le paraître*. (V.)

[5] Ce vers familier, et la dissertation politique de Pompée avec sa femme, augmentent les défauts de cette scène. Le principal vice est dans le sujet ; et je crois qu'il était impossible de mettre de la chaleur dans cette pièce. (V.)

[6] *Le peu de déférence qui est jaloux du pouvoir, et qui sert en apparence*, est un galimatias qui n'est pas français. (V.)

* Exagération impardonnable. Ce n'est point là juger Corneille, c'est le diffamer. (P.)

[1] C'est un vers de comédie qui avilit tout ; et ce vers est le précis de toute la scène. (V.)

[2] *La vôtre*, etc. est un vers de *Nicomède*, qui est bien plus à sa place dans *Nicomède* qu'ici, parce qu'il sied mieux à Nicomède de braver son frère qu'à Pompée de braver sa femme. (V.)

[3] Ce vers fait bien connaître à quel point cette scène de politique amoureuse était difficile à faire. Quand on répète ce qu'on a déjà dit, c'est une preuve qu'on n'a rien à dire. (V.)

ARISTIE.
Ah! si ce nom vous plaît, je suis encore à vous.
Voilà ma main, seigneur.
POMPÉE.
Gardez-la-moi, madame.
ARISTIE.
Tandis que vous avez à Rome une autre femme?
Que par un autre hymen vous me déshonorez?
Me punissent les dieux que vous avez jurés,
Si, passé ce moment, et hors de votre vue,
Je vous garde une foi que vous avez rompue[1] !
POMPÉE.
Qu'allez-vous faire! hélas!
ARISTIE.
Ce que vous m'enseignez.
POMPÉE.
Éteindre un tel amour[2] !
ARISTIE.
Vous-même l'éteignez.
POMPÉE.
La victoire aura droit de le faire renaître.
ARISTIE.
Si ma haine est trop faible, elle la fera croître.
POMPÉE.
Pourrez-vous me haïr?
ARISTIE.
J'en fais tous mes souhaits.
POMPÉE.
Adieu donc pour deux jours.
ARISTIE.
Adieu pour tout jamais[3] !

[1] Il faudrait au moins qu'elle fût sûre d'épouser Sertorius pour parler ainsi. (V.)
[2] Si Pompée est en effet si amoureux, il n'a pas dû se séparer d'Aristie; et s'il n'a pas une passion violente, tout ce qu'il dit de cet amour refroidit au lieu d'échauffer. (V.)
[3] *Pour jamais* est bien plus fort que *pour tout jamais*. Ce dialogue pressé, rapide, coupé, est souvent, dans Corneille, d'une grande beauté. Il ferait beaucoup d'effet entre deux amants; il n'en fait point entre un mari et une femme qui ne sont pas dans une situation assez douloureuse. Il était impossible de faire d'un tel sujet une véritable tragédie. Les demi-passions ne réussissent jamais à la longue; et les intérêts politiques peuvent tout au plus produire quelques beaux vers qu'on aime à citer. La seule scène de Sertorius et de Pompée suffisait alors à une nation qui sortait des guerres civiles. On n'avait rien d'aucun auteur qu'on pût comparer à ce morceau sublime, et on pardonnait à tout le reste en faveur de ces beautés qui n'appartenaient, dans le monde entier, qu'à Corneille. (V.)

ACTE QUATRIÈME.

SCÈNE PREMIÈRE[1].

SERTORIUS, THAMIRE.

SERTORIUS.
Pourrai-je voir la reine?
THAMIRE.
Attendant qu'elle vienne,
Elle m'a commandé que je vous entretienne,
Et veut demeurer seule encor quelques moments.
SERTORIUS.
Ne m'apprendrez-vous point où vont ses sentiments,
Ce que doit Perpenna concevoir d'espérance;
THAMIRE.
Elle ne m'en fait pas beaucoup de confidence;
Mais j'ose présumer qu'offert de votre main
Il aura peu de peine à fléchir son dédain.
Vous pouvez tout sur elle.
SERTORIUS.
Ah! j'y puis peu de chose,
Si jusqu'à l'accepter mon malheur la dispose;
Ou, pour en parler mieux, j'y puis trop, et trop peu.
THAMIRE.
Elle croit fort vous plaire en secondant son feu.
SERTORIUS.
Me plaire?
THAMIRE.
Oui: mais, seigneur, d'où vient cette surprise?
Et de quoi s'inquiète un cœur qui la méprise?
SERTORIUS.
N'appelez point mépris un violent respect
Que sur mes plus doux vœux fait régner son aspect.
THAMIRE.
Il est peu de respects qui ressemblent au vôtre,
S'il ne sait que trouver des raisons pour un autre;
Et je préférerais un peu d'emportement
Aux plus humbles devoirs d'un tel accablement[2].

[1] Cette scène de Sertorius avec une confidente a quelque chose de comique. Les scènes avec les subalternes sont d'ordinaire très-froides dans la tragédie, à moins que ces personnages secondaires n'apportent des nouvelles intéressantes, ou qu'ils ne donnent lieu à des explications plus intéressantes encore. Mais ici Sertorius demande simplement des nouvelles; il veut savoir *où vont* les sentiments de Viriate, quoique des sentiments n'aillent point. Thamire semble un peu le railler, en lui disant que Perpenna, offert par lui, *fléchira* le dédain de la reine; et Sertorius répond qu'il a pour elle un *violent respect*. Cela n'est pas fort tragique. (V.)
[2] Avouons que Sertorius et cette suivante débitent un étrange galimatias de comédie. Ce violent *respect* que l'aspect de Viriate fait régner sur les plus doux vœux de Sertorius, ce peu de *respects* qui ressemblent aux *respects* de Sertorius, ce *respect*

SERTORIUS, ACTE IV, SCÈNE II.

SERTORIUS.
Il n'en est rien parti capable de me nuire,
Qu'un soupir échappé ne dût soudain détruire :
Mais la reine, sensible à de nouveaux désirs,
Entendait mes raisons, et non pas mes soupirs.

THAMIRE.
Seigneur, quand un Romain, quand un héros soupire,
Nous n'entendons pas bien ce qu'un soupir veut dire ;
Et je vous servirais de meilleur truchement,
Si vous vous expliquiez un peu plus clairement.
Je sais qu'en ce climat, que vous nommez barbare,
L'amour par un soupir quelquefois se déclare :
Mais la gloire, qui fait toutes vos passions,
Vous met trop au-dessus de ces impressions ; [Rome...
De tels désirs, trop bas pour les grands cœurs de

SERTORIUS.
Ah ! pour être Romain, je n'en suis pas moins homme[1].
J'aime, et peut-être plus qu'on n'a jamais aimé[2] ;
Malgré mon âge et moi, mon cœur s'est enflammé.
J'ai cru pouvoir me vaincre, et toute mon adresse
Dans mes plus grands efforts m'a fait voir ma faiblesse.
Ceux de la politique, et ceux de l'amitié,
M'ont mis en un état à me faire pitié.
Le souvenir m'en tue, et ma vie incertaine
Dépend d'un peu d'espoir que j'attends de la reine.
Si toutefois...

THAMIRE.
Seigneur, elle a de la bonté ;
Mais je vois son esprit fortement irrité ;
Et, si vous m'ordonnez de vous parler sans feindre,
Vous pouvez espérer, mais vous avez à craindre.
N'y perdez point de temps, et ne négligez rien ;

C'est peut-être un dessein mal ferme que le sien.
La voici. Profitez des avis qu'on vous donne,
Et gardez bien surtout qu'elle ne m'en soupçonne[1].

SCÈNE II[2].

VIRIATE, SERTORIUS, THAMIRE.

VIRIATE.
On m'a dit qu'Aristie a manqué son projet,
Et que Pompée échappe à cet illustre objet.
Serait-il vrai, seigneur ?

SERTORIUS.
Il est trop vrai, madame,
Mais, bien qu'il l'abandonne, il l'adore dans l'âme,
Et rompra, m'a-t-il dit, la trêve dès demain,
S'il voit qu'elle s'apprête à me donner la main.

VIRIATE.
Vous vous alarmez peu d'une telle menace ?

SERTORIUS.
Ce n'est pas en effet ce qui plus m'embarrasse.
Mais vous, pour Perpenna qu'avez-vous résolu ?

VIRIATE.
D'obéir sans remise au pouvoir absolu[3] ;

---

[1] *Profitez de mes avis, mais ne me nommez pas;* discours de soubrette ridicule. A quoi sert cette froide scène de comédie ? Mais il faut remplir son acte, mais il faut donner à un parterre, souvent ignorant, grossier et tumultueux, trois cents vers pour les cinq sous qu'on payait alors. Non, il faut bien plutôt ne donner que deux cents beaux vers par acte que trois cents mauvais. Il ne faut point prostituer ainsi l'art de la poésie. Il est honteux qu'il y ait en France un parterre où les spectateurs sont debout, pressés, gênés, nécessairement tumultueux; peut-être c'est encore un mal qu'on donne des spectacles tous les jours : s'ils étaient plus rares, ils pourraient devenir meilleurs :

Voluptates commendat rarior usus. (V.)

[2] Cette scène remplie d'ironie et de coquetterie semble bien peu convenable à Sertorius et à Viriate. Mais quand on voit ensuite Sertorius qui dit qu'il aime *malgré ses cheveux gris*, et qu'il a cru qu'il ne lui coûterait *que deux ou trois soupirs*, Sertorius paraît trop petit. Viriate d'ailleurs lui dit à peu près les mêmes choses qu'Aristie a dites à Pompée. L'une dit : *Me voulez-vous ? ne me voulez-vous pas ?* l'autre dit : *M'aimez-vous ?* L'une veut que Pompée lui rende sa main ; l'autre, que Sertorius lui donne sa main. Pompée a parlé politique à sa femme ; Sertorius parle politique à sa maîtresse. Viriate lui dit : *Vous savez que l'amour n'est pas ce qui me presse.* L'un et l'autre s'épuisent en raisonnements. Enfin Viriate finit cette scène en disant :

Je suis reine ; et qui sait porter une couronne,
Quand il a prononcé, n'aime point qu'on raisonne.

C'est parler à Sertorius, dont elle dépend, comme si elle parlait à son domestique, et ce *n'aime point qu'on raisonne* est d'un comique qui n'est pas supportable. La fierté est ridicule quand elle n'est pas à sa place. (V.)

[3] *Obéir sans remise, une offre en l'air, assurer des nœuds, une frénésie poussée au dernier éclat.* Quels vers ! quelles ex-

---

qui ne sait que trouver des raisons pour un autre, et cette suivante qui préférerait un peu d'emportement aux plus humbles devoirs d'un accablement! enfin l'autre qui lui réplique qu'*il n'en est rien parti capable de lui nuire, et qu'un soupir échappé ne pût détruire!* Ce n'est pas le lutin qui a fait de tels vers. (V.)

[1] Ce vers a quelque chose de comique ; aussi est-il excellent dans la bouche du Tartuffe, qui dit :

Ah ! pour être dévot, je n'en suis pas moins homme.

Mais il n'est pas permis à Sertorius de parler comme le Tartuffe. (V.)

[2] Ce vers prouve encore que ceux qui ont dit que Corneille dédaignait de faire parler d'amour ses héros se sont bien trompés. Ce vers est d'autant plus déplacé dans la bouche de Sertorius, qu'il n'a rien dit jusqu'ici qui puisse faire croire qu'il ait une grande passion. Rien ne déplaît plus au théâtre que les expressions fortes d'un sentiment faible ; plus on cherche alors à attacher, et moins on attache. Et qu'est-ce qu'une reine qui est sensible à de nouveaux désirs, et qui entend des raisons et non pas des soupirs, et cette suivante qui n'entend pas bien ce qu'un soupir veut dire, et qui serait un meilleur truchement ? Non, jamais on n'a rien mis de plus mauvais sur la scène tragique. On dira tant qu'on voudra que cette critique est dure ; je dois et je veux la publier, parce que je déteste le mauvais autant que j'idolâtre le bon. (V.)

Et si d'une offre en l'air votre âme encor frappée
Veut bien s'embarrasser du rebut de Pompée,
Il ne tiendra qu'à vous que dès demain tous deux
De l'un et l'autre hymen nous n'assurions les nœuds;
Dût se rompre la trêve, et dût la jalousie
Jusqu'au dernier éclat pousser sa frénésie.

SERTORIUS.
Vous pourrez dès demain....

VIRIATE.
Dès ce même moment.
Ce n'est pas obéir qu'obéir lentement;
Et quand l'obéissance a de l'exactitude [1],
Elle voit que sa gloire est dans la promptitude.

SERTORIUS.
Mes prières pouvaient souffrir quelques refus.

VIRIATE.
Je les prendrai toujours pour ordres absolus.
Qui peut ce qui lui plaît commande alors qu'il prie.
D'ailleurs Perpenna m'aime avec idolâtrie :
Tant d'amour, tant de rois d'où son sang est venu,
Le pouvoir souverain dont il est soutenu,
Valent bien tous ensemble un trône imaginaire
Qui ne peut subsister que par l'heur de vous plaire.

SERTORIUS.
Je n'ai donc qu'à mourir en faveur de ce choix [2] :
J'en ai reçu la loi de votre propre voix;
C'est un ordre absolu qu'il est temps que j'entende.
Pour aimer un Romain, vous voulez qu'il commande;
Et comme Perpenna ne le peut sans ma mort,
Pour remplir votre trône il lui faut tout mon sort.
Lui donner votre main, c'est m'ordonner, madame,
De lui céder ma place au camp et dans votre âme.
Il est, il est trop juste, après un tel bonheur

Qu'il l'ait dans notre armée, ainsi qu'en votre cœur;
J'obéis sans murmure, et veux bien que ma vie....

VIRIATE.
Avant que par cet ordre elle vous soit ravie,
Puis-je me plaindre à vous d'un retour inégal
Qui tient moins d'un ami qu'il ne fait d'un rival [1] ?
Vous trouvez ma faveur et trop prompte et trop pleine !
L'hymen où je m'apprête est pour vous une gêne !
Vous m'en parlez enfin comme si vous m'aimiez [2] !

SERTORIUS.
Souffrez, après ce mot, que je meure à vos pieds [3].
J'y veux bien immoler tout mon bonheur au vôtre;
Mais je ne puis vous voir entre les bras d'un autre,
Et c'est assez vous dire à quelle extrémité
Me réduit mon amour que j'ai mal écouté.
Bien qu'un si digne objet le rendît excusable,
J'ai cru honteux d'aimer quand on n'est plus aimable;
J'ai voulu m'en défendre à voir mes cheveux gris,
Et me suis répondu longtemps de vos mépris.
Mais j'ai vu dans votre âme ensuite une autre idée,
Sur qui mon espérance aussitôt s'est fondée;
Et je me suis promis bien plus qu'à tous vos rois,
Quand j'ai vu que l'amour n'en ferait point le choix.
J'allais me déclarer sans l'offre d'Aristie :
Non que ma passion s'en soit vue alentie;
Mais je n'ai point douté qu'il ne fût d'un grand cœur
De tout sacrifier pour le commun bonheur.
L'amour de Perpenna s'est joint à ces pensées;
Vous avez vu le reste, et mes raisons forcées.
Je m'étais figuré que de tels déplaisirs
Pourraient ne me coûter que deux ou trois soupirs;
Et, pour m'en consoler, j'envisageais l'estime
Et d'ami généreux et de chef magnanime :
Mais, près d'un coup fatal, je sens par mes ennuis
Que je me promettais bien plus que je ne puis.
Je me rends donc, madame; ordonnez de ma vie :
Encor tout de nouveau je vous la sacrifie.
Aimez-vous Perpenna?

VIRIATE.
Je sais vous obéir,
Mais je ne sais que c'est d'aimer ni de haïr [4];

---

pressions! Et de petits écoliers oseront me reprocher d'être trop sévère. (V.) — Ces écoliers dont Voltaire parle avec indignation, et qu'il eût affligés davantage en n'en parlant pas, étaient les écrivains à la semaine, qui, lorsque cet ouvrage parut, s'érigèrent tous en vengeurs de Corneille, moins par zèle pour sa mémoire, que pour outrager Voltaire. Aucun d'eux n'eût été capable de faire une seule des excellentes remarques dispersées dans ce commentaire; mais ils relèvent avec arrogance celles où Voltaire a pu se tromper, tandis qu'ils se récriaient d'admiration même sur les défauts les plus évidents de Corneille. Si l'on en croyait ces critiques, *Théodore*, *Pertharite*, *Atilla* même, étaient des ouvrages où le génie de ce grand homme se montrait encore tout entier, et très-supérieurs aux meilleures tragédies de Voltaire, qui ne les avait décriées que par jalousie. Tel était le zèle de ces messieurs pour la gloire d'un mort qu'ils auraient outragé pendant sa vie. Mais d'où venait leur emportement contre Voltaire? Du sentiment de leur médiocrité, qui les avertissait de son mépris. (P.)

[1] *Une obéissance qui a de l'exactitude !* (V.)

[2] Il n'y a guère dans toutes ces scènes d'expression qui soit juste; mais le pis est que les sentiments sont encore moins naturels. Un vieux factieux tel que Sertorius doit-il dire à une femme qu'*il mourra en faveur du choix qu'elle fera d'un autre ?* (V.)

[1] Ce n'est pas parler français, c'est coudre ensemble, pour rimer, des paroles qui ne signifient rien; car que peut signifier *un retour inégal ?* Que d'obscurités! que de barbarismes entassés! et quelle froideur! (V.)

[2] Il n'y a point de vers plus comique. (V.)

[3] Jamais le ridicule excessif des intrigues amoureuses de nos héros de théâtre n'a paru plus sensiblement que dans ce couplet où ce vieux militaire, ce vieux conjuré, veut mourir d'amour aux pieds de sa Viriate qu'il n'aime guère. Il s'en est défendu *à voir ses cheveux gris;* mais sa passion ne s'est pas *vue alentie*, quoiqu'il se fût figuré que de tels déplaisirs ne lui coûteraient que deux ou trois soupirs : il envisageait l'*estime de chef magnanime*. (V.)

[4] Aristie a dit à Pompée : *Suivant qu'on m'aime ou hait,*

Et la part que tantôt vous aviez dans mon âme
Fut un don de ma gloire, et non pas de ma flamme.
Je n'en ai point pour lui, je n'en ai point pour vous ;
Je ne veux point d'amant, mais je veux un époux,
Mais je veux un héros, qui par son hyménée
Sache élever si haut le trône où je suis née,
Qu'il puisse de l'Espagne être l'heureux soutien,
Et laisser de vrais rois de mon sang et du sien.
Je le trouvais en vous, n'eût été la bassesse
Qui pour ce cher rival contre moi s'intéresse,
Et dont, quand je vous mets au-dessus de cent rois,
Une répudiée a mérité le choix.
Je l'oublîrai pourtant, et veux vous faire grâce.
M'aimez-vous ?

SERTORIUS.
Oserai-je en prendre encor l'audace ?

VIRIATE.
Prenez-la, j'y consens, seigneur ; et dès demain,
Au lieu de Perpenna, donnez-moi votre main.

SERTORIUS.
Que se tiendrait heureux un amour moins sincère
Qui n'aurait autre but que de se satisfaire [1],
Et qui se remplirait de sa félicité
Sans prendre aucun souci de votre dignité !
Mais quand vous oubliez ce que j'ai pu vous dire,
Puis-je oublier les soins d'agrandir votre empire ;
Que votre grand projet est celui de régner ?

VIRIATE.
Seigneur, vous faire grâce, est-ce m'en éloigner ?

SERTORIUS.
Ah ! madame, est-il temps que cette grâce éclate ?

VIRIATE.
C'est cet éclat, seigneur, que cherche Viriate.

SERTORIUS.
Nous perdons tout, madame, à le précipiter.
L'amour de Perpenna le fera révolter ;
Souffrez qu'un peu de temps doucement le ménage,
Qu'auprès d'un autre objet un autre amour l'engage :
Des amis d'Aristie assurons le secours
A force de promettre, en différant toujours.
Détruire tout l'espoir qui les tient en haleine,
C'est les perdre, c'est mettre un jaloux hors de peine,
Dont l'esprit ébranlé ne se doit pas guérir
De cette impression qui peut nous l'acquérir.
Pourrions-nous venger Rome après de telles pertes ?
Pourrions-nous l'affranchir des misères soufferte ?
Et de ses intérêts un si haut abandon....

VIRIATE.
Et que m'importe à moi si Rome souffre ou non [1] ?
Quand j'aurai de ses maux effacé l'infamie,
J'en obtiendrai pour fruit le nom de son amie !
Je vous verrai consul m'en apporter les lois,
Et m'abaisser vous-même au rang des autres rois !
Si vous m'aimez, seigneur, nos mers et nos montagnes
Doivent borner nos vœux, ainsi que nos Espagnes :
Nous pouvons nous y faire un assez beau destin,
Sans chercher d'autre gloire au pied de l'Aventin.
Affranchissons le Tage, et laissons faire au Tibre.
La liberté n'est rien quand tout le monde est libre ;
Mais il est beau de l'être, et voir tout l'univers
Soupirer sous le joug, et gémir dans les fers ;
Il est beau d'étaler cette prérogative
Aux yeux du Rhône esclave et de Rome captive ;
Et de voir envier aux peuples abattus
Ce respect que le sort garde pour les vertus.
Quant au grand Perpenna, s'il est si redoutable,
Permettez-moi le soin de le rendre traitable :
Je sais l'art d'empêcher les grands cœurs de faillir.

SERTORIUS.
Mais quel fruit pensez-vous en pouvoir recueillir ?
Je le sais comme vous, et vois quelles tempêtes
Cet ordre surprenant formera sur nos têtes [2].
Ne cherchons point, madame, à faire des mutins,
Et ne nous brouillons point avec nos bons destins.
Rome nous donnera sans eux assez de peine,
Avant que de souscrire à l'hymen d'une reine ;
Et nous n'en fléchirons jamais la dureté,
A moins qu'elle nous doive et gloire et liberté.

VIRIATE.
Je vous avoûrai plus, seigneur : loin d'y souscrire,
Elle en prendra pour vous une haine où j'aspire [3],
Un courroux implacable, un orgueil endurci ;
Et c'est par où je veux vous arrêter ici.
Qu'ai-je à faire dans Rome ? et pourquoi, je vous prie....

SERTORIUS.
Mais nos Romains, madame, aiment tous leur patrie ;
Et de tous leurs travaux l'unique et doux espoir,
C'est de vaincre bientôt assez pour la revoir [4].

---

j'aime, ou hais à mon tour ; Viriate dit à Sertorius qu'*elle ne sait que c'est d'aimer ni de haïr.* Dès qu'elle ne sait que c'est ou ce que c'est, elle n'a qu'un intérêt de politique, par conséquent elle est froide. Cependant elle dit, le moment d'après : *m'aimez-vous ?* Ne devrait-elle pas lui dire : *L'amour n'est pas fait pour nous, l'intérêt de l'État, le vôtre, celui de ma grandeur, doivent présider à notre hyménée ?* (V.)

[1] *Autre but que de se satisfaire* donne une idée qui est un peu comique, et qui assurément ne convient pas à la tragédie. (V.)

[1] Voilà enfin des sentiments dignes d'une reine et d'une ennemie de Rome. Voilà des vers qui seraient dignes de l'entrevue de Pompée et de Sertorius, avec un peu de correction. Si tout le rôle de Viriate était de cette force, la pièce serait au rang des chefs-d'œuvre. (V.)

[2] *Un ordre surprenant qui forme des tempêtes sur des têtes !* (V.)

[3] *Prendre une haine! aspirer à une haine ! un orgueil endurci ! et c'est par là qu'on veut s'arrêter ici !* (V.)

[4] *Vaincre assez pour revoir Rome !* (V.) — Ce n'était, en effet, que par des victoires réitérées que les compagnons de Sertorius pouvaient se flatter de revoir leur patrie ; et nous ne

SERTORIUS, ACTE IV, SCÈNE III.

VIRIATE.
Pour les enchaîner tous sur les rives du Tage,
Nous n'avons qu'à laisser Rome dans l'esclavage :
Ils aimeront à vivre et sous vous et sous moi,
Tant qu'ils n'auront qu'un choix d'un tyran ou d'un [roi.

SERTORIUS.
Ils ont pour l'un et l'autre une pareille haine,
Et n'obéiront point au mari d'une reine.

VIRIATE.
Qu'ils aillent donc chercher des climats à leur choix,
Où le gouvernement n'ait ni tyrans ni rois.
Nos Espagnols, formés à votre art militaire,
Achèveront sans eux ce qui nous reste à faire.
La perte de Sylla n'est pas ce que je veux ;
Rome attire encor moins la fierté de mes vœux[1] :
L'hymen où je prétends ne peut trouver d'amorces
Au milieu d'une ville où règnent les divorces,
Et du haut de mon trône on ne voit point d'attraits
Où l'on n'est roi qu'un an, pour n'être rien après.
Enfin, pour achever, j'ai fait pour vous plus qu'elle :
Elle vous a banni, j'ai pris votre querelle ;
Je conserve des jours qu'elle veut vous ravir.
Prenez le diadème, et laissez-la servir.
Il est beau de tenter des choses inouïes,
Dût-on voir par l'effet ses volontés trahies.
Pour moi, d'un grand Romain je veux faire un grand [roi ;
Vous, s'il y faut périr, périssez avec moi :
C'est gloire de se perdre en servant ce qu'on aime.

SERTORIUS.
Mais porter dès l'abord les choses à l'extrême,
Madame, et sans besoin faire des mécontents !
Soyons heureux plus tard pour l'être plus longtemps.
Une victoire ou deux jointes à quelque adresse....

VIRIATE.
Vous savez que l'amour n'est pas ce qui me presse[2],
Seigneur. Mais, après tout, il faut le confesser,
Tant de précaution commence à me lasser.
Je suis reine ; et qui sait porter une couronne,
Quand il a prononcé, n'aime point qu'on raisonne.
Je vais penser à moi, vous penserez à vous.

SERTORIUS.
Ah ! si vous écoutez cet injuste courroux....

VIRIATE.
Je n'en ai point, seigneur ; mais mon inquiétude
Ne veut plus dans mon sort aucune incertitude :
Vous me direz demain où je dois l'arrêter.
Cependant je vous laisse avec qui consulter.

SCÈNE III[1].

SERTORIUS, PERPENNA, AUFIDE.

PERPENNA, à Aufide.
Dieux ! qui peut faire ainsi disparaître la reine ?

AUFIDE, à Perpenna.
Lui-même a quelque chose en l'âme qui le gêne,
Seigneur ; et notre abord le rend tout interdit.

SERTORIUS.
De Pompée en ces lieux savez-vous ce qu'on dit ?
L'avez-vous mis fort loin au delà de la porte ?

PERPENNA.
Comme assez près des murs il avait son escorte,
Je me suis dispensé de le mettre plus loin.
Mais de votre secours, seigneur, j'ai grand besoin.
Tout son visage montre une fierté si haute....

SERTORIUS.
Nous n'avons rien conclu, mais ce n'est pas ma faute ;
Et vous savez....

PERPENNA.
    Je sais qu'en de pareils débats....

SERTORIUS.
Je n'ai point cru devoir mettre les armes bas ;
Il n'est pas encor temps.

PERPENNA.
    Continuez, de grâce ;
Il n'est pas encor temps que l'amitié se lasse.

SERTORIUS.
Votre intérêt m'arrête autant comme le mien :
Si je m'en trouvais mal, vous ne seriez pas bien.

PERPENNA.
De vrai, sans votre appui je serais fort à plaindre ;
Mais je ne vois pour vous aucun sujet de craindre.

SERTORIUS.
Je serais le premier dont on serait jaloux ;
Mais ensuite le sort pourrait tomber sur vous.
Le tyran après moi vous craint plus qu'aucun autre,
Et ma tête abattue ébranlerait la vôtre.
Nous ferons bien tous deux d'attendre plus d'un an.

PERPENNA.
Que parlez-vous, seigneur, de tête et de tyran ?

---

voyons pas ce que Voltaire peut reprocher à cette expression. (P.)

[1] *Attirer la fierté des vœux* ; c'est encore une de ces expressions impropres et sans justesse. *Un hymen qui ne peut trouver d'amorces au milieu d'une ville ! des attraits où l'on n'est roi qu'un an !* Quand on examine de près cette foule innombrable de fautes, on est effrayé. (V.)

[2] Nous avons déjà remarqué ce vers. (*Voyez le commencement de cette scène.*) (V.)

[1] Cette scène paraît encore moins digne de la tragédie que les précédentes. Perpenna et Sertorius ne s'entendent point : l'un dit : *Je parlais de Sylla* ; l'autre : *Je parlais de la reine*. Ces petites méprises ne sont permises que dans la comédie. Il est vrai que cette scène est toute comique : *Quelque chose qui le gêne. Savez-vous ce qu'on dit ? L'avez-vous mis fort loin au delà de la porte ? Je me suis dispensé de le mener plus loin. Nous n'avons rien conclu, mais ce n'est pas ma faute. Si je m'en trouvais mal, vous ne seriez pas bien...* Tout le reste est écrit de ce style. (V.)

SERTORIUS.
Je parle de Sylla, vous le devez connaître.
PERPENNA.
Et je parlais des feux que la reine a fait naître.
SERTORIUS.
Nos esprits étaient donc également distraits ;
Tout le mien s'attachait aux périls de la paix ;
Et je vous demandais quel bruit fait par la ville[1]
De Pompée et de moi l'entretien inutile.
Vous le saurez, Aufide ?
AUFIDE.
A ne rien déguiser,
Seigneur, ceux de sa suite en ont su mal user[2] ;
J'en crains parmi le peuple un insolent murmure :
Ils ont dit que Sylla quitte sa dictature,
Que vous seul refusez les douceurs de la paix,
Et voulez une guerre à ne finir jamais.
Déjà de nos soldats l'âme préoccupée
Montre un peu trop de joie à parler de Pompée,
Et si l'erreur s'épand jusqu'en nos garnisons,
Elle y pourra semer de dangereux poisons.
SERTORIUS.
Nous en romprons le coup avant qu'elle grossisse,
Et ferons par nos soins avorter l'artifice.
D'autres plus grands périls le ciel m'a garanti.
PERPENNA.
Ne ferions-nous point mieux d'accepter le parti,
Seigneur ? Trouvez-vous l'offre ou honteuse ou mal [sûre ?
SERTORIUS.
Sylla peut en effet quitter sa dictature ;
Mais il peut faire aussi des consuls à son choix,
De qui la pourpre esclave[3] agira sous ses lois ;
Et, quand nous n'en craindrons aucuns ordres sinis-
Nous périrons par ceux de ses lâches ministres. [tres,
Croyez-moi, pour des gens comme vous deux et moi[1],
Rien n'est si dangereux que trop de bonne foi.
Sylla par politique a pris cette mesure[2]
De montrer aux soldats l'impunité fort sûre ;
Mais pour Cinna, Carbon, le jeune Marius,
Il a voulu leur tête, et les a tous perdus. [donne,
Pour moi, que tout mon camp sur ce bruit m'aban-
Qu'il ne reste pour moi que ma seule personne,
Je me perdrai plutôt dans quelque affreux climat,
Qu'aller, tant qu'il vivra, briguer le consulat.
Vous....
PERPENNA.
Ce n'est pas, seigneur, ce qui me tient en peine.
Exclus du consulat par l'hymen d'une reine,
Du moins si vos bontés m'obtiennent ce bonheur,
Je n'attends plus de Rome aucun degré d'honneur ;
Et, banni pour jamais dans la Lusitanie,
J'y crois en sûreté les restes de ma vie.
SERTORIUS.
Oui ; mais je ne vois pas encor de sûreté
A ce que vous et moi nous avions concerté.
Vous savez que la reine est d'une humeur si fière....
Mais peut-être le temps la rendra moins altière.
Adieu : dispensez-moi de parler là-dessus.
PERPENNA.
Parlez, seigneur : mes vœux sont-ils si mal reçus ?
Est-ce en vain que je l'aime, en vain que je soupire ?
SERTORIUS.
Sa retraite a plus dit que je ne puis vous dire.
PERPENNA.
Elle m'a dit beaucoup : mais, seigneur, achevez,
Et ne me cachez point ce que vous en savez.
Ne m'auriez-vous rempli que d'un espoir frivole ?
SERTORIUS.
Non, je vous l'ai cédée, et vous tiendrai parole.
Je l'aime, et vous la donne encor malgré mon feu ;
Mais je crains que ce don n'ait jamais son aveu,
Qu'il n'attire sur nous d'impitoyables haines.
Que vous dirai-je enfin ? L'Espagne a d'autres reines ;
Et vous pourriez vous faire un destin bien plus doux,

---

[1] *Quel bruit fait par la ville* est du style de la comédie, comme on le sent assez. Mais ce que Sertorius fait trop sentir, c'est qu'en effet la conférence qu'il a eue avec Pompée n'a rien produit dans la pièce. Ce n'est, comme on l'a déjà dit, qu'une belle conversation dont il ne résulte rien, un beau dialogue de politique. Si cette entrevue avait fait naître la conspiration de Perpenna, ou quelque autre intrigue intéressante et terrible, elle eût été une beauté tragique, au lieu qu'elle n'est qu'une beauté de dialogue. Remarquez que cette tragédie est un tissu de conversations souvent très-embrouillées, jusqu'à ce que le héros de la pièce soit assassiné. De là naît la froideur qui produit l'ennui. (V.)

[2] *Les gens de la suite de Pompée qui en ont su mal user ; le coup d'une erreur qu'on veut rompre avant qu'elle grossisse ; une pourpre qui agit ; l'erreur qui s'épand jusqu'en nos garnisons ; des gens comme vous deux et moi ; Sylla qui prend cette mesure de rendre l'impunité fort sûre ; la reine qui est d'une humeur si fière* : ce sont là des expressions peu convenables et bien vicieuses ; mais le plus grand vice, encore une fois, c'est le manque d'intérêt ; et ce manque d'intérêt vient principalement de ce qu'il n'y a dans la pièce que des demi-desseins, des demi-passions, et des demi-volontés. Sertorius conseille à Perpenna d'épouser la reine des Ilergètes, *qui rendra ses volontés bien plus tôt satisfaites* ; après quoi il lui dit qu'il ira souper chez lui. Assurément il n'y a rien là de tragique. (V.)

[3] *La pourpre esclave* est une de ces expressions de génie dont on ne trouve d'exemples que chez les poètes vraiment inspirés ; elle eût mérité que Voltaire en fît la remarque. (P.)

[1] *Des gens comme vous deux !* (V.)

[2] Un homme d'État prend des mesures ; un ouvrier, un maçon, un tailleur, un cordonnier, prennent une mesure. (V.) — Parmi les mesures que prend un homme d'État pour arriver à son but, n'en peut-il pas en être une sur laquelle il compte beaucoup plus que sur les autres ? Alors ne dirait-il pas très-bien, *au singulier* : j'ai pris cette mesure, parce qu'elle m'a paru devoir me conduire infailliblement au succès ? On dit, il est vrai, d'un tailleur et d'un cordonnier : qu'*ils prennent mesure*, mais non qu'*ils prennent une mesure*. La différence paraît très-petite, mais n'en est pas moins réelle. (P.)

Si vous faisiez pour moi ce que je fais pour vous,
Celle des Vacéens, celle des Ilergètes [1],
Rendraient vos volontés bien plus tôt satisfaites;
La reine avec chaleur saurait vous y servir.
PERPENNA.
Vous me l'avez promise, et me l'allez ravir!
SERTORIUS.
Que sert que je promette et que je vous la donne,
Quand son ambition l'attache à ma personne?
Vous savez les raisons de cet attachement,
Je vous en ai tantôt parlé confidemment;
Je vous en fais encor la même confidence.
Faites à votre amour un peu de violence;
J'ai triomphé du mien; j'y suis encor tout prêt:
Mais, s'il faut du parti ménager l'intérêt,
Faut-il pousser à bout une reine obstinée,
Qui veut faire à son choix toute sa destinée,
Et de qui le secours, depuis plus de dix ans,
Nous a mieux soutenus que tous nos partisans?
PERPENNA.
La trouvez-vous, seigneur, en état de vous nuire?
SERTORIUS.
Non, elle ne peut pas tout à fait nous détruire;
Mais, si vous m'enchaînez à ce que j'ai promis,
Dès demain elle traite avec nos ennemis.
Leur camp n'est que trop proche; ici chacun mur-
Jugez ce qu'il faut craindre en cette conjoncture. [mure;
Voyez quel prompt remède on y peut apporter,
Et quel fruit nous aurons de la violenter [2].
PERPENNA.
C'est à moi de me vaincre, et la raison l'ordonne:
Mais d'un si grand dessein tout mon cœur qui fris-
SERTORIUS. [sonne...
Ne vous contraignez point; dût m'en coûter le jour,
Je tiendrai ma promesse en dépit de l'amour.
PERPENNA.
Si vos promesses n'ont l'aveu de Viriate....
SERTORIUS.
Je ne puis de sa part rien dire qui vous flatte.
PERPENNA.
Je dois donc me contraindre, et j'y suis résolu.
Oui, sur tous mes désirs je me rends absolu; [tre,
J'en veux, à votre exemple, être aujourd'hui le maî-
Et, malgré cet amour que j'ai laissé trop croître,
Vous direz à la reine....
SERTORIUS.
   Eh bien! je lui dirai?
PERPENNA.
Rien, seigneur, rien encor; demain j'y penserai.

[1] On ne s'attendait ni à la reine des Vacéens, ni à celle des Ilergètes. Rien n'est plus froid que de pareilles propositions; et, dans une tragédie, le froid est encore plus insupportable que le comique déplacé, et que les fautes de langage. (V.)

[2] *Un fruit de violenter* est un barbarisme et un solécisme. (V.)

Toutefois la colère où s'emporte son âme
Pourrait dès cette nuit commencer quelque trame.
Vous lui direz, seigneur, tout ce que vous voudrez;
Et je suivrai l'avis que pour moi vous prendrez.
SERTORIUS.
Je vous admire et plains.
PERPENNA.
   Que j'ai l'âme accablée!
SERTORIUS.
Je partage les maux dont je la vois comblée.
Adieu: j'entre un moment pour calmer son chagrin,
Et me rendrai chez vous à l'heure du festin [1].

SCÈNE IV.

PERPENNA, AUFIDE.

AUFIDE.
Ce maître si chéri fait pour vous des merveilles [2];
Votre flamme en reçoit des faveurs sans pareilles!
Son nom seul, malgré lui, vous avait tout volé,
Et la reine se rend sitôt qu'il a parlé.
Quels services faut-il que votre espoir hasarde,
Afin de mériter l'amour qu'elle vous garde [3]?
Et dans quel temps, seigneur, purgerez-vous ces lieux
De cet illustre objet qui lui blesse les yeux?
Elle n'est point ingrate; et les lois qu'elle impose,
Pour se faire obéir promettent peu de chose;
Mais on n'a qu'à laisser le salaire à son choix,
Et courir sans scrupule exécuter ses lois.
Vous ne me dites rien? Apprenez-moi, de grâce,
Comment vous résolvez que le festin se passe?
Dissimulerez-vous ce manquement de foi?
Et voulez-vous....
PERPENNA.
   Allons en résoudre chez moi [4].

[1] La scène commence par un général de l'armée romaine, qui dit qu'il a reconduit le grand Pompée jusqu'à la porte, et finit par un autre général qui dit: *Allons souper*. (V.)

[2] Du comique encore, et de l'ironie, et dans un subalterne! (V.)

[3] *Des services qu'un espoir hasarde*, et *un amour qu'on garde!* (V.)

[4] Il peut aussi bien se résoudre dans l'endroit où il parle. (V.)

ACTE CINQUIÈME.

SCÈNE PREMIÈRE[1].

ARISTIE, VIRIATE.

ARISTIE.

Oui, madame, j'en suis comme vous ennemie.
Vous aimez les grandeurs, et je hais l'infamie.
Je cherche à me venger, vous, à vous établir;
Mais vous pourrez me perdre, et moi vous affaiblir,
Si le cœur mieux ouvert ne met d'intelligence
Votre établissement avecque ma vengeance.
On m'a volé Pompée; et moi pour le braver,
Cet ingrat que sa foi n'ose me conserver,
Je cherche un autre époux qui le passe, ou l'égale :
Mais je n'ai pas dessein d'être votre rivale,
Et n'ai point dû prévoir, ni que vers un Romain
Une reine jamais daignât pencher sa main,
Ni qu'un héros, dont l'âme a paru si romaine,
Démentît ce grand nom par l'hymen d'une reine.
J'ai cru dans sa naissance et votre dignité
Pareille aversion et contraire fierté.
Cependant on me dit qu'il consent l'hyménée,
Et qu'en vain il s'oppose au choix de la journée,
Puisque, si dès demain il n'a tout son éclat,
Vous allez du parti séparer votre État.
Comme je n'ai pour but que d'en grossir les forces,
J'aurais grand déplaisir d'y causer des divorces,
Et de servir Sylla mieux que tous ses amis,
Quand je lui veux partout faire des ennemis.
Parlez donc : quelque espoir que vous m'ayez vu prendre,
Si vous y prétendez, je cesse d'y prétendre.
Un reste d'autre espoir, et plus juste, et plus doux,
Saura voir sans chagrin Sertorius à vous.
Mon cœur veut à toute heure immoler à Pompée
Tous les ressentiments de ma place usurpée;
Et, comme son amour eut peine à me trahir,
J'ai voulu me venger, et n'ai pu le haïr.
Ne me déguisez rien, non plus que je déguise.

VIRIATE.

Viriate à son tour vous doit même franchise,
Madame; et d'ailleurs même on vous en a trop dit,
Pour vous dissimuler ce que j'ai dans l'esprit.
J'ai fait venir exprès Sertorius d'Afrique
Pour sauver mes États d'un pouvoir tyrannique;
Et mes voisins domptés m'apprenaient que sans lui
Nos rois contre Sylla n'étaient qu'un vain appui.
Avec un seul vaisseau ce grand héros prit terre[1];
Avec mes sujets seuls il commença la guerre :
Je mis entre ses mains ses places et mes ports,
Et je lui confiai mon sceptre et mes trésors.
Dès l'abord il sut vaincre, et j'ai vu la victoire
Enfler de jour en jour sa puissance et sa gloire.
Nos rois lassés du joug, et vos persécutés,
Avec tant de chaleur l'ont joint de tous côtés,
Qu'enfin il a poussé nos armes fortunées
Jusques à vous réduire au pied des Pyrénées.
Mais, après l'avoir mis au point où je le vois,
Je ne puis voir que lui qui soit digne de moi;
Et, regardant sa gloire ainsi que mon ouvrage,
Je périrai plutôt qu'une autre la partage.
Mes sujets valent bien que j'aime à leur donner
Des monarques d'un sang qui sache gouverner,
Qui sache faire tête à vos tyrans du monde,
Et rendre notre Espagne en lauriers si féconde,
Qu'on voie un jour le Pô redouter ses efforts,
Et le Tibre lui-même en trembler pour ses bords.

ARISTIE.

Votre dessein est grand; mais à quoi qu'il aspire....

VIRIATE.

Il m'a dit les raisons que vous me voulez dire.
Je sais qu'il serait bon de taire et différer
Ce glorieux hymen qu'il me fait espérer :
Mais la paix qu'aujourd'hui l'on offre à ce grand homme
Ouvre trop les chemins et les portes de Rome.
Je vois que, s'il y rentre, il est perdu pour moi,
Et je l'en veux bannir par le don de ma foi.
Si je hasarde trop de m'être déclarée,
J'aime mieux ce péril que ma perte assurée;
Et, si tous nos proscrits osent s'en désunir,
Nos bons destins sans eux pourront nous soutenir.
Mes peuples aguerris sous votre discipline
N'auront jamais au cœur de Rome qui domine;
Et ce sont des Romains dont l'unique souci
Est de combattre, vaincre, et triompher ici.
Tant qu'ils verront marcher ce héros à leur tête,

---

[1] Que veulent Aristie et Viriate? qu'ont-elles à se dire? Elles se parlent pour se parler : c'est une dame qui rend visite à une autre, elles font la conversation; et cela est si vrai, que Viriate répète à la femme de Pompée tout ce qu'elle a déjà dit de Sertorius. La règle est qu'aucun personnage ne doit paraître sur la scène sans nécessité : ce n'est pas encore assez, il faut que cette nécessité soit intéressante. Ces dialogues inutiles sont ce qu'on appelle du remplissage. Il est presque impossible de faire une tragédie exempte de ce défaut. L'usage a voulu que les actes eussent une longueur à peu près égale. Le public, encore grossier, se croyait trompé s'il n'avait pas deux heures de spectacle pour son argent. Les chœurs des anciens étaient absolument ignorés, et, dans ces malheureux jeux de paume, où de mauvais farceurs étaient accoutumés à déclamer les farces de Hardi et de Garnier, le bourgeois de Paris exigeait pour ses cinq sous qu'on déclamât pendant deux heures. Cette loi a prévalu depuis que nous sommes sortis de la barbarie où nous étions plongés. On ne peut trop s'élever contre ce ridicule usage. (V.)

[2] Ces particularités ont déjà été annoncées dès le premier acte. Viriate fait, au cinquième, une nouvelle exposition. Rien ne fait mieux voir qu'elle n'a rien à dire ; point de passion, point d'intrigue dans Viriate, nul changement d'état. (V.)

Ils iront sans frayeur de conquête en conquête.
Un exemple si grand dignement soutenu
Saura.... Mais que nous veut ce Romain inconnu¹?

SCÈNE II.

ARISTIE, VIRIATE, ARCAS.

ARISTIE.

Madame, c'est Arcas, l'affranchi de mon frère;
Sa venue en ces lieux cache quelque mystère.
Parle, Arcas, et dis-nous....

ARCAS.
                    Ces lettres mieux que moi
Vous diront un succès qu'à peine encor je croi².

ARISTIE *lit*.

« Chère sœur, pour ta joie il est temps que tu saches
« Que nos maux et les tiens vont finir en effet.
« Sylla marche en public sans faisceaux et sans haches,
« Prêt à rendre raison de tout ce qu'il a fait.
« Il s'est en plein sénat démis de sa puissance;
« Et si vers toi Pompée a le moindre penchant,
« Le ciel vient de briser sa nouvelle alliance,
« Et la triste Æmilie est morte en accouchant.
« Sylla même consent, pour calmer tant de haines,
« Qu'un feu qui fut si beau rentre en sa dignité,
« Et que l'hymen te rende à tes premières chaînes,
« En même temps qu'à Rome il rend sa liberté.
                « QUINTUS ARISTIUS. »
Le ciel s'est donc lassé de m'être impitoyable!
Ce bonheur, comme à toi, me paraît incroyable.

---

¹ Comme Pompée et Sertorius ont eu un entretien qui n'a rien produit, Aristie et Viriate ont ici un entretien non moins inutile, mais plus froid. Viriate conte à Aristie l'histoire de Sertorius, qu'elle a déjà contée à d'autres dans les actes précédents. Les fautes principales de langage sont : *daignez pencher sa main*, pour dire : *abaisser sa main; consent l'hyménée*, au lieu de *consent à l'hyménée; s'il n'a tout son éclat*, pour *s'il ne s'effectue pas; un reste d'autre espoir; la paix qui ouvre trop les portes de Rome; Rome qui domine au cœur; l'ordre qu'un grand effet demande, et qui arrête Pompée à le donner.*

    Si le terme est impropre et le tour vicieux,
    En vain vous m'étalez une scène savante.

Mais ici la scène n'est point savante, et les termes sont très-impropres, les tours son trèst vicieux. (V.)

² La nouvelle arrivée de Rome que Sylla quitte la dictature, qu'Émilie est morte en accouchant, et que Pompée peut reprendre sa femme, n'a rien qui soit digne de la tragédie: elle avilit le grand Pompée, qui n'ose se marier et se remarier qu'avec la permission de Sylla : de plus, cette nouvelle n'est point un événement qui ne naît point de l'intrigue et du fond du sujet. Ce n'est pas comme dans *Bajazet*.

    Viens; j'ai reçu cet ordre, il faut l'intimider.

— La nouvelle de l'abdication de Sylla n'est rien moins que différente dans la pièce, telle que l'auteur l'a conçue. Cette nouvelle pouvait changer les destinées du monde. (P.)

Cours au camp de Pompée, et dis-lui, cher Arcas....

ARCAS.
Il a cette nouvelle, et revient sur ses pas.
De la part de Sylla chargé de lui remettre
Sur ce grand changement une pareille lettre,
A deux milles d'ici j'ai su le rencontrer¹.

ARISTIE.
Quel amour, quelle joie a-t-il daigné montrer?
Que dit-il? que fait-il?

ARCAS.
                    Par votre expérience
Vous pouvez bien juger de son impatience;
Mais, rappelé vers vous par un transport d'amour
Qui ne lui permet pas d'achever son retour,
L'ordre que pour son camp ce grand effet demande
L'arrête à le donner, attendant qu'il s'y rende².
Il me suivra de près, et m'a fait avancer
Pour vous dire un miracle où vous n'osiez penser.

ARISTIE.
Vous avez lieu d'en prendre une allégresse égale,
Madame; vous voilà sans crainte et sans rivale.

VIRIATE.
Je n'en ai plus en vous, et je n'en puis douter;
Mais il m'en reste une autre, et plus à redouter,
Rome, que ce héros aime plus que lui-même,
Et qu'il préférerait sans doute au diadème,
Si contre cet amour....

---

¹ Ce *j'ai su* fait entendre qu'il y avait beaucoup de peine, beaucoup d'art et de savoir-faire à rencontrer Pompée: *j'ai su vaincre et régner*, parce que ce sont deux choses très-difficiles.

    J'ai su, par une longue et pénible industrie,
    Des plus mortels venins prévenir la furie....
    J'ai su lui préparer des craintes et des veilles....
    J'ai prévu ses complots, je sais les prévenir.

Le mot *savoir* est bien placé dans tous ces exemples: il indique la peine qu'on a prise. Mais *j'ai su rencontrer un homme en chemin* est ridicule. Tous les mauvais poëtes ont imité cette faute. (V.)

² Tout ce couplet est confus, obscur, inintelligible; tournez-le en prose : *Son transport d'amour qui le rappelle ne lui permet pas d'achever son retour, et l'ordre que ce grand effet demande pour son camp l'arrête à le donner, attendant qu'il se rende à ce camp.* Un pareil langage est-il supportable? Il est triste d'être forcé de relever des fautes si considérables et si fréquentes. Un domestique qui apporte une lettre et des nouvelles qui n'ont rien de surprenant, rien de tragique, est absolument une chose indigne du théâtre. Aristie, qui n'a produit dans la pièce aucun événement, apprend par un exprès que la seconde femme de Pompée est *morte en couches*. Arcas dit qu'il a rendu une pareille lettre à Pompée, qu'il a rencontré à deux milles de la ville. Ce ne sont pas là certainement les péripéties, les catastrophes que demande Aristote; c'est un fait historique altéré mis en dialogues. (V.)

SCÈNE III[1].

VIRIATE, ARISTIE, THAMIRE, ARCAS.

THAMIRE.
Ah, madame!
VIRIATE.
                    Qu'as-tu,
Thamire? et d'où te vient ce visage abattu[2]?
Que nous disent tes pleurs?
THAMIRE.
                    Que vous êtes perdue,
Que cet illustre bras qui vous a défendue....
VIRIATE.
Sertorius?
THAMIRE.
Hélas! ce grand Sertorius....
VIRIATE.
N'achèveras-tu point?
THAMIRE.
                    Madame, il ne vit plus.
VIRIATE.
Il ne vit plus, ô ciel! Qui te l'a dit, Thamire?
THAMIRE.
Ses assassins font gloire eux-mêmes de le dire;
Ces tigres, dont la rage, au milieu du festin,
Par l'ordre d'un perfide a tranché son destin,
Tout couverts de son sang, courent parmi la ville
Émouvoir les soldats et le peuple imbécile;
Et Perpenna par eux proclamé général
Ne vous fait que trop voir d'où part ce coup fatal.
VIRIATE.
Il m'en fait voir ensemble et l'auteur et la cause.
Par cet assassinat c'est de moi qu'on dispose;
C'est mon trône, c'est moi qu'on prétend conquérir;
Et c'est mon juste choix qui seul l'a fait périr.
Madame, après sa perte, et parmi ces alarmes,
N'attendez point de moi de soupirs ni de larmes[3];
Ce sont amusements que dédaigne aisément
Le prompt et noble orgueil d'un vif ressentiment[4]:
Qui pleure l'affaiblit, qui soupire l'exhale.
Il faut plus de fierté dans une âme royale;
Et ma douleur, soumise aux soins de le venger....
ARISTIE.
Mais vous vous aveuglez au milieu du danger:
Songez à fuir, madame.
THAMIRE.
                    Il n'est plus temps; Aufide,
Des portes du palais saisi pour ce perfide,
En fait votre prison, et lui répond de vous.
Il vient; dissimulez un si juste courroux;
Et jusqu'à ce qu'un temps plus favorable arrive[1],
Daignez vous souvenir que vous êtes captive.
VIRIATE.
Je sais ce que je suis, et le serai toujours,
N'eussé-je que le ciel et moi pour mon secours.

SCÈNE IV.

PERPENNA, ARISTIE, VIRIATE, THAMIRE, ARCAS.

PERPENNA, *à Viriate.*
Sertorius est mort; cessez d'être jalouse,
Madame, du haut rang qu'aurait pris son épouse,
Et n'appréhendez plus, comme de son vivant,
Qu'en vos propres États elle ait le pas devant[2].
Si l'espoir d'Aristie a fait ombrage au vôtre,
Je puis vous assurer et d'elle et de tout autre,
Et que ce coup heureux saura vous maintenir[3]

---

[1] J'ai dit souvent qu'on doit soigneusement éviter ce concours de syllabes qui offensent l'oreille : *jusqu'à ce que.* Cela paraît une minutie; ce n'en est point une : ce défaut répété forme un style trop barbare. J'ai lu dans une tragédie :

Nous l'attendrons tous trois jusqu'à ce qu'il se montre,
Parce que les proscrits s'en vont à sa rencontre. (V.)

[2] C'est une chose également révoltante et froide que l'ironie avec laquelle cet assassin vient répéter à Viriate ce qu'elle lui avait dit au second acte, qu'elle craignait qu'Aristie ne prît *le pas devant.* Il vient se proposer avec des *qualités* où Viriate trouvera *de quoi mériter une reine.* Son bras l'a dégagée d'un *choix abject.* Enfin il fait entendre à la reine qu'il est plus jeune que Sertorius. Il n'y a point de connaisseur qui ne se rebute à cette lecture; le seul fruit qu'on en puisse retirer, c'est que jamais on ne doit mettre un grand crime sur la scène, qu'on ne fasse frémir le spectateur; que c'est là où il faut porter le trouble et l'effroi dans l'âme, et que tout ce qui n'émeut point est indigne de la scène tragique. C'est une règle puisée dans la nature, qu'il ne faut point parler d'amour quand on vient de commettre un crime horrible, pas même par amour que par ambition. Comment ce froid amour d'un scélérat pourrait-il produire quelque intérêt? Que le forcené Ladislas, emporté par sa passion, teint du sang de son rival, se jette aux pieds de sa maîtresse, on est ému d'horreur et de pitié. Oreste fait un effet admirable dans *Andromaque,* quand il paraît devant Hermione qui l'a forcé d'assassiner Pyrrhus. Point de grands crimes sans de grandes passions qui fassent pleurer pour le criminel même. C'est là la vraie tragédie. (V.)

[3] *Un coup qui saura la maintenir!* Voilà encore ce mot de *savoir* aussi mal placé que dans les scènes précédentes. (V.)

---

[1] L'assassinat de Sertorius qui devait faire un grand effet n'en fait aucun; la raison en est que ce qui n'est point préparé avec terreur n'en peut point causer : le spectateur y prend d'autant moins d'intérêt, que Viriate elle-même ne s'en occupe presque pas; elle ne songe qu'à elle; elle dit qu'*on veut disposer d'elle et de son trône.* (V.)

[2] *Qu'as-tu? d'où te vient ce visage? cet illustre bras!* (V.)

[3] Il semble que l'auteur, refroidi lui-même dans cette scène, fait répéter à Viriate les mêmes vers et les mêmes choses que dit Cornélie en tenant l'urne de Pompée, à cela près que les vers de Cornélie sont très-touchants, et que ceux de Viriate languissent. (V.)

[4] *Ce sont amusements* est comique; et *le prompt et noble orgueil* n'a point de sens. On n'a jamais dit : *un prompt orgueil,* et assurément ce n'est pas un sentiment d'orgueil qu'on doit éprouver quand on apprend l'assassinat de son amant. (V.)

Et contre le présent et contre l'avenir.
C'était un grand guerrier, mais dont le sang ni l'âge
Ne pouvaient avec vous faire un digne assemblage;
Et malgré ces défauts, ce qui vous en plaisait,
C'était sa dignité qui vous tyrannisait.
Le nom de général vous le rendait aimable ;
A vos rois, à moi-même il était préférable;
Vous vous éblouissiez du titre et de l'emploi :
Et je viens vous offrir et l'un et l'autre en moi;
Avec des qualités où votre âme hautaine
Trouvera mieux de quoi mériter une reine.
Un Romain qui commande et sort du sang des rois
(Je laisse l'âge à part) peut espérer son choix,
Surtout quand d'un affront son amour l'a vengée,
Et que d'un choix abject son bras l'a dégagée.

ARISTIE.

Après t'être immolé chez toi ton général,
Toi, que faisait trembler l'ombre d'un tel rival,
Lâche, tu viens ici braver encor des femmes [1],
Vanter insolemment tes détestables flammes,
T'emparer d'une reine en son propre palais,
Et demander sa main pour prix de tes forfaits!
Crains les dieux, scélérat; crains les dieux, ou Pompée;
Crains leur haine, ou son bras, leur foudre, ou son épée,
Et, quelque noir orgueil qui te puisse aveugler, [bler.
Apprends qu'il m'aime encore, et commence à trem-
Tu le verras, méchant, plus tôt que tu ne penses;
Attends, attends de lui tes dignes récompenses.

PERPENNA.

S'il en croit votre ardeur, je suis sûr du trépas;
Mais peut-être, madame, il ne l'en croira pas;
Et quand il me verra commander une armée
Contre lui tant de fois à vaincre accoutumée,
Il se rendra facile à conclure une paix
Qui faisait dès tantôt ses plus ardents souhaits.
J'ai même entre mes mains un assez bon otage,
Pour faire mes traités avec quelque avantage.
Cependant vous pourriez, pour votre heur et le mien,
Ne parler pas si haut à qui ne vous dit rien [2].
Ces menaces en l'air vous donnent trop de peine.
Après ce que j'ai fait, laissez faire la reine;
Et, sans blâmer des vœux qui ne vont point à vous,
Songez à regagner le cœur de votre époux.

VIRIATE.

Oui, madame, en effet c'est à moi de répondre,
Et mon silence ingrat a droit de me confondre [3].
Ce généreux exploit, ces nobles sentiments,
Méritent de ma part de hauts remercîments :

---

[1] Pourquoi Aristie ne fait-elle aucun effet? c'est qu'elle est de trop dans cette scène. (V.)
[2] Ce sont des vers de Jodelet; *et je ne vous dis rien*, après lui avoir parlé assez longtemps, est encore plus comique. (V.)
[3] Le *silence ingrat* de Viriate! *cette ingrate de fièvre*! joignez à cela de *hauts remercîments*. (V.)

Les différer encor, c'est lui faire injustice.
Il m'a rendu sans doute un signalé service;
Mais il n'en sait encor la grandeur qu'à demi.
Le grand Sertorius fut son parfait ami.
Apprenez-le, seigneur (car je me persuade
Que nous devons ce titre à votre nouveau grade;
Et pour le peu de temps qu'il pourra vous durer,
Il me coûtera peu de vous le déférer) :
Sachez donc que pour vous il tint à me déplaire,
Ce héros; qu'il osa mériter ma colère;
Que malgré son amour, que malgré mon courroux,
Il a fait tous efforts pour me donner à vous ;
Et qu'à moins qu'il vous plût lui rendre sa parole,
Tout mon dessein n'était qu'une atteinte [1] frivole;
Qu'il s'obstinait pour vous au refus de ma main.

ARISTIE.

Et tu peux lui plonger un poignard dans le sein!
Et ton bras....

VIRIATE.

Permettez, madame, que j'estime
La grandeur de l'amour par la grandeur du crime.
Chez lui-même, à sa table, au milieu d'un festin,
D'un si parfait ami devenir l'assassin,
Et de son général se faire un sacrifice,
Lorsque son amitié lui rend un tel service;
Renoncer à la gloire, accepter pour jamais
L'infamie, et l'horreur qui suit les grands forfaits;
Jusqu'en mon cabinet porter sa violence,
Pour obtenir ma main m'y tenir sans défense,
Tout cela d'autant plus fait voir ce que je doi
A cet excès d'amour qu'il daigne avoir pour moi;
Tout cela montre une âme au dernier point charmée :
Il serait moins coupable à m'avoir moins aimée;
Et comme je n'ai point les sentiments ingrats,
Je lui veux conseiller de ne m'épouser pas.
Ce serait en son lit mettre son ennemie,
Pour être à tous moments maîtresse de sa vie;
Et je me résoudrais à cet excès d'honneur,
Pour mieux choisir la place à lui percer le cœur [2].

---

[1] La dernière édition donnée par Pierre Corneille (1682), et celle publiée par Thomas Corneille, son frère (1692), portent *atteinte*. Cependant Voltaire, et après lui tous les éditeurs modernes, ont mis *attente*, qui rend la phrase inintelligible, et qui, dans l'édition originale (1662), doit être regardé comme une faute d'impression.
[2] Rodelinde dit dans *Pertharite* :

Pour mieux choisir la place à te percer le cœur.
. . . .
A ces conditions, prends ma main si tu l'oses.

Mais ces vers ne font aucune impression ni dans *Pertharite*, ni dans *Sertorius*, parce que les personnages qui les prononcent n'ont pas d'assez fortes passions. On est quelquefois étonné que le même vers, le même hémistiche, fasse un très-grand effet dans un endroit, et soit à peine remarqué dans un autre. La situation en est cause : aussi on appelle vers de *situation* ceux

7.

Seigneur, voilà l'effet de ma reconnaissance.
Du reste, ma personne est en votre puissance :
Vous êtes maître ici ; commandez, disposez,
Et recevez enfin ma main si vous l'osez.

PERPENNA.

Moi ! si je l'oserai ? Vos conseils magnanimes
Pouvaient perdre moins d'art à m'étaler mes crimes [1] :
J'en connais mieux que vous toute l'énormité,
Et pour la bien connaître ils m'ont assez coûté.
On ne s'attache point, sans un remords bien rude,
A tant de perfidie et tant d'ingratitude :
Pour vous je l'ai dompté, pour vous je l'ai détruit ;
J'en ai l'ignominie, et j'en aurai le fruit.
Menacez mes forfaits et proscrivez ma tête,
De ces mêmes forfaits vous serez la conquête ;
Et n'eût tout mon bonheur que deux jours à durer,
Vous n'avez dès demain qu'à vous y préparer.
J'accepte votre haine, et l'ai bien méritée ;
J'en ai prévu la suite, et j'en sais la portée.
Mon triomphe....

SCÈNE V.

PERPENNA, ARISTIE, VIRIATE, AUFIDE, ARCAS, THAMIRE.

AUFIDE.

Seigneur, Pompée est arrivé,
Nos soldats mutinés, le peuple soulevé [2].
La porte s'est ouverte à son nom, à son ombre.
Nous n'avons point d'amis qui ne cèdent au nombre :
Antoine et Manlius déchirés par morceaux,
Tout morts et tout sanglants, ont encor des bour-   [reaux.
On cherche avec chaleur le reste des complices,
Que lui-même il destine à de pareils supplices.
Je défendais mon poste, il l'a soudain forcé,
Et de sa propre main vous me voyez percé ;
Maître absolu de tout, il change ici la garde.
Pensez à vous, je meurs ; la suite vous regarde.

ARISTIE.

Pour quelle heure, seigneur, faut-il se préparer [3]
A ce rare bonheur qu'il vient vous assurer ?

qui par eux-mêmes n'ayant rien de sublime le deviennent par les circonstances où ils sont placés. (V.)

[1] Dès qu'on fait sentir qu'il y a de l'art dans une scène, cette scène ne peut plus toucher le cœur. (V.)

[2] Ceci est une aventure nouvelle qui n'est pas assez préparée. Pompée pouvait venir ou ne venir pas le même jour ; les soldats pouvaient ne se pas mutiner : ces accidents ne tiennent point au nœud de la pièce. Toute catastrophe qui n'est pas tirée de l'intrigue est un défaut de l'art, et ne peut émouvoir le spectateur. (V.)

[3] Aristie répète ici les mêmes choses que lui a dites Perpenna dans la scène précédente. On a déjà observé que l'ironie doit rarement être employée dans le tragique ; mais dans un moment qui doit inspirer le trouble et la terreur, elle est un défaut capital. Aristie ne fait ici qu'un rôle inutile et peu digne de la

Avez-vous en vos mains un assez bon otage,
Pour faire vos traités avec grand avantage ?

PERPENNA.

C'est prendre en ma faveur un peu trop de souci,
Madame ; et j'ai de quoi le satisfaire ici.

SCÈNE VI.

POMPÉE, PERPENNA, VIRIATE, ARISTIE, CELSUS, ARCAS, THAMIRE.

PERPENNA.

Seigneur, vous aurez su ce que je viens de faire.
Je vous ai de la paix immolé l'adversaire,
L'amant de votre femme, et ce rival fameux
Qui s'opposait partout au succès de vos vœux.
Je vous rends Aristie, et finis cette crainte [1]
Dont votre âme tantôt se montrait trop atteinte ;
Et je vous affranchis de ce jaloux ennui
Qui ne pouvait la voir entre les bras d'autrui.
Je fais plus ; je vous livre une fière ennemie,
Avec tout son orgueil et sa Lusitanie [2] ;
Je vous en ai fait maître, et de tous ces Romains
Que déjà leur bonheur a remis en vos mains.
Comme en un grand dessein, et qui veut prompti-
On ne s'explique pas avec la multitude,   [tude,
Je n'ai point cru, seigneur, devoir apprendre à tous
Celui d'aller demain me rendre auprès de vous ;
Mais j'en porte sur moi d'assurés témoignages.
Ces lettres de ma foi vous seront de bons gages ;
Et vous reconnaîtrez, par leurs perfides traits,
Combien Rome pour vous a d'ennemis secrets [3],
Qui tous, pour Aristie enflammés de vengeance [4],
Avec Sertorius étaient d'intelligence.
Lisez.

Il lui donne les lettres qu'Aristie avait apportées de Rome à Sertorius.

ARISTIE.

Quoi, scélérat ! quoi, lâche ! oses-tu bien....

PERPENNA.

Madame, il est ici votre maître et le mien [5] ;
Il faut en sa présence un peu de modestie,
Et si je vous oblige à quelque repartie,

femme de Pompée. On a tué Sertorius qu'elle n'aimait point, elle se trouve dans les mains de Perpenna, elle ne sert qu'à faire remarquer combien elle a fait un voyage inutile en Espagne. (V.)

[1] *Finir une crainte !* (V.)

[2] Comme si cet orgueil était un effet appartenant à Viriate. (V.) — Voilà une remarque bien peu digne de Voltaire. (P.)

[3] *Des ennemis pour quelqu'un*, c'est un solécisme et un barbarisme. (V.)

[4] *Enflammés de vengeance pour*, même faute. (V.)

[5] Quand même la situation serait intéressante, théâtrale et terrible, elle ne pourrait émouvoir, parce que Perpenna n'est là

La faire sans aigreur, sans outrages mêlés,
Et ne point oublier devant qui vous parlez.
Vous voyez là, seigneur, deux illustres rivales,
Que cette perte anime à des haines égales.
Jusques au dernier point elles m'ont outragé;
Mais, puisque je vous vois, je suis assez vengé.
Je vous regarde aussi comme un dieu tutélaire; [faire?
Et ne puis.... Mais, ô dieux! seigneur, qu'allez-vous
POMPÉE, *après avoir brûlé les lettres sans les lire.*
Montrer d'un tel secret ce que je veux savoir [1].
Si vous m'aviez connu, vous l'auriez su prévoir.
Rome en deux factions trop longtemps partagée
N'y sera point pour moi de nouveau replongée;
Et quand Sylla lui rend sa gloire et son bonheur,
Je n'y remettrai point le carnage et l'horreur [2].
Oyez, Celsus.

(*Il lui parle à l'oreille.*)

Surtout empêchez qu'il ne nomme
Aucun des ennemis qu'elle m'a faits à Rome.
(*à Perpenna.*)
Vous, suivez ce tribun; j'ai quelques intérêts
Qui demandent ici des entretiens secrets.

PERPENNA.
Seigneur, se pourrait-il qu'après un tel service....

POMPÉE.
J'en connais l'importance, et lui rendrai justice.
Allez.

PERPENNA.
Mais cependant leur haine....

POMPÉE.
C'est assez.
Je suis maître; je parle; allez, obéissez [3].

SCÈNE VII.

POMPÉE, VIRIATE, ARISTIE, THAMIRE,
ARCAS.

POMPÉE.
Ne vous offensez pas d'ouïr parler en maître,
Grande reine; ce n'est que pour punir un traître.
Criminel envers vous d'avoir trop écouté
L'insolence où montait sa noire lâcheté,
J'ai cru devoir sur lui prendre ce haut empire,
Pour me justifier avant que vous rien dire :
Mais je n'abuse point d'un si facile accès,
Et je n'ai jamais su dérober mes succès. [lève,
Quelque appui que son crime aujourd'hui vous en-
Je vous offre la paix, et ne romps point la trêve;
Et ceux de nos Romains qui sont auprès de vous
Peuvent y demeurer sans craindre mon courroux.
Si de quelque péril je vous ai garantie,
Je ne veux pour tout prix enlever qu'Aristie,
A qui devant vos yeux, enfin maître de moi,
Je rapporte avec joie et ma main et ma foi.
Je ne dis rien du cœur, il tint toujours pour elle.

ARISTIE.
Le mien savait vous rendre une ardeur mutuelle;
Et, pour mieux recevoir ce don renouvelé,

---

qu'un misérable, qu'un vil délateur et qu'on ne peut jouer un rôle plus bas et plus lâche. (V.)

[1] Cette action de brûler des lettres est belle dans l'histoire, et fait un mauvais effet dans une tragédie. On apporte une bougie, autrefois on apportait une chandelle. (V.) — Qu'on apporte une bougie ou une chandelle pour brûler ces lettres, cela prouve seulement que le service du théâtre s'est fait longtemps avec une indécence révoltante; mais l'action de Pompée n'en est pas moins belle. Chénier, dans sa tragédie de *Philippe second*, a fait un emploi très-heureux d'un moyen à peu près semblable. Don Carlos brûle des papiers qu'on veut lui arracher, et qui compromettraient des citoyens fidèles à qui l'on fait un crime de réclamer les droits de leur patrie. (P.)

[2] On ne remet point le carnage dans une ville, comme on y remet la paix. *Le carnage et l'horreur*, termes vagues et usés qu'il faut éviter. Aujourd'hui, tous nos mauvais versificateurs emploient le carnage et l'horreur à la fin d'un vers, comme les armes et les alarmes pour rimer. (V.)

[3] Le froid qui règne dans ce dénoûment vient principalement du rôle bas et méprisable que joue Perpenna. Il est assez lâche pour venir accuser la femme de Pompée d'avoir voulu faire des ennemis à son mari dans le temps de son divorce, et assez imbécile pour croire que Pompée lui en saura gré dans le temps qu'il reprend sa femme. Un défaut non moins grand, c'est que cette accusation contre Aristie est un faible épisode auquel on ne s'attend point. C'est une belle chose dans l'histoire que Pompée brûle les lettres sans les lire; mais ce n'est point du tout une chose tragique : ce qui arrive dans un cinquième acte, sans avoir été préparé dans les premiers, ne fait jamais une impression violente. Ces lettres sont une chose absolument étrangère à la pièce. Ajoutez à tous ces défauts contre l'art du théâtre que le supplice d'un criminel, et surtout d'un criminel méprisable, ne produit jamais aucun mouvement dans l'âme; le spectateur ne craint ni n'espère. Il n'y a point d'exemple d'un dénoûment pareil qui ait remué l'âme, et il n'y en aura point. Aristote avait bien raison et connaissait bien le cœur humain, quand il disait que le simple châtiment d'un coupable ne pouvait être un sujet propre au théâtre. Encore une fois, le cœur veut être ému; et, quand on ne le trouble pas, on manque à la première loi de la tragédie. Viriate parle noblement à Pompée; mais des compliments finissent toujours une tragédie froidement. Toutes ces vérités sont dures, je l'avoue; mais à qui dures? à un homme qui n'est plus. Quel bien lui ferai-je en le flattant? quel mal, en disant vrai? Ai-je entrepris un vain panégyrique ou un ouvrage utile? Ce n'est pas pour lui que je réfléchis, et que j'écris ce que m'ont appris cinquante ans d'expérience, c'est pour les auteurs et pour les lecteurs. Quiconque ne connaît pas les défauts est incapable de connaître les beautés, et je répète ce que j'ai dit dans l'examen de presque toutes ces pièces, que la vérité est préférable à Corneille, et qu'il ne faut pas tromper les vivants par respect pour les morts. Je ne suis pas même retenu par la crainte de me voir soupçonné de sentir un plaisir secret à rabaisser un grand homme, dans la vaine idée de m'égaler à lui en l'avilissant : je me crois trop au-dessous de lui. Je dirai seulement ici que je parlerais avec plus de hardiesse et de force si je ne m'étais pas exercé quelquefois dans l'art de Corneille. J'ai dit ma pensée avec l'honnête liberté dont j'ai fait profession toute ma vie; et je sens si vivement ce que le père du théâtre a de sublime, qu'il m'est permis plus qu'à personne de montrer en quoi il n'est pas imitable. (V.)

Il oubliera, seigneur, qu'on me l'avait volé.

VIRIATE.

Moi, j'accepte la paix que vous m'avez offerte;
C'est tout ce que je puis, seigneur, après ma perte ;
Elle est irréparable : et, comme je ne voi
Ni chefs dignes de vous, ni rois dignes de moi,
Je renonce à la guerre ainsi qu'à l'hyménée [1];
Mais j'aime encore l'honneur du trône où je suis née,
D'une juste amitié je sais garder les lois,
Et ne sais point régner comme règnent nos rois.
S'il faut que sous votre ordre ainsi qu'eux je domine,
Je m'ensevelirai sous ma propre ruine :
Mais, si je puis régner sans honte et sans époux,
Je ne veux d'héritiers que votre Rome, ou vous;
Vous choisirez, seigneur; ou, si votre alliance
Ne peut voir mes États sous ma seule puissance,
Vous n'avez qu'à garder cette place en vos mains,
Et je m'y tiens déjà captive des Romains.

POMPÉE.

Madame, vous avez l'âme trop généreuse
Pour n'en pas obtenir une paix glorieuse;
Et l'on verra chez eux mon pouvoir abattu,
Ou j'y ferai toujours honorer la vertu [2].

---

[1] Cette tirade de Viriate est très à sa place, pleine de raison et de noblesse. (V.)

[2] Après tant de tragédies peu dignes de Corneille, en voici une où vous retrouvez souvent l'auteur de *Cinna* ; elle mérite plus d'attention et de remarques que les autres. L'entrevue de Pompée et de Sertorius eut le succès qu'elle méritait; et ce succès réveilla tous ses ennemis. Le plus implacable était alors l'abbé d'Aubignac, homme célèbre en son temps, et que sa *Pratique du Théâtre*, toute médiocre qu'elle est, faisait regarder comme un législateur en littérature. Cet abbé, qui avait été longtemps prédicateur, s'était acquis beaucoup de crédit dans les plus grandes maisons de Paris. Il était bien douloureux sans doute à l'auteur de *Cinna* de voir un prédicateur et un homme de lettres considérable écrire à madame la duchesse de Retz, à l'abri d'un privilège du roi, des choses qui auraient flétri un homme moins connu et moins estimé que Corneille. « Vous êtes poète, et poète de théâtre, dit-il à ce grand homme « dans sa quatrième dissertation adressée à madame de Retz; « vous êtes abandonné à une vile dépendance des histrions: vo-« tre commerce ordinaire n'est qu'avec leurs portiers; vos amis « ne sont que des libraires du Palais. Il faudrait avoir perdu le « sens, aussi bien que vous, pour être en mauvaise humeur du « gain que vous pouvez tirer de vos veilles et de vos empresse-« ments auprès des histrions et des libraires. Il vous arrive assez « souvent, lorsqu'on vous loue, que vous n'êtes plus affamé de « gloire, mais d'argent... Défaites-vous, monsieur de Corneille, « de ces mauvaises façons de parler, qui sont encore plus mauvai-« ses que vos vers.... J'avais cru, comme plusieurs, que vous étiez « le poète de la critique de l'École des femmes, et que Licidas « était un nom déguisé comme celui de M. de Corneille; car « vous êtes sans doute le marquis de Mascarille, qui piaille « toujours, qui ricane toujours, qui parle toujours, et ne dit « jamais rien qui vaille, etc. » Ces horribles platitudes trouvaient alors des protecteurs, parce que Corneille était vivant. Jamais les Zoïle, les Gacon, les Fréron, n'ont vomi de plus grandes indignités. Il attaqua Corneille sur sa famille, sur sa personne; il examina jusqu'à sa voix; sa démarche, toutes ses actions, toute sa conduite dans son domestique; et dans ces torrents d'injures il fut secondé par les mauvais auteurs, ce que

SCÈNE VIII.

POMPÉE, ARISTIE, VIRIATE, CELSUS, ARCAS, THAMIRE.

POMPÉE.

En est-ce fait, Celsus ?

l'on croira sans peine. J'épargne à la délicatesse des honnêtes gens[*], et à des yeux accoutumés à ne lire que ce qui peut instruire et plaire, toutes ces personnalités, toutes ces calomnies que répandirent contre ce grand homme ces faiseurs de brochures et de feuilles qui déshonorent la nation, et que l'appât du plus léger et du plus vil gain engage encore plus que l'envie à décrier tout ce qui peut faire honneur à leur pays, à insulter le mérite et la vertu, à vomir imposture sur imposture, dans le vain espoir que quelqu'un de leurs mensonges pourra venir enfin aux oreilles des hommes en place, et servir à perdre ceux qu'ils ne peuvent rabaisser. On alla jusqu'à lui imputer des vers qu'il n'avait point faits; ressource ordinaire de la basse envie, mais ressource inutile; car ceux qui ont assez de lâcheté pour faire courir un ouvrage sous le nom d'un grand homme n'ayant jamais assez de génie pour l'imiter, l'imposture est bientôt reconnue. Mais enfin rien ne put obscurcir la gloire de Corneille, la seule chose presque qui lui restât. Le public de tous les temps et de toutes les nations, toujours juste à la longue, ne juge les grands hommes que par leurs bons ouvrages, et non par ce qu'ils ont fait de médiocre ou de mauvais. Les belles scènes du *Cid*, les admirables morceaux des *Horaces*, les beautés nobles et sages de *Cinna*, le sublime de Cornélie, les rôles de Sévère et de Pauline, le cinquième acte de *Rodogune*, la conférence de Sertorius et de Pompée; tant de beaux morceaux, tous produits dans un temps où l'on sortait à peine de la barbarie, assureront à Corneille une place parmi les plus grands hommes jusqu'à la dernière postérité. Ainsi l'excellent Racine a triomphé des injustes dégoûts de madame de Sévigné, des farces de Subligni, des méprisables critiques de Visé, des cabales des Boyer et des Pradon ; ainsi Molière se soutiendra toujours, et sera le père de la vraie comédie, quoique ses pièces ne soient pas suivies comme autrefois par la foule; ainsi les charmants opéras de Quinault feront toujours les délices de quiconque est sensible à la douce harmonie de la poésie, au naturel et à la vérité de l'expression, aux grâces faciles du style, quoique ces mêmes opéras aient toujours été en butte aux satires de Boileau, son ennemi personnel, et quoiqu'on les représente moins souvent qu'autrefois. Il est des chefs-d'œuvre de Corneille qu'on joue rarement; il y en a, je crois, deux raisons : la première, c'est que notre nation n'est plus ce qu'elle était du temps des *Horaces* et de *Cinna* : les premiers de l'État alors, soit dans l'épée, soit dans la robe, soit dans l'église, se faisaient un honneur, ainsi que le sénat de Rome, d'assister à un spectacle où l'on trouvait une instruction et un plaisir si noble. Quels furent les premiers auditeurs de Corneille? un Condé, un Turenne, un cardinal de Retz, un duc de la Rochefoucauld, un Molé, un Lamoignon, des évêques gens de lettres, pour lesquels il y avait toujours un banc particulier à la cour, aussi bien que pour huissiers de l'Académie : le prédicateur venait y apprendre l'éloquence et l'art de prononcer; ce fut l'école de Bossuet : l'homme destiné aux premiers emplois de la robe venait s'instruire à parler dignement. Aujourd'hui, qui fréquente nos spectacles? un certain nombre de jeunes gens et de jeunes femmes. La seconde raison est qu'on a rarement des acteurs dignes de représenter *Cinna* et les *Horaces*. On n'encourage peut-être pas assez cette profession, qui demande de l'esprit, de l'éducation, une connaissance assez grande de la langue, et tous les talents extérieurs de l'art oratoire. Mais quand il se trouve des artistes qui réunissent tous ces mérites, c'est alors

---

[*] Ne pouvait-il pas leur épargner aussi les sottises de d'Aubignac, en se dispensant de les reproduire ? (P.)

CELSUS.

Oui, seigneur ; le perfide
A vu plus de cent bras punir son parricide ;
Et livré par votre ordre à ce peuple irrité,
Sans rien dire....

POMPÉE.

Il suffit, Rome est en sûreté ;
Et ceux qu'à me haïr j'avais trop su contraindre,
N'y craignant rien de moi, n'y donnent rien à crain-
(*à Viriate.*) [dre.
Vous, madame, agréez pour notre grand héros
Que ses mânes vengés goûtent un plein repos.
Allons donner votre ordre à des pompes funèbres[1]
A l'égal de son nom illustres et célèbres,
Et dresser un tombeau, témoin de son malheur,
Qui le soit de sa gloire et de notre douleur.

que Corneille paraît dans toute sa grandeur. Mon admiration pour ce rare génie ne m'empêchera point de suivre ici le devoir que je me suis prescrit, de marquer avec autant de franchise que d'impartialité ce qui me paraît défectueux, aussi bien que ce qui me semble sublime. Autant les injures des d'Aubignac et de ceux qui leur ressemblent sont méprisables, autant on doit aimer un examen réfléchi, dans lequel on respecte toujours la vérité que l'on cherche, le goût des connaisseurs qu'on a consultés, et l'auteur illustre que l'on commente. La critique s'exerce sur l'ouvrage, et non sur la personne : elle ne doit ménager aucun défaut, si elle veut être utile. (V.)

[1] *Donner un ordre à des pompes!* et, qui pis est, *notre ordre!* (V.) — Les éditions données par Corneille portent *votre ordre*, et non *notre ordre*, comme Voltaire paraît l'avoir lu dans quelque édition peu correcte.

N. B. La Préface tient lieu d'EXAMEN dans les éditions de 1682 et 1692.

VOYEZ, ci-après, une lettre sur SERTORIUS, adressée par Corneille à l'abbé de Pure, le 3 novembre 1661.

FIN DE SERTORIUS.

SOPHONISBE.[1]

TRAGÉDIE. — 1663.

AU LECTEUR.

Cette pièce m'a fait connaître qu'il n'y a rien de si pénible que de mettre sur le théâtre un sujet qu'un autre y a déjà fait réussir[2] ; mais aussi j'ose dire qu'il n'y a rien de si glorieux quand on s'en acquitte dignement. C'est un double travail d'avoir tout ensemble à éviter les ornements

> Que font dans les grands cœurs des beautés misérables.
> Croyez que Massinisse est un vivant rocher,
> Si vos perfections ne le peuvent toucher.

Sophonisbe, qui n'avait pas besoin de ces conseils, emploie avec Massinisse le langage le plus séduisant et lui parle même avec une dignité qui la rend encore plus touchante. Une de ses suivantes, remarquant l'effet que le discours de Sophonisbe a fait sur le prince, dit derrière elle à une autre suivante : *Ma compagne, il se prend*; et sa compagne lui répond : *La victoire est à nous, ou je n'y connais rien*. Tel était le style des pièces les plus suivies ; tel était ce mélange perpétuel de comique et de tragique qui avilissait le théâtre : l'amour n'était qu'une galanterie bourgeoise ; le grand n'était que du boursouflé ; l'esprit consistait en jeux de mots et en pointes ; tout était hors de la nature : presque personne n'avait encore ni pensé ni parlé comme il faut dans aucun discours public. Il est vrai que la *Sophonisbe* de Mairet avait un mérite très-nouveau en France, c'était d'être dans les règles du théâtre : les trois unités de lieu, de temps et d'action, y sont parfaitement observées. On regarda son auteur comme le père de la scène française ; mais qu'est-ce que la régularité sans force, sans éloquence, sans grâce, sans décence ? Il y a des vers naturels dans la pièce, et on admirait ce naturel qui approche du bas, parce qu'on ne connaissait point encore celui qui touche au sublime. En général, le style de Mairet est ou ampoulé ou bourgeois. Ici c'est un officier du roi Massinisse, qui, en annonçant que Sophonisbe est morte empoisonnée, dit au roi :

> Si Votre Majesté désire qu'on lui montre
> Ce pitoyable objet, il est ici tout prêt ;
> La porte de sa chambre est à deux pas d'ici
> Et vous le pourrez voir de l'endroit que voici.

Là c'est Massinisse qui, en voyant Sophonisbe expirée, s'écrie, en s'adressant aux yeux de cette beauté :

> Vous avez donc perdu ces puissantes merveilles,
> Qui dérobaient les cœurs et charmaient les oreilles,
> Clair soleil, la terreur d'un injuste sénat,
> Et dont l'aigle romain n'a pu souffrir l'éclat !
> Doncques votre lumière a donné de l'ombrage, etc.

On ne faisait guère alors autrement des vers. Dans ce chaos à peine débrouillé de la tragédie naissante, on voyait pourtant des lueurs de génie ; mais surtout ce qui soutint si longtemps la pièce de Mairet, c'est qu'il y a de la vraie passion. Elle fut représentée sur la fin de 1634, trois ans avant *le Cid*, et enleva tous les suffrages. Le succès, en tout genre, dépendent de l'esprit du siècle : le médiocre est admiré dans un temps d'ignorance ; le bon est tout au plus approuvé dans un temps éclairé. On fera peu de remarques grammaticales sur la *Sophonisbe* de Corneille, et on tâchera de démêler les véritables causes qui excluent cette pièce du théâtre. (V.)

---

[1] Il est remarquable qu'en Italie et en France, la véritable traduction dut sa naissance à une *Sophonisbe*. Le prélat Trissino, auteur de la *Sophonisbe* italienne, eut l'avantage d'écrire dans une langue déjà fixée et perfectionnée, et Mairet, au contraire, dans le temps où la langue française luttait contre la barbarie. (V.)

[2] La *Sophonisbe* de Mairet eut un grand succès ; mais c'était dans un temps où non-seulement le goût du public n'était point formé, mais où la France n'avait encore aucune tragédie supportable. Il en avait été de même de la *Sophonisbe* du Trissino ; et celle de Corneille fut oubliée au bout de quelques années : elle essuya dans sa nouveauté beaucoup de critiques, et eut des défenseurs célèbres ; mais il paraît qu'elle ne fut ni bien attaquée ni bien défendue. Le point principal fut oublié dans toutes ces disputes. Il s'agissait de savoir si la pièce était intéressante : elle ne l'est pas, puisque, malgré le nom de son auteur, on ne l'a point rejouée depuis quatre-vingts ans. Si ce défaut d'intérêt, qui est le plus grand de tous, comme nous l'avons déjà dit, était racheté par une scène semblable à celle de Sertorius et de Pompée, on pourrait la représenter encore quelquefois. Il ne sera pas inutile de faire connaître ici le style de Mairet et de tous les auteurs qui donnèrent des tragédies avant *le Cid*. Syphax, dès la première scène, reproche à Sophonisbe, sa femme, un amour *impudique* pour le roi Massinisse, son ennemi. *Je veux bien*, lui dit-il, *que tu me méprises, et que tu en aimes un autre ; mais*

> Ne pouvais-tu trouver ou prendre tes plaisirs
> Qu'en cherchant l'amitié de ce prince numide ?

Sophonisbe lui répond :

> J'ai voulu m'assurer de l'assistance d'un
> A qui le nom libyque avec nous fût commun.

Ce même Syphax se plaint à son confident Philon de l'infidélité de son épouse ; et Philon, pour le consoler, lui représente

> . . . . . Que c'est aux grandes âmes
> A souffrir de grands maux et que femmes sont femmes.

Ensuite, quand Syphax est vaincu, Phénice, confident de Sophonisbe, lui conseille de chercher à plaire au vainqueur : elle lui dit :

> Au reste, la douleur ne vous a point éteint
> Ni la clarté des yeux, ni la beauté du teint ;
> Vos pleurs vous ont lavée ; et vous êtes de celles
> Qu'un air triste et dolent rend encore plus belles.
> Vos regards languissants font naître la pitié
> Que l'amour suit parfois et, toujours l'amitié,
> N'étant rien de pareil aux effets admirables

dont s'est saisi celui qui nous a prévenus, et à faire effort pour en trouver d'autres qui puissent tenir leur place. Depuis trente ans que M. Mairet a fait admirer sa *Sophonisbe* sur notre théâtre, elle y dure encore; et il ne faut point dé marque plus convaincante de son mérite que cette durée, qu'on peut nommer une ébauche, ou plutôt des arrhes de l'immortalité qu'elle assure à son illustre auteur : et certainement il faut avouer qu'elle a des endroits inimitables, et qu'il serait dangereux de retâter après lui [1]. Le démêlé de Scipion avec Massinisse, et les désespoirs [2] de ce prince, sont de ce nombre : il est impossible de penser rien de plus juste, et très-difficile de l'exprimer plus heureusement. L'un et l'autre sont de son invention : je n'y pouvais toucher sans lui faire un larcin; et si j'avais été d'humeur à me le permettre, le peu d'espérance de l'égaler me l'aurait défendu. J'ai cru plus à propos de respecter sa gloire, et ménager la mienne, par une scrupuleuse exactitude à m'écarter de sa route, pour ne laisser aucun lieu de dire, ni que je sois demeuré au-dessous de lui, ni que j'aie prétendu m'élever au-dessus, puisqu'on ne peut faire aucune comparaison entre des choses où l'on ne voit aucune concurrence. Si j'ai conservé les circonstances qu'il a changées, et changé celles qu'il a conservées, ç'a été par le seul dessein de faire autrement, sans ambition de faire mieux. C'est ainsi qu'en usaient nos anciens, qui traitaient d'ordinaire les mêmes sujets. La mort de Clytemnestre en peut servir d'exemple : nous la voyons encore chez Æschyle, chez Sophocle, et chez Euripide, tuée par son fils Oreste; mais chacun d'eux a choisi diverses manières pour arriver à cet événement, qu'aucun des trois n'a voulu changer, quelque cruel et dénaturé qu'il fût; et c'est sur quoi notre Aristote en a établi le précepte. Cette noble et laborieuse émulation a passé de leur siècle jusqu'au nôtre au travers de plus de deux mille ans qui les séparent. Feu M. Tristan a renouvelé *Marianne* et *Panthée* sur les pas du défunt sieur Hardy. Le grand éclat qu'a donné M. de Scudéry à sa *Didon* n'a point empêché que M. de Boisrobert n'en ait fait voir une autre trois ou quatre ans après, sur une disposition qui lui en avait été donnée, à ce qu'il disait, par M. l'abbé d'Aubignac. A peine la *Cléopâtre* de M. de Benserade a paru, qu'elle a été suivie du *Marc-Antoine* de M. Mairet, qui n'est que le même sujet sous un autre titre. Sa *Sophonisbe* même n'a pas été la première qui ait ennobli les théâtres des derniers temps : celle du Trissin l'avait précédée en Italie, et celle du sieur de Mont-Chrétien en France; et je voudrais que quelqu'un se voulût divertir à retoucher le *Cid* et les *Horaces* avec autant de retenue pour ma conduite et pour mes pensées que j'en ai eu pour celles de M. Mairet.

Vous trouverez en cette tragédie les caractères tels que chez Tite-Live; vous y verrez Sophonisbe avec le même attachement aux intérêts de son pays, et la même haine pour Rome qu'il lui attribue. Je lui prête un peu d'amour; mais elle règne sur lui, et ne daigne l'écouter qu'autant qu'il peut servir à ces passions dominantes qui règnent sur elle, et à qui elle sacrifie toutes les tendresses de son cœur, Massinisse, Syphax, sa propre vie. Elle en fait son unique bonheur, et en soutient la gloire avec une fierté si noble et si élevée, que Lælius est contraint d'avouer lui-même qu'elle méritait d'être née Romaine. Elle n'avait point abandonné Syphax après deux défaites; elle était prête à s'ensevelir avec lui sous les ruines de sa capitale, s'il y fût revenu s'enfermer avec elle après la perte d'une troisième bataille : mais elle voulait qu'il mourût plutôt que d'accepter l'ignominie des fers et du triomphe où le réservaient les Romains; et elle avait d'autant plus de droit d'attendre de lui cet effort de magnanimité, qu'elle s'était résolue à prendre ce parti pour elle, et qu'en Afrique c'était la coutume des rois de porter toujours sur eux du poison très-violent, pour s'épargner la honte de tomber vivants entre les mains de leurs ennemis. Je ne sais si ceux qui l'ont blâmée de traiter avec trop de hauteur ce malheureux prince après sa disgrâce, ont assez conçu la mortelle horreur qu'a dû exciter en cette grande âme la vue de ces fers qu'il lui apporte à partager; mais du moins ceux qui ont eu peine à souffrir qu'elle eût deux maris vivants, ne se sont pas souvenus que les lois de Rome voulaient que le mariage se rompît par la captivité. Celles de Carthage nous sont fort peu connues; mais il y a lieu de présumer, par l'exemple même de Sophonisbe, qu'elles étaient encore plus faciles à ces ruptures. Asdrubal, son père, l'avait mariée à Massinisse avant que d'emmener ce jeune prince en Espagne, où il commandait les armées de cette république; et néanmoins, durant le séjour qu'ils y firent, les Carthaginois la marièrent de nouveau à Syphax, sans user d'aucune formalité ni envers ce premier mari, ni envers ce père, qui demeura extrêmement surpris et irrité de l'outrage qu'ils avaient fait à sa fille et à son gendre. C'est ainsi que mon auteur appelle Massinisse, et c'est là-dessus que je le fais se fonder ici pour ressaisir de Sophonisbe sans l'autorité des Romains, comme d'une femme qui était déjà à lui, et qu'il avait épousée avant qu'elle fût à Syphax.

On s'est mutiné toutefois contre ces deux maris; et je m'en suis étonné d'autant plus que l'année dernière je ne m'aperçus point qu'on se scandalisât de voir, dans le *Sertorius*, Pompée mari de deux femmes vivantes, dont l'une venait chercher un second mari aux yeux mêmes de ce premier [1]. Je ne vois aucune apparence d'imputer cette inégalité de sentiments à l'ignorance du siècle, qui ne peut avoir oublié en moins d'un an cette facilité que les anciens avaient donnée aux divorces, dont il était si bien instruit alors; mais il y aurait quelque lieu de s'en prendre à ceux qui, sachant mieux la *Sophonisbe* de M. Mairet que celle de Tite-Live, se sont hâtés de condamner en la mienne

---

[1] On voit que Corneille était alors raccommodé avec Mairet, ou qu'il craignait de choquer le public, qui aimait toujours l'ancienne *Sophonisbe*. C'est dans cette scène, où Scipion fait à Massinisse des reproches de sa faiblesse, qu'on trouve ce vers énergique :

Massinisse en un jour voit, aime, et se marie !

Ce vers est la critique de tant d'amours de théâtre, qui commencent au premier acte, et qui produisent un mariage au dernier. (V.)

[2] *Désespoirs*. Aujourd'hui la prose n'admettrait plus ce mot qu'au singulier.

[1] C'est qu'Aristie est répudiée, et on la plaint; Sophonisbe ne l'est pas, et on la blâme. (V.)

tout ce qui n'était pas de leur connaissance, et n'ont pu faire cette réflexion, que la mort de Syphax était une fiction de M. Mairet, dont je ne pouvais me servir sans faire un pillage sur lui, et comme un attentat sur sa gloire. Sa *Sophonisbe* est à lui; c'est son bien, qu'il ne faut pas lui envier : mais celle de Tite-Live est à tout le monde. Le Trissin et Mont-Chrétien, qui l'ont fait revivre avant nous, n'ont assassiné aucun des deux rois : j'ai cru qu'il m'était permis de n'être pas plus cruel, et de garder la même fidélité à une histoire assez connue parmi ceux qui ont quelque teinture des livres, pour nous convier à ne la démentir pas.

J'accorde qu'au lieu d'envoyer du poison à Sophonisbe, Massinisse devait soulever les troupes qu'il commandait dans l'armée, s'attaquer à la personne de Scipion, se faire blesser par ses gardes, et, tout percé de leurs coups, venir rendre les derniers soupirs aux pieds de cette princesse : c'eût été un amant parfait, mais ce n'eût pas été Massinisse. Que sait-on même si la prudence de Scipion n'avait point donné de si bons ordres qu'aucun de ces emportements ne fût en son pouvoir? Je le marque assez pour en faire naître quelque pensée en l'esprit de l'auditeur judicieux et désintéressé, dont je laisse l'imagination libre sur cet article. S'il aime les héros fabuleux, il croira que Lælius et Éryxe, entrant dans le camp, y trouveront celui-ci mort de douleur, ou de sa main. Si les vérités lui plaisent davantage, il ne fera aucun doute qu'il ne s'y soit consolé aussi aisément que l'histoire nous en assure. Ce que je fais dire de son désespoir à Mézétulle s'accommode avec l'une et l'autre de ces idées; et je n'ai peut-être encore fait rien de plus adroit pour le théâtre que de tirer le rideau sur des déplaisirs qui devaient être si grands, et eurent si peu de durée.

Quoi qu'il en soit, comme je ne sais que les règles d'Aristote et d'Horace, et ne les sais pas même trop bien, je ne hasarde pas volontiers en dépit d'elles ces agréments surnaturels et miraculeux, qui défigurent quelquefois nos personnages autant qu'ils les embellissent, et détruisent l'histoire au lieu de la corriger. Ces grands coups de maître passent ma portée; je les laisse à ceux qui en savent plus que moi, et j'aime mieux qu'on me reproche d'avoir fait mes femmes trop héroïnes, par une ignorance et basse affectation de les faire ressembler aux originaux qui en sont venus jusqu'à nous, que de m'entendre louer d'avoir efféminé mes héros par une docte et sublime complaisance au goût[1] de nos délicats, qui veulent de l'amour partout, et

[1] Ce n'est point Racine que Corneille désigne ici : ce grand homme, qui n'a jamais efféminé ses héros, qui n'a traité l'amour que comme une passion dangereuse, et non comme une galanterie froide pour remplir un acte ou deux d'une intrigue languissante, Racine, dis-je, n'avait encore publié aucune pièce de théâtre : c'est de Quinault dont il est ici question. Le jeune Quinault venait de donner successivement *Stratonice*, *Amalasonte*, *le Faux Tibérinus*, *Astrate*. Cet *Astrate* surtout, joué dans le même temps que *Sophonisbe*, avait attiré tout Paris, tandis que *Sophonisbe* était négligée. Il y a de très-belles scènes dans *Astrate*; il règne surtout de l'intérêt : c'est ce qui fit son grand succès. Le public était las des pièces qui roulaient sur une politique froide, mêlée de raisonnements sur l'amour, et de compliments amoureux, sans aucune passion vé-

ne permettent qu'à lui de faire auprès d'eux la bonne ou mauvaise fortune de nos ouvrages.

Éryxe n'a point ici l'avantage de cette ressemblance qui fait la principale perfection des portraits : c'est une reine de ma façon, de qui ce poëme reçoit un grand ornement, et qui pourrait toutefois y passer en quelque sorte pour inutile, n'était qu'elle ajoute des motifs vraisemblables aux historiques, et sert tout ensemble d'aiguillon à Sophonisbe pour précipiter son mariage, et de prétexte aux Romains pour n'y point consentir. Les protestations d'amour que semble lui faire Massinisse au commencement de leur premier entretien ne sont qu'un équivoque[1], dont le sens caché regarde cette autre reine. Ce qu'elle y répond fait voir qu'elle s'y méprend la première ; et tant d'autres ont voulu s'y méprendre après elle, que je me suis cru obligé de vous en avertir.

Quand je ferai joindre cette tragédie à mes recueils, je pourrai l'examiner plus au long, comme j'ai fait les autres : cependant je vous demande pour sa lecture un peu de cette faveur qui doit toujours pencher du côté de ceux qui travaillent pour le public, avec une attention sincère qui vous empêche d'y voir ce qui n'y est pas, et vous y laisse voir tout ce que j'y fais dire.

PERSONNAGES.

SYPHAX, roi de Numidie.
MASSINISSE, autre roi de Numidie.
LÆLIUS, lieutenant de Scipion, consul de Rome.
LÉPIDE, tribun romain.
BOCCHAR, lieutenant de Syphax.
MÉZÉTULLE, lieutenant de Massinisse.
ALBIN, centenier romain.
SOPHONISBE, fille d'Asdrubal, général des Carthaginois, et reine de Numidie.
ÉRYXE, reine de Gétulie.
HERMINIE, dame d'honneur de Sophonisbe.
BARCÉE, dame d'honneur d'Éryxe.
PAGE de Sophonisbe.
GARDES.

La scène est à Cyrthe, capitale du royaume de Syphax, dans le palais du roi.

ritable. On commençait aussi à s'apercevoir qu'il fallait un autre style que celui dont les dernières pièces de Corneille sont écrites : celui de Quinault était plus naturel et moins obscur. Enfin ses pièces eurent un prodigieux succès, jusqu'à ce que l'*Andromaque* de Racine les éclipsa toutes. Boileau commença à rendre l'*Astrate* ridicule, en se moquant de l'anneau royal, qui, en effet, est une invention puérile; mais il faut convenir qu'il y a de très-belles scènes entre Sichée et Astrate. (V.) — Voltaire le savait très-bien, car il en a tiré parti dans *Sémiramis*, en les embellissant à la vérité beaucoup, comme il embellissait tout ce qu'il empruntait. (P.)

[1] Nous avons déjà remarqué que ce mot était alors des deux genres. Tout le monde connaît la satire de Boileau sur l'*équivoque*.

ACTE PREMIER.

SCÈNE PREMIÈRE.

SOPHONISBE, BOCCHAR, HERMINIE.

BOCCHAR.
Madame, il était temps qu'il vous vînt du secours ;
Le siége était formé, s'il eût tardé deux jours :
Les travaux commencés allaient à force ouverte
Tracer autour des murs l'ordre de votre perte[1] ;
Et l'orgueil des Romains se promettait l'éclat
D'asservir par leur prise et vous et tout l'État.
Syphax a dissipé, par sa seule présence,
De leur ambition la plus fière espérance.
Ses troupes, se montrant au lever du soleil,
Ont de votre ruine arrêté l'appareil.
A peine une heure ou deux elles ont pris haleine,
Qu'il les range en bataille au milieu de la plaine.
L'ennemi fait le même, et l'on voit des deux parts
Nos sillons hérissés de piques et de dards,
Et l'une et l'autre armée étaler même audace,
Égale ardeur de vaincre, et pareille menace.
L'avantage du nombre est dans notre parti ;
Ce grand feu des Romains en paraît ralenti ;
Du moins de Lælius la prudence inquiète
Sur le point du combat nous envoie un trompette :
On le mène à Syphax, à qui sans différer
De sa part il demande une heure à conférer.
Les otages reçus pour cette conférence,
Au milieu des deux camps l'un et l'autre s'avance ;
Et si le ciel répond à nos communs souhaits,
Le champ de la bataille enfantera la paix.
Voilà ce que le roi m'a chargé de vous dire,
Et que de tout son cœur à la paix il aspire,
Pour ne plus perdre aucun de ces moments si doux
Que la guerre lui vole en l'éloignant de vous.

SOPHONISBE.
Le roi m'honore trop d'une amour si parfaite.
Dites-lui que j'aspire à la paix qu'il souhaite,
Mais que je le conjure, en cet illustre jour,
De penser à sa gloire encor plus qu'à l'amour[2].

[1] Voltaire a dit depuis :

Il fait tracer leur perte autour de leurs murailles.

Et c'est là un des plus beaux vers de sa *Henriade*.

[2] Vous voyez que l'exposition de la pièce est bien faite. On entre tout d'un coup en matière : on est occupé de grands objets ; les fautes de style, comme *se promettre l'éclat d'asservir vous et l'État*, *étaler des menaces*, *envoyer un trompette*, *une heure à conférer*, sont des minuties, qu'il ne faut pas à la vérité négliger, mais qu'on ne doit pas reprendre sévèrement quand le beau est dominant. (V.)

SCÈNE II.

SOPHONISBE, HERMINIE.

HERMINIE.
Madame, ou j'entends mal une telle prière,
Ou vos vœux pour la paix n'ont pas votre âme entière ;
Vous devez pourtant craindre un vainqueur irrité.

SOPHONISBE.
J'ai fait à Massinisse une infidélité.
Accepté par mon père, et nourri dans Carthage,
Tu vis en tous les deux l'amour croître avec l'âge.
Il porta dans l'Espagne et mon cœur et ma foi :
Mais durant cette absence on disposa de moi.
J'immolai ma tendresse au bien de ma patrie :
Pour lui gagner Syphax j'eusse immolé ma vie.
Il était aux Romains, et je l'en détachai ;
J'étais à Massinisse, et je m'en arrachai.
J'en eus de la douleur, j'en sentis de la gêne ;
Mais je servais Carthage, et m'en revoyais reine ;
Car, afin que le change eût pour moi quelque appas,
Syphax de Massinisse envahit les États,
Et mettait à mes pieds l'une et l'autre couronne,
Quand l'autre était réduit à sa seule personne.
Ainsi contre Carthage et contre ma grandeur
Tu me vis n'écouter ni ma foi ni mon cœur.

HERMINIE.
Et vous ne craignez point qu'un amant ne se venge,
S'il faut qu'en son pouvoir sa victoire vous range ?

SOPHONISBE.
Nous vaincrons, Herminie ; et nos destins jaloux[1]
Voudront faire à leur tour quelque chose pour nous :
Mais si de ce héros je tombe en la puissance,
Peut-être aura-t-il peine à suivre sa vengeance,
Et que ce même amour qu'il m'a plu de trahir
Ne se trahira pas jusques à me haïr.
Jamais à ce qu'on aime on n'impute d'offense[2] ;
Quelque doux souvenir prend toujours sa défense.
L'amant excuse, oublie ; et son ressentiment
A toujours, malgré lui, quelque chose d'amant.

[1] Il y a des degrés dans le mauvais comme dans le bon. Cette tirade n'est pas de ce dernier degré qui étonne et qui révolte dans *Pertharite*, dans *Théodore*, dans *Attila*, dans *Agesilas* ; mais si le plus plat des auteurs tragiques s'avisait de dire aujourd'hui ; *nos destins jaloux voudront faire quelque chose pour nous à leur tour* ; *un amour qu'il m'a plu de trahir ne se trahira pas jusqu'à me haïr*, etc. et s'il était sans cesse tous ces misérables lieux communs de politique, y aurait-il assez de sifflets pour lui ? (V.)

[2] Le cœur est glacé dès cette scène. Ces dissertations sur l'amour, qui ne tiennent plus de la comédie que de la tragédie, ne conviennent ni à une femme qui aime véritablement, ni à une ambitieuse comme Sophonisbe ; et Sophonisbe, qui, dans cette scène, trouve bon que Massinisse l'aime point, et qui ne veut pas qu'il m'aime une autre, joue dès ce moment un personnage auquel on ne peut jamais s'intéresser. (V.)

Je sais qu'il peut s'aigrir, quand il voit qu'on le quitte
Par l'estime qu'on prend pour un autre mérite :
Mais lorsqu'on lui préfère un prince à cheveux gris,
Ce choix fait sans amour est pour lui sans mépris;
Et l'ordre ambitieux d'un hymen politique
N'a rien que ne pardonne un courage héroïque :
Lui-même il s'en console, et trompe sa douleur
A croire que la main n'a point donné le cœur.
    J'ai donc peu de sujet de craindre Massinisse;
J'en ai peu de vouloir que la guerre finisse;
J'espère en la victoire, ou du moins en l'appui
Que son reste d'amour me saura faire en lui :
Mais le reste du mien, plus fort qu'on ne présume,
Trouvera dans la paix une prompte amertume;
Et d'un chagrin secret la sombre et dure loi
M'y fait voir des malheurs qui ne sont que pour moi.

HERMINIE.

J'ai peine à concevoir que le ciel vous envoie
Des sujets de chagrin dans la commune joie,
Et par quel intérêt un tel reste d'amour
Vous fera des malheurs en ce bienheureux jour.

SOPHONISBE.

Ce reste ne va point à regretter sa perte,
Dont je prendrais encor l'occasion offerte;
Mais il est assez fort pour devenir jaloux
De celle dont la paix le doit faire l'époux.
Éryxe, ma captive, Éryxe, cette reine
Qui des Gétuliens naquit la souveraine,
Eut aussi bien que moi des yeux pour ses vertus,
Et trouva de la gloire à choisir mon refus.
Ce fut pour empêcher ce fameux hyménée
Que Syphax fît la guerre à cette infortunée,
La surprit dans sa ville, et fit en ma faveur
Ce qu'il n'entreprenait que pour venger sa sœur;
Car tu sais qu'il l'offrit à ce généreux prince,
Et lui voulut pour dot remettre sa province.

HERMINIE.

Je comprends encor moins que vous peut importer
A laquelle des deux il daigne s'arrêter.
Ce fut, s'il m'en souvient, votre prière expresse
Qui lui fit par Syphax offrir cette princesse;
Et je ne puis trouver matière à vos douleurs
Dans la perte d'un cœur que vous donniez ailleurs.

SOPHONISBE.

Je le donnais ce cœur où ma rivale aspire;
Ce don, s'il l'eût souffert, eût marqué mon empire;
Eût montré qu'un amant si maltraité par moi
Prenait encor plaisir à recevoir ma loi.
Après m'avoir perdue, il aurait fait connaître
Qu'il voulait m'être encor tout ce qu'il pouvait m'être,
Se rattacher à moi par les liens du sang,
Et tenir de ma main la splendeur de son rang;
Mais s'il épouse Éryxe, il montre un cœur rebelle
Qui me néglige autant qu'il veut brûler pour elle,

Qui brise tous mes fers et brave hautement
L'éclat de sa disgrâce et de mon changement.

HERMINIE.

Certes, si je l'osais, je nommerais caprice
Ce trouble ingénieux à vous faire un supplice,
Et l'obstination des soucis superflus
Dont vous gêne ce cœur quand vous n'en voulez plus.

SOPHONISBE.

Ah! que de notre orgueil tu sais mal la faiblesse,
Quand tu veux que son choix n'ait rien qui m'intéresse!
    Des cœurs que la vertu renonce à posséder
La conquête toujours semble douce à garder;
Sa rigueur n'a jamais le dehors si sévère,
Que leur perte au dedans ne lui devienne amère;
Et de quelque façon qu'elle nous fasse agir,
Un esclave échappé nous fait toujours rougir [1].
Qui rejette un beau feu n'aime point qu'on l'éteigne :
On se plaît à régner sur ce que l'on dédaigne;
Et l'on ne s'applaudit d'un illustre refus
Qu'alors qu'on est aimée après qu'on n'aime plus.
    Je veux donc, s'il se peut, que l'heureux Massinisse
Prenne tout autre hymen pour un affreux supplice;
Qu'il m'adore en secret; qu'aucune nouveauté
N'ose le consoler de ma déloyauté;
Ne pouvant être à moi, qu'il ne soit à personne,
Ou qu'il souffre du moins que mon seul choix le donne.
Je veux penser encor que j'en puis disposer,
Et c'est de quoi la paix me va désabuser.
Juge si j'aurai lieu d'en être satisfaite,
Et par ce que je crains vois ce que je souhaite.
    Mais Éryxe déjà commence mon malheur,
Et me vient par sa joie avancer ma douleur.

SCÈNE III.

SOPHONISBE, ÉRYXE, HERMINIE, BARCÉE.

ÉRYXE.

Madame, une captive oserait-elle prendre

---

[1] Cette petite coquetterie comique et cette nouvelle dissertation sur les femmes qui veulent toujours conserver leurs amants sont si déplacées, que la confidente a bien raison de lui dire respectueusement qu'elle est une capricieuse. Ce mot seul de *caprice* ôte au rôle de Sophonisbe toute la dignité qu'il devait avoir, détruit l'intérêt, et est un vice capital. Ajoutez à cette grande faute les défauts continuels de la diction, comme *Éryxe qui avance la douleur de Sophonisbe par sa joie; une nouveauté qui n'ose consoler de la déloyauté; un illustre refus; une perte devenue amère au dedans; Herminie qui ne comprend pas que peut importer à laquelle on veuille s'arrêter; un regret d'amour qui ne va point à regretter une perte dont on prendrait encore l'occasion offerte;* et tout ce galimatias absurde qu'on ne remarqua pas assez dans un temps où le goût des Français n'était pas encore formé, et qu'on ne remarque guère aujourd'hui, parce qu'on ne lit pas avec attention, et surtout parce que personne ne lit les dernières pièces de Corneille. (V.)

Quelque part au bonheur que l'on nous vient d'ap-
SOPHONISBE.   [prendre?
Le bonheur n'est pas grand tant qu'il est incertain.
ÉRYXE.
On me dit que le roi tient la paix en sa main;
Et je n'ose douter qu'il ne l'ait résolue.
SOPHONISBE.
Pour être proposée, elle n'est pas conclue;
Et les grands intérêts qu'il y faut ajuster
Demandent plus d'une heure à les bien concerter.
ÉRYXE.
Alors que des deux chefs la volonté conspire....
SOPHONISBE.
Que sert la volonté d'un chef qu'on peut dédire?
Il faut l'aveu de Rome, et que d'autre côté
Le sénat de Carthage accepte le traité.
ÉRYXE.
Lælius le propose; et l'on ne doit pas croire
Qu'au désaveu de Rome il hasarde sa gloire.
Quant à votre sénat, le roi n'en dépend point.
SOPHONISBE.
Le roi n'a pas une âme infidèle à ce point;
Il sait à quoi l'honneur, à quoi sa foi l'engage;
Et je l'en dédirais, s'il traitait sans Carthage.
ÉRYXE.
On ne m'avait pas dit qu'il fallût votre aveu.
SOPHONISBE.
Qu'on vous l'ait dit ou non, il m'importe assez peu.
ÉRYXE.
Je le crois; mais enfin donnez votre suffrage,
Et je vous répondrai de celui de Carthage.
SOPHONISBE.
Avez-vous en ces lieux quelque commerce?
ÉRYXE.
                                                Aucun.
SOPHONISBE.
D'où le savez-vous donc?
ÉRYXE.
                  D'un peu de sens commun.
On y doit être las de perdre des batailles,
Et d'avoir à trembler pour ses propres murailles.
SOPHONISBE.
Rome nous aurait donc appris l'art de trembler [1],
Annibal....
ÉRYXE.
         Annibal a pensé l'accabler:
Mais ce temps-là n'est plus, et la valeur d'un homme....
SOPHONISBE.
On ne voit point d'ici ce qui se passe à Rome [2].

[1] On n'avait pas mis encore la peur au rang des arts. (V.)
[2] On sent bien que ce vers
    On ne voit point d'ici ce qui se passe à Rome
est ridicule dans une tragédie. Si on voulait remarquer tous les
mauvais vers, la peine serait trop grande, et serait perdue. (V.)

En ce même moment peut-être qu'Annibal
Lui fait tout de nouveau craindre un assaut fatal,
Et que c'est pour sortir enfin de ces alarmes
Qu'elle nous fait parler de mettre bas les armes.
ÉRYXE.
Ce serait pour Carthage un bonheur signalé.
Mais, madame, les dieux vous l'ont-ils révélé?
A moins que de leur voix, l'âme la plus crédule
D'un miracle pareil ferait quelque scrupule.
SOPHONISBE.
Des miracles pareils arrivent quelquefois:
J'ai vu Rome en état de tomber sous nos lois;
La guerre est journalière, et sa vicissitude
Laisse tout l'avenir dedans l'incertitude.
ÉRYXE.
Le passé le prépare, et le soldat vainqueur
Porte aux nouveaux combats plus de force et de cœur.
SOPHONISBE.
Et, si j'en étais crue, on aurait le courage
De ne rien écouter sur ce désavantage,
Et d'attendre un succès hautement emporté
Qui remît notre gloire en plus d'égalité.
ÉRYXE.
On pourrait fort attendre.
SOPHONISBE.
                    Et durant cette attente
Vous pourriez n'avoir pas l'âme la plus contente.
ÉRYXE.
J'ai déjà grand chagrin de voir que de vos mains
Mon sceptre a su passer en celles des Romains;
Et qu'aujourd'hui, de l'air dont s'y prend Massinisse,
Le vôtre a grand besoin que la paix l'affermisse.
SOPHONISBE.
Quand de pareils chagrins voudront paraître au jour,
Si l'honneur vous est cher, cachez tout votre amour;
Et voyez à quel point votre gloire est flétrie
D'aimer un ennemi de sa propre patrie,
Qui sert des étrangers dont par un juste accord
Il pouvait nous aider à repousser l'effort.
ÉRYXE.
Dépouillé par votre ordre, ou par votre artifice,
Il sert vos ennemis pour s'en faire justice;
Mais, si de les servir il doit être honteux,
Syphax sert, comme lui, des étrangers comme eux.
Si nous les voulions tous bannir de notre Afrique,
Il faudrait commencer par votre république,
Et renvoyer à Tyr, d'où vous êtes sortis,
Ceux par qui nos climats sont presque assujettis.
Nous avons lieu d'avoir pareille jalousie
Des peuples de l'Europe et de ceux de l'Asie;
Ou, si le temps a pu vous naturaliser,
Le même cours du temps les peut favoriser.
J'ose vous dire plus. Si le destin s'obstine
A vouloir qu'en ces lieux leur victoire domine

Comme vos Tyriens passent pour Africains,
Au milieu de l'Afrique il naîtra des Romains :
Et, si de ce qu'on voit nous croyons le présage,
Il en pourra bien naître au milieu de Carthage
Pour qui notre amitié n'aura rien de honteux,
Et qui sauront passer pour Africains comme eux.

SOPHONISBE.

Vous parlez un peu haut.

ÉRYXE.

Je suis amante et reine.

SOPHONISBE.

Et captive, de plus.

ÉRYXE.

On va briser ma chaîne;
Et la captivité ne peut abattre un cœur
Qui se voit assuré de celui du vainqueur.
Il est tel dans vos fers que sous mon diadème :
N'outragez plus ce prince, il a ma foi, je l'aime;
J'ai la sienne, et j'en sais soutenir l'intérêt.
Du reste, si la paix vous plaît, ou vous déplaît,
Ce n'est pas mon dessein d'en pénétrer la cause.
La bataille et la paix sont pour moi même chose.
L'une ou l'autre aujourd'hui finira mes ennuis;
Mais l'une vous peut mettre en l'état où je suis.

SOPHONISBE.

Je pardonne au chagrin d'un si long esclavage,
Qui peut avec raison vous aigrir le courage,
Et voudrais vous servir malgré ce grand courroux.

ÉRYXE.

Craignez que je ne puisse en dire autant de vous.
Mais le roi vient, adieu; je n'ai pas l'imprudence
De m'offrir pour troisième à votre conférence;
Et d'ailleurs, s'il vous vient demander votre aveu,
Soit qu'il l'obtienne, ou non, il m'importe fort peu[1].

---

[1] Cette conversation politique entre deux femmes, leurs petites picoteries, n'élèvent l'âme du spectateur, ni ne la remuent; et le lecteur est rebuté de voir à tout moment de ces vers de comédie que Corneille s'est permis dans toutes ses pièces depuis *Cinna*, et que le succès constant de *Cinna* devait l'engager à proscrire de son style. On pourrait observer les solécismes, les barbarismes de ces deux femmes, et, ce qui est bien plus impardonnable, leur langage trivial et comique. Il n'est pas permis de mettre dans une tragédie des vers tels que ceux-ci :

Avez-vous en ces lieux quelque commerce? — Aucun. —
D'où le savez-vous donc ? — D'un peu de sens commun....
On pourrait fort attendre. — Et, durant cette attente,
Vous pourriez n'avoir pas l'âme la plus contente....
On ne voit point d'ici ce qui se passe à Rome. —
Mais , madame, les dieux vous l'ont-ils révélé ? —
. . . . L'âme la plus crédule
D'un miracle pareil ferait quelque scrupule.
. . . . Un succès hautement emporté,
Qui mettrait notre gloire en plus d'égalité. —
Du reste, si la paix vous plaît, ou vous déplaît . . . —
La bataille et la paix sont pour moi même chose, etc. etc.

C'est là ce que Saint-Évremond appelle parler avec dignité; c'est

SCÈNE IV.

SYPHAX, SOPHONISBE, HERMINIE, BOCCHAR.

SOPHONISBE.

Eh bien! seigneur, la paix, l'avez-vous résolue?

SYPHAX.

Vous en êtes encor la maîtresse absolue,
Madame; et je n'ai pris trève pour un moment,
Qu'afin de tout remettre à votre sentiment.
On m'offre le plein calme, on m'offre de me rendre
Ce que dans mes États la guerre a fait surprendre,
L'amitié des Romains que pour vous j'ai trahis.

SOPHONISBE.

Et que vous offre-t-on, seigneur, pour mon pays ?

SYPHAX.

Loin d'exiger de moi que j'y porte mes armes,
On me laisse aujourd'hui tout entier à vos charmes;
On demande que, neutre en ces dissensions,
Je laisse aller le sort de vos deux nations.

SOPHONISBE.

Et ne pourrait-on point vous en faire l'arbitre?

SYPHAX.

Le ciel semblait m'offrir un si glorieux titre,
Alors qu'on vit dans Cyrthe entrer d'un pas égal,
D'un côté Scipion, et de l'autre Asdrubal.
Je vis ces deux héros, jaloux de mon suffrage,
Le briguer, l'un pour Rome, et l'autre pour Carthage,
Je les vis à ma table, et sur un même lit;
Et comme ami commun, j'aurais eu tout crédit.
Votre beauté, madame, emporta la balance.
De Carthage pour vous j'embrassai l'alliance;
Et, comme on ne veut point d'arbitre intéressé,
C'est beaucoup aux vainqueurs d'oublier le passé.
En l'état où je suis, deux batailles perdues,
Mes villes la plupart surprises ou rendues,
Mon royaume d'argent et d'hommes affaibli,
C'est beaucoup de me voir tout d'un coup rétabli.
Je reçois sans combat le prix de la victoire;
Je rentre sans péril en ma première gloire;
Et ce qui plus que tout a lieu de m'être doux,
Il m'est permis enfin de vivre auprès de vous.

SOPHONISBE.

Quoi que vous résolviez, c'est à moi d'y souscrire;
J'oserai toutefois m'enhardir à vous dire

la véritable tragédie : et l'*Andromaque* de Racine est, à ses yeux, une pièce dans laquelle il y a des choses qui approchent du bon! Tel est le préjugé, telle est l'envie secrète qu'on porte au mérite nouveau sans presque s'en apercevoir. Saint-Évremond était né après Corneille, et avait vu naître Racine. Osons dire qu'il n'était digne de juger ni l'un ni l'autre. Il n'y a peut-être jamais eu de réputation plus usurpée que celle de Saint-Évremond. (V.)

Qu'avec plus de plaisir je verrais ce traité,
Si j'y voyais pour vous, ou gloire, ou sûreté.
Mais, seigneur, m'aimez-vous encor?

SYPHAX.
Si je vous aime?

SOPHONISBE.
Oui, m'aimez-vous encor, seigneur?

SYPHAX.
Plus que moi-même.

SOPHONISBE.
Si mon amour égal rend vos jours fortunés,
Vous souvient-il encor de qui vous le tenez?

SYPHAX.
De vos bontés, madame.

SOPHONISBE.
Ah! cessez, je vous prie,
De faire en ma faveur outrage à ma patrie.
Un autre avait le choix de mon père et le mien;
Elle seule pour vous rompit ce doux lien.
Je brûlais d'un beau feu, je promis de l'éteindre;
J'ai tenu ma parole, et j'ai su m'y contraindre.
Mais vous ne tenez pas, seigneur, à vos amis
Ce qu'acceptant leur don vous leur avez promis;
Et pour ne pas user vers vous d'un mot trop rude,
Vous montrez pour Carthage un peu d'ingratitude.
Quoi! vous, qui lui devez ce bonheur de vos jours,
Vous, que mon hyménée engage à son secours,
Vous, que votre serment attache à sa défense,
Vous manquez de parole et de reconnaissance!
Et, pour remercîment de me voir en vos mains,
Vous la livrez vous-même en celles des Romains!
Vous brisez le pouvoir dont vous m'avez reçue,
Et je serai le prix d'une amitié rompue,
Moi qui, pour en étreindre à jamais les grands nœuds,
Ai d'un amour si juste éteint les plus beaux feux!
Moi, que vous protestez d'aimer plus que vous-même!
Ah! seigneur, le dirai-je? est-ce ainsi que l'on m'aime?

SYPHAX.
Si vous m'aimiez, madame, il vous serait bien doux
De voir comme je veux ne vous devoir qu'à vous;
Vous ne vous plairiez pas à montrer dans votre âme
Les restes odieux d'une première flamme,
D'un amour dont l'hymen qu'on a vu nous unir
Devrait avoir éteint jusques au souvenir.
Vantez-moi vos appas, montrez avec courage
Ce prix impérieux dont m'achète Carthage;
Avec tant de hauteur prenez son intérêt,
Qu'il me faille en esclave agir comme il lui plaît;
Au moindre soin des miens traitez-moi d'infidèle,
Et ne me permettez de régner que sous elle :
Mais épargnez ce comble aux malheurs que je crains,
D'entendre aussi vanter ces beaux feux mal éteints,
Et de vous en voir l'âme encor tout obsédée
En ma présence même en caresser l'idée.

SOPHONISBE.
Je m'en souviens, seigneur, lorsque vous oubliez
Quels vœux mon changement vous a sacrifiés,
Et saurai l'oublier, quand vous ferez justice
A ceux qui vous ont fait un si grand sacrifice.
Au reste, pour ouvrir tout mon cœur avec vous,
Je n'aime point Carthage à l'égale d'un époux;
Mais, bien que moins soumise à son destin qu'au vôtre,
J'y crains également et pour l'un et pour l'autre;
Et ce que je vous suis ne saurait empêcher
Que le plus malheureux ne me soit le plus cher.
Jouissez de la paix qui vous vient d'être offerte,
Tandis que j'irai plaindre et partager sa perte;
J'y mourrai sans regret, si mon dernier moment
Vous laisse en quelque état de régner sûrement.
Mais, Carthage détruite, avec quelle apparence
Oserez-vous garder cette fausse espérance?
Rome, qui vous redoute et vous flatte aujourd'hui,
Vous craindra-t-elle encor, vous voyant sans appui,
Elle qui de la paix ne jette les amorces
Que par le seul besoin de séparer vos forces,
Et qui dans Massinisse, et voisin, et jaloux,
Aura toujours de quoi se brouiller avec vous?
Tous deux vous devront tout. Carthage abandonnée
Vaut pour l'un et pour l'autre une grande journée.
Mais un esprit aigri n'est jamais satisfait
Qu'il n'ait vengé l'injure en dépit du bienfait.
Pensez-y : votre armée est la plus forte en nombre;
Les Romains ont tremblé dès qu'ils en ont vu l'ombre;
Utique à l'assiéger retient leur Scipion :
Un temps bien pris peut tout; pressez l'occasion.
De ce chef éloigné la valeur peu commune
Peut-être à sa personne attache leur fortune :
Il tient auprès de lui la fleur de leurs soldats.
En tout événement Cyrthe vous tend les bras;
Vous tiendrez, et longtemps, dedans cette retraite,
Mon père cependant répare sa défaite;
Hannon a de l'Espagne amené du secours;
Annibal vient lui-même ici dans peu de jours.
Si tout cela vous semble un léger avantage,
Renvoyez-moi, seigneur, me perdre avec Carthage :
J'y périrai sans joie; vous régnerez sans moi.
Vous préserve le ciel de ce que je prévoi!
Et daigne son courroux, me prenant seule en butte,
M'exempter par ma mort de pleurer votre chute!

SYPHAX.
A des charmes si forts joindre celui des pleurs!
Soulever contre moi ma gloire et vos douleurs!
C'est trop, c'est trop, madame; il faut vous satisfaire.
Le plus grand des malheurs serait de vous déplaire
Et tous mes sentiments veulent bien se trahir
A la douceur de vaincre ou de vous obéir.
La paix eût sur ma tête assuré ma couronne;
Il faut la refuser, Sophonisbe l'ordonne;

Il faut servir Carthage, et hasarder l'État.
Mais que deviendrez-vous, si je meurs au combat?
Qui sera votre appui, si le sort des batailles
Vous rend un corps sans vie au pied de nos murailles?

SOPHONISBE.

Je vous répondrais bien qu'après votre trépas
Ce que je deviendrai ne vous regarde pas :
Mais j'aime mieux, seigneur, pour vous tirer de peine,
Vous dire que je sais vivre et mourir en reine.

SYPHAX.

N'en parlons plus, madame. Adieu : pensez à moi.
Et je saurai pour vous vaincre, ou mourir en roi¹.

ACTE SECOND ²

SCÈNE PREMIÈRE.

ÉRYXE, BARCÉE.

ÉRYXE.

Quel désordre, Barcée, ou plutôt quel supplice,
M'apprêtait la victoire à revoir Massinisse!

---

¹ Cette scène devrait être intéressante et sublime. Sophonisbe veut forcer son mari à prendre le parti de Carthage contre les Romains. C'est un grand objet, et digne de Corneille; si cet objet n'est pas rempli, c'est en partie la faute du style : c'est cette répétition : *M'aimez-vous, seigneur?... Qui, m'aimez-vous encore?* c'est cette imitation du discours de Pauline à Polyeucte :

  Moi qui, pour en étreindre à jamais les grands nœuds,
  Ai d'un amour si juste éteint les plus beaux feux!

imitation mauvaise : car le sacrifice que Pauline a fait de son amour pour Sévère est touchant; et le sacrifice de Massinisse, que Sophonisbe a fait à l'ambition, est d'un genre tout différent. Enfin Syphax est faible; Sophonisbe veut gouverner son mari. La scène n'est pas assez fortement écrite, et tout est froid. Je ne parle point de *Carthage abandonnée*, qui *vaut pour l'un et pour l'autre une grande journée;* je ne parle pas du style, qui devrait réparer les vices du fond et qui les augmente. (V.)

² On retrouve dans ce second acte des étincelles du feu qui avait animé l'auteur de *Cinna* et de *Polyeucte*, etc. Cependant la pièce de Corneille n'eut qu'un médiocre succès, et la *Sophonisbe* de Mairet continua à être représentée. Je crois en trouver la raison jusque dans les beaux endroits même de la *Sophonisbe* de Corneille. Éryxe, cette ancienne maîtresse de Massinisse, démêle très-bien l'amour de Massinisse pour sa rivale; tout ce qu'elle dit est vrai, mais ce vrai ne peut toucher. Elle annonce elle-même que Sophonisbe est aimée; dès lors plus d'incertitude dans l'esprit du spectateur, plus de suspension, plus de crainte. Mairet avait eu l'art de tenir les esprits en suspens : on ne sait d'abord chez lui si Massinisse pardonnera ou non à sa captive. C'est beaucoup que, dans le temps grossier où Mairet écrivait, il devinât ce grand art d'intéresser. Sa pièce était, à la vérité, remplie de vers de comédie et de longues déclamations, mais ce goût subsista très-longtemps, et il n'y avait qu'un petit nombre d'esprits éclairés qui s'apercussent de ces

---

Et que de mon destin l'obscure trahison
Sur mes souhaits remplis a versé de poison!
Syphax est prisonnier; Cyrthe tout éperdue
A ce triste spectacle aussitôt s'est rendue.
Sophonisbe, en dépit de toute sa fierté,
Va gémir à son tour dans la captivité :
Le ciel finit la mienne, et je n'ai plus de chaînes
Que celles qu'avec gloire on voit porter aux reines;
Et, lorsqu'aux mêmes fers je crois voir mon vainqueur,
Je doute, en le voyant, si j'ai part en son cœur!
En vain l'impatience à le chercher m'emporte,
En vain de ce palais je cours jusqu'à la porte,
Et m'ose figurer, en cet heureux moment,
Sa flamme impatiente et forte également :
Je l'ai vu, mais surpris, mais troublé de ma vue;
Il n'était point lui-même alors qu'il m'a reçue;
Et ses yeux égarés marquaient un embarras
A faire assez juger qu'il ne me cherchait pas.
J'ai vanté sa victoire, et je me suis flattée
Jusqu'à m'imaginer que j'étais écoutée;
Mais, quand pour me répondre il s'est fait un effort,
Son compliment au mien n'a point eu de rapport;
Et j'ai trop vu par là qu'un si profond silence
Attachait sa pensée ailleurs qu'à ma présence,
Et que l'emportement d'un entretien secret
Sous un front attentif cachait l'esprit distrait.

BARCÉE.

Les soins d'un conquérant vous donnent trop d'alarmes.
C'est peu que devant lui Cyrthe ait mis bas les armes,
Qu'elle se soit rendue, et qu'un commun effroi
L'ait fait à tout son peuple accepter pour son roi :
Il lui faut s'assurer des places et des portes,
Pour en demeurer maître y poster ses cohortes :
Ce devoir se préfère aux soucis les plus doux;
Et, s'il en était quitte, il serait tout à vous.

ÉRYXE.

Il me l'a dit lui-même alors qu'il m'a quittée;
Mais j'ai trop vu d'ailleurs son âme inquiétée;
Et de quelque couleur que tu couvres ses soins,
Sa nouvelle conquête en occupe le moins.
Sophonisbe, en un mot, et captive et pleurante,

---

défauts. On aimait encore, ainsi que nous l'avons remarqué souvent, ces longues tirades raisonnées qui, à l'aide de cinq ou six vers pompeux, et de la déclamation ampoulée d'un acteur, subjuguaient l'imagination d'un parterre, alors peu instruit, qui admirait ce qu'il entendait et ce qu'il n'entendait pas. Des vers durs, entortillés, obscurs, passaient à la faveur de quelques vers heureux. On ne connaissait pas la pureté et l'élégance continue du style. La pièce de Mairet subsista donc, ainsi que plusieurs ouvrages de Desmarets, de Tristan, de du Ryer, de Rotrou, jusqu'à ce que le goût du public fût formé. La *Sophonisbe* de Corneille tomba ensuite comme les autres pièces de tous ces auteurs : elle est plus fortement écrite, mais non plus purement; et, avec l'incorrection et l'obscurité du style, elle a le grand défaut d'être absolument sans intérêt, comme le lecteur peut le sentir à chaque page. (V.)

SOPHONISBE, ACTE II, SCÈNE I.

L'emporte sur Éryxe et reine et triomphante ;
Et, si je m'en rapporte à l'accueil différent,
Sa disgrâce peut plus qu'un sceptre qu'on me rend.
 Tu l'as pu remarquer. Du moment qu'il l'a vue,
Ses troubles ont cessé, sa joie est revenue :
Ces charmes à Carthage autrefois adorés
Ont soudain réuni ses regards égarés.
Tu l'as vue étonnée, et tout ensemble altière,
Lui demander l'honneur d'être sa prisonnière,
Le prier fièrement qu'elle pût en ses mains
Éviter le triomphe et les fers des Romains.
Son orgueil, que ses pleurs semblaient vouloir dédire,
Trouvait l'art en pleurant d'augmenter son empire ;
Et sûre du succès, dont cet art répondait,
Elle priait bien moins qu'elle ne commandait.
Aussi sans balancer il a donné parole
Qu'elle ne serait point traînée au Capitole,
Qu'il en saurait trouver un moyen assuré ;
En lui tendant la main sur l'heure il l'a juré,
Et n'eût pas borné là son ardeur renaissante,
Mais il s'est souvenu qu'enfin j'étais présente ;
Et les ordres qu'aux siens il avait à donner
Ont servi de prétexte à nous abandonner.
 Que dis-je ? pour moi seule affectant cette fuite,
Jusqu'au fond du palais des yeux il l'a conduite ;
Et, si tu t'en souviens, j'ai toujours soupçonné
Que cet amour jamais ne fut déraciné.
Chez moi, dans Hyarbée, où le mien trop facile
Prêtait à sa déroute un favorable asile,
Détrôné, vagabond, et sans appui que moi,
Quand j'ai voulu parler contre ce cœur sans foi,
Et qu'à cette infidèle imputant sa misère,
J'ai cru surprendre un mot de haine ou de colère,
Jamais son feu secret n'a manqué de détours
Pour me forcer moi-même à changer de discours ;
Ou, si je m'obstinais à le faire répondre,
J'en tirais pour tout fruit de quoi mieux me confondre,
Et je n'en arrachais que de profonds hélas,
Et qu'enfin son amour ne la méritait pas.
Juge, par ces soupirs que produisait l'absence,
Ce qu'à leur entrevue a produit la présence.

BARCÉE.

Elle a produit sans doute un effet de pitié
Où se mêle peut-être une ombre d'amitié.
Vous savez qu'un cœur noble et vraiment magnanime,
Quand il bannit l'amour, aime à garder l'estime ;
Et que, bien qu'offensé par le choix d'un mari,
Il n'insulte jamais à ce qu'il a chéri. [plaindre
Mais, quand bien vous auriez tout lieu de vous en
Sophonisbe, après tout, n'est point pour vous à crain-
Eût-elle tout son cœur, elle l'aurait en vain, [dre,
Puisqu'elle est hors d'état de recevoir sa main.
Il vous la doit, madame.

ÉRYXE.

Il me la doit, Barcée :
Mais que sert une main par le devoir forcée ?
Et qu'en aurait le don pour moi de précieux,
S'il faut que son esclave ait son cœur à mes yeux ?
Je sais bien que des rois la fière destinée
Souffre peu que l'amour règle leur hyménée,
Et que leur union, souvent pour leur malheur,
N'est que du sceptre au sceptre, et non du cœur au cœur :
Mais je suis au-dessus de cette erreur commune ;
J'aime en lui sa personne autant que sa fortune ;
Et je n'en exigeai qu'il reprît ses États
Que de peur que mon peuple en fît trop peu de cas.
Des actions des rois ce téméraire arbitre
Dédaigne insolemment ceux qui n'ont que le titre.
Jamais d'un roi sans trône il n'eût souffert la loi,
Et ce mépris peut-être eût passé jusqu'à moi.
Il fallait qu'il lui vît sa couronne à la tête,
Et que ma main devînt sa dernière conquête,
Si nous voulions régner avec l'autorité
Que le juste respect doit à la dignité.
 J'aime donc Massinisse, et je prétends qu'il m'aime :
Je l'adore, et je veux qu'il m'adore de même ;
Et pour moi son hymen serait un long ennui,
S'il n'était tout à moi, comme moi toute à lui.
Ne t'étonne donc point de cette jalousie
Dont, à ce froid abord, mon âme s'est saisie ;
Laisse-la-moi souffrir, sans me la reprocher ;
Sers-la, si tu le peux, et m'aide à la cacher.
Pour juste aux yeux de tous qu'en puisse être la cause,
Une femme jalouse à cent mépris s'expose ;
Plus elle fait de bruit, moins on en fait d'état,
Et jamais ses soupçons n'ont qu'un honteux éclat.
Je veux donner aux miens une route diverse,
A ces amants suspects laisser libre commerce,
D'un œil indifférent en regarder le cours,
Fuir toute occasion de troubler leurs discours,
Et d'un hymen douteux éviter le supplice,
Tant que je douterai du cœur de Massinisse.
Le voici : nous verrons, par son empressement,
Si je me suis trompée en ce pressentiment [1].

[1] On sent, dans cette scène, combien Éryxe est froide et rebutante.

 J'aime donc Massinisse, et je prétends qu'il m'aime ;
 Je l'adore, et je veux qu'il m'adore de même....
 Pour juste aux yeux de tous qu'en puisse être la cause,
 Une femme jalouse à cent mépris s'expose ;
 Plus elle fait de bruit, moins on en fait d'état.

Est-ce là une comédie de Montfleury ? est-ce une tragédie de Corneille ? (V.)

SCÈNE II.

MASSINISSE, ÉRYXE, BALCÉE, MÉZÉTULLE.

MASSINISSE.

Enfin, maître absolu des murs et de la ville,
Je puis vous rapporter un esprit plus tranquille,
Madame, et voir céder en ce reste du jour
Les soins de la victoire aux douceurs de l'amour.
Je n'aurais plus de lieu d'aucune inquiétude,
N'était que je ne puis sortir d'ingratitude,
Et que dans mon bonheur il n'est pas bien en moi
De m'acquitter jamais de ce que je vous doi.
 Les forces qu'en mes mains vos bontés ont remises,
Vous ont laissée en proie à de lâches surprises,
Et me rendaient ailleurs ce qu'on m'avait ôté,
Tandis qu'on vous ôtait et sceptre et liberté.
Ma première victoire a fait votre esclavage;
Celle-ci, qui le brise, est encor votre ouvrage;
Mes bons destins par vous ont eu tout leur effet,
Et je suis seulement ce que vous m'avez fait.
Que peut donc tout l'effort de ma reconnaissance,
Lorsque je tiens de vous ma gloire et ma puissance?
Et que vous puis-je offrir que votre propre bien,
Quand je vous offrirai votre sceptre et le mien?

ÉRYXE.

Quoi qu'on puisse devoir, aisément on s'acquitte,
Seigneur, quand on se donne avec tant de mérite :
C'est un rare présent qu'un véritable roi
Qu'a rendu la victoire enfin digne de moi.
Si dans quelques malheurs pour vous je suis tombée,
Nous pourrons en parler un jour dans Hyarbée,
Lorsqu'on nous y verra dans un rang souverain,
La couronne à la tête, et le sceptre à la main.
Ici nous ne savons encor ce que nous sommes :
Je tiens tout fort douteux tant qu'il dépend des hom-
Et n'ose m'assurer que nos amis jaloux   [mes,
Consentent l'union de deux trônes en nous.
Ce qu'avec leurs héros vous avez de pratique
Vous a dû mieux qu'à moi montrer leur politique.
Je ne vous en dis rien : un souci plus pressant,
Et, si je l'ose dire, assez embarrassant,
Où même ainsi que vous la pitié m'intéresse,
Vous doit inquiéter touchant votre promesse.
Dérober Sophonisbe au pouvoir des Romains,
C'est un pénible ouvrage, et digne de vos mains :
Vous devez y penser.

MASSINISSE.

 Un peu trop téméraire,
Peut-être ai-je promis plus que je ne puis faire.
Les pleurs de Sophonisbe ont surpris ma raison.
L'opprobre du triomphe est pour elle un poison;
Et j'ai cru que le ciel l'avait assez punie,
Sans la livrer moi-même à tant d'ignominie.
Madame, il est bien dur de voir déshonorer
L'autel où tant de fois on s'est plu d'adorer;
Et l'âme ouverte aux biens que le ciel lui renvoie
Ne peut rien refuser dans ce comble de joie.
Mais, quoi que ma promesse ait de difficultés,
L'effet en est aisé, si vous y consentez.

ÉRYXE.

Si j'y consens! bien plus seigneur, je vous en prie.
Voyez s'il faut agir de force ou d'industrie;
Et concertez ensemble en toute liberté
Ce que dans votre esprit vous avez projeté.
Elle vous cherche exprès.

SCÈNE III.

MASSINISSE, SOPHONISBE, ÉRYXE, BARCÉE, HERMINIE, MÉZÉTULLE.

ÉRYXE.

 Tout a changé de face,
Madame, et les destins vous ont mise en ma place.
Vous me deviez servir malgré tout mon courroux,
Et je fais à présent même chose pour vous :
Je vous l'avais promis, et je vous tiens parole.

SOPHONISBE.

Je vous suis obligée; et ce qui m'en console,
C'est que tout peut changer une seconde fois;
Et je vous rendrai lors tout ce que je vous dois.

ÉRYXE.

Si le ciel jusque-là vous en laisse incapable,
Vous pourrez quelque temps être ma redevable,
Non tant d'avoir parlé, d'avoir prié pour vous,
Comme de vous céder un entretien si doux.
Voyez si c'est vous rendre un fort méchant office
Que vous abandonner le prince Massinisse.

SOPHONISBE.

Ce n'est pas mon dessein de vous le dérober.

ÉRYXE.

Peut-être en ce dessein pourriez-vous succomber.
Mais, seigneur, quel qu'il soit, je n'y mets point d'obstacles :
Un héros, comme un dieu, peut faire des miracles;
Et, s'il faut mon aveu pour en venir à bout,
Soyez sûr de nouveau que je consens à tout.
Adieu[1].

---

[1] Cette scène est aussi froide et aussi comiquement écrite que la précédente. Massinisse est non-seulement le maître de la ville, mais aussi des murs. *Il voit céder les soins de la victoire aux douceurs de l'amour en ce reste du jour. Il n'aurait plus sujet d'aucune inquiétude, n'était qu'il ne peut sortir d'ingratitude.* Quand on fait parler ainsi ses héros, il faut se taire. Éryxe dit autant de sottises que Massinisse : j'appelle hardiment les choses par leur nom; et j'ai cette hardiesse, parce que j'idolâtre les beaux morceaux du *Cid*, d'*Horace*, de *Cinna*, de *Polyeucte*, et de *Pompée*. (V.)

[1] Ce qui fait que cette petite scène de bravades entre Éryxe et

SCÈNE IV.

MASSINISSE, SOPHONISBE, HERMINIE, MÉZÉTULLE.

SOPHONISBE.

Pardonnez-vous à cette inquiétude
Que fait de mon destin la triste incertitude[1],
Seigneur? et cet espoir que vous m'avez donné
Vous fera-t-il aimer d'en être importuné?
Je suis Carthaginoise, et d'un sang que vous-même
N'avez que trop jugé digne du diadème :
Jugez par là l'excès de ma confusion.
A me voir attachée au char de Scipion ;
Et si ce qu'entre nous on vit d'intelligence
Ne vous convaincra pas d'une indigne vengeance,
Si vous écoutez plus de vieux ressentiments
Que le sacré respect de vos derniers serments.
Je fus ambitieuse, inconstante et parjure :
Plus votre amour fut grand, plus grande en est l'injure,
Mais plus il a paru, plus il vous fait de lois
Pour défendre l'honneur de votre premier choix ;
Et plus l'injure est grande, et d'autant mieux éclate
La générosité de servir une ingrate
Que votre bras lui-même a mise hors d'état
D'en pouvoir dignement reconnaître l'éclat.

MASSINISSE.

Ah! si vous m'en devez quelque reconnaissance,
Cessez de vous en faire une fausse impuissance :
De quelque dur revers que vous sentiez les coups,
Vous pouvez plus pour moi que je ne puis pour vous.
Je dis plus : je ne puis pour vous aucune chose,
A moins qu'à m'y servir ce revers vous dispose.
J'ai promis, mais sans vous j'aurai promis en vain ;
J'ai juré, mais l'effet dépend de votre main ;

Sophonisbe est froide, c'est qu'elle ne change rien à la situation, c'est qu'elle est inutile, c'est que ces deux femmes ne se bravent que pour se braver. (V.)

[1] On a dit que ce qui déplut davantage dans la *Sophonisbe* de Corneille, c'est que cette reine épouse le vainqueur de son mari le même jour que ce mari est prisonnier. Il se peut qu'une telle indécence, un tel mépris de la pudeur et des lois ait révolté tous les esprits bien faits; mais les actions les plus condamnables, les plus révoltantes, sont très-souvent admises dans la tragédie, quand elles sont amenées et traitées avec un grand art. Il n'y en a point du tout ici; et les discours que se tiennent ces deux amants n'étaient pas capables de faire excuser ce second mariage dans la maison même qu'habite encore le premier mari. *Pardonnez, monsieur, à l'inquiétude que l'incertitude de mon destin fait. Jugez l'excès de ma confusion. Si ce qu'on vit d'intelligence entre nous ne vous convaincra point d'une vengeance indigne. Mais plus l'injure est grande, d'autant mieux éclate la générosité de servir une ingrate, mise par votre bras lui-même hors d'état d'en reconnaître l'éclat.* Cet horrible galimatias, hérissé de solécismes, est-il bien propre à faire pardonner à Sophonisbe l'insolente indécence de sa conduite? On ne peut excuser Corneille qu'en disant qu'il a fait *Cinna*. (V.)

Autre qu'elle en ces lieux ne peut briser vos chaînes :
En un mot le triomphe est un supplice aux reines ;
La femme du vaincu ne le peut éviter,
Mais celle du vainqueur n'a rien à redouter.
De l'une il est aisé que vous deveniez l'autre ;
Votre main par mon sort peut relever le vôtre :
Mais vous n'avez qu'une heure, ou plutôt qu'un moment,
Pour résoudre votre âme à ce grand changement.
Demain Lælius entre, et je ne suis plus maître,
Et, quelque amour en moi que vous voyiez renaître,
Quelques charmes en vous qui puissent me ravir
Je ne puis que vous plaindre, et non pas vous servir.
C'est vous parler sans doute avec trop de franchise ;
Mais le péril....

SOPHONISBE.

De grâce, excusez ma surprise.
Syphax encor vivant voulez-vous qu'aujourd'hui....

MASSINISSE.

Vous me fûtes promise auparavant qu'à lui ;
Et cette foi donnée et reçue à Carthage,
Quand vous voudrez m'aimer, d'avec lui vous dégage.
Si de votre personne il s'est vu possesseur,
Il en fut moins l'époux que l'heureux ravisseur ;
Et sa captivité qui rompt cet hyménée,
Laisse votre main libre et la sienne enchaînée.
Rendez-vous à vous-même ; et s'il vous peut venir
De notre amour passé quelque doux souvenir,
Si ce doux souvenir peut avoir quelque force....

SOPHONISBE.

Quoi! vous pourriez m'aimer après un tel divorce,
Seigneur, et recevoir de ma légèreté
Ce que vous déroba tant d'infidélité ?

MASSINISSE.

N'attendez point, madame, ici que je vous die
Que je ne vous impute aucune perfidie ;
Que mon peu de mérite et mon trop de malheur
Ont seuls forcé Carthage à forcer votre cœur ;
Que votre changement n'éteignit point ma flamme ;
Qu'il ne vous ôta point l'empire de mon âme,
Et que, si j'ai porté la guerre en vos États,
Vous étiez la conquête où prétendait mon bras.
Quand le temps est trop cher pour le perdre en paroles,
Toutes ces vérités sont des discours frivoles :
Il faut ménager mieux ce moment de pouvoir.
Demain Lælius entre ; il le peut dès ce soir :
Avant son arrivée assurez votre empire.
Je vous aime, madame, et c'est assez vous dire.
Je n'examine point quels sentiments pour moi
Me rendront les effets d'une première foi :
Que votre ambition, que votre amour choisisse,
L'opprobre est d'un côté, de l'autre Massinisse.
Il faut aller à Rome, ou me donner la main :
Ce grand choix ne se peut différer à demain ;
Le péril presse autant que mon impatience ;

Et, quoi que mes succès m'offrent de confiance,
Avec tout mon amour, je ne puis rien pour vous,
Si demain Rome en moi ne trouve votre époux.
SOPHONISBE.
Il faut donc qu'à mon tour je parle avec franchise,
Puisqu'un péril si grand ne veut point de remise.
L'hymen que vous m'offrez peut rallumer mes feux,
Et pour briser mes fers rompre tous autres nœuds ;
Mais, avant qu'il vous rende à votre prisonnière,
Je veux que vous voyiez son âme tout entière,
Et ne puissiez un jour vous plaindre avec sujet
De n'avoir pas bien vu ce que vous aurez fait.
Quand j'épousai Syphax, je n'y fus point forcée ;
Je vous quittai sans peine, et tous mes vœux trahis
Cédèrent avec joie au bien de mon pays.
En un mot, j'ai reçu du ciel pour mon partage
L'aversion de Rome et l'amour de Carthage.
Vous aimez Lælius, vous aimez Scipion,
Vous avez lieu d'aimer toute leur nation ;
Aimez-la, j'y consens, mais laissez-moi ma haine.
Tant que vous serez roi, souffrez que je sois reine,
Avec la liberté d'aimer et de haïr,
Et sans nécessité de craindre ou d'obéir.
Voilà quelle je suis, et quelle je veux être.
J'accepte votre hymen, mais pour vivre sans maître ;
Et ne quitterais point l'époux que j'avais pris,
Si Rome se pouvait éviter qu'à ce prix.
A ces conditions me voulez-vous pour femme ?
MASSINISSE.
A ces conditions prenez toute mon âme ;
Et s'il vous faut encor quelques nouveaux serments...
SOPHONISBE.
Ne perdez point, seigneur, ces précieux moments ;
Et, puisque sans contrainte il m'est permis de vivre,
Faites tout préparer ; je m'apprête à vous suivre.
MASSINISSE.
J'y vais ; mais de nouveau gardez que Lælius....
SOPHONISBE.
Cessez de vous gêner par des soins superflus ;
J'en connais l'importance, et vous rejoins au temple[1].

SCÈNE V.
SOPHONISBE, HERMINIE.

SOPHONISBE.
Tu vois, mon bonheur passe et l'espoir et l'exemple ;
Et c'est, pour peu qu'on aime, une extrême douceur
De pouvoir accorder sa gloire avec son cœur :
Mais c'en est une ici bien autre, et sans égale,
D'enlever, et si tôt, ce prince à ma rivale,
De lui faire tomber le triomphe des mains,
Et prendre sa conquête aux yeux de ses Romains.
Peut-être avec le temps j'en aurai l'avantage
De l'arracher à Rome, et le rendre à Carthage ;
Je m'en réponds déjà sur le don de sa foi :
Il est à mon pays, puisqu'il est tout à moi.
A ce nouvel hymen c'est ce qui me convie,
Non l'amour, non la peur, de me voir asservie.
L'esclavage aux grands cœurs n'est point à redouter,
Alors qu'on sait mourir, on sait tout éviter :
Mais, comme enfin la vie est bonne à quelque chose [1],
Ma patrie elle-même à ce trépas s'oppose,
Et m'en désavouerait si j'osais me ravir
Les moyens que l'amour m'offre de la servir.
Le bonheur surprenant de cette préférence
M'en donne une assez juste et flatteuse espérance.
Que ne pourrai-je point si, dès qu'il m'a pu voir,
Mes yeux d'une autre reine ont détruit le pouvoir !
Tu l'as vu comme moi, qu'aucun retour vers elle
N'a montré qu'avec peine il lui fût infidèle ;
Il ne l'a point nommée, et pas même un soupir
N'en a fait soupçonner le moindre souvenir.
HERMINIE.
Ce sont grandes douceurs que le ciel vous renvoie ;
Mais il manque le comble à cet excès de joie,
Dont vous vous sentiriez encor bien mieux saisir,
Si vous voyiez qu'Éryxe en eût du déplaisir.
Elle est indifférente, ou plutôt insensible :
A vous servir contre elle fait son possible :
Quand vous prenez plaisir à troubler son discours,
Elle en prend à laisser au vôtre un libre cours ;
Et ce héros enfin que votre soin obsède
Semble ne vous offrir que ce qu'elle vous cède.
Je voudrais qu'elle vît un peu plus son malheur,
Qu'elle en fît hautement éclater la douleur ;
Que l'espoir inquiet de se voir son épouse
Jetât un plein désordre en son âme jalouse ;
Que son amour pour lui fût sans bonté pour vous.
SOPHONISBE.
Que tu te connais mal en sentiments jaloux !
Alors qu'on l'est si peu qu'on ne pense pas l'être,
On n'y réfléchit point, on laisse tout paraître ;
Mais quand on l'est assez pour s'en apercevoir,
On met tout son possible à n'en laisser rien voir.
Éryxe qui connaît et qui hait sa faiblesse
La renferme au dedans, et s'en rend la maîtresse ;
Mais cette indifférence où tant d'orgueil se joint
Ne part que d'un dépit jaloux au dernier point ;
Et sa fausse bonté se trahit elle-même
Par l'effort qu'elle fait à se montrer extrême :

---

[1] Scène froide encore, parce que le spectateur sait déjà quel parti a pris Massinisse, parce qu'elle est dénuée de grandes passions et de grands mouvements de l'âme. (V.)

[1] *La vie est bonne à quelque chose*: quels discours et quels raisonnements ! (V.)

Elle est étudiée, et ne l'est pas assez
Pour échapper entière aux yeux intéressés.
Allons sans perdre temps l'empêcher de nous nuire,
Et prévenir l'effet qu'elle pourrait produire [1].

ACTE TROISIÈME.

SCÈNE PREMIÈRE.

MASSINISSE, MÉZÉTULLE.

MÉZÉTULLE.

Oui, seigneur, j'ai donné vos ordres à la porte [2]
Que jusques à demain aucun n'entre, ne sorte,
A moins que Lælius vous dépêche quelqu'un.
Au reste, votre hymen fait le bonheur commun.
Cette illustre conquête est une autre victoire, [re,
Que prennent les vainqueurs pour un surcroît de gloi-
Et qui fait aux vaincus bannir tout leur effroi,
Voyant régner leur reine avec leur nouveau roi.
Cette union à tous promet des biens solides,
Et réunit sous vous tous les cœurs des Numides.

MASSINISSE.
Mais Éryxe?

MÉZÉTULLE.
J'ai mis des gens à l'observer,
Et suis allé moi-même après eux la trouver,
De peur qu'un contre-temps de jalouse colère
Allât jusqu'aux autels en troubler le mystère.
D'abord qu'elle a tout su, son visage étonné
Aux troubles du dedans sans doute a trop donné;
Du moins à ce grand coup elle a paru surprise :
Mais un moment après, entièrement remise,
Elle a voulu sourire, et m'a dit froidement :
« Le roi n'use pas mal de mon consentement ;
« Allez, et dites-lui que pour reconnaissance.... »
Mais, seigneur, devers vous elle-même s'avance,
Et vous expliquera mieux que je n'aurais fait
Ce qu'elle ne m'a pas expliqué tout à fait.

MASSINISSE.
Cependant cours au temple, et presse un peu la reine
D'y terminer des vœux dont la longueur me gêne;
Et dis-lui que c'est trop importuner les dieux,
En un temps où sa vue est si chère à mes yeux [1].

SCÈNE II.

MASSINISSE, ÉRYXE, BARCÉE.

ÉRYXE.
Comme avec vous, seigneur, je ne sus jamais feindre,
Souffrez pour un moment que j'ose ici me plaindre,
Non d'un amour éteint, ni d'un espoir déçu,
L'un fut mal allumé, l'autre fut mal conçu;
Mais d'avoir cru mon âme et si faible et si basse,
Qu'elle pût m'imputer votre hymen à disgrâce,
Et d'avoir envié cette joie à mes yeux
D'en être les témoins aussi bien que les dieux.
Ce plein aveu promis avec tant de franchise
Me préparait assez à voir tout sans surprise;
Et, sûr que vous étiez de mon consentement,
Vous me deviez ma part en cet heureux moment.
J'aurais un peu plus tôt été désabusée;
Et, près du précipice où j'étais exposée,
Il m'eût été, seigneur, et m'est encor bien doux
D'avoir pu vous connaître avant que d'être à vous.
Aussi n'attendez point de reproche ou d'injure.
Je ne vous nommerai ni lâche, ni parjure.
Quel outrage m'a fait votre manque de foi
De me voler un cœur qui n'était pas à moi ?
J'en connais le haut prix, j'en vois tout le mérite,

---

[1] Scène plus froide encore, parce que Sophonisbe ne fait que raisonner avec sa confidente sur ce qui vient de se passer. Partout où il n'y a ni crainte, ni espérance, ni combats du cœur, ni infortunes attendrissantes, il n'y a point de tragédie. Encore si la froideur était un peu ranimée par l'éloquence de la poésie ! Mais une prose incorrecte et rimée ne fait qu'augmenter les vices de la construction de la pièce. (V.) — Voltaire nous paraît établir ici un principe beaucoup trop général. Les combats du cœur, les infortunes intéressantes, sont, il est vrai, ce qui émeut, ce qui attendrit le plus dans une tragédie, et surtout ce qui a le plus d'attrait pour les femmes, dont il est si important d'obtenir les suffrages : mais il est, j'ose le dire, des tragédies d'une difficulté peut-être supérieure, et dont les beautés ne feraient pas moins d'impression sur des hommes dignes de les juger. Il n'y a, par exemple, ni combats du cœur, ni infortunes intéressantes dans *Rome sauvée*, que nous n'en regardons pas moins comme une belle tragédie, et dans laquelle Voltaire a peut-être prouvé plus de génie que dans *Zaïre*. Ce qu'on admire le plus dans cette pièce, c'est la fidélité du pinceau de l'auteur, et l'exactitude avec laquelle il a représenté les caractères de ses personnages, tels que l'histoire nous les fait connaître. Sous ce rapport, sans nous dissimuler les fautes de *Sophonisbe*, et le faible intérêt qu'elle inspire, nous avouons que souvent nous croyons y trouver tout Corneille : les caractères y sont parfaitement vrais, parfaitement soutenus, en un mot, ce qu'ils doivent être. Sophonisbe est vraiment la fille d'Asdrubal; elle est Carthaginoise, comme Émilie est Romaine : c'est ce qu'un commentateur de Corneille aurait dû faire observer, au lieu de s'appesantir sur des minuties de grammaire qui ne peuvent plus être aujourd'hui de la moindre importance. Il y a de très-beaux endroits, même dans le personnage d'Éryxe : sa réponse à Lælius, dans la septième scène du cinquième acte, est sublime, et prouve combien le génie de Corneille est digne d'être étudié jusque dans ses derniers ouvrages. (P.)

[2] Mêmes défauts partout. Quel fruit tirerait-on des remarques que nous pourrions faire? Il n'y a que le bon qui mérite d'être discuté. (V.)

[1] Scène froide, parce qu'elle ne change rien à la situation de la scène précédente, parce qu'un subalterne rapporte en subalterne un discours inutile de l'inutile Éryxe, et qu'il est fort indifférent que cette Éryxe ait prononcé ou non ce vers comique :

Le roi n'use pas mal de mon consentement. (V.)

Mais jamais un tel vol n'aura rien qui m'irrite ;
Et vous vivrez sans trouble en vos contentements,
S'ils n'ont à redouter que mes ressentiments.
MASSINISSE.
J'avais assez prévu qu'il vous serait facile
De garder dans ma perte un esprit si tranquille :
Le peu d'ardeur pour moi que vos désirs ont eu
Doit s'accorder sans peine avec cette vertu.
Vous avez feint d'aimer, et permis l'espérance ;
Mais cet amour traînant n'avait que l'apparence ;
Et, quand par votre hymen vous pouviez m'acquérir,
Vous m'avez renvoyé pour vaincre, ou pour périr.
J'ai vaincu par votre ordre, et vois avec surprise
Que je n'en ai pour fruit qu'une froide remise,
Et quelque espoir douteux d'obtenir votre choix [rois.
Quand nous serons chez vous l'un et l'autre en vrais
 Dites-moi donc, madame, aimiez-vous ma person-
Ou le pompeux éclat d'une double couronne? [ne,
Et, lorsque vous prêtiez des forces à mon bras,
Était-ce pour unir nos mains, ou nos États?
Je vous l'ai déjà dit, que toute ma vaillance
Tient d'un si grand secours sa gloire et sa puissance.
Je saurai m'acquitter de ce qui vous est dû,
Et je vous rendrai plus que vous n'avez perdu :
Mais comme en mon malheur ce favorable office
En voulait à mon sceptre, et non à Massinisse,
Vous pouvez sans chagrin, dans mes destins meilleurs,
Voir mon sceptre en vos mains, et Massinisse ailleurs.
Prenez ce sceptre aimé pour l'attacher au vôtre ;
Ma main tant refusée est bonne pour une autre ;
Et son ambition a de quoi s'arrêter
En celui de Syphax qu'elle vient d'emporter.
Si vous m'aviez aimé, vous n'auriez pas eu honte
D'en montrer une estime et plus haute et plus prompte,
Ni craint de ravaler l'honneur de votre rang
Pour trop considérer le mérite et le sang.
La naissance suffit quand la personne est chère.
Un prince détrôné garde son caractère :
Mais, à vos yeux charmés par de plus forts appas,
Ce n'est point être roi que de ne régner pas.
Vous en vouliez en moi l'effet comme le titre ;
Et, quand de votre amour la fortune est l'arbitre,
Le mien, au-dessus d'elle et de tous ses revers,
Reconnaît son objet dans les pleurs, dans les fers.
Après m'être fait roi pour plaire à votre envie,
Aux dépens de mon sang, aux périls de ma vie¹,
Mon sceptre reconquis me met en liberté
De vous laisser un bien que j'ai trop acheté ;
Et ce serait trahir les droits du diadème,
Que sur le haut d'un trône être esclave moi-même.
Un roi doit pouvoir tout ; et je ne suis pas roi,

S'il ne m'est pas permis de disposer de moi.
ÉRYXE.
Il est beau de trancher du roi comme vous faites ;
Mais n'a-t-on aucun lieu de douter si vous l'êtes?
Et n'est-ce point, seigneur, vous y prendre un peu mal,
Que d'en faire l'épreuve en gendre d'Asdrubal?
Je sais que les Romains vous rendront la couronne,
Vous en avez parole, et leur parole est bonne ;
Ils vous nommeront roi : mais vous devez savoir
Qu'ils sont plus libéraux du nom que du pouvoir ;
Et que, sous leur appui, ce plein droit de tout faire
N'est que pour qui ne veut que ce qui doit leur plaire.
Vous verrez qu'ils auront pour vous trop d'amitié
Pour vous laisser méprendre au choix d'une moitié.
Ils ont pris trop de part en votre destinée
Pour ne pas l'affranchir d'un pareil hyménée ;
Et ne se croiraient pas assez de vos amis,
S'ils n'en désavouaient les dieux qui l'ont permis.
MASSINISSE.
Je m'en dédis, madame ; et s'il vous est facile
De garder dans ma perte un cœur vraiment tranquille,
Du moins votre grande âme avec tous ses efforts,
N'en conserve pas bien les fastueux dehors.
Lorsque vous étouffez l'injure et la menace,
Vos illustres froideurs laissent rompre leur glace ;
Et cette fermeté de sentiments contraints
S'échappe adroitement du côté des Romains.
Si tant de retenue a pour vous quelque gêne,
Allez jusqu'en leur camp solliciter leur haine ;
Traitez-y mon hymen de lâche et noir forfait ;
N'épargnez point les pleurs pour en rompre l'effet ;
Nommez-y-moi cent fois ingrat, parjure, traître :
J'ai mes raisons pour eux, et je les dois connaître.
ÉRYXE.
Je les connais, seigneur, sans doute moins que vous,
Et les connais assez pour craindre leur courroux.
 Ce grand titre de roi que seul je considère,
Étend sur moi l'affront qu'en vous ils vont lui faire ;
Et rien ici n'échappe à ma tranquillité
Que par les intérêts de notre dignité.
Dans votre peu de foi c'est tout ce qui me blesse.
Vous allez hautement montrer notre faiblesse,
Dévoiler notre honte, et faire voir à tous
Quels fantômes d'État on fait régner en nous.
Oui, vous allez forcer nos peuples de connaître
Qu'ils n'ont que le sénat pour véritable maître ;
Et que ceux qu'avec pompe ils ont vu couronner
En reçoivent les lois qu'ils semblent leur donner.
C'est là mon déplaisir. Si je n'étais pas reine,
Ce que je perds en vous me ferait peu de peine :
Mais je ne puis souffrir qu'un si dangereux choix
Détruise en un moment ce peu qui reste aux rois,
Et qu'en un si grand cœur l'impuissance de l'être
Ait ménagé si mal l'honneur de le paraître.

---

¹ *Aux périls de.* Cette locution, que nous avons empruntée aux Latins, ne s'emploie plus aujourd'hui qu'au singulier, et en cela elle s'est rapprochée de son origine.

Mais voici cet objet si charmant à vos yeux,
Dont le cher entretien vous divertira mieux [1].

SCÈNE III.
MASSINISSE, SOPHONISBE, ÉRYXE, MÉZÉTULLE, HERMINIE, BARCÉE.

ÉRYXE.
Une seconde fois tout a changé de face,
Madame, et c'est à moi de vous quitter la place.
Vous n'aviez pas dessein de me le dérober?
SOPHONISBE.
L'occasion qui plaît souvent fait succomber.
Vous puis-je en cet état rendre quelque service?
ÉRYXE.
L'occasion qui plaît semble toujours propice ;
Mais ce qui vous et moi nous doit mettre en souci,
C'est que ni vous ni moi ne commandons ici.
SOPHONISBE.
Si vous y commandiez, je pourrais être à plaindre.
ÉRYXE.
Peut-être en auriez-vous quelque peu moins à craindre.
Ceux dont avant deux jours nous y prendrons des lois
Regardent d'un autre œil la majesté des rois.
Étant ce que je suis, je redoute un exemple ;
Et reine, c'est mon sort en vous que je contemple.
SOPHONISBE.
Vous avez du crédit, le roi n'en manque point ;
Et si chez les Romains l'un à l'autre se joint...
ÉRYXE.
Votre félicité sera longtemps parfaite,
S'ils la laissent durer autant que je souhaite.
Seigneur, en cet adieu recevez-en ma foi,
Ou me donnez quelqu'un qui réponde de moi.
La gloire de mon rang, qu'en vous deux je respecte,
Ne saurait consentir que je vous sois suspecte.
Faites-moi donc justice, et ne m'imputez rien
Si le ciel à mes vœux ne s'accorde pas bien [2].

SCÈNE IV.
MASSINISSE, SOPHONISBE, MÉZÉTULLE HERMINIE.

MASSINISSE.
Comme elle voit ma perte aisément réparable

[1] Scène froide encore, par la même raison qu'elle n'apporte aucun changement, qu'elle ne forme aucun nœud, que les personnages répètent une partie de ce qu'ils ont déjà dit, qu'on ne s'intéresse point à Éryxe, qu'elle ne fait rien du tout dans la pièce. Ce sont les Romains, et non pas Éryxe, que Massinisse doit craindre; qu'elle se plaigne ou qu'elle ne se plaigne pas, les Romains voudront toujours mener Sophonisbe en triomphe. Mais le pis de tout cela, c'est qu'on ne saurait plus mal écrire. La première loi, quand on fait des vers, c'est de les faire bons. (V.)

[2] Nouvelles bravades inutiles, qui rendent cette scène aussi froide que les autres. (V.)

Sa jalousie est faible, et son dépit traitable.
Aucun ressentiment n'éclate en ses discours.
SOPHONISBE.
Non ; mais le fond du cœur n'éclate pas toujours.
Qui n'est point irritée, ayant trop de quoi l'être,
L'est souvent d'autant plus qu'on le voit moins paraître,
Et, cachant son dessein pour le mieux assurer,
Cherche à prendre ce temps qu'on perd à murmurer.
Ce grand calme prépare un dangereux orage.
Prévenez les effets de sa secrète rage ;
Prévenez de Syphax l'emportement jaloux,
Avant qu'il ait aigri vos Romains contre vous ;
Et portez dans leur camp la première nouvelle
De ce que vient de faire un amour si fidèle.
Vous n'y hasardez rien, s'ils respectent en vous,
Comme nous l'espérons, le nom de mon époux ;
Mais je m'attirerais la dernière infamie,
S'ils brisaient malgré vous le saint nœud qui nous lie,
Et qu'ils pussent noircir de quelque indignité
Mon trop de confiance en votre autorité.
Si dès qu'ils paraîtront vous n'êtes plus le maître,
C'est d'eux qu'il faut savoir ce que je vous puis être ;
Et puisque Lælius doit entrer dès demain,...
MASSINISSE.
Ah! je n'ai pas reçu le cœur avec la main.
Si votre amour....
SOPHONISBE.
Seigneur, je parle avec franchise.
Vous m'avez épousée, et je vous suis acquise :
Voyons si vous pourrez me garder plus d'un jour.
Je me rends au pouvoir, et non pas à l'amour ;
Et, de quelque façon qu'à présent je vous nomme,
Je ne suis point à vous, s'il faut aller à Rome.
MASSINISSE.
A qui donc? à Syphax, madame?
SOPHONISBE.
D'aujourd'hui,
Puisqu'il porte des fers, je ne suis plus à lui.
En dépit des Romains on voit que je vous aime :
Mais jusqu'à leur aveu je suis toute à moi-même ;
Et, pour obtenir plus que mon cœur et ma foi,
Il faut m'obtenir d'eux aussi bien que de moi.
Le nom d'époux suffit pour me tenir parole,
Pour me faire éviter l'aspect du Capitole :
N'exigez rien de plus ; perdez quelques moments,
Pour mettre en sûreté l'effet de vos serments :
Afin que vos lauriers me sauvent du tonnerre,
Allez aux dieux du ciel joindre ceux de la terre.
Mais que nous veut Syphax que ce Romain conduit [1]?

[1] Scène encore froide. Sophonisbe semble y craindre en vain la vengeance d'Éryxe, qui n'est point en état de se venger, qui ne joue d'autre personnage que celui d'être délaissée, qui ne parle pas même aux Romains, qui, comme on l'a déjà remarqué, ne produit rien du tout dans la pièce. (V.)

SCÈNE V.

SYPHAX, MASSINISSE, SOPHONISBE, LÉPIDE, HERMINIE, MÉZÉTULLE, gardes.

LÉPIDE.

Touché de cet excès du malheur qui le suit,
Madame, par pitié Lælius vous l'envoie,
Et donne à ses douleurs ce mélange de joie
Avant qu'on le conduise au camp de Scipion.

MASSINISSE.

J'aurai pour ses malheurs même compassion.
Adieu : cet entretien ne veut point ma présence;
J'en attendrai l'issue avec impatience ;
Et j'ose en espérer quelques plus douces lois
Quand vous aurez mieux vu le destin des deux rois.

SOPHONISBE.

Je sais ce que je suis et ce que je dois faire,
Et prends pour seul objet ma gloire à satisfaire.

SCÈNE VI.

SYPHAX, SOPHONISBE, LÉPIDE, HERMINIE; gardes.

SYPHAX.

Madame, à cet excès de générosité,
Je n'ai presque plus d'yeux pour ma captivité;
Et malgré de mon sort la disgrâce éclatante,
Je suis encor heureux quand je vous vois constante.
  Un rival triomphant veut place en votre cœur,
Et vous osez pour moi dédaigner ce vainqueur !
Vous préférez mes fers à toute sa victoire,
Et savez hautement soutenir votre gloire !
Je ne vous dirai point aussi que vos conseils
M'ont fait choir de ce rang si cher à nos pareils,
Ni que pour les Romains votre haine implacable
A rendu ma déroute à jamais déplorable.
Puisqu'en vain Massinisse attaque votre foi,
Je règne dans votre âme, et c'est assez pour moi.

SOPHONISBE.

Qui vous dit qu'à ses yeux vous y régniez encore?
Que pour vous je dédaigne un vainqueur qui m'adore?
Et quelle indigne loi m'y pourrait obliger,
Lorsque vous m'apportez des fers à partager ?

SYPHAX.

Ce soin de votre gloire, et de lui satisfaire...

SOPHONISBE.

Quand vous l'entendrez bien, vous dira le contraire.
Ma gloire est d'éviter les fers que vous portez;
D'éviter le triomphe où vous vous soumettez.
Ma naissance ne voit que cette honte à craindre.
Enfin détrompez-vous, il siérait mal de feindre :
Je suis à Massinisse, et le peuple en ces lieux

Vient de voir notre hymen à la face des dieux ;
Nous sortons de leur temple.

SYPHAX.

Ah! que m'osez-vous dire?

SOPHONISBE.

Que Rome sur mes jours n'aura jamais d'empire.
J'ai su m'en affranchir par une autre union ;
Et vous suivrez sans moi le char de Scipion.

SYPHAX.

Le croirai-je, grands dieux! et le voudra-t-on croire,
Alors que l'avenir en apprendra l'histoire?
Sophonisbe servie avec tant de respect,
Elle que j'adorai dès le premier aspect,
Qui s'est vue à toute heure et partout obéie,
Insulte lâchement à ma gloire trahie,
Met le comble à mes maux par sa déloyauté,
Et d'un crime si noir fait encor vanité !

SOPHONISBE.

Le crime n'est pas grand d'avoir l'âme assez haute
Pour conserver un rang que le destin vous ôte :
Ce n'est point un honneur qui rebute en deux jours,
Et qui règne un moment aime à régner toujours :
Mais si l'essai du trône en fait durer l'envie
Dans l'âme la plus haute à l'égal de la vie,
Un roi né pour la gloire, et digne de son sort,
A la honte des fers sait préférer la mort ;
Et vous m'aviez promis en partant...

SYPHAX.

Ah! madame.
Qu'une telle promesse était douce à votre âme!
Ma mort faisait dès lors vos plus ardents souhaits.

SOPHONISBE.

Non; mais je vous tiens mieux ce que je vous promets :
Je vis encore en reine, et je mourrai de même.

SYPHAX.

Dites que votre foi tient toute au diadème,
Que les plus saintes lois ne peuvent rien sur vous.

SOPHONISBE.

Ne m'attachez point tant au destin d'un époux,
Seigneur ; les lois de Rome et celles de Carthage
Vous diront que l'hymen se rompt par l'esclavage,
Que vos chaînes du nôtre ont brisé le lien ;
Et qu'étant dans les fers vous ne m'êtes plus rien.
Ainsi par les lois même en mon pouvoir remise,
Je me donne au monarque à qui je fus promise,
Et m'acquitte envers lui d'une première foi
Qu'il reçut avant vous de mon père et de moi.
Ainsi mon changement n'a point de perfidie;
J'étais et suis encore au roi de Numidie,
Et laisse à votre sort son flux et son reflux,
Pour régner malgré lui quand vous ne régnez plus.

SYPHAX.

Ah! s'il est quelques lois qui souffrent qu'on étale
Cet illustre mépris de la foi conjugale,

Cette hauteur, madame, a d'étranges effets
Après m'avoir forcé de refuser la paix.
Me le promettiez-vous, alors qu'à ma défaite
Vous montriez dans Cyrthe une sûre retraite,
Et qu'outre le secours de votre général
Vous me vantiez celui d'Hannon et d'Annibal?
Pour vous avoir trop crue, hélas! et trop aimée,
Je me vois sans États, je me vois sans armée;
Et, par l'indignité d'un soudain changement,
La cause de ma chute en fait l'accablement.

SOPHONISBE.
Puisque je vous montrais dans Cyrthe une retraite,
Vous deviez vous y rendre après votre défaite :
S'il eût fallu périr sous un fameux débris,
Je l'eusse appris de vous, ou je vous l'eusse appris,
Moi qui, sans m'ébranler du sort de deux batailles,
Venais de m'enfermer exprès dans ces murailles,
Prête à souffrir un siège, et soutenir pour vous
Quoi que du ciel injuste eût osé le courroux.
Pour mettre en sûreté quelques restes de vie,
Vous avez du triomphe accepté l'infamie;
Et ce peuple déçu qui vous tendait les mains
N'a revu dans son roi qu'un captif des Romains.
Vos fers, en leur faveur plus forts que leurs cohortes,
Ont abattu les cœurs, ont fait ouvrir les portes,
Et réduit votre femme à la nécessité
De chercher tous moyens d'en fuir l'indignité,
Quand vos sujets ont cru que sans devenir traîtres
Ils pouvaient après vous se livrer à vos maîtres.
Votre exemple est ma loi, vous vivez et je vi[1];
Et si vous fussiez mort je vous aurais suivi :
Mais si je vis encor, ce n'est pas pour vous suivre,
Je vis pour vous punir de trop aimer à vivre ;
Je vis peut-être encor pour quelque autre raison
Qui se justifiera dans une autre saison.   [croire,
Un Romain nous écoute; et, quoi qu'on veuille en
Quand il en sera temps je mourrai pour ma gloire.
Cependant, bien qu'un autre ait le titre d'époux,
Sauvez-moi des Romains, je suis encore à vous;
Et je croirai régner malgré votre esclavage,
Si vous pouvez m'ouvrir les chemins de Carthage.
Obtenez de vos dieux ce miracle pour moi,
Et je romps avec lui pour vous rendre ma foi.
Je l'aimai; mais ce feu dont je fus la maîtresse,
Ne met point dans mon cœur de honteuse tendresse;
Toute ma passion est pour la liberté,
Et toute mon horreur pour la captivité.
Seigneur, après cela je n'ai rien à vous dire :
Par ce nouvel hymen vous voyez où j'aspire;

Vous savez les moyens d'en rompre le lien :
Réglez-vous là-dessus sans vous plaindre de rien [1].

SCÈNE VII.

SYPHAX, LÉPIDE; GARDES.

SYPHAX.
A-t-on vu sous le ciel plus infâme injustice?
Ma déroute la jette au lit de Massinisse;
Et, pour justifier ses lâches trahisons,
Les maux qu'elle a causés lui servent de raisons!

LÉPIDE.
Si c'est avec chagrin que vous souffrez sa perte,
Seigneur, quelque espérance encor vous est offerte,
Si je l'ai bien compris, cet hymen imparfait
N'est encor qu'en parole, et n'a point eu d'effet;
Et comme nos Romains le verront avec peine,
Ils pourront mal répondre aux souhaits de la reine.
Je vais m'assurer d'elle, et vous dirai de plus
Que j'en viens d'envoyer avis à Lælius :
J'en attends nouvel ordre, et dans peu je l'espère.

SYPHAX.
Quoi! prendre tant de soin d'adoucir ma misère!

---

[1] Cette scène n'est pas de la froideur des autres, par cette seule raison que la situation est embarrassante : mais cette situation n'est ni noble, ni tragique; elle est révoltante, elle tient du comique. Un vieux mari qui vient revoir sa femme, et qui la trouve mariée à un autre, ferait aujourd'hui un effet très-ridicule. On n'aime de telles aventures que dans les contes de la Fontaine et dans des farces. Les mots de *roi*, de *couronne*, de *diadème*, loin de mettre de la dignité dans une aventure si peu tragique, ne servent qu'à faire mieux sentir le contraste de la tragédie et de la comédie. Syphax est si prodigieusement avili, qu'il est impossible qu'on prenne à lui le moindre intérêt. Pour peu qu'on pèse toutes ces raisons, on verra qu'à la longue une nation éclairée est toujours juste, et que c'est en se formant le goût que le public a rejeté *Sophonisbe*. (V.) — Un des grands défauts de notre nation, c'est de ramener tout à elle, jusqu'à nommer *étrangers* ceux dans leur propre pays ceux qui n'ont pas bien ou son air, ou ses manières : de là vient qu'on nous reproche justement de ne savoir estimer les choses que par le rapport qu'elles ont avec nous, dont Corneille a fait une injuste et fâcheuse expérience dans sa *Sophonisbe*. Mairet, qui avait dépeint la sienne infidèle au vieux Syphax, et amoureuse du jeune et victorieux Massinisse, plut presque généralement à tout le monde, pour avoir rencontré le goût des dames et le vrai esprit des gens de la cour. Mais Corneille, qui fait mieux parler les Grecs que les Grecs, les Romains que les Romains, les Carthaginois que les citoyens de Carthage ne parlaient eux-mêmes; Corneille, qui presque seul a le bon goût de l'antiquité, a eu le malheur de ne plaire pas à notre siècle pour être entré dans le génie de ces nations, et avoir conservé à la fille d'Asdrubal son véritable caractère. Ainsi, à la honte de nos jugements, celui qui a surpassé tous nos auteurs, et qui s'est peut-être ici surpassé lui-même à rendre à ces grands noms tout ce qui leur était dû, n'a pu nous obliger à leur rendre tout ce que nous lui devions, asservis par la coutume aux choses que nous voyons en usage, et peu disposés par la raison à estimer des qualités et des sentiments qui ne s'accommodent pas aux nôtres. (SAINT-ÉVREMONT; t. 2, p. 449.)

---

[1] Il est bon que, dans la poésie, on puisse supprimer ou ajouter des lettres selon le besoin, sans nuire à l'harmonie : *je fai*, *je vi*, *je croi*, *je doi*, pour *je fais*, *je vis*, *je crois*, *je dois*, etc. (V.)

Lépide, il n'appartient qu'à de vrais généreux
D'avoir cette pitié des princes malheureux;
Autres que les Romains n'en chercheraient la gloire.
LÉPIDE.
Lælius fera voir ce qu'il vous en faut croire.
Vous autres, attendant quel est son sentiment,
Allez garder le roi dans cet appartement.

ACTE QUATRIÈME.

SCÈNE PREMIÈRE.

SYPHAX, LÉPIDE.

LÉPIDE.
Lælius est dans Cyrthe, et s'en est rendu maître :
Bientôt dans ce palais vous le verrez paraître;
Et, si vous espérez que parmi vos malheurs
Sa présence ait de quoi soulager vos douleurs,
Vous n'avez avec moi qu'à l'attendre au passage.
SYPHAX.
Lépide, que dit-il touchant ce mariage?
En rompra-t-il les nœuds? en sera-t-il d'accord?
Fera-t-il mon rival arbitre de mon sort?
LÉPIDE.
Je ne vous réponds point que sur cette matière
Il veuille vous ouvrir son âme tout entière;
Mais vous pouvez juger que, puisqu'il vient ici,
Cet hymen comme à vous lui donne du souci.
Sachez-le de lui-même; il entre, et vous regarde.

SCÈNE II.

LÆLIUS, SYPHAX, LÉPIDE.

LÆLIUS.
Détachez-lui ses fers, il suffit qu'on le garde.
Prince, je vous ai vu tantôt comme ennemi,
Et vous voyez maintenant comme ancien[1] ami.
Le fameux Scipion, de qui vous fûtes l'hôte,
Ne s'offensera point des fers que je vous ôte,
Et ferait encor plus, s'il nous était permis
De vous remettre au rang de nos plus chers amis.
SYPHAX.
Ah! ne rejetez point dans ma triste mémoire
Le cuisant souvenir de l'excès de ma gloire;

[1] Le mot *ancien* comptait alors pour trois syllabes, et c'est mal à propos que les éditeurs modernes, croyant apercevoir dans ce vers une faute d'impression, ont intercalé un monosyllabe dans le dernier hémistiche.

Et ne reprochez point à mon cœur désolé,
A force de bontés, ce qu'il a violé.
Je fus l'ami de Rome, et de ce grand courage
Qu'opposent nos destins aux destins de Carthage;
Toutes deux, et ce fut le plus beau de mes jours,
Par leurs plus grands héros briguèrent mon secours.
J'eus des yeux assez bons pour remplir votre attente:
Mais que sert un bon choix dans une âme inconstante?
Et que peuvent les droits de l'hospitalité
Sur un cœur si facile à l'infidélité?
J'en suis assez puni par un revers si rude,
Seigneur, sans m'accabler de mon ingratitude;
Il suffit des malheurs qu'on voit fondre sur moi,
Sans me convaincre encor d'avoir manqué de foi,
Et me faire avouer que le sort qui m'opprime,
Pour cruel qu'il me soit, rend justice à mon crime.
LÆLIUS.
Je ne vous parle aussi qu'avec cette pitié
Que nous laisse pour vous un reste d'amitié :
Elle n'est pas éteinte, et toutes vos défaites
Ont rempli nos succès d'amertumes secrètes.
Nous ne saurions voir même aujourd'hui qu'à regret
Ce gouffre de malheurs que vous vous êtes fait.
Le ciel m'en est témoin, et vos propres murailles,
Qui nous voyaient enflés du gain de deux batailles,
Ont vu cette amitié porter tous nos souhaits
A regagner la vôtre, et vous rendre la paix.
Par quel motif de haine obstinée à vous nuire
Nous avez-vous forcés vous-même à vous détruire?
Quel astre, de votre heur et du nôtre jaloux,
Vous a précipité jusqu'à rompre avec nous?
SYPHAX.
Pourrez-vous pardonner, seigneur, à ma vieillesse,
Si je vous fais l'aveu de toute sa faiblesse?
Lorsque je vous aimai, j'étais maître de moi;
Et tant que je le fus je vous gardai ma foi :
Mais dès que Sophonisbe avec son hyménée
S'empara de mon âme et de ma destinée,
Je suivis de ses yeux le pouvoir absolu,
Et n'ai voulu depuis que ce qu'elle a voulu.
Que c'est un imbécile et sévère esclavage
Que celui d'un époux sur le penchant de l'âge,
Quand sous un front ridé qu'on a droit de haïr
Il croit se faire aimer à force d'obéir!
De ce mourant amour les ardeurs ramassées
Jettent un feu plus vif dans nos veines glacées,
Et pensent racheter l'horreur des cheveux gris
Par le présent d'un cœur au dernier point soumis.
Sophonisbe par là devint ma souveraine,
Régla mes amitiés, disposa de ma haine,
M'anima de sa rage, et versa dans mon sein
De toutes ses fureurs l'implacable dessein.
Sous ces dehors charmants qui paraient son visage,
C'était une Alecton que déchaînait Carthage :

Elle avait tout mon cœur, Carthage tout le sien ;
Hors de ses intérêts elle n'écoutait rien ;
Et, malgré cette paix que vous m'avez offerte,
Elle a voulu pour eux me livrer à ma perte.
Vous voyez son ouvrage en ma captivité,
Voyez-en un plus rare en sa déloyauté.
Vous trouverez, seigneur, cette même furie
Qui seule m'a perdu pour l'avoir trop chérie,
Vous la trouverez, dis-je, au lit d'un autre roi,
Qu'elle saura séduire et perdre comme moi.
Si vous ne le savez, c'est votre Massinisse,
Qui croit par cet hymen se bien faire justice,
Et que l'infâme vol d'un telle moitié
Le venge pleinement de notre inimitié :
Mais, pour peu de pouvoir qu'elle ait sur son courage,
Ce vainqueur avec elle épousera Carthage ;
L'air qu'un si cher objet se plaît à respirer
A des charmes trop forts pour n'y pas attirer :
Dans ce dernier malheur, c'est ce qui me console.
Je lui cède avec joie un poison qu'il me vole[1],
Et ne vois point de don si propre à m'acquitter
De tout ce que ma haine ose lui souhaiter.

LÆLIUS.
Je connais Massinisse, et ne vois rien à craindre
D'un amour que lui-même il prendra soin d'éteindre :
Il en sait l'importance ; et, quoi qu'il ait osé,
Si l'hymen fut trop prompt, le divorce est aisé.
Sophonisbe envers vous l'ayant mis en usage
Le recevra de lui sans changer de visage,
Et ne se promet pas de ce nouvel époux
Plus d'amour ou de foi qu'elle n'en eut pour vous.
Vous, puisque cet hymen satisfait votre haine,
De ce qui le suivra ne soyez point en peine,
Et, sans en augurer pour nous ni bien, ni mal,
Attendez sans souci la perte d'un rival,
Et laissez-nous celui de voir quel avantage
Pourrait avec le temps en recevoir Carthage.

SYPHAX.
Seigneur, s'il est permis de parler aux vaincus,
Souffrez encore un mot, et je ne parle plus.
Massinisse de soi pourrait fort peu de chose ;
Il n'a qu'un camp volant dont le hasard dispose :
Mais joint à vos Romains, joint aux Carthaginois,
Il met dans la balance un redoutable poids,
Et par ma chute enfin sa fortune enhardie
Va traîner après lui toute la Numidie.
Je le hais fortement, mais non pas à l'égal

[1] Nous trouvons à peu près le même vers dans *Adélaïde du Guesclin* :
  Montrez-moi seulement ce rival qui se cache,
  Je lui cède avec joie un poison qu'il m'arrache.
Mais peut-on dire que l'on cède avec joie ce qui nous est arraché ? (P.)

Des murs que ma perfide eut pour séjour natal.
Le déplaisir de voir que ma ruine en vienne
Craint qu'ils ne durent trop, s'il faut qu'il les soutienne.
Puisse-t-il, ce rival, périr, dès aujourd'hui !
Mais puissé-je les voir trébucher avant lui ! [pare ;
Prévenez donc, seigneur, l'appui qu'on leur préVengez-moi de Carthage avant qu'il se déclare :
Pressez en ma faveur votre propre courroux,
Et gardez jusque-là Massinisse pour vous.
Je n'ai plus rien à dire, et vous en laisse faire.

LÆLIUS.
Nous saurons profiter d'un avis salutaire.
Allez m'attendre au camp ; je vous suivrai de près.
Je dois ici l'oreille à d'autres intérêts ;
Et ceux de Massinisse...

SYPHAX.
                         Il osera vous dire...

LÆLIUS.
Ce que vous avez dit, Seigneur, vous doit suffire.
Encore un coup, allez, sans vous inquiéter ;
Ce n'est pas devant vous que je dois l'écouter[1].

SCÈNE III.

MASSINISSE, LÆLIUS, MÉZÉTULLE.

MASSINISSE.
L'avez-vous commandé, seigneur, qu'en ma présence
Vos tribuns vers la reine usent de violence ?

LÆLIUS.
Leur ordre est d'emmener au camp les prisonniers ;
Et comme elle et Syphax s'en trouvent les premiers
Ils ont suivi cet ordre en commençant par elle.
Mais par quel intérêt prenez-vous sa querelle ?

MASSINISSE.
Syphax vous l'aura dit, puisqu'il sort d'avec vous.
Seigneur, elle a reçu son véritable époux ;
Et j'ai repris sa foi par force violée
Sur un usurpateur qui me l'avait volée.
Son père et son amour m'en avaient fait le don.

[1] Si le vieux Syphax a été humilié avec sa femme, il l'est bien plus avec Lælius, en demandant pardon d'avoir combattu les Romains, et s'excusant sur son *imbécile et sévère esclavage*, sur ses *cheveux gris*, sur *les ardeurs ramassées dans ses veines glacées*. On demande pourquoi il n'est pas permis d'introduire dans la tragédie des personnages bas et méprisables. La tragédie, dit-on, doit peindre les mœurs des grands, et parmi les grands il se trouve beaucoup d'hommes méprisables et ridicules : cela est vrai ; mais ce qu'on méprise ne peut jamais intéresser. Il faut qu'une tragédie intéresse ; et ce qui est fait pour le pinceau de Teniers ne l'est pas pour celui de Raphaël. (V.) — Il faut qu'une tragédie intéresse, sans doute ; mais il ne faut pas que tous les personnages en soient intéressants. L'horreur que nous fait éprouver Narcisse redouble l'intérêt que nous prenons à Burrhus. (P.)

LÆLIUS.
Ce don pour tout effet n'eut qu'un lâche abandon.
Dès que Syphax parut, cet amour sans puissance...
MASSINISSE.
J'étais lors en Espagne, et durant mon absence
Carthage la força d'accepter ce parti :
Mais à présent Carthage en a le démenti.
En reprenant mon bien j'ai détruit son ouvrage,
Et vous fais dès ici triompher de Carthage.
LÆLIUS.
Commencer avant nous un triomphe si haut,
Seigneur, c'est la braver un peu plus qu'il ne faut,
Et mettre entre elle et Rome une étrange balance,
Que de confondre ainsi l'une et l'autre alliance,
Notre ami tout ensemble et gendre d'Asdrubal.
Croyez-moi, ces deux noms s'accordent assez mal ;
Et, quelque grand dessein que puisse être le vôtre,
Vous ne pourrez longtemps conserver l'un et l'autre.
Ne vous figurez point qu'une telle moitié
Soit jamais compatible avec notre amitié,
Ni que nous attendions que le même artifice
Qui nous ôta Syphax nous vole Massinisse.
Nous aimons nos amis, et même en dépit d'eux
Nous savons les tirer de ce pas dangereux.
Ne nous forcez à rien qui vous puisse déplaire.
MASSINISSE.
Ne m'ordonnez donc rien que je ne puisse faire ;
Et montrez cette ardeur de servir vos amis,
A tenir hautement ce qu'on leur a promis.
Du consul et de vous j'ai la parole expresse ;
Et ce grand jour a fait que tout obstacle cesse.
Tout ce qui m'appartient me doit être rendu.
LÆLIUS.
Et par où cet espoir vous est-il défendu ?
MASSINISSE.
Quel ridicule espoir en garderait mon âme,
Si votre dureté me refuse ma femme ?
Est-il rien plus à moi, rien moins à balancer ?
Et du reste par là que me faut-il penser ?
Puis-je faire aucun fonds sur la foi qu'on me donne,
Et traité comme esclave attendre ma couronne ?
LÆLIUS.
Nous en avons ici les ordres du sénat,
Et même de Syphax il y joint tout l'État :
Mais nous n'en avons point touchant cette captive ;
Syphax est son époux, il faut qu'elle le suive.
MASSINISSE.
Syphax est son époux ! et que suis-je, seigneur ?
LÆLIUS.
Consultez la raison plutôt que votre cœur ;
Et, voyant mon devoir, souffrez que je le fasse.
MASSINISSE.
Chargez, chargez-moi donc de vos fers en sa place ;
Au lieu d'un conquérant par vos mains couronné,

Traînez à votre Rome un vainqueur enchaîné.
Je suis à Sophonisbe, et mon amour fidèle
Dédaigne et diadème et liberté sans elle ;
Je ne veux ni régner, ni vivre qu'en ses bras ;
Non, je ne veux...
LÆLIUS.
Seigneur, ne vous emportez pas.
MASSINISSE.
Résolus à ma perte, hélas ! que vous importe
Si ma juste douleur se retient ou s'emporte ?
Mes pleurs et mes soupirs vous fléchiront-ils mieux ?
Et faut-il à genoux vous parler comme aux dieux ?
Que j'ai mal employé mon sang et mes services,
Quand je les ai prêtés à vos astres propices,
Si j'ai pu tant de fois hâter votre destin,
Sans pouvoir mériter cette part au butin !
LÆLIUS.
Si vous avez, seigneur, hâté notre fortune,
Je veux bien que la proie entre nous soit commune ;
Mais pour la partager, est-ce à vous de choisir ?
Est-ce avant notre aveu qu'il vous en faut saisir ?
MASSINISSE.
Ah ! si vous aviez fait la moindre expérience
De ce qu'un digne amour donne d'impatience, [fait ?
Vous sauriez... Mais pourquoi n'en auriez-vous pas
Pour aimer à notre âge en est-on moins parfait ?
Les héros des Romains ne sont-ils jamais hommes ?
Leur Mars a tant de fois été ce que nous sommes !
Et le maître des dieux, des rois, et des amants,
En ma place aurait eu mêmes empressements.
J'aimais, on m'agréait, j'étais ici le maître ;
Vous m'aimiez, ou du moins vous me le faisiez paraître.
L'amour en cet état daigne-t-il hésiter,
Faute d'un mot d'aveu dont il n'ose douter ?
Voir son bien en sa main et ne le point reprendre,
Seigneur, c'est un respect bien difficile à rendre.
Un roi se souvient-il en des moments si doux
Qu'il a dans votre camp des maîtres parmi vous ?
Je l'ai dû toutefois, et je m'en tiens coupable.
Ce crime est-il si grand qu'il soit irréparable ?
Et sans considérer mes services passés,
Sans excuser l'amour par qui nos cœurs forcés...
LÆLIUS.
Vous parlez tant d'amour, qu'il faut que je confesse
Que j'ai honte pour vous de voir tant de faiblesse¹

¹ Il y a bien de la force et de la dignité dans les vers suivants : c'est ce morceau singulier, ce sont quelques autres tirades contre la passion de l'amour, qui ont fait dire assez mal à propos que Corneille avait dédaigné de représenter ses héros amoureux. Le discours de Lælius est noble, et a quelque chose de sublime ; mais vous sentez que plus il est grand, plus il rend Massinisse petit. Massinisse est le premier personnage de la pièce, puisque c'est lui qui est passionné et infortuné : dès que ce premier personnage devient un subalterne traité avec mépris par son supérieur, il ne peut plus être souffert. Il est impossible, comme on

N'alléguez point les dieux; si l'on voit quelquefois
Leur flamme s'emporter en faveur de leur choix,
Ce n'est qu'à leurs pareils à suivre leurs exemples;
Et vous ferez comme eux quand vous aurez des temples :
Comme ils sont dans le ciel au-dessus du danger,
Ils n'ont là rien à craindre et rien à ménager.
 Du reste, je sais bien que souvent il arrive
Qu'un vainqueur s'adoucit auprès de sa captive.
Les droits de la victoire ont quelque liberté
Qui ne saurait déplaire à notre âge indompté :
Mais quand à cette ardeur un monarque défère,
Il s'en fait un plaisir et non pas une affaire;
Il repousse l'amour comme un lâche attentat,
Dès qu'il veut prévaloir sur la raison d'État ;
Et son cœur, au-dessus de ces basses amorces,
Laisse à cette raison toujours toutes ses forces.
Quand l'amour avec elle a de quoi s'accorder,
Tout est beau, tout succède, on n'a qu'à demander;
Mais, pour peu qu'elle en soit ou doive être alarmée,
Son feu qu'elle dédit doit tourner en fumée.
Je vous en parle en vain : cet amour décevant
Dans votre cœur surpris a passé trop avant;
Vos feux vous plaisent trop pour les vouloir éteindre :
Et tout ce que je puis, seigneur, c'est de vous plaindre.

     MASSINISSE.
Me plaindre tout ensemble et me tyranniser !
     LÆLIUS.
Vous l'avouerez un jour, c'est vous favoriser.

J'a déjà dit, de s'intéresser à ce qu'on méprise. Quand le vieux don Diègue dit à Rodrigue, son fils,

 L'amour n'est qu'un plaisir, l'honneur est un devoir,

il n'avilit point Rodrigue, il le rend même plus intéressant, en mettant aux prises sa passion avec l'amour filial; mais si un envoyé de Pompée venait reprocher à Mithridate sa faiblesse pour Monime, s'il insultait avec une dérision amère au ridicule d'un vieillard amoureux, jaloux de ses deux enfants, Mithridate ne serait plus supportable. Il paraît que Lælius se moque continuellement de Massinisse, et que ce prince n'exprime ni assez ce qu'il doit dire, ni assez bien ce qu'il dit :

 Quel ridicule espoir en garderait mon âme,
 Si votre dureté me refuse ma femme?
 Est-il rien plus à moi, rien moins à balancer?

Lælius répond à ces vers comiques, que sa femme n'est point sa femme : le Numide ne parle alors que de son amour fidèle, de ce qu'un digne amour donne d'impatience, des amours de Mars et de Jupiter; il dit qu'il ne veut régner et vivre que dans les bras de Sophonisbe; il parle beaucoup plus tendrement de sa passion pour elle à Lælius qu'il n'en parle à elle-même, et par là il redouble le mépris que Lælius lui témoigne. C'était là pourtant une belle occasion de répondre avec dignité à Lælius, de faire valoir les droits des rois et des nations, d'opposer la violence africaine à la grandeur romaine, de repousser l'outrage par l'outrage, au lieu de jouer le rôle d'un valet qui s'est marié sans la permission de son maître. Il soutient ce malheureux personnage dans la scène suivante avec Sophonisbe; il la prie de venir demander grâce avec lui à Scipion; et enfin la faiblesse de ses expressions ne répond que trop à celle de son âme. (V.)

     MASSINISSE.
Quelle faveur, grands dieux! qui tient lieu de supplice !
     LÆLIUS.
Quand vous serez à vous, vous lui ferez justice.
     MASSINISSE.
Ah! que cette justice est dure à concevoir !
     LÆLIUS.
Je la connais assez pour suivre mon devoir [1].

SCÈNE IV.

LÆLIUS, MASSINISSE, MÉZÉTULLE, ALBIN.

     ALBIN.
Scipion vient, seigneur, d'arriver dans vos tentes,
Ravi du grand succès qui prévient ses attentes;
Et, ne vous croyant pas maître en si peu de jours,
Il vous venait lui-même amener du secours,
Tandis que le blocus laissé devant Utique
Répond de cette place à notre république.
Il me donne ordre exprès de vous en avertir.
   LÆLIUS, *à Massinisse.*
Allez à votre hymen le faire consentir :
Allez le voir sans moi; je l'en laisse seul juge.
     MASSINISSE.
Oui, contre vos rigueurs il sera mon refuge,
Et j'en rapporterai d'autres ordres pour vous.
     LÆLIUS.
Je les suivrai, seigneur, sans en être jaloux.
     MASSINISSE.
Mais avant mon retour si l'on saisit la reine....
     LÆLIUS.
J'en réponds jusque-là, n'en soyez point en peine.
Qu'on la fasse venir. Vous pouvez lui parler,
Pour prendre ses conseils, et pour la consoler.
 Gardes, que sans témoins on le laisse avec elle.
Vous, pour dernier avis d'une amitié fidèle,
Perdez fort peu de temps en ce doux entretien,
Et jusques au retour ne vous vantez de rien.

SCÈNE V.

MASSINISSE, SOPHONISBE, MÉZÉTULLE, HERMINIE.

     MASSINISSE.
Voyez-la donc, seigneur, voyez tout son mérite,
Voyez s'il est aisé qu'un héros.... Il me quitte,

[1] Massinisse paraît dans un avilissement encore plus grand que Syphax : il vient se plaindre de ce qu'on lui prend sa femme; il fait l'apologie de l'amour devant le lieutenant de Scipion, et il fait cette apologie en vers comiques : *pour aimer à notre âge, en est-on moins parfait?* etc. ; et Lælius, qui ne paraît là que pour dire qu'il ne faut point aimer, joue un rôle aussi froid que celui de Massinisse est humiliant. (V.)

Et d'un premier éclat le barbare alarmé
N'ose exposer son cœur aux yeux qui m'ont charmé.
Il veut être inflexible, et craint de ne plus l'être,
Pour peu qu'il se permît de voir et de connaître.
Allons, allons, madame, essayer aujourd'hui
Sur le grand Scipion ce qu'il a craint pour lui [1].
Il vient d'entrer au camp ; venez-y par vos charmes
Appuyer mes soupirs, et secourir mes larmes ;
Et que ces mêmes yeux qui m'ont fait tout oser,
Si j'en suis criminel, servent à m'excuser.
Puissent-ils, et sur l'heure, avoir là tant de force,
Que pour prendre ma place il m'ordonne un divorce,
Qu'il veuille conserver mon bien en me l'ôtant !
J'en mourrai de douleur, mais je mourrai content.
Mon amour, pour vous faire un destin si propice,
Se prépare avec joie à ce grand sacrifice.
Si c'est vous bien servir, l'honneur m'en suffira ;
Et si c'est mal aimer, mon bras m'en punira.

SOPHONISBE.

Le trouble de vos sens dont vous n'êtes plus maître,
Vous a fait oublier, seigneur, à me connaître.
Quoi ! j'irais mendier jusqu'au camp des Romains
La pitié de leur chef qui m'aurait en ses mains !
J'irais déshonorer, par un honteux hommage,
Le trône où j'ai pris place, et le sang de Carthage ;
Et l'on verrait gémir la fille d'Asdrubal
Aux pieds de l'ennemi pour eux le plus fatal !
Je ne sais si mes yeux auraient là tant de force,
Qu'en sa faveur sur l'heure il pressât un divorce ;
Mais je ne me vois pas en état d'obéir,
S'il osait jusque-là cesser de me haïr.
La vieille antipathie entre Rome et Carthage
N'est pas prête à finir par un tel assemblage.
Ne vous préparez point à rien sacrifier
A l'honneur qu'il aurait de vous justifier.
Pour effet de vos feux et de votre parole,
Je ne veux qu'éviter l'aspect du Capitole ;
Que ce soit par l'hymen ou par d'autres moyens,
Que je vive avec vous ou chez nos citoyens,
La chose m'est égale, et je vous tiendrai quitte,
Qu'on nous sépare ou non, pourvu que je l'évite.
Mon amour voudrait plus ; mais je règne sur lui,
Et n'ai changé d'époux que pour prendre un appui.
Vous m'avez demandé la faveur de ce titre
Pour soustraire mon sort à son injuste arbitre ;
Et, puisqu'à m'affranchir il faut que j'aide un roi,
C'est là tout le secours que vous aurez de moi.
Ajoutez-y des pleurs, mêlez-y des bassesses ;

Mais laissez-moi, de grâce, ignorer vos faiblesses ;
Et, si vous souhaitez que l'effet m'en soit doux,
Ne me donnez point lieu d'en rougir après vous.
Je ne vous cèle point que je serais ravie
D'unir à vos destins les restes de ma vie ;
Mais si Rome en vous-même ose braver les rois,
S'il faut d'autres secours, laissez-les à mon choix :
J'en trouverai, seigneur, et j'en sais qui peut-être
N'auront à redouter ni maîtresse ni maître :
Mais mon amour préfère à cette sûreté
Le bien de vous devoir toute ma liberté.

MASSINISSE.

Ah ! si je vous pouvais offrir même assurance,
Que je serais heureux de cette préférence !

SOPHONISBE.

Syphax et Lælius pourront vous prévenir,
Si vous perdez ici le temps de l'obtenir.
Partez.

MASSINISSE.

M'enviez-vous le seul bien qu'à ma flamme
A souffert jusqu'ici la grandeur de votre âme ?
Madame, je vous laisse aux mains de Lælius.
Vous avez pu vous-même entendre ses refus ;
Et mon amour ne sait ce qu'il peut se promettre
De celles du consul, où je vais me remettre.
L'un et l'autre est Romain ; et peut-être en ce lieu
Ce peu que je vous dis est le dernier adieu,
Je ne vois rien de sûr que cette triste joie ;
Ne me l'enviez plus, souffrez que je vous voie ;
Souffrez que je vous parle, et vous puisse exprimer
Quelque part des malheurs où l'on peut m'abîmer,
Quelques informes traits de la secrète rage
Que déjà dans mon cœur forme leur sombre image :
Non que je désespère ; on m'aime ; mais, hélas !
On m'estime, on m'honore, et l'on ne me craint pas.
M'éloigner de vos yeux en cette incertitude,
Pour un cœur tout à vous c'est un tourment bien rude ;
Et, si j'en ose croire un noir pressentiment,
C'est vous perdre à jamais que vous perdre un moment.
Madame, au nom des dieux, rassurez mon courage ;
Dites que vous m'aimez, j'en pourrai davantage ;
J'en deviendrai plus fort auprès de Scipion :
Montrez pour mon bonheur un peu de passion,
Montrez que votre flamme au même bien aspire :
Ne régnez plus sur elle, et laissez-lui me dire....

SOPHONISBE.

Allez, seigneur, allez, je vous aime en époux,
Et serais à mon tour aussi faible que vous.

MASSINISSE.

Faites, faites-moi voir cette illustre faiblesse ;
Que ses douceurs....

SOPHONISBE.

Ma gloire en est encor maîtresse.
Adieu. Ce qui m'échappe en faveur de vos feux

---

[1] Quoi ! Massinisse, apprenant que le jeune Scipion arrive, conseille à sa femme d'aller lui faire des coquetteries, et de tâcher d'avoir en un jour trois maris ! Sophonisbe répond noblement ; mais toute la grandeur de Corneille ne pourrait ennoblir cette scène, qui commence par une proposition si lâche et si ridicule. (V.)

Est moins que je ne sens, et plus que je ne veux.
  (*Elle rentre.*)
MÉZÉTULLE.
Douterez-vous encor, seigneur, qu'elle vous aime?
MASSINISSE.
Mézétulle, il est vrai, son amour est extrême [1];
Mais cet extrême amour, au lieu de me flatter,
Ne saurait me servir qu'à mieux me tourmenter;
Ce qu'elle m'en fait voir redouble ma souffrance.
Reprenons toutefois un moment de constance;
En faveur de sa flamme espérons jusqu'au bout,
Et pour tout obtenir allons hasarder tout.

ACTE CINQUIÈME.

SCÈNE PREMIÈRE.
SOPHONISBE, HERMINIE.

SOPHONISBE.
Cesse de me flatter d'une espérance vaine.
Auprès de Scipion ce prince perd sa peine.
S'il l'avait pu toucher, il serait revenu;
Et, puisqu'il tarde tant, il n'a rien obtenu.
HERMINIE.
Si tant d'amour pour vous s'impute à trop d'audace,
Il faut un peu de temps pour en obtenir grâce :
Moins on la rend facile, et plus elle a de poids.
Scipion s'en fera prier plus d'une fois;
Et peut-être son âme encore irrésolue....
SOPHONISBE.
Sur moi, quoi qu'il en soit, je me rends absolue;
Contre sa dureté j'ai du secours tout prêt,
Et ferai malgré lui moi seule mon arrêt.
  Cependant de mon feu l'importune tendresse
Aussi bien que la gloire en mon sort s'intéresse,
Veut régner en mon cœur contre ma liberté,
Et n'ose l'avouer de toute sa fierté.
Quelle bassesse d'âme! ô ma gloire! ô Carthage!
Faut-il qu'avec vous deux un homme la partage?
Et l'amour de la vie en faveur d'un époux
Doit-il être en ce cœur aussi puissant que vous?
Ce héros a trop fait de m'avoir épousée;
De sa seule pitié s'il m'eût favorisée,
Cette pitié peut-être en ce triste et grand jour
Aurait plus fait pour moi que cet excès d'amour.

Il devait voir que Rome en juste défiance....
HERMINIE.
Mais vous lui témoigniez pareille impatience;
Et vos feux rallumés montraient de leur côté
Pour ce nouvel hymen égale avidité.
SOPHONISBE.
Ce n'était point l'amour qui la rendait égale;
C'était la folle ardeur de braver ma rivale;
J'en faisais mon suprême et mon unique bien :
Tous les cœurs ont leur faible, et c'était là le mien [1].
La présence d'Éryxe aujourd'hui m'a perdue;
Je me serais sans elle un peu mieux défendue;
J'aurais su mieux choisir et les temps et les lieux.
Mais ce vainqueur vers elle eût pu tourner les yeux :
Tout mon orgueil disait à mon âme jalouse
Qu'une heure de remise en eût fait son épouse,
Et que, pour me braver à son tour hautement,
Son feu se fût saisi de ce retardement.
Cet orgueil dure encore, et c'est lui qui l'invite,
Par un message exprès à me rendre visite,
Pour reprendre à ses yeux un si cher conquérant,
Ou, s'il me faut mourir, la braver en mourant.
  Mais je vois Mézétulle; en cette conjoncture,
Son retour sans ce prince est d'un mauvais augure.
Raffermis-toi, mon âme, et prends des sentiments
A te mettre au-dessus de tous événements.

SCÈNE II.
SOPHONISBE, MÉZÉTULLE, HERMINIE.

SOPHONISBE.
Quand reviendra le roi?
MÉZÉTULLE.
  Pourrai-je bien vous dire
A quelle extrémité le porte un dur empire?
Et si je vous le dis, pourrez-vous concevoir
Quel est son déplaisir, quel est son désespoir?
Scipion ne veut pas même qu'il vous revoie.
SOPHONISBE.
J'ai donc peu de raison d'attendre cette joie;
Quand son maître a parlé, c'est à lui d'obéir.
Il lui commandera bientôt de me haïr :
Et, dès qu'il recevra cette loi souveraine,
Je ne dois pas douter un moment de sa haine.
MÉZÉTULLE.
Si vous pouviez douter encor de son ardeur,

---

[1] Il serait à souhaiter qu'il le fût, il y aurait au moins quelque intérêt dans la pièce; mais Sophonisbe n'a point du tout cette illustre *faiblesse* dont Massinisse l'a priée de faire voir les douceurs. Elle ne lui a dit qu'un mot un peu tendre; elle a toujours grand soin de persuader qu'elle n'aime que sa grandeur. (V.)

[1] Toutes les scènes précédentes ayant été si froides, il est impossible que le cinquième acte ne le soit pas. Sophonisbe elle-même avertit qu'elle n'avait point de passion, qu'elle n'avait que la folle ardeur de braver sa rivale, que c'était là son *suprême bien* et son *faible*. Un tel faible n'est nullement tragique. Elle a donc un caractère aussi froid que ses deux maris, puisque, de son aveu, elle n'a qu'un *caprice* sans grandeur d'âme et sans amour. (V.)

Si vous n'aviez pas vu jusqu'au fond de son cœur,
Je vous dirais....
SOPHONISBE.
Que Rome à présent l'intimide?
MÉZÉTULLE.
Madame, vous savez....
SOPHONISBE.
Je sais qu'il est Numide.
Toute sa nation est sujette à l'amour;
Mais cet amour s'allume et s'éteint en un jour :
J'aurais tort de vouloir qu'il en eût davantage.
MÉZÉTULLE.
Que peut en cet état le plus ferme courage?
Scipion ou l'obsède ou le fait observer;
Dès demain vers Utique il le veut enlever....
SOPHONISBE.
N'avez-vous de sa part autre chose à me dire?
MÉZÉTULLE.
Par grâce on a souffert qu'il ait pu vous écrire,
Qu'il l'ait fait sans témoins; et par ce peu de mots,
Qu'ont arrosés ses pleurs, qu'ont suivis ses sanglots,
Il vous fera juger....
SOPHONISBE.
Donnez.
MÉZÉTULLE.
Avec sa lettre,
Voilà ce qu'en vos mains j'ai charge de remettre.

BILLET DE MASSINISSE A SOPHONISBE.

SOPHONISBE *lit*.

« Il ne m'est pas permis de vivre votre époux ;
  « Mais enfin je vous tiens parole,
« Et vous éviterez l'aspect du Capitole,
  « Si vous êtes digne de vous.
  « Ce poison que je vous envoie
  « En est la seule et triste voie;
« Et c'est tout ce que peut un déplorable roi
  « Pour dégager sa foi. »
(*Après avoir lu.*)
Voilà de son amour une preuve assez ample.
Mais, s'il m'aimait encore, il me devait l'exemple :
Plus esclave en son camp que je ne suis ici,
Il devait de son sort prendre même souci
Quel présent nuptial d'un époux à sa femme !
Qu'au jour d'un hyménée il lui marque de flamme !
Reportez, Mézétulle, à votre illustre roi
Un secours dont lui-même a plus besoin que moi;
Il ne manquera pas d'en faire un digne usage
Dès qu'il aura des yeux à voir son esclavage.
Si tous les rois d'Afrique en sont toujours pourvus
Pour dérober leur gloire aux malheurs imprévus,
Comme eux et comme lui j'en dois être munie;
Et, quand il me plaira de sortir de la vie,

De montrer qu'une femme a plus de cœur que lui,
On ne me verra point emprunter rien d'autrui [1].

SCÈNE III.

SOPHONISBE, ÉRYXE, PAGE, HERMINIE, BARCÉE.

SOPHONISBE, *au page*.
Éryxe viendra-t-elle? As-tu vu cette reine?
LE PAGE.
Madame, elle est déjà dans la chambre prochaine,
Surprise d'avoir su que vous la vouliez voir.
Vous la voyez, elle entre.
SOPHONISBE.
Elle va plus savoir.
(*à Éryxe.*)
Si vous avez connu le prince Massinisse....
ÉRYXE.
N'en parlons plus, madame; il vous a fait justice.
SOPHONISBE.
Vous n'avez pas connu tout à fait son esprit;
Pour le connaître mieux, lisez ce qu'il m'écrit.
ÉRYXE.
(*Elle lit bas.*)
Du côté des Romains je ne suis point surprise;
Mais ce qui me surprend, c'est qu'il les autorise,
Qu'il passe plus avant qu'ils ne voudraient aller.
SOPHONISBE.
Que voulez-vous, madame? il faut s'en consoler.
(*à Mézétulle.*)
Allez, et dites-lui que je m'apprête à vivre,
En faveur du triomphe, en dessein de le suivre;
Que, puisque son amour ne sait pas mieux agir,
Je m'y réserve exprès pour l'en faire rougir.
Je lui dois cette honte; et Rome, son amie,
En verra sur son front rejaillir l'infamie :
Elle y verra marcher, ce qu'on n'a jamais vu,
La femme du vainqueur à côté du vaincu,

[1] Comment se peut-il faire qu'une scène où un mari envoie du poison à sa femme, soit froide et comique? C'est que cette femme lui renvoie son poison après que ce poison lui a été présenté comme un message tout ordinaire; c'est qu'elle lui fait dire qu'il n'a qu'à s'empoisonner lui-même. Après une si étrange scène, tout ce qui peut étonner, c'est qu'il se soit trouvé autrefois des défenseurs de cette tragédie; et ce qui serait plus étonnant, c'est qu'on la rejouât aujourd'hui. Il y a des points d'histoire qui paraissent, au premier coup d'œil, de beaux sujets de tragédie, et qui, au fond, sont presque impraticables : telles sont, par exemple, les catastrophes de Sophonisbe et de Marc-Antoine. Une des raisons qui probablement excluront toujours ces sujets du théâtre, c'est qu'il est bien difficile que le héros n'y soit avili. Massinisse, obligé de voir sa femme menée en triomphe à Rome, ou de la faire périr pour la soustraire à cel'e infamie, ne peut guère jouer qu'un rôle désagréable. Un vieux triumvir tel qu'Antoine, qui se perd pour une femme telle que Cléopâtre, est encore moins intéressant, parce qu'il est plus méprisable. (V.)

Et mes pas chancelants sous ces pompes cruelles
Couvrir ses plus hauts faits de taches éternelles.
Portez-lui ma réponse; allez.

MÉZÉTULLE.
Dans ses ennuis...

SOPHONISBE.
C'est trop m'importuner en l'état où je suis.
Ne vous a-t-il chargé de rien dire à la reine?

MÉZÉTULLE.
Non, madame.

SOPHONISBE.
Allez donc; et sans vous mettre en peine
De ce qu'il me plaira croire ou ne croire pas,
Laissez en mon pouvoir ma vie et mon trépas[1].

SCÈNE IV.

SOPHONISBE, ÉRYXE, HERMINIE, BARCÉE.

SOPHONISBE.
Une troisième fois mon sort change de face,
Madame, et c'est mon tour de vous quitter la place.
Je ne m'en défends point, et quel que soit le prix
De ce rare trésor que je vous avais pris,
Quelques marques d'amour que ce héros m'envoie,
Ce que j'en eus pour lui vous le rend avec joie.
Vous le conserverez plus dignement que moi.

ÉRYXE.
Madame, pour le moins j'ai su garder ma foi;
Et ce que mon espoir en a reçu d'outrage
N'a pu jusqu'à la plainte emporter mon courage.
Aucun de nos Romains sur mes ressentiments...

SOPHONISBE.
Je ne demande point ces éclaircissements,
Et m'en rapporte aux dieux qui savent toutes choses.
Quand l'effet est certain, il n'importe des causes.
Que ce soit mon malheur, que ce soient nos tyrans,
Que ce soit vous, ou lui, je l'ai pris, je le rends.
Il est vrai que l'état où j'ai su vous le prendre,
N'est pas du tout le même où je vais vous le rendre :
Je vous l'ai pris vaillant, généreux, plein d'honneur,
Et je vous le rends lâche, ingrat, empoisonneur;

Je l'ai pris magnanime, et vous le rends perfide;
Je vous le rends sans cœur, et l'ai pris intrépide;
Je l'ai pris le plus grand des princes africains,
Et le rends, pour tout dire, esclave des Romains.

ÉRYXE.
Qui me le rend ainsi n'a pas beaucoup d'envie
Que j'attache à l'aimer le bonheur de ma vie.

SOPHONISBE.
Ce n'est pas là, madame, où je prends intérêt.
Acceptez, refusez, aimez-le tel qu'il est,
Dédaignez son mérite, estimez sa faiblesse;
De tout votre destin vous êtes la maîtresse :
Je la serai du mien, et j'ai cru vous devoir
Ce mot d'avis sincère avant que d'y pourvoir.
S'il part d'un sentiment qui flatte mal les vôtres,
Lælius, que je vois, vous en peut donner d'autres;
Souffrez que je l'évite, et que dans mon malheur
Je m'ose de sa vue épargner la douleur[1].

SCÈNE V.

LÆLIUS, ÉRYXE, LÉPIDE, BARCÉE.

LÆLIUS.
Lépide, ma présence est pour elle un supplice.

ÉRYXE.
Vous a-t-on dit, seigneur, ce qu'a fait Massinisse?

LÆLIUS.
J'ai su que pour sortir d'une témérité
Dans une autre plus grande il s'est précipité.
Au bas de l'escalier j'ai trouvé Mézétulle;
Sur ce qu'a dit la reine il est un peu crédule :
Pour braver Massinisse elle a quelque raison
De refuser de lui le secours du poison;
Mais ce refus pourrait n'être qu'un stratagème,
Pour faire, malgré nous, son destin elle-même.
Allez l'en empêcher, Lépide; et dites-lui
Que le grand Scipion veut lui servir d'appui,
Que Rome en sa faveur voudra lui faire grâce,
Qu'un si prompt désespoir sentirait l'âme basse,
Que le temps fait souvent plus qu'on ne s'est promis,
Que nous ferons pour elle agir tous nos amis;
Enfin, avec douceur tâchez de la réduire
A venir dans le camp, à s'y laisser conduire,
A se rendre à Syphax, qui même en ce moment

---

[1] Cette scène paraît au-dessous de toutes les précédentes, par la raison même qu'elle devait être touchante. Une femme à qui son mari envoie du poison, et qui en fait confidence à sa rivale, semble devoir produire quelques grands mouvements, quelque changement surprenant de fortune, quelque catastrophe; mais cette confidence, faite froidement, et reçue de même, ne produit qu'un vers de comédie :

Que voulez-vous, madame? il faut s'en consoler.

Les expressions les plus simples dans de grands malheurs sont souvent les plus nobles et les plus touchantes : mais nous avons déjà remarqué combien il faut craindre, en cherchant le simple, de tomber dans le comique et dans le bas. (V.)

[1] Cette fin de la pièce est, quant à moi, très-inférieure à celle de Mairet; car du moins Massinisse, dans Mairet, est au désespoir; il montre aux Romains sa femme expirante, et il se tue auprès d'elle : mais ici Sophonisbe parle de Massinisse comme du dernier des hommes; et cet homme si méprisé épouse Éryxe. La pièce de Corneille finit donc par le mariage de deux personnages dont personne ne se soucie : et Corneille a si bien senti combien Massinisse est bas et odieux, qu'il n'ose le faire paraître, de sorte qu'il ne reste sur la scène qu'un Lælius, qui ne prend nulle part au dénouement, la froide Éryxe, et des subalternes. (V.)

L'aime et l'adore encor malgré son changement.
Nous attendrons ici l'effet de votre adresse ;
N'y perdez point de temps.

SCÈNE VI.

LÆLIUS, ÉRYXE, BARCÉE.

LÆLIUS.

Et vous, grande princesse,
Si des restes d'amour ont surpris un vainqueur,
Quand il devait au vôtre et son trône et son cœur,
Nous vous en avons fait assez prompte justice
Pour obtenir de vous que ce trouble finisse,
Et que vous fassiez grâce à ce prince inconstant,
Qui se voulait trahir lui-même en vous quittant.

ÉRYXE.
Vous aurait-il prié, seigneur, de me le dire?

LÆLIUS.
De l'effort qu'il s'est fait il gémit, il soupire ;
Et je crois que son cœur, encore outré d'ennui,
Pour retourner à vous n'est pas assez à lui :
Mais si cette bonté qu'eut pour lui votre flamme
Aidait à sa raison à rentrer dans son âme,
Nous aurions peu de peine à rallumer des feux
Que n'a pas bien éteints cette erreur de ses vœux.

ÉRYXE.
Quand d'une telle erreur vous punissez l'audace,
Il vous sied mal pour lui de me demander grâce :
Non que je la refuse à ce perfide tour ;
L'hymen des rois doit être au-dessus de l'amour ;
Et je sais qu'en un prince heureux et magnanime
Mille infidélités ne sauraient faire un crime :
Mais, si tout inconstant il est digne de moi,
Il a cessé de l'être en cessant d'être roi.

LÆLIUS.
Ne l'est-il plus, madame? et si la Gétulie
Par votre illustre hymen à son trône s'allie,
Si celui de Syphax s'y joint dès aujourd'hui,
En est-il sur la terre un plus puissant que lui?

ÉRYXE.
Et de quel front, seigneur, prend-il une couronne,
S'il ne peut disposer de sa propre personne,
S'il lui faut pour aimer attendre votre choix,
Et que jusqu'en son lit vous lui fassiez des lois?
Un sceptre compatible avec un joug si rude
N'a rien à me donner que de la servitude ;
Et si votre prudence ose en faire un vrai roi,
Il est à Sophonisbe, et ne peut être à moi.
Jalouse seulement de la grandeur royale,
Je la regarde en reine, et non pas en rivale,
Je vois dans son destin le mien enveloppé,
Et du coup qui la perd tout mon cœur est frappé.
Par votre ordre on la quitte ; et cet ami fidèle
Me pourrait, au même ordre, abandonner comme elle.
Disposez de mon sceptre, il est entre vos mains :
Je veux bien le porter au gré de vos Romains.
Je suis femme, et mon sexe accablé d'impuissance
Ne reçoit point d'affront par cette dépendance ;
Mais je n'aurai jamais à rougir d'un époux
Qu'on voie ainsi que moi ne régner que sous vous.

LÆLIUS.
Détrompez-vous, madame ; et voyez dans l'Asie
Nos dignes alliés régner sans jalousie,
Avec l'indépendance, avec l'autorité
Qu'exige de leur rang toute la majesté.
Regardez Prusias, considérez Attale,
Et ce que souffre en eux la dignité royale :
Massinisse avec vous, et toute autre moitié,
Recevra même honneur et pareille amitié.
Mais quant à Sophonisbe, il m'est permis de dire
Qu'elle est Carthaginoise ; et ce mot doit suffire.
Je dirais qu'à la prendre ainsi sans notre aveu,
Tout notre ami qu'il est, il nous bravait un peu ;
Mais, comme je lui veux conserver votre estime,
Autant que je le puis je déguise son crime,
Et nomme seulement imprudence d'État
Ce que nous aurions droit de nommer attentat.

SCÈNE VII.

LÆLIUS, ÉRYXE, LÉPIDE, BARCÉE.

LÆLIUS.
Mais Lépide déjà revient de chez la reine.
Qu'avez-vous obtenu de cette âme hautaine?

LÉPIDE.
Elle avait trop d'orgueil pour en rien obtenir :
De sa haine pour nous elle a su se punir.

LÆLIUS.
Je l'avais bien prévu, je vous l'ai dit moi-même,
Que ce dessein de vivre était un stratagème,
Qu'elle voudrait mourir : mais ne pouviez-vous pas...

LÉPIDE.
Ma présence n'a fait que hâter son trépas.
A peine elle m'a vu, que d'un regard farouche,
Portant je ne sais quoi de sa main à sa bouche,
« Parlez, m'a-t-elle dit, je suis en sûreté,
« Et recevrai votre ordre avec tranquillité. »
Surpris d'un tel discours, je l'ai pourtant flattée ;
J'ai dit qu'en grande reine elle serait traitée,
Que Scipion et vous en prendriez souci ;
Et j'en voyais déjà son regard adouci,
Quand d'un souris amer me coupant la parole,
« Qu'aisément, reprend-elle, une âme se console!
« Je sens vers cet espoir tout mon cœur s'échapper,
« Mais il est hors d'état de se laisser tromper ;
« Et d'un poison ami le secourable office
« Vient de fermer la porte à tout votre artifice.

« Dites à Scipion qu'il peut dès ce moment
« Chercher à son triomphe un plus rare ornement.
« Pour voir de deux grands rois la lâcheté punie,
« J'ai dû livrer leur femme à cette ignominie ;
« C'est ce que méritait leur amour conjugal :
« Mais j'en ai dû sauver la fille d'Asdrubal.
« Leur bassesse aujourd'hui de tous deux me dégage ;
« Et n'étant plus qu'à moi, je meurs toute à Carthage :
« Digne sang d'un tel père, et digne de régner,
« Si la rigueur du sort eût voulu m'épargner ! »
A ces mots, la sueur lui montant au visage,
Les sanglots de sa voix saisissent le passage ;
Une morte pâleur s'empare de son front ;
Son orgueil s'applaudit d'un remède si prompt :
De sa haine aux abois la fierté se redouble ;
Elle meurt à mes yeux, mais elle meurt sans trouble,
Et soutient en mourant la pompe d'un courroux
Qui semble moins mourir que triompher de nous [1].

ÉRYXE.

Le dirai-je, seigneur ? je la plains et l'admire.
Une telle fierté méritait un empire ;
Et j'aurais en sa place eu même aversion
De me voir attachée au char de Scipion.
La fortune jalouse et l'amour infidèle
Ne lui laissaient ici que son grand cœur pour elle :
Il a pris le dessus de toutes les rigueurs,
Et son dernier soupir fait honte à ses vainqueurs.

LÆLIUS.

Je dirai plus, madame, en dépit de sa haine,
Une telle fierté devait naître romaine.
Mais allons consoler un prince généreux,
Que sa seule imprudence a rendu malheureux.
Allons voir Scipion, allons voir Massinisse ;
Souffrez qu'en sa faveur le temps vous adoucisse ;
Et préparez votre âme à le moins dédaigner,
Lorsque vous aurez vu comme il saura régner.

ÉRYXE.

En l'état où je suis, je fais ce qu'on m'ordonne.
Mais ne disposez point, seigneur, de ma personne ;
Et si de ce héros les désirs inconstants....

LÆLIUS.

Madame, encore un coup, laissons-en faire au temps [1].

[1] *La pompe d'un courroux qui semble moins mourir que triompher !* On voit assez que c'est là de l'enflure dépourvue du mot propre, et qu'un courroux n'est pas pompeux. Éryxe répond avec noblesse et avec convenance. Il eût été à désirer que la pièce finît par ce discours d'Éryxe, ou que Lælius eût mieux parlé ; car qu'importe qu'on *aille voir Scipion et Massinisse ?* (V.)

[1] *Madame, encore un coup, laissons-en faire au temps,* n'est pas une fin heureuse. Les meilleures sont celles qui laissent dans l'âme du spectateur quelque idée sublime, quelque maxime vertueuse et importante, convenable au sujet : mais tous les sujets n'en sont pas susceptibles. On n'a point remarqué tous les défauts dans les détails, que le lecteur remarque assez. La pièce en est pleine. Elle est très-froide, très-mal conçue, et très-mal écrite. (V.) — Voltaire n'en a que trop remarqué ; et lui-même, ayant fait une *Sophonisbe* qui ne réussit pas, aurait dû s'abstenir, surtout en parlant de la *Sophonisbe* de Corneille, de ces expressions dédaigneuses auxquelles il revient toujours : *galimatias absurde, galimatias hérissé de solécismes.* Voilà les fleurs qu'il se plaît à répandre sur la cendre d'un grand homme. Il est vrai qu'il répète souvent qu'on doit pardonner bien des fautes à l'auteur de *Cinna* ; mais qu'aurait-il dit d'un critique qui, après avoir épuisé tous les traits du ridicule sur *les Guèbres,* sur *les Pélopides,* en un mot, sur ses dernières pièces, si inférieures à ses belles tragédies, se serait contenté de dire froidement qu'on devait beaucoup d'indulgence à l'auteur de *Mérope ?* (P.)

FIN DE SOPHONISBE.

OTHON,

TRAGÉDIE. — 1665.

AU LECTEUR.

Si mes amis ne me trompent, cette pièce égale ou passe la meilleure des miennes[1]. Quantité de suffrages illustres et solides se sont déclarés pour elle; et, si j'ose y mêler le mien, je vous dirai que vous y trouverez quelque justesse dans la conduite, et un peu de bon sens dans le raisonnement. Quant aux vers, on n'en a point vu de moi que j'aie travaillés avec plus de soin. Le sujet est tiré de Tacite, qui commence ses histoires par celle-ci; et je n'en ai encore mis aucune sur le théâtre à qui j'aie gardé plus de fidélité, et prêté plus d'invention. Les caractères de ceux que j'y fais parler y sont les mêmes que chez cet incomparable auteur, que j'ai traduit tant qu'il m'a été possible. J'ai tâché de faire paraître les vertus de mon héros en tout leur éclat, sans en dissimuler les vices, non plus que lui; et je me suis contenté de les attribuer à une politique de cour, où, quand le souverain se plonge dans les débauches, et que sa faveur n'est qu'à ce prix, il y a presse à qui sera de la partie. J'y ai conservé les événements, et pris la liberté de changer la manière dont ils arrivent, pour en jeter tout le crime sur un méchant homme, qu'on soupçonna dès lors d'avoir donné des ordres secrets pour la mort de Vinius, tant leur inimitié était forte et déclarée! Othon avait promis à ce consul d'épouser sa fille, s'il le pouvait faire choisir à Galba pour successeur; et comme il se vit empereur sans son ministère, il se crut dégagé de cette promesse, et ne l'épousa point. Je n'ai pas voulu aller plus loin que l'histoire; et je puis dire qu'on n'a point encore vu de pièce où il se propose tant de mariages pour n'en conclure aucun. Ce sont intrigues de cabinet qui se détruisent les unes les autres. J'en dirai davantage quand mes libraires joindront celle-ci aux recueils qu'ils ont faits de celles de ma façon qui l'ont précédée.

[1] Il ne faut guère en croire sur un ouvrage ni l'auteur ni ses amis, encore moins les critiques précipitées qu'on en fait dans la nouveauté. En vain Corneille dit que cette pièce égale ou passe la meilleure des siennes; en vain Fontenelle fait l'éloge d'*Othon* : le temps seul est juge souverain ; il a banni cette pièce du théâtre. Il y en a sans doute une raison qu'il faut chercher; je n'en connais point de meilleure que l'exemple de *Britannicus*. Le temps nous a appris que quand on veut mettre la politique sur le théâtre, il faut la traiter comme Racine, y jeter de grands intérêts, des passions vraies, et de grands mouvements d'éloquence; et que rien n'est plus nécessaire qu'un style pur, noble, coulant, et égal, qui se soutienne d'un bout de la pièce à l'autre : voilà tout ce qui manque à *Othon*. (V.)

PERSONNAGES.

GALBA, empereur de Rome.
VINIUS, consul.
OTHON, sénateur romain, amant de Plautine.
LACUS, préfet du prétoire.
CAMILLE, nièce de Galba.
PLAUTINE, fille de Vinius, amante d'Othon.
MARTIAN, affranchi de Galba.
ALBIN, ami d'Othon.
ALBIANE, sœur d'Albin, et dame d'honneur de Camille.
FLAVIE, amie de Plautine.
ATTICUS, } soldats romains.
RUTILE,

La scène est à Rome, dans le palais impérial.

ACTE PREMIER.

SCÈNE PREMIÈRE[1].

OTHON, ALBIN.

ALBIN.

Notre amitié, seigneur, me rendra téméraire :
J'en abuse, et je sais que je vais vous déplaire,
Que vous condamnerez ma curiosité;
Mais je croirais vous faire une infidélité,
Si je vous cachais rien de ce que j'entends dire
De votre amour nouveau sous ce nouvel empire.
On s'étonne de voir qu'un homme tel qu'Othon,
Othon, dont les hauts faits soutiennent le grand nom,
Daigne d'un Vinius se réduire à la fille,
S'attache à ce consul, qui ravage, qui pille,
Qui peut tout, je l'avoue, auprès de l'empereur,
Mais dont tout le pouvoir ne sert qu'à faire horreur,
Et détruit d'autant plus, que plus on le voit croître,
Ce que l'on doit d'amour aux vertus de son maître.

[1] Il y a peu de pièces qui commencent plus heureusement que celle-ci ; je crois même que, de toutes les expositions, celle d'Othon peut passer pour la plus belle; et je ne connais que l'exposition de *Bajazet* qui lui soit supérieure. (V.)

OTHON.

Ceux qu'on voit s'étonner de ce nouvel amour
N'ont jamais bien conçu ce que c'est que la cour.
Un homme tel que moi jamais ne s'en détache ;
Il n'est point de retraite ou d'ombre qui le cache ;
Et, si du souverain la faveur n'est pour lui,
Il faut, ou qu'il périsse, ou qu'il prenne un appui.

Quand le monarque agit par sa propre conduite,
Mes pareils sans péril se rangent à sa suite ;
Le mérite et le sang nous y font discerner :
Mais quand le potentat se laisse gouverner,
Et que de son pouvoir les grands dépositaires
N'ont pour raison d'État que leurs propres affaires,
Ces lâches ennemis de tous les gens de cœur
Cherchent à nous pousser avec toute rigueur,
A moins que notre adroite et prompte servitude
Nous dérobe aux fureurs de leur inquiétude.

Sitôt que de Galba le sénat eut fait choix,
Dans mon gouvernement j'en établis les lois,
Et je fus le premier qu'on vit au nouveau prince
Donner toute une armée et toute une province :
Ainsi je me comptais de ses premiers suivants.
Mais déjà Vinius avait pris les devants ;
Martian l'affranchi, dont tu vois les pillages,
Avait avec Lacus fermé tous les passages ;
On n'approchait de lui que sous leur bon plaisir.
J'eus donc pour m'y produire un des trois à choisir.
Je les voyais tous trois se hâter sous un maître [1]

Qui, chargé d'un long âge, a peu de temps à l'être,
Et tous trois à l'envi s'empresser ardemment
A qui dévorerait ce règne d'un moment.
J'eus horreur des appuis qui restaient seuls à prendre,
J'espérai quelque temps de m'en pouvoir défendre ;
Mais quand Nymphidius dans Rome assassiné
Fit place au favori qui l'avait condamné,
Que Lacus par sa mort fut préfet du prétoire,
Que pour couronnement d'une action si noire
Les mêmes assassins furent encor percer
Varron, Turpilian, Capiton, et Macer,
Je vis qu'il était temps de prendre mes mesures,
Qu'on perdait de Néron toutes les créatures,
Et que, demeuré seul de toute cette cour,
A moins d'un protecteur j'aurais bientôt mon tour.
Je choisis Vinius dans cette défiance ;
Pour plus de sûreté j'en cherchai l'alliance.
Les autres n'ont ni sœur ni fille à me donner ;
Et d'eux sans ce grand nœud tout est à soupçonner.

ALBIN.

Vos vœux furent reçus ?

OTHON.

Oui ; déjà l'hyménée
Aurait avec Plautine uni ma destinée,
Si ces rivaux d'État n'en savaient divertir
Un maître qui sans eux n'ose rien consentir.

ALBIN.

Ainsi tout votre amour n'est qu'une politique ?
Et le cœur ne sent point ce que la bouche explique ?

OTHON.

Il ne le sentit pas, Albin, du premier jour ;
Mais cette politique est devenue amour : [scrupules
Tout m'en plaît, tout m'en charme, et mes premiers
Près d'un si cher objet passent pour ridicules.
Vinius est consul, Vinius est puissant ;
Il a de la naissance ; et, s'il est agissant,
S'il suit des favoris la pente trop commune,
Plautine hait en lui ces soins de la fortune :
Son cœur est noble et grand.

ALBIN.

Quoi qu'elle ait de vertu,

---

[1] Je les voyais tous trois se hâter sous un maître.

Avec quelle force Corneille nous peint les trois favoris du vieux Galba ! Ses expressions sont encore plus fortes que celles de Tacite : *Servorum manus avidas, et tanquam apud senem festinantes.* Quel autre avait dit avant Corneille : *dévorer un règne !* (L. RACINE.) — *Dévorer un règne !* Quelle effrayante énergie d'expression ! et cependant elle est claire, juste, et naturelle : c'est le sublime. (LA H.) — Corneille n'a jamais fait quatre vers plus forts, plus pleins, plus sublimes ; et c'est en partie ce qui justifie la liberté que je prends de préférer cette exposition à celles de toutes ses autres pièces. A la vérité, il y a quelques vers familiers et négligés dans cette première scène, quelques expressions vicieuses, comme, *Le mérite et le sang font un éclat en vous :* on ne dit point *faire un éclat* dans *quelqu'un.*

A qui dévorerait ce règne d'un moment.

La beauté de ce vers consiste dans cette métaphore rapide du mot *dévorer ;* tout autre terme eût été faible : c'est là un de ces mots que Despréaux appelait *trouvés.* Racine est plein de ces expressions dont il a enrichi la langue. Mais qu'arrive-t-il ? bientôt ces termes neufs et originaux, employés par les écrivains les plus médiocres, perdent le premier éclat qui les distinguait ; ils deviennent familiers : alors les hommes de génie sont obligés de chercher d'autres expressions, qui souvent ne sont pas si heureuses ; c'est ce qui produit le style forcé et sauvage dont nous sommes inondés. Il en est à peu près comme des modes : on invente pour une princesse une parure nouvelle, toutes les femmes l'adoptent ; on veut ensuite renchérir, et on invente du bizarre plutôt que de l'agréable. (V.) — Voilà, de l'aveu de Voltaire, quatre vers sublimes ; et véritablement nous n'en connaissons pas de plus beaux. Cependant quel est le peintre qui eût fait un tableau de cette métaphore si hardie ? comment représenter trois courtisans avides qui s'empressent *à dévorer un règne d'un moment ?* Ce seul exemple aurait dû faire abjurer à Voltaire son système antipoétique sur la justesse des métaphores. Toutes celles dont Racine abonde plus qu'aucun de nos poëtes, ont la même hardiesse : ce sont, comme dans la tragédie de *Bérénice,* des yeux *armés de tous leurs charmes* qui viendront *accabler Titus de leurs larmes.* Voltaire, s'il eût trouvé ces expressions dans Corneille, eût demandé sans doute comment des yeux pouvaient accabler avec des larmes ; et, convaincu que ni la toile ni le burin ne pouvaient exprimer de pareilles images, il n'eût pas balancé à les proscrire. En vérité, plus nous y réfléchissons, plus nous sommes étonnés que Voltaire poëte, et grand poëte, ait pu se familiariser avec des opinions si étranges. (P.)

Vous devriez dans l'âme être un peu combattu.
La nièce de Galba pour dot aura l'empire,
Et vaut bien que pour elle à ce prix on soupire :
Son oncle doit bientôt lui choisir un époux.
Le mérite et le sang font un éclat en vous,
Qui pour y joindre encor celui du diadème...

OTHON.

Quand mon cœur se pourrait soustraire à ce que j'aime,
Et que pour moi Camille aurait tant de bonté
Que je dusse espérer de m'en voir écouté,
Si, comme tu le dis, sa main doit faire un maître,
Aucun de nos tyrans n'est encor las de l'être;
Et ce serait tous trois les attirer sur moi,
Qu'aspirer sans leur ordre à recevoir sa foi.
Surtout de Vinius le sensible courage
Ferait tout pour me perdre après un tel outrage,
Et se vengerait même à la face des dieux [1],
Si j'avais sur Camille osé tourner les yeux.

ALBIN.

Pensez-y toutefois : ma sœur est auprès d'elle;
Je puis vous y servir, l'occasion est belle;
Tout autre amant que vous s'en laisserait charmer;
Et je vous dirais plus, si vous osiez l'aimer.

OTHON.

Porte à d'autres qu'à moi cette amorce inutile;
Mon cœur, tout à Plautine, est fermé pour Camille.
La beauté de l'objet, la honte de changer,
Le succès incertain, l'infaillible danger,
Tout fait à tes projets d'invincibles obstacles.

ALBIN.

Seigneur, en moins de rien il se fait des miracles [2] :
A ces deux grands rivaux peut-être il serait doux
D'ôter à Vinius un gendre tel que vous;
Et si l'un par bonheur à Galba vous propose....
Ce n'est pas qu'après tout j'en sache aucune chose;
Je leur suis trop suspect pour s'en ouvrir à moi :

Mais si je vous puis dire enfin ce que j'en croi
Je vous proposerais, si j'étais en leur place.

OTHON.

Aucun d'eux ne fera ce que tu veux qu'il fasse;
Et s'ils peuvent jamais trouver quelque douceur
A faire que Galba choisisse un successeur,
Ils voudront par ce choix se mettre en assurance,
Et n'en proposeront que de leur dépendance.
Je sais... Mais Vinius que j'aperçois venir....
Laissez-nous seuls, Albin; je veux l'entretenir.

SCÈNE II[1].

VINIUS, OTHON.

VINIUS.

Je crois que vous m'aimez, seigneur, et que ma fille
Vous fait prendre intérêt en toute ma famille.
Il en faut une preuve, et non pas seulement
Qui consiste aux devoirs dont s'empresse un amant;
Il la faut plus solide, il la faut d'un grand homme,
D'un cœur digne en effet de commander à Rome.
Il ne faut plus l'aimer.

---

[1] *A la face des dieux* est ce qu'on appelle une cheville; il ne s'agit point ici de dieux et d'autels. Ces malheureux hémistiches, qui ne disent rien, parce qu'ils semblent en trop dire, n'ont été que trop souvent imités. (V.)

[2] *Seigneur, en moins de rien il se fait des miracles,*

est un vers comique; mais ces petits défauts, qui rendraient une mauvaise scène encore plus mauvaise, n'empêchent pas que celle-ci ne soit claire, vigoureuse, attachante; trois mérites très-rares dans les expositions. Cette première scène d'*Othon* prouve que Corneille avait encore beaucoup de génie. Je crois qu'il ne lui a manqué que d'être sévère pour lui-même et d'avoir des amis sévères. Un homme capable de faire une telle scène pouvait assurément faire encore de bonnes pièces. C'est un très-grand malheur, il faut le redire, que personne ne l'avertît qu'il choisissait mal ses sujets, que ces dissertations politiques n'étaient pas propres au théâtre, qu'il fallait parler au cœur, observer les règles de la langue, s'exprimer avec clarté et avec élégance, ne jamais rien dire de trop, préférer le sentiment au raisonnement : il le pouvait; il ne l'a fait dans aucune de ses dernières pièces. Elles donnent de grands regrets. (V.)

[1] La pièce commence à faiblir dès cette seconde scène. On voit trop que la tragédie ne sera qu'une intrigue de cour, une cabale pour donner un successeur à Galba. C'est là de quoi fournir une douzaine de lignes à un historien, et quelques pages à des écrivains d'anecdotes; mais ce n'est pas un sujet de tragédie. *Othon* est beaucoup moins théâtral que *Sophonisbe*, et bien moins heureux encore que *Sertorius*, *Agésilas*, qui suit, est moins théâtral encore qu'*Othon*. Le succès est presque toujours dans le sujet; ce qui le prouve, c'est que *Théodore*, *Sophonisbe*, *la Toison d'Or*, *Pertharite*, *Othon*, *Agésilas*, *Suréna*, *Pulchérie*, *Bérénice*, *Attila*, pièces que le public a proscrites, sont écrites à peu près du même style que *Rodogune*, dont on revoit le cinquième acte et quelques autres morceaux avec tant de plaisir. Ce sont quelquefois les mêmes beautés, et toujours les mêmes défauts dans l'élocution. Partout vous trouverez des pensées fortes et des idées alambiquées, de la hauteur et de la familiarité, de l'amour mêlé de politique, quelques vers heureux et beaucoup de mal faits, des raisonnements, des contestations, des bravades. Il est impossible de ne pas reconnaître la même main. D'où peut donc venir la différence du succès, si ce n'est du fond même du dessin? Les défauts de style, que l'on remarque pas dans le beau spectacle du cinquième acte de *Rodogune*, se font sentir quand le sujet ne les couvre pas, quand l'esprit du spectateur refroidi à la liberté d'examiner la diction, les phrases, les solécismes. Je sais bien qu'OEdipe était un très-beau sujet; mais ce n'est pas le sujet de Sophocle que Corneille a traité, c'est l'amour de Thésée et de Dircé mêlé avec la fable d'OEdipe; c'est une froide politique jointe à un froid amour qui rend tant de pièces insipides. *Une fille qui fait prendre intérêt en toute la famille; des devoirs dont s'empresse un amant; Galba qui refuse son ordre à l'effet de nos vœux; de l'air dont nous nous regardons; une vérité qu'on voit trop manifeste; du tumulte excité; Vitellius qui arrive avec sa force unie; ce qu'il a de vieux corps de qui se s'immola; ramener les esprits par un jeune empereur; a remis exprès à tantôt d'en résoudre; il ira du côté de Lacus; ces grands jaloux; un œil bas; une princesse qui s'est mise à sourire;* tout cela est, à la vérité, très-défectueux. Le fond du discours de Vinius est raisonnable; mais ce n'est pas assez. (V.)

OTHON, ACTE I, SCÈNE II.

OTHON.
Quoi ! pour preuve d'amour...
VINIUS.
Il faut faire encor plus, seigneur, en ce grand jour ;
Il faut aimer ailleurs.
OTHON.
Ah ! que m'osez-vous dire ?
VINIUS.
Je sais qu'à son hymen tout votre cœur aspire ;
Mais elle, et vous, et moi, nous allons tous périr ;
Et votre change seul nous peut tous secourir.
Vous me devez, seigneur, peut-être quelque chose :
Sans moi, sans mon crédit qu'à leurs desseins j'oppose,
Lacus et Martian vous auraient peu souffert ;
Il faut à votre tour rompre un coup qui me perd,
Et qui, si votre cœur ne s'arrache à Plautine,
Vous enveloppera tous deux en ma ruine.
OTHON.
Dans le plus doux espoir de mes vœux acceptés,
M'ordonner que je change ! et vous-même !
VINIUS.
Écoutez.
L'honneur que nous ferait votre illustre hyménée
Des deux que j'ai nommés tient l'âme si gênée,
Que jusqu'ici Galba, qu'ils obsèdent tous deux,
A refusé son ordre à l'effet de nos vœux.
L'obstacle qu'ils y font vous peut montrer sans peine
Quelle est pour vous et moi leur envie et leur haine ;
Et qu'aujourd'hui, de l'air dont nous nous regardons,
Ils nous perdront bientôt si nous ne les perdons.
C'est une vérité qu'on voit trop manifeste ;
Et sur ce fondement, seigneur, je passe au reste.
Galba, vieil et cassé, qui se voit sans enfants,
Croit qu'on méprise en lui la faiblesse des ans,
Et qu'on ne peut aimer à servir sous un maître
Qui n'aura pas loisir de le bien reconnaître.
Il voit de toutes parts du tumulte excité :
Le soldat en Syrie est presque révolté ;
Vitellius avance avec la force unie
Des troupes de la Gaule et de la Germanie ;
Ce qu'il a de vieux corps le souffre avec ennui ;
Tous les prétoriens murmurent contre lui.
De leur Nymphidius l'indigne sacrifice
De qui se l'immola leur demande justice :
Il le sait, et prétend par un jeune empereur
Ramener les esprits, et calmer leur fureur.
Il espère un pouvoir ferme, plein, et tranquille,
S'il nomme pour César un époux de Camille ;
Mais il balance encor sur ce choix d'un époux,
Et je ne puis, seigneur, m'assurer que sur vous.
J'ai donc pour ce grand choix vanté votre courage,
Et Lacus à Pison a donné son suffrage.
Martian n'a parlé qu'en termes ambigus,
Mais sans doute il ira du côté de Lacus

Et l'unique remède est de gagner Camille :
Si sa voix est pour nous, la leur est inutile.
Nous serons pareil nombre, et dans l'égalité,
Galba pour cette nièce aura de la bonté.
Il a remis exprès à tantôt d'en résoudre.
De nos têtes sur eux détournez cette foudre ;
Je vous le dis encor, contre ces grands jaloux
Je ne me puis, seigneur, assurer que sur vous.
De votre premier choix quoi que je doive attendre, [dre ;
Je vous aime encor mieux pour maître que pour gen-
Et je ne vois pour nous qu'un naufrage certain,
S'il nous faut recevoir un prince de leur main.
OTHON.
Ah ! seigneur, sur ce point c'est trop de confiance ;
C'est vous tenir trop sûr de mon obéissance.
Je ne prends plus de lois que de ma passion ;
Plautine est l'objet seul de mon ambition ;
Et, si votre amitié me veut détacher d'elle,
La haine de Lacus me serait moins cruelle.
Que m'importe, après tout, si tel est mon malheur,
De mourir par son ordre, ou mourir de douleur ?
VINIUS. [me,
Seigneur, un grand courage, à quelque point qu'il ai-
Sait toujours au besoin se posséder soi-même.
Poppée avait pour vous du moins autant d'appas ;
Et quand on vous l'ôta vous n'en mourûtes pas.
OTHON.
Non, seigneur ; mais Poppée était une infidèle,
Qui n'en voulait qu'au trône, et qui m'aimait moins qu'elle ;
Ce peu qu'elle eut d'amour ne fit du lit d'Othon
Qu'un degré pour monter à celui de Néron ;
Elle ne m'épousa qu'afin de s'y produire,
D'y ménager sa place au hasard de me nuire :
Aussi j'en fus banni sous un titre d'honneur ;
Et pour ne me plus voir on me fit gouverneur.
Mais j'adore Plautine, et je règne en son âme ;
Nous ordonner d'éteindre une si belle flamme,
C'est... je n'ose le dire. Il est d'autres Romains ¹,

¹ . . . . Il est d'autres Romains,
Seigneur, qui sauront mieux appuyer vos desseins...
Et qui seront ravis de vous devoir l'empire...
. . . . Sans Plautine,
L'amour m'est un poison, le bonheur m'assassine...
. . . . . Les douceurs du pouvoir souverain
Me sont d'affreux tourments, s'il m'en coûte sa main...
Vous voulez que je règne, et je ne sais qu'aimer.

Je ne remarquerai pas ces étranges vers dans cette scène ; ils sont en partie le sujet de la pièce. Othon est amoureux : car, quoi qu'on en dise, encore une fois, il n'y a aucun des héros de Corneille qui ne le soit ; mais il est amoureux froidement. Il n'a d'abord demandé la fille de Vinius que par politique ; il n'a pas de ces passions violentes qui seules réussissent au théâtre, et qui seules font pardonner le refus d'un empire. Il a commencé par étaler la profondeur d'un courtisan habile ; il parle à présent comme un jeune homme passionné et tendre. Il dément le caractère qu'il a fait paraître dans la première scène ; et le

Seigneur, qui sauront mieux appuyer vos desseins ;
Il en est dont le cœur pour Camille soupire,
Et qui seront ravis de vous devoir l'empire.
VINIUS.
Je veux que cet espoir à d'autres soit permis ;
Mais êtes-vous fort sûr qu'ils soient de nos amis ?
Savez-vous mieux que moi s'ils plairont à Camille ?
OTHON.
Et croyez-vous pour moi qu'elle soit plus facile ?
Pour moi, que d'autres vœux...
VINIUS.
    A ne vous rien celer,
Sortant d'avec Galba, j'ai voulu lui parler ;
J'ai voulu sur ce point pressentir sa pensée ;
J'en ai nommé plusieurs pour qui je l'ai pressée. [bas,
A leurs noms, un grand froid, un front triste, un œil
M'ont fait voir aussitôt qu'ils ne lui plaisaient pas :
Au vôtre elle a rougi, puis s'est mise à sourire,
Et m'a soudain quittée sans me vouloir rien dire.
C'est à vous, qui savez ce que c'est que d'aimer,
A juger de son cœur ce qu'on doit présumer.
OTHON.
Je n'en veux rien juger, seigneur ; et sans Plautine
L'amour m'est un poison, le bonheur m'assassine ;
Et toutes les douceurs du pouvoir souverain
Me sont d'affreux tourments, s'il m'en coûte sa main.
VINIUS.
De tant de fermeté j'aurais l'ame ravie,
Si cet excès d'amour nous assurait la vie ;
Mais il nous faut le trône, ou renoncer au jour ;
Et quand nous périrons, que servira l'amour ?
OTHON.
A de vaines frayeurs un noir soupçon vous livre ;
Pison n'est point cruel et nous laissera vivre.
VINIUS.
Il nous laissera vivre, et je vous ai nommé !
Si de nous voir dans Rome il n'est point alarmé,
Nos communs ennemis, qui prendront sa conduite,
En préviendront pour lui la dangereuse suite.
Seigneur, quand pour l'empire on s'est vu désigner [1],
Il faut, quoi qu'il arrive, ou périr, ou régner.
Le posthume Agrippa vécut peu sous Tibère ;
Néron n'épargna point le sang de son beau-frère ;
Et Pison vous perdra par la même raison,
Si vous ne vous hâtez de prévenir Pison.
Il n'est point de milieu qu'en saine politique...
OTHON.
Et l'amour est la seule où tout mon cœur s'applique.
Rien ne vous a servi, seigneur, de me nommer :
Vous voulez que je règne, et je ne sais qu'aimer.
Je pourrais savoir plus, si l'astre qui domine
Me voulait faire un jour régner avec Plautine ;
Mais dérober son âme à de si doux appas,
Pour attacher sa vie à ce qu'on n'aime pas !
VINIUS.
Eh bien, si cet amour a sur vous tant de force,
Régnez : qui fait des lois peut bien faire un divorce.
Du trône on considère enfin ses vrais amis ;
Et quand vous pourrez tout, tout vous sera permis.

SCÈNE III [1].

VINIUS, OTHON, PLAUTINE.

PLAUTINE.
Non pas, seigneur, non pas : quoi que le ciel m'envoie,
Je ne veux rien tenir d'une honteuse voie ;
Et cette lâcheté qui me rendrait son cœur,
Sentirait le tyran, et non pas l'empereur.
A votre sûreté, puisque le péril presse,
J'immolerai ma flamme et toute ma tendresse ;
Et je vaincrai l'horreur d'un si cruel devoir [2]
Pour conserver le jour à qui me l'a fait voir :
Mais ce qu'à mes désirs je fais de violence
Fuit les honteux appas d'une indigne espérance ;
Et la vertu qui dompte et bannit mon amour
N'en souffrira jamais qu'un vertueux retour.

---

[1] Voilà des vers dignes d'être remarqués. Voltaire a rendu moins heureusement, dans *la Henriade*, une pensée à peu près semblable :

 Quiconque a pu forcer son monarque à le craindre,
 A tout à redouter, s'il ne veut tout enfreindre.

Nous pourrions nous tromper, mais il nous semble qu'en parlant d'un sujet, on ne peut pas dire *son monarque*, comme on dirait *son maître* ou *son souverain*. (P.)

[1] Cette troisième scène justifie déjà ce qu'on doit prévoir, que ce n'est pas là une tragédie. Plautine écoutait à la porte, et elle vient interrompre son père pour dire, en vers durs et obscurs, qu'elle ne voudrait point un jour épouser son amant, si cet amant marié à une autre ne pouvait revenir à elle que par un divorce. Non-seulement c'est manquer à la bienséance, mais quel faible intérêt, quel froid sujet d'une scène, qu'une fille qui, sans être appelée, vient dire à son père, devant son amant, ce qu'elle ferait un jour, si ce froid amant voulait l'épouser en troisièmes noces! Elle serait, en effet, la troisième femme d'Othon, qui l'épouserait après avoir répudié Poppée et Camille. (V.)

[2] *Vaincre l'horreur d'un cruel devoir ; ce qu'à ses désirs elle fait de violence, pour fuir les appas honteux d'une espérance indigne ; la vertu qui dompte et bannit l'amour, et qui n'en souffre qu'un vertueux retour* : ce sont là des expressions qui affaibliraient les plus beaux sentiments. (V.)

(même homme qui se fera nommer empereur, et qui détrônera Galba, renonce ici à l'empire. Le spectateur ne croit guère à cet amour ; il ne s'y intéresse pas. Un des meilleurs connaisseurs, en lisant *Othon* pour la première fois, dit à cette seconde scène : *Il est impossible que la pièce ne soit froide* ; et il ne se trompa point. En effet, ces craintes éloignées que montre Vinius de ce qui peut arriver un jour ne sont point un assez grand ressort. Il faut craindre des périls présents et véritables dans la tragédie, sans quoi tout languit, tout ennuie. (V.)

OTHON.

Ah! que cette vertu m'apprête un dur supplice,
Seigneur! et le moyen que je vous obéisse?
Voyez; et, s'il se peut, pour voir tout mon tourment,
Quittez vos yeux de père, et prenez-en d'amant [1].

VINIUS.

L'estime de mon sang ne m'est pas interdite;
Je lui vois des attraits, je lui vois du mérite;
Je crois qu'elle en a même assez pour engager,
Si quelqu'un nous perdait, quelque autre à nous ven- [ger.
Par là nos ennemis la tiendront redoutable;
Et sa perte par là devient inévitable.
Je vois de plus, seigneur, que je n'obtiendrai rien,
Tant que votre œil blessé rencontrera le sien,
Que le temps se va perdre en répliques frivoles;
Et pour les éviter j'achève en trois paroles.
Si vous manquez le trône, il faut périr tous trois.
Prévenez, attendez cet ordre à votre choix.
Je me remets à vous de ce qui vous regarde;
Mais en ma fille et moi ma gloire se hasarde;
De ses jours et des miens je suis maître absolu;
Et j'en disposerai comme j'ai résolu.
Je ne crains point la mort, mais je hais l'infamie
D'en recevoir la loi d'une main ennemie;
Et je saurai verser tout mon sang en Romain,
Si le choix que j'attends ne me retient la main.
C'est dans une heure ou deux que Galba se déclare.
Vous savez l'un et l'autre à quoi je me prépare,
Résolvez-en ensemble.

SCÈNE IV.

OTHON, PLAUTINE.

OTHON.

Arrêtez donc, seigneur;
Et, s'il faut prévenir ce mortel déshonneur,
Recevez-en l'exemple, et jugez si la honte [2]...

PLAUTINE.

Quoi! seigneur, à mes yeux une fureur si prompte!
Ce noble désespoir, si digne des Romains,
Tant qu'ils ont du courage est toujours en leurs mains;
Et pour vous et pour moi, fût-il digne d'un temple,
Il n'est pas encor temps de m'en donner l'exemple.
Il faut vivre, et l'amour nous y doit obliger,
Pour me sauver un père, et pour me protéger.
Quand vous voyez ma vie à la vôtre attachée,
Faut-il que malgré moi votre âme effarouchée
Pour m'ouvrir le tombeau hâte votre trépas,
Et m'avance un destin où je ne consens pas?

OTHON.

Quand il faut m'arracher tout cet amour de l'âme,
Puis-je que dans mon sang en éteindre la flamme?
Puis-je sans le trépas...

PLAUTINE.

Et vous ai-je ordonné
D'éteindre tout l'amour que je vous ai donné?
Si l'injuste rigueur de notre destinée
Ne permet plus l'espoir d'un heureux hyménée,
Il est un autre amour dont les vœux innocents,
S'élèvent au-dessus du commerce des sens [1].
Plus la flamme en est pure, et plus elle est durable;
Il rend de son objet le cœur inséparable;
Il a de vrais plaisirs dont son cœur est charmé,
Et n'aspire qu'au bien d'aimer et d'être aimé.

OTHON.

Qu'un tel épurement demande un grand courage!
Qu'il est même aux plus grands d'un difficile usage!
Madame, permettez que je die à mon tour
Que tout ce que l'honneur peut souffrir à l'amour,
Un amant le souhaite, il en veut l'espérance,
Et se croit mal aimé s'il n'en a l'assurance.

PLAUTINE.

Aimez-moi toutefois sans l'attendre de moi,
Et ne m'enviez pas l'honneur que j'en reçoi.
Quelle gloire à Plautine, ô ciel! de pouvoir dire

---

[1] Ce vers ne prépare pas un intérêt tragique, et ce défaut revient souvent dans toutes ces dernières tragédies. (V.)

[2] Othon, qui veut se tuer ainsi au premier acte pour une crainte imaginaire, et pour une maîtresse, excite plutôt le rire que la terreur : rien n'est jamais plus mal reçu au théâtre qu'un désespoir mal placé, et qu'on n'attendait pas d'un homme qui n'a d'abord parlé que de politique. Ajoutons que cette scène entre Othon et Plautine est très-faible. Je remarque que Plautine conseille ici à Othon précisément la même chose qu'Atalide à Bajazet : mais quelle différence de situation, de sentiments, et de style! Bajazet est réellement en danger de sa vie, et Othon ne court ici qu'un danger chimérique. Plautine est raisonneuse et froide : Atalide est touchante, et a autant de délicatesse que d'amour. Enfin, ce qui est de la plus grande importance, les vers de Corneille ne valent rien, et ceux de Racine sont parfaits dans leur genre. Comparez, rien ne forme plus le goût, comparez aux vers d'Atalide ces vers de Plautine :

Et n'aspire qu'au bien d'aimer et d'être aimé...
Qu'un tel épurement demande un grand courage!...

Et se croit mal aimé s'il n'en a l'assurance....
Et que de votre cœur vos yeux indépendants
Triomphent comme moi des troubles du dedans...
Conservez-moi toujours l'estime et l'amitié.

C'est le style, c'est la diction qui fait tout dans les scènes où le spectateur est assez tranquille pour réfléchir sur les vers; et encore est-il nécessaire de ne point négliger la diction dans les situations les plus frappantes du théâtre : en un mot, il faut toujours bien écrire. (V.) — Les deuxième et troisième vers de la citation ne sont pas de Plautine, mais d'Othon; il est vrai que ceux de Plautine ne sont pas meilleurs. (P.)

[1] Encore des dissertations métaphysiques sur l'amour! quel mauvais goût! C'était l'esprit du temps, dit-on : mais il faut dire encore que la nation française est la seule qui ait eu cette malheureuse espèce d'esprit. Cela est bien pis que les *concetti* qu'on reprochait aux Italiens. (V.)

Que le choix de son cœur fut digne de l'empire;
Qu'un héros destiné pour maître à l'univers
Voulut borner ses vœux à vivre dans ses fers;
Et qu'à moins que d'un ordre absolu d'elle-même
Il aurait renoncé pour elle au diadème!

OTHON.

Ah! qu'il faut aimer peu pour faire son bonheur,
Pour tirer vanité d'un si fatal honneur!
Si vous m'aimiez, madame, il vous serait sensible
De voir qu'à d'autres vœux mon cœur fût accessible;
Et la nécessité de le porter ailleurs
Vous aurait fait déjà partager mes douleurs.
Mais tout mon désespoir n'a rien qui vous alarme.
Vous pouvez perdre Othon sans verser une larme.
Vous en témoignez joie, et vous-même aspirez
A tout l'excès des maux qui me sont préparés.

PLAUTINE.

Que votre aveuglement a pour moi d'injustice!
Pour épargner vos maux j'augmente mon supplice;
Je souffre, et c'est pour vous que j'ose m'imposer
La gêne de souffrir, et de le déguiser.
Tout ce que vous sentez, je le sens dans mon âme;
J'ai même déplaisir comme j'ai même flamme;
J'ai même désespoir : mais je sais les cacher,
Et paraître insensible afin de moins toucher.
Faites à vos désirs pareille violence,
Retenez-en l'éclat, sauvez-en l'apparence;
Au péril qui nous presse immolez le dehors,
Et pour vous faire aimer montrez d'autres transports.
Je ne vous défends point une douleur muette,
Pourvu que votre front n'en soit point l'interprète,
Et que de votre cœur vos yeux indépendants
Triomphent comme moi des troubles du dedans.
Suivez, passez l'exemple, et portez à Camille
Un visage content, un visage tranquille,
Qui lui laisse accepter ce que vous offrirez,
Et ne démente rien de ce que vous direz.

OTHON.

Hélas! madame, hélas! que pourrai-je lui dire?

PLAUTINE.

Il y va de ma vie, il y va de l'empire;
Réglez-vous là-dessus. Le temps se perd, seigneur.
Adieu : donnez la main, mais gardez-moi le cœur;
Ou, si c'est trop pour moi, donnez et l'un et l'autre,
Emportez mon amour, et retirez le vôtre :
Mais, dans ce triste état si je vous fais pitié,
Conservez-moi toujours l'estime et l'amitié;
Et n'oubliez jamais, quand vous serez le maître,
Que c'est moi qui vous force et qui vous aide à l'être.

OTHON, seul.

Que ne m'est-il permis d'éviter par ma mort
Les barbares rigueurs d'un si cruel effort!

ACTE SECOND.

SCÈNE PREMIÈRE.

PLAUTINE, FLAVIE.

PLAUTINE.

Dis-moi donc, lorsque Othon s'est offert à Camille,
A-t-il paru contraint? a-t-elle été facile?
Son hommage auprès d'elle a-t-il eu plein effet?
Comment l'a-t-elle pris, et comment l'a-t-il fait?

FLAVIE.

J'ai tout vu : mais enfin votre humeur curieuse
A vous faire un supplice est trop ingénieuse.
Quelque reste d'amour qui vous parle d'Othon,
Madame, oubliez-en, s'il se peut, jusqu'au nom.
Vous vous êtes vaincue en faveur de sa gloire,
Goûtez un plein triomphe après votre victoire :
Le dangereux récit que vous me commandez
Est un nouveau combat où vous vous hasardez.
Votre âme n'en est pas encor si détachée
Qu'il puisse aimer ailleurs sans qu'elle en soit touchée.
Prenez moins d'intérêt à l'y voir réussir,
Et fuyez le chagrin de vous en éclaircir.

PLAUTINE.

Je le force moi-même à se montrer volage;
Et, regardant son change ainsi que mon ouvrage,
J'y prends un intérêt qui n'a rien de jaloux :
Qu'on l'accepte, qu'il règne, et tout m'en sera doux.

FLAVIE.

J'en doute; et rarement une flamme si forte
Souffre qu'à notre gré ses ardeurs...

PLAUTINE.

Que t'importe?
Laisse-m'en le hasard; et, sans dissimuler,
Dis de quelle manière il a su lui parler.

---

[1] Racine a encore pris entièrement cette situation dans sa tragédie de *Bajazet*. Atalide a envoyé son amant à Roxane; elle s'informe en tremblant du succès de cette entrevue qu'elle a ordonnée elle-même, et qui doit causer sa mort. La délicatesse de ses sentiments, les combats de son cœur, ses craintes, ses douleurs, sont exprimés en vers si naturels, si aisés, si tendres, que ces vraies beautés charment tous les lecteurs. Mais ici Corneille commence sa scène par quatre vers dont le ridicule est si extrême, qu'on n'ose plus même les citer dans des ouvrages sérieux : *Dis-moi donc, lorsque Othon*, etc. Plautine exprime les mêmes sentiments qu'Atalide :

Et, regardant son change ainsi que mon ouvrage, etc.

Atalide est dans des circonstances absolument semblables; mais c'est précisément dans ces mêmes situations qu'on voit la prodigieuse différence qu'il y a entre le sentiment et le raisonnement, entre l'élégance et la dureté du style, entre cet art charmant qui développe avec une vérité si touchante tous les replis du cœur, et la vaine déclamation ou la sécheresse. (V.)

FLAVIE.

N'imputez donc qu'à vous si votre âme inquiète
En ressent malgré moi quelque gêne secrète.
　　Othon à la princesse a fait un compliment[1],
Plus en homme de cour qu'en véritable amant.
Son éloquence accorte, enchaînant avec grâce
L'excuse du silence à celle de l'audace,
En termes trop choisis accusait le respect
D'avoir tant retardé cet hommage suspect.
Ses gestes concertés, ses regards de mesure[2]
N'y laissaient aucun mot aller à l'aventure :
On ne voyait que pompe en tout ce qu'il peignait;
Jusque dans ses soupirs la justesse régnait,
Et suivait pas à pas un effort de mémoire
Qu'il était plus aisé d'admirer que de croire.
Camille semblait même assez de cet avis;
Elle aurait mieux goûté des discours moins suivis;
Je l'ai vu dans ses yeux : mais cette défiance
Avait avec son cœur trop peu d'intelligence.
De ses justes soupçons ses souhaits indignés
Les ont tout aussitôt détruits ou dédaignés;
Elle a voulu tout croire; et quelque retenue
Qu'ait su garder l'amour dont elle est prévenue,
On a vu, par ce peu qu'il laissait échapper,
Qu'elle prenait plaisir à se laisser tromper;
Et que si quelquefois l'horreur de la contrainte
Forçait le triste Othon à soupirer sans feinte,
Soudain l'avidité de régner sur son cœur
Imputait à l'amour ces soupirs de douleur.

PLAUTINE.

Et sa réponse enfin?

FLAVIE.

　　　　　　　Elle a paru civile;
Mais la civilité n'est qu'amour en Camille,
Comme en Othon l'amour n'est que civilité.

PLAUTINE.

Et n'a-t-elle rien dit de sa légèreté,
Rien de la foi qu'il semble avoir si mal gardée?

FLAVIE.

Elle a su rejeter cette fâcheuse idée,
Et n'a pas témoigné qu'elle sût seulement
Qu'on l'eût vu pour vos yeux soupirer un moment.

PLAUTINE.

Mais qu'a-t-elle promis?

FLAVIE.

　　　　　　　Que son devoir fidèle
Suivrait ce que Galba voudrait ordonner d'elle;
Et, de peur d'en trop dire et d'ouvrir trop son cœur,
Elle l'a renvoyé soudain vers l'empereur.
Il lui parle à présent. Qu'en dites-vous, madame,
Et de cet entretien que souhaite votre âme?
Voulez-vous qu'on l'accepte, ou qu'il n'obtienne rien?

PLAUTINE.

Moi-même, à dire vrai, je ne le sais pas bien.
Comme des deux côtés le coup me sera rude,
J'aimerais à jouir de cette inquiétude,
Et tiendrais à bonheur le reste de mes jours
De n'en sortir jamais, et de douter toujours.

FLAVIE.

Mais il faut se résoudre, et vouloir quelque chose.

PLAUTINE.

Souffre sans m'alarmer que le ciel en dispose :
Quand son ordre une fois en aura résolu,
Il nous faudra vouloir ce qu'il aura voulu.
Ma raison cependant cède Othon à l'empire :
Il est de mon honneur de ne m'en pas dédire;
Et, soit ce grand souhait volontaire ou forcé,
Il est beau d'achever comme on a commencé.
Mais je vois Martian.

SCÈNE II.

MARTIAN, PLAUTINE, FLAVIE.

PLAUTINE.

　　　　　　Que venez-vous m'apprendre[1]?

MARTIAN.

Que de votre seul choix l'empire va dépendre,
Madame.

PLAUTINE.

　　Quoi, Galba voudrait suivre mon choix?

MARTIAN.

Non : mais de son conseil nous ne sommes que trois :

---

[1] Corneille, qu'on a voulu faire passer pour un poète qui dédaignait d'introduire l'amour sur la scène, était tellement accoutumé à faire parler d'amour ses héros, qu'il représente ici un vieux ministre d'État comme amoureux de Plautine; et cette Plautine lui répond par des injures. On peut, dans les mouvements violents d'une passion trahie, et dans l'excès du malheur, s'emporter en reproches; mais Plautine n'a aucune raison de parler ainsi au premier ministre de l'empereur qui la demande en mariage : ce trait est contre la bienséance et contre la raison. Ce qui est bien plus extraordinaire, c'est que Martian, à qui Plautine fait le plus sanglant outrage, en lui reprochant très-mal à propos sa naissance, lui dise ensuite, *Madame, encore un coup, souffrez que je vous aime.* L'amour de ce ministre, les réponses de Plautine, et tout ce dialogue, révoltent et refroidissent. Ce n'est là ni peindre les hommes comme ils sont, ni comme ils doivent être, ni les faire parler comme ils doivent parler. (V.)

---

[1] Toute cette tirade est entièrement du style de la comédie, mais de la comédie froide et dénuée d'intérêt. *L'amour qui est civilité dans Othon, et la civilité qui est amour dans Camille*, est si éloigné de la tragédie, qu'on ne conçoit guère comment Corneille a pu y faire entrer de pareilles phrases et de pareilles idées. (V.)

[2] Qu'est-ce que *des regards de mesure, et la justesse qui règne dans des soupirs?* et comment cette *justesse de soupirs* peut-elle suivre un *effort de mémoire?* Othon a-t-il appris par cœur un long compliment? de tels vers ne seraient tolérables en aucun genre de poésie. Que veut dire madame de Sévigné quand elle dit : *Racine n'ira pas loin; pardonnons de mauvais vers à Corneille?* Non il ne faut pas pardonner des pensées fausses très-mal exprimées : il faut être juste. (V.)

Et si pour votre Othon vous voulez mon suffrage,
Je vous le viens offrir avec un humble hommage.
                PLAUTINE.
Avec?
                MARTIAN.
        Avec des vœux sincères et soumis,
Qui feront encor plus si l'espoir m'est permis.
                PLAUTINE.
Quels vœux, et quel espoir?
                MARTIAN.
                    Cet important service,
Qu'un si profond respect vous offre en sacrifice....
                PLAUTINE.
Eh bien, il remplira mes désirs les plus doux;
Mais pour reconnaissance enfin que voulez-vous?
                MARTIAN.
La gloire d'être aimé.
                PLAUTINE.
            De qui?
                MARTIAN.
                    De vous, madame.
                PLAUTINE.
De moi-même?
                MARTIAN.
        De vous : j'ai des yeux; et mon âme...
                PLAUTINE.
Votre âme, en me faisant cette civilité¹,
Devrait l'accompagner de plus de vérité.
On n'a pas grande foi pour tant de déférence,
Lorsqu'on voit que la suite a si peu d'apparence.
L'offre sans doute est belle, et bien digne d'un prix ;
Mais en le choisissant vous vous êtes mépris.
Si vous me connaissiez vous feriez mieux paraître....
                MARTIAN.
Hélas! mon mal ne vient que de vous trop connaître.
Mais vous-même, après tout, ne vous connaissez pas,
Quand vous croyez si peu l'effet de vos appas.
Si vous daigniez savoir quel est votre mérite,
Vous ne douteriez point de l'amour qu'il excite.
Othon m'en sert de preuve : il n'avait rien aimé
Depuis que de Poppée il s'était vu charmé
Bien que d'entre ses bras Néron l'eût enlevée,
L'image dans son cœur s'en était conservée;
La mort même, la mort n'avait pu l'en chasser :

A vous seule était dû l'honneur de l'effacer.
Vous seule d'un coup d'œil emportâtes la gloire
D'en faire évanouir la plus douce mémoire,
Et d'avoir su réduire à de nouveaux souhaits
Ce cœur impénétrable aux plus charmants objets.
Et vous vous étonnez que pour vous je soupire!
                PLAUTINE.
Je m'étonne bien plus que vous me l'osiez dire;
Je m'étonne de voir qu'il ne vous souvient plus
Que l'heureux Martian fut l'esclave Icélus,
Qu'il a changé de nom sans changer de visage.
                MARTIAN.
C'est ce crime du sort qui m'enfle le courage.
Lorsqu'en dépit de lui je suis ce que je suis,
On voit ce que je vaux, voyant ce que je puis.
Un pur hasard sans nous règle notre naissance;
Mais comme le mérite est en notre puissance,
La honte d'un destin qu'on vit mal assorti
Fait d'autant plus d'honneur quand on en est sorti.
Quelque tache en mon sang que laissent mes ancêtres,
Depuis que nos Romains ont accepté des maîtres,
Ces maîtres ont toujours fait choix de mes pareils
Pour les premiers emplois et les secrets conseils :
Ils ont mis en nos mains la fortune publique;
Ils ont soumis la terre à notre politique;
Patrobe, Polyclète, et Narcisse, et Pallas,
Ont déposé des rois, et donné des États.
On nous élève au trône au sortir de nos chaînes;
Sous Claude on vit Félix le mari de trois reines :
Et, quand l'amour en moi vous présente un époux,
Vous me traitez d'esclave, et d'indigne de vous!
Madame, en quelque rang que vous ayez pu naître,
C'est beaucoup que d'avoir l'oreille du grand maître.
Vinius est consul, et Lacus est préfet;
Je ne suis l'un ni l'autre, et suis plus en effet;
Et de ces consulats et de ces préfectures,
Je puis quand il me plaît faire des créatures :
Galba m'écoute enfin; et c'est être aujourd'hui,
Quoique sans ces grands noms, le premier d'après lui.
                PLAUTINE.
Pardonnez donc, seigneur, si je me suis méprise¹ :
Mon orgueil dans vos fers n'a rien qui l'autorise.
Je viens de me connaître, et me vois à mon tour
Indigne des honneurs qui suivent votre amour.
Avoir brisé ces fers fait un degré de gloire
Au-dessus des consuls, des préfets du prétoire;

---

¹ *Une âme qui fait une civilité; le mal qui vient à un vieux ministre d'État* (et c'est le mal d'amour); et Plautine qui répond à ce ministre *qu'il n'a point changé de visage*; et l'autre qui réplique *qu'il a l'oreille du grand maître.* Que dire d'un tel dialogue? On est obligé de faire un commentaire : que ce commentaire au moins serve à faire connaître que son auteur rend justice; il ne connaît aucune occasion où l'on doive déguiser la vérité. Plautine montre de la hauteur, et si cette hauteur menait à quelque chose de tragique, elle pourrait faire impression. Remarquons encore que de la hauteur n'est pas de la grandeur. (V.)

¹ Quoi qu'en dise Voltaire, cette hauteur ne déplaît pas, et l'on aime à voir humilier d'insolents parvenus, tels que Martian. Ceux qui ont été à portée d'observer parmi nous les valets grands seigneurs, qu'on nommait courtisans, les reconnaîtront sans peine à la bassesse des Martian et des Lacus, et verront que, malgré l'orgueil de leur naissance, ils auraient pu fournir à Corneille le modèle de ces vils personnages. L'avilissement où étaient tombés les Romains est d'ailleurs parfaitement peint dans cette scène. (P.)

Et si de cet amour je n'ose être le prix,
Le respect m'en empêche, et non plus le mépris.
On m'avait dit pourtant que souvent la nature
Gardait en vos pareils sa première teinture,
Que ceux de nos Césars qui les ont écoutés
Ont tous souillé leurs noms par quelques lâchetés,
Et que pour dérober l'empire à cette honte
L'univers a besoin qu'un vrai héros y monte.
C'est ce qui me faisait y souhaiter Othon :
Mais à ce que j'apprends ce souhait n'est pas bon.
Laissons-en faire aux dieux, et faites-vous justice;
D'un cœur vraiment romain dédaignez le caprice.
Cent reines à l'envi vous prendront pour époux ;
Félix en eut bien trois, et valait moins que vous.

MARTIAN.

Madame, encore un coup, souffrez que je vous aime.
Songez que dans ma main j'ai le pouvoir suprême,
Qu'entre Othon et Pison mon suffrage incertain,
Suivant qu'il penchera, va faire un souverain.
Je n'ai fait jusqu'ici qu'empêcher l'hyménée
Qui d'Othon avec vous eût joint la destinée :
J'aurais pu hasarder quelque chose de plus;
Ne m'y contraignez point à force de refus.
Quand vous cédez Othon, me souffrir en sa place,
Peut-être ce sera faire plus d'une grâce :
Car de vous voir à lui ne l'espérez jamais.

SCÈNE III.
PLAUTINE, LACUS, MARTIAN, FLAVIE.

LACUS.
Madame, enfin Galba s'accorde à vos souhaits;
Et j'ai tant fait sur lui, que, dès cette journée[1],
De vous avec Othon il consent l'hyménée.

PLAUTINE, à Martian.   [frir
Qu'en dites-vous, seigneur ? Pourrez-vous bien souf-
Cet hymen que Lacus de sa part vient m'offrir?
Le grand maître a parlé, voudrez-vous l'en dédire,
Vous qu'on voit après lui le premier de l'empire?
Dois-je me ravaler jusques à cet époux?
Ou dois-je par votre ordre aspirer jusqu'à vous?

LACUS.
Quel énigme[2] est-ce ci, madame?

PLAUTINE.
                   Sa grande âme
Me faisait tout à l'heure un présent de sa flamme ;
Il m'assurait qu'Othon jamais ne m'obtiendrait,

[1] Tout ce qu'on peut remarquer c'est que *j'ai tant fait sur lui* est un barbarisme et une expression basse: que le *qu'en dites-vous* de Plautine est une ironie comique; que *sa grande âme qui fait un présent de sa flamme* est très-vicieux; qu'*il fait bon s'expliquer* est bourgeois, et que la scène est très-froide. (V.)

[2] *Énigme* était alors des deux genres.

Et disait à demi qu'un refus nous perdrait.
Vous m'osez cependant assurer du contraire;
Et je ne sais pas bien quelle réponse y faire.
Comme en de certains temps il fait bon s'expliquer,
En d'autres il vaut mieux ne s'y point embarquer.
Grands ministres d'État, accordez-vous ensemble,
Et je pourrai vous dire après ce qui m'en semble.

SCÈNE IV.
LACUS, MARTIAN.

LACUS.
Vous aimez donc Plautine, et c'est là cette foi
Qui contre Vinius vous attachait à moi ?

MARTIAN.
Si les yeux de Plautine ont pour moi quelque charme,
Y trouvez-vous, seigneur, quelque sujet d'alarme?
Le moment bienheureux qui m'en ferait l'époux
Réunirait par moi Vinius avec vous.
Par là de nos trois cœurs l'amitié ressaisie,
En déracinerait et haine et jalousie.
Le pouvoir de tous trois, par tous trois affermi,
Aurait pour nœud commun son gendre en votre ami :
Et quoi que contre vous il osât entreprendre....

LACUS.
Vous seriez mon ami, mais vous seriez son gendre;
Et c'est un faible appui des intérêts de cour
Qu'une vieille amitié contre un nouvel amour.
Quoi que veuille exiger une femme adorée,
La résistance est vaine ou de peu de durée;
Elle choisit ses temps, et les choisit si bien,
Qu'on se voit hors d'état de lui refuser rien.
Vous-même êtes-vous sûr que ce nœud la retienne
D'ajouter, s'il le faut, votre perte à la mienne?
Apprenez que des cœurs séparés à regret
Trouvent de se réjoindre aisément le secret.
Othon n'a pas pour elle éteint toutes ses flammes ;
Il sait comme aux maris on arrache les femmes;
Cet art sur son exemple est commun aujourd'hui,
Et son maître Néron l'avait appris de lui.
Après tout, je me trompe, ou près de cette belle...

MARTIAN.
J'espère en Vinius, si je n'espère en elle;
Et l'offre pour Othon de lui donner ma voix
Soudain en ma faveur emportera son choix.

LACUS.
Quoi! vous nous donneriez vous-même Othon pour
MARTIAN.   [maître?
Et quel autre dans Rome est plus digne de l'être?

LACUS.
Ah! pour en être digne, il l'est, et plus que tous;
Mais aussi, pour tout dire, il en sait trop pour nous.

Il sait trop ménager ses vertus et ses vices[1].
Il était sous Néron de toutes ses délices :
Et la Lusitanie a vu ce même Othon
Gouverner en César et juger en Caton.
Tout favori dans Rome, et tout maître en province,
De lâche courtisan il s'y montra grand prince ;
Et son âme ployante, attendant l'avenir,
Sait faire également sa cour, et la tenir.
Sous un tel souverain nous sommes peu de chose ;
Son soin jamais sur nous tout à fait ne repose :
Sa main seule départ ses libéralités ;
Son choix seul distribue États et dignités.
Du timon qu'il embrasse il se fait le seul guide,
Consulte et résout seul, écoute et seul décide ;
Et, quoi que nos emplois puissent faire de bruit,
Sitôt qu'il nous veut perdre, un coup d'œil nous détruit.
Voyez d'ailleurs Galba, quel pouvoir il nous laisse,
En quel poste sous lui nous a mis sa faiblesse.
Nos ordres règlent tout, nous donnons, retranchons,
Rien n'est exécuté dès que nous l'empêchons :
Comme par un de nous il faut que tout s'obtienne,
Nous voyons notre cour plus grosse que la sienne ;
Et notre indépendance irait au dernier point,
Si l'heureux Vinius ne la partageait point :
Notre unique chagrin est qu'il nous la dispute.
L'âge a mené cependant Galba près de sa chute ;
De peur qu'il nous entraîne il faut un autre appui,
Mais il le faut pour nous aussi faible que lui.
Il nous en faut prendre un qui, satisfait des titres,
Nous laisse du pouvoir les suprêmes arbitres.
Pison a l'âme simple et l'esprit abattu ;
S'il a grande naissance, il a peu de vertu[2] :
Non de cette vertu qui déteste le crime ;
Sa probité sévère est digne qu'on l'estime ;

Elle a tout ce qui fait un grand homme de bien :
Mais en un souverain c'est peu de chose, ou rien.
Il faut de la prudence, il faut de la lumière,
Il faut de la vigueur adroite autant que fière,
Qui pénètre, éblouisse, et sème des appas...
Il faut mille vertus enfin qu'il n'aura pas.
Lui-même il nous priera d'avoir soin de l'empire,
Et saura seulement ce qu'il nous plaira dire :
Plus nous l'y tiendrons bas, plus il nous mettra haut :
Et c'est là justement le maître qu'il nous faut.

MARTIAN.

Mais, seigneur, sur le trône élever un tel homme,
C'est mal servir l'État, et faire opprobre à Rome.

LACUS.

Et qu'importe à tous deux de Rome et de l'État ?
Qu'importe qu'on leur voie ou plus ou moins d'éclat ?
Faisons nos sûretés, et moquons-nous du reste.
Point, point de bien public s'il nous devient funeste.
De notre grandeur seule ayons des cœurs jaloux ;
Ne vivons que pour nous, et ne pensons qu'à nous.
Je vous le dis encor : mettre Othon sur nos têtes,
C'est nous livrer tous deux à d'horribles tempêtes.
Si nous l'en voulons croire, il nous devra le tout :
Mais de ce grand projet s'il vient par nous à bout,
Vinius en aura lui seul tout l'avantage.
Comme il l'a proposé, ce sera son ouvrage ;
Et la mort, ou l'exil, ou les abaissements,
Seront pour vous et moi ses vrais remercîments.

MARTIAN.

Oui, notre sûreté veut que Pison domine :
Obtenez-en pour moi qu'il m'assure Plautine ;
Je vous promets pour lui mon suffrage à ce prix :
La violence est juste après de tels mépris.
Commençons à jouir par là de son empire,
Et voyons s'il est homme à nous oser dédire.

LACUS.

Quoi ! votre amour toujours fera son capital
Des attraits de Plautine et du nœud conjugal ?
Eh bien ! il faudra voir qui sera plus utile
D'en croire... Mais voici la princesse Camille.

SCÈNE V.

CAMILLE, LACUS, MARTIAN, ALBIANE.

CAMILLE.

Je vous rencontre ensemble ici fort à propos,
Et voulais à tous deux vous dire quatre mots[2].

---

[1] Le portrait d'Othon est très-beau dans cette scène. Il est permis à un auteur dramatique d'ajouter des traits aux caractères qu'il dépeint, et d'aller plus loin que l'histoire. Tacite dit d'Othon, *pueritiam incuriose, adolescentiam petulanter egerat, gratus Neroni æmulatione luxus..... in provinciam specie legationis seposuit.... comiter administrata provincia*. Son enfance fut paresseuse, sa jeunesse débauchée ; il plut à Néron en imitant ses vices et son luxe. S'étant exilé lui-même dans la Lusitanie, dont il était gouverneur, il s'y comporta avec humanité. Cette scène serait intéressante si elle produisait de grands événements. Les fautes sont, *l'amitié ressaisie de trois cœurs, que ce nœud la retienne d'ajouter, ou près de cette belle*, et quelques autres expressions qui ne sont ni assez nobles ni assez correctes. (V.)

[2] *S'il a grande naissance ; une vigueur adroite et fière qui sème des appas ; et c'est là justement ; moquons-nous du reste ; il nous devra le tout ; s'il vient par nous à bout*, etc. Il n'est pas nécessaire de dire que toutes ces façons de parler sont ou vicieuses ou ignobles. (V.) — Certainement elles seraient vicieuses aujourd'hui ; mais Voltaire, en les accumulant sans ordre et sans suite, en les isolant du texte, comme il le fait dans ses remarques, les fait paraître plus vicieuses encore. Et c'est une des perfidies de son commentaire. (P.)

[1] Cela seul suffirait pour avilir un héros, et détruit tout ce que cette scène promettait. (V.)

[2] *A propos et quatre mots* auraient gâté le rôle de Cornélie ; mais une fille qui vient parler ainsi de son mariage à deux ministres est bien loin d'être une Cornélie. Camille emploie cette figure froide de l'ironie, qu'il faut employer si sobrement ; elle

Si j'en crois certain bruit que je ne puis vous taire,
Vous poussez un peu loin l'orgueil du ministère :
On dit que sur mon rang vous étendez sa loi,
Et que vous vous mêlez de disposer de moi.

MARTIAN.

Nous, madame?

CAMILLE.

Faut-il que je vous obéisse,
Moi, dont Galba prétend faire une impératrice?

LACUS.

L'un et l'autre sait trop quel respect vous est dû.

CAMILLE.

Le crime en est plus grand si vous l'avez perdu.
Parlez, qu'avez-vous dit à Galba l'un et l'autre?

MARTIAN.

Sa pensée a voulu s'assurer sur la nôtre;
Et s'étant proposé le choix d'un successeur,
Pour laisser à l'empire un digne possesseur,
Sur ce don imprévu qu'il fait du diadème,
Vinius a parlé, Lacus a fait de même.

CAMILLE.

Et ne savez-vous point, et Vinius, et vous,
Que ce grand successeur doit être mon époux?
Que le don de ma main suit ce don de l'empire?
Galba, par vos conseils, voudrait-il s'en dédire?

LACUS.

Il est toujours le même, et nous avons parlé
Suivant ce qu'à tous deux le ciel a révélé :
En ces occasions, lui qui tient les couronnes
Inspire les avis sur le choix des personnes.
Nous avons cru d'ailleurs pouvoir sans attentat
Faire vos intérêts de ceux de tout l'État.
Vous ne voudriez pas en avoir de contraires.

CAMILLE.

Vous n'avez, vous ni lui, pensé qu'à vos affaires;
Et nous offrir Pison, c'est assez témoigner...

LACUS.

Le trouvez-vous, madame, indigne de régner?
Il a de la vertu, de l'esprit, du courage;
Il a de plus...

CAMILLE

De plus, il a votre suffrage,
Et c'est assez de quoi mériter mes refus,
Par respect de son sang, je ne dis rien de plus.

MARTIAN.

Aimeriez-vous, Othon, que Vinius propose,
Othon, dont vous savez que Plautine dispose,
Et qui n'aspire ici qu'à lui donner sa foi?

CAMILLE.

Qu'il brûle encor pour elle, ou la quitte pour moi,
Ce n'est pas votre affaire; et votre exactitude
Se charge en ma faveur de trop d'inquiétude.

LACUS.

Mais l'empereur consent qu'il l'épouse aujourd'hui;
Et moi-même je viens de l'obtenir pour lui.

CAMILLE.

Vous en a-t-il prié? dites, ou si l'envie...

LACUS.

Un véritable ami n'attend point qu'on le prie.

CAMILLE.

Cette amitié me charme, et je dois avouer
Qu'Othon a jusqu'ici tout lieu de s'en louer,
Que l'heureux contre-temps d'un si rare service...

LACUS.

Madame...

CAMILLE.

Croyez-moi, mettez bas l'artifice.
Ne vous hasardez point à faire un empereur.
Galba connaît l'empire, et je connais mon cœur :
Je sais ce qui m'est propre; il voit ce qu'il doit faire,
Et quel prince à l'État est le plus salutaire.
Si le ciel vous inspire, il aura soin de nous,
Et saura sur ce point nous accorder sans vous.

LACUS.

Si Pison vous déplaît, il en est quelques autres...

CAMILLE.

N'attachez point ici mes intérêts aux vôtres.
Vous avez de l'esprit, mais j'ai des yeux perçants.
Je vois qu'il vous est doux d'être les tout-puissants;
Et je n'empêche point qu'on ne vous continue
Votre toute-puissance au point qu'elle est venue:

---

parle en bourgeoise en parlant de l'empire. *Je sais ce qui m'est propre; je m'aime un peu moi-même; je n'ai pas grande envie.* L'insipidité de l'intrigue et la bassesse de l'expression sont égales. Ces fautes trop souvent répétées sont cause que cette pièce, admirablement commencée, faiblit de scène en scène, et ne peut plus être représentée. (V.) — Voltaire traite toujours l'ironie de figure froide, et véritablement elle peut l'être ici; mais il oublie qu'elle a été employée avec succès par les plus grands poètes dans le feu des passions les plus violentes. Clytemnestre elle-même (et dans quel moment!) en donne un exemple dans *Iphigénie*, qui prouve bien que Racine ne regardait pas cette figure comme déplacée dans les situations les plus fortement tragiques : Venez, dit Clytemnestre à sa fille,

...... On n'attend plus que vous,
Venez remercier un père qui vous aime,
Et qui veut à l'autel vous conduire lui-même.

Est-il une ironie plus amère que celle que prête à Roxane le même poète, lorsque, parlant à sa rivale, dans le plus vif emportement de sa jalousie, et au moment même où elle vient d'ordonner la mort de Bajazet, elle lui dit :

Je ne mérite pas un si grand sacrifice :
Je me connais, madame, et je me fais justice.
Loin de vous séparer, je prétends aujourd'hui,
Par des nœuds éternels, vous unir avec lui,
Vous jouirez bientôt de son aimable vue.

Racine, comme on pourrait le prouver par d'autres exemples, à souvent employé cette figure; et cependant Voltaire, qui le connaissait si bien, a dit, par inadvertance, que depuis *Andromaque* on n'en trouvait plus dans ses tragédies. Il faut quelquefois se méfier du ton beaucoup trop décisif que prend Voltaire dans ses assertions. (P.)

Mais quant à cet époux, vous me ferez plaisir
De trouver bon qu'enfin je puisse le choisir.
Je m'aime un peu moi-même, et n'ai pas grande envie
De vous sacrifier le repos de ma vie.
MARTIAN.
Puisqu'il doit avec vous régir tout l'univers...
CAMILLE.
Faut-il vous dire encor que j'ai des yeux ouverts?
Je vois jusqu'en vos cœurs, et m'obstine à me taire;
Mais je pourrais enfin dévoiler le mystère.
MARTIAN.
Si l'empereur nous croit...
CAMILLE.
Sans doute il vous croira;
Sans doute je prendrai l'époux qu'il m'offrira,
Soit qu'il plaise à mes yeux, soit qu'il me choque en l'âme.
Il sera votre maître, et je serai sa femme;
Le temps me donnera sur lui quelque pouvoir,
Et vous pourrez alors vous en apercevoir.
Voilà les quatre mots que j'avais à vous dire,
Pensez-y.

SCÈNE VI.

LACUS, MARTIAN.

MARTIAN.
Ce courroux que Pison nous attire...
LACUS.
Vous vous en alarmez? Laissons-la discourir,
Et ne nous perdons pas de crainte de périr.
MARTIAN.
Vous voyez quel orgueil contre nous l'intéresse.
LACUS.
Plus elle m'en fait voir, plus je vois sa faiblesse.
Faisons régner Pison; et, malgré ce courroux,
Vous verrez qu'elle-même aura besoin de nous.

ACTE TROISIÈME.

SCÈNE PREMIÈRE[1].

CAMILLE, ALBIANE.

CAMILLE.
Ton frère te l'a dit, Albiane?

ALBIANE.
Oui, madame;
Galba choisit Pison, et vous êtes sa femme,
Ou, pour en mieux parler, l'esclave de Lacus,
A moins d'un éclatant et généreux refus.
CAMILLE.
Et que devient Othon?
ALBIANE.
Vous allez voir sa tête
De vos trois ennemis affermir la conquête;
Je veux dire assurer votre main à Pison,
Et l'empire aux tyrans qui font régner son nom.
Car, comme il n'a pour lui qu'une suite d'ancêtres,
Lacus et Martian vont être nos vrais maîtres;
Et Pison ne sera qu'un idole sacré[1]
Qu'ils tiendront sur l'autel pour répondre à leur gré.
Sa probité stupide autant comme farouche
A prononcer leurs lois asservira sa bouche;
Et le premier arrêt qu'ils lui feront donner
Les défera d'Othon qui les peut détrôner.
CAMILLE.
O dieux! que je le plains!
ALBIANE.
Il est sans doute à plaindre
Si vous l'abandonnez à tout ce qu'il doit craindre;
Mais comme enfin la mort finira son ennui,
Je crains fort de vous voir plus à plaindre que lui.
CAMILLE.
L'hymen sur un époux donne quelque puissance.
ALBIANE.
Octavie a péri sur cette confiance.
Son sang qui fume encor vous montre à quel destin
Peut exposer vos jours un nouveau Tigellin.
Ce grand choix vous en donne à craindre deux ensem-
Et pour moi, plus j'y songe, et plus pour vous je tremble. [ble;

---

[1] L'intrigue n'est pas ici plus intéressante et plus tragique qu'auparavant. Cette confidente, qui apprend à sa maîtresse qu'elle va être femme de Pison, et que son amant Othon sera sacrifié, pourrait émouvoir le spectateur, si le péril d'Othon était bien certain : mais qui a dit à cette confidente qu'un jour Pison, étant César se déferait d'Othon? Premièrement, Camille devrait apprendre son mariage de la bouche de l'empereur, et non de celle d'une confidente; et ce serait du moins une espèce de situation, une petite surprise, quelque chose de ressemblant à un coup de théâtre, si Camille, espérant d'obtenir Othon de l'empereur, recevait inopinément de la bouche de l'empereur l'ordre d'en épouser un autre. Secondement, de longs discours d'une suivante, qui dit que *les princesses doivent faire les avances*, jetteraient du froid sur le rôle de Phèdre, et sur les tragédies d'*Andromaque* et d'*Iphigénie*. Troisièmement, s'il y a quelque chose d'aussi comique et d'aussi insipide qu'une suivante qui dit, *c'est la gêne où réduit celles de votre sorte... Si je n'avais fait enhardir votre amant, il ne vous aurait pas parlé*, etc.; c'est une princesse qui répond : *Tu le crois donc qu'il m'aime?* Le lecteur sent assez qu'un *devoir qui passe du côté de l'amour... se faire en la cour un accès pour un plus digne amour;* en un mot, tout ce dialogue n'est pas ce qu'on doit attendre dans une tragédie. (V.)

[1] *Idole*, depuis Corneille, a changé de genre, et n'est plus que du féminin. (P.)

CAMILLE.
Quel remède, Albiane?
ALBIANE.
Aimer, et faire voir...
CAMILLE.
Que l'amour est sur moi plus fort que le devoir?
ALBIANE.
Songez moins à Galba qu'à Lacus qui vous brave,
Et qui vous fait encor braver par un esclave.
Songez à vos périls; et peut-être à son tour
Ce devoir passera du côté de l'amour.
Bien que nous devions tout aux puissances suprêmes,
Madame, nous devons quelque chose à nous-mêmes,
Surtout quand nous voyons des ordres dangereux,
Sous ces grands souverains, partir d'autres que d'eux.
CAMILLE.
Mais Othon m'aime-t-il?
ALBIANE.
S'il vous aime? ah, madame!
CAMILLE.
On a cru que Plautine avait toute son âme.
ALBIANE.
On l'a dû croire aussi, mais on s'est abusé;
Autrement, Vinius l'aurait-il proposé?
Aurait-il pu trahir l'espoir d'en faire un gendre?
CAMILLE.
En feignant de l'aimer que pouvait-il prétendre?
ALBIANE.
De s'approcher de vous, et se faire en la cour
Un accès libre et sûr pour un plus digne amour.
De Vinius par là gagnant la bienveillance,
Il a su le jeter dans une autre espérance,
Et le flatter d'un rang plus haut et plus certain,
S'il devenait par vous empereur de sa main.
Vous voyez à ces soins que Vinius s'applique,
En même temps qu'Othon auprès de vous s'explique.
CAMILLE.
Mais à se déclarer il a bien attendu.
ALBIANE.
Mon frère jusque-là vous en a répondu.
CAMILLE.
Tandis[1], tu m'as réduite à faire un peu d'avance,
A consentir qu'Albin combattît son silence,
Et même Vinius, dès qu'il me l'a nommé,
A pu voir aisément qu'il pourrait être aimé.
ALBIANE.
C'est la gêne où réduit celles de votre sorte
La scrupuleuse loi du respect qu'on leur porte.
Il arrête les vœux, captive les désirs,
Abaisse les regards, étouffe les soupirs,
Dans le milieu du cœur enchaîne la tendresse;
Et tel est en aimant le sort d'une princesse,
Que, quelque amour qu'elle ait, et qu'elle ait pu don-
Il faut qu'elle devine, et force à deviner. [ner,
Quelque peu qu'on lui die, on craint de lui trop dire;
A peine on se hasarde à jurer qu'on l'admire;
Et, pour apprivoiser ce respect ennemi,
Il faut qu'en dépit d'elle elle s'offre à demi.
Voyez-vous comme Othon saurait encor se taire,
Si je ne l'avais fait enhardir par mon frère?
CAMILLE.
Tu le crois donc, qu'il m'aime?
ALBIANE.
Et qu'il lui serait doux
Que vous eussiez pour lui l'amour qu'il a pour vous.
CAMILLE.
Hélas! que cet amour croit tôt ce qu'il souhaite!
En vain la raison parle, en vain elle inquiète,
En vain la défiance ose ce qu'elle peut;
Il veut croire, et ne croit que parce qu'il le veut.
Pour Plautine ou pour moi je vois du stratagème,
Et m'obstine avec joie à m'aveugler moi-même.
Je plains cette abusée, et c'est moi qui la suis
Peut-être, et qui me livre à d'éternels ennuis;
Peut-être, en ce moment qu'il m'est doux de te croire,
De ses vœux à Plautine il assure la gloire:
Peut-être...

SCÈNE II.
CAMILLE, ALBIN, ALBIANE.
ALBIN.
L'empereur vient ici vous trouver
Pour vous dire son choix, et le faire approuver.
S'il vous déplaît, madame, il faut de la constance;
Il faut une fidèle et noble résistance;
Il faut...
CAMILLE.
De mon devoir je saurai prendre soin.
Allez chercher Othon pour en être témoin.

SCÈNE III[1].
GALBA, CAMILLE, ALBIANE.
GALBA.
Quand la mort de mes fils désola ma famille,
Ma nièce, mon amour vous prit dès lors pour fille;
Et regardant en vous les restes de mon sang,
Je flattai ma douleur en vous donnant leur rang.
Rome, qui m'a depuis chargé de son empire,

---

[1] Nous avons déjà eu l'occasion de remarquer que, du temps de Corneille, *tandis* pouvait encore s'employer pour *cependant*.

[1] On ne voit jamais dans cette pièce qu'une fille à marier. Il n'est pas contre la convenance que Galba tâche d'ennoblir la petitesse de cette intrigue par un discours politique; mais il est contre toute bienséance, tranchons le mot, il est intolérable que Camille dise à l'empereur qu'il serait bon *que son mari eût quelque chose de propre à donner de l'amour*. Galba dit à sa nièce que ce raisonnement est fort délicat. (V.)

Quand sous le poids de l'âge à peine je respire,
À vu ce même amour me le faire accepter,
Moins pour me seoir si haut, que pour vous y porter.
Non que si jusque-là Rome pouvait renaître,
Qu'elle fût en état de se passer de maître,
Je ne me crusse digne, en cet heureux moment,
De commencer par moi son rétablissement :
Mais cet empire immense est trop vaste pour elle :
À moins que d'une tête un si grand corps chancelle ;
Et pour le nom des rois son invincible horreur
S'est d'ailleurs si bien faite aux lois d'un empereur,
Qu'elle ne peut souffrir, après cette habitude,
Ni pleine liberté, ni pleine servitude.
Elle veut donc un maître, et Néron condamné
Fait voir ce qu'elle veut en un front couronné.
Vindex, Rufus, ni moi, n'avons causé sa perte ;
Ses crimes seuls l'ont faite ; et le ciel l'a soufferte,
Pour marque aux souverains qu'ils doivent par l'effet
Répondre dignement au grand choix qu'il en fait.
Jusques à ce grand coup, un honteux esclavage
D'une seule maison nous faisait l'héritage.
Rome n'en a repris, au lieu de liberté,
Qu'un droit de mettre ailleurs la souveraineté ;
Et laisser après moi dans le trône un grand homme,
C'est tout ce qu'aujourd'hui je puis faire pour Rome.
Prendre un si noble soin, c'est en prendre de vous.
Ce maître qu'il lui faut vous est dû pour époux ;
Et mon zèle s'unit à l'amour paternelle
Pour vous en donner un digne de vous et d'elle.
Jule et le grand Auguste ont choisi dans leur sang,
Ou dans leur alliance à qui laisser ce rang.
Moi, sans considérer aucun nœud domestique,
J'ai fait ce choix comme eux, mais dans la république :
Je l'ai fait de Pison ; c'est le sang de Crassus,
C'est celui de Pompée, il en a les vertus,
Et ces fameux héros dont il suivra la trace   [race,
Joindront de si grands noms aux grands noms de ma
Qu'il n'est point d'hyménée en qui l'égalité
Puisse élever l'empire à plus de dignité.
CAMILLE.
J'ai tâché de répondre à cet amour de père
Par un tendre respect qui chérit et révère,
Seigneur ; et je vois mieux encor par ce grand choix,
Et combien vous m'aimez, et combien je vous dois.
Je sais ce qu'est Pison et quelle est sa noblesse ;
Mais, si j'ose à vos yeux montrer quelque faiblesse,
Quelque digne qu'il soit et de Rome et de moi,
Je tremble à lui promettre et mon cœur et ma foi ;
Et j'avourai, seigneur, que pour mon hyménée
Je crois tenir un peu de Rome où je suis née.
Je ne demande point la pleine liberté,
Puisqu'elle en a mis bas l'intrépide fierté ;
Mais si vous m'imposez la pleine servitude,
J'y trouverai, comme elle, un joug un peu bien rude.

Je suis trop ignorante en matière d'État
Pour savoir quel doit être un si grand potentat ;
Mais Rome dans ses murs n'a-t-elle qu'un seul homme,
N'a-t-elle que Pison qui soit digne de Rome ?
Et dans tous ses États n'en saurait-on voir deux
Que puissent vos bontés hasarder à mes vœux ?
Néron fit aux vertus une cruelle guerre,
S'il en a dépeuplé les trois parts de la terre,
Et si, pour nous donner de dignes empereurs,
Pison seul avec vous échappe à ses fureurs.
Il est d'autres héros dans un si vaste empire ;
Il en est qu'après vous on se plairait d'élire,
Et qui sauraient mêler, sans vous faire rougir,
L'art de gagner les cœurs au grand art de régir.
D'une vertu sauvage on craint un dur empire,
Souvent on s'en dégoûte au moment qu'on l'admire,
Et, puisque ce grand choix me doit faire un époux,
Il serait bon qu'il eût quelque chose de doux ;
Qu'on vît en sa personne également paraître
Les grâces d'un amant, et les hauteurs d'un maître,
Et qu'il fût aussi propre à donner de l'amour
Qu'à faire ici trembler sous lui toute sa cour.
Souvent un peu d'amour dans les cœurs des monarques
Accompagne assez bien leurs plus illustres marques.
Ce n'est pas qu'après tout je pense à résister ;
J'aime à vous obéir, seigneur, sans contester.
Pour prix d'un sacrifice où mon cœur se dispose,
Permettez qu'un époux me doive quelque chose.
Dans cette servitude où se plaît mon désir,
C'est quelque liberté qu'un ou deux à choisir.
Votre Pison peut-être aura de quoi me plaire
Quand il ne sera plus un mari nécessaire ;
Et son amour pour moi sera plus assuré,
S'il voit à quels rivaux je l'aurai préféré.
GALBA.
Ce long raisonnement dans sa délicatesse
A vos tendres respects mêle beaucoup d'adresse.
Si le refus n'est juste, il est doux et civil.
Parlez donc, et sans feinte, Othon vous plairait-il ?
On me l'a proposé, qu'y trouvez-vous à dire ?
CAMILLE.
L'avez-vous cru d'abord indigne de l'empire,
Seigneur ?
GALBA.
Non : mais depuis, consultant ma raison,
J'ai trouvé qu'il fallait lui préférer Pison.
Sa vertu plus solide et toute inébranlable
Nous fera, comme Auguste, un siècle incomparable,
Où l'autre, par Néron dans le vice abîmé,
Ramènera ce luxe où sa main l'a formé,
Et tous les attentats de l'infâme licence
Dont il osa souiller la suprême puissance.
CAMILLE.
Othon près d'un tel maître a su se ménager,

Jusqu'à ce que le temps ait pu l'en dégager.
Qui sait faire sa cour se fait aux mœurs du prince;
Mais il fut tout à soi quand il fut en province;
Et sa haute vertu par d'illustres effets
Y dissipa soudain ces vices contrefaits.
Chaque jour a sous vous grossi sa renommée;
Mais Pison n'eut jamais de charge ni d'armée;
Et comme il a vécu jusqu'ici sans emploi,
On ne sait ce qu'il vaut que sur sa bonne foi.
Je veux croire en faveur des héros de sa race,
Qu'il en a les vertus, qu'il en suivra la trace,
Qu'il en égalera les plus illustres noms;
Mais j'en croirais bien mieux de grandes actions.
Si dans un long exil il a paru sans vice,
La vertu des bannis souvent n'est qu'artifice.
Sans vous avoir servi vous l'avez ramené :
Mais l'autre est le premier qui vous ait couronné;
Dès qu'il vit deux partis, il se rangea du vôtre :
Ainsi l'un vous doit tout, et vous devez à l'autre.

GALBA.

Vous prendrez donc le soin de m'acquitter vers lui;
Et comme pour l'empire il faut un autre appui,
Vous croirez que Pison est plus digne de Rome;
Pour ne plus en douter suffit que je le nomme.

CAMILLE.

Pour Rome et son empire, après vous je le croi;
Mais je doute si l'autre est moins digne de moi.

GALBA.

Doutez-en; un tel doute est bien digne d'une âme
Qui voudrait de Néron revoir le siècle infâme,
Et qui voyant qu'Othon lui ressemble le mieux....

CAMILLE.

Choisissez de vous-même, et je ferme les yeux.
Que vos seules bontés de tout mon sort ordonnent :
Je me donne en aveugle à qui qu'elles me donnent.
Mais quand vous consultez Lacus et Martian,
Un époux de leur main me paraît un tyran;
Et, si j'ose tout dire en cette conjoncture,
Je regarde Pison comme leur créature,
Qui, régnant par leur ordre et leur prêtant sa voix,
Me forcera moi-même à recevoir leurs lois.
Je ne veux point d'un trône où je sois leur captive,
Où leur pouvoir m'enchaîne, et, quoi qu'il en arrive,
J'aime mieux un mari qui sache être empereur,
Qu'un mari qui le soit et souffre un gouverneur.

GALBA.

Ce n'est pas mon dessein de contraindre les âmes.
N'en parlons plus : dans Rome il sera d'autres fem-
A qui Pison en vain n'offrira pas sa foi [1]. [mes
Votre main est à vous, mais l'empire est à moi.

[1] Si on faisait paraître un vieillard de comédie entre sa pièce et un amant qu'elle veut épouser, on ne pourrait guère s'exprimer autrement que dans cette scène :

SCÈNE IV.

GALBA, OTHON, CAMILLE, ALBIN, ALBIANE.

GALBA.

Othon, est-il bien vrai que vous aimiez Camille [1]?

OTHON.

Cette témérité m'est sans doute inutile :
Mais si j'osais, seigneur, dans mon sort adouci...

GALBA.

Non, non; si vous l'aimez, elle vous aime aussi.
Son amour près de moi vous rend de tels offices,
Que je vous en fais don pour prix de vos services.
Ainsi, bien qu'à Lacus j'aie accordé pour vous
Qu'aujourd'hui de Plautine on vous verra l'époux,
L'illustre et digne ardeur d'une flamme si belle
M'en fait révoquer l'ordre, et vous obtient pour elle.

OTHON.

Vous m'en voyez de joie interdit et confus.
Quand je me prononçais moi-même un prompt refus,
Que j'attendais l'effet d'une juste colère,
Je suis assez heureux pour ne vous pas déplaire !
Et loin de condamner des vœux trop élevés...

GALBA.

Vous savez mal encor combien vous lui devez.
Son cœur de telle force à votre hymen aspire,
Que pour mieux être à vous il renonce à l'empire.
Choisissez donc ensemble, à communs sentiments,
Des charges dans ma cour, ou des gouvernements;
Vous n'avez qu'à parler.

OTHON.

Seigneur, si la princesse....

GALBA.

Pison n'en voudra pas dédire ma promesse.
Je l'ai nommé César, pour le faire empereur :
Vous savez ses vertus, je réponds de son cœur.
Adieu. Pour observer la forme accoutumée,

N'en parlons plus.... il sera d'autres femmes
A qui Pison en vain, etc.

Otez les noms, toute cette tragédie n'est qu'une comédie sans intérêt, et aussi froidement écrite que durement. Je le répète, on a voulu un commentaire sur toutes les pièces de Corneille : mais que dire d'un mauvais ouvrage, sinon qu'il est mauvais, en montrant aux étrangers et aux jeunes gens pourquoi il est si mauvais? (V.) — On peut, on doit même dire que ce qui est mauvais est mauvais; mais il est, dans les termes, une bienséance dont il ne faut jamais s'écarter lorsqu'on juge les hommes supérieurs. (P.)

[1] Le vice de cette scène est la suite des défauts précédents. La petite ironie de Galba, Est-il bien vrai que vous aimez Camille? si vous l'aimez, elle vous aime aussi; son cœur aspire à votre hymen d'une telle force; choisissez des charges à communs sentiments; tenez-vous assuré qu'elle aura tout mon bien : y a-t-il dans tout cela un seul mot qui ne soit, même pour le fond, convenable au seul genre comique? (V.)

10.

Je le vais de ma main présenter à l'armée.
Pour Camille, en faveur de cet heureux lien,
Tenez-vous assuré qu'elle aura tout mon bien :
Je la fais dès ce jour mon unique héritière.

SCÈNE V[1].

OTHON, CAMILLE, ALBIN, ALBIANE.

CAMILLE.

Vous pouvez voir par là mon âme tout entière,
Seigneur ; et je voudrais en vain la déguiser
Après ce que pour vous l'amour m'a fait oser.
Ce que Galba pour moi prend le soin de vous dire...

OTHON.

Quoi donc, madame ! Othon vous coûterait l'empire ?
Il sait mieux ce qu'il vaut, et n'est pas d'un tel prix
Qu'il le faille acheter par ce noble mépris.
Il se doit opposer à cet effort d'estime
Où s'abaisse pour lui ce cœur trop magnanime,
Et, par un même effort de magnanimité,
Rendre une âme si haute au trône mérité.
D'un si parfait amour quelles que soient les causes...

CAMILLE.

Je ne sais point, seigneur, faire valoir les choses : [més,
Et, dans ce prompt succès dont nos cœurs sont char-

---

[1] Cette scène sort du ton de la comédie, mais l'impression déjà reçue empêche le spectateur de voir de l'élévation dans un sujet qui, pendant près de trois actes, n'a presque rien eu de noble et de grand. Tous les discours artificieux que tient Othon pour se débarrasser de l'amour de Camille, toutes ses craintes de l'avenir, ne peuvent faire naître d'autre sentiment que celui de l'indifférence. Camille, à la fin de la scène, est jalouse de Plautine, mais elle est froidement jalouse. Othon ne peut guère intéresser personne en parlant de sa première femme Poppée, qui a été maîtresse de Néron. Camille peut-elle intéresser davantage en disant qu'elle ne sait point faire valoir les choses, qu'elle ne sait pas quel amour elle a pu donner ; mais qu'Othon aime à raisonner sur l'empire ; elle l'y trouve assez fort, et même d'une force à montrer qu'il connaît ce que l'empire a d'amorce. Je crois que cet acte était impraticable. Tout manque, quand l'intérêt manque. C'est précisément ce que dit l'auteur de l'Histoire du Théâtre français, à l'article OTHON : La partie la plus nécessaire y manque ; l'intérêt est l'âme d'une pièce, et le spectateur n'en prend ici pour aucun des personnages. (V.) — Plaisante autorité que celle de l'historien du Théâtre français pour juger Corneille, même dans ce qu'il a de plus faible ! En traitant le sujet d'Othon, il est bien évident que ce grand homme n'avait pas eu le projet de faire une tragédie où, selon la loi trop générale qu'en fait Voltaire, il y eût des combats du cœur et des infortunes intéressantes. Il avait voulu peindre des mœurs et des caractères fidèlement tracés ; et, dans cette partie, il est toujours un grand peintre. Il ne circonscrivait pas la tragédie dans un seul genre ; et Voltaire lui-même, qui n'avait fait, à ce qu'il avoue, sa tragédie du Triumvirat que pour y appliquer des notes historiques, ne s'éloignait pas de cette façon de penser, et devait la pardonner à Corneille. Othon n'est susceptible que d'un seul intérêt, l'intérêt de curiosité, et nous avons éprouvé en relisant la pièce, et en y admirant encore plusieurs détails, ce genre d'intérêt. (P.)

Vous me devez bien moins que vous ne présumez.
Il semble que pour vous je renonce à l'empire,
Et qu'un amour aveugle ait su me le prescrire.
Je vous aime, il est vrai ; mais si l'empire est doux,
Je crois m'en assurer quand je me donne à vous.
Tant que vivra Galba, le respect de son âge,
Du moins apparemment, soutiendra son suffrage ;
Pison croira régner : mais peut-être qu'un jour
Rome se permettra de choisir à son tour.
A faire un empereur alors quoi qui l'excite,
Qu'elle en veuille la race, ou cherche le mérite,
Notre union aura des voix de tous côtés,
Puisque j'en ai le sang, et vous les qualités.
Sous un nom si fameux qui vous rend préférable,
L'héritier de Galba sera considérable ;
On aimera ce titre en un si digne époux ;
Et l'empire est à moi si l'on me voit à vous.

CAMILLE.

Ah, madame ! quittez cette vaine espérance
De nous voir quelque jour remettre en la balance :
S'il faut que de Pison on accepte la loi,
Rome, tant qu'il vivra, n'aura plus d'yeux pour moi.
Elle a beau murmurer contre un indigne maître ;
Elle en souffre, pour lâche ou méchant qu'il puisse
Tibère était cruel, Caligule brutal, [être.
Claude faible, Néron en forfaits sans égal.
Il se perdit lui-même à force de grands crimes ;
Mais le reste a passé pour princes légitimes.
Claude même, ce Claude et sans cœur et sans yeux
A peine les ouvrit qu'il devint furieux,
Et Narcisse et Pallas l'ayant mis en furie,
Firent sous son aveu régner la barbarie.
Il régna toutefois, bien qu'il se fît haïr,
Jusqu'à ce que Néron se fâchât d'obéir ;
Et ce monstre ennemi de la vertu romaine
N'a succombé que tard sous la commune haine.
Par ce qu'ils ont osé, jugez sur vos refus
Ce qu'osera Pison gouverné par Lacus.
Il aura peine à voir, lui qui pour vous soupire,
Que votre hymen chez moi laisse un droit à l'empire.
Chacun sur ce penchant voudra faire sa cour ;
Et le pouvoir suprême enhardit bien l'amour.
Si Néron qui m'aimait osa m'ôter Poppée,
Jugez, pour ressaisir votre main usurpée,
Quel scrupule on aura du plus noir attentat
Contre un rival ensemble et d'amour et d'État.
Il n'est point ni d'exil, ni de Lusitanie,
Qui dérobe à Pison le reste de ma vie ;
Et je sais trop la cour pour douter un moment,
Ou des soins de sa haine, ou de l'événement.

CAMILLE.

Et c'est là ce grand cœur qu'on croyait intrépide !
Le péril, comme un autre, à mes yeux l'intimide !
Et pour monter au trône, et pour me posséder,

Son espoir le plus beau n'ose rien hasarder !
Il redoute Pison ! Dites-moi donc, de grâce,
Si d'aimer en lieu même on vous a vu l'audace,
Si pour vous et pour lui le trône eut même appas,
Êtes-vous moins rivaux pour ne m'épouser pas ?
A quel droit voulez-vous que cette haine cesse
Pour qui lui disputa ce trône et sa maîtresse,
Et qu'il veuille oublier, se voyant souverain,
Que vous pouvez dans l'âme en garder le dessein ?
Ne vous y trompez plus : il a vu dans cette âme
Et votre ambition et toute votre flamme,
Et peut tout contre vous, à moins que contre lui
Mon hymen chez Galba vous assure un appui.

OTHON.

Eh bien, il me perdra pour vous avoir aimée ;
Sa haine sera douce à mon âme enflammée ;
Et tout mon sang n'a rien que je veuille épargner,
Si ce n'est que par là que vous pouvez régner.
Permettez cependant à cet amour sincère
De vous redire encor ce qu'il n'ose vous taire.
En l'état qu'est Pison, il vous faut aujourd'hui
Renoncer à l'empire, ou le prendre avec lui.
Avant qu'en décider, pensez-y bien, madame ;
C'est votre intérêt seul qui fait parler ma flamme.
Il est mille douceurs dans un grade si haut
Où peut-être avez-vous moins pensé qu'il ne faut.
Peut-être en un moment serez-vous détrompée ;
Et si j'osais encor vous parler de Poppée,
Je dirais que sans doute elle m'aimait un peu,
Et qu'un trône alluma bientôt un autre feu.
Le ciel vous a fait l'âme et plus grande et plus belle ;
Mais vous êtes princesse, et femme enfin comme elle.
L'horreur de voir une autre au rang qui vous est dû,
Et le juste chagrin d'avoir trop descendu,
Presseront en secret cette âme de se rendre
Même au plus faible espoir de le pouvoir reprendre.
Les yeux ne veulent pas en tout temps se fermer ;
Mais l'empire en tout temps a de quoi les charmer.
L'amour passe, ou languit ; et, pour fort qu'il puisse être,
De la soif de régner il n'est pas toujours maître.

CAMILLE.

Je ne sais quel amour je vous ai pu donner,
Seigneur ; mais sur l'empire il aime à raisonner :
Je l'y trouve assez fort, et même d'une force
A montrer qu'il connaît tout ce qu'il a d'amorce,
Et qu'à ce qu'il me dit touchant un si grand choix,
Il a daigné penser un peu plus d'une fois.
Je veux croire avec vous qu'il est ferme et sincère,
Qu'il me dit seulement ce qu'il n'ose me taire ;
Mais, à parler sans feinte....

OTHON.

Ah, madame ! croyez....

CAMILLE.

Oui, j'en croirai Pison à qui vous m'envoyez ;
Et vous, pour vous donner quelque peu plus de joie,
Vous en croirez Plautine à qui je vous renvoie.
Je n'en suis point jalouse, et le dis sans courroux :
Vous n'aimez que l'empire, et je n'aimais que vous.
N'en appréhendez rien, je suis femme, et princesse,
Sans en avoir pourtant l'orgueil ni la faiblesse ;
Et votre aveuglement me fait trop de pitié
Pour l'accabler encor de mon inimitié.

(*Camille et Albiane sortent.*)

OTHON.

Que je vois d'appareils, Albin, pour ma ruine !

ALBIN.

Seigneur, tout est perdu, si vous voyez Plautine.

OTHON.

Allons-y toutefois : le trouble où je me vois
Ne peut souffrir d'avis que d'un cœur tout à moi.

ACTE QUATRIÈME.

SCÈNE PREMIÈRE[1].

OTHON, PLAUTINE.

PLAUTINE.

Que voulez-vous, seigneur, qu'enfin je vous conseille ?
Je sens un trouble égal d'une douleur pareille ;
Et mon cœur tout à vous n'est pas assez à soi
Pour trouver un remède aux maux que je prévoi.
Je ne sais que pleurer, je ne sais que me plaindre.
Le seul choix de Pison nous donne tout à craindre.
Mon père vous a dit qu'il ne laisse à tous trois
Que l'espoir de mourir ensemble à notre choix ;
Et nous craignons de plus une amante irritée
D'une offre en moins d'un jour reçue et rétractée,
D'un hommage où la suite a si peu répondu,
Et d'un trône qu'en vain pour vous elle a perdu.
Pour vous avec ce trône elle était adorable,
Pour vous elle y renonce, et n'a plus rien d'aimable.
Où ne portera point un si juste courroux
La honte de se voir sans l'empire et sans vous ?
Honte d'autant plus grande, et d'autant plus sensible,
Qu'elle s'y promettait un retour infaillible,
Et que sa main par vous croyait tôt regagner
Ce que son cœur pour vous paraissait dédaigner !

---

[1] Cette scène pourrait faire quelque effet, si Othon était véritablement en danger ; mais cette crainte prématurée que Pison ne le fasse mourir un jour n'a rien de réel, comme on l'a déjà remarqué. Tout l'édifice de la pièce tombe par cette seule raison ; et je crois que c'est une loi qui ne souffre aucune exception, que jamais un danger éloigné ne doit faire le nœud d'une tragédie. (V.)

OTHON, ACTE IV, SCÈNE II.

OTHON.

Je n'ai donc qu'à mourir. Je l'ai voulu, madame,
Quand je l'ai pu sans crime, en faveur de ma flamme ;
Et je le dois vouloir, quand votre arrêt cruel
Pour mourir justement m'a rendu criminel.
Vous m'avez commandé de m'offrir à Camille ;
Grâces à nos malheurs ce crime est inutile.
Je mourrai tout à vous ; et si pour obéir
J'ai paru mal aimer, j'ai semblé vous trahir,
Ma main, par ce même ordre à vos yeux enhardie,
Lavera dans mon sang ma fausse perfidie.
N'enviez pas, madame, à mon sort inhumain
La gloire de finir du moins en vrai Romain,
Après qu'il vous a plu de me rendre incapable
Des douceurs de mourir en amant véritable.

PLAUTINE.

Bien loin d'en condamner la noble passion,
J'y veux borner ma joie et mon ambition.
Pour de moindres malheurs on renonce à la vie.
Soyez sûr de ma part de l'exemple d'Arrie ;
J'ai la main aussi ferme et le cœur aussi grand,
Et quand il le faudra, je sais comme on s'y prend.
Si vous daigniez, seigneur, jusque-là vous contraindre,
Peut-être espérerais-je en voyant tout à craindre.
Camille est irritée et se peut apaiser.

OTHON.

Me condamneriez-vous, madame, à l'épouser ?

PLAUTINE.

Que n'y puis-je moi-même opposer ma défense !
Mais si vos jours enfin n'ont point d'autre assurance,
S'il n'est point d'autre asile....

OTHON.

Ah ! courons à la mort ;
Ou, si pour l'éviter il nous faut faire effort,
Subissons de Lacus toute la tyrannie,
Avant que me soumettre à cette ignominie.
J'en saurai préférer les plus barbares coups
A l'affront de me voir sans l'empire et sans vous,
Aux hontes d'un hymen qui me rendrait infâme,
Puisqu'on fait pour Camille un crime de sa flamme,
Et qu'on lui vole un trône en haine d'une foi
Qu'a voulu son amour ne promettre qu'à moi.
Non que pour moi sans vous ce trône eût aucuns charmes ;
Pour vous je le cherchais, mais non pas sans alarmes :
Et si tantôt Galba ne m'eût point dédaigné,
J'aurais porté le sceptre, et vous auriez régné ;
Vos seules volontés, mes dignes souveraines,
D'un empire si vaste auraient tenu les rênes.
Vos lois....

PLAUTINE.

C'est donc à moi de vous faire empereur.
Je l'ai pu : les moyens d'abord m'ont fait horreur ;
Mais je saurai la vaincre, et, me donnant moi-même,
Vous assurer ensemble et vie et diadème,

Et réparer par là le crime d'un orgueil
Qui vous dérobe un trône, et vous ouvre un cercueil.
De Martian pour vous j'aurais eu le suffrage,
Si j'avais pu souffrir son insolent hommage.
Son amour...

OTHON.

Martian se connaîtrait si peu
Que d'oser...

PLAUTINE.

Il n'a pas encore éteint son feu ;
Et du choix de Pison quelles que soient les causes,
Je n'ai qu'à dire un mot pour brouiller bien des choses.

OTHON.

Vous vous ravaleriez jusques à l'écouter ?

PLAUTINE.

Pour vous j'irai, seigneur, jusques à l'accepter.

OTHON.

Consultez votre gloire, elle saura vous dire...

PLAUTINE.

Qu'il est de mon devoir de vous rendre l'empire.

OTHON.

Qu'un front encor marqué des fers qu'il a portés...

PLAUTINE.

A droit de me charmer, s'il fait vos sûretés.

OTHON.

En concevez-vous bien toute l'ignominie ?

PLAUTINE.

Je n'en puis voir, seigneur, à vous sauver la vie.

OTHON.

L'épouser à ma vue ! et pour comble d'ennui...

PLAUTINE.

Donnez-vous à Camille, ou je me donne à lui.

OTHON.

Périssons, périssons, madame, l'un pour l'autre,
Avec toute ma gloire, avec toute la vôtre.
Pour nous faire un trépas dont les dieux soient jaloux,
Rendez-vous toute à moi, comme moi tout à vous ;
Ou si, pour conserver en vous tout ce que j'aime,
Mon malheur vous obstine à vous donner vous-même,
Du moins de votre gloire ayez un soin égal,
Et ne me préférez qu'un illustre rival.
J'en mourrai de douleur ; mais je mourrais de rage,
Si vous me préfériez un reste d'esclavage.

SCÈNE II[1].

VINIUS, OTHON, PLAUTINE.

OTHON.

Ah ! seigneur, empêchez que Plautine...

[1] Le consul Vinius vient ici apprendre à Othon une grande nouvelle. Une partie de l'armée désire Othon pour empereur : mais cela même rend Othon et Vinius des personnages froids et inutiles ; ni l'un ni l'autre n'ont eu la moindre part au grand

VINIUS
Seigneur,
Vous empêcherez tout si vous avez du cœur.
Malgré de nos destins la rigueur importune,
Le ciel met en vos mains toute notre fortune.
PLAUTINE
Seigneur, que dites-vous?
VINIUS.
Ce que je viens de voir,
Que pour être empereur il n'a qu'à le vouloir.
OTHON.
Ah! seigneur, plus d'empire, à moins qu'avec Plau-
VINIUS. [tine.
Saisissez-vous d'un trône où le ciel vous destine;
Et pour choisir vous-même avec qui le remplir,
A vos heureux destins aidez à s'accomplir.
L'armée a vu Pison, mais avec un murmure
Qui semblait mal goûter ce qu'on vous fait d'injure.
Galba ne l'a produit qu'avec sévérité,
Sans faire aucun espoir de libéralité.
Il pouvait, sous l'appât d'une feinte promesse,
Jeter dans les soldats un moment d'alégresse;
Mais il a mieux aimé hautement protester
Qu'il savait les choisir, et non les acheter.
Ces hautes duretés, à contre-temps poussées,
Ont rappelé l'horreur des cruautés passées,
Lorsque d'Espagne à Rome il sema son chemin
De Romains immolés à son nouveau destin,
Et qu'ayant de leur sang souillé chaque contrée,
Par un nouveau carnage il y fit son entrée.
Aussi, durant le temps qu'a harangué Pison,
Ils ont de rang en rang fait courir votre nom.
Quatre des plus zélés sont venus me le dire,
Et m'ont promis pour vous les troupes et l'empire.
Courez donc à la place, où vous les trouverez;
Suivez-les dans leur camp, et vous en assurez :
Un temps bien pris peut tout.
OTHON.
Si cet astre contraire
Qui m'a...
VINIUS.
Sans discourir, faites ce qu'il faut faire;
Un moment de séjour peut tout déconcerter,
Et le moindre soupçon vous va faire arrêter.
OTHON.
Avant que de partir souffrez que je proteste...
VINIUS.
Partez; en empereur vous nous direz le reste.

changement qui se va faire dans l'empire romain. Ce sont quatre soldats qui sont venus avertir Vinius des sentiments de l'armée; les personnages principaux n'ont rien fait du tout. C'est un défaut capital qu'il faut éviter, dans quelque sujet que ce puisse être. (V.)

SCÈNE III[1].

VINIUS, PLAUTINE.

VINIUS
Ce n'est pas tout, ma fille, un bonheur plus certain,
Quoi qu'il puisse arriver, met l'empire en ta main.
PLAUTINE.
Flatteriez-vous Othon d'une vaine chimère?
VINIUS.
Non; tout ce que j'ai dit n'est qu'un rapport sincère.
Je crois te voir régner avec ce cher Othon :
Mais n'espère pas moins du côté de Pison;
Galba te donne à lui. Piqué contre Camille,
Dont l'amour a rendu son projet inutile,
Il veut que cet hymen, punissant ses refus,
Réunisse avec moi Martian et Lacus,
Et trompe heureusement les présages sinistres
De la division qu'il voit en ses ministres.
Ainsi des deux côtés on combattra pour toi.
Le plus heureux des chefs t'apportera sa foi.
Sans part à ses périls tu l'auras à sa gloire,
Et verras à tes pieds l'une ou l'autre victoire.
PLAUTINE.
Quoi! mon cœur, par vous-même à ce héros donné,
Pourrait ne l'aimer plus s'il n'est point couronné;
Et s'il faut qu'à Pison son mauvais sort nous livre,
Pour ce même Pison je pourrais vouloir vivre?
VINIUS.
Si nos communs souhaits ont un contraire effet,
Tu te peux faire encor l'effort que tu t'es fait;
Et qui vient de donner Othon au diadème,
Pour régner à son tour, peut se donner soi-même.
PLAUTINE.
Si pour le couronner j'ai fait un noble effort,
Dois-je en faire un honteux pour jouir de sa mort?
Je me privais de lui sans me vendre à personne,
Et vous voulez, seigneur, que son trépas me donne,
Que mon cœur, entraîné par la splendeur du rang,
Vole après une main fumante de son sang,
Et que de ses malheurs triomphante et ravie
Je sois l'infâme prix d'avoir tranché sa vie!
Non, seigneur : nous aurons même sort aujourd'hui;
Vous me verrez régner ou périr avec lui;
Ce n'est qu'à l'un des deux que tout ce cœur aspire.
VINIUS.
Que tu vois mal encor ce que c'est que l'empire!
Si deux jours seulement tu pouvais l'essayer,
Tu ne croirais jamais le pouvoir trop payer;
Et tu verrais périr mille amants avec joie,

[1] Vinius joue ici le rôle d'un intrigant, et rien de plus; il ne se soucie point d'Othon; il lui importe peu qui sa fille épousera : ses sentiments sont bas, lorsque même il parle de l'empire, et il se fait mépriser par sa propre fille inutilement. (V.)

S'il fallait tout leur sang pour t'y faire une voie.
Aime Othon, si tu peux t'en faire un sûr appui;
Mais, s'il en est besoin, aime-toi plus que lui;
Et sans t'inquiéter où fondra la tempête,
Laisse aux dieux à leur choix écraser une tête.
Prends le sceptre aux dépens de qui succombera;
Et règne sans scrupule avec qui régnera.
PLAUTINE.
Que votre politique a d'étranges maximes!
Mon amour, s'il l'osait, y trouverait des crimes.
Je sais aimer, seigneur, je sais garder ma foi,
Je sais pour un amant faire ce que je doi,
Je sais à son bonheur m'offrir en sacrifice,
Et je saurai mourir si je vois qu'il périsse:
Mais je ne sais point l'art de forcer ma douleur
A pouvoir recueillir les fruits de son malheur.
VINIUS.
Tiens pourtant l'âme prête à le mettre en usage;
Change de sentiments, ou du moins de langage;
Et, pour mettre d'accord ta fortune et ton cœur,
Souhaite pour l'amant, et te garde au vainqueur.
Adieu : je vois entrer la princesse Camille.
Quelque trouble où tu sois, montre une âme tranquille,
Profite de sa faute, et tiens l'œil mieux ouvert
Au vif et doux éclat du trône qu'elle perd.

SCÈNE IV[1].

CAMILLE, PLAUTINE, ALBIANE.

CAMILLE.
Agréerez-vous, madame, un fidèle service
Dont je viens faire hommage à mon impératrice?
PLAUTINE.
Je crois n'avoir pas droit de vous en empêcher;
Mais ce n'est pas ici qu'il vous la faut chercher.
CAMILLE.
Lorsque Galba vous donne à Pison pour épouse...
PLAUTINE.
Il n'est pas encor temps de vous en voir jalouse.
CAMILLE.
Si j'aimais toutefois ou l'empire ou Pison,
Je pourrais déjà l'être avec quelque raison.

[1] Ces petites picoteries de deux femmes, ces ironies, ces bravades continuelles, qui ne produisent rien du tout, seraient mauvaises quand même elles produiraient quelque chose. Ces petites scènes de remplissage sont fréquentes dans les dernières pièces de Corneille. Jamais Racine n'est tombé dans ce défaut; et quand il fait parler Hermione à Andromaque, Iphigénie à Ériphyle, Roxane à Atalide, il n'emploie point ces froides ironies, ces petits reproches comiques, ce ton bourgeois, ces expressions de la conversation la plus familière; il fait parler ces femmes avec noblesse et avec sentiment; il touche le cœur, il arrache même quelquefois des larmes : mais que Corneille est loin d'en faire répandre! (V.)

PLAUTINE.
Et si j'aimais, madame, ou Pison ou l'empire,
J'aurais quelque raison de ne m'en pas dédire.
Mais votre exemple apprend aux cœurs comme le mien
Qu'un généreux mépris quelquefois leur sied bien.
CAMILLE.
Quoi! l'empire et Pison n'ont rien pour vous d'aimable?
PLAUTINE.
Ce que vous dédaignez je le tiens méprisable;
Ce qui plaît à vos yeux aux miens semble aussi doux:
Tant je trouve de gloire à me régler sur vous!
CAMILLE.
Donc si j'aimais Othon...
PLAUTINE.
Je l'aimerais de même,
Si ma main avec moi donnait le diadème.
CAMILLE.
Ne peut-on sans le trône être digne de lui?
PLAUTINE.
Je m'en rapporte à vous qu'il aime d'aujourd'hui.
CAMILLE.
Vous pouvez mieux qu'une autre en dire des nouvelles,
Et comme vos ardeurs ont été mutuelles,
Votre exemple ne laisse à personne à douter
Qu'à moins de la couronne on peut le mériter.
PLAUTINE.
Mon exemple ne laisse à douter à personne
Qu'il pourra vous quitter à moins de la couronne.
CAMILLE.
Il a trouvé sans elle à vos yeux tant d'appas...
PLAUTINE.
Toutes les passions ne se ressemblent pas.
CAMILLE.
En effet, vous avez un mérite si rare...
PLAUTINE.
Mérite à part, l'amour est quelquefois bizarre;
Selon l'objet divers le goût est différent :
Aux unes on se donne, aux autres on se vend.
CAMILLE.
Qui connaissait Othon pouvait à la pareille
M'en donner en amie un avis à l'oreille.
PLAUTINE.
Et qui l'estime assez pour l'élever si haut
Peut, quand il lui plaira, m'apprendre ce qu'il vaut;
Afin que si mes feux ont ordre de renaître...
CAMILLE.
J'en ai fait quelque estime avant que le connaître,
Et vous l'ai renvoyé dès que je l'ai connu.
PLAUTINE.
Qui vient de votre part est toujours bien venu.
J'accepte le présent, et crois pouvoir sans honte,
L'ayant de votre main, en tenir quelque compte.
CAMILLE.
Pour vous rendre son âme il vous est venu voir?

PLAUTINE.
Pour négliger votre ordre il sait trop son devoir.
CAMILLE.
Il vous a tôt quittée, et son ingratitude...
PLAUTINE.
Vous met-elle, madame, en quelque inquiétude?
CAMILLE.
Non; mais j'aime à savoir comment on m'obéit.
PLAUTINE.
La curiosité quelquefois nous trahit;
Et par un demi-mot que du cœur elle tire,
Souvent elle dit plus qu'elle ne pense dire.
CAMILLE.
La mienne ne dit pas tout ce que vous pensez.
PLAUTINE.
Surtout ce que je pense elle s'explique assez.
CAMILLE.
Souvent trop d'intérêt que l'amour force à prendre
Entend plus qu'on ne dit et qu'on ne doit entendre.
Si vous saviez quel est mon plus ardent désir...
PLAUTINE.
D'Othon et de Pison je vous donne à choisir.
Mon peu d'ambition vous rend l'un avec joie :
Et pour l'autre, s'il faut que je vous le renvoie,
Mon amour, je l'avoue, en pourra murmurer;
Mais vous savez qu'au vôtre il aime à déférer.
CAMILLE.
Je pourrai me passer de cette déférence.
PLAUTINE.
Sans doute; et toutefois, si j'en crois l'apparence...
CAMILLE.
Brisons là; ce discours deviendrait ennuyeux.
PLAUTINE.
Martian que je vois vous entretiendra mieux.
Agréez ma retraite, et souffrez que j'évite
Un esclave insolent de qui l'amour m'irrite.

SCÈNE V[1].

CAMILLE, MARTIAN, ALBIANE.

CAMILLE.
A ce qu'elle me dit, Martian, vous l'aimez?
MARTIAN.
Malgré ses fiers mépris mes yeux en sont charmés.
Cependant pour l'empire, il est à vous encore :
Galba s'est laissé vaincre, et Pison vous adore.
CAMILLE.
De votre haut crédit c'est donc un pur effet?

MARTIAN.
Ne désavouez point ce que mon zèle a fait.
Mes soins de l'empereur ont fléchi la colère,
Et renvoyé Plautine obéir chez son père.
Notre nouveau César la voulait épouser;
Mais j'ai su le résoudre à s'en désabuser;
Et Galba, que le sang presse pour sa famille,
Permet à Vinius de mettre ailleurs sa fille.
L'un vous rend la couronne, et l'autre tout son cœur.
Voyez mieux quelle en est la gloire et la douceur,
Quelle félicité vous vous êtes ôtée
Par une aversion un peu précipitée;
Et pour vos intérêts daignez considérer...
CAMILLE.
Je vois quelle est ma faute, et puis la réparer;
Mais je veux, car jamais on ne m'a vue ingrate,
Que ma reconnaissance auparavant éclate,
Et n'accorderai rien qu'on ne vous fasse heureux.
Vous aimez, dites-vous, cet objet rigoureux;
Et Pison dans sa main ne verra point la mienne
Qu'il n'ait réduit Plautine à vous donner la sienne,
Si pourtant le mépris qu'elle fait de vos feux
Ne vous a pu contraindre à former d'autres vœux.
MARTIAN.
Ah! madame, l'hymen a de si douces chaînes,
Qu'il lui faut peu de temps pour calmer bien des hai-
Et du moins mon bonheur saurait avec éclat   [nes;
Vous venger de Plautine et punir un ingrat.
CAMILLE.
Je l'avais préféré, cet ingrat, à l'empire;
Je l'ai dit, et trop haut pour m'en pouvoir dédire;
Et l'amour, qui m'apprend le faible des amants,
Unit vos plus doux vœux à mes ressentiments,
Pour me faire ébaucher ma vengeance en Plautine,
Et l'achever bientôt par sa propre ruine.
MARTIAN.
Ah! si vous la voulez, je sais des bras tout prêts;
Et j'ai tant de chaleur pour tous vos intérêts...
CAMILLE.
Ah! que c'est me donner une sensible joie!
Ces bras que vous m'offrez, faites que je les voie,
Que je leur donne l'ordre et prescrive le temps. [tents,
Je veux qu'aux yeux d'Othon vos désirs soient con-
Que lui-même il ait vu l'hymen de sa maîtresse
Livrer entre vos bras l'objet de sa tendresse,
Qu'il ait ce désespoir avant que de mourir :
Après, à son trépas vous me verrez courir.
Jusques-là gardez-vous de rien faire entreprendre.
Du pouvoir qu'on me rend vous devez tout attendre.
Allez vous préparer à ces heureux moments;
Mais n'exécutez rien sans mes commandements.

[1] Que dire de cette scène, sinon qu'elle est aussi froide que les autres? Camille croit tromper Martian, et Martian croit tromper Camille, sans qu'il y ait encore le moindre danger pour personne, sans qu'il y ait eu aucun événement, sans qu'il y ait eu un seul moment d'intérêt. (V.)

SCÈNE VI.

CAMILLE, ALBIANE.

ALBIANE.
Vous voulez perdre Othon! vous le pouvez, madame.
CAMILLE.
Que tu pénètres mal dans le fond de mon âme!
De son lâche rival voyant le noir projet,
J'ai su par cette adresse en arrêter l'effet,
M'en rendre la maîtresse; et je serai ravie
S'il peut savoir les soins que je prends de sa vie.
Va me chercher ton frère, et fais que de ma part
Il apprenne par lui ce qu'il court de hasard,
A quoi va l'exposer son aveugle conduite,
Et qu'il n'est plus pour lui de salut qu'en la fuite.
C'est tout ce qu'à l'amour peut souffrir mon courroux.
ALBIANE.
Du courroux à l'amour le retour serait doux.

SCÈNE VII.

CAMILLE, RUTILE, ALBIANE.

RUTILE.
Ah! madame, apprenez quel malheur nous menace.
Quinze ou vingt révoltés au milieu de la place
Viennent de proclamer Othon pour empereur.
CAMILLE.
Et de leur insolence Othon n'a point d'horreur,
Lui qui sait qu'aussitôt ces tumultes avortent?
RUTILE.
Ils le mènent au camp, ou plutôt ils l'y portent :
Et ce qu'on voit de peuple autour d'eux s'amasser
Frémit de leur audace, et les laisse passer.
CAMILLE.
L'empereur le sait-il?
RUTILE.
Oui, madame; il vous mande :
Et pour un prompt remède à ce qu'on appréhende,
Pison de ces mutins va courir sur les pas
Avec ce qu'on pourra lui trouver de soldats.
CAMILLE.
Puisqu'Othon veut périr, consentons qu'il périsse;
Allons presser Galba pour son juste supplice.
Du courroux à l'amour si le retour est doux,
On repasse aisément de l'amour au courroux[1].

[1] Aucun personnage n'agit dans la pièce. Un subalterne apprend à Camille que quinze ou vingt soldats ont proclamé Othon; et Camille, qui aimait cet Othon, consent tout d'un coup qu'on lui fasse couper la tête, et prononce une maxime de comédie sur le retour de l'amour au courroux, et du courroux à l'amour. (V.)

ACTE CINQUIÈME[1].

SCÈNE PREMIÈRE.

GALBA, CAMILLE, RUTILE, ALBIANE.

GALBA.
Je vous le dis encor, redoutez ma vengeance,
Pour peu que vous soyez de son intelligence.
On ne pardonne point en matière d'État;
Plus on chérit la main, plus on hait l'attentat;
Et lorsque la fureur va jusqu'au sacrilége,
Le sexe ni le sang n'ont point de privilége.
CAMILLE.
Cet indigne soupçon serait bientôt détruit,
Si vous voyiez du crime où doit aller le fruit.
Othon, qui pour Plautine au fond du cœur soupire,
Othon, qui me dédaigne à moins que de l'empire,
S'il en fait sa conquête, et vous peut détrôner,
Laquelle de nous deux voudra-t-il couronner?
Pourrais-je de Pison conspirer la ruine
Qui m'arrachant du trône y porterait Plautine?
Croyez mes intérêts, si vous doutez de moi;
Et sur de tels garants, assuré de ma foi,
Tournez sur Vinius toute la défiance
Dont veut ternir ma gloire une injuste croyance.
GALBA.
Vinius par son zèle est trop justifié.
Voyez ce qu'en un jour il m'a sacrifié :
Il m'offre Othon pour vous qu'il souhaitait pour gendre;
Je le rends à sa fille, il aime à le reprendre;
Je la veux pour Pison, mon vouloir est suivi;
Je vous mets en sa place, et l'en trouve ravi;
Son ami se révolte, il presse ma colère;
Il donne à Martian Plautine à ma prière :
Et je soupçonnerais un crime dans les vœux
D'un homme qui s'attache à tout ce que je veux?
CAMILLE.
Qui veut également tout ce qu'on lui propose,
Dans le secret du cœur souvent veut autre chose,
Et maître de son âme, il n'a point d'autre foi
Que celle qu'en soi-même il ne donne qu'à soi.
GALBA.
Cet hymen toutefois est l'épreuve dernière
D'une foi toujours pure, inviolable, entière.
CAMILLE.
Vous verrez à l'effet comment elle agira,

[1] Le cinquième acte est absolument dans le goût des quatre premiers, et fort au-dessous d'eux; aucun personnage n'agit, et tous discutent. Le vieux Galba, ayant menacé sa nièce, discute avec elle ses raisons, et se trompe comme un vieillard de comédie qu'on prend pour dupe; et le style n'est ni plus net, ni plus pur, ni plus noble que dans ce qu'on a déjà lu. (V.)

Seigneur, et comme enfin Plautine obéira.
Sûr de sa résistance, et se flattant, peut-être
De voir bientôt ici son cher Othon le maître
Dans l'état où pour vous il a mis l'avenir,
Il promet aisément plus qu'il ne veut tenir.

GALBA.

Le devoir désunit l'amitié la plus forte,
Mais l'amour aisément sur ce devoir l'emporte;
Et son feu, qui jamais ne s'éteint qu'à demi,
Intéresse un amant autrement qu'un ami.
J'aperçois Vinius. Qu'on m'amène sa fille :
J'en punirai le crime en toute la famille,
Si jamais je puis voir par où n'en point douter;
Mais aussi jusque-là j'aurais tort d'éclater.

SCÈNE II.

GALBA, CAMILLE, VINIUS, LACUS, ALBIANE.

GALBA.

Je vois d'ailleurs Lacus. Eh bien, quelles nouvelles?
Qu'apprenez-vous tous deux du camp de nos rebelles?

VINIUS.

Que ceux de la marine et les Illyriens
Se sont avec chaleur joints aux prétoriens [1],
Et que des bords du Nil les troupes rappelées
Seules par leurs fureurs ne sont point ébranlées.

LACUS.

Tous ces mutins ne sont que de simples soldats;
Aucun des chefs ne trempe en leurs vains attentats :
Ainsi ne craignez rien d'une masse d'armée
Où déjà la discorde est peut-être allumée.
Sitôt qu'on y saura que le peuple à grands cris
Veut que de ces complots les auteurs soient proscrits,
Que du perfide Othon il demande la tête,
La consternation calmera la tempête;
Et vous n'avez, seigneur, qu'à vous y faire voir
Pour rendre d'un coup d'œil chacun à son devoir.

GALBA.

Irons-nous, Vinius, hâter par ma présence
L'effet d'une si douce et si juste espérance?

VINIUS.

Ne hasardez, seigneur, que dans l'extrémité,
Le redoutable effet de votre autorité.
Alors qu'il réussit, tout fait jour, tout lui cède;
Mais aussi quand il manque, il n'est plus de remède.
Il faut, pour déployer le souverain pouvoir,
Sûreté toute entière, ou profond désespoir;
Et nous ne sommes pas, seigneur, à ne rien feindre,
En état d'oser tout, non plus que de tout craindre.
Si l'on court au grand crime avec avidité,
Laissez-en ralentir l'impétuosité :
D'elle-même elle avorte, et la peur des supplices
Arme contre le chef ses plus zélés complices.
Un salutaire avis agit avec lenteur.

LACUS.

Un véritable prince agit avec hauteur :
Et je ne conçois point cet avis salutaire,
Quand on couronne Othon, de le regarder faire.
Si l'on court au grand crime avec avidité,
Il en faut réprimer l'impétuosité
Avant que les esprits, qu'un juste effroi balance,
S'y puissent enhardir sur notre nonchalance
Et prennent le dessus de ces conseils prudents,
Dont on cherche l'effet quand il n'en est plus temps.

VINIUS.

Vous détruirez toujours mes conseils par les vôtres;
Le seul ton de ma voix vous en inspire d'autres;
Et tant que vous aurez ce rare et haut crédit,
Je n'aurai qu'à parler pour être contredit.
Pison, dont l'heureux choix est votre digne ouvrage,
Ne serait que Pison s'il eût eu mon suffrage.
Vous n'avez soulevé Martian contre Othon

---

[1] Après tous les mauvais vers précédents que nous n'avons point repris, nous ne dirons rien des soldats de la marine et des Illyriens qui *se sont avec chaleur joints aux prétoriens :* mais nous remarquerons que cette scène pouvait être aussi belle que celle d'Auguste, de Cinna, et de Maxime, et qu'elle n'est qu'une scène froide de comédie. Pourquoi? c'est qu'elle est écrite de ce style familier, bas, obscur, incorrect, auquel Corneille s'était accoutumé; c'est qu'il n'y a ni noblesse dans les sentiments, ni éloquence dans les discours, ni rien qui attache. On a dit quelquefois que Corneille ne cherchait pas à faire de beaux vers; que la grandeur des sentiments l'occupait tout entier : mais il n'y a nulle grandeur dans aucune de ses dernières pièces; et quant aux vers, il faut les faire excellents, ou ne se point mêler d'écrire. *Cinna* ne passe à la postérité qu'à cause de ses beaux vers; ils sont dans la bouche de tous les connaisseurs. Le grand mérite de Corneille est d'avoir fait de très-beaux vers dans ses premières pièces, c'est-à-dire d'avoir exprimé de très-belles pensées en vers corrects et harmonieux. Galba dit, *Eh bien, quelles nouvelles?* Cet empereur, au lieu d'agir comme il le doit, demande ce qui se passe, comme un nouvelliste. Vinius lui donne le conseil de persister à ne rien faire; conseil visiblement ridicule. Il lui dit : *Un salutaire avis agit avec lenteur.* Ce n'est certainement pas dans le moment d'une crise aussi forte, quand on proclame un autre empereur, que la lenteur est salutaire. Galba ne sait à quoi se déterminer, et se contente de faire remarquer à sa nièce qu'il est triste de régner quand les ministres d'État se contrarient. (V.) — N'y a-t-il pas un peu d'injustice à réduire presque toujours tout le mérite de Corneille au seul *Cinna?* Si l'on y prend garde, c'est toujours *Cinna,* et uniquement *Cinna,* que Voltaire oppose aux critiques violentes dont il a surchargé son commentaire. Il est vrai qu'ici il a la complaisance d'associer aux beaux vers de cette tragédie les beaux vers des premières pièces de ce grand poëte. Il veut parler sans doute du *Cid* et des *Horaces* qui précédèrent *Cinna,* et que nous lui croyons supérieurs; mais *Polyeucte, Pompée, Rodogune, Héraclius, Nicomède, Sertorius, Sophonisbe, Othon* même, n'offrent-ils pas de très-belles pensées et de très-beaux vers? Pourquoi donc cette affectation maligne de circonscrire dans des bornes étroites le génie de Corneille? (P.)

Que parce que ma bouche a proféré son nom;
Et verriez comme un autre une preuve assez claire
De combien votre avis est le plus salutaire,
Si vous n'aviez fait vœu d'être jusqu'au trépas.
L'ennemi des conseils que vous ne donnez pas.
LACUS.
Et vous, l'ami d'Othon, c'est tout dire; et peut-être
Qui le voulait pour gendre et l'a choisi pour maître
Ne fait encor des vœux qu'en faveur de ce choix,
Pour l'avoir et pour maître et pour gendre à la fois.
VINIUS.
J'étais l'ami d'Othon, et je tenais à gloire
Jusqu'à l'indignité d'une action si noire,
Que d'autres nommeront l'effet du désespoir
Où l'a, malgré mes soins, plongé votre pouvoir.
Je l'ai voulu pour gendre, et choisi pour l'empire;
A l'un ni l'autre choix vous n'avez pu souscrire.
Par là de tout l'État le bonheur s'agrandit;
Et vous voyez aussi comme il vous applaudit.
GALBA.
Qu'un prince est malheureux quand de ceux qu'il
Le zèle cherche à prendre une diverse route, [écoute
Et que l'attachement qu'ils ont au propre sens
Pousse jusqu'à l'aigreur des conseils différents!
Ne me trompé-je point? et puis-je nommer zèle
Cette haine à tous deux obstinément fidèle,
Qui peut-être, en dépit des maux qu'elle prévoit,
Seule en mes intérêts se consulte et se croit?
Faites mieux; et croyez, en ce péril extrême,
Vous, que Lacus me sert, vous, que Vinius m'aime:
Ne haïssez qu'Othon, et songez qu'aujourd'hui
Vous n'avez à parler tous deux que contre lui.
VINIUS
J'ose donc vous redire, en serviteur sincère,
Qu'il fait mauvais pousser tant de gens en colère,
Qu'il faut donner aux bons, pour s'entre-soutenir,
Le temps de se remettre et de se réunir,
Et laisser aux méchants celui de reconnaître
Quelle est l'impiété de se prendre à son maître.
Pison peut cependant amuser leur fureur,
De vos ressentiments leur donner la terreur,
Y joindre avec adresse un espoir de clémence
Au moindre repentir d'une telle insolence;
Et s'il vous faut enfin aller à son secours,
Ce qu'on veut à présent on le pourra toujours.
LACUS.
J'en doute, et crois parler en serviteur sincère,
Moi qui n'ai point d'amis dans le parti contraire.
Attendrons-nous, seigneur, que Pison repoussé
Nous vienne ensevelir sous l'État renversé,
Qu'on descende en la place en bataille rangée,
Qu'on tienne en ce palais votre cour assiégée,
Que jusqu'au Capitole Othon aille à vos yeux
De l'empire usurpé rendre grâces aux dieux,
Et que, le front paré de votre diadème,
Ce traître trop heureux ordonne de vous-même?
Allons, allons, seigneur, les armes à la main,
Soutenir le sénat et le peuple romain :
Cherchons aux yeux d'Othon un trépas à leur tête
Pour lui plus odieux, et pour nous plus honnête;
Et par un noble effort allons lui témoigner...
GALBA.
Eh bien, ma nièce, eh bien, est-il doux de régner?
Est-il doux de tenir le timon d'un empire
Pour en voir les soutiens toujours se contredire?
CAMILLE.
Plus on voit aux avis de contrariétés,
Plus à faire un bon choix on reçoit de clartés.
C'est ce que je dirais, si je n'étais suspecte :
Mais je suis à Pison, seigneur, et vous respecte,
Et ne puis toutefois retenir ces deux mots,
Que si l'on m'avait crue on serait en repos.
Plautine qu'on amène aura même pensée :
D'une vive douleur elle paraît blessée...

SCÈNE III[1].

GALBA, CAMILLE, VINIUS, LACUS, PLAUTINE, RUTILE, ALBIANE.

PLAUTINE.
Je ne m'en défends point, madame, Othon est mort;
De quiconque entre ici c'est le commun rapport;
Et son trépas pour vous n'aura pas tant de charmes,
Qu'à vos yeux comme aux miens il n'en coûte des lar-
GALBA. [mes.
Dit-elle vrai, Rutile, ou m'en flatté-je en vain?
RUTILE.
Seigneur, le bruit est grand, et l'auteur incertain.
Tous veulent qu'il soit mort, et c'est la voix publique;
Mais comment, et par qui, c'est ce qu'aucun n'explique.
GALBA.
Allez, allez, Lacus, vous-même prendre soin
De nous en faire voir un assuré témoin,
Et si de ce grand coup l'auteur se peut connaître...

---

[1] Galba demandait tranquillement des nouvelles; on lui en donne une fausse. Il est vrai que cette fausse nouvelle est rapportée dans Tacite; mais c'est précisément parce qu'elle n'est qu'historique, parce qu'elle n'est point préparée, parce que c'est un simple mensonge d'un nommé Atticus, qu'il fallait ne pas employer un dénoûment si destitué d'art et d'intérêt. (V.)

SCÈNE IV.

GALBA, VINIUS, LACUS, CAMILLE, PLAUTINE, MARTIAN, ATTICUS, RUTILE, ALBIANE.

MARTIAN.
Qu'on ne le cherche plus, vous le voyez paraître.
Seigneur, c'est par sa main qu'un rebelle puni...
GALBA.
Par celle d'Atticus ce grand trouble a fini !
ATTICUS.
Mon zèle l'a poussée, et les dieux l'ont conduite;
Et c'est à vous, seigneur, d'en arrêter la suite,
D'empêcher le désordre, et borner les rigueurs
Où contre des vaincus s'emportent des vainqueurs.
GALBA.
Courons-y. Cependant consolez-vous, Plautine;
Ne pensez qu'à l'époux que mon choix vous destine;
Vinius vous le donne, et vous l'accepterez
Quand vos premiers soupirs seront évaporés.
C'est à vous, Martian, que je la laisse en garde :
Comme c'est votre main que son hymen regarde,
Ménagez son esprit, et ne l'aigrissez pas.
Vous pouvez, Vinius, ne suivre point mes pas;
Et la vieille amitié, pour peu qu'il vous en reste...
VINIUS.
Ah! c'est une amitié, seigneur, que je déteste.
Mon cœur est tout à vous, et n'a point eu d'amis
Qu'autant qu'on les a vus à vos ordres soumis.
GALBA.
Suivez ; mais gardez-vous de trop de complaisance.
CAMILLE.
L'entretien des amants hait toute autre présence,
Madame; et je retourne en mon appartement
Rendre grâces aux dieux d'un tel événement.

SCÈNE V.

MARTIAN, PLAUTINE, ATTICUS, SOLDATS.

PLAUTINE.
Allez-y renfermer les pleurs qui vous échappent;
Les désastres d'Othon ainsi que moi vous frappent;
Et, si l'on avait cru vos souhaits les plus doux,
Ce grand jour le verrait couronner avec vous.
Voilà, voilà le fruit de m'avoir trop aimée;
Voilà quel est l'effet...
MARTIAN.
Si votre âme enflammée...
PLAUTINE.
Vil esclave, est-ce à toi de troubler ma douleur ?
Est-ce à toi de vouloir adoucir mon malheur,
A toi, de qui l'amour m'ose en offrir un pire ?
MARTIAN.
Il est juste d'abord qu'un si grand cœur soupire;
Mais il est juste aussi de ne pas trop pleurer
Une perte facile et prête à réparer.
Il est temps qu'un sujet à son prince fidèle
Remplisse heureusement la place d'un rebelle :
Un monarque le veut; un père en est d'accord.
Vous devez pour tous deux vous faire un peu d'effort,
Et bannir de ce cœur la honteuse mémoire
D'un amour criminel qui souille votre gloire.
PLAUTINE.
Lâche! tu ne vaux pas que pour te démentir
Je daigne m'abaisser jusqu'à te repartir.
Tais-toi : laisse en repos une âme possédée
D'une plus agréable encor que triste idée;
N'interromps plus mes pleurs.
MARTIAN.
Tournez vers moi les yeux :
Après la mort d'Othon, que pouvez-vous de mieux ?
PLAUTINE, *cependant que deux soldats entrent et parlent à Atticus à l'oreille.*
Quelque insolent espoir qu'ait ta folle arrogance,
Apprends que j'en saurai punir l'extravagance,
Et percer de ma main ou ton cœur ou le mien,
Plutôt que de souffrir cet infâme lien.
Connais-toi, si tu peux, ou connais-moi.
ATTICUS.
De grâce,
Souffrez.....
PLAUTINE.
De me parler tu prends aussi l'audace,
Assassin d'un héros que je verrais sans toi
Donner des lois au monde, et les prendre de moi;
Toi, dont la main sanglante au désespoir me livre!
ATTICUS.
Si vous aimez Othon, madame, il va revivre;
Et vous verrez longtemps sa vie en sûreté,

---

[1] Cet Atticus, qui n'est pas un personnage de la pièce, vient en faire le dénoûment, en faisant accroire qu'il a tué Othon. Ce pourrait être tout au plus le dénoûment du *Menteur*. Le vieux Galba croit cette fausseté; il conseille à Plautine d'*évaporer ses soupirs*. Camille dit un petit mot d'ironie à Plautine, et va dans son appartement. (V.)

[2] Non-seulement Plautine demeure sur la scène, et s'occupe à répondre par des injures à l'amour du ministre d'État Martian; mais ce grand ministre d'État, qui devrait avoir partout des serviteurs et des émissaires, ne sait rien de ce qui s'est passé; il croit une fausse nouvelle, lui qui devrait avoir tout fait pour être informé de la vérité : il est pris pour dupe par cet Atticus, comme l'empereur. (V.)

[1] Enfin deux soldats terminent tout dans le propre palais de Galba; Martian et Plautine apprennent qu'Othon est empereur. Si le lecteur peut aller jusqu'au bout de cette pièce et de ces remarques, il observera qu'il ne faut jamais introduire sur la fin d'une tragédie un personnage ignoré dans les premiers actes, un subalterne qui commande en maître. Il est impossible de s'intéresser à ce personnage, et il avilit tous les autres. (V.)

S'il ne meurt que des coups dont je me suis vanté.
PLAUTINE.
Othon vivrait encore?
ATTICUS.
Il triomphe, madame;
Et maître de l'État, comme vous de son âme,
Vous l'allez bientôt voir lui-même à vos genoux
Vous faire offre d'un sort qu'il n'aime que pour vous,
Et dont sa passion dédaignerait la gloire,
Si vous ne vous faisiez le prix de sa victoire.
L'armée à son mérite enfin a fait raison;
On porte devant lui la tête de Pison;
Et Camille tient mal ce qu'elle vient de dire,
Ou rend grâces pour vous aux dieux d'un autre empire,
Et fatigue le ciel par des vœux superflus
En faveur d'un parti qu'il ne regarde plus.
MARTIAN.
Exécrable! ainsi donc ta promesse frivole....
ATTICUS.
Qui promet de trahir peut manquer de parole.
Si je n'eusse promis ce lâche assassinat,
Un autre par ton ordre eût commis l'attentat;
Et tout ce que j'ai dit n'était qu'un stratagème
Pour livrer en ses mains Lacus et Galba même.
Galba n'a rien à craindre : on respecte son nom;
Et ce n'est que sous lui que veut régner Othon.
Quant à Lacus et toi, je vois peu d'apparence
Que vos jours à tous deux soient en même assurance,
Si ce n'est que madame ait assez de bonté
Pour fléchir un vainqueur justement irrité.
Autour de ce palais nous avions deux cohortes
Qui déjà pour Othon en ont saisi les portes;
J'y commande, madame; et mon ordre aujourd'hui
Est de vous obéir, et m'assurer de lui.
Qu'on l'emmène, soldats! il blesse ici la vue.
MARTIAN.
Fut-il jamais disgrâce, ô dieux! plus imprévue?
PLAUTINE, *seule*.
Je me trouble, et ne sais par quel pressentiment
Mon cœur n'ose goûter ce bonheur pleinement;
Il semble avec chagrin se livrer à la joie;
Et bien qu'en ses douceurs mon déplaisir se noie,
Je ne passe de l'une à l'autre extrémité
Qu'avec un reste obscur d'esprit inquiété.
Je sens.... Mais que me veut Flavie épouvantée?

SCÈNE VI[1].

PLAUTINE, FLAVIE.

FLAVIE.
Vous dire que du ciel la colère irritée,

[1] Cette scène est aussi froide que tout le reste, parce qu'on

Ou plutôt du destin la jalouse fureur....
PLAUTINE.
Auraient-ils mis Othon aux fers de l'empereur?
Et dans ce grand succès la fortune inconstante
Aurait-elle trompé notre plus douce attente?
FLAVIE.
Othon est libre, il règne; et toutefois, hélas!...
PLAUTINE.
Serait-il si blessé qu'on craignît son trépas?
FLAVIE.
Non, partout à sa vue on a mis bas les armes;
Mais enfin son bonheur vous va coûter des larmes.
PLAUTINE.
Explique, explique donc ce que je dois pleurer.

ne s'intéresse point du tout à ce Vinius, qu'on jette par la fenêtre. Tout cet acte se passe à apprendre des nouvelles, sans qu'il y ait ni intrigue attachante, ni sentiments touchants, ni grands tableaux, ni beau dénoûment, ni beaux vers. Othon l'empereur ne reparaît que pour dire qu'il est *un malheureux amant*; Camille est oubliée: Galba n'a paru dans la pièce que pour être trompé et tué. Puissent au moins ces réflexions persuader les jeunes auteurs qu'un sujet politique n'est point un sujet tragique; que ce qui est propre pour l'histoire l'est rarement pour le théâtre; qu'il faut dans la tragédie beaucoup de sentiment et peu de raisonnements; que l'âme doit être émue par degrés; que, sans terreur et sans pitié, nul ouvrage dramatique ne peut atteindre au but de l'art; et qu'enfin le style doit être pur, vif, majestueux, et facile. Corneille, dans une épître au roi, dit qu'Othon et Suréna

Ne sont point des cadets indignes de Cinna.

Il y a, en effet, dans le commencement d'*Othon*, des vers aussi forts que les plus beaux de *Cinna*; mais la suite est bien loin d'y répondre: aussi cette pièce n'est point restée au théâtre. On joua, la même année, l'*Astrate* de Quinault, célèbre par le ridicule que Despréaux lui a donné, mais plus célèbre alors par le prodigieux succès qu'elle eut. Ce qui fit ce succès, ce fut l'intérêt qui parut régner dans la pièce. Le public était las de tragédies en raisonnements, et de héros dissertateurs. Les cœurs se laissèrent toucher par l'*Astrate*, sans examiner si la pièce était vraisemblable, bien conduite, bien écrite. Les passions y parlaient, et c'en fut assez. Les acteurs s'animèrent; ils portèrent dans l'âme du spectateur un attendrissement auquel il n'était point accoutumé. Les excellents ouvrages de l'inimitable Racine n'avaient point encore paru; les véritables routes du cœur étaient ignorées; celles que présentait l'*Astrate* furent suivies avec transport. Rien ne prouve mieux qu'il faut intéresser, puisque l'intérêt le plus mal amené échauffa tout le public, que des intrigues froides de politique glaçaient depuis plusieurs années. (V.) — Voltaire savait très-bien, et ne dit point assez, ce qui rendit si familières à Corneille ces idées politiques qu'il ne cesse de lui reprocher. Ce grand homme, presque voisin des derniers temps de la Ligue, et témoin, dans sa jeunesse, des guerres civiles qui eurent lieu sous Louis XIII et dans la minorité de Louis XIV, trouva, quand il commença à écrire, tous les esprits encore échauffés de ces idées politiques, et ne concevant rien au-dessus d'elles. Ce goût général décida nécessairement celui de Corneille, dont le génie d'ailleurs semblait appelé par la nature à traiter en maître ces grands objets; mais l'ambition de ceux qui aspiraient à se rendre importants dans l'État ayant été réprimée, ces mêmes idées qui avaient eu tant d'attrait pour eux firent place, sous le règne d'un jeune monarque qui en donna l'exemple à toute sa cour, aux sentiments tendres que Quinault tenta le premier d'introduire sur la scène: révolution qui prépara le succès de l'immortel Racine. (P.)

FLAVIE.
Vous voyez que je tremble à vous le déclarer.
PLAUTINE.
Le mal est-il si grand?
FLAVIE.
D'un balcon, chez mon frère,
J'ai vu.... Que ne peut-on, madame, vous le taire!
Ou qu'à voir ma douleur n'avez-vous deviné
Que Vinius....
PLAUTINE.
Eh bien?
FLAVIE.
Vient d'être assassiné!
PLAUTINE.
Juste ciel!
FLAVIE.
De Lacus l'inimitié cruelle....
PLAUTINE.
O d'un trouble inconnu présage trop fidèle!
Lacus....
FLAVIE.
C'est de sa main que part ce coup fatal.
Tous deux près de Galba marchaient d'un pas égal,
Lorsque, tournant ensemble à la première rue,
Ils découvrent Othon maître de l'avenue.
Cet effroi ne les fait reculer quelques pas
Que pour voir ce palais saisi par vos soldats;
Et Lacus aussitôt, étincelant de rage
De voir qu'Othon partout leur ferme le passage,
Lance sur Vinius un furieux regard,
L'approche sans parler, et, tirant un poignard...
PLAUTINE.
Le traître! Hélas! Flavie, où me vois-je réduite!
FLAVIE.
Vous m'entendez, madame, et je passe à la suite.
Ce lâche sur Galba portant même fureur :
« Mourez, seigneur, dit-il, mais mourez empereur;
« Et recevez ce coup comme un dernier hommage
« Que doit à votre gloire un généreux courage. »
Galba tombe; et ce monstre, enfin s'ouvrant le flanc,
Mêle un sang détestable à leur illustre sang.
En vain le triste Othon, à cet affreux spectacle,
Précipite ses pas pour y mettre un obstacle;
Tout ce que peut l'effort de ce cher conquérant,
C'est de verser des pleurs sur Vinius mourant,
De l'embrasser tout mort. Mais le voilà, madame,
Qui vous fera mieux voir les troubles de son âme.

SCÈNE VII.

OTHON, PLAUTINE, FLAVIE.

OTHON.
Madame, savez-vous les crimes de Lacus?
PLAUTINE.
J'apprends en ce moment que mon père n'est plus.
Fuyez, seigneur, fuyez un objet de tristesse;
D'un jour si beau pour vous goûtez mieux l'allégresse.
Vous êtes empereur, épargnez-vous l'ennui
De voir qu'un père....
OTHON.
Hélas! je suis plus mort que lui,
Et si votre bonté ne me rend une vie
Qu'en lui perçant le cœur un traître m'a ravie,
Je ne reviens ici qu'en un malheureux amant,
Faire hommage à vos yeux de mon dernier moment.
Mon amour pour vous seule a cherché la victoire;
Ce même amour sans vous n'en peut souffrir la gloire,
Et n'accepte le nom de maître des Romains,
Que pour mettre avec moi l'univers en vos mains.
C'est à vous d'ordonner ce qui lui reste à faire.
PLAUTINE.
C'est à moi de gémir, et de pleurer mon père.
Non que je vous impute, en ma vive douleur,
Les crimes de Lacus et de notre malheur;
Mais enfin....
OTHON.
Achevez, s'il se peut, en amante :
Nos feux....
PLAUTINE.
Ne pressez point un trouble qui s'augmente.
Vous voyez mon devoir, et connaissez ma foi :
En ce funeste état répondez-vous pour moi?
Adieu, seigneur.
OTHON.
De grâce, encore une parole,
Madame.

SCÈNE VIII.

OTHON ALBIN.

ALBIN.
On vous attend, seigneur, au Capitole;
Et le sénat en corps vient exprès d'y monter
Pour jurer sur vos lois aux yeux de Jupiter.
OTHON. [destine,
J'y cours : mais quelque honneur, Albin, qu'on m'y
Comme il n'aurait pour moi rien de doux sans Plautine,
Souffrez du moins que j'aille, en faveur de mon feu,
Prendre pour y courir son ordre ou son aveu;
Afin qu'à mon retour, l'âme un peu plus tranquille,
Je puisse faire effort à consoler Camille,

Et lui jurer moi-même, en ce malheureux jour,
Une amitié fidèle au défaut de l'amour[1].

[1] Avouons que cette tragédie n'est qu'un arrangement de famille; on ne s'y intéresse pour personne : il y est beaucoup parlé d'amour, et cet amour même refroidit le lecteur. Lorsque ce ressort, qui devrait attacher, a manqué son effet, la pièce est perdue. Il est dit dans l'Histoire du Théâtre, à l'article *Othon*, que Corneille refit trois fois le cinquième acte : j'ai de la peine à le croire; mais si la chose est vraie, elle prouve qu'il fallait le refaire une quatrième fois, ou plutôt qu'il était impossible de tirer un cinquième acte intéressant d'un sujet ainsi arrangé. Corneille ne refit pas trois fois la première scène du premier acte, qui est pleine de très-grandes beautés. Quand le sujet porte l'auteur, il vogue à pleines voiles; mais quand l'auteur porte le sujet, quand il est accablé du poids de la difficulté, et refroidi par le défaut d'intérêt qu'il ne peut se dissimuler à lui-même, alors tous ses efforts sont inutiles. Corneille pouvait être d'abord échauffé par le beau portrait que fait Tacite de la cour de Galba, et par le discours qu'il prête à cet empereur. Le nom de Rome était encore quelque chose d'important. Corneille avait assez d'invention pour former une intrigue de cinq actes; mais tout cela n'avait rien d'attachant ni de tragique. Il le sentit sans doute plus d'une fois en composant; et quand il fut au cinquième acte, il se vit arrêté : il s'aperçut trop tard que ce n'était pas là une tragédie. Racine lui-même aurait échoué dans un sujet pareil. (V.) — Voltaire est d'un excellent ton dans ce jugement : il ne fait aucune grâce aux défauts de la pièce, la stérilité du fond, la faiblesse du style, tout ce qui peut donner lieu enfin à une critique judicieuse, est remarqué avec autant de goût que d'impartialité. On n'y trouve ni sarcasmes, ni plaisanteries déplacées, ni expressions violentes ou amères; c'est la raison qui juge, et qui seule avait le droit de juger Corneille; et voilà le modèle que Voltaire aurait dû suivre constamment dans son commentaire : cependant il ne rend pas assez de justice à la prodigieuse fécondité d'invention que supposent, dans ce grand poëte, le nombre et la variété de ses plans, et à la manière, à la fois savante et fidèle, dont il a toujours saisi les différents caractères de ses personnages. (P.)

FIN D'OTHON.

AGÉSILAS,

TRAGÉDIE. — 1666.

AU LECTEUR.

Il ne faut que parcourir les vies d'Agésilas et de Lysander chez Plutarque, pour démêler ce qu'il y a d'historique dans cette tragédie. La manière dont je l'ai traitée n'a point d'exemple parmi nos Français, ni dans ces précieux restes de l'antiquité qui sont venus jusqu'à nous ; et c'est ce qui me l'a fait choisir. Les premiers qui ont travaillé pour le théâtre, ont travaillé sans exemple ; et ceux qui les ont suivis y ont fait voir quelques nouveautés de temps en temps. Nous n'avons pas moins de privilége. Aussi notre Horace, qui nous recommande tant la lecture des poëtes grecs par ces paroles,

Vos exemplaria græca
Nocturnâ versate manu, versate diurnâ,

ne laisse pas de louer hautement les Romains d'avoir osé quitter les traces de ces mêmes Grecs, et pris d'autres routes :

Nil intentatum nostri liquere poëlæ ;
Nec minimum meruere decus, vestigia græca
Ausi deserere.

Leurs règles sont bonnes ; mais leur méthode n'est pas de notre siècle : et qui s'attacherait à ne marcher que sur leurs pas, ferait sans doute peu de progrès, et divertirait mal son auditoire. On court, à la vérité, quelque risque de s'égarer, et même on s'égare assez souvent, quand on s'écarte du chemin battu ; mais on ne s'égare pas toutes les fois qu'on s'en écarte : quelques-uns en arrivent plus tôt où ils prétendent, et chacun peut hasarder à ses périls.

[1] Agésilas n'est guère connu dans le monde que par le mot de Despréaux :

J'ai vu l'Agésilas :
Hélas !

Il eut tort sans doute de faire imprimer dans ses ouvrages ce mot qui n'en valait pas la peine ; mais il n'eut pas tort de le dire. Le lecteur doit trouver bon qu'on ne fasse aucun commentaire sur une pièce qu'on ne devrait pas même imprimer. Il serait mieux sans doute qu'on ne publiât que les bons ouvrages des bons auteurs ; mais le public veut tout avoir, soit par une vaine curiosité, soit par une malignité secrète, qui aime à repaître ses yeux des fautes des grands hommes. (V.)

PERSONNAGES.

AGÉSILAS, roi de Sparte.
LYSANDER, fameux capitaine de Sparte.
COTYS, roi de Paphlagonie.
SPITRIDATE, grand seigneur persan.
MANDANE, sœur de Spitridate.
ELPINICE, } filles de Lysander.
AGLATIDE, }
XÉNOCLÈS, lieutenant d'Agésilas.
CLÉON, orateur grec, natif d'Halicarnasse.

La scène est à Éphèse.

ACTE PREMIER.

SCÈNE PREMIÈRE.

ELPINICE, AGLATIDE.

AGLATIDE.

Ma sœur, depuis un mois nous voilà dans Éphèse,
Prêtes à recevoir ces illustres époux
Que Lysander, mon père, a su choisir pour nous ;
Et ce choix bienheureux n'a rien qui ne vous plaise.
Dites-moi toutefois, et parlons librement :
  Vous semble-t-il que votre amant
Cherche avec grande ardeur votre chère présence ?
Et trouvez-vous qu'il montre, attendant ce grand [jour,
  Cette obligeante impatience
Que donne, à ce qu'on dit, le véritable amour ?

ELPINICE.

Cotys est roi, ma sœur ; et comme sa couronne
  Parle suffisamment pour lui,
Assuré de mon cœur, que son trône lui donne,
De le trop demander il s'épargne l'ennui.
Ce me doit être assez qu'en secret il soupire,
Que je puis deviner ce qu'il craint de trop dire,
Et que moins son amour a d'importunité,
  Plus il a de sincérité.

Mais vous ne dites rien de votre Spitridate;
Prend-il autant de peine à mériter vos feux
　　Que l'autre à retenir mes vœux?
　　　　　AGLATIDE.
C'est environ ainsi que son amour éclate :
Il m'obsède à peu près comme l'autre vous sert.
On dirait que tous deux agissent de concert,
Qu'ils ont juré de n'être importuns l'un ni l'autre :
Ils en font grand scrupule; et la sincérité
Dont mon amant se pique, à l'exemple du vôtre,
Ne met pas son bonheur en l'assiduité.
Ce n'est pas qu'à vrai dire il ne soit excusable.
Je préparai pour lui, dès Sparte, une froideur
　　Qui, dès l'abord, était capable
　　D'éteindre la plus vive ardeur;
Et j'avoue entre nous qu'alors qu'il me néglige,
Qu'il se montre à son tour si froid, si retenu,
　　Loin de m'offenser, il m'oblige,
　　Et me remet un cœur qu'il n'eût pas obtenu.
　　　　　ELPINICE.
　　J'admire cette antipathie
Qui vous l'a fait haïr avant que de le voir,
Et croirais que sa vue aurait eu le pouvoir
　　D'en dissiper une partie.
Car enfin Spitridate a l'entretien charmant,
L'œil vif, l'esprit aisé, le cœur bon, l'âme belle.
A tant de qualités s'il joignait un vrai zèle....
　　　　　AGLATIDE.
Ma sœur, il n'est pas roi, comme l'est votre amant.
　　　　　ELPINICE.
Mais au parti des Grecs il unit deux provinces;
Et ce Perse vaut bien la plupart de nos princes.
　　　　　AGLATIDE.
Il n'est pas roi, vous dis-je, et c'est un grand défaut.
Ce n'est point avec vous que je le dissimule,
　　J'ai peut-être le cœur trop haut;
Mais aussi bien que vous je sors du sang d'Hercule;
Et lorsqu'on vous destine un roi pour votre époux,
　　J'en veux un aussi bien que vous.
J'aurais quelque chagrin à vous traiter de reine,
A vous voir dans un trône assise en souveraine,
S'il me fallait ramper dans un degré plus bas;
　　Et je porte une âme assez vaine
Pour vouloir jusque-là vous suivre pas à pas.
Vous êtes mon aînée, et c'est un avantage
Qui me fait vous devoir grande civilité;
Aussi veux-je céder le pas devant à l'âge,
Mais je ne puis souffrir autre inégalité.
　　　　　ELPINICE.
Vous êtes donc jalouse, et ce trône vous gêne
Où la main de Cotys a droit de me placer!
Mais si je renonçais au rang de souveraine,
　　Voudriez-vous y renoncer?

　　　　　AGLATIDE.
　　Non, pas si tôt; j'ai quelque vue
　　Qui me peut encore amuser.
Mariez-vous, ma sœur; quand vous serez pourvue,
On trouvera peut-être un roi pour m'épouser.
J'en aurais un déjà, n'était ce rang d'aînée
Qui demandait pour vous ce qu'il voulait m'offrir,
Ou s'il eût reconnu qu'un père eût pu souffrir
Qu'à l'hymen avant vous on me vît destinée.
Si ce roi jusqu'ici ne s'est point déclaré,
Peut-être qu'après tout il n'a que différé,
Qu'il attend votre hymen pour rompre son silence.
Je pense avoir encor ce qui le sut charmer;
Et s'il faut vous en faire entière confidence,
Agésilas m'aimait, et peut encor m'aimer.
　　　　　ELPINICE.
Que dites-vous, ma sœur? Agésilas vous aime!
　　　　　AGLATIDE.
Je vous dis qu'il m'aimait, et que sa passion
　　Pourrait bien être encor la même;
　　Mais cet amusement de mon ambition
　　Peut n'être qu'une illusion.
Ce prince tient son trône et sa haute puissance
De ce même héros dont nous tenons le jour;
Et si ce n'était lors que par reconnaissance
　　Qu'il me témoignait de l'amour,
　　Puis-je être sans inquiétude
Quand il n'a plus pour lui que de l'ingratitude,
Qu'il n'écoute plus rien qui vienne de sa part?
Je ne sais si sa flamme est pour moi faible ou forte;
　　Mais, la reconnaissance morte,
　　L'amour doit courir grand hasard.
　　　　　ELPINICE.
Ah! s'il n'avait voulu que par reconnaissance
　　Être gendre de Lysander,
Son choix aurait suivi l'ordre de la naissance
Et Sparte au lieu de vous l'eût vu me demander;
Mais pour mettre chez nous l'éclat de sa couronne
Attendre que l'hymen m'ait engagée ailleurs,
C'est montrer que le cœur s'attache à la personne;
Ayez, ayez pour lui des sentiments meilleurs.
Ce cœur qu'il vous donna, ce choix qui considère
Autant et plus encor la fille que le père,
Feront que le devoir aura bientôt son tour;
Et pour vous faire seoir où vos désirs aspirent,
Vous verrez, et dans peu, comme pour vous conspi-
　　La reconnaissance et l'amour.　　　　　[rent
　　　　　AGLATIDE.
Vous voyez cependant qu'à peine il me regarde;
Depuis notre arrivée il ne m'a point parlé;
Et quand ses yeux vers moi se tournent par mégar-
　　　　　ELPINICE.　　　　　　　　　　　[de....
Comme avec lui mon père a quelque démêlé,
　　Cette petite négligence,

Qui vous fait douter de sa foi,
Vient de leur mésintelligence,
Et dans le fond de l'âme il vit sous votre loi.
AGLATIDE.
A tous hasards, ma sœur, comme j'en suis mal sûre,
Si vous me pouviez faire un don de votre amant,
Je crois que je pourrais l'accepter sans murmure.
Vous venez de parler du mien si dignement....
ELPINICE.
Aimeriez-vous Cotys, ma sœur?
AGLATIDE.
Moi? nullement.
ELPINICE.
Pourquoi donc vouloir qu'il vous aime?
AGLATIDE.
Les hommages qu'Agésilas
Daigna rendre en secret au peu que j'ai d'appas,
M'ont si bien imprimé l'amour du diadème,
Que, pourvu qu'un amant soit roi,
Il est trop aimable pour moi.
Mais sans trône on perd temps : c'est la première idée
Qu'à l'amour en mon cœur il ait plu de tracer ;
Il l'a fidèlement gardée,
Et rien ne peut plus l'effacer.
ELPINICE.
Chacune a son humeur : la grandeur souveraine,
Quelque main qui vous l'offre, est digne de vos feux :
Et vous ne ferez point d'heureux
Qui de vous ne fasse une reine.
Moi, je m'éblouis moins de la splendeur du rang ;
Son éclat au respect plus qu'à l'amour m'invite :
Cet heureux avantage ou du sort ou du sang
Ne tombe pas toujours sur le plus de mérite.
Si mon cœur, si mes yeux, en étaient consultés,
Leur choix irait à la personne,
Et les hautes vertus, les rares qualités,
L'emporteraient sur la couronne.
AGLATIDE.
Avouez tout, ma sœur ; Spitridate vous plaît.
ELPINICE.
Un peu plus que Cotys ; et si votre intérêt
Vous pouvait résoudre à l'échange....
AGLATIDE.
Qu'en pouvons-nous ici résoudre vous et moi?
En l'état où le ciel nous range,
Il faut l'ordre d'un père, il faut l'aveu d'un roi,
Que je plaise à Cotys, et vous à Spitridate.
ELPINICE.
Pour l'un je ne sais quoi m'en flatte,
Pour l'autre je n'en réponds pas ;
Et je craindrais fort que Mandane,
Cette incomparable Persane
N'eût pour lui des attraits plus forts que vos appas.
AGLATIDE.
Ma sœur, Spitridate est son frère,
Et si jamais sur lui vous aviez du pouvoir....
ELPINICE.
Le voilà qui nous considère.
AGLATIDE.
Est-ce vous ou moi qu'il vient voir?
Voulez-vous que je vous le laisse?
ELPINICE.
Ma sœur, auparavant, engagez l'entretien ;
Et s'il s'en offre lieu, jouez d'un peu d'adresse
Pour votre intérêt et le mien.
AGLATIDE.
Il est juste en effet, puisqu'il n'a su me plaire,
Que je vous aide à m'en défaire.

SCÈNE II.
SPITRIDATE, ELPINICE, AGLATIDE.
ELPINICE.
Seigneur, je me retire ; entre les vrais amants
Leur amour seul a droit d'être de confidence,
Et l'on ne peut mêler d'agréable présence
A de si précieux moments.
SPITRIDATE.
Un vertueux amour n'a rien d'incompatible
Avec les regards d'une sœur.
Ne m'enviez point la douceur
De pouvoir à vos yeux convaincre une insensible ;
Soyez juge et témoin de l'indigne succès
Qui se prépare pour ma flamme ;
Voyez jusqu'au fond de mon âme
D'une si pure ardeur où va le digne excès ;
Voyez tout mon espoir au bord du précipice ;
Voyez des maux sans nombre et hors de guérison ;
Et quand vous aurez vu toute cette injustice,
Faites-m'en un peu de raison.
AGLATIDE.
Si vous me permettez, seigneur, de vous entendre,
De l'air dont votre amour commence à m'accuser,
Je crains que pour en bien user
Je ne me doive mal défendre.
Je sais bien que j'ai tort, j'avoue et hautement
Que ma froideur doit vous déplaire ;
Mais en cette froideur un heureux changement
Pourrait-il fort vous satisfaire?
SPITRIDATE.
En doutez-vous, madame, et peut-on concevoir?...
AGLATIDE.
Je vous entends, seigneur, et vois ce qu'il faut voir :
Un aveu plus précis est d'une conséquence
Qui pourrait vous embarrasser ;
Et même à notre sexe il est de bienséance
De ne pas trop vous en presser.

À Lysander mon père il vous plut de promettre
D'unir par notre hymen votre sang et le sien ;
La raison, à peu près, seigneur, je la pénètre,
Bien qu'aux raisons d'État je ne connaisse rien.
Vous ne m'aviez point vue, et facile ou cruelle,
 Petite ou grande, laide ou belle,
Qu'à votre humeur ou non je pusse m'accorder,
La chose était égale à votre ardeur nouvelle,
Pourvu que vous fussiez gendre de Lysander.
Ma sœur vous aurait plu s'il vous l'eût proposée ;
J'eusse agréé Cotys s'il me l'eût proposé :
Vous trouvâtes tous deux la politique aisée ;
Nous crûmes toutes deux notre devoir aisé.
 Comme à traiter cette alliance
Les tendresses des cœurs n'eurent aucune part,
Le vôtre avec le mien a peu d'intelligence,
Et l'amour en tous deux pourra naître un peu tard.
 Quand il faudra que je vous aime,
Que je l'aurai promis à la face des dieux,
 Vous deviendrez cher à mes yeux ;
 Et j'espère de vous le même :
Jusque-là votre amour assez mal se fait voir :
Celui que je vous garde encor plus mal s'explique ;
Vous attendez le temps de votre politique,
 Et moi celui de mon devoir.
Voilà, seigneur, quel est mon crime ;
Vous m'en vouliez convaincre, il n'en est plus besoin ;
J'en ai fait comme vous ma sœur juge et témoin :
Que ma froideur lui semble injuste ou légitime,
La raison que vous peut en faire sa bonté
 Je consens qu'elle vous la fasse ;
Et pour vous en laisser tous deux en liberté,
 Je veux bien lui quitter la place.

SCÈNE III.
SPITRIDATE, ELPINICE.

SPITRIDATE.
Elle ne s'y fait pas, madame, un grand effort,
Et ferait grâce entière à mon peu de mérite,
Si votre âme avec elle était assez d'accord
Pour se vouloir saisir de ce qu'elle vous quitte.
Pour peu que vous daigniez écouter la raison,
 Vous me devez cette justice,
Et prendre autant de part à voir ma guérison,
Qu'en ont eu vos attraits à faire mon supplice.

ELPINICE.
Quoi ! seigneur, j'aurais part....

SPITRIDATE.
     C'est trop dissimuler
La cause et la grandeur du mal qui me possède ;
Et je me dois, madame, au défaut du remède,
 La vaine douceur d'en parler.
Oui, vos yeux ont part à ma peine,
Ils en font plus de la moitié ;
Et s'il n'est point d'amour pour en finir la gêne,
Il est pour l'adoucir des regards de pitié.
Quand je quittai la Perse, et brisai l'esclavage
Où, m'envoyant un jour, le ciel m'avait soumis,
Je crus qu'il me fallait parmi ses ennemis
D'un protecteur puissant assurer l'avantage.
Cotys eut, comme moi, besoin de Lysander ;
Et quand pour l'attacher lui-même à nos familles
 Nous demandâmes ses deux filles,
Ce fut les obtenir que de les demander.
Par déférence au trône il lui promit l'aînée ;
 La jeune me fut destinée :
Comme nous ne cherchions tous deux que son appui,
Nous acceptâmes tout sans regarder que lui.
J'avais su qu'Aglatide était des plus aimables,
On m'avait dit qu'à Sparte elle savait charmer ;
 Et sur des bruits si favorables
 Je me répondais de l'aimer.
Que l'amour aime peu ces folles confiances !
Et que, pour affermir son empire en tous lieux,
Il laisse choir souvent de cruelles vengeances
Sur qui promet son cœur sans l'aveu de ses yeux !
 Ce sont les conseillers fidèles
Dont il prend les avis pour ajuster ses coups ;
Leur rapport inégal vous fait plus ou moins belles,
Et les plus beaux objets ne le sont pas pour tous.
A ce moment fatal qui nous permit la vue
 Et de vous et de cette sœur,
 Mon âme devint tout émue,
Et le trouble aussitôt s'empara de mon cœur ;
Je le sentis pour elle tout de glace,
Je le sentis tout de flamme pour vous ;
 Vous y régnâtes en sa place,
Et ses regards aux miens n'offrirent rien de doux.
Il faut pourtant l'aimer, du moins il faut le feindre ;
 Il faut vous voir aimer ailleurs :
Voyez s'il fut jamais un amant plus à plaindre,
Un cœur plus accablé de mortelles douleurs.
C'est un malheur sans doute égal au trépas même
Que d'attacher sa vie à ce qu'on n'aime pas ;
Et voir en d'autres mains passer tout ce qu'on aime,
C'est un malheur encor plus grand que le trépas.

ELPINICE.
Je vous en plains, seigneur, et ne puis davantage.
Je ne sais aimer ni haïr :
Mais dès qu'un père parle, il porte en mon courage
Toute l'impression qu'il faut pour obéir.
Voyez avec Cotys si ses vœux les plus tendres
Voudraient rendre à ma sœur l'hommage qu'il me rend.
Tout doit être à mon père assez indifférent,
Pourvu que vous et lui vous demeuriez ses gendres.
Mais, à vous dire tout, je crains qu'Agésilas
N'y refuse l'aveu qui vous est nécessaire :

C'est notre souverain.
SPITRIDATE.
S'il en dédit un père,
Peut-être ai-je une sœur qu'il n'en dédira pas.
Ce grand prince pour elle a tant de complaisance,
Qu'à sa moindre prière il ne refuse rien;
Et si son cœur voulait s'entendre avec le mien...
ELPINICE.
Reposez-vous, seigneur, sur mon obéissance,
Et contentez-vous de savoir
Qu'aussi bien que ma sœur j'écoute mon devoir.
Allez trouver Cotys, et sans aucun scrupule....
SPITRIDATE.
Perdriez-vous pour moi son trône sans ennui?
ELPINICE.
Le voilà qui paraît. Quelque ardeur qui vous brûle,
Mettez d'accord mon père, Agésilas, et lui.

SCÈNE IV.

COTYS, SPITRIDATE.

COTYS.
Vous voyez de quel air Elpinice me traite,
Comme elle disparaît, seigneur, à mon abord.
SPITRIDATE.
Si votre âme, seigneur, en est mal satisfaite,
Mon sort est bien à plaindre autant que votre sort.
COTYS.
Ah! s'il n'était honteux de manquer de promesse!
SPITRIDATE.
Si la foi sans rougir pouvait se dégager!
COTYS.
Qu'une autre de mon cœur serait bientôt maîtresse!
SPITRIDATE.
Que je serais ravi, comme vous, de changer!
COTYS.
Elpinice pour moi montre une telle glace,
Que je me tiendrais seur¹ de son consentement.
SPITRIDATE.
Aglatide verrait qu'une autre prît sa place
Sans en murmurer un moment.
COTYS.
Que nous sert qu'en secret l'une et l'autre engagée
Peut-être ainsi que nous porte son cœur ailleurs?
Pour voir notre infortune entre elles partagée
Nos destins n'en sont pas meilleurs.
SPITRIDATE.
Elles aiment ailleurs, ces belles dédaigneuses;
Et peut-être, en dépit du sort,

Il serait un moyen et de les rendre heureuses,
Et de nous rendre heureux par un commun accord.
COTYS.
Souffrez donc qu'avec vous tout mon cœur se déploie.
Ah! si vous le vouliez, que mon sort serait doux!
Vous seul pouvez me mettre au comble de ma joie.
SPITRIDATE.
Et ma félicité dépend toute de vous.
COTYS.
Vous me pouvez donner l'objet qui me possède.
SPITRIDATE.
Vous me pouvez donner celui de tous mes vœux:
Elpinice me charme.
COTYS.
Et si je vous la cède?
SPITRIDATE.
Je céderai de même Aglatide à vos feux.
COTYS.
Aglatide, seigneur! Ce n'est pas là m'entendre,
Et vous ne feriez rien pour moi.
SPITRIDATE.
Ne vous devez-vous pas à Lysander pour gendre?
COTYS.
Oui; mais l'amour ici me fait une autre loi.
SPITRIDATE.
L'amour! il n'en faut point écouter qui le blesse,
Et qui nous ôte son appui.
L'échange des deux sœurs n'a rien qui l'intéresse,
Nous n'en serons pas moins à lui;
Mais de porter ailleurs la main qui leur est due,
Seigneur, au dernier point ce sera l'irriter,
Et, sa protection perdue,
N'avons-nous rien à redouter?
COTYS.
Si je n'en juge mal, sa faveur n'est pas grande,
Seigneur, auprès d'Agésilas;
Il n'obtient presque rien de quoi qu'il lui demande.
SPITRIDATE.
Je vois qu'assez souvent il ne l'écoute pas:
Mais pour un différend frivole,
Dont nous ignorons le secret,
Ce prince avouerait-il un amour indiscret
D'un tel manquement de parole?
Lui qui lui doit son trône, et cet illustre rang
D'unique général des troupes de la Grèce,
Pourrait-il le haïr avec tant de bassesse,
Qu'il pût autoriser le mépris de son sang?
Si nous manquons de foi, qu'aura-t-il lieu de croire?
En aurions-nous pour lui plus que pour Lysander?
Pensez-y bien, seigneur, avant qu'y hasarder
Nos sûretés, et votre gloire.
COTYS.
Et si ce différend, que vous craignez si peu,
Lui fait pour notre hymen refuser un aveu?

---

¹ *Seur.* Nous avons eu déjà l'occasion de remarquer que Corneille n'a jamais varié dans la manière d'écrire ce mot, qui depuis a perdu la première de ses deux voyelles.

SPITRIDATE.
Ma sœur n'a qu'à parler je m'en tiens seur par elle.
COTYS.
Seigneur, l'aimerait-il?
SPITRIDATE.
Il la trouve assez belle,
Il en parle avec joie, et se plaît à la voir :
Je tâche d'affermir ces douces apparences :
Et si vous voulez tout savoir,
Je pense avoir de quoi flatter mes espérances.
Prenez-y part, seigneur, pour l'intérêt commun.
Quand nous aurons tous deux Lysander pour beau-
Ce roi s'allie à vous, s'il devient mon beau-frère; [père,
Et nous aurons ainsi deux appuis au lieu d'un.
COTYS.
Et Mandane y consent?
SPITRIDATE.
Mandane est trop bien née
Pour dédire un devoir qui la met sous ma loi.
COTYS.
Et vous avez donné pour elle votre foi?
SPITRIDATE.
Non; mais, à dire vrai, je la tiens pour donnée.
COTYS.
Ah! ne la donnez point, seigneur, si vous m'aimez,
Ou si vous aimez Elpinice.
Mandane a tout mon cœur, mes yeux en sont charmés ;
Et ce n'est qu'à ce prix que je vous rends justice.
SPITRIDATE.
Elpinice ne rend votre foi qu'à sa sœur,
Et ce n'est qu'à ce prix qu'elle-même se donne.
COTYS.
Hélas! et si l'amour autrement en ordonne,
Le moyen d'y forcer mon cœur?
SPITRIDATE.
Rendez-vous-en le maître.
COTYS.
Et l'êtes-vous du vôtre?
SPITRIDATE.
J'y ferai mon effort, si je vous parle en vain ;
Et du moins, si ma sœur vous dérobe à toute autre,
Je serai maître de ma main.
COTYS.
Je ne le puis celer, qui que l'on me propose,
Toute autre que Mandane est pour moi même chose.
SPITRIDATE.
Il vous est donc facile, et doit même être doux,
Puisqu'enfin Elpinice aime un autre que vous,
De lui préférer qui vous aime;
Et du moins vous auriez l'honneur,
Par un peu d'effort sur vous-même,
De faire le commun bonheur.
COTYS.
Je ferais trois heureux qui m'empêchent de l'être!

J'ose, j'ose vous faire une plus juste loi.
Ou faites mon bonheur dont vous êtes le maître,
Ou demeurez tous trois malheureux comme moi.
SPITRIDATE.
Eh bien, épousez Elpinice;
Je renonce à tout mon bonheur,
Plutôt que de me voir complice
D'un manquement de foi qui vous perdrait d'honneur.
COTYS.
Rendez-vous à votre Aglatide,
Puisque votre cœur endurci
Veut suivre obstinément un faux devoir pour guide.
Je serai malheureux, vous le serez aussi.

ACTE SECOND.

SCÈNE PREMIÈRE.

SPITRIDATE, MANDANE.

SPITRIDATE.
Que nous avons, ma sœur, brisé de rudes chaînes!
En Perse il n'est point de sujets ;
Ce ne sont qu'esclaves abjects,
Qu'écrasent d'un coup d'œil les têtes souveraines :
Le monarque, ou plutôt le tyran général,
N'y suit pour loi que son caprice,
N'y veut point d'autre règle et point d'autre justice,
Et souvent même impute à crime capital
Le plus rare mérite et le plus grand service ;
Il abat à ses pieds les plus hautes vertus,
S'immole insolemment les plus illustres vies,
Et ne laisse aujourd'hui que les cœurs abattus
A couvert de ses tyrannies.
Vous autres, s'il vous daigne honorer de son lit,
Ce sont indignités égales ;
La gloire s'en partage entre tant de rivales,
Qu'elle est moins un honneur qu'un sujet de dépit.
Toutes n'ont pas le nom de reines,
Mais toutes portent mêmes chaînes,
Et toutes, à parler sans fard,
Servent à ses plaisirs sans part à son empire;
Et même en ses plaisirs elles n'ont d'autre part
Que celle qu'à son cœur brutalement inspire
Ou le caprice, ou le hasard.
Voilà, ma sœur, à quoi vous avait destinée,
A quel infâme honneur vous avait condamnée
Pharnabase son lieutenant :
Il aurait fait de vous un présent à son prince,
Si pour nous affranchir mon soin le prévenant

AGÉSILAS, ACTE II, SCÈNE I.

N'eût à sa tyrannie arraché ma province.
    La Grèce a de plus saintes lois,
    Elle a des peuples et des rois
    Qui gouvernent avec justice :
La raison y préside, et la sage équité;
Le pouvoir souverain par elles limité,
    N'y laisse aucun droit de caprice.
L'hymen de ses rois même y donne cœur pour cœur;
    Et si vous aviez le bonheur
Que l'un d'eux vous offrît son trône avec son âme,
    Vous seriez, par ce nœud charmant,
    Et reine véritablement,
    Et véritablement sa femme.
    MANDANE.
Je veux bien l'espérer, tout est facile aux dieux ;
Et peut-être que de bons yeux
En auraient déjà vu quelque flatteuse marque;
Mais il en faut de bons pour faire un si grand choix.
Si le roi dans la Perse est un peu trop monarque,
En Grèce il est des rois qui ne sont pas trop rois :
Il en est dont le peuple est le suprême arbitre ;
Il en est d'attachés aux ordres d'un sénat ;
Il en est qui ne sont enfin, sous ce grand titre,
    Que premiers sujets de l'État.
Je ne sais si le ciel pour régner m'a fait naître,
Et, quoi qu'en ma faveur j'aie encor vu paraître,
    Je doute si l'on m'aime ou non;
    Mais je pourrais être assez vaine
    Pour dédaigner le nom de reine
Que m'offrirait un roi qui n'en eût que le nom.
    SPITRIDATE.
Vous en savez beaucoup, ma sœur, et vos mérites
Vous ouvrent fort les yeux sur ce que vous valez.
    MANDANE.
Je réponds simplement à ce que vous me dites,
Et parle en général comme vous me parlez.
    SPITRIDATE.
Cependant et des rois et de leur différence
Je vous trouve en effet plus instruite que moi.
    MANDANE.
Puisque vous m'ordonnez qu'ici j'espère un roi,
Il est juste, seigneur, que quelquefois j'y pense.
    SPITRIDATE.
N'y pensez-vous point trop?
    MANDANE.
              Je sais que c'est à vous
A régler mes désirs sur le choix d'un époux :
    Mon devoir n'en fera point d'autre;
Mais, quand vous daignerez choisir pour une sœur,
Daignez songer, de grâce, à faire son bonheur
    Mieux que vous n'avez fait le vôtre.
D'un choix que vous m'aviez vous-même tant loué,
Votre cœur et vos yeux vous ont désavoué ;
Et si j'ai, comme vous, quelques pentes secrètes,

Seigneur, si c'est ainsi que vous les rencontrez,
    Jugez, par le trouble où vous êtes,
    De l'état où vous me mettrez.
    SPITRIDATE.
Je le vois bien, ma sœur, il faut vous laisser faire :
Qui choisit mal pour soi choisit mal pour autrui ;
Et votre cœur, instruit par le malheur d'un frère,
    A déjà fait son choix sans lui.
    MANDANE.
Peut-être; mais enfin vous suis-je nécessaire?
Parlez ; il n'est désirs ni tendres sentiments
Que je ne sacrifie à vos contentements.
Faut-il donner ma main pour celle d'Elpinice ?
    SPITRIDATE.
Que sert de m'en offrir un entier sacrifice,
Si je n'ose et ne puis même déterminer
A qui pour mon bonheur vous devez la donner?
Cotys me la demande, Agésilas l'espère.
    MANDANE.
Agésilas, seigneur ! Et le savez-vous bien ?
    SPITRIDATE.
Parler de vous sans cesse, aimer votre entretien,
Vous donner tout crédit, ne chercher qu'à vous plaire...
    MANDANE.
Ce sont civilités envers une étrangère
Qui font beaucoup d'éclat, et ne produisent rien.
    Il jette par là des amorces
A ceux qui, comme nous, voudront grossir ses forces ;
Mais, quelque haut crédit qu'il me donne en sa cour,
De toute sa conduite il est si bien le maître,
Qu'au simple nom d'hymen vous verriez disparaître
Tout ce qu'en ses faveurs vous prenez pour amour.
    SPITRIDATE.
Vous penchez vers Cotys, et savez qu'Elpinice
Né veut point être à moi qu'il ne soit à sa sœur !
    MANDANE.
Je vous réponds de tout, si vous avez son cœur.
    SPITRIDATE.
Et Lysander pourra souffrir cette injustice ?
    MANDANE.
Lysander est si mal auprès d'Agésilas,
Que ce sera beaucoup s'il en obtient un gendre ;
Et peut-être sans moi ne l'obtiendra-t-il pas :
Pour deux, il aurait tort, s'il osait y prétendre.
Mais, seigneur, le voici; tâchez de pressentir
Ce qu'en votre faveur il pourrait consentir.
    SPITRIDATE.
    Ma sœur, vous êtes plus adroite;
Souffrez que je ménage un moment de retraite.
J'aurais trop à rougir, pour peu que devant moi
Vous fissiez deviner de ce manque de foi.

SCÈNE II.

LYSANDER, SPITRIDATE, MANDANE, CLÉON.

LYSANDER.

Quoique, en matière d'hyménées,
L'importune longueur des affaires traînées
Attire assez souvent de fâcheux embarras,
J'ai voulu qu'à loisir vous puissiez voir mes filles
Avant que demander l'aveu d'Agésilas
 Sur l'union de nos familles.
Dites-moi donc, seigneur, ce qu'en jugent vos yeux,
S'ils laissent votre cœur d'accord de vos promesses,
Et si vous y sentez plus d'aimables tendresses
Que de justes désirs de pouvoir choisir mieux.
Parlez avec franchise avant que je m'expose
 A des refus presque assurés,
 Que j'estimerai peu de chose
 Quand vous serez plus déclarés :
Et n'appréhendez point l'emportement d'un père;
Je sais trop que l'amour de ses droits est jaloux,
Qu'il dispose de nous sans nous,
Que les plus beaux objets ne sont pas sûrs de plaire :
L'aveugle sympathie est ce qui fait agir
 La plupart des feux qu'il excite;
Il ne l'attache pas toujours au vrai mérite;
Et, quand il la dénie, on n'a point à rougir.

SPITRIDATE.

Puisque vous le voulez, je ne puis me défendre,
Seigneur, de vous parler avec sincérité.
Ma seule ambition est d'être votre gendre;
Mais apprenez, de grâce, une autre vérité :
Ce bonheur que j'attends, cette gloire où j'aspire,
Et qui rendrait mon sort égal au sort des dieux,
N'a pour objet... Seigneur, je tremble à vous le dire;
 Ma sœur vous l'expliquera mieux.

SCÈNE III.

LYSANDER, MANDANE, CLÉON.

LYSANDER.

Que veut dire, madame, une telle retraite?
Se plaint-il d'Aglatide, et la jeune indiscrète
Répondrait-elle mal aux honneurs qu'il lui fait?

MANDANE.

Elle y répond, seigneur, ainsi qu'il le souhaite,
 Et je l'en vois fort satisfait;
Mais je ne vois pas bien que par les sympathies
 Dont vous venez de nous parler,
 Leurs âmes soient fort assorties,
Ni que l'amour encore ait daigné s'en mêler.
Ce n'est pas qu'il n'aspire à se voir votre gendre,
Qu'il n'y mette sa gloire, et borne ses plaisirs;
Mais, puisque par son ordre il me faut vous l'appren-
Elpinice est l'objet de ses plus chers désirs. [dre,

LYSANDER.

Elpinice! Et sa main n'est plus en ma puissance.

MANDANE.

Je sais qu'il n'est plus temps de vous la demander;
Mais je vous répondrais de son obéissance,
 Si Cotys la voulait céder.
Que sait-on si l'amour, dont la bizarrerie
Se joue assez souvent du fond de notre cœur,
N'aura point fait au sien même supercherie?
S'il n'y préfère point Aglatide à sa sœur?
Cet échange, seigneur, pourrait-il vous déplaire,
 S'il les rendait tous quatre heureux?

LYSANDER.

Madame, doutez-vous de la bonté d'un père?

MANDANE.

Voyez donc si Cotys sera plus rigoureux :
Je vous laisse avec lui, de peur que ma présence
N'empêche une sincère et pleine confiance.
 (à Cotys.)
Seigneur, ne cachez plus le véritable amour
 Dont l'idée en secret vous flatte.
J'ai dit à Lysander celui de Spitridate;
 Dites le vôtre à votre tour.

SCÈNE IV.

LYSANDER, COTYS, CLÉON.

COTYS.

Puisqu'elle vous l'a dit, pourrais-je vous le taire?
Jugez, seigneur, de mes ennuis;
Une autre qu'Elpinice à mes yeux a su plaire;
Et l'aimer est un crime en l'état où je suis.

LYSANDER.

Ne traitez point, seigneur, ce nouveau feu de crime :
Le choix que font les yeux est le plus légitime;
Et comme un beau désir ne peut bien s'allumer,
S'ils n'instruisent le cœur de ce qu'il doit aimer,
C'est ôter à l'amour tout ce qu'il a d'aimable,
Que les tenir captifs sous une aveugle foi;
 Et le don le plus favorable
Que ce cœur sans leur ordre ose faire de soi
 Ne fut jamais irrévocable.

COTYS.

 Seigneur, ce n'est point par mépris,
Ce n'est point qu'Elpinice aux miens n'ait paru belle;
Mais enfin, le dirai-je? oui, seigneur, on m'a pris,
On m'a volé ce cœur que j'apportais pour elle.
D'autres yeux, malgré moi, s'en sont fait les tyrans,
Et ma foi s'est armée en vain pour ma défense;
Ce lâche, qui s'est mis de leur intelligence,
Les a soudain reçus en justes conquérants.

LYSANDER.
Laissez-leur garder leur conquête.
Peut-être qu'Elpinice avec plaisir s'apprête
A vous laisser ailleurs trouver un sort plus doux ;
Quand un autre pour elle a d'autres yeux que vous,
Qu'elle cède ce cœur à celle qui le vole,
Et qu'en ce même instant qu'on vous le surprenait,
Un pareil attentat sur sa propre parole
Lui dérobait celui qu'elle vous destinait.
Surtout ne craignez rien du côté d'Aglatide :
Je puis répondre d'elle ; et quand j'aurai parlé,
Vous verrez tout son cœur, où mon pouvoir préside,
Vous payer de celui qu'elle vous a volé.

COTYS.
Ah ! seigneur, pour ce vol je ne me plains pas d'elle.

LYSANDER.
Et de qui donc ?

COTYS.
L'amour s'y sert d'une autre main.

LYSANDER.
L'amour !

COTYS.
Oui, cet amour qui me rend infidèle....

LYSANDER.
Seigneur, du nom d'amour n'abusons point en vain,
Dites d'Agésilas la haine insatiable ;
C'est elle dont l'aigreur auprès de vous m'accable,
Et qui de jour en jour s'animant contre moi,
Pour me perdre d'honneur m'enlève votre foi.

COTYS.
Ah ! s'il y va de votre gloire,
Ma parole est donnée, et dussé-je en mourir,
Je la tiendrai, seigneur jusqu'au dernier soupir,
Mais, quoi que la surprise ait pu vous faire croire,
N'accusez point Agésilas
D'un crime de mon cœur que même il ne sait pas.
Mandane, qui m'ordonne à vos yeux de le dire,
Vous montre assez par là quel souverain empire
L'amour lui donne sur ce cœur.
Ne considérez point si j'aime ou si l'on m'aime ;
En matière d'honneur ne voyez que vous-même,
Et disposez de moi comme veut cet honneur.

LYSANDER.
L'amour le fera mieux ; ce que j'en viens d'apprendre
M'offre un sujet de joie où j'en voyais d'ennui :
Épouser la sœur de mon gendre
C'est le devenir comme lui.
Aglatide d'ailleurs n'est pas si délaissée
Que votre exemple n'aide à lui trouver un roi ;
Et, pour peu que le ciel réponde à ma pensée,
Ce sera plus de gloire et plus d'appui pour moi.
Aussi ferai-je plus : je veux que de moi-même
Vous teniez cet objet qui vous fait soupirer ;
Et Spitridate, à moins que de m'en assurer,

N'obtiendra jamais ce qu'il aime.
Je veux dès aujourd'hui savoir d'Agésilas
S'il pourra consentir à ce double hyménée,
Dont ma parole était donnée.
Sa haine apparemment ne m'en avouera pas :
Si pourtant par bonheur il m'en laisse le maître,
J'en userai, seigneur, comme je le promets ;
Sinon, vous lui ferez connaître
Vous-même quels sont vos souhaits.

COTYS.
Ah ! que Mandane et moi n'avons-nous mille vies,
Seigneur, pour vous les immoler !
Car, je ne saurais plus vous le dissimuler,
Nos âmes en seront également ravies.
Souffrez-lui donc sa part en ces ravissements,
Et pardonnez, de grâce, à mon impatience....

LYSANDER.
Allez : on m'a vu jeune, et par expérience
Je sais ce qui se passe au cœur des vrais amants.

SCÈNE V.
LYSANDER, CLÉON.

CLÉON.
Seigneur, n'êtes-vous point d'une humeur bien facile
D'applaudir à Cotys sur son manque de foi ?

LYSANDER.
Je prends pour l'attacher à moi
Ce qui s'offre de plus utile.
D'un emportement indiscret
Je ne voyais rien à prétendre ;
Vouloir par force en faire un gendre,
Ce n'est qu'en vouloir faire un ennemi secret.
Je veux me l'acquérir ; je veux, s'il m'est possible,
A force d'amitiés si bien le ménager,
Que, quand je voudrai me venger,
J'en tire un secours infaillible.
Ainsi je flatte ses désirs,
J'applaudis, je défère à ses nouveaux soupirs,
Je me fais l'auteur de sa joie,
Je sers sa passion, et sous cette couleur
Je m'ouvre dans son âme une infaillible voie
A m'en faire à mon tour servir avec chaleur.

CLÉON.
Oui ; mais Agésilas, seigneur, aime Mandane ;
Du moins toute sa cour ose le deviner :
Et promettre à Cotys cette illustre Persane,
C'est lui promettre tout pour ne lui rien donner.

LYSANDER.
Qu'à ses vœux mon tyran l'accorde ou la refuse,
De la manière dont j'en use,
Il ne peut m'ôter son appui ;
Et de quelque façon que la chose se passe,
Ou je fais la première grâce,

Ou j'aigris puissamment ce rival contre lui.
J'ai même à souhaiter que son feu se déclare.
Comme de notre Sparte il choquera les lois,
C'est une occasion que lui-même il prépare,
Et qui peut la résoudre à mieux choisir ses rois.
Nous avons trop longtemps asservi sa couronne
 A la vaine splendeur du sang;
Il est juste à son tour que la vertu la donne,
Et que le seul mérite ait droit à ce haut rang.
Ma ligue est déjà forte, et ta harangue est prête
 A faire éclater la tempête,
Sitôt qu'il aura mis ma patience à bout :
Si pourtant je voyais sa haine enfin bornée
Ne mettre aucun obstacle à ce double hyménée,
Je crois que je pourrais encor oublier tout.
En perdant cet ingrat, je détruis mon ouvrage;
Je vois dans sa grandeur le prix de mon courage,
Le fruit de mes travaux, l'effet de mon crédit.
Un reste d'amitié tient mon âme en balance;
Quand je veux le haïr je me fais violence,
Et me force à regret à ce que je t'ai dit.
Il faut, il faut enfin qu'avec lui je m'explique,
 Que j'en sache qui peut causer
Cette haine si lâche, et qu'il rend si publique,
Et fasse un digne effort à le désabuser.

CLÉON.

Il n'appartient qu'à vous de former ces pensées;
Mais vous ne songez point avec quels sentiments
 Vos deux filles intéressées
 Apprendront de tels changements.

LYSANDER.

Aglatide est d'humeur à rire de sa perte;
Son esprit enjoué ne s'ébranle de rien :
Pour l'autre, elle a, de vrai, l'âme un peu moins ouverte,
Mais elle n'eut jamais de vouloir que le mien.
Ainsi je me tiens sûr de leur obéissance.

CLÉON.

Quand cette obéissance a fait un digne choix,
Le cœur, tombé par là sous une autre puissance,
N'obéit pas toujours une seconde fois.

LYSANDER.

Les voici : laisse-nous, afin qu'avec franchise
Leurs âmes s'en ouvrent à moi.

SCÈNE VI.

LYSANDER, ELPINICE, AGLATIDE.

LYSANDER.

J'apprends avec quelque surprise,
Mes filles, qu'on vous manque à toutes deux de foi;
Cotys aime en secret une autre qu'Elpinice,
 Spitridate n'en fait pas moins.

ELPINICE.

Si l'on nous fait quelque injustice,
Seigneur, notre devoir s'en remet à vos soins.
Je ne sais qu'obéir.

AGLATIDE.

 J'en sais donc davantage;
Je sais que Spitridate adore d'autres yeux;
Je sais que c'est ma sœur à qui va cet hommage,
Et quelque chose encor qu'elle vous dirait mieux.

ELPINICE.

Ma sœur, qu'aurais-je à dire?

AGLATIDE.

 A quoi bon ce mystère?
Dites ce qu'à ce nom le cœur vous dit tout bas,
Ou je dirai tout haut qu'il ne vous déplaît pas.

ELPINICE.

Moi, je pourrais l'aimer, et sans l'ordre d'un père!

AGLATIDE.

Vous ne savez que c'est d'aimer ou de haïr,
Mais vous seriez pour lui fort aise d'obéir.

ELPINICE.

Qu'il faut souffrir de vous, ma sœur!

AGLATIDE.

 Le grand supplice
De voir qu'en dépit d'elle on lui rend du service!

LYSANDER.

Rendez-lui la pareille. Aime-t-elle Cotys?
Et s'il fallait changer entre vous de partis...

AGLATIDE.

Je n'ai pas besoin d'interprète,
Et vous en dirai plus, seigneur, qu'elle n'en sait.
Cotys pourrait me plaire, et plairait en effet,
Si pour toucher son cœur j'étais assez bien faite;
Mais je suis fort trompée, ou cet illustre cœur
 N'est pas plus à moi qu'à ma sœur.

LYSANDER.

Peut-être ce malheur d'assez près te menace.

AGLATIDE.

J'en connais plus de vingt qui mourraient en ma place,
Ou qui sauraient du moins hautement quereller
 L'injustice de la fortune,
Mais pour moi, qui n'ai pas une âme si commune,
 Je sais l'art de m'en consoler.
 Il est d'autres rois dans l'Asie
Qui seront trop heureux de prendre votre appui;
Et déjà je ne sais par quelle fantaisie
J'en crois voir à mes pieds de plus puissants que lui.

LYSANDER

Donc à moins que d'un roi tu ne veux plus te rendre?

AGLATIDE.

Je crois pour Spitridate avoir déjà fait voir
 Que ma sœur n'a rien à m'apprendre
 Sur le chapitre du devoir.
Elle sait obéir, et je le sais comme elle :

C'est l'ordre; et je lui garde un cœur assez fidèle
  Pour en subir toutes les lois :
  Mais pour régler ma destinée,
Si vous vous abaissiez jusqu'à prendre ma voix,
  Vous arrêteriez votre choix
  Sur une tête couronnée,
  Et ne m'offririez que des rois.

LYSANDER.

C'est mettre un peu haut ta conquête.

AGLATIDE.

La couronne, seigneur, orne bien une tête.
Je me la figurais sur celle de ma sœur,
  Lorsque Cotys devait l'y mettre;
Et, quand j'en contemplais la gloire et la douceur,
  Que je ne pouvais me promettre,
Un peu de jalousie et de confusion
Mutinait mes désirs et me soulevait l'âme;
  Et comme en cette occasion
Mon devoir pour agir n'attendait point ma flamme...

ELPINICE.

La gloire d'obéir à votre grand regret
  Vous faisait pester en secret :
C'est l'ordre; et du devoir la scrupuleuse idée...

AGLATIDE.

Que dites-vous, ma sœur? qu'osez-vous hasarder,
Vous qui tantôt...

ELPINICE.

  Ma sœur, laissez-moi vous aider,
Ainsi que vous m'avez aidée.

AGLATIDE.

Pour bien m'aider à dire ici mes sentiments,
  Vous vous prenez trop mal aux vôtres;
Et, si je suis jamais réduite aux truchements,
  Il m'en faudra bien chercher d'autres.
Seigneur, quoi qu'il en soit, voilà quelle je suis.
J'acceptai Spitridate avec quelques ennuis;
De ce petit chagrin le ciel m'a dégagée
  Sans que mon âme soit changée.
Mon devoir règne encor sur mon ambition;
Quoi que vous m'ordonniez, j'obéirai sans peine :
  Mais, de mon inclination,
  Je mourrai fille, ou vivrai reine.

ELPINICE.

Achevez donc, ma sœur; dites qu'Agésilas...

AGLATIDE.

Ah! seigneur, ne l'écoutez pas :
Ce qu'elle veut vous dire est une bagatelle;
Et même, s'il le faut, je le dirai mieux qu'elle.

LYSANDER.

Dis donc. Agésilas?...

AGLATIDE.

  M'aimait jadis un peu,
Du moins lui-même à Sparte il m'en fit confidence
Et, s'il me disait vrai, sa noble impatience

De vous en demander l'aveu
N'attendait qu'après l'hyménée
De cette aimable et chère aînée.
Mais s'il attendait là que mon tour arrivé
  Autorisât à ma conquête
La flamme qu'en réserve il tenait toute prête,
Son amour est encore ici plus réservé;
Et, soit que dans Éphèse un autre objet me passe,
Soit que par complaisance il cède à son rival,
  Il me fait à présent la grâce
  De ne m'en dire bien ni mal.

LYSANDER.

D'un pareil changement ne cherche point la cause;
Sa haine pour ton père à cet amour s'oppose.
Mais n'importe, il est bon que j'en sois averti :
J'agirai d'autre sorte avec cette lumière;
Et, suivant qu'aujourd'hui nous l'aurons plus entière,
  Nous verrons à prendre parti [1].

SCÈNE VII.

ELPINICE, AGLATIDE.

ELPINICE.

Ma sœur je vous admire, et ne saurais comprendre
  Cet inépuisable enjouement,
Qui d'un chagrin trop juste a de quoi vous défendre,
Quand vous êtes si près de vous voir sans amant.

AGLATIDE.

Il est aisé pourtant d'en deviner les causes.
Je sais comme il faut vivre, et m'en trouve fort bien.
  La joie est bonne à mille choses,
  Mais le chagrin n'est bon à rien.
Ne perds-je [2] pas assez, sans doubler l'infortune,
Et perdre encor le bien d'avoir l'esprit égal?
  Perte sur perte est importune,
Et je m'aime un peu trop pour me traiter si mal.
Soupirer quand le sort nous rend une injustice,
C'est lui prêter une aide à nous faire un supplice.
Pour moi, que ne lui puis souffrir tant de pouvoir,
Le bien que je me veux met sa haine à pis faire.
  Mais allons rejoindre mon père;
J'ai quelque chose encore à lui faire savoir.

---

[1] L'acte II se terminait d'abord ici, et la scène suivante ne se trouve pas dans la première édition (1666).

[2] *Ne perds-je* n'est pas français, et peut-être ne l'était pas même du temps de Corneille. Il faudrait y substituer *ne perdé-je*, mais le vers n'aurait plus sa mesure; il la retrouverait en changeant le tour, et en disant :

Je perds assez déjà sans doubler l'infortune,
Et perdre encor, etc.   (P.)

ACTE TROISIÈME.

SCÈNE PREMIÈRE.

AGÉSILAS, LYSANDER, XÉNOCLÈS.

LYSANDER.
Je ne suis point surpris qu'à ces deux hyménées
Vous refusiez, seigneur, votre consentement;
J'aurais eu tort d'attendre un meilleur traitement
Pour le sang odieux dont mes filles sont nées.
Il est le sang d'Hercule en elles comme en vous,
Et méritait par-là quelque destin plus doux :
Mais s'il vous peut donner un titre légitime,
　Pour être leur maître et leur roi,
C'est pour l'une et pour l'autre une espèce de crime
Que de l'avoir reçu de moi.
J'avais cru toutefois que l'exil volontaire
Où l'amour paternel près d'elles m'eût réduit,
Moi qui de mes travaux ne vois plus autre fruit
　Que le malheur de vous déplaire,
　Comme il délivrerait vos yeux
　D'une insupportable présence,
A mes jours presque usés obtiendrait la licence
D'aller finir sous d'autres cieux.
C'était là mon dessein; mais cette même envie,
Qui me fait près de vous un si malheureux sort,
Ne saurait endurer ni l'éclat de ma vie,
　Ni l'obscurité de ma mort.

AGÉSILAS.
Ce n'est pas d'aujourd'hui que l'envie et la haine
　Ont persécuté les héros.
Hercule en sert d'exemple, et l'histoire en est pleine :
Nous ne pouvons souffrir qu'ils meurent en repos.
Cependant cet exil, ces retraites paisibles,
Cet unique souhait d'y terminer leurs jours,
Sont des mots bien choisis à remplir leurs discours;
Ils ont toujours leur grâce, ils sont toujours plausi-
　Mais ils ne sont pas vrais toujours;　　[bles :
Et souvent des périls, ou cachés ou visibles,
Forcent notre prudence à nous mieux assurer
　Qu'ils ne veulent que figurer.
Je ne m'étonne point qu'avec tant de lumières
　Vous ayez prévu mes refus ;
Mais je m'étonne fort que, les ayant prévus,
Vous n'en ayez pu voir les raisons bien entières.
Vous êtes un grand homme, et, de plus, mécontent :
J'avouerai de ma part, vous avez lieu de l'être.
Ainsi de ce repos où votre ennui prétend
Je dois prévoir en roi quel désordre peut naître,
Et regarde en quels lieux il vous plaît de porter
Des chagrins qu'en leur temps on peut voir éclater.
Ceux que prend pour exil ou choisit pour asile

Ce dessein d'une mort tranquille,
Des Perses et des Grecs séparent les États.
L'assiette en est heureuse, et l'accès difficile;
Leurs maîtres ont du cœur, leurs peuples ont des bras;
Ils viennent de nous joindre avec une puissance
A beaucoup espérer, à craindre beaucoup d'eux;
Et c'est mettre en leurs mains une étrange balance,
Que de mettre à leur tête un guerrier si fameux.
C'est vous qui les donnez l'un et l'autre à la Grèce :
L'un fut ami de Perse, et l'autre son sujet.
Le service est bien grand, mais aussi je confesse
Qu'on peut ne pas bien voir tout le fond du projet.
Votre intérêt s'y mêle en les prenant pour gendres;
Et si par des liens et si forts et si tendres
Vous pouvez aujourd'hui les attacher à vous,
　Vous vous les donnez plus qu'à nous.
Si malgré le secours, si malgré les services
Qu'un ami doit à l'autre, un sujet à son roi,
Vous les avez tous deux arrachés à leur foi,
Sans aucun droit sur eux, sans aucuns bons offices,
　Avec quelle facilité
N'immoleront-ils point une amitié nouvelle
　A votre courage irrité,
Quand vous ferez agir toute l'autorité
De l'amour conjugale et de la paternelle,
Et que l'occasion aura d'heureux moments
　Qui flattent vos ressentiments?
Vous ne nous laissez aucun gage;
Votre sang tout entier passe avec vous chez eux.
Voyez donc ce projet comme je l'envisage,
Et dites si pour nous il n'a rien de douteux.
Vous avez jusqu'ici fait paraître un vrai zèle,
Un cœur si généreux, une âme si fidèle,
Que par toute la Grèce on vous loue à l'envi :
Mais le temps quelquefois inspire une autre envie.
Comme vous Thémistocle avait fort bien servi,
Et dans la cour de Perse il a fini sa vie.

LYSANDER.
Si c'est avec raison que je suis mécontent,
Si vous-même avouez que j'ai lieu de me plaindre,
Et si jusqu'à ce point on me croit important
Que mes ressentiments puissent vous être à craindre,
　Oserais-je vous demander
　Ce que vous a fait Lysander
Pour leur donner ici chaque jour de quoi naître;
Seigneur? et s'il est vrai qu'un homme tel que moi,
Quand il est mécontent, peut desservir son roi,
　Pourquoi me forcez-vous à l'être?
Quelque avis que je donne, il n'est point écouté;
Quelque emploi que j'embrasse, il m'est soudain ôté;
Me choisir pour appui, c'est courir à sa perte.
Vous changez en tous lieux les ordres que j'ai mis;
Et, comme s'il fallait agir à guerre ouverte,
　Vous détruisez tous mes amis,

Ces amis dont pour vous je gagnai les suffrages
Quand il fallut aux Grecs élire un général,
Eux qui vous ont soumis les plus nobles courages,
Et fait ce haut pouvoir qui leur est si fatal :
Leur seul amour pour moi les livre à leur ruine;
Il leur coûte l'honneur, l'autorité, le bien;
Cependant plus j'y songe, et plus je m'examine,
Moins je trouve, seigneur, à me reprocher rien.

AGÉSILAS.

Dites tout : vous avez la mémoire trop bonne
Pour avoir oublié que vous me fîtes roi,
 Lorsqu'on balança ma couronne
  Entre Léotychide et moi.
Peut-être n'osez-vous me vanter un service
 Qui ne me rendit que justice,
Puisque nos lois voulaient ce qu'il sut maintenir;
Mais moi qui l'ai reçu, je veux m'en souvenir.
Vous m'avez donc fait roi, vous m'avez de la Grèce
Contre celui de Perse établi général;
Et quand je sens dans l'âme une ardeur qui me presse
 De ne m'en revancher pas mal,
A peine sommes-nous arrivés dans Éphèse,
 Où de nos alliés j'ai mis le rendez-vous,
 Que, sans considérer si j'en serai jaloux,
 Ou s'il se peut que je m'en taise,
 Vous vous saisissez par vos mains
 De plus que votre récompense;
Et tirant toute à vous la suprême puissance[1],
Vous me laissez des titres vains.
On s'empresse à vous voir, on s'efforce à vous plaire;
On croit lire en vos yeux ce qu'il faut qu'on espère;
On pense avoir tout fait quand on vous a parlé.
Mon palais près du vôtre est un lieu désolé;
Et le généralat comme le diadème
M'érige sous votre ordre en fantôme éclatant,
En colosse d'État qui de vous seul attend
 L'âme qu'il n'a pas de lui-même,
 Et que vous seul faites aller
Où pour vos intérêts il le faut étaler.
Général en idée, et monarque en peinture,
De ces illustres noms pourrais-je faire cas
S'il les fallait porter moins comme Agésilas
 Que comme votre créature,
Et montrer avec pompe au reste des humains
En ma propre grandeur l'ouvrage de vos mains ?
 Si vous m'avez fait roi, Lysander, je veux l'être.
Soyez-moi bon sujet, je vous serai bon maître;
Mais ne prétendez plus partager avec moi
 Ni la puissance ni l'emploi.
Si vous croyez qu'un sceptre accable qui le porte,

A moins qu'il prenne un aide à soutenir son poids,
 Laissez discerner à mon choix
Quelle main à m'aider pourrait être assez forte.
Vous aurez bonne part à des emplois si doux
 Quand vous pourrez m'en laisser faire;
Mais soyez sur aussi d'un succès tout contraire,
Tant que vous ne voudrez les tenir que de vous.
Je passe à vos amis qu'il m'a fallu détruire.
Si dans votre vrai rang je voulais vous réduire,
Et d'un pouvoir surpris saper les fondements,
Ils étaient tout à vous; et par reconnaissance
 D'en avoir reçu leur puissance,
Ils ne considéraient que vos commandements.
Vous seul les aviez faits souverains dans leurs villes;
Et j'y verrais encor mes ordres inutiles,
A moins que d'avoir mis leur tyrannie à bas,
Et changé comme vous la face des États.
 Chez tous nos Grecs asiatiques
Votre pouvoir naissant trouva des républiques,
Que sous votre cabale il vous plut asservir :
La vieille liberté, si chère à leurs ancêtres,
Y fut partout forcée à recevoir dix maîtres;
Et dès qu'on murmurait de se la voir ravir,
On voyait par votre ordre immoler les plus braves
 A l'empire de vos esclaves.
J'ai tiré de ce joug les peuples opprimés :
En leur premier état j'ai remis toutes choses;
Et la gloire d'agir par de plus justes causes
A produit des effets plus doux et plus aimés.
J'ai fait, à votre exemple, ici des créatures,
Mais sans verser de sang, sans causer de murmures,
Et comme vos tyrans prenaient de vous la loi,
Comme ils étaient à vous, les peuples sont à moi.
Voilà quelles raisons ôtent à vos services
 Ce qu'ils vous semblent mériter,
 Et colorent ces injustices
Dont vous avez raison de vous mécontenter.
Si d'abord elles ont quelque chose d'étrange,
Repassez-les deux fois au fond de votre cœur;
Changez, si vous pouvez, de conduite et d'humeur;
 Mais n'espérez pas que je change[1].

---

[1] Il faut convenir que, si l'exécution de cette scène est défectueuse, l'intention en est très-belle, et digne encore de Corneille. (P.)

[1] S'il y a beaucoup de fautes de diction dans ces vers, si le style est faible, du moins les pensées sont fortes, sages, vraies, sans enflure, et sans amplification de rhétorique. Qu'il me soit permis de dire ici que, dans mon enfance, le P. Tournemine, jésuite, partisan outré de Corneille, et ennemi de Racine qu'il regardait comme un janséniste, me faisait remarquer ce morceau qu'il préférait à toutes les pièces de Racine. C'est ainsi que la prévention corrompt le goût, comme elle altère le jugement dans toutes les actions de la vie. (V.) — Dans la vie de son oncle, Fontenelle s'exprime ainsi à l'égard d'*Agésilas*: « Il faut « croire qu'il est de Corneille, puisque son nom y est; et il y a « une scène d'Agésilas et de Lysander qui ne pourrait pas facile- « ment être d'un autre. » Cette louange est fort exagérée. Le ton de cette scène est noble, et les pensées ont assez de dignité : mais la versification est faible. (LA H.)

LYSANDER.

S'il ne m'est pas permis d'espérer rien de tel, [tes
Du moins, grâces aux dieux, je ne vois dans vos plain-
Que des raisons d'État et de jalouses craintes
Qui me font malheureux, et non pas criminel.
Non, seigneur, que je veuille être assez téméraire
Pour oser d'injustice accuser mes malheurs :
L'action la plus belle a diverses couleurs ;
Et lorsqu'un roi prononce, un sujet doit se taire.
Je voudrais seulement vous faire souvenir
Que j'ai près de trente ans commandé nos armées
Sans avoir amassé que ces nobles fumées
  Qui gardent les noms de finir.
Sparte, pour qui j'allais de victoire en victoire,
M'a toujours vu pour fruit n'en vouloir que la gloire,
Et faire en son épargne entrer tous les trésors
Des peuples subjugués par mes heureux efforts.
Vous-même le savez, que, quoi qu'on m'ait vu faire,
Mais filles n'ont pour dot que le nom de leur père ;
Tant il est vrai, seigneur, qu'en un si long emploi
J'ai tout fait pour l'État, et n'ai rien fait pour moi.
Dans ce manque de bien Cotys et Spitridate,
L'un roi, l'autre en pouvoir égal peut-être aux rois,
M'ont assez estimé pour y borner leur choix ;
Et, quand de les pourvoir un doux espoir me flatte,
  Vous semblez m'envier un bien
Qui fait ma récompense, et ne vous coûte rien.

AGÉSILAS.

Il nous serait honteux que des mains étrangères
Vous payassent pour nous de ce qui vous est dû.
Tôt ou tard le mérite a ses justes salaires,
Et son prix croît souvent, plus il est attendu.
D'ailleurs n'aurait-on pas quelque lieu de vous dire,
Si je vous permettais d'accepter ces partis,
Qu'amenent avec nous Spitridate et Cotys, [re ?
Vous auriez fait pour vous plus que pour notre empi-
Que vos seuls intérêts vous auraient fait agir ?
Et pourriez-vous enfin l'entendre sans rougir ?
 Vos filles sont d'un sang que Sparte aime et révère
Assez pour les payer des services d'un père.
Je veux bien en répondre, et moi-même au besoin
J'en ferai mon affaire, et prendrai tout le soin.

LYSANDER.

Je n'attendais, seigneur, qu'un mot si favorable
Pour finir envers vous mes importunités ;
Et je ne craindrai plus qu'aucun malheur m'accable,
  Puisque vous avez ces bontés.
Aglatide surtout aura l'âme ravie
  De perdre un époux à ce prix ;
Et moi, pour me venger de vos plus durs mépris,
Je veux tout de nouveau vous consacrer ma vie.

SCÈNE II.

AGÉSILAS, XÉNOCLÈS.

AGÉSILAS.

D'un peu d'amour que j'eus Aglatide a parlé
Son père qui l'a su dans son âme s'en flatte ;
Et sur ce vain espoir il part tout consolé
Du refus que j'en fais aux vœux de Spitridate.
Tu l'as vu, Xénoclès, tout d'un coup s'adoucir.

XÉNOCLÈS.

Oui : mais enfin, seigneur, il est temps de le dire,
Tout soumis qu'il paraît, apprenez qu'il conspire,
Et par où sa vengeance espère y réussir.
Ce confident choisi, Cléon d'Halicarnasse,
  Dont l'éloquence a tant d'éclat,
Lui vend une harangue à renverser l'État,
Et le mettre bientôt lui-même en votre place.
En voici la copie, et je la viens d'avoir
D'un des siens sur qui l'or me donne tout pouvoir,
De l'esclave Damis, qui sert de secrétaire
  A cet orateur mercenaire,
  Et plus mercenaire que lui,
Pour être mieux payé vous la livre aujourd'hui.
On y soutient, seigneur, que notre république
Va bientôt voir ses rois devenir ses tyrans
A moins que d'en choisir de trois ans en trois ans,
  Et non plus suivant l'ordre antique
  Qui règle le choix par le sang ;
Mais qu'indifféremment elle doit à ce rang
Élever le mérite et les rares services.
 J'ignore quels sont les complices :
Mais il pourra d'Éphèse écrire à ses amis ;
Et soudain le paquet entre vos mains remis
  Vous instruira de toutes choses.
Cependant j'ai fait mon devoir.
Vous voyez le dessein, vous en savez les causes,
Votre perte en dépend ; c'est à vous d'y pourvoir.

AGÉSILAS.

A te dire le vrai, l'affaire m'embarrasse ;
J'ai peine à démêler ce qu'il faut que je fasse,
Tant la confusion de mes raisonnements
  Étonne mes ressentiments.
Lysander m'a servi ; j'aurais une âme ingrate
Si je méconnaissais ce que je tiens de lui ;
Il a servi l'État, et, si son crime éclate,
  Il y trouvera de l'appui.
Je sens que ma reconnaissance
Ne cherche qu'un moyen de le mettre à couvert :
Mais enfin il y va de toute ma puissance ;
  Si je ne le perds, il me perd.
Ce que veut l'intérêt, la prudence ne l'ose ;
Tu peux juger par là du désordre où je suis.
Je vois qu'il faut le perdre ; et plus je m'y dispose,

Plus je doute si je le puis.
Sparte est un État populaire,
Qui ne donne à ses rois qu'un pouvoir limité ;
　　On peut y tout dire et tout faire
　　Sous ce grand nom de liberté.
Si je suis souverain en tête d'une armée,
　　Je n'ai que ma voix au sénat ;
Il y faut rendre compte ; et tant de renommée
Y peut avoir déjà quelque ligue formée
　　Pour autoriser l'attentat.
Ce prétexte flatteur de la cause publique,
Dont il le couvrira, si je le mets au jour,
Tournera bien des yeux vers cette politique
Qui met chacun en droit de régner à son tour.
Cet espoir y pourra toucher plus d'un courage ;
Et, quand sur Lysander j'aurai fait choir l'orage,
Mille autres comme lui jaloux ou mécontents,
Se promettront plus d'heur à mieux choisir leur temps.
Ainsi de toutes parts le péril m'environne.
Si je veux le punir j'expose ma couronne ;
Et si je lui fais grâce, ou veux dissimuler,
Je dois craindre....

XÉNOCLÈS.
　　Cotys, seigneur, veut vous parler.
　　　　AGÉSILAS.
Voyons quelle est sa flamme, avant que de résoudre
S'il nous faudra lancer ou retenir la foudre.

SCÈNE III.
AGÉSILAS, COTYS, XÉNOCLÈS.

AGÉSILAS.
Si vous n'êtes, seigneur, plus mon ami qu'amant,
Vous me voudrez du mal avec quelque justice ;
Mais vous m'êtes trop cher, pour souffrir aisément
Que vous vous attachiez au père d'Elpinice :
　　Non qu'entre un si grand homme et moi
Ce qu'on voit de froideur prépare aucune haine ;
Mais c'est assez pour voir cet hymen avec peine
　　Qu'un sujet déplaise à son roi.
D'ailleurs, je n'ai pas cru votre âme fort éprise :
Sans l'avoir jamais vue, elle vous fut promise ;
Et la foi qui ne tient qu'à la raison d'État
Souvent n'est qu'un devoir qui gêne, tyrannise,
Et fait sur tout le cœur un secret attentat.

COTYS.
Seigneur, la personne est aimable :
Je promis de l'aimer avant que de la voir,
Et sentis à sa vue un accord agréable
Entre mon cœur et mon devoir.
La froideur toutefois que vous montrez au père
M'en donne un peu pour elle, et me la rend moins chère :
　　Non que j'ose après vos refus
Vous assurer encor que je ne l'aime plus :

Comme avec ma parole il nous fallait la vôtre,
Vous dégagez ma foi, mon devoir, mon honneur ;
Mais, si vous en voulez dégager tout mon cœur,
　　Il faut l'engager à quelque autre.

AGÉSILAS.
Choisissez, choisissez, et s'il est quelque objet
A Sparte, ou dans toute la Grèce,
Qui puisse de ce cœur mériter la tendresse,
　　Tenez-vous sûr d'un prompt effet.
En est-il qui vous touche, en est-il qui vous plaise ?

COTYS.
Il en est, oui, seigneur, il en est dans Éphèse ;
Et pour faire en ce cœur naître un nouvel amour,
Il ne faut point aller plus loin que votre cour ;
L'éclat et les vertus de l'illustre Mandane....

AGÉSILAS.
Que dites-vous, seigneur ? et quel est ce désir ?
Quand par toute la Grèce on vous donne à choisir,
　　Vous choisissez une Persane !
Pensez-y bien, de grâce, et ne nous forcez pas,
　　Nous qui vous aimons, à connaître
Que, pressé d'un amour qui ne vient pas de naître,
Vous ne venez à moi que pour suivre ses pas.

COTYS.
Mon amour en ces lieux ne cherchait qu'Elpinice ;
Mes yeux ont rencontré Mandane par hasard ;
Et quand ce même amour de vos froideurs complice
S'est voulu pour vous plaire attacher autre part,
Les siens ont attiré toute la déférence
Que j'ai cru devoir rendre à votre aversion ;
Et je l'ai regardée, après votre alliance,
　　Bien moins Persane de naissance
　　Que Grecque par adoption.

AGÉSILAS.
Ce sont subtilités que l'amour vous suggère,
Dont nous voyons pour nous les succès incertains.
Ne pourriez-vous, seigneur, d'une amitié si chère
Mettre le grand dépôt en de plus sûres mains ?
Pausanias et moi nous avons des parentes ;
Et jamais un vrai roi ne fait un digne choix
　　S'il ne s'allie au sang des rois.

COTYS.
Quand on aime on se fait des règles différentes.
Spitridate a du nom et de la qualité ;
Sans trône, il a d'un roi le pouvoir en partage ;
Votre Grèce en reçoit un pareil avantage ;
Et le sang n'y met pas tant d'inégalité,
　　Que l'amour où sa sœur m'engage
　　Ravale fort ma dignité.
Se peut-il qu'en l'aimant ma gloire se hasarde
　　Après l'exemple d'un grand roi,
Qui, tout grand roi qu'il est, l'estime et la regarde
　　Avec les mêmes yeux que moi ?
Si ce bruit n'est point faux mon mal est sans remède ;

Car enfin c'est un roi dont il me faut l'appui.
Adieu, seigneur : je la lui cède,
Mais je ne la cède qu'à lui.

SCÈNE IV.

AGÉSILAS, XÉNOCLÈS.

AGÉSILAS.

D'où sait-il, Xénoclès, d'où sait-il que je l'aime ?
Je ne l'ai dit qu'à toi ; m'aurais-tu découvert ?

XÉNOCLÈS.

Si j'ose vous parler, seigneur, à cœur ouvert,
Il ne le sait que de vous-même.
L'éclat de ces faveurs dont vous enveloppez
De votre faux secret le chatouilleux mystère,
Dit si haut, malgré vous, ce que vous pensez taire,
Que vous êtes ici le seul que vous trompez :
De si brillants dehors font un grand jour dans l'âme ;
Et, quelque illusion qui puisse vous flatter,
Plus ils déguisent votre flamme,
Plus au travers du voile ils la font éclater.

AGÉSILAS.

Quoi ! la civilité, l'accueil, la déférence,
Ce que pour le beau sexe on a de complaisance,
Ce qu'on lui rend d'honneur, tout passe pour amour ?

XÉNOCLÈS.

Il est bien malaisé qu'aux yeux de votre cour
Il passe pour indifférence ;
Et c'est l'en avouer assez ouvertement
Que refuser Mandane aux vœux d'un autre amant.
Mais qu'importe, après tout ? Si du plus grand courage
Le vrai mérite a droit d'attendre un plein hommage,
Serait-il honteux de l'aimer ?

AGÉSILAS.

Non, et même avec gloire on s'en laisse charmer ;
Mais un roi, que son trône à d'autres soins engage,
Doit n'aimer qu'autant qu'il lui plaît
Et que de sa grandeur y consent l'intérêt.
Vois donc si ma peine est légère :
Sparte ne permet point aux fils d'une étrangère
De porter son sceptre en leur main ;
Cependant à mes yeux Mandane a su trop plaire ;
Je veux cacher ma flamme, et je le veux en vain.
Empêcher son hymen, c'est lui faire injustice ;
L'épouser, c'est blesser nos lois ;
Et même il n'est pas sûr que j'emporte son choix :
La donner à Cotys, c'est me faire un supplice ;
M'opposer à ses vœux, c'est le joindre au parti
Que déjà contre moi Lysander a pu faire ;
Et s'il a le bonheur de ne lui pas déplaire,
J'en recevrai peut-être un honteux démenti.
Que ma confusion, que mon trouble est extrême !
Je me défends d'aimer, et j'aime ;
Et je sens tout mon cœur balancé nuit et jour
Entre l'orgueil du diadème
Et les doux espoirs de l'amour.
En qualité de roi, j'ai pour ma gloire à craindre ;
En qualité d'amant, je vois mon sort à plaindre :
Mon trône avec mes vœux ne souffre aucun accord ;
Et ce que je me dois me reproche sans cesse
Que je ne suis pas assez fort
Pour triompher de ma faiblesse.

XÉNOCLÈS.

Toutefois il est temps ou de vous déclarer,
Ou de céder l'objet qui vous fait soupirer.

AGÉSILAS.

Le plus sûr, Xénoclès, n'est pas le plus facile.
Cherche-moi Spitridate, et l'amène en ce lieu ;
Et nous verrons après s'il n'est point de milieu
Entre le charmant et l'utile.

ACTE QUATRIÈME.

SCÈNE PREMIÈRE.

SPITRIDATE, ELPINICE.

SPITRIDATE.

Agésilas me mande ; il est temps d'éclater.
Que me permettez-vous, madame, de lui dire ?
Me désavouerez-vous si j'ose me vanter
Que c'est pour vous que je soupire,
Que je crois mes soupirs assez bien écoutés
Pour vous fermer le cœur et l'oreille à tous autres,
Et que dans vos regards je vois quelques bontés
Qui semblent m'assurer des vôtres ?

ELPINICE.

Que servirait, seigneur, de vous y hasarder ?
Suis-je moins que ma sœur fille de Lysander ?
Et la raison d'État qui rompt votre hyménée
Regarde-t-elle plus la jeune que l'aînée ?
S'il n'eût point à Cotys refusé votre sœur,
J'eusse osé présumer qu'il eût aimé la mienne ;
Et m'aurais dit moi-même, avec quelque douceur :
« Il se l'est réservée, et veut bien qu'on m'obtienne. »
Mais il aime Mandane ; et ce prince, jaloux
De ce que peut ici le grand nom de mon père,
N'a pour lui qu'une haine obstinée et sévère
Qui ne lui peut souffrir de gendres tels que vous.

SPITRIDATE.

Puisqu'il aime ma sœur, cet amour est un gage
Qui me répond de son suffrage :
Ses désirs prendront loi de mes propres désirs ;

Et son feu pour les satisfaire
N'a pas moins besoin de me plaire
Que j'en ai de lui voir approuver mes soupirs.
Madame, on est bien fort quand on parle soi-même,
 Et qu'on peut dire au souverain :
« J'aime et je suis aimé; vous aimez comme j'aime,
« Achevez mon bonheur, j'ai le vôtre en ma main. »
ELPINICE.
Vous ne songez qu'à vous, et, dans votre âme éprise,
Vos vœux se tiennent sûrs d'un prompt et plein effet.
Mais que fera Cotys, à qui je suis promise?
Me rendra-t-il ma foi s'il n'est point satisfait?
SPITRIDATE.
La perte de ma sœur lui servira de guide
A tourner ses désirs du côté d'Aglatide.
D'ailleurs que pourra-t-il, si contre Agésilas
Ce grand homme ni moi nous ne le servons pas?
ELPINICE.
 Il a parole de mon père
Que vous n'obtiendrez rien à moins qu'il soit content;
Et mon père n'est pas un esprit inconstant
Qui donne une parole incertaine et légère.
Je vous le dis encor, seigneur, pensez-y bien :
Cotys aura Mandane, ou vous n'obtiendrez rien.
SPITRIDATE.
Dites, dites un mot, et ma flamme enhardie....
ELPINICE.
 Que voulez-vous que je vous die?
Je suis sujette et fille, et j'ai promis ma foi ;
Je dépends d'un amant, et d'un père, et d'un roi.
SPITRIDATE.
N'importe, ce grand mot produirait des miracles.
Un amant avoué renverse tous obstacles;
Tout lui devient possible, il fléchit les parents,
Triomphe des rivaux, et brave les tyrans.
Dites donc, m'aimez-vous?
ELPINICE.
 Que ma sœur est heureuse!
SPITRIDATE.
Quand mon amour pour vous la laisse sans amant,
 Son destin est-il si charmant
 Que vous en soyez envieuse?
ELPINICE.
Elle est indifférente, et ne s'attache à rien.
SPITRIDATE.
Et vous?
ELPINICE.
 Que n'ai-je un cœur qui soit comme le sien!
SPITRIDATE.
Le vôtre est-il moins insensible?
ELPINICE.
S'il ne tenait qu'à lui que tout vous fût possible,
Le devoir et l'amour....

CORNEILLE. — TOME II.

SPITRIDATE.
 Ah! madame, achevez :
Le devoir et l'amour, que vous feraient-ils faire?
ELPINICE.
Voyez le roi, voyez Cotys, voyez mon père;
 Fléchissez, triomphez, bravez,
 Seigneur, mais laissez-moi me taire.
SPITRIDATE, *à Mandane qui entre.*
Venez, ma sœur, venez aider mes tristes feux
A combattre un injuste et rigoureux silence.
ELPINICE.
Hélas! il est si bien de leur intelligence,
 Qu'il vous dit plus que je ne veux.
J'en dois rougir. Adieu. Voyez avec madame
Le moyen le plus propre à servir votre flamme.
Des trois dont je dépends elle peut tout sur deux :
L'un hautement l'adore, et l'autre au fond de l'âme;
Et son destin lui-même, ainsi que notre sort,
 Dépend de les mettre d'accord.

SCÈNE II.

SPITRIDATE, MANDANE.

SPITRIDATE.
Il est temps de résoudre avec quel artifice
 Vous pourrez en venir à bout,
Vous, ma sœur, qui tantôt me répondiez de tout,
 Si j'avais le cœur d'Elpinice.
Il est à moi ce cœur, son silence le dit,
Son adieu le fait voir, sa fuite le proteste;
 Et, si je n'obtiens pas le reste,
Vous manquez de parole, ou du moins de crédit.
MANDANE.
Si le don de ma main vous peut donner la sienne,
Je vous sacrifîrai tout ce que j'ai promis;
Mais vous, répondez-vous que ce don vous l'obtienne,
Et qu'il mette d'accord de si fiers ennemis?
Le roi qui vous refuse à Lysander pour gendre
Y consentira-t-il si vous m'offrez à lui ?
Et, s'il peut à ce prix le permettre aujourd'hui,
 Lysander voudra-t-il se rendre?
Lui qui ne vous remet votre première foi
Qu'en faveur de l'amour que Cotys fait paraître;
 Ne vous fait-il pas cette loi
Que sans le rendre heureux vous ne le sauriez être?
SPITRIDATE.
Cotys de cet espoir ose en vain se flatter;
L'amour d'Agésilas à son amour s'oppose.
MANDANE.
Et, si vous ne pensez à le mieux écouter,
Lysander d'Elpinice en sa faveur dispose.
SPITRIDATE.
Ne me cachez rien, vous l'aimez.

12

MANDANE.
Comme vous aimez Elpinice.
SPITRIDATE.
Mais vous m'avez promis un entier sacrifice.
MANDANE.
Oui, s'il peut être utile aux vœux que vous formez.
SPITRIDATE.
Que ne peut point un roi!
MANDANE.
Quels droits n'a point un père!
SPITRIDATE.
Inexorable sœur!
MANDANE.
Impitoyable frère,
Qui voulez que j'éteigne un feu digne de moi,
Et ne sauriez vous faire une pareille loi!
SPITRIDATE.
Hélas! considérez....
MANDANE.
Considérez vous-même....
SPITRIDATE.
Que j'aime, et que je suis aimé.
MANDANE.
Que je suis aimée, et que j'aime.
SPITRIDATE.
N'égalez point au mien un feu mal allumé.
Le sexe vous apprend à régner sur vos âmes.
MANDANE.
Dites qu'il nous apprend à renfermer nos flammes;
Dites que votre ardeur, à force d'éclater,
S'exhale, se dissipe ou du moins s'exténue,
Quand la nôtre grossit sous cette retenue,
Dont le joug odieux ne sert qu'à l'irriter.
Je vous parle, seigneur, avec une âme ouverte;
Et si je vous voyais capable de raison,
Si quand l'amour domine elle était de saison....
SPITRIDATE.
Ah! si quelque lumière enfin vous est offerte,
Expliquez-vous, de grâce, et pour le commun bien,
Vous ni moi ne négligeons rien.
MANDANE.
Notre amour à tous deux ne rencontre qu'obstacles
Presque impossibles à forcer;
Et si pour nous le ciel n'est prodigue en miracles,
Nous espérons en vain nous en débarrasser.
Tirons-nous une fois de cette servitude
Qui nous fait un destin si rude.
Bravons Agésilas, Cotys et Lysander;
Qu'ils s'accordent sans nous s'ils peuvent s'accorder.
Dirai-je tout? cessons d'aimer et de prétendre,
Et nous cesserons d'en dépendre.
SPITRIDATE.
N'aimer plus! Ah! ma sœur!

MANDANE.
J'en soupire à mon tour;
Mais un grand cœur doit-être au-dessus de l'amour.
Quel qu'en soit le pouvoir, quelle qu'en soit l'atteinte,
Deux ou trois soupirs étouffés,
Un moment de murmure, une heure de contrainte,
Un orgueil noble et ferme, et vous en triomphez.
N'avons-nous secoué le joug de notre prince
Que pour choisir des fers dans une autre province?
Ne cherchons-nous ici que d'illustres tyrans,
Dont les chaînes plus glorieuses
Soumettent nos destins aux obscurs différends
De leurs haines mystérieuses?
Ne cherchons-nous ici que les occasions
De fournir de matière à leurs divisions,
Et de nous imposer un plus rude esclavage
Par la nécessité d'obtenir leur suffrage?
Puisque nous y cherchons tous deux la liberté,
Tâchons de la goûter, seigneur, en sûreté;
Réduisons nos souhaits à la cause publique,
N'aimons plus que par politique;
Et, dans la conjoncture où le ciel nous a mis,
Faisons des protecteurs, sans faire d'ennemis.
A quel propos aimer, quand ce n'est que déplaire
A qui nous peut nuire ou servir?
S'il nous en faut l'appui, pourquoi nous le ravir?
Pourquoi nous attirer sa haine et sa colère?
SPITRIDATE.
Oui, ma sœur, et j'en suis d'accord;
Agésilas, ici maître de notre sort,
Peut nous abandonner à la Perse irritée,
Et nous laisser rentrer, malgré tout notre effort,
Sous la captivité que nous avons quittée.
Cotys ni Lysander ne nous soutiendront pas
S'il faut que sa colère à nous perdre s'applique.
Aimez, aimez-le donc, du moins par politique,
Ce redoutable Agésilas.
MANDANE.
Voulez-vous que je le prévienne,
Et qu'en dépit de la pudeur
D'un amour commandé l'obéissante ardeur
Fasse éclater ma flamme auparavant la sienne?
On dit que je lui plais, qu'il soupire en secret,
Qu'il retient, qu'il combat ses désirs à regret;
Et cette vanité qui nous est naturelle
Veut croire ainsi que vous qu'on en juge assez bien:
Mais enfin c'est un feu sans aucune étincelle:
J'en crois ce qu'on en dit, et n'en sais encor rien.
S'il m'aime, un tel silence est la marque certaine
Qu'il craint Sparte et ses dures lois;
Qu'il voit qu'en m'épousant, s'il peut m'y faire reine,
Il ne peut lui donner de rois;
Que sa gloire....

AGÉSILAS, ACTE IV, SCÈNE IV.

SPITRIDATE.
    Ma sœur, l'amour vaincra sans doute;
Ce héros est à vous, quelques lois qu'il redoute;
Et, si par la prière il ne les peut fléchir,
Ses victoires auront de quoi l'en affranchir.
Ces lois, ces mêmes lois s'imposeront silence
    A l'aspect de tant de vertus;
    Ou Sparte l'avoûra d'un peu de violence,
    Après tant d'ennemis à ses pieds abattus.

MANDANE.
C'est vous flatter beaucoup en faveur d'Elpinice,
Que ce prince après tout ne peut vous accorder
    Sans une éclatante injustice,
A moins que vous ayez l'aveu de Lysander.
D'ailleurs, en exiger un hymen qui le gêne,
Et lui faire des lois au milieu de sa cour,
N'est-ce point hautement lui demander sa haine,
Quand vous lui promettez l'objet de son amour?

SPITRIDATE.
Si vous saviez, ma sœur, aimer autant que j'aime....

MANDANE.
Si vous saviez, mon frère, aimer comme je fais,
Vous sauriez ce que c'est que s'immoler soi-même,
Et faire violence à de si doux souhaits.
Je vous en parle en vain. Allez, frère barbare,
Voir à quoi Lysander se résoudra pour vous;
Et si d'Agésilas la flamme se déclare,
J'en mourrai, mais je m'y résous.

SCÈNE III.

SPITRIDATE, MANDANE, AGLATIDE.

AGLATIDE.   [quitte,
Vous me quittez, seigneur, mais vous croyez-vous
Et que ce soit assez que de me rendre à moi?

SPITRIDATE.
Après tant de froideurs pour mon peu de mérite,
Est-ce vous mal servir que reprendre ma foi?

AGLATIDE.
Non; mais le pouvez-vous, à moins que je la rende?
Et, si je vous la rends, savez-vous à quel prix?

SPITRIDATE.
Je ne crois pas pour vous cette perte si grande,
Que vous en souhaitiez d'autres que vos mépris.

AGLATIDE.
Moi, des mépris pour vous!

SPITRIDATE.
            C'est ainsi que j'appelle
Un feu si bien promis, et si mal allumé.

AGLATIDE.
Si je ne vous aimais, je vous aurais aimé,
Mon devoir m'en était un garant trop fidèle.

SPITRIDATE.
Il ne vous répondait que d'agir un peu tard,
    Et laissait beaucoup au hasard.
Votre ordre cependant vers une autre me chasse,
Et vous avez quitté la place à votre sœur.

AGLATIDE.
Si je vous ai donné de quoi remplir la place,
Ne me devez-vous point de quoi remplir mon cœur?

SPITRIDATE.
J'en suis au désespoir; mais je n'ai point de frère
Que je puisse à mon tour vous prier d'accepter.

AGLATIDE.
Si vous n'en avez point par qui me satisfaire,
Vous avez une sœur qui vous peut acquitter :
Elle a trop d'un amant; et si sa flamme heureuse
Me renvoyait celui dont elle ne veut plus,
    Je ne suis point d'humeur fâcheuse,
Et m'accommoderais bientôt de ses refus.

SPITRIDATE.
De tout mon cœur je l'en conjure :
Envoyez-lui Cotys, ou même Agésilas,
Ma sœur, et prenez soin d'apaiser ce murmure
Qui cherche à m'imputer des sentiments ingrats.
Je vous laisse entre vous faire ce grand partage,
Et vais chez Lysander voir quel sera le mien.
Madame, vous voyez, je ne puis davantage;
Et qui fait ce qu'il peut n'est plus garant de rien.

SCÈNE IV.

AGLATIDE, MANDANE.

AGLATIDE.
Vous pourrez-vous résoudre à payer pour ce frère,
Madame, et de deux rois daignant en choisir un,
Me donner en sa place, ou le plus importun,
    Ou le moins digne de vous plaire?

MANDANE.
Hélas!

AGLATIDE.
        Je n'entends pas des mieux
    Comme il faut qu'un hélas s'explique;
Et lorsqu'on se retranche au langage des yeux,
    Je suis muette à la réplique.

MANDANE.
Pourquoi mieux expliquer quel est mon déplaisir?
Il ne se fait que trop entendre.

AGLATIDE.
Si j'avais comme vous de deux rois à choisir,
Mes déplaisirs auraient peu de chose à prétendre.
Parlez donc, et de bonne foi;
Acquittez par ce choix Spitridate envers moi.
Ils sont tous deux à vous.

MANDANE.
            Je n'y suis pas moi-même.

AGLATIDE.
Qui des deux est l'aimé?
MANDANE.
Qu'importe lequel j'aime,
Si le plus digne amour, de quoi qu'il soit d'accord,
Ne peut décider de mon sort?
AGLATIDE.
Ainsi je dois perdre espérance
D'obtenir de vous aucun d'eux?
MANDANE.
Donnez-moi votre indifférence,
Et je vous les donne tous deux.
AGLATIDE.
C'en serait un peu trop : leur mérite est si rare,
Qu'il en faut être plus avare.
MANDANE.
Il est grand, mais bien moins que la félicité
De votre insensibilité.
AGLATIDE.
Ne me prenez point tant pour une âme insensible :
Je l'ai tendre, et qui souffre aisément de beaux feux;
Mais je sais ne vouloir que ce qui m'est possible,
Quand je ne puis ce que je veux.
MANDANE.
Laissez donc faire au ciel, au temps, à la fortune :
Ne voulez que ce qu'ils voudront;
Et sans prendre d'attache, ou d'idée importune,
Attendez en repos les cœurs qui se rendront.
AGLATIDE.
Il m'en pourrait coûter mes plus belles années
Avant qu'ainsi deux rois en devinssent le prix;
Et j'aime mieux borner mes bonnes destinées
Au plus digne de vos mépris.
MANDANE.
Donnez-moi donc, madame, un cœur comme le vôtre,
Et je vous les redonne une seconde fois;
Ou, si c'est trop de l'un et l'autre,
Laissez-m'en le rebut, et prenez-en le choix.
AGLATIDE.
Si vous leur ordonniez à tous deux de m'en croire,
Et que l'obéissance eût pour eux quelque appas,
Peut-être que mon choix satisferait ma gloire,
Et qu'enfin mon rebut ne vous déplairait pas.
MANDANE.
Qui peut vous assurer de cette obéissance?
Les rois même en amour savent mal obéir;
Et les plus enflammés s'efforcent de haïr
Sitôt qu'on prend sur eux un peu trop de puissance.
AGLATIDE.
Je vois bien ce que c'est, vous voulez tout garder.
Il est honteux de rendre une de vos conquêtes;
Et quoi qu'au plus heureux le cœur veuille accorder,
L'œil règne avec plaisir sur deux si grandes têtes.
Mais craignez que je n'use aussi de tous mes droits.

Peut-être en ai-je encor de garder quelque empire
Sur l'un et l'autre de ces rois,
Bien qu'à l'envi pour vous l'un et l'autre soupire;
Et si j'en laisse faire à mon esprit jaloux,
Quoique la jalousie assez peu m'inquiète,
Je ne sais s'ils pourront l'un ni l'autre pour vous
Tout ce que votre cœur souhaite.
(à *Cotys qui entre*.)
Seigneur, vous le savez, ma sœur a votre foi,
Et ne vous la rend que pour moi.
Usez-en comme bon vous semble;
Mais sachez que je me promets
De ne vous la rendre jamais,
A moins d'un roi qui vous ressemble.

SCÈNE V.

COTYS, MANDANE.

MANDANE.
L'étrange contre-temps que prend sa belle humeur!
Et la froide galanterie
D'affecter par bravade à tourner son malheur
En importune raillerie!
Son cœur l'en désavoue; et murmurant tout bas....
COTYS.
Que cette belle humeur soit véritable ou feinte,
Tout ce qu'elle en prétend ne m'alarmerait pas,
Si le pouvoir d'Agésilas
Ne me portait dans l'âme une plus juste crainte.
Pourrez-vous l'aimer?
MANDANE.
Non.
COTYS.
Pourrez-vous l'épouser?
MANDANE.
Vous-même, dites-moi, puis-je m'en excuser?
Et quel bras, quel secours appeler à mon aide,
Lorsqu'un frère me donne, et qu'un amant me cède?
COTYS.
N'imputez point à crime une civilité
Qu'ici de général voulait l'autorité.
MANDANE.
Souffrez-moi donc, seigneur, la même déférence
Qu'ici de nos destins demande l'assurance.
COTYS.
Vous céder par dépit, et, d'un ton menaçant,
Faire voir qu'on pénètre au cœur du plus puissant,
Qu'on sait de ses refus la plus secrète cause,
Ce n'est pas tant céder l'objet de son amour,
Que presser un rival de paraître en plein jour,
Et montrer qu'à ses vœux hautement on s'oppose.
MANDANE.
Que sert de s'opposer aux vœux d'un tel rival,

Qui n'a qu'à nous protéger mal
  Pour nous livrer à notre perte?
Serait-il d'un grand cœur de chercher à périr,
  Quand il voit une porte ouverte
A régner avec gloire aux dépens d'un soupir?
          COTYS.
Ah! le change vous plaît.
          MANDANE.
              Non, seigneur, je vous aime;
Mais je dois à mon frère, à ma gloire, à vous-même.
D'un rival si puissant si nous perdons l'appui,
Pourrons-nous du Persan nous défendre sans lui?
L'espoir d'un renoûment de la vieille alliance
Flatte en vain votre amour et vos nouveaux desseins.
Si vous ne remettez sa proie entre ses mains,
Oserez-vous y prendre aucune confiance?
Quant à mon frère et moi, si les dieux irrités
Nous font jamais rentrer dessous sa tyrannie,
Comme il nous traitera d'esclaves révoltés,
Le supplice l'attend, et moi l'ignominie.
C'est ce que je saurai prévenir par ma mort :
Mais jusque-là, seigneur, permettez-moi de vivre,
Et que par un illustre et rigoureux effort,
Acceptant les malheurs où mon destin me livre,
Un sacrifice entier de mes vœux les plus doux
Fasse la sûreté de mon frère et de vous.
          COTYS.
  Cette sûreté malheureuse
A qui vous immolez votre amour et le mien
    Peut-elle être si précieuse
Qu'il faille l'acheter de mon unique bien?
Et faut-il que l'amour garde tant de mesure
Avec des intérêts qui lui font tant d'injure?
Laissez, laissez périr ce déplorable roi,
A qui ces intérêts dérobent votre foi.
Que sert que vous l'aimiez? et que fait votre flamme
Qu'augmenter son ardeur pour croître ses malheurs,
  Si malgré le don de votre âme
    Votre raison vous livre ailleurs?
Armez-vous de dédains; rendez, s'il est possible,
Votre perte pour lui moins grande ou moins sensible;
Et par pitié d'un cœur trop ardemment épris,
Éteignez-en la flamme à force de mépris.
          MANDANE.
L'éteindre! Ah! se peut-il que vous m'ayez aimée?
          COTYS.
Jamais si digne flamme en un cœur allumée....
          MANDANE.
Non, non; vous m'en feriez des serments superflus.
Vouloir ne plus aimer, c'est déjà n'aimer plus;
Et qui peut n'aimer plus ne fut jamais capable
    D'une passion véritable.
          COTYS.
L'amour au désespoir peut-il encor charmer?

          MANDANE.
L'amour au désespoir fait gloire encor d'aimer;
Il en fait de souffrir, et souffre avec constance,
Voyant l'objet aimé partager la souffrance;
Il regarde ses maux comme un doux souvenir
De l'union des cœurs qui ne saurait finir;
Et comme n'aimer plus quand l'espoir abandonne,
C'est aimer ses plaisirs et non pas la personne,
Il fuit cette bassesse, et s'affermit si bien,
Que toute sa douleur ne se reproche rien.
          COTYS.
Quel indigne tourment, quel injuste supplice
Succède au doux espoir qui m'osait tout offrir!
          MANDANE.
Et moi, seigneur, et moi, n'ai-je rien à souffrir?
Ou m'y condamne-t-on avec plus de justice?
Si vous perdez l'objet de votre passion,
Épousez-vous celui de votre aversion?
Attache-t-on vos jours à d'aussi rudes chaînes?
Et souffrez-vous enfin la moitié de mes peines?
Cependant mon amour aura tout son éclat
En dépit du supplice où je suis condamnée;
Et si notre tyran par maxime d'État
  Ne s'interdit mon hyménée,
Je veux qu'il ait la joie, en recevant ma main,
D'entendre que du cœur vous êtes souverain,
Et que les déplaisirs dont ma flamme est suivie
  Ne cesseront qu'avec ma vie.
Allez, seigneur, défendre aux vôtres de durer;
    Ennuyez-vous de soupirer,
Craignez de trop souffrir, et trouvez en vous-même
L'art de ne plus aimer dès qu'on perd ce qu'on aime.
Je souffrirai pour vous, et ce nouveau malheur,
    De tous mes maux le plus funeste,
D'un trait assez perçant armera ma douleur
Pour trancher de mes jours le déplorable reste.
          COTYS.
Que dites-vous, madame? et par quel sentiment.....

SCÈNE VI.

COTYS, MANDANE, CLÉON.

          CLÉON.
Spitridate, seigneur, et Lysander vous prient
De vouloir avec eux conférer un moment.
          MANDANE.
Allez, seigneur, allez, puisqu'ils vous en convient.
Aimez, cédez, souffrez, ou voyez si les dieux
Voudront vous inspirer quelque chose de mieux.

ACTE CINQUIÈME.

SCÈNE PREMIÈRE.

AGÉSILAS, XÉNOCLÈS.

XÉNOCLÈS.

Je remets en vos mains et l'une et l'autre lettre
Que l'esclave Damis aux miennes vient de mettre.
Vous y verrez, seigneur, quels sont les attentats...
(*Il lui donne deux lettres, dont il lit l'inscription.*)

AGÉSILAS.

AU SÉNATEUR CRATÈS, A L'ÉPHORE ARSIDAS.
Spitridate et Cotys sont de l'intelligence?

XÉNOCLÈS.

Non; il s'est caché d'eux en cette conférence;
Il a plaint leur malheur, et de tout son pouvoir;
Mais sa prudence enfin tous deux vous les renvoie,
 Sans leur donner aucun espoir
D'obtenir que de vous ce qui ferait leur joie.

AGÉSILAS.

Par cette déférence il croit les mieux aigrir;
Et rejetant sur moi ce qu'ils ont à souffrir....

XÉNOCLÈS.

Vous avez mandé Spitridate,
Il entre ici.

AGÉSILAS.

Gardons qu'à ses yeux rien n'éclate.

SCÈNE II.

AGÉSILAS, SPITRIDATE, XÉNOCLÈS.

AGÉSILAS.

Aglatide, seigneur, a-t-elle encor vos vœux?

SPITRIDATE.

Non, seigneur : mais enfin ils ne vont pas loin d'elle;
Et sa sœur a fait naître une flamme nouvelle
 En la place des premiers feux.

AGÉSILAS.

Elpinice?

SPITRIDATE.

Elle-même.

AGÉSILAS.

   Ainsi toujours pour gendre
Vous vous donnez à Lysander?

SPITRIDATE.

Seigneur, contre l'amour peut-on bien se défendre?
A peine attaque-t-il qu'on brûle de se rendre.
Le plus ferme courage est ravi de céder;
Et j'ai trouvé ma foi plus facile à reprendre
 Que mon cœur à redemander.

AGÉSILAS.

Si vous considériez...

SPITRIDATE.

   Seigneur, que considère
Un cœur d'un vrai mérite heureusement charmé?
L'amour n'est plus amour sitôt qu'il délibère;
Et vous le sauriez trop si vous aviez aimé.

AGÉSILAS.

Seigneur, j'aimais à Sparte, et j'aime dans Éphèse.
 L'un et l'autre objet est charmant;
Mais bien que l'un m'ait plu, bien que l'autre me plaise,
Ma raison m'en a su défendre également.

SPITRIDATE.

La mienne suivrait mieux un plus commun exemple.
Si vous aimez, seigneur, ne vous refusez rien,
 Ou souffrez que je vous contemple
 Comme un cœur au-dessus du mien.
Des climats différents la nature est diverse;
La Grèce a des vertus qu'on ne voit point en Perse.
Permettez qu'un Persan n'ose vous imiter,
Que sur votre partage il craigne d'attenter,
 Qu'il se contente à moins de gloire,
Et trouve en sa faiblesse un destin assez doux
Pour ne point envier cette haute victoire,
Que vous seul avez droit de remporter sur vous.

AGÉSILAS.

Mais de mon ennemi rechercher l'alliance!

SPITRIDATE.

De votre ennemi!

AGÉSILAS.

  Non, Lysander ne l'est pas :
Mais s'il faut vous le dire, il y court à grands pas.

SPITRIDATE.

C'en est assez; je dois me faire violence
Et renonce à plus croire, ou mes yeux, ou mon cœur.
Ne m'ordonnez-vous rien sur l'hymen de ma sœur?
Cotys l'aime.

AGÉSILAS.

  Il est roi, je ne suis pas son maître;
Et Mandane ni vous n'êtes pas mes sujets.
L'aime-t-elle?

SPITRIDATE.

  Il se peut. Lui ferai-je connaître
Que vous auriez d'autres projets?

AGÉSILAS.

C'est me connaître mal; je ne contrains personne.

SPITRIDATE.

Peut-être qu'elle n'aime encor que sa couronne;
Et je ne sais pas bien où pencherait son choix
Si le ciel lui donnait à choisir de deux rois.
Vous l'avez jusqu'ici de tant d'honneur comblée,
 De tant de faveurs accablée,
Qu'à vos ordres ses vœux sans peine assujettis...

AGÉSILAS, ACTE V, SCÈNE III.

AGÉSILAS.

L'ingrate!

SPITRIDATE.

Je réponds de sa reconnaissance,
Et qu'elle ne consent à l'espoir de Cotys
Que pour le maintenir dans votre dépendance.
Pourrait-elle, seigneur, davantage pour vous?

AGÉSILAS.

Non : mais qui la pressait de choisir un époux?

SPITRIDATE.

L'occasion d'un roi, seigneur, est bien pressante.
Les plus dignes objets ne l'ont pas chaque jour;
  Elle échappe à la moindre attente
  Dont on veut éprouver l'amour.
A moins que de la prendre au moment qu'elle arrive,
On s'expose aux périls de l'accepter trop tard;
Et l'asile est si beau pour une fugitive,
Qu'elle ne peut sans crime en rien mettre au hasard.

AGÉSILAS.

Elle eût peu hasardé peut-être pour attendre.

SPITRIDATE.

Voyait-elle en ces lieux un plus illustre espoir?

AGÉSILAS.

Comme l'amour n'entend que ce qu'il veut entendre,
  Il ne voit que ce qu'il veut voir.
Si je l'ai jusqu'ici de tant d'honneur comblée,
  De tant de faveurs accablée,
Ces faveurs, ces honneurs ne lui disaient-ils rien?
Elle les entendait trop bien en dépit d'elle :
  Mais l'ingrate! mais la cruelle!...
Seigneur, à votre tour vous m'entendez trop bien.
Qu'elle aille chez Cotys partager sa couronne;
Je n'y mets point d'obstacle, et n'en veux rien savoir,
Soit que l'ambition, soit que l'amour la donne,
  Vous avez tous deux tout pouvoir.
Si pourtant vous m'aimiez...

SPITRIDATE.

Soyez seur de mon zèle.
Ma parole à Cotys est encore à donner.
Mais si cet hyménée a de quoi vous gêner,
  Mandane que deviendra-t-elle?

AGÉSILAS.

Allez, encore un coup, allez en d'autres lieux
Épargner par pitié cette gêne à mes yeux;
Sauvez-moi du chagrin de montrer que je l'aime.

SPITRIDATE.

Elle vient recevoir vos ordres elle-même.

SCÈNE III.

AGÉSILAS, SPITRIDATE, MANDANE,
XÉNOCLÈS.

AGÉSILAS.

O vue! ô sur mon cœur regards trop absolus!
Que vous allez troubler mes vœux irrésolus!
Ne partez pas, madame. O ciel! j'en vais trop dire.

MANDANE.

Je conçois mal, seigneur, de quoi vous me parlez.
Moi partir?

AGÉSILAS.

Oui, partez, encor que j'en soupire.
Que ce mot ne peut-il suffire!

MANDANE.

Je conçois encor moins pourquoi vous m'exilez.

AGÉSILAS.

J'aime trop à vous voir et je vous ai trop vue;
  C'est, madame, ce qui me tue.
Partez, partez, de grâce.

MANDANE.

Où me bannissez-vous?

AGÉSILAS.

Nommez-vous un exil le trône d'un époux?

MANDANE.

Quel trône, et quel époux?

AGÉSILAS.

Cotys...

MANDANE.

Je crois qu'il m'aime;
Mais si je vous regarde ici comme mon roi.
Et comme un protecteur que j'ai choisi moi-même,
Puis-je sans votre aveu l'assurer de ma foi?
Après tant de bontés et de marques d'estime,
A vous moins déférer je croirais faire un crime;
Et mon âme...

AGÉSILAS.

Ah! c'est trop déférer, et trop peu.
Quoi! pour cet hyménée exiger mon aveu!

MANDANE.

Jusque-là mon bonheur n'aura qu'incertitude;
Et, bien qu'une couronne éblouisse aisément....

SPITRIDATE.

Ma sœur, il faut parler un peu plus clairement.
Le roi s'est plaint à moi de votre ingratitude.

MANDANE.

Et je me plains à lui des inégalités
Qu'il me force de voir lui-même en ses bontés.
Tout ce que pour un autre a voulu ma prière,
Vous me l'avez, seigneur, et sur l'heure accordé;
Et pour mes intérêts ce qu'on a demandé
Prête à de prompts refus une digne matière!

AGÉSILAS.

Si vous vouliez avoir des yeux
Pour voir de ces refus la véritable cause....

SPITRIDATE.

N'est-ce pas assez dire, et faut-il autre chose?
Voyez mieux sa pensée, ou répondez-y mieux.
Ces refus obligeants veulent qu'on les entende;
Ils sont de ses faveurs le comble et la plus grande.

Tout roi qu'est votre amant perdez-le sans ennui
Lorsqu'on vous en destine un plus puissant que lui.
M'en désavourez-vous, seigneur?
AGÉSILAS.
Non, Spitridate.
C'est inutilement que ma raison me flatte :
Comme vous j'ai mon faible, et j'avoue à mon tour
Qu'un si triste secours défend mal de l'amour.
Je vois par mon épreuve avec quelle injustice
  Je vous refusais Elpinice :
Je cesse de vous faire une si dure loi.
Allez ; elle est à vous, si Mandane est à moi.
Ce que, pour Lysander je semble avoir de haine
Fera place aux douceurs de cette double chaîne
  Dont vous serez le nœud commun ;
Et cet heureux hymen, accompagné du vôtre,
Vous rendant entre nous garant de l'un vers l'autre,
  Réduira nos trois cœurs en un.
Madame, parlez donc.
SPITRIDATE.
Seigneur, l'obéissance
  S'exprime assez par le silence ;
Trouvez bon que je puisse apprendre à Lysander
La grâce qu'à ma flamme il vous plaît d'accorder.

SCÈNE IV.

AGÉSILAS, MANDANE, XÉNOCLÈS.

AGÉSILAS.

En puis-je pour la mienne espérer une égale,
Madame ? ou ne sera-ce en effet qu'obéir ?
MANDANE.
Seigneur, je croirais vous trahir
Et n'avoir pas pour vous une âme assez royale,
Si je vous cachais rien des justes sentiments
Que m'inspire le ciel pour deux rois mes amants.
J'ai vu que vous m'aimiez ; et sans autre interprète
J'en ai cru vos faveurs qui m'ont si peu coûté ;
J'en ai cru vos bontés, et l'assiduité
Qu'apporte à me chercher votre ardeur inquiète.
  Ma gloire y voulait consentir,
Mais ma reconnaissance a pris soin de la vôtre.
Vos feux la hasardaient, et pour les amortir
J'ai réduit mes désirs à pencher vers un autre.
  Pour m'épouser, vous le pouvez,
  Je ne saurais former de vœux plus élevés ;
Mais, avant que juger ma conquête assez haute,
De l'œil dont il faut voir ce que vous vous devez,
Voyez ce qu'elle donne, ou plutôt ce qu'elle ôte.
  Votre Sparte si haut porte sa royauté,
Que tout sang étranger la souille et la profane ;
Jalouse de ce trône où vous êtes monté,
  Y faire seoir une Persane,
C'est pour elle une étrange et dure nouveauté ;
Et tout votre pouvoir ne peut m'y donner place
Que vous n'y renonciez pour toute votre race.
Vos éphores peut-être oseront encor plus ;
Et si votre sénat avec eux se soulève,
Si de me voir leur reine indignés et confus,
Ils m'arrachent d'un trône où votre choix m'élève...
Pensez bien à la suite avant que d'achever,
Et si ce sont périls que vous deviez braver.
Vous les voyez si bien que j'ai mauvaise grâce
  De vous en faire souvenir ;
Mais mon zèle a voulu cette indiscrète audace,
Et moi je n'ai pas cru devoir la retenir.
Que la suite, après tout, vous flatte ou vous traverse,
Ma gloire est sans pareille aux yeux de l'univers
S'il voit qu'une Persane au vainqueur de la Perse
Donne à son tour des lois, et l'arrête en ses fers.
Comme votre intérêt m'est plus considérable,
Je tâche de vous rendre à des destins meilleurs.
Mon amour peut vous perdre, et je m'attache ailleurs
  Pour être pour vous moins aimable.
Voilà ce que devait un cœur reconnaissant.
  Quant au reste, parlez en maître,
  Vous êtes ici tout-puissant.
AGÉSILAS.
Quand peut-on être ingrat, si c'est là reconnaître ?
Et que puis-je sur vous si le cœur n'y consent ?
MANDANE.
Seigneur, il est donné ; la main n'est pas donnée ;
Et l'inclination ne fait pas l'hyménée :
Au défaut de ce cœur, je vous offre une foi
Sincère, inviolable, et digne enfin de moi.
Voyez si ce partage aura pour vous des charmes.
Contre l'amour d'un roi c'est assez raisonner.
J'aime, et vais toutefois attendre sans alarmes
  Ce qu'il lui plaira m'ordonner.
Je fais un sacrifice assez noble, assez ample,
  S'il en veut un en ce grand jour ;
Et, s'il peut se résoudre à vaincre son amour,
J'en donne à son grand cœur un assez haut exemple
Qu'il écoute sa gloire ou suive son désir,
  Qu'il se fasse grâce ou justice,
Je me tiens prête à tout, et lui laisse à choisir
  De l'exemple ou du sacrifice.

SCÈNE V.

AGÉSILAS, XÉNOCLÈS.

AGÉSILAS.

Qu'une Persane m'ose offrir un si grand choix!
Parmi nous qui traitons la Perse de barbare,
Et méprisons jusqu'à ses rois,

Est-il plus haut mérite, est-il vertu plus rare?
Cependant mon destin à ce point est amer,
Que plus elle mérite, et moins je dois l'aimer;
Et que plus ses vertus sont dignes de l'hommage
Que rend toute mon âme à cet illustre objet,
Plus je la dois fermer à tout autre projet
Qu'à celui d'égaler sa grandeur de courage.

XÉNOCLÈS. [der.
Du moins vous rendre heureux, ce n'est plus hasar-
Puisqu'un si digne amour fait grâce à Lysander,
Il n'a plus lieu de se contraindre :
Vous devenez par là maître de tout l'État;
Et, ce grand homme à vous, vous n'avez plus à crain-
Ni d'éphores ni de sénat. [dre

AGÉSILAS.
Je n'en suis pas encor d'accord avec moi-même.
J'aime; mais, après tout, je hais autant que j'aime;
Et ces deux passions qui règnent tour à tour
Ont au fond de mon cœur si peu d'intelligence,
Qu'à peine immole-t-il la vengeance à l'amour,
Qu'il voudrait immoler l'amour à la vengeance.
Entre ce digne objet et ce digne ennemi,
Mon âme incertaine et flottante,
Quoi que l'un me promette, et quoi que l'autre attende,
Ne se peut ni dompter, ni croire qu'à demi :
Et plus des deux côtés je la sens balancée,
Plus je vois clairement que si je veux régner,
Moi qui de Lysander vois toute la pensée,
Il le faut tout a fait ou perdre ou regagner ;
Qu'il est temps de choisir.

XÉNOCLÈS.
Qu'il serait magnanime
De vaincre et la vengeance et l'amour à la fois!

AGÉSILAS.
Il faudrait, Xénoclès, une âme plus sublime.

XÉNOCLÈS.
Il ne faut que vouloir : tout est possible aux rois.

AGÉSILAS.
Ah! si je pouvais tout, dans l'ardeur qui me presse,
Pour ces deux passions qui partagent mes vœux,
Peut-être aurais-je la faiblesse
D'obéir à toutes les deux.

SCÈNE VI.

AGÉSILAS, LYSANDER, XÉNOCLÈS.

LYSANDER.
Seigneur, il vous a plu disposer d'Elpinice;
Nous devons, elle et moi, beaucoup à vos bontés ;
Et je serai ravi qu' elle vous obéisse,
Pourvu que de Cotys les vœux soient acceptés.
J'en ai donné parole, il y va de ma gloire.
Spitridate, sans lui, ne saurait être heureux :

Et donner mon aveu, s'ils ne le sont tous deux,
C'est faire à mon honneur une tache trop noire.
Vous pouvez nous parler en roi.
Ma fille vous doit plus qu'à moi :
Commandez, elle est prête, et je saurai me taire.
N'exigez rien de plus d'un père.
Il a tenu toujours vos ordres à bonheur ;
Mais rendez-lui cette justice
De souffrir qu'il emporte au tombeau cet honneur,
Qui fait l'unique prix de trente ans de service.

AGÉSILAS.
Oui, vous l'y porterez, et du moins de ma part
Ce précieux honneur ne court aucun hasard.
On a votre parole, et j'ai donné la mienne :
Et, pour faire aujourd'hui que l'une et l'autre tienne,
Il faut vaincre un amour qui m'était aussi doux
Que votre gloire l'est pour vous,
Un amour dont l'espoir ne voyait plus d'obstacle.
Mais enfin il est beau de triompher de soi,
Et de s'accorder ce miracle,
Quand on peut hautement donner à tous la loi [1],
Et que le juste soin de combler notre gloire
Demande notre cœur pour dernière victoire.
Un roi né pour l'éclat des grandes actions
Dompte jusqu'à ses passions,
Et ne se croit point roi, s'il ne fait sur lui-même
Le plus illustre essai de son pouvoir suprême.

(à Xénoclès.)
Allez dire à Cotys que Mandane est à lui ;
Que si mes feux aux siens ne l'ont pas accordée,
Pour venger son amour de ce moment d'ennui,
Je veux la lui céder comme il me l'a cédée.
Oyez de plus.

(il parle à l'oreille à Xénoclès, qui s'en va.)

SCÈNE VII.

AGÉSILAS, LYSANDER.

AGÉSILAS.
Eh bien! vos mécontentements
Me seront ils encore à craindre?
Et vous souviendrez-vous des mauvais traitements
Qui vous avaient donné tant de lieu de vous plaindre?

[1] Voilà les vers qu'applaudissait surtout le P. Tournemine, détracteur de Racine et de Boileau, et dans lesquels il prétendait qu'on retrouvait le grand Corneille. Il faut l'avouer, le génie de Corneille paraît quelquefois l'avoir abandonné ; et *Théodore*, *Pertharite*, *Œdipe*, *Agésilas*, *Tite et Bérénice*, sont les ouvrages où l'on n'en retrouve que de bien faibles traces : mais Voltaire en a rabaissé beaucoup d'autres auxquels on pourrait appliquer ce que Longin disait du sommeil d'Homère : « Ses rêves même ont quelque chose de divin ; ce sont les rêves « de Jupiter. » (P.)

LYSANDER.

Je vous ait dit, seigneur, que j'étais tout à vous;
Et j'y suis d'autant plus, que, malgré l'apparence,
Je trouve des bontés qui passent l'espérance
Où je n'avais cru voir que des soupçons jaloux.

AGÉSILAS.

Et que va devenir cette docte harangue
Qui du fameux Cléon doit ennoblir la langue?

LYSANDER.

Seigneur....

AGÉSILAS.

Nous sommes seuls, j'ai chassé Xénoclès :
Parlons confidemment. Que venez-vous d'écrire
A l'éphore Arsidas, au sénateur Cratès?
Je vous défère assez pour n'en vouloir rien lire.
Avec moi n'appréhendez rien,
Tout est encor fermé. Voyez.

LYSANDER.

Je suis coupable,
Parce qu'on me trahit, que l'on vous sert trop bien,
Et que, par un effort de prudence admirable,
Vous avez su prévoir de quoi serait capable,
Après tant de mépris, un cœur comme le mien.
Ce dessein toutefois ne passera pour crime
Que parce qu'il est sans effet;
Et ce qu'on va nommer forfait
N'a rien qu'un plein succès n'eût rendu légitime.
Tout devient glorieux pour qui peut l'obtenir,
Et qui le manque est à punir.

AGÉSILAS.

Non, non; j'aurais plus fait peut-être en votre place.
Il est naturel aux grands cœurs
De sentir vivement de pareilles rigueurs;
Et vous m'offenseriez de douter de ma grâce.
Comme roi, je la donne, et comme ami discret,
Je vous assure du secret.
Je remets en vos mains tout ce qui vous peut nuire.
Vous m'avez trop servi pour m'en trouver ingrat;
Et d'un trop grand soutien je priverais l'État
Pour des ressentiments où j'ai su vous réduire.
Ma puissance établie et mes droits conservés
Ne me laissent point d'yeux pour voir votre entreprise.
Dites-moi seulement avec même franchise,
Vous dois-je encor bien plus que vous ne me devez?

LYSANDER.

Avez-vous pu, seigneur, me devoir quelque chose?
Qui sert le mieux son roi ne fait que son devoir.
En vous de tout l'État j'ai défendu la cause
Quand je l'ai fait tomber dessous votre pouvoir.
Le zèle est tout de feu quand ce grand devoir presse :
Et, comme à le moins suivre on s'en acquitte mal,
Le mien vous servit moins qu'il ne servit la Grèce,
Quand j'en sus ménager les cœurs avec adresse
Pour vous en faire général.

Je vous dois cependant et la vie et ma gloire;
Et lorsqu'un dessein malheureux
Peut me coûter le jour et souiller ma mémoire,
La magnanimité de ce cœur généreux....

AGÉSILAS.

Reprochez-moi plutôt toutes mes injustices,
Que de plus ravaler de si rares services.
Elles ont fait le crime, et j'en tire ce bien,
Que j'ai pu m'acquitter, et ne vous dois plus rien.
A présent que la gratitude
Ne peut passer pour dette en qui s'est acquitté,
Vos services, payés d'un traitement si rude,
Vont recevoir de moi ce qu'ils ont mérité.
S'ils ont su conserver un trône en ma famille,
J'y veux par mon hymen faire seoir votre fille.
C'est ainsi qu'avec vous je puis le partager.

LYSANDER.

Seigneur, à ces bontés que je n'osais attendre,
Que puis-je....

AGÉSILAS.

Jugez-en comme il faut en juger,
Et surtout commencez d'apprendre
Que les rois sont jaloux du souverain pouvoir,
Qu'ils aiment qu'on leur doive, et ne peuvent devoir;
Que rien à leurs sujets n'acquiert l'indépendance;
Qu'ils règlent à leur choix l'emploi des plus grands cœurs;
Qu'ils ont pour qui les sert des grâces, des faveurs,
Et qu'on n'a jamais droit sur leur reconnaissance.
Prenons dorénavant, vous et moi, pour objet,
Les devoirs qu'il faudra l'un à l'autre nous rendre;
N'oubliez pas ceux d'un sujet,
Et j'aurai soin de ceux d'un gendre.

SCÈNE VIII.

AGÉSILAS, LYSANDER, AGLATIDE
conduite par XÉNOCLÈS.

AGLATIDE.

Sur un ordre, seigneur, reçu de votre part,
Je viens, étonnée et surprise,
De voir que tout d'un coup un roi m'en favorise,
Qui me daignait à peine honorer d'un regard.

AGÉSILAS.

Sortez d'étonnement. Les temps changent, madame,
Et l'on n'a pas toujours mêmes yeux ni même âme.
Pourriez vous de ma main accepter un époux?

AGLATIDE.

Si mon père y consent, mon devoir me l'ordonne;
Ce me sera trop d'heur de le tenir de vous.
Mais avant que savoir quelle en est la personne,
Pourrais-je vous parler avec la liberté
Que me souffrait à Sparte un feu trop écouté,
Alors qu'il vous plaisait, ou m'aimer, ou me dire

Qu'en votre cœur mes yeux s'étaient fait un empire?
Non que j'y pense encor ; j'apprends de vous, seigneur,
Qu'on change avec le temps, d'âme, d'yeux, et de
                    AGÉSILAS.   [cœur.
Rappelez ces beaux jours pour me parler sans feindre ;
Mais si vous le pouvez, madame, épargnez-moi.
                    AGLATIDE.
Ce serait sans raison que j'oserais m'en plaindre :
L'amour doit être libre, et vous êtes mon roi.
Mais, puisque jusqu'à vous vous m'avez fait prétendre,
N'obligez point, seigneur, cet espoir à descendre,
    Et ne me faites point de lois
Qui profanent l'honneur de votre premier choix.
    J'y trouvais pour moi tant de gloire,
J'en chéris à tel point la flatteuse mémoire,
Que je regarderais comme un indigne époux
Quiconque m'offrirait un moindre rang que vous.
    Si cet orgueil a quelque crime,
Il n'en faut accuser que votre trop d'estime ;
Ce sont des sentiments que je ne puis trahir.
Après cela, parlez ; c'est à moi d'obéir.
                    AGÉSILAS.
Je parlerai, madame, avec même franchise.
J'aime à voir cet orgueil que mon choix autorise
A dédaigner les vœux de tout autre qu'un roi :
J'aime cette hauteur en un jeune courage ;
Et vous n'aurez point lieu de vous plaindre de moi,
Si votre heureux destin dépend de mon suffrage.

SCÈNE IX.

AGÉSILAS, LYSANDER, COTYS, SPITRIDATE, MANDANE, ELPINICE, AGLATIDE, XÉNOCLÈS.

                    COTYS.
Seigneur, à vos bontés nous venons consacrer,
    Et Mandane et moi, notre vie.
                    SPITRIDATE.
De pareilles faveurs, seigneur, nous font entrer
    Pour vous faire voir même envie.
                    AGÉSILAS.
    Je vous ai fait justice à tous,
Et je crois que ce jour vous doit être assez doux
Qui de tous vos souhaits à votre gré décide ; [mant,
Mais, pour le rendre encor plus doux et plus char-

Sachez que Sparte voit sa reine en Aglatide,
A qui le ciel en moi rend son premier amant.
                    AGLATIDE.
C'est me faire, seigneur, des surprises nouvelles.
                    AGÉSILAS.
Rendons nos cœurs, madame, à des flammes si belles :
Et tous ensemble allons préparer ce beau jour
Qui, par un triple hymen, couronnera l'amour [1].

[1] La tragédie d'*Agésilas* est un des plus faibles ouvrages de Corneille. Le public commençait à se dégoûter. On trouve dans une lettre manuscrite d'un homme de ce temps-là, qu'il s'éleva un murmure très-désagréable dans le parterre à ces vers d'Aglatide :

> Hélas ! — Je n'entends pas des mieux
> Comme il faut qu'un hélas s'explique ;
> Et, lorsqu'on se retranche au langage des yeux,
> Je suis muette à la réplique.

Ce même parterre avait passé, dans la pièce d'*Othon*, des vers beaucoup plus répréhensibles, en faveur des beautés des premières scènes ; mais il n'y avait point de pareilles beautés dans *Agésilas*. On fit sentir à Corneille qu'il vieillissait. Il donnait un ouvrage de théâtre presque tous les ans depuis 1625, si vous en exceptez l'intervalle entre *Pertharite* et *Œdipe* : il travaillait trop vite ; il était épuisé. Plaignons le triste état de sa fortune, qui ne répondait pas à son mérite, et qui le forçait à travailler. On prétend que la mesure des vers qu'il employa dans *Agésilas* nuisit beaucoup au succès de cette tragédie ; je crois, au contraire, que cette nouveauté aurait réussi, et qu'on aurait prodigué les louanges à ce génie si fécond et si varié, s'il n'avait pas entièrement négligé dans *Agésilas*, comme dans les pièces précédentes, l'intérêt et le style. Les vers irréguliers pourraient faire un très-bel effet dans une tragédie. Ils exigent, à la vérité, un rhythme différent de celui des vers de dix syllabes ; ils demandent un art singulier. Vous pouvez voir quelques exemples de la perfection de ce genre dans Quinault :

> Le perfide Renaud me fuit ;
> Tout perfide qu'il est, mon lâche cœur le suit.
> Il me laisse mourante ; il veut que je périsse,
> Je revois à regret la clarté qui me luit ;
> L'horreur de l'éternelle nuit
> Cède à l'horreur de mon supplice, etc. etc.

Toute cette scène, bien déclamée, remuera les cœurs autant que si elle était bien chantée ; et la musique même de cette admirable scène n'est qu'une déclamation notée. Il est donc prouvé que cette mesure de vers pourrait porter dans la tragédie une beauté nouvelle, dont le public a besoin pour varier l'uniformité du théâtre. (V.) — Cette mesure irrégulière n'a pas fait fortune jusqu'à présent dans la tragédie, et nous paraît plus propre à énerver le style qu'à le fortifier. Voltaire en a fait un essai dans *Tancrède*, pièce intéressante, mais faiblement écrite ; ce qui nous confirme dans notre opinion. Au reste, *Agésilas*, et pour le fond et pour la forme, ne méritait guère que ce que Boileau en a dit : *Hélas !* (P.)

FIN D'AGÉSILAS.

ATTILA,

ROI DES HUNS,

TRAGÉDIE. — 1667.

AU LECTEUR.

Le nom d'Attila est assez connu; mais tout le monde n'en connaît pas tout le caractère. Il était plus homme de tête que de main, tâchait à diviser ses ennemis, ravageait

[1] Quel commentaire peut-on faire sur Attila, *qui combat de tête encore plus que de bras; sur la terreur de son bras qui lui donne pour nouveaux compagnons les Alains, les Francs et les Bourguignons; sur un Ardaric, et sur un Valamir, deux prétendus rois, qu'on traite comme des officiers subalternes; sur cet Ardaric qui est amoureux, et qui s'écrie :*

Qu'un monarque est heureux lorsque le ciel lui donne
La main d'une si rare et si belle personne! etc.

La même raison qui m'a empêché d'entrer dans aucun détail sur *Agésilas* m'arrête pour *Attila*; et les lecteurs qui pourront lire ces pièces me pardonneront sans doute de m'abstenir des remarques; je suis sûr du moins qu'ils ne me pardonneraient pas d'en avoir fait. Je dirai seulement qu'il est très-vraisemblable que cet Attila, très-peu connu des historiens, était un homme d'un mérite rare dans son métier de brigand. Un capitaine de la nation des Huns qui força l'empereur Théodose à lui payer tribut, qui savait discipliner ses armées, les recruter chez ses ennemis mêmes, et nourrir la guerre par la guerre; un homme qui marcha en vainqueur de Constantinople aux portes de Rome, et qui, dans un règne de dix ans, fut la terreur de l'Europe entière, devait avoir autant de politique que de courage, et c'est une grande erreur de penser qu'on puisse être conquérant sans avoir autant d'habileté que de valeur. Il ne faut pas croire, sur la foi de Jornandez, qu'Attila mena une armée de cinq cent mille hommes dans les plaines de la Champagne : avec quoi aurait-il nourri une pareille armée? La prétendue victoire remportée par Aétius auprès de Châlons, et deux cent mille hommes tués de part et d'autre dans cette bataille, peuvent être mis au rang des mensonges historiques. Comment Attila, vaincu en Champagne, serait-il allé prendre Aquilée? La Champagne n'est pas assurément le chemin d'Aquilée dans le Frioul. Personne ne nous a donné des détails historiques sur ces temps malheureux. Tout ce qu'on sait, c'est que les Barbares venaient des Palus-Méotides et du Borysthène, passaient par l'Illyrie, entraient en Italie par le Tyrol, ravageaient l'Italie entière, franchissaient ensuite l'Apennin et les Alpes, et allaient jusqu'au Rhin, jusqu'au Danube. Corneille, dans sa tragédie, fait paraître Ildione, une princesse sœur d'un prétendu roi de France : elle s'appelait Ildeconce à la première représentation; on changea ensuite ce nom ridicule. Mérouée, son prétendu frère, ne fut jamais roi de France. Il était à la tête d'une petite nation barbare vers Mayence, Francfort, et Cologne. Corneille dit :

Que le grand Mérouée est un roi magnanime,
Amoureux de la gloire, ardent après l'estime;
Qu'il a déjà soumis et la Seine et la Loire.

Ces fictions peuvent être permises dans une tragédie; mais il faudrait que ces fictions fussent intéressantes. (V.)

[1] Nous avons comparé les diverses éditions publiées du vivant de Corneille, toutes portent *un*, au masculin. Ce défaut d'ac-

les peuples indéfendus, pour donner de la terreur aux autres, et tirer tribut de leur épouvante, et s'était fait un tel empire sur les rois qui l'accompagnaient, que, quand même il leur eût commandé des parricides, ils n'eussent osé lui désobéir. Il est malaisé de savoir quelle était sa religion : le surnom de *Fléau de Dieu*, qu'il prenait lui-même, montre qu'il n'en croyait pas plusieurs. Je l'estimerais Arien, comme les Ostrogoths et les Gépides de son armée, n'était la pluralité des femmes, que je lui ai retranchée ici. Il croyait fort aux devins, et c'était peut-être tout ce qu'il croyait. Il envoya demander par deux fois à l'empereur Valentinian sa sœur Honorie avec de grandes menaces; et, en l'attendant, il épousa Ildione, dont tous les historiens marquent la beauté, sans parler de sa naissance. C'est ce qui m'a enhardi à la faire sœur d'un de nos premiers rois, afin d'opposer la France naissante au déclin de l'empire. Il est constant qu'il mourut la première nuit de son mariage avec elle. Marcellin dit qu'elle le tua elle-même, et je lui en ai voulu donner l'idée, quoique sans effet. Tous les autres rapportent qu'il avait accoutumé de saigner du nez, et que les vapeurs du vin et des viandes dont il se chargea fermèrent le passage à ce sang, qui, après l'avoir étouffé, sortit avec violence par tous les conduits. Je les ai suivis sur la manière de sa mort; mais j'ai cru plus à propos d'en attribuer la cause à un excès de colère qu'à un excès d'intempérance.

Au reste, on m'a pressé de répondre ici par occasion aux invectives qu'on a publiées depuis quelque temps contre la comédie. Mais je me contenterai d'en dire deux choses, pour fermer la bouche à ces ennemis d'un divertissement si honnête et si utile : l'un [1], que je soumets tout ce que j'ai fait et ferai à l'avenir à la censure des puissances, tant ecclésiastiques que séculières, sous lesquelles Dieu me fait vivre : je ne sais s'ils en voudraient faire autant ; l'autre, que la comédie est assez justifiée par cette célèbre traduction de la moitié de celles de Térence, que des personnes d'une piété exemplaire et rigide ont donnée au public, et né l'auraient jamais fait, si elles n'eussent jugé qu'on peut innocemment mettre sur la scène des filles engrossées par leurs amants, et des marchands d'esclaves à prostituer[1]. La nôtre ne souffre point de tels ornements. L'amour en est l'âme pour l'ordinaire ; mais l'amour dans le malheur n'excite que la pitié, et est plus capable de purger en nous cette passion que de nous en faire envie.

Il n'y a point d'homme, au sortir de la représentation du *Cid*, qui voulût avoir tué, comme lui, le père de sa maîtresse, pour en recevoir de pareilles douceurs, ni de fille qui souhaitât que son amant eût tué son père, pour avoir la joie de l'aimer en poursuivant sa mort. Les tendresses de l'amour content sont d'une autre nature ; et c'est ce qui m'oblige à les éviter. J'espère un jour traiter cette matière plus au long, et faire voir quelle erreur c'est de dire qu'on peut faire parler sur le théâtre toutes sortes de gens, selon toute l'étendue de leurs caractères.

PERSONNAGES.

ATTILA[2], roi des Huns.
ARDARIC, roi des Gépides.
VALAMIR, roi des Ostrogoths.
HONORIE, sœur de l'empereur Valentinian.
ILDIONE, sœur de Méronée, roi de France.
OCTAR, capitaine des gardes d'Attila.
FLAVIE, dame d'honneur d'Honorie.

La scène est au camp d'Attila, dans la Norique.

ACTE PREMIER.

SCÈNE PREMIÈRE.

ATTILA, OCTAR, SUITE.

ATTILA.

Ils ne sont pas venus, nos deux rois ? qu'on leur die

---

cord entre le nom et son adjectif se retrouve dans la scène VI de l'acte II, et pourrait bien être un vice de langage du temps. Quoi qu'il en soit, nous avons cru devoir conserver l'orthographe de Corneille.

[1] Il s'agit ici de la traduction de Port-Royal, attribuée à le Maistre de Sacy ; elle ne comprend que trois pièces : *l'Andrienne*, *les Adelphes* et *le Phormion*.

[2] Corneille, piqué de la préférence que les comédiens de l'hôtel de Bourgogne donnaient au jeune Racine, que le public goûtait de plus en plus, fit jouer sa pièce par la troupe du Palais-Royal. La Thorillière, qui y remplissait avec succès le personnage de roi, fut chargé de celui d'Attila, et s'attira de

---

Qu'ils se font trop attendre, et qu'Attila s'ennuie ;
Qu'alors que je les mande ils doivent se hâter.

OCTAR.

Mais, seigneur, quel besoin de les en consulter ?
Pourquoi de votre hymen les prendre pour arbitres,
Eux qui n'ont de leur trône ici que de vains titres,
Et que vous ne laissez au nombre des vivants
Que pour traîner partout deux rois pour vos suivants ?

ATTILA.

J'en puis résoudre seul, Octar, et les appelle,
Non sous aucun espoir de lumière nouvelle ;
Je crois voir avant eux ce qu'ils m'éclairciront,
Et m'être déjà dit tout ce qu'ils me diront :
Mais de ces deux partis lequel que je préfère,
Sa gloire est un affront pour l'autre, et pour son frère ;
Et je veux attirer d'un si juste courroux
Sur l'auteur du conseil les plus dangereux coups,
Assurer une excuse à ce manque d'estime,
Pouvoir, s'il est besoin, livrer une victime ;
Et c'est ce qui m'oblige à consulter ces rois,
Pour faire à leurs périls éclater ce grand choix :
Car enfin j'aimerais un prétexte à leur perte ;
J'en prendrais hautement l'occasion offerte.
Ce titre en eux me choque, et je ne sais pourquoi
Un roi que je commande ose se nommer roi.
Un nom si glorieux marque une indépendance
Que souille, que détruit la moindre obéissance ;
Et je suis las de voir que du bandeau royal
Ils prennent droit tous deux de me traiter d'égal.

OCTAR.

Mais, seigneur, se peut-il que pour ces deux princesses
Vous ayez mêmes yeux et pareilles tendresses,
Que leur mérite égal dispose sans ennui
Votre âme irrésolue aux sentiments d'autrui ?
Ou si vers l'une ou l'autre elle a pris quelque pente,
Dont prennent ces deux rois la route différente,
Voudra-t-elle, aux dépens de ses vœux les plus doux,
Préparer une excuse à ce juste courroux ?
Et pour juste qu'il soit, est-il si fort à craindre
Que le grand Attila s'abaisse à se contraindre ?

ATTILA.

Non : mais la noble ardeur d'envahir tant d'États
Doit combattre de tête encor plus que de bras,
Entre ses ennemis rompre l'intelligence,
Y jeter du désordre et de la défiance,
Et ne rien hasarder qu'on n'ait de toutes parts,
Autant qu'il est possible, enchaîné les hasards.
Nous étions aussi forts qu'à présent nous le sommes,
Quand je fondis en Gaule avec cinq cent mille hommes.
Dès lors, s'il t'en souvient, je voulus, mais en vain,

---

nouveaux applaudissements ; mademoiselle Molière (Armande Béjart, femme de Molière) représentait Flavie, confidente d'Honorie. (*Les frères Parfait*, t. X, p. 153.)

D'avec le Visigoth détacher le Romain.
J'y perdis auprès d'eux des soins qui me perdirent;
Loin de se diviser, d'autant mieux ils s'unirent.
La terreur de mon nom pour nouveaux compagnons
Leur donna les Alains, les Francs, les Bourguignons;
Et, n'ayant pu semer entre eux aucuns divorces,
Je me vis en déroute avec toutes mes forces.
J'ai su les rétablir, et cherche à me venger;
Mais je cherche à le faire avec moins de danger.
De ces cinq nations contre moi trop heureuses,
J'envoie offrir la paix aux deux plus belliqueuses;
Je traite avec chacune; et comme toutes deux
De mon hymen offert ont accepté les nœuds,
Des princesses qu'ensuite elles en font le gage
L'une sera ma femme et l'autre mon otage.
Si j'offense par là l'un des deux souverains,
Il craindra pour sa sœur qui reste entre mes mains.
Ainsi je les tiendrai l'un et l'autre en contrainte,
L'un par mon alliance, et l'autre par la crainte,
Ou si le malheureux s'obstine à s'irriter,
L'heureux en ma faveur saura lui résister;
Tant que de nos vainqueurs terrassés l'un par l'autre
Les trônes ébranlés tombent au pied du nôtre.
Quant à l'amour, apprends que mon plus doux souci
N'est.... Mais Ardaric entre, et Valamir aussi.

SCÈNE II.
ATTILA, ARDARIC, VALAMIR, OCTAR.

ATTILA.

Rois, amis d'Attila, soutiens de ma puissance,
Qui rangez tant d'États sous mon obéissance
Et de qui les conseils, le grand cœur et la main,
Me rendent formidable à tout le genre humain,
Vous voyez en mon camp les éclatantes marques
Que de ce vaste effroi nous donnent deux monarques.
En Gaule Méroüée, à Rome l'empereur,
Ont cru par mon hymen éviter ma fureur.
La paix avec tous deux en même temps traitée
Se trouve avec tous deux à ce prix arrêtée;
Et presque sur les pas de mes ambassadeurs
Les leurs m'ont amené deux princesses leurs sœurs.
Le choix m'en embarrasse, il est temps de le faire;
Depuis leur arrivée en vain je le diffère;
Il faut enfin résoudre; et, quel que soit ce choix,
J'offense un empereur, ou le plus grand des rois.
Je le dis, le plus grand, non qu'encor la victoire
Ait porté Méroüée à ce comble de gloire;
Mais, si de nos devins l'oracle n'est point faux,
Sa grandeur doit atteindre aux degrés les plus hauts;
Et de ses successeurs l'empire inébranlable
Sera de siècle en siècle enfin si redoutable,
Qu'un jour toute la terre en recevra des lois,
Ou tremblera du moins au nom de leurs Français.

Vous donc, qui connaissez de combien d'importance
Est pour nos grands projets l'une et l'autre alliance,
Prêtez-moi des clartés pour bien voir aujourd'hui [1]
De laquelle ils auront ou plus ou moins d'appui;
Qui des deux, honoré par ces nœuds domestiques
Nous vengera le mieux des champs catalauniques;
Et qui des deux enfin, déchu d'un tel espoir,
Sera le plus à craindre à qui veut tout pouvoir.

ARDARIC.

En l'état où le ciel a mis votre puissance,
Nous mettrions en vain les forces en balance :
Tout ce qu'on y peut voir ou de plus ou de moins
Ne vaut pas amuser le moindre de vos soins.
L'un et l'autre traité suffit pour nous instruire
Qu'ils vous craignent tous deux et n'osent plus vous [nuire.
Ainsi, sans perdre temps à vous inquiéter,
Vous n'avez que vos yeux, seigneur, à consulter.
Laissez aller ce choix du côté du mérite
Pour qui, sur leur rapport, l'amour vous sollicite;
Croyez ce qu'avec eux votre cœur résoudra;
Et de ces potentats s'offense qui voudra.

ATTILA.

L'amour chez Attila n'est pas un bon suffrage;
Ce qu'on m'en donnerait me tiendrait lieu d'outrage
Et tout exprès ailleurs je porterais ma foi,
De peur qu'on n'eût par là trop de pouvoir sur moi.
Les femmes qu'on adore usurpent un empire
Que jamais un mari n'ose ou ne peut dédire :
C'est au commun des rois à se plaire en leurs fers,
Non à ceux dont le nom fait trembler l'univers.
Que chacun de leurs yeux aime à se faire esclave;
Moi, je ne veux les voir qu'en tyrans que je brave :
Et par quelques attraits qu'ils captivent un cœur,
Le mien en dépit d'eux est tout à ma grandeur.
Parlez donc seulement du choix le plus utile,
Du courroux à dompter ou plus ou moins facile;
Et ne me dites point que de chaque côté
Vous voyez comme lui peu d'inégalité.
En matière d'État ne fût-ce qu'un atome,
Sa perte quelquefois importe d'un royaume;
Il n'est scrupule exact qu'il n'y faille garder,
Et le moindre avantage a droit de décider.

VALAMIR.

Seigneur, dans le penchant que prennent les affaires,
Les grands discours ici ne sont pas nécessaires;
Il ne faut que des yeux; et pour tout découvrir,
Pour décider de tout, on n'a qu'à les ouvrir. [vè¹:
Un grand destin commence, un grand destin s'achè-

---

[1] Dans cette délibération politique on trouve encore des intentions dignes de Corneille : cette scène est d'un genre qu'il affectionnait, mais plus propre à la dissertation qu'à la tragédie, quoiqu'il en eût pu faire dans son bon temps, un grand et magnifique tableau. (P.)

L'empire est prêt à choir, et la France s'élève ;
L'une peut avec elle affermir son appui,
Et l'autre en trébuchant l'ensevelir sous lui.
Vos devins vous l'ont dit; n'y mettez point d'obstacles,
Vous qui n'avez jamais douté de leurs oracles :
Soutenir un État chancelant et brisé,
C'est chercher par sa chute à se voir écrasé.
Appuyez donc la France, et laissez tomber Rome ;
Aux grands ordres du ciel prêtez ceux d'un grand
D'un si bel avenir avouez vos devins, [homme :
Avancez les succès, et hâtez les destins.

ARDARIC.

Oui, le ciel, par le choix de ces grands hyménées,
A mis entre vos mains le cours des destinées ;
Mais s'il est glorieux, seigneur, de le hâter,
Il l'est, et plus encor, de si bien l'arrêter,
Que la France, en dépit d'un infaillible augure,
N'aille qu'à pas traînants vers sa grandeur future,
Et que l'aigle, accablé par ce destin nouveau,
Ne puisse trébucher que sur votre tombeau.
Serait-il gloire égale à celle de suspendre
Ce que ces deux États du ciel doivent attendre,
Et de vous faire voir aux plus savants devins
Arbitre des succès et maître des destins ?
J'ose vous dire plus. Tout ce qu'ils vous prédisent,
Avec pleine clarté dans le ciel ils le lisent ;
Mais vous assurent-ils que quelque astre jaloux
N'ait point mis plus d'un siècle entre l'effet et vous ?
Ces éclatants retours que font les destinées
Sont assez rarement l'œuvre de peu d'années ;
Et ce qu'on vous prédit touchant ces deux États
Peut être un avenir qui ne vous touche pas.
Cependant regardez ce qu'est encor l'empire :
Il chancelle, il se brise, et chacun le déchire ;
De ses entrailles même il produit les tyrans ;
Mais il peut encor plus que tous ses conquérants,
Le moindre souvenir des champs catalauniques
En peut mettre à vos yeux des preuves trop publiques :
Singibar, Gondebaut, Mérouée, et Thierri,
Là, sans Aétius, tous quatre auraient péri.
Les Romains firent seuls cette grande journée :
Unissez-les à vous par un digne hyménée.
Puisque déjà sans eux vous pouvez presque tout,
Il n'est rien dont par eux vous ne veniez à bout.
Quand de ces nouveaux rois ils vous auront fait maître,
Vous verrez à loisir de qui vous voudrez l'être,
Et résoudrez vous seul avec tranquillité
Si vous leur souffrirez encor l'égalité.

VALAMIR.

L'empire, je l'avoue, est encor quelque chose ;
Mais nous ne sommes plus au temps de Théodose ;
Et comme dans sa race il ne revit pas bien,
L'empire est quelque chose, et l'empereur n'est rien.
Ses deux fils n'ont rempli les trônes des deux Romes

Que d'idoles pompeux, que d'ombres au lieu d'hom-
L'imbécile fierté de ces faux souverains, [mes.
Qui n'osait à son aide appeler des Romains,
Parmi des nations qu'ils traitaient de barbares
Empruntait pour régner des personnes plus rares ;
Et d'un côté Gainas, de l'autre Stilicon,
A ces deux majestés ne laissant que le nom,
On voyait dominer d'une hauteur égale
Un Goth dans un empire, et dans l'autre un Vandale.
Comme de tous côtés on s'en est indigné,
De tous côtés aussi pour eux on a régné.
Le second Théodose avait pris leur modèle :
Sa sœur à cinquante ans le tenait en tutelle,
Et fut, tant qu'il régna, l'âme de ce grand corps,
Dont elle fait encor mouvoir tous les ressorts.
Pour Valentinian, tant qu'a vécu sa mère
Il a semblé répondre à ce grand caractère ;
Il a paru régner : mais on voit aujourd'hui
Qu'il régnait par sa mère, ou sa mère pour lui ;
Et depuis son trépas il a trop fait connaître
Que s'il est empereur, Aétius est maître ;
Et c'en serait la sœur qu'il faudrait obtenir,
Si jamais aux Romains vous vouliez vous unir.
Au reste, un prince faible, envieux, mol, stupide,
Qu'un heureux succès enfle, un douteux intimide,
Qui pour unique emploi s'attache à son plaisir,
Et laisse le pouvoir à qui s'en peut saisir.
Mais le grand Mérouée est un roi magnanime,
Amoureux de la gloire, ardent après l'estime,
Qui ne permet aux siens d'emploi, ni de pouvoir,
Qu'autant que par son ordre ils en doivent avoir.
Il sait vaincre et régner ; et depuis sa victoire,
S'il a déjà soumis et la Seine et la Loire, [tants,
Quand vous voudrez aux siens joindre vos combat-
La Garonne et l'Arar ne tiendront pas longtemps.
Alors ces mêmes champs, témoins de notre honte,
En verront la vengeance et plus haute et plus prompte ;
Et, pour glorieux prix d'avoir su nous venger,
Vous aurez avec lui la Gaule à partager,
D'où vous ferez savoir à toute l'Italie
Que lorsque la prudence à la valeur s'allie,
Il n'est rien à l'épreuve, et qu'il est temps qu'enfin
Et du Tibre et du Pô vous fassiez le destin.

ARDARIC.

Prenez-en donc le droit des mains d'une princesse
Qui l'apporte pour dot à l'ardeur qui vous presse ;
Et paraissez plutôt vous saisir de son bien,
Qu'usurper des États sur qui ne vous doit rien.
Sa mère eut tant de part à la toute-puissance,
Qu'elle fit à l'empire associer Constance ;
Et si ce même empire a quelque attrait pour vous,
La fille a même droit en faveur d'un époux.
Allez, la force en main, demander ce partage,
Que d'un père mourant lui laissa le suffrage

Sous ce prétexte heureux vous verrez des Romains
Se détacher de Rome, et vous tendre les mains.
Aétius n'est pas si maître qu'on veut croire,
Il a jusque chez lui des jaloux de sa gloire ;
Et vous aurez pour vous tous ceux qui dans le cœur
Sont mécontents du prince, ou las du gouverneur.
Le débris de l'empire a de belles ruines ;
S'il n'a plus de héros, il a des héroïnes.
Rome vous en offre une, et part à ce débris ;
Pourriez-vous refuser votre main à ce prix ?
Ildione n'apporte ici que sa personne,
Sa dot ne peut s'étendre aux droits d'une couronne,
Ses Francs n'admettent point de femme à dominer ;
Mais les droits d'Honorie ont de quoi tout donner.
Attachez-les, seigneur, à vous, à votre race ;
Du fameux Théodose assurez-vous la place :
Rome adore la sœur, le frère est sans pouvoir,
On hait Aétius, vous n'avez qu'à vouloir.

ATTILA.

Est-ce comme il me faut tirer d'inquiétude,
Que de plonger mon âme en plus d'incertitude,
Et pour vous prévaloir de mes perplexités,
Choisissez-vous exprès ces contrariétés ?
Plus j'entends raisonner, et moins on détermine ;
Chacun dans sa pensée également s'obstine ;
Et quand par vous je cherche à ne plus balancer,
Vous cherchez l'un et l'autre à mieux m'embarrasser !
Je ne demande point de si diverses routes :
Il me faut des clartés, et non de nouveaux doutes ;
Et quand je vous confie un sort tel que le mien,
C'est m'offenser tous deux que ne résoudre rien.

VALAMIR.

Seigneur, chacun de nous vous parle comme il pense,
Chacun de ce grand choix vous fait voir l'importance ;
Mais nous ne sommes point jaloux de nos avis.
Croyez-le, croyez-moi, nous en serons ravis ;
Ils sont les purs effets d'une amitié fidèle,
De qui le zèle ardent....

ATTILA.

Unissez donc ce zèle,
Et ne me forcez point à voir dans vos débats
Plus que je ne veux voir, et.... Je n'achève pas.
Dites-moi seulement ce qui vous intéresse
A protéger ici l'une et l'autre princesse.
Leurs frères vous ont-ils, à force de présents,
Chacun de son côté, rendus leurs partisans ?
Est-ce amitié pour l'une, est-ce haine pour l'autre,
Qui forme auprès de moi son avis et le vôtre ?
Par quel dessein de plaire ou de vous agrandir....
Mais derechef je veux ne rien approfondir,
Et croire qu'où je suis on n'a pas tant d'audace.
Vous, si vous vous aimez, faites-vous une grâce ;
Accordez-vous ensemble, et ne contestez plus ;
Ou de l'une des deux ménagez un refus,

Afin que nous puissions en cette conjoncture
A son aversion imputer la rupture.
Employez-y tous deux ce zèle et cette ardeur
Que vous dites avoir tous deux pour ma grandeur.
J'en croirai les efforts qu'on fera pour me plaire,
Et veux bien jusque-là suspendre ma colère.

SCÈNE III.

ARDARIC, VALAMIR.

ARDARIC.

En serons-nous toujours les malheureux objets ?
Et verrons-nous toujours qu'il nous traite en sujets ?

VALAMIR.

Fermons les yeux, seigneur, sur de telles disgrâces ;
Le ciel en doit un jour effacer jusqu'aux traces :
Mes devins me l'ont dit ; et, s'il en est besoin,
Je dirai que ce jour peut-être n'est pas loin :
Ils en ont, disent-ils, un assuré présage.
Je vous confirai plus : ils m'ont dit davantage,
Et qu'un Théodoric qui doit sortir de moi
Commandera dans Rome, et s'en fera le roi ;
Et c'est ce qui m'oblige à parler pour la France ;
A presser Attila d'en choisir l'alliance,
D'épouser Ildione, afin que par ce choix
Il laisse à mon hymen Honorie et ses droits.
Ne vous opposez plus aux grandeurs d'Ildione,
Souffrez en ma faveur qu'elle monte à ce trône ;
Et si jamais pour vous je puis en faire autant....

ARDARIC.

Vous le pouvez, seigneur, et dès ce même instant.
Souffrez qu'à votre exemple en deux mots je m'explique.
Vous aimez ; mais ce n'est qu'un amour politique ;
Et puisque je vous dois confidence à mon tour,
J'ai pour l'autre princesse un véritable amour ;
Et c'est ce qui m'oblige à parler pour l'empire,
Afin qu'on m'abandonne un objet où j'aspire.
Une étroite amitié l'un à l'autre nous joint ;
Mais enfin nos désirs ne compatissent point.
Voyons qui se doit vaincre, et s'il faut que mon âme
A votre ambition immole cette flamme,
Ou s'il n'est point plus beau que votre ambition
Elle-même s'immole à cette passion.

VALAMIR.

Ce serait pour mon cœur un cruel sacrifice.

ARDARIC.

Et l'autre pour le mien serait un dur supplice.
Vous aime-t-on ?

VALAMIR.

Du moins j'ai lieu de m'en flatter.
Et vous, seigneur ?

ARDARIC.

Du moins on me daigne écouter.

VALAMIR.

Qu'un mutuel amour est un triste avantage
Quand ce que nous aimons d'un autre est le partage!

ARDARIC.

Cependant le tyran prendra pour attentat
Cet amour qui fait seul tant de raisons d'État.
Nous n'avons que trop vu jusqu'où va sa colère,
Qui n'a pas épargné le sang même d'un frère,
Et combien après lui de rois ses alliés
A son orgueil barbare il a sacrifiés.

VALAMIR.

Les peuples qui suivaient ces illustres victimes
Suivent encor sous lui l'impunité des crimes;
Et ce ravage affreux qu'il permet aux soldats
Lui gagne tant de cœurs, lui donne tant de bras,
Que nos propres sujets sortis de nos provinces
Sont en dépit de nous plus à lui qu'à leurs princes.

ARDARIC.

Il semble à ses discours déjà nous soupçonner,
Et ce sont des soupçons qu'il nous faut détourner.
A ce refus qu'il veut disposons ma princesse.

VALAMIR.

Pour y porter la mienne il faudra peu d'adresse.

ARDARIC.

Si vous persuadez, quel malheur est le mien!

VALAMIR.

Et si l'on vous en croit, puis-je espérer plus rien?

ARDARIC.

Ah! que ne pouvons-nous être heureux l'un et l'autre!

VALAMIR.

Ah! que n'est mon bonheur plus compatible au vôtre!

ARDARIC.

Allons des deux côtés chacun faire un effort.

VALAMIR.

Allons, et du succès laissons-en faire au sort.

ACTE SECOND.

SCÈNE PREMIÈRE.

HONORIE, FLAVIE.

FLAVIE.

Je ne m'en défends point : oui, madame, Octar m'ai-
Tout ce que je vous dis, je l'ai su de lui-même. [me;
Ils sont rois, mais c'est tout : ce titre sans pouvoir
N'a rien presque en tous deux de ce qu'il doit avoir;
Et le fier Attila chaque jour fait connaître
Que s'il n'est pas leur roi, du moins il est leur maître,
Et qu'ils n'ont en sa cour le rang de ses amis
Qu'autant qu'à son orgueil ils s'y montrent soumis.

Tous deux ont grand mérite, et tous deux grand cou-
Mais ils sont, à vrai dire, ici comme en otage, [rage;
Tandis que leurs soldats en des camps éloignés
Prennent l'ordre sous lui de gens qu'il a gagnés;
Et si de le servir leurs troupes n'étaient prêtes,
Ces rois, tout rois qu'ils sont, répondraient de leurs
Son frère aîné Vléda, plus rempli d'équité, [têtes.
Les traitait malgré lui d'entière égalité;
Il n'a pu le souffrir, et sa jalouse envie,
Pour n'avoir plus d'égaux, s'est immolé sa vie.
Le sang qu'après avoir mis ce prince au tombeau
On lui voit chaque jour distiller du cerveau,
Punit son parricide, et chaque jour vient faire
Un tribut étonnant à celui de ce frère :
Suivant même qu'il a plus ou moins de courroux,
Ce sang forme un supplice ou plus rude ou plus doux,
S'ouvre une plus féconde ou plus stérile veine;
Et chaque emportement porte avec lui sa peine.

HONORIE.

Que me sert donc qu'on m'aime, et pourquoi m'en-
A souffrir un amour qui ne peut me venger? [gager
L'insolent Attila me donne une rivale;
Par ce choix qu'il balance il la fait mon égale; [roi,
Et quand pour l'en punir je crois prendre un grand
Je ne prends qu'un grand nom qui ne peut rien pour
Juge que de chagrins au cœur d'une princesse [moi.
Qui hait également l'orgueil et la faiblesse;
Et de quel œil je puis regarder un amant
Qui n'aura que pitié de mon ressentiment,
Qui ne saura qu'aimer, et dont tout le service
Ne m'assure aucun bras à me faire justice.
Jusqu'à Rome Attila m'envoie offrir sa foi,
Pour douter dans son camp entre Ildione et moi.
Hélas! Flavie, hélas! si ce doute m'offense,
Que doit faire une indigne et haute préférence?
Et n'est-ce pas alors le dernier des malheurs,
Qu'un éclat impuissant d'inutiles douleurs?

FLAVIE.

Prévenez-le, madame; et montrez à sa honte
Combien de tant d'orgueil vous faites peu de compte.

HONORIE.

La bravade est aisée, un mot est bientôt dit :
Mais où fuir un tyran que la bravade aigrit?
Retournerai-je à Rome où j'ai laissé mon frère
Enflammé contre moi de haine et de colère,
Et qui sans la terreur d'un nom si redouté
Jamais n'eût mis de borne à ma captivité :
Moi qui prétends pour dot la moitié de l'empire?..

FLAVIE.

Ce serait d'un malheur vous jeter dans un pire.
Ne vous emportez pas contre vous jusque-là :
Il est d'autres moyens de braver Attila.
Épousez Valamir.

HONORIE.
Est-ce comme on le brave
Que d'épouser un roi dont il fait son esclave?
FLAVIE.
Mais vous l'aimiez.
HONORIE.
Eh bien, si j'aime Valamir,
Je ne veux point de rois qu'on force d'obéir;
Et si tu me dis vrai, quelque rang que je tienne,
Cet hymen pourrait être et sa perte et la mienne.
Mais je veux qu'Attila, pressé d'un autre amour,
Endure un tel insulte[1] au milieu de sa cour :
Ildione par là me verrait à sa suite;
A de honteux respects je m'y verrais réduite;
Et le sang des Césars, qu'on adora toujours,
Ferait hommage au sang d'un roi de quatre jours!
Dis-le-moi toutefois, pencherait-il vers elle?
Que t'en a dit Octar?
FLAVIE.
Qu'il la trouve assez belle,
Qu'il en parle avec joie, et fuit à lui parler.
HONORIE.
Il me parle, et s'il faut ne rien dissimuler,
Ses discours me font voir du respect, de l'estime,
Et même quelque amour, sans que le nom s'exprime.
FLAVIE.
C'est un peu plus qu'à l'autre.
HONORIE.
Et peut-être bien moins.
FLAVIE.
Quoi! ce qu'à l'éviter il apporte de soins...
HONORIE.
Peut-être il ne la fuit que de peur de se rendre;
Et s'il ne me fuit pas, il sait mieux s'en défendre.
Oui, sans doute, il la craint, et toute sa fierté
Ménage, pour choisir, un peu de liberté.
FLAVIE.
Mais laquelle des deux voulez-vous qu'il choisisse?
HONORIE.
Mon âme des deux parts attend même supplice :
Ainsi que mon amour, ma gloire a ses appas;
Je meurs s'il me choisit, ou ne me choisit pas;
Et.... Mais Valamir entre, et sa vue en mon âme
Fait trembler mon orgueil, enorgueillit ma flamme.
Flavie, il peut sur moi bien plus que je ne veux :
Pour peu que je l'écoute il aura tous mes vœux.
Dis-lui.... Mais il vaut mieux faire effort sur moi-mê-[me.

SCÈNE II.

VALAMIR, HONORIE, FLAVIE.

HONORIE.
Le savez-vous, seigneur, comment je veux qu'on m'ai-[me?
Et puisque jusqu'à moi vous portez vos souhaits,
Avez-vous su connaître à quel prix je me mets?
Je parle avec franchise, et ne veux point vous taire
Que vos soins me plairaient s'il ne fallait que plaire :
Mais quand cent et cent fois ils seraient mieux reçus,
Il faut pour m'obtenir quelque chose de plus.
Attila m'est promis, j'en ai sa foi pour gage;
La princesse des Francs prétend même avantage;
Et bien que sur le choix il semble hésiter[1],
Étant ce que je suis j'aurais tort d'en douter.
Mais qui promet à deux outrage l'une et l'autre.
J'ai du cœur, on m'offense; examinez le vôtre.
Pourrez-vous m'en venger, pourrez-vous l'en punir?
VALAMIR.
N'est-ce que par le sang qu'on peut vous obtenir?
Et faut-il que ma flamme à ce grand cœur réponde
Par un assassinat du plus grand roi du monde,
D'un roi que vous avez souhaité pour époux?
Ne saurait-on sans crime être digne de vous?
HONORIE.
Non, je ne vous dis pas qu'aux dépens de sa tête
Vous vous fassiez aimer, et payiez ma conquête.
De l'aimable façon qu'il vous traite aujourd'hui
Il a trop mérité ces tendresses pour lui.
D'ailleurs, s'il faut qu'on l'aime, il est bon qu'on le [craigne.
Mais c'est cet Attila qu'il faut que je dédaigne.
Pourrez-vous hautement me tirer de ses mains,
Et braver avec moi le plus fier des humains?
VALAMIR.
Il n'en est pas besoin, madame : il vous respecte,
Et bien que sa fierté vous puisse être suspecte,
A vos moindres froideurs, à vos moindres dégoûts,
Je sais que ses respects me donneraient à vous.
HONORIE.
Que j'estime assez peu le sang de Théodose
Pour souffrir qu'en moi-même un tyran en dispose,
Qu'une main qu'il me doit me choisisse un mari,
Et me présente un roi comme son favori!
Pour peu que vous m'aimiez, seigneur, vous devez [croire
Que rien ne m'est sensible à l'égal de ma gloire.

---

[1] *Insulte*, et Boileau lui-même, a employé ce mot comme Corneille, était alors du genre masculin. (P.)

[1] Les éditeurs modernes ont refait ainsi ce vers :

Et, bien que sur le choix il me semble hésiter.

Ils n'ont pas considéré que Corneille pouvait regarder comme aspirée l'*h* du verbe *hésiter*, dont la prononciation n'était pas encore fixée de son temps. Le P. Bouhours, dans sa traduction du marquis de Pianesse, a dit : « C'est une erreur de hésiter à « prendre parti du côté où il y a le plus d'évidence. »

Régnez comme Attila, je vous préfère à lui ;
Mais point d'époux qui n'ose en dédaigner l'appui,
Point d'époux qui m'abaisse au rang de ses sujettes.
Enfin, je veux un roi : regardez si vous l'êtes ;
Et quoi que sur mon cœur vous ayez d'ascendant,
Sachez qu'il n'aimera qu'un prince indépendant.
Voyez à quoi, seigneur, on connaît les monarques :
Ne m'offrez plus de vœux qui n'en portent les mar-
Et soyez satisfait qu'on vous daigne assurer   [ques ;
Qu'à tous les rois ce cœur voudrait vous préférer.

SCÈNE III.

VALAMIR, FLAVIE.

VALAMIR.
Quelle hauteur, Flavie, et que faut-il qu'espère
Un roi dont tous les vœux...

FLAVIE.
                Seigneur, laissez-la faire ;
L'amour sera le maître ; et la même hauteur
Qui vous dispute ici l'empire de son cœur,
Vous donne en même temps le secours de la haine
Pour triompher bientôt de la fierté romaine.
L'orgueil qui vous dédaigne, en dépit de ses feux,
Fait haïr Attila de se promettre à deux.
Non que cette fierté n'en soit assez jalouse
Pour ne pouvoir souffrir qu'Ildione l'épouse.
A son frère, à ses Francs, faites-la renvoyer ;
Vous verrez tout ce cœur soudain se déployer,
Suivre ce qui lui plaît, braver ce qui l'irrite,
Et livrer hautement la victoire au mérite.
Ne vous rebutez point d'un peu d'emportement ;
Quelquefois malgré nous il vient un bon moment.
L'amour fait des heureux lorsque moins on y pense ;
Et je ne vous dis rien sans beaucoup d'apparence.
Ardaric vous apporte un entretien plus doux.
Adieu. Comme le cœur le temps sera pour vous.

SCÈNE IV.

ARDARIC, VALAMIR.

ARDARIC.
Qu'avez-vous obtenu, seigneur, de la princesse ?

VALAMIR.
Beaucoup, et rien. J'ai vu pour moi quelque tendresse ;
Mais elle sait d'ailleurs si bien ce qu'elle vaut,
Que si celle des Francs a le cœur aussi haut,
Si c'est à même prix, seigneur, qu'elle se donne,
Vous lui pourrez longtemps offrir votre couronne.
Mon rival est haï, je n'en saurais douter ;
Tout le cœur est à moi, j'ai lieu de m'en vanter ;
Au reste des mortels je sais qu'on me préfère,
Et ne sais toutefois ce qu'il faut que j'espère.
Voyez votre Ildione ; et puissiez-vous, seigneur,
Y trouver plus de jour à lire dans son cœur,
Une âme plus tournée à remplir votre attente,
Un esprit plus facile. Octar sort de sa tente.
Adieu.

SCÈNE V.

ARDARIC, OCTAR.

ARDARIC.
Pourrai-je voir la princesse à mon tour ?

OCTAR.
Non, à moins qu'il vous plaise attendre son retour ;
Mais, à ce que ses gens, seigneur, m'ont fait entendre,
Vous n'avez en ce lieu qu'un moment à l'attendre.

ARDARIC.
Dites-moi cependant : vous fûtes prisonnier
Du roi des Francs, son frère, en ce combat dernier ?

OCTAR.
Le désordre, seigneur, des champs catalauniques
Me donna peu de part aux disgrâces publiques.
Si j'y fus prisonnier de ce roi généreux,
Il me fit dans sa cour un sort assez heureux :
Ma prison y fut libre ; et j'y trouvai sans cesse
Une bonté si rare au cœur de la princesse,
Que de retour ici je pense lui devoir
Les plus sacrés respects qu'un sujet puisse avoir.

ARDARIC.
Qu'un monarque est heureux lorsque le ciel lui donne
La main d'une si belle et si rare personne !

OCTAR.
Vous savez toutefois qu'Attila ne l'est pas,
Et combien son trop d'heur lui cause d'embarras.

ARDARIC.
Ah ! puisqu'il a des yeux, sans doute il la préfère.
Mais vous vous louez fort aussi du roi son frère ;
Ne me déguisez rien. A-t-il des qualités
A se faire admirer ainsi de tous côtés ?
Est-ce une vérité que ce que j'entends dire,
Ou si c'est sans raison que l'univers l'admire ?

OCTAR.
Je ne sais pas, seigneur, ce qu'on vous en a dit ;
Mais si pour l'admirer ce que j'ai vu suffit,
Je l'ai vu dans la paix, je l'ai vu dans la guerre[1],
Porter partout un front de maître de la terre.
J'ai vu plus d'une fois de fières nations
Désarmer son courroux par leurs soumissions.
J'ai vu tous les plaisirs de son âme héroïque

---

[1] Cet éloge de Louis XIV, et de son fils (car c'est à eux que Corneille faisait allusion dans ces vers) avait précédé les prologues adulateurs de Quinault, et servi d'exemple à tous les poëtes du temps, qui ne manquèrent pas de l'imiter. (P.)

N'avoir rien que d'auguste et que de magnifique;
Et ses illustres soins ouvrir à ses sujets.
L'école de la guerre au milieu de la paix.
Par ces délassements sa noble inquiétude
De ses justes desseins faisait l'heureux prélude;
Et, si j'ose le dire, il doit nous être doux
Que ce héros les tourne ailleurs que contre nous.
Je l'ai vu, tout couvert de poudre et de fumée,
Donner le grand exemple à toute son armée,
Semer par ses périls l'effroi de toutes parts,
Bouleverser les murs d'un seul de ses regards,
Et sur l'orgueil brisé des plus superbes têtes,
De sa course rapide entasser les conquêtes.
Ne me commandez point de peindre un si grand roi;
Ce que j'en ai vu passe un homme tel que moi :
Mais je ne puis, seigneur, m'empêcher de vous dire
Combien son jeune prince est digne qu'on l'admire.
Il montre un cœur si haut sous un front délicat,
Que dans son premier lustre il est déjà soldat.
Le corps attend les ans, mais l'âme est toute prête.
D'un gros de cavaliers il se met à la tête,
Et, l'épée à la main, anime l'escadron
Qu'enorgueillit l'honneur de marcher sous son nom.
Tout ce qu'a d'éclatant la majesté du père,
Tout ce qu'ont de charmant les grâces de la mère,
Tout brille sur ce front, dont l'aimable fierté
Porte empreints et ce charme et cette majesté.
L'amour et le respect qu'un si jeune mérite....
Mais la princesse vient, seigneur; et je vous quitte.

SCÈNE VI.

ARDARIC, ILDIONE.

ILDIONE.
On vous a consulté, seigneur; m'apprendrez-vous
Comment votre Attila dispose enfin de nous?
ARDARIC.
Comment disposez-vous vous-même de mon âme?
Attila va choisir; il faut parler, madame :
Si son choix est pour vous, que ferez-vous pour moi?
ILDIONE.
Tout ce que peut un cœur qu'engage ailleurs ma foi.
C'est devers vous qu'il penche; et si je ne vous aime,
Je vous plaindrai du moins à l'égal de moi-même;
J'aurai mêmes ennuis, j'aurai mêmes douleurs;
Mais je n'oublirai point que je me dois ailleurs.
ARDARIC.
Cette foi que peut-être on est près de vous rendre,
Si vous aviez du cœur, vous sauriez la reprendre.
ILDIONE.
J'en ai, s'il faut me vaincre, autant qu'on peut avoir,

Et n'en aura jamais pour vaincre mon devoir.
ARDARIC.
Mais qui s'engage à deux dégage l'un et l'autre.
ILDIONE.
Ce serait ma pensée aussi bien que la vôtre :
Et si je n'étais pas, seigneur, ce que je suis,
J'en prendrais quelque droit de finir mes ennuis :
Mais l'esclavage fier d'une haute naissance
Où toute autre peut tout, me tient dans l'impuissance;
Et, victime d'État, je dois sans reculer
Attendre aveuglément qu'on me daigne immoler.
ARDARIC.
Attendre qu'Attila, l'objet de votre haine,
Daigne vous immoler à la fierté romaine?
ILDIONE.
Qu'un pareil sacrifice aurait pour moi d'appas!
Et que je souffrirai s'il ne s'y résout pas!
ARDARIC.
Qu'il serait glorieux de le faire vous-même,
D'en épargner la honte à votre diadème!
J'entends cela des Francs, qu'au lieu de maintenir..
ILDIONE.
C'est à mon frère alors de venger et punir;
Mais ce n'est point à moi de rompre une alliance
Dont il vient d'attacher vos Huns avec sa France;
Et me faire par là du gage de la paix
Le flambeau d'une guerre à ne finir jamais.
Il faut qu'Attila parle : et puisse être Honorie
La plus considérée, ou moi la moins chérie!
Puisse-t-il se résoudre à me manquer de foi!
C'est tout ce que je puis et pour vous et pour moi.
S'il vous faut des souhaits, je n'en suis point avare;
S'il vous faut des regrets, tout mon cœur s'y prépare,
Et veut bien...
ARDARIC.
Que feront d'inutiles souhaits
Que laisser à tous deux d'inutiles regrets?
Pouvez-vous espérer qu'Attila vous dédaigne?
ILDIONE.
Rome est encor puissante, il se peut qu'il la craigne.
ARDARIC.
A moins que pour appui Rome n'ait vos froideurs,
Vos yeux l'emporteront sur toutes ses grandeurs;
Je le sens en moi-même, et ne vois point d'empire
Qu'en mon cœur d'un regard ils ne puissent détruire.
Armez-les de rigueurs, madame; et, par pitié,
D'un charme si funeste ôtez-leur la moitié :
C'en sera trop encore; et pour peu qu'ils éclatent,
Il n'est aucun espoir dont mes désirs se flattent.
Faites donc davantage; allez jusqu'au refus;
Ou croyez qu'Ardaric déjà n'espère plus,
Qu'il ne vit déjà plus, et que votre hyménée
A déjà par vos mains tranché sa destinée.

ILDIONE.
Ai-je si peu de part en de tels déplaisirs,
Que pour m'y voir en prendre il faille vos soupirs?
Me voulez-vous forcer à la honte des larmes?
ARDARIC.
Si contre tant de maux vous m'enviez leurs charmes,
Faites quelque autre grâce à mes sens alarmés,
Madame, et pour le moins dites que vous m'aimez.
ILDIONE.
Ne vouloir pas m'en croire à moins d'un mot si rude,
C'est pour une belle âme un peu d'ingratitude.
De quelques traits pour vous que mon cœur soit frap-
Ce grand mot jusqu'ici ne m'est point échappé; [pé,
Mais haïr un rival, endurer d'être aimée,
Comme vous de ce choix avoir l'âme alarmée,
A votre espoir flottant donner tous mes souhaits,
A votre espoir déçu donner tous mes regrets,
N'est-ce point dire trop ce qui sied mal à dire?
ARDARIC.
Mais vous épouserez Attila.
ILDIONE.
J'en soupire,
Et mon cœur...
ARDARIC.
Que fait-il, ce cœur, que m'abuser,
Si, même en n'osant rien, il craint de trop oser?
Non, si vous en aviez, vous sauriez la reprendre,
Cette foi que peut-être on est près de vous rendre.
Je ne m'en dédis point, et ma juste douleur
Ne peut vous dire assez que vous manquez de cœur.
ILDIONE.
Il faut donc qu'avec vous tout à fait je m'explique.
Écoutez; et surtout, seigneur, plus de réplique.
Je vous aime. Ce mot me coûte à prononcer;
Mais puisqu'il vous plaît tant, je veux bien m'y forcer.
Permettez toutefois que je vous die encore
Que, si votre Attila de ce grand choix m'honore,
Je recevrai sa main d'un œil aussi content
Que si je me donnais ce que mon cœur prétend:
Non que de son amour je ne prenne un tel gage
Pour le dernier supplice et le dernier outrage,
Et que le dur effort d'un si cruel moment
Ne redouble ma haine et mon ressentiment;
Mais enfin mon devoir veut une déférence
Où même il ne soupçonne aucune répugnance.
Je l'épouserai donc, et réserve pour moi
La gloire de répondre à ce que je me doi.
J'ai ma part, comme un autre, à la haine publique
Qu'aime à semer partout son orgueil tyrannique;
Et le hais d'autant plus, que son ambition
A voulu s'asservir toute ma nation;
Qu'en dépit des traités et de tout leur mystère
Un tyran qui déjà s'est immolé son frère;
Si jamais sa fureur ne redoutait plus rien,

Aurait peut-être peine à faire grâce au mien.
Si donc ce triste choix m'arrache à ce que j'aime,
S'il me livre à l'horreur qu'il me fait de lui-même,
S'il m'attache à la main qui veut tout saccager,
Voyez que d'intérêts, que de maux à venger!
Mon amour, et ma haine, et la cause commune,
Crîront à la vengeance, en voudront trois pour une;
Et comme j'aurai lors sa vie entre mes mains,
Il a lieu de me craindre autant que je vous plains.
Assez d'autres tyrans ont péri par leurs femmes;
Cette gloire aisément touche les grandes âmes,
Et de ce même coup qui brisera mes fers,
Il est beau que ma main venge tout l'univers.
Voilà quelle je suis, voilà ce que je pense,
Voilà ce que l'amour prépare à qui l'offense.
Vous, faites-moi justice; et songez mieux, seigneur,
S'il faut me dire encor que je manque de cœur.
(Elle s'en va.)
ARDARIC.
Vous préserve le ciel de l'épreuve cruelle
Où veut un cœur si grand mettre une âme si belle!
Et puisse Attila prendre un esprit assez doux
Pour vouloir qu'on vous doive autant à lui qu'à vous!

ACTE TROISIÈME.

SCÈNE PREMIÈRE.

ATTILA, OCTAR.

ATTILA.
Octar, as-tu pris soin de redoubler ma garde?
OCTAR.
Oui, seigneur; et déjà chacun s'entre-regarde,
S'entre-demande à quoi ces ordres que j'ai mis....
ATTILA.
Quand on a deux rivaux, manque-t-on d'ennemis?
OCTAR.
Mais, seigneur, jusqu'ici vous en doutez encore.
ATTILA.
Et pour bien éclaircir ce qu'en effet j'ignore,
Je me mets à couvert de ce que de plus noir
Inspire à leurs pareils l'amour au désespoir;
Et ne laissant pour arme à leur douleur pressante
Qu'une haine sans force, une rage impuissante,
Je m'assure un triomphe en ce glorieux jour
Sur leurs ressentiments, comme sur leur amour.
Qu'en disent nos deux rois?
OCTAR.
Leurs âmes alarmées
De voir par ce renfort leurs tentes enfermées

Affectent de montrer une tranquillité...
ATTILA.
De leur tente à la mienne ils ont la liberté.
OCTAR.
Oui, mais seuls, et sans suite; et quant aux deux prin- [cesses,
Que de leurs actions on laisse encor maîtresses,
On ne permet d'entrer chez elles qu'à leurs gens;
Et j'en bannis par là ces rois et leurs agents.
N'en ayez plus, seigneur, aucune inquiétude :
Je les fais observer avec exactitude ;
Et de quelque côté qu'elles tournent leurs pas,
J'ai des yeux tout placés qui ne les manquent pas :
On vous rendra bon compte et des deux rois et d'elles.
ATTILA.
Il suffit sur ce point : apprends d'autres nouvelles.
Ce grand chef des Romains, l'illustre Aétius,
Le seul que je craignais, Octar, il ne vit plus.
OCTAR.
Qui vous en a défait?
ATTILA.
Valentinian même.
Craignant qu'il n'usurpât jusqu'à son diadème,
Et pressé des soupçons où j'ai su l'engager,
Lui-même, à ses yeux même, il l'a fait égorger.
Rome perd en lui seul plus de quatre batailles ;
Je me vois l'accès libre au pied de ses murailles ;
Et si j'y fais paraître Honorie et ses droits,
Contre un tel empereur j'aurai toutes les voix :
Tant l'effroi de mon nom, et la haine publique
Qu'attire sur sa tête une mort si tragique,
Sauront faire aisément, sans en venir aux mains,
De l'époux d'une sœur un maître des Romains!
OCTAR.
Ainsi donc votre choix tombe sur Honorie?
ATTILA.
J'y fais ce que je puis, et ma gloire m'en prie :
Mais d'ailleurs Ildione a pour moi tant d'attraits,
Que mon cœur étonné flotte plus que jamais.
Je sens combattre encor dans ce cœur qui soupire
Les droits de la beauté contre ceux de l'empire.
L'effort de ma raison qui soutient mon orgueil
Ne peut non plus que lui soutenir un coup d'œil ;
Et quand de tout moi-même il m'a rendu le maître,
Pour me rendre à mes fers elle n'a qu'à paraître.
O beauté, qui te fais adorer en tous lieux,
Cruel poison de l'âme, et doux charme des yeux,
Que devient, quand tu veux, l'autorité suprême,
Si tu prends malgré moi l'empire de moi-même,
Et si cette fierté qui fait partout la loi
Ne peut me garantir de la prendre de toi?
Va la trouver pour moi, cette beauté charmante;
Du plus utile choix donne-lui l'épouvante ;
Pour l'obliger à fuir, peins-lui bien tout l'affront
Que va mon hyménée imprimer sur son front.

Ose plus ; fais-lui peur d'une prison sévère
Qui me réponde ici du courroux de son frère,
Et retienne tous ceux que l'espoir de sa foi
Pourrait en un moment soulever contre moi.
Mais quelle âme en effet n'en serait pas séduite?
Je vois trop de périls, Octar, en cette fuite ;
Ses yeux, mes souverains, à qui tout est soumis,
Me sauraient d'un coup d'œil faire trop d'ennemis.
Pour en sauver mon cœur prends une autre manière
Fais-m'en haïr, peins-moi d'une humeur noire et fière
Dis-lui que j'aime ailleurs ; et fais-lui prévenir
La gloire qu'Honorie est prête d'obtenir.
Fais qu'elle me dédaigne, et me préfère un autre
Qui n'ait pour tout pouvoir qu'un faible emprunt du
Ardaric, Valamir, ne m'importe des deux. [nôtre,
Mais voir en d'autres bras l'objet de tous mes vœux !
Vouloir qu'à mes yeux même un autre la possède !
Ah ! le mal est encor plus doux que le remède.
Dis-lui, fais-lui savoir...
OCTAR.
Quoi, seigneur?
ATTILA.
Je ne sai
Tout ce que j'imagine est d'un fâcheux essai.
OCTAR.
A quand remettez-vous, après tout, d'en résoudre?
ATTILA.
Octar, je l'aperçois. Quel nouveau coup de foudre!
O raison confondue, orgueil presque étouffé,
Avant ce coup fatal que n'as-tu triomphé!

SCÈNE II.
ILDIONE, ATTILA, OCTAR.
ATTILA.
Venir jusqu'en ma tente enlever mes hommages,
Madame, c'est trop loin pousser vos avantages;
Ne vous suffit-il point que le cœur soit à vous?
ILDIONE.
C'est de quoi faire naître un espoir assez doux.
Ce n'est pas toutefois, seigneur, ce qui m'amène ;
Ce sont des nouveautés dont j'ai lieu d'être en peine.
Votre garde est doublée, et par un ordre exprès
Je vois ici deux rois observés de fort près.
ATTILA.
Prenez-vous intérêt ou pour l'un ou pour l'autre?
ILDIONE.
Mon intérêt, seigneur, c'est d'avoir part au vôtre.
J'ai droit en vos périls de m'en mettre en souci,
Et de plus, je me trompe, ou l'on m'observe aussi.
Vous serais-je suspecte ? Et de quoi?
ATTILA.
D'être aimée.
Madame, vos attraits, dont j'ai l'âme charmée,
Si j'en crois l'apparence, ont blessé plus d'un roi ;

ATTILA, ACTE III, SCÈNE II.

D'autres ont un cœur tendre et des yeux, comme moi;
Et pour vous et pour moi j'en préviens l'insolence,
Qui pourrait sur vous-même user de violence.

ILDIONE.

Il en est des moyens plus doux et plus aisés,
Si je vous charme autant que vous m'en accusez.

ATTILA.

Ah! vous me charmez trop, moi, de qui l'âme altière
Cherche à voir sous mes pas trembler la terre entière :
Moi, qui veux pouvoir tout, sitôt que je vous vois,
Malgré tout cet orgueil, je ne puis rien sur moi.
Je veux, je tâche en vain d'éviter par la fuite
Ce charme dominant qui marche à votre suite :
Mes plus heureux succès ne font qu'enfoncer mieux
L'inévitable trait dont me percent vos yeux.
Un regard imprévu leur fait une victoire;
Leur moindre souvenir l'emporte sur ma gloire;
Il s'empare et du cœur et des soins les plus doux;
Et j'oublie Attila dès que je pense à vous.
Que pourrai-je, madame, après que l'hyménée
Aura mis sous vos lois toute ma destinée?
Quand je voudrai punir, vous saurez pardonner;
Vous refuserez grâce où j'en voudrai donner :
Vous enverrez la paix où je voudrai la guerre;
Vous saurez par mes mains conduire le tonnerre;
Et tout mon amour tremble à s'accorder un bien
Qui me met en état de ne pouvoir plus rien.

Attentez un peu moins sur ce pouvoir suprême,
Madame, et pour un jour cessez d'être vous-même;
Cessez d'être adorable, et laissez-moi choisir
Un objet qui m'en laisse aisément ressaisir.
Défendez à vos yeux cet éclat invincible
Avec qui ma fierté devient incompatible :
Prêtez-moi des refus, prêtez-moi des mépris,
Et rendez-moi vous-même à moi-même à ce prix.

ILDIONE.

Je croyais qu'on me dût préférer Honorie
Avec moins de douceurs et de galanterie;
Et je n'attendais pas une civilité
Qui malgré cette honte enflât ma vanité.
Ses honneurs près des miens ne sont qu'honneurs fri-
Ils n'ont que des effets, j'ai les belles paroles; [voles,
Et si de son côté vous tournez tous vos soins,
C'est qu'elle a moins d'attraits, et se fait craindre moins.
L'aurait-on jamais cru qu'un Attila pût craindre
Qu'un si léger éclat eût de quoi l'y contraindre,
Et que de ce grand nom qui remplit tout d'effroi
Il n'osât hasarder tout l'orgueil contre moi?
Avant qu'il porte ailleurs ces timides hommages
Que jusqu'ici j'enlève avec tant d'avantages,
Apprenez-moi, seigneur, pour suivre vos desseins,
Comme il faut dédaigner le plus grand des humains;
Dites-moi quels mépris peuvent le satisfaire.
Ah! si je lui déplais à force de lui plaire,

Si de son trop d'amour sa haine est tout le fruit,
Alors qu'on la mérite, où se voit-on réduit?
Allez, seigneur, allez où tant d'orgueil aspire.
Honorie a pour dot la moitié de l'empire;
D'un mérite penchant c'est un ferme soutien;
Et cet heureux éclat efface tout le mien :
Je n'ai que ma personne.

ATTILA.

Et c'est plus que l'empire,
Plus qu'un droit souverain sur tout ce qui respire.
Tout ce qu'a cet empire ou de grand ou de doux,
Je veux mettre ma gloire à le tenir de vous.
Faites-moi l'accepter, et pour reconnaissance
Quels climats voulez-vous sous votre obéissance?
Si la Gaule vous plaît, vous la partagerez;
J'en offre la conquête à vos yeux adorés;
Et mon amour...

ILDIONE.

A quoi que cet amour s'apprête,
La main du conquérant vaut mieux que sa conquête.

ATTILA.

Quoi! vous pourriez m'aimer, madame, à votre tour?
Qui sème tant d'horreurs fait naître peu d'amour.
Qu'aimeriez-vous en moi? Je suis cruel, barbare;
Je n'ai que ma fierté, que ma fureur de rare;
On me craint, on me hait; on me nomme en tout lieu
La terreur des mortels, et le fléau de Dieu.
Aux refus que je veux c'est là trop de matière;
Et si ce n'est assez d'y joindre la prière,
Si rien ne vous résout à dédaigner ma foi,
Appréhendez pour vous comme je fais pour moi.
Si vos tyrans d'appas retiennent ma franchise,
Je puis l'être comme eux de qui me tyrannise.
Souvenez-vous enfin que je suis Attila,
Et que c'est dire tout que d'aller jusque-là.

ILDIONE.

Il faut donc me résoudre? Eh bien, j'ose.... De grâce,
Dispensez-moi du reste, il y faut trop d'audace.
Je tremble comme un autre à l'aspect d'Attila,
Et ne me puis, seigneur, oublier jusque-là.
J'obéis : ce mot seul dit tout ce qu'il souhaite;
Si c'est m'expliquer mal, qu'il en soit l'interprète.
J'ai tous les sentiments qu'il lui plaît m'ordonner;
J'accepte cette dot qu'il vient de me donner;
Je partage déjà la Gaule avec mon frère,
Et veux tout ce qu'il faut pour ne vous plus déplaire.
Mais ne puis-je savoir, pour ne manquer à rien,
A qui vous me donnez, quand j'obéis si bien?

ATTILA.

Je n'ose le résoudre, et de nouveau je tremble
Sitôt que je conçois tant de chagrins ensemble.
C'est trop que de vous perdre et vous donner ailleurs.
Madame, laissez-moi séparer mes douleurs :
Souffrez qu'un déplaisir me prépare pour l'autre.

Après mon hyménée on aura soin du vôtre :
Ce grand effort déjà n'est que trop rigoureux,
Sans y joindre celui de faire un autre heureux.
Souvent un peu de temps fait plus qu'on n'ose attendre.

ILDIONE.

J'oserai plus que vous, seigneur, et sans en prendre ;
Et puisque de son bien chacun peut ordonner,
Votre cœur est à moi, j'oserai le donner ;
Mais je ne le mettrai qu'en la main qu'il souhaite.
Vous, traitez-moi, de grâce, ainsi que je vous traite ;
Et quand ce coup pour vous sera moins rigoureux,
Avant de me donner consultez-en mes vœux.

ATTILA.

Vous aimeriez quelqu'un !

ILDIONE.

Jusqu'à votre hyménée
Mon cœur est au monarque à qui l'on m'a donnée ;
Mais quand par ce grand choix j'en perdrai tout espoir,
J'ai des yeux qui verront ce qu'il me faudra voir.

SCÈNE III.

HONORIE, ATTILA, ILDIONE, OCTAR.

HONORIE.

Ce grand choix est donc fait, seigneur, et pour le faire
Vous avez à tel point redouté ma colère,
Que vous n'avez pas cru vous en pouvoir sauver
Sans doubler votre garde, et me faire observer ?
Je ne me jugeais pas en ces lieux tant à craindre ;
Et d'un tel attentat j'aurais tort de me plaindre,
Quand je vois que la peur de mes ressentiments
En commence déjà les justes châtiments.

ILDIONE.

Que ces ordres nouveaux ne troublent point votre âme :
C'était moi qu'on craignait, et non pas vous, madame ;
Et ce glorieux choix qui vous met en courroux
Ne tombe pas sur moi, madame, c'est sur vous.
Il est vrai que sans moi vous n'y pouviez prétendre ;
Son cœur, tant qu'il m'eût plu, s'en aurait su défendre ;
Il était tout à moi. Ne vous alarmez pas
D'apprendre qu'il était au peu que j'ai d'appas ;
Je vous en fais un don ; recevez-le pour gage
Ou de mes amitiés ou d'un parfait hommage ;
Et, forte désormais de vos droits et des miens,
Donnez à ce grand cœur de plus dignes liens.

HONORIE.

C'est donc de votre main qu'il passe dans la mienne,
Madame, et c'est de vous qu'il faut que je le tienne ?

ILDIONE.

Si vous ne le voulez aujourd'hui de ma main,
Craignez qu'il soit trop tard de le vouloir demain.
Elle l'aimera mieux sans doute de la vôtre,
Seigneur, ou vous ferez ce présent à quelque autre.

Pour lui porter ce cœur que je vous avais pris,
Vous m'avez commandé des refus, des mépris ;
Souffrez que des mépris le respect me dispense.
Et voyez pour le reste entière obéissance.
Je vous rends à vous-même, et ne puis rien de plus ;
Et c'est à vous de faire accepter mes refus.

SCÈNE IV.

ATTILA, HONORIE, OCTAR.

HONORIE.

Accepter ses refus ! moi, seigneur ?

ATTILA.

Vous, madame.
Peut-il être honteux de devenir ma femme ?
Et quand on vous assure un si glorieux nom,
Peut-il vous importer qui vous en fait le don ?
Peut-il vous importer par quelle voie arrive
La gloire dont pour vous Ildione se prive ?
Que ce soit son refus, ou que ce soit mon choix,
En marcherez-vous moins sur la tête des rois ?
Mes deux traités de paix m'ont donné deux princesses,
Dont l'une aura ma main, si l'autre eut mes tendresses ;
L'une aura ma grandeur, comme l'autre eut mes vœux :
C'est ainsi qu'Attila se partage à vous deux.
N'en murmurez, madame, ici non plus que l'autre ;
Sa part la satisfait, recevez mieux la vôtre ;
J'en étais idolâtre, et veux vous épouser.
La raison ? c'est ainsi qu'il me plaît d'en user.

HONORIE.

Et ce n'est pas ainsi qu'il me plaît qu'on en use :
Je cesse d'estimer ce qu'une autre refuse ;
Et, bien que vos traités vous engagent ma foi,
Le rebut d'Ildione est indigne de moi.
Oui, bien que l'univers ou vous serve ou vous craigne,
Je n'ai que des mépris pour ce qu'elle dédaigne.
Quel honneur est celui d'être votre moitié,
Qu'elle cède par grâce, et m'offre par pitié ?
Je sais ce que le ciel m'a faite au-dessus d'elle,
Et suis plus glorieuse encor qu'elle n'est belle.

ATTILA.

J'adore cet orgueil, il est égal au mien,
Madame ; et nos fiertés se ressemblent si bien,
Que si la ressemblance est par où l'on s'entr'aime,
J'ai lieu de vous aimer comme un autre moi-même.

HONORIE.

Ah ! si non plus que vous je n'ai point le cœur bas,
Nos fiertés pour cela ne se ressemblent pas.
La mienne est de princesse, et la vôtre est d'esclave :
Je brave les mépris, vous aimez qu'on vous brave ;
Votre orgueil a son faible, et le mien, toujours fort,
Ne peut souffrir d'amour dans ce peu de rapport.
S'il vient de ressemblance, et que d'illustres flammes

ATTILA, ACTE III, SCÈNE IV.

Ne puissent qu'par elle unir les grandes âmes,
D'où naîtrait cet amour, quand je vois en tous lieux
De plus dignes fiertés qui me ressemblent mieux?
                    ATTILA.
Vous en voyez ici, madame; et je m'abuse,
Ou quelque autre me vole un cœur qu'on me refuse;
Et cette noble ardeur de me désobéir
En garde la conquête à l'heureux Valamir.
            HONORIE.   [compte.
Ce n'est qu'à moi, seigneur, que j'en dois rendre
Quand je voudrai l'aimer, je le pourrai sans honte;
Il est roi comme vous.
                    ATTILA.
                    En effet il est roi,
J'en demeure d'accord, mais non pas comme moi.
Même splendeur de sang, même titre nous pare;
Mais de quelques degrés le pouvoir nous sépare;
Et du trône où le ciel a voulu m'affermir
C'est tomber d'assez haut que jusqu'à Valamir.
Chez ses propres sujets ce titre qu'il étale
Ne fait qu'entre eux et moi que remplir l'intervalle;
Il reçoit sous ce titre et leur porte mes lois;
Et s'il est roi des Goths, je suis celui des rois.
                    HONORIE.
Et j'ai de quoi le mettre au-dessus de ta tête,
Sitôt que de ma main j'aurai fait sa conquête.
Tu n'as pour tout pouvoir que des droits usurpés
Sur des peuples surpris et des princes trompés;
Tu n'as d'autorité que ce qu'en font les crimes:
Mais il n'aura de moi que des droits légitimes;
Et fût-il sous ta rage à tes pieds abattu,
Il est plus grand que toi, s'il a plus de vertu.
                    ATTILA.
Sa vertu ni vos droits ne sont pas de grands charmes,
A moins que pour appui je leur prête mes armes.
Ils ont besoin de moi, s'ils veulent aller loin;
Mais pour être empereur je n'en ai plus besoin.
Aétius est mort, l'empire n'a plus d'homme,
Et je puis trop sans vous me faire place à Rome.
                    HONORIE.
Aétius est mort! Je n'ai plus de tyran;
Je reverrai mon frère en Valentinian;
Et mille vrais héros qu'opprimait ce faux maître
Pour me faire justice à l'envi vont paraître.
Ils défendront l'empire, et soutiendront mes droits
En faveur des vertus dont j'aurai fait le choix.
Les grands cœurs n'osent rien sous de si grands ministres;
Leur plus haute valeur n'a d'effets que sinistres;
Leur gloire fait ombrage à ces puissants jaloux
Qui s'estiment perdus s'ils ne les perdent tous.
Mais après leur trépas tous ces grands cœurs revivent;
Et, pour ne plus souffrir des fers qui les captivent,
Chacun reprend sa place et remplit son devoir.
La mort d'Aétius te le fera trop voir:
Si pour leur maître en toi je leur mène un barbare
Tu verras quel accueil leur vertu te prépare;
Mais si d'un Valamir j'honore un si haut rang,
Aucun pour me servir n'épargnera son sang.
                    ATTILA.
Vous me faites pitié de si mal vous connaître,
Que d'avoir tant d'amour, et le faire paraître.
Il est honteux, madame, à des rois tels que nous,
Quand ils en sont blessés, d'en laisser voir les coups.
Il a droit de régner sur les âmes communes,
Non sur celles qui font et défont les fortunes;
Et si de tout le cœur on ne peut l'arracher,
Il faut s'en rendre maître, ou du moins le cacher.
Je ne vous blâme point d'avoir eu mes faiblesses,
Mais faites même effort sur ces lâches tendresses;
Et comme je vous tiens seule digne de moi,
Tenez-moi seul aussi digne de votre foi.
Vous aimez Valamir, et j'adore Ildione:
Je me garde pour vous, gardez-vous pour mon trône:
Prenez ainsi que moi des sentiments plus hauts,
Et suivez mes vertus ainsi que mes défauts.
                    HONORIE.
Parle de tes fureurs et de leur noir ouvrage.
Il s'y mêle peut-être une ombre de courage;
Mais, bien loin qu'avec gloire on te puisse imiter,
La vertu des tyrans est même à détester.
Irai-je à ton exemple assassiner mon frère?
Sur tous mes alliés répandre ma colère?
Me baigner dans leur sang, et d'un orgueil jaloux...
                    ATTILA.
Si nous nous emportons, j'irai plus loin que vous,
Madame.
                    HONORIE.
        Les grands cœurs parlent avec franchise.
                    ATTILA.
Quand je m'en souviendrai, n'en soyez pas surprise;
Et si je vous épouse avec ce souvenir,
Vous voyez le passé, jugez de l'avenir.
Je vous laisse y penser. Adieu, madame.
                    HONORIE.
                            Ah, traître!
                    ATTILA.
Je suis encore amant, demain je serai maître.
Remenez la princesse, Octar.
                    HONORIE.
                    Quoi!
                    ATTILA.
                            C'est assez.
Vous me direz tantôt tout ce que vous pensez;
Mais pensez-y deux fois avant que me le dire:
Songez que c'est de moi que vous tiendrez l'empire;
Que vos droits sans ma main ne sont que droits en l'air.
                    HONORIE.
Ciel!

ATTILA.
Allez, et du moins apprenez à parler.
HONORIE.
Apprends, apprends toi-même à changer de langage,
Lorsqu'au sang des Césars ta parole t'engage.
ATTILA.
Nous en pourrons changer avant la fin du jour.
HONORIE.
Fais ce que tu voudras, tyran; j'aurai mon tour.

ACTE QUATRIÈME.

SCÈNE PREMIÈRE.

HONORIE, OCTAR, FLAVIE.

HONORIE.
Allez, servez-moi bien. Si vous aimez Flavie,
Elle sera le prix de m'avoir bien servie;
J'en donne ma parole; et sa main est à vous
Dès que vous m'obtiendrez Valamir pour époux.
OCTAR.
Je voudrais le pouvoir; j'assurerais, madame,
Sous votre Valamir mes jours avec ma flamme.
Bien qu'Attila me traite assez confidemment,
Ils dépendent sous lui d'un malheureux moment :
Il ne faut qu'un soupçon, un dégoût, un caprice,
Pour en faire à sa haine un soudain sacrifice :
Ce n'est pas un esprit que je porte où je veux.
Faire un peu plus de pente au penchant de ses vœux,
L'attacher un peu plus au parti qu'ils choisissent,
Ce n'est rien qu'avec moi deux mille autres ne puissent :
Mais proposer de front, ou vouloir doucement
Contre ce qu'il résout tourner son sentiment,
Combattre sa pensée en faveur de la vôtre,
C'est ce que nous n'osons, ni moi, ni pas un autre;
Et si je hasardais ce contre-temps fatal,
Je me perdrais, madame, et vous servirais mal.
HONORIE.
Mais qui l'attache à moi, quand pour l'autre il soupire?
OCTAR.
La mort d'Aétius et vos droits sur l'empire.
Il croit s'en voir par là les chemins aplanis;
Et tous autres souhaits de son cœur sont bannis.
Il aime à conquérir, mais il hait les batailles;
Il veut que son nom seul renverse les murailles;
Et plus grand politique encor que grand guerrier,
Il tient que les combats sentent l'aventurier.
Il veut que de ses gens le déluge effroyable
Atterre impunément les peuples qu'il accable;
Et prodigue de sang, il épargne celui
Que tant de combattants exposeraient pour lui.
Ainsi n'espérez pas que jamais il relâche,
Que jamais il renonce à ce choix qui vous fâche :
Si pourtant je vois jour à plus que je n'attends,
Madame, assurez-vous que je prendrai mon temps.

SCÈNE II.

HONORIE, FLAVIE.

FLAVIE.
Ne vous êtes-vous point un peu trop déclarée,
Madame, et le chagrin de vous voir préférée
Étouffe-t-il la peur que marquaient vos discours
De rendre hommage au sang d'un roi de quatre jours?
HONORIE.
Je te l'avais bien dit, que mon âme incertaine,
De tous les deux côtés attendait même gêne,
Flavie; et de deux maux qu'on craint également
Celui qui nous arrive est toujours le plus grand,
Celui que nous sentons devient le plus sensible.
D'un choix si glorieux la honte est trop visible :
Ildione a su l'art de m'en faire un malheur :
La gloire en est pour elle, et pour moi la douleur;
Elle garde pour soi tout l'effet du mérite,
Et me livre avec joie aux ennuis qu'elle évite.
Vois avec quelle insulte et de quelle hauteur
Son refus en mes mains rejette un si grand cœur,
Cependant que ravie elle assure à son âme
La douceur d'être tout à l'objet de sa flamme;
Car je ne doute point qu'elle n'ait de l'amour.
Ardaric qui s'attache à la voir chaque jour,
Les respects qu'il lui rend, et les soins qu'il se donne...
FLAVIE.
J'ose vous dire plus, Attila l'en soupçonne :
Il est fier et colère; et s'il sait une fois
Qu'Ildione en secret l'honore de son choix,
Qu'Ardaric ait sur elle osé jeter la vue,
Et briguer cette foi qu'à lui seul il croit due,
Je crains qu'un tel espoir, au lieu de s'affermir...
HONORIE.
Que n'ai-je donc mieux tu que j'aimais Valamir!
Mais quand on est bravée et qu'on perd ce qu'on aime,
Flavie, est-on si tôt maîtresse de soi-même?
D'Attila, s'il se peut, tournons l'emportement
Ou contre ma rivale, ou contre son amant;
Accablons leur amour sous ce que j'appréhende;
Promettons à ce prix la main qu'on nous demande;
Et faisons que l'ardeur de recevoir ma foi
L'empêche d'être ici plus heureuse que moi.
Renversons leur triomphe. Étrange frénésie!
Sans aimer Ardaric j'en conçois jalousie!
Mais je me venge, et suis, en ce juste projet,

Jalouse du bonheur, et non pas de l'objet.
FLAVIE.
Attila vient, madame.
HONORIE.
Eh bien, faisons connaître
Que le sang des Césars ne souffre point de maître,
Et peut bien refuser, de pleine autorité,
Ce qu'une autre refuse avec témérité.

SCÈNE III.
ATTILA, HONORIE, FLAVIE.

ATTILA.
Tout s'apprête, madame, et ce grand hyménée
Peut dans une heure ou deux terminer la journée,
Mais sans vous y contraindre; et je ne viens que voir
Si vous avez mieux vu quel est votre devoir.
HONORIE.
Mon devoir est, seigneur, de soutenir ma gloire,
Sur qui va s'imprimer une tache trop noire,
Si votre illustre amour pour son premier effet
Ne venge hautement l'outrage qu'on lui fait.
Puis-je voir sans rougir qu'à la belle Ildione
Vous demandiez congé de m'offrir votre trône,
Que...
ATTILA.
Toujours Ildione, et jamais Attila !
HONORIE.
Si vous me préférez, seigneur, punissez-la;
Prenez mes intérêts, et pressez votre flamme
De remettre en honneur le nom de votre femme.
Ildione le traite avec trop de mépris;
Souffrez-en de pareils, ou rendez-lui son prix.
A quel droit voulez-vous qu'un tel manque d'estime,
S'il est gloire pour elle, en moi devienne un crime;
Qu'après que nos refus ont tous deux éclaté,
Le mien soit punissable où le sien est flatté;
Qu'elle brave à vos yeux ce qu'il faut que je craigne,
Et qu'elle me condamne à ce qu'elle dédaigne?
ATTILA.
Pour vous justifier mes ordres et mes vœux,
Je croyais qu'il suffit d'un simple : Je le veux :
Mais voyez, puisqu'il faut mettre tout en balance,
D'Ildione et de vous qui m'oblige ou m'offense.
Quand son refus me sert, le vôtre me trahit;
Il veut me commander, quand le sien m'obéit :
L'un est plein de respect, l'autre est gonflé d'audace;
Le vôtre me fait honte, et le sien me fait grâce.
Faut-il après cela qu'aux dépens de son sang
Je mérite l'honneur de vous mettre en mon rang?
HONORIE.
Ne peut-on se venger à moins qu'on assassine?
Je ne veux point sa mort, ni même sa ruine;
Il est des châtiments plus justes et plus doux,
Qui l'empêcheraient mieux de triompher de nous.
Je dis de nous, seigneur, car l'offense est commune,
Et ce que vous m'offrez des deux n'en ferait qu'une.
Ildione, pour prix de son manque de foi,
Dispose arrogamment et de vous et de moi !
Pour prix de la hauteur dont elle m'a bravée,
A son heureux amant sa main est réservée,
Avec qui, satisfaite, elle goûte l'appas
De m'ôter ce que j'aime, et me mettre en vos bras!
ATTILA.
Quel est-il cet amant?
HONORIE.
Ignorez-vous encore
Qu'elle adore Ardaric, et qu'Ardaric l'adore?
ATTILA.
Qu'on m'amène Ardaric. Mais de qui savez-vous...
HONORIE.
C'est une vision de mes soupçons jaloux;
J'en suis mal éclaircie, et votre orgueil l'avoue,
Et quand elle me brave, et quand elle vous joue;
Même, s'il faut vous croire, on ne vous sert pas mal
Alors qu'on vous dédaigne en faveur d'un rival.
ATTILA.
D'Ardaric et de moi telle est la différence,
Qu'elle en punit assez la folle préférence.
HONORIE.
Quoi! s'il peut moins que vous, ne lui volez-vous pas
Ce pouvoir usurpé sur ses propres soldats?
Un véritable roi qu'opprime un sort contraire,
Tout opprimé qu'il est, garde son caractère;
Ce nom lui reste entier sous les plus dures lois :
Il est dans les fers même égal aux plus grands rois;
Et la main d'Ardaric suffit à ma rivale
Pour lui donner plein droit de me traiter d'égale.
Si vous voulez punir l'affront qu'elle nous fait,
Réduisez-la, seigneur, à l'hymen d'un sujet;
Ne cherchez point pour elle une plus dure peine
Que de voir votre femme être sa souveraine;
Et je pourrai moi-même alors vous demander
Le droit de m'en servir et de lui commander.
ATTILA.
Madame, je saurai lui trouver un supplice :
Agréez cependant pour vous même justice;
Et s'il faut un sujet à qui dédaigne un roi,
Choisissez dans une heure, ou d'Octar, ou de moi.
HONORIE.
D'Octar, ou...
ATTILA.
Les grands cœurs parlent avec franchise,
C'est une vérité que vous m'avez apprise :
Songez donc sans murmure à cet illustre choix,
Et remerciez-moi de suivre ainsi vos lois.
HONORIE.
Me proposer Octar !

ATTILA.
Qu'y trouvez-vous à dire?
Serait-il à vos yeux indigne de l'empire?
S'il est né sans couronne et n'eut jamais d'États,
On monte à ce grand trône encor d'un lieu plus bas.
On a vu des Césars, et même des plus braves,
Qui sortaient d'artisans, de bandoliers [1], d'esclaves :
Le temps et leurs vertus les ont rendus fameux [2],
Et notre cher Octar a des vertus comme eux.
HONORIE.
Va, ne me tourne point Octar en ridicule;
Ma gloire pourrait bien l'accepter sans scrupule,
Tyran, et tu devrais du moins te souvenir
Que, s'il n'en est pas digne, il peut le devenir.
Au défaut d'un beau sang, il est de grands services,
Il est des vœux soumis, il est des sacrifices,
Il est de glorieux et surprenants effets,
Des vertus de héros, et même des forfaits.
L'exemple y peut beaucoup. Instruit par tes maximes,
Il s'est fait de ton ordre une habitude aux crimes :
Comme ta créature, il doit te ressembler.
Quand je l'enhardirai, commence de trembler.
Ta vie est en mes mains dès qu'il voudra me plaire;
Et rien n'est sûr pour toi, si je veux qu'il espère.
Ton rival entre, adieu : délibère avec lui
Si ce cher Octar m'aime, ou sera ton appui.

SCÈNE IV.

ATTILA, ARDARIC.

ATTILA.
Seigneur, sur ce grand choix je cesse d'être en peine;
J'épouse dès ce soir la princesse romaine,
Et n'ai plus qu'à prévoir à qui plus sûrement
Je puis confier l'autre et son ressentiment.
Le roi des Bourguignons, par ambassade expresse,
Pour Sigismond, son fils, voulait cette princesse;
Mais nos ambassadeurs furent mieux écoutés.
Pourrait-il nous donner toutes nos sûretés?
ARDARIC.
Son État sert de borne à ceux de Mérouée;
La partie entre eux deux serait bientôt nouée;
Et vous verriez armer d'une pareille ardeur
Un mari pour sa femme, un frère pour sa sœur :
L'union en serait trop facile et trop grande.
ATTILA.
Celui des Visigoths faisait même demande.
Comme de Mérouée il est plus écarté,
Leur union aurait moins de facilité :

[1] Brigands des montagnes. On écrit aujourd'hui bandoulier.
[2] A quelques expressions près, qui sont trop familières, ces vers sont dignes de Corneille. (P.)

Le Bourguignon d'ailleurs sépare leurs provinces,
Et servirait pour nous de barre à ces deux princes.
ARDARIC.
Oui; mais bientôt lui-même entre eux deux écrasé
Leur ferait à se joindre un chemin trop aisé;
Et ces deux rois par là maîtres de la contrée,
D'autant plus fortement en défendraient l'entrée
Qu'ils auraient plus à perdre, et qu'un juste courroux
N'aurait plus tant de chefs à liguer contre vous.
La princesse Ildione est orgueilleuse et belle;
Il lui faut un mari qui réponde mieux d'elle,
Dont tous les intérêts aux vôtres soient soumis,
Et ne le pas choisir parmi vos ennemis.
D'une fière beauté la haine opiniâtre
Donne à ce qu'elle hait jusqu'au bout à combattre;
Et pour peu que la veuille écouter un époux....
ATTILA.
Il lui faut donc, seigneur, ou Valamir, ou vous;
La pourriez-vous aimer? parlez sans flatterie.
J'apprends que Valamir est aimé d'Honorie;
Il peut de mon hymen concevoir quelque ennui,
Et je m'assurerais sur vous plus que sur lui.
ARDARIC.
C'est m'honorer, seigneur, de trop de confiance.
ATTILA.
Parlez donc, pourriez-vous goûter cette alliance?
ARDARIC.
Vous savez que vous plaire est mon plus cher souci.
ATTILA.
Qu'on cherche la princesse, et qu'on l'amène ici :
Je veux que de ma main vous receviez la sienne.
Mais dites-moi, de grâce, attendant qu'elle vienne,
Par où me voulez-vous assurer votre foi?
Et que seriez-vous prêt d'entreprendre pour moi?
Car enfin elle est belle, elle peut tout séduire,
Et vous forcer vous-même à me vouloir détruire.
ARDARIC.
Faut-il vous immoler l'orgueil de Torrismond?
Faut-il teindre l'Arar du sang de Sigismond?
Faut-il mettre à vos pieds et l'un et l'autre trône?
ATTILA.
Ne dissimulez point, vous aimez Ildione,
Et proposez bien moins ces glorieux travaux
Contre mes ennemis que contre vos rivaux.
Ce prompt emportement et ces subites haines
Sont d'un amour jaloux les preuves trop certaines :
Les soins de cet amour font ceux de ma grandeur;
Et si vous n'aimiez pas, vous auriez moins d'ardeur.
Voyez comme un rival est soudain haïssable,
Comme vers votre amour ce nom le rend coupable,
Comme sa perte est juste encor qu'il n'ose rien;
Et, sans aller si loin, délivrez-moi du mien.
Différez à punir une offense incertaine,
Et servez ma colère avant que votre haine.

Serait-il sûr pour moi d'exposer ma bonté
A tous les attentats d'un amant supplanté?
Vous-même pourriez-vous épouser une femme,
Et laisser à ses yeux le maître de son âme?

ARDARIC.
S'il était trop à craindre, il faudrait l'en bannir.

ATTILA.
Quand il est trop à craindre, il faut le prévenir.
C'est un roi dont les gens, mêlés parmi les nôtres,
Feraient accompagner son exil de trop d'autres,
Qu'on verrait s'opposer aux soins que nous prendrons,
Et de nos ennemis grossir les escadrons.

ARDARIC.
Est-ce un crime pour lui qu'une douce espérance
Que vous pourriez ailleurs porter la préférence?

ATTILA.
Oui, pour lui, pour vous-même, et pour tout autre roi,
C'en est un que prétendre en même lieu que moi.
S'emparer d'un esprit dont la foi m'est promise,
C'est surprendre une place entre mes mains remise;
Et vous ne seriez pas moins coupable que lui,
Si je ne vous voyais d'un autre œil aujourd'hui.
A des crimes pareils j'ai dû même justice,
Et ne choisis pour vous qu'un amoureux supplice;
Pour un si cher objet que je mets en vos bras,
Est-ce un prix excessif qu'un si juste trépas?

ARDARIC.
Mais c'est déshonorer, seigneur, votre hyménée
Que vouloir d'un tel sang en marquer la journée.

ATTILA.
Est-il plus grand honneur que de voir en mon choix
Qui je veux à ma flamme immoler de deux rois,
Et que du sacrifice où s'expira leur crime,
L'un d'eux soit le ministre, et l'autre la victime?
Si vous n'osez par là satisfaire vos feux,
Craignez que Valamir ne soit moins scrupuleux,
Qu'il ne s'impute pas à tant de barbarie
D'accepter à ce prix son illustre Honorie,
Et n'ait aucune horreur de ses vœux les plus doux
Si leur entier succès ne lui coûte que vous;
Car je puis épouser encor votre princesse,
Et détourner vers lui l'effort de ma tendresse.

SCÈNE V.

ATTILA, ARDARIC, ILDIONE.

ATTILA, *à Ildione*.
Vos refus obligeants ont daigné m'ordonner
De consulter vos vœux avant que vous donner;
Je m'en fais une loi. Dites-moi donc, madame,
Votre cœur d'Ardaric agréerait-il la flamme?

ILDIONE.
C'est à moi d'obéir, si vous le souhaitez;
Mais, seigneur...

ATTILA.
Il y fait quelques difficultés:
Mais je sais que sur lui vous êtes absolue.
Achevez d'y porter son âme irrésolue,
Afin que dans une heure, au milieu de ma cour,
Votre hymen et le mien couronnent ce grand jour.

SCÈNE VI.

ARDARIC, ILDIONE.

ILDIONE.
D'où viennent ces soupirs, d'où naît cette tristesse?
Est-ce que la surprise étonne l'alégresse,
Qu'elle en suspend l'effet pour le mieux signaler,
Et qu'aux yeux du tyran il faut dissimuler?
Il est parti, seigneur; souffrez que votre joie,
Souffrez que son excès tout entier se déploie,
Qu'il fasse voir aux miens celui de votre amour.

ARDARIC.
Vous allez soupirer, madame, à votre tour,
A moins que votre cœur malgré vous se prépare
A n'avoir rien d'humain non plus que ce barbare.
Il me choisit pour vous; c'est un honneur bien grand,
Mais qui doit faire horreur par le prix qu'il le vend.
A recevoir ma main pourrez-vous être prête,
S'il faut qu'à Valamir il en coûte la tête?

ILDIONE.
Quoi! seigneur!

ARDARIC.
Attendez à vous en étonner
Que vous sachiez la main qui doit l'assassiner.
C'est à cet attentat la mienne qu'il destine,
Madame.

ILDIONE.
C'est par vous, seigneur, qu'il l'assassine!

ARDARIC.
Il me fait son bourreau pour perdre un autre roi
A qui fait sa fureur la même offre qu'à moi.
Aux dépens de sa tête il veut qu'on vous obtienne,
Ou lui donne Honorie aux dépens de la mienne:
Sa cruelle faveur m'en a laissé le choix.

ILDIONE.
Quel crime voit sa rage à punir en deux rois?

ARDARIC.
Le crime de tous deux, c'est d'aimer deux princesses,
C'est d'avoir, mieux que lui, mérité leurs tendresses.
De vos bontés pour nous il nous fait un malheur,
Et d'un sujet de joie un excès de douleur.

ILDIONE.
Est-il orgueil plus lâche, ou lâcheté plus noire?
Il veut que je vous coûte ou la vie ou la gloire,
Et serve de prétexte au choix infortuné

D'assassiner vous-même ou d'être assassiné!
Il vous offre ma main comme un bonheur insigne,
Mais à condition de vous en rendre indigne :
Et si vous refusez par là de m'acquérir,
Vous ne sauriez vous-même éviter de périr!
ARDARIC.
Il est beau de périr pour éviter un crime; [time;
Quand on meurt pour sa gloire, on revit dans l'es-
Et triompher ainsi du plus rigoureux sort,
C'est s'immortaliser par une illustre mort.
ILDIONE.
Cette immortalité qui triomphe en idée
Veut être, pour charmer, de plus loin regardée;
Et quand à notre amour ce triomphe est fatal,
La gloire qui le suit nous en console mal.
ARDARIC.
Vous vengerez ma mort; et mon âme ravie....
ILDIONE.
Ah! venger une mort n'est pas rendre une vie :
Le tyran immolé me laisse mes malheurs;
Et son sang répandu ne tarit pas mes pleurs.
ARDARIC.
Pour sauver une vie, après tout, périssable,
En rendrais-je le reste infâme et détestable?
Et ne vaut-il pas mieux assouvir sa fureur,
Et mériter vos pleurs, que de vous faire horreur?
ILDIONE.
Vous m'en feriez sans doute, après cette infamie,
Assez pour vous traiter en mortelle ennemie.
Mais souvent la fortune a d'heureux changements
Qui président sans nous aux grands événements :
Le ciel n'est pas toujours aux méchants si propice;
Après tant d'indulgence, il a de la justice.
Parlez à Valamir, et voyez avec lui
S'il n'est aucun remède à ce mortel ennui.
ARDARIC.
Madame...
ILDIONE.
Allez, seigneur : nos maux et les temps pressent,
Et les mêmes périls tous deux vous intéressent.
ARDARIC.
J'y vais; mais, en l'état qu'est son sort et le mien,
Nous nous plaindrons ensemble et ne résoudrons rien.

SCÈNE VII.
ILDIONE.
Trêve, mes tristes yeux, trêve aujourd'hui de larmes!
Armez contre un tyran vos plus dangereux charmes;
Voyez si de nouveau vous le pourrez dompter,
Et renverser sur lui ce qu'il ose attenter.
Reprenez en son cœur votre place usurpée;
Ramenez à l'autel ma victime échappée;
Rappelez ce courroux que son choix incertain
En faveur de ma flamme allumait dans mon sein.
Que tout semble facile en cette incertitude!
Mais qu'à l'exécuter tout est pénible et rude!
Et qu'aisément le sexe oppose à sa fierté
Sa douceur naturelle et sa timidité!
Quoi! ne donner ma foi que pour être perfide!
N'accepter un époux que pour un parricide!
Ciel, qui me vois frémir à ce nom seul d'époux,
Ou rends-moi plus barbare, ou mon tyran plus doux.

ACTE CINQUIÈME.

SCÈNE PREMIÈRE.
ARDARIC, VALAMIR.

(Ils n'ont point d'épée ni l'un ni l'autre.)
ARDARIC.
Seigneur, vos devins seuls ont causé notre perte
Par eux à tous nos maux la porte s'est ouverte;
Et l'infidèle appât de leur prédiction
A jeté trop d'amorce à votre ambition.
C'est de là qu'est venu cet amour politique
Que prend pour attentat un orgueil tyrannique.
Sans le flatteur espoir d'un avenir si doux,
Honorie aurait eu moins de charmes pour vous.
C'est par là que vos yeux la trouvent adorable
Et que vous faites naître un amour véritable,
Qui, l'attachant à vous, excite des fureurs
Que vous voyez passer aux dernières horreurs.
A moins que je vous perde il faut que je périsse;
On vous fait même grâce, ou pareille injustice :
Ainsi vos seuls devins nous forcent de périr,
Et ce sont tous les droits qu'ils vous font acquérir.
VALAMIR.
Je viens de les quitter; et, loin de s'en dédire,
Ils assurent ma race encore du même empire.
Ils savent qu'Attila s'aigrit au dernier point :
Et ses emportements ne les émeuvent point;
Quelque loi qu'il nous fasse, ils sont inébranlables,
Le ciel en a donné des arrêts immuables;
Rien n'en rompra l'effet; et Rome aura pour roi
Ce grand Théodoric qui doit sortir de moi.
ARDARIC.
Ils veulent donc, seigneur, qu'aux dépens de ma tête
Vos mains à ce héros préparent sa conquête?
VALAMIR.
Seigneur, c'est m'offenser encor plus qu'Attila.

ARDARIC.
Par où lui pouvez-vous échapper que par là?
Pouvez-vous que, par là, posséder Honorie?
Et d'où naîtra ce fils si vous perdez la vie?

VALAMIR.
Je me vois comme vous aux portes du trépas;
Mais j'espère, après tout, ce que je n'entends pas.

SCÈNE II.

ARDARIC, VALAMIR, HONORIE.

HONORIE.
Savez-vous d'Attila jusqu'où va la furie,
Princes, et quelle en est l'affreuse barbarie?
Cette offre qu'il vous fait d'en rendre l'un heureux
N'est qu'un piége qu'il tend pour vous perdre tous deux.
Il veut, sous cet espoir, qu'il donne à l'un et l'autre,
Votre sang de sa main, ou le sien de la vôtre :
Mais qui le servirait serait bientôt livré
Aux troupes de celui qu'il aurait massacré;
Et par le désaveu de cette obéissance
Ce tigre assouvirait sa rage et leur vengeance.
Octar aime Flavie, et l'en vient d'avertir.

VALAMIR.
Euric son lieutenant ne fait que de sortir :
Le tyran soupçonneux, qui craint ce qu'il mérite,
A pour nous désarmer choisi ce satellite;
Et comme avec justice il nous croit irrités,
Pour nous parler encore il prend ses sûretés.
Pour peu qu'il eût tardé, nous allions dans sa tente
Surprendre et prévenir sa plus barbare attente,
Tandis qu'il nous laissait encor la liberté
D'y porter l'un et l'autre une épée au côté.
Il promet à tous deux de nous la faire rendre
Dès qu'il saura de nous ce qu'il en doit attendre,
Quel est notre dessein, ou, pour en mieux parler,
Dès que nous résoudrons de nous entr'immoler.
Cependant il réduit à l'entière impuissance
Ce noble désespoir qu'il punit par avance,
Et qui, se faisant droit avant que de mourir,
Croit que se perdre ainsi c'est un peu moins périr :
Car nous aurions péri par les mains de sa garde,
Mais la mort est plus belle alors qu'on la hasarde.

HONORIE.
Il vient, seigneur.

SCÈNE III.

ATTILA, VALAMIR, ARDARIC, HONORIE, OCTAR.

ATTILA.
Eh bien, mes illustres amis,
Contre mes grands rivaux quel espoir m'est permis?
Pas un n'a-t-il pour soi la digne complaisance
D'acquérir sa princesse en perdant qui m'offense?
Quoi! l'amour, l'amitié, tout va d'un froid égal!
Pas un ne m'aime assez pour haïr mon rival!
Pas un de son objet n'a l'âme assez ravie
Pour vouloir être heureux aux dépens d'une vie!
Quels amis! quels amants! et quelle dureté!
Daignez du moins la mettre en sûreté :
Si ces deux intérêts n'ont rien qui la fléchisse,
Que l'horreur de mourir, à leur défaut, agisse;
Et si vous n'écoutez l'amitié ni l'amour,
Faites un noble effort pour conserver le jour.

VALAMIR.
A l'inhumanité joindre la raillerie,
C'est à son dernier point porter la barbarie.
Après l'assassinat d'un frère et de six rois,
Notre tour est venu de subir mêmes lois;
Et nous méritons bien les plus cruels supplices
De nous être exposés aux mêmes sacrifices,
D'en avoir pu souffrir chaque jour de nouveaux.
Punissez, vengez-vous, mais cherchez des bourreaux;
Et si vous êtes roi, songez que nous le sommes.

ATTILA.
Vous? devant Attila vous n'êtes que deux hommes;
Et, dès qu'il m'aura plu d'abattre votre orgueil,
Vos têtes pour tomber n'attendront qu'un coup d'œil.
Je fais grâce à tous deux de n'en demander qu'une :
Faites-en décider l'épée et la fortune;
Et qui succombera du moins tiendra de moi
L'honneur de ne périr que par la main d'un roi.
Nobles gladiateurs, dont ma colère apprête
Le spectacle pompeux à cette grande fête,
Montrez, montrez un cœur enfin digne du rang.

ARDARIC.
Votre main est plus faite à verser de tel sang;
C'est lui faire un affront que d'emprunter les nôtres.

ATTILA.
Pour me faire justice il s'en trouvera d'autres :
Mais si vous renoncez aux objets de vos vœux,
Le refus d'une tête en pourra coûter deux.
Je révoque ma grâce, et veux bien que vos crimes
De deux rois mes rivaux me fassent deux victimes;
Et ces rares objets si peu dignes de moi
Seront le digne prix de cet illustre emploi.
(à Ardaric.)
De celui de vos feux je ferai la conquête
De quiconque à mes pieds abattra votre tête.
(à Honorie.)
Et comme vous paîrez celle de Valamir,
Nous aurons à ce prix des bourreaux à choisir;
Et, pour nouveau supplice à de si belles flammes,

Ce choix ne tombera que sur les plus infâmes.
HONORIE.
Tu pourrais être lâche et cruel jusque-là!
ATTILA.
Encor plus, s'il le faut, mais toujours Attila,
Toujours l'heureux objet de la haine publique,
Fidèle au grand dépôt du pouvoir tyrannique,
Toujours...
HONORIE.
   Achève, et dis que tu veux en tout lieu
Être l'effroi du monde, et le fléau de Dieu.
Étale insolemment l'épouvantable image
De ces fleuves de sang où se baignait ta rage.
Fais voir...
ATTILA.
   Que vous perdez de mots injurieux
A me faire un reproche et doux et glorieux!
Ce Dieu dont vous parlez, de temps en temps sévère,
Ne s'arme pas toujours de toute sa colère;
Mais quand à sa fureur il livre l'univers,
Elle a pour chaque temps des déluges divers.
Jadis, de toutes parts faisant regorger l'onde,
Sous un déluge d'eaux il abîma le monde;
Sa main tient en réserve un déluge de feux
Pour le dernier moment de nos derniers neveux;
Et mon bras, dont il fait aujourd'hui son tonnerre,
D'un déluge de sang couvre pour lui la terre.
HONORIE.
Lorsque par les tyrans il punit les mortels,
Il réserve sa foudre à ces grands criminels
Qu'il donne pour supplice à toute la nature,
Jusqu'à ce que leur rage ait comblé la mesure.
Peut-être qu'il prépare en ce même moment
A de si noirs forfaits l'éclat du châtiment,
Qu'alors que ta fureur à nous perdre s'apprête,
Il tient le bras levé pour te briser la tête,
Et veut qu'un grand exemple oblige de trembler
Quiconque désormais t'osera ressembler.
ATTILA.
Eh bien, en attendant ce changement sinistre,
J'oserai jusqu'au bout lui servir de ministre,
Et faire exécuter toutes ses volontés
Sur vous et sur des rois contre moi révoltés.
Par des crimes nouveaux je punirai les vôtres,
Et mon tour à périr ne viendra qu'après d'autres.
HONORIE.
Ton sang, qui chaque jour, à longs flots distillés,
S'échappe vers ton frère, et six rois immolés,
Te dirait-il trop bas que leurs ombres t'appellent?
Faut-il que ces avis par moi se renouvellent?
Vois, vois couler ce sang qui te vient avertir,
Tyran, que pour les joindre il faut bientôt partir.

ATTILA.
Ce n'est rien; et pour moi s'il n'est pas d'autre foudre,
J'aurai pour ce départ du temps à m'y résoudre.
D'autres vous enverraient leur frayer le chemin;
Mais j'en laisserai faire à votre grand destin,
Et trouverai pour vous quelques autres vengeances,
Quand l'humeur me prendra de punir tant d'offenses.

SCÈNE IV.
ATTILA, VALAMIR, ARDARIC, HONORIE, ILDIONE, OCTAR.

ATTILA, à Ildione.
Où venez-vous, madame, et qui vous enhardit
A vouloir voir ma mort qu'ici l'on me prédit?
Venez-vous de deux rois soutenir la querelle,
Vous révolter comme eux, me foudroyer comme elle,
Ou mendier l'appui de mon juste courroux
Contre votre Ardaric qui ne veut plus de vous?
ILDIONE.
Il n'en mériterait ni l'amour ni l'estime,
S'il osait espérer m'acquérir par un crime.
D'un si juste refus j'ai de quoi me louer,
Et ne viens pas ici pour l'en désavouer.
Non, seigneur; c'est du mien que j'y viens me dédire,
Rendre à mes yeux sur vous leur souverain empire,
Rattacher, réunir votre vouloir au mien,
Et reprendre un pouvoir dont vous n'usez pas bien.
 Seigneur, est-ce là donc cette reconnaissance
Si hautement promise à mon obéissance?
J'ai quitté tous les miens sous l'espoir d'être à vous;
Par votre ordre, mon cœur quitte un espoir si doux;
Je me réduis au choix qu'il vous a plu me faire,
Et votre ordre le met hors d'état de me plaire!
Mon respect qui me livre aux vœux d'un autre roi
N'y voit pour lui qu'opprobre, et que honte pour moi!
Rendez, rendez-le-moi, cet empire suprême
Qui ne vous laissait plus disposer de vous-même;
Rendez toute votre âme à son premier souhait;
Recevez qui vous aime, et fuyez qui vous hait.
Honorie a ses droits: mais celui de vous plaire
N'est pas, vous le savez, un droit imaginaire;
Et, pour vous appuyer, Mérouée a des bras
Qui font taire les droits quand il faut des combats.
ATTILA.
Non, je ne puis plus voir cette ingrate Honorie
Qu'avec la même horreur qu'on voit une furie;
Et tout ce que le ciel a formé de plus doux,
Tout ce qu'il peut de mieux, je crois le voir en vous.
Mais dans votre cœur même un autre amour mur-
Lorsque....   [mure,

ILDIONE.
Vous pourriez croire une telle imposture!
Qu'ai-je dit? qu'ai-je fait que de vous obéir?
Et par où jusque-là m'aurais-je pu trahir?
ATTILA.
Ardaric est pour vous un époux adorable.
ILDIONE.
Votre main lui donnait ce qu'il avait d'aimable;
Et je ne l'ai tantôt accepté pour époux
Que par cet ordre exprès que j'ai reçu de vous.
Vous aviez déjà vu qu'en dépit de ma flamme,
Pour vous faire empereur...
ATTILA.
Vous me trompez, madame;
Mais l'amour par vos yeux me sait si bien dompter,
Que je ferme les miens pour n'y plus résister.
N'abusez pas pourtant d'un si puissant empire;
Songez qu'il est encor d'autres biens où j'aspire,
Que la vengeance est douce aussi bien que l'amour;
Et laissez-moi pouvoir quelque chose à mon tour.
ILDIONE.
Seigneur, ensanglanter cette illustre journée!
Grâce, grâce du moins jusqu'après l'hyménée.
A son heureux flambeau souffrez un pur éclat,
Et laissez pour demain les maximes d'État.
ATTILA.
Vous le voulez, madame, il faut vous satisfaire;
Mais ce n'est que grossir d'autant plus ma colère;
Et ce que par votre ordre elle perd de moments
Enfle l'avidité de mes ressentiments.
HONORIE.
Voyez, voyez plutôt, par votre exemple même,
Seigneur, jusqu'où s'aveugle un grand cœur quand il aime:
Voyez jusqu'où l'amour, qui vous ferme les yeux,
Force et dompte les rois qui résistent le mieux,
Quel empire il se fait sur l'âme la plus fière:
Et, si vous avez vu la mienne trop altière,
Voyez ce même amour immoler pleinement
Son orgueil le plus juste au salut d'un amant,
Et toute sa fierté dans mes larmes éteinte
Descendre à la prière et céder à la crainte.
Avoir su jusque-là réduire mon courroux
Vous doit être, seigneur, un triomphe assez doux.
Que tant d'orgueil dompté suffise pour victime.
Voudriez-vous traiter votre exemple de crime,
Et, quand vous adorez qui ne vous aime pas,
D'un réciproque amour condamner les appas?
ATTILA.
Non, princesse; il vaut mieux nous imiter l'un l'autre:
Vous suivez mon exemple, et je suivrai le vôtre.
Vous condamniez madame à l'hymen d'un sujet;
Remplissez au lieu d'elle un si juste projet.
Je vous l'ai déjà dit; et mon respect fidèle,
A cette digne loi que vous faisiez pour elle,

N'ose prendre autre règle à punir vos mépris.
Si Valamir vous plaît, sa vie est à ce prix;
Disposez à ce prix d'une main qui m'est due.
Octar, ne perdez pas la princesse de vue.
Vous, qui me commandez de vous donner ma foi,
Madame, allons au temple; et vous, rois, suivez-moi.

SCÈNE V.

HONORIE, OCTAR.

HONORIE.
Tu le vois, pour toucher cet orgueilleux courage,
J'ai pleuré, j'ai prié, j'ai tout mis en usage,
Octar; et, pour tout fruit de tant d'abaissement,
Le barbare me traite encor plus fièrement.
S'il reste quelque espoir, c'est toi seul qu'il regarde.
Prendras-tu bien ton temps? Tu commandes sa garde;
La nuit et le sommeil vont tout mettre en ton choix;
Et Flavie est le prix du salut de deux rois.
OCTAR.
Ah! madame, Attila, depuis votre menace,
Met hors de mon pouvoir l'effet de cette audace.
Ce défiant esprit n'agit plus maintenant,
Dans toutes ses fureurs, que par mon lieutenant;
C'est par lui qu'aux deux rois il fait ôter les armes,
Et deux mots en son âme ont jeté tant d'alarmes,
Qu'exprès à votre suite il m'attache aujourd'hui
Pour m'ôter tout moyen de m'approcher de lui.
Pour peu que je vous quitte il y va de ma vie,
Et s'il peut découvrir que j'adore Flavie....
HONORIE.
Il le saura de moi, si tu ne veux agir,
Infâme, qui t'en peux excuser sans rougir:
Si tu veux vivre encor, va chercher du courage.
Tu vois ce qu'à toute heure il immole à sa rage;
Et ta vertu, qui craint de trop paraître au jour,
Attend, les bras croisés, qu'il t'immole à son tour[1]
Fais périr, ou péris, préviens, lâche, ou succombe;
Venge toute la terre, ou grossis l'hécatombe.
Si la gloire sur toi, si l'amour ne peut rien,
Meurs en traître, et du moins sers de victime au mien.

SCÈNE VI.

VALAMIR, HONORIE, OCTAR.

HONORIE, à Valamir.
Mais qui me rend, seigneur, le bien de votre vue?
VALAMIR.
L'impatient transport d'une joie imprévue.
Notre tyran n'est plus.

---
[1] Il faut un Corneille pour dire: *Une vertu qui attend, les bras croisés*. (L. RACINE.)

HONORIE.
Il est mort?
VALAMIR.
Écoutez
Comme enfin l'ont puni ses propres cruautés,
Et comme heureusement le ciel vient de souscrire
A ce que nos malheurs vous ont fait lui prédire.
A peine sortions-nous, pleins de trouble et d'horreur,
Qu'Attila recommence à saigner de fureur,
Mais avec abondance ; et le sang qui bouillonne
Forme un si gros torrent, que lui-même il s'étonne.
Tout surpris qu'il en est : « S'il ne veut s'arrêter,
« Dit-il, on me paîra ce qu'il m'en va coûter. »
Il demeure à ces mots sans parole, sans force ;
Tous ses sens d'avec lui font un soudain divorce :
Sa gorge enfle, et du sang dont le cours s'épaissit
Le passage se ferme, ou du moins s'étrécit.
De ce sang renfermé la vapeur en furie
Semble avoir étouffé sa colère et sa vie ;
Et déjà de son front la funeste pâleur
N'opposait à la mort qu'un reste de chaleur,
Lorsqu'une illusion lui présente son frère,
Et lui rend tout d'un coup la vie et la colère :
Il croit le voir suivi des ombres de six rois,
Qu'il se veut immoler une seconde fois ;
Mais ce retour si prompt de sa plus noire audace
N'est qu'un dernier effort de la nature lasse,
Qui, prête à succomber sous la mort qui l'atteint,
Jette un plus vif éclat, et tout d'un coup s'éteint.
C'est en vain qu'il fulmine à cette affreuse vue,
Sa rage qui renaît en même temps le tue.
L'impétueuse ardeur de ces transports nouveaux
A son sang prisonnier ouvre tous les canaux ;
Son élancement perce ou rompt toutes les veines,
Et ces canaux ouverts sont autant de fontaines
Par où l'âme et le sang se pressent de sortir,
Pour terminer sa rage et nous en garantir.
Sa vie à longs ruisseaux se répand sur le sable ;
Chaque instant l'affaiblit, et chaque effort l'accable ;
Chaque pas rend justice au sang qu'il a versé,
Et fait grâce à celui qu'il avait menacé
Ce n'est plus qu'en sanglots qu'il dit ce qu'il croit pire[1] ;
Il frissonne, il chancelle, il trébuche, il expire ;
Et sa fureur dernière, épuisant tant d'horreurs,
Venge enfin l'univers de toutes ses fureurs.

[1] Quelle hardiesse d'expression pour dire qu'Attila ne peut plus parler, parce que le sang le suffoque ! (L. RACINE.)

SCÈNE VII.

ARDARIC, VALAMIR, HONORIE, ILDIONE, OCTAR.

ARDARIC.
Ce n'est pas tout, seigneur ; la haine générale,
N'ayant plus à le craindre, avidement s'étale ;
Tous brûlent de servir sous des ordres plus doux,
Tous veulent à l'envi les recevoir de nous.
Ce bonheur étonnant que le ciel nous renvoie
De tant de nations fait la commune joie ;
La fin de nos périls en remplit tous les vœux,
Et, pour être tous quatre au dernier point heureux,
Nous n'avons plus qu'à voir notre flamme avouée
Du souverain de Rome et du grand Mérouée :
La princesse des Francs m'impose cette loi.
HONORIE.
Pour moi, je n'en ai plus à prendre que de moi.
ARDARIC.
Ne perdons point de temps en ce retour d'affaires
Allons donner tous deux les ordres nécessaires,
Remplir ce trône vide, et voir sous quelles lois
Tant de peuples voudront nous recevoir pour rois
VALAMIR.
Me le permettez-vous, madame ? et puis-je croire
Que vous tiendrez enfin ma flamme à quelque gloire ?
HONORIE.
Allez ; et cependant assurez-vous, seigneur, [cœur[1].
Que nos destins changés n'ont point changé mon

[1] *Attila* parut malheureusement la même année qu'*Andromaque*. La comparaison ne contribua pas à faire remonter Corneille à ce haut point de gloire où il s'était élevé ; il baissait, et Racine s'élevait : c'était alors le temps de la retraite ; il devait prendre ce parti honorable. La plaisanterie de Despréaux devait l'avertir de ne plus travailler, ou de travailler avec plus de soin :

J'ai vu l'Agésilas,
Hélas !
Mais après l'Attila,
Holà !

On connaît encore ces vers :

Peut aller au parterre attaquer Attila ;
Et, si le roi des Huns ne lui charme l'oreille,
Traiter de visigoths tous les vers de Corneille.

On a prétendu (car que ne prétend-on pas?) que Corneille avait regardé ces vers comme un éloge ; mais quel poëte trouvera jamais bon qu'on traite ses vers de visigoths, surtout lorsqu'ils sont en effet durs et obscurs pour la plupart ? La dureté et la sécheresse dans l'expression sont assez communément le partage de la vieillesse ; il arrive alors à notre esprit ce qui arrive à nos fibres. Racine, dans la force de son âge, né avec un cœur tendre, un esprit flexible, une oreille harmonieuse, donnait à la langue française un charme qu'elle n'avait point eu jusqu'alors. Ses vers entraient dans la mémoire des spectateurs comme un jour doux entre dans les yeux. Jamais les nuances des passions ne furent exprimées avec un coloris plus naturel et plus vrai; jamais on ne fit de vers plus coulants, et en même temps plus exacts. Il ne faut pas s'étonner si le style de Corneille, devenu encore plus incorrect et plus raboteux dans ses dernières pièces, rebutait les esprits que Racine enchantait, et qui devenaient par cela même plus difficiles. (V.) — Boileau ne traite pas de visigoths les vers de Corneille; mais il dit qu'au parterre, pour son argent, un clerc se croirait en droit de les traiter ainsi. Boileau veut prouver par là que la réputation du plus grand poëte est soumise au caprice de quiconque l'achète. Il n'est, dit-il,

Il n'est valet d'auteur, ni copiste à Paris,
Qui, la balance en main, ne pèse les écrits.

L'opinion que Boileau prête à ce clerc sur *Attila* n'annonce pas clairement qu'il soit du même avis; ou, s'il a voulu le faire entendre, ce n'est du moins qu'à mots si couverts que Corneille avait pu s'y tromper. (P.)

FIN D'ATTILA.

TITE ET BÉRÉNICE,

COMÉDIE HÉROÏQUE. — 1670.

XIPHILINUS EX DIONE

IN VESPASIANO,

GUILLELMO BLANCO INTERPRETE.

Vespasianus, a senatu absens, imperator creatur; Titusque et Domitianus cæsares designantur.

Domitianus animum ad amorem Domitiæ filiæ Corbulonis applicaverat, eamque, a Lucio Lamio Æmiliano viro ejus abductam, secum habebat in numero amicarum, eamdemque postea uxorem duxit.

Per id tempus Berenice maximè florebat, ob eamque causam cum Agrippa fratre Romam venit. Is prætoriis honoribus auctus est; ipsa habitavit in palatio, cæpitque cum Tito coire. Spes erat eam Tito nuptum iri; jam enim omnia, ita ut si esset uxor, gerebat. Sed Titus cùm intelligeret populum romanum id molestè ferre, eam repudiavit, præsertim quòd de iis rebus magni rumores perferrentur.

IN TITO.

Titus, ex quo tempore principatum solus obtinuit, nec cædes fecit; nec amoribus inservivit; sed comis, quamvis insidiis peteretur, et continens, Berenice licèt in urbem reversa, fuit.

Titus moriens se unius tantum rei pœnitere dixit: id autem quid esset non aperuit, nec quisquam certò novit, aliud aliis conjicientibus. Constans fama fuit, ut nonnulli tradunt, quòd Domitiam uxorem fratris habuisset. Alii putant, quibus ego assentior, quòd Domitianum, a quo certò sciebat sibi insidias parari, non interfecisset, sed id ab eo pati maluisset, et quòd traderet imperium romanum tali viro.

[1] M. de Fontenelle, dans la vie de Corneille, son oncle, nous dit que *Bérénice* fut un duel. En effet, ce vers de Virgile :

Infelix puer atque impar congressus Achilli,

fut appliqué alors par quelques personnes au jeune combattant, à qui cependant la victoire demeura. Elle ne fut pas même disputée, la partie n'était pas égale. Corneille n'était plus le Corneille du *Cid* et des *Horaces* : il était devenu l'auteur d'*Agésilas*.

Une princesse, fameuse par son esprit et par son amour pour la poésie, avait engagé les deux rivaux à traiter ce même sujet. Ils lui donnèrent, en cette occasion, une grande preuve de leur obéissance, et les deux *Bérénices* parurent en même temps, en 1670. (L. RACINE.)

PERSONNAGES.

TITE, empereur de Rome, et amant de Bérénice.
DOMITIAN, frère de Tite, et amant de Domitie.
BÉRÉNICE, reine d'une partie de la Judée.
DOMITIE, fille de Corbulon.
PLAUTINE, confidente de Domitie.
FLAVIAN, confident de Tite.
ALBIN, confident de Domitian.
PHILON, ministre d'État, confident de Bérénice.

La scène est à Rome, dans le palais impérial.

ACTE PREMIER.

SCÈNE PREMIÈRE.

DOMITIE, PLAUTINE.

DOMITIE.

Laisse-moi mon chagrin, tout injuste qu'il est :
Je le chasse, il revient; je l'étouffe, il renaît ;
Et plus nous approchons de ce grand hyménée [1],
Plus en dépit de moi je m'en trouve gênée :
Il fait toute ma gloire; il fait tous mes désirs :
Ne devrait-il pas faire aussi tous mes plaisirs [2]?

[1] On saura bientôt de quel hyménée on parle; mais on ne saura point que c'est Domitie qui parle; et le lieu où elle est n'est point annoncé. Cette Domitie, fille de Corbulon, est amoureuse de Domitian, qui l'est aussi d'elle : il est vrai que cet amour est froid; mais il est vrai aussi que quand Domitian et sa maîtresse Domitie s'exprimeraient avec la tendre élégance des héros de Racine, ils n'en intéresseraient pas davantage. Il y a des personnages qu'il ne faut jamais représenter amoureux, les grands hommes, comme Alexandre, César, Scipion, Caton, Cicéron, parce que c'est les avilir; et les méchants hommes, parce que l'amour dans une âme féroce ne peut jamais être qu'une passion grossière qui révolte au lieu de toucher, à moins qu'un tel caractère ne soit attendri et changé par un amour qui le subjugue. Domitian, Caligula, Néron, Commode, en un mot, tous les tyrans qui feront l'amour à l'ordinaire, déplairont toujours. Dès que Domitian est amoureux de la pièce, la pièce est tombée. (V.)

[2] Il semble, par ce vers, et par tant d'autres dans ce goût,

Depuis plus de six mois la pompe s'en apprête,
Rome s'en fait d'avance en l'esprit une fête ;
Et tandis qu'à l'envi tout l'empire l'attend,
Mon cœur dans tout l'empire est le seul mécontent.

PLAUTINE.

Que trouvez-vous, madame, ou d'amer ou de rude[1]
A voir qu'un tel bonheur n'ait plus d'incertitude ?
Et quand dans quatre jours vous devez y monter,
Quel importun chagrin pouvez-vous écouter ?
Si vous n'en êtes pas tout à fait la maîtresse,
Du moins à l'empereur cachez cette tristesse :
Le dangereux soupçon de n'être pas aimé
Peut le rendre à l'objet dont il fut trop charmé.
Avant qu'il vous aimât, il aimait Bérénice :
Et s'il n'en put alors faire une impératrice,
A présent il est maître; et son père au tombeau
Ne peut plus le forcer d'éteindre un feu si beau.

DOMITIE.

C'est là ce qui me gêne, et l'image importune
Qui trouble les douceurs de toute ma fortune.
J'ambitionne et crains l'hymen d'un empereur
Dont j'ai lieu de douter si j'aurai tout le cœur.
Ce pompeux appareil, où sans cesse il ajoute,
Recule chaque jour un nœud qui le dégoûte.
Il souffre chaque jour que le gouvernement
Vole ce qu'à me plaire il doit d'attachement;
Et ce qu'il en étale agit en une manière
Qui ne m'assure point d'une âme tout entière.
Souvent même, au milieu des offres de sa foi,
Il semble tout à coup qu'il n'est pas avec moi,
Qu'il a quelque plus douce ou noble inquiétude.
Son feu de sa raison est l'effet et l'étude ;
Il s'en fait un plaisir bien moins qu'un embarras,
Et s'efforce à m'aimer; mais il ne m'aime pas.

PLAUTINE.

A cet effort pour vous qui pourrait le contraindre ?
Maître de l'univers, a-t-il un maître à craindre ?

DOMITIE.

J'ai quelques droits, Plautine, à l'empire romain[2],
Que le choix d'un époux peut mettre en bonne main :
Mon père, avant le sien, élu pour cet empire[3],
Préféra.... Tu le sais, et c'est assez t'en dire.
C'est par cet intérêt qu'il m'apporte sa foi;
Mais pour le cœur, te dis-je, il n'est pas tout à moi.

PLAUTINE.

La chose est bien égale, il n'a pas tout le vôtre[1] :
S'il aime un autre objet, vous en aimez un autre;
Et comme sa raison vous donne tous ses vœux,
Votre ardeur pour son rang fait pour lui tous vos feux.

DOMITIE.

Ne dis point qu'entre nous la chose soit égale.
Un divorce avec moi n'a rien qui le ravale :
Sans avilir son sort, il me renvoie au mien;
Et du rang qui lui reste, il ne me reste rien.

PLAUTINE.

Que ce que vous avez d'ambitieux caprice,
Pardonnez-moi ce mot, vous fait un dur supplice!
Le cœur rempli d'amour, vous prenez un époux,
Sans en avoir pour lui, sans qu'il en ait pour vous.
Aimez pour être aimée, et montrez-lui vous-même,
En l'aimant comme il faut, comme il faut qu'il vous aime ;
Et si vous vous aimez, gagnez sur vous ce point,
De vous donner entière, ou ne vous donnez point.

DOMITIE.

Si l'amour quelquefois souffre qu'on le contraigne,
Il souffre rarement qu'une autre ardeur l'éteigne;
Et quand l'ambition en met l'empire à bas,
Elle en fait son esclave, et ne l'étouffe pas[2].
Mais un si fier esclave, ennemi de sa chaîne,
La secoue à toute heure, et la porte avec gêne;
Et, maître de nos sens, qu'il appelle au secours,
Il échappe souvent, et murmure toujours.

et que veut dire ce *préféra...* avec ces points? On peut laisser une phrase suspendue quand on craint de s'expliquer, quand on aurait trop de choses à dire, quand on fait entendre par ce qui suit ce qu'on n'a pas voulu énoncer d'abord, et qu'on le fait plus fortement entendre que si on s'expliquait, comme dans *Britannicus* :

Et ce même Sénèque, et ce même Burrhus,
Qui depuis.... Rome alors estimait leurs vertus.

Mais ici ce *préféra* ne signifie autre chose, sinon que Corbulon préféra son devoir : ce n'était pas là la place d'une réticence. On s'est un peu étendu sur cette remarque, parce qu'elle contient une règle générale, et que ces réticences inutiles et déplacées ne sont que trop communes. (V.)

[1] *La chose est bien égale, il n'a pas tout le vôtre; vous en aimez un autre; et comme sa raison; une ardeur pour un rang; qu'entre nous la chose soit égale; un divorce qui ravale; un sort à qui l'on renvoie; ce que Domitie a d'ambitieux caprice qui lui fait un dur supplice; en l'aimant comme il faut; comme il faut qu'il vous aime.* Est-il possible qu'avec un tel style on ait voulu jouter contre Racine dans un ouvrage où tout dépend du style! (V.)

[2] Je passe tous les vers ou faibles, ou durs, ou qui offensent la langue, et je remarquerai seulement que voilà des dissertations sur l'amour, des sentences générales. Ce n'est pas là comme il faut s'y prendre pour traiter une passion douce et tendre; ce n'est pas là *Horatii curiosa felicitas*, et le *molle* de Virgile. (V.)

---

que Corneille ait voulu imiter la mollesse du style de son rival, qui seul alors était en possession des applaudissements au théâtre; mais il l'imite comme un homme robuste, sans grâce et sans souplesse, qui voudrait se donner les attitudes gracieuses d'un danseur agile et élégant. (V.)

[1] Cette expression, et l'*amer* et le *rude*, *tout à fait la maîtresse*, *un nœud reculé qui dégoûte*, font bien voir que Corneille n'était pas fait pour combattre Racine dans la carrière de l'élégance et du sentiment. (V.)

[2] Où sont donc ces droits à l'empire qu'elle *peut mettre en bonne main?* quoi! parce qu'elle est fille d'un Corbulon, que quelques troupes voulurent déclarer césar, elle a des droits à l'empire? C'est heurter toutes les notions qu'on a du gouvernement des Romains. (V.)

[3] *On n'est point élu pour l'empire*, cela n'est pas français;

Veux-tu que je te fasse un aveu tout sincère?
Je ne puis aimer Tite, ou n'aimer pas son frère;
Et, malgré cet amour, je ne puis m'arrêter
Qu'au degré le plus haut où je puisse monter.
Laisse-moi retracer ma vie en ta mémoire :
Tu me connais assez pour en savoir l'histoire[1];
Mais tu n'as pu connaître, à chaque événement,
De mon illustre orgueil quel fut le sentiment.
　En naissant, je trouvai l'empire en ma famille.
Néron m'eut pour parente, et Corbulon pour fille;
Et le bruit qu'en tous lieux fit sa haute valeur,
Autant que ma naissance, enfla mon jeune cœur.
De l'éclat des grandeurs par là préoccupée,
Je vis d'un œil jaloux Octavie et Poppée;
Et Néron, des mortels et l'horreur et l'effroi,
M'eût paru grand héros, s'il m'eût offert sa foi.
　Après tant de forfaits et de morts entassées,
Les troupes du Levant, d'un tel monstre lassées,
Pour césar en sa place élurent Corbulon.
Son austère vertu rejeta ce grand nom :
Un lâche assassinat en fut le prompt salaire.
Mais mon orgueil, sensible à ces honneurs d'un père,
Prit de tout autre rang une assez forte horreur,
Pour me traiter dans l'âme en fille d'empereur.
Néron périt enfin. Trois empereurs de suite
Virent de leur fortune une assez prompte fuite.
L'Orient de leurs noms fut à peine averti,
Qu'il fit Vespasian chef d'un plus fort parti.
Le ciel l'en avoua : ce guerrier magnanime
Par Tite, son aîné, fit assiéger Solime;
Et, tandis qu'en Égypte il prit d'autres emplois,
Domitian ici vint dispenser ses lois.
Je le vis et l'aimai. Ne blâme point ma flamme,
Rien de plus grand que lui n'éblouissait mon âme.
Je ne voyais point Tite, un hymen me l'ôtait.
Mille soupirs aidaient au rang qui me flattait.
Pour remplir tous nos vœux nous n'attendions qu'un [père :
Il vint, mais d'un esprit à nos vœux si contraire,
Que, quoi qu'on lui pût dire, on n'en put arracher
Ce qu'attendait un feu qui nous était si cher.
On n'en sut point la cause; et divers bruits coururent,
Qui tous à notre amour également déplurent.
J'en eus un long chagrin. Tite fit tôt après
De Bérénice à Rome admirer les attraits.
Pour elle avec Martie il avait fait divorce ;
Et cette belle reine eut sur lui tant de force,
Que, pour montrer à tous sa flamme, et hautement,
Il lui fit au palais prendre un appartement.
L'empereur, bien qu'en l'âme il prévît quelle haine
Concevrait tout l'État pour l'époux d'une reine,
Sembla voir cet amour d'un œil indifférent,
Et laisser un cours libre aux flots de ce torrent.
Mais, sous les vains dehors de cette complaisance,
On ménagea ce prince avec tant de prudence,
Qu'en dépit de son cœur, que charmaient tant d'ap-
Il l'obligea lui-même à revoir ses États. [pas,
A peine je le vis sans maîtresse et sans femme,
Que mon orgueil vers lui tourna toute mon âme;
Et s'étant emparé des plus doux de mes soins,
Son frère commença de me plaire un peu moins :
Non qu'il ne fût toujours maître de ma tendresse,
Mais je la regardais ainsi qu'une faiblesse,
Comme un honteux effet d'un amour éperdu
Qui me volait un rang que je me croyais dû.
Tite à peine sur moi jetait alors la vue;
Cent fois avec douleur je m'en suis aperçue :
Mais ce qui consolait ce juste et long ennui,
C'est que Vespasian me regardait pour lui.
Je commençais pourtant à n'en plus rien attendre,
Quand je vis en ses yeux quelque chose de tendre :
Il me rendit visite, et fit tout ce qu'on fait
Alors qu'on veut aimer, ou qu'on aime en effet.
Je veux bien t'avouer que j'y crus du mystère,
Qu'il ne me disait rien que par l'ordre d'un père;
Mais qui pencherait à s'en désabuser,
Lorsque, ce père mort, il songe à m'épouser?
Toi, qui vois tout mon cœur, juge de son martyre :
L'ambition l'entraîne, et l'amour le déchire;
Quand je crois m'être mise au-dessus de l'amour,
L'amour vers son objet me ramène à son tour;
Je veux régner, et tremble à quitter ce que j'aime,
Et ne me saurais voir d'accord avec moi-même.

PLAUTINE.
Ah! si Domitian devenait empereur,
Que vous auriez bientôt calmé tout ce grand cœur!
Que bientôt.... Mais il vient. Ce grand cœur en soupire.

DOMITIE.
Hélas! plus je le vois, moins je sais que lui dire.
Je l'aime, et le dédaigne; et, n'osant m'attendrir,
Je me veux mal des maux que je lui fais souffrir.

---

[1] Pourquoi donc répète-t-elle cette histoire à une personne qui la sait si bien? Le sentiment de son *illustre orgueil* n'est pas une raison suffisante pour fonder ce récit qui d'ailleurs est trop long et trop peu intéressant. Cette Domitie, partagée entre l'ambition et l'amour, n'est véritablement ni ambitieuse ni sensible. Ces caractères indécis et mitoyens ne peuvent jamais réussir, à moins que leur incertitude ne naisse d'une passion violente, et qu'on ne voie jusque dans cette indécision l'effet du sentiment dominant qui les emporte. Tel est Pyrrhus dans *Andromaque*; caractère vraiment théâtral et tragique, excepté dans la scène imitée de Térence : *Crois-tu, si je l'épouse, qu'Andromaque en son cœur n'en sera pas jalouse?* et dans la scène où Pyrrhus vient dire à Hermione qu'il ne peut l'aimer. Cette première scène de Domitie annonce que la pièce sera sans intérêt : c'est le plus grand des défauts. (V.)

SCÈNE II.

DOMITIAN, DOMITIE, ALBIN, PLAUTINE.

DOMITIAN.

Faut-il mourir, madame? et, si proche du terme,
Votre illustre inconstance est-elle encor si ferme,
Que les restes d'un feu que j'avais cru si fort
Puissent dans quatre jours se promettre ma mort[1]?

DOMITIE.

Ce qu'on m'offre, seigneur, me ferait peu d'envie,
S'il en coûtait à Rome une si belle vie;
Et ce n'est pas un mal qui vaille en soupirer,
Que de faire une perte aisée à réparer.

DOMITIAN.

Aisée à réparer! Un choix qui m'a su plaire,
Et qui ne plaît pas moins à l'empereur mon frère,
Charme-t-il l'un et l'autre avec si peu d'appas
Que vous sachiez son prix, et le mettiez si bas?

DOMITIE.

Quoi qu'on ait pour soi-même ou d'amour ou d'esti-
Ne s'en croire pas trop n'est pas faire un grand crime. [me,
Mais n'examinons point, en cet excès d'honneur,
Si j'ai quelque mérite, ou n'ai que du bonheur.
Telle que je puis être, obtenez-moi d'un frère.

DOMITIAN.

Hélas! si je n'ai pu vous obtenir d'un père,

Si même je ne puis vous obtenir de vous,
Qu'obtiendrai-je d'un frère amoureux et jaloux?

DOMITIE.

Et moi, résisterai-je à sa toute-puissance,
Quand vous n'y répondez qu'avec obéissance? [tien,
Moi qui n'ai sous les cieux que vous seul pour sou-
Que puis-je contre lui, quand vous n'y pouvez rien?

DOMITIAN.

Je ne puis rien sans vous, et pourrais tout, madame,
Si je pouvais encor m'assurer de votre âme.

DOMITIE.

Pouvez-vous en douter, après deux ans de pleurs
Qu'à vos yeux j'ai donnés à nos communs malheurs?
Durant un déplaisir si long et si sensible
De voir toujours un père à nos vœux inflexible,
Ai-je écouté quelqu'un de tant de soupirants
Qui m'accablaient partout de leurs regards mourants?
Quel que fût leur amour, quel que fût leur mérite....

DOMITIAN.

Oui, vous m'avez aimé jusqu'à l'amour de Tite.
Mais de ces soupirants qui vous offraient leur foi
Aucun ne vous eût mise alors si haut que moi;
Votre âme ambitieuse à mon rang attachée
N'en voyait point en eux dont elle fût touchée:
Ainsi de ces rivaux aucun n'a réussi.
Mais les temps sont changés, madame, et vous aussi.

DOMITIE.

Non, seigneur, je vous aime, et garde au fond de l'â- [me
Tout ce que j'eus pour vous de tendresse et de flamme;
L'effort que je me fais me tue autant que vous;
Mais enfin l'empereur veut être mon époux.

DOMITIAN.

Ah! si vous n'acceptez sa main qu'avec contrainte,
Venez, venez, madame, autoriser ma plainte:
L'empereur m'aime assez pour quitter vos liens
Quand je lui porterai vos vœux avec les miens.
Dites que vous m'aimez, et que tout son empire....

DOMITIE.

C'est ce qu'à dire vrai j'aurai peine à lui dire,
Seigneur; et le respect qui n'y peut consentir....

DOMITIAN.

Non, votre ambition ne se peut démentir.
Ne la déguisez plus, montrez-la tout entière,
Cette âme que le trône a su rendre si fière,
Cette âme dont j'ai fait les plaisirs les plus doux,
Cette âme...

DOMITIE.

Voyez-là cette âme toute à vous,
Voyez-y tout ce feu que vous y fîtes naître;
Et soyez satisfait, si vous le pouvez être.
Je ne veux point, seigneur, vous le dissimuler,
Mon cœur va tout à vous quand je le laisse aller:
Mais sans dissimuler j'ose aussi vous le dire,
Ce n'est pas mon dessein qu'il m'en coûte l'empire;

---

[1] Cette seconde scène tient au delà de ce que la première a promis. Un Domitian qui veut mourir d'amour! c'est mettre un hochet entre les mains de Polyphème : et qu'est-ce qu'une *illustre inconstance proche du terme, si ferme, que les restes d'un feu si fort se promettent la mort de Domitian dans quatre jours?* Ces paroles, ces tours inintelligibles qui sont comme jetés au hasard, forment un étrange discours. La princesse Henriette joua un tour bien sanglant à Corneille, quand elle le fit travailler à *Bérénice*. On ne voit que trop combien la suite est digne de ce commencement. Quels vers que ceux-ci! et que de barbarismes! *Ce n'est pas un mal qui vaille en soupirer, un choix qui charme avec un peu d'appas, qu'on met si bas*; et tous ces compliments ironiques que se font Domitian et Domitie; et *cette beauté qui n'a écouté aucun des soupirants qui l'accablaient de leurs regards mourants; et son cœur qui va tout à Domitian quand on le laisse aller!* On est étonné qu'on ait pu jouer une pièce ainsi écrite, ainsi dialoguée et raisonnée. Tous ces raisonnements de Domitie ne peuvent être écoutés. *Comme la passion du trône est la première, elle est dominante*: ce n'est pas qu'elle ne *se violente à trahir l'amour*, mais il est juste que *des soupirs secrets la punissent d'aimer contre ses intérêts.* Il semble que, dans cette pièce, Corneille ait voulu, en quelque sorte, imiter ce double amour qui règne dans l'*Andromaque*, et qu'il ait tenté de plier la roideur de son caractère à ce genre de tragédie si délicat et si difficile. Domitian aime Domitie; Titus aime aussi Domitie un peu : on propose Bérénice à Domitian, et Bérénice est aimée véritablement de Titus. Avouons qu'on ne pouvait faire un plus mauvais plan. (V.) — On prétend que Corneille lui-même, pressé par le comédien Baron de lui expliquer ce qu'il avait voulu dire par les quatre premiers vers de cette scène, ne put jamais lui en donner le sens. (P.)

Et je n'ai point une âme à se laisser charmer
Du ridicule honneur de savoir bien aimer.
La passion du trône est seule toujours belle,
Seule à qui l'âme doive une ardeur immortelle.
J'ignorais de l'amour quel est le doux poison
Quand elle s'empara de toute ma raison.
Comme elle est la première, elle est la dominante.
Non qu'à trahir l'amour je ne me violente;
Mais il est juste enfin que des soupirs secrets
Me punissent d'aimer contre mes intérêts. [prendre
Daignez donc voir, seigneur, quelle route il faut
Pour ne point m'imposer la honte de descendre.
Tout mon cœur vous préfère à cet heureux rival;
Pour m'avoir toute à vous, devenez son égal.
Vous dites qu'il vous aime; et je ne le puis croire
Si je ne vois sur vous un rayon de sa gloire.
On vous a vus tous deux sortir d'un même flanc;
Ayez mêmes honneurs ainsi que même sang.
Dites-lui que le droit qu'a ce sang à l'empire....

DOMITIAN.

C'est là ce qu'à mon tour j'aurai peine à lui dire,
Madame; et le devoir qui n'y peut consentir....

DOMITIE.

A mes vives douleurs daignez donc compatir,
Seigneur; j'achète assez le rang d'impératrice,
Sans qu'un reproche injuste augmente mon supplice.

DOMITIAN.

Eh bien, dans cet hymen, qui n'en a que pour moi,
J'applaudirai moi-même à votre peu de foi;
Je dirai que le ciel doit à votre mérite....

DOMITIE.

Non, seigneur; faites mieux, et quittez qui vous quit-
Rome a mille beautés dignes de votre cœur; [te;
Mais dans toute la terre il n'est qu'un empereur.
Si mon père avait eu les sentiments du vôtre,
Je vous aurais donné ce que j'attends d'un autre;
Et ma flamme en vos mains eût mis sans balancer
Le sceptre qu'en la mienne il aurait dû laisser.
Laissez à son défaut suppléer la fortune,
Et n'ayez pas une âme assez basse et commune
Pour s'opposer au ciel qui me rend par autrui
Ce que trop de vertu me fit perdre par lui.
Pour peu que vous m'aimiez, aimez mes avantages:
Il n'est point d'autre amour digne des grands coura-
Voilà toute mon âme. Après cela, seigneur, [ges.
Laissez-moi m'épargner les troubles de mon cœur.
Un plus long entretien ne pourrait rien produire
Qui ne pût malgré moi, vous déplaire ou me nuire.

SCÈNE III.

DOMITIAN, ALBIN.

ALBIN.

Elle se défend bien, seigneur; et dans la cour...

DOMITIAN.

Aucun n'a plus d'esprit, Albin, et moins d'amour:
J'admire, ainsi que toi, dans ce qu'elle m'oppose,
Son adresse à défendre une mauvaise cause;
Et si, pour m'assurer que son cœur n'est qu'à moi,
Tant d'esprit agissait en faveur de sa foi;
Si sa flamme au secours appliquait cette adresse,
L'empereur convaincu me rendrait ma maîtresse.

ALBIN.

Cependant n'est-ce rien que ce cœur soit à vous?

DOMITIAN.

D'un bonheur si mal sûr je ne suis point jaloux;
Et trouve peu de jour à croire qu'elle m'aime,
Quand elle ne regarde et n'aime que soi-même.

ALBIN.

Seigneur, s'il m'est permis de parler librement,
Dans toute la nature aime-t-on autrement²? [tres;
L'amour-propre est la source en nous de tous les au-
C'en est le sentiment qui forme tous les nôtres;
Lui seul allume, éteint, ou change nos désirs:
Les objets de nos vœux le sont de nos plaisirs.
Vous-même, qui brûlez d'une ardeur si fidèle,
Aimez-vous Domitie, ou vos plaisirs en elle?
Et quand vous aspirez à des liens si doux,
Est-ce pour l'amour d'elle ou pour l'amour de vous?
De sa possession l'aimable et chère idée
Tient vos sens enchantés et votre âme obsédée;
Mais si vous conceviez quelques destins meilleurs,

---

¹ Il s'agit bien là d'esprit; et cette *adresse à défendre une mauvaise cause*, et la *flamme qui applique cette adresse au secours*. Quels vains et malheureux propos! Peut-on dire en de plus mauvais vers des choses plus indignes du théâtre tragique? (V.)

² Quoi! dans une tragédie une dissertation sur l'amour-propre? Finissons. Il a bien fallu faire quelques remarques sur ce premier acte, pour montrer que c'est une peine perdue que d'en faire sur les autres. Un commentaire peut être utile quand on a des beautés et des défauts à examiner; mais ce serait vouloir outrager la mémoire de Corneille de s'appesantir sur toutes les fautes d'un ouvrage où il n'y a guère que des fautes. Finissons nos remarques par respect pour lui: rendons-lui justice, convenons que c'est un grand homme, qui fut trop souvent différent de lui-même, sans que ses pièces malheureuses fissent tort aux beaux morceaux qui sont dans les autres. (V.) — La grande réputation du livre des Maximes du duc de la Rochefoucauld, qui parut peu de temps avant cette pièce, et dont les éditions se renouvelaient, depuis 1665, avec une rapidité surprenante, avait mis à la mode ces dissertations sur l'amour-propre. Corneille, qui avait déjà fait, dans *Œdipe*, des vers très-brillants, et qui furent très-applaudis, sur la grande question du libre arbitre, se permit ici de sacrifier à la mode, et d'introduire, pour la seconde fois, de la métaphysique dans une tragédie. Voltaire, qui lui reproche cette dissertation, devait, à ce qu'il nous semble, être plus indulgent pour tout autre sur cette affectation de philosophie. Zaïre, Alzire, Mahomet, Idamé, Gengis ne sont-ils pas souvent philosophes hors de propos? Cette philosophie déplacée, que de très-beaux vers ne justifient pas, n'est-elle pas même le caractère dominant de plusieurs de ses ouvrages? (P.)

Vous porteriez bientôt toute cette âme ailleurs.
Sa conquête est pour vous le comble des délices ;
Vous ne vous figurez ailleurs que des supplices :
C'est par là qu'elle seule a droit de vous charmer ;
Et vous n'aimez que vous, quand vous croyez l'aimer.
DOMITIAN.
En l'état où je suis, les maux dont je soupire
M'ôtent la liberté de te rien contredire :
Cherchons-en le remède, au lieu de raisonner
Sur l'amour où le ciel se plaît à m'obstiner.
N'est-il point de secret, n'est-il point d'artifice ?...
ALBIN.
Oui, seigneur, il en est : rappelons Bérénice ;
Sous le nom de César pratiquons son retour,
Qui retarde l'hymen, et suspende l'amour.
DOMITIAN.
Que je verrais, Albin, ma volage punie,
Si de ces grands apprêts pour la cérémonie,
Que depuis si longtemps on dresse à si grand bruit,
Elle n'avait que l'ombre, et qu'une autre eût le fruit !
Qu'elle serait confuse ! et que j'aurais de joie !
Mais il faut que le ciel lui-même la renvoie,
Cette belle rivale ; et tout notre discours
Ne la saurait ici rendre dans quatre jours.
ALBIN.
N'importe : en l'attendant préparons sa victoire ;
Dans l'esprit d'un rival ranimons sa mémoire ;
Retraçons à ses yeux l'image du passé,
Et profitons par là d'un cœur embarrassé.
N'y perdez point de temps ; allez, sans plus rien taire,
Tâter jusqu'en ce cœur les tendresses de frère.
Si vous ne l'emportez, il pourra s'ébranler.
S'il ne rompt cet hymen, il pourra reculer :
Je me trompe, ou son âme y penche d'elle-même.
S'il s'émeut, redoublez, dites que l'on vous aime,
Dites qu'un pur respect contraint avec ennui
Une âme toute à vous à se donner à lui.
S'il se trouble, achevez, parlez de Bérénice,
De tant d'amour qu'il traite avec tant d'injustice.
Pour lui donner le temps de venir au secours,
Nous aurons quatre mois au lieu de quatre jours.
DOMITIAN.
Mais j'aime Domitie ; et lui parler contre elle
C'est me mettre au hasard d'irriter l'infidèle.
Ne me condamne point, Albin, à la trahir,
A joindre à ses mépris le droit de me haïr :
En vain je veux contre elle écouter ma colère ;
Toute ingrate qu'elle est, je tremble à lui déplaire.
ALBIN.
Seigneur, quelle mesure avez-vous à garder ?
Quand on voit tout perdu, craint-on de hasarder ?
Et si l'ambition vers un autre l'entraîne,
Que vous peut importer son amour ou sa haine ?

DOMITIAN.
Qu'un salutaire avis fait une douce loi
A qui peut avoir l'âme aussi libre que toi !
Mais celle d'un amant n'est pas comme une autre âme :
Il ne voit, il n'entend, il ne croit que sa flamme ;
Du plus puissant remède il se fait un poison,
Et la raison pour lui n'est pas toujours raison.
ALBIN.
Et si je vous disais que déjà Bérénice
Est dans Rome, inconnue, et par mon artifice ;
Qu'elle surprendra Tite, et qu'elle y vient exprès
Pour de ce grand hymen renverser les apprêts ?
DOMITIAN.
Albin, serait-il vrai ?
ALBIN.
La nouvelle vous flatte :
Peut-être est-elle fausse ; attendez qu'elle éclate ;
Surtout à l'empereur déguisez-la si bien....
DOMITIAN.
Va, je lui parlerai comme n'en sachant rien.

ACTE SECOND.

SCÈNE PREMIÈRE.
TITE, FLAVIAN.

TITE.
Quoi ! des ambassadeurs que Bérénice envoie
Viennent ici, dis-tu, me témoigner sa joie,
M'apporter son hommage, et me féliciter
Sur ce comble de gloire où je viens de monter ?
FLAVIAN.
En attendant votre ordre ils sont au port d'Ostie.
TITE.
Ainsi, grâces aux dieux, sa flamme est amortie ;
Et de pareils devoirs sont pour moi des froideurs,
Puisqu'elle s'en rapporte à ses ambassadeurs.
Jusqu'après mon hymen remettons leur venue ;
J'aurais trop à rougir si j'y souffrais leur vue,
Et recevais les yeux de ses propres sujets
Pour envieux témoins du vol que je lui fais.
Car mon cœur fut son bien à cette belle reine,
Et pourrait l'être encor, malgré Rome et sa haine,
Si ce divin objet, qui fut tout mon désir,
Par quelque doux regard s'en venait ressaisir.
Mais du haut de son trône elle aime mieux me ren- [dre
Ces froideurs que pour elle on me força de prendre.
Peut-être, en ce moment que toute ma raison
Ne saurait sans désordre entendre son beau nom,
Entre les bras d'un autre un autre amour la livre ;

Elle suit mon exemple, et se plaît à le suivre,
Et ne m'envoie ici traiter de souverain
Que pour braver l'amant qu'elle charmait en vain.

FLAVIAN.
Si vous la revoyiez, je plaindrais Domitie.

TITE.
Contre tous ses attraits ma raison endurcie
Ferait de Domitie encor la sûreté,
Mais mon cœur aurait peu de cette dureté.
N'aurais-tu point appris qu'elle fût infidèle,
Qu'elle écoutât les rois qui soupirent pour elle?
Dis-moi que Polémon règne dans son esprit,
J'en aurai du chagrin, j'en aurai du dépit,
D'une vive douleur j'en aurai l'âme atteinte;
Mais j'épouserai l'autre avec moins de contrainte :
Car enfin elle est belle, et digne de ma foi;
Elle aurait tout mon cœur, s'il était tout à moi.
La noblesse du sang, la grandeur du courage,
Font avec son mérite un illustre assemblage :
C'est le choix de mon père; et je connais trop bien
Qu'à choisir en césar ce doit être le mien.
Mais tout mon cœur renonce à lui faire justice
Dès que mon souvenir lui rend sa Bérénice.

FLAVIAN.
Si de tels souvenirs vous sont encor si doux,
L'hyménée a, seigneur, peu de charmes pour vous.

TITE.
Si de tels souvenirs ne me faisaient la guerre,
Serait-il potentat plus heureux sur la terre?
Mon nom par la victoire est si bien affermi [1],
Qu'on me croit dans la paix un lion endormi :
Mon réveil incertain du monde fait l'étude;
Mon repos en tous lieux jette l'inquiétude;
Et tandis qu'en ma cour les aimables loisirs
Ménagent l'heureux choix des jeux et des plaisirs,
Pour envoyer l'effroi sous l'un et l'autre pôle
Je n'ai qu'à faire un pas et hausser la parole.
Que de félicités, si mes vœux imprudents
N'étaient de mon pouvoir les seuls indépendants!
Maître de l'univers sans l'être de moi-même,
Je suis le seul rebelle à ce pouvoir suprême;
D'un feu que je combats je me laisse charmer,
Et n'aime qu'à regret ce que je veux aimer.
En vain de mon hymen Rome presse la pompe,
J'y veux de la lenteur, j'aime qu'on l'interrompe,
Et n'ose résister aux dangereux souhaits
De préparer toujours et n'achever jamais.

FLAVIAN.
Si ce dégoût, seigneur, va jusqu'à la rupture,
Domitie aura peine à souffrir cette injure :

[1] Ces vers furent appliqués à Louis XIV, et c'était l'intention de Corneille, qui n'avait eu cependant qu'une part bien médiocre aux bienfaits de ce prince. (P.)

Ce jeune esprit, qu'entête et le sang de Néron
Et le choix qu'en Syrie on fit de Corbulon,
S'attribue à l'empire un droit imaginaire,
Et s'en fait, comme vous, un rang héréditaire.
Si de votre parole un manque surprenant
La jette entre les bras d'un homme entreprenant,
S'il l'unit à quelque âme assez fière et hautaine
Pour servir son orgueil et seconder sa haine,
Un vif ressentiment lui fera tout oser;
En un mot, il vous faut la perdre, où l'épouser.

TITE.
J'en sais la politique, et cette loi cruelle
A presque fait l'amour qu'il m'a fallu pour elle.
Réduit au triste choix dont tu viens de parler,
J'aime mieux, Flavian, l'aimer que l'immoler,
Et ne puis démentir cette horreur magnanime
Qu'en recevant le jour je conçus pour le crime.
Moi, qui seul des césars me vois en ce haut rang
Sans qu'il en coûte à Rome une goutte de sang,
Moi, que du genre humain on nomme les délices,
Moi, qui ne puis souffrir les plus justes supplices,
Pourrais-je autoriser une injuste rigueur
A perdre une héroïne à qui je dois mon cœur?
Non : malgré les attraits de sa belle rivale,
Malgré les vœux flottants de mon âme inégale,
Je veux l'aimer, je l'aime; et sa seule beauté
Pouvait me consoler de ce que j'ai quitté.
Elle seule en ses yeux porte de quoi contraindre
Mes feux à s'assoupir, s'ils ne peuvent s'éteindre,
De quoi flatter mon âme, et forcer mes douleurs
A souhaiter du moins de n'aimer plus ailleurs.
Mais je ne vois pas bien que j'en sois encor maître;
Dès que ma flamme expire, un mot la fait renaître,
Et mon cœur malgré moi rappelle un souvenir
Que je n'ose écouter et ne saurais bannir.
Ma raison s'en veut faire en vain un sacrifice;
Tout me ramène ici, tout m'offre Bérénice :
Et même je ne sais par quel pressentiment
Je n'ai souffert personne en son appartement;
Mais depuis cet adieu, si cruel et si tendre,
Il est demeuré vide, et semble encor l'attendre.
Va, fais porter mon ordre à ses ambassadeurs :
C'est trop entretenir d'inutiles ardeurs;
Il est temps de chercher qui m'en puisse distraire,
Et le ciel à propos envoie ici mon frère.

FLAVIAN.
Irez-vous au sénat?

TITE.
Non; il peut s'assembler
Sur ce déluge ardent qui nous a fait trembler,
Et pourvoir sous mon ordre aux affreuses ruines
Dont ses feux ont couvert les campagnes voisines.

SCÈNE II.

TITE, DOMITIAN, ALBIN.

DOMITIAN.

Puis-je parler, seigneur, et de votre amitié
Espérer une grâce à force de pitié?
Je me suis jusqu'ici fait trop de violence
Pour augmenter encor mes maux par mon silence.
Ce que je vais vous dire est digne du trépas;
Mais aussi j'en mourrai si je ne le dis pas.
Apprenez donc mon crime, et voyez s'il faut faire
Justice d'un coupable, ou grâce aux vœux d'un frère.
J'ai vu ce que j'aimais choisi pour être à vous,
Et je l'ai vu longtemps sans en être jaloux.
Vous n'aimiez Domitie alors que par contrainte;
Vous vous faisiez effort, j'imitais votre feinte;
Et comme aux lois d'un père il fallait obéir,
Je feignais d'oublier, vous de ne point haïr.
Le ciel, qui dans vos mains met sa toute-puissance,
Ne met-il point de borne à cette obéissance?
La faut-il à son ombre, et que ce même effort
Vous déchire encor l'âme et me donne la mort?

TITE.

Souffrez sur cet effort que je vous désabuse.
Il fut grand, et de ceux que tout le cœur refuse :
Pour en sauver le mien, je fis ce que je pus;
Mais ce qui fut effort à présent ne l'est plus.
Sachez-en la raison. Sous l'empire d'un père
Je murmurai toujours d'un ordre si sévère,
Et cherchai les moyens de tirer en longueur
Cet hymen qui vous gêne et m'arrachait le cœur.
Son trépas a changé toutes choses de face :
J'ai pris ses sentiments lorsque j'ai pris sa place;
Je m'impose à mon tour les lois qu'il m'imposait,
Et me dis après lui tout ce qu'il me disait.
J'ai des yeux d'empereur, et n'ai plus ceux de Tite;
Je vois en Domitie un tout autre mérite,
J'écoute la raison, j'en goûte les conseils,
Et j'aime comme il faut qu'aiment tous mes pareils.
Si dans les premiers jours que vous m'avez vu maître
Votre feu mal éteint avait voulu paraître,
J'aurais pu me combattre et me vaincre pour vous :
Mais si près d'un hymen si souhaité de tous,
Quand Domitie a droit de s'en croire assurée,
Que le jour en est pris, la fête préparée,
Je l'aime, et lui dois trop pour jeter sur son front
L'éternelle rougeur d'un si mortel affront.
Rome entière et ma foi l'appellent à l'empire :
Voyez mieux de quel œil on m'en verrait dédire,
Ce qu'ose se permettre une femme en fureur,
Et combien Rome entière aurait pour moi d'horreur.

DOMITIAN.

Elle n'en aurait point de vous voir pour un frère
Faire autant que pour elle il vous a plu de faire.
Seigneur, à vos bontés laissez un libre cours;
Qui se vainc une fois peut se vaincre toujours;
Ce n'est pas un effort que votre âme redoute.

TITE.

Qui se vainc une fois sait bien ce qu'il en coûte;
L'effort est assez grand pour en craindre un second.

DOMITIAN.

Ah! si votre grande âme à peine s'en répond,
La mienne, qui n'est pas d'une trempe si belle,
Réduite au même effort, seigneur, que fera-t-elle?

TITE.

Ce que je fais, mon frère; aimez ailleurs.

DOMITIAN.

                              Hélas!
Ce qui vous fut aisé, seigneur, ne me l'est pas.
Quand vous avez changé, voyiez-vous Bérénice?
De votre changement son départ fut complice;
Vous l'aviez éloignée, et j'ai devant les yeux,
Je vois presque en vos bras ce que j'aime le mieux.
Jugez de ma douleur par l'excès de la vôtre.
Si vous voyiez la reine entre les bras d'un autre,
Contre un rival heureux épargneriez-vous rien,
A moins que d'un respect aussi grand que le mien?

TITE.

Vengez-vous, j'y consens; que rien ne vous retienne.
Je prends votre maîtresse; allez, prenez la mienne.
Épousez Bérénice, et...

DOMITIAN.

                      Vous n'achevez point,
Seigneur : me pourriez-vous aimer jusqu'à ce point?

TITE.

Oui, si je ne craignais pour vous l'injuste haine
Que Rome concevrait pour l'époux d'une reine.

DOMITIAN.

Dites, dites, seigneur, qu'il est bien malaisé
De céder ce qu'adore un cœur bien embrasé;
Ne vous contraignez plus, ne gênez plus votre âme,
Satisfaites en maître une si belle flamme :
Quand vous aurez su dire une fois : Je le veux,
D'un seul mot prononcé vous ferez quatre heureux.
Bérénice est toujours digne de votre couche;
Et Domitie enfin vous parle par ma bouche :
Car, je ne saurais plus vous le taire; oui, seigneur,
Vous en voulez la main, et j'en ai tout le cœur :
Elle m'en fit le don dès la première vue,
Et ce don fut l'effet d'une force imprévue,
De cet ordre du ciel qui verse en nos esprits
Les principes secrets de prendre et d'être pris.
Je vous dirais, seigneur, quelle en est la puissance,
Si vous ne le saviez par votre expérience.
Ne rompez pas des nœuds et si forts et si doux :
Rien ne les peut briser que le trépas, ou vous;
Et c'est un triste honneur pour une si grande âme,

Que d'accabler un frère et contraindre une femme.
TITE.
Je ne contrains personne; et de sa propre voix
Nous allons, vous et moi, savoir quel est son choix.

SCÈNE III.
TITE, DOMITIAN, DOMITIE, ALBIN, PLAUTINE.

TITE.
Parlez, parlez, madame, et daignez nous apprendre
Où porte votre cœur, ce qu'il sent de plus tendre,
Qui le possède entier de mon frère ou de moi?
DOMITIE.
En doutez-vous, seigneur, quand vous avez ma foi?
TITE.   [doute :
J'aime à n'en point douter, mais on veut que j'en
On dit que cette foi ne vous donne pas toute,
Que ce cœur reste ailleurs. Parlez en liberté,
Et n'en consultez point cette noble fierté,
Ce digne orgueil du sang que mon rang sollicite;
De tout ce que je suis ne regardez que Tite;
Et pour mieux écouter vos désirs les plus doux,
Entre le prince et moi ne regardez que vous.
DOMITIE.
Qu'avez-vous dit de moi, prince?
DOMITIAN.
                    Que dans votre âme
Vous laissez vivre encor notre première flamme;
Et qu'en faveur du rang, si vous m'osez trahir,
Ce n'est pas tant aimer, madame, qu'obéir.
C'est en dire un peu plus que vous n'aviez envie :
Mais il y va de vous, il y va de ma vie;
Et qui se voit si près de perdre tout son bien,
Se fait armes de tout, et ne ménage rien.
DOMITIE.
Je ne sais de vous deux, seigneur, à ne rien feindre,
Duquel je dois le plus me louer ou me plaindre.
C'est aimer assez mal, que remettre tous deux
Au choix de mes désirs le succès de vos feux;
Et cette liberté par tous les deux offerte,
Montre que tous les deux peuvent souffrir ma perte,
Et que tout leur amour est prêt à consentir
Que mon cœur ou ma foi veuillent se démentir.
Je me plains de tous deux, et vous plains l'un et l'autre,
Si pour voir tout ce cœur vous m'ouvrez tout le vôtre.
Le prince n'agit pas en amant fort discret;
S'il ne m'impose rien, il trahit mon secret :
Tout ce qu'il vous en dit m'offense ou vous abuse.
Mais ce que fait l'amour, l'amour aussi l'excuse.
    (à Tite.)
Vous, seigneur, je croyais que vous m'aimiez assez
Pour m'épargner le trouble où vous m'embarrassez,
Et laisser pour couleur à mon peu de constance
La gloire d'obéir à la toute-puissance :
Vous m'ôtez cette excuse, et me voulez charger
De ce qu'a d'odieux la honte de changer.
Si le prince en mon cœur garde encor même place,
C'est manquer de respect que vous le dire en face ;
Et si mon choix pour vous n'est point violenté,
C'est trop d'ambition et d'infidélité.
Ainsi des deux côtés tout sert à me confondre,
J'ai cent choses à dire, et rien à vous répondre ;
Et ne voulant déplaire à pas un de vous deux,
Je veux, ainsi que vous, douter où vont mes vœux.
Ce qui le plus m'étonne en cette déférence
Qui veut du cœur entier une entière assurance,
C'est que dans ce haut rang vous ne vouliez pas voir
Qu'il n'importe du cœur quand on sait son devoir,
Et que de vos pareils les hautes destinées
Ne le consultent point sur ces grands hyménées.
TITE.
Si le vôtre, madame, était de moindre prix....
Mais que veut Flavian?

SCÈNE IV.
TITE, DOMITIAN, DOMITIE, PLAUTINE, FLAVIAN, ALBIN.

FLAVIAN.
                    Vous en serez surpris,
Seigneur, je vous apporte une grande nouvelle :
La reine Bérénice...
TITE.
            Eh bien! est infidèle?
Et son esprit, charmé par un plus doux souci....
FLAVIAN.
Elle est dans ce palais, seigneur; et la voici.

SCÈNE V.
TITE, DOMITIAN, BÉRÉNICE, DOMITIE, FLAVIAN, ALBIN, PHILON, PLAUTINE.

TITE.
O dieux! est-ce, madame, aux reines de surprendre?
Quel accueil, quels honneurs peuvent-elles attendre,
Quand leur surprise envie au souverain pouvoir
Celui de donner ordre à les bien recevoir?
BÉRÉNICE.
Pardonnez-le, seigneur, à mon impatience.
J'ai fait sous d'autres noms demander audience :
Vous la donniez trop tard à mes ambassadeurs;
Je n'ai pu tant attendre à voir tant de grandeurs;
Et, quoique par vous-même autrefois exilée,
Sans ordre et sans aveu je me suis rappelée,
Pour être la première à mettre à vos genoux

Le sceptre qu'à présent je ne tiens que de vous,
Et prendre sur les rois cet illustre avantage
De leur donner l'exemple à vous en faire hommage.
Je ne vous dirai point avec quelles langueurs
D'un si cruel exil j'ai souffert les longueurs :
Vous savez trop...

TITE.

Je sais votre zèle, et l'admire,
Madame; et pour me voir possesseur de l'empire,
Pour me rendre vos soins, je ne méritais pas
Que rien vous pût résoudre à quitter vos États,
Qu'une si grande reine en formât la pensée.
Un voyage si long vous doit avoir lassée.
Conduisez-la, mon frère, en son appartement.
(à Flavian et à Albin.)
Vous, faites-l'y servir aussi pompeusement,
Avec le même éclat qu'elle s'y vit servie
Alors qu'elle faisait le bonheur de ma vie.

SCÈNE VI.

TITE, DOMITIE, PLAUTINE, PHILON.

DOMITIE.

Seigneur, faut-il ici vous rendre votre foi?
Ne regardez que vous entre la reine et moi;
Parlez sans vous contraindre, et me daignez apprendre
Où porte votre cœur ce qu'il sent de plus tendre.

TITE.

Adieu, madame, adieu. Dans le trouble où je suis,
Me taire et vous quitter, c'est tout ce que je puis.

SCÈNE VII.

DOMITIE, PLAUTINE.

DOMITIE.

Se taire et me quitter! Après cette retraite,
Crois-tu qu'un tel arrêt ait besoin d'interprète?

PLAUTINE.

Oui, madame; et ce n'est que dérober au jour,
Que vous cacher le trouble où le met ce retour.

DOMITIE.

Non, non. Tu l'as voulu, Plautine, que je visse
Désavouer ici les vanités du prince,
Empêcher qu'un amant dont je n'ai pas le cœur
Ne cédât ma conquête à mon premier vainqueur :
Vois la honte qu'ainsi je me suis attirée.
Quand sa reine a paru, m'a-t-il considérée?
A-t-il jeté les yeux sur moi qu'en me quittant?

PLAUTINE.

Pensez-vous que sa reine ait l'esprit plus content?
Avant que vous quitter, lui-même il l'a bannie.

DOMITIE.

Oui, mais avec respect, avec cérémonie,
Avec des yeux enfin qui, l'éloignant des miens,
Lui promettaient assez de plus doux entretiens.
Tu me diras encor que la chose est égale,
Que, s'il m'ose quitter, il chasse ma rivale.
Mais, pour peu qu'il m'aimât, du moins il m'aurait dit
Que je garde en son âme encor même crédit;
Il m'en aurait donné des sûretés nouvelles;
Il m'en aurait laissé quelques marques fidèles :
S'il me voulait cacher le trouble où je le voi,
La plus mauvaise excuse était bonne pour moi.
Mais, pour toute réponse, il se tait, et me quitte :
Et tu ne peux souffrir que mon cœur s'en irrite!
Tu veux, lorsque lui-même ose se déclarer,
Que je me flatte encore assez pour espérer!
C'est avec le perfide être d'intelligence.
Sans me flatter en vain, courons à la vengeance;
Faisons voir ce qu'en moi peut le sang de Néron,
Et que je suis de plus fille de Corbulon.

PLAUTINE.

Vous l'êtes; mais enfin c'est n'être qu'une fille,
Que le reste impuissant d'une illustre famille.
Contre un tel empereur où prendrez-vous des bras?

DOMITIE.

Contre un tel empereur nous n'en manquerons pas.
S'il épouse sa reine, il est l'horreur de Rome.
Trouvons alors, trouvons un grand cœur, un grand homme,
Un Romain qui réponde au sang de mes aïeux;
Et, pour le révolter, laisse faire à mes yeux.
Juge par le pouvoir de ceux de Bérénice,
Si les miens auront peine à s'en faire justice.
Si ceux-là forcent Tite à me manquer de foi,
Ceux-ci feront briser le joug d'un nouveau roi;
Et, si de l'univers les siens charment le maître,
Les miens charmeront ceux qui méritent de l'être.
Dis-le-moi, tu l'as vue, ai-je peu de raison
Quand de mes yeux aux siens je fais comparaison?
Est-elle plus charmante, ai-je moins de mérite?
Suis-je moins digne qu'elle enfin du cœur de Tite?

PLAUTINE.

Madame...

DOMITIE.

Je m'emporte, et mes sens interdits
Impriment leur désordre en tout ce que je dis.
Comment saurai-je aussi ce que je te dois dire,
Si je ne sais pas même à quoi mon âme aspire,
Mon aveugle fureur s'égare à tous propos.
Allons penser à tout avec plus de repos.

PLAUTINE.

Vous pourriez hasarder un moment de visite
Pour voir si ce retour est sans l'aveu de Tite,
Ou si c'est de concert qu'il a fait le surpris.

DOMITIE.
Oui; mais auparavant remettons nos esprits.

ACTE TROISIÈME.

SCÈNE PREMIÈRE.
DOMITIAN, BÉRÉNICE, PHILON.

DOMITIAN.
Je vous l'ai dit, madame, et j'aime à le redire,
Qu'il est beau qu'à vous plaire un empereur aspire,
Qu'il lui doit être doux qu'un véritable feu
Par de justes soupirs mérite votre vœu.
Serait-ce un crime à moi, serait-ce vous déplaire,
Après un empereur, de vous offrir son frère?
Et voudriez-vous croire, en faveur de ma foi,
Qu'un frère d'empereur pourrait valoir un roi?

BÉRÉNICE.
Si votre âme, seigneur, en veut être éclaircie,
Vous pouvez le savoir de votre Domitie.
De tous les deux aimée, et douce à tous les deux,
Elle sait mieux que moi comme on change de vœux,
Et sait peut-être mal la route qu'il faut prendre
Pour trouver le secret de les faire descendre,
Quelque facilité qu'elle ait eue à trouver,
Malgré sa flamme et vous, l'art de les élever.
Pour moi, qui n'eus jamais l'honneur d'être Romaine,
Et qu'un destin jaloux n'a fait naître que reine,
Sans qu'un de vous descende au rang que je remplis,
Ce me doit être assez d'un de vos affranchis;
Et, si votre empereur suit les traces des autres,
Il suffit d'un tel sort pour relever les nôtres.
Mais changeons de discours, et me dites, seigneur,
Par quel ordre aujourd'hui vous m'offrez votre cœur.
Est-ce pour obliger ou Domitie ou Tite?
N'ose-t-il me quitter à moins que je le quitte?
Et peut-il à son rang si peu se confier,
Qu'il veuille mon exemple à se justifier?
Me donne-t-il à vous alors qu'il m'abandonne?

DOMITIAN.
Il vous respecte trop; c'est à vous qu'il me donne,
Et me fait la justice, en m'enlevant son bien,
De vouloir que je tâche à m'enrichir du sien :
Mais à peine il le veut, qu'il craint pour moi la haine
Que Rome concevrait pour l'époux d'une reine.
C'est à vous de juger d'où part ce sentiment.
En vain, par politique, il fait ailleurs l'amant;
Il s'y réduit en vain par grandeur de courage :
A ces fausses clartés opposez quelque ombrage;
Et je renonce au jour, s'il ne revient à vous,
Pour peu que vous penchiez à le rendre jaloux.

BÉRÉNICE.
Peut-être. Mais, seigneur, croyez-vous Bérénice
D'un cœur à s'abaisser jusqu'à cet artifice,
Jusques à mendier lâchement le retour
De ce qu'un grand service a mérité d'amour?

DOMITIAN.
Madame, sur ce point je n'ai rien à vous dire.
Vous savez ce que vaut l'empereur et l'empire;
Et, si vous consentez qu'on vous manque de foi,
Vous pouvez remarquer si je vaux bien un roi.
J'aperçois Domitie, et lui cède la place.

SCÈNE II.
DOMITIE, BÉRÉNICE, DOMITIAN, PHILON.

DOMITIE.
Je vais me retirer, seigneur, si je vous chasse;
Et j'ai des intérêts que vous servez trop bien
Pour arrêter le cours d'un si long entretien.

DOMITIAN.
Je faisais à la reine une offre de service
Qui peut vous assurer le rang d'impératrice,
Madame; et, si j'en suis accepté pour époux,
Tite n'aura plus d'yeux pour d'autres que pour vous.
Est-ce vous mal servir?

DOMITIE.
Quoi! madame, il vous aime?

BÉRÉNICE.
Non; mais il me le dit, madame.

DOMITIE.
Lui?

BÉRÉNICE.
Lui-même.
Est-ce vous offenser que m'offrir vos refus?
Et vous doit-il un cœur dont vous ne voulez plus?

DOMITIE.
Je ne sais si je puis vous dire s'il m'offense,
Quand vous vous préparez à prendre sa défense.

BÉRÉNICE.
Et moi je ne sais pas s'il a droit de changer,
Mais je sais que l'amour ne peut désobliger.

DOMITIE.
Du moins ce nouveau feu rend justice au mérite.

DOMITIAN.
Vous m'avez commandé de quitter qui me quitte,
Vous le savez, madame; et, si c'est vous trahir,
Vous m'avouerez aussi que c'est vous obéir.

DOMITIE.
S'il échappe à l'amour un mot qui le trahisse,
A l'effort qu'il se fait veut-il qu'on obéisse?
Il cherche une révolte, et s'en laisse charmer.

Vous le sauriez, ingrat, si vous saviez aimer,
Et ne vous feriez pas l'indigne violence
De vous offrir ailleurs, et même en ma présence.
DOMITIAN, *à Bérénice.*
Madame, vous voyez ce que je vous ai dit;
La preuve est convaincante, et l'exemple suffit.
BÉRÉNICE.
Il suffit pour vous croire, et non pas pour le suivre.
DOMITIE.
Allez, sous quelques lois qu'il vous plaise de vivre,
Vivez-y, j'y consens; mais vous pouviez, seigneur,
Vous hâter un peu moins de m'ôter votre cœur,
Attendre que l'honneur de ce grand hyménée
Vous renvoyât la foi que vous m'avez donnée.
Si vous vouliez passer pour véritable amant,
Il fallait espérer jusqu'au dernier moment;
Il vous fallait...
DOMITIAN.
Eh bien! puisqu'il faut que j'espère,
Madame, faites grâce à l'empereur mon frère,
A la reine, à vous-même enfin, si vous m'aimez
Autant qu'il le paraît à vos yeux alarmés:
Les scrupules d'État, qu'il fallait mieux combattre,
Assez et trop longtemps nous ont gênés tous quatre:
Réunissez des cœurs de qui rompt l'union
Cette chimère en Tite, en vous l'ambition.
Vous trouverez au mien encor les mêmes flammes
Qui, dès que je vous vis, charmèrent nos deux âmes.
Dès ce premier moment j'adorai vos appas;
Dès ce premier moment je ne vous déplus pas.
Ai-je épargné depuis aucuns soins pour vous plaire?
Est-ce un crime pour moi que l'aînesse d'un frère?
Et faut-il m'accabler d'un éternel ennui
Pour avoir vu le jour deux lustres après lui?
Comme si de mon choix il dépendait de naître
Dans le temps qu'il fallait pour devenir son maître.
(*à Bérénice.*)
Au nom de votre amour et de ce digne amant,
Madame, qui vous aime encor si chèrement,
Prenez quelque pitié d'un amant déplorable;
Faites-la partager à cette inexorable;
Dissipez la fierté d'une injuste rigueur.
Pour juge entre elle et moi je ne veux que son cœur.
Je vous laisse avec elle arbitre de ma vie.
(*à Domitie.*)
Adieu, madame : adieu, trop aimable ennemie.

SCÈNE III.
BÉRÉNICE, DOMITIE, PHILON.
BÉRÉNICE.
Les intérêts du prince avancent trop le mien
Pour vous oser, madame, importuner de rien;
Et l'incivilité de la moindre prière
Semblerait vous presser de me rendre son frère.
Tout ce qu'en sa faveur je crois m'être permis,
Après qu'à votre cœur lui-même il s'est remis,
C'est de vous faire voir ce que hasarde une âme
Qui sacrifie au rang les douceurs de sa flamme,
Et quel long repentir suit ces nobles ardeurs
Qui soumettent l'amour à l'éclat des grandeurs.
DOMITIE.
Quand les choses, madame, auront changé de face,
Je reviendrai savoir ce qu'il faut que je fasse,
Et demander votre ordre avec empressement
Sur le choix ou du prince ou de quelque autre amant.
Agréez cependant un respect qui m'amène
Vous rendre mes devoirs comme à ma souveraine;
Car je n'ose douter que déjà l'empereur
Ne vous ait redonné bonne part en son cœur.
Vous avez sur vos rois pris ce digne avantage
D'être ici la première à rendre un juste hommage;
Et, pour vous imiter, je veux avoir le bien
D'être aussi la première à vous offrir le mien.
Cet exemple qu'aux rois vous donnez pour un homme,
J'aime pour une reine à le donner à Rome;
Et plus il est nouveau, plus j'ai lieu d'espérer
Que de quelques bontés vous voudrez m'honorer.
BÉRÉNICE.
A vous dire le vrai, sa nouveauté m'étonne :
J'aurais eu quelque peine à vous croire si bonne;
Et je recevrais l'offre avec confusion
Si je n'y soupçonnais un peu d'illusion.
Quoi qu'il en soit, madame, en cette incertitude
Qui nous met l'une et l'autre en quelque inquiétude
Ce que je puis répondre à vos civilités,
C'est de vous demander pour moi mêmes bontés,
Et que celle des deux qui sera satisfaite
Traite l'autre de l'air qu'elle veut qu'on la traite.
J'ai vu Tite se rendre au peu que j'ai d'appas;
Je ne l'espère plus, et n'y renonce pas.
Il peut se souvenir, dans ce grade sublime,
Qu'il soumit votre Rome en détruisant Solyme,
Qu'en ce siège pour lui je hasardai mon rang,
Prodiguai mes trésors, et mes peuples leur sang,
Et que, s'il me fait part de sa toute-puissance,
Ce sera moins un don qu'une reconnaissance.
DOMITIE.
Ce sont là de grands droits; et, si l'amour s'y joint,
Je dois craindre une chute à n'en relever point.
Tite y peut ajouter que je n'ai point la gloire
D'avoir sur ma patrie étendu sa victoire,
De l'avoir saccagée et détruite à l'envi,
Et renversé l'autel du dieu que j'ai servi :
C'est par là qu'il vous doit cette haute fortune.
Mais je commence à voir que je vous importune.
Adieu. Quelque autre fois nous suivrons ce discours.

BÉRÉNICE.
Je suis venue ici trop tôt de quatre jours ;
J'en suis au désespoir, et vous en fais excuse.
DOMITIE.
Dans quatre jours, madame, on verra qui s'abuse.

SCÈNE IV.
BÉRÉNICE, PHILON.

BÉRÉNICE.
Quel caprice, Philon, l'amène jusqu'ici
M'expliquer elle-même un si cuisant souci ?
Tite après mon départ l'aurait-il maltraitée ?
PHILON.
Après votre départ il l'a soudain quittée,
Madame, et s'est défait de cet esprit jaloux
Avec un compliment encor plus court qu'à vous.
BÉRÉNICE.
Ainsi tout est égal ; s'il me chasse, il la quitte.
Mais ce peu qu'il m'a dit ne peut qu'il ne m'irrite :
Il marque trop pour moi son infidélité.
Vois de ses derniers mots quelle est la dureté :
« Qu'on la serve, a-t-il dit, comme elle fut servie
« Alors qu'elle faisait le bonheur de ma vie. »
Je ne le fais donc plus ! Voilà ce que j'ai craint.
Il fait en liberté ce qu'il faisait contraint.
Cet ordre de sortir, si prompt et si sévère,
N'a plus pour s'excuser l'autorité d'un père ;
Il est libre, il est maître, il veut tout ce qu'il fait.
PHILON.
Du peu qu'il vous a dit j'attends un autre effet.
Le trouble de vous voir auprès d'une rivale
Voulait pour se remettre un moment d'intervalle ;
Et quand il a rompu sitôt vos entretiens,
Je lisais dans ses yeux qu'il évitait les siens,
Qu'il fuyait l'embarras d'une telle présence.
Mais il vient à son tour prendre son audience,
Madame ; et vous voyez si j'en sais bien juger.
Songez de quelle sorte il faut le ménager.

SCÈNE V.
TITE, BÉRÉNICE, FLAVIAN, PHILON.

BÉRÉNICE.
Me cherchez-vous, seigneur, après m'avoir chassée ?
TITE.
Vous avez su mieux lire au fond de ma pensée,
Madame ; et votre cœur connaît assez le mien
Pour me justifier sans que j'explique rien.
BÉRÉNICE.
Mais justifiera-t-il le don qu'il vous plaît faire
De ma propre personne au prince votre frère ?
Et n'est-ce point assez de me manquer de foi,
Sans prendre encor le droit de disposer de moi ?
Pouvez-vous jusque-là me bannir de votre âme ?
Le pouvez-vous, seigneur ?
TITE.
Le croyez-vous, madame ?
BÉRÉNICE.
Hélas ! que j'ai de peur de vous dire que non !
J'ai voulu vous haïr dès que j'ai su ce don :
Mais à de tels courroux l'âme en vain se confie ;
A peine je vous vois que je vous justifie.
Vous me manquez de foi, vous me donnez, chassez,
Que de crimes ! Un mot les a tous effacés.
Faut-il, seigneur, faut-il que je ne vous accuse,
Que pour dire aussitôt que c'est moi qui m'abuse,
Que pour me voir forcée à répondre pour vous ?
Épargnez cette honte à mon dépit jaloux ;
Sauvez-moi du désordre où ma bonté m'expose,
Et du moins par pitié dites-moi quelque chose ;
Accusez-moi plutôt, seigneur, à votre tour,
Et m'imputez pour crime un trop parfait amour.

Vos chimères d'État, vos indignes scrupules,
Ne pourront-ils jamais passer pour ridicules ?
En souffrez-vous encor la tyrannique loi ?
Ont-ils encor sur vous plus de pouvoir que moi ?
Du bonheur de vous voir j'ai l'âme si ravie,
Que, pour peu qu'il durât, j'oublîrais Domitie.
Pourrez-vous l'épouser dans quatre jours ? O cieux !
Dans quatre jours, seigneur, y voudrez-vous mes yeux ?
Vous plairez-vous à voir qu'en triomphe menée
Je serve de victime à ce grand hyménée ;
Que, traînée avec pompe aux marches de l'autel,
J'aille de votre main attendre un coup mortel ?
M'y verrez-vous mourir sans verser une larme ?
Vous y préparez-vous sans trouble et sans alarme ?
Et si vous concevez l'excès de ma douleur,
N'en rejaillit-il rien jusque dans votre cœur ?
TITE.
Hélas ! madame, hélas ! pourquoi vous ai-je vue !
Et dans quel contre-temps êtes-vous revenue !
Ce qu'on fit d'injustice à de si chers appas
M'avait assez coûté pour ne l'envier pas.
Votre absence et le temps m'avaient fait quelque grâ
J'en craignais un peu moins les malheurs où je passe ;
Je souffrais Domitie, et d'assidus efforts
M'avaient, malgré l'amour, fait maître du dehors.
La contrainte semblait tourner en habitude ;
Le joug que je prenais m'en paraissait moins rude ;
Et j'allais être heureux, du moins aux yeux de tous,
Autant qu'on le peut être en n'étant point à vous.
J'allais...
BÉRÉNICE.
N'achevez point, c'est là ce qui me tue.
Et je pourrais souffrir votre hymen à ma vue ;

Si vous aviez choisi quelque objet sans éclat,
Qui ne pût être à vous que par raison d'État,
Qui de ses grands aïeux n'eût reçu rien d'aimable,
Qui n'en eût que le nom qui fût considérable.
« Il s'est assez puni de son manque de foi,
« Me dirais-je, et son cœur n'en est pas moins à moi. »
Mais Domitie est belle, elle a tout l'avantage
Qu'ajoute un vrai mérite à l'éclat du visage ;
Et, pour vous épargner les discours superflus,
Elle est digne de vous, si vous ne m'aimez plus.
Elle a toujours charmé le prince votre frère,
Elle a gagné sur vous de ne vous plus déplaire :
L'hymen achèvera de me faire oublier ;
Elle aura votre cœur, et l'aura tout entier.
Seigneur, faites-moi grâce ; épousez Sulpitie,
Ou Camille, ou Sabine, et non pas Domitie ;
Choisissez-en quelqu'une enfin dont le bonheur
Ne m'ôte que la main, et me laisse le cœur.

TITE.

Domitie aisément souffrirait ce partage ;
Ma main satisferait l'orgueil de son courage :
Et pour le cœur, à peine il vous sait en ces lieux,
Qu'il revient tout entier faire hommage à vos yeux.

BÉRÉNICE.

N'importe ; ayez pitié, seigneur, de ma faiblesse.
Vous avez un cœur fait à changer de maîtresse :
Vous ne savez que trop l'art de manquer de foi ;
Ne l'exercerez-vous jamais que contre moi ?

TITE.

Domitie est le choix de Rome et de mon père :
Ils crurent à propos de l'ôter à mon frère,
De crainte que ce cœur jeune et présomptueux
Ne rendît téméraire un prince impétueux.
Si pour vous obéir je lui suis infidèle,
Rome, qui l'a choisie, y consentira-t-elle ?

BÉRÉNICE.

Quoi ! Rome ne veut pas quand vous avez voulu ?
Que faites-vous, seigneur, du pouvoir absolu ?
N'êtes-vous dans ce trône, où tant de monde aspire,
Que pour assujettir l'empereur à l'empire [1] ?
Sur ses plus hauts degrés Rome vous fait la loi !
Elle affermit ou rompt le don de votre foi !
Ah ! si j'en puis juger sur ce qu'on voit paraître,
Vous en êtes l'esclave encor plus que le maître.

TITE.

Tel est le triste sort de ce rang souverain,
Qui ne dispense pas d'avoir un cœur romain ;

---

[1] Racine a rendu la même idée. Néron, irrité des reproches des Romains, s'écrie :

Suis-je leur empereur seulement pour leur plaire ?
Britannicus, acte IV, sc. III.

Il n'est peut-être pas inutile de faire remarquer ici que *Britannicus* parut en 1669, et qu'ainsi Racine a la priorité sur Corneille.

Ou plutôt des Romains tel est le dur caprice
A suivre obstinément une aveugle injustice,
Qui, rejetant d'un roi le nom plus que les lois,
Accepte un empereur plus puissant que cent rois.
C'est ce nom seul qui donne à leurs farouches haines
Cette invincible horreur qui passe jusqu'aux reines,
Jusques à leurs époux ; et vos yeux adorés
Verraient de notre hymen naître cent conjurés.
Encor s'il n'y fallait hasarder que ma vie ;
Si ma perte aussitôt de la vôtre suivie....

BÉRÉNICE.

Non, seigneur, ce n'est pas aux reines comme moi
A hasarder leurs jours pour signaler leur foi.
La plus illustre ardeur de périr l'un pour l'autre
N'a rien de glorieux pour mon rang et le vôtre :
L'amour de nos pareils la traite de fureur ;
Et ces vertus d'amant ne sont pas d'empereur.
Mes secours en Judée achevèrent l'ouvrage
Qu'avait des légions ébauché le suffrage :
Il m'est trop précieux pour le mettre au hasard ;
Et j'y pouvais, seigneur, mériter quelque part,
N'était qu'affermissant votre heureuse fortune
Je n'ai fait qu'empêcher qu'elle nous fût commune.
Si j'eusse eu moins pour elle ou de zèle ou de foi,
Vous seriez moins puissant, mais vous seriez à moi ;
Vous n'auriez que le nom de général d'armée,
Mais j'aurais pour époux l'amant qui m'a charmée ;
Et je posséderais dans ma cour, en repos,
Au lieu d'un empereur le plus grand des héros.

TITE.

Eh bien ! madame, il faut renoncer à ce titre
Qui de toute la terre en vain me fait l'arbitre.
Allons dans vos États m'en donner un plus doux ;
Ma gloire la plus haute est celle d'être à vous.
Allons où je n'aurai que vous pour souveraine,
Où vos bras amoureux seront ma seule chaîne,
Où l'hymen en triomphe à jamais l'étreindra ;
Et soit de Rome esclave et maître qui voudra.

BÉRÉNICE.

Il n'est plus temps : ce nom, si sujet à l'envie,
Ne se quitte jamais, seigneur, qu'avec la vie ;
Et des nouveaux césars la tremblante fierté
N'ose faire de grâce à ceux qui l'ont porté :
Qui l'a pris une fois est toujours punissable.
Ce fut par là qu'Othon se traita de coupable,
Par là Vitellius mérita le trépas ;
Et vous n'auriez partout qu'assassins sur vos pas.

TITE.

Que faire donc, madame ?

BÉRÉNICE.

Assurer votre vie ;
Et s'il y faut enfin la main de Domitie....
Mais adieu. Sur ce point si vous pouvez douter,
Ce n'est pas moi, seigneur, qu'il en faut consulter.

TITE, *à Bérénice qui se retire.*
Non, madame; et dût-il m'en coûter trône et vie,
Vous ne me verrez point épouser Domitie.
Ciel, si vous ne voulez qu'elle règne en ces lieux,
Que vous m'êtes cruel de la rendre à mes yeux!

ACTE QUATRIÈME.

SCÈNE PREMIÈRE.

BÉRÉNICE, PHILON.

BÉRÉNICE.
Avez-vous su, Philon, quel bruit et quel murmure
Fait mon retour à Rome en cette conjoncture?
PHILON.
Oui, madame; j'ai vu presque tous vos amis,
Et su d'eux quel espoir vous peut être permis.
Il est peu de Romains qui penchent la balance
Vers l'extrême hauteur ou l'extrême indulgence;
La plupart d'eux embrasse un avis modéré
Par qui votre retour n'est pas déshonoré :
Mais à l'hymen de Tite il vous ferme la porte;
La fière Domitie est partout la plus forte;
La vertu de son père et son illustre sang
A son ambition assurent ce haut rang.
Il est peu sur ce point de voix qui se divisent,
Madame; et, quant à vous, voici ce qu'ils en disent :
« Elle a bien servi Rome, il le faut avouer;
« L'empereur et l'empire ont lieu de s'en louer;
« On lui doit des honneurs, des titres sans exemples :
« Mais enfin elle est reine, elle abhorre nos temples,
« Et sert un dieu jaloux qui ne peut endurer
« Qu'aucun autre que lui se fasse révérer;
« Elle traite à nos yeux les nôtres de fantômes.
« On peut lui prodiguer des villes, des royaumes :
« Il est des rois pour elle; et déjà Polémon
« De ce dieu qu'elle adore invoque le seul nom;
« Des nôtres pour lui plaire il dédaigne le culte :
« Qu'elle règne avec lui sans nous faire d'insulte;
« Si ce trône et le sien ne lui suffisent pas,
« Rome est prête d'y joindre encor d'autres États,
« Et de faire éclater avec magnificence
« Un juste et plein effet de sa reconnaissance. »
BÉRÉNICE.
Qu'elle répande ailleurs ces effets éclatants,
Et ne m'enlève point le seul où je prétends.
Elle n'a point de part en ce que je mérite;
Elle ne me doit rien, je n'ai servi que Tite :
Si j'ai vu sans douleur mon pays désolé,

C'est à Tite, à lui seul, que j'ai tout immolé;
Sans lui, sans l'espérance à mon amour offerte,
J'aurais servi Solyme, ou péri dans sa perte;
Et quand Rome s'efforce à m'arracher son cœur,
Elle sert le courroux d'un dieu juste vengeur.
Mais achevez, Philon; ne dit-on autre chose?
PHILON.
On parle des périls où votre amour l'expose :
« De cet hymen, dit-on, les nœuds si désirés
« Serviront de prétexte à mille conjurés;
« Ils pourront soulever jusqu'à son propre frère.
« Il se voulut jadis cantonner contre un père;
« N'eût été Mucian qui le tint dans Lyon,
« Il se faisait le chef de la rébellion,
« Avouait Civilis, appuyait ses Bataves,
« Des Gaulois belliqueux soulevait les plus braves;
« Et les deux bords du Rhin l'auraient pour empe-
« Pour peu qu'eût Céréal écouté sa fureur. » [reur,
Il aime Domitie, et règne dans son âme;
Si Tite ne l'épouse, il en fera sa femme.
Vous savez de tous deux quelle est l'ambition;
Jugez ce qui peut suivre une telle union.
BÉRÉNICE.
Ne dit-on rien de plus?
PHILON.
   Ah! madame, je tremble
A vous dire encor....
BÉRÉNICE.
  Quoi?
PHILON.
    Que le sénat s'assemble.
BÉRÉNICE.
Quelle est l'occasion qui le fait assembler?
PHILON.
L'occasion n'a rien qui vous doive troubler;
Et ce n'est qu'à dessein de pourvoir aux dommages
Que du Vésuve ardent ont causés les ravages;
Mais Domitie aura des amis, des parents,
Qui pourront bien, après, vous mettre sur les rangs.
BÉRÉNICE.
Quoi que sur mes destins ils usurpent d'empire,
Je ne vois pas leur maître en état d'y souscrire.
Philon, laissons-les faire; ils n'ont qu'à me bannir
Pour trouver hautement l'art de me retenir.
Contre toutes leurs voix je ne veux qu'un suffrage,
Et l'ardeur de me nuire achèvera l'ouvrage.
Ce n'est pas qu'en effet la gloire où je prétends
N'offre trop de prétexte aux esprits mécontents :
Je ne puis jeter l'œil sur ce que je suis née
Sans voir que de périls suivront cet hyménée.
Mais pour y parvenir s'il faut trop hasarder,
Je veux donner le bien que je n'ose garder;
Je veux du moins, je veux ôter à ma rivale
Ce miracle vivant, cette âme sans égale;

Qu'en dépit des Romains, leur digne souverain,
S'il prend une moitié, la prenne de ma main;
Et, pour tout dire enfin, je veux que Bérénice
Ait une créature en leur impératrice.
Je vois Domitian. Contre tous leurs arrêts
Il n'est pas malaisé d'unir nos intérêts.

SCÈNE II.

DOMITIAN, BÉRÉNICE, PHILON, ALBIN.

BÉRÉNICE.

Auriez-vous au sénat, seigneur, assez de brigue
Pour combattre et confondre une insolente ligue?
S'il ne s'assemble pas exprès pour m'exiler,
J'ai quelques envieux qui pourront en parler.
L'exil m'importe peu, j'y suis accoutumée;
Mais vous perdez l'objet dont votre âme est charmée:
L'audacieux décret de mon bannissement
Met votre Domitie aux bras d'un autre amant;
Et vous pouvez juger que, s'il faut qu'on m'exile,
Sa conquête pour vous n'en est pas plus facile.
Voyez si votre amour se veut laisser ravir
Cet unique secours qui pourrait le servir.

DOMITIAN.

On en pourra parler, madame, et mon ingrate
En a déjà conçu quelque espoir qui la flatte:
Mais je puis dire aussi que le rang que je tiens
M'a fait assez d'amis pour opposer aux siens;
Et que, si dès l'abord ils ne les font pas taire,
Ils rompront le grand coup qui seul nous peut déplaire.
Non que tout cet espoir ne coure grand hasard,
Si votre amant volage y prend la moindre part:
On l'aime; et, si son ordre à nos amis s'oppose,
Leur plus fidèle ardeur osera peu de chose.

BÉRÉNICE.

Ah, prince! je mourrai de honte et de douleur,
Pour peu qu'il contribue à faire mon malheur:
Mais je n'ai qu'à le voir pour calmer ces alarmes.

DOMITIAN.

N'y perdez point de temps, portez-y tous vos charmes;
N'en oubliez aucun dans un péril si grand.
Peut-être, ainsi que vous, ce dessein le surprend;
Mais je crains qu'après tout son âme irrésolue
Ne relâche un peu trop sa puissance absolue,
Et ne laisse au sénat décider de ses vœux,
Pour se faire une excuse envers l'une des deux.

BÉRÉNICE.

Quelques efforts qu'on fasse, et quelque art qu'on dé-
Je vous réponds de tout, pourvu que je le voie, [ploie,
Et je ne crois pas même au pouvoir de vos dieux
De lui faire épouser Domitie à mes yeux.
Si vous l'aimez encor, ce mot vous doit suffire.
Quant au sénat, qu'il m'ôte ou me donne l'empire,
Je ne vous dirai point à quoi je me résous.
Voici votre inconstante. Adieu. Pensez à vous.

SCÈNE III.

DOMITIAN, DOMITIE, ALBIN, PLAUTINE.

DOMITIE.

Prince, si vous m'aimez, l'occasion est belle.

DOMITIAN.

Si je vous aime! Est-il un amant plus fidèle?
Mais, madame, sachons ce que vous souhaitez.

DOMITIE.

Vous me servirez mal, puisque vous en doutez.
L'amant digne du cœur de la beauté qu'il aime
Sait mieux ce qu'elle veut que ce qu'il veut lui-même.
Mais, puisque j'ai besoin d'expliquer mon courroux,
J'en veux à Bérénice, à l'empereur, à vous;
A lui, qui n'ose plus m'aimer en sa présence;
A vous, qui vous mettez de leur intelligence,
Et dont tous les amis vont servir un amour
Qui me rend à vos yeux la fable de la cour.
Si vous m'aimez, seigneur, il faut sauver ma gloire,
M'assurer par vos soins une pleine victoire;
Il faut...

DOMITIAN.

Si vous croyiez votre bonheur douteux,
Votre retour vers moi serait-il si honteux?
Suis-je indigne de vous? suis-je si peu de chose
Que toute votre gloire à mon amour s'oppose?
Ne voit-on plus en moi ce que vous estimiez?
Et suis-je moindre enfin qu'alors que vous m'aimiez?

DOMITIE.

Non: mais un autre espoir va m'accabler de honte,
Quand le trône m'attend, si Bérénice y monte.
Délivrez-en mes yeux, et prêtez-moi la main
Du moins à soutenir l'honneur du nom romain.
De quel œil verrez-vous qu'une reine étrangère....

DOMITIAN.

De l'œil dont je verrais que l'empereur, mon frère,
En prît d'autres pour vous, ranimât mon espoir,
Et, pour se rendre heureux, usât de son pouvoir.

DOMITIE.

Ne vous y trompez pas; s'il me donne le change,
Je ne suis point à vous, je suis à qui me venge,
Et trouverai peut-être à Rome assez d'appui
Pour me venger de vous aussi bien que de lui.

DOMITIAN.

Et c'est du nom romain la gloire qui vous touche,
Madame? et vous l'avez au cœur comme en la bouche?
Ah! que le nom de Rome est un nom précieux,
Alors qu'en le servant on se sert encor mieux,
Qu'avec nos intérêts ce grand devoir conspire,
Et que pour récompense on se promet l'empire!
Parlons à cœur ouvert, madame, et dites-moi

15.

Quel fruit je dois attendre enfin d'un tel emploi.
DOMITIE.
Voulez-vous pour servir être sûr du salaire,
Seigneur? et n'avez-vous qu'un amour mercenaire?
DOMITIAN.
Je n'en connais point d'autre, et ne conçois pas bien
Qu'un amant puisse plaire en ne prétendant rien.
DOMITIE.
Que ces prétentions sentent les âmes basses!
DOMITIAN.
Les dieux à qui les sert font espérer des grâces.
DOMITIE.
Les exemples des dieux s'appliquent mal sur nous.
DOMITIAN.
Je ne veux donc, madame, autre exemple que vous.
N'attendez-vous de Tite, et n'avez-vous pour Tite
Qu'une stérile ardeur qui s'attache au mérite?
De vos destins aux siens pressez-vous l'union
Sans vouloir aucun fruit de tant de passion?
DOMITIE.
Peut-être en ce dessein ne suis-je intéressée
Que par l'intérêt seul de ma gloire blessée.
Croyez-moi généreuse, et soyez généreux :
N'aimez plus, ou n'aimez que comme je le veux.
Je sais ce que je dois à l'amant qui m'oblige;
Mais j'aime qu'on l'attende, et non pas qu'on l'exige :
Et qui peut immoler son intérêt au mien,
Peut se promettre tout de qui ne promet rien.
Peut-être qu'en l'état où je suis avec Tite,
Je veux bien le quitter, mais non pas qu'il me quitte.
Vous en dis-je trop peu pour vous l'imaginer?
Et depuis quand l'amour n'ose-t-il deviner?
Tous mes emportements pour la grandeur suprême
Ne vous déguisent point, seigneur, que je vous aime;
Et l'on ne voit que trop quel droit j'ai de haïr
Un empereur sans foi qui meurt de me trahir.
Me condamnerez-vous à voir que Bérénice
M'enlève de hauteur le rang d'impératrice?
Lui pourrez-vous aider à me perdre d'honneur?
DOMITIAN.
Ne pouvez-vous le mettre à faire mon bonheur?
DOMITIE.
J'ai quelque orgueil encor, seigneur, je le confesse.
De tout ce qu'il attend rendez-moi la maîtresse,
Et laissez à mon choix l'effet de votre espoir :
Que ce soit une grâce, et non pas un devoir;
Et que...
DOMITIAN.
  Me faire grâce après tant d'injustice!
De tant de vains détours je vois trop l'artifice,
Et ne saurais douter du choix que vous ferez
Quand vous aurez par moi ce que vous espérez.
Épousez, j'y consens, le rang de souveraine;
Faites l'impératrice, en donnant une reine;

Disposez de sa main, et, pour première loi,
Madame, ordonnez-lui d'abaisser l'œil sur moi.
DOMITIE.
Cet objet de ma haine a pour vous quelque charme.
DOMITIAN.
Son nom seul prononcé vous a mise en alarme :
Me puis-je mieux venger, si vous me trahissez,
Que d'aimer à vos yeux ce que vous haïssez?
DOMITIE.
Parlons à cœur ouvert. Aimez-vous Bérénice?
DOMITIAN.
Autant qu'il faut l'aimer pour vous faire un supplice.
DOMITIE.
Ce sera donc le vôtre encor plus que le mien.
Après cela, seigneur, je ne vous dis plus rien.
S'il n'a pas pour votre âme une assez rude gêne,
J'y puis joindre au besoin une implacable haine.
DOMITIAN.
Et moi, dût à jamais croître ce grand courroux,
J'épouserai, madame, ou Bérénice, ou vous.
DOMITIE.
Ou Bérénice, ou moi! La chose est donc égale,
Et vous ne m'aimez plus qu'autant que ma rivale?
DOMITIAN.
La douleur de vous perdre, hélas!..
DOMITIE.
      C'en est assez :
Nous verrons cet amour dont vous me menacez.
Cependant si la reine, aussi fière que belle,
Sait comme il faut répondre aux vœux d'un infidèle,
Ne me rapportez point l'objet de son dédain
Qu'elle n'ait repassé les rives du Jourdain.

SCÈNE IV.
DOMITIAN, ALBIN.

DOMITIAN.
Admire ainsi que moi de quelle jalousie
Au seul nom de la reine elle a paru saisie :
Comme s'il importait à ses heureux appas
A qui je donne un cœur dont elle ne veut pas!
ALBIN.
Seigneur, telle est l'humeur de la plupart des femmes
L'amour sous leur empire eût-il rangé mille âmes,
Elles regardent tout comme leur propre bien,
Et ne peuvent souffrir qu'il leur échappe rien.
Un captif mal gardé leur semble une infamie;
Qui l'ose recevoir devient leur ennemie;
Et sans leur faire un vol on ne peut disposer
D'un cœur qu'un autre choix les force à refuser :
Elles veulent qu'ailleurs par leur ordre il soupire,
Et qu'un don de leur part marque un reste d'empire.
Domitie a pour vous ces communs sentiments

Que les fières beautés ont pour tous leurs amants,
Et craint, si votre main se donne à Bérénice,
Qu'elle ne porte en vain le nom d'impératrice,
Quand d'un côté l'hymen, et de l'autre l'amour,
Feront à cette reine un empire en sa cour.
Voilà sa jalousie, et ce qu'elle redoute,
Seigneur. Pour le sénat, n'en soyez point en doute,
Il aime l'empereur, et l'honore à tel point,
Qu'il servira sa flamme, ou n'en parlera point ;
Pour le stupide Claude il eut bien la bassesse
D'autoriser l'hymen de l'oncle avec la nièce :
Il ne fera pas moins pour un prince adoré,
Et je l'y tiens déjà, seigneur, tout préparé.

DOMITIAN.
Tu parles du sénat, et je veux parler d'elle,
De l'ingrate qu'un trône a rendue infidèle.
N'est-il point de moyen, ne vois-tu point de jour,
A mettre enfin d'accord sa gloire et son amour ?

ALBIN.
Tout dépendra de Tite et du secret office
Qu'il peut dans le sénat rendre à sa Bérénice.
L'air dont il agira pour un espoir si doux
Tournera l'assemblée ou pour ou contre vous ;
Et si sa politique à vos amis s'oppose,
Vous l'avez dit vous-même, ils pourront peu de chose.
Sondez ses sentiments, et réglez-vous sur eux :
Votre bonheur est sûr, s'il consent d'être heureux.
Que si son choix balance, ou flatte mal le vôtre,
Demandez Bérénice afin d'obtenir l'autre.
Vous l'avez déjà vu sensible à de tels coups ;
Et c'est un grand ressort qu'un peu d'amour jaloux.
Au moindre empressement pour cette belle reine,
Il vous fera justice et reprendra sa chaîne.
Songez à pénétrer ce qu'il a dans l'esprit.
Le voici.

DOMITIAN.
Je suivrai ce que ton zèle en dit.

SCÈNE V.

TITE, DOMITIAN, FLAVIAN, ALBIN.

TITE.
Avez-vous regagné le cœur de votre ingrate,
Mon frère ?

DOMITIAN.
Sa fierté de plus en plus éclate :
Voyez s'il fut jamais orgueil pareil au sien :
Il veut que je la serve et ne prétende rien,
Que j'appuie en l'aimant toute son injustice,
Que je fasse de Rome exiler Bérénice.
Mais, seigneur, à mon tour puis-je vous demander
Ce qu'à vos plus doux vœux il vous plaît d'accorder ?

TITE.
J'aurai peine à bannir la reine de ma vue.
Par quels ordres, grands dieux ! est-elle revenue ?
Je souffrais, mais enfin je vivais sans la voir ;
J'allais...

DOMITIAN.
N'avez-vous pas un absolu pouvoir,
Seigneur ?

TITE.
Oui : mais j'en suis comptable à tout le monde.
Comme dépositaire, il faut que j'en réponde :
Un monarque a souvent des lois à s'imposer ;
Et qui veut pouvoir tout ne doit pas tout oser.

DOMITIAN.
Que refuserez-vous aux désirs de votre âme,
Si le sénat approuve une si belle flamme ?

TITE.
Qu'il parle du Vésuve, et ne se mêle pas
De jeter dans mon âme un nouvel embarras.
Est-ce à lui d'abuser de mon inquiétude
Jusqu'à mettre une borne à son incertitude ?
Et s'il ose en mon choix prendre quelque intérêt,
Me croit-il en état d'en croire son arrêt ?
S'il exile la reine, y pourrai-je souscrire ?

DOMITIAN.
S'il parle en sa faveur, pourrez-vous l'en dédire ?
Ah ! que je vous plaindrais d'avoir si peu d'amour !

TITE.
J'en ai trop, et le mets peut-être trop au jour.

DOMITIAN.
Si vous en aviez tant, vous auriez peu de peine
A rendre Domitie à sa première chaîne.

TITE.
Ah ! s'il ne s'agissait que de vous la céder,
Vous auriez peu de peine à me persuader ;
Et, pour vous rendre heureux, me rendre à Bérénice
Ne serait pas vous faire un fort grand sacrifice.
Il y va de bien plus.

DOMITIAN.
De quoi, seigneur ?

TITE.
De tout.
Il y va d'épouser sa haine jusqu'au bout,
D'en suivre la furie, et d'être le ministre
De ce qu'un noir dépit conçoit de plus sinistre ;
Et peut-être l'aigreur de ces inimitiés
Voudra que je vous perde ou que vous me perdiez.
Voilà ce qui peut suivre un si doux hyménée.
Vous voyez dans l'orgueil Domitie obstinée.
Quand pour moi cet orgueil ose vous dédaigner,
Elle ne m'aime pas : elle cherche à régner,
Avec vous, avec moi, n'importe la manière.
Tout plairait, à ce prix, à son humeur altière ;
Tout serait digne d'elle ; et le nom d'empereur
A mon assassin même attacherait son cœur.

DOMITIAN.
Pouvez-vous mieux choisir un frein à sa colère,
Seigneur, que de la mettre entre les mains d'un frère?
TITE.
Non, je ne puis la mettre en de plus sûres mains ;
Mais, plus vous m'êtes cher, prince, et plus je vous crains :
De ceux qu'unit le sang plus douces sont les chaînes,
Plus leur désunion met d'aigreur dans leurs haines ;
L'offense en est plus rude, et le courroux plus grand,
La suite plus barbare, et l'effet plus sanglant.
La nature en fureur s'abandonne à tout faire,
Et cinquante ennemis sont moins haïs qu'un frère.
Je ne réveille point des soupçons assoupis,
Et veux bien oublier le temps de Civilis :
Vous étiez encor jeune, et, sans vous bien connaître,
Vous pensiez n'être né que pour vivre sans maître.
Mais les occasions renaissent aisément :
Une femme est flatteuse, un empire est charmant,
Et comme avec plaisir on s'en laisse surprendre,
On néglige bientôt le soin de s'en défendre.
Croyez-moi, séparez vos intérêts des siens.
DOMITIAN.
Eh bien! j'en briserai les dangereux liens.
Pour votre sûreté j'accepte ce supplice ;
Mais, pour m'en consoler, donnez-moi Bérénice.
Dût le sénat, dût Rome en frémir de courroux,
Vous n'osez l'épouser, j'oserai plus que vous ;
Je l'aime, et l'aimerai si votre âme y renonce.
Quoi! n'osez-vous, seigneur, me faire de réponse?
TITE.
Se donne-t-elle à vous, et ne tient-il qu'à moi?
DOMITIAN.
Elle a droit d'imiter qui lui manque de foi.
TITE.
Elle n'en a que trop ; et toutefois je doute
Que son amour trahi prenne la même route.
DOMITIAN.
Mais si pour se venger elle répond au mien?
TITE.
Épousez-la, mon frère, et ne m'en dites rien.
DOMITIAN.
Et si je regagnais l'esprit de Domitie?
Si pour moi sa fierté se montrait adoucie ?
Si mes vœux, si mes soins en étaient mieux reçus,
Seigneur?
TITE, en rentrant.
Épousez-la sans m'en parler non plus.
DOMITIAN.
Allons, et malgré lui rendons-lui Bérénice.
Albin, de nos projets son amour est complice ;
Et, puisqu'il l'aime assez pour en être jaloux ,
Malgré l'ambition Domitie est à nous.

ACTE CINQUIÈME.

SCÈNE PREMIÈRE.

TITE, FLAVIAN.

TITE.
As-tu vu Bérénice? aime-t-elle mon frère?
Et se plaît-elle à voir qu'il tâche de lui plaire?
Me la demande-t-il de son consentement?
FLAVIAN.
Ne la soupçonnez point d'un si bas sentiment ;
Elle n'en peut souffrir non pas même la feinte.
TITE.
As-tu vu dans son cœur encor la même atteinte?
FLAVIAN.
Elle veut vous parler, c'est tout ce que j'en sai.
TITE.
Faut-il de son pouvoir faire un nouvel essai ?
FLAVIAN.
M'en croirez-vous, seigneur ? évitez sa présence,
Ou mettez-vous contre elle un peu mieux en défense.
Quel fruit espérez-vous de tout son entretien?
TITE.
L'en aimer davantage, et ne résoudre rien.
FLAVIAN.
L'irrésolution doit-elle être éternelle?
Vous ne me dites plus que Domitie est belle,
Seigneur, vous qui disiez que ses seules beautés
Vous peuvent consoler de ce que vous quittez ;
Qu'elle seule en ses yeux porte de quoi contraindre
Vos feux à s'assoupir, s'ils ne peuvent s'éteindre.
TITE.
Je l'ai dit, il est vrai ; mais j'avais d'autres yeux,
Et je ne voyais pas Bérénice en ces lieux.
FLAVIAN.
Quand aux feux les plus beaux un monarque défère,
Il s'en fait un plaisir, et non pas une affaire,
Et regarde l'amour comme un lâche attentat
Dès qu'il veut prévaloir sur la raison d'État.
Son grand cœur, au-dessus des plus dignes amorces,
A ses devoirs pressants laisse toutes leurs forces ;
Et son plus doux espoir n'ose lui demander
Ce que sa dignité ne lui peut accorder.
TITE.
Je sais qu'un empereur doit parler ce langage ;
Et, quand il l'a fallu, j'en ai dit davantage :
Mais de ces duretés que j'étale à regret,
Chaque mot à mon cœur coûte un soupir secret ;
Et quand à la raison j'accorde un tel empire,
Je le dis seulement parce qu'il le faut dire,
Et qu'étant au-dessus de tous les potentats,
Il me serait honteux de ne le dire pas.
De quoi s'enorgueillit un souverain de Rome,

Si par respect pour elle il doit cesser d'être homme,
Éteindre un feu qui plaît, ou ne le ressentir
Que pour s'en faire honte et pour le démentir?
Cette toute-puissance est bien imaginaire,
Qui s'asservit soi-même à la peur de déplaire,
Qui laisse au goût public régler tous ses projets,
Et prend le plus haut rang pour craindre ses sujets.
Je ne me donne point d'empire sur leurs âmes,
Je laisse en liberté leurs soupirs et leurs flammes;
Et quand d'un tel objet j'en vois quelqu'un charmé,
J'applaudis au bonheur d'aimer et d'être aimé.
Quand je l'obtiens du ciel, me portent-ils envie?
Qu'ont d'amer pour eux tous les douceurs de ma vie?
Et par quel intérêt...

FLAVIAN.
Ils perdraient tout en vous.
Vous faites le bonheur et le salut de tous,
Seigneur; et l'univers de qui vous êtes l'âme....

TITE.
Ne perds plus de raisons à combattre ma flamme;
Les yeux de Bérénice inspirent des avis
Qui persuadent mieux que tout ce que tu dis.

FLAVIAN.
Ne vous exposez donc qu'à ceux de Domitie.

TITE.
Je n'ai plus, Flavian, que quatre jours de vie:
Pourquoi prends-tu plaisir à les tyranniser?

FLAVIAN.
Mais vous savez qu'il faut la perdre où l'épouser?

TITE.
En vain donc à ses vœux tout mon amour s'oppose,
Périr ou faire un crime est pour moi même chose.
Laissons-lui toutefois soulever des mutins;
Hasardons sur la foi de nos heureux destins:
Ils m'ont promis la reine, et doivent à ses charmes
Tout ce qu'ils ont soumis à l'effort de mes armes:
Par elle j'ai vaincu, pour elle il faut périr.

FLAVIAN.
Seigneur...

TITE.
Oui, Flavian, c'est à faire à mourir.
La vie est peu de chose; et tôt ou tard, qu'importe
Qu'un traître me l'arrache, ou que l'âge l'emporte?
Nous mourons à toute heure; et dans le plus doux sort
Chaque instant de la vie est un pas vers la mort [1].

FLAVIAN.
Flattez mieux les désirs de votre ambitieuse,
Et ne la changez pas de fière en furieuse.

[1] Nicole, dans ses *Essais de morale*, a employé tout entier ce beau vers de Corneille. Il en est un autre de la dernière scène de l'acte précédent qui n'est pas moins digne de remarque :

Et qui veut pouvoir tout ne doit pas tout oser.

Voltaire, si attentif à faire apercevoir les fautes, ne devait pas négliger de faire sentir les beautés. (P.)

Elle vient vous parler.

TITE.
Dieux! quel comble d'ennuis!

SCÈNE II.
DOMITIE, TITE, FLAVIAN, PLAUTINE.

DOMITIE.
Je viens savoir de vous, seigneur, ce que je suis.
J'ai votre foi pour gage, et mes aïeux pour marques
Du grand droit de prétendre au plus grand des monarques;
Mais Bérénice est belle, et des yeux si puissants
Renversent aisément des droits si languissants.
Ce grand jour qui devait unir mon sort au vôtre,
Servira-t-il, seigneur, au triomphe d'une autre?

TITE.
J'ai quatre jours encor pour en délibérer,
Madame; jusque-là laissez-moi respirer.
C'est peu de quatre jours pour un tel sacrifice;
Et s'il faut à vos droits immoler Bérénice,
Je ne vous réponds pas que Rome et tous vos droits
Puissent en quatre jours m'en imposer les lois.

DOMITIE.
Il n'en faudrait pas tant, seigneur, pour vous résoudre,
A lancer sur ma tête un dernier coup de foudre,
Si vous ne craigniez point qu'il rejaillît sur vous.

TITE.
Suspendez quelque temps encore ce grand courroux.
Puis-je étouffer sitôt une si belle flamme?

DOMITIE.
Quoi! vous ne pouvez pas ce que peut une femme?
Que vous me rendez mal ce que vous me devez!
J'ai brisé de beaux fers, seigneur; vous le savez;
Et mon âme, sensible à l'amour comme une autre,
En étouffe un peut-être aussi fort que le vôtre.

TITE.
Peut-être auriez-vous peine à le bien étouffer,
Si votre ambition n'en savait triompher.
Moi qui n'ai que les dieux au-dessus de ma tête,
Qui ne vois plus de rang digne de ma conquête,
Du trône où je me sieds puis-je aspirer à rien
Qu'à posséder un cœur qui n'aspire qu'au mien?
C'est là de mes pareils la noble inquiétude :
L'ambition remplie y jette leur étude;
Et sitôt qu'à prétendre elle n'a plus de jour,
Elle abandonne un cœur tout entier à l'amour.

DOMITIE.
Elle abandonne ainsi le vôtre à cette reine,
Qui cherche une grandeur encor plus souveraine.

TITE.
Non, madame : je veux que vous sortiez d'erreur.
Bérénice aime Tite et non pas l'empereur;
Elle en veut à mon cœur et non pas à l'empire.

DOMITIE.
D'autres avaient déjà pris soin de me le dire,

Seigneur; et votre reine a le goût délicat
De n'en vouloir qu'au cœur et non pas à l'éclat.
Cet amour épuré que Tite seul lui donne
Renoncerait au rang pour être à la personne!
Mais on a beau, seigneur, raffiner sur ce point,
La personne et le rang ne se séparent point.
Sous les tendres brillants de cette noble amorce
L'ambition cachée attaque, presse, force;
Par là de ses projets elle vient mieux à bout;
Elle ne prétend rien, et s'empare de tout.
L'art est grand; mais enfin je ne sais s'il mérite
La bouche d'une reine et l'oreille de Tite. [vous;
Pour moi, j'aime autrement; et tout me charme en
Tout m'en est précieux, seigneur, tout m'en est doux;
Je ne sais point si j'aime ou l'empereur ou Tite,
Si je m'attache au rang ou n'en veux qu'au mérite :
Mais je sais qu'en l'état où je suis aujourd'hui
J'applaudis à mon cœur de n'aspirer qu'à lui.

TITE.

Mais me le donnez-vous tout ce cœur qui n'aspire,
En se tournant vers moi, qu'aux honneurs de l'empire?
Suit-il l'ambition en dépit de l'amour,
Madame? la suit-il sans espoir de retour?

DOMITIE.

Si c'est à mon égard ce qui vous inquiète,
Le cœur se rend bientôt quand l'âme est satisfaite :
Nous le défendons mal de qui remplit nos vœux.
Un moment dans le trône éteint nos autres feux;
Et donner tout ce cœur, souvent ce n'est que faire
D'un trésor invisible un don imaginaire.
A l'amour vraiment noble il suffit du dehors;
Il veut bien du dedans ignorer les ressorts :
Il n'a d'yeux que pour voir ce qui s'offre à la vue,
Tout le reste est pour eux une terre inconnue;
Et, sans importuner le cœur d'un souverain,
Il a tout ce qu'il veut quand il en a la main.
Ne m'ôtez pas la vôtre, et disposez du reste.
Le cœur a quelque chose en soi de tout céleste;
Il n'appartient qu'aux dieux; et comme c'est leur choix,
Je ne veux point, seigneur, attenter sur leurs droits.

TITE.

Et moi, qui suis des dieux la plus visible image,
Je veux ce cœur comme eux, et j'en veux tout l'hommage.
Mais vous n'en avez plus, madame, à me donner;
Vous ne voulez ma main que pour vous couronner.
D'autres pourront un jour vous rendre ce service.
Cependant, pour régler le sort de Bérénice,
Vous pouvez faire agir vos amis au sénat;
Ils peuvent m'y nommer lâche, parjure, ingrat :
J'attendrai son arrêt, et le suivrai peut-être.

DOMITIE.

Suivez-le, mais tremblez s'il flatte trop son maître.
Ce grand corps tous les ans change d'âme et de cœurs;
C'est le même sénat, et d'autres sénateurs.

S'il alla pour Néron jusqu'à l'idolâtrie,
Il le traita depuis de traître à sa patrie,
Et réduisit ce prince indigne de son rang
A la nécessité de se percer le flanc.
Vous êtes son amour, craignez d'être sa haine
Après l'indignité d'épouser une reine.
Vous avez quatre jours pour en délibérer.
J'attends le coup fatal que je ne puis parer.
Adieu. Si vous l'osez, contentez votre envie;
Mais en m'ôtant l'honneur n'épargnez pas ma vie.

SCÈNE III.

TITE, FLAVIAN.

TITE.

L'impétueux esprit! Conçois-tu, Flavian,
Où pourraient ses fureurs porter Domitian;
Et de quelle importance est pour moi l'hyménée
Où par tous mes désirs je la sens condamnée?

FLAVIAN.

Je vous l'ai déjà dit, seigneur, pensez-y bien,
Et surtout de la reine évitez l'entretien.
Redoutez.... Mais elle entre, et sa moindre tendresse
De toutes nos raisons va montrer la faiblesse.

SCÈNE IV.

TITE, BÉRÉNICE, PHILON, FLAVIAN.

TITE.

Eh bien, madame! eh bien, faut-il tout hasarder?
Et venez-vous ici pour me le commander?

BÉRÉNICE.

De ce qui m'est permis je sais mieux la mesure,
Seigneur; et j'ai pour vous une flamme trop pure
Pour vouloir, en faveur d'un zèle ambitieux,
Mettre au moindre péril des jours si précieux.
Quelque pouvoir sur moi que notre amour obtienne,
J'ai soin de votre gloire; ayez-en de la mienne.
Je ne demande plus que pour de si beaux feux
Votre absolu pouvoir hasarde un : Je le veux.
Cet amour le voudrait; mais, comme je suis reine,
Je sais des souverains la raison souveraine.
Si l'ardeur de vous voir l'a voulue ignorer,
Si mon indigne exil s'est permis d'espérer,
Si j'ai rentré dans Rome avec quelque imprudence,
Tite à ce trop d'ardeur doit un peu d'indulgence.
Souffrez qu'un peu d'éclat, pour prix de tant d'amour,
Signale ma venue, et marque mon retour.
Voudrez-vous que je parte avec l'ignominie
De ne vous avoir vu que pour me voir bannie?
Laissez-moi la douceur de languir en ces lieux,
D'y soupirer pour vous, d'y mourir à vos yeux :
C'en sera bientôt fait, ma douleur est trop vive
Pour y tenir longtemps votre attente captive;
Et si je tarde trop à mourir de douleur,

J'irai loin de vos yeux terminer mon malheur.
Mais laissez-m'en choisir la funeste journée;
Et du moins jusque-là, seigneur, point d'hyménée.
Pour votre ambitieuse avez-vous tant d'amour
Que vous ne le puissiez différer d'un seul jour?
Pouvez-vous refuser à ma douleur profonde....

TITE.

Hélas! que voulez-vous que la mienne réponde?
Et que puis-je résoudre alors que vous parlez,
Moi qui ne puis vouloir que ce que vous voulez?
Vous parlez de languir, de mourir à ma vue;
Mais, ô dieux! songez-vous que chaque mot me tue,
Et porte dans mon cœur de si sensibles coups,
Qu'il ne m'en faut plus qu'un pour mourir avant vous?
De ceux qui m'ont percé souffrez que je soupire.
Pourquoi partir, madame, et pourquoi me le dire?
Ah! si vous vous forcez d'abandonner ces lieux,
Ne m'assassinez point de vos cruels adieux.
Je vous suivrais, madame; et, flatté de l'idée
D'oser mourir à Rome, et revivre en Judée,
Pour aller de mes feux vous demander le fruit,
Je quitterais l'empire et tout ce qui leur nuit.

BÉRÉNICE.

Daigne me préserver le ciel...

TITE.

De quoi, madame?

BÉRÉNICE.

De voir tant de faiblesse en une si grande âme!
Si j'avais droit par là de vous moins estimer,
Je cesserais peut-être aussi de vous aimer.

TITE.

Ordonnez donc enfin ce qu'il faut que je fasse.

BÉRÉNICE.

S'il faut partir demain, je ne veux qu'une grâce;
Que ce soit vous, seigneur, qui le veuilliez pour moi,
Et non votre sénat qui m'en fasse la loi.
Faites-lui souvenir, quoi qu'il craigne ou projette,
Que je suis son amie, et non pas sa sujette;
Que d'un tel attentat notre rang est jaloux,
Et que tout mon amour ne m'asservit qu'à vous.

TITE.

Mais peut-être, madame...

BÉRÉNICE.

Il n'est point de peut-être,
Seigneur; s'il en décide, il se fait voir mon maître;
Et, dût-il vous porter à tout ce que je veux,
Je ne l'ai point choisi pour juge de mes vœux.

SCÈNE V.

TITE, BÉRÉNICE, DOMITIAN, ALBIN,
FLAVIAN, PHILON.

(*Domitian entre.*)

TITE.

Allez dire au sénat, Flavian, qu'il se lève;
Quoi qu'il ait commencé, je défends qu'il achève.
Soit qu'il parle à présent du Vésuve ou de moi,
Qu'il cesse, et que chacun se retire chez soi.
Ainsi le veut la reine; et comme amant fidèle,
Je veux qu'il obéisse aux lois que je prends d'elle,
Qu'il laisse à notre amour régler notre intérêt.

DOMITIAN.

Il n'est plus temps, seigneur; j'en apporte l'arrêt.

TITE.

Qu'ose-t-il m'ordonner?

DOMITIAN.

Seigneur, il vous conjure
De remplir tout l'espoir d'une flamme si pure.
Des services rendus à vous, à tout l'État,
C'est le prix qu'a jugé lui devoir le sénat :
Et, pour ne vous prier que pour une Romaine,
D'une commune voix Rome adopte la reine;
Et le peuple à grands cris montre sa passion
De voir un plein effet de cette adoption [1].

TITE.

Madame...

BÉRÉNICE.

Permettez, seigneur, que je prévienne
Ce que peut votre flamme accorder à la mienne.
Grâces au juste ciel, ma gloire en sûreté
N'a plus à redouter aucune indignité.
J'éprouve du sénat l'amour de la justice,
Et n'ai qu'à le vouloir pour être impératrice.
Je n'abuserai point d'un surprenant respect
Qui semble un peu bien prompt pour n'être point suspect.
Souvent on se dédit de tant de complaisance.
Non que vous ne puissiez en fixer l'inconstance :
Si nous avons trop vu ses flux et ses reflux
Pour Galba, pour Othon, et pour Vitellius,
Rome, dont aujourd'hui vous êtes les délices,
N'aura jamais pour vous ces insolents caprices.
Mais aussi cet amour qu'a pour vous l'univers
Ne vous peut garantir des ennemis couverts :
Un million de bras a beau garder un maître,
Un million de bras ne pare point d'un traître ;
Il n'en faut qu'un pour perdre un prince aimé de tous,
Il n'y faut qu'un brutal qui me haïsse en vous.
Aux zèles indiscrets tout paraît légitime,
Et la fausse vertu se fait honneur du crime.
Rome a sauvé ma gloire en me donnant sa voix;
Sauvons-lui, vous et moi, la gloire de ses lois;
Rendons-lui, vous et moi, cette reconnaissance
D'en avoir pour vous plaire affaibli la puissance;

[1] Racine et Corneille ont évité tous deux de faire trop sentir combien les Romains méprisaient une Juive. Ils pouvaient s'étendre sur l'aversion que cette misérable nation inspirait à tous les peuples; mais l'un et l'autre ont bien vu que cette vérité trop développée jetterait sur Bérénice un avilissement qui détruirait tout intérêt. (V.)

De l'avoir immolée à vos plus doux souhaits.
On nous aime; faisons qu'on nous aime à jamais.
D'autres sur votre exemple épouseraient des reines
Qui n'auraient pas, seigneur, des âmes si romaines,
Et lui feraient peut-être avec trop de raison,
Haïr votre mémoire et détester mon nom.
Un refus généreux de tant de déférence
Contre tous ces périls nous met en assurance.

TITE.
Le ciel de ces périls saura trop nous garder.

BÉRÉNICE.
Je les vois de trop près pour vous y hasarder.

TITE.
Quand Rome vous appelle à la grandeur suprême...

BÉRÉNICE.
Jamais un tendre amour n'expose ce qu'il aime.

TITE.
Mais madame, tout cède; et nos vœux exaucés...

BÉRÉNICE.
Votre cœur est à moi, j'y règne; c'est assez.

TITE.
Malgré les vœux publics refuser d'être heureuse,
C'est plus craindre qu'aimer.

BÉRÉNICE.
　　　　　　La crainte est amoureuse.
Ne me renvoyez pas, mais laissez-moi partir.
Ma gloire ne peut croître, et peut se démentir.
Elle passe aujourd'hui celle du plus grand homme,
Puisque enfin je triomphe et dans Rome et de Rome :
J'y vois à mes genoux le peuple et le sénat ;
Plus j'y craignais de honte, et plus j'y prends d'éclat ;
J'y tremblais sous sa haine, et la laisse impuissante ;
J'y rentrais exilée, et j'en sors triomphante.

TITE.
L'amour peut-il se faire une si dure loi?

BÉRÉNICE.
La raison me la fait malgré vous, malgré moi :
Si je vous en croyais, si je voulais m'en croire,
Nous pourrions vivre heureux, mais avec moins de
Épousez Domitie: il ne m'importe plus　　[gloire.
Qui vous enrichissiez d'un si noble refus.
C'est à force d'amour que je m'arrache au vôtre ;
Et je serais à vous, si j'aimais comme une autre.
Adieu, seigneur ; je pars.

TITE.
　　　　　Ah! madame, arrêtez.

DOMITIAN.
Est-ce là donc pour moi l'effet de vos bontés,
Madame? Est-ce le prix de vous avoir servie?
J'assure votre gloire, et vous m'ôtez la vie!

TITE.
Ne vous alarmez point : quoi que la reine ait dit,
Domitie est à vous, si j'ai quelque crédit.
Madame, en ce refus un tel amour éclate,

Que j'aurais pour vous l'âme au dernier point ingrate,
Et mériterais mal ce qu'on a fait pour moi,
Si je portais ailleurs la main que je vous doi.
Tout est à vous : l'amour, l'honneur, Rome l'ordonne.
Un si noble refus n'enrichira personne.
J'en jure par l'espoir qui nous fut le plus doux :
Tout est à vous, madame, et ne sera qu'à vous ;
Et ce que mon amour doit à l'excès du vôtre
Ne deviendra jamais le partage d'une autre.

BÉRÉNICE.
Le mien vous aurait fait déjà ces beaux serments,
S'il n'eût craint d'inspirer de pareils sentiments :
Vous vous devez des fils, et des césars à Rome,
Qui fassent à jamais revivre un si grand homme.

TITE.
Pour revivre en des fils nous n'en mourons pas moins,
Et vous mettez ma gloire au-dessus de ces soins.
Du Levant au Couchant, du Maure jusqu'au Scythe
Les peuples vanteront et Bérénice et Tite ;
Et l'histoire à l'envi forcera l'avenir
D'en garder à jamais l'illustre souvenir.
Prince, après mon trépas soyez sûr de l'empire ;
Prenez-y part en frère, attendant que j'expire.
Allons voir Domitie, et la fléchir pour vous.
Le premier rang dans Rome est pour elle assez doux,
Et je vais lui jurer qu'à moins que je périsse
Elle seule y tiendra celui d'impératrice.
Est-ce là vous l'ôter?

DOMITIAN.
　　　　　Ah! c'en est trop, seigneur.

TITE, à Bérénice.
Daignez contribuer à faire son bonheur,
Madame, et nous aider à mettre de cette âme
Toute l'ambition d'accord avec sa flamme.

BÉRÉNICE.
Allons, seigneur : ma gloire en croîtra de moitié,
Si je puis remporter chez moi son amitié [1].

---

[1] Un amant et une maîtresse qui se quittent ne sont pas sans doute un sujet de tragédie. Si on avait proposé un tel plan à Sophocle ou à Euripide, ils l'auraient renvoyé à Aristophane. L'amour qui n'est qu'amour, qui n'est point une passion terrible et funeste, ne semble fait que pour la comédie, pour la pastorale, ou pour l'églogue. Cependant Henriette d'Angleterre, belle-sœur de Louis XIV, voulut que Racine et Corneille fissent chacun une tragédie des adieux de Titus et de Bérénice. Elle crut qu'une victoire obtenue sur l'amour le plus vrai et le plus tendre ennoblissait le sujet; et en cela elle ne se trompait pas; mais elle avait encore un intérêt secret à voir cette victoire représentée sur le théâtre; elle se ressouvenait des sentiments qu'elle avait eus longtemps pour Louis XIV, et du goût vif de ce prince pour elle. Le danger de cette passion, la crainte de mettre le trouble dans la famille royale, les noms de beau-frère et de belle-sœur, mirent un frein à leurs désirs; mais il resta toujours dans leurs cœurs une inclination secrète, toujours chère à l'un et à l'autre. Ce sont ces sentiments qu'elle voulut voir développés sur la scène, autant pour sa consolation que pour son amusement. Elle chargea le marquis de Dangeau

TITE.

Ainsi pour mon hymen la fête préparée
Vous rendra cette foi qu'on vous avait jurée,

Prince; et ce jour, pour nous si noir, si rigoureux,
N'aura d'éclat ici que pour vous rendre heureux [1].

confident de ses amours avec le roi, d'engager secrètement Corneille et Racine à travailler l'un et l'autre sur ce sujet, qui paraissait si peu fait pour la scène. Les deux pièces furent composées dans l'année 1670, sans qu'aucun des deux sût qu'il avait un rival. Elles furent jouées en même temps sur la fin de la même année; celle de Racine à l'hôtel de Bourgogne, et celle de Corneille au Palais-Royal. Il est étonnant que Corneille tombât dans ce piége; il devait bien sentir que le sujet était l'opposé de son talent. Entelle ne terrassa point Darès dans ce combat, il s'en faut bien. La pièce de Corneille tomba; celle de Racine eut trente représentations de suite; et toutes les fois qu'il s'est trouvé un acteur et une actrice capables d'intéresser dans les rôles de Titus et de Bérénice, cet ouvrage dramatique, qui n'est peut-être pas une tragédie, a toujours excité les applaudissements les plus vrais, ce sont les larmes. (V.)

[1] Après avoir lu cette pièce, et relu la *Bérénice* de Racine, on ne peut s'empêcher de plaindre Corneille d'avoir eu pour Henriette d'Angleterre une complaisance de courtisan qui n'était pas dans son caractère. En le mettant aux prises avec son jeune rival, et en lui prescrivant un sujet aussi étranger à son génie, c'était évidemment un piége que lui tendait cette princesse; et Racine lui-même dut peu s'applaudir d'une intrigue de cour qui lui fit remporter un triomphe si facile sur la vieillesse de Corneille. Avouons cependant que, dans cette dernière scène, le personnage de Bérénice est d'une noblesse qui approche du sublime. (P.)

FIN DE TITE ET BÉRÉNICE.

PULCHÉRIE,

COMÉDIE HÉROÏQUE. — 1672.

AU LECTEUR.

Pulchérie, fille de l'empereur Arcadius, et sœur du jeune Théodose, a été une princesse très-illustre, et dont les talents étaient merveilleux : tous les historiens en conviennent. Dès l'âge de quinze ans elle empiéta le gouvernement sur son frère, dont elle avait reconnu la faiblesse, et s'y conserva tant qu'il vécut, à la réserve d'environ une année de disgrâce, qu'elle passa loin de la cour, et qui coûta cher à ceux qui l'avaient réduite à s'en éloigner. Après la mort de ce prince, ne pouvant retenir l'autorité souveraine en sa personne, ni se résoudre à la quitter, elle proposa son mariage à Martian, à la charge qu'il lui permettrait de garder sa virginité, qu'elle avait vouée et consacrée à Dieu[2]. Comme il était déjà assez avancé dans la vieillesse, il accepta la condition aisément, et elle le nomma pour empereur au sénat, qui ne voulut, ou n'osa l'en dédire. Elle passait alors cinquante ans, et mourut deux ans après. Martian en régna sept, et eut pour successeur Léon, que ses excellentes qualités firent surnommer *le Grand*. Le patrice Aspar le servit à monter au trône, et lui demanda pour récompense l'association à cet empire qu'il lui avait fait obtenir. Le refus de Léon le fit conspirer contre ce maître qu'il s'était choisi ; la conspiration fut découverte, et Léon s'en défit. Voilà ce que m'a prêté l'histoire. Je ne veux point prévenir votre jugement sur ce que j'y ai changé ou ajouté, et me contenterai de vous dire que, bien que cette pièce ait été reléguée dans un lieu où on ne voulait plus se souvenir qu'il y eût un théâtre[3], bien qu'elle ait passé par des bouches pour qui on n'était prévenu d'aucune estime, bien que ses principaux caractères soient contre le goût du temps, elle n'a pas laissé de peupler le désert, de mettre en crédit des acteurs dont on ne connaissait pas le mérite, et de faire voir qu'on n'a pas toujours besoin de s'assujettir aux entêtements du siècle pour se faire écouter sur la scène[1]. J'aurai de quoi me satisfaire, si cet ouvrage est aussi heureux à la lecture qu'il l'a été à la représentation ; et, si j'ose ne dissimuler rien, je me flatte assez pour l'espérer[2].

---

[1] L'intrigue de la pièce, le style et le mauvais succès, déterminèrent Corneille à ne donner à cet ouvrage que le titre de *comédie héroïque* : mais , comme il n'y a ni comique ni héroïsme dans la pièce, il serait difficile de lui donner un nom qui lui convînt. Il semble pourtant que, si Corneille avait voulu choisir des sujets plus dignes du théâtre tragique, il les aurait peut-être traités convenablement ; il aurait pu rappeler son génie, qui fuyait de lui. On en peut juger par le début de Pulchérie. (V.)

[2] Il fallait dire : *pourvu qu'il la laissât demeurer fidèle à son vœu d'ambition et d'avarice*. Il est permis à un poëte d'ennoblir ses personnages et de changer l'histoire, surtout l'histoire de ces temps de confusion et de faiblesse. (V.)

[3] Corneille intitula d'abord cette pièce *tragédie* ; il la présenta aux comédiens, qui refusèrent de la jouer* : ils étaient

* Les comédiens en firent autant pour Voltaire ; jamais ils ne voulurent jouer ni *les Guèbres*, ni *les Lois de Minos*, ni *Don Pèdre*, ni *les Pélopides*, ni surtout sa comédie intitulée *le Dépositaire*, le seul de ses

plus frappés de leurs intérêts que de la réputation de Corneille. Il fut obligé de la donner à une mauvaise troupe qui jouait au Marais, et qui ne put se soutenir ; et, malheureusement pour *Pulchérie*, on joua *Mithridate* à peu près dans le même temps ; car *Pulchérie* fut représentée les derniers jours de 1672, et *Mithridate* les premiers de 1673. (V.)

[1] Il ne faut pas être surpris de ce succès de *Pulchérie*. Le mérite de Corneille lui avait fait un grand nombre de partisans, qui, jaloux de la gloire que Racine acquérait de jour en jour, tâchaient de la diminuer en élevant l'ancien poëte, et s'écriaient avec madame de Sévigné : « Je suis folle de Corneille; il nous « donnera encore *Pulchérie*, où l'on verra

La main qui crayonna
L'amour du grand Pompée et l'amour de Cinna.

« Il faut que tout cède à son génie. » (Les frères *Parfait*.)

[2] Il se flatte beaucoup trop : cet ouvrage ne fut point heureux à la représentation, et ne le sera jamais à la lecture, puisqu'il n'est ni intéressant, ni conduit théâtralement, ni bien écrit ; il s'en faut beaucoup. On a prétendu que ce grand homme, tombé si bas, n'était pas capable d'apprécier ses ouvrages; qu'il ne savait pas distinguer les admirables scènes de *Cinna*, de *Polyeucte*, de celles d'*Agésilas* et d'*Attila*. J'ai peine à le croire : je pense plutôt que, appesanti par l'âge et par la dernière manière, qu'il s'était faite insensiblement, il cherchait à se tromper lui-même. (V.)

ouvrages où l'on ne retrouve aucune trace de son génie. Il essuya de pareils refus, plus jeune que Corneille ; il en essuya même au théâtre Italien, quand il eut la fantaisie de faire jouer des opéras-comiques. Ces vérités sont dures ; mais combien Voltaire n'est-il pas plus dur envers le grand homme qu'il commente ! (P.)

PERSONNAGES.

PULCHÉRIE, impératrice d'Orient.
MARTIAN, vieux sénateur, ministre d'État sous Théodose le Jeune.
LÉON, amant de Pulchérie.
ASPAR, amant d'Irène.
IRÈNE, sœur de Léon.
JUSTINE, fille de Martian.

La scène est à Constantinople, dans le palais impérial.

ACTE PREMIER.

SCÈNE PREMIÈRE.

PULCHÉRIE, LÉON.

PULCHÉRIE.

Je vous aime, Léon, et n'en fais point mystère[1] ;
Des feux tels que les miens n'ont rien qu'il faille taire :
Je vous aime, et non point de cette folle ardeur
Que les yeux éblouis font maîtresse du cœur,
Non d'un amour conçu par les sens en tumulte,
A qui l'âme applaudit sans qu'elle se consulte,
Et qui, ne concevant que d'aveugles désirs,
Languit dans les faveurs, et meurt dans les plaisirs :
Ma passion pour vous, généreuse et solide,
A la vertu pour âme, et la raison pour guide,
La gloire pour objet, et veut sous votre loi
Mettre en ce jour illustre et l'univers et moi.
Mon aïeul Théodose, Arcadius mon père,
Cet empire quinze ans gouverné pour un frère,
L'habitude à régner, et l'horreur d'en déchoir,
Voulaient dans un mari trouver même pouvoir.
Je vous en ai cru digne ; et, dans ces espérances,
Dont un penchant flatteur m'a fait des assurances,
De tout ce que sur vous j'ai fait tomber d'emplois
Aucun n'a démenti l'attente de mon choix ;
Vos hauts faits à grands pas nous portaient à l'empire ;
J'avais réduit mon frère à ne m'en point dédire ;
Il vous y donnait part, et j'étais toute à vous :
Mais ce malheureux prince est mort trop tôt pour [nous.
L'empire est à donner, et le sénat s'assemble
Pour choisir une tête à ce grand corps qui tremble,
Et dont les Huns, les Goths, les Vandales, les Francs,
Bouleversent la masse et déchirent les flancs[1].
Je vois de tous côtés des partis et des ligues ;
Chacun s'entre-mesure et forme ses intrigues.
Procope, Gratian, Aréobinde, Aspar,
Vous peuvent enlever ce grand nom de césar :
Ils ont tous du mérite ; et ce dernier s'assure
Qu'on se souvient encor de son père Ardabure,
Qui terrassant Mitrane en combat singulier,
Nous acquit sur la Perse un avantage entier,
Et, rassurant par là nos aigles alarmées,
Termina seul la guerre aux yeux des deux armées.
Mes souhaits, mon crédit, mes amis, sont pour vous ;
Mais, à moins que ce rang, plus d'amour, point d'époux :
Il faut, quelques douceurs que cet amour propose,
Le trône, ou la retraite au sang de Théodose ;
Et, si par le succès mes desseins sont trahis,
Je m'exile en Judée auprès d'Athénaïs.

LÉON.

Je vous suivrais, madame, et du moins sans ombrage
De ce que mes rivaux ont sur moi d'avantage,
Si vous ne m'y faisiez quelque destin plus doux,
J'y mourrais de douleur d'être indigne de vous ;
J'y mourrais à vos yeux en adorant vos charmes :
Peut-être essuieriez-vous quelqu'une de mes larmes ;
Peut-être ce grand cœur, qui n'ose s'attendrir,
S'y défendrait si mal de mon dernier soupir,
Qu'un éclat imprévu de douleur et de flamme
Malgré vous à son tour voudrait suivre mon âme.
La mort, qui finirait à vos yeux mes ennuis,
Aurait plus de douceur que l'état où je suis.
Vous m'aimez ; mais, hélas ! quel amour est le vôtre,
Qui s'apprête peut-être à pencher vers un autre ?
Que servent ces désirs, qui n'auront point d'effet
Si votre illustre orgueil ne se voit satisfait ?
Et que peut cet amour dont vous êtes maîtresse,
Cet amour dont le trône a toute la tendresse,
Esclave ambitieux du suprême degré,
D'un titre qui l'allume et l'éteint à son gré ?
Ah ! ce n'est point par là que je vous considère ;

---

[1] Ces premiers vers sont imposants : ils sont bien faits ; il n'y a pas une faute contre la langue, et ils prouvent que Corneille aurait pu écrire encore avec force et avec pureté, s'il avait voulu travailler davantage ses ouvrages. Cependant les connaisseurs d'un goût exercé sentiront bien que ce début annonce une pièce froide. Si Pulchérie aime ainsi, son amour ne doit guère toucher. On s'aperçoit encore que c'est le poète qui parle, et non la princesse : c'est un défaut dans lequel Corneille tombe toujours. Quelle princesse débutera jamais par dire que l'amour languit dans les faveurs, et meurt dans les plaisirs ? Quelle idée ces vers ne donnent-ils pas d'une volupté que Pulchérie ne doit pas connaître ? De plus, cette Pulchérie ne fait ici que répéter ce que Viriate a dit dans la tragédie de *Sertorius* :

Ce ne sont pas les sens que mon amour consulte ;
Il hait des passions l'impétueux tumulte.

Il y a des beautés de pure déclamation ; il y a des beautés de sentiment, qui sont les véritables. (V.)

[1] Ces beaux vers paraissent avoir inspiré ceux-ci à Voltaire

Ce colosse effrayant dont le monde est foulé,
En pressant l'univers, est lui-même ébranlé ;
Il penche vers sa chute, et contre la tempête
Il demande mon bras pour soutenir sa tête.
La Mort de César, acte III, sc. IV

Dans le plus triste exil vous me seriez plus chère :
Là, mes yeux, sans relâche attachés à vous voir,
Feraient de mon amour mon unique devoir;
Et mes soins, réunis à ce noble esclavage,
Sauraient de chaque instant vous rendre un plein hom-
Pour être heureux amant faut-il que l'univers [mage.
Ait place dans un cœur qui ne veut que vos fers;
Que les plus dignes soins d'une flamme si pure
Deviennent partagés à toute la nature ?
Ah! que ce cœur, madame, a lieu d'être alarmé
Si sans être empereur je ne suis plus aimé!

PULCHÉRIE.

Vous le serez toujours; mais une âme bien née
Ne confond pas toujours l'amour et l'hyménée :
L'amour entre deux cœurs ne veut que les unir;
L'hyménée a de plus leur gloire à soutenir;
Et, je vous l'avoûrai, pour les plus belles vies
L'orgueil de la naissance a bien des tyrannies :
Souvent les beaux désirs n'y servent qu'à gêner;
Ce qu'on se doit combat ce qu'on se veut donner :
L'amour gémit en vain sous ce devoir sévère....
Ah! si je n'avais eu qu'un sénateur pour père!
Mais mon sang dans mon sexe a mis les plus grands
Eudoxe et Placidie ont eu des empereurs : [cœurs;
Je n'ose leur céder en grandeur de courage;
Et malgré mon amour je veux même partage :
Je pense en être sûre, et tremble toutefois
Quand je vois mon bonheur dépendre d'une voix.

LÉON.

Qu'avez vous à trembler? Quelque empereur qu'on [nomme,
Vous aurez votre amant, ou du moins un grand hom-
Dont le nom, adoré du peuple et de la cour, [me,
Soutiendra votre gloire, et vaincra votre amour.
Procope, Aréobinde, Aspar, et leurs semblables,
Parés de ce grand nom, vous deviendront aimables;
Et l'éclat de ce rang, qui fait tant de jaloux,
En eux, ainsi qu'en moi, sera charmant pour vous.

PULCHÉRIE.

Que vous m'êtes cruel, que vous m'êtes injuste
D'attacher tout mon cœur au seul titre d'auguste!
Quoi que de ma naissance exige la fierté,
Vous seul ferez ma joie et ma félicité;
De tout autre empereur la grandeur odieuse....

LÉON.

Mais vous l'épouserez, heureuse ou malheureuse?

PULCHÉRIE.

Ne me pressez point tant, et croyez avec moi
Qu'un choix si glorieux vous donnera ma foi,
Ou que, si le sénat à nos vœux est contraire,
Le ciel m'inspirera ce que je devrai faire.

LÉON.

Il vous inspirera quelque sage douleur,
Qui n'aura qu'un soupir à perdre en ma faveur.
Oui, de si grands rivaux...

PULCHÉRIE.

Ils ont tous des maîtresses.

LÉON.

Le trône met une âme au-dessus des tendresses.
Quand du grand Théodose on aura pris le rang,
Il y faudra placer les restes de son sang :
Il voudra, ce rival, qui que l'on puisse élire,
S'assurer par l'hymen de vos droits à l'empire.
S'il a pu faire ailleurs quelque offre de sa foi,
C'est qu'il a cru ce cœur trop prévenu pour moi :
Mais se voyant au trône et moi dans la poussière,
Il se promettra tout de votre humeur altière;
Et, s'il met à vos pieds ce charme de vos yeux,
Il deviendra l'objet que vous verrez le mieux.

PULCHÉRIE.

Vous pourriez un peu loin pousser ma patience,
Seigneur; j'ai l'âme fière [1], et tant de prévoyance
Demande à la souffrir encor plus de bonté
Que vous ne m'avez vu jusqu'ici de fierté.
Je ne condamne point ce que l'amour inspire;
Mais enfin on peut craindre, et ne le point tant dire.
Je n'en tiendrai pas moins tout ce que j'ai promis.
Vous avez mes souhaits, vous aurez mes amis;
De ceux de Martian vous aurez le suffrage :
Il a, tout vieux qu'il est, plus de vertus que d'âge,
Et, s'il briguait pour lui, ses glorieux travaux
Donneraient fort à craindre à vos plus grands rivaux.

LÉON.

Notre empire, il est vrai, n'a point de plus grand hom-
Séparez vous du rang, madame, et je le nomme. [me :
S'il me peut enlever celui de souverain,
Du moins je ne crains pas qu'il m'ôte votre main;
Ses vertus le pourraient; mais je vois sa vieillesse.

PULCHÉRIE.

Quoi qu'il en soit, pour vous ma bonté l'intéresse :
Il s'est plu sous mon frère à dépendre de moi,
Et je me viens encor d'assurer de sa foi.
Je vois entrer Irène; Aspar la trouve belle :
Faites agir pour vous l'amour qu'il a pour elle;
Et, comme en ce dessein rien n'est à négliger,
Voyez ce qu'une sœur vous pourra ménager [2].

[1] Cette Pulchérie, qui dit à Léon : *j'ai de la fierté*, s'exprime trop souvent en soubrette de comédie :

Je vois entrer Irène; Aspar la trouve belle;
Faites agir pour vous l'amour qu'il a pour elle.
. . . .
Vous aimez, vous plaisez; c'est tout auprès des femmes.
. . . .
On peut tirer du fruit de tout ce qui fait peine;
Et des plus grands desseins qui veut venir à bout,
Prête l'oreille à tout, et fait profit de tout.

C'est ainsi que la pièce est écrite. La matière y est digne de la forme : c'est un mariage ridicule, traversé ridiculement, et conclu de même. (V.)

[2] Tandis que le style se perfectionnait tous les jours en

SCÈNE II.

PULCHÉRIE, LÉON, IRÈNE.

PULCHÉRIE.

M'aiderez-vous, Irène, à couronner un frère?

IRÈNE.

Un si faible secours vous est peu nécessaire,
Madame; et le sénat...

PULCHÉRIE.

N'en agissez pas moins,
Joignez vos vœux aux miens, et vos soins à mes soins,
Et montrons ce que peut en cette conjoncture
Un amour secondé de ceux de la nature.
Je vous laisse y penser.

SCÈNE III.

LÉON, IRÈNE.

IRÈNE.

Vous ne me dites rien,
Seigneur; attendez-vous que j'ouvre l'entretien?

LÉON.

A dire vrai, ma sœur, je ne sais que vous dire.
Aspar m'aime, il vous aime : il y va de l'empire;
Et, s'il faut qu'entre nous on balance aujourd'hui,
La princesse est pour moi, le mérite est pour lui.
Vouloir qu'en ma faveur à ce grade il renonce,
C'est faire une prière indigne de réponse,
Et de son amitié je ne puis l'exiger,
Sans vous voler un bien qu'il vous doit partager.
C'est là ce qui me force à garder le silence :
Je me réponds pour vous a tout ce que je pense,
Et puisque j'ai souffert qu'il ait tout votre cœur
Je dois souffrir aussi vos soins pour sa grandeur.

IRÈNE.

J'ignore encor quel fruit je pourrais en attendre.
Pour le trône, il est sûr qu'il a droit d'y prétendre;

France, Corneille le gâtait de jour en jour : c'est, dès la première scène, *l'habitude à régner*, et *l'horreur d'en déchoir* : c'est *un penchant flatteur qui fait des assurances*; ce sont *de hauts faits qui portent à grands pas à l'empire*. Plus loin, c'est un vieux Martian qui conte ses amours à sa fille Justine, et qui lui dit : *Allons, parle aussi des tiens, c'est mon tour d'écouter*. La bonne Justine lui dit comment elle est tombée amoureuse, *et comment son imprudente ardeur, prête à s'évaporer, respecte sa pudeur*. On parle toujours d'amour à la Pulchérie âgée de cinquante ans : elle aime un prince nommé Léon, et elle prie une fille de sa cour de faire l'amour à ce Léon, afin qu'elle, impératrice, puisse s'en détacher.

Qu'il est fort cet amour! sauve-m'en, si tu peux :
Vois Léon, parle-lui, dérobe-moi ses vœux.
M'en faire un prompt larcin, c'est me rendre service.

De tels vers sont d'une mauvaise comédie, et de tels sentiments ne sont pas d'une tragédie. (V.)

Sur vous et sur tout autre il le peut emporter :
Mais qu'il m'y donne part, c'est dont j'ose douter.
Il m'aime en apparence, en effet il m'amuse;
Jamais pour notre hymen il ne manque d'excuse,
Et vous aime à tel point, que, si vous l'en croyez,
Il ne peut être heureux que vous ne le soyez :
Non que votre bonheur fortement l'intéresse;
Mais, sachant quel amour a pour vous la princesse,
Il veut voir quel succès aura son grand dessein,
Pour ne point m'épouser qu'en sœur de souverain :
Ainsi depuis deux ans vous voyez qu'il diffère :
Du reste à Pulchérie il prend grand soin de plaire,
Avec exactitude il suit toutes ses lois;
Et dans ce que sous lui vous avez eu d'emplois
Votre tête aux périls à toute heure exposée
M'a pour vous et pour moi presque désabusée;
La gloire d'un ami, la haine d'un rival,
La hasardaient peut-être avec un soin égal.
Le temps est arrivé qu'il faut qu'il se déclare;
Et de son amitié l'effort sera bien rare
Si, mis à cette épreuve, ambitieux qu'il est,
Il cherche à vous servir contre son intérêt.   [te,
Peut-être il promettra; mais, quoi qu'il vous promet-
N'en ayons pas, seigneur, l'âme moins inquiète;
Son ardeur trouvera pour vous si peu d'appui,
Qu'on le fera lui-même empereur malgré lui :
Et lors, en ma faveur quoi que l'amour oppose,
Il faudra faire grâce au sang de Théodose;
Et le sénat voudra qu'il prenne d'autres yeux
Pour mettre la princesse au rang de ses aïeux.
Son cœur suivra le sceptre en quelque main qu'il
Si Martian l'obtient, il aimera sa fille;   [brille :
Et l'amitié du frère et l'amour de la sœur
Céderont à l'espoir de s'en voir successeur.
En un mot, ma fortune est encor fort douteuse :
Si vous n'êtes heureux, je ne puis être heureuse;
Et je n'ai plus d'amant non plus que vous d'ami,
A moins que dans le trône il vous voie affermi.

LÉON.

Vous présumez bien mal d'un héros qui vous aime.

IRÈNE.

Je pense le connaître à l'égal de moi-même;
Mais croyez-moi, seigneur, et l'empire est à vous.

LÉON.

Ma sœur!

IRÈNE.

Oui, vous l'aurez malgré lui, malgré tous.

LÉON.

N'y perdons aucun temps : hâtez-vous de m'instruire;
Hâtez-vous de m'ouvrir la route à m'y conduire;
Et si votre bonheur peut dépendre du mien....

IRÈNE.

Apprenez le secret de ne hasarder rien.
N'agissez point pour vous, il s'en offre trop d'autres

De qui les actions brillent plus que les vôtres,
Que leurs emplois plus hauts ont mis en plus d'éclat,
Et qui, s'il faut tout dire, ont plus servi l'État :
Vous les passez peut-être en grandeur de courage ;
Mais il vous a manqué l'occasion et l'âge;
Vous n'avez commandé que sous des généraux,
Et n'êtes pas encor du poids de vos rivaux.
　　Proposez la princesse ; elle a des avantages
Que vous verrez sur l'heure unir tous les suffrages :
Tant qu'a vécu son frère, elle a régné pour lui ;
Ses ordres de l'empire ont été tout l'appui;
On vit depuis quinze ans sous son obéissance :
Faites qu'on la maintienne en sa toute-puissance,
Qu'à ce prix le sénat lui demande un époux ;
Son choix tombera-t-il sur un autre que vous ?
Voudrait-elle de vous une action plus belle
Qu'un respect amoureux qui veut tenir tout d'elle ;
L'amour en deviendra plus fort qu'auparavant,
Et vous vous servirez vous-même en la servant.

LÉON.
Ah ! que c'est me donner un conseil salutaire !
A-t-on jamais vu sœur qui servît mieux un frère ?
Martian avec joie embrassera l'avis :
A peine parle-t-il que les siens sont suivis ;
Et, puisqu'à la princesse il a promis un zèle
A tout oser pour moi sur l'ordre qu'il a d'elle,
Comme sa créature, il fera hautement
Bien plus en sa faveur qu'en faveur d'un amant.

IRÈNE.
Pour peu qu'il vous appuie, allez, l'affaire est sûre.

LÉON.
Aspar vient : faites-lui, ma sœur, quelque ouverture ;
Voyez...

IRÈNE.
　　C'est un esprit qu'il faut mieux ménager ;
Nous découvrir à lui, c'est tout mettre en danger :
Il est ambitieux, adroit, et d'un mérite...

SCÈNE IV.

ASPAR, LÉON, IRÈNE.

LÉON.
Vous me pardonnez bien, seigneur, si je vous quitte ;
C'est suppléer assez à ce que je vous doi
Que vous laisser ma sœur, qui vous plaît plus que moi.

ASPAR.
Vous m'obligez, seigneur ; mais en cette occurrence
J'ai besoin avec vous d'un peu de conférence.
Du sort de l'univers nous allons décider :
L'affaire vous regarde, et peut me regarder ;
Et si tous mes amis ne s'unissent aux vôtres,
Nos partis divisés pourront céder à d'autres.
Agissons de concert ; et, sans être jaloux,

En ce grand coup d'État, vous de moi, moi de vous,
Jurons-nous que des deux qui que l'on puisse élire
Fera de son ami son collègue à l'empire ;
Et, pour nous l'assurer, voyons sur qui des deux
Il est plus à propos de jeter tant de vœux ;
Quel nom serait plus propre à s'attirer le reste :
Pour moi, je suis tout prêt, et dès ici j'atteste...

LÉON.
Votre nom pour ce choix est plus fort que le mien,
Et je n'ose douter que vous n'en usiez bien.
Je craindrais de tout autre un dangereux partage;
Mais de vous je n'ai pas, seigneur, le moindre om-
Et l'amitié voudrait vous en donner ma foi : [brage,
Mais c'est à la princesse à disposer de moi ;
Je ne puis que par elle, et n'ose rien sans elle.

ASPAR.
Certes, s'il faut choisir l'amant le plus fidèle,
Vous l'allez emporter sur tous sans contredit :
Mais ce n'est pas, seigneur, le point dont il s'agit ;
Le plus flatteur effort de la galanterie
Ne peut...

LÉON.
　　Que voulez-vous ? j'adore Pulchérie ;
Et, n'ayant rien d'ailleurs par où la mériter,
J'espère en ce doux titre, et j'aime à le porter.

ASPAR.
Mais il y va du trône, et non d'une maîtresse.

LÉON.
Je vais faire, seigneur, votre offre à la princesse ;
Elle sait mieux que moi les besoins de l'État,
Adieu : je vous dirai sa réponse au sénat.

SCÈNE V.

ASPAR, IRÈNE.

IRÈNE.
Il a beaucoup d'amour.

ASPAR.
　　Oui, madame ; et j'avoue
Qu'avec quelque raison la princesse s'en loue :
Mais j'aurais souhaité qu'en cette occasion
L'amour concertât mieux avec l'ambition,
Et que son amitié, s'en laissant moins séduire
Ne nous exposât point à nous entre-détruire.
Vous voyez qu'avec lui j'ai voulu m'accorder.
M'aimeriez-vous encor si j'osais lui céder,
Moi, qui dois d'autant plus mes soins à ma fortune,
Que l'amour entre nous la doit rendre commune ?

IRÈNE.
Seigneur, lorsque le mien vous a donné mon cœur,
Je n'ai point prétendu la main d'un empereur ;
Vous pouviez être heureux, sans m'apporter ce titre :
Mais du sort de Léon Pulchérie est l'arbitre ;

Et l'orgueil de son sang avec quelque raison
Ne peut souffrir d'époux à moins de ce grand nom.
Avant que ce cher frère épouse la princesse,
Il faut que le pouvoir s'unisse à la tendresse,
Et que le plus haut rang mette en leur plus beau jour
La grandeur du mérite et l'excès de l'amour.
M'aimeriez-vous assez pour n'être point contraire
A l'unique moyen de rendre heureux ce frère,
Vous qui, dans votre amour, avez pu sans ennui
Vous défendre de l'être un moment avant lui,
Et qui mériteriez qu'on vous fît mieux connaître
Que, s'il ne le devient, vous aurez peine à l'être?

ASPAR.
C'est aller un peu vite, et bientôt m'insulter
En sœur de souverain qui cherche à me quitter.
Je vous aime, et jamais une ardeur plus sincère...

IRÈNE.
Seigneur, est-ce m'aimer que de perdre mon frère?

ASPAR.
Voulez-vous que pour lui je me perde d'honneur?
Est-ce m'aimer que mettre à ce prix mon bonheur?
Moi, qu'on a vu forcer trois camps et vingt murailles,
Moi qui, depuis dix ans, ai gagné sept batailles,
N'ai-je acquis tant de nom que pour prendre la loi
De qui n'a commandé que sous Procope, ou moi,
Que pour m'en faire un maître, et m'attacher moi-même
Un joug honteux au front, au lieu d'un diadème?

IRÈNE.
Je suis plus raisonnable, et ne demande pas
Qu'en faveur d'un ami vous descendiez si bas.
Pylade pour Oreste aurait fait davantage :
Mais de pareils efforts ne sont plus en usage,
Un grand cœur les dédaigne, et le siècle a changé;
A s'aimer de plus près on se croit obligé,
Et des vertus du temps l'âme persuadée
Hait de ces vieux héros la surprenante idée.

ASPAR.
Il y va de ma gloire, et les siècles passés...

IRÈNE.
Elle n'est pas seigneur, peut-être où vous pensez;
Et, quoi qu'un juste espoir ose vous faire croire,
S'exposer au refus, c'est hasarder sa gloire.
La princesse peut tout, ou du moins plus que vous.
Vous vous attirerez sa haine et son courroux.
Son amour l'intéresse, et son âme hautaine....

ASPAR.
Qu'on me fasse empereur, et je crains peu sa haine.

IRÈNE.
Mais, s'il faut qu'à vos yeux un autre préféré
Monte, en dépit de vous, à ce rang adoré,
Quel déplaisir! quel trouble! et quelle ignominie
Laissera pour jamais votre gloire ternie!
Non, seigneur, croyez-moi, n'allez point au sénat,
De vos hauts faits pour vous laissez parler l'éclat.

Qu'il sera glorieux que, sans briguer personne,
Ils fassent à vos pieds apporter la couronne,
Que votre seul mérite emporte ce grand choix,
Sans que votre présence ait mendié de voix!
Si Procope, ou Léon, ou Martian, l'emporte,
Vous n'aurez jamais eu d'ambition si forte,
Et vous désavoûrez tous ceux de vos amis
Dont la chaleur pour vous se sera trop permis.

ASPAR.
A ces hauts sentiments s'il me fallait répondre,
J'aurais peine, madame, à ne me point confondre :
J'y vois beaucoup d'esprit, j'y trouve encor plus d'art;
Et, ce que j'en puis dire à la hâte et sans fard,
Dans ces grands intérêts vous montrer si savante,
C'est être bonne sœur et dangereuse amante.
L'heure me presse : adieu. J'ai des amis à voir
Qui sauront accorder ma gloire et mon devoir;
Le ciel me prêtera par eux quelque lumière
A mettre l'un et l'autre en assurance entière,
Et répondre avec joie à tout ce que je dois
A vous, à ce cher frère, à la princesse, à moi.

IRÈNE, *seule*.
Perfide; tu n'es pas encore où tu te penses.
J'ai pénétré ton cœur, j'ai vu tes espérances;
De ton amour pour moi je vois l'illusion :
Mais tu n'en sortiras qu'à ta confusion.

ACTE SECOND.

SCÈNE PREMIÈRE.

MARTIAN, JUSTINE.

JUSTINE.
Notre illustre princesse est donc impératrice,
Seigneur?

MARTIAN.
A ses vertus on a rendu justice :
Léon l'a proposée; et quand je l'ai suivi,
J'en ai vu le sénat au dernier point ravi;
Il a réduit soudain toutes ses voix en une,
Et s'est débarrassé de la foule importune,
Du turbulent espoir de tant de concurrents
Que la soif de régner avait mis sur les rangs.

JUSTINE.
Ainsi voilà Léon assuré de l'empire.

MARTIAN.
Le sénat, je l'avoue, avait peine à l'élire,
Et contre les grands noms de ses compétiteurs
Sa jeunesse eût trouvé d'assez froids protecteurs :

Non qu'il n'ait du mérite, et que son grand courage
Ne se pût tout promettre avec un peu plus d'âge ;
On n'a point vu sitôt tant de rares exploits :
Mais et l'expérience, et les premiers emplois,
Le titre éblouissant de général d'armée,
Tout ce qui peut enfin grossir la renommée,
Tout cela veut du temps ; et l'amour aujourd'hui
Va faire ce qu'un jour son nom ferait pour lui.

JUSTINE.

Hélas, seigneur !

MARTIAN.

Hélas ! ma fille, quel mystère
T'oblige à soupirer de ce que dit un père ?

JUSTINE.

L'image de l'empire en de si jeunes mains
M'a tiré ce soupir pour l'État que je plains.

MARTIAN.

Pour l'intérêt public rarement on soupire,
Si quelque ennui secret n'y mêle son martyre :
L'un se cache sous l'autre, et fait un faux éclat ;
Et jamais, à ton âge, on ne plaignit l'État.

JUSTINE.

A mon âge, un soupir semble dire qu'on aime :
Cependant vous avez soupiré tout de même,
Seigneur ; et si j'osais vous le dire à mon tour...

MARTIAN.

Ce n'est point à mon âge à soupirer d'amour,
Je le sais ; mais enfin chacun a sa faiblesse.
Aimerais-tu Léon ?

JUSTINE.

Aimez-vous la princesse ?

MARTIAN.

Oublie en ma faveur que tu l'as deviné,
Et déments un soupçon qu'un soupir t'a donné.
L'amour en mes pareils n'est jamais excusable ;
Pour peu qu'on s'examine, on s'en tient méprisable ;
On s'en hait ; et ce mal, qu'on n'ose découvrir,
Fait encor plus de peine à cacher qu'à souffrir :
Mais t'en faire l'aveu, c'est n'en faire à personne ;
La part que le respect, que l'amitié t'y donne,
Et tout ce que le sang en attire sur toi,
T'imposent de le taire une éternelle loi.
J'aime, et depuis dix ans ma flamme et mon silence
Font à mon triste cœur égale violence :
J'écoute la raison, j'en goûte les avis,
Et les mieux écoutés sont les plus mal suivis.
Cent fois en moins d'un jour je guéris et retombe ;
Cent fois je me révolte, et cent fois je succombe :
Tant ce calme forcé, que j'étudie en vain,
Près d'un si rare objet s'évanouit soudain !

JUSTINE.

Mais pourquoi lui donner vous-même la couronne,
Quand à son cher Léon c'est donner sa personne ?

MARTIAN.

Apprends que dans un âge usé comme le mien,
Qui n'ose souhaiter ni même accepter rien,
L'amour hors d'intérêt s'attache à ce qu'il aime,
Et, n'osant rien pour soi, le sert contre soi-même.

JUSTINE.

N'ayant rien prétendu, de quoi soupirez-vous ?

MARTIAN.

Pour ne prétendre rien on n'est pas moins jaloux ;
Et ces désirs qu'éteint le déclin de la vie,
N'empêchent pas de voir avec un œil d'envie,
Quand on est d'un mérite à pouvoir faire honneur,
Et qu'il faut qu'un autre âge emporte le bonheur.
Que le moindre retour vers nos belles années
Jette alors d'amertume en nos âmes gênées !
Que n'ai-je vu le jour quelques lustres plus tard !
Disais-je ; en ses bontés peut-être aurais-je part,
Si le ciel n'opposait auprès de la princesse
A l'excès de l'amour le manque de jeunesse ;
De tant et tant de cœurs qu'il force à l'adorer,
Devais-je être le seul qui ne pût espérer ?
J'aimais quand j'étais jeune, et ne déplaisais guère :
Quelquefois de soi-même on cherchait à me plaire ;
Je pouvais aspirer au cœur le mieux placé :
Mais, hélas ! j'étais jeune, et ce temps est passé ;
Le souvenir en tue, et l'on ne l'envisage
Qu'avec, s'il faut le dire, une espèce de rage ;
On le repousse, on fait cent projets superflus :
Le trait qu'on porte au cœur s'enfonce d'autant plus :
Et ce feu, que de honte on s'obstine à contraindre,
Redouble par l'effort qu'on se fait pour l'éteindre.

JUSTINE.

Instruit que vous étiez des maux que fait l'amour,
Vous en pouviez, seigneur, empêcher le retour,
Contre toute sa ruse être mieux sur vos gardes.

MARTIAN.

Et l'ai-je regardé comme tu le regardes,
Moi qui me figurais que ma caducité
Près de la beauté même était en sûreté ?
Je m'attachais sans crainte à servir la princesse,
Fier de mes cheveux blancs, et fort de ma faiblesse :
Et, quand je ne pensais qu'à remplir mon devoir,
Je devenais amant sans m'en apercevoir.
Mon âme, de ce feu nonchalamment saisie,
Ne l'a point reconnu que par ma jalousie :
Tout ce qui l'approchait voulait me l'enlever,
Tout ce qui lui parlait cherchait à m'en priver :
Je tremblais qu'à leurs yeux elle ne fût trop belle ;
Je les haïssais tous comme plus dignes d'elle,

---

[1] Fontenelle prétend que son oncle Corneille se peignit lui-même avec bien de la force dans le personnage de Martian. Si ces vers d'un vieux berger, plutôt que d'un vieux capitaine, ont paru *forts* à Fontenelle, ils n'en sont pas moins faibles. (V.)

Et ne pouvais souffrir qu'on s'enrichît d'un bien
Que j'enviais à tous sans y prétendre rien.
 Quel supplice d'aimer un objet adorable,
Et de tant de rivaux se voir le moins aimable!
D'aimer plus qu'eux ensemble, et n'oser de ses feux,
Quelques ardents qu'ils soient, se promettre autant
On aurait deviné mon amour par ma peine, [qu'eux!
Si la peur que j'en eus n'avait fui tant de gêne.
L'auguste Pulchérie avait beau me ravir,
J'attendais à la voir qu'il la fallût servir :
Je fis plus, de Léon j'appuyai l'espérance;
La princesse l'aima, j'en eus la confiance,
Et la dissuadai de se donner à lui
Qu'il ne fût de l'empire ou le maître ou l'appui.
Ainsi, pour éviter un hymen si funeste,
Sans rendre heureux Léon, je détruisais le reste;
Et, mettant un long terme au succès de l'amour,
J'espérais de mourir avant ce triste jour.
Nous y voilà, ma fille, et du moins j'ai la joie
D'avoir à son triomphe ouvert l'unique voie.
J'en mourrai du moment qu'il recevra sa foi,
Mais dans cette douceur qu'ils tiendront tout de moi.
J'ai caché si longtemps l'ennui qui me dévore,
Qu'en dépit que j'en aie enfin il s'évapore,
L'aigreur en diminue à te le raconter :
Fais-en autant du tien; c'est mon tour d'écouter.

JUSTINE.

Seigneur, un mot suffit pour ne vous en rien taire :
Le même astre a vu naître et la fille et le père;
Ce mot dit tout. Souffrez qu'une imprudente ardeur,
Prête à s'évaporer, respecte ma pudeur.
Je suis jeune, et l'amour trouvait une âme tendre
Qui n'avait ni le soin ni l'art de se défendre :
La princesse, qui m'aime et m'ouvrait ses secrets,
Lui prêtait contre moi d'inévitables traits,
Et toutes les raisons dont s'appuyait sa flamme
Étaient autant de dards qui me traversaient l'âme.
Je pris, sans y penser, son exemple pour loi :
Un amant digne d'elle est trop digne de moi,
Disais-je; et, s'il brûlait pour moi comme pour elle,
Avec plus de bonté je recevrais son zèle.
Plus elle m'en peignait les rares qualités,
Plus d'une douce erreur mes sens étaient flattés.
D'un illustre avenir l'infaillible présage
Qu'on voit si hautement écrit sur son visage,
Son nom que je voyais croître de jour en jour,
Pour moi comme pour elle étaient dignes d'amour :
Je les voyais d'accord d'un heureux hyménée :
Mais nous n'en étions pas encore à la journée :
Quelque obstacle imprévu rompra de si doux nœuds,
Ajoutais-je; et le temps éteint les plus beaux feux.
C'est ce que m'inspirait l'aimable rêverie
Dont jusqu'à ce grand jour ma flamme s'est nourrie;
Mon cœur, qui ne voulait désespérer de rien,

S'en faisait à toute heure un charmant entretien.
 Qu'on rêve avec plaisir, quand notre âme blessée
Autour de ce qu'elle aime est toute ramassée!
Vous le savez, seigneur, et comme à tout propos
Un doux je ne sais quoi trouble notre repos;
Un sommeil inquiet sur de confus nuages
Élève incessamment de flatteuses images,
Et sur leur vain rapport fait naître des souhaits
Que le réveil admire et ne dédit jamais.
 Ainsi, près de tomber dans un malheur extrême,
J'en écartais l'idée en m'abusant moi-même ;
Mais il faut renoncer à des abus si doux;
Et je me vois, seigneur, au même état que vous.

MARTIAN.

Tu peux aimer ailleurs, et c'est un avantage
Que n'ose se permettre un amant de mon âge.
Choisis qui tu voudras, je saurai l'obtenir.
Mais écoutons Aspar, que j'aperçois venir.

SCÈNE II.

MARTIAN, ASPAR, JUSTINE.

ASPAR.

Seigneur, votre suffrage a réuni les nôtres;
Votre voix a plus fait que n'auraient fait cent autres :
Mais j'apprends qu'on murmure, et doute si le choix
Que fera la princesse aura toutes les voix.

MARTIAN.

Et qui fait présumer de son incertitude
Qu'il aura quelque chose ou d'amer ou de rude?

ASPAR.

Son amour pour Léon : elle en fait son époux,
Aucun n'en veut douter.

MARTIAN.

 Je le crois comme eux tous.
Qu'y trouve-t-on à dire, et quelle défiance...

ASPAR.

Il est jeune, et l'on craint son peu d'expérience.
Considérez, seigneur, combien c'est hasarder :
Qui n'a fait qu'obéir saura mal commander;
On n'a point vu sous lui d'armée ou de province.

MARTIAN.

Jamais un bon sujet ne devint mauvais prince;
Et, si le ciel en lui répond mal à nos vœux,
L'auguste Pulchérie en sait assez pour deux.
Rien ne nous surprendra de voir la même chose
Où nos yeux se sont faits quinze ans sous Théodose :
C'était un prince faible, un esprit mal tourné;
Cependant avec elle il a bien gouverné.

ASPAR.

Cependant nous voyons six généraux d'armée
Dont au commandement l'âme est accoutumée.
Voudront-ils recevoir un ordre souverain

De qui l'a jusqu'ici toujours pris de leur main?
Seigneur, il est bien dur de se voir sous un maître
Dont on le fut toujours, et dont on devrait l'être.

MARTIAN.
Et qui m'assurera que ces six généraux
Se réuniront mieux sous un de leurs égaux?
Plus un pareil mérite aux grandeurs nous appelle,
Et plus la jalousie aux grands est naturelle.

ASPAR.
Je les tiens réunis, seigneur, si vous voulez.
Il est, il est encor des noms plus signalés :
J'en sais qui leur plairaient; et, s'il vous faut plus dire,
Avouez-en mon zèle, et je vous fais élire.

MARTIAN.
Moi, seigneur, dans un âge où la tombe m'attend!
Un maître pour deux jours n'est pas ce qu'on prétend.
Je sais le poids d'un sceptre, et connais trop mes forces
Pour être encor sensible à ces vaines amorces.
Les ans, qui m'ont usé l'esprit comme le corps,
Abattraient tous les deux sous les moindres efforts;
Et ma mort, que par là vous verriez avancée,
Rendrait à tant d'égaux leur première pensée,
Et ferait une triste et prompte occasion
De rejeter l'État dans la division.

ASPAR.
Pour éviter les maux qu'on en pourrait attendre,
Vous pourriez partager vos soins avec un gendre,
L'installer dans le trône, et le nommer césar.

MARTIAN.
Il faudrait que ce gendre eût les vertus d'Aspar;
Mais vous aimez ailleurs, et ce serait un crime
Que de rendre infidèle un cœur si magnanime.

ASPAR.
J'aime, et ne me sens pas capable de changer;
Mais d'autres vous diraient que, pour vous soulager,
Quand leur amour irait jusqu'à l'idolâtrie,
Ils le sacrifieraient au bien de la patrie.

JUSTINE.
Certes, qui m'aimerait pour le bien de l'État
Ne me trouverait pas, seigneur, un cœur ingrat,
Et je lui rendrais grâce au nom de tout l'empire :
Mais vous êtes constant; et, s'il vous faut plus dire,
Quoi que le bien public jamais puisse exiger,
Ce ne sera pas moi qui vous ferai changer.

MARTIAN.
Revenons à Léon. J'ai peine à bien comprendre
Quels malheurs d'un tel choix nous aurions lieu d'at-
Quiconque vous verra le mari de sa sœur, [tendre;
S'il ne le craint assez, craindra son défenseur;
Et, si vous me comptez encor pour quelque chose,
Mes conseils agiront comme sous Théodose.

ASPAR.
Nous en pourrons tous deux avoir le démenti.

MARTIAN.
C'est à faire à périr pour le meilleur parti :
Il ne m'en peut coûter qu'une mourante vie,
Que l'âge et ses chagrins m'auront bientôt ravie.
Pour vous, qui d'un autre œil regardez ce danger,
Vous avez plus à vivre et plus à ménager;
Et je n'empêche pas qu'auprès de la princesse
Votre zèle n'éclate autant qu'il s'intéresse.
Vous pouvez l'avertir de ce que vous croyez,
Lui dire de ce choix ce que vous prévoyez,
Lui proposer sans fard celui qu'elle doit faire :
La vérité lui plaît, et vous pourrez lui plaire.
Je changerai comme elle alors de sentiments,
Et tiens mon âme prête à ses commandements.

ASPAR.
Parmi les vérités il en est de certaines
Qu'on ne dit point en face aux têtes souveraines,
Et qui veulent de nous un tour, un ascendant,
Qu'aucun ne peut trouver qu'un ministre prudent;
Vous ferez mieux valoir ces marques d'un vrai zèle :
M'en ouvrant avec vous, je m'acquitte envers elle;
Et, n'ayant rien de plus qui m'amène en ce lieu,
Je vous en laisse maître, et me retire. Adieu.

SCÈNE III.

MARTIAN, JUSTINE.

MARTIAN.
Le dangereux esprit! et qu'avec peu de peine
Il manquerait d'amour et de foi pour Irène!
Des rivaux de Léon il est le plus jaloux,
Et roule des projets qu'il ne dit pas à tous.

JUSTINE.
Il n'a pour but, seigneur, que le bien de l'empire.
Détrônez la princesse, et faites-vous élire :
C'est un amant pour moi que je n'attendais pas,
Qui vous soulagera du poids de tant d'États.

MARTIAN.
C'est un homme, et je veux qu'un jour il t'en souvienne,
C'est un homme à tout perdre, à moins qu'on le prévienne
Mais Léon vient déjà nous vanter son bonheur :
Arme-toi de constance, et prépare un grand cœur,
Et, quelque émotion qui trouble ton courage,
Contre tout son désordre affermis ton visage.

SCÈNE IV.

LÉON, MARTIAN, JUSTINE.

LÉON.
L'auriez-vous cru jamais, seigneur? je suis perdu.

MARTIAN.
Seigneur, que dites-vous? ai-je bien entendu?

LÉON.
Je le suis sans ressource, et rien plus ne me flatte.
J'ai revu Pulchérie, et n'ai vu qu'une ingrate :
Quand je crois l'acquérir, c'est lorsque je la perds,
Et me détruis moi-même alors que je la sers.
MARTIAN.
Expliquez-vous, seigneur, parlez en confiance ;
Fait-elle un autre choix?
LÉON.
Non, mais elle balance :
Elle ne me veut pas encor désespérer,
Mais elle prend du temps pour en délibérer.
Son choix n'est plus pour moi, puisqu'elle le diffère :
L'amour n'est point le maître alors qu'on délibère ;
Et je ne saurais plus me promettre sa foi,
Moi qui n'ai que l'amour qui lui parle pour moi.
Ah! madame...
JUSTINE.
Seigneur...
LÉON.
Auriez-vous pu le croire?
JUSTINE.
L'amour qui délibère est sûr de sa victoire,
Et quand d'un vrai mérite il s'est fait un appui,
Il n'est point de raisons qui ne parlent pour lui.
Souvent il aime à voir un peu d'impatience,
Et feint de reculer, lorsque plus il avance ;
Ce moment d'amertume en rend les fruits plus doux.
Aimez, et laissez faire une âme toute à vous.
LÉON.
Toute à moi! mon malheur n'est que trop véritable ;
J'en ai prévu le coup, je le sens qui m'accable.
Plus elle m'assurait de son affection,
Plus je me faisais peur de son ambition ;
Je ne savais des deux quelle était la plus forte :
Mais, il n'est que trop vrai, l'ambition l'emporte ;
Et, si son cœur encor lui parle en ma faveur,
Son trône me dédaigne en dépit de son cœur. (dame;
Seigneur, parlez pour moi ; parlez pour moi, ma-
Vous pouvez tout sur elle, et lisez dans son âme :
Peignez-lui bien mes feux, retracez-lui les siens ;
Rappelez dans son cœur leurs plus doux entretiens ;
Et, si vous concevez de quelle ardeur je l'aime,
Faites-lui souvenir qu'elle m'aimait de même.
Elle-même a brigué pour me voir souverain ;
J'étais, sans ce grand titre, indigne de sa main :
Mais si je ne l'ai pas ce titre qui l'enchante,
Seigneur, à qui tient-il qu'à son humeur changeante?
Son orgueil contre moi doit-il s'en prévaloir,
Quand pour me voir au trône elle n'a qu'à vouloir?
Le sénat n'a pour elle appuyé mon suffrage
Qu'afin que d'un beau feu ma grandeur fût l'ouvrage :
Il sait depuis quel temps il lui plaît de m'aimer ;
Et, quand il l'a nommée, il a cru me nommer.
Allez, seigneur, allez empêcher son parjure ;
Faites qu'un empereur soit votre créature.
Que je vous céderais ce grand titre aisément,
Si vous pouviez sans lui me rendre heureux amant!
Car enfin mon amour n'en veut qu'à sa personne,
Et n'a d'ambition que ce qu'on m'en ordonne.
MARTIAN.
Nous allons, et tous deux, seigneur, lui faire voir
Qu'elle doit mieux user de l'absolu pouvoir.
Modérez cependant l'excès de votre peine ;
Remettez vos esprits dans l'entretien d'Irène.
LÉON.
D'Irène? et ses conseils m'ont trahi, m'ont perdu.
MARTIAN.
Son zèle pour un frère a fait ce qu'il a dû.
Pouvait-elle prévoir cette supercherie
Qu'a faite à votre amour l'orgueil de Pulchérie?
J'ose en parler ainsi, mais ce n'est qu'entre nous.
Nous lui rendrons l'esprit plus traitable et plus doux,
Et vous rapporterons son cœur et ce grand titre.
Allez.
LÉON.
Entre elle et moi que n'êtes-vous l'arbitre!
Adieu : c'est de vous seul que je puis recevoir
De quoi garder encor quelque reste d'espoir.

SCÈNE V.
MARTIAN, JUSTINE.

MARTIAN.
Justine, tu le vois ce bienheureux obstacle
Dont ton amour semblait pressentir le miracle.
Je ne te défends point, en cette occasion,
De prendre un peu d'espoir sur leur division ;
Mais garde-toi d'avoir une âme assez hardie
Pour faire à leur amour la moindre perfidie :
Le mien de ce revers s'applique tant de part
Que j'espère en mourir quelques moments plus tard.
Mais de quel front enfin leur donner à connaître
Les périls d'un amour que nous avons vu naître,
Dont nous avons tous deux été les confidents,
Et peut-être formé les traits les plus ardents?
De tous leurs déplaisirs c'est nous rendre coupables :
Servons-les en amis, en amants véritables ;
Le véritable amour n'est point intéressé.
Allons, j'achèverai comme j'ai commencé.
Suis l'exemple, et fais voir qu'une âme généreuse
Trouve dans sa vertu de quoi se rendre heureuse,
D'un sincère devoir fait son unique bien,
Et jamais ne s'expose à se reprocher rien.

ACTE TROISIÈME.

SCÈNE PREMIÈRE.

PULCHÉRIE, MARTIAN, JUSTINE.

PULCHÉRIE.

Je vous ai dit mon ordre : allez, seigneur, de grâce
Sauvez mon triste cœur du coup qui le menace ;
Mettez tout le sénat dans ce cher intérêt.

MARTIAN.

Madame, il sait assez combien Léon vous plaît,
Et le nomme assez haut alors qu'il vous défère
Un choix que votre amour vous a déjà fait faire.

PULCHÉRIE.

Que ne m'en fait-il donc une obligeante loi ?
Ce n'est pas le choisir que s'en remettre à moi,
C'est attendre l'issue à couvert de l'orage :
Si l'on m'en applaudit, ce sera son ouvrage ;
Et, si j'en suis blâmée, il n'y veut point de part.
En doute du succès, il en fuit le hasard ;
Et, lorsque je l'en veux garant vers tout le monde,
Il veut qu'à l'univers moi seule j'en réponde.
Ainsi m'abandonnant au choix de mes souhaits,
S'il est des mécontents, moi seule je les fais ;
Et je devrai moi seule apaiser le murmure
De ceux à qui ce choix semblera faire injure,
Prévenir leur révolte, et calmer les mutins
Qui porteront envie à nos heureux destins.

MARTIAN.

Aspar vous aura vue, et cette âme chagrine....

PULCHÉRIE.

Il m'a vue, et j'ai vu quel chagrin le domine ;
Mais il n'a pas laissé de me faire juger
Du choix que fait mon cœur quel sera le danger.
Il part de bons avis quelquefois de la haine ;
On peut tirer du fruit de tout ce qui fait peine ;
Et des plus grands desseins qui veut venir à bout
Prête l'oreille à tous, et fait profit de tout.

MARTIAN.

Mais vous avez promis, et la foi qui vous lie....

PULCHÉRIE.

Je suis impératrice, et j'étais Pulchérie.
De ce trône, ennemi de mes plus doux souhaits,
Je regarde l'amour comme un de mes sujets ;
Je veux que le respect qu'il doit à ma couronne
Repousse l'attentat qu'il fait sur ma personne ;
Je veux qu'il m'obéisse, au lieu de me trahir ;
Je veux qu'il donne à tous l'exemple d'obéir ;
Et, jalouse déjà de mon pouvoir suprême,
Pour l'affermir sur tous, je le prends sur moi-même.

MARTIAN.

Ainsi donc ce Léon qui vous était si cher....

PULCHÉRIE.

Je l'aime d'autant plus qu'il m'en faut détacher.

MARTIAN.

Serait-il à vos yeux moins digne de l'empire
Qu'alors que vous pressiez le sénat de l'élire ?

PULCHÉRIE.

Il fallait qu'on le vît des yeux dont je le voi,
Que de tout son mérite on convînt avec moi,
Et que par une estime éclatante et publique
On mît l'amour d'accord avec la politique.
J'aurais déjà rempli l'espoir d'un si beau feu,
Si le choix du sénat m'en eût donné l'aveu ;
J'aurais pris le parti dont il me faut défendre ;
Et si jusqu'à Léon je n'ose plus descendre,
Il m'était glorieux, le voyant souverain,
De remonter au trône en lui donnant la main.

MARTIAN.

Votre cœur tiendra bon pour lui contre tous autres.

PULCHÉRIE.

S'il a ces sentiments, ce ne sont pas les vôtres ;
Non, seigneur, c'est Léon, c'est son juste courroux,
Ce sont ses déplaisirs qui s'expliquent par vous ;
Vous prêtez votre bouche, et n'êtes pas capable
De donner à ma gloire un conseil qui l'accable.

MARTIAN.

Mais ses rivaux ont-ils plus de mérite ?

PULCHÉRIE.

Non :
Mais ils ont plus d'emploi, plus de rang, plus de nom ;
Et, si de ce grand choix ma flamme est la maîtresse,
Je commence à régner par un trait de faiblesse.

MARTIAN.

Et tenez-vous fort sûr qu'une légèreté
Donnera plus d'éclat à votre dignité ?
Pardonnez-moi ce mot, s'il a trop de franchise ;
Le peuple aura peut-être une âme moins soumise ;
Il aime à censurer ceux qui lui font la loi,
Et vous reprochera jusqu'au manque de foi.

PULCHÉRIE.

Je vous ai déjà dit ce qui m'en justifie :
Je suis impératrice, et j'étais Pulchérie.
J'ose vous dire plus ; Léon a des jaloux,
Qui n'en font pas, seigneur, même estime que nous.
Pour surprenant que soit l'essai de son courage,
Les vertus d'empereur ne sont point de son âge :
Il est jeune, et chez eux c'est un si grand défaut,
Que ce mot prononcé détruit tout ce qu'il vaut.
Si donc j'en fais le choix, je paraîtrai le faire
Pour régner sous son nom ainsi que sous mon frère ;
Vous-même, qu'ils ont vu sous lui dans un emploi
Où vos conseils régnaient autant et plus que moi,
Ne donnerez-vous point quelque lieu de vous dire

Que vous n'aurez voulu qu'un fantôme à l'empire,
Et que dans un tel choix vous vous serez flatté
De garder en vos mains toute l'autorité?
MARTIAN.
Ce n'est pas mon dessein, madame; et s'il faut dire
Sur le choix de Léon ce que le ciel m'inspire,
Dès cet heureux moment qu'il sera votre époux,
J'abandonne Byzance et prends congé de vous,
Pour aller, dans le calme et dans la solitude,
De la mort qui m'attend faire l'heureuse étude.
Voilà comme j'aspire à gouverner l'État.
Vous m'avez commandé d'assembler le sénat;
J'y vais, madame.
PULCHÉRIE.
Quoi! Martian m'abandonne
Quand il faut sur ma tête affermir la couronne!
Lui, de qui le grand cœur, la prudence, la foi...
MARTIAN.
Tout le prix que j'en veux, c'est de mourir à moi.

SCÈNE II.

PULCHÉRIE, JUSTINE.

PULCHÉRIE.
Que me dit-il, Justine, et de quelle retraite
Ose-t-il menacer l'hymen qu'il me souhaite?
De Léon près de moi ne se fait-il l'appui
Que pour mieux dédaigner de me servir sous lui?
Le hait-il? le craint-il? et par quelle autre cause...
JUSTINE.
Qui que vous épousiez, il voudra même chose.
PULCHÉRIE.
S'il était dans un âge à prétendre ma foi,
Comme il serait de tous le plus digne de moi,
Ce qu'il donne à penser aurait quelque apparence :
Mais les ans l'ont dû mettre en entière assurance.
JUSTINE.
Que savons-nous, madame? est-il dessous les cieux
Un cœur impénétrable au pouvoir de vos yeux?
Ce qu'ils ont d'habitude à faire des conquêtes
Trouve à prendre vos fers les âmes toujours prêtes;
L'âge n'en met aucune à couvert de leurs traits :
Non que sur Martian j'en sache les effets,
Il m'a dit comme à vous que ce grand hyménée
L'enverra loin d'ici finir sa destinée;
Et, si j'ose former quelque soupçon confus,
Je parle en général, et ne sais rien de plus.
Mais pour votre Léon êtes-vous résolue
A le perdre aujourd'hui de puissance absolue?
Car ne l'épouser pas, c'est le perdre en effet.
PULCHÉRIE.
Pour te montrer la gêne où son nom seul me met,
Souffre que je t'explique en faveur de sa flamme
La tendresse du cœur après la grandeur d'âme.
Léon seul est ma joie, il est mon seul désir;
Je n'en puis choisir d'autre, et n'ose le choisir :
Depuis trois ans unie à cette chère idée,
J'en ai l'âme à toute heure, en tous lieux, obsédée;
Rien n'en détachera mon cœur que le trépas,
Encore après ma mort n'en répondrais-je pas;
Et si dans le tombeau le ciel permet qu'on aime,
Dans le fond du tombeau je l'aimerai de même.
Trône qui m'éblouis, titres qui me flattez,
Pourrez-vous me valoir ce que vous me coûtez?
Et de tout votre orgueil la pompe la plus haute
A-t-elle un bien égal à celui qu'elle m'ôte?
JUSTINE.
Et vous pouvez penser à prendre un autre époux?
PULCHÉRIE.
Ce n'est pas, tu le sais, à quoi je me résous.
Si ma gloire à Léon me défend de me rendre,
De tout autre que lui l'amour sait me défendre.
Qu'il est fort cet amour! sauve-m'en, si tu peux;
Vois Léon, parle-lui, dérobe-moi ses vœux;
M'en faire un prompt larcin, c'est me rendre un ser-
Qui saura m'arracher des bords du précipice : [vice
Je le crains, je me crains, s'il n'engage sa foi,
Et je suis trop à lui tant qu'il est tout à moi.
Sens-tu d'un tel effort ton amitié capable?
Ce héros n'a-t-il rien qui te paraisse aimable?
Au pouvoir de tes yeux j'unirai mon pouvoir :
Parle, que résous-tu de faire?
JUSTINE.
Mon devoir.
Je sors d'un sang, madame, à me rendre assez vaine
Pour attendre un époux d'une main souveraine;
Et n'ayant point d'amour que pour la liberté,
S'il la faut immoler à votre sûreté,
J'oserai.... Mais voici ce cher Léon, madame;
Voulez-vous...
PULCHÉRIE.
Laisse-moi consulter mieux mon âme;
Je ne sais pas encor trop bien ce que je veux :
Attends un nouvel ordre, et suspends tous tes vœux.

SCÈNE III.

PULCHÉRIE, LÉON, JUSTINE.

PULCHÉRIE.
Seigneur, qui vous ramène? est-ce l'impatience
D'ajouter à mes maux ceux de votre présence,
De livrer tout mon cœur à de nouveaux combats;
Et souffré-je trop peu quand je ne vous vois pas?
LÉON.
Je viens savoir mon sort.

PULCHÉRIE.
N'en soyez point en doute;
Je vous aime et nous plains : c'est là me peindre toute,
C'est tout ce que je sens; et si votre amitié
Sentait pour mes malheurs quelque trait de pitié,
Elle m'épargnerait cette fatale vue,
Qui me perd, m'assassine, et vous-même vous tue.

LÉON.
Vous m'aimez, dites-vous?

PULCHÉRIE.
Plus que jamais.

LÉON.
Hélas!
Je souffrirais bien moins si vous ne m'aimiez pas.
Pourquoi m'aimer encor seulement pour me plaindre?

PULCHÉRIE.
Comment cacher un feu que je ne puis éteindre?

LÉON.
Vous l'étouffez du moins sous l'orgueil scrupuleux
Qui fait seul tous les maux dont nous mourons tous deux.
Ne vous en plaignez point, le vôtre est volontaire,
Vous n'avez que celui qu'il vous plaît de vous faire;
Et ce n'est pas pour être aux termes d'en mourir
Que d'en pouvoir guérir dès qu'on s'en veut guérir.

PULCHÉRIE.
Moi seule je me fais les maux dont je soupire!
A-ce été sous mon nom que j'ai brigué l'empire?
Ai-je employé mes soins, mes amis, que pour vous?
Ai-je cherché par là qu'à vous voir mon époux?
Quoi! votre déférence à mes efforts s'oppose!
Elle rompt mes projets, et seule j'en suis cause!
M'avoir fait obtenir plus qu'il ne m'était dû,
C'est ce qui m'a perdue, et qui vous a perdu.
Si vous m'aimiez, seigneur, vous me deviez mieux
Ne pas intéresser mon devoir et ma gloire; [croire,
Ce sont deux ennemis que vous nous avez faits,
Et que tout notre amour n'apaisera jamais.

Vous m'accablez en vain de soupirs, de tendresse;
En vain mon triste cœur en vos maux s'intéresse,
Et vous rend, en faveur de nos communs désirs,
Tendresse pour tendresse, et soupirs pour soupirs :
Lorsqu'à des feux si beaux je rends cette justice,
C'est l'amante qui parle; oyez l'impératrice.

Ce titre est votre ouvrage, et vous me l'avez dit :
D'un service si grand votre espoir s'applaudit,
Et s'est fait en aveugle un obstacle invincible
Quand il a cru se faire un succès infaillible.
Appuyé de mes soins, assuré de mon cœur,
Il fallait m'apporter la main d'un empereur,
M'élever jusqu'à vous en heureuse sujette;
Ma joie était entière, et ma gloire parfaite :
Mais puis-je avec ce nom même chose pour vous?
Il faut nommer un maître, et choisir un époux;
C'est la loi qu'on m'impose, ou plutôt c'est la peine
Qu'on attache aux douceurs de me voir souveraine.
Je sais que le sénat, d'une commune voix,
Me laisse avec respect la liberté du choix;
Mais il attend de moi celui du plus grand homme
Qui respire aujourd'hui dans l'une et l'autre Rome :
Vous l'êtes, j'en suis sûre, et toutefois, hélas!
Un jour on le croira, mais...

LÉON.
On ne le croit pas,
Madame : il faut encor du temps et des services;
Il y faut du destin quelques heureux caprices,
Et que la renommée, instruite en ma faveur,
Séduisant l'univers, impose à ce grand cœur.
Cependant admirez comme un amant se flatte :
J'avais cru votre gloire un peu moins délicate;
J'avais cru mieux répondre à ce que je vous doi
En tenant tout de vous, qu'en vous l'offrant en moi;
Et qu'auprès d'un objet que l'amour sollicite
Ce même amour pour moi tiendrait lieu de mérite.

PULCHÉRIE.
Oui, mais le tiendra-t-il auprès de l'univers,
Qui sur un si grand choix tient tous ses yeux ouverts?
Peut-être le sénat n'ose encor vous élire,
Et, si je m'y hasarde, osera m'en dédire;
Peut-être qu'il s'apprête à faire ailleurs sa cour
Du honteux désaveu qu'il garde à notre amour :
Car, ne nous flattons point, ma gloire inexorable
Me doit au plus illustre, et non au plus aimable;
Et plus ce rang m'élève, et plus sa dignité
M'en fait avec hauteur une nécessité.

LÉON.
Rabattez ces hauteurs où tout le cœur s'oppose,
Madame, et pour tous deux hasardez quelque chose :
Tant d'orgueil et d'amour ne s'accordent pas bien;
Et c'est ne point aimer que ne hasarder rien.

PULCHÉRIE.
S'il n'y faut que mon sang, je veux bien vous en croire;
Mais c'est trop hasarder qu'y hasarder ma gloire;
Et plus je ferme l'œil aux périls que j'y cours,
Plus je vois que c'est trop qu'y hasarder vos jours.
Ah! si la voix publique enflait votre espérance
Jusqu'à me demander pour vous la préférence,
Si des noms que la gloire à l'envi me produit
Le plus cher à mon cœur faisait le plus de bruit,
Qu'aisément à ce bruit on me verrait souscrire,
Et remettre en vos mains ma personne et l'empire!
Mais l'empire vous fait trop d'illustres jaloux :
Dans le fond de ce cœur je vous préfère à tous;
Vous passez les plus grands, mais ils sont plus en vue.
Vos vertus n'ont point eu toute leur étendue;
Et le monde, ébloui par des noms trop fameux,
N'ose espérer de vous ce qu'il présume d'eux. [mes;
Vous aimez, vous plaisez; c'est tout auprès des fem-
C'est par là qu'on surprend, qu'on enlève leurs âmes :

Mais, pour remplir un trône et s'y faire estimer,
Ce n'est pas tout, seigneur, que de plaire et d'aimer.
La plus ferme couronne est bientôt ébranlée
Quand un effort d'amour semble l'avoir volée;
Et, pour garder un rang si cher à nos désirs,
Il faut un plus grand art que celui des soupirs.
Ne vous abaissez pas à la honte des larmes;
Contre un devoir si fort ce sont de faibles armes;
Et, si de tels secours vous couronnaient ailleurs,
J'aurais pitié d'un sceptre acheté par des pleurs.
LÉON.
Ah! madame, aviez-vous de si fières pensées
Quand vos bontés pour moi se sont intéressées?
Me disiez-vous alors que le gouvernement
Demandait un autre art que celui d'un amant?
Si le sénat eût joint ses suffrages aux vôtres,
J'en aurais paru digne autant ou plus qu'un autre :
Ce grand art de régner eût suivi tant de voix;
Et vous-même...
PULCHÉRIE.
Oui, seigneur, j'aurais suivi ce choix,
Sûre que le sénat, jaloux de son suffrage,
Contre tout l'univers maintiendrait son ouvrage.
Tel contre vous et moi s'osera révolter,
Qui contre un si grand corps craindrait de s'emporter,
Et, méprisant en moi ce que l'amour m'inspire,
Respecterait en lui le démon de l'empire.
LÉON.
Mais l'offre qu'il vous fait d'en croire tous vos vœux...
PULCHÉRIE.
N'est qu'un refus moins rude et plus respectueux.
LÉON.
Quelles illusions de gloire chimérique,
Quels farouches égards de dure politique,
Dans ce cœur tout à moi, mais qu'en vain j'ai char-
Me font le plus aimable et le moins estimé?   [mé,
PULCHÉRIE.
Arrêtez : mon amour ne vient que de l'estime.
Je vous vois un grand cœur, une vertu sublime,
Une âme, une valeur dignes de mes aïeux;
Et si tout le sénat avait les mêmes yeux....
LÉON.
Laissons là le sénat, et m'apprenez, de grâce,
Madame, à quel heureux je dois quitter la place,
Qui je dois imiter pour obtenir un jour
D'un orgueil souverain le prix d'un juste amour.
PULCHÉRIE.
J'aurai peine à choisir; choisissez-le vous-même
Cet heureux, et nommez qui vous voulez que j'aime;
Mais vous souffrez assez, sans devenir jaloux. [vous,
J'aime; et, si ce grand choix ne peut tomber sur
Aucun autre du moins, quelque ordre qu'on m'en don-
Ne se verra jamais maître de ma personne :   [ne,
Je le jure en vos mains, et j'y laisse mon cœur.

N'attendez rien de plus, à moins d'être empereur;
Mais j'entends empereur comme vous devez l'être,
Par le choix d'un sénat qui vous prenne pour maître;
Qui d'un État si grand vous fasse le soutien,
Et d'un commun suffrage autorise le mien.
Je le fais rassembler exprès pour vous élire,
Ou me laisser moi seule à gouverner l'empire,
Et ne plus m'asservir à ce dangereux choix,
S'il ne me veut pour vous donner toutes ses voix.
Adieu, seigneur, je crains de n'être plus maîtresse
De ce que vos regards m'inspirent de faiblesse,
Et que ma peine, égale à votre déplaisir,
Ne coûte à mon amour quelque indigne soupir.

SCÈNE IV.
LÉON, JUSTINE.
LÉON.
C'est trop de retenue, il est temps que j'éclate.
Je ne l'ai point nommée ambitieuse, ingrate;
Mais le sujet enfin va céder à l'amant,
Et l'excès du respect au juste emportement.
Dites-le-moi, madame; a-t-on vu perfidie
Plus noire au fond de l'âme, au dehors plus hardie?
A-t-on vu plus d'étude attacher la raison
A l'indigne secours de tant de trahison?
Loin d'en baisser les yeux, l'orgueilleuse en fait gloire;
Elle nous l'ose peindre en illustre victoire.
L'honneur et le devoir eux seuls la font agir!
Et, m'étant plus fidèle, elle aurait à rougir!
JUSTINE.
La gêne qu'elle en souffre égale bien la vôtre :
Pour vous, elle renonce à choisir aucun autre;
Elle-même en vos mains en a fait le serment.
LÉON.
Illusion nouvelle, et pur amusement!
Il n'est, madame, il n'est que trop de conjectures
Où les nouveaux serments sont de nouveaux parju-
Qui sait l'art de régner les rompt avec éclat, [res,
Et ne manque jamais de cent raisons d'État.
JUSTINE.
Mais si vous la piquiez d'un peu de jalousie,
Seigneur, si vous brouilliez par là sa fantaisie,
Son amour mal éteint pourrait vous rappeler,
Et sa gloire aurait peine à vous laisser aller.
LÉON.
Me soupçonneriez-vous d'avoir l'âme assez basse
Pour employer la feinte à tromper ma disgrâce?
Je suis jeune, et j'en fais trop mal ici ma cour
Pour joindre à ce défaut un faux éclat d'amour.
JUSTINE.
L'agréable défaut, seigneur, que la jeunesse!
Et que de vos jaloux l'importune sagesse,
Toute fière qu'elle est, le voudrait racheter

De tout ce qu'elle croit et croira mériter!
Mais, si feindre en amour à vos yeux est un crime,
Portez sans feinte ailleurs votre plus tendre estime;
Punissez tant d'orgueil par de justes dédains,
Et mettez votre cœur en de plus sûres mains.

LÉON.
Vous voyez qu'à son rang elle me sacrifie,
Madame, et vous voulez que je la justifie!
Qu'après tous les mépris qu'elle montre pour moi,
Je lui prête un exemple à me voler sa foi?

JUSTINE.
Aimez, à cela près, et, sans vous mettre en peine
Si c'est justifier ou punir l'inhumaine,
Songez que, si vos vœux en étaient mal reçus,
On pourrait avec joie accepter ses refus.
L'honneur qu'on se ferait à vous détacher d'elle
Rendrait cette conquête et plus noble et plus belle.
Plus il faut de mérite à vous rendre inconstant,
Plus en aurait de gloire un cœur qui vous attend;
Car peut-être en est-il que la princesse même
Condamne à vous aimer dès que vous direz : J'aime.
Adieu; c'en est assez pour la première fois.

LÉON.
O ciel, délivre-moi du trouble où tu me vois!

━━━━━━━

ACTE QUATRIÈME.

SCÈNE PREMIÈRE.

JUSTINE, IRÈNE.

JUSTINE.
Non, votre cher Aspar n'aime point la princesse;
Ce n'est que pour le rang que tout son cœur s'em-
Et, si l'on eût choisi mon père pour césar;   [presse;
J'aurais déjà les vœux de cet illustre Aspar.
Il s'en est expliqué tantôt en ma présence;
Et tout ce que pour elle il a de complaisance,
Tout ce qu'il lui veut faire ou craindre ou dédaigner,
Ne doit être imputé qu'à l'ardeur de régner.
Pulchérie a des yeux qui percent le mystère,
Et le croit plus rival qu'ami de ce cher frère;
Mais, comme elle balance, elle écoute aisément
Tout ce qui peut d'abord flatter son sentiment.
Voilà ce que j'en sais.

IRÈNE.
Je ne suis point surprise
De tout ce que d'Aspar m'apprend votre franchise.
Vous ne m'en dites rien que ce que j'en ai dit
Lorsqu'à Léon tantôt j'ai dépeint son esprit;
Et j'en ai pénétré l'ambition secrète

Jusques à pressentir l'offre qu'il vous a faite.
Puisque en vain je m'attache à qui ne m'aime pas,
Il faut avec honneur franchir ce mauvais pas;
Il faut, à son exemple, avoir ma politique,
Trouver à ma disgrâce une face héroïque,
Donner à ce divorce une illustre couleur,
Et, sous de beaux dehors, dévorer ma douleur.
Dites-moi cependant que deviendra mon frère?
D'un si parfait amour que faut-il qu'il espère?

JUSTINE.
On l'aime, et fortement, et bien plus qu'on ne veut;
Mais, pour s'en détacher, on fait tout ce qu'on peut.
Faut-il vous dire tout? On m'a commandé même
D'essayer contre lui l'art et le stratagème.
On me devra beaucoup, si je puis l'ébranler,
On me donne son cœur, si je le puis voler;
Et déjà, pour essai de mon obéissance,
J'ai porté quelque attaque, et fait un peu d'avance.
Vous pouvez bien juger comme il a rebuté,
Fidèle amant qu'il est, cette importunité;
Mais, pour peu qu'il vous plût appuyer l'artifice,
Cet appui tiendrait lieu d'un signalé service.

IRÈNE.
Ce n'est point un service à prétendre de moi,
Que de porter mon frère à garder mal sa foi;
Et, quand à vous aimer j'aurais su le réduire,
Quel fruit son changement pourrait-il lui produire?
Vous qui ne l'aimez point, pourriez-vous l'accepter?

JUSTINE.
Léon ne saurait être un homme à rejeter;
Et l'on voit si souvent, après la foi donnée,
Naître un parfait amour d'un pareil hyménée,
Que, si de son côté j'y voyais quelque jour,
J'espérerais bientôt de l'aimer à mon tour.

IRÈNE.
C'est trop et trop peu dire. Est-il encore à naître
Cet amour? est-il né?

JUSTINE.
Cela pourrait bien être.
Ne l'examinons point avant qu'il en soit temps;
L'occasion viendra peut-être, et je l'attends.

IRÈNE.
Et vous servez Léon auprès de la princesse?

JUSTINE.
Avec sincérité pour lui je m'intéresse,
Et, si j'en étais crue, il aurait le bonheur
D'en obtenir la main, comme il en a le cœur.
J'obéis cependant aux ordres qu'on me donne,
Et souffrirais ses vœux, s'il perdait la couronne.
Mais la princesse vient.

━━━━━━━

SCÈNE II.
PULCHÉRIE, IRÈNE, JUSTINE.

PULCHÉRIE.
Que fait ce malheureux,
Irène?

IRÈNE.
Ce qu'on fait dans un sort rigoureux :
Il soupire, il se plaint.

PULCHÉRIE.
De moi?

IRÈNE.
De sa fortune.

PULCHÉRIE.
Est-il bien convaincu qu'elle nous est commune,
Qu'ainsi que lui du sort j'accuse la rigueur?

IRÈNE.
Je ne pénètre point jusqu'au fond de son cœur;
Mais je sais qu'au dehors sa douleur vous respecte :
Elle se tait de vous.

PULCHÉRIE.
Ah! qu'elle m'est suspecte!
Un modeste reproche à ses maux siérait bien;
C'est me trop accuser que de n'en dire rien.
M'aurait-il oubliée, et déjà dans son âme
Effacé tous les traits d'une si belle flamme?

IRÈNE.
C'est par là qu'il devrait soulager ses ennuis,
Madame; et de ma part j'y fais ce que je puis.

PULCHÉRIE.
Ah! ma flamme n'est pas à tel point affaiblie,
Que je puisse endurer, Irène, qu'il m'oublie.
Fais-lui, fais-lui plutôt soulager son ennui
A croire que je souffre autant et plus que lui.
C'est une vérité que j'ai besoin qu'il croie
Pour mêler à mes maux quelque inutile joie,
Si l'on peut nommer joie une triste douceur
Qu'un digne amour conserve en dépit du malheur.
L'âme qui l'a sentie en est toujours charmée,
Et, même en n'aimant plus, il est doux d'être aimée.

JUSTINE.
Vous souvient-il encor de me l'avoir donné,
Madame; et ce doux soin dont votre esprit gêné..

PULCHÉRIE.
Souffre un reste d'amour qui me trouble et m'accable.
Je ne t'en ai point fait un don irrévocable :
Mais, je te le redis, dérobe-moi ses vœux;
Séduis, enlève-moi son cœur, si tu le peux.
J'ai trop mis à l'écart celui d'impératrice;
Reprenons avec lui ma gloire et mon supplice :
C'en est un, et bien rude, à moins que le sénat
Mette d'accord ma flamme et le bien de l'État.

IRÈNE.
N'est-ce point avilir votre pouvoir suprême
Que mendier ailleurs ce qu'il peut de lui-même?

PULCHÉRIE.
Irène, il te faudrait les mêmes yeux qu'à moi
Pour voir la moindre part de ce que je prévoi.
Épargne à mon amour la douleur de te dire
A quels troubles ce choix hasarderait l'empire :
Je l'ai déjà tant dit, que mon esprit lassé
N'en saurait plus souffrir le portrait retracé.
Ton frère a l'âme grande, intrépide, sublime;
Mais d'un peu de jeunesse on lui fait un tel crime,
Que, si tant de vertus n'ont que moi pour appui,
En faire un empereur, c'est me perdre avec lui.

IRÈNE.
Quel ordre a pu du trône exclure la jeunesse?
Quel astre à nos beaux jours enchaîne la faiblesse?
Les vertus, et non l'âge, ont droit à ce haut rang;
Et, n'était le respect qu'imprime votre sang,
Je dirais que Léon vaudrait bien Théodose.

PULCHÉRIE.
Sans doute; et toutefois ce n'est pas même chose.
Faible qu'était ce prince à régir tant d'États,
Il avait des appuis que ton frère n'a pas :
L'empire en sa personne était héréditaire;
Sa naissance le tint d'un aïeul et d'un père;
Il régna dès l'enfance, et régna sans jaloux,
Estimé d'assez peu, mais obéi de tous.
Léon peut succéder aux droits de la puissance,
Mais non pas au bonheur de cette obéissance;
Tant ce trône, où l'amour par ma main l'aurait mis,
Dans mes premiers sujets lui ferait d'ennemis!
Tout ce qu'ont vu d'illustre et la paix et la guerre
Aspire à ce grand nom de maître de la terre;
Tous regardent l'empire ainsi qu'un bien commun
Que chacun veut pour soi tant qu'il n'est à pas un.
Pleins de leur renommée, enflés de leurs services,
Combien ce choix pour eux aura-t-il d'injustices,
Si ma flamme obstinée et ses odieux soins
L'arrêtent sur celui qu'ils estiment le moins!
Léon est d'un mérite à devenir leur maître;
Mais, comme c'est l'amour qui m'aide à le connaître,
Tout ce qui contre nous s'osera mutiner
Dira que je suis seule à me l'imaginer.

IRÈNE.
C'est donc en vain pour lui qu'on prie et qu'on espère?

PULCHÉRIE.
Je l'aime, et sa personne à mes yeux est bien chère;
Mais, si le ciel pour lui n'inspire le sénat,
Je sacrifierai tout au bonheur de l'État.

IRÈNE.
Que pour vous imiter j'aurais l'âme ravie
D'immoler à l'État le bonheur de ma vie!
Madame, ou de Léon faites-nous un césar,
Ou portez ce grand choix sur le fameux Aspar :
Je l'aime, et ferais gloire, en dépit de ma flamme,

De faire un maître à tous de celui de mon âme;
Et, pleurant pour le frère en ce grand changement,
Je m'en consolerais à voir régner l'amant.
Des deux têtes qu'au monde on me voit les plus chères
Élevez l'une ou l'autre au trône de vos pères;
Daignez...

PULCHÉRIE.

Aspar serait digne d'un tel honneur,
Si vous pouviez, Irène, un peu moins sur son cœur.
J'aurais trop à rougir, si, sous le nom de femme,
Je le faisais régner sans régner dans son âme;
Si j'en avais le titre, et vous tout le pouvoir,
Et qu'entre nous ma cour partageât son devoir.

IRÈNE.

Ne l'appréhendez pas; de quelque ardeur qu'il m'aime,
Il est plus à l'État, madame, qu'à lui-même.

PULCHÉRIE.

Je le crois comme vous, et que sa passion
Regarde plus l'État que vous, moi, ni Léon.
C'est vous entendre, Irène, et vous parler sans feindre :
Je vois ce qu'il projette, et ce qu'il en faut craindre.
L'aimez-vous?

IRÈNE.

Je l'aimai quand je crus qu'il m'aimait;
Je voyais sur son front un air qui me charmait : [me,
Mais, depuis que le temps m'a fait mieux voir sa flam-
J'ai presque éteint la mienne et dégagé mon âme.

PULCHÉRIE.

Achevez. Tel qu'il est voulez-vous l'épouser?

IRÈNE.

Oui, madame, ou du moins le pouvoir refuser.
Après deux ans d'amour il y va de ma gloire :
L'affront serait trop grand, et la tache trop noire,
Si, dans la conjoncture où l'on est aujourd'hui,
Il m'osait regarder comme indigne de lui.
Ses desseins vont plus haut; et voyant qu'il vous aime,
Bien que peut-être moins que votre diadème,
Je n'ai vu rien en moi qui le pût retenir;
Et je ne vous l'offrais que pour le prévenir.
C'est ainsi que j'ai cru me mettre en assurance
Par l'éclat généreux d'une fausse apparence :
Je vous cédais un bien que je ne puis garder,
Et qu'à vous seule enfin ma gloire peut céder.

PULCHÉRIE.

Reposez-vous sur moi. Votre Aspar vient.

SCÈNE III.

PULCHÉRIE, ASPAR, IRÈNE, JUSTINE.

ASPAR.

Madame,
Déjà sur vos desseins j'ai lu dans plus d'une âme,
Et crois de mon devoir de vous mieux avertir

De ce que sur tous deux on m'a fait pressentir.
J'espère pour Léon, et j'y fais mon possible;
Mais j'en prévois, madame, un murmure infaillible,
Qui pourra se borner à quelque émotion,
Et peut aller plus loin que la sédition.

PULCHÉRIE.

Vous en savez l'auteur : parlez, qu'on le punisse;
Que moi-même au sénat j'en demande justice.

ASPAR.

Peut-être est-ce quelqu'un que vous pourriez choisir,
S'il vous fallait ailleurs tourner votre désir,
Et dont le choix illustre à tel point saurait plaire,
Que nous n'aurions à craindre aucun parti contraire.
Comme, à vous le nommer, ce serait fait de lui,
Ce serait à l'empire ôter un ferme appui,
Et livrer un grand cœur à sa perte certaine,
Quand il n'est pas encor digne de votre haine.

PULCHÉRIE.

On me fait mal sa cour avec de tels avis;
Qui, sans nommer personne, en nomment plus de dix.
Je hais l'empressement de ces devoirs sincères,
Qui ne jette en l'esprit que de vagues chimères,
Et, ne me présentant qu'un obscur avenir,
Me donne tout à craindre, et rien à prévenir.

ASPAR.

Le besoin de l'État est souvent un mystère
Dont la moitié se dit, et l'autre est bonne à taire.

PULCHÉRIE.

Il n'est souvent aussi qu'un pur fantôme en l'air
Que de secrets ressorts font agir et parler,
Et s'arrête où le fixe une âme prévenue,
Qui, pour ses intérêts, le forme et le remue.
Des besoins de l'État si vous êtes jaloux,
Fiez-vous-en à moi, qui les vois mieux que vous.
Martian, comme vous, à vous parler sans feindre,
Dans le choix de Léon voit quelque chose à craindre :
Mais il m'apprend de qui je dois me défier;
Et je puis, si je veux, me le sacrifier.

ASPAR.

Qui nomme-t-il, madame?

PULCHÉRIE.

Aspar, c'est un mystère
Dont la moitié se dit, et l'autre est bonne à taire.
Si l'on hait tant Léon, du moins réduisez-vous
A faire qu'on m'admette à régner sans époux.

ASPAR.

Je ne l'obtiendrais point, la chose est sans exemple.

PULCHÉRIE.

La matière au vrai zèle en est d'autant plus ample;
Et vous en montrerez de plus rares effets
En obtenant pour moi ce qu'on n'obtint jamais.

ASPAR.

Oui; mais qui voulez-vous que le sénat vous donne,
Madame, si Léon?...

PULCHÉRIE.
 Ou Léon, ou personne.
A l'un de ces deux points amenez les esprits.
Vous adorez Irène, Irène est votre prix ;
Je la laisse avec vous, afin que votre zèle
S'allume à ce beau feu que vous avez pour elle.
Justine, suivez-moi.

SCÈNE IV.

ASPAR, IRÈNE.

IRÈNE.
 Ce prix qu'on vous promet
Sur votre âme, seigneur, doit faire peu d'effet.
La mienne, tout acquise à votre ardeur sincère,
Ne peut à ce grand cœur tenir lieu de salaire ;
Et l'amour à tel point vous rend maître du mien,
Que me donner à vous, c'est ne vous donner rien.

ASPAR.
Vous dites vrai, madame ; et du moins j'ose dire
Que me donner un cœur au-dessous de l'empire,
Un cœur qui me veut faire une honteuse loi,
C'est ne me donner rien qui soit digne de moi.

IRÈNE.
Indigne que je suis d'une foi si douteuse,
Vous fais-je quelque loi qui puisse être honteuse ?
Et, si Léon devait l'empire à votre appui,
Lui qui vous y ferait le premier après lui,
Auriez-vous à rougir de l'en avoir fait maître,
Seigneur, vous qui voyez que vous ne pouvez l'être ?
Mettez-vous, j'y consens, au-dessus de l'amour,
Si, pour monter au trône, il s'offre quelque jour.
Qu'à ce glorieux titre un amant soit volage,
Je puis l'en estimer, l'en aimer davantage,
Et voir avec plaisir la belle ambition
Triompher d'une ardente et longue passion.
L'objet le plus charmant doit céder à l'empire.
Régnez ; j'en dédirai mon cœur s'il en soupire.
Vous ne m'en croyez pas, seigneur ; et toutefois
Vous régneriez bientôt si l'on suivait ma voix.
Apprenez à quel point pour vous je m'intéresse.
Je viens de vous offrir moi-même à la princesse ;
Et je sacrifiais mes plus chères ardeurs
A l'honneur de vous mettre au faîte des grandeurs.
Vous savez sa réponse : « Ou Léon, ou personne. »

ASPAR.
C'est agir en amante et généreuse et bonne :
Mais, sûre d'un refus qui doit rompre le coup,
La générosité ne coûte pas beaucoup.

IRÈNE.
Vous voyez les chagrins où cette offre m'expose,
Et ne me voulez pas devoir la moindre chose !
Ah ! si j'osais, seigneur, vous appeler ingrat !

ASPAR.
L'offre sans doute est rare, et ferait grand éclat,
Si, pour mieux m'éblouir, vous aviez eu l'adresse
D'ébranler tant soit peu l'esprit de la princesse.
Elle est impératrice, et d'un seul : « Je le veux, »
Elle peut de Léon faire un monarque heureux :
Qu'a-t-il besoin de moi, lui qui peut tout sur elle ?

IRÈNE.
N'insultez point, seigneur, une flamme si belle ;
L'amour, las de gémir sous les raisons d'État,
Pourrait n'en croire pas tout à fait le sénat.

ASPAR.
L'amour n'a qu'à parler : le sénat, quoi qu'on pense,
N'aura que du respect et de la déférence ;
Et de l'air dont la chose a déjà pris son cours,
Léon pourra se voir empereur pour trois jours.

IRÈNE.
Trois jours peuvent suffire à faire bien des choses :
La cour en moins de temps voit cent métamorphoses ;
En moins de temps un prince, à qui tout est permis,
Peut rendre ce qu'il doit aux vrais et faux amis.

ASPAR.
L'amour qui parle ainsi ne paraît pas fort tendre.
Mais je vous aime assez pour ne vous pas entendre ;
Et dirai toutefois, sans m'en embarrasser,
Qu'il est un peu bien tôt pour vous de menacer.

IRÈNE.
Je ne menace point, seigneur ; mais je vous aime
Plus que moi, plus encor que ce cher frère même.
L'amour tendre est timide, et craint pour son objet
Dès qu'il lui voit former un dangereux projet.

ASPAR.
Vous m'aimez, je le crois ; du moins cela peut être.
Mais de quelle façon le faites-vous connaître ?
L'amour inspire-t-il ce rare empressement
De voir régner un frère aux dépens d'un amant ?

IRÈNE.
Il m'inspire à regret la peur de votre perte.
Régnez, je vous l'ai dit, la porte en est ouverte.
Vous avez du mérite, et je manque d'appas ;
Dédaignez, quittez-moi ; mais ne vous perdez pas.
Pour le salut d'un frère ai-je si peu d'alarmes,
Qu'il y faille ajouter d'autres sujets de larmes ?
C'est assez que pour vous j'ose en vain soupirer ;
Ne me réduisez point, seigneur, à vous pleurer.

ASPAR.
Gardez, gardez vos pleurs pour ceux qui sont à plain- [dre.
Puisque vous m'aimez tant, je n'ai point lieu de crain-
Quelque peine qu'on doive à ma témérité, [dre.
Votre main qui m'attend fera ma sûreté ;
Et contre le courroux le plus inexorable
Elle me servira d'asile inviolable.

IRÈNE.
Vous la voudrez peut-être, et la voudrez trop tard.

Ne vous exposez point, seigneur, à ce hasard ;
Je doute si j'aurais toujours même tendresse,
Et pourrais de ma main n'être pas la maîtresse.
Je vous parle sans feindre, et ne sais point railler
Lorsqu'au salut commun il nous fait travailler.
ASPAR.
Et je veux bien aussi vous répondre sans feindre.
J'ai pour vous un amour à ne jamais s'éteindre,
Madame ; et, dans l'orgueil que vous-même approu-
L'amitié de Léon a ses droits conservés : [vez,
Mais ni cette amitié, ni cet amour si tendre,
Quelques soins, quelque effort qu'il vous en plaise at-
Ne me verront jamais l'esprit persuadé [tendre,
Que je doive obéir à qui j'ai commandé,
A qui, si j'en puis croire un cœur qui vous adore,
J'aurai droit, et longtemps, de commander encore.
Ma gloire, qui s'oppose à cet abaissement,
Trouve en tous mes égaux le même sentiment.
Ils ont fait la princesse arbitre de l'empire :
Qu'elle épouse Léon, tous sont prêts d'y souscrire ;
Mais je ne réponds pas d'un long respect en tous,
A moins qu'il associe aussitôt l'un de nous.
La chose est peu nouvelle, et je ne vous propose
Que ce que l'on a fait pour le grand Théodose.
C'est par là que l'empire est tombé dans ce sang
Si fier de sa naissance et si jaloux du rang.
Songez sur cet exemple à vous rendre justice,
A me faire empereur pour être impératrice :
Vous avez du pouvoir, madame ; usez-en bien,
Et pour votre intérêt attachez-vous au mien.
IRÈNE.
Léon dispose-t-il du cœur de la princesse?
C'est un cœur fier et grand ; le partage la blesse ;
Elle veut tout ou rien ; et dans ce haut pouvoir
Elle éteindra l'amour plutôt que d'en déchoir.
Près d'elle avec le temps nous pourrons davantage :
Ne pressons point, seigneur, un si juste partage.
ASPAR.
Vous le voudrez peut-être, et le voudrez trop tard :
Ne laissez point longtemps nos destins au hasard.
J'attends de votre amour cette preuve nouvelle.
Adieu, madame.
IRÈNE.
Adieu. L'ambition est belle ;
Mais vous n'êtes, seigneur, avec ce sentiment,
Ni véritable ami, ni véritable amant.

ACTE CINQUIÈME.

SCÈNE PREMIÈRE.
PULCHÉRIE, JUSTINE.

PULCHÉRIE.
Justine, plus j'y pense, et plus je m'inquiète :
Je crains de n'avoir plus une amour si parfaite,
Et que, si de Léon on me fait un époux,
Un bien si désiré ne me soit plus si doux.
Je ne sais si le rang m'aurait fait changer d'âme ;
Mais je tremble à penser que je serais sa femme,
Et qu'on n'épouse point l'amant le plus chéri
Qu'on ne se fasse un maître aussitôt qu'un mari.
J'aimerais à régner avec l'indépendance
Que des vrais souverains s'assure la prudence ;
Je voudrais que le ciel inspirât au sénat
De me laisser moi seule à gouverner l'État,
De m'épargner ce maître, et vois d'un œil d'envie
Toujours Sémiramis, et toujours Zénobie.
On triompha de l'une : et pour Sémiramis,
Elle usurpa le nom et l'habit de son fils ;
Et sous l'obscurité d'une longue tutelle,
Cet habit et ce nom régnaient tous deux plus qu'elle.
Mais mon cœur de leur sort n'en est pas moins jaloux ;
C'était régner enfin, et régner sans époux.
Le triomphe n'en fait qu'affermir la mémoire ;
Et le déguisement n'en détruit point la gloire.
JUSTINE.
Que les choses bientôt prendraient un autre tour
Si le sénat prenait le parti de l'amour !
Que bientôt.... Mais je vois Aspar avec mon père.
PULCHÉRIE.
Sachons d'eux quel destin le ciel vient de me faire.

SCÈNE II.
PULCHÉRIE, MARTIAN, ASPAR, JUSTINE.

MARTIAN.
Madame, le sénat nous député tous deux
Pour vous jurer encor qu'il suivra tous vos vœux.
Après qu'entre vos mains il a remis l'empire,
C'est faire un attentat que de vous rien prescrire ;
Et son respect vous prie une seconde fois
De lui donner vous seule un maître à votre choix.
PULCHÉRIE.
Il pouvait le choisir.
MARTIAN.
Il s'en défend l'audace,
Madame ; et sur ce point il vous demande grâce.

PULCHÉRIE.
Pourquoi donc m'en fait-il une nécessité?
MARTIAN.
Pour donner plus de force à votre autorité.
PULCHÉRIE.
Son zèle est grand pour elle : il faut le satisfaire,
Et lui mieux obéir qu'il n'a daigné me plaire.
Sexe, ton sort en moi ne peut se démentir :
Pour être souveraine il faut m'assujettir,
En montant sur le trône entrer dans l'esclavage,
Et recevoir des lois de qui me rend hommage.
Allez, dans quelques jours je vous ferai savoir
Le choix que par son ordre aura fait mon devoir.
ASPAR.
Il tiendrait à faveur et bien haute et bien rare
De le savoir, madame, avant qu'il se sépare.
PULCHÉRIE.
Quoi! pas un seul moment pour en délibérer!
Mais je ferais un crime à le plus différer;
Il vaut mieux, pour essai de ma toute-puissance,
Montrer un digne effet de pleine obéissance.
Retirez-vous, Aspar; vous aurez votre tour.

SCÈNE III.

PULCHÉRIE, MARTIAN, JUSTINE.

PULCHÉRIE.
On m'a dit que pour moi vous aviez de l'amour [1],
Seigneur; serait-il vrai?
MARTIAN.
Qui vous l'a dit, madame?

---

[1] Que dirons-nous de ce vieux Martian, amoureux de la vieille Pulchérie? Cette impératrice entame ici une plaisante conversation avec lui :

On m'a dit que pour moi vous aviez de l'amour,
Seigneur; serait-il vrai?
MARTIAN.
Qui vous l'a dit, madame?
PULCHÉRIE.
Vos services, mes yeux...

A quoi le bonhomme répond qu'*il s'est tu après s'être rendu; qu'en effet il languit, il soupire; mais qu'enfin la langueur qu'on voit sur son visage est encore plus l'effet de l'amour que de l'âge.* J'aime encore mieux je ne sais quelle farce dans laquelle un vieillard est saisi d'une toux violente devant sa maîtresse, et lui dit : *Mademoiselle, c'est d'amour que je tousse.* (V.) — Pourquoi toujours *cette vieille Pulchérie*, si, comme Voltaire en convient, il est permis aux poëtes de changer l'histoire? Corneille n'a-t-il pas été le maître de rajeunir cette princesse? A-t-on reproché à Voltaire d'avoir représenté beaucoup plus jeunes qu'elles ne pouvaient l'être Jocaste dans *Œdipe*, et Sémiramis dans la tragédie de ce nom? Cette liberté n'a-t-elle pas appartenu de tout temps à la poésie? Voltaire se plaît à vieillir les personnages de Corneille pour les rendre ridicules; on en a déjà vu un exemple dans *Rodogune*. (P.)

PULCHÉRIE.
Vos services, mes yeux, le trouble de votre âme,
L'exil que mon hymen vous devait imposer;
Sont-ce là des témoins, seigneur, à récuser?
MARTIAN.
C'est donc à moi, madame, à confesser mon crime.
L'amour naît aisément du zèle et de l'estime;
Et l'assiduité près d'un charmant objet
N'attend point notre aveu pour faire son effet.
Il m'est honteux d'aimer; il vous l'est d'être aimée
D'un homme dont la vie est déjà consumée,
Qui ne vit qu'à regret depuis qu'il a pu voir
Jusqu'où ses yeux charmés ont trahi son devoir.
Mon cœur, qu'un si long âge en mettait hors d'alarmes,
S'est vu livré par eux à ces dangereux charmes.
En vain, madame, en vain je m'en suis défendu;
En vain j'ai su me taire après m'être rendu :
On m'a forcé d'aimer, on me force à le dire.
Depuis plus de dix ans je languis, je soupire,
Sans que, de tout l'excès d'un si long déplaisir,
Vous ayez pu surprendre une larme, un soupir;
Mais enfin la langueur qu'on voit sur mon visage
Est encor plus l'effet de l'amour que de l'âge.
Il faut faire un heureux; le jour n'en est pas loin :
Pardonnez à l'horreur d'en être le témoin,
Si mes maux, et ce feu digne de votre haine,
Cherchent dans un exil leur remède, et sa peine.
Adieu. Vivez heureuse : et si tant de jaloux....
PULCHÉRIE.
Ne partez pas, seigneur, je les tromperai tous;
Et, puisque de ce choix aucun ne me dispense,
Il est fait, et de tel à qui pas un ne pense.
MARTIAN.
Quel qu'il soit, il sera l'arrêt de mon trépas,
Madame.
PULCHÉRIE.
Encore un coup, ne vous éloignez pas.
Seigneur, jusques ici vous m'avez bien servie;
Vos lumières ont fait tout l'éclat de ma vie;
La vôtre s'est usée à me favoriser :
Il faut encor plus faire, il faut...
MARTIAN.
Quoi?
PULCHÉRIE.
M'épouser.
MARTIAN.
Moi, madame?
PULCHÉRIE.
Oui, seigneur; c'est le plus grand service
Que vos soins puissent rendre à votre impératrice.
Non qu'en m'offrant à vous je réponde à vos feux
Jusques à souhaiter des fils et des neveux :
Mon aïeul, dont partout les hauts faits retentissent,
Voudra bien qu'avec moi ses descendants finissent,

Que j'en sois la dernière, et ferme dignement
D'un si grand empereur l'auguste monument.
Qu'on ne prétende plus que ma gloire s'expose
A laisser des césars du sang de Théodose.
Qu'ai-je affaire de race à me déshonorer,
Moi qui n'ai que trop vu ce sang dégénérer,
Et que, s'il est fécond en illustres princesses,
Dans les princes qu'il forme il n'a que des faiblesses?
 Ce n'est pas que Léon, choisi pour souverain,
Pour me rendre à mon rang n'eût obtenu ma main;
Mon amour, à ce prix, se fût rendu justice :
Mais, puisqu'on m'a sans lui nommée impératrice,
Je dois à ce haut rang d'assez nobles projets
Pour n'admettre en mon lit aucun de mes sujets.
Je ne veux plus d'époux, mais il m'en faut une ombre,
Qui des césars pour moi puisse grossir le nombre;
Un mari qui, content d'être au-dessus des rois,
Me donne ses clartés, et dispense mes lois;
Qui, n'étant en effet que mon premier ministre,
Pare ce que sous moi l'on craindrait de sinistre,
Et, pour tenir en bride un peuple sans raison,
Paraisse mon époux, et n'en ait que le nom.
Vous m'entendez, seigneur, et c'est assez vous dire.
Prêtez-moi votre main, je vous donne l'empire :
Éblouissons le peuple, et vivons entre nous
Comme s'il n'était point d'épouses ni d'époux.
Si ce n'est posséder l'objet de votre flamme,
C'est vous rendre du moins le maître de son âme,
L'ôter à vos rivaux, vous mettre au-dessus d'eux,
Et de tous mes amants vous voir le plus heureux.

MARTIAN.
Madame...

PULCHÉRIE.
 A vos hauts faits je dois ce grand salaire;
Et j'acquitte envers vous et l'État et mon frère.

MARTIAN.
Aurait-on jamais cru, madame?..

PULCHÉRIE.
 Allez, seigneur,
Allez en plein sénat faire voir l'empereur.
Il demeure assemblé pour recevoir son maître :
Allez-y de ma part vous faire reconnaître;
Ou, si votre souhait ne répond pas au mien,
Faites grâce à mon sexe, et ne m'en dites rien.

MARTIAN.
Souffrez qu'à vos genoux, madame...

PULCHÉRIE.
 Allez, vous dis-je :
Je m'oblige encor plus que je ne vous oblige;
Et mon cœur, qui vous vient d'ouvrir ses sentiments,
N'en veut ni de refus ni de remercîments.
Faites rentrer Aspar.

SCÈNE IV.
PULCHÉRIE, ASPAR, JUSTINE.

PULCHÉRIE.
 Que faites-vous d'Irène?
Quand l'épouserez-vous? Ce mot vous fait-il peine?
Vous ne répondez point!

ASPAR.
 Non, madame, et je dois
Ce respect aux bontés que vous avez pour moi.
Qui se tait obéit.

PULCHÉRIE.
 J'aime assez qu'on s'explique.
Les silences de cour ont de la politique.
Sitôt que nous parlons, qui consent applaudit,
Et c'est en se taisant que l'on nous contredit.
Le temps m'éclaircira de ce que je soupçonne.
Cependant j'ai fait choix de l'époux qu'on m'ordonne
Léon vous faisait peine, et j'ai dompté l'amour
Pour vous donner un maître admiré dans la cour,
Adoré dans l'armée, et que de cet empire
Les plus fermes soutiens feraient gloire d'élire:
C'est Martian.

ASPAR.
 Tout vieil et tout cassé qu'il est!

PULCHÉRIE.
Tout viei. et tout cassé je l'épouse; il me plaît.
J'ai mes raisons. Au reste il a besoin d'un gendre
Qui partage avec lui les soins qu'il lui faut prendre,
Qui soutienne des ans penchés dans le tombeau,
Et qui porte sous lui la moitié du fardeau.
Qui jugeriez-vous propre à remplir cette place?
Une seconde fois vous paraissez de glace!

ASPAR.
Madame, Aréobinde et Procope tous deux
Ont engagé leur cœur et formé d'autres vœux :
Sans cela je dirais...

PULCHÉRIE.
 Et sans cela moi-même
J'élèverais Aspar à cet honneur suprême;
Mais, quand il serait homme à pouvoir aisément
Renoncer aux douceurs de son attachement,
Justine n'aurait pas une âme assez hardie
Pour accepter un cœur noirci de perfidie,
Et vous regarderait comme un volage esprit
Toujours prêt à donner où la fortune rit.
N'en savez-vous aucun de qui l'ardeur fidèle...

ASPAR.
Madame, vos bontés choisiront mieux pour elle;
Comme pour Martian elles nous ont surpris,
Elles sauront encor surprendre nos esprits.
Je vous laisse en résoudre.

PULCHÉRIE.
 Allez; et pour Irène

Si vous ne sentez rien en l'âme qui vous gêne,
Ne faites plus douter de vos longues amours,
Ou je dispose d'elle avant qu'il soit deux jours.

SCÈNE V.

PULCHÉRIE, JUSTINE.

PULCHÉRIE.

Ce n'est pas encor tout, Justine; je veux faire
Le malheureux Léon successeur de ton père.
Y contribueras-tu? prêteras-tu la main
Au glorieux succès d'un si noble dessein?

JUSTINE.

Et la main et le cœur sont en votre puissance,
Madame; doutez-vous de mon obéissance,
Après que par votre ordre il m'a déjà coûté
Un conseil contre vous qui doit l'avoir flatté?

PULCHÉRIE.

Achevons; le voici. Je réponds de ton père;
Son cœur est trop à moi pour nous être contraire.

SCÈNE VI.

PULCHÉRIE, LÉON, JUSTINE.

LÉON.

Je me le disais bien que vos nouveaux serments,
Madame, ne seraient que des amusements.

PULCHÉRIE.

Vous commencez d'un air...

LÉON.

J'achèverai de même,
Ingrate! ce n'est plus ce Léon qui vous aime;
Non, ce n'est plus...

PULCHÉRIE.

Sachez...

LÉON.

Je ne veux rien savoir,
Et je n'apporte ici ni respect ni devoir.
L'impétueuse ardeur d'une rage inquiète
N'y vient que mériter la mort que je souhaite;
Et les emportements de ma juste fureur
Ne m'y parlent de vous que pour m'en faire horreur.
Oui, comme Pulchérie et comme impératrice,
Vous n'avez eu pour moi que détour, qu'injustice:
Si vos fausses bontés ont su me décevoir,
Vos serments m'ont réduit au dernier désespoir.

PULCHÉRIE.

Ah! Léon.

LÉON.

Par quel art que je ne puis comprendre
Forcez-vous d'un soupir ma fureur à se rendre?

Un coup d'œil en triomphe; et dès que je vous voi,
Il ne me souvient plus de vos manques de foi.
Ma bouche se refuse à vous nommer parjure,
Ma douleur se défend jusqu'au moindre murmure;
Et l'affreux désespoir qui m'amène en ces lieux
Cède au plaisir secret d'y mourir à vos yeux.
J'y vais mourir, madame, et d'amour, non de rage;
De mon dernier soupir recevez l'humble hommage;
Et, si de votre rang la fierté le permet,
Recevez-le, de grâce, avec quelque regret.
Jamais fidèle ardeur n'approcha de ma flamme,
Jamais frivole espoir ne flatta mieux une âme;
Je ne méritais pas qu'il eût aucun effet,
Ni qu'un amour si pur se vît mieux satisfait.
Mais quand vous m'avez dit: « Quelque ordre qu'on me
« Nul autre ne sera maître de ma personne, » [donne,
J'ai dû me le promettre; et, toutefois, hélas!
Vous passez dès demain, madame, en d'autres bras;
Et, dès ce même jour, vous perdez la mémoire
De ce que vos bontés me commandaient de croire!

PULCHÉRIE.

Non, je ne la perds pas, et sais ce que je dois.
Prenez des sentiments qui soient dignes de moi;
Et ne m'accusez point de manquer de parole,
Quand pour vous la tenir moi-même je m'immole.

LÉON.

Quoi! vous n'épousez pas Martian dès demain?

PULCHÉRIE.

Savez-vous à quel prix je lui donne la main?

LÉON.

Que m'importe à quel prix un tel bonheur s'achète!

PULCHÉRIE.

Sortez, sortez du trouble où votre erreur vous jette,
Et sachez qu'avec moi ce grand titre d'époux
N'a point de privilége à vous rendre jaloux;
Que sous l'illusion de ce faux hyménée,
Je fais vœu de mourir telle que je suis née;
Que Martian reçoit et ma main, et ma foi,
Pour me conserver toute, et tout l'empire à moi;
Et que tout le pouvoir que cette foi lui donne
Ne le fera jamais maître de ma personne.
Est-ce tenir parole? et reconnaissez-vous
A quel point je vous sers quand j'en fais mon époux?
C'est pour vous qu'en ses mains je dépose l'empire,
C'est pour vous le garder qu'il me plaît de l'élire.
Rendez-vous, comme lui, digne de ce dépôt
Que son âge penchant vous remettra bientôt;
Suivez-le pas à pas; et, marchant dans sa route,
Mettez ce premier rang après lui hors de doute.
Étudiez sous lui ce grand art de régner,
Que tout autre aurait peine à vous mieux enseigner;
Et pour vous assurer ce que j'en veux attendre,
Attachez-vous au trône, et faites-vous son gendre;
Je vous donne Justine.

17

LÉON.
A moi, madame!
PULCHÉRIE.
A vous,
Que je m'étais promis moi-même pour époux.
LÉON.
Ce n'est donc pas assez de vous avoir perdue,
De voir en d'autres mains la main qui m'était due,
Il faut aimer ailleurs!
PULCHÉRIE.
Il faut être empereur,
Et, le sceptre à la main, justifier mon cœur;
Montrer à l'univers, dans le héros que j'aime,
Tout ce qui rend un front digne du diadème;
Vous mettre, à mon exemple, au-dessus de l'amour,
Et par mon ordre enfin régner à votre tour.
Justine a du mérite, elle est jeune, elle est belle :
Tous vos rivaux pour moi, le vont être pour elle :
Et l'empire pour dot est un trait si charmant,
Que je ne vous en puis répondre qu'un moment.
LÉON.
Oui, madame, après vous elle est incomparable ;
Elle est de votre cour la plus considérable ;
Elle a des qualités à se faire adorer :
Mais, hélas! jusqu'à vous j'avais droit d'aspirer.
Voulez-vous qu'à vos yeux je trompe un tel mérite,
Que sans amour pour elle à m'aimer je l'invite,
Qu'en vous laissant mon cœur je demande le sien,
Et lui promette tout pour ne lui donner rien?
PULCHÉRIE.
Et ne savez-vous pas qu'il est des hyménées
Que font sans nous au ciel les belles destinées?
Quand il veut que l'effet en éclate ici-bas,
Lui-même il nous entraîne où nous ne pensions pas;
Et, dès qu'il les résout, il sait trouver la voie
De nous faire accepter ses ordres avec joie.
LÉON.
Mais ne vous aimer plus! vous voler tous mes vœux!
PULCHÉRIE.
Aimez-moi, j'y consens ; je dis plus, je le veux,
Mais comme impératrice, et non plus comme amante;
Que la passion cesse, et que le zèle augmente.
Justine, qui m'écoute, agréra bien, seigneur,
Que je conserve ainsi ma part en votre cœur.
Je connais tout le sien. Rendez-vous plus traitable
Pour apprendre à l'aimer autant qu'elle est aimable;
Et laissez-vous conduire à qui sait mieux que vous
Les chemins de vous faire un sort illustre et doux.
Croyez-en votre amante et votre impératrice :
L'une aime vos vertus, l'autre leur rend justice ;
Et sur Justine et vous je dois pouvoir assez
Pour vous dire à tous deux ; Je parle, obéissez.
LÉON, *à Justine.*
J'obéis donc, madame, à cet ordre suprême,
Pour vous offrir un cœur qui n'est pas à lui-même :
Mais enfin je ne sais quand je pourrai donner
Ce que je ne puis même offrir sans le gêner ;
Et cette offre d'un cœur entre les mains d'une autre
Ne peut faire un amour qui mérite le vôtre.
JUSTINE.
Il est assez à moi, dans de si bonnes mains,
Pour n'en point redouter de vrais et longs dédains ;
Et je vous répondrais d'une amitié sincère,
Si j'en avais l'aveu de l'empereur mon père.
Le temps fait tout, seigneur.

SCÈNE VII.

PULCHÉRIE, MARTIAN, LÉON, JUSTINE.

MARTIAN.
D'une commune voix,
Madame, le sénat accepte votre choix.
A vos bontés pour moi son allégresse unie
Soupire après le jour de la cérémonie;
Et le serment prêté pour n'en retarder rien,
A votre auguste nom vient de mêler le mien.
PULCHÉRIE.
Cependant j'ai sans vous disposé de Justine,
Seigneur, et c'est Léon à qui je la destine.
MARTIAN.
Pourrais-je lui choisir un plus illustre époux
Que celui que l'amour avait choisi pour vous?
Il peut prendre après vous tout pouvoir dans l'empire
S'y faire des emplois où l'univers l'admire,
Afin que, par votre ordre et les conseils d'Aspar,
Nous l'installions au trône, et le nommions césar.
PULCHÉRIE.
Allons tout préparer pour ce double hyménée,
En ordonner la pompe, en choisir la journée.
D'Irène avec Aspar j'en voudrais faire autant ;
Mais j'ai donné deux jours à cet esprit flottant,
Et laisse jusque-là ma faveur incertaine,
Pour régler son destin sur le destin d'Irène [1].

---

[1] Cette pièce tombe dans le même inconvénient qu'*Othon*. Trois personnages se disputent la main de la nièce d'Othon, et ici l'on voit trois prétendants à Pulchérie. Nulle grande intrigue, nul événement considérable, pas un seul personnage auquel on s'intéresse. Il y a quelques beaux vers dans *Othon*, et ce mérite manque à *Pulchérie* : où y parle d'amour de manière à dégoûter de cette passion, s'il était possible. Pourquoi Corneille s'obstinait-il à traiter l'amour? Sa comédie héroïque de *Tite et Bérénice* devait lui apprendre que ce n'était pas à lui de faire parler des amants, ou plutôt qu'il ne devait plus travailler pour le théâtre : *Solve senescentem*. Il veut de l'amour dans toutes ses pièces ; et, depuis *Polyeucte*, ce ne sont que des contrats de mariage, où l'on stipule pendant cinq actes les intérêts des parties, ou des raisonnements alambiqués sur le devoir des vrais amants. J'avoue sans balancer que les Prades,

les Bonnecorse, les Coras, les Danchet n'ont rien fait de si plat et de si ridicule que toutes ces dernières pièces de Corneille; mais je n'ai dû le dire qu'après l'avoir prouvé. (V.) — Ces dernières pièces de Corneille sont bien inférieures, sans doute, aux chefs-d'œuvre de ses belles années : mais est-il possible que Voltaire n'ait pas senti l'extrême indécence de rabaisser ainsi la vieillesse d'un grand homme? Quoi! les Coras, les Bonnecorse, Pradon même, n'ont rien écrit *de si ridicule et de si plat* que ces malheureuses tragédies! et Voltaire, qui touchait lui-même à la vieillesse, Voltaire, dont les derniers ouvrages n'ont pas même trouvé de comédiens assez complaisants pour les représenter, ne rougissait pas de se permettre cette exagération violente contre un homme qui avait été et qui sera toujours l'honneur de la France! Il ne prévoyait pas que sa mémoire pourrait être exposée aux mêmes injures. Il élevait au niveau de Corneille vieilli de misérables écrivains dont aucun n'eût été capable, je ne dis pas de composer un ouvrage qui pût balancer ce que Corneille a de plus faible, ce serait leur faire trop d'honneur, mais qui, dans tout ce qu'ils ont écrit, n'offriraient rien de comparable aux douze premiers vers de cette *Pulchérie*, que Voltaire lui-même n'a pu se dispenser de faire remarquer, et dont il reconnaît tout le mérite. Nous ne le dissimulons pas, quelque attachement que nous ayons toujours eu pour Voltaire, et quelque respect que nous conservions pour sa mémoire, nous n'avons jamais pu lui pardonner ces excessives injustices. Ce sont elles qui nous ont fait consacrer nos dernières années à un travail ingrat, mais que nous avons cru d'autant plus nécessaire, qu'une foule de jeunes gens, imbus des préjugés qu'ils ont puisés dans un commentaire qui n'est trop souvent qu'une satire, osent parler de Corneille avec irrévérence, et se croire capables de le juger. Voltaire, dans la première édition de ce commentaire, s'était respecté davantage : il ne s'était point permis cette odieuse comparaison de Bonnecorse et de Pradon avec Corneille; mais, irrité des critiques qui s'élevèrent en foule contre cette première édition, il n'y répondit qu'en ne gardant plus aucune mesure. (P.)

FIN DE PULCHÉRIE.

SURÉNA,
GÉNÉRAL DES PARTHES.

TRAGÉDIE. — 1674.

AU LECTEUR.

Le sujet de cette tragédie est tiré de Plutarque et d'Appian Alexandrin. Ils disent tous deux que Suréna[2] était le plus noble, le plus riche, le mieux fait, et le plus vaillant des Parthes. Avec ces qualités, il ne pouvait manquer d'être un des premiers hommes de son siècle; et, si je ne m'abuse, la peinture que j'en ai faite ne l'a point rendu méconnaissable : vous en jugerez.

PERSONNAGES.

ORODE, roi des Parthes.
PACORUS, fils d'Orode.
SURÉNA, lieutenant d'Orode, et général de son armée contre Crassus.
SILLACE, autre lieutenant d'Orode.
EURYDICE, fille d'Artabase, roi d'Arménie.
PALMIS, sœur de Suréna.
ORMÈNE, dame d'honneur d'Eurydice.

La scène est à Séleucie, sur l'Euphrate.

ACTE PREMIER.

SCÈNE PREMIÈRE.

EURYDICE, ORMÈNE.

ORMÈNE.

Ne me parle plus tant de joie et d'hyménée;
Tu ne sais pas les maux où je suis condamnée,
Ormène : c'est ici que doit s'exécuter
Ce traité qu'à deux rois il a plu d'arrêter,
Et l'on a préféré cette superbe ville,
Ces murs de Séleucie, aux murs d'Hécatompyle.
La reine et la princesse en quittent le séjour,
Pour rendre en ces beaux lieux tout son lustre à la cour.
Le roi les mande exprès, le prince n'attend qu'elles;
Et jamais ces climats n'ont vu pompes si belles.
Mais que servent pour moi tous ces préparatifs,
Si mon cœur est esclave et tous ses vœux captifs,
Si de tous ces efforts de publique allégresse
Il se fait des sujets de trouble et de tristesse?
J'aime ailleurs.

ORMÈNE.
Vous, madame?
EURYDICE.
Ormène, je l'ai tu
Tant que j'ai pu me rendre à toute ma vertu.
N'espérant jamais voir l'amant qui m'a charmée,
Ma flamme dans mon cœur se tenait renfermée :
L'absence et la raison semblaient la dissiper;
Le manque d'espoir même aidait à me tromper.
Je crus ce cœur tranquille; et mon devoir sévère
Le préparait sans peine aux lois du roi mon père,
Au choix qui lui plairait. Mais, ô dieux! quel tourment,
S'il faut prendre un époux aux yeux de cet amant!
ORMÈNE.
Aux yeux de votre amant!
EURYDICE.
Il est temps de te dire
Et quel malheur m'accable, et pour qui je soupire.
Le mal qui s'évapore en devient plus léger
Et le mien avec toi cherche à se soulager.
Quand l'avare Crassus, chef des troupes romaines,

---

[1] La tragédie de *Suréna* fut jouée les derniers jours de 1674, et les premiers de 1675; elle roule tout entière sur l'amour. Il semblait que Corneille voulût jouter contre Racine : ce grand homme avait donné son *Iphigénie* la même année 1674. (V.)

[2] Suréna n'est point un nom propre; c'est un titre d'honneur, un nom de dignité. Le suréna des Parthes était, l'ethmadoulet des Persans d'aujourd'hui, le grand vizir des Turcs. Cette méprise ressemble à celle de plusieurs de nos écrivains qui ont parlé d'un Azem, grand vizir de la Porte ottomane, ne sachant pas que *vizir-azem* signifie *grand vizir* : mais la méprise est bien plus pardonnable à Corneille qu'à ces historiens, parce que l'histoire des Parthes nous est bien moins connue que celle des nouveaux Persans et des Turcs. (V.)

Entreprit de dompter les Parthes dans leurs plaines,
Tu sais que de mon père il brigua le secours ;
Qu'Orode en fit autant au bout de quelques jours ;
Que pour ambassadeur il prit ce héros même,
Qui l'avait su venger et rendre au diadème.

ORMÈNE.

Oui, je vis Suréna vous parler pour son roi
Et Cassius pour Rome avoir le même emploi.
Je vis de ces États l'orgueilleuse puissance
D'Artabase à l'envi mendier l'assistance,
Ces deux grands intérêts partager votre cour,
Et des ambassadeurs prolonger le séjour.

EURYDICE.

Tous deux, ainsi qu'au roi, me rendirent visite,
Et j'en connus bientôt le différent mérite.
L'un, fier, et tout gonflé d'un vieux mépris des rois,
Semblait pour compliment nous apporter des lois ;
L'autre, par les devoirs d'un respect légitime,
Vengeait le sceptre en nous de ce qu'il manque d'estime.
L'amour s'en mêla même ; et tout son entretien
Sembla m'offrir son cœur, et demander le mien.
Il l'obtint ; et mes yeux, que charmait sa présence,
Soudain avec les siens en firent confidence.
Ces muets truchements surent lui révéler
Ce que je me forçais à lui dissimuler ;
Et les mêmes regards qui m'expliquaient sa flamme
S'instruisaient dans les miens du secret de mon âme.
Ses vœux y rencontraient d'aussi tendres désirs ;
Un accord imprévu confondait nos soupirs,
Et d'un mot échappé la douceur hasardée
Trouvait l'âme en tous deux toute persuadée.

ORMÈNE.

Cependant est-il roi, madame ?

EURYDICE.

Il ne l'est pas ;
Mais il sait rétablir les rois dans leurs États.
Des Parthes le mieux fait d'esprit et de visage,
Le plus puissant en biens, le plus grand en courage,
Le plus noble : joins-y l'amour qu'il a pour moi ;
Et tout cela vaut bien un roi qui n'est que roi.
Ne t'effarouche point d'un feu dont je fais gloire,
Et souffre de mes maux que j'achève l'histoire.

L'amour, sous les dehors de la civilité,
Profita quelque temps des longueurs du traité :
On ne soupçonna rien des soins d'un si grand homme,
Mais il fallut choisir entre le Parthe et Rome.
Mon père eut ses raisons en faveur du Romain ;
J'eus les miennes pour l'autre, et parlai même en vain :
Je fus mal écoutée, et dans ce grand ouvrage
On ne daigna peser ni compter mon suffrage.
Nous fûmes donc pour Rome ; et Suréna confus
Emporta la douleur d'un indigne refus.
Il m'en parut ému, mais il sut se contraindre :
Pour tout ressentiment il ne fit que nous plaindre ;
Et comme tout son cœur me demeura soumis,
Notre adieu ne fut point un adieu d'ennemis.
Que servit de flatter l'espérance détruite ?
Mon père choisit mal : on l'a vu par la suite.
Suréna fit périr l'un et l'autre Crassus,
Et sur notre Arménie Orode eut le dessus ;
Il vint dans nos États fondre comme un tonnerre.
Hélas ! j'avais prévu les maux de cette guerre,
Et n'avais pas compté parmi ses noirs succès
Le funeste bonheur que me gardait la paix.
Les deux rois l'ont conclue, et j'en suis la victime :
On m'amène épouser un prince magnanime ;
Car son mérite enfin ne m'est point inconnu ;
Et se ferait aimer d'un cœur moins prévenu.
Mais quand ce cœur est pris et la place occupée,
Des vertus d'un rival en vain l'âme est frappée ;
Tout ce qu'il a d'aimable importune les yeux ;
Et plus il est parfait, plus il est odieux.
Cependant j'obéis, Ormène ; je l'épouse,
Et de plus...

ORMÈNE.

Qu'auriez-vous de plus ?

EURYDICE.

Je suis jalouse.

ORMÈNE.

Jalouse ! Quoi ! pour comble aux maux dont je vous plains...

EURYDICE.

Tu vois ceux que je souffre, apprends ceux que je crains.
Orode fait venir la princesse sa fille ;
Et s'il veut de mon bien enrichir sa famille,
S'il veut qu'un double hymen honore un même jour,
Conçois mes déplaisirs ; je t'ai dit mon amour.
C'est bien assez, ô ciel ! que le pouvoir suprême
Me livre en d'autres bras aux yeux de ce que j'aime ;
Ne me condamne pas à ce nouvel ennui
De voir tout ce que j'aime entre les bras d'autrui.

ORMÈNE.

Votre douleur, madame, est trop ingénieuse.

EURYDICE.

Quand on a commencé de se voir malheureuse,
Rien ne s'offre à nos yeux qui ne fasse trembler ;
La plus fausse apparence a droit de nous troubler ;
Et tout ce qu'on prévoit, tout ce qu'on s'imagine,
Forme un nouveau poison pour une âme chagrine.

ORMÈNE.

En ces nouveaux poisons trouvez-vous tant d'appas
Qu'il en faille faire un d'un hymen qui n'est pas ?

EURYDICE.

La princesse est mandée, elle vient, elle est belle :
Un vainqueur des Romains n'est que trop digne d'elle :
S'il la voit, s'il lui parle, et si le roi le veut...
J'en dis trop ; et déjà tout mon cœur qui s'émeut...

ORMÈNE.

A soulager vos maux appliquez même étude

Qu'à prendre un vain soupçon pour une certitude :
Songez par où l'aigreur s'en pourrait adoucir.

EURYDICE.

J'y fais ce que je puis, et n'y puis réussir.
N'osant voir Suréna, qui règne en ma pensée,
Et qui me croit peut-être une âme intéressée,
Tu vois quelle amitié j'ai faite avec sa sœur :
Je crois le voir en elle, et c'est quelque douceur,
Mais légère, mais faible, et qui me gêne l'âme
Par l'inutile soin de lui cacher ma flamme.
Elle la sait sans doute, et l'air dont elle agit
M'en demande un aveu dont mon devoir rougit.
Ce frère l'aime trop pour s'être caché d'elle :
N'en use pas de même, et sois-moi plus fidèle ;
Il suffit qu'avec toi j'amuse mon ennui.
Toutefois tu n'as rien à me dire de lui ;
Tu ne sais ce qu'il fait, tu ne sais ce qu'il pense :
Une sœur est plus propre à cette confiance ;
Elle sait s'il m'accuse, ou s'il plaint mon malheur,
S'il partage ma peine, ou rit de ma douleur,
Si du vol qu'on lui fait il m'estime complice,
S'il me garde son cœur, ou s'il me rend justice.
Je la vois ; force-la, si tu peux, à parler.
Force-moi, s'il le faut, à ne lui rien celer.
L'oserai-je, grands dieux ! ou plutôt le pourrai-je ?

ORMÈNE.

L'amour, dès qu'il le veut, se fait un privilège ;
Et quand de se forcer ses désirs sont lassés,
Lui-même à n'en rien taire il s'enhardit assez [1].

---

[1] Il n'est pas plus possible de faire un commentaire sur la pièce de *Suréna* que sur *Agésilas*, *Attila*, *Pulchérie*, *Pertharite*, *Tite et Bérénice*, *la Toison d'or*, *Théodore*. Si on a fait quelques réflexions sur *Othon*, c'est qu'en effet les beaux vers répandus dans la première scène soutenaient un peu le commentateur dans ce travail ingrat et dégoûtant. Il ne faut examiner que les ouvrages qui ont des beautés avec des défauts, afin d'apprendre aux jeunes gens à éviter les uns et à imiter les autres ; mais, pour les pièces aussi mal inventées que mal écrites, où les fautes innombrables ne sont pas rachetées par une seule belle scène, il est très-inutile de commenter ce qu'on ne peut lire. On n'aura donc ici qu'une seule observation, que j'ai déjà souvent indiquée : c'est que plus Corneille vieillissait, plus il s'obstinait à traiter l'amour, lui qui, dans son dépit de réussir si mal, se plaignait *que la seule tendresse fût toujours à la mode*. D'ordinaire la vieillesse dédaigne des faiblesses qu'elle ne ressent plus ; l'esprit contracte une fermeté sévère qui va jusqu'à la rudesse : mais Corneille, au contraire, mit dans ses derniers ouvrages plus de galanterie que jamais ; et quelle galanterie ! Peut-être voulait-il jouter contre Racine, dont il sentait malgré lui la prodigieuse supériorité dans l'art si difficile de rendre cette passion aussi noble, aussi tragique qu'intéressante. Il imprima... qu'*Othon*, ni *Suréna*, ne sont point des cadets indignes de *Cinna*. Ils étaient pourtant des cadets très-indignes ; et Pacorus, et Eurydice, et Palmis, et le Suréna, parlent d'amour comme des bourgeois de Paris.

Si le mérite est si grand, l'estime est un peu forte.
Vous la pardonnerez à l'amour qui s'emporte.
Comme vous le forcez à se trop expliquer,
S'il manque de respect, vous l'en faites manquer.
Il est si naturel d'estimer ce qu'on aime,
Qu'on voudrait que partout on l'estimât de même ;

SCÈNE II.

EURYDICE, PALMIS, ORMÈNE.

PALMIS.

J'apporte ici, madame, une heureuse nouvelle :
Ce soir la reine arrive.

EURYDICE.
        Et Mandane avec elle ?

PALMIS.

On n'en fait aucun doute.

EURYDICE.
        Et Suréna l'attend
Avec beaucoup de joie et d'un esprit content ?

PALMIS.

Avec tout le respect qu'elle a lieu d'en attendre.

EURYDICE.

Rien de plus ?

PALMIS.
    Qu'a de plus un sujet à lui rendre ?

EURYDICE.

Je suis trop curieuse et devrais mieux savoir
Ce qu'aux filles des rois un sujet peut devoir :
Mais de pareils sujets, sur qui tout l'État roule,
Se font assez souvent distinguer de la foule ;
Et je sais qu'il en est, qui, si j'en puis juger,
Avec moins de respect savent mieux obliger.

PALMIS.

Je n'en sais point, madame, et ne crois pas mon frère
Plus savant que sa sœur en un pareil mystère.

EURYDICE.

Passons. Que fait le prince ?

PALMIS.
        En véritable amant,
Doutez-vous qu'il ne soit dans le ravissement ?
Et pourrait-il n'avoir qu'une joie imparfaite
Quand il se voit toucher au bonheur qu'il souhaite ?

EURYDICE.

Peut-être n'est-ce pas un grand bonheur pour lui,
Madame ; et j'y craindrais quelque sujet d'ennui.

Et la pente est si douce à vanter ce qu'il vaut,
Que jamais on ne craint de l'élever trop haut.

C'est dans ce style ridicule que Corneille fait l'amour dans ses vingt dernières tragédies et dans quelques-unes des premières. Quiconque ne sent pas ce défaut est sans aucun goût, et quiconque veut le justifier se ment à lui-même. Ceux qui m'ont fait un crime d'être trop sévère m'ont forcé à l'être véritablement, et à n'adoucir aucune vérité. Je ne dois rien à ceux qui sont de mauvaise foi ; je ne dois compte à personne de ce que j'ai fait pour une descendante de Corneille, et de ce que j'ai fait pour satisfaire mon goût. Je connais mieux les beaux morceaux de ce grand génie que ceux qui feignent de respecter les mauvais ; je sais par cœur tout ce qu'il a fait d'excellent ; mais on ne m'imposera silence en aucun genre sur ce qui me paraît défectueux. Ma devise a toujours été *fari quæ sentiam*. (V.)

SURÉNA, ACTE I, SCÈNE II.

PALMIS.
Et quel ennui pourrait mêler son amertume
Au doux et plein succès du feu qui le consume?
Quel chagrin a de quoi troubler un tel bonheur?
Le don de votre main...
EURYDICE.
La main n'est pas le cœur.
PALMIS.
Il est maître du vôtre.
EURYDICE.
Il ne l'est point, madame;
Et même je ne sais s'il le sera de l'âme.
Jugez après cela quel bonheur est le sien.
Mais achevons, de grâce, et ne déguisons rien.
Savez-vous mon secret?
PALMIS.
Je sais celui d'un frère.
EURYDICE.
Vous savez donc le mien. Fait-il ce qu'il doit faire?
Me hait-il? et son cœur, justement irrité,
Me rend-il sans regret ce que j'ai mérité?
PALMIS.
Oui, madame, il vous rend tout ce qu'une grande âme
Doit au plus grand mérite et de zèle et de flamme.
EURYDICE.
Il m'aimerait encor?
PALMIS.
C'est peu de dire aimer :
Il souffre sans murmure; et j'ai beau vous blâmer,
Lui-même il vous défend, vous excuse sans cesse.
« Elle est fille, et de plus, dit-il, elle est princesse :
« Je sais les droits d'un père, et connais ceux d'un roi;
« Je sais de ses devoirs l'indispensable loi;
« Je sais quel rude joug, dès sa plus tendre enfance,
« Imposent à ses vœux son rang et sa naissance :
« Son cœur n'est pas exempt d'aimer ni de haïr;
« Mais qu'il aime ou haïsse, il lui faut obéir.
« Elle m'a tout donné ce qui dépendait d'elle,
« Et ma reconnaissance en doit être éternelle. »
EURYDICE.
Ah! vous redoublez trop, par ce discours charmant,
Ma haine pour le prince et mes feux pour l'amant;
Finissons-le, madame; en ce malheur extrême,
Plus je hais, plus je souffre, et souffre autant que [j'aime.
PALMIS.
N'irritons point vos maux, et changeons d'entretien.
Je sais votre secret, sachez aussi le mien.
Vous n'êtes pas la seule à qui la destinée
Prépare un long supplice en ce grand hyménée :
Le prince...
EURYDICE.
Au nom des dieux, ne me le nommez pas;
Son nom seul me prépare à plus que le trépas.

PALMIS.
Un tel excès de haine!
EURYDICE.
Elle n'est que trop due
Aux mortelles douleurs dont m'accable sa vue.
PALMIS.
Eh bien! ce prince donc, qu'il vous plaît de haïr,
Et pour qui votre cœur s'apprête à se trahir,
Ce prince qui vous aime, il m'aimait.
EURYDICE.
L'infidèle!
PALMIS.
Nos vœux étaient pareils, notre ardeur mutuelle;
Je l'aimais.
EURYDICE.
Et l'ingrat brise des nœuds si doux!
PALMIS.
Madame, est-il des cœurs qui tiennent contre vous?
Est-il vœux ni serments qu'ils ne vous sacrifient?
Si l'ingrat me trahit, vos yeux le justifient,
Vos yeux qui sur moi-même ont un tel ascendant...
EURYDICE.
Vous demeurez à vous, madame, en le perdant;
Et le bien d'être libre aisément vous console
De ce qu'a d'injustice un manque de parole :
Mais je deviens esclave; et tels sont mes malheurs,
Qu'en perdant ce que j'aime il faut que j'aime ailleurs.
PALMIS.
Madame, trouvez-vous ma fortune meilleure?
Vous perdez votre amant, mais son cœur vous demeu-
Et j'éprouve en mon sort une telle rigueur,   [re,
Que la perte du mien m'enlève tout son cœur.
Ma conquête m'échappe où les vôtres grossissent;
Vous faites des captifs des miens qui s'affranchissent;
Votre empire s'augmente où se détruit le mien;
Et de toute ma gloire il ne me reste rien.
EURYDICE.
Reprenez vos captifs, rassurez vos conquêtes,
Rétablissez vos lois sur les plus grandes têtes;
J'en serai peu jalouse, et préfère à cent rois
La douceur de ma flamme et l'éclat de mon choix.
La main de Suréna vaut mieux qu'un diadème.
Mais dites-moi, madame, est-il bien vrai qu'il m'aime?
Dites; et s'il est vrai, pourquoi fuit-il mes yeux?
PALMIS.
Madame, le voici qui vous le dira mieux.
EURYDICE.
Juste ciel! à le voir déjà mon cœur soupire!
Amour, sur ma vertu prends un peu moins d'empire!

SCÈNE III.

EURYDICE, SURÉNA.

EURYDICE.

Je vous ai fait prier de ne me plus revoir,
Seigneur : votre présence étonne mon devoir ;
Et ce qui de mon cœur fit toutes les délices,
Ne saurait plus m'offrir que de nouveaux supplices.
Osez-vous l'ignorer ? et lorsque je vous voi,
S'il me faut trop souffrir, souffrez-vous moins que moi ?
Souffrons-nous moins tous deux pour soupirer ensemble ?
Allez, contentez-vous d'avoir vu que j'en tremble ;
Et du moins par pitié d'un triomphe douteux,
Ne me hasardez plus à des soupirs honteux.

SURÉNA.

Je sais ce qu'à mon cœur coûtera votre vue ;
Mais qui cherche à mourir doit chercher ce qui tue.
Madame, l'heure approche, et demain votre foi
Vous fait de m'oublier une éternelle loi :
Je n'ai plus que ce jour, que ce moment de vie :
Pardonnez à l'amour qui vous le sacrifie,
Et souffrez qu'un soupir exhale à vos genoux,
Pour ma dernière joie, une âme toute à vous.

EURYDICE.

Et la mienne, seigneur, la jugez-vous si forte,
Que vous ne craigniez point que ce moment l'emporte,
Que ce même soupir qui tranchera vos jours
Ne tranche aussi des miens le déplorable cours ?
Vivez, seigneur, vivez, afin que je languisse,
Qu'à vos feux ma langueur rende longtemps justice.
Le trépas à vos yeux me semblerait trop doux,
Et je n'ai pas encore assez souffert pour vous.
Je veux qu'un noir chagrin à pas lents me consume,
Qu'il me fasse à longs traits goûter son amertume ;
Je veux, sans que la mort ose me secourir,
Toujours aimer, toujours souffrir, toujours mourir.
Mais pardonneriez-vous l'aveu d'une faiblesse
A cette douloureuse et fatale tendresse ?
Vous pourriez-vous, seigneur, résoudre à soulager
Un malheur si pressant par un bonheur léger ?

SURÉNA.

Quel bonheur peut dépendre ici d'un misérable
Qu'après tant de faveurs son amour même accable ?
Puis-je encor quelque chose en l'état où je suis ?

EURYDICE.

Vous pouvez m'épargner d'assez rudes ennuis.
N'épousez point Mandane : exprès on l'a mandée ;
Mon chagrin, mes soupçons, m'en ont persuadée.
N'ajoutez point, seigneur, à des malheurs si grands
Celui de vous unir au sang de mes tyrans ;
De remettre en leurs mains le seul bien qui me reste,
Votre cœur ; un tel don me serait trop funeste :
Je veux qu'il me demeure, et, malgré votre roi,
Disposer d'une main qui ne peut être à moi.

SURÉNA.

Plein d'un amour si pur et si fort que le nôtre,
Aveugle pour Mandane, aveugle pour toute autre,
Comme je n'ai plus d'yeux vers elles à tourner,
Je n'ai plus ni de cœur ni de main à donner.
Je vous aime, et vous perds. Après cela, madame,
Serait-il quelque hymen que pût souffrir mon âme ?
Serait-il quelques nœuds où se pût attacher
Le bonheur d'un amant qui vous était si cher,
Et qu'à force d'amour vous rendez incapable
De trouver sous le ciel quelque chose d'aimable ?

EURYDICE.

Ce n'est pas là de vous, seigneur, ce que je veux.
A la postérité vous devez des neveux ;
Et ces illustres morts dont vous tenez la place
Ont assez mérité de revivre en leur race :
Je ne veux pas l'éteindre, et tiendrais à forfait
Qu'il m'en fût échappé le plus léger souhait.

SURÉNA.

Que tout meure avec moi, madame : que m'importe[1]
Qui foule après ma mort la terre qui me porte ?
Sentiront-ils percer par un éclat nouveau,
Ces illustres aïeux, la nuit de leur tombeau ?
Respireront-ils l'air où les feront revivre
Ces neveux qui peut-être auront peine à les suivre,
Peut-être ne feront que les déshonorer,
Et n'en auront le sang que pour dégénérer ?
Quand nous avons perdu le jour qui nous éclaire,
Cette sorte de vie est bien imaginaire,
Et le moindre moment d'un bonheur souhaité
Vaut mieux qu'une si froide et vaine éternité.

EURYDICE.

Non, non, je suis jalouse ; et mon impatience
D'affranchir mon amour de toute défiance
Tant que je vous verrai maître de votre foi,
La croira réservée aux volontés du roi ;
Mandane aura toujours un plein droit de vous plaire ;
Ce sera l'épouser que de le pouvoir faire ;
Et ma haine sans cesse aura de quoi trembler,
Tant que par là mes maux pourront se redoubler.
Il faut qu'un autre hymen me mette en assurance.
N'y portez, s'il se peut, que de l'indifférence :
Mais, par de nouveaux feux dussiez-vous me trahir
Je veux que vous aimiez afin de m'obéir ;
Je veux que ce grand choix soit mon dernier ouvrage,
Qu'il tienne lieu vers moi d'un éternel hommage,
Que mon ordre le règle, et qu'on me voie enfin
Reine de votre cœur et de votre destin ;
Que Mandane, en dépit de l'espoir qu'on lui donne,
Ne pouvant s'élever jusqu'à votre personne,
Soit réduite à descendre à ces malheureux rois

[1] Ces vers, d'autant plus remarquables qu'ils étaient de la vieillesse de l'auteur, méritaient, à ce qu'il nous semble l'attention de Voltaire. (P.)

A qui, quand vous voudrez, vous donnerez des lois.
Et n'appréhendez point d'en regretter la perte;
Il n'est cour sous les cieux qui ne vous soit ouverte;
Et partout votre gloire a fait de tels éclats,
Que les filles de roi ne vous manqueront pas.
SURÉNA.
Quand elles me rendraient maître de tout un monde,
Absolu sur la terre et souverain sur l'onde,
Mon cœur...
EURYDICE.
N'achevez point : l'air dont vous commencez
Pourrait à mon chagrin ne plaire pas assez;
Et d'un cœur qui veut être encor sous ma puissance
Je ne veux recevoir que de l'obéissance.
SURÉNA.
A qui me donnez-vous?
EURYDICE.
Moi? que ne puis-je, hélas!
Vous ôter à Mandane, et ne vous donner pas!
Et contre les soupçons de ce cœur qui vous aime
Que ne m'est-il permis de m'assurer moi-même!
Mais adieu; je m'égare.
SURÉNA.
Où dois-je, recourir,
O ciel! s'il faut toujours aimer, souffrir, mourir!

ACTE SECOND.

SCÈNE PREMIÈRE.

PACORUS, SURÉNA.

PACORUS.
Suréna, votre zèle a trop servi mon père
Pour m'en laisser attendre un devoir moins sincère;
Et, si près d'un hymen qui doit m'être assez doux,
Je mets ma confiance et mon espoir en vous,
Palmis avec raison de cet hymen murmure;
Mais je puis réparer ce qu'il lui fait d'injure;
Et vous n'ignorez pas qu'à former ces grands nœuds
Mes pareils ne sont point tout à fait maîtres d'eux.
Quand vous voudrez tous deux attacher vos tendresses,
Il est des rois pour elle, et pour vous des princesses,
Et je puis hautement vous engager ma foi
Que vous ne vous plaindrez du prince ni du roi.
SURÉNA.
Cessez de me traiter, seigneur, en mercenaire :
Je n'ai jamais servi par espoir de salaire;
La gloire m'en suffit, et le prix que reçoit...
PACORUS.
Je sais ce que je dois quand on fait ce qu'on doit,
Et si de l'accepter ce grand cœur vous dispense,
Le mien se satisfait alors qu'il récompense.
J'épouse une princesse en qui les doux accords
Des grâces de l'esprit avec celles du corps
Forment le plus brillant et plus noble assemblage
Qui puisse orner une âme et parer un visage.
Je n'en dis que ce mot; et vous savez assez
Quels en sont les attraits, vous qui la connaissez.
Cette princesse donc, si belle, si parfaite,
Je crains qu'elle n'ait pas ce que plus je souhaite,
Qu'elle manque d'amour, ou plutôt que ses vœux
N'aillent pas tout à fait du côté que je veux.
Vous qui l'avez tant vue, et qu'un devoir fidèle
A tenu si longtemps près de son père et d'elle,
Ne me déguisez point ce que dans cette cour
Sur de pareils soupçons vous auriez eu de jour.
SURÉNA.
Je la voyais, seigneur, mais pour gagner son père :
C'était tout mon emploi, c'était ma seule affaire;
Et je croyais par elle être sûr de son choix :
Mais Rome et son intrigue eurent le plus de voix.
Du reste, se prenant intérêt à m'instruire
Que de ce qui pouvait vous servir ou vous nuire,
Comme je me bornais à remplir ce devoir,
Je puis n'avoir pas vu ce qu'un autre eût pu voir.
Si j'eusse pressenti que, la guerre achevée,
A l'honneur de vos feux elle était réservée,
J'aurais pris d'autres soins, et plus examiné;
Mais j'ai suivi mon ordre, et n'ai point deviné.
PACORUS.
Quoi! de ce que je crains vous n'auriez nulle idée?
Par aucune ambassade on ne l'a demandée?
Aucun prince auprès d'elle, aucun digne sujet
Par ses attachements n'a marqué de projet?
Car il vient quelquefois du milieu des provinces
Des sujets en nos cours, qui valent bien des princes;
Et par l'objet présent les sentiments émus
N'attendent pas toujours des rois qu'on n'a point vus.
SURÉNA.
Durant tout mon séjour rien n'y blessait ma vue;
Je n'y rencontrais point de visite assidue,
Point de devoirs suspects, ni d'entretiens si doux
Que, si j'avais aimé, j'en dusse être jaloux.
Mais qui vous peut donner cette importune crainte,
Seigneur?
PACORUS.
Plus je la vois, plus j'y vois de contrainte.
Elle semble, aussitôt que j'ose en approcher,
Avoir je ne sais quoi qu'elle me veut cacher.
Non qu'elle ait jusqu'ici demandé de remise :
Mais ce n'est pas m'aimer, ce n'est qu'être soumise;
Et tout le bon accueil que j'en puis recevoir,

Tout ce que j'en obtiens ne part que du devoir.

SURÉNA.

N'en appréhendez rien. Encor tout étonnée,
Toute tremblante encor au seul nom d'hyménée,
Pleine de son pays, pleine de ses parents,
Il lui passe en l'esprit cent chagrins différents.

PACORUS.

Mais il semble, à la voir, que son chagrin s'applique
A braver par dépit l'allégresse publique;
Inquiète, rêveuse, insensible aux douceurs
Que par un plein succès l'amour verse en nos cœurs...

SURÉNA.

Tout cessera, seigneur, dès que sa foi reçue
Aura mis en vos mains la main qui vous est due;
Vous verrez ces chagrins détruits en moins d'un jour,
Et toute sa vertu devenir tout amour.

PACORUS.

C'est beaucoup hasarder que de prendre assurance
Sur une si légère et douteuse espérance.
Et qu'aura cet amour d'heureux, de singulier,
Qu'à son trop de vertu je devrai tout entier?
Qu'aura-t-il de charmant, cet amour, s'il ne donne
Que ce qu'un triste hymen ne refuse à personne,
Esclave dédaigneux d'une odieuse loi
Qui n'est pour toute chaîne attaché qu'à sa foi?
  Pour faire aimer ses lois, l'hymen ne doit en faire
Qu'afin d'autoriser la pudeur à se taire.
Il faut, pour rendre heureux, qu'il donne sans gêner,
Et prête un doux prétexte à qui veut tout donner.
Que sera-ce, grands dieux! si toute ma tendresse
Rencontre un souvenir plus cher à ma princesse,
Si le cœur pris ailleurs ne s'en arrache pas,
Si pour un autre objet il soupire en mes bras!
Il faut, il faut enfin m'éclaircir avec elle.

SURÉNA.

Seigneur, je l'aperçois; l'occasion est belle.
Mais si vous en tirez quelque éclaircissement
Qui donne à votre crainte un juste fondement,
Que ferez-vous?

PACORUS.

  J'en doute; et, pour ne vous rien feindre,
Je crois l'aimer assez pour ne la pas contraindre.
Mais tel chagrin aussi pourrait me survenir,
Que je l'épouserais afin de la punir.
Un amant dédaigné souvent croit beaucoup faire
Quand il rompt le bonheur de ce qu'on lui préfère.
Mais elle approche. Allez, laissez-moi seul agir;
J'aurais peur devant vous d'avoir trop à rougir.

SCÈNE II.

PACORUS, EURYDICE.

PACORUS.

Quoi! madame, venir vous-même à ma rencontre!
Cet excès de bonté que votre cœur me montre...

EURYDICE.

J'allais chercher Palmis, que j'aime à consoler
Sur un malheur qui presse et ne peut reculer.

PACORUS.

Laissez-moi vous parler d'affaires plus pressées,
Et songez qu'il est temps de m'ouvrir vos pensées;
Vous vous abuseriez à les plus retenir.
Je vous aime, et demain l'hymen doit nous unir.
M'aimez-vous?

EURYDICE.

  Oui, seigneur; et ma main vous est sûre.

PACORUS.

C'est peu que de la main, si le cœur en murmure.

EURYDICE.

Quel mal pourrait causer le murmure du mien,
S'il murmurait si bas qu'aucun n'en apprît rien?

PACORUS.

Ah! madame, il me faut un aveu plus sincère.

EURYDICE.

Épousez-moi, seigneur, et laissez-moi me taire;
Un pareil doute offense, et cette liberté
S'attire quelquefois trop de sincérité.

PACORUS.

C'est ce que je demande, et qu'un mot sans contrainte
Justifie aujourd'hui mon espoir ou ma crainte.
Ah! si vous connaissiez ce que pour vous je sens....

EURYDICE.

Je ferais ce que font les cœurs obéissants,
Ce que veut mon devoir, ce qu'attend votre flamme,
Ce que je fais enfin.

PACORUS.

  Vous feriez plus, madame;
Vous me feriez justice, et prendriez plaisir
A montrer que nos cœurs ne forment qu'un désir:
Vous me diriez sans cesse : « Oui, prince, je vous aime,
« Mais d'une passion, comme la vôtre, extrême;
« Je sens le même feu, je fais les mêmes vœux;
« Ce que vous souhaitez est tout ce que je veux;
« Et cette illustre ardeur ne sera point contente,
« Qu'un glorieux hymen n'ait rempli notre attente. »

EURYDICE.

Pour vous tenir, seigneur, un langage si doux,
Il faudrait qu'en amour j'en susse autant que vous.

PACORUS.

Le véritable amour, dès que le cœur soupire,
Instruit en un moment de tout ce qu'on doit dire.
Ce langage à ses feux n'est jamais importun;
Et, si vous l'ignorez, vous n'en sentez aucun.

EURYDICE.

Suppléez-y, seigneur, et dites-vous vous-même
Tout ce que sent un cœur dès le moment qu'il aime;
Faites-vous-en pour moi le charmant entretien :
J'avoûrai tout, pourvu que je n'en dise rien.

PACORUS.
Ce langage est bien clair, et je l'entends sans peine.
Au défaut de l'amour, auriez-vous de la haine?
Je ne veux pas le croire, et des yeux si charmants...
EURYDICE.
Seigneur, sachez pour vous quels sont mes senti-
Si l'amitié vous plaît, si vous aimez l'estime, [ments.
A vous les refuser je croirais faire un crime;
Pour le cœur, si je puis vous le dire entre nous,
Je ne m'aperçois point qu'il soit encore à vous.
PACORUS.
Ainsi donc ce traité qu'ont fait les deux couronnes...
EURYDICE.
S'il a pu l'une à l'autre engager nos personnes,
Au seul don de la main son droit est limité,
Et mon cœur avec vous n'a point fait de traité.
C'est sans vous le devoir que je fais mon possible
A le rendre pour vous plus tendre et plus sensible :
Je ne sais si le temps l'y pourra disposer;
Mais, qu'il le puisse ou non, vous pouvez m'épouser.
PACORUS.
Je le puis, je le dois, je le veux; mais, madame,
Dans ces tristes froideurs dont vous payez ma flam-
Quelque autre amour plus fort... [me,
EURYDICE.
Qu'osez-vous demander,
Prince?
PACORUS.
De mon bonheur ce qui doit décider.
EURYDICE.
Est-ce un aveu qui puisse échapper à ma bouche?
PACORUS.
Il est tout échappé, puisque ce mot vous touche.
Si vous n'aviez du cœur fait ailleurs l'heureux don,
Vous auriez moins de gêne à me dire que non;
Et, pour me garantir de ce que j'appréhende,
La réponse avec joie eût suivi la demande.
Madame, ce qu'on fait sans honte et sans remords
Ne coûte rien à dire, il n'y faut point d'efforts;
Et sans que la rougeur au visage nous monte...
EURYDICE.
Ah! ce n'est point pour moi que je rougis de honte.
Si j'ai pu faire un choix, je l'ai fait assez beau
Pour m'en faire un honneur jusque dans le tombeau;
Et quand je l'avoûrai, vous aurez lieu de croire
Que tout mon avenir en aimera la gloire.
Je rougis, mais pour vous qui m'osez demander
Ce qu'on doit avoir peine à se persuader;
Et je ne comprends point avec quelle prudence
Vous voulez qu'avec vous j'en fasse confidence,
Vous qui, près d'un hymen accepté par devoir,
Devriez sur ce point craindre de trop savoir.
PACORUS.
Mais il est fait ce choix qu'on s'obstine à me taire,

Et qu'on cherche à me dire avec tant de mystère?
EURYDICE.
Je ne vous le dis point; mais, si vous m'y forcez,
Il vous en coûtera plus que vous ne pensez.
PACORUS. [coûte.
Eh bien, madame! eh bien! sachons, quoi qu'il en
Quel est ce grand rival qu'il faut que je redoute.
Dites, est-ce un héros? est-ce un prince? est-ce un roi?
EURYDICE.
C'est ce que j'ai connu de plus digne de moi.
PACORUS.
Si le mérite est grand, l'estime est un peu forte.
EURYDICE.
Vous la pardonnerez à l'amour qui s'emporte :
Comme vous le forcez à se trop expliquer,
S'il manque de respect, vous l'en faites manquer,
Il est si naturel d'estimer ce qu'on aime,
Qu'on voudrait que partout on l'estimât de même;
Et la pente est si douce à vanter ce qu'il vaut,
Que jamais on ne craint de l'élever trop haut.
PACORUS.
C'est en dire beaucoup.
EURYDICE.
Apprenez davantage,
Et sachez que l'effort où mon devoir m'engage
Ne peut plus me réduire à vous donner demain
Ce qui vous était sûr, je veux dire ma main.
Ne vous la promettez qu'après que dans mon âme
Votre mérite aura dissipé cette flamme,
Et que mon cœur, charmé par des attraits plus doux,
Se sera répondu de n'aimer rien que vous.
Et ne me dites point que pour cet hyménée
C'est par mon propre aveu qu'on a pris la journée :
J'en sais la conséquence, et diffère à regret;
Mais puisque vous m'avez arraché mon secret,
Il n'est ni roi, ni père, il n'est prière, empire,
Qu'au péril de cent morts mon cœur n'ose en dédire.
C'est ce qu'il n'est plus temps de vous dissimuler,
Seigneur; et c'est le prix de m'avoir fait parler.
PACORUS.
A ces bontés, madame, ajoutez une grâce;
Et du moins, attendant que cette ardeur se passe,
Apprenez-moi le nom de cet heureux amant
Qui sur tant de vertu règne si puissamment,
Par quelles qualités il a pu la surprendre.
EURYDICE.
Ne me pressez point tant, seigneur, de vous l'appren-
Si je vous l'avais dit... [dre.
PACORUS.
Achevons.
EURYDICE.
Dès demain
Rien ne m'empêcherait de lui donner la main.

PACORUS.
Il est donc en ces lieux, madame?
EURYDICE.
Il y peut être,
Seigneur, si déguisé qu'on ne le peut connaître.
Peut-être en domestique est-il auprès de moi;
Peut-être s'est-il mis de la maison du roi;
Peut-être chez vous-même il s'est réduit à feindre.
Craignez-le dans tous ceux que vous ne daignez crain-
Dans tous les inconnus que vous aurez à voir; [dre,
Et, plus que tout encor, craignez de trop savoir.
J'en dis trop; il est temps que ce discours finisse.
A Palmis que je vois rendez plus de justice;
Et puissent de nouveau ses attraits vous charmer
Jusqu'à ce que le temps m'apprenne à vous aimer!

SCÈNE III.

PACORUS, PALMIS.

PACORUS.
Madame, au nom des dieux, ne venez pas vous plain-
On me donne sans vous assez de gens à craindre; [dre.
Et je serais bientôt accablé de leurs coups,
N'était que pour asile on me renvoie à vous.
J'obéis, j'y reviens, madame; et cette joie...
PALMIS.
Que n'y revenez-vous sans qu'on vous y renvoie!
Votre amour ne fait rien ni pour moi ni pour lui,
Si vous n'y revenez que par l'ordre d'autrui.
PACORUS.
N'est-ce rien que pour vous à cet ordre il défère?
PALMIS.
Non, ce n'est qu'un dépit qu'il cherche à satisfaire.
PACORUS.
Depuis quand le retour d'un cœur comme le mien
Fait-il si peu d'honneur qu'on ne le compte à rien?
PALMIS.
Depuis qu'il est honteux d'aimer une infidèle,
Que ce qu'un mépris chasse un coup d'œil le rappelle,
Et que les inconstants ne donnent point de cœurs
Sans être encor tout prêts de les porter ailleurs.
PACORUS.
Je le suis, je l'avoue, et mérite la honte
Que d'un retour suspect vous fassiez peu de compte.
Montrez-vous généreuse; et si mon changement
A changé votre amour en vif ressentiment,
Immolez un courroux si grand, si légitime,
A la juste pitié d'un si malheureux crime.
J'en suis assez puni sans que l'indignité...
PALMIS.
Seigneur, le crime est grand; mais j'ai de la bonté:
Je sais ce qu'à l'État ceux de votre naissance,
Tout maîtres qu'ils en sont, doivent d'obéissance:
Son intérêt chez eux l'emporte sur le leur,
Et du moment qu'il parle il fait taire le cœur.
PACORUS.
Non, madame, souffrez que je vous désabuse;
Je ne mérite point l'honneur de cette excuse:
Ma légèreté seule a fait ce nouveau choix;
Nulles raisons d'État ne m'en ont fait de lois;
Et pour traiter la paix avec tant d'avantage,
On ne m'a point forcé de m'en faire le gage:
J'ai pris plaisir à l'être, et plus mon crime est noir,
Plus l'oubli que j'en veux me fera vous devoir.
Tout mon cœur...
PALMIS.
Entre amants qu'un changement sépare,
Le crime est oublié sitôt qu'on le répare;
Et, bien qu'il vous ait plu, seigneur, de me trahir,
Je le dis malgré moi, je ne vous puis haïr.
PACORUS.
Faites-moi grâce entière, et songez à me rendre
Ce qu'un amour si pur, ce qu'une ardeur si tendre...
PALMIS.
Donnez-moi donc, seigneur, vous-même quelque jour,
Quelque infaillible voie à fixer votre amour;
Et s'il est un moyen...
PACORUS.
S'il en est? Oui, madame,
Il en est de fixer tous les vœux de mon âme;
Et ce joug qu'à tous deux l'amour rendit si doux,
Si je ne m'y rattache, il ne tiendra, qu'à vous.
Il est, pour m'arrêter sous un si digne empire,
Un office à me rendre, un secret à me dire.
La princesse aime ailleurs, je n'en puis plus douter,
Et doute quel rival s'en fait mieux écouter.
Vous êtes avec elle en trop d'intelligence
Pour n'en avoir pas eu toute la confidence:
Tirez-moi de ce doute, et recevez ma foi
Qu'autre que vous jamais ne régnera sur moi.
PALMIS.
Quel gage en est-ce, hélas! qu'une foi si peu sûre?
Le ciel la rendra-t-il moins sujette au parjure?
Et ces liens si doux, que vous avez brisés,
A briser de nouveau seront-ils moins aisés?
Si vous voulez, seigneur, rappeler mes tendresses,
Il me faut des effets, et non pas des promesses;
Et cette foi n'a rien qui me puisse ébranler,
Quand la main seule a droit de me faire parler.
PACORUS. [tent,
La main seule en a droit! Quand cent troubles m'agi-
Que la haine, l'amour, l'honneur, me sollicitent,
Qu'à l'ardeur de punir m'abandonne en vain,
Hélas! suis-je en état de vous donner la main?
PALMIS.
Et moi, sans cette main, seigneur, suis-je maîtresse
De ce que m'a daigné confier la princesse,

Du secret de son cœur? Pour le tirer de moi,
Il me faut vous devoir plus que je ne lui doi,
Être un autre vous-même; et le seul hyménée
Peut rompre le silence où je suis enchaînée.
                PACORUS.
Ah! vous ne m'aimez plus.
                PALMIS.
                        Je voudrais le pouvoir :
Mais pour ne plus aimer que sert de le vouloir?
J'ai pour vous trop d'amour, et je le sens renaître
Et plus tendre et plus fort qu'il n'a dû jamais être.
Mais si...
                PACORUS.
        Ne m'aimez plus, ou nommez ce rival.
                PALMIS.
Me préserve le ciel de vous aimer si mal !
Ce serait vous livrer à des guerres nouvelles,
Allumer entre vous des haines immortelles....
                PACORUS.
Que m'importe? et qu'aurai-je à redouter de lui,
Tant que je me verrai Suréna pour appui?
Quel qu'il soit, ce rival, il sera seul à plaindre :
Le vainqueur des Romains n'a point de rois à craindre.
                PALMIS.
Je le sais; mais, seigneur, qui vous peut engager
Aux soins de le punir et de vous en venger?
Quand son grand cœur charmé d'une belle princesse
En a su mériter l'estime et la tendresse,
Quel dieu, quel bon génie a dû lui révéler
Que le vôtre pour elle aimerait à brûler?
A quel trait ce rival a-t-il dû le connaître,
Respecter de si loin des feux encore à naître,
Voir pour vous d'autres fers que ceux où vous viviez,
Et lire en vos destins plus que vous n'en saviez?
S'il a vu la conquête à ses vœux exposée,
S'il a trouvé du cœur la sympathie aisée,
S'être emparé d'un bien où vous n'aspiriez pas,
Est-ce avoir fait des vols et des assassinats?
                PACORUS.
Je le vois bien, madame, et vous et ce cher frère
Abondez en raisons pour cacher le mystère :
Je parle, promets, prie, et je n'avance rien.
Aussi votre intérêt est préférable au mien;
Rien n'est plus juste; mais...
                PALMIS.
                        Seigneur...
                PACORUS.
                                Adieu, madame :
Je vous fais trop jouir des troubles de mon âme.
Le ciel se lassera de m'être rigoureux.
                PALMIS.
Seigneur, quand vous voudrez il fera quatre heureux.

ACTE TROISIÈME.

SCÈNE PREMIÈRE.

ORODE, SILLACE.

                SILLACE.
Je l'ai vu par votre ordre, et voulu par avance
Pénétrer le secret de son indifférence.
Il m'a paru, seigneur, si froid, si retenu...
Mais vous en jugerez quand il sera venu.
Cependant je dirai que cette retenue
Sent une âme de trouble et d'ennuis prévenue;
Que ce calme paraît assez prémédité
Pour ne répondre pas de sa tranquillité;
Que cette indifférence a de l'inquiétude,
Et que cette froideur marque un peu trop d'étude.
                ORODE.
Qu'un tel calme, Sillace, a droit d'inquiéter
Un roi qui lui doit tant, qu'il ne peut s'acquitter !
Un service au-dessus de toute récompense
A force d'obliger tient presque lieu d'offense,
Il reproche en secret tout ce qu'il a d'éclat,
Il livre tout un cœur au dépit d'être ingrat.
Le plus zélé déplaît, le plus utile gêne,
Et l'excès de son poids fait pencher vers la haine.
Suréna de l'exil lui seul m'a rappelé;
Il m'a rendu lui seul ce qu'on m'avait volé,
Mon sceptre; de Crassus il vient de me défaire :
Pour faire autant pour lui quel don puis-je lui faire?
Lui partager mon trône? Il serait tout à lui
S'il n'avait mieux aimé n'en être que l'appui.
Quand j'en pleurais la perte, il forçait des murailles;
Quand j'invoquais mes dieux, il gagnait des batailles.
J'en frémis, j'en rougis, je m'en indigne, et crains
Qu'il n'ose quelque jour s'en payer par ses mains;
Et, dans tout ce qu'il a de nom et de fortune,
Sa fortune me pèse, et son nom m'importune.
Qu'un monarque est heureux quand parmi ses sujets
Ses yeux n'ont point à voir de plus nobles objets,
Qu'au-dessus de sa gloire il n'y connaît personne,
Et qu'il est le plus digne enfin de sa couronne [1] !
                SILLACE.
Seigneur, pour vous tirer de ces perplexités,
La saine politique a deux extrémités.
Quoi qu'ait fait Suréna, quoi qu'il en faille attendre,
Ou faites-le périr, ou faites-en un gendre.
Puissant par sa fortune, et plus par son emploi,

---

[1] L'ingratitude des rois et leur basse et jalouse politique n'ont peut-être jamais été caractérisées avec plus de vérité que dans le personnage d'Orode. (P.)

S'il devient par l'hymen l'appui d'un autre roi,
Si, dans les différends que le ciel vous peut faire,
Une femme l'entraîne au parti de son père,
Que vous servira lors, seigneur, d'en murmurer?
Il faut, il faut le perdre, ou vous en assurer;
Il n'est point de milieu.

ORODE.
            Ma pensée est la vôtre;
Mais s'il ne veut pas l'un, pourrai-je vouloir l'autre?
Pour prix de ses hauts faits, et de m'avoir fait roi,
Son trépas... Ce mot seul me fait pâlir d'effroi;
Ne m'en parlez jamais : que tout l'État périsse
Avant que jusque-là ma vertu se ternisse,
Avant que je défère à ces raisons d'État
Qui nommeraient justice un si lâche attentat!

SILLACE.
Mais pourquoi lui donner les Romains en partage,
Quand sa gloire, seigneur, vous donnait tant d'ombrage
Pourquoi contre Artabase attacher vos emplois, [ge?]
Et lui laisser matière à de plus grands exploits?

ORODE.
L'événement, Sillace, a trompé mon attente.
Je voyais des Romains la valeur éclatante;
Et, croyant leur défaite impossible sans moi,
Pour me la préparer, je fondis sur ce roi :
Je crus qu'il ne pourrait à la fois se défendre
Des fureurs de la guerre et de l'offre d'un gendre;
Et que par tant d'horreurs son peuple épouvanté
Lui ferait mieux goûter la douceur d'un traité;
Tandis que Suréna, mis aux Romains en butte,
Les tiendrait en balance, ou craindrait pour sa chute,
Et me réserverait la gloire d'achever,
Ou de le voir tombant, et de le relever.
Je réussis à l'un, et conclus l'alliance;
Mais Suréna vainqueur prévint mon espérance.
A peine d'Artabase eus-je signé la paix,
Que j'appris Crassus mort, et les Romains défaits.
Ainsi d'une si haute et si prompte victoire
J'emporte tout le fruit, et lui toute la gloire,
Et, beaucoup plus heureux que je n'aurais voulu,
Je me fais un malheur d'être trop absolu.
Je tiens toute l'Asie et l'Europe en alarmes,
Sans que rien s'en impute à l'effort de mes armes;
Et quand tous mes voisins tremblent pour leurs États,
Je ne les fais trembler que par un autre bras.
J'en tremble enfin moi-même, et pour remède unique
Je n'y vois qu'une basse et dure politique,
Si Mandane, l'objet des vœux de tant de rois,
Se doit voir d'un sujet le rebut ou le choix.

SILLACE.
Le rebut! Vous craignez, seigneur, qu'il la refuse?

ORODE.
Et ne se peut-il pas qu'un autre amour l'amuse,
Et que, rempli qu'il est d'une juste fierté,
Il n'écoute son cœur plus que ma volonté?
Le voici; laissez-nous.

SCÈNE II.

ORODE, SURÉNA.

ORODE.
        Suréna, vos services
(Qui l'aurait osé croire?) ont pour moi des supplices;
J'en ai honte, et ne puis assez me consoler
De ne voir aucun don qui les puisse égaler.
Suppléez au défaut d'une reconnaissance
Dont vos propres exploits m'ont mis en impuissance;
Et s'il en est un prix dont vous fassiez état,
Donnez-moi les moyens d'être un peu moins ingrat.

SURÉNA.
Quand je vous ai servi, j'ai reçu mon salaire,
Seigneur, et n'ai rien fait qu'un sujet n'ait dû faire;
La gloire m'en demeure, et c'est l'unique prix
Que s'en est proposé le choix que j'en ai pris.
Si pourtant il vous plaît, seigneur, que j'en demande
De plus dignes d'un roi dont l'âme est toute grande;
La plus haute vertu peut faire de faux pas;
Gardez-moi des bontés toujours prêtes d'éteindre
Le plus juste courroux que j'aurais lieu d'en craindre
Et si....

ORODE.
        Ma gratitude oserait se borner
Au pardon d'un malheur qu'on ne peut deviner,
Qui n'arrivera point? et j'attendrais un crime,
Pour vous montrer le fond de toute mon estime?
Le ciel m'est plus propice, et m'en ouvre un moyen
Par l'heureuse union de votre sang au mien.
D'avoir tout fait pour moi ce sera le salaire.

SURÉNA.
J'en ai flatté longtemps un espoir téméraire;
Mais puisque enfin le prince...

ORODE.
            Il aima votre sœur,
Et le bien de l'État lui dérobe son cœur;
La paix de l'Arménie à ce prix est jurée.
Mais l'injure aisément peut être réparée;
J'y sais des rois tout prêts : et pour vous, dès demain,
Mandane que j'attends vous donnera la main.
C'est tout ce qu'en la mienne ont mis les destinées
Qu'à force de hauts faits la vôtre a couronnées.

SURÉNA.
A cet excès d'honneur rien ne peut s'égaler :
Mais si vous me laissiez liberté d'en parler,
Je vous dirais, seigneur, que l'amour paternelle
Doit à cette princesse un trône digne d'elle;
Que l'inégalité de mon destin au sien
Ravalerait son sang sans élever le mien;

Qu'une telle union, quelque haut qu'on la mette,
Me laisse encor sujet, et la rendrait sujette;
Et que de son hymen, malgré tous mes hauts faits,
Au lieu de rois à naître, il naîtrait des sujets.
De quel œil voulez-vous, seigneur, qu'elle me donne
Une main refusée à plus d'une couronne,
Et qu'un si digne objet des vœux de tant de rois
Descende par votre ordre à cet indigne choix?
Que de mépris pour moi! que de honte pour elle!
Non, seigneur, croyez-en un serviteur fidèle;
Si votre sang du mien veut augmenter l'honneur,
Il y faut l'union du prince avec ma sœur.
Ne le mêlez, seigneur, au sang de vos ancêtres
Qu'afin que vos sujets en reçoivent des maîtres :
Vos Parthes dans la gloire ont trop longtemps vécu,
Pour attendre des rois du sang de leur vaincu.
Si vous ne le savez, tout le camp en murmure;
Ce n'est qu'avec dépit que le peuple l'endure.
Quelles lois eût pu faire Artabase vainqueur
Plus rudes, disent-ils, même à des gens sans cœur?
Je les fais taire. Mais, seigneur, à le bien prendre.
C'était moins l'attaquer que lui mener un gendre;
Et, si vous en aviez consulté leurs souhaits,
Vous auriez préféré la guerre à cette paix.

ORODE.

Est-ce dans le dessein de vous mettre à leur tête
Que vous me demandez ma grâce toute prête?
Et de leurs vains souhaits vous font-ils le porteur
Pour faire Palmis reine avec plus de hauteur?
Il n'est rien d'impossible à la valeur d'un homme
Qui rétablit son maître et triomphe de Rome :
Mais sous le ciel tout change, et les plus valeureux
N'ont jamais sûreté d'être toujours heureux.
J'ai donné ma parole, elle est inviolable.
Le prince aime Eurydice autant qu'elle est aimable :
Et, s'il faut dire tout, je lui dois cet appui
Contre ce que Phradate osera contre lui.
Car tout ce qu'attenta contre moi Mitradate,
Pacorus le doit craindre à son tour de Phradate ;
Cet esprit turbulent, et jaloux du pouvoir,
Quoique son frère...

SURÉNA.

Il sait que je sais mon devoir,
Et n'a pas oublié que dompter des rebelles,
Détrôner un tyran...

ORODE.

Ces actions sont belles;
Mais pour m'avoir remis en état de régner,
Rendent-elles pour vous ma fille à dédaigner?

SURÉNA.

La dédaigner, seigneur, quand mon zèle fidèle
N'ose me regarder que comme indigne d'elle!
Osez me dispenser de ce que je vous dois;
Et, pour la mériter, je cours me faire roi.

S'il n'est rien d'impossible à la valeur d'un homme
Qui rétablit son maître et triomphe de Rome,
Sur quels rois aisément ne pourrais-je emporter,
En faveur de Mandane, un sceptre à la doter?
Prescrivez-moi, seigneur, vous-même une conquête
Dont en prenant sa main je couronne sa tête;
Et vous direz après si c'est la dédaigner,
Que de vouloir me perdre ou la faire régner.
Mais je suis né sujet; et j'aime trop à l'être
Pour hasarder mes jours que pour servir mon maître,
Et consentir jamais qu'un homme tel que moi
Souille par son hymen le pur sang de son roi.

ORODE.

Je n'examine point si ce respect déguise :
Mais parlons une fois avec pleine franchise.
Vous êtes mon sujet, mais un sujet si grand,
Que rien n'est malaisé quand son bras l'entreprend.
Vous possédez sous moi deux provinces entières
De peuples si hardis, de nations si fières,
Que sur tant de vassaux je n'ai d'autorité
Qu'autant que votre zèle a de fidélité :
Ils vous ont jusqu'ici suivi comme fidèle ;
Et, quand vous le voudrez, ils vous suivront rebelle :
Vous avez tant de nom, que tous les rois voisins
Vous veulent, comme Orode, unir à leurs destins.
La victoire, chez vous passée en habitude,
Met jusque dans ses murs Rome en inquiétude :
Par gloire, ou pour braver au besoin mon courroux
Vous traînez en tous lieux dix mille âmes à vous :
Le nombre est peu commun pour un train domestique;
Et s'il faut qu'avec vous tout à fait je m'explique,
Je ne vous saurais croire assez en mon pouvoir,
Si les nœuds de l'hymen n'enchaînent le devoir.

SURÉNA.

Par quel crime, seigneur, ou par quelle imprudence
Ai-je pu mériter si peu de confiance?
Si mon cœur, si mon bras pouvait être gagné,
Mitradate et Crassus n'auraient rien épargné :
Tous les deux...

ORODE.

Laissons là Crassus et Mitradate.
Suréna, j'aime à voir que votre gloire éclate;
Tout ce que je vous dois j'aime à le publier :
Mais, quand je m'en souviens, vous devez l'oublier.
Si le ciel par vos mains m'a rendu cet empire,
Je sais vous épargner la peine de le dire ;
Et, s'il eût votre zèle au-dessus du commun,
Je n'en suis point ingrat; craignez d'être importun.

SURÉNA.

Je reviens à Palmis, seigneur. De mes hommages
Si les lois du devoir sont de trop faibles gages,
En est-il de plus sûrs, ou de plus fortes lois,
Qu'avoir une sœur reine et des neveux pour rois? [tres
Mettez mon sang au trône, et n'en cherchez point d'au-

Pour unir à tel point mes intérêts aux vôtres
Que tout cet univers, que tout notre avenir
Ne trouve aucune voie à les en désunir.
ORODE.
Mais, Suréna, le puis-je après la foi donnée,
Au milieu des apprêts d'un si grand hyménée?
Et rendrai-je aux Romains qui voudraient me braver
Un ami que la paix vient de leur enlever?
Si le prince renonce au bonheur qu'il espère,
Que dira la princesse, et que fera son père?
SURÉNA.
Pour son père, seigneur, laissez-m'en le souci.
J'en réponds, et pourrais répondre d'elle aussi.
Malgré la triste paix que vous avez jurée,
Avec le prince même elle s'est déclarée;
Et, si je puis vous dire avec quels sentiments
Elle attend à demain l'effet de vos serments,
Elle aime ailleurs.
ORODE.
  Et qui?
SURÉNA.
    C'est ce qu'elle aime à taire:
Du reste, son amour n'en fait aucun mystère,
Et cherche à reculer les effets d'un traité
Qui fait tant murmurer votre peuple irrité.
ORODE.
Est-ce au peuple, est-ce à vous, Suréna, de me dire
Pour lui donner des rois quel sang je dois élire?
Et, pour voir dans l'État tous mes ordres suivis,
Est-ce de mes sujets que je dois prendre avis?
Si le prince à Palmis veut rendre sa tendresse,
Je consens qu'il dédaigne à son tour la princesse;
Et nous verrons après quel remède apporter
A la division qui peut en résulter.
Pour vous, qui vous sentez indigne de ma fille,
Et craignez par respect d'entrer en ma famille,
Choisissez un parti qui soit digne de vous,
Et qui surtout n'ait rien à me rendre jaloux;
Mon âme avec chagrin sur ce point balancée
En veut, et dès demain, être débarrassée.
SURÉNA.
Seigneur, je n'aime rien.
ORODE.
    Que vous aimiez ou non,
Faites un choix vous-même, ou souffrez-en le don.
SURÉNA.
Mais, si j'aime en tel lieu qu'il m'en faille avoir honte,
Du secret de mon cœur puis-je vous rendre compte?
ORODE.
A demain, Suréna; s'il se peut, dès ce jour,
Résolvons cet hymen avec ou sans amour.
Cependant allez voir la princesse Eurydice;
Sous les lois du devoir ramenez son caprice;
Et ne m'obligez point à faire à ses appas

Un compliment de roi qui ne lui plairait pas.
Palmis vient par mon ordre, et je veux en apprendre
Dans vos prétentions la part qu'elle aime à prendre.

SCÈNE III.
ORODE, PALMIS.
ORODE.
Suréna m'a surpris, et je n'aurais pas dit
Qu'avec tant de valeur il eût eu tant d'esprit:
Mais moins on le prévoit, et plus cet esprit brille:
Il trouve des raisons à refuser ma fille;
Mais fortes, et qui même ont si bien succédé,
Que s'en disant indigne il m'a persuadé.
Savez-vous ce qu'il aime? Il est hors d'apparence
Qu'il fasse un tel refus sans quelque préférence,
Sans quelque objet charmant, dont l'adorable choix
Ferme tout son grand cœur au pur sang de ses rois.
PALMIS.
J'ai cru qu'il n'aimait rien.
ORODE.
    Il me l'a dit lui-même.
Mais la princesse avoue, et hautement, qu'elle aime:
Vous êtes son amie, et savez quel amant
Dans un cœur qu'elle doit règne si puissamment.
PALMIS.
Si la princesse en moi prend quelque confiance,
Seigneur, m'est-il permis d'en faire confidence?
Reçoit-on des secrets sans une forte loi?...
ORODE.
Je croyais qu'elle pût se rompre pour un roi,
Et veux bien toutefois qu'elle soit si sévère
Qu'en mon propre intérêt elle oblige à se taire:
Mais vous pouvez du moins me répondre de vous.
PALMIS.
Ah! pour mes sentiments, je vous les dirai tous.
J'aime ce que j'aimais, et n'ai point changé d'âme:
Je n'en fais point secret.
ORODE.
    L'aimer encor, madame!
Ayez-en quelque honte, et parlez-en plus bas.
C'est faiblesse d'aimer qui ne vous aime pas.
PALMIS.
Non, seigneur: à son prince attacher sa tendresse,
C'est une grandeur d'âme et non une faiblesse;
Et lui garder un cœur qu'il lui plut mériter
N'a rien d'assez honteux pour ne s'en point vanter.
J'en ferai toujours gloire, et mon âme, charmée
De l'heureux souvenir de m'être vue aimée,
N'étouffera jamais l'éclat de ces beaux feux
Qu'alluma son mérite, et l'offre de ses vœux.
ORODE.
Faites mieux, vengez-vous. Il est des rois, madame,

Plus dignes qu'un ingrat d'une si belle flamme.
PALMIS.
De ce que j'aime encore ce serait m'éloigner,
Et me faire un exil sous ombre de régner.
Je veux toujours le voir, cet ingrat qui me tue,
Non pour le triste bien de jouir de sa vue;
Cette fausse douceur est au-dessous de moi,
Et ne vaudra jamais que je néglige un roi.
Mais il est des plaisirs qu'une amante trahie
Goûte au milieu des maux qui lui coûtent la vie.
Je verrai l'infidèle inquiet, alarmé
D'un rival inconnu, mais ardemment aimé,
Rencontrer à mes yeux sa peine dans son crime,
Par les mains de l'hymen devenir ma victime,
Et ne me regarder, dans ce chagrin profond,
Que le remords en l'âme, et la rougeur au front.
De mes bontés pour lui l'impitoyable image,
Qu'imprimera l'amour sur mon pâle visage,
Insultera son cœur; et dans nos entretiens
Mes pleurs et mes soupirs rappelleront les siens,
Mais qui ne serviront qu'à lui faire connaître
Qu'il pouvait être heureux et ne saurait plus l'être;
Qu'à lui faire trop tard haïr son peu de foi,
Et, pour tout dire ensemble, avoir regret à moi.
Voilà tous le bonheur où mon amour aspire;
Voilà contre un ingrat tout ce que je conspire;
Voilà tous les plaisirs que j'espère à le voir,
Et tous les sentiments que vous vouliez savoir.
ORODE.
C'est bien traiter les rois en personnes communes
Qu'attacher à leur rang ces gênes importunes,
Comme si, pour vous plaire et les inquiéter,
Dans le trône avec eux l'amour pouvait monter.
Il nous faut un hymen, pour nous donner des princes
Qui soient l'appui du sceptre et l'espoir des provinces;
C'est là qu'est notre force; et, dans nos grands des-
Le manque de vengeurs enhardit les mutins. [tins,
Du reste, en ces grands nœuds l'État qui s'intéresse
Ferme l'œil aux attraits et l'âme à la tendresse :
La seule politique est ce qui nous émeut;
On la suit, et l'amour s'y mêle comme il peut : [le.
S'il vient, on l'applaudit; s'il manque, on s'en conso-
C'est dont vous pouvez croire un roi sur sa parole.
Nous ne sommes point faits pour devenir jaloux,
Ni pour être en souci si le cœur est à nous.
Ne vous repaissez plus de ces vaines chimères,
Qui ne font les plaisirs que des âmes vulgaires,
Madame ; et, que le prince ait ou non à souffrir,
Acceptez un des rois que je puis vous offrir.
PALMIS.
Pardonnez-moi, seigneur, si mon âme alarmée
Ne veut point de ces rois dont on n'est point aimée.
J'ai cru l'être du prince, et l'ai trouvé si doux,
Que le souvenir seul m'en plaît plus qu'un époux.

ORODE.
N'en parlons plus, madame; et dites à ce frère
Qui vous est aussi cher que vous me seriez chère,
Que parmi ses respects il n'a que trop marqué...
PALMIS.
Quoi, seigneur?
ORODE.
Avec lui je crois m'être expliqué.
Qu'il y pense, madame. Adieu.
PALMIS, *seule*.
Quel triste augure !
Et que ne me dit point cette menace obscure !
Sauvez ces deux amants, ô ciel ! et détournez
Les soupçons que leurs feux peuvent avoir donnés.

ACTE QUATRIÈME.

SCÈNE PREMIÈRE.

EURYDICE, ORMÈNE.

ORMÈNE.
Oui, votre intelligence à demi découverte
Met votre Suréna sur le bord de sa perte.
Je l'ai su de Sillace; et j'ai lieu de douter
Qu'il n'ait, s'il faut tout dire, ordre de l'arrêter.
EURYDICE.
On n'oserait Ormène; on n'oserait.
ORMÈNE.
Madame,
Croyez-en un peu moins votre fermeté d'âme.
Un héros arrêté n'a que deux bras à lui,
Et souvent trop de gloire est un débile appui.
EURYDICE.
Je sais que le mérite est sujet à l'envie,
Que son chagrin s'attache à la plus belle vie.
Mais sur quelle apparence oses-tu présumer
Qu'on pourrait...
ORMÈNE.
Il vous aime, et s'en est fait aimer.
EURYDICE.
Qui l'a dit?
ORMÈNE.
Vous et lui, c'est son crime et le vôtre.
Il refuse Mandane, et n'en veut aucune autre;
On sait que vous aimez; on ignore l'amant :
Madame, tout cela parle trop clairement.
EURYDICE.
Ce sont de vains soupçons qu'avec moi tu hasardes.

SCÈNE II.

EURYDICE, PALMIS, ORMÈNE.

PALMIS.

Madame, à chaque porte on a posé des gardes ;
Rien n'entre, rien ne sort, qu'avec ordre du roi.
EURYDICE.
Qu'importe? et quel sujet en prenez-vous d'effroi?
PALMIS.
Ou quelque grand orage à nous troubler s'apprête,
Ou l'on en veut, madame, à quelque grande tête :
Je tremble pour mon frère.
EURYDICE.
A quel propos trembler ?
Un roi qui lui doit tout voudrait-il l'accabler ?
PALMIS.
Vous le figurez-vous à tel point insensible,
Que de son alliance un refus si visible...
EURYDICE.
Un si rare service a su le prévenir
Qu'il doit récompenser avant que de punir.
PALMIS.
Il le doit; mais, après une pareille offense,
Il est rare qu'on songe à la reconnaissance,
Et par un tel mépris le service effacé
Ne tient plus d'yeux ouverts sur ce qui s'est passé.
EURYDICE.
Pour la sœur d'un héros, c'est être bien timide.
PALMIS.
L'amante a-t-elle droit d'être plus intrépide ?
EURYDICE.
L'amante d'un héros aime à lui ressembler,
Et voit ainsi que lui ses périls sans trembler.
PALMIS.
Vous vous flattez, madame; elle a de la tendresse
Que leur idée étonne, et leur image blesse;
Et ce que dans sa perte elle prend d'intérêt
Ne saurait sans désordre en attendre l'arrêt.
Cette mâle vigueur de constance héroïque
N'est point une vertu dont le sexe se pique;
Ou, s'il peut jusque-là porter sa fermeté,
Ce qu'il appelle amour n'est qu'une dureté.
Si vous aimiez mon frère, on verrait quelque alarme;
Il vous échapperait un soupir, une larme,
Qui marquerait du moins un sentiment jaloux
Qu'une sœur se montrât plus sensible que vous.
Dieux! je donne l'exemple, et l'on s'en peut défendre !
Je le donne à des yeux qui ne daignent le prendre !
Aurait-on jamais cru qu'on pût voir quelque jour
Les nœuds du sang plus forts que les nœuds de l'amour?
Mais j'ai tort, et la perte est pour vous moins amère.
On recouvre un amant plus aisément qu'un frère;
Et si je perds celui que le ciel me donna,
Quand j'en recouvrerais, serait-ce un Suréna?
EURYDICE.
Et si j'avais perdu cet amant qu'on menace,
Serait-ce un Suréna qui remplirait sa place?
Pensez-vous qu'exposé à de si rudes coups,
J'en soupire au dedans, et tremble moins que vous?
Mon intrépidité n'est qu'un effort de gloire, [croire.
Que, tout fier qu'il paraît, mon cœur n'en peut pas
Il est tendre, et ne rend ce tribut qu'à regret
Au juste et dur orgueil qu'il dément en secret.
Oui, s'il en faut parler avec une âme ouverte,
Je pense voir déjà l'appareil de sa perte,
De ce héros si cher; et ce mortel ennui
N'ose plus aspirer qu'à mourir avec lui.
PALMIS.
Avec moins de chaleur, vous pourriez bien plus faire.
Acceptez mon amant pour conserver mon frère,
Madame; et puisque enfin il vous faut l'épouser,
Tâchez, par politique, à vous y disposer.
EURYDICE.
Mon amour est trop fort pour cette politique :
Tout entier on l'a vu, tout entier il s'explique;
Et le prince sait trop ce que j'ai dans le cœur,
Pour recevoir ma main comme un parfait bonheur.
J'aime ailleurs, et l'ai dit trop haut pour m'en dédire,
Avant qu'en sa faveur tout cet amour expire.
C'est avoir trop parlé; mais, dût se perdre tout,
Je me tiendrai parole, et j'irai jusqu'au bout.
PALMIS.
Ainsi donc, vous voulez que ce héros périsse?
EURYDICE.
Pourrait-on en venir jusqu'à cette injustice?
PALMIS.
Madame, il repondra de toutes vos rigueurs,
Et du trop d'union où s'obstinent vos cœurs.
Rendez heureux le prince, il n'est plus sa victime.
Qu'il se donne à Mandane, il n'aura plus de crime.
EURYDICE.
Qu'il s'y donne, madame, et ne m'en dise rien :
Ou, si son cœur encor peut dépendre du mien,
Qu'il attende à l'aimer que ma haine cessée
Vers l'amour de son frère ait tourné ma pensée.
Résolvez-le vous-même à me désobéir;
Forcez-moi, s'il se peut, moi-même à le haïr;
A force de raisons faites-m'en un rebelle;
Accablez-le de pleurs pour le rendre infidèle;
Par pitié, par tendresse, appliquez tous vos soins
A me mettre en état de l'aimer un peu moins;
J'achèverai le reste. A quelque point qu'on aime,
Quand le feu diminue, il s'éteint de lui-même.
PALMIS.
Le prince vient, madame, et n'a pas grand besoin
Dans son amour pour vous, d'un odieux témoin :
Vous pourrez mieux sans moi flatter son espérance,

Mieux en notre faveur tourner sa déférence;
Et ce que je prévois me fait assez souffrir,
Sans y joindre les vœux qu'il cherche à vous offrir.

SCÈNE III.
PACORUS, EURYDICE, ORMÈNE.

EURYDICE.

Est-ce pour moi, seigneur, qu'on fait garde à vos por-
Pour assurer ma fuite, ai-je ici des escortes? [tes?
Ou si ce grand hymen, pour ses derniers apprêts...

PACORUS.

Madame, ainsi que vous, chacun à ses secrets.
Ceux que vous honorez de votre confidence
Observent par votre ordre un généreux silence.
Le roi suit votre exemple; et, si c'est vous gêner,
Comme nous devinons, vous pouvez deviner.

EURYDICE.

Qui devine est souvent sujet à se méprendre.

PACORUS.

Si je devine mal, je sais à qui m'en prendre;
Et comme votre amour n'est que trop évident,
Si je n'en sais l'objet, j'en sais le confident.
Il est le plus coupable : un amant peut se taire;
Mais d'un sujet au roi, c'est crime qu'un mystère.
Qui connaît un obstacle au bonheur de l'État,
Tant qu'il le tient caché, commet un attentat.
Ainsi ce confident... Vous m'entendez, madame;
Et je vois dans les yeux ce qui se passe en l'âme.

EURYDICE.

S'il a ma confidence, il a mon amitié;
Et je lui dois, seigneur, du moins quelque pitié.

PACORUS.

Ce sentiment est juste, et même je veux croire
Qu'un cœur comme le vôtre a droit d'en faire gloire;
Mais ce trouble, madame, et cette émotion
N'ont-ils rien de plus fort que la compassion?
Et quand de ses périls l'ombre vous intéresse,
Qu'une pitié si prompte en sa faveur vous presse,
Un si cher confident ne fait-il point douter
De l'amant ou de lui qui les peut exciter?

EURYDICE.

Qu'importe? et quel besoin de les confondre ensemble,
Quand ce n'est que pour vous, après tout, que je trem-

PACORUS. [ble?

Quoi! vous me menacez vous-même à votre tour!
Et les emportements de votre aveugle amour...

EURYDICE. [pense :

Je m'emporte et m'aveugle un peu moins qu'on ne
Pour l'avouer vous-même, entrons en confidence.
Seigneur, je vous regarde en qualité d'époux;
Ma main ne saurait être et ne sera qu'à vous;
Mes vœux y sont déjà, tout mon cœur y veut être;
Dès que je le pourrai, je vous en ferai maître;
Et si pour s'y réduire il me fait différer,
Cet amant si chéri n'en peut rien espérer.
Je ne serai qu'à vous, qui que ce soit que j'aime,
A moins qu'à vous quitter vous m'obligiez vous-même :
Mais s'il faut que le temps m'apprenne à vous aimer,
Il ne me l'apprendra qu'à force d'estimer;
Et si vous me forcez à perdre cette estime,
Si votre impatience ose aller jusqu'au crime...
Vous m'entendez, seigneur, et c'est vous dire assez
D'où me viennent pour vous ces vœux intéressés.
J'ai part à votre gloire, et je tremble pour elle
Que vous ne la souilliez d'une tache éternelle,
Que le barbare éclat d'un indigne soupçon
Ne fasse à l'univers détester votre nom,
Et que vous ne veuilliez sortir d'inquiétude
Par une épouvantable et noire ingratitude.
Pourrais-je après cela vous conserver ma foi
Comme si vous étiez encor digne de moi,
Recevoir sans horreur l'offre d'une couronne
Toute fumante encor du sang qui vous la donne,
Et m'exposer en proie aux fureurs des Romains,
Quand pour les repousser vous n'aurez point de mains?
Si Crassus est défait, Rome n'est pas détruite;
D'autres ont ramassé les débris de sa fuite;
De nouveaux escadrons leur vont enfler le cœur;
Et vous avez besoin encor de son vainqueur.
Voilà ce que pour vous craint une destinée
Qui se doit bientôt voir à la vôtre enchaînée,
Et deviendrait infâme à se vouloir unir
Qu'à des rois dont on puisse aimer le souvenir.

PACORUS.

Tout ce que vous craignez est en votre puissance,
Madame; il ne vous faut qu'un peu d'obéissance,
Qu'exécuter demain ce qu'un père a promis :
L'amant, le confident, n'auront plus d'ennemis.
C'est de quoi tout mon cœur, de nouveau, vous con-
Par les tendres respects d'une flamme si pure, [jure,
Ces assidus respects, qui sans cesse bravés,
Ne peuvent obtenir ce que vous me devez,
Par tout ce qu'a de rude un orgueil inflexible,
Par tous les maux que souffre...

EURYDICE.

Et moi, suis-je insensible?
Livre-t-on à mon cœur de moins rudes combats?
Seigneur, je suis aimée, et vous ne l'êtes pas.
Mon devoir vous prépare un assuré remède,
Quand il n'en peut souffrir au mal qui me possède;
Et pour finir le vôtre, il ne veut qu'un moment,
Quand il faut que le mien dure éternellement.

PACORUS.

Ce moment quelquefois est difficile à prendre,
Madame; et si le roi se lasse de l'attendre,
Pour venger le mépris de son autorité,
Songez à ce que peut un monarque irrité.

EURYDICE.
Ma vie est en ses mains, et de son grand courage
Il peut montrer sur elle un glorieux ouvrage.
PACORUS.
Traitez-le mieux, de grâce, et ne vous alarmez
Que pour la sûreté de ce que vous aimez.
Le roi sait votre faible et le trouble que porte
Le péril d'un amant dans l'âme la plus forte.
EURYDICE.
C'est mon faible, il est vrai ; mais, si j'ai de l'amour,
J'ai du cœur, et pourrais le mettre en son plein jour.
Ce grand roi cependant prend une aimable voie
Pour me faire accepter ses ordres avec joie !
Pensez-y mieux, de grâce ; et songez qu'au besoin
Un pas hors du devoir nous peut mener bien loin.
Après ce premier pas, ce pas qui seul nous gêne,
L'amour rompt aisément le reste de sa chaîne ;
Et, tyran à son tour du devoir méprisé,
Il s'applaudit longtemps du joug qu'il a brisé.
PACORUS.
Madame...
EURYDICE.
Après cela, seigneur, je me retire ;
Et s'il vous reste encor quelque chose à me dire,
Pour éviter l'éclat d'un orgueil imprudent,
Je vous laisse achever avec mon confident.

SCÈNE IV.

PACORUS, SURÉNA.

PACORUS.
Suréna, je me plains, et j'ai lieu de me plaindre.
SURÉNA.
De moi, seigneur ?
PACORUS.
De vous. Il n'est plus temps de fein-
Malgré tous vos détours, on sait la vérité ; [dre :
Et j'attendais de vous plus de sincérité,
Moi qui mettais en vous ma confiance entière,
Et ne voulais souffrir aucune autre lumière.
L'amour dans sa prudence est toujours indiscret ;
A force de se taire il trahit son secret :
Le soin de le cacher découvre ce qu'il cache,
Et son silence dit tout ce qu'il craint qu'on sache.
Ne cachez plus le vôtre, il est connu de tous,
Et toute votre adresse a parlé contre vous.
SURÉNA.
Puisque vous vous plaignez, la plainte est légitime,
Seigneur : mais, après tout, j'ignore encor mon crime.
PACORUS.
Vous refusez Mandane avec tant de respect,
Qu'il est trop raisonné pour n'être point suspect.
Avant qu'on vous l'offrît vos raisons étaient prêtes,
Et jamais on n'a vu de refus plus honnêtes ;
Mais ces honnêtetés ne font pas moins rougir :
Il fallait tout promettre, et là laisser agir ;
Il fallait espérer de son orgueil sévère
Un juste désaveu des volontés d'un père,
Et l'aigrir par des vœux si froids, si mal conçus,
Qu'elle usurpât sur vous la gloire du refus.
Vous avez mieux aimé tenter un artifice
Qui pût mettre Palmis où doit être Eurydice,
En me donnant le change attirer mon courroux,
Et montrer quel objet vous réservez pour vous.
Mais vous auriez mieux fait d'appliquer tant d'adresse
A remettre au devoir l'esprit de la princesse :
Vous en avez eu l'ordre, et j'en suis plus haï.
C'est pour un bon sujet avoir bien obéi !
SURÉNA. [aime,
Je le vois bien, seigneur ; qu'on m'aime, qu'on vous
Qu'on ne vous aime pas, que je n'aime pas même,
Tout m'est compté pour crime ; et je dois seul au roi
Répondre de Palmis, d'Eurydice et de moi :
Comme si je pouvais sur une âme enflammée
Ce qu'on me voit pouvoir sur tout un corps d'armée,
Et qu'un cœur ne fût pas plus pénible à tourner
Que les Romains à vaincre, ou qu'un sceptre à donner.
Sans faire un nouveau crime, oserai-je vous dire
Que l'empire des cœurs n'est pas de votre empire,
Et que l'amour, jaloux de son autorité,
Ne reconnaît ni roi ni souveraineté ?
Il hait tous les emplois où la force l'appelle ;
Dès qu'on le violente, on en fait un rebelle ;
Et je suis criminel de n'en pas triompher,
Quand vous-même, seigneur, ne pouvez l'étouffer !
Changez-en par votre ordre à tel point le caprice,
Qu'Eurydice vous aime, et Palmis vous haïsse,
Ou rendez votre cœur à vos lois si soumis
Qu'il dédaigne Eurydice, et retourne à Palmis.
Tout ce que vous pourrez ou sur vous ou sur elles,
Rendra mes actions d'autant plus criminelles ;
Mais sur elles, sur vous si vous ne pouvez rien,
Des crimes de l'amour ne faites plus le mien.
PACORUS.
Je pardonne à l'amour les crimes qu'il fait faire ;
Mais je n'excuse point ceux qu'il s'obstine à taire,
Qui cachés avec soin se commettent longtemps,
Et tiennent près des rois de secrets mécontents.
Un sujet qui se voit le rival de son maître,
Quelque étude qu'il perde à ne le point paraître,
Ne pousse aucun soupir sans faire un attentat ;
Et d'un crime d'amour il en fait un d'État.
Il a besoin de grâce, et surtout quand on l'aime,
Jusqu'à se révolter contre le diadème,
Jusqu'à servir d'obstacle au bonheur général.
SURÉNA.
Oui : mais quand de son maître on lui fait un rival,

Qu'il aimait le premier; qu'en dépit de sa flamme,
Il cède, aimé qu'il est, ce qu'adore son âme;
Qu'il renonce à l'espoir, dédit sa passion,
Est-il digne de grâce, ou de compassion?
PACORUS.
Qui cède ce qu'il aime est digne qu'on le loue :
Mais il ne cède rien quand on l'en désavoue;
Et les illusions d'un si faux compliment
Ne méritent qu'un long et vrai ressentiment.
SURÉNA.
Tout à l'heure, seigneur, vous me parliez de grâce,
Et déjà vous passez jusques à la menace !
La grâce est aux grands cœurs honteuse à recevoir;
La menace n'a rien qui les puisse émouvoir.
Tandis que hors des murs ma suite est dispersée,
Que la garde au dedans par Sillace est placée,
Que le peuple s'attend à me voir arrêter,
Si quelqu'un en a l'ordre, il peut l'exécuter.
Qu'on veuille mon épée, ou qu'on veuille ma tête,
Dites un mot, seigneur, et l'une et l'autre est prête :
Je n'ai goutte de sang qui ne soit à mon roi;
Et si l'on m'ose perdre, il perdra plus que moi.
J'ai vécu pour ma gloire autant qu'il fallait vivre,
Et laisse un grand exemple à qui pourra me suivre;
Mais si vous me livrez à vos chagrins jaloux,
Je n'aurai pas peut-être assez vécu pour vous.
PACORUS.
Suréna, mes pareils n'aiment point ces manières.
Ce sont fausses vertus que des vertus si fières.
Après tant de hauts faits et d'exploits signalés,
Le roi ne peut douter de ce que vous valez;
Il ne veut pas vous perdre : épargnez-vous la peine
D'attirer sa colère et mériter ma haine;
Donnez à vos égaux l'exemple d'obéir
Plutôt que d'un amour qui cherche à vous trahir.
Il sied bien aux grands cœurs de paraître intrépides,
De donner à l'orgueil plus qu'aux vertus solides;
Mais souvent ces grands cœurs n'en font que mieux
A paraître au besoin maîtres de leur amour. [leur cour
Recevez cet avis d'une amitié fidèle.
Ce soir la reine arrive, et Mandane avec elle.
Je ne demande point le secret de vos feux;
Mais songez bien qu'un roi, quand il dit : Je le veux...
Adieu. Ce mot suffit; et vous devez m'entendre.
SURÉNA.
Je fais plus, je prévois ce que j'en dois attendre;
Je l'attends sans frayeur; et, quel qu'en soit le cours,
J'aurai soin de ma gloire; ordonnez de mes jours.

───

ACTE CINQUIÈME.

SCÈNE PREMIÈRE.
ORODE, EURYDICE.
ORODE.
Ne me l'avouez point; en cette conjoncture,
Le soupçon m'est plus doux que la vérité sûre;
L'obscurité m'en plaît, et j'aime à n'écouter
Que ce qui laisse encor liberté d'en douter.
Cependant par mon ordre on a mis garde aux portes,
Et d'un amant suspect dispersé les escortes,
De crainte qu'un aveugle et fol emportement
N'allât, et malgré vous, jusqu'à l'enlèvement.
La vertu la plus haute cède à la force;
Et pour deux cœurs unis l'amour a tant d'amorce,
Que le plus grand courroux qu'on voie y succéder
N'aspire qu'aux douceurs de se raccommoder.
Il n'est que trop aisé de juger quelle suite
Exigerait de moi l'éclat de cette fuite;
Et pour n'en pas venir à ces extrémités,
Que vous l'aimiez ou non, j'ai pris mes sûretés.
EURYDICE.
A ces précautions je suis trop redevable;
Une prudence moindre en serait incapable,
Seigneur : mais, dans le doute où votre esprit se plaît,
Si j'ose en ce héros prendre quelque intérêt,
Son sort est plus douteux que votre incertitude,
Et j'ai lieu plus que vous d'être en inquiétude.
Je ne vous réponds point sur cet enlèvement;
Mon devoir, ma fierté, tout en moi le dément.
La plus haute vertu peut céder à la force,
Je le sais; de l'amour je sais quelle est l'amorce :
Mais contre tous les deux l'orgueil peut secourir,
Et rien n'en est à craindre alors qu'on sait mourir.
Je ne serai qu'au prince.
ORODE.
Oui : mais à quand, madame,
A quand cet heureux jour, que de toute son âme...
EURYDICE.
Il se verrait, seigneur, dès ce soir mon époux,
S'il n'eût point voulu voir dans mon cœur plus que [vous :
Sa curiosité s'est trop embarrassée
D'un point dont il devait éloigner sa pensée.
Il sait que j'aime ailleurs, et l'a voulu savoir;
Pour peine il attendra l'effort de mon devoir.
ORODE.
Les délais les plus longs, madame, ont quelque terme.
EURYDICE.
Le devoir vient à bout de l'amour le plus ferme;
Les grands cœurs ont vers lui des retours éclatants;
Et quand on veut se vaincre, il y faut peu de temps.

Un jour y peut beaucoup, une heure y peut suffire,
Un de ces bons moments, qu'un cœur n'ose en dédire;
S'il ne suit pas toujours nos souhaits et nos soins,
Il arrive souvent quand on l'attend le moins.
Mais je ne promets pas de m'y rendre facile,
Seigneur, tant que j'aurai l'âme si peu tranquille;
Et je ne livrerai mon cœur qu'à mes ennuis,
Tant qu'on me laissera dans l'alarme où je suis.

ORODE.

Le sort de Suréna vous met donc en alarme?

EURYDICE.

Je vois ce que pour tous ses vertus ont de charme,
Et puis craindre pour lui ce qu'on voit craindre à tous,
Ou d'un maître en colère ou d'un rival jaloux.
Ce n'est point toutefois l'amour qui m'intéresse,
C'est... Je crains encor plus que ce mot ne vous blesse,
Et qu'il ne vaille mieux s'en tenir à l'amour,
Que d'en mettre, et sitôt, le vrai sujet au jour.

ORODE.

Non, madame, parlez, montrez toutes vos craintes.
Puis-je sans les connaître en guérir les atteintes,
Et, dans l'épaisse nuit où vous vous retranchez,
Choisir le vrai remède aux maux que vous cachez?

EURYDICE.

Mais si je vous disais que j'ai droit d'être en peine
Pour un trône où je dois un jour monter en reine;
Que perdre Suréna, c'est livrer aux Romains
Un sceptre que son bras a remis en vos mains;
Que c'est ressusciter l'orgueil de Mitradate,
Exposer avec vous Pacorus et Phradate;
Que je crains que sa mort, enlevant votre appui,
Vous renvoie à l'exil où vous seriez sans lui:
Seigneur, ce serait être un peu trop téméraire.
J'ai dû le dire au prince, et je dois vous le taire;
J'en dois craindre un trop long et trop juste courroux;
Et l'amour trouvera plus de grâce chez vous.

ORODE.

Mais madame, est-ce à vous d'être si politique?
Qui peut se taire ainsi, voyons comme il s'explique?
Si votre Suréna m'a rendu mes États,
Me les a-t-il rendus pour ne m'obéir pas?
Et trouvez-vous par là sa valeur bien fondée
A ne m'estimer plus son maître qu'en idée,
A vouloir qu'à ses lois j'obéisse à mon tour?
Ce discours irait loin : revenons à l'amour,
Madame; et s'il est vrai qu'enfin...

EURYDICE.

Laissez-m'en faire,
Seigneur; je me vaincrai, j'y tâche, je l'espère;
J'ose dire encor plus, je m'en fais une loi;
Mais je veux que le temps en dépende de moi.

ORODE.

C'est bien parler en reine, et j'aime assez, madame,
L'impétuosité de cette grandeur d'âme;
Cette noble fierté que rien ne peut dompter
Remplira bien ce trône où vous devez monter.
Donnez-moi donc en reine un ordre que je suive.
Phradate est arrivé, ce soir Mandane arrive;
Ils sauront quels respects a montrés pour sa main
Cet intrépide effroi de l'empire romain.
Mandane en rougira, le voyant auprès d'elle;
Phradate est violent, et prendra sa querelle.
Près d'un esprit si chaud et si fort emporté,
Suréna dans ma cour est-il en sûreté?
Puis-je vous en répondre, à moins qu'il se retire?

EURYDICE.

Bannir de votre cour l'honneur de votre empire!
Vous le pouvez, seigneur, et vous êtes son roi;
Mais je ne puis souffrir qu'il soit banni pour moi.
Car enfin les couleurs ne font rien à la chose;
Sous un prétexte faux je n'en suis pas moins cause;
Et qui craint pour Mandane un peu trop de rougeur
Ne craint pour Suréna que le fond de mon cœur.
Qu'il parte, il vous déplaît; faites-vous-en justice;
Punissez, exilez; il faut qu'il obéisse.
Pour remplir mes devoirs j'attendrai son retour,
Seigneur; et jusque-là point d'hymen ni d'amour.

ORODE.

Vous pourriez épouser le prince en sa présence?

EURYDICE.

Je ne sais : mais enfin je hais la violence.

ORODE.

Empêchez-la, madame, en vous donnant à nous;
Ou faites qu'à Mandane il s'offre pour époux.
Cet ordre exécuté, mon âme satisfaite
Pour ce héros si cher ne veut plus de retraite.
Qu'on le fasse venir. Modérez vos hauteurs : [cœurs.
L'orgueil n'est pas toujours la marque des grands
Il me faut un hymen; choisissez l'un ou l'autre,
Ou lui dites adieu pour le moins jusqu'au vôtre.

EURYDICE.

Je sais tenir, seigneur, tout ce que je promets,
Et promettrais en vain de ne le voir jamais,
Moi qui sais que bientôt la guerre rallumée
Le rendra pour le moins nécessaire à l'armée.

ORODE.

Nous ferons voir, madame, en cette extrémité,
Comme il faut obéir à la nécessité.
Je vous laisse avec lui.

SCÈNE II.

EURYDICE, SURÉNA.

EURYDICE.

Seigneur, le roi condamne
Ma main à Pacorus, ou la vôtre à Mandane;
Le refus n'en saurait demeurer impuni;

Il lui faut l'une ou l'autre, ou vous êtes banni.
SURÉNA.
Madame, ce refus n'est point vers lui mon crime :
Vous m'aimez ; ce n'est point non plus ce qui l'anime.
Mon crime véritable est d'avoir aujourd'hui
Plus de nom que mon roi, plus de vertu que lui ;
Et c'est de là que part cette secrète haine
Que le temps ne rendra que plus forte et plus pleine.
Plus on sert des ingrats, plus on s'en fait haïr :
Tout ce qu'on fait pour eux ne fait que nous trahir.
Mon visage l'offense, et ma gloire le blesse.
Jusqu'au fond de mon âme il cherche une bassesse,
Et tâche à s'ériger par l'offre ou par la peur,
De roi que je l'ai fait, en tyran de mon cœur ;
Comme si par ses dons il pouvait me séduire,
Ou qu'il pût m'accabler, et ne se point détruire.
Je lui dois en sujet tout mon sang, tout mon bien ;
Mais, si je lui dois tout, mon cœur ne lui doit rien,
Et n'en reçoit de lois que comme autant d'outrages,
Comme autant d'attentats sur de plus doux homma-
Cependant pour jamais il faut nous séparer, [ges.
Madame.
EURYDICE.
Cet exil pourrait toujours durer ?
SURÉNA.
En vain pour mes pareils leur vertu sollicite ;
Jamais un envieux ne pardonne au mérite.
Cet exil toutefois n'est pas un long malheur ;
Et je n'irai pas loin sans mourir de douleur.
EURYDICE.
Ah! craignez de m'en voir assez persuadée
Pour mourir avant vous de cette seule idée.
Vivez, si vous m'aimez.
SURÉNA.
Je vivrais pour savoir
Que vous aurez enfin rempli votre devoir,
Que d'un cœur tout à moi, que de votre personne
Pacorus sera maître, ou plutôt sa couronne ?
Ce penser m'assassine, et je cours de ce pas
Beaucoup moins à l'exil, madame, qu'au trépas.
EURYDICE.
Que le ciel n'a-t-il mis en ma main et la vôtre,
Ou de n'être à personne, ou d'être l'un à l'autre !
SURÉNA.
Fallait-il que l'amour vît l'inégalité
Vous abandonner toute aux rigueurs d'un traité !
EURYDICE.
Cette inégalité me souffrait l'espérance.
Votre nom, vos vertus, valaient bien ma naissance,
Et Crassus a rendu plus digne encor de moi
Un héros dont le zèle a rétabli son roi.
Dans les maux où j'ai vu l'Arménie exposée,
Mon pays désolé m'a seul tyrannisée.
Esclave de l'État, victime de la paix,

Je m'étais répondu de vaincre mes souhaits,
Sans songer qu'un amour comme le nôtre extrême
S'y rend inexorable aux yeux de ce qu'on aime.
Pour le bonheur public j'ai promis : mais, hélas!
Quand j'ai promis, seigneur, je ne vous voyais pas.
Votre rencontre ici m'ayant fait voir ma faute,
Je diffère à donner le bien que je vous ôte ;
Et l'unique bonheur que j'y puis espérer
C'est de toujours promettre et toujours différer.
SURÉNA.
Que je serais heureux!... Mais qu'osé-je vous dire ?
L'indigne et vain bonheur où mon amour aspire!
Fermez les yeux aux maux où l'on me fait courir :
Songez à vivre heureuse, et me laissez mourir.
Un trône vous attend, le premier de la terre ;
Un trône où l'on ne craint que l'éclat du tonnerre,
Qui règle le destin du reste des humains,
Et jusque dans leurs murs alarme les Romains.
EURYDICE.
J'envisage ce trône et tous ses avantages,
Et je n'y vois partout, seigneur, que vos ouvrages ;
Sa gloire ne me peint que celle de mes fers,
Et, dans ce qui m'attend, je vois ce que je perds.
Ah, seigneur!
SURÉNA.
Épargnez la douleur qui me presse ;
Ne la ravalez point jusques à la tendresse ;
Et laissez-moi partir dans cette fermeté
Qui fait de tels jaloux, et qui m'a tant coûté.
EURYDICE.
Partez, puisqu'il le faut, avec ce grand courage
Qui mérita mon cœur et donne tant d'ombrage.
Je suivrai votre exemple, et vous n'aurez point lieu...
Mais j'aperçois Palmis qui vient vous dire adieu ;
Et je puis, en dépit de tout ce qui me tue,
Quelques moments encor jouir de votre vue.

SCÈNE III.

EURYDICE, SURÉNA, PALMIS.

PALMIS.
On dit qu'on vous exile à moins que d'épouser,
Seigneur, ce que le roi daigne vous proposer.
SURÉNA.
Non ; mais jusqu'à l'hymen que Pacorus souhaite
Il m'ordonne chez moi quelques jours de retraite.
PALMIS.
Et vous partez ?
SURÉNA.
Je pars.
PALMIS.
Et, malgré son courroux,
Vous avez sûreté d'aller jusque chez vous?

Vous êtes à couvert des périls dont menace
Les gens de votre sorte une belle disgrâce,
Et, s'il faut dire tout, sur de si longs chemins
Il n'est point de poisons, il n'est point d'assassins?

SURÉNA.

Le roi n'a pas encore oublié mes services,
Pour commencer par moi de telles injustices ;
Il est trop généreux pour perdre son appui.

PALMIS.

S'il l'est, tous vos jaloux le sont-ils comme lui?
Est-il aucun flatteur, seigneur, qui lui refuse
De lui prêter un crime et lui faire une excuse?
En est-il que l'espoir d'en faire mieux sa cour
N'expose sans scrupule à ces courroux d'un jour,
Ces courroux qu'on affecte alors qu'on désavoue
De lâches coups d'État dont en l'âme on se loue,
Et qu'une absence élude, attendant le moment
Qui laisse évanouir ce faux ressentiment?

SURÉNA.

Ces courroux affectés que l'artifice donne
Font souvent trop de bruit pour abuser personne.
Si ma mort plaît au roi, s'il la veut tôt ou tard,
J'aime mieux qu'elle soit un crime qu'un hasard ;
Qu'aucun ne l'attribue à cette loi commune
Qu'impose la nature et règle la fortune ;
Que son perfide auteur, bien qu'il cache sa main,
Devienne abominable à tout le genre humain ;
Et qu'il en naisse enfin des haines immortelles
Qui de tous ses sujets lui fasse des rebelles.

PALMIS.

Je veux que la vengeance aille à son plus haut point,
Les morts les mieux vengés ne ressuscitent point,
Et de tout l'univers la fureur éclatante
En consolerait mal et la sœur et l'amante.

SURÉNA.

Que faire donc, ma sœur?

PALMIS.

Votre asile est ouvert.

SURÉNA.

Quel asile?

PALMIS.

L'hymen qui vous vient d'être offert.
Vos jours en sûreté dans les bras de Mandane,
Sans plus rien craindre...

SURÉNA. [condamne!

Et c'est ma sœur qui m'y
C'est elle qui m'ordonne avec tranquillité
Aux yeux de ma princesse une infidélité!

PALMIS.

Lorsque d'aucun espoir notre ardeur n'est suivie,
Doit-on être fidèle aux dépens de sa vie?
Mais vous ne m'aidez point à la persuader,
Vous, qui d'un seul regard pourriez tout décider,
Madame! ses périls ont-ils de quoi vous plaire?

EURYDICE.

Je crois faire beaucoup, madame, de me taire ;
Et tandis qu'à mes yeux vous donnez tout mon bien,
C'est tout ce que je puis que de ne dire rien.
Forcez-le, s'il se peut, au nœud que je déteste ;
Je vous laisse en parler, dispensez-moi du reste :
Je n'y mets point d'obstacle, et mon esprit confus...
C'est m'expliquer assez ; n'exigez rien de plus.

SURÉNA.

Quoi! vous vous figurez que l'heureux nom de gendre[1],
Si ma perte est jurée, a de quoi m'en défendre,
Quand, malgré la nature, en dépit de ses lois,
Le parricide a fait la moitié de nos rois,
Qu'un frère pour régner se baigne au sang d'un frère,
Qu'un fils impatient prévient la mort d'un père?
Notre Orode lui-même, où serait-il sans moi?
Mitradate pour lui montrait-il plus de foi?
Croyez-vous Pacorus bien plus sûr de Phradate?
J'en connais mal le cœur, si bientôt il n'éclate,
Et si de ce haut rang que j'ai vu l'éblouir
Son père et son aîné peuvent longtemps jouir.
Je n'aurai plus de bras alors pour leur défense.
Car enfin mes refus ne font pas mon offense ;
Mon vrai crime est ma gloire, et non pas mon amour :
Je l'ai dit, avec elle il croîtra chaque jour ;
Plus je les servirai, plus je serai coupable,
Et s'ils veulent ma mort, elle est inévitable.
Chaque instant que l'hymen pourrait la reculer
Ne les attacherait qu'à mieux dissimuler ;
Qu'à rendre, sous l'appât d'une amitié tranquille,
L'attentat plus secret, plus noir, et plus facile.
Ainsi, dans ce grand nœud chercher ma sûreté,
C'est inutilement faire une lâcheté,
Souiller en vain mon nom, et vouloir qu'on m'impute
D'avoir enseveli ma gloire sous ma chute.
Mais, dieux! se pourrait-il qu'ayant si bien servi,
Par l'ordre de mon roi le jour me fût ravi?
Non, non : c'est d'un bon œil qu'Orode me regarde ;
Vous le voyez, ma sœur, je n'ai pas même un garde;
Je suis libre.

PALMIS.

Et j'en crains d'autant plus son courroux ;
S'il vous faisait garder, il répondrait de vous.
Mais pouvez-vous, seigneur, rejoindre votre suite?
Êtes-vous libre assez pour choisir une fuite?
Garde-t-on chaque porte à moins d'un grand dessein?
Pour en rompre l'effet il ne faut qu'une main.
Par toute l'amitié que le sang doit attendre,
Par tout ce que l'amour a pour vous de plus tendre.

SURÉNA.

La tendresse n'est point de l'amour d'un héros ;

[1] Suréna soutient ici d'une manière brillante la noble fierté de son caractère, et ces vers nous montrent encore le génie de Corneille dans tout son éclat. (P.)

Il est honteux pour lui d'écouter des sanglots ;
Et, parmi la douceur des plus illustres flammes,
Un peu de dureté sied bien aux grandes âmes.
PALMIS.
Quoi ! vous pourriez...
SURÉNA.
Adieu. Le trouble où je vous voi
Me fait vous craindre plus que je ne crains le roi.

SCÈNE IV.

EURYDICE, PALMIS.

PALMIS.
Il court à son trépas, et vous en serez cause,
A moins que votre amour à son départ s'oppose.
J'ai perdu mes soupirs, et j'y perdrais mes pas.
Mais il vous en croira, vous ne les perdrez pas.
Ne lui refusez point un mot qui le retienne,
Madame.
EURYDICE.
S'il périt, ma mort suivra la sienne.
PALMIS.
Je puis en dire autant ; mais ce n'est pas assez.
Vous avez tant d'amour, madame, et balancez !
EURYDICE.
Est-ce le mal aimer que de le vouloir suivre ?
PALMIS.
C'est un excès d'amour qui ne fait point revivre :
De quoi lui servira notre mortel ennui ?
De quoi nous servira de mourir après lui ?
EURYDICE.
Vous vous alarmez trop : le roi dans sa colère
Ne parle...
PALMIS.
Vous dit-il tout ce qu'il prétend faire ?
D'un trône où ce héros a su le replacer,
S'il en veut à ses jours, l'ose-t-il prononcer ?
Le pourrait-il sans honte ; et pourriez-vous attendre
A prendre soin de lui qu'il soit trop tard d'en prendre ?
N'y perdez aucun temps, partez : que tardez-vous ?
Peut-être en ce moment on le perce de coups ;
Peut-être...
EURYDICE.
Que d'horreurs vous me jetez dans l'âme !
PALMIS.
Quoi ! vous n'y courez pas !
EURYDICE.
Et le puis-je, madame ?
Donner ce qu'on adore à ce qu'on veut haïr,
Quel amour jusque-là put jamais se trahir ?
Savez-vous qu'à Mandane envoyer ce que j'aime,
C'est de ma propre main m'assassiner moi-même ?
PALMIS.
Savez-vous qu'il le faut, ou que vous le perdez ?

SCÈNE V.

EURYDICE, PALMIS, ORMÈNE.

EURYDICE.
Je n'y résiste plus, vous me le défendez.
Ormène vient à nous, et lui peut aller dire
Qu'il épouse... Achevez tandis que je soupire.
PALMIS.
Elle vient tout en pleurs.
ORMÈNE.
Qu'il vous en va coûter !
Et que pour Suréna...
PALMIS.
L'a-t-on fait arrêter ?
ORMÈNE.
A peine du palais il sortait dans la rue,
Qu'une flèche a parti d'une main inconnue ;
Deux autres l'ont suivie ; et j'ai vu ce vainqueur,
Comme si toutes trois l'avaient atteint au cœur,
Dans un ruisseau de sang tomber mort sur la place.
EURYDICE.
Hélas !
ORMÈNE.
Songez à vous, la suite vous menace ;
Et je pense avoir même entendu quelque voix
Nous crier qu'on apprit à dédaigner les rois.
PALMIS.
Prince ingrat ! lâche roi ! Que fais-tu du tonnerre,
Ciel, si tu daignes voir ce qu'on fait sur la terre ?
Et pour qui gardes-tu tes carreaux embrasés,
Si de pareils tyrans n'en sont pas écrasés ?
Et vous, madame, vous dont l'amour inutile,
Dont l'intrépide orgueil paraît encor tranquille,
Vous qui, brûlant pour lui, sans vous déterminer,
Ne l'avez tant aimé que pour l'assassiner,
Allez d'un tel amour, allez voir tout l'ouvrage,
En recueillir le fruit, en goûter l'avantage.
Quoi ! vous causez sa perte, et n'avez point de pleurs !
EURYDICE.
Non, je ne pleure point, madame, mais je meurs [1].

---

[1] Ce vers fournira la seule remarque qu'on croie devoir faire sur la tragédie de *Suréna*. *Je ne pleure point, mais je meurs*, serait le sublime de la douleur, si cette idée était assez ménagée, assez préparée pour devenir vraisemblable ; car le vraisemblable seul peut toucher. Il faut, pour dire qu'on meurt de douleur, et pour en mourir en effet, avoir éprouvé, avoir fait voir un désespoir si violent, qu'on ne s'étonne pas qu'un prompt trépas en soit la suite ; mais on ne meurt pas ainsi de mort subite après avoir fait des raisonnements politiques et des dissertations sur l'amour. Le vers par lui-même est très-tragique ; mais il n'est pas amené par des sentiments assez tragiques. Ce n'est pas qu'un vers soit beau, il faut qu'il soit placé, et qu'il ne soit pas seul de son espèce dans la foule. (V.) — On ne peut qu'approuver ce que Voltaire observe ici avec autant de goût que de justesse. Ce n'était pas cependant la seule remarque qu'un com-

Ormène, soutiens-moi.

ORMÈNE.

Que dites-vous, madame?

EURYDICE.

Généreux Suréna, reçois toute mon âme.

ORMÈNE.

Emportons-la d'ici pour la mieux secourir.

PALMIS.

Suspendez ces douleurs qui pressent de mourir,
Grands dieux! et, dans les maux où vous m'avez plongée,
Ne souffrez point ma mort que je ne sois vengée[1] !

---

mentateur impartial aurait pu faire sur cette pièce; et, si Voltaire eût mis à faire valoir les beautés de Corneille autant d'intérêt qu'il a mis de malignité à s'appesantir sur ses fautes, j'ose dire que le caractère héroïque de Suréna méritait d'être compté parmi les plus belles conceptions du génie de ce grand poète. (P.)

[1] Après *Suréna*, Pierre Corneille renonça au théâtre, auquel il eût dû renoncer plus tôt. Il survécut près de dix ans à cette pièce, et fut témoin des succès mérités de son illustre rival; mais il avait la consolation de voir représenter ses anciennes pièces avec des applaudissements toujours nouveaux, et c'est aux beaux morceaux de ses anciens ouvrages que nous renvoyons le lecteur. Il remarquera que tout ce qui est bien pensé dans ces chefs-d'œuvre est presque toujours bien exprimé, à quelques tours et quelques termes près qui ont vieilli; et qu'il n'est obscur, guindé, alambiqué, incorrect, faible et froid, que quand il n'est pas soutenu par la force du sujet. Presque tout ce qui est mal exprimé chez lui ne méritait pas d'être exprimé. Il écrivait très-inégalement: mais je ne sais s'il avait un génie inégal, comme on le dit; car je le vois toujours, dans ses meilleures pièces et dans ses plus mauvaises, attaché à la solidité du raisonnement, à la force et à la profondeur des idées, presque toujours plus occupé de disserter que de toucher; plein de ressources, jusque dans les sujets les plus ingrats, mais de ressources souvent peu tragiques; choisissant mal tous ses sujets, depuis *Œdipe*; inventant des intrigues, mais petites, sans chaleur et sans vie; s'étant fait un mauvais style pour avoir travaillé trop rapidement, et cherchant à se tromper lui-même sur ses dernières pièces. Son grand mérite est d'avoir trouvé la scène française agreste, grossière, ignorante, sans esprit, sans goût, vers le temps du *Cid*, et de l'avoir changée : car l'esprit qui règne au théâtre est l'image fidèle de l'esprit d'une nation. Non-seulement on doit à Corneille la tragédie, la comédie, mais on lui doit l'art de penser. Il n'eut pas le pathétique des Grecs, il n'en donna une idée que dans le dernier acte de *Rodogune*; et le tableau que forme ce cinquième acte me paraît, avec ses défauts, très-supérieur à tout ce que la Grèce admirait. Le tableau du cinquième acte d'*Athalie* est dans ce grand goût. Il faut avouer que tous les derniers actes des autres pièces, sans exception, sont maigres, décharnés, faibles, en comparaison. Si vous exceptez ces deux spectacles frappants, nos tragédies françaises ont été trop souvent des recueils de dialogues plutôt que des actions pathétiques; c'est par là que nous péchons principalement : mais, avec ce défaut et quelques autres auxquels la nécessité de faire cinq actes assujettit les auteurs; on avouera que la scène française est supérieure à celles de toutes les nations anciennes et modernes. Cet art est absolument nécessaire dans une grande ville telle que Paris; mais avant Corneille cet art n'existait pas, et après Racine il paraît impossible qu'il s'accroisse. (V.)

FIN DE SURÉNA.

PSYCHÉ,[1]

TRAGÉDIE-BALLET. — 1671.

PERSONNAGES.

JUPITER.
VÉNUS.
L'AMOUR.
ÆGIALE, }
PHAÈNE, } Grâces.
PSYCHÉ.
LE ROI, père de Psyché.
AGLAURE, }
CYDIPPE, } sœurs de Psyché.
CLÉOMÈNE, }
AGÉNOR, } princes, amants de Psyché.
ZÉPHIRE.
LYCAS.
LE DIEU D'UN FLEUVE.

PROLOGUE[2].

La scène représente sur le devant un lieu champêtre, et dans l'enfoncement un rocher percé à jour, à travers duquel on voit la mer en éloignement.

Flore paraît au milieu du théâtre, accompagnée de Vertumne, Dieu des arbres et des fruits, et de Palæmon, Dieu des eaux. Chacun de ces Dieux conduit une troupe de divinités : l'un mène à sa suite des Dryades et des Sylvains ; et l'autre des Dieux, des Fleuves, et des Naïades. Flore chante ce récit pour inviter Vénus à descendre en terre :

Ce n'est plus le temps de la guerre ;
Le plus puissant des rois
Interrompt ses exploits
Pour donner la paix à la terre.
Descendez, mère des Amours ;
Venez nous donner de beaux jours.

Vertumne et Palæmon, avec les divinités qui les accompagnent, joignent leurs voix à celle de Flore, et chantent ces paroles :

CHŒUR DE TOUTES LES DIVINITÉS DE LA TERRE ET DES EAUX, COMPOSÉ DE FLORE, NYMPHES, PALÆMON, VERTUMNE, SYLVAINS, FAUNES, DRYADES ET NAÏADES.

Nous goûtons une paix profonde ;
Les plus doux jeux sont ici-bas :
On doit ce repos, plein d'appas,
Au plus grand roi du monde.
Descendez, mère des Amours ;
Venez nous donner de beaux jours.

Il se fait ensuite une entrée de ballet, composée de deux Dryades, quatre Sylvains, deux Fleuves et deux Naïades ; après laquelle Vertumne et Palæmon chantent ce dialogue :

VERTUMNE.
Rendez-vous, beautés cruelles ;
Soupirez à votre tour.
PALÆMON.
Voici la reine des belles,
Qui vient inspirer l'amour.
VERTUMNE.
Un bel objet toujours sévère
Ne se fait jamais bien aimer.

---

[1] Aucune des éditions des Œuvres de Corneille, publiées de son vivant, ne renferme *Psyché* : Molière, qui en avait tracé le plan, en conserva la propriété. Cette pièce avait, dans l'origine, pour titre : *Les Amours de Psyché*, et fut imprimée pour la première fois en 1673, avec un Avis du libraire au lecteur, que nous reproduisons, parce qu'il explique la part que Corneille y a prise, et doit être considéré comme la préface des divers auteurs qui y ont coopéré. Le voici :

LE LIBRAIRE AU LECTEUR.

Cet ouvrage n'est pas tout d'une main. M. Quinault a fait les paroles qui s'y chantent en musique, à la réserve de la plainte italienne*. M. Molière a dressé le plan de la pièce et réglé la disposition, où il s'est plus attaché aux beautés et à la pompe du spectacle qu'à l'exacte régularité. Quant à la versification, il n'a pas eu le loisir de la faire entière. Le carnaval approchait ; et les ordres pressants du roi, qui se voulait donner ce magnifique divertissement plusieurs fois avant le carême, l'ont mis dans la nécessité de souffrir un peu de secours. Ainsi il n'y a que le prologue, le premier acte, la première scène du second, et la première du troisième, dont les vers soient de lui. M. Corneille a employé une quinzaine au reste ; et, par ce moyen, Sa Majesté s'est trouvée servie dans le temps qu'elle l'avait ordonné.

[2] Nous avons rétabli le prologue et les intermèdes, que les éditeurs modernes paraissent avoir dédaignés.

* Suivant l'auteur d'une Vie de Molière, écrite en 1724, les paroles de cette plainte furent fournies par Lully.

PALÆMON.
C'est la beauté qui commence de plaire;
Mais la douceur achève de charmer.

Ils répètent ensemble ces derniers vers :

C'est la beauté qui commence de plaire;
Mais la douceur achève de charmer.

VERTUMNE.
Souffrons tous qu'Amour nous blesse;
Languissons, puisqu'il le faut.

PALÆMON.
Que sert un cœur sans tendresse?
Est-il plus grand défaut?

VERTUMNE.
Un bel objet toujours sévère
Ne se fait jamais bien aimer.

PALÆMON.
C'est la beauté qui commence de plaire;
Mais la douceur achève de charmer.

Flore répond au dialogue de Vertumne et de Palæmon par ce menuet, et les autres divinités y mêlent leurs danses :

Est-on sage,
Dans le bel âge,
Est-on sage
De n'aimer pas?
Que sans cesse
L'on se presse
De goûter les plaisirs ici-bas.
La sagesse
De la jeunesse,
C'est de savoir jouir de ses appas.
L'Amour charme
Ceux qu'il désarme,
L'amour charme;
Cédons-lui tous :
Notre peine
Serait vaine
De vouloir résister à ses coups.
Quelque chaîne
Qu'un amant prenne,
La liberté n'a rien qui soit si doux.

Vénus descend du ciel dans une grande machine avec l'Amour, son fils, et deux petites Grâces, nommées Ægiale et Phaène; et les divinités de la terre et des eaux recommencent de joindre toutes leurs voix, et continuent par leurs danses de lui témoigner la joie qu'elles ressentent à son abord.

CHŒUR DE TOUTES LES DIVINITÉS DE LA TERRE
ET DES EAUX.

Nous goûtons une paix profonde;
Les plus doux jeux sont ici-bas:
On doit ce repos, plein d'appas,
Au plus grand roi du monde.
Descendez, mère des Amours;
Venez nous donner de beaux jours.

VÉNUS, *dans sa machine.*
Cessez, cessez pour moi tous vos chants d'allégresse;
De si rares honneurs ne m'appartiennent pas,
Et l'hommage qu'ici votre bonté m'adresse
Doit être réservé pour de plus doux appas.
C'est une trop vieille méthode
De me venir faire sa cour;
Toutes les choses ont leur tour,
Et Vénus n'est plus à la mode.
Il est d'autres attraits naissants,
Où l'on va porter ses encens :
Psyché, Psyché la belle, aujourd'hui tient ma place;
Déjà tout l'univers s'empresse à l'adorer,
Et c'est trop que, dans ma disgrâce,
Je trouve encor quelqu'un qui me daigne honorer.
On ne balance point entre nos deux mérites;
A quitter mon parti tout s'est licencié,
Et du nombreux amas de Grâces favorites
Dont je traînais partout les soins et l'amitié,
Il ne m'en est resté que deux des plus petites,
Qui m'accompagnent par pitié.
Souffrez que ces demeures sombres
Prêtent leur solitude aux troubles de mon cœur,
Et me laissez parmi leurs ombres
Cacher ma honte et ma douleur.

Flore et les autres déités se retirent, et Vénus avec sa suite sort de sa machine.

ÆGIALE.
Nous ne savons, Déesse, comment faire,
Dans ce chagrin qu'on voit vous accabler.
Notre respect veut se taire,
Notre zèle veut parler.

VÉNUS.
Parlez; mais, si vos soins aspirent à me plaire,
Laissez tous vos conseils pour une autre saison,
Et ne parlez de ma colère
Que pour dire que j'ai raison.
C'était là, c'était là la plus sensible offense
Que ma divinité pût jamais recevoir;
Mais j'en aurai la vengeance,
Si les dieux ont du pouvoir.

PHAÈNE.
Vous avez plus que nous de clartés, de sagesse,
Pour juger ce qui peut être digne de vous;
Mais, pour moi, j'aurais cru qu'une grande Déesse
Devrait moins se mettre en courroux.

VÉNUS.
Et c'est là la raison de ce courroux extrême.
Plus mon rang a d'éclat, plus l'affront est sanglant;
Et, si je n'étais pas dans ce degré suprême,
Le dépit de mon cœur serait moins violent.
Moi, la fille du dieu qui lance le tonnerre;
Mère du dieu qui fait aimer;
Moi, les plus doux souhaits du ciel et de la terre,
Et qui ne suis venue au jour que pour charmer;
Moi qui, partout ce qui respire,
Ai vu de tant de vœux encenser mes autels,
Et qui de la beauté, par des droits immortels,

Ai tenu de tout temps le souverain empire;
Moi dont les yeux ont mis deux grandes déités
Au point de me céder le prix de la plus belle,
Je me vois ma victoire et mes droits disputés
 Par une chétive mortelle!
Le ridicule excès d'un fol entêtement
Va jusqu'à m'opposer une petite fille!
Sur ces traits et les miens j'essuirai constamment
 Un téméraire jugement,
 Et du haut des cieux où je brille,
J'entendrai prononcer aux mortels prévenus :
 Elle est plus belle que Vénus!

ÆGIALE.

Voilà comme l'on fait; c'est le style des hommes,
Ils sont impertinents dans leurs comparaisons.

PHAÈNE.

Ils ne sauraient louer, dans le siècle où nous sommes,
 Qu'ils n'outragent les plus grands noms.

VÉNUS.

Ah! que de ces trois mots la rigueur insolente
 Venge bien Junon et Pallas,
Et console leurs cœurs de la gloire éclatante
Que la fameuse pomme acquit à mes appas!
Je les vois s'applaudir de mon inquiétude,
Et, d'un fixe regard, chercher avec étude
 Ma confusion dans mes yeux.
Leur triomphante joie, au fort d'un tel outrage,
Semble me venir dire, insultant mon courroux :
Vante, vante, Vénus, les traits de ton visage :
Au jugement d'un seul, tu l'emportas sur nous;
Mais, par le jugement de tous,
Une simple mortelle a sur toi l'avantage.
Ah! ce coup-là m'achève, il me perce le cœur;
Je n'en puis plus souffrir les rigueurs sans égales,
Et c'est trop de surcroît à ma vive douleur
 Que le plaisir de mes rivales.
Mon fils, si j'eus jamais sur toi quelque crédit,
 Et si jamais je te fus chère,
Si tu portes un cœur à sentir le dépit
 Qui trouble le cœur d'une mère
 Qui si tendrement te chérit,
Emploie, emploie ici l'effort de ta puissance
 A soutenir mes intérêts;
 Et fais à Psyché, par tes traits,
 Sentir les traits de ma vengeance.
 Pour rendre son cœur malheureux,
Prends celui de tes traits le plus propre à me plaire,
 Le plus empoisonné de ceux
 Que tu lances dans ta colère.
Du plus bas, du plus vil, du plus affreux mortel,
Fais que jusqu'à la rage elle soit enflammée,
Et qu'elle ait à souffrir le supplice cruel
 D'aimer et n'être point aimée.

L'AMOUR.

Dans le monde on n'entend que plaintes de l'Amour;
On m'impute partout mille fautes commises,
Et vous ne croiriez point le mal et les sottises
 Que l'on dit de moi chaque jour.
 Si pour servir votre colère...

VÉNUS.

Va, ne résiste point aux souhaits de ta mère;
 N'applique tes raisonnements
 Qu'à chercher les plus prompts moments
De faire un sacrifice à ma gloire outragée.
Pars, pour toute réponse à mes empressements;
Et ne me revois point que je ne sois vengée.

L'Amour s'envole, et Vénus se retire avec les Grâces.

La scène est changée en une grande ville, où l'on découvre, des deux côtés, des palais et des maisons de différents ordres d'architecture.

ACTE PREMIER.

SCÈNE PREMIÈRE.

AGLAURE, CYDIPPE.

AGLAURE.

Il est des maux, ma sœur, que le silence aigrit :
Laissons, laissons parler mon chagrin et le vôtre;
 Et de nos cœurs l'une à l'autre
 Exhalons le cuisant dépit.
 Nous nous voyons sœurs d'infortune;
Et la vôtre et la mienne ont un si grand rapport,
Que nous pouvons mêler toutes les deux en une,
 Et, dans notre juste transport,
 Murmurer à plainte commune
 Des cruautés de notre sort.
 Quelle fatalité secrète,
 Ma sœur, soumet tout l'univers
 Aux attraits de notre cadette?
 Et de tant de princes divers
 Qu'en ces lieux la fortune jette,
 N'en présente aucun à nos fers?
Quoi! voir de toutes parts pour lui rendre les armes,
 Les cœurs se précipiter,
 Et passer devant nos charmes
 Sans s'y vouloir arrêter!
 Quel sort ont nos yeux en partage,
 Et qu'est-ce qu'ils ont fait aux dieux,
 De ne jouir d'aucun hommage
Parmi tous ces tributs de soupirs glorieux
 Dont le superbe avantage
 Fait triompher d'autres yeux?
Est-il pour nous, ma sœur, de plus rude disgrâce,
Que de voir tous les cœurs mépriser nos appas,
Et l'heureuse Psyché jouir avec audace
D'une foule d'amants attachés à ses pas?

CYDIPPE.

Ah! ma sœur, c'est une aventure
A faire perdre la raison;
Et tous les maux de la nature
Ne sont rien en comparaison.

AGLAURE.

Pour moi, j'en suis souvent jusqu'à verser des larmes.
Tout plaisir, tout repos par là m'est arraché;
Contre un pareil malheur ma constance est sans ar-
Toujours à ce chagrin mon esprit attaché [mes.
Me tient devant les yeux la honte de nos charmes,
    Et le triomphe de Psyché.
La nuit, il m'en repasse une idée éternelle
    Qui sur toute chose prévaut :
Rien ne me peut chasser cette image cruelle;
Et, dès qu'un doux sommeil vient me délivrer d'elle,
    Dans mon esprit aussitôt
    Quelque songe la rappelle
    Qui me réveille en sursaut.

CYDIPPE.

Ma sœur, voilà mon martyre.
Dans vos discours je me voi;
Et vous venez là de dire
Tout ce qui se passe en moi.

AGLAURE.

Mais encor, raisonnons un peu sur cette affaire.
Quels charmes si puissants en elle sont épars?
Et par où, dites-moi, du grand secret de plaire
L'honneur est-il acquis à ses moindres regards?
    Que voit-on dans sa personne
    Pour inspirer tant d'ardeurs?
    Quel droit de beauté lui donne
    L'empire de tous les cœurs?
Elle a quelques attraits, quelque éclat de jeunesse,
On en tombe d'accord, je n'en disconviens pas :
Mais lui cède-t-on fort pour quelque peu d'aînesse,
    Et se voit-on sans appas?
Est-on d'une figure à faire qu'on se raille?
N'a-t-on point quelques traits et quelques agréments,
Quelque teint, quelques yeux, quelque air, et quelque taille
A pouvoir dans nos fers jeter quelques amants?
    Ma sœur, faites-moi la grâce
    De me parler franchement :
Suis-je faite d'un air, à votre jugement,
Que mon mérite au sien doive céder la place?
    Et dans quelque ajustement
    Trouvez-vous qu'elle m'efface?

CYDIPPE.

Qui? vous, ma sœur? nullement.
Hier à la chasse près d'elle
Je vous regardai longtemps :
Et, sans vous donner d'encens,
Vous me parûtes plus belle.
Mais, moi, dites, ma sœur, sans me vouloir flatter,

Sont-ce des visions que je me mets en tête,
Quand je me crois taillée à pouvoir mériter
    La gloire de quelque conquête?

AGLAURE.

Vous, ma sœur? vous avez, sans nul déguisement,
Tout ce qui peut causer une amoureuse flamme.
Vos moindres actions brillent d'un agrément
    Dont je me sens toucher l'âme;
    Et je serais votre amant,
    Si j'étais autre que femme.

CYDIPPE.

D'où vient donc qu'on la voit l'emporter sur nous deux,
Qu'à ses premiers regards les cœurs rendent les armes,
Et que d'aucun tribut de soupirs et de vœux
    On ne fait honneur à nos charmes?

AGLAURE.

    Toutes les dames, d'une voix,
    Trouvent ses attraits peu de chose;
Et du nombre d'amants qu'elle tient sous ses lois,
    Ma sœur, j'ai découvert la cause.

CYDIPPE.

Pour moi, je la devine, et l'on doit présumer
Qu'il faut que là-dessous soit caché du mystère.
    Ce secret de tout enflammer
N'est point de la nature un effet ordinaire :
L'art de la Thessalie entre dans cette affaire;
Et quelque main a su sans doute lui former
    Un charme pour se faire aimer.

AGLAURE.

Sur un plus fort appui ma croyance se fonde;
Et le charme qu'elle a pour attirer les cœurs,
C'est un air en tout temps désarmé de rigueurs
Des regards caressants que la bouche seconde,
    Un souris chargé de douceurs
    Qui tend les bras à tout le monde,
    Et ne vous promet que faveurs.
Notre gloire n'est plus aujourd'hui conservée,
Et l'on n'est plus au temps de ces nobles fiertés
Qui, par un digne essai d'illustres cruautés,
Voulaient voir d'un amant la constance éprouvée.
De tout ce noble orgueil qui nous seyait si bien,
On est bien descendu dans le siècle où nous sommes;
Et l'on en est réduite à n'espérer plus rien,
A moins que l'on se jette à la tête des hommes.

CYDIPPE.

Oui, voilà le secret de l'affaire, et je voi
    Que vous le prenez mieux que moi.
C'est pour nous attacher à trop de bienséance
Qu'aucun amant, ma sœur, à nous ne veut venir;
    Et nous voulons trop soutenir
L'honneur de notre sexe et de notre naissance.
Les hommes maintenant aiment ce qui leur rit;
L'espoir, plus que l'amour, est ce qui les attire,
Et c'est par là que Psyché nous ravit

Tous les amants qu'on voit sous son empire.
Suivons, suivons l'exemple; ajustons-nous au temps ;
Abaissons-nous, ma sœur, à faire des avances,
Et ne ménageons plus de tristes bienséances
Qui nous ôtent les fruits du plus beau de nos ans.

AGLAURE.

J'approuve la pensée; et nous avons matière
    D'en faire l'épreuve première
Aux deux princes qui sont les derniers arrivés.
Ils sont charmants, ma sœur ; et leur personne entière
    Me... Les avez-vous observés ?

CYDIPPE.

Ah ! ma sœur, ils sont faits tous deux d'une manière
Que mon âme.... Ce sont deux princes achevés.

AGLAURE.

Je trouve qu'on pourrait rechercher leur tendresse
    Sans se faire déshonneur.

CYDIPPE.

Je trouve que, sans honte, une belle princesse
    Leur pourrait donner son cœur.

AGLAURE.

Les voici tous deux, et j'admire
    Leur air et leur ajustement.

CYDIPPE.

Ils ne démentent nullement
Tout ce que nous venons de dire.

SCÈNE II.

CLÉOMÈNE, AGÉNOR, AGLAURE, CYDIPPE.

AGLAURE.

D'où vient, princes, d'où vient que vous fuyez ainsi ?
Prenez-vous l'épouvante en nous voyant paraître ?

CLÉOMÈNE.

On nous faisait croire qu'ici
La princesse Psyché, madame, pourrait être.

AGLAURE.

Tous ces lieux n'ont-ils rien d'agréable pour vous,
Si vous ne les voyez ornés de sa présence ?

AGÉNOR.

Ces lieux peuvent avoir des charmes assez doux ;
Mais nous cherchons Psyché dans notre impatience.

CYDIPPE.

Quelque chose de bien pressant
Vous doit à la chercher pousser tous deux, sans doute ?

CLÉOMÈNE.

Le motif est assez puissant,
Puisque notre fortune enfin en dépend toute.

AGLAURE.

Ce serait trop à nous que de nous informer
Du secret que ces mots nous peuvent enfermer.

CLÉOMÈNE.

Nous ne prétendons point en faire de mystère :

Aussi bien malgré nous paraîtrait-il au jour ;
    Et le secret ne dure guère,
    Madame, quand c'est de l'amour.

CYDIPPE.

Sans aller plus avant, princes, cela veut dire
Que vous aimez Psyché tous deux.

AGÉNOR.

Tous deux soumis à son empire,
Nous allons de concert lui découvrir nos feux.

AGLAURE.

C'est une nouveauté sans doute assez bizarre,
    Que deux rivaux si bien unis.

CLÉOMÈNE.

    Il est vrai que la chose est rare,
Mais non pas impossible à deux parfaits amis.

CYDIPPE.

Est-ce que dans ces lieux il n'est qu'elle de belle ?
Et n'y trouvez-vous point à séparer vos vœux ?

AGLAURE.

Parmi l'éclat du sang, vos yeux n'ont-ils vu qu'elle
    A pouvoir mériter vos feux ?

CLÉOMÈNE.

Est-ce que l'on consulte au moment qu'on s'enflamme ?
    Choisit-on qui l'on veut aimer ?
    Et pour donner toute son âme,
Regarde-t-on quel droit on a de nous charmer ?

AGÉNOR.

    Sans qu'on ait le pouvoir d'élire,
    On suit dans une telle ardeur
    Quelque chose qui nous attire ;
    Et lorsque l'amour touche un cœur,
    On n'a point de raisons à dire.

AGLAURE.

En vérité, je plains les fâcheux embarras
    Où je vois que vos cœurs se mettent.
Vous aimez un objet dont les riants appas
Mêleront des chagrins à l'espoir qu'ils vous jettent ;
    Et son cœur ne vous tiendra pas
Tout ce que ses yeux vous promettent.

CYDIPPE.

L'espoir qui vous appelle au rang de ses amants
Trouvera du mécompte aux douceurs qu'elle étale ;
Et c'est pour essuyer de très-fâcheux moments,
Que les soudains retours de son âme inégale.

AGLAURE.

Un clair discernement de ce que vous valez
Nous fait plaindre le sort où cet amour vous guide,
Et vous pouvez trouver tous deux, si vous voulez,
Avec autant d'attraits, une âme plus solide.

CYDIPPE.

    Par un choix plus doux de moitié,
Vous pouvez de l'amour sauver votre amitié ;
Et l'on voit en vous deux un mérite si rare,
Qu'un tendre avis veut bien prévenir, par pitié,

Ce que votre cœur se prépare.
CLÉOMÈNE.
Cet avis généreux fait pour nous éclater
Des bontés qui nous touchent l'ame;
Mais le ciel nous réduit à ce malheur, madame,
De ne pouvoir en profiter.
AGÉNOR.
Votre illustre pitié veut en vain nous distraire
D'un amour dont tous deux nous redoutons l'effet;
Ce que notre amitié, madame, n'a pas fait,
Il n'est rien qui le puisse faire.
CYDIPPE.
Il faut que le pouvoir de Psyché... La voici.

SCÈNE III.

PSYCHÉ, CYDIPPE, AGLAURE, CLÉOMÈNE, AGÉNOR.

CYDIPPE.
Venez jouir, ma sœur, de ce qu'on vous apprête.
AGLAURE.
Préparez vos attraits à recevoir ici
Le triomphe nouveau d'une illustre conquête.
CYDIPPE.
Ces princes ont tous deux si bien senti vos coups,
Qu'à vous le découvrir leur bouche se dispose.
PSYCHÉ.
Du sujet qui les tient si rêveurs parmi nous,
Je ne me croyais pas la cause;
Et j'aurais cru toute autre chose
En les voyant parler à vous.
AGLAURE.
N'ayant ni beauté ni naissance
A pouvoir mériter leur amour et leurs soins,
Ils nous favorisent au moins
De l'honneur de la confidence.
CLÉOMÈNE, *à Psyché*.
L'aveu qu'il nous faut faire à vos divins appas
Est sans doute, madame, un aveu téméraire;
Mais tant de cœurs près du trépas
Sont, par de tels aveux, forcés à vous déplaire,
Que vous êtes réduite à ne les punir pas
Des foudres de votre colère.
Vous voyez en nous deux amis [ce,
Qu'un doux rapport d'humeurs sut joindre dès l'enfan-
Et ces tendres liens se sont vus affermis
Par cent combats d'estime et de reconnaissance.
Du destin ennemi les assauts rigoureux,
Les mépris de la mort, et l'aspect des supplices,
Par d'illustres éclats de mutuels offices,
Ont de notre amitié signalé les beaux nœuds:
Mais, à quelques essais qu'elle se soit trouvée,
Son grand triomphe est en ce jour;

Et rien ne fait tant voir sa constance éprouvée
Que de se conserver au milieu de l'amour.
Oui, malgré tant d'appas, son illustre constance
Aux lois qu'elle nous fait a soumis tous nos vœux:
Elle vient, d'une douce et pleine déférence,
Remettre à votre choix le succès de nos feux;
Et, pour donner un poids à notre concurrence,
Qui des raisons d'État entraîne la balance
Sur le choix de l'un de nous deux,
Cette même amitié s'offre sans répugnance
D'unir nos deux États au sort du plus heureux.
AGÉNOR.
Oui, de ces deux États, madame, [nir,
Que sous votre heureux choix nous nous offrons d'u-
Nous voulons faire à notre flamme
Un secours pour vous obtenir.
Ce que, pour ce bonheur, près du roi votre père,
Nous nous sacrifions tous deux
N'a rien de difficile à nos cœurs amoureux;
Et c'est au plus heureux faire un don nécessaire
D'un pouvoir dont le malheureux,
Madame, n'aura plus affaire.
PSYCHÉ. [yeux
Le choix que vous m'offrez, princes, montre à mes
De quoi remplir les vœux de l'âme la plus fière,
Et vous me le parez tous deux d'une manière
Qu'on ne peut rien offrir qui soit plus précieux.
Vos feux, votre amitié, votre vertu suprême,
Tout me relève en vous l'offre de votre foi;
Et j'y vois un mérite à s'opposer lui-même
A ce que vous voulez de moi.
Ce n'est pas à mon cœur qu'il faut que je défère
Pour entrer sous de tels liens:
Ma main, pour se donner, attend l'ordre d'un père,
Et mes sœurs ont des droits qui vont devant les miens.
Mais, si l'on me rendait sur mes vœux absolue
Vous y pourriez avoir trop de part à la fois;
Et toute mon estime, entre vous suspendue,
Ne pourrait sur aucun laisser tomber mon choix.
A l'ardeur de votre poursuite
Je répondrais assez de mes vœux les plus doux;
Mais c'est, parmi tant de mérite, [pour vous.
Trop que deux cœurs pour moi, trop peu qu'un cœur
De mes plus doux souhaits j'aurais l'âme gênée
A l'effort de votre amitié;
Et j'y vois l'un de vous prendre une destinée
A me faire trop de pitié.
Oui, princes, à tous ceux dont l'amour suit le vôtre
Je vous préférerais tous deux avec ardeur;
Mais je n'aurais jamais le cœur
De pouvoir préférer l'un de vous deux à l'autre.
A celui que je choisirais
Ma tendresse ferait un trop grand sacrifice;
Et je m'imputerais à barbare injustice

Le tort qu'à l'autre je ferais.
Oui, tous deux vous brillez de trop de grandeur d'âme
Pour en faire aucun malheureux;
Et vous devez chercher dans l'amoureuse flamme
Le moyen d'être heureux tous deux.
Si votre cœur me considère
Assez pour me souffrir de disposer de vous,
J'ai deux sœurs capables de plaire,
Qui peuvent bien vous faire un destin assez doux;
Et l'amitié me rend leur personne assez chère
Pour vous souhaiter leurs époux.

CLÉOMÈNE.
Un cœur dont l'amour est extrême
Peut-il bien consentir, hélas!
D'être donné par ce qu'il aime?
Sur nos deux cœurs, madame, à vos divins appas
Nous donnons un pouvoir suprême :
Disposez-en pour le trépas;
Mais pour une autre que vous-même
Ayez cette bonté de n'en disposer pas.

AGÉNOR.
Aux princesses, madame, on ferait trop d'outrage;
Et c'est pour leurs attraits un indigne partage
Que les restes d'une autre ardeur.
Il faut d'un premier feu la pureté fièle
Pour aspirer à cet honneur
Où votre bonté nous appelle;
Et chacune mérite un cœur
Qui n'ait soupiré que pour elle.

AGLAURE.
Il me semble, sans nul courroux,
Qu'avant que de vous en défendre,
Princes, vous deviez bien attendre
Qu'on se fût expliqué sur vous.
Nous croyez-vous un cœur si facile et si tendre?
Et lorsqu'on parle ici de vous donner à nous,
Savez-vous si l'on veut vous prendre?

CYDIPPE.
Je pense que l'on a d'assez hauts sentiments
Pour refuser un cœur qu'il faut qu'on sollicite,
Et qu'on ne veut devoir qu'à son propre mérite
La conquête de ses amants.

PSYCHÉ.
J'ai cru pour vous, mes sœurs, une gloire assez grande
Si la possession d'un mérite si haut...

SCÈNE IV.

PSYCHÉ, AGLAURE, CYDIPPE, CLÉOMÈNE,
AGÉNOR, LYCAS.

LYCAS, *à Psyché*.
Ah, madame!

PSYCHÉ.
Qu'as-tu?

LYCAS.
Le roi...

PSYCHÉ.
Quoi?

LYCAS.
Vous demande.

PSYCHÉ.
De ce trouble si grand que faut-il que j'attende?

LYCAS.
Vous ne le saurez que trop tôt.

PSYCHÉ.
Hélas! que pour le roi tu me donnes à craindre!

LYCAS. [plaindre.
Ne craignez que pour vous, c'est vous que l'on doit

PSYCHÉ.
C'est pour louer le ciel, et me voir hors d'effroi,
De savoir que je n'aie à craindre que pour moi.
Mais apprends-moi, Lycas, le sujet qui te touche.

LYCAS.
Souffrez que j'obéisse à qui m'envoie ici,
Madame, et qu'on vous laisse apprendre de sa bouche
Ce qui peut m'affliger ainsi.

PSYCHÉ.
Allons savoir sur quoi l'on craint tant ma faiblesse.

SCÈNE V.

AGLAURE, CYDIPPE, LYCAS.

AGLAURE.
Si ton ordre n'est pas jusqu'à nous étendu,
Dis-nous quel grand malheur nous couvre ta tristesse.

LYCAS.
Hélas! ce grand malheur dans la cour répandu,
Voyez-le vous-même, princesse,
Dans l'oracle qu'au roi les destins ont rendu.
Voici ses propres mots de la douleur, madame,
A gravés au fond de mon âme :
« Que l'on ne pense nullement
« A vouloir de Psyché conclure l'hyménée :
« Mais qu'au sommet d'un mont elle soit prompte-
« En pompe funèbre menée; [ment
« Et que, de tous abandonnée,
« Pour époux elle attende en ces lieux constamment
« Un monstre dont on a la vue empoisonnée,
« Un serpent qui répand son venin en tous lieux,
« Et trouble dans sa rage et la terre et les cieux. »
Après un arrêt si sévère
Je vous quitte, et vous laisse à juger entre vous
Si, par de plus cruels et plus sensibles coups,
Tous les dieux nous pouvaient expliquer leur colère.

SCÈNE VI.

AGLAURE, CYDIPPE.

CYDIPPE.
Ma sœur, que sentez-vous à ce soudain malheur
Où nous voyons Psyché par les destins plongée ?
AGLAURE.
Mais vous, que sentez-vous, ma sœur ?
CYDIPPE.
A ne vous point mentir, je sens que dans mon cœur
Je n'en suis pas trop affligée.
AGLAURE.
Moi, je sens quelque chose au mien
Qui ressemble assez à la joie.
Allons, le destin nous envoie
Un mal que nous pouvons regarder comme un bien.

PREMIER INTERMÈDE.

La scène est changée en des rochers affreux, et fait voir en éloignement une grotte effroyable.

C'est dans ce désert que Psyché doit être exposée pour obéir à l'oracle. Une troupe de personnes affligées y viennent déplorer sa disgrâce. Une partie de cette troupe désolée témoigne sa pitié par des plaintes touchantes et par des concerts lugubres; et l'autre exprime sa désolation par une danse pleine de toutes les marques du plus violent désespoir.

PLAINTES EN ITALIEN,
CHANTÉES PAR UNE FEMME DÉSOLÉE ET DEUX HOMMES AFFLIGÉS.

FEMME DÉSOLÉE.
Deh! piangete al pianto mio,
Sassi duri, antiche selve,
Lagrimate, fonti, e belve,
D'un bel volto il fato rio.
PREMIER HOMME AFFLIGÉ.
Ahi dolore!
SECOND HOMME AFFLIGÉ.
Ahi martire!
PREMIER HOMME AFFLIGÉ.
Cruda morte!
SECOND HOMME AFFLIGÉ.
Empia sorte!
TOUS TROIS.
Che condanni a morir tanta beltà,
Cieli, stelle, ahi crudeltà!
SECOND HOMME AFFLIGÉ.
Com' esser può fra voi, o numi eterni,
Chi voglia estinta una beltà innocente?
Ahi! che tanto rigor, cielo inclemente,
Vince di crudeltà gli stessi inferni.
PREMIER HOMME AFFLIGÉ.
Nume fiero!
SECOND HOMME AFFLIGÉ.
Dio severo!
ENSEMBLE.
Perchè tanto rigor
Contro innocente cor!
Ahi! sentenza inudita,
Dar morte a la beltà, ch' altrui dà vita.
FEMME DÉSOLÉE.
Ahi ch' indarno si tarda
Non resiste agli Dei mortale affetto,
Alto impero ne sforza,
Ove commanda il ciel, l' uom cede a forza.
Ahi dolore! etc. come sopra.

Ces plaintes sont entrecoupées et finies par une entrée de ballet de huit personnes affligées.

ACTE SECOND.

SCÈNE PREMIÈRE.

LE ROI, PSYCHÉ, AGLAURE, CYDIPPE, LYCAS, SUITE.

PSYCHÉ.
De vos larmes, seigneur, la source m'est bien chère;
Mais c'est trop aux bontés que vous avez pour moi
Que de laisser régner les tendresses de père
Jusque dans les yeux d'un grand roi.
Ce qu'on vous voit ici donner à la nature
Au rang que vous tenez, seigneur, fait trop d'injure,
Et j'en dois refuser les touchantes faveurs.
Laissez moins sur votre sagesse
Prendre d'empire à vos douleurs,
Et cessez d'honorer mon destin par des pleurs,
Qui, dans le cœur d'un roi, montrent de la faiblesse.
LE ROI.
Ah! ma fille, à ces pleurs laisse mes yeux ouverts;
Mon deuil est raisonnable, encor qu'il soit extrême;
Et lorsque pour toujours on perd ce que je perds,
La sagesse, crois-moi, peut pleurer elle-même.
En vain l'orgueil du diadème
Veut qu'on soit insensible à ces cruels revers;
En vain de la raison les secours sont offerts,
Pour vouloir d'un œil sec voir mourir ce qu'on aime;
L'effort en est barbare aux yeux de l'univers;
Et c'est brutalité plus que vertu suprême.
Je ne veux point, dans cette adversité,
Parer mon cœur d'insensibilité,
Et cacher l'ennui qui me touche :

Je renonce à la vanité
De cette dureté farouche
Que l'on appelle fermeté;
Et, de quelque façon qu'on nomme
Cette vive douleur dont je ressens les coups,
Je veux bien l'étaler, ma fille, aux yeux de tous,
Et dans le cœur d'un roi montrer le cœur d'un homme.

PSYCHÉ.

Je ne mérite pas cette grande douleur :
Opposez, opposez un peu de résistance
 Aux droits qu'elle prend sur un cœur
Dont mille événements ont marqué la puissance.
Quoi! faut-il que pour moi vous renonciez, seigneur,
 A cette royale constance
Dont vous avez fait voir dans les coups du malheur
 Une fameuse expérience?

LE ROI.

La constance est facile en mille occasions.
 Toutes les révolutions
Où nous peut exposer la fortune inhumaine,
La perte des grandeurs, les persécutions,
Le poison de l'envie, et les traits de la haine,
 N'ont rien que ne puissent sans peine
 Braver les résolutions
D'une âme où la raison est un peu souveraine.
 Mais ce qui porte des rigueurs
 A faire succomber les cœurs
 Sous le poids des douleurs amères,
 Ce sont, ce sont les rudes traits
 De ces fatalités sévères
 Qui nous enlèvent pour jamais
 Les personnes qui nous sont chères.
 La raison contre de tels coups
 N'offre point d'armes secourables;
 Et voilà des dieux en courroux
 Les foudres les plus redoutables
 Qui se puissent lancer sur nous.

PSYCHÉ.

Seigneur, une douceur ici vous est offerte.
Votre hymen a reçu plus d'un présent des dieux;
 Et, par une faveur ouverte,
Ils ne vous ôtent rien, en m'ôtant à vos yeux,
Dont ils n'aient pris le soin de réparer la perte.
Il vous reste de quoi consoler vos douleurs,
Et cette loi du ciel, que vous nommez cruelle,
 Dans les deux princesses mes sœurs
 Laisse à l'amitié paternelle
 Où placer toutes ses douceurs.

LE ROI.

Ah! de mes maux soulagement frivole!
Rien, rien ne s'offre à moi qui de toi me console.
C'est sur mes déplaisirs que j'ai les yeux ouverts;
 Et, dans un destin si funeste,
 Je regarde ce que je perds,
Et ne vois point ce qui me reste.

PSYCHÉ.

Vous savez mieux que moi qu'aux volontés des dieux,
 Seigneur, il faut régler les nôtres;
Et je ne puis vous dire, en ces tristes adieux, [très.
Que ce que beaucoup mieux vous pouvez dire aux au-
Ces dieux sont maîtres souverains
 Des présents qu'ils daignent nous faire;
 Ils ne les laissent dans nos mains
 Qu'autant de temps qu'il peut leur plaire;
 Lorsqu'ils viennent les retirer,
 On n'a nul droit de murmurer
Des grâces que leur main ne veut plus nous étendre.
Seigneur, je suis un don qu'ils ont fait à vos vœux;
Et quand, par cet arrêt, ils veulent me reprendre,
Ils ne vous ôtent rien que vous ne teniez d'eux,
Et c'est sans murmurer que vous devez me rendre.

LE ROI.

Ah! cherche un meilleur fondement
Aux consolations que ton cœur me présente,
Et de la fausseté de ce raisonnement
 Ne fais point un accablement
 A cette douleur si cuisante
 Dont je souffre ici le tourment.
Crois-tu là me donner une raison puissante
Pour ne me plaindre point de cet arrêt des cieux?
 Et, dans le procédé des dieux
 Dont tu veux que je me contente,
 Une rigueur assassinante
 Ne paraît-elle pas aux yeux?
Vois l'état où ces dieux me forcent à te rendre,
Et l'autre où te reçut mon cœur infortuné;
Tu connaîtras par là qu'ils me viennent reprendre
 Bien plus que ce qu'ils m'ont donné.
 Je reçus d'eux en toi, ma fille,
Un présent que mon cœur ne leur demandait pas;
 J'y trouvais alors peu d'appas,
Et leur en vis sans joie accroître ma famille;
Mais mon cœur, ainsi que mes yeux,
S'est fait de ce présent une douce habitude;
J'ai mis quinze ans de soins, de veilles et d'études
 A me le rendre précieux;
 Je l'ai paré de l'aimable richesse
 De mille brillantes vertus;
En lui j'ai renfermé, par des soins assidus,
Tous les plus beaux trésors que fournit la sagesse :
A lui j'ai de mon âme attaché la tendresse;
J'en ai fait de ce cœur le charme et l'allégresse
La consolation de mes sens abattus,
 Le doux espoir de ma vieillesse.
 Ils m'ôtent tout cela, ces dieux;
Et tu veux que je n'aie aucun sujet de plainte
Sur cet affreux arrêt dont je souffre l'atteinte!
Ah! leur pouvoir se joue avec trop de rigueur.

19.

Des tendresses de notre cœur.
Pour m'ôter leur présent, leur fallait-il attendre
Que j'en eusse fait tout mon bien?
Ou plutôt, s'ils avaient dessein de le reprendre,
N'eût-il pas été mieux de ne me donner rien?
PSYCHÉ.
Seigneur, redoutez la colère
De ces dieux contre qui vous osez éclater.
LE ROI.
Après ce coup, que peuvent-ils me faire?
Ils m'ont mis en état de ne rien redouter.
PSYCHÉ.
Ah! seigneur, je tremble des crimes
Que je vous fais commettre, et je dois me haïr.
LE ROI.
Ah! qu'ils souffrent du moins mes plaintes légitimes!
Ce m'est assez d'effort que de leur obéir;
Ce doit leur être assez que mon cœur t'abandonne
Au barbare respect qu'il faut qu'on ait pour eux,
Sans prétendre gêner la douleur que me donne
L'épouvantable arrêt d'un sort si rigoureux.
Mon juste désespoir ne saurait se contraindre;
Je veux, je veux garder ma douleur à jamais;
Je veux sentir toujours la perte que je fais;
De la rigueur du ciel je veux toujours me plaindre;
Je veux jusqu'au trépas incessamment pleurer
Ce que tout l'univers ne peut me réparer.
PSYCHÉ.
Ah! de grâce, seigneur, épargnez ma faiblesse;
J'ai besoin de constance en l'état où je suis.
Ne fortifiez point l'excès de mes ennuis
Des larmes de votre tendresse.
Seuls ils sont assez forts; et c'est trop pour mon cœur
De mon destin et de votre douleur.
LE ROI.
Oui, je dois t'épargner mon deuil inconsolable.
Voici l'instant fatal de m'arracher de toi :
Mais comment prononcer ce mot épouvantable?
Il le faut toutefois; le ciel m'en fait la loi;
Une rigueur inévitable
M'oblige à te laisser en ce funeste lieu.
Adieu : je vais... Adieu.

Ce qui suit, jusqu'à la fin de la pièce, est de M. Corneille, à la réserve de la première scène du troisième acte, qui est de la même main que ce qui a précédé.

SCÈNE II.

PSYCHÉ, AGLAURE, CYDIPPE.

PSYCHÉ.
Suivez le roi, mes sœurs, vous essuierez ses larmes,
Vous adoucirez ses douleurs;
Et vous l'accableriez d'alarmes,

Si vous vous exposiez encore à mes malheurs.
Conservez-lui ce qui lui reste.
Le serpent que j'attends peut vous être funeste,
Vous envelopper dans mon sort,
Et me porter en vous une seconde mort....
Le ciel m'a seule condamnée
A son haleine empoisonnée :
Rien ne saurait me secourir;
Et je n'ai pas besoin d'exemple pour mourir.
AGLAURE.
Ne nous enviez pas ce cruel avantage
De confondre nos pleurs avec vos déplaisirs,
De mêler nos soupirs à vos derniers soupirs :
D'une tendre amitié souffrez ce dernier gage.
PSYCHÉ.
C'est vous perdre inutilement.
CYDIPPE.
C'est en votre faveur espérer un miracle,
Ou vous accompagner jusques au monument.
PSYCHÉ.
Que peut-on se promettre après un tel oracle?
AGLAURE.
Un oracle jamais n'est sans obscurité :   [tendre¹;
On l'entend d'autant moins que mieux on croit l'en-
Et peut-être, après tout, n'en devez-vous attendre
Que gloire et que félicité.
Laissez-nous voir, ma sœur, par une digne issue
Cette frayeur mortelle heureusement déçue,
Ou mourir du moins avec vous,
Si le ciel à nos vœux ne se montre plus doux.
PSYCHÉ.
Ma sœur, écoutez mieux la voix de la nature
Qui vous appelle auprès du roi.
Vous m'aimez trop; le devoir en murmure,
Vous en savez l'indispensable loi.
Un père vous doit être encor plus cher que moi.
Rendez-vous toutes deux l'appui de sa vieillesse,
Vous lui devez chacune un gendre et des neveux.
Mille rois à l'envi vous gardent leur tendresse,
Mille rois à l'envi vous offriront leurs vœux.
L'oracle me veut seule, et seule aussi je veux
Mourir, si je puis, sans faiblesse,
Ou ne vous avoir pas pour témoins toutes deux
De ce que, malgré moi, la nature m'en laisse.
AGLAURE.
Partager vos malheurs, c'est vous importuner?
CYDIPPE.
J'ose dire un peu plus, ma sœur, c'est vous déplaire?
PSYCHÉ.
Non; mais enfin c'est me gêner,
Et peut-être du ciel redoubler la colère.

¹ Ce vers et le précédent se trouvent déjà dans *Horace*, acte III, sc. III.

AGLAURE.
Vous le voulez, et nous partons.
Daigne ce même ciel, plus juste et moins sévère,
Vous envoyer le sort que nous vous souhaitons,
Et que notre amitié sincère,
En dépit de l'oracle, et malgré vous, espère!
PSYCHÉ.
Adieu. C'est un espoir, ma sœur, et des souhaits
Qu'aucun des dieux ne remplira jamais.

SCÈNE III.
PSYCHÉ.

Enfin, seule et toute à moi-même,
Je puis envisager cet affreux changement
Qui, du haut d'une gloire extrême,
Me précipite au monument.
Cette gloire était sans seconde;
L'éclat s'en répandait jusqu'aux deux bouts du monde;
Tout ce qu'il a de rois semblaient faits pour m'aimer;
Tous leurs sujets, me prenant pour déesse,
Commençaient à m'accoutumer
Aux encens qu'ils m'offraient sans cesse :
Leurs soupirs me suivaient sans qu'il m'en coûtât rien;
Mon âme restait libre en captivant tant d'âmes;
Et j'étais parmi tant de flammes
Reine de tous les cœurs, et maîtresse du mien.
O ciel, m'auriez-vous fait un crime
De cette insensibilité?
Déployez-vous sur moi tant de sévérité,
Pour n'avoir à leurs vœux rendu que de l'estime?
Si vous m'imposiez cette loi,
Qu'il fallût faire un choix pour ne pas vous déplaire,
Puisque je ne pouvais le faire,
Que ne le faisiez-vous pour moi?
Que ne m'inspiriez-vous ce qu'inspire à tant d'autres
Le mérite, l'amour, et... Mais que vois-je ici?

SCÈNE IV.
CLÉOMÈNE, AGÉNOR, PSYCHÉ.

CLÉOMÈNE.
Deux amis, deux rivaux, dont l'unique souci
Est d'exposer leurs jours pour conserver les vôtres.
PSYCHÉ.
Puis-je vous écouter quand j'ai chassé deux sœurs?
Princes, contre le ciel pensez-vous me défendre?
Vous livrer au serpent qu'ici je dois attendre,
Ce n'est qu'un désespoir qui sied mal aux grands
    Et mourir alors que je meurs,   [cœurs;
    C'est accabler une âme tendre,
    Qui n'a que trop de ses douleurs.
AGÉNOR.
Un serpent n'est pas invincible :
Cadmus, qui n'aimait rien, défit celui de Mars.
Nous aimons, et l'amour sait rendre tout possible
    Au cœur qui suit ses étendards,
A la main dont lui-même il conduit tous les dards.
PSYCHÉ.
Voulez-vous qu'il vous serve en faveur d'une ingrate
    Que tous ses traits n'ont pu toucher;
Qu'il dompte sa vengeance au moment qu'elle éclate,
    Et vous aide à m'en arracher?
    Quand même vous m'auriez servie,
    Quand vous m'auriez rendu la vie,
Quel fruit espérez-vous de qui ne peut aimer?
CLÉOMÈNE.
Ce n'est point par l'espoir d'un si charmant salaire
    Que nous nous sentons animer;
    Nous ne cherchons qu'à satisfaire
Aux devoirs d'un amour qui n'ose présumer
    Que jamais, quoi qu'il puisse faire,
    Il soit capable de vous plaire,
    Et digne de vous enflammer.
Vivez, belle princesse, et vivez pour un autre.
    Nous le verrons d'un œil jaloux,
Nous en mourrons; mais d'un trépas plus doux
    Que s'il nous fallait voir le vôtre;
Et si nous ne mourons en vous sauvant le jour,
Quelque amour qu'à nos yeux vous préfériez au nôtre,
Nous voulons bien mourir de douleur et d'amour.
PSYCHÉ.
Vivez, princes, vivez, et de ma destinée
Ne songez plus à rompre ou partager la loi;
Je crois vous l'avoir dit, le ciel ne veut que moi,
    Le ciel m'a seule condamnée.
Je pense ouïr déjà les mortels sifflements
    De son ministre qui s'approche :
Ma frayeur me le peint, me l'offre à tous moments,
Et, maîtresse qu'elle est de tous mes sentiments,
Elle me le figure au haut de cette roche.
J'en tombe de faiblesse, et mon cœur abattu
Ne soutient plus qu'à peine un reste de vertu.
Adieu, princes; fuyez, qu'il ne vous empoisonne.
AGÉNOR.
Rien ne s'offre à nos yeux encor qui les étonne;
Et quand vous vous peignez un si proche trépas,
    Si la force vous abandonne,
    Nous avons des cœurs et des bras
    Que l'espoir n'abandonne pas.
Peut-être qu'un rival a dicté cet oracle,
Que l'or a fait parler celui qui l'a rendu :
    Ce ne serait pas un miracle
Que pour un dieu muet un homme eût répondu;
Et dans tous les climats on n'a que trop d'exemples
Qu'il est, ainsi qu'ailleurs, des méchants dans les
CLÉOMÈNE.   [temples.
Laissez-nous opposer au lâche ravisseur

À qui le sacrilége indignement vous livre,
Un amour qu'a le ciel choisi, pour défenseur
De la seule beauté pour qui nous voulons vivre.
Si nous n'osons prétendre à sa possession,
Du moins en son péril permettez-nous de suivre
L'ardeur et les devoirs de notre passion.

PSYCHÉ.
Portez-les à d'autres moi-mêmes,
Princes, portez-les à mes sœurs.
Ces devoirs, ces ardeurs extrêmes,
Dont pour moi sont remplis vos cœurs :
Vivez pour elles quand je meurs.
Plaignez de mon destin les funestes rigueurs,
Sans leur donner en vous de nouvelles matières.
Ce sont mes volontés dernières ;
Et l'on a reçu de tout temps
Pour souveraines lois les ordres des mourants.

CLÉOMÈNE.
Princesse...

PSYCHÉ.
Encore un coup, princes, vivez pour elles.
Tant que vous m'aimerez, vous devez m'obéir :
Ne me réduisez pas à vouloir vous haïr,
Et vous regarder en rebelles
A force de m'être fidèles.
Allez, laissez-moi seule expirer en ce lieu
Où je n'ai plus de voix que pour vous dire adieu.
Mais je sens qu'on m'enlève, et l'air m'ouvre une route
D'où vous n'entendrez plus cette mourante voix.
Adieu, princes, adieu pour la dernière fois.
Voyez si de mon sort vous pouvez être en doute.
(*Elle est enlevée en l'air par deux zéphires.*)

AGÉNOR.
Nous la perdons de vue. Allons tous deux chercher
Sur le faîte de ce rocher,
Prince, les moyens de la suivre.

CLÉOMÈNE.
Allons-y chercher ceux de ne lui point survivre.

SCÈNE V.

L'AMOUR, *en l'air.*

Allez mourir, rivaux d'un dieu jaloux,
Dont vous méritez le courroux
Pour avoir eu le cœur sensible aux mêmes charmes.
Et toi, forge, Vulcain, mille brillants attraits
Pour orner un palais
Où l'Amour de Psyché veut essuyer les larmes,
Et lui rendre les armes.

SECOND INTERMÈDE.

La scène se change en une cour magnifique ornée de colonnes de lapis enrichies de figures d'or, qui forment un palais pompeux et brillant que l'Amour destine pour Psyché. Six cyclopes avec quatre fées y font une entrée de ballet, où ils achèvent en cadence quatre gros vases d'argent que les fées leur ont apportés. Cette entrée est entrecoupée par ce récit de Vulcain, qu'il fait à deux reprises :

Dépêchez, préparez ces lieux
Pour le plus aimable des dieux ;
Que chacun pour lui s'intéresse.
N'oubliez rien des soins qu'il faut :
Quand l'Amour presse,
On n'a jamais fait assez tôt.

L'amour ne veut point qu'on diffère :
Travaillez, hâtez-vous,
Frappez, redoublez vos coups ;
Que l'ardeur de lui plaire
Fasse vos soins les plus doux.

SECOND COUPLET.

Servez bien un dieu si charmant ;
Il se plaît dans l'empressement ;
Que chacun pour lui s'intéresse.
N'oubliez rien des soins qu'il faut :
Quand l'Amour presse,
On n'a jamais fait assez tôt.

L'amour ne veut point qu'on diffère :
Travaillez, etc.

ACTE TROISIÈME.

SCÈNE PREMIÈRE.

L'AMOUR, ZÉPHIRE.

ZÉPHIRE.
Oui, je me suis galamment acquitté
De la commission que vous m'avez donnée ;
Et, du haut du rocher, je l'ai, cette beauté,
Par le milieu des airs, doucement amenée
Dans ce beau palais enchanté,
Où vous pouvez en liberté
Disposer de sa destinée.
Mais vous me surprenez par ce grand changement
Qu'en votre personne vous faites :
Cette taille, ces traits, et cet ajustement,
Cachent tout à fait qui vous êtes ;

Et je donne aux plus fins à pouvoir en ce jour
Vous reconnaître pour l'Amour.
L'AMOUR.
Aussi ne veux-je pas qu'on puisse me connaître :
Je ne veux à Psyché découvrir que mon cœur,
Rien que les beaux transports de cette vive ardeur
Que ses doux charmes y font naître;
Et pour en exprimer l'amoureuse langueur,
Et cacher ce que je puis être
Aux yeux qui m'imposent des lois,
J'ai pris la forme que tu vois.
ZÉPHIRE.
En tout vous êtes un grand maître,
C'est ici que je le connais.
Sous des déguisements de diverse nature
On a vu les dieux amoureux
Chercher à soulager cette douce blessure
Que reçoivent les cœurs de vos traits pleins de feux :
Mais en bon sens vous l'emportez sur eux;
Et voilà la bonne figure
Pour avoir un succès heureux
Près de l'aimable sexe où l'on porte ses vœux.
Oui, de ces formes-là l'assistance est bien forte;
Et, sans parler ni de rang ni d'esprit,
Qui peut trouver moyen d'être fait de la sorte
Ne soupire guère à crédit.
L'AMOUR.
J'ai résolu, mon cher Zéphire,
De demeurer ainsi toujours;
Et l'on ne peut le trouver à redire
A l'aîné de tous les Amours.
Il est temps de sortir de cette longue enfance
Qui fatigue ma patience;
Il est temps désormais que je devienne grand.
ZÉPHIRE.
Fort bien, vous ne pouvez mieux faire;
Et vous entrez dans un mystère
Qui ne demande rien d'enfant.
L'AMOUR.
Ce changement sans doute irritera ma mère.
ZÉPHIRE.
Je prévois là-dessus quelque peu de colère.
Bien que les disputes des ans
Ne doivent point régner parmi les immortelles,
Votre mère Vénus est de l'humeur des belles,
Qui n'aiment point de grands enfants.
Mais où je la trouve outragée,
C'est dans le procédé que l'on vous voit tenir;
Et c'est l'avoir étrangement vengée
Que d'aimer la beauté qu'elle voulait punir.
Cette haine, où ses vœux prétendent que réponde
La puissance d'un fils que redoutent les dieux...
L'AMOUR.
Laissons cela, Zéphire, et me dis si tes yeux

Ne trouvent pas Psyché la plus belle du monde.
Est-il rien sur la terre, est-il rien dans les cieux
Qui puisse lui ravir le titre glorieux
De beauté sans seconde?
Mais je la vois, mon cher Zéphire,
Qui demeure surprise à l'éclat de ces lieux.
ZÉPHIRE.
Vous pouvez vous montrer pour finir son martyre,
Lui découvrir son destin glorieux,
Et vous dire entre vous tout ce que peuvent dire
Les soupirs, la bouche et les yeux.
En confident discret, je sais ce qu'il faut faire
Pour ne pas interrompre un amoureux mystère.

SCÈNE II.

PSYCHÉ.

Où suis-je? et, dans un lieu que je croyais barbare,
Quelle savante main a bâti ce palais,
Que l'art, que la nature pare
De l'assemblage le plus rare
Que l'œil puisse admirer jamais?
Tout rit, tout brille, tout éclate
Dans ces jardins, dans ces appartements,
Dont les pompeux ameublements
N'ont rien qui n'enchante et ne flatte;
Et, de quelque côté que tournent mes frayeurs,
Je ne vois sous mes pas que de l'or ou des fleurs.

Le ciel aurait-il fait cet amas de merveilles
Pour la demeure d'un serpent?
Et lorsque par leur vue il amuse et suspend
De mon destin jaloux les rigueurs sans pareilles,
Veut-il montrer qu'il s'en repent?
Non, non, c'est de sa haine, en cruautés féconde,
Le plus noir, le plus rude trait,
Qui, par une rigueur nouvelle et sans seconde,
N'étale ce choix qu'elle a fait
De ce qu'a de plus beau le monde
Qu'afin que je le quitte avec plus de regret.

Que son espoir est ridicule
S'il croit par là soulager mes douleurs!
Tout autant de moments que ma mort se recule
Sont autant de nouveaux malheurs;
Plus elle tarde, et plus de fois je meurs.

Ne me fais plus languir, viens prendre ta victime,
Monstre qui dois me déchirer.
Veux-tu que je te cherche, et faut-il que j'anime
Tes fureurs à me dévorer?
Si le ciel veut ma mort, si ma vie est un crime,
De ce peu qui m'en reste ose enfin t'emparer.
Je suis lasse de murmurer

Contre un châtiment légitime;
Je suis lasse de soupirer :
Viens, que j'achève d'expirer.

SCÈNE III[1].

L'AMOUR, PSYCHÉ, ZÉPHIRE.

L'AMOUR.

Le voilà ce serpent, ce monstre impitoyable,
Qu'un oracle étonnant pour vous a préparé,
Et qui n'est pas, peut-être, à tel point effroyable
  Que vous vous l'êtes figuré.

PSYCHÉ.

Vous, seigneur, vous seriez ce monstre dont l'oracle
  A menacé mes tristes jours,
Vous qui semblez plutôt un dieu qui, par miracle,
  Daigne venir lui-même à mon secours!

L'AMOUR.

Quel besoin de secours au milieu d'un empire
  Où tout ce qui respire
N'attend que vos regards pour en prendre la loi,
Où vous n'avez à craindre autre monstre que moi?

PSYCHÉ.

Qu'un monstre tel que vous inspire peu de crainte!
  Et que, s'il a quelque poison,
  Une âme aurait peu de raison
  De hasarder la moindre plainte
  Contre une favorable atteinte
Dont tout le cœur craindrait la guérison!
A peine je vous vois, que mes frayeurs cessées
Laissent évanouir l'image du trépas,
Et que je sens couler dans mes veines glacées
Un je ne sais quel feu que je ne connais pas.
J'ai senti de l'estime et de la complaisance,
  De l'amitié, de la reconnaissance;
  De la compassion les chagrins innocents
  M'en ont fait sentir la puissance :
Mais je n'ai point encor senti ce que je sens.
Je ne sais ce que c'est; mais je sais qu'il me charme,
  Que je n'en conçois point d'alarme :
Plus j'ai les yeux sur vous, plus je m'en sens charmer;
Tout ce que j'ai senti n'agissait point de même;
  Et je dirais que je vous aime,
Seigneur, si je savais ce que c'est que d'aimer.
Ne les détournez point, ces yeux qui m'empoisonnent,
Ces yeux tendres, ces yeux perçants, mais amoureux,
Qui semblent partager le trouble qu'ils me donnent.
  Hélas! plus ils sont dangereux,

[1] Si l'on considère que Corneille avait plus de soixante ans lorsqu'il fit cette charmante scène, on ne pourra s'empêcher d'admirer la fraîcheur de ses idées et la variété de son talent. Nous doutons que Racine ait jamais rien fait de plus délicat et de plus gracieux que les vers qui la terminent.

Plus je me plais à m'attacher sur eux.
Par quel ordre du ciel, que je ne puis comprendre,
  Vous dis-je plus que je ne dois,
Moi, de qui la pudeur devrait du moins attendre
Que vous m'expliquassiez le trouble où je vous vois.
Vous soupirez, seigneur, ainsi que je soupire;
Vos sens, comme les miens, paraissent interdits :
C'est à moi de m'en taire, à vous de me le dire;
  Et cependant c'est moi qui vous le dis.

L'AMOUR.

Vous avez eu, Psyché, l'âme toujours si dure,
  Qu'il ne faut pas vous étonner
  Si, pour en réparer l'injure,
L'Amour en ce moment se paye avec usure
  De ceux qu'elle a dû lui donner.
Ce moment est venu qu'il faut que votre bouche
Exhale des soupirs si longtemps retenus;
Et qu'en vous arrachant à cette humeur farouche,
Un amas de transports aussi doux qu'inconnus
Aussi sensiblement tout à la fois vous touche,
Qu'ils ont dû vous toucher durant tant de beaux jours
Dont cette âme insensible a profané le cours.

PSYCHÉ.

N'aimer point, c'est donc un grand crime?

L'AMOUR.

En souffrez-vous un rude châtiment?

PSYCHÉ.

C'est punir assez doucement.

L'AMOUR.

C'est lui choisir sa peine légitime,
Et se faire justice, en ce glorieux jour,
D'un manquement d'amour par un excès d'amour.

PSYCHÉ.

Que n'ai-je été plus tôt punie!
J'y mets le bonheur de ma vie.
Je devrais en rougir, ou le dire plus bas;
  Mais le supplice a trop d'appas;
Permettez que tout haut je le die et redie :
Je le dirais cent fois et n'en rougirais pas.
Ce n'est point moi qui parle, et de votre présence
L'empire surprenant, l'aimable violence,
Dès que je veux parler, s'empare de ma voix.
C'est en vain qu'en secret ma pudeur s'en offense,
  Que le sexe et la bienséance
  Osent me faire d'autres lois :
Vos yeux de ma réponse eux-mêmes font le choix :
Et ma bouche, asservie à leur toute-puissance,
Ne me consulte plus sur ce que je me dois.

L'AMOUR.

Croyez, belle Psyché, croyez ce qu'ils vous disent,
  Ces yeux qui ne sont point jaloux :
  Qu'à l'envi les vôtres m'instruisent
  De tout ce qui se passe en vous.
Croyez-en ce cœur qui soupire,

Et qui, tant que le vôtre y voudra repartir,
 Vous dira bien plus, d'un soupir,
 Que cent regards ne peuvent dire.
C'est le langage le plus doux,
C'est le plus fort, c'est le plus sûr de tous.
  PSYCHÉ.
 L'intelligence en était due
A nos cœurs, pour les rendre également contents.
J'ai soupiré, vous m'avez entendue ;
 Vous soupirez, je vous entends :
 Mais ne me laissez plus en doute,
Seigneur, et dites-moi si, par la même route,
Après moi, le Zéphire ici vous a rendu
 Pour me dire ce que j'écoute ;
Quand j'y suis arrivée étiez-vous attendu?
Et, quand vous lui parlez, êtes-vous entendu?
  L'AMOUR.
J'ai dans ce doux climat un souverain empire,
 Comme vous l'avez sur mon cœur ;
L'Amour m'est favorable, et c'est en sa faveur
Qu'à mes ordres Éole a soumis le Zéphire.
C'est l'Amour qui, pour voir mes feux récompensés
 Lui-même a dicté cet oracle
 Par qui vos beaux jours menacés
D'une foule d'amants se sont débarrassés,
Et qui m'a délivré de l'éternel obstacle
 De tant de soupirs empressés
Qui ne méritaient pas de vous être adressés.
Ne me demandez point quelle est cette province,
 Ni le nom de son prince ;
 Vous le saurez quand il en sera temps.
Je veux vous acquérir, mais c'est par mes services,
Par des soins assidus, et par des vœux constants,
 Par les amoureux sacrifices
  De tout ce que je suis,
  De tout ce que je puis,
Sans que l'éclat du rang pour moi vous sollicite,
Sans que de mon pouvoir je me fasse un mérite ;
Et, bien que souverain dans cet heureux séjour,
Je ne vous veux, Psyché, devoir qu'à mon amour.
Venez en admirer avec moi les merveilles,
Princesse, et préparez vos yeux et vos oreilles
 A ce qu'il a d'enchantements :
Vous y verrez des bois et des prairies
 Contester sur leurs agréments
 Avec l'or et les pierreries ;
Vous n'entendrez que des concerts charmants ;
De cent beautés vous y serez servie,
Qui vous adoreront sans vous porter envie,
 Et brigueront à tous moments,
 D'une âme soumise et ravie,
 L'honneur de vos commandements.
  PSYCHÉ.
 Mes volontés suivent les vôtres ;

Je n'en saurais plus avoir d'autres.
Mais votre oracle enfin vient de me séparer
 De deux sœurs, et du roi mon père,
 Que mon trépas imaginaire
 Réduit tous trois à me pleurer.
Pour dissiper l'erreur dont leur âme accablée
De mortels déplaisirs se voit pour moi comblée,
 Souffrez que mes sœurs soient témoins
 Et de ma gloire et de vos soins;
Prêtez-leur, comme à moi, les ailes du Zéphire,
 Qui leur puissent de votre empire,
 Ainsi qu'à moi, faciliter l'accès ;
 Faites-leur voir en quel lieu je respire ;
Faites-leur de ma perte admirer le succès.
  L'AMOUR.
Vous ne me donnez pas, Psyché, toute votre âme :
Ce tendre souvenir d'un père et de deux sœurs
 Me vole une part des douceurs
 Que je veux toutes pour ma flamme.
N'ayez d'yeux que pour moi qui n'en ai que pour vous ;
Ne songez qu'à m'aimer, ne songez qu'à me plaire.
Et quand de tels soucis osent vous en distraire...
  PSYCHÉ.
Des tendresses du sang peut-on être jaloux?
  L'AMOUR.
Je le suis, ma Psyché, de toute la nature :
Les rayons du soleil vous baisent trop souvent ;
Vos cheveux souffrent trop les caresses du vent :
 Dès qu'il les flatte, j'en murmure ;
 L'air même que vous respirez
Avec trop de plaisir passe par votre bouche ;
 Votre habit de trop près vous touche ;
 Et sitôt que vous soupirez,
Je ne sais quoi qui m'effarouche
Craint parmi vos soupirs des soupirs égarés.
Mais vous voulez vos sœurs : allez, partez, Zéphire
Psyché le veut, je ne l'en puis dédire.
  (*Zéphire s'envole.*)

SCÈNE IV.

L'AMOUR, PSYCHÉ.

  L'AMOUR.
Quand vous leur ferez voir ce bienheureux séjour,
 De ses trésors faites-leur cent largesses,
 Prodiguez-leur caresses sur caresses,
Et du sang, s'il se peut, épuisez les tendresses
 Pour vous rendre toute à l'amour.
Je n'y mêlerai point d'importune présence.
Mais ne leur faites pas de si longs entretiens ;
Vous ne sauriez pour eux avoir de complaisance,
 Que vous ne dérobiez aux miens.

PSYCHÉ.
Votre amour me fait une grâce
Dont je n'abuserai jamais.
L'AMOUR.
Allons voir cependant ces jardins, ce palais,
Où vous ne verrez rien que votre éclat n'efface.
Et vous, petits Amours, et vous, jeunes Zéphyrs,
Qui pour armes n'avez que de tendres soupirs,
Montrez tous à l'envi ce qu'à voir ma princesse
Vous avez senti d'allégresse.

TROISIÈME INTERMÈDE.

Il se fait une entrée de ballet de quatre Amours et quatre Zéphires, interrompue deux fois par un dialogue chanté par un Amour et un Zéphire.

LE ZÉPHIRE.
Aimable jeunesse,
Suivez la tendresse;
Joignez aux beaux jours
La douceur des Amours.
C'est pour vous surprendre
Qu'on vous fait entendre
Qu'il faut éviter leurs soupirs
Et craindre leurs désirs :
Laissez-vous apprendre
Quels sont leurs plaisirs.

ILS CHANTENT ENSEMBLE.
Chacun est obligé d'aimer
A son tour;
Et plus on a de quoi charmer,
Plus on doit à l'Amour.

LE ZÉPHIRE SEUL.
Un cœur jeune et tendre
Est fait pour se rendre;
Il n'a point à prendre
De fâcheux détour.

ILS CHANTENT ENSEMBLE.
Chacun est obligé d'aimer
A son tour;
Et plus on a de quoi charmer,
Plus on doit à l'Amour.

L'AMOUR SEUL.
Pourquoi se défendre?
Que sert-il d'attendre?
Quand on perd un jour,
On le perd sans retour.

ILS CHANTENT ENSEMBLE.
Chacun est obligé d'aimer
A son tour;
Et plus on a de quoi charmer,
Plus on doit à l'Amour.

SECOND COUPLET.

LE ZÉPHIRE.
L'Amour a des charmes;
Rendons-lui les armes :
Ses soins et ses pleurs
Ne sont pas sans douceurs.
Un cœur, pour le suivre,
A cent maux se livre.
Il faut, pour goûter ses appas,
Languir jusqu'au trépas;
Mais ce n'est pas vivre
Que de n'aimer pas.

ILS CHANTENT ENSEMBLE.
S'il faut des soins et des travaux
En aimant,
On est payé de mille maux
Par un heureux moment.

LE ZÉPHIRE SEUL.
On craint, on espère,
Il faut du mystère :
Mais on n'obtient guère
De bien sans tourment.

ILS CHANTENT ENSEMBLE.
S'il faut des soins et des travaux
En aimant,
On est payé de mille maux
Par un heureux moment.

L'AMOUR SEUL.
Que peut-on mieux faire
Qu'aimer et que plaire?
C'est un soin charmant
Que l'emploi d'un amant.

ILS CHANTENT ENSEMBLE.
S'il faut des soins et des travaux
En aimant,
On est payé de mille maux
Par un heureux moment.

Le théâtre devient un autre palais magnifique, coupé dans le fond par un vestibule, au travers duquel on voit un jardin superbe et charmant, décoré de plusieurs vases d'orangers, et d'arbres chargés de toutes sortes de fruits.

ACTE QUATRIÈME.

SCÈNE PREMIÈRE.

AGLAURE, CYDIPPE.

AGLAURE.
Je n'en puis plus, ma sœur; j'ai vu trop de merveilles :

L'avenir aura peine à les bien concevoir ;
Le soleil, qui voit tout, et qui nous fait tout voir,
N'en a vu jamais de pareilles.
Elles me chagrinent l'esprit ;
Et ce brillant palais, ce pompeux équipage,
Font un odieux étalage
Qui m'accable de honte autant que de dépit.
Que la fortune indignement nous traite !
Et que sa largesse indiscrète
Prodigue aveuglément, épuise, unit d'efforts,
Pour faire de tant de trésors
Le partage d'une cadette !

CYDIPPE.
J'entre dans tous vos sentiments,
J'ai les mêmes chagrins ; et dans ces lieux charmants,
Tout ce qui vous déplaît me blesse ;
Tout ce que vous prenez pour un mortel affront,
Comme vous, m'accable et me laisse
L'amertume dans l'âme et la rougeur au front.

AGLAURE.
Non, ma sœur, il n'est point de reines
Qui, dans leur propre État, parlent en souveraines
Comme Psyché parle en ces lieux.
On l'y voit obéie avec exactitude,
Et de ses volontés une amoureuse étude
Les cherche jusque dans ses yeux.
Mille beautés s'empressent autour d'elle,
Et semblent dire à nos regards jaloux :
Quels que soient nos attraits, elle est encor plus belle ;
Et nous, qui la servons, le sommes plus que vous.
Elle prononce, on exécute ;
Aucun ne s'en défend, aucun ne s'en rebute.
Flore, qui s'attache à ses pas,
Répand à pleines mains autour de sa personne
Ce qu'elle a de plus doux appas ;
Zéphire vole aux ordres qu'elle donne ;
Et son amante et lui, s'en laissant trop charmer,
Quittent pour la servir les soins de s'entr'aimer.

CYDIPPE.
Elle a des dieux à son service,
Elle aura bientôt des autels ;
Et nous ne commandons qu'à de chétifs mortels
De qui l'audace et le caprice,
Contre nous à toute heure en secret révoltés,
Opposent à nos volontés
Ou le murmure ou l'artifice !

AGLAURE.
C'était peu que dans notre cour
Tant de cœurs à l'envi nous l'eussent préférée ;
Ce n'était pas assez que de nuit et de jour
D'une foule d'amants elle y fût adorée :
Quand nous nous consolions de la voir au tombeau
Par l'ordre imprévu d'un oracle,
Elle a voulu de son destin nouveau

Faire en notre présence éclater le miracle,
Et choisi nos yeux pour témoins.
De ce qu'au fond du cœur nous souhaitions le moins.

CYDIPPE.
Ce qui le plus me désespère,
C'est cet amant parfait et si digne de plaire
Qui se captive sous ses lois.
Quand nous pourrions choisir entre tous les monarques,
En est-il un, de tant de rois,
Qui porte de si nobles marques ?
Se voir du bien par delà ses souhaits,
N'est souvent qu'un bonheur qui fait des misérables ;
Il n'est ni train pompeux ni superbe palais
Qui n'ouvrent quelque porte à des maux incurables :
Mais avoir un amant d'un mérite achevé,
Et s'en voir chèrement aimée,
C'est un bonheur si haut, si relevé,
Que sa grandeur ne peut être exprimée.

AGLAURE.
N'en parlons plus, ma sœur, nous en mourrions d'ennui :
Songeons plutôt à la vengeance ;
Et trouvons le moyen de rompre entre elle et lui
Cette adorable intelligence.
La voici. J'ai des coups tout prêts à lui porter
Qu'elle aura peine d'éviter.

SCÈNE II.

PSYCHÉ, AGLAURE, CYDIPPE.

PSYCHÉ.
Je viens vous dire adieu ; mon amant vous renvoie,
Et ne saurait plus endurer
Que vous lui retranchiez un moment de la joie
Qu'il prend de se voir seul à me considérer ;
Dans un simple regard, dans la moindre parole,
Son amour trouve des douceurs
Qu'en faveur du sang je lui vole,
Quand je les partage à des sœurs.

AGLAURE.
La jalousie est assez fine ;
Et ces délicats sentiments
Méritent bien qu'on s'imagine
Que celui qui pour vous a ces empressements
Passe le commun des amants.
Je vous en parle ainsi faute de le connaître.
Vous ignorez son nom et ceux dont il tient l'être ;
Nos esprits en sont alarmés.
Je le tiens un grand prince, et d'un pouvoir suprême,
Bien au delà du diadème ;
Ses trésors sous vos pas confusément semés
Ont de quoi faire honte à l'abondance même.
Vous l'aimez autant qu'il vous aime ;
Il vous charme, et vous le charmez :

Votre félicité, ma sœur, serait extrême
  Si vous saviez qui vous aimez.
PSYCHÉ.
Que m'importe? j'en suis aimée;
Plus il me voit, plus je lui plais.
Il n'est point de plaisirs dont l'âme soit charmée
  Qui ne préviennent mes souhaits;
Et je vois mal de quoi la vôtre est alarmée
  Quand tout me sert dans ce palais.
AGLAURE.
Qu'importe qu'ici tout vous serve,
Si toujours cet amant vous cache ce qu'il est?
Nous ne nous alarmons que pour votre intérêt.
En vain tout vous y rit, en vain tout vous y plaît,
Le véritable amour ne fait point de réserve;
  Et qui s'obstine à se cacher
Sent quelque chose en soi qu'on lui peut reprocher.
  Si cet amant devient volage,
Car souvent en amour le change est assez doux;
  Et j'ose le dire entre nous,
Pour grand que soit l'éclat dont brille ce visage,
Il en peut être ailleurs d'aussi belle que vous;
Si, dis-je, un autre objet sous d'autres lois l'engage,
  Si, dans l'état où je vous voi,
  Seule en ses mains et sans défense,
  Il va jusqu'à la violence,
  Sur qui vous vengera le roi,
Ou de ce changement, ou de cette insolence?
PSYCHÉ.
Ma sœur, vous me faites trembler.
Juste ciel! pourrais-je être assez infortunée...
CYDIPPE.
Que sait-on si déjà les nœuds de l'hyménée...
PSYCHÉ.
N'achevez pas, ce serait m'accabler.
AGLAURE.
Je n'ai plus qu'un mot à vous dire.
Ce prince qui vous aime, et qui commande aux vents,
Qui nous donne pour char les ailes du Zéphire,
Et de nouveaux plaisirs vous comble à tous moments,
Quand il rompt à vos yeux l'ordre de la nature,
Peut-être à tant d'amour mêle un peu d'imposture;
Peut-être ce palais n'est qu'un enchantement:
Et ces lambris dorés, ces amas de richesses
  Dont il achète vos tendresses,
Dès qu'il sera lassé de souffrir vos caresses,
  Disparaîtront en un moment.
Vous savez comme nous ce que peuvent les charmes.
PSYCHÉ.
Que je sens à mon tour de cruelles alarmes!
AGLAURE.
Notre amitié ne veut que votre bien.
PSYCHÉ.
Adieu, mes sœurs; finissons l'entretien:
J'aime; et je crains qu'on ne s'impatiente.
  Partez; et demain, si je puis,
  Vous me verrez ou plus contente,
Ou dans l'accablement des plus mortels ennuis.
AGLAURE.
Nous allons dire au roi quelle nouvelle gloire,
Quel excès de bonheur le ciel répand sur vous.
CYDIPPE.
Nous allons lui conter d'un changement si doux
  La surprenante et merveilleuse histoire.
PSYCHÉ.
Ne l'inquiétez point, ma sœur, de vos soupçons;
Et quand vous lui peindrez un si charmant empire...
AGLAURE.
Nous savons toutes deux ce qu'il faut taire ou dire,
Et n'avons pas besoin, sur ce point, de leçons.

(*Le Zéphire enlève les deux sœurs de Psyché dans un nuage qui descend jusqu'à terre, et dans lequel il les emporte avec rapidité.*)

SCÈNE III.

L'AMOUR, PSYCHÉ.

L'AMOUR.
Enfin vous êtes seule, et je puis vous redire,
Sans avoir pour témoins vos importunes sœurs,
Ce que des yeux si beaux ont pris sur moi d'empire,
  Et quels excès ont des douceurs
    Qu'une sincère ardeur inspire
  Sitôt qu'elle assemble deux cœurs.
Je puis vous expliquer de mon âme ravie
    Les amoureux empressements,
  Et vous jurer qu'à vous seule asservie
  Elle n'a pour objets de ses ravissements
Que de voir cette ardeur de même ardeur suivie,
  Ne concevoir plus d'autre envie
Que de régler mes vœux sur vos désirs,
Et de ce qui vous plaît faire tous mes plaisirs.
    Mais d'où vient qu'un triste nuage
Semble offusquer l'éclat de ces beaux yeux?
Vous manque-t-il quelque chose en ces lieux? [ge?
Des vœux qu'on vous y rend dédaignez-vous l'homma-
PSYCHÉ.
Non, seigneur.
L'AMOUR.
    Qu'est-ce donc? et d'où vient mon malheur?
J'entends moins de soupirs d'amour que de douleur;
Je vois de votre teint les roses amorties
    Marquer un déplaisir secret;
    Vos sœurs à peine sont parties
    Que vous soupirez de regret.
Ah! Psyché, de deux cœurs quand l'ardeur est la mê-
Ont-ils des soupirs différents? [me,

Et quand on aime bien, et qu'on voit ce qu'on aime,
  Peut-on songer à des parents?
        PSYCHÉ.
  Ce n'est point là ce qui m'afflige.
        L'AMOUR.
  Est-ce l'absence d'un rival,
Et d'un rival aimé, qui fait qu'on me néglige?
        PSYCHÉ.
Dans un cœur tout à vous que vous pénétrez mal!
Je vous aime, seigneur, et mon amour s'irrite
De l'indigne soupçon que vous avez formé.
Vous ne connaissez pas quel est votre mérite,
  Si vous craignez de n'être pas aimé.
Je vous aime; et depuis que j'ai vu la lumière,
  Je me suis montrée assez fière
  Pour dédaigner les vœux de plus d'un roi;
Et s'il vous faut ouvrir mon âme tout entière,
Je n'ai trouvé que vous qui fût digne de moi.
  Cependant j'ai quelque tristesse
  Qu'en vain je voudrais vous cacher;
Un noir chagrin se mêle à toute ma tendresse,
  Dont je ne la puis détacher.
Ne m'en demandez point la cause:
Peut-être la sachant voudrez-vous m'en punir;
Et si j'ose aspirer encore à quelque chose,
Je suis sûre du moins de ne point l'obtenir.
        L'AMOUR.
Et ne craignez-vous point qu'à mon tour je m'irrite
Que vous connaissiez mal quel est votre mérite,
  Ou feigniez de ne pas savoir
  Quel est sur moi votre absolu pouvoir?
  Ah! si vous en doutez, soyez désabusée,
Parlez.
        PSYCHÉ.
  J'aurai l'affront de me voir refusée.
        L'AMOUR.
Prenez en ma faveur de meilleurs sentiments,
  L'expérience en est aisée;
Parlez, tout se tient prêt à vos commandements.
Si pour m'en croire il vous faut des serments,
J'en jure vos beaux yeux, ces maîtres de mon âme,
  Ces divins auteurs de ma flamme;
Et si ce n'est assez d'en jurer vos beaux yeux,
J'en jure par le Styx, comme jurent les dieux.
        PSYCHÉ.
J'ose craindre un peu moins après cette assurance.
Seigneur, je vois ici la pompe et l'abondance,
  Je vous adore, et vous m'aimez,
Mon cœur en est ravi, mes sens en sont charmés;
  Mais, parmi ce bonheur suprême,
  J'ai le malheur de ne savoir qui j'aime.
  Dissipez cet aveuglement,
Et faites-moi connaître un si parfait amant.

        L'AMOUR.
Psyché, que venez-vous de dire?
        PSYCHÉ.
Que c'est le bonheur où j'aspire;
Et si vous ne me l'accordez...
        L'AMOUR.
Je l'ai juré, je n'en suis plus le maître;
Mais vous ne savez pas ce que vous demandez.
Laissez-moi mon secret. Si je me fais connaître,
  Je vous perds, et vous me perdez.
  Le seul remède est de vous en dédire.
        PSYCHÉ.
C'est là sur vous mon souverain empire?
        L'AMOUR.
Vous pouvez tout, et je suis tout à vous;
Mais si nos feux vous semblent doux,
Ne mettez point d'obstacle à leur charmante suite;
  Ne me forcez point à la fuite:
C'est le moindre malheur qui nous puisse arriver
  D'un souhait qui vous a séduite.
        PSYCHÉ.
  Seigneur, vous voulez m'éprouver;
  Mais je sais ce que j'en dois croire.
De grâce apprenez-moi tout l'excès de ma gloire,
Et ne me cachez plus pour quel illustre choix
  J'ai rejeté les vœux de tant de rois.
        L'AMOUR.
Le voulez-vous?
        PSYCHÉ.
      Souffrez que je vous en conjure.
        L'AMOUR.
Si vous saviez, Psyché, la cruelle aventure
  Que par là vous vous attirez...
        PSYCHÉ.
Seigneur, vous me désespérez.
        L'AMOUR.
Pensez-y bien, je puis encor me taire.
        PSYCHÉ.
Faites-vous des serments pour n'y point satisfaire?
        L'AMOUR.
Eh bien! je suis le dieu le plus puissant des dieux,
Absolu sur la terre, absolu dans les cieux;
Dans les eaux, dans les airs mon pouvoir est suprême,
  En un mot je suis l'Amour même,
Qui de mes propres traits m'étais blessé pour vous;
Et sans la violence, hélas! que vous me faites,
Et qui vient de changer mon amour en courroux,
  Vous m'alliez avoir pour époux.
  Vos volontés sont satisfaites,
  Vous avez su qui vous aimez,
Vous connaissez l'amant que vous charmiez;
  Psyché, voyez où vous en êtes:
Vous me forcez vous-même à vous quitter;
Vous me forcez vous-même à vous ôter

Tout l'effet de votre victoire.
Peut-être vos beaux yeux ne me reverront plus.
Ces palais, ces jardins, avec moi disparus,
Vont faire évanouir votre naissante gloire.
Vous n'avez pas voulu m'en croire ;
Et, pour tout fruit de ce doute éclairci,
Le destin, sous qui le ciel tremble,
Plus fort que mon amour, que tous les dieux ensemble,
Vous va montrer sa haine, et me chasse d'ici.
(*L'Amour disparaît, et, dans l'instant qu'il s'envole, le superbe jardin s'évanouit. Psyché demeure seule au milieu d'une vaste campagne, et sur le bord sauvage d'un grand fleuve où elle se veut précipiter. Le dieu du fleuve paraît assis sur un amas de joncs et de roseaux, et appuyé sur une grande urne, d'où sort une grosse source d'eau.*)

SCÈNE IV.
PSYCHÉ, LE DIEU DU FLEUVE.

PSYCHÉ.

Cruel destin ! funeste inquiétude !
Fatale curiosité !
Qu'avez-vous fait, affreuse solitude,
De toute ma félicité ?
J'aimais un dieu, j'en étais adorée,
Mon bonheur redoublait de moment en moment ;
Et je me vois seule, éplorée,
Au milieu d'un désert, où, pour accablement,
Et confuse et désespérée,
Je sens croître l'amour quand j'ai perdu l'amant.
Le souvenir m'en charme et m'empoisonne ;
Sa douceur tyrannise un cœur infortuné
Qu'aux plus cuisants chagrins ma flamme a condamné.
O ciel ! quand l'Amour m'abandonne,
Pourquoi me laisse-t-il l'amour qu'il m'a donné ?
Source de tous les biens, inépuisable et pure,
Maître des hommes et des dieux,
Cher auteur des maux que j'endure,
Êtes-vous pour jamais disparu de mes yeux ?
Je vous en ai banni moi-même :
Dans un excès d'amour, dans un bonheur extrême,
D'un indigne soupçon mon cœur s'est alarmé.
Cœur ingrat, tu n'avais qu'un feu mal allumé ;
Et l'on ne peut vouloir, du moment que l'on aime,
Que ce que veut l'objet aimé.
Mourons, c'est le parti qui seul me reste à suivre
Après la perte que je fais.
Pour qui, grands dieux ! voudrais-je vivre ?
Et pour qui former des souhaits ?
Fleuve, de qui les eaux baignent ces tristes sables,
Ensevelis mon crime dans tes flots ;
Et pour finir des maux si déplorables,
Laisse-moi dans ton lit assurer mon repos.

LE DIEU DU FLEUVE.

Ton trépas souillerait mes ondes,
Psyché ; le ciel te le défend ;
Et peut-être qu'après des douleurs si profondes
Un autre sort t'attend.
Fuis plutôt de Vénus l'implacable colère.
Je la vois qui te cherche et qui te veut punir :
L'amour du fils a fait la haine de la mère.
Fuis, je saurai la retenir.

PSYCHÉ.

J'attends ses fureurs vengeresses ;
Qu'auront-elles pour moi qui ne me soit trop doux ?
Qui cherche le trépas ne craint dieux ni déesses,
Et peut braver tout leur courroux.

SCÈNE V.
VÉNUS, PSYCHÉ, LE DIEU DU FLEUVE.

VÉNUS.

Orgueilleuse Psyché, vous m'osez donc attendre
Après m'avoir sur terre enlevé mes honneurs,
Après que vos traits suborneurs
Ont reçu les encens qu'aux miens seuls on doit rendre ?
J'ai vu mes temples désertés ;
J'ai vu tous les mortels, séduits par vos beautés,
Idolâtrer en vous la beauté souveraine,
Vous offrir des respects jusqu'alors inconnus,
Et ne se mettre pas en peine
S'il était une autre Vénus :
Et je vous vois encor l'audace
De n'en pas redouter les justes châtiments,
Et de me regarder en face,
Comme si c'était peu que mes ressentiments !

PSYCHÉ.

Si de quelques mortels on m'a vue adorée,
Est-ce un crime pour moi d'avoir eu des appas
Dont leur âme inconsidérée
Laissait charmer des yeux qui ne vous voyaient pas ?
Je suis ce que le ciel m'a faite.
Je n'ai que les beautés qu'il m'a voulu prêter.
Si les vœux qu'on m'offrait vous ont mal satisfaite,
Pour forcer tous les cœurs à vous les reporter,
Vous n'aviez qu'à vous présenter,
Qu'à ne leur cacher plus cette beauté parfaite
Qui, pour les rendre à leur devoir,
Pour se faire adorer, n'a qu'à se faire voir.

VÉNUS.

Il fallait vous en mieux défendre.
Ces respects, ces encens, se devaient refuser ;
Et pour les mieux désabuser,
Il fallait à leurs yeux vous-même me les rendre.
Vous avez aimé cette erreur
Pour qui vous ne deviez avoir que de l'horreur :

Vous avez bien fait plus; votre humeur arrogante,
Sur le mépris de mille rois,
Jusques aux cieux a porté de son choix
L'ambition extravagante.
PSYCHÉ.
J'aurais porté mon choix, déesse, jusqu'aux cieux?
VÉNUS.
Votre insolence est sans seconde.
Dédaigner tous les rois du monde,
N'est ce pas aspirer aux dieux?
PSYCHÉ.
Si l'Amour pour eux tous m'avait endurci l'âme,
Et me réservait toute à lui,
En puis-je être coupable? et faut-il qu'aujourd'hui,
Pour prix d'une si belle flamme,
Vous vouliez m'accabler d'un éternel ennui?
VÉNUS.
Psyché, vous deviez mieux connaître
Qui vous étiez, et quel était ce dieu.
PSYCHÉ.
Et m'en a-t-il donné ni le temps ni le lieu,
Lui qui de tout mon cœur d'abord s'est rendu maître?
VÉNUS.
Tout votre cœur s'en est laissé charmer,
Et vous l'avez aimé dès qu'il vous a dit: J'aime.
PSYCHÉ.
Pouvais-je n'aimer pas le dieu qui fait aimer,
Et qui me parlait pour lui-même?
C'est votre fils; vous savez son pouvoir;
Vous en connaissez le mérite.
VÉNUS.
Oui, c'est mon fils; mais un fils qui m'irrite;
Un fils qui me rend mal ce qu'il sait me devoir;
Un fils qui fait qu'on m'abandonne,
Et qui, pour mieux flatter ses indignes amours,
Depuis que vous l'aimez ne blesse plus personne
Qui vienne à mes autels implorer mon secours.
Vous m'en avez fait un rebelle.
On m'en verra vengée, et hautement, sur vous;
Et je vous apprendrai s'il faut qu'une mortelle
Souffre qu'un dieu soupire à ses genoux.
Suivez-moi; vous verrez, par votre expérience,
A quelle folle confiance
Vous portait cette ambition.
Venez, et préparez autant de patience
Qu'on vous voit de présomption.

QUATRIÈME INTERMÈDE.

La scene représente les enfers. On y voit une mer toute de feu, dont les flots sont dans une perpétuelle agitation. Cette mer effroyable est bornée par des ruines enflammées; et au milieu de ses flots agités, au travers d'une gueule affreuse, paraît le palais infernal de Pluton. Huit Furies en sortent, et forment une entrée de ballet, où elles se réjouissent de la rage qu'elles ont allumée dans l'âme de la plus douce des divinités. Un Lutin mêle quantité de sauts périlleux à leurs danses, cependant que Psyché, qui a passé aux enfers par le commandement de Vénus, repasse dans la barque de Caron avec la boîte qu'elle a reçue de Proserpine pour cette déesse.

ACTE CINQUIÈME.

SCÈNE PREMIÈRE.

PSYCHÉ.

Effroyables replis des ondes infernales,
Noirs palais où Mégère et ses sœurs font leur cour,
Éternels ennemis du jour,
Parmi vos Ixions et parmi vos Tantales,
Parmi tant de tourments qui n'ont point d'intervalles,
Est-il dans votre affreux séjour
Quelques peines qui soient égales
Aux travaux où Vénus condamne mon amour?
Elle n'en peut être assouvie;
Et depuis qu'à ses lois je me trouve asservie,
Depuis qu'elle me livre à ses ressentiments,
Il m'a fallu dans ces cruels moments
Plus d'une âme et plus d'une vie
Pour remplir ses commandements.
Je souffrirais tout avec joie,
Si, parmi les rigueurs que sa haine déploie,
Mes yeux pouvaient revoir, ne fût-ce qu'un moment,
Ce cher, cet adorable amant.
Je n'ose le nommer: ma bouche, criminelle
D'avoir trop exigé de lui,
S'en est rendue indigne; et, dans ce dur ennui,
La souffrance la plus mortelle
Dont m'accable à toute heure un renaissant trépas,
Est celle de ne le voir pas.
Si son courroux durait encore,
Jamais aucun malheur n'approcherait du mien;
Mais s'il avait pitié d'une âme qui l'adore,
Quoi qu'il fallût souffrir, je ne souffrirais rien.
Oui, destins, s'il calmait cette juste colère,
Tous mes malheurs seraient finis:
Pour me rendre insensible aux fureurs de la mère,
Il ne faut qu'un regard du fils.
Je n'en veux plus douter, il partage ma peine:
Il voit ce que je souffre et souffre comme moi;
Tout ce que j'endure le gêne;

Lui-même il s'en impose une amoureuse loi.
En dépit de Vénus, en dépit de mon crime,
C'est lui qui me soutient, c'est lui qui me ranime
Au milieu des périls où l'on me fait courir ;
Il garde la tendresse où son feu le convie,
Et prend soin de me rendre une nouvelle vie
 Chaque fois qu'il me faut mourir.
 Mais que me veulent ces deux ombres
Qu'à travers le faux jour de ces demeures sombres
 J'entrevois s'avancer vers moi ?

SCÈNE II.

PSYCHÉ, CLÉOMÈNE, AGÉNOR.

PSYCHÉ.
Cléomène, Agénor, est-ce vous que je voi ?
 Qui vous a ravi la lumière ?
CLÉOMÈNE.
La plus juste douleur qui d'un beau désespoir
 Nous eût pu fournir la matière ;
Cette pompe funèbre où du sort le plus noir
 Vous attendiez la rigueur la plus fière,
 L'injustice la plus entière.
AGÉNOR.
Sur ce même rocher où le ciel en courroux
 Vous promettait, au lieu d'époux,
Un serpent dont soudain vous seriez dévorée,
 Nous tenions la main préparée
A repousser sa rage, ou mourir avec vous.
Vous le savez, princesse ; et lorsqu'à notre vue
Par le milieu des airs vous êtes disparue,
Du haut de ce rocher, pour suivre vos beautés,
Ou plutôt pour goûter cette amoureuse joie
D'offrir pour vous au monstre une première proie,
D'amour et de douleur l'un et l'autre emportés,
 Nous nous sommes précipités.
CLÉOMÈNE.
Heureusement déçus au sens de votre oracle,
Nous en avons ici reconnu le miracle,
Et su que le serpent prêt à vous dévorer
 Était le dieu qui fait qu'on aime,
Et qui, tout dieu qu'il est, vous adorant lui-même,
 Ne pouvait endurer
Qu'un mortel comme nous osât vous adorer.
AGÉNOR.
 Pour prix de vous avoir suivie,
Nous jouissons ici d'un trépas assez doux.
 Qu'avions-nous affaire de vie,
 Si nous ne pouvions être à vous ?
 Nous revoyons ici vos charmes,
Qu'aucun des deux là-haut n'aurait revus jamais.

Heureux si nous voyions la moindre de vos larmes
Honorer des malheurs que vous nous avez faits !
PSYCHÉ.
 Puis-je avoir des larmes de reste,
Après qu'on a porté les miens au dernier point ?
Unissons nos soupirs dans un sort si funeste ;
 Les soupirs ne s'épuisent point.
Mais vous soupireriez, princes, pour une ingrate.
Vous n'avez point voulu survivre à mes malheurs ;
 Et, quelque douleur qui m'abatte,
 Ce n'est point pour vous que je meurs.
CLÉOMÈNE.
L'avons-nous mérité, nous dont toute la flamme
N'a fait que vous lasser du récit de nos maux ?
PSYCHÉ.
Vous pouviez mériter, princes, toute mon âme,
 Si vous n'eussiez été rivaux.
 Ces qualités incomparables
Qui de l'un et de l'autre accompagnaient les vœux
 Vous rendaient tous deux trop aimables
 Pour mépriser aucun des deux.
AGÉNOR.
Vous avez pu, sans être injuste ni cruelle,
Nous refuser un cœur réservé pour un dieu.
Mais revoyez Vénus. Le destin nous rappelle,
 Et nous force à vous dire adieu.
PSYCHÉ.
Ne vous donne-t-il pas le loisir de me dire
 Quel est ici votre séjour ?
CLÉOMÈNE.
Dans des bois toujours verts, où d'amour on respire,
 Aussitôt qu'on est mort d'amour :
D'amour on y revit, d'amour on y soupire,
Sous les plus douces lois de son heureux empire ;
Et l'éternelle nuit n'ose en chasser le jour
 Que lui-même il attire
 Sur nos fantômes qu'il inspire,
Et dont aux enfers même il se fait une cour.
AGÉNOR.
Vos envieuses sœurs, après nous descendues,
 Pour vous perdre se sont perdues ;
 Et l'une et l'autre tour à tour,
Pour le prix d'un conseil qui leur coûte la vie,
A côté d'Ixion, à côté de Tityre,
Souffrent tantôt la roue, et tantôt le vautour.
L'Amour, par les Zéphyrs, s'est fait prompte justice
De leur envenimée et jalouse malice :
Ces ministres ailés de son juste courroux,
Sous couleur de les rendre encore auprès de vous,
Ont plongé l'une et l'autre au fond d'un précipice,
Où le spectacle affreux de leurs corps déchirés
N'étale que le moindre et le premier supplice
 De ces conseils dont l'artifice
 Fait les maux dont vous soupirez.

PSYCHÉ.
Que je les plains!

CLÉOMÈNE.
Vous êtes seule à plaindre.
Mais nous demeurons trop à vous entretenir :
Adieu Puissions-nous vivre en votre souvenir!
Puissiez-vous, et bientôt, n'avoir plus rien à craindre ;
Puisse, et bientôt, l'Amour vous enlever aux cieux,
Vous y mettre à côté des dieux,
Et, rallumant un feu qui ne se puisse éteindre,
Affranchir à jamais l'éclat de vos beaux yeux
D'augmenter le jour en ces lieux !

SCÈNE III.

PSYCHÉ.

Pauvres amants! Leur amour dure encore!
Tout morts qu'ils sont, l'un et l'autre m'adore,
Moi, dont la dureté reçut si mal leurs vœux!
Tu n'en fais pas ainsi, toi, qui seul m'as ravie,
Amant que j'aime encor cent fois plus que ma vie,
Et qui brises de si beaux nœuds!
Ne me fuis plus, et souffre que j'espère
Que tu pourras un jour rabaisser l'œil sur moi,
Qu'à force de souffrir j'aurai de quoi te plaire,
De quoi me rengager ta foi.
Mais ce que j'ai souffert m'a trop défigurée
Pour rappeler un tel espoir ;
L'œil abattu, triste, désespérée,
Languissante et décolorée,
De quoi puis-je me prévaloir,
Si par quelque miracle, impossible à prévoir,
Ma beauté qui t'a plu ne se voit réparée ?
Je porte ici de quoi la réparer ;
Ce trésor de beauté divine,
Qu'en mes mains pour Vénus a remis Proserpine,
Enferme des appas dont je puis m'emparer ;
Et l'éclat en doit être extrême,
Puisque Vénus, la beauté même,
Les demande pour se parer.
En dérober un peu serait-ce un si grand crime ?
Pour plaire aux yeux d'un dieu qui s'est fait mon amant,
Pour regagner son cœur et finir mon tourment,
Tout n'est-il pas trop légitime?
Ouvrons. Quelles vapeurs m'offusquent le cerveau,
Et que vois-je sortir de cette boîte ouverte?
Amour, si ta pitié ne s'oppose à ma perte,
Pour ne revivre plus je descends au tombeau.

(*Elle s'évanouit, et l'Amour descend auprès d'elle en volant.*)

SCÈNE IV.

L'AMOUR, PSYCHÉ *évanouie*.

L'AMOUR.
Votre péril, Psyché, dissipe ma colère,
Ou plutôt de mes feux l'ardeur n'a point cessé ;
Et bien qu'au dernier point vous m'ayez su déplaire,
Je ne me suis intéressé
Que contre celle de ma mère.
J'ai vu tous vos travaux, j'ai suivi vos malheurs,
Mes soupirs ont partout accompagné vos pleurs.
Tournez les yeux vers moi, je suis encor le même.
Quoi ! je dis et redis tout haut que je vous aime,
Et vous ne dites point, Psyché, que vous m'aimez !
Est-ce que pour jamais vos beaux yeux sont fermés,
Qu'à jamais la clarté leur vient d'être ravie ?
O mort! devais-tu prendre un dard si criminel,
Et, sans aucun respect pour mon être éternel,
Attenter à ma propre vie?
Combien de fois, ingrate déité,
Ai-je grossi ton noir empire
Par les mépris et par la cruauté
D'une orgueilleuse et farouche beauté !
Combien même, s'il le faut dire,
T'ai-je immolé de fidèles amants
A force de ravissements !
Va, je ne blesserai plus d'âmes,
Je ne percerai plus de cœurs
Qu'avec des dards trempés aux divines liqueurs
Qui nourrissent du ciel les immortelles flammes,
Et n'en lancerai plus que pour faire à tes yeux
Autant d'amants, autant de dieux.
Et vous, impitoyable mère,
Qui la forcez à m'arracher
Tout ce que j'avais de plus cher,
Craignez, à votre tour, l'effet de ma colère.
Vous me voulez faire la loi,
Vous, qu'on voit si souvent la recevoir de moi !
Vous, qui portez un cœur sensible comme un autre
Vous enviez au mien les délices du vôtre !
Mais dans ce même cœur j'enfoncerai des coups
Qui ne seront suivis que de chagrins jaloux ;
Je vous accablerai de honteuses surprises,
Et choisirai partout, à vos vœux les plus doux,
Des Adonis et des Anchises,
Qui n'auront que haine pour vous.

SCÈNE V.

VÉNUS, L'AMOUR, PSYCHÉ *évanouie*.

VÉNUS.
La menace est respectueuse ;
Et d'un enfant qui fait le révolté

La colère présomptueuse....

L'AMOUR.

Je ne suis plus enfant, et je l'ai trop été;
Et ma colère est juste autant qu'impétueuse.

VÉNUS.

L'impétuosité s'en devrait retenir,
 Et vous pourriez vous souvenir
 Que vous me devez la naissance.

L'AMOUR.

Et vous pourriez n'oublier pas
Que vous avez un cœur et des appas
Qui relèvent de ma puissance;
Que mon arc de la vôtre est l'unique soutien ;
Que sans mes traits elle n'est rien ;
Et que, si les cœurs les plus braves
En triomphe par vous se sont laissé traîner,
 Vous n'avez jamais fait d'esclaves
 Que ceux qu'il m'a plu d'enchaîner.
Ne me vantez donc plus ces droits de la naissance
 Qui tyrannisent mes désirs;
Et, si vous ne voulez perdre mille soupirs,
Songez, en me voyant, à la reconnaissance,
 Vous qui tenez de ma puissance
 Et votre gloire et vos plaisirs.

VÉNUS.

Comment l'avez-vous défendue,
Cette gloire dont vous parlez?
Comment me l'avez-vous rendue?
Et quand vous avez vu mes autels désolés,
 Mes temples violés,
 Mes honneurs ravalés,
Si vous avez pris part à tant d'ignominie,
 Comment en a-t-on vu punie
 Psyché qui me les a volés?
Je vous ai commandé de la rendre charmée
Du plus vil de tous les mortels,
Qui ne daignât répondre à son âme enflammée
 Que par des rebuts éternels,
 Par les mépris les plus cruels :
 Et vous-même l'avez aimée!
Vous avez contre moi séduit les immortels :
C'est pour vous qu'à mes yeux les Zéphirs l'ont cachée,
 Qu'Apollon même, suborné
 Par un oracle adroitement tourné,
 Me l'avait si bien arrachée,
 Que si sa curiosité,
 Par une aveugle défiance,
 Ne l'eût rendue à ma vengeance,
 Elle échappait à mon cœur irrité.
Voyez l'état où votre amour l'a mise
Votre Psyché; son âme va partir :
Voyez; et si la vôtre en est encore éprise,
 Recevez son dernier soupir.

Menacez, bravez-moi, cependant qu'elle expire.
 Tant d'insolence vous sied bien!
Et je dois endurer quoi qu'il vous plaise dire,
 Moi qui sans vos traits ne puis rien!

L'AMOUR.

Vous ne pouvez que trop, déesse impitoyable;
Le Destin l'abandonne à tout votre courroux.
 Mais soyez moins inexorable
Aux prières, aux pleurs d'un fils à vos genoux.
Ce doit vous être un spectacle assez doux
 De voir d'un œil Psyché mourante,
Et de l'autre ce fils, d'une voix suppliante,
Ne vouloir plus tenir son bonheur que de vous.
Rendez-moi ma Psyché, rendez-lui tous ses charmes :
 Rendez-la, déesse, à mes larmes;
Rendez à mon amour, rendez à ma douleur
Le charme de mes yeux et le choix de mon cœur.

VÉNUS.

Quelque amour que Psyché vous donne,
De ses malheurs par moi n'attendez pas la fin ;
 Si le Destin me l'abandonne,
 Je l'abandonne à son destin.
Ne m'importunez plus ; et, dans cette infortune,
Laissez-la sans Vénus triompher ou périr.

L'AMOUR.

 Hélas! si je vous importune,
Je ne le ferais pas si je pouvais mourir.

VÉNUS.

 Cette douleur n'est pas commune,
Qui force un immortel à souhaiter la mort.

L'AMOUR.

Voyez par son excès si mon amour est fort.
Ne lui ferez-vous grâce aucune?

VÉNUS.

 Je vous l'avoue, il me touche le cœur,
Votre amour; il désarme, il fléchit ma rigueur.
Votre Psyché reverra la lumière.

L'AMOUR.

Que je vous vais partout faire donner d'encens!

VÉNUS.

Oui, vous la reverrez dans sa beauté première :
 Mais de vos vœux reconnaissants
 Je veux la déférence entière;
Je veux qu'un vrai respect laisse à mon amitié
 Vous choisir une autre moitié.

L'AMOUR.

 Et moi je ne veux plus de grâce,
 Je reprends toute mon audace :
 Je veux Psyché, je veux sa foi;
Je veux qu'elle revive, et revive pour moi,
Et tiens indifférent que votre haine lasse

En faveur d'une autre se passe.
Jupiter, qui paraît, va juger entre nous
De mes emportements et de votre courroux.
(*Après quelques éclairs et roulements de tonnerre,*
Jupiter paraît en l'air sur son aigle.)

SCÈNE VI.

JUPITER, VÉNUS, L'AMOUR, PSYCHÉ
évanouie.

L'AMOUR.
Vous à qui seul tout est possible,
Père des dieux, souverain des mortels,
Fléchissez la rigueur d'une mère inflexible,
    Qui sans moi n'aurait point d'autels.
J'ai pleuré, j'ai prié, je soupire, menace,
    Et perds menaces et soupirs.
Elle ne veut pas voir que de mes déplaisirs
Dépend du monde entier l'heureuse ou triste face,
    Et que si Psyché perd le jour,
Si Psyché n'est à moi, je ne suis plus l'Amour.
Oui, je romprai mon arc, je briserai mes flèches,
    J'éteindrai jusqu'à mon flambeau,
Je laisserai languir la nature au tombeau ;
Ou, si je daigne aux cœurs faire encor quelques brè-
Avec ces pointes d'or qui me font obéir, [ches
Je vous blesserai tous là-haut pour des mortelles,
    Et ne décocherai sur elles
Que des traits émoussés qui forcent à haïr,
    Et qui ne font que des rebelles,
    Des ingrates, et des cruelles.
    Par quelle tyrannique loi
Tiendrai-je à vous servir mes armes toujours prêtes,
Et vous ferai-je à tous conquêtes sur conquêtes,
Si vous me défendez d'en faire une pour moi ?

JUPITER, *à Vénus.*
Ma fille, sois-lui moins sévère.
Tu tiens de sa Psyché le destin en tes mains ;
La Parque, au moindre mot, va suivre ta colère ;
Parle, et laisse-toi vaincre aux tendresses de mère,
Ou redoute un courroux que moi-même je crains.
    Veux-tu donner le monde en proie
A la haine, au désordre, à la confusion ;
    Et d'un dieu d'union,
    D'un dieu de douceurs et de joie,
Faire un dieu d'amertume et de division ?
    Considère ce que nous sommes,
Et si les passions doivent nous dominer :
    Plus la vengeance a de quoi plaire aux hommes,
    Plus il sied bien aux dieux de pardonner.

VÉNUS.
Je pardonne à ce fils rebelle.
Mais voulez-vous qu'il me soit reproché
Qu'une misérable mortelle,
L'objet de mon courroux, l'orgueilleuse Psyché,
    Sous ombre qu'elle est un peu belle,
    Par un hymen dont je rougis
Souille mon alliance et le lit de mon fils ?

JUPITER.
Et bien ! je la fais immortelle,
Afin d'y rendre tout égal.

VÉNUS.
Je n'ai plus de mépris ni de haine pour elle,
Et l'admets à l'honneur de ce nœud conjugal.
    Psyché, reprenez la lumière
    Pour ne la reperdre jamais.
    Jupiter a fait votre paix,
    Et je quitte cette humeur fière
    Qui s'opposait à vos souhaits.

PSYCHÉ, *sortant de son évanouissement.*
C'est donc vous, ô grande déesse,
Qui redonnez la vie à ce cœur innocent !

VÉNUS.
Jupiter vous fait grâce, et ma colère cesse.
Vivez, Vénus l'ordonne ; aimez, elle y consent.

PSYCHÉ, *à l'Amour.*
Je vous revois enfin, cher objet de ma flamme !

L'AMOUR, *à Psyché.*
Je vous possède enfin, délices de mon âme !

JUPITER.
    Venez, amants, venez aux cieux
Achever un si grand et si digne hyménée.
Viens-y, belle Psyché, changer de destinée ;
    Viens prendre place au rang des dieux.

CINQUIÈME INTERMÈDE.

Deux grandes machines descendent aux deux côtés de Jupiter, cependant qu'il dit ces derniers vers. Vénus avec sa suite monte dans l'une, l'Amour avec Psyché dans l'autre, et tous ensemble remontent au ciel.

Les divinités, qui avaient été partagées entre Vénus et son fils, se réunissent en les voyant d'accord ; et toutes ensemble, par des concerts, des chants, et des danses, célèbrent la fête des noces de l'Amour.

Apollon paraît le premier, et, comme dieu de l'harmonie, commence à chanter, pour inviter les autres dieux à se réjouir.

RÉCIT D'APOLLON.
    Unissons-nous, troupe immortelle ;
    Le dieu d'amour devient heureux amant,
    Et Vénus a repris sa douceur naturelle
    En faveur d'un fils si charmant :

Il va goûter en paix, après un long tourment,
Une félicité qui doit être éternelle.

Toutes les divinités chantent ensemble ce couplet à la gloire de l'Amour :

Célébrons ce grand jour ;
Célébrons tous une fête si belle ;
Que nos chants en tous lieux en portent la nouvelle,
Qu'ils fassent retentir le céleste séjour.
Chantons, répétons tour à tour
Qu'il n'est point d'âme si cruelle
Qui tôt ou tard ne se rende à l'Amour.

APOLLON CONTINUE.

Le dieu qui nous engage
A lui faire la cour
Défend qu'on soit trop sage.
Les Plaisirs ont leur tour ;
C'est leur plus doux usage
Que de finir les soins du jour.
La nuit est le partage
Des Jeux et de l'Amour.

Ce serait grand dommage
Qu'en ce charmant séjour
On eût un cœur sauvage.
Les Plaisirs ont leur tour ;
C'est leur plus doux usage
Que de finir les soins du jour.
La nuit est le partage
Des Jeux et de l'Amour.

Deux Muses, qui ont toujours évité de s'engager sous les lois de l'Amour, conseillent aux belles qui n'ont point encore aimé de s'en défendre avec soin, à leur exemple.

CHANSON DES MUSES.

Gardez-vous, beautés sévères ;
Les Amours font trop d'affaires :
Craignez toujours de vous laisser charmer.
Quand il faut que l'on soupire,
Tout le mal n'est pas de s'enflammer :
Le martyre
De le dire
Coûte plus cent fois que d'aimer.

SECOND COUPLET DES MUSES.

On ne peut aimer sans peines,
Il est peu de douces chaînes ;
A tout moment on se sent alarmer.
Quand il faut que l'on soupire,
Tout le mal n'est pas de s'enflammer :
Le martyre
De le dire
Coûte plus cent fois que d'aimer.

Bacchus fait entendre qu'il n'est pas si dangereux que l'Amour.

RÉCIT DE BACCHUS.

Si quelquefois,
Suivant nos douces lois,
La raison se perd et s'oublie,
Ce que le vin nous cause de folie
Commence et finit en un jour ;
Mais, quand un cœur est enivré d'amour,
Souvent c'est pour toute la vie.

Mome déclare qu'il n'a pas de plus doux emploi que de médire, et que ce n'est qu'à l'Amour seul qu'il n'ose se jouer.

RÉCIT DE MOME.

Je cherche à médire
Sur la terre et dans les cieux ;
Je soumets à ma satire
Les plus grands des dieux.
Il n'est dans l'univers que l'Amour qui m'étonne :
Il est le seul que j'épargne aujourd'hui ;
Il n'appartient qu'à lui
De n'épargner personne.

ENTRÉE DE BALLET,

Composée de deux Ménades et de deux Ægipans qui suivent Bacchus.

ENTRÉE DE BALLET,

Composée de quatre Polichinelles et de deux Matassins qui suivent Mome, et viennent joindre leur plaisanterie et leur badinage aux divertissements de cette grande fête.

Bacchus et Mome, qui les conduisent, chantent au milieu d'eux chacun une chanson, Bacchus à la louange du vin, et Mome une chanson enjouée sur le sujet et les avantages de la raillerie.

RÉCIT DE BACCHUS.

Admirons le jus de la treille ;
Qu'il est puissant ! qu'il a d'attraits !
Il sert aux douceurs de la paix,
Et dans la guerre il fait merveille ;
Mais surtout pour les amours
Le vin est d'un grand secours.

RÉCIT DE MOME.

Folâtrons, divertissons-nous,
Raillons ; nous ne saurions mieux faire :
La raillerie est nécessaire
Dans les jeux les plus doux.
Sans la douceur que l'on goûte à médire,
On trouve peu de plaisirs sans ennui :
Rien n'est si plaisant que de rire,
Quand on rit aux dépens d'autrui.

Plaisantons, ne pardonnons rien,
Rions, rien n'est plus à la mode :
On court péril d'être incommode
En disant trop de bien.

Sans la douceur que l'on goûte à médire,
On trouve peu de plaisirs sans ennui :
Rien n'est si plaisant que de rire,
Quand on rit aux dépens d'autrui.

Mars arrive au milieu du théâtre, suivi de sa troupe guerrière, qu'il excite à profiter de leur loisir, en prenant part aux divertissements.

RÉCIT DE MARS.

Laissons en paix toute la terre,
Cherchons de doux amusements ;
Parmi les jeux les plus charmants
Mêlons l'image de la guerre.

ENTRÉE DE BALLET.

Suivants de Mars, qui font, en dansant avec des enseignes, une manière d'exercice.

DERNIÈRE ENTRÉE DE BALLET.

Les troupes différentes de la suite d'Apollon, de Bacchus, de Mome et de Mars, après avoir achevé leurs entrées particulières, s'unissent ensemble, et forment la dernière entrée, qui renferme toutes les autres.

Un chœur de toutes les voix et de tous les instruments, qui sont au nombre de quarante, se joint à la danse générale, et termine la fête des noces de l'Amour et de Psyché.

DERNIER CHŒUR.

Chantons les plaisirs charmants
Des heureux amants ;
Que tout le ciel s'empresse
A leur faire sa cour ;
Célébrons ce beau jour
Par mille doux chants d'allégresse,
Célébrons ce beau jour
Par mille doux chants d'amour.

Dans le grand salon du palais des Tuileries, où *Psyché* a été représentée devant Leurs Majestés, il y avait des timbales, des trompettes et des tambours, mêlés dans ces derniers concerts ; et ce dernier couplet se chantait ainsi :

Chantons les plaisirs charmants
Des heureux amants.
Répondez-nous, trompettes,
Tymbales et tambours ;
Accordez-vous toujours
Avec le doux son des musettes,
Accordez-vous toujours
Avec le doux chant des amours.

FIN DE PSYCHÉ.

L'IMITATION
DE
JÉSUS-CHRIST,

TRADUITE ET PARAPHRASÉE EN VERS FRANÇAIS.

AU SOUVERAIN PONTIFE ALEXANDRE VII.

Très-Saint Père,

L'hommage que je fais aux pieds de Votre Sainteté semble ne s'accorder pas bien avec les maximes du livre que je lui présente. Lui offrir cette traduction, c'est la juger digne de lui être offerte; et, bien loin de pratiquer cette humilité parfaite et ce profond mépris de soi-même que son original nous recommande incessamment, c'est montrer une ambition démesurée, et une opinion extraordinaire des productions de mon esprit. Mais il est hors de doute que ce même hommage, qui ne peut passer que pour une témérité signalée tant qu'on arrêtera les yeux sur moi, ne paraîtra plus qu'une action de justice sitôt qu'on les élèvera jusqu'à Votre Sainteté. Rien n'est plus juste que de mettre *l'Imitation de Jésus-Christ* sous la protection de son vicaire en terre, et de son plus grand imitateur parmi les hommes; rien n'est plus juste que de dédier les sublimes idées de la perfection chrétienne au père commun des chrétiens, qui les exprime toutes en sa personne: et si je croyais avoir égalé ce grand dévot que j'ai fait parler en vers, je dirais que rien n'appartient plus justement à Votre Sainteté que ce portrait achevé d'elle-même, et qu'à jeter l'œil, d'un côté sur les hautes leçons qu'il nous fait, et de l'autre sur les miracles continuels de votre vie, on ne voit que la même chose. J'ajouterai, très-Saint Père, que rien n'est si puissant pour convaincre le lecteur que de lui donner en même temps le précepte et l'exemple. Soit que mon auteur nous invite à la retraite intérieure, soit qu'il nous exhorte à la simplicité des mœurs, soit qu'il nous instruise de ce que nous devons au prochain, soit qu'il nous pousse au détachement de la chair et du sang, soit qu'il nous apprenne à déraciner l'amour-propre par une abnégation sincère de nous-mêmes, soit qu'il tâche à nous faire goûter les saintes douceurs de la souffrance en nous expliquant ses priviléges, soit qu'il s'efforce à nous porter jusque dans le sein de Dieu, pour nous unir étroitement avec lui par une amoureuse acceptation de toutes ses volontés et une assidue recherche de sa gloire en toutes choses; quoi qu'il nous ordonne, quoi qu'il nous conseille, mettre le nom de Votre Sainteté à la tête de ses enseignements, c'est ne laisser d'excuse à personne, et faire voir que toutes ces vertus n'ont rien d'incompatible avec les grandeurs, avec l'abondance et avec les soins de toute la terre. Ces raisons sont fortes, mais elles ne l'étaient pas assez pour l'emporter sur la connaissance de mon peu de mérite; et le moindre retour que je faisais sur moi-même dissipait toute la hardiesse qu'elles m'avaient inspirée sitôt que j'envisageais cette inconcevable disproportion de moi néant à la première dignité du monde. J'avais toutefois assez de courage pour ne descendre que d'un degré, et ne choisir pas un moindre protecteur que celui à qui je dois mes premiers respects dans l'Église après le saint-siége: je parle de M. l'archevêque de Rouen, dans le diocèse duquel Dieu m'a donné la naissance et arrêté ma fortune. Cet ouvrage a commencé avec son pontificat; et comme ce prélat a des talents merveilleux pour remplir toutes les fonctions d'un grand pasteur, et une ardeur infatigable de s'en acquitter, les plus belles lumières qui m'aient servi à l'exécution de cette entreprise, je les dois toutes aux vives clartés des instructions éloquentes et solides qu'il ne se lasse point de donner à son troupeau, ou aux rayons secrets et pénétrants que sa conversation familière répand à toute heure sur ceux qui ont le bonheur de l'approcher. Je lui ai donc voulu faire, non pas tant un présent de mon travail qu'une restitution de son propre bien; mais la bonté qu'il a pour moi l'a préoccupé jusqu'à lui persuader que cet effort de ma plume pouvant être utile à tous les chrétiens, il lui fallait un protecteur dont le pouvoir s'étendît sur toute l'Église; et l'ayant regardé comme le premier fruit qu'il ait recueilli des muses chrétiennes depuis qu'il occupe la chaire de saint Romain, il a cru que l'offrir à Votre Sainteté, c'était lui offrir en quelque sorte les prémices de son diocèse. Ses commandements ont fait taire cette juste défiance que j'avais de ma faiblesse; et ce qui n'était sans eux qu'un effet d'une insupportable présomption, est devenu un devoir indispensable pour moi sitôt que je les ai reçus. Oserai-je avouer à Votre Sainteté qu'ils m'ont fait une douce violence, et que j'ai été ravi de pouvoir prendre cette occasion d'applaudir à nos muses, et de vous remercier pour elles des moments que vous avez autrefois ménagés en leur faveur parmi les occupations illustres où vous attachaient les importantes négociations que les souverains pontifes vos prédécesseurs avaient confiées à votre prudence? Elles en reçoivent ce témoignage éclatant et cette preuve invincible, que non-seulement elles sont capables des vertus les plus éminentes et des emplois les plus hauts, mais qu'elles y disposent même, et conduisent l'esprit qui les cultive, quand il en sait faire un bon usage. C'est une vérité qui brille partout dans ce précieux recueil de vers latins, où vous n'avez point voulu d'autre nom que celui d'ami des muses, et que ce grand prélat a pris plaisir de me faire voir des premiers : il me l'a fait lire, il me l'a fait admirer avec lui ; et, pour vous rendre justice partout durant cette lecture, je ne faisais que répéter les éloges que chaque vers tirait de sa bouche : mais, entre tant de choses excellentes, rien ne fit alors et ne fait encore tous les jours une si forte impression sur mon âme que ces rares pensées de la mort que vous y avez semées si abondamment : elles me plongèrent dans une réflexion sérieuse qu'il fallait comparaître devant Dieu, et lui rendre compte du talent dont il m'avait favorisé ; je considérai ensuite que ce n'était pas assez de l'avoir si heureusement réduit à purger notre théâtre des ordures que les premiers siècles y avaient comme incorporées, et des licences que les derniers y avaient souffertes ; qu'il ne me devait pas suffire d'y avoir fait régner en leur place les vertus morales et politiques, et quelques-unes même des chrétiennes, qu'il fallait porter ma reconnaissance plus loin, et appliquer toute l'ardeur du génie à quelque nouvel essai de ses forces qui n'eût point d'autre but que le service de ce grand maître et l'utilité du prochain. C'est ce qui m'a fait choisir la traduction de cette sainte morale, qui, par la simplicité de son style, ferme la porte aux plus beaux ornements de la poésie ; et, bien loin d'augmenter ma réputation, semble sacrifier à la gloire du souverain auteur tout ce que j'en ai pu acquérir en ce genre d'écrire. Après avoir ressenti des effets si avantageux de cette obligation générale que toutes les muses ont à Votre Sainteté, je serais le plus ingrat de tous les hommes, si je ne lui consacrais un ouvrage dont elle a été la première cause ; ma conscience m'en ferait à tous moments des reproches d'autant plus sensibles que je vis dans une province qui n'a point attendu à vous aimer et à vous honorer qu'elle fût obligée d'obéir à Votre Sainteté, et où votre nom a été en vénération singulière avant même que vous eussiez quitté celui de Ghisi pour être ALEXANDRE VII. Leurs altesses de Longueville ont si bien fait passer dans toutes les âmes de leur gouvernement ces dignes sentiments d'affection et d'estime qu'elles ont rapportés de Munster pour votre personne, que tant qu'a duré le dernier conclave, nous n'avons demandé que vous à Dieu. Je n'ose dire que nos prières aient attiré les inspirations du Saint-Esprit sur le sacré collége, mais il est certain que du moins elles ont été au-devant d'elles, et que l'exaltation de Votre Sainteté a été la joie particulière de tous nos cœurs avant que les ordres du roi en aient fait l'allégresse publique de toute la France. Nous continuons et redoublons maintenant ces mêmes vœux pour obtenir de cette bonté inépuisable qu'elle nous laisse jouir longtemps de la grâce qu'elle nous a accordée, et que vous puissiez achever ce grand œuvre de la paix, à qui vous avez déjà donné tant de soins et tant de veilles. Nous espérons qu'elle vous aura réservé ce miracle que nous attendons avec tant d'impatience ; et je ne serai désavoué de personne quand je dirai que ce sont les plus passionnés souhaits de tous les véritables chrétiens que porte aux pieds de Votre Sainteté,

TRÈS-SAINT PÈRE,

Son très-humble, très-obéissant et très-fidèle serviteur et fils en Jésus-Christ,
CORNEILLE.

AU LECTEUR.

Je n'invite point à cette lecture ceux qui ne cherchent dans la poésie que la pompe des vers : ce n'est ici qu'une traduction fidèle où j'ai tâché de conserver le caractère et la simplicité de l'auteur. Ce n'est pas que je ne sache bien que l'utile a besoin de l'agréable pour s'insinuer dans l'amitié des hommes ; mais j'ai cru qu'il ne fallait pas l'étouffer sous les enrichissements, ni lui donner des lumières qui éblouissent au lieu d'éclairer. Il est juste de lui prêter quelques grâces, mais de celles qui lui laissent toute sa force, qui l'embellissent sans le déguiser, et l'accompagnent sans le dérober à la vue ; autrement ce n'est plus qu'un effort ambitieux qui fait plus admirer le poète qu'il ne touche le lecteur. J'espère qu'on trouvera celui-ci dans une raisonnable médiocrité, et telle que demande une morale chrétienne qui a pour but d'instruire, et ne se met pas en peine de chatouiller les sens. Il est hors de doute que les curieux n'y trouveront point de charme, mais peut-être qu'en récompense les bonnes intentions n'y trouveront point de dégoût ; que ceux qui aimeront les choses qui y sont dites supporteront la façon dont elles y sont dites ; et que ce qui pénétrera le cœur ne blessera point les oreilles. Le peu de disposition que les matières y ont à la poésie, le peu de liaison, non-seulement d'un chapitre avec l'autre, mais d'une période même avec celle qui la suit, et les répétitions assidues qui se trouvent dans l'original, sont des obstacles assez malaisés à surmonter, et qui par conséquent méritent bien que vous me fassiez quelque grâce. Surtout les redites y sont si fréquentes, que quand notre langue serait dix fois plus abondante qu'elle n'est, je l'aurais épuisée fort aisément ; et j'avoue que je n'ai pu trouver le secret de diversifier mes expressions toutes les fois que j'ai eu la même chose à exprimer : il s'y rencontre même des mots si farouches pour nos vers, que j'ai été contraint d'avoir souvent recours à d'autres qui n'y répondent qu'imparfaitement, et ne disent pas tout ce que mon auteur veut dire. J'espérais trouver quelque soulagement dans le quatrième livre, par le changement des matières ; mais je les y ai rencontrées encore plus éloignées des ornements de la poésie, et les redites encore plus fréquentes ; il ne s'y parle que de communier et dire la messe. Ce sont des termes qui n'ont pas un assez beau son dans nos vers pour soutenir la dignité de ce qu'ils signifient : la sainteté de notre religion les a consacrés, mais, en quelque vénération qu'elle les ait mis, ils sont devenus populaires à force d'être dans la bouche de tout le monde : cependant j'ai été obligé de m'en servir souvent, et de quelques autres de même classe. Si j'ose en dire ma pensée, je prévois que ceux qui ne liront que ma traduction feront moins d'état de ce dernier livre que des trois autres; mais aussi je me tiens assuré que ceux qui prendront la peine de la conférer avec le texte latin connaîtront combien ce dernier effort m'a coûté, et ne l'estimeront pas moins que le reste. Je n'examine point si c'est à Jean Gerson, ou à Thomas A Kempis, que l'Église est redevable d'un livre si précieux; cette question a été agitée de part et d'autre avec beaucoup d'esprit et de doctrine, et, si je ne me trompe, avec un peu de chaleur : ceux qui voudront en être particulièrement éclairés pourront consulter ce qu'on a publié de part et d'autre sur ce sujet. Messieurs des requêtes du parlement de Paris ont prononcé en faveur de Thomas A Kempis; et nous pouvons nous en tenir à leur jugement jusqu'à ce que l'autre parti en ait fait donner un contraire. Par la lecture, il est constant que l'auteur était prêtre; j'y trouve quelque apparence qu'il était moine; mais j'y trouve aussi quelque répugnance à le croire Italien. Les mots grossiers dont il se sert assez souvent sentent bien autant le latin de nos vieilles pancartes que la corruption de celui de delà les monts; et non-seulement sa diction, mais sa phrase en quelques endroits est si purement française, qu'il semble avoir pris plaisir à suivre mot à mot notre commune façon de parler. C'est sans doute sur quoi se sont fondés ceux qui, du commencement que ce livre a paru, incertains qu'ils étaient de l'auteur, l'ont attribué à saint Bernard et puis à Jean Gerson, qui étaient tous deux Français; et je voudrais qu'il se rencontrât assez d'autres conjectures pour former un troisième parti en faveur de ce dernier, et le remettre en possession d'une gloire dont il a joui assez longtemps. L'amour du pays m'y ferait volontiers donner les mains; mais il faudrait un plus habile homme et plus savant que je ne suis pour répondre aux objections que lui font les deux autres, qui s'accordent mieux à l'exclure qu'à remplir sa place. Quoi qu'il en soit, s'il y a quelque contestation pour le nom de l'auteur, il est hors de dispute que c'était un homme bien éclairé du Saint-Esprit, et que son ouvrage est une bonne école pour ceux qui veulent s'avancer dans la dévotion. Après en avoir donné beaucoup de préceptes admirables dans les deux premiers livres, voulant monter encore plus haut dans les deux autres, et nous enseigner la pratique de la spiritualité la plus épurée, il semble se défier de lui-même; et de peur que son autorité n'eût pas assez de poids pour nous mettre dans des sentiments si détachés de la nature, ni assez de force pour nous élever à ce haut degré de la perfection, il quitte la chaire à Jésus-Christ, et l'introduit lui-même, instruisant l'homme et le conduisant de sa propre main dans le chemin de la véritable vie. Ainsi ces deux derniers livres sont un dialogue continuel entre ce rédempteur de nos âmes et le vrai chrétien, qui souvent s'entre-répondent dans un même chapitre, bien que ce grand homme n'y marque aucune distinction. La fidélité avec laquelle je le suis pas à pas m'a persuadé que je n'y en devais pas mettre, puisqu'il n'y en avait pas mis; mais j'ai pris la liberté de changer la mesure de mes vers toutes les fois qu'il change de personnages, tant pour aider le lecteur à remarquer ce changement, que parce que je n'ai pas cru à propos que l'homme parlât le même langage que Dieu. Au reste, si je ne rends point ici raison du changement que j'y ai fait en l'orthographe ordinaire, c'est parce que je l'ai rendue au commencement du recueil de mes pièces de théâtre, où le lecteur pourra recourir.

LIVRE PREMIER.

CHAPITRE PREMIER.

DE L'IMITATION DE JÉSUS-CHRIST, ET DU MÉPRIS DE TOUTES LES VANITÉS DU MONDE.

« Heureux qui tient la route où ma voix le convie!
« Les ténèbres jamais n'approchent qui me suit,
« Et partout sur mes pas il trouve un jour sans nuit
« Qui porte jusqu'au cœur la lumière de vie. »
Ainsi Jésus-Christ parle; ainsi de ses vertus,
Dont brillent les sentiers qu'il a pour nous battus,
Les rayons toujours vifs montrent comme il faut vivre,
Et quiconque veut être éclairé pleinement
Doit apprendre de lui que ce n'est qu'à le suivre
Que le cœur s'affranchit de tout aveuglement.

Les doctrines des saints n'ont rien de comparable
A celle dont lui-même il s'est fait le miroir;
Elle a mille trésors qui se font bientôt voir,
Quand l'œil a pour flambeau son esprit adorable.
Toi qui, par l'amour-propre à toi-même attaché,
L'écoutes et la lis sans en être touché,
Faute de cet esprit, tu n'y trouves qu'épines;
Mais si tu veux l'entendre et lire avec plaisir,
Conforme-s-y ta vie, et ses douceurs divines
S'étaleront en foule à ton heureux désir.

Que te sert de percer les plus secrets abîmes
Où se cache à nos sens l'immense Trinité,
Si ton intérieur, manque d'humilité,
Ne lui saurait offrir d'agréables victimes?
Cet orgueilleux savoir, ces pompeux sentiments,
Ne sont aux yeux de Dieu que de vains ornements;
Il ne s'abaisse point vers des âmes si hautes :
Et la vertu sans eux est de telle valeur,
Qu'il vaut mieux bien sentir la douleur de tes fautes
Que savoir définir ce qu'est cette douleur.

Porte toute la Bible en ta mémoire empreinte,
Sache tout ce qu'ont dit les sages des vieux temps;
Joins-y, si tu le peux, tous les traits éclatants
De l'histoire profane et de l'histoire sainte :
De tant d'enseignements l'impuissante langueur
Sous leur poids inutile accablera ton cœur.
Si Dieu n'y verse encor son amour et sa grâce;
Et l'unique science où tu dois prendre appui,

C'est que tout n'est ici que vanité qui passe,
Hormis d'aimer sa gloire, et ne servir que lui.

C'est là des vrais savants la sagesse profonde ; [lieux ;
Elle est bonne en tout temps, elle est bonne en tous
Et le plus sûr chemin pour aller vers les cieux
C'est d'affermir nos pas sur le mépris du monde.
Ce dangereux flatteur de nos faibles esprits
Oppose mille attraits à ce juste mépris ;
Qui s'en laisse éblouir s'en laisse tôt séduire :
Mais ouvre bien les yeux sur leur fragilité,
Regarde qu'un moment suffit pour les détruire,
Et tu verras qu'enfin tout n'est que vanité.

Vanité d'entasser richesses sur richesses ;
Vanité de languir dans la soif des honneurs ;
Vanité de choisir pour souverains bonheurs
De la chair et des sens les damnables caresses ;
Vanité d'aspirer à voir durer nos jours
Sans nous mettre en souci d'en mieux régler le cours,
D'aimer la longue vie, et négliger la bonne,
D'embrasser le présent sans soin de l'avenir,
Et de plus estimer un moment qu'il nous donne
Que l'attente des biens qui ne sauraient finir.

Toi donc, qui que tu sois, si tu veux bien comprendre
Comme à tes sens trompeurs tu dois te confier,
Souviens-toi qu'on ne peut jamais rassasier
Ni l'œil humain de voir, ni l'oreille d'entendre ;
Qu'il faut se dérober à tant de faux appas,
Mépriser ce qu'on voit pour ce qu'on ne voit pas,
Fuir les contentements transmis par ces organes ;
Que de s'en satisfaire on n'a jamais de lieu,
Et que l'attachement à leurs douceurs profanes
Souille ta conscience, et t'éloigne de Dieu.

CHAPITRE II.

DU PEU D'ESTIME DE SOI-MÊME.

Le désir de savoir est naturel aux hommes ;
Il naît dans leur berceau sans mourir qu'avec eux :
Mais, ô Dieu ! dont la main nous fait ce que nous som-
Que peut-il sans ta crainte avoir de fructueux ? [mes,

Un paysan stupide et sans expérience,
Qui ne sait que t'aimer et n'a que de la foi,
Vaut mieux qu'un philosophe enflé de sa science,
Qui pénètre les cieux, sans réfléchir sur soi.

Qui se connaît soi-même en a l'âme peu vaine,
Sa propre connaissance en met bien bas le prix ;
Et tout le faux éclat de la louange humaine
N'est pour lui que l'objet d'un généreux mépris.

Au grand jour du Seigneur sera-ce un grand refuge
D'avoir connu de tout et la cause et l'effet,
Et ce qu'on aura su fléchira-t-il un juge
Qui ne regardera que ce qu'on aura fait ?

Borne donc tes désirs à ce qu'il te faut faire ;
Ne les porte plus trop vers l'amas du savoir ;
Les soins de l'acquérir ne font que te distraire,
Et quand tu l'as acquis il peut te décevoir.

Les savants d'ordinaire aiment qu'on les regarde,
Qu'on murmure autour d'eux : Voilà ces grands esprits ;
Et, s'ils ne font du cœur une soigneuse garde,
De cet orgueil secret ils sont toujours surpris.

Qu'on ne se trompe point, s'il est quelques sciences
Qui puissent d'un savant faire un homme de bien,
Il en est beaucoup plus de qui les connaissances
Ne servent guère à l'âme, ou ne servent de rien.

Par là tu peux juger à quels périls s'expose
Celui qui du savoir fait son unique but,
Et combien se méprend qui songe à quelque chose
Qu'à ce qui peut conduire au chemin du salut.

Le plus profond savoir n'assouvit point une âme ;
Mais une bonne vie a de quoi la calmer,
Et jette dans le cœur qu'un saint désir enflamme
La pleine confiance au Dieu qu'il doit aimer.

Au reste, plus tu sais, et plus a de lumière
Le jour qui se répand sur ton entendement,
Plus tu seras coupable à ton heure dernière
Si tu n'en as vécu d'autant plus saintement.

La vanité par là ne te doit point surprendre.
Le savoir t'est donné pour guide à moins faillir ;
Il te donne lui-même un plus grand compte à rendre,
Est plus lieu de trembler que de t'enorgueillir.

Trouve à t'humilier même dans ta doctrine :
Quiconque en sait beaucoup en ignore encor plus,
Et qui sans se flatter en secret s'examine
Est de son ignorance heureusement confus.

Quand pour quelques clartés dont ton esprit abonde
Ton orgueil à quelque autre ose te préférer,
Vois qu'il en est encor de plus savants au monde,
Qu'il en est que le ciel daigne mieux éclairer.

Fuis la haute science, et cours après la bonne ;
Apprends celle de vivre ici-bas sans éclat ;
Aime à n'être connu, s'il se peut, de personne,
Ou du moins aime à voir qu'aucun n'en fasse état.

Cette unique leçon, dont le parfait usage
Consiste à se bien voir et n'en rien présumer,
Est la plus digne étude où s'occupe le sage
Pour estimer tout autre, et se mésestimer.

Si tu vois donc un homme abîmé dans l'offense,
Ne te tiens pas plus juste ou moins pécheur que lui :
Tu peux en un moment perdre ton innocence,
Et n'être pas demain le même qu'aujourd'hui.

Souvent l'esprit est faible et les sens indociles,
L'amour-propre leur fait ou la guerre ou la loi;
Mais, bien qu'en général nous soyons tous fragiles,
Tu n'en dois croire aucun si fragile que toi.

CHAPITRE III.

DE LA DOCTRINE DE LA VÉRITÉ.

Qu'heureux est le mortel que la vérité même
Conduit de sa main propre au chemin qui lui plaît!
Qu'heureux est qui la voit dans sa beauté suprême,
 Sans voile et sans emblème,
 Et telle enfin qu'elle est!

Nos sens sont des trompeurs dont les fausses images
A notre entendement n'offrent rien d'assuré,
Et ne lui font rien voir qu'à travers cent nuages
 Qui jettent mille ombrages
 Dans l'œil mal éclairé.

De quoi sert une longue et subtile dispute
Sur des obscurités où l'esprit est déçu?
De quoi sert qu'à l'envi chacun s'en persécute,
 Si Dieu jamais n'impute
 De n'en avoir rien su?

Grande perte de temps et plus grande faiblesse
De s'aveugler soi-même et quitter le vrai bien
Pour consumer sa vie à pointiller sans cesse
 Sur le genre et l'espèce,
 Qui ne servent à rien.

Touche, Verbe éternel, ces âmes curieuses;
Celui que ta parole une fois a frappé,
De tant d'opinions vaines, ambitieuses,
 Et souvent dangereuses,
 Est bien développé.

Ce Verbe donne seul l'être à toutes les causes;
Il nous parle de tout, tout nous parle de lui;
Il tient de tout en soi les natures encloses;
 Il est de toutes choses
 Le principe et l'appui.

Aucun sans son secours ne saurait se défendre
D'un million d'erreurs qui courent l'assiéger;
Et depuis qu'un esprit refuse de l'entendre,
 Quoi qu'il pense comprendre,
 Il n'en peut bien juger.

Mais qui rapporte tout à ce Verbe immuable,
Qui voit tout en lui seul, en lui seul aime tout,
A la plus rude attaque il est inébranlable,
 Et sa paix ferme et stable
 En vient soudain à bout!

O Dieu de vérité, pour qui seul je soupire,
Unis-moi donc à toi par de forts et doux nœuds!
Je me lasse d'ouïr, je me lasse de lire,
 Mais non pas de te dire :
 C'est toi seul que je veux.

Parle seul à mon âme, et qu'aucune prudence,
Qu'aucun autre docteur ne m'explique tes lois;
Que toute créature à ta sainte présence
 S'impose le silence,
 Et laisse agir ta voix.

Plus l'esprit se fait simple et plus il se ramène
Dans un intérieur dégagé des objets.
Plus lors sa connaissance est diffuse et certaine,
 Et s'élève sans peine
 Jusqu'aux plus hauts sujets.

Oui, Dieu prodigue alors ses grâces plus entières,
Et, portant notre idée au-dessus de nos sens,
Il nous donne d'en haut d'autant plus de lumières,
 Qui percent les matières
 Par des traits plus puissants.

Cet esprit simple, uni, stable, pur, pacifique,
En mille soins divers n'est jamais dissipé,
Et l'honneur de son Dieu, dans tout ce qu'il pratique
 Est le projet unique
 Qui le tient occupé.

Il est toujours en soi détaché de soi-même;
Il ne sait point agir quand il se faut chercher,
Et, fût-il dans l'éclat de la grandeur suprême,
 Son propre diadème
 Ne l'y peut attacher.

Il ne croit trouble égal à celui que se cause
Un cœur qui s'abandonne à ses propres transports,
Et, maître de soi-même, en soi-même il dispose
 Tout ce qu'il se propose
 De produire au dehors.

Bien loin d'être emporté par le courant rapide

Des flots impétueux de ses bouillants désirs,
Il les dompte, il les rompt, il les tourne, il les guide,
Et donne ainsi pour bride
La raison aux plaisirs.

Mais pour se vaincre ainsi qu'il faut d'art et de force!
Qu'il faut pour ce combat préparer de vigueur!
Et qu'il est malaisé de faire un plein divorce
Avec la douce amorce
Que chacun porte au cœur!

Ce devrait être aussi notre unique pensée
De nous fortifier chaque jour contre nous,
Pour en déraciner cette amour empressée
Où l'âme intéressée
Trouve un poison si doux.

Les soins que cette amour nous donne en cette vie
Ne peuvent aussi bien nous élever si haut,
Que la perfection la plus digne d'envie
N'y soit toujours suivie
Des hontes d'un défaut.

Nos spéculations ne sont jamais si pures
Qu'on ne sente un peu d'ombre y régner à son tour;
Nos plus vives clartés ont des couleurs obscures,
Et cent fausses peintures
Naissent d'un seul faux jour.

Mais n'avoir que mépris pour soi-même et que haine
Ouvre et fait vers le ciel un chemin plus certain,
Que le plus haut effort de la science humaine,
Qui rend l'âme plus vaine,
Et l'égare soudain.

Ce n'est pas que de Dieu ne vienne la science;
D'elle-même elle est bonne, et n'a rien à blâmer :
Mais il faut préférer la bonne conscience
A cette impatience
De se faire estimer.

Cependant, sans souci de régler sa conduite,
On veut être savant, on en cherche le bruit;
Et cette ambition par qui l'âme est séduite
Souvent traîne à sa suite
Mille erreurs pour tout fruit.

Ah! si l'on se donnait la même diligence,
Pour extirper le vice et planter la vertu,
Que pour subtiliser sa propre intelligence
Et tirer la science
Hors du chemin battu!

De tant de questions les dangereux mystères

Produiraient moins de trouble et de renversement,
Et ne couleraient pas dans les règles austères
Des plus saints monastères
Tant de relâchement.

Un jour, un jour viendra qu'il faudra rendre compte,
Non de ce qu'on a lu, mais de ce qu'on a fait;
Et l'orgueilleux savoir, à quelque point qu'il monte,
N'aura lors que la honte
De son mauvais effet.

Où sont tous ces docteurs qu'une foule si grande
Rendait à tes yeux même autrefois si fameux?
Un autre tient leur place, un autre a leur prébende,
Sans qu'aucun te demande
Un souvenir pour eux.

Tant qu'a duré leur vie ils semblaient quelque chose;
Il semble après leur mort qu'ils n'ont jamais été :
Leur mémoire avec eux sous leur tombe est enclose;
Avec eux y repose
Toute leur vanité.

Ainsi passe la gloire où le savant aspire,
S'il n'a mis son étude à se justifier;
C'est là le seul emploi qui laisse lieu d'en dire
Qu'il avait su bien lire
Et bien étudier.

Mais, au lieu d'aimer Dieu, d'agir pour son service,
L'éclat d'un vain savoir à toute heure éblouit,
Et fait suivre à toute heure un brillant artifice
Qui mène au précipice,
Et là s'évanouit.

Du seul désir d'honneur notre âme est enflammée;
Nous voulons être grands plutôt qu'humbles de cœur;
Et tout ce bruit flatteur de notre renommée,
Comme il n'est que fumée
Se dissipe en vapeur.

La grandeur véritable est d'une autre nature;
C'est en vain qu'on la cherche avec la vanité;
Celle d'un vrai chrétien, d'une âme toute pure,
Jamais ne se mesure
Que sur sa charité.

Vraiment grand est celui qui dans soi se ravale,
Qui rentre en son néant pour s'y connaître bien,
Qui de tous les honneurs que l'univers étale
Craint la pompe fatale,
Et ne l'estime rien.

Vraiment sage est celui dont la vertu resserre

Autour du vrai bonheur l'essor de son esprit,
Qui prend pour du fumier les choses de la terre,
    Et qui se fait la guerre
    Pour gagner Jésus-Christ.

Et vraiment docte enfin est celui qui préfère
A son propre vouloir le vouloir de son Dieu,
Qui cherche en tout, partout, à l'apprendre, à le faire,
    Et jamais ne diffère
    Ni pour temps ni pour lieu.

CHAPITRE IV.

DE LA PRUDENCE EN SA CONDUITE.

    N'écoute pas tout ce qu'on dit,
    Et souviens-toi qu'une âme forte
    Donne malaisément crédit
A ces bruits indiscrets où la foule s'emporte.
Il faut examiner avec sincérité,
Selon l'esprit de Dieu, qui n'est que charité,
    Tout ce que d'un autre on publie :
Cependant, ô faiblesse indigne d'un chrétien !
    Jusque-là souvent on s'oublie
Qu'on croit beaucoup de mal plutôt qu'un peu de bien.

    Qui cherche la perfection,
    Loin de tout croire en téméraire,
    Pèse avec mûre attention
Tout ce qu'il entend dire et tout ce qu'il voit faire;
La plus claire apparence a peine à l'engager :
Il sait que notre esprit est prompt à mal juger,
    Notre langue prompte à médire;
Et, bien qu'il ait sa part en cette infirmité,
    Sur lui-même il garde un empire
Qui le fait triompher de sa fragilité.

    C'est ainsi que son jugement,
    Quoi qu'il apprenne, quoi qu'il sache,
    Se porte sans empressement,
Sans qu'en opiniâtre à son sens il s'attache :
Il se défend longtemps du mal d'autrui,
Ou s'il en est enfin convaincu malgré lui,
    Il ne s'en fait point le trompette,
Et cette impression qu'il en prend à regret,
    Qu'il désavoue et qu'il rejette,
Demeure dans son âme un éternel secret.

    Pour conseil en tes actions
    Prends un homme de conscience,
    Préfère ses instructions
A ce qu'ose inventer l'effort de ta science.
La bonne et sainte vie à chaque événement
Forme l'expérience, ouvre l'entendement,

Éclaire l'esprit qui l'embrasse;
Et plus on a pour soi des sentiments abjects,
    Plus Dieu, prodigue de sa grâce,
Répand à pleines mains la sagesse et la paix.

CHAPITRE V.

DE LA LECTURE DE L'ÉCRITURE SAINTE.

Cherche la vérité dans la sainte Écriture,
    Et lis du même esprit
Le texte impérieux de sa doctrine pure
    Que tu le vois écrit.

On n'y doit point chercher ni le fard du langage,
    Ni la subtilité,
Ni de quoi s'attacher sur le plus beau passage,
    Qu'à son utilité.

Lis un livre dévot, simple et sans éloquence,
    Avec plaisir pareil
Que ceux où se produit l'orgueil de la science
    En son haut appareil.

Ne considère point si l'auteur d'un tel livre
    Fut plus ou moins savant;
Mais, s'il dit vérité, s'il t'apprend à bien vivre,
    Feuillète-le souvent.

Quand son instruction est salutaire et bonne,
    Donne-lui prompt crédit,
Et, sans examiner quel maître te la donne,
    Songe à ce qu'il te dit.

L'autorité de l'homme est de peu d'importance,
    Et passe en un moment;
Mais cette vérité que le ciel nous dispense
    Dure éternellement.

Sans égards à personne avec nous Dieu s'explique
    En diverses façons,
Et par tel qu'il lui plaît sa bonté communique
    Ses plus hautes leçons.

Le sens de sa parole est souvent si sublime
    Et si mystérieux,
Qu'à trop l'approfondir il égare, il abîme
    L'esprit du curieux.

Il ne veut pas toujours que la vérité nue
    S'offre à l'entendement,
Et celui-là se perd qui s'arrête où la vue
    Doit passer simplement.

De ce trésor ouvert la richesse éternelle
    A beau nous inviter,
Si l'on n'y porte un cœur humble, simple, fidèle,
    On n'en peut profiter.

Ne choisis point pour but de cette sainte étude
    D'être estimé savant,
Ou pour fruit d'un travail et si long et si rude
    Tu n'auras que du vent.

Consulte volontiers sur de si hauts mystères
    Les meilleurs jugements,
Écoute avec respect les avis des saints Pères
    Comme leurs truchements.

Ne te dégoûte point surtout des paraboles,
    Quel qu'en soit le projet,
Et ne les prends jamais pour des contes frivoles
    Qu'on forme sans sujet.

CHAPITRE VI.

DES AFFECTIONS DÉSORDONNÉES.

Quand l'homme avec ardeur souhaite quelque chose,
    Quand son peu de vertu n'oppose
Ni règle à ses désirs ni modération,
    Il tombe dans le trouble et dans l'inquiétude
    Avec la même promptitude
    Qu'il défère à sa passion.

L'avare et le superbe incessamment se gênent,
    Et leurs propres vœux les entraînent
Loin du repos heureux qu'ils ne goûtent jamais;
Mais les pauvres d'esprit, les humbles en jouissent,
    Et leurs âmes s'épanouissent
    Dans l'abondance de la paix.

Qui n'est point tout à fait dégagé de soi-même,
    Qui se regarde encore et s'aime,
Voit peu d'occasions sans en être tenté;
Les objets les plus vils surmontent sa faiblesse
    Et le moindre assaut qui le presse
    L'atterre avec facilité.

Ces dévots à demi, sur qui la chair plus forte
    Domine encore en quelque sorte
Penchent à tous moments vers ses mortels appas,
Et n'ont jamais une âme assez haute, assez pure,
    Pour faire une entière rupture
    Avec les douceurs d'ici-bas.

Non, ces hommes charnels, dont les cœurs s'aban-
    A tout ce que les sens ordonnent,   [donnent
Ne possèdent jamais un bien si précieux;
Mais les spirituels, en qui l'âme fervente
    Rend la grâce toute puissante,
    Le reçoivent toujours des cieux.

Oui, qui de cette chair à demi se détache,
    Se chagrine quand il s'arrache
Aux plaisirs dont l'image éveille son désir;
Et, faisant à regret un effort qui l'attriste,
    Il s'indigne quand on résiste
    A ce qu'il lui plaît de choisir.

Que si, lâchant la bride à sa concupiscence,
    Il emporte la jouissance
Où l'a fait aspirer ce désir déréglé,
Soudain le vif remords qui le met à la gêne
    Redouble d'autant plus sa peine
    Que plus il s'était aveuglé.

Il recouvre la vue au milieu de sa joie,
    Mais seulement afin qu'il voie
Comme ses propres sens se font ses ennemis,
Et que la passion, qu'il a prise pour guide,
    Ne fait point le repos solide
    Qu'en vain il s'en était promis.

C'est donc en résistant à ces tyrans de l'âme
    Qu'une sainte et divine flamme
Nous donne cette paix que suit un vrai bonheur :
Et qui sous leur empire asservit son courage,
    Dans quelques délices qu'il nage,
    Jamais ne la trouve en son cœur.

CHAPITRE VII.

QU'IL FAUT FUIR LA VAINE ESPÉRANCE ET LA PRÉSOMPTION.

O ciel! que l'homme est vain qui met son espérance
    Aux hommes comme lui,
Qui sur la créature ose prendre assurance,
    Et se propose un ferme appui
    Sur une éternelle inconstance!

Sers pour l'amour de Dieu, mortel, sers ton prochain
    Sans en avoir de honte;
Et quand tu parais pauvre, empêche que soudain
    La rougeur au front ne te monte
    Pour le paraître avec dédain.

Ne fais point fondement sur tes propres mérites;
    Tiens ton espoir en Dieu;
De lui dépend l'effet de quoi que tu médites,
    Et s'il ne te guide en tout lieu,
    En tout lieu tu te précipites.

Ne dors pas toutefois, et fais de ton côté
  Tout ce que tu peux faire,
Il ne manquera point d'agir avec bonté
  Et de fournir comme vrai père
  Des forces à ta volonté.

Mais ne t'assure point sur ta haute science,
  Ni sur celle d'autrui;
Leur conduite souvent brouille la conscience,
  Et Dieu seul est le digne appui
  Que doit choisir ta confiance.

C'est lui qui nous fait voir l'humble et le vertueux
  Élevé par sa grâce;
C'est lui qui nous fait voir son bras majestueux
  Terrasser l'insolente audace
  Dont s'enfle le présomptueux.

Soit donc qu'en ta maison la richesse s'épande,
  Soit que de tes amis
Le pouvoir en tous lieux pompeusement s'étende,
  Garde toujours un cœur soumis,
  Quelque honneur par là qu'on te rende.

Prends-en la gloire en Dieu, qui jamais n'est borné
  Dans son amour extrême,
En Dieu, qui donnant tout sans être importuné,
  Veut encor se donner soi-même,
  Après même avoir tout donné.

Souviens-toi que du corps la taille avantageuse
  Qui se fait admirer,
Ni de mille beautés l'union merveilleuse
  Pour qui chacun veut soupirer,
  Ne doit rendre une âme orgueilleuse.

Du temps l'inévitable et fière avidité
  En fait un prompt ravage,
Et souvent avant lui la moindre infirmité
  Laisse à peine au plus beau visage
  Les marques de l'avoir été.

Si ton esprit est vif, judicieux, docile,
  N'en deviens pas plus vain;
Tu déplairais à Dieu, qui te fait tout facile,
  Et n'a qu'à retirer sa main
  Pour te rendre un sens imbécile.

Ne te crois pas plus saint qu'aucun autre pécheur,
  Quoi qu'on te veuille dire;   [cœur,
Dieu, qui connaît tout l'homme, et qui voit dans ton
  Souvent te répute le pire,
  Quand tu t'estimes le meilleur.

Ces bonnes actions sur qui chacun se fonde
  Pour t'élever aux cieux

Ne partent pas toujours d'une vertu profonde;
  Et Dieu, qui voit par d'autres yeux,
  En juge autrement que le monde.

Non qu'il nous faille armer contre la vérité
  Pour juger mal des nôtres;
Voyons-en tout le bien avec sincérité,
  Mais croyons encor mieux des autres,
  Pour conserver l'humilité.

Tu ne te nuis jamais quand tu les considères
  Pour te mettre au-dessous;
Mais ton orgueil t'expose à d'étranges misères,
  Si tu peux choisir entre eux tous
  Un seul à qui tu te préfères.

C'est ainsi que chez l'humble une éternelle paix
  Fait une douce vie,
Tandis que le superbe est plongé pour jamais
  Dans le noir chagrin de l'envie,
  Qui trouble ses propres souhaits.

CHAPITRE VIII.

QU'IL FAUT ÉVITER LA TROP GRANDE FAMILIARITÉ.

Ne fais point confidence avec toutes personnes;
Regarde où tu répands les secrets de ton cœur;
Prends et suis les conseils de qui craint le Seigneur;
Choisis tes amitiés, et n'en fais que de bonnes;
Hante peu la jeunesse, et de ceux du dehors
  Souffre rarement les abords.

Jamais autour du riche à flatter ne t'exerce;
Vis sans démangeaison de te montrer aux grands;
Vois l'humble, le dévot, le simple, et n'entreprends
De faire qu'avec eux un long et plein commerce;
Et n'y traite surtout que des biens précieux
  Dont une âme achète les cieux.

Évite avec grand soin la pratique des femmes,
Ton ennemi par là peut trouver ton défaut;
Recommande en commun aux bontés du Très-Haut
Celles dont les vertus embellissent les âmes;
Et, sans en voir jamais qu'avec un prompt adieu,
  Aime-les toutes, mais en Dieu.

Ce n'est qu'avec lui seul, ce n'est qu'avec ses anges
Que doit un vrai chrétien se rendre familier :
Porte-lui tout ton cœur, deviens leur écolier;
Adore en lui sa gloire, apprends d'eux ses louanges
Et, bornant tes désirs à ses dons éternels,
  Fuis d'être connu des mortels.

La charité vers tous est toujours nécessaire,
Mais non pas avec tous un accès trop ouvert :
La réputation assez souvent s'y perd.
Et tel qui plaît de loin, de près cesse de plaire ;
Tant ce brillant éclat qui ne fait qu'éblouir
    Est sujet à s'évanouir!

Oui, souvent il arrive, et contre notre envie,
Que plus on prend de peine à se communiquer,
Plus cet effort nous trompe, et force à remarquer
Les désordres secrets qui souillent notre vie,
Et que ce qu'un grand nom avait semé de bruit
    Par la présence est tôt détruit.

CHAPITRE IX.

DE L'OBÉISSANCE ET DE LA SUBJÉTION.

Qu'il fait bon obéir! que l'homme a de mérite
Qui d'un supérieur aime à suivre les lois,
Qui ne garde aucun droit dessus son propre choix,
Qui l'immole à toute heure, et soi-même se quitte!
L'obéissance est douce, et son aveuglement
Forme un chemin plus sûr que le commandement,
Lorsque l'amour la fait, et non pas la contrainte ;
Mais elle n'a qu'aigreur sans cette charité,
Et c'est un long sujet de murmure et de plainte
Quand son joug n'est souffert que par nécessité.

Tous ces devoirs forcés où tout le cœur s'oppose
N'acquièrent à l'esprit ni liberté ni paix.
Aime qui te commande, ou n'y prétends jamais ;
S'il n'est aimable en soi, c'est Dieu qui te l'impose.
Cours deçà, cours de là, change d'ordre ou de lieux,
Si pour bien obéir tu ne fermes les yeux,
Tu ne trouveras point ce repos salutaire,
Et tous ceux que chatouille un pareil changement
N'y rencontrent enfin qu'un bien imaginaire
Dont la trompeuse idée échappe en un moment.

Il est vrai que chacun volontiers se conseille,
Qu'il aime que son sens règle ses actions,
Et tourne avec plaisir ses inclinations
Vers ceux dont la pensée à la sienne est pareille ;
Mais, si le Dieu de paix règne au fond de nos cœurs,
Il faut les arracher à toutes ces douceurs,
De tous nos sentiments soupçonner la faiblesse,
Les dédire souvent, et, pour mieux le pouvoir,
Nous souvenir qu'en terre il n'est point de sagesse
Qui sans aucune erreur puisse tout concevoir.

Ne prends donc pas aux tiens si pleine confiance
Que tu n'ouvres l'oreille encore à ceux d'autrui ;
Et quand tu te convaincs de juger mieux que lui,
Sacrifie à ton Dieu cette juste croyance.

Combattre une révolte où penche la raison,
Pour donner au bon sens une injuste prison,
C'est se faire soi-même une sainte injustice ;
Et pour en venir là plus tu t'es combattu,
Plus ce Dieu, qui regarde un si grand sacrifice,
T'impute de mérite et t'avance en vertu.

On va d'un pas plus ferme à suivre qu'à conduire ;
L'avis est plus facile à prendre qu'à donner :
On peut mal obéir comme mal ordonner ;
Mais il est bien plus sûr d'écouter que d'instruire.
Je sais que l'homme est libre, et que sa volonté
Entre deux sentiments d'une égale bonté
Peut avec fruit égal embrasser l'un ou l'autre ;
Mais ne point déférer à celui du prochain,
Quand l'ordre ou la raison parle contre le nôtre,
C'est montrer un esprit opiniâtre ou vain.

CHAPITRE X.

QU'IL FAUT SE GARDER DE LA SUPERFLUITÉ DES PAROLES.

Fuis l'embarras du monde autant qu'il t'est possible ;
Ces entretiens du siècle ont trop d'inanité,
Et la paix y rencontre un obstacle invincible
Lors même qu'on s'y mêle avec simplicité.

Soudain l'âme est souillée, et le cœur fait esclave
Des vains amusements qu'ils savent nous donner ;
Leur force est merveilleuse, et pour un qui les brave
Mille à leurs faux appas se laissent enchaîner.

Leur amorce flatteuse a l'art de nous surprendre,
Le poison qu'elle glisse est aussitôt coulé ;
Et je voudrais souvent n'avoir pu rien entendre,
Ou n'avoir vu personne, ou n'avoir point parlé.

Qui donc fait naître en nous cette ardeur insensée,
Ce désir de parler en tous lieux épandu,
S'il est si malaisé que sans être blessée
L'âme rentre en soi-même après ce temps perdu ?

N'est-ce point que chacun, de s'aider incapable,
Espère l'un de l'autre un mutuel secours,
Et que l'esprit, lassé du souci qui l'accable,
Croit affaiblir son poids s'il l'exhale en discours ?

Du moins tous ces discours sur qui l'homme se jette,
Son propre intérêt seul les forme et les conduit ;
Il parle avec ardeur de tout ce qu'il souhaite,
Il parle avec douleur de tout ce qui lui nuit.

Mais souvent c'est en vain, et cette fausse joie
Qu'il emprunte en passant de l'entretien d'autrui,

Repousse d'autant plus celle que Dieu n'envoie
Qu'aux esprits retirés qui n'en cherchent qu'en lui.

Veillons donc, et prions que le temps ne s'envole
Cependant que le cœur languit d'oisiveté;
Ou s'il nous faut parler, qu'avec chaque parole
Il sorte de la bouche un trait d'utilité.

Le peu de soin qu'on prend de tout ce qui regarde
Ces biens spirituels dont l'âme s'enrichit
Pose sur notre langue une mauvaise garde,
Et fait ce long abus sous qui l'homme blanchit.

Parlons, mais dans une humble et sainte conférence
Qui nous puisse acquérir cette sorte de biens:
Dieu les verse toujours par delà l'espérance
Quand on s'unit à lui par de tels entretiens.

CHAPITRE XI.

QU'IL FAUT TACHER D'ACQUÉRIR LA PAIX INTÉRIEURE, ET DE PROFITER DE LA VIE SPIRITUELLE.

Que nous aurions de paix et qu'elle serait forte,
Si nous n'avions le cœur qu'à ce qui nous importe,
Et si nous n'aimions point à nous brouiller l'esprit
Ni de ce que l'on fait ni de ce que l'on dit!
Le moyen qu'elle règne en celui qui sans cesse
Des affaires d'autrui s'inquiète et s'empresse,
Qui cherche hors de soi de quoi s'embarrasser,
Et rarement en soi tâche à se ramasser?

C'est vous, simples, c'est vous dont l'heureuse pru-
Du vrai repos d'esprit possède l'abondance; [dence
C'est par là que les saints, morts à tous ces plaisirs
Où les soins de la terre abaissent nos désirs, [mes,
N'ayant le cœur qu'en Dieu, ni l'œil que sur eux-mê-
Élevaient l'un et l'autre aux vérités suprêmes,
Et qu'à les contempler bornant leur action,
Ils allaient au plus haut de la perfection.

Nous autres, asservis à nos lâches envies,
Sur des biens passagers nous occupons nos vies,
Et notre esprit se jette avec avidité
Où par leur vaine idée il s'est précipité.

C'est rarement aussi que nous avons la gloire
D'emporter sur un vice une pleine victoire;
Notre peu de courage est soudain abattu;
Nous aidons mal au feu qu'allume la vertu;
Et, bien loin de tâcher qu'une chaleur si belle
Prenne de jour en jour une force nouvelle,
Nous laissons attiédir son impuissante ardeur,
Qui de tépidité dégénère en froideur.

Si de tant d'embarras l'âme purifiée
Parfaitement en elle était mortifiée,
Elle pourrait alors, comme reine des sens,
Jusqu'au trône de Dieu porter des yeux perçants,
Et faire une tranquille et prompte expérience
Des douceurs que sa main verse en la conscience;
Mais l'empire des sens donne d'autres objets,
L'âme sert en esclave à ses propres sujets;
Nous dédaignons d'entrer dans la parfaite voie
Que la ferveur des saints a frayée avec joie;
Le moindre coup que porte un peu d'adversité
Triomphe en un moment de notre lâcheté,
Et nous fait recourir, aveugles que nous sommes,
Aux consolations que nous prêtent les hommes.

Combattons de pied ferme en courageux soldats,
Et le secours du ciel ne nous manquera pas:
Dieu le tient toujours prêt; et sa grâce fidèle,
Toujours propice aux cœurs qui n'espèrent qu'en elle,
Ne fait l'occasion du plus rude combat
Que pour nous faire vaincre avecque plus d'éclat.

Ces austères dehors qui parent une vie,
Ces supplices du corps où l'âme est endurcie,
Laissent bientôt finir notre dévotion
Quand ils sont tout l'effet de la religion.
L'âme, de ses défauts saintement indignée,
Doit jusqu'à la racine enfoncer la cognée,
Et ne saurait jouir d'une profonde paix
A moins que d'arracher jusques à ses souhaits.

Qui pourrait s'affermir dans un saint exercice
Qui du cœur tous les ans déracinât un vice,
Cet effort, quoique lent, de sa conversion
Arriverait bientôt à la perfection;
Mais nous n'avons, hélas! que trop d'expérience
Qu'ayant traîné vingt ans l'habit de pénitence,
Souvent ce lâche cœur a moins de pureté
Qu'à son noviciat il n'avait apporté.

Le zèle cependant chaque jour devrait croître,
Profiter de l'exemple et de l'emploi du cloître,
Au lieu que chaque jour sa vigueur s'alentit,
Sa fermeté se lasse, et son feu s'amortit;
Et l'on croit beaucoup faire aux dernières années
D'avoir un peu du feu des premières journées.

Faisons-nous violence, et vainquons-nous d'abord,
Tout deviendra facile après ce peu d'effort.
Je sais qu'aux yeux du monde il doit paraître rude
De quitter les douceurs d'une longue habitude;
Mais, puisqu'on trouve encor plus de difficulté
A dompter pleinement sa propre volonté,

Dans les choses de peu si tu ne te commandes,
Dis, quand te pourras-tu surmonter dans les grandes?

Résiste dans l'entrée aux inclinations
Que jettent dans ton cœur tes folles passions;
Vois combien ces douceurs enfantent d'amertumes;
Dépouille entièrement tes mauvaises coutumes;
Leur appât dangereux, chaque fois qu'il surprend,
Forme insensiblement un obstacle plus grand.

Enfin règle ta vie; et vois, si tu te changes,
Que de paix en toi-même, et que de joie aux anges!
Ah! si tu le voyais, tu serais plus constant
A courir sans relâche au bonheur qui t'attend;
Tu prendrais plus de soins de nourrir en ton âme
La sainte et vive ardeur d'une céleste flamme,
Et, tâchant de l'accroître à toute heure, en tout lieu,
Chaque instant de tes jours serait un pas vers Dieu.

CHAPITRE XII.

DES UTILITÉS DE L'ADVERSITÉ.

Il est bon quelquefois de sentir des traverses
    Et d'en éprouver la rigueur;
Elles rappellent l'homme au milieu de son cœur,
Et peignent à ses yeux ses misères diverses;
    Elles lui font clairement voir
    Qu'il n'est qu'en exil en ce monde,
Et par un prompt dégoût empêchent qu'il n'y fonde
    Où son amour ou son espoir.

Il est avantageux qu'on blâme, qu'on censure
    Nos plus sincères actions,
Qu'on prête des couleurs à nos intentions
Pour en faire une fausse et honteuse peinture:
    Le coup de cette indignité
    Rabat en nous la vaine gloire,
Dissipe ses vapeurs, et rend à la mémoire
    Le souci de l'humilité.

Cet injuste mépris dont nous couvrent les hommes
    Réveille un zèle languissant,
Et pousse nos soupirs aux pieds du Tout-Puissant,
Qui voit notre pensée, et sait ce que nous sommes:
    La conscience en ce besoin
    Y cherche aussitôt son refuge,
Et sa juste douleur l'appelle pour seul juge,
    Comme il en est le seul témoin.

Aussi l'homme devrait s'affermir en sa grâce,
    S'unir à lui parfaitement,
Pour n'avoir plus besoin du vain soulagement
Qu'au défaut du solide à toute heure il embrasse:

Il cesserait d'avoir recours
    Aux consolations humaines,
Si contre la rigueur de ses plus rudes peines
    Il voyait un si prompt secours.

Lorsque l'âme du juste est vivement pressée
    D'une imprévue affliction,
Qu'elle sent les assauts de la tentation,
Ou l'effort insolent d'une indigne pensée,
    Elle voit mieux qu'un tel appui
    A sa faiblesse est nécessaire,
Et que, quoi qu'elle fasse, elle ne peut rien faire
    Ni de grand ni de bon sans lui.

Alors elle gémit, elle pleure, elle prie,
    Dans un destin si rigoureux;
Elle importune Dieu pour ce trépas heureux
Qui la doit affranchir d'une ennuyeuse vie;
    Et la soif des souverains biens,
    Que dans le ciel fait sa présence,
Forme en elle une digne et sainte impatience
    De rompre ses tristes liens.

Alors elle aperçoit combien d'inquiétudes
    Empoisonnent tous nos plaisirs,
Combien de prompts revers troublent tous nos désirs,
Combien nos amitiés trouvent d'ingratitudes,
    Et voit avec plus de clarté
    Qu'on ne rencontre point au monde
Ni de solide paix, ni de douceur profonde,
    Ni de parfaite sûreté.

CHAPITRE XIII.

DE LA RÉSISTANCE AUX TENTATIONS.

    Tant que le sang bout dans nos veines,
    Tant que l'âme soutient le corps,
Nous avons à combattre et dedans et dehors
    Les tentations et les peines.
    Aussi, toi qui mis tant de maux
    Au-dessous de ta patience,
    Toi qu'une sainte expérience
    Endurcit à tous leurs assauts,
Job, tu l'as souvent dit, que l'homme sur la terre
Trouvait toute sa vie une immortelle guerre.

    Il doit donc en toute saison,
    Tenir l'œil ouvert sur soi-même
Et sans cesse opposer à ce péril extrême
    La vigilance et l'oraison:
    Ainsi jamais il n'est la proie
    Du lion toujours rugissant,
    Qui, pour surprendre l'innocent,

Tout à l'entour de lui tournoie,
Et, ne dormant jamais, dévore sans tarder
Ce qu'un lâche sommeil lui permet d'aborder.

   Dans la retraite la plus sainte
   Il n'est si haut détachement
Qui des tentations affranchi pleinement
   N'en sente quelquefois l'atteinte :
   Mais il en demeure ce fruit
   Dans une âme bien recueillie,
   Que leur attaque l'humilie,
   Leur combat la purge et l'instruit ;
Elle en sort glorieuse, elle en sort couronnée,
Et plus humble, et plus nette, et plus illuminée.

   Par là tous les saints sont passés,
   Ils ont fait profit des traverses ;
Les tribulations, les souffrances diverses,
   Jusques au ciel les ont poussés.
   Ceux qui suivent si mal leur trace
Qu'ils tombent sous les moindres croix,
   Accablés qu'ils sont de leur poids,
   Ne remontent point vers la grâce ;
Et la tentation qui les a captivés
Les mène triomphante entre les réprouvés.

   Elle va partout, à toute heure ;
   Elle nous suit dans le désert ;
Le cloître le plus saint lui laisse accès ouvert
   Dans sa plus secrète demeure.
   Esclaves de nos passions
   Et nés dans la concupiscence,
   Le moment de notre naissance
   Nous livre aux tribulations,
Et nous portons en nous l'inépuisable source
D'où prennent tous nos maux leur éternelle course.

   Vainquons celle qui vient s'offrir,
   Soudain une autre lui succède ;
Notre premier repos est perdu sans remède,
   Nous avons toujours à souffrir :
   Le grand soin dont on les évite
   Souvent y plonge plus avant ;
   Tel qui les craint court au-devant,
   Tel qui les fuit s'y précipite ;
Et l'on ne vient à bout de leur malignité
Que par la patience et par l'humilité.

   C'est par elles qu'on a la force
   De vaincre de tels ennemis ;
Mais il faut que le cœur, vraiment humble et soumis,
   Ne s'amuse point à l'écorce.
   Celui qui gauchit tout autour
   Sans en arracher la racine,

   Alors même qu'il les décline,
   Ne fait que hâter leur retour ;
Il en devient plus faible, et lui-même se blesse
De tout ce qu'il choisit pour armer sa faiblesse.

   Le grand courage en Jésus-Christ
   Et la patience en nos peines
Font plus avec le temps que les plus rudes gênes
   Dont se tyrannise un esprit.
   Quand la tentation s'augmente,
   Prends conseil à chaque moment,
   Et, loin de traiter rudement
   Le malheureux qu'elle tourmente,
Tâche à le consoler et lui servir d'appui
Avec même douceur que tu voudrais de lui.

   Notre inconstance est le principe
   Qui nous en accable en tout lieu ;
Le peu de confiance en la bonté de Dieu
   Empêche qu'il ne les dissipe.
   Telle qu'un vaisseau sans timon,
   Le jouet des fureurs de l'onde,
   Une âme lâche dans le monde
   Flotte à la merci du démon :
Et tous ces bons propos qu'à toute heure elle quitte
L'abandonnent aux vents dont sa fureur l'agite.

   La flamme est l'épreuve du fer,
   La tentation l'est des hommes,
Par elle seulement on voit ce que nous sommes,
   Et si nous pouvons triompher.
   Lorsqu'à frapper elle s'apprête,
   Fermons-lui la porte du cœur :
   On en sort aisément vainqueur
   Quand dès l'abord on lui fait tête ;
Qui résiste trop tard a peine à résister,
Et c'est au premier pas qu'il la faut arrêter.

   D'une faible et simple pensée
   L'image forme un trait puissant :
Elle flatte, on s'y plaît ; elle émeut, on consent ;
   Et l'âme en demeure blessée :
   Ainsi notre fier ennemi
   Se glisse au dedans et nous tue,
   Quand l'âme, soudain abattue,
   Ne lui résiste qu'à demi ;
Et, dans cette langueur pour peu qu'il l'entretienne,
Des forces qu'elle perd il augmente la sienne.

   L'assaut de la tentation
   Ne suit pas le même ordre en toutes ;
Elle prend divers temps et tient diverses routes
   Contre notre conversion.

A l'un soudain elle se montre,
Elle attend l'autre vers la fin ;
D'un autre le triste destin
Presque à tous moments la rencontre :
Son coup est pour les uns rude, ferme, pressant ;
Pour les autres, débile, et mol, et languissant.

C'est ainsi que la Providence,
Souffrant cette diversité,
Par une inconcevable et profonde équité,
Met ses bontés en évidence :
Elle voit la proportion
Des forces grandes et petites ;
Elle sait peser les mérites,
Le sexe, la condition ;
Et sa main, se réglant sur ces diverses causes,
Au salut des élus prépare toutes choses.

Ainsi ne désespérons pas
Quand la tentation redouble,
Mais redoublons plutôt nos ferveurs dans ce trouble
Pour offrir à Dieu nos combats ;
Demandons-lui qu'il nous console,
Qu'il nous secoure en cet ennui :
Saint Paul nous l'a promis pour lui ;
Il dégagera sa parole,
Et tirera pour nous ce fruit de tant de maux,
Qu'ils rendront notre force égale à nos travaux.

Quand il nous en donne victoire,
Exaltons sa puissante main,
Et nous humilions sous le bras souverain
Qui couronne l'humble de gloire.
C'est dans les tribulations
Qu'on voit combien l'homme profite,
Et la grandeur de son mérite
Ne paraît qu'aux tentations ;
Par elles sa vertu plus vivement éclate,
Et l'on doute d'un cœur jusqu'à ce qu'il combatte.

Sans grand miracle on est fervent
Tant qu'on ne sent point de traverse ;
Mais qui sans murmurer souffre un coup qui le perce
Peut aller encor plus avant.
Tel dompte avec pleine constance
La plus forte tentation,
Que la plus faible occasion
Trouve à tous coups sans résistance,
Afin qu'humilié de s'en voir abattu
Jamais il ne s'assure en sa propre vertu.

CHAPITRE XIV.

QU'IL FAUT ÉVITER LE JUGEMENT TÉMÉRAIRE.

Fais réflexion sur toi-même,
Et jamais ne juge d'autrui :
Qui s'empresse à juger de lui
S'engage en un péril extrême ;
Il travaille inutilement,
Il se trompe facilement,
Et plus facilement offense :
Mais celui qui se juge, heureusement s'instruit
A purger de péché ce qu'il fait, dit ou pense,
Se trompe beaucoup moins, et travaille avec fruit.

Souvent le jugement se porte
Selon que la chose nous plaît ;
L'amour-propre est un intérêt
Sous qui notre raison avorte.
Si des souhaits que nous faisons,
Des pensers où nous nous plaisons,
Dieu seul était la pure idée,   [sants
Nous aurions moins de trouble et serions plus puis-
A calmer dans notre âme, ici-bas obsédée,
La révolte secrète où l'invitent nos sens.

Mais souvent, quand Dieu nous appelle,
En vain son joug nous semble doux,
Quelque charme au dedans de nous
Fait naître un mouvement rebelle ;
Souvent quelque attrait du dehors
Résiste aux amoureux efforts
De la grâce en nous épandue,
Et nous fait, malgré nous, tellement balancer,
Qu'entre nos sens et Dieu notre âme suspendue
Perd le temps d'y répondre, et ne peut avancer.

Plusieurs de sorte se déçoivent
En l'examen de ce qu'ils sont,
Qu'ils se cherchent en ce qu'ils font
Sans même qu'ils s'en aperçoivent :
Ils semblent en tranquillité
Tant que ce qu'ils ont projeté
Succède comme ils l'imaginent ;
Mais si l'événement remplit mal leurs souhaits,
Ils s'émeuvent soudain, soudain ils se chagrinent,
Et ne gardent plus rien de leur première paix.

Ainsi, par des avis contraires
L'amour de nos opinions
Enfante les divisions
Entre les amis et les frères,
Ainsi les plus religieux
Par ce zèle contagieux

21.

Se laissent quelquefois séduire ;
Ainsi tout vieil usage est fâcheux à quitter ;
Ainsi personne n'aime à se laisser conduire
Plus avant que ses yeux ne sauraient le porter.

Que si ta raison s'autorise
A plus appuyer ton esprit
Que la vertu que Jésus-Christ
Demande à ses ordres soumise,
Tu sentiras fort rarement
Éclairer ton entendement,
Et par des lumières tardives :
Dieu veut un cœur entier qui n'ait point d'autre appui,
Et que d'un saint amour les flammes toujours vives
Par-dessus la raison s'élèvent jusqu'à lui.

CHAPITRE XV.

DES ŒUVRES FAITES PAR LA CHARITÉ.

Le mal n'a point d'excuse ; il n'est espoir, surprise,
Intérêt, amitié, faveur, crainte, malheurs,
Dont le pouvoir nous autorise
A rien faire ou penser qui porte ses couleurs.

Non, il n'en faut souffrir l'effet ni la pensée ;
Mais quand on voit qu'un autre a besoin de secours,
D'une bonne œuvre commencée
On peut, pour le servir, interrompre le cours.

Une bonne action a toujours grand mérite,
Mais pour une meilleure il nous la faut quitter ;
C'est sans la perdre qu'on la quitte,
Et cet échange heureux nous fait plus mériter.

La plus haute pourtant n'attire aucune grâce
Si par la charité son effet n'est produit ;
Mais la plus faible et la plus basse,
Partant de cette source, est toujours de grand fruit.

Ce grand juge des cœurs perce d'un œil sévère
Les plus secrets motifs de nos intentions,
Et sa justice considère
Ce qui nous fait agir, plus que nos actions.

Celui-là fait beaucoup en qui l'amour est forte,
Celui-là fait beaucoup qui fait bien ce qu'il fait,
Celui-là fait bien qui se porte
Plus au bien du commun qu'à son propre souhait.

Mais souvent on s'y trompe ; et ce qu'on pense n'être
Qu'un véritable effet de pure charité,
Aux yeux qui savent tout connaître,
Porte un mélange impur de sensualité.

De notre volonté la pente naturelle,
L'espoir de récompense, ou d'accommodement,
Ou quelque affection charnelle,
Souvent tient même route, et le souille aisément.

L'homme vraiment rempli de charité parfaite
Avecque son désir sait comme il faut marcher ;
En l'embrassant il le rejette,
Et va de son côté sans jamais le chercher.

Il le fuit comme sien, et fait ce qu'il demande
Quand la gloire de Dieu par là se fait mieux voir ;
Et voulant ce que Dieu commande,
Il n'obéit qu'à Dieu quand il suit ce vouloir.

A personne jamais il ne porte d'envie,
Parce que sur la terre il ne recherche rien,
Et que son âme, en Dieu ravie,
Ne fait point d'autres vœux, ne veut point d'autre bien.

D'aucun bien à personne il ne donne la gloire,
Pour mieux tout rapporter à cet Être divin,
Et ne perd jamais la mémoire
Qu'il est de tous les biens le principe et la fin ;

Que c'est par le secours de sa toute-puissance
Que nous pouvons former un vertueux propos,
Et que c'est par sa jouissance
Que les saints dans le ciel goûtent un plein repos.

Oh ! qui pourrait avoir une seule étincelle
De cette véritable et pure charité !
Que bientôt sa clarté fidèle
Lui ferait voir qu'ici tout n'est que vanité !

CHAPITRE XVI.

COMME IL FAUT SUPPORTER D'AUTRUI.

Porte avec patience en tout autre, en toi-même,
Ce que tu n'y peux corriger,
Jusqu'à ce que de Dieu la puissance suprême
En ordonne autrement, et daigne le changer.

Pour éprouver ta force il est meilleur peut-être
Qu'il laisse durer cette croix :
Ton mérite par là se fera mieux connaître ;
Et, s'il n'est à l'épreuve, il n'est pas de grand poids.

Tu dois pourtant au ciel élever ta prière
Contre un si long empêchement,
Afin que sa bonté t'en fasse grâce entière,
Ou t'aide à le souffrir un peu plus doucement.

Quand par tes bons avis une âme assez instruite
 Continue à leur résister,
Entre les mains de Dieu remets-en la conduite,
Et ne t'obstine point à la persécuter.

Sa sainte volonté souvent veut être faite
 Par un autre ordre que le tien :
Il sait trouver sa gloire en tout ce qu'il projette;
Il sait, quand il lui plaît, tourner le mal en bien.

Souffre sans murmurer tous les défauts des autres,
 Pour grands qu'ils se puissent offrir;
Et songe qu'en effet nous avons tous les nôtres,
Dont ils ont à leur tour encor plus à souffrir.

Si ta fragilité met toujours quelque obstacle
 En toi-même à tes propres vœux,
Comment peux-tu d'un autre exiger ce miracle
Qu'il n'agisse partout qu'ainsi que tu le veux?

N'est-ce pas le traiter avec haute injustice
 De vouloir qu'il soit tout parfait,
Et de ne vouloir pas te corriger d'un vice,
Afin que ton exemple aide à ce grand effet?

Nous voulons que chacun soit sous la discipline,
 Qu'il souffre la correction,
Et nous ne voulons point qu'aucun nous examine,
Qu'aucun censure en nous une imperfection.

Nous blâmons en autrui ce qu'il prend de licence,
 Ce qu'il se permet de plaisirs,
Et nous nous offensons s'il n'a la complaisance
De ne refuser rien à nos bouillants désirs.

Nous voulons des statuts dont la dure contrainte
 L'attache avec sévérité,
Et nous ne voulons point qu'il porte aucune atteinte
A l'empire absolu de notre volonté.

Où te caches-tu donc, charité toujours vive,
 Qui dois faire tout notre emploi?
Et si l'on vit ainsi, quand est-ce qu'il arrive
Qu'on ait pour le prochain même amour que pour soi?

Si tous étaient parfaits, on n'aurait rien au monde
 A souffrir pour l'amour de Dieu,
Et cette patience en vertus si féconde
Jamais à s'exercer ne trouverait de lieu.

La sagesse divine autrement en ordonne;
 Rien n'est ni tout bon ni tout beau,
Et Dieu nous forme ainsi pour n'exempter personne
De porter l'un de l'autre à son tour le fardeau.

Aucun n'est sans défaut, aucun n'est sans faiblesse,
 Aucun n'est sans besoin d'appui,
Aucun n'est sage assez de sa propre sagesse,
Aucun n'est assez fort pour se passer d'autrui.

Il faut donc s'entr'aimer, il faut donc s'entr'instruire,
 Il faut donc s'entre-secourir,
Il faut s'entre-prêter des yeux à se conduire,
Il faut s'entre-donner une aide à se guérir.

Plus les revers sont grands, plus la preuve est facile
 A quel point un homme est parfait;
Et leurs plus rudes coups ne le font pas fragile,
Mais ils donnent à voir ce qu'il est en effet.

CHAPITRE XVII.

DE LA VIE MONASTIQUE.

Rends-toi des plus savants en l'art de te contraindre,
En ce rare et grand art de rompre tes souhaits,
Si tu veux avec tous une solide paix,
Si tu veux leur ôter tout sujet de se plaindre.
Vivre en communauté sans querelle et sans bruit,
Porter jusqu'au trépas un cœur vraiment réduit,
 C'est se rendre digne d'envie.
Heureux trois fois celui qui se fait un tel sort!
Heureux trois fois celui qu'une si douce vie
 Conduit vers une heureuse mort!

Si tu veux mériter, si tu veux croître en grâce,
Ne t'estime ici-bas qu'un passant, qu'un banni;
Parais fou pour ton Dieu, prends ce zèle infini
Qui court après l'opprobre et jamais ne s'en lasse.
La tonsure et l'habit sont bien quelques dehors,
Mais ne présume pas que les gênes du corps
 Fassent l'âme religieuse;
C'est au détachement de tes affections
Qu'au milieu d'une vie âpre et laborieuse
 En consistent les fonctions.

Cherche Dieu, cherche en lui le secret de ton âme,
Sans chercher rien de plus dessous cette couleur :
Tu ne rencontreras qu'amertume et douleur,
Si jamais dans ton cloître autre désir t'enflamme.
Tâche d'être le moindre et le sujet de tous,
Ou ce repos d'esprit qui te semble si doux
 Ne sera guère en ta puissance.
Veux-tu le retenir? Souviens-toi fortement
Que tu n'es venu là que pour l'obéissance,
 Et non pour le commandement.

Le cloître n'est pas fait pour une vie oisive,
Ni pour passer les jours en conversation,

Mais pour une éternelle et pénible action,
Pour voir les sens domptés, la volonté captive.
C'est là qu'un long travail n'est jamais achevé,
C'est là que pleinement le juste est éprouvé
    De même que l'or dans la flamme ;
Et c'est là que sans trouble on ne peut demeurer,
Si cette humilité qui doit régner sur l'âme
    N'y fait pour Dieu tout endurer.

CHAPITRE XVIII.

DES EXEMPLES DES SAINTS PÈRES.

Tu vois en tous les saints de merveilleux exemples,
    C'est la pure religion,
    C'est l'entière perfection
    Qu'en ces grands miroirs tu contemples :
    Vois les sentiers qu'ils ont battus,
    Vois la pratique des vertus
Aussi brillante en eux que par toi mal suivie.
    Que fais-tu pour leur ressembler ?
Et quand à leur travaux tu compares ta vie,
Peux-tu ne point rougir, peux-tu ne point trembler ?

La faim, la soif, le froid, les oraisons, les veilles,
    Les fatigues, la nudité,
    Dans le sein de l'austérité
    Ont produit toutes leurs merveilles ;
    Les saintes méditations,
    Les longues persécutions,
Les jeûnes et l'opprobre ont été leurs délices ;
    Et, de Dieu seul fortifiés,   [plices,
Comme ils fuyaient la gloire et cherchaient les sup-
Les supplices enfin les ont glorifiés.

Regarde les martyrs, les vierges, les apôtres,
    Et tous ceux de qui la ferveur
    Sur les sacrés pas du Sauveur
    A frayé des chemins aux nôtres :
    Combien ont-ils porté de croix,
    Et combien sont-ils morts de fois,
Au milieu d'une vie en souffrances féconde,
    Jusqu'à ce que leur fermeté,
A force de haïr leurs âmes en ce monde,
Ait su les posséder dedans l'éternité ?

Ouvrez, affreux déserts, vos retraites sauvages,
    Et des Pères que vous cachez,
    Dans vos cavernes retranchés,
    Laissez-nous tirer les images ;
    Montrez-nous les tentations,
    Montrez-nous les vexations   [fertes ;
Qu'à toute heure chez vous du diable ils ont souf-
    Montrez par quels ardents soupirs

Les prières qu'à Dieu sans cesse ils ont offertes
Ont porté dans le ciel leurs amoureux désirs.

Jusques où n'ont été leurs saintes abstinences ?
    Jusques où n'ont-ils su pousser
    Le zèle de voir avancer
    Les fruits de tant de pénitences ?
    Qu'ils ont fait de rudes combats
    Pour achever de mettre à bas
Cet indigne pouvoir dont s'emparent les vices !
    Qu'ils se sont tenus de rigueur !
Que d'intention pure en tous leurs exercices
Pour rendre un Dieu vivant le maître de leur cœur !

Tout le jour en travail, et la nuit en prière,
    Souvent ils mêlaient tous les deux,
Et leur cœur poussait mille vœux
    Parmi la sueur journalière :
    Toute action, tout temps, tout lieu,
    Était propre à penser à Dieu ;
Toute heure était trop courte à cette sainte idée ;
    Et le doux charme des transports
Dont leur âme en ces lieux se trouvait possédée,
Suspendait tous les soins qu'elle devait au corps.

Par une pleine horreur des vanités humaines,
    Ils rejetaient et biens et rang,
    Et les amitiés ni le sang
    N'avaient pour eux aucunes chaînes :
    Ennemis du monde et des siens,
    Ils en brisaient tous les liens,
De peur de retomber sous son funeste empire ;
    Et leur digne sévérité
Dans les besoins du corps rencontrait un martyre,
Quand ils abaissaient l'âme à leur nécessité.

Pauvres et dénués des secours de la terre,
    Mais riches en grâce et vertu,
    Ils ont sous leurs pieds abattu
    Tout ce qui leur faisait la guerre.
    Ces inépuisables trésors
    De l'indigence du dehors
Réparaient au dedans les aimables misères ;
    Et Dieu, pour les en consoler,
Versait à pleines mains sur des âmes si chères
Ces biens surnaturels qu'on ne saurait voler.

L'éloignement, la haine et le rebut du monde,
    Les approchaient du Tout-Puissant,
    De qui l'amour reconnaissant
    Couronnait leur vertu profonde.
    Ils n'avaient pour eux que mépris ;
    Mais ils étaient d'un autre prix
Aux yeux de ce grand Roi qui fait les diadèmes :

Et cet heureux abaissement
Sur ces mêmes degrés d'un saint mépris d'eux-mêmes
Élevait pour leur gloire un trône au firmament.

Sous les lois d'une prompte et simple obéissance,
　　Leur véritable humilité
　　Unissait à la charité
　　Les forces de la patience;
　　Ce parfait et divin amour
　　Les élevait de jour en jour
A ces progrès d'esprit où la vertu s'excite;
　　Et ces progrès continuels,
Faisant croître la grâce où croissait le mérite,
　　Les accablaient enfin de biens spirituels.

Voilà, religieux, des exemples à suivre;
　　Voilà quelles instructions
　　Laissent toutes leurs actions
　　A qui veut apprendre à bien vivre :
　　La sainte ardeur qu'ils ont fait voir
　　Montre quel est votre devoir
A chercher de vos maux les assurés remèdes,
　　Et vous y doit plus attacher
Que ce que vous voyez d'imparfaits et de tièdes
　　Ne doit servir d'excuse à vous en relâcher.

Oh! que d'abord le cloître enfanta de lumières!
　　Qu'on vit éclater d'ornements
　　Aux illustres commencements
　　Des observances régulières!
　　Que de pure dévotion!
　　Que de sainte émulation!
　　Que de pleine vigueur soutint la discipline!
　　Que de respect intérieur!
Que de conformité de mœurs et de doctrine!
　　Que d'union d'esprits sous un supérieur!

Encore même à présent ces traces délaissées
　　Font voir combien étaient parfaits
　　Ceux qui, par de si grands effets,
　　Domptaient le monde et ses pensées :
　　Mais notre siècle est bien loin d'eux;
　　Qui vit sans crime est vertueux;
Qui ne rompt point sa règle est un grand personnage,
　　Et croit s'être bien acquitté
　　Lorsque avec patience il porte l'esclavage
　　Où sa robe et ses vœux le tiennent arrêté.

A peine notre cœur forme une bonne envie,
　　Qu'aussitôt nous la dépouillons;
　　La langueur dont nous travaillons
　　Nous lasse même de la vie.
　　C'est peu de laisser assoupir
　　La ferveur du plus saint désir,
Par notre lâcheté nous la laissons éteindre,
　　Nous qui voyons à tout moment
Tant d'exemples dévots où nous pouvons atteindre,
Et qui nous convaincront au jour du jugement.

CHAPITRE XIX.

DES EXERCICES DU BON RELIGIEUX.

Toi qui dedans un cloître as renfermé ta vie,
De toutes les vertus tâche de l'enrichir;
C'est sous ce digne effort que tu dois y blanchir;
Ta règle te l'apprend, ton habit t'en convie.
Fais par un saint amas de ces vivants trésors
Que le dedans réponde à l'éclat du dehors,
Que tu sois devant Dieu tel que devant les hommes;
Et de l'intérieur prends d'autant plus de soin,
Que Dieu sans se tromper connaît ce que nous som-
Et que du fond du cœur il se fait le témoin.　[mes,

Nos respects en tous lieux lui doivent des louanges,
En tous lieux il nous voit, il nous juge en tous lieux :
Et comme nous marchons partout devant ses yeux,
Partout il faut porter la pureté des anges.
Chaque jour, recommence à lui donner ton cœur,
Renouvelle tes vœux, rallume ta ferveur,
Et t'obstine à lui dire, en demandant sa grâce :
« Secourez-moi, Seigneur, et servez de soutien
« Aux bons commencements que sous vos lois j'embrasse :
« Car jusques à présent ce que j'ai fait n'est rien. »

Dans le chemin du ciel l'âme du juste avance
Autant que ce propos augmente en fermeté;
Son progrès, qui dépend de l'assiduité,
Veut pour beaucoup de fruit beaucoup de diligence.
Que si le plus constant et le mieux affermi
Se relâche souvent, souvent tombe à demi,
Et n'est jamais si fort qu'il soit inébranlable,
Que sera-ce de ceux dont le cœur languissant,
On rarement en soi forme un projet semblable,
Ou le laisse flotter et s'éteindre en naissant?

C'est un chemin qui monte entre des précipices;
Il n'est rien plus aisé que de l'abandonner;
Et souvent c'est assez pour nous en détourner
Que le relâchement des moindres exercices.
Le bon propos du juste a plus de fondement.
En la grâce de Dieu qu'au propre sentiment;
Quelque dessein qu'il fasse, en elle il se repose :
A moins d'un tel secours nous travaillons en vain;
Quoi que nous proposions, c'est Dieu seul qui dispose,
Et pour trouver sa voie, homme, il te faut sa main.

Laisse là quelquefois l'exercice ordinaire

Pour faire une action pleine de piété ;
Tu pourras y rentrer avec facilité
Si tu n'en es sorti que pour servir ton frère ;
Mais si, par nonchalance, ou par un lâche ennui
De prendre encore demain le même qu'aujourd'hui,
Ton âme appesantie une fois s'en détache,
Cet exercice alors négligé sans sujet
Imprimera sur elle une honteuse tache,
Et lui fera sentir le mal qu'elle s'est fait.

Quelque effort qu'ici-bas l'homme fasse à bien vivre,
Il est souvent trahi par sa fragilité ;
Et le meilleur remède à son infirmité,
C'est de choisir toujours un but certain à suivre.
Qu'il regarde surtout quel est l'empêchement
Qui met le plus d'obstacle à son avancement,
Et que tout son pouvoir s'attache à l'en défaire,
Qu'il donne ordre au dedans, qu'il donne ordre au de-
A cet heureux progrès l'un et l'autre confère, [hors ;
Et l'âme a plus de force ayant l'aide du corps.

Si ta retraite en toi ne peut être assidue,
Recueille-toi du moins une fois chaque jour,
Soit lorsque le soleil recommence son tour,
Soit lorsque sous les eaux sa lumière est fondue :
Propose le matin et règle tes projets,
Examine le soir quels en sont les effets ;
Revois tes actions, tes discours, tes pensées,
Peut-être y verras-tu, malgré ton bon dessein,
A chaque occasion mille offenses glissées
Contre le grand Monarque, ou contre le prochain.

Montre-toi vraiment homme à l'attaque funeste
Que l'Ange ténébreux te porte à tout moment ;
Dompte la gourmandise, et plus facilement
Des sentiments charnels tu dompteras le reste.
Dedans l'oisiveté jamais enseveli,
Toujours confère, prie, écris, médite, li,
Ou fais pour le commun quelque chose d'utile :
L'exercice du corps a quelques fruits bien doux :
Mais sans discrétion c'est un travail stérile,
Et même il n'est pas propre également à tous.

Ces emplois singuliers qu'on se choisit soi-même
Doivent fuir avec soin de paraître au dehors ;
L'étalage les perd, et ce sont des trésors
Dont la possession veut un secret extrême.
Surtout n'aime jamais ces choix de ton esprit
Jusqu'à les préférer à ce qui t'est prescrit ;
Tout le surabondant doit place au nécessaire.
Remplis tous tes devoirs avec fidélité ;
Puis, s'il reste du temps pour l'emploi volontaire,
Applique tout ce reste où ton zèle est porté.

Tout esprit n'est pas propre aux mêmes exercices :
L'un est meilleur pour l'un, l'autre à l'autre sert mieux ;
Et la diversité, soit des temps, soient des lieux,
Demande à notre ardeur de différents offices ;
L'un est bon à la fête, et l'autre aux simples jours ;
De la tentation l'un peut rompre le cours,
A la tranquillité l'autre est plus convenable :
L'homme n'a pas sur soi toujours même pouvoir ;
Autres sont les pensers que la tristesse accable,
Autres ceux que la joie en Dieu fait concevoir.

A chaque grande fête augmente et renouvelle
Et ce bon exercice et ta prière aux saints ;
Et tiens en l'attendant ton âme entre tes mains
Comme prête à passer à la fête éternelle.
En ces jours consacrés à la dévotion
Il faut mieux épurer l'œuvre et l'intention,
Suivre une plus étroite et plus ferme observance,
Nous recueillir sans cesse, et nous imaginer
Que de tous nos travaux la pleine récompense
Doit par les mains de Dieu bientôt nous couronner.

Souvent il la recule, et lors il nous faut croire
Que nous n'y sommes pas dignement préparés,
Et que ces doux moments ne nous sont différés
Qu'afin que nous puissions mériter plus de gloire.
Il nous en comblera dans le temps ordonné :
Préparons-nous donc mieux à ce jour fortuné.
« Heureux le serviteur, dit la Vérité même,
« Que trouvera son maître en état de veiller !
« Il lui partagera son propre diadème,
« Et de toute sa gloire il le fera briller. »

CHAPITRE XX.

DE L'AMOUR DE LA SOLITUDE ET DU SILENCE.

Choisis une heure propre à rentrer en toi-même,
A penser aux bienfaits de la bonté suprême,
Sans t'embrouiller l'esprit de rien de curieux ;
   Et ne t'engage en la lecture
   Que de quelque matière pure
Qui touche autant le cœur qu'elle occupe les yeux.

Si tu peux retrancher la perte des paroles,
La superfluité des visites frivoles,
La vaine attention aux nouveautés des bruits,
   Ton âme aura du temps de reste
   Pour suivre cet emploi céleste,
Et pour en recueillir les véritables fruits.

Ainsi des plus grands saints la sagesse profonde
Pour ne vivre qu'à Dieu fuyait les yeux du monde,
Et n'en souffrait jamais l'entretien qu'à regret ;

LIVRE I, CHAPITRE XX.

Ainsi plus la vie est parfaite,
Plus elle aime cette retraite ;
Et qui veut trouver Dieu doit chercher le secret.

Un païen nous l'apprend, tout chrétiens que nous som-
« Je n'ai jamais, dit-il, été parmi les hommes [mes :
« Que je n'en sois sorti moins homme et plus brutal ; »
Et notre propre conscience
Ne fait que trop d'expérience,
Combien à son repos leur commerce est fatal.

Se taire entièrement est beaucoup plus facile
Que de se préserver du mélange inutile
Qui dans tous nos discours aussitôt s'introduit;
Et c'est chose bien moins pénible
D'être chez soi comme invisible,
Que de se bien garder alors qu'on se produit.

Quiconque aspire donc aux douceurs immortelles
Qu'un bon intérieur fait goûter aux fidèles,
Et veut prendre un bon guide afin d'y parvenir,
Qu'avec Jésus-Christ il se coule
Loin du tumulte et de la foule,
Et souvent seul à seul tâche à l'entretenir.

Personne en sûreté ne saurait se produire,
Ni parler sans se mettre au hasard de se nuire,
Ni prendre sans péril les ordres à donner,
Que ceux qui volontiers se cachent,
Sans peine au silence s'attachent,
Et sans aversion se laissent gouverner.

Non, aucun ne gouverne avec pleine assurance,
Que ceux qu'y laisse instruits la pleine obéissance;
Qui sait mal obéir ne commande pas bien :
Aucun n'a de joie assurée
Que ceux en qui l'âme épurée
Rend un bon témoignage et ne reproche rien.

Celui que donne aux saints leur bonne conscience
Ne va pourtant jamais sans soin, sans défiance,
Dont la crainte de Dieu fait la sincérité;
Et la grâce en eux épandue
Ne rend pas de moindre étendue
Ni ces justes soucis, ni leur humilité.

Mais la présomption, l'orgueil d'une âme ingrate,
Fait cette sûreté dont le méchant se flatte,
Et le trompe à la fin, l'ayant mal éclairé.
Quoique tu sois grand cénobite,
Quoique tu sois parfait ermite,
Jamais, tant que tu vis, ne te tiens assuré.

Souvent ceux que tu vois par leur vertu sublime
Mériter notre amour, emporter notre estime,
Tout parfaits qu'on les croit, sont le plus en danger;
Et l'excessive confiance
Qu'elle jette en leur conscience,
Souvent les autorise à se trop négliger.

Souvent il est meilleur que quelque assaut nous presse,
Et que, nous faisant voir quelle est notre faiblesse,
Il réveille par là nos plus puissants efforts,
De crainte que l'âme tranquille
Ne s'enfle d'un orgueil facile
A glisser de ce calme aux douceurs du dehors.

O plaisirs passagers ! si jamais nos pensées
De vos illusions n'étaient embarrassées,
Si nous pouvions bien rompre avec le monde et vous,
Que par cette sainte rupture
L'âme se verrait libre et pure,
Et se conserverait un repos long et doux !

Il serait, il serait d'éternelle durée,
Si tant de vains soucis dont elle est déchirée
Par votre long exil se trouvaient retranchés,
Et si nos désirs solitaires,
Bornés à des vœux salutaires,
Étaient par notre espoir à Dieu seul attachés.

Aucun n'est digne ici de ces grâces divines,
Qui, parmi tant de maux et parmi tant d'épines,
Versent du haut du ciel la consolation,
Si son exacte vigilance
Ne s'exerce avec diligence
Dans les saintes douleurs de la componction.

Veux-tu jusqu'en ton cœur la sentir vive et forte?
Rentre dans ta cellule, et fermes-en la porte
Aux tumultes du monde, à sa vaine rumeur;
N'en écoute point l'imposture,
Et, comme ordonne l'Écriture,
Repasse au cabinet les secrets de ton cœur.

Ce que tu perds dehors s'y retrouve à toute heure ;
Mais il faut sans relâche en aimer la demeure ;
Elle n'a rien de doux sans l'assiduité ;
Et depuis qu'elle est mal gardée,
Ce n'est plus qu'une triste idée,
Qui n'enfante qu'ennuis et qu'importunité.

Elle sera ta joie et ta meilleure amie,
Si ta conversion, dans son calme affermie,
Dès le commencement la garde sans regret;
C'est dans ce calme et le silence
Que l'âme dévote s'avance,
Et que de l'Écriture elle apprend le secret.

Pour se fortifier elle y trouve des armes,
Pour se purifier elle y trouve des larmes,
Par qui tous ses défauts sont lavés chaque nuit ;
    Elle s'y rend par la prière
    A Dieu d'autant plus familière,
Qu'elle en bannit du siècle et l'amour et le bruit.

Qui se détache donc pour cette solitude
De toutes amitiés et de toute habitude,
Plus il rompt les liens du sang et de la chair,
    Plus de Dieu la bonté suprême,
    Par ses anges et par lui-même,
Pour le combler de biens daigne s'en approcher.

Cache-toi, s'il le faut, pour briser ces obstacles ;
L'obscurité vaut mieux que l'éclat des miracles,
S'ils étouffent les soins qu'on doit avoir de soi ;
    Et le don de faire un prodige,
    Dans une âme qui se néglige,
D'un précieux trésor fait un mauvais emploi.

Le vrai religieux rarement sort du cloître,
Vit sans ambition de se faire connaître,
Ne veut point être vu, ne veut point regarder ;
    Et croit que celui-là se tue
    Qui cherche à se blesser la vue
De ce que, sans se perdre, il ne peut posséder.

Le monde et ses plaisirs s'écoulent et nous gênent ;
Et quand à divaguer nos désirs nous entraînent,
Ce temps qu'on aime à perdre est aussitôt passé ;
    Et pour fruit de cette sortie
    On n'a qu'une âme appesantie,
Et des désirs flottants dans un cœur dispersé.

Ainsi celle qu'on fait avec le plus de joie
Souvent avec douleur au cloître nous renvoie ;
Les délices du soir font un triste matin :
    Ainsi la douceur sensuelle
    Nous cache sa pointe mortelle,
Qui nous flatte à l'entrée et nous tue à la fin.

Ne vois-tu pas ici le feu, l'air, l'eau, la terre,
Leur éternelle amour, leur éternelle guerre?
N'y vois-tu pas le ciel à tes yeux exposé?
Qu'est-ce qu'ailleurs tu te proposes?
N'est-ce pas bien voir toutes choses
Que voir les éléments dont tout est composé?

Que peux-tu voir ailleurs qui soit longtemps dura-
Crois-tu rassasier ton cœur insatiable   [ble?
En promenant partout tes yeux avidement?
    Et quand d'une seule ouverture
    Ils verraient toute la nature,
Que serait-ce pour toi qu'un vain amusement?

Lève les yeux au ciel, et par d'humbles prières
Tire des mains de Dieu ces faveurs singulières
Qui purgent tes péchés et tes dérèglements :
    Laisse les vanités mondaines
    En abandon aux âmes vaines,
Et ne porte ton cœur qu'à ses commandements.

Ferme encore une fois, ferme sur toi ta porte,
Et d'une voix d'amour languissante, mais forte,
Appelle cet objet de tes plus doux souhaits ;
    Entretiens-le dans ta cellule
    De la vive ardeur qui te brûle,
Et ne crois point ailleurs trouver la même paix.

Tâche à n'en point sortir qu'il ne soit nécessaire :
N'écoute, si tu peux, aucun bruit populaire,
Ton calme en deviendra plus durable et meilleur ;
    Sitôt que tes sens infidèles
    Ouvrent ton oreille aux nouvelles,
Ils font entrer par là le trouble dans ton cœur.

CHAPITRE XXI.

DE LA COMPONCTION DU CŒUR.

Si tu veux avancer au chemin de la grâce,
Dans la crainte de Dieu soutiens tes volontés ;
Ne sois jamais trop libre, et rends-toi tout de glace
Pour tout ce que les sens t'offrent de voluptés :
    Dompte sous une exacte et forte discipline
    Ces inséparables flatteurs
Que l'amour de toi-même à te séduire obstine,
    Et dans eux n'examine
Que la grandeur des maux dont ils sont les auteurs.

Ainsi fermant la porte à la joie indiscrète
Sous qui leur faux appât sème un poison caché,
Tu la tiendras ouverte à la douleur secrète
Qu'un profond repentir fait naître du péché :
Cette sainte douleur dans l'âme recueillie
    Produit mille sortes de biens,
Que son relâchement vers l'aveugle folie
    Des plaisirs de la vie
A bientôt dissipés en de vains entretiens.

Chose étrange que l'homme accessible à la joie,
Au milieu des malheurs dont il est enfermé,
Quelque exilé qu'il soit, quelques périls qu'il voie,
Par de fausses douceurs aime à se voir charmé!
Ah ! s'il peut consentir qu'une telle allégresse
    Tienne ses sens épanouis,

Il n'en voit pas la suite, et sa propre faiblesse
Qu'il reçoit pour maîtresse,
Dérobe sa misère à ses yeux éblouis.

Oui, sa légèreté que tout désir enflamme,
Et le peu de souci qu'il prend de ses défauts,
L'ayant rendu stupide aux intérêts de l'âme,
Ne lui permettent pas d'en ressentir les maux;
Ainsi, pour grands qu'ils soient, jamais il n'en sou-
Faute de les considérer; [pire,
Plus il en est blessé, plus lui-même il s'admire,
Et souvent ose rire
Lorsque de tous côtés il a de quoi pleurer.

Homme, apprends qu'il n'est point ni de liberté vraie,
Ni de plaisir parfait qu'en la crainte de Dieu,
Et que la conscience et sans tache et sans plaie
A de pareils trésors seule peut donner lieu.
Toute autre liberté n'est qu'un long esclavage
Qui cache ou qui dore ses fers;
Et tout autre plaisir ne laisse en ton courage
Qu'un prompt dégoût pour gage
Du tourment immortel qui l'attend aux enfers.

Heureux qui peut bannir de toutes ses pensées
Les vains amusements de la distraction!
Heureux qui peut tenir ses forces ramassées
Dans le recueillement de la componction!
Mais plus heureux encor celui qui se dépouille
De tout indigne et lâche emploi,
Qui, pour ne rien souffrir qui lui pèse ou le souille,
Fuit ce qui le chatouille,
Et pour mieux servir Dieu se rend maître de soi!

Combats donc fortement contre l'inquiétude
Où te jette du monde et l'amour et le bruit :
L'habitude se vainc par une autre habitude,
Et les hommes jamais ne cherchent qui les fuit.
Néglige leur commerce, et romps l'intelligence
Qui te lie encore avec eux,
Et bientôt à leur tour, te rendant par vengeance
La même négligence,
Ils t'abandonneront à tout ce que tu veux.

N'attire point sur toi les affaires des autres,
Ne t'embarrasse point des intérêts des grands :
Notre propre besoin nous charge assez des nôtres;
Tu te dois le premier les soins que tu leur rends.
Tiens sur toi l'œil ouvert, et toi-même t'éclaire
Avant qu'éclairer tes amis;
Et quand tu peux donner un conseil salutaire
Qui les porte à bien faire,
Donne-t-en le plus ample et le plus prompt avis.

Pour te voir éloigné de la faveur des hommes
Ne crois point avoir lieu de justes déplaisirs;
Elle ne produit rien, en l'exil où nous sommes,
Qu'un espoir décevant et de vagues désirs.
Ce qui doit t'attrister, ce dont tu dois te plaindre,
C'est de ne te régler pas mieux,
C'est de sentir ton feu s'amortir et s'éteindre
Avant qu'il puisse atteindre
Où doit aller celui d'un vrai religieux.

Souvent il est plus sûr, tant que l'homme respire,
Qu'il sente peu de joie en son cœur s'épancher,
Surtout de ces douceurs que le dehors inspire,
Et qui naissent en lui du sang et de la chair.
Que si Dieu rarement sur notre longue peine
Répand sa consolation,
La faute en est à nous, dont la prudence vaine
Cherche un peu trop l'humaine,
Et ne s'attache point à la componction.

Reconnais-toi, mortel, indigne des tendresses
Que départ aux élus la divine bonté;
Et des afflictions regarde les rudesses
Comme des traitements dus à ta lâcheté.
L'homme vraiment atteint de la douleur profonde
Qu'enfante un plein recueillement
Ne trouve qu'amertume aux voluptés du monde,
Et voit qu'il ne les fonde
Que sur de longs périls que déguise un moment.

Le moyen donc qu'il puisse y trouver quelques char-
Soit qu'il se considère, ou qu'il regarde autrui, [mes,
S'il n'y peut voir partout que des sujets de larmes,
N'y voyant que des croix pour tout autre et pour lui?
Plus il le sait connaître, et plus la vie entière
Lui semble un amas de malheurs;
Et plus du haut du ciel il reçoit de lumière,
Plus il voit de matière
Dessus toute la terre à de justes douleurs.

Sacrés ressentiments, réflexions perçantes,
Qui dans un cœur navré versez d'heureux regrets,
Que vous trouvez souvent d'occasions pressantes
Parmi tant de péchés et publics et secrets!
Mais, hélas! ces tyrans de l'âme criminelle
L'enchaînent si bien en ces lieux,
Qu'il est bien malaisé que vous arrachiez d'elle
Quelque soupir fidèle
Qui la puisse élever un moment vers les cieux.

Pense plus à la mort que tu vois assurée,
Qu'à la vaine longueur de tes jours incertains,
Et tu ressentiras dans ton âme épurée
Une ferveur plus forte et des désirs plus saints.

Si ton cœur chaque jour mettait dans la balance
    Ou le purgatoire ou l'enfer,
Il n'est point de travail, il n'est point de souffrance
    Où soudain ta constance
Ne portât sans effroi l'ardeur d'en triompher.

Mais nous n'en concevons qu'une légère image [cœur;
Dont les traits impuissants ne vont point jusqu'au
Nous aimons ce qui flatte, et consumons notre âge
Dans l'assoupissement d'une froide langueur;
Aussi le corps se plaint, le corps gémit sans cesse
    Accablé sous les moindres croix,
Parce que de l'esprit la honteuse mollesse
    N'agit qu'avec faiblesse,
Et refuse son aide à soutenir leur poids.

Demande donc à Dieu pour faveur singulière
L'esprit fortifiant de la componction;
Avec le roi prophète élève ta prière,
Et dis à son exemple avec submission : [gnage
« Nourrissez-moi de pleurs, Seigneur, pour témoi-
« Que vous me voulez consoler.
« Détrempez-en mon pain, mêlez-en mon breuvage,
« Et de tout mon visage
« Jour et nuit à grands flots faites-les distiller. »

CHAPITRE XXII.

DES CONSIDÉRATIONS DE LA MISÈRE HUMAINE.

Mortel, ouvre les yeux, et vois que la misère
    Te cherche et te suit en tout lieu,
Et que toute la vie est une source amère
    A moins qu'elle tourne vers Dieu.

Rien ne te doit troubler, rien ne te doit surprendre,
    Quand l'effet manque à tes désirs,
Puisque ton sort est tel que tu n'en dois attendre
    Que des sujets de déplaisirs.

N'espère pas qu'ici jamais il se ravale
    A répondre à tous tes souhaits;
Pour toi, pour moi, pour tous, la règle est générale
    Et ne se relâche jamais.

Il n'est emploi ni rang dont la grandeur se pare
    De cette inévitable loi,
Et ceux qu'on voit porter le sceptre ou la tiare
    N'en sont pas plus exempts que toi.

L'angoisse entre partout, et si quelqu'un sur terre
    Porte mieux ce commun ennui,
C'est celui qui pour Dieu sait se faire la guerre,
    Et se plaît à souffrir pour lui.

Les faibles cependant disent avec envie :
    « Voyez, que cet homme est puissant,
« Qu'il est grand, qu'il est riche, et que toute sa vie
    « Prend un cours noble et florissant! »

Malheureux! regardez quels sont les biens célestes,
    Ceux-ci ne paraîtront plus rien,
Et vous n'y verrez plus que des attraits funestes
    Sous la fausse image du bien.

Douteuse est leur durée, et trompeur le remède
    Qu'ils donnent à quelques besoins,
Et le plus fortuné jamais ne les possède
    Que parmi la crainte et les soins.

Le solide plaisir n'est pas dans l'abondance
    De ces pompeux accablements,
Et souvent leur excès amène l'impudence
    Des plus honteux déréglements.

Leur médiocrité suffit au nécessaire
    D'un esprit sagement borné,
Et tout ce qui la passe augmente la misère
    Dont il se voit environné.

Plus il rentre en soi-même et regarde la vie
    Dedans son véritable jour,
Plus de cette misère il la trouve suivie,
    Et change en haine son amour.

Il ressent d'autant mieux l'amertume épandue
    Sur la longueur de ses travaux,
Et s'en fait un miroir qui présente à sa vue
    L'image de tous ses défauts.

Car enfin travailler, dormir, manger et boire,
    Et mille autres nécessités,
Sont aux hommes de Dieu, qui n'aiment que sa gloire,
    D'étranges importunités.

Oh! que tous ces besoins ont de cruelles gênes
    Pour un esprit bien détaché!
Et qu'avec pleine joie il en romprait les chaînes
    Qui l'asservissent au péché!

Ce sont des ennemis qu'en vain sa ferveur brave,
    Puisqu'ils sont toujours les plus forts,
Et des tyrans aimés qui tiennent l'âme esclave
    Sous les infirmités du corps.

David tremblait sous eux; et parmi sa tristesse,
    Rempli de célestes clartés,
« Sauvez-moi, disait-il, du joug qu'à ma faiblesse
    « Imposent mes nécessités. »

Malheur à toi, mortel, si tu ne peux connaître
La misère de ton séjour !
Et malheur plus encor si tu n'es pas le maître
De ce qu'il te donne d'amour !

Faut-il que cette vie en soi si misérable
Ait toutefois un tel attrait
Que le plus malheureux et le plus méprisable
Ne l'abandonne qu'à regret ?

Le pauvre, qui l'arrache à force de prières,
Avec horreur la voit finir ;
Et l'artisan s'épuise en sueurs journalières
Pour trouver à la soutenir.

Que s'il était au choix de notre âme insensée
De languir toujours en ces lieux,
Nous traînerions nos maux sans aucune pensée
De régner jamais dans les cieux.

Lâches, qui sur nos cœurs aux voluptés du monde
Souffrons des progrès si puissants,
Que rien n'y peut former d'impression profonde,
S'il ne flatte et charme nos sens !

Nous verrons à la fin, aveugles que nous sommes,
Que ce que nous aimons n'est rien,
Et qu'il ne peut toucher que les esprits des hommes
Qui ne se connaissent pas bien.

Les saints, les vrais dévots, savaient mieux de leur
Remplir toute la dignité, [être
Et pour ces vains attraits ils ne faisaient paraître
Qu'entière insensibilité.

Ils dédaignaient de perdre un moment aux idées
Des biens passagers et charnels,
Et leurs intentions, d'un saint espoir guidées,
Volaient sans cesse aux éternels.

Tout leur cœur s'y portait, et s'élevant sans cesse
Vers leurs invisibles appas,
Il empêchait la chair de s'en rendre maîtresse
Et de le ravaler trop bas.

Mon frère, à leur exemple, anime ton courage,
Et prends confiance après eux ;
Quoi qu'il faille de temps pour un si grand ouvrage,
Tu n'en as que trop, si tu veux.

Jusques à quand veux-tu que ta lenteur diffère ?
Ose, et dis sans plus négliger,
Il est temps de combattre, il est temps de mieux faire,
Il est temps de nous corriger.

Prends-en l'occasion dans tes peines diverses :
Elles te la viennent offrir :
Le temps du vrai mérite est celui des traverses ;
Pour triompher il faut souffrir.

Par le milieu des eaux, par le milieu des flammes,
On passe au repos tant cherché ;
Et sans violenter et les corps et les âmes,
On ne peut vaincre le péché.

Tant qu'à ce corps fragile un souffle nous attache,
Tel est à tous notre malheur,
Que le plus innocent ne se peut voir sans tache,
Ni le plus content sans douleur.

Le plein calme est un bien hors de notre puissance,
Aucun ici-bas n'en jouit ;
Il descendit du ciel avec notre innocence,
Avec elle il s'évanouit.

Comme ces deux trésors étaient inséparables,
Un moment perdit tous les deux ;
Et le même péché qui nous fit tous coupables,
Nous fit aussi tous malheureux.

Prends donc, prends patience en un chemin qu'on
Sous des orages assidus, [passe
Jusqu'à ce que ton Dieu daigne te faire grâce,
Et te rendre les biens perdus ;

Jusqu'à ce que la mort brise ce qui te lie
A cette longue infirmité,
Et qu'en toi dans le ciel la véritable vie
Consume la mortalité.

Jusque-là n'attends pas des plus saints exercices
Un long et plein soulagement ;
Le naturel de l'homme à tant de pente aux vices,
Qu'il s'y replonge à tout moment.

Tu pleures pour les tiens, pécheur, tu t'en confesses ;
Tu veux, tu crois y renoncer,
Et dès le lendemain tu reprends les faiblesses
Dont tu te viens de confesser.

Tu promets de les fuir quand la douleur t'emporte
Contre ce qu'elles ont commis,
Et presque au même instant tu vis de même sorte
Que si tu n'avais rien promis.

C'est donc avec raison que l'âme s'humilie,
Se mésestime, se déplaît,
Toutes les fois qu'en soi fortement recueillie
Elle examine ce qu'elle est.

Elle voit l'inconstance avec un tel empire
    Régner sur sa fragilité,
Que le meilleur propos qu'un saint regret inspire
    N'a que de l'instabilité.

Elle voit clairement que ce que fait la grâce
    Par de rudes et longs travaux,
Un peu de négligence en un moment l'efface,
    Et nous rend tous nos premiers maux.

Que sera-ce de nous au bout d'une carrière
    Où s'offrent combats sur combats,
Si notre lâcheté déjà tourne en arrière,
    Et perd haleine au premier pas?

Malheur, malheur à nous, si notre âme endormie
    Penche vers la tranquillité,
Comme si notre paix déjà bien affermie
    Nous avait mis en sûreté!

C'est usurper ici les douces récompenses
    Des véritables saintetés,
Avant qu'on en ait vu les moindres apparences
    Surmonter nos légèretés.

Ah! qu'il vaudrait bien mieux qu'ainsi que des no-
    De nouveau nous fussions instruits, [vices,
Et reprissions un maître aux premiers exercices
    Pour en tirer de meilleurs fruits!

Du moins on pourrait voir si nous serions capables
    Encor de quelque amendement,
Et si dans nos esprits les clartés véritables
    Pourraient s'épandre utilement.

CHAPITRE XXIII.

DE LA MÉDITATION DE LA MORT.

Pense, mortel, à t'y résoudre;
Ce sera bientôt fait de toi :
Tel aujourd'hui donne la loi
Qui demain est réduit en poudre.
Le jour qui paraît le plus beau,
Souvent jette dans le tombeau
La mémoire la mieux fondée,
Et l'objet qu'on aime le mieux
Échappe bientôt à l'idée,
Quand il n'est plus devant les yeux.

Cependant ton âme stupide,
Sur qui les sens ont tout pouvoir,
Dans l'avenir ne veut rien voir
Qui la charme ou qui l'intimide;
Un assoupissement fatal
Dans ton cœur qu'elle éclaire mal
Ne souffre aucune sainte flamme,
Et forme une aveugle langueur
De la stupidité de l'âme
Et de la dureté du cœur.

Règle, règle mieux tes pensées,
Mets plus d'ordre en tes actions,
Réunis tes affections
Vagabondes et dispersées;
Pense, agis, aime incessamment,
Comme si déjà ce moment
Était celui d'en rendre compte,
Et ne devait plus différer
Ta gloire éternelle ou ta honte,
Qu'autant qu'il faut pour expirer.

Qui prend soin de sa conscience
Ne considère dans la mort
Que la porte aimable d'un sort
Digne de son impatience;
L'horrible pâleur de son teint,
Les hideux traits dont on la peint,
N'ont pour ses yeux rien de sauvage,
Et ne font voir à leur clarté
Que la fin d'un triste esclavage
Et l'entrée à la liberté.

Crains le péché, si tu veux vivre
D'une vie heureuse et sans fin,
Et non pas ce commun destin
A qui la naissance te livre;
Prépare-s-y-toi sans ennui :
Si tu ne le peux aujourd'hui,
Demain qu'aura-t-il de moins rude?
As-tu ce terme dans ta main,
Et vois-tu quelque certitude
D'arriver jusqu'à ce demain?

De quoi sert la plus longue vie
Avec si peu d'amendement,
Que d'un plus long engagement
Aux vices dont elle est suivie?
Qu'est-elle souvent qu'un amas
De sacriléges, d'attentats,
D'endurcissements invincibles?
Et qu'y font de vieux criminels
Que s'y rendre plus insensibles
Aux charmes des biens éternels?

Plût à Dieu que l'âme, bornée
A se bien regarder en soi,

Pût faire un bon et digne emploi
Du cours d'une seule journée !
Nos esprits lâches et pesants
Comptent bien les mois et les ans
Qu'a vu couler notre retraite ;
Mais tel les étale à grand bruit,
Dont la bouche devient muette
Quand il en faut montrer le fruit.

Si la mort te semble un passage
Si dur, si rempli de terreur,
Le péril qui t'en fait horreur
Peut croître à vivre davantage.
Heureux l'homme dont en tous lieux
Son image frappe les yeux,
Que chaque moment y prépare,
Qui la regarde comme un prix,
Et de soi-même se sépare
Pour n'en être jamais surpris !

Qu'un saint penser t'en entretienne
Quand un autre rend les abois :
Tu seras tel que tu le vois,
Et ton heure suivra la sienne.
Aussitôt que le jour te luit,
Doute si jusques à la nuit
Ta vie étendra sa durée ;
Et la nuit reçois le sommeil
Sans la croire plus assurée
D'atteindre au retour du soleil.

Tiens ton âme toujours si prête,
Que ce glaive en l'air suspendu
Jamais sans en être attendu
Ne puisse tomber sur ta tête :
Souvent sans nous en avertir
La mort, nous forçant de partir,
Éteint la flamme la plus vive ;
Souvent tes yeux en sont témoins,
Et que le fils de l'homme arrive
Alors qu'on y pense le moins.

Cette dernière heure venue
Donne bien d'autres sentiments,
Et sur les vieux déréglements
Fait bien jeter une autre vue ;
Avec combien de repentirs
Voudrait un cœur gros de soupirs
Pouvoir lors haïr ce qu'il aime,
Et combien avoir acheté
Le temps de prendre sur soi-même
Vengeance de sa lâcheté !

Oh ! qu'heureux est celui qui montre

A toute heure un esprit fervent,
Et qui se tient tel en vivant,
Qu'il veut que la mort le rencontre !
Toi qui prétends à bien mourir,
Écoute l'art d'en acquérir
La véritable confiance,
Et vois quel est ce digne effort
Qui peut mettre ta conscience
Au chemin d'une bonne mort :

Un parfait mépris de la terre,
Des vertus un ardent désir,
Suivre sa règle avec plaisir,
Faire au vice une rude guerre,
S'attacher à son châtiment,
Obéir tôt et pleinement,
Se quitter, se haïr soi-même,
Et supporter d'un ferme esprit
L'adversité la plus extrême
Pour l'amour seul de Jésus-Christ.

Mais il faut une âme agissante
Tandis que dure ta vigueur :
Où la santé manque de cœur,
La maladie est impuissante :
Ses abattements, ses douleurs,
Rendent fort peu d'hommes meilleurs,
Non plus que les plus grands voyages ;
Souvent les travaux en sont vains,
Et les plus longs pèlerinages
N'ont jamais fait beaucoup de saints.

Prends peu d'assurance aux prières
Qu'on te promet après ta mort,
Et pour te faire un saint effort
N'attends point les heures dernières :
Et tes proches et tes amis
Oublieront ce qu'ils t'ont promis
Plus tôt que tu ne t'imagines ;
Et qui peut attendre si tard
A répondre aux grâces divines,
Met son salut en grand hasard.

Tu dois envoyer par avance
Tes bonnes œuvres devant toi,
Qui de ton juge et de ton roi
Puissent préparer la clémence.
L'espérance au secours d'autrui
N'est pas toujours un bon appui
Près de sa majesté suprême ;
Et si tu veux bien négliger
Toi-même le soin de toi-même,
Peu d'autres s'en voudront charger.

Travaille donc et sans remise :
Chaque moment est précieux ;
Chaque instant peut t'ouvrir les cieux ;
Prends un temps qui te favorise :
Mais, hélas ! qu'avec peu de fruit
L'homme, par soi-même séduit,
Endure qu'on l'en sollicite,
Et qu'il aime à perdre ici-bas
Le temps d'amasser un mérite
Qui fait vivre après le trépas !

Un temps viendra, mais déplorable,
Que tes yeux, en vain mieux ouverts,
Te feront voir combien tu perds
Dans cette perte irréparable ;
Les soins tardifs de t'amender
Auront alors beau demander.
Encore un jour, encore une heure,
Il faudra partir promptement,
Et la soif d'une fin meilleure
N'obtiendra pas un seul moment.

Pense-s-y sans cesse et sans feinte ;
Ce grand péril se peut gauchir,
Et la crainte peut t'affranchir
Des plus justes sujets de crainte :
Quiconque à la mort se résout,
Qui la voit et la craint partout,
A peu de chose à craindre d'elle ;
Et le plus assuré secours
Contre les traits d'une infidèle,
C'est de s'en défier toujours.

Qu'une pieuse et sainte adresse,
Servant de règle à tes désirs,
Dispose tes derniers soupirs
A moins d'effroi que d'allégresse :
Meurs à tous les mortels appas,
Afin qu'en Dieu par le trépas
Tu puisses commencer à vivre,
Et qu'un plein mépris de ces lieux
Te donne liberté de suivre
Jésus-Christ jusque dans les cieux.

Qu'une sévère pénitence
N'épargne point ici ton corps,
Si tu veux recueillir alors
Les fruits d'une entière constance :
De ses plus âpres châtiments
Naîtront les plus doux sentiments
D'une confiance certaine ;
Et plus on l'aura maltraité,

Plus l'âme, forte de sa peine,
Prendra son vol en sûreté.

D'où te vient la folle espérance
De faire en terre un long séjour,
Toi qui n'as pas même un seul jour
Où tes jours soient en assurance ?
Combien en trompe un tel espoir !
Et combien en laisse-t-il choir
Dans le plus beau de leur carrière,
Combien tout à coup défaillir,
Et précipiter dans la bière
La vaine attente de vieillir !

Combien de fois entends-tu dire :
Celui-ci vient d'être égorgé,
Celui-là d'être submergé,
Cet autre dans les feux expire ;
L'un écrasé subitement
Sous les débris d'un bâtiment
A fini ses jours et ses vices ;
L'autre au milieu d'un grand repas,
L'autre parmi d'autres délices
S'est trouvé surpris du trépas ;

L'un est percé d'un plomb funeste,
L'autre dans le jeu rend l'esprit ;
Tel meurt étranglé dans son lit,
Et tel étouffé de la peste ?
Ainsi mille genres de morts,
Par mille différents efforts,
Des mortels retranchent le nombre ;
L'ordre en ce point seul est pareil
Qu'ils passent tous ainsi qu'une ombre
Qu'efface et marque le soleil.

Parmi les vers et la poussière
Qui daignera chercher ton nom,
Et pour obtenir ton pardon
Hasarder la moindre prière ?
Fais, fais ce que tu peux de bien,
Donne aux saints devoirs d'un chrétien
Tout ce que Dieu te donne à vivre :
Tu ne sais quand tu dois mourir,
Et moins encor ce qui doit suivre
Les périls qu'il y faut courir.

Tandis que le temps favorable
Te donne loisir d'amasser,
Amasse, mais sans te lasser,
Une richesse perdurable ;
Donne-toi pour unique but
Le grand œuvre de ton salut
Autant que le peut ta faiblesse ;

N'embrasse aucun autre projet,
Et prends tout souci pour bassesse,
S'il n'a ton Dieu pour seul objet.

Fais dès amis pour l'autre vie;
Honore les saints ici-bas,
Et tâche d'affermir tes pas
Dans la route qu'ils ont suivie;
Range-toi sous leur étendard,
Afin qu'à l'heure du départ
Ils fassent pour toi des miracles,
Et qu'ils viennent te recevoir
Dans ces lumineux tabernacles
Où la mort n'a point de pouvoir.

Ne tiens sur la terre autre place
Que d'un pèlerin sans arrêt,
Qui ne prend aucun intérêt
Aux soins dont elle s'embarrasse;
Tiens-y-toi comme un étranger
Qui dans l'ardeur de voyager
N'a point de cité permanente;
Tiens-y ton cœur libre en tout lieu,
Mais d'une liberté fervente
Qui s'élève et s'attache à Dieu.

Pousse jusqu'à lui tes prières
Par de sacrés élancements;
Joins-y mille gémissements,
Joins-y des larmes journalières.
Ainsi ton esprit bienheureux
Puisse d'un séjour dangereux
Passer en celui de la gloire!
Ainsi la mort pour l'y porter
Règne toujours en ta mémoire!
Ainsi Dieu te daigne écouter!

CHAPITRE XXIV.

DU JUGEMENT, ET DES PEINES DU PÉCHÉ.

Homme, quoi qu'ici-bas tu veuilles entreprendre,
Songe à ce compte exact qu'un jour il en faut rendre,
Et mets devant tes yeux cette dernière fin
Qui fera ton mauvais ou ton heureux destin.
Regarde avec quel front tu pourras comparaître
Devant le tribunal de ton souverain maître,
Devant ce juste juge à qui rien n'est caché,
Qui jusque dans ton cœur sait lire ton péché,
Qu'aucun don n'éblouit, qu'aucune erreur n'abuse,
Que ne surprend jamais l'adresse d'une excuse,
Qui rend à tous justice et pèse au même poids
Ce que font les bergers et ce que font les rois.

Misérable pécheur, que sauras-tu répondre
A ce Dieu qui sait tout, et viendra te confondre,
Toi que remplit souvent d'un invincible effroi
Le courroux passager d'un mortel comme toi? [res,
Donne pour ce grand jour, donne ordre à tes affai-
Pour ce grand jour, le comble ou la fin des misères,
Où chacun, trop chargé de son propre fardeau,
Son propre accusateur et son propre bourreau,
Répondra par sa bouche, et seul, à sa défense,
N'aura point de secours que de sa pénitence.

Cours donc avec chaleur aux emplois vertueux;
Maintenant ton travail peut être fructueux,
Tes douleurs maintenant peuvent être écoutées,
Tes larmes jusqu'au ciel être soudain portées,
Tes soupirs de ton juge apaiser la rigueur,
Ton repentir lui plaire, et nettoyer ton cœur.
Oh! que la patience est un grand purgatoire
Pour laver de ce cœur la tache la plus noire!
Que l'homme le blanchit lorsqu'il le dompte au point
De souffrir un outrage et n'en murmurer point;
Lorsqu'il est plus touché du mal que se procure
L'auteur de son affront, que de sa propre injure,
Lorsqu'il élève au ciel ses innocentes mains
Pour le même ennemi qui rompt tous ses desseins,
Qu'avec sincérité promptement il pardonne,
Qu'il demande pardon de même qu'il le donne,
Que sa vertu commande à son tempérament,
Que sa bonté prévaut sur son ressentiment,
Que lui-même à toute heure il se fait violence
Pour vaincre de ses sens la mutine insolence,
Et que pour seul objet partout il se prescrit
D'assujettir la chair sous les lois de l'esprit! [ces
Ah! qu'il vaudrait bien mieux par de saints exerci-
Purger nos passions, déraciner nos vices,
Et nous-mêmes en nous à l'envi les punir,
Qu'en réserver la peine à ce long avenir!
Mais ce que nous avons d'amour désordonnée,
Pour cette ingrate chair à nous perdre obstinée,
Nous-mêmes nous séduit, et l'arme contre nous
De tout ce que nos sens nous offrent de plus doux.
Qu'auront à dévorer les éternelles flammes
Que cette folle amour où s'emportent les âmes,
Cet amas de péchés, ce détestable fruit
Que cette chair aimée au fond des cœurs produit?
Plus tu suis ses conseils et te fais ici grâce,
Plus de matière en toi pour ces flammes s'entasse;
Et ta punition que tu veux reculer
Prépare à l'avenir d'autant plus à brûler.
Là, par une justice effroyable à l'impie,
Par où chacun offense il faudra qu'il l'expie;
Les plus grands châtiments y seront attachés
Aux plus longues douceurs de nos plus grands péchés.
Dans un profond sommeil la paresse enfoncée
D'aiguillons enflammés s'y trouvera pressée,

Et les cœurs que charmait sa molle oisiveté
Gémiront sans repos toute l'éternité.
   L'ivrogne et le gourmand recevront leurs supplices
Du souvenir amer de leurs chères délices,
Et ces repas traînés jusques au lendemain
Mêleront leur idée aux rages de la faim.
   Les sales voluptés dans le milieu d'un gouffre
Parmi les puanteurs de la poix et du soufre
Laisseront occuper aux plus cruels tourments
Les lieux les plus flattés de leurs chatouillements.
   L'envieux qui verra du plus creux de l'abîme
Le ciel ouvert aux saints et fermé pour son crime,
D'autant plus furieux, hurlera de douleur
Pour leur félicité plus que pour son malheur.
   Tout vice aura sa peine à lui seul destinée;
La superbe à la honte y sera condamnée,
Et, pour punir l'avare avec sévérité,
La pauvreté qu'il fuit aura sa cruauté.
   Là sera plus amère une heure de souffrance
Que ne le sont ici cent ans de pénitence;
Là jamais d'intervalle ou de soulagement
N'affaiblit des damnés l'éternel châtiment :
Mais ici nos travaux peuvent reprendre haleine,
Souffrir quelque relâche à la plus juste peine;
L'espoir d'en voir la fin à toute heure est permis,
Tandis qu'on s'en console avecque ses amis.
   Romps-y donc du péché les noires habitudes,
A force de soupirs, de soins, d'inquiétudes,
Afin qu'en ce grand jour ce juge rigoureux
Te mette en sûreté parmi les bienheureux :
Car les justes alors avec pleine constance [geance,
Des maux par eux soufferts voudront prendre ven-
Et d'un regard farouche ils paraîtront armés
Contre les gros pécheurs qui les ont opprimés.
   Tu verras lors assis au nombre de tes juges
Ceux qui jadis chez toi cherchaient quelques refuges,
Et tu seras jugé par le juste courroux
De qui te demandait la justice à genoux.
   L'humble alors et le pauvre après leur patience
Rentreront à la vie en paix, en confiance,
Cependant que le riche avec tout son orgueil,
Pâle et tremblant d'effroi, sortira du cercueil.
   Lors aura son éclat la sagesse profonde
Qui passait pour folie aux mauvais yeux du monde;
Une gloire sans fin sera le digne prix
D'avoir souffert pour Dieu l'opprobre et le mépris.
   Lors tous les déplaisirs endurés sans murmure
Seront changés en joie inépuisable et pure;
Et toute iniquité confondant son auteur
Lui fermera la bouche et rongera le cœur.
   Point lors, point de dévots sans entière allégresse,
Point lors de libertins sans profonde tristesse;
Ceux-là s'élèveront dans les ravissements,
Ceux-ci s'abîmeront dans les gémissements;

Et la chair qu'ici-bas on aura maltraitée,
Que la règle ou le zèle auront persécutée,
Goûteront plus alors de solides plaisirs
Que celle que partout on livre à ses désirs.
   Les lambeaux mal tissus de la robe grossière
Des plus brillants habits terniront la lumière;
Et les princes verront les chaumes préférés
Au faîte ambitieux de leurs palais dorés.
   La longue patience aura plus d'avantage
Que tout ce vain pouvoir qu'a le monde en partage;
La prompte obéissance et sa simplicité,
Que tout ce que le siècle a de subtilité.
   La joie et la candeur des bonnes consciences
Iront lors au-dessus des plus hautes sciences;
Et du mépris des biens les plus légers efforts
Seront de plus grand poids que les plus grands trésors.
   Tu sentiras ton âme alors plus consolée
D'une oraison dévote à tes soupirs mêlée,
Que d'avoir fait parade en de pompeux festins
Du choix le plus exquis des viandes et des vins.
   Tu te trouveras mieux de voir dans la balance
L'heureuse fermeté d'un rigoureux silence
Que d'y voir l'embarras et les distractions
D'un cœur qui s'abandonne aux conversations;
D'y voir de bons effets que de belles paroles,
Des actes de vertus que des discours frivoles;
D'y voir la pénitence avec sa dureté,
D'y voir l'étroite vie avec son âpreté,
Que la douce mollesse où flotte vagabonde
Une âme qui s'endort dans les plaisirs du monde.
   Apprends qu'il faut souffrir quelques petits malheurs
Pour t'affranchir alors de ces pleines douleurs :
Éprouve ici ta force, et fais sur peu de chose
Un faible essai des maux où l'avenir t'expose;
Ils seront éternels, et tu crains d'endurer
Ceux qui n'ont ici-bas qu'un moment à durer!
Si leurs moindres assauts, leur moindre expérience
Te jette dans le trouble et dans l'impatience,
Au milieu des enfers, où ton péché va choir,
Jusques à quelle rage ira ton désespoir?
Souffre, souffre sans bruit; quoi que le ciel t'envoie,
Tu ne saurais avoir de deux sortes de joie,
Remplir de tes désirs ici l'avidité,
Et régner avec Dieu dedans l'éternité.
   Quand depuis ta naissance on aurait vu ta vie
D'honneurs jusqu'à ce jour et de plaisirs suivie,
Qu'aurait tout cet amas qui te pût secourir,
Si dans ce même instant il te fallait mourir?
Tout n'est que vanité : gloire, faveurs, richesses,
Passagères douceurs, trompeuses allégresses,
Tout n'est qu'amusement, tout n'est que faux appui,
Hormis d'aimer Dieu seul, et ne servir que lui.
Qui de tout son cœur l'aime y borne ses délices :
Il ne craint mort, enfer, jugement, ni supplices

De ce parfait amour le salutaire excès
Près de l'objet aimé lui donne un sûr accès :
Mais lorsque le pécheur aime encor que du vice
La funeste douceur dans son âme se glisse,
Il n'est pas merveilleux s'il tremble incessamment
Au seul nom de la mort, ou de ce jugement.
 Il est bon toutefois que l'ingrate malice,
En qui l'amour de Dieu cède aux attraits du vice,
Du moins cède à son tour à l'effroi des tourments
Qui l'arrache par force à ses dérèglements.
Si pourtant cette crainte est en toi la maîtresse,
Sans que celle de Dieu soutienne ta faiblesse,
Ce mouvement servile, indigne d'un chrétien,
Dédaignera bientôt les sentiers du vrai bien,
Et te laissera faire une chute effroyable
Dans les piéges du monde et les filets du diable.

CHAPITRE XXV.

DU FERVENT AMENDEMENT DE TOUTE LA VIE.

De ton zèle envers Dieu bannis la nonchalance;
Porte un amour actif dans un cœur enflammé;
Souviens-toi que le cloître où tu t'es enfermé
Veut de l'intérieur et de la vigilance;
Demande souvent compte au secret de ton cœur
Du dessein qui t'en fit épouser la rigueur,
Et renoncer au siècle, à sa pompe, à ses charmes;
N'était-ce pas pour vivre à Dieu seul attaché,
Pour embrasser la croix, pour la baigner de larmes,
Et t'épurer l'esprit dans l'horreur du péché?

Montre en ce grand dessein une ferveur constante,
Et pour un saint progrès rends ce cœur tout de feu;
Ta récompense est proche, elle est grande, et dans peu
Son excès surprenant passera ton attente.
A tes moindres souhaits tu verras lors s'offrir,
Non plus de quoi trembler, non plus de quoi souffrir,
Mais du solide bien l'heureuse plénitude;
Tes yeux admireront son immense valeur;
Tu l'obtiendras sans peine et sans inquiétude,
Et la posséderas sans crainte et sans douleur.

Ne dors pas cependant, prends courage, et l'emploie
Aux précieux effets d'un vertueux propos.
D'une heure de travail doit naître un long repos,
D'un moment de souffrance une éternelle joie.
C'est Dieu qui te promet cette félicité :
Si tu sais le servir avec fidélité,
Il sera, comme toi, fidèle en ses promesses;
Sa main quand tu combats cherche à te couronner,
Et sa profusion, égale à ses richesses,
Ne voit tous ses trésors que pour te les donner.

Conçois, il t'en avoue, une haute espérance
De remporter la palme en combattant sous lui :
Espère un plein triomphe avec un tel appui :
Mais garde-toi d'en prendre une entière assurance.
Les philtres dangereux de cette illusion
Charment si puissamment, que dans l'occasion
Nous laissons de nos mains échapper la victoire;
Et quand le souvenir d'avoir le mieux vécu
Relâche la ferveur à quelque vaine gloire,
Qui s'assure de vaincre est aisément vaincu.

Un jour, un grand dévot dont l'âme, encor que sainte
Flottait dans une longue et triste anxiété,
Et tournait sans repos son instabilité,
Tantôt vers l'espérance, et tantôt vers la crainte,
Accablé sous le poids de cet ennui mortel,
Prosterné dans l'église au-devant d'un autel,
Roulait cette inquiète et timide pensée :
« O Dieu! si je savais, disait-il en son cœur,
« Qu'enfin ma lâcheté par mes pleurs effacée,
« De bien persévérer me laissât la vigueur! »

Une céleste voix de lui seul entendue
A sa douleur secrète aussitôt répondit,
Et par un doux oracle à l'instant lui rendit
Le calme qui manquait à son âme éperdue :
« Eh bien! que ferais-tu? dit cette aimable voix.
« Montre la même ardeur que si tu le savais,
« Et fais dès maintenant ce que tu voudrais faire;
« Commence, continue, et ne perds point de temps
« Applique tous tes soins à m'aimer, à me plaire,
« Et demeure assuré de ce que tu prétends. »

Ainsi Dieu conforta cette âme désolée.
Cette âme en crut ainsi la divine bonté,
Et soudain vit céder à la tranquillité
Les agitations qui l'avaient ébranlée;
Un parfait abandon au souverain vouloir
Dans l'avenir obscur ne chercha plus à voir
Que les moyens de plaire à l'auteur de sa joie;
Un bon commencement fit son ambition,
Et son unique soin fut de prendre la voie
Qui pût conduire l'œuvre à sa perfection.

Espère, espère en Dieu, fais du bien sur la terre,
Tu recevras du ciel l'abondance des biens;
C'est par là que David t'enseigne les moyens
De te rendre vainqueur en cette rude guerre.
Une chose, il est vrai, fait souvent balancer,
Attiédit en plusieurs l'ardeur de s'avancer,
Et dès le premier pas les retire en arrière :
C'est que le cœur, sensible encor aux voluptés,
Ne s'ouvre qu'en tremblant cette rude carrière,
Tant il conçoit d'horreur de ses difficultés.

L'objet de cette horreur te doit servir d'amorce,
La grandeur des travaux ennoblit le combat,
Et la gloire de vaincre a d'autant plus d'éclat
Que pour y parvenir on fait voir plus de force [1].
L'homme qui porte en soi son plus grand ennemi,
Plus, à se bien haïr saintement affermi,
Il trouve en l'amour-propre une âpre résistance,
Plus il a de mérite à se dompter partout;
Et la grâce, que Dieu mesure à sa constance,
D'autant plus dignement l'en fait venir à bout.

Tous n'ont pas toutefois mêmes efforts à faire,
Comme ils n'ont pas en eux à vaincre également,
Et la diversité de leur tempérament
Leur donne un plus puissant ou plus faible adversaire;
Mais un esprit ardent aux saintes fonctions,
Quoiqu'il ait à forcer beaucoup de passions,
Tout chargé d'ennemis, fera plus de miracles
Qu'un naturel benin, doux, facile, arrêté,
Qui, ne ressentant point en soi de grands obstacles,
S'enveloppe et s'endort dans sa tranquillité.

Agis donc fortement, et fais-toi violence
Pour te soustraire au mal où tu te vois pencher,
Examine quel bien tu dois le plus chercher,
Et porte-s-y soudain toute ta vigilance :
Mais ne crois pas en toi le voir jamais assez;
Tes sens à te flatter toujours intéressés
T'en pourraient souvent faire une fausse peinture;
Porte les yeux plus loin, et regarde en autrui
Tout ce qui t'y déplaît, tout ce qu'on y censure,
Et déracine en toi ce qui te choque en lui.

Dans ce miroir fidèle exactement contemple
Ce que son en effet et ce mal et ce bien;
Et, les considérant d'un œil vraiment chrétien,
Fais ton profit du bon et du mauvais exemple;
Que l'un allume en toi l'ardeur de l'imiter,
Que l'autre excite en toi les soins de l'éviter,
Ou, si tu l'as suivi, d'en effacer la tache;
Sers toi-même d'exemple, et t'en fais une loi,
Puisque ainsi que ton œil sur les autres s'attache,
Les autres à leur tour attachent l'œil sur toi.

Oh! qu'il est doux de voir une ferveur divine
Dans les religieux nourrir la sainteté!
Qu'on admire avec joie en eux la fermeté
Et de l'obéissance et de la discipline!
Qu'il est dur au contraire et scandaleux d'en voir

S'égarer chaque jour du cloître et du devoir,
Divaguer en désordre, et s'empresser d'affaires,
Désavouer l'habit par l'inclination,
Et pour des embarras un peu trop volontaires
Négliger les emplois de leur vocation!

Souviens-toi de tes vœux, et pense à quoi t'engage
Ce vertueux projet dont ton âme a fait choix;
Mets-toi devant les yeux un Jésus-Christ en croix,
Et jusques en ton cœur fais-en passer l'image :
A l'aspect amoureux de ce mourant Sauveur
Combien dois-tu rougir de ton peu de ferveur,
Et du peu de rapport de ta vie à sa vie!
Et quand il te dira : « Je t'appelais aux cieux,
« Je t'ai mis en la voie, et tu l'as mal suivie, »
Combien doivent couler de larmes de tes yeux!

Oh! qu'un religieux heureusement s'exerce
Sur cette illustre vie et cette indigne mort!
Que tout ce qui peut faire ici-bas un doux sort
Se trouve abondamment dans ce divin commerce!
Qu'avec peu de raison il chercherait ailleurs
Des secours plus puissants, ou des emplois meilleurs!
Qu'avec pleine clarté la grâce l'illumine!
Que son intérieur en est fortifié,
Et se fait promptement une haute doctrine
Quand il grave en son cœur un Dieu crucifié!

Sa paix est toujours ferme, et, quoi qu'on lui comman-
Il s'y porte avec joie et court avec chaleur :   [de,
Mais le tiède, au contraire, a douleur sur douleur,
Et voit fondre sur lui tout ce qu'il appréhende;
L'angoisse, le chagrin, les contrariétés,
Dans son cœur inquiet tombant de tous côtés,
Lui donnent les ennuis et le trouble en partage :
Il demeure accablé sous leurs moindres efforts,
Parce que le dedans n'a rien qui le soulage,
Et qu'il n'ose ou ne peut en chercher au dehors.

Oui, le religieux qui hait la discipline,
Qu'importune la règle, à qui pèse l'habit,
Qui par ses actions chaque jour les dédit,
Se jette en grand péril d'une prompte ruine.
Qui cherche à vivre au large est toujours à l'étroit;
Dans ce honteux dessein son esprit maladroit
Se gêne d'autant plus qu'il se croit satisfaire;
Et, quoi que de sa règle il ose relâcher,
Le reste n'a jamais si bien de quoi lui plaire
Que ses nouveaux dégoûts n'en veuillent retrancher.

Si ton cœur pour le cloître a de la répugnance,
Jusqu'à grossir l'orgueil de tes sens révoltés,
Regarde ce que font tant d'autres mieux domptés,
Jusqu'où va leur étroite et fidèle observance;

---

[1] *Ibi homo plus proficit, ubi magis seipsum vincit.* Corneille doit peut-être à la lecture de ce passage de l'Imitation ce beau vers du *Cid* :

    A vaincre sans péril, on triomphe sans gloire.
                      Acte II, sc. II.

Ils vivent retirés et sortent rarement,
Grossièrement vêtus et nourris pauvrement,
Travaillent sans relâche ainsi que sans murmure,
Parlent peu, dorment peu, se lèvent du matin,
Prolongent l'oraison, prolongent la lecture,
Et sous ces dures lois font une douce fin.

Vois ces grands escadrons d'âmes laborieuses,
Vois l'ordre des Chartreux, vois celui de Cîteaux,
Vois tout autour de toi mille sacrés troupeaux
Et de religieux et de religieuses ;
Vois comme chaque nuit ils rompent le sommeil,
Et n'attendent jamais le retour du soleil
Pour envoyer à Dieu l'encens de ses louanges :
Il te serait honteux d'avoir quelque lenteur
Alors que sur la terre un si grand nombre d'anges
S'unit à ceux du ciel pour bénir leur auteur.

Oh ! si nous pouvions vivre et n'avoir rien à faire
Qu'à dissiper en nous cette infâme langueur,
Qu'à louer ce grand Maître et de bouche et de cœur,
Sans que rien de plus bas nous devînt nécessaire !
Oh ! si l'âme chrétienne et ses plus saints transports
N'étaient point asservis aux faiblesses du corps ;
Aux besoins de dormir, de manger et de boire !
Si rien n'interrompait un soin continuel
De publier de Dieu les bontés et la gloire,
Et d'avancer l'esprit dans le spirituel !

Que nous serions heureux ! qu'un an, un jour, une [heure,
Nous ferait bien goûter plus de félicité
Que les siècles entiers de la captivité
Où nous réduit la chair dans sa triste demeure !
O Dieu ! pourquoi faut-il que ces infirmités,
Ces journaliers tributs, soient des nécessités
Pour tes vivants portraits qu'illumine ta flamme ?
Pourquoi doit subsister sur ce lourd élément
Faut-il d'autres repas que les repas de l'âme ?
Pourquoi les goûtons-nous, ô Dieu ! si rarement ?

Quand l'homme se possède, et que les créatures
N'ont aucunes douceurs qui puissent l'arrêter,
C'est alors que sans peine il commence à goûter
Combien le Créateur est doux aux âmes pures ;
Alors, quoi qu'il arrive ou de bien ou de mal,
Il vit toujours content, et d'un visage égal
Il reçoit la mauvaise et la bonne fortune ;
L'abondance sur lui tombe sans l'émouvoir,
La pauvreté pour lui n'est jamais importune,
La gloire et le mépris n'ont qu'un même pouvoir.

C'est lors entièrement en Dieu qu'il se repose,
En Dieu, sa confiance et son unique appui,
En Dieu, qu'il voit partout, en soi-même, en autrui,
En Dieu pour qui son âme est tout en toute chose.
Où qu'il soit, quoi qu'il fasse, il redoute, il chérit
Cet Être universel à qui rien ne périt,
Et dans qui tout conserve une immortelle vie,
Qui ne connaît jamais diversité de temps
Et dont la voix sitôt de l'effet est suivie
Que dire et faire en lui ne sont point deux instants.

Toi qui, bien que mortel, inconstant, misérable,
Peux avec son secours aisément te sauver,
Souviens-toi de la fin où tu dois arriver,
Et que le temps perdu n'est jamais réparable.
Va, cours, vole sans cesse aux emplois fructueux ;
Cette sainte chaleur qui fait les vertueux
Veut des soins assidus et de la diligence ;
Et du moment fatal que ton manque d'ardeur
T'osera relâcher à quelque négligence,
Mille peines suivront ce moment de tiédeur.

Que si dans un beau feu ton âme persévère,
Tu n'auras plus à craindre aucun funeste assaut,
Et l'amour des vertus joint aux grâces d'en haut
Rendra de jour en jour ta peine plus légère.
Le zèle et la ferveur peuvent nous préparer
A quoi qu'en cette vie il nous faille endurer ;
Ils sèment des douceurs au milieu des supplices :
Mais, ne t'y trompe pas, il faut d'autres efforts,
Il en faut de plus grands à résister aux vices,
A se dompter l'esprit, qu'à se gêner le corps.

L'âme aux petits défauts souvent abandonnée
En de plus dangereux se laisse bientôt choir,
Et la parfaite joie arrive avec le soir
Chez qui sait avec fruit employer la journée.
Veille donc sur toi-même et sur tes appétits,
Excite, échauffe-toi toi-même, et t'avertis ;
Quoi qu'il en soit d'autrui, jamais ne te néglige :
Gêne-toi, force-toi, change de bien en mieux ;
Plus se fait violence un cœur qui se corrige,
Plus son progrès va haut dans la route des cieux.

LIVRE SECOND.

CHAPITRE PREMIER.

DE LA CONVERSATION INTÉRIEURE.

« Sachez que mon royaume est au dedans de vous, »
    Dit le céleste Époux
    Aux âmes de ses chers fidèles :
Elève donc la tienne où l'appelle sa voix.

Quitte pour lui le monde, et laisse aux criminelles
    Ce triste canton de rebelles,
Et tu rencontreras le repos sous ses lois.

Apprends à mépriser les pompes inconstantes
    De ces douceurs flottantes
  Dont le dehors brille à tes yeux ;
Apprends à recueillir ce qu'une sainte flamme
Dans un intérieur verse de précieux,
    Et soudain du plus haut des cieux
Le royaume de Dieu descendra dans ton âme.

Car enfin ce royaume est une forte paix
    Qui de tous les souhaits
    Bannit la vaine inquiétude ;
Une stable allégresse, et dont le Saint-Esprit
Répandant sur les bons l'heureuse certitude,
    L'impie et noire ingratitude
Jamais ne la reçut, jamais ne la comprit.

Jésus viendra chez toi lui-même la répandre,
    Si ton cœur pour l'attendre
    Lui dispose un digne séjour :
La gloire qui lui plaît et la beauté qu'il aime
De l'éclat du dedans tirent leur plus beau jour ;
    Et pour te donner son amour
Il ne veut rien de toi qui soit hors de toi-même.

Il y fera pleuvoir mille sortes de biens
    Par les doux entretiens
    De ses amoureuses visites ;
Un plein épanchement de consolations,
Un calme inébranlable, une paix sans limites,
    Et l'abondance des mérites,
Y suivront à l'envi ses conversations.

Courage donc, courage, âme sainte : prépare
    Pour un bonheur si rare
    Un cœur tout de zèle et de foi :
Que ce divin Époux daigne à cette même heure,
S'y voyant seul aimé, seul reconnu pour roi,
    Entrer chez toi, loger chez toi,
Et jusqu'à ton départ y faire sa demeure.

Lui-même il l'a promis : « Si quelqu'un veut m'aimer,
    « Il doit se conformer,
    « Dit-il, à ce que je commande ;
« Alors mon Père et moi nous serons son appui,
« Nous le garantirons de quoi qu'il appréhende :
    « Et, pour sa sûreté plus grande,
« Nous viendrons jusqu'à lui pour demeurer chez lui. »

Ouvre-lui tout ce cœur ; et, quoi qu'on te propose,
    Tiens-en la porte close

A tout autre objet qu'à sa croix :
Lui seul pour te guérir a d'assurés remèdes,
Lui seul pour t'enrichir abandonne à ton choix
    Plus que tous les trésors des rois,
Et tu possèdes tout lorsque tu le possèdes.

Il pourvoira lui-même à tes nécessités,
    Et ses hautes bontés
    Partout soulageront tes peines ;
Il te sera fidèle, et son divin pouvoir
T'en donnera partout des preuves si soudaines,
    Que les assistances humaines
N'auront ni temps ni lieu d'amuser ton espoir.

Des peuples et des grands la faveur est changeante,
    Et la plus obligeante
    En moins de rien passe avec eux ;
Mais celle de Jésus ne connaît point de terme,
Et s'attache à l'aimé par de si puissants nœuds,
    Que jusqu'au plein effet des vœux,
Jusqu'à la fin des maux elle tient toujours ferme.

Souviens-toi donc toujours, quand un ami te sert
    Le plus à cœur ouvert,
    Que souvent son zèle est stérile ;
Fais peu de fondement sur son plus haut crédit,
Et dans le même instant qu'il t'est le plus utile,
    Crois-le mortel, crois-le fragile,
Et t'attriste encor moins lorsqu'il te contredit.

Tel aujourd'hui t'embrasse et soutient ta querelle,
    Dont l'esprit infidèle
    Dès demain voudra t'opprimer ;
Et tel autre aujourd'hui contre toi s'intéresse,
Que pour toi dès demain tu verras s'animer ;
    Tant pour haïr et pour aimer
Au gré du moindre vent tourne notre faiblesse !

Ne t'assure qu'en Dieu, mets-y tout ton amour
    Jusqu'à ton dernier jour,
    Tout ton espoir, toute ta crainte :
Il conduira ta langue, il réglera tes yeux,
Et, de quelque malheur que tu sentes l'atteinte,
    Jamais il n'entendra ta plainte
Qu'il ne fasse pour toi ce qu'il verra de mieux.

L'homme n'a point ici de cité permanente,
    Où qu'il soit, quoi qu'il tente,
    Il n'est qu'un malheureux passant :
Et si, dans les travaux de son pèlerinage,
L'effort intérieur d'un cœur reconnaissant
    Ne l'unit au bras tout-puissant,
Il s'y promet en vain le calme après l'orage.

LIVRE II, CHAPITRE I.

Que regardes-tu donc, mortel, autour de toi,
 Comme si quelque emploi
 T'y faisait une paix profonde?
C'est au ciel, c'est en Dieu qu'il te faut habiter;
C'est là, c'est en lui seul qu'un vrai repos se fonde;
 Et, quoi qu'étale ici le monde,
Ce n'est qu'avec dédain que l'œil s'y doit prêter.

Tout ce qu'il te présente y passe comme une ombre,
 Et toi-même es du nombre
 De ces fantômes passagers :
Tu passeras comme eux, et ta chute funeste
Suivra l'attachement à ces objets légers,
 Si pour éviter ces dangers
Tu ne romps avec toi comme avec tout le reste.

De ce triste séjour où tout n'est que défaut,
 Jusqu'aux pieds du Très-Haut,
 Sache relever ta pensée;
Qu'à force de soupirs, de larmes et de vœux,
Jusques à Jésus-Christ ta prière poussée
 Lui montre une ardeur empressée
D'où sans cesse pour lui partent de nouveaux feux.

Si tu t'y sens mal propre, et qu'entre tant d'épines
 Jusqu'aux grandeurs divines
 Tes forces ne puissent monter,
S'il faut que sur la terre encore tu les essaies,
Sa Passion t'y donne assez où t'arrêter;
 Mais il faut pour la bien goûter
Affermir ta demeure au milieu de ses plaies.

Prends ce dévot refuge en toutes tes douleurs,
 Et tes plus grands malheurs
 Trouveront une issue aisée;
Tu sauras négliger quoi qu'il faille souffrir;
Les mépris te seront des sujets de risée,
 Et la médisance abusée
Ne dira rien de toi dont tu daignes t'aigrir.

Le Monarque du ciel, le Maître du tonnerre,
 Méprisé sur la terre,
 Dans l'opprobre y finit ses jours;
Au milieu de sa peine, au fort de sa misère,
Il vit tous ses amis lâches, muets et sourds,
 Tout lui refusa du secours,
Et tout l'abandonna jusqu'à son propre Père.

Cet abandon lui plut, il aima ce mépris,
 Et pour être ton prix
 Il voulut être ta victime;
Innocent qu'il était il voulut endurer;
Et toi, dont la souffrance est moindre que le crime,
 Tu t'oses plaindre qu'on t'opprime,
Et croire que tes maux valent en murmurer!

Il eut des ennemis, il vit la médisance
 Noircir en sa présence
 Ses plus sincères actions;
Et tu veux que chacun avec soin te caresse,
Que chacun soit jaloux de tes affections,
 Qu'il coure à tes intentions,
Et pour te mieux servir à l'envi s'intéresse!

Dans les adversités l'âme fait ses trésors
 Des misères du corps;
 Ce sont les épreuves des bonnes;
Leur patience amasse alors sans se lasser :
Mais où pourra la tienne emporter des couronnes,
 Si tous les soins que tu te donnes
N'ont pour but que de fuir ce qui peut l'exercer?

Tu vois ton Maître en croix, où ton péché le tue,
 Et tu peux à sa vue
 Te rebuter de quelque ennui!
Ah! ce n'est pas ainsi qu'on a part à sa gloire;
Change, pauvre pécheur, change dès aujourd'hui,
 Souffre avec lui, souffre pour lui,
Si tu veux avec lui régner par sa victoire.

Si tu peux dans son sein une fois pénétrer
 Jusqu'où savent entrer
 Les ardeurs d'un amour extrême;
Si tu peux faire en terre un essai des plaisirs
Où ce parfait amour abîme un cœur qui l'aime,
 Tu verras bientôt pour toi-même
Ta sainte indifférence avoir peu de désirs.

Il t'importera peu que le monde s'en joue,
 Et t'offre de la roue
 Ou le dessus ou le dessous :
Plus cet amour est fort, plus l'homme se méprise;
Les opprobres n'ont rien qui ne lui semble doux,
 Et plus rudes en sont les coups,
Plus il voit que de Dieu la main le favorise.

L'amoureux de Jésus et de la vérité
 Avec sévérité
 Au dedans de soi se ramène;
Et depuis que son cœur pleinement s'affranchit
De toute affection désordonnée et vaine,
 De toute ambition humaine,
Dans ce retour vers Dieu sans obstacle il blanchit.

Son âme détachée, et libre autant que pure,
 Par-dessus la nature
 Sans peine apprend à s'élever :

Sitôt que de soi-même il cesse d'être esclave,
Un ferme et vrai repos chez lui le vient trouver ;
  Et quand il a pu se braver,
Il n'a point d'ennemis qu'aisément il ne brave.

Il sait donner à tout un véritable prix,
  Sans peser le mépris
  Ou l'estime qu'en fait le monde :
Vraiment sage et savant il peut dire en tout lieu
Qu'il ne tient point de lui sa doctrine profonde,
  Et que celle dont il abonde
Ne se puise jamais qu'en l'école de Dieu.

Dedans l'intérieur il ordonne sa voie,
  Et dehors, quoi qu'il voie,
  Tout est peu de chose à ses yeux :
Le zèle qui partout règne en sa conscience
N'attend pour s'exercer ni les temps ni les lieux,
  Et pour aller de bien en mieux
Tout lieu, tout temps est propre à son impatience.

Quelques tentations qui l'osent assaillir,
  Prompt à se recueillir,
  En soi-même il fait sa retraite ;
Et, comme il s'y retranche avec facilité,
Des attraits du dehors la douceur inquiète
  Jamais jusque-là ne l'arrête
Qu'il se répande entier sur leur inanité.

Ni le travail du corps, ni le soin nécessaire
  D'une pressante affaire
  Ne l'emporte à se disperser ;
Dans tous événements ce zèle trouve place ;
La bonne occasion, il la sait embrasser,
  La mauvaise, il la sait passer,
Et faire son profit de ce qui l'embarrasse.

Ce bel ordre au dedans en chasse tout souci
  De ce que font ici
  Ceux qu'on blâme et ceux qu'on admire ;
Il ferme ainsi la porte à tous empêchements,
Et sait qu'on n'est distrait du bien où l'âme aspire
  Qu'autant qu'en soi-même on attire
D'un vain extérieur les prompts amusements.

Si la tienne une fois était bien dégagée,
  Bien nette, bien purgée
  De ces folles impressions,
Tout la satisferait, tout lui serait utile,
Et Dieu, réunissant tes inclinations,
  De toutes occupations
Te ferait en vrais biens une terre fertile.

Mais n'étant pas encore ni bien mortifié,

  Ni bien fortifié
  Contre les douceurs passagères,
Souvent il te déplaît qu'au lieu de ces vrais biens,
Tu ne te vois rempli que d'images légères,
  Dont les promesses mensongères
Troublent à tous moments la route que tu tiens.

Ton cœur aime le monde ; et tout ce qui le brouille,
  Tout ce qui plus le souille,
  C'est cet impur attachement :
Rejette ses plaisirs, romps avec leur bassesse ;
Et ce cœur, vers le ciel s'élançant fortement,
  Saura goûter incessamment
Du calme intérieur la parfaite allégresse.

CHAPITRE II.

DE L'HUMBLE SOUMISSION.

Ne te mets pas beaucoup en peine
De toute la nature humaine
Qui t'aime ou qui te hait, qui te nuit ou te sert ;
Va jusqu'au Créateur, mets ton soin à lui plaire,
  Quoi que tu veuilles faire ;
Et s'il est avec toi, marche à front découvert.

  La bonne et saine conscience
  A toujours Dieu pour sa défense,
De qui le ferme appui l'empêche de trembler,
Et reçoit de son bras une si forte garde,
  Quand son œil la regarde,
Qu'il n'est point de méchant qui la puisse accabler.

  Quoi qu'il t'arrive de contraire,
  Apprends à souffrir, à te taire,
Et tu verras sur toi le secours du Seigneur.
Il a pour t'affranchir mille routes diverses,
  Et sait dans ces traverses
Quand et comme il en faut adoucir la rigueur.

  C'est en sa main forte et bénigne
  Qu'il faut que l'homme se résigne,
Quelques maux qu'il prévoie ou puisse ressentir ;
A lui seul appartient de nous donner de l'aide ;
  A lui seul le remède
Qui de confusion nous peut tous garantir.

  Cependant ce qu'un autre blâme
  Des taches qui souillent notre âme,
Souvent assure en nous la vraie humilité ;
Souvent le vain orgueil par là se déracine,
  L'amour-propre se mine,
Et fait place aux vertus avec facilité.

L'homme qui soi-même s'abaisse,
Par l'humble aveu de sa faiblesse,
Des plus justes fureurs rompt aisément les coups,
Et satisfait sur l'heure avec si peu de peine,
　Que la plus âpre haine
Ne saurait contre lui conserver de courroux.

　L'humble seul vit comme il faut vivre :
　Dieu le protége et le délivre ;
Il l'aime et le console à chaque événement ;
Il descend jusqu'à lui pour lui montrer ses traces ;
　Il le comble de grâces,
Et l'élève à la gloire après l'abaissement.

　Il répand sur lui ses lumières
　Et les connaissances entières
De ses plus merveilleux et plus profonds secrets ;
Il l'invite, il l'attire à ce bonheur extrême,
　Et l'attache à soi-même
Par la profusion de ses plus doux attraits.

　L'humble ainsi trouve tout facile,
　Toujours content, toujours tranquille,
Quelque confusion qu'il lui faille essuyer ;
Et comme c'est en Dieu que son repos se fonde
　Sur le mépris du monde,
En Dieu malgré le monde il le sait appuyer.

　Enfin c'est par là qu'on profite,
　C'est par là que le vrai mérite
Au reste des vertus se laisse dispenser.　[dre,
Quelque éclat qu'à leur prix les tiennes puissent join-
　Tiens-toi de tous le moindre,
Ou dans le bon chemin ne crois point avancer.

CHAPITRE III.

DE L'HOMME PACIFIQUE.

Prépare tes efforts à mettre en paix les autres
　Par ceux de l'affermir chez toi ;
Leurs esprits aisément se règlent sur les nôtres,
L'exemple est la plus douce et la plus forte loi.

Ce calme intérieur est le trésor unique
　Qui soit digne de nos souhaits :
L'homme docte sert moins que l'homme pacifique,
Et le fruit du savoir cède à ceux de la paix.

Le savant qui reçoit sa passion pour guide
　N'agit sous elle qu'en brutal ;
Le bien lui semble un crime, et sa croyance avide
Vole même au-devant de ce qu'on dit de mal.

Qui se possède en paix est d'une autre nature ;
　Il sait tourner le mal en bien,
Il sait fermer l'oreille au bruit de l'imposture,
Et jamais d'aucun autre il ne soupçonne rien.

Mais qui vit mal content et suit l'impatience
　De ses bouillants et vains désirs
Celui-là n'est jamais sans quelque défiance,
Et voit partout matière à de prompts déplaisirs.

Comme tout fait ombrage aux soucis qu'il se donne,
　Tout le blesse, tout lui déplaît ;
Il n'a point de repos et n'en laisse à personne,
Il ne sait ce qu'il veut, ni même ce qu'il est.

Il tait ce qu'il doit dire, et dit ce qu'il doit taire ;
　Il va quand il doit s'arrêter,
Et son esprit troublé quitte ce qu'il faut faire
Pour faire avec chaleur ce qu'il faut éviter.

Sa rigueur importune examine et publie
　Où manque le devoir d'autrui,
Et lui-même du sien pleinement il s'oublie,
Comme si Dieu jamais n'avait rien dit pour lui.

Tourne les yeux sur toi, malheureux, et regarde
　Quel zèle aveugle te confond ;
Mets sur ton propre cœur une soigneuse garde,
Et considère après ce que les autres font.

Tu sais bien t'excuser, et n'admets point d'excuses
　Pour les faiblesses du prochain ;
Il n'est point de couleurs pour toi que tu refuses,
Ni de raisons pour lui qui ne parlent en vain.

Sois-lui plus indulgent, et pour toi plus sévère,
　Censure ton mauvais emploi,
Excuse ceux d'un autre, et souffre de ton frère,
Si tu veux que ton frère aime à souffrir de toi.

Vois-tu combien ton âme est encore éloignée
　De l'humble et vive charité,
Qui jamais ne s'aigrit, jamais n'est indignée,
Jamais ne veut de mal qu'à sa fragilité ?

Ce n'est pas grand effort de hanter sans querelle
　Des esprits doux, des gens de bien ;
A se plaire avec eux la pente est naturelle,
Et chacun sans miracle aime leur entretien.

Chacun aime la paix, la cherche, la conserve,
　L'embrasse avec contentement,
Et se donne sans peine avec peu de réserve
A ceux qu'il voit partout suivre son sentiment.

Mais il est des esprits durs, indisciplinables,
　　Dont on ne peut venir à bout ;
Il est des naturels farouches, intraitables,
Qui tirent vanité de contredire tout.

Converser avec eux sans bruit et sans murmure,
　　C'est une si grande action,
Qu'il faut beaucoup de grâce à porter la nature
Jusqu'à ce haut degré de la perfection.

Je te le dis encore, il est parmi le monde
　　Des genres d'esprits bien divers :
Il en est qui dans eux ont une paix profonde,
Et sauraient la garder avec tout l'univers ;

Il en est d'opposés, dont l'humeur inquiète
　　L'exile à jamais de chez eux,
Et ne peut consentir qu'un autre se promette
Un bonheur si contraire au chagrin de leurs vœux.

Ceux-là partout à charge, et les vivants supplices
　　De qui se condamne à les voir,
Mais plus à charge encore à leurs propres caprices,
Se donnent plus de mal qu'ils n'en font recevoir.

D'autres aiment la paix, et n'ont d'inquiétude
　　Que pour s'y pouvoir maintenir,
Et d'autres sans relâche appliquent leur étude
A réduire quelque autre aux soins d'y parvenir.

Notre paix cependant n'est pas ce que l'on pense ;
　　Et tant qu'il nous faut respirer
Elle consiste plus dans une humble souffrance,
Qu'à ne rien ressentir qu'il fâche d'endurer.

Qui sait le mieux souffrir, c'est chez lui qu'elle abonde,
　　C'est lui qui la garde le mieux ;
Il triomphe ici-bas de soi-même et du monde ;
Et comme enfant de Dieu, son partage est aux cieux.

CHAPITRE IV.

DE LA PURETÉ DU CŒUR, ET DE LA SIMPLICITÉ DE L'INTENTION.

Pour t'élever de terre, homme, il te faut deux ailes,
La pureté du cœur et la simplicité ;
Elles te porteront avec facilité
Jusqu'à l'abîme heureux des clartés éternelles ;
Celle-ci doit régner sur tes intentions,
Celle-là présider à tes affections.
Si tu veux de tes sens dompter la tyrannie :
L'humble simplicité vole droit jusqu'à Dieu,
La pureté l'embrasse, et l'une à l'autre unie
S'attache à ses bontés, et les goûte en tout lieu.

Nulle bonne action ne te ferait de peine
Si tu te dégageais de tous déréglements ;
Le désordre insolent des propres sentiments
Forme tout l'embarras de la faiblesse humaine.
Ne cherche ici qu'à plaire à ce grand Souverain,
N'y cherche qu'à servir après lui ton prochain,
Et tu te verras libre au dedans de ton âme ;
Tu seras au-dessus de ta fragilité,
Et n'auras plus de part à l'esclavage infâme
Où par tous autres soins l'homme est précipité.

Si ton cœur était droit, toutes les créatures
Te seraient des miroirs et des livres ouverts,
Où tu verrais sans cesse en mille lieux divers
Des modèles de vie et des doctrines pures ;
Toutes comme à l'envi te montrent leur Auteur :
Il a dans la plus basse imprimé sa hauteur,
Et dans la plus petite il est plus admirable ;
De sa pleine bonté rien ne parle à demi,
Et du vaste éléphant la masse épouvantable
Ne l'étale pas mieux que la moindre fourmi.

Purge l'intérieur, rends-le bon et sans tache,
Tu verras tout sans trouble et sans empêchement,
Et tu sauras comprendre, et tôt et fortement,
Ce que des passions le voile épais te cache.
Au cœur bien net et pur l'âme prête des yeux
Qui pénètrent l'enfer, et percent jusqu'aux cieux ;
Il voit tout comme il est, et jamais ne s'abuse :
Mais le cœur mal purgé n'a que les yeux du corps ;
Toute sa connaissance ainsi qu'eux est confuse ;
Et tel qu'il est dedans, tel il juge au dehors.

Certes, s'il est ici quelque solide joie,
C'est ce cœur épuré qui seul la peut goûter ;
Et, s'il est quelque angoisse au monde à redouter,
C'est dans un cœur impur qu'elle entre et se déploie.
Dépouille donc le tien de ce qui l'a souillé,
Et vois comme le fer par le feu dérouillé
Prend une couleur vive au milieu de la flamme :
D'un plein retour vers Dieu c'est là le vrai tableau ;
Son feu sait dissiper les pesanteurs de l'âme,
Et faire du vieil homme un homme tout nouveau.

Quand ce feu s'alentit, soudain l'homme appréhende
Jusqu'au moindre travail, jusqu'aux moindres efforts,
Et souffre avec plaisir les douceurs du dehors,
Quelques pièges secrets que ce plaisir lui tende ;
Mais alors qu'il commence à triompher de soi,
Qu'il choisit Dieu pour maître et pour unique roi,
Que dans sa sainte voie il marche avec courage,
Le travail le plus grand ne l'en peut épuiser,
Plus il se violente, et plus il se soulage,
Et ce qui l'accablait cesse de lui peser.

CHAPITRE V.

DE LA CONSIDÉRATION DE SOI-MÊME.

Ne nous croyons pas trop ; souvent nos connaissances
    Ne sont enfin qu'illusions ,
Souvent la grâce y manque , et toutes nos puissances
    N'ont que de fausses visions.

Nous avons peu de jour à discerner la feinte
    D'avec la pure vérité ,
Et sa faible lumière est aussitôt éteinte
    Par notre indigne lâcheté.

L'homme aveugle au dedans rarement se défie
    De cet aveuglement fatal ,
Et, quelque mal qu'il fasse , il ne s'en justifie
    Qu'en s'excusant encor plus mal.

Souvent, tout ébloui d'une vaine étincelle
    Qui brille en sa dévotion ,
Il impute à l'ardeur d'un véritable zèle
    Les chaleurs de sa passion.

Comme partout ailleurs il porte une lumière
    Qui chez lui n'éclaire pas bien,
Il voit en l'œil d'autrui la paille et la poussière,
    Et ne voit pas la poutre au sien.

Ce qu'il souffre d'un autre est une peine extrême ;
    Il en fait bien sonner l'ennui ,
Et ne s'aperçoit pas combien cet autre même
    A toute heure souffre de lui.

Le vrai dévot sait prendre une juste balance
    Pour mieux peser tout ce qu'il fait,
Et, consumant sur soi toute sa vigilance,
    Il croit chacun moins imparfait.

Il se voit le premier, et met ce qu'il doit faire
    Au devant de tout autre emploi,
Et, quoi qu'ailleurs il voie , il apprend à s'en taire
    A force de penser à soi.

Si tu veux donc monter jusqu'au degré suprême
    De la haute dévotion ,
Ne censure aucun autre , et fixe sur toi-même
    L'effort de ton attention.

Pense à toute heure à Dieu , mais de toutes tes forces;
    Pense à toi de tout ton pouvoir,
Et de l'extérieur les flatteuses amorces
    Ne pourront jamais t'émouvoir.

Sais-tu, quand tu n'es pas présent à ta pensée ,
    Où vont sans toi tes vœux confus ?
Et vois-tu ce que fait ton âme dispersée
    Quand tu ne la regardes plus ?

Quand ton esprit volage a couru tout le monde,
    Quel fruit en peux-tu retirer,
S'il est le seul qu'enfin sa course vagabonde
    Néglige de considérer ?

Veux-tu vivre en repos , et que ton âme entière
    S'unisse au Monarque des cieux ?
Sache pour ton salut mettre tout en arrière,
    Et l'avoir seul devant les yeux.

Tu l'avances beaucoup ; si tu fais rude guerre
    Aux soins qui règnent ici-bas,
Et le recules fort, si de toute la terre
    Tu peux faire le moindre cas.

Ne crois rien fort, rien grand , rien haut, rien désira-
    Rien digne de t'entretenir,   [ble,
Que Dieu, que ce qui part de sa main adorable ,
    Que ce qui t'en fait souvenir.

Tiens pour vain et trompeur ce que les créatures
    T'offrent de consolations ,
Et n'abaisse jamais à leurs douceurs impures
    L'honneur de tes affections.

L'âme que pour Dieu brûle un feu vraiment céleste
    Ne peut accepter d'autre appui ;
Elle est toute à lui seule , et dédaigne le reste
    Qu'elle voit au-dessous de lui.

Il est lui seul aussi d'éternelle durée,
    Il remplit tout de sa bonté ,
Il est seul de nos cœurs l'allégresse épurée,
    Et seul notre félicité.

CHAPITRE VI.

DES JOIES DE LA BONNE CONSCIENCE.

    Droite et sincère conscience,
    Digne gloire des gens de bien,
Oh ! que ton témoignage est un doux entretien,
Et qu'il mêle de joie à notre patience,
    Quand il ne nous reproche rien !

    Tu fais souffrir avec courage,
    Tu fais combattre en sûreté,
L'allégresse te suit parmi l'adversité

Et contre les assauts du plus cruel orage
  Tu soutiens la tranquillité.

  Mais la conscience gâtée
  Tremble au dedans sous le remords;
Sa vaine inquiétude égare ses efforts;
Et les noires vapeurs dont elle est agitée
  Offusquent même ses dehors.

  Malgré le monde et ses murmures,
  Homme, tu sauras vivre en paix,
Si ton cœur est d'accord de tout ce que tu fais,
Et s'il ne porte point de secrètes censures
  Sur la chaleur de tes souhaits.

  Aime les avis qu'il t'envoie,
  Embrasse leur correction,
Et, pour te bien tenir en ta possession,
Jamais ne te hasarde à prendre aucune joie
  Qu'après un bonne action.

  Méchant, cette vraie allégresse
  Ne peut entrer en votre cœur :
Le calme en est banni par la voix du Seigneur,
Et c'est faire une injure à sa parole expresse
  Que vous vanter d'un tel bonheur.

  Ne dites point, pour nous séduire,
  Que vous vivez en pleine paix,
Que les malheurs sur vous ne tomberont jamais,
Et qu'aucun assez vain pour prétendre à vous nuire
  N'en saurait venir aux effets.

  Vous mentez, et l'ire divine,
  Bientôt contrainte d'éclater,
Dans un triste néant vous va précipiter;
Et sous l'affreux débris d'une prompte ruine
  Tous vos desseins vont avorter.

  Le juste a des routes diverses;
  Il aime en Dieu l'affliction;
Et se souvient toujours parmi l'oppression
Que prendre quelque gloire à souffrir des traverses,
  C'est en prendre en sa Passion.

  Il voit celle qui vient des hommes
  Avec mépris, avec courroux;
Aussi n'a-t-elle rien qu'il puisse trouver doux;
Elle est faible, elle est vaine, ainsi que nous le sommes,
  Et périssable comme nous.

  Elle n'est jamais si fidèle
  Qu'elle ne déçoive à la fin;
Et la déloyauté de son éclat malin
Dans un brillant nuage enveloppe avec elle
  Un noir amas de long chagrin.

  Celle des bons, toute secrète,
  N'a ni pompes, ni faux attraits;
Leur seule conscience en forme tous les traits,
Et la bouche de l'homme, à changer si sujette,
  Ne la fait ni détruit jamais.

  De Dieu seul part toute leur joie,
  De qui la sainte activité,
Remontant vers sa source avec rapidité,
S'attache à la grandeur de la main qui l'envoie,
  Et s'abîme en sa vérité.

  L'amour de la gloire éternelle
  Les sait si pleinement saisir,
Que leur âme est stupide à tout autre plaisir,
Et que tout ce qu'on voit de gloire temporelle
  Ne les touche d'aucun désir.

  Aussi l'issue en est funeste
  Pour qui ne peut s'en dégager;
Et qui de tout son cœur n'aime à la négliger
Ne peut avoir d'amour pour la gloire céleste,
  Ou cet amour est bien léger.

  Douce tranquillité de l'âme,
  Avant-goût de celle des cieux,
Tu fermes pour la terre et l'oreille et les yeux;
Et qui sait dédaigner la louange et le blâme
  Sait te posséder en tous lieux!

  Ton repos est une conquête
  Dont jouissent en sûreté
Ceux dont la conscience est sans impureté;
Et le cœur est un port où n'entre la tempête
  Que par la vaine anxiété.

  Ris donc, mortel, des vains mélanges
  Qu'ici le monde aime à former;
Il a beau t'applaudir ou te mésestimer,
Tu n'en es pas plus saint pour toutes ses louanges,
  Ni moindre pour t'en voir blâmer.

  Ce que tu vaux est en toi-même;
  Tu fais ton prix par tes vertus;
Tous les encens d'autrui sont encens superflus,
Et ce qu'on est aux yeux du Monarque suprême,
  On l'est partout, et rien de plus.

  Vois-toi dedans, et considère
  Le fond de ton attention :
Qui peut s'y regarder avec attention,
Soit qu'on parle de lui, soit qu'on veuille s'en taire,
  N'en prend aucune émotion,

L'homme ne voit que le visage,
Mais Dieu voit jusqu'au fond du cœur ;
L'homme des actions voit la vaine splendeur,
Mais Dieu connaît leur source, et voit dans le courage
    Ou leur souillure ou leur candeur.

Fais toujours bien, et fuis le crime,
    Sans t'en donner de vanité ;
Du mépris de toi-même arme ta sainteté :
Bien vivre et ne s'enfler d'aucune propre estime,
    C'est la parfaite humilité.

La marque d'une âme bien pure
    Qui hors de Dieu ne cherche rien,
Et met en ses bontés son unique soutien,
C'est d'être sans désirs qu'aucune créature
    En dise ou pense quelque bien.

Cette sévère négligence
    Des témoignages du dehors
Pour l'attacher à Dieu réunit ses efforts,
Et l'abandonne entière à cette Providence
    Qu'adorent ses heureux transports.

« Ce n'est pas celui qui se loue,
    « Dit saint Paul, qui sera sauvé ;
« Qui s'approuve soi-même est souvent réprouvé ;
« Et c'est celui-là seul que ce grand Maître avoue
    « Qui pour sa gloire est réservé. »

Enfin cheminer dans sa voie,
    Faire avec lui forte union,
Ne se lier ailleurs d'aucune affection,
N'avoir que lui pour but, que son amour pour joie,
    C'est l'entière perfection.

CHAPITRE VII.

DE L'AMOUR DE JÉSUS-CHRIST PAR-DESSUS TOUTES CHOSES.

Oh ! qu'heureux est celui qui de cœur et d'esprit
Sait goûter ce que c'est que d'aimer Jésus-Christ,
Et joindre à cet amour le mépris de soi-même !
Oh ! qu'heureux est celui qui se laisse charmer
Aux célestes attraits de sa beauté suprême
    Jusqu'à quitter tout ce qu'il aime
    Pour un Dieu qu'il faut seul aimer !

Ce doux et saint tyran de notre affection
A de la jalousie et de l'ambition ;
Il veut régner lui seul sur tout notre courage ;
Il veut être aimé seul, et ne saurait souffrir

Qu'autre amour que le sien puisse entrer en partage,
    Ni du cœur qu'il prend en otage,
    Ni des vœux qu'on lui doit offrir.

Aussi tout autre objet n'a qu'un amour trompeur
Qui naît et se dissipe ainsi qu'une vapeur,
Et dont la foi douteuse est souvent parjurée :
Le seul Jésus-Christ aime avec fidélité,
Et son amour, pareil à sa source épurée,
    N'a pour bornes de sa durée
    Que celles de l'éternité.

Qui de la créature embrasse les appas
Trébuchera comme elle et suivra pas à pas
D'un si fragile appui le débris infaillible :
L'amour de Jésus-Christ a tout un autre effet ;
Qui le sait embrasser en devient invincible,
    Et sa défaite est impossible
    Au temps, par qui tout est défait.

Aime-le donc, chrétien, comme le seul ami
Qui puisse enfin te faire un bonheur affermi,
Et sans cesse à ta perte opposer son mérite ;
Attends de tout le reste un entier abandon,
Puisque c'est une loi dans le ciel même écrite,
    Qu'il faut un jour que tout te quitte,
    Soit que tu le veuilles, ou non.

Vis et meurs en ce Dieu qui seul peut secourir,
Tant que dure la vie, et lorsqu'il faut mourir,
Les faiblesses qu'en l'homme imprime la naissance :
Il donnera la main à ton infirmité ;
Et la profusion de sa reconnaissance
    Saura réparer l'impuissance
    De ce tout qui t'aura quitté.

Mais, je te le redis, il est amant jaloux,
Il est ambitieux, et s'éloigne de nous
Sitôt que notre cœur pour un autre soupire ;
Et si comme en son trône il n'est seul dans ce cœur,
Un orgueil adorable a ses bontés inspire
    Le dédain d'un honteux empire
    Que partage un autre vainqueur.

Si, de la créature entièrement purgé,
Tu lui savais offrir le tien tout dégagé,
Il y prendrait soudain la place qu'il veut prendre :
Tu lui dois tous tes vœux ; et ce qu'un lâche emploi
Sur de plus bas objets en fera se répandre,
    Quoi que tu veuilles en attendre,
    C'est autant de perdu pour toi.

Ne mets point ton espoir sur un frêle roseau
Qui penche au gré du vent, qui branle au gré de l'eau,

Sur le monde en un mot, ni sur sa flatterie;
Sa gloire n'est qu'un songe, et ce qu'il en fait voir
Pour surprendre un moment de folle rêverie,
   Comme la fleur de la prairie,
   Tombera du matin au soir.

Tu seras tôt déçu, si tu n'ouvres les yeux
Qu'à ces dehors brillants qu'étale sous les cieux
De tant de vanités l'éblouissante image;
Tu croiras y trouver un plein soulagement,
Tu croiras y trouver un solide avantage,
   Pour n'y trouver à ton dommage
   Qu'un déplorable amusement.

Qui cherche Dieu partout sait le trouver ici;
Qui se cherche partout sait se trouver aussi :
Mais, par un heur funeste où sa perte se fonde,
Il n'a point d'ennemis de qui le coup fatal
Puisse faire une plaie en son cœur si profonde,
   Et les forces de tout un monde
   Pour lui nuire n'ont rien d'égal.

CHAPITRE VIII.

DE L'AMITIÉ FAMILIÈRE DE JÉSUS-CHRIST.

Que ta présence, ô Dieu, donne à nos actions
Sous tes ordres sacrés une vigueur docile!
Que tout va bien alors! que tout semble facile
A la sainte chaleur de nos intentions!
Mais quand tu disparais et que ta main puissante
Avec nos bons désirs n'entre plus au combat,
Oh! que cette vigueur est soudain languissante!
   Qu'aisément elle s'épouvante,
   Et qu'un faible ennemi l'abat!

Les consolations des sens irrésolus
Tiennent le cœur en trouble et l'âme embarrassée,
Si Jésus-Christ ne parle au fond de la pensée
Ce langage secret qu'entendent ses élus; [role,
Mais dans nos plus grands maux, à sa moindre pa-
L'âme prend le dessus de notre infirmité,
Et le cœur, mieux instruit en cette haute école,
   Garde un calme qui nous console
   De toute leur indignité.

Tu pleurais, Madeleine, et ton frère au tombeau
Ne souffrait point de trêve à ta douleur fidèle;
Mais à peine on te dit : « Viens, le Maître t'appelle, »
Tu te lèves, tu pars, et ta douleur suivie
Des doux empressements d'un amoureux transport,
Laissant régner la joie en ton âme ravie,
   Pour chercher l'Auteur de la vie,
   Ne voit plus ce qu'a fait la mort.

Qu'heureux est ce moment où ce Dieu de nos cœurs
D'un profond déplaisir les élève à la joie!
Qu'heureux est ce moment où sa bonté déploie
Sur un gros d'amertume un peu de ses douceurs!
Sans lui ton âme aride à mille maux t'expose,
Tu n'es que dureté, qu'impuissance, qu'ennui;
Et vraiment fol est l'homme alors qu'il se propose
   Le vain désir de quelque chose
   Qu'il faille chercher hors de lui.

Sais-tu ce que tu perds en son éloignement?
Tu perds une présence en vrais biens si féconde,
Qu'après avoir perdu tous les sceptres du monde,
Tu perdrais encor plus à la perdre un moment.
Vois bien ce qu'est ce monde, et te figure stable
Le plus pompeux éclat qui jamais t'y surprit :
Que te peut-il donner qui soit considérable,
   Si les présents dont il t'accable
   Te séparent de Jésus-Christ?

Sa présence est pour nous un charmant paradis,
C'est un cruel enfer pour nous que son absence,
Et c'est elle qui fait la plus haute distance
Du sort des bienheureux à celui des maudits :
Si tu peux dans sa vue en tous lieux te conduire,
Tu te mets en état de triompher de tout;
Tu n'as plus d'ennemis assez forts pour te nuire,
   Et, s'ils pensent à te détruire,
   Ils n'en sauraient venir à bout.

Qui trouve Jésus-Christ trouve un rare trésor,
Il trouve un bien plus grand que le plus grand empire :
Qui le perd, perd beaucoup; et, j'ose le redire,
S'il perdait tout un monde, il perdrait moins encor :
Qui le laisse échapper par quelque négligence,
Regorgeât-il de biens, il est pauvre en effet;
Et qui peut avec lui vivre en intelligence,
   Fût-il noyé dans l'indigence,
   Il est et riche et satisfait.

Oh! que c'est un grand art que de savoir unir
Par un saint entretien Jésus à sa faiblesse!
Oh! qu'on a de prudence alors qu'on a l'adresse,
Quand il entre au dedans, de l'y bien retenir!
Pour l'attirer chez toi rends ton âme humble et pure;
Sois paisible et dévot pour l'y voir arrêté;
Sa demeure avec nous au zèle se mesure,
   Et la dévotion assure
   Ce que gagne l'humilité.

Mais parmi les douceurs qu'on goûte à l'embrasser
Il ne faut qu'un moment pour nous ravir sa grâce :
Pencher vers ces faux biens que le dehors entasse,
C'est de ton propre cœur toi-même le chasser.

Que si tu perds l'appui de sa main redoutable,
Où pourra dans tes maux ton âme avoir recours?
Où prendra-t-elle ailleurs un appui véritable,
    Et qui sera l'ami capable
    De te prêter quelques secours?

Aime; pour vivre heureux il te faut vivre aimé,
Il te faut des amis qui soient dignes de l'être;
Mais, si par-dessus eux tu n'aimes ce grand Maître,
Ton cœur d'un long ennui se verra consumé :
Crois-en ou ta raison ou ton expérience :
Toutes deux te diront qu'il n'est point d'autre bien,
Et que c'est au chagrin livrer ta conscience
    Que prendre joie ou confiance
    Sur un autre amour que le sien.

Tu dois plutôt choisir d'attirer sur tes bras
L'orgueil de tout un monde animé de colère,
Que d'offenser Jésus, que d'oser lui déplaire,
Que de vivre un moment et ne le chérir pas.
Donne-lui tout ton cœur et toutes tes tendresses;
Et, ne souffrant chez toi personne en même rang,
Réponds en quelque sorte à ces pleines largesses
    Qui pour acheter tes caresses
    Lui firent donner tout son sang.

Que tous s'entr'aiment donc à cause de Jésus,
Pour n'aimer que Jésus à cause de lui-même;
Rendons cette justice à sa bonté suprême
Qui sur tous les amis lui donne le dessus;
En lui seul, pour lui seul, tous ceux qu'il a fait naître,
Tant ennemis qu'amis, il les faut tous aimer,
Et demander pour tous à l'Auteur de leur être
    Et la grâce de le connaître
    Et l'heur de s'en laisser charmer.

Ne désire d'amour ni d'estime pour toi
Qui passant le commun te sépare du reste.
C'est un droit qui n'est dû qu'à la grandeur céleste
D'un Dieu qui là-haut même est seul égal à soi.
Ne souhaite régner dans le cœur de personne;
Ne fais régner non plus personne dans le tien;
Mais qu'au seul Jésus-Christ tout ce cœur s'aban-
    Que Jésus-Christ seul en ordonne [donne,
    Comme chez tous les gens de bien.

Tire-toi d'esclavage, et sache te purger
De ces vains embarras que font les créatures;
Sache-s-en effacer jusqu'aux moindres teintures;
Romps jusqu'aux moindres nœuds qui puissent t'en-
Dans ce détachement tu trouveras des ailes [gager.
Qui porteront ton cœur jusqu'aux pieds de ton Dieu;
Pour y voir et goûter ces douceurs immortelles
    Que dans celui de ses fidèles
    Sa bonté répand en tout lieu.

Mais ne crois pas atteindre à cette pureté
A moins que de là-haut sa grâce te prévienne,
A moins qu'elle t'attire, à moins qu'elle soutienne
Les efforts chancelants de ta légèreté :
Alors, par le secours de sa pleine efficace,
Tous autres nœuds brisés, tout autre objet banni,
Seul hôte de toi-même, et maître de la place,
    Tu verras cette même grâce
    T'unir à cet Être infini.

Aussitôt que du ciel dans l'homme elle descend,
Il n'a plus aucun faible, il peut tout entreprendre,
L'impression du bras qui daigne la reprendre
D'infirme qu'il était l'a rendu tout-puissant;
Mais sitôt que ce bras la retire en arrière,
L'homme dénué, pauvre, accablé de malheurs,
Et livré par lui-même à sa faiblesse entière,
    Semble ne voir plus la lumière
    Que pour être en proie aux douleurs.

Ne perds pas toutefois le courage ou l'espoir
Pour sentir cette grâce ou partie ou moins vive,
Mais présente un cœur ferme à tout ce qui t'arrive,
Et bénis de ton Dieu le souverain vouloir. [gage,
Dans quelque excès d'ennuis qu'un tel départ t'en-
Souffre tout pour sa gloire attendant le retour,
Et songe qu'au printemps l'hiver sert de passage,
    Qu'un profond calme suit l'orage,
    Et que la nuit fait place au jour.

CHAPITRE IX.

DU MANQUEMENT DE TOUTE SORTE DE CONSOLATIONS.

    Notre âme néglige sans peine
    La consolation humaine
    Quand la divine la remplit :
Une sainte fierté dans ce dédain nous jette,
Et la parfaite joie aisément établit
    L'heureux mépris de l'imparfaite.

Mais du côté de Dieu demeurer sans douceur
Quand nous foulons aux pieds toute celle du monde
Accepter pour sa gloire une langueur profonde,
Un exil où lui-même il abîme le cœur;
Ne nous chercher en rien alors que tout nous quitte
Ne vouloir rien qui plaise alors que tout déplaît,
N'envoyer ni désirs vers le propre intérêt,
Ni regards échappés vers le propre mérite,
C'est un effort si grand, qu'il se faut élever
Au-dessus de tout l'homme avant que l'entreprendre :

Sans se vaincre soi-même on ne peut y prétendre,
Et sans faire un miracle on ne peut l'achever.

 Que fais-tu de grand ou de rare,
 Si la paix de ton cœur s'empare
 Quand la grâce règne au dedans,
Si tu sens pleine joie au moment qu'elle arrive,
Si tes vœux aussitôt deviennent plus ardents,
 Et ta dévotion plus vive?

C'est l'ordinaire effet de son épanchement
Que d'enfanter le zèle et semer l'allégresse,
C'est l'accompagnement de cette grande hôtesse,
Et tout le monde aspire à cet heureux moment.
Assez à l'aise marche et fournit sa carrière
Celui dont en tous lieux elle soutient la croix;
Du fardeau le plus lourd il ne sent point le poids;
Dans la nuit la plus sombre il a trop de lumière,
Le Tout-Puissant le porte et le daigne éclairer;
Le Tout-Puissant lui-même à sa course préside;
Et, comme il est conduit par le souverain guide,
Il n'est pas merveilleux s'il ne peut s'égarer.

 Nous aimons ce qui nous console;
 L'âme le cherche, l'âme y vole,
 L'âme s'attache au moindre attrait;
Elle penche toujours vers ce qui la chatouille,
Et difficilement l'homme le plus parfait
 De tout lui-même se dépouille.

Laurens le saint martyr en vint pourtant à bout
Quand Dieu le sépara de Sixte son grand-prêtre;
Il l'aimait comme père, il l'aimait comme maître,
Mais un amour plus fort le détacha de tout.
D'une perte si dure il fit des sacrifices
A l'honneur de ce Dieu qui couronnait sa foi;
Il triompha du siècle en triomphant de soi;
Par le mépris du monde il brava les supplices:
Mais il avait porté cette mort constamment
Avant que des bourreaux il éprouvât la rage,
Et parmi les tourments ce qu'il eut de courage
Eut un prix avancé de son détachement.

 Ainsi cette âme toute pure
 Mit l'amour de la créature
 Sous les ordres du Créateur;
Et son zèle pour Dieu, brisant toute autre chaîne,
Préféra le vouloir du souverain Auteur
 A toute la douceur humaine.

Apprends de cet exemple à desserrer les nœuds
Par qui l'affection, par qui le sang te lie,
Ces puissants et doux nœuds qui font aimer la vie,
Et sans qui l'homme a peine à s'estimer heureux.

Quitte un ami sans trouble alors que Dieu l'ordonne;
Vois sans trouble un ami te quitter à son tour;
Comme un bien passager regarde son amour,
Sois égal quand il t'aime et quand il t'abandonne.
Ne faut-il pas enfin chacun s'entre-quitter?
Où tous les hommes vont aucuns ne vont ensemble,
Et, devant ce grand juge où le plus hardi tremble,
Le roi le mieux suivi se va seul présenter.

 Que l'homme a de combats à faire
 Avant que de se bien soustraire
 A l'empire des passions,
Avant que de soi-même il soit si bien le maître
Qu'il pousse tout l'effort de ses affections
 Jusqu'à l'Auteur de tout son être!

Qui s'attache à soi-même aussitôt l'en bannit,
Et qui peut sur soi-même appuyer sa faiblesse
Glisse et tombe aisément dans l'indigne mollesse
Des consolations que le siècle fournit;
Mais quiconque aime Dieu d'un amour véritable,
Quiconque s'étudie à marcher sur ses pas,
Apprend si bien à fuir ces dangereux appas,
Que d'une telle chute il devient incapable:
Rien de la part des sens ne le saurait toucher;
Et, loin de prêter l'âme à leurs vaines délices,
Les grands travaux pour Dieu, les rudes exercices
Sont tout ce qu'en la vie il se plaît à chercher.

 Quand donc tu sens parmi ton zèle
 Quelque douceur spirituelle
 Dont s'échauffe ta volonté,
Rends grâces à ton Dieu de ce feu qu'elle excite,
Et reconnais que c'est un don de sa bonté,
 Et non l'effet de ton mérite.

Quoique ce soit un bien sur tous autres exquis,
D'une excessive joie arrête la surprise;
N'en sois pas plus enflé quand il t'en favorise,
Et n'en présume pas déjà le ciel acquis;
En toutes actions sois-en mieux sur tes gardes;
Que ton humilité sache s'en redoubler;
Plus il te donne à perdre, et plus tu dois trembler;
Tant plus il t'enrichit, et tant plus tu hasardes.
Ces moments passeront avec tous leurs attraits,
Et la tentation, se coulant en leur place,
Y fera succéder l'orage à la bonace,
Les troubles au repos, et la guerre à la paix.

 Si toute leur douceur partie
 Laisse ta vigueur amortie,
 Ne désespère pas soudain;
Mais, à l'humilité joignant la confiance,
Attends que le Très-Haut daigne abaisser la main
 Au secours de ta patience.

LIVRE II, CHAPITRE IX.

Ce Dieu, toujours tout bon et toujours tout-puissant,
Ce Dieu, dans ses bontés toujours inépuisable,
Peut faire un nouveau don d'une grâce plus stable,
D'une vigueur plus ferme, à ton cœur languissant.
Vous le savez, dévots, qui marchez dans sa voie,
Qu'on y voit tour à tour la paix et les combats,
Qu'on y voit l'amertume enfanter les appas,
Qu'on y voit le chagrin succéder à la joie;
Les saints même, les saints, tous comblés de ce don,
Ont éprouvé souvent de ces vicissitudes,
Et senti des moments tantôt doux, tantôt rudes,
Par la pleine assistance et l'entier abandon.

    Crois-en David sur sa parole.
    Tant que la grâce le console,
    C'est ainsi qu'il en parle à Dieu :
« Lorsque de tes faveurs je goûtais l'abondance,
« Je le disais, Seigneur, qu'aucun temps, aucun lieu,
    « Ne pourrait troubler ma constance. »

A cette fermeté succède la langueur
Par le départ soudain de cette même grâce :
« Tu n'as fait, lui dit-il, que détourner ta face,
« Et le trouble aussitôt s'est saisi de mon cœur. »
Cependant il conserve une espérance entière;
Et, dans cette langueur rassemblant ses esprits,
« Jusqu'à toi, poursuit-il, j'élèverai mes cris,
« Jusqu'à toi, mon Sauveur, j'enverrai ma prière. »
Il en obtient le fruit, et change de discours :
« Le Seigneur à mes maux est devenu sensible,
« Dit-il, et la pitié l'ayant rendu flexible,
« Lui-même il a voulu descendre à mon secours. »

    Veux-tu savoir de quelle sorte
    Agit cette grâce plus forte?
    Écoute ses ravissements :
« Tu dissipes, ô Dieu! l'aigreur de ma tristesse,
« Tu changes en plaisirs tous mes gémissements,
    « Et m'environnes d'allégresse. »

Puisque Dieu traite ainsi même les plus grands saints,
Nous autres malheureux perdrons-nous tout courage,
Pour voir que notre vie ici-bas se partage
Aux inégalités qui troublent leurs desseins?
Voyons tantôt le feu, voyons tantôt la glace
Dans nos cœurs tour à tour se mêler sans arrêt :
L'Esprit ne va-t-il pas et vient comme il lui plaît?
Son bon plaisir lui seul le retient ou le chasse;
Job en sert de témoin : « Tu le veux, ô Seigneur !
« Disait-il, que ton bras nous défende et nous quitte,
« Et tu nous fais à peine un moment de visite
« Qu'aussitôt ta retraite éprouve notre cœur. »

    Sur quoi donc faut-il que j'espère,
    Et, dans l'excès de ma misère,
    Sur quoi puis-je me confier,
Sinon sur la grandeur de sa miséricorde,
Et sur ce que sa grâce aime à justifier
    Ceux à qui sa bonté l'accorde?

Soit que j'aie avec moi toujours des gens de bien,
De fidèles amis, ou de vertueux frères,
Soit que des beaux traités les conseils salutaires,
Soit que les livres saints me servent d'entretien,
Qu'en hymnes tout un chœur autour de moi résonne;
Ces frères, ces amis, ces livres et ce chœur,
Tout cela n'a pour moi ni force ni saveur
Lorsqu'à ma pauvreté la grâce m'abandonne;
Et l'unique remède en cette extrémité
C'est une patience égale au mal extrême,
Une abnégation parfaite de moi-même,
Pour accepter de Dieu toute la volonté.

    Je n'ai point vu d'âme si sainte
    D'âme si fortement atteinte,
    De religieux si parfait,
Qui n'ait senti la grâce, en lui comme séchée
N'y verser quelquefois aucun sensible attrait,
    Ou vu sa ferveur relâchée.

Aucun n'est éclairé de rayons si puissants,
Aucune âme si haut ne se trouve ravie,
Qui n'ait vu sa clarté précédée ou suivie
D'une attaque, ou du diable, ou de ses propres sens :
Aucun n'est digne aussi de la vive lumière
Par qui Dieu se découvre à l'esprit recueilli,
S'il ne s'est vu pour Dieu vivement assailli,
S'il n'a franchi pour Dieu quelque rude carrière.
Ne t'ébranle donc point dans les tentations;
Ne t'inquiète point de leurs inquiétudes;
D'elles naîtra le calme, et leurs coups les plus rudes
Sont les avant-coureurs des consolations.

    Puissant Maître de la nature,
    Ta sainte parole en assure
    Ceux qu'elles auront éprouvés :
« Sur qui vaincra, dis-tu, je répandrai ma gloire,
« Et de l'arbre de vie il verra réservés
    « Les plus doux fruits pour sa victoire. »

Cette douceur du ciel en tombe quelquefois
Pour fortifier l'homme à vaincre l'amertume;
L'amertume la suit, de peur qu'il n'en présume
Le ciel ouvert pour lui sans plus porter de croix :
Car enfin le bien même est souvent une porte
Par où la propre estime entre avec la vertu;
Et, quoique l'ennemi nous paraisse abattu,
Le diable ne dort point, et la chair n'est pas morte.

Il se faut donc sans cesse au combat disposer, [res,
En craindre à tous moments quelques succès contrai-
Puisque de tous côtés on a des adversaires
Qui ne savent que c'est que de se reposer.

CHAPITRE X.

DE LA RECONNAISSANCE POUR LES GRACES DE DIEU.

    Oh! que tu sais mal te connaître,
      Mortel, et que mal à propos,
Toi que pour le travail Dieu voulut faire naître,
      Tu cherches ici du repos!
      Songe plus à la patience
      Qu'à cette aimable confiance
Que versent dans les cœurs ses consolations,
Et te prépare aux croix que sa juste ce envoie,
    Plus qu'à cette innocente joie
Que mêlent ses bontés aux tribulations.

      Quels mondains à Dieu si rebelles
      De leurs âmes voudraient bannir
Le goût de ces douceurs toutes spirituelles,
      S'ils pouvaient toujours l'obtenir?
      Les pompes que le siècle étale
      N'ont jamais rien qui les égale;
Les délices des sens n'en sauraient approcher;
Et, de quelques appas qu'elles nous semblent pleines,
      Celles du siècle enfin sont vaines,
Et la honte s'attache à celles de la chair.

      Mais les douceurs spirituelles,
      Seules dignes de nos désirs,
Seules n'ont rien de bas, et seules toujours belles,
      Forment de solides plaisirs.
      C'est la vertu qui les fait naître,
      Et Dieu, cet adorable Maître,
N'en est jamais avare aux cœurs purs et constants :
Mais on n'en jouit pas autant qu'on le souhaite,
      Et l'âme la moins imparfaite
Voit la tentation ne cesser pas longtemps.

      Par trop d'espoir en nos mérites
      La fausse liberté d'esprit
S'oppose puissamment à ces douces visites
      Dont nous régale Jésus-Christ,
      Lorsque sa grâce nous console,
      D'un seul accent de sa parole
Il remplit tout l'excès de sa bénignité ;
Mais l'homme y répond mal, l'homme l'en désavoue,
      S'il ne rend grâces, s'il ne loue,
S'il ne rapporte tout à sa haute bonté.

      Veux-tu que la grâce divine
      Coule abondamment dans ton cœur?
Fais remonter ses dons jusqu'à son origine;
      N'en sois point ingrat à l'auteur :
      Il fait toujours grâce nouvelle
      A qui, pour la moindre étincelle,
Lui témoigne un esprit vraiment reconnaissant;
Mais il sait bien aussi remplir cette menace
      D'ôter au superbe la grâce
Dont il prodigue à l'humble un effet plus puissant.

      Loin, consolations funestes,
      Qui m'ôtez la componction!
Loin de moi ces pensers qui semblent tous célestes,
      Et m'enflent de présomption!
      Dieu n'a pas toujours agréable
Tout ce qu'un dévot trouve aimable ;
Toute élévation n'a pas la sainteté : [nes;
On peut monter bien haut sans atteindre aux couron-
      Toutes douceurs ne sont pas bonnes;
Et tous les bons désirs n'ont pas la pureté.

      J'aime, j'aime bien cette grâce
      Qui me sait mieux humilier,
Qui me tient mieux en crainte, et jamais ne se lasse
      De m'apprendre à mieux m'oublier :
      Ceux que ses dons daignent instruire,
      Ceux qui savent où peut réduire
Le douloureux effet de sa substraction,
Jamais du bien qu'ils font n'osent prendre la gloire,
      Jamais n'ôtent de leur mémoire
Qu'ils ne sont que misère et qu'imperfection.

      Qu'une sainte reconnaissance
      Rende donc à Dieu tout le sien;
Et n'impute qu'à toi, qu'à ta propre impuissance,
      Tout ce qui s'y mêle du tien :
      Je m'explique, et je te veux dire
      Que des grâces que Dieu t'inspire
Tu pousses jusqu'à lui d'humbles remercîments,
Et que, te chargeant seul de toutes tes faiblesses,
      Tu te prosternes, tu confesses
Qu'il ne te peut devoir que de longs châtiments.

      Mets-toi dans le plus bas étage,
      Il te donnera le plus haut :
C'est par l'humilité que le plus grand courage
      Montre pleinement ce qu'il vaut;
      La hauteur même dans le monde
      Sur ce bas étage se fonde,
Et le plus haut sans lui n'y saurait subsister;
Le plus grand devant Dieu c'est le moindre en soi-
      Et les vertus que le ciel aime [même,
Par les ravalements trouvent l'art d'y monter.

La gloire des saints ne s'achève
Que par le mépris qu'ils en font ;
Leur abaissement croît autant qu'elle s'élève,
Et devient toujours plus profond :
La vaine gloire a peu de place
Dans un cœur où règne la grâce,
L'amour de la céleste occupe tout le lieu ;
Et cette propre estime, où se plaît la nature,
Ne saurait trouver d'ouverture
Dans celui qui se fonde et s'affermit en Dieu.

Quand l'homme à cet Être sublime
Rend tout ce qu'il reçoit de bien,
D'aucun autre ici-bas il ne cherche l'estime ;
Ici-bas il ne voit plus rien.
Dans le combat, dans la victoire,
De tels cœurs ne veulent de gloire
Que celle que Dieu seul y verse de ses mains ;
Tout leur amour est Dieu, tout leur but sa louange,
Tout leur souhait que, sans mélange,
Elle éclate partout, en eux, en tous les saints.

Aussi sa bonté semble croître
Des louanges que tu lui rends ;
Et, pour ses moindres dons savoir le reconnaître,
C'est en attirer de plus grands.
Tiens ses moindres grâces pour grandes,
N'en reçois point que tu n'en rendes :
Crois plus avoir reçu que tu n'as mérité ;
Estime précieux, estime incomparable
Le don le moins considérable,
Et redouble son prix par ton humilité.

Si dans les moindres dons tu passes
A considérer leur auteur,
Verras-tu rien de vil, rien de faible en ses grâces,
Rien de contemptible à ton cœur ?
On ne peut sans ingratitude
Nommer rien de bas ni de rude
Quand il vient d'un si grand et si doux Souverain :
Et, lorsqu'il fait pleuvoir des maux et des traverses,
Ce ne sont que grâces diverses
Dont avec pleine joie il faut bénir sa main.

Cette charité, toujours vive,
Qui n'a que notre bien pour but,
Dispose avec amour tout ce qui nous arrive,
Et fait tout pour notre salut.
Montre une âme reconnaissante
Quand tu sens la grâce puissante,
Sois humble et patient dans sa substraction ;
Joins, pour la rappeler, les pleurs à la prière,
Et, de peur de la perdre entière,
Unis la vigilance à la soumission.

CHAPITRE XI.

DU PETIT NOMBRE DE CEUX QUI AIMENT LA CROIX DE JÉSUS-CHRIST.

Que d'hommes amoureux de la gloire céleste
Envisagent la croix comme un fardeau funeste,
Et cherchent à goûter les consolations
Sans vouloir faire essai des tribulations !
Jésus-Christ voit partout cette humeur variable :
Il n'a que trop d'amis pour se seoir à sa table,
Aucun dans le banquet ne veut l'abandonner ;
Mais au fond du désert il est seul à jeûner :
Tous lui demandent part à sa pleine allégresse,
Mais aucun n'en veut prendre à sa pleine tristesse ;
Et ceux que l'on a vus les plus prompts à s'offrir
Le quittent les premiers quand il lui faut souffrir.
  Jusqu'à la fraction de ce pain qu'il nous donne
Assez de monde ici le suit et l'environne ;
Mais peu de son amour s'y laissent enflammer
Jusqu'à boire avec lui dans le calice amer.
Les miracles brillants dont il sème sa vie
Par leur éclat à peine échauffent notre envie,
Que sa honteuse mort refroidit nos esprits
Jusqu'à ne vouloir plus de ce don à ce prix.
  Beaucoup avec chaleur l'aiment et le bénissent,
Dont, au premier revers, les louanges tarissent :
Tant qu'ils n'ont à gémir d'aucune adversité,
Qu'il n'épanche sur eux que sa bénignité,
Cette faveur sensible aisément sert d'amorce
A soutenir leur zèle et conserver leur force ;
Mais, lorsque sa bonté se cache tant soit peu,
Une soudaine glace amortit tout ce feu,
Et les restes fumants de leur ferveur éteinte
Ne font partir du cœur que murmure et que plainte.
Tandis qu'au fond de l'âme un lâche étonnement
Va de la fermeté jusqu'à l'abattement.
  En usez-vous ainsi, vous dont l'amour extrême
N'embrasse Jésus-Christ qu'à cause de lui-même,
Et qui, sans regarder votre propre intérêt,
N'avez de passion que pour ce qui lui plaît ?
Vous voyez d'un même œil tout ce qu'il vous envoie :
Vous l'aimez dans l'angoisse ainsi que dans la joie ;
Vous le savez bénir dans la prospérité,
Vous le savez louer dans la calamité ;
Une égale constance attachée à ses traces
Dans l'un et l'autre sort trouve à lui rendre grâces ;
Et, quand jamais pour vous il n'aurait que rigueurs,
Mêmes remercîments partiraient de vos cœurs.
  Pur amour de Jésus, que ta force est étrange
Quand l'amour-propre en toi ne fait aucun mélange,
Et que, de l'intérêt pleinement dépouillé,
D'aucun regard vers nous tu ne te vois souillé !
N'ont-ils pas un amour servile et mercenaire,

Ces cœurs qui n'aiment Dieu que pour se satisfaire,
Et ne le font l'objet de leurs affections
Que pour en recevoir des consolations?
 Aimer Dieu de la sorte et pour nos avantages,
C'est mettre indignement ses bontés à nos gages,
Croire d'un peu de vœux payer tout son appui,
Et nous-mêmes enfin nous aimer plus que lui :
Mais où trouvera-t-on une âme si purgée,
D'espoir de tout salaire à ce point dégagée,
Qu'elle aime à servir Dieu sans se considérer,
Et ne cherche en l'aimant que l'heur de l'adorer?
 Certes, il s'en voit peu de qui l'amour soit pure
Jusqu'à se dépouiller de toute créature :
Et, s'il est sur la terre un vrai pauvre d'esprit,
Qui, détaché de tout, soit tout à Jésus-Christ,
C'est un trésor si grand, que ces mines fécondes
Que la nature écarte au bout des nouveaux mondes,
Ces mers où se durcit la perle et le coral,
N'en ont jamais conçu qui fût d'un prix égal.
 Mais aussi ce n'est pas une conquête aisée
Qu'à ses premiers désirs l'homme trouve exposée :
Quand pour y parvenir il donne tout son bien,
Avec ce grand effort il ne fait encor rien;
Quelque âpre pénitence ici-bas qu'il s'impose,
Ses plus longues rigueurs sont encor peu de chose;
Que sur chaque science il applique son soin,
Qu'il la possède entière, il est encor bien loin;
Qu'il ait mille vertus dont l'heureux assemblage
De tous leurs ornements pare son grand courage;
Que sa dévotion, que ses hautes ferveurs
Attirent chaque jour de nouvelles faveurs,
Sache qu'il lui demeure encor beaucoup à faire
S'il manque ce point seul qui seul est nécessaire.
Tu sais quel est ce point, je l'ai trop répété,
C'est qu'il se quitte encor quand il a tout quitté,
Que de tout l'amour-propre il fasse un sacrifice,
Que de lui-même enfin lui-même il se bannisse,
Et qu'élevé par là dans un état parfait
Il croie, ayant fait tout, n'avoir encor rien fait.

Qu'il estime fort peu, suivant cette maxime,
Tout ce qui peut en lui mériter quelque estime;
Que lui-même il se die, et du fond de son cœur,
Serviteur inutile aux emplois du Seigneur.
La Vérité l'ordonne : « Après avoir, dit-elle,
« Rempli tous les devoirs où ma voix vous appelle,
« Après avoir fait tout ce que je vous prescris,
« Gardez encor pour vous un sincère mépris,
« Et nommez-vous encor disciples indociles,
« Serviteurs fainéants, esclaves inutiles.
 Ainsi vraiment tout nu, vraiment pauvre d'esprit,
Tout détaché de tout, et tout à Jésus-Christ,
Avec le roi prophète il aura lieu de dire :
« Je n'ai plus rien en moi que ce que Dieu m'inspire,

« J'y suis seul, j'y suis pauvre. » Aucun n'est toutefois
Ni plus riche en vrais biens, ni plus libre en son choix,
Ni plus puissant enfin que ce chétif esclave
Qui, foulant tout aux pieds, lui-même encor se brave,
Et, rompant avec soi pour s'unir à son Dieu,
Sait en tout et partout se mettre au plus bas lieu.

CHAPITRE XII.

DU CHEMIN ROYAL DE LA SAINTE CROIX.

Homme, apprends qu'il te faut renoncer à toi-même,
Que pour suivre Jésus il faut porter ta croix :
Pour beaucoup de mortels ce sont de rudes lois;
Ce sont de fâcheux mots pour un esprit qui s'aime ;
Mais il sera plus rude encore et plus fâcheux
Pour qui n'aura suivi ce chemin épineux,
D'entendre au dernier jour ces dernières paroles :
« Loin de moi, malheureux, loin, maudits criminels,
« Qui des biens passagers avez fait vos idoles,
« Trébuchez loin de moi dans les feux éternels! »

En ce jour étonnant, qui du sein de la poudre
Fera sortir nos os à leur chair rassemblés,
Les bergers et les rois, également troublés,
Craindront de cet arrêt l'épouvantable foudre;
Les abîmes ouverts des célestes rigueurs
D'un tremblement égal rempliront tous les cœurs
Où cette auguste croix ne sera point empreinte :
Mais ceux qui maintenant suivent son étendard
Verront lors tout frémir d'une trop juste crainte,
Et dans ce vaste effroi n'auront aucune part.

Ce signe au haut du ciel tout brillant de lumière,
Quand Dieu se fera voir en son grand tribunal,
Sera de ses élus le bienheureux fanal,
Et des victorieux l'éclatante bannière :
Lors du Crucifié les dignes serviteurs,
Qui pour en être ici les vrais imitateurs
Se sont faits de la croix esclaves volontaires,
Auront à son aspect de pleins ravissements,
Et ne s'en promettront que d'éternels salaires,
Quand le reste en craindra d'éternels châtiments.

La croix ouvre l'entrée au trône de la gloire;
Par elle ce royaume est facile à gagner :
Aime donc cette croix par qui tu dois régner;
En elle est le salut, la vie et la victoire,
L'invincible soutien contre tous ennemis,
Des célestes douceurs l'épanchement promis,
Et la force de l'âme ont leurs sources en elle;
L'esprit y voit sa joie et sa tranquillité;
Il y voit des vertus le comble et le modèle,
Et la perfection de notre sainteté.

LIVRE II, CHAPITRE XII.

C'est elle seule aussi qui doit être suivie ;
Ce serait t'abuser que prendre un autre but ;
Hors d'elle pour ton âme il n'est point de salut,
Hors d'elle point d'espoir de l'éternelle vie.
Je veux bien te le dire et redire cent fois,
Si tu ne veux périr, charge sur toi ta croix,
Suis du Crucifié les douloureuses traces ;
Et les dons attachés à ce glorieux faix,
Attirant dans ton cœur les trésors de ses grâces,
T'élèveront au ciel pour y vivre à jamais.

Il a marché devant, il a porté la sienne,
Il t'a montré l'exemple en y mourant pour toi ;
Et cette mort te laisse une amoureuse loi
D'en porter une égale, et mourir en la tienne.
Si tu meurs avec lui, tu vivras avec lui ;
La part que tu prendras à son mortel ennui
Tu l'auras aux grandeurs qui suivent sa victoire,
La mesure est pareille ; et c'est bien vainement
Qu'on s'imagine au ciel avoir part à sa gloire
Quand on n'a point ici partagé son tourment.

Ainsi pour arriver à cette pleine joie
Tout consiste en la croix, et tout gît à mourir ;
C'est par là que le ciel se laisse conquérir,
Et Dieu pour te sauver n'a point fait d'autre voie.
La véritable vie et la solide paix,
Le calme intérieur de nos plus doux souhaits,
Le vrai repos enfin, c'est la croix qui le donne.
Apprends donc sans relâche à te mortifier,
Et sache que quiconque aspire à la couronne,
C'est à la seule croix qu'il se doit confier.

Revois de tous les temps l'image retracée,
Marche de tous côtés, cherche de toutes parts,
Jusqu'au plus haut des cieux élève tes regards ;
Jusqu'au fond de la terre abîme ta pensée,
Vois ce qu'a de plus haut la contemplation,
Vois ce qu'a de plus sûr l'humiliation,
Ne laisse rien à voir dans toute la nature ;
Tu ne trouveras point à faire un autre choix,
Tu ne trouveras point ni de route plus sûre,
Ni de chemin plus haut que celui de la croix.

Va plus outre, et de tout absolument dispose,
Règle tout sous ton ordre au gré de ton désir,
Tu ne manqueras point d'objets de déplaisir,
Tu trouveras partout à souffrir quelque chose :
Ou de force, ou de gré, quoi qu'on veuille espérer ;
Toujours de quoi souffrir et de quoi soupirer
Nous présente partout la croix inévitable,
Et nous sentons au corps toujours quelque douleur,
Ou quelque trouble en l'âme, encor plus intraitable,
Qui semblent tour à tour nous livrer au malheur.

Dieu te délaissera quelquefois sans tendresse ;
Souvent par le prochain tu seras exercé ;
Souvent, dans le chagrin par toi-même enfoncé,
Tu deviendras toi-même à charge à ta faiblesse ;
Souvent, et sans remède et sans allégement,
Tu ne rencontreras dans cet accablement
Rien qui puisse guérir ni relâcher ta peine ;
Ton seul recours alors doit être d'endurer
Par une patience égale à cette gêne
Tant qu'il plaît à ton Dieu de la faire durer.

Ses ordres amoureux veulent ainsi t'instruire
A souffrir l'amertume et pleine et sans douceur,
Afin que ta vertu laisse aller tout ton cœur
Où son vouloir sacré se plaît à le conduire :
Il te veut tout soumis, et par l'adversité
Il cherche à voir en toi croître l'humilité,
A te donner un goût plus pur de sa souffrance ;
Car aucun ne la goûte enfin si purement
Que celui qu'a daigné choisir sa Providence
Pour lui faire éprouver un semblable tourment.

La croix donc en tous lieux est toujours préparée ;
La croix t'attend partout, et partout suit tes pas ;
Fuis-la de tous côtés, et cours où tu voudras,
Tu n'éviteras point sa rencontre assurée ;
Tel est notre destin, telles en sont les lois ;
Tout homme pour lui-même est une vive croix,
Pesante d'autant plus que plus lui-même il s'aime ;
Et, comme il n'est en soi que misère et qu'ennui,
En quelque lieu qu'il aille, il se porte lui-même,
Et rencontre la croix qu'il y porte avec lui.

Regarde sous tes pieds, regarde sur ta tête,
Regarde-toi dedans, regarde-toi dehors,
N'oublie aucuns secrets, n'épargne aucuns efforts,
Tu trouveras partout cette croix toujours prête ;
Tu trouveras partout tes secrets confondus,
Ton espérance vaine et tes efforts perdus,
Si tu n'es en tous lieux armé de patience :
C'est là l'unique effort qui te puisse en tous lieux
Sous un ferme repos calmer la conscience,
Et te prêter une aide à mériter les cieux.

Porte-la de bon cœur, cette croix salutaire,
Que tu vois attachée à ton infirmité,
Fais un hommage à Dieu d'une nécessité,
Et d'un mal infaillible un tribut volontaire :
Elle te portera toi-même en tes travaux,
Elle te conduira par le milieu des maux
Jusqu'à cet heureux port où la peine est finie :
Mais ce n'est pas ici que tu dois l'espérer,
La fin des maux consiste en celle de la vie ;
Et l'on trouve à gémir tant qu'on peut respirer.

Si c'est avec regret, lâche, que tu la portes,
Si par de vains efforts tu l'oses rejeter,
Tu t'en fais un fardeau plus fâcheux à porter,
Tu l'attaches à toi par des chaînes plus fortes;
Son joug mal secoué, devenu plus pesant,
Te charge malgré toi d'un amas plus cuisant,
Impose un nouveau comble à tes inquiétudes,
Ou si tu peux enfin t'affranchir d'une croix,
Ce n'est que faire place à d'autres croix plus rudes,
Qui te viennent sur l'heure accabler de leur poids.

Te pourrais-tu soustraire à cette loi commune
Dont aucun des mortels n'a pu se dispenser?
Quel monarque par là n'a-t-on point vu passer?
Qui des saints a vécu sans croix, sans infortune?
Ton maître Jésus-Christ n'eut pas un seul moment
Dégagé des douleurs et libre du tourment
Que de sa Passion avançait la mémoire;
Il fallut comme toi qu'il portât son fardeau;
Il lui fallut souffrir pour se rendre à sa gloire,
Et, pour monter au trône, entrer dans le tombeau.

Quel privilége as-tu, vil amas de poussière,
Dont tu t'oses promettre un plus heureux destin?
Crois-tu monter au ciel par un autre chemin?
Crois-tu vaincre ici-bas sous une autre bannière?
Jésus-Christ, en vivant, n'a fait que soupirer,
Il n'a fait que gémir, il n'a fait qu'endurer;
Les plus beaux jours pour lui n'ont été que supplices;
Et tu ne veux pour toi que pompe et que plaisirs,
Qu'une oisiveté vague où flottent les délices,
Qu'une pleine licence où nagent tes désirs!

Tu t'abuses, pécheur, si ton âme charmée
Cherche autre chose ici que tribulations;
Elle n'y peut trouver que des afflictions,
Que des croix, dont la vie est toute parsemée:
Souvent même, souvent nous voyons arriver
Que plus l'homme en esprit apprend à s'élever,
Et plus de son exil les croix lui sont pesantes;
Tel est d'un saint amour le digne empressement,
Que plus dans notre cœur ses flammes sont puissantes,
Plus il nous fait sentir notre bannissement.

Ce cœur ainsi sensible et touché de la sorte
N'est pas pourtant sans joie au milieu des douleurs,
Et le fruit qu'il reçoit de ses propres malheurs
S'augmente d'autant plus que sa souffrance est forte;
A peine porte-t-il cette croix sans regret,
Que Dieu par un secours et solide et secret
Tourne son amertume en douce confiance;
Et, plus ce triste corps est sous elle abattu,
Plus par la grâce unie à tant de patience
L'esprit fortifié s'élève à la vertu.

Comme l'expérience a toujours fait connaître
Que le nœud de l'amour est la conformité,
Il soupire à toute heure après l'adversité
Qui le fait d'autant mieux ressembler à son Maître:
L'impatient désir de cet heureux rapport
Dans un cœur tout de flamme est quelquefois si fort,
Qu'il ne voudrait pas être un moment sans souffrance,
Et croit avec raison que plus il peut souffrir,
Plus il plaît à ce Maître et qu'enfin sa constance
Est le plus digne encens qu'il lui saurait offrir.

Mais ne présume pas que la vertu de l'homme
Produise d'elle-même une telle ferveur;
C'est de ce Maître aimé la céleste faveur
Qui la fait naître en nous, l'y nourrit, l'y consomme;
C'est de la pleine grâce un sacré mouvement,
Qui sur la chair fragile agit si puissamment,
Que tout l'homme lui cède et se fait violence,
Et que ce qu'il abhorre et que ce qu'il refuit,
Sitôt que cette grâce entre dans la balance,
Devient tout ce qu'il aime et tout ce qu'il poursuit.

Ce n'est pas de nos cœurs la pente naturelle
De porter une croix, de se plaire à pâtir,
De châtier le corps pour mieux assujettir
Sous les lois de l'esprit ce dangereux rebelle;
Il n'est pas naturel de craindre et fuir l'honneur,
De tenir le mépris à souverain bonheur,
De n'avoir pour soi-même aucune propre estime,
De supporter la peine avec tranquillité,
Et d'être des malheurs la butte et la victime,
Sans faire aucun souhait pour la prospérité.

Tu ne peux rien, mortel, de toutes ces merveilles,
Quand ce n'est que sur toi que tu jettes les yeux;
Mais, quand ta confiance est tout entière aux cieux,
Elle en reçoit pour toi des forces sans pareilles:
Alors victorieux de tous tes ennemis,
La chair sous toi domptée et le monde soumis,
Ton âme de tes sens ne se voit plus captive;
Et tu braves partout le prince de l'enfer
Quand ton cœur à sa rage oppose une foi vive,
Et ton front cette croix qui sut en triompher.

Résous-toi, résous-toi, mais d'un courage extrême,
En serviteur fidèle, à porter cette croix
Où ton Maître lui-même a rendu les abois,
Pressé du seul amour qu'il avait pour toi-même.
Te redirai-je encor qu'il te faut préparer
A mille et mille maux que force d'endurer
Le cours de cette triste et misérable vie?
Te redirai-je encor que le premier péché
En a semé partout une suite infinie,
Qui te sauront trouver où que tu sois caché?

LIVRE II, CHAPITRE XII.

Je ne m'en lasse point : oui, c'est l'ordre des choses ;
Il n'est point de remède à ce commun malheur ;
Tu te verras sans cesse accablé de douleur,
Si tu ne veux souffrir, si tu ne t'y disposes.
Contemple de Jésus l'affreuse Passion,
Bois son calice amer avec affection,
Si tu veux avoir part à son grand héritage ;
Et remets, en souffrant, le soin à sa bonté
De consoler tes maux durant cet esclavage,
Et d'ordonner de tout suivant sa volonté.

Cependant de ta part ne reçois qu'avec joie
Ce qu'il te fait souffrir de tribulations ;
Répute-les pour toi des consolations,
Des grâces que sur toi sa main propre déploie :
Songe que, quoi qu'ici tu puisses supporter, [riter
Tes maux, pour grands qu'ils soient, ne peuvent mé-
Le bien qui t'est promis en la gloire future,
Et que, quand tu pourrais souffrir tous les mépris,
Souffrir tous les revers dont gémit la nature,
Tu ne souffrirais rien digne d'un si haut prix.

Veux-tu faire un essai du paradis en terre ?
Veux-tu te rendre heureux avant que de mourir ?
Prends, pour l'amour de Dieu, prends plaisir à souffrir,
Prends goût à tous ces maux qui te livrent la guerre.
Souffrir avec regret, souffrir avec chagrin,
Tenir l'affliction pour un cruel destin,
La fuir, ou ne chercher qu'à s'en voir bientôt quitte,
C'est se rendre en effet d'autant plus malheureux ;
L'affliction s'obstine à suivre qui l'évite,
Et lui porte partout des coups plus rigoureux.

Range à ce que tu dois ton âme en patience,
Je veux dire à souffrir de moment en moment,
Et tes maux recevront un prompt soulagement
De la solide paix qu'aura ta conscience.
Fusses-tu tout parfait, fusses-tu de ces lieux
Ravi comme saint Paul au troisième des cieux,
Tu ne te verrais point affranchi de traverses,
Puisque enfin ce fut là que le Verbe incarné
Lui fit voir les travaux et les peines diverses
Qu'à souffrir pour son nom il l'avait destiné.

Tu n'as point à prétendre ici d'autres délices
Qu'une longue souffrance ou de corps ou d'esprit,
Du moins si ton dessein est d'aimer Jésus-Christ,
Si tu veux jusqu'au bout lui rendre tes services.
Et plût à sa bonté que par un heureux choix
Un violent désir de supporter sa croix
Te fît digne pour lui de souffrir quelque chose !
Que de gloire à ton cœur ainsi mortifié !
Que d'allégresse aux saints dont tu serais la cause !
Que ton prochain par là serait édifié !

On recommande assez la patience aux autres,
Mais il s'en trouve peu qui veuillent endurer ;
Et quand à notre tour il nous faut soupirer,
Ce remède à tous maux n'est plus bon pour les nôtres :
Tu devrais bien pourtant souffrir un peu pour Dieu
Toi qui peux reconnaître à toute heure, en tout lieu,
Combien plus un mondain endure pour le monde ;
Vois ce que sa souffrance espère d'acquérir,
Vois quel but a sa vie en travaux si féconde,
Et fais pour te sauver ce qu'il fait pour périr.

Pour maxime infaillible imprime en ta pensée
Que chaque instant de vie est un pas vers la mort,
Et qu'il faut de ton âme appliquer tout l'effort
A goûter chaque jour une mort avancée ;
C'est là, pour vivre heureux, que tu dois recourir :
Plus un homme à lui-même étudie à mourir,
Plus il commence à vivre à l'Auteur de son être ;
Et des biens éternels les célestes clartés
Jamais à nos esprits ne se laissent connaître
S'ils n'acceptent pour lui toutes adversités.

En ce monde pour toi rien n'est plus salutaire,
Rien n'est plus agréable aux yeux du Tout-Puissant,
Que d'y souffrir pour lui le coup le plus perçant,
Et par un saint amour le rendre volontaire.
Si Dieu même, si Dieu t'y donnait à choisir
Ou l'extrême souffrance ou l'extrême plaisir,
Tu devrais au plaisir préférer la souffrance ;
Plus un si digne choix réglerait tes desseins,
Plus ta vie à la sienne aurait de ressemblance,
Et deviendrait conforme à celle de ses saints.

Ce peu que nous pouvons amasser de mérite,
Ce peu qu'il contribue à notre avancement,
Ne gît pas aux douceurs de cet épanchement
Qu'une vie innocente au fond des cœurs excite ;
Non, ne nous flattons point de ces illusions :
Ce n'est pas la grandeur des consolations
Qui pour monter au ciel rend notre âme plus forte ;
C'est le nombre des croix, c'en est la pesanteur,
C'est la soumission dont cette âme les porte
Qui l'élève et l'unit à son divin Auteur.

S'il était quelque chose en toute la nature
Qui pour notre salut fût plus avantageux : [reux
Ce Dieu, qui n'a pris chair que pour nous rendre heu-
De parole et d'exemple en eût fait l'ouverture ;
Ses disciples aimés suivaient par là ses pas ;
Et quiconque après eux veut le suivre ici-bas,
C'est de sa propre voix qu'à souffrir il l'exhorte,
A tout sexe, à tout âge, il fait la même loi :
« Renonce à toi, dit-il, prends ta croix, et la porte
« Et par où j'ai marché viens et marche après moi. »

Concluons en un mot, et de tant de passages,
De tant d'instructions et de raisonnements,
Réunissons pour fruit tous les enseignements
A l'amour des malheurs, à la soif des outrages;
Affermissons nos cœurs dans cette vérité :
Que l'amas des vrais biens, l'heureuse éternité,
Ne se peut acquérir qu'à force de souffrances,
Que les afflictions sont les portes des cieux,
Qu'aux travaux Dieu mesure enfin les récompenses
Et donne la plus haute à qui souffre le mieux.

LIVRE TROISIÈME.

CHAPITRE PREMIER.

DE L'ENTRETIEN INTÉRIEUR DE JÉSUS-CHRIST
AVEC L'AME FIDÈLE.

Je prêterai l'oreille à cette voix secrète
Par qui le Tout-Puissant s'explique au fond du cœur;
Je la veux écouter, cette aimable interprète
De ce qu'à ses élus demande le Seigneur.
Oh! qu'heureuse est une âme alors qu'elle l'écoute!
Qu'elle devient savante à marcher dans sa route!
Qu'elle amasse de force à l'entendre parler!
Et que dans ses malheurs son bonheur est extrême
    Quand de la bouche de Dieu même
  Sa misère reçoit de quoi se consoler!

Heureuses donc cent fois, heureuses les oreilles
Qui s'ouvrent sans relâche à ses divins accents,
Et, pleines qu'elles sont de leurs hautes merveilles
Se ferment au tumulte et du monde et des sens!
Oui, je dirai cent fois ces oreilles heureuses
Qui, de la voix de Dieu saintement amoureuses,
Méprisent ces faux tons qui font bruit au dehors,
Pour entendre au dedans la vérité parlante,
    De qui la parole instruisante
N'a pour se faire ouïr que de muets accords.

Heureux aussi les yeux que les objets sensibles
Ne peuvent éblouir ni surprendre un moment!
Heureux ces mêmes yeux que les dons invisibles
Tiennent sur leurs trésors fixés incessamment!
Heureux encor l'esprit que de saints exercices
Préparent chaque jour par la fuite des vices
Aux secrets que découvre un si doux entretien!
Heureux tout l'homme enfin que ces petits miracles
    Purgent si bien de tous obstacles,
Qu'il n'écoute, hors Dieu, ne voit, ne cherche rien!

Prends-y garde, mon âme, et ferme bien la porte
Aux plaisirs que tes sens refusent de bannir,
Pour te mettre en état d'entendre en quelque sorte
Ce dont ton bien-aimé te veut entretenir.
« Je suis, te dira-t-il, ton salut et ta vie :
« Si tu peux avec moi demeurer bien unie,
« Le vrai calme avec toi demeurera toujours :
« Renonce pour m'aimer aux douceurs temporelles;
    « N'aspire plus qu'aux éternelles;
« Et ce calme naîtra de nos saintes amours. »

Que peuvent après tout ces délices impures,
Ces plaisirs passagers, que séduire ton cœur?
De quoi te serviront toutes les créatures,
Si tu perds une fois l'appui du Créateur?
Défais-toi, défais-toi de toute autre habitude;
A ne plaire qu'à Dieu mets toute ton étude;
Porte-lui tous tes vœux avec fidélité :
Tu trouveras ainsi la véritable joie,
    Tu trouveras ainsi la voie
Qui seule peut conduire à la félicité.

CHAPITRE II.

QUE LA VÉRITÉ PARLE AU DEDANS DU CŒUR
SANS AUCUN BRUIT DE PAROLES.

Parle, parle, Seigneur, ton serviteur écoute :
Je dis ton serviteur, car enfin je le suis;
Je le suis, je veux l'être, et marcher dans ta route
    Et les jours et les nuits.

Remplis-moi d'un esprit qui me fasse comprendre
Ce qu'ordonnent de moi tes saintes volontés,
Et réduis mes désirs au seul désir d'entendre
    Tes hautes vérités.

Mais désarme d'éclairs ta divine éloquence,
Fais-la couler sans bruit au milieu de mon cœur;
Qu'elle ait de la rosée et la vive abondance
    Et l'aimable douceur.

Vous la craigniez, Hébreux, vous croyiez que la foudre,
Que la mort la suivît, et dût tout désoler,
Vous qui dans le désert ne pouviez vous résoudre
    A l'entendre parler.

« Parle-nous, parle-nous, disiez-vous à Moïse,
« Mais obtiens du Seigneur qu'il ne nous parle pas;
« Des éclats de sa voix la tonnante surprise
    « Serait notre trépas. »

Je n'ai point ces frayeurs alors que je te prie;
Je te fais d'autres vœux que ces fils d'Israël,
Et, plein de confiance, humblement je m'écrie
    Avec ton Samuël :

« Quoique tu sois le seul qu'ici-bas je redoute,
« C'est toi seul qu'ici-bas je souhaite d'ouïr :
« Parle donc, ô mon Dieu! ton serviteur écoute,
    « Et te veut obéir. »

Je ne veux ni Moïse à m'enseigner tes voies,
Ni quelque autre prophète à m'expliquer tes lois;
C'est toi, qui les instruis, c'est toi qui les envoies,
    Dont je cherche la voix.

Comme c'est de toi seul qu'ils ont tous ces lumières
Dont la grâce par eux éclaire notre foi;
Tu peux bien sans eux tous me les donner entières,
    Mais eux tous rien sans toi.

Ils peuvent répéter le son de tes paroles,
Mais il n'est pas en eux d'en conférer l'esprit,
Et leurs discours sans toi passent pour si frivoles,
    Que souvent on s'en rit.

Qu'ils parlent hautement, qu'ils disent des merveilles,
Qu'ils déclarent ton ordre avec pleine vigueur :
Si tu ne parles point, ils frappent les oreilles
    Sans émouvoir le cœur.

Ils sèment la parole obscure, simple et nue;
Mais dans l'obscurité tu rends l'œil clairvoyant,
Et joins du haut du ciel à la lettre qui tue
    L'esprit vivifiant.

Leur bouche sous l'énigme annonce le mystère,
Mais tu nous en fais voir le sens le plus caché;
Ils nous prêchent tes lois, mais ton secours fait faire
    Tout ce qu'ils ont prêché.

Ils montrent le chemin, mais tu donnes la force
D'y porter tous nos pas, d'y marcher jusqu'au bout;
Et tout ce qui vient d'eux ne passe point l'écorce;
    Mais tu pénètres tout.

Ils n'arrosent sans toi que les dehors de l'âme,
Mais sa fécondité veut ton bras souverain;
Et tout ce qui l'éclaire et tout ce qui l'enflamme
    Ne part que de ta main.

Ces prophètes enfin ont beau crier et dire,
Ce ne sont que des voix, ce ne sont que des cris,
Si pour en profiter l'esprit qui les inspire
    Ne touche nos esprits.

Silence donc, Moïse, et toi, parle en sa place,
Éternelle, immuable, immense Vérité;
Parle, que je ne meure enfoncé dans la glace
    De ma stérilité.

C'est mourir en effet qu'à ta faveur céleste
Ne rendre point pour fruit des désirs plus ardents;
Et l'avis du dehors n'a rien que de funeste
    S'il n'échauffe au dedans.

Cet avis écouté seulement par caprice,
Connu sans être aimé, cru sans être observé,
C'est ce qui vraiment tue, et sur quoi ta justice
    Condamne un réprouvé.

Parle donc, ô mon Dieu! ton serviteur fidèle
Pour écouter ta voix réunit tous ses sens,
Et trouve les douceurs de la vie éternelle
    En ses divins accents.

Parle, pour consoler mon âme inquiétée;
Parle, pour la conduire à quelque amendement;
Parle, afin que ta gloire ainsi plus exaltée
    Croisse éternellement.

CHAPITRE III.

QU'IL FAUT ÉCOUTER LES PAROLES DE DIEU AVEC HUMILITÉ.

Écoute donc, mon fils, écoute mes paroles,
Elles ont des douceurs qu'on ne peut concevoir;
Elles passent de loin cet orgueilleux savoir
Que la philosophie étale en ses écoles;
Elles passent de loin ces discours éclatants
Qui semblent dérober à l'injure des temps
Ces fantômes pompeux de sagesse mondaine;
Elles ne sont que vie, elles ne sont qu'esprit :
Mais la témérité de la prudence humaine
    Jamais ne les comprit.

N'en juge point par là ; leur goût deviendrait fade
Si tu les confondais avec ce vil emploi,
Ou si ta complaisance amoureuse de toi
N'avait autre dessein que d'en faire parade :
Ces sources de lumière et de sincérité
Dédaignent tout mélange avec la vanité,
Et veulent de ton cœur les respects du silence;
Tu les dois recevoir avec soumission,
Et n'en peux profiter que par la violence
    De ton affection.

Heureux l'homme dont la ferveur
Obtient de toi cette haute faveur
Que ta main daigne le conduire!
Heureux, ô Dieu! celui-là que ta voix
Elle-même prend soin d'instruire
Du saint usage de tes lois!

Cet inépuisable secours
Adoucira pour lui ces mauvais jours
Où tu t'armeras du tonnerre :
Il verra lors son bonheur dévoilé,
Et, tant qu'il vivra sur la terre,
Il n'y vivra point désolé.

Ma parole instruisait dès l'enfance du monde :
Prophètes, de moi seul vous avez tout appris;
C'est moi dont la chaleur échauffait vos esprits;
C'est moi qui vous donnais cette clarté féconde.
J'éclaire et parle encore à tous incessamment,
Et je vois presque en tous un même aveuglement,
Je trouve presque en tous des surdités pareilles;
Si quelqu'un me répond, ce n'est qu'avec langueur,
Et l'endurcissement qui ferme les oreilles
Va jusqu'au fond du cœur.

Mais ce n'est que pour moi qu'on est sourd volontaire;
Tous ces cœurs endurcis ne le sont que pour moi,
Et suivent de leur chair la dangereuse loi
Beaucoup plus volontiers que celle de me plaire.
Ce que promet le monde est temporel et bas;
Ce sont biens passagers, ce sont faibles appas,
Et l'on y porte en foule une chaleur avide;
Tout ce que je promets est éternel et grand,
Et pour y parvenir chacun est si stupide
Qu'aucun ne l'entreprend.

En peut-on voir un seul qui partout m'obéisse
Avec les mêmes soins, avec la même ardeur,
Qu'on s'empresse à servir cette vaine grandeur
Qui fait tourner le monde au gré de son caprice?
« Rougis, rougis, Sidon, dit autrefois la mer : »
« Rougis, rougis toi-même, et te laisse enflammer
« (Te dirai-je à mon tour) d'une sévère honte; »
Et si tu veux savoir pour quel lâche souci
Je veux que la rougeur au visage te monte,
Écoute, le voici :

Pour un malheureux titre on s'épuise d'haleine,
On gravit sur les monts, on s'abandonne aux flots,
Et pour gagner au ciel un éternel repos
On ne lève le pied qu'à regret, qu'avec peine :
Un peu de revenu fait tondre les cheveux,
Chercher sur mes autels les intérêts des vœux,
Prendre un habit dévot pour en toucher les gages :
Souvent pour peu de chose on plaide obstinément,
Et souvent moins que rien jette les grands courages
Dans cet abaissement.

On veut bien travailler et se mettre à tout faire,
Joindre aux sueurs du jour les veilles de la nuit,
Pour quelque espoir flatteur d'un faux honneur qui fuit,
Ou pour quelque promesse incertaine et légère :
Cependant pour un prix qu'on ne peut estimer,
Pour un bien que le temps ne saurait consumer,
Pour une gloire enfin qui n'aura point de terme,
Le cœur est sans désirs, l'œil n'y voit point d'appas,
L'esprit est lent et morne, et le pied le plus ferme
Se lasse au premier pas.

Rougis donc, paresseux, dont l'humeur délicate
Trouve un bonheur si grand à trop haut prix pour toi;
Rougis d'oser t'en plaindre, et d'avoir de l'effroi
D'un travail qui te mène où tant de gloire éclate :
Vois combien de mondains se font bien plus d'effort
Pour tomber aux malheurs d'une éternelle mort,
Que toi pour t'assurer une vie éternelle;
Et, voyant leur ardeur après la vanité,
Rougis d'être de glace alors que je t'appelle
A voir ma vérité.

Encor ces malheureux, malgré toute leur peine,
Demeurent quelquefois frustrés de leur espoir :
Mes promesses jamais ne surent décevoir;
La confiance en moi ne se vit jamais vaine :
Tout l'espoir que j'ai fait je saurai le remplir;
Et tout ce que j'ai dit je saurai l'accomplir,
Sans rien donner pourtant qu'à la persévérance :
Je suis de tous les bons le rémunérateur,
Mais je sais fortement éprouver la constance
Qu'ils portent dans le cœur.

Ainsi tu dois tenir mes paroles bien chères,
Les écrire en ce cœur, souvent les repasser :
Quand la tentation viendra t'embarrasser,
Elles te deviendront pleinement nécessaires :
Tu pourras y trouver quelques obscurités,
Et ne connaître pas toutes mes vérités
Dans ce que t'offrira la première lecture;
Mais ces jours de visite auront un jour nouveau,
Qui pour t'en découvrir l'intelligence pure
Percera le rideau.

Je fais à mes élus deux sortes de visites :
L'une par les assauts et par l'adversité,
L'autre par ces douceurs que ma bénignité
Pour arrhes de ma gloire avance à leurs mérites.
Comme je les visite ainsi de deux façons,
Je leur fais chaque jour deux sortes de leçons :
L'une pour la vertu, l'autre contre le vice.
Prends-y garde; quiconque ose les négliger,
Par ces mêmes leçons, au jour de ma justice,
Il se verra juger.

ORAISON

POUR OBTENIR DE DIEU LA GRACE DE LA DÉVOTION.

Quelles grâces, Seigneur, ne te dois-je point rendre,
A toi, ma seule gloire et mon unique bien?
 Mais qui suis-je pour entreprendre
D'élever mon esprit jusqu'à ton entretien?

Je suis un ver de terre, un chétif misérable,
Sur qui jamais tes yeux ne devraient s'abaisser,
 Plus pauvre encor, plus méprisable
Qu'il n'est en mon pouvoir de dire ou de penser.

Sans toi je ne suis rien, sans toi mon infortune
Me fait de mille maux l'inutile rebut;
 Je ne puis sans toi chose aucune,
Et je n'ai rien sans toi qui serve à mon salut.

C'est toi dont la bonté jusqu'à nous se ravale,
Qui, tout juste et tout saint, peux tout et donnes tout,
 Et de qui la main libérale
Remplit cet univers de l'un à l'autre bout.

Tu n'en exceptes rien que l'âme pécheresse,
Que tu rends toute vide à sa fragilité,
 Et que ton ire vengeresse
Punit dès ici-bas par cette inanité.

Daigne te souvenir de tes bontés premières,
Toi qui veux que la terre et les cieux en soient pleins,
 Et remplis-moi de tes lumières,
Pour ne point laisser vide une œuvre de tes mains.

Comment pourrai-je ici me supporter moi-même
Dans les maux où je tombe, et dans ceux où je cours,
 Si par cette bonté suprême
Tu ne fais choir du ciel ta grâce à mon secours?

Ne détourne donc point les rayons de ta face,
Visite-moi souvent dans mes afflictions,
 Prodigue-moi grâce sur grâce,
Et ne retire point tes consolations.

Ne laisse pas mon âme impuissante et languide
Dans la stérilité que le crime produit,
 Et telle qu'une terre aride
Qui n'ayant aucune eau ne peut rendre aucun fruit.

Daigne, Seigneur tout bon, daigne m'apprendre à vi-
Sous les ordres sacrés de ta divine loi, [vre
 Et quelle route il me faut suivre
Pour marcher comme il faut humblement devant toi.

Tu peux seul m'inspirer ta sagesse profonde,
Toi qui me connaissais avant que m'animer,
 Et me vis avant que le monde
Sortît de ce néant dont tu le sus former.

CHAPITRE IV.

QU'IL FAUT MARCHER DEVANT DIEU EN ESPRIT DE VÉRITÉ ET D'HUMILITÉ.

Marche devant mes yeux en droite vérité,
Cherche partout ma vue avec simplicité,
Fais que ces deux vertus te soient inséparables,
Qu'elles soient en tous lieux les guides de tes pas;
 Et leurs forces incomparables
Contre tous ennemis sauront t'armer le bras.

Oui, quelques ennemis qui s'osent présenter,
Qui marche en vérité n'a rien à redouter;
Il se trouve à couvert des rencontres funestes;
C'est un contre-poison contre les séducteurs,
 Qui dissipe toutes leurs pestes,
Et confond tout l'effort des plus noirs détracteurs.

Si cette vérité t'en délivre une fois,
Tu seras vraiment libre, et sous mes seules lois
Qui font la liberté par un doux esclavage;
Et tous les vains discours de ces lâches esprits
 Ne feront naître en ton courage
Que la noble fierté d'un généreux mépris.

 C'est là tout le bien où j'aspire,
 C'est là mon unique souhait;
 Ainsi que tu daignes le dire,
 Ainsi, Seigneur, me soit-il fait.

 Que ta vérité salutaire
 M'enseigne quel est ton chemin;
 Qu'elle m'y préserve et m'éclaire
 Jusqu'à la bienheureuse fin.

 Qu'elle purge toute mon âme
 De toute impure affection,
 Et de tout ce désordre infâme
 Que fait naître la passion.

 Ainsi cheminant dans ta voie
 Sous cette même vérité,
 Je goûterai la pleine joie
 Et la parfaite liberté.

Je t'enseignerai donc toutes mes vérités;
Je t'illuminerai de toutes mes clartés,
Pour ne te rien cacher de ce qui peut me plaire:

Tu verras les sentiers que doit suivre ta foi,
Tu verras tout ce qu'il faut faire,
Et si tu ne le fais, il ne tiendra qu'à toi.

Pense à tous tes péchés avec un plein regret,
Avec un déplaisir et profond et secret;
Le repentir du cœur me tient lieu de victime :
Dans le bien que tu fais, fuis la présomption,
 Et garde que la propre estime
Ne corrompe le fruit de ta bonne action.

Tu n'es rien qu'un pécheur, dont la fragilité
Sujette aux passions prend leur malignité,
Et n'a jamais de soi que le néant pour terme;
Elle y penche, elle y glisse, elle y tombe aisément;
 Et plus ta ferveur se croit ferme,
Plus prompte est sa défaite ou son relâchement.

Non, tu n'as rien en toi qui puisse avec raison
Enfler de quelque orgueil la gloire de ton nom,
Tu n'as que des sujets de mépris légitime;
Tes défauts sont trop grands pour en rien présumer,
 Et ta faiblesse ne s'exprime
Que par un humble aveu qu'on ne peut l'exprimer.

Ne fais donc point d'état de tout ce que tu fais;
Ne range aucune chose entre les grands effets;
Ne crois rien précieux, ne crois rien admirable,
Rien noble, rien enfin dans la solidité,
 Rien vraiment haut, rien désirable,
Que ce qui doit aller jusqu'à l'éternité.

De cette éternité le caractère saint,
Que sur mes vérités ma main toujours empreint,
Doit plaire à tes désirs par-dessus toute chose;
Et rien ne doit jamais enfler tes déplaisirs
 A l'égal des maux où t'expose
Le vil abaissement de ces mêmes désirs.

Tu n'as rien tant à craindre et rien tant à blâmer
Que l'appât du péché qui cherche à te charmer,
Et par qui des enfers les portes sont ouvertes :
Fuis-le comme un extrême et souverain malheur;
 L'homme ne peut faire de pertes
Qu'il ne doive souffrir avec moins de douleur.

Il est quelques esprits dont l'orgueil curieux
Jusques à mes secrets les plus mystérieux
Tâche à guinder l'essor de leur intelligence;
Bouffis de leur superbe, ils en font tout leur but,
 Et laissent à leur négligence
Étouffer les soucis de leur propre salut.

Comme ils n'ont point d'amour ni de sincérité;

Comme ils ne sont qu'audace et que témérité,
Moi-même j'y résiste, et j'aime à les confondre;
Et l'ordinaire effet de leur ambition.
C'est de n'y voir enfin répondre
Que le péché, le trouble, ou la tentation.

N'en use pas comme eux, prends d'autres sentiments
Redoute ma colère, et crains mes jugements,
Sans vouloir du Très-Haut pénétrer la sagesse :
Au lieu de mon ouvrage examine le tien,
 Et revois ce que ta faiblesse
Aura commis de mal, ou négligé de bien.

Il est d'autres esprits dont la dévotion
Attache à des livrets toute son action,
S'applique à des tableaux, s'arrête à des images;
Et leur zèle amoureux des marques du dehors
 En sème tant sur leurs visages,
Qu'il laisse l'âme vide aux appétits du corps.

D'autres parlent de moi si magnifiquement,
Avec tant de chaleur, avec tant d'ornement,
Qu'il semble qu'en effet mon service les touche;
Mais souvent leur discours n'est qu'un discours mo-
 Et, s'ils ont mon nom à la bouche, [queur,
Ce n'est pas pour m'ouvrir les portes de leur cœur.

Il est d'autres esprits enfin bien éclairés,
De qui tous les désirs dignement épurés
De l'éternité seule aspirent aux délices;
La terre n'a pour eux ni plaisirs ni trésors,
 Et leur zèle prend pour supplices
Tous ces soins importuns que l'âme doit au corps.

Ceux-là sentent en eux l'Esprit de vérité
Leur prêcher cette heureuse et vive éternité,
Et suivant cet Esprit ils dédaignent la terre;
Ils ferment pour le monde et l'oreille et les yeux,
 Ils se font une sainte guerre,
Et poussent jour et nuit leurs souhaits jusqu'aux cieux.

CHAPITRE V.

DES MERVEILLEUX EFFETS DE L'AMOUR DIVIN.

Je te bénis, Père céleste,
Père de mon divin Sauveur,
Qui rends en tous lieux ta faveur
Pour tes enfants si manifeste.

J'en suis le plus pauvre et le moindre,
Et tu daignes t'en souvenir;
Combien donc te dois-je bénir,
Et combien de grâces y joindre!

O Père des miséricordes !
O Dieu des consolations !
Reçois nos bénédictions
Pour les biens que tu nous accordes.

Tu répands les douceurs soudaines
Sur l'amertume des ennuis,
Et, tout indigne que j'en suis,
Tu consoles toutes mes peines.

J'en bénis ta main paternelle,
J'en bénis ton fils Jésus-Christ,
J'en rends grâces au Saint-Esprit,
A tous les trois gloire éternelle.

O Dieu tout bon, ô Dieu qui m'aimes
Jusqu'à supporter ma langueur,
Quand tu descendras dans mon cœur
Que mes transports seront extrêmes !

C'est toi seul que je considère
Comme ma gloire et mon pouvoir,
Comme ma joie et mon espoir,
Et mon refuge en ma misère.

Mais mon amour encor débile
Tombe souvent comme abattu,
Et mon impuissante vertu
Ne fait qu'un effort inutile.

J'ai besoin que tu me soutiennes,
Que tu daignes me consoler,
Et que pour ne plus chanceler
Tu prêtes des forces aux miennes.

Redouble tes faveurs divines,
Visite mon cœur plus souvent,
Et pour le rendre plus fervent
Instruis-le dans tes disciplines.

Affranchis-le de tous ses vices,
Déracine ses passions,
Efface les impressions
Qu'y forment les molles délices.

Qu'ainsi purgé par ta présence,
A tes pieds je le puisse offrir,
Net pour t'aimer, fort pour souffrir,
Stable pour la persévérance.

Connais-tu bien l'amour, toi qui parles d'aimer ?
L'amour est un trésor qu'on ne peut estimer ;
Il n'est rien de plus grand, rien de plus admirable ;
Il est seul à soi-même ici-bas comparable ;
Il sait rendre légers les plus puissants fardeaux ;
Les jours les plus obscurs, il sait les rendre beaux,
Et l'inégalité des rencontres fatales
Ne trouve point en lui des forces inégales ;
Charmé qu'il est partout des beautés de son choix,
Quelque charge qu'il porte, il n'en sent pas le poids,
Et son attachement au digne objet qu'il aime
Donne mille douceurs à l'amertume même.
Cet amour de Jésus est noble et généreux ;
Des grandes actions il rend l'homme amoureux ;
Et les impressions qu'une fois il a faites
Toujours de plus en plus aspirent aux parfaites.
Il va toujours en haut chercher de saints appas,
Il traite de mépris tout ce qu'il voit de bas,
Et dédaigne le joug de ces honteuses chaînes
Jusqu'à ne point souffrir d'affections mondaines.
De peur que leur nuage enveloppant ses yeux
A leurs secrets regards n'ôte l'aspect des cieux,
Qu'un frivole intérêt des choses temporelles
N'abatte les désirs qu'il pousse aux éternelles,
Ou que pour éviter quelque incommodité
Il n'embrasse un obstacle à sa félicité.
Je te dirai bien plus, sa douceur et sa force
Sont des cœurs les plus grands la plus illustre amorce ;
La terre ne voit rien qui soit plus achevé ;
Le ciel même n'a rien qui soit plus élevé :
En veux-tu la raison ? en Dieu seul est sa source ;
En Dieu seul est aussi le repos de sa course ;
Il en part, il y rentre, et ce feu tout divin
N'a point d'autre principe et n'a point d'autre fin.
Tu sauras encor plus ; à la moindre parole,
Au plus simple coup d'œil, l'amant va, court et vole,
Et mêle tant de joie à son activité,
Que rien n'en peut borner l'impétuosité.
Pour tous également son ardeur est extrême ;
Il donne tout pour tous, et n'a rien à lui-même ;
Mais, quoiqu'il soit prodigue, il ne perd jamais rien,
Puisqu'il retrouve tout dans le souverain bien,
Dans ce bien souverain à qui tous autres cèdent,
Qui seul les comprend tous, et dont tous ils procèdent ;
Il se repose entier sur cet unique appui,
Et trouve tout en tous sans posséder que lui.
Dans les dons qu'il reçoit, tout ce qu'il se propose,
C'est d'en bénir l'auteur par-dessus toute chose :
Il n'a point de mesure, et comme son ardeur
Ne peut de son objet égaler la grandeur,
Il la croit toujours faible, et souvent en murmure,
Quand même cette ardeur passe toute mesure.
Rien ne pèse à l'amour, rien ne peut l'arrêter ;
Il n'est point de travaux qu'il daigne supputer ;
Il veut plus que sa force ; et, quoi qui se présente,
L'impossibilité jamais ne l'épouvante ;
Le zèle qui l'emporte au bien qu'il s'est promis
Lui montre tout possible, et lui peint tout permis.

Ainsi qui sait aimer se rend de tout capable ;
Il réduit à l'effet ce qui semble incroyable :
Mais le manque d'amour fait le manque de cœur,
Il abat le courage, il détruit la vigueur,
Relâche les désirs, brouille la connaissance,
Et laisse enfin tout l'homme à sa propre impuissance.
　L'amour ne dort jamais, non plus que le soleil :
Il sait l'art de veiller dans les bras du sommeil ;
Il sait dans la fatigue être sans lassitude ;
Il sait dans la contrainte être sans servitude,
Porter mille fardeaux sans en être accablé,
Voir mille objets d'effroi sans en être troublé :
C'est d'une vive flamme une heureuse étincelle,
Qui, pour se réunir à sa source immortelle,
Au travers de la nue et de l'obscurité
Jusqu'au plus haut des cieux s'échappe en sûreté.
　Quiconque sait aimer sait bien ce que veut dire
Cette secrète voix qui souvent nous inspire,
Et quel bruit agréable aux oreilles de Dieu
Fait cet ardent soupir qui lui crie en tout lieu :

　　O mon Dieu, mon amour unique !
　　Regarde mon zèle et ma foi,
　　Reçois-les, et sois tout à moi,
　　Comme tout à toi je m'applique.

　　Dilate mon cœur et mon âme
　　Pour les remplir de plus d'amour,
　　Et fais-leur goûter nuit et jour
　　Ce que c'est qu'une sainte flamme.

　　Qu'ils trouvent partout des supplices
　　Hormis aux douceurs de t'aimer ;
　　Qu'ils se baignent dans cette mer ;
　　Qu'ils se fondent dans ces délices.

　　Que cette ardeur toujours m'embrase,
　　Et que ses transports tout-puissants,
　　Jusqu'au-dessus de tous mes sens
　　Poussent mon amoureuse extase.

　　Que dans ces transports extatiques,
　　Où seul tu me feras la loi,
　　Tout hors de moi, mais tout en toi,
　　Je te chante mille cantiques.

　　Que je sache si bien te suivre,
　　Que tu me daignes accepter,
　　Et qu'à force de t'exalter
　　Je me pâme et cesse de vivre.

　　Que je t'aime plus que moi-même,
　　Que je m'aime en toi seulement,
　　Et qu'en toi seul pareillement
　　Je puisse aimer quiconque t'aime.

　　Ainsi mon âme tout entière,
　　Et toute à toi jusqu'aux abois,
　　Suivra ces amoureuses lois
　　Que lui montrera ta lumière.

Ce n'est pas encor tout, et tu ne conçois pas
Ni tout ce qu'est l'amour ni ce qu'il a d'appas ; [cère,
Apprends qu'il est bouillant, apprends qu'il est sin-
Apprends qu'il a du zèle, et qu'il sait l'art de plaire,
Qu'il est délicieux, qu'il est prudent et fort,
Fidèle, patient, constant jusqu'à la mort,
Courageux, et surtout hors de cette faiblesse
Qui force à se chercher, et pour soi s'intéresse :
Car enfin c'est en vain qu'on se laisse enflammer,
Aussitôt qu'on se cherche on ne sait plus aimer.
　L'amour est circonspect, il est juste, humble, et
Il ne sait ce que c'est qu'être mol ni volage, [sage ;
Et des biens passagers les vains amusements
N'interrompent jamais ses doux élancements :
L'amour est sobre et chaste, il est ferme et tranquille ;
A garder tous ses sens il est prompt et docile :
L'amour est bon sujet, soumis, obéissant,
Plein de mépris pour soi, pour Dieu reconnaissant ;
En Dieu seul il se fie, en Dieu seul il espère,
Même quand Dieu l'expose à la pleine misère, [heur ;
Qu'il est sans goût pour Dieu dans l'effort du mal-
Car le parfait amour ne vit point sans douleur.
Et quiconque n'est prêt de souffrir toute chose,
D'attendre que de lui son bien-aimé dispose,
Quiconque peut aimer si mal, si lâchement,
N'est point digne du nom de véritable amant.
Pour aimer comme il faut, il faut pour ce qu'on aime
Embrasser l'amertume et la dureté même,
Pour aucun accident n'en être diverti,
Et pour aucun revers ne quitter son parti.

CHAPITRE VI.

DES ÉPREUVES DU VÉRITABLE AMOUR.

Tu m'aimes, je le vois, mais ton affection
N'est pas encore au point de la perfection ;
Elle a manqué de force, et manque de prudence,
Et son feu le plus vif et le plus véhément,
A la moindre traverse, au moindre empêchement,
　　Perd si tôt cette véhémence,
　　Que de tout le bien qu'il commence
　　Il néglige l'avancement.

Ainsi des bons propos la céleste vigueur
Aisément dégénère en honteuse langueur ;
Tu sembles n'en former qu'afin de t'en dédire ;
Ce lâche abattement de ton infirmité
Cherche qui te console avec avidité,

Et ton cœur après moi soupire,
Moins pour vivre sous mon empire
Que pour vivre en tranquillité.

Le vrai, le fort amour en soi-même affermi,
Sait bien et repousser l'effort de l'ennemi
Et refuser l'oreille à ses ruses perverses;
Il sait du cœur entier lui fermer les accès,
Et de sa digne ardeur le salutaire excès,
    Égal aux fortunes diverses,
    M'adore autant dans les traverses
    Que dans les plus heureux succès.

Quiconque sait aimer, mais aimer prudemment,
A la valeur des dons n'a point d'attachement;
En tous ceux qu'on lui fait c'est l'amour qu'il estime;
C'est par l'affection qu'il en juge le prix:
Et de son bien-aimé profondément épris,
    Il ne peut croire légitime
    Que sans lui quelque don imprime
    Autre chose que du mépris.

Ainsi dans tous les miens il n'a d'yeux que pour moi;
Ainsi de tous les miens il fait un noble emploi,
A force de les mettre au-dessous de moi-même,
Il se repose en moi comme au bien souverain,
Et tous ces autres biens que sur le genre humain
    Laisse choir ma bonté suprême,
    Il ne les estime et les aime
    Qu'en ce qu'ils tombent de ma main.

Si quelquefois pour moi, quelquefois pour mes saints,
Ton zèle aride et lent suit mal tes bons desseins,
Et ne te donne point de sensible tendresse,
Il ne faut pas encor que ton cœur éperdu,
Pour voir languir tes vœux, estime tout perdu;
    Ce qui manque à leur sécheresse,
    Quoi qu'en présume ta faiblesse,
    Te peut être bientôt rendu.

Tout ce qui coule au cœur de doux saisissements,
De liquéfactions, d'épanouissements,
Marque bien les effets de ma grâce présente;
C'est bien quelque avant-goût du céleste séjour,
Mais prompte est sa venue, et prompt est son retour,
    Et sa douceur la plus charmante,
    Lorsque tu crois qu'elle s'augmente,
    Soudain échappe à ton amour.

Il ne serait pas sûr de s'y trop assurer;
Ne songe qu'à combattre, à vaincre, à te tirer
De ces lacs dangereux où ton plaisir t'invite;
Sous les mauvais désirs n'être point abattu,
Triompher hautement du pouvoir qu'ils ont eu,

Et du diable qui les suscite,
C'est la marque du vrai mérite
Et de la solide vertu.

Ne te trouble donc point pour les distractions
Qui rompent la ferveur de tes dévotions;
De quelques vains objets qu'elles t'offrent l'image,
Garde un ferme propos sans jamais t'ébranler,
Garde un cœur pur et droit sans jamais chanceler,
    Et la grandeur de ton courage
    Dissipera tout ce nuage
    Qu'elles s'efforcent d'y mêler.

Quelquefois ton esprit, s'élevant jusqu'aux cieux,
De cette haute extase où j'occupe ses yeux
Retombe tout à coup dans quelque impertinence;
Pour confus que tu sois d'un si prompt changement,
Fais un plein désaveu de cet égarement,
    Et prends une sainte arrogance
    Qui dédaigne l'extravagance
    De son indigne amusement.

Ces faiblesses de l'homme agissent malgré toi;
Et, bien que de ton cœur elles brouillent l'emploi,
Elles n'y peuvent rien que ce cœur n'y consente:
Tant que tu te défends d'y rien contribuer,
Tu leur défends aussi de rien effectuer;
    Et leur embarras te tourmente;
    Mais ton mérite s'en augmente,
    Au lieu de s'en diminuer.

L'immortel ennemi des soins de ton salut,
Qui ne prend que ma haine, et ta perte pour but,
Par là dessous tes pas creuse des précipices;
Il met tout en usage afin de t'arracher
Ces vertueux désirs où je te fais pencher,
    Et ne t'offre aucunes délices
    Qu'afin que tes bons exercices
    Trouvent par où se relâcher.

Il hait tous ces honneurs que tu rends à mes saints,
Il hait tous mes tourments dans ta mémoire empreints,
Dont tu fais malgré lui tes plus douces pensées;
Il hait ta vigilance à me garder ton cœur;
Il hait tes bons propos qui croissent en vigueur,
    Et ce que tes fautes passées
    Dans ton souvenir retracées
    Te laissent pour toi de rigueur.

Il cherche à t'en donner le dégoût ou l'ennui;
Et pour t'ôter, s'il peut, des armes contre lui,
Il s'arme contre toi de toute la nature:
De mille objets impurs il unit le poison,
Afin que de leur peste infectant ta raison

Il s'y fasse quelque ouverture
Pour troubler ta sainte lecture,
Et disperser ton oraison.

L'humble aveu de ton crime aux pieds d'un confesseur,
Qui sur toi de ma grâce attire la douceur,
Gêne jusqu'aux enfers l'orgueil de son courage;
Et comme il hait surtout ces amoureux transports
Où s'élève ton âme en recevant mon corps,
    Les artifices de sa rage
    T'en ferait quitter tout l'usage,
    Si l'effet suivait ses efforts.

Ferme-lui bien l'oreille, et vis sans t'émouvoir
De ces piéges secrets que pour te décevoir
Sous un appât visible il dresse à ta misère :
Ne t'inquiète point de ses subtilités;
Et n'imputant qu'à lui toutes les saletés
    Que sa ruse en vain te suggère,
    Reproche-lui d'un ton sévère
    L'amas de ses impuretés.

« Va, malheureux esprit, va, va, lui dois-tu dire,
Dans les feux immortels de ton funeste empire,
Va-s-y rougir de honte, et brûler de courroux
    De perdre ainsi tes coups.

Tu les perds contre moi lorsque tu te figures
Que tu vas m'accabler sous ce monceau d'ordures;
De quelques faux appâts que tu m'oses flatter,
    Je sais les rejeter.

Va donc, encore un coup, va, séducteur infâme;
N'espère aucune part désormais en mon âme;
Jésus-Christ est ma force et marche à mes côtés
    Contre tes saletés.

Tel qu'un puissant guerrier armé pour ma défense,
Il dompte qui m'attaque, il abat qui m'offense,
Et réduira l'effet de ton illusion
    A ta confusion.

Je choisirai plutôt les plus cruels supplices,
J'accepterai la mort, j'en ferai mes délices,
Avant que tes efforts m'arrachent un moment
    Du vrai consentement.

De tes suggestions réprime l'imprudence;
Pour épargner ta honte impose-toi silence;
Aussi bien tes discours deviennent superflus;
    Je ne t'écoute plus.

Tu m'as jusqu'à présent donné beaucoup de peine;
Tu m'as bien fait trembler et bien mis à la gêne :

Mais le Seigneur m'éclaire et se fait mon appui;
Qu'ai-je à craindre avec lui?

Que tes noirs escadrons en bataille rangée
Combattent les désirs de mon âme assiégée,
Je verrai leurs fureurs fondre toutes sur moi
    Sans en prendre d'effroi.

Contre ces escadrons mon Dieu me sert d'escorte;
Contre tant de fureurs il me prête main-forte;
Il est mon espérance et mon libérateur;
    Fuis, lâche séducteur. »

Ainsi tu dois, mon fils, t'apprêter au combat;
Ainsi tu dois combattre en courageux soldat,
Et dissiper ainsi les forces qu'il amasse.
S'il t'arrive de choir par ta fragilité,
Relève-toi plus fort que tu n'avais été;
Et, lorsque ta vigueur se lasse,
    Appelle une plus haute grâce
    Au secours de ta lâcheté.

Tu dois t'y confier; mais prends garde avec soin
Que cette confiance, allant un peu trop loin,
Ne se tourne en superbe et faible complaisance :
Plusieurs y sont trompés; et ce vain sentiment,
Les portant de l'erreur jusqu'à l'aveuglement
    D'une ingrate méconnaissance,
    Les met presque dans l'impuissance
    D'un véritable amendement.

Instruit par le malheur de ces présomptueux,
Tiens sous l'humilité ton désir vertueux;
Prends-en dans leur ruine une digne matière :
Vois comme leur orgueil, facile à s'ébranler,
Tombe d'autant plus bas que haut il crut voler;
    Et des chutes d'une âme fière
    Tâche à tirer quelque lumière
    Qui t'éclaire à te ravaler.

CHAPITRE VII.

QU'IL FAUT CACHER LA GRACE DE LA DÉVOTION
SOUS L'HUMILITÉ.

Tu veux être dévot, et je t'en fais la grâce;
    Mais apprends qu'il la faut cacher,
    Et qu'un don que tu tiens si cher,
Renfermé dans toi-même aura plus d'efficace :
    Bien que tu saches ce qu'il vaut,
    Ne t'en élève pas plus haut;
Parle-s-en d'autant moins que plus je t'en inspire;
Et n'en prends pas l'autorité

De donner plus de poids à ce que tu veux dire,
　Par une sotte gravité.

Le mépris de toi-même est le plus heureux signe
　Que tu sais connaître son prix :
　Sois donc ferme dans ce mépris,
Et crains de perdre un bien dont tu te sens indigne.
　Toutes ces petites douceurs
　Que le zèle épand dans les cœurs
Ne sont pas de ce bien la garde la plus sûre;
　N'y mets aucun attachement;
Je te l'ai déjà dit que telle est leur nature,
　Qu'elles passent en un moment.

Dans ces heureux moments où ma grâce t'éclaire,
　Regarde avec humilité
　Quelle devient ta pauvreté
Sitôt que cette grâce a voulu se soustraire.
　Le grand progrès spirituel
　N'est pas au goût continuel
Des sensibles attraits dont elle te console,
　Mais à souffrir sans murmurer
Les maux qu'elle te laisse alors qu'elle s'envole,
　Et ne te point considérer.

Bien qu'en ce triste état tout te nuise et te fâche,
　Bien qu'une importune langueur
　Éteigne presque ta vigueur,
Ne permets pas pourtant que ton feu se relâche;
　Veille, prie, et ne quitte rien
De ce que tu faisais de bien
Alors que tu sentais ta ferveur plus entière;
　Fais enfin suivant ton pouvoir,
Suivant ce qui te reste en l'esprit de lumière,
　Et tu rempliras ton devoir.

Je me tiendrai toujours de ton intelligence,
　Pourvu que cette aridité,
　Pourvu que cette anxiété
Ne se tourne jamais en pleine négligence.
　Plusieurs bronchent à ce faux pas,
　Et dès qu'ils perdent ces appas
Il semble par dépit qu'au surplus ils renoncent;
　Tout leur courage s'amollit,
Et dans la nonchalance où leurs âmes s'enfoncent
　Leur plus beau feu s'ensevelit.

Ce n'est pas comme il faut se ranger à ma suite :
　L'homme a beau former un dessein,
　Il n'a pas toujours en sa main
Tout ce qu'il se promet de sa bonne conduite.
　Quelle que soit l'ardeur des vœux,
　C'est quand je veux et qui je veux
Que console, où je veux, ma grâce toute pure,

CORNEILLE. — TOME II.

Et de ses plus charmants attraits
Mon vouloir souverain est la seule mesure,
　Et non la ferveur des souhaits.

Souvent cette ferveur, par ses douces amorces
　Fatale aux esprits imprudents,
　Fait succomber les plus ardents
A force d'entreprendre au-dessus de leurs forces;
　Ces dévots trop présomptueux
　Dans leurs élans impétueux
Ne daignent réfléchir sur ce qu'ils peuvent faire,
　Et changent leur zèle en poison,
Quand ils écoutent plus son ardeur téméraire
　Que les avis de la raison.

Ainsi ces indiscrets perdent bientôt mes grâces,
　Pour oser plus qu'il ne me plaît;
　Et leur vol rencontre un arrêt
Qui les rejette au rang des âmes les plus basses.
　Pour fruit de leur témérité
　Ils retrouvent l'indignité
Des imperfections qui leur sont naturelles,
　Afin que n'espérant rien d'eux,
Et ne prétendant plus voler que sous mes ailes,
　Ils me laissent régler leurs feux.

Vous donc qui commencez à marcher dans ma voie,
　Chers apprentis de la vertu,
　Dans ce chemin que j'ai battu
Portez, je le consens, grand cœur et grande joie :
　Mais gardez sous cette couleur
　D'écouter toute la chaleur
Qui s'allume sans ordre en vos jeunes courages;
　Vous pourrez trébucher bien bas,
Si vous ne choisissez les conseils les plus sages
　Pour guides à vos premiers pas.

C'est vous faire une folle et vaine confiance
　De croire plus vos sentiments
　Que les solides jugements
Qu'affermit une longue et sainte expérience;
　Quelque bien que vous embrassiez,
　Quelque progrès que vous fassiez,
Ils vous laissent à craindre une funeste issue,
　Si ce que vous avez d'amour
Pour ces faibles clartés de votre propre vue,
　S'obstine à fuir tout autre jour.

L'esprit persuadé de sa propre sagesse
　Rarement reçoit sans ennui
　L'ordre ni les leçons d'autrui;
Il aime rarement à suivre une autre adresse.
　L'innocente simplicité
　Que relève l'humilité

Passe le haut savoir qu'enfle la suffisance,
　Et des fruits qu'il fait recueillir
Le peu vaut mieux pour toi que la pleine abondance,
　Si tu t'en peux enorgueillir.

　　Sache régler ta joie; une âme est peu discrète
　Qui dans les plus heureux succès
　S'y livre avec un tel excès,
Qu'elle va tout entière où ce transport la jette :
　　Avec trop de légèreté,
　　De sa première pauvreté,
Au milieu de mes dons, ingrate, elle s'oublie;
　Et qui sent bien l'art d'en jouir
Craint toujours de donner à ma grâce affaiblie
　Quelque lieu de s'évanouir.

Ne sois pas moins soigneux de régler la tristesse :
　C'est témoigner peu de vertu
　Que d'avoir un cœur abattu
Sitôt qu'un déplaisir violemment te presse;
　　Quelque grand que soit le malheur,
　　Il ne faut pas que la douleur
Forme aucun désespoir de ton impatience,
　Ni que le zèle rebuté
Étouffe par dépit toute la confiance
　Qu'il doit avoir en ma bonté.

Fuis ces extrémités : quiconque en la bonace
　S'ose tenir trop assuré
Devient lâche et mal préparé
A la moindre tempête, à sa moindre menace.
　　Si tu peux te faire la loi,
　　Toujours humble, toujours en toi,
Toujours de ton esprit le véritable maître,
　Alors, moins prompt à succomber,
Tu verras les périls que toutes deux font naître
　Presque sans péril d'y tomber.

Dans l'ardeur la plus forte et la mieux éclairée
　Conserve bien le souvenir
　De ce que tu dois devenir
Lorsque cette clarté se sera retirée :
　　Dans l'éclipse d'un si beau jour
　　Pense de même à son retour;
Fais briller ses rayons sans cesse en ta mémoire;
　Et s'ils paraissent inconstants,
Crois que c'est pour ton bien et pour ta propre gloire
　Que je t'en prive quelque temps.

Cette sorte d'épreuve est souvent plus utile,
　Bien qu'un peu rude à ta ferveur,
　Que si tu voyais ma faveur
Rendre à tous tes souhaits l'évènement facile.
　L'amas des consolations,

L'éclat des révélations,
Ne sont pas du mérite une marque fort sûre;
　Et ni par le degré plus haut,
Ni par la suffisance à lire l'Écriture
　On ne juge bien ce qu'il vaut.

Il veut pour fondements de son prix légitime
　Une sincère humilité,
　Une parfaite charité,
Un ferme désaveu de toute propre estime.
　Celui-là seul sait mériter
　Qui n'aspire qu'à m'exalter,
Qui partout et sur tout ne cherche que ma gloire;
　Qui tient les mépris à bonheur,
Et gagne sur soi-même une telle victoire,
　Qu'il les goûte mieux que l'honneur.

CHAPITRE VIII.

DU PEU D'ESTIME DE SOI-MÊME EN LA PRÉSENCE
DE DIEU.

　　Seigneur, t'oserai-je parler,
Moi qui ne suis que cendre et que poussière,
Qu'un vil extrait d'une impure matière,
Qu'au seul néant on a droit d'égaler?

　　Si je me prise davantage,
　　Je t'oblige à t'en ressentir;
Je vois tous mes péchés soudain me démentir,
　Et contre moi porter un témoignage
　Où je n'ai rien à repartir.

Mais si je m'abaisse et m'obstine
A me réduire au néant dont je viens,
Si toute estime propre en moi se déracine,
　Et qu'en dépit de tous ses entretiens
Je rentre en cette poudre où fut mon origine,
　　Ta grâce avec pleine vigueur
　　Est soudain propice à mon âme,
　Et les rayons de ta céleste flamme
　Descendent au fond de mon cœur.

　　L'orgueil, contraint à disparaître,
Ne laisse dans ce cœur aucun vain sentiment
Qui ne soit abîmé, pour petit qu'il puisse être,
　　Dans cet anéantissement,
　　Sans pouvoir jamais y renaître.

　　Ta clarté m'expose à mes yeux,
Je me vois tout entier, et j'en vois d'autant mieux
Quels défauts ont suivi ma honteuse naissance;
Je vois ce que je suis, je vois ce que je fus,
　Je vois d'où je viens; et confus
　De ne voir que de l'impuissance,

Je m'écrie : « O mon Dieu, que je m'étais déçu !
« Je ne suis rien, et n'en avais rien su. »

Si tu me laisses à moi-même,
Je n'ai dans mon néant que faiblesse et qu'effroi ;
Mais, si dans mes ennuis tu jettes l'œil sur moi,
Soudain je deviens fort, et ma joie est extrême.
Merveille, que de ces bas lieux,
Élevé tout à coup au-dessus du tonnerre,
Je vole ainsi jusques aux cieux,
Moi que mon propre poids rabat toujours en terre ;
Que tout à coup de saints élancements,
Tout chargé que je suis d'une masse grossière,
Jusque dans ces palais de gloire et de lumière
Me fassent recevoir tes doux embrassements !

Ton amour fait tous ces miracles :
C'est lui qui me prévient sans l'avoir mérité ;
C'est lui qui brise les obstacles
Qui naissent des besoins de mon infirmité ;
C'est lui qui soutient ma faiblesse,
Et, quelque péril qui me presse,
C'est lui qui m'en préserve et le sait détourner ;
C'est lui qui m'affranchit, c'est lui qui me retire
De tant de malheurs, qu'on peut dire
Que leur nombre sans lui ne se pourrait borner.

Ces malheurs, ces périls, ces besoins, ces faiblesses,
C'est ce que l'amour-propre en nos cœurs a semé,
C'est ce qu'on a pour fruit de ses molles tendresses,
Et je me suis perdu quand je me suis aimé ;
Mais quand, détaché de moi-même,
Je t'aime purement et ne cherche que toi,
Je trouve ce que j'aime en un si digne emploi,
Je me retrouve encor, Seigneur, en ce que j'aime ;
Et ce feu tout divin, plus il sait pénétrer,
Plus dans mon vrai néant il m'apprend à rentrer.

Ton amour à t'aimer ainsi me sollicite,
Et me rappelle à mon devoir
Par des faveurs qui passent mon mérite,
Et par des biens plus grands que mon espoir.

Je t'en bénis, Être suprême,
Dont l'immense bénignité
Étend sa libéralité
Sur l'indigne et sur l'ingrat même :
Ce torrent que jamais tu ne laisses tarir
Ne se lasse point de courir
Même vers ceux qui s'en éloignent,
Et souvent sur l'aversion
Que les plus endurcis témoignent,
Il roule les trésors de ton affection.
De ces sources inépuisables

Fais sur nous déborder les flots ;
Rends-nous humbles, rends-nous dévots,
Rends-nous reconnaissants, rends-nous inébranla-
Relève-nous le cœur sous nos maux abattu, [bles ;
Attire-nous à toi par cette sainte amorce,
Toi qui seul es notre vertu,
Notre salut et notre force.

CHAPITRE IX.

QU'IL FAUT RAPPORTER TOUT A DIEU COMME
A NOTRE DERNIÈRE FIN.

Si tu veux du bonheur t'aplanir la carrière,
Choisis-moi pour ta fin souveraine et dernière,
Épure tes désirs par cette intention ; [res,
Tes flammes deviendront comme eux droites et pu-
Tes flammes, que souvent ta folle passion
Recourbe vers toi-même, ou vers les créatures,
Et qui n'ont que faiblesse, aridité, langueur,
Sitôt qu'à te chercher tu ravales ton cœur.

C'est à moi, c'est à moi qu'il faut que tu rapportes
Les biens les plus exquis, les grâces les plus fortes,
A moi qui donne tout et tiens tout en ma main :
Pour bien user de tout, regarde chaque chose
Comme un écoulement de ce bien souverain,
Que de moi seul je forme, et dont seul je dispose,
Et prends ce que sur toi j'en verse de ruisseaux
Pour guides vers la source à qui tu dois leurs eaux.

Qui monte jusque-là ne m'en trouve point chiche.
Le petit et le grand, le pauvre avec le riche,
Y peuvent sans relâche également puiser ;
Mon amour libéral l'ouvre à tous sans réserve :
J'aime à donner mes biens, j'aime à favoriser :
Mais je veux à mon tour qu'on m'aime et qu'on me
Je hais le cœur ingrat, le froid, l'indifférent, [serve ;
Et ma grâce est le prix des grâces qu'on me rend.

Quiconque s'ose enfler de propre suffisance [sance,
Jusqu'à prendre en soi-même ou gloire, ou complai-
Ou chercher hors de moi de quoi se réjouir,
Sa joie est inquiète, et si mal établie,
Que son cœur pleinement ne peut s'épanouir ;
D'angoisse sur angoisse il la sent affaiblie,
Il voit trouble sur trouble, et naître à tout moment
Mille vrais déplaisirs d'un faux contentement.

Ne t'impute donc rien de bon, de salutaire,
Et, quoi qu'un autre même à tes yeux puisse faire,
A sa propre vertu n'attribue aucun bien ;
Dans celui que tu fais ne perds point la mémoire
Qu'il en faut bénir Dieu, sans qui l'homme n'a rien :
Comme tout vient de moi, j'en veux toute la gloire ;

24.

Je veux un plein hommage, un cœur passionné,
Et qu'on me rende ainsi tout ce que j'ai donné.

C'est par ces vérités qu'est soudain mise en fuite
La vanité mondaine avec toute sa suite,
Et fait place à la vraie et vive charité ;
C'est ainsi que ma grâce occupe toute une âme,
Et lors plus d'amour-propre et plus d'anxiété,
Plus d'importune envie et plus d'impure flamme ;
De tous ses ennemis cette âme vient à bout
Par cette charité qui triomphe de tout.

Par cette charité ses forces dilatées
Ne sont plus en état de se voir surmontées ;
Mais, je te le redis, sache-s-en bien user ;
Ne prends point hors de moi de joie ou d'espérance ;
Je suis cette bonté qu'on ne peut épuiser,
Mais qui ne peut souffrir aucune concurrence ;
Je suis et serai seul durant tout l'avenir
Qu'il faille en tout, partout, et louer, et bénir.

CHAPITRE X.

QU'IL Y A BEAUCOUP DE DOUCEUR A MÉPRISER LE MONDE POUR SERVIR DIEU.

J'oserai donc parler encore un coup à toi ;
Mon silence n'est plus un respect légitime ;
  Je ne puis me taire sans crime ;
Je dois bénir mon Dieu, mon Seigneur et mon Roi :
J'irai jusqu'à ton trône assiéger tes oreilles
Du récit amoureux de tes hautes merveilles ;
J'en ferai retentir toute l'éternité ;
Et je veux qu'à jamais mes cantiques enseignent
Quelles sont les douceurs que ta bénignité
  Ne montre qu'à ceux qui te craignent.

Mais que sont ces douceurs au prix de ces trésors
Qu'à toute heure tes mains prodiguent et réservent
  Pour ceux qui t'aiment et te servent,
Et qui du cœur entier te donnent les efforts ?
Ah ! ces ravissements, sans borne et sans exemple,
S'augmentent d'autant plus que plus on te contemple ;
Nous n'avons rien en nous qui les puisse exprimer ;
Le cœur les goûte bien, et l'âme les admire ;
Tout l'homme les sent croître à force de t'aimer,
  Mais la bouche ne les peut dire.

Tu ne te lasses point, Seigneur, de cet amour,
Et j'en porte sur moi des marques infaillibles ;
  Tes bontés incompréhensibles
Du néant où j'étais m'ont daigné mettre au jour.
J'ai couru loin de toi vagabond et sans guide ;
Pour un fragile bien j'ai quitté le solide,
Et tu m'as rappelé de cet égarement ;

Tu fais plus ; pour t'aimer tu m'ordonnes de vivre,
Et joins à la douceur de ce commandement
  La clarté qui montre à le suivre.

O fontaine d'amour, mais d'amour éternel,
Après tant de bienfaits que dirai-je à ta gloire ?
  Pourrai-je en perdre la mémoire
Quand tu ne la perds pas d'un chétif criminel ?
Au milieu de ma chute et courant à ma perte,
Par delà tout espoir j'ai vu ta grâce ouverte
Répandre encor sur moi des rayons de pitié,
Et ta miséricorde, excédant tous limites,
Accabler un pécheur d'un excès d'amitié
  Qui surpasse tous les mérites.

Que te rendrai-je donc pour de telles faveurs ?
Quel encens unirai-je aux concerts de louanges
  Que de tes saints et de les anges
Sans fin et sans relâche entonnent les ferveurs ?
Tu ne fais pas à tous cette grâce profonde
Qui détache les cœurs des embarras du monde,
Pour se ranger au cloître et n'être plus qu'à toi,
Et ce n'est pas à tous que tu donnes l'envie
De s'enrichir des fruits que fait naître l'emploi
  D'une religieuse vie.

Je ne fais rien de rare alors que je te sers ;
J'apprends cette leçon de toute la nature ;
  L'hommage de la créature
N'est qu'un tribut commun que te doit l'univers.
Tout ce qu'en te servant je trouve d'admirable,
C'est qu'étant de moi-même et pauvre et misérable,
Tu daignes t'abaisser jusques à t'en servir,
Qu'avec tes plus chéris tu m'y daignes admettre,
Et veux bien m'enseigner comme il te faut ravir
  Ce que tu leur voulus promettre.

Tout vient de toi, Seigneur, et nous en recevons
Tout ce qu'à te servir applique cet hommage ;
  J'ose dire encor davantage,
Tu nous sers beaucoup plus que nous ne te servons :
La terre qui nous porte, et qui nous sert de mère,
L'air que nous respirons, le ciel qui nous éclaire,
Ont ces ordres de toi qu'ils ne rompent jamais ;
L'ange même nous sert, tout pécheurs que nous som-
Et garde exactement ceux où tu le soumets   [mes,
  Pour le ministère des hommes.

C'est peu pour toi que l'air, et la terre, et les cieux,
C'est peu qu'à nous servir l'ange s'assujettisse ;
  Pour mieux nous rendre cet office,
Tu choisis un sujet encor plus précieux :
Tu quittes, Roi des rois, ton sacré diadème ;
Tu descends jusqu'à nous de ton trône suprême ;

Tu te revêts pour nous de nos infirmités ;
Et, nous fortifiant par ta sainte présence,
Tu nous fais triompher de nos fragilités,
    Et te promets pour récompense.

Pour tant et tant de biens que ne puis-je à mon tour
Te servir dignement tout le temps de ma vie !
    Oh ! que j'aurais l'âme ravie
De le pouvoir, Seigneur, seulement un seul jour !
Te servir à demi c'est te faire une injure ;
Et, comme tes bontés n'ont jamais de mesure,
Il ne faut point de borne aux devoirs qu'on te rend :
A toi toute louange, à toi gloire éternelle,
A toi, Seigneur, est dû ce que peut de plus grand
    Le zèle d'une âme fidèle.

N'es-tu pas, ô mon Dieu ! mon Seigneur souverain,
Et moi ton serviteur, pauvre, lâche, imbécile,
    Dont tout l'effort est inutile,
A moins qu'avoir l'appui de ta divine main ?
Je dois pourtant, je dois de toute ma puissance
Te louer, te servir, te rendre obéissance,
Sans m'en lasser jamais, sans prendre autre souci ;
Viens donc à mon secours, bonté toute céleste ;
Tu vois que je le veux et le souhaite ainsi ;
    Par ta faveur supplée au reste.

La pompe des honneurs dans son plus haut éclat
N'a rien de comparable à cette servitude,
    A cette glorieuse étude
Qui nous apprend de tout à faire peu d'état :
Mépriser tout pour toi, pour ce noble esclavage
Qui sous tes volontés enchaîne le courage,
C'est se mettre au-dessus des princes et des rois ;
Et l'ineffable excès des grâces que tu donnes
A qui peut s'affermir dans cet illustre choix,
    Vaut mieux que toutes les couronnes.

Par des attraits divins et toujours renaissants
Ton saint Esprit se plaît à consoler les âmes
    Dont les pures et saintes flammes
Dédaignent pour t'aimer tous les plaisirs des sens :
Ces âmes qui pour toi prennent l'étroite voie,
Qui n'ont point d'autre but, qui n'ont point d'autre [joie,
Y goûtent de l'esprit l'entière liberté ;
Leur retraite en vrais biens se voit toujours féconde,
Et trouve un plein repos dans la digne fierté
    Qui leur fait négliger le monde.

Miraculeux effet, bonheur prodigieux,
Qu'ainsi la liberté naisse de la contrainte !
    O doux lien ! ô douce étreinte !
O favorable poids du joug religieux !
Sainte captivité qu'on te doit de louanges !

Tu rends dès ici-bas l'homme pareil aux anges ;
Tu le rends agréable aux yeux de son Auteur ;
Tu le rends formidable à ces troupes rebelles,
A ces noirs escadrons de l'ange séducteur,
    Et louable à tous les fidèles.

O fers délicieux et toujours à chérir,
Que vous cachez d'appas sous un peu de rudesse !
    O du ciel infaillible adresse,
Que tu rends ses trésors aisés à conquérir !
O jeûnes, pauvreté, disciplines, cilices,
Amoureuses rigueurs et triomphants supplices !
O cloître ! ô saints travaux, qu'il vous faut souhaiter,
Vous qui donnez à l'âme une joie assurée,
Et qui l'asservissant lui faites mériter
    Un bien d'éternelle durée !

CHAPITRE XI.

QU'IL FAUT EXAMINER SOIGNEUSEMENT LES DÉSIRS DU CŒUR, ET PRENDRE PEINE A LES MODÉRER.

Je vois qu'à me servir enfin tu te disposes ;
    Mais n'en espère pas grand fruit,
A moins que je t'apprenne encore beaucoup de choses
    Dont tu n'es pas encore assez instruit.

    Seigneur, que veux-tu m'apprendre ?
    Je suis prêt de t'écouter ;
    Joins à la grâce d'entendre
    La force d'exécuter.

Toutes tes volontés doivent être soumises
    Purement à mon bon plaisir,
Jusqu'à ne souhaiter en toutes entreprises
    Que les succès que je voudrai choisir.

Tu ne dois point t'aimer, tu ne dois point te plaire
    Dans tes propres contentements ;
Tu dois n'être jaloux que de me satisfaire,
    Et d'obéir à mes commandements.

Quel que soit le désir qui t'échauffe et te pique,
    Considère ce qui t'en plaît,
Et vois si ta chaleur à ma gloire s'applique,
    Ou s'il t'émeut par ton propre intérêt.

Lorsque ce n'est qu'à moi que ce désir se donne,
    Qu'il n'a pour but que mon honneur,
Quelque effet qui le suive, et quoi que j'en ordonne,
    Ta fermeté tient tout à grand bonheur.

Mais lorsque l'amour-propre y garde encor sa place,
    Quoique secret et déguisé,

C'est là ce qui te gêne et ce qui t'embarrasse,
 C'est ce qui pèse à ton cœur divisé.

Défends-toi donc, mon fils, de la première amorce
 D'un désir mal prémédité;
N'y prends aucun appui, n'y donne aucune force
 Qu'après m'avoir pleinement consulté.

Ce qui t'en plaît d'abord peut bientôt te déplaire,
 Et te réduire au repentir,
Et tu rougiras lors de ce qu'aura pu faire
 Cette chaleur trop prompte à consentir.

Tout ce qui paraît bon n'est pas toujours à suivre,
 Ni son contraire à rejeter;
L'ardeur impétueuse à mille erreurs te livre,
 Et trop courir c'est te précipiter.

La bride est souvent bonne, et même il en faut une
 A la plus sainte affection;
Son trop d'empressement la peut rendre importune,
 Et te pousser dans la distraction.

Il te peut emporter hors de la discipline,
 Sous prétexte de faire mieux,
Et laisser du scandale à qui ne l'examine
 Que par la règle où s'attachent ses yeux.

Il peut faire en autrui naître une résistance
 Que tu n'auras daigné prévoir,
Et de qui la surprise ébranlant ta constance
 La troublera jusqu'à te faire choir.

Un peu de violence est souvent nécessaire
 Contre les appétits des sens,
Même quand leur effet te paraît salutaire,
 Quand leurs désirs te semblent innocents.

Ne demande jamais à ta chair infidèle
 Ce qu'elle veut ou ne veut pas;
Range-la sous l'esprit, et fais qu'en dépit d'elle
 Son esclavage ait pour toi des appas.

Qu'en maître, qu'en tyran cet esprit la châtie,
 Qu'il l'enchaîne de rudes nœuds,
Jusqu'à ce que, domptée et bien assujettie,
 Elle soit prête à tout ce que tu veux;

Jusqu'à ce que, de peu satisfaite et contente,
 Elle aime la simplicité,
Et que chaque revers qui trompe son attente
 Sans murmurer en puisse être accepté.

CHAPITRE XII.

**COMME IL SE FAUT FAIRE A LA PATIENCE,
ET COMBATTRE LES PASSIONS.**

A ce que je puis voir, Seigneur,
J'ai grand besoin de patience
Contre la rude expérience
Où cette vie engage un cœur.

Elle n'est qu'un gouffre de maux,
D'accidents fâcheux et contraires,
Qu'un accablement de misères,
D'où naissent travaux sur travaux.

Je n'y termine aucuns combats
Que chaque instant ne renouvelle,
Et ma paix y traîne avec elle
La guerre attachée à mes pas.

Les soins même de l'affermir
Ne sont en effet qu'une guerre,
Et tout mon séjour sur la terre
Qu'une occasion de gémir.

Tu dis vrai, mon enfant; aussi ne veux-je pas
Que tu cherches en terre une paix sans combats,
Un repos sans tumulte, un calme sans orage,
Où toujours la fortune ait un même visage,
Et semble par le cours de ses événements
S'asservir en esclave à tes contentements.
Je veux te voir en paix, mais parmi les traverses,
Parmi les changements des fortunes diverses;
Je veux y voir ton calme, et que l'adversité
Te serve à t'affermir dans la tranquillité. [ses;
Tu ne peux, me dis-tu, souffrir beaucoup de cho-
En vain tu t'y résous, en vain tu t'y disposes,
Tu sens une révolte en ton cœur mutiné
Contre la patience où tu l'as condamné.
Lâche, qu'oses-tu dire? ainsi le purgatoire,
Ainsi ses feux cuisants sont hors de ta mémoire!
Auras-tu plus de force? ou les présumes-tu
Plus aisés à souffrir à ce cœur abattu?
Apprends que de deux maux il faut choisir le moindre,
Que tes soins en ce but se doivent tous rejoindre,
Et que pour éviter les tourments éternels
Tu dois traiter tes sens d'infâmes criminels,
Braver leurs appétits, leur imposer des gênes,
Préparer ta constance aux misères humaines,
Les souffrir sans murmure, et recevoir les croix
Ainsi que des faveurs qui viennent de mon choix.
Crois-tu les gens du monde exempts d'inquiétude?
Ne vois-tu rien pour eux ni d'amer ni de rude?
Va chez ces délicats qui n'ont soin que d'unir

Le choix des voluptés aux moyens d'y fournir ;
Si tu crois y trouver des roses sans épines,
Tu n'y trouveras point ce que tu t'imagines.
 Mais ils suivent, dis-tu, leurs inclinations ;
Leur seule volonté règle leurs actions,
Et l'excès des plaisirs en un moment consume
Ce peu qui par hasard s'y coule d'amertume.
 Eh bien ! soit, je le veux, ils ont tout à souhait ;
Mais combien doit durer un bonheur si parfait ?
 Ces riches, que du siècle adore l'imprudence,
Passent comme fumée avec leur abondance,
Et de leurs voluptés le plus doux souvenir,
S'il ne passe avec eux, ne sert qu'à les punir.
Celles que leur permet une si triste vie
Sont dignes de pitié beaucoup plus que d'envie ;
Elles vont rarement sans mélange d'ennuis, [nuits ;
Leurs jours les plus brillants ont les plus sombres
Souvent mille chagrins empoisonnent leurs charmes,
Souvent mille terreurs y jettent mille alarmes,
Et souvent des objets d'où naissent leurs plaisirs
Ma justice en courroux fait naître leurs soupirs :
L'impétuosité qui les porte aux délices
Elle-même à leur joie enchaîne les supplices,
Et joint aux vains appas d'un peu d'illusion
Le repentir, le trouble et la confusion.
 Toutes ces voluptés sont courtes et menteuses,
Toutes n'ont que désordre, et toutes sont honteuses :
Les hommes cependant n'en aperçoivent rien ;
Enivrés qu'ils en sont, ils en font tout leur bien ;
Ils suivent en tous lieux, comme bêtes stupides, [des ;
Leurs sens pour souverains, leurs passions pour gui-
Et pour l'indigne attrait d'un faux chatouillement,
Pour un bien passager, un plaisir d'un moment,
Amoureux d'une vie ingrate et fugitive,
Ils acceptent pour l'âme une mort toujours vive,
Où, mourant à toute heure, et ne pouvant mourir,
Ils ne sont immortels que pour toujours souffrir.
 Plus sage à leurs dépens, donne moins de puissance
Aux brutales fureurs de ta concupiscence ;
Garde-toi de courir après les voluptés,
Captive tes désirs ; brise tes volontés,
Mets en moi seul ta joie, et m'en fais une offrande,
Et je t'accorderai ce que ton cœur demande.
 Oui, ce cœur ainsi libre, ainsi désabusé,
Ne peut, quoi qu'il demande, en être refusé ;
Et, si tu veux goûter des plaisirs véritables,
Des consolations et pleines et durables,
Tu n'as qu'à dédaigner par un noble mépris
Cet éclat dont le monde éblouit tant d'esprits ;
Tu n'as qu'à t'arracher à ces voluptés basses
Qui repoussent des cœurs les effets de mes grâces ;
Tu n'as qu'à te soustraire à leur malignité,
Et je te rendrai plus que tu n'auras quitté ;
Plus à leurs faux attraits tu fermeras de portes,

Plus mes faveurs seront et charmantes et fortes ;
Et moins la créature aura chez toi d'accès,
Et plus du Créateur les dons auront d'excès.
 Ne crois pas toutefois sans peine et sans tristesse
A ce détachement élever ta faiblesse ;
Une vieille habitude y voudra résister,
Mais par une meilleure il faudra la dompter ;
Ta chair murmurera, mais de tout son murmure
La ferveur de l'esprit convaincra l'imposture ;
Enfin le vieux serpent tâchera de t'aigrir
Contre les moindres maux que tu voudras souffrir ;
Il fera mille efforts pour brouiller ta conduite ;
Mais avec l'oraison tu le mettras en fuite,
Et l'obstination d'un saint et digne emploi
Ne lui laissera plus aucun pouvoir sur toi.

CHAPITRE XIII.

DE L'OBÉISSANCE DE L'HUMBLE SUJET,
A L'EXEMPLE DE JÉSUS-CHRIST.

Quiconque se dérobe à l'humble obéissance
 Bannit ma grâce en même temps,
Et se livre lui-même à toute l'impuissance
 De ses désirs vains et flottants.
Ces dévots indiscrets dont le zèle incommode,
 Pour les rendre saints à leur mode,
Leur forme une conduite et fait des lois à part,
 Au lieu de s'avancer par un secret mérite,
Perdent ce qu'en commun dans la règle on profite,
 A force de vivre à l'écart.

Qui n'obéit qu'à peine, et dans l'âme s'attriste
 Des ordres d'un supérieur,
Fait bien voir que sa chair à son tour lui résiste
 Par un murmure intérieur ;
Qu'il est mal obéi par cette vaine esclave,
 Qui se révolte, qui le brave,
Et n'est jamais d'accord de ce qu'il lui prescrit :
Obéis donc toi-même, et tôt et sans murmure,
Si tu veux que ta chair à ton exemple endure
 Le frein que lui doit ton esprit.

Des assauts du dehors une âme tourmentée
 Triomphe tôt des plus ardents
Quand la rébellion de la chair mal domptée
 Ne ravage point le dedans ;
Mais ils trouvent souvent de leur intelligence
 L'amour-propre et la négligence,
Qui leur font de toi-même un renfort contre toi ;
Et cette âme n'a point d'ennemi plus à craindre
Que cette même chair, quand elle ose se plaindre
 De l'esprit qui lui fait la loi.

Prends donc, prends pour toi-même un mépris véri-
 Qui te réduise au dernier rang, [table
Si tu veux mettre à bas ce pouvoir redoutable
Qu'ont sur toi la chair et le sang.
Mais tu t'aimes encore; et ton âme obstinée
 Dans cette amour désordonnée
Ne peut y renoncer sans trouble et sans ennui :
De là vient que ton cœur s'épouvante et s'indigne;
De là vient qu'il frémit avant qu'il se résigne
 Pleinement au vouloir d'autrui.

Que fais-tu de si grand, toi qui n'es que poussière,
 Ou, pour mieux dire, qui n'es rien, [fière
Quand tu soumets pour moi ton âme un peu moins
 A quelque autre vouloir qu'au tien?
Moi qui suis tout-puissant, moi qui d'une parole
 Ai bâti l'un et l'autre pôle,
Et tiré du néant tout ce qui s'offre aux yeux,
Moi dont tout l'univers est l'ouvrage et le temple,
Pour me soumettre à l'homme et te donner l'exemple,
 Je suis bien descendu des cieux.

De ces palais brillants où ma gloire ineffable
 Remplit tout de mon seul objet,
Je me suis ravalé jusqu'au rang d'un coupable,
 Jusqu'à l'ordre le plus abject;
Je me suis fait de tous le plus humble et le moindre
 Afin que tu susses mieux joindre
Un digne abaissement à ton indignité,
Et que, malgré le monde et ses vaines amorces,
Pour dompter ton orgueil tu trouvasses des forces
 Dans ma parfaite humilité.

Apprends de moi, pécheur, apprends l'obéissance
 Des sentiments humiliés;
Poudre, terre, limon, apprends de ta naissance
 A te faire fouler aux pieds;
Apprends à te ranger sous le plus rude empire;
 Apprends à te vaincre, à dédire
De ton propre vouloir les désirs les plus doux;
Apprends à triompher des assauts qu'il te donne;
Apprends à t'asservir à tout ce qu'on t'ordonne;
 Apprends à te soumettre à tous.

Fais que contre toi-même un saint zèle t'enflamme
 D'une juste indignation,
Pour étouffer soudain ce qui naît dans ton âme
 De superbe et d'ambition;
Désenfle-la si bien qu'elle soit toujours prête
 A voir que chacun sur ta tête
Par un dernier mépris ose imprimer ses pas,
Que le plus rude affront n'ait pour toi rien d'étrange,
Et qu'alors qu'on te traite à l'égal de la fange
 Tu te mettes encor plus bas.

De quoi murmures-tu, chétive créature,
 Et comment peux-tu repartir,
Alors qu'on te reproche, à toi qui n'es qu'ordure,
 Ce que tu ne peux démentir?
N'es-tu pas un ingrat, un rebelle à ma grâce,
 D'avoir eu tant de fois l'audace
D'offenser, de trahir le Dieu de l'univers?
Et tes attachements, tes lâchetés, tes vices,
N'ont-ils pas mille fois mérité les supplices
 Qui me vengent dans les enfers?

Mais parce qu'à mes yeux ton âme est précieuse,
 Il m'a plu de te pardonner,
Et je n'étends sur toi qu'une main amoureuse
 Qui ne veut que te couronner.
Vois par là ma bonté, vois quelle est sa puissance;
 Montre par ta reconnaissance
Qu'enfin de mes bienfaits tu sais le digne prix;
Fais de l'humilité ta plus douce habitude,
De la soumisssion ta plus ardente étude,
 Et tes délices du mépris.

CHAPITRE XIV.

DE LA CONSIDÉRATION DES SECRETS JUGEMENTS DE DIEU, DE PEUR QUE NOUS N'ENTRIONS EN VANITÉ POUR NOS BONNES ACTIONS.

Seigneur, tu fais sur moi tonner tes jugements;
Tous mes os ébranlés tremblent sous leur menace;
Ma langue en est muette; et mon cœur tout de glace
N'a plus pour s'expliquer que des frémissements.

Mon âme épouvantée à l'éclat de leur foudre
S'égare de frayeur, et s'en laisse accabler,
Tout ce qu'elle prévoit ne fait que la troubler,
Et mon esprit confus ne saurait que résoudre.

Je demeure immobile en ce mortel effroi,
Et partout sous mes pas je trouve un précipice;
Je vois quel est mon crime, et quelle est ta justice;
Et je sais que le ciel n'est pas pur devant toi.

Tes anges devant toi n'ont pas été sans tache,
Et tu n'as rien permis à ta pitié pour eux:
Étant plus criminel, serais-je plus heureux,
Moi qu'à cette justice aucune ombre ne cache?

Au plus creux de l'abîme elle a fait trébucher
Ces astres si brillants de gloire et de lumière;
Et moi, Seigneur, et moi, qui ne suis que poussière,
Croirai-je avec raison que je te sois plus cher?

Les grands dévots comme eux font des chutes étran-
J'ai vu dégénérer leurs plus nobles travaux, [ges;

Et les sales rebuts des plus vils animaux
Plaire à leur mauvais goût après le pain des anges.

La vertu la plus prête à se voir couronner,
Quand ta main se retire, est aussitôt fragile;
Et toute la sagesse est comme elle inutile,
Quand cette même main cesse de gouverner.

La force et la valeur trompent notre espérance,
Si pour la conserver tu n'avances ton bras;
Et jamais chasteté n'est bien sûre ici-bas,
Si ta protection ne fait son assurance.

Enfin si nous n'avons ton aide et ton soutien,
Si tu ne nous défends, si tu ne nous regardes,
Tout l'effort qu'on se fait pour être sur ses gardes
N'est qu'un effort qui gêne et qui ne sert de rien.

Le naufrage est certain si tu nous abandonnes;
Le soin de l'éviter nous fait même y courir;
Mais sitôt que ta main daigne nous secourir,
Nous rentrons à la vie, et gagnons les couronnes.

Nous sommes inconstants, mais tu nous affermis;
Notre feu s'amortit, tu lui prêtes des flammes,
Et les saintes ardeurs que tu rends à nos âmes
Sont autant de remparts contre nos ennemis.

Qu'un plein ravalement ainsi m'est nécessaire!
Que je me dois pour moi des sentiments abjects!
Et quand je fais du bien, si quelquefois j'en fais,
Le peut d'état, Seigneur, qu'il m'est permis d'en faire!

Que je dois m'abaisser, que je dois m'avilir
Sous tes saints jugements, sous leurs profonds abîmes,
Où je ne vois en moi qu'un néant plein de crimes,
Qui, tout néant qu'il est, ose s'enorgueillir!

O néant! ô vrai rien! mais pesanteur extrême,
Mais charge insupportable à qui veut s'élever!
Mer sans rive, où partout chacun se peut trouver,
Mais sans trouver partout qu'un néant en soi-même!

Dans un gouffre si vaste où te retires-tu,
Où te peux-tu cacher, source de vaine gloire?
Mérite, où vois-tu lieu de flatter la mémoire?
Où va la confiance en la propre vertu?

Tout s'abîme, Seigneur, dans cette mer profonde
Que tes grands jugements ouvrent de toutes parts;
Et, si tous les mondains y jetaient leurs regards,
Il ne serait jamais de vaine gloire au monde.

Que verraient-ils en eux qu'ils pussent estimer,
S'ils voyaient devant toi ce qu'est leur chair fragile?

Comment souffriraient-ils qu'une masse d'argile
S'enflât contre la main qui vient de la former?

Un cœur vraiment à toi ne prend jamais le change;
Et qui goûte une fois l'Esprit de vérité,
Qui se peut y soumettre avec sincérité,
Ne saurait plus goûter une vaine louange.

Oui, quand ta vérité l'a bien soumis à toi,
Le bien qu'on dit de lui jamais ne le soulève :
Qu'un monde entier le loue, un monde entier achève
D'affermir les mépris qu'il a conçus de soi.

Sitôt qu'il fixe en Dieu toute son espérance,
Les éloges sur lui n'ont plus aucun pouvoir;
Il entend leurs douceurs, mais sans s'en émouvoir,
Sans leur prêter jamais la moindre complaisance.

Aussi tous les flatteurs eux-mêmes ne sont rien;
Ce qu'ils donnent d'encens est comme eux périssable;
Mais ta vérité seule est toujours immuable,
Et seule nous conduit jusqu'au souverain bien.

CHAPITRE XV.

COMME IL FAUT NOUS COMPORTER ET PARLER A DIEU EN TOUS NOS SOUHAITS.

Pense à moi, mon enfant, quoi que tu te proposes,
Laisse-m'en disposer, et dis en toutes choses :

O mon Dieu! si ton bon plaisir
S'accorde à ce que je souhaite,
Donne-m'en le succès conforme à mon désir;
Sinon ta volonté soit faite.

Si ta gloire peut s'exalter
Par l'effet où j'ose prétendre,
Permets qu'en ton saint nom je puisse exécuter
Ce que tu me vois entreprendre.

S'il doit servir à mon salut,
Si mon âme en tire avantage,
Ainsi que ton honneur en est l'unique but,
Que te servir en soit l'usage.

Mais s'il est nuisible à mon cœur,
S'il est inutile à mon âme,
Daigne éteindre, ô mon Dieu, cette frivole ardeur,
Et remplis-moi d'une autre flamme.

Car souvent un désir peut sembler vertueux,
Qui n'a de la vertu qu'un air tumultueux,
Qu'une ombre colorée, et ce n'est pas à dire,

Quoiqu'il paraisse bon, que c'est moi qui l'inspire.
Il ne t'est pas aisé de juger au certain
Quel esprit meut ton âme, ou ta langue, ou ta main;
S'il est bon ou mauvais; si l'un ou l'autre est cause
Que tu fais un souhait pour telle ou telle chose,
Ou si ce n'est enfin qu'un simple mouvement
Qu'excite dans ton cœur ton propre sentiment.
Plusieurs y sont trompés, et leur fausse lumière
Trouve le précipice au bout de la carrière,
Après avoir cru prendre avec fidélité
Pour guide en tous leurs pas l'Esprit de vérité.
Tu dois donc, ô mon fils, toujours avec ma crainte,
Avec l'humilité dedans ton cœur empreinte,
M'adresser tous tes vœux, me demander l'effet
De tout ce que tu crois digne de ton souhait,
Réduire tes désirs sous ce que je désire,
M'en remettre le tout, et toujours me redire :

 Tu vois ce qui m'est le meilleur,
 De mes maux tu sais le remède;
Regarde mon désir, et règle-le, Seigneur,
 Ainsi que tu veux qu'il succède.

 Donne-moi ce que tu voudras;
 Choisis le temps et la mesure :
Et comme il te plaira daigne étendre le bras
 Sur ta chétive créature.

 Vois-moi gémir et travailler,
 Et pour tout fruit ne me destine
Que ce qui te plaît mieux, et qui fait mieux briller
 L'éclat de ta gloire divine.

 Ordonne de tout mon emploi
 Par ta providence suprême;
Agis partout en maître, et dispose de moi
 Sans considérer que toi-même.

 Tiens-moi dans ta main fortement;
 Tourne, retourne-moi sans cesse;
Porte-moi, sans repos, de la joie au tourment,
 De la douleur à l'allégresse.

 Tel qu'un esclave prêt à tout,
 Pour toi, non pour moi, je veux vivre;
C'est là mon seul désir : puissé-je jusqu'au bout,
 O mon Dieu! dignement le suivre!

ORAISON

POUR FAIRE LE BON PLAISIR DE DIEU.

 Doux arbitre de mon sort,
 Daigne m'accorder ta grâce;
Qu'elle aide mon faible effort,
Et que sa pleine efficace
Dure en moi jusqu'à la mort.

Fais, Seigneur, que mon désir
N'ait pour but invariable
Que ce que ton bon plaisir
Aura le plus agréable,
Que ce qu'il voudra choisir.

Que ton vouloir soit le mien;
Que le mien toujours le suive,
Et s'y conforme si bien,
Qu'ici-bas, quoi qu'il m'arrive,
Sans toi je ne veuille rien.

Fais-le toujours prévaloir
Sur quoi que je me propose,
Et mets hors de mon pouvoir
De vouloir aucune chose
Que ce qu'il te plaît vouloir.

Fais-moi de sorte mourir
A tout ce qu'on voit au monde,
Que je ne puisse chérir
Sur la terre ni sur l'onde
Que ce qui ne peut périr.

Que ma gloire à l'abandon
Sous les mépris abîmée
Conserve si peu mon nom,
Qu'à mes yeux la renommée
Doute si je vis ou non.

Fais que de tous mes souhaits
En toi seul je me repose;
Fais qu'attendant les effets
Où mon âme se dispose,
Elle trouve en toi sa paix.

Toi seul es le vrai repos;
Hors de toi le calme est rude;
Et la bonace des flots
Augmente l'inquiétude
Des plus sages matelots.

En cette paix donc, Seigneur,
Essentielle et suprême,
En cet unique bonheur,
Qui n'est autre que toi-même,
Fais le repos de mon cœur.

CHAPITRE XVI.

QUE LES VÉRITABLES CONSOLATIONS NE SE DOIVENT CHERCHER QU'EN DIEU.

J'épuise mon désir, j'épuise ma pensée
    A chercher des contentements
    Qui par de vrais soulagements
Adoucissent les maux dont mon âme est pressée ;
Mais, hélas! après tout, j'ai beau m'en figurer,
    J'ai beau les désirer,
Ce n'est point en ces lieux que je les dois attendre ;
    L'avenir seul me les promet,
Cet heureux avenir où chacun peut prétendre,
Mais qu'on n'obtient qu'au prix où la vertu le met.

Quand par un heureux choix d'événements propices
    Le monde me ferait sa cour,
    Quand il n'aurait soin nuit et jour
Que d'inventer pour moi de nouvelles délices ;
Quand il attacherait lui-même à mes côtés
    Toutes ses voluptés,
De combien de moments en serait la durée ?
    Et quels biens me pourrait donner
Sa faveur la plus ferme et la mieux assurée,
Qu'en un coup d'œil peut-être il faut abandonner ?

N'espère point de joie, ô mon cœur, que frivole,
    N'en espère aucune ici-bas
    Qu'en ce grand Dieu de qui le bras
Soutient l'humble et le pauvre, et partout le console ;
Quels que soient tes ennuis, attends encore un peu,
    Sans attiédir ton feu,
Attends le doux effet des promesses divines ;
    Et tu posséderas bientôt
Des biens encor plus grands que tu ne t'imagines,
Et que le ciel pour toi garde comme en dépôt.

Ce lâche abaissement aux douceurs temporelles,
    Que le siècle fait trop goûter,
    Sert d'un grand obstacle à monter
Dans ce palais de gloire où sont les éternelles :
Attache tes désirs, mon âme, à celles-ci ;
    Fais-en ton seul souci,
Et regarde en passant celles-là pour l'usage ;
    Ne t'en laisse plus éblouir :
Ce Dieu qui du néant te fit à son image
Eut un plus digne objet que de t'en voir jouir.

De quoi te serviraient tous les trésors du monde,
    Tous ceux que la terre et la mer
    Dans leur sein peuvent enfermer,
Si ce n'est point sur eux qu'un vrai bonheur se fonde ?
Le plus pompeux éclat de ces riches trésors
    N'a qu'un brillant dehors
Qui n'excite au dedans que de l'inquiétude ;
    Il n'a point de solide bien ;
Et, si tu veux trouver quelque béatitude,
Elle n'est qu'en ce Dieu qui créa tout de rien.

Mais garde-toi surtout de la présumer telle
    Que se la peignent ces mondains
    Dont les désirs brutaux et vains
Au gré de leur caprice en forment un modèle :
Tu t'y dois figurer un amas de vrais biens,
    Tel que les vrais chrétiens
Dans leurs plus longs travaux attendent sans murmure ;
    Un avant-goût délicieux,
Tel que sent quelquefois une âme droite et pure
De qui tout l'entretien s'élève jusqu'aux cieux.

Rempli de cette idée, il te sera facile
    De juger l'instabilité
    Qu'a le monde et sa vanité,
Comme lui décevante, et comme lui fragile.
La seule vérité donne aux afflictions
    Des consolations
Durables à l'égal de sa sainte parole :
    Ainsi l'éprouvent les dévots ;
Et, portant en tous lieux un Dieu qui les console,
Ils savent bien aussi lui dire à tout propos :

    Bénin Sauveur de la nature,
    Prends soin partout de m'assister,
    Et daigne sans cesse prêter
    Ton secours à ta créature.

    Qu'au milieu de toutes mes peines
    Ce me soit un soulagement
    D'être abandonné pleinement
    Des consolations humaines.

    Qu'au défaut même de la tienne,
    J'en trouve dans ta volonté,
    Dont la juste sévérité
    Fait cette épreuve de la mienne.

    Car enfin, Seigneur, ta colère
    Fera place à des temps plus doux,
    Et les fureurs d'un Dieu jaloux
    Cèderont aux bontés d'un père.

CHAPITRE XVII.

QU'IL FAUT NOUS REPOSER EN DIEU DE TOUT LE SOIN DE NOUS-MÊMES.

Laisse-moi te traiter ainsi que je l'entends :
    Je sais ce qui t'est nécessaire ;

Je juge mieux que toi de ce que tu prétends ;
 Encore un coup, laisse-moi faire.
Tu vois tout comme un homme, et sur tous les objets
Les sentiments humains conduisent tes projets ;
Souvent ta passion elle seule y préside :
Tu lui remets souvent le choix de tes désirs ;
Et, recevant ainsi cette aveugle pour guide,
Tu rencontres des maux où tu crois des plaisirs.

Ce que tu dis, Seigneur, n'est que trop véritable ;
 Les soucis que tu prends de moi
Surpassent de bien loin tous ceux dont est capable
 L'amour-propre et son fol emploi.

Aussi faut-il sur toi pleinement s'en démettre,
 Sans se croire, sans se chercher ;
Et qui n'en use ainsi ne saurait se promettre
 De faire un pas sans trébucher.

Tiens donc ma volonté sous ton ordre céleste,
 Droite en tout temps, ferme en tous lieux ;
Laisse-moi cette grâce, et dispose du reste
 Comme tu jugeras le mieux.

A cela près, Seigneur, que ta main se déploie ;
 Je ne veux examiner rien ;
Et je suis assuré que, quoi qu'elle m'envoie,
 Tout est bon, tout est pour mon bien.

Sois béni, si tu veux que tes lumières saintes
 Éclairent mon entendement ;
Et ne le sois pas moins, si leurs clartés éteintes
 Me rendent mon aveuglement.

Sois à jamais béni, si tes douces tendresses
 Daignent consoler mes travaux,
Et ne le sois pas moins, si tes justes rudesses
 Se plaisent à croître mes maux.

Ainsi tous tes souhaits se doivent concevoir,
 Si tu veux que je les écoute ;
Ainsi tu dois, mon fils, te mettre en mon pouvoir,
 Si tu veux marcher dans ma route.
Tiens ton cœur prêt à tout, et d'un visage égal
Accepte de ma main et le bien et le mal,
Le profond déplaisir et la pleine allégresse ;
Sois content, pauvre et riche, et toujours satisfait ;
Soit que je te console, ou que je te délaisse,
Bénis ma providence, et chéris-en l'effet.

Volontiers, ô mon Dieu ! volontiers je captive
 Mes désirs sous ton saint vouloir,
Et pour l'amour de toi je veux, quoi qu'il m'arrive,
 Souffrir tout sans m'en émouvoir.

Le succès le plus triste et le plus favorable,
 Le plus doux et le plus amer,
Me seront tous des choix de ta main adorable,
 Qu'également il faut aimer.

Je les recevrai tous, sans mettre différence
 Entre le bon et le mauvais ;
Je les aimerai tous, et ma persévérance
 T'en rendra grâces à jamais.

Aux assauts du péché rends mon âme invincible ;
 Daigne l'en faire triompher ;
Et je ne craindrai point la mort la plus terrible,
 Ni les puissances de l'enfer.

Pourvu que ma langueur ne soit jamais punie
 Par un éternel abandon,
Pourvu, Seigneur, pourvu que du livre de vie
 Jamais tu n'effaces mon nom,

Fais pleuvoir des douleurs, fais pleuvoir des misères,
 Fais-en sur moi fondre un amas ;
Rien ne pourra me nuire, et dans les plus amères
 Je ne verrai que des appas.

CHAPITRE XVIII.

QU'IL FAUT SOUFFRIR AVEC PATIENCE LES MISÈRES TEMPORELLES, A L'EXEMPLE DE JÉSUS-CHRIST.

Vois, mortel, combien tu me dois ;
 J'ai quitté le sein de mon Père,
Je me suis revêtu de toute ta misère,
J'en ai voulu subir les plus indignes lois :
Le ciel était fermé, tu n'y pouvais prétendre ;
Pour t'en ouvrir la porte il m'a plu d'en descendre,
Sans que rien m'imposât cette nécessité ;
Et, pour prendre une vie amère et douloureuse,
J'ai suivi seulement la contrainte amoureuse
 De mon immense charité.

Mais je veux amour pour amour ;
 Je veux, mon fils, que tu contemples
Ce que je t'ai laissé de précieux exemples
Comme autant de leçons pour souffrir à ton tour ;
Que, sous l'accablement des misères humaines,
L'esprit dans les ennuis et le corps dans les gênes,
Tu tiennes toujours l'œil sur ce que j'ai souffert,
Et que, malgré l'horreur qu'en conçoit la nature,
Tu t'offres sans relâche à souffrir sans murmure,
 Ainsi que je m'y suis offert.

Examine chaque moment
 Qu'en terre a duré ma demeure ;

Va du premier instant jusqu'à la dernière heure ;
Remonte de la fin jusqu'au commencement ;
Tiens-en toute l'image à tes yeux étendue ;
Verras-tu de mes maux la course suspendue,
De ces maux où pour toi je me suis abîmé ?
La crèche où je naquis vit mes premières larmes ;
Tous mes jours n'ont été que douleurs ou qu'alarmes,
 Et ma croix a tout consommé.

 Au manquement continuel
 Des commodités temporelles
On a joint contre moi les plaintes, les querelles,
Et tout ce que l'opprobre avait de plus cruel :
J'en ai porté la honte avec mansuétude ;
J'ai vu sans m'indigner la noire ingratitude
Payer tous mes bienfaits d'un outrageux mépris,
La fureur du blasphème attaquer mes miracles,
Et l'orgueil ignorant condamner les oracles
 Dont j'illuminais les esprits.

Il est vrai ; mon Sauveur, que toute votre vie
Est de la patience un miroir éclatant,
Et qu'un si grand exemple à souffrir me convie
Tout ce qu'a le malheur de plus persécutant.

Puisque par là surtout vous sûtes satisfaire
Aux ordres que vous fit votre Père éternel,
Avec quelle raison voudrais-je m'y soustraire ?
L'innocent lui doit-il plus que le criminel ?

Il faut bien qu'à son tour le pécheur misérable
Accepte de ses maux toute la dureté,
Et soumette une vie infirme et périssable
Aux souverains décrets de votre volonté.

Il est juste, ô mon Dieu, que sans impatience
J'en porte le fardeau pour mon propre salut,
Et que de ses ennuis la triste expérience
Ne produise en mon cœur ni dégoût ni rebut.

La faiblesse attachée à notre impure masse
Trouve sa charge lourde et fâcheuse à porter ;
Mais, par l'heureux secours de votre sainte grâce,
Plus le poids en est grand, plus il fait mériter.

Votre exemple nous aide à souffrir avec joie ;
Celui de tous vos saints nous rehausse le cœur :
L'un et l'autre du ciel nous aplanit la voie ;
L'un et l'autre y soutient notre peu de vigueur.

Sous la loi de Moïse et son rude esclavage
La vie avait bien moins de quoi nous consoler ;
Le ciel toujours fermé laissait peu de passage
Par où jusque sur nous sa douceur pût couler.

Sa route était alors beaucoup plus inconnue,
Et semblait se cacher sous tant d'obscurité,
Que peu pour la trouver avaient assez de vue,
Et très-peu pour la suivre assez de fermeté.

Encore ce petit nombre, en qui l'âme épurée
Avait fait sur le monde un vertueux effort,
Voyait bien dans le ciel sa place préparée ;
Mais pour s'y voir assis il fallait votre mort.

Il leur fallait attendre, après tous leurs mérites,
Que votre sang versé les rendît bienheureux,
Et vers votre justice ils n'étaient pas bien quittes,
A moins que votre amour payât encore pour eux.

Que je vous dois d'encens, que je vous dois de grâces
De m'avoir enseigné le bon et droit chemin,
Et de m'avoir frayé ces douloureuses traces
Qui mènent sur vos pas à des plaisirs sans fin !

La faveur m'est commune avec tous vos fidèles,
Qu'unit la charité sous votre aimable loi :
Recevez-en, Seigneur, des grâces éternelles ;
Je vous en rends pour eux aussi bien que pour moi.

Car enfin votre vie est cette voie unique
Où par la patience on marche jusqu'à vous :
Par là votre royaume à tous se communique ;
Par là votre couronne est exposée à tous.

Si vous n'aviez vous-même enseigné cette voie,
Si vous n'y laissiez voir l'empreinte de vos pas,
Vous offririez en vain votre couronne en proie ;
Prendrait-on un chemin qu'on ne connaîtrait pas ?

Si nous cessions d'avoir votre exemple pour guide,
Les moindres embarras nous feraient rebrousser,
Et toute notre ardeur abattue et languide
Tournerait en arrière, au lieu de s'avancer.

Hélas ! puisqu'on s'égare avec tant de lumière
Qu'épandent votre vie et vos enseignements,
Qui pourrait arriver au bout de la carrière,
Si nous étions réduits à nos aveuglements ?

CHAPITRE XIX.

DE LA VÉRITABLE PATIENCE.

Qu'as-tu, mon fils, que tu soupires ?
 Considère ma Passion,
Considère mes saints, regarde leurs martyres,
Et baisse après les yeux sur ton affliction :

Qu'y trouves-tu qui leur soit comparable,
Toi qui prétends une place en leur rang?
Va, cesse de nommer ton malheur déplorable,
Tu n'en es pas encor jusqu'à verser ton sang.

Tu souffres, mais si peu de chose
Au prix de ce qu'ils ont souffert,
Que le fardeau léger des croix que je t'impose
Ne vaut pas que sur lui tu tiennes l'œil ouvert :
Vois, vois plutôt celles qu'ils ont portées;
Vois quels tourments a bravés leur vertu;
Que d'assauts repoussés, que d'horreurs surmontées;
Et si tu le peux voir, dis-moi, que souffres-tu?

Vois par mille épreuves diverses
Leurs cœurs sans relâche exercés;
Vois-les bénir mon nom dans toutes leurs traverses,
Et tomber sous le faix sans en être lassés;
Vois leur constance au milieu de leurs gênes
Monter plus haut plus on les fait languir;
Mesure bien tes maux sur l'excès de leurs peines,
Tes maux n'auront plus rien qui mérite un soupir.

Sans doute, alors que ta faiblesse
Les trouve trop lourds à porter,
Ta propre impatience est tout ce qui te blesse,
Et seule fait le poids qu'elle veut rejeter.
Légers ou lourds, il faut que tu les portes;
Tu ne peux rompre un ordre fait pour tous,
Et, soit que tes douleurs soient ou faibles ou fortes,
Tu dois même constance à soutenir leurs coups.

Tu te montres d'autant plus sage,
Que tu t'y prépares le mieux;
Ton mérite en augmente, et prend un avantage
Qui te rend d'autant plus agréable à mes yeux;
La douleur même en est d'autant moins rude
Quand le courage, à souffrir disposé,
S'en est fait par avance une douce habitude,
Et lorsqu'il s'est vaincu tout lui devient aisé.

Ne dis jamais pour ton excuse :
« Je ne saurais souffrir d'un tel,
« De mon trop de bonté sa calomnie abuse,
« Le dommage est trop grand, l'outrage trop mortel;
« A ma ruine il se montre inflexible,
« Il prend pour but de me déshonorer;
« Je souffrirai d'un autre, et serai moins sensible,
« Selon que je verrai qu'il est bon d'endurer. »

Cette pensée est folle et vaine,
Et l'amour-propre qu'elle suit
Sous ce discernement de la prudence humaine
Cache un orgueil secret qui t'enfle et te séduit :

Au lieu de voir ce qu'est la patience,
Et quelle main la doit récompenser,
Il attache tes yeux à voir quelle est l'offense,
Et mesurer la main qui vient de t'offenser.

La patience est délicate
Qui ne veut souffrir qu'à son choix,
Qui borne ses malheurs, et jusque-là se flatte
Qu'elle en prétend régler et le nombre et le poids :
La véritable est d'une autre nature;
Et, quelques maux qui se puissent offrir,
Elle ne leur prescrit ordre, temps, ni mesure,
Et n'a d'yeux que pour moi quand il lui faut souffrir.

Que son supérieur l'exerce,
Son pareil, son inférieur,
Elle est toujours la même, et sa peine diverse
Conserve également son calme intérieur;
Quelle que soit l'épreuve ou la personne,
Elle y présente un courage affermi,
Et n'examine point si l'essai qui l'étonne
Vient d'un homme de bien, ou d'un lâche ennemi.

Sa vertueuse indifférence
Reçoit avec remercîments
Ces odieux trésors d'amertume et d'offense
Qui font partout ailleurs tant de ressentiments;
Autant de fois qu'elle se voit pressée,
Autant de fois elle l'impute à gain,
Et regarde si peu la main qui l'a blessée,
Que tout devient pour elle un présent de ma main.

Instruite dans ma sainte école,
Elle met son espoir aux cieux,
Et sait que dans ses maux si je ne la console,
Du moins ce qu'elle souffre est présent à mes yeux;
Qu'un jour viendra que ma douce visite
De ses travaux couronnera la foi,
Et qu'un peu de souffrance amasse un grand mérite
Quand ce peu qu'on endure est enduré pour moi.

Tiens donc ton âme toujours prête
A toute épreuve, à tous combats,
Du moins si tu veux vaincre et couronner ta tête,
De ce qu'un beau triomphe a de gloire et d'appas :
La patience a sa couronne acquise;
Mais sans combattre on n'y peut aspirer;
A qui sait bien souffrir ma bouche l'a promise,
Et c'en est un refus qu'un refus d'endurer.

Encore un coup, cette couronne
N'est que pour les hommes de cœur :
Si tu peux souhaiter qu'un jour je te la donne,
Résiste avec courage, et souffre avec douceur.

Sans le travail et sans l'inquiétude
Le vrai repos ne se peut obtenir,
Et sans le dur effort d'un combat long et rude
A la pleine victoire on ne peut parvenir.

Donne-moi donc ta grâce; et par elle, Seigneur,
Fais pouvoir à ta créature
Ce qui semble impossible à la morne langueur
Où l'ensevelit la nature.

Tu connais mieux que moi que mon peu de vertu
Ne peut souffrir que peu de chose;
Tu sais que mon courage est soudain abattu
Au moindre obstacle qui s'oppose.

Daigne le relever de cet abattement,
Quelque injure qui me soit faite;
Et fais-moi pour ton nom souffrir si constamment,
Que je m'y plaise et le souhaite.

Car endurer pour toi l'outrage et le rebut,
Être pour toi traité d'infâme,
C'est prendre le chemin qui conduit au salut,
C'est la haute gloire de l'âme.

CHAPITRE XX.

DE L'AVEU DE SA PROPRE INFIRMITÉ, ET DES MISÈRES DE CETTE VIE.

A ma confusion, Seigneur, je te confesse
Quelle est mon injustice, et quelle est ma faiblesse;
Je veux bien te servir de témoin contre moi :
Peu de chose m'abat, peu de chose m'attriste,
Et dans tous mes souhaits, pour peu qu'on me résiste,
Un orgueilleux chagrin soudain me fait la loi.

J'ai beau me proposer d'agir avec courage,
Le moindre tourbillon me fait peur de l'orage,
Et renverse d'effroi mon plus ferme propos;
D'angoisse et de dépit j'abandonne ma route,
Et, me livrant moi-même à ce que je redoute,
Je me fais le jouet et des vents et des flots.

C'est bien pour en rougir de voir quelle tempête
Souvent mes lâchetés attirent sur ma tête,
Et combien ce grand trouble a peu de fondement;
C'est bien pour en rougir de me voir si fragile,
Que souvent dans mon cœur la chose la plus vile
Forme d'une étincelle un long embrasement.

Quelquefois, au milieu de ma persévérance,
Lorsque je crois marcher avec quelque assurance,
Et fournir ma carrière avec moins de danger,
Quand j'y pense le moins, je trébuche par terre,
Et, lorsque je m'estime à l'abri du tonnerre,
Je me trouve abattu par un souffle léger.

Reçois-en l'humble aveu, Seigneur, et considère
De ma fragilité l'impuissante misère,
Qui me met à toute heure en état de périr :
Sans que je te la montre, elle t'est trop connue;
Elle est de tous côtés exposée à ta vue :
D'un regard de pitié daigne la secourir.

Tire-moi de la fange où ma chute m'engage;
De ce bourbier épais arrache ton image,
Que par mon propre poids je n'y reste enfoncé :
Fais que je me relève aussitôt que je tombe;
Fais que si l'on m'abat jamais je ne succombe;
Fais que je ne sois point tout à fait terrassé.

Ce qui devant tes yeux rend mon âme confuse,
Ce qui dans elle-même à tous moments l'accuse,
Et me force à trembler sous un juste remords,
C'est de me voir si prompt à choir dans cette boue,
Et qu'à mes passions, qu'en vain je désavoue,
Je n'oppose en effet que de lâches efforts.

Bien que ta main propice à mon cœur qui s'en fâche
Au plein consentement jamais ne le relâche,
Et contre leurs assauts lui donne un grand appui,
Le combat est fâcheux, il importune, il gêne,
Et, comme la victoire est toujours incertaine,
Vivre toujours en guerre accable enfin d'ennui.

De mille objets impurs l'abominable foule,
Qui jusqu'au fond du cœur en moins de rien se coule,
N'a pas pour en sortir même facilité;
Leur plus légère idée a peine à disparaître;
Le soin de l'effacer souvent l'obstine à croître,
Et montre ainsi l'excès de mon infirmité.

Puissant Dieu d'Israël, qui, jaloux de nos âmes,
Ne veux les voir brûler que de tes saintes flammes,
Regarde mes travaux, regarde ma douleur;
Secours par tes bontés ton serviteur fidèle;
Et, de quelque côté que se porte mon zèle,
De tes divins rayons prête-lui la chaleur.

Répands dans mon courage une céleste force,
De peur que de la chair la dangereuse amorce,
Le vieil homme, à l'esprit encor mal asservi,
Se prévalant sur moi de toute ma faiblesse,
N'affermisse un empire à cette chair traîtresse,
Et que par l'esprit même il ne soit trop suivi.

C'est contre cette chair, notre fière ennemie,

Que tant que nous traînons cette ennuyeuse vie
Nous avons à combattre autant qu'à respirer.
Quelle est donc cette vie où tout n'est que misères,
Que tribulations, que rencontres amères,
Que piéges, qu'ennemis prêts à nous dévorer?

Qu'une affliction passe, une autre lui succède;
Souvent elle renaît de son propre remède.
Et rentre du côté qu'on la vient de bannir;
Un combat dure encor que mille autres surviennent,
Et cet enchaînement dont ils s'entre-soutiennent
Fait un cercle de maux, qui ne saurait finir.

Peut-on avoir pour toi quelque amour, quelque estime,
O vie! ô d'amertume affreux et vaste abîme,
Cuisant et long supplice et de l'âme et du corps?
Et, parmi les malheurs dont je te vois suivie,
A quel droit gardes-tu l'aimable nom de vie,
Toi dont le cours funeste engendre tant de morts?

On t'aime cependant, et la faiblesse humaine,
Bien qu'elle voie en toi les sources de sa peine,
Y cherche avidement celle de ses plaisirs.
Le monde est un pipeur, on dit assez qu'il trompe,
On déclame assez haut contre sa vaine pompe,
Mais on ne laisse point d'y porter ses désirs.

Le pouvoir dominant de la concupiscence
Qu'imprime en notre chair notre impure naissance,
Ainsi sous ce trompeur captive nos esprits;
Mais il faut que le cœur saintement se rebelle,
Et juge quels motifs font aimer l'infidèle,
Et quels doivent pousser à son juste mépris.

Les appétits des sens, la soif de l'avarice,
L'orgueil qui veut monter au gré de son caprice,
Enfantent cet amour que nous avons pour lui;
Les angoisses d'ailleurs, les peines, les misères,
Qui les suivent partout comme dignes salaires,
En font naître à leur tour le dégoût et l'ennui.

Mais une âme à l'aimer lâchement adonnée,
Par d'infâmes plaisirs en triomphe menée,
Ne considère point ce qui le fait haïr:
Ce fourbe à ses regards déguise toutes choses,
Lui peint les nuits en jours, les épines en roses,
Et ses yeux subornés aident à la trahir.

Aussi n'a-t-elle rien qui l'en puisse défendre;
Les douceurs que d'en haut Dieu se plaît à répandre
Sont des biens que jamais sa langueur n'a goûtés;
Elle n'a jamais vu quel charme a ce grand Maître,
Ni combien la vertu, qui craint de trop paraître,
Verse en l'intérieur de saintes voluptés.

Le vrai, le plein mépris des vanités mondaines
Qu'embrassent en tous lieux ces âmes vraiment saines
Qui, sous la discipline, ont Dieu pour leur objet,
C'est ce qui leur départ cette douceur exquise;
Et de sa propre voix Dieu même l'a promise
A qui peut s'affermir dans ce noble projet.

Par là notre ferveur, enfin mieux éclairée,
Promène sur le monde une vue assurée,
Que son flatteur éclat ne saurait éblouir :
Nous voyons comme il trompe et se trompe lui-même,
Nous le voyons se perdre et perdre ce qu'il aime
Au milieu des faux biens dont il pense jouir.

CHAPITRE XXI.

QU'IL FAUT SE REPOSER EN DIEU PAR-DESSUS TOUS LES BIENS ET TOUS LES DONS DE LA NATURE ET DE LA GRACE.

Mon âme, c'est en Dieu par-dessus toutes choses
Qu'il faut qu'en tout, partout, toujours tu te reposes;
Il n'est point de repos ailleurs que criminel,
Et lui seul est des saints le repos éternel.

Fais donc, aimable Auteur de toute la nature,
Qu'en toi j'en trouve plus qu'en toute créature,
Plus qu'au plus long bonheur de la pleine santé,
Plus qu'aux vifs attraits dont charme la beauté,
Plus qu'au plus noble éclat de l'honneur le plus rare,
Plus qu'en tout le brillant dont la gloire se pare,
Plus qu'en toute puissance, et plus qu'au plus haut rang
Où puissent élever les charges et le sang,
Plus qu'en toute science, et plus qu'en toute adresse,
Plus que dans tous les arts, plus qu'en toute richesse,
Plus qu'en toute la joie et les ravissements
Que puissent prodiguer de pleins contentements,
Plus qu'en toute louange et toute renommée,
Qu'en toute leur illustre et pompeuse fumée,
Qu'en toutes les douceurs des consolations
Qui soulagent un cœur dans ses afflictions.

Seigneur, puisqu'en toi seul ce vrai repos habite,
Fais-le-moi prendre en toi par-dessus tout mérite,
Par-dessus quoi que fasse espérer de plaisir,
La plus douce promesse, ou le plus cher désir,
Par-dessus tous les dons que ta main libérale
Pour enrichir une âme abondamment étale,
Par-dessus tout l'excès des plus dignes transports
Dont soit capable un cœur rempli de ces trésors,
Par-dessus les secours que lui prêtent les anges,
Par-dessus le soutien qu'il reçoit des archanges,
Par-dessus tout ce gros de saintes légions
Qui de ton grand palais peuplent les régions,

Par-dessus tout enfin ce que tu rends visible,
Par-dessus ce qui reste aux yeux imperceptible,
Et, pour dire en un mot tout ce que je conçoi,
Par-dessus, ô mon Dieu! tout ce qui n'est point toi.
   Car tu possèdes seul en un degré suprême
La bonté, la grandeur, et la puissance même;
Toi seul suffis à tout, toi seul en toi contiens
L'immense plénitude où sont tous les vrais biens;
Toi seul as les douceurs après qui l'âme vole,
Toi seul as dans ses maux tout ce qui la console,
Toi seul as des beautés dignes de la charmer,
Toi seul es tout aimable, et toi seul sais aimer;
Toi seul portes en toi ce noble et vaste abîme
Qui t'environne seul de gloire légitime;
Enfin c'est en toi seul que vont se réunir
Le passé, le présent, avec tout l'avenir;
En toi qu'à tous moments s'assemblent et s'épurent
Tous les biens qui seront, et qui sont, et qui furent;
En toi, que tous ensemble ils ont toujours été,
Qu'ils sont et qu'ils seront toute l'éternité.
   Ainsi tous tes présents autres que de toi-même
N'ont point de quoi suffire à cette âme qui t'aime;
A moins que de te voir, à moins que d'en jouir,
Rien n'offre à ses désirs de quoi s'épanouir.
Quoi qu'assure à ses vœux ta parole fidèle,
Quoi que de tes grandeurs ta bonté lui révèle,
Elle n'y trouve point à se rassasier;
Quelque chose lui manque où tu n'es pas entier;
Et mon cœur n'a jamais ni de repos sincère,
Ni par où pleinement se pouvoir satisfaire,
S'il ne repose en toi, si de tout autre don
Il ne fait pour t'aimer un solide abandon;
Si porté fortement à travers les nuages
Jusqu'au-dessus des airs et de tous tes ouvrages,
Par les sacrés élans d'un zèle plein de foi
Sur les pieds de ton trône il ne s'attache à toi.
   Adorable Jésus, cher époux de mon âme,
Qui dans la pureté fais luire tant de flamme,
Souverain éternel, et de tous les humains,
Et de tout ce qu'ont fait et ta voix et tes mains,
Qui pourra me donner ces ailes triomphantes [tes,
Que d'un cœur vraiment libre ont les ardeurs ferven-
Afin que hors des fers de ce triste séjour
Je vole dans ton sein pour y languir d'amour?
   Quand pourrai-je, Seigneur, bannir toute autre idée,
Et l'âme toute en toi, de toi seul possédée,
T'embrasser à mon aise, et goûter à loisir
Combien ta vue est douce au pur et saint désir?
   Quand verrai-je cette âme en toi bien recueillie,
Sans plus faire au dehors d'imprudente saillie,
S'oublier elle-même à force de t'aimer,
Sensible pour toi seul, en toi se transformer,
Ne se plus servir d'yeux, de langue, ni d'oreilles,
Que pour voir, pour chanter, pour ouïr tes merveilles,

Et par ces doux transports, que tu rends tout-puis-
Passer toute mesure et tout effort des sens, [sants,
Pour s'unir pleinement aux grandeurs de ton être
D'une façon qu'à tous tu ne fais pas connaître?
   Je ne fais que gémir, et porte avec douleur,
Attendant ce beau jour, l'excès de mon malheur;
Mille sortes de maux dans ce val de misères
Troublent incessamment ces élans salutaires,
M'accablent de tristesse, et m'offusquent l'esprit,
Rompent tous les effets de ce qu'il se prescrit,
Les détournent ailleurs, de lui-même le chassent,
Sous de fausses beautés l'attirent, l'embarrassent,
Et, m'ôtant l'accès libre à tes attraits charmants,
M'empêchent de jouir de tes embrassements,
M'empêchent d'en goûter les douceurs infinies,
Qu'aux esprits bienheureux jamais tu ne dénies.
   Laisse-toi donc toucher, Seigneur, aux déplaisirs
Qui, de tous les côtés tyrannisant la terre,
En cent et cent façons me déclarent la guerre,
Et, répandant partout leur noire impression,
N'y versent qu'amertume et désolation.
   Ineffable splendeur de la gloire éternelle,
Consolateur de l'âme en sa prison mortelle,
En ce pèlerinage où le céleste amour
Lui montrant son pays la presse du retour,
Si ma bouche est muette, écoute mon silence :
Écoute dans mon cœur une voix qui s'élance;
Là, d'un ton que jamais nul que toi n'entendit,
Cette voix sans parler te dit et te redit :

    Combien dois-je encore attendre?
    Jusques à quand tardes-tu,
    O Dieu tout bon, à descendre
    Dans mon courage abattu?

    Mon besoin t'en sollicite,
    Toi, qui de tous biens auteur,
    Peux d'une seule visite
    Enrichir ton serviteur.

    Viens donc, Seigneur, et déploie
    Tous tes trésors à mes yeux;
    Remplis-moi de cette joie
    Que tu fais régner aux cieux.

    De l'angoisse qui m'accable
    Daigne être le médecin,
    Et d'une main charitable
    Dissipe-s-en le chagrin.

    Viens, mon Dieu, viens sans demeure;
    Tant que je ne te vois pas,
    Il n'est point de jour ni d'heure
    Où je goûte aucun appas.

Ma joie en toi seul réside;
Tu fais seul mes bons destins;
Et sans toi ma table est vide
Dans la pompe des festins.

Sous les misères humaines,
Infecté de leur poison,
Et tout chargé de leurs chaînes,
Je languis comme en prison;

Jusqu'à ce que ta lumière
Y répande sa clarté,
Et que ta faveur entière
Me rende ma liberté;

Jusqu'à ce qu'après l'orage,
La nuit faisant place au jour,
Tu me montres un visage
Qui soit pour moi tout d'amour.

Que d'autres, enivrés de leurs folles pensées,
Suivent au lieu de toi leurs ardeurs insensées;
Que le reste du monde attache ses plaisirs
Aux frivoles objets de ses bouillants désirs;
Rien ne me plaît, Seigneur, rien ne pourra me plaire
Que toi, qui seul de l'âme es l'espoir salutaire:
Je ne m'en tairai point, et sans cesse je veux
Jusqu'au ciel, jusqu'à toi, pousser mes humbles vœux,
Tant que ma triste voix enfin mieux entendue,
Tant que ta grâce enfin à mes soupirs rendue,
Tu daignes, pour réponse à cette voix sans voix,
D'un même accent me dire et redire cent fois:

Me voici, je viens à ton aide;
Je viens guérir les maux où tu m'as appelé,
Et ma main secourable apporte le remède
Dont tu dois être consolé.

De mon trône j'ai vu tes larmes;
J'ai vu de tes désirs l'amoureuse langueur;
J'ai vu tes repentirs, tes douleurs, tes alarmes,
Et l'humilité de ton cœur.

J'ai voulu si peu me défendre
De tout ce que leur vue attirait de pitié,
Que jusque dans ton sein il m'a plu de descendre
Par un pur excès d'amitié.

A ces mots, tout saisi d'un transport extatique,
Ma joie et mon amour te diront pour réplique:

Il est vrai, mes gémissements
Ont eu recours à ta clémence
Pour obtenir la jouissance
De tes sacrés embrassements.

Il est vrai, tout mon cœur, épris
Du bonheur que tu lui proposes,
Veut bien pour toi de toutes choses
Faire un illustre et saint mépris.

Mais tu m'excites le premier
A rechercher ta main puissante,
Et sans ta grâce prévenante
Je me plairais dans mon bourbier.

Sois donc béni de la faveur
Que ta haute bonté m'accorde,
Et presse ta miséricorde
D'augmenter toujours ma ferveur.

Qu'ai-je à dire de plus? que puis-je davantage
Que te rendre à jamais un juste et plein hommage,
Sous tes saintes grandeurs toujours m'humilier,
De mon propre néant jamais ne m'oublier,
Et par un souvenir fidèle et magnanime
Déplorer à tes pieds ma bassesse et mon crime?

Quoi qui charme sur terre ou l'oreille ou les yeux,
Quoi que l'esprit lui-même admire dans les cieux,
Ces miracles n'ont rien qui te soit comparable:
Tu demeures toi seul à toi-même semblable;
Sur tout ce que tu fais ta haute majesté
Grave l'impression de sa propre bonté;
Dans tous tes jugements la vérité préside;
Ta seule providence au monde sert de guide,
Et son ordre éternel qui régit l'univers
En fait, sans se changer, les changements divers.

A toi gloire et louange, ô divine Sagesse!
Puisse ma voix se plaire à te bénir sans cesse!
Puisse jusqu'au tombeau mon cœur l'en avouer,
Et tout être créé s'unir à te louer!

CHAPITRE XXII.

QU'IL FAUT CONSERVER LE SOUVENIR DE LA
MULTITUDE DES BIENFAITS DE DIEU.

De tes lois à mon cœur ouvre l'intelligence,
Seigneur; conduis mes pas sous tes enseignements,
Et dans l'étroit sentier de tes commandements
Fais-moi sous tes clartés marcher sans négligence:
Instruis-moi de ton ordre et de tes volontés;
Élève mes respects jusques à tes bontés,
Pour faire de tes dons une exacte revue,
Soit qu'ils me soient communs avec tous les humains,
Soit que par privilége une grâce imprévue,
Pour me les départir, les choisisse en tes mains.

Que tous en général présents à ma mémoire,
Que de chacun à part le digne souvenir

De ce que je te dois puissent m'entretenir,
Afin que je t'en rende une immortelle gloire.
Mais ma reconnaissance a beau le projeter,
Tous mes remercîments ne sauraient m'acquitter,
A ma honte, ô mon Dieu! je le sais et l'avoue;
Et pour peu que de toi je puisse recevoir,
S'il faut que dignement ma faiblesse t'en loue,
Ma faiblesse jamais n'en aura le pouvoir.

Non, il n'est point en moi de pouvoir bien répondre
Au moindre écoulement de tes sacrés trésors;
Et, quand pour t'en bénir je fais tous mes efforts,
Les efforts que je fais ne font que me confondre.
Quand je porte les yeux jusqu'à ta majesté,
Quand j'ose en contempler l'auguste immensité,
Et mesurer l'excès de ta magnificence,
Soudain, tout ébloui de ces vives splendeurs,
Je sens dans mon esprit d'autant plus d'impuissance,
Qu'il a vu de plus près tes célestes grandeurs.

Nos âmes et nos corps de ta main libérale
Tiennent toute leur force et tous leurs ornements;
Ils ne doivent qu'à toi ces embellissements
Que le dedans recèle, où le dehors étale :
Tout ce que la nature ose faire de dons,
Tout ce qu'au-dessus d'elle ici nous possédons,
Sont des épanchements de ta pleine richesse;
Toi seul nous a fait naître, et toi seul nous maintiens;
Et tes bienfaits partout nous font voir ta largesse,
Qui nous prodigue ainsi toute sorte de biens.

Si l'inégalité se trouve en leur partage,
Si l'un en reçoit plus, si l'autre en reçoit moins,
Tout ne laisse pas d'être un effet de tes soins,
Et ce plus et ce moins te doivent même hommage.
Sans toi le moindre don ne se peut obtenir,
Et qui reçoit le plus se doit mieux prémunir
Contre ce doux orgueil où l'abondance invite;
Et, de quoi que sur tous il soit avantagé,
Il ne doit ni s'enfler de son propre mérite,
Ni traiter de mépris le plus mal partagé.

L'homme est d'autant meilleur que moins il s'attri-
Il est d'autant plus grand qu'il s'abaisse le plus, [bue;
Et qu'en te bénissant pour tant de biens reçus
Il reconnaît en soi sa pauvreté plus nue.
C'est par le zèle ardent, c'est par l'humilité,
C'est par le saint aveu de son indignité
Qu'il attire sur lui de plus puissantes grâces;
Et qui se peut juger le plus faible de tous
S'affermit d'autant plus à marcher sur tes traces,
Et va d'autant plus haut, qu'il prend mieux le dessous.

Celui pour qui ta main semble être plus avare
Doit le voir sans tristesse et souffrir sans ennui;
Et, sans porter d'envie aux plus riches que lui,
Attendre avec respect ce qu'elle lui prépare.
Au lieu de murmurer contre ta volonté,
C'est à lui de louer ta divine bonté,
Qui fait tous ses présents sans égard aux personnes :
Tu donnes librement, et préviens le désir;
Mais il est juste aussi que de ce que tu donnes
Le partage pour toi n'ait que ton bon plaisir.

Ainsi que d'une source en biens inépuisable
De ta bénignité tout découle sur nous;
Sans devoir à personne elle départ à tous,
Et, quoi qu'elle départe, elle est tout adorable :
Tu sais ce qu'à chacun il est bon de donner,
Et quand il faut l'étendre, ou qu'il la faut borner,
Ton ordre a ses raisons qui règlent toutes choses;
L'examen de ton choix sied mal à nos esprits,
Et du plus et du moins tu connais seul les causes,
Toi qui connais de tous le mérite et le prix.

Aussi veux-je tenir à faveur souveraine
D'avoir peu de ces dons qui brillent au dehors,
De ces dons que le monde estime des trésors,
De ces dons que partout suit la louange humaine.
Je sais qu'assez souvent ce sont de faux luisants,
Que la pauvreté même est un de tes présents,
Qui porte de ton doigt l'inestimable empreinte;
Et qu'entre les mortels être bien ravalé
Donne moins un sujet de chagrin et de plainte,
Qu'une digne matière à vivre consolé.

Tu n'as point fait ici dans l'or ni dans l'ivoire
Le choix de tes amis et de tes commensaux,
Mais dans le plus bas rang et les plus vils travaux
Que le monde orgueilleux ait bannis de sa gloire.
Tes apôtres, Seigneur, en sont de bons témoins;
Eux à qui du troupeau tu laissas tous les soins,
Eux qu'ordonnait ta main pour princes de la terre,
De quel ordre éminent les avais-tu tirés?
Et quelle était la pourpre et de Jean et de Pierre,
Dans une barque usée, et des rets déchirés?

Cependant sans se plaindre ils ont traîné leur vie,
Et plongés qu'ils étaient dans la simplicité,
Le précieux éclat de leur humilité
Aux plus grands potentats ne portait point d'envie :
Ils agissaient partout sans malice et sans fard,
Et la superbe en eux avait si peu de part,
Que de l'ignominie ils faisaient leurs délices;
Les opprobres pour toi ne les pouvaient lasser,
Et ce que fuit le monde à l'égal des supplices,
C'était ce qu'avec joie ils couraient embrasser.

25.

Ainsi, qui de tes dons connaît bien la nature
N'en conçoit point d'égal à celui d'être à toi,
D'avoir ta volonté pour immuable loi,
D'accepter ses décrets sans trouble et sans murmure :
Il te fait sur lui-même un empire absolu ;
Et, quand ta providence ainsi l'a résolu,
Il tombe sans tristesse au plus bas de la roue :
Ce qu'il est sur un trône, il l'est sur un fumier,
Humble dans les grandeurs, content parmi la boue,
Et tel au dernier rang qu'un autre est au premier.

Son âme, de ta gloire uniquement charmée,
Et maîtresse partout de sa tranquillité,
La trouve dans l'opprobre et dans l'obscurité,
Comme dans les honneurs, et dans la renommée.
Pour règle de sa joie il n'a que ton vouloir ;
Partout, sur toute chose, il le fait prévaloir,
Soit que ton bon plaisir l'élève, ou le ravale ;
Et son esprit se plaît à le voir s'accomplir
Plus qu'en tous les présents dont ta main le régale,
Et plus qu'en tous les biens dont tu le peux remplir.

CHAPITRE XXIII.

DE QUATRE POINTS FORT IMPORTANTS POUR ACQUÉRIR LA PAIX.

Maintenant que je vois ton âme plus capable
De mettre un ordre à tes souhaits,
Je te veux enseigner comme on obtient la paix,
 Et la liberté véritable.

Dégage tôt cette promesse,
J'en recevrai, Seigneur, l'effet avec plaisir ;
Hâte-toi de répondre à l'ardeur qui m'en presse,
 Et donne-moi cette allégresse,
 Toi qui fais naître ce désir.

En premier lieu, mon fils, tâche plutôt à faire
 Le vouloir d'autrui que le tien ;
Aime si peu l'éclat, le plaisir et le bien,
 Que le moins au plus s'en préfère.

Cherche le dernier rang, prends la dernière place,
 Vis avec tous comme sujet,
Et donne à tous tes vœux pour seul et plein objet
 Qu'en toi ma volonté se fasse.

Qui de ces quatre points embrasse la pratique
 Prend le chemin du vrai repos,
Et s'y conservera, pourvu qu'à tous propos
 A leur saint usage il s'applique.

 Seigneur, voilà peu de paroles,
Mais qui font l'abrégé de la perfection ;
Et ce long embarras de questions frivoles
 Dont retentissent nos écoles
 Laisse bien moins d'instruction.

Ces deux mots que ta bouche avance
Ouvrent un sens profond au cœur qui les comprend ;
Et quand il en peut joindre avec pleine constance
 La pratique à l'intelligence,
 Le fruit qu'il en reçoit est grand.

Si pour les bien mettre en usage
J'avais assez de force et de fidélité,
Le trouble, qui souvent déchire mon courage,
 N'y ferait pas ce grand ravage
 Avec tant de facilité.

Autant de fois que me domine
La noire inquiétude ou le pesant chagrin,
Je sens autant de fois que de cette doctrine
 J'ai quitté la route divine
 Pour suivre un dangereux chemin.

Toi qui peux tout, toi dont la grâce
Aime à nous soutenir, aime à nous éclairer,
Redouble en moi ses dons, et fais tant qu'elle passe
 Jusqu'à cette heureuse efficace
 Qui m'empêche de m'égarer.

Que mon âme, ainsi mieux instruite,
Embrasse de la gloire un glorieux rebut,
Et que de tes conseils l'invariable suite
 Soit d'achever, sous leur conduite,
 Le grand œuvre de mon salut.

ORAISON

CONTRE LES MAUVAISES PENSÉES.

N'éloigne pas de moi ta dextre secourable,
Viens, ô Maître du ciel ! viens, ô Dieu de mon cœur !
Ne me refuse pas un regard favorable
 A fortifier ma langueur.

Vois les pensers divers qui m'assiégent en foule ;
Vois-en des légions contre moi se ranger ;
Vois quel excès de crainte en mon âme se coule ;
 Vois-la gémir et s'affliger.

Contre tant d'ennemis prête-moi tes miracles
Pour passer au travers sans en être blessé,
Et donne-moi ta main pour briser les obstacles
 Dont tu me vois embarrassé.

Ne m'as-tu pas promis de leur faire la guerre?
Ne m'as-tu pas promis de marcher devant moi,
Et d'abattre à mes pieds ces tyrans de la terre,
    Qui pensent me faire la loi?

Oui, tu me l'as promis, et de m'ouvrir les portes,
Si jamais leurs fureurs me jetaient en prison,
Et d'apprendre à ce cœur qu'enfoncent leurs cohortes,
    Les secrets d'en avoir raison.

Viens donc tenir parole, et fais quitter la place
A ces noirs escadrons qu'arme et pousse l'enfer;
Ta présence est leur fuite : et leur montrer ta face,
    C'est assez pour en triompher.

C'est là l'unique espoir que mon âme troublée
Oppose à la rigueur des tribulations;
C'est là tout son recours quand elle est accablée
    Sous le poids des afflictions.

Toi seul es son refuge, et seul sa confiance;
C'est toi seul qu'au secours son zèle ose appeler,
Cependant qu'elle attend avecque patience
    Que tu daignes la consoler.

ORAISON

POUR OBTENIR L'ILLUMINATION DE L'AME.

    Éclaire-moi, mon cher Sauveur,
Mais de cette clarté qui, cachant sa splendeur,
Chasse mieux du dedans tous les objets funèbres,
    Et qui purge le fond du cœur
    De toutes sortes de ténèbres.

    Étouffe ces distractions
Qui pour troubler l'effet de mes intentions
A ma plus digne ardeur mêlent leur insolence,
    Et dompte les tentations
    Qui m'osent faire violence.

    Secours-moi d'un bras vigoureux;
Terrasse autour de moi ces monstres dangereux,
Ces avortons rusés d'une subtile flamme,
    Qui, sous un abord amoureux,
    Jettent leur poison dans mon âme.

    Que la paix ainsi de retour
Te fasse de mon cœur comme une sainte cour,
Où ta louange seule incessamment résonne,
    Par un épurement d'amour
    A qui tout le cœur s'abandonne.

    Abats les vents, calme les flots;
Tu n'as qu'à dire aux uns : « Demeurez en repos; »
Aux autres : « Arrêtez, c'est moi qui le commande; »
    Et soudain après ces deux mots
    La tranquillité sera grande.

    Répands donc tes saintes clartés,
Fais briller jusqu'ici tes hautes vérités,
Et que toute la terre en soit illuminée,
    En dépit des obscurités
    Où ses crimes l'ont condamnée.

    Je suis cette terre sans fruit,
Dont la stérilité sous une épaisse nuit
N'enfante que chardons, que ronces et qu'épines :
    Vois, Seigneur, où je suis réduit
    Jusqu'à ce que tu m'illumines.

    Verse tes grâces dans mon cœur;
Fais-en pleuvoir du ciel l'adorable liqueur;
A mon aridité prête leurs eaux fécondes;
    Prête à ma traînante langueur
    La vivacité de leurs ondes.

    Qu'ainsi par un prompt changement
Ce désert arrosé se trouve en un moment
Un champ délicieux où règne l'affluence,
    Et paré de tout l'ornement
    Que des bons fruits a l'abondance.

    Mais ce n'est pas encore assez,
Élève à toi mes sens sous le vice oppressés,
Et romps si bien pour eux des chaînes si funestes,
    Que mes désirs débarrassés
    N'aspirent qu'aux plaisirs célestes.

    Que le goût du bien souverain
Déracine en mon cœur l'attachement humain,
Et, faisant aux faux biens une immortelle guerre
    M'obstine au généreux dédain
    De tout ce qu'on voit sur la terre.

    Fais plus encore; use d'effort,
Use de violence, et m'arrache d'abord
A cette indigne joie, à ces douceurs impures,
    A ce périssable support
    Que promettent les créatures.

    Car ces créatures n'ont rien
Qui forme un plein repos, qui produise un vrai bien;
Leurs charmes sont trompeurs, leurs secours infidè-
    Et tout leur appui sans le tien   [les,
    S'ébranle, et trébuche comme elles.

    Daigne donc t'unir seul à moi;
Attache à ton amour par une ferme foi

Toutes mes actions, mes désirs, mes paroles,
Puisque toutes choses sans toi
Ne sont que vaines et frivoles.

CHAPITRE XXIV.

QU'IL NE FAUT POINT AVOIR DE CURIOSITÉ POUR LES ACTIONS D'AUTRUI.

Bannis, mon fils, de ton esprit
La curiosité vagabonde et stérile ;
 Son empressement inutile
Peut étouffer les soins de ce qui t'est prescrit :
Si tu n'as qu'une chose à faire,
Qu'ont tel et tel succès qui t'importe en effet ?
Préfère au superflu ce qui t'est nécessaire,
Et suis-moi, sans penser à ce qu'un autre fait.

Qu'un tel soit humble, ou qu'il soit vain,
Qu'il parle, qu'il agisse en telle ou telle sorte,
 Encore une fois, que t'importe !
Ai-je mis sa conduite ou sa langue en ta main ?
 As-tu quelque part en sa bonté ?
Répondras-tu pour lui de son peu de vertu ?
Ou, si c'est pour toi seul que tu dois rendre compte,
Quels que soient ses défauts, de quoi t'embrouilles-tu ?

Souviens-toi que du haut des cieux
Je perce d'un regard l'un et l'autre hémisphère,
 Et que le plus secret mystère
N'a point d'obscurité qui le cache à mes yeux :
 Rien n'échappe à ma connaissance ;
Je vois tout ce que font les méchants et les saints ;
J'entends tout ce qu'on dit ; je sais tout ce qu'on pense,
Et jusqu'au fond des cœurs je lis tous les desseins.

Tu dois donc me remettre tout
Puisque tout sur la terre est présent à ma vue :
 Que tout autre à son gré remue,
Conserve en plein repos ton âme jusqu'au bout ;
 Quoi qu'il excite de tempête,
Quelques lâches soucis qui puissent l'occuper,
Tout ce qu'il fait et dit reviendra sur sa tête,
Et, pour rusé qu'il soit, il ne peut me tromper.

Ne cherche point l'éclat du nom ;
Ce qu'il a de brillant ne va jamais sans ombre :
 Ne cherche en amis ni le nombre,
Ni les étroits liens d'une forte union :
 Tout cela ne fait que distraire,
Et ce peu qu'au dehors il jette de splendeur
Par la malignité d'un effet tout contraire,
T'enfonce plus avant les ténèbres au cœur.

Je t'entretiendrai volontiers :
Je te veux bien instruire en ma savante école
 Jusqu'à t'expliquer ma parole,
Jusqu'à t'en révéler les secrets tout entiers ;
 Mais il faut que ta diligence
Sache bien observer les moments où je viens,
Et qu'avec mes bontés ton cœur d'intelligence
Ouvre soudain la porte à mes doux entretiens.

Tu n'en peux recevoir le fruit,
Si ce cœur avec soin ne prévoit ma venue :
 Commence donc, et continue ;
Prépare-moi la place, et m'attends jour et nuit ;
 Joins la vigilance aux prières :
L'oraison redoublée est un puissant secours ;
Mais rien n'attire mieux mes célestes lumières
Que de t'humilier et partout et toujours.

CHAPITRE XXV.

EN QUOI CONSISTE LA VÉRITABLE PAIX.

Je l'ai dit autrefois : « Je vous laisse ma paix,
« Je vous la donne à tous, et les dons que je fais
« N'ont rien de périssable ainsi que ceux du monde. »
Tous aiment cette paix, tous voudraient la trouver ;
Mais tous ne cherchent pas le secret où se fonde
Le bien de l'acquérir et de la conserver.

Ma paix est avec l'humble, avec le cœur bénin ;
Si tu veux posséder un bonheur si divin,
Joins à ces deux vertus beaucoup de patience ;
Mais ce n'est pas encore assez pour l'obtenir ;
Prête-moi donc, mon fils, un moment de silence,
Et je t'enseignerai tout l'art d'y parvenir.

Tiens la bride sévère à tous tes appétits ;
Prends garde exactement à tout ce que tu dis ;
N'examine pas moins tout ce que tu veux faire ;
Et donne à tes désirs pour immuable loi
Que leur unique objet soit le bien de me plaire,
Et leur unique but de ne chercher que moi.

Ne t'embarrasse point des actions d'autrui ;
Laisse là ce qu'il dit et ce qu'on dit de lui,
A moins qu'à tes soucis sa garde soit commise ;
Chasse enfin tout frivole et vain empressement,
Et le trouble en ton cœur trouvera peu de prise,
Ou, s'il l'agite encor, ce sera rarement.

Mais, ne t'y trompe pas, vivre exempt de malheur,
Le cœur libre d'ennuis, et le corps de douleur,
N'être jamais troublé d'aucune inquiétude,

Ce n'est point un vrai calme en ces terrestres lieux ;
Et ce don n'appartient qu'à la béatitude
Que pour l'éternité je te réserve aux cieux.

Ainsi, quand tu te vois sans aucuns déplaisirs,
Que tout de tous côtés répond à tes désirs,
Qu'il ne t'arrive rien d'amer ni de contraire,
N'estime pas encore avoir trouvé la paix,
Ni que tout soit en toi si bon, si salutaire,
Qu'on ait lieu de te mettre au nombre des parfaits.

Ne te crois pas non plus ni grand ni bien aimé,
Pour te sentir un zèle à ce point enflammé,
Qu'à force de tendresse il te baigne de larmes ;
Des solides vertus la vraie affection
Ne fait point consister en tous ces petits charmes
Ni ton avancement ni ta perfection.

En quoi donc, me dis-tu, consiste pleinement
Cette perfection et cet avancement ?
Cette paix véritable, où se rencontre-t-elle ?
Je veux bien te l'apprendre : elle est, en premier lieu,
A t'offrir tout entier un cœur vraiment fidèle
Aux ordres souverains du vouloir de ton Dieu.

Cette soumission à mes sacrés décrets
Te doit fermer les yeux pour tous tes intérêts,
Soit qu'ils soient de petite ou de grande importance :
N'en cherche dans le temps, ni dans l'éternité,
Et souhaite le ciel, moins pour ta récompense,
Que pour y voir mon nom à jamais exalté.

Montre un visage égal aux changements divers ;
Dans le plus doux bonheur, dans le plus dur revers,
Rends-moi, sans t'émouvoir, même action de grâces ;
Tiens la balance droite à chaque événement,
Tiens-la ferme à tel point, que jamais tu ne passes
Jusque dans la faiblesse ou dans l'emportement.

Si tu sens qu'au milieu des tribulations
Je retire de toi mes consolations,
Et te laisse accablé sous ce qui te ravage,
Forme des sentiments d'autant plus résolus,
Et soutiens ton espoir avec tant de courage,
Qu'il prépare ton cœur à souffrir encor plus.

Ne te retranche point sur ton intégrité,
Comme si tu souffrais sans l'avoir mérité.
Et que pour tes vertus ce fût un exercice ;
Fuis cette vaine idée, et, comme criminel,
En toutes mes rigueurs adore ma justice,
Et bénis mon courroux et saint et paternel.

C'est comme il te faut mettre au droit et vrai chemin,
Qui seul te peut conduire à cette paix sans fin
Qu'à mes plus chers amis moi-même j'ai laissée :
Suis-le sur ma parole, et crois sans t'ébranler
Qu'après ta patience à mon choix exercée
Mes clartés de nouveau te viendront consoler.

Que si jamais l'effort d'un zèle tout de foi
Par un parfait mépris te détache de toi
Pour ne plus respirer que sous ma providence,
Sache qu'alors tes sens, à moi seul asservis,
Posséderont la paix dans la pleine abondance,
Autant qu'en peut souffrir cet exil où tu vis.

CHAPITRE XXVI.

DES EXCELLENCES DE L'ÂME LIBRE.

Seigneur, qu'il faut être parfait
Pour tenir vers le ciel l'âme toujours tendue,
Sans jamais relâcher la vue
Vers ce que sur la terre on fait !

A travers tant de soins cuisants
Passer comme sans soin, non ainsi qu'un stupide
Que son esprit morne et languide
Assoupit sous les plus pesants ;

Mais par la digne fermeté
D'une âme toute pure et tout inébranlable,
Par un privilége admirable
De son entière liberté ;

Détacher son affection
De tout ce qu'ici-bas un cœur mondain adore,
Seigneur, j'ose le dire encore,
Qu'il y faut de perfection !

O Dieu tout bon, Dieu tout-puissant,
Défends-moi des soucis où cette vie engage ;
Qu'ils n'enveloppent mon courage
D'un amas trop embarrassant.

Sauve-moi des nécessités
Dont le soutien du corps m'importune sans cesse ;
Que leur surprise ou leur mollesse
Ne donne entrée aux voluptés.

Enfin délivre-moi, Seigneur,
De tout ce qui peut faire un obstacle à mon âme,
Et changer sa plus vive flamme
En quelque mourante langueur.

Ne m'affranchis pas seulement
Des folles passions dont la terre est si pleine,

Et que la vanité mondaine
Suit avec tant d'empressement ;

Mais de tous ces petits malheurs
Dont répand à toute heure une foule importune
La malédiction commune
Pour peine sur tous les pécheurs ;

De tout ce qui peut retarder
La liberté d'esprit où ta bonté m'exhorte,
Et semble lui fermer la porte
Quand tu veux bien me l'accorder.

Ineffable et pleine douceur,
Daigne, ô mon Dieu ! pour moi changer en amertume
Tout ce que le monde présume
Couler de plus doux dans mon cœur.

Bannis ces consolations
Qui peuvent émousser le goût des éternelles,
Et livrer mes sens infidèles
A leurs folles impressions.

Bannis tout ce qui fait chérir
L'ombre d'un bien présent sous un attrait sensible,
Et dont le piége imperceptible
Nous met en état de périr.

Fais, Seigneur, avorter en moi
De la chair et du sang les dangereux intrigues ;
Fais que leurs ruses ni leurs ligues
Ne me fassent jamais la loi ;

Fais que cet éclat d'un moment
Dont le monde éblouit quiconque ose le croire,
Cette brillante et fausse gloire,
Ne me déçoive aucunement.

Quoi que le diable ose inventer
Pour ouvrir sous mes pas un mortel précipice,
Fais que sa plus noire malice
N'ait point de quoi me supplanter.

Pour combattre et pour souffrir tout,
Donne-moi de la force et de la patience,
Donne à mon cœur une constance
Qui persévère jusqu'au bout.

Fais que j'en puisse voir proscrit
Le goût de ces douceurs où le monde préside ;
Fais qu'il laisse la place vide
A l'onction de ton esprit.

Au lieu de cet amour charnel
Dont l'impure chaleur souille ce qu'elle enflamme,
Fais couler au fond de mon âme
Celui de ton nom éternel.

Boire, et manger, et se vêtir,
Sont d'étranges fardeaux qu'impose la nature ;
Oh ! qu'un esprit fervent endure
Quand il s'y faut assujettir !

Fais-m'en user si sobrement
Pour réparer un corps où l'âme est enfermée,
Qu'elle ne soit point trop charmée
De ce qu'ils ont d'allèchement.

Leur bon usage est un effet
Que le propre soutien a rendu nécessaire,
Et ce corps qu'il faut satisfaire
N'y peut renoncer tout à fait.

Mais de cette nécessité
Aller au superflu, passer jusqu'aux délices,
Et par de lâches artifices
Y chercher sa félicité,

C'est ce que nous défend ta loi ;
De peur que de la chair l'insolence rebelle
A son tour ne range sous elle
L'esprit qui doit être son roi.

Entre ces deux extrémités,
De leur juste milieu daigne si bien m'instruire,
Que les excès qui peuvent nuire
Soient de part et d'autre évités.

CHAPITRE XXVII.

QUE L'AMOUR-PROPRE NOUS DÉTOURNE DU SOUVERAIN BIEN.

Donne-moi tout pour tout, donne-toi tout à moi,
Sans te rien réserver, sans rien garder en toi
Par où tu te sois quelque chose :
L'amour-propre est pour l'âme un dangereux poison,
Et les autres malheurs où son exil l'expose,
Quelle qu'en puisse être la cause,
N'entrent point en comparaison.

Selon l'empressement, l'affection, les soins,
Chaque chose à ton cœur s'attache plus ou moins,
Ils en sont l'unique mesure :
Si ton amour est pur, simple et bien ordonné,
Tu pourras hautement braver la créature.
Sans craindre en toute la nature
Que rien te retienne enchaîné.

Ne désire donc point, fuis même à regarder
Tout ce que sans péché tu ne peux posséder,
    Tout ce qui brouille ton courage;
Bannis tout ce qui peut offusquer sa clarté
Sous l'obscure épaisseur d'un indigne nuage,
    Et changer en triste esclavage
    L'intérieure liberté.

Chose étrange, mon fils, parmi tant d'embarras,
Que du fond de ton cœur tu ne te ranges pas
    Sous ma providence ineffable,
Et qu'une folle idée, étouffant ton devoir
T'empêche de soumettre à mon ordre adorable
    Tout ce que tu te sens capable
    Et de souhaiter, et d'avoir!

Pourquoi t'accables-tu de soucis superflus,
Et qui te fait livrer tes sens irrésolus
    Au vain chagrin qui les consume?
Arrête ta conduite à mon seul bon plaisir,
N'admets aucune flamme, à moins que je l'allume,
    Et l'angoisse ni l'amertume
    Ne te pourront jamais saisir.

Si pour l'intérêt seul de tes contentements
Tu veux choisir les lieux et les événements
    Que tu penses devoir te plaire,
Tu ne te verras point dans un entier repos,
Et les mêmes soucis dont tu te crois défaire
    Sur ton bonheur imaginaire
    Reviendront fondre à tout propos.

Le succès le plus doux et le plus recherché
Aura pour ton malheur quelque défaut caché
    Par où corrompre tes délices,
Et de quelque séjour que tu fasses le choix,
Ou l'envie, ou la haine, en d'importuns caprices,
    Ou de secrètes injustices,
    T'y feront bien porter ta croix.

Ce n'est point ni l'acquis par d'assidus efforts,
Ni ce qu'un long bonheur multiplie au dehors,
    Qui te sert pour ma paix divine;
C'est un intérieur et fort détachement,
Qui, retranchant du cœur jusques à la racine
    L'indigne amour qui te domine,
    T'y donne un prompt avancement.

Joins au mépris des biens celui des dignités;
Joins au mépris du rang celui des vanités
    D'une inconstante renommée:
On condamne demain ce qu'on loue aujourd'hui,
Et cette gloire enfin dont l'âme est si charmée,
    Comme le monde l'a formée,
    S'éclipse et passe comme lui.

Ne t'assure non plus au changement de lieux:
Le cloître le plus saint ne garantit pas mieux,
    Si la ferveur d'esprit n'abonde;
Et la paix qu'on y trouve en sa pleine vigueur
Ne devient qu'une paix stérile et vagabonde,
    Si le zèle ardent ne la fonde
    Sur la stabilité du cœur.

Tiens-y donc ce cœur stable et soumis à mes lois;
Ou tu t'y changeras et mille et mille fois
    Sans être meilleur ni plus sage;
Et les occasions y sauront rejeter,
Y sauront, malgré toi, semer pour ton partage
    Autant de trouble, et davantage,
    Que tu n'en voulus éviter.

ORAISON

POUR OBTENIR LA PURETÉ DU CŒUR.

Affermis donc, Seigneur, par les grâces puissantes
Dont ton Esprit divin est le distributeur,
Les doux élancements de ces ferveurs naissantes
    Dont tu daignes être l'auteur.

Détache-moi si bien de la faiblesse humaine,
Que l'homme intérieur se fortifie en moi,
Et purge tout mon cœur de tout ce qui le gêne,
    Et de tout inutile emploi.

Que d'importuns désirs jamais ne le déchirent;
Que d'un mépris égal il traite leurs objets,
Sans que les plus brillants de leur côté l'attirent
    Sans qu'il s'amuse aux plus abjects

Fais-moi voir les plaisirs, les richesses, la gloire,
Ainsi que de faux biens qui passent en un jour;
Fais-leur pour tout effet graver en ma mémoire
    Que je dois passer à mon tour.

Sous le ciel rien ne dure, et partout sa lumière
Ne voit que vanités, que trouble, qu'embarras:
Oh! que sage est celui qui de cette manière
    Envisage tout ici-bas!

Donne-la-moi, Seigneur, cette haute sagesse,
Qui, te cherchant sur tout, te trouve jour et nuit,
Et qui, t'aimant sur tout, n'a ni goût ni tendresse
    Que pour ce qu'elle y fait de fruit.

Qu'elle peigne à mes yeux toutes les autres choses,
Non telles qu'on les croit, mais telles qu'elles sont,
Pour en user dans l'ordre à quoi tu les disposes,
    Dans l'impuissance qu'elles ont.

Que son dédain accort rejette avec prudence
Du plus adroit flatteur l'hommage empoisonné,
Et ne murmure point de voir par l'imprudence
　　Son meilleur avis condamné.

Ne se point émouvoir pour des paroles vaines,
Qui font bruit au dehors et ne sont que du vent,
Et refuser l'oreille à la voix des sirènes,
　　Dont tout le charme est décevant.

C'est un des grands secrets par qui l'âme avancée
Sous ta sainte conduite au bon et vrai sentier
Poursuit en sûreté la route commencée,
　　Et se fait un bonheur entier.

CHAPITRE XXVIII.

CONTRE LES LANGUES MÉDISANTES.

Mon fils, si quelques-uns forment des sentiments
　　Qui soient à ton désavantage,
S'ils tiennent des discours, s'ils font des jugements
Qui ternissent ta gloire, et te fassent outrage,
Ne t'en indigne point, n'en fais point le surpris :
　　Quels que soient leurs mépris,
Ton estime pour toi doit être encor plus basse;
Tu dois croire, au milieu de leur indignité,
Quelque puissante en toi que tu sentes ma grâce,
Qu'il n'est faiblesse égale à ton infirmité.

Si dans l'intérieur un bon et saint emploi
　　Te donne une démarche forte,
Tu ne prendras jamais le mal qu'on dit de toi
Que pour un son volage et que le vent emporte :
Il faut de la prudence en ces moments fâcheux ;
　　Et celle que je veux,
Celle que je demande, est qu'on sache se taire,
Qu'on sache au fond du cœur vers moi se retourner
Sans relâcher en rien son allure ordinaire,
Pour chose que le monde en veuille condamner.

Ne fais point cet honneur aux hommes imparfaits
　　Que leur vain langage te touche;
Ne fais point consister ta gloire ni ta paix
En ces discours en l'air qui sortent de leur bouche :
Que de tes actions ils jugent bien ou mal,
　　Tout n'est-il pas égal?
Ton âme en devient-elle ou plus nette ou plus noire?
En as-tu plus ou moins ou d'amour ou de foi?
Et, pour tout dire enfin, la véritable gloire,
La véritable paix, est-elle ailleurs qu'en moi?

Si tu peux t'affranchir de cette lâcheté,
　　Dont l'esclavage volontaire

Cherche à leur agréer avec avidité,
Et compte à grand malheur celui de leur déplaire,
Tu jouiras alors d'une profonde paix,
　　Et dans tous tes souhaits
Tu la verras passer en heureuse habitude.
Les indignes frayeurs, le fol emportement,
C'est ce qui dans ton cœur jette l'inquiétude,
C'est ce qui de tes sens fait tout l'égarement.

CHAPITRE XXIX.

COMMENT IL FAUT INVOQUER DIEU, ET LE BÉNIR AUX APPROCHES DE LA TRIBULATION.

Tu le veux, ô mon Dieu! que cette inquiétude,
Ce profond déplaisir, vienne troubler ma paix;
Après tant de douceurs ta main veut m'être rude,
Et moi, j'en veux bénir ton saint nom à jamais.

Je ne saurais parer ce grand coup de tempête;
Ses approches déjà me font pâlir d'effroi ;
Et tout ce que je puis, c'est de baisser la tête,
C'est de forcer mon cœur à recourir à toi.

Je ne demande point que tu m'en garantisses;
Il suffit que ton bras daigne être mon appui,
Et que l'heureux succès de tes bontés propices
Me rende salutaire un si cuisant ennui.

Je le sens qui m'accable : ah! Seigneur, que j'endure!
Que d'agitations me déchirent le cœur,
Qu'il se trouve au milieu d'une étrange torture!
Et qu'il y soutient mal sa mourante vigueur!

Père doux et bénin, qui connais ma faiblesse,
Que faut-il que je die en cet accablement?
Tu vois de toutes parts quelle rigueur me presse;
Sauve-moi, mon Sauveur, d'un si cruel moment.

Mais il n'est arrivé, ce moment qui me tue,
Qu'à dessein que ta gloire en prenne plus d'éclat,
Lorsque après avoir vu ma constance abattue
On la verra par toi braver ce qui l'abat.

Étends donc cette main puissante et débonnaire
Qui par notre triomphe achève nos combats;
Car, chétif que je suis, sans toi que puis-je faire?
De quel côté sans toi puis-je tourner mes pas?

Encor pour cette fois donne-moi patience;
Aide-moi par ta grâce à ne point murmurer ;
Et je ne craindrai point sur cette confiance,　　[rer.
Pour grands que soient les maux qu'il me faille endu-

Cependant derechef que faut-il que je die?
Ton saint vouloir soit fait, ton ordre exécuté;
Perte de biens, disgrâce, opprobre, maladie,
Tout est juste, Seigneur, et j'ai tout mérité.

C'est à moi de souffrir, et plaise à ta clémence
Que ce soit sans chagrin, sans bruit, sans m'échapper,
Jusqu'à ce que l'orage ait moins de véhémence,
Jusqu'à ce que le calme ait pu le dissiper.

Ta main toute-puissante est encore aussi forte
Que l'ont sentie en moi tant d'autres déplaisirs,
Et peut rompre le coup que celui-ci me porte,
Comme elle a mille fois arrêté mes soupirs.

Elle qui, de mes maux domptant la barbarie,
A souvent des abois rappelé ma vertu,
Peut encor de ceux-ci modérer la furie,
De peur que je n'en sois tout à fait abattu.

Oui, ta pitié, mon Dieu, soutenant mon courage,
Peut le rendre vainqueur de leur plus rude assaut;
Et, plus ce changement m'est un pénible ouvrage,
Plus je le vois facile à la main du Très-Haut.

CHAPITRE XXX.

COMME IL FAUT DEMANDER LE SECOURS DE DIEU.

Viens à moi, mon enfant, lorsque tu n'es pas bien;
Fais-moi de ton angoisse un secret entretien;
Dans les plus mauvais jours, quelque coup qu'elle porte
Je suis toujours ce Dieu qui console et conforte :
Mais tout ce qui retient ces consolations
Que je verse d'en haut sur les afflictions,
C'est que, bien qu'elles soient leurs remèdes uniques,
A me les demander un peu tard tu t'appliques;
Avant que je te voie à mes pieds prosterné
M'invoquer dans les maux dont tu te sens gêné,
Tu fais de vains essais de tout ce que le monde
Promet d'amusements à ta douleur profonde,
Et cet égarement de tes vœux imprudents
Va chercher au dehors ce que j'offre au dedans.

Ainsi ce que tu fais te sert de peu de chose;
Ainsi ce que tu fais à d'autres maux t'expose,
Jusqu'à ce qu'il souvienne à ton reste de foi
Que j'en sais garantir quiconque espère en moi,
Et qu'il n'est ni secours ailleurs qui ne leur cède,
Ni conseil fructueux, ni durable remède.
De quelques tourbillons que ton cœur soit surpris,
Après qu'ils sont passés rappelle tes esprits,
Vois ma miséricorde, et reprends dans sa vue
La première vigueur de ta force abattue :
Je suis auprès de toi tout prêt à rétablir

Tout ce que la tempête y pourrait affaiblir,
Et non pas seulement d'une égale mesure,
Mais avec abondance, avec excès d'usure,
En sorte que les biens qui te seront rendus
Servent de comble à ceux qui te semblent perdus.

D'où vient que sur ce point ta croyance vacille?
Peux-tu rien concevoir qui me soit difficile?
Ou ressemblé-je à ceux dont le faible soutien
Ose beaucoup promettre, et n'exécute rien?
Qu'as-tu fait de ta foi? que fait ton espérance?
Montre une âme plus ferme en sa persévérance,
Sois fort, sois courageux, endure, espère, attends,
Les consolations te viendront en leur temps;
Moi-même je viendrai te retirer de peine;
Je viendrai t'apporter ta guérison certaine.
Le trouble où je te vois n'est qu'un peu de frayeur
Qui t'accable l'esprit d'une vaine terreur;
L'avenir inconstant fait ton inquiétude;
Tu crains ses prompts revers et leur vicissitude;
Mais à quoi bon ces soins, qu'à te donner enfin
Tristesse sur tristesse et chagrin sur chagrin?
Cesse d'aller si loin mendier un supplice;
Chaque jour n'a que trop de sa propre malice;
Chaque jour n'a que trop de son propre tourment;
Qui se charge de plus souffre inutilement,
Et tu ne dois fonder ni déplaisirs, ni joie,
Sur ces douteux succès que l'avenir déploie,
Qui peut-être suivront ce que tu t'en promets,
Et qui peut-être aussi n'arriveront jamais.

Mais l'homme de soi-même a ces désavantages
Qu'il se laisse éblouir par de vaines images;
Et qu'il s'en fait souvent un fantôme trompeur
Qui tire tout à lui son espoir, et sa peur,
C'est la marque d'une âme encor faible et légère,
Que d'être si facile à ce qu'on lui suggère,
Et de porter soudain un pied mal affermi
Vers ce qu'à ses regards présente l'ennemi.

Cet imposteur rusé tient dans l'indifférence
S'il déçoit par la vraie ou la fausse apparence;
Il n'importe des deux à ses illusions
Qui remplisse ton cœur de folles visions;
Tout lui devient égal, pourvu qu'il te séduise,
Tout lui devient égal, pourvu qu'il te détruise.
Si l'amour du présent ne l'y fait parvenir,
Il y mêle aussitôt l'effroi de l'avenir;
Sa haine en cent façons à te perdre est savante :
Mais ne te trouble point, ne prends point l'épouvante;
Crois en moi, tiens en moi ton espoir arrêté;
Prends confiance entière en ma haute bonté;
Oppose-la sans crainte aux traits qu'il te décoche.
Quand tu me crois bien loin, souvent j'en suis bien proche;
Souvent, quand ta langueur présume tout perdu,
C'est lorsque ton soupir est le mieux entendu,
Et tu touches l'instant dont tu me sollicites,

Qui te doit avancer à de plus grands mérites. [temps,
Non, tout n'est pas perdu pour quelque contre-
Pour quelque effet contraire à ce que tu prétends ;
Tu n'en dois pas juger suivant ce qu'en présume
Le premier sentiment d'une telle amertume,
Ni, de quelque côté que viennent tes malheurs,
Toi-même aveuglément t'obstiner aux douleurs,
Comme si d'en sortir toute espérance éteinte
Abandonnait ton âme à leur mortelle atteinte.

Ne te répute pas tout à fait délaissé,
Bien que pour quelque temps je t'y laisse enfoncé,
Bien que pour quelque temps tu sentes retirées
Ces consolations de toi si désirées ;
Ainsi ta fermeté s'éprouve beaucoup mieux,
Et c'est ainsi qu'on passe au royaume des cieux :
Le chemin est plus sûr, plus il est difficile ;
Et pour quiconque m'aime, il est bien plus utile
Qu'il se voie exercé par quelques déplaisirs,
Que si l'effet partout secondait ses désirs.

Je lis du haut du ciel jusque dans ta pensée ;
Je vois jusqu'à quel point ton âme est oppressée,
Et juge avantageux qu'elle soit quelquefois
Sans aucune douleur au milieu de ses croix,
De peur qu'un bon succès ne t'enfle et ne t'enlève
Jusqu'à t'attribuer ce que ma main achève,
Jusqu'à te plaire trop en ce qu'il a d'appas,
Et prendre quelque gloire en ce que tu n'es pas.

Quelque grâce sur toi qu'il m'ait plu de répandre,
Je puis, quand il me plaît, te l'ôter et la rendre.
Quelques dons que j'accorde à tes plus doux sou-
Ils sont encore à moi quand je te les ai faits ; [haits,
Je te donne du mien quand ce bonheur t'arrive,
Et ne prends point du tien alors que je t'en prive.
Ces biens, ces mêmes biens, après t'être donnés,
Font part de mes trésors dont ils sont émanés,
Et, leur perfection tirant de moi son être,
Quand je t'en fais jouir, j'en suis encor le maître.

Tout est à moi, mon fils, tout vient, tout part de
Reçois tout de ma main sans chagrin, sans effroi ; [moi ;
Si je te fais traîner un destin misérable,
Si je te fais languir sous l'ennui qui t'accable,
Ne perds sous ce fardeau patience, ni cœur :
Je puis en un moment ranimer ta langueur ;
Je puis mettre une borne aux maux que je t'envoie,
Et changer tout leur poids en des sujets de joie :
Mais je suis toujours juste en te traitant ainsi,
Toujours digne de gloire, et j'en attends aussi ;
Et, soit que je t'élève ou que je te ravale,
Je veux d'un sort divers une louange égale.

Si tu peux bien juger de ma sévérité,
Si tu peux sans nuage en voir la vérité,
Les coups les plus perçants d'une longue infortune
N'auront rien qui t'abatte, et rien qui t'importune :
Loin de t'en attrister, de meilleurs sentiments
Ne t'y feront voir lieu que de remercîments,
Ne t'y feront voir lieu que de pleine allégresse ;
Dans cette dureté tu verras ma tendresse,
Et réduiras ta joie à cet unique point,
Que ma faveur t'afflige et ne m'épargne point.

Tel que jadis pour moi fut l'amour de mon Père,
Tel est encor le mien pour qui cherche à me plaire,
Et tel était celui qu'autrefois je promis
A ce troupeau choisi de mes plus chers amis :
Cependant, tu le sais, je les livrai sur terre
Aux cruelles fureurs d'une implacable guerre,
A d'éternels combats, à d'éternels dangers,
Et non pas aux douceurs des plaisirs passagers ;
Je les envoyai tous au mépris, à l'injure,
Et non à ces honneurs qui flattent la nature,
Non à l'oisiveté, mais à de longs travaux ;
Et je les plongeai tous dans ces gouffres de maux,
Afin que leur amère et rude expérience
Les enrichît des fruits que fait la patience.
Souviens-toi donc, mon fils, de ces instructions
Sitôt que tu te vois dans les afflictions.

CHAPITRE XXXI.

DU MÉPRIS DE TOUTES LES CRÉATURES POUR S'ÉLEVER AU CRÉATEUR.

Seigneur, si jusqu'ici tu m'as fait mille grâces,
Il n'est pas temps que tu t'en lasses,
J'ai besoin d'un secours encor bien plus puissant,
Puisqu'il faut m'élever par-dessus la nature,
Et prendre un vol si haut, qu'aucune créature
N'ait pour moi rien d'embarrassant.

A cet heureux effort en vain je me dispose,
Tant qu'ici-bas la moindre chose
Vers ses faibles attraits saura me ravaler,
L'imperceptible joug d'une indigne contrainte
Ne me permettra point cette liberté sainte
Qui jusqu'à toi nous fait voler.

Ton David à ce vol ne voulait point d'obstacle,
Et te demandait ce miracle,
Lorsque dans ses ennuis il tenait ce propos :
« Qui pourra me donner des ailes de colombe,
« Et du milieu des maux sous qui mon cœur suc-
« Je volerai jusqu'au repos ? » [combe

Cet oiseau du vrai calme est le portrait visible ;
On ne voit rien de si paisible
Que la simplicité que nous peignent ses yeux :
On ne voit rien de libre à l'égal d'un vrai zèle,
Qui, sans rien désirer, s'élève à tire-d'aile
Au-dessus de tous ces bas lieux.

Il faut donc pleinement s'abandonner soi-même,
S'arracher à tout ce qu'on aime,
Pousser jusques au ciel des transports plus qu'hu-
Et bien considérer quels sont les avantages [mains,
Que l'Auteur souverain a sur tous les ouvrages
  Qu'ont daigné façonner ses mains.

Sans ce détachement, sans cette haute extase,
  L'âme que ton amour embrase
Ne peut en liberté goûter tes entretiens;
Peu savent en effet contempler tes mystères,
Mais peu forment aussi ces mépris salutaires
  De toutes sortes de faux biens.

Ainsi l'homme a besoin que ta bonté suprême,
  L'élevant par-dessus lui-même,
Prodigue en sa faveur son trésor infini ;
Qu'un excès de ta grâce en esprit le ravisse,
Et de tout autre objet tellement l'affranchisse,
  Qu'à toi seul il demeure uni.

A moins que jusque-là l'enlève ainsi ton aide,
  Quoi qu'il sache, quoi qu'il possède,
Tout n'est pas de grand poids, tout ne lui sert de rien ;
Il rampe et rampera toujours faible et débile,
S'il peut s'imaginer rien de grand ou d'utile
  Que l'immense et souverain bien.

Tout ce qui n'est point Dieu n'est point digne d'estime
  Et son prix le plus légitime,
Comme enfin ce n'est rien, c'est d'être à rien compté :
Vous le savez, dévots que la grâce illumine;
Votre doctrine aussi de toute autre doctrine
  Diffère bien en dignité.

Sa noblesse est bien autre ; et comme l'influence
  De la suprême intelligence
Par un sacré canal d'en haut la fait couler,
Ce qu'à l'esprit humain en peut donner l'étude,
Ce qu'en peut acquérir la longue inquiétude,
  Ne la peut jamais égaler.

Le bien de contempler ce que les cieux admirent
  Est un bien où plusieurs aspirent,
Et que de tout leur cœur ils voudraient obtenir ;
Mais ils suivent si mal la route nécessaire,
Que souvent ils ne font que ce qu'il faudrait faire
  Pour éviter d'y parvenir.

Le trop d'abaissement vers les objets sensibles
  Fait des obstacles invincibles,
Comme le trop de soin des marques du dehors ;
Et la sévérité la mieux étudiée,
Si l'âme n'est en soi la plus mortifiée,
  Ne sert qu'au supplice du corps.

J'ignore, à dire vrai, de quel esprit nous sommes,
  Nous autres qui parmi les hommes
Passons pour éclairés et pour spirituels,
Et nous plongeons ainsi pour des choses légères,
De vils amusements, des douceurs passagères,
  En des travaux continuels.

Parmi de tels soucis que pouvons-nous prétendre,
  Nous qui savons si peu descendre
Dans le fond de nos cœurs indignement remplis,
Et qui si rarement de toutes nos pensées
Appliquons au dedans les forces ramassées
  Pour en voir les secrets replis ?

Notre âme en elle-même à peine est recueillie
  Qu'une extravagante saillie
Nous emporte au dehors, et fait tout avorter,
Sans repasser jamais sous l'examen sévère
Ce que nous avons fait, ce que nous voulions faire,
  Ni ce qu'il nous faut projeter.

Nous suivons nos désirs sans même y prendre garde,
  Et rarement notre œil regarde
Combien à leurs effets d'impureté se joint
Lorsque toute la chair eut corrompu sa voie,
Nous savons que des eaux elle devint la proie,
  Cependant nous ne tremblons point.

L'affection interne étant toute gâtée,
  Les objets dont l'âme est flattée
N'y faisant qu'une impure et folle impression,
Il faut bien que l'effet, pareil à son principe,
Pour marque qu'au dedans la vigueur se dissipe,
  Porte même corruption.

Quand un cœur est bien pur, une vertu solide
  A tous ses mouvements préside ;
La bonne et sainte vie en est le digne fruit.
Mais ce dedans n'est pas ce que l'on considère,
Et, depuis qu'une fois l'effet a de quoi plaire,
  N'importe comme il est produit.

La beauté, le savoir, les forces, la richesse,
  L'heureux travail, la haute adresse,
C'est ce qu'on examine, et qui fait estimer ;
Qu'un homme soit dévot, patient, humble, affable,
Qu'il soit pauvre d'esprit, recueilli, charitable,
  On ne daigne s'en informer.

Ce n'est qu'à ces dehors que se prend la nature
  Pour s'en former une peinture ;
Mais c'est l'intérieur que la grâce veut voir :
L'une est souvent déçue à suivre l'apparence ;
Mais l'autre met toujours toute son espérance
  En Dieu, qui ne peut décevoir.

CHAPITRE XXXII.

QU'IL FAUT RENONCER A SOI-MÊME ET A TOUTES SORTES DE CONVOITISES.

Cherche la liberté comme un bonheur suprême;
Mais souviens-toi, mon fils, de cette vérité,
Qu'il te faut renoncer tout à fait à toi-même,
Ou tu n'obtiendras point d'entière liberté.

Ceux qui pensent ici posséder quelque chose
La possèdent bien moins qu'ils n'en sont possédés,
Et ceux dont l'amour-propre en leur faveur dispose
Sont autant de captifs par eux-mêmes gardés.

Les appétits des sens ne font que des esclaves;
La curiosité comme eux a ses liens, [ves
Et les plus grands coureurs ne courent qu'aux entra-
Que jettent sous leurs pas les charmes des faux biens.

Ils recherchent partout les douceurs passagères
Plus que ce qui conduit jusqu'à l'éternité;
Et souvent pour tout but ils se font des chimères
Qui n'ont pour fondement que l'instabilité.

Hors ce qui vient de moi, tout passe, tout s'envole;
Tout en son vrai néant aussitôt se résout;
Et, pour te dire tout d'une seule parole,
Quitte tout, mon enfant, et tu trouveras tout.

Tu trouveras la paix, quittant la convoitise;
C'est ce que fortement il te faut concevoir;
Du ciel en ces deux mots la science est comprise :
Qui les pratique entend tout ce qu'il faut savoir.

Oui, leur pratique est ma félicité;
Mais Seigneur, d'un seul jour elle n'est pas l'ouvrage,
Ni de ces jeux dont la facilité
Amuse des enfants l'esprit faible et volage,
Et suit leur imbécillité.

De ces deux mots le précieux effet [veilles;
Demande bien du temps, bien des soins, bien des
Et ces deux traits forment le grand portrait
De tout ce que le cloître enfante de merveilles
Dans son état le plus parfait.

Il est vrai, des parfaits c'est la sublime voie;
Mais quand je te la montre en dois-tu perdre cœur?
Ne dois-tu pas plutôt t'y porter avec joie,
Ou du moins soupirer après un tel bonheur?

Ah! si je te voyais en venir à ce terme,
Que l'amour-propre en toi fût bien déraciné,
Que sous mes volontés tu demeurasses ferme,
Et sous celles du Père à qui je t'ai donné!

Alors tu me plairais, et le cours de ta vie
Serait d'autant plus doux que tu serais soumis;
De mille vrais plaisirs tu la verrais suivie,
Et s'écouler en paix entre mille ennemis.

Mais il te reste encore à quitter bien des choses,
Que si tu ne me peux résigner tout à fait,
Tu n'acquerras jamais ce que tu te proposes,
Jamais de tes désirs tu n'obtiendras l'effet.

Veux-tu mettre en ta main la solide richesse?
Achète de la mienne un or tout enflammé;
Je veux dire, mon fils, la céleste sagesse, [me.
Qui foule aux pieds ces biens dont le monde est char-

Préfère ses trésors à l'humaine prudence,
A tout ce qu'elle prend pour son plus digne emploi,
A tout ce que sur terre il est de complaisance,
A tout ce que toi-même en peux avoir pour toi.

Préfère, encore un coup, ce qu'on méprise au monde
A tout ce que son choix a le plus ennobli,
Puisque cette sagesse en vrais biens si féconde
Y traîne dans l'opprobre, et presque dans l'oubli.

Elle ne s'enfle point aussi de ces pensées
Que la vanité pousse en sa propre faveur,
Et voit avec dédain ces ardeurs empressées
Dont la soif des honneurs entretient la ferveur.

Beaucoup en font sonner l'estime ambitieuse,
Qui montrent par leur vie en faire peu d'état;
Et tu la peux nommer la perle précieuse
Qui cache à beaucoup d'yeux son véritable éclat.

CHAPITRE XXXIII.

DE L'INSTABILITÉ DU CŒUR, ET DE L'INTENTION FINALE QU'IL FAUT DRESSER VERS DIEU.

Sur l'état de ton cœur ne prends point d'assurance;
Son assiette, mon fils, se change en un moment :
Un moment la renverse, et ce renversement
Des plus justes desseins peut tromper l'espérance :
Tant que dure le cours de ta mortalité,
L'inévitable joug de l'instabilité
T'impose une fâcheuse et longue servitude;
En dépit de toi-même elle te fait la loi,
Et l'ordre chancelant de sa vicissitude
Ne prend point ton aveu pour triompher de toi.

Ainsi tantôt la joie et tantôt la tristesse
De ton cœur, malgré lui, s'emparent tour à tour;
Tantôt la paix y règne, et dans le même jour

Mille troubles divers surprennent sa faiblesse.
La ferveur, la tiédeur, ont chez toi leur instant;
Ton soin le plus actif n'est jamais si constant
Qu'il ne cède la place à quelque nonchalance;
Et le poids qui souvent règle tes actions
Laisse en moins d'un coup d'œil emporter la balance
A la légèreté de tes affections.

Parmi ces changements le sage se tient ferme;
Il porte au-dessus d'eux l'ordre qu'il s'est prescrit,
Et, bien instruit qu'il est des routes de l'esprit,
Il suit toujours sa voie, et va jusqu'à son terme;
Il agit sur soi-même en véritable roi,
Sans regarder jamais à ce qu'il sent en soi,
Ni d'où partent des vents de si peu de durée;
Et son unique but dans le plus long chemin,
C'est que l'intention de son âme épurée
Se tourne vers la bonne et désirable fin.

Ainsi sans s'ébranler il est toujours le même
Dans la diversité de tant d'événements,
Et son cœur, dégagé des propres sentiments,
N'aimant que ce qu'il doit, s'attache à ce qu'il aime;
Ainsi l'œil simple et pur de son intention
S'élève sans relâche à la perfection,
Dont il voit en moi seul l'invariable idée;
Et plus cet œil est net, et plus sa fermeté,
Au travers de l'orage heureusement guidée,
Vers ce port qu'il souhaite avance en sûreté:

Mais souvent ce bel œil de l'intention pure
Ne s'ouvre pas entier, ou se laisse éblouir;
Et ce détachement dont tu penses jouir
Ne ferme pas la porte à toute la nature.
Aussitôt qu'un objet te chatouille et te plaît,
Un regard dérobé par le propre intérêt
Te rappelle et t'amuse à voir ce qui te flatte;
Et tu peux rarement si bien t'en affranchir,
Que de ce propre amour l'amorce délicate
Vers toi, sans y penser, ne te fasse gauchir.

Crois-tu, lorsque les Juifs couraient en Béthanie,
Que ce fût seulement pour y voir Jésus-Christ?
La curiosité partageait leur esprit
Pour y voir le Lazare et sa nouvelle vie.
Tâche donc que cet œil dignement épuré
Tienne un regard si droit et si bien mesuré,
Que d'une ou d'autre part jamais il ne s'égare,
Qu'il soit simple, et surtout que parmi tant d'objets,
Malgré tout ce qu'ils ont de charmant et de rare,
Ton âme jusqu'à moi dresse tous ses projets.

CHAPITRE XXXIV.

QUE CELUI QUI AIME DIEU LE GOUTE EN TOUTES CHOSES ET PAR-DESSUS TOUTES CHOSES.

Voici mon Dieu, voici mon tout;
Que puis-je vouloir davantage?
Qu'a de plus l'univers de l'un à l'autre bout?
Et quel plus grand bonheur peut m'échoir en partage?

O mot délicieux sur tous!
O parole en douceurs féconde!
Qu'elle en a, mon Sauveur, pour qui n'aime que vous!
Qu'elle en a peu pour ceux qui n'aiment que le monde!

Voici mon tout, voici mon Dieu;
A qui l'entend, c'est assez dire,
Et la redite est douce à toute heure, en tout lieu,
A quiconque pour vous de tout son cœur soupire.

Oui, tout est doux, tout est charmant,
Tout ravit en votre présence;
Mais, quand votre bonté se retire un moment,
Tout fâche, tout ennuie en ce moment d'absence.

Vous faites la tranquillité
Et le calme de notre course,
Et ce que notre joie a de stabilité
N'est qu'un écoulement dont vous êtes la source.

Vous faites juger sainement
De tous effets, de toutes causes,
Et vous nous inspirez ce digne sentiment
Dont la céleste ardeur vous loue en toutes choses.

Rien ne plaît longtemps ici-bas,
Rien ne peut nous y satisfaire,
A moins que votre grâce y joigne ses appas,
Et que votre sagesse y verse de quoi plaire.

Quel dégoût peut jamais trouver
Celui qui goûte vos délices?
Et qui les goûte mal, que peut-il éprouver
Où son juste dégoût ne trouve des supplices?

Que je vois de sages mondains
Se confondre dans leur sagesse!
Que je vois de charnels porter haut leurs desseins,
Et soudain trébucher sous leur propre faiblesse!

Des uns l'aveugle vanité
Au précipice est exposée;
Les autres, accablés de leur brutalité,
Traînent toute leur vie une mort déguisée.

Mais ceux qui, par un plein mépris
Du monde et de ses bagatelles,
A marcher sur vos pas appliquent leurs esprits,
Et domptent de la chair les sentiments rebelles;

Ceux-là, vrais sages en effet,
Vous immolant toute autre envie,
Du vain bonheur au vrai font un retour parfait,
De la chair à l'esprit, de la mort à la vie;

Ceux-là dans le suprême Auteur
Goûtent des douceurs toutes pures;
Ceux-là font remonter la gloire au Créateur
De tout ce qu'ont de bon toutes les créatures.

Mais le goût est bien différent
De l'ouvrier et de l'ouvrage,
De ce que le temps donne ou de bon ou de grand,
Et de ce qu'aux élus l'éternité partage.

Les lumières que nous voyons
S'effacent près de la divine,
Et sa source incréée à bien d'autres rayons
Que toutes ces clartés qu'elle seule illumine.

Éternelle et vive splendeur,
Qui surpassez toutes lumières,
Lancez du haut du ciel votre éclat dans mon cœur,
Percez-en jusqu'au fond les ténèbres grossières.

Daignez, Seigneur, purifier
Mon âme et toutes ses puissances,
La combler d'allégresse, et la vivifier,
Remplir de vos clartés toutes ses connaissances.

Que, malgré les désirs du corps,
Une extase tranquille et sainte,
Pour l'attacher à vous par de sacrés transports,
Lui fasse des liens d'une amoureuse crainte.

Quand viendra pour moi cet instant
Où tant de douceurs sont encloses,
Où de votre présence on est plein et content,
Où vous serez enfin mon tout en toutes choses?

Jusqu'à ce qu'il soit arrivé,
Quoi que votre faveur m'envoie,
Je ne jouirai point d'un bonheur achevé,
Je ne goûterai point une parfaite joie.

Hélas! malgré tout mon effort,
Le vieil Adam encor respire;
Il n'est pas bien encor crucifié ni mort,
Il veut encor sur moi conserver son empire.

Ce vieil esclave mal dompté
Émeut une guerre intestine,
Pousse contre l'esprit un orgueil empesté,
Et ne veut point souffrir que l'âme le domine.

Vous donc, qui commandez aux flots,
Qui des mers calmez la furie,
Venez, Seigneur, venez rétablir mon repos,
Accourez au secours d'un cœur qui vous en prie.

Rompez, dissipez les bouillons
De ces ardeurs séditieuses;
Et, brisant la fureur de leurs noirs bataillons,
Faites mordre la terre aux plus impétueuses.

Montrez ainsi de votre bras
Les triomphes et les miracles,
Et pour faire exalter votre nom ici-bas
Faites tomber sous lui toute sorte d'obstacles.

Vous êtes mon unique espoir;
Je mets en vous tout mon refuge;
Je dédaigne l'appui de tout autre pouvoir;
Soyez mon défenseur avant qu'être mon juge.

CHAPITRE XXXV.

QUE DURANT CETTE VIE ON N'EST JAMAIS EN
SURETÉ CONTRE LES TENTATIONS.

La vie est un torrent d'éternelles disgrâces;
Jamais la sûreté n'accompagne son cours;
Entre mille ennemis il faut que tu la passes;
A la gauche, à la droite, il en renaît toujours.
Ce sont guerres continuelles,
Qui portent dans ton sein chaque jour mille morts,
Si tu n'es bien muni d'armes spirituelles
Pour en repousser les efforts.

De leur succès douteux la juste défiance
Demande à ta vertu de vigoureux apprêts;
Mais il te faut surtout l'écu de patience
Qui te dérobe entier aux pointes de leurs traits.
Que de tous côtés il te couvre,
Sans que par art ni force il puisse être enfoncé;
Autrement tiens-toi sûr que, pour peu qu'il s'entr'ou-
Tu te verras soudain percé.   [vre,

A moins qu'à mes bontés ton âme abandonnée
Embrasse aveuglément ce que j'aurai voulu,
Et qu'une volonté ferme et déterminée
A tout souffrir pour moi te tienne résolu,
Ne te promets point cette gloire
De pouvoir soutenir l'ardeur d'un tel combat,

Et d'emporter enfin cette pleine victoire
　Qui de mes saints fait tout l'éclat.

Tu dois donc, ô mon fils! franchir avec courage
Les plus affreux périls qui t'osent menacer,
Et d'une main puissante arracher l'avantage
Aux plus fiers escadrons qui te veuillent forcer.
　Je vois d'en haut tout comme père,
　Prêt à donner la manne au généreux vainqueur;
　Mais je réserve aussi misère sur misère
　　A quiconque manque de cœur.

Si durant une vie où rien n'est perdurable,
Tu te rends amoureux de la tranquillité,
Oseras-tu prétendre à ce calme ineffable
Que gardent les trésors de mon éternité?
　Quitte ces folles espérances,
　Préfère à ces désirs les désirs d'endurer,
　Et sache que ce n'est qu'à de longues souffrances
　　Que ton cœur se doit préparer.

La véritable paix a des douceurs bien pures;
Mais en vain sur la terre on pense l'obtenir,
Il n'est aucuns mortels, aucunes créatures,
Dont les secours unis y fassent parvenir :
　C'est moi, c'est moi seul qui la donne,
　Ne la cherche qu'au ciel, ne l'attends que de moi;
　Mais apprends qu'il t'en faut acheter la couronne
　　Par les épreuves de ta foi.

Les travaux, les douleurs, les ennuis, les injures,
La pauvreté, le trouble et les anxiétés,
Souffrir la réprimande, endurer les murmures,
Ne se point rebuter de mille infirmités,
　Accepter pour moi les rudesses,
　L'humiliation, les affronts, les mépris,
　Prendre tout de ma main comme autant de caresses,
　　C'en est le véritable prix.

C'est par de tels sentiers qu'enfin la patience
A la haute vertu guide un nouveau soldat;
C'est par cette fâcheuse et rude expérience
Qu'il trouve un diadème au sortir du combat :
　Ainsi d'une peine légère
　La longue récompense est un repos divin,
　Et pour quelques moments de honte passagère,
　　Je rends une gloire sans fin.

Cependant tu te plains sitôt que sans tendresse
Je laisse un peu durer les tribulations;
Comme si ma bonté, soumise à ta faiblesse,
Devait à point nommé ses consolations!
　Tous mes saints ne les ont pas eues,
　Alors que sur la terre ils vivaient exilés,

Et dans leurs plus grands maux mes faveurs suspen-
　Souvent les laissaient désolés. [dues

Mais dans ces mêmes maux qui semblaient sans limi-
Armés de patience, ils souffraient jusqu'au bout, [tes,
Et s'assuraient bien moins en leurs propres mérites
Qu'en la bonté d'un Dieu dont ils espéraient tout;
　Ils savaient bien, ces vrais fidèles,
　De quel immense prix était l'éternité,
　Et que pour l'obtenir les gênes temporelles
　　N'avaient point de condignité.

As-tu droit de vouloir dès les moindres alarmes,
Toi qui n'es en effet qu'ordure et que péché,
Ce qu'en un siècle entier de travaux et de larmes
Tant et tant de parfaits m'ont à peine arraché?
　Attends que l'heure en soit venue,
　Cette heure où tu seras visité du Seigneur;
　Travaille en l'attendant, commence, et continue
　　Avec grand amour et grand cœur.

Ne relâche jamais, jamais ne te défie,
Quelques tristes succès qui suivent tes efforts,
Redouble ta constance, expose et sacrifie
Pour ma plus grande gloire et ton âme et ton corps;
　Je rendrai tout avec usure;
　Je suis dans le combat sans cesse à tes côtés,
　Et je reconnaîtrai ce que ton cœur endure
　　Par de pleines félicités.

CHAPITRE XXXVI.

CONTRE LES VAINS JUGEMENTS DES HOMMES.

Fixe en moi de ton cœur tous les attachements,
Sans te mettre en souci de ces vains jugements
　Que les hommes en voudront faire :
　L'innocence leur doit un mépris éternel,
　　Lorsque l'âme droite et sincère
Dans ses replis secrets n'a rien de criminel.

Quand on souffre pour moi les injustes discours,
La plus dure souffrance a de charmants retours
　Qui sentent la béatitude :
　L'humble qui se confie en son Dieu plus qu'en soi
　　Jamais n'y trouve rien de rude,
Et relève d'autant son espoir et sa foi.

Plusieurs parlent beaucoup sans être bien instruits,
Et leur témérité sème tant de faux bruits,
　Qu'on croit fort peu tant de paroles;
　Ne conçois donc, mon fils, ni chagrin ni courroux
　　Pour leurs discernements frivoles,
Puisqu'il n'est pas en toi de satisfaire à tous.

Paul même, dont l'ardente et vive charité
Se donnait avec tous tant de conformité
    Qu'il était tout à tout le monde,
Ne put si bien conduire un si noble dessein,
    Que sa vertu la plus profonde
Ne passât pour un crime au tribunal humain.

Bien qu'il n'épargnât rien pour le salut d'autrui,
Bien qu'il fît sans relâche autant qu'il fût en lui,
    Bien qu'en lui tout fût exemplaire,
Il ne put empêcher que de mauvais esprits
    Ne fissent de quoi qu'il pût faire
Un jugement sinistre et d'injustes mépris.

Il remit tout à Dieu qui connaissait le tout,
Et, quoique assez souvent on le poussât à bout,
    Par la calomnie et l'outrage,
Contre tous les auteurs de tant d'indignité
    Les armes que prit son courage
Furent sa patience et son humilité.

Au gré de leur caprice ils eurent beau parler,
Ils eurent beau mentir, médire, quereller,
    A se taire il mit sa défense;
Ou si de temps en temps sa bouche l'entreprit,
    Ce fut de peur que son silence
Ne laissât du scandale en quelque faible esprit.

Peux-tu donc te connaître, et prendre quelque effroi
De quoi que puisse dire un mortel comme toi,
    Qui comme toi n'est que poussière?
Tu le vois aujourd'hui tout près de t'accabler,
    Et dès demain un cimetière
Cachera pour jamais ce qui t'a fait trembler.

Tu le crains toutefois, tu pâlis devant lui;
Mais veux-tu t'affranchir d'un si pressant ennui?
    Chasse la crainte par la crainte :
Crains Dieu, crains son courroux; et ton indigne peur,
    Par ces justes frayeurs éteinte,
Laissera rétablir le calme dans ton cœur.

Les injures ne sont que du vent et du bruit;
Et quiconque t'en charge en a si peu de fruit,
    Qu'il te nuit bien moins qu'à soi-même :
Pour grand qu'il soit en terre, un Dieu voit ce qu'il fait,
    Et de son jugement suprême
Il ne peut éviter l'irrévocable effet.

Tiens-le devant tes yeux, à toute heure, en tout lieu,
Ce juge universel, ce redoutable Dieu,
    Et vis sans soin de tout le reste;
Quoi qu'on t'ose imputer, ne daigne y repartir,
    Et dans un silence modeste
Trouve, sans t'indigner, l'art de tout démentir.

Tu paraîtras peut-être en quelque occasion
Tout couvert d'infamie ou de confusion,
    Malgré ce grand art du silence;
Mais ne t'en émeus point, n'en sois pas moins content,
    Et crains que ton impatience
Ne retranche du prix du laurier qui t'attend.

Quelque honte à ton front qui semble s'attacher,
Souviens-toi que mon bras peut toujours t'arracher
    A toute cette ignominie,
Que je sais rendre à tous suivant leurs actions,
    Et sur l'imposture punie
Élever la candeur de tes intentions.

CHAPITRE XXXVII.

DE LA PURE ET ENTIÈRE RÉSIGNATION DE SOI-MÊME POUR OBTENIR LA LIBERTÉ DU CŒUR.

Quitte-toi, mon enfant, et tu me trouveras;
Prépare-toi sans choix à quoi que je t'envoie,
Sans aucun propre amour, sans aucun embarras
De ce qui peut causer ta douleur et ta joie :
Tu gagneras beaucoup en quittant tout ainsi,
Ma grâce remplira la place du souci,
    Plus forte et mieux accompagnée;
Et je te la ferai sentir
Sitôt qu'entre mes mains ton âme résignée
    Ne voudra plus se revêtir.

Pour arriver où ta bonté m'invite,
Pour tant de biens qu'elle m'offre à gagner,
Combien de fois me dois-je résigner?
En quoi faut-il, Seigneur, que je me quitte?

En tout, mon fils, en tout, et partout, et toujours,
Aux points les plus petits, aux choses les plus grandes;
Je n'en excepte rien : si tu veux mon secours,
Tout dépouillé de tout il faut que tu l'attendes.
Tu ne peux autrement te donner tout à moi,
Et je ne puis non plus me donner tout à toi,
    Si tu réserves quelque chose;
    Je veux l'âme, je veux le corps,
Sans que jamais en toi ta volonté dispose
    Ni du dedans ni du dehors.

D'autant plus promptement que par ce grand effort
Tu brises de ta chair le honteux esclavage,
D'autant plus tôt en toi le vieil Adam est mort,
Et le nouveau succède avec plus d'avantage.
Résigne-toi surtout avec sincérité,
Si tu veux obliger ma libéralité
    A t'en payer avec usure :
    Elle aime à prodiguer mes biens;

Mais l'effort qu'elle y fait souvent prend sa mesure
    Sur la plénitude des tiens.

J'en vois se résigner avec retranchement,
De la moitié du cœur se remettre en ma garde,
Et ne s'assurer pas en moi si fortement
Qu'ils ne veuillent pourvoir à ce qui les regarde;
Quelques autres d'abord m'offrent bien tous leurs
Mais la tentation marche à peine vers eux   [vœux,
    Qu'ils font retraite vers eux-mêmes ;
    Et leur courage rabattu,
Cherchant d'autres appuis que mes bontés suprêmes,
    N'avance point en la vertu.

Ni ceux-ci ni ceux-là n'arriveront jamais
A la liberté vraie, inébranlable, entière,
A cette pure joie, à cette ferme paix
Qu'entretient dans les cœurs ma grâce familière :
C'est peu que d'élever jusque-là son désir,
A moins que de soumettre à tout mon bon plaisir
    Son âme pleinement captive ;
    Et, sans s'immoler chaque jour,
On ne conserve point l'union fruitive
    Que donne le parfait amour.

Je te l'ai déjà dit, je te le dis encor,
Quitte, résigne-toi, déprends-toi de toi-même,
Et tu posséderas ce précieux trésor,
Ce calme intérieur, qui fuit tout ce qui s'aime :
Donne-moi tout pour tout, ne forme aucun désir,
Ne redemande rien, n'envoie aucun soupir
    Vers ce tout que pour moi tu quittes ;
    Tiens enfin ton cœur tout en moi ;
Et moi, qui paye enfin par delà les mérites,
    Je me donnerai tout à toi.

Ainsi tu seras libre, et l'ange ténébreux
Ne te pourra jamais réduire en servitude ;
Mais n'épargne ni soins, ni prières, ni vœux,
Pour ce digne avant-goût de la béatitude :
Ce plein dépouillement des soucis superflus,
Te laissant nu dans l'âme, ainsi que je le fus,
    Te rendra digne de me suivre :
    Et par un bienheureux transport
Tu sauras en moi-même éternellement vivre
    Sitôt qu'en toi tu seras mort.

Alors disparaîtront tous ces fantômes vains
Qui t'obsèdent partout de leurs folles images,
Cet inutile amas d'empressements mondains,
Ces troubles qui chez toi font de si grands ravages.
La crainte immodérée, et l'amour déréglé,
Ces infâmes tyrans de ton cœur aveuglé,
    Verront leur force dissipée ;

Et leur nuit faisant place au jour,
Celle qu'ils y tenaient sera tout occupée
    Par ma crainte et par mon amour.

CHAPITRE XXXVIII.

DE LA BONNE CONDUITE AUX CHOSES EXTÉRIEURES, ET DU RECOURS A DIEU DANS LES PÉRILS.

Quelque chose, mon fils, qui t'occupe au dehors,
Conserve le dedans vraiment libre et tranquille,
Et te souviens toujours que de ces deux trésors
La conquête est pénible, et la perte facile.
En tous temps, en tous lieux, en toutes actions,
Ce digne épurement de tes intentions
Doit garder sur toi-même une puissance égale,
T'élever au-dessus de tous les biens humains,
Sans permettre jamais que ton cœur se ravale
Sous l'objet de tes yeux, ou l'œuvre de tes mains.

Ainsi, maître absolu de tout ce que tu fais,
Et non plus de tes sens le sujet ou l'esclave,
Tu te verras partout affranchi pour jamais
De ce qui t'importune et de ce qui te brave :
Tu quitteras l'Égypte en véritable Hébreu,
Qu'à travers les déserts la colonne de feu
Guide, sans s'égarer, vers la terre promise ;
Et de tous ennemis tes exploits triomphants
Passeront, en dépit de toute leur surprise,
Au partage que Dieu destine à ses enfants.

Mais ces enfants de Dieu, sais-tu bien ce qu'ils sont?
Pour être de leur rang, sais-tu ce qu'il faut être?
Sais-tu quelle est leur vie, et quels projets ils font?
A quelle digne marque il te les faut connaître?
De tout ce qui du siècle attire l'amitié
Ces esprits épurés se font un marche-pied,
Pour voir d'autant plus près l'éclat des biens célestes ;
Et leur constance est telle à conduire leurs yeux,
Que, quoi qui se présente à leurs regards modestes,
Le gauche est pour la terre, et le droit pour les cieux.

Bien loin que des objets le dangereux attrait
Jusqu'à l'attachement abaisse leur courage,
Ils savent ramener par un contraire effet
Leur plus flatteuse amorce au bon et saint usage :
En vain un vieil abus en grossit le pouvoir ;
Ils savent les réduire au sincère devoir
Que l'Auteur souverain leur a voulu prescrire ;
Et, comme en faisant tout il n'a rien négligé,
Ils savent rejeter sous un si juste empire
Tout ce qu'un long désordre en aurait dégagé.

Tiens-toi ferme au-dessus de tous événements ;
Que leur extérieur ne puisse te surprendre ;
Et jamais de ta chair ne prends les sentiments
Sur ce qu'on te fait voir, ou qu'on te fait entendre.
De peur d'être ébloui par leur illusion,
Fais ainsi que Moïse à chaque occasion,
Viens consulter ton Dieu sur toute ta conduite :
Sa réponse souvent daignera t'éclairer.
Et tu n'en sortiras que l'âme mieux instruite
De tout ce qui se passe, ou qu'il faut espérer.

Ce grand législateur qui publiait mes lois
Ainsi sur chaque doute entrait au tabernacle,
Sur chaque question il écoutait ma voix,
Et, mes avis reçus, il prononçait l'oracle ;
De quelques grands périls qu'il fût embarrassé,
Quelques séditions dont il se vît pressé,
Il fit de l'oraison son recours ordinaire :
Entre, entre à son exemple au cabinet du cœur,
Et pour tirer de moi le conseil nécessaire
Du zèle en tes besoins redouble la ferveur.

Josué son disciple, et les fils d'Israël
Dont l'imprudence aveugle excéda ses limites,
Pour n'avoir pas ainsi consulté l'Éternel
Se virent abusés par les Gabaonites ;
Le flatteur apparat d'un discours affecté,
S'étant saisi d'abord de leur crédulité,
Mit la compassion où la haine était due :
Ils perdirent des biens qui leur étaient promis,
Et le charme imposteur de leur piété déçue
Dedans leur propre sein sauva leurs ennemis.

CHAPITRE XXXIX.

QUE L'HOMME NE DOIT POINT S'ATTACHER
AVEC EMPRESSEMENT A SES AFFAIRES.

Mon fils, entre mes mains remets toujours ta cause ;
Je saurai bien de tout ordonner en son temps ;
Sans ennui, sans murmure attends que j'en dispose,
Et je ferai trouver à tes désirs contents
    Plus d'avantage en toute chose
    Que toi-même tu n'en prétends.

Je vous remets le tout, Seigneur, sans répugnance ;
Je vous remets le tout ; et plus j'ose y penser,
Plus je vois qu'en effet je ne suis qu'impuissance,
Et que tous mes efforts ne peuvent m'avancer.

Plût à votre bonté que l'âme peu touchée
De tout ce qui peut suivre ou tromper son désir,
Je la pusse à toute heure offrir bien détachée
Aux ordres souverains de votre bon plaisir !

Mon fils, l'homme est changeant, et souvent il s'emporte
Avec empressement vers ce qu'il veut avoir ;
Tant qu'il ne l'obtient pas sa passion est forte ;
Mais quelque estime enfin qu'il veuille en concevoir
    Il en juge d'une autre sorte
    Sitôt qu'il est en son pouvoir.

Dans tout ce qu'il possède il voit moins de mérite ;
Une flamme nouvelle éteint le premier feu ;
Du propre attachement l'inconstance l'agite ;
Un désir fait de l'autre un soudain désaveu,
    Et ce n'est pas peu qu'on se quitte
    Même dans les choses de peu.

C'est l'abnégation, mais sincère et parfaite,
Qui peut seule affermir son instabilité :
Qui se bannit de soi trouve en moi sa retraite ;
L'esclavage qu'il prend devient sa liberté,
    Et dans la perte qu'il a faite
    Il rencontre sa sûreté.

Mais ce vieil ennemi de la nature humaine
De tes meilleurs desseins cherche à gâter le fruit ;
Et, tout impatient de renouer ta chaîne,
Pour rétablir en toi son empire détruit,
    Il tient les ruses de sa haine
    En embuscade jour et nuit.

Il étale à tes sens des douceurs sans pareilles,
Qu'eux-mêmes prennent soin de te faire goûter ;
Il cache tous ses lacs sous de fausses merveilles,
Pour voir si par surprise il t'y pourra jeter ;
    Et sans l'oraison et les veilles
    Tu ne les saurais éviter.

CHAPITRE XL.

QUE L'HOMME N'A RIEN DE BON DE SOI-MÊME,
ET NE SE PEUT GLORIFIER D'AUCUNE CHOSE.

Seigneur, qu'est-ce que l'homme ? et dans ton souvenir
Qui lui donne le rang que tu l'y fais tenir ?
Que sont les fils d'Adam, que sont tous leurs mérites
Pour attirer chez eux l'honneur de tes visites ?
Que t'a fait l'homme enfin, que ta grâce pour lui
Aime à se prodiguer, et lui servir d'appui ?
Ai-je lieu de m'en plaindre avec quelque justice,
Quand elle m'abandonne à mon propre caprice ?
Et puis-je à ta rigueur reprocher quelque excès
Quand toute ma prière obtient peu de succès ?
    C'est bien alors à moi d'avouer ma faiblesse ;
C'est à moi de penser et de dire sans cesse :
Seigneur, je ne suis rien, je ne puis rien de moi,

LIVRE III, CHAPITRE XL.

Et je n'ai rien de bon, s'il ne me vient de toi
Mes défauts sont si grands, mon impuissance est telle,
Qu'elle a vers le néant une pente éternelle.
A moins que ton secours me relève le cœur,
A moins que ta bonté ranime ma langueur,
Qu'elle daigne au dedans me former et m'instruire,
Mes plus ardents efforts ne peuvent rien produire,
Et mon infirmité retrouve en un moment
La tiédeur, le désordre et le relâchement.

Toi seul, toujours le même, et toujours immuable,
Te soutiens dans un être à jamais perdurable, [jours
Toujours bon, toujours saint, toujours juste, et tou-
Dispensant saintement ton bienheureux secours.
Ta bonté, ta justice agit en toutes choses,
Et de tout et partout sagement tu disposes :
Mais pour moi qui toujours penche plus fortement
Vers l'imperfection que vers l'avancement,
Je n'ai pas un esprit toujours en même assiette;
Il cherche, il craint, il fuit, il embrasse, il rejette,
Et son meilleur état par un triste retour
Est sujet à changer plus de sept fois le jour.

Tous mes maux toutefois rencontrent leur remède
Aussitôt qu'il t'a plu d'accourir à mon aide;
Et, pour faire à mon âme un bonheur souverain,
Tu n'as qu'à lui prêter, qu'à lui tendre la main.
Tu le peux, ô mon Dieu ! de ta volonté pure,
Sans emprunter le bras d'aucune créature ;
Tu me peux de toi seul si bien fortifier,
Que mon âme n'ait plus de quoi se défier,
Que ma constante ardeur ne tourne plus en glace,
Que mon sort affermi ne change plus de face,
Et que mon cœur enfin, plein de zèle et de foi,
Ainsi que dans son centre ait son repos en toi.

Ah ! si jamais ce cœur pouvait bien se défaire
Des consolations que la terre suggère,
Soit pour mieux faire place aux célestes faveurs
Qui font naître ici-bas et croître les ferveurs,
Soit par ce grand besoin qui réduit ma faiblesse
A la nécessité d'implorer ta tendresse,
Puisque dans les malheurs où je me sens couler
Il n'est aucun mortel qui puisse consoler ;
Alors certes, alors j'aurais pleine matière
D'espérer de ta grâce une abondance entière,
Et de m'épanouir à ces charmes nouveaux
Dont je verrais ta main adoucir mes travaux.

C'est de toi, mon Sauveur, c'est de toi, source vive,
Que se répand sur moi tout le bien qui m'arrive :
Je ne suis qu'un néant bouffi de vanité,
Je ne suis qu'inconstance et qu'imbécillité;
Et quand je me demande un titre légitime [time,
D'où prendre quelque gloire, et chercher quelque es-
Je vois, pour tout appui de mes plus hauts efforts,
Le néant que je suis, et le rien d'où je sors,
Et que fonder sa gloire ainsi sur le rien même,
C'est une vanité qui va jusqu'à l'extrême.

O vent pernicieux! ô poison des esprits !
Que le monde sait peu ton véritable prix !
O fausse et vaine gloire ! ô dangereuse peste,
Qui n'es rien qu'un néant, mais un néant funeste !
Tes décevants attraits retirent tous nos pas
Du chemin où la vraie étale ses appas,
Et l'âme, de ton souffle indignement souillée,
Des grâces de son Maître est par toi dépouillée.
Oui, notre âme, Seigneur, tout ton portrait qu'elle est,
Commence à te déplaire alors qu'elle se plaît,
Et son avidité pour de vaines louanges
La prive des vertus qui l'égalaient aux anges.
On doit se réjouir et se glorifier,
Mais ce n'est qu'en toi seul qu'il faut tout appuyer ;
En toi seul, non en soi, qu'il faut prendre sans cesse
La véritable gloire, et la sainte allégresse,
Rapporter à toi seul, et non à sa vertu,
Le plus solide éclat dont on soit revêtu,
Louer en tous ses dons l'Auteur de la nature,
Et ne voir que lui seul en toute créature.

Je le veux, ô mon Dieu ! si je fais quelque bien,
Pour en louer ton nom qu'on supprime le mien,
Que l'univers entier par de communs suffrages
Sur le mépris des miens élève tes ouvrages,
Que même en celui-ci mon nom soit ignoré
Afin que le tien seul en soit mieux adoré,
Que ton saint Esprit seul en ait toute la gloire,
Sans que louange aucune honore ma mémoire,
Et que puisse à mes yeux s'emparer qui voudra
De la plus douce odeur que mon vers répandra.

En toi seul est ma gloire, en toi seul est ma joie,
Et, quoi que l'avenir en ma faveur déploie,
Je les veux prendre en toi, sans faire vanité
Que du sincère aveu de mon infirmité. [donne,
C'est aux Juifs, c'est aux cœurs que ta grâce aban-
A chercher cet honneur qu'ici l'on s'entre-donne ;
Ils peuvent y courir avec empressement,
Sans que je porte envie à leur aveuglement :
La gloire que je cherche, et l'honneur où j'aspire,
C'est celle, c'est celui, que fait ton saint empire,
Qu'à tes vrais serviteurs départ ta seule main,
Et qui ne peut souffrir aucun mélange humain.
Ces honneurs temporels qui rendent l'âme vaine
Ces orgueilleux dehors de la grandeur mondaine,
A la gloire éternelle une fois comparés,
Ne sont qu'amusements de cerveaux égarés.

O vérité suprême et toujours adorable!
Miséricorde immense et toujours ineffable !
Je ne réclame point dans ma fragilité
D'autre miséricorde, ou d'autre vérité.
A toi, Trinité sainte, espoir du vrai fidèle,
A toi pleine louange, à toi gloire immortelle.
Puisse tout l'univers, puisse tout l'avenir,

Toute l'éternité te louer et bénir !
Ce sont là tous mes vœux, c'est là tout l'avantage
Que mes faibles travaux demandent en partage ;
Trop heureux si l'éclat de mon plus digne emploi
Laisse mon nom obscur pour rejaillir sur toi.

CHAPITRE XLI.

DU MÉPRIS DE TOUS LES HONNEURS.

Ne prends point de mélancolie
De voir qu'à tes vertus on refuse leur prix,
Qu'un autre est dans l'estime, et toi dans le mépris,
Qu'on l'honore partout, durant qu'on t'humilie.
Lève les yeux au ciel, lève-les jusqu'à moi,
Et tout ce que la terre ose juger de toi
Ne te donnera plus aucune inquiétude ;
Tu ne sentiras plus de mouvements jaloux,
Et ce ravalement qui te semblait si rude
N'aura plus rien en soi qui ne te semble doux.

Il est tout vrai, Seigneur ; mais cette chair fragile
De ses aveuglements aime l'épaisse nuit,
Et de la vanité l'amorce est si subtile,
Qu'en un moment elle séduit.

A bien considérer la chose en sa nature,
Je ne mérite amour, ni pitié, ni support :
Et, quoi qu'on m'ait pu faire, aucune créature
Ne m'a jamais fait aucun tort.

Mes plaintes auraient donc une insolence extrême,
Si j'osais t'accuser de trop de dureté,
Et qu'ainsi j'imputasse à la justice même
Une injuste sévérité.

Mon crime a dû forcer toutes les créatures
A me persécuter, à s'armer contre moi ;
Et quiconque m'accable ou d'opprobre ou d'injures
N'en fait qu'un légitime emploi.

A moi la honte est due, à moi l'ignominie ;
Leur plus durable excès ne peut trop me punir ;
A toi seul la louange et la gloire infinie
Dans tous les siècles à venir.

Prépare-toi, mon âme, à souffrir sans tristesse
Les mépris des méchants, et ceux des gens de bien,
A me voir ravalé jusqu'à cette bassesse
Que même on ne me compte à rien.

Enfin de ton orgueil éteins les moindres restes,
Ou n'espère autrement de paix dans aucun lieu,
Ni de stabilité, ni de clartés célestes,
Ni d'union avec ton Dieu.

CHAPITRE XLII.

QU'IL NE FAUT POINT FONDER SA PAIX SUR LES HOMMES, MAIS SUR DIEU, ET S'ANÉANTIR EN SOI-MÊME.

Si la douceur de vivre ensemble,
D'avoir les mêmes sentiments,
Te fait de ton repos asseoir les fondements
Sur ceux de qui l'humeur à la tienne ressemble,
Quelque sûr que tu sois de leur fidélité,
Toute cette tranquillité,
Que tes yeux éblouis trouvent si bien fondée,
Ne sera qu'une vaine idée
Que suivront l'embarras et l'instabilité.

Mais si ton zèle invariable
Réunit ses désirs flottants
A cette vérité qui parmi tous les temps
Demeure toujours vive et toujours immuable ;
Qu'un ami parte ou meure, ou que son cœur léger
Ose même te négliger,
Ni son triste départ, ni sa perte imprévue,
Ni même son change à ta vue,
N'auront rien dont jamais tu daignes t'affliger.

En moi seul doit être établie
Cette sincère affection,
Qui, n'ayant pour objet que la perfection,
Par aucun changement ne peut être affaiblie.
Tous ceux que leur bonté donne lieu d'estimer,
Et chez qui tu vois s'enflammer
Et l'amour des vertus, et la haine des vices,
Je veux bien que tu les chérisses,
Mais ce n'est qu'en moi seul que tu les dois aimer.

L'amitié la plus assurée
Tient de moi toute sa valeur :
Tu n'en peux voir sans moi qu'une fausse couleur
Qui n'est ni d'aucun prix ni d'aucune durée ;
Son ardeur n'a jamais aucuns louables feux
Que soumis à ce que je veux ;
Et tu ne saurais voir dans toute la nature
D'union bien solide et pure,
Si de ma propre main je n'en ai fait les nœuds.

Ces vrais amis que je te donne,
Ces unions que je te fais,
Doivent me résigner si bien tous tes souhaits,
Que tu sois mort à tout sitôt que je l'ordonne.
Je veux avoir ton cœur tout entier en ma main,
Par un détachement si plein,
Qu'autant qu'il est en toi ta sainte inquiétude

Aspire à cette solitude
Qui te doit retrancher de tout commerce humain.

    Quiconque me choisit pour maître,
    Et ne cherche qu'à me gagner,
M'approche d'autant plus qu'il sait mieux s'éloigner
Des consolations que les hommes font naître ;
Plus dans leur folle estime il se trouve compris,
    Plus il ravale de son prix ;
Et va d'autant plus haut vers ma grandeur suprême,
    Qu'il descend plus bas en lui-même,
Et se tient abîmé dans le propre mépris.

    Mais une âme présomptueuse
    Qui s'ose imputer quelque bien
Se refuse à ma grâce, et ne se porte à rien
Où toute sa chaleur ne soit infructueuse ;
Elle ferme la porte à ma bénignité
    Par son aveugle vanité,
Puisque du Saint-Esprit les faveurs prévenantes,
    Les entières, les triomphantes,
N'entrent jamais au cœur que par l'humilité.

    Homme, si tu pouvais apprendre
    L'art de te bien anéantir,
De bien purger ce cœur, d'en bien faire sortir
Ce que l'amour terrestre y peut jeter de tendre ;
Si tu savais, mon fils, pratiquer ce grand art,
    Tu verrais bientôt de ma part
S'épandre au fond du tien l'abondance des grâces,
    Et tes actions les plus basses
Sauraient jusqu'à mon trône élever ton regard.

    Une affection mal conçue
Dérobe tout l'aspect des cieux ;
Et, quand la créature a détourné tes yeux,
Tu perds tout aussitôt le Créateur de vue.
Sache te vaincre en tout, et partout te dompter,
    Sache pour lui tout surmonter,
Bannis tout autre amour, coupe-s-en les racines,
    Et les connaissances divines
A leurs plus hauts degrés te laisseront monter.

    Ne dis point que c'est peu de chose,
    Ne dis point que c'est moins que rien
A qui ton âme prête un moment d'entretien,
Sur qui par échappée un coup d'œil se repose ;
Ce peu, ce moins que rien, quand son amusement
    Attire trop d'empressement,
Quand trop de complaisance à ce coup d'œil s'attache,
    Imprime aux vertus une tache,
Et retarde l'esprit du haut avancement.

CHAPITRE XLIII.

CONTRE LA VAINE SCIENCE DU SIÈCLE, ET DE LA VRAIE ÉTUDE DU CHRÉTIEN.

    Défends ton cœur de ton oreille ;
    Souvent une fausse merveille
    Entre par elle et te surprend :
    Ne t'émeus donc point et n'admire,
    Quoi que les hommes puissent dire
    De beau, de subtil, ou de grand.
Mon royaume n'est pas pour ces brillants frivoles
Dont l'humaine éloquence orne ses fictions ;
Il se donne aux vertus, et non pas aux paroles,
Et fuit les beaux discours sans bonnes actions.

    Ma seule parole sacrée
    Est celle à qui tu dois l'entrée ;
    C'est elle qui te doit charmer ;
    C'est elle qui verse dans l'âme
    Les ardeurs de la sainte flamme
    Qui seule s'y doit allumer :
Elle éclaire l'esprit par des rayons célestes,
Elle jette les cœurs dans la componction,
Et répand sur l'aigreur des maux les plus funestes
En cent et cent façons ma consolation.

    Jamais à lire ne t'anime
    Par un vain désir qu'on t'estime
    Plus habile homme, ou plus savant ;
    De cette ambitieuse étude
    L'inépuisable inquiétude
    Ne produit jamais que du vent :
Sache dompter tes sens, sache amortir tes vices,
Et de cette science espère plus de fruit
Que si de tout autre art les épineux caprices
T'avaient laissé percer leur plus obscure nuit.

    Quand tu saurais par ta lecture
    Connaître toute la nature,
    Tu n'as qu'un point à retenir ;
    Un seul principe est nécessaire,
    On a beau dire, on a beau faire,
    C'est là qu'il en faut revenir :
C'est moi seul qui dépars la solide science ;
C'est de mes seuls trésors que je la fais couler,
Et j'en prodigue plus à l'humble confiance
Que tout l'esprit humain ne t'en peut étaler.

    Oui, le cœur humble qui m'adore,
    Le cœur épuré que j'honore
    De mon amoureux entretien,
    Abonde bientôt en sagesse,
    Et s'avance en la haute adresse

Qui mène l'esprit au vrai bien.
Malheur, malheur à ceux qui, se laissant conduire
Aux désirs empressés d'un curieux savoir,
En l'art de me servir dédaignent de s'instruire,
Et veulent ignorer leur unique devoir!

 Un jour viendra que le grand Maître,
 Le grand Roi se fera paraître
 Armé de foudres et d'éclairs;
 Qu'assis sur un trône de gloire,
 Il rappellera la mémoire
 De ce qu'aura fait l'univers :
Il faudra voir alors quelle est votre science,
Savants; il entendra votre leçon à tous,
Et sur cet examen de chaque conscience
Un moment réglera sa grâce ou son courroux.

 Alors on verra sa lumière
 De Hiérusalem tout entière
 Éplucher jusqu'au moindre trait;
 Alors les plus obscures vies
 Dans les ténèbres éclaircies
 Ne trouveront plus de secret :
Les grands raisonnements de ces langues disertes
N'auront force ni poids en cette occasion;
La parole mourra dans les bouches ouvertes,
Et cèdera la place à la confusion.

 Plus une âme est humiliée,
 Plus elle s'est étudiée
 A ce noble ravalement,
 D'autant mieux cette ferme base
 Soutient la haute et sainte extase
 Où je l'élève en un moment.
C'est alors qu'en secret une de mes paroles
Lui fait comprendre mieux ce qu'est l'éternité,
Que si toute la poudre et le bruit des écoles
Avaient lassé dix ans son assiduité.

 J'instruis, j'inspire, j'illumine;
 J'explique toute ma doctrine
 Sans aucun embarras de mots,
 Sans que les âmes balancées
 D'aucunes confuses pensées,
 En perdent jamais le repos;
Jamais des vains degrés la pompe imaginaire
De son faste orgueilleux n'embrouille mes savants,
Et les rusés détours d'un argument contraire
Ne leur tendent jamais de pièges decevants.

 Ainsi je montre, ainsi j'enseigne
 Comme il faut que l'homme dédaigne
 Toutes les douceurs d'ici-bas,
 Qu'il néglige les temporelles,
 Qu'il n'aspire qu'aux éternelles,
 Qu'il ne goûte que leurs appas;
J'enseigne à fuir l'honneur, à souffrir le scandale;
Pour but, pour seul espoir j'enseigne à me choisir;
J'enseigne à me chérir d'une ardeur sans égale,
J'enseigne à ramasser en moi tout son désir.

 Un grand dévot m'a su connaître,
 Sans en consulter d'autre maître
 Que le feu qui sut l'enflammer;
 Il dit des choses admirables
 De mes attributs ineffables,
 Et n'avait appris qu'à m'aimer;
Il dégagea son cœur de toute la nature,
Et se fit bien plus docte en quittant tout ainsi,
Que s'il eût attaché, jusqu'à la sépulture,
Sur des subtilités un long et vain souci.

 Ma façon d'instruire est diverse :
 Je parle aux uns et les exerce
 Sur des préceptes généraux;
 Je parle à d'autres à l'oreille
 Du secret de quelque merveille,
 Ou du choix de quelques travaux;
Je ne me montre aux uns que sous quelque figure
Qui leur fait doucement comprendre ma bonté,
Et sur d'autres j'épands cette lumière pure
Qui fait voir le mystère avec pleine clarté.

 Les livres à leur ouverture
 Offrent à tous même lecture,
 Mais non pas même utilité;
 J'en suis au dedans l'interprète,
 Et seul à seul dans la retraite
 J'en explique la vérité.
Je pénètre les cœurs, je vois dans les pensées,
J'excite, je prépare aux bonnes actions,
Et je tiens mes faveurs plus ou moins avancées,
Suivant qu'on fait profit de mes instructions.

CHAPITRE XLIV.

QU'IL NE FAUT POINT S'EMBARRASSER DES CHOSES EXTÉRIEURES.

 Mon fils, il est bon d'ignorer
 Beaucoup de choses qui se passent,
 Et de ne point considérer
 Mille événements qui s'entassent :
Sois comme mort sur terre; et, par le saint emploi
De cette indifférence en mérites féconde,
Tiens-toi crucifié pour les choses du monde,
Et les choses du monde autant de croix pour toi.

Fais la sourde oreille à ces bruits
Que roule un indiscret murmure,
Et pense les jours et les nuits
Au repos que je te procure.
Il est beaucoup meilleur de retirer les yeux
De tout ce qui te choque ou qui te peut déplaire,
Que d'être tout de feu sur un avis contraire,
Pour un frivole honneur de raisonner le mieux.

Laisse à chacun son sentiment;
Qu'il parle et discoure à sa mode;
Tiens ton cœur en moi fortement,
Et fuis ce débat incommode.
Comme mes jugements ne sont jamais déçus,
Préfère leur conduite à la prudence humaine;
Attache-s-y ta vue, et tu verras sans peine
Que dans tes démêlés un autre ait le dessus.

A quelle extrémité, Seigneur, vont nos malheurs!
La perte temporelle est digne de nos pleurs;
Pour un peu d'intérêt on court, on se tourmente;
Mais ce qui touche l'âme, on le laisse au hasard,
Et l'oubli d'heure en heure à tel point s'en augmente,
Qu'on n'y jette qu'à peine un coup d'œil sur le tard.

On cherche avec chaleur ce qui ne sert de rien;
On n'a d'yeux qu'en passant pour le souverain bien:
Ce qui n'importe plaît; le nécessaire gêne:
Tout l'homme aisément glisse et s'échappe au dehors;
Et, si le repentir soudain ne le ramène,
Il se livre avec joie aux appétits du corps.

CHAPITRE XLV.

QU'IL NE FAUT PAS CROIRE TOUTES PERSONNES,
ET QU'IL EST AISÉ DE S'ÉCHAPPER EN PAROLES.

Envoie à mon secours tes bontés souveraines,
Seigneur, contre les maux qui m'ont choisi pour but,
Puisqu'en vain je mettrais aux amitiés humaines
L'espoir de mon salut.

O mon Dieu! qu'ici-bas j'ai trouvé d'infidèles
Dont je m'imaginais occuper tous les soins!
Et que j'ai rencontré de véritables zèles
Où j'en croyais le moins!

En vain donc on voudrait fonder quelque espérance
Sur l'effet incertain de leur douteuse foi,
Et les justes jamais ne trouvent l'assurance
De leur salut qu'en toi.

Que sous tes ordres saints notre esprit se captive
Jusqu'à tout recevoir d'un sentiment égal,
Et bénir ton saint nom de quoi qui nous arrive
Ou de bien ou de mal.

Nous n'y contribuons qu'un importun mélange
De faiblesse, d'erreur, et d'instabilité,
Qui des meilleurs desseins nous fait prendre le change
Avec facilité.

Quelqu'un applique-t-il à toute sa conduite
Une âme si prudente, un esprit si réglé,
Que souvent il ne voie ou cette âme séduite,
Ou cet esprit troublé?

Mais qui sur ton vouloir forme sa patience,
Qui simplement te cherche, et n'a point d'autre espoir,
Qui remet en toi seul toute sa confiance,
N'est pas si prompt à choir.

Quelque pressé qu'il soit du malheur qui l'accable,
Sitôt que vers le ciel tu l'entends soupirer,
Ton bras étend sur lui cette main secourable
Qui l'en sait retirer.

Rien ne le fait gémir dont tu ne le consoles,
Et quiconque en ta grâce espère jusqu'au bout
Reçoit enfin l'effet de tes saintes paroles,
Et triomphe de tout.

Il est rare de voir qu'un ami persévère
Dans nos afflictions jusqu'à l'extrémité,
Et nous aide à porter toute notre misère,
Sans être rebuté.

Toi seul est cet ami fidèle, infatigable,
Que de nos intérêts rien ne peut détacher,
Et toute autre amitié n'a rien de si durable
Qu'il en puisse approcher.

Oh! que cette âme sainte avait sujet de dire:
« J'ai pour base mon Dieu, pour appui Jésus-Christ;
« En lui seul je me fonde, en lui seul je respire,
« Et m'affermis l'esprit! »

Si je lui ressemblais j'aurais moins d'épouvante
Des jugements du monde et de tout son pouvoir,
Et les traits les plus forts d'une langue insolente
Ne pourraient m'émouvoir.

Mais qui pourra, Seigneur, par sa propre sagesse
Pressentir tous les maux qui doivent arriver?
Et, si quelqu'un le peut, aura-t-il quelque adresse
Qui puisse l'en sauver?

Ah! si ce qu'en prévoit la prudence ou la crainte
Abat encor souvent toute notre vigueur,

Que font les imprévus, et quelle rude atteinte
N'enfoncent-ils au cœur?

En vain pour me flatter je me le dissimule,
Il me fallait des miens prévenir mieux l'effet,
Et je ne devais pas une âme si crédule
  Aux rapports qu'on m'a fait.

Mais l'homme est toujours homme, et les vaines louan-
Le dépouillent si peu de sa fragilité,   [ges
Que ceux même qu'on nomme et qu'on croit de vrais
  Ne sont qu'infirmité.   [anges

Qui croirai-je que toi, Vérité souveraine,
Qui jamais n'es déçue et ne peux décevoir?
Qui prendrai-je que toi dans cette course humaine
  Pour règle à mon devoir?

L'homme est muable et faible, et ses discours frivoles
Portent l'impression de son déréglement;
Il se méprend et trompe; et surtout en paroles
  Il s'échappe aisément.

Aussi ne doit-on pas donner prompte croyance
A tout ce qui d'abord semble la mériter,
Et ce qu'il dit de vrai laisse à la défiance
  De quoi s'inquiéter.

Tu m'avertis assez de ses lâches pratiques,
Tu m'en instruis assez, Seigneur, quand tu me dis
Qu'il faut que je m'en garde, et que nos domestiques
  Sont autant d'ennemis.

Qu'il n'est pas sûr de croire à quiconque vient dire:
« Mon avis est le bon, l'infaillible est le mien; »
Et que tel en décide avec un plein empire
  Qui souvent ne sait rien.

Je ne l'ai que trop vu, Seigneur, pour mon dommage;
Et puissé-je en former quelques saintes terreurs
Qui ne me laissent pas égarer davantage
  Dans mes folles erreurs!

Par une impertinente et fausse confidence,
Quelqu'un me dit un jour: « Écoute, sois discret,
« Et conserve en ton cœur sous un profond silence
  « Le fruit de mon secret. »

A peine je promets de cacher le mystère,
Qu'il trouve de sa part le silence fâcheux,
Me quitte, va conter ce qu'il m'oblige à taire,
  Et nous trahit tous deux.

Préserve-moi, Seigneur, de ces gens tout de langues,
De ces illusions d'un esprit inconstant,
Garde partout le mien de leurs folles harangues,
  Et moi d'en faire autant.

Daigne mettre en ma bouche une parole vraie,
Qui soit pleine de force et de stabilité,
Et ne souffre jamais que ma langue s'essaie
  A la duplicité.

Accorde à ma faiblesse assez de prévoyance
Pour aller au-devant du mal qui peut s'offrir,
Et détourner les maux que sans impatience
  Je ne pourrais souffrir.

Qu'il est bon de se taire! et qu'en paix on respire
Quand de parler d'autrui soi-même on s'interdit,
Sans être prompt à croire, ou léger à redire
  Plus qu'on ne nous a dit!

Une seconde fois, qu'il est bon de se taire,
De n'ouvrir tout son cœur à personne qu'à toi,
Et n'abandonner pas aux rapports qu'on vient faire
  Une indiscrète foi!

Qu'heureux est, ô mon Dieu! qu'heureux est qui sou-
Que ton seul bon plaisir soit partout accompli, [haite
Qu'au dedans, qu'au dehors ta volonté soit faite,
  Et ton ordre rempli!

Que ta grâce en un cœur se trouve en assurance
Alors qu'à fuir l'éclat il met tous ses efforts,
Et qu'il sait dédaigner cette vaine apparence
  Qu'on admire au dehors!

Qu'une âme à ton vouloir saintement asservie
Ménage bien les dons que lui fait ta faveur,
Lorsqu'elle applique tout à corriger sa vie,
  Ou croître sa ferveur!

La gloire du mérite un peu trop épandue
A fait perdre à plusieurs les trésors qu'ils ont eus,
Et j'ai vu la louange un peu trop tôt rendue
  Gâter bien des vertus.

Mais quand la grâce en nous demeure bien cachée,
Elle redouble en fruits, en forces, en appas,
Et secourt d'autant mieux une vie attachée
  A d'éternels combats.

CHAPITRE XLVI.

DE LA CONFIANCE QU'IL FAUT AVOIR EN DIEU
QUAND ON EST ATTAQUÉ DE PAROLES.

Eh bien! on te querelle, on te couvre d'injures;
La calomnie est grande et te remplit d'effroi:

Veux-tu rompre aisément ses pointes les plus dures?
Affermis ton espoir et ta constance en moi.
Ne t'inquiète point de ces discours frivoles;
Les paroles enfin ne sont que des paroles,
Que des sons parmi l'air vainement dispersés;
Elles peuvent briser quelques âmes de verre,
  Et ne tombent point sur la pierre
  Que leurs traits n'en soient émoussés.

Quand leur plus gros déluge insolemment t'accable,
Sache faire profit de son plus vaste effort,
Songe à te corriger, si tu te sens coupable,
Songe à souffrir pour moi, si rien ne te remord :
C'est du moins qu'il te faille endurer quelque chose
D'un conte qui te blesse, ou d'un mot qui t'impose,
Toi, que de rudes coups auraient bientôt lassé,
Et qui verrais bientôt tes forces chancelantes
  Sous les épreuves violentes
  Par où tant de saints ont passé.

D'où vient que pour si peu le chagrin te dévore,
Qu'un mot jusqu'en ton cœur va trouver ton défaut,
Si ce n'est que la chair, qui te domine encore,
Te fait considérer l'homme plus qu'il ne faut?
C'est le mépris humain que ton âme appréhende,
Qui soulève ce cœur contre la réprimande,
Lors même qu'elle est due à ta légèreté;
C'est là ce qui te force à chercher quelque ruse
  Qui, sous une mauvaise excuse,
  Mette à couvert ta lâcheté.

Examine-toi mieux, et, quoi qu'on t'ose dire,
Descends jusqu'en toi-même, et vois ce que tu crains;
Tu verras que le monde encore en toi respire
Avec le vain souci d'agréer aux mondains :
Craindre pour tes défauts qu'on ne te mésestime,
Que la confusion sur ton front ne s'imprime,
C'est montrer que ton cœur s'est mal sacrifié,
Que tu n'as point encor d'humilité profonde,
  Et que tu n'es ni mort au monde,
  Ni lui pour toi crucifié.

Mais écoute, mon fils, écoute ma parole,
Et dix mille d'ailleurs ne te pourront toucher,
Quand même la malice en sa plus noire école
Forgerait tous leurs dards pour te les décocher ;
Qu'à son choix contre toi le mensonge travaille,
Laisse-le s'épuiser, prise moins qu'une paille
Toute l'indignité dont il te veut couvrir;
Que te peut nuire enfin une telle tempête?
  Est-il un cheveu sur ta tête
  Dont elle puisse t'appauvrir?

Ceux qui vers le dehors poussant toute leur âme
N'ont ni d'yeux au dedans, ni Dieu devant les yeux,
Sensibles jusqu'au fond aux atteintes du blâme,
Frémissent à toute heure, et tremblent en tous lieux ;
Mais ceux dont la sincère et forte patience
Porte jusqu'en moi seul toute sa confiance,
Et ne s'arrête point au propre sentiment,
Ceux-là craignent si peu ces discours de la terre,
  Que jamais leur plus rude guerre
  Ne les fait pâlir un moment.

Tu dis qu'il est fâcheux de voir la calomnie
De la vérité même emprunter les couleurs,
Que la plus juste gloire en demeure ternie,
Et peut des plus constants tirer quelques douleurs;
Mais que t'importe enfin, si tu m'as pour refuge?
N'en suis-je pas au ciel l'inévitable juge,
Qui vois sans me tromper comme tout s'est passé?
Et pour le châtiment, et pour la récompense,
  Ne sais-je pas qui fait l'offense,
  Et qui demeure l'offensé?

Rien ne va sans mon ordre, et c'est moi qui t'envoie
Ce mot que contre toi lancent tes ennemis ;
Je veux qu'ainsi des cœurs le secret se déploie,
Et tout ce qui t'arrive exprès je l'ai permis.
Tu verras quelque jour mon arrêt équitable
Séparer l'innocent d'avecque le coupable,
Et rendre à tous les deux ce qu'ils ont mérité;
Cependant il me plaît qu'en secret ma justice
  De l'un éprouve la malice,
  Et de l'autre la fermeté.

Tout ce que l'homme ici te rend de témoignage
Est sujet à l'erreur et périt avec lui;
La vérité des miens leur fait cet avantage [d'hui.
Qu'ils sont au bout des temps les mêmes qu'aujour-
Je les cache souvent, et fort peu de lumières
Savent en pénétrer les ténèbres entières,
Mais l'erreur n'entre point dans leur obscurité;
Et, dans le même instant qu'on y trouve à redire,
  L'âme bien éclairée admire
  Leur inconcevable équité.

Il faut donc me remettre à juger chaque chose,
Et sur le propre sens jamais ne s'appuyer ;
C'est ainsi que le juste, à quoi que je l'expose,
Ne sent rien qui le trouble ou le puisse ennuyer :
Quoique la calomnie élève à sa ruine
De ses noirs attentats la plus forte machine,
Il en attend le coup sans aucun tremblement;
Et si quelqu'un l'excuse, et prenant sa défense
  Fait triompher son innocence,
  Sa joie est sans emportement.

Il prend peu de souci de la honte et du blâme

Il sait que j'en connais les injustes efforts,
Que je sonde le cœur, que je vois toute l'âme,
Et ne m'éblouis point des plus brillants dehors :
Il me voit au-dessus de la fausse apparence,
Et reconnaît par là quelle est la différence
Du jugement de l'homme et de mon jugement ;
Et que souvent mes yeux regardent comme un crime
    Ce que trouve digne d'estime
    Son aveugle discernement.

Seigneur, qui par de vifs rayons
Pénètres chaque conscience,
Juste juge, en qui nous voyons
Et la force et la patience,
Tu sais quelle fragilité,
Quelle pente à l'impureté
Suit partout la nature humaine ;
Daigne me servir de soutien,
Et sois la confiance pleine
Qui me guide au souverain bien.

Pour ne voir point de tache en moi,
Mon innocence n'est pas sûre ;
Tu vois bien plus que je ne vois ;
Tu fais bien une autre censure :
Aussi devrais-je avec douceur
M'humilier sous la noirceur
De tous les défauts qu'on m'impute ;
Et souffrir d'un esprit remis,
Lors même qu'on me persécute
Pour ce que je n'ai point commis.

Pardon, mon cher Sauveur, pardon
Quand j'en use d'une autre sorte ;
Ne me refuse pas le don
D'une patience plus forte :
Ta miséricorde vaut mieux,
Pour rencontrer grâce à tes yeux
Dans l'excès de ton indulgence,
Qu'une apparente probité
Ne peut servir à la défense
De la secrète infirmité.

Quand un long amas de vertus
M'érigerait un haut trophée
Sur tous les vices abattus,
Et la convoitise étouffée ;
Ces vertus n'auraient pas de quoi
Me justifier devant toi,
Quelque mérite qui les suive ;
Il y faut encor pitié,
Puisque sans elle homme qui vive
A tes yeux n'est justifié.

CHAPITRE XLVII.

QUE POUR LA VIE ÉTERNELLE IL FAUT ENDURER LES CHOSES LES PLUS FACHEUSES.

Ne te rebute point, mon fils, de ces travaux
Que l'ardeur de ton zèle entreprend pour ma gloire ;
Ne te laisse jamais abattre sous les maux
Qui te veulent des mains enlever la victoire :
En quelque triste état que leur rigueur t'ait mis,
    Songe à ce que je t'ai promis,
Reprends cœur là-dessus, espère, et te console ;
Je rendrai tes désirs pleinement satisfaits,
Et j'ai toujours de quoi dégager ma parole
    Par l'abondance des effets.

Tu n'auras point ici longtemps à te lasser,
Tes douleurs n'y sont pas d'une éternelle suite ;
Un peu de patience, et tu verras passer
Ce torrent de malheurs où ta vie est réduite,
Un jour, un jour viendra que ce rude attirail
    De soins, de troubles, de travail,
Fera place aux douceurs de la paix désirée :
Cependant souviens-toi que les maux les plus grands
Ne sont que peu de chose, et de peu de durée
    Quand ils cessent avec le temps.

Applique à me servir une assiduité
Qui de ce que tu dois jamais ne se dispense ;
Travaille dans ma vigne avec fidélité,
Et je serai moi-même enfin ta récompense.
Écris, lis, chante, prie et gémis tout le jour,
    Garde le silence à son tour,
Supporte avec grand cœur tous les succès contraires ;
Leur plus longue amertume aura de doux reflux,
Et la vie éternelle a d'assez grands salaires
    Pour être digne encor de plus.

Oui, tu verras un jour finir tous ces ennuis, [tre
Dieu connaît ce grand jour, qu'autre ne peut connaî-
Tu ne verras plus lors ni les jours ni les nuits,
Comme ici tu les vois, s'augmenter ou décroître ;
D'une clarté céleste un long épanchement
    Fera briller incessamment
D'un rayon infini la splendeur ineffable ;
Et d'une ferme paix le repos assuré
Versera dans ton cœur le calme invariable
    Que ces maux t'auront procuré.

Tu ne diras plus lors : « Qui pourra m'affranchir
« De la mort que je traîne, et des fers que je porte ? »
Tu ne criras plus lors : « Faut-il ainsi blanchir ?
« Faut-il voir prolonger mon exil de la sorte ? »
La mort, précipitée aux gouffres du néant,

N'aura plus ce gosier béant,
Dont tout ce qui respire est l'infaillible proie ;
Et la santé, sans trouble et sans anxiété,
N'y laissera goûter que la parfaite joie
    D'une heureuse société.

Que ne peux-tu, mon fils, percer jusques aux cieux,
Pour y voir de mes saints la couronne éternelle,
Les pleins ravissements qui brillent dans leurs yeux,
Le glorieux éclat dont leur front étincelle ?
Voyant ces grands objets d'un injuste mépris
    En remporter un si haut prix,
Eux qu'à peine le monde a crus dignes de vivre,
Ta sainte ambition les voudrait égaler,
Te réglerait sur eux, et saurait pour les suivre
    Jusqu'en terre te ravaler.

Tous les abaissements te sembleraient si doux,
Qu'en haine des honneurs où ta folie aspire,
Tu choisirais plutôt d'être soumis à tous,
Que d'avoir sur un seul quelque reste d'empire ;
Les beaux jours de la vie et les charmes des sens,
    Pour toi devenus impuissants,
Te laisseraient choisir ce mépris en partage ;
Tu tiendrais à bonheur d'être persécuté,
Et tu regarderais comme un grand avantage
    Le bien de n'être à rien compté.

Si tu pouvais goûter toutes ces vérités,
Si jusque dans ton cœur elles étaient empreintes,
Tout un siècle de honte et de calamités
Ne t'arracherait pas un seul moment de plaintes ;
Tu dirais qu'il n'est rien de si laborieux
    Que pour un prix si glorieux
Il ne faille accepter sitôt qu'on le propose,
Et que perdre ou gagner le royaume de Dieu,
Quoi qu'en jugent tes sens, n'est pas si peu de chose,
    Qu'il faille chercher un milieu.

Lève donc l'œil au ciel pour m'y considérer ;
Vois-y mes saints assis au-dessus du tonnerre ;
Après tant de tourments soufferts sans murmurer,
Après tant de combats qu'ils ont rendus sur terre,
Ces illustres vainqueurs des tribulations
    Goûtent les consolations
D'une joie assurée et d'un repos sincère ;
Assis à mes côtés sans trouble et sans effroi,
Ils règnent avec moi dans le sein de mon Père,
    Et vivront sans fin avec moi.

CHAPITRE XLVIII.

DU JOUR DE L'ÉTERNITÉ, ET DES ANGOISSES DE CETTE VIE.

O séjour bienheureux de la cité céleste,
Où de l'éternité le jour se manifeste,
Jour que jamais n'offusque aucune obscurité,
Jour qu'éclaire toujours l'astre de vérité,
Jour où sans cesse brille une joie épurée,
Jour où sans cesse règne une paix assurée,
Jour toujours immuable, et dont le saint éclat
Jamais ne dégénère en un contraire état !
Que déjà ne luit-il ! et pour le laisser luire
Que ne cessent les temps de perdre et de produire !
Que déjà ne fait place à ce grand avenir
Tout ce qu'ici leur chute avec eux doit finir !
Il luit, il luit déjà, mais sa vive lumière
Aux seuls hôtes du ciel se fait voir tout entière.
Tant que nous demeurons sur la terre exilés,
Il n'en tombe sur nous que des rayons voilés ;
L'éloignement confond ou dissipe l'image
De ce qui s'en échappe au travers d'un nuage,
Et tout ce qu'à nos yeux il est permis d'en voir,
Ce sont traits réfléchis qu'en répand un miroir.
    Ces habitants du ciel en savent les délices, [ces,
Tandis qu'en ces bas lieux nous traînons nos suppli-
Et qu'un accablement d'amertume et d'ennuis
De nos jours les plus beaux fait d'effroyables nuits.
    Ces jours, que le temps donne et dérobe lui-même,
Longs pour qui les connaît, et courts pour qui les aime,
Ont pour l'un et pour l'autre un tissu de malheurs
D'où naissent à l'envi l'angoisse et les douleurs.
Tant que l'homme en jouit, que de péchés le gênent !
Combien de passions l'assiègent ou l'enchaînent !
Que de justes frayeurs, que de soucis cuisants
Lui déchirent le cœur, et brouillent tous les sens !
La curiosité de tous côtés l'engage ;
La folle vanité le tient en esclavage ;
Enveloppé d'erreurs, atterré de travaux,
Entre mille ennemis pressé de mille assauts,
Le repos l'affaiblit, et le plaisir l'énerve ;
Tout le cours de sa vie a des maux de réserve ;
Le riche par ses biens n'en est pas exempté,
Et le pauvre par comble encor sa pauvreté
    Quand verrai-je, Seigneur, finir tant de supplices,
Quand cesserai-je d'être un esclave des vices ?
Quand occuperas-tu toi seul mon souvenir ?
Quand mettrai-je ma joie entière à te bénir ?
Quand verrai-je en mon cœur une liberté sainte,
Sans aucun embarras, sans aucune contrainte,
Et quand ne sentirai-je en mes ardents transports
Rien qui pèse à l'esprit, rien qui gêne le corps ?
Quand viendra cette paix et profonde et solide,

Où la sûreté règne, où ton amour préside,
Paix dedans et dehors, paix sans anxiétés,
Paix sans trouble, paix ferme enfin de tous côtés?
  Doux Sauveur de mon âme, hélas! quand te verrai-je?
Quand m'accorderas-tu ce dernier privilége?
Quand te pourront mes yeux contempler à loisir,
Te voir en tout, partout, être mon seul désir?
Quand te verrai-je assis sur ton trône de gloire,
Et quand aurai-je part aux fruits de ta victoire,
A ce règne sans fin, que ta bénignité
Prépare à tes élus de toute éternité?
  Tu sais que je languis, abandonné sur terre
Aux cruelles fureurs d'une implacable guerre,
Où toujours je me trouve en pays ennemi,
Où rien ne me console après avoir gémi,
Où de mon triste exil les suites importunes
Ne sont qu'affreux combats et longues infortunes.
  Modère les rigueurs de ce bannissement,
Verse en mes déplaisirs quelque soulagement:
Tu sais que c'est pour toi que tout mon cœur soupire;
Tu vois que c'est à toi que tout mon cœur aspire;
Le monde m'est à charge, et ne fait que grossir
Ce fardeau de mes maux qu'il tâche d'adoucir:
Ni de lui ni de moi je ne dois rien attendre;
Je veux te posséder, et ne te puis comprendre,
Je forme à peine un vol pour m'attacher aux cieux
Qu'un souci temporel le ravale en ces lieux;
Et de mes passions les forces mal domptées
Me rendent aux douceurs qu'elles m'avaient prêtées:
L'esprit prend le dessus, mais le poids de la chair
Jusqu'au-dessous de tout me force à trébucher.
Ainsi je me combats et me pèse à moi-même;
Ainsi de mon dedans le désordre est extrême,
La chair rappelle en bas, quand l'esprit tire en haut,
Et la faible partie est celle qui prévaut.
  Que je souffre, Seigneur, quand mon âme élevée
Jusqu'aux pieds de son Dieu qui l'a faite et sauvée,
Un damnable escadron de sentiments honteux
Vient troubler sa prière et distraire ses vœux!
  Toi, qui seul de mes maux tiens en main le remède,
En ces extrémités n'éloigne pas ton aide,
Et ne retire point par un juste courroux [coups.
Le bras qui seul pour moi peut rompre tous leurs
Lance du haut du ciel un éclat de ta foudre,
Qui dissipe leur force, et les réduise en poudre;
Précipite sur eux la grêle de tes dards;
Rends-les à leur néant d'un seul de tes regards,
Et renvoie aux enfers, comme souverain maître,
Ces fantômes impurs que leur prince fait naître.
  D'autre côté, Seigneur, recueille en toi mes sens,
Ranime, réunis mes désirs languissants;
Fais qu'un parfait oubli des choses de la terre
Tienne à couvert mon cœur de toute cette guerre;
Ou si par quelque embûche il se trouve surpris,
Fais que, par les efforts d'un prompt et saint mépris,
Il rejette soudain ces délices fardées,
Dont le vice blanchit ses plus noires idées.
  Viens, viens à mon secours, suprême Vérité,
Que je ne donne entrée à quelque vanité;
Viens, céleste douceur, viens occuper la place,
Et toute impureté fuira devant ta face.
  Cependant fais-moi grâce, et ne t'offense pas
Si dans le vrai chemin je fais quelque faux pas
Si quelquefois de toi mon oraison s'égare,
Si quelque illusion malgré moi m'en sépare:
Car enfin, je l'avoue à ma confusion,
Je ne cède que trop à cette illusion;
L'ombre d'un faux plaisir follement retracée
S'empare à tous moments de toute ma pensée;
Je ne suis pas toujours où se trouve mon corps;
Souvent j'occupe un lieu dont mon corps est dehors;
Et, mon extravagance emportant l'infidèle,
Je suis bien loin de moi quand il est avec elle.
L'homme sans y penser, pense à ce qu'il chérit,
Ainsi que l'œil de soi tourne à ce qui lui rit;
Ce qu'aime la nature ou qui plaît par l'usage,
C'est ce qui le plus tôt nous offre son image,
Et l'offre rarement, que notre esprit touché
Ne s'attache sans peine où le cœur est penché.
  Aussi ta bouche même a bien voulu me dire,
Qu'où je mets mon trésor, là mon âme respire:
Si je le mets au ciel, il m'est doux d'y penser;
Si je le mets au monde il m'y sait rabaisser;
De ses prospérités je fais mon allégresse,
Et ses coups de revers excitent ma tristesse.
Si les plaisirs des sens saisissent mon amour
Ce qui peut les flatter m'occupe nuit et jour;
Si j'aime de l'esprit la parfaite science,
Je fais mon entretien de tout ce qui l'avance,
Enfin tout ce que j'aime et tout ce qui me plaît
Me tient comme enchaîné par un doux intérêt,
J'en parle avec plaisir, avec plaisir j'écoute
Tout ce qui peut m'instruire à marcher dans sa route,
Et m'emporte chez moi avec plaisir
De tout ce qui chatouille et pique mon désir.
  Qu'heureux est donc, ô Dieu! celui dont l'âme pure
Bannit, pour t'aimer seul, toute la créature,
Qui se fait violence, et n'osant s'accorder
Rien de ce que lui-même aime à se demander,
De la chair et des sens tellement se défie,
Qu'à force de ferveur l'esprit les crucifie!
C'est ainsi qu'en son cœur rétablissant la paix,
Sur le mépris du monde élevant ses souhaits,
Il t'offre une oraison, il t'offre des louanges
Dignes de se mêler à celles de tes anges,
Puisqu'en lui ton amour par ses divins transports
Étouffe le terrestre et dedans et dehors.

CHAPITRE XLIX.

DU DÉSIR DE LA VIE ÉTERNELLE, ET COMBIEN D'AVANTAGES SONT PROMIS A CEUX QUI COMBATTENT.

Lorsque tu sens, mon fils, s'allumer dans ton cœur
Un désir amoureux de la béatitude,
Qu'il soupire après moi d'une douce langueur
Pour me voir sans ombrage et sans vicissitude ;
Quand tu le sens pousser d'impatients transports
Pour se voir affranchi de la prison du corps,
Et contempler de près mes clartés infinies ;
Ouvre ton âme entière à cette ambition,
Et porte de ce cœur les forces réunies
A ce que veut de toi cette inspiration.

Surtout, quand tu reçois cet amoureux désir,
Souviens-toi de m'en rendre un million de grâces,
A moi dont la bonté daigne ainsi te choisir,
Te daigne ainsi tirer d'entre les âmes basses ;
C'est moi dont la clémence abaisse ma grandeur
Jusqu'à te visiter, et faire cette ardeur
Qui jusque dans ton sein de là haut s'est coulée ;
C'est moi qui jusqu'à moi t'élève et te soutiens,
De peur que par ton poids ton âme ravalée
N'embrasse au lieu de moi, la terre dont tu viens.

Ni tes efforts d'esprit, ni ceux de ta ferveur,
N'enfantent ce désir qu'il me plaît de produire ;
Il est un pur effet de ma haute faveur,
De mon aspect divin qui sur toi daigne luire :
Sers-t'en pour t'avancer avec facilité
Au chemin des vertus et de l'humilité ;
Fais qu'aux plus grands combats sans peine il te pré- [pare ;
Fais que jusqu'en mon sein il te puisse ravir,
Qu'il t'y puisse attacher sans que rien t'en sépare,
Ni refroidisse en toi l'ardeur de me servir.

Le feu brûle aisément, mais il est malaisé
Que sa pointe aille haut sans un peu de fumée ;
Ainsi de quelques-uns le zèle est embrasé
En qui l'impureté n'est pas bien consumée.
Un reste mal détruit de leurs engagements
Attiédit la chaleur des bons élancements
Sous les tentations que la chair leur suggère ;
Et ces vœux qu'à toute heure ils m'offrent en tribut
Ne sont pas tous conçus purement pour me plaire,
N'ont pas tous mon honneur pour leur unique but.

Les tiens mêmes, les tiens, dont l'importunité
Avec tant de chaleur souvent me sollicite,
Et presse les effets de ma bénignité
Par le sincère aveu de ton peu de mérite ;
Tes vœux, dis-je, souvent, sans s'en apercevoir,
Couvrant ton intérêt de cet humble devoir,
Cherchent ta propre joie, aussi bien que ma gloire,
Et ce peu qui s'y joint de propre affection
Leur imprime aussitôt une tache assez noire
Pour les tenir bien loin de la perfection.

Demande donc, mon fils, demande fortement,
Non ce qui t'est commode et te doit satisfaire,
Mais un succès pour moi, mais un événement,
Qui me soit glorieux et digne de me plaire.
Si d'un esprit bien sain tu sais régler tes vœux,
Tu sauras les soumettre à tout ce que je veux,
Sans rien considérer de ce que tu désires,
Et préférer si bien mon ordre à ton désir,
Que tu ne parles plus, ni penses, ni respires,
Que pour suivre le choix de mon seul bon plaisir.

Je sais de ce désir quel est le digne objet,
A gémir si souvent je vois ce qui t'engage,
Et, comme tes soupirs ne vont pas sans sujet,
J'entends du haut du ciel leur plus secret langage :
Un dédain de la terre, une sainte fierté,
Te voudraient déjà voir dans cette liberté
Qu'assure à mes élus le séjour de la gloire ;
Il charme ton esprit ici-bas captivé,
Et sera quelque jour le prix de ta victoire ;
Mais le temps, ô mon fils ! n'en est pas arrivé.

Avant ce temps heureux un autre est à passer,
Un temps tout de combats, et tout d'inquiétudes,
Un temps où les travaux ne doivent point cesser,
Un temps plein de malheurs, et d'épreuves bien rudes ;
Tu languis cependant, et tes ardents souhaits
Pour le bien souverain, pour la céleste paix,
Ont une impatience, et une soif extrême :
Tu ne peux pas sitôt atteindre où tu prétends ;
Prie, espère, attends-moi, je suis ce bien suprême,
Mais mon royaume enfin ne viendra qu'en son temps.

Il faut encore en terre éprouver ta vertu ;
Il faut sous mille essais encor que tu soupires ;
Je saurai consoler ton esprit abattu,
Mais non pas à ton choix, ni tant que tu désires :
Montre un courage ferme à ce qui vient s'offrir.
Soit qu'il faille embrasser, soit qu'il faille souffrir
Des choses où tu sens la nature contraire ;
Revêts un nouvel homme et dépouille le vieux,
Et pour faire souvent ce que tu hais à faire
Et pour quitter souvent ce qui te plaît le mieux.

Tu pourras à toute heure être mal satisfait
Des inégalités dont la vie est semée ;
Tous les projets d'un autre auront leur plein effet,

Tandis que tous les tiens s'en iront en fumée;
Tu verras applaudir à tout son entretien,
Et ta voix à ses yeux n'être comptée à rien,
Quoiqu'à ton sentiment on dût la préférence;
Tu verras sa demande aisément parvenir
Aux plus heureux succès qui flattent l'espérance,
Et tu demanderas sans pouvoir obtenir.

Des autres le grand nom sans mérite ennobli
Aura ce qui t'est dû de gloire et de louange,
Cependant que le tien traînera dans l'oubli,
S'il ne tombe assez bas pour traîner dans la fange;
Ainsi que dans l'estime ils seront dans l'emploi,
Et l'injuste mépris que l'on aura pour toi
Te fera réputer serviteur inutile :
L'orgueil de la nature en voudra murmurer,
Et ce sera beaucoup, si ton esprit docile
Peut apprendre à se taire et toujours endurer.

C'est par là, mon enfant, qu'ici-bas il me plaît
D'éprouver jusqu'au bout le cœur du vrai fidèle,
Pour voir comme il renonce à son propre intérêt,
Comme il sait rompre en tout la pente naturelle.
Voir arriver sans trouble et supporter sans bruit
Tout ce qu'obstinément ta volonté refuit,
T'imputer à bonheur tout ce qui t'importune,
C'est le dernier effort d'un courage fervent,
Et tu ne verras point qu'aucune autre infortune
T'oblige à te mieux vaincre, ou mourir plus avant.

Surtout il t'est bien dur qu'on te veuille ordonner
Ce qui semble à tes yeux une injustice extrême,
Ce qui n'est bon à rien, ce qu'on peut condamner
Ainsi qu'un attentat contre la raison même.
A cause que tu vis sous le pouvoir d'autrui,
Il te faut, malgré toi, prendre la loi de lui,
Obéir à son ordre, et suivre son empire;
Et c'est ce qui fait tes plus cruels tourments,
Quand tu sens ta raison puissamment contredire,
Et qu'il faut accepter de tels commandements.

Mais ne pense pas tant à l'excès de ces maux,
Que tu ne puisses voir qu'un moment les termine,
Que leur fruit passe enfin la grandeur des travaux,
Et que la récompense en est toute divine.
Au lieu de t'être à charge, au lieu de t'accabler,
Ils sauront faire naître, ils sauront redoubler
La douceur nécessaire à soulager ta peine;
Et ce moment d'effort dessus ta volonté
La rendra dans le ciel à jamais souveraine
Sur l'infini trésor de toute ma bonté.

Dans ces palais brillants que moi seul je remplis,
Tu trouveras sans peine en moi seul toutes choses,

Tu verras tes souhaits aussitôt accomplis,
Tu tiendras en ta main quoi que tu te proposes;
Toutes sortes de biens avec profusion
Y naîtront d'une heureuse et claire vision,
Sans crainte que le temps les change ou les enlève;
Ton vouloir et le mien n'y seront qu'un vouloir,
Et tu n'y voudras rien qui hors de moi s'achève,
Ni dont ton intérêt s'ose seul prévaloir.

Là, personne à tes vœux ne voudra résister;
Personne contre toi ne formera de plainte;
Tu n'y trouveras point d'obstacle à surmonter;
Tu n'y rencontreras aucun sujet de crainte;
Les objets désirés s'offrant tous à la fois
N'y balanceront point ton amour ni ton choix
Sur les ébranlements de ton âme incertaine;
Tu posséderas tout sans besoin de choisir,
Et tu t'abîmeras dans l'abondance pleine,
Sans que la plénitude émousse le désir.

Là, ma main libérale épanchant le bonheur,
De tous maux en tous biens fera d'entiers échanges;
Pour l'opprobre souffert je rendrai de l'honneur,
Pour le blâme et l'ennui, d'immortelles louanges :
L'humble ravalement jusques au dernier lieu,
Relevé sur un trône au royaume de Dieu,
De ses submissions recevra la couronne;
L'aveugle obéissance aura ses dignes fruits,
Et les gênes qu'ici la pénitence donne,
T'en feront là goûter qu'elles auront produits.

Range-toi donc, mon fils, sous le vouloir de tous,
Par une humilité de jour en jour plus grande,
Trouve tout de leur part juste, facile, doux,
Et n'examine point qui parle ou qui commande;
Que ce soit ton sujet, ton maître, ou ton égal,
Qu'il te veuille du bien, ou te veuille du mal,
Reçois à cœur ouvert son ordre, ou sa prière;
Entends même un coup d'œil, quand il s'adresse à toi;
Porte à l'exécuter une franchise entière,
Et t'en fais aussitôt une immuable loi.

Que d'autres à leur gré sur différents objets
Attachent des désirs que le succès avoue;
Qu'ils fassent vanité de tels ou tels projets;
Que mille et mille fois le monde les en loue :
Toi, mets toute ta joie à souffrir les mépris,
En mon seul bon plaisir unis tous tes esprits;
Que de mon seul honneur ton âme soit ravie;
Et souhaite surtout avec sincérité
Que, soit que je t'envoie ou la mort ou la vie,
En tout ce que tu fais mon nom soit exalté.

CHAPITRE L.

COMMENT UN HOMME DÉSOLÉ DOIT SE REMETTRE ENTRE LES MAINS DE DIEU.

Qu'à présent, qu'à jamais soit béni ton saint nom;
La chose arrive ainsi que tu l'as résolue :
Tu l'as faite, ô mon Dieu! puisque tu l'as voulue,
    Et tout ce que tu fais est bon.

Ce n'est pas en autrui, ce n'est pas en soi-même
Que doit ton serviteur prendre quelque plaisir,
Mais en tous les succès que tu lui veux choisir,
    Mais en ta volonté suprême.

Toi seul remplis un cœur de vrai contentement,
Toi seul de mes travaux es le prix légitime;
Et l'honneur que je cherche et l'espoir qui m'anime
    En toi seul ont leur fondement.

Que vois-je en moi, Seigneur, qu'y puis-je voir paraître
Que ce que tu dépars sans l'avoir mérité?
Et ce que donne et fait ta libéralité
    N'en es-tu pas toujours le maître?

Je suis pauvre, fragile, assiégé de malheurs;
Dès mes plus jeunes ans l'angoisse m'environne,
Et mon âme aux ennuis quelquefois s'abandonne
    Jusqu'à l'indignité des pleurs.

Souvent même, souvent au milieu de mes larmes,
Ce que je souffre cède à ce que je prévoi,
Et d'un triste avenir l'impitoyable effroi
    Me déchire à force d'alarmes.

Je souhaite ardemment la paix de tes enfants
Qu'ici-bas tu nourris de ta vive lumière,
Attendant que là haut ta gloire tout entière
    Les rende à jamais triomphants.

Donne-moi cette paix, cette sainte allégresse;
Ta louange aisément suivra cette faveur;
Et mes ennuis changés en heureuse ferveur
    N'auront que des pleurs de tendresse.

Mais si tu te soustrais, comme tu fais souvent,
Tu me verras soudain rebrousser en arrière,
Et sans pouvoir fournir cette sainte carrière
    Gémir ainsi qu'auparavant.

Tu me verras courbé sous ma propre impuissance,
De faiblesse et d'ennui tomber sur mes genoux,
Me battre la poitrine, et montrer à grands coups
    Combien je souffre en ton absence.

Qu'ils étaient beaux ces jours où sur tous mes travaux
Ta clarté répandait ses vives étincelles,
Où mon âme, à couvert sous l'ombre de tes ailes,
    Bravait les plus rudes assauts!

Maintenant une autre heure aux souffrances m'expose;
Le moment est venu d'éprouver mon amour :
Père aimable, il est juste; et je dois à mon tour
    Endurer pour toi quelque chose.

De toute éternité tu prévis ce moment
Qui m'abat au dehors durant un temps qui passe,
Pour me faire au dedans revivre dans ta grâce,
    Et t'aimer éternellement.

Il faut qu'un peu de temps je traîne dans la honte
Cet objet de mépris et de confusion,
Que je semble tomber à chaque occasion
    Sous la langueur qui me surmonte.

Père saint, tu le veux; mais ce n'est qu'à dessein
Que mon âme avec toi de nouveau se relève,
Et que du haut du ciel un nouveau jour achève
    De s'épandre au fond de mon sein.

Ton ordre est accompli, ta volonté suivie,
Je souffre, je languis, je vis dans le rebut,
Et je prends tous ces maux dont tu me fais le but
    Pour arrhes d'une heureuse vie.

Ce sont traits de ta grâce, et c'est ton amitié
Qui donne à tes amis à souffrir pour ta gloire,
Et ce qu'ose contre eux la fureur la plus noire
    Marque un effet de ta pitié.

Toutes les fois qu'ainsi ta bonté se déploie
Ils nomment ces malheurs un bienheureux hasard,
Et n'examinent point quelle main les départ
    Lorsque la tienne les envoie.

Seigneur, sans ton vouloir rien n'arrive ici-bas;
Il fait la pauvreté comme il fait l'abondance;
Et les raisons de tout sont en ta providence
    Que ce grand tout suit pas à pas.

Il est juste, il est bon qu'ainsi tu m'humilies,
Pour m'apprendre à marcher sous tes enseignements,
Et bannir de mon cœur les vains emportements
    De mes orgueilleuses folies.

Il m'est avantageux que mon front soit couvert
D'une confusion qui vers toi me rappelle,
Pour chercher mon refuge en ta main paternelle,
    Plutôt qu'en l'homme qui me perd.

J'en apprends à trembler sous l'abîme inscrutable
Que présente à mes yeux ton profond jugement,
Lorsque je vois ton bras frapper également
    Sur le juste et sur le coupable.

Bien que d'abord cet ordre ait de quoi m'étonner,
Il est l'équité même et la même justice,
Puisqu'il afflige l'un pour hâter son supplice,
    Et l'autre pour le couronner.

Quelles grâces, Seigneur, ne te dois-je point rendre
De ne m'épargner point les grâces des travaux,
Et de me prodiguer l'amertume des maux
    Dont le vrai bien se doit attendre!

Ces maux à pleines mains sur ma tête versés
A l'esprit comme au corps font sentir leurs atteintes,
Et dedans et dehors je porte les empreintes
    Des carreaux que tu m'as lancés.

L'angoisse et les douleurs deviennent mon partage,
Sans que rien sous le ciel m'en puisse consoler;
Toi seul les adoucis, toi seul y sais mêler
    Ce qui me soutient le courage.

Céleste médecin de ceux que tu chéris,
Ainsi jusqu'aux enfers tu mènes et ramènes;
Tu nous ouvres le ciel par l'essai de leurs gênes;
    Tu blesses, et puis tu guéris.

Étends sur moi, Seigneur, étends ta discipline;
Décoche ces doux traits de ta sévérité,
Qui servent de remède à la fragilité
    Par leur instruction divine.

Me voici, Père aimé, prêt à les recevoir;
Je m'incline et m'abats sous ta main amoureuse;
Fais-lui prendre à ton gré ta verge rigoureuse
    Qui me rejette en mon devoir.

Ce corps bouffi d'orgueil, cette âme ingrate et vaine,
De leur propre vouloir courbent sous le fardeau;
Frappe, et redresse-les au juste et droit niveau
    De ta volonté souveraine.

Fais de moi ton disciple humble, dévot, soumis,
Comme, quand il te plaît, ta coutume est d'en faire,
Afin que tous mes pas n'aillent qu'à satisfaire
    A ce que tu m'auras commis.

Une seconde fois frappe, je t'en convie;
Je me remets entier sous ta correction
Elle est ici l'effet de ta dilection,
    Et de ta haine en l'autre vie.

Ne la réserve pas à ce long avenir :
Tu vois au fond du cœur jusqu'à la moindre tache,
Et dans la conscience il n'est rien qui te cache,
    Ce que ta bonté doit punir.

Tu vois nos lâchetés avant qu'elles arrivent;
Et tu n'as point besoin qu'aucun te donne avis
Ni de quelle façon tes ordres sont suivis,
    Ni de quel air les hommes vivent.

Tu sais et mieux que moi quelles impressions
Me peuvent avancer en ton divin service,
Et combien est puissante à dérouiller le vice
    L'aigreur des tribulations.

Ne dédaigne donc pas cette âme pécheresse,
Toi qui vois mieux que tous son faible et son secret;
Fais-la se conformer à l'aimable décret
    De ton éternelle sagesse.

Fais-moi savoir, Seigneur, ce que je dois savoir;
Fais-moi ne rien aimer que ce qu'il faut que j'aime,
Louer tout ce qui plaît à ta bonté suprême,
    Et qui remplit un saint devoir.

Fais-moi n'estimer rien en toute la nature
Que ce qui devant toi conserve quelque prix;
Fais-moi ne rien blâmer que ce qu'à tes mépris
    Expose sa propre souillure.

Ne me laisse juger biens ni maux apparents
Par cet extérieur qui n'a rien de solide,
Et ne souffre jamais que mon âme en décide
    Sur le rapport des ignorants.

Fais-moi d'un jugement simple, mais véritable,
Discerner le visible et le spirituel,
Et rechercher surtout d'un soin continuel
    Ce que veut ton ordre adorable.

Souvent le sens humain d'erreurs enveloppé
Précipite avec lui la prudence déçue,
Et l'amour qui s'attache à ce qu'offre la vue
    Est encor plus souvent trompé.

De quoi nous peut servir l'éloge qui nous flatte?
Pour être mis plus haut en devient-on meilleur?
Et reçoit-on son prix de la vaine couleur
    Dont une fausse gloire éclate?

Je dois fuir qui m'en donne, ou ne le regarder
Que comme un abuseur qui séduit ce qu'il loue,
Un infirme insolent qui d'un faible se joue,
    Un aveugle qui veut guider.

La louange mal due aussi bien n'est qu'un conte
Que le peu de mérite en soi-même dédit,
Et qui donne au dehors beaucoup moins de crédit
  Qu'au dedans il ne fait de honte.

Il faut donc s'en défendre à toute heure, en tous lieux,
Puisque aucun après tout n'est ni grand ni louable
(Si l'humble saint François en peut être croyable),
  Qu'autant qu'il l'est devant tes yeux.

CHAPITRE LI.

QU'IL FAUT NOUS APPLIQUER AUX ACTIONS EXTÉ-
RIEURES ET RAVALÉES, QUAND NOUS NE POU-
VONS NOUS ÉLEVER AUX PLUS HAUTES.

Lorsque tu sens, mon fils, ton âme inquiétée
De voir tes bons désirs lâchement rabattus,
Apprends que la ferveur qu'allument les vertus
  N'est pas toujours de ta portée :
Tu ne peux pas toujours soutenir à ton gré
La contemplation dans le plus haut degré;
C'est en dépit de toi qu'ainsi tu te ravales;
Et le honteux besoin que l'esprit a du corps,
Lui donnant malgré lui des heures inégales,
Malgré lui le rejette aux œuvres du dehors.

Telle est l'impression que fait ton origine
Sur la plus digne ardeur dont tu sois emporté,
Tel est le sang impur et le suc infecté
  Que tu tires de ta racine :
Tu vois avec dégoût et souffres à regret
L'importune langueur et le fardeau secret
Dont t'accable une vie infirme et corruptible;
Il le faut toutefois, et ton malheur est tel,
Que ce dégoût de l'âme y devient invincible
Tant que pour sa prison elle a ce corps mortel.

Gémis donc, et souvent, sous le poids que t'impose
Une chair qui te lie à son être imparfait,
Gémis des rudes lois que cette chair te fait;
  Gémis des maux qu'elle te cause;
Gémis de ne pouvoir avec un plein effort
Attacher ton étude à ce divin transport
Qui dégage l'esprit de toute la matière;
Gémis de n'avoir pas assez de fermeté
Pour me donner sans cesse une âme tout entière,
Et sans relâche aucune admirer ma bonté.

Ne dédaigne pas lors ces actions plus basses
Où le corps s'exerçant l'âme en a tout le fruit,
Ces emplois du dehors où tu te sens conduit
  Par un doux reste de mes grâces.
Attends en patience, attends l'heureux retour

Qui, du plus haut du ciel rappelant mon amour,
Reportera chez toi les biens de ma visite;
Et ne murmure point de cette aridité
Qui, saisissant ton cœur sitôt que je le quitte,
Le tient comme en exil dans son infirmité.

Il est mille actions pour cette mauvaise heure
Qui peuvent adoucir et tromper ton chagrin,
Attendant que je vienne et qu'il me plaise enfin
  Rétablir chez toi ma demeure.
Je viendrai t'affranchir de tes anxiétés,
Et de tant de travaux pour mon nom supportés
Une solide joie éteindra la mémoire;
Je me conformerai moi-même à tes souhaits,
Et te ferai goûter, pour essai de ma gloire,
Le calme intérieur d'une céleste paix.

J'ouvrirai devant toi le pré des Écritures,
Afin qu'à cœur ouvert tes saints ravissements
Y courent le sentier de mes commandements
  Avec des intentions pures :
Alors, perçant de l'œil toute l'éternité,
Pour voir de ton bonheur la haute immensité,
Tu t'écriras soudain : Ah! qu'il est ineffable!
Seigneur, quelques tourments qu'il nous faille sentir,
Tout ce qu'on souffre ici n'a rien de comparable
A la gloire qu'un jour tu dois nous départir.

CHAPITRE LII.

QUE L'HOMME NE SE DOIT POINT ESTIMER DIGNE DE
CONSOLATION, MAIS PLUTÔT DE CHATIMENT.

Seigneur, si je m'arrête au peu que je mérite
Je ne puis espérer tes consolations,
Ni que du haut du ciel ta secrète visite
Daigne adoucir l'aigreur de mes afflictions.

Je n'en fus jamais digne, et lorsque tu me laisses
Dénué, pauvre, infirme, impuissant, éperdu,
Tu ne fais que justice à mes lâches faiblesses,
Et ce triste abandon me rend ce qui m'est dû.

Quand de tout mon visage un océan de larmes
Pourrait à gros torrents incessamment couler,
Je n'aurais aucun droit au moindre de ces charmes
Que versent tes bontés quand tu viens consoler.

Après m'être noirci d'un million d'offenses,
M'être fait un rebelle à tes commandements,
Tu ne me peux devoir pour justes récompenses
Que d'âpres coups de fouets, et de longs châtiments.

Je l'avoue à ma honte; et, plus je m'examine,
Plus je découvre en moi cette indigne noirceur,

27.

Qui ne peut mériter de ta faveur divine
Ni le moindre secours, ni la moindre douceur.

Mais toi, dont la bonté passe toute mesure
A prodiguer les biens dont ses trésors sont pleins,
Et qui dans cette indigne et vile créature
Considères encor l'ouvrage de tes mains ;

Toi, qui ne veux jamais que tes œuvres périssent,
Tu ne regardes point ce que j'ai mérité,
Et de ces grands vaisseaux qui jamais ne tarissent
Tu fais couler les dons de ta bénignité.

Tu les répands sur moi, Seigneur ; tu me consoles,
Non pas à la façon des hommes tels que nous :
Leurs consolations se bornent aux paroles ;
Les tiennes ont l'effet aussi prompt qu'il est doux.

Que t'ai-je fait, ô Dieu ! digne que ta clémence
M'envoie ainsi d'en haut un céleste rayon,
Et qui me fait ainsi jouir de ta présence,
Moi qui ne me souviens d'avoir rien fait de bon ?

Je force ma mémoire à retracer ma vie,
Et n'y vois que désordre et que dérèglement,
Qu'une pente au péché honteusement suivie,
Qu'une morne langueur pour mon amendement.

C'est une vérité que je ne te puis taire ;
Et, si mon impudence osait la dénier,
Tes yeux me convaincraient aussitôt du contraire,
Sans qu'aucun entreprît de me justifier.

Qu'ai-je pu mériter par cet amour du vice
Que d'être mis au rang des plus grands criminels ?
Et, si tu fais agir seulement ta justice,
Qu'aura-t-elle pour moi que des feux éternels ?

Je ne suis digne au plus que de voir sur ma face
L'opprobre et le mépris rejaillir à grands flots ;
Et c'est injustement que j'occupe une place
Dans cette maison sainte où vivent tes dévots.

Je veux bien contre moi rendre ce témoignage,
Quelque dur qu'il me soit d'entendre ce discours,
Afin que ta pitié plus aisément s'engage
A remettre mon crime et me prêter secours.

Tout confus que je suis de me voir si coupable,
Que dirai-je, sinon : J'ai péché, mon Sauveur,
J'ai péché ; mais pardonne, et d'un œil pitoyable
Regarde un criminel qui demande faveur.

Ne la refuse pas aux peines que j'endure,
Et laisse-moi du moins plaindre un peu mes douleurs

Avant que je descende en cette terre obscure
Qu'enveloppe la mort de ses noires couleurs.

Ce que tu veux surtout d'une âme ensevelie
Dans cette juste horreur que lui fait son péché,
C'est que le cœur se brise, et qu'elle s'humilie
Sous le saint repentir dont ce cœur est touché.

Cette contrition humble, sincère, vraie,
Autorise l'espoir du pardon attendu,
Calme si bien l'esprit, ferme si bien sa plaie,
Que ta grâce lui rend ce qu'il avait perdu.

C'est une sauvegarde à l'âme pénitente
Contre l'ire future et l'effroyable jour ;
Dieu vient au-devant d'elle, et remplit son attente
Par un baiser de paix qui rejoint leur amour.

C'est, ô Dieu tout-puissant ! c'est l'heureux sacrifice
Qu'accepte à bras ouverts ton immense grandeur ;
Et tout l'encens du monde offert à ta justice
N'a point de quoi répandre une si douce odeur.

C'est l'onguent précieux, c'est le nard dont toi-même
As voulu qu'ici-bas l'homme embaumât tes pieds ;
Et jamais on n'a vu que ta bonté suprême
Ait dédaigné les vœux des cœurs humiliés.

C'est l'asile assuré contre la fière audace
Dont nos vieux ennemis osent nous assaillir ;
Par là de tout l'impur la souillure s'efface ;
Par là nous dépouillons tout ce qui fait faillir.

CHAPITRE LIII.

QUE LA GRACE DE DIEU EST INCOMPATIBLE AVEC
LE GOUT DES CHOSES TERRESTRES.

Ma grâce est précieuse, et l'impur alliage
Des attraits du dehors et des plaisirs mondains,
Ces douceurs dont la terre empoisonne un courage
Sont l'éternel objet de ses justes dédains ;
Elle n'en souffre point l'injurieux mélange,
Et, depuis qu'avec elle on pense les unir,
    Elle prend aussitôt le change,
Et leur cède le cœur qui les veut retenir.

Défais-toi donc, mon fils, de tout le corruptible,
Bannis bien loin de toi tout cet empêchement,
Si tu veux que ton cœur demeure susceptible
De ce qu'a de plus doux son plein épanchement,
Plongé dans la retraite, et seul avec toi-même,
Fais-en ton seul plaisir et ton unique bien ;

Adore son auteur suprême,
Et fuis l'amusement de tout autre entretien.

Redouble à tous moments l'ardeur de ta prière,
Afin que je te donne un esprit recueilli,
Une pureté d'âme inviolable, entière,
Un tendre et long regret d'avoir longtemps failli :
Ne compte à rien le monde ; et quand cet infidèle
Par quelques hauts exploits émeut ta vanité,
    Préfère ceux où je t'appelle
A tout l'extérieur dont tu te vois flatté.

Tu ne peux contempler mes augustes mystères,
M'offrir une âme pure et des vœux innocents,
Et laisser tout ensemble aux douceurs passagères
Ce dangereux aveu de chatouiller tes sens ;
Il faut qu'un saint exil par un pieux divorce
De tes plus chers amis sache te retrancher,
    Et rejette toute l'amorce
Des satisfactions qui viennent de la chair.

Ainsi Pierre autrefois, ce prince des apôtres,
Savait en éviter le piége décevant,
Et pour, à son exemple, attirer tous les autres,
Il les priait lui-même, et leur disait souvent :
« Contenez vos désirs, et marchez sur la terre
« Comme si vous étiez en pays étranger ;
    « Ce sont eux qui vous font la guerre,
« Et leur plus doux appas fait le plus grand danger. »

Oh ! que l'homme à la mort porte de confiance
Quand il n'a dans le monde aucun attachement,
Qu'il s'est dépris de tout, et que sa conscience
A su se faire un fort de ce retranchement !
Mais il n'est pas aisé, ni que l'esprit malade
Rompe ainsi tous les fers dont il est arrêté,
    Ni que la chair se persuade
Quels biens a de l'esprit l'entière liberté.

Il le faut toutefois, du moins si tu veux vivre
Ainsi qu'un vrai dévot, avec ordre, avec soin,
Il te faut affranchir des assauts que te livre
Tout ce qui te regarde ou de près ou de loin ;
Il est besoin surtout de vigilance extrême,
D'un cœur bien résolu, d'un courage affermi,
    Et de te garder de toi-même
Comme de ton plus grand et plus fier ennemi.

Tout le reste aisément avoûra sa défaite,
Si tu sais de toi-même une fois triompher ;
Le combat est fini, la victoire est parfaite,
Quand l'amour-propre fuit, ou se laisse étouffer.
Qui se dompte à ce point qu'il tient partout soumise
Sa chair à sa raison, et sa raison à moi,

Ne craint plus aucune surprise,
Et demeure le maître et du monde et de soi.

Oui, quand l'homme en est là, la bataille est gagnée ;
Mais pour y parvenir il faut bien commencer,
Avec force et courage empoigner la cognée,
Et jusqu'en la racine à grands coups l'enfoncer :
C'est ainsi qu'on détruit, c'est ainsi qu'on arrache
L'amour désordonné qu'on se porte en secret,
    Et c'est ainsi qu'on se détache
Et de l'intérêt propre, et de tout faux attrait.

De ce vice commun, de cet amour trop tendre
Où par sa propre main on se laisse enchaîner,
Coulent tous les désirs dont il se faut défendre,
S'élèvent tous les maux qu'il faut déraciner ;
De là descend le trouble, et de là prend naissance
Tout cet égarement qui brouille tes souhaits ;
    Et qui peut briser sa puissance
S'assure en même temps une profonde paix.

Mais il en est fort peu dont la vertu sublime
Réduise tous leurs soins à bien mourir en eux,
A bien anéantir toute la propre estime,
Et du propre regard purifier leurs vœux :
Ce charmant embarras les retient, les rappelle,
Enveloppés en eux, ils n'en peuvent sortir,
    Et leur âme toute charnelle
A prendre un vol plus haut ne saurait consentir.

Quiconque cependant veut marcher dans ma voie,
Et suivre en liberté la trace de mes pas,
Doit de tous ces désirs que l'amour-propre envoie
Sous de saintes rigueurs ensevelir l'appas,
Combattre dans son cœur et vaincre la nature,
Ne lui rien accorder qu'elle ait trop désiré,
    Et pour aucune créature
N'avoir aucun amour qui ne soit épuré.

CHAPITRE LIV.

DES DIVERS MOUVEMENTS DE LA NATURE ET DE LA GRACE.

Considère, mon fils, en tout ce qui se passe,
    De la nature et de la grâce
Les mouvements subtils l'un à l'autre opposés ;
Leurs images souvent en lieu même épandues,
    L'une dans l'autre confondues,
Ont des traits si pareils et si peu divisés,
Que les plus grands dévots, après s'être épuisés
    En des recherches assidues,
A peine, quelque soin qu'ils s'en puissent donner,
Ont des yeux assez vifs pour les bien discerner.

Chacun se porte au bien, et le désir avide
  Jamais n'embrasse d'autre objet;
Mais il en est de faux ainsi que de solide;
Et, comme l'apparence attire le projet,
La fausse avec tant d'art quelquefois y préside,
Que l'un passe pour l'autre, et les yeux les meilleurs
  Se trompent aux mêmes couleurs.

C'est ainsi que souvent à force d'artifices
  La nature enchaîne et déçoit,
Se considère seule aux vœux qu'elle conçoit,
Et se prend pour seul but en toutes ses délices;
Mais la grâce chemine avec simplicité,
Ne peut souffrir du mal l'ombre ni l'apparence,
Ne tend jamais de piége à la crédulité,
  Voit toujours Dieu par préférence,
Ne fait rien que pour lui, le prend pour seule fin,
Et met tout son repos en cet Être divin.

S'il faut mourir en soi, se vaincre, se soumettre,
Se laisser opprimer, se voir assujettir,
La nature jamais ne peut y consentir,
  Jamais n'ose se le permettre :
Mais la grâce prend peine à se mortifier,
Sous le vouloir d'autrui cherche à s'humilier,
A se dompter partout met toute son étude;
  Et de la sensualité
Le joug si doux pour l'autre est pour elle si rude,
Qu'à lui seul elle oppose un esprit révolté.

  Pour en mieux briser l'esclavage,
La propre liberté, chez elle hors d'usage,
  N'a rien qu'elle daigne garder;
Elle aime à se tenir dessous la discipline,
Jamais avec plaisir sur aucun ne domine,
  Jamais n'aspire à commander.
Être et vivre sous Dieu, s'attacher en captive
  A l'ordre aimable de ses lois,
Et se ranger pour lui sous le moindre qui vive,
C'est de tous ses désirs l'inébranlable choix.

  Regarde comme la nature
  S'empresse avec activité
A la moindre couleur, à la moindre ouverture
Que fait son intérêt ou sa commodité :
Dans son plus beau travail tout ce qu'elle examine
C'est combien sur un autre un tel emploi butine;
L'estime s'en mesure à ce qu'il rend de fruit :
La grâce cherche aussi l'utile et le commode;
  Mais la sainte ardeur qu'elle suit,
  Par une contraire méthode,
Sans se considérer, embrasse à cœur ouvert
Ce qui sert à plusieurs, et non ce qui lui sert.

L'une aime les honneurs où le monde l'appelle,
Les reçoit avec joie, et court même au-devant;
L'autre m'en fait toujours un hommage fidèle,
Et sur ceux qu'on lui rend son zèle s'élevant
Me les réfère tous, sans en vouloir pour elle.

L'une craint les mépris et la confusion;
  L'autre en bénit l'occasion,
  Et d'une allégresse infinie
Au nom de Jésus-Christ souffre l'ignominie.

La molle oisiveté, le repos nonchalant,
  Pour la nature ont de douces amorces :
Mais la grâce au contraire est d'un esprit bouillant
Qui veut faire sans cesse un essai de ses forces;
  Sa vie est toute d'action,
Et ne peut subsister sans occupation.

Les nouveautés plaisent à la nature;
Elle aime l'ajusté, le beau, le précieux;
Le vil et le grossier sont l'horreur de ses yeux,
L'en vouloir revêtir c'est lui faire une injure :
La grâce aime l'habit simple et sans ornement;
  Elle n'affecte point la mode;
Le plus vieux drap n'a rien qui lui semble incommode,
Et le plus mal poli lui plaît également.

La nature a le cœur aux choses de la terre
  Dont le vain éclat l'éblouit,
  Et, si le gain l'épanouit,
  La perte aussitôt le resserre;
Il chancelle, il s'abat sous le moindre revers;
Et s'aigrit fortement pour un mot de travers.

  Comme la grâce est éloignée
  De cet indigne attachement
Les seuls biens éternels attirent pleinement
  L'œil d'une âme qu'elle a gagnée;
  Elle tient pour indifférents
Et la perte et le gain de ces biens apparents;
Contre elle sans effet l'opprobre se déploie;
Rien ne la peut troubler, rien ne la peut aigrir;
Et, ne mettant qu'au ciel ses trésors et sa joie,
Elle ne peut rien perdre où rien ne peut périr.

La nature est cupide autant qu'elle est avare,
  Et sa brûlante soif d'avoir
  La rend plus prompte à recevoir
Qu'à faire part de ce qu'elle a de rare;
Tout ce qu'elle possède émeut le propre amour,
  Et, la possédant à son tour,
A l'usage privé par cet amour s'applique :
La grâce est libérale, et, contente de peu,
Ne veut point de trésors qu'elle ne communique,

Et du propre intérêt fait un tel désaveu,
Qu'elle trouve à donner plus de béatitude
Qu'à recevoir d'autrui la juste gratitude.

 Emprunte, emprunte mes clartés.
 Pour voir où penche la nature,
 Comme elle incline aux vanités,
 A la chair, à la créature,
 Comme elle se plaît à courir
 Et pour voir et pour discourir,
Cependant que vers Dieu la grâce attire une âme,
 Et que sur le vice abattu
Elle aplanit aux cœurs qu'un saint désir enflamme
 L'heureux sentier de la vertu.

 Elle fait bien plus, cette grâce,
Elle renonce au monde; et son feu généreux
 Devient une invincible glace
Pour tout ce que la terre a d'attraits dangereux :
Tout ce qu'aime la chair est l'objet de sa haine;
Et, bien loin de courir vagabonde, incertaine,
 Au gré de quelque folle ardeur,
La retraite a pour elle une si douce chaîne,
Que paraître en public fait rougir sa pudeur.

Leurs consolations sont même si diverses,
Que l'une les arrête à ce qu'aiment les sens;
 L'autre, qui les tient impuissants,
Ne regarde que Dieu dans toutes ses traverses,
N'a recours qu'à lui seul, et ne se plaît à rien
 Qu'en l'unique et souverain bien.

 Retrancher l'espoir du salaire,
C'est rendre la nature à son oisiveté;
Et détourner ses yeux de sa commodité,
C'est la mettre en état de ne pouvoir rien faire :
Elle ne prête point ses soins officieux
Sans prétendre aussitôt ou la pareille ou mieux;
Quelques dons qu'elle fasse, elle veut qu'on les prise,
Que ses moindres bienfaits soient tenus de grand
Qu'elle en ait la louange ou qu'on l'en favorise, [poids,
Et qu'un faible service acquière de pleins droits.

 Oh! que la grâce est différente!
 Qu'elle fait du salaire un généreux mépris!
  Son Dieu seul est le digne prix
  Qui puisse remplir son attente.
 Comme l'humaine infirmité
Fait des biens temporels une nécessité,
C'est pour ce besoin seul qu'elle en souffre l'usage,
 Et ne consent d'en obtenir
 Que pour mieux se faire un passage
 A ceux qui ne sauraient finir.

Si le nombre d'amis, si la haute alliance,
Si le vieil amas des trésors,
Si le rang que tu tiens, si le lieu dont tu sors,
De quelque vaine gloire enflent ta confiance;
 Si tu fais ta cour aux puissants,
 Si les riches ont tes encens,
 Par une molle flatterie
Si tu vantes partout ce que font tes pareils;
Tu ne suis que le cours de cette afféterie
Qu'inspire la nature à qui croit ses conseils.

 La grâce agit d'une autre sorte;
 Elle chérit ses ennemis,
 Et la foule épaisse d'amis.
 Jamais hors d'elle ne l'emporte;
Quoiqu'elle fasse état des qualités, du rang,
 De l'illustre et haute naissance,
Elle n'en prise point l'éclat ni la puissance,
Si la haute vertu ne passe encor le sang.

Le pauvre en sa faveur la trouve plus flexible
 Que ne fait le riche orgueilleux;
Avec l'humble innocence elle est plus compatible
 Qu'avec le pouvoir sourcilleux :
Ses applaudissements sont pour les cœurs sincères
 Non pour ces bouches mensongères
 Que la seule fourbe remplit;
Elle exhorte les bons à ces œuvres parfaites,
Ces hautes charités publiques et secrètes,
Par qui du Fils de Dieu l'image s'accomplit;
Et sa pieuse adresse aux vertus les avance
Par l'émulation de cette ressemblance.

La nature jamais ne veut manquer de rien,
Jamais du moindre mal n'aime à souffrir l'atteinte;
Tout ce qu'elle n'a pas, faute d'un peu de bien,
 Lui donne un grand sujet de plainte :
La grâce n'en vient point à cette lâcheté,
Et porte constamment toute la pauvreté.

La nature sur soi fixe toute sa vue,
Y jette tout l'effort de ses réflexions,
Et n'a point de combats ni d'agitations
Où par l'intérêt propre elle ne soit émue :
 La grâce a d'autres mouvements,
 Dont les sacrés épurements
Rapportent tout à Dieu comme à leur origine;
Elle ne s'attribue aucun bien qu'elle ait fait,
Et toute sa vertu jamais ne s'imagine
Que son plus grand mérite ait rien que d'imparfait.

 Elle n'est point contentieuse,
 Et ne donne point ses avis
 D'une manière impérieuse
 Qui demande à les voir suivis.

Jamais à ceux d'un autre elle ne les préfère ;
Et, de quoi qu'elle juge où qu'elle délibère,
A l'examen divin elle soumet le tout,
    Et fait la Sagesse éternelle
Arbitre souveraine et de ce qu'on croit d'elle,
    Et de tout ce qu'elle résout.

L'âpre démangeaison d'entendre des nouvelles,
    Ou de pénétrer un secret,
    Pour la nature a tant d'attrait,
Qu'elle prête l'oreille à mille bagatelles :
L'ambitieuse soif de paraître au dehors
    Lui fait consumer mille efforts
A lasser de ses sens la vaine expérience ;
Et l'éclat d'un grand nom lui semble un tel bonheur,
Qu'il la force à courir avec impatience
Où brille quelque espoir de louange et d'honneur.

La grâce n'a jamais cette humeur curieuse
    Qui court après les raretés ;
    Jamais les folles nouveautés
N'allument dans son sein d'amour capricieuse :
Toutes naissent aussi de ces corruptions
Que du cercle des temps les révolutions
Sous de nouveaux dehors rendent à la nature ;
Et jamais sur la terre on n'a lieu d'espérer
Du retour déguisé de cette pourriture
Aucun effet nouveau, ni qui puisse durer.

Elle enseigne à ranger tes sens sous ta puissance,
    A bannir de tes actions
    L'orgueil des ostentations,
    Et le fard de la complaisance ;
Elle enseigne à cacher dessous l'humilité
Ce que de tes vertus l'effort a mérité,
    Quand même il est tout admirable ;
    En toute science, en tout art,
Elle cherche quel fruit en peut être estimable,
Et combien de son Dieu la gloire y tient de part.

Elle ne veut jamais ni qu'on la considère,
Ni qu'on daigne priser quoi qu'elle puisse faire,
Mais que dans tous ses dons ce Dieu seul soit béni,
Ce Dieu qui les fait tous de sa pure largesse,
    Et se plaît à livrer sans cesse
Aux prodigalités d'un amour infini
L'inépuisable fonds de toute sa richesse.

Pour t'exprimer enfin ce que la grâce vaut,
C'est un don spécial du souverain Monarque,
Un trait surnaturel des lumières d'en haut,
Le grand sceau des élus et leur céleste marque,
Du salut éternel le gage précieux,
L'arrhe du paradis, et l'avant-goût des cieux.

C'est par elle que l'homme, arraché de la terre,
Pousse jusqu'à leur voûte un feu continuel,
De charnel qu'il était devient spirituel,
Et se fait à soi-même une implacable guerre.
Plus tu vaincs la nature et l'oses maltraiter,
Plus cette grâce abonde, et sème des mérites,
Que moi-même honorant de mes douces visites
Je fais de jour en jour d'autant plus haut monter ;
Et ma main, d'autant mieux réparant mon ouvrage,
Dans ton intérieur rétablit mon image.

CHAPITRE LV.

DE LA CORRUPTION DE LA NATURE, ET DE L'EFFICACE DE LA GRACE.

Seigneur, à ton image il t'a plu me former ;
Ton souffle dans mon âme a daigné l'imprimer
    Par un amoureux caractère ;
Mais ce n'est pas assez ; il faut, il faut encor
    Cette grâce, ce grand trésor,
Que tu viens de montrer m'être si nécessaire ;
Je ne puis autrement vaincre l'orgueil caché
    De ma nature pervertie,
Qui, faisant triompher la plus faible partie,
Me précipite au mal et m'entraîne au péché.

Malgré moi j'y succombe, et j'en sens malgré moi
Régner sur tout mon cœur l'impérieuse loi,
    Aux lois de l'esprit opposée ;
Esclave qu'il en est, il l'aide à me trahir
    Jusqu'à me forcer d'obéir
Aux sensualités de la chair abusée :
Je n'en saurais dompter les folles passions
    Sans l'assistance de ta grâce,
Et si tu ne répands son ardente efficace
Sur la malignité de leurs impressions.

Oui, Seigneur, il faut grâce, il en faut grand secours,
Il en faut grand effort qui croisse tous les jours,
    Pour assujettir la nature,
Elle qui, du moment qu'elle peut respirer,
    Sans aucun soin de s'épurer,
Penche vers la révolte et glisse vers l'ordure.
Le péché fit sa chute et sa corruption,
    Et depuis le premier des hommes
Cette tache a passé dans tous tant que nous sommes
Avec tous les malheurs de sa punition.

Ce chef-d'œuvre si beau qui sortit de tes mains
Paré des ornements si brillants et si saints
    De la justice originelle,
En a si bien perdu l'éclat et les vertus,

Que son nom même ne sert plus
Qu'à nommer la nature infirme et criminelle;
Ce qui lui reste encor de propre mouvement
N'est qu'un triste amas de faiblesses,
Qui, n'ayant pour objet que d'infâmes bassesses,
Ne fait que l'abîmer dans son déréglement.

Malgré tout ce désordre et sa morne langueur,
Il lui demeure encor quelque peu de vigueur,
 Mais qui ne la saurait défendre :
Ce n'est du premier feu qu'un rayon égaré,
Une pointe mourante, un trait défiguré,
 Une étincelle sous la cendre;
C'est enfin cette faible et tremblante raison,
 Qu'enveloppe un épais nuage;
Qui mêle tant de trouble à son plus clair usage,
Que souvent son remède est un nouveau poison.

Elle peut discerner aux dehors inégaux
Le bien d'avec le mal, le vrai d'avec le faux,
 Ce qu'elle doit aimer ou craindre;
Elle a, pour en juger, quelquefois de bons yeux ;
Mais pour mettre en effet ce qu'elle a vu le mieux
 Ses forces n'y sauraient atteindre,
Et ne la font jouir ni des pleines clartés
 Que la vérité pure inspire,
Ni d'un ordre bien sain dans ce qu'elle désire,
Ni d'un droit absolu dessus nos volontés.

De là vient, ô mon Dieu, qu'en tout ce que je fais
L'esprit me porte en haut, et fait que je me plais
 En la loi que tu m'as prescrite :
Je sais que ton précepte est bon, et juste, et saint;
Je sais qu'il montre à fuir le vice qui l'enfreint,
 Et le mal qu'il faut que j'évite;
Mais une loi contraire où m'asservit la chair,
 Forte de ma propre impuissance,
Me contraint d'obéir à sa concupiscence
Plutôt qu'à la raison qui m'en veut détacher.

Ainsi je vois souvent tomber à mes côtés
Les efforts languissants des bonnes volontés
 Qu'à l'effet je ne puis conduire;
Ainsi pour la vertu contre les vains plaisirs
J'ai force bons propos, j'ai force bons désirs,
 Mais qui ne peuvent rien produire.
La grâce n'aidant pas d'un secours assez plein
 Ma faiblesse et mon inconstance,
Ce qui jette au-devant la moindre résistance
Me fait perdre courage et changer de dessein.

Vacillante clarté qui manques de pouvoir,
Raison, pourquoi faut-il que tu me fasses voir
 La droite manière de vivre?

Pourquoi m'enseignes-tu le chemin des parfaits,
Si de soi ton idée, impuissante aux effets,
 Ne peut fournir d'aide à la suivre,
Si cet infâme poids de ma corruption
 Rabat l'effort dont tu m'élèves,
Et si ces grands projets que jamais tu n'achèves
Ne peuvent me tirer de l'imperfection?

Sainte grâce du ciel, sans qui je ne puis rien,
Que tu m'es nécessaire à commencer le bien,
 A le poursuivre, à le parfaire!
Oui, Seigneur, oui, mon Dieu, je pourrai tout en toi,
Pourvu qu'elle m'assiste à régler mon emploi,
 Pourvu que son rayon m'éclaire.
Il n'est point de mérite où la grâce n'est pas ;
 Et tous les dons de la nature,
S'ils n'en ont point l'appui, ne sont qu'une imposture
Dont l'œil bien éclairé ne peut faire de cas.

La richesse, les arts, la force, la beauté,
L'éloquence et l'esprit, devant ta majesté
 Ne sont d'aucun poids sans la grâce :
La nature est aveugle à répartir ses dons,
Elle en est libérale aux méchants comme aux bons,
 Et n'y mêle rien qui ne passe;
Mais la dilection que ta grâce produit
 Est la marque du vrai fidèle,
Qu'on ne porte jamais sans devenir par elle
Digne de ce grand jour qui n'aura point de nuit.

La grâce donne à tout le rang qu'il doit tenir :
Sans elle, ce n'est rien de prévoir l'avenir
 Et d'en prononcer les oracles;
Sans elle, c'est en vain qu'on perce jusqu'aux cieux,
Qu'on rend l'oreille aux sourds, aux aveugles les yeux,
 Ce n'est rien que tous ces miracles :
L'espérance, la foi, le reste des vertus,
 Sans la charité, sans la grâce,
Pour hautes qu'elles soient, tombent devant ta face
Ainsi que des épis de langueur abattus.

O trésor que jamais le monde ne comprit!
O grâce qui répands sur le pauvre d'esprit
 Des vertus les saintes richesses,
Et rends sainte à son tour l'abondance des biens
Par cette humilité qu'en l'âme tu soutiens
 Contre l'orgueil de nos faiblesses,
Viens dès le point du jour, descends, verse en mon
 Tes consolations divines,   [cœur
De peur qu'aride et las dans ce champ plein d'épines
Il n'y demeure enfin sans force et sans vigueur!

Accorde-moi ce don, et j'accepte un refus
De quoi qu'osent chercher les sentiments confus

De l'infirmité naturelle.
Ta grâce me suffit, et si je suis tenté,
Battu d'afflictions, trahi, persécuté,
　Je ne craindrai rien avec elle;
J'y mets toute ma force, et j'en fais tout mon bien :
　Elle secourt, elle conseille;
Il n'est sagesse aucune à la sienne pareille,
Ni pouvoir ennemi qui soit égal au sien.

C'est elle qui du cœur est la vive clarté,
Elle qui nous instruit et de la vérité
　Et de l'heureuse discipline;
C'est elle qui soutient parmi l'oppression;
C'est elle qui nourrit dans la dévotion,
　Et bannit tout ce qui chagrine :
Elle ne souffre en l'âme aucun indigne effroi,
　Elle en dissipe les alarmes,
Et donne au saint amour des soupirs et des larmes
Qu'elle-même prend soin d'élever jusqu'à toi.

Sans elle je ne suis qu'un arbre infortuné,
Une souche inutile, un tronc déraciné,
　Qui n'est bon qu'à jeter aux flammes.
O grand Dieu, dont la main nous prête un tel secours,
Fais-moi donc prévenir, fais-moi suivre toujours
　Par cette lumière des âmes;
Fais qu'elle m'affermisse aux bonnes actions,
　Père éternel, je t'en conjure
Par ton fils Jésus-Christ, par cette source pure
D'où part le doux torrent de ses impressions!

CHAPITRE LVI.

QUE NOUS DEVONS RENONCER A NOUS-MÊMES, ET IMITER JÉSUS-CHRIST EN PORTANT NOTRE CROIX.

Autant que tu pourras t'écarter de toi-même,
Autant passeras-tu dans mon être suprême.
Comme l'âme au dedans enracine la paix
Quand pour tout le dehors elle éteint ses souhaits,
Ainsi, lorsqu'au dedans elle-même se quitte,
Elle s'unit à moi par un si haut mérite.
Je te veux donc apprendre à te bien détacher,
Sans plus te revêtir, sans plus te rechercher,
T'instruire à te soumettre à ma volonté pure,
Sans contradiction, sans bruit et sans murmure.
　Suis-moi, je suis et vie, et voie, et vérité:
On ne va point sans voie au terme projeté :
On ne vit point sans vie; on ne peut rien connaître
Si de la vérité le jour ne vient paraître.
　C'est moi qui suis la vie où tu dois aspirer,
La vérité suprême où tu dois t'assurer,

La voie à suivre en tout, mais voie inviolable,
Vérité hors de doute, et vie interminable.
　Je suis la droite voie, et dont le juste cours
Pour arriver au ciel ne souffre aucuns détours;
Je suis la vérité souveraine et sacrée;
Je suis la vie enfin vraie, heureuse, incréée.
Si tu prends bien ma voie, et marches sans gauchir,
La vérité saura pleinement t'affranchir;
Tu la verras entière, et sa clarté fidèle
Te servira de guide à la vie éternelle.
　Pour la connaître bien, écoute et crois ma voix;
Pour entrer à la vie, aime et garde mes lois;
Pour te rendre parfait, vends tout, et te détache,
Quiconque est mon disciple à soi-même s'arrache;
De la présente vie il fait un saint mépris :
Si tu prétends à l'autre, on ne l'a qu'à ce prix.
Tu dois à tous tes sens faire une rude guerre,
Pour être grand au ciel t'humilier en terre,
Pour régner avec moi te charger de ma croix;
Ma couronne est acquise à qui soutient son poids,
Et c'est l'aimable joug de cette servitude
Qui seul ouvre la voie à la béatitude.

Seigneur, puisqu'il t'a plu de choisir ici-bas
Les rigueurs d'une vie étroite et méprisée,
Fais qu'aux mêmes rigueurs ma constance exposée
Par le mépris du monde avance sur tes pas.
J'aurais mauvaise grâce à ne vouloir pas être
　Au même rang que mon Auteur;
Le disciple n'est pas au-dessus du docteur,
　Ni l'esclave au-dessus du maître.

Fais que ton serviteur s'exerce à t'imiter;
Fais qu'à suivre ta vie à toute heure il s'essaie;
En elle est mon salut, et la sainteté vraie;
C'est par là seulement qu'on te peut mériter.
Quoi que je fisse ailleurs, quoi que je puisse entendre,
　Je n'en puis être satisfait,
Et je n'y trouve rien de ce plaisir parfait
　Que d'elle seule on doit attendre.

Puisque tu sais, mon fils, toutes ces vérités,
Que ta sainte lecture a toutes ces clartés,
Tu seras bienheureux, si tu fais sans réserve
Ce que tu vois assez que je veux qu'on observe.
Celui qui, bien instruit par ces enseignements,
Garde un profond respect pour mes commandements,
C'est celui-là qui m'aime; et comme je sais rendre
A qui me sait aimer plus qu'il n'ose prétendre,
Je l'aime, et l'aimerai jusqu'à lui faire voir
Ma gloire en cet éclat qu'on ne peut concevoir,
L'en couronner moi-même, et pour digne salaire
L'asseoir à mes côtés au trône de mon Père.

Seigneur, dont la bonté ne s'épuise jamais,
Et qui dans tous nos maux toi-même nous consoles,
Puissé-je voir l'effet de tes saintes paroles!
Puissé-je mériter ce que tu me promets!
J'ai reçu de ta main le fardeau salutaire
    De cette aimable et sainte croix,
Et je la porterai jusqu'aux derniers abois
    Telle que tu la voudras faire.

La croix est en effet du bon religieux
La véritable vie, et le chemin solide,
La lumière assurée, et l'infaillible guide
Qui le mène à la gloire et l'introduit aux cieux :
Quand on a commencé d'en suivre la bannière
    Il ne faut plus en désister,
Et l'on devient infâme à la vouloir quitter,
    Ou faire deux pas en arrière.

Mes frères, marchons donc sous cet heureux drapeau,
Marchons d'un même pas, Jésus sera des nôtres :
Pour lui nous l'avons pris, ainsi que ses apôtres;
Nous le devons pour lui suivre jusqu'au tombeau;
Le plus âpre sentier ne peut donner de peine,
    Puisqu'il nous est frayé par lui :
Il marche devant nous, et sera notre appui,
    Comme il est notre capitaine.

Pourrions-nous reculer en voyant notre roi
Les armes à la main commencer la conquête?
Il combattra pour nous, il est à notre tête;
Suivons avec ardeur, n'ayons aucun effroi;
Soyons prêts de mourir dans ce champ de victoire
    Que lui-même a teint de son sang;
La retraite est un crime, et qui sort de son rang
    Souille et trahit toute sa gloire.

CHAPITRE LVII.

QUE L'HOMME NE DOIT PAS PERDRE COURAGE
QUAND IL TOMBE EN QUELQUES DÉFAUTS.

Mon fils, je me plais mieux à l'humble patience
    Parmi les tribulations;
Qu'au zèle affectueux de ces dévotions
Dont la prospérité nourrit la confiance.
Pourquoi donc t'émeus-tu pour un faible revers?
Pourquoi t'affliges-tu pour un mot de travers?
Un reproche léger n'est pas un grand outrage;
Quand même jusqu'au cœur il t'aurait pu blesser,
Il ne te devrait pas ébranler le courage;
Va, fais la sourde oreille, et laisse-le passer.

Ce n'est pas le premier dont tu sentes l'atteinte;

Il n'a pour toi rien de nouveau;
Et, si tu peux longtemps reculer du tombeau,
Ce n'est pas le dernier dont tu feras ta plainte.
Tu n'es que trop constant hors de l'adversité;
Tu secours même un autre avec facilité,
Ta pitié le conseille, et ta voix le conforte,
Tu sais à tous ses maux mettre un prompt appareil;
Mais, quand l'affliction vient frapper à ta porte,
Tu n'as plus aussitôt ni force ni conseil.

Par là tu peux juger l'excès de ta faiblesse,
    Que mille épreuves te font voir,
Puisque le moindre obstacle a de quoi t'émouvoir,
Et que le moindre mal t'accable de tristesse.
Je sais qu'il t'est fâcheux de te voir mépriser;
Tel qui te foule aux pieds te devrait courtiser;
Tel devrait t'obéir qui sous lui te captive :
Mais souviens-toi qu'enfin tout est pour ton salut,
Que ce qui te déplaît par mon ordre t'arrive,
Et que ton bonheur propre en est l'unique but.

Je ne demande point que tu sois insensible,
    Mais tâche à bien régler ton cœur,
Tâche à bien soutenir ce qu'il a de vigueur,
Et, si tu ne peux tout, fais du moins ton possible :
A chaque déplaisir tiens-toi ferme en ce point
Que s'il te peut toucher il ne t'abatte point,
Que jamais son aigreur longtemps ne t'embarrasse :
Souffre avec allégresse, ou, si c'est trop pour toi,
Souffre avec patience, et conserve une place
A recevoir sans bruit tout ce qui vient de moi.

Que si tu ne saurais sans trop de répugnance
    Endurer tant d'oppression,
Si tu ne peux ouïr sans indignation
Ce que la calomnie à ton opprobre avance,
Rends-toi maître du moins de tous ces mouvements,
Réprime la chaleur de leurs soulèvements,
De crainte qu'à les voir quelqu'un ne s'effarouche;
Et, de quelque façon que tu sois méprisé,
Prends garde qu'un seul mot ne sorte de ta bouche
Dont puisse un esprit faible être scandalisé.

La tempête, bientôt cédant à la bonace,
    N'aura plus ces éclats ardents,
Et toute la douleur qu'elle excite au dedans
Perdra son amertume au retour de ma grâce.
Je suis le Dieu vivant encor prêt à t'aider,
Prêt à venger ta honte, et prêt à t'accorder
Des consolations l'abondante lumière;
Mais pour en obtenir les nouvelles faveurs
Il faut remettre en moi ta confiance entière,
Et prendre à m'invoquer de nouvelles ferveurs.

Montre-toi plus égal durant ce peu d'orage,
   Fais ton effort pour le braver.
Et, quelques grands malheurs qui puissent t'arriver,
   Prépare encor ton âme à souffrir davantage.
Pour te sentir pressé des tribulations,
Pour te voir chanceler sous les tentations,
Ne crois pas tout perdu, n'y trouve rien d'étrange :
Tu n'es qu'homme, et non Dieu, mais homme tout de chair,
Mais chair toute fragile, et non pas tel qu'un ange,
Que de l'abus des sens il m'a plu détacher.

Les anges même au ciel, le premier homme en terre,
   Où je lui fis un paradis,
Conservèrent si peu l'état où je les mis
Qu'ils devinrent bientôt dignes de mon tonnerre.
Ne prétends non plus qu'eux conserver ta vertu
Sans te voir ébranlé, sans te voir combattu ;
Mais en ce triste état offre-moi ta faiblesse :
J'élève qui gémit avec humilité,
Et, plus l'homme à mes yeux reconnaît sa bassesse,
Plus je le fais monter vers ma divinité.

Béni sois-tu, Seigneur, dont la sainte parole
   Me fortifie et me console ;
   Il n'est rien ailleurs de si doux :
Que ferais-je, ô Dieu ! parmi tant de misères,
   Parmi tant d'angoisses amères,
Si tu ne m'enseignais à rabattre leurs coups ?

Pourvu qu'heureusement j'achève ma carrière,
   Pourvu que ta sainte lumière
   Me conduise au port de salut,
Que m'importe combien je souffre de traverses,
   Et combien de peines diverses
Me font du monde entier le glorieux rebut ?

Fais qu'une bonne fin de ces maux me dégage ;
   Donne-moi cet heureux passage
   De ce monde à l'éternité ;
Aplanis-moi la route à monter dans ta gloire,
   Et ne perds jamais la mémoire
Du besoin qu'a de toi mon imbécillité.

CHAPITRE LVIII.

QU'IL NE FAUT POINT VOULOIR PÉNÉTRER LES HAUTS MYSTÈRES, NI EXAMINER LES SECRETS JUGEMENTS DE DIEU.

N'abuse point, mon fils, de tes faibles lumières
Jusqu'à vouloir percer les plus hautes matières,
Jusqu'à vouloir entrer dans les profonds secrets
De l'inégal dehors de mes justes décrets ;
Ne cherche point à voir quelle raison pressante
Fait que ma grâce agit, ou paraît impuissante,
Est avare ou prodigue, abandonne ou soutient ;
N'examine jamais d'où ce partage vient,
Ni pourquoi l'un ainsi languit dans la misère,
Et que l'autre est si haut au-dessus du vulgaire.
Il n'est raisonnement, il n'est effort humain
Qui puisse pénétrer mon ordre souverain,
Ni s'éclaircir au vrai par la longue dispute
D'où vient que je caresse, ou que je persécute.
Quand le vieil ennemi fait ces suggestions,
Qu'un esprit curieux émeut ces questions,
Au lieu de perdre temps à leur vouloir répondre,
Lève les yeux au ciel, et dis pour les confondre :
« Seigneur, vous êtes juste en tous vos jugements,
« La vérité préside à vos discernements,
« Et l'équité qui règne en vos ordres suprêmes
« Les rend toujours en eux justifiés d'eux-mêmes :
« Qu'il leur plaise abaisser, qu'il leur plaise agrandir,
« On doit trembler sous eux, sans les approfondir,
« Et jamais sans folie on ne peut l'entreprendre,
« Puisque l'esprit humain ne les saurait comprendre. »
Ne t'informe non plus qui des saints m'est aux cieux
Le plus considérable, ou le moins précieux,
Et ne conteste point sur la prééminence
Que de leur sainteté mérite l'excellence ;
Ces curiosités sont autant d'attentats,
Qui ne font qu'exciter d'inutiles débats,
Enfler les cœurs d'orgueil, brouiller les fantaisies,
Jusqu'aux dissensions pousser les jalousies,
Lorsque de part et d'autre un cœur passionné
A préféré son saint porte un zèle obstiné.
Les contestations de ces recherches vaines
Ne laissent aucun fruit après beaucoup de peines ;
Ce n'est que se gêner d'un frivole souci,
Et l'on déplaît aux saints quand on les loue ainsi.
Jamais avec ce feu mon esprit ne s'accorde :
Je suis le Dieu de paix, et non pas de discorde ;
Et cette paix consiste en vraie humilité,
Plus qu'aux vaines douceurs d'avoir tout emporté.
Je sais qu'en bien des cœurs souvent le zèle imprime
Pour tel ou tel des saints plus d'ardeur et d'estime ;
Mais cette ardeur, ce zèle, et cette estime enfin,
Partent d'un mouvement plus humain que divin.
C'est de moi seul qu'au ciel ils tiennent tous leur place ;
Je leur donne la gloire, et leur donnai la grâce ;
Je connais leur mérite, et les ai prévenus
Par un épanchement de trésors inconnus,
De bénédictions, de douceurs toujours prêtes
A redoubler leur force au milieu des tempêtes.
Je n'ai point attendu la naissance des temps
Pour chérir mes élus, et les juger constants.
De toute éternité ma claire prescience
A su se faire jour dedans leur conscience ;

De toute éternité j'ai vu tout leur emploi,
Et j'ai fait choix d'eux tous, et non pas eux de moi.
  Ma grâce les appelle à mon céleste empire,
Et ma miséricorde après moi les attire ;
Ma main les a conduits par les tentations ;
Je les ai remplis seul de consolations ;
Je leur ai donné seul de la persévérance,
Et seul j'ai couronné leur humble patience.
  Ainsi je les connais du premier au dernier ;
Ainsi j'ai pour eux tous un amour singulier ;
Ainsi de ce qu'ils sont la louange m'est due ;
Toute la gloire ainsi m'en doit être rendue ;
Ainsi par-dessus tout doit être en eux béni,
Par-dessus tout vanté mon amour infini,
Qui, pour montrer l'excès de sa magnificence,
Les élève à ce point de gloire et de puissance,
Et, sans qu'aucun mérite en eux ait précédé,
Les prédestine au rang que je leur ai gardé.
  Qui méprise le moindre au plus grand fait outrage,
Parce que de ma main l'un et l'autre est l'ouvrage ;
On ôte à leur Auteur tout ce qu'on ôte à l'un ;
On l'ôte à tout le reste, et l'opprobre est commun ;
L'ardente charité, qui ne fait d'eux qu'une âme,
Les unit tous entre eux par des liens de flamme ;
Tous n'ont qu'un sentiment et qu'une volonté ;
Tous s'entr'aiment en un par cette charité. [mes ;
  Je dirai davantage : ils m'aiment plus qu'eux-mê-
Ravis au-dessus d'eux vers mes bontés suprêmes,
Après avoir banni la propre affection,
Ils s'abîment entiers dans ma dilection,
Et, de l'objet aimé possédant la présence,
Ils trouvent leur repos dans cette jouissance :
Rien d'un si digne amour ne les peut détourner ;
Rien vers d'autres objets ne les peut ramener :
L'immense Vérité dont leurs âmes sont pleines
Par sa vive lumière entretient dans leurs veines
Et de la charité l'inextinguible feu,
Et de toute autre ardeur un constant désaveu.
  Que ces hommes charnels, que ces âmes brutales
Qui leur osent donner des places inégales, [dains,
Ces cœurs qui n'ont pour but que des plaisirs mon-
Cessent de discourir de l'état de mes saints ;
L'ardeur qu'ils ont pour eux, ou faible, ou véhémente,
Au gré de son caprice ôte, déguise, augmente,
Sans consulter jamais sur leur félicité
La voix de ma sagesse et de ma vérité.
  L'ignorance en plusieurs fait ce mauvais partage
Qu'ils font entre mes saints de mon propre héritage,
Surtout en ces esprits faiblement éclairés,
Qui, de leur propre amour encor mal séparés,
Ont peine à conserver dans une âme charnelle
Une dilection toute spirituelle.
Le penchant naturel de l'humaine amitié
De leur zèle imprudent fait plus de la moitié ;

Comme ils n'en forment point que leurs sens n'exami-
Ce qui se passe en bas, en haut ils l'imaginent, [nent.
Et, tel que sur la terre en est l'ordre et le cours,
Tel le présume au ciel leur aveugle discours.
Cependant la distance en est incomparable,
Et pour les imparfaits est si peu concevable,
Que des illuminés la spéculation
N'atteint point jusque-là sans révélation.
  Garde bien donc, mon fils, par trop de confiance,
De sonder des secrets qui passent ta science ;
Ne porte point si haut ton esprit curieux,
Et, sans vouloir régler le rang qu'on tient aux cieux,
Réunis seulement tes soins et ta lumière
Pour y trouver ta place, et fût-ce la dernière.
Quand tu pourrais connaître avec pleine clarté
Quels saints en mon royaume ont plus de dignité,
De quoi t'en servirait l'entière connaissance,
Si tu n'en devenais plus humble en ma présence,
Et si tu n'en prenais une plus forte ardeur
A publier ma gloire, et bénir ma grandeur ?
Vois ton peu de mérite et l'excès de tes crimes ;
Et, si tu peux des saints voir les vertus sublimes,
Vois combien tes défauts et ton manque de soin
De leur perfection te laissent encor loin :
Tu feras beaucoup mieux que celui qui conteste
Touchant leur préférence au royaume céleste,
Et sur l'emportement de son esprit mal sain
Du moindre et du plus grand décide en souverain.
  Oui, mon fils, il vaut mieux leur rendre tes hommages,
Les yeux baignés de pleurs implorer leurs suffrages,
Mendier leur secours, leur offrir d'humbles vœux,
Que de juger ainsi de leurs secrets et d'eux.
Puisqu'ils ont tous au ciel de quoi se satisfaire,
Que les hommes en terre apprennent à se taire,
Et donnent une bride à la témérité
Où de leurs vains discours va l'importunité.
  Les saints ont du mérite, et n'en font point de gloire ;
Ils ne se donnent point l'honneur de leur victoire ;
Comme de mes trésors tout leur bien est sorti,
Et que ma charité leur a tout départi,
Ils rapportent le tout au pouvoir adorable
De cette charité pour eux inépuisable.
  Ils ont un tel amour pour ma divinité,
Un tel ravissement de ma bénignité,
Que cette sainte joie en vrais plaisirs féconde,
Qui toujours les remplit, et toujours surabonde,
Par un regorgement qu'on ne peut expliquer,
Fait que rien ne leur manque, et ne leur peut manquer.
  Plus ils sont élevés dans ma gloire suprême,
Plus leur esprit soumis se ravale en lui-même ;
Et mon amour par là redoublant ses attraits,
Le plus humble d'entre eux m'approche de plus près.
Aussi devant l'éclat qui partout m'environne
L'Écriture t'apprend qu'ils baissent leur couronne,

Qu'ils tombent sur leur face aux pieds du saint Agneau
Qui daigna de son sang racheter le troupeau,
Et qu'ainsi prosternés ils adorent sans cesse
Du Dieu toujours vivant l'éternelle sagesse.

Plusieurs veulent savoir ce que chaque saint vaut,
Et qui d'eux tient au ciel le grade le plus haut,
Qui sont mal assurés s'ils pourront les y joindre,
Et s'ils mériteront d'être reçus au moindre.
C'est beaucoup de se voir le dernier en un lieu Dieu.
Où tous sont grands, tous rois, tous vrais enfants de
Le moindre y vaut plus seul que mille rois en terre,
Et l'orgueil de cent ans frappé de mon tonnerre
N'a de part qu'au séjour de l'éternelle mort,
Qui du plus vieux pécheur doit terminer le sort.

Ainsi je dis moi-même autrefois aux apôtres :
« Si vous voulez au ciel être au-dessus des autres,
« Sachez qu'auparavant il faut se convertir,
« Qu'il faut s'humilier, qu'il faut s'anéantir,
« Se ranger aussi bas que cette faible enfance
« Qui vit soumise à tous par sa propre impuissance ;
« Autrement point d'accès au royaume des cieux :
« Oui, ce petit enfant qui se traîne à vos yeux
« De votre humilité doit être la mesure ;
« Rendez-vous ses égaux, ma gloire vous est sûre,
« L'amour vous y conduit, et l'espoir, et la foi ;
« Mais le plus humble enfin est le plus grand chez moi. »

Voyez donc, orgueilleux, quelle est votre disgrâce !
Bien que le ciel soit haut, la porte en est si basse
Qu'elle en ferme l'entrée à ceux qui sont trop grands
Pour se pouvoir réduire à l'égal des enfants.

Malheur encore à vous, riches, pour qui le monde
En consolations de tous côtés aborde !
Les pauvres entreront, cependant qu'au dehors
Vos larmes et vos cris feront de vains efforts.

Humble, réjouis-toi : pauvres, prenez courage ;
Le royaume du ciel est votre heureux partage ;
Il l'est, si toutefois dans votre humilité
Vous pouvez jusqu'au bout marcher en vérité.

CHAPITRE LIX.

QU'IL FAUT METTRE EN DIEU SEUL TOUT NOTRE
ESPOIR ET TOUTE NOTRE CONFIANCE.

Seigneur, quelle est ma confiance
Au triste séjour où je suis ?
Et de quelles douceurs l'heureuse expérience
Rompt le mieux cette impatience
Où me réduisent mes ennuis ?

En puis-je trouver qu'en toi-même,
Sauveur amoureux et bénin,
Dont la miséricorde en un degré suprême

Verse dans une âme qui t'aime
Des plaisirs sans nombre et sans fin ?

En quels lieux hors de ta présence
M'est-il arrivé quelque bien ?
Et quels maux à mon cœur font sentir leur puissance,
Sinon alors que ton absence
Me prive de ton cher soutien ?

La fortune avec ses largesses
A tous les mondains fait la loi ;
Mais si la pauvreté jouit de tes caresses,
Je la préfère à ces richesses
Qui séparent l'homme de toi.

Le ciel même, quelque avantage
Que sur la terre il puisse avoir,
Me verrait mieux aimer cet exil, ce passage,
Si tu m'y montrais ton visage,
Que son paradis sans te voir.

C'est le seul aspect du grand Maître
Qui fait le bon ou mauvais sort :
Tu mets le ciel partout où tu te fais paraître ;
Et les lieux où tu cesses d'être,
C'est là qu'est l'enfer et la mort.

Puisque c'est à toi que j'aspire,
Qu'en toi seul est ce que je veux,
Il faut bien qu'après toi je pleure, je soupire,
Et que jusqu'à ce que j'expire,
J'envoie après toi tous mes vœux.

Quelle autre confiance pleine
Pourrait me promettre un secours
Qui de tous les besoins de la misère humaine
Par une vertu souveraine
Pût tarir ou borner le cours ?

Toi seul es donc mon espérance,
L'appui de mon infirmité,
Le Dieu saint, le Dieu fort, qui fait mon assurance,
Qui me console en ma souffrance,
Et m'aime avec fidélité.

Chacun cherche ses avantages ;
Tu ne regardes que le mien,
Et c'est pour mon salut qu'à m'aimer tu t'engages,
Que tu calmes tous mes orages,
Que tu me tournes tout en bien.

La rigueur même des traverses
A pour but mon utilité :
C'est la part des élus ; par là tu les exerces,

Et leurs tentations diverses
Sont des marques de ta bonté.

Ton nom n'est pas moins adorable
Parmi les tribulations,
Et dans leur dureté tu n'es pas moins aimable
Que quand ta douceur ineffable
Répand ses consolations.

Aussi ne mets-je mon refuge
Qu'en toi, mon souverain Auteur;
Et de tous mes ennuis, quel que soit le déluge,
Hors du sein de mon propre juge,
Je ne veux point de protecteur.

Je ne vois ailleurs que faiblesse,
Qu'une lâche instabilité,
Qui laisse trébucher au moindre assaut qui presse
L'effort de sa vaine sagesse
Sous sa propre imbécillité.

Hors de toi point d'ami qui donne
De favorables appareils,
Point de secours si fort qui soudain ne s'étonne,
Point de prudence qui raisonne,
Point de salutaires conseils.

Il n'est sans toi docteur ni livre
Qui me console en ma douleur;
Il n'est de tant de maux trésor qui me délivre,
Ni lieu sûr où je puisse vivre
Exempt de trouble et de malheur.

A moins que ta sainte parole
Relève mon cœur languissant,
A moins qu'elle m'instruise en ta divine école,
Qu'elle m'assiste et me console,
Le reste demeure impuissant.

Tout ce qui semble ici produire
La paix dont on pense jouir
N'est sans toi qu'un éclair si prompt à se détruire,
Que le moment qui le fait luire
Le fait aussi s'évanouir.

Non, ce n'est qu'une vaine idée
D'une fausse tranquillité,
Une couleur trompeuse, une image fardée,
Qui n'a ni douceur bien fondée,
Ni solide félicité.

Ainsi tout ce qu'a cette vie
D'éminent et d'illustre emploi,
Les plus profonds discours dont l'âme y soit ravie,
Tous les biens dont elle est suivie,
N'ont fin ni principe que toi.

Ainsi de toute la misère
Où nous plonge son embarras
L'âme sait adoucir l'aigreur la plus amère,
Quand par-dessus tout elle espère
Aux saintes faveurs de ton bras.

C'est en toi seul que je me fie;
A toi seul j'élève mes yeux;
Dieu de miséricorde, éclaire, fortifie,
Épure, bénis, sanctifie,
Mon âme du plus haut des cieux.

Fais-en un siége de ta gloire,
Un lieu digne de ton séjour,
Un temple où, parmi l'or, et l'azur, et l'ivoire,
Aucune ombre ne soit si noire,
Qu'elle déplaise à ton amour.

Joins à ta clémence ineffable
De ta pitié l'immense effort,
Et ne rejette pas les vœux d'un misérable
Qui traîne un exil déplorable
Parmi les ombres de la mort.

Rassure mon âme alarmée;
Et contre la corruption,
Contre tous les périls dont la vie est semée,
Toi qui pour le ciel l'as formée,
Prends-la sous ta protection.

Qu'ainsi ta grâce l'accompagne,
Et par les sentiers de la paix,
A travers cette aride et pierreuse campagne,
La guide à la sainte montagne
Où ta clarté luit à jamais.

LIVRE QUATRIÈME.

DU TRÈS-SAINT SACREMENT DE L'AUTEL.

PRÉFACE.

Vous dont un poids trop lourd étouffe la vigueur,
Vous que je vois gémir sous un travail trop rude,
Accourez tous à moi, venez, dit le Seigneur,
Venez, je vous rendrai de la force et du cœur;
Je vous affranchirai de toute lassitude.
Le pain que je réserve à qui me sait chercher

N'est autre que ma propre chair,
Que je dois à mon Père offrir pour votre vie :
　Prenez, mangez, c'est mon vrai corps
Qu'on livrera pour vous aux rages de l'envie,
Et qui d'un pain visible emprunte les dehors.

Faites en ma mémoire un jour à votre rang
Ce qu'à vos yeux je fais avant ma dernière heure. [sang,
Ceux qui mangent ma chair, ceux qui boivent mon
Ce sang qui dans ce vase est tel que dans mon flanc,
Demeurent dans moi-même, et dans eux je demeure.
Dites ce que je dis pour faire comme moi ;
　L'efficace de votre foi
Produira même effet par les paroles mêmes ;
　Donnez aux miennes plein crédit,
Et n'oubliez jamais que mes bontés suprêmes
Les remplissent toujours et de vie et d'esprit.

CHAPITRE PREMIER.

AVEC QUEL RESPECT IL FAUT RECEVOIR
LE CORPS DE JÉSUS-CHRIST.

Ce sont là tes propos, Vérité souveraine ;
Ta bouche en divers temps les a tous prononcés ;
Je les vois par écrit en divers lieux tracés ;
Mais ce sont tous ruisseaux de la même fontaine :
Ils sont tiens, ils sont vrais, et mon infirmité
Les doit recevoir tous avec fidélité,
　Avec pleine reconnaissance,
En faire tout mon bien, et les considérer
Comme autant de trésors que ta magnificence
Pour mon propre salut a voulu m'assurer.

Je les prends avec joie au sortir de ta bouche
Pour les faire passer jusqu'au fond de mon cœur,
Et comme ils n'ont en eux qu'amour et que douceur
Leur sainte impression sensiblement me touche ;
Mais la terreur que mêle à de si doux transports
De mes impuretés le sensible remords,
　Par d'inévitables reproches
Retarde tout l'effet de leurs plus forts attraits,
D'un mystère si haut me défend les approches,
Et me laisse accablé du poids de mes forfaits.

Cependant tu le veux, Seigneur, tu me l'ordonnes,
Qu'opposant tes bontés à tout ce juste effroi,
Je marche en confiance et m'approche de toi,
Si je veux avoir part aux vrais biens que tu donnes ;
Tu veux me préparer par un céleste mets
Aux bienheureux effets de ce que tu promets
　Dans une abondance éternelle,
Et que mon impuissance et ma fragilité,

Si je veux obtenir une vie immortelle,
Se nourrissent du pain de l'immortalité.

« Vous donc qui gémissez sous un travail trop rude,
« Vous dont un poids trop lourd étouffe la vigueur,
« Venez tous, nous dis-tu, je vous rendrai du cœur,
« Je vous affranchirai de toute lassitude. »
O termes pleins d'amour ! ô mots doux et charmants,
Qu'ils ont pour le pécheur de hauts ravissements
　Quand tu l'appelles à ta table !
Un pauvre, un mendiant, s'en voir par toi pressés !
S'y voir par toi repus de ton corps adorable !
Mais enfin tu l'as dit, Seigneur, et c'est assez.

Qui suis-je, ô mon Sauveur, pour oser y prétendre ?
Qui me peut enhardir à m'approcher de toi ?
Et qui te fait nous dire : Accourez tous à moi,
Toi que ne peut le ciel contenir ni comprendre ?
D'où te vient cet amour qui m'y daigne inviter,
Moi, dont les actions ne font que t'irriter ;
　Moi, qui ne suis qu'ordure et glace ?
L'ange ne peut te voir sans en frémir d'effroi,
Les justes et les saints tremblent devant ta face,
Et tu dis aux pécheurs : Accourez tous à moi !

Si tu ne le disais, quel homme oserait croire
Qu'un Dieu jusqu'à ce point se voulût abaisser ?
Et, si tu n'ordonnais à tous de s'avancer,
Quel homme attenterait à cet excès de gloire ?
Si Noé fut contraint aussi à bâtir un vaisseau
Qui contre le ravage et les fureurs de l'eau
　Devait garantir peu de monde,
Quelle apparence, ô Dieu ! qu'ayant à recevoir
Le Créateur du ciel, de la terre et de l'onde,
Une heure à ces respects prépare mon devoir ?

Si ton grand serviteur, ton bien-aimé Moïse,
Pour enfermer la pierre écrite de tes doigts,
Fit une arche au désert d'incorruptible bois,
Et vêtit ses dehors d'une dorure exquise,
Si de ce bois choisi le précieux emploi
Ne fut que pour garder les tables d'une loi
　Que tu voulais être suivie ;
Moi, qui ne suis qu'un tronc tout pourri, tout gâté,
Pour recevoir l'Auteur des lois et de la vie,
Oserai-je apporter tant de facilité ?

Ce modèle accompli des têtes couronnées,
Le plus sage des rois, le grand roi Salomon,
Pour élever un temple à l'honneur de ton nom,
Tout grand roi qu'il était, employa sept années ;
Il fit huit jours de fête à le sanctifier ;
Il mit sur tes autels, pour te le dédier,
　Mille victimes pacifiques ;

Et les chants d'allégresse, et le son des clairons,
Quand il plaça ton arche en ces lieux magnifiques,
En apprirent la pompe à tous les environs.

Et moi, qui des pécheurs suis le plus misérable,
Oserai-je introduire un Dieu dans ma maison,
Lui présenter pour temple une sale prison,
Lui donner pour demeure un séjour effroyable?
Au lieu d'un siècle entier, de sept ans, de huit jours,
Un quart d'heure amortit, un moment rompt le cours
  De toute l'ardeur de mon zèle;
Et puissé-je du moins m'acquitter dignement
Des amoureux devoirs d'un serviteur fidèle,
Ou durant ce quart d'heure, ou durant ce moment!

Qu'ils ont pour t'obéir, qu'ils ont pour te mieux plaire,
Tous trois consumé d'art, de travaux et de temps!
Qu'auprès de leur ferveur mes feux sont inconstants!
Et que je te sers mal pour un si grand salaire!
Alors que ta bonté m'attire à ce festin
Où ton corps est la viande, et ton sang est le vin,
  Que lâchement je m'y prépare!
Que rarement en moi je me tiens recueilli!
Qu'aisément mon esprit de lui-même s'égare,
Et suit les vains objets dont il est assailli!

Certes en ta présence un penser salutaire
Devrait fermer la porte à tous autres désirs,
Et réunir en toi si bien tous nos plaisirs,
Qu'aucune autre douceur ne pût nous en distraire;
Tout ce qui du respect s'écarte tant soit peu,
Tout ce dont les parfaits font quelque désaveu,
  Devrait de tout point disparaître;
Puisque les anges même ont lieu d'être jaloux [tre
De voir, non un d'entre eux, mais leur souverain Maî-
Ravaler sa grandeur jusqu'à loger en nous.

Quelques honneurs qu'on dût à l'arche d'alliance,
De quelque sacré prix que fussent ses trésors,
La différence est grande entre elle et ton vrai corps,
Entre eux et les vertus de ta sainte présence.
Tout ce qu'on immolait sous l'ancienne loi
N'était de l'avenir promis à notre foi
  Qu'une ombre, qu'une image obscure;
Et dessus nos autels on offre à tout moment
Le parfait sacrifice, et la victime pure,
Qui de tout ce vieil ordre est l'accomplissement.

Que ne conçois-je donc une ardeur plus sincère,
Un zèle plus fervent, à ton divin aspect!
Que ne me préparé-je avec plus de respect
A la réception de ton sacré mystère!
Dans les siècles passés, prophètes, princes, rois,
Patriarches et peuple, en ont cent et cent fois

Donné le précepte et l'exemple;
Et leurs cœurs pour ton culte ardemment embrasés,
Me forcent à rougir, quand je porte à ton temple
Des vœux si languissants, et sitôt épuisés.

Le dévot roi David, sautant devant ton arche,
Publiait tes bienfaits reçus par ses aïeux;
Des instruments divers le son mélodieux
Concerté par son ordre en réglait la démarche;
Des psaumes le doux son tout autour s'entendait;
Poussé du Saint-Esprit lui-même il accordait
  Sa harpe à chanter tes merveilles;
Lui-même il enseignait tout son peuple à s'unir
Pour louer chaque jour tes grandeurs sans pareilles;
Lui-même il l'instruisait en l'art de te bénir.

Si telle était jadis la ferveur pour ta gloire,
Si le zèle agissait alors si fortement,
Que de son seul aspect l'arche du Testament
De ta sainte louange excitait la mémoire,
Quelle est la révérence, et quels sont les transports
Que ce grand sacrement, que ton précieux corps
  Doit m'imprimer au fond de l'âme?
Et que ne doivent point tous les peuples chrétiens
Apporter de respect, de tendresse et de flamme,
Quand ils vont recevoir cette source de biens?

Les reliques des saints et leurs superbes temples
Font courir les mortels en mille et mille lieux;
Ils s'y laissent charmer et l'oreille et les yeux
Par la haute structure et par leurs hauts exemples;
Ils baisent à genoux les précieux dépôts
De leur chair vénérable et de leurs sacrés os,
  Qu'enveloppent l'or et la soie;
Et je te vois, mon Dieu, tout entier à l'autel,
Toi le grand Saint des saints, toi l'auteur de leur joie,
Toi de tout l'univers le Monarque immortel!

Souvent même l'esprit de ces pèlerinages
N'est qu'un chatouillement de curiosité,
Et l'attrait qu'a toujours en soi la nouveauté
Vers ce qu'on n'a point vu tire ainsi les courages.
Quand un motif si vain les pousse et les conduit,
Le travail le plus long rapporte peu de fruit,
  Et ne laisse rien qui corrige,
Surtout en ces esprits follement empressés,
Qu'une ardeur trop légère à ces courses oblige,
Sans aucun saint retour sur leurs crimes passés.

Mais en ce sacrement ton auguste présence,
Véritable Homme-Dieu, rend le fruit assuré
Toutes les fois qu'un cœur dignement préparé
Y porte ferveur pleine et pleine révérence :
Il n'y va point aussi ni par légèreté,

Ni par démangeaison de curiosité,
　　Ni par autre sensible amorce ;
Tout ce qui l'y conduit c'est une ferme foi,
C'est d'un solide espoir l'inébranlable force,
C'est un ardent amour qui n'a d'objet que toi.
De la terre et du ciel Créateur invisible,
Que grande est la bonté que tu montres pour nous !
Que ton ordre aux élus est favorable et doux
De leur offrir pour mets ton corps incorruptible !
De ta façon d'agir les miracles charmants
Épuisent la vigueur de nos entendements,
　　Et ne s'en laissent point comprendre :
C'est ce qui des dévots attire tous les cœurs ;
C'est ce qui dans leurs cœurs verse un amour si tendre ;
C'est ce qui les élève aux plus hautes ferveurs.

Aussi ces vrais dévots dont les saints exercices
Appliquent de leurs soins toute l'activité
A corriger en eux cette facilité
Que prête la nature aux attaques des vices,
Ces rares serviteurs, qui n'ont point d'autre but
Que d'avancer leur vie au chemin du salut,
　　Et rendre leurs âmes parfaites,
Reçoivent d'ordinaire en ce grand sacrement
Un zèle plus soumis à ce que tu souhaites,
Et l'amour des vertus empreint plus fortement.

O grâce merveilleuse autant qu'elle est cachée,
Qu'éprouve le fidèle, et que ne peut goûter
Ni le manque de foi qui s'arrête à douter,
Ni l'âme aux vains plaisirs en esclave attachée !
Par tes rayons secrets l'esprit mieux éclairé,
Loin des sentiers obscurs qui l'avaient égaré,
　　Reprend sa route légitime ;
Sa beauté se répare, ainsi que sa vertu,
Et tout ce qu'en gâtait la souillure du crime
Rend à ses premiers traits l'éclat qu'ils avaient eu.

Tu descends quelquefois avec telle abondance
Qu'après l'âme remplie un doux regorgement
En répand sur le corps le rejaillissement,
Et l'anime à son tour par sa vive influence :
La prodigalité de la divine main
Veut que tout l'homme ait part à ce bien souverain
　　Au milieu de sa lassitude ;
Et du corps tout usé la traînante langueur,
Dans le débordement de cette plénitude,
Souvent trouve un trésor de nouvelle vigueur.

Est-il rien cependant honteux et déplorable
Comme nos lâchetés, comme notre tiédeur,
De ne pas nous porter avecque plus d'ardeur
A prendre Jésus-Christ, à manger à sa table ?

C'est en lui, c'est aux biens qu'il nous y fait trouver
Que consistent de ceux qui se doivent sauver
　　Tout l'espoir et tous les mérites ;
C'est lui qui sanctifie, et nous a rachetés,
Qui nous console ici par ses douces visites,
Et qui des saints au ciel fait les félicités.

Nous avons donc bien lieu d'une douleur profonde
De voir tant de mortels ouvrir si peu les yeux
Sur un mystère saint qui réjouit les cieux,
Et qui par sa vertu conserve tout le monde.
Oh ! quel aveuglement, oh ! quelle dureté
De regarder si peu quelle est la dignité
　　D'un don si grand, si salutaire !
L'usage trop commun semble la rabaisser,
Et tel prend chaque jour cet auguste mystère
Qui le prend par coutume et ne daigne y penser.

Si nous n'avions qu'un lieu, si nous n'avions qu'un prê-
Par qui ton corps sacré s'offrît sur nos autels, [tre
Avec combien de foule y courraient les mortels,
Quelle ardeur pour le voir ne feraient-ils paraître ?
Mais tu n'épargnes point un bien si précieux ;
Tant de prêtres partout l'offrent en tant de lieux,
　　Que nos froideurs n'ont point d'excuse ;
On le voit, on l'adore, on le prend chaque jour ;
Et, plus cette faveur sur la terre est diffuse,
Plus elle y fait briller ta grâce et ton amour.

Ton nom en soit béni, Sauveur de la nature,
Dieu de miséricorde, et Pasteur éternel,
Dont l'amour excessif pour l'homme criminel
Lui donne en cet exil ton corps pour nourriture !
Pauvre et banni qu'il est, loin de le rejeter,
A ce banquet sacré tu daignes l'inviter ;
　　Ta propre bouche l'y convie :
« O vous qui succombez sous le faix des travaux,
« Venez tous, » nous dis-tu, doux Auteur de la vie,
« Et je soulagerai la grandeur de vos maux. »

CHAPITRE II.

QUE LE SACREMENT DE L'AUTEL NOUS DÉCOUVRE UNE GRANDE BONTÉ ET UN GRAND AMOUR DE DIEU.

Je m'approche, Seigneur, plein de la confiance
Que tu veux que je prenne en ta haute bonté ;
Je m'approche en malade avec impatience
De recevoir de toi la parfaite santé.

Je cherche en altéré la fontaine de vie ;
Je cherche en affamé le pain vivifiant ;

Et c'est sur cet espoir que mon âme ravie
Au Monarque du ciel présente un mendiant.

Aux faveurs de son maître ainsi l'esclave espère,
Ainsi la créature aux dons du Créateur,
Ainsi le désolé cherche dans sa misère
Un doux refuge au sein de son consolateur.

Qui peut m'avoir rendu ta bonté si propice,
Que jusqu'à moi, Seigneur, il te plaise venir?
Et qui suis-je après tout, que ton corps me nourrisse,
Qu'au mien en ce banquet tu le daignes unir?

De quel front un pécheur devant toi comparaître?
De quel front jusqu'à toi s'ose-t-il avancer?
Comment le souffres-tu, toi, son juge et son maître?
Et comment jusqu'à lui daignes-tu t'abaisser?

Ce n'est point avec toi qu'il faut que je raisonne,
Tu connais ma faiblesse et mon peu de ferveur,
Et tu sais que de moi je n'ai rien qui me donne
Aucun droit de prétendre une telle faveur.

Plus je contemple aussi l'excès de ma bassesse,
Plus j'admire aussitôt celui de ton amour;
J'adore ta pitié, je bénis ta largesse,
Et t'en veux rendre gloire et grâces nuit et jour.

C'est par cette clémence, et non pour mes mérites,
Que tu fais à mes yeux luire ainsi ta bonté,
Pour faire croître en moi l'amour où tu m'invites,
Et mieux enraciner la vraie humilité.

Puis donc que tu le veux, puisque tu le commandes,
J'ose me présenter au don que tu me fais;
Et puissé-je ne mettre à des bontés si grandes
Aucun empêchement par mes lâches forfaits!

Débonnaire Jésus, quelles sont les louanges,
Quels sont et les respects et les remercîments,
Que te doivent nos cœurs pour ce vrai pain des anges
Que ta main nous prodigue en ces festins charmants?

Telle est la dignité de ce pain angélique,
Que son expression passe notre pouvoir,
Et nous voulons en vain que la bouche l'explique,
Lorsque l'entendement ne la peut concevoir.

Mais que dois-je penser à cette table sainte?
M'approchant de mon Dieu, de quoi m'entretenir?
J'y porte du respect, du zèle et de la crainte,
Et ne le puis assez respecter ni bénir.

Je n'ai rien de meilleur ni de plus salutaire
Que de m'humilier devant ta majesté,
Et de tenir l'œil bas sur toute ma misère
Pour élever d'autant l'excès de ta bonté.

Je te loue, ô mon Dieu, je t'exalte sans cesse;
De mon propre mépris je me fais une loi,
Et je m'abîme au fond de toute ma bassesse,
Pour de tout mon pouvoir me ravaler sous toi.

Toi, la pureté même, et moi, la même ordure;
Toi, le grand Saint des saints; toi, leur unique roi,
Tu viens à cette indigne et vile créature,
Qui ne mérite pas de porter l'œil sur toi!

Tu viens jusques à moi pour loger en moi-même!
Tu m'invites toi-même à ces divins banquets,
Où la profusion de ton amour extrême
Sert un pain angélique et de célestes mets!

Ce pain, ce mets sacré que tu nous y fais prendre,
C'est toi, c'est ton vrai corps, arbitre de mon sort,
Pain vivant, qui du ciel as bien voulu descendre
Pour redonner la vie aux enfants de la mort.

Quels tendres soins pour nous ton amour fait paroître!
Que grande est la bonté dont part ce grand amour!
Que ta louange, ô Dieu! chaque jour en doit croître!
Que de remercîments on t'en doit chaque jour!

Que tu pris un dessein utile et salutaire
Quand tu te fis auteur de ce grand sacrement!
Et l'aimable festin qu'il te plut de nous faire,
Quand tu nous y donnas ton corps pour aliment!

Qu'en cet effort d'amour tes œuvres admirables
Montrent de ta vertu le pouvoir éclatant!
Et que ces vérités sont pour nous ineffables
Que ta voix exécute aussitôt qu'on l'entend!

Ta parole jadis fit sitôt toutes choses,
Que rien n'en sépara le son d'avec l'effet;
Et ta vertu passant dans les secondes causes,
A peine l'homme parle, et ton vouloir est fait.

Chose étrange, et bien digne enfin que la foi vienne
Au secours de nos sens et de l'esprit humain,
Que l'espèce du vin tout entier te contienne,
Que tu sois tout entier sous l'espèce du pain!

Tu fais de leur substance en toi-même un échange;
Tu les anéantis, et revêts leurs dehors,
Et, bien qu'à tous moments on te boive et te mange,
On ne consume point ni ton sang ni ton corps.

Grand Monarque du ciel, qui dans ce haut étage
N'as besoin de personne, et ne manques de rien,

28.

Tu veux loger en nous, et faire un alliage
Par ce grand sacrement, de notre sang au tien !

Conserve donc mon cœur et tout mon corps sans tache,
Afin qu'un plein repos dans mon âme épandu,
A ce mystère saint un saint amour m'attache,
Et qu'à le célébrer je me rende assidu.

Que souvent je le puisse offrir en ta mémoire
Comme de ta voix propre il t'a plu commander,
Et qu'après l'avoir pris pour ta plus grande gloire
Au salut éternel il me puisse guider.

Par des transports de joie et de reconnaissance,
Bénis ton Dieu, mon âme, en ce val de malheurs,
Où tu reçois ainsi de sa toute-puissance
Un don si favorable à consoler tes pleurs.

Sais-tu qu'autant de fois que ton zèle s'élève
A prendre du Sauveur le véritable corps,
L'œuvre de ton salut autant de fois s'achève,
Et de tous ses tourments t'applique les trésors ?

Il n'a rien mérité qu'il ne t'y communique ;
Et, comme son amour ne peut rien refuser,
Sa bonté toujours pleine et toujours magnifique
Est un vaste océan qu'on ne peut épuiser.

Porte-s-y de ta part l'attention sévère
D'un cœur renouvelé pour s'y mieux préparer,
Et pèse mûrement la grandeur d'un mystère
Dont dépend ton salut que tu vas opérer.

Lorsque ta propre main offre cette victime,
Quand tu la vois offrir par un autre à l'autel,
Tout doit être pour toi surprenant, doux, sublime,
Comme si de nouveau Dieu se faisait mortel.

Qui, tout t'y doit sembler aussi grand, aussi rare
Que si ce jour-là même il naissait ici-bas,
Ou que la cruauté d'une troupe barbare
Pour le salut de tous le livrât au trépas.

CHAPITRE III.

QU'IL EST UTILE DE COMMUNIER SOUVENT.

Je viens à toi, Seigneur, afin de m'enrichir
Des dons surnaturels qu'il te plaît de nous faire ;
J'en viens chercher la joie, afin de m'affranchir
Des longs et noirs chagrins qui suivent ma misère ;
Je cours à ce banquet que ta pleine douceur
 Tient prêt pour le pauvre pécheur :
Je ne puis, je ne dois souhaiter autre chose :

Toi seul es mon salut et ma rédemption ;
En toi tout mon espoir se fonde et se repose ;
Tout mon bonheur en toi voit sa perfection.

Je n'ai point ici-bas d'autre gloire à chercher ;
Je n'ai point d'autre force en qui prendre assurance ;
Je n'ai point d'autres biens où je puisse attacher
La juste ambition de ma persévérance.
Comble donc aujourd'hui de solides plaisirs
 Ce cœur, ces amoureux désirs,
Que pousse jusqu'à toi ton serviteur fidèle ;
Vois les empressements de son humble devoir,
Et ne rejette pas cette ardeur de son zèle
Qu'un vrai respect prépare à te bien recevoir.

Entre dans ma maison, où j'ose t'inviter ;
Répands-y les douceurs de ta vertu cachée,
Que de ta propre main je puisse mériter
D'être à jamais béni comme un autre Zachée ;
Daigne m'admettre au rang, par ce comble de biens,
 Des fils d'Abraham et des tiens :
C'est le plus cher désir, c'est le seul qui m'enflamme ;
Et, comme tout mon cœur soupire après ton corps,
Comme il le reconnaît pour sa véritable âme,
Mon âme pour s'y joindre unit tous ses efforts.

Donne-toi donc, Seigneur, donne-toi tout à moi ;
Par ce don précieux dégage ta parole ;
Tu me suffiras seul, je trouve tout en toi ;
Mais sans toi je n'ai rien qui m'aide, ou me console ;
Sans toi je ne puis vivre, et tout autre soutien
 N'est qu'un vain appui, qu'un faux bien ;
Je ne puis subsister sans tes douces visites :
Et mes propres langueurs m'abattraient en chemin,
Si je me confiais à mon peu de mérites,
Sans recourir souvent à ce mets tout divin.

Souviens-toi que ce peuple à qui dans les déserts
Ta sagesse elle-même annonçait tes oracles,
Guéri qu'il fut par toi de mille maux divers,
Vit ta pitié s'étendre à de plus grands miracles :
De crainte qu'au retour il ne languît de faim,
 Tu lui multiplias le pain ;
Seigneur, fais-en de même avec ta créature,
Toi qui, pour consoler un peuple mieux aimé,
Lui veux bien chaque jour servir de nourriture
Sous les dehors d'un pain où tu t'es enfermé.

Quiconque en ces bas lieux te reçoit dignement,
Pain vivant, doux repas de l'âme du fidèle,
S'établit un partage au haut du firmament,
Et s'assure un plein droit à la gloire éternelle :
Mais, las ! que je suis loin d'un état si parfait,
 Moi que souvent le moindre attrait

Jusque dans le péché traîne sans répugnance,
Et qu'une lenteur morne, un sommeil croupissant,
Tiennent enveloppé de tant de nonchalance,
Qu'à tous les bons effets je demeure impuissant!

C'est là ce qui m'impose une nécessité [prêtre;
De porter, et souvent, mes pleurs aux pieds d'un
D'élever, et souvent, mes vœux vers la bonté,
De recevoir souvent le vrai corps de mon maître.
Je dois, je dois souvent renouveler mon cœur,
 Combattre ma vieille langueur,
Purifier mon âme en ce banquet céleste,
De peur qu'enseveli sous l'indigne repos
Où plonge d'un tel bien l'abstinence funeste,
Je n'échappe à toute heure à tous mes bons propos.

Notre imbécillité, maîtresse de nos sens,
Conserve en tous les cœurs un tel penchant aux vices,
Que l'homme tout entier dès ses plus jeunes ans
Glisse et court aisément vers leurs molles délices;
S'il n'avait ton secours contre tous leurs assauts,
 Chaque moment croîtrait ses maux :
C'est la communion qui seule l'en dégage;
C'est elle qui lui prête un assuré soutien,
Dissipe sa paresse, anime son courage,
Le retire du mal, et l'affermit au bien.

Si telle est ma faiblesse et ma tépidité
Au milieu d'un secours de puissance infinie,
Si j'ai tant de langueur et tant d'aridité
Alors que je célèbre ou que je communie,
En quel abîme, ô Dieu! serais-je tôt réduit,
 Si j'osais me priver du fruit
Que tu m'offres toi-même en ce divin remède!
Et dessous quels malheurs me verrais-je abattu,
Si j'osais me trahir jusqu'à refuser l'aide
Que ta main y présente à mon peu de vertu!

Certes, si je ne puis me trouver chaque jour
En état de t'offrir cet auguste mystère,
Du moins de temps en temps l'effort de mon amour
Tâchera d'avoir part à ce don salutaire.
Tant que l'âme gémit sous l'exil ennuyeux
 Qui l'emprisonne en ces bas lieux,
Ce qui plus la console est ta sainte mémoire,
La repasser souvent, et d'un zèle enflammé,
Qui n'a point d'autre objet que celui de ta gloire,
S'unir par ce grand œuvre à son cher bien-aimé.

O merveilleux effet de ton amour pour nous,
Que toi, source de vie, et première des causes,
Le Créateur de tout, le Rédempteur de tous,
Le souverain Arbitre enfin de toutes choses,
Tu daignes ravaler cette immense grandeur

Jusqu'à venir vers un pécheur,
Jusqu'à le visiter, homme et Dieu tout ensemble!
Tu descends jusqu'à lui pour le rassasier,
Par un abaissement devant qui le ciel tremble,
D'un homme tout ensemble et d'un Dieu tout entier!

Heureuse mille fois l'âme qui te reçoit,
Toi, son espoir unique et son unique Maître,
Avec tous les respects et l'amour qu'elle doit
A l'excès des bontés que tu lui fais paraître!
Est-il bouche éloquente, est-il esprit humain
 Qui ne se consumât en vain
S'il voulait exprimer toute son allégresse?
Et peut-on concevoir ces hauts ravissements,
Ces avant-goûts du ciel, que ta pleine tendresse
Aime à lui prodiguer en ces heureux moments?

Qu'elle reçoit alors pour hôte un grand Seigneur!
Qu'elle en prend à bon titre une joie infinie,
Et brave de ses maux la plus âpre rigueur,
Voyant l'auteur des biens lui faire compagnie!
Qu'elle se souvient peu du temps qu'elle a gémi,
 Quand elle loge un tel ami!
Qu'elle trouve d'attraits en l'époux qu'elle embrasse!
Qu'il est grand, qu'il est noble, et digne d'être aimé,
Puisqu'il n'a rien en soi dont le lustre n'efface
Tout ce dont ici-bas le désir est charmé!

Que la terre et les cieux et tout leur ornement,
Apprennent à se taire en ta sainte présence :
Tout ce qui brille en eux le plus pompeusement
Vient des profusions de ta magnificence;
Tout ce qu'ils ont de beau, tout ce qu'ils ont de bon,
 Jamais des grandeurs de ton nom
Ne pourra nous tracer qu'une faible peinture :
Ta sagesse éternelle a ses trésors à part,
Le nombre en est sans nombre ainsi que sans mesure,
Et ne met point de borne aux biens qu'elle départ.

CHAPITRE IV.

QUE CEUX QUI COMMUNIENT DÉVOTEMENT EN
REÇOIVENT DE GRANDS BIENS.

Préviens ton serviteur par cette douce amorce
Que versent dans les cœurs tes bénédictions;
Joins à la pureté de leurs impressions
Tout ce que le respect et le zèle ont de force;
Donne-moi les moyens d'approcher dignement
 De ton auguste sacrement;
Remplis mon sein pour toi d'une céleste flamme,
Et daigne m'arracher à la morne lenteur

De l'assoupissement infâme
Où me plonge, à tous coups, ma propre pesanteur.

Viens avec tout l'effet de ce don salutaire
D'une sainte visite aujourd'hui m'honorer,
Que je puisse en esprit pleinement savourer
Les douceurs qu'enveloppe un si sacré mystère;
Détache en ma faveur un vif rayon des cieux
　　Qui fasse pénétrer mes yeux
Au fond de cet abîme où tout mon bien s'enferme;
Et, si pour y descendre ils ont trop peu de jour,
　　Fais qu'une foi solide et ferme
En croie aveuglément l'excès de ton amour.

Car enfin c'est lui seul qui met en évidence
Ce miracle impossible à tout l'effort humain,
C'est ton saint institut, c'est l'œuvre de ta main,
Qui passe de bien loin toute notre prudence.
Il n'est point de mortel qui puisse concevoir
　　Ce qui n'est pas même au pouvoir
De la subtilité que tu dépars à l'ange;
Et je serais coupable autant comme indiscret,
　　Moi, qui ne suis que terre et fange,
D'attenter à comprendre un si profond secret.

J'approche donc, Seigneur, puisque tu me l'ordonnes,
Mais avec un cœur simple, une sincère foi,
Et mon respect y porte un vertueux effroi
Qui n'intimide point l'espoir que tu me donnes.
Je crois, et je suis prêt de signer de mon sang
　　Que sous ce rond, que sous ce blanc,
Véritable Homme-Dieu, tu caches ta présence,
Et que ce que les yeux jugent encor du pain
　　N'en conserve que l'apparence,
Qui voile à tous nos sens ton être souverain.

Je vais te recevoir, tu le veux, tu commandes
Que mon cœur à ton cœur s'unisse en charité;
Porte donc jusqu'à toi son imbécillité
Par un don spécial et des grâces plus grandes;
Qu'au feu d'un saint amour ce cœur liquéfié
　　Trouve en un Dieu crucifié
L'océan où sans cesse il s'écoule et s'abîme;
Et que tout autre attrait, effacé par le tien,
　　Me laisse abhorrer comme un crime
Les vains chatouillements de tout autre entretien.

Quels souhaits dans nos maux peut former la pensée
Que ne puisse remplir un si grand sacrement?
D'où pouvons-nous attendre un tel soulagement
Ou pour le corps malade, ou pour l'âme oppressée?
Quelles vives douleurs, quelles afflictions,
　　Bravent ses consolations?
Quels imprévus revers triomphent de son aide?

Ne relève-t-il pas l'abattement des cœurs?
　　Et n'est-il pas le vrai remède
Pour ce que leur faiblesse enfante de langueurs?

Par lui la convoitise au fond de l'âme éteinte
Voit mettre sous le frein toutes les passions;
Et l'empire qu'il prend sur les tentations,
Ou les dompte, ou du moins en affaiblit l'atteinte:
C'est par lui que la grâce avance à gros torrents,
　　Et que sur les vices mourants
S'affermit la vertu que lui-même il fait naître;
C'est par lui que la foi plus fortement agit,
　　Que l'espérance a de quoi croître,
Et que la charité s'enflamme et s'élargit.

Puissant réparateur des misères humaines,
Protecteur de mon âme, espoir de tous ses vœux,
Qui dans l'intérieur verses, quand tu le veux,
Tout ce qui nous console et soulage nos peines,
Tu fais des biens sans nombre, et souvent tu les fais
　　A ces dévots, à ces parfaits,
Qui savent dignement approcher de ta table;
Et tu mêles par là dans leurs divers travaux
　　Une douceur inépuisable
Qui dissipe aisément l'aigreur de tous leurs maux.

C'est ce qui du néant de leur propre bassesse
Les élève à l'espoir de ta protection,
Et prête un nouveau jour à leur dévotion,
Que la grâce accompagne, et que suit l'allégresse.
Ainsi ceux dont l'esprit triste, aride, inquiet,
　　Avant cet amoureux banquet,
Gémissait sous un trouble au vrai repos funeste,
Sitôt qu'ils sont repus de ce mets tout divin,
　　De ce breuvage tout céleste,
En pleins ravissements changent tout leur chagrin.

Tu leur fais de la sorte éprouver que d'eux-mêmes
Leur force est peu de chose, ou plutôt moins que rien;
Que s'ils ont quelque grâce, ou s'ils font quelque bien,
Ils en doivent le tout à tes bontés suprêmes;
Que les plus beaux talents de leur infirmité
　　Ne sont que glace et dureté,
Qu'angoisse, que langueur, que vague incertitude;
Mais qu'alors que sur eux tu répands ta faveur,
　　Ils ont zèle, ils ont promptitude,
Ils ont calme, ils ont joie, ils ont stable ferveur.

Aussi lorsqu'en douceurs une source est féconde,
Peut-on s'en approcher qu'on n'en remporte un peu?
Peut-on sans s'échauffer être auprès d'un grand feu?
Peut-on l'avoir au sein que la glace n'y fonde?
N'es-tu pas, ô mon Dieu! cette source de biens
　　Toujours ouverte aux vrais chrétiens,
Toujours vive, toujours pleine et surabondante?

Et n'es-tu pas ce feu toujours pur, toujours saint,
  Dont la flamme toujours ardente
Se nourrit d'elle-même, et jamais ne s'éteint?

Si mon indignité ne peut monter encore
Au haut de cette source, et puiser en pleine eau,
Si je ne puis en boire à même le ruisseau
Jusqu'à rassasier la soif qui me dévore,
Je collerai ma bouche au canal précieux
    Que tu fais descendre des cieux,
Afin que dans mon cœur une goutte en distille,
Que ma soif s'en apaise, et que l'aridité,
    Qui rend mon âme si stérile,
Ne la dessèche pas jusqu'à l'extrémité.

Si d'ailleurs de ma glace un invincible reste
M'empêche d'égaler l'ardeur des séraphins,
Si je ne puis encor, comme les chérubins,
Pour m'unir tout à toi, devenir tout céleste,
J'attacherai du moins ce que j'ai de vigueur
    A si bien préparer mon cœur
Par un effort d'amour qui toujours renouvelle,
Que sur mes humbles vœux ce divin sacrement
    Fera voler quelque étincelle
Du feu vivifiant de cet embrasement.

Tu vois ce qui me manque, ô Sauveur adorable!
Doux Jésus, bonté seule, en qui j'ose espérer;
Supplée à mes défauts, et daigne réparer
Ce que détruit en moi la langueur qui m'accable :
Tu t'en es fait toi-même une amoureuse loi,
    Quand, nous appelant tous à toi,
Ta bouche toute sainte a bien voulu nous dire :
« Accourez tous à moi, vous dont sous les travaux
    « Le cœur incessamment soupire,
« Et je soulagerai la grandeur de vos maux. »

D'une sueur épaisse ils couvrent mon visage ;
Mon cœur outré d'ennuis en est presque aux abois;
Mille et mille péchés me courbent sous leur poids;
Mille tentations me troublent le courage :
Je ne fais que gémir sous les oppressions
    Des insolentes passions,
Dont je trouve en tous lieux l'embarras qui m'obsède ;
Et dans tous ces malheurs où je me vois blanchir,
    Dénué de support et d'aide,
Je n'ai que toi, Seigneur, qui m'en puisse affranchir.

Aussi je te remets tout ce qui me regarde;
Je me remets entier à ton soin paternel :
Daigne, ô Dieu! me conduire au salut éternel,
Et durant le chemin reçois-moi sous ta garde;
Fais que puisse mon âme à jamais t'honorer,
    Toi qui m'as daigné préparer

Ton corps sacré pour viande, et ton sang pour breu-
Fais enfin que mon zèle augmente chaque jour [vage;
    Par le fréquent et saint usage
De ce divin mystère où brille tant d'amour.

CHAPITRE V.

DE LA DIGNITÉ DU SACREMENT, ET DE L'ÉTAT
            DU SACERDOCE.

D'un ange dans les cieux atteins la pureté;
D'un Baptiste au désert joins-y la sainteté;
Mais pur à leur égal, mais saint à son exemple,
Ne crois pas l'être assez pour pouvoir dignement
Et tenir en tes mains et m'offrir en mon temple
        Un si grand sacrement.

Conçois, si tu le peux, quelle est cette faveur
De tenir en tes mains le corps de ton Sauveur,
Le consacrer toi-même, et le prendre pour viande;
Et tu connaîtras lors qu'il n'est mérite humain
A qui doive l'effet d'une bonté si grande
        L'Arbitre souverain.

Ce mystère est bien grand, puisque du haut des cieux
Il fait descendre un Dieu jusques en ces bas lieux,
Et le met en état qu'on le touche et le mange;
Du sacerdoce aussi grande est la dignité,
Puisqu'on reçoit par là ce que jamais de l'ange
        N'obtint la pureté.

Prêtres, c'est à vous seuls que, sans vous le devoir,
Ma main par mon Église accorde ce pouvoir,
Cette émanation de ma vertu céleste;
A vous seuls appartient de consacrer mon corps
D'en faire un sacrifice, et départir au reste
        Ce qu'il a de trésors.

En prononçant les mots que je vous a. dictés,
Suivant mon institut, suivant mes volontés,
Vous opérez l'effet de votre ministère :
Un invisible agent concourt d'un pas égal,
Et, tout Dieu que je suis, soudain j'y coopère
        Comme auteur principal.

Ma voix toute-puissante à qui tout est soumis
Moi-même me soumet à ce que j'ai promis,
M'assujettit aux lois de mon ordre suprême;
Et ma divinité ne croit point se trahir
A descendre du ciel pour donner elle-même
        L'exemple d'obéir.

Crois-en donc plus ton Dieu que tes aveugles sens,
Crois-en plus de sa voix les termes tout-puissants,

Que le rapport trompeur d'aucun signe visible ;
Et, sans que ces dehors te rendent rien suspect,
Porte à cette action tout ce qui t'est possible
　　D'amour et de respect.

Pense à toi, prends-y garde, aime, respecte, crains :
Vois de quel ministère, en t'imposant les mains,
L'évêque t'a commis le divin exercice ;
Il t'a consacré prêtre, et c'est à toi d'offrir
Ce doux mémorial de tout l'affreux supplice
　　Qu'il m'a plu de souffrir.

Songe à t'en acquitter avec fidélité,
Avec dévotion, avec humilité ;
N'offre point qu'avec foi, n'offre point qu'avec zèle ;
Songe à régler ta vie, et la règle si bien,
Qu'elle soit sans reproche, et serve de modèle
　　Aux devoirs d'un chrétien.

Ton rang, loin d'alléger le poids de ton fardeau,
En redouble la charge, et jusques au tombeau
Il te met sous le joug d'une loi plus sévère ;
Il te prescrit à suivre un chemin plus étroit,
Et la perfection que doit ton caractère
　　Veut qu'on marche plus droit.

Oui, tu dois un exemple au reste des mortels,
Qui fasse rejaillir du pied de mes autels
Jusqu'au fond de leurs cœurs une clarté solide ;
Et toutes les vertus qui brillent ici-bas
Doivent former d'un prêtre un infaillible guide
　　Pour qui va sur ses pas.

Loin de suivre le train des hommes du commun,
Un prêtre doit en fuir le commerce importun,
De peur d'être souillé de leurs honteux mélanges ;
Et dans tout ce qu'il fait un vigilant souci
Lui doit pour entretien choisir au ciel les anges,
　　Et les parfaits ici.

Des ornements sacrés lorsqu'il est revêtu,
Il a de Jésus-Christ l'image et la vertu ;
Ainsi que son ministre il agit en sa place ;
Et ce n'est qu'en son nom que les vœux qu'il conçoit
Pour le peuple et pour lui montent devant la face
　　D'un Dieu qui les reçoit.

Ces habits sont aussi comme l'expression
Des plus âpres tourments par qui ma Passion
Pour le salut humain termina ma carrière ;
La croix sur eux empreinte en fait le souvenir,
Et le prêtre la porte et devant et derrière,
　　Pour mieux le retenir.

Il la porte devant, afin que son regard
S'arrêtant fixement sur ce digne étendard,
Ses ardeurs à le suivre en deviennent plus promptes ;
Il la porte derrière, afin qu'en ses malheurs
Il souffre sans ennuis les travaux et les hontes
　　Qui lui viennent d'ailleurs.

Il la porte devant pour pleurer ses forfaits ;
Derrière, afin que ceux que son prochain a faits
De sa compassion tirent aussi des larmes ;
Et que, comme il agit au nom du Rédempteur,
Entre le peuple et Dieu, qui tient en mains les armes,
　　Il soit médiateur.

C'est par cette raison qu'il s'y doit attacher,
Et que sa fermeté ne doit rien relâcher
Ni de ses vœux fervents, ni de ses sacrifices,
Tant qu'il obtienne grâce, et que du souverain
Il se rende à l'autel les bontés si propices,
　　Qu'il désarme sa main.

Enfin quand il célèbre, il m'honore, il me sert ;
Tout le ciel applaudit par un sacré concert ;
Tout l'enfer est confus, l'Église édifiée ;
Il secourt les vivants, des morts il fait la paix,
Et son âme devient l'heureuse associée
　　Des bons et des parfaits.

CHAPITRE VI.

PRÉPARATION A S'EXERCER AVANT LA COMMUNION.

Quand je contemple ta grandeur,
Quand j'y compare ma bassesse,
Je tremble, et toute mon ardeur
Résiste à peine à ma faiblesse ;
Tant la confusion qui saisit tous mes sens
Balance mes vœux languissants !

N'approcher point du sacrement,
C'est fuir la source de la vie ;
En approcher indignement,
C'est offenser qui m'y convie,
Et, par une honteuse et lâche trahison,
Changer le remède en poison.

Daigne donc, Seigneur, m'éclairer
Touchant ce qu'il faut que je fasse,
Toi qui ne me vois espérer
Qu'en l'heureux appui de ta grâce,
Et de qui seul j'attends en un trouble pareil
Et le secours et le conseil.

Dissipe ma vieille langueur,
Inspire-moi quelque exercice
Par qui je prépare mon cœur
A cet amoureux sacrifice,
Et par le droit sentier conduis-moi sur tes pas
A ce doux et sacré repas.

Fais-moi, Seigneur, fais-moi savoir
Avec quel zèle et révérence
Un Dieu, pour le bien recevoir,
Veut que je m'apprête et m'avance,
Et comment pour t'offrir des mystères si saints
Je dois purifier mes mains.

CHAPITRE VII.

DE L'EXAMEN DE SA CONSCIENCE, ET DU PROPOS DE S'AMENDER.

Prêtre, qui que tu sois, qui vas sur mon autel
Offrir un Dieu vivant à son Père immortel,
Et tenir en tes mains et recevoir toi-même
De mon amour pour toi le mystère suprême,
Approche, mais surtout prépare dans ton sein
Une humilité forte, un respect souverain,
Une foi pleine et ferme, une intention pure
D'honorer, de bénir l'Auteur de la nature ;
Sur ton intérieur jette l'œil avec soin,
En juge incorruptible, en fidèle témoin ;
Et, si de mon honneur un vrai souci te touche,
Fais que le cœur contrit et l'humble aveu de bouche
Sachent si bien purger le désordre caché,
Que rien par le remords ne te soit reproché,
Que rien plus ne te pèse, et que rien que tu saches
N'empêche un libre accès par ses honteuses taches.

Porte empreint sur ce cœur un regret général
Pour tout ce que jamais il a commis de mal ;
Joins à ce déplaisir des douleurs singulières
Pour les infirmités qui te sont journalières ;
Et, si l'heure le souffre, en secret devant Dieu,
Repasse-s-en le nombre, et le temps, et le lieu ;
Et, de tous les défauts où ton âme s'engage,
Étends devant ses yeux la pitoyable image.

Gémis, soupire, pleure aux pieds de l'Éternel,
D'être encor si mondain, d'être encor si charnel,
D'avoir des passions si peu mortifiées,
Des inclinations si mal purifiées,
Que les mauvais désirs demeurent tout-puissants
Sur qui veille si mal à la garde des sens.

Gémis d'en voir souvent les approches saisies
Par les vains embarras de tant de fantaisies,
D'avoir pour le dehors tant de soupirs ardents,
Et si peu de retour aux choses du dedans ;
De souffrir que ton âme à toute heure n'aspire
Qu'à ce qui divertit, qu'à ce qui te fait rire,
Tandis que pour les pleurs et la componction
Ton endurcissement a tant d'aversion ;
De te voir tant de pente à vivre plus au large,
Dans l'aise et les plaisirs d'une chair qui te charge,
Cependant que ton cœur a tant de lâcheté
Pour la ferveur du zèle et pour l'austérité ;
D'être si curieux d'entendre des nouvelles,
De voir des raretés surprenantes et belles,
Et si lent à choisir de ces emplois abjects
Que prend l'humilité pour ses plus doux objets.

Gémis de tant d'ardeur pour amasser et prendre,
Et de tant de réserve à départir ou rendre,
Qu'on a raison de croire et de te reprocher
Que ce que tient ta main ne s'en peut détacher.

Pleure ton peu de soin à régler tes paroles,
Ton silence rempli d'égarements frivoles,
Le peu d'ordre en tes mœurs, le peu de jugement
Que dans tes actions fait voir chaque moment.
Gémis d'avoir aimé les plaisirs de la table,
Et fait la sourde oreille à ma voix adorable ;
D'avoir pris pour vrai bien la molle oisiveté ;
D'avoir pris le travail pour infélicité ;
Pour des contes en l'air eu vigilance entière,
Long assoupissement pour la sainte prière,
Hâte d'être à la fin, et l'esprit vagabond
Vers ce qu'il ne fait pas ou que les autres font.

Pleure ta nonchalance à rendre ton office,
Gémis de ta tiédeur pendant ton sacrifice,
De tant d'aridité dans tes communions,
De tant de complaisance en tes distractions,
D'avoir si rarement l'âme bien recueillie,
De faire hors de toi toujours quelque saillie,
Prompt à te courroucer, prompt à fâcher autrui,
Sévère à le reprendre, et juger mal de lui.
Pleure l'emportement de tes humeurs diverses
Qu'enflent les bons succès, qu'abattent les traverses ;
Pleure enfin ta misère, et l'ouvrage imparfait
De tant de bons desseins que suit si peu d'effet.

Ces défauts déplorés, et tout ce qui t'en reste,
Avec un vif regret d'un cœur qui les déteste,
Avec de la faiblesse un aveu douloureux,
D'où naisse un déplaisir cuisant, mais amoureux,
Passe au ferme propos de corriger ta vie,
D'avancer aux vertus où ma voix te convie,
D'élever tes désirs sans plus les ravaler,
D'aller de mieux en mieux sans jamais reculer ;
Puis, d'une volonté fortement résignée,
Qui tienne sous tes pas la terre dédaignée,
Offre-toi tout entier toi-même en mon honneur
Pour holocauste pur sur l'autel de ton cœur,
Remets entre mes mains et ton corps et ton âme,
Afin que, tout rempli d'une céleste flamme,
Tu sois en digne état par cet humble devoir

De consacrer mon corps et de le recevoir.

Car, si tu ne le sais, pour plaire au Dieu qui t'aime,
L'offrande la plus digne est celle de toi-même;
C'est elle qu'il faut joindre à celle de mon corps
Par d'amoureux élans, par de sacrés transports,
Qui puissent jusqu'à moi les élever unies
Et quand tu dis la messe, et quand tu communies.
Rien ne t'affranchit mieux de ce qu'a mérité
Ou ta noire malice, ou ta fragilité,
Et rien n'efface mieux les taches de tes crimes
Que la sainte union qu'ont lors ces deux victimes.

Quand le pécheur a fait autant qu'il est en lui
Qu'une douleur sensible, un véritable ennui,
Un profond repentir le prosterne à ma face
Pour obtenir pardon et me demander grâce,
Je suis le Dieu vivant qui ne veux point sa mort;
Mais qu'à se convertir il fasse un digne effort,
Qu'il vive en mon amour pour revivre en ma gloire,
Et de tous ses péchés je perdrai la mémoire;
Tous lui seront par moi si pleinement remis,
Qu'il aura place au rang de mes plus chers amis.

CHAPITRE VIII.

DE L'OBLATION DE JÉSUS-CHRIST EN LA CROIX,
ET DE LA PROPRE RÉSIGNATION.

Vois comme tout nu sur la croix,
  Victime pure et volontaire,
Les deux bras étendus sur cet infâme bois,
Jadis pour tes péchés je m'offris à mon Père :
Y réservai-je rien de ce qui fut en moi,
Qu'afin de te sauver et de lui satisfaire
  Mon amour n'immolât pour toi?

Tel tu dois de tout ton pouvoir
  M'offrir chaque jour en la messe
Toute l'affection que tu peux concevoir,
Avec toute sa force et toute sa tendresse;
Tel tu me dois, mon fils, immoler à ton tour
Un cœur qui tout entier pour moi seul s'intéresse,
  Et me rende amour pour amour.

Ainsi tu sauras me gagner,
  Et ce que plus je te demande,
C'est que tu prennes soin de te bien résigner,
De faire de toi-même une sincère offrande.
Tous autres dons pour moi ne sont point suffisants,
Je ne regarde point si leur valeur est grande,
  Je te cherche, et non tes présents.

Comme il ne te suffirait pas
  D'avoir sans moi mille avantages,

Ainsi n'espère point que je fasse aucun cas
De tout ce que sans toi m'offriront tes hommages;
Offre-toi tout entier, et de tes volontés
En te donnant à moi, ne fais aucuns partages,
  Et tes dons seront acceptés.

Tu vois que je me suis offert
  Pour toi tout entier à mon Père,
Tu vois que je te donne, après avoir souffert,
Tout mon corps et mon sang en ce divin mystère;
Ce don que je te fais, pour être tout à toi, [plaire
Te sert d'un grand exemple, et t'apprend pour me
  Que tu dois être tout à moi.

Si dans toi ton propre intérêt
  Se peut réserver quelque chose,
Si tu ne t'offres pas à tout ce qui me plaît,
Si tu n'es point d'accord que moi seul j'en dispose,
Tu ne me feras point d'entière oblation,
Et l'art de nous unir qu'ici je te propose
  N'aura point sa perfection.

Cette oblation de ton cœur,
  Quelques actions que tu fasses,
Doit précéder entière avec pleine vigueur,
Doit se faire à toute heure et sans que tu t'en lasses.
Aime ce digne joug de ma captivité,
Et n'attends que de lui l'abondance des grâces
  Et la parfaite liberté.

D'où crois-tu qu'on voit ici-bas
  Si peu d'âmes illuminées,
Si peu dont le dedans soit purgé d'embarras,
Si peu dont les ferveurs ne se trouvent bornées?
C'est qu'à se dépouiller peu savent consentir,
Qui, par le propre amour vers elles ramenées,
  Ne penchent à se revêtir.

Souviens-toi que j'ai prononcé
  Cette irrévocable parole :
« Quiconque pour me suivre à tout n'a renoncé
« N'est point un vrai disciple instruit en mon école. »
Si tu le veux donc être en ce mortel séjour,
Donne-toi tout à moi, sans souffrir qu'on me vole
  La moindre part en ton amour.

CHAPITRE IX.

QU'IL FAUT NOUS OFFRIR A DIEU AVEC TOUT CE
QUI EST EN NOUS, ET PRIER POUR TOUT LE
MONDE.

Et le ciel, et la terre, et tout ce qu'ils contiennent,
Leurs effets, leurs vertus à jamais t'appartiennent;

LIVRE IV, CHAPITRE IX.

Tout est à toi, Seigneur, tout marche sous ta loi,
Et je m'y viens offrir en véritable hostie,
Moi qui de ce grand tout fais la moindre partie,
Pour être par cette offre encor mieux tout à toi.

Dans la simplicité d'un cœur qui te réclame
Je t'offre tout entiers et mon corps et mon âme;
J'en fais un saint hommage à tes commandements;
J'offre à tes volontés un serviteur fidèle
En sacrifice pur de louange immortelle,
Et réunis en toi tous mes attachements.

Daigne avoir, ô mon Dieu! la victime agréable;
A cette oblation de ton corps adorable
Mon amour aujourd'hui l'ajoute pour tribut:
Je t'offre l'une et l'autre en présence des anges;
Reçois cet holocauste, et fais de ces louanges
Pour moi, pour tout le peuple, un œuvre de salut.

Ces bienheureux esprits, témoins de tant d'offenses
Par qui j'ai tant de fois mérité tes vengeances,
Seront aussi témoins des vœux que je te fais;
Et tout ce qu'à leurs yeux j'ai fait de punissable
Depuis le premier jour qui m'en a vu capable,
Je te l'offre à leurs yeux sur cet autel de paix.

Lance de ton amour une vive étincelle,
Qui, m'allumant au sein une ferveur nouvelle,
Y brûle pour jamais cet amas de péché;
Fais que ce feu divin en consume l'ordure,
Et que l'embrasement d'une flamme si pure
Efface tout l'impur dont tu me vois taché.

Qu'un pardon général, par sa pleine efficace
Abolissant mon crime et me rendant ta grâce,
Sous l'ordre de tes lois range tout mon vouloir:
Entre mon âme et toi rétablis la concorde,
Et par ce haut effet de ta miséricorde
Au saint baiser de paix daigne me recevoir.

Après tant de péchés que ferais-je autre chose?
Je vois que leur excès à ta rigueur m'expose,
Qu'il arme contre moi ta juste inimitié:
Que puis-je donc, ô Dieu! pour t'arracher les armes,
Que t'avouer ma faute, et, fondant tout en larmes,
Implorer à genoux l'excès de ta pitié?

Exauce, exauce-moi, Seigneur, je t'en conjure;
Exauce cette indigne et vile créature
Que prosterne à tes pieds un humble repentir:
Mon péché me déplaît, et la plus douce idée
Que m'ose présenter son image fardée
Ne m'ôtera jamais l'horreur d'y consentir.

Je pleure, et veux pleurer tout le temps de ma vie
Sa route jusqu'ici honteusement suivie;
Je veux à mes forfaits égaler mes ennuis;
Et, si pour t'obéir j'eus trop peu de constance,
J'en accepte, ô mon Dieu! j'en fais la pénitence,
Et veux te satisfaire autant que je le puis.

Pardonne, encore un coup, pardonne pour ta gloire,
Pour l'amour de ton nom bannis de ta mémoire
Tout ce que mes désirs ont eu de vicieux;
Et, pour sauver mon âme à les croire emportée,
Souviens-toi seulement que tu l'as rachetée
Par la profusion de ton sang précieux.

Je sais, Seigneur, je sais, pour grand que soit mon
Que ta miséricorde est un profond abîme; [crime,
Je me résigne entier à son immensité:
N'agis que suivant elle, et, lorsque ta justice
Pressera ton courroux de hâter mon supplice,
Laisse-lui fermer l'œil sur mon iniquité.

J'ose te faire encore en ce divin mystère
L'offre de tout le bien que jamais j'ai pu faire,
Quoique tout imparfait et de peu de valeur,
Quoique ces actions soient en si petit nombre,
Qu'à peine du vrai bien elles font voir une ombre
Dont les informes traits n'ont aucune couleur.

Donne-leur ce qui manque à leur faible teinture;
Corrige, sanctifie, agrée, achève, épure;
Fais-les de jour en jour aller de mieux en mieux;
Comble-les d'une grâce en vertus si fertile,
Que cet homme chétif, paresseux, inutile,
Trouve une heureuse fin qui le conduise aux cieux.

Je t'offre tous les vœux de ces dévotes âmes
Qui ne conçoivent plus que de célestes flammes,
De mes plus chers parents je t'offre les besoins,
Ceux de tous les amis que tu m'as fait connoître,
Des frères et des sœurs que m'a donnés le cloître,
Et de tous ceux enfin qui méritent mes soins.

Pourrais-je oublier ceux dont le cœur charitable
A mes nécessités se montre favorable,
Ou qui pour ton amour à d'autres font du bien?
Pourrais-je oublier ceux dont les saints artifices
Ou de mes oraisons ou de mes sacrifices
Empruntent le secours pour obtenir le tien?

Je t'offre pour eux tous, soit qu'ils vivent encore,
Soit qu'en ton purgatoire un juste feu dévore
Les péchés qu'en ce monde ils ont mal su purger;
Fais-leur sentir la force et l'appui de ta grâce;
Console, soutiens-les dans ce tourment qui passe,

Et dans tous leurs périls daigne les protéger.

Abrège en leur faveur la peine méritée ;
Avance à tous leurs maux cette fin souhaitée,
Qui change l'amertume en doux ravissements,
Afin qu'en liberté leur sainte gratitude
Fasse avec allégresse et hors d'inquiétude
Retentir tout le ciel de leurs remercîments.

J'offre ces mêmes vœux et ces mêmes hosties
Pour ceux dont la malice ou les antipathies
M'ont rendu déplaisir, m'ont nui, m'ont offensé ;
Pour ceux qui m'ont causé quelques désavantages,
Procuré quelque perte, ou fait quelques outrages,
Contredit à ma vue, ou sous main traversé.

Je te les offre encor d'une ferveur égale
Pour ceux à qui j'ai fait ou dépit ou scandale,
Pour ceux que j'ai fâchés, même sans le savoir ;
Je t'offre pour eux tous, pour eux tous je t'invoque ;
Pardonne-nous à tous la froideur réciproque,
Et remets-nous ensemble au chemin du devoir.

Arrache de nos cœurs cette indigne semence
D'envie et de soupçon, de colère et d'offense,
Tout ce qui peut nourrir la contestation,
Tout ce qui peut blesser l'amitié fraternelle,
Et par une chaleur à tes ordres rebelle
Éteindre le beau feu de la dilection.

Prends, Seigneur, prends pitié de ceux qui la demandent ;
Fais un don de ta grâce aux pécheurs qui l'attendent ;
Dans nos pressants besoins laisse-nous l'obtenir ;
Et rends-nous tels enfin que notre âme ravie
En puisse dignement jouir durant la vie ;
Et dans le ciel un jour à jamais t'en bénir.

CHAPITRE X.

QU'IL NE FAUT PAS AISÉMENT QUITTER LA SAINTE COMMUNION.

Tu dois avoir souvent recours
A la source de grâce et de miséricorde,
Cette fontaine pure, où se forme le cours
D'un torrent de bonté qui sur toi se déborde ;
    Ainsi tu sauras t'affranchir
    De tout ce qui te fait gauchir
Vers les passions et les vices.
Ainsi plus vigoureux, ainsi plus vigilant,
Des attaques du diable et de ses artifices
Tu braveras la ruse et l'effort insolent.

    Ce fier ennemi des mortels

De la communion sait quel bonheur procède,
Et combien on reçoit au pied de mes autels,
En ce festin sacré, de fruit et de remède ;
    Il ne perd point d'occasions
    De semer ses illusions
Pour en détourner les fidèles ;
Il en fait son grand œuvre, et met tout son pouvoir
A ne laisser en l'âme aucunes étincelles
Qui puissent rallumer l'ardeur de ce devoir.

    Plus il te voit t'y préparer
Avec une ferveur d'un saint espoir guidée,
Plus les fantômes noirs qu'il te vient figurer
Font un épais nuage et brouillent ton idée.
    Tu lis dans Job en plus d'un lieu
    Que parmi les enfants de Dieu
    Cet esprit ténébreux se coule ;
C'est contre eux qu'il s'efforce, et sa malignité
Prend mille objets impurs que devant eux il roule
Pour les remplir de crainte ou de perplexité.

    Il tâche par mille embarras
De vaincre ou d'affaiblir le zèle qui t'enflamme,
Et de se rendre maître à force de combats
De cette aveugle foi qui t'illumine l'âme :
    Il ne néglige aucun secret
    Pour t'éloigner de ce banquet,
    Ou t'en faire approcher plus tiède ;
Mais il est en ta main de le rendre impuissant ;
Son plus heureux effort n'abat que qui lui cède,
Et ne peut t'ébranler, si ton cœur n'y consent.

    Quelques horribles saletés
Dont contre toi sa rage excite la tempête,
Tu n'as qu'à te moquer de leurs impuretés,
Et tu renverseras leurs foudres sur sa tête ;
    Tu n'as qu'à traiter de mépris
    Ce roi des malheureux esprits,
    Pour le dépouiller de sa force.
Ris donc de son insulte, et quelque émotion
Dont il ose à tes yeux jeter l'indigne amorce,
Ne te relâche point de la communion.

    Souvent à force d'y penser
Le soin d'être dévot trop longtemps inquiète,
Souvent l'anxiété de se bien confesser
Enveloppe l'esprit d'une langueur secrète :
    Fais choix alors de confidents
    Qui soient éclairés et prudents,
    Et bannis tout le vain scrupule ;
Il empêche ma grâce, et la précaution
Que lui fait apporter son effroi ridicule
Éteint le plus beau feu de la dévotion.

Faut-il pour un trouble léger,
Pour un amusement qu'un vain objet excite,
Pour une pesanteur qui te vient assiéger,
Que ta communion se diffère ou se quitte?
 Porte tout à ce tribunal,
 Où par un bonheur sans égal
 Qui s'accuse aussitôt s'épure :
Pardonne à qui t'offense, et cours aux pieds d'autrui
Lui demander pardon, si tu lui fis injure;
Tu l'obtiendras de moi, si tu le veux de lui.

 Que peut avoir d'utilité
De la confession cette folle remise?
De quoi te peut servir cette facilité
A reculer un bien que t'offre mon Église?
 Vomis tout ce maudit poison,
 Et pour en purger ta raison
 Cours en hâte à ce grand remède :
Tu t'en trouveras mieux, et tu dois redouter
Qu'à l'obstacle présent quelque autre ne succède
Plus fâcheux à souffrir et plus fort à dompter.

 Remettre ainsi de jour en jour
Pour te mieux préparer à ce bonheur insigne,
C'est te priver longtemps de ce gage d'amour,
Et peut-être à la fin t'en rendre plus indigne.
 Romps, le plus tôt que tu pourras,
 Les chaînes de ces embarras
 Dont ta propre lenteur t'accable :
Nourrir l'inquiétude apporte peu de fruit,
Et l'on s'avance mal quand on refuit ma table
Pour des empêchements que chaque jour produit.

 Sais-tu que l'assoupissement
Où te laisse plonger ta langueur insensible
T'achemine à grands pas à l'endurcissement,
Et qu'à force de temps il devient invincible?
 Qu'il est de lâches, qu'il en est
 Dont la tépidité s'y plaît
 Jusqu'à le rendre volontaire,
Et dont la nonchalance aime à prendre aux cheveux
La moindre occasion d'éloigner un mystère
Qui les obligerait d'avoir mieux l'œil sur eux !

 Oh! que faible est leur charité!
Que leur dévotion est traînante et débile!
Et que ce zèle est faux dont l'imbécillité
A quitter un tel bien se trouve si facile!
 Heureux l'homme qui tous les jours
 Pour recevoir un tel secours
 Épure assez sa conscience,
Et n'en passerait point sans un si grand appui,
Si de ses directeurs il en avait licence;
Ou qu'il ne craignît point qu'on parlât trop de lui.

 Quand par un humble sentiment
Le respect en conseille une sainte abstinence,
Ou qu'on y voit d'ailleurs un juste empêchement,
Un homme est à louer de cette révérence;
 Mais lorsque parmi ce conseil
 Il se glisse un morne sommeil,
 On se doit exciter soi-même,
Faire tout ce que peut l'humaine infirmité :
Mon secours est tout prêt, et ma bonté suprême
Considère surtout la bonne volonté.

 Alors que ta dévotion
A pour s'en abstenir des causes légitimes,
Ton désir vertueux, ta bonne intention,
Te peuvent en donner les fruits les plus sublimes.
 Quiconque à Dieu devant les yeux
 Peut en tout temps, peut en tous lieux
 Goûter en esprit ce mystère ;
Il n'est obstacle aucun qui l'en puisse empêcher,
Et c'est toujours pour l'âme un repas salutaire
Quand, au défaut du corps, elle en sait approcher.

 Non que cette communion,
Qu'il peut faire en tout temps toute spirituelle,
Doive monter si haut en son opinion
Que son esprit content néglige l'actuelle;
 Il faut que souvent sa ferveur
 De la bouche comme du cœur
 Reçoive ce vrai pain des anges,
Qu'il ait des temps réglés pour un si digne effet,
Et s'y donne pour but ma gloire et mes louanges,
Plus que ce qui le flatte et qui le satisfait.

 Attendant ces jours bienheureux,
Contemple dans la crèche un Dieu qui s'est fait homme;
Repasse en ton esprit mon trépas douloureux ;
Vois l'œuvre du salut qu'en la croix je consomme :
 Autant de fois qu'un saint transport
 Dans ma naissance ou dans ma mort
 Prendra de quoi croître ta flamme,
Ton zèle autant de fois saura mystiquement
D'une invisible main communier ton âme,
Et recevra le fruit de ce grand sacrement.

 Qui ne daigne s'y préparer
Qu'alors qu'il est pressé par cette grande fête,
Et que le jour pour lui semble le désirer,
Y portera souvent une âme fort mal prête.
 Heureux qui du plus digne apprêt,
 Sans attache au propre intérêt,
 Fait son ordinaire exercice,
Et s'offre en holocauste à son Père immortel,
Quand pour le sacrement ou pour le sacrifice
Il se met à ma table, ou monte à mon autel !

Observe pour dernier avis
De n'être ni trop long, ni trop court en ta messe;
Contente ainsi que toi ceux avec qui tu vis,
Et garde un train commun en qui rien ne les blesse.
    Un prêtre n'est bon que pour lui,
    S'il gêne le zèle d'autrui,
    Faute de suivre la coutume;
Et tu dois regarder ce qui profite à tous
Plus que toute l'ardeur qui dans ton cœur s'allume,
Et que tous ces élans qui te semblent si doux.

CHAPITRE XI.

QUE LE CORPS DE JÉSUS-CHRIST ET LA SAINTE ÉCRITURE SONT ENTIÈREMENT NÉCESSAIRES A L'AME FIDÈLE.

Oh! que ta douceur infinie
Répand de charmantes faveurs,
Sauveur bénin, sur les ferveurs
De qui dignement communie!
Ce grand banquet où tu l'admets
N'a point pour lui de moindres mets
Que son bien-aimé, son unique;
Que toi, dis-je, seul à choisir,
Et seul à qui son cœur s'applique
Par-dessus tout autre désir.

Que j'en verrais croître les charmes,
Si d'un amoureux sentiment
Le tendre et long épanchement
M'y donnait un torrent de larmes!
Que tous mes vœux seraient contents
D'en baigner tes pieds en tout temps
Avec la sainte Pécheresse!
Mais où sont ces vives ardeurs?
Où cette amoureuse tendresse?
Où cet épanchement de pleurs?

En présence d'un tel Monarque,
A l'aspect de toute sa cour,
Un transport de joie et d'amour
En devrait porter cette marque;
Mon cœur par mille ardents soupirs
Devrait pousser mille désirs
Jusques à la voûte étoilée,
Et dans cet avant-goût des cieux
Ma joie en larmes distillée
Couler à grands flots de mes yeux.

En cet adorable mystère
Je te vois présent en effet,
Dieu véritable, homme parfait,
Sous une apparence étrangère;
Tu me caches cette splendeur
Dont ta souveraine grandeur
Avant les temps est revêtue :
Seigneur, que je te dois bénir
D'épargner à ma faible vue
Ce qu'elle n'eût pu soutenir!

Les yeux même de tout un monde
En un seul regard assemblés,
De tant de lumière aveuglés,
Rentreraient sous la nuit profonde;
Ils ne pourraient pas subsister
S'ils attentaient à supporter
Des clartés si hors de mesure;
Et l'éclat de ta majesté,
Quand elle emprunte une figure,
Fait grâce à notre infirmité.

Sous ces dehors où tu te ranges
Je te vois tel qu'au firmament;
Je t'adore en ce sacrement
Tel que là t'adorent les anges.
La différence entre eux et moi,
C'est que les seuls yeux de la foi
M'y font voir ce que j'y révère,
Et qu'en ce lumineux pourpris
Une vision pleine et claire
Te montre à ces heureux esprits.

Mais il faut que je me contente
D'avoir pour guide ce flambeau,
En attendant qu'un jour plus beau
Remplisse toute mon attente;
C'est ce jour de l'éternité
Dont la brillante immensité
Dissipera toutes les ombres,
Et de la pointe de ses traits
Détruira tous ces voiles sombres
Qui couvrent tes divins attraits.

La parfaite béatitude,
Éclairant nos entendements,
Fera cesser les sacrements
Dans son heureuse plénitude;
Ce glorieux prix des travaux,
Qui nous met au-dessus des maux,
Ote le besoin du remède;
Face à face tu t'y fais voir;
Sans fin, sans trouble, on t'y possède;
On t'y contemple sans miroir.

L'esprit, de lumière en lumière
Montant dans ton infinité,

S'y transforme en ta déité,
Qu'il embrasse et voit tout entière ;
Cet esprit tout illuminé
Y goûte le Verbe incarné ;
Toi-même à ses yeux tu l'exposes,
Tel que dans ces vastes palais
Il était avant toutes choses,
Et tel qu'il demeure à jamais.

Le souvenir de ces merveilles
Fait qu'ici tout m'est ennuyeux,
Que tout y déplaît à mes yeux,
Tout importune mes oreilles ;
Le goût même spirituel
M'est un chagrin continuel
Près de cette douce mémoire ;
Et, quoi qu'il m'arrive de bien,
Tant que je ne vois point ta gloire,
Tout m'est à charge, tout n'est rien.

Tu le sais, ô Dieu de ma vie !
Qu'ici-bas il n'est point d'objet
Où se termine mon projet,
Où se repose mon envie :
A te contempler fixement,
Sans fin et sans empêchement
Je mets ma gloire souveraine ;
Mais, avant que de voir finir
La mortalité que je traîne,
Ce bonheur ne peut s'obtenir.

Je dois donc avec patience
Te soumettre tous mes désirs,
Ne chercher point d'autres plaisirs,
N'avoir point d'autre confiance.
Les saints qui règnent avec toi
Vécurent au monde avec foi,
Avec patience y languirent,
Et leur cœur en toi satisfait
De ce que leurs vœux se promirent
Attendit constamment l'effet.

J'ai la même foi qu'ils ont eue ;
J'ai le même espoir qu'ils ont eu ;
Et, croyant tout ce qu'ils ont cru,
J'aspire comme eux à ta vue.
Avec ta grâce et pareils vœux
J'espère d'arriver comme eux
A tes promesses les plus amples,
Et jusqu'à cette fin sans fin
Ma foi, qu'appuieront leurs exemples,
Suivra sous toi le vrai chemin.

J'aurai de plus pour ma conduite

Les livres saints, dont le secours
A toute heure adoucit le cours
Des maux où mon âme est réduite ;
Je trouve en leurs instructions
Des miroirs pour mes actions,
Sur qui je les règle et me juge ;
Et par-dessus tous leurs trésors
J'ai pour remède et pour refuge
Le banquet de ton sacré corps.

Cet accablement de misères
Qui m'environne incessamment
Pour le supporter doucement
Me rend deux choses nécessaires ;
J'ai besoin en toutes saisons
De deux choses dans ces prisons
Où me renferme la nature ;
Et, manque de l'une des deux,
De lumière, ou de nourriture,
Mon séjour n'y peut être heureux.

Seigneur, ta bonté singulière,
Pour m'aider à suivre tes pas,
M'y donne ton corps pour repas,
Et ta parole pour lumière.
Dans ces misérables vallons
Sans l'un et l'autre de ces dons
Ta route serait mal suivie ;
Car l'un est l'immuable jour,
Et l'autre le vrai pain de vie
Qui nourrit l'âme en ton amour.

L'âme de ton amour éprise
Peut regarder ces deux soutiens
Comme deux tables que tu tiens
Dans le trésor de ton Église ;
L'une est celle de ton autel,
Où se prend ton corps immortel
Pour nourriture et médecine ;
Et l'autre, celle de ta loi,
Qui nous instruit de ta doctrine,
Et nous affermit en la foi.

C'est elle qui du sanctuaire
Tirant pour nous le voile épais,
Jusqu'en ses plus profonds secrets
Nous introduit et nous éclaire :
C'était pour nous la préparer
Qu'il te plut jadis inspirer
Les prophètes et les apôtres ;
Et tes augustes vérités
Chaque jour encor par mille autres
Répandent sur nous leurs clartés.

Créateur et Sauveur des hommes,
Qu'on te doit de remercîments
D'avoir fait ces banquets charmants
Pour des malheureux que nous sommes !
Tu nous les tiens à tous ouverts
Pour montrer à tout l'univers
Cette charité magnifique
Qui, déployant tous ses trésors,
N'y donne plus l'Agneau mystique,
Mais ton vrai sang et ton vrai corps.

Là, sans cesse tous les fidèles,
Des traits de ton amour navrés,
Et de ton calice enivrés,
Goûtent quelques douceurs nouvelles ;
Toutes les délices des cieux
Font un raccourci précieux
Dans ce calice salutaire ;
L'ange les y goûte avec nous ;
Mais comme sa vue est plus claire,
Ses plaisirs sont aussi plus doux.

Prêtres, qu'illustre est votre office !
Que haute est cette dignité
Dont vous tenez l'autorité
De faire ce grand sacrifice !
Deux mots sacrés et souverains
Font descendre un Dieu dans vos mains ;
Vous le prenez dans votre bouche ;
Et dans ces festins solennels
Cette même main qui le touche
Le donne au reste des mortels.

Que ces mains doivent être pures !
Que cette bouche, que ce lieu
Où loge si souvent un Dieu
Doit être bien purgé d'ordures !
O prêtres, que tout votre corps
Doit avoir dedans et dehors
Une intégrité consommée !
Et qu'il faut voir de sainteté
Dans cette demeure animée
De l'auteur de la pureté !

Une bouche si souvent prête
A recevoir le sacrement
Doit prendre garde exactement
Qu'il n'en sorte rien que d'honnête.
Loin tous inutiles discours
D'un organe qui tous les jours
A Jésus-Christ sert de passage ;
Point, point d'entretien que fervent ;
Point d'œil que simple, chaste, et sage,
En qui l'approche si souvent.

Vos mains, qui touchent à toute heure
L'Auteur de la terre et des cieux,
Doivent accompagner vos yeux
A s'élever vers sa demeure.
Songez bien surtout que sa loi
Vous demande un sévère emploi
Qui réponde au grand nom de prêtre ;
Et que, lorsqu'il y dit à tous,
« Soyez saints comme votre Maître, »
Il parle aux autres moins qu'à vous.

Seigneur, qui de ce caractère
Nous as daigné favoriser,
Ne nous laisse pas abuser
De son auguste ministère ;
Aide-nous, fais-nous dignement
Former un dévot sentiment
Par l'assistance de tes grâces,
Afin qu'en toute pureté
Nous puissions marcher sur tes traces,
Et mieux servir ta majesté.

Que si de l'humaine impuissance
L'insensible et commun pouvoir
Relâche trop notre devoir
De ce qu'il lui faut d'innocence,
Fais que de sincères douleurs
Effacent à force de pleurs
Tout ce qui s'y coule de vice ;
Et que, ravis de ta bonté,
Nous attachions à ton service
Une humble et ferme volonté.

CHAPITRE XII.

QU'IL FAUT SE PRÉPARER AVEC GRAND SOIN A LA COMMUNION.

J'aime la pureté par-dessus toute chose ;
Je cherche le cœur net, c'est là que je repose ;
C'est moi qui donne ici toute la sainteté,
Et j'en fais bonne part à cette pureté.
Je l'ai dit autrefois, et je te le répète :
« Prépare en ta maison une salle bien nette,
« Et nous viendrons soudain, mes disciples et moi,
« Y célébrer la Pâque, et la faire avec toi. »
Si tu veux que j'y vienne établir ma demeure,
Purge ce vieux levain qui s'enfle d'heure en heure,
Et par l'austérité d'une sainte rigueur
Sache purifier le séjour de ton cœur :
Des vanités du monde exclus-en les tumultes ;
Des folles passions bannis-en les insultes ;
Tiens-y-toi solitaire, et tel qu'un passereau
Qui d'un arbre écarté s'est choisi le coupeau,

Repasse en ton esprit avec mille amertumes
Et tes honteux défauts et tes lâches coutumes.
Quiconque pour un autre a quelque affection
Prépare un digne lieu pour sa réception,
Et le soin qu'il en prend est d'autant plus extrême
Que par là cet ami juge à quel point on l'aime.
  Mais ne présume pas qu'il soit en ton pouvoir
Par ta propre vertu de me bien recevoir,
Ni que ton plus grand soin ait en soi le mérite
De m'apprêter un lieu digne que je l'habite.
Quand durant tout le temps qu'à tes jours j'ai prescrit
Il ne te passerait autre chose en l'esprit,
Tu verrais que l'esprit qu'une vie y dispose,
Si je n'y mets la main, ne fait que peu de chose.
  Ma bonté qui t'invite à ce divin repas
T'y permet un accès qu'elle ne te doit pas;
Et, comme à cette table elle seule t'appelle,
Lorsque je t'y reçois je ne regarde qu'elle.
Viens-y, mais seulement en me remerciant,
Tel qu'à celle d'un roi se sied un mendiant,
Qui n'ayant rien d'égal à de si hautes grâces,
S'humilie à ses pieds, en adore les traces,
Et lui fait ce qu'il peut de rétributions
Par ses remercîments et ses submissions.
  Viens-y, non par coutume, ou par quelque con-
Mais avec du respect, mais avec de la crainte, [trainte,
Mais avec de l'amour, mais avec de la foi,
Fais avec diligence autant qu'il est en toi;
Viens ainsi, prends ainsi le corps d'un Dieu qui t'aime,
Et que tu dois aimer au delà de toi-même.
Il veut loger en toi, lui qui remplit les cieux;
Il descend jusqu'à toi pour t'encourager mieux;
Lui-même il te convie à ce banquet céleste;
Lui-même il te l'ordonne, et suppléera le reste;
Si tes défauts sont grands, plus grand est son pouvoir;
Approche en confiance, et viens le recevoir.
  Si tu sens qu'un beau feu fonde ta vieille glace,
Rends grâces à ce Dieu qui te fait cette grâce;
Non qu'il t'ait pu devoir une telle amitié,
Mais parce que son œil te regarde en pitié.
Si ton zèle au contraire impuissant ou languide
De moment en moment te laisse plus aride,
Redouble ta prière et tes gémissements
Pour arracher de lui de meilleurs sentiments;
Persévère, importune, obstine-toi de sorte
A pleurer à ses pieds, à frapper à sa porte,
Qu'il t'ouvre, ou que du moins de ce bien souverain
Il laisse distiller quelque goutte en ton sein.
  Cette importunité n'est jamais incivile :
Je te suis nécessaire et tu m'es inutile;
Tu ne viens pas à moi pour me sanctifier,
Mais je m'abaisse à toi pour te justifier,
Pour te combler de biens, pour te donner la voie
De croître ton bonheur et d'affermir ta joie.

Tu viens à mon banquet pour en sortir plus saint,
Pour rallumer en toi la ferveur qui s'éteint,
Pour mieux t'unir à moi d'une chaîne éternelle,
Pour recevoir d'en-haut une grâce nouvelle,
Et pour voir naître en toi de son épanchement
De plus pressants désirs pour ton amendement.
Garde de négliger une faveur si grande,
Tiens-lui ton cœur ouvert, fais-m'en entière offrande;
Et, m'ayant dignement préparé ce séjour,
Introduis-y l'objet de ton céleste amour.
  Mais ce n'est pas assez d'y préparer ton âme
Avec toute l'ardeur d'une céleste flamme;
Si pour l'y disposer il faut beaucoup de soins,
Le sacrement reçu n'en demande pas moins,
Et le recueillement après ce grand remède
Doit égaler du moins l'ardeur qui le précède :
Oui, la retraite sainte après le sacrement
Est un sublime apprêt pour le redoublement,
Et la communion où la ferveur abonde
A de plus grands effets prépare la seconde.
  Qui trop tôt s'y relâche en perd soudain le fruit,
Et se dispose mal à celle qui la suit :
Tiens-toi dans le silence, et rentre dans toi-même,
Pour jouir en secret de ce bonheur suprême :
Si tu sais une fois l'art de le conserver,
Le monde tout entier ne t'en saurait priver.
Mais il faut qu'à moi seul ton cœur entier se donne,
Pour vivre plus en moi qu'en ta propre personne,
Sans que tout l'univers sous aucunes couleurs
T'inquiète l'esprit pour ce qui vient d'ailleurs.

CHAPITRE XIII.

QUE L'AME DÉVOTE DOIT S'EFFORCER DE TOUT SON CŒUR A S'UNIR A JÉSUS-CHRIST DANS LE SACREMENT.

  Qui me la donnera, Seigneur,
  Cette joie où mon âme aspire,
De pouvoir seul à seul te montrer tout mon cœur,
Et de jouir de toi comme je le désire ?

  Que je rirai lors des mépris
  Qu'auront pour moi les créatures!
Qu'il m'importera peu si leurs faibles esprits
Me comblent de faveurs, ou m'accablent d'injures!

  Je te dirai tout mon secret,
  Tu me diras le tien de même,
Tel qu'un ami s'explique avec l'ami discret,
Tel qu'un amant fidèle entretient ce qu'il aime.

  C'est là, Seigneur, tout mon désir,
  C'est tout ce dont je te conjure,

Qu'une sainte union à ton seul bon plaisir
Arrache de mon cœur toute la créature;

Qu'à force de communions,
D'offrandes et de sacrifices,
Élevant jusqu'au ciel toutes mes passions
J'apprenne à ne goûter que ses pures délices.

Quand viendra-t-il cet heureux jour,
Ce moment tout beau, tout céleste,
Qu'absorbé tout en toi par un parfait amour
Je m'oublirai moi-même et fuirai tout le reste?

Viens en moi, tiens-toi tout en moi;
Souffre à tes bontés adorables
De nous faire à tous deux cette immuable loi
Qu'à jamais cet amour nous rende inséparables.

N'es-tu pas ce cher bien-aimé,
Cet époux choisi d'entre mille
A qui veut s'attacher mon cœur tout enflammé,
Tant qu'il respirera dedans ce tronc mobile?

N'es-tu pas seul toute ma paix,
Paix véritable et souveraine,
Hors de qui les travaux ne finissent jamais,
Hors de qui tout plaisir n'est que trouble et que peine?

N'es-tu pas cette Déité
Ineffable, incompréhensible,
Qui, fuyant tout commerce avec l'impiété, [sible?
Au cœur simple, au cœur humble est toujours acces-

Seigneur, que ton esprit est doux!
Que pour tes enfants il est tendre!
Et que c'est les aimer que de les nourrir tous
De ce pain que du ciel tu fais pour eux descendre!

Est-il une autre nation
Si grande, si favorisée,
Qui possède ses dieux avec telle union,
Qui trouve leur approche également aisée?

Chaque jour, pour nous soulager,
Pour nous porter au bien suprême,
Tu nous offres à tous ton vrai corps à manger,
Tu nous donnes à tous à jouir de toi-même.

Quel climat est si précieux
Sur qui nous n'ayons l'avantage?
Et quelle créature obtint jamais des cieux
Rien d'égal à ce don qui fait notre partage?

Un Dieu venir jusqu'en nos cœurs!
De sa chair propre nous repaître!

O grâce inexplicable! ô célestes faveurs!
Par quels dignes présents puis-je les reconnaître?

Que te rendrai-je, ô Dieu tout bon,
Après ce trait d'amour immense?
Où pourrai-je trouver de quoi te faire un don
Qui puisse tenir lieu d'une reconnaissance?

Je l'ai, mon Dieu, j'ai ce de quoi
Te faire une agréable offrande;
Je n'ai qu'à me donner de tout mon cœur à toi,
Et je te rendrai tout ce qu'il faut qu'on te rende.

Oui, c'est là tout ce que tu veux
Pour cette faveur infinie.
Seigneur, que d'allégresse animera mes vœux,
Quand je verrai mon âme avec toi bien unie!

D'un ton amoureux et divin
Tu me diras lors à toute heure:
« Si tu veux avec moi vivre jusqu'à la fin,
« Avec toi jusqu'au bout je ferai ma demeure. »

Et je te répondrai soudain:
« Si tu m'en veux faire la grâce,
« Seigneur, c'est de ma part mon unique dessein;
« Fais que d'un si beau nœud jamais je ne me lasse. »

CHAPITRE XIV.

DE L'ARDENT DÉSIR DE QUELQUES DÉVOTS POUR LE SACRÉ CORPS DE JÉSUS-CHRIST.

Que de charmes, Seigneur, ta bonté juste et sainte
Réserve pour les cœurs qui vivent sous ta crainte!
Qu'immense en est l'excès!
Et qu'il porte une douce atteinte
Dans l'âme qui par là s'ouvre chez toi l'accès!

Quand j'ai devant les yeux ce zèle inépuisable
Dont tant de vrais dévots s'approchent de ta table,
J'en deviens tout confus,
Et sous la honte qui m'accable,
A force d'en rougir, je ne me connais plus.

Soit que j'aille à l'autel, soit que je me présente
A ce banquet sacré dont ton amour ardente
Daigne nous régaler,
J'y vais l'âme si languissante
Que je ne trouve point par où m'en consoler.

J'y porte une tiédeur qui dégénère en glace;
Mes élans les plus doux y font aussitôt place
A mon aridité,

Et me laissent devant ta face
Stupide aux saints attraits de ta bénignité.

Je n'y sens point comme eux ces ardeurs empressées ;
Je n'y vois point régner sur toutes mes pensées
　Ces divines chaleurs,
　Dont leurs âmes comme forcées
Distillent leur tendresse en des torrents de pleurs.

De la bouche et du cœur je les vois tous avides,
Tous, gros des bons désirs qui leur servent de guides,
　Courir à ces appas,
　Et voler à ces mets solides
Que ta main leur prodigue en ces divins repas.

S'ils n'ont ton corps pour viande et ton sang pour breuvage,
Leur faim en ces bas lieux n'a rien qui la soulage,
　Qui puisse l'assouvir ;
　Et de ton amour ce saint gage
A seul de quoi leur plaire et de quoi les ravir.

Que leurs ravissements, que leur impatience, [sence !
Que leurs ardents transports marquent bien ta pré-
　Et que leur vive foi
　Fait une pleine expérience
Des célestes douceurs qu'on ne goûte qu'en toi !

Ces disciples aimés font hautement paraître
La véritable ardeur qu'ils sentent pour leur Maître
　Durant tout le chemin,
　Et comme ils savent le connaître
A cette fraction de ce pain tout divin.

C'est ce qui me confond alors que je compare
Aux sublimes ferveurs d'une vertu si rare
　Mon lâche égarement,
　Et la froideur dont je prépare
Mon âme vagabonde à ce grand sacrement.

Daigne, Sauveur bénin, daigne m'être propice ;
Fais que souvent je sente en ce grand sacrifice
　Un peu de cet amour ;
　Fais que souvent il me ravisse,
Que souvent il m'éclaire, et m'embrase à mon tour.

Fais que par là ma foi d'autant mieux s'illumine,
Que par là mon espoir d'autant mieux s'enracine
　En ta haute bonté,
　Et que cette manne divine
Fortifie en mon cœur l'esprit de charité.

Que cette charité vivement allumée
Ne s'éteigne jamais, jamais sous la fumée
　Ne se laisse étouffer,

Jamais par le temps désarmée
Ne cède aux vanités que suggère l'enfer.

Tu peux bien, ô mon Dieu, me faire cette grâce ;
Tu peux m'en accorder l'abondante efficace
　Que cherche mon désir :
　Ta pitié jamais ne se lasse,
Et pour prendre ton temps tu n'as qu'à le choisir.

En ces bienheureux jours dont je te sollicite
Tu sauras abaisser vers mon peu de mérite
　Ton immense grandeur,
　Et par une douce visite
M'inspirer cet esprit d'union et d'ardeur.

Si je n'ai pas encor cette ferveur puissante
Que de tes grands dévots l'âme reconnaissante
　Mêle dans tous ses vœux,
　La mienne, quoique languissante,
Du moins, Seigneur, aspire à de semblables feux.

Fais que je participe à toutes leurs extases,
Et rends si digne enfin l'ardeur dont tu m'embrases
　D'avoir place en leur rang,
　Qu'appuyé sur les mêmes bases
J'atteigne aussi bien qu'eux au vrai prix de ton sang.

CHAPITRE XV.

QUE LA GRACE DE LA DÉVOTION S'ACQUIERT PAR L'HUMILITÉ, ET PAR L'ABNÉGATION DE SOI-MÊME.

Pour devenir dévot, prends de la confiance ;
Recherche cette grâce avec attachement ;
Sache la demander avec empressement ;
Attends-la sans chagrin et sans impatience :
D'un cœur reconnaissant tu dois la recevoir,
Conserver ses trésors sous un humble devoir,
Appliquer toute l'âme à leur plus digne usage,
Et remettre avec joie au grand dispensateur
Le temps et la façon d'avancer un ouvrage
Qui n'a que lui pour but, et que lui pour auteur.

Quand le zèle te manque, ou qu'il n'a que faiblesse,
Trouve à t'humilier dans ton peu de vertu ;
Mais garde que ton cœur n'en soit trop abattu,
Et ne t'en laisse pas accabler de tristesse.
Dieu souvent est prodigue après de longs refus ;
Le bonheur qu'il diffère en devient plus diffus ;
Les faveurs qu'il recule en sont plus singulières :
Il se plaît à surprendre, il choisit son moment,
Et souvent il accorde à la fin des prières
La grâce qu'il dénie à leur commencement.

S'il en faisait le don sitôt qu'on le demande,
L'homme ne saurait pas ce que vaut un tel bien,
Tant il oublîrait tôt sa faiblesse et son rien !
Tant il voudrait peu voir que sa misère est grande !
Le prix en décroîtrait par la facilité.
Attends donc cette grâce avec humilité,
Avec un ferme espoir armé de patience;
Et, si tu ne l'obtiens, ou s'il te veut l'ôter,
N'en cherche la raison que dans ta conscience;
C'est à tes seuls péchés que tu dois l'imputer.

Peu de chose souvent à mes faveurs s'oppose;
Peu de chose repousse ou rétreint leur pouvoir;
Si l'on peut toutefois ou dire ou concevoir
Que ce qui le rétreint ne soit que peu de chose :
L'obstacle est toujours grand de qui l'amusement
A de pareils bonheurs forme un empêchement;
Mais, soit grand, soit léger, apprends à t'en défaire;
Triomphe pleinement de ce qui le produit;
Et sans plus craindre alors qu'un tel bien se diffère
De tes plus doux souhaits tu recevras le fruit.

Aussitôt qu'une entière et fidèle retraite
En Dieu de tout ton cœur t'aura su résigner,
Et que ton propre choix s'y verra dédaigner
Jusqu'à tenir égal quoi qu'il aime, ou rejette,
En de si bonnes mains ce cœur vraiment remis
Dans l'heureuse union de ton esprit soumis
D'un repos assuré trouvera l'abondance;
Et rien ne touchera ton goût ni ton désir
Comme l'ordre éternel de cette Providence,
Dont tu rechercheras partout le bon plaisir.

Quiconque, le cœur simple et l'intention pure,
Me donne tous ses soins avec sincérité,
Quiconque sait porter cette simplicité
Au-dessus de soi-même et de la créature,
Au moment qu'il bannit ces folles passions,
Et le déréglement de ces aversions
Que souvent l'amour-propre inspire aux âmes basses,
Il mérite aussitôt de recevoir des cieux
Les pleins écoulements du torrent de mes grâces,
Et l'ardeur qui rend l'homme agréable à mes yeux.

Ma libéralité, féconde en biens solides,
Ne peut voir de mélange où je viens m'établir :
Je veux remplir moi seul ce que je veux remplir,
Et ne verse mes dons que dans des vaisseaux vides.
Plus un homme renonce aux choses d'ici-bas,
Plus un parfait mépris de tous leurs vains appas
L'avance en l'art sacré de mourir à soi-même,
D'autant plus tôt ma grâce anime sa langueur,
D'autant plus de ses dons l'affluence est extrême,
Et porte haut en lui la liberté du cœur.

En cet heureux état avec pleine tendresse
Il saura s'abîmer dans mes doux entretiens;
Et lui-même admirant ces abîmes de biens
Il verra tout son cœur dilaté d'allégresse;
Moi-même, prenant soin de conduire ses pas,
Je lui ferai partout goûter les saints appas
Que je verse dans l'âme où je fais ma demeure;
Et, comme dans ma main tout entier il s'est mis,
Ma main toute-puissante, en tous lieux, à toute heure,
Lui servira d'appui contre tous ennemis.

Ainsi sera béni l'homme qui ne s'enflamme
Que des saintes ardeurs de ne chercher que moi,
L'homme, qui, ne voulant que mon vouloir pour loi,
N'a pas en vain reçu l'empire de son âme :
Il n'approchera point de la communion
Sans emporter en soi l'amoureuse union
Qui doit être le fruit de ce divin mystère;
Et j'épandrai sur lui cet excès de bonheur,
Pour avoir moins cherché par où se satisfaire
Que par où soutenir ma gloire et mon honneur.

CHAPITRE XVI.

QUE NOUS DEVONS DÉCOUVRIR TOUTES NOS
NÉCESSITÉS A JÉSUS-CHRIST.

Source de tous les biens où nous devons prétendre,
 Aimable et doux Sauveur,
Qu'en cet heureux moment je souhaite de prendre
 Avec pleine ferveur;

De toutes mes langueurs, de toutes mes faiblesses
 Tes yeux sont les témoins,
Et du plus haut du ciel, d'où tu fais tes largesses,
 Tu vois tous mes besoins.

Tu connais mieux que moi tous mes maux, tous mes
 Toutes mes passions,   [vices,
Et n'ignores aucun des plus secrets supplices
 De mes tentations.

Le trouble qui m'offusque et le poids qui m'accable
 Sont présents devant toi;
Tu vois quelle souillure en mon âme coupable
 Imprime un juste effroi.

Je cherche en toi, Seigneur, le souverain remède
 De toutes mes douleurs,
Et le consolateur qui me prête son aide
 Contre tant de malheurs.

Je parle à qui sait tout, à qui dans mon courage
 Voit tout à découvert,

Et peut seul adoucir les fureurs de l'orage
    Qui m'entraîne et me perd.

Tu sais quels biens surtout sont les plus nécessaires
    A mon cœur abattu,
Et combien dans l'excès de toutes mes misères
    Je suis pauvre en vertu.

Je me tiens à tes pieds, chétif, nu, misérable ;
    J'implore ta pitié,
Et j'attends, quoique indigne, un effort adorable
    De ta sainte amitié.

Daigne, daigne repaître un cœur qui te mendie
    Un morceau de ton pain,
De ce pain tout céleste, et qui seul remédie
    Aux rigueurs de sa faim.

Dissipe mes glaçons par cette heureuse flamme
    Qu'allume ton amour,
Et sur l'aveuglement qui règne dans mon âme
    Répands un nouveau jour.

De la terre pour moi rends les douceurs amères,
    Quoi qu'on m'y puisse offrir ;
Mêle aux sujets d'ennuis, mêle aux succès contraires
    Les plaisirs de souffrir.

Fais qu'en dépit du monde et de ses impostures
    Mon esprit ennobli
Regarde avec mépris toutes les créatures,
    Ou les traite d'oubli.

Élève tout mon cœur au-dessus du tonnerre ;
    Fixe-le dans les cieux ;
Et ne le laisse plus divaguer sur la terre
    Vers ce qui brille aux yeux.

Sois l'unique douceur, sois l'unique avantage
    Qui puisse l'arrêter,
Sois seul toute la viande et seul tout le breuvage
    Qu'il se plaise à goûter.

Deviens tout son amour, toute son allégresse,
    Tout son bien, tout son but ;
Deviens toute sa gloire et toute sa tendresse,
    Comme tout son salut.

Fais-y naître un beau feu par ta bonté suprême,
    Et si bien l'enflammer,
Qu'il l'embrase, consume, et transforme en toi-même
    A force de t'aimer.

Que par cette union avec toi je devienne
    Un seul et même esprit,
Et qu'un parfait amour à jamais y soutienne
    Ce que tu m'as prescrit.

Ne souffre pas, Seigneur, que de ta sainte table,
    Où tu m'as invité,
Je sorte avec la faim et la soif déplorable
    De mon aridité.

Par ta miséricorde inspire, avance, opère,
    Achève tout en moi,
Ainsi que dans tes saints on t'a vu souvent faire
    En faveur de leur foi.

Serait-ce une merveille, ô Dieu, si ta clémence
    Me mettait tout en feu,
Sans qu'en moi de moi-même en ta sainte présence
    Il restât tant soit peu ?

N'es-tu pas ce brasier, cette flamme divine
    Qui ne s'éteint jamais,
Et dont le vif rayon purifie, illumine
    Et l'âme et ses souhaits ?

CHAPITRE XVII.

DU DÉSIR ARDENT DE RECEVOIR JÉSUS-CHRIST.

Avec tous les transports dont est capable une âme,
Avec toute l'ardeur d'une céleste flamme,
Avec tous les élans d'un zèle affectueux,
Et les humbles devoirs d'un cœur respectueux,
Je souhaite approcher de ta divine table,
J'y souhaite porter cet amour véritable,
Cette ferveur sincère et ces fermes propos
Qu'y portèrent jadis tant d'illustres dévots,
Tant d'élus, tant de saints, dont la vie exemplaire
Sut le mieux pratiquer le grand art de te plaire.
  Oui, mon Dieu, mon seul bien, mon amour éternel,
Tout chétif que je suis, tout lâche et criminel,
Je veux te recevoir avec autant de zèle
Que jamais de tes saints ait eu le plus fidèle,
Et je souhaiterais qu'il fût en mon pouvoir
D'en avoir encor plus qu'il n'en put concevoir.
Je sais qu'à ces désirs en vain mon cœur s'excite ;
Ils passent de trop loin sa force et son mérite :
Mais tu vois sa portée, il va jusques au bout ;
Il t'offre ce qu'il a, comme s'il avait tout,
Comme s'il avait seul en sa pleine puissance
Ces grands efforts d'amour et de reconnaissance,
Comme s'il avait seul tous les pieux désirs
Qui d'une âme épurée enflamment les soupirs,
Comme s'il avait seul toute l'ardeur secrète,
Tous les profonds respects d'une vertu parfaite.
Si ce qu'il t'offre est peu, du moins c'est tout son [bien,

C'est te donner beaucoup que ne réserver rien :
Qui de tout ce qu'il a te fait un plein hommage
T'offrirait beaucoup plus s'il pouvait davantage.
Je m'offre donc entier, et tout ce que je puis,
Sans rien garder pour moi de tout ce que je suis,
Je m'immole moi-même, et pour toute ma vie,
Au pied de tes autels, en volontaire hostie.
 Que ne puis-je, ô mon Dieu, suppléer mon défaut
Par tout ce qu'après toi le ciel a de plus haut !
Et pour mieux exprimer tout ce que je désire,
(Mais! ô mon Rédempteur, t'oserai-je le dire?
Si je te fais l'aveu de ma témérité,
Lui pardonneras-tu d'avoir tant souhaité?)
Je souhaite aujourd'hui recevoir ce mystère
Ainsi que te reçut ta glorieuse Mère,
Lorsqu'aux avis qu'un ange exprès lui vint donner
Du choix que faisait d'elle un Dieu pour s'incarner,
Elle lui répondit et confuse et constante :
« Je ne suis du Seigneur que l'indigne servante ;
« Qu'il fasse agir sur moi son pouvoir absolu
« Comme tu me le dis et qu'il l'a résolu. »
Tout ce qu'elle eut alors pour toi de révérence,
De louanges, d'amour, et de reconnaissance,
Tout ce qu'elle eut de foi, d'espoir, de pureté,
Durant ce digne effort de son humilité,
Je voudrais tout porter à cette sainte table
Où tu repais les tiens de ton corps adorable.
 Que ne puis-je du moins par un céleste feu
A ton grand précurseur ressembler tant soit peu,
A cet illustre saint, dont la haute excellence
Semble sur tout le reste emporter la balance!
Que n'ai-je les élans dont il fut animé
Lorsqu'aux flancs maternels encor tout enfermé,
Impatient déjà de préparer la voie,
Il sentit ta présence, et tressaillit de joie,
Mais d'une sainte joie et d'un tressaillement
Dont le Saint-Esprit seul formait le mouvement !
Lorsqu'il le vit ensuite être ce que nous sommes,
Converser, enseigner, vivre parmi les hommes,
Tout enflammé d'ardeur, « Quiconque aime l'époux,
« Cria-t-il, de sa voix trouve l'accent si doux,
« Que de ses tons charmeurs l'amoureuse tendresse,
« Sitôt qu'il les entend, le comble d'allégresse. »
Que n'ai-je ainsi que lui ces hauts ravissements,
Ces désirs embrasés, et ces grands sentiments,
Afin que tout mon cœur dans un transport sublime
T'offre une plus entière et plus noble victime?
 J'ajoute donc au peu qu'il m'est permis d'avoir
Tout ce que tes dévots en peuvent concevoir,
Ces entretiens ardents, ces ferveurs extatiques
Où seul à seul toi-même avec eux tu t'expliques,
Ces lumières d'en haut qui leur ouvrent les cieux,
Ces claires visions pour qui l'âme a des yeux,
Ces amas de vertus, ces concerts de louanges,

Que les hommes sur terre, et qu'au ciel tous les an-
Que toute créature enfin pour tes bienfaits [ges,
Et te rend chaque jour, et te rendra jamais ;
J'offre tous ces désirs, ces ardeurs, ces lumières,
Pour moi, pour les pécheurs commis à mes prières,
Pour nous unir ensemble et nous sacrifier
A te louer sans cesse et te glorifier.
 Reçois de moi ces vœux d'allégresse infinie,
Ces désirs que partout ta bonté soit bénie ;
Ces vœux justement dus à ton infinité,
Ces désirs que tout doit à ton immensité.
Je te les rends, Seigneur, et je te les veux rendre
Tant que de mon exil le cours pourra s'étendre, [lieux :
Chaque jour, chaque instant, devant tous, en tous
Puisse tout ce qu'il est d'esprits saints dans les cieux,
Puisse tout ce qu'il est en terre de fidèles,
Te rendre ainsi que moi des grâces éternelles,
Te bénir avec moi de l'excès de tes biens,
Et joindre avec ferveur tous leurs encens aux miens !
 Que des peuples divers les différents langages
Ne fassent qu'une voix pour t'offrir leurs hommages !
Que tous mettent leur gloire et leur ambition
A louer à l'envi les grandeurs de ton nom !
 Fais, Seigneur, que tous ceux qu'un zèle véritable
Anime à célébrer ton mystère adorable,
Que tous ceux dont l'amour te reçoit avec foi
Obtiennent pour eux grâce et t'invoquent pour moi.
Quand la sainte union où leurs souhaits aspirent
Les aura tous remplis des douceurs qu'ils désirent,
Qu'ils sentiront en eux ces consolations
Que versent à grands flots tes bénédictions,
Qu'ils sortiront ravis de ta céleste table,
Fais qu'ils prennent souci d'aider un misérable,
Et que leurs saints transports, avant que de finir,
D'un pécheur comme moi daignent se souvenir.

CHAPITRE XVIII.

QUE L'HOMME NE DOIT POINT APPROFONDIR LE MYSTÈRE DU SAINT SACREMENT AVEC CURIOSITÉ, MAIS SOUMETTRE SES SENS A LA FOI.

Toi qui suis de tes sens les dangereuses routes,
Et veux tout pénétrer par ton raisonnement,
Sache qu'approfondir un si grand sacrement,
C'est te plonger toi-même en l'abîme des doutes :
Quiconque ose d'un Dieu sonder la majesté,
Dans ce vaste océan de son immensité,
Opprimé de sa gloire, aisément fait naufrage ;
Et tu voudrais en vain comprendre son pouvoir,
Puisqu'un mot de sa bouche opère davantage
Que tout l'esprit humain ne saurait concevoir.

Je ne te défends pas la recherche pieuse
Des saintes vérités dont tu dois être instruit ;

Leur pleine connaissance est toujours de grand fruit,
Pourvu qu'elle soit humble, et non pas curieuse.
Que des Pères surtout les fidèles avis
Avec soumission soient reçus et suivis :
Tu te rendras heureux si tu te rends docile.
Mais plus heureuse encore est la simplicité
Qui fuit des questions le sentier difficile,
Et sous les lois de Dieu marche avec fermeté.

Que le monde en a vu dont l'indiscrète audace
A force de chercher est tombée en défaut,
Et, pour avoir porté ses lumières trop haut,
De la dévotion a repoussé la grâce!
Ton Dieu sait ta faiblesse, et n'exige de toi
Que la sincérité d'une solide foi,
Qu'une vie obstinée à la haine du crime ;
Et non pas ces clartés qu'un haut savoir produit,
Ni cette intelligence et profonde et sublime
Qui du mystère obscur perce toute la nuit.

Si ce que tu peux voir au-dessous de toi-même
Se laisse mal comprendre à ton esprit confus,
Comment comprendras-tu ce qu'a mis au-dessus,
Ce que s'est réservé le Monarque suprême ?
Rabats de cet esprit l'essor tumultueux ;
A ces rébellions des sens présomptueux
Impose de la foi l'aimable tyrannie ;
Soumets-toi tout entier ; remets-moi tout le soin
De répandre sur toi ma science infinie,
Et j'en mesurerai le don à ton besoin.

Souvent touchant la foi d'un si profond mystère
Plusieurs, et fortement, sont tentés de douter ;
Mais ces tentations ne doivent s'imputer
Qu'à la suggestion du commun adversaire :
Ne t'en mets point en peine, évite l'embarras
Où jetteraient ton cœur ces périlleux débats ;
Quoi qu'il t'ose objecter, dédaigne d'y répondre ;
Crois-moi, crois ma parole et celle de mes saints :
Cet unique secret suffit pour le confondre,
Et fera par sa fuite avorter ses desseins.

S'il revient à l'attaque et la fait plus pressée,
Soutiens-en tout l'effort sans en être troublé ;
Et souviens-toi qu'enfin cet assaut redoublé
Est la marque d'une âme aux vertus avancée.
Ces méchants endurcis, ces pécheurs déplorés,
Comme il les tient pour lui déjà tous assurés,
A les inquiéter jamais il ne s'amuse ;
C'est aux bons qu'il s'attache ; et c'est contre leur foi
Qu'il déploie à toute heure et sa force et sa ruse,
Pour m'enlever, s'il peut, ce qu'il voit tout à moi.

Viens, et n'apporte point une foi chancelante
Que la raison conseille et qui tient tout suspect ;
Je la veux simple et ferme, avec l'humble respect
Qu'à ce grand sacrement doit ta sainte épouvante.
Viens donc, et pour garant en ce divin repas
De tout ce que tu crois et que tu n'entends pas,
Ne prends que mon vouloir et ma toute-puissance.
Je ne déçois jamais, et ne puis décevoir :
Mais quiconque en soi-même a trop de confiance
Se trompe, et ne sait rien de ce qu'il croit savoir.

Je marche avec le simple, et ne fais ouverture [crets ;
Qu'aux vrais humbles de cœur de mes plus hauts se-
Aux vrais pauvres d'esprit j'aplanis mes décrets,
Et dessille les yeux où je vois l'âme pure.
La curiosité qu'un vain orgueil conduit
Se fait de ses faux jours une plus sombre nuit,
Qui cache d'autant plus mes clartés à sa vue.
Plus la raison s'efforce, et moins elle comprend ;
Aussi comme elle est faible, elle est souvent déçue :
Mais la solide foi jamais ne se méprend.

Tous ces discernements que la nature inspire,
Toute cette recherche où le sens peut guider,
Doivent suivre la foi qu'ils veulent précéder,
Doivent la soutenir, et non pas la détruire :
C'est la foi, c'est l'amour, qui tous deux triomphants,
Dans ce festin que Dieu présente à ses enfants,
Marchent d'un pas égal, ont des forces pareilles ;
Et leur sainte union, par d'inconnus ressorts,
Fait tout ce grand ouvrage et toutes ces merveilles
Qui du raisonnement passent tous les efforts.

Le pouvoir souverain de cet absolu Maître,
Que ne peuvent borner ni les temps ni les lieux,
Opère mille effets sur terre et dans les cieux
Que l'homme voit, admire, et ne saurait connaître.
Plus l'esprit s'y travaille, et plus il s'y confond ;
Plus il les sonde avant, moins il en voit le fond ;
Ils sont toujours obscurs et toujours admirables ;
Et, si par la raison ils étaient entendus,
Le nom de merveilleux et celui d'ineffables,
Quelque haut qu'on les vît, ne leur seraient pas dus

FIN DE L'IMITATION DE JÉSUS-CHRIST.

POÉSIES DIVERSES[1].

A MONSIEUR D. L. T.

Enfin, échappé du danger
Où mon sort me voulut plonger,
L'expérience indubitable
Me fait tenir pour véritable
Que l'on commence d'être heureux
Quand on cesse d'être amoureux,
Lorsque notre âme s'est purgée
De cette sottise enragée
Dont le fantasque mouvement
Bricole notre entendement.
Crois-moi: qu'un homme de ta sorte,
Libre des soucis qu'elle apporte,
Ne voit plus loger avec lui
Le soin, le chagrin ni l'ennui.
Pour moi qui dans un long servage
A mes dépens me suis fait sage,
Je ne veux point d'autres motifs
Pour te servir de lénitifs,
Et ne sais point d'autre remède
A la douleur qui te possède,
Qu'écrivant la félicité
Qu'on goûte dans la liberté,
Te faire une si bonne envie
Des douceurs d'une telle vie,
Qu'enfin tu puisses à ton tour
Envoyer au diable l'amour.
Je meure, ami, c'est un grand charme
D'être insusceptible d'alarme,
De n'espérer ni craindre rien,
De se plaire en tout entretien,
D'être maître de ses pensées,
Sans les avoir toujours dressées

Vers une beauté qui souvent
Nous estime moins que du vent;
Et pense qu'il n'est point d'hommage
Que l'on ne doive à son visage.
Tu t'en peux bien fier à moi;
J'ai passé par là comme toi;
J'ai fait autrefois de la bête.
J'avais des Phylis à la tête;
J'épiais les occasions;
J'épiloguais mes passions;
Je paraphrasais un visage;
Je me mettais à tout usage,
Debout, tête nue, à genoux,
Triste, gaillard, rêveur, jaloux,
Je courais, je faisais la grue
Tout un jour au bout d'une rue;
Soleils, flambeaux, attraits, appas,
Pleurs, désespoirs, tourments, trépas,
Tout ce petit meuble de bouche
Dont un amoureux s'escarmouche,
Je savais bien m'en escrimer.
Par là je m'appris à rimer,
Par là je fis sans autre chose
Un sot en vers d'un sot en prose,
Et Dieu sait alors si les feux,
Les flammes, les soupirs, les vœux,
Et tout ce menu badinage,
Servaient de rime et de remplage.
Mais à la fin hors de mes fers,
Après beaucoup de maux soufferts,
Ce qu'à présent je te conseille,
C'est de pratiquer la pareille,
Et de montrer à ce bel œil,
Qui n'a pour toi que de l'orgueil,
Qu'un cœur si généreux et brave
N'est pas né pour vivre en esclave.
Puis, quand nous nous verrons un jour,
Sans soin tous deux, et sans amour,
Nous ferons de notre martyre
A communs frais une satire;
Nous incaguerons les beautés;
Nous rirons de leurs cruautés;
A couvert de leurs artifices,
Nous pasquinerons leurs malices;

[1] Les seize premières pièces furent imprimées sous le titre de *Mélanges poétiques*, à la suite de *Clitandre*, édition de 1632, avec cette préface :

« *Au Lecteur*. Quelques-unes de ces pièces te déplairont; sache aussi que je ne les justifie pas toutes, et que je ne les donne qu'à l'importunité du libraire pour grossir son livre. Je ne crois pas cette tragi-comédie si mauvaise, que je me tienne obligé de te récompenser par trois ou quatre bons sonnets. »

Les autres pièces sont extraites de différents recueils que nous avons indiqués, et placées suivant l'ordre présumé chronologique.

Impénétrables à leurs traits,
Nous ferons nargue à leurs attraits;
Et, toute tristesse bannie,
Sur une table bien garnie,
Entre les verres et les pots
Nous dirons le mot à propos;
On nous orra[1] conter merveilles
En préconisant les bouteilles;
Nous rimerons au cabaret
En faveur du blanc, et clairet;
Ou, quand nous aurons fait ripaille,
Notre main contre la muraille,
Avec un morceau de charbon
Paranymphera le jambon.
Ami, c'est ainsi qu'il faut vivre,
C'est le chemin qu'il nous faut suivre,
Pour goûter de notre printemps
Les véritables passe-temps.
Prends donc, comme moi, pour devise,
Que l'amour n'est qu'une sottise.

II.
ODE
SUR UN PROMPT AMOUR[2].

O dieux! qu'elle sait bien surprendre!
Mon cœur, adore ta prison,
Et n'écoute plus ta raison
Qui fait mine de te défendre;
Accepte une si douce loi!
Voir Amynte et rester à soi
Sont deux choses incompatibles;
Devant une telle beauté
C'est à faire à des insensibles
De conserver leur liberté.

Ses yeux d'un pouvoir plus suprême
Que n'est l'autorité des rois,
Interdisent à notre choix
De disposer plus de nous-mêmes:
Ravi que j'en fus à l'abord,
Je ne peux faire aucun effort
A me retenir en balance;
Et je sentis un changement
Par une douce violence,
Que j'eusse fait par jugement.

Regards brillants, clartés divines,
Qui m'avez tellement surpris;
Œillades qui sur les esprits
Exercez si bien vos rapines;
Tyrans secrets, auteurs puissants
D'un esclavage où je consens;
Chers ennemis de ma franchise,
Beaux yeux, mais aimables vainqueurs,
Dites-moi qui vous autorise
A dérober ainsi les cœurs!

Que ce larcin m'est favorable,
Que j'ai sujet d'appréhender,
La conjurant de le garder,
Qu'elle me soit inexorable!
Amour, si jamais ses dédains
La portent à ce que je crains,
Fais qu'elle se puisse méprendre;
Et qu'aveuglée, au lieu du mien
Qu'elle aura dessein de me rendre,
Amynte me donne le sien.

III.
A MONSEIGNEUR LE CARDINAL
DE RICHELIEU.
SONNET.

Puisqu'un d'Amboise et vous d'un succès admirable
Rendez également nos peuples réjouis,
Souffrez que je compare à vos faits inouïs
Ceux de ce grand prélat, sans vous incomparable.

Il porta comme vous la pourpre vénérable
De qui le saint éclat rend nos yeux éblouis;
Il veilla comme vous d'un soin infatigable;
Il fut ainsi que vous le cœur d'un roi Louis.

Il passa comme vous les monts à main armée;
Il sut ainsi que vous convertir en fumée
L'orgueil des ennemis, et rabattre leurs coups.

Un seul point de vous deux forme la différence:
C'est qu'il fut autrefois légat du pape en France,
Et la France en voudrait un envoyé de vous.

---

[1] *Orra*, du verbe *ouïr*, pour *entendra*: il n'est plus d'usage. Corneille l'a employé dans le *Cid*, acte III, scène III:
  Son sang criera vengeance, et je ne l'*orrai* pas! (P.)

[2] Corneille, quoique très-jeune lorsqu'il fit cette pièce, devait connaître assez les odes de Malherbe pour sentir combien elle méritait peu le titre d'ode qu'il se permettait de lui donner. (P.)

IV.

SONNET POUR M. D. V.

ENVOYANT

UN GALAND[1] A MADAME L. C. D. L.

Au point où me réduit la distance des lieux,
Souffrez que ce galand vous porte mes hommages,
Comme si ses couleurs étaient autant d'images
De celle qu'en mon cœur je conserve le mieux.

Parez-en ce beau sein, ce chef-d'œuvre des cieux,
Cette honte des lis, cet aimant des courages;
Ce beau sein où nature a mis tant d'avantages
Qu'il dérobe le cœur en surprenant les yeux.

Il va mourir d'amour sur cette gorge nue;
Il en pâlit déjà, sa vigueur diminue,
Et finit languissant en des traits effacés.

Hélas! que de mortels lui vont porter envie,
Et voudraient en langueur finir ainsi leur vie,
S'ils pouvaient en mourant être si bien placés!

V.

MADRIGAL

POUR

UN MASQUE DONNANT UNE BOÎTE DE CERISES CONFITES A UNE DEMOISELLE.

Allez voir ce jeune soleil,
Cerises, je vous en avoue;
Montrez-lui votre teint vermeil
Un peu moins que sa lèvre, un peu plus que sa joue;
Montrez-lui votre rouge teint,
Où la nature a peint,
Comme sur une vive image,
La cruauté de son courage.
Après, en ma faveur, dans le contentement
Que vous aurez si la belle vous touche,
Dites-lui secrètement,
Approchant de sa bouche :
Phylis, notre beauté
Ne porte les couleurs que de la cruauté,
Mais ce qui la conserve et la fait être aimée
Ce n'est que la douceur qu'elle tient enfermée ;

[1] Nœud de rubans, qui, au dix-septième siècle, servait à la parure et à l'ajustement des femmes.

Ainsi doneque soyez-vous
Belle et douce comme nous.

VI.

ÉPITAPHE DE DIDON,

TRADUITE

DU LATIN D'AUSONE : *Infelix Dido*, etc.

Misérable Didon, pauvre amante séduite,
Dedans tes deux maris je plains ton mauvais sort,
Puisque la mort de l'un est cause de ta fuite,
Et la fuite de l'autre est cause de ta mort.

AUTREMENT.

Quel malheur en maris, pauvre Didon, te suit!
Tu t'enfuis quand l'un meurt, tu meurs quand l'autre fuit.

VII.

MASCARADE

DES ENFANTS GATÉS.

L'OFFICIER.

Une ambition déréglée
Dont mon âme s'est aveuglée,
Plus forte que mon intérêt,
Pour donner un arrêt en cornes,
A tellement passé les bornes
Qu'elle n'a point trouvé d'arrêt.

Ce vain honneur, et cette pompe
De qui le faux éclat nous trompe,
M'a fait engager tout mon bien ;
Et, pour être monsieur et maître,
Je crains fort à la fin de n'être
Ni maître, ni monsieur de rien.

Pressé de créanciers avides,
Mes coffres son tellement vides
Qu'étant au bout de mon latin,
Ma robe a gagné la pelade,
Et ma bourse, encor plus malade,
Se voit bien proche de sa fin.

Ainsi, mes affaires gâtées,
Voyant mes terres décrétées,
Gages, profits, droits arrêtés,
Et ma finance au bas réduite,
Je mène ici sous ma conduite
La troupe des *enfants gâtés*.

LE GENTILHOMME.

Il faut qu'en dépit de mon sang
Je lui cède le premier rang.
En vain ma noblesse me flatte;
En ces lieux par où nous allons,
On respecte mal l'écarlate
Qui ne va point jusqu'aux talons;
Et celle qui souvent accompagne nos bottes,
  Tombant dans le mépris
Près de celle qu'on traîne aux crottes,
  Perd son lustre et son prix.

Trop d'or sur mes habits en a vidé ma bourse;
  La meute de mes chiens
  N'a chassé que mes biens,
Qui dessus mes chevaux se sauvaient à la course;
  Et mes oiseaux, au bout d'un an ou deux,
  M'ont fait léger comme eux.
Voilà, sans rechercher tant de contes frivoles,
Tout ce qui m'a gâté déduit en trois paroles;
Et, pour un cavalier, c'est bien bourrer des vers,
  A tort et à travers.

LE PLAIDEUR.

Les procès m'ont gâté, messieurs; je m'en repens :
C'est, dans mon déplaisir, tout ce que j'en puis dire;
Car je crains tellement de payer des dépens
Que, même au mardi-gras, je n'ose plus médire.

L'AMOUREUX.

J'ai fait ce qu'il a fallu faire;
Mais le bal, les collations,
Les présents, les discrétions,
N'ont point avancé mon affaire.
J'ai corrompu trente valets
Afin de rendre mes poulets;
J'ai donné mille sérénades :
On persiste à me dédaigner;
Et deux misérables œillades
C'est tout ce que j'ai pu gagner.

Quoi que m'ait promis l'espérance,
A la fin il ne m'est resté
Que l'incommode vanité
D'une sotte persévérance;
Ma profusion sans effet
N'a servi qu'à gâter mon fait
Et dissiper mon héritage :
Quel malheur me va poursuivant!
O dieux! j'ai mangé mon partage
Sans avoir vécu que de vent.

L'IVROGNE.

N'est-ce pas une chose étrange
Que pour trotter dedans la fange,
Je fasse faux bond au clairet,
Et que cette troupe brouillonne
M'arrache de ce cabaret
Pour vous produire ma personne?

Je violente mon humeur
D'abandonner ce lieu charmeur;
Toutefois je n'ose me plaindre,
Étant déjà si fort gâté
Que je m'achèverais de peindre
Pour peu que j'en aurais tâté.

Outre que mes eaux sont si basses,
A force de vider les tasses,
Qu'il faut renoncer au métier,
Ne pouvant plus laisser en gage,
Au malheureux cabaretier,
Que les rubis de mon visage.

Mais encor suis-je plus heureux
Que tant de fous et d'amoureux
Qui se sont perdus par leurs grippes;
Car, bien que je sois bas d'aloi,
Mon argent, serré dans mes tripes,
N'est point sorti hors de chez moi.

LE JOUEUR.

Attaqué d'une forte et rude maladie,
  Depuis le jour des Rois,
Les os, par sa chaleur à mon dam trop hardie,
  M'en sont tombés des doigts.

Bien que, du seul revers de ce mal si funeste,
  Je fusse assez gâté,
Pour avoir fait encore à prime trop de reste
  Il ne m'est rien resté.

Dames, à cela près, faisons en assurance
  La bête en quelque lieu,
Et je promets moi-même, à faute de finance,
  De me mettre au milieu.

VIII.

RÉCIT

POUR

LE BALLET DU CHATEAU DE BISSÊTRE.

Toi, dont la course journalière
Nous ôte le passé, nous promet l'avenir,
Soleil, père des temps comme de la lumière,
  Qui vois tout naître et tout finir,

Depuis que tu fais tout paraître
As-tu rien vu d'égal au château de Bissêtre?

Toutes ces pompeuses machines
Qu'autrefois on flattait de titres orgueilleux,
Pourraient-elles garder auprès de ces ruines
　Le nom d'ouvrages merveilleux;
　Et toi, qui les faisais paraître,
Qu'y voyais-tu d'égal au château de Bissêtre?

Ces tours qui semblent désolées,
Et ces vieux monuments qu'on laisse à l'abandon,
C'est ce qui fait périr le nom des mausolées,
　Et des palais d'Apollidon,
　Puisque tu les fis tous paraître
Sans y voir rien d'égal au château de Bissêtre?

Cache-toi donc plus tard sous l'onde,
Sur ce nouveau miracle arrête ton flambeau;
Et, sans aller sitôt apprendre à l'autre monde
　Ce que le nôtre a de plus beau,
　Sois longtemps à faire paraître
Que rien n'est comparable au château de Bissêtre.

IX.

POUR MONSIEUR L. C. D. F.

REPRÉSENTANT

UN DIABLE AU MÊME BALLET.

ÉPIGRAMME.

Quand je vois, ma Phylis, ta beauté sans seconde,
Moi qui tente un chacun je m'y laisse tenter;
Et mes désirs brûlants de perdre tout le monde
Se changent aussitôt à ceux de l'augmenter.

X.

STANCES

SUR

UNE ABSENCE EN TEMPS DE PLUIE.

Depuis qu'un malheureux adieu
Rendit vers vous ma flamme criminelle,
Tout l'univers, prenant votre querelle,
Contre moi conspire en ce lieu.

Ayant osé me séparer
Du beau soleil qui luit seul à mon âme,
Pour le venger, l'autre cachant sa flamme,
Refuse de plus m'éclairer.

L'air, qui ne voit plus ce flambeau,
En témoignant ses regrets par ses larmes,
M'apprend assez qu'éloigné de vos charmes,
Mes yeux se doivent fondre en eau.

Je vous jure, mon cher souci,
Qu'étant réduit à voir l'air qui distille,
Si j'ai le cœur prisonnier à la ville,
Mon corps ne l'est pas moins ici.

XI.

SONNET.

Après l'œil de MÉLITE [1] il n'est rien d'admirable;
Il n'est rien de solide après ma loyauté:
Mon feu, comme son teint, se rend incomparable,
Et je suis en amour ce qu'elle est en beauté.

Quoi que puisse à mes sens offrir la nouveauté,
Mon cœur à tous ses traits demeure invulnérable;
Et quoiqu'elle ait au sein la même cruauté,
Ma foi pour ses rigueurs n'en est pas moins durable

C'est donc avec raison que mon extrême ardeur
Trouve chez cette belle une extrême froideur,
Et que, sans être aimé, je brûle pour Mélite.

Car de ce que les dieux, nous envoyant au jour,
Donnèrent pour nous deux d'amour et de mérite,
Elle a tout le mérite, et moi j'ai tout l'amour.

XII.

MADRIGAL.

Je suis blessé profondément,
　Amour, et ma maîtresse,
　Qui de vous deux me blesse?
　Un aveugle n'a point l'adresse
De porter dans les cœurs ses coups si justement;
　Et Phylis n'a point de flèches
　Pour faire de telles brèches:
Mon mal n'est point l'effet ni de ses seuls regards,
　Ni des traits qu'un aveugle tire;
　Mais la mauvaise avecque lui conspire,
Et lui prête ses yeux pour adresser ses dards.

---

[1] Ce sonnet était adressé à cette femme charmante que Corneille, dans sa première jeunesse, avait aimée avec passion, et chez laquelle il lui arriva l'aventure qui donna lieu à sa comédie de *Mélite*. Ce sont les seuls vers qui soient restés de tous ceux qu'il avait composés pour elle: il ne voulut jamais qu'ils devinssent publics, et les brûla tous deux ans avant sa mort. (P.)

XIII.

ÉPIGRAMMES
TRADUITES
DU LATIN D'AUDOENUS (OWEN).

I.

Jeanne, toute la journée,
Dit que le joug d'hyménée
Est le plus âpre de tous ;
Mais la pauvre créature,
Tout le long de la nuit, jure
Qu'il n'en est point de si doux.

II.

Les huguenotes de Paris
Disent qu'il leur faut deux maris,
Qu'autrement il n'est en nature
De moyen par où, sans pécher,
On puisse, suivant l'Écriture,
Se mettre deux en une chair.

III.

Depuis que l'hiver est venu
Je plains le froid qu'Amour endure,
Sans songer que plus il est nu
Et tant moins il craint la froidure.

IV.

Dans les divers succès de la fin de leur vie
Le prodigue et l'avare ont de quoi m'étonner ;
Car l'un ne donne rien qu'après qu'elle est ravie,
Et l'autre après sa mort n'a plus rien à donner.

V.

Catin, ce gentil visage,
Épousant un huguenot,
Le soir de son mariage
Disait à ce pauvre sot :
De peur que la différence
En fait de religion,
Rompant notre intelligence,
Nous mette en division ;
Laisse-moi mon franc arbitre,
Et du reste de la foi,
Je veux avoir le chapitre,
Si j'en dispute avec toi.

VI.

Lorsque nous sommes mal, la plus grande maison
Ne peut nous contenir, faute d'assez d'espace ;
Mais, sitôt que Phylis revient à la raison,
Le lit le plus étroit a pour nous trop de place.

XIV.

DIALOGUE.

TYRCIS, CALISTE.

TYRCIS.
Caliste, mon plus cher souci,
Prends pitié de l'ardeur qui me dévore l'âme.
CALISTE.
Tyrcis, ne vois-tu pas aussi
Que mon cœur embrasé brûle de même flamme ?
TYRCIS.
Je n'ose l'espérer.
CALISTE.
Tu t'en peux assurer.
TYRCIS.
Mais mon peu de mérite
Défend un si haut point à ma présomption.
CALISTE.
Mais cette récompense est plutôt trop petite
Pour tant d'affection.
TYRCIS.
Je croirai, puisque tu le veux,
Que maintenant mon mal aucunement te touche.
CALISTE.
La mort seule éteindra mes feux,
Et j'en ai plus au cœur mille fois qu'en la bouche.
TYRCIS.
Je n'ose l'espérer.
CALISTE.
Tu t'en peux assurer.
TYRCIS.
Hélas ! que ton courage
M'apprête de rigueurs à souffrir sous ta loi !
CALISTE.
Ce que j'ai de rigueurs j'en réserve l'usage
Pour tout autre que toi.
TYRCIS.
Si quelqu'un plus riche ou plus beau,
Et mieux fourni d'appas, à te servir se range ?
CALISTE.
J'élirais plutôt le tombeau
Que ma volage humeur se dispensât au change.
TYRCIS.
Je n'ose l'espérer.
CALISTE.
Tu t'en peux assurer.
TYRCIS.
Mais pourrais-tu, ma belle,
Dédaigner un amant qui vaudrait mieux que moi ?

CALISTE.
Pourrais-je préférer à ton amour fidèle
Une incertaine foi?
TYRCIS.
Si la rigueur de tes parents
A quelque autre parti plus sortable t'engage?
CALISTE.
Les saints devoirs que je leur rends
Jamais dessus ma foi n'auront cet avantage.
TYRCIS.
Je n'ose l'espérer.
CALISTE.
Tu t'en peux assurer.
TYRCIS.
Quoi! parents, ni richesses,
Ni grandeurs, ne pourront ébranler tes esprits?
CALISTE.
Tout cela, mis auprès de tes chastes caresses,
Perd son lustre et son prix.

XV.

CHANSON.

Toi qui près d'un beau visage
Ne veux que feindre l'amour,
Tu pourrais bien quelque jour
Éprouver à ton dommage
Que souvent la fiction
Se change en affection.

Tu dupes son innocence,
Mais enfin ta liberté
Se doit à cette beauté
Pour réparer ton offense;
Car souvent la fiction
Se change en affection.

Bien que ton cœur désavoue
Ce que ta langue lui dit,
C'est en vain qu'il la dédit,
L'amour ainsi ne se joue;
Et souvent la fiction
Se change en affection.

Sache enfin que cette flamme
Que tu veux feindre au dehors,
Par des inconnus ressorts
Entrera bien dans ton âme;
Car souvent la fiction
Se change en affection.

Tyrcis auprès d'Hippolyte
Pensait bien garder son cœur;
Mais ce bel objet vainqueur
Le fit rendre à son mérite,
Changeant en affection,
Malgré lui, sa fiction.

XVI.

CHANSON.

Si je perds bien des maîtresses,
J'en fais encor plus souvent,
Et mes vœux et mes promesses
Ne sont que feintes caresses,
Et mes vœux et mes promesses
Ne sont jamais que du vent.

Quand je vois un beau visage,
Soudain je me fais de feu;
Mais longtemps lui faire hommage,
Ce n'est pas bien mon usage;
Mais longtemps lui faire hommage,
Ce n'est pas bien là mon jeu.

J'entre bien en complaisance
Tant que dure une heure ou deux;
Mais en perdant sa présence
Adieu toute souvenance :
Mais en perdant sa présence
Adieu soudain tous mes feux.

Plus inconstant que la lune
Je ne veux jamais d'arrêt;
La blonde comme la brune
En moins de rien m'importune;
La blonde comme la brune
En moins de rien me déplaît.

Si je feins un peu de braise,
Alors que l'humeur m'en prend,
Qu'on me chasse, ou qu'on me baise,
Qu'on soit facile ou mauvaise,
Qu'on me chasse, ou qu'on me baise,
Tout m'est fort indifférent.

Mon usage est si commode,
On le trouve si charmant,
Que qui ne suit ma méthode
N'est pas bien homme à la mode,
Que qui ne suit ma méthode
Passe pour un Allemand.

XVII.

EXCUSE A ARISTE [1].

Ce n'est donc pas assez ; et de la part des muses,
Ariste, c'est en vers qu'il vous faut des excuses;
Et la mienne pour vous n'en plaint pas la façon :
Cent vers lui coûtent moins que deux mots de chanson ;
Son feu ne peut agir quand il faut qu'il s'explique
Sur les fantasques airs d'un rêveur de musique,
Et que, pour donner lieu de paraître à sa voix,
De sa bizarre quinte il se fasse des lois ;
Qu'il ait sur chaque ton ses rimes ajustées,
Sur chaque tremblement ses syllabes comptées,
Et qu'une froide pointe à la fin d'un couplet
En dépit de Phébus donne à l'art un soufflet :
Enfin cette prison déplaît à son génie ;
Il ne peut rendre hommage à cette tyrannie ;
Il ne se leurre point d'animer de beaux chants,
Et veut pour se produire avoir la clef des champs.
C'est lors qu'il court d'haleine, et qu'en pleine carrière,
Quittant souvent la terre en quittant la barrière,
Puis, d'un vol élevé se cachant dans les cieux,
Il rit du désespoir de tous ses envieux.
Ce trait est un peu vain, Ariste, je l'avoue ;
Mais faut-il s'étonner d'un poëte [2] qui se loue ?
Le Parnasse, autrefois dans la France adoré,
Faisait pour ses mignons un autre âge doré :
Notre fortune enflait du prix de nos caprices,
Et c'était une banque à de bons bénéfices :
Mais elle est épuisée, et les vers à présent
Aux meilleurs du métier n'apportent que du vent ;
Chacun s'en donne à l'aise, et souvent se dispense
A prendre par ses mains toute sa récompense.
Nous nous aimons un peu, c'est notre faible à tous,
Le prix que nous valons, qui le sait mieux que nous ?
Et puis la mode en est, et la cour l'autorise.
Nous parlons de nous-mêmes avec toute franchise ;
La fausse humilité ne met plus en crédit.
Je sais ce que je vaux, et crois ce qu'on m'en dit.

Pour me faire admirer je ne fais point de ligue ;
J'ai peu de voix pour moi, mais je les ai sans brigue ;
Et mon ambition, pour faire plus de bruit,
Ne les va point quêter de réduit en réduit [1] ;
Mon travail sans appui monte sur le théâtre ;
Chacun en liberté l'y blâme ou l'idolâtre :
Là, sans que mes amis prêchent leurs sentiments,
J'arrache quelquefois leurs applaudissements ;
Là, content du succès que le mérite donne,
Par d'illustres avis je n'éblouis personne ;
Je satisfais ensemble et peuple et courtisans,
Et mes vers en tous lieux sont mes seuls partisans :
Par leur seule beauté ma plume est estimée :
Je ne dois qu'à moi seul toute ma renommée [2] ;
Et pense toutefois n'avoir point de rival
A qui je fasse tort en le traitant d'égal.
Mais insensiblement je baille ici le change,
Et mon esprit s'égare en sa propre louange ;
Sa douceur me séduit, je m'en laisse abuser,

[1] Ce vers désigne tous ses rivaux, qui cherchaient à se faire des protecteurs et des partisans ; et cet endroit les souleva tous. (V.)
[2] Ce vers et le précédent étaient d'autant plus révoltants, qu'il n'avait fait encore aucun de ces ouvrages qui ont rendu son nom immortel : il n'était connu que par ses premières comédies, et par sa tragédie de *Médée*, pièces qui seraient ignorées aujourd'hui, si elles n'avaient été soutenues depuis par ses belles tragédies. Il n'est pas permis d'ailleurs de parler ainsi de soi-même. On pardonnera toujours à un homme célèbre de se moquer de ses ennemis, et de les rendre ridicules, mais ses propres amis ne lui pardonneront jamais de se louer. (V.) — Il est sans doute plus adroit d'allier à beaucoup d'orgueil une modestie apparente ; mais le jugement de Voltaire n'est-il pas un peu trop sévère ? On sait que les poëtes anciens se permettaient de parler d'eux-mêmes et de leurs ouvrages avec infiniment moins de réserve ; l'exemple en était chez eux si commun, que cette liberté semblait être devenue un des priviléges de la poésie :

Exegi monumentum ære perennius,

disait Horace :

Jamque opus exegi quod nec Jovis ira, *nec ignes*,
Nec poterit ferrum, *nec edax abolere vetustas*,

disait Ovide avec une confiance plus avantageuse encore.
Si des anciens nous passons aux modernes, Malherbe avait osé dire :

Ce que Malherbe écrit dure éternellement.

Le philosophe de Genève, qui n'était pas poëte, disait naïvement que, s'il existait en Europe un seul gouvernement éclairé, il eût élevé des statues à l'auteur d'*Émile*.
Voltaire enfin était-il lui-même si modeste ?
Comparez les vers de Corneille aux traits que nous venons de citer, et jugez. Nous ne voyons dans ces vers qu'un sentiment de franchise naïve, et très-compatible avec ce caractère de simplicité qui sied au génie. Toute la question se réduit à savoir s'il y a moins d'orgueil dans une modestie simulée que dans cette franchise. On n'accuserait pas un homme de vanité parce qu'il aurait la conscience de sa force physique : pourquoi le génie ne sentirait-il pas aussi sa supériorité ? Mais les écrivains médiocres oseraient se louer avec plus de confiance encore : eh bien ! on s'en vengerait par des éclats de rire. (P.)

---

[1] Voici cette épître de Corneille qu'on prétend qui lui attira tant d'ennemis* ; mais il est très-vraisemblable que le succès lui en fit bien davantage. Elle parait écrite entièrement dans le goût et dans le style de Régnier, sans grâces, sans finesse, sans élégance, sans imagination ; mais on y voit de la facilité et de la naïveté. (V.) — Le style de Régnier était encore très-convenable dans un ouvrage de ce genre. Ce qui nous parait singulier, c'est qu'en y reconnaissant de la facilité et de la naïveté, Voltaire semble oublier que ces deux qualités sont des grâces. (P.)

[2] Les mots *poëte*, *oüate*, étaient alors de deux syllabes en vers. Boileau, qui a beaucoup servi à fixer la langue, a mis trois syllabes à tous les mots de cette espèce.

Si son astre en naissant ne l'a formé poëte...
Où sur l'oüate molle éclate le tabis.   (V.)

* Voyez, ci-après, les pièces relatives au *Cid*.

Et me vante moi-même, au lieu de m'excuser.
Revenons aux chansons que l'amitié demande :
J'ai brûlé fort long-temps d'une amour assez grande [1],
Et que jusqu'au tombeau je dois bien estimer,
Puisque ce fut par là que j'appris à rimer.
Mon bonheur commença quand mon ame fut prise.
Je gagnai de la gloire en perdant ma franchise.
Charmé de deux beaux yeux, mon vers charma la cour;
Et ce que j'ai de nom je le dois à l'amour.
J'adorai donc Phylis; et la secrète estime
Que ce divin esprit faisait de notre rime
Me fit devenir poëte aussitôt qu'amoureux :
Elle eut mes premiers vers, elle eut mes premiers feux;
Et bien que maintenant cette belle inhumaine
Traite mon souvenir avec un peu de haine,
Je me trouve toujours en état de l'aimer ;
Je me sens tout ému quand je l'entends nommer,
Et par le doux effet d'une prompte tendresse
Mon cœur sans mon aveu reconnaît sa maîtresse.
Après beaucoup de vœux et de submissions
Un malheur rompt le cours de nos affections ;
Mais, toute mon amour en elle consommée,
Je ne vois rien d'aimable après l'avoir aimée :
Aussi n'aimé-je plus, et nul objet vainqueur
N'a possédé depuis ma veine ni mon cœur.
Vous le dirai-je, ami ? tant qu'ont duré nos flammes,
Ma muse également chatouillait nos deux âmes :
Elle avait sur la mienne un absolu pouvoir;
J'aimais à le décrire, elle à le recevoir.
Une voix ravissante, ainsi que son visage,
La faisait appeler le phénix de notre âge;
Et souvent de sa part je me suis vu presser
Pour avoir de ma main de quoi mieux l'exercer.
Jugez vous-même, Ariste, à cette douce amorce,
Si mon génie était pour épargner sa force :
Cependant mon amour, le père de mes vers,
Le fils du plus bel œil qui fût en l'univers,
A qui désobéir c'était pour moi des crimes,
Jamais en sa faveur n'en put tirer deux rimes :
Tant mon esprit alors, contre moi révolté,
En haine des chansons semblait m'avoir quitté;
Tant ma veine se trouve aux airs mal assortie,

[1] Il avait aimé très-passionnément une dame de Rouen, nommée madame du Pont, femme d'un maître des comptes de la même ville, qui était parfaitement belle, qu'il avait connue toute petite fille pendant qu'il étudiait à Rouen, au collège des Jésuites, et pour qui il fit plusieurs petites pièces de galanterie qu'il n'a jamais voulu rendre publiques, quelques instances que lui aient faites ses amis : il les brûla lui-même environ deux ans avant sa mort. Il lui communiquait la plupart de ses pièces avant de les mettre au jour ; et, comme elle avait beaucoup d'esprit, elle les critiquait fort judicieusement; en sorte que M. Corneille a dit plusieurs fois qu'il lui était redevable de plusieurs endroits de ses premières pièces. (*Œuvres diverses de Pierre Corneille*; Paris, 1738, p. 144.)

Tant avec la musique elle a d'antipathie;
Tant alors de bon cœur elle renonce au jour !
Et l'amitié voudrait ce que n'a pu l'amour !
N'y pensez plus, Ariste; une telle injustice
Exposerait ma muse à son plus grand supplice.
Laissez-la toujours libre, agir suivant son choix,
Céder à son caprice, et s'en faire des lois.

XVIII.

RONDEAU [1].

Qu'il fasse mieux, ce jeune jouvencel,
A qui *le Cid* donne tant de martel,
Que d'entasser injure sur injure,
Rimer de rage une lourde imposture,
Et se cacher ainsi qu'un criminel [2].
Chacun connaît son jaloux naturel,
Le montre au doigt comme un fou solennel,
Et ne croit pas en sa bonne écriture
    Qu'il fasse mieux.

Paris entier ayant vu son cartel,
L'envoie au diable, et sa muse au bordel [3].
Moi, j'ai pitié des peines qu'il endure;
Et comme ami je le prie et conjure,

[1] Ce rondeau fut fait par Corneille en 1637, dans le temps du différend qu'il eut avec Scudéri, au sujet des *Observations sur le Cid*. (*Œuvres div.* p. 146.)

[2] Scudéri n'avait pas d'abord mis son nom à ses *Observations sur le Cid* : il en fut fait deux éditions sans qu'on sût de quelle part elles venaient. Cela se découvrit néanmoins, et les brouilla ensemble. (*Ibid.*)

[3] Ce terme grossier n'est pas tolérable : mais Régnier et beaucoup d'autres l'avaient employé sans scrupule. Boileau même, dans le siècle des bienséances, en 1674, souilla son chef-d'œuvre de l'*Art poétique* par ces deux vers, dans lesquels il caractérisait Régnier

Heureux, si, moins hardi dans ses vers pleins de sel,
Il n'avait point traîné les muses au bordel!

Ce fut le judicieux Arnaud qui l'obligea de réformer ces deux vers, où l'auteur tombait dans le défaut qu'il reprochait à Régnier. Boileau substitua ces deux vers excellents :

Heureux, si ses discours craints du chaste lecteur,
Ne se sentaient des lieux que fréquentait l'auteur!

Il eût été à souhaiter que Corneille eût trouvé un Arnaud; il lui eût fait supprimer son rondeau tout entier, qui est trop indigne de l'auteur du *Cid*. (V.) — Ce mot était beaucoup plus tolérable dans ce rondeau, où l'auteur emploie le style de Marot, qu'il ne l'eût été dans l'*Art poétique* de Boileau. Le temps où vivait Corneille était d'ailleurs moins chaste en paroles et plus chaste en réalité que le nôtre. Voltaire, qui affecte ici ce scrupule, ne l'ignorait pas; et pourtant il s'est permis en ce même genre des libertés que Corneille n'eût jamais prises. (P.)

S'il veut ternir un ouvrage immortel,
Qu'il fasse mieux.

Omnibus invideas, livide, nemo tibi.

XIX.

SONNET

A MONSEIGNEUR DE GUISE [1].

Croissez, jeune héros; notre douleur profonde
N'a que ce doux espoir qui la puisse affaiblir;
Croissez, et hâtez-vous de faire voir au monde
Que le plus noble sang peut encor s'ennoblir.

Croissez pour voir sous vous trembler la terre et l'onde :
Un grand prince vous laisse un grand nom à remplir;
Et ce que se promit sa valeur sans seconde,
C'est par vous que le ciel réserve à l'accomplir.

Vos aïeux vous diront par d'illustres exemples
Comme il faut mériter des sceptres et des temples;
Vous ne verrez que gloire et que vertus en tous.

Sur des pas si fameux suivez l'ordre céleste;
Et de tant de héros qui revivent en vous,
Égalez le dernier, vous passerez le reste.

XX.

VERS

SUR LE CARDINAL DE RICHELIEU.

Qu'on parle mal ou bien du fameux cardinal,
Ma prose ni mes vers n'en diront jamais rien :
Il m'a fait trop de bien pour en dire du mal,
Il m'a fait trop de mal pour en dire du bien.

XXI.

REMERCIMENT

A M. LE CARDINAL MAZARIN [2].

Non, tu n'es point ingrate, ô maîtresse du monde,
Qui de ce grand pouvoir sur la terre et sur l'onde, [1]
Malgré l'effort des temps, retiens sur nos autels
Le souverain empire et des droits immortels.
Si de tes vieux héros j'anime la mémoire,
Tu relèves mon nom sur l'aile de leur gloire [2];
Et ton noble génie, en mes vers mal tracé,
Par ton nouveau héros m'en a récompensé.
C'est toi, grand cardinal, homme au-dessus de l'hom- [me,3]
Rare don qu'à la France ont fait le ciel et Rome;
C'est toi, dis-je, ô héros, ô cœur vraiment romain,
Dont Rome en ma faveur vient d'emprunter la main.
Mon honneur n'a point eu de douteuse apparence;
Tes dons ont devancé même mon espérance;
Et ton cœur généreux m'a surpris d'un bienfait
Qui ne m'a pas coûté seulement un souhait.
La grâce s'affaiblit quand il faut qu'on l'attende :
Tel pense l'acheter alors qu'il la demande;
Et c'est je ne sais quoi d'abaissement secret [4]
Où quiconque a du cœur ne consent qu'à regret.
C'est un terme honteux que celui de prière;
Tu me l'as épargné, tu m'as fait grâce entière.
Ainsi l'honneur se mêle au bien que je reçois.
Qui donne comme toi donne plus d'une fois.
Son don marque une estime et plus pure et plus pleine;
Il attache les cœurs d'une plus forte chaîne;
En prenant nouveau prix de la main qui le fait,
Sa façon de bien faire est un second bienfait.

---

[1] Henri de Lorraine, deuxième du nom, duc de Guise, fils de Charles de Lorraine, duc de Guise, mort en 1640.
[2] Ce remerciment, placé à la suite de la dédicace de *la Mort de Pompée* (Paris, 1644), a été réimprimé depuis avec une traduction en vers latins, et l'avertissement suivant, qui est de Corneille :
« Au Lecteur. Ayant dédié ce poëme à M. le cardinal Maza-

rin, j'ai trouvé à propos de joindre à l'épître le remerciment que je présentai, il y a trois mois, à son Éminence, pour une libéralité dont elle me surprit. Cette pièce, quoique faite à la hâte, a eu le bonheur de plaire assez à un homme savant,[*] pour ne dédaigner pas de perdre une heure à donner une meilleure forme à mes pensées, et les faire passer dans cette langue illustre qui sert de truchement à tous les savants de l'Europe. Je te donne ici l'un et l'autre, afin que tu voies et ma gloire et ma honte. Il m'est extrêmement glorieux qu'un esprit de cette trempe ait assez considéré mon ouvrage pour le vouloir traduire; mais il m'est presque aussi honteux de voir ses expressions tellement au-dessus des miennes, qu'il semble que ce soit un maître qui ait voulu mettre en lumière les petits efforts de son écolier. C'est une honte toutefois qui m'est très-avantageuse; et si j'en rougis, c'est de me voir infiniment son redevable. L'obligation que je lui en ai est d'autant plus grande qu'il m'a fait cet honneur sans que j'aye celui de le connaître, ni d'être connu de lui. Un de ses amis m'a dit son nom; mais, comme il ne l'a pas voulu mettre au-dessous de ses vers quand il les a fait imprimer, je te l'indiquerai seulement par les deux premières lettres, de peur de fâcher sa modestie, à laquelle je ne veux ni déplaire, ni consentir tout à fait. »

[1] *Sur la terre et sur l'onde* est devenu, comme on l'a déjà remarqué, un lieu commun qu'il n'est plus permis d'employer. (V.)

[2] *Sur l'aile de leur gloire*. On dirait bien *sur l'aile de la gloire*, parce que la gloire est personnifiée; mais *leur gloire* ne peut l'être. (V.)

[3] *Homme au-dessus de l'homme* est bien fort pour le cardinal Mazarin. Que dirait-on de plus des Antonins? (V.)

[4] *C'est je ne sais quoi d'abaissement* n'est pas français. (V.)

[*] Adrien Blondin, poëte latin de ce temps-là.

Ainsi le grand Auguste [1] autrefois dans ta ville
Aimait à prévenir l'attente de Virgile :
Lui que j'ai fait revivre, et qui revit en toi,
En usait envers lui comme tu fais vers moi.

Certes, dans la chaleur que le ciel nous inspire,
Nos vers disent souvent plus qu'ils ne pensent dire ;
Et ce feu qui sans nous pousse les plus heureux
Ne nous explique pas tout ce qu'il fait pour eux.
Quand j'ai peint un Horace, un Auguste, un Pom-
Assez heureusement ma muse s'est trompée ; [pée,
Puisque, sans le savoir, avecque leur portrait
Elle tirait du tien un admirable trait [2].
Leurs plus hautes vertus qu'étale mon ouvrage
N'y font que prendre un rang pour former ton image.
Quand j'aurai peint encor tous ces vieux conquérants,
Les Scipions vainqueurs, et les Catons mourants [3],
Les Pauls, les Fabiens ; alors de tous ensemble
On en verra sortir un tout qui te ressemble ;
Et l'on rassemblera de leurs pompeux débris
Ton âme et ton courage, épars dans mes écrits.
Souffre donc que pour guide au travail qui me reste
J'ajoute ton exemple à cette ardeur céleste,
Et que de tes vertus le portrait sans égal
S'achève de ma main sur son original ;
Que j'étudie en toi ces sentiments illustres
Qu'a conservés ton sang à travers tant de lustres,
Et que le ciel propice, et les destins amis
De tes fameux Romains en ton âme ont transmis.
Alors, de tes couleurs peignant leurs aventures,
J'en porterai si haut les brillantes peintures,
Que ta Rome elle-même, admirant mes travaux,
N'en reconnaîtra plus les vieux originaux,
Et se plaindra de moi de voir sur eux gravées
Les vertus qu'à toi seul elle avait réservées ;

Cependant qu'à l'éclat de tes propres clartés
Tu te reconnaîtras sous des noms empruntés.
Mais ne te lasse point d'illuminer mon âme,
Ni de prêter ta vie à conduire ma flamme [1] ;
Et, de ces grands soucis que tu prends pour mon roi,
Daigne encor quelquefois descendre jusqu'à moi.
Délasse en mes écrits ta noble inquiétude [2] ;
Et tandis que, sur elle appliquant mon étude,
J'emploirai, pour te plaire, et pour te divertir,
Les talents que le ciel m'a voulu départir,
Reçois, avec les vœux de mon obéissance,
Ces vers précipités par ma reconnaissance.
L'impatient transport de mon ressentiment
N'a pu pour les polir m'accorder un moment.
S'ils ont moins de douceur, il en ont plus de zèle ;
Leur rudesse est le sceau d'une ardeur plus fidèle :
Et ta bonté verra dans leur témérité,
Avec moins d'ornement, plus de sincérité.

XXII.

A MAITRE ADAM BILLAUT,

MENUISIER DE NEVERS,

SUR SES CHEVILLES.

SONNET [3].

Le dieu de Pythagore et sa métempsycose
Jetant l'âme d'Orphée en un poëte français,
Par quel crime, dit-elle, ai-je offensé vos lois,
Digne du triste sort que leur rigueur m'impose ?

Les vers font bruit en France ; on les loue, on en cause :
Les miens en un moment auront toutes les voix ;
Mais j'y verrai mon homme à toute heure aux abois,
Si pour gagner du pain il ne sait autre chose.

Nous savons, dirent-ils, le pouvoir d'un métier :
Il sera fameux poëte et fameux menuisier,
Afin qu'un peu de bien suive beaucoup d'estime.

---

[1] *Ainsi le grand Auguste.* Il est triste que Corneille ait comparé Mazarin et Montauron à Auguste. (V.)

[2] *Elle tirait du tien un admirable trait.* Il est encore plus triste qu'il tire un admirable trait du portrait du cardinal Mazarin, en peignant Horace, César, et Pompée. (V.)

[3] *Les Scipions* achèvent cette étonnante flatterie. Boileau avait en vue ces fausses louanges prodiguées à un ministre, quand il dit à M. de Seignelai (*épitre* IX) :

> Si, pour faire sa cour à ton illustre père,
> Seignelai, quelque auteur, d'un faux zèle emporté,
> Au lieu de peindre en lui la noble activité,
> La solide vertu, la vaste intelligence,
> Le zèle pour son roi, l'ardeur, la vigilance,
> La constante équité, l'amour pour les beaux-arts,
> Lui donnait des vertus d'Alexandre ou de Mars,
> Et, pouvant justement l'égaler à Mécène,
> Le comparait au fils de Pélée ou d'Alcmène,
> Ses yeux, d'un tel discours faiblement éblouis,
> Bientôt dans ce tableau reconnaîtraient Louis.

Horace avait dit la même chose dans sa seizième épître du premier livre :

Si quis bella tibi terrâ pugnata marique, etc. (V.)

---

[1] *Ni de prêter ta vie à conduire ma flamme.* On ne prête point une vie à conduire une flamme. Il veut dire *ne cesse d'échauffer mon génie par tes illustres actions*. (V.)

[2] *Délasse en mes écrits ta noble inquiétude.* On se délasse de ses travaux par des écrits agréables ; on ne délasse point une inquiétude [*].

Ajoutons à ces remarques qu'on peut trop flatter un cardinal, et faire des tragédies pleines de sublime. (V.)

[3] Ce sonnet fut imprimé au-devant des *Chevilles du Menuisier de Nevers*, Paris, 1644, in-4°.

[*] Cette expression nous paraît très-permise en poésie. (P.)

A ce nouveau parti l'âme les prit au mot ;
Et s'assurant bien plus au rabot qu'à la rime,
Elle entra dans le corps de Maître Adam Billaut.

XXIII.

INSCRIPTIONS[1].

1.

LA REDDITION DE CAEN.

Le château révolté donne à Caen mille alarmes,
Mais sitôt que Louis y fait briller ses armes,
Sa présence reprend le cœur de ses guerriers :
Et leur révolte ainsi ne semble être conçue
Que par l'ambition de jouir de sa vue,
Et de le couronner de ses premiers lauriers.

2.

LA DÉROUTE DU PONT-DE-CÉ.

Que sert de disputer le passage de Loire ?
Le sang sur la discorde emporte la victoire ;

---

[1] Ces vers, que Corneille fit par ordre de la cour, pour être mis au bas de quelques figures de Valdor*, qui représentent les plus célèbres exploits de Louis XIII, furent composés dans une circonstance trop glorieuse à la poésie en général, et à Corneille en particulier, pour ne pas la rappeler ici**. Louis XIV, encore mineur, l'honora, à cette occasion, de la lettre suivante :

« Monsieur de Corneille, comme je n'ai point de vie plus illustre à imiter que celle du feu roi, mon très-honoré seigneur et père, je n'ai point aussi un plus grand désir que de voir en un abrégé ses glorieuses actions dignement représentées, ni un plus grand soin que d'y faire travailler promptement ; et, comme j'ai cru que, pour rendre cet ouvrage parfait, je devais vous en laisser l'expression, et à Valdor les desseins ***, et que j'ai vu, par ce qu'il a fait, que son invention avait répondu à mon attente, je juge, par ce que vous avez accoutumé de faire, que vous réussirez en cette entreprise, et que, pour éterniser la mémoire de votre roi, vous prendrez plaisir d'éterniser le zèle que vous avez pour sa gloire. C'est ce qui m'a obligé de vous faire cette lettre par l'avis de la reine régente, madame ma mère, et de vous assurer que vous ne sauriez me donner des preuves de votre affection plus agréables que celles que j'en attends sur ce sujet. Cependant je prie Dieu qu'il vous ait, monsieur de Corneille, en sa sainte garde.

« Écrit à Fontainebleau, ce 14 octobre 1645. »

Signé, LOUIS ; et plus bas, DE GUÉNÉGAUD.

Il faut avouer que, malgré une invitation si flatteuse, le génie de Corneille ne s'exerça point heureusement sur ce sujet. J'attribue ce mauvais succès à la gêne où le mit le graveur de renfermer en six vers l'explication de chaque figure. (Préface des Œuvres diverses de Corneille ; Paris, 1738.)

* Célèbre artiste du temps, qui fit les dessins des estampes recueillies en un volume in-folio, sous le titre des Triomphes de Louis le Juste, treizième du nom, roi de France et de Navarre ; Paris, 1649, in-fol. (P.)
** Il est surprenant que Fontenelle ait ignoré cette lettre. (P.)
*** On ne distinguait pas alors dessein, projet, conseil, de dessin, terme de peinture.

Notre mauvais destin cède à son doux effort ;
Et les canons, quittant leurs usages farouches,
Ne servent plus ici que d'éclatantes bouches
Pour rendre grâce au ciel de cet heureux accord.

3.

LA RÉDUCTION DU BÉARN.

Sa valeur en ce lieu n'a point cherché sa gloire :
Il prend l'honneur du ciel pour but de sa victoire ;
Et la religion combat l'impiété.
Il tient dessous ses pieds l'hérésie étouffée :
Les temples sont ses forts ; et son plus beau trophée
Est un présent qu'il fait à la Divinité.

4.

LA REDDITION DE SAUMUR.

En vain contre le roi vous opposez vos armes ;
Sa majesté brillante avec de si doux charmes
Peut mettre en un moment vos desseins à l'envers.
Ne vous enquérez pas si ses troupes sont fortes,
Encore que vos cœurs ne lui soient pas ouverts,
D'un seul trait de ses yeux il ouvrira vos portes.

5.

LA PRISE DE SAINT-JEAN-D'ANGELY.

Soubise, ouvre les yeux : ce foudre que tu crains
N'est plus entre ses mains ;
Sa clémence l'arrache à sa juste colère,
Et, de quoi que ton crime ose l'entretenir,
Tes soupirs ont trouvé le secret de lui plaire ;
Et quand il voit tes pleurs, il oublie à punir.

6.

L'ENTRÉE DANS LES VILLES REBELLES DE GUIENNE.

Tel entrant ce grand roi dans ses villes rebelles
De ces cœurs révoltés fait des sujets fidèles ;
Un profond repentir désarme ses rigueurs ;
Et quoique le soldat soupire après la proie
Il l'apaise, il l'arrête, et se montre avec joie
Et père des vaincus, et maître des vainqueurs.

7.

LA PUNITION DES VILLES REBELLES.

Enfin aux châtiments il se laisse forcer.
Qui pardonne aisément invite à l'offenser.
Et le trop de bonté jette une amorce au crime,
Une juste rigueur doit régner à son tour ;
Et qui veut affermir un trône légitime
Doit semer la terreur aussi bien que l'amour.

8.
DÉFAITE DANS L'ILE DE RÉ.

Va, fier tyran des mers, mon prince te l'ordonne;
Prends toi-même le soin de conduire Bellone
Au secours du parti qu'elle veut épouser;
Calme les flots mutins, dissipe les tempêtes;
Obéis; et par là fais voir que tu t'apprêtes
Au joug que dans un an il te doit imposer.

9.
LA DIGUE DE LA ROCHELLE.

Vois Éole et Neptune à l'envi faire hommage
   A ce prodigieux ouvrage,
Rochelle; et crains enfin le plus puissant des rois.
   Ta fureur est bien sans seconde
De t'obstiner encore à rejeter des lois
   Que reçoivent le vent et l'onde.

10.
LA GRACE FAITE A LA ROCHELLE.

Ici l'audace impie en son trône parut,
Ici fut l'arrogance à soi-même funeste:
Un excès de valeur brisa ce qu'elle fut;
Un excès de clémence en sauva ce qui reste.

11.
LE PAS DE SUZE FORCÉ.

L'orgueil de tant de forts sous mon roi s'humilie:
Suze ouvre enfin la porte au bonheur d'Italie
Dont elle voit qu'il tient les intérêts si chers;
Et pleine de l'exemple affreux de la Rochelle,
Ouvrons à ce grand prince, ouvrons-lui tôt, dit-elle:
Qui dompte l'océan ne craint pas nos rochers.

12.
PAIX DE CAZAL.

Lorsque Mars se prépare à tout couvrir de morts,
Un illustre Romain étouffe ces discords
En dépit des fureurs en deux camps allumées.
En ce moment à craindre il remplit nos souhaits;
Et se montrant tout seul plus fort que deux armées,
Dans le champ de bataille il fait naître la paix.

13.
LA PROTECTION DE MANTOUE.

Lorsqu'aux pieds de mon roi tu mets ton jeune prince,
Manto, tu ne vois point soupirer ta province
Dans l'attente d'un bien qu'on espère et qui fuit;
Et de sa main à peine a-t-il tari les larmes,
Que sa France en la tienne aussitôt met ses armes,
Que la gloire couronne, et la victoire suit.

14.
LA PAIX D'ALET.

Que ce fut un spectacle, Alet, doux à tes yeux,
Quand tu vis à tes pieds ces peuples furieux
Trouver plus de bonté qu'ils n'avaient eu d'audace!
Apprenez de mon prince, ô monarque vainqueur!
Que c'est peu fait à vous de reprendre une place,
Si vous ne trouvez l'art de regagner les cœurs.

15.
PAIX ACCORDÉE AUX CHEFS DES REBELLES.

La paix voit ce pardon d'un œil indifférent,
Et ne veut rien devoir au parti qui se rend,
Déjà par la victoire assez bien établie;
Et la noble fierté qui l'oblige à punir
Ne dissimule ici le crime qu'on oublie
Que pour ne perdre pas la gloire d'obéir.

16.
LA PRISE DE NANCI.

Troie auprès de ses murs l'espace de dix ans
Vit contre elle les dieux et les Grecs combattants,
Et s'arma sans trembler contre la destinée.
Grand roi, l'on avoûra que l'éclat de tes yeux
T'a fait plus remporter d'honneur, cette journée,
Que la fable en dix ans n'en fit avoir aux dieux.

17.
LA PRISE DE CORBIE.

Prends Corbie, Espagnol, prends-la, que nous importe?
Tu la rends à mon roi plus puissante et plus forte
Avant qu'il en ait pu concevoir quelque ennui.
Ton bonheur sert au sien, et ta gloire à sa gloire;
Et s'il t'a, par pitié, permis une victoire,
Ta victoire elle-même a travaillé pour lui.

18.
LA PRISE DE HESDIN.

A peine de Hesdin les murs sont renversés
Que sur l'affreux débris des bastions forcés
Tu reçois le bâton de la main de ton maître,
Généreux maréchal [1]; c'est de quoi nous ravir
De le voir aussi prompt à te bien reconnaître
Que ta haute valeur fut prompte à le servir.

[1] Le maréchal de la Meilleraye.

19.

LA PROTECTION DU PORTUGAL ET DE LA CATALOGNE.

Que le ciel vous fut doux lorsque dans votre effroi
Il vous sollicita de courir à mon roi
Pour voir entre vos murs la liberté renaître!
Le succès à l'instant suivit votre désir.
Peuples, qui recherchez ou protecteur ou maître,
Par cet heureux exemple apprenez à choisir.

20.

LA PRISE DE PERPIGNAN.

Illustre boulevard des frontières d'Espagne,
Perpignan, sa plus belle et dernière campagne,
Tout mourant, contre toi nous le voyons s'armer [1];
Tout mourant, il te force, et fait dire à l'Envie
Qu'un si grand conquérant n'eût jamais pu fermer
Par un plus digne exploit une si belle vie.

XXIV.

A M. DE BOISROBERT,

ABBÉ DE CHATILLON,

SUR SES ÉPITRES [2].

Que tes entretiens sont charmants!
Que leur douceur est infinie!
Que la facilité de ton heureux génie
Fait de honte à l'éclat des plus beaux ornements!
Leur grâce naturelle aura plus d'idolâtres,
Que n'en a jamais eu le fast [3] de nos théâtres :
Le temps respectera tant de naïveté;
Et pour un seul endroit où tu me donnes place,
Tu m'assures bien mieux de l'immortalité,
Que Cinna, Rodogune, et le Cid, et l'Horace.

XXV.

LA TULIPE [4].

MADRIGAL.

—

AU SOLEIL.

Bel astre à qui je dois mon être et ma beauté,

Ajoute l'immortalité
A l'éclat nonpareil dont je suis embellie;
Empêche que le temps n'efface mes couleurs :
Pour trône donne-moi le beau front de Julie;
Et, si cet heureux sort à ma gloire s'allie,
Je serai la reine des fleurs.

XXVI.

LA FLEUR D'ORANGE,

MADRIGAL.

Du palais d'émeraude où la riche nature
M'a fait naître et régner avecque majesté,
Je viens pour adorer la divine beauté
Dont le soleil n'est rien qu'une faible peinture.
Si je n'ai point l'éclat ni les vives couleurs
    Qui font l'orgueil des autres fleurs,
    Par mes odeurs je suis plus accomplie,
Et par ma pureté plus digne de Julie.
Je ne suis point sujette au fragile destin
    De ces belles infortunées
Qui meurent dès qu'elles sont nées,
Et de qui les appas ne durent qu'un matin;
Mon sort est plus heureux, et le ciel favorable
Conserve ma fraîcheur et la rend plus durable.
Ainsi, charmant objet, rare présent des cieux,
Pour mériter l'honneur de plaire à vos beaux yeux,
    J'ai la pompe de ma naissance;
Je suis en bonne odeur en tout temps, en tous lieux;
    Mes beautés ont de la constance,
Et ma pure blancheur marque mon innocence.
J'ose donc me vanter, en vous offrant mes vœux,
De vous faire moi seule une riche couronne,
    Bien plus digne de vos cheveux
Que les plus belles fleurs que Zéphire vous donne :
Mais, si vous m'accusez de trop d'ambition,
Et d'aspirer plus haut que je ne devrais faire,
    Condamnez ma présomption,
    Et me traitez en téméraire;
Punissez, j'y consens, mon superbe dessein
    Par une sévère défense
De m'élever plus haut que jusqu'à votre sein;
Et ma punition sera ma récompense.

---

[1] Louis XIII, qui mourut dans ce temps-là.
[2] Ces vers sont placés au-devant des *Épîtres* de l'abbé de Boisrobert, première partie, imprimée en 1647, in-4°.
[3] On écrit aujourd'hui *faste*.
[4] Cette petite pièce et les deux suivantes font partie de cette célèbre Guirlande imaginée par le duc de Montausier, en l'honneur de Julie d'Angennes, qu'il recherchait alors en mariage, et qu'il épousa. Tous les beaux esprits qui fréquentaient l'hôtel de Rambouillet concoururent à former cette Guirlande. (P.) Voyez le *Recueil de Poésies choisies*, publié par Sercy; Paris, 1653, sec. part. p. 235
[5] *Ibid.* p 238

XXVII.

L'IMMORTELLE BLANCHE[1],

MADRIGAL.

Donnez-moi vos couleurs, tulipes, anémones;
OEillets, roses, jasmins, donnez-moi vos odeurs,
Des contraires saisons le froid ni les ardeurs
    Ne respectent que les couronnes
    Que l'on compose de mes fleurs.
Ne vous vantez donc point d'être aimables ni belles;
On ne peut nommer beau ce qu'efface le temps :
    Pour couronner les beautés éternelles,
    Et pour rendre les yeux contents,
    Il ne faut point être mortelles.
Si vous voulez affranchir du trépas
    Vos brillants, mais frêles appas,
    Souffrez que j'en sois embellie;
Et, si je leur fais part de mon éternité,
Je les rendrai pareils aux appas de Julie,
Et dignes de parer sa divine beauté.

XXVIII.

ÉPITAPHE

SUR LA MORT

DE DAMOISELLE ÉLISABETH RANQUET,

FEMME DE M. DU CHEVREUL,

ÉCUYER, SEIGNEUR D'ESTURNVILLE [2].

SONNET.

Ne verse point de pleurs sur cette sépulture,
Passant; ce lit funèbre est un lit précieux,
Où gît d'un corps tout pur la cendre toute pure;
Mais le zèle du cœur vit encore en ces lieux.

Avant que de payer le droit de la nature
Son âme, s'élevant au delà de ses yeux,
Avait au Créateur uni la créature;
Et marchant sur la terre elle était dans les cieux.

Les pauvres bien mieux qu'elle ont senti sa richesse :
L'humilité, la peine, étaient son allégresse;
Et son dernier soupir fut un soupir d'amour.

Passant, qu'à son exemple un beau feu te transporte,
Et, loin de la pleurer d'avoir perdu le jour, [sorte.
Crois qu'on ne meurt jamais quand on meurt de la

---

[1] *Recueil de poésies diverses*, publié par Sercy; p. 242.
[2] On trouve cette épitaphe dans la *Vie* de cette béate, imprimée à Paris pour la première fois en 1655. et pour la seconde fois en 1660, chez Charles Savreux. (*Œuvres diverses*, 1738.)

XXIX.

LA POÉSIE A LA PEINTURE,

EN FAVEUR

DE L'ACADÉMIE DES PEINTRES ILLUSTRES.

Enfin tu m'as suivie, et ces vastes montagnes
Qui du Rhône et du Pô séparent les campagnes
N'ont eu remparts si forts ni si haut élevés
Que ton vol, chère sœur, après moi n'ait bravés;
Enfin ce vieux témoin de toutes nos merveilles,
Toujours pour toi tout d'yeux, et pour moi tout d'oreil-
Le Tibre voit la Seine, autrefois son appui, [les,
Partager tes trésors et les miens avec lui;
Tu me rejoins enfin, et courant sur mes traces,
En cet heureux séjour du mérite, et des grâces,
Tu viens, à mon exemple, enrichir ces beaux lieux
De tout ce que ton art a de plus précieux.
Oh! qu'ils te fourniront de brillantes matières!
Que d'illustres objets à toutes tes lumières!
Prépare des pinceaux, prépare des efforts,
Pour toutes les beautés de l'esprit et du corps,
Pour tous les dons du ciel, pour tous les avantages,
Que la nature et lui sèment sur leurs visages;
Prépare-s-en enfin pour toutes les vertus,
Sous qui nous puissions voir les vices abattus.
Sans te gêner l'idée après leur caractère,
Pour les bien exprimer tu n'auras qu'à portraire;
La France en est féconde, et tes nobles travaux
En trouveront chez elle assez d'originaux :
Mais n'en prépare point pour la plus signalée,
Qu'on a depuis longtemps de la cour exilée,
Pour celle qui départ le solide renom :
Hélas! j'en ai moi-même oublié jusqu'au nom,
Tant je vois rarement mes plus fameux ouvrages
Pouvoir s'enorgueillir de ses moindres suffrages.
Ronsard, qu'elle flattait à son commencement,
La crut avec son roi couchée au monument;
Il en perdit haleine, et sa muse malade
En laissa de ses mains tomber la Franciade.
Maynard l'a chaque jour criée à haute voix :
Il n'est porte où pour elle il n'ait frappé cent fois;
Mais sans en voir l'image en aucun lieu gravée,
Il est mort la cherchant, et ne l'a point trouvée.
J'en fais souvent reproche à ce climat heureux; [reux :
Je me plains aux plus grands comme aux plus géné-
Pour trop m'en plaindre en vain je deviens ridicule,
Et l'on ne m'entend pas, ou l'on le dissimule.
Qu'aujourd'hui la valeur sait mal se secourir!
Que je vois de grands noms en danger de mourir!
Que de gloire à l'oubli malgré le ciel se livre,

---

[1] *Recueil de Sercy*; Paris, 1660, prem. part. p. 213.

Quand il m'a tant donné de quoi la faire vivre!
Le siècle a des héros, il en a même assez
Pour en faire rougir tous les siècles passés;
Il a plus d'un César, il a plus d'un Achille :
Mais il n'a qu'un Mécène, et n'aura qu'un Virgile :
Rare exemple, et trop grand pour ne pas éclater;
Rare exemple, et si grand qu'on ne l'ose imiter.
Cette haute vertu va toutefois renaître :
A quelques traits déjà je crois la reconnaître.
Chère et divine sœur, prépare tes crayons :
J'en vois de temps en temps briller quelques rayons;
Les Sophocles nouveaux dont j'honore la France
En ont déjà senti quelque douce influence;
Mais ce ne sont enfin que rayons inconstants,
Qui vont de l'un à l'autre, et qui n'ont que leur temps :
Et ces heureux hasards des fruits de mon étude
Laissent tout l'avenir dedans l'incertitude.
Fixe avec ton pouvoir leur éclat vagabond;
Fais-les servir d'ébauche à ton savoir profond;
Et, mêlant à ces traits l'effort de ton génie,
Fais revoir en portrait cette illustre bannie;
Peins bien toute sa pompe et toutes ses beautés,
Son empire absolu dessus les volontés;
Fais-lui donner du lustre aux plus brillantes marques
Dont se pare le chef des plus dignes monarques,
Fais partir de nos mains à ses commandements
Tout ce que nous avons d'éternels monuments;
Fais-lui distribuer la plus durable gloire,
Mets l'histoire à ses pieds, et toute la mémoire;
Mets en ses yeux l'éclat d'une divinité;
Mets en ses mains le sceau de l'immortalité;
Et rappelle si bien un juste amour pour elle,
Qu'à son tour en ces lieux cet amour la rappelle,
Et que les cœurs, plongés dans le ravissement,
N'en puissent plus souffrir ce long bannissement.
Mais que dis-je? tu vas rappeler cette reine
Avec plus de gloire, et beaucoup moins de peine :
Ce que je n'ai pu faire avec toutes mes voix,
Quoique j'aie eu pour moi jusqu'à celle des rois,
Quoique toute leur cour, de mes douceurs charmée,
Ait par delà mes vœux enflé ma renommée;
Un coup d'œil le va faire, et ton art plus charmant
Pour un si grand effet ne veut qu'un seul moment.
Je vois, je vois déjà dans ton académie,
Par de royales mains en ces lieux affermie,
Tes Zeuxis renaissants, tes Apelles nouveaux,
Étaler à l'envi des chefs-d'œuvre si beaux,
Qu'un violent amour pour des choses si rares
Transforme en généreux les cœurs les plus avares;
Et, les précipitant à d'inouïs efforts,
Fait dérouiller les clefs des plus secrets trésors.
Je les vois s'effacer ces chefs-d'œuvre antiques,
Dont jadis les seuls rois, les seules républiques,
Les seuls peuples entiers pouvaient faire le prix,

Et pour qui l'on traitait les talents de mépris :
Je vois le Potosi te venir rendre hommage,
Je vois se déborder le Pactole et le Tage,
Je les vois à grands flots se répandre sur toi.
N'accusons plus le siècle; enfin je la revoi,
Je la revois enfin cette belle inconnue,
Et par toi rappelée, et pour toi revenue.
Oui, désormais le siècle a tout son ornement,
Puisqu'enfin tu lui rends en cet heureux moment
Cette haute vertu, cette illustre bannie,
Cette source de gloire en torrents infinie,
Cette reine des cœurs, cette divinité :
J'ai retrouvé son nom, la Libéralité.

XXX.

SONNET [1]

SUR LA CONTESTATION

ENTRE

LE SONNET D'URANIE ET CELUI DE JOB [2].

Demeurez en repos, Frondeurs et Mazarins,
Vous ne méritez pas de partager la France;
Laissez-en tout l'honneur aux partis d'importance
Qui mettent sur les rangs de plus nobles mutins.

Nos Uranins ligués contre nos Jobelins
Portent bien au combat une autre véhémence;
Et s'il doit achever de même qu'il commence,
Ce sont Guelfes nouveaux, et nouveaux Gibelins.

Vaine démangeaison de la guerre civile,
Qui partagiez naguère et la cour et la ville,
Et dont la paix éteint les cuisantes ardeurs,

Que vous avez de peine à demeurer oisive,
Puisqu'au même moment qu'on voit bas les Frondeurs,
Pour deux méchants sonnets on demande Qui vive!

XXXI.

SONNET [3].

Deux sonnets partagent la ville,
Deux sonnets partagent la cour,

---

[1] *Recueil de Sercy*, Paris, 1660, t. 1, p. 488.
[2] Voyez l'histoire de cette contestation dans les *Mémoires de Littérature*, imprimés à la Haye, t. 1, p. 120. Le sonnet d'Uranie était de Voiture, et celui de Job, de Benserade. Une pareille contestation donnerait aujourd'hui matière à quelques épigrammes, mais ne formerait pas un sujet d'histoire. (P.)
[3] *Recueil de Sercy*, t. 1, p. 440.

Et semblent vouloir à leur tour
Rallumer la guerre civile.

Le plus sot et le plus habile
En mettent leur avis au jour;
Et ce qu'on a pour eux d'amour
A plus d'un échauffe la bile.

Chacun en parle hautement
Suivant son petit jugement;
Et, s'il y faut mêler le nôtre,

L'un est sans doute mieux rêvé,
Mieux conduit, et mieux achevé;
Mais je voudrais avoir fait l'autre,

XXXII.

ÉPIGRAMME.

Ami veux-tu savoir, touchant ces deux sonnets,
  Qui partagent nos cabinets,
  Ce qu'on peut dire avec justice?
L'un nous fait voir plus d'art, et l'autre plus de vif;
L'un est le plus peigné, l'autre est le plus naïf :
L'un sent un long effort, et l'autre un prompt caprice :
Enfin l'un est mieux fait, et l'autre plus joli :
  Et, pour te dire tout en somme,
  L'un part d'un auteur plus poli,
  Et l'autre d'un plus galant homme.

XXXIII.

JALOUSIE.

N'aimez plus tant, Phylis, à vous voir adorée :
Le plus ardent amour n'a pas grande durée;
Les nœuds les plus serrés sont le plus tôt rompus;
A force d'aimer trop, souvent on n'aime plus,
Et ces liens si forts ont des lois si sévères
Que toutes leurs douceurs en deviennent amères.
Je sais qu'il vous est doux d'asservir tous nos soins :
Mais qui se donne entier n'en exige pas moins;
Sans réserve il se rend, sans réserve il se livre,
Hors de votre présence il doute s'il peut vivre :
Mais il veut la pareille, et son attachement
Prend compte de chaque heure et de chaque moment.
C'est un esclave fier qui veut régler son maître,
Un censeur complaisant qui cherche à trop connaître;
Un tyran déguisé qui s'attache à vos pas;
Un dangereux Argus qui voit ce qui n'est pas;

Sans cesse il importune, et sans cesse il assiége,
Importun par devoir, fâcheux par privilége,
Ardent à vous servir jusqu'à vous en lasser;
Mais au reste un peu tendre et facile à blesser.
Le plus léger chagrin d'une humeur inégale
Le moindre égarement d'un mauvais intervalle,
Un souris par mégarde à ses yeux dérobé,
Un coup d'œil par hasard sur un autre tombé,
Le plus faible dehors de cette complaisance
Que se permet pour tous la même indifférence,
Tout cela fait pour lui de grands crimes d'État;
Et plus l'amour est fort, plus il est délicat.
Vous avez vu, Phylis, comme il brise sa chaîne
Sitôt qu'auprès de vous quelque chose le gêne;
Et comme vos bontés ne sont qu'un faible appui
Contre un murmure sourd qui s'épand jusqu'à lui.
Que ce soit vérité, que ce soit calomnie,
Pour vous voir en coupable il suffit qu'on le die;
Et lorsqu'une imposture a quelque fondement
Sur un peu d'imprudence, ou sur trop d'enjouement
Tout ce qu'il sait de vous et de votre innocence
N'ose le révolter contre cette apparence,
Et souffre qu'elle expose à cent fausses clartés
Votre humeur sociable et vos civilités.
Sa raison au dedans vous fait en vain justice,
Sa raison au dehors respecte son caprice;
La peur de sembler dupe aux yeux de quelques fous
Étouffe cette voix qui parle trop pour vous.
La part qu'il prend sur lui de votre renommée
Forme un sombre dépit de vous avoir aimée;
Et, comme il n'est plus temps d'en faire un désaveu,
Il fait gloire partout d'éteindre un si beau feu :
Du moins s'il ne l'éteint, il l'empêche de luire,
Et brave le pouvoir qu'il ne saurait détruire.
Voilà ce que produit le don de trop charmer.
Pour garder vos amants faites-vous moins aimer;
Un amour médiocre est souvent plus traitable :
Mais pourriez-vous, Phylis, vous rendre moins aima- [ble?
Pensez-y, je vous prie, et n'oubliez jamais,
<small>Quand on vous aimera, que L'AMOUR EST DOUX; MAIS...</small>

XXXIV.

BAGATELLE.

Quoi! sitôt que j'en veux rabattre,
Vous vous faites tenir à quatre,
Et, quand j'en devrais enrager,
Votre ordre ne se peut changer;
Il faut vous en faire cinquante?
Ma foi, le nombre m'épouvante;
Un vieux garçon de cinquante ans

---

[1] *Recueil de Sercy*, tom. I, p. 444.
[2] *Ibid.* cinq. part. p. 73.

[1] *Ibid.* p. 75.

N'en fait guère en beaucoup de temps,
Et ne va pas tout d'une haleine
A la benoiste cinquantaine.
Encor, pour être votre fait,
Il faut qu'ils soient doux comme lait,
Qu'ils aillent droit comme une quille,
Qu'ils n'ayent point de fausse cheville,
Que tout y soit bien ajusté,
Que rien n'y penche d'un côté,
Rien n'y soit de mauvaise mise,
Rien n'y sente la barbe grise.
Voilà bien des conditions
Pour mes pauvres inventions :
Le temps les a presque épuisées,
Les vieux travaux les ont usées ;
Comment pourront-elles trouver
Le secret de bien achever ?
 Devenez un peu complaisante,
Et daignez vous passer à trente,
Vous serez servie à souhait,
Et je vous dirai haut et net
Que je craindrai fort peu la honte
De vous fournir mal votre compte.
Mais je vaux moins qu'un quinola,
Si je n'en fais vingt par delà :
Tenir à demi sa parole,
C'est une méchante bricole ;
On doit s'efforcer jusqu'au bout,
Et ne rien faire, ou faire tout.
Il faut donc que je m'évertue,
Que je me débatte, et remue,
Que je pousse de tout mon mieux,
Dussé-je en crever à vos yeux :
Aux grands coups on voit les grands hommes.
 Voyons, de grâce, où nous en sommes ;
Si je compte bien par mes doigts,
Je passe les quarante et trois ;
Encor six ; vous n'auriez que dire,
Et vous commencez à sourire
De voir mon reste de vertu,
Sans vous avoir rien rabattu,
Ni tourné la tête en arrière,
Toucher au bout de la carrière.
En faut-il encor ? je le veux,
Voilà jusqu'à cinquante-deux ;
Plaignez-vous, en cette aventure,
De n'avoir pas bonne mesure.

XXXV.

STANCES [1].

J'ai vu la peste en raccourci :
Et, s'il faut en parler sans feindre,
Puisque la peste est faite ainsi,
Peste, que la peste est à craindre !

De cœurs qui n'en sauraient guérir
Elle est partout accompagnée,
Et, dût-on cent fois en mourir,
Mille voudraient l'avoir gagnée.

L'ardeur dont ils sont emportés,
En ce péril leur persuade
Qu'avoir la peste à ses côtés,
Ce n'est point être trop malade.

Aussi faut-il leur accorder
Qu'on aurait du bonheur de reste,
Pour peu qu'on se pût hasarder
Au beau milieu de cette peste.

La mort serait douce à ce prix,
Mais c'est un malheur à se pendre,
Qu'on ne meurt pas d'en être pris,
Mais faute de la pouvoir prendre.

L'ardeur qu'elle fait naître au sein
N'y fait même un mal incurable
Que parce qu'elle prend soudain,
Et qu'elle est toujours imprenable.

Aussi chacun y perd son temps ;
L'un en gémit, l'autre en déteste,
Et ce que font les plus contents
C'est de pester contre la peste.

XXXVI.

SONNET [2].

Vous aimez que je me range
Auprès de vous chaque jour,
Et m'ordonnez que je change
En amitié mon amour.

Cette méchante bricole
Vous fait beaucoup hasarder,
Et je vous trouve bien folle
Si vous me pensez garder.

---

[1] *Recueil de Sercy*, cinq. part. p. 77.
[2] *Ibid.* p. 78.

Une passion si belle
N'est pas une bagatelle
Dont on se joue à son gré,

Et l'amour qui vous rebute
Ne saurait choir d'un degré
Qu'il ne meure de sa chute.

XXXVII.

SUR LE DÉPART

DE MADAME LA MARQUISE DE B. A. T.[1]

Allez, belle marquise, allez en d'autres lieux
Semer les doux périls qui naissent de vos yeux.
Vous trouverez partout les âmes toutes prêtes
A recevoir vos lois et grossir vos conquêtes;
Et les cœurs à l'envi se jetant dans vos fers
Ne feront point de vœux qui ne vous soient offerts;
Mais ne pensez pas tant aux glorieuses peines
De ces nouveaux captifs qui vont prendre vos chaînes,
Que vous teniez vos soins tout à fait dispensés
De faire un peu de grâce à ceux que vous laissez.
Apprenez à leur noble et chère servitude
L'art de vivre sans inquiétude;
Et, si sans faire un crime on peut vous en prier,
Marquise, apprenez-moi l'art de vous oublier.
　En vain de tout mon cœur la triste prévoyance
A voulu faire essai des maux de votre absence;
Quand j'ai cru le soustraire à des yeux si charmants,
Je l'ai livré moi-même à de nouveaux tourments :
Il a fait quelques jours le mutin et le brave,
Mais il revient à vous, et revient plus esclave,
Et reporte à vos pieds le tyrannique effet
De ce tourment nouveau que lui-même il s'est fait.
　Vengez-vous du rebelle, et faites-vous justice;
Vous devez un mépris du moins à son caprice;
Avoir un si long temps des sentiments si vains,
C'est assez mériter l'honneur de vos dédains.
Quelle bonté superbe, ou quelle indifférence
A sa rébellion ôte le nom d'offense?
Quoi! vous me revoyez sans vous plaindre de rien?
Je trouve même accueil avec même entretien?
Hélas! et j'espérais que votre humeur altière
M'ouvrirait les chemins à la révolte entière;
Ce cœur, que la raison ne peut plus secourir,
Cherchait dans votre orgueil une aide à se guérir;
Mais vous lui refusez un moment de colère,
Vous m'enviez le bien d'avoir pu vous déplaire;
Vous dédaignez de voir quels sont mes attentats,

[1] *Recueil de Sercy*, cinq. part. p. 79.

Et m'en punissez mieux ne m'en punissant pas.
Une heure de grimace ou froide ou sérieuse,
Un ton de voix trop rude ou trop impérieuse,
Un sourcil trop sévère, une ombre de fierté,
M'eût peut-être à vos yeux rendu la liberté.
J'aime, mais en aimant je n'ai point la bassesse
D'aimer jusqu'au mépris de l'objet qui me blesse;
Ma flamme se dissipe à la moindre rigueur.
Non qu'enfin mon amour prétende cœur pour cœur :
Je vois mes cheveux gris : je sais que les années
Laissent plus de mérite aux âmes les mieux nées;
Que les plus beaux talents des plus rares esprits,
Quand les corps sont usés, perdent bien de leur prix;
Que, si dans mes beaux jours je parus supportable,
J'ai trop longtemps aimé pour être encore aimable,
Et que d'un front ridé les replis jaunissants
Mêlent un triste charme au prix de mon encens.
Je connais mes défauts; mais après tout, je pense
Être pour vous encore un captif d'importance :
Car vous aimez la gloire, et vous savez qu'un roi
Ne vous en peut jamais assurer tant que moi.
Il est plus en ma main qu'en celle d'un monarque
De vous faire égaler l'amante de Pétrarque,
Et mieux que tous les rois je puis faire douter
De sa Laure ou de vous qui le doit emporter.
　Aussi, je le vois trop, vous aimez à me plaire,
Vous vous rendez pour moi facile à satisfaire;
Votre âme de mes feux tire un plaisir secret,
Et vous me perdriez sans honte avec regret.
　Marquise, dites donc ce qu'il faut que je fasse :
Vous rattachez mes fers quand la saison vous chasse;
Je vous avais quittée, et vous me rappelez
Dans le cruel instant que vous vous en allez.
Rigoureuse faveur, qui force à disparaître
Ce calme étudié que je faisais renaître,
Et qui ne rétablit votre absolu pouvoir
Que pour me condamner à languir sans vous voir!
Payez, payez mes feux d'une plus faible estime,
Traitez-les d'inconstants; nommez ma fuite un crime;
Prêtez-moi, par pitié, quelque injuste courroux;
Renvoyez mes soupirs qui volent après vous;
Faites-moi présumer qu'il en est quelques autres
A qui jusqu'en ces lieux vous renvoyez des vôtres,
Qu'en faveur d'un rival vous allez me trahir :
J'en ai, vous le savez, que je ne puis haïr;
Négligez-moi pour eux, mais dites en vous-même :
« Moins il me veut aimer, plus il fait voir qu'il m'aime,
« Et m'aime d'autant plus que son cœur enflammé
« N'ose même aspirer au bonheur d'être aimé;
« Je fais tous ses plaisirs, j'ai toutes ses pensées,
« Sans que le moindre espoir les ait intéressées. »
Puissé-je malgré vous y penser un peu moins,
M'échapper quelques jours vers quelques autres soins,
Trouver quelques plaisirs ailleurs qu'en votre idée;

Et voir toute mon âme un peu moins obsédée;
Et vous, de qui je n'ose attendre jamais rien,
Ne ressentir jamais un mal pareil au mien!
   Ainsi parla Cléandre, et ses maux se passèrent,
Son feu s'évanouit, ses déplaisirs cessèrent :
Il vécut sans la dame, et vécut sans ennui,
Comme la dame ailleurs se divertit sans lui.
Heureux en son amour, si l'ardeur qui l'anime
N'en conçoit les tourments que pour s'en plaindre en [rime,
Et si d'un feu si beau la céleste vigueur
Peut enflammer ses vers sans échauffer son cœur!

XXXVIII.

POUR UNE DAME

QUI REPRÉSENTAIT LA NUIT

EN LA COMÉDIE D'ENDYMION.

MADRIGAL [1].

Si la lune et la nuit sont bien représentées,
   Endymion n'était qu'un sot :
   Il devait dès le premier mot
Renvoyer à leur ciel les cornes argentées.
Ténébreuse déesse, un œil bien éclairé
Dans tes obscurités eût cherché sa fortune;
Et je n'en connais point qui n'eût tôt préféré
Les ombres de la nuit aux clartés de la lune.

XXXIX.

ÉLÉGIE [2].

Iris, je vais parler; c'est trop de violence.
Il est temps que mon feu se dérobe au silence,
Et qu'il fasse échapper au respect qui me nuit
L'aveu du triste état où vous m'avez réduit.
Depuis le jour fatal que pour vous je soupire,
Mes yeux se sont cent fois chargés de vous le dire,
Et cent fois, si mon mal vous pouvait émouvoir,
Leur mourante langueur vous l'aurait fait savoir :
Mais les vôtres partout, certains de leur victoire,
D'une obscure conquête estiment peu la gloire,
Et veulent, pour daigner en faire part au cœur,
Que l'éclat du triomphe en apporte au vainqueur.
C'est par là que, jaloux de l'orgueil qui l'inspire,
Ce cœur n'a point sur moi reconnu son empire;
Que mettant ma défaite au-dessous de ses soins,
Il en a récusé mes soupirs pour témoins,
Et craint de s'exposer, s'il avouait mes peines,

A rougir d'un captif indigne de vos chaînes.
Je le confesse, Iris, il n'est point parmi nous
De mérite assez haut pour aller jusqu'à vous.
A voir ce que je suis tout mon espoir chancelle;
Mais le peu que je vaux ne vous rend pas moins belle :
J'ai des yeux comme un autre à me laisser charmer,
J'ai comme un autre un cœur ardent à s'enflammer;
Et, dans les doux appas dont vous êtes pourvue,
J'ai dû brûler pour vous puisque je vous ai vue.
Oui, de votre beauté l'éclat impérieux
Touche aussitôt le cœur qu'il vient frapper les yeux :
Ce n'est point un brillant dont la fausse lumière
Ne fasse qu'éblouir au moment qu'elle éclaire;
Ce n'est point un effort de charmes impuissants
Qui prennent pour appui la surprise des sens :
Quoi qu'en vous leur rapport vante d'un prix extrême,
La raison convaincue y souscrit elle-même,
Et, sans appréhender de le voir démenti,
Par son propre suffrage affermit leur parti.
Alors, que ne peut point sur les plus belles âmes
Ce vif amas d'attraits, cette source de flammes,
Ces beaux yeux qui, portant le jour de toutes parts,
Font autant de captifs qu'ils lancent de regards!
Alors, que ne peut point ce pompeux assemblage
Des traits les plus perçants dont brille un beau visage,
Et qui dessus le vôtre étalent hautement
Ce qu'ailleurs cent beautés font voir de plus charmant?
Aussi, que leur adresse aux dons de la nature
Ajoute encor de l'art la plus douce imposture,
Que de lis empruntés leur visage soit peint,
On les verra pâlir auprès de votre teint,
Ce teint dont la blancheur, sans être mendiée,
Passe en vivacité la plus étudiée,
Et pare avec orgueil le plus brillant séjour
Où les grâces jamais ayent attiré l'amour.
C'est là, c'est en vous seule, Iris, que l'on doit croire
Qu'aimant à triompher, il triomphe avec gloire,
Et qu'il trouve aussitôt de quoi s'assujettir
Quiconque de ses traits s'était pu garantir.
Pour moi, je l'avoûrai, comme aucune surprise
N'avait jusques ici fait trembler ma franchise,
Permettant à mes yeux l'heur de vous regarder,
Mon cœur trop imprudent ne crut rien hasarder.
Ainsi de vos beautés qu'on vantait sans pareilles
Je voulus à loisir contempler les merveilles;
Ainsi j'examinai tous ces riches trésors
Que prodigua le ciel à former votre corps,
Ce port noblement fier, cette taille divine
Qui par sa majesté marque son origine,
Seule égale à soi-même, et tellement à vous
Que, la formant unique, il s'en montra jaloux.
De tant d'appas divers mon âme possédée
Se plut d'en conserver la précieuse idée :
Je l'admirai sans cesse, et de mon souvenir

---

[1] *Recueil de Sercy*, cinq. part. p. 82.
[2] *Ibid.* p. 83.

Ne croyant qu'admirer, j'eus peur de la bannir ;
Mais de ce sentiment là flatteuse imposture.
N'empêcha pas le mal pour cacher la blessure ;
Et ce soin d'admirer, qui dure plus d'un jour,
S'il n'est amour déjà, devient bientôt amour.
Un je ne sais quel trouble où je me vis réduire
De cette vérité sut assez tôt m'instruire,
Par d'inquiets transports me sentant émouvoir,
J'en connus le sujet quand j'osai vous revoir.
A prendre ce dessein mon âme tout émue
Eut peine à soutenir l'éclat de votre vue ;
Mon cœur en fut surpris d'un doux saisissement
Qui me fit découvrir que j'allais être amant :
Un désordre confus m'expliqua son martyre ;
Je voulus vous parler, et ne sus que vous dire ;
Je rougis, je pâlis ; et d'un tacite aveu,
Si je n'aime point, dis-je, hélas ! qu'il s'en faut peu !
Soudain, le pourrez-vous apprendre sans colère ?
Je jugeai la révolte un parti nécessaire,
Et je n'épargnai rien, dans cette extrémité,
Pour soulever mon cœur contre votre beauté.
L'ardeur de dégager ma franchise asservie
Me fit prendre les yeux de la plus noire envie ;
Je ne m'attachai plus qu'à chercher des défauts,
Qui, détruisant ma flamme, adoucissent mes maux :
Mais las ! cette recherche un peu trop téméraire
Produisit à sa cause un effet bien contraire ;
Et vos attraits, par elle à mes sens mieux offerts,
Au lieu de les briser redoublèrent mes fers.
Plus je vous contemplai, plus je connus de charmes
Contre qui ma raison me refusa des armes ;
Et sans cesse l'amour, par de vives clartés,
Me découvrit en vous de nouvelles beautés.
Tout ce que vous faisiez était inséparable
De ce je ne sais quoi sans qui rien n'est aimable ;
Tout ce que vous disiez avait cet air charmant
Qui des plus nobles cœurs triomphe en un moment.
J'en connus le pouvoir, j'en ressentis l'atteinte :
Contraint de vous aimer, j'aimai cette contrainte ;
Et je n'aspirai plus, par mille vœux offerts,
Qu'à vous faire avouer la gloire de mes fers.
Y consentirez-vous, belle Iris ? et pourrai-je
Promettre à mes désirs ce charmant privilége ?
Je ne demande point que sensible à mon feu
L'assurance du vôtre en couronne l'aveu ;
Je ne demande point qu'à mes vœux favorable [ble,
Vous vous montriez amante en vous montrant aima-
Et que, par un transport qui n'examine rien,
Le don de votre cœur suive l'offre du mien :
Quoi qu'on ait fait pour vous et de grand et d'insigne,
C'est un prix glorieux dont on n'est jamais digne,
Et que ma passion me faisant désirer,
L'excès de mes défauts me défend d'espérer.
Permettez seulement, pour flatter mon martyre,

Que vous osant aimer j'ose aussi vous le dire ;
Qu'à vos pieds mon respect apporte chaque jour
Les serments redoublés d'un immuable amour ;
Que là, par son ardeur, je vous fasse connaître
Qu'étant pur et sincère il doit toujours s'accroître ;
Que ce n'est point l'effet d'un aveugle appétit
Que le désir fit naître et que l'espoir nourrit,
Et qu'aimant par raison d'un amour véritable
Ce que jamais le ciel forma de plus aimable,
Le temps dessus mon cœur n'aura rien d'assez fort
Pour en bannir les traits que par ceux de la mort.

XL.

SONNET[1].

Je vous estime, Iris, et crois pouvoir sans crime
Permettre à mon respect un aveu si charmant :
   Il est vrai qu'à chaque moment
   Je songe que je vous estime.

Cette agréable idée, où ma raison s'abîme,
Tyrannise mes sens jusqu'à l'accablement ;
   Mais pour vouloir fuir ce tourment
   La cause en est trop légitime.

Aussi, quelque désordre où mon cœur soit plongé,
Bien loin de faire effort à l'en voir dégagé,
Entretenir sa peine est toute mon étude.

J'en aime le chagrin, le trouble m'en est doux.
   Hélas ! que ne m'estimez-vous
   Avec la même inquiétude !

XLI.

SONNET[2].

D'un accueil si flatteur, et qui veut que j'espère,
Vous payez ma visite alors que je vous voi,
Que souvent à l'erreur j'abandonne ma foi,
Et crois seul avoir droit d'aspirer à vous plaire.

Mais si j'y trouve alors de quoi me satisfaire,
Ces charmes attirants, ces doux je ne sais quoi,
Sont des biens pour tout autre aussi bien que pour moi,
Et c'est dont un beau feu ne se contente guère.

D'une ardeur réciproque il veut d'autres témoins,
Un mutuel échange et de vœux et de soins,
Un transport de tendresse à nul autre semblable.

---

[1] *Recueil de Sercy*, cinq. part. p. 87.
[2] *Ibid.* p. 88.

C'est là ce qui remplit un cœur fort amoureux :
Le mien le sent pour vous ; le vôtre en est capable.
Hélas ! si vous vouliez, que je serais heureux !

XLII.
STANCES[1].

Marquise, si mon visage
A quelques traits un peu vieux,
Souvenez-vous qu'à mon âge
Vous ne vaudrez guère mieux.

Le temps aux plus belles choses
Se plaît à faire un affront,
Et saura faner vos roses
Comme il a ridé mon front.

Le même cours des planètes
Règle nos jours et nos nuits :
On m'a vu ce que vous êtes ;
Vous serez ce que je suis.

Cependant j'ai quelques charmes
Qui sont assez éclatants
Pour n'avoir pas trop d'alarmes
De ces ravages du temps.

Vous en avez qu'on adore ;
Mais ceux que vous méprisez
Pourraient bien durer encore
Quand ceux-là seront usés.

Ils pourront sauver la gloire
Des yeux qui me semblent doux,
Et dans mille ans faire croire
Ce qu'il me plaira de vous.

Chez cette race nouvelle,
Où j'aurai quelque crédit,
Vous ne passerez pour belle
Qu'autant que je l'aurai dit.

Pensez-y, belle marquise.
Quoiqu'un grison fasse effroi,
Il vaut bien qu'on le courtise,
Quand il est fait comme moi.

[1] *Recueil de Sercy*, p. 89.

XLIII.
STANCES A LA REINE[1].

C'est trop faire languir de si justes désirs,
   Reine, venez assurer nos plaisirs
     Par l'éclat de votre présence ;
Venez nous rendre heureux sous vos augustes lois
   Et recevez tous les cœurs de la France
   Avec celui du plus grand de ses rois.

XLIV.
SONNET[2].

Usez moins avec moi du droit de tout charmer :
Vous me perdrez bientôt si vous n'y prenez garde.
J'aime bien à vous voir, quoi qu'enfin j'y hasarde ;
Mais je n'aime pas bien qu'on me force d'aimer.

Cependant mon repos a de quoi s'alarmer :
Je sens je ne sais quoi dès que je vous regarde ;
Je souffre avec chagrin tout ce qui m'en retarde ;
Et c'est déjà sans doute un peu plus qu'estimer.

Ne vous y trompez pas : l'honneur de ma défaite
N'assure point d'esclave à la main qui l'a faite ;
Je sais l'art d'échapper aux charmes les plus forts ;

Et, quand ils m'ont réduit à ne plus me défendre.
Savez-vous, belle Iris, ce que je fais alors ?
   Je m'enfuis de peur de me rendre.

XLV.
SONNET PERDU AU JEU[3].

Je chéris ma défaite, et mon destin m'est doux,
Beauté, charme puissant des yeux et des oreilles ;
Et je n'ai point regret qu'une heure auprès de vous
Me coûte en votre absence et des soins et des veilles.

Se voir ainsi vaincu par vos rares merveilles,
C'est un malheur commode à faire cent jaloux ;
Et le cœur ne soupire, en des pertes pareilles,
Que pour baiser la main qui fait de si grands coups.

Recevez de la mienne, après votre victoire.

[1] Extrait du *Recueil des plus beaux vers qui ont été mis en chant* ; Sercy, 1661, p. 89.
[2] Recueil de 1660, cinq. part. p. 90.
[3] *Ibid.* p. 91.

Ce que pourrait un roi tenir à quelque gloire,
Ce que les plus beaux yeux n'ont jamais dédaigné.

Je vous en rends, Iris, un juste et prompt hommage.
Hélas! contentez-vous de me l'avoir gagné,
  Sans me dérober davantage.

XLVI.
CHANSON[1].

Vos beaux yeux sur ma franchise
N'adressent pas bien leurs coups,
Tête chauve et barbe grise
Ne sont pas viande pour vous :
Quand j'aurais l'heur de vous plaire,
Ce serait perdre du temps ;
Iris, que pourriez-vous faire
D'un galant de cinquante ans?

Ce qui vous rend adorable
N'est propre qu'à m'alarmer.
Je vous trouve trop aimable,
Et crains de vous trop aimer :
Mon cœur à prendre est facile,
Mes vœux sont des plus constants ;
Mais c'est un meuble inutile
Qu'un galant de cinquante ans.

Si l'armure n'est complète,
Si tout ne va comme il faut,
Il vaut mieux faire retraite
Que d'entreprendre un assaut :
L'amour ne rend point la place
A de mauvais combattants,
Et rit de la vaine audace
Des galants de cinquante ans.

XLVII.
STANCES[2].

Caliste, lorsque je vous vois,
Dirai-je que je vous admire?
C'est vous dire bien peu pour moi,
Et peut-être c'est trop vous dire.

Je m'expliquerais un peu mieux
Pour un moindre rang que le vôtre ;
Vous êtes belle, j'ai des yeux,
Et je suis homme comme un autre.

[1] *Recueil* de 1660, cinq. part. p. 92.
[2] *Ibid.* p. 93.

Que n'êtes-vous, à votre tour,
Caliste, comme une autre femme!
Je serais pour vous tout d'amour
Si vous n'étiez pas si grand'dame.

Votre grade hors du commun
Incommode fort qui vous aime,
Et sous le respect importun
Un beau feu s'éteint de lui-même.

J'aime un peu l'indiscrétion
Quand je veux faire des maîtresses ;
Et quand j'ai de la passion,
J'ai grand amour pour les caresses.

Mais si j'osais me hasarder
Avec vous au moindre pillage,
Vous me feriez bien regarder
Le grand chemin de mon village.

J'aime donc mieux laisser mourir
L'ardeur qui serait maltraitée
Que de prétendre à conquérir
Ce qui n'est point de ma portée.

XLVIII.
MADRIGAL[1].
A MADEMOISELLE SERMENT[2]

Mes deux mains à l'envi disputent de leur gloire,
  Et dans leurs sentiments jaloux
  Je ne sais ce que j'en dois croire.
  Phylis, je m'en rapporte à vous ;
  Réglez mon amour par le vôtre.
  Vous savez leurs honneurs divers :

[1] *Ibid.* p. 94
[2] Mademoiselle Serment ayant baisé la main à M. Corneille par un excès d'estime, il lui envoya ce madrigal. Mademoiselle Serment était née à Grenoble, et mourut à Paris en 1692. Elle fut du nombre des femmes qui cultivèrent les lettres, et qui se composèrent une cour de tous les beaux-esprits du temps. Quinault, entre autres, lui fut tendrement attaché, et la consultait, d-t-on, sur ses ouvrages. (P.)
Elle fit à Corneille la réponse suivante :

Si vous parliez sincèrement
Lorsque vous préférez la main gauche à la droite,
De votre jugement je suis mal satisfaite.
Le baiser le plus doux ne dure qu'un moment ;
Un million de vers dure éternellement,
  Quand ils sont beaux comme les vôtres ;
  Mais vous parlez comme un amant,
  Et peut-être comme un Normand ;
  Vendez vos coquilles à d'autres.

(*Œuvres diverses de P. Corneille*; Paris, 1738, p. 209.)

La droite a mis au jour un million de vers ;
Mais votre belle bouche a daigné baiser l'autre.
Adorable Phylis, peut-on mieux décider
  Que la droite doit lui céder !

XLIX.

MADRIGAL[1].

Je ne veux plus devoir à des gens comme vous ;
Je vous trouve, Phylis, trop rude créancière.
Pour un baiser prêté qui m'a fait cent jaloux
Vous avez retenu mon âme prisonnière.
Il fait mauvais garder un si dangereux prêt ;
J'aime mieux vous le rendre avec double intérêt,
Et m'acquitter ainsi mieux que je ne mérite ;
Mais à de tels payements je n'ose me fier,
Vous accroîtrez la dette en vous laissant payer,
Et doublerez mes fers si par là je m'acquitte :
Le péril en est grand, courons-y toutefois,
Une prison si belle est trop digne d'envie ;
Puissé-je vous devoir plus que je ne vous dois,
En peine d'y languir le reste de ma vie !

L.

STANCES[2].

Que vous sert-il de me charmer ?
  Aminte, je ne puis aimer
Où je ne vois rien à prétendre ;
Je sens naître et mourir ma flamme à votre aspect,
Et si pour la beauté j'ai toujours l'âme tendre,
Jamais pour la vertu je n'ai que du respect.

  Vous me recevez sans mépris,
  Je vous parle, je vous écris,
  Je vous vois quand j'en ai l'envie ;
Ces bonheurs sont pour moi des bonheurs superflus ;
Et si quelque autre y trouve une assez douce vie,
Il me faut pour aimer quelque chose de plus.

  Le plus grand amour sans faveur,
  Pour un homme de mon humeur,
  Est un assez triste partage ;
Je cède à mes rivaux cet inutile bien,
Et qui me donne un cœur, sans donner davantage,
M'obligerait bien plus de ne me donner rien.

  Je suis de ces amants grossiers
  Qui n'aiment pas fort volontiers
Sans aucun prix de leurs services, [gard ;
Et veux, pour m'en payer, un peu mieux qu'un re-
Et l'union d'esprit est pour moi sans délices
Si les charmes des sens n'y prennent quelque part.

LI.

EPIGRAMME[1].

Qu'on te flatte, qu'on te baise,
Tu ne t'effarouches point,
Phylis, et le dernier point
Est le seul qui te déplaise.
Cette amitié de milieu
Te semble être selon Dieu,
Et du ciel t'ouvrir la porte :
Mais détrompe-toi l'esprit,
Quiconque aime de la sorte
Se donne au diable à crédit.

LII.

RONDEAU[2].

Je pense, à vous voir tant d'attraits,
Qu'Amour vous a formée exprès
Pour faire que sa fête on chomme ;
Car vous en avez une somme
Bien dangereuse à voir de près.
Vous êtes belle plus que très,
Et vous avez le teint si frais,
Qu'il n'est rien d'égal (au moins comme
  Je pense) à vous.
Vos yeux, par des ressorts secrets,
Tiennent mille cœurs dans vos rets ;
Qui s'en défend est habile homme :
Pour moi qu'un si beau feu consomme,
Nuit et jour, percé de vos traits,
  Je pense à vous.

LIII.

REMERCIMENT AU ROI[3].

Ainsi du Dieu vivant la bonté surprenante
Verse, quand il lui plaît, sa grâce prévenante ;
Ainsi du haut des cieux il aime à départir

---

[1] *Recueil de Sercy*; Paris, 1660, cinq. part. p. 94.
[2] *Ibid.* p. 95.

[1] *Recueil de Sercy*, p. 96.
[2] *Ibid.* p. 96.
[3] Corneille composa cette pièce pour remercier le roi de l'avoir compris dans le nombre des savants célèbres à qui il avait accordé des gratifications, en 1662. On la trouve à la suite du poëme sur les Victoires du Roi. Voyez la *Continuation de l'Histoire de l'Académie française*, in-12, p. 155. (*OEuvres diverses de P. Corneille.*)

Des biens dont notre espoir n'osait nous avertir.
Comme ses moindres dons excèdent le mérite,
Cette même bonté seule l'en sollicite;
Il ne consulte qu'elle, et, maître qu'il en est,
Sans devoir à personne, il donne à qui lui plaît.
　Telles sont les faveurs que ta main nous partage,
Grand roi, du Roi des rois la plus parfaite image :
Tel est l'épanchement de tes nouveaux bienfaits;
Il prévient l'espérance, il surprend les souhaits,
Il passe le mérite, et ta bonté suprême
Pour faire des heureux les choisit d'elle-même.
Elle m'a mis du nombre, et me force à rougir
De ne me voir qu'un zèle incapable d'agir.
Son excès dans mon cœur fait des troubles étranges.
Je sais que je te dois des vœux et des louanges,
Que ne t'en pas offrir c'est te les dérober;
Mais si j'y fais effort, je cherche à succomber,
Et le plus beau succès que ma muse en obtienne
Profanera ta gloire et détruira la mienne.
Je veux bien l'immoler tout entière à mon roi;
Mais, si je n'en ai plus, je ne puis rien pour toi,
Et j'en dois prendre soin, pour éviter le crime
D'employer à te peindre un pinceau sans estime.
　Il n'est dans tous les arts secret plus excellent
Que de savoir connaître et choisir son talent.
Pour moi qui de louer n'eus jamais la méthode,
J'ignore encor le tour du sonnet et de l'ode.
Mon génie au théâtre à voulu m'attacher;
Il en a fait mon sort, je dois m'y retrancher.
Partout ailleurs je rampe, et ne suis plus moi-même :
Mais là j'ai quelque nom, là quelquefois on m'aime;
Là ce même génie ose de temps en temps
Tracer de ton portrait quelques traits éclatants.
Par eux de l'Andromède il sut ouvrir la scène;
On y vit le Soleil instruire Melpomène,
Et lui dire qu'un jour Alexandre et César
Sembleraient des vaincus attachés à ton char :
Ton front le promettait, et tes premiers miracles
Ont rempli hautement la foi de mes oracles.
A peine tu parais les armes à la main,
Que tu ternis les noms du Grec et du Romain;
Tout tremble, tout fléchit sous tes jeunes années;
Tu portes en toi seul toutes les destinées;
Rien n'est en sûreté s'il ne vit sous ta loi : 　[toi;
On t'offre, ou, pour mieux dire, on prend la paix de
Et ceux qui se font craindre aux deux bouts de la terre,
Pour ne te craindre plus renoncent à la guerre.
　Ton hymen est le sceau de cette illustre paix :
Sur ces grands incidents tout parle, et je me tais;
Et, sans me hasarder à ces nobles amorces,
J'attends l'occasion qui s'arrête à mes forces.
Je la trouve, et j'en prends le glorieux emploi,
Afin d'ouvrir ma scène encore un coup pour toi :
J'y mets la Toison d'or; mais, avant qu'on la voie

La Paix vient elle-même y préparer la joie;
L'Hymen l'y fait descendre; et de Mars en courroux
Par ta digne moitié j'y romps les derniers coups.
　On te voyait dès lors à toi seul comparable
Faire éclater partout ta conduite adorable,
Remplir les bons d'amour, et les méchants d'effroi.
Jusque-là toutefois tout n'était pas à toi;
Et, quelques doux effets qu'eût produits ta victoire,
Les conseils du grand Jule[1] avaient part à ta gloire.
Maintenant qu'on te voit en digne potentat
Réunir en ta main les rênes de l'État,
Que tu gouvernes seul, et que, par ta prudence,
Tu rappelles des rois l'auguste indépendance,
Il est temps que d'un air encor plus élevé
Je peigne en ta personne un monarque achevé;
Que j'en laisse un modèle aux rois qu'on verra naître,
Et qu'en toi pour régner je leur présente un maître.
C'est là que je saurai fortement exprimer
L'art de te faire craindre, et de te faire aimer;
Cet accès libre à tous, cet accueil favorable,
Qu'ainsi qu'au plus heureux tu fais au misérable.
Je te peindrai vaillant, juste, bon, libéral,
Invincible à la guerre, en la paix sans égal :
Je peindrai cette ardeur constante et magnanime
De retrancher le luxe et d'extirper le crime;
Ce soin toujours actif pour les nobles projets,
Toujours infatigable au bien de tes sujets;
Ce choix des serviteurs fidèles, intrépides,
Qui soulagent tes soins, mais sur qui tu présides,
Et dont tout le pouvoir qui fait tant de jaloux
N'est qu'un écoulement de tes ordres sur nous.
Je rendrai de ton nom l'univers idolâtre : 　[théâtre.
Mais pour ce grand chef-d'œuvre, il faut un grand
　Ouvre-moi donc, grand roi, ce prodige des arts,
Que n'égala jamais la pompe des Césars,
Ce merveilleux salon où ta magnificence
Fait briller un rayon de sa toute-puissance;
Et peut-être, animé par tes yeux de plus près,
J'y ferai plus encor que je ne te promets.
Parle, et je reprendrai ma vigueur épuisée
Jusques à démentir les ans qui l'ont usée.
Vois comme elle renaît dès que je pense à toi,
Comme elle s'applaudit d'espérer en mon roi!
Le plus pénible effort n'a rien qui la rebute :
Commande, et j'entreprends; ordonne, et j'exécute.

[1] Mazarin.

LIV.

PLAINTE

DE LA FRANCE A ROME.

ÉLÉGIE[1].

Lorsque, sous le plus juste et le plus grand des princes,
L'abondance et la paix règnent dans mes provinces,
Rome, par quel destin tes Romains irrités
Arrêtent-ils le cours de mes prospérités?
Après avoir gagné victoire sur victoire,
Et porté ma valeur au comble de la gloire,
Après avoir contraint par mes illustres faits
Mes rivaux orgueilleux à recevoir la paix,
J'espérais d'établir une sainte alliance,
D'unir les intérêts de Rome et de la France,
Et de porter bien loin, par mes rares exploits,
La gloire de mes lis et celle de la croix.
Mon monarque, chargé de lauriers et de palmes,
Voyait tous ses États et ses provinces calmes,
Et, disposant son bras à quelque saint emploi,
Ne voulait plus combattre et vaincre que pour toi;
Il t'offrait son pouvoir et sa valeur extrême:
Mais tu veux l'obliger à te vaincre toi-même,
Et, par un attentat et lâche et criminel,
Tu fais de ses faveurs un mépris solennel.
On voit régner le crime avec la violence,
Où doit régner la paix avecque le silence;
On voit les assassins courir avec ardeur
Jusqu'au palais sacré de mon ambassadeur,
Porter de tous côtés leur fureur vagabonde,
Et violer les droits les plus sacrés du monde.
Je savais bien que Rome élevait dans son sein
Des peuples adonnés au culte souverain,
Des héros dans la paix, des savants politiques,
Experts à démêler les affaires publiques,
A conseiller les rois, à régler les États;
Mais je ne savais pas que Rome eût des soldats.
Lorsque Mars désolait nos campagnes fertiles,
Tu maintenais tes champs et tes peuples tranquilles;
Tout le monde agité de tant de mouvements
Suivait le triste cours de ses déréglements;
Toi seule, dans le port, à l'abri de l'orage,
Tu voyais les écueils où nous faisions naufrage;
Des princes irrités modérant le courroux
Tu disposais le ciel à devenir plus doux;
Et, sans prendre intérêt aux passions d'un autre,
Tu gardais ton repos et tu pensais au nôtre;
Tu voyais à regret cent exploits inhumains,

Et tu levais au ciel tes innocentes mains; [mes;
Tu recourais aux vœux quand nous courions aux ar-
Nous répandions du sang, tu répandais des larmes,
Et, plaignant le malheur du reste des mortels,
Tu soupirais pour eux au pied de tes autels;
Tu demandais au ciel cette paix fortunée,
Et tu me la ravis dès qu'il me l'a donnée!
A peine ai-je fini mes glorieux travaux
Que tu veux m'engager à des combats nouveaux.
Reine de l'univers, arbitre de la terre,
Tu me prêchais la paix au milieu de la guerre;
J'ai suivi tes conseils et tes justes souhaits,
Et tu me fais la guerre au milieu de la paix!
Détruisant les erreurs et punissant les crimes,
J'ai soutenu l'honneur de tes saintes maximes;
J'ai remis autrefois, en dépit des tyrans,
Dans leur trône sacré tes pontifes errants,
Et, faisant triompher d'une égale vaillance,
Ou la France dans Rome, ou Rome dans la France,
J'ai conservé tes droits et maintenu ta foi;
Et tu prends aujourd'hui les armes contre moi!
Quel intérêt t'engage à devenir si fière?
Te reste-t-il encor quelque vertu guerrière?
Crois-tu donc être encore au siècle des Césars,
Où, parmi les fureurs de Bellone et de Mars,
Jalouse de la gloire et du pouvoir suprême,
Tu foulais à tes pieds et sceptre et diadème?
Dans ce fameux état où le ciel t'avait mis
Tu ne demandais plus que de grands ennemis;
Et, portant ton orgueil sur la terre et sur l'onde,
Tu bravais le destin des puissances du monde,
Et tu faisais marcher sous tes injustes lois
Un simple citoyen sur la tête des rois;
Ton destin ne t'offrait que d'illustres conquêtes,
Ta foudre ne tombait que sur de grandes têtes,
Et tu montrais en pompe aux peuples étonnés
Des souverains captifs et des rois enchaînés. [me,
Mais, quelques grands exploits que l'histoire renom-
Tu n'es plus cette fière et cette grande Rome;
Ton empire n'est plus ce qu'il fut autrefois,
Et ce n'est plus un siècle à se moquer des rois;
On ne redoute plus l'orgueil du Capitole,
Qui fut jadis si craint de l'un à l'autre pôle;
Et les peuples, instruits de tes douces vertus,
Adorent ta grandeur, mais ne la craignent plus.
Que si le ciel t'inspire encor quelque vaillance,
Va dresser tes autels jusqu'aux champs de Byzance;
Anime tes Romains à quelque effort puissant,
Et va planter ta croix où règne le croissant;
Remplis les premiers rangs d'une sainte entreprise,
Et voyons marcher Rome au secours de Venise;
Pour tes sacrés autels toi-même combattant,
Commence ces exploits que tu nous prêches tant,
Ou laisse-moi jouir dans la paix où nous sommes

---

[1] Extraite d'un *Recueil de pièces en prose et en poésie*, imprimé en Hollande en 1664.

D'un repos que je viens de procurer aux hommes.
J'ai vu de tous côtés mes ennemis vaincus,
Et je suis aujourd'hui ce qu'autrefois tu fus;
Les lois de mon État sont aussi souveraines,
Mes lis vont aussi loin que tes aigles romaines;
Et, pour punir le crime et l'orgueil des humains,
Mes Français aujourd'hui valent les vieux Romains.
L'invincible Louis, sous qui le monde tremble,
Ne vaut-il pas lui seul tous les héros ensemble?
La victoire sous lui ne se lassant jamais
Lui fournit des sujets de vaincre dans la paix :
Dans ce comble d'honneur où lui seul peut atteindre,
Tout désarmé qu'il est, il sait se faire craindre ;
Il dompte ses rivaux et sert ses alliés,
Voit, même dans la paix, des rois humiliés;
Il aurait su venger tant de lois violées,
Et tu verrais déjà tes plaines désolées,
Tu verrais et tes chefs et tes peuples soumis;
Mais tu n'as pas pour lui d'assez grands ennemis;
Et, dans le mouvement de gloire qui le presse,
Tu tiens ta sûreté de ta seule faiblesse.
Que n'es-tu dans le temps où tes héros guerriers
Eussent pu lui fournir des moissons de lauriers!
Pour arrêter sur toi ses forces occupées,
Où sont tes Scipions, tes Jules, tes Pompées?
Tu le verrais courir au milieu des hasards,
Affronter tes héros, et vaincre tes Césars,
Et, par une conduite aussi juste que brave,
Affranchir de tes fers tout l'univers esclave.
Mais, puisque ta fureur ne se peut contenir,
Après tant de mépris il faudra te punir ;
La gloire des héros n'est jamais assez pure,
Et le trône jaloux ne souffre point d'injure;
Ne te flatte plus tant sur ton divin pouvoir ;
On peut mêler la force avecque le devoir :
Des monarques pieux, des princes magnanimes
Ont révéré tes lois en punissant tes crimes;
Ils ont eu le secret de partager leurs cœurs,
D'être tes ennemis et tes adorateurs,
De soutenir leur rang, et sauver leur franchise
En se vengeant de toi et non pas de l'Église;
Ils ont su réprimer ton orgueil obstiné
Sans choquer le pouvoir que le ciel t'a donné,
Et séparer enfin, dans une juste guerre,
Les intérêts du ciel d'avec ceux de la terre.
Sur l'exemple fameux de ces rois sans pareils
Inspire à mon héros ces fidèles conseils.
Prince, dont la valeur et la sagesse est rare,
Ménage ta couronne avecque la tiare;
Donne aux siècles futurs un exemple immortel;
Garde les droits du trône et les droits de l'autel;
Qu'à ton ressentiment la piété s'unisse;
Louis, fais grâce à Rome en te faisant justice;
Pense aux devoirs sacrés d'un monarque chrétien ;
Fais agir ton pouvoir, mais révère le sien;
Et, mêlant au courroux le respect et la crainte,
Punis Rome l'injuste, et conserve la sainte.

LV.

ODE AU RÉVÉREND P. DELIDEL,

DE LA COMPAGNIE DE JÉSUS,

SUR SON TRAITÉ DE LA THÉOLOGIE DES SAINTS[1].

Toi qui nous apprends de la grâce
Quelle est la force et la douceur,
Comme elle descend dans un cœur,
Comme elle agit, comme elle passe ;
Docte écrivain, dont l'œil perçant
Va jusqu'au sein du Tout-Puissant
Pénétrer ce profond abîme ;
Que les hommes te vont devoir!
Et que le prix en est ineffable et sublime
De ces biens que par là tu mets en leur pouvoir!

Oui, tant que durera ta course,
Tu peux, mortel, à pleines mains
Puiser des bonheurs souverains
En cette inépuisable source.
Un guide si bien éclairé
Te conduit d'un pas assuré
Au vivant soleil qui l'éclaire :
Suis, mais avec zèle, avec foi,
Suis, dis-je, tu verras tout ce qu'il te faut faire ;
Et, si tu ne le fais, il ne tiendra qu'à toi.

Tu pèches, mais un Dieu pardonne,
Et pour mériter ce pardon
Il te fait ce précieux don ;
Il n'en est avare à personne.
Reçois avec humilité,
Conserve avec fidélité,
Ce grand appui de ta faiblesse :
Avec lui ton vouloir peut tout;
Sans lui tu n'es qu'ordure, impuissance, bassesse.
Fais-en un bon usage, et la gloire est au bout.

C'en est la digne récompense;
Mais aussi, tu le dois savoir,
Cet usage est en ton pouvoir,
Il dépend de ta vigilance :
Tu peux t'endormir, t'arrêter,
Tu peux même le rejeter
Ce don, sans qui ta perte est sûre,

[1] Cette ode se trouve au commencement de ce Traité, imprimé à Paris en 1668, in-4°.

Et n'en tireras aucun fruit;
Si tu défères plus aux sens, à la nature,
Qu'aux mouvements sacrés qu'en mon âme il produit.

J'en connais par toi l'efficace,
Savant et pieux écrivain,
Qui jadis de ta propre main
M'as élevé sur le Parnasse :
C'était trop peu pour ta bonté
Que ma jeunesse eût profité
Des leçons que tu m'as données ;
Tu portes plus loin ton amour,
Et tu veux qu'aujourd'hui mes dernières années
De tes instructions profitent à leur tour.

Je suis ton disciple, et peut-être
Que l'heureux éclat de mes vers
Éblouit assez l'univers
Pour faire peu de honte au maître.
Par une plus sainte leçon
Tu m'apprends de quelle façon
Au vice on doit faire la guerre.
Puissé-je en user encor mieux ;
Et, comme je te dois ma gloire sur la terre,
Puissé-je te devoir un jour celle des cieux,

Par son très-obligé disciple,
CORNEILLE.

Quòd scribo et placeo, si placeo, omne tuum est[1].

LVI.

IMITATION D'UNE ODE LATINE [2]

QUI FUT ADRESSÉE

À MONSIEUR PÉLISSON.

Non je ne serai pas, illustre Pélisson,
Ingrat à tes bienfaits, injuste à ton beau nom.
Dans mes chants, dans mes vers, il trouvera sa place,
Et tes bienfaits dans moi ne perdront pas leur grâce.
Je sais bien que ce nom, par la gloire porté,
A déjà pris l'essor vers l'immortalité,
Et que, pour le placer avec quelque avantage,
Il faudrait mettre l'or et le marbre en usage :
Mais, ne pouvant dresser de plus beaux monuments,
Approuve dans mes vers ces justes sentiments.
C'est toi, grand Pélisson, qui, malgré la licence,
Ramènes dans nos jours le siècle d'innocence :

---

[1] Imité du dernier vers de la troisième ode d'Horace, liv. IV :

Quòd spiro et placeo, si placeo, tuum est.

Imprimée in-4°, sans date.

Par toi nous retrouvons la candeur, la bonté,
Et du monde naissant la sainte probité.
Que la justice armée et les lois souveraines
Contiennent les mortels par la crainte des peines,
De peur que le forfait et le crime indompté
N'entraîne le désordre avec l'impunité :
Ni la rigueur des lois, ni l'austère justice,
Ne te retiendront pas sur le penchant du vice ;
L'amour de la vertu fait cet effet dans toi,
Elle seule te guide, elle est seule ta loi.
Au milieu de la cour ton âme bienfaisante
Verse indifféremment sa faveur obligeante ;
Et, bien loin d'enchérir ou vendre les bienfaits,
Tu préviens, en donnant, les vœux et les souhaits.
Ces mortels dont l'éclat emporte notre estime
N'ont souvent pour vertu que d'être exempts de crime :
Mais ta vertu, qui suit des sentiments plus hauts,
Ne borne pas ta gloire à vivre sans défauts,
En mille beaux projets, en mille biens, féconde,
Ta solide vertu se fait voir dans le monde ;
Et, sans les faux appas d'un éclat emprunté,
Elle porte à nos yeux sa charmante beauté.
En vain, pour ébranler ta fidèle constance,
On voit fondre sur toi la force et la puissance ;
En vain dans la Bastille on t'accabla de fers ;
En vain on te flatta sur mille appâts divers : [ses,
Ton grand cœur, inflexible aux rigueurs, aux cares-
Triompha de la force, et se rit des promesses.
Et comme un grand rocher par l'orage insulté
Des flots audacieux méprise la fierté,
Et sans craindre le bruit qui gronde sur sa tête,
Voit briser à ses pieds l'effort de la tempête ;
C'est ainsi, Pélisson, que, dans l'adversité,
Ton intrépide cœur garda sa fermeté.
Et que ton amitié, constante et généreuse,
Du milieu des dangers sortit victorieuse.
Mais c'est par ce revers que le plus grand des rois
Semblait te préparer aux plus nobles emplois,
Et qu'admirant dans toi l'esprit et le courage,
De la Bastille au Louvre il te fit un passage,
Où ta fidélité, dans son plus grand éclat,
Conserve le dépôt des secrets de l'État.
Pour moi, je ne veux point, comme le bas vulgaire,
De tes divers emplois pénétrer le mystère ;
Je ne m'introduis point dans le palais des grands,
Et me fais un secret de ce que j'y comprends ;
Mais je te vois alors comme un autre Moïse,
Quand le peuple de Dieu, par sa seule entremise,
Sur le mont de Sina reçut la sainte loi
A travers les carreaux, la terreur et l'effroi ;
De sa haute faveur les tribus étonnées
Au pied du sacré mont demeuraient prosternées,
Pendant que ce prophète, élevé dans ce lieu,
Dans un nuage épais parlait avec son Dieu,

Et qu'il puisait à fond dans le sein de sa gloire
Le merveilleux projet de sa divine histoire,
Monument éternel, où la postérité
Viendra dans tous les temps chercher la vérité.
Mais, puisqu'un même sort te donne dans la France
Du plus grand des héros l'illustre confidence,
Et que, par sa faveur, tu vois jusques au fonds
Des secrets de l'État les abîmes profonds,
Ne donneras-tu pas, après tes doctes veilles,
De ce grand conquérant les faits et les merveilles,
Et d'un style éloquent ne décriras-tu pas
Ses conseils, ses exploits, ses siéges, ses combats?
Le monde attend de toi ce merveilleux ouvrage,
Seul digne des appas de ton divin langage;
Les faits de ce grand roi perdraient de leur beauté,
Si tu n'en soutenais l'auguste majesté;
Et sa gloire après nous ne serait pas entière,
Si tout autre que toi traitait cette matière.
Poursuis donc, Pélisson, cet auguste projet,
Et ne t'étonne point par l'éclat du sujet;
Ton seul art peut donner d'une main immortelle
Au plus grand de nos rois une gloire éternelle.

LVII.

DÉFENSE
DES FABLES DANS LA POÉSIE.

IMITATION DU LATIN DE SANTEUIL.

Qu'on fait d'injure à l'art de lui voler la fable!
C'est interdire aux vers ce qu'ils ont d'agréable,
Anéantir leur pompe, éteindre leur vigueur,
Et hasarder la muse à sécher de langueur.
O vous qui prétendez qu'à force d'injustices
Le vieil usage cède à de nouveaux caprices,
Donnez-nous par pitié du moins quelques beautés
Qui puissent remplacer ce que vous nous ôtez,
Et ne nous livrez pas aux tons mélancoliques
D'un style estropié par de vaines critiques!
Quoi! bannir des enfers Proserpine et Pluton!
Dire toujours le Diable, et jamais Alecton!
Sacrifier Hécate et Diane à la lune,
Et dans son propre sein noyer le vieux Neptune!
Un berger chantera ses déplaisirs secrets
Sans que la triste Écho répète ses regrets!
Les bois autour de lui n'auront point de dryades!
L'air sera sans zéphyrs, les fleuves sans naïades!
Et par nos délicats les faunes assommés
Rentreront au néant dont on les a formés!
Pourras-tu, dieu des vers, endurer ce blasphème,
Toi qui fis tous ces dieux, qui fis Jupiter même?
Pourras-tu respecter ces nouveaux souverains
Jusqu'à laisser périr l'ouvrage de tes mains?
O! digne de périr, si jamais tu l'endures!
D'un si morte affront sauve tes créatures;
Confonds leurs ennemis, insulte à leurs tyrans,
Fais-nous, en dépit d'eux, garder nos premiers rangs;
Et, retirant ton feu de leurs veines glacées,
Laisse leurs vers sans force, et leurs rimes forcées.
La fable en nos écrits, disent-ils, n'est pas bien;
La gloire des païens déshonore un chrétien.
L'Église toutefois, que l'Esprit-Saint gouverne,
Dans ses hymnes sacrés nous chante encor l'Averne,
Et par le vieil abus le Tartare inventé
N'y déshonore point un Dieu ressuscité.
Ces rigides censeurs ont-ils plus d'esprit qu'elle?
Et font-ils dans l'Église une Église nouvelle?
Quittons cet avantage, et ne confondons pas
Avec des droits si saints de profanes appas.
L'œil se peut-il fixer sur la vérité nue?
Elle a trop de brillant pour arrêter la vue;
Et, telle qu'un éclair qui ne fait qu'éblouir,
Elle échappe aussitôt qu'on présume en jouir;
La fable, qui la couvre, allume, presse, irrite,
L'ingénieuse ardeur d'en voir tout le mérite:
L'art d'en montrer le prix consiste à le cacher,
Et sa beauté redouble à se faire chercher.
Otez Pan et sa flûte, adieu les pâturages;
Otez Pomone et Flore, adieu les jardinages:
Des roses et des lis le plus superbe éclat,
Sans la fable, en nos vers, n'aura rien que de plat.
Qu'on y peigne en savant une plante nourrie
Des impures vapeurs d'une terre pourrie,
Le portrait plaira-t-il, s'il n'a pour agrément
Les larmes d'une amante ou le sang d'un amant?
Qu'aura de beau la guerre, à moins qu'on n'y crayonne
Ici le char de Mars, là celui de Bellone;
Que la Victoire vole, et que les grands exploits
Soient portés en tous lieux par la nymphe à cent voix?
Qu'ont la terre et la mer, si l'on n'ose décrire
Ce qu'il faut de tritons à pousser un navire,
Cet empire qu'Éole a sur les tourbillons,
Bacchus sur les coteaux, Cérès sur les sillons?
Tous ces vieux ornements, traitez-les d'antiquailles;
Moi, si jamais je peins Saint-Germain et Versailles,
Les nymphes, malgré vous, danseront tout autour:
Cent demi-dieux follets leur parleront d'amour;
Du satyre caché les brusques échappées
Dans les bras des sylvains feront fuir les napées;
Et, si je fais baller pour l'un de ces beaux lieux,
J'y ferai malgré vous trépigner tous les dieux.
Vous donc, encore un coup, troupe docte et choisie,
Qui nous forgez des lois à votre fantaisie,
Puissiez-vous à jamais adorer cette erreur
Qui pour tant de beautés inspire tant d'horreur,
Nous laisser à jamais ces charmes en partage,

Qui portent les grands noms au delà de notre âge!
Et, si le vôtre atteint quelque postérité,
Puisse-t-il n'y traîner qu'un vers décrédité!

LVIII.

A MONSIEUR PÉLISSON[1],

En matière d'amour je suis fort inégal;
J'en écris assez bien, et le fais assez mal;
J'ai la plume féconde, et la bouche stérile,
Bon galant au théâtre, et fort mauvais en ville;
Et l'on peut rarement m'écouter sans ennui,
Que quand je me produis par la bouche d'autrui.

Voilà, monsieur, une petite peinture que je fis de moi-même il y a près de vingt ans. Je ne vaux guère mieux à présent. Quoi qu'il en soit, monsieur le surintendant[2] a voulu savoir ces six vers; et je ne suis point fâché de lui avoir fait voir que j'ai toujours eu assez d'esprit pour connaître mes défauts, malgré l'amour-propre qui semble être attaché à notre métier. J'obéis donc sans répugnance aux ordres qu'il lui a plu m'en donner, et vous supplie de me ménager un moment d'audience pour prendre congé de lui, puisqu'il a voulu que je l'importunasse encore une fois. Il me témoigna, dimanche dernier, assez de bonté pour me faire espérer qu'il ne dédaignera pas de prendre quelque soin de moi; et je ne doute point que tôt ou tard elle n'ait son effet, principalement quand vous prendrez la peine de l'en faire souvenir. Je me promets cela de la généreuse amitié dont vous m'honorez, et suis à vous de tout mon cœur.

CORNEILLE.

LIX.

VERS

SUR LA POMPE DU PONT NOTRE-DAME[3].

Que le dieu de la Seine a d'amour pour Paris!
Dès qu'il en peut baiser les rivages chéris,
De ses flots suspendus la descente plus douce
Laisse douter aux yeux s'il avance ou rebrousse;
Lui-même à son canal il dérobe ses eaux,
Qu'il y fait rejaillir par des secrètes veines,
Et le plaisir qu'il prend à voir des lieux si beaux,
De grand fleuve qu'il est, le transforme en fontaines.

[1] Ce billet a été imprimé pour la première fois dans le recueil des *Œuvres diverses*, déjà cité.
[2] Fouquet.
[3] Cette pièce, ainsi que les deux suivantes, est traduite du latin de Santeuil, et se trouve parmi ses *Œuvres*.

LX.

POUR LA FONTAINE

DES QUATRE-NATIONS,

VIS-A-VIS LE LOUVRE.

C'est trop gémir, nymphes de Seine,
Sous le poids des bateaux qui cachent votre lit,
Et qui ne vous laissaient entrevoir qu'avec peine
Ce chef-d'œuvre étonnant dont Paris s'embellit,
Dont la France s'enorgueillit.
Par une route aisée, aussi bien qu'imprévue;
Plus haut que le rivage un roi vous fait monter;
Qu'avez-vous plus à souhaiter?
Nymphes, ouvrez les yeux, tout le Louvre est en vue.

LXI.

SUR LE CANAL DU LANGUEDOC,

POUR LA JONCTION DES DEUX MERS.

IMITATION D'UNE PIÈCE LATINE DE PARISOT, AVOCAT DE TOULOUSE.

La Garonne et l'Atax dans leurs grottes profondes
Soupiraient de tous temps pour voir unir leurs ondes,
Et faire ainsi couler par un heureux penchant
Les trésors de l'aurore aux rives du couchant;
Mais à des vœux si doux, à des flammes si belles,
La nature, attachée à ses lois éternelles,
Pour obstacle invincible opposait fièrement
Des monts et des rochers l'affreux enchaînement.
France, ton grand roi parle, et ses rochers se fendent,
La terre ouvre son sein, les plus hauts monts descendent;
Tout cède; et l'eau qui suit les passages ouverts
Le fait voir tout-puissant sur la terre et les mers.

LXII.

AU ROI[1],

SUR SA LIBÉRALITÉ ENVERS LES MARCHANDS DE LA VILLE DE PARIS.

Chantez, peuples, chantez la valeur libérale,
La bonté de Louis à son grand cœur égale:
Du trône, d'où ses soins insultent les remparts,

[1] Ces vers sont imités d'une pièce latine dont nous ignorons l'auteur, et qui fut imprimée avec la traduction de Corneille en 1674.

Forcent les bastions, brisent les boulevards,
Il vous rend cette main qui lance le tonnerre;
Et quand vous lui portez des secours pour la guerre,
Qu'à tout donner pour lui vous vous montrez tout prêts,
Il vous rend et vos dons, et d'heureux intérêts.
　Ainsi quand du soleil la course rayonnante
Fait rouler dans les cieux sa pompe dominante,
Qu'en maître souverain de ce brillant séjour
Il règle les saisons et dispense le jour,
Il ne dédaigne point d'épandre ses lumières
Sur les sables déserts et les tristes bruyères,
Et, sans que pour régner il veuille aucun appui,
Il aime à voir l'amour que la terre a pour lui.
La terre qui l'adore exhale des nuages
Qui du milieu des airs lui rendent ses hommages;
Mais il n'attire à lui cette semence d'eaux
Que pour la distiller en de féconds ruisseaux,
Et de tous les présents que lui fait la nature
Il n'en reçoit aucun sans rendre avec usure.
　O vous, célèbre corps, à qui de l'univers
Tous les bords sont connus et tous les ports ouverts;
Vous, par qui les trésors des plus heureuses plages
Viennent de notre France enrichir les rivages,
Oyez ce qu'au milieu du bruit de cent canons
Votre grand roi prononce en faveur de vos dons,
Ce qu'en votre faveur la muse me révèle!
Peuples, dit ce héros, je connais votre zèle,
J'en aime les efforts, et dans tout l'avenir
J'en saurai conserver l'amoureux souvenir;
Vous n'avez que trop vu ce qu'ose l'Allemagne,
Ce que fait la Hollande, et qu'a tramé l'Espagne,
Ce que leur union attente contre moi.
Plus l'attentat est grand, plus grande est votre foi,
Et vous n'attendez point que je vous fasse dire
Comme il faut soutenir ma gloire et mon empire;
Vous courez au-devant, et prodiguez vos biens
Pour en mettre en mes mains les plus aisés moyens;
C'est votre seul devoir qui pour moi s'intéresse,
C'est votre pur amour qui pour moi vous en presse:
Je le vois avec joie. A ces mots ce vainqueur,
Sur son peuple en vrai père épanchant son grand cœur,
Fait prendre ces présents, qu'un léger intervalle
Renvoie accompagnés de sa bonté royale.
C'est assez, poursuit-il, d'avoir vu votre amour;
La tendresse du mien veut agir à son tour.
Pour rendre cette guerre à ses auteurs funeste,
Sujets dignes de moi, j'ai des trésors de reste;
J'en ai de plus sûrs même et de beaucoup plus grands
Que ceux que vous m'offrez, que ceux que je vous rends;
J'ai le fond de vos cœurs et c'est de quoi suffire
Aux plus rares exploits où mon courage aspire :
C'est aux ordres d'un roi ce qui donne le poids,
C'est là qu'est le trésor, qu'est la force des rois.
Reprenez ces présents dont l'offre m'est si chère;
Si je les ai reçus, c'est en dépositaire,
Et je saurai sans eux dissiper les complots
Que la triple alliance oppose à mon repos,
Ce fruit de vos travaux destiné pour la guerre,
Ces tributs que vous font et la mer et la terre,
Votre amour, votre ardeur à servir mes desseins,
Les rend assez à moi tant qu'ils sont en vos mains,
Mes troupes, par moi-même au péril animés,
Renverseront sans eux les murs et les armées,
J'en ai la certitude; et de vous je ne veux
Aucun autre secours que celui de vos vœux;
Offrez-les sans relâche au grand Dieu des batailles,
Tandis que mes canons foudroieront les murailles,
Et devant ses autels, prosternés à genoux,
Invoquez-le pour moi, je combattrai pour vous.
Là se tait le monarque, et sûr de ses conquêtes,
Aux triomphes nouveaux, il tient ses armes prêtes.
Cet éclat surprenant de magnanimité
Par la nymphe à cent voix en tous lieux est porté.
Que de ravissements suivent cette nouvelle!
Colbert y met le comble en ministre fidèle :
Ce grand homme sous lui, maître de ses trésors,
Mande par ordre exprès ce grand et nombreux corps,
Le force d'admirer des bontés sans mesure,
Et remet en ses mains ses dons avec usure.
　De là ces doux transports, ces prompts frémissements,
Qui poussent jusqu'au ciel mille applaudissements,
Ces vœux si redoublés qui hâtent sa victoire,
Ces titres par avance élevés à sa gloire.
On voit Paris en foule accourir aux autels,
Implorer le grand Maître, et tous les immortels;
Ses temples sont ornés, des lumières sans nombre
Y redoublent le jour, y font des nuits sans ombre :
Son prélat donne l'ordre, et par un saint emploi
Répond aux dignités dont l'honore son roi.
　L'effet suit tant de vœux; les plus puissantes villes
Semblent n'avoir pour nous que des remparts fragiles;
On les perce, on les brise, on écrase les forts :
Il y pleut mille feux, il y pleut mille morts.
Les fleuves, les rochers, ne sont que vains obstacles;
Notre camp à tout heure est fertile en miracles;
Et l'exemple d'un roi qui se mêle aux dangers,
Enflant le cœur aux siens, l'abat aux étrangers.
Besançon voit bientôt sa citadelle en poudre,
Dôle avertit Salins de ce que peut sa foudre :
Et toute la Comté, pour la seconde fois,
Rentre sous l'heureux joug du plus juste des rois.
Mais ce n'est encor rien; et tant de murs par terre
N'étalent aux regards que l'essai d'une guerre
Où le manque de foi, qu'il commence à punir,
Voit le prélude affreux d'un plus rude avenir.
　Généreux citoyens de cette immense ville,
A qui par ce grand roi tout commerce est facile,
Vous qui ne trouvez point de bords si peu connus

Où son illustre nom ne vous ait prévenus ;
Si vous n'exposez point de sang pour sa victoire,
Vos cœurs, vos dons, vos vœux ont du moins cette gloi-
Que votre exemple montre au reste des sujets   [re
Comme il faut d'un tel prince appuyer les projets.
Plus à ses ennemis il fait craindre ses armes,
Plus la paix qu'il souhaite aura pour vous de charmes.
Ce sera, peuple, alors que par d'autres vertus
Ses lois triompheront des vices abattus ;
Chaque jour, chaque instant lui fournira matière
A déployer sur vous sa bonté tout entière ;
Les malheurs que la guerre aura trop fait durer,
Cette même bonté saura les réparer.
Pour augure certain, pour assuré présage,   [ge ;
Dans ces dons qu'il vous rend il vous en donne un ga-
Et si jamais le ciel remplit ce doux souhait,
Vous voyez son amour, vous en verrez l'effet.

Présenté par les Gardes des Marchands de la ville de Paris.

LXIII.

AU ROI.

SUR CINNA, POMPÉE, HORACE, SERTORIUS, ŒDIPE, RODOGUNE, QU'IL A FAIT REPRÉSENTER DE SUITE DEVANT LUI A VERSAILLES, EN OCTOBRE 1676.

Est-il vrai, grand monarque, et puis-je me vanter
Que tu prennes plaisir à me ressusciter,
Qu'au bout de quarante ans, Cinna, Pompée, Horace
Reviennent à la mode, et retrouvent leur place,
Et que l'heureux brillant de mes jeunes rivaux
N'ôte point leur vieux lustre à mes premiers travaux ?
  Achève ; les derniers n'ont rien qui dégénère,
Rien qui les fasse croire enfants d'un autre père ;
Ce sont des malheureux étouffés au berceau,
Qu'un seul de tes regards tirerait du tombeau.
On voit Sertorius, Œdipe, et Rodogune,
Rétablis par ton choix dans toute leur fortune ;
Et ce choix montrerait qu'Othon et Suréna
Ne sont pas des cadets indignes de Cinna.
Sophonisbe à son tour, Attila, Pulchérie,
Reprendraient pour te plaire une seconde vie ;
Agésilas en foule aurait des spectateurs,
Et Bérénice enfin trouverait des acteurs.
Le peuple, je l'avoue, et la cour, les dégradent ;
Je faiblis, ou du moins ils se le persuadent,
Pour bien écrire encore j'ai trop longtemps écrit :
Et les rides du front passent jusqu'à l'esprit.
Mais contre cet abus que j'aurais de suffrages,
Si tu donnais les tiens à mes derniers ouvrages !
Que de tant de bonté l'impérieuse loi
Ramènerait bientôt et peuple et cour vers moi !
  Tel Sophocle à cent ans charmait encore Athènes,
Tel bouillonnait encor son vieux sang dans ses veines,
Diraient-ils à l'envi, lorsque Œdipe aux abois
De ses juges pour lui gagna toutes les voix.
Je n'irai pas si loin ; et si mes quinze lustres
Font encor quelque peine aux modernes illustres,
S'il en est de fâcheux jusqu'à s'en chagriner,
Je n'aurai pas longtemps à les importuner.
Quoi que je m'en promette, ils n'en ont rien à craindre :
C'est le dernier éclat d'un feu prêt à s'éteindre ;
Sur le point d'expirer il tâche d'éblouir,
Et ne frappe les yeux que pour s'évanouir.
Souffre, quoi qu'il en soit, que mon âme ravie
Te consacre le peu qui me reste de vie :
L'offre n'est pas bien grande, et le moindre moment
Peut dispenser mes vœux de l'accomplissement.
Préviens ce dur moment par des ordres propices ;
Compte mes bons désirs comme autant de services.
Je sers depuis douze ans, mais c'est par d'autres bras
Que je verse pour toi du sang dans nos combats :
J'en pleure encore un fils [1], et tremblerai pour l'autre
Tant que Mars troublera ton repos et le nôtre :
Mes frayeurs cesseront enfin par cette paix
Qui fait de tant d'États les plus ardents souhaits.
Cependant, s'il est vrai que mon service plaise,
Sire, un bon mot, de grâce, au père de la Chaise [2].

LXIV.

AU ROI.

Plaise au roi ne plus oublier
Qu'il m'a depuis quatre ans promis un bénéfice [3],
Et qu'il avait chargé le feu père Ferrier
  De choisir un moment propice,
  Qui pût me donner lieu de l'en remercier :
  Le père est mort, mais j'ose croire
  Que si toujours Sa Majesté
  Avait pour moi même bonté,
Le père de la Chaise aurait plus de mémoire,
  Et le ferait mieux souvenir
Qu'un grand roi ne promet que ce qu'il veut tenir.

---

[1] Un des fils de Corneille se trouva au passage du Rhin, et fut tué dans une sortie, au siége de Grave, en 1674. Il servait dans les armées du roi, en qualité de lieutenant de cavalerie.
[2] Confesseur du roi, qui avait la feuille des bénéfices.
[3] Vers l'année 1680, le roi gratifia un des fils de Corneille de l'abbaye d'Aiguevive, près de Tours.

LXV.

A MONSEIGNEUR,

SUR SON MARIAGE[1]. (1680.)

Prince, l'appui des lis, et l'amour de la France,
Toi, dont au berceau même elle admira l'enfance,
Et pour qui tous nos vœux s'efforçaient d'obtenir
Du souverain des rois un si bel avenir,
Aujourd'hui qu'elle voit tes vertus éclatantes
Répondre à nos souhaits, et passer nos attentes,
Quel suplice pour moi que l'âge a tout usé
De n'avoir à t'offrir qu'un esprit épuisé!
   D'autres y suppléeront, et tout notre Parnasse
Va s'animer pour toi de ce que j'eus d'audace,
Quand sur les bords du Rhin, pleins de sang et d'effroi,
Je fis suivre à mes vers notre invincible roi.
   Ce cours impétueux de rapides conquêtes,
Qui jeta sous ses lois tant de murs et de têtes,
Semblait nous envier dès lors le doux loisir
D'écrire le succès qu'il lui plaisait choisir :
Je m'en plaignis dès lors : et quoi que leur histoire
A qui les écrirait dût promettre de gloire,
Je pardonnai sans peine au déclin de mes ans
Qui ne m'en laissaient plus la force ni le temps ;
J'eus même quelque joie à voir leur impuissance
D'un devoir si pressant m'assurer la dispense ;
Et sans plus attenter aux miracles divers
Qui portent son grand nom au bout de l'univers,
J'espérai dignement terminer ma carrière,
Si j'en pouvais tracer quelque ébauche grossière
Qui servit d'un modèle à la postérité
De valeur, de prudence, et d'intrépidité :
Mais, comme je tremblais de n'y pouvoir suffire,
Il se lassa de vaincre, et je cessai d'écrire;
Et ma plume, attachée à suivre ses hauts faits,
Ainsi que ce héros acheva par la paix.
   La paix, ce grand chef-d'œuvre, où sa bonté suprême
Pour triomphe dernier triompha de lui-même,
Il la fit, mais en maître : il en dicta les lois ;
Il rendit, il garda les places à son choix :
Toujours grand, toujours juste, et, parmi les alarmes
Que répandait partout le bonheur de ses armes,
Loin de se prévaloir de leurs brillants succès,
De cette bonté seule il en crut tout l'excès ;
Et l'éclat surprenant d'un vainqueur si modeste
De mon feu presque éteint consuma l'heureux reste.
   Ne t'offense donc point si je t'offre aujourd'hui
Un génie épuisé, mais épuisé pour lui :
Tu dois y prendre part; son trône, sa couronne,
Cet amas de lauriers qui partout l'environne,

Tant de peuples réduits à rentrer sous la loi,
Sont autant de dépôts qu'il conserve pour toi ;
Et mes vers, à ses pas, enchaînant la victoire,
Préparaient pour ta tête un rayon de sa gloire.
   Quelle gloire pour toi d'être choisi des cieux
Pour digne successeur de tous nos demi-dieux!
Quelle faveur du ciel de l'être à double titre
D'un roi que tant d'États ont pris pour seul arbitre,
Et d'avoir des vertus prêtes à soutenir
Celles qui le font craindre et qui le font bénir!
C'est de tes jeunes ans ce que ta France espère
Quand elle admire en toi l'image d'un tel père.
   N'aspire pas pourtant à ses travaux guerriers :
Où trouveras-tu, prince, à cueillir des lauriers,
Des peuples à dompter, et des murs à détruire?
Vois-tu des ennemis en état de te nuire?
Son bras ou sa valeur les a tous désarmés ;
S'ils ont tremblé sous l'un, l'autre les a charmés.
Quelques lieux qu'il te plaise honorer de ta vue,
Un respect amoureux y prévient ta venue ; [mis,
Tous les murs sont ouverts, tous les cœurs sont sou-
Et de tous ces vaincus il t'a fait des amis.
   A nos vœux les plus doux si tu veux satisfaire,
Vois moins ce qu'il a fait que ce qu'il aime à faire :
La paix a ses vertus, et tu dois y régler
Cette ardeur de lui plaire et de lui ressembler.
   Vois quelle est sa justice, et quelle vigilance
Par son ordre en ces lieux ramène l'abondance,
Rétablit le commerce, et quels heureux projets
Des charges de l'État soulagent ses sujets ;
Par quelle inexorable et propice tendresse
Il sauve des duels le sang de sa noblesse ;
Comme il punit le crime, et par quelle terreur
Dans les cœurs les plus durs il en verse l'horreur.
Partout de ses vertus tu verras quelque marque,
Quelque exemple partout à faire un vrai monarque.
   Mais sais-tu quel salaire il s'en promet de toi?
Une postérité digne d'un si grand roi,
Qui fasse aimer ses lois chez la race future,
Et les donne pour règle à toute la nature.
   C'est sur ce digne espoir de sa tendre amitié
Qu'il t'a choisi lui-même une illustre moitié.
Ses ancêtres ont su de plus d'une manière
Unir le sang de France à celui de Bavière ;
Et l'heureuse beauté qui t'attend pour mari
Descend ainsi que toi de notre grand Henri;
Vous en tirez tous deux votre auguste origine,
L'un par Louis le Juste, et l'autre par Christine,
En degré tout pareil : ses aïeux paternels
Firent avec les tiens ligue pour nos autels,
Joignirent leurs drapeaux contre le fier insulte[2]
Que Luther et sa secte osaient faire au vrai culte;

---

[1] Avec Anne-Marie-Christine de Bavière, fille de l'électeur Ferdinand-Marie, et d'Henriette-Adélaïde de Savoie. (P.)

[2] *Insulte* était encore du genre masculin.

Et Prague du dernier vit les fameux exploits
De Rome dans ses murs faire accepter les lois.
 Ils ont assez donné de Césars à l'empire,
Pour en donner encor, s'il en fallait élire ;
Et notre grand monarque est assez redouté
Pour faire encor voler l'aigle de leur côté.
Quel besoin toutefois de vanter leur noblesse
Pour assurer ton cœur à la jeune princesse,
Comme si ses vertus et l'éclat de ses yeux
A son mérite seul ne l'assuraient pas mieux ?
 La grandeur de son âme et son esprit sublime
S'élèvent au-dessus de la plus haute estime ;
Son accueil, ses bontés, ont de quoi tout charmer ;
Et tu n'auras enfin qu'à la voir pour l'aimer.
 Vois bénir en tous lieux l'hymen qui te l'amène
Des rives du Danube aux rives de la Seine,
Vois-le suivi partout des grâces et des jeux
Vois la France à l'envi lui porter tous ses vœux.
 Je t'en peindrais ici la pompeuse allégresse ;
Mais pour s'y hasarder il faut de la jeunesse.
De quel front oserais-je, avec mes cheveux gris,
Ranger autour de toi les amours et les ris ?
Ce sont de petits dieux enjoués, mais timides,
Qui s'épouvanteraient dès qu'ils verraient mes rides ;
Et ne me point mêler à leur galant aspect
C'est te marquer mon zèle avec plus de respect.

FIN DES POÉSIES DIVERSES.

POËMES

SUR

LES VICTOIRES DU ROI

I.

POËME

SUR LES VICTOIRES DU ROI,

TRADUIT DU LATIN EN FRANÇAIS [1].

Mânes des grands Bourbons, brillants foudres de guer-
Qui fûtes et l'exemple et l'effroi de la terre, [re,
Et qu'un climat fécond en glorieux exploits
Pour le soutien des lis vit sortir de ses rois,
Ne soyez point jaloux qu'un roi de votre race
Égale tout d'un coup votre plus noble audace.
Vos grands noms dans le sien revivent aujourd'hui :
Toutes les fois qu'il vainc vous triomphez en lui ;

---

[1] Ce poème fut imprimé pour la première fois en 1667, avec l'avertissement qui suit :

« *Au lecteur*. Quelque favorable accueil que sa majesté ait daigné faire à cet ouvrage, et quelques applaudissements que la cour lui ait prodigués, je n'en dois pas faire grande vanité, puisque je n'en suis que le traducteur. Mais, dans une si belle occasion de faire éclater la gloire du roi, je n'ai point considéré la mienne : mon zèle est plus fort que mon ambition ; et, pourvu que je puisse satisfaire en quelque sorte aux devoirs d'un sujet fidèle et passionné, il m'importe peu du reste. Le public m'aura du moins l'obligation d'avoir déterré ce trésor, qui, sans moi, serait demeuré enseveli sous la poussière d'un collége ; et j'ai été bien aise de pouvoir donner par là quelques marques de reconnaissance aux soins que les PP. jésuites ont pris d'instruire ma jeunesse et celle de mes enfants, et à l'amitié particulière dont m'honore l'auteur de ce panégyrique [*]. Je ne l'ai pas traduit si fidèlement, que je ne me sois enhardi plus d'une fois à étendre ou resserrer ses pensées : comme les grâces des deux langues sont différentes, j'ai cru à propos de prendre cette liberté, afin que ce qui était excellent en latin ne devînt pas si insupportable en français ; vous en jugerez, et ne serez pas fâché que j'y aie fait joindre quelques autres pièces, que vous avez déjà vues, sur le même sujet. L'amour naturel que nous avons tous pour les productions de notre esprit m'a fait espérer qu'elles se pourraient ainsi conserver l'une par l'autre, ou périr un peu plus tard. »

[*] Le père de la Rue.

Et ces hautes vertus que de vous il hérite
Vous donnent votre part aux encens qu'il mérite.
C'est par cette valeur qu'il tient de votre sang,
Que le lion belgique a vu percer son flanc ;
Il en frémit de rage, et, devenu timide,
Il met bas cet orgueil contre vous intrépide,
Comme si sa fierté qui vous sut résister
Attendait ce héros pour se laisser dompter!
Aussi cette fierté, par le nombre alarmée,
Voit en un chef si grand encor plus d'une armée,
Dont par le seul aspect ce vieil orgueil brisé
Court au-devant du joug si longtemps refusé.
De là ces feux de joie et ces chants de victoire
Qui font briller partout et retentir sa gloire :
Et, bien que la déesse aux cent voix et cent yeux
L'ait publiée en terre et fait redire aux cieux,
Qu'il ne soit pas besoin d'aucune autre trompette,
Le cœur paraît ingrat quand la bouche est muette,
Et d'un nom que partout la vertu fait voler
C'est crime de se taire où tout semble parler. [cères
  Mais n'attends pas, grand roi, que mes ardeurs sin-
Appellent au secours l'Apollon de nos pères ;
A mes faibles efforts daigne servir d'appui,
Et tu me tiendras lieu des muses et de lui.
Toi seul y peux suffire, et dans toutes les âmes
Allumer de toi seul les plus célestes flammes,
Tel qu'épand le soleil sa lumière sur nous,
UNIQUE DANS LE MONDE, ET QUI SUFFIT A TOUS.
  Par l'ordre de son roi les armes de la France
De la triste Hongrie avaient pris la défense,
Sauvé du Turc vainqueur, un peuple gémissant
Fait trembler son Asie et rougir son croissant ;
Par son ordre on voyait d'invincibles courages
D'Alger et de Tunis arrêter les pillages,
Affranchir nos vaisseaux de ces tyrans des mers,
Et leur faire à leur tour appréhender nos fers.
L'Anglais même avait vu jusque dans l'Amérique
Ce que c'est qu'avec nous rompre la foi publique,

Et sur terre et sur mer reçu le digne prix
De l'infidélité qui nous avait surpris.
Enfin du grand Louis aux trois parts de la terre
Le nom se faisait craindre à l'égal du tonnerre.
L'Espagnol s'en émeut ; et, gêné de remords,
Après de tels succès il craint pour tous ses bords :
L'injure d'une paix à la fraude enchaînée,
Les dures pactions d'un royal hyménée,
Tremblent sous les raisons et la facilité
Qu'aura de s'en venger un roi si redouté.
   Louis s'en aperçoit, et tandis qu'il s'apprête
A joindre à tant de droits celui de la conquête,
Pour éblouir l'Espagne et son raisonnement,
Il tourne ses apprêts en divertissement ;
Il s'en fait un plaisir, où par un long prélude
L'image de la guerre en affermit l'étude,
Et ses passe-temps même instruisant ses soldats
Préparent un triomphe où l'on ne pense pas.
Il se met à leur tête aux plus ardentes plaines,
Fait en se promenant leçon aux capitaines,
Se délasse à courir de quartier en quartier,
Endurcit et soi-même et les siens au métier, [gne,
Les forme à ce qu'il faut que chacun cherche ou crai-
Et par de feints combats apprend l'art qu'il enseigne.
   Il leur montre à doubler leurs files et leurs rangs,
A changer tôt de face aux ordres différents,
Tourner à droite, à gauche, attaquer et défendre,
Enfoncer, soutenir, caracoler, surprendre ;
Tantôt marcher en corps, et tantôt défiler,
Pousser à toute bride, attendre, reculer,
Tirer à coups perdus, et par toute l'armée
Faire l'oreille au bruit et l'œil à la fumée.
   Ce héros va plus outre ; il leur montre à camper :
A la tente, à la hutte on les voit s'occuper ;
Sa présence aux travaux mêle de si doux charmes,
Qu'ils apprennent sans peine à dormir sous les armes ;
Et comme s'ils étaient en pays dangereux,
L'ombre de Saint-Germain est un bivouac pour eux.
   Achève, grand monarque! achève, et pars sans
Si tu t'es fait un jeu de cette guerre feinte, [crainte :
Accoutumé par elle à la poussière, au feu,
La véritable ailleurs ne te sera qu'un jeu :
Tes guerriers t'y suivront sans y voir rien de rude,
Combattront par plaisir, vaincront par habitude ;
Et la victoire, instruite à prendre ici ta loi,
Dans les champs ennemis n'obéira qu'à toi.
   L'Espagne cependant, qui voit des Pyrénées
Donner ce grand spectacle aux dames étonnées,
Loin de craindre pour soi, regarde avec mépris,
Dans un camp si pompeux, des guerriers si bien mis,
Tant d'habits, comme au bal, chargés de broderie,
Et parmi des canons tant de galanterie.
Quoi ! l'on se joue en France, et ce roi si puissant
Croit m'effrayer, dit-elle, en se divertissant !

Il est vrai qu'il se joue, Espagne, et tu devines ;
Mais tu mettras au jeu plus que tu n'imagines,
Et de ton dernier vol si tu ne te repens,
Tu ne verras finir ce jeu qu'à tes dépens.
   Son père et son aïeul t'ont fait voir que sa France
Sait trop, quand il lui plaît, dompter ton arrogance :
Tant d'escadrons rompus, tant de murs emportés,
T'ont réduite souvent au secours des traités ;
Ces disgrâces alors te donnaient peu d'alarmes,
Tes conseils réparaient la honte de tes armes ;
Mais le ciel réservait à notre auguste roi
D'avoir plus de conduite et plus de cœur que toi.
   Rien plus ne le retarde, et déjà ses trompettes
Aux confins de l'Artois lui servent d'interprètes :
C'est de là, c'est par là qu'il s'explique assez haut.
Il entre dans la Flandre et rase le Hainaut.
Le Français court et vole, une mâle assurance
Le fait à chaque pas triompher par avance ;
Le désordre est partout, et l'approche du roi
Remplit l'air de clameurs et la terre d'effroi.
Jusqu'au fond du climat ses lions en rugissent,
Leur vue en étincelle, et leurs crins s'en hérissent ;
Les antres et les bois, par de longs hurlements,
Servent d'affreux échos à leurs rugissements :
Et les fleuves mal sûrs dans leurs grottes profondes
Hâtent vers l'Océan la fuite de leurs ondes ;
Incertains de la marche, ils tremblent tous pour eux.
Songe encor, songe, Espagne, à mépriser nos jeux !
   Ainsi, quand le courroux du maître de la terre
Pour en punir l'orgueil prend son tonnerre,
Qu'un orage imprévu qui roule dans les airs
Se fait connaître au bruit et voir par les éclairs,
Ces foudres, dont la route est pour nous inconnue,
Paraissent quelque temps se jouer dans la nue,
Et ce feu qui s'échappe et brille à tous moments
Semble prêter au ciel de nouveaux ornements :
Mais enfin le coup tombe ; et ce moment horrible,
A force de tarder devenu plus terrible,
Étale aux yeux surpris des hommes écrasés
Une plaine fumante, et des rochers brisés.
Tel on voit le Flamand présumer ta venue,
Grand roi! pour fuir ta foudre il cherche à fuir ta vue ;
Et de tes justes lois ignorant la douceur,
Il abandonne aux tiens des murs sans défenseur.
   La Bassée, Armentière, aussitôt sont désertes ;
Charleroi, qui t'attend, mais à portes ouvertes,
A forts démantelés, à travaux démolis,
Sur le nom de son roi laisse arborer tes lis.
C'est là le prompt effet de la frayeur commune,
C'est ce que font sans toi ton nom et ta fortune.
Heureux tous nos Flamands, si l'exemple suivi
Eût partout à tes droits fait justice à l'envi !
Furne n'aurait point vu ses portes enfoncées ;
Bergue n'aurait point vu ses murailles forcées ;

Et Tournai, de tout temps tout Français dans le cœur,
T'eût reçu comme maître, et non comme vainqueur;
Les muses à Douai n'auraient point pris les armes
Pour coûter à son peuple et du sang et des larmes;
Courtrai, sans en verser, eût changé de destin;
Ce refuge orgueilleux de l'Espagnol mutin,
Alost n'eût point fourni de matière à ta gloire;
Oudenarde jamais n'eût pleuré ta victoire.
Que dirai-je de Lille, où tant et tant de tours,
De forts, de bastions, n'ont tenu que dix jours?

Ces murs si rechantés, dont la noble ruine
De tant de nations flatte encor l'origine,
Ces remparts que la Grèce et tant de dieux ligués
En deux lustres à peine ont pu voir subjugués,
Eurent moins de défense, et l'art en leur structure
Avait moins secouru l'effort de la nature;
Et ton bras en dix jours a plus fait à nos yeux
Que la fable en dix ans n'a fait faire à ses dieux.

Ainsi, par des succès que nous n'osions attendre,
Ton État voit sa borne au milieu de la Flandre;
Et la Flandre, qui craint de plus grands change-
Voit ses fleuves captifs diviser ses Flamands. [ments,
C'est là ton pur ouvrage, et ce qu'en vain ta France
Elle-même a tenté sous une autre puissance;
Ce que semblait le ciel défendre à nos souhaits;
Ce qu'on n'a jamais vu, qu'on ne verra jamais;
Ce que tout l'avenir à peine voudra croire.....
Mais de quel front osé-je ébaucher tant de gloire,
Moi dont le style faible et le vers mal suivi
Ne sauraient même atteindre à ceux qui t'ont servi?

Souffre-moi toutefois de tâcher à portraire
D'un roi tout merveilleux l'incomparable frère;
Sa libéralité pareille à sa valeur;
A l'espoir du combat ce qu'il sent de chaleur;
Ce que lui fait oser l'inexorable envie
D'affronter les périls au mépris de sa vie,
Lorsque de sa grandeur il peut se démêler,
Et trompe autour de lui tant d'yeux pour y voler.
Les tristes champs de Brugé en rendront témoignage:
Ce fut là que pour suite il n'eut que son courage;
Il fuyait tous les siens pour courir sur tes pas,
Marcin, et ta déroute eût signalé son bras,
Si le destin jaloux qui l'avait arrêtée
Pour en croître l'affront ne l'eût précipitée,
Et sur ton nom fameux déployé sa rigueur
Jusques à t'envier un si noble vainqueur.

Enghien le suit de près, et n'est pas moins avide
De ces occasions où l'honneur sert de guide.
L'Escaut épouvanté voit ses premiers efforts
Le couronner de gloire au travers de cent morts,
Donner sur l'embuscade, en pousser la retraite,
Triompher des périls où sa valeur le jette,
Et montrer dans un cœur aussi haut que son rang
De l'illustre Condé le véritable sang.

Saint-Paul, le qui l'ardeur prévient ce qu'on espère,
De son côté Dunois, et Condé par sa mère,
A l'un et l'autre nom répond si dignement,
Que des plus vaillants même il est l'étonnement.
Des armes qu'il arrache aux mains qui le combattent
Il commence un trophée où ses vertus éclatent;
Et pour forcer la Flandre à prendre un joug plus doux,
Les pals les plus serrés font passage à ses coups.
Mais où va m'emporter un zèle téméraire?
A quoi m'expose-t-il? et que prétends-je faire,
Lorsque tant de grands noms, tant d'illustres exploits,
Tant de héros enfin s'offrent tous à la fois?

Magnanimes guerriers, dont les hautes merveilles
Lasseraient tout l'effort des plus savantes veilles,
Bien que votre valeur étonne l'univers,
Qu'elle mette vos noms au-dessus de mes vers,
Vos miracles pourtant ne sont point des miracles;
L'exemple de Louis vous lève tous obstacles:
Marchez dessus ses pas, fixez sur lui vos yeux,
Vous n'avez qu'à le voir, qu'à le suivre en tous lieux;
Qu'à laisser faire en vous l'ardeur qu'il vous inspire,
Pour vous faire admirer plus qu'on ne vous admire.

Cette ardeur, qui des chefs passe aux moindres sol-
Anime tous les cœurs, fait agir tous les bras; [dats,
Tout est beau, tout est doux sous de si grands auspi-
La peine a ses plaisirs, la mort a ses délices; [ces;
Et de tant de travaux qu'il aime à partager,
On n'en voit que la gloire et non pas le danger.

Il n'est pas de ces rois qui, loin du bruit des armes,
Sous des lambris dorés donnent ordre aux alarmes,
Et, traçant en repos d'ambitieux projets,
Prodiguent, à couvert, le sang de leurs sujets:
Il veut de sa main propre enfler sa renommée,
Voir de ses propres yeux l'état de son armée,
Se fait à tout son camp reconnaître à la voix,
Visite la tranchée, y fait suivre ses lois:
S'il faut des assiégés repousser les sorties,
S'il faut livrer assaut aux places investies,
Il montre à voir la mort, à la braver de près,
A mépriser partout la grêle des mousquets,
Et lui-même essuyant leur plus noire tempête
Par ses propres périls achète sa conquête.
Tel le grand saint Louis, la tige des Bourbons,
Lui-même du Soldan forçait les bataillons;
Tel son aïeul Philippe acquit le nom d'Auguste
Dans les fameux hasards d'une guerre aussi juste;
Avec le même front, avec la même ardeur
Il terrassa d'Othon la superbe grandeur,
Couvrit devant ses yeux la Flandre de ruines,
Et du sang allemand fit ruisseler Bovines:
Tel enfin, grand monarque, aux campagnes d'Ivry,
Tel en mille autres lieux l'invincible Henri,
De la Ligue obstinée enfonçant les cohortes,
Te conquit de sa main le sceptre que tu portes.

Vous, ses premiers sujets, qu'attache à son côté
La splendeur de la race ou de la dignité,
Vous, dignes commandants, vous, dextres aguerries,
Troupes aux champs de Mars dès le berceau nourries,
Dites-moi de quels yeux vous vîtes ce grand roi,
Après avoir rangé tant de murs sous sa loi,
Descendre parmi vous de son char de victoire
Pour vous donner à tous votre part à sa gloire.
De quels yeux vîtes-vous son auguste fierté
Unir tant de tendresse à tant de majesté,
Honorer la valeur, estimer le service,
Aux belles actions rendre prompte justice,
Secourir les blessés, consoler les mourants,
Et pour vous applaudir passer dans tous vos rangs?

Parlez, nouveaux Français, qui venez de connaître
Quel est votre bonheur d'avoir changé de maître,
Vous qui ne voyiez plus vos princes qu'en portrait,
Sujets en apparence, esclaves en effet,
Pouvez-vous regretter ces démarches pompeuses,
Ces fastueux dehors, ces grandeurs sourcilleuses,
Ces gouverneurs enfin envoyés de si loin,
Tout-puissants en parade, impuissants au besoin,
Qui, ne montrant jamais qu'un œil farouche et sombre,
A peine vous jugeaient dignes de voir leur ombre?

Nos rois n'exigent point cet odieux respect:
Chacun peut chaque jour jouir de leur aspect;
On leur parle, on reçoit d'eux-mêmes le salaire
Des services rendus, ou du zèle à leur plaire;
Et l'amoureux attrait qui règne en leurs bontés
Leur gagne d'un coup d'œil toutes les volontés.

Pourriez-vous en avoir une plus sûre marque,
Belges? vous le voyez, cet illustre monarque,
A vos temples ouverts conduire ses vainqueurs
Pour y bénir le ciel de vos propres bonheurs.
Est-il environné de ces pompes cruelles
Dont à Rome éclataient les victoires nouvelles,
Quand tout autour d'un char elle voyait traînés
Des peuples soupirants et des rois enchaînés,
Qu'elle admirait l'amas des affreux brigandages
D'où tiraient leurs grands noms ses plus grands per-
Et des fleuves domptés les simulacres vains[sonnages,
Qui sous des flots de bronze adoraient ses Romains?
Il n'y fait point porter les dépouilles des villes,
Comme ses Marius, ses Métels, ses Émiles,
Et ce reste insolent d'avides conquérants,
Grands héros dans ses murs, partout ailleurs tyrans.

Il entre avec éclat, mais votre populace
Ne voit point sur son front de fast ni de menace;
Il entre, mais d'un air qui ravit tous les cœurs,
En père des vaincus, en maître des vainqueurs.
Peuples, repentez-vous de votre résistance;
Il ramène en vos murs la joie et l'abondance;
Votre défaite en chasse un sort plus rigoureux:
Si vous aviez vaincu, vous seriez moins heureux.

On m'en croit, on l'aborde, on lui porte des plaintes;
Il écoute, il prononce, il fait des lois plus saintes;
Chacun reste charmé d'un si facile accès,
Chacun des maux passés goûte le doux succès,
Jure avec l'Espagnol un éternel divorce,
Et porte avec amour un joug reçu par force.

C'est ainsi que la terre, au retour du printemps,
Des grâces du soleil se défend quelque temps,
De ses premiers rayons refuit les avantages,
Et pour les repousser élève cent nuages;
Le soleil plus puissant dissipe ces vapeurs,
S'empare de son sein, y fait naître des fleurs,
Y fait germer des fruits; et la terre, à leur vue
Se trouvant enrichie aussitôt que vaincue,
Ouvre à ce conquérant jusques au fond du cœur,
Et, pleine de ses dons, adore son vainqueur.

Poursuis, grand roi, poursuis: c'est par là qu'on
Du respect immortel chez la race future: [s'assure
C'est par là que le ciel prépare ton Dauphin
A remplir hautement son illustre destin:
Il y répond sans peine, et son jeune courage
Accuse incessamment la paresse de l'âge;
Toute son âme vole après tes étendards,
Brûle de partager ta gloire et tes hasards,
D'aller ainsi que toi de conquête en conquête.
Conservez, justes cieux, et l'une et l'autre tête;
Modérez mieux l'ardeur d'un roi si généreux:
Faites-le souvenir qu'il fait seul tous nos vœux,
Que tout notre destin s'attache à sa personne,
Qu'il ferait d'un faux pas chanceler sa couronne;
Et, puisque ses périls nous forcent de trembler,
Du moins n'en souffrez point qui nous puisse accabler.

II.

AU ROI,

SUR SON RETOUR DE FLANDRE [1].

Tu reviens, ô mon roi! tout couvert de lauriers;
Les palmes à la main tu nous rends nos guerriers;
Et tes peuples, surpris et charmés de leur gloire,
Mêlent un peu d'envie à leurs chants de victoire.
Ils voudraient avoir vu comme eux aux champs de
Ton auguste fierté guider tes étendards, [Mars
Avoir dompté comme eux l'Espagne en sa milice,
Réduit comme eux la Flandre à te faire justice,
Et su mieux prendre part à tant de murs forcés
Que par des feux de joie et des vœux exaucés.
Nos muses à leur tour, de même ardeur saisies,
Vont redoubler pour toi leurs nobles jalousies,
Et ta France en va voir les merveilleux efforts
Déployer à l'envi leurs plus rares trésors.

[1] Ces vers furent imprimés en 1667, et réimprimés en 1669.

Elles diront quels soins, quels rudes exercices,
Quels travaux assidus étaient lors tes délices,
Quels secours aux blessés prodiguait ta bonté,
Quels exemples donnait ton intrépidité,
Quels rapides succès ont accru ton empire,
Et le diront bien mieux que je ne le puis dire.
C'est à moi de m'en taire, et ne pas avilir
L'honneur de ces lauriers que tu viens de cueillir.
De mon génie usé la chaleur amortie
A leur gloire immortelle est trop mal assortie,
Et défigurerait tes grandes actions
Par l'indigne attentat de ses expressions.
Que ne peuvent, grand roi, tes hautes destinées
Me rendre la vigueur de mes jeunes années!
Qu'ainsi qu'au temps du *Cid* je ferais de jaloux!
Mais j'ai beau rappeler un souvenir si doux,
Ma veine, qui charmait alors tant de balustres,
N'est plus qu'un vieux torrent qu'ont tari douze lustres,
Et ce serait en vain qu'aux miracles du temps
Je voudrais opposer l'acquis de quarante ans.
Au bout d'un carrière et si longue et si rude
On a trop peu d'haleine et trop de lassitude;
A force de vieillir un auteur perd son rang;
On croit ses vers glacés par la froideur du sang;
Leur dureté rebute, et leur poids incommode;
Et la seule tendresse est toujours à la mode.
  Ce dégoût toutefois ni ma propre langueur
Ne me font pas encor tout à fait perdre cœur;
Et, dès que je vois jour sur la scène à te peindre,
Il rallume aussitôt ce feu prêt à s'éteindre.
Mais, comme au vif éclat de tes faits inouïs
Soudain mes faibles yeux demeurent éblouis,
J'y porte, au lieu de toi, ces héros dont la gloire
Semble épuiser la fable et confondre l'histoire,
Et, m'en faisant un voile entre la tienne et moi,
J'assure mes regards pour aller jusqu'à toi.
Ainsi de ta splendeur mon idée enrichie
En applique à leur front la clarté réfléchie,
Et forme tous leurs traits sur le moindre des tiens,
Quand je veux faire honneur aux siècles anciens.
Sur mon théâtre ainsi tes vertus ébauchées
Sèment ton grand portrait par pièces détachées;
Les plus sages des rois, comme les plus vaillants,
Y reçoivent de toi leurs plus dignes brillants.
J'emprunte, pour en faire une pompeuse image,
Un peu de ta conduite, un peu de ton courage;
Et j'étudie en toi ce grand art de régner,
Qu'à leur postérité je leur fais enseigner.
C'est tout ce que des ans me peut souffrir la glace:
Mais j'ai d'autres moi-même à servir en ma place,
Deux fils dans ton armée, et dont l'unique emploi
Est d'y porter du sang à répandre pour toi¹:

¹ Voyez, aux *Poésies diverses*, n° LXIV, la note sur les fils de Corneille.

Tous deux ils tâcheront, dans l'ardeur de te plaire,
D'aller plus loin pour toi que le nom de leur père;
Tous deux, impatients de le mieux signaler,
Ils brûleront d'agir, quand je tremble à parler;
Et ce feu qui sans cesse eux et moi nous consume
Suppléera par l'épée au défaut de ma plume.
Pardonne, grand vainqueur, à cet emportement:
Le sang prend malgré nous quelquefois son moment;
D'un père pour ses fils l'amour est légitime;
Et j'ai droit pour les miens de garder quelque estime,
Après qu'en leur faveur toi-même as bien voulu
M'assurer que l'abord ne t'en a point déplu.
Le plus jeune a trop tôt reçu d'heureuses marques
D'avoir suivi les pas du plus grand des monarques:
Mais, s'il a peu servi, si le feu des mousquets
Arrêta dès Douai ses plus ardents souhaits,
Il fait gloire du lieu que perça la tempête:
Ceux qu'elle atteint au pied ne cachent pas leur tête;
Sur eux à ta fortune ils laissent tout pouvoir;
Ils s'offrent tout entiers aux hasards du devoir.
De nouveau je m'emporte. Encore un coup pardonne
Ce doux égarement que le sang me redonne;
Sa flatteuse surprise aisément nous séduit;
La pente est naturelle, avec joie on la suit;
Elle fait une aimable et prompte violence,
Dont pour me garantir je n'ai que le silence.
Grand roi, qui vois assez combien j'en suis confus,
Souffre que je t'admire, et ne te parle plus.

III.

TRADUCTIONS ET IMITATIONS

DE L'ÉPIGRAMME LATINE DE M. DE MONTMOR,

PREMIER MAÎTRE DES REQUÊTES DE L'HÔTEL DU ROI.

Fulminat attonitas Scaldis Lodoïcus ad arces,
Intrepidusque hostes terret ubique suos:
Dum tamen augustum caput objectare periclis
Non timet, heu! populos terret et ille suos.

TRADUCTION.

Sur l'Escaut étonné tu lances la tempête,
Grand prince, et fais trembler partout tes ennemis;
Mais, quand tu ne crains pas d'y hasarder ta tête,
Tu fais trembler aussi ceux que Dieu t'a soumis.

IMITATION.

Tes glorieux périls remplissent tes projets,
Grand roi: mais tu fais peur aux deux partis ensemble;
Et, si devant tes pas toute l'Espagne tremble,
Ces périls où tu cours font trembler tes sujets.

AUTRE.

Ton courage, grand roi, que la gloire accompagne,
Jette les deux partis dans un pareil effroi ;
Et, si quand tu parais tu fais trembler l'Espagne,
Les lieux où tu parais nous font trembler pour toi.

AUTRE.

Et l'Espagne et les tiens, grand prince, à te voir faire,
De pareilles frayeurs se laissent accabler :
L'Espagne à ton aspect tremble à son ordinaire,
Les tiens par tes périls apprennent à trembler.

IV.

AU ROI,

SUR

SA CONQUÊTE DE LA FRANCHE-COMTÉ [1].

Quelle rapidité, de conquête en conquête,
En dépit des hivers guide tes étendards?
Et quel dieu dans tes yeux tient cette foudre prête
Qui fait tomber les murs d'un seul de tes regards?

A peine tu parais qu'une province entière
Rend hommage à tes lis et justice à tes droits ;
Et ta course en neuf jours achève une carrière
Que l'on verrait coûter un siècle à d'autres rois.

En vain pour t'applaudir ma muse impatiente,
Attendant ton retour, prête l'oreille au bruit ;
Ta vitesse l'accable, et sa plus haute attente
Ne peut imaginer ce que ton bras produit.

Mon génie, étonné de ne pouvoir te suivre,
En perd haleine et force ; et mon zèle confus,
Bien qu'il t'ait consacré ce qui me reste à vivre,
S'épouvante, t'admire, et n'ose rien de plus.

Je rougis de me taire, et d'avoir tant à dire ;
Mais c'est le seul parti que je puisse choisir :
Grand roi, pour me donner quelque loisir d'écrire,
Daigne prendre pour vaincre un peu plus de loisir [2] !

---

[1]. Corneille a traité le même sujet en latin. Voyez, ci-après, le n° II de ses *Poésies latines*.
[2]. Boileau a resserré la même pensée dans ce vers, par lequel commence son Épître VIII :

Grand roi, cesse de vaincre, ou je cesse d'écrire.

V.

AU ROI,

SUR LE RÉTABLISSEMENT DE LA FOI CATHOLIQUE
EN SES CONQUÊTES DE HOLLANDE [1].

Tes victoires, grand roi, si pleines et si promptes,
N'ont rien qui ne surprenne en leur rapide cours,
Ni tout ce vaste effroi des peuples que tu domptes,
Qui t'ouvre plus de murs que tu n'y perds de jours.

C'est l'effet, c'est le prix des soins dont tu travailles
A ranimer la foi qui s'y laisse étouffer :
Tu mets de leur parti le Maître des batailles,
Et, dès qu'ils ont vaincu, tu le fais triompher.

Tu prends ses intérêts, il brise tous obstacles ;
Tu rétablis son culte, il se fait ton appui ;
Sur ton zèle intrépide il répand ses miracles,
Et prête leur secours à qui combat pour lui.

Ils font de jour en jour nouvelle peine à croire,
Ils vont de marche en marche au delà des projets,
Lassent la renommée, épouvantent l'histoire,
Préviennent l'espérance, et passent les souhaits.

Poursuis, digne monarque, et rends-lui tous ses temples ;
Fais-lui d'heureux sujets de ceux qu'il t'a soumis ;
Et, comme il met ta gloire au-dessus des exemples,
Mets la sienne au-dessus de tous ses ennemis.

Mille autres à l'envi peindront ce grand courage,
Ce grand art de régner qui te suit en tout lieu :
Je leur en laisse entre eux disputer l'avantage,
Et ne veux qu'admirer en toi le don de Dieu.

VI.

TRADUCTION

D'UNE

INSCRIPTION LATINE POUR L'ARSENAL DE BREST [2].

Palais digne de Mars, qui fournis pour armer

---

[1] Voyez le n° III des *Poésies latines*.
[2] Voici cette inscription latine, dont Santeul est l'auteur :

LUDOVICO MAGNO.

Quæ pelago sese arx aperit metuenda Britanno,
Classibus armandis, omnique accommoda bello,
Prædonum terror, Francis tutela carinis,
Æterna regi excubiæ, domus hospita Martis,
Magni opus est Lodoïci. Hunc omnes omnibus undis
Agnoscant venti dominum, et maria alta tremiscant

Cent bataillons sur terre, et cent vaisseaux sur mer;
De l'empire des lis foudroyant corps-de-garde,
Que jamais sans pâlir corsaire ne regarde,
   De Louis, le plus grand des rois,
   Vous êtes l'immortel ouvrage.
Vents, c'est ici qu'il lui faut rendre hommage;
Mers, c'est ici qu'il faut prendre ses lois.

VII.

LES VICTOIRES DU ROI

SUR LES ÉTATS DE HOLLANDE,

EN L'ANNÉE 1672,

IMITÉES DU LATIN DU P. DE LA RUE.

Les douceurs de la paix, et la pleine abondance
Dont ses tranquilles soins comblent toute la France,
Suspendaient le courroux du plus grand de ses rois:
Ce courroux, sûr de vaincre, et vainqueur tant de fois,
Vous l'aviez éprouvé, Flandre, Hainaut, Lorraine;
L'Espagne et sa lenteur n'en respiraient qu'à peine;
Et ce triomphe heureux sur tant de nations
Semblait mettre une borne aux grandes actions.
Mais une si facile et si prompte victoire
Pour le victorieux n'a point assez de gloire:
Amoureux des périls et du pénible honneur,
Il ne saurait goûter ce rapide bonheur;
Il ne saurait tenir pour illustres conquêtes
Des murs qui trébuchaient sans écraser de têtes,
Des forts avant l'attaque entre ses mains remis,
Ni des peuples tremblants pour justes ennemis.
Au moindre souvenir qui peigne à sa vaillance
Chez tant d'autres vainqueurs la fortune en balance,
Les triomphes sanglants, et longtemps disputés,
Il voit avec dédain ceux qu'il a remportés:
Sa gloire, inconsolable après ces hauts exemples,
Brûle d'en faire voir d'égaux ou de plus amples;
Et, jalouse du sang versé par ces guerriers,
Se reproche le peu que coûtent ses lauriers.
   Pardonne, grand monarque, à ton destin propice,
Il va de ses faveurs corriger l'injustice,
Et t'offre un ennemi fier, intrépide, heureux,
Puissant, opiniâtre, et tel que tu le veux.
Sa fureur se fait craindre aux deux bouts de la terre,
Au levant, au couchant, elle a porté la guerre;
L'une et l'autre Java, la Chine, et le Japon,
Frémissent à sa vue et tremblent à son nom:
C'est ce jaloux ingrat, cet insolent Batave,
Qui te doit ce qu'il est, et hautement te brave:
Il te déchire, il t'arme, il brigue contre toi,
Comme s'il n'aspirait qu'à te faire la loi.

Ne le regarde point dans sa basse origine,
Confiné par mépris aux bords de la marine:
S'il n'y fit autrefois la guerre qu'aux poissons,
S'il n'y connut le fer que par ses hameçons,
Sa fierté, maintenant au-dessus de la roue,
Méconnaît ses aïeux qui rampaient dans la boue.
C'est un peuple ennobli par cent fameux exploits,
Qui ne veut adorer ni vivre qu'à son choix,
Un peuple qui ne souffre autels ni diadèmes,
Qui veut borner les rois et les régler eux-mêmes;
Un peuple enflé d'orgueil et gorgé de butin,
Que son bras a rendu maître de son destin;
Pirate universel, et pour gloire nouvelle
Associé d'Espagne, et non plus son rebelle.
   Sur ce digne ennemi venge le ciel et toi;
Venge l'honneur du sceptre, et les droits de la foi.
Tant d'illustres fureurs, tant d'attentats célèbres,
L'ont fait assez gémir chez lui dans les ténèbres:
Romps les fers qu'elle y traîne, et rends-lui le plein
Règne, et fais-y régner le vrai culte à son tour. [jour;
   Ce grand prince m'écoute, et son ardeur guerrière
Le jette avidement dans cette âpre carrière,
La juge avantageuse à montrer ce qu'il est;
Et plus la course est rude, et plus elle lui plaît.
Il s'oppose déjà des troupes formidables,
Des Ostendes, trois ans à tout autre imprenables,
Des fleuves teints de sang, des champs semés de corps,
Cent périls éclatants, et mille affreuses morts:
Car enfin d'un tel peuple, à lui rendre justice
Après une si longue et si dure milice,
Après un siècle entier perdu pour le dompter,
Quelle plus faible image ose se présenter?
Des orageux reflux d'une mer écumeuse,
Des trois canaux du Rhin, de l'Yssel, de la Meuse,
De ce climat jadis si fatal aux Romains
Et qui défie encor tous les efforts humains,
De ces flots suspendus où l'art soutient des rives
Pour noyer les vainqueurs dans les plaines captives,
De cent bouches partout si prêtes à tonner
Qui peut se former l'ombre, et ne pas s'étonner?
Si ce peuple au secours attire l'Allemagne,
S'il joint le Mein au Tage, et l'Empire à l'Espagne,
S'il fait au Danemark craindre pour ses deux mers,
Si contre nous enfin il ligue l'univers,
Que sera-ce? Mon roi n'en conçoit point d'alarmes;
Plus l'orage grossit, plus il y voit de charmes:
Son ardeur s'en redouble, au lieu de s'arrêter;
Il veut tout reconnaître et tout exécuter,
Et, présentant le front à toute la tempête,
Agir également du bras et de la tête.
La même ardeur de gloire emporte ses sujets;
Chacun veut avoir part à ses nobles projets;
Chacun s'arme, et la France, en guerriers si féconde,
Jamais sous ses drapeaux ne rangea tant de monde.

POËMES SUR LES VICTOIRES DU ROI.

L'Anglais couvre pour nous la mer de cent vaisseaux :
Cologne après Munster nous prête ses vassaux ;
Ces prélats, pour marcher contre des sacriléges,
De leur sacré repos quittent les priviléges,
Et pour les intérêts d'un Dieu leur souverain
Se joignent à nos lis le tonnerre à la main.
 Cependant la Hollande entend la Renommée
Publier notre marche et vanter notre armée.
Le nautonier brutal, et l'artisan sans cœur,
Déjà de sa défaite osent se faire honneur ;
Cette âme du parti, cet Amsterdam, qu'on nomme
Le magasin du monde et l'émule de Rome,
Pour se flatter d'un sort à ce grand sort égal,
S'imagine à sa porte un second Annibal ;
S'y figure un Pyrrhus, un Jugurthe, un Persée ;
Et, sur ces rois vaincus promenant sa pensée,
S'applique tous ces temps où les moindres bourgeois
Dans Rome avec mépris regardaient tous les rois :
Comme si son trafic et des armes vénales
Lui pouvaient faire un cœur et des forces égales !
 Voyons, il en est temps, fameux républicains,
Nouveaux enfants de Mars, rivaux des vieux Romains,
Tyrans de tant de mers, voyons de quelle audace
Vous détachez du toit l'armet et la cuirasse,
Et rendez le tranchant à ces glaives rouillés
Que du sang espagnol vos pères ont souillés.
 Juste ciel ! me trompé-je, ou si déjà la guerre
Sur les deux bords du Rhin fait gronder son tonnerre ?
Condé presse Vésel, tandis qu'avec mon roi
Le généreux Philippe assiége et bat Orsoi ;
Ce monarque avec lui devant Rhimbergue tonne,
Et Turenne promet Buric à sa couronne.
Quatre siéges ensemble, où les moindres remparts
Ont bravé si longtemps nos modernes Césars,
Où tout défend l'abord, (qui l'aurait osé croire !)
Mon prince ne s'en fait qu'une seule victoire.
Sous tant de bras unis il a peur d'accabler,
Et les divise exprès pour faire moins trembler ;
Il s'affaiblit exprès pour laisser du courage ;
Pour faire plus d'éclat il prend moins d'avantage ;
Et, n'envoyant partout que des partis égaux,
Il cherche à voir partout répondre à ses assauts.
 Que te sert, ô grand roi, cette noble contrainte ?
Partager tes drapeaux, c'est partager la crainte ;
L'épandre en plus de lieux, et faire sous tes lois
Tomber plus de remparts et de peuple à la fois.
Pour t'affaiblir ainsi tu n'en deviens pas moindre ;
Ta fortune partout sait l'art de te rejoindre :
L'effet est sûr au bras dès que ton cœur résout ;
Tu ne bats qu'une place ; et tes soins vont partout ;
Partout on croit te voir, partout on t'appréhende,
Et tes ordres font tout, quelque chef qui commande.
 Ainsi tes pavillons à peine sont plantés,
A peine vers les murs tes canons sont pointés,

Que l'habitant s'effraie, et le soldat s'étonne ;
Un bastion le couvre et le cœur l'abandonne ;
Et le front menaçant de tant de boulevards,
De tant d'épaisses tours qui flanquent ses remparts,
Tant de foudres d'airain, tant de masses de pierre,
Tant de munitions et de bouche et de guerre,
Tant de larges fossés qui nous ferment le pas,
Pour tenir quatre jours ne lui suffisent pas.
L'épouvante domine, et la molle prudence
Court au-devant du joug avec impatience,
Se donne à des vainqueurs que rien n'a signalés,
Et leur ouvre des murs qu'ils n'ont pas ébranlés.
 Misérables ! quels lieux cacheront vos misères
Où vous ne trouviez pas les ombres de vos pères,
Qui, morts pour la patrie et pour la liberté,
Feront un long reproche à votre lâcheté ?
Cette noble valeur autrefois si connue,
Cette digne fierté, qu'est-elle devenue ?
Quand sur terre et sur mer vos combats obstinés
Brisaient les rudes fers à vos mains destinés ; [rice,
Quand vos braves Nassaus, quand Guillaume et Mau-
Quand Henri vous guidait dans cette illustre lice ;
Quand du sceptre danois vous paraissiez l'appui,
N'aviez-vous que les cœurs, que les bras d'aujourd'hui ?
Mais n'en réveillons point la mémoire importune :
Vous n'êtes pas les seuls, l'habitude est commune,
Et l'usage n'est plus d'attendre sans effroi
Des Français animés par l'aspect de leur roi.
Il en rougit pour vous, et lui-même il a honte
D'accepter des sujets que le seul effroi dompte ;
Et, vainqueur malgré lui sans avoir combattu,
Il se plaint du bonheur qui prévient sa vertu.
 Peuples, l'abattement que vous faites connaître
Ne fait pas bien sa cour à votre nouveau maître ;
Il veut des ennemis, et non pas des fuyards
Que saisit l'épouvante à nos premiers regards :
Il aime qu'on lui fasse acheter la victoire,
La disputer si mal, c'est envier sa gloire ;
Et ce tas de captifs, cet amas de drapeaux,
Ne font qu'embarrasser ses projets les plus beaux.
 Console-t'en, mon prince ; il s'ouvre une autre voie
A te combler de gloire aussi bien que de joie :
Si ce peuple à l'effroi se laisse trop dompter,
Ses fleuves ont des flots à moins s'épouvanter.
Ils ont fait aux Romains assez de résistance
Pour en espérer une en faveur de ta France ;
Et ces bords où jamais l'aigle ne fit la loi
S'oseront quelque temps défendre contre toi.
A ce nouveau projet le monarque s'enflamme,
Il l'examine, tâte, et résout en son âme ;
Et, tout impatient d'en recueillir le fruit,
Il part dans le silence et l'ombre de la nuit.
Des guerriers qu'il choisit l'escadron intrépide,
Glorieux d'un tel choix, et ravi d'un tel guide,

Marche incertain des lieux où l'on veut son emploi,
Mais assuré de vaincre où l'emploiera son roi.
　Le jour à peine luit que le Rhin se rencontre;
Tholus frappe les yeux; le fort de Skeink se montre :
On s'apprête au passage, on dresse les pontons;
Vers la rive opposée on pointe les canons.
La frayeur que répand cette troupe guerrière
Prend les devants sur elle, et passe la première ;
Le tumulte à la suite et sa confusion
Entraînent le désordre et la division
La discorde effarée à ces monstres préside,
S'empare au fort de Skeink des cœurs qu'elle intimide,
Et d'un cor enroué fait sonner en ces lieux
La fureur des Français et le courroux des cieux,
Leur étale des fers, et la mort préparée,
Et des autels brisés la vengeance assurée.
La vague au pied des murs à peine ose frapper,
Que le fleuve alarmé ne sait où s'échapper;
Sur le point de se fendre, il se retient, et doute
Ou du Rhin ou du Whal s'il doit prendre la route.
　Les tremblements de l'île ouvrant jusqu'aux enfers
(Écoute, Renommée, et répète mes vers),
Le grand nom de Louis et son illustre vie
Aux champs élysiens font descendre l'Envie,
Qui pénètre à tel point les mânes des héros,
Que, pour s'en éclaircir, ils quittent leur repos.
On voit errer partout ces ombres redoutables
Qu'arrêtèrent jadis ces bords impénétrables :
Drusus marche à leur tête, et se porte au fossé
Que pour joindre l'Yssel au Rhin il a tracé ;
Varus le suit tout pâle, et semble dans ces plaines
Chercher le reste affreux des légions romaines;
Son vengeur, après lui, le grand Germanicus, [eus :
Vient voir comme on vaincra ceux qu'il n'a pas vain-
Le fameux Jean d'Autriche et le cruel Tolède ,
Sous qui des maux si grands crûrent par leur remède,
L'invincible Farnèse et les vaillants Nassaus ,
Fiers d'avoir tant livré, tant soutenu d'assauts,
Reprennent tous leur part au jour qui nous éclaire
Pour voir faire à mon roi ce qu'eux tous n'ont pu faire,
Eux-mêmes s'en convaincre, et d'un regard jaloux
Admirer un héros qui les efface tous.
　Il range cependant ses troupes au rivage,
Mesure de ses yeux Tholus et le passage,
Et voit de ces héros ibères et romains
Voltiger tout autour les simulacres vains :
Cette vue en son sein jette une ardeur nouvelle
D'emporter une gloire et si haute et si belle ,
Que, devant ces témoins à le voir empressés,
Elle ait de quoi tenir tous les siècles passés :
Nous n'avons plus, dit-il, affaire à ces Bataves
De qui les corps massifs n'ont que des cœurs d'esclaves :
Non, ce n'est plus contre eux qu'il nous faut éprouver,
C'est Rome et les Césars que nous allons braver.

De vos ponts commencés abandonnez l'ouvrage,
Français ; ce n'est qu'un fleuve, il faut passer à nage,
Et laisser, en dépit des fureurs de son cours,
Aux autres nations un si tardif secours :
Prenez pour le triomphe une plus courte voie;
C'est Dieu que vous servez, c'est moi qui vous envoie;
Allez, et faites voir à ces flots ennemis
Quels intérêts le ciel en vos mains a remis.
　C'était assez en dire à de si grands courages :
Des barques et des ponts on hait les avantages;
On demande, on s'efforce à passer des premiers :
Grammont ouvre le fleuve à ces bouillants guerriers
Vendôme, d'un grand roi race tout héroïque,
Vivonne, la terreur des galères d'Afrique,
Briole, Chavigny, Nogent, et Nantouillet,
Sous divers ascendants montrent même souhait;
De Termes, et Coaslin, et Soubise, et la Salle ,
Et de Saulx, et Revel, ont une ardeur égale;
Et Guitry, que la Parque attend sur l'autre bord,
Sallart et Beringhen font un pareil effort.
Je n'achèverai point si je voulais ne taire
Ni pas un commandant, ni pas un volontaire :
L'histoire en prendra soin, et sa fidélité
Les consacrera mieux à l'immortalité.
De la maison du roi l'escadre ambitieuse
Fend après tant de chefs la vague impétueuse ;
Suit l'exemple avec joie; et peut-être, grand roi,
Avais-je là quelqu'un qui te servait pour moi :
Tu le sais, il suffit. Ces guerriers intrépides
Percent des flots grondants les montagnes liquides.
La tourmente et les vents font horreur aux coursiers
Mais cette horreur en vain résiste aux cavaliers ;
Chacun pousse le sien au travers de l'orage;
Le péril redoublé redouble le courage;
Le gué manque, et leurs pieds semblent à pas perdus
Chercher encor le fond qu'ils ne retrouvent plus;
Ils battent l'eau de rage , et malgré la tempête
Qui bondit sur leur croupe et mugit sur leur tête,
L'impérieux éclat de leurs hennissements
Veut imposer silence à ses mugissements :
Le gué renaît sous eux; à leurs crins qu'ils secouent,
Des restes du péril on dirait qu'ils se jouent,
Ravis de voir qu'enfin leur pied mieux affermi,
Victorieux des flots, n'a plus qu'un ennemi.
　Tout à coup il se montre, et de ses embuscades
Il fait pleuvoir sur eux cent et cent mousquetades;
Le plomb vole, l'air siffle, et les plus avancés
Chancellent sous les coups dont ils sont traversés.
Nogent, qui flotte encor dans les gouffres de l'onde,
En reçoit dans la tête une atteinte profonde :
Il tombe, l'onde achève, et, l'éloignant du bord,
S'accorde avec le feu pour cette double mort.
　Que vois-je ! les chevaux, que leur sang effarouche,
Bouleversent leur charge, et n'ont ni frein ni bouche,

Et le fleuve grossit son tribut pour Thétis
De leurs maîtres et d'eux pêle-mêle engloutis ;
Le mourant qui se noie à son voisin s'attache,
Et l'entraîne après lui sous le flot qui le cache.
Quel spectacle d'effroi, grand Dieu ! si toutefois
Quelque chose pouvait effrayer des François.
Rien n'étonne ; on fait halte, et toute la surprise
N'obtient de ces grands cœurs qu'un moment de remise,
Attendant qu'on les joigne, et qu'un gros qui les suit
Enfle leur bataillon que l'œil du roi conduit.
Le bataillon grossi gagne l'autre rivage,
Fond sur ces faux vaillants, leur fait perdre courage ;
Les pousse, perce, écarte, et, maître de leur bord,
Leur porte à coups pressés l'épouvante et la mort.
Tel est sur tes Français l'effet de ta présence,
Grand monarque ! tels sont les fruits de ta prudence
Qui par des feints combats prit soin de les former
A tout ce que la guerre a d'affreux ou d'amer.
Tu les faisais dès lors à ce qu'on leur voit faire ;
Et l'espoir d'un grand nom ni celui du salaire
Ne font point cette ardeur qui règne en leurs esprits :
Tu les vois, c'est leur joie, et leur gloire, et leur prix.
Tandis que l'escadron, fier de cette déroute,
Mêle au sang hollandais les eaux dont il dégoutte,
De honte et de dépit les mânes disparus
De ces bords asservis, qu'en vain ils ont courus,
Y laissent à mon roi, pour éternel trophée,
Leurs noms ensevelis et leur gloire étouffée.
Mais qu'entends-je ! et d'où part cette grêle de coups ?
Généreuse noblesse, où vous emportez-vous ?
La troupe qu'à passer vous voyez empressée
A courir les fuyards s'est toute dispersée,
Et vous donnerez seule dans ce retranchement
Où l'embûche est dressée à votre emportement ;
A peine y serez-vous cinquante contre mille ;
Le vent s'est abattu, le Rhin s'est fait docile ;
Mille autres vont passer, et vous suivre à l'envi ;
Mais je donne un avis que je vois mal suivi ;
Guitry tombe par terre : ô ciel, quel coup de foudre !
Je te vois, Longueville, étendu sur la poudre ;
Avec toi tout l'éclat de tes premiers exploits
Laisse périr le nom et le sang des Dunois,
Et ces dignes aïeux qui te voyaient les suivre
Perdent et la douceur et l'espoir de revivre :
Condé va te venger, Condé dont les regards
Portent toute Norlinghe et Lens aux champs de Mars ;
Il ranime, il soutient cette ardente noblesse
Que trop de cœur épuise ou de force ou d'adresse ;
Et son juste courroux par de sanglants effets
Dissipe les chagrins d'une trop longue paix.
L'ennemi qui recule, et ne bat qu'en retraite,
Remet au plomb volant à venger sa défaite :
On l'enfonce. Arrêtez, héros ! où courez-vous ?
Hasarder votre sang, c'est les exposer tous ;

C'est hasarder Enghien votre unique espérance,
Enghien, qui sur vos pas à pas égaux s'avance ;
Tous les cœurs vont trembler à votre seul aspect :
Mais le plomb n'a point d'yeux, et vole sans respect ;
Votre gauche l'éprouve. Allez, Hollande ingrate,
Plaignez-vous d'un malheur où tant de gloire éclate ;
Plaignez-vous à ce prix de recevoir nos fers ;
Trois gouttes d'un tel sang valent tout l'univers :
Oui, de votre malheur la gloire est sans seconde
D'avoir rougi vos champs du premier sang du monde ;
Les plus heureux climats en vont être jaloux ;
Et, quoi que vous perdiez, nous perdons plus que vous.
La Hollande applaudit à ce coup téméraire :
Le Français indigné redouble sa colère ;
Contre elle Knosembourg ne dure qu'une nuit ;
Arnheim, qui l'ose attendre, en deux jours est réduit,
Et ce fort merveilleux sous qui l'onde asservie
Arrêta si long-temps toute la Batavie,
Qui de tous ses vaillants onze mois fut l'écueil,
L'inaccessible Skeink coûte à peine un coup d'œil.
Que peut Orange ici pour essais de ses armes,
Que dérober sa gloire aux communes alarmes,
Se séparer d'un peuple indigne d'être à lui,
Et dédaigner des murs qui veulent notre appui ?
La rive de l'Yssel si bien fortifiée,
Par ce juste mépris à nos mains confiée,
Ne trouve parmi nous que des admirateurs
De ses retranchements et de ses déserteurs.
Yssel trop redouté, qu'ont servi tes menaces ?
L'ombre de nos drapeaux semble charmer tes places :
Loin d'y craindre le joug, on s'en fait un plaisir ;
Et sur tes bords tremblants nous n'avons qu'à choi-
Ces troupes qu'un beau zèle à nos destins allié [sir.
Font dans l'Over-Yssel régner la Westphalie ;
Et Grolle, Zwol, Kempen, montrent à Deventer
Qu'il doit craindre à son tour les bombes de Munster.
Louis porte à Doësbourg sa majesté suprême,
Et fait battre Zutphen par un autre lui-même :
L'un ouvre, l'autre traite, et soudain s'en dédit :
De ce manque de foi Philippe le punit,
Jette ses murs par terre et le force à lui rendre
Ce qu'une folle audace en vain tâche à défendre.
Ces colosses de chair robustes et pesants
Admirent tant de cœur en de si jeunes ans ;
D'un héros dont jamais ils n'ont vu le visage
En cet illustre frère ils pensent voir l'image,
L'adorent en sa place, et, recevant sa loi,
Reconnaissent en lui le sang d'un si grand roi.
Ainsi, lorsque le Rhin, maître de tant de villes,
Fier de tant de climats qu'il a rendus fertiles,
Enflé des eaux de source et des eaux de tribut,
Approche de la mer que sa course a pour but,
Pour s'acquérir l'honneur d'enrichir plus de monde,
Il prête au Whal, son frère, une part de son onde ;

32.

Le Whal, qui porte ailleurs cet éclat emprunté,
En soutient à grand bruit toute la majesté,
Avec pareil orgueil précipite sa course,
Montre aux mêmes effets qu'il vient de même source,
Qu'il a part aux grandeurs de son être divin,
Et sous un autre nom fait adorer le Rhin.
Qu'il m'est honteux, grand roi, de ne pouvoir te sui- [vre
Dans Nimègue qu'on rend, dans Utrecht qu'on te li-
Et de manquer d'haleine alors qu'on voit la foi [vre,
Sortir de ses cachots, triompher avec toi,
Et, de ses droits sacrés par ton bras ressaisie,
Chez tes nouveaux sujets détrôner l'hérésie!
La victoire s'attache à marcher sur tes pas,
Et ton nom seul consterne aux lieux où tu n'es pas.
Amsterdam et la Haye en redoutent l'insulte;
L'un t'oppose ses eaux, l'autre est tout en tumulte :
La noire politique a des secrets ressorts
Pour y forcer le peuple aux plus injustes morts;
Les meilleurs citoyens aux mutins sont en butte :
L'ambition ordonne, et la rage exécute;
Et qui n'ose souscrire à leurs sanglants arrêts,
Qui s'en fait un scrupule, est dans tes intérêts :
Sous ce cruel prétexte on pille, on assassine;
Chaque ville travaille à sa propre ruine;
Chacun veut d'autres chefs pour calmer ses terreurs.
Laisse-les, grand vainqueur, punir à leurs fureurs;
Laisse leur barbarie arbitre de la peine
D'un peuple qui ne vaut ni tes soins ni ta haine :
Et, tandis qu'on s'acharne à s'entre-déchirer,
Pour quelques mois ou deux laisse-moi respirer.

VIII.

SONNET[1]

SUR LA PRISE DE MASTRICHT.

Grand roi, Mastricht est pris, et pris en treize jours!
Ce miracle était sûr à ta haute conduite,
Et n'a rien d'étonnant que cette heureuse suite
Qui de tes grands destins enfle le juste cours.

La Hollande, qui voit du reste de ses tours
Ses amis consternés, et sa fortune en fuite,
N'aspire qu'à baiser la main qui l'a détruite,
Et fait de tes bontés son unique recours.

Une clef qu'on te rend t'ouvre quatre provinces; [ces;
Tu ne prends qu'une place, et fais trembler cent prin-
De l'Escaut jusqu'à l'Ebre en rejaillit l'effroi.

Tout s'alarme; et l'Empire à tel point se ménage,

[1] Ce sonnet fut imprimé en 1674, dans le *Mercure galant*.

Qu'à son aigle lui-même il ferme le passage
Dès que son vol jaloux ose tourner vers toi.

IX.

AU ROI,

SUR SON DÉPART POUR L'ARMÉE,

EN 1676.

PIÈCE IMITÉE D'UNE ODE LATINE DU P. LUCAS, JÉSUITE.

Le printemps a changé la face de la terre;
Il ramène avec lui la saison de la guerre,
Et nos champs reverdis font renaître, grand roi,
En ton cœur martial des soins dignes de toi.
La trompette a sonné; ton armée intrépide,
  Prête à marcher, te demande pour guide,
Et tous ses escadrons sur ta frontière épars
    Ambitionnent tes regards.

Joins ta présence et tes destins propices
Au zèle impatient qui presse leurs efforts;
Daigne servir de tête et d'âme à ce grand corps,
  Et sous tes illustres auspices
Ses bras feront pleuvoir d'inévitables morts.
Que je plains votre aveugle et folle confiance,
Obstinés ennemis de nos plus doux souhaits,
  Qu'enorgueillit une triple alliance
Jusques à dédaigner les bontés de la France!
Que de pleurs, que de sang, que de cuisants regrets,
  Vous va coûter ce refus de la paix!
    Son vengeur à partir s'apprête,
    Cent lauriers lui ceignent la tête,
Cent lauriers que sa main elle-même a cueillis
Sur autant de vos murs foudroyés par ses lis.
Bellone, qui l'attend au sortir de son Louvre,
Veut tracer à ses pas la carrière qu'elle ouvre;
Son zèle, impatient d'arborer ce grand nom,
Pour conduire son char s'empare du timon :
D'un prompt et sûr triomphe écoutez le prélude,
  Et par quels vœux poussés tous à la fois
De ses heureux sujets la noble inquiétude
  Hâte ses glorieux exploits.
Pars, grand monarque, et vole aux justes avantages
Que te promet l'ardeur de tant de grands courages :
  C'est ce que dit toute sa cour : [velles
Pars, grand monarque, et vole aux conquêtes nou-
Dont te répond l'amour de tant de cœurs fidèles :
  C'est ce que dit tout Paris à son tour.
Il part; et la frayeur, chez les siens inconnue,
Annonce en même temps parmi vous sa venue :
La victoire le suit dans une majesté
  Dont l'inexorable fierté

Semble du ciel autorisée
A venger le mépris d'une paix refusée
   Avec tant de témérité.
   Et commençant par un miracle,
Bellone fait partout retentir cet oracle :
« Ennemis de la paix, vous la voudrez trop tard :
« Le ciel ne peut aimer ceux qui troublent la terre;
   « Et, je vous le dis de sa part,
   « La guerre punira ceux qui veulent la guerre. »
L'Anglais avec chaleur souscrit à cet arrêt;
Au belliqueux Suédois également il plaît;
Le Danois en frémit, Brandebourg s'en alarme;
   Et pour nos Français c'est un charme
Qui laisse leur esprit d'autant plus satisfait
Que c'est à leur valeur d'en faire voir l'effet.
Déjà le Rhin pâlit, la Meuse s'épouvante,
Et l'Escaut, dont le front jaune et cicatrisé
Porte empreints les grands coups dont il s'est vu brisé,
   Craint une plaie encor plus étonnante,
   Et cache au plus creux de ses eaux
   Sa tête de nouveau tremblante
   Pour le reste de ses roseaux.

X.

VERS PRÉSENTÉS AU ROI,

SUR SA CAMPAGNE DE 1676.

Ennemis de mon roi, Flandre, Espagne, Allemagne,
Qui croyiez que Bouchain dût finir sa campagne;
Et n'avanciez vers lui que pour voir comme il faut
Régler l'ordre d'un siége, ou livrer un assaut;
Ne vous fatiguez plus d'études inutiles
A prendre ses leçons quand il vous prend des villes;
N'y perdez plus de temps : ses Français aujourd'hui
Sont les disciples seuls qui soient dignes de lui,
Et nul autre n'a droit à ces nobles audaces
D'embrasser son exemple et marcher sur ses traces.
   Lassés de toujours perdre, et fiers de son retour,
Vous vous étiez promis de vaincre à votre tour;
Vous aviez espéré de voir par son absence
Nos troupes sans vigueur, et nos murs sans défense :
Mais vous n'aviez pas su qu'un courage si grand
De loin comme de près sur les siens se répand;
De loin comme de près sa prudence les guide;
De loin comme de près son destin y préside.
Les rois savent agir tout autrement que nous;
Souvent sans être en vue ils frappent de grands coups.
Dieu lui-même, ce Dieu dont ils sont les images,
De son trône en repos fait partir les orages,
Et jouit dans le ciel de sa gloire et de soi,
Tandis que sur la terre il remplit tout d'effroi.
Mon prince en use ainsi; ses fêtes de Versailles
Lui servent de prélude à gagner des batailles,
Et d'un plaisir pompeux l'éclat rejaillissant
Dissipe vos projets en le divertissant.
   Muses, l'aviez-vous cru, vous qui faites les vaines
De prévoir l'avenir des fortunes humaines,
D'en percer le plus sombre et le plus épineux ?
Aviez-vous deviné que ce parc lumineux, [que,
Ces belles nuits sans ombre avec leurs jours d'appli-
Préparaient à vos chants un objet héroïque?
Dans ces délassements où tant d'art a paru,
Voyiez-vous Aire prise, et Mastricht secouru?
C'était là toutefois, c'était l'heureuse suite
Qu'y destinait dès lors son auguste conduite.
Dans ce brillant amas de feux et de beautés,
Sa grande âme s'ouvrait à ses propres clartés;
Au milieu de sa cour au spectacle empressée,
La guerre s'emparait de toute sa pensée;
Et ce qui ne semblait que nous illuminer
Lui montrait des remparts ailleurs à fulminer.
J'en prends Aire à témoin, et les mers de Sicile,
L'esprit de liberté qui règne en toute l'île,
L'âme du grand Ruyter, et ses vaisseaux froissés,
Sous l'abri de Sardaigne à peine ramassés.
   Votre orgueil s'en console, ennemis de la France,
A revoir Philisbourg sous votre obéissance;
L'Empereur et l'Empire, unis à l'investir,
Enfin au bout d'un an ont su l'assujettir :
Mais l'effort d'une ligue en guerriers si féconde
Devait y consumer moins de temps et de monde.
Il fallait en dépit des plus hardis secours,
Comme notre Condé, le prendre en onze jours;
Et vous déshonorez vos belles destinées
Quand l'œuvre d'onze jours vous coûte des années.
   Cependant à vos yeux, et dans le même été,
Aire, Condé, Bouchain, n'ont presque rien coûté;
Et Mastricht voit tourner vos desseins en fumée,
Quand ce qu'il vous en coûte aurait fait une armée.
Ainsi, bien que la prise ait suivi le blocus,
Que devant Philisbourg nous paraissions vaincus,
Si pour rendre à vos lois cette place fameuse
Le Rhin vous favorise au refus de la Meuse,
Si pour d'autres exploits il anime vos bras,
Pour un peu de bonheur ne nous insultez pas;
Et surtout gardez-vous de le croire si ferme,
Que vous vous dispensiez de trembler pour Palerme,
Pour Ypres, pour Cambrai, Saint-Omer, Luxembourg ;
Tremblez même déjà pour votre Philisbourg.
Le nom seul de mon roi vous est partout à craindre :
A triompher de vous cessez de le contraindre;
Et jusques à la paix qu'il vous offre en héros,
Craignez sa vigilance, et même son repos.

XI.

SUR LES VICTOIRES DU ROI,

EN L'ANNÉE 1677.

Je vous l'avais bien dit, ennemis de la France,
Que pour vous la victoire aurait peu de constance,
Et que de Philisbourg à vos armes rendu
Le pénible succès vous serait cher vendu.
A peine la campagne aux zéphyrs est ouverte,
Et trois villes déjà réparent notre perte ;
Trois villes dont la moindre eût pu faire un État,
Lorsque chaque province avait son potentat ;
Trois villes qui pouvaient tenir autant d'années,
Si le ciel à Louis ne les eût destinées :
Et comme si leur prise était trop peu pour nous,
Mont-Cassel vous apprend ce que pèsent nos coups.

    Louis n'a qu'à paraître, et vos murailles tombent ;
Il n'a qu'à donner l'ordre, et vos héros succombent :
Et tandis que sa gloire arrête en d'autres lieux
L'honneur de sa présence et l'effort de ses yeux,
L'ange de qui le bras soutient son diadème
Vous terrasse pour lui par un autre lui-même ;
Et Dieu, pour lui donner un ferme et digne appui,
Ne fait qu'un conquérant de Philippe et de lui.

    Ainsi quand le soleil fait naître un parélie,
La splendeur qu'il lui prête à la sienne s'allie ;
Leur hauteur est égale, et leur éclat pareil ;
Nous voyons deux soleils qui ne sont qu'un soleil ;
Sous un double dehors il est toujours unique,
Seul maître des rayons qu'à l'autre il communique ;
Et ce brillant portrait qu'illumine ses soins
Ne brillerait pas tant s'il lui ressemblait moins.

    Mais c'est assez, grand roi, c'est assez de conquêtes :
Laisse à d'autres saisons celles où tu t'apprêtes ;
Quelque juste bonheur qui suive tes projets,
Nous envions ta vue à tes nouveaux sujets.
Ils bravent tes drapeaux, tes canons les foudroient,
Et pour tout châtiment tu les vois, ils te voient :
Quel prix de leur défaite ! et que tant de bonté
Rarement accompagne un vainqueur irrité !
Pour nous, qui ne mettons notre bien qu'en ta vue,
Venge-nous du long temps que nous l'avons perdue ;
Du vol qu'ils nous en font viens nous faire raison ;
Ramène nos soleils dessus notre horizon.
Quand on vient d'entasser victoire sur victoire,
Un moment de repos fait mieux goûter la gloire ;
Et, je te le redis, nous devenons jaloux
De ces mêmes bonheurs qui t'éloignent de nous.
S'il faut combattre encor, tu peux, de ton Versailles,
Forcer des bastions et gagner des batailles ;
Et tes pareils, pour vaincre en ces nobles hasards,
N'ont pas toujours besoin d'y porter leurs regards.
C'est de ton cabinet qu'il faut que tu contemples
Quel fruit tes ennemis tirent de tes exemples,
Et par quel long tissu d'illustres actions
Ils sauront profiter de tes instructions.

    Passez, héros, passez ; venez courir nos plaines ;
Égalez en six mois l'effet de six semaines :
Vous seriez assez forts pour en venir à bout,
Si vous ne trouviez pas notre grand roi partout ;
Partout vous trouverez son âme et son ouvrage,
Des chefs faits de sa main, formés de son courage,
Pleins de sa haute idée, intrépides, vaillants,
Jamais presque assaillis, toujours presque assaillants ;
Partout de vrais Français, soldats dès leur enfance,
Attachés au devoir, prompts à l'obéissance ;
Partout enfin des cœurs qui savent aujourd'hui
Le faire partout craindre, et ne craindre que lui.

    Sur le zèle, grand roi, de ces âmes guerrières
Tu peux te reposer du soin de tes frontières,
Attendant que leur bras, vainqueur de tes Flamands,
Mêle un nouveau triomphe à tes délassements ;
Qu'il réduise à la paix la Hollande et l'Espagne ;
Que par un coup de maître il ferme ta campagne,
Et que l'aigle jaloux n'en puisse remporter
Que le sort des lions que tu viens de dompter.

XII.

AU ROI,

SUR LA PAIX DE 1678.

Ce n'était pas assez, grand roi, que la victoire
A te suivre en tous lieux mît sa plus haute gloire ;
Il fallait pour fermer ces grands événements,
Que la paix se tînt prête à tes commandements.
A peine parles-tu, que son obéissance
Convainc tout l'univers de ta toute-puissance,
Et le soumet si bien à tout ce qu'il te plaît,
Qu'au plus fort de l'orage un plein calme renaît.

    Une ligue obstinée aux fureurs de la guerre
Mutinait contre toi jusques à l'Angleterre :
Ses projets tout à coup se sont évanouis ;
Et pour toute raison, AINSI LE VEUT LOUIS.
Ce n'est point une paix que l'impuissance arrache,
Et dont l'indignité sous de faux jours se cache ;
Pour la donner à tous ne consulter que toi,
C'est la résoudre en maître et l'imposer en roi ;
Et c'est comme un tribut que tes vaincus te rendent,
Sitôt que par pitié tes bontés le commandent.
Prodige ! ton seul ordre achève en un moment
Ce qu'en sept ans Nimègue a tenté vainement ;
Ce que des députés la fameuse assemblée,
D'intérêts opposés trop souvent accablée,

Ce que n'espérait plus aucun médiateur,
Tu le fais par toi-même, et le fais de hauteur.
On l'admire avec joie ; et, loin de t'en dédire,
Tes plus fiers ennemis s'empressent d'y souscrire :
Un zèle impatient de t'avoir pour soutien
Réduit leur politique à ne contester rien.
Ils ont vu tout possible à tes ardeurs guerrières ;
Et, sûrs que ta justice y mettra des barrières,
Qu'elle se défendra de rien garder du leur,
Ils la font seule arbitre entre eux et la valeur.

 Qu'il t'épargne de sang, Espagne ! il te veut rendre
Des villes qu'il faudrait tout un siècle à reprendre ;
Il en est en Hainaut, en Flandre, que son choix,
En t'imposant la paix, remettra sous tes lois :
Mais au commun repos s'il fait ce sacrifice,
En tous tes alliés il veut même justice,
Et qu'aux lois qu'il se fait leurs intérêts soumis
Ne laissent aucun lieu de plainte à ses amis.

 O vous qu'il menaçait, et qui vous teniez prêtes
A l'infaillible honneur d'être de ses conquêtes,
Places dignes de lui, Mons, Namur, plaignez-vous :
La paix vous ôte un maître à préférer à tous ;
Et Louis au vieux joug vous laisse condamnées,
Quand vous vous promettiez nos bonnes destinées.

 Heureux, au prix de vous, Ypres et Saint-Omer !
Ils ont eu comme vous de quoi les alarmer ;
Ils ont vu comme vous leur campagne fumante
Faire passer chez eux la faim et l'épouvante :
Mais pour cinq ou six jours que ces maux ont duré,
Ils ont mon roi pour maître, et tout est réparé.

 Ainsi fait le bonheur de l'Égypte inondée
Du Nil impétueux la fureur débordée ;
Ainsi les mêmes flots qu'elle fait regorger
Enrichissent les champs qu'il vient de ravager.

 Consolez-vous pourtant, places qu'il abandonne,
Qu'il semble dédaigner d'unir à sa couronne ;
Charles, dont vous aurez à recevoir les lois,
Voudra d'un si grand maître apprendre l'art des rois,
Et vous verrez l'effort de sa plus noble étude
S'attacher à le suivre avec exactitude.

 Magnanime Dauphin, n'en soyez point jaloux
Si jamais on le voit s'élever jusqu'à vous ;
Il pourra faire un jour ce que déjà vous faites,
Être un jour en vertus ce que déjà vous êtes ;
Mais exprimer au vif ce grand roi tout entier,
C'est ce qu'on ne verra qu'en son digne héritier :
Le privilége est grand, et vous serez l'unique
A qui du juste ciel le choix le communique.

 J'allais vous oublier, Bataves généreux,
Vous qui sans liberté ne sauriez vivre heureux,
Et que l'illustre horreur d'un avenir funeste
A fait de l'alliance ébranler tout le reste.
En ce grand coup d'État si longtemps balancé,
Si tout ce reste suit, vous avez commencé ;
Et Louis, qui jamais n'en perdra la mémoire,
Se promet de vous rendre à toute votre gloire ;
De rétablir chez vous l'entière liberté,
Mais ferme, mais durable à la postérité,
Et telle qu'en dépit de leurs destins sévères
Vos aïeux opprimés l'acquirent à vos pères.

 M'en désavoûras-tu, grand roi, si je le dis ?
Me pardonneras-tu, si par là je finis ?
Mille autres te diront que pour ce bien suprême,
Vainqueur de toutes parts, tu t'es vaincu toi-même ;
Ils diront à l'envi les bonheurs que la paix
Va faire à gros ruisseaux pleuvoir sur tes sujets ;
Ils diront les vertus que vont faire renaître
L'observance des lois et l'exemple du maître,
Le rétablissement du commerce en tous lieux,
L'abondance partout répandue à nos yeux,
Le nouveau siècle d'or qu'assure ton empire,
Et le diront bien mieux que je ne le puis dire.

 Moi, pour qui ce beau siècle est arrivé si tard
Que je n'y dois prétendre ou point ou peu de part ;
Moi, qui ne le puis voir qu'avec un œil d'envie
Quand il faut que je songe à sortir de la vie ;
Je n'ose en ébaucher le merveilleux portrait,
De crainte d'en sortir avec trop de regret.

FIN DES POËMES.

LOUANGES

DE

LA SAINTE VIERGE[1].

AU LECTEUR.

Cette pièce se trouve imprimée sous le nom de saint Bonaventure, à la fin de ses Œuvres. Plusieurs doutent si elle est de lui, et je ne suis pas assez savant pour en juger. Elle n'a pas l'élévation d'un docteur de l'Eglise; mais elle a la simplicité d'un saint, et sent assez le zèle de son siècle, où, dans les hymnes, proses, et autres compositions pieuses que l'on faisait en latin, on recherchait davantage les heureuses cadences de la rime que la justesse de la pensée. L'auteur de celle-ci a voulu trouver l'image de la Vierge en beaucoup de figures du vieil et du nouveau Testament : les applications qu'il en a faites sont quelquefois un peu forcées; et, quelque aide que j'aie tâché de lui prêter, la figure n'a pas toujours un entier rapport à la chose. Je me suis réglé à rendre chacun de ses huitains par un dizain ; mais je ne me suis pas assujetti à les faire tous de la même mesure : j'y ai mêlé des vers longs et courts, selon que les expressions en ont eu besoin, pour avoir plus de conformité avec l'original, que j'ai tâché de suivre fidèlement. Vous y en trouverez d'assez passables, quand l'occasion s'en est offerte; mais elle ne s'est pas offerte si souvent que je l'aurais souhaité pour votre satisfaction. Si ce coup d'essai ne déplaît pas, il m'enhardira à donner de temps en temps au public des ouvrages de cette nature, pour satisfaire en quelque sorte à l'obligation que nous avons tous d'employer à la gloire de Dieu du moins une partie des talents que nous en avons reçus. Il ne faut pas toutefois attendre de moi, dans ces sortes de matières, autre chose que des traductions ou des paraphrases. Je suis si peu versé dans la théologie et dans la dévotion, que je n'ose me fier à moi-même quand il en faut parler : je les regarde comme des routes inconnues où je m'égarerais aisément, si je ne m'assurais de bons guides; et ce n'est pas sans beaucoup de confusion que je me sens un esprit si fécond pour les choses du monde, et si stérile pour celles de Dieu. Peut-être l'a-t-il ainsi voulu pour me donner d'autant plus de quoi m'humilier devant lui, et rabattre cette vanité si naturelle à ceux qui se mêlent d'écrire, quand ils ont eu quelque succès avantageux. En attendant qu'il lui plaise m'inspirer et m'attirer plus fortement, je vous fais cet aveu sincère de ma faiblesse, et ne me hasarderai à vous rien dire de lui que je n'emprunte de ceux qu'il a mieux éclairés.

Accepte notre hommage, et souffre nos louanges,
 Lis tout céleste en pureté,
 Rose d'immortelle beauté,
Vierge, mère de l'humble et maîtresse des anges ;
Tabernacle vivant du Dieu de l'univers,
Contre le dur assaut de tant de maux divers
Donne-nous de la force, et prête-nous ton aide ;
 Et jusqu'en ce vallon de pleurs
Fais-en du haut du ciel descendre le remède,
Toi qui sais excuser les fautes des pécheurs.

O Vierge sans pareille, et de qui la réponse
Mérita de porter et conçut Jésus-Christ,
Sitôt que Gabriel t'eut fait l'heureuse annonce
Qu'en un souffle sacré suivit le Saint-Esprit ;
Vierge devant ta couche, et vierge après ta couche
Montre en notre faveur que la pitié te touche,
Qu'aucun refuge à toi ne se peut égaler ;
Et comme notre vie, en disgrâces fertile,
Durant son triste cours incessamment vacille,
Incessamment aussi daigne nous consoler.

L'esprit humain se trouble au nom de vierge mère,
L'orgueil de la raison en demeure ébloui ;
De la vertu d'en haut ce chef-d'œuvre inouï
Pour leurs vaines clartés est toujours un mystère :
La foi, dont l'humble vol perce au delà des cieux,
Pour cette vérité trouve seule des yeux,
Seule, en dépit des sens, la connaît, la confesse ;
Et le cœur, éclairé par cette aveugle foi,
Voit avec certitude, et soutient sans faiblesse,
Qu'un Dieu pour nous sauver voulut naître de toi.

[1] Composées en rimes latines par saint Bonaventure, et mises en français par Pierre Corneille. Paris, 1665, in-12.

LOUANGES DE LA SAINTE VIERGE.

Prodige qui renverse et confond la nature !
Le père de sa fille est le fils à son tour :
Une étoile ici-bas met le soleil au jour ;
Le Créateur de tout naît d'une créature :
La source part ainsi de son propre ruisseau ;
L'ouvrier est produit par le même vaisseau
  Que sa main a formé de terre :
Et toujours vierge et mère, un accord éternel
De ces deux noms en toi, qui partout sont en guerre,
Fait grâce, et rend la vie à l'homme criminel !

  Que pures étaient les entrailles
Où s'enferma ce fils qui tient tout en sa main,
Et que de sainteté régnait au chaste sein
  Que suça ce Dieu des batailles !
Que ce lait qu'il en prit fut doux et savoureux,
  Et que serait heureux
Un cœur qui s'en verrait arrosé d'une goutte !
O mère qui peux tout, prends soin de notre sort,
Guide nos pas tremblants jusqu'au bout de leur route,
Et sauve-nous des maux de l'éternelle mort.

Rose sans flétrissure et sans aucune épine,
  Rose incomparable en fraîcheur,
  Rose salutaire au pécheur,
Rose enfin toute belle, et tout à fait divine ;
La Grâce, dont jadis la prodigalité
Versa tous ses trésors sur ta fécondité,
N'a fait et ne fera jamais rien de semblable :
Par elle on te voit reine et des cieux et des saints ;
Par elle sers ici de remède au coupable,
Et seconde l'effort de nos meilleurs desseins.

  Que d'énigmes en l'Écriture
  T'offrent sous un voile à nos yeux !
L'esprit qui la dicta s'y plut en mille lieux
A nous tracer lui-même et cacher ta peinture.
  Le vieil et nouveau Testament
Tous deux, comme à l'envi, te nomment hautement
  La première d'entre les femmes ;
Et cette préférence acquise à tes vertus,
Comme elle a mis ton âme au-dessus de nos âmes,
De nos périls aussi t'a su mettre au-dessus.

Avant que du Seigneur la sagesse profonde
Sur la terre et les cieux daignât se déployer ;
Avant que du néant sa voix tirât le monde,
Qu'à ce même néant sa voix doit renvoyer,
De toute éternité sa prudence adorable
Te destina pour mère à son Verbe ineffable,
A ses anges pour reine, aux hommes pour appui ;
Et sa bonté dès lors élut ton ministère
Pour nous tirer du gouffre où notre premier père
Nous a d'un seul péché plongés tous avec lui.

Ouvre donc, Mère-vierge, ouvre l'âme à la joie
D'avoir remis en grâce et nous et nos aïeux :
Toi-même applaudis-toi d'avoir ouvert les cieux,
D'en avoir aplani, d'en avoir fait la voie.
Les hôtes bienheureux de ces brillants palais
T'offrent et t'offriront tous ensemble à jamais
Des hymnes d'allégresse et de reconnaissance ;
Et nous, que tu défends des ruses de l'enfer,
Nous y joindrons l'effort de l'humaine impuissance,
Pour obtenir comme eux le don d'en triompher.

Telle que s'élevait du milieu des abîmes,
Au point de la naissance et du monde et du temps,
Cette source abondante en flots toujours montants,
Qui des plus hauts rochers arrosèrent les cimes,
Telle en toi, du milieu de notre impureté,
D'un saint enfantement l'heureuse nouveauté
Élève de la grâce une source féconde ;
Son cours s'enfle avec gloire, et ses flots, qu'en tout lieu
Répand la charité dont regorge son onde,
Font en se débordant croître l'amour de Dieu.

Durant ces premiers jours qu'admirait la nature,
La vie avait son arbre ; et ses fruits précieux,
Remplissant tout l'Éden d'un air délicieux,
A nos premiers parents s'offraient pour nourriture.
Ainsi le digne fruit que tes flancs ont porté
Remplit tout l'univers de sainte volupté,
Et s'offre chaque jour pour nourriture aux âmes ;
Il n'est point d'arbre égal, et jamais il n'en fut,
Et jamais ne sera de plantes ni de femmes
Qui portent de tels fruits pour le commun salut.

Un fleuve qui sortait du séjour des délices
Arrosait de plaisirs ce paradis naissant,
  Et sur l'homme encore innocent
Roulait avec ses flots l'ignorance des vices :
Vierge, ce même fleuve en ton cœur s'épandit,
Quand, pour nous affranchir de ce qui nous perdit,
Ton corps du fils de Dieu fut l'auguste demeure.
La terre au grand Auteur en rendit plus de fruit,
La nature en reçut une face meilleure,
Et triompha dès lors du vieux péché détruit.

Ce fils, comme son père, arbitre du tonnerre,
Ce maître, comme lui, des hommes et des dieux,
Ayant pour son palais un paradis aux cieux,
Voulut pour sa demeure un paradis en terre :
Ce père tout-puissant l'y forma de ton corps,
Qu'il commit à garder ce trésor des trésors,
Dès qu'il le vit de l'ange agréer la visite :
Ainsi se commença notre rédemption ;
Ainsi tu donnas place au souverain mérite
Qui nous dégage tous de la corruption.

Noé bâtit une arche avant que le déluge
Fît de toute la terre un vaste lit des eaux ;
Il fait d'un bois poli ce premier des vaisseaux
Où sa famille trouve un assuré refuge.
Cette arche est ton portrait : son bois poli nous peint
Des parents dont tu sors le choix heureux et saint ;
Dieu s'en fait un vaisseau comme ce patriarche ;
Mais on voit un autre ordre au mystère caché :
Pour se sauver des eaux Noé monte en son arche,
Dieu pour descendre en toi te sauve du péché.

L'onde enfin se retire en ses vastes abîmes,
La terre se revêt des plus vives couleurs,
Et la pitié du ciel s'épand sur nos malheurs,
Ainsi que sa colère avait fait sur nos crimes.
Si la tempête encore ose nous menacer,
Sa fureur a sa borne et ne la peut forcer ;
Un grand arc sur la nue en marque l'assurance,
Et Dieu l'y fait briller pour signal qu'à jamais
Sa bonté maintiendra l'amoureuse alliance
Qui du côté des eaux nous a promis la paix.

Que se crève à grand bruit le plus épais nuage,
Qu'il verse à gros torrents ce qu'il a de plus noir ;
L'arc témoin de ce pacte à peine se fait voir,
Qu'il dissipe la crainte et nous rend le courage ;
La joie avec l'espoir rentre au cœur des pécheurs,
Qui, l'œil battu de pleurs,
Avec sincérité détestent leurs faiblesses ;
Et, quoi que sur leur tête ils entendent rouler,
Le souvenir d'un Dieu fidèle en ses promesses
Leur donne, à cet aspect, de quoi se consoler.

Vois, ô reine du ciel ! vois comme il te figure,
Comme de tes vertus ses couleurs sont les traits !
Son azur, dont l'éclat n'a que de purs attraits,
De ta virginité fait l'aimable peinture ;
Par le feu, dont le rouge est si bien animé,
Ton zèle ardent pour Dieu voit le sien exprimé ;
Ta charité vers nous y trouve son image ;
Et de l'humilité, qui par un prompt effet
Du choix du Tout-Puissant mérita l'avantage,
Ce blanc tout lumineux est le tableau parfait.

Telle donc que cet arc la terre te contemple ;
Tu fais pleuvoir du ciel cent lumières sur nous,
Ta brillante splendeur sème de là pour tous
Des plus parfaites mœurs un glorieux exemple.
Par toi chaque hérésie a son cours terminé ;
En vain de ses enfants le courage obstiné
De ses fausses clartés s'attache aux impostures ;
Il suffit de te voir unir en Jésus-Christ
Par ta submission deux contraires natures,
Pour briser tout l'orgueil dont s'enfle leur esprit.

Arc invincible, arc tout aimable,
Qui guéris en blessant au cœur,
Arc en pouvoir comme en douceur
Également incomparable,
Arc qui fais la porte des cieux,
Vierge sainte, enfin, qu'en tous lieux
Un respect sincère doit suivre,
Quand de notre destin l'inévitable loi
Nous aura fait cesser de vivre,
Fais-nous part de ta gloire et revivre avec toi.

Le sommeil de Jacob lui fait voir des miracles.
L'échelle, qu'il lui montre en lui fermant les yeux,
De la terre atteint jusqu'aux cieux ;
Dieu s'appuie au-dessus pour rendre ses oracles ;
Les anges, dont soudain un luisant escadron
De célestes clartés couvre chaque échelon,
S'en servent sans relâche à monter et descendre,
Et d'un songe si beau les claires visions
L'assurent de la terre où son sang doit prétendre,
Et de ce qu'a le ciel de bénédictions.

Marie est cette échelle ; elle l'est, et la passe ;
Par elle on reçoit plus que Dieu n'avait promis :
Aussi pour lui parler l'ange qu'il a commis
La nomme dès l'abord toute pleine de grâce.
Elle nous donne un fils, mais un fils homme-Dieu ;
Et quand son corps sacré quitte ce triste lieu,
Pour le porter au ciel elle a des milliers d'anges :
De ce brillant séjour elle rompt tous nos fers,
De tous nos maux en biens elle fait des échanges,
Et nous prête son nom pour braver les enfers.

Moïse est tout surpris quand, pour lui toucher l'âme
Dieu se revêt de flamme ;
Celle que sur l'Oreb il voit étinceler
Pare un buisson ardent, au lieu de le brûler,
Et s'en fait comme un trône où plus elle s'allume,
Et moins elle consume.
Ton adorable intégrité,
O Vierge-mère, ainsi ne souffre aucune atteinte,
Lorsqu'en tes chastes flancs se fait l'union sainte
De l'essence divine à notre humanité.

Que la manne au désert est d'étrange nature !
Son goût, le premier jour, se conforme au souhait,
Et, quand pour d'autres jours la réserve s'en fait,
Elle souille le vase et tourne en pourriture :
Ce peu seul qui dans l'arche en tient le souvenir
S'y garde incorruptible aux siècles à venir,
Sans que souillure aucune à son vaisseau s'attache ;
Ainsi tu conçois Jésus-Christ ;
Et ta virginité demeure ainsi sans tache
En nous donnant ce fils, conçu du Saint-Esprit.

Comme tombait du ciel cette manne mystique
Qui du peuple de Dieu faisait tout le soutien,
Ainsi du sein du Père est descendue au tien
Celle qui des enfants est le seul viatique.
La manne merveilleuse, et que nous figurait
Celle qu'en la cueillant tout ce peuple admirait,
Par une autre merveille ainsi nous est donnée :
Ainsi nous pouvons prendre, ainsi nous est offert
Plus que ne recevait cette troupe étonnée
Qui durant quarante ans s'en nourrit au désert.

Ta grâce par l'effet avilit la figure,
Elle en ternit l'éclat, elle en sème l'oubli ;
Et par sa nouveauté l'univers ennobli
N'a plus d'amour ni d'yeux pour la vieille peinture ;
Les nouvelles clartés de la nouvelle loi
   Que Dieu fait commencer par toi
Ne laissent rien d'obscur pour ces nouveaux fidèles ;
   Et ce qui jadis éblouit,
Sitôt que tu répands ces lumières nouvelles,
   Ou s'épure ou s'évanouit.

   Ce grand auteur de toutes choses,
Ce Dieu qui fait d'un mot, quoi qu'il ait résolu,
Te regarda toujours comme un vase impollu
   Où ses grâces seraient encloses :
Vase noble, admirable, et charmant à l'aspect,
Digne d'un saint hommage et d'un sacré respect,
Digne enfin du trésor qu'en toi sa main enferme :
C'est par toi qu'il voulut qu'on goûtât en ces lieux,
Pour arrhes d'un bonheur et sans borne et sans terme,
   Ce pain des habitants des cieux.

   Tu nous donnes ce pain des anges
   Que tes entrailles ont produit,
Ce pain des voyageurs, ce pain qui nous conduit
Jusqu'où ces purs esprits entonnent ses louanges ;
C'est ce pain des enfants, ce comble de tous biens,
   Qu'il ne faut pas donner aux chiens,
A ces hommes charnels qui ne vivent qu'en brutes ;
Il n'est que pour les cœurs d'un saint amour épris ;
Et, comme il les guérit des plus mortelles chutes,
Sur tous les autres pains ils lui doivent le prix.

   C'est en lui que sont renfermées
   Les plus salutaires douceurs
   Que puissent aimer de tels cœurs,
   Et les plus dignes d'être aimées ;
   Il est plein d'un suc ravissant,
D'un suc si gracieux, d'un suc si nourrissant,
Qu'il fait seul un banquet où toute chose abonde ;
Il est pain, il est viande, il est tout autre mets ;
Il rend seul une table en délices féconde,
Et doit être pour nous le banquet des banquets.

Ce mets nous rétablit, ce mets nous régénère ;
Il ramène la joie et fait cesser l'ennui ;
Ton fils, qui par ce mets attire l'âme à lui,
La guide par ce mets, et l'allie à son Père.
Ce mets de tous les biens est l'accomplissement ;
Il est de tous les maux l'anéantissement :
Pour nous il vainc, il règne, il étend son empire ;
Il soutient, il fait croître en sainte ambition ;
Et, pour dire en un mot tout ce qu'on en peut dire,
Il élève tout l'homme à sa perfection.

Il est le pain vivant et qui seul vivifie,
Il est ensemble et vie, et voie, et vérité ;
Lui-même il nous départ son immortelle vie
Par les épanchements d'une immense bonté.
L'Église avec ce pain reçoit tant de lumière,
Que la nouvelle épouse efface la première
Par les vives splendeurs qui font briller sa foi :
La synagogue tombe, et périt auprès d'elle,
   Et l'ombre de la vieille loi
   Fait place au jour de la nouvelle.

La manne a donc tari, le ciel n'en verse plus ;
   La figure cède à la chose,
   Et le pain que Dieu nous propose,
D'un ciel encor plus haut descend pour ses élus.
   Si la manne eut cet avantage
   Que des fils d'Israël elle fut le partage,
   Ce pain est celui du chrétien.
O chrétien ! pour qui seul est fait ce pain mystique,
Viens, mange ; et, puisque enfin c'est un pain angélique,
Fais comme un ange, et montre un zèle égal au sien.

   Passons de miracle en miracle.
Moïse met, au nom des tribus d'Israël,
   Pour faire un prêtre à l'Éternel,
   Douze verges au tabernacle ;
Aaron y joint la sienne ; elle seule y produit
   Des feuilles, des fleurs et du fruit ;
Par là du sacerdoce il emporte le titre :
Tout ce peuple n'a qu'une voix,
Et de ce même Dieu qu'il en a fait l'arbitre
Il accepte à grands cris et bénit l'heureux choix.

   Quelle nouveauté surprenante !
   La fleur sort de l'aridité ;
   Le fruit, de la stérilité ;
Un bois sec reverdit ; il germe, éclôt, enfante.
Où sont tes lois, nature, et que devient ton cours
   Dans ces miraculeux retours
Qui rendent, malgré toi, l'impuissance fertile ?
Et quel est le pouvoir qui ne prend qu'une nuit
Pour tirer d'une branche et séchée et stérile
   Ces feuilles, ces fleurs, et ce fruit ?

Ce fruit, et ces fleurs, et ces feuilles,
Pour étaler aux yeux un si nouvel effet,
N'attendent point que tu le veuilles;
Dieu le veut, il suffit, le miracle se fait;
Il est son pur ouvrage : et comme ce grand Maître,
Sans prendre ton avis toi-même t'a fait naître,
Sans prendre ton avis il renverse tes lois :
Un bois sec rend du fruit par son ordre suprême;
Par son ordre suprême, ô Vierge! tu conçois,
Et ta virginité dans ta couche est la même.

Elle est toujours la même, et ce grand Souverain
En conserve les fleurs toujours immaculées
Alors qu'il fait germer dans ton pudique sein
La fleur de la campagne, et le lis des vallées.
Ta prompte obéissance attire sa faveur
Qui te fait de la terre enfanter le Sauveur,
Sans que ta pureté demeure moins entière;
Et cette obéissance, enflant ta charité,
D'un amour tout divin fait comme une rivière
Qui s'épanche à grands flots sur notre aridité.

Un prophète promet une nouvelle étoile :
Du milieu de Jacob cet astre doit sortir,
Une verge nouvelle en doit aussi partir :
L'une et l'autre a paru, l'une et l'autre est ton voile.
La verge d'Israël dont Moab est battu
Est un portrait de ta vertu
Qui de tous ennemis t'assure la défaite;
Et la fleur qu'elle porte est ton fils Jésus-Christ,
En qui d'étonnement la nature muette
Voit ce qu'elle attendait et jamais ne comprit.

L'étoile garde encor sa chaleur tout entière,
Bien qu'un rayon en sorte et brille sans égal;
La pureté de sa lumière
Fait toujours même honte à celle du cristal :
Ce rayon qui la laisse ainsi brillante et pure
De ton fils et de toi nous offre la figure;
De ce fils qui conserve en toi la pureté,
De toi qui le conçois sans souillure et sans tache,
Et qui gardes encor la même intégrité
Quand même de tes flancs pour naître il se détache.

 Verge mystique d'Israël,
 Par les prophètes tant promise,
 Verge que le Père éternel
 Sur toutes autres favorisé,
 De la racine de Jessé,
 Comme ils nous l'avaient annoncé,
Nous te voyons sortir exempte de faiblesse :
Tu conçois par miracle, et ton merveilleux fruit
Rend pour toi compatible avecque la grossesse
Cette virginité que tout autre détruit.

N'es-tu pas cette étoile ensemble et cette verge,
Verge que de la grâce arrose un clair ruisseau,
Étoile en qui Dieu fait un paradis nouveau,
Vierge et mère à la fois, et mère toujours vierge?
L'étoile a son rayon, et la verge a sa fleur :
Ton fils est l'un et l'autre, et de ce cher Sauveur
La fleur et le rayon nous présentent l'image;
Fleur céleste qui porte un miel tombé des cieux,
Et rayon dont l'éclat dissipe tout l'orage,
Qui fit trembler la terre et gémir nos aïeux.

 O verge dont aucune plante
 N'égale la fertilité,
 Étoile de qui la clarté
 Sur toutes autres est brillante,
 Tes paroles, tes actions
 Ont toutes des perfections
 Au-dessus de la créature;
 Et l'homme accablé de malheurs
Ne saurait où choisir protection plus sûre,
Ni se faire un repos moins troublé de douleurs.

Gédéon voit couvrir la toison de rosée,
En presse les flocons, et remplit un vaisseau
 De cette miraculeuse eau
Qu'au reste de son champ le ciel a refusée.
O Marie! ô vaisseau plein de grâces d'en haut,
Que Dieu pour te former sans tache et sans défaut
Réserva pour toi seule et fit inépuisables!
Daigne, pour consoler notre calamité,
En verser quelque goutte aux pécheurs misérables
Que tu vois ici-bas languir d'aridité.

Oh! que cette rosée était vraiment céleste
 Qui tomba dans ton chaste sein,
Lorsque de nous sauver un Dieu prit le dessein,
Et que la grâce en toi devint si manifeste!
Le Soleil de justice alors qui te remplit
 Fit qu'en toi s'accomplit
Le mystère où ce Dieu devait s'unir à l'homme :
Il est homme, il est Dieu dans ton flanc virginal;
En commençant dès là ce que sa croix consomme,
Il t'honore à jamais d'un titre sans égal.

Sa grâce te remplit sitôt qu'à son message
Ton humble obéissance eut donné son aveu,
Et que son messager y vit un digne feu
Te consacrer entière à ce divin ouvrage.
Telle, dès le moment qu'acheva Salomon
De consacrer un temple aux grandeurs de son nom,
La gloire du Seigneur en remplit tout l'espace;
D'un miracle pareil il couronne ta foi,
Et joint dès ici-bas tant de gloire à ta grâce,
Que la grâce et la gloire est même chose en toi.

Salomon, ce roi pacifique,
Éleva dans ce temple un trône au Dieu des dieux;
Et le Dieu de la paix, le monarque des cieux,
　　S'en fait un dans ton sein pudique.
Il vient y prendre place et finir notre ennui;
Un messager céleste envoyé devant lui
En ce pudique sein lui prépare la voie :
Mais, bien que de tout temps ce Dieu l'eût résolu,
Bien que l'ange à toi-même en eût porté la joie,
Ce dieu n'aurait rien fait si tu n'avais voulu.

　　Mère vierge, mère de grâce,
　　　　Palais de la Divinité,
　　　　Torrent d'amour et de bonté
　　　　Dont le cours jamais ne se lasse;
Illustre original de tant d'heureux crayons,
　　　　Mère du Soleil de justice,
Fais-en jusque sur nous descendre les rayons,
Porte-lui jusqu'au ciel nos vœux en sacrifice,
Et prête à nos besoins un secours si propice,
Que nous puissions enfin voir ce que nous croyons.

　　Créatures inanimées,
Qui formez jusqu'ici ce merveilleux portrait,
Souffrez que le beau sexe en rehausse le trait,
Et montre ses vertus encor mieux exprimées.
Laissez-nous admirer l'illustre Abigaïl.
Laissez-nous voir sa grâce et son discours civil
Arrêter un torrent de fureurs légitimes;
Elle n'épargne dons, ni prières, ni pleurs,
Et force ainsi David à pardonner des crimes
Qui s'attiraient déjà le dernier des malheurs.

Son arrogant époux, en festins si prodigue
Pour tous ceux qu'il assemble à tondre ses troupeaux,
Qui de ces jours d'excès fait ses jours les plus beaux,
Et pour de vains honneurs lâchement se fatigue;
Ce Nabal, dont l'orgueil, enflé de tant de biens,
Passe jusqu'au mépris de David et des siens,
Du pécheur insolent est une affreuse image;
Il brave comme lui le maître de son sort;
A ses vrais serviteurs comme lui fait outrage,
Et comme lui s'attire une infaillible mort.

　　D'ailleurs ce David tout aimable,
　　　Qu'à se venger on voit si prompt,
Flexible à la prière, et sensible à l'affront,
En clémence, en rigueur à nul autre semblable;
Ce guerrier si bénin, qui devient sans pitié
Au mépris et des siens et de son amitié,
Forme de Jésus-Christ l'adorable peinture :
Bien qu'il soit Dieu de paix, le foudre est en ses mains;
Et, tout bon qu'il veut être, il sait venger l'injure
Et qu'on fait à sa gloire et qu'on fait à ses saints.

A force de présents, à force de prières,
La belle Abigaïl arrête ce grand cœur,
Et désarme elle seule une juste fureur
Qu'allumaient de Nabal les réponses trop fières;
Elle fait alliance entre David et lui.
　　O Vierge! notre unique appui,
Pour nous près de ton fils tu fais la même chose,
Et ce lait virginal de quoi tu le nourris,
Sitôt que ta prière à sa fureur s'oppose,
D'infâmes criminels nous rend ses favoris.

De ce même David, race vraiment royale,
　　Digne sang des plus dignes rois,
Mère et fille d'un Dieu qui te laisse à ton choix
Dispenser les trésors de sa main libérale;
Ce Dieu, qui près de lui te donne un si haut rang,
Par la nouvelle loi qu'il scella de son sang,
Nous a tous faits tes fils : montre-toi notre mère;
Sois de cette loi même et la joie et l'honneur,
Et contre tous les traits d'une juste colère
Sers-nous de bouclier, et fais notre bonheur.

En toi seule aujourd'hui se fonde l'espérance
　　De tout le genre humain :
　　　Toi seule as dans ta main
De quoi du vieil Adam purger toute l'offense;
Par toi le port de vie aux pécheurs est ouvert,
　　Par toi le salut est offert
A qui te peut offrir tout son cœur en victime;
Et, quoi que les enfers osent nous suggérer,
　　　Quiconque te sait honorer
　　Ne sait plus ce que c'est que crime.

Il fait donc bon te rendre un sincère respect,
　　En faire sa plus noble étude,
Se tenir en tous lieux comme à ton saint aspect,
Mettre toute sa gloire à cette servitude :
Car enfin les sentiers que tu laisses battus
　　　Sont partout semés de vertus
Qui de tes serviteurs font l'entière assurance;
Ils guident sans péril à l'éternelle paix,
Et ce qu'on a pour toi de sainte déférence
Avec toi dans le ciel fait revivre à jamais.

Après Abigaïl, aussi sage que belle,
Judith montre un courage égal à sa beauté
Quand des Assyriens le monarque irrité
　　Traite Béthulie en rebelle :
Pour venger le mépris qu'on y fait de ses lois,
Ce roi, qui voit sous lui trembler tant d'autres rois
Envoie à l'assiéger une effroyable armée;
Holopherne préside à ce barbare effort,
Et de la multitude en ses murs enfermée
Aucun ne saurait fuir ou les fers ou la mort.

Que résous-tu, Judith? qu'oppose pour remède
L'amour de ta patrie à de si grands malheurs?
Et que doit ce grand peuple accablé de douleurs
Contre tant d'ennemis espérer de ton aide?
Tu portes dans leur camp le doux art de charmer,
Tu vois leur Holopherne, et tu t'en fais aimer;
Sa joie est sans pareille, et son amour extrême;
Il croit par un festin te le témoigner mieux,
Il s'enivre, il s'endort; et de son poignard même
Tu lui perces le cœur qu'avaient percé tes yeux.

    Cette Béthulie assiégée
    Des bataillons assyriens,
    Et prête à s'en voir saccagée
    Par la division des siens,
    C'est, ô Vierge qu'un Dieu révère,
L'épouse de ton fils, l'Église, notre mère,
Qu'assiége l'hérésie, et qu'attaque l'enfer:
Forte de ton secours, elle en brave l'audace;
Et tant que pour appui ses murs auront ta grâce,
    Elle est sûre d'en triompher.

Belle et forte Judith, qui sauves d'Holopherne
Ta chère Béthulie et tous ses habitants,
Puisque par ton esprit l'Église se gouverne,
Ses triomphes iront aussi loin que le temps:
Tu combats, tu convaincs, tu confonds l'hérésie;
    Et, quoi qu'ose sa frénésie,
Elle tremble à te voir les armes à la main,
Tandis que les rayons dont ta couronne brille,
    Sur nous, qui sommes ta famille,
Répandent du salut l'espoir le plus certain.

Ils n'y répandent pas cette seule espérance,
Ils y joignent l'esprit qui mène à son effet,
Un esprit de douceur, qu'en Dieu tout satisfait,
Un esprit de clarté, de conseil, de science:
La sagesse à la force en nous s'unit par eux,
La crainte filiale au respect amoureux,
Qui donne un vol sublime aux âmes les plus basses;
Tous ces trésors sur nous par toi sont épanchés,
Et Dieu t'a départi toute sorte de grâces
Pour faire en ta faveur grâce à tous nos péchés.

    La charmante Esther vient ensuite;
Assuérus l'épouse et la fait couronner,
Et la part qu'en son lit on le voit lui donner
Montre l'heureux succès d'une sage conduite;
La superbe Vasthi, que son orgueil déçoit,
Rejette avec mépris l'ordre qu'elle en reçoit,
Et son propre festin par sa perte s'achève,
Quelle vicissitude en ce grand changement!
L'arrogance fait choir, l'humilité relève;
L'une y trouve son prix, l'autre son châtiment.

Oh! que ces deux beautés ont peu de ressemblance!
En l'une on voit un cœur à la vertu formé,
Un cœur humble, un cœur doux, et digne d'être aimé,
Mais qui ne sait aimer qu'avec obéissance;
En l'autre, une fierté qui ne veut point de loi,
Qui croit faire la reine en dédaignant son roi,
Et que l'orgueil du trône a rendue indocile:
Cet orgueil obstiné ne sert qu'à la trahir,
Et prépare à sa chute une pente facile
Par l'horreur que lui fait la honte d'obéir.

    Sainte Vierge, est-il rien au monde [toi?
    Ou plus humble, ou plus doux, ou plus charmant que
Est-il rien sous les cieux qui fasse mieux la loi
    Aux schismes dont la terre abonde?
    Non, il n'est rien si gracieux,
    Rien si beau, rien si précieux,
    Si nous en croyons l'Écriture;
    Et même sous l'obscurité
L'énigme y fait trop voir qu'aucune créature
    N'approche de ta pureté.

Tu veux donc bien qu'Esther ait place en ton image,
Que ses traits les plus beaux servent d'ombres aux
Toi dont les actions, toi dont les entretiens [tiens,
Ont tant d'humilité, tant d'amour en partage.
Parmi tout ce qu'envoie aux siècles à venir
    La lecture ou le souvenir,
Ta bonté, ta douceur, ne trouvent point d'égales;
Elles charment Dieu même aussi bien que nos yeux,
    Et, plus ici tu te ravales,
Plus il t'élève haut dans l'empire des cieux.

Mêmes vertus en elle ébauchaient ton mérite,
Et son pouvoir au tien n'a pas moins de rapport:
Aman en fait l'épreuve, et son perfide effort
Voit retomber sur lui l'orage qu'il excite.
Un Juif vo t tant d'orgueil sans fléchir les genoux;
Pour ce mépris d'un seul il veut les perdre tous,
Il en fait même au roi signer l'ordre barbare:
L'affligé Mardochée à sa nièce en écrit.
Ne tremblez plus, ô Juifs! une beauté si rare
Veut périr ou sauver son peuple qu'on proscrit.

Esther, tendre et sensible au mal qui le menace,
Y hasarde sa vie, et se présente au roi;
Le roi, pour l'affranchir des rigueurs de sa loi,
Vers des appas si doux tend le signal de grâce:
Esther avec respect le convie au festin,
Lui peint d'elle et des siens le malheureux destin,
Et de son favori l'insolence et les crimes:
Ce lâche tout surpris demeure sans parler;
Et les siens avec lui sont livrés pour victimes
A ce peuple innocent qu'il voulait s'immoler.

Ce que fait Esther pour ses frères,
 Tu le fais pour tes serviteurs,
 Tu fais retomber nos misères
 Sur la tête de leurs auteurs;
 Quoi qu'attente leur perfidie,
La grâce, qui te donne un Dieu pour ton époux,
 En un moment y remédie;
 Et, pour rudes que soient leurs coups,
 Ta pitié, par elle enhardie,
 Ose tout et peut tout pour nous.

 L'implacable ennemi de l'homme
 Sous l'orgueilleux Aman dépeint,
C'est l'ange en qui jamais cet orgueil ne s'éteint,
Le serpent déguisé qui fit mordre la pomme:
Chassé du Paradis, il nous le veut fermer;
Banni dans les enfers, il y veut abîmer
Ceux dont sa place au ciel doit être la conquête!
Mais, quoi qu'ose sa haine à toute heure, en tout lieu,
Vierge, ton pied l'écrase; et, lui brisant la tête,
Tu fais d'un seul regard notre paix avec Dieu.

Tu te plais à garder tes serviteurs fidèles
 Comme la prunelle des yeux;
 Ta main pour avant-goût des cieux   [les;
Leur fait un nouveau siècle et des douceurs nouvel-
Tu leur sers de refuge; et pour les consoler
 Sur eux tu laisses découler
Mille et mille faveurs du Monarque suprême:
Tu puises comme épouse en ses divins trésors,
Vrai livre de la loi que fait sa bonté même,
Et sacré tabernacle où reposa son corps.

Vive fleur du printemps, candeur que rien n'efface,
 Honneur des vierges, fleur des fleurs,
Fontaine de secours, dont les saintes liqueurs
 Conservent toute notre race;
L'odeur de ton mérite ici-bas sans pareil
 Attire l'ange du conseil,
Le Souverain des rois, le Seigneur des armées:
 Et tu fais que du firmament
 Les portes si longtemps fermées
S'ouvrent pour terminer notre bannissement.

Noé flottait encor sur les eaux du déluge,
Et, troublé qu'il était d'avoir vu tout périr,
Il doutait si lui-même aurait où recourir,
S'il aurait hors de l'arche enfin quelque refuge;
Il lâche la colombe, et les monts découverts
 Lui présentent des rameaux verts
Que jusque dans cette arche en son bec elle apporte:
Ce retour le ravit, et ses enfants et lui
Reprennent une joie aussi pleine, aussi forte
Que l'étaient jusque-là leur trouble et leur ennui.

Les Hébreux au désert par l'ordre de Moïse
 Élèvent un serpent d'airain;
Sa vue est un remède et facile et soudain
 Qui leur rend la santé promise:
 Les vipères et les serpents
Qu'en ce vaste désert ce peuple voit rampants
 N'ont plus de morsures funestes;
Cet aspect salutaire en fait la guérison,
Et contre eux leur figure a des vertus célestes
 Plus fortes que tout leur poison.

 Plus simple que n'est la colombe,
Tu nous rends plus de joie et plus de sûreté,
Et protèges si bien la vraie humilité
 Que jamais elle ne succombe:
Un Dieu qui sort de toi te laisse des vertus
A relever nos cœurs sous le vice abattus;
Quel qu'en soit le poison, ta force le surmonte;
Et cet heureux remède à nos péchés offert
 Passe le serpent du désert,
 Et fait la guérison plus prompte.

Cette porte fermée, et qui n'ouvrait jamais,
 Que vit Ézéchiel à l'orient tournée,
Par ce même orient de ses splendeurs ornée,
 Est encore un de tes portraits;
 Aucun n'entre ni sort par elle
 Que cette sagesse éternelle
Qui doit de notre chair un jour se revêtir;   [ture,
Mais, soit qu'elle entre ou sorte, on voit même clô-
 Et Dieu n'y fait point d'ouverture
 Ni pour entrer ni pour sortir.

Ta virginité sainte est la porte sacrée
 Dont ce Dieu fit le digne choix
 Pour faire au monde son entrée,
Comme pour en sortir il le fit de la croix.
Il entre dans tes flancs, il en sort sans brisure;
Avec ce privilége il y descend des cieux:
Sans que ta pureté souffre de flétrissure
Il prend un corps en toi pour se montrer aux yeux;
Et n'est pas moins assis au-dessus du tonnerre,
Bien qu'en ce corps fragile il marche sur la terre.

Tel qu'au travers d'un astre on voit que le soleil
 Trouve une impénétrable voie,
Sa lumière en descend avec éclat pareil,
Et ne brise ni rompt l'astre qui nous l'envoie;
Ce canal transparent, toujours en son entier,
 Peint l'inviolable sentier
Par où le vrai Soleil passe sans ouverture:
Telle en ta pureté, Vierge, tu le conçois;
Mais l'astre suit ainsi l'ordre de la nature,
Et tu conçois ton fils en dépit de ses lois.

Son bien-aimé disciple à qui ce digne Maître
　Te donna pour mère en mourant,
Lui que le tendre amour de ce fils expirant
Fit ton fils en sa place, et qui se plut à l'être;
Cet apôtre prophète à Pathmos exilé
　Y voit plus que n'a révélé
D'aucun de ses pareils l'énigmatique histoire;
Il voit un signe au ciel si merveilleux en soi,
Il y voit un crayon si parfait de ta gloire,
Qu'il doute s'il y voit ou ta figure ou toi.

Il y voit une femme en beauté singulière :
Le soleil la revêt de ses propres rayons;
La lune est sous ses pieds avec même lumière
Qu'en son plus grand éclat d'ici nous lui voyons;
　Douze astres forment sa couronne;
Et si tant de splendeur au dehors l'environne,
Ce que le dedans caché est encor plus exquis;
Elle est pleine d'un fils qu'à peine l'on voit naître
Qu'aussitôt le souverain Maître
Lui fait place en son trône, et le reçoit pour fils.

Est-elle autre que toi, cette femme admirable?
　Et son lumineux appareil
　D'astres, de lune et de soleil,
N'est-il pas de ta couche un apprêt adorable?
Est-ce une autre que toi que de tous ses trésors
　Et remplit au dedans et revêt au dehors
　Le brillant Soleil de justice;
Et fait-il commencer par une autre en ces lieux
　Ce royaume de Dieu si doux et si propice
　Qui réunit la terre aux cieux?

La milice du ciel qui sous tes lois se range
　Comme la lune sous tes pieds,
Y fait incessamment résonner ta louange,
Et sert d'illustre base au trône où tu te sieds;
De tes plus saints aïeux la troupe glorieuse
　Fait la couronne précieuse
　Des astres qui ceignent ton front;
Le nombre en est égal à celui des apôtres,
Et nous donne l'exemple et des uns et des autres
Pour être un jour par toi près de Dieu ce qu'ils sont.

　Cette plénitude étonnante
Des grâces que sa main sur toi seule épandit,
Joint à tant de vertus, joint à tant de crédit,
La gloire de la voir toujours surabondante.
Vierge par excellence, et mère du Très-Haut,
　Toujours sans tache et sans défaut,
Lumière que jamais n'offusque aucun nuage,
De tant de plénitude épands quelque ruisseau,
Et de tant de splendeurs dont brille ton visage,
Laisse jusque sur nous tomber un jour nouveau.

En toi toutes les prophéties
Qui de toi jamais ont parlé,
Par le plein effet éclaircies,
Font voir ce que leur ombre a si longtemps voilé;
　Les énigmes de l'Écriture,
　Dont s'enveloppe ta figure,
　Ont perdu leur obscurité,
　Et ce que t'annoncent les anges,
　Ce qu'ils te donnent de louanges
　Est rempli par la vérité.

Refuge tout-puissant de la faiblesse humaine,
Incomparable Vierge, étoile de la mer,
Calme-nous-en les flots prêts à nous abîmer;
De nos vieux ennemis dompte pour nous la haine;
Purge en nous tout l'impur, tout le terrestre amour,
Toi qui conçois ton Dieu, toi qui le mets au jour,
　Sans en être un moment moins pure;
Toi, la pierre angulaire, en qui l'on voit s'unir
　Les vérités à la figure,
　Ou plutôt la figure en vérités finir.

Les figures ont peint l'excès de ta puissance;
　Fais-nous-en ressentir l'effet :
　Parle, prie; et Dieu satisfait
Laissera désarmer sa plus juste vengeance.
Tu te sieds à sa dextre à côté de ton fils;
La tienne de ce trône où lui-même est assis
Peut aux plus lâches cœurs rendre une sainte audace:
De là de tous les tiens tu secours les besoins;
Et comme ta prière obtient pour eux sa grâce,
L'œuvre de leur salut est l'œuvre de tes soins.

Cette adorable chair qu'il forma de la tienne,
　Ce sang qu'il tira de ton sang,
Quelque haut rang au ciel que l'un et l'autre tienne,
　T'ont cru devoir le même rang :
　Comme sans cesse il considère
Qu'il prit et l'un et l'autre en ton pudique flanc,
Sans cesse il te chérit, sans cesse il te révère;
Et comme il est ton fils aussi bien que ton Dieu,
L'amour et le respect qu'il garde au nom de mère
Ne t'auraient pu jamais souffrir en plus bas lieu.

Ce fils t'élève ainsi sur toute créature,
Te fait ainsi jouir de la société
　De cette immense Trinité
Qui donne à tes vertus un pouvoir sans mesure.
Fais-nous-en quelque part pour monter jusqu'à toi;
Donne-nous cet amour, cet espoir, cette foi,
　Qui doivent y servir d'échelle;
　Et d'un séjour si dangereux
Tire-nous à celui de la gloire éternelle
　Qui fait le prix des bienheureux.

FIN DES LOUANGES DE LA SAINTE VIERGE.

PSAUMES.

PSAUME IV.

Cum invocarem, exaudivit me Deus.

Sitôt que j'invoquai le Dieu de ma justice,
Il exauça mes vœux, il prit pitié de moi;
Dans mes afflictions sa main me fut propice,
Et dilata mon cœur qu'avait serré l'effroi.

Montrez pour moi, Seigneur, une pitié nouvelle :
Vous voyez sur mes bras de nouveaux ennemis :
Dissipez leurs conseils, ramenez mon rebelle,
Exaucez ma prière, et me rendez mon fils.

Lâches, dont le complot en ces ennuis me plonge,
Jusqu'où porterez-vous des cœurs durs et pesants?
Jusqu'où prendrez-vous soin d'appuyer le mensonge;
Jusqu'où d'un vain orgueil serez-vous partisans?

Avez-vous oublié par combien de miracles
Dieu m'a mis dans le trône et soutenu son choix?
Le croyez-vous moins fort à briser tous obstacles
Aussitôt que vers lui j'élèverai ma voix?

Prenez contre le crime une digne colère ;
Connaissez votre faute, et cessez de faillir;
Et faites dans vos lits un examen sévère
De ce que votre cœur espère en recueillir.

Qu'un juste repentir offre vos sacrifices :
Mettez-vous en état d'espérer au Seigneur;
Venez, et laissez dire aux esclaves des vices :
Qu'on nous offre du bien, on aura notre cœur.

Sa lumière divine a mis sur mon visage
De ses vives clartés la sainte impression;
Et sa parfaite joie a mis dans mon courage
De quoi me soutenir contre l'oppression.

Avant cette fureur de la guerre civile,
A-t-on vu des sujets plus heureux que les miens?
L'abondance du vin, du froment et de l'huile,
En augmentait le nombre en augmentant leurs biens.

Je reverrai, Seigneur, encor la même chose
Dès qu'il vous aura plu me redonner la paix ;
C'est sur ce doux espoir que mon cœur se repose;
C'est à ce doux effet qu'il borne ses souhaits.

Ces grâces, ô mon Dieu! passeraient les premières :
Mais sur votre bonté j'ose m'en assurer ;
Et vous m'avez tant fait de faveurs singulières,
Que j'espère aisément plus qu'on n'ose espérer.

Gloire au Père éternel, la première des causes ;
Gloire au Verbe incarné, gloire à l'Esprit divin ;
Et telle qu'elle était avant toutes les choses,
Telle soit-elle encor maintenant et sans fin.

PSAUME VI.

Domine, ne in furore tuo arguas me.

Je l'avourai, Seigneur, votre juste colère
Ne peut avoir pour moi trop de sévérité;
   Mais ne me corrigez qu'en père,
   Et non pas en maître irrité.

Avec compassion regardez ma faiblesse :
Je souffre sans relâche, et languis sans repos ;
   Guérissez-moi, le mal me presse,
   Et passe jusque dans mes os.

Mon âme en est troublée, et ne sait plus qu'attendre,
Tant chaque jour l'accable et de crainte et d'horreur ;
   Mais jusqu'où voulez-vous étendre
   Les marques de votre fureur?

Détournez-en le cours qui sur moi se déborde;
Du torrent qui bondit venez me préserver :
   C'est à votre miséricorde
   Qu'il appartient de me sauver.

L'empire de la mort, sous qui mon corps succombe,
Nous laisse-t-il de vous le moindre souvenir,
   Et le silence de la tombe
   Nous apprend-il à vous bénir?

Abattu de tristesse et travaillé d'alarmes,
Soupirer et gémir, c'est tout ce que je puis ;
   Et baigner mon lit de mes larmes,
   Ce sont mes plus heureuses nuits.

Mon œil épouvanté de toutes parts n'envoie
Que des regards troublés d'un si cuisant malheur;
 Et mes ennemis ont la joie
 De me voir blanchir de douleur.

Sortez d'auprès de moi, noirs ouvriers du crime,
Qu'on voyait si ravis de me voir aux abois;
 Du Seigneur la bonté sublime
 Daigne entendre ma triste voix.

Mes larmes ont monté jusque devant sa face;
Il a reçu mes vœux; mes soupirs l'ont touché,
 Mes cris en ont obtenu grâce,
 Il n'a plus d'yeux pour mon péché.

Allez; qu'à votre tour la misère vous trouble;
Rougissez tous de honte en cette occasion,
 Et que chaque moment redouble
 Cette prompte confusion.

Gloire, etc.

PSAUME VIII.

Domine, Dominus noster.

Dieu, notre souverain, tout-puissant et tout bon,
Auteur de la nature, et maître du tonnerre,
 Que la gloire de ton saint nom
S'est rendue admirable aux deux bouts de la terre!

L'œil qui d'un seul regard contemple ces bas lieux
Voit ta magnificence aux plus bas lieux gravée,
 Et, sitôt qu'il s'élève aux cieux,
Par-dessus tous les cieux il la voit élevée.

Ton plus parfait éloge, exprès tu l'as commis
Aux accents imparfaits que hasarde l'enfance,
 Pour confondre tes ennemis,
Et détruire l'esprit de haine et de vengeance.

Lorsque je vois des cieux le brillant appareil,
De ta savante main je ne vois que l'ouvrage;
 Et lune, étoiles, ni soleil,
N'ont aucunes splendeurs qu'elle ne leur partage.

Parmi ces grands effets qui te font admirer, [rite?
Seigneur, qu'est-ce que l'homme, et quel est son mé-
 Et qui t'oblige à l'honorer
 D'un tendre souvenir, d'une douce visite?

Un peu moindre que l'ange il t'a plu le former,
De gloire et de grandeurs tu combles sa naissance,
 Et ce qu'il te plut d'animer
Fut aussitôt par toi soumis à sa puissance.

A peine la nature avait rempli ta voix,
Que ta voix sous nos pieds rangea ces nouveaux êtres;
 Les hôtes des champs et des bois,
Tout nous sert aujourd'hui, tout servit nos ancêtres.

Les oiseaux dans les airs, les poissons dans les eaux,
De ton image en nous reconnaissent l'empire;
 Et sous ces liquides tombeaux
Tout ce qui nage ou vit, c'est pour nous qu'il respire.

Dieu, notre souverain, tout-puissant et tout bon,
Auteur de la nature, et maître du tonnerre,
 Que la gloire de ton saint nom
S'est rendue admirable aux deux bouts de la terre!

Gloire, etc.

PSAUME XVIII.

Cœli enarrant gloriam Dei.

Des célestes lambris la pompeuse étendue
 Fait l'éloge du souverain,
Et tout le firmament ne présente à la vue
 Que des ouvrages de sa main.

Le jour prend soin d'apprendre au jour qui lui succède
 Ce que sa parole a produit;
Et la nuit, qui l'a su de la nuit qui lui cède,
 L'enseigne à celle qui la suit.

Aux quatre coins du monde ils parlent un langage
 Qu'entendent toutes nations;
Et des plus noirs climats l'hôte le plus sauvage
 En comprend les instructions.

Ils servent de tableaux ainsi que de trompettes;
 Ce qu'ils disent ils le font voir;
Et des grandeurs de Dieu s'ils sont les interprètes,
 Ils en sont aussi le miroir.

Le soleil, qui lui sert de trône incorruptible,
 Les étale aux regards de tous,
Et ce visible agent d'un monarque invisible
 En est paré comme un époux.

Il part tel qu'un géant, armé d'une lumière,
 Ceint d'un feu qui nous enrichit;
Et du sommet des cieux il s'ouvre une carrière
 Dont jamais il ne s'affranchit.

Chaque jour pour finir et reprendre sa course,
 Il remonte au même sommet,
Et sa chaleur partout verse l'heureuse source
 Des biens que son maître promet.

La loi du même Dieu n'est pas moins salutaire;
 Elle touche, elle convertit;
Et pour les yeux du corps que le soleil éclaire,
 Elle éclaire ceux de l'esprit.

Sa parole est fidèle, et répand la sagesse
 Dans les cœurs les plus ravalés;
Sa justice est exacte, et répand l'allégresse
 Dans les cœurs les plus désolés.

C'est la sainte frayeur de ses ordres suprêmes
 Qui fait vivre à l'éternité;
Ils sont tous en tous lieux justifiés d'eux-mêmes,
 Tous sont la même vérité.

L'or, la perle, et l'éclat des pierres précieuses,
 Sont beaucoup moins à souhaiter;
Et les douceurs du miel les plus délicieuses
 Sont bien moins douces à goûter.

Aussi ton serviteur avec soin les observe;
 Tu le sais, ô Dieu! tu le vois.
Oh! que grand est le prix que ta bonté réserve
 Aux âmes qui gardent tes lois!

Mais qui connaît, Seigneur, les péchés d'ignorance?
 Épure-m'en dès aujourd'hui;
Pardonne ceux d'orgueil, de propre suffisance;
 Et défends-moi de ceux d'autrui.

Si je pouvais sur moi leur ôter tout empire;
Si je m'en voyais bien purgé,
Des crimes les plus grands que tout l'enfer inspire
 Je m'estimerais dégagé.

Il ne sortirait lors aucun mot de ma bouche
 Qui ne plût au grand Roi des cieux;
Je ne m'entretiendrais que de ce qui le touche,
 Je l'aurais seul devant les yeux.

Seigneur, qui de tous maux êtes le seul remède,
 Et de tout bien l'unique auteur,
En ces pressants besoins prodiguez-moi votre aide,
 Et soyez mon libérateur.

Gloire, etc.

PSAUME XIX.

Exaudiat te Dominus in die tribulationis.

En ces jours dont l'issue est souvent si fatale,
Daigne ouïr le Seigneur les vœux que tu lui fais,
Et du Dieu de Jacob la vertu sans égale
Par sa protection répondre à tes souhaits.

Des célestes lambris de sa sainte demeure
Daigne son bras puissant t'envoyer du secours,
Et du haut de Sion renverser à toute heure
Sur l'orgueil ennemi les périls que tu cours!

Puisse ton cœur soumis, puisse ton sacrifice
S'offrir à sa mémoire en tous temps, en tous lieux!
Puisse ton holocauste offert à sa justice
Élever une flamme agréable à ses yeux!

Qu'un bonheur surprenant, une faveur solide
Porte plus loin ton nom que n'ose ton désir!
Que dans tous tes conseils son Esprit saint préside,
Et leur donne l'effet que tu voudras choisir!

De tes prospérités nous aurons pleine joie,
Nous bénirons ce Dieu qui t'en fait l'heureux don;
Nous vanterons partout son bras qui les déploie,
Nous nous glorifirons nous-mêmes en son nom.

Qu'il ne se lasse point de remplir tes demandes,
Lui qui t'a couronné pour régner sous sa loi,
Et que par des bontés de jour en jour plus grandes
Il fasse encor mieux voir l'amour qu'il a pour toi.

Des lumineux palais de sa demeure sainte
Il entendra tes vœux, défendra tes États,
Montrera qu'il est digne et d'amour et de crainte,
Et qu'il tient en sa main le sort des potentats.

Ceux qui nous attaquaient ont mis leur confiance,
Les uns en leurs chevaux, les autres en leurs chars;
Nous autres, mieux instruits par notre expérience,
Nous l'avons mise au Dieu qui règle les hasards.

Ceux-là sont demeurés ou morts, ou dans nos chaînes,
Leurs chars et leurs chevaux les ont embarrassés;
Et ceux qui nous voyaient trébucher sous leurs haines
Nous ont vus par leur chute aussitôt redressés.

Sauvez notre grand roi, bénissez-en la race,
Embrasez-le, Seigneur, de vos célestes feux;
Nous demandons pour lui chaque jour votre grâce;
Donnez un plein effet à de si justes vœux.

Gloire, etc.

PSAUME XXIII.

Domini est terra, et plenitudo ejus.

La terre est au Seigneur, et toute son enceinte:
Il la forma lui-même en commençant le temps;
Et son globe appartient à sa majesté sainte,
 Ainsi que tous ses habitants.

Tout à l'entour des mers c'est lui qui l'a posée,
C'est lui qui l'affermit au-dessus de tant d'eaux ;
C'est lui qui des courants dont elle est arrosée
    L'élève sur tous les ruisseaux.

Mais comment s'élever et quel chemin se faire
A la sainte montagne où brille son palais?
Et qui s'établira dans son grand sanctuaire
    Pour y demeurer à jamais?

L'homme au cœur pur et droit, à l'innocente vie,
Qui n'a point de son Dieu reçu son âme en vain,
Qui par aucun serment, fourbe, ni calomnie,
    N'a fait injure à son prochain.

Le Seigneur à jamais bénira sa conduite,
Le Seigneur, dont il prend la gloire pour seul but.
Oui, Dieu lui fera grâce, et ses bontés ensuite
    L'admettront au port de salut.

C'est là ce qu'il réserve à cette heureuse race
Qui ne cherche ici-bas que le Maître du ciel,
Et qui marche en tous lieux comme devant la face
    De l'unique Dieu d'Israël.

Ouvrez, princes, ouvrez vos portes éternelles;
Portes du grand palais, laissez-vous pénétrer;
Laissez-en l'accès libre aux escadrons fidèles :
    Le roi de gloire y veut entrer.

Quel est ce roi de gloire? à quoi peut-on connaître
Où s'étend son empire et ce que peut son bras?
C'est un roi le plus fort qu'on ait encor vu naître;
    C'est un roi puissant aux combats.

Ouvrez, encore un coup, princes, ouvrez vos portes;
Portes du grand palais, laissez-vous pénétrer;
Laissez-en l'accès libre aux fidèles cohortes :
    Le roi de gloire y veut entrer.

Dites-nous donc enfin quel est ce roi de gloire,
Quels peuples, quels climats sont rangés sous sa loi?
C'est le roi tout-puissant, le roi de la victoire,
    C'est Dieu qui lui-même est ce roi.

Gloire, etc.

PSAUME XXX.

In te, Domine, speravi, non confundar in æternum.

    J'ai mis en vous mon espérance ;
      Sera-ce à ma confusion,
Seigneur? et votre bras est-il dans l'impuissance
De me faire justice en cette occasion?

Déployez-le, l'ennemi presse,
Prêtez l'oreille à mes clameurs :
Venez, et hâtez-vous d'appuyer ma faiblesse; [meurs,
Pour peu que vous tardiez, tout me manque, et je

    Je n'ai plus ni vivres ni places,
      Je n'ai ni troupes ni vigueur;
Et, si votre secours n'arrête mes disgrâces,
Je succombe à la force, ou tombe de langueur.

    Mais vous serez ma citadelle,
      Vous suppléerez à mes besoins ;
J'aurai pour ma conduite une grâce nouvelle,
J'aurai pour subsistance un effet de vos soins.

    C'est en vain qu'on me dresse un piége,
      C'est en vain qu'on veut m'assiéger;
Vous romprez les filets, vous confondrez le siége,
Un seul de vos regards saura me protéger.

    Souffrez qu'en vos mains je remette
      Une âme réduite aux abois :
O Dieu de vérité! servez-moi de retraite,
Vous qui m'avez déjà racheté tant de fois.

Gloire, etc.

PSAUME XXXI.

Beati quorum remissæ sunt iniquitates.

Heureux sont les mortels dont les saints artifices
Ont lavé les péchés par des pleurs assidus,
Et par le rude choix de leurs justes supplices
Les ont si bien couverts que Dieu ne les voit plus!

Plus heureux l'homme encor dont l'innocente vie
N'a rien que Dieu lui veuille imputer à forfait,
L'homme en qui jamais fourbe et jamais calomnie
N'infecte ce qu'il dit, n'empeste ce qu'il fait!

Mon crime s'est longtemps caché sous le silence;
Mes maux en sont accrus, mon visage envieilli;
Et les cris que m'arrache enfin leur violence
Sont le fruit douloureux que j'en ai recueilli.

Mon âme en a senti ta main appesantie,
Dont le fardeau secret m'accable nuit et jour;
Mon corps en a senti sa vigueur amortie,
Et l'angoisse a plus fait sur moi que ton amour.

C'est elle qui me force à ne te plus rien taire :
Je veux t'avouer tout, Seigneur, et hautement
Me dire un assassin, un traître, un adultère;
En accepter la honte, aimer le châtiment.

En vain, mon âme, en vain cet aveu t'effarouche,
Il faut servir à Dieu de témoin contre nous ;
Vois que ces mots à peine ont sorti de ma bouche,
Qu'ils m'ont rendu sa grâce et fléchi son courroux.

C'est comme en doit user une âme qui n'aspire
Qu'à rentrer au vrai calme où met la sainteté ;
Il faut qu'elle s'accuse, il faut qu'elle soupire
Tandis qu'elle a le temps d'implorer sa bonté.

Que la fureur des eaux par un nouveau déluge
Sur les plus hauts rochers ose encor s'élever ;
Quand l'homme t'a choisi, Seigneur, pour son refuge,
Ces eaux jusques à lui ne sauraient arriver.

J'ai mis en toi le mien contre l'affreux ravage
Des tribulations où tu m'as vu plongé ;
J'ai mis en toi ma joie : achève et me dégage
De toutes les fureurs dont je suis assiégé.

Oui, je te donnerai, me dis-tu, la prudence,
Pour servir à tes pas de règle et de flambeau,
Je t'instruirai moi-même en ma haute science,
Et j'aurai l'œil sur toi jusque dans le tombeau.

Vous donc, si vous voulez éviter les tempêtes
Que son juste courroux roule à chaque moment,
Mortels, ne soyez pas semblables à des bêtes
Qui manquent de raison et de discernement.

Domptez avec les mors, domptez avec la bride,
Ces esprits durs et fiers, ces naturels brutaux
Qui refusent, Seigneur, de vous prendre pour guide,
Hommes, mais après tout moins hommes que chevaux.

Il est mille fléaux pour le pécheur rebelle
Qui ne veut suivre ici que son propre vouloir ;
Mais la miséricorde est un rempart fidèle
Pour quiconque à vous seul attache son espoir.

Faites-en éclater une pleine allégresse,
Justes, sans crainte aucune ou de trouble ou d'ennui ;
Et vous, cœurs purs et droits, glorifiez sans cesse
L'auteur de votre joie, et vous-mêmes en lui.

Gloire, etc.

PSAUME XXXVII.

Domine, ne in furore tuo arguas me.

Seigneur, quand tu voudras convaincre ma faiblesse,
Mets à part la fureur de tes ressentiments,
Et ne consulte point ton ire vengeresse
Sur le choix de mes châtiments.

Les flèches que sur moi ton bras a décochées
De leurs pointes d'acier hérissent tout mon cœur,
Et ta main enfonçant leurs atteintes cachées
S'est affermie en sa rigueur.

Je ne vois sur ma chair que blessures mortelles,
Qu'ulcères qu'à toute heure ouvrent de nouveaux traits ;
Mes crimes ont pour moi des pointes éternelles
Qui de mes os chassent la paix.

Ces crimes entassés élèvent sur ma tête
Des eaux de ta colère un fier débordement,
Et d'un fardeau si lourd la pesanteur m'apprête
Un long et triste accablement.

Ma folie a longtemps négligé ma blessure ;
Elle en a vu sans soin la plaie et les tumeurs,
Et voit honteusement tourner en pourriture
La corruption des humeurs.

La misère m'accable et la douleur me presse ;
J'en marche tout courbé, j'en vis tout abattu,
Et partout où je vais l'excès de ma tristesse
M'y traîne faible et sans vertu.

Ce n'est qu'illusion que l'éclat de ma vie,
Qu'un vieux songe qui flatte, et qu'on rappelle en vain ;
Il fait place à l'horreur de cette chair pourrie,
Et d'un corps qui n'a rien de sain.

Dans ces afflictions et ces gênes cruelles,
Quand je crois ne pousser que des gémissements,
Je sens de nouveaux maux, et des rigueurs nouvelles
Les tourner en rugissements.

Seigneur, jetez les yeux sur ma douleur profonde :
Vous savez mes désirs, vous les connaissez tous ;
Et j'ai beau déguiser ces maux à tout le monde,
Ils n'ont rien de caché pour vous.

Mon cœur est plein de trouble, et ma vigueur entière
M'abandonne et m'expose à des âmes sans foi ;
Et celui qui servait à mes yeux de lumière
Lui-même n'est plus avec moi.

Son exemple a séduit mes amis et mes proches ;
Ils ont vu ma misère, et s'en sont écartés,
Et ces lâches esprits reviennent aux approches
Sous l'étendard des révoltés.

Les plus attachés même à chercher ma présence
M'ont regardé de loin sans m'offrir de secours,
Et laissé sans obstacle agir la violence
Qui cherchait à trancher mes jours ;

De ceux qui m'ont haï les langues mensongères
Par des contes en l'air chaque jour m'ont noirci,
Et leurs fourbes sans cesse ont forgé des chimères
    Par qui mon nom fut obscurci.

J'ai fait la sourde oreille et refusé d'entendre
Ce que de l'imposture osait l'indigne cours,
Et ma bouche muette a dédaigné de rendre
    Réponse aucune à leurs discours.

J'ai mieux aimé passer pour un homme incapable
Et de rien écouter, et de rien démentir,
Ou plutôt pour un homme ou stupide, ou coupable,
    Qui n'a point de quoi repartir.

Vous répondrez pour moi, Seigneur, et je l'espère,
Moi qui n'ai jamais eu d'espérance qu'en vous :
Vous saurez, et bientôt, exaucer la prière
    Que je vous en fais à genoux.

Vous ne permettrez point qu'une pleine victoire
Mette au-dessus de moi ces esprits insolents,
Eux qui n'ont déjà pris que trop de vaine gloire
    D'avoir vu mes pas chancelants.

S'il faut souffrir encore un coup de fouet plus rude,
Je suis prêt ; déployez votre sévérité :
Ma peine est au-dessous de mon ingratitude,
    Et mon crime a tout mérité.

Je l'avoûrai tout haut, pour rendre mieux connue
L'infâme énormité de tout ce que j'ai fait,
J'y pense nuit et jour, et n'ai devant la vue
    Que l'image de mon forfait.

Mais faut-il cependant que mes ennemis vivent
Avec tant d'avantage affermis contre moi,
Et que le nombre accru de ceux qui me poursuivent
    A jamais me fasse la loi ?

Vous voyez à quel point enflent leur médisance
Ceux dont l'injuste aigreur rend le mal pour le bien,
A quel point ma bonté, réduite à l'impuissance,
    Les porte à ne douter de rien.

Ne m'abandonnez pas à toute ma disgrâce :
Autre que vous, Seigneur, ne peut me relever ;
Ne vous éloignez pas que ce torrent ne passe,
    Vous qui seul m'en pouvez sauver.

Venez, venez, mon Dieu, venez tôt à mon aide,
Contre tant de malheurs qui m'ont choisi pour but,
Vous qui de tous mes maux êtes le seul remède,
    Et l'espoir seul de mon salut.

Gloire, etc.

PSAUME XLIV.

Eructavit cor meum verbum bonum.

Je me sens tout le cœur plein de grandes idées,
Je les sens à l'envi s'en échapper sans moi,
Je les sens vers le roi d'elles-mêmes guidées,
    Dédions-les toutes au roi.

Ma langue, qui s'empresse à chanter son mérite,
Suit plus rapidement l'effort de mon esprit
Que ne court une plume en la main la plus vite
    Qui puisse tracer un écrit.

Sa beauté sans égale entre les fils des hommes
Mêle une grâce infuse à ses moindres discours ;
Et Dieu, qui l'a béni sur tous tant que nous sommes,
    L'appuie, et l'appuira toujours.

Grand monarque, dont l'âme est sans cesse occupée
A bien remplir ce rang où le ciel vous a mis,
Vous n'avez qu'à paraître et ceindre votre épée
    Pour confondre vos ennemis.

Vos attraits sont si forts, vos actions si belles,
Tant de gloire et d'amour les sait accompagner,
Que chacun se déclare et pour eux et pour elles ;
    Et vous faire voir, c'est régner.

La justice en votre âme et la mansuétude
Avec la vérité font un accord si doux,
Que de tant de vertus la sainte plénitude
    Fait partout miracle pour vous.

D'un acier pénétrant la pointe de vos flèches
Percera tous les cœurs rebelles à leur roi ;
Et, voyant ruisseler leur sang par tant de brèches,
    Les peuples tomberont d'effroi.

Comme votre grandeur s'est toujours mesurée
Sur la droiture même et la même équité,
Votre règne n'aura pour borne à sa durée
    Que celle de l'éternité.

La haine des forfaits, l'amour de la justice,
Font de tous vos desseins les sacrés appareils ;
Et Dieu répand sur vous une onction propice
    Plus qu'il ne fait sur vos pareils.

De riches vêtements au jour de votre gloire,
D'ambre, aloès, et myrrhe, embaumés à la fois,
Seront tirés pour vous des cabinets d'ivoire
    Par les filles des plus grands rois.

La reine votre épouse, à votre droite assise,
Brillera d'une auguste et douce majesté;
Ses habits feront voir dans leur dorure exquise
    Une exquise diversité.

Mais écoute, ma fille, écoute et considère
Combien en sa personne éclatent de trésors;
Oublie auprès de lui la maison de ton père,
    Et ce cher peuple d'où tu sors.

Plus son amour pour toi se fera voir extrême,
Plus tes soumissions le doivent honorer;
Car enfin c'est ton roi, ton seigneur, ton Dieu même,
    Qu'on fera gloire d'adorer.

Les princesses de Tyr te rendront leur hommage
Avec même respect qu'on t'aura vu pour lui :
Le riche avec ses dons briguera ton suffrage
    Et réclamera ton appui.

Mais si l'âme au dedans n'est encor mieux ornée,
Reine, ce sera peu que l'ornement du corps,
Bien que la frange d'or en fleurons contournée
    Y borne cent divers trésors.

De cent filles d'honneur tu te verras suivie
Quand il faudra paraître aux yeux d'un si grand roi;
Et tes plus proches même y verront sans envie
    Qu'on les y présente après toi.

Toutes en montreront une allégresse entière,
Toutes y borneront leurs plus ardents souhaits,
Toutes estimeront à faveur singulière
    Le droit d'entrer dans son palais.

Pour récompense enfin d'avoir quitté tes pères,
Il te naîtra des fils plus grands, plus braves qu'eux,
Qui feront recevoir tes lois les plus sévères
    Aux peuples les plus belliqueux.

La terre, qu'on verra trembler devant leur face,
Conservera sous eux ton digne souvenir;
Et l'on respectera ton nom de race en race
    Dans tous les siècles à venir.

Toutes les nations en ta faveur unies
De ce nom à l'envi publiront la grandeur;
Et les temps jusqu'au bout de leurs courses finies
    En verront briller la splendeur.

Gloire, etc.

PSAUME XLV.

Deus noster refugium et virtus.

Que Dieu nous est propice à tous!
Il est seul notre force, il est notre refuge,
Il est notre soutien contre le noir déluge
    Des malheurs qui fondent sur nous.

La terre aura beau se troubler;
Quand nous verrions partout les roches ébranlées,
Et jusqu'au fond des mers les montagnes croulées,
    Nous n'aurions point lieu de trembler.

Que les eaux roulent à grand bruit,
Que leur fureur éclate à l'égal du tonnerre,
Que les champs soient noyés, les campagnes par terre,
    Que l'univers en soit détruit;

Leur fière impétuosité,
Qui comble tout d'horreur, comble Sion de joie,
Et ne fait qu'arroser, alors que tout se noie,
    Les murs de la sainte Cité.

Dieu fait sa demeure au milieu,
Dieu lui donne un plein calme en dépit des orages;
Et dès le point du jour, contre tous leurs ravages,
    Elle a le secours de son Dieu.

On a vu les peuples troublés,
Les trônes chancelants pencher vers leur ruine :
Dieu n'a fait que parler, et de sa voix divine
    Ils ont paru tous accablés.

Invincible Dieu des vertus,
Que ta protection est un grand privilége! [siége,
Quels que soient les malheurs dont l'amas nous as-
    Nous n'en serons point abattus.

Venez, peuples, venez bénir
Les prodiges qu'il fait sur la terre et sur l'onde :
La guerre désolait les quatre coins du monde,
    Et ce Dieu l'en vient de bannir.

Il a brisé les arcs d'acier, [darmes,
Tous les dards, tous les traits, tous les chars des gen-
Et jeté dans le feu, pour finir vos alarmes,
    Et l'épée et le bouclier.

Calmez vos appréhensions;
Voyez bien qu'il est Dieu, qu'il est l'unique maître
Et que, malgré l'enfer, sa gloire va paraître
    Parmi toutes les nations.

Encore un coup, Dieu des vertus,
Que ta protection est un grand privilége ! [siége,
Quels que soient les malheurs dont l'amas nous as-
    Nous n'en serons point abattus.

Gloire, etc.

PSAUME L.

Miserere mei, Deus, secundum magnam
misericordiam tuam.

Prenez pitié de moi, Seigneur,
Suivant ce qu'a d'excès votre miséricorde ;
Souffrez qu'en ma faveur son torrent se déborde,
    Et désarme votre rigueur.

Au lieu de ces punitions
Que doit votre justice à mon ingratitude,
Jetez sur mon péché toute la multitude
    De vos saintes compassions.

Daignez de plus en plus laver
De mes iniquités les infâmes souillures :
Vous avez commencé de guérir mes blessures ;
    Hâtez-vous, Seigneur, d'achever.

Je ne me trouve en aucuns lieux
Où d'un si noir forfait l'image ne me tue,
Et, de quelque côté que je porte la vue,
    Elle frappe aussitôt mes yeux.

Je n'ai péché que contre vous ;
Mais aussi j'ai péché, Seigneur, à votre face :
Ainsi vous serez juste, et si vous faites grâce,
    Et si vous jugez en courroux.

Que puis-je, après tout, que pécher ?
Si c'est par le péché que j'ai vu la lumière,
Et si c'est en péché que m'a conçu ma mère,
    Par où puis-je m'en détacher ?

C'est par cette seule bonté,
Qui tire du pécheur l'aveu de sa faiblesse,
Et qui m'a révélé ce que votre sagesse
    A de plus sainte obscurité.

Jusqu'en mon sein faites couler
Ces eaux qui de blanchir ont le grand privilége ;
Quand j'en serai lavé, la blancheur de la neige
    N'aura point de quoi m'égaler.

Parlez, et me faites ouïr
De si justes sujets de véritable joie,

Que jusque dans mes os mon oreille renvoie
    De quoi toujours se réjouir.

Mais pour cela, Seigneur, il faut
Détourner vos regards de mes fautes passées,
En rendre au dernier point les taches effacées,
    Et purger le moindre défaut.

Ce n'est pas tout ; il faut en moi
Créer un cœur si pur, qu'il tienne l'âme pure ;
Renouveler en moi cet esprit de droiture
    Qui n'agit que sous votre loi.

Lorsque vous m'aurez pardonné,
Ne me rejetez pas de devant votre face ;
Et ne retirez pas l'esprit de votre grâce
    Après me l'avoir redonné.

Rendez-moi ce divin transport
Où s'élevait ma joie en votre salutaire ;
Cet esprit tout de feu, qui s'efforce à vous plaire,
    Et dont vous bénissez l'effort.

J'enseignerai ces vérités
Qui ramènent l'injuste à suivre la justice ;
Et je veux qu'à son tour mon exemple guérisse
    Ceux que mon exemple a gâtés.

Surtout préservez-moi, Seigneur,
De plus faire verser le sang de l'innocence ;
Et je dirai partout quelle est votre clémence
    A justifier un pécheur.

Ouvrez mes lèvres, ô mon Dieu !
Que je puisse mêler ma voix aux voix des anges ;
Et je ferai, comme eux, de vos saintes louanges
    Mon plus doux objet en tout lieu.

Sur des autels fumants pour vous,
Si vous l'aviez voulu, j'aurais mis des victimes :
Mais l'holocauste enfin n'efface pas mes crimes,
    N'éteint pas tout votre courroux.

Le sacrifice qui vous plaît,
C'est un esprit touché, des yeux fondus en larmes ;
Le cœur humble et contrit vous arrache les armes,
    Vous fait révoquer votre arrêt.

Que mes crimes n'empêchent pas
Que pour votre Sion votre bonté n'éclate ;
Relevez-en les murs, s'il faut qu'on les abatte,
    Protégez-la dans les combats.

Vous daignerez lors accepter
Des taureaux immolés le juste sacrifice ;

Et l'holocauste offert à votre amour propice
  Ne s'en verra point rebuter.

Gloire, etc.

PSAUME LIII.

Deus, in nomine tuo salvum me fac.

Si vous ne voulez pas, Seigneur, que je périsse,
  En votre nom faites ma sûreté;
Montrez votre puissance à me rendre justice,
  Et déployez votre bonté.

Il m'en faut, Roi des rois, une assistance entière;
  Daignez ouïr la voix d'un malheureux;
Il ose jusqu'à vous élever sa prière,
  Ne rejetez pas d'humbles vœux.

D'un perfide étranger l'impitoyable envie
  Me va réduire à périr en ces lieux;
Un puissant ennemi cherche à m'ôter la vie
  Sans vous avoir devant les yeux.

Mais le cœur me le dit, leur rage forcenée
  Succombera sous de plus justes coups;
Et cette âme, Seigneur, que vous m'avez donnée
  Verra son défenseur en vous.

Renversez leurs fureurs sur leurs coupables têtes;
  Exterminez ces lâches ennemis,
Écrasez leur orgueil sous leurs propres tempêtes,
  Suivant que vous l'avez promis.

J'oserai vous offrir alors un sacrifice,
  Et ferai voir à tout notre avenir
Combien sert votre nom à qui lui rend service,
  Et combien on le doit bénir.

Je dirai hautement : De toutes les misères
  Le Tout-Puissant m'a si bien garanti,
Que j'ai vu trébucher les haines les plus fières
  De tout le contraire parti.

Gloire, etc.

PSAUME LXII.

Deus, Deus meus, ad te de luce vigilo.

Dieu, que je reconnais pour l'auteur de mon être,
  De qui dépend mon avenir,
Sitôt que la lumière a commencé de naître,
  Je m'éveille pour te bénir.

Pour apaiser l'ardeur qui dessèche mon âme,
  Sa soif n'a de recours qu'à toi;
Et ma chair que dévore une pareille flamme
  Se fait une pareille loi.

Dans un climat sans eaux, sans habitants, sans voie,
  Devant toi je me suis offert,
Pour mieux voir les vertus que ta bonté déploie,
  Et ta gloire dans ce désert.

Cette bonté, Seigneur, vaut mieux que mille vies,
  Que mille empires à la fois :
Nous t'en devons louer, et nos âmes ravies
  Y vont unir toutes nos voix.

Puissé-je de mes jours n'employer ce qui reste
  Qu'aux éloges d'un Dieu si bon,
Et n'élever les mains vers la voûte céleste
  Que pour en exalter le nom !

Se puisse ainsi mon âme enivrer de ta grâce
  Et s'enrichir de tes présents,
Que ma joie à ma langue en confira l'audace
  Jusques à la fin de mes ans !

Au milieu de la nuit, dans le fond de ma couche,
  J'en veux prendre un soin amoureux,
Et, dès le point du jour, mon esprit et ma bouche
  Béniront ton secours heureux.

En l'appui de ton bras, sous l'ombre de tes ailes,
  J'ai mis mon bonheur souverain;
Et mon âme, attachée à tes lois éternelles,
  A reçu l'aide de ta main.

Mes ennemis ont vu dissiper leur poursuite;
  Leur sang coulera sous l'acier;
Dans le sein de la terre ils cacheront leur fuite,
  Ainsi que renards au terrier.

Mon trône est raffermi, ma joie est ranimée;
  Et tes humbles adorateurs
Feront gloire de voir la bouche ainsi fermée
  Aux lâches calomniateurs.

Gloire, etc.

PSAUME LXVI.

Deus misereatur nostri.

Jette un œil de pitié sur toute notre race,
Seigneur; pour la bénir, désarme ton courroux;
Laisse briller sur elle un rayon de ta face,
  Et fais-nous grâce à tous,

Afin que nous puissions connaître ici ta voie,
Qu'elle puisse y régler nos pas, nos actions,
Et que ton salutaire y répande la joie
　　En toutes nations.

Que des peuples unis l'humble reconnaissance
Fasse voir en tous lieux ton saint nom applaudi;
Du levant au couchant qu'aucun ne s'en dispense,
　　Ni du nord au midi.

Qu'en ces peuples divers règne même allégresse;
Qu'à l'envi sous tes lois ils courent se ranger,
Tes lois dont l'équité les juge avec tendresse,
　　Et les sait diriger.

Une seconde fois, que leur reconnaissance
Fasse éclater ta gloire en tous lieux à grand bruit;
Une terre stérile a produit l'abondance,
　　Et nous donne son fruit.

Qu'en tous lieux à jamais ce grand Dieu nous bénisse,
Qu'en tous lieux à jamais il nous protège en Dieu,
Qu'en tous lieux à jamais sa gloire retentisse,
　　Qu'on le craigne en tout lieu.

Gloire, etc.

PSAUME LXIX.

Deus, in adjutorium meum intende.

Des méchants à qui tout succède
Cherchent à me faire périr;
Seigneur, accourez à mon aide.
Hâtez-vous de me secourir.

Que leur haine contre ma vie
S'épuise en efforts superflus,
Que leur rage mal assouvie
Les laisse tremblants et confus.

Que leur détestable conduite,
Qui me rend le mal pour le bien,
Cherche leur salut en leur fuite,
Et me voie assuré du mien.

Que sans tarder ils en rougissent,
Pleins d'épouvante et de douleur,
Ces lâches qui se réjouissent
Du noir excès de mon malheur.

Remplissez de tant d'allégresse
Quiconque en vous s'est confié,
Qu'il ait lieu de dire sans cesse :
Le Seigneur soit magnifié!

Moi, qui ne suis qu'un misérable,
Accablé de maux et d'ennui,
Qui, sans votre main secourable,
Vais trébucher faute d'appui :

Seigneur, je succombe et je cède;
Mes ennemis me font périr :
Hâtez, mon Dieu, hâtez votre aide;
Il est temps de me secourir.

Gloire, etc.

PSAUME LXXXIV.

Benedixisti, Domine, terram tuam.

Il vous a plu, Seigneur, bénir votre contrée,
Ce cher et doux climat choisi sur l'univers;
Et par tant de soupirs votre âme pénétrée
　　A tiré Jacob de ses fers.

Vous avez répandu les bontés d'un vrai père
Sur ce que votre peuple a commis de péchés;
Et, pour ne les plus voir d'un regard de colère,
　　Votre amour vous les a cachés.

Toute cette colère enfin s'est adoucie,
Vous avez détourné les traits de sa fureur,
Et de tous les excès dont nous l'avons grossie
　　Vous avez pardonné l'erreur.

Changez si bien nos cœurs qu'elle se puisse éteindre,
Qu'elle ne trouve point de quoi se rallumer;
La plus faible étincelle est toujours trop à craindre
　　A qui ne veut que vous aimer.

Pourriez-vous, Dieu tout bon, pourriez-vous sur nos [têtes
Tenir le bras levé durant tout l'avenir,
Et ne quitter jamais ces foudres toujours prêtes
　　A vous venger et nous punir?

Non, non, ce vieux courroux fait place à la clémence;
Il s'est évanoui pour lui laisser son tour :
Vous allez rendre à tous la joie et l'assurance
　　De voir régner tout votre amour.

Hâtez-vous de montrer, en prince débonnaire,
Cet effet de pitié si longtemps attendu;
Faites-nous le grand don de votre salutaire;
　　Vous l'avez promis : il est dû.

Peuples, faites silence à cette voix secrète
Par qui le Tout-Puissant s'en explique avec moi;
Et je vais vous apprendre, en fidèle interprète,
　　Quelle paix suivra votre foi.

Ce sera cette paix dont sa bonté suprême
De ses vrais serviteurs remplit la sainteté,
Et que possède un cœur qui, rentrant en soi-même,
    En chasse toute vanité.

Ce divin salutaire est bien près de paraître,
De se rendre visible aux yeux de qui le craint;
Oui, sa gloire est bien près de se faire connaître
    A ce que la terre a de saint.

La rencontre s'est faite, après tant de colère,
De la miséricorde avec la vérité;
La justice et la paix, par un baiser sincère,
    Marquent notre félicité.

Je vois naître déjà d'une terre sans vice
La même vérité pour qui nous soupirons,
Et du plus haut du ciel cette même justice
    Descendre sur nos environs.

Je ne m'en dédis point, le grand Maître du monde
Fait briller tout l'éclat de sa bénignité;
La terre, par lui seul et pour lui seul féconde,
    Va donner le fruit souhaité.

La justice en tous lieux lui servira de guide;
Elle lui tracera ses routes ici-bas,
Et mettra dans la voie où le vrai bien réside
    Quiconque s'attache à ses pas.

Gloire, etc.

PSAUME LXXXVI.

Fundamenta ejus in montibus sanctis.

Le Seigneur a fondé sur les saintes montagnes
Ce temple et ce palais qui s'élèvent aux cieux;
Et tout ce qu'Israël a peuplé de campagnes
    N'a rien de si cher à ses yeux.

Cité du Dieu vivant, cité pleine de gloire,
Sion, où l'Éternel daigne dicter sa loi,
Oui, pour faire à jamais honorer ta mémoire,
    On dit partout du bien de toi.

On y vient de Rahab, on vient de Babylone
Apprendre dans tes murs quelles sont ses bontés;
Et les rois quitteront les douceurs de leur trône
    Pour mieux y voir ses vérités.

Elles y sont aussi toutes comme en leur source;
Et des bords étrangers, et du milieu de Tyr,
Et de l'Éthiopie, où le Nil prend sa course,
    Ils y viennent se convertir.

Sion, qui les voit tous s'habituer chez elle,
Et comme nés chez elle aime à les regarder,
Fait de son peuple et d'eux une cité fidèle
    Qu'au Très-Haut il plaît de fonder.

Dieu les écrira tous dans son livre de vie,
Ils ne mourront ici que pour revivre mieux;
Et cette heureuse loi qu'en terre ils ont suivie
    Les réunira dans les cieux.

Du Seigneur cependant attachés à la voie,
Dans les glorieux murs de la sainte cité,
Tous marquent à l'envi, par l'excès de leur joie,
    Celui de leur félicité.

Gloire, etc.

PSAUME XC.

Qui habitat in adjutorio Altissimi.

Sous l'appui du Très-Haut quiconque se retire,
    Et de tout se confie en lui,
Sous sa protection jusqu'au bout il respire,
    Et n'a point besoin d'autre appui.

Il dira hautement: Vous êtes mon refuge,
    Seigneur, vous me tendez la main;
C'est en vous que j'espère, et je n'aurai pour juge
    Que mon protecteur souverain.

Sous un bras si puissant je suis en assurance
    Contre les piéges des chasseurs,
Et le plus noir venin de l'âpre médisance
    Ne m'imprime aucunes noirceurs.

Espérez tous en lui; l'ombre de ses épaules
    Vous tiendra partout à couvert,
Et son vol étendu jusque sous les deux pôles
    Vous servira d'asile ouvert.

En cet heureux état, sa vérité suprême
    Vous fait partout un bouclier,
Et dans l'obscurité la frayeur elle-même
    N'a point de quoi vous effrayer.

L'attentat en plein jour, les négoces infâmes
    Qui ne se traitent que de nuit,
Du démon du midi les pestilentes flammes,
    De tout cela rien ne vous nuit.

Un million de traits, un million de flèches,
    Tomberont à vos deux côtés,
Sans que flèches ni traits fassent aucunes brèches
    Sur ce que gardent ses bontés.

Considérez d'ailleurs comme agit sa colère
　Sur qui se plaît à l'offenser ;
Vous verrez les pécheurs recevoir leur salaire,
　Et les foudres les terrasser.

Espérez tous en lui, j'aime à vous le redire,
　Et ne puis vous le dire assez ;
C'est prendre un haut refuge ; et le plus vaste empire
　N'a point de forts si bien placés.

L'asile que nous font sa grâce et sa justice
　Est inaccessible à tous maux ;
Et, sous quelque fléau que la terre gémisse,
　Vous n'en craindrez point les assauts.

Ses anges par son ordre auront soin de vos routes
　Quelque part qu'il vous faille aller,
Et tout autour de vous ils seront aux écoutes
　Dès qu'il vous faudra sommeiller.

Dans ces âpres sentiers qu'à peine ouvre la terre
　Ils vous porteront en leurs mains ;
De peur que votre pied heurtant contre la pierre
　Ne fasse avorter vos desseins.

Des plus hideux serpents l'affreuse barbarie
　Vous laissera marcher sur eux ;
Vous foulerez aux pieds le lion en furie,
　Le dragon le plus monstrueux.

C'est en moi qu'il a mis toute son espérance,
　Dira de vous ce Dieu tout bon,
Et je protégerai partout son innocence,
　Puisqu'il a reconnu mon nom.

Il n'aura qu'à parler, j'entendrai sa prière,
　Je prendrai part à ses douleurs ;
Je ferai succéder ma gloire à sa misère,
　Et mon bonheur à ses malheurs.

A la longueur du temps que je veux qu'il me serve
　Je joindrai mon grand avenir ;
Et je lui ferai voir quel bonheur je réserve
　A ceux qui savent me bénir.

Gloire, etc.

PSAUME XCII.

Dominus regnavit, decorem indutus est.

Le Seigneur, pour régner, s'est voulu rendre aimable ;
　Il s'est revêtu de beauté ;
Il s'est armé de force, en prince redoutable,
　Ceint de gloire et de majesté.

Ses ordres sur un point ont affermi la terre
　Pour y répandre son pouvoir ;
Et, s'il veut qu'elle tremble à l'éclat du tonnerre,
　Il lui défend de se mouvoir.

Il prépara pour siège à sa grandeur suprême
　Dès lors ces globes éclatants,
D'où, comme avant le temps il régnait en lui-même,
　Il voulut régner dans le temps.

Tous les fleuves dès lors lui rendirent hommage,
　Ils élevèrent tous la voix ;
Tous les fleuves dès lors, par un commun suffrage,
　Acceptèrent toutes ses lois.

Pour le voir de plus près de leurs grottes profondes
　Tous surent élever leurs flots ;
Tous surent applaudir par le bruit de leurs ondes
　A qui les tirait du chaos.

Les enflures des mers sont autant de miracles
　Qu'enfante leur sein orgueilleux ;
Et ce Maître de tout dans ses hauts tabernacles
　Se montre encor plus merveilleux.

Tes paroles, Seigneur, n'en sont que trop croyables ;
　Et, tant que dureront les jours,
La sainteté doit luire en ces lieux vénérables
　Où nous implorons ton secours.

Gloire, etc.

PSAUME XCIV.

Venite, exsultemus Domino.

Venez, peuple, venez ; il est honteux de taire
　Les merveilles du Roi des rois ;
Élevons avec joie et nos cœurs et nos voix
　Au vrai Dieu, notre salutaire ;
　Que la louange de son nom
Puisse en notre faveur préoccuper sa face,
　Nos concerts mériter sa grâce,
　Nos larmes obtenir pardon !

Il est le Dieu des dieux, il en est le grand Maître,
　Aussi fort, aussi bon que grand ;
Il ne dédaigne point l'hommage qu'on lui rend ;
　Il conserve ce qu'il fait naître ;
　Il est de tout l'unique auteur ;
Il enferme en sa main les deux bouts de la terre ;
　Des monts plus hauts que le tonnerre,
　D'un coup d'œil, il voit la hauteur.

Du vaste sein des mers les eaux les plus profondes
　Sont à lui, prennent loi de lui;
Il est seul de la terre et l'auteur et l'appui,
　Il la soutient contre tant d'ondes.
　Venez, pleurons à ses genoux;
Il nous a faits son peuple, il aime ses ouvrages,
　Et dans ses heureux pâturages
　Il n'admet de troupeaux que nous.

Oyez, oyez sa voix qui répond à vos larmes;
　Mais n'endurcissez pas vos cœurs,
Comme alors qu'au désert contre vos conducteurs
　Il s'élevait tant de vacarmes :
　Vos pères y voulurent voir
Jusques où s'étendait le pouvoir d'un tel Maître;
　Et l'épreuve leur fit connaître
　Par leurs yeux mêmes ce pouvoir.

Quarante ans, vous dit-il, j'ai conduit cette race,
　Quarante ans j'ai sondé leurs cœurs,
Sans y voir que murmure, et qu'orgueil, et qu'erreurs,
　Sans y trouver pour moi que glace :
　Ces vieux ingrats, à tous propos,
Ne voulaient plus savoir les chemins de me plaire,
　Et je jurai, dans ma colère,
　De leur refuser mon repos.

Gloire, etc.

PSAUME XCV.

Cantate Domino canticum novum.

Qu'on fasse résonner dans un nouveau cantique
　Les éloges du Roi des rois;
Formez, terre, à sa gloire un concert magnifique,
　Unissez-y toutes vos voix.

Exaltez son grand nom, vantez ce qu'il opère,
　Faites-le bénir hautement;
Annoncez chaque jour son digne salutaire,
　Annoncez-le chaque moment.

Que toutes nations apprennent de vos bouches
　Ses merveilles et ses grandeurs,
Qu'il ne soit cœurs si durs, ni peuples si farouches
　Qui n'en admirent les splendeurs.

A sa juste louange aucun ne peut atteindre,
　Aucun la porter assez haut;
Par-dessus tous les dieux il est lui seul à craindre,
　Seul tout-puissant, seul sans défaut.

Ce ne sont que démons que les gentils adorent
　Sous un titre usurpé de dieux;
Et c'est l'unique Dieu que nos besoins implorent
　Qui d'un mot a fait tous les cieux.

La gloire et la beauté qui suivent sa présence
　Couronnent ses perfections;
La sainteté suprême et la magnificence
　Parent toutes ses actions.

Portez donc au Seigneur, gentils, portez vous-mêmes
　De quoi lui rendre un plein honneur;
Exaltez son grand nom par des respects suprêmes,
　Portez-y la bouche et le cœur.

Entrez dedans son temple, et prenez des victimes
　Pour les immoler au vrai Dieu;
Adorez avec nous de ses grandeurs sublimes
　Le saint éclat en ce saint lieu.

Que la terre s'émeuve à l'aspect de sa face
　De l'un jusques à l'autre bout,
Et qu'elle fasse dire à toute votre race
　Que le Seigneur règne partout.

Le monde qu'il corrige et remet dans la voie
　N'aura plus d'instabilité;
Et, quelques jugements que sur tous il déploie,
　Ils n'auront que de l'équité.

Qu'une allégresse entière en tous lieux épandue
　Remplisse la terre et les mers;
Que tout le ciel l'étale en sa vaste étendue,
　Que tous les champs en soient couverts!

Des bois mêmes, des bois l'écorce et les feuillages
　Marqueront leurs ravissements,
Comme s'ils avaient part à ces hauts avantages
　Qui naissent de ses jugements.

Aussi jugera-t-il les vertus et les vices
　Selon la suprême équité;
Et pas un ne doit craindre aucunes injustices
　Des règles de sa vérité.

Gloire, etc.

PSAUME XCVI.

Dominus regnavit, exsultet terra.

Enfin le Seigneur règne, enfin il a fait voir
　Son absolu pouvoir :
Terre, fais voir ta joie en tes cantons fertiles;
　Et toi, mer, en tes îles.

Quelque nuage épais qui de sa majesté
    Couvre l'immensité,
L'heureux prix des vertus et la peine du vice
    Font briller sa justice.

Le feu qui le précède et partout lui fait jour
    Se répand tout autour ;
Et de ses ennemis, qu'enveloppe sa flamme,
    Il brûle jusqu'à l'âme.

Ses foudres éclatants ont semé l'univers
    De prodiges divers ;
On les vit sur la terre, on en vit ébranlées
    Montagnes et vallées.

Les rochers les plus hauts fondirent devant Dieu
    Comme la cire au feu,
Et virent sous le bras qui lançait le tonnerre
    Trembler toute la terre.

Le ciel annonça lors à tous les éléments
    Ses justes jugements ;
Et les peuples, voyant ce qu'ils n'auraient pu croire,
    Reconnurent sa gloire.

Soient confus à jamais les vains adorateurs
    Du travail des sculpteurs,
Et cet impie orgueil qui rend de vrais hommages
    A de fausses images !

Anges, que dans le ciel vous vous faites d'honneur
    D'adorer le Seigneur !
Sion, que de douceurs sitôt que ses merveilles
    Frappèrent tes oreilles !

Les filles de Juda dans toutes leurs cités
    Bénirent ses bontés,
Et tous ses jugements à leurs âmes ravies
    Semblèrent d'autres vies.

Aussi, Seigneur, aussi vous êtes le Très-Haut,
    Et le seul sans défaut ;
Tous les dieux près de vous sont dieux aussi frivoles
    Que leurs froides idoles.

Vous qui de son amour portez un cœur touché,
    Haïssez le péché ;
Dieu, qui hait les pécheurs, garantit l'âme sainte
    De leur plus rude atteinte.

Sa bonté pour le juste aime à se déclarer ;
    Elle aime à l'éclairer ;
Et sur l'homme au cœur droit les grâces qu'il déploie
    Ne répandent que joie.

Justes, prenez en lui, prenez incessamment
    Un plein ravissement ;
Et de sa sainteté consacrez la mémoire
    Par des chants à sa gloire.

Gloire, etc.

PSAUME XCVII.

*Cantate Domino canticum novum, quia mirabilia
    fecit.*

Sion, encore un coup, par un nouveau cantique
Des bontés du Seigneur bénis les hauts effets ;
Fais régner dans tes murs l'allégresse publique
    Pour les miracles qu'il a faits.

Rien n'a pu te sauver que sa dextre adorable,
Qui t'a fait un triomphe après tant de combats :
Et tu n'en dois enfin l'ouvrage incomparable
    Qu'à la sainteté de son bras.

Son divin salutaire a paru dans le monde,
Et dégagé la foi des révélations ;
Lui-même a dévoilé sa justice profonde
    A la face des nations.

Il n'a point oublié quelle miséricorde
Aux enfants d'Israël promit sa vérité :
L'effet à sa promesse heureusement s'accorde ;
    On voit ce qu'on a souhaité.

Oui, tout ce qu'a de bon l'un et l'autre hémisphère,
Ceux où règne le jour, ceux où règne la nuit,
Tout a vu du grand Dieu le sacré salutaire,
    Et les merveilles qu'il produit.

Chantez, peuple, chantez, et par toute la terre
Exaltez la vertu de son bras tout-puissant ;
Montrez par votre joie au Maître du tonnerre
    L'effort d'un cœur reconnaissant.

N'épargnez point les luths à votre psalmodie,
De la plus douce harpe ajoutez-y les tons,
Joignez-y l'éclatante et forte mélodie
    Des trompettes et des clairons.

A l'aspect du Seigneur, éclatez d'allégresse ;
Que la mer en résonne en tout son vaste enclos !
Et que la terre entière avec chaleur s'empresse
    A mieux retentir que ses flots !

Les fleuves suspendront leurs courses vagabondes
Pour applaudir au Roi qui nous vient protéger ;

Les montagnes suivront l'exemple de tant d'ondes,
  Voyant comme il vient tout juger.

Aussi jugera-t-il les vertus et le vice
Sur la justice même et la même équité,
Sans faire soupçonner de la moindre injustice
  Sa plus haute sévérité.

Gloire, etc.

PSAUME XCIX.

Jubilate Deo, omnis terra.

Terre, que ton enclos tout entier retentisse
  Des louanges de ton Seigneur!
  Ne songe à lui rendre service
Que l'hymne dans la bouche, et l'allégresse au cœur.

Paraître, en le servant, chagrin devant sa face,
  C'est ne le servir qu'à regret :
  Entrons, et que la joie efface
Ce qu'attire d'ennuis le mal le plus secret.

Vous, son peuple, apprenez qu'il est roi, qu'il est
  Que tout empire est sous le sien,   [maître,
  Que sa parole a tout fait naître,
Et que sa main, sans nous, nous a formés de rien.

Nous sommes ses brebis, à qui ses pâturages
  En tous lieux sont toujours ouverts.
  Portons chez lui de saints hommages,
Et courons dans son temple entonner nos concerts.

Adorons tous son nom; sa douceur adorée
  Fait revivre à l'éternité;
  Et telle sera la durée
De sa miséricorde et de sa vérité.

Gloire, etc.

PSAUME CI.

Domine, exaudi orationem meam.

Seigneur, écoutez ma prière,
Laissez-lui désarmer votre juste courroux,
Et permettez aux cris que pousse ma misère
De pénétrer le ciel pour aller jusqu'à vous.

Ne détournez plus votre face
Des mortelles douleurs qui m'ont percé le sein;
Et dès le premier coup, dès leur moindre menace,
Penchez vers moi l'oreille, et retirez la main.

A quelque heure que ma souffrance
Implore votre appui, réclame votre nom,
Ne regardez mes fers que pour ma délivrance,
Ne regardez mes maux que pour leur guérison.

Mes jours ne sont que la fumée
D'un tronc que vos fureurs viennent de foudroyer;
Ils vont s'évanouir, et ma chair consumée
Couvre à peine des os aussi secs qu'un foyer.

Le foin sur qui le soleil frappe
A moins d'aridité que le fond de mon cœur;
Ma languissante vie à toute heure m'échappe,
Et faute de manger je nourris ma langueur.

En vain je pleure et me tourmente;
Ce n'est que me hâter de courir au tombeau :
A force de gémir mon supplice s'augmente,
Et mes os décharnés s'attachent à ma peau.

Le pélican est moins sauvage
Au fond de son désert que moi dedans ma cour;
Et, comme si le jour me faisait un outrage,
Je fuis comme un hibou les hommes et le jour.

Tel qu'un passereau solitaire,
J'ai peine à supporter mon ombre qui me suit;
Et tout le long du jour si je ne puis me taire,
Je repose encor moins tout le long de la nuit.

Mais ce qui plus enfin me touche,
C'est que mes ennemis déclament contre moi,
Et que ceux qui n'avaient que ma gloire à la bouche
Conspirent avec eux pour me faire la loi.

Tandis qu'ils apprêtent leurs armes,
La cendre en mes repas se mêle avec mon pain;
Et, comme mon breuvage est trempé dans mes larmes,
L'amertume rebute et ma soif et ma faim.

Votre colère est légitime,
Vos bontés m'ont fait roi, j'en ai trop abusé :
Mais ne m'éleviez-vous qu'à dessein que mon crime
Me fît choir de si haut que j'en fusse écrasé?

L'ombre, plus elle devient grande,
Se perd d'autant plus tôt dans celle de la nuit :
C'est là de mes grandeurs ce qu'il faut que j'attende;
Mon crime est leur ouvrage, et ma perte est leur fruit.

Vous êtes seul que rien n'efface,
Toute une éternité ne change rien en vous;
Et vous vous souviendrez, Seigneur, de race en race,
Que vous nous devez grâce après tant de courroux.

Votre serment nous l'a promise :
Hâtez-vous, par pitié, de secourir Sion ;
Seigneur, il en est temps, le mal est à sa crise ;
Il est temps d'exercer votre compassion.

De ses murailles fracassées
Le débris est si cher à vos vrais serviteurs,
Que sa poussière allume en leurs âmes pressées
L'ardeur d'en voir les maux tourner sur leurs auteurs.

Par tous les climats de la terre
Les peuples aussitôt trembleraient sous vos lois ;
Et ce coup merveilleux servirait de tonnerre
A jeter l'épouvante au cœur des plus grands rois.

Ce qu'ils ont refusé de croire,
Ils le verraient alors, et diraient hautement :
Le Seigneur dans Sion a rétabli sa gloire,
Et rebâti ses murs jusqu'à leur fondement.

Nous leur dirions pour repartie :
C'est ainsi que de l'humble il écoute les cris,
Et que, jetant les yeux sur l'âme convertie,
Il en reçoit l'hommage et les vœux sans mépris.

Qu'à toute la race future
On laisse par écrit qu'il est et juste et bon :
Les peuples qu'après nous produira la nature
Feront dès le berceau l'éloge de son nom.

Surtout que l'histoire leur marque
Comme assis dans son trône il voit de toutes parts,
Et que du haut du ciel ce tout-puissant Monarque
Daigne jusque sur terre abaisser ses regards.

C'est de là qu'il entend la plainte,
Que des tristes captifs il descend au secours
Pour retirer des fers la race heureuse et sainte
De ceux qui pour sa gloire ont prodigué leurs jours.

Il veut qu'après leur esclavage
Ils courent annoncer cette gloire en tous lieux,
Et qu'en Jérusalem un plus entier hommage
Le respecte, l'exalte et le connaisse mieux.

Leurs âmes, de ses biens comblées,
A de sacrés transports se laisseront ravir ;
Les peuples en son nom feront des assemblées,
Et les rois s'uniront exprès pour le servir.

Mais, cependant que je m'emporte
A prévoir les chemins que tiendra sa vertu,
Dis-moi ce qui me reste à vivre de la sorte,
Et combien doit languir mon esprit abattu.

Ne borne point sitôt ma course,
Recule encore un peu le dernier de mes jours :
Les tiens ont de la vie une immortelle source ; [courts.
Tu peux m'en faire part sans qu'ils en soient plus

Au moment que tout prit naissance,
Tu préparas la terre en faveur des humains,
Et ces vastes miroirs de ta toute-puissance,
Les cieux furent, Seigneur, l'ouvrage de tes mains.

Tandis que tu vivras sans cesse,
Ils céderont au feu qui les doit embraser ;
Comme ce qui respire, ils auront leur vieillesse,
Et comme un vêtement on les verra s'user.

Cette brillante couverture
N'attend que ton vouloir à perdre son éclat :
Toi seul n'es point sujet à changer de nature,
Et tout le cours des ans te voit en même état.

Mais, dans notre peu de durée,
Du moins tes serviteurs revivent en leurs fils ;
Ils habitent par eux la terre désirée,
Et passent dans leur race aux siècles infinis.

Gloire, etc.

PSAUME CIX.

Dixit Dominus Domino meo.

Le Seigneur vient de dire à son Verbe ineffable,
Qui n'est pas moins que lui mon souverain Seigneur :
Viens te seoir à ma dextre, et rends-toi redoutable
  Par ce dernier comble d'honneur.

Cependant mon courroux aura soin de descendre
Sur ceux qui t'accablaient de leurs inimitiés ;
J'en confondrai l'audace, et je saurai les rendre
  Tel qu'un escabeau sous tes pieds.

Je ferai de Sion partir l'éclat suprême
Du sceptre universel qu'à tes mains j'ai promis :
Comme je règne au ciel, tu régneras de même
  Au milieu de tes ennemis.

Au jour de ta vertu tu leur feras connaître,
Par les saintes splendeurs de tes droits éclatants,
Que mes regards féconds de mon sein t'ont fait naître
  Avant la naissance des temps.

Je te l'ai trop juré pour m'en vouloir dédire,
Selon Melchisédech tu seras prêtre et roi ;
Et je joindrai moi-même un éternel empire
  Au sacrifice offert par toi.

Oui, Seigneur, oui, grand Dieu, ce divin salutaire
Qui se sied à ta dextre et nous donne tes lois,
Viendra briser lui-même, au jour de sa colère,
    Les plus fermes trônes des rois.

Parmi les nations ses lois autorisées
Feront tant de ruine et de tels châtiments,
Qu'en mille et mille lieux les têtes écrasées
    Publîront ses ressentiments.

L'eau trouble du torrent lui servit de breuvage
Tant qu'il lui plut traîner son exil ici-bas ;
Et sa gloire en reçoit d'autant plus d'avantage
    Que rudes furent ses combats.

Gloire, etc.

PSAUME CX.

Confitebor tibi, Domine.

J'aurai, Seigneur, toute ma vie
Votre éloge à la bouche, et votre amour au cœur ;
Et les plus gens de bien auront l'âme ravie
D'unir à mes efforts leur plus sainte vigueur.

    Dans la grandeur de vos ouvrages
Je vois l'impression de toutes vos bontés ;
Et dans ce qu'ont d'éclat leurs plus hauts avantages
Le prompt et plein effet qu'ont eu vos volontés.

    La gloire et la magnificence
Sont des trésors brillants qu'un mot seul a produits ;
Et de votre justice on verra l'abondance
Tant qu'on verra les jours fuir et suivre les nuits.

    Le souvenir de vos merveilles
S'affermit à jamais par cet illustre don
Que fit votre pitié de viandes sans pareilles
A ce peuple choisi pour craindre votre nom.

    Cette mémoire invariable
Du grand pacte qu'ont fait vos bontés avec nous
Vous fera déployer votre bras secourable,
Et pour un si cher peuple en montrer les grands coups.

    Par eux vous le rendrez le maître
Des plus riches terroirs de tant de nations ;
Et tous vos jugements lui feront reconnaître
Ce qu'ont de sainteté toutes vos actions.

    Vous avez des ordres fidèles
De qui la fermeté jamais ne se dément ;
Ils ont tous pour appui des règles éternelles,
Et la vérité même en est le fondement.

CORNEILLE. — TOME II.

Peuple, adore son bras propice
Qui nous envoie à tous de quoi nous racheter ;
Mais sache qu'en revanche il veut que sa justice
A toute éternité se fasse respecter.

    Son nom est saint, il est terrible ;
S'il le faut adorer, il le faut craindre aussi ;
Et des routes du ciel la science infaillible
Ne saurait commencer que par sa crainte ici.

    Leur plus parfaite intelligence
N'est utile qu'autant qu'on observe ses lois ;
Et la louange due à sa magnificence
Durant tout l'avenir doit occuper nos voix.

Gloire, etc.

PSAUME CXI.

Beatus vir qui timet Dominum.

Heureux qui dans son âme a fortement gravée
    La crainte du Seigneur ;
Sa loi sans chagrin observée
Tourne en plaisirs pour lui ce qu'elle a de rigueur.

De sa postérité, tant qu'elle suit ses traces,
    Le nom devient puissant,
Et tout ce qu'il obtient de grâces
Passe de père en fils en son sang innocent.

Il voit en sa maison la gloire et la richesse
    Fondre de toutes parts ;
Et sa justice fait sans cesse
Un amas de trésors au-dessus des hasards.

Il voit pour les cœurs droits une vive lumière
    Naître en l'obscurité,
Et de Dieu la faveur entière
A sa miséricorde enchaîner l'équité.

Il prend à son exemple une âme pitoyable,
    Prête au pauvre, et s'y plaît ;
Se prépare au jour effroyable,
Et se juge trop bien pour craindre un dur arrêt.

La mémoire du juste, éclatante et bénie,
    Percera l'avenir,
Sans que jamais la calomnie
Dans sa plus noire audace ait de quoi la ternir.

Son cœur est prêt à tout ; en Dieu seul il espère
    Dans ses calamités,
Et se tient ferme en sa misère
Jusqu'à ce qu'il ait vu ses ennemis domptés.

Aux pauvres cependant il départ, il prodigue
  Son bien sans s'émouvoir;
Et le ciel, que par eux il brigue,
Le comble à tout jamais de gloire et de pouvoir.

Le pécheur le verra dans ce haut avantage,
  Et séchera d'ennui;
Son cœur en frémira de rage,
Et ses désirs jaloux périront avec lui.

  Gloire, etc.

PSAUME CXII.

Laudate, pueri, Dominum.

Enfants, de qui les voix, à peine encor formées,
  Ne font que bégayer,
C'est à louer le nom du Seigneur des armées
  Qu'il les faut essayer.

Que ce nom soit béni dans toute l'étendue
  Que les siècles auront!
Que la gloire en soit même au delà répandue
  De ce qu'ils dureront!

De climat en climat, ainsi que d'âge en âge,
  Il est à respecter,
Et du nord au midi, de l'Inde jusqu'au Tage,
  Il le faut exalter.

Sa gloire, qui s'élève au-dessus des monarques,
  Est seule sans défaut :
Et bien qu'on voie au ciel en briller mille marques,
  Elle est encor plus haut.

Quel roi fait sa demeure au-dessus du tonnerre,
  Comme ce Dieu des dieux,
Qui voit du haut en bas, et tout ce qu'a la terre,
  Et tout ce qu'ont les cieux?

Il dégage le pauvre, et la pauvreté même,
  Du plus épais bourbier,
Et tire le plus vil, par son pouvoir suprême,
  Du plus sale fumier.

Il les place lui-même à côté de leurs princes,
  Parmi les potentats;
Il leur donne lui-même à régir leurs provinces
  Et régler leurs États.

Il fait plus, il répand sur la femme stérile
  La joie et le bonheur;
Et faisant de sa couche une terre fertile,
  Il la met en honneur.

  Gloire, etc.

PSAUME CXIII.

In exitu Israël de Ægypto.

Du fidèle Abraham race heureuse et chérie,
Quand de tes premiers fers ton Dieu te garantit,
Que du fond de l'Égypte, et de sa barbarie,
  La maison de Jacob sortit;

Il voulut en Judée étaler l'abondance
De sa miséricorde et de sa sainteté,
Et choisit Israël pour siége à sa puissance,
  Et pour objet à sa bonté.

De ce peuple fuyant, loin d'arrêter sa course,
La mer fuit devant lui sitôt qu'elle le vit;
Et les eaux du Jourdain, rebroussant vers leur source,
  Lui cédèrent leur propre lit.

Soudain les plus hauts monts de joie en tressaillirent,
Comme un troupeau sur l'herbe au son des chalumeaux;
Soudain tout à l'entour les collines bondirent,
  Comme bondissent les agneaux.

O mer, qui t'obligeait de prendre ainsi la fuite?
Indomptable élément, quel bras t'a déplacé?
Par quel ordre, Jourdain, et sous quelle conduite
  Tes eaux ont-elles rebroussé?

Qui vous fait tressaillir, orgueilleuses montagnes,
Comme au son du pipeau tressaillent les troupeaux?
Collines, qui servez de ceinture aux campagnes,
  Qui vous fit bondir comme agneaux?

Qui l'eût pu, que ce Dieu qui fait trembler la terre,
Qui n'a qu'à le vouloir, et tout change de lieu,
Qui nous gouverne en paix, qui nous couronne en [guerre,
  Qui de Jacob est le seul Dieu?

C'est lui qui convertit les rochers en fontaines,
Qui de leurs flancs pierreux tire des torrents d'eaux;
Qui des vastes déserts en arrose les plaines,
  Qui les y sépare en ruisseaux.

Ce n'est point aux mortels à prendre aucune gloire,
Le cœur qu'elle surprend la doit désavouer;
C'est ton nom qui fait seul plus qu'on n'eût osé croire,
  C'est lui, Seigneur, qu'il faut louer.

Fais de tes vérités briller si bien l'empire,
Et rends de ta pitié le pouvoir si connu,
Qu'entre les nations on ne puisse nous dire :
  Votre Dieu, qu'est-il devenu?

Aveugles mal guidés qui courez vers la chute,
Sachez que pour séjour c'est le ciel qui lui plaît,
Que son moindre vouloir hautement s'exécute,
    Que tout est par lui ce qu'il est.

Vos dieux n'ont point de bras à lancer le tonnerre,
Gentils, ils ne sont tous que simulacres vains;
C'est de l'or, de l'argent, du bois, et de la pierre,
    Qui tient sa forme de vos mains.

Vous leur faites des yeux, vous leur faites des bouches,
Qui ne savent que c'est de voir et de parler;
Et leurs plus vifs regards sont bénins ou farouches,
    Comme il vous plaît les ciseler.

Les oreilles chez eux sont de si peu d'usage,
Qu'autour d'elles le son frappe inutilement;
Et le nez que votre art plante sur leur visage
    Ne leur y sert que d'ornement.

Enfin ils n'ont des mains que pour faire figure;
Leurs pieds, s'il faut marcher, n'y sauraient consentir;
Et s'ils ont un gosier, il n'a point d'ouverture
    Par où leur voix daigne sortir.

Deviennent tous pareils à ces vaines idoles
Ceux qui leur donnent l'être et les font adorer!
Devienne tout semblable à tous ces dieux frivoles
    Quiconque en eux veut espérer!

La maison d'Israël a mis son espérance
Aux suprêmes bontés du souverain Auteur;
Et son bras tout-puissant l'a mise en assurance:
    Il s'en est fait le protecteur.

La famille d'Aaron y met son espérance,
Elle n'attend secours ni faveur que de lui;
Et son bras tout-puissant la met en assurance:
    Il lui sert d'invincible appui.

Tous ceux qui craignent Dieu mettent leur espérance
Au suprême pouvoir de son bras souverain;
Et ce Dieu juste et bon les met en assurance,
    Et pour appui leur tend la main.

Il nous tient à tel point gravés dans sa mémoire,
Qu'il ne peut oublier nos bonnes actions,
Et nous comble ici-bas, en attendant sa gloire,
    De mille bénédictions.

Aux enfants d'Israël il prodigue ses grâces,
Il entend leur prière, il bénit leurs ferveurs;
Et sur les fils d'Aaron, qui marchent sur ses traces,
    Il verse les mêmes faveurs.

Il en est libéral par toutes nos provinces
A ceux dont l'âme sainte exalte et craint son nom;
Aux petits comme aux grands, aux bergers comme
Il départ ce précieux don.   [aux princes,

Puisse de jour en jour sa bonté souveraine,
Qui vous attache à lui par des liens si doux,
Et redoubler ce don, et l'épandre à main pleine
    Sur vos fils ainsi que sur vous!

Entre les nations dont il peuple le monde
Il lui plut vous bénir comme ses bien-aimés,
Et quand il a formé le ciel, la terre, et l'onde,
    C'est pour vous qu'il les a formés.

Ce Créateur de tout, ce Maître du tonnerre,
S'est réservé là-haut le ciel pour habiter;
Mais se le réservant, il vous donne la terre;
    C'est de là qu'il y faut monter.

Cependant chez les morts il n'est aucune flamme
Qui ranime, Seigneur, ton sacré souvenir,
Et sous un froid tombeau qui couvre un corps sans âme
    On n'apprend point à te bénir:

C'est à nous qui vivons à te rendre un hommage
De louange et de gloire aussi bien que d'encens;
C'est à ceux qui vivront à t'offrir d'âge en âge
    Un tribut de vœux innocents.

Gloire, etc.

PSAUME CXVI.

Laudate Dominum, omnes gentes.

Nations qui peuplez le reste de la terre,
    Bénissez toutes le Seigneur;
Peuples que la Judée en ses cantons resserre,
    Louez comme elles sa grandeur.

Vous voyez, nations, sa grâce descendue,
    Et vous, peuples, sa vérité:
Toutes deux sont pour nous d'une égale étendue,
    Et durent à l'éternité.

Gloire, etc.

PSAUME CXIX.

Ad Dominum, cùm tribularer, clamavi.

Dans les ennuis qui m'ont pressé
J'ai toujours au Seigneur élevé ma prière,

Et n'ai point réclamé son aide en ma misère
Qu'il ne m'ait exaucé.

De lâches calomniateurs
Font que tout de nouveau, Seigneur, je la réclame :
Daigne m'en garantir, et délivre mon âme
Des perfides flatteurs.

Il n'est point de contre-poisons
Contre le noir venin des langues médisantes,
Et ce sont tout autant de blessures cuisantes
Que toutes leurs raisons.

Les traits que lance un bras puissant
Portent bien moins de morts que ceux de leur parole,
Et les pointes d'un feu qui ravage et désole
N'ont rien de si perçant.

Que mon exil me fait d'horreur!
J'y vis comme en Cédar je vivrais sous des tentes,
Et ne vois que brutaux, dont les mœurs insolentes
N'étalent que fureur.

Plus j'ose leur parler de paix,
Plus j'aigris contre moi leur haine et leur colère;
Et la vaine douceur de nuire et de mal faire
Forme tous leurs souhaits.

Gloire, etc.

PSAUME CXX.

Levavi oculos meos in montes.

Près d'être accablé de misère,
Jusqu'au plus haut des cieux j'ai levé mes regards,
Et recherché de toutes parts
D'où pourrait me venir le secours nécessaire.

Mais dans une si rude guerre,
Je n'ai vu que mon Dieu qui pût me secourir;
C'est à lui qu'il faut recourir,
A ce Dieu qui de rien fit le ciel et la terre.

Ne craignons ni faux pas ni chute,
Puisque ce Dieu des dieux s'abaisse à nous garder :
C'est un crime d'appréhender
Qu'un œil si vigilant se ferme ou se rebute.

Il veille, Israël, il te veille :
Il voit tous les périls qui s'ouvrent sous tes pas;
Marche sans trouble, et ne crains pas
Que jamais il s'endorme, ou même qu'il sommeille.

Il est ta garde en tes alarmes,
Il te guide et protége en ta calamité;
Et puisqu'il marche à ton côté,
Ta main pour te couvrir n'a point à chercher d'armes.

Le soleil qui commence à luire
Ne te brûlera point dans la chaleur du jour;
Et quand la lune aura son tour,
Ses rais les plus malins ne pourront plus te nuire.

Contre le fer, contre la flamme,
Contre tous les assauts du malheur qui te suit,
Il te gardera jour et nuit;
Il fera plus encore, il gardera ton âme.

Daigne en la mort comme en la vie
L'excès de sa bonté répondre à tes souhaits,
Et de tes desseins à jamais
Favoriser l'entrée et bénir la sortie!

Gloire, etc.

PSAUME CXXI.

Lætatus sum in his quæ dicta sunt mihi.

Oh! l'heureuse nouvelle!
Le grand mot qu'on m'a dit! nous irons, peuple aimé,
Nous entrerons, troupe fidèle,
Dans la maison du Dieu qui seul a tout formé.

Nous reverrons encore
Les murs, les murs sacrés de la sainte Sion,
Où le Dieu qu'Israël adore
Fait briller tant d'effets de sa protection.

Cette reine des villes,
Qu'il doit faire durer même au delà des temps,
Ne craint point de guerres civiles,
Tant l'union est forte entre ses habitants.

Ces nombreuses lignées
Qui du sang d'Israël portent si haut l'honneur,
Des terres les plus éloignées   [gneur.
Y viennent rendre hommage au grand nom du Sei-

Dans ses tours les plus fortes
La pudeur, l'équité, le saint amour revit,
Et la justice entre ses portes
Tient le haut tribunal des enfants de David.

Montrez-lui votre zèle,
Peuple; à vœux redoublés souhaitez-lui la paix;
Ce que vous obtiendrez pour elle
Entretiendra chez vous l'abondance à jamais.

Qu'à jamais ta puissance,
Sion, à cette paix force tes ennemis,
Et qu'à jamais cette abondance
Du sommet de tes tours coule chez tes amis!

J'ai chez toi tant de frères,
Mes proches avec toi m'ont fait de si doux nœuds,
Que tant de liaisons si chères
Pour ce bienheureux calme unissent tous mes vœux.

Ce temple où Dieu lui-même
Fait éclater souvent toute sa majesté
Surtout oblige un cœur qui t'aime
A des vœux assidus pour ta prospérité.

Gloire, etc.

PSAUME CXXII.

Ad te levavi oculos meos, qui habitas in cœlis.

Auteur de l'univers, qui choisis pour demeure
  Les immenses palais des cieux,
  A toute rencontre, à toute heure,
Jusque-là, jusqu'à toi j'ose élever mes yeux.

Ainsi le serviteur sur la main de son maître
  A tous moments porte les siens,
  Lorsqu'il tremble, et veut reconnaître
Ce qu'il doit en attendre ou de maux ou de biens.

La servante inquiète aux mains de sa maîtresse
  N'attache pas mieux ses regards
  Que ma douloureuse tendresse
Ramène à toi, Seigneur, les miens de toutes parts.

Jette un œil de pitié sur mon âme accablée
  Et d'opprobres et de mépris;
  La honte dont elle est comblée
De ses plus durs travaux chaque jour est le prix.

Le riche me dédaigne, et l'orgueilleux m'affronte:
  Mais enfin jette ce coup d'œil;
  Le riche recevra la honte,
Et tu renverseras l'opprobre sur l'orgueil.

Gloire, etc.

PSAUME CXXIII.

Nisi quia Dominus erat in nobis.

Si le Dieu d'Israël ne m'avait garanti
  De l'insolente audace et de la perfidie,
Qu'Israël lui-même le die,
Si le Seigneur n'eût pris notre parti,

Des ennemis couverts les piéges décevants,
Des ennemis connus les bras faits au carnage,
  Auraient si bien uni leur rage,
Qu'elle nous eût engloutis tout vivants.

Le barbare complot de tant de conjurés
Qui s'enivrent de sang et se gorgent de crimes
  Nous eût plongés en des abîmes
Où leur fureur nous aurait dévorés.

De leurs plus fiers torrents les orgueilleux ruisseaux
N'ont fait en dépit d'eux que bondir sur nos têtes,
  Où, sans lui, mille autres tempêtes
Auraient roulé d'insupportables eaux.

Béni soit le Seigneur, béni soit le secours
Que sa faveur départ, que sa bonté déploie!
  Il leur vient d'arracher leur proie,
Et de leurs dents il a sauvé nos jours.

Ils nous avaient poussés sur les bords du tombeau,
Ils y tenaient déjà notre âme enveloppée;
  Mais elle s'en est échappée,
A l'oiseleur comme échappe un oiseau.

On a brisé les lacs qu'ils nous avaient tendus,
De notre liberté nous recouvrons l'usage;
  Et nous triomphons de leur rage
Dans le moment qu'on nous croyait perdus.

Peuple, n'en doute point, c'est le Seigneur, c'est lui
Dont le bras invincible a pris notre défense;
  Et son adorable puissance
A qui le sert aime à servir d'appui.

Gloire, etc.

PSAUME CXXIV.

Qui confidunt in Domino.

Quiconque met en Dieu toute sa confiance
A même fermeté que le mont de Sion,
Rien ne peut l'ébranler; et, dans sa patience,
Il est assez armé contre l'oppression.

Si pour Jérusalem l'enceinte des montagnes
Forme des bastions qu'on a peine à forcer,
Ce Dieu, qui d'un coup d'œil les réduit en campagnes,
Sert aux siens d'un rempart qu'on ne peut renverser.

Non, il ne souffre point aux méchants un empire
Sous qui l'homme de bien soit longtemps abattu,
De peur qu'à cette amorce une âme qui soupire
Ne prenne goût au crime, et quitte la vertu.

Hâtez-vous donc, Seigneur, hâtez-vous de répandre
Sur qui s'attache à vous quelques prospérités;
Versez-y des faveurs qui nous fassent comprendre
Quels biens suivent un cœur qui suit vos vérités.

Quant à ceux qui ne sont que détours et que ruses,
Rangez-les avec ceux qui ne sont que forfaits;
Ne faites point de grâce à leurs folles excuses;
Et par là d'Israël établissez la paix.

Gloire, etc.

PSAUME CXXV.

In convertendo Dominus captivitatem Sion.

Dès qu'il plut au Seigneur mettre fin à nos peines,
Sitôt qu'il eut brisé nos fers,
Nous traitâmes de songe et de chimères vaines
Les maux que nous avions soufferts.

Un plein ravissement de tout notre visage
Bannit les marques du passé,
Et, jusqu'au souvenir d'un si dur esclavage,
Tout cessa, tout fut effacé.

Toutes les nations qui voyaient notre joie
Se disaient d'un air sourcilleux :
Il faut que le bonheur où leur Dieu les renvoie
Soit bien grand et bien merveilleux!

Oui, leur répondions-nous, c'est le Dieu des mer-
C'est lui qui nous tire d'ici; [veilles,
Et, comme ses bontés sont pour nous sans pareilles,
Notre allégresse l'est aussi.

Favorisez, Seigneur, des mêmes priviléges
Ces restes pour qui nous tremblons;
Comme vent du midi faites fondre les neiges
Qui fertilisent leurs sablons.

Ils ont semé leurs blés, mais sous des lois sévères
Que leur imposaient leurs malheurs;
Leur douleur égalait l'excès de leurs misères :
Autant de pas, autant de pleurs.

Mais s'ils les ont semés avec pleine tristesse,
Accablés d'ennuis et de maux,

Ils reviendront, Seigneur, avec pleine allégresse,
Chargés du fruit de leurs travaux.

Gloire, etc.

PSAUME CXXVI.

Nisi Dominus ædificaverit domum.

Que sert tout le pouvoir humain?
A bâtir un palais qu'en sert tout l'artifice?
Hommes, vous travaillez en vain,
A moins que le Seigneur avec vous ne bâtisse.

Des soldats les plus courageux
Qui veillent jour et nuit à garder une ville,
Si Dieu ne la garde avec eux,
Toute la vigilance est pour elle inutile.

C'est en vain que, pour amasser,
Un avare inquiet se lève avant l'aurore;
Il ne fait que se harasser
Pour du pain de douleur qu'à regret il dévore.

Dieu joint pour ses enfants chéris
Un paisible sommeil à la sainte abondance;
Pour siens il adopte leurs fils,
Et leurs moindres travaux portent leur récompense.

Tels que des guerriers généreux
Qui s'arment en faveur d'un pouvoir légitime,
Ces fils, qu'il donne aux moins heureux,
Soutiennent puissamment un père qu'on opprime.

Heureux qui les voit bien agir,
Qui trouve en leur secours un assuré refuge!
Il n'a jamais lieu de rougir
Quand il lui faut répondre au tribunal d'un juge.

Gloire, etc.

PSAUME CXXVII.

Beati omnes qui timent Dominum.

Oh! que votre bonheur vous doit remplir de joie,
Vous tous qui craignez le Seigneur,
Qui ne marchez que dans sa voie,
Et lui donnez tout votre cœur!

Des travaux de vos mains il fait la nourriture
Nécessaire à votre soutien;
Point pour vous de bien qui ne dure,
Point de mal qui ne tourne en bien.

Vos femmes, tout ainsi que ces fécondes vignes
    Qui des maisons parent le tour,
    Vous rendront les fruits les plus dignes
    Que promette un parfait amour.

Vos fils se rangeront autour de votre table
    Comme des jeunes oliviers,
    Et leur concorde inviolable
    Suivra vos plus heureux sentiers.

Voilà comme ce Dieu bénira par avance
    Un cœur pour lui vraiment atteint,
    Et ce qu'aura pour récompense
    Dès ici l'homme qui le craint.

Que du haut de Sion ses bontés vous bénissent
    Et n'étalent dans sa cité,
    Jusqu'à ce que vos jours finissent,
    A vos yeux que félicité!

Qu'elles vous fassent voir prospérer votre race
    Dans les enfants de vos enfants,
    Israël toujours sans disgrâce,
    Et tous ses peuples triomphants!

Gloire, etc.

PSAUME CXXVIII.

Sæpè expugnaverunt me à juventute meâ.

Dès mes plus jeunes ans les pécheurs ont sans cesse
Par d'injustes complots attaqué ma faiblesse :
Jacob, qu'ils ont poussé longtemps si vivement,
    A droit de dire hautement :

Dès mes plus jeunes ans les pécheurs ont sans cesse
Par d'injustes complots attaqué ma faiblesse ;
Ils ont voulu me perdre et me faire la loi,
    Mais ils n'ont pu rien contre moi.

Ces méchants ont forgé sur mon dos plus de crimes
Qu'au désert tous les ans n'en portent nos victimes,
Et n'ont fait, pour tout fruit de leur méchanceté,
    Qu'augmenter leur iniquité.

Le Seigneur a sur eux renversé leurs tempêtes;
Son bras, juste vengeur, a foudroyé leurs têtes :
Ainsi soient terrassés à leur confusion
    Tous les ennemis de Sion!

Qu'ils deviennent pareils à ce foin inutile
Qui sur le haut des toits pousse un tuyau débile,
Et ne se montre aux yeux que pour le voir sécher
    Avant qu'on l'en puisse arracher!

Qu'ils deviennent pareils à ces méchantes herbes
Dont jamais moissonneur n'a ramassé de gerbes,
Que tient le glaneur même indignes de sa main,
    Et n'en daigne remplir son sein!

Les passants qui sauront quelle est leur injustice
Ne leur diront jamais : Le Seigneur vous bénisse,
Le Seigneur vous appuie, ainsi que notre cœur
    Vous bénit au nom du Seigneur!

Gloire, etc.

PSAUME CXXIX.

De profundis clamavi.

Des abîmes profonds où mon péché me plonge,
    Jusqu'à toi j'ai poussé mes cris :
Tu vois mon repentir et l'ennui qui me ronge,
Seigneur; ne reçois pas mes vœux avec mépris.

Prête à mes longs soupirs cette oreille attentive
    Qui n'entend point sans secourir ;
Jette sur les élans d'une douleur si vive
Cet œil qui ne peut voir de maux sans les guérir.

Pour grands que soient les miens, je le dis à ma honte,
    Seigneur, je les ai mérités ;
Mais qui subsistera, si tu demandes compte
De tout l'emportement de nos iniquités?

Auprès de ta justice il est une clémence
    Que souvent tu choisis pour loi ;
Elle est inépuisable, et c'est son indulgence
Qui m'a fait jusqu'ici subsister devant toi.

Je me suis soutenu, Seigneur, sur ta parole,
    Dans ce que je n'ai su parer :
Un Dieu n'afflige point qu'ensuite il ne console ;
C'est ce que tes bontés m'ordonnent d'espérer.

Espère, ainsi que moi, peuple de la Judée ;
    Fils de Jacob, espérez tous ;
Et du matin au soir gardez la sainte idée
D'espérer en sa grâce en craignant son courroux.

A sa miséricorde il n'est point de limites,
    Il en a des trésors cachés,
Et prépare lui-même un excès de mérites
A racheter bientôt l'excès de nos péchés.

Attends donc, Israël, attends avec courage
  L'effet de ce qu'il a promis ;
Il paiera ta rançon, rompra ton esclavage,
Et brisera les fers où ton péché t'a mis.

Gloire, etc.

PSAUME CXXX.

Domine, non est exaltatum cor meum.

Je n'ai point soupiré pour cette indépendance
Où veut monter l'orgueil par des droits usurpés,
Vers elle aucuns regards ne me sont échappés,
  Non pas même par imprudence.

Vous le savez, Seigneur, ma plus vaste pensée
Ne m'a jamais enflé d'aucune ambition,
Ni recherché l'éclat d'une illustre action,
  Pour voir ma fortune haussée.

Si j'ai manqué d'avoir ce mépris de moi-même,
Cet humble sentiment que vous m'avez prescrit ;
Si j'ai jamais laissé surprendre mon esprit
  A la splendeur du diadème,

Puisse votre rebut se rendre aussi sévère,
Aussi rude à mon cœur mortellement navré,
Qu'est sensible à l'enfant nouvellement sevré
  Le refus du lait de sa mère !

Porte, porte au Seigneur ta pleine confiance,
Israël, peuple élu qu'il a daigné bénir ;
Et depuis ce moment jusqu'à tout l'avenir
  Dédaigne toute autre espérance.

Gloire, etc.

PSAUME CXXXIII.

Ecce nunc benedicite Dominum.

Ministres du Seigneur, bénissez à l'envi
  Sa main toute-puissante,
  Qu'aucun ne s'en exempte ;
Montrez tous ce grand cœur dont vous l'avez servi.

C'est vous, qui demeurez dans sa sainte maison,
  Que ce devoir regarde,
  Vous qui l'avez en garde,
Et qui pour tout le peuple offrez votre oraison.

Quand ce peuple, accablé de travaux et d'ennui,
  Paisiblement sommeille,
  Qu'autre que vous ne veille ;
Levant les mains au ciel, bénissez-le pour lui.

Dites sur Israël : Que le grand Dieu des dieux
  Par sa bonté propice,
  À jamais vous bénisse,
Lui qui créa d'un mot et la terre et les cieux !

Gloire, etc.

PSAUME CXLII.

Domine, exaudi orationem meam.

Exauce-moi, Seigneur, suivant ta vérité :
  Il est temps que ta fureur cesse ;
Exerce ta justice à remplir ta promesse,
Ou ta justice aura trop de sévérité.

Ne demande point compte, ou souffre à ta pitié
  Que ce soit elle qui l'entende :
S'il faut qu'à la rigueur chacun de nous le rende,
Qui pourra devant toi se voir justifié ?

Ne te suffit-il point qu'un ennemi cruel
  Persécute ma triste vie,
Que l'opprobre en tout lieu me suive et m'humilie,
Que je sois du mépris l'objet continuel ?

Cette obscure demeure où je me tiens caché
  Comme si j'étais mort au monde,
Ma noire inquiétude et ma douleur profonde,
Mes troubles, mes sanglots, ne t'ont-ils point touché ?

Je rappelle en mon cœur le souvenir des jours
  Où tu faisais tant de merveilles ;
Je rappelle à mes yeux tant d'œuvres sans pareilles,
Tant de soins amoureux, et tant de prompts secours.

J'élève à tous moments mes faibles mains vers toi,
  Et jamais la campagne aride
Ne fut des eaux du ciel si justement avide
Que l'est tout mon esprit des bontés de mon Roi.

Hâtez-vous, ô mon Dieu ! hâtez-vous, Roi des rois :
  Je suis sur le bord de la tombe ;
Pour peu que vous tardiez, c'en est fait, je succombe,
Et l'haleine me manque aussi bien que la voix.

De mes jours presque éteints rallumez le flambeau,
  Chassez la mort qui les menace ;
En l'état où je suis détourner votre face,
C'est achever ma perte, et m'ouvrir le tombeau.

Montrez dès ce moment comme votre courroux
    Cède à votre miséricorde ;
Montrez comme au besoin votre bonté l'accorde
Aux âmes dont l'espoir ne s'attache qu'à vous.

Daignez faire encor plus ; montrez-moi le sentier
    Qu'à me rétablir je dois suivre :
C'est de vous que j'attends la force de revivre,
Moi qui dans tout mon corps ne vois plus rien d'entier.

Arrachez-moi des mains qui m'ont persécuté ;
    J'ai mis en vous tout mon refuge :
Vous êtes mon Dieu seul, et serez mon seul juge ;
Réglez mes actions sur votre volonté.

Vous porterez plus loin vos célestes faveurs,
    Votre Esprit saint sera mon guide ;
Et, me rendant ce trône où votre nom préside,
Vous y ranimerez mes premières ferveurs.

Vous passerez l'effet que je me suis promis ;
    Et, m'ayant tiré de misère,
Vous la renverserez sur le parti contraire ;
Et vos bontés pour moi perdront mes ennemis.

Oui, vous disperserez tous mes persécuteurs,
    Vous vous en montrerez le maître,
Et leur ferez à tous hautement reconnaître
A quel point votre bras soutient vos serviteurs.

Gloire, etc.

PSAUME CXLVII.

Lauda, Jerusalem, Dominum.

Louez, Jérusalem, louez votre Seigneur ;
Montagne de Sion, exaltez votre maître ;
Honorez-le de bouche, adorez-le de cœur :
    C'est de lui que vous tenez l'être.

De vos portes c'est lui qui soutient les verrous,
C'est lui qui dans vos murs tient tout en assurance ;
Il y bénit vos fils, il les y comble tous
    De richesses et d'abondance.

Par lui de tant de vœux la paix est le doux fruit ;
Par lui de vos confins elle s'est ressaisie ;
Du blé le mieux nourri que la terre ait produit
    C'est lui seul qui vous rassasie.

Pour se faire obéir dans les plus grands États,
Il n'a du haut des cieux qu'à dire une parole,
Ses ordres sont portés aux plus lointains climats
    Plus vite qu'un oiseau ne vole.

C'est lui seul qui répand la neige à pleines mains ;
Comme flocons de laine, il l'oblige à descendre ;
La bruine à son choix s'épart sur les humains
    Comme s'épartirait la cendre.

En perles de cristal que lui-même endurcit,
Il sème la froidure et laisse choir la glace ;
Et quand cette froidure une fois s'épaissit,
    Qui peut tenir devant sa face ?

D'un seul mot qu'il prononce il la résout en eaux ;
A peine il a parlé, qu'elle devient liquide,
Et d'un souffle il la fait couler à gros ruisseaux
    A travers la campagne humide.

Il choisit Israël pour lui donner sa loi,
Il lui daigne lui-même annoncer ses justices ;
C'est de lui qu'il se plaît à se dire le roi,
    Et recevoir les sacrifices.

Il n'en fait pas de même à toutes nations ;
Non, ce n'est pas ainsi qu'avec tous il en use,
Et de ses jugements les saintes notions
    Sont des grâces qu'il leur refuse.

Gloire, etc.

PSAUME CXLVIII.

Laudate Dominum de cœlis.

Louez, pures intelligences,
Le Dieu qui vous commet à gouverner les cieux
Et du plus haut séjour de ses magnificences,
    Donnez l'exemple à ces bas lieux.

Louez-le tous, esprits célestes,
Ministres éternels de ses commandements :
Puissances qui rendez ses vertus manifestes,
    N'y refusez aucuns moments.

Soleil, à toi seul comparable,
Lune, à qui chaque nuit fait changer de splendeur,
Astres étincelants, lumière inépuisable,
    Louez à l'envi sa grandeur.

Vastes cieux, prisons éclatantes,
Qui renfermez les airs, et la terre, et les eaux ;
Réservoirs suspendus, mers sur le ciel flottantes,
    Imitez ces brillants flambeaux.

Quand il lui plut vous donner l'être,
Le rien fut sa matière, et l'ouvrier sa voix ;
Il ne fit que parler, et ce grand tout, pour naître,
    N'en attendit point d'autres lois.

Il égala votre durée
A celle que dès lors il choisit pour le temps;
Il prescrivit à tous une borne assurée;
    Il vous fit des ordres constants.

Louez-le du fond de la terre,
Abîmes dans son centre à jamais enfoncés;
Exaltez ainsi qu'eux ce Maître du tonnerre,
    Fiers dragons, et le bénissez.

Bénissez-le, foudres, orages,
Frimas, neiges, glaçons, grêles, vents indomptés,
Qui ne mutinez l'air et n'ouvrez les nuages
    Que pour faire ses volontés.

Vous, montagnes inaccessibles,
Vous, gracieux coteaux qui parez les vallons;
Arbres qui portez fruit, cèdres incorruptibles,
    Qui bravez tous les aquilons;

Vous, monstres, vous, bêtes sauvages,
Serpents qui vous cachez aux lieux les plus couverts;
Animaux qui peuplez nos champs et nos bocages,
    Volages habitants des airs;

Peuples et rois, soldats et princes,
Citadins, gouverneurs, souverains, et sujets;
Juges qui maintenez les lois dans vos provinces,
    Louez Dieu dans tous ses projets.

Louez, tous sexes et tous âges,
Louez ce Dieu vivant, réclamez son appui;
Et sachez qu'aucun Dieu ne mérite d'hommages,
    Ni de vœux, ni d'encens, que lui.

Suppléez aux bouches muettes;
L'air, la terre, les eaux, les cieux même en sont pleins;
Soyez, fils de Jacob, soyez les interprètes
    De tant d'ouvrages de ses mains.

Il vous a donné la victoire,
Vos tyrans sont défaits et vos malheurs finis;
Il a pris soin de vous, prenez soin de sa gloire,
    Vous qu'à sa gloire il tient unis.

Gloire, etc.

PSAUME CXLIX.

Cantate Domino canticum novum, laus ejus in ecclesiá sanctorum.

Ames des dons du ciel comblées,
Par un nouveau cantique exaltez le Seigneur;
Que de son peuple aimé les saintes assemblées
    Y portent la voix et le cœur.

Que tous les cœurs s'épanouissent,
Qu'au Dieu qui les a faits ils fassent d'humbles vœux;
Que les fils de Sion en lui se réjouissent
    Du Roi qu'il a choisi pour eux.

Que le plein chœur de leur musique
Exalte son grand nom, adore son secours;
Et marie aux accords de ce nouveau cantique
    Ceux des harpes et des tambours.

Sur le penchant de la ruine,
Il aime à relever son peuple favori;
Plus il le voit soumis, plus sa bonté divine
    Protége ce qu'il a chéri.

Elle appuie, elle glorifie
Ceux qui font pour sa gloire un ferme et saint propos;
Quel qu'il soit, jour ou nuit, l'homme qui s'y confie
    Veille en joie, ou dort en repos.

Ses saints n'ont que lui dans la bouche;
Sa louange est l'objet qui remplit tous leurs chants;
Et leurs mains, pour dompter l'orgueil le plus farou-
    Auront un glaive à deux tranchants. [che.

C'est ainsi qu'ils prendront vengeance
De tant de nations qui les ont opprimés,
Et leur reprocheront la barbare insolence
    Dont les peuples se sont armés.

Nous verrons leurs rois dans nos chaînes,
Ces rois dont la fureur étonnait l'univers;
Et tout ce qui sous eux servit le mieux leurs haines
    Tombera comme eux dans nos fers.

Telle est l'éclatante justice
Qu'a résolu ce Dieu d'en faire par nos mains,
Et le triomphe heureux que sa bonté propice
    Dès ici prépare à ses saints.

Gloire, etc.

PSAUME CL.

Laudate Dominum in sanctis ejus.

Louez l'inconcevable essence,
La majesté d'un Maître admirable en ses saints,
Louez l'auguste éclat de sa magnificence,
    Louez-le dans tous ses desseins.

Louez-le de tant de merveilles
Qu'en faveur des mortels prodigue sa bonté,
Louez incessamment ses grandeurs sans pareilles,
    Louez leur vaste immensité.

N'épargnez hautbois ni trompettes
Pour lui faire à l'envi des concerts plus charmants ;
Employez-y clairons, harpes, luths, épinettes,
N'oubliez aucuns instruments.

Unissez en votre musique
La flûte à la viole, et la lyre aux tambours ;
Que l'orgue à tant de sons mêle un son magnifique,
Prête un harmonieux secours.

Joignez-y celui des cymbales ;
Et de ces tons divers formez un tel accord,
Que, pour vanter son nom, leurs forces inégales
Ne semblent qu'un égal effort.

Gloire, etc.

CANTIQUE

DES TROIS ENFANTS.

Benedicite omnia opera Domini.

Ouvrages du Très-Haut, effets de sa parole,
Bénissez le Seigneur ;
Et, jusqu'au bout des temps, de l'un à l'autre pôle
Exaltez sa grandeur.

Anges, qui le voyez dans sa splendeur entière,
Bénissez le Seigneur ;
Cieux, qu'il a peints d'azur et revêt de lumière,
Exaltez sa grandeur.

Eaux, sur le firmament par sa main suspendues,
Bénissez le Seigneur ;
Vertus, par sa clémence en tous lieux répandues,
Exaltez sa grandeur.

Soleil, qui fais le jour ; lune, qui perces l'ombre,
Bénissez le Seigneur ;
Étoiles, dont mortel n'a jamais su le nombre ;
Exaltez sa grandeur.

Féconds épanchements de pluie et de rosée,
Bénissez le Seigneur ;
Vents, à qui la nature est sans cesse exposée,
Exaltez sa grandeur.

Feux, dont la douce ardeur ouvre et pare la terre,
Bénissez le Seigneur ;
Froids, dont l'âpre rigueur la ravage et resserre,
Exaltez sa grandeur.

Incommodes brouillards, importunes bruines,
Bénissez le Seigneur ;
Frimas, triste gelée, effroyables ravines,
Exaltez sa grandeur.

Admirables trésors de neiges et de glaces,
Bénissez le Seigneur ;
Jour, qui fais la couleur, et toi, nuit, qui l'effaces,
Exaltez sa grandeur.

Ténèbres et clarté, leurs éternels partages,
Bénissez le Seigneur ;
Armes de la colère, éclairs, foudres, orages,
Exaltez sa grandeur.

Terre, que son vouloir enrichit ou désole,
Bénissez le Seigneur ;
Et, jusqu'au bout des temps, de l'un à l'autre pôle
Exaltez sa grandeur.

Monts sourcilleux et fiers, agréables collines,
Bénissez le Seigneur ;
Doux présents de la terre, herbes, fruits, et racines,
Exaltez sa grandeur.

Délicieux ruisseau, inépuisables sources,
Bénissez le Seigneur ;
Fleuves, et vastes mers qui terminez leurs courses,
Exaltez sa grandeur.

Poissons, qui sillonnez la campagne liquide,
Bénissez le Seigneur ;
Hôtes vagues des airs, qui découpez leur vide,
Exaltez sa grandeur.

Animaux, que son ordre a mis sous notre empire,
Bénissez le Seigneur ;
Hommes, qu'il a faits rois de tout ce qui respire,
Exaltez sa grandeur.

Israël, qu'il choisit pour unique héritage,
Bénissez le Seigneur ;
Et d'un climat à l'autre, ainsi que d'âge en âge,
Exaltez sa grandeur.

Prêtres, de ses secrets sacrés dépositaires,
Bénissez le Seigneur ;
Du Monarque éternel serviteurs exemplaires,
Exaltez sa grandeur.

Ames justes, esprits en qui la grâce abonde,
Bénissez le Seigneur ;
Humbles, qu'un saint orgueil fait dédaigner le monde,
Exaltez sa grandeur.

Mais sur tous, Misaël, Ananie, Azarie,
  Bénissez le Seigneur;
Et, tant qu'il lui plaira vous conserver la vie,
  Exaltez sa grandeur.

Bénissons tous le Père, et le Fils ineffable,
  Avec l'Esprit divin;
Rendons honneur et gloire à leur être immuable,
  Exaltons-les sans fin.

On te bénit au ciel, Dieu, qui nous fis l'image
  De ton être divin;
On te doit en tous lieux louange, gloire, hommage;
  On te les doit sans fin.

CANTIQUES.

CANTIQUE DE LA SAINTE VIERGE.

Magnificat anima mea Dominum.

  Après un si haut privilége
Dont il plaît au Seigneur de me gratifier,
Je me dois tout entière à le magnifier,
  Et mon silence ingrat serait un sacrilége.

  Quand même je voudrais me taire,
Un doux emportement parlerait malgré moi;
Et cet excès d'honneur m'est une forte loi
  D'épanouir mon âme en Dieu mon salutaire.

  Il a regardé ma bassesse,
Il a du haut des cieux daigné s'en souvenir;
Et, depuis ce moment, tout le siècle à venir
  Publira mon bonheur par des chants d'allégresse.

  La merveille tant attendue
De son pouvoir en moi fait voir l'immensité;
Et je dois de son nom bénir la sainteté
  Dont la vive splendeur sur moi s'est répandue.

  De sa miséricorde sainte
L'effort de race en race enfin tombe sur nous;
Il en fait part à ceux qui craignent son courroux,
  Et je porte le prix d'une si digne crainte.

  Son bras a montré sa puissance;
Les projets les plus vains, il les a dispersés;
Les desseins les plus fiers, il les a renversés,
Et du plus haut orgueil abattu l'insolence.

  Les plus invincibles monarques
Se sont vus par sa main de leur trône arrachés;
Et ceux que la poussière avait tenus cachés
Ont reçu de son choix les glorieuses marques.

  Par des faveurs vraiment solides
Il a rempli de biens ceux que pressait la faim;
Et ceux qui puisaient l'or chez eux à pleine main,
Sa juste défaveur les a renvoyés vides.

  C'est ce qui nous donne assurance
Qu'il a pris Israël en sa protection,
Et n'a point oublié la grâce dont Sion
Avait droit de flatter son illustre espérance.

  Il la promit avec tendresse,
Abraham et ses fils en eurent son serment;
Tout ce qu'il leur jura paraît en ce moment,
Et ce miracle enfin dégage sa promesse.

  Gloire au Père, cause des causes;
Gloire au Verbe incarné; gloire à l'Esprit divin;
Telle soit maintenant, et telle encor sans fin,
Qu'elle était en tous trois avant toutes les choses.

CANTIQUE DE ZACHARIE.

Benedictus Dominus Deus Israël.

Qu'à jamais soit béni le Maître du tonnerre,
Le Souverain des rois, le grand Dieu de Sion,
Qui, pour nous visiter, descend du ciel en terre,
Et commence à nos yeux notre rédemption!

Pour relever nos cœurs d'une chute mortelle,
Avec notre bassesse il unit sa hauteur;
Et du sang de David, son serviteur fidèle,
Du salut tant promis il a formé l'auteur.

Ainsi l'avaient prédit les célestes oracles
Qu'on vit de siècle en siècle illuminer les temps;
Il en vient dégager la foi par ses miracles,
Et changer la promesse en effets éclatants.

Ils nous ont, de sa part, laissé pleine assurance
Que tous nos ennemis par lui seraient domptés,
Qu'il réduirait pour nous leur haine à l'impuissance,
Et guérirait les coups qu'ils nous auraient portés.

Ils avaient répondu de sa grâce à nos pères,
Qu'il en serait prodigue et pour eux et pour nous,

Et qu'il se souviendrait, au fort de nos misères,
Du pacte qu'il posa pour borne à son courroux.

Tout ce qu'ils en ont dit, il l'a juré lui-même ;
Abraham en reçut un solennel serment,
Que la haute faveur de sa bonté suprême,
Pour descendre sur nous, choisirait son moment.

Il promit de nous mettre au-dessus de l'atteinte
De la fureur jalouse et des fers ennemis ;
De nous mettre en état de le servir sans crainte,
Et vient de nous donner ce qu'il avait promis.

Nous lui rendrons hommage avec cette justice,
Avec la sainteté qui le sait épurer,
Et nous ferons durer ce zèle à son service
Autant qu'auront nos jours ici-bas à durer.

Et toi qu'ont vu nos yeux en tressaillir de joie,
Enfant, qui l'as connu du ventre maternel ;
Tu seras son prophète à préparer sa voie,
Et l'annoncer à tous pour Monarque éternel.

Son peuple aura par toi l'heureuse connaissance
Qu'il lui vient aplanir les routes du salut,
Remettre ses péchés, et rendre l'espérance
A ceux qui choisiront sa gloire pour seul but.

C'est par cette pitié qui règne en ses entrailles
Que va le Saint des saints sanctifier ces lieux ;
C'est avec ces bontés que le Dieu des batailles
Pour nous rendre visite est descendu des cieux.

Ceux qu'arrête la mort dans ses fatales ombres
Se verront par lui-même éclairés à jamais ;
Leurs pas démêleront les détours les plus sombres,
Et l'auront pour leur guide aux sentiers de la paix.

Gloire, etc.

CANTIQUE DE SIMÉON.

Nunc dimittis servum tuum, Domine.

Enfin, suivant votre parole,
Vous me laissez aller en paix,
Seigneur ; et mon âme s'envole
Au sein d'Abraham pour jamais.

Vous avez daigné satisfaire
De mes yeux le plus doux souci ;
Ils ont vu votre salutaire,
Et n'ont plus rien à voir ici.

C'est le salutaire suprême
Que vos saintes prénotions
Vous ont fait préparer vous-même
Devant toutes les nations.

Par cette lumière adorable
Les gentils seront éclairés,
Et d'une gloire incomparable
Vos peuples seront honorés.

Gloire au Père, cause des causes,
Gloire au Fils, à l'Esprit divin,
Et telle qu'avant toutes choses,
Telle soit-elle encor sans fin.

HYMNES.

HYMNES DE SANTEUL,

POUR LA FÊTE DE SAINT-VICTOR.

A MATINES.

Chantons, peuple, chantons ce guerrier dont Mar-
Vit le sang insulter au démon étonné ; [seille
Produire, en s'épanchant, merveille sur merveille,
Et teindre les lauriers dont il fut couronné.

Victor quitte les rangs, et dédaigne la paie,
Pour suivre, pauvre et nu, l'étendard de la Croix ;
Et du camp des Césars, où sa valeur s'essaie,
Il passe, heureux transfuge, au camp du Roi des rois.

On le charge de fers, on lui choisit des peines,
Au fond d'un noir cachot on le tient garrotté ;
Il est libre au milieu des prisons et des chaînes,
Et remplit le cachot de sa propre clarté.

Ses gardes, effrayés par ce double miracle,
Conçoivent des faux dieux une invincible horreur,
Prennent le saint pour guide, et sa voix pour oracle,
Et dans un bain sacré lavent leur vieille erreur.

Gloire au Père éternel, gloire au Fils ineffable,
Gloire toute pareille à l'Esprit tout divin ;
Gloire à leur unité dont l'essence adorable
Règne sans borne aucune, et régnera sans fin.

A LAUDES.

Entre, heureux champion, la carrière est ouverte;
Dieu te voit, et t'appelle au trône préparé :
Entre, et vois les tyrans animés à ta perte,
De l'œil dont tu verrais un trophée assuré.

Quand d'un cheval farouche à la queue on te lie,
S'il déchire ta chair, elle en éclate mieux;
Et s'il brise ton corps, ton âme recueillie
Par un vol avancé va s'emparer des cieux.

Ton sang, en quelque lieu que sa fougue t'emporte,
Laisse empreinte à longs traits la gloire de ton nom;
Et c'est une semence illustre, vive et forte,
Qui de nouveaux martyrs germe une ample moisson.

Les verges sur la croix te font un long supplice;
Tu jouis en secret de toute sa lenteur;
Et ton zèle applaudit à la fureur propice
Qui fait l'image en toi de ton saint Rédempteur.

Tu braves Jupiter, tu ris de sa statue,
Tu la jettes par terre au lieu de l'encenser,
Et ne redoutes point ce foudre qui ne tue,
Qui n'agit qu'en peinture, et ne se peut lancer.

On venge sur ton pied ce noble sacrilége,
Tu n'en cours pas moins vite où t'appelle ton Dieu;
Ton Dieu, dont il reçoit ce digne privilége,
Qui, sans corruption, le garde en ce saint lieu.

Gloire, etc.

A VÊPRES.

Que d'un chant solennel tout le temple résonne :
Ce grand jour du martyr paie enfin les travaux,
Le ciel en est le prix, et Dieu qui le couronne
Change en biens éternels ce qu'il souffrit de maux.

Ses membres écrasés sous la meule palpitent,
Il offre à Dieu le sang qu'il en fait ruisseler;
Et, plein d'un feu nouveau que ces gênes excitent,
Sur cet autel sanglant il aime à s'immoler.

La machine brisée à grands coups de tonnerre
Sur le peuple tremblant roule, et brise à son tour;
Victor seul, intrépide, et las de vaincre en terre,
Tend le col aux bourreaux pour changer de séjour.

La tête cède au fer qui du corps la détache,
L'âme vole en triomphe au-dessus du soleil, [hache,
Et l'on voit chaînes, fouets, et meule, et croix, et
En former à l'envi le pompeux appareil.

Rends-nous plus courageux, grand saint, par ton exemple;
Obtiens-nous des lauriers qui s'unissent aux tiens,
Et fais de tous les vœux qu'on t'offre dans ce temple
Des armes pour dompter l'ennemi des chrétiens.

Gloire, etc.

POÉSIES LATINES.

I.

PETRI CORNELII,

ROTHOMAGENSIS,

AD ILLUSTRISSIMI FRANCISCI HARLÆI, ARCHIEPISCOPI NORMANNIÆ, PRIMATIS INVITATIONEM,

QUA GLORIOSISSIMUM REGEM, EMINENTISSIMUMQUE CARDINALEM DUCEM VERSIBUS CELEBRARE JUSSUS EST[1],

EXCUSATIO.

Neustriacæ lux alma plagæ, quo nostra superbit
   Insula, et Aonii laurus opaca jugi,
Heroum ad laudes, dignosque Marone triumphos
   Parce, precor, tenuem sollicitare chelyn.
Non ingrata canit, sed et impar fortibus ausis;
   Quæ canat, exiguis viribus apta legit.
Ad scenam teneros deducere gaudet amores,
   Et vetus insuetis drama novare jocis.
Regnat in undanti non tristis musa theatro,
   Atque hilarem populum tædia nosse vetat; [jam
Hanc doctique, rudesque, hanc mollis et aulicus, et
   Exeso mitis Zoïlus ungue stupet.
Nil tamen hic fortes opus altè intendere nervos,
   Nostraque nil duri scena laboris eget;
Vulgare eloquium; sed quo improvisus amator
   Occurrens dominæ fundere vota velit.
Obvius hoc blandum compellet amicus amicum;
   Hoc subitum excipiat læta puella procum.
Ars artem fugisse mihi est, et sponte fluentes
   Ad numeros facilis pleraque rhythmus obit.
Nec solis addicta jocis, risuque movendo,
   Semper in exiguo carmine vena jacet :
Sæpius et grandes soccis miscere cothurnos,
   Et simul oppositis docta placere modis.
In lacrymas natam pater, aut levis egit amator

---

[1] Ces vers sont imprimés page 248 et suiv. de l'ouvrage intitulé : *Epinicia Musarum Eminentissimo Cardinali Duci de Richelieu;* Paris, 1634, in-4°.

Sæpiùs, aut lusu sæviit ira proci.
Atque ubi penè latus venalis pergula rumpit,
  Hîc aliquid dignum laude, Lysandre, furis :
Nec minùs Angelicæ dolor et suspiria spretæ,
  Quàm placuêre tui, Phylli jocosa, sales;
Et quorum in patulos solvis lata ora cachinnos,
  Multa his Angelicâ lacryma flente cadit :
Sed tamen hîc scena est, et gestu et voce juvamur,
  Forsitan et mentem Roscius implet opus.
Tollit si qua jacent, et toto corpore prodest,
  Forsan et indè ignis versibus, indè lepos.
Vix sonat à magno divulsa camœna theatro,
  Blæsaque nil proprio sustinet ore loqui.
Hi mihi sunt fines, nec me quæsiveris extrà,
  Carminibus ponent clausa theatra modum :
Nec, Lodoïce, tuos ausim temerare triumphos,
  Richeliumve humili dedecorare lyrâ.
Regis ad adventum fusos Rhea protinùs Anglos
  Tundere spumantes libera vidit aquas :
Victa sibi nullo Rupella cruore madendum
  Mirata est, iram viceret ille priùs ;
Victores dominum, victi sensêre parentem,
  Mœnibus admisit cùm benesuada fames.
Quem sprevit socium, dominum tulit indè Sabaudus,
  Quique fide potuit cedere, cessit agris :
Cessit et obsesso pugnax à Cazale Iberus,
  Jamque suo servit Mantua læta duci.
Arx quoque totius non impar viribus orbis
  Nanceium viso vix benè Rege patet.
Richelius tanto ingentes sub principe curas
  Explicat, et tantis pars bona rebus adest;
Nec pretiosam animam Lodoïci impendere palmis,
  Aut patriæ dubitet postposuisse bonis.
Tempora rimatur, pavidum ruiturus in hostem,
  Et ruit, et solo nomine sæpè domat.
Nestora Richelius, Rex vincere possit Achillem.
  Hæc levibus metris credere, quale nefas ?
Tanta canant quorum præcordia Cynthius urget
  Plenior, et mentem grandior æstus agit :
Sit satis ad nostros plausisse utrumque lepores,
  Forsitan et nomen novit uterque meum.
Laudibus apta minùs, curis fuit apta levandis
  Melpomene, et longos sit, precor, apta dies.
Hos gestit versare modos, hîc nescia vinci
  Nostra coronato vertice laurus ovat :
Me pauci hîc fecêre parem, nullusque secundum,
  Nec spernenda fuit gloria ponè sequi.
Desipiat nota forsan qui primus in arte,
  Ultimus ignotis artibus esse velit.
Suspicio vates, et carmina pronus adoro,
  Materiam queis Rex, Richeliusve dedit :
Sed neque Godæis accedat musa tropæis,
  Nec capellanum fas mihi velle sequi;
Ut taceam reliquos, quorum sonat undiquè fama

Non minor, et grandi pectore vena salit.
Hos ego sperârim nequicquam æquare canendo,
  Hos sua perpetuum, me mea palma juvet.
Tu modò, quem meritis dudùm minor infula cingit,
  Neustriacæ, præsul, gloria luxque plagæ,
Heroum ad laudes, dignosque Marone triumphos,
  Parce, precor, tenuem sollicitare chelyn.

II.

REGI,

PRO DOMITIS SEQUANIS.

Quis te per medias hiemes, Rex maxime, turbo,
  Quisve triumphandi præscius ardor agit?
Quis deus in sacra fulmen tibi fronte ministrum,
  Quis dedit ut nutu mœnia tacta ruant?

Venisti, et populos provincia territa subdit,
  Qui tua suspiciant lilia, jura probent.
Quodque alio absolvant vix integra sæcula rege,
  Hoc tibi ter terni dant potuisse dies.

Ecce avida famam properans dum devorat aure,
  Et quærit reduci quæ tibi musa canat,
Præcipiti obruitur cursu victoris, et alta
  Spe licet arripiat plurima, plura videt.

Impar tot rerum sub pondere deficit ipse
  Spiritus, et vires mole premente cadunt ;
Quique tibi reliquos vates devoverat annos
  Hæret, et insueto cuncta pavore stupet.

Turpe silere quidem, seges est ubi tanta loquendi,
  Turpius indigno carmine tanta loqui ;
Carmina quippè moram poscunt : vel parce tacenti,
  Victor, vincendi vel tibi sume moras.

III.

REGI,

PRO RESTITUTA APUD BATAVOS CATHO-LICA FIDE.

Quid mirum rapido tibi si victoria cursu
Tot populos subdit facilis, tot mœnia pandit !
Vix sua cuique dies urbi, nec pluribus horis
Castra locas, quàm justa vides tibi crescere regna.
  Nempè Deus, Deus ille, sui de culmine cœli
Quem trahis in partes, cui sub te militat omnis
In Batavos effusa phalanx, Deus ille tremendum
Ponere cui properas communi ex hoste trophæum,

Ipse tibi frangitque obices, arcetque pericla
Fidus, et æterna tecum mercede paciscens,
Prævia pro reduce appendit miracula cultu.

Jamque fidem excedunt, jam lassis viribus impar
Sub te fama gemit, rerumque interrita custos
Te pavet historia, it tantorum conscius ordo
Fatorum, ac merito eventu spem votaque vincit.

Perge modò, et pulsum victor redde omnibus aris,
Victis redde Deum, fac regnet et ipse, tibique
Quantùm exempla præire dedit, tantùm et sua cunctas
Et belli et pacis præeat tibi gloria curas.

Intereà totus dum te unum suspicit orbis, [dam,
Dum musæ fortemque animum, mentemque profun-
Tot regnandi artes certatim ad sidera tollent,
Fas mihi sit tacuisse semel, Rex magne, Deique
Nil nisi in invicto mirari principe donum.

FIN DES POÉSIES LATINES.

DISCOURS,

LETTRES,

ET AUTRES OEUVRES EN PROSE.

AU LECTEUR.

Vous pourrez trouver quelque chose d'étrange aux innovations en l'orthographe que j'ai hasardées ici, et je veux bien vous en rendre raison. L'usage de notre langue est à présent si épandu par toute l'Europe, principalement vers le nord, qu'on y voit peu d'État où elle ne soit connue; c'est ce qui m'a fait croire qu'il ne serait pas mal à propos d'en faciliter la prononciation aux étrangers, qui s'y trouvent souvent embarrassés, par les divers sons qu'elle donne quelquefois aux mêmes lettres. Les Hollandais m'ont frayé le chemin, et donné ouverture à y mettre distinction par de différents caractères, que jusqu'ici nos imprimeurs ont employés indifféremment. Ils ont séparé les *i* et les *u* consonnes d'avec les *i* et les *u* voyelles, en se servant toujours de l'*j* et de l'*v* pour les premières, et laissant l'*i* et l'*u* pour les autres, qui, jusqu'à ces derniers temps, avaient été confondus. Ainsi la prononciation de ces deux lettres ne peut être douteuse dans les impressions où l'on garde le même ordre qu'en celle-ci. Leur exemple m'a enhardi à passer plus avant. J'ai vu quatre prononciations différentes dans nos *s*, et trois dans nos *e*, et j'ai cherché les moyens d'en ôter toutes ambiguïtés, ou par des caractères différents, ou par des règles générales avec quelques exceptions. Je ne sais si j'y aurai réussi; mais si cette ébauche ne déplaît pas, elle pourra donner jour à faire un travail plus achevé sur cette matière, et peut-être que ce ne sera pas rendre un petit service à notre langue et au public.

Nous prononçons l'*s* de quatre diverses manières : tantôt nous l'aspirons, comme en ces mots, *peste, chaste*; tantôt elle allonge la syllabe, comme en ceux-ci, *paste, teste*; tantôt elle ne fait aucun son, comme à *esblouir, esbranler, il estait*; et tantôt elle se prononce comme un *z*, comme à *présider, présumer*. Nous n'avons que deux différents caractères, ſ et s, pour ces quatre différentes prononciations. Il faut donc établir quelques maximes générales pour faire les distinctions entières. Cette lettre se rencontre au commencement des mots, ou au milieu, ou à la fin. Au commencement elle aspire toujours; *soi, sien, sauver, suborner*; à la fin, elle n'a presque point de son et ne fait qu'allonger tant soit peu la syllabe, quand le mot qui suit se commence par une consonne; et quand il commence par une voyelle, elle se détache de celui qu'elle finit pour se joindre avec elle, et se prononce toujours comme un *z*, soit qu'elle soit précédée par une consonne, ou par une voyelle.

Dans le milieu du mot, elle est ou entre deux voyelles, ou après une consonne, ou avant une consonne. Entre deux voyelles, elle passe toujours pour *z*, et après une consonne elle aspire toujours; et cette différence se remarque entre les verbes composés qui viennent de la même racine. On prononce *prézumer, rézister;* mais on ne prononce pas *conzumer*, ni *perzister*. Ces règles n'ont aucune exception, et j'ai abandonné en ces rencontres le choix des caractères à l'imprimeur, pour se servir du grand ou du petit, selon qu'ils se sont le mieux accommodés avec les lettres qui les joignent. Mais je n'en ai pas fait de même quand l'*s* est avant une consonne dans le milieu du mot, et je n'ai pu souffrir que ces trois mots, *reste, tempeste, vous estes*, fussent écrits l'un comme l'autre, ayant des prononciations si différentes. J'ai réservé la petite s pour celle où la syllabe est aspirée, la grande pour celle où elle est simplement allongée, et l'ai supprimée entièrement au troisième mot, où elle ne fait point de son, la marquant seulement par un accent sur la lettre qui la précède. J'ai donc fait orthographier ainsi les mots suivants, et leurs semblables, *peste, funeste, chaste, résiste, espoir, tempeſte, haſte, teſte, vous êtes, il était, éblouir, écouter, épargner, arrêter*. Ce dernier verbe ne laisse pas d'avoir quelques temps dans sa

AU LECTEUR.

conjugaison où il faut lui rendre l'*f*, parce qu'elle allonge la syllabe; comme à l'impératif *arreſte*, qui rime bien avec *teſte*; mais à l'infinitif, et en quelques autres temps où elle ne fait pas cet effet, il est bon de la supprimer, et d'écrire, *j'arrétais, j'ai arrété, j'arréterai, nous arrétons*, etc.

Quant à l'*e*, nous en avons de trois sortes : l'*e* féminin, qui se rencontre toujours ou seul, ou en diphthongue, dans toutes les dernières syllabes de nos mots qui ont la terminaison féminine, et qui fait si peu de son, que cette syllabe n'est jamais comptée à rien à la fin de nos vers féminins, qui en ont toujours une plus que les autres; l'*e* masculin, qui se prononce comme dans la langue latine; et un troisième *e* qui ne va jamais sans l'*s*, qui lui donne un son élevé qui se prononce à bouche ouverte, en ces mots, *succes, acces, expres*. Or, comme ce serait une grande confusion que ces trois *e* en ces trois mots, *aſpres, verite*, et *apres*, qui ont une prononciation si différente, eussent un caractère pareil, il est aisé d'y remédier par ces trois sortes d'*e* que nous donne l'imprimerie, *e, é, è*, qu'on peut nommer l'*e* simple, l'*é* aigu, et l'*è* grave. Le premier servira pour nos terminaisons féminines, le second pour les latines, et le troisième pour les élevées; et nous écrirons ainsi ces trois mots et leurs pareils, *aſpres, verité, après*, ce que nous étendrons à *succès, excès, procès*, qu'on avait jusqu'ici écrits avec l'é aigu, comme les terminaisons latines, quoique le son en soit fort différent. Il est vrai que les imprimeurs y avaient mis quelque différence en ce que cette terminaison n'étant jamais sans *s*, quand il s'en rencontrait une après un *é* latin, ils la changeaient en *z*, et ne la faisaient précéder que par un *e* simple. Ils impriment *veritez, deitez, dignitez*, et non pas *veritès, deités, dignités*; et j'ai conservé cette orthographe : mais pour éviter toute sorte de confusion entre le son des mots qui ont l'*e* latin sans *s*, comme *verité*, et ceux qui ont la prononciation élevée, comme *succès*, j'ai cru à propos de me servir de différents caractères, puisque nous en avons, et donner l'*è* grave à ceux de cette dernière espèce. Nos deux articles pluriels, *les* et *des*, ont le même son, quoique écrits avec l'*e* simple : il est si malaisé de les prononcer autrement, que je n'ai pas cru qu'il fût besoin d'y rien changer. Je dis la même chose de l'*e* devant deux *ll*, qui prend le son aussi élevé en ces mots, *belle, fidelle, rebelle*, etc., qu'en ceux-ci, *succès, excès*; mais comme cela arrive toujours quand il se rencontre avant ces deux *ll*, il suffit d'en faire cette remarque sans changement de caractère. Le même cas arrive devant la simple *l*, à la fin du mot *mortel, appel, criminel*, et non pas au milieu, comme en ces mots, *celer, chanceler*, où l'*e* avant cette *l* garde le son de l'*e* féminin.

Il est bon aussi de remarquer qu'on ne se sert d'ordinaire de l'*é* aigu qu'à la fin du mot, ou quand on supprime l'*s* qui le suit, comme à *établir, étonner*. Cependant il se rencontre souvent au milieu des mots avec le même son, bien qu'on ne l'écrive qu'avec un *e* simple; comme en ce mot *severité*, qu'il faudrait écrire *séverité*, pour le faire prononcer exactement; et je l'ai fait observer dans cette impression, bien que je n'aye pas gardé le même ordre dans celle qui s'est faite *in-folio*.

La double *ll* dont je viens de parler à l'occasion de l'*e* a aussi deux prononciations en notre langue; l'une sèche et simple, qui suit l'orthographe; l'autre molle, qui semble y joindre une *h*. Nous n'avons point de différents caractères à les distinguer; mais on en peut donner cette règle infaillible : toutes les fois qu'il n'y a point d'*i* avant les deux *ll*, la prononciation ne prend point cette mollesse. En voici des exemples dans les quatre autres voyelles, *baller, rebeller, coller, annuller*. Toutes les fois qu'il y a un *i* avant les deux *ll*, soit seul, soit en diphthongue, la prononciation y ajoute une *h*. On écrit *bailler, éveiller, briller, chatouiller, cueillir*, et on prononce *baillher, éveillher, brillher, chatouillher, cueillhir*. Il faut excepter de cette règle tous les mots qui viennent du latin, et qui ont deux *ll* dans cette langue; comme *ville, mille, tranquille, imbécille, distille, illustre, illégitime, illicite*, etc.; je dis qui ont deux *ll* en latin parce que les mots de *fille* et *famille* en viennent, et se prononcent avec cette mollesse des autres qui ont l'*i* devant les deux *ll*, et n'en viennent pas; mais ce qui fait cette différence c'est qu'ils ne tiennent pas les deux *ll* des mots latins, *filia* et *familia*, qui n'en ont qu'une, mais purement de notre langue. Cette règle et cette exception sont générales et assurées. Quelques modernes, pour ôter toute l'ambiguïté de cette prononciation, ont écrit les mots qui se prononcent sans la mollesse de l'*h* avec une *l* simple, en cette manière, *tranquile, imbécile, distile*; et cette orthographe pourrait s'accommoder dans les trois voyelles *a, o, u*, pour écrire simplement *baler, affoler, annuler*; mais elle ne s'accommoderait point du tout avec l'*e*, et on aurait de la peine à prononcer *fidelle* et *belle*, si on écrivait *fidele* et *bele*; l'*i* même, sur lequel ils ont pris ce droit, ne le pourrait pas souffrir toujours, et particulièrement en ces mots *ville, mille*, dont le premier, si on le réduisait à une *l* simple, se confondrait avec *vile*, qui a une signification tout autre.

Il y aurait encore quantité de remarques à faire sur les différentes manières que nous avons de prononcer quelques lettres en notre langue; mais je n'entreprends pas de faire un traité entier de l'orthographe et de la prononciation, et me contente de vous avoir donné ce mot d'avis touchant ce que j'ai innové ici. Comme les imprimeurs ont eu de la peine à s'y accoutumer, ils n'auront pas suivi ce nouvel ordre si punctuellement[1] qu'il ne s'y soit coulé bien des fautes; vous me ferez la grâce d'y suppléer.

PREMIER DISCOURS
SUR L'UTILITÉ ET SUR LES PARTIES
DU
POËME DRAMATIQUE.

Bien que, selon Aristote, le seul but de la poésie dramatique soit de plaire aux spectateurs, et que la plupart de ces poëmes l'ayent plu, je veux bien avouer toutefois que beaucoup d'entre eux n'ont pas atteint le but de l'art. « Il ne faut pas prétendre, dit « ce philosophe, que ce genre de poésie nous donne « toute sorte de plaisir, mais seulement celui qui lui « est propre; » et, pour trouver ce plaisir qui lui est propre, et le donner aux spectateurs, il faut suivre les préceptes de l'art, et leur plaire selon ses règles. Il est constant qu'il y a des préceptes, puisqu'il y a un art; mais il n'est pas constant quels ils sont. On convient du nom sans convenir de la chose, et on s'accorde sur les paroles pour contester sur leur signification. Il faut observer l'unité d'action, de lieu et de jour, personne n'en doute[2]; mais ce n'est pas une petite difficulté de savoir ce que c'est que cette unité d'action, et jusques où peut s'étendre cette unité de jour et de lieu. Il faut que le poëte traite son sujet selon le vraisemblable et le nécessaire; Aristote le dit, et tous ses interprètes répètent les mêmes mots, qui leur semblent si clairs et si intelligibles, qu'aucun d'eux n'a daigné nous dire, non plus que lui, ce que c'est que ce vraisemblable et ce nécessaire. Beaucoup même ont si peu considéré ce dernier, qui accompagne toujours l'autre chez ce philosophe, hormis une seule fois, où il parle de la comédie, qu'on en est venu jusqu'à établir une maxime très-fausse[1], qu'il faut que le sujet d'une tragédie soit vraisemblable; appliquant ainsi aux conditions du sujet la moitié de ce qu'il a dit de la manière de le traiter. Ce n'est pas qu'on ne puisse faire une tragédie d'un sujet purement vraisemblable; il en donne pour exemple la *Fleur d'Agathon*, où les noms et les choses étaient de pure invention, aussi bien qu'en la comédie : mais les grands sujets qui remuent fortement les passions, et en opposent l'impétuosité aux lois du devoir ou aux tendresses du sang, doivent toujours aller au delà du vraisemblable, et ne trouveraient aucune croyance parmi les auditeurs, s'ils n'étaient soutenus, ou par l'autorité de l'histoire qui persuade avec empire, ou par la préoccupation de l'opinion commune qui nous donne ces mêmes auditeurs déjà tout persuadés. Il n'est pas vraisemblable que Médée tue ses enfants[2], que Clytemnestre assassine son mari, qu'Oreste poignarde sa mère; mais l'histoire le dit, et la représentation de ces grands crimes ne trouve point d'incrédules. Il n'est ni vrai ni vraisemblable qu'Andromède, exposée à un monstre marin, ait été garantie de ce péril par un cavalier volant qui avait des ailes aux pieds : mais c'est une fiction que l'antiquité a reçue; et, comme elle l'a transmise jusqu'à nous, personne ne s'en offense[3] quand on la voit sur le théâtre. Il ne serait pas permis toutefois d'inventer sur ces exemples. Ce que la vérité ou l'opinion fait accepter serait rejeté, s'il n'avait point d'autre fondement qu'une ressemblance à cette vérité ou à cette opinion. C'est pourquoi notre docteur dit que *les sujets viennent de la fortune*, qui fait arriver les choses, *et non de l'art*, qui les imagine. Elle est maîtresse des événements, et le choix qu'elle nous donne de ceux qu'elle nous présente enveloppe une secrète défense d'entreprendre sur elle, et d'en produire sur la scène qui ne soient pas de sa façon. Aussi « les anciennes tragédies se sont arrêtées au-

---

[1] C'est ainsi que ce mot s'écrivait encore du temps de Corneille.
[2] On en doutait tellement du temps de Corneille, que ni les Espagnols ni les Anglais ne connurent cette règle. Les Italiens seuls l'observèrent. La *Sophonisbe* de Mairet fut la première pièce en France où ces trois unités parurent. La Motte, homme de beaucoup d'esprit et de talent, mais homme à paradoxes, a écrit de nos jours contre ces trois unités; mais cette hérésie en littérature n'a pas fait fortune. (V.)

[1] Cette maxime au contraire est très-vraie, en quelque sens qu'on l'entende. Boileau dit, avec raison, dans son *Art poétique* :

Jamais au spectateur n'offrez rien d'incroyable;
Le vrai peut quelquefois n'être pas vraisemblable.
Une merveille absurde est pour moi sans appas :
L'esprit n'est point ému de ce qu'il ne croit pas. (V.)

[2] Cela n'est pas commun; mais cela n'est pas sans vraisemblance dans l'excès d'une fureur dont on n'est pas le maître. Ces crimes révoltent la nature, et cependant ils sont dans la nature; c'est ce qui les rend si convenables à la tragédie, qui ne veut que du vrai, mais un vrai rare et terrible. (V.)
[3] Il semble que les sujets d'*Andromède*, de *Phaéton*, soient plus faits pour l'opéra que pour la tragédie régulière. L'opéra aime le merveilleux. On est là dans le pays des métamorphoses d'Ovide. La tragédie est le pays de l'histoire, ou du moins de tout ce qui ressemble à l'histoire par la vraisemblance des faits et par la vérité des mœurs. (V.)

« tour de peu de familles, parce qu'il était arrivé à
« peu de familles des choses dignes de la tragédie. »
Les siècles suivants nous en ont assez fourni pour
franchir ces bornes, et ne marcher plus sur les pas
des Grecs : mais je ne pense pas qu'ils nous ayent
donné la liberté de nous écarter de leurs règles. Il faut,
s'il se peut, nous accommoder avec elles, et les amener
jusqu'à nous. Le retranchement que nous avons
fait des chœurs nous oblige à remplir nos poëmes de
plus d'épisodes qu'ils ne faisaient; c'est quelque chose
de plus, mais qui ne doit pas aller au delà de leurs
maximes, bien qu'il aille au delà de leur pratique.

Il faut donc savoir quelles sont ces règles; mais
notre malheur est qu'Aristote, et Horace après lui,
en ont écrit assez obscurément pour avoir besoin
d'interprètes, et que ceux qui leur en ont voulu servir
jusques ici ne les ont souvent expliqués qu'en
grammairiens ou en philosophes. Comme ils avaient
plus d'étude et de spéculation que d'expérience du
théâtre, leur lecture nous peut rendre plus doctes,
mais non pas nous donner beaucoup de lumières fort
sûres pour y réussir.

Je hasarderai quelque chose sur cinquante ans de
travail pour la scène, et en dirai mes pensées tout
simplement, sans esprit de contestation qui m'engage
à les soutenir, et sans prétendre que personne
renonce en ma faveur à celles qu'il en aura conçues.

Ainsi ce que j'ai avancé dès l'entrée de ce discours,
que *la poésie dramatique a pour but le seul plaisir
des spectateurs*, n'est pas pour l'emporter opiniâtrément
sur ceux qui pensent ennoblir l'art, en lui donnant
pour objet de profiter aussi bien que de plaire.
Cette dispute même serait très-inutile, puisqu'il est
impossible de plaire selon les règles, qu'il ne s'y rencontre
beaucoup d'utilité. Il est vrai qu'Aristote,
dans tout son *Traité de la Poétique*, n'a jamais employé
ce mot une seule fois; qu'il attribue l'origine
de la poésie au plaisir que nous prenons à voir
imiter les actions des hommes; qu'il préfère la partie
du poëme qui regarde le sujet à celle qui regarde
les mœurs, parce que cette première contient ce qui
agrée le plus, comme les *agnitions* et les *péripéties*;
qu'il fait entrer, dans la définition de la tragédie,
l'agrément du discours dont elle est composée; et
qu'il l'estime enfin plus que le poëme épique, en ce
qu'elle a de plus la décoration extérieure et la musique,
qui délectent puissamment, et qu'étant plus
courte et moins diffuse, le plaisir qu'on y prend est
plus parfait : mais il n'est pas moins vrai qu'Horace
nous apprend que nous ne saurions plaire à tout le
monde, si nous n'y mêlons l'utile; et que les gens
graves et sérieux, les vieillards et les amateurs de la
vertu, s'y ennuieront, s'ils n'y trouvent rien à profiter.

Centuriæ seniorum agitant expertia frugis.

Ainsi, quoique l'utile n'y entre que sous la forme du
délectable, il ne laisse pas d'y être nécessaire; et il
vaut mieux examiner de quelle façon il y peut trouver
sa place, que d'agiter, comme je l'ai déjà dit,
une question inutile touchant l'utilité de cette sorte
de poëmes. J'estime donc qu'il s'y en peut rencontrer
de quatre sortes.

La première consiste aux sentences et instructions
morales qu'on y peut semer presque partout : mais
il en faut user sobrement, les mettre rarement en
discours généraux, ou ne les pousser guère loin,
surtout quand on fait parler un homme passionné,
ou qu'on lui fait répondre par un autre; car il ne
doit avoir non plus de patience pour les entendre
que de quiétude d'esprit pour les concevoir et les
dire. Dans les délibérations d'État, où un homme
d'importance consulté par un roi s'explique de sens
rassis, ces sortes de discours trouvent lieu de plus
d'étendue; mais enfin il est toujours bon de les réduire
souvent de la thèse à l'hypothèse; et j'aime
mieux faire dire à un acteur, *l'amour vous donne
beaucoup d'inquiétudes*, que, *l'amour donne beaucoup
d'inquiétudes aux esprits qu'il possède*.

Ce n'est pas que je voulusse entièrement bannir
cette dernière façon de s'énoncer sur les maximes de
la morale et de la politique. Tous mes poëmes demeureraient
bien estropiés, si on en retranchait ce
que j'y en ai mêlé; mais, encore un coup, il ne les
faut pas pousser loin sans les appliquer au particulier;
autrement c'est un lieu commun, qui ne manque
jamais d'ennuyer l'auditeur, parce qu'il fait languir
l'action; et, quelque heureusement que réussisse
cet étalage de moralités, il faut toujours craindre
que ce ne soit un de ces ornements ambitieux qu'Horace
nous ordonne de retrancher[1].

J'avouerai toutefois que les discours généraux ont

---

[1] Il nous semble qu'on ne peut donner de meilleures leçons de goût, et raisonner avec un jugement plus solide. Il est beau de voir l'auteur de *Cinna* et de *Polyeucte* creuser ainsi les principes de l'art dont il fut le père en France. Il est vrai qu'il est tombé souvent dans le défaut qu'il condamne : on pensait que c'était faute de connaître son art, qu'il connaissait pourtant si bien; il déclare ici qu'il vaut beaucoup mieux mettre les maximes en sentiment que les étaler en préceptes; et il distingue très-finement les situations dans lesquelles un personnage peut débiter un peu de morale de celles qui exigent un abandonnement entier à la passion... Ce sont les passions qui font l'âme de la tragédie. Par conséquent un héros ne doit point prêcher, et doit peu raisonner. Il faut qu'il sente beaucoup, et qu'il agisse.

Pourquoi donc Corneille, dans plus de la moitié de ses pièces, donne-t-il tant aux lieux communs de politique, et presque rien aux grands mouvements des passions? La raison en est, à notre avis, que c'était là le caractère dominant de son esprit. Dans son *Othon*, par exemple, tous les personnages raisonnent, et pas un n'est animé. (V.)

souvent grâce, quand celui qui les prononce et celui qui les écoute ont tous deux l'esprit assez tranquille pour se donner raisonnablement cette patience. Dans le quatrième acte de *Mélite*[1], la joie qu'elle a d'être aimée de Tircis lui fait souffrir sans chagrin la remontrance de sa nourrice, qui de son côté satisfait à cette démangeaison qu'Horace attribue aux vieilles gens, de faire des leçons aux jeunes; mais si elle savait que Tircis la crût infidèle, et qu'il en fût au désespoir, comme elle l'apprend ensuite, elle n'en souffrirait pas quatre vers. Quelquefois même ces discours sont nécessaires pour appuyer des sentiments dont le raisonnement ne se peut fonder sur aucune des actions particulières de ceux dont on parle. Rodogune, au premier acte, ne saurait justifier la défiance qu'elle a de Cléopâtre que par le peu de sincérité qu'il y a d'ordinaire dans la réconciliation des grands après une offense signalée, parce que, depuis le traité de paix, cette reine n'a rien fait qui la doive rendre suspecte de cette haine qu'elle lui conserve dans le cœur. L'assurance que prend Mélisse, au quatrième de la *Suite du Menteur*, sur les premières protestations d'amour que lui fait Dorante, qu'elle n'a vu qu'une seule fois, ne se peut autoriser que sur la facilité et la promptitude que deux amants nés l'un pour l'autre ont à donner croyance à ce qu'ils s'entredisent; et les douze vers qui expriment cette moralité en termes généraux ont tellement plu, que beaucoup de gens d'esprit n'ont pas dédaigné d'en charger leur mémoire. Vous en trouverez ici quelques autres de cette nature. La seule règle qu'on y peut établir, c'est qu'il les faut placer judicieusement, et surtout les mettre en la bouche de gens qui ayent l'esprit sans embarras, et qui ne soient point emportés par la chaleur de l'action.

La seconde utilité du poëme dramatique [2] se rencontre en la naïve peinture des vices et des vertus, qui ne manque jamais à faire son effet, quand elle est bien achevée, et que les traits en sont si reconnaissables, qu'on ne les peut confondre l'un dans l'autre, ni prendre le vice pour la vertu. Celle-ci se fait alors toujours aimer, quoique malheureuse; et celui-là se fait toujours haïr, bien que triomphant. Les anciens se sont fort souvent contentés de cette peinture, sans se mettre en peine de faire récompenser les bonnes actions, et punir les mauvaises : Clytemnestre et son adultère tuent Agamemnon impunément; Médée en fait autant de ses enfants, et Atrée de ceux de son frère Thyeste, qu'il lui fait manger. Il est vrai qu'à bien considérer ces actions, qu'ils choisissaient pour la catastrophe de leurs tragédies, c'étaient des criminels qu'ils faisaient punir, mais par des crimes plus grands que les leurs. Thyeste avait abusé de la femme de son frère; mais la vengeance qu'il en prend a quelque chose de plus affreux que ce premier crime. Jason était un perfide d'abandonner Médée, à qui il devait tout; mais massacrer ses enfants à ses yeux est quelque chose de plus. Clytemnestre se plaignait des concubines qu'Agamemnon ramenait de Troie; mais il n'avait point attenté sur sa vie, comme elle fait sur la sienne : et ces maîtres de l'art ont trouvé le crime de son fils Oreste, qui la tue pour venger son père, encore plus grand que le sien, puisqu'ils lui ont donné des Furies vengeresses pour le tourmenter, et n'en ont point donné à sa mère, qu'ils font jouir paisiblement avec son Ægisthe du royaume d'un mari qu'elle avait assassiné.

Notre théâtre souffre difficilement de pareils sujets. Le *Thyeste* de Sénèque n'y a pas été fort heureux : *Médée* y a trouvé plus de faveur; mais aussi, à le bien prendre, la perfidie de Jason et la violence du roi de Corinthe la font paraître si injustement opprimée, que l'auditeur entre aisément dans ses intérêts, et regarde sa vengeance comme une justice qu'elle se fait elle-même de ceux qui l'oppriment.

C'est cet intérêt qu'on aime à prendre pour les vertueux qui a obligé d'en venir à cette autre manière de finir le poëme dramatique par la punition des mauvaises actions et la récompense des bonnes, qui n'est pas un précepte de l'art, mais un usage que nous avons embrassé, dont chacun peut se départir à ses périls. Il était dès le temps d'Aristote, et peut-être qu'il ne plaisait pas trop à ce philosophe, puisqu'il dit « qu'il n'a eu vogue que par l'imbécillité du « jugement des spectateurs, et que ceux qui le prati- « quent s'accommodent au goût du peuple, et écri- « vent selon les souhaits de leur auditoire. » En effet, il est certain que nous ne saurions voir un honnête homme sur notre théâtre sans lui souhaiter de la prospérité, et nous fâcher de ses infortunes [1]. Cela

---

[1] Peut-être aurait-il dû apporter ici un autre exemple que celui de *Mélite*. Cette comédie n'est aujourd'hui connue que par son titre, et parce qu'elle fut le premier ouvrage dramatique de Corneille. (V.)

[2] Ni dans la tragédie, ni dans l'histoire, ni dans un discours public, ni dans aucun genre d'éloquence et de poésie, il ne faut peindre la vertu odieuse et le vice aimable. C'est un devoir assez connu. Ce précepte n'appartient pas plus à la tragédie qu'à tout autre genre; mais de savoir s'il faut que le crime soit toujours récompensé et la vertu toujours punie sur le théâtre, c'est une autre question. La tragédie est un tableau des grands événements de ce monde; et malheureusement, plus la vertu est infortunée, plus le tableau est vrai. Intéressez, c'est le devoir du poète; rendez la vertu respectable, c'est le devoir de tout homme. (V.)

[1] On ne sort point indigné contre Racine et contre les comé-

fait que, quand il en demeure accablé, nous sortons avec chagrin, et remportons une espèce d'indignation contre l'auteur et les acteurs : mais quand l'événement remplit nos souhaits, et que la vertu y est couronnée, nous sortons avec pleine joie, et remportons une entière satisfaction et de l'ouvrage, et de ceux qui l'ont représenté. Le succès heureux de la vertu, en dépit des traverses et des périls, nous excite à l'embrasser, et le succès funeste du crime ou de l'injustice est capable de nous en augmenter l'horreur naturelle, par l'appréhension d'un pareil malheur.

C'est en cela que consiste la troisième utilité du théâtre, comme la quatrième en la purgation des passions par le moyen de la pitié et de la crainte [1]. Mais, comme cette utilité est particulière à la tragédie, je m'expliquerai sur cet article au second volume, où je traiterai de la tragédie en particulier, et passe à l'examen des parties qu'Aristote attribue au poëme dramatique. Je dis au poëme dramatique en général, bien qu'en traitant cette matière il ne parle que de la tragédie; parce que tout ce qu'il en dit convient aussi à la comédie, et que la différence de ces deux espèces de poëmes ne consiste qu'en la dignité des personnages, et des actions qu'ils imitent, et non pas en la façon de les imiter, ni aux choses qui servent à cette imitation.

Le poëme est composé de deux sortes de parties. Les unes sont appelées parties de quantité, ou d'extension [2]; et Aristote en nomme quatre : le prologue, l'épisode, l'exode, et le chœur. Les autres se peuvent nommer des parties intégrantes, qui se rencontrent dans chacune de ces premières pour former tout le corps avec elles. Ce philosophe y en trouve six : le sujet, les mœurs, les sentiments, la diction, la musique, et la décoration du théâtre. De ces six, il n'y a que le sujet dont la bonne constitution dépende proprement de l'art poétique, les autres ont besoin d'autres arts subsidiaires : les mœurs, de la morale; les sentiments, de la rhétorique; la diction, de la grammaire; et les deux autres parties ont chacune leur art, dont il n'est pas besoin que le poëte soit instruit, parce qu'il y peut faire suppléer par d'autres que lui, ce qui fait qu'Aristote ne les traite pas. Mais comme il faut qu'il exécute lui-même ce qui concerne les quatre premières, la connaissance des arts dont elles dépendent lui est absolument nécessaire, à moins qu'il ait reçu de la nature un sens commun assez fort et assez profond pour suppléer à ce défaut.

Les conditions du sujet sont diverses pour la tragédie et pour la comédie. Je ne toucherai à présent qu'à ce qui regarde cette dernière, qu'Aristote [1] définit simplement *une imitation de personnes basses et fourbes*. Je ne puis m'empêcher de dire que cette définition ne me satisfait point; et, puisque beaucoup de savants tiennent que son *Traité de la Poétique* n'est pas venu tout entier jusqu'à nous, je veux croire que dans ce que le temps nous en a dérobé il s'en rencontrait une plus achevée.

La poésie dramatique, selon lui, est une imitation des actions, et il s'arrête ici à la condition des personnes, sans dire quelles doivent être ces actions. Quoi qu'il en soit, cette définition avait du rapport à l'usage de son temps, où l'on ne faisait parler, dans la comédie, que des personnes d'une condition très-médiocre; mais elle n'a pas une entière justesse pour le nôtre où les rois même y peuvent entrer, quand leurs actions ne sont point au-dessus d'elle. Lorsqu'on met sur la scène un simple intrique [2] d'amour entre des rois, et qu'ils ne courent aucun péril, ni de leur vie, ni de leur État, je ne crois pas que, bien que les personnes soient illustres [3], l'action le soit

---

diens de la mort de Britannicus et de celle d'Hippolyte. On sort enchanté du rôle de Phèdre et de celui de Burrhus. On sort la tête remplie des vers admirables qu'on a entendus.

Et que tout ce qu'il dit, facile à retenir,
De son ouvrage en vous laisse un long souvenir.

C'est là le grand point. C'est le seul moyen de s'assurer un succès éternel; c'est cette mérite d'Auguste et de Cinna; c'est celui de Sévère dans *Polyeucte*. (V.)

[1] Pour la purgation des passions, je ne sais pas ce que c'est que cette médecine. Je n'entends pas comment la crainte et la pitié purgent, selon Aristote; mais j'entends fort bien comment la crainte et la pitié agitent notre âme pendant deux heures, selon la nature, et comment il en résulte un plaisir très-noble et très-délicat, qui n'est bien senti que par les esprits cultivés. Sans cette crainte et cette pitié tout languit au théâtre. Si on ne remue pas l'âme, on l'affadit. Point de milieu entre s'attendrir et s'ennuyer. (V.)

[2] Il est à croire que ni Molière, ni Racine, ni Corneille lui-même, ne pensèrent aux parties de quantité et aux parties intégrantes quand ils firent leurs chefs-d'œuvre. (V.)

[1] Corneille a bien raison de ne pas approuver la définition d'Aristote, et probablement l'auteur du *Misanthrope* ne l'approuva pas davantage. Apparemment Aristote était séduit par la réputation qu'avait usurpée ce bouffon d'Aristophane, bas et fourbe lui-même, et qui avait toujours peint ses semblables. Aristote prend ici la partie pour le tout, et l'accessoire pour le principal. Les principaux personnages de Ménandre et de Térence, son imitateur, sont honnêtes. Il est permis de mettre des coquins sur la scène; mais il est beau d'y mettre des gens de bien. (V.)

[2] Nous avons eu déjà occasion de remarquer qu'on écrivait alors *intrique*, au lieu de *intrigue*, et qu'on donnait à ce mot le genre masculin.

[3] Nous sommes entièrement de l'avis de Corneille. *Bérénice* ne nous paraît pas une tragédie; l'élégant et habile Racine trouva, à la vérité, le secret de faire de ce sujet une pièce très-intéressante; mais ce n'est pas une tragédie : c'est, si l'on veut, une comédie héroïque, une idylle, une églogue entre des princes, un dialogue admirable d'amour, une très-belle paraphrase de Sapho, et non pas de Sophocle, une élégie charmante; ce sera tout ce qu'on voudra, mais ce n'est point, encore une fois, une tragédie. (V.)

assez pour s'élever jusques à la tragédie. Sa dignité demande quelque grand intérêt d'État, ou quelque passion plus noble et plus mâle que l'amour, telles que sont l'ambition ou la vengeance, et veut donner à craindre des malheurs plus grands que la perte d'une maîtresse. Il est à propos d'y mêler l'amour, parce qu'il a toujours beaucoup d'agrément, et peut servir de fondement à ces intérêts, et à ces autres passions dont je parle ; mais il faut qu'il se contente du second rang dans le poëme, et leur laisse le premier.

Cette maxime semblera nouvelle d'abord ; elle est toutefois de la pratique des anciens, chez qui nous ne voyons aucune tragédie où il n'y ait qu'un intérêt d'amour à démêler. Au contraire, ils l'en bannissaient souvent ; et ceux qui voudront considérer les miennes reconnaîtront qu'à leur exemple je ne lui ai jamais laissé y prendre le pas devant, et que dans *le Cid* même, qui est sans contredit la pièce la plus remplie d'amour que j'aye faite, le devoir de la naissance et le soin de l'honneur l'emportent sur toutes les tendresses qu'il inspire aux amants que j'y fais parler.

Je dirai plus. Bien qu'il y ait de grands intérêts d'État dans un poëme, et que le soin qu'une personne royale doit avoir de sa gloire fasse taire sa passion, comme en *Don Sanche*, s'il ne s'y rencontre point de péril de vie, de perte d'États, ou de bannissement, je ne pense pas qu'il ait droit de prendre un nom plus relevé que celui de comédie ; mais, pour répondre aucunement à la dignité des personnes dont celui-là représente les actions, je me suis hasardé d'y ajouter l'épithète d'héroïque, pour le distinguer d'avec les comédies ordinaires. Cela est sans exemple parmi les anciens ; mais aussi il est sans exemple parmi eux de mettre des rois sur le théâtre sans quelqu'un de ces grands périls. Nous ne devons pas nous attacher si servilement à leur imitation, que nous n'osions essayer quelque chose de nous-mêmes, quand cela ne renverse point les règles de l'art ; ne fût-ce que pour mériter cette louange que donnait Horace aux poëtes de son temps :

Nec minimum meruere decus, vestigia græca
Ausi deserere.

et n'avoir point de part en ce honteux éloge,

O imitatores, servum pecus ;

« Ce qui nous sert maintenant d'exemple, dit Tacite, « a été autrefois sans exemple, et ce que nous faisons « sans exemple en pourra servir un jour. »

La comédie diffère donc en cela de la tragédie, que celle-ci veut pour son sujet une action illustre, extraordinaire, sérieuse ; celle-là s'arrête à une action commune et enjouée : celle-ci demande de grands périls pour ses héros ; celle-là se contente de l'inquiétude et des déplaisirs de ceux à qui elle donne le premier rang parmi ses acteurs. Toutes les deux ont cela de commun, que cette action doit être complète et achevée ; c'est-à-dire que dans l'événement qui la termine le spectateur doit être si bien instruit des sentiments de tous ceux qui y ont eu quelque part, qu'il sorte l'esprit en repos, et ne soit plus en doute de rien. Cinna conspire contre Auguste, sa conspiration est découverte, Auguste le fait arrêter. Si le poëme en demeurait là, l'action ne serait pas complète, parce que l'auditeur sortirait dans l'incertitude de ce que cet empereur aurait ordonné de cet ingrat favori. Ptolomée craint que César, qui vient en Égypte, ne favorise sa sœur dont il est amoureux, et ne le force à lui rendre sa part du royaume, que son père lui a laissée par testament : pour attirer la faveur de son côté par un grand service, il lui immole Pompée ; ce n'est pas assez, il faut voir comment César recevra ce grand sacrifice. Il arrive, il s'en fâche, il menace Ptolomée, il le veut obliger d'immoler les conseillers de cet attentat à cet illustre mort ; ce roi, surpris de cette réception, si peu attendue, se résout à prévenir César, et conspire contre lui, pour éviter, par sa perte, le malheur dont il se voit menacé. Ce n'est pas encore assez ; il faut savoir ce qui réussira de cette conspiration. César en a l'avis, et Ptolomée, périssant dans un combat avec ses ministres, laisse Cléopâtre en paisible possession du royaume dont elle demandait la moitié, et César hors de péril ; l'auditeur n'a plus rien à demander, et sort satisfait, parce que l'action est complète.

Je connais des gens d'esprit[1], et des plus savants en l'art poétique, qui m'imputent d'avoir négligé d'achever *le Cid*, et quelques autres de mes poëmes, parce que je n'y conclus pas précisément le mariage des premiers acteurs, et que je ne les envoie point marier au sortir du théâtre. A quoi il est aisé de répondre que le mariage n'est point un achèvement nécessaire pour la tragédie heureuse, ni même pour la comédie. Quant à la première, c'est le péril d'un héros qui la constitue, et lorsqu'il en est sorti, l'action est terminée. Bien qu'il ait de l'amour, il n'est point besoin qu'il parle d'épouser sa maîtresse quand

---

[1] Ces savants en l'art poétique ne paraissent pas savants dans la connaissance du cœur humain. Corneille en savait beaucoup plus qu'eux. Ce qui nous paraît ici de plus extraordinaire, c'est que, dans les premiers temps si tumultueux de la grande réputation du *Cid*, les ennemis de Corneille lui reprochaient d'avoir marié Chimène avec le meurtrier de son père le propre jour de sa mort, ce qui n'était pas vrai : au contraire la pièce finit par ce beau vers :

Laisse faire le temps, ta vaillance, et ton roi. (V.)

la bienséance ne le permet pas; et il suffit d'en donner l'idée après en avoir levé tous les empêchements, sans lui en faire déterminer le jour. Ce serait une chose insupportable que Chimène en convînt avec Rodrigue dès le lendemain qu'il a tué son père; et Rodrigue serait ridicule, s'il faisait la moindre démonstration de le désirer. Je dis la même chose d'Antiochus. Il ne pourrait dire de douceurs à Rodogune qui ne fussent de mauvaise grâce, dans l'instant que sa mère se vient d'empoisonner à leurs yeux, et meurt dans la rage de n'avoir pu les faire périr avec elle. Pour la comédie, Aristote ne lui impose point d'autre devoir pour conclusion *que de rendre amis ceux qui étaient ennemis.* Ce qu'il faut entendre un peu plus généralement que les termes ne semblent porter, et l'étendre à la réconciliation de toute sorte de mauvaise intelligence; comme quand un fils rentre aux bonnes grâces d'un père qu'on a vu en colère contre lui pour ses débauches, ce qui est une fin assez ordinaire aux anciennes comédies; ou que deux amants, séparés par quelque fourbe qu'on leur a faite, ou par quelque pouvoir dominant, se réunissent par l'éclaircissement de cette fourbe, ou par le consentement de ceux qui y mettaient obstacle; ce qui arrive presque toujours dans les nôtres, qui n'ont que très-rarement une autre fin que des mariages. Nous devons toutefois prendre garde que ce consentement ne vienne pas par un simple changement de volonté, mais par un événement qui en fournisse l'occasion. Autrement il n'y aurait pas grand artifice au dénoûment d'une pièce, si, après l'avoir soutenue, durant quatre actes, sur l'autorité d'un père qui n'approuve point les inclinations amoureuses de son fils ou de sa fille, il y consentait tout d'un coup au cinquième, par cette seule raison que c'est le cinquième, et que l'auteur n'oserait en faire six. Il faut un effet considérable qui l'y oblige, comme si l'amant de sa fille lui sauvait la vie en quelque rencontre où il fût près d'être assassiné par ses ennemis; ou que, par quelque accident inespéré, il fût reconnu pour être de plus grande condition, et mieux dans la fortune qu'il ne paraissait.

Comme il est nécessaire que l'action soit complète, il faut aussi n'ajouter rien au delà; parce que, quand l'effet est arrivé, l'auditeur ne souhaite plus rien, et s'ennuie de tout le reste. Ainsi les sentiments de joie qu'ont deux amants qui se voient réunis après de longues traverses doivent être bien courts; et je ne sais pas quelle grâce a eue chez les Athéniens la contestation de Ménélas et de Teucer pour la sépulture d'Ajax, que Sophocle fait mourir au quatrième acte; mais je sais bien que, de notre temps, la dispute du même Ajax et d'Ulysse pour les armes d'Achille après sa mort lassa fort les oreilles, bien qu'elle partît d'une bonne main. Je ne puis déguiser même que j'ai peine encore à comprendre comment on a pu souffrir le cinquième acte de *Mélite et de la Veuve.* On n'y voit les premiers acteurs que réunis ensemble, et ils n'y ont plus d'intérêt qu'à savoir les auteurs de la fausseté ou de la violence qui les a séparés. Cependant ils en pouvaient être déjà instruits, si je l'eusse voulu, et semblent n'être plus sur le théâtre que pour servir de témoins au mariage de ceux du second ordre; ce qui fait languir toute cette fin, où ils n'ont point de part. Je n'ose attribuer le bonheur qu'eurent ces deux comédies à l'ignorance des préceptes, qui était assez générale en ce temps-là, d'autant que ces mêmes préceptes, bien ou mal observés, doivent faire leur effet, bon ou mauvais, sur ceux même qui, faute de les savoir, s'abandonnent au courant des sentiments naturels : mais je ne puis que je n'avoue du moins que la vieille habitude qu'on avait alors à ne voir rien de mieux ordonné a été cause qu'on ne s'est point indigné contre ces défauts, et que la nouveauté d'un genre de comédie très-agréable, et qui jusque-là n'avait point paru sur la scène, a fait qu'on a voulu trouver belles toutes les parties d'un corps qui plaisait à la vue, bien qu'il n'eût pas toutes ses proportions dans leur justesse.

La comédie et la tragédie se ressemblent encore en ce que l'action qu'elles choisissent pour imiter « doit avoir une juste grandeur, c'est-à-dire » qu'elle « ne doit être, ni si petite qu'elle échappe à la vue « comme un atome, ni si vaste qu'elle confonde la « mémoire de l'auditeur et égare son imagination. » C'est ainsi qu'Aristote explique cette condition du poëme, et ajoute que « pour être d'une juste gran- « deur, elle doit avoir un commencement, un mi- « lieu, et une fin. » Ces termes sont si généraux, qu'ils semblent ne signifier rien; mais, à les bien entendre, ils excluent les actions momentanées qui n'ont point ces trois parties. Telle est peut-être la mort de la sœur d'Horace, qui se fait tout d'un coup sans aucune préparation dans les trois actes qui la précèdent; et je m'assure que si Cinna attendait au cinquième à conspirer contre Auguste, et qu'il consumât les quatre autres en protestations d'amour à Æmilie, ou en jalousies contre Maxime, cette conspiration surprenante ferait bien des révoltes dans les esprits, à qui ces quatre premiers auraient fait attendre tout autre chose.

---

[1] Tout ce qu'ont dit Aristote et Corneille sur ce commencement, ce milieu et cette fin, est incontestable. Et la remarque de Corneille sur le meurtre de Camille par Horace est très-fine; on ne peut trop estimer la candeur et le génie d'un homme qui recherche un défaut dans un de ses ouvrages, étincelant des plus grandes beautés, qui trouve la cause de ce défaut, et qui l'explique. (V.)

Il faut donc qu'une action, pour être d'une juste grandeur, ait un commencement, un milieu, et une fin. Cinna conspire contre Auguste, et rend compte de sa conspiration à Æmilie, voilà le commencement; Maxime en fait avertir Auguste, voilà le milieu; Auguste lui pardonne, voilà la fin. Ainsi dans les comédies de ce premier volume, j'ai presque toujours établi deux amants en bonne intelligence; je les ai brouillés ensemble par quelque fourbe, et les ai réunis par l'éclaircissement de cette même fourbe qui les séparait.

A ce que je viens de dire de la juste grandeur de l'action, j'ajoute un mot touchant celle de sa représentation, que nous bornons d'ordinaire à un peu moins de deux heures. Quelques-uns réduisent le nombre des vers qu'on y récite à quinze cents[1], et veulent que les pièces de théâtre ne puissent aller jusqu'à dix-huit, sans laisser un chagrin capable de faire oublier les plus belles choses. J'ai été plus heureux que leur règle ne me le permet, en ayant donné pour l'ordinaire deux mille aux comédies, et un peu plus de dix-huit cents aux tragédies, sans avoir sujet de me plaindre que mon auditoire ait montré trop de chagrin pour cette longueur.

C'est assez parlé du sujet de la comédie, et des conditions qui lui sont nécessaires. La vraisemblance en est une dont je parlerai en un autre lieu; il y a de plus, que les événements en doivent toujours être heureux, ce qui n'est pas une obligation de la tragédie, où l'on est libre de faire un changement de bonheur en malheur, ou de malheur en bonheur. Cela n'a pas besoin de commentaire. Je viens à la seconde partie du poëme, qui sont les mœurs.

Aristote leur prescrit quatre conditions : *qu'elles soient bonnes, convenables, semblables et égales.* Ce sont des termes qu'il a si peu expliqués, qu'il nous laisse grand lieu de douter de ce qu'il veut dire.

Je ne puis comprendre comment on a voulu[2] entendre par ce mot de *bonnes* qu'il faut qu'elles soient vertueuses. La plupart des poëmes, tant anciens que modernes, demeureraient en un pitoyable état, si l'on en retranchait tout ce qui s'y rencontre de personnages méchants, ou vicieux, ou tachés de quelque faiblesse qui s'accorde mal avec la vertu. Horace a pris soin de décrire en général les mœurs de chaque âge, et leur attribue plus de défauts que de perfections; et quand il nous prescrit de peindre Médée fière et indomptable, Ixion perfide, Achille emporté de colère, jusqu'à maintenir que les lois ne sont pas faites pour lui, et ne vouloir prendre droit que par les armes[1], il ne nous donne pas de grandes vertus à exprimer. Il faut donc trouver une bonté compatible avec ces sortes de mœurs; et s'il m'est permis de dire mes conjectures sur ce qu'Aristote nous demande par là, je crois que c'est le caractère brillant et élevé d'une habitude vertueuse ou criminelle, selon qu'elle est propre et convenable à la personne qu'on introduit. Cléopâtre, dans *Rodogune*, est très-méchante; il n'y a point de parricide qui lui fasse horreur, pourvu qu'il la puisse conserver sur un trône qu'elle préfère à toutes choses, tant son attachement à la domination est violent; mais tous ses crimes sont accompagnés d'une grandeur d'âme qui a quelque chose de si haut, qu'en même temps qu'on déteste ses actions, on admire la source dont elles partent. J'ose dire la même chose du *Menteur*. Il est hors de doute que c'est une habitude vicieuse que de mentir; mais il débite ses menteries avec une telle présence d'esprit et tant de vivacité, que cette imperfection a bonne grâce en sa personne, et fait confesser aux spectateurs que le talent de mentir ainsi est un vice dont les sots ne sont point capables. Pour troisième exemple, ceux qui voudront examiner la manière dont Horace décrit la colère d'Achille ne s'éloigneront pas de ma pensée. Elle a pour fondement un passage d'Aristote, qui suit d'assez près celui que je tâche d'expliquer. « La « poésie, dit-il, est une imitation de gens meilleurs[2]

---

[1] Deux mille vers, dix-huit cents, quinze cents, douze cents; il n'importe : ce ne sera pas trop de deux mille vers, s'ils sont bien faits, s'ils sont intéressants; ce sera trop de douze cents, s'ils ennuient. Il est vrai que, depuis l'excellent Racine, nous avons eu des tragédies très-longues, et généralement très-mal écrites, qui ont eu de grands succès, soit par la force du sujet, soit par des vers heureux qui brillaient à travers la barbarie du style, soit encore par des cabales qui ont tant d'influence au théâtre; mais il demeure toujours très-vrai que douze cents bons vers valent mieux que dix-huit cents vers obscurs, enflés, pleins de solécismes ou de lieux communs pires que des solécismes. Ils peuvent passer sur le théâtre à la faveur d'une déclamation imposante; mais ils sont à jamais réprouvés par tous les lecteurs judicieux. (V.)

[2] Quand on dispute sur un mot, c'est une preuve que l'auteur ne s'est pas servi du mot propre. La plupart des disputes en tout genre ont roulé sur des équivoques. Si Aristote avait dit, *il faut que les mœurs soient vraies,* au lieu de dire, *il faut que les mœurs soient bonnes,* on l'aurait très-bien entendu. Il ne niera jamais que Louis XI doive être peint violent, fourbe, et superstitieux, soutenant ses imprudences par des cruautés; Louis XII, juste envers ses sujets, faible avec les étrangers; François Ier, brave, ami des arts et des plaisirs; Catherine de Médicis, intrigante, perfide, cruelle. L'histoire, la tragédie, les discours publics doivent représenter les mœurs des hommes telles qu'elles ont été. (V.)

[1]
. . . . . . *Si forte reponis Achillem,*
. . . *iracundus.*
Jura neget sibi nata, nihil non arroget armis;
Sit Medea ferox invictaque. . . . .
Perfidus Ixion. . . . .
HORAT. *de Arte poet.* v. 120 et seq.

[2] *Meilleurs* est encore ici une équivoque d'Aristote; il en-

« qu'ils n'ont été ; et comme les peintres font sou-
« vent des portraits flattés, qui sont plus beaux que
« l'original, et conservent toutefois la ressemblance,
« ainsi les poëtes, représentant des hommes colères
« ou fainéants, doivent tirer une haute idée de ces
« qualités qu'ils leur attribuent, en sorte qu'il s'y
« trouve un bel exemplaire d'équité ou de dureté ;
« et c'est ainsi qu'Homère a fait Achille bon. » Ce
dernier mot est à remarquer, pour faire voir qu'Homère a donné aux emportements de la colère d'A-
chille cette bonté nécessaire aux mœurs, que je fais
consister en cette élévation de leur caractère, et dont
Robortel parle ainsi : *Unumquodque genus per se
supremos quosdam habet decoris gradus, et abso-
lutissimam recipit formam, non tamen degenerans
à suâ naturâ et effigie pristinâ.*

Ce texte d'Aristote, que je viens de citer, peut
faire de la peine, en ce qu'il porte « que les mœurs
« des hommes colères ou fainéants doivent être
« peintes dans un tel degré d'excellence, qu'il s'y ren-
« contre un haut exemplaire d'équité ou de dureté. »
Il y a du rapport de la dureté à la colère ; et c'est ce
qu'attribue Horace à celle d'Achille en ce vers :

. . . . . . *Iracundus, inexorabilis, acer.*

Mais il n'y en a point de l'équité à la fainéantise, et
je ne puis voir quelle part elle peut avoir en son caractère. C'est ce qui me fait douter si le mot grec
ῥάθυμος a été rendu dans le sens d'Aristote par les
interprètes latins que j'ai suivis. Pacius le tourne
desides ; Victorius, *inertes* ; Heinsius, *segnes* ; et le
mot de *fainéants*, dont je me suis servi pour le mettre en notre langue, répond assez à ces trois ver-
sions ; mais Castelvetro le rend en la sienne par celui
de *mansueti*, *débonnaires*, ou *pleins de mansuétude* ; et non-seulement ce mot a une opposition plus
juste à celui de *colère*, mais aussi il s'accorderait
mieux avec cette habitude qu'Aristote appelle ἐπιει-
κείαν, dont il nous demande un bel exemplaire. Ces
trois interprètes traduisent ce mot grec par celui d'*é-
quité* ou de *probité*, qui répondrait mieux aux *mansueti* de l'italien qu'à leurs *segnes*, *desides*, *inertes*,

pourvu qu'on n'entendit par là qu'une bonté naturelle, qui ne se fâche que malaisément : mais j'aimerais mieux encore celui de *piacevolezza*, dont l'autre se sert pour l'exprimer en sa langue ; et je crois
que, pour lui laisser sa force en la nôtre, on le pourrait tourner par celui de *condescendance*, ou *facilité
équitable d'approuver, excuser, et supporter tout
ce qui arrive*. Ce n'est pas que je me veuille faire juge entre de si grands hommes, mais je ne puis dissimuler que la version italienne de ce passage me
semble avoir quelque chose de plus juste que ces
trois latines. Dans cette diversité d'interprétations
chacun est en liberté de choisir, puisque même on a
droit de les rejeter toutes, quand il s'en présente une
nouvelle qui plaît davantage, et que les opinions des
plus savants ne sont pas des lois pour nous.

Il me vient encore une autre conjecture, touchant
ce qu'entend Aristote par cette bonté de mœurs qu'il
leur impose pour première condition. C'est qu'elles
doivent être vertueuses, tant qu'il se peut, en sorte
que nous n'exposions point de vicieux ou de criminels
sur le théâtre, si le sujet que nous traitons n'en a
besoin. Il donne lieu lui-même à cette pensée, lorsque, voulant marquer un exemple d'une faute contre cette règle, il se sert de celui de Ménélas dans
l'*Oreste* d'Euripide, dont le défaut ne consiste pas
en ce qu'il est injuste, mais en ce qu'il l'est sans nécessité.

Je trouve dans Castelvetro une troisième explication qui pourrait ne déplaire pas, qui est que cette
bonté de mœurs ne regarde que le premier personnage, qui doit toujours se faire aimer, et par conséquent être vertueux, et non pas ceux qui le persécutent, ou le font périr ; mais comme c'est restreindre
à un seul ce qu'Aristote dit en général, j'aimerais
mieux m'arrêter, pour l'intelligence de cette première condition, à cette élévation ou perfection de
caractère dont j'ai parlé, qui peut convenir à tous
ceux qui paraissent sur la scène ; et je ne pourrais
suivre cette dernière interprétation sans condamner
le Menteur, dont l'habitude est vicieuse, bien qu'il
tienne le premier rang dans la comédie qui porte ce
titre.

En second lieu, les mœurs doivent être convenables. Cette condition est plus aisée à entendre que la
première. Le poëte doit considérer l'âge, la dignité,
la naissance, l'emploi, et le pays de ceux qu'il introduit : il faut qu'il sache ce qu'on doit à sa patrie, à ses
parents, à ses amis, à son roi ; quel est l'office d'un
magistrat ou d'un général d'armée, afin qu'il puisse
y conformer ceux qu'il veut faire aimer aux spectateurs, et en éloigner ceux qu'il leur veut faire haïr ;
car c'est une maxime infaillible que, pour bien réussir, il faut intéresser l'auditoire pour les premiers ac-

---

tend qu'il faut un peu exagérer dans la poésie, que les hommes
y doivent paraître plus grands, plus brillants qu'ils n'ont été ;
il faut frapper l'imagination. Voilà pourquoi, dans la sculpture,
on donnait aux héros une taille au-dessus du commun des
hommes. Il se pourrait que les mots grecs qui répondent, chez
Aristote, à *bon* et à *meilleur*, ne signifiassent pas précisément
ce que nous leur faisons signifier. Il n'y avait peut-être pas d'é-
quivoque dans le texte grec, et il y en a dans le français. (V.)

[1] Corneille n'a-t-il pas grande raison de traduire par *débonnaire* le mot grec si mal traduit par *fainéant* ? En effet, le caractère de *mansuétude*, de *débonnaireté*, est opposé à *colère* ;
fainéant est opposé à *laborieux*. Avouons ici que toutes ces
dissertations ne valent pas deux bons vers du *Cid*, des *Horaces*,
de *Cinna*. (V.)

teurs. Il est bon de remarquer encore que ce qu'Horace dit des mœurs de chaque âge n'est pas une règle dont on ne se puisse dispenser sans scrupule. Il fait les jeunes gens prodigues et les vieillards avares : le contraire arrive tous les jours sans merveille; mais il ne faut pas que l'un agisse à la manière de l'autre, bien qu'il ait quelquefois des habitudes et des passions qui conviendraient mieux à l'autre. C'est le propre d'un jeune homme d'être amoureux, et non pas d'un vieillard; cela n'empêche pas qu'un vieillard ne le devienne : les exemples en sont assez souvent devant nos yeux; mais il passerait pour fou, s'il voulait faire l'amour en jeune homme, et s'il prétendait se faire aimer par les bonnes qualités de sa personne. Il peut espérer qu'on l'écoutera, mais cette espérance doit être fondée sur son bien, ou sur sa qualité, et non pas sur ses mérites; et ses prétentions ne peuvent être raisonnables, s'il ne croit avoir affaire à une âme assez intéressée pour déférer tout à l'éclat des richesses, ou à l'ambition du rang.

La qualité de *semblables*, qu'Aristote demande aux mœurs, regarde particulièrement les personnes que l'histoire ou la fable nous fait connaître, et qu'il faut toujours peindre telles que nous les y trouvons. C'est ce que veut dire Horace par ce vers :

Sit Medea ferox invictaque.

Qui peindrait Ulysse en grand guerrier, ou Achille en grand discoureur, ou Médée en femme fort soumise, s'exposerait à la risée publique. Ainsi ces deux qualités, dont quelques interprètes ont beaucoup de peine à trouver la différence qu'Aristote veut qui soit entre elles, sans la désigner, s'accorderont aisément, pourvu qu'on les sépare, et qu'on donne celle de *convenables* aux personnes imaginées, qui n'ont jamais eu d'être que dans l'esprit du poëte, en réservant l'autre pour celles qui sont connues par l'histoire ou par la fable, comme je le viens de dire.

Il reste à parler de *l'égalité*, qui nous oblige à conserver jusqu'à la fin à nos personnages les mœurs que nous leur avons données au commencement :

Servetur ad imum
Qualis ab incepto processerit, et sibi constet.

L'inégalité y peut toutefois entrer sans défaut, non-seulement quand nous introduisons des personnes d'un esprit léger et inégal, mais encore lorsqu'en conservant l'égalité au dedans, nous donnons l'inégalité au dehors, selon l'occasion. Telle est celle de Chimène, du côté de l'amour; elle aime toujours fortement Rodrigue dans son cœur; mais cet amour agit autrement en la présence du roi, autrement en celle de l'infante, et autrement en celle de Rodrigue; et c'est ce qu'Aristote appelle des mœurs inégalement égales.

Il se présente une difficulté à éclaircir sur cette matière, touchant ce qu'entend Aristote, lorsqu'il dit « que la tragédie se peut faire sans mœurs [1], et « que la plupart de celles des modernes de son temps « n'en ont point. » Le sens de ce passage est assez malaisé à concevoir, vu que, selon lui-même, c'est par les mœurs qu'un homme est méchant ou homme de bien, spirituel ou stupide, timide ou hardi, constant ou irrésolu, bon ou mauvais politique, et qu'il est impossible qu'on en mette aucun sur le théâtre qui ne soit bon ou méchant, et qu'il n'ait quelqu'une de ces autres qualités. Pour accorder ces deux sentiments qui semblent opposés l'un à l'autre, j'ai remarqué que ce philosophe dit ensuite que « si un « poëte a fait de belles narrations morales et des dis- « cours bien sentencieux, il n'a fait encore rien par là « qui concerne la tragédie. » Cela m'a fait considérer que les mœurs ne sont pas seulement le principe des actions, mais aussi du raisonnement. Un homme de bien agit et raisonne en homme de bien, un méchant agit et raisonne en méchant, et l'un et l'autre étalent de diverses maximes de morale suivant cette diverse habitude. C'est donc de ces maximes, que cette habitude produit, que la tragédie peut se passer, et non pas de l'habitude même, puisqu'elle est le principe des actions, et que les actions sont l'âme de la tragédie, où l'on ne doit parler qu'en agissant et pour agir. Ainsi, pour expliquer ce passage d'Aristote par l'autre, nous pouvons dire que, quand il parle d'une tragédie sans mœurs, il entend une tragédie où les acteurs énoncent simplement leurs sentiments, ou ne s'appuient que sur des raisonnements tirés du fait, comme Cléopâtre, dans le second acte de *Rodogune*, et non pas sur des maximes de morale ou de politique, comme *Rodogune*, dans son premier acte. Car je le répète encore, faire un poëme de théâtre où aucun des acteurs ne soit ni bon ni méchant, prudent ni imprudent, cela est absolument impossible.

Après les mœurs viennent les sentiments, par où l'acteur fait connaître ce qu'il veut ou ne veut pas, en quoi il peut se contenter d'un simple témoignage

---

[1] Peut-être qu'Aristote entendait, par des tragédies sans mœurs, des pièces fondées uniquement sur des aventures funestes qui peuvent arriver à tous les personnages, soit qu'ils aient des passions ou qu'ils n'en aient pas, soit qu'ils aient un caractère frappant ou non. Le malheur d'OEdipe, par exemple, peut arriver à tout homme, indépendamment de son caractère et de ses mœurs. Qu'une princesse, ayant appris la mort de son mari, tué sur le rivage de la mer, aille lui dresser un tombeau, et qu'elle voie le corps de son fils étendu mort sur le même rivage, cela est déplorable et tragique, mais n'a aucun rapport à la conduite et aux mœurs de cette princesse. Au contraire, les destinées d'Émilie, de Roxane, de Phèdre, d'Hermione, dépendent de leurs mœurs. Aussi les pièces de caractère sont bien supérieures à celles qui ne représentent que des aventures fatales. (V.)

de ce qu'il se propose de faire, sans le fortifier de raisonnements moraux, comme je le viens de dire. Cette partie a besoin de la rhétorique pour peindre les passions et les troubles de l'esprit, pour consulter, délibérer, exagérer ou exténuer; mais il y a cette différence pour ce regard [1] entre le poëte dramatique et l'orateur, que celui-ci peut étaler son art, et le rendre remarquable avec pleine liberté, et que l'autre doit le cacher avec soin, parce que ce n'est jamais lui qui parle, et que ceux qu'il fait parler ne sont pas des orateurs.

La diction dépend de la grammaire [2]. Aristote lui attribue les figures, que nous ne laissons pas d'appeler communément figures de rhétorique. Je n'ai rien à dire là-dessus, sinon que le langage doit être net, les figures placées à propos et diversifiées, et la versification aisée et élevée au-dessus de la prose, mais non pas jusqu'à l'enflure du poëme épique, puisque ceux que le poëte fait parler ne sont pas des poëtes.

Le retranchement que nous avons fait des chœurs a retranché la musique de nos poëmes. Une chanson y a quelquefois bonne grâce [3], et dans les pièces de machines cet ornement est redevenu nécessaire pour remplir les oreilles de l'auditeur pendant que les machines descendent.

La décoration du théâtre a besoin de trois arts pour la rendre belle, de la peinture, de l'architecture, et de la perspective. Aristote prétend que cette partie, non plus que la précédente, ne regarde pas le poëte; et comme il ne la traite point, je me dispenserai d'en dire plus qu'il ne m'en a appris.

Pour achever ce discours, je n'ai plus qu'à parler des parties de quantité, qui sont le prologue, l'épisode, l'exode, et le chœur. Le prologue est *ce qui se récite avant le premier chant du chœur*[4]; l'épisode, *ce qui se récite entre les chants du chœur*; et l'exode, *ce qui se récite après le dernier chant du chœur*. Voilà tout ce que nous en dit Aristote, qui nous marque plutôt la situation de ces parties, et l'ordre qu'elles ont entre elles dans la représentation, que la part de l'action qu'elles doivent contenir. Ainsi pour les appliquer à notre usage, le prologue fait notre premier acte, l'épisode fait les trois suivants, et l'exode le dernier.

Je dis que le prologue est ce qui se récite devant le premier chant du chœur, bien que la version ordinaire porte *devant la première entrée du chœur*, ce qui nous embarrasserait fort, vu que dans beaucoup de tragédies grecques, le chœur parle le premier; et ainsi elles manqueraient de cette partie, ce qu'Aristote n'eût pas manqué de remarquer. Pour m'enhardir à changer ce terme, afin de lever la difficulté, j'ai considéré qu'encore que le mot grec πάροδος, dont se sert ici ce philosophe, signifie communément l'entrée en un chemin ou place publique, qui était le lieu ordinaire où nos anciens faisaient parler leurs acteurs, en cet endroit toutefois il ne peut signifier que le premier chant du chœur. C'est ce qu'il m'apprend lui-même un peu après en disant que le πάροδος du chœur est la première chose que dit tout le chœur ensemble. Or, quand le chœur entier disait quelque chose, il chantait; et quand il parlait sans chanter, il n'y avait qu'un de ceux dont il était composé qui parlât au nom de tous. La raison en est que le chœur tenait alors lieu d'acteur, et que ce qu'il disait servait à l'action, et devait par conséquent être entendu; ce qui n'eût pas été possible, si tous ceux qui le composaient, et qui étaient quelquefois jusqu'au nombre de cinquante, eussent parlé ou chanté tous à la fois. Il faut donc rejeter ce premier πάροδος du chœur, qui est la borne du prologue, à la première fois qu'il demeurait seul sur le théâtre, et chantait : jusque-là il n'y était introduit que parlant avec un acteur par une seule bouche; ou s'il y demeurait seul sans chanter, il se séparait en deux demi-chœurs, qui ne parlaient non plus chacun de leur côté que par un seul organe, afin que l'auditeur pût entendre ce qu'ils disaient, et s'instruire de ce qu'il fallait qu'il apprît pour l'intelligence de l'action.

Je réduis ce prologue à notre premier acte, suivant l'intention d'Aristote; et, pour suppléer en quelque façon à ce qu'il ne nous a pas dit, ou que les années nous ont dérobé de son livre, je dirai qu'il doit contenir les semences de tout ce qui doit arriver, tant pour l'action principale que pour les

---

[1] Grande règle, toujours observée par Racine et par Molière, rarement par d'autres. Il faut au théâtre, comme dans la société, savoir s'oublier soi-même. Corneille, qui aimait à disserter, rend quelquefois ses personnages trop dissertateurs; et, surtout dans ses dernières pièces, il met le raisonnement à la place du sentiment. (V.)

[2] Oui; et encore plus du génie, témoin les beaux vers de Corneille, dans ses premières tragédies. (V.)

[3] Cela fut écrit avant que l'opéra fût à la mode en France. Depuis ce temps, il s'est fait de grands changements. La musique s'est introduite avec beaucoup de succès dans de petites comédies; et ce nouveau genre de spectacle a pris le nom d'opéra comique. (V.)

[4] Il est difficile d'appliquer à notre usage le prologue, l'épisode, l'exode, et le chœur des Grecs. Les Anglais ont un prologue et un épilogue, qui sont deux petites pièces de vers détachées : dans la première, on demande l'indulgence des spectateurs pour la tragédie ou la comédie qu'on va jouer; dans la seconde, on fait des plaisanteries, et surtout des allusions à tout ce qui a pu, dans la pièce, avoir quelque rapport aux mœurs de la nation et aux aventures de Londres. C'est une espèce de farce récitée par un seul acteur. Cette facétie n'est pas admise en France, et pourra l'être, tant on aime depuis quelque temps à prendre les modes anglaises. (V.)

épisodiques; en sorte qu'il n'entre aucun acteur dans les actes suivants qui ne soit connu par ce premier, ou du moins appelé par quelqu'un qui y aura été introduit[1]. Cette maxime est nouvelle et assez sévère, et je ne l'ai pas toujours gardée; mais j'estime qu'elle sert beaucoup à fonder une véritable unité d'action, par la liaison de toutes celles qui concurrent[2] dans le poëme. Les anciens s'en sont fort écartés, particulièrement dans les agnitions, pour lesquelles ils se sont presque toujours servis de gens qui survenaient par hasard au cinquième acte, et ne seraient arrivés qu'au dixième, si la pièce en eût eu dix. Tel est ce vieillard de Corinthe dans l'*OEdipe* de Sophocle et de Sénèque, où il semble tomber des nues par miracle, en un temps où les acteurs ne sauraient plus par où en prendre, ni quelle posture tenir, s'il arrivait une heure plus tard. Je ne l'ai introduit qu'au cinquième acte non plus qu'eux; mais j'ai préparé sa venue dès le premier, en faisant dire à OEdipe qu'il attend dans le jour la nouvelle de la mort de son père. Ainsi dans *la Veuve*, bien que Célidan ne paraisse qu'au troisième, il y est amené par Alcidon qui est du premier. Il n'en est pas de même des Maures dans *le Cid*, pour lesquels il n'y a aucune préparation au premier acte. Le plaideur de Poitiers, dans *le Menteur*, avait le même défaut; mais j'ai trouvé le moyen d'y remédier en cette édition, où le dénoûment se trouve préparé par Philiste, et non plus par lui.

Je voudrais donc que le premier acte contînt le fondement de toutes les actions, et fermât la porte à tout ce qu'on voudrait introduire d'ailleurs dans le reste du poëme. Encore que souvent il ne donne pas toutes les lumières nécessaires pour l'entière intelligence du sujet, et que tous les acteurs n'y paraissent pas, il suffit qu'on y parle d'eux, ou que ceux qu'on y fait paraître aient besoin de les aller chercher pour venir à bout de leurs intentions. Ce que je dis ne se doit entendre que des personnages qui agissent dans la pièce par quelque propre intérêt considérable, ou qui apportent une nouvelle importante qui produit un notable effet. Un domestique qui n'agit que par l'ordre de son maître; un confident qui reçoit le secret de son ami, et le plaint dans son malheur; un père qui ne se montre que pour consentir ou contredire le mariage de ses enfants; une femme qui console et conseille son mari; en un mot, tous ces gens sans action n'ont point besoin d'être insinués au premier acte; et, quand je n'y aurais point parlé de Livie, dans *Cinna*[1], j'aurais pu la faire entrer au quatrième, sans pécher contre cette règle. Mais je souhaiterais qu'on l'observât inviolablement quand on fait concurrer deux actions différentes, bien qu'ensuite elles se mêlent ensemble. La conspiration de Cinna, et la consultation d'Auguste avec lui et Maxime, n'ont aucune liaison entre elles, et ne font que concurrer d'abord, bien que le résultat de l'une produise de beaux effets pour l'autre, et soit cause que Maxime en fait découvrir le secret à cet empereur[2]. Il a été besoin d'en donner l'idée dès le premier acte, où Auguste mande Cinna et Maxime. On n'en sait pas la cause; mais enfin il les mande, et cela suffit pour faire une surprise très-agréable, de le voir délibérer s'il quittera l'empire ou non, avec deux hommes qui ont conspiré contre lui. Cette surprise aurait perdu la moitié de ses grâces s'il ne les eût point mandés dès le premier acte, ou si on n'y eût point connu Maxime pour un des chefs de ce grand dessein. Dans *Don Sanche*, le choix que la reine de Castille doit faire d'un mari, et le rappel de celle d'Aragon dans ses États, sont deux choses tout-à-fait différentes : aussi sont-elles proposées toutes deux au premier acte; et quand on introduit deux sortes d'amour il ne faut jamais y manquer.

Ce premier acte s'appelait prologue du temps d'Aristote, et communément on y faisait l'ouverture du sujet, pour instruire le spectateur de tout ce qui s'était passé avant le commencement de l'ac-

---

[1] Cette maxime nouvelle, établie par Corneille, était très-judicieuse. Non-seulement il est utile pour l'intelligence parfaite d'une pièce de théâtre que tous les personnages essentiels soient annoncés dès le premier acte, mais cette sage précaution contribue à augmenter l'intérêt. Le spectateur en attend avec plus d'émotion l'acteur qui doit servir au nœud, ou à le redoubler, ou à le dénouer, ne fût-il qu'un subalterne. Rien ne fait mieux voir combien Corneille avait approfondi tous les secrets de son art. Molière, si admirable par la peinture des mœurs, par les tableaux de la vie humaine, par la bonne plaisanterie, a manqué à cette règle de Corneille dans la plupart de ses dénoûments; les personnages ne sont pas assez annoncés, assez préparés. (V.)

[2] Du latin *concurrere* on a fait d'abord *concurrer*, qu'on a depuis changé en *concourir*, en retenant toutefois *concurrent* et *concurrence*, qui en dérivent.

[1] Il eût été mieux de ne point du tout faire paraître Livie. Elle ne sert qu'à dérober à Auguste le mérite et la gloire d'une belle action. Corneille n'introduisit Livie que pour se conformer à l'histoire, ou plutôt à ce qui passait pour l'histoire; car cette aventure ne fut d'abord écrite que dans une déclamation de Sénèque, sur la clémence. Il n'était pas dans la vraisemblance qu'Auguste eût donné le consulat à un homme très-peu considérable dans la république, pour avoir voulu l'assassiner. (V.)

[2] C'est un grand coup de l'art, en effet, c'est une des beautés les plus théâtrales, qu'au moment où Cinna vient de rendre compte à Émilie de la conspiration, lorsqu'il a inspiré tant d'horreur contre les cruautés d'Auguste, lorsqu'on ne désire que la mort de ce triumvir, lorsque chaque spectateur semble devenir lui-même un des conjurés, tout à coup Auguste mande Cinna et Maxime, les chefs de la conspiration. On craint que tout ne soit découvert; on tremble pour eux. Et c'est là cette terreur qui produit dans la tragédie un effet si admirable et si nécessaire. (V.)

tion qu'on allait représenter, et de tout ce qu'il fallait qu'il sût pour comprendre ce qu'il allait voir. La manière de donner cette intelligence a changé suivant les temps. Euripide[1] en a usé assez grossièrement, en introduisant tantôt un dieu dans une machine, par qui les spectateurs recevaient cet éclaircissement, et tantôt un de ses principaux personnages qui les en instruisait lui-même, comme dans son *Iphigénie*, et dans son *Hélène*, où ces deux héroïnes racontent d'abord toute leur histoire, et l'apprennent à l'auditeur, sans avoir aucun acteur avec elles à qui adresser leur discours.

Ce n'est pas que je veuille dire, que quand un acteur parle seul, il ne puisse instruire l'auditeur de beaucoup de choses; mais il faut que ce soit par les sentiments d'une passion qui l'agite, et non pas par une simple narration. Le monologue d'Æmilie, qui ouvre le théâtre dans *Cinna*, fait assez connaître qu'Auguste a fait mourir son père, et que pour venger sa mort elle engage son amant à conspirer contre lui; mais c'est par le trouble et la crainte que le péril où elle expose Cinna jette dans son âme, que nous en avons la connaissance. Surtout le poëte se doit souvenir que, quand un acteur est seul sur le théâtre, il est présumé ne faire que s'entretenir en lui-même, et ne parle qu'afin que le spectateur sache de quoi il s'entretient, et à quoi il pense. Ainsi ce serait une faute insupportable si un autre acteur apprenait par là ses secrets. On excuse cela dans une passion si violente, qu'elle force d'éclater, bien qu'on n'ait personne à qui la faire entendre; et je ne le voudrais pas condamner en un autre, mais j'aurais de la peine à me le souffrir.

Plaute[2] a cru remédier à ce désordre d'Euripide en introduisant un prologue détaché, qui se récitait par un personnage, qui n'avait quelquefois autre nom que celui de prologue, et n'était point du tout du corps de la pièce. Aussi ne parlait-il qu'aux spectateurs pour les instruire de ce qui avait précédé, et amener le sujet jusques au premier acte, où commençait l'action.

Térence[1], qui est venu depuis lui, a gardé ces prologues, et en a changé la matière. Il les a employés à faire son apologie contre ses envieux, et, pour ouvrir son sujet, il a introduit une nouvelle sorte de personnages, qu'on a appelés protatiques, parce qu'ils ne paraissent que dans la protase, où se doit faire la proposition et l'ouverture du sujet. Ils en écoutaient l'histoire, qui leur était racontée par un autre acteur, et par ce récit qu'on leur en faisait, l'auditeur demeurait instruit de ce qu'il devait savoir, touchant les intérets des premiers acteurs, avant qu'ils parussent sur le théâtre. Tels sont Sosie, dans son *Andrienne*, et Davus, dans son *Phormion*, qu'on ne revoit plus après la narration, et qui ne servent qu'à écouter. Cette méthode est fort artificieuse; mais je voudrais, pour sa perfection, que ces mêmes personnages servissent encore à quelque autre chose dans la pièce, et qu'ils y fussent introduits par quelque autre occasion que celle d'écouter ce récit. Pollux, dans *Médée*, est de cette nature. Il passe par Corinthe, en allant au mariage de sa sœur, et s'étonne d'y rencontrer Jason qu'il croyait en Thessalie; il apprend de lui sa fortune et son divorce avec Médée, pour épouser Créuse, qu'il aide ensuite à sauver des mains d'Ægée, qui l'avait fait enlever, et raisonne avec le roi sur la défiance qu'il doit avoir des présents de Médée. Toutes les pièces n'ont pas besoin de ces éclaircissements, et par conséquent on se peut passer souvent de ces personnages, dont Térence ne s'est servi que ces deux fois dans les six comédies que nous avons de lui.

Notre siècle a inventé une autre espèce de prologue pour les pièces de machines, qui ne touche point au sujet, et n'est qu'une louange adroite du prince, devant qui ces poëmes doivent être représentés. Dans l'*Andromède*, Melpomène emprunte au soleil ses

---

[1] Toutes les tragédies d'Euripide commencent ou par un acteur principal qui dit son nom au public, et qui lui apprend le sujet de la pièce, ou par une divinité qui descend du ciel pour jouer ce rôle, comme Vénus dans *Phèdre et Hippolyte*. Iphigénie elle-même, dans la pièce d'*Iphigénie en Tauride*, explique d'abord le sujet du drame, et remonte jusqu'à Tantale, dont elle fait l'histoire. Corneille a bien raison de dire que cet artifice est grossier. Ce qui est surprenant, c'est que ce défaut, qui semblerait venir de l'enfance de l'art, ne se trouve point dans Sophocle, un peu antérieur à Euripide. Ce sont toujours, dans les tragédies de Sophocle, les principaux acteurs qui expliquent le sujet de la pièce sans paraître vouloir l'expliquer; leurs desseins, leurs intérêts, leurs passions s'annoncent de la manière la plus naturelle. Le dialogue porte l'émotion dans l'âme dès la première scène. (V.)

[2] Plaute fait encore pis: non-seulement il fait paraître d'abord Mercure dans l'*Amphitryon*, pour annoncer le sujet de sa tragi-comédie, pour prévenir les spectateurs sur tout ce qu'il fera dans la pièce, mais, au troisième acte, il dépouille Jupiter de son rôle d'acteur. Ce Jupiter adresse la parole au public, l'instruit de tout, et lui annonce le dénoûment. C'est prendre assurément bien de la peine pour ôter aux spectateurs tout leur plaisir. Cependant la pièce plut beaucoup aux Romains, malgré ce défaut énorme, et malgré les basses plaisanteries qu'Horace condamne dans Plaute: tant le sujet d'*Amphitryon* est piquant, intéressant, et comique par lui-même. (V.)

[1] Les prologues de Térence sont dans un goût qui est encore imité par les Anglais. C'est un discours en vers adressé aux spectateurs, pour se les rendre favorables. Ce discours était prononcé d'ordinaire par l'entrepreneur de la troupe. Aujourd'hui, en Angleterre, ces prologues sont toujours composés par un ami de l'auteur. Térence employa presque toujours ses prologues à se plaindre de ses envieux, qui se servaient contre lui des mêmes armes. Une telle guerre est honteuse pour les beaux-arts. (V.)

rayons pour éclairer son théâtre en faveur du roi, pour qui elle a préparé un spectacle magnifique. Le prologue de *la Toison d'Or* sur le mariage de Sa Majesté, et la paix avec l'Espagne, a quelque chose encore de plus éclatant. Ces prologues doivent avoir beaucoup d'invention; et je ne pense pas qu'on y puisse raisonnablement introduire que des dieux imaginaires de l'antiquité, qui ne laissent pas toutefois de parler des choses de notre temps, par une fiction poétique[1], qui fait un grand accommodement de théâtre.

L'épisode, selon Aristote, en cet endroit, sont nos trois actes du milieu; mais, comme il applique ce nom ailleurs aux actions qui sont hors de la principale, et qui lui servent d'un ornement dont elle se pourrait passer, je dirai que, bien que ces trois actes s'appellent épisode, ce n'est pas à dire qu'ils ne soient composés que d'épisodes. La consultation d'Auguste au second de *Cinna*, les remords de cet ingrat, ce qu'il en découvre à Æmilie, et l'effort que fait Maxime pour persuader à cet objet de son amour caché de s'enfuir avec lui, ne sont que des épisodes; mais l'avis que fait donner Maxime par Euphorbe à l'empereur, les irrésolutions de ce prince, et les conseils de Livie, sont de l'action principale; et dans *Héraclius*, ces trois actes ont plus d'action principale que d'épisodes. Ces épisodes sont de deux sortes, et peuvent être composés des actions particulières des principaux acteurs, dont toutefois l'action principale pourrait se passer, ou des intérêts des seconds amants qu'on introduit, et qu'on appelle communément des personnages épisodiques. Les uns et les autres doivent avoir leur fondement dans le premier acte, et être attachés à l'action principale, c'est-à-dire y servir de quelque chose; et particulièrement ces personnages épisodiques doivent s'embarrasser si bien avec les premiers, qu'un seul intrique brouille les uns et les autres. Aristote blâme fort les épisodes détachés[2], et dit : « que les « mauvais poëtes en font par ignorance, et les bons « en faveur des comédiens, pour leur donner de l'em- « ploi. » L'Infante du *Cid* est de ce nombre, et on la pourra condamner, ou lui faire grâce par ce texte d'Aristote, suivant le rang qu'on voudra me donner parmi nos modernes.

Je ne dirai rien de l'exode, qui n'est autre chose que notre cinquième acte. Je pense en avoir expliqué le principal emploi, quand j'ai dit que l'action du poëme dramatique doit être complète. Je n'y ajouterai que ce mot : qu'il faut, s'il se peut, lui réserver toute la catastrophe, et même la reculer vers la fin, autant qu'il est possible. Plus on la diffère, plus les esprits demeurent suspendus, et l'impatience qu'ils ont de savoir de quel côté elle tournera est cause qu'ils la reçoivent avec plus de plaisir : ce qui n'arrive pas quand elle commence avec cet acte. L'auditeur qui la sait trop tôt n'a plus de curiosité, et son attention languit durant tout le reste, qui ne lui apprend rien de nouveau. Le contraire s'est vu dans la *Mariamne*, dont la mort, bien qu'arrivée dans l'intervalle qui sépare le quatrième acte du cinquième, n'a pas empêché que les déplaisirs d'Hérode, qui occupent tout ce dernier, n'ayent plu extraordinairement; mais je ne conseillerais à personne de s'assurer sur cet exemple. Il ne se fait pas des miracles tous les jours; et quoique son auteur eût bien mérité ce beau succès par le grand effort d'esprit qu'il avait fait à peindre les désespoirs de ce monarque, peut-être que l'excellence de l'acteur, qui en soutenait le personnage[1], y contribuait beaucoup.

Voilà ce qui m'est venu en pensée touchant le but, les utilités, et les parties du poëme dramatique. Quelques personnes de condition, qui peuvent tout sur moi, ont voulu que je donnasse mes sentiments au public sur les règles d'un art qu'il y a si longtemps que je pratique assez heureusement. Pour observer quelque ordre, j'ai séparé les principales matières en trois discours. Dans le premier, j'ai traité de l'utilité et des parties du poëme dramatique; je parle au second des conditions particulières de la tragédie, des qualités des personnes et des événements qui lui peuvent fournir de sujet, et de la manière de le traiter selon le vraisemblable ou le nécessaire. Je m'explique dans le troisième sur les trois unités, d'action, de jour, et de lieu.

Cette entreprise méritait une longue et très-exacte étude de tous les poëmes qui nous restent de l'antiquité, et de tous ceux qui ont commenté les traités qu'Aristote et Horace ont faits de l'art poétique, ou qui en ont écrit en particulier : mais je n'ai pu me ré-

---

[1] Il reste à savoir si ces fictions poétiques font au théâtre un accommodement si heureux. Le prologue de la Nuit et de Mercure dans l'*Amphitryon* de Molière réussit autant que la pièce même; mais c'est qu'il est plein d'esprit, de grâces et de bonnes plaisanteries. Le prologue d'*Amadis* fut regardé comme un chef-d'œuvre. On admira l'art avec lequel Quinault sut joindre l'éloge de Louis XIV avec le sujet de la pièce, la beauté des vers et celle de la musique. Le siècle de grandeur et de prospérité qui produisait ces brillants spectacles augmentait encore leur prix. (V.)

[2] Un épisode inutile à la pièce est toujours mauvais; et en aucun genre ce qui est hors d'œuvre ne peut plaire ni aux yeux, ni aux oreilles. Nous avons dit ailleurs que le *Cid* réussit malgré l'Infante, et non pas à cause de l'Infante. Corneille parle ici en homme modeste et supérieur. (V.)

[1] La *Mariamne* de Tristan eut en effet longtemps une très-grande réputation. Nous avons entendu dire au comédien Baron que, lorsqu'il voulut débuter, Louis XIV lui fesait quelquefois réciter des vers de *Mariamne* : les belles pièces de Corneille la firent enfin oublier. (V.)

soudre à en prendre le loisir; et je m'assure que beaucoup de mes lecteurs me pardonneront aisément cette paresse, et ne seront pas fâchés que je donne à des productions nouvelles le temps qu'il m'eût fallu consumer à des remarques sur celles des autres siècles. J'y fais quelques courses et y prends des exemples quand ma mémoire m'en peut fournir. Je n'en cherche de modernes que chez moi, tant parce que je connais mieux mes ouvrages que ceux des autres, et en suis plus le maître, que parce que je ne veux pas m'exposer au péril de déplaire à ceux que je reprendrais en quelque chose, ou que je ne louerais pas assez en ce qu'ils ont fait d'excellent. J'écris sans ambition et sans esprit de contestation; je l'ai déjà dit. Je tâche de suivre toujours le sentiment d'Aristote dans les matières qu'il a traitées; et comme peut-être je l'entends à ma mode, je ne suis point jaloux qu'un autre l'entende à la sienne. Le commentaire dont je m'y sers le plus est l'expérience du théâtre et les réflexions sur ce que j'ai vu y plaire ou déplaire. J'ai pris pour m'expliquer un style simple, et me contente d'une expression nue de mes opinions, bonnes ou mauvaises, sans y chercher aucun enrichissement d'éloquence. Il me suffit de me faire entendre. Je ne prétends pas qu'on admire ici ma façon d'écrire, et ne fais point de scrupule de m'y servir souvent des mêmes termes, ne fût-ce que pour épargner le temps d'en chercher d'autres, dont peut-être la variété ne dirait pas si justement ce que je veux dire. J'ajoute à ces trois discours généraux l'examen de chacun de mes poëmes en particulier, afin de voir en quoi ils s'écartent ou se conforment aux règles que j'établis. Je n'en dissimulerai point les défauts, et en revanche je me donnerai la liberté de remarquer ce que j'y trouverai de moins imparfait. Balzac accorde ce privilége à une certaine espèce de gens, et soutient qu'ils peuvent dire d'eux-mêmes par franchise ce que d'autres diraient par vanité. Je ne sais si j'en suis; mais je veux avoir assez bonne opinion de moi pour n'en désespérer pas.

SECOND DISCOURS
SUR LA TRAGÉDIE,
ET SUR
LES MOYENS DE LA TRAITER SELON LE VRAISEMBLABLE OU LE NÉCESSAIRE.

Outre les trois utilités du poëme dramatique dont j'ai parlé dans le discours précédent, la tragédie a celle-ci de particulière que *par la pitié et la crainte elle purge[1] de semblables passions*. Ce sont les termes dont Aristote se sert dans sa définition, et qui nous apprennent deux choses : l'une, qu'elle excite la pitié et la crainte; l'autre, que par leur moyen elle purge de semblables passions. Il explique la première assez au long, mais il ne dit pas un mot de la dernière; et de toutes les conditions qu'il emploie en cette définition, c'est la seule qu'il n'éclaircit point. Il témoigne toutefois dans le dernier chapitre de ses Politiques un dessein d'en parler fort au long dans ce traité, et c'est ce qui fait que la plupart de ses interprètes veulent que nous ne l'ayons pas entier, parce que nous n'y voyons rien du tout sur cette matière. Quoi qu'il en puisse être, je crois qu'il est à propos de parler de ce qu'il a dit, avant que de faire effort pour deviner ce qu'il a voulu dire. Les maximes qu'il établit pour l'un pourront nous conduire à quelques conjectures pour l'autre, et sur la certitude de ce qui nous demeure, nous pourrons fonder une opinion probable de ce qui n'est point venu jusqu'à nous.

« Nous avons pitié, dit-il, de ceux que nous voyons « souffrir un malheur qu'ils ne méritent pas, et nous « craignons qu'il ne nous en arrive un pareil, quand « nous le voyons souffrir à nos semblables. » Ainsi la pitié embrasse l'intérêt de la personne que nous voyons souffrir, la crainte qui la suit regarde le nôtre, et ce passage seul nous donne assez d'ouverture pour trouver la manière dont se fait la purgation des passions dans la tragédie. La pitié d'un malheur où nous voyons tomber nos semblables nous porte à la crainte d'un pareil pour nous; cette crainte, au désir de l'éviter; et ce désir, à purger, modérer, rectifier, et même déraciner en nous la passion qui plonge à nos yeux dans ce malheur les personnes que nous plaignons, par cette raison commune, mais natu-

---

[1] Nous avons dit un mot de cette prétendue médecine des passions dans le commentaire sur le premier discours. Nous pensons avec Racine, qui a pris le *phobos* et l'*eleos* pour sa devise, que, pour qu'un acteur intéresse, il faut qu'on craigne pour lui, et qu'on soit touché de pitié pour lui : voilà tout. Que le spectateur fasse ensuite quelque retour sur lui-même; qu'il examine ou non quels seraient ses sentiments, s'il se trouvait dans la situation du personnage qui l'intéresse; qu'il soit purgé ou qu'il ne soit pas purgé, c'est, selon nous, une question fort oiseuse. Paul Beny peut rapporter quinze opinions sur un sujet aussi frivole, et en ajouter encore une seizième. Cela n'empêchera pas que tout le secret ne consiste à faire de ces vers charmants tels qu'on en trouve dans *le Cid* :

Va, je ne te hais point.— Tu le dois. — Je ne puis...
Tu vas mourir! Don Sanche est-il si redoutable?...
Sors vainqueur d'un combat dont Chimène est le prix...

Il n'y a point là de purgation. Le spectateur ne réfléchit point s'il aura besoin d'être purgé. S'il réfléchissait, le poëte aurait manqué son coup.

Et quocunque volent animum auditoris agunto. (V.)

relle et indubitable, que pour éviter l'effet il faut retrancher la cause. Cette explication ne plaira pas à ceux qui s'attachent aux commentateurs de ce philosophe. Ils se gênent sur ce passage, et s'accordent si peu l'un avec l'autre, que Paul Beny marque jusqu'à douze ou quinze opinions diverses, qu'il réfute avant que de nous donner la sienne. Elle est conforme à celle-ci pour le raisonnement, mais elle diffère en ce point, qu'elle n'en applique l'effet qu'aux rois et aux princes, peut-être par cette raison que la tragédie ne peut nous faire craindre que les maux que nous voyons arriver à nos semblables, et que n'en faisant arriver qu'à des rois et à des princes, cette crainte ne peut faire d'effet que sur des gens de leur condition. Mais sans doute il a entendu trop littéralement ce mot de *nos semblables*, et n'a pas assez considéré qu'il n'y avait point de rois à Athènes, où se représentaient les poëmes dont Aristote tire ses exemples, et sur lesquels il forme ses règles. Ce philosophe n'avait garde d'avoir cette pensée qu'il lui attribue, et n'eût pas employé dans la définition de la tragédie une chose dont l'effet pût arriver si rarement, et dont l'utilité se fût restreinte à si peu de personnes. Il est vrai qu'on n'introduit d'ordinaire que des rois pour premiers acteurs dans la tragédie, et que les auditeurs n'ont point de sceptres par où leur ressembler, afin d'avoir lieu de craindre les malheurs qui leur arrivent : mais ces rois sont hommes comme les auditeurs, et tombent dans ces malheurs par l'emportement des passions dont les auditeurs sont capables. Ils prêtent même un raisonnement aisé à faire du plus grand au moindre ; et le spectateur peut concevoir avec facilité que si un roi, pour trop s'abandonner à l'ambition, à l'amour, à la haine, à la vengeance, tombe dans un malheur si grand qu'il lui fait pitié, à plus forte raison, lui qui n'est qu'un homme du commun doit tenir la bride à de telles passions, de peur qu'elles ne l'abîment dans un pareil malheur. Outre que ce n'est pas une nécessité de ne mettre que les infortunes des rois sur le théâtre. Celles des autres hommes y trouveraient place, s'il leur en arrivait d'assez illustres, et d'assez extraordinaires pour le mériter, et que l'histoire prît assez[1] de soin d'eux pour nous

les apprendre. Scédase n'était qu'un paysan de Leuctres, et je ne tiendrais pas la sienne indigne d'y paraître, si la pureté de notre scène pouvait souffrir qu'on y parlât du violement effectif de ses deux filles, après que l'idée de la prostitution n'y a pu être soufferte dans la personne d'une sainte qui en fut garantie.

Pour nous faciliter les moyens de faire naître cette pitié et cette crainte, où Aristote semble nous obliger, il nous aide à choisir les personnes et les événements qui peuvent exciter l'une et l'autre. Sur quoi je suppose, ce qui est très-véritable, que notre auditoire n'est composé ni de méchants, ni de saints, mais de gens d'une probité commune, et qui ne sont pas si sévèrement retranchés dans l'exacte vertu, qu'ils ne soient susceptibles des passions et capables des périls où elles engagent ceux qui leur défèrent trop. Cela supposé, examinons ceux que ce philosophe exclut de la tragédie, pour en venir avec lui à ceux dans lesquels il fait consister sa perfection.

En premier lieu, il ne veut point[1] « qu'un homme « fort vertueux y tombe de la félicité dans le mal- « heur, » et soutient que « cela ne produit ni pitié, « ni crainte, parce que c'est un événement tout à fait « injuste. » Quelques interprètes poussent la force de ce mot grec μιαρὸν, qu'il fait servir d'épithète à cet événement, jusqu'à le rendre par celui *d'abominable* ; à quoi j'ajoute qu'un tel succès excite plus d'indignation et de haine contre celui qui fait souffrir, que de pitié pour celui qui souffre, et qu'ainsi ce sentiment, qui n'est pas le propre de la tragédie, à moins que d'être bien ménagé, peut étouffer celui qu'elle doit produire, et laisser l'auditeur mécontent par la colère qu'il remporte, et qui se mêle à la compassion, qui lui plairait s'il la remportait seule.

---

[1] Rois, empereurs, princes, généraux d'armée, principaux chefs de républiques, il n'importe ; mais il faut toujours dans la tragédie des hommes élevés au-dessus du commun, non-seulement parce que le destin des États dépend du sort de ces personnages importants, mais parce que les malheurs des hommes illustres exposés aux regards des nations font sur nous une impression plus profonde que les infortunes du vulgaire. Je doute beaucoup qu'un paysan de Leuctres, nommé Scédase, dont on a violé deux filles, fût un aussi beau sujet de tragédie que *Cinna* et *Iphigénie*. Le viol d'ailleurs a toujours quelque chose de ridicule, et n'est guère fait pour être joué que dans le beau lieu où l'on prétend que sainte Théodore fut envoyée, supposé

que cette Théodore ait jamais existé, et que jamais les Romains aient condamné les dames à cette espèce de supplice ; ce qui n'était assurément ni dans leurs lois ni dans leurs mœurs. (V.)

[1] S'il était permis de chercher un exemple dans nos livres saints, nous dirions que l'histoire de Job est une espèce de drame, et qu'un homme très-vertueux y tombe dans les plus grands malheurs ; mais c'est pour l'éprouver ; et le drame finit par rendre Job plus heureux qu'il n'a jamais été. Dans la tragédie de *Britannicus*, si ce jeune prince n'est pas un modèle de vertu, il est du moins entièrement innocent ; cependant il périt d'une mort cruelle ; son empoisonneur triomphe. *Cet événement est tout à fait injuste.* Pourquoi donc *Britannicus* a-t-il eu enfin un si grand succès, surtout auprès des connaisseurs et des hommes d'État? c'est par la beauté des détails, c'est par la peinture la plus vraie d'une cour corrompue. Cette tragédie, à la vérité, ne fait point verser de larmes, mais elle attache l'esprit, elle intéresse, et le charme du style entraîne tous les suffrages, quoique le nœud de la pièce soit très-petit, et que la fin, un peu froide, n'excite que l'indignation. Ce sujet était le plus difficile de tous à traiter, et ne pouvait réussir que par l'éloquence de Racine. (V.)

Il ne veut pas non plus ¹ « qu'un méchant homme « passe du malheur à la félicité, parce que non-seule- « ment il ne peut naître d'un tel succès aucune pitié, « ni crainte, mais il ne peut pas même nous toucher « par ce sentiment naturel de joie dont nous remplit « la prospérité d'un premier acteur, à qui notre fa- « veur s'attache. » La chute d'un méchant dans le malheur a de quoi nous plaire par l'aversion que nous prenons pour lui; mais comme ce n'est qu'une juste punition, elle ne nous fait point de pitié, et ne nous imprime aucune crainte, d'autant que nous ne sommes pas si méchants que lui, pour être capables de ses crimes, et en appréhender une aussi funeste issue.

Il reste donc à trouver un milieu entre ces deux extrémités, par le choix d'un homme qui ne soit ni tout à fait bon, ni tout à fait méchant, et qui, par une faute, ou faiblesse humaine, tombe dans un malheur qu'il ne mérite pas. Aristote en donne pour exemples Œdipe et Thyeste, en quoi véritablement je ne comprends point sa pensée. Le premier me semble ne faire aucune faute, bien qu'il tue son père, parce qu'il ne le connaît pas, et qu'il ne fait que disputer le chemin en homme de cœur contre un inconnu qui l'attaque avec avantage. Néanmoins, comme la signification du mot grec ἁμάρτημα peut s'étendre à une simple erreur de méconnaissance, telle qu'était la sienne, admettons-le avec ce philosophe, bien que je ne puisse voir quelle passion il nous donne à purger, ni de quoi nous pouvons nous corriger sur son exemple. Mais pour Thyeste, je n'y puis découvrir aucune probité commune, ni cette faute sans crime qui le plonge dans son malheur. Si nous le regardons avant la tragédie qui porte son nom, c'est un incestueux qui abuse de la femme de son frère : si nous le considérons dans la tragédie, c'est un homme de bonne foi qui s'assure sur la parole de son frère, avec qui il s'est réconcilié. En ce premier état il est très-criminel; en ce dernier, très-homme de bien. Si nous attribuons son malheur à son inceste, c'est un crime dont l'auditoire n'est point capable, et la pitié qu'il prendra de lui n'ira point jusqu'à cette crainte qui purge, parce qu'il ne lui ressemble point. Si nous imputons son désastre à sa bonne foi, quelque crainte pourra suivre la pitié que nous en aurons; mais elle ne purgera qu'une facilité de confiance sur la parole d'un ennemi réconcilié, qui est plutôt une qualité d'honnête homme qu'une vicieuse habitude; et cette purgation ne fera que bannir la sincérité des réconciliations. J'avoue donc avec franchise que je n'entends point l'application de cet exemple.

J'avouerai plus. Si la purgation des passions se fait dans la tragédie, je tiens qu'elle se doit faire de la manière que je l'explique; mais je doute si elle s'y fait jamais, et dans celles-là même qui ont les conditions que demande Aristote. Elles se rencontrent dans *le Cid*, et en ont causé le grand succès : Rodrigue et Chimène y ont cette probité sujette aux passions, et ces passions font leur malheur, puisqu'ils ne sont malheureux qu'autant qu'ils sont passionnés l'un pour l'autre. Ils tombent dans l'infélicité par cette faiblesse humaine dont nous sommes capables comme eux; leur malheur fait pitié, cela est constant, et il en a coûté assez de larmes aux spectateurs pour ne le point contester. Cette pitié nous doit donner une crainte de tomber dans un pareil malheur, et purger en nous ce trop d'amour qui cause leur infortune, et nous les fait plaindre; mais je ne sais si elle nous la donne, ni si elle le purge; et j'ai bien peur que le raisonnement d'Aristote sur ce point ne soit qu'une belle idée, qui n'ait jamais son effet dans la vérité. Je m'en rapporte à ceux qui en ont vu les représentations : ils peuvent en demander compte au secret de leur cœur, et repasser sur ce qui les a touchés au théâtre, pour reconnaître s'ils en sont venus par là jusqu'à cette crainte réfléchie, et si elle a rectifié en eux la passion qui a causé la disgrâce qu'ils ont plainte. Un des interprètes d'Aristote veut qu'il n'ait parlé de cette purgation des passions dans la tragédie que parce qu'il écrivait après Platon, qui bannit les poëtes tragiques de sa république, parce qu'ils les remuent trop fortement ². Comme il écrivait pour le contredire, et montrer qu'il n'est pas à propos de les bannir des États bien policés, il a voulu trouver cette utilité dans ces agitations de l'âme, pour les rendre recommandables par la raison même sur qui l'autre se fonde pour les bannir. Le fruit qui peut naître des impressions que fait la force de l'exemple lui manquait : la punition des

---

¹ Il y a de grands exemples de tragédies qui ont eu des succès permanents, et dans lesquelles cependant le vertueux périt indignement, et le criminel est au comble de la gloire; mais au moins il est puni par ses remords. La tragédie est le tableau de la vie des grands. Ce tableau n'est que trop ressemblant quand le crime est heureux. Il faut autant d'art, autant de ressources, autant d'éloquence dans ce genre de tragédie, et peut-être plus que dans tout autre. (V.)

² Après tout ce qu'a dit judicieusement Corneille sur les caractères vertueux ou méchants, ou mêlés de bien et de mal, nous penchons vers l'opinion de cet interprète d'Aristote, qui pense que ce philosophe n'imagina son galimatias de la purgation des passions que pour ruiner le galimatias de Platon, qui veut chasser la tragédie et la comédie, et le poëme épique, de sa république imaginaire. Platon, en rendant les femmes communes dans son utopie, et en les envoyant à la guerre, croyait empêcher qu'on ne fît des poëmes pour une Hélène; et Aristote, attribuant aux poëmes une utilité qu'ils n'ont peut-être pas, imaginait sa purgation des passions. Que résulte-t-il de cette vaine dispute? qu'on court à *Cinna* et à *Andromaque* sans se soucier d'être purgé. (V.)

méchantes actions, et la récompense des bonnes, n'étaient pas de l'usage de son siècle, comme nous les avons rendues de celui du nôtre; et n'y pouvant trouver une utilité solide, hors celle des sentences et des discours didactiques, dont la tragédie se peut passer selon son avis, il en a substitué une qui peut-être n'est qu'imaginaire. Du moins, si pour la produire il faut les conditions qu'il demande, elles se rencontrent si rarement, que Robortel ne les trouve que dans le seul OEdipe, et soutient que ce philosophe ne nous les prescrit pas comme si nécessaires que leur manquement rende un ouvrage défectueux, mais seulement comme des idées de la perfection des tragédies. Notre siècle les a vues dans le Cid [1], mais je ne sais s'il les a vues en beaucoup d'autres; et, si nous voulons rejeter un coup d'œil sur cette règle, nous avouerons que le succès a justifié beaucoup de pièces où elle n'est pas observée.

L'exclusion des personnes tout à fait vertueuses qui tombent dans le malheur bannit les martyrs de notre théâtre [2]. Polyeucte y a réussi contre cette maxime, et Héraclius et Nicomède y ont plu, bien qu'ils n'impriment que de la pitié, et ne nous donnent rien à craindre, ni aucune passion à purger, puisque nous les y voyons opprimés et près de périr, sans aucune faute de leur part dont nous puissions nous corriger sur leur exemple.

Le malheur d'un homme fort méchant n'excite ni pitié, ni crainte, parce qu'il n'est pas digne de la première, et que les spectateurs ne sont pas méchants comme lui pour concevoir l'autre à la vue de sa punition. Mais il serait à propos de mettre quelque distinction entre les crimes : il en est dont les honnêtes gens sont capables par une violence de passion, dont le mauvais succès peut faire effet dans l'âme de l'auditeur. Un honnête homme ne va pas voler au coin d'un bois, ni faire un assassinat de sang-froid; mais, s'il est bien amoureux, il peut faire une supercherie à son rival, il peut s'emporter de colère et tuer dans un premier mouvement, et l'ambition le peut engager dans un crime ou dans une action blâmable [3]. Il est peu de mères qui voulussent assassiner ou empoisonner leurs enfants de peur de leur rendre leur bien, comme Cléopâtre dans Rodogune : mais il en est assez qui prennent goût à en jouir, et ne s'en dessaisissent qu'à regret et le plus tard qu'il leur est possible. Bien qu'elles ne soient pas capables d'une action si noire et si dénaturée que celle de cette reine de Syrie, elles ont en elles quelque teinture du principe qui l'y porta; et la vue de la juste punition qu'elle en reçoit leur peut faire craindre, non pas un pareil malheur, mais une infortune proportionnée à ce qu'elles sont capables de commettre. Il en est ainsi de quelques autres crimes qui ne sont pas de la portée de nos auditeurs. Le lecteur en pourra faire l'examen et l'application sur cet exemple.

Cependant quelque difficulté qu'il y ait à trouver cette purgation effective et sensible des passions par le moyen de la pitié et de la crainte, il est aisé de nous accommoder avec Aristote. Nous n'avons qu'à dire que, par cette façon de s'énoncer, il n'a pas entendu que ces deux moyens y servissent toujours ensemble; et qu'il suffit, selon lui, de l'un des deux pour faire cette purgation, avec cette différence toutefois que la pitié n'y peut arriver sans la crainte, et que la crainte peut y parvenir sans la pitié. La mort du comte n'en fait aucune dans le Cid, et peut toutefois mieux purger en nous cette sorte d'orgueil envieux de la gloire d'autrui que toute la compassion que nous avons de Rodrigue et de Chimène ne purge les attachements de ce violent amour qui les rend à plaindre l'un et l'autre. L'auditeur peut avoir de la commisération pour Antiochus, pour Nicomède, pour Héraclius; mais s'il en demeure là, et qu'il ne puisse craindre de tomber dans un pareil malheur, il ne guérira d'aucune passion. Au contraire, il n'en a point pour Cléopâtre, ni pour Prusias, ni pour Phocas; mais la crainte d'une infortune semblable ou approchante peut purger en une mère l'opiniâtreté à ne se point dessaisir du bien de ses enfants, en un mari le trop de déférence à une seconde femme au préjudice de ceux de son premier lit, en tout le monde l'avidité d'usurper le bien ou la dignité d'autrui par la violence, et tout cela proportionnément à la condition d'un chacun et à ce qu'il est capable d'entreprendre. Les déplaisirs et les irrésolutions d'Auguste dans Cinna peuvent faire ce dernier effet par la pitié et la crainte jointes ensemble; mais, comme je l'ai déjà dit, il n'arrive pas toujours que ceux que nous plaignons soient malheureux par leur faute. Quand ils sont innocents, la pitié que nous en prenons ne produit aucune crainte; et, si nous en concevons quelqu'une qui purge nos passions, c'est par le moyen d'une autre personne que de celle qui nous fait pitié, et nous la devons toute à la force de l'exemple.

Cette explication se trouvera autorisée par Aristote

---

[1] Le Cid, comme nous l'avons dit, n'est beau que parce qu'il est très-touchant. (V.)

[2] Un martyr qui ne serait que martyr serait très-vénérable, et figurerait très-bien dans la Vie des Saints, mais assez mal au théâtre. Sans Sévère et Pauline, Polyeucte n'aurait point eu de succès. (V.)

[3] On s'intéresse pour un jeune criminel que la passion emporte, et qui avoue ses fautes, témoin Venceslas et Rhadamiste. (V.)

même, si nous voulons bien peser la raison qu'il rend de l'exclusion de ces événements qu'il désapprouve dans la tragédie. Il ne dit jamais : « Celui-là n'y est « pas propre parce qu'il n'excite que la pitié et ne « fait point naître de crainte; et cet autre n'y est pas « supportable parce qu'il n'excite que de la crainte « et ne fait point naître de pitié; mais il les rebute « parce, dit-il, qu'ils n'excitent ni pitié ni crainte; » et nous donne à connaître par là que c'est par le manque de l'une et de l'autre qu'ils ne lui plaisent pas, et que, s'ils produisaient l'une des deux, il ne leur refuserait point son suffrage. L'exemple d'OEdipe qu'il allègue me confirme dans cette pensée. Si nous l'en croyons, il a toutes les conditions requises en la tragédie; néanmoins son malheur n'excite que de la pitié, et je ne pense pas qu'à le voir représenter aucun de ceux qui le plaignent s'avise de craindre de tuer son père ou d'épouser sa mère. Si sa représentation nous peut imprimer quelque crainte, et que cette crainte soit capable de purger en nous quelque inclination blâmable ou vicieuse, elle y purgera la curiosité de savoir l'avenir, et nous empêchera d'avoir recours à des prédictions, qui ne servent d'ordinaire qu'à nous faire choir dans le malheur qu'on nous prédit par les soins mêmes que nous prenons de l'éviter; puisqu'il est certain qu'il n'eût jamais tué son père, ni épousé sa mère, si son père et sa mère, à qui l'oracle avait prédit que cela arriverait, ne l'eussent fait exposer de peur que cela n'arrivât. Ainsi, non-seulement ce seront Laïus et Jocaste qui feront naître cette crainte, mais elle ne naîtra que de l'image d'une faute qu'ils ont faite quarante ans avant l'action qu'on représente, et ne s'imprimera en nous que par un autre acteur que le premier et par une action hors de la tragédie.

Pour recueillir ce discours, avant que de passer à une autre matière, établissons pour maxime que la perfection de la tragédie consiste bien à exciter de la pitié et de la crainte par le moyen d'un premier acteur, comme peut faire Rodrigue dans *le Cid*, et Placide [1] dans *Théodore*, mais que cela n'est pas d'une nécessité si absolue qu'on ne se puisse servir de divers personnages pour faire naître ces deux sentiments, comme dans *Rodogune*; et même ne porter l'auditeur qu'à l'un des deux, comme dans *Polyeucte*, dont la représentation n'imprime que de la pitié sans aucune crainte [2]. Cela posé, trouvons quelque modération à la rigueur de ces règles du philosophe, ou du moins que que favorable interprétation, pour n'être pas obligés de condamner beaucoup de poëmes que nous avons vu réussir sur nos théâtres.

Il ne veut point qu'un homme tout à fait innocent tombe dans l'infortune, parce que, cela étant abominable, il excite plus d'indignation contre celui qui le persécute que de pitié pour son malheur; il ne veut pas non plus qu'un très-méchant y tombe, parce qu'il ne peut donner de pitié par un malheur qu'il mérite, ni en faire craindre un pareil à des spectateurs qui ne lui ressemblent pas; mais quand ces deux raisons cessent, en sorte qu'un homme de bien qui souffre excite plus de pitié pour lui que d'indignation contre celui qui le fait souffrir, ou que la punition d'un grand crime peut corriger en nous quelque imperfection qui a du rapport avec lui, j'estime qu'il ne faut point faire de difficulté d'exposer sur la scène des hommes très-vertueux ou très-méchants dans le malheur. En voici deux ou trois manières, que peut-être Aristote n'a pu prévoir, parce qu'on n'en voyait pas d'exemples sur les théâtres de son temps.

La première est, quand un homme très-vertueux est persécuté par un très-méchant, et qu'il échappe du péril où le méchant demeure enveloppé, comme dans *Rodogune* et dans *Héraclius*, qu'on n'aurait pu souffrir si Antiochus et Rodogune eussent péri dans la première, et Héraclius, Pulchérie et Martian dans l'autre, et que Cléopâtre et Phocas y eussent triomphé. Leur malheur y donne une pitié qui n'est point étouffée par l'aversion qu'on a pour ceux qui les tyrannisent; parce qu'on espère toujours que quelque heureuse révolution les empêchera de succomber; et, bien que les crimes de Phocas et de Cléopâtre soient trop grands pour faire craindre l'auditeur d'en commettre de pareils, leur funeste issue peut faire sur lui les effets dont j'ai déjà parlé. Il peut arriver d'ailleurs qu'un homme très-vertueux soit persécuté, et périsse même par les ordres d'un autre, qui ne soit pas assez méchant pour attirer trop d'indignation sur lui, et qui montre plus de faiblesse que de crime dans la persécution qu'il lui fait. Si Félix fait périr son gendre Polyeucte, ce n'est pas par cette haine enragée contre les chrétiens qui nous le rendrait exécrable, mais seulement par une lâche timidité qui n'ose se sauver en présence de Sévère, dont il craint la haine et la vengeance après le mépris qu'il en a faits durant son peu de fortune. On prend bien quelque aversion pour lui, on désapprouve sa manière d'agir; mais cette aversion ne l'emporte pas sur la pitié qu'on a de Polyeucte, et n'empêche pas que sa conversion miraculeuse, à la fin de la pièce,

---

[1] Il est triste de mettre Placide à côté du Cid. (V.)

[2] PHRASE SUPPRIMÉE : « Je ne dis pas la même chose de la crainte sans la pitié, parce que je n'en sais point d'exemple, et n'en conçois point d'idée que je puisse croire agréable. » (Édition de 1663.)

ne le réconcilié pleinement avec l'auditoire [1]. On peut dire la même chose de Prusias dans *Nicomède*, et de Valens dans *Théodore*. L'un maltraite son fils, bien que très-vertueux; et l'autre est cause de la perte du sien, qui ne l'est pas moins; mais tous les deux n'ont que des faiblesses qui ne vont point jusques au crime; et, loin d'exciter une indignation qui étouffe la pitié qu'on a pour ces fils généreux, la lâcheté de leur abaissement sous des puissances qu'ils redoutent, et qu'ils devraient braver pour bien agir, fait qu'on a quelque compassion d'eux-mêmes et de leur honteuse politique.

Pour nous faciliter les moyens d'exciter cette pitié, qui fait de si beaux effets sur nos théâtres, Aristote nous donne une lumière. « Toute action, dit-il, « se passe, ou entre des amis, ou entre des ennemis, « ou entre des gens indifférents l'un pour l'autre. « Qu'un ennemi tue ou veuille tuer son ennemi, « cela ne produit aucune commisération, sinon en « tant qu'on s'émeut d'apprendre ou de voir la mort « d'un homme, quel qu'il soit. Qu'un indifférent tue « un indifférent, cela ne touche guère davantage, « d'autant qu'il n'excite aucun combat dans l'âme « de celui qui fait l'action [2]; mais quand les choses « arrivent entre des gens que la naissance ou l'affec-« tion attache aux intérêts l'un de l'autre, comme « alors qu'un mari tue ou est près de tuer sa femme, « une mère ses enfants, un frère sa sœur, c'est ce « qui convient merveilleusement à la tragédie. » La raison en est claire. Les oppositions des sentiments de la nature aux emportements de la passion, ou à la sévérité du devoir, forment de puissantes agitations, qui sont reçues de l'auditeur avec plaisir; et il se porte aisément à plaindre un malheureux opprimé ou poursuivi par une personne qui devrait s'intéresser à sa conservation, et qui quelquefois ne poursuit sa perte qu'avec déplaisir, ou du moins avec répugnance. Horace et Curiace ne seraient point à plaindre, s'ils n'étaient point amis et beaux-frères; ni Rodrigue, s'il était poursuivi par un autre que par sa maîtresse; et le malheur d'Antiochus toucherait beaucoup moins, si un autre que sa mère lui demandait le sang de sa maîtresse, ou qu'un autre que sa maîtresse lui demandât celui de sa mère; ou si, après la mort de son frère, qui lui donne sujet de craindre un pareil attentat sur sa personne, il avait à se défier d'autres que de sa mère et de sa maîtresse.

C'est donc un grand avantage, pour exciter la commisération, que la proximité du sang, et les liaisons d'amour ou d'amitié entre le persécutant et le persécuté, le poursuivant et le poursuivi, celui qui fait souffrir et celui qui souffre; mais il y a quelque apparence que cette condition n'est pas d'une nécessité plus absolue que celle dont je viens de parler, et qu'elle ne regarde que les tragédies parfaites, non plus que celle-là. Du moins les anciens ne l'ont pas toujours observée; je ne la vois point dans l'*Ajax* de Sophocle, ni dans son *Philoctète*; et qui voudra parcourir ce qui nous reste d'Æschyle et d'Euripide y pourra rencontrer quelques exemples à joindre à ceux-ci. Quand je dis que ces deux conditions ne sont que pour les tragédies parfaites, je n'entends pas dire que celles où elles ne se rencontrent point soient imparfaites : ce serait les rendre d'une nécessité absolue, et me contredire moi-même. Mais, par ce mot de tragédies parfaites, j'entends celles du genre le plus sublime et le plus touchant; et sur que celles qui manquent de l'une de ces deux conditions, ou de toutes les deux, pourvu qu'elles soient régulières, à cela près, ne laissent pas d'être parfaites en leur genre, bien qu'elles demeurent dans un rang moins élevé, et n'approchent pas de la beauté et de l'éclat des autres, si elles n'en empruntent de la pompe des vers, ou de la magnificence du spectacle, ou de quelque autre agrément qui vienne d'ailleurs que du sujet.

Dans ces actions tragiques, qui se passent entre proches, il faut considérer si celui qui veut faire périr l'autre le connaît, ou ne le connaît pas, et s'il achève, ou n'achève pas. La diverse combinaison [1] de ces deux manières d'agir forme quatre sortes de tragédies, à qui notre philosophe attribue divers degrés de perfection. « On connaît celui qu'on veut perdre; « et on le fait périr en effet, comme Médée tue ses « enfants, Clytemnestre son mari, Oreste sa mère; » et la moindre espèce est celle-là. « On le fait périr « sans le connaître, et on le reconnaît avec déplaisir « après l'avoir perdu; et cela, dit-il, ou avant la tra-« gédie, comme Œdipe, ou dans la tragédie, comme « l'*Alcméon* d'Astydamas, et Télégonus dans *Ulysse « blessé*, » qui sont deux pièces que le temps n'a pas laissé venir jusqu'à nous; et cette seconde espèce a quelque chose de plus élevé, selon lui, que la première. La troisième est dans le haut degré d'excellence, « quand on est près de faire périr un de ses « proches sans le connaître, et qu'on le reconnaît « assez tôt pour le sauver, comme Iphigénie recon-« naît Oreste pour son frère, lorsqu'elle devait le « sacrifier à Diane, et s'enfuit avec lui. » Il en cite encore deux autres exemples, de Mérope dans *Cres-*

---

[1] La conversion miraculeuse de Félix le réconcilie sans doute avec le ciel, mais point du tout avec le parterre. (V.)

[2] Aristote montre ici un jugement bien sain et une grande connaissance du cœur de l'homme. Presque toute tragédie est froide sans les combats des passions. (V.)

[1] Le mot *combinaison* n'était pas encore formé.

phonte, et de Hellé, dont nous ne connaissons ni l'un ni l'autre. Il condamne entièrement la quatrième espèce de ceux qui connaissent, entreprennent et n'achèvent pas, qu'il dit *avoir quelque chose de méchant, et rien de tragique*, et en donne pour exemple Æmon qui tire l'épée contre son père dans l'*Antigone*, et ne s'en sert que pour se tuer lui-même. Mais si cette condamnation n'était modifiée, elle s'étendrait un peu loin, et envelopperait non-seulement *le Cid*, mais *Cinna*, *Rodogune*, *Héraclius*, et *Nicomède*.

Disons donc qu'elle ne doit s'entendre que de ceux qui connaissent la personne qu'ils veulent perdre, et s'en dédisent par un simple changement de volonté, sans aucun événement notable qui les y oblige, et sans aucun manque de pouvoir de leur part². J'ai déjà marqué cette sorte de dénoûment pour vicieux; mais quand ils y font de leur côté tout ce qu'ils peuvent, et qu'ils sont empêchés d'en venir à l'effet par quelque puissance supérieure, ou par quelque changement de fortune qui les fait périr eux-mêmes, ou les réduit sous le pouvoir de ceux qu'ils voulaient perdre, il est hors de doute que cela fait une tragédie d'un genre peut-être plus sublime que les trois qu'Aristote avoue; et que, s'il n'en a point parlé, c'est qu'il n'en voyait point d'exemples sur les théâtres de son temps, où ce n'était pas la mode de sauver les bons par la perte des méchants, à moins que de les souiller eux-mêmes de quelque crime, comme Électre, qui se délivre d'oppression par la mort de sa mère, où elle encourage son frère et lui en facilite les moyens.

L'action de Chimène n'est donc pas défectueuse pour ne perdre pas Rodrigue après l'avoir entrepris, puisqu'elle y fait son possible, et que tout ce qu'elle peut obtenir de la justice de son roi, c'est un combat où la victoire de ce déplorable amant lui impose silence. Cinna et son Æmilie ne pèchent point contre la règle en ne perdant point Auguste, puisque la conspiration découverte les en met dans l'impuissance, et qu'il faudrait qu'ils n'eussent aucune teinture d'humanité si une clémence si peu attendue ne dissipait toute leur haine. Qu'épargne Cléopâtre pour perdre Rodogune? Qu'oublie Phocas pour se défaire d'Héraclius? Et si Prusias demeurait le maître, Nicomède n'irait-il pas servir d'otage à Rome, ce qui lui serait un plus rude supplice que la mort?

---

² Il nous semble qu'on ne peut mieux expliquer ce qu'Aristote a dû entendre. Si un homme commence une action funeste, et ne l'achève pas sans avoir un motif supérieur et tragique qui le force, il n'est alors qu'inconstant et pusillanime; il n'inspire que le mépris. Il faut, ou que la nature ou la gloire l'arrête, et un tel dénoûment peut faire un très-bel effet, ou bien le crime commencé par lui est puni avant d'être achevé, et le spectateur est encore plus content. (V.)

Les deux premiers reçoivent la peine de leurs crimes, et succombent dans leurs entreprises sans s'en dédire; et ce dernier est forcé de reconnaître son injustice après que le soulèvement de son peuple, et la générosité de ce fils qu'il voulait agrandir aux dépens de son aîné, ne lui permettent plus de la faire réussir.

Ce n'est pas démentir Aristote que de l'expliquer ainsi favorablement, pour trouver dans cette quatrième manière d'agir qu'il rebute une espèce de nouvelle tragédie plus belle que les trois qu'il recommande, et qu'il leur eût sans doute préférée s'il l'eût connue. C'est faire honneur à notre siècle, sans rien retrancher de l'autorité de ce philosophe; mais je ne sais comment faire pour lui conserver cette autorité, et renverser l'ordre de la préférence qu'il établit entre ces trois espèces. Cependant je pense être bien fondé sur l'expérience à douter si celle qu'il estime la moindre des trois n'est point la plus belle, et si celle qu'il tient la plus belle n'est point la moindre : la raison est que celle-ci ne peut exciter de pitié. Un père y veut perdre son fils sans le connaître, et ne le regarde que comme indifférent, et peut-être comme ennemi : soit qu'il passe pour l'un ou pour l'autre, son péril n'est digne d'aucune commisération, selon Aristote même, et ne fait naître en l'auditeur qu'un certain mouvement de trépidation intérieure, qui le porte à craindre que ce fils ne périsse avant que l'erreur soit découverte, et à souhaiter qu'elle se découvre assez tôt pour l'empêcher de périr; ce qui part de l'intérêt qu'on ne manque jamais à prendre dans la fortune d'un homme assez vertueux pour se faire aimer; et, quand cette reconnaissance arrive, elle ne produit qu'un sentiment de conjouissance, de voir arriver la chose comme on le souhaitait.

Quand elle ne se fait qu'après la mort de l'inconnu, la compassion qu'excitent les déplaisirs de celui qui le fait périr ne peut avoir grande étendue, puisqu'elle est reculée et renfermée dans la catastrophe; mais lorsqu'on agit à visage découvert, et qu'on sait à qui on en veut, le combat des passions contre la nature, ou du devoir contre l'amour, occupe la meilleure partie du poëme; et de là naissent les grandes et fortes émotions qui renouvellent à tous moments et redoublent la commisération. Pour justifier ce raisonnement par l'expérience, nous voyons que Chimène et Antiochus en excitent beaucoup plus que ne fait Œdipe de sa personne. Je dis de sa personne, parce que le poëme entier en excite peut-être autant que *le Cid* ou que *Rodogune*; mais il en doit une partie à Dircé¹, et ce qu'elle en fait naître n'est qu'une pitié empruntée d'un épisode.

---

¹ Il est toujours étonnant que Corneille ait cru que sa Dircé ait pu faire quelque sensation dans son *Œdipe*. (V.)

Je sais que l'*agnition* est un grand ornement dans les tragédies : Aristote le dit ; mais il est certain qu'elle a ses incommodités. Les Italiens l'affectent en la plupart de leurs poëmes, et perdent quelquefois, par l'attachement qu'ils y ont, beaucoup d'occasions de sentiments pathétiques qui auraient des beautés plus considérables. Cela se voit manifestement en *la Mort de Crispe*[1], faite par un de leurs plus beaux esprits, Jean-Baptiste Ghirardelli, et imprimée à Rome en l'année 1653. Il n'a pas manqué d'y cacher sa naissance à Constantin, et d'en faire seulement un grand capitaine, qu'il ne reconnaît pour son fils qu'après qu'il l'a fait mourir. Toute cette pièce est si pleine d'esprit et de beaux sentiments, qu'elle eut assez d'éclat pour obliger à écrire contre son auteur, et à la censurer sitôt qu'elle parut. Mais combien cette naissance cachée sans besoin, et contre la vérité d'une histoire connue, lui a-t-elle dérobé de choses plus belles que les brillants dont il a semé cet ouvrage ! Les ressentiments, le trouble, l'irrésolution et les déplaisirs de Constantin auraient été bien autres à prononcer un arrêt de mort contre son fils que contre un soldat de fortune. L'injustice de sa préoccupation aurait été bien plus sensible à Crispe de la part d'un père que de la part d'un maître ; et la qualité de fils augmentant la grandeur du crime qu'on lui imposait, eût en même temps augmenté la douleur d'en voir un père persuadé : Fauste même aurait eu plus de combats intérieurs pour entreprendre un inceste que pour se résoudre à un adultère ; ses remords en auraient été plus animés, et ses désespoirs plus violents. L'auteur a renoncé à tous ces avantages pour avoir dédaigné de traiter ce sujet comme l'a traité de notre temps le père Stéphonius, jésuite, et comme nos anciens ont traité celui d'*Hippolyte*; et, pour avoir cru l'élever d'un étage plus haut selon la pensée d'Aristote, je ne sais s'il ne l'a point fait tomber au-dessous de ceux que je viens de nommer.

Il y a grande apparence que ce qu'a dit ce philosophe de ces divers degrés de perfection pour la tragédie avait une entière justesse de son temps, et en la présence de ses compatriotes ; je n'en veux point douter : mais aussi je ne puis m'empêcher de dire que le goût de notre siècle n'est point celui du sien sur cette préférence d'une espèce à l'autre, ou du moins que ce qui plaisait au dernier point à ses Athéniens ne plaît pas également à nos Français ; et je ne sais point d'autre moyen de trouver mes doutes sup-

[1] On ne connaît plus guère *la Mort de Crispe il Costantino*, de Jean-Baptiste-Philippe Ghirardelli, et pas davantage celle du jésuite Stéphonius ; mais il est clair qu'il n'y a presque rien de tragique dans cette pièce, si Constantin ne connaît pas son fils, s'il n'y a point dans son cœur de combats entre la nature et la vengeance. (V.)

portables, et de demeurer tout ensemble dans la vénération que nous devons à tout ce qu'il a écrit de la poétique.

Avant que de quitter cette matière, examinons son sentiment sur deux questions touchant ces sujets entre des personnes proches : l'une, si le poëte les peut inventer ; l'autre, s'il ne peut rien changer en ce qu'il tire de l'histoire ou de la fable.

Pour la première, il est indubitable que les anciens en prenaient si peu de liberté, qu'ils arrêtaient leurs tragédies autour de peu de familles, parce que ces sortes d'actions étaient arrivées en peu de familles ; ce qui fait dire à ce philosophe que la fortune leur fournissait des sujets, et non pas l'art. Je pense l'avoir dit en l'autre discours. Il semble toutefois qu'il en accorde un plein pouvoir aux poëtes par ces paroles : *Ils doivent bien user de ce qui est reçu, ou inventer eux-mêmes.* Ces termes décideraient la question, s'ils n'étaient point si généraux ; mais, comme il a posé trois espèces de tragédie, selon les divers temps de connaître et les diverses façons d'agir, nous pouvons faire une revue sur toutes les trois, pour juger s'il n'est point à propos d'y faire quelque distinction qui resserre cette liberté. J'en dirai mon avis d'autant plus hardiment, qu'on ne pourra m'imputer de contredire Aristote, pourvu que je la laisse entière à quelqu'une des trois.

J'estime donc, en premier lieu, qu'en celles où l'on se propose de faire périr quelqu'un que l'on connaît, soit qu'on achève, soit qu'on soit empêché d'achever, il n'y a aucune liberté d'inventer la principale action, mais qu'elle doit être tirée de l'histoire ou de la fable[1]. Ces entreprises contre des proches ont toujours quelque chose de si criminel et de si

[1] C'est ici une grande question, s'il est permis d'inventer le sujet d'une tragédie. Pourquoi non ? puisqu'on invente toujours les sujets de comédie. Nous avons beaucoup de tragédies de pure invention qui ont eu des succès durables à la représentation et à la lecture. Peut-être même ces sortes de pièces sont plus difficiles à faire que les autres. On n'y est pas soutenu par cet intérêt qu'inspirent les grands noms connus dans l'histoire, par le caractère des héros déjà tracé dans l'esprit du spectateur ; il est au fait avant qu'on ait commencé. Vous n'avez nul besoin de l'instruire ; et, s'il voit que vous lui donniez une copie fidèle du portrait qu'il a déjà dans la tête, il vous en tient compte. Mais, dans une tragédie où tout est inventé, il faut annoncer les lieux, les temps et les héros ; il faut intéresser pour des personnages dont votre auditoire n'a aucune connaissance. La peine est double ; et, si votre ouvrage ne transporte pas l'âme, vous êtes doublement condamné. Il est vrai que le spectateur peut vous dire : Si l'événement que vous me présentez était arrivé, les historiens en auraient parlé. Mais il peut en dire autant de toutes les tragédies historiques dont les événements lui sont inconnus ; ce qui est ignoré, et ce qui n'a jamais été écrit, sont pour lui la même chose ; il ne s'agit ici que d'intéresser :

Inventez des ressorts qui puissent m'attacher.

Il ne faut pas sans doute choquer l'histoire connue, encore moins les mœurs des peuples qu'on met sur la scène. Peignez

contraire à la nature, qu'elles ne sont pas croyables, à moins que d'être appuyées sur l'une ou sur l'autre; et jamais elles n'ont cette vraisemblance sans laquelle ce qu'on invente ne peut être de mise.

Je n'ose décider si absolument de la seconde espèce. Qu'un homme prenne querelle avec un autre, et que, l'ayant tué, il vienne à le reconnaître pour son père ou pour son frère, et en tombe au désespoir, cela n'a rien que de vraisemblable, et par conséquent on le peut inventer; mais d'ailleurs cette circonstance de tuer son père ou son frère, sans le connaître, est si extraordinaire et si éclatante, qu'on a quelque droit de dire que l'histoire n'ose manquer à s'en souvenir quand elle arrive entre des personnes illustres, et de refuser toute croyance à de tels événements, quand elle ne les marque point. Le théâtre ancien ne nous en fournit aucun exemple qu'*OEdipe*; et je ne me souviens point d'en avoir vu aucun autre chez nos historiens. Je sais que cet événement sent plus la fable que l'histoire, et que par conséquent il peut avoir été inventé, ou en tout, ou en partie; mais la fable et l'histoire de l'antiquité sont si mêlées ensemble, que, pour n'être pas en péril d'en faire un faux discernement, nous leur donnons une égale autorité sur nos théâtres. Il suffit que nous n'inventions pas ce qui de soi n'est point vraisemblable, et qu'étant inventé de longue main, il soit devenu si bien de la connaissance de l'auditeur, qu'il ne s'effarouche point à le voir sur la scène. Toute la métamorphose d'Ovide est manifestement d'invention; on peut en tirer des sujets de tragédies, mais non pas inventer sur ce modèle, si ce n'est des épisodes de même trempe : la raison en est que bien que nous ne devions rien inventer que de vraisemblable, et que ces sujets fabuleux, comme Andromède et Phaéton, ne le soient point du tout, inventer des épisodes, ce n'est pas tant inventer qu'ajouter à ce qui est déjà inventé; et ces épisodes trouvent une espèce de vraisemblance dans leur rapport avec l'action principale; en sorte qu'on peut dire que, supposé que cela se soit pu faire, il s'est pu faire comme le poëte le décrit.

De tels épisodes toutefois ne seraient pas propres à un sujet historique, ou de pure invention, parce qu'ils manqueraient de rapport avec l'action principale, et seraient moins vraisemblables qu'elle. Les apparitions de Vénus et d'Æole ont eu bonne grâce dans *Andromède*[1]; mais, si j'avais fait descendre Jupiter pour réconcilier Nicomède avec son père, ou Mercure pour révéler à Auguste la conspiration de Cinna, j'aurais fait révolter tout mon auditoire, et cette merveille aurait détruit toute la croyance que le reste de l'action aurait obtenue. Ces dénoûments par des dieux de machine sont fort fréquents chez les Grecs, dans des tragédies qui paraissent historiques, et qui sont vraisemblables, à cela près : aussi Aristote ne les condamne pas tout à fait, et se contente de leur préférer ceux qui viennent du sujet. Je ne sais ce qu'en décidaient les Athéniens, qui étaient leurs juges; mais les deux exemples que je viens de citer montrent suffisamment qu'il serait dangereux pour nous de les imiter en cette sorte de licence. On me dira que ces apparitions n'ont garde de nous plaire, parce que nous en savons manifestement la fausseté, et qu'elles choquent notre religion; ce qui n'arrivait pas chez les Grecs : j'avoue qu'il faut s'accommoder aux mœurs de l'auditeur, et, à plus forte raison, à sa croyance; mais aussi doit-on m'accorder que nous avons du moins autant de foi pour l'apparition des anges et des saints que les anciens en avaient pour celle de leur Apollon et de leur Mercure : cependant qu'aurait-on dit si, pour démêler Héraclius d'avec Martian, après la mort de Phocas, je me fusse servi d'un ange[1]? Ce poëme est entre des chrétiens, et cette apparition y aurait eu autant de justesse que celle des dieux de l'antiquité dans ceux des Grecs; c'eût été néanmoins un secret infaillible de rendre celui-là ridicule, et il ne faut qu'avoir un peu de sens commun pour en demeurer d'accord. Qu'on me permette donc de dire avec Tacite : *Non omnia apud priores meliora, sed nostra quoque ætas multa laudis et artium imitanda posteris tulit.*

Je reviens aux tragédies de cette seconde espèce, où l'on ne connaît un père ou un fils qu'après l'avoir fait périr; et, pour conclure en deux mots après cette digression, je ne condamnerai jamais personne pour en avoir inventé[2]; mais je ne me le permettrai jamais.

Celles de la troisième espèce ne reçoivent aucune difficulté : non-seulement on les peut inventer, puisque tout y est vraisemblable, et suit le train commun des affections naturelles, mais je doute même si ce

---

[1] ces mœurs, rendez votre fable vraisemblable; qu'elle soit touchante et tragique; que le style soit pur; que les vers soient beaux, et je vous réponds que vous réussirez. (V.)
[1] Pas si bonne grâce. (V.)

[1] Nous avouons ingénument que nous aimerions presque autant un ange descendant du ciel que le froid procès par écrit qui suit la mort de Phocas, et qu'on débrouille à peine par une ancienne lettre de l'impératrice Constantine; lettre qui pourrait encore produire bien des contestations. Louis Racine, fils du grand Racine, a très-bien remarqué les défauts de ce dénoûment d'*Héraclius*; et de cette reconnaissance qui se fait après la catastrophe. Nous avons toujours été de son avis sur ce point; nous avons toujours pensé qu'un dénoûment doit être clair, naturel, touchant; qu'il doit être, s'il se peut, la plus belle situation de la pièce. Toutes ces beautés sont réunies dans *Cinna*. Heureuses les pièces où tout parle au cœur, qui commencent naturellement, et qui finissent de même! (V.)
[2] Nous ne voyons pas pourquoi Corneille ne se serait pas per-

ne serait point les bannir du théâtre que d'obliger les poëtes à en prendre les sujets dans l'histoire. Nous n'en voyons point de cette nature chez les Grecs, qui n'ayent la mine d'avoir été inventés par leurs auteurs : il se peut faire que la fable leur en ait prêté quelques-uns. Je n'ai pas les yeux assez pénétrants pour percer de si épaisses obscurités, et déterminer si l'Iphigénie in *Tauris* est de l'invention d'Euripide, comme son *Hélène* et son *Ion*, ou s'il l'a prise d'un autre ; mais je crois pouvoir dire qu'il est très-malaisé d'en trouver dans l'histoire, soit que de tels événements n'arrivent que très-rarement, soit qu'ils n'ayent pas assez d'éclat pour y mériter une place : celui de Thésée, reconnu par le roi d'Athènes, son père, sur le point qu'il l'allait faire périr, est le seul dont il me souvienne. Quoi qu'il en soit, ceux qui aiment à les mettre sur la scène peuvent les inventer sans crainte de la censure : ils pourront produire par là quelque agréable suspension dans l'esprit de l'auditeur ; mais il ne faut pas qu'ils se promettent de lui tirer beaucoup de larmes.

L'autre question, s'il est permis de changer quelque chose aux sujets qu'on emprunte de l'histoire ou de la fable, semble décidée en termes assez formels par Aristote, lorsqu'il dit « qu'il ne faut point changer « les sujets reçus [1], et que Clytemnestre ne doit point « être tuée par un autre qu'Oreste, ni Ériphyle par « un autre qu'Alcmæon. » Cette décision peut toutefois recevoir quelque distinction et quelque tempérament. Il est constant que les circonstances, ou, si vous l'aimez mieux, les moyens de parvenir à l'action, demeurent en notre pouvoir : l'histoire souvent ne les marque pas, ou n'en rapporte si peu, qu'il est besoin d'y suppléer pour remplir le poëme ; et même il y a quelque apparence de présumer que la mémoire de l'auditeur qui les aura lues autrefois ne s'y sera pas si fort attachée qu'il s'aperçoive assez du changement que nous y aurons fait, pour nous accuser de mensonge ; ce qu'il ne manquerait pas de faire s'il voyait que nous changeassions l'action principale. Cette falsification serait cause qu'il n'ajouterait aucune foi à tout le reste ; comme au contraire il croit aisément tout ce reste quand il le voit servir d'acheminement à l'effet qu'il sait véritable, et dont l'histoire lui a laissé une plus forte impression. L'exemple de la mort de Clytemnestre peut servir de preuve à ce que je viens d'avancer ; Sophocle et Euripide l'ont traitée tous deux, mais chacun avec un nœud et un dénoûment tout à fait différents l'un de l'autre ; et c'est cette différence qui empêche que ce ne soit la même pièce, bien que ce soit le même sujet, dont ils ont conservé l'action principale. Il faut donc la conserver comme eux ; mais il faut examiner en même temps si elle n'est point si cruelle ou si difficile à représenter qu'elle puisse diminuer quelque chose de la croyance que l'auditeur doit à l'histoire, et qu'il veut bien donner à la fable en se mettant à la place de ceux qui l'ont prise pour une vérité. Lorsque cet inconvénient est à craindre, il est bon de cacher l'événement à la vue, et de le faire savoir par un récit qui frappe moins que le spectacle, et nous impose plus aisément.

C'est par cette raison qu'Horace ne veut pas que Médée tue ses enfants, ni qu'Atrée fasse rôtir ceux de Thyeste à la vue du peuple. L'horreur de ces actions engendre une répugnance à les croire, aussi bien que la métamorphose de Progné en oiseau, et de Cadmus en serpent, dont la représentation, presque impossible, excite la même incrédulité quand on la hasarde aux yeux du spectateur :

Quodcumque ostendis mihi sic, incredulus odi [1]

Je passe plus outre : et, pour exténuer ou retrancher cette horreur dangereuse d'une action historique, je voudrais la faire arriver sans la participation du premier acteur, pour qui nous devons toujours ménager la faveur de l'auditoire. Après que Cléopâtre eut tué Séleucus, elle présenta du poison à son autre fils Antiochus, à son retour de la chasse ; et ce prince, soupçonnant ce qui en était, la contraignit de le prendre, et la força à s'empoisonner. Si j'eusse fait voir cette action sans y rien changer, c'eût été punir un parricide par un autre parricide ; on eût pris aversion pour Antiochus, et il a été bien plus doux de faire qu'elle-même, voyant que sa haine et sa noire perfidie allaient être découvertes, s'empoisonne dans son désespoir, à dessein d'envelopper

---

mis une tragédie dans laquelle un père reconnaîtrait un fils après l'avoir fait périr. Il nous semble qu'un tel sujet pourrait produire un très-beau cinquième acte : il inspirerait cette crainte et cette pitié qui sont l'âme du spectacle tragique. (V.)

[1] Nous pensons qu'on pourrait changer quelque circonstance principale dans les sujets reçus, pourvu que ces circonstances changées augmentassent l'intérêt, loin de le diminuer :

Quidlibet audendi semper fuit æqua potestas. (V.)

[1] Médée ne doit point tuer ses enfants devant des mères qui s'enfuiraient d'horreur ; un tel spectacle révolterait des cannibales et des inquisiteurs même. Cadmus ne peut guère être changé en serpent qu'à l'Opéra. Nous aurions souhaité qu'Horace eût dit *aversor, et odi*, au lieu de *incredulus odi* ; car le sujet de ces pièces étant connu et reçu de tout le monde, la fable passant pour une vérité, le spectateur n'est point *incredulus* : mais il est révolté, il recule, il fuit à l'aspect de deux figures d'enfants qu'on met à la broche. A l'égard de la métamorphose de Cadmus en serpent, et de Progné en hirondelle, c'étaient encore des fables qui tenaient lieu d'histoire ; mais l'exécution de ces prodiges serait d'une telle difficulté, et l'exécution même la plus heureuse serait si puérile et si ridicule, qu'elle ne pourrait amuser que des enfants et de vieilles imbéciles. (V.)

ces deux amants dans sa perte, en leur ôtant tout sujet de défiance. Cela fait deux effets. La punition de cette impitoyable mère laisse un plus fort exemple, puisqu'elle devient un effet de la justice du ciel, et non pas de la vengeance des hommes; d'autre côté, Antiochus ne perd rien de la compassion et de l'amitié qu'on avait pour lui, qui redoublent plutôt qu'elles ne diminuent; et enfin l'action historique s'y trouve conservée malgré ce changement, puisque Cléopâtre périt par le même poison qu'elle présente à Antiochus.

Phocas était un tyran, et sa mort n'était pas un crime; cependant il a été sans doute plus à propos de la faire arriver par la main d'Exupère que par celle d'Héraclius. C'est un soin que nous devons prendre de préserver nos héros du crime tant qu'il se peut, et les exempter même de tremper leurs mains dans le sang, si ce n'est en un juste combat. J'ai beaucoup osé dans Nicomède : Prusias son père l'avait voulu faire assassiner dans son armée; sur l'avis qu'il en eut par les assassins mêmes, il entra dans son royaume, s'en empara, et réduisit ce malheureux père à se cacher dans une caverne, où il le fit assassiner lui-même. Je n'ai pas poussé l'histoire jusque-là; et, après l'avoir peint trop vertueux pour l'engager dans un parricide, j'ai cru que je pouvais me contenter de le rendre maître de la vie de ceux qui le persécutaient, sans le faire passer plus avant.

Je ne saurais dissimuler une délicatesse que j'ai sur la mort de Clytemnestre, qu'Aristote nous propose pour exemple des actions qui ne doivent point être changées : je veux bien avec lui qu'elle ne meure que de la main de son fils Oreste; mais je ne puis souffrir chez Sophocle que ce fils la poignarde de dessein formé cependant qu'elle est à genoux devant lui, et le conjure de lui laisser la vie. Je ne puis même pardonner à Électre, qui passe pour une vertueuse opprimée dans le reste de la pièce, l'inhumanité dont elle encourage son frère à ce parricide. C'est un fils qui venge son père, mais c'est sur sa mère qu'il le venge. Séleucus et Antiochus avaient droit d'en faire autant dans *Rodogune*, mais je n'ai osé leur en donner la moindre pensée : aussi notre maxime de faire aimer nos principaux acteurs n'était pas de l'usage des anciens; et ces républicains avaient une si forte haine des rois, qu'ils voyaient avec plaisir des crimes dans les plus innocents de leur race. Pour rectifier ce sujet à notre mode, il faudrait qu'Oreste n'eût dessein que contre Ægisthe; qu'un reste de tendresse respectueuse pour sa mère lui en fît remettre la punition aux dieux; que cette reine s'opiniâtrât à la protection de son adultère, et qu'elle se mît entre son fils et lui si malheureusement, qu'elle reçût le coup que

ce prince voudrait porter à cet assassin de son père : ainsi elle mourrait de la main de son fils, comme le veut Aristote, sans que la barbarie d'Oreste nous fît horreur, comme dans Sophocle, ni que son action méritât des furies vengeresses pour le tourmenter, puisqu'il demeurerait innocent.

Le même Aristote nous autorise à en user de cette manière, lorsqu'il nous apprend que « le poëte n'est « pas obligé de traiter les choses comme elles se sont « passées, mais comme elles ont pu ou dû se passer, « selon le vraisemblable ou le nécessaire[1]. » Il répète souvent ces derniers mots, et ne les explique jamais : je tâcherai d'y suppléer au moins mal qu'il me sera possible, et j'espère qu'on me pardonnera si je m'abuse.

Je dis donc premièrement que cette liberté qu'il nous laisse d'embellir les actions historiques par des inventions vraisemblables n'emporte aucune défense de nous écarter du vraisemblable dans le besoin. C'est un privilége qu'il nous donne, et non pas une servitude qu'il nous impose : cela est clair par ses paroles mêmes. Si nous pouvons traiter les choses selon le vraisemblable ou selon le nécessaire, nous pouvons quitter le vraisemblable pour suivre le nécessaire; et cette alternative met en notre choix de nous servir de celui des deux que nous jugerons le plus à propos.

Cette liberté du poëte se trouve encore en termes plus formels dans le vingt-cinquième chapitre, qui contient les excuses ou plutôt les justifications dont il se peut servir contre la censure : « Il faut, dit-il, « qu'il suive un de ces trois moyens de traiter les « choses, et qu'il les représente ou comme elles ont « été, ou comme on dit qu'elles ont été, ou comme « elles ont dû être : » par où il lui donne le choix, ou de la vérité historique, ou de l'opinion commune sur quoi la fable est fondée, ou de la vraisemblance. Il ajoute ensuite : « Si on le reprend de ce qu'il n'a pas « écrit les choses dans la vérité, qu'il réponde qu'il

---

[1] Tout ce que dit ici Corneille, sur l'art de traiter des sujets terribles sans les rendre trop atroces, est digne du père et du législateur du théâtre; et ce qu'il propose sur la manière de sauver l'horreur du parricide d'Oreste et d'Électre est si judicieux, que les poëtes qui, depuis lui, ont manié ce sujet, si cher à l'antiquité, se sont absolument conformés aux conseils qu'il donne. A l'égard du conseil d'Aristote, de représenter les événements *selon le vraisemblable ou le nécessaire*, voici comment nous entendons ces paroles : Choisissez la manière la plus vraisemblable, pourvu qu'elle soit tragique, et non révoltante; et si vous ne pouvez concilier ces deux choses, choisissez la manière dont la catastrophe doit arriver nécessairement par tout ce qui aura été annoncé dans les premiers actes. Par exemple, vous mettez sur le théâtre le malheur d'Œdipe : il faut que ce malheur arrive; voilà le nécessaire. Un vieillard lui apprend qu'il est incestueux et parricide, et lui en donne de funestes preuves; voilà le vraisemblable. (V.)

« les a écrites comme elles ont dû être : si on lui impute de n'avoir fait ni l'un ni l'autre, qu'il se défende sur ce qu'en publie l'opinion commune, comme en ce qu'on raconte des dieux, dont la plus grande partie n'a rien de véritable. » Et un peu plus bas : « Quelquefois ce n'est pas le meilleur qu'elles se soient passées de la manière qu'il les décrit; néanmoins elles se sont passées effectivement de cette manière, » et par conséquent il est hors de faute. Ce dernier passage montre que nous ne sommes point obligés de nous écarter de la vérité pour donner une meilleure forme aux actions de la tragédie par les ornements de la vraisemblance, et le montre d'autant plus fortement, qu'il demeure pour constant, par le second de ces trois passages, que l'opinion commune suffit pour nous justifier quand nous n'avons pas pour nous la vérité, et que nous pourrions faire quelque chose de mieux que ce que nous faisons si nous recherchions les beautés de cette vraisemblance. Nous courons par là quelques risques d'un plus faible succès; mais nous ne péchons que contre le soin que nous devons avoir de notre gloire, et non pas contre les règles du théâtre.

Je fais une seconde remarque sur ces termes de *vraisemblable* et de *nécessaire*, dont l'ordre se trouve quelquefois renversé chez ce philosophe, qui tantôt dit *selon le nécessaire ou le vraisemblable*, et tantôt *selon le vraisemblable ou le nécessaire*. D'où je tire une conséquence qu'il y a des occasions où il faut préférer le vraisemblable au nécessaire, et d'autres où il faut préférer le nécessaire au vraisemblable. La raison en est que ce qu'on emploie le dernier dans les propositions alternatives y est placé comme pis aller, dont il faut se contenter quand on ne peut arriver à l'autre, et qu'on doit faire effort pour le premier avant que de se réduire au second, où l'on n'a droit de recourir qu'au défaut de ce premier.

Pour éclaircir cette préférence mutuelle du vraisemblable au nécessaire, et du nécessaire au vraisemblable, il faut distinguer deux choses dans les actions qui composent la tragédie. La première consiste en ces actions mêmes, accompagnées des inséparables circonstances du temps et du lieu; et l'autre en la liaison qu'elles ont ensemble, qui les fait naître l'une de l'autre. En la première, le vraisemblable est à préférer au nécessaire; et le nécessaire au vraisemblable, dans la seconde.

Il faut placer les actions où il est plus facile et mieux séant qu'elles arrivent, et les faire arriver dans un loisir raisonnable, sans les presser extraordinairement, si la nécessité de les renfermer dans un lieu et dans un jour ne nous y oblige. J'ai déjà fait voir en l'autre discours que, pour conserver l'unité de lieu, nous faisons parler souvent des personnes dans une place publique, qui vraisemblablement s'entretiendraient dans une chambre; et je m'assure que si on racontait dans un roman ce que je fais arriver dans *le Cid*, dans *Polyeucte*, dans *Pompée*, ou dans *le Menteur*, on lui donnerait un peu plus d'un jour pour l'étendue de sa durée. L'obéissance que nous devons aux règles de l'unité de jour et de lieu nous dispense alors du vraisemblable, bien qu'elle ne nous permette pas l'impossible; mais nous ne tombons pas toujours dans cette nécessité; et *la Suivante*, *Cinna*, *Théodore*, et *Nicomède*, n'ont point eu besoin de s'écarter de la vraisemblance à l'égard du temps, comme ces autres poëmes.

Cette réduction de la tragédie au roman est la pierre de touche pour démêler les actions nécessaires d'avec les vraisemblables. Nous sommes gênés au théâtre par le lieu, par le temps, et par les incommodités de la représentation, qui nous empêchent d'exposer à la vue beaucoup de personnages tout à la fois, de peur que les uns ne demeurent sans action, ou ne troublent celle des autres. Le roman n'a aucune de ces contraintes : il donne aux actions qu'il décrit tout le loisir qu'il leur faut pour arriver; il place ceux qu'il fait parler, agir ou rêver, dans une chambre, dans une forêt, en place publique, selon qu'il est plus à propos pour leur action particulière; il a pour cela tout un palais, toute une ville, tout un royaume, toute la terre, où les promener; et s'il fait arriver ou raconter quelque chose en présence de trente personnes, il en peut décrire les divers sentiments l'un après l'autre. C'est pourquoi il n'a jamais aucune liberté de se départir de la vraisemblance, parce qu'il n'a jamais aucune raison ni excuse légitime pour s'en écarter.

Comme le théâtre ne nous laisse pas tant de facilité de réduire tout dans le vraisemblable, parce qu'il ne nous fait rien savoir que par des gens qu'il expose à la vue de l'auditeur en peu de temps, il nous en dispense aussi plus aisément. On peut soutenir que ce n'est pas tant nous en dispenser, que nous permettre une vraisemblance plus large; mais puisque Aristote nous autorise à y traiter les choses selon le nécessaire, j'aime mieux dire que tout ce qui s'y passe d'une autre façon qu'il ne se passerait dans un roman n'a point de vraisemblance, à le bien prendre, et se doit ranger entre les actions nécessaires.

L'*Horace* en peut fournir quelques exemples : l'unité de lieu y est exacte, tout s'y passe dans une salle. Mais si on en faisait un roman avec les mêmes particularités de scène en scène que j'y ai employées, ferait-on tout passer dans cette salle? A la fin du premier acte, Curiace et Camille sa maîtresse vont rejoindre le reste de la famille, qui doit être dans un autre appartement; entre les deux actes, ils y reçoivent la nouvelle de l'élection des trois Horaces; à l'ouverture du second, Curiace paraît dans cette même salle pour l'en congratuler : dans le roman, il aurait fait cette congratulation au même lieu où l'on en reçoit la nouvelle, en présence de toute la famille, et il n'est point vraisemblable qu'ils s'écartent eux deux pour cette conjouissance; mais il est nécessaire pour le théâtre : et, à moins que cela, les sentiments des trois Horaces, de leur père, de leur sœur, de Curiace, et de Sabine, se fussent présentés à faire paraître tous à la fois. Le roman, qui ne fait rien voir, en fût aisément venu à bout : mais sur la scène il a fallu les séparer, pour y mettre quelque ordre, et les prendre l'un après l'autre, en commençant par ces deux-ci que j'ai été forcé de ramener dans cette salle sans vraisemblance. Cela passé, le reste de l'acte est tout à fait vraisemblable, et n'a rien qu'on fût obligé de faire arriver d'une autre manière dans le roman. A la fin de cet acte, Sabine et Camille, outrées de déplaisir, se retirent de cette salle avec un emportement de douleur, qui vraisemblablement va renfermer leurs larmes dans leur chambre, où le roman les ferait demeurer et y recevoir la nouvelle du combat. Cependant, par la nécessité de les faire voir aux spectateurs, Sabine quitte sa chambre au commencement du troisième acte, et revient entretenir ses douloureuses inquiétudes dans cette salle, où Camille la vient trouver. Cela fait, le reste de cet acte est vraisemblable comme en l'autre; et, si vous voulez examiner avec cette rigueur les premières scènes des deux derniers, vous trouverez peut-être la même chose, et que le roman placerait ses personnages ailleurs qu'en cette salle, s'ils en étaient une fois sortis, comme ils en sortent à la fin de chaque acte.

Ces exemples peuvent suffire pour expliquer comme on peut traiter une action selon le nécessaire, quand on ne la peut traiter selon le vraisemblable, qu'on doit toujours préférer au nécessaire lorsqu'on ne regarde que les actions en elles-mêmes.

Il n'en va pas ainsi de leur liaison qui les fait naître l'une de l'autre : le nécessaire y est à préférer au vraisemblable; non que cette liaison ne doive toujours être vraisemblable, mais parce qu'elle est beaucoup meilleure quand elle est vraisemblable et nécessaire tout ensemble. La raison en est aisée à concevoir. Lorsqu'elle n'est que vraisemblable sans être nécessaire, le poëme s'en peut passer, et elle n'y est pas de grande importance; mais quand elle est vraisemblable et nécessaire, elle devient une partie essentielle du poëme, qui ne peut subsister sans elle. Vous trouverez dans le *Cinna* des exemples de ces deux sortes de liaisons; j'appelle ainsi la manière dont une action est produite par l'autre. Sa conspiration contre Auguste est causée nécessairement par l'amour qu'il a pour Æmilie, parce qu'il la veut épouser, et qu'elle ne veut se donner à lui qu'à cette condition. De ces deux actions, l'une est vraie, l'autre est vraisemblable, et leur liaison est nécessaire. La bonté d'Auguste donne des remords et de l'irrésolution à Cinna : ces remords et cette irrésolution ne sont causés que vraisemblablement par cette bonté, et n'ont qu'une liaison vraisemblable avec elle, parce que Cinna pouvait demeurer dans la fermeté et arriver à son but, qui est d'épouser Æmilie. Il la consulte dans cette irrésolution : cette consultation n'est que vraisemblable, mais elle est un effet nécessaire de son amour, parce que s'il eût rompu la conjuration sans son aveu, il ne fût jamais arrivé à ce but qu'il s'était proposé; et par conséquent voilà une liaison nécessaire entre deux actions vraisemblables, ou, si vous l'aimez mieux, une production nécessaire d'une action vraisemblable par une autre pareillement vraisemblable.

Avant que d'en venir aux définitions et divisions du vraisemblable et du nécessaire, je fais encore une réflexion sur les actions qui composent la tragédie, et trouve que nous pouvons y en faire entrer de trois sortes, selon que nous le jugeons à propos : les unes suivent l'histoire, les autres ajoutent à l'histoire, les troisièmes falsifient l'histoire. Les premières sont vraies, les secondes quelquefois vraisemblables et quelquefois nécessaires, et les dernières doivent toujours être nécessaires.

Lorsqu'elles sont vraies, il ne faut point se mettre en peine de la vraisemblance, elles n'ont pas besoin de son secours. « Tout ce qui s'est fait manifestement « s'est pu faire, dit Aristote, parce que s'il ne s'était « pu faire, il ne se serait pas fait. » Ce que nous ajoutons à l'histoire, comme il n'est pas appuyé de son autorité, n'a pas cette prérogative. « Nous avons une « pente naturelle, ajoute ce philosophe, à croire que « ce qui ne s'est point fait n'a pu encore se faire; » et c'est pourquoi ce que nous inventons a besoin de la vraisemblance la plus exacte qu'il est possible pour le rendre croyable.

A bien peser ces deux passages, je crois ne m'éloigner point de sa pensée quand j'ose dire, pour définir le vraisemblable, que c'est « une chose manifes« tement possible dans la bienséance, et qui n'est ni « manifestement vraie ni manifestement fausse. » On en peut faire deux divisions, l'une en vraisemblable général et particulier, l'autre en ordinaire et extraordinaire.

Le vraisemblable général est ce que peut faire et qu'il est à propos que fasse un roi, un général d'armée, un amant, un ambitieux, etc. Le particulier est ce qu'a pu ou dû faire Alexandre, César, Alcibiade, compatible avec ce que l'histoire nous apprend de ses actions. Ainsi, tout ce qui choque l'histoire sort de cette vraisemblance, parce qu'il est manifestement faux, et il n'est pas vraisemblable que César, après la bataille de Pharsale, se soit remis en bonne intelligence avec Pompée, ou Auguste avec Antoine après celle d'Actium, bien qu'à parler en termes généraux il soit vraisemblable que, dans une guerre civile, après une grande bataille, les chefs des partis contraires se réconcilient, principalement lorsqu'ils sont généreux l'un et l'autre.

Cette fausseté manifeste, qui détruit la vraisemblance, se peut rencontrer même dans les pièces qui sont toutes d'invention : on n'y peut falsifier l'histoire, puisqu'elle n'y a aucune part; mais il y a des circonstances, des temps et des lieux qui peuvent convaincre un auteur de fausseté quand il prend mal ses mesures. Si j'introduisais un roi de France ou d'Espagne sous un nom imaginaire, et que je choisisse pour le temps de mon action un siècle dont l'histoire eût marqué les véritables rois de ces deux royaumes, la fausseté serait toute visible; et c'en serait une encore plus palpable si je plaçais Rome à deux lieues de Paris, afin qu'on pût y aller et revenir en un même jour. Il y a des choses sur qui le poète n'a jamais aucun droit : il peut prendre quelque licence sur l'histoire, en tant qu'elle regarde les actions des particuliers, comme celle de César ou d'Auguste, et leur attribuer des actions qu'ils n'ont pas faites, ou les faire arriver d'une autre manière qu'ils ne les ont faites; mais il ne peut pas renverser la chronologie pour faire vivre Alexandre du temps de César, et moins encore changer la situation des lieux, ou les noms des royaumes, des provinces, des villes, des montagnes, et des fleuves remarquables. La raison est que ces provinces, ces montagnes, ces rivières, sont des choses permanentes. Ce que nous savons de leur situation était dès le commencement du monde; nous devons présumer qu'il n'y a point eu de changement, à moins que l'histoire ne le marque; et la géographie nous en apprend tous les noms anciens et modernes. Ainsi un homme serait ridicule d'imaginer que, du temps d'Abraham, Paris fût au pied des Alpes, ou que la Seine traversât l'Espagne, et de mêler de pareilles grotesques dans une pièce d'invention. Mais l'histoire est des choses qui passent, et qui, succédant les unes aux autres, n'ont que chacune un moment pour leur durée, dont il en échappe beaucoup à la connaissance de ceux qui l'écrivent : aussi n'en peut-on montrer aucune qui contienne tout ce qui s'est passé dans les lieux dont elle parle, ni tout ce qu'ont fait ceux dont elle décrit la vie. Je n'en excepte pas même les *Commentaires de César*, qui écrivait sa propre histoire, et devait la savoir tout entière. Nous savons quels pays arrosaient le Rhône et la Seine avant qu'il vînt dans les Gaules; mais nous ne savons que fort peu de chose, et peut-être rien du tout, de ce qui s'y est passé avant sa venue. Ainsi nous pouvons bien y placer des actions que nous feignons arrivées avant ce temps-là, mais non pas, sous ce prétexte de fiction poétique et d'éloignement des temps, y changer la distance naturelle d'un lieu à l'autre. C'est de cette façon que Barclay en a usé dans son *Argénis*, où il ne nomme aucune ville ni fleuve de Sicile, ni de nos provinces, que par des noms véritables, bien que ceux de toutes les personnes qu'il y met sur le tapis soient entièrement de son invention aussi bien que leurs actions.

Aristote semble plus indulgent sur cet article, puisqu'il « trouve le poète excusable quand il pèche con- « tre un autre art que le sien, comme contre la méde- « cine ou contre l'astrologie. » A quoi je réponds « qu'il « ne l'excuse que sous cette condition qu'il arrive « par là au but de son art, auquel il n'aurait pu ar- « river autrement : encore avoue-t-il qu'il pèche en « ce cas, et qu'il est meilleur de ne pécher point du « tout. » Pour moi, s'il faut recevoir cette excuse, je ferais distinction entre les arts qu'il peut ignorer sans honte, parce qu'il lui arrive rarement des occasions d'en parler sur son théâtre, tels que sont la médecine et l'astrologie que je viens de nommer, et les arts sans la connaissance desquels, ou en tout ou en partie, il ne saurait établir de justesse dans aucune pièce, tels que sont la géographie et la chronologie. Comme il ne saurait représenter aucune action sans la placer en quelque lieu et en quelque temps, il est inexcusable s'il fait paraître de l'ignorance dans le choix de ce lieu et de ce temps où il la place.

Je viens à l'autre division du vraisemblable en ordinaire et extraordinaire : l'ordinaire est une action qui arrive plus souvent, ou du moins aussi souvent que sa contraire; l'extraordinaire est une action qui arrive, à la vérité, moins souvent que sa contraire, mais qui ne laisse pas d'avoir sa possibilité assez aisée pour n'aller point jusqu'au miracle, ni jusqu'à ces événements singuliers qui servent de matière aux tragédies sanglantes par l'appui qu'ils ont de l'histoire ou de l'opinion commune, et qui ne se peuvent tirer en exemple que pour les épisodes de la pièce dont ils font le corps, parce qu'ils ne sont pas croyables à moins que d'avoir cet appui. Aristote donne deux idées ou exemples généraux de ce vraisemblable extraordinaire : l'un d'un homme subtil et adroit qui se trouve trompé par un moins subtil que lui; l'autre d'un faible qui se bat contre un plus fort que lui, et en demeure victorieux, ce qui surtout ne manque jamais à être bien reçu quand la cause du plus simple ou du plus faible est la plus équitable. Il semble alors que la justice du ciel ait présidé au succès, qui trouve d'ailleurs une croyance d'autant plus facile qu'il répond aux souhaits de l'auditoire, qui s'intéresse toujours pour ceux dont le procédé est le meilleur. Ainsi la victoire du Cid contre le comte se trouverait dans la vraisemblance extraordinaire quand elle ne serait pas vraie. « Il est vraisemblable, dit « notre docteur, que beaucoup de choses arrivent « contre le vraisemblable; » et, puisqu'il avoue par là que ces effets extraordinaires arrivent contre la vraisemblance, j'aimerais mieux les nommer simplement croyables, et les ranger sous le nécessaire, attendu qu'on ne s'en doit jamais servir sans nécessité.

On peut m'objecter que le même philosophe dit « qu'au regard de la poésie on doit préférer l'impos-« sible croyable au possible incroyable [1], » et conclure de là que j'ai peu de raison d'exiger du vraisemblable par la définition que j'en ai faite, qu'il soit manifestement possible pour être croyable, puisque, selon Aristote, il y a des choses impossibles qui sont croyables.

Pour résoudre cette difficulté et trouver de quelle nature est cet impossible croyable dont il ne donne aucun exemple, je réponds qu'il y a des choses impossibles en elles-mêmes qui paraissent aisément possibles, et par conséquent croyables quand on les envisage d'une autre manière. Telles sont toutes celles où nous falsifions l'histoire. Il est impossible qu'elles se soient passées comme nous les représentons, puisqu'elles se sont passées autrement, et qu'il n'est pas au pouvoir de Dieu même de rien changer au passé; mais elles paraissent manifestement possibles quand elles sont dans la vraisemblance générale, pourvu qu'on les regarde détachées de l'histoire, et qu'on veuille oublier pour quelque temps ce qu'elle dit de contraire à ce que nous inventons. Tout ce qui se passe dans *Nicomède* est impossible, puisque l'histoire porte qu'il fit mourir son père sans le voir, et que ses frères du second lit étaient en otage à Rome lorsqu'il s'empara du royaume. Tout ce qui arrive dans *Héraclius* ne l'est pas moins puisqu'il n'était pas fils de Maurice, et que, bien loin de passer pour celui de Phocas et être nourri comme tel chez le tyran, il vint fondre sur lui à force ouverte des bords de l'Afrique, dont il était gouverneur, et ne le vit peut-être jamais. On ne prend point néanmoins pour incroyables les incidents de ces deux tragédies; et ceux qui savent le désaveu qu'en fait l'histoire la mettent aisément à quartier pour se plaire à leur représentation, parce qu'ils sont dans la vraisemblance générale, bien qu'ils manquent de la particulière.

Tout ce que la fable nous dit de ses dieux et de ses métamorphoses est encore impossible, et ne laisse pas d'être croyable par l'opinion commune et par cette vieille traditive qui nous a accoutumés à en ouïr parler. Nous avons droit d'inventer même sur ce modèle, et de joindre des incidents également impossibles à ceux que ces anciennes erreurs nous prêtent. L'auditeur n'est point trompé dans son attente quand le titre du poëme le prépare à n'y rien voir que d'impossible en effet : il y trouve tout croyable; et cette première supposition faite qu'il est des dieux, et qu'ils prennent intérêt et font commerce avec les hommes, à quoi il vient tout résolu, il n'a aucune difficulté à se persuader du reste.

Après avoir tâché d'éclaircir ce que c'est que le vraisemblable, il est temps que je hasarde une définition du nécessaire dont Aristote parle tant, et qui seul nous peut autoriser à changer l'histoire et à nous écarter de la vraisemblance. Je dis donc que le nécessaire, en ce qui regarde la poésie, n'est autre chose que *le besoin du poëte pour arriver à son but ou pour y faire arriver ses acteurs*. Cette définition a son fondement sur les diverses acceptions du mot grec ἀναγκαῖον, qui ne signifie pas toujours ce qui est absolument nécessaire, mais aussi quelquefois ce qui est seulement utile à parvenir à quelque chose.

Le but des acteurs est divers, selon les divers desseins que la variété des sujets leur donne. Un amant a celui de posséder sa maîtresse; un ambitieux, de s'emparer d'une couronne; un homme offensé, de se venger; et ainsi des autres : les choses qu'ils ont besoin de faire pour y arriver constituent ce nécessaire, qu'il faut préférer au vraisemblable, ou, pour parler plus juste, qu'il faut ajouter au vraisemblable dans la liaison des actions, et leur dépendance l'une de l'autre. Je pense m'être déjà assez expliqué là-dessus; je n'en dirai pas davantage.

Le but du poëte est de plaire selon les règles de son art : pour plaire, il a besoin quelquefois de rehausser l'éclat des belles actions et d'exténuer l'horreur des funestes; ce sont des nécessités d'embellissement où il peut bien choquer la vraisemblance particulière par quelque altération de l'histoire, mais non pas se dispenser de la générale, que rarement, et pour des choses qui soient de la dernière beauté, et si bril-

---

[1] Il nous semble que Corneille aurait pu s'épargner toutes les peines qu'il prend pour concilier Aristote avec lui-même. Nous n'entendons point ce que c'est que *l'impossible croyable*, et *le possible incroyable*. On a beau donner la torture à son esprit, l'impossible ne sera jamais croyable; l'impossible, selon la force du mot, est ce qui ne peut jamais arriver. C'est abuser encore de son esprit que d'établir de telles propositions; c'est en abuser pour vouloir les expliquer; c'est vouloir plaisanter de dire que, quand une chose est faite, il est impossible qu'elle ne soit pas faite, et qu'on n'y peut rien changer. Ces questions sont de la nature de celles qu'on agitait dans les écoles : Si Dieu pouvait se changer en citrouille, et si, en montant à une échelle, il pouvait se casser le cou. (V.)

lantes, qu'elles éblouissent : surtout il ne doit jamais les pousser au delà de la vraisemblance extraordinaire, parce que ces ornements qu'il ajoute de son invention ne sont pas d'une nécessité absolue, et qu'il fait mieux de s'en passer tout à fait que d'en parer son poëme contre toute sorte de vraisemblance. Pour plaire selon les règles de son art, il a besoin de renfermer son action dans l'unité de jour et de lieu; et, comme cela est d'une nécessité absolue et indispensable, il lui est beaucoup plus permis sur ces deux articles que sur celui des embellissements.

Il est si malaisé qu'il se rencontre dans l'histoire ni dans l'imagination des hommes quantité de ces événements illustres et dignes de la tragédie, dont les délibérations et leurs effets puissent arriver en un même lieu et en un même jour, sans faire un peu de violence à l'ordre commun des choses, que je ne puis croire cette sorte de violence tout à fait condamnable, pourvu qu'elle n'aille pas jusqu'à l'impossible : il est de beaux sujets où on ne la peut éviter; et un auteur scrupuleux se priverait d'une belle occasion de gloire, et le public de beaucoup de satisfaction, s'il n'osait s'enhardir à les mettre sur le théâtre, de peur de se voir forcé à les faire aller plus vite que la vraisemblance ne le permet. Je lui donnerais, en ce cas, un conseil que peut-être il trouverait salutaire, c'est de ne marquer aucun temps préfix dans son poëme, ni aucun lieu déterminé où il pose ses acteurs. L'imagination de l'auditeur aurait plus de liberté de se laisser aller au courant de l'action, si elle n'était point fixée par ces marques; et il pourrait ne s'apercevoir pas de cette précipitation, si elles ne l'en faisaient souvenir, et n'y appliquaient son esprit malgré lui. Je me suis toujours repenti d'avoir fait dire au roi, dans *le Cid*, qu'il voulait que Rodrigue se délassât une heure ou deux après la défaite des Maures avant que de combattre don Sanche : je l'avais fait pour montrer que la pièce était dans les vingt-quatre heures; et cela n'a servi qu'à avertir les spectateurs de la contrainte avec laquelle je l'y ai réduite. Si j'avais fait résoudre ce combat sans en désigner l'heure, peut-être n'y aurait-on pas pris garde.

Je ne pense pas que, dans la comédie, le poëte ait cette liberté de presser son action, par la nécessité de la réduire dans l'unité de jour. Aristote veut que toutes les actions qu'il y fait entrer soient vraisemblables, et n'ajoute point ce mot, *ou nécessaires*, comme pour la tragédie. Aussi la différence est assez grande entre les actions de l'une et celles de l'autre : celles de la comédie partent de personnes communes, et ne consistent qu'en intrigues d'amour et en fourberies, qui se développent si aisément en un jour, qu'assez souvent, chez Plaute et chez Térence, le temps de leur durée excède à peine celui de leur re-

présentation : mais, dans la tragédie, les affaires publiques sont mêlées d'ordinaire avec les intérêts particuliers des personnes illustres qu'on y fait paraître; il y entre des batailles, des prises de villes, de grands périls, des révolutions d'États; et tout cela va malaisément avec la promptitude que la règle nous oblige de donner à ce qui se passe sur la scène.

Si vous me demandez jusqu'où peut s'étendre cette liberté qu'a le poëte d'aller contre la vérité et contre la vraisemblance par la considération du besoin qu'il en a, j'aurai de la peine à vous faire une réponse précise. J'ai fait voir qu'il y a des choses sur *qui* nous n'avons aucun droit; et, pour celles où ce privilége peut avoir lieu, il doit être plus ou moins resserré, selon que les sujets sont plus ou moins connus [1]. Il m'était beaucoup moins permis dans *Horace* et dans *Pompée*, dont les histoires ne sont ignorées de personne, que dans *Rodogune* et dans *Nicomède*, dont peu de gens savaient les noms avant que je les eusse mis sur le théâtre. La seule mesure qu'on y peut prendre, c'est que tout ce qu'on y ajoute à l'histoire, et tous les changements qu'on y apporte, ne soient jamais plus incroyables que ce qu'on en conserve dans le même poëme. C'est ainsi qu'il faut entendre ce vers d'Horace touchant les fictions d'ornement :

Ficta voluptatis causâ sint proxima veris;

et non pas en porter la signification jusqu'à celles qui peuvent trouver quelque exemple dans l'histoire ou dans la fable, hors du sujet qu'on traite. Le même Horace décide la question, autant qu'on la peut décider, par cet autre vers avec lequel je finis ce discours :

Dabiturque licentia sumpta pudenter.

Servons-nous-en donc avec retenue, mais sans scrupule; et, s'il se peut, ne nous en servons point du tout : il vaut mieux n'avoir point besoin de grâce que d'en recevoir.

TROISIÈME DISCOURS

SUR

LES TROIS UNITÉS,

D'ACTION, DE JOUR, ET DE LIEU.

Les deux discours précédents et l'examen de mes pièces de théâtre, que contiennent mes deux pre-

[1] Voilà tout le précis de cette dissertation : ne changez rien d'important dans la mort de Pompée, parce qu'elle est connue de tout le monde; changez, imaginez tout ce qu'il vous plaira dans l'histoire de Pertharite et de don Sanche d'Aragon, parce que ces gens-là ne sont connus de personne. (V.)

miers volumes, m'ont fourni tant d'occasions d'expliquer ma pensée sur ces matières, qu'il m'en resterait peu de chose à dire, si je me défendais absolument de répéter.

Je tiens donc, et je l'ai déjà dit, que l'unité d'action consiste, dans la comédie, en l'unité d'intrigue [1], ou d'obstacle aux desseins des principaux acteurs, et en l'unité de péril dans la tragédie, soit que son héros y succombe, soit qu'il en sorte. Ce n'est pas que je prétende qu'on ne puisse admettre plusieurs périls dans l'une, et plusieurs intrigues ou obstacles dans l'autre, pourvu que de l'un on tombe nécessairement dans l'autre; car alors la sortie du premier péril ne rend point l'action complète, puisqu'elle en attire un second; et l'éclaircissement d'une intrigue ne met point les acteurs en repos, puisqu'il les embarrasse dans un nouveau. Ma mémoire ne me fournit point d'exemples anciens de cette multiplicité de périls attachés l'un à l'autre qui ne détruit point l'unité d'action; mais j'en ai marqué la duplicité indépendante pour un défaut dans *Horace* et dans *Théodore*, dont il n'est point besoin que le premier tue sa sœur au sortir de sa victoire, ni que l'autre s'offre au martyre après avoir échappé à la prostitution; et je me trompe fort si la mort de Polyxène et celle d'Astyanax, dans *la Troade* de Sénèque, ne font la même irrégularité.

En second lieu, ce mot d'unité d'action ne veut pas dire que la tragédie n'en doive faire voir qu'une sur le théâtre. Celle que le poëte choisit pour son sujet doit avoir un commencement, un milieu, et une fin; et ces trois parties non-seulement sont autant d'actions qui aboutissent à la principale, mais en outre chacune d'elles en peut contenir plusieurs avec la même subordination. Il n'y doit avoir qu'une action complète, qui laisse l'esprit de l'auditeur dans le calme; mais elle ne peut le devenir que par plusieurs autres imparfaites qui lui servent d'acheminement, et tiennent cet auditeur dans une agréable suspension. C'est ce qu'il faut pratiquer à la fin de chaque acte pour rendre l'action continue. Il n'est pas besoin qu'on sache précisément tout ce que font les acteurs durant les intervalles qui les séparent, ni même qu'ils agissent lorsqu'ils ne paraissent point sur le théâtre; mais il est nécessaire que chaque acte laisse une attente de quelque chose qui se doive faire dans celui qui le suit.

Si vous me demandiez ce que fait Cléopâtre dans *Rodogune* depuis qu'elle a quitté ses deux fils au second acte jusqu'à ce qu'elle rejoigne Antiochus au quatrième, je serais bien empêché à vous le dire, et je ne crois pas être obligé à en rendre compte : mais la fin de ce second prépare à voir un effort de l'amitié des deux frères pour régner, et dérober Rodogune à la haine envenimée de leur mère; on en voit l'effet dans le troisième, dont la fin prépare encore à voir un autre effort d'Antiochus pour regagner ces deux ennemies l'une après l'autre, et à ce que fait Séleucus dans le quatrième, qui oblige cette mère dénaturée à résoudre et faire attendre ce qu'elle tâche d'exécuter au cinquième.

Dans *le Menteur*, tout l'intervalle du troisième au quatrième vraisemblablement se consume à dormir par tous les acteurs; leur repos n'empêche pas toutefois la continuité d'action entre ces deux actes, parce que ce troisième n'en a point de complète : Dorante le finit par le dessein de chercher les moyens de regagner l'esprit de Lucrèce; et, dès le commencement de l'autre, il se présente pour tâcher de parler à quelqu'un de ses gens, et prendre l'occasion de l'entretenir elle-même si elle se montre.

Quand je dis qu'il n'est pas besoin de rendre compte de ce que font les acteurs pendant qu'ils n'occupent point la scène, je n'entends pas dire qu'il ne soit quelquefois fort à propos de le rendre, mais seulement qu'on n'y est pas obligé, et qu'il n'en faut prendre le soin que quand ce qui s'est fait derrière le théâtre sert à l'intelligence de ce qui se doit faire devant les spectateurs. Ainsi je ne dis rien de ce qu'a fait Cléopâtre depuis le second acte jusqu'au quatrième, parce que, durant tout ce temps-là, elle a pu

---

[1] Nous pensons que Corneille entend ici par unité d'action et d'intrigue une action principale, à laquelle les intérêts divers et les intrigues particulières sont subordonnés, un tout composé de plusieurs parties qui toutes tendent au même but; c'est un bel édifice dont l'œil embrasse toute la structure, et dont il voit avec plaisir les différents corps. Il condamne avec une noble candeur la duplicité d'action dans ses *Horaces*, et la mort inattendue de Camille, qui forme une pièce nouvelle. Il pouvait ne pas citer *Théodore* : ce n'est pas la double action, la double intrigue qui rend *Théodore* une mauvaise tragédie; c'est le vice du sujet, c'est le vice de la diction et des sentiments, c'est le ridicule de la prostitution. Il y a manifestement deux intrigues dans l'*Andromaque* de Racine : celle d'Hermione aimée d'Oreste et dédaignée de Pyrrhus; celle d'Andromaque qui voudrait sauver son fils et être fidèle aux mânes d'Hector. Mais ces deux intérêts, ces deux plans sont si heureusement rejoints ensemble, que si la pièce n'était pas un peu affaiblie par quelques scènes de coquetterie et d'amour, plus dignes de Térence que de Sophocle, elle serait la première tragédie du théâtre français. Nous avons déjà dit que, dans *la Mort de Pompée*, il y a trois à quatre actions, trois à quatre espèces d'intrigues mal réunies; mais ce défaut est peu de chose en comparaison des autres qui rendent cette tragédie trop irrégulière. Le célèbre *Caton* d'Addison pèche par la multiplicité des actions et des intrigues, mais encore plus par l'insipidité des froids amours et d'une conspiration en masque : sans cela Addison aurait pu, par l'éloquence de son style noble et sage, réformer le théâtre anglais. Corneille a raison de dire qu'il ne doit y avoir qu'une action complète. Nous doutons qu'on ne puisse y parvenir que par plusieurs autres actions imparfaites. Il nous semble qu'une seule action sans aucun épisode, à peu près comme dans *Athalie*, serait la perfection de l'art. (V.)

ne rien faire d'important pour l'action principale que je prépare : mais je fais connaître, dès le premier vers du cinquième, qu'elle a employé tout l'intervalle d'entre ces deux derniers à tuer Séleucus, parce que cette mort fait une partie de l'action. C'est ce qui me donne lieu de remarquer que le poëte n'est pas tenu d'exposer à la vue toutes les actions particulières qui amènent à la principale : il doit choisir celles qui lui sont les plus avantageuses à faire voir, soit par la beauté du spectacle, soit par l'éclat et la véhémence des passions qu'elles produisent, soit par quelque autre agrément qui leur soit attaché, et cacher les autres derrière la scène, pour les faire connaître au spectateur, ou par une narration, ou par quelque autre adresse de l'art; surtout il doit se souvenir que les unes et les autres doivent avoir une telle liaison ensemble, que les dernières soient produites par celles qui les précèdent, et que toutes aient leur source dans la protase que doit fermer le premier acte. Cette règle, que j'ai établie dès le premier discours, bien qu'elle soit nouvelle, et contre l'usage des anciens, a son fondement sur deux passages d'Aristote; en voici le premier : « Il y a grande « différence, dit-il, entre les événements qui viennent « les uns après les autres, et ceux qui viennent les « uns à cause des autres¹. » Les Maures viennent, dans *le Cid*, après la mort du comte, et non pas à cause de la mort du comte; et le pêcheur vient dans *Don Sanche* après qu'on soupçonne Carlos d'être le prince d'Aragon, et non pas à cause qu'on l'en soupçonne; ainsi tous les deux sont condamnables. Le second passage est encore plus formel, et porte en termes exprès, « que tout ce qui se passe dans la tra-« gédie doit arriver nécessairement ou vraisembla-« blement de ce qui l'a précédé. »

La liaison des scènes qui unit toutes les actions particulières de chaque acte l'une avec l'autre, et dont j'ai parlé en l'examen de *la Suivante*, est un grand ornement dans un poëme², et qui sert beaucoup à former une continuité d'action par la continuité de la représentation; mais enfin ce n'est qu'un ornement, et non pas une règle. Les anciens ne s'y sont pas toujours assujettis, bien que la plupart de leurs actes ne soient chargés que de deux ou trois scènes; ce qui les rendait bien plus facile pour eux que pour nous qui leur en donnons quelquefois jusqu'à neuf ou dix. Je ne rapporterai que deux exemples du mépris qu'ils en ont fait : l'un est de Sophocle dans l'*Ajax*, dont le monologue, avant que de se tuer, n'a aucune liaison avec la scène qui le précède, ni avec celle qui le suit; l'autre est du troisième acte de l'*Eunuque* de Térence, où celle d'Antiphon seul n'a aucune communication avec Chrémès et Pythias, qui sortent du théâtre quand il y entre. Les savants de notre siècle, qui les ont pris pour modèles dans les tragédies qu'ils nous ont laissées, ont encore plus négligé cette liaison qu'eux, et il ne faut que jeter l'œil sur celles de Buchanan, de Grotius et de Heinsius, dont j'ai parlé dans l'examen de *Polyeucte*, pour en demeurer d'accord. Nous y avons tellement accoutumé nos spectateurs, qu'ils ne sauraient plus voir une scène détachée sans la marquer pour un défaut : l'œil et l'oreille même s'en scandalisent avant que l'esprit y ait pu faire de réflexion. Le quatrième acte de *Cinna* demeure au-dessous des autres par ce manquement; et ce qui n'était point une règle autrefois l'est devenu maintenant par l'assiduité de la pratique.

J'ai parlé de trois sortes de liaisons dans cet examen de *la Suivante* : j'ai montré aversion pour celles de bruit, indulgence pour celles de vue, estime pour celles de présence et de discours; et, dans ces dernières, j'ai confondu deux choses qui méritent d'être séparées. Celles qui sont de présence et de discours ensemble ont sans doute toute l'excellence dont elles sont capables; mais il en est de discours sans présence, et de présence sans discours, qui ne sont pas dans le même degré. Un acteur qui parle à un autre d'un lieu caché, sans se montrer, fait une liaison de discours sans présence, qui ne laisse pas d'être fort bonne; mais cela arrive fort rarement. Un homme qui demeure sur le théâtre, seulement pour entendre ce que diront ceux qu'il y voit entrer, fait une liaison de présence sans discours, qui souvent a mauvaise grâce, et tombe dans une affectation mendiée, plutôt pour remplir ce nouvel usage qui passe en précepte, que pour aucun besoin qu'en puisse avoir le sujet. Ainsi, dans le troisième acte de *Pompée*, Achorée, après avoir rendu compte à Charmion de la réception que César a faite au roi quand il lui a présenté la tête de ce héros, demeure sur le théâtre, où il voit venir l'un et l'autre, seulement pour entendre ce qu'ils diront, et le rapporter à Cléopâtre. Ammon fait la même chose au quatrième d'*Andromède*, en faveur de Phinée, qui se retire à la vue du roi et de toute sa cour qu'il voit arriver. Ces personnages, qui deviennent muets, lient assez mal les scènes, où ils ont si peu de part qu'ils n'y sont comptés pour rien. Autre chose est quand ils se tiennent cachés pour s'instruire de quelque secret d'importance par le moyen de ceux qui parlent, et qui croient n'être entendus de personne; car alors l'intérêt qu'ils

---

[1] Cette maxime d'Aristote marque un esprit juste, profond et clair. Ce ne sont pas là des sophismes et des chimères à la Platon; ce ne sont pas là des idées archétypes. (V.)
[2] Cet ornement de la tragédie est devenu une règle, parce qu'on a senti combien il était devenu nécessaire. (V.)

ont à ce qui se dit, joint à une curiosité raisonnable d'apprendre ce qu'ils ne peuvent savoir d'ailleurs, leur donne grande part en l'action, malgré leur silence : mais, en ces deux exemples, Ammon et Achorée mêlent une présence si froide aux scènes qu'ils écoutent, qu'à ne rien déguiser, quelque couleur que je leur donne pour leur servir de prétexte, ils ne s'arrêtent que pour les lier avec celles qui les précèdent, tant l'une et l'autre pièce s'en peut aisément passer.

Bien que l'action du poëme dramatique doive avoir son unité, il y faut considérer deux parties, le nœud et le dénoûment. « Le nœud est composé, se- « lon Aristote, en partie de ce qui s'est passé hors « du théâtre avant le commencement de l'action « qu'on y décrit, et en partie de ce qui s'y passe; le « reste appartient au dénoûment. Le changement « d'une fortune en l'autre fait la séparation de ces « deux parties. Tout ce qui le précède est de la pre- « mière; et ce changement avec ce qui le suit re- « garde l'autre. » Le nœud dépend entièrement du choix et de l'imagination industrieuse du poëte; et l'on n'y peut donner de règle, sinon qu'il y doit ranger toutes choses selon le vraisemblable ou le nécessaire, dont j'ai parlé dans le second discours; à quoi j'ajoute un conseil, de s'embarrasser le moins qu'il lui est possible, de choses arrivées avant l'action qui se représente. Ces narrations importunent d'ordinaire, parce qu'elles ne sont pas attendues, et qu'elles gênent l'esprit de l'auditeur, qui est obligé de charger sa mémoire de ce qui s'est fait dix ou douze ans auparavant, pour comprendre ce qu'il voit représenter : mais celles qui se font des choses qui arrivent et se passent derrière le théâtre, depuis l'action commencée, font toujours un meilleur effet, parce qu'elles sont attendues avec quelque curiosité, et font partie de cette action qui se représente. Une des raisons qui donne tant d'illustres suffrages à *Cinna* pour le mettre au-dessus de ce que j'ai fait, c'est qu'il n'y a aucune narration du passé, celle qu'il fait de sa conspiration à Émilie étant plutôt un ornement qui chatouille l'esprit des spectateurs qu'une instruction nécessaire de particularités qu'ils doivent savoir et imprimer dans leur mémoire pour l'intelligence de la suite : Émilie leur fait assez connaître, dans les deux premières scènes, qu'il conspirerait contre Auguste en sa faveur : et quand Cinna lui dirait tout simplement que les conjurés sont prêts au lendemain, il avancerait autant pour l'action que par les cent vers qu'il emploie à lui rendre compte, et de ce qu'il leur a dit, et de la manière dont ils l'ont reçu. Il y a des intrigues qui commencent dès la naissance du héros, comme celui d'*Héraclius* ; mais ces grands efforts d'imagination en demandent un extraordinaire à l'attention

du spectateur, et l'empêchent souvent de prendre un plaisir entier aux premières représentations, tant ils le fatiguent!

Dans le dénoûment, je trouve deux choses à éviter, le simple changement de volonté, et la machine. Il n'y a pas grand artifice à finir un poëme, quand celui qui a fait obstacle au dessein des premiers acteurs, durant quatre actes, en désiste[1] au cinquième, sans aucun événement notable qui l'y oblige : j'en ai parlé au premier discours, et n'y ajouterai rien ici. La machine n'a pas plus d'adresse quand elle ne sert qu'à faire descendre un dieu pour accommoder toutes choses, sur le point que les acteurs ne savent plus comment les terminer. C'est ainsi qu'Apollon agit dans *Oreste* : ce prince et son ami Pylade, accusés par Tindare et Ménélas de la mort de Clytemnestre, et condamnés à leur poursuite, se saisissent d'Hélène et d'Hermione : ils tuent ou croient tuer la première, et menacent d'en faire autant de l'autre, si on ne révoque l'arrêt prononcé contre eux. Pour apaiser ces troubles, Euripide ne cherche point d'autre finesse que de faire descendre Apollon du ciel, qui, d'autorité absolue, ordonne qu'Oreste épouse Hermione, et Pylade Électre ; et de peur que la mort d'Hélène n'y servît d'obstacle, n'y ayant pas d'apparence qu'Hermione épousât Oreste qui venait de tuer sa mère, il leur apprend qu'elle n'est pas morte, et qu'il l'a dérobée à leurs coups, et enlevée au ciel dans l'instant qu'ils pensaient la tuer. Cette sorte de machine est entièrement hors de propos, n'ayant aucun fondement sur le reste de la pièce, et fait un dénoûment vicieux. Mais je trouve un peu de rigueur au sentiment d'Aristote, qui met en même rang le char dont Médée se sert pour s'enfuir de Corinthe après la vengeance qu'elle a prise de Créon : il me semble que c'en est un assez grand fondement que de l'avoir faite magicienne, et d'en avoir rapporté dans le poëme des actions autant au-dessus des forces de la nature que celle-là. Après ce qu'elle a fait pour Jason à Colchos, après qu'elle a rajeuni son père Æson depuis son retour, après qu'elle a attaché des feux invisibles au présent qu'elle a fait à Créuse, ce char volant n'est point hors de la vraisemblance ; et ce poëme n'a pas besoin d'autre préparation pour cet effet extraordinaire. Sénèque lui en donne une par ce vers, que Médée dit à sa nourrice :

Tuum quoque ipsa corpus hinc mecum aveham ;

et moi, par celui-ci qu'elle dit à Ægée :

Je vous suivrai demain par un chemin nouveau.

Ainsi la condamnation d'Euripide, qui ne s'y est

---

[1] *Désister* est aujourd'hui un verbe pronominal ; on dirait *s'en désiste*.

servi d'aucune précaution, peut être juste, et ne retomber ni sur Sénèque, ni sur moi; et je n'ai point besoin de contredire Aristote pour me justifier sur cet article [1].

De l'action je passe aux actes, qui en doivent contenir chacun une portion, mais non pas si égale qu'on n'en réserve plus pour le dernier que pour les autres, et qu'on n'en puisse moins donner au premier qu'aux autres. On peut même ne faire aucune autre chose dans ce premier que peindre les mœurs des personnages, et marquer à quel point ils en sont de l'histoire qu'on va représenter. Aristote n'en prescrit point le nombre; Horace le borne à cinq [2]; et, bien qu'il défende d'y en mettre moins, les Espagnols s'opiniâtrent à l'arrêter à trois, et les Italiens font souvent la même chose. Les Grecs les distinguaient par le chant du chœur; et, comme je trouve lieu de croire qu'en quelques-uns de leurs poëmes ils le faisaient chanter plus de quatre fois, je ne voudrais pas répondre qu'ils ne les poussassent jamais au delà de cinq. Cette manière de les distinguer était plus incommode que la nôtre; car, ou l'on prêtait attention à ce que chantait le chœur, ou l'on n'y en prêtait point; si l'on y en prêtait, l'esprit de l'auditeur était trop tendu, et n'avait aucun moment pour se délasser; si l'on n'y en prêtait point, son attention était trop dissipée par la longueur du chant, et, lorsqu'un autre acte commençait, il avait besoin d'un effort de mémoire pour rappeler en son imagination ce qu'il avait déjà vu, et en quel point l'action était demeurée. Nos violons n'ont aucune de ces deux incommodités; l'esprit de l'auditeur se relâche durant qu'ils jouent, et réfléchit même sur ce qu'il a vu pour le louer ou le blâmer, suivant qu'il lui a plu ou déplu; et le peu qu'on les laisse jouer lui en laisse les idées si récentes, que, quand les acteurs reviennent, il n'a point besoin de se faire d'effort pour rappeler et renouer son attention.

Le nombre des scènes dans chaque acte ne reçoit aucune règle: mais, comme tout l'acte doit avoir une certaine quantité de vers, qui proportionne sa durée à celle des autres, on y peut mettre plus ou moins de scènes, selon qu'elles sont plus ou moins longues, pour employer le temps que tout l'acte ensemble doit consumer. Il faut, s'il se peut, y rendre raison de l'entrée et de la sortie de chaque acteur [1]; surtout pour la sortie, je tiens cette règle indispensable, et il n'y a rien de si mauvaise grâce qu'un acteur qui se retire du théâtre seulement parce qu'il n'a plus de vers à dire.

Je ne serais pas si rigoureux pour les entrées. L'auditeur attend l'acteur; et, bien que le théâtre représente la chambre ou le cabinet de celui qui parle, il ne peut toutefois s'y montrer qu'il ne vienne de derrière la tapisserie; et il n'est pas toujours aisé de rendre raison de ce qu'il vient de faire en ville avant que de rentrer chez lui, puisque même quelquefois il est vraisemblable qu'il n'en est pas sorti. Je n'ai vu personne se scandaliser de voir Æmilie commencer *Cinna* sans dire pourquoi elle vient dans sa chambre: elle est présumée y être avant que la pièce commence, et ce n'est que la nécessité de la représentation qui la fait sortir derrière le théâtre pour y venir. Ainsi je dispenserais volontiers de cette rigueur toutes les premières scènes de chaque acte, mais non pas les autres, parce qu'un acteur occupant une fois le théâtre, aucun n'y doit entrer qui n'ait sujet de parler à lui, ou du moins qui n'ait lieu de prendre l'occasion quand elle s'offre. Surtout, lorsqu'un acteur entre deux fois dans un acte, soit dans la comédie, soit dans la tragédie, il doit absolument, ou faire juger qu'il reviendra bientôt quand il sort la première fois, comme Horace dans le second acte, et Julie dans le troisième de la même pièce, ou donner raison en rentrant pourquoi il revient si tôt.

Aristote veut que la tragédie bien faite soit belle et capable de plaire sans le secours des comédiens, et hors de la représentation [2]. Pour faciliter ce plaisir

---

[1] Que devons-nous dire de tout ce morceau précédent? applaudir au bon sens de Corneille autant qu'à ses grands talents. (V.)

[2] Cinq actes nous paraissent nécessaires : le premier expose le lieu de la scène, la situation des héros de la pièce, leurs intérêts, leurs mœurs, leurs desseins; le second commence l'intrigue; elle se noue au troisième; le quatrième prépare le dénoûment, qui se fait au cinquième. Moins de temps précipiterait trop l'action; plus d'étendue l'énerverait. Il en est comme d'un repas d'appareil: s'il dure trop peu, c'est une halte; s'il est trop long, il ennuie et il dégoûte. (V.)

[1] La règle qu'un personnage ne doit ni entrer ni sortir sans raison est essentielle; cependant on y manque souvent. Il faut un dessein dans chaque scène, et que toutes augmentent l'intérêt, le nœud et le trouble: rien n'est plus difficile et plus rare. (V.)

[2] Aristote avait donc beaucoup de goût. Pour qu'une pièce de théâtre plaise à la lecture, il faut que tout y soit naturel, et qu'elle soit parfaitement écrite. Il y a quelques défauts de style dans *Cinna*; on y a découvert aussi quelques fautes dans la conduite et dans les sentiments : mais, en général, il y règne une si noble simplicité, tant de naturel, tant de clarté, le style a tant de beautés, qu'on lira toujours cette pièce avec intérêt et avec admiration. Il n'en sera pas de même d'*Héraclius* et de *Rodogune;* elles réussiront toujours moins à la lecture qu'au théâtre. La diction, dans *Héraclius*, n'est souvent ni noble ni correcte; l'intrigue fait peine à l'esprit; la pièce ne touche point le cœur. *Rodogune*, jusqu'au cinquième acte, fait peu d'effet sur un lecteur judicieux qui a du goût. Quelquefois une tragédie dénuée de vraisemblance et de raison charme à la lecture par la beauté continue du style, comme la tragédie d'*Esther;* on rit du sujet, et on admire l'auteur. Ce sujet, en effet, respectable dans nos saintes Écritures, révolte l'esprit partout ailleurs. Personne ne peut concevoir qu'un roi soit assez sot pour ne pas savoir, au bout d'un an, de quel pays est sa femme, et assez

au lecteur, il ne faut non plus gêner son esprit que celui du spectateur, parce que l'effort qu'il est obligé de se faire pour la concevoir et se la représenter lui-même dans son esprit diminue la satisfaction qu'il en doit recevoir. Ainsi, je serais d'avis que le poëte prît grand soin de marquer à la marge les menues actions qui ne méritent pas qu'il en charge ses vers, et qui leur ôteraient même quelque chose de leur dignité, s'il se ravalait à les exprimer. Le comédien y supplée aisément sur le théâtre; mais sur le livre on serait assez souvent réduit à deviner, et quelquefois même on pourrait deviner mal, à moins que d'être instruit par là de ces petites choses. J'avoue que ce n'est pas l'usage des anciens; mais il faut m'avouer aussi que, faute de l'avoir pratiqué, ils nous laissent beaucoup d'obscurités dans leurs poëmes, qu'il n'y a que les maîtres de l'art qui puissent développer; encore ne sais-je s'ils en viennent à bout toutes les fois qu'ils se l'imaginent. Si nous nous assujettissions à suivre entièrement leur méthode, il ne faudrait mettre aucune distinction d'actes ni de scènes, non plus que les Grecs. Ce manque est souvent cause que je ne sais combien il y a d'actes dans leurs pièces, ni si à la fin d'un acte un acteur se retire pour laisser chanter le chœur, ou s'il demeure sans action cependant qu'il chante, parce que ni eux ni leurs interprètes n'ont daigné nous en donner un mot d'avis à la marge.

Nous avons encore une autre raison particulière de ne pas négliger ce petit secours comme ils ont fait; c'est que l'impression met nos pièces entre les mains des comédiens qui courent les provinces, que nous ne pouvons avertir que par là de ce qu'ils ont à faire, et qui feraient d'étranges contre-temps, si nous ne leur aidions par ces notes. Ils se trouveraient bien embarrassés au cinquième acte des pièces qui finissent heureusement, et où nous rassemblons tous les acteurs sur notre théâtre; ce que ne faisaient pas les anciens : ils diraient souvent à l'un ce qui s'adresse à l'autre, principalement quand il faut que le même acteur parle à trois ou quatre l'un après l'autre. Quand il y a quelque commandement à faire à l'oreille, comme celui de Cléopâtre à Laonice pour lui aller querir du poison, il faudrait un *à parte* pour l'exprimer en vers, si l'on se voulait passer de ces avis en marge; et l'un me semble beaucoup plus insupportable que les autres, qui nous donnent le vrai et unique moyen de faire, suivant le sentiment d'Aristote, que la tragédie soit aussi belle à la lecture qu'à la représentation, en rendant facile à l'imagination du lecteur tout ce que le théâtre présente à la vue des spectateurs.

La règle de l'unité de jour a son fondement sur ce mot d'Aristote, « que la tragédie doit renfermer la « durée de son action dans un tour du soleil, ou tâ- « cher de ne le passer pas de beaucoup [1]. » Ces paroles donnent lieu à cette dispute fameuse, si elles doivent être entendues d'un jour naturel de vingt-quatre heures, ou d'un jour artificiel de douze; ce sont deux opinions dont chacune a des partisans considérables : et pour moi, je trouve qu'il y a des sujets si malaisés à renfermer en si peu de temps, que non-seulement je leur accorderais les vingt-quatre heures entières, mais je me servirais même de la licence que donne ce philosophe de les excéder un peu, et les pousserais sans scrupule jusqu'à trente. Nous avons une maxime en droit qu'il faut élargir la faveur, et restreindre les rigueurs, *odia restringenda, favores ampliandi*; et je trouve qu'un auteur est assez gêné par cette contrainte, qui a forcé quelques-uns de nos anciens d'aller jusqu'à l'impossible. Euripide, dans les *Suppliantes*, fait partir Thésée d'Athènes avec une armée, donner une bataille devant les murs de Thèbes, qui en étaient éloignés de douze ou quinze lieues, et revenir victorieux en l'acte suivant; et depuis qu'il est parti jusqu'à l'arrivée du messager qui vient faire le récit de sa victoire, Æthra et le chœur n'ont que trente-six vers à dire. C'est assez bien employer un temps si court. Æschyle fait revenir Agamemnon de Troie avec une vitesse encore tout autre. Il était demeuré d'accord avec Clytemnestre sa femme, que, sitôt que cette ville serait

---

fou pour condamner toute une nation à la mort, parce qu'on n'a pas fait la révérence à son ministre. L'ivresse de l'idolâtrie pour Louis XIV, et la bassesse de la flatterie pour madame de Maintenon, fascinèrent les yeux à Versailles : ils furent éclairés au théâtre de Paris. Mais le charme de la diction est si grand, que tous ceux qui aiment les vers en retiennent par cœur plusieurs de cette pièce; c'est ce qui n'est arrivé à aucune des vingt dernières pièces de Corneille. Quelque chose qu'on écrive, soit vers, soit prose, soit tragédie ou comédie, soit fable ou sermon, la première loi est de bien écrire. (V.) — Il est difficile de n'être pas de l'avis de Voltaire, du moins à quelques égards, sur l'invraisemblance du sujet d'*Esther*; mais il est si loin d'exagérer le mérite supérieur de la diction de cet bel ouvrage, que nous sommes persuadé que, si d'excellents acteurs se réunissaient pour le représenter, et qu'il y eût surtout une actrice qui joignît dans le rôle d'Esther, au charme d'une voix mélodieuse et sensible, une figure noble et intéressante, cette pièce, soutenue de son magnifique spectacle et du style admirable de l'auteur, aurait le plus grand succès. (P.)

[1] L'unité de jour a son fondement non-seulement dans les préceptes d'Aristote, mais dans ceux de la nature. Il serait même très-convenable que l'action ne durât pas en effet plus longtemps que la représentation; et Corneille a raison de dire que sa tragédie de *Cinna* jouit de cet avantage. Il est clair qu'on peut sacrifier ce mérite à un plus grand, qui est celui d'intéresser. Si vous faites verser plus de larmes en étendant votre action à vingt-quatre heures, prenez le jour et la nuit, mais n'allez pas plus loin : alors l'illusion serait trop détruite. (V.)

prise, il le lui ferait savoir par des flambeaux disposés de montagne en montagne, dont le second s'allumerait incontinent à la vue du premier, le troisième à la vue du second, et ainsi du reste; et par ce moyen elle devait apprendre cette grande nouvelle dès la même nuit : cependant à peine l'a-t-elle apprise par ces flambeaux allumés, qu'Agamemnon arrive, dont il faut que le navire, quoique battu d'une tempête, si j'ai bonne mémoire, ait été aussi vite que l'œil à découvrir ces lumières. *Le Cid* et *Pompée*, où les actions sont un peu précipitées, sont bien éloignés de cette licence; et, s'ils forcent la vraisemblance commune en quelque chose, du moins ils ne vont point jusqu'à de telles impossibilités.

Beaucoup déclament contre cette règle, qu'ils nomment tyrannique, et auraient raison, si elle n'était fondée que sur l'autorité d'Aristote; mais ce qui la doit faire accepter, c'est la raison naturelle qui lui sert d'appui. Le poëme dramatique est une imitation, ou, pour en mieux parler, un portrait des actions des hommes; et il est hors de doute que les portraits sont d'autant plus excellents qu'ils ressemblent mieux à l'original. La représentation dure deux heures, et ressemblerait parfaitement, si l'action qu'elle représente n'en demandait pas davantage pour sa réalité. Ainsi ne nous arrêtons point ni aux douze, ni aux vingt-quatre heures, mais resserrons l'action du poëme dans la moindre durée qu'il nous sera possible, afin que sa représentation ressemble mieux et soit plus parfaite. Ne donnons, s'il se peut, à l'une que les deux heures que l'autre remplit : je ne crois pas que *Rodogune* en demande guère davantage, et peut-être qu'elles suffiraient pour *Cinna*. Si nous ne pouvons la renfermer dans ces deux heures, prenons-en quatre, six, dix, mais ne passons pas de beaucoup les vingt-quatre heures, de peur de tomber dans le déréglement, et de réduire tellement le portrait en petit, qu'il n'ait plus ses dimensions proportionnées, et ne soit qu'imperfection[1].

Surtout je voudrais laisser cette durée à l'imagination des auditeurs, et ne déterminer jamais le temps qu'elle emporte, si le sujet n'en avait besoin, principalement quand la vraisemblance y est un peu forcée, comme au *Cid*, parce qu'alors cela ne sert qu'à les avertir de cette précipitation. Lors même que rien n'est violenté dans un poëme par la nécessité d'obéir à cette règle, qu'est-il besoin de marquer à l'ouverture du théâtre que le soleil se lève, qu'il est midi au troisième acte, et qu'il se couche à la fin du dernier? C'est une affectation qui ne fait qu'importuner; il suffit d'établir la possibilité de la chose dans le temps où on la renferme, et qu'on le puisse trouver aisément, si l'on y veut prendre garde, sans y appliquer l'esprit malgré soi. Dans les actions même qui n'ont point plus de durée que la représentation, cela serait de mauvaise grâce si l'on marquait d'acte en acte qu'il s'est passé une demi-heure de l'un à l'autre.

Je répète ce que j'ai dit ailleurs, que, quand nous prenons un temps plus long, comme de dix heures, je voudrais que les huit qu'il faut perdre se consumassent dans les intervalles des actes, et que chacun d'eux n'eût en son particulier que ce que la représentation en consume, principalement lorsqu'il y a liaison de scènes perpétuelles; car cette liaison ne souffre point de vide entre deux scènes. J'estime toutefois que le cinquième, par un privilége particulier, a quelque droit de presser un peu le temps, en sorte que la part de l'action qu'il représente en tienne davantage qu'il n'en faut pour sa représentation. La raison en est que le spectateur est alors dans l'impatience de voir la fin, et que, quand elle dépend d'acteurs qui sont sortis du théâtre, tout l'entretien qu'on donne à ceux qui y demeurent en attendant de leurs nouvelles ne fait que languir, et semble demeurer sans action. Il est hors de doute que, depuis que Phocas est sorti au cinquième d'*Héraclius* jusqu'à ce qu'Amyntas vienne raconter sa mort, il faut plus de temps pour ce qui se fait derrière le théâtre que pour le récit des vers qu'Héraclius, Martian et Pulchérie, emploient à plaindre leur malheur. Prusias et Flaminius, dans celui de *Nicomède*, n'ont pas tout le loisir dont ils auraient besoin pour se rejoindre sur la mer, consulter ensemble, et revenir à la défense de la reine; et le Cid n'en a pas assez pour se battre contre don Sanche durant l'entretien de l'infante avec Léonore et de Chimène avec Elvire. Je l'ai bien vu, et n'ai point fait de scrupule de cette précipitation, dont peut-être on trouverait plusieurs exemples chez les anciens; mais ma paresse, dont j'ai déjà parlé, me fera contenter de celui-ci, qui est de Térence dans l'*Andrienne*. Simon y fait entrer Pamphile son fils chez Glycère, pour en faire sortir le vieillard Criton, et s'éclaircir avec lui de la naissance de sa maîtresse, qui se trouve fille de Chrémès. Pamphile y entre, parle à Criton, le prie de le servir, revient avec lui; et durant cette entrée, cette prière et cette sortie, Simon et Chrémès, qui demeurent sur le théâtre, ne disent que chacun un vers, qui ne saurait donner tout au plus à Pamphile que le loisir de demander où est Criton, et non pas de parler à lui, et lui dire les raisons qui le doivent porter à découvrir en sa faveur ce qu'il sait de la naissance de cette inconnue.

Quand la fin de l'action dépend d'acteurs qui n'ont point quitté le théâtre, et ne font point attendre de

---

[1] Nous sommes entièrement de l'avis de Corneille dans tout ce qu'il dit de l'unité de jour. (V.)

leurs nouvelles, comme dans *Cinna* et dans *Rodogune*, le cinquième acte n'a point besoin de ce privilége, parce qu'alors toute l'action est en vue; ce qui n'arrive pas quand il s'en passe une partie derrière le théâtre depuis qu'il est commencé. Les autres actes ne méritent point la même grâce. S'il ne s'y trouve pas assez de temps pour y faire rentrer un acteur qui en est sorti, ou pour faire savoir ce qu'il a fait depuis cette sortie, on peut attendre à en rendre compte en l'acte suivant; et le violon, qui les distingue l'un de l'autre, en peut consumer autant qu'il en est besoin; mais dans le cinquième, il n'y a point de remise : l'attention est épuisée, et il faut finir.

Je ne puis oublier que, bien qu'il nous faille réduire toute l'action tragique en un jour, cela n'empêche pas que la tragédie ne fasse connaître par narration, ou par quelque autre manière plus artificieuse, ce qu'a fait son héros en plusieurs années, puisqu'il y en a dont le nœud consiste en l'obscurité de sa naissance qu'il faut éclaircir, comme *OEdipe*. Je ne répéterai point que, moins on se charge d'actions passées, plus on a l'auditeur propice, par le peu de gêne qu'on lui donne en lui rendant toutes les choses présentes, sans demander aucune réflexion à sa mémoire que pour ce qu'il a vu : mais je ne puis oublier que c'est un grand ornement pour un poëme que le choix d'un jour illustre et attendu depuis quelque temps. Il ne s'en présente pas toujours des occasions; et, dans tout ce que j'ai fait jusqu'ici, vous n'en trouverez de cette nature que quatre : celui d'*Horace*, où deux peuples devaient décider de leur empire par une bataille; celui de *Rodogune*, d'*Andromède* et de *Don Sanche*. Dans *Rodogune*, c'est un jour choisi par deux souverains pour l'effet d'un traité de paix entre leurs couronnes ennemies, pour une entière réconciliation de deux rivales par un mariage, et pour l'éclaircissement d'un secret de plus de vingt ans, touchant le droit d'aînesse entre deux princes gémeaux, dont dépend le royaume, et le succès de leur amour. Celui d'*Andromède* et celui de *Don Sanche* ne sont pas de moindre considération; mais, comme je le viens de dire, les occasions ne s'en offrent pas souvent; et, dans le reste de mes ouvrages, je n'ai pu choisir des jours remarquables que par ce que le hasard y fait arriver, et non pas par l'emploi où l'ordre public les ait destinés de longue main.

Quant à l'unité de lieu, je n'en trouve aucun précepte ni dans Aristote, ni dans Horace : c'est ce qui porte quelques-uns à croire que la règle ne s'en est établie qu'en conséquence de l'unité du jour, et à se persuader ensuite qu'on peut étendre jusques où un homme peut aller et revenir en vingt-quatre heures. Cette opinion est un peu licencieuse; et, si l'on faisait aller un acteur en poste, les deux côtés du théâtre pourraient représenter Paris et Rouen. Je souhaiterais, pour ne point gêner du tout le spectateur, que ce qu'on fait représenter devant lui en deux heures se pût passer en effet en deux heures, et que ce qu'on lui fait voir sur un théâtre, qui ne change point, pût s'arrêter dans une chambre ou dans une salle, suivant le choix qu'on en aurait fait : mais souvent cela est si malaisé, pour ne pas dire impossible¹, qu'il faut de nécessité trouver quelque élargissement pour le lieu, comme pour le temps. Je l'ai fait voir exact dans *Horace*, dans *Polyeucte* et dans *Pompée*; mais il faut, pour cela, ou n'introduire qu'une femme, comme dans *Polyeucte*; ou que les deux qu'on introduit ayent tant d'amitié l'une pour l'autre, et des intérêts si conjoints, qu'elles puissent être toujours ensemble, comme dans l'*Horace*; ou qu'il leur puisse arriver, comme dans *Pompée*, où l'empressement de la curiosité naturelle fait sortir de leurs appartements Cléopâtre au second acte, et Cornélie au cinquième, pour aller jusque dans la grande salle du palais du roi au-devant des nouvelles qu'elles attendent. Il n'en va pas de même dans *Rodogune*; Cléopâtre et elle ont des intérêts trop divers pour expliquer leurs plus secrètes pensées en même lieu. Je pourrais en dire ce que j'ai dit de *Cinna*, où en général tout se passe dans Rome, et en particulier moitié dans le cabinet d'Auguste, et moitié chez Æmilie. Suivant cet ordre, le premier acte de cette tragédie serait dans l'antichambre de Rodogune, le second dans la chambre de Cléopâtre, le troisième dans celle de Rodogune : mais si le quatrième peut commencer chez cette princesse, il n'y peut achever, et ce que Cléopâtre y dit à ses deux fils l'un après l'autre y serait mal placé. Le cinquième a besoin d'une salle d'audience où un grand peuple puisse être présent. La même chose se rencontre dans *Héraclius*. Le premier acte serait fort bien dans le cabinet de

---

¹ Nous avons dit ailleurs que la mauvaise construction de nos théâtres, perpétuée depuis nos temps de barbarie jusqu'à nos jours, rendait la loi de l'unité de lieu presque impraticable. Les conjurés ne peuvent pas conspirer contre César dans sa chambre, on ne s'entretient pas de ses intérêts secrets dans une place publique; la même décoration ne peut représenter à la fois la façade d'un palais et celle d'un temple. Il faudrait que le théâtre fît voir aux yeux tous les endroits particuliers où la scène se passe, sans nuire à l'unité de lieu : ici, une partie d'un temple; là, le vestibule d'un palais, une place publique, des rues dans l'enfoncement; enfin tout ce qui est nécessaire pour montrer à l'œil tout ce que l'oreille doit entendre. L'unité de lieu est tout le spectacle que l'œil peut embrasser sans peine. Nous ne sommes point de l'avis de Corneille, qui veut que la scène du *Menteur* soit tantôt à un bout de la ville, tantôt à l'autre. Il était très-aisé de remédier à ce défaut en rapprochant les lieux. Nous ne supposons même pas que l'action de Cinna puisse se passer d'abord dans la maison d'Émilie, et ensuite dans celle d'Auguste. Rien n'était plus facile que de faire une décoration qui représentât la maison d'Émilie, celle d'Auguste, une place, des rues de Rome. (V.)

Phocas, et le second chez Léontine; mais si le troisième commence chez Pulchérie, il n'y peut achever, et il est hors d'apparence que Phocas délibère dans l'appartement de cette princesse de la perte de son frère.

Nos anciens, qui faisaient parler leurs rois en place publique, donnaient assez aisément l'unité rigoureuse de lieu à leurs tragédies. Sophocle toutefois ne l'a pas observée dans son *Ajax*, qui sort du théâtre afin de chercher un lieu écarté pour se tuer, et s'y tue à la vue du peuple; ce qui fait juger aisément que celui où il se tue n'est pas le même que celui d'où on l'a vu sortir, puisqu'il n'en est sorti que pour en choisir un autre.

Nous ne prenons pas la même liberté de tirer les rois et les princesses de leurs appartements; et, comme souvent la différence et l'opposition des intérêts de ceux qui sont logés dans le même palais ne souffrent pas qu'ils fassent leurs confidences et ouvrent leurs secrets en même chambre, il nous faut chercher quelque autre accommodement pour l'unité de lieu, si nous la voulons conserver dans tous nos poëmes : autrement il faudrait prononcer contre beaucoup de ceux que nous voyons réussir avec éclat.

Je tiens donc qu'il faut chercher cette unité exacte autant qu'il est possible; mais, comme elle ne s'accommode pas avec toute sorte de sujets, j'accorderais très-volontiers que ce qu'on ferait passer en une seule ville aurait l'unité de lieu. Ce n'est pas que je voulusse que le théâtre représentât cette ville tout entière, cela serait un peu trop vaste, mais seulement deux ou trois lieux particuliers enfermés dans l'enclos de ses murailles. Ainsi la scène de *Cinna* ne sort point de Rome, et est tantôt l'appartement d'Auguste dans son palais, et tantôt la maison d'Æmilie. *Le Menteur* a les Tuileries et la place Royale dans Paris; et *la Suite* fait voir la prison et le logis de Mélisse dans Lyon. *Le Cid* multiplie encore davantage les lieux particuliers sans quitter Séville; et comme la liaison de scènes n'y est pas gardée, le théâtre, dès le premier acte, est la maison de Chimène, l'appartement de l'infante dans le palais du roi, et la place publique; le second y ajoute la chambre du roi : et sans doute il y a quelque excès dans cette licence. Pour rectifier en quelque façon cette duplicité de lieu, quand elle est inévitable, je voudrais qu'on fît deux choses : l'une, que jamais on ne changeât dans le même acte, mais seulement de l'un à l'autre, comme il se fait dans les trois premiers de *Cinna*; l'autre, que ces deux lieux n'eussent point besoin de diverses décorations, et qu'aucun des deux ne fût jamais nommé, mais seulement le lieu général où tous les deux sont compris, comme Paris, Rome, Lyon, Constantinople, etc. Cela aiderait à tromper l'auditeur, qui, ne voyant rien qui lui marquât la diversité des lieux, ne s'en apercevrait pas, à moins d'une réflexion malicieuse et critique, dont il y en a peu qui soient capables, la plupart s'attachant avec chaleur à l'action qu'ils voient représenter. Le plaisir qu'ils y prennent est cause qu'ils n'en veulent pas chercher le peu de justesse pour s'en dégoûter; et ils ne le reconnaissent que par force, quand il est trop visible, comme dans *le Menteur* et *la Suite*, où les différentes décorations font reconnaître cette duplicité de lieu, malgré qu'on en ait.

Mais comme les personnes qui ont des intérêts opposés ne peuvent pas vraisemblablement expliquer leurs secrets en même place, et qu'ils sont quelquefois introduits dans le même acte avec liaison de scènes qui emporte nécessairement cette unité, il faut trouver un moyen qui la rende compatible avec cette contradiction qu'y forme la vraisemblance rigoureuse, et voir comment pourra subsister le quatrième acte de *Rodogune*, et le troisième d'*Héraclius*, où j'ai déjà marqué cette répugnance du côté des deux personnes ennemies qui parlent en l'un et en l'autre. Les jurisconsultes admettent des fictions de droit; et je voudrais, à leur exemple, introduire des fictions de théâtre, pour établir un lieu théâtral qui ne serait ni l'appartement de Cléopâtre, ni celui de Rodogune dans la pièce qui porte ce titre, ni celui de Phocas, de Léontine, ou de Pulchérie dans *Héraclius*, mais une salle sur laquelle ouvrent ces divers appartements, à qui j'attribuerais deux priviléges : l'un, que chacun de ceux qui y parleraient fût présumé y parler avec le même secret que s'il était dans sa chambre; l'autre, qu'au lieu que dans l'ordre commun il est quelquefois de la bienséance que ceux qui occupent le théâtre aillent trouver ceux qui sont dans leur cabinet pour parler à eux, ceux-ci pussent les venir trouver sur le théâtre, sans choquer cette bienséance, afin de conserver l'unité de lieu et la liaison des scènes. Ainsi Rodogune, dans le premier acte, vient trouver Laonice qu'elle devrait mander pour parler à elle; et, dans le quatrième, Cléopâtre vient trouver Antiochus au même lieu où il vient de fléchir Rodogune, bien que, dans l'exacte vraisemblance, ce prince devrait aller chercher sa mère dans son cabinet, puisqu'elle hait trop cette princesse pour venir parler à lui dans son appartement, où la première scène fixerait le reste de cet acte, si l'on n'apportait ce tempérament, dont j'ai parlé, à la rigoureuse unité de lieu.

Beaucoup de mes pièces en manqueront si l'on ne veut point admettre cette modération, dont je me contenterai toujours à l'avenir, quand je ne pourrai satisfaire à la dernière rigueur de la règle. Je n'ai pu y en réduire que trois : *Horace*, *Polyeucte*, et *Pom-*

pée. Si je me donne trop d'indulgence dans les autres, j'en aurai encore davantage pour ceux dont je verrai réussir les ouvrages sur la scène avec quelque apparence de régularité. Il est facile aux spéculatifs d'être sévères; mais s'ils voulaient donner dix ou douze poëmes de cette nature au public, ils élargiraient peut-être les règles encore plus que je ne fais, sitôt qu'ils auraient reconnu par l'expérience quelle contrainte apporte leur exactitude, et combien de belles choses elle bannit de notre théâtre. Quoi qu'il en soit, voilà mes opinions, ou, si vous voulez, mes hérésies touchant les principaux points de l'art; et je ne sais point mieux accorder les règles anciennes avec les agréments modernes. Je ne doute point qu'il ne soit aisé d'en trouver de meilleurs moyens, et je serai tout prêt de les suivre lorsqu'on les aura mis en pratique aussi heureusement qu'on y a vu les miens [1].

DISCOURS A L'ACADÉMIE [2].

MESSIEURS,

S'il est vrai que ce soit un avantage pour dépeindre les passions que de les ressentir, et que l'esprit trouve avec plus de facilité des couleurs pour ce qui le touche que pour les idées qu'il emprunte de son imagination, j'avoue qu'il faut que je condamne tous les applaudissements qu'ont reçus jusqu'ici mes ouvrages, et que c'est injustement qu'on m'attribue quelque adresse à décrire les mouvements de l'âme, puisque dans la joie la plus sensible dont je sois capable, je ne trouve point de paroles qui vous en puissent faire concevoir la moindre partie. Ainsi je vois ma réputation prête à être détruite par la gloire même qui la devait achever, puisqu'elle me jette dans la nécessité de vous montrer mon faible, prenant possession des grâces qu'ils vous a plu me faire : je ne me dois regarder que comme un de ces indignes mignons de la fortune que son caprice n'élève au plus haut de la roue, sans aucun mérite, que pour mettre plus en vue les taches de la fange dont elle les a tirés. Et certes, voyant cette honte inévitable dans l'honneur que je reçois, j'aurais de la peine à m'en consoler, si je ne considérais que vous rappellerez aisément en votre mémoire ce que vous savez mieux que moi, que la joie n'est qu'un épanouissement du cœur; et, si j'ose me servir d'un terme dont la dévotion s'est saisie,

une certaine liquéfaction intérieure, qui, s'épanchant dans l'homme tout entier, relâche toutes les puissances de son âme; de sorte qu'au lieu que les autres passions y excitent des orages et des tempêtes dont les éclats sortent au dehors avec impétuosité et violence, celle-ci n'y produit qu'une langueur qui tient quelque chose de l'extase, et qui, se contentant de se mêler et de se rendre visible dans tous les traits extérieurs, laisse l'esprit dans l'impuissance de l'exprimer. C'est ce qu'ont bien reconnu nos grands maîtres du théâtre, qui n'ont jamais amené leurs héros jusqu'à la félicité qu'ils leur ont fait espérer, qu'ils ne se soient arrêtés là tout aussitôt, sans faire des efforts inutiles à représenter leur satisfaction, dont ils savaient bien qu'ils ne pouvaient venir à bout.

Vous êtes trop équitables pour exiger de leur écolier une chose dont leurs exemples n'ont pu l'instruire; et vous aurez même assez de bonté pour suppléer à ce défaut, et juger de la grandeur de ma joie par celle de l'honneur que vous m'avez fait en me donnant une place dans votre illustre compagnie. Et véritablement, messieurs, quand je n'aurais pas une connaissance particulière du mérite de ceux qui la composent, quand je n'aurais pas tous les jours entre les mains les admirables chefs-d'œuvre qui partent des vôtres, quand je ne saurais enfin autre chose de vous, sinon que vous êtes le choix de ce grand génie qui n'a fait que des miracles, feu M. le cardinal de Richelieu, je serais l'homme du monde le plus dépourvu de sens commun, si je n'avais pas pour vous une estime et une vénération toujours extraordinaires, quand je vois que de la même main dont ce grand homme sapait les fondements de la monarchie d'Espagne, il a daigné jeter ceux de votre établissement, et confier à vos soins la pureté d'une langue qu'il voulait faire entendre et dominer par toute l'Europe. Vous m'avez fait part de cette gloire, et j'en tire encore cet avantage, qu'il est impossible que de vos savantes assemblées, où vous me faites l'honneur de me recevoir, je ne remporte les belles teintures et les parfaites connaissances, qui, donnant une meilleure forme à ces heureux talents dont la nature m'a favorisé, mettront en un plus haut degré ma réputation, et feront remarquer aux plus grossiers, même dans la continuation de mes petits travaux, combien il s'y sera coulé du vôtre, et quels nouveaux ornements le bonheur de votre communication aura semés. Oserai-je vous dire toutefois, messieurs, parmi cet excès d'honneur et ces avantages infaillibles, que ce n'est pas de vous que j'attends ni les plus grands honneurs ni les plus grands avantages. Vous vous étonnerez sans doute d'une civilité si étrange; mais, bien loin de vous en offenser, vous demeurerez d'accord avec moi de cette vérité, quand

---

[1] Après les exemples que Corneille donna dans ses pièces, il ne pouvait guère donner de préceptes plus utiles que dans ces discours. (V.)

[2] Corneille fut reçu à l'Académie le 22 janvier 1647, à la place de Maynard, mort l'année précédente.

je vous aurai nommé monseigneur le chancelier, et que je vous aurai dit que c'est de lui que j'espère et ces honneurs et ces avantages dont je vous parle, puisqu'il a bien voulu être le protecteur d'un corps si fameux, et qu'on peut dire en quelque sorte n'être que d'esprit : en devenir un des membres, c'est devenir en même temps une de ses créatures; et puisque, par l'entrée que vous m'y donnez, je trouve et plus d'occasions et plus de facilité de lui rendre mes devoirs plus souvent, j'ai quelque droit de me promettre qu'étant illuminé de plus près, je pourrai répandre à l'avenir dans tous mes ouvrages avec plus d'éclat et de vigueur les lumières que j'aurai reçues de sa présence. Comme c'est un bien que je devrai entièrement à la faveur de vos suffrages, je vous conjure de croire que je ne manquerai jamais de reconnaissance envers ceux qui me l'ont procuré, et qu'encore qu'il soit très-vrai que vous ne pourriez donner cette place à personne qui se sentît plus incapable de la remplir, il n'est pas moins vrai que vous ne la pouviez donner à personne, ni qui l'eût plus ardemment souhaitée, ni qui s'en tînt votre redevable en un plus haut point, ni qui eût enfin plus de passion de contribuer de tous ses soins et de toutes ses forces au service d'une compagnie si célèbre, à qui j'aurai des obligations éternelles de m'avoir fait tant d'honneurs sans les mériter [1].

PRÉFACES
DE L'IMITATION DE JÉSUS-CHRIST.

POUR
LES VINGT PREMIERS CHAPITRES
DU LIVRE PREMIER,
PUBLIÉS EN 1651.

AU LECTEUR.

[2] .... Les matières y ont si peu de disposition à la poésie, que mon entreprise n'est pas sans quelque apparence de témérité, et c'est ce qui m'a empêché de m'engager plus avant, que je n'aye consulté le jugement du public par ces vingt chapitres que je lui donne pour coup d'essai, et pour arrhes du reste. J'apprendrai, par l'estime ou le mépris qu'il en fera, si j'ai bien ou mal pris mes mesures, et de quelle façon je dois continuer; s'il me faut étendre davantage les pensées de mon auteur pour leur faire recevoir par force les agréments qu'il a méprisés, ou si ce peu que j'y ajoute quelquefois, par la nécessité de fournir une strophe, n'est point une liberté qu'il soit à propos de retrancher. Je pensais être le premier à qui il fût tombé en l'esprit de sanctifier la poésie par un ouvrage si précieux; mais je viens d'être surpris de le voir rendu en vers latins par le R. P. Thomas Mesler, bénédictin de l'abbaye impériale de Zuifalten, et imprimé à Bruxelles dès l'année 1649. Il s'en est acquitté si dignement, que je ne prétends pas l'égaler en notre langue. Je me contenterai de le suivre de loin, et de faire mes efforts pour rendre mon travail utile à mes lecteurs, sans aspirer à la gloire que le sien a méritée. Je ne prétends non plus à celle de donner mon suffrage parmi tant de savants, et me rendre partie en cette fameuse querelle touchant le véritable auteur d'un livre si saint. Que ce soit Jean Gerson, que ce soit Thomas A Kempis, ou quelque autre qu'on n'ait pas encore mis sur les rangs, tâchons de suivre ces instructions, puisque elles sont bonnes, sans examiner de quelles mains elles viennent. C'est ce qu'il nous ordonne lui-même dans le cinquième chapitre de ce premier livre, et cela doit suffire à ceux qui ne cherchent qu'à devenir meilleurs par sa lecture; le reste n'est important qu'à la gloire des deux ordres qui le veulent chacun revêtir de leur habit. Je n'ai pas assez de suffisance pour pouvoir juger de leurs raisons; mais je trouve qu'ils ont raison l'un et l'autre de vouloir que l'Église leur soit obligée d'un si grand trésor; et, si j'ose en dire mon opinion, j'estime que ce grand personnage a pris autant de peine à n'être pas connu qu'ils en prennent à le faire connaître, et tiens fort vraisemblable qu'il n'eût pas osé nous donner ce beau précepte d'humilité dès le second chapitre, *ama nesciri*, s'il ne l'eût pratiqué lui-même. Aussi ne puis-je dissimuler que je penserais aller contre l'intention de l'auteur que je traduis, si je portais ma curiosité dans ce qu'il nous a voulu et su cacher avec tant de soin. Ce m'est assez d'être assuré, par la lecture de son livre, que c'était un homme de Dieu, et bien illuminé du Saint-Esprit. J'y trouve certitude qu'il était prêtre; j'y trouve grande apparence qu'il était moine; mais j'y trouve aussi quelque répugnance à le croire Italien. Les mots grossiers dont il se sert assez sou-

---

[1] Ce discours, écrit avec plus de négligence qu'aucun autre ouvrage de Corneille, semble prouver, par le peu de soin qu'il y donna, son mépris secret pour l'Académie, qui, après avoir censuré le *Cid* par une basse complaisance pour le cardinal de Richelieu, avait encore été assez injuste pour lui préférer deux fois deux hommes dont le nom est à peine connu. On sent combien un remerciment, qui lui rappelait nécessairement cette double injure, dut lui paraître pénible à faire, et combien d'ailleurs il était au-dessous de lui. (P.)

[2] Comme en la préface générale de l'*Imitation*.

vent sentent bien autant le latin de nos vieilles pancartes que la corruption de celui delà les monts, et si je voyais encore quelques autres conjectures qui le pussent faire passer pour Français, j'y donnerais volontiers les mains en faveur du pays.

POUR

LES CINQ DERNIERS CHAPITRES

DU PREMIER LIVRE

ET LES SIX PREMIERS DU LIVRE SECOND,

PUBLIÉS EN 1652.

AU LECTEUR.

Je donne cette seconde partie à l'impatience de ceux qui ont fait quelque état de la première, et ce n'est pas sans un peu de confusion que je leur donne si peu de chose à la fois. Quelques-uns même en pourront murmurer avec justice : mais après la grâce qu'ils m'ont faite de ne point dédaigner ce qu'ils en ont vu, je pense avoir quelque droit d'espérer qu'ils ne me refuseront pas celle de se contenter de ce que je puis, et de n'exiger rien de moi par delà ma portée. Le bon accueil qu'en a reçu le premier échantillon de cet ouvrage m'a bien enhardi à le poursuivre ; mais il ne m'a pas donné la force d'aller bien loin sans me rebuter. Le peu de disposition que les matières y ont à la poésie, le peu de liaison non-seulement d'un chapitre avec l'autre, mais d'une période même avec celle qui la suit, et la quantité des redites qui s'y rencontrent, sont des obstacles assez malaisés à surmonter. Et si, outre ces trois difficultés qui viennent de l'original, vous voulez bien en considérer trois autres de la part du traducteur, peu de connaissance de la théologie, peu de pratique des sentiments de dévotion, et peu d'habitude à faire des vers d'ode et de stances, j'ose m'assurer que vous me trouverez assez excusable, quand je vous avouerai qu'après seize ou dix-sept cents vers de cette nature, j'ai besoin de reprendre haleine, et me reposer plus d'une fois dans une carrière si longue et si pénible. C'est ce que je fais avec d'autant plus de liberté, que je n'y vois aucun chapitre dont l'intelligence dépende de celui qui le précède, ou de celui qui le suit ; et que, n'ayant point d'ordre entre eux, je puis m'arrêter où je me trouve las, sans craindre d'en rompre la tissure. Si Dieu me donne assez de vie et d'esprit, je tâcherai d'aller jusqu'au bout, et lors nous rejoindrons tous ces fragments. Cependant je conjure le lecteur d'agréer ce que je lui pourrai donner de temps en temps, et surtout de souffrir l'importunité de quelques mots que j'emploie un peu souvent. Les répétitions sont si fréquentes dans le texte de mon auteur, que quand notre langue serait dix fois plus abondante qu'elle n'est, ma traduction l'aurait déjà épuisée. Il s'y trouve même des mots si farouches pour la poésie, que je suis contraint d'en chercher d'autres qui n'y répondent pas si parfaitement que je souhaiterais, et n'en sauraient exprimer toute la force.

Je fais cette excuse particulièrement pour celui de *consolations* dont il se sert à tout propos, et qui a grande peine à trouver sa place dans nos vers avec quelque grâce ; celui de *joie* et celui de *douceur* que je lui substitue ne disent pas tout ce qu'il veut dire ; et, à moins que l'indulgence du lecteur supplée ce qui leur manque, il ne concevra pas la pensée de l'auteur dans toute son étendue. Il en est ainsi de quelques autres que je ne puis pas toujours rendre comme je voudrais. Je n'en veux pas toutefois imputer si pleinement la faute à la faiblesse de notre langue, que je ne confesse que la mienne y a bonne part ; mais enfin je ne puis mieux, et de quelque importance que soit ce défaut, je n'ai pas cru qu'il me dût faire quitter un travail que d'ailleurs on me veut faire croire être assez utile au public, et pouvoir contribuer quelque chose à la gloire de Dieu et à l'édification du prochain.

POUR

LA SUITE DU LIVRE SECOND,

PUBLIÉE EN 1653.

AU LECTEUR.

J'ai bien des grâces à vous demander, mais aussi les difficultés qui se rencontrent en cette sorte de traduction méritent bien que vous ne m'en soyez pas avare. Le peu de disposition que les matières y ont à la poésie, le peu de liaison non-seulement d'un chapitre avec l'autre, mais d'une période même avec celle qui la suit, et la quantité des redites, sont des obstacles assez malaisés à surmonter. Et si, outre ces trois qui viennent de l'original, vous voulez bien en considérer trois autres de la part du traducteur, peu de connaissance de la théologie, peu de pratique des sentiments de dévotion, et peu d'habitude à faire des vers d'ode et de stances, j'ose m'assurer que vous me pardonnerez aisément les défauts que je vois moi-même dans cet ouvrage, sans pouvoir l'en purger au point qu'on peut raisonnablement attendre d'un homme à qui les vers ont acquis quelque réputation. Surtout les répétitions sont si fréquentes dans le texte de mon auteur, que quand notre langue serait dix fois plus abondante qu'elle n'est, je l'aurais déjà épuisée. Elles ont bien lieu de vous importuner, puisqu'elles m'accablent, et j'avoue ingénument que je n'ai pu encore trouver le secret de diversifier mes expressions, toutes les fois qu'il me présente la même chose à exprimer. Le premier et le dernier chapitre de ce second livre en sont tout remplis, et comme je n'ai pu me résoudre à faire une infidélité à mon guide, que je suis pas à pas, de peur de m'égarer dans un chemin qui m'est presque inconnu, aussi n'ai-je pu forcer mon génie à n'y laisser aucune marque du dégoût que ces redites m'ont donné. Il se rencontre même dans son texte des mots si farouches pour la poésie, que je suis contraint d'avoir recours à d'autres qui n'y répondent pas si bien que je souhaiterais, et n'en sauraient faire passer toute la force en notre français. Je fais cette excuse particulièrement pour celui de *consolations*, dont il se sert à tout propos, et qui a grande peine à trouver sa place dans les vers avec quelque grâce. Ceux de *tribulation*, *contemplation*, *humiliation*, ne sont pas de meilleure trempe. La nécessité me les fait employer plus souvent que ne peut souffrir la douceur de la belle poésie; et quand je m'enhardis à en substituer quelques autres en leur place, je sens bien qu'il ne disent pas tout ce que mon auteur veut dire, et qu'à moins que l'indulgence du lecteur supplée ce qui leur manque, il ne concevra pas sa pensée dans toute son étendue. Il en est ainsi de quelques autres encore que je ne puis pas rendre toujours comme je voudrais, et sont cause que les personnes bien illuminées, qui entendent et goûtent parfaitement l'original, ne trouvent pas leur compte dans ma traduction. Je n'en veux pas imputer si pleinement la faute à la faiblesse de notre langue, que je ne confesse que la mienne y a bonne part; mais enfin je ne puis mieux faire, et de quelque importance que soit ce défaut, je n'ai pas cru qu'il dût me faire quitter un travail que d'ailleurs on veut me faire croire être assez utile au public, et pouvoir contribuer quelque chose à la gloire de Dieu et à l'édification du prochain. Comme tout le monde n'a pas d'égales lumières, beaucoup de bonnes âmes sont assez simples pour ne s'apercevoir pas des imperfections de cette version, que d'autres mieux éclairées y remarquent du premier coup d'œil, et qui ne s'y couleraient pas en si grand nombre, si Dieu m'avait donné plus d'esprit.

POUR

LES TRENTE PREMIERS CHAPITRES

DU LIVRE TROISIÈME,

PUBLIÉS EN 1654.

AU LECTEUR.

Ce n'est ici que la moitié du troisième livre; je l'ai trouvé assez long pour en faire à deux fois. Ainsi ma traduction sera divisée en quatre parties, pour être plus portative. Les deux livres que vous avez déjà vus en composeront la première; celui-ci fournira aux deux suivantes, et le quatrième demeurera pour la dernière. Je vous demande encore un peu de patience pour les deux qui restent; elles ne me coûteront que chacune une année, pourvu qu'il plaise à Dieu de me donner assez de santé et d'esprit. Cependant j'espère que vous ferez aussi bon accueil à celle-ci que vous avez fait à celle qui l'a précédée. Les vers n'en sont pas moindres, et, si j'en puis croire mes amis, j'ai mieux pénétré l'esprit de l'auteur dans ces trente chapitres que par le passé. Il n'a fait de tout ce troisième livre qu'un dialogue entre Jésus-Christ et l'âme chrétienne, et souvent il les introduit l'un et l'autre dans un même chapitre, sans y marquer aucune distinction. La fidélité avec laquelle je le suis pas à pas m'a persuadé que je n'y en devais pas mettre, puisqu'il n'y en avait pas mis; mais j'ai pris la liberté de changer de vers toutes les fois qu'il change de personnage, tant pour aider le lecteur à reconnaître ce changement que parce que je n'ai pas estimé à propos que l'homme parlât le même langage que Dieu.

POUR

LA FIN DU LIVRE TROISIÈME

ET LE LIVRE QUATRIÈME TOUT ENTIER,

PUBLIÉS EN 1656.

AU LECTEUR.

Enfin me voici au bout d'un long ouvrage, et comme j'ai donné ces deux dernières parties aux libraires tout à la fois, ils ont cru qu'il vous serait plus commode de les avoir en un seul volume, et n'ont point voulu les séparer. J'ai bien lieu de crain-

dre que vous ne vous aperceviez un peu trop de l'impatience que j'ai eue de l'achever, et du chagrin qu'a jeté dans mon esprit un travail si long et si pénible. . . . .
. . . . J'avais promis à quelques personnes dévotes de joindre à cette traduction celle du Combat spirituel; mais je les supplie de trouver bon que je retire ma parole. Puisque j'ai été prévenu dans ce dessein par une des plus belles plumes de la cour, il est juste de lui en laisser toute la gloire. Je n'ignore pas que les livres sont des trésors publics où chacun peut mettre la main; mais le premier qui s'en saisit pour les traduire, semble se les approprier en quelque façon, et on ne peut plus s'y engager sans lui faire un secret reproche de n'y avoir pas bien réussi, et promettre de s'en acquitter plus dignement. En attendant que Dieu m'inspire quelque autre dessein, je me contenterai de m'appliquer à une revue de mes pièces de théâtre, pour les réduire en un corps, et vous les faire voir en un état un peu plus supportable. J'y ajouterai quelques réflexions sur chaque poëme, tirées de l'art poétique, plus courtes ou plus étendues, selon que les matières s'en offriront, et j'espère que ce présent renouvelé ne vous sera point désagréable, ni tout à fait inutile à ceux qui voudront s'exercer en cette sorte de poésie.

LETTRES DE CORNEILLE.

I.

À M. D'ARGENSON.

A Rouen, ce 18 de mai 1646.

MONSIEUR,

Votre lettre m'a surpris de deux façons : l'une, par les témoignages de votre souvenir, que je n'avais garde d'attendre, sachant bien que je ne les méritais pas ; l'autre, par l'honneur que vous faites à nos muses, je ne dirai pas de leur donner vos loisirs, car je sais que vous n'en avez point, mais de dérober quelques heures aux grandes affaires qui vous accablent, pour vous délasser en leur conversation. Trouvez donc bon que je vous remercie très-humblement du premier, et me réjouisse infiniment de l'autre. Ce n'est pas vous que j'en dois congratuler; c'est le Parnasse entier, que vous élevez au dernier point de sa gloire, par la dignité des choses dont vous faites voir qu'il est capable. Il est trop vrai que communément la poésie ne trouve pas bien ses grâces dans les matières de dévotion ; mais j'avais toujours cru que ce défaut provenait plutôt du peu d'application de notre esprit que de sa propre insuffisance, et m'étais persuadé que d'autant plus que les passions pour Dieu sont plus élevées et plus justes que celles qu'on prend pour les créatures, d'autant plus un esprit qui en serait bien touché pourrait faire des pensées plus hardies et plus enflammées en ce genre d'écrire. Je m'étais fortifié dans ce sentiment par la nature de la poésie même, qui a les passions pour son principal objet, n'étant pas vraisemblable que l'excellence de leur principe les doive faire languir. Mais qu'on puisse apprivoiser avec elle la partie la plus sublime et la plus farouche de la théologie, mettre saint Thomas en rimes, et trouver des termes éloquents et mesurés pour exprimer des idées que l'esprit a peine à concevoir que par abstraction, et en captivant ses sens qui ne le peuvent souffrir sans répugnance et sans rébellion, c'est ce que je ne me serais jamais imaginé faisable, et dont toutefois vous venez de me détromper.

Pour vous en dire mon sentiment en particulier, je vous confesse que cet échantillon m'a jeté dans une admiration si haute, que je ne rencontre point de paroles pour m'expliquer là-dessus qui me satisfassent. Tout ce que je vous puis dire sincèrement, c'est que vous me laissez dans une impatience d'en avoir d'autres fragments, puisque votre peu de loisir nous défend d'en espérer autre chose. Je m'y promets des ornements d'autant plus grands, que, vous étant débarrassé dans celui-ci de tout ce qu'il y a de plus épineux dans ce grand dessein, vous allez tomber dans de vastes campagnes, où la poésie, étant en pleine liberté, trouve lieu de se parer de tous ses ornements, et de nous étaler toutes ses grâces. Cependant, pour ce premier chapitre que vous m'avez envoyé, je ne puis que souscrire à tout ce que vous en aura dit M. de Balzac. Comme il a des connaissances très-achevées, et une franchise incorruptible, je sais qu'il vous en aura dit la vérité, et tout ensemble d'excellentes choses. Il n'appartient qu'à lui de trouver des termes dignes des vertus et des perfections qui sont hors du commun. Vous vous pouvez reposer sur son témoignage, qui a été autrefois le plus ferme appui du Cid au milieu de sa persécution, et dont, avec une générosité qui lui est toute particulière, il a fait une illustre apologie, en faisant des compliments à son persécuteur.

Je n'ajouterai donc rien à ce que je sais qu'il vous en a dit, et me défendrai seulement, pour achever cette lettre, des civilités par où vous commencez la vôtre. Je veux bien croire que *Cinna* et *Polyeucte* ont été assez heureux pour vous divertir; mais je ne m'abuserai jamais jusqu'à m'imaginer qu'ils ayent pu servir de quelque modèle ou à la force de vos vers ou à la piété de vos sentiments. J'en rappelle derechef à M. de Balzac; je ne doute aucunement qu'il ne soutienne avec moi que le plan de ce merveilleux ouvrage est dressé par un génie tout à vous, et qui, n'empruntant rien de personne, se doit nommer à très-juste titre αὐτοδίδακτος. J'espérerai que vous m'honorerez non-seulement de ce que vous ajouterez à ce grand coup d'essai, mais aussi de cette paraphrase de Jérémie, dont vous vous défiez injustement, puisque M. de Balzac est pour elle. Je vous la demande avec passion, et demeure de tout mon cœur,

MONSIEUR,

Votre très-humble et très-obéissant serviteur,
CORNEILLE.

II.

A M. L'ABBÉ DE PURE.

A Rouen, ce 12 de mars 1659.

MONSIEUR,

Quelque pleine satisfaction que vous ayez reçue de la nouvelle représentation d'*Œdipe*, je puis vous assurer qu'elle n'égale point celle que j'ai eue à lire votre lettre, soit que je la regarde comme un gage de votre amitié, soit que je la considère comme une pièce d'éloquence remplie des plus belles et des plus nobles expressions que la langue puisse souffrir. En vérité, monsieur, quelque approbation qu'ait emportée notre nouvelle Jocaste, elle n'a point fait faire tant de ha! ha! dans l'hôtel de Bourgogne que votre lettre dans mon cabinet : mon frère et moi les avons redoublés à toutes les lignes, et y avons trouvé de continuels sujets d'admiration. Je suis ravi que mademoiselle de Beauchateau ait si bien réussi; votre lettre n'est pas la seule que j'en ai vue : on a mandé du Marais à mon frère qu'elle avait étouffé les applaudissements qu'on donnait à ses compagnes, pour attirer tout à elle; et M. Floridor me confirme tout ce que vous m'en avez mandé. Je n'en suis point surpris, et il n'est rien arrivé que je ne lui aye prédit à elle-même, en lui disant adieu, quand je sus l'étude qu'elle faisait de ce rôle. Je souhaite seulement pouvoir trouver un sujet assez beau pour la faire paraître dans toute sa force; je crois qu'elle prendrait bien autant de soin pour faire réussir un original qu'elle en a fait à remplir la place de la malade. Je suis marri de la difficulté que rencontre M. Bois..... A ne vous rien celer, je ne suis point fâché de n'être point à Paris en ce rencontre où je me verrais dans la nécessité de désobliger un des deux. Le poste où est son opposant est si considérable, que je crains pour lui qu'il ne fasse revenir bien des voix. Je souhaite d'apprendre bientôt qu'il se soit relâché, et que notre ami ait eu ce qu'il demande, avec l'agrément de tout le monde. Je suis de tout mon cœur,

MONSIEUR,

Votre très-humble et très-affectionné serviteur,
CORNEILLE.

III.

AU MÊME.

A Rouen, ce 25 d'août 1660.

MONSIEUR,

Un petit séjour aux champs, et un peu d'indisposition en la ville, m'ont empêché de vous remercier plus tôt du dernier présent que vous m'avez fait. Je ne suis pas assez récent de mon latin pour me vanter d'entendre tous les mots choisis dont vous avez semé cet ouvrage; mais je me connais assez en ce genre de poésie pour assurer qu'il y a des strophes dignes d'Horace. Il y en a quelques-unes où vous avez un peu trop négligé le tour du vers, qui n'a pas assez de facilité; mais, à tout prendre, c'est un très-beau travail, et un dessein tout à fait beau de vous écarter de la route des autres. Si vous l'eussiez exécuté en français, il aurait eu une vogue merveilleuse. Le latin lui ôtera sans doute quelque chose; il est si recherché qu'il n'est pas intelligible à ceux qui n'y savent que le plain-chant; il m'échappe en quelques lieux, et je m'assure que quelques-uns des lecteurs en sauront encore moins que moi. Cependant trouvez bon que je vous rende de très-humbles grâces, et de l'exemplaire que vous m'en avez envoyé, et de la manière dont vous y avez parlé de moi.

Je suis à la fin d'un travail fort pénible sur une matière fort délicate. J'ai traité en trois préfaces les principales questions de l'art poétique sur mes trois volumes de comédies. J'y ai fait quelques explications nouvelles d'Aristote, et avancé quelques propositions et quelques maximes inconnues à nos anciens. J'y réfute celles sur lesquelles l'Académie a fondé la condamnation du Cid, et ne suis pas d'accord avec M. d'Aubignac de tout le bien même qu'il a dit de moi. Quand cela paraîtra, je ne doute point qu'il ne donne matière aux critiques : prenez un peu ma protection. Ma première préface examine si l'utilité ou le plaisir est le but de la poésie dramatique; de quelle utilité elle est capable, et quelles en sont les parties, tant intégrales, comme le sujet et les mœurs, que de quantité, comme le prologue, l'épisode et l'exode. Dans la seconde, je traite des conditions du sujet de la belle tragédie; de quelle qualité doivent être les incidents qui la composent, et les personnes qu'on y introduit, afin d'exciter la pitié et la crainte; comment se fait la purgation des passions par cette pitié et cette crainte, et des moyens de traiter les choses selon le vraisemblable ou le nécessaire. Je parle, en la troisième, des trois unités : d'action, de jour et de lieu. Je crois qu'après cela il n'y a plus guère de question d'importance à remuer, et que ce qui reste n'est que la broderie qu'y peuvent ajouter la rhétorique, la morale et la politique.

En ne pensant vous faire qu'un remercîment, je vous rends insensiblement compte de mon dessein. L'exécution en demandait une plus longue étude que mon loisir n'a pu permettre. Vous n'y trouverez pas grande élocution, ni grande doctrine; mais avec tout cela, j'avoue que ces trois préfaces m'ont plus coûté que n'auraient fait trois pièces de théâtre. J'oubliais à vous dire que je ne prends d'exemples modernes que chez moi; et bien que je contredise quelquefois M. d'Aubignac et messieurs de l'Académie, je ne les nomme jamais, et ne parle non plus d'eux que s'ils n'avaient point parlé de moi. J'y fais aussi une censure de chacun de mes poëmes en particulier, et je ne m'épargne pas. Derechef, préparez-vous à être de mes protecteurs, et croyez que je suis toujours,

MONSIEUR,

Votre très-humble et très-obéissant serviteur,

CORNEILLE.

IV.

AU MÊME.

A Rouen, ce 3 de novembre 1661.

MONSIEUR,

A quoi pensez-vous de me donner une joie imparfaite, et de me rendre compte de la moitié d'une pièce si rare, pour m'en faire attendre en vain l'achèvement? Pensez-vous que ce que vous me mandez de trois actes ne me rende pas curieux, voire impatient de savoir des nouvelles de ceux qui restent? C'est ce qui a différé ma réponse et la prière que j'ai à vous faire de ne vous contenter pas du bruit que les comédiens font de mes deux actes, mais d'en juger vous-même et m'en mander votre sentiment, tandis qu'il y a encore lieu à la correction. J'ai prié mademoiselle Descœillets, qui en est saisie, de vous les montrer quand vous voudrez; et cependant je veux bien vous prévenir un peu en ma faveur, et vous dire que, si le reste suit du même air, je ne crois pas avoir rien écrit de mieux. Mes deux héroïnes ont le même caractère de vouloir épouser par ambition un homme pour qui elles n'ont aucun amour, et le dire à lui-même; et toutefois je crois que cette ressemblance se trouvera si diversifiée par la manière de l'exprimer, que beaucoup ne l'apercevront pas. Elles s'offrent toutes deux à lui sans blesser la pudeur du sexe, ni démentir la fierté de leur rang. Les vers en sont assez forts et assez nettoyés, et la nouveauté de ce caractère pourra ne déplaire pas si elle est bien soutenue par le reste de l'action. Je vous ai déjà parlé de l'une qui était femme de Pompée. Sylla le força de la répudier pour épouser Æmilia, fille de sa femme et d'Æmilius Scaurus, son premier mari. Plutarque et Appius la nomment Antistie, fille du préteur Antistius. Un évêque espagnol, nommé Joannes Gerundensis, la nomme Aristie, et son père Aristius. Je ne doute point qu'il ne se méprenne; mais à cause que le mot est plus doux, je m'en suis servi, et vous en demande votre avis et celui de nos savants amis. Aristie a plus de douceur, mais il sent plus le roman. Antistie est plus dur aux oreilles, mais il sent plus l'histoire et a plus de majesté. *Quid juris?* J'espère dans trois ou quatre jours avoir achevé le troisième acte. J'y fais un entretien de Pompée avec Sertorius que les deux premiers actes préparent assez, mais je ne sais si on en pourra souffrir la longueur. Il est de deux cent cinquante-deux vers. Il me semble que deux hommes belliqueux, généraux de deux armées ennemies, ne peuvent achever en deux mots une conférence si longtemps attendue. On a souffert Cinna et Maxime, qui en ont consumé davantage à consulter avec Auguste. Les vers de ceux-ci me semblent bien aussi forts et plus pointilleux, ce qui aide souvent au théâtre, où les picoteries soutiennent et réveillent l'attention de l'auditeur. Mon autre héroïne n'est pas si historique qu'Aristie, mais elle ne laisse pas d'avoir son fondement en l'histoire. Je la fais fille de ce Viriatus qui défit tant de fois les Romains en Espagne, et fut enfin défait douze ou quinze ans avant la venue de Sertorius, qui fut particulièrement assisté par les Lusitaniens, qui étaient les compatriotes de ce grand capitaine, que j'en fais roi, bien que l'histoire n'en fasse qu'un chef de brigands, qui enfin combattit en corps d'armée. J'ai plus besoin de grâce pour Sylla, qui mourut et se démit de sa puissance avant la mort de Sertorius; mais sa vie est d'un tel ornement à mon ouvrage pour justifier les armes de Sertorius, que je ne puis m'empêcher de le ressusciter. Mon auteur moderne, Joannes Gerundensis, le fait vivre après Sertorius; mais il se trompe aussi bien qu'au nom d'Aristie. Je ne demande point votre avis sur ce dernier point; car quand ce serait une faute, je me la pardonne, *ignosco egomet mi*. Adieu, notre ami ; aimez-moi toujours, s'il vous plaît, et me tenez pour

Votre très-humble et très-
obéissant serviteur,
CORNEILLE.

V.

AU MÊME.

A Rouen, ce 25 d'avril 1662.

Monsieur,

L'estime et l'amitié que j'ai depuis quelque temps pour mademoiselle Marotte, me fait vous avoir une obligation très-singulière de la joie que vous m'avez donnée en m'apprenant son succès et les merveilles de son début. Je l'avais vue ici représenter Amalasonte, et en avais conçu une assez haute opinion pour en dire beaucoup de bien à M. de Guise quand il fut question, vers la mi-carême, de la faire entrer au Marais; mais ce que vous m'en mandez passe mes plus douces espérances, et va si loin, que mes amis, à qui j'ai fait part de votre lettre, veulent la lui communiquer, malgré que vous en aviez[1] un peu le cœur navré quand vous m'avez écrit. Puisque MM. Boyer et Quinault sont convaincus de son mérite, je vous conjure de les obliger à me montrer bon exemple; car, outre que je serai bien aise d'avoir quelquefois mon tour à l'hôtel, ainsi qu'eux, et que je ne puis manquer d'amitié à la reine Viriate, à qui j'ai tant d'obligation, le déménagement que je prépare pour me transporter à Paris me donne tant d'affaires, que je ne sais si j'aurai assez de liberté d'esprit pour mettre quelque chose cette année sur le théâtre. Ainsi, si ces messieurs ne les secourent, ainsi que moi, il n'y a pas d'apparence que le Marais se rétablisse; et quand la machine, qui est aux abois, sera tout à fait défunte, je trouve que ce théâtre ne sera pas en bonne posture. Je ne renonce pas aux acteurs qui le soutiennent; mais aussi je ne veux point tourner le dos tout à fait à messieurs de l'hôtel, dont je n'ai aucun lieu de me plaindre, et où il n'y a rien à craindre, quand une pièce est bonne. Ils aspirent tous à y entrer, et ils ne sont pas assez injustes pour exiger de moi un attachement qu'ils ne me voudraient pas promettre. Quelques-uns, à ce qu'on m'a dit, ont pensé passer au Palais-Royal. Je ne sais pas ce qui les a retenus au Marais; mais je sais bien que ce n'a pas été pour l'amour de moi qu'ils y sont demeurés. J'appris hier que le pauvre Magnon[1] est mort de ses blessures. Je le plains, et suis de tout mon cœur,

Monsieur,

Votre très-humble et très
obéissant serviteur,
CORNEILLE.

VI.

A M. DE SAINT-ÉVREMOND.

(1666)

Monsieur,

L'obligation que je vous ai est d'une nature à ne pouvoir jamais vous en remercier dignement; et dans la confusion où je suis, je m'obstinerais encore dans le silence, si je n'avais peur qu'il ne passât auprès de vous pour ingratitude. Bien que les suffrages de l'importance du vôtre vous doivent toujours être très-précieux, il y a des conjonctures qui en augmentent infiniment le prix. Vous m'honorez de votre estime en un temps où il semble qu'il y ait un parti fait pour ne m'en laisser aucune. Vous me soutenez, quand on se persuade qu'on m'a battu, et vous me consolez glorieusement de la délicatesse de notre siècle, quand vous daignez m'attribuer le bon goût de l'antiquité. C'est un merveilleux avantage pour un homme qui ne peut douter que la postérité ne veuille bien s'en rapporter à vous. Aussi je vous avoue, après cela, que je pense avoir quelque droit de traiter de ridicules ces vains trophées qu'on établit sur les débris imaginaires des miens, et de regarder avec pitié ces opiniâtres entêtements qu'on avait pour les anciens héros refondus à notre mode. Me voulez-vous bien permettre d'ajouter ici que vous m'avez pris par mon faible, et que ma Sophonisbe, pour qui vous montrez tant de tendresse[2], a la

---

[1] Cette locution ne serait pas reçue aujourd'hui.

[1] Jean Magnon, né à Tournus, dans le Mâconnais, et assassiné à Paris, au mois d'avril 1662, a laissé plusieurs tragédies. Il était lié avec Corneille et Molière, et avait ébauché une Encyclopédie en dix volumes, qui devaient contenir vingt mille vers chacun.

[2] Voyez, tom. II, pag. 121, la note de la 2e colonne.

meilleure part de la mienne? Que vous flattez agréablement mes sentiments, quand vous confirmez ce que j'ai avancé touchant la part que l'amour doit avoir dans les belles tragédies, et la fidélité avec laquelle nous devons conserver à ces vieux illustres ces caractères de leur temps, de leur nation et de leur humeur! J'ai cru jusqu'ici que l'amour était une passion trop chargée de faiblesse pour être la dominante dans une pièce héroïque; j'aime qu'elle y serve d'ornement, et non pas de corps, et que les grandes âmes ne la laissent agir qu'autant qu'elle est compatible avec de plus nobles impressions. Nos doucereux et nos enjoués sont de contraire avis; mais vous vous déclarez du mien: n'est-ce pas assez pour vous en être redevable au dernier point, et me dire toute ma vie,

MONSIEUR,

Votre très-humble et très-
obéissant serviteur,
CORNEILLE.

Voyez, dans le n° I des pièces concernant *le Cid*, plusieurs fragments de lettres écrites par Corneille

PIÈCES
CONCERNANT LE CID.

RÉCIT
DE LA CONDUITE TENUE PAR L'ACADÉMIE
DANS LA DISCUSSION QUI S'ÉLEVA ENTRE CORNEILLE ET SCUDÉRI, A L'OCCASION DU CID [1].

Il est difficile de s'imaginer avec quelle approbation *le Cid* fut reçu de la cour et du public. On ne se pouvait lasser de le voir; on n'entendait autre chose dans les compagnies; chacun en savait quelque partie par cœur; on le faisait apprendre aux enfants, et en plusieurs endroits de la France il était passé en proverbe de dire: *Cela est beau comme le Cid*. Il ne faut pas demander si la gloire de M. Corneille donna de la jalousie à ses concurrents. Plusieurs ont voulu croire que le cardinal lui-même n'en avait pas été exempt, et qu'encore qu'il estimât fort M. Corneille, et qu'il lui donnât pension, il vit avec déplaisir le reste des travaux de cette nature, et surtout ceux où il avait quelque part, entièrement effacés par celui-là. Pour moi, sans examiner si

cette âme, toute grande qu'elle était, n'a point été capable de cette faiblesse, je rapporterai fidèlement ce qui s'est passé sur ce sujet, laissant à chacun la liberté d'en croire ce qu'il voudra, et de suivre ses propres conjectures.

Entre ceux qui ne purent souffrir l'approbation qu'on donnait au *Cid*, et qui crurent qu'il ne l'avait pas méritée, M. de Scudéri parut le premier, en publiant ses observations contre cet ouvrage [1], pour se satisfaire lui-même, ou, comme quelques-uns disent, pour plaire au cardinal, ou pour tous les deux ensemble. Quoi qu'il en soit, il est bien certain qu'en ce différend, qui partagea toute la cour, le cardinal sembla pencher du côté de M. de Scudéri, et fut bien aise qu'il écrivit, comme il fit, à l'*Académie française*, pour s'en remettre à son jugement. On voyait assez le désir du cardinal, qui était qu'elle prononçât sur cette matière; mais les plus judicieux de ce corps témoignaient beaucoup de répugnance pour ce dessein. Ils disaient: « Que « l'Académie, qui ne faisait que de naître, ne devait point « se rendre odieuse par un jugement qui peut-être déplairait « aux deux partis, et qui ne pouvait manquer d'en désobliger « pour le moins un, c'est-à-dire une grande partie de la « France; qu'à peine la pouvait-on souffrir sur la simple « imagination qu'on avait, qu'elle prétendait quelque « empire en notre langue; que serait-ce si elle témoignait « de l'affecter, et si elle entreprenait de l'exercer sur un « ouvrage qui avait contenté le grand nombre, et gagné « l'approbation du peuple? que ce serait d'ailleurs un retardement à son principal dessein, dont l'exécution ne devait « être que trop longue d'elle-même; qu'enfin M. Corneille « ne demandait point ce jugement, et que par les statuts de « l'Académie, et par les lettres de son érection, elle ne pouvait juger d'un ouvrage que du consentement et à la prière « de l'auteur. » Mais le cardinal avait ce dessein en tête, et ces raisons lui paraissaient peu importantes, si vous en exceptez la dernière, qu'on pouvait détruire en obtenant le consentement de M. Corneille. Pour cet effet, M. de Bois-Robert, qui était de ses meilleurs amis, lui écrivit diverses lettres, lui faisant savoir la proposition de M. de Scudéri à l'Académie. Lui, qui voyait qu'après la gloire qu'il s'était acquise, il y avait vraisemblablement en cette dispute beaucoup plus à perdre qu'à gagner pour lui, se tenait toujours sur le compliment, et répondait: « Que cette occupation n'était « pas digne de l'Académie; qu'un libelle, qui ne méritait « point de réponse, ne méritait point son jugement; que « la conséquence en serait dangereuse, parce qu'elle autoriserait l'envie à importuner ces messieurs, et que, « aussitôt qu'il aurait paru quelque chose de beau sur le « théâtre, les moindres poëtes se croiraient bien fondés à « faire un procès à son auteur par-devant leur compa- « gnie. » Mais enfin, comme il était pressé par M. de Bois-Robert, qui lui donnait assez à entendre le désir de son maître; après avoir dit, dans une lettre du 13 juin 1637, les mêmes paroles que je viens de rapporter, il lui échappa d'ajouter celles-ci: « Messieurs de l'Académie peuvent faire « ce qu'il leur plaira: puisque vous m'écrivez que monseigneur serait bien aise d'en voir leur jugement, et que « cela doit divertir Son Éminence, je n'ai rien à dire. » Il

---

[1] Extrait de l'*Histoire de l'Académie*, par Pellisson; Paris, 1701, in-12, pag. 118.

[1] Voyez ci-après la pièce n° II.

n'en fallait pas davantage, au moins suivant l'opinion du cardinal, pour fonder la juridiction de l'Académie, qui pourtant se défendait toujours d'entreprendre ce travail. Mais enfin il s'en expliqua ouvertement, disant à un de ses domestiques : « Faites savoir à ces messieurs que je le dé- « sire, et que je les aimerai comme ils m'aimeront. » Alors on crut qu'il n'y avait plus moyen de reculer; et l'Académie s'étant assemblée le 16 juin 1637, après qu'on eut lu la lettre de M. de Scudéri pour la compagnie, celles qu'il avait écrites sur le même sujet à M. Chapelain, et celles que M. de Bois-Robert avait reçues de M. Corneille, après aussi que le même M. de Bois-Robert eut assuré l'assemblée que M. le cardinal avait agréable ce dessein, il fut ordonné que trois commissaires seraient nommés pour examiner *le Cid* et les observations contre *le Cid*; que cette nomination se ferait à la pluralité des voix, par billets, qui ne seraient vus que du secrétaire. Cela se fit ainsi, et les trois commissaires furent M. de Bourzey, M. Chapelain et M. Desmarets. La tâche de ces trois messieurs n'était que pour l'examen du corps de l'ouvrage en gros ; car pour celui des vers, il fut résolu qu'on le ferait dans la compagnie. MM. de Cérizy, de Gombauld, Baro et l'Étoile, furent seulement chargés de les voir en particulier et de rapporter leurs observations, sur lesquelles l'Académie ayant délibéré en diverses conférences ordinaires et extraordinaires, M. Desmarets eut ordre d'y mettre la dernière main. Mais pour l'examen de l'ouvrage en gros, la chose fut un peu plus difficile. M. Chapelain présenta premièrement ses mémoires ; il fut ordonné que MM. de Bourzey et Desmarets y joindraient les leurs ; et soit que cela fût exécuté, ou non, de quoi je ne vois rien dans les registres, tant y a que M. Chapelain fit un corps, qui fut présenté au cardinal, écrit à la main. J'ai vu avec beaucoup de plaisir ce manuscrit apostillé par le cardinal, en sept endroits, de la main de M. Citois, son premier médecin. Il y a même une de ces apostilles dont le premier mot est de sa main propre; il y en a une aussi qui marque assez quelle opinion il avait du *Cid*. C'est en un endroit où il est dit que la poésie serait aujourd'hui bien moins parfaite qu'elle n'est ; sans les contestations qui se sont formées sur les ouvrages des plus célèbres auteurs du dernier temps, *la Jérusalem*, le *Pastor fido*. En cet endroit, il mit à la marge : L'applaudissement et le blâme du *Cid* n'est qu'entre les doctes et les ignorants, au lieu que les contestations sur les autres deux pièces ont été entre les gens d'esprit ; ce qui témoigne qu'il était persuadé de ce qu'on reprochait à M. Corneille, que son ouvrage péchait contre les règles. Le reste de ces apostilles n'est pas considérable ; car ce ne sont que des petites notes, comme celle-ci, où le premier mot est de sa main : *Bon, mais se pourrait mieux exprimer*; et cette autre : *Faut adoucir cet exemple*; d'où on recueille pourtant qu'il examina cet écrit avec beaucoup de soin et d'attention. Son jugement fut enfin, que la substance en était bonne : *Mais qu'il fallait* (car il s'exprima en ces termes) *y jeter quelques poignées de fleurs*. Aussi n'était-ce que comme un premier crayon qu'on avait voulu lui présenter, pour savoir en gros s'il en approuverait les sentiments. L'ouvrage fut donc donné à polir, suivant son intention, et par délibération de l'Académie, à MM. de Sérizay, de Cérizy, de Gombauld et Sirmond. M. de Cérizy, comme j'ai appris, le coucha par écrit, et M. de Gombauld fut nommé par les trois autres, et confirmé par l'Académie, pour la dernière révision du style. Tout fut lu et examiné par la compagnie, en diverses assemblées ordinaires et extraordinaires, et donné enfin à l'imprimeur. Le cardinal était alors à Charonne, où on lui envoya les premières feuilles; mais elles ne le contentèrent nullement; et soit qu'il en jugeât bien, soit qu'on le prit en mauvaise humeur, soit qu'il fût préoccupé contre M. de Cérizy. Il trouva qu'on avait passé d'une extrémité à l'autre; qu'on y avait apporté trop d'ornements et de fleurs, et renvoya à l'heure même, en diligence, dire qu'on arrêtât l'impression. Il voulut enfin que MM. de Sérizay, Chapelain et Sirmond, le vinssent trouver, afin qu'il pût leur expliquer mieux son intention. M. de Sérizay s'en excusa sur ce qu'il était prêt à monter à cheval, pour s'en aller en Poitou. Les deux autres y furent. Pour les écouter, il voulut être seul dans sa chambre, excepté MM. de Bautru et de Boisrobert, qu'il appela, comme étant de l'Académie. Il leur parla fort longtemps, très-civilement, debout et sans chapeau. M. Chapelain voulut, à ce qu'il m'a dit, excuser M. de Cérizy le plus doucement qu'il put ; mais il reconnut d'abord que cet homme ne voulait pas être contredit; car il le vit s'échauffer et se mettre en action, jusque-là que s'adressant à lui, il le prit et le retint tout un temps par ses glands, comme on fait sans y penser, quand on veut parler fortement à quelqu'un, et le convaincre de quelque chose. La conclusion fut qu'après leur avoir expliqué de quelle façon il croyait qu'il fallait écrire cet ouvrage, il en donna la charge à M. Sirmond, qui avait en effet le style fort bon et fort éloigné de toute affectation. Mais M. Sirmond ne le satisfit point encore; il fallut enfin que M. Chapelain reprît tout ce qui avait été fait, tant par lui que par les autres; de quoi il composa l'ouvrage tel qu'il est aujourd'hui[1], qui, ayant plu à la compagnie et au cardinal, fut publié bientôt après, fort peu différent de ce qu'il était dès la première fois qu'il lui avait été présenté écrit à la main, sinon que la matière y est un peu plus étendue, et qu'il y a quelques ornements ajoutés.

Ainsi furent mis au jour, après environ cinq mois de travail, les sentiments de l'Académie française sur *le Cid*, sans que durant ce temps-là ce ministre, qui avait toutes les affaires du royaume sur les bras, et toutes celles de l'Europe dans la tête, ne se lassât de ce dessein, et relâchât rien de ses soins pour cet ouvrage. Il fut reçu diversement de M. de Scudéri, de M. Corneille et du public. Pour M. de Scudéri, quoique son adversaire n'eût pas été condamné en toutes choses, et eût reçu de très-grands éloges en plusieurs, il crut avoir gagné sa cause, et écrivit une lettre de remerciment à la compagnie, avec ce titre : *A Messieurs de l'illustre Académie*, où il leur rendait grâces avec beaucoup de soumission, *et des choses qu'ils avaient approuvées dans ses écrits, et de celles qu'ils lui avaient enseignées en le corrigeant, et témoignait enfin d'être entièrement satisfait de la justice qu'on lui avait rendue*. Le secrétaire fut chargé de lui faire une réponse. Le sens en était qu'il l'assurait que l'Académie avait eu pour principale intention de tenir la balance droite, et de ne pas faire

---

[1] Voyez ci après la pièce n° VI.

d'une chose sérieuse un compliment, ni une civilité : mais qu'après cette intention, elle n'avait point eu de plus grand soin que de s'exprimer avec modération, et de dire ses raisons sans blesser personne; qu'elle se réjouissait de la justice qu'il lui faisait en la reconnaissant juste; qu'elle se revancherait à l'avenir de son équité, et qu'aux occasions où il lui serait permis d'être obligeante, il n'aurait rien à désirer d'elle. Quant à M. Corneille, bien qu'en effet il ne se fût point soumis à ce jugement, s'étant pourtant résolu de les laisser faire pour complaire au cardinal, il témoigna au commencement d'en attendre le succès avec beaucoup de déférence. En ce sens, il écrivit à M. de Bois-Robert, dans une lettre du 15 novembre 1637 : « J'attends avec beau-« coup d'impatience les sentiments de l'Académie, afin « d'apprendre ce que dorénavant je dois suivre ; jusque-là « je ne puis travailler qu'avec défiance, et n'ose employer « un mot en sûreté. » Et en une autre du 3 décembre : « Je me prépare à n'avoir rien à répondre à l'Académie, « que par des remercîments, etc. » Mais lorsque les sentiments sur le *Cid* étaient presque achevés d'imprimer, ayant su par quelque moyen que ce jugement ne lui serait pas aussi favorable qu'il eût espéré, il ne put s'empêcher d'en témoigner quelque ressentiment, écrivant par une autre lettre, dont je n'ai vu qu'une copie sans date et sans suscription : « Je me résous, puisque vous le voulez, à me laisser « condamner par votre illustre Académie. Si elle ne touche « qu'à une moitié du *Cid*, l'autre me demeurera tout en-« tière. Mais je vous supplie de considérer qu'elle procède « contre moi avec tant de violence, et qu'elle emploie une « autorité si souveraine pour me fermer la bouche, que « ceux qui sauront son procédé auront sujet d'estimer que « je ne serais point coupable si l'on m'avait permis de me « montrer innocent. » Il se plaignait ensuite, comme si on eût refusé d'écouter la justification qu'il voulait faire de sa pièce de vive voix, en présence de ses juges, de quoi pourtant je n'ai trouvé aucune trace, ni dans les registres, ni dans les mémoires des académiciens que j'ai consultés. Il ajoutait à cela : « Après tout, voici quelle est ma satisfac-« tion : je me promets que ce fameux ouvrage, auquel tant « de beaux esprits travaillent depuis six mois, pourra bien « être estimé le sentiment de l'Académie française ; mais « peut-être que ce ne sera point le sentiment du reste de « Paris ; au moins, j'ai mon compte devant elle, et je ne « sais si elle peut attendre le sien. J'ai fait le *Cid* pour me « divertir, et pour le divertissement des honnêtes gens, « qui se plaisent à la comédie. J'ai remporté le témoignage « de l'excellence de ma pièce, par le grand nombre de ses « représentations, par la foule extraordinaire des person-« nes qui y sont venues, et par les acclamations générales « qu'on lui a faites. Toute la faveur que peut espérer le « sentiment de l'Académie, est d'aller aussi loin : je ne « crains pas qu'il me surpasse, etc. » Et un peu après : « Le « *Cid* sera toujours beau, et gardera sa réputation d'être « la plus belle pièce qui ait paru sur le théâtre, jusques à « ce qu'il en vienne une autre qui ne lasse point les specta-« teurs à la trentième fois, etc. » Cette lettre a été désavouée par M. Corneille, qui a toujours protesté qu'il ne l'avait jamais écrite : ainsi, il faut que quelque autre se soit diverti à lui prêter sa plume, et l'écrire en son nom. Mais enfin lorsqu'il eut vu les sentiments de l'Académie, je trouve qu'il écrivit une lettre à M. de Bois-Robert, du 23 décembre 1637, dans laquelle, après l'avoir remercié du soin qu'il avait pris de lui faire toucher les libéralités de monseigneur, c'est-à-dire de le faire payer de sa pension, et après lui avoir donné quelques ordres pour lui faire tenir cet argent à Rouen, il disait : « Au reste, je vous prie de « croire que je ne me scandalise point du tout de ce que « vous avez montré, et même donné ma lettre à messieurs « de l'Académie. Si je vous en avais prié, je ne puis m'en « prendre qu'à moi ; néanmoins, si j'ai bonne mémoire, « je pense vous avoir prié par cette lettre de les assurer de « mon très-humble service, comme je vous en prie encore, « nonobstant leurs sentiments. Tout ce qui m'a fâché, « c'est que messieurs de l'Académie s'étant résolus de juger « de ce différend, avant qu'ils sussent si j'y consentais ou « non, et leurs sentiments étant déjà sous la presse, à ce « que vous m'avez écrit, avant que vous eussiez reçu ce « témoignage de moi, ils ont voulu fonder là-dessus leur « jugement, et donner à croire que ce qu'ils en ont fait n'a « été que pour m'obliger, et même à ma prière, etc. » Et un peu après : « Je m'étais résolu d'y répondre, parce que « d'ordinaire le silence d'un auteur qu'on attaque est pris « pour une marque du mépris qu'il fait de ses censeurs : « j'en avais ainsi usé envers M. de Scudéri ; mais je ne « croyais pas qu'il me fût bien séant de le faire de même « envers messieurs de l'Académie, et je m'étais persuadé « qu'un si illustre corps méritait bien que je lui rendisse « compte des raisons sur lesquelles j'avais fondé la conduite « et le choix de mon dessein, et pour cela je forçais extrê-« mement mon humeur qui n'est pas d'écrire en ce genre, « et d'éventer les secrets de plaire, que je puis avoir trou-« vés dans mon art. Je m'étais confirmé en cette résolution, « par l'assurance que vous m'aviez donnée que monsei-« gneur en serait bien aise, et me proposais d'adresser l'é-« pitre dédicatoire à Son Éminence, après lui en avoir « demandé la permission ; mais maintenant que vous me « conseillez de n'y répondre point, vu les personnes qui « s'en sont mêlées, il ne me faut point d'interprète pour « entendre cela ; je suis un peu plus de ce monde qu'Hélio-« dore, qui aima mieux perdre son évêché que son livre, et « j'aime mieux les bonnes grâces de mon maître que toutes « les réputations de la terre : je me tairai donc, non point « par mépris, mais par respect, etc. » Cette lettre contenait encore beaucoup d'autres choses sur la même matière ; et au bas il avait ajouté par apostille : « Je vous conjure de « ne montrer point ma lettre à monseigneur, si vous jugez « qu'il me soit échappé quelque mot qui puisse être mal « reçu de Son Éminence. »

Or, quant à ce qui est porté par cette lettre, que l'Académie avait commencé de travailler à ses sentiments, et même à les faire imprimer avant le consentement de M. Corneille, comme M. de Bois-Robert lui avait écrit, je ne sais pas ce qui s'était passé entre eux, ni ce que M. de Bois-Robert pouvait lui avoir mandé, pour l'obliger peut-être avec moins de peine de consentir à ce jugement, comme à une chose déjà résolue, et commencée, que sa résistance ne pouvait plus empêcher. Mais je sais bien par les registres de l'Académie, qui sont fort fidèles, et fort exacts en ce temps-là, qu'on ne commença d'y parler du *Cid* que le 16 juin 1637 ; que ce fut après qu'on y eut lu une lettre de M. Corneille, que cette première, dont je vous ai parlé, et où il disait : « Messieurs de l'Académie peuvent faire ce « qu'il leur plaira, etc. » est datée de Rouen, du 13 du même mois; qu'ainsi elle pouvait être arrivée à Paris, et montrée à l'Académie le 16; et qu'enfin on ne donna cet ouvrage à l'imprimeur qu'environ cinq mois après. M. Corneille, qui depuis a été reçu dans l'Académie, aussi bien que M. de Scudéri, avec lequel il est tout à fait réconcilié, a toujours cru que le cardinal, et une autre personne de grande qualité, avaient suscité cette persécution contre le *Cid*; témoin ces paroles qu'il écrivit à un de ses amis et des miens, lorsque ayant publié l'*Horace*, il courut un bruit qu'on ferait encore des observations et un nouveau jugement sur cette pièce : « Horace, dit-il, fut condamné « par les duumvirs; mais il fut absous par le peuple. » Témoin encore ces quatre vers qu'il fit après la mort du cardinal, qu'il considérait d'un côté comme son bienfaiteur, et de l'autre comme son ennemi :

Qu'on parle bien ou mal du fameux cardinal,
Ma prose ni mes vers n'en diront jamais rien :
Il m'a fait trop de bien pour en dire du mal,
Et m'a fait trop de mal pour en dire du bien.

II.

OBSERVATIONS

DE M. DE SCUDÉRI,

GOUVERNEUR DE NOTRE-DAME DE LA GARDE,

SUR LE CID.

Il est de certaines pièces, comme de certains animaux qui sont en la nature, qui de loin semblent des étoiles, et qui de près ne sont que des vermisseaux. Tout ce qui brille n'est pas toujours précieux : on voit des beautés d'illusion, comme des beautés effectives, et souvent l'apparence du bien se fait prendre pour le bien même. Aussi ne m'étonné-je pas beaucoup que le peuple, qui porte le jugement dans les yeux, se laisse tromper par celui de tous les sens le plus facile à décevoir; mais que cette vapeur grossière qui se forme dans le parterre ait pu s'élever jusqu'aux galeries, et qu'un fantôme ait abusé le savoir comme l'ignorance, et la cour aussi bien que le bourgeois, j'avoue que ce prodige m'étonne, et que ce n'est qu'en ce bizarre événement que je trouve *le Cid* merveilleux. Mais comme autrefois un Macédonien appela de *Philippe* préoccupé à *Philippe* mieux informé, je conjure les honnêtes gens de suspendre un peu leur jugement, et de ne condamner pas, sans les ouïr [1], les *Sophonisbes*, les *Césars*, les *Cléopâtres*, les *Hercules*, les *Mariamnes*, les *Cléomédons*, et tant d'au-

tres illustres héros qui les ont charmés sur le théâtre. Pour moi, quelque éclatante que me parût la gloire du *Cid*, je la regardais comme ces belles couleurs qui s'effacent en l'air presque aussitôt que le soleil en a fait la riche et trompeuse impression sur la nue : je n'avais garde de concevoir aucune envie pour ce qui me faisait pitié, ni de faire voir à personne les taches que j'apercevais en cet ouvrage; au contraire, comme, sans vanité, je suis bon et généreux, je donnais des sentiments à tout le monde que je n'avais pas moi-même : je faisais croire aux autres ce que je ne croyais point du tout, et je me contentais de connaître l'erreur sans la réfuter, et la vérité sans m'en rendre l'*évangéliste* [1]. Mais quand j'ai vu que cet ancien, qui nous a dit que la prospérité trouve moins de personnes qui la sachent souffrir que les infortunes, et que la modération est plus rare que la patience, semblait avoir fait le portrait de l'auteur du *Cid*; quand j'ai vu, dis-je, qu'il se déifiait d'autorité privée, qu'il parlait de lui comme nous avons accoutumé de parler des autres, qu'il faisait même imprimer les sentiments avantageux qu'il a de soi, et qu'il semble croire qu'il fait trop d'honneur aux plus grands esprits de son siècle de leur présenter la main gauche, j'ai cru que je ne pouvais, sans injustice et sans lâcheté, abandonner la cause commune, et qu'il était à propos de lui faire lire cette inscription tant utile, qu'on voyait autrefois gravée sur la porte de l'un des temples de la Grèce : *Connais-toi toi-même*.

Ce n'est pas que je veuille combattre ses mépris par des outrages : cette espèce d'armes ne doit être employée que par ceux qui n'en ont point d'autres; et quelque nécessité que nous ayons de nous défendre, je ne tiens pas qu'il soit glorieux d'en user. J'attaque *le Cid*, et non pas son auteur; j'en veux à son ouvrage, et non point à sa personne. Et comme les combats et la civilité ne sont pas incompatibles, je veux baiser le fleuret dont je prétends lui porter une botte franche : je ne fais ni une satire, ni un libelle diffamatoire, mais de simples observations; et hors les paroles qui seront de l'essence de mon sujet, il ne m'en échappera pas une où l'on remarque de l'aigreur. Je le prie d'en user avec la même retenue, s'il me répond [2], parce que je ne saurais dire ni souffrir d'injures. Je prétends donc prouver contre cette pièce du *Cid* :

Que le sujet n'en vaut rien du tout;
Qu'il choque les principales règles du poëme dramatique;
Qu'il manque de jugement en sa conduite;
Qu'il a beaucoup de méchants vers;
Que presque tout ce qu'il a de beautés sont dérobées;
Et qu'ainsi l'estime qu'on en fait est injuste.

---

[1] La *Sophonisbe* de Mairet, qui ne vaut rien du tout, était bonne pour les temps; elle est de 1633. — Le *César*, qui ne vaut pas mieux, était de Scudéri. Il fut joué en 1636. — La *Cléopâtre* de Benserade est aussi de 1636. Il n'y a guère de pièce plus plate. — Rotrou est l'auteur d'*Hercule*, pièce remplie de vaines

déclamations. — La *Mariamne* de Tristan, jouée la même année que *le Cid*, conserva cent ans sa réputation; et l'a perdue sans retour. Comment une mauvaise pièce peut-elle durer cent ans? C'est qu'il y a du naturel. — *Cléomédon* de Durier fut joué en 1636. On donnait alors trois ou quatre pièces nouvelles tous les ans. Le public était affamé de spectacles; on n'avait ni opéra, ni la farce qu'on a nommée *italienne*. (V.)

[1] Le mot *d'évangéliste* est bien singulier en cet endroit. (V.)

[2] Nous ne ferons aucune réflexion sur le style et les rodomontades de M. de Scudéri ; on en connaît assez le ridicule. Ses Observations fourmillent de fautes contre la langue. (V.)

Mais après avoir avancé cette proposition, étant obligé de la soutenir, voici par où j'entreprends de le faire avec honneur.

Ceux qui veulent abattre quelqu'un de ces superbes édifices que la vanité des hommes élève si haut, ne s'amusent point à briser des colonnes ou rompre des balustrades; mais ils vont droit en saper les fondements, afin que toute la masse du bâtiment croule et tombe en une même heure [1]. Comme j'ai le même dessein, je veux les imiter en cette occasion, et, pour en venir à bout, je veux dire que le sentiment d'Aristote, et celui de tous les savants qui l'ont suivi, établit pour maxime indubitable, que l'invention est la principale partie et du poëte et du poëme. Cette vérité est si assurée, que le nom même de l'un et de l'autre tire son étymologie d'un verbe grec, qui ne veut rien dire que *fiction*. De sorte que le sujet du *Cid* étant d'un auteur espagnol, si l'invention en était bonne, la gloire en appartiendrait à Guillem de Castro, et non pas à son traducteur français; mais tant s'en faut que j'en demeure d'accord, que je soutiens qu'elle ne vaut rien du tout. La tragédie, composée selon les règles de l'art, ne doit avoir qu'une action principale, à laquelle tendent et viennent aboutir toutes les autres, ainsi que les lignes se vont rendre de la circonférence d'un cercle à son centre; et l'argument en devant être tiré de l'histoire ou des fables connues (selon les préceptes qu'on nous a laissés), on n'a pas dessein de surprendre le spectateur, puisqu'il sait déjà ce qu'on doit représenter : mais il n'en va pas ainsi de la tragi-comédie; car, bien qu'elle n'ait presque pas été connue de l'antiquité, néanmoins, puisqu'elle est comme un composé de la tragédie et de la comédie, et qu'à cause de sa fin elle semble même pencher plus vers la dernière, il faut que le premier acte, dans cette espèce de poëme, embrouille une intrigue qui tienne toujours l'esprit en suspens, et qui ne se démêle qu'à la fin de tout l'ouvrage.

Ce nœud gordien n'a pas besoin d'avoir un Alexandre dans *le Cid* pour le dénouer. Le père de Chimène y meurt presque dès le commencement; dans toute la pièce, elle, ni Rodrigue, ne poussent et ne peuvent pousser qu'un seul mouvement : on n'y voit aucune diversité, aucune intrigue, aucun nœud ; et le moins clairvoyant des spectateurs devine, ou plutôt voit la fin de cette aventure aussitôt qu'elle est commencée [2]. Et par ainsi, je pense avoir montré bien clairement que le sujet n'en vaut rien du tout, puisque j'ai fait connaître qu'il manque de ce qui le pouvait rendre bon, et qu'il a tout ce qui le pouvait rendre mauvais. Je n'aurai pas plus de peine à prouver qu'il choque les principales règles dramatiques, et j'espère le faire avouer à tous ceux qui voudront se souvenir après moi, qu'entre toutes les règles dont je parle, celle qui sans doute est la plus importante, et comme la fondamentale de tout l'ouvrage, est celle de la vraisemblance. Sans

elle, on ne peut être surpris par cette agréable tromperie, qui fait que nous semblons nous intéresser aux bons ou mauvais succès de ces héros imaginaires. Le poëte qui se propose pour sa fin d'émouvoir les passions de l'auditeur par celles des personnages, quelque vives, fortes et bien poussées qu'elles puissent être, n'en peut jamais venir à bout, s'il est judicieux, lorsque ce qu'il veut imprimer en l'âme n'est pas vraisemblable.

Aussi ces grands maîtres anciens, qui m'ont appris ce que je montre ici à ceux qui l'ignorent, nous ont toujours enseigné que le poëte et l'historien ne doivent pas suivre la même route, et qu'il vaut mieux que le premier traite un sujet vraisemblable qui ne soit pas vrai, qu'un vrai qui ne soit pas vraisemblable. Je ne pense pas qu'on puisse choquer une maxime que ces grands hommes ont établie, et qui satisfait si bien le jugement; c'est pourquoi j'ajoute après l'avoir fondée dans l'esprit de ceux qui la lisent, qu'il est vrai que Chimène épousa le Cid, mais qu'il n'est point vraisemblable qu'une fille d'honneur épouse le meurtrier de son père. Cet événement était bon pour l'historien, mais il ne valait rien pour le poëte; et je ne crois pas qu'il suffise de donner des répugnances à Chimène, de lui faire combattre le devoir contre l'amour, de lui mettre en la bouche mille antithèses sur ce sujet, ni de faire intervenir l'autorité d'un roi; car enfin tout cela n'empêche pas qu'elle ne se rende parricide, en se résolvant d'épouser le meurtrier de son père : et bien que cela ne s'achève pas sur l'heure, la volonté, qui seule fait le mariage, y paraît tellement portée, qu'enfin Chimène est une parricide [1].

Ce sujet ne peut être vraisemblable, et par conséquent il choque une des principales règles du poëme. Mais, pour appuyer ce raisonnement de l'autorité des anciens, je me souviens encore que le mot de *fable*, dont Aristote s'est servi pour nommer le sujet de la tragédie, quoiqu'il ne signifie dans Homère qu'un simple discours, partout ailleurs est pris pour le récit de quelque chose fausse, et qui pourtant conserve une espèce de vérité. Telles sont les fables des poëtes, dont au temps d'Aristote, et même devant lui, les tragiques se servaient souvent pour le sujet de leurs poëmes, n'ayant nul égard à ce qu'elles n'étaient pas vraies, mais les considérant seulement comme vraisemblables. C'est pourquoi ce philosophe remarque que les premiers tragiques ayant accoutumé de prendre des sujets partout, sur la fin ils s'étaient retranchés à certains qui étaient, ou pouvaient être rendus vraisemblables, et qui presque pour cette raison ont été tous traités, et même par divers auteurs, comme *Médée*, *Alcméon*, *Œdipe*, *Oreste*, *Méléagre*, *Thyeste*, et *Téléphe*. Si bien qu'on voit qu'ils pouvaient changer ces fables comme ils voulaient, et les accommoder à la vraisemblance. Ainsi Sophocle, Æschyle et Euripide ont traité la fable de *Philoctète* bien diversement; ainsi celle de *Médée*, chez Sénèque, Ovide et Euripide, n'était pas la même. Mais il était quasi de la religion, et ne leur était pas permis de changer l'histoire quand ils la traitaient, ni d'aller contre la vérité; tellement que, ne trouvant pas toutes les histoires vraisembla-

---

[1] Il n'est pas inutile de remarquer que les censures faites avec passion ont toutes été maladroites. C'est une grande sottise de ne trouver rien d'estimable dans un ennemi estimé du public. (V.)

[2] Vous verrez que l'Académie condamne cette censure; et par *ainsi* le gouverneur de Notre-Dame de la Garde a fort mal démontré. (V.)

[1] Non, elle n'est point parricide, et il est faux qu'elle consente expressément à épouser un jour Rodrigue. Mais que tu es ennuyeux avec ton Aristote! (V.)

bles, quoique vraies, et ne pouvant pas les rendre telles, ni changer leur nature, ils s'attachaient fort peu à les traiter, à cause de cette difficulté, et prenaient, pour la plupart, des choses fabuleuses, afin de les pouvoir disposer vraisemblablement.

De là, ce philosophe montre que le métier du poëte est bien plus difficile que celui de l'historien, parce que celui-ci raconte simplement les choses comme en effet elles sont arrivées, au lieu que l'autre les représente, non pas comme elles sont, mais bien comme elles ont dû être. C'est en quoi l'auteur du *Cid* a failli, qui, trouvant dans l'histoire d'Espagne que cette fille avait épousé le meurtrier de son père, devait considérer que ce n'était pas un sujet d'un poëme accompli, parce qu'étant historique, et par conséquent vrai, mais non pas vraisemblable, d'autant qu'il choque la raison et les bonnes mœurs, il ne pouvait pas le changer, ni le rendre propre au poëme dramatique[1]. Mais, comme une erreur en appelle une autre, pour observer celle des vingt-quatre heures (excellente quand elle est bien entendue), l'auteur français bronche plus lourdement que l'espagnol, et fait mal en pensant bien faire. Ce dernier donne au moins quelque couleur à sa faute, parce que, son poëme étant irrégulier, la longueur du temps, qui rend toujours les douleurs moins vives, semble en quelque façon rendre la chose plus vraisemblable.

Mais faire arriver en vingt-quatre heures la mort d'un père, et les promesses de mariage de sa fille avec celui qui l'a tué, et non pas encore sans le connaître, non pas dans une rencontre inopinée, mais dans un duel dont il était l'appelant, ce qui, comme a dit bien agréablement un de mes amis, ce qui, loin d'être bon dans les vingt-quatre heures, ne serait pas supportable dans les[2] vingt-quatre ans. Et par conséquent, je le redis encore une fois, la règle de la vraisemblance n'est point observée, quoiqu'elle soit absolument nécessaire; et véritablement toutes ces belles actions que fit le Cid en plusieurs années sont tellement assemblées par force en cette pièce pour la mettre dans les vingt-quatre heures, que les personnages y semblent des dieux de machine qui tombent du ciel en terre : car enfin, dans le court espace d'un jour naturel, on dit un gouverneur au prince de Castille, il se fait une querelle et un combat entre don Diègue et le comte; autre combat de Rodrigue et du comte; un autre de Rodrigue contre les Maures; un autre contre don Sanche; et le mariage se conclut entre Rodrigue et Chimène : je vous laisse à juger si ne voilà pas un jour bien employé, et si l'on n'aurait pas grand tort d'accuser tous ces personnages de paresse.

Il est du sujet du poëme dramatique comme de tous les corps physiques, qui, pour être parfaits, demandent une certaine grandeur qui ne soit ni trop vaste ni trop resserrée. Ainsi, lorsque nous observons un ouvrage de cette nature, il arrive ordinairement à la mémoire ce qui arrive aux yeux qui regardent un objet : celui qui voit un corps d'une diffuse grandeur, s'attachant à en remarquer les parties, ne peut pas regarder à la fois ce grand tout qu'elles composent : de même, si l'action du poëme est trop grande, celui qui la contemple ne saurait la mettre tout ensemble dans sa mémoire : comme, au contraire, si un corps est trop petit, les yeux, qui n'ont pas loisir de le considérer, parce que presque en même temps l'aspect se forme et s'évanouit, n'y trouvent point de volupté. Ainsi dans le poëme, qui est l'objet de la mémoire, comme tous les corps le sont des yeux, cette partie de l'âme ne se plaît non plus à remarquer ce qui n'admet pas son office que ce qui l'excède. Et certainement, comme les corps, pour être beaux, ont besoin de deux choses, à savoir de l'ordre et de la grandeur, et que pour cette raison Aristote nie qu'on puisse appeler les petits hommes beaux, mais oui bien agréables, parce que, quoiqu'ils soient bien proportionnés, ils n'ont pas néanmoins cette taille avantageuse nécessaire à la beauté; de même ce n'est pas assez que le poëme ait toutes ses parties disposées avec soin, s'il n'a encore une grandeur si juste, que la mémoire la puisse comprendre sans peine.

Or, quelle doit être cette grandeur? Aristote, dont nous suivons autant le jugement que nous nous moquons de ceux qui ne le suivent point, l'a déterminée dans cet espace de temps qu'on voit qu'enferment deux soleils; en sorte que l'action qui se représente ne doit ni excéder ni être moindre que ce temps qu'il nous prescrit. Voilà pourquoi autrefois Aristophane, comique grec, se moquait d'Æschyle, poëte tragique, qui, dans la tragédie de *Niobé*, pour conserver la gravité de cette héroïne, l'introduisait assise au sépulcre de ses enfants l'espace de trois jours sans dire une seule parole. Et voilà pourquoi le docte Heinsius a trouvé que Buchanan avait fait une faute dans sa tragédie de *Jephté*, où dans le période des vingt-quatre heures il renferme une action qui dans l'histoire demandait deux mois; ce temps ayant été donné à la fille pour pleurer sa virginité, dit l'Écriture. Mais l'auteur du *Cid* porte bien son erreur plus avant, puisqu'il enferme plusieurs années dans ses vingt-quatre heures, et que le mariage[1] de Chimène et la prise de ces rois maures, qui dans l'histoire d'Espagne ne se fait que deux ou trois ans après la mort de son père, se fait ici le même jour : car quoique ce mariage ne se consomme pas sitôt, Chimène et Rodrigue consentent; et dès là ils sont mariés, puisque, selon les jurisconsultes, il n'est requis que le consentement pour les noces; et qu'outre cela, Chimène est à lui par la victoire qu'il obtient sur D. Sanche, et par l'arrêt qu'en donne le roi.

Mais ce n'est pas la seule loi qu'on voit enfreinte en cet endroit de ce poëme : il en omet une autre bien plus importante, puisqu'elle choque les bonnes mœurs comme les règles de la poésie dramatique. Et, pour connaître cette vérité, il faut savoir que le poëme de théâtre fut inventé pour instruire en divertissant, et que c'est sous cet agréable habit que se déguise la philosophie, de peur de paraître trop austère aux yeux du monde; et c'est par lui, s'il faut ainsi dire, qu'elle semble dorer les pilules,

---

[1] Quelle erreur! (V.)
[2] Mais que cet agréable ami fasse réflexion que la défaite des Maures dans les vingt-quatre heures aplanit tous les obstacles. (V.)

[1] Il suppose toujours le mariage de Chimène, qui ne se fait point. (V.)

afin qu'on les prenne sans répugnance, et qu'on se trouve guéri presque sans avoir connu le remède. Aussi ne manque-t-elle jamais de nous montrer sur la scène la vertu récompensée et le vice toujours puni. Que si quelquefois l'on y voit les méchants prospérer et les gens de bien persécutés, la face des choses ne manquant point de changer à la fin de la représentation, ne manque point aussi de faire voir le triomphe des innocents et le supplice des coupables ; et c'est ainsi qu'insensiblement on nous imprime en l'âme l'horreur du vice et l'amour de la vertu.

Mais tant s'en faut que la pièce du *Cid* soit faite sur ce modèle, qu'elle est de très-mauvais exemple. L'on y voit une fille dénaturée ne parler que de ses folies, lorsqu'elle ne doit parler que de son malheur ; plaindre la perte de son amant, lorsqu'elle ne doit songer qu'à celle de son père ; aimer encore ce qu'elle doit abhorrer ; souffrir en même temps et en même maison ce meurtrier et ce pauvre corps ; et, pour achever son impiété, joindre sa main à celle qui dégoutte encore du sang de son père. Après ce crime qui fait horreur, le spectateur n'a-t-il pas raison de penser qu'il va partir un coup de foudre du ciel représenté sur la scène, pour châtier cette Danaïde[1] ; ou s'il sait cette autre règle, qui défend d'ensanglanter le théâtre, n'a-t-il pas sujet de croire qu'aussitôt qu'elle en sera partie, un messager viendra pour le moins lui apprendre ce châtiment ? Mais cependant ni l'un ni l'autre n'arrive ; au contraire, un roi caresse cette impudique, son vice y paraît récompensé : la vertu semble bannie de la conclusion de ce poème ; il est une instruction au mal, un aiguillon pour nous y pousser, et, par ces fautes remarquables et dangereuses, directement opposé aux principales règles dramatiques.

C'était pour de semblables ouvrages que Platon n'admettait point dans sa République toute la poésie ; mais principalement il en bannissait cette partie, laquelle imite en agissant, et par représentation, d'autant qu'elle offrait à l'esprit toutes sortes de mœurs, les vices et les vertus, les crimes et les actions généreuses, et qu'elle introduisait aussi bien Atrée comme Nestor. Or, ne donnant pas plus de plaisir en l'expression des bonnes actions que des mauvaises, puisque, dans la poésie comme dedans la peinture, on ne regarde que la ressemblance, et que l'image de Thersite bien faite plaît autant que celle de Narcisse, il arrivait de là que les esprits des spectateurs étaient débauchés par cette volupté ; qu'ils trouvaient autant de plaisir à imiter les mauvaises actions qu'ils voyaient représentées avec grâce, et où notre nature incline, que les bonnes qui nous semblent difficiles ; et que le théâtre était aussi bien l'école des vices que des vertus. Cela, dis-je, l'avait obligé d'exiler les poètes de sa République ; et, quoiqu'il couronnât Homère de fleurs, il n'avait pas laissé de le bannir. Mais pour modérer sa rigueur, Aristote, qui connaissait l'utilité de la poésie, et principalement de la dramatique, d'autant qu'elle nous imprime beaucoup mieux les bons sentiments que les deux autres espèces, et que ce que nous voyons touche bien davantage l'âme que ce que nous entendons simplement (comme depuis l'a dit Horace); Aristote, dis-je, veut en sa Poétique que les mœurs

représentées dans l'action de théâtre soient la plupart bonnes, et que, s'il y faut introduire des personnes pleines de vices, le nombre en soit moindre que des vertueuses.

Cela fait que les critiques des derniers temps ont blâmé quelques anciennes tragédies, où les bonnes mœurs étaient moindres que les mauvaises ; ainsi qu'on peut voir, par exemple, dans l'*Oreste* d'Euripide, où tous les personnages, excepté Pylade, ont de méchantes inclinations. Si l'auteur que nous examinons n'eût pas ignoré ces préceptes, comme les autres dont nous l'avons déjà repris, il se fût bien empêché de faire triompher le vice sur son théâtre, et ses personnages auraient eu de meilleures intentions que celles qui les font agir. Fernand y aurait été plus grand politique, Urraque d'inclination moins basse, don Gomès moins ambitieux et moins insolent, don Sanche plus généreux, Elvire de meilleur exemple pour les suivantes ; et cet auteur n'aurait pas enseigné la vengeance par la bouche même de la fille de celui dont on se venge[1] ; Chimène n'aurait pas dit :

> Les accommodements ne font rien en ce point :
> Les affronts à l'honneur ne se réparent point.
> En vain on fait agir la force ou la prudence ;
> Si l'on guérit le mal, ce n'est qu'en apparence ;

et le reste de la troisième scène du second acte, où partout elle conclut à la confusion de son amant, s'il s'attente à la vie de son père. Comme quoi peut-il excuser le vers où cette dénaturée s'écrie, parlant de Rodrigue,

> Souffrir un tel affront, étant né gentilhomme ;

et ceux-ci, où elle avoue qu'elle aurait de la honte pour lui, si, pouvant lui avoir commandé de ne pas tuer son père, il lui pouvait obéir :

> Et, s'il peut m'obéir, que dira-t-on de lui ?
> Soit qu'il cède ou résiste au feu qui le consume,
> Mon esprit ne peut qu'être ou honteux ou confus
> De son trop de respect, ou d'un juste refus.

Mais je découvre encore des sentiments plus cruels et plus barbares dans la quatrième scène du troisième acte, qui me font horreur. C'est où cette fille (mais plutôt ce monstre[2]) ayant devant ses yeux Rodrigue encore tout couvert d'un sang qui la devait si fort toucher, et entendant qu'au lieu de s'excuser et de reconnaître sa faute, il l'autorise par ces vers :

> Car enfin n'attends pas de mon affection
> Un lâche repentir d'une bonne action ;

elle répond (ô bonnes mœurs !) :

> Tu n'as fait le devoir que d'un homme de bien.

Si autrefois quelques-uns, comme Marcellin, au livre vingt-septième, ont mis entre les corruptions des républiques la lecture de Juvénal, parce qu'il enseigne le vice,

---

[1] À quel excès d'aveuglement la jalousie porte un auteur ! Quel autre que Scudéri pouvait souhaiter que Chimène mourût d'un coup de foudre ? (V.)

[1] Voilà bien le langage de l'envie ! Scudéri condamne de très-beaux vers que tout le monde sait par cœur, et se condamne lui-même en les répétant. (V.)

[2] Scudéri appelle Chimène *un monstre !* Et on s'étonne aujourd'hui des impudentes expressions des faiseurs de libelles ! (V.)

quoiqu'il le reprenne, et que, pour flageller l'impureté, il la montre toute nue, que dirons-nous de ce poëme où le vice est si puissamment appuyé; où l'on en fait l'apologie; où l'on le pare des ornements de la vertu; et enfin, où il foule aux pieds les sentiments de la nature et les préceptes de la morale? De ces deux preuves assez claires, je passe à la troisième, qui regarde le jugement, la conduite et la bienséance des choses; et, dès la première scène, je trouve de quoi m'occuper. Il faut que j'avoue que je ne vis jamais un si mauvais physionome que le père de Chimène, lorsqu'il dit à la suivante de sa fille, parlant de don Sanche aussi bien que de don Rodrigue :

> Jeunes, mais qui font lire aisément dans leurs yeux
> L'éclatante vertu de leurs braves aïeux.

Il n'était point nécessaire d'une si fausse conjecture, puisque ce malheureux don Sanche devait être battu, sans blesser ni sans être blessé, désarmé, et, pour sauver sa vie, contraint d'accepter cette honteuse condition [1] qui l'oblige à porter lui-même son épée à sa maîtresse de la part de son ennemi : cette procédure trop romanesque dément ce premier discours, étant certain que jamais un homme de cœur ne voudra vivre par cette voie. Mais ce n'est pas la seule faute de jugement que je remarque en cette scène, et ces vers qui suivent m'en découvrent encore une autre :

> L'heure à présent m'appelle au conseil qui s'assemble.
> Le roi doit à son fils choisir un gouverneur,
> Ou plutôt m'élever à ce haut rang d'honneur.
> Ce que pour lui mon bras chaque jour exécute
> Me défend de penser qu'aucun me le dispute.

Il fallait, avec plus d'adresse, faire savoir à l'auditeur le sujet de la querelle qui va naître, et non pas le faire dire hors de propos à cette suivante, qui sert dans la maison du comte. Cette familiarité n'a point de rapport avec l'orgueil qu'il donne partout à ce personnage : mais il serait à souhaiter pour lui qu'il eût corrigé de cette sorte tout ce qu'il fait dire à comte de Gormas, afin que d'un capitan ridicule il eût fait un honnête homme, tout ce qu'il dit étant plus digne d'un fanfaron que d'une personne de valeur et de qualité. Et pour ne vous donner pas la peine d'aller vous en éclaircir dans son livre, voyez en quels termes il fait parler ce capitaine Fracasse :

> Enfin vous l'emportez, et la faveur du roi
> Vous élève en un rang qui n'était dû qu'à moi.
> . . . .
> Les exemples vivants ont bien plus de pouvoir;
> Un prince dans un livre apprend mal son devoir.
> Et qu'a fait après tout ce grand nombre d'années,
> Que ne puisse égaler une de mes journées?
> Si vous fûtes vaillant, je le suis aujourd'hui;
> Et ce bras du royaume est le plus ferme appui :
> Grenade et l'Aragon tremblent quand ce fer brille;
> Mon nom sert de rempart à toute la Castille;
> Sans moi vous passeriez bientôt sous d'autres lois;
> Et, si vous ne m'aviez, vous n'auriez plus de rois.

> Chaque jour, chaque instant, entasse pour ma gloire
> Lauriers dessus lauriers, victoire sur victoire.
> Le prince, pour essai de générosité,
> Gagnerait des combats marchant à mon côté;
> Loin des froides leçons qu'à mon bras on préfère,
> Il apprendrait à vaincre en me regardant faire.
> . . . .
> Et par là cet honneur n'était dû qu'à mon bras.
> . . . .
> Un jour seul ne perd pas un homme tel que moi.
> Que toute sa grandeur s'arme pour mon supplice,
> Tout l'État périra, s'il faut que je périsse.
> . . . .
> D'un sceptre qui sans moi tomberait de sa main.
> Il a trop d'intérêt lui-même en ma personne,
> Et ma tête en tombant ferait choir sa couronne.
> Mais l'attaquer à moi! Qui t'a rendu si vain?
> . . . .
> Sais-tu bien qui je suis? . . . .
> . . . .
> Mais je sens que pour toi ma pitié s'intéresse :
> J'admire ton courage, et je plains ta jeunesse.
> Ne cherche point à faire un coup d'essai fatal;
> Dispense ma valeur d'un combat inégal;
> Trop peu d'honneur pour moi suivrait cette victoire.
> A vaincre sans péril, on triomphe sans gloire.
> On te croirait toujours abattu sans effort;
> Et j'aurais seulement le regret de ta mort.
> . . . .
> Retire-toi d'ici. . . . .
> Es-tu si las de vivre? . . . .

Je croirais assurément qu'en faisant ce rôle l'auteur aurait cru faire parler Matamore et non pas le comte, si je ne voyais que presque tous ses personnages ont le même style, et qu'il n'est pas jusqu'aux femmes qui ne s'y piquent de bravoure. Il s'est, à mon avis, fondé sur l'opinion commune, qui donne de la vanité aux Espagnols; mais il l'a fait avec assez peu de raison, ce me semble, puisque partout il se trouve d'honnêtes gens. Et ce serait une chose bien plaisante, si, parce que les Allemands et les Gascons ont la réputation d'aimer à boire et à dérober, il allait un jour, avec une égale injustice, nous faire voir sur la scène un seigneur de l'une de ces nations qui fût ivre, et l'autre coupeur de bourses. Les Espagnols sont nos ennemis, il est vrai; mais on n'est pas moins bon Français pour ne les croire pas tous hypocondriaques. Et nous avons parmi nous un exemple si illustre, et qui nous fait si bien voir que la profonde sagesse et la haute vertu peuvent naître en Espagne, qu'on n'en saurait douter sans crime. Je parlerais plus clairement de cette divine personne, si je ne craignais [1] de profaner son nom sacré, et si je n'avais peur de commettre un sacrilége en pensant faire un acte d'adoration. Mais, étant encore si éloigné des dernières fautes de jugement que je connais et que je dois montrer en cet ouvrage, je m'arrête trop à ces premières, que vous verrez suivies de beaucoup d'autres plus grandes. La seconde scène du *Cid* n'est pas plus judicieuse que celle qui la précède; car cette suivante n'y fait que redire ce que l'auditeur vient à l'heure même d'apprendre. C'est manquer d'adresse, et faire une faute que les préceptes de l'art nous

---

[1] Remarquez que, dans les mœurs de la chevalerie, et dans tous les romans qui en ont parlé, cette condition n'était point honteuse. De plus, cette victoire de Rodrigue et sa générosité sont de nouveaux motifs qui excusent la tendresse de Chimène. (V.)

[1] Les plus impudents satiriques sont souvent les plus sots flatteurs. A quel propos louer ici la reine, quand il ne s'agit que des rodomontades du comte de Gormas? Il croyait, par cet artifice, mettre la reine de son parti. (V.)

enseignent d'éviter toujours, parce que ce n'est qu'ennuyer le spectateur, et qu'il est inutile de raconter ce qu'il a vu. Si bien que le poëte doit prendre des temps derrière les rideaux pour en instruire les personnages, sans persécuter ainsi ceux qui les écoutent. La troisième scène est encore plus défectueuse, en ce qu'elle attire en son erreur toutes celles où parle l'infante ou don Sanche : je veux dire qu'outre la bienséance mal observée, en un amour si peu digne d'une fille de roi, et l'une et l'autre tiennent si peu dans le corps de la pièce, et sont si peu nécessaires à la représentation, qu'on voit clairement que dona Urraque n'y est que pour faire jouer la Beauchâteau, et le pauvre don Sanche pour s'y faire battre par don Rodrigue. Et cependant il nous est enjoint par les maîtres de ne mettre rien de superflu dans la scène. Ce n'est pas que j'ignore que les épisodes font une partie de la beauté d'un poëme ; mais il faut, pour être bons, qu'ils soient plus attachés au sujet. Celui qu'on prend pour un poëme dramatique est de deux façons ; car il est ou simple, ou mixte : nous appelons simple celui qui, étant un et continué, s'achève en un manifeste changement, au contraire de ce qu'on attendait, et sans aucune reconnaissance. Nous en avons un exemple dans l'*Ajax* de Sophocle, où le spectateur voit arriver tout ce qu'il s'était proposé. Ajax, plein de courage, ne pouvant endurer d'être méprisé, se met en furie ; et, après qu'il est revenu à soi, rougissant des actions que la rage lui a fait faire, et vaincu de honte, il se tue. En cela il n'y a rien d'admirable ni de nouveau. Le sujet mêlé, ou non simple, s'achemine à sa fin, avec quelque changement opposé à ce qu'on attendait, ou quelque reconnaissance, ou tous les deux ensemble. Celui-ci, étant assez intrigué de soi, ne recherche presque aucun embellissement ; au lieu que l'autre, étant trop nu, a besoin d'ornements étrangers. Ces amplifications, qui ne sont pas tout à fait nécessaires, mais qui ne sont pas aussi hors de la chose, s'appellent épisodes chez Aristote ; et l'on donne ce nom à tout ce que l'on peut insérer dans l'argument, sans qu'il soit de l'argument même. Ces épisodes, qui sont aujourd'hui fort en usage, sont trouvés bons lorsqu'ils aident à faire quelque effet dans le poëme : comme anciennement le discours d'Agamemnon, de Teucer, de Ménélaüs et d'Ulysse dans l'*Ajax* de Sophocle, servait pour empêcher qu'on ne privât ce héros de sépulture ; ou bien lorsqu'ils sont nécessaires, ou vraisemblablement attachés au poëme, qu'Aristote appelle épisodique, quand il pèche contre cette dernière règle. Notre auteur, sans doute, ne savait pas cette doctrine, puisqu'il se fût bien empêché de mettre tant d'épisodes dans son poëme, qui, étant mixte, n'en avait pas besoin ; ou si sa stérilité ne lui permettait pas de le traiter sans cette aide, il y en devait mettre qui ne fussent pas irréguliers. Il aurait sans doute banni dona Urraque, don Sanche et don Arias, et n'aurait pas eu tant de feu à leur faire dire des pointes, ni tant d'ardeur à la déclamation, qu'il ne se fût souvenu que pas un de ces personnages ne servait aux incidents de son poëme, et n'y avait aucun attachement nécessaire.

Je vois bien, pour parler aussi des modernes, que, dans la belle *Mariamne*[1], ce discours des songes, que M. Tristan

a mis en la bouche de Phérore, n'était pas absolument nécessaire : mais étant si bien lié avec la vision, que vient d'avoir Hérode, il y ajoute une beauté merveilleuse ; vision, dis-je, qui fait elle-même une partie du sujet, et dont les présages qu'on en tire sont fondés sur une que ce prince avait eue autrefois au bord du Jourdain. Il n'en est pas ainsi de nos bouches inutiles ; ce qu'elles disent n'est pas seulement superflu, mais les personnages le sont eux-mêmes. Depuis cette dernière cascade, le jugement de l'auteur ne bronche point, jusqu'à l'ouverture du second acte : mais en cet endroit (s'il m'est permis d'user de ce mot) il fait encore une disparate. Il vient un certain don Arias de la part du roi, qui, à vrai dire, n'y vient que pour faire des pointes sur les lauriers et sur la foudre, et pour donner sujet au comte de Gormas de pousser une partie des rodomontades que je vous ai montrées. On ne sait ce qui l'amène ; il n'explique point quelle est sa commission ; et pour conclusion de ce beau discours, il s'en retourne comme il est venu. L'auteur me permettra de lui dire qu'on voit bien qu'il n'est pas homme d'éclaircissement ni de procédé.

Quand deux grands ont querelle, et que l'un est offensé à l'honneur, ce sont des oiseaux qu'on ne laisse point aller sur leur foi : le prince leur donne des gardes à tous deux, qui lui répondent de leurs personnes, et qui ne souffriraient pas que le fils de l'un vînt faire un appel à l'autre : aussi voyons-nous bien la dangereuse conséquence dont cette erreur est suivie ; et par les maximes de la conscience, le roi ou l'auteur sont coupables de la mort du comte, s'ils ne s'excusent, en disant qu'ils n'y pensaient pas, puisque le commandement que fait après le roi de l'arrêter n'est plus de saison. Dans la troisième scène de ce même acte, les délicats trouveront encore que le jugement pèche, lorsque Chimène dit que Rodrigue n'est pas gentilhomme, s'il ne se venge de son père : ce discours est plus extravagant que généreux dans la bouche d'une fille, et jamais aucune ne le dirait, quand même elle en aurait la pensée.

Les plus critiques trouveraient peut-être aussi que la bienséance voudrait que Chimène pleurât enfermée chez elle, et non aux pieds du roi, sitôt après cette mort : mais donnons ce transport à la grandeur de ses ressentiments et à l'ardent désir de se venger, que nous savons pourtant bien qu'elle n'a point, quoiqu'elle le dût avoir.

Insensiblement nous voici arrivés au troisième acte, qui

---

vais ouvrage, mais très-passable pour le temps où il fut composé. On joua cette *Mariamne* de Tristan quelques mois avant *le Cid*. Voici ce discours de Phérore, qui ajoute une beauté merveilleuse :

> Quelles fortes raisons apportait ce docteur,
> Qui soutient que le songe est toujours un menteur ?
> Il disait que l'humeur, qui dans nos corps domine,
> A voir certains objets souvent nous détermine ;
> Le flegme humide et froid, se portant au cerveau,
> Y vient représenter des brouillards et de l'eau ;
> La bile ardente et jaune, aux qualités subtiles,
> N'y dépeint que combats, qu'embrasements de villes ;
> Le sang, qui tient de l'air, et répond au printemps,
> Rend les moins fortunés en leurs songes contents, etc.

Ces vers, si déplacés dans une tragédie, sont une malheureuse imitation d'un des beaux endroits de *Pétrone* :

Somnia quæ ludunt animos volitantibus umbris. (V)

---

[1] La belle *Mariamne*, dont parle Scudéri, est un très-mau-

est celui qui a fait battre des mains à tant de monde, crier miracle à tous ceux qui ne savent pas discerner le bon or d'avec l'alchimie, et qui seul a fait la fausse réputation du *Cid*. Rodrigue y paraît d'abord chez Chimène avec une épée qui fume encore du sang tout chaud qu'il vient de faire répandre à son père ; et par cette extravagance si peu attendue, il donne de l'horreur à tous les judicieux qui le voient, et qui savent que ce corps est encore dans la maison. Cette épouvantable procédure [1] choque directement le sens commun ; et quand Rodrigue prit la résolution de tuer le comte, il devait prendre celle de ne revoir jamais sa fille ; car de nous dire qu'il vient pour se faire tuer par Chimène, c'est nous apprendre qu'il ne vient que pour faire des pointes. Les filles bien nées n'usurpent jamais l'office des bourreaux ; c'est une chose qui n'a point d'exemple et qui serait supportable dans une élégie à Phylis, où le poëte peut dire qu'il veut mourir d'une belle main ; mais non pas dans le grave poëme dramatique, qui représente sérieusement les choses comme elles doivent être. Je remarque dans la troisième scène, que notre nouvel Homère s'endort encore, et qu'il est hors d'apparence qu'une fille de la condition de Chimène n'ait pas une de ses amies chez elle après un si grand malheur que celui qui vient de lui arriver, et qui les obligeait toutes de s'y rendre pour adoucir sa douleur par quelques consolations. Il eût évité cette faute de jugement, s'il n'eût pas manqué de mémoire pour ces deux vers qu'Elvire dit peu auparavant :

Chimène est au palais, de pleurs toute baignée,
Et n'en reviendra point que bien accompagnée.

Mais, sans nous amuser davantage à cette contradiction, voyons à quoi sa solitude est employée : à faire des pointes exécrables, des antithèses parricides, à dire effrontément qu'elle aime, ou plutôt qu'elle adore (ce sont ses mots) ce qu'elle doit tant haïr ; et par un galimatias qui ne conclut rien, dire qu'elle veut perdre Rodrigue, et qu'elle souhaite ne le pouvoir pas [2]. Ce méchant combat de l'honneur et de l'amour [3] aurait au moins quelque prétexte, si le temps, par son pouvoir ordinaire, avait comme assoupi les choses ; mais dans l'instant qu'elles viennent d'arriver, que son père n'est pas encore dans le tombeau, qu'elle a ce funeste objet, non-seulement dans l'imagination, mais devant les yeux, la faire balancer entre ces deux mouvements, ou plutôt pencher tout à fait vers celui qui la perd et la déshonore, c'est se rendre digne de cette épitaphe d'un homme en vie, mais endormi, qui dit :

Sous cette casaque noire
Repose paisiblement
L'auteur d'heureuse mémoire,
Attendant le jugement [4].

[1] Scudéri devait au moins reprocher ce procédé, et non cette procédure, à l'auteur espagnol dont Corneille imita les beautés et les défauts ; mais il était jaloux de Corneille, et non de Guillem de Castro. (V.)

[2] C'est un des beaux vers de l'espagnol. (V.)

[3] Ce combat de l'amour et de l'honneur est ce qu'on a jamais vu de plus naturel et de plus heureux sur le théâtre d'Espagne. (V.)

[4] Il est plaisant de voir Scudéri traiter Corneille d'homme sans jugement. (V.)

Ensuite de cette conversation de Chimène avec Elvire, Rodrigue sort de derrière une tapisserie, et se présente effrontément à celle qu'il vient de faire orpheline : en cet endroit l'un et l'autre se piquent de beaux mots, de dire des douceurs, et semblent disputer la vivacité d'esprit en leurs reparties, avec aussi peu de jugement qu'en aurait un homme qui se plaindrait en musique dans une affliction, ou qui, se voyant boiteux, voudrait clocher en cadence. Mais tout à coup, de beau discoureur, Rodrigue devient impudent, et dit à Chimène, parlant de ce qu'il a tué celui dont elle tenait la vie :

Qu'il le ferait encor, s'il avait à le faire.

A quoi cette bonne fille répond qu'elle ne le blâme point, qu'elle ne l'accuse point, et qu'enfin il a fort bien fait de tuer son père. O jugement de l'auteur ! à quoi songez-vous ? ô raison de l'auditeur ! qu'êtes-vous devenue ? Toute cette scène est d'égale force ; mais comme les géographes par un point marquent toute une province, le peu que j'en ai dit suffit pour la faire concevoir entière. Celle qui suit nous fait voir le père de Rodrigue qui parle seul comme un fou, qui s'en va de nuit courir les rues, qui embrasse je ne sais quelle ombre fantastique, et qui, le plus incivil de tous les mortels, a laissé cinq cents gentilshommes chez lui, qui venaient lui offrir leur épée. Mais outre que la bienséance est mal observée, j'y remarque une faute de jugement assez grande ; et pour la voir avec moi, il faut se souvenir que Fernand était le premier roi de Castille, c'est-à-dire roi de deux ou trois petites provinces. De sorte qu'outre qu'il est assez étrange que cinq cents gentilshommes se trouvent à la fois chez un de leurs amis qui a querelle, la coutume étant, en ces occasions, qu'après avoir offert leurs services et leur épée, les uns sortent à mesure que les autres entrent, il est encore plus hors d'apparence qu'une si petite cour que celle de Castille était alors, pût fournir cinq cents gentilshommes à don Diègue, et pour le moins autant au comte de Gormas, si grand seigneur et tant en réputation, sans ceux qui demeuraient neutres, et ceux qui restaient auprès de la personne du roi. C'est une chose entièrement éloignée du vraisemblable, et qu'à peine pourrait faire la cour d'Espagne, en l'état où sont les choses maintenant ; aussi voit-on bien que cette grande troupe est moins pour la querelle de Rodrigue que pour lui aider à chasser les Maures. Et quoique les bons seigneurs n'y songeassent pas, l'auteur, qui fait leur destinée, les a bien su forcer, malgré qu'ils en eussent, à s'assembler, et sait lui seul à quel usage on les doit mettre.

Le quatrième acte commence par une scène où Chimène, aimant son père à l'accoutumée, s'informe soigneusement du succès des armes de Rodrigue, et demande s'il n'est point blessé. Cette scène est suivie d'une autre, qu'il suffit de dire que fait l'infante, pour dire qu'elle est inutile : mais en cet endroit il faut que je die que jamais roi ne fut si mal obéi que don Fernand, puisqu'il se trouve que, malgré l'ordre qu'il avait donné dès le second acte, de munir le port sur l'avis qu'il avait que les Maures venaient l'attaquer, il se trouve, dis-je, que Séville était prise, son trône renversé, et sa personne et celle de ses enfants perdues, si le hasard n'eût assemblé ces bienheureux amis de don Diègue, qui aident Rodrigue à le sauver. Et certes, le roi, qui témoigne qu'il n'ignore point ce désordre, a grand tort de ne punir pas ces coupables, puisque c'est par leur seule négligence que l'auteur fait

> .... Que d'un commun effort
> Les Maures et la mer entrent dedans le port.

Mais il me permettra de lui dire que cela n'a pas grande apparence, vu que la nuit on ferme les havres d'une chaîne, principalement ayant la guerre, et de plus, des avis certains que les ennemis approchent. Ensuite il dit, parlant encore des Maures :

> .... Ils ancrent, ils descendent.

Ce n'est pas savoir le métier dont il parle ; car en ces occasions où l'événement est douteux, on ne mouille point l'ancre, afin d'être plus en état de faire retraite, si l'on s'y voit forcé.

Mais je ne suis pas encore à la fin de ses fautes ; car pour découvrir le crime de Chimène, le roi se sert de la plus méchante finesse du monde ; et malgré ce que le théâtre demande de sérieux en cette occasion, il fait agir ce sage prince comme un enfant qui serait bien enjoué, en la quatrième scène du quatrième acte. Là, dans une action de telle importance, où sa justice devait être balancée avec la victoire de Rodrigue, au lieu de la rendre à Chimène, qui feint de la lui demander, il s'amuse à lui faire pièce, veut éprouver si elle aime son amant ; et, en un mot, le poëte lui ôte sa couronne de dessus la tête pour le coiffer d'une marotte. Il devait traiter avec plus de respect la personne des rois, que l'on nous apprend être sacrée, et considérer celui-ci dans le trône de Castille, et non pas comme sur le théâtre de Mondori. Mais toute grossière qu'est cette fourbe, elle fait pourtant donner cette criminelle dans le piège qu'on lui tend, et découvrir aux yeux de toute la cour, par un évanouissement, l'infâme passion qui la possède. Il ne lui sert de rien de vouloir cacher sa honte par une finesse aussi mauvaise que la première, étant certain que, malgré ce quolibet qui dit

> Qu'on se pâme de joie ainsi que de tristesse,

la cause de la sienne est si visible, que tous ceux qui ont l'âme grande désireraient qu'elle fût morte, et non pas seulement évanouie : ainsi le quatrième acte s'achève, après que Fernand a fait la plus injuste ordonnance que prince imagina jamais. Le dernier n'est pas plus judicieux que ceux qui l'ont devancé. Dès l'ouverture du théâtre, Rodrigue vient en plein jour revoir Chimène, avec autant d'effronterie que s'il n'en avait pas tué le père, et la perd d'honneur absolument dans l'esprit de tout un peuple qui le voit entrer chez elle. Mais si je ne craignais de faire le plaisant mal à propos, je lui demanderais volontiers s'il a donné de l'eau bénite, en passant, à ce pauvre mort, qui vraisemblablement est dans la salle. Leur seconde conversation est de même style que la première ; elle lui dit cent choses dignes d'une prostituée, pour l'obliger à battre ce pauvre sot de don Sanche ; et pour conclusion, elle ajoute avec une impudence épouvantable :

> Te dirai-je encor plus ? Va, songe à ta défense,
> Pour forcer mon devoir, pour m'imposer silence ;
> Et, si jamais l'amour échauffa les esprits,

> Sors vainqueur d'un combat dont Chimène est le prix [1].
> Adieu ; ce mot lâché me fait rougir de honte.

Elle a bien raison de rougir et de se cacher, après une action qui la couvre d'infamie, et qui la rend indigne de voir la lumière. La seconde et troisième scène n'est qu'une continuelle extravagance de notre infante superflue. La quatrième, qui se passe entre Elvire et Chimène, ne sert non plus au sujet. La cinquième, qui fait arriver don Sanche, me fait aussi vous avertir que vous preniez garde que, dans le petit espace de temps qui s'écoule à réciter cent quarante vers, l'auteur fait aller Rodrigue s'armer chez lui, se rendre au lieu du combat, se battre, être vainqueur, désarmer don Sanche, lui rendre son épée, lui ordonner de l'aller porter à Chimène, et le temps qu'il faut à don Sanche pour venir de la place chez elle : tout cela se fait pendant qu'on récite cent quarante vers ; ce qui est absolument impossible, et qui doit passer pour une grande faute de conduite.

Quand nous voulons prendre ainsi des temps au théâtre, il faut que la musique ou les chœurs, qui font la distinction des actes, nous en donnent le moyen dans cet intervalle ; car autrement les choses ne doivent être représentées que de la même façon qu'elles peuvent arriver naturellement. Dans toute cette scène dont je parle, Chimène joue le personnage d'une furie, sur l'opinion qu'elle a que Rodrigue est mort, et dit au misérable don Sanche tout ce qu'elle devait raisonnablement dire à l'autre quand il eut tué son père [2]. Ce n'est pas qu'il n'y ait quelque chose d'agréable en cette erreur, mais elle n'est pas judicieusement traitée : il en fallait moins pour être bonne, parce qu'il est hors d'apparence qu'au milieu de ce grand flux de paroles, don Sanche, pour la désabuser, ne puisse pas prendre le temps de lui crier : Il n'est pas mort. Comme ils en sont là, le roi et toute la cour arrivent ; et c'est devant cette grande assemblée que dame Chimène lève le masque, qu'elle confesse ingénument ses folies dénaturées ; et que, pour les achever, voyant que Rodrigue est en vie, elle prononce enfin un oui [3] si criminel, qu'à l'instant même le remords de sa conscience la force de dire :

> Sire, quelle apparence, en ce triste hyménée,
> Qu'un même jour commence et finisse mon deuil,
> Mette en mon lit Rodrigue, et mon père au cercueil !
> C'est trop d'intelligence avec son homicide ;
> Vers ses mânes sacrés c'est me rendre perfide ;
> Et souiller mon honneur d'un reproche éternel,
> D'avoir trempé mes mains dans le sang paternel.

Demeurons-en d'accord avec elle, puisque c'est la seule chose raisonnable qu'elle a dite. Et, avant que passer de la conduite de ce poëme à la censure des vers, disons encore que le théâtre en est si mal entendu, qu'un même lieu représentant l'appartement du roi, celui de l'infante, la maison de Chimène, et la rue, presque sans changer de face, le spectateur ne sait le plus souvent où sont les acteurs.

Maintenant, pour la versification, j'avoue qu'elle est la meilleure de cet auteur ; mais elle n'est point assez parfaite

---

[1] Ces vers contribuèrent plus qu'aucun autre endroit au succès du cinquième acte. (V.)
[2] Quelle pitié ! Quoi ! Chimène devait dire à Rodrigue qu'il avait pris le comte de Gormas en traître ! (V.)
[3] Elle ne prononce point ce oui ; elle parle avec beaucoup de décence. (V.)

pour avoir dit lui-même qu'il quitte la terre, que son vol le cache dans les cieux, qu'il y rit du désespoir de tous ceux qui l'envient, et qu'il n'a point de rivaux qui ne soient fort honorés quand il daigne les traiter d'égal. Si le Malherbe en avait dit autant, je doute même si ce ne serait point trop. Mais voyons un peu si ce soleil qui croit être aux cieux est sans taches, ou si, malgré son éclat prétendu, nous aurons la vue assez forte pour le regarder fixement, et pour les apercevoir. Je commence par le premier vers de la pièce :

Entre tous ces amants dont la jeune ferveur [1].

C'est parler français en allemand, que de donner de la jeunesse à la ferveur. Cette épithète n'est pas en son lieu ; et fort improprement nous dirions, *ma jeune peine*, *ma jeune douleur*, *ma jeune inquiétude*, *ma jeune crainte*, et mille autres semblables termes impropres.

Ce n'est pas que Chimène écoute leurs soupirs,
Ou d'un regard propice anime leurs désirs.

Cela manque de construction ; et pour qu'elle y fût, il fallait dire, à mon avis, *Ce n'est pas que Chimène écoute leurs soupirs, ni que d'un regard propice elle anime leurs désirs.*

Tant qu'a duré sa force, a passé pour merveille.

Ici, tout de même ; il fallait dire, *a passé pour une merveille.*

L'heure à présent m'appelle au conseil qui s'assemble.

Ce mot d'*à présent* est trop bas pour les vers, et *qui s'assemble* est superflu : il suffisait de dire : *l'heure m'appelle au conseil.*

Deux mots dont tous vos sens doivent être charmés.

Il n'est point vrai qu'une bonne nouvelle charme tous les sens, puisque la vue, l'odorat, le goût ni l'attouchement, n'y peuvent avoir aucune part. Cette figure, qui fait prendre une partie pour le tout, et qui chez les savants s'appelle *synecdoche*, est ici trop hyperbolique.

Et je vous vois, pensive et triste chaque jour,
L'informer avec soin comme va son amour.

Cela n'est pas bien dit ; il devait y avoir : *et je vous vois, pensive et triste chaque jour, vous informer,* et non pas *l'informer, comme quoi va son amour,* et non pas *comme va son amour.*

Que je meurs s'il s'achève et ne s'achève pas.

Pour la construction, il fallait dire : *que je meurs s'il s'achève et s'il ne s'achève pas.*

Elle rendra le calme à vos esprits flottants.

Je ne tiens pas que cette façon de faire flotter les esprits soit bonne ; joint qu'il fallait dire *l'esprit*, parce que les esprits en pluriel s'entendent des vitaux et des animaux, et non pas de cette haute partie de l'âme où réside la volonté.

Ma plus douce espérance est de perdre l'espoir.

[1] Voyez le jugement de l'Académie. (V.)

Ce vers, si je ne me trompe, n'est pas loin du galimatias.

Le prince, pour essai de générosité.

Ce mot d'*essai*, et celui de *générosité*, étant si près l'un de l'autre, font une fausse rime dans le vers, bien désagréable, et que l'on doit toujours éviter.

Gagnerait des combats, marchant à mon côté.

On dit bien *gagner une bataille ;* mais on ne dit point *gagner un combat.*

Parlons-en mieux, le roi fait honneur à votre âge.

La césure manque à ce vers.

Le premier dont ma race ait vu rougir son front.

Je trouve que *le front d'une race* est une assez étrange chose ; il ne fallait plus que dire, *les bras de ma lignée* et *les cuisses de ma postérité.*

Qui tombe sur son chef, rejaillit sur mon front.

Cette façon de dire le *chef* pour la *tête* est hors de mode, et l'auteur du *Cid* a tort d'en user si souvent.

Au surplus, pour ne te point flatter…

Ce mot de *surplus* est de chicane, et non de poésie, ni de la cour.

Se faire un beau rempart de mille funérailles.

J'aurais bâti ce rempart de corps morts et d'armes brisées, et non pas de *funérailles.* Cette phrase est extravagante, et ne veut rien dire.

Plus l'offenseur est cher…

Ce mot d'*offenseur* n'est point français ; et quoique son auteur se croie assez grand homme pour enrichir la langue, et qu'il use souvent de ce terme nouveau, je pense qu'on le renverra avec Isnel.

A mon aveuglement rendez un peu de jour.

On ne peut rendre le jour à l'aveuglement, mais oui bien à l'aveugle.

Allons, mon âme, et puisqu'il faut mourir.

J'aimerais autant dire : *allons moi-même, et puisqu'il faut mourir.* Cette exclamation n'a point de sens.

Respecter un amour dont mon âme égarée
Voit la perte assurée.

Ce mot d'*égarée* n'est mis que pour rimer, et n'a nulle signification en cet endroit.

Je rendrai mon sang pur comme je l'ai reçu.

Je ne sais dans quel aphorisme d'Hippocrate l'auteur a remarqué qu'une mauvaise action corrompt le sang ; mais, contre ce qu'il dit, je crois plus raisonnablement que Rodrigue l'a tout brûlé par cette noire mélancolie qui le possède.

Ce grand courage cède.
Il y prend grande part……
Un si grand crime……
Et quelque grand qu'il fût……

Pour un grand poëte, voilà bien des grandeurs qui se touchent.

Pour le faire abolir sont plus que suffisants.

Sont plus que suffisants est une façon de parler basse et populaire qui ne veut rien dire, non plus qu'une autre dont il se sert quand il dit :

Faire l'impossible...

A le bien prendre, c'est ne vouloir rien faire, que de vouloir faire ce qu'on ne peut faire. On pardonne ces fautes aux petites gens qui s'en servent, mais non pas aux grands auteurs, tels que le croit être celui du *Cid*.

Il dit, en parlant de la querelle de don Diègue :

Elle a trop fait de bruit pour ne pas s'accorder.

Il faut dire, *pour n'être pas accordée*; car elle ne s'accorde point elle-même.

Les hommes valeureux le sont du premier coup.

Ce premier coup est une phrase trop basse pour la poésie.

Vous laissez choir ainsi ce généreux courage.

Faire choir un courage n'est pas proprement parler.

Si dessous sa valeur ce grand guerrier s'abat.

Outre que cette parole de *s'abat* a le son trop approchant de celui du sabbat, il fallait dire : *est abattu*, et non pas *s'abat*.

Le Portugal se rendre, et ses nobles journées
Porter de là les mers ses hautes destinées.

Il fallait dire : *ses grands exploits*; car *ses nobles journées* ne disent rien qui vaille.

Au milieu de l'Afrique arborer ses lauriers.

Le mot d'*arborer*, fort bon pour les étendards, ne vaut rien pour les arbres; il fallait y mettre *planter*.

Pleurez, pleurez, mes yeux, et fondez-vous en eau !
La moitié de ma vie a mis l'autre au tombeau,
Et m'oblige à venger, après ce coup funeste,
Celle que je n'ai plus sur celle qui me reste.

Ces quatre vers, que l'on a trouvés si beaux, ne sont pourtant qu'une happelourde ; car premièrement *ces yeux fondus* donnent une vilaine idée à tous les esprits délicats. On dit bien fondre en larmes, mais on ne dit point fondre les yeux. De plus, on appelle bien une maîtresse la moitié de sa vie; mais on ne nomme point un père ainsi. Et puis, dire que la moitié d'une vie a tué l'autre moitié, et qu'on doit venger cette moitié sur l'autre moitié, et parler et marcher avec une troisième vie, après avoir perdu ces deux moitiés, tout cela n'est qu'une fausse lumière, qui éblouit l'esprit de ceux qui se plaisent à la voir briller.

Il déchire mon cœur sans partager mon âme.

Ce vers n'est encore à mon avis qu'un galimatias pompeux; car le cœur et l'âme sont tous deux pris en ce sens pour la partie où résident les passions.

Quoi ! du sang de mon père encor toute trempée !

Ce vers me fait souvenir qu'il y en a un autre tout pareil qui dit :

Quoi ! du sang de Rodrigue encor toute trempée !

Cette conformité de mots, de rime et de pensée montre une grande stérilité.

Mais sans quitter l'envie.

Il fallait dire, *sans perdre l'envie*; ce mot de *quitter* n'est pas en son lieu.

Aux traits de ton amour, ni de ton désespoir.

Ce mot de *trait*, en cette signification, est populaire; et s'il eût dit *aux effets*, la phrase eût été bien plus noble.

Vigueur, vainqueur, trompeur, peur.

Ce sont quatre fausses rimes qui se touchent, et qu'un esprit exact ne doit pas mettre si près.

Ma crainte est dissipée, et mes ennuis cessés.

Ce n'est point parler français; on dit *finis*, ou *terminés*; et le mot de *cessés* ne se met jamais comme il est là.

Où fut jadis l'affront que ton courage efface.

Ce *jadis* ne vaut rien du tout en cet endroit, parce qu'il marque une chose faite il y a longtemps ; et nous savons qu'il n'y a que quatre ou cinq heures que don Diègue a reçu le soufflet dont il entend parler.

. . . . Et le sang qui m'anime.

L'auteur n'est pas bon anatomiste : ce n'est point le sang qui anime, car il a besoin lui-même d'être animé par les esprits vitaux qui se forment au cœur, et dont il n'est, pour user du terme de l'art, que le véhicule.

. . . . Leur brigade était prête.

Cinq cents hommes est un trop grand nombre pour ne l'appeler que brigade : il y a des régiments entiers qui n'en ont pas davantage; et quand on se pique de vouloir parler des choses selon les termes de l'art, il en faut savoir la véritable signification; autrement on paraît ridicule en voulant paraître savant.

Tant à nous voir marcher en si bon équipage.

C'est encore parler de la guerre en bon bourgeois qui va à la garde : au lieu de ce vilain mot d'*équipage*, qui ne vaut rien là, il fallait dire : *en si bon ordre*.

Sortir d'une bataille, et combattre à l'instant.

Tout de même, ce combat des Maures fait de nuit n'était point une bataille.

Que ce jeune seigneur endosse le harnois.

Ce jeune seigneur qui endosse le harnois est du temps de *moult*, de *piéça* et d'*ainçois*.

. . . . Et leurs terreurs s'oublient.

Cela ne vaut rien : on doit dire *finissent*, *cessent*, ou *se dissipent*; car ces terreurs qui s'oublient elles-mêmes ne sont qu'un pur galimatias.

Contrefaites le triste....

Ce mot de *contrefaites* est trop bas pour la poésie; on doit dire : *feignez d'être triste*. Il y a encore cent fautes pareilles dans cette pièce, soit pour la phrase, ou soit pour la construction; mais, sans m'arrêter davantage, je veux passer de l'examen des vers à la preuve des larcins, aussitôt que, pour montrer comme cet auteur est stérile, j'aurai fait remarquer combien de fois dans son poëme il a mis les pauvres lauriers, si communs; voyez-le, je vous en supplie:

> Ils y prennent naissance au milieu des lauriers...
> Lauriers dessus lauriers, victoire sur victoire...
> Que pour voir en un jour flétrir tant de lauriers...
> Tout couvert de lauriers, craignez encor la foudre...
> Mille et mille lauriers dont sa tête est couverte...
> Au milieu de l'Afrique arboree ses lauriers...
> J'irai sous mes cyprès accabler ses lauriers...
> Le chef, au lieu de fleurs, couronné de lauriers...
> Lui gagnant un laurier, vous impose silence...

La dernière partie de mon ouvrage ne me donnera pas plus de peine que les autres. *Le Cid* est une comédie espagnole, dont presque tout l'ordre, scène pour scène, et toutes les pensées de la française sont tirés : et cependant ni Mondori, ni les affiches, ni l'impression, n'ont appelé ce poëme, ni traduction, ni paraphrase, ni seulement imitation; mais bien en ont-ils parlé comme d'une chose qui serait purement à celui qui n'en est que le traducteur; et lui-même a dit, comme un autre a déjà remarqué,

> Qu'il ne doit qu'à lui seul toute sa renommée [1].

Mais sans perdre une chose si précieuse que le temps, trouvez bon que je m'acquitte de ma promesse, et que je fasse voir que j'entends aussi l'espagnol [2].

Après ce que vous venez de voir, jugez, lecteur, si un ouvrage dont le sujet ne vaut rien, qui choque les principales règles du poëme dramatique, qui manque de jugement en sa conduite, qui a beaucoup de méchants vers, et dont presque toutes les beautés sont dérobées, peut légitimement prétendre à la gloire de n'avoir point été surpassé, que lui attribue son auteur avec si peu de raison. Peut-être sera-t-il assez vain pour penser que l'envie m'aura fait écrire; mais je vous conjure de croire qu'un vice si bas n'est point en mon âme, et qu'étant ce que je suis, si j'avais de l'ambition, elle aurait un plus haut objet que la renommée de cet auteur. Au reste, on m'a dit qu'il prétend, en ses réponses, examiner les œuvres des autres, au lieu de tâcher de justifier les siennes. Mais, outre que cette procédure n'est pas bonne, mes erreurs ne le pouvant pas rendre innocent, je veux le relever de cette peine pour ce qui me regarde, en avouant ingénument que je crois qu'il y a beaucoup de fautes dans mes ouvrages, que je ne vois point, et confessant même à ma honte qu'il y en a beaucoup que je vois, et que ma négligence y laisse. Aussi ne prétends-je pas faire croire que je suis parfait, et je ne me propose autre fin que de montrer qu'il ne l'est pas tant qu'il le croit être. Et certainement, comme je n'aime point cette guerre de plume, j'aurais caché ses fautes, comme je cache son nom et le mien, si, pour la réputation de tous ceux qui font des vers, je n'avais cru que j'étais obligé de faire voir à l'auteur du *Cid* qu'il se doit

[1] Voyez l'*Excuse à Ariste*, n° XVII des Poésies diverses.
[2] Comme nous avons imprimé au bas du *Cid* les passages tirés de l'espagnol, nous ne les répétons pas ici.

contenter de l'honneur d'être citoyen d'une si belle république, sans s'imaginer mal à propos qu'il en peut devenir le tyran.

III.

LETTRE APOLOGÉTIQUE

DE CORNEILLE,

CONTENANT SA RÉPONSE AUX OBSERVATIONS FAITES PAR LE SIEUR SCUDÉRI SUR LE CID (1637).

MONSIEUR,

Il ne vous suffit pas que votre libelle [1] me déchire en public; vos lettres me viennent quereller jusque dans mon cabinet, et vous m'envoyez d'injustes accusations, lorsque vous me devez pour le moins des excuses. Je n'ai point fait la pièce [2] qui vous pique; je l'ai reçue de Paris avec une lettre qui m'a appris le nom de son auteur; il l'adresse à un de nos amis, qui vous en pourra donner plus de lumière. Pour moi, bien que je n'aie guère de jugement, si l'on s'en rapporte à vous, je n'en ai pas si peu que d'offenser une personne de si haute condition [3], dont je n'ai pas l'honneur d'être connu, et de craindre moins ses ressentiments que les vôtres. Tout ce que je vous puis dire, c'est que je ne doute ni de votre noblesse, ni de votre vaillance [4], et qu'aux choses de cette nature, où je n'ai point d'intérêt, je crois le monde sur sa parole: ne mêlons point de pareilles difficultés parmi nos différends. Il n'est pas question de savoir de combien vous êtes noble ou plus vaillant que moi, pour juger de combien *le Cid* est meilleur que l'*Amant libéral* [5]. Les bons esprits trouvent que vous avez fait un haut chef-d'œuvre de doctrine et de raisonnement en vos observations. La modestie et la générosité que vous y témoignez leur semblent des pièces rares, et surtout votre procédé merveilleusement sincère et cordial vers un ami. Vous protestez de ne point dire d'injures, et lorsque incontinent après vous m'accusez d'ignorance en mon entier, et de manque de jugement en la conduite de mon chef-d'œuvre, vous appelez cela des civilités d'auteur? Je n'aurais besoin que du texte de votre

[1] Les *Observations sur le Cid*. (V.)
[2] La *Défense du Cid*, publiée, la même année, en réponse aux Observations de Scudéri.
[3] Le cardinal de Richelieu. (V.)
[4] Scudéri, dans une de ses lettres adressées à Corneille, s'éleva beaucoup au-dessus de lui par sa naissance et sa noblesse, et fit une espèce de défi ou d'appel à Corneille; ce qui apprêta beaucoup à rire, et donna lieu à plusieurs pièces qui parurent dans ce temps. Ces pièces ne sont ni assez belles ni assez intéressantes pour être rapportées ici : outre qu'elles ne regardent en rien la critique ou l'apologie du *Cid*. Scudéri le prenait d'un ton fort haut lorsqu'il s'agissait de noblesse; il était gouverneur de Notre-Dame de la Garde. Voyez ce qu'en dit le *Voyage de Bachaumont et Chapelle*. (V.)
[5] L'*Amant libéral*, tragi-comédie composée par Scudéri. (V.)

libelle, et des contradictions qui s'y rencontrent, pour vous convaincre de l'un et de l'autre de ces défauts, et imprimer sur votre casaque le quatrain outrageux que vous avez voulu attacher à la mienne, si le même texte ne me faisait voir que l'éloge d'*auteur d'heureuse mémoire*, ne peut être propre, en m'apprenant que vous manquez aussi de cette partie, quand vous vous êtes écrié : *O raison de l'auditeur ! que faisiez-vous ?* En faisant cette magnifique saillie, ne vous êtes-vous pas souvenu que *le Cid* a été représenté trois fois au Louvre, et deux fois à l'hôtel de Richelieu? Quand vous avez traité la pauvre Chimène d'impudique, de prostituée, de parricide, de monstre, ne vous êtes-vous pas souvenu que la reine, les princesses et les plus vertueuses dames de la cour et de Paris l'ont reçue et caressée en fille d'honneur? Quand vous m'avez reproché mes vanités, et nommé le comte de Gormas [1] un capitan de comédie, vous ne vous êtes pas souvenu que vous avez mis un *A qui lit*, au-devant de *Ligdamon* [2], ni des autres chaleurs poétiques et militaires qui font rire le lecteur presque dans tous vos livres. Pour me faire croire ignorant, vous avez tâché d'imposer aux simples, et avez avancé des maximes de théâtre de votre seule autorité, dont toutefois, quand elles seraient vraies, vous ne pourriez tirer les conséquences cornues que vous en tirez : vous vous êtes fait tout blanc d'Aristote, et d'autres auteurs que vous ne lûtes et n'entendites peut-être jamais, et qui vous manquent tous de garantie; vous avez fait le censeur moral, pour m'imputer de mauvais exemples : vous avez épluché les vers de ma pièce, jusqu'à en accuser un de manque de césure : si vous eussiez su les termes du métier, vous eussiez dit qu'il manquait de repos en l'hémistiche. Vous m'avez voulu faire passer pour simple traducteur, sous ombre de soixante et douze vers que vous marquez sur un ouvrage de deux mille, et que ceux qui s'y connaissent n'appelleront jamais de simples traductions; vous avez déclamé contre moi, pour avoir tu le nom de l'auteur espagnol, bien que vous ne l'ayez appris que de moi, et que vous sachiez fort bien que je ne l'ai celé à personne, et que même j'en ai porté l'original en sa langue à monseigneur le cardinal votre maître et le mien [3]; enfin, vous m'avez voulu arracher en un jour ce que près de trente ans d'étude m'ont acquis; il n'a pas tenu à vous que, en premier lieu où beaucoup d'honnêtes gens me placent, je ne sois descendu au-dessous de Claveret [4] : et, pour réparer des offenses si sensibles, vous croyez faire assez de m'exhorter à vous répondre sans outrages, pour nous repentir après tous deux de nos folies, et de me mander impérieusement que, malgré nos gaillardises passées, je sois encore votre ami, afin que vous soyez encore le mien; comme si votre amitié me devait être fort précieuse après cette incartade, et que je dusse prendre garde seulement au peu de mal que vous m'avez fait, et non pas à celui que vous m'avez voulu faire. Vous vous plaignez d'une *Lettre à Ariste* [1], où je ne vous ai point fait de tort de vous traiter d'égal, puisqu'en vous montrant moins envieux, vous vous confessez moindre; quoique vous nommiez folies les travers d'auteur où vous vous êtes laissé emporter, et que le repentir que vous en faites paraître marque la honte que vous en avez. Ce n'est pas assez de dire : Soyez encore mon ami, pour recevoir une amitié si indignement violée; je ne suis point homme d'éclaircissement [2]; vous êtes en sûreté de ce côté-là. Traitez-moi dorénavant en inconnu, comme je vous veux laisser pour tel que vous êtes, maintenant que je vous connais : mais vous n'aurez pas sujet de vous plaindre, quand je prendrai le même droit sur vos ouvrages que vous avez pris sur les miens. Si un volume d'observations ne vous suffit, faites-en encore cinquante; tant que vous ne m'attaquerez pas avec des raisons plus solides, vous ne me mettrez point en nécessité de me défendre, et de ma part je verrai, avec mes amis, si ce votre libelle vous a laissé de réputation vaut la peine que j'achève de la ruiner. Quand vous me demanderez mon amitié avec des termes plus civils, j'ai assez de bonté pour ne vous la refuser pas, et me taire des défauts de votre esprit que vous étalez dans vos livres. Jusque-là je suis assez glorieux pour vous dire de porte à porte que je ne vous crains ni ne vous aime. Après tout, pour vous parler sérieusement, et vous montrer que je ne suis pas si piqué que vous pourriez vous imaginer, il ne tiendra pas que nous ne reprenions la bonne intelligence du passé que vous souhaitez. Mais après une offense si publique, il y faut un peu plus de cérémonie : je ne vous la rendrai pas malaisée, et donnerai tous mes intérêts à qui vous voudrez de vos amis : et je m'assure que si un homme se pouvait faire satisfaction à lui-même du tort qu'il s'est fait, il vous condamnerait à vous la faire à vous-même, plutôt qu'à moi qui ne vous en demande point, et à qui la lecture de vos observations n'a donné aucun mouve-

---

[1] Un des acteurs de la tragédie du *Cid*, dont le caractère est extrêmement fier et haut. (V.)

[2] *Ligdamon*, comédie faite par Scudéri, au-devant de laquelle il avait mis une espèce de préface, qu'il avait intitulée *A qui lit*, dans laquelle il y a une infinité de bravades ridicules et impertinentes. Cet *A qui lit* répond à la formule italienne *A chi lege*, et n'est point une bravade. (V.)

[3] Corneille appelle ici le cardinal de Richelieu son maître; il est vrai qu'il en recevait une pension, il n'en peut le plaindre d'y avoir été réduit; mais on doit le plaindre davantage d'avoir appelé son maître un autre que le roi. (V.)

[4] Claveret, auteur contemporain de Corneille et de Scudéri, qui a composé plusieurs pièces tant en vers qu'en prose, lesquelles n'ont point eu d'approbation. Ces deux ou trois lignes que Corneille avait mises dans cette *Lettre apologétique* lui attirèrent, de la part de Claveret, une lettre pleine d'impertinences et de ridiculités [*]. Elle fut imprimée et vendue publiquement; elle est si mauvaise, qu'elle ne mérite pas la peine d'être rapportée. Plusieurs mauvais auteurs affectionnés à Claveret firent, dans ce même temps, de méchantes pièces, tant en vers qu'en prose, qui ne serviront qu'à faire éclater davantage le mérite du *Cid* et de son auteur. Corneille en voulait à Claveret, parce qu'il avait distribué une pièce intitulée l'*Auteur du vrai Cid espagnol à son traducteur français*, dans laquelle on prétendait montrer que le dessein et le meilleur de la tragédie du *Cid* avaient été pillés de l'espagnol; et cette pièce, quoique mauvaise, avait beaucoup causé de chagrin à Corneille, parce que Claveret, qui lui était ami, avait été celui qui avait fait courir cette pièce. (V.)

[1] C'est l'*Excuse à Ariste*.

[2] Ceci se doit entendre du défi que lui avait fait Scudéri. (V.)

[*] Sous le titre de *Lettre au sieur Corneille, soi-disant auteur du Cid*. Voy. l'historique de cette querelle dans les *Mémoires pour servir à l'Histoire des hommes illustres*, t. XV, p. 368; et t. XX, p. 88.

ment que de compassion ; et certes, on me blâmerait avec justice si je vous voulais mal pour une chose qui a été l'accomplissement de ma gloire, et dont *le Cid* a reçu cet avantage, que, de tant de beaux poëmes qui ont paru jusqu'à présent, il a été le seul dont l'éclat ait pu obliger l'envie à prendre la plume. Je me contente, pour toute apologie, de ce que vous avouez *qu'il a eu l'approbation des savants et de la cour.* Cet éloge véritable par où vous commencez vos censures détruit tout ce que vous pouvez dire après. Il suffit qu'ayez fait une folie amatriqué [1], sans que j'en fasse une à vous répondre comme vous m'y conviez ; et, puisque les plus courtes sont les meilleures, je ne ferai point revivre la vôtre par la mienne. Résistez aux tentations de ces gaillardises qui font rire le public à vos dépens, et continuez à vouloir être mon ami, afin que je me puisse dire le vôtre.

CORNEILLE.

❋❋❋❋❋❋❋❋❋

IV.

PREUVES DES PASSAGES [2]

ALLÉGUÉS DANS LES OBSERVATIONS SUR LE CID

PAR M. DE SCUDÉRI,

ADRESSÉES A MESSIEURS DE L'ACADÉMIE FRANÇAISE, POUR SERVIR DE RÉPONSE A LA LETTRE APOLOGÉTIQUE DE M. CORNEILLE.

M. Corneille témoigne, par sa réponse aux observations sur *le Cid*, qu'il est très-éloigné de la modération d'un auteur qui, persuadé de la bonté de son ouvrage, attend un jugement favorable de l'intégrité de ses juges ; puisqu'au lieu de se donner l'humilité d'un accusé, il occupe la place des juges, et se loge lui-même à ce premier lieu où personne n'oserait seulement dire qu'il prétend. C'est de cette haute région que sa plume, qu'il croit aussi foudroyante que l'éloquence de Périclès, lui a fait croire que des injures étaient assez fortes pour détruire tout mon ouvrage, et que, sans combattre mes raisons par d'autres, il lui suffirait seulement de dire que j'ai cité faux. Mais sans repartir à ses invectives, je veux toujours conserver cette froideur qui donne aisément les victoires, et qui fait que le jugement conduisant la main, l'avantage du combat est chose indubitable. Je me tairai donc pour le vaincre, et pour laisser parler Aristote, qui lui veut répondre pour moi.

J'ai dit en mes observations que le poëme dramatique ne doit avoir qu'une action principale ; ce philosophe me l'enseigne en sa *Poétique* ; aux chapitres IX, XXIV et XXVI. J'ai avancé qu'il faut nécessairement que le sujet soit vraisemblable ; ce même Aristote me l'enseigne en trois lieux différents du chap. XXV du même livre, et je pense avoir montré bien clairement que *le Cid* choque partout cette règle.

---

[1] Ce mot paraît emprunté du grec ἀμετρή, démesurée, excessive.

[2] Cette pièce de Scudéri fut imprimée la même année 1637.

J'ai soutenu que le poëte et l'historien ne doivent pas suivre la même route ; ce philosophe me l'apprend au chapitre X de son *Art poétique* ; et ensuite j'ai montré que le sujet du *Cid* était bon pour l'historien, et qu'il ne valait rien pour le poëte. J'ai donné la définition du mot de *fable*, après l'avoir apprise d'Aristote au chapitre VI vers le commencement, et d'Heinsius au livre de la *Constitution de la tragédie*, chap. III. J'ai dit ensuite que les anciens s'étaient retranchés dans un petit nombre de sujets qu'ils avaient presque tous traités, pour éviter les fautes qu'a faites l'auteur du *Cid*. Aristote m'en assure au chap. XIV de sa *Poétique*, et après lui Heinsius est mon garant au chap. IX du livre que j'ai déjà cité de lui. J'ai dit qu'ils avaient traité ces sujets diversement ; mais je ne l'ai dit qu'après Aristote et Heinsius, l'un au chap. XVII, l'autre au chap. III. Pour montrer la disproportion du *Cid* en toutes ses parties, je me suis servi de la comparaison de tous les corps physiques ; mais je n'ai fait que l'emprunter d'Aristote, qui s'en sert au chap. VIII de son *Art poétique*. J'ai montré que le poëme dramatique ne doit contenir que ce qui peut vraisemblablement arriver dans vingt-quatre heures ; c'est l'opinion de ce grand Stagirite, au chap. VIII ; et ensuite j'ai fait voir que l'auteur du *Cid* avait eu tort d'enfermer dans vingt-quatre heures des choses qui, dans l'histoire, n'arrivent que dans quatre ans. Je me suis servi de l'exemple des tragédies de *Niobé* et de *Jephté* pour montrer l'imperfection du *Cid* ; mais je les ai prises d'Heinsius au chap. XVI, vers la fin. J'ai dit que c'était pour des ouvrages de la nature du *Cid* que Platon n'admettait point la poésie ; il me l'apprend lui-même au livre de sa *République*, et Heinsius le rapporte au *Traité de la Satire d'Horace*, livre II. J'ai dit ce philosophe, qui a mérité le nom de divin, bannissait toute la poésie, pour celle qui, comme *le Cid*, fait voir les méchantes actions sans les punir, et les bonnes sans les récompenser. Aristote me l'enseigne au chap. IV de sa *Poétique*, et après lui Heinsius au livre de la *Constitution de la tragédie*, chap. II et XIV. J'ai dit que Platon bannissait Homère, encore qu'il l'eût couronné ; on le peut voir au livre X de sa *République*, ou dans Heinsius au *Traité de la Satire d'Horace*, livre II. J'ai dit en passant qu'il y a trois espèces de poésies : c'est Heinsius qui me l'apprend au chap. II de la *Constitution tragique*. J'ai dit que ce qu'on voit touche plus que ce qu'on ne fait qu'entendre ; c'est Horace qui l'assure en son *Art poétique*. J'ai soutenu qu'il faut que les actions soient la plupart bonnes dans un poëme de théâtre ; Aristote l'enseigne ainsi au chap. XVIII de sa *Poétique*, et après j'ai fait voir que toutes celles du *Cid* ne valent rien. J'ai rapporté l'exemple d'Euripide ; Heinsius l'a fait devant moi au chap. XIV de la *Constitution tragique*. J'ai cité Marcellin au livre XXVII ; on le peut voir, ou bien Heinsius au *Traité de la Satire d'Horace*, livre II ; et c'est en cet endroit que j'ai montré que *le Cid* choque directement les bonnes mœurs. J'ai dit sur ce sujet que la volonté fait le mariage ; mais je ne l'ai dit qu'après les canonistes et les jurisconsultes, au titre *des Noces*. Tout ce que j'ai avancé touchant le sujet simple ou mixte est rapporté d'Aristote au chap. II de la *Art poétique*, dans lequel on voit la condamnation du *Cid*. J'ai soutenu qu'il ne faut rien de superflu dans la scène ; ce philosophe me l'enseigne au chap. IX du même livre ; et ensuite j'ai montré les fautes de cette nature qu'on peut remarquer au *Cid*. Je me suis servi de l'exemple de l'*Ajax* de Sophocle ;

on peut voir ce que j'en ai dit dans la traduction qu'en a faite Joseph Scaliger, ou dans Heinsius[1], chap. VI de sa *Constitution tragique*. J'ai fait voir quels doivent être les épisodes; mais ce n'est qu'après Aristote, qui me l'enseigne aux chap. X et XVI de sa *Poétique*; et c'est par lui que j'ai montré bien clairement que ceux du *Cid* ne valent rien du tout. Je me suis fortifié de l'exemple de Teucer et de Ménélaüs, après Heinsius, au chap. VI de la *Constitution de la tragédie*, et Scaliger le fils dans ses poésies. Il n'est pas jusqu'aux chœurs et à la musique dont j'ai parlé, que je ne prouve par Heinsius, aux chap. XVII et XXVI. Enfin on peut lire tout ce que j'ai cité dans ces auteurs, et dans ces passages que je marque, et l'on verra que la réponse de M. Corneille est aussi faible que ses injures[2], et que, s'il ne se défend mieux que cela, je n'aurai pas besoin de toutes mes forces pour l'empêcher de se relever.

●●●●●●●●●

V.

LETTRE DE M. DE SCUDÉRI

A L'ACADÉMIE FRANÇAISE.

(1637.)

MESSIEURS,

Puisque M. Corneille m'ôte le masque, et qu'il veut que l'on me connaisse, j'ai trop accoutumé de paraître parmi les personnes de qualité[3] pour vouloir encore me cacher : il m'oblige peut-être, en pensant me nuire; et, si mes observations ne sont pas mauvaises, il me donne lui-même une gloire dont je voulais me priver. Enfin, messieurs, puisqu'il veut que tout le monde sache que je m'appelle Scudéri, je l'avoue. Mon nom, que d'assez honnêtes gens ont porté avant moi, ne me fera jamais rougir, vu que je n'ai rien fait, non plus qu'eux, d'indigne d'un homme d'honneur. Mais comme il n'est pas glorieux de frapper un ennemi que nous avons jeté par terre, bien qu'il nous dise des injures, et qu'il est comme juste de laisser la plainte aux affligés, quoiqu'ils soient coupables, je ne veux point repartir à ses outrages par d'autres, ni faire, comme lui, d'une dispute académique une querelle de crocheteur, ni du lycée un marché public. Il suffit qu'on sache que le sujet qui m'a fait écrire est équitable, et qu'il n'ignore pas lui-même que j'ai raison d'avoir écrit. Car de vouloir faire croire que l'envie a conduit ma plume, c'est ce qui n'a non plus d'apparence que de vérité, puisqu'il est impossible que je sois atteint de ce vice, pour une chose où je remarque tant de défauts, qui n'avait de

[1] Cet Heinsius était, comme Scudéri, un très-mauvais poëte, auteur d'une plate amplification latine, appelée *tragédie*, dont le sujet est le massacre de ce qu'on appelle *les Innocents*. (V.)

[2] Mais n'est-ce pas Scudéri qui le premier a dit des injures? et n'est-ce pas la méthode de tous ces barbouilleurs de papier, comme les Fréron, les Guion, et autres malheureux de cette espèce, qui attaquent insolemment ce qu'on estime, et qui ensuite se plaignent qu'on se moque d'eux? (V.)

[3] Ce Scudéri est un modeste personnage! (V.)

beautés que celles que ces agréables trompeurs qui la représentaient lui avaient prêtées, et que Mondori, la Villiers[1] et leurs compagnons n'étant pas dans le livre comme sur le théâtre, le *Cid* imprimé n'était plus le *Cid* que l'on a cru voir. Mais, puisque je suis sa partie, j'aurais tort de vouloir être son juge, comme il n'a pas raison de vouloir être le mien. De quelque nature que soient les disputes, il y faut toujours garder les formes : je l'attaque, il doit se défendre; mais vous nous devez juger. Votre illustre corps, dont nous ne sommes ni l'un ni l'autre, est composé de tant d'excellents hommes, que sa vanité serait bien plus insupportable que celle dont il m'accuse, s'il ne voulait pas s'y soumettre comme je fais. Que si l'un de nous deux devait récuser quelques-uns de vous autres, ce serait moi qui le devrais faire, puisque je n'ignore pas, malgré l'ingratitude qu'il a fait paraître pour vous, en disant

[2] Qu'il ne doit qu'à lui seul toute sa renommée,

que trois ou quatre de cette célèbre compagnie lui ont corrigé plusieurs fautes qui parurent aux premières représentations de son poëme, et qu'il ôta depuis par vos conseils. Et sans doute vos divins esprits qui virent toutes celles que j'ai remarquées en cette tragi-comédie, qu'il appelle son chef-d'œuvre, m'auraient ôté, en le corrigeant, le moyen et la volonté de le reprendre, si vous n'eussiez été forcés d'imiter adroitement ces médecins qui, voyant un corps dont toute la masse du sang est corrompue, et toute la constitution mauvaise, se contentent d'user de remèdes palliatifs, et de faire languir et vivre ce qu'ils ne sauraient guérir. Mais, messieurs, vous m'avez fait voir votre bonté pour lui, j'ai droit d'espérer en votre justice. Que M. Corneille paraisse donc devant le tribunal où je le cite, puisqu'il ne peut lui être suspect, ni d'injustice, ni d'ignorance; qu'il s'y défende de plus de mille choses dont je l'accuse en mes observations; et, lorsque vous nous aurez entendus, si vous me condamnez, je me condamnerai moi-même, je le croirai ce qu'il se croit, je l'appellerai mon maître; et, par un livre de rétractations, je ferai savoir à toute la France que je sais que je ne sais rien. Mais, à dire vrai, j'ai bien de la peine à croire qu'il veuille descendre du premier rang où beaucoup, dit-il, l'ont placé, jusqu'au pied du trône que je vous élève, et reconnaître pour juges ceux qu'il appelle ses inférieurs, par la bouche de ces honnêtes gens, qui n'ont point de nom, et qui ne parlent que par la sienne. Il se contentera peut-être d'avoir dit en général que j'ai cité faux, et que je l'ai repris sans raison; mais je l'avertis que ce n'est point par un effort si faible qu'il peut se relever, puisque dans peu de jours une nouvelle édition de mon ouvrage me donnera lieu de le faire rougir de la fausseté qu'il m'impose, en marquant tous les auteurs et tous les passages que j'ai allégués, et que vous, qui savez ce qu'il ignore, savez bien être véritables. Ce n'est pas que je ne souhaitasse qu'il dît vrai, parce que mes censures étant fortes et solides, j'aurais en moi-même les lumières que je n'ai fait qu'em-

[1] Célèbres comédiens du temps des premières représentations du *Cid*, auxquels Scudéri prétend attribuer le succès de cette pièce. (V.)

[2] Vers de l'*Excuse à Ariste*, et qui attira à Corneille un très-grand nombre d'ennemis qui écrivirent contre lui. (V.)

prunter de ces grands hommes de l'antiquité : et, sans la métempsycose de Pythagore, Scudéri aurait eu l'esprit d'Aristote, dont il confesse qu'il est plus éloigné que le ciel ne l'est de la terre. Mais, quelque faiblesse qui soit en moi, qu'il vienne, qu'il voie et qu'il vainque, s'il peut ; soit qu'il m'attaque en soldat [1], soit qu'il m'attaque en écrivain, il verra que je me sais défendre de bonne grâce, et que, si ce n'est en injures, dont je ne me mêle point, il aura besoin de toutes ses forces. Mais, s'il ne se défend que par des paroles outrageuses, au lieu de payer de raisons, prononcez, messieurs, un arrêt digne de vous, qui fasse savoir à toute l'Europe que *le Cid* n'est point le chef-d'œuvre du plus grand homme de France, mais oui bien la moins judicieuse pièce de M. Corneille. Vous le devez, et pour votre gloire en particulier, et pour celle de notre nation en général, qui s'y trouve intéressée : vu que les étrangers qui pourraient voir ce beau chef-d'œuvre, eux qui ont eu des Tasse et des Guarini, croiraient que nos plus grands maîtres ne sont que des apprentis. C'est la plus importante et la plus belle action publique par où votre illustre Académie puisse commencer les siennes : tout le monde l'attend de vous, et c'est pour l'obtenir que je vous présente cette juste requête.

VI.

SENTIMENTS

DE L'ACADÉMIE FRANÇAISE

SUR LA TRAGI-COMÉDIE DU CID [2].

Ceux qui, par quelque désir de gloire, donnent leurs ouvrages au public, ne doivent pas trouver étrange que le public s'en fasse le juge. Comme le présent qu'ils lui font ne procède pas d'une volonté tout à fait désintéressée, et qu'il n'est pas tant un effet de leur libéralité que de leur ambition, il n'est pas aussi de ceux que la bienséance veut qu'on reçoive sans en considérer le prix. Puisqu'ils font une espèce de commerce de leur travail, il est bien raisonnable que celui auquel ils l'exposent ait la liberté de le prendre ou de le rebuter selon qu'il le reconnaît bon ou mauvais. Ils ne peuvent avec justice désirer de lui qu'il fasse même estime des fausses beautés que des vraies, ni qu'il paye de louanges ce qui sera digne de blâme.

Ce n'est pas qu'il ne paraisse plus de bonté à louer ce qui est bon qu'à reprendre ce qui est mauvais ; mais il n'y a pas moins de justice en l'un qu'en l'autre. On peut même mériter de la louange en donnant du blâme, pourvu que les répréhensions partent du zèle de l'utilité commune, et qu'on ne prétende pas élever sa réputation sur les ruines de celle d'autrui. Il faut que les remarques des défauts d'un auteur ne soient pas des reproches de sa faiblesse, mais des avertissements qui lui donnent de nouvelles forces, et que, si l'on coupe quelques branches de ses lauriers, ce ne soit que pour les faire pousser davantage en une autre saison.

Si la censure demeurait dans ces bornes, on pourrait dire qu'elle ne serait pas moins utile dans la république des lettres qu'elle le fut autrefois dans celle de Rome, et qu'elle ne ferait pas moins de bons écrivains dans l'une qu'elle a fait de bons citoyens dans l'autre. Car c'est une vérité reconnue, que la louange a moins de force pour nous faire avancer dans le chemin de la vertu que le blâme pour nous retirer de celui du vice ; et il y a beaucoup de personnes qui ne se laissent point emporter à l'ambition, mais il y en a peu qui ne craignent de tomber dans la honte. D'ailleurs la louange nous fait souvent demeurer au-dessous de nous-mêmes en nous persuadant que nous sommes déjà au-dessus des autres, et nous retient dans une médiocrité vicieuse qui nous empêche d'arriver à la perfection. Au contraire, le blâme qui ne passe point les termes de l'équité, dessille les yeux de l'homme, que l'amour-propre lui avait fermés, et, lui faisant voir combien il est éloigné du bout de la carrière, l'excite à redoubler ses efforts pour y parvenir.

Ces avis, si utiles en toutes choses, le sont principalement pour les productions de l'esprit, qui ne saurait assembler sans secours tant de diverses beautés dont se forme cette beauté universelle qui doit plaire à tout le monde. Il faut qu'il compose ses ouvrages de tant d'excellentes parties, qu'il est impossible qu'il n'y en ait toujours quelqu'une qui manque, ou qui soit défectueuse, et que par conséquent il n'ait toujours besoin ou d'aides ou de réformateurs. Il est même à souhaiter que sur des propositions indécises il naisse des contestations honnêtes, dont la chaleur découvre en peu de temps ce qu'une froide recherche n'aurait pu découvrir en plusieurs années, et que l'entendement humain, faisant un effort pour se délivrer de l'inquiétude des doutes, s'acquière promptement par l'agitation de la dispute cet agréable repos qu'il trouve dans la certitude des connaissances. Celles qui sont estimées les plus belles sont presque toutes sorties de la contention des esprits ; et il est souvent arrivé que, par cette heureuse violence, on a tiré la vérité du fond des abîmes, et que l'on a forcé le temps d'en avancer la production. C'est une espèce de guerre qui est avantageuse pour tous, lorsqu'elle se fait civilement, et que les armes empoisonnées y sont défendues ; c'est une course où celui qui emporte le prix semble ne l'avoir poursuivi que pour en faire un présent à son rival.

Il serait superflu de faire en ce lieu une longue déduction des innocentes et profitables querelles que l'on a vues naître dans tout le cercle des sciences entre des rares hommes de l'antiquité : il suffira de dire que, parmi les modernes, il s'en est ému de très-favorables pour les lettres, et que la poésie serait aujourd'hui bien moins parfaite qu'elle n'est, sans les contestations qui se sont formées sur les ouvrages des plus célèbres auteurs des derniers temps. En effet, nous en avons la principale obligation aux agréables différends qu'ont produits *la Hiérusalem* et *le Pastor fido*, c'est-à-dire les chefs-d'œuvre des deux plus grands poètes de delà les monts, après lesquels peu de gens auraient bonne grâce de murmurer contre la censure, et de s'offenser d'avoir une aventure pareille à la leur. Ces raisons et

---

[1] Rodomontades de M. de Scudéri. (V.)
[2] Ce jugement de l'Académie fut rédigé par Chapelain ; il est écrit tout entier de sa main, et l'original est à la Bibliothèque du Roi. (V.)

ces expériences eussent bien pu convier l'Académie française à dire son sentiment du *Cid*, c'est-à-dire d'un poëme qui tient encore les esprits divisés, et qui n'a pas plus causé de plaisir que de trouble. Elle eût pu croire qu'on ne l'eût pas accusée de trop entreprendre, quand elle eût prétendu donner sa voix en un jugement où les ignorants donnaient la leur aussi hardiment que les doctes, et qu'on n'eût pas dû trouver mauvais qu'une compagnie usât d'un droit dont les particuliers mêmes sont en possession depuis tant de siècles ; mais elle se souvenait qu'elle avait renoncé à ce privilège par son institution, qu'elle ne s'était permis d'examiner que ses ouvrages, et qu'elle ne pouvait reprendre les fautes d'autrui sans faillir elle-même contre ses règles. Parmi le bruit confus de la louange et du blâme, elle n'écoutait que ses lois, qui lui commandaient de se taire. Elle eût bien voulu approcher en quelque sorte de la perfection avant que de faire voir combien les autres en sont éloignés, et elle cherchait les moyens d'instruire par ses exemples plutôt que par ses censures.

Lors même que l'observateur du *Cid* l'a conjurée, par une lettre publique et par plusieurs particulières, de prononcer sur ses remarques, et que son auteur a témoigné de son côté qu'il en espérait toute justice, bien loin de se vouloir rendre juge de leur différend, elle ne se pouvait seulement résoudre d'en être l'arbitre. Mais enfin elle a considéré qu'une académie ne pouvait honnêtement refuser son avis à deux personnes de mérite sur une matière purement académique, et qui était devenue illustre par tant de circonstances. Elle a fait céder, bien qu'avec regret, son inclination et ses règles aux instantes prières qui lui ont été faites sur ce sujet, et s'est aucunement consolée, voyant que la violence qu'on lui faisait s'accordait avec l'utilité publique. Elle a pensé qu'en un siècle où les hommes courent au théâtre comme au plus agréable divertissement qu'ils puissent prendre, elle aurait occasion de leur remettre devant les yeux la fin la plus noble et la plus parfaite que se sont proposée ceux qui en ont donné les préceptes.

Comme les observations des censeurs de cette tragi-comédie ne l'ont pu préoccuper, le grand nombre de ses partisans n'a point été capable de l'étonner. Elle a bien cru qu'elle pouvait être bonne ; mais elle n'a pas cru qu'il fallût conclure qu'elle le fût, à cause seulement qu'elle avait été agréable. Elle s'est persuadée qu'étant question de juger de la justice et non pas de la force de son parti, il fallait plutôt peser les raisons que compter les hommes qu'elle avait de son côté, et ne regarder pas tant si elle avait plu que si en effet elle avait dû plaire.

La nature et la vérité ont mis un certain prix aux choses, qui ne peut être changé par le hasard ou par l'opinion ; et c'est se condamner soi-même que d'en juger selon ce qu'elles paraissent, et non pas selon ce qu'elles sont.

Il est vrai qu'on pourrait croire que les maîtres de l'art ne sont pas bien d'accord sur cette matière : les uns, trop amis, ce semble, de la volupté, veulent que le délectable soit le vrai but de la poésie dramatique ; les autres, plus avares du temps des hommes, et l'estimant trop cher pour le donner à des divertissements qui ne fissent que plaire sans profiter, soutiennent que l'utile en est la véritable fin. Mais,

bien qu'ils s'expriment en termes si différents, on trouvera qu'ils ne disent que la même chose, si l'on y veut regarder de près, et si, jugeant d'eux aussi favorablement que l'on doit, on vient à penser que ceux qui ont tenu le parti du plaisir étaient trop raisonnables pour en autoriser un qui ne fût pas conforme à la raison. Il faut croire, si l'on ne veut leur faire injustice, qu'ils n'ont entendu parler du plaisir qui n'est point l'ennemi, mais l'instrument de la vertu, qui purge l'homme sans dégoût et insensiblement de ses habitudes vicieuses ; qui est utile parce qu'il est honnête, et qui ne peut jamais laisser de regret ni en l'esprit pour l'avoir surpris, ni en l'âme pour l'avoir corrompue. Ainsi ils ne combattent les autres qu'en apparence, puisqu'il est vrai que si ce plaisir n'est l'utilité même, au moins est-il la source d'où elle coule nécessairement ; que, quelque part qu'il se trouve, il ne va jamais sans elle, et que tous deux se produisent par les mêmes voies. De cette sorte, ils sont d'accord et avec eux et avec nous ; et nous pouvons dire tous ensemble qu'une pièce de théâtre est bonne quand elle produit un contentement raisonnable.

Mais comme dans la musique et dans la peinture nous n'estimerions pas que tous les concerts et tous les tableaux fussent bons, encore qu'ils plussent au vulgaire, si les préceptes de ces arts n'y étaient bien observés, et si les experts, qui en sont les vrais juges, ne confirmaient par leur approbation celle de la multitude ; de même nous ne dirons pas sur la foi du peuple qu'un ouvrage de poésie soit bon parce qu'il l'aura contenté, si les doctes aussi n'en sont contents. Et certes il n'est pas croyable qu'un plaisir puisse être contraire au bon sens, si ce n'est le plaisir de quelque goût dépravé, comme est celui qui fait aimer les aigreurs et les amertumes[1].

Il n'est pas ici question de satisfaire les libertins et les vicieux, qui ne font que rire des adultères et des incestes, et qui ne se soucient pas de voir violer les lois de la nature, pourvu qu'ils se divertissent. Il n'est pas question de plaire à ceux qui regardent toutes choses avec un œil ignorant ou barbare[2], et qui ne seraient pas moins touchés de voir affliger une Clytemnestre qu'une Pénélope. Les mauvais exemples sont contagieux même sur les théâtres, les feintes représentations ne causent que trop de véritables crimes, et il y a grand péril à divertir le peuple par des plaisirs qui peuvent produire un jour des douleurs publiques : il nous faut bien garder d'accoutumer ni ses yeux, ni ses oreilles à des actions qu'il doit ignorer, et de lui apprendre tantôt la cruauté et tantôt la perfidie, si nous ne lui en apprenons en même temps la punition, et si au retour de ces spectacles il ne remporte du moins un peu de crainte parmi beaucoup de contentement.

D'ailleurs il est comme impossible de plaire à qui que ce soit par le désordre et par la confusion ; et, s'il se trouve que les pièces irrégulières contentent quelquefois, ce n'est que pour ce qu'elles ont quelque chose de régulier, ce n'est que pour quelques beautés véritables et extraordi-

---

[1] Le goût des aigres et des amers n'est pas contraire au bon sens, mais au goût général. (V.)
[2] Il n'y a personne qui puisse s'attendrir pour Clytemnestre, quand elle est donnée pour la meurtrière de son époux : il ne faut pas apporter des exemples qui ne sont pas dans la nature. (V.)

res, qui emportent si loin l'esprit, que de longtemps après il n'est capable d'apercevoir les difformités dont elles sont suivies, et qui font couler insensiblement les défauts, pendant que les yeux de l'entendement sont encore éblouis par l'éclat de ses lumières. Que si, au contraire, quelques pièces régulières donnent peu de satisfaction, il ne faut pas croire que ce soit la faute des règles, mais bien celle des auteurs, dont le stérile génie n'a pu fournir à l'art une matière qui fût assez riche[1]. Toutes ces vérités étant supposées, nous ne pensons pas que les questions qui se sont émues sur le sujet du *Cid* soient encore bien décidées, ni que les jugements qui en ont été faits doivent empêcher que nous ne contentions l'observateur et ne donnions notre avis sur ses remarques.

Il faut avouer que d'abord nous nous sommes étonnés que l'observateur, ayant entrepris de convaincre cette pièce d'irrégularité, se soit formé pour cela une méthode différente de celle que tient Aristote quand il enseigne la manière de faire des poëmes épiques et dramatiques. Il nous a semblé qu'au lieu de l'ordre qu'il a tenu pour examiner celui-ci, il eût fait plus régulièrement de considérer, l'un après l'autre, la fable, qui comprend l'invention et la disposition du sujet; les mœurs, qui embrassent les habitudes de l'âme et ses diverses passions; les sentiments auxquels se réduisent les pensées nécessaires à l'expression du sujet; et la diction, qui n'est autre chose que le langage poétique; car nous trouvons que, pour en avoir usé d'autre sorte, ses raisonnements en paraissent moins solides, et que ce qu'il y a de plus fort dans ses objections en est affaibli.

Toutefois nous n'aurions point remarqué en ce lieu cette nouvelle méthode, si nous n'eussions appréhendé de l'autoriser en quelque façon par notre silence. Mais, quoi qu'il en soit, qu'il ait failli ou non en l'établissant, nous ne pouvons faillir quand nous le suivons, puisque nous examinons son ouvrage; et, quelque chemin qu'il ait pris, nous ne saurions nous en écarter sans lui donner occasion de se plaindre que nous prenons une autre route afin de le mettre en défaut.

Il pose donc premièrement que le sujet du *Cid* ne vaut rien; mais, à notre avis, il tâche plus de le prouver qu'il ne le prouve en effet lorsqu'il dit « que l'on n'y trouve aucun nœud ni aucune intrigue, et qu'on en devine la fin aussitôt qu'on en a vu le commencement. » Car, le nœud[2] des pièces de théâtre étant un accident inopiné qui arrête le cours de l'action représentée, et le dénoûment un autre accident imprévu qui en facilite l'accomplissement, nous trouvons que ces deux parties du poëme dramatique sont manifestes en celui du *Cid*, et que son sujet ne serait pas mauvais nonobstant cette objection, s'il n'y en avait point de plus forte à lui faire.

Il ne faut que se souvenir que, le mariage de Chimène avec Rodrigue ayant été résolu dans l'esprit du comte, la querelle qu'il a incontinent après avec don Diègue met l'affaire aux termes de se rompre, et qu'ensuite la mort que lui donne Rodrigue en éloigne encore plus la conclusion. Et dans ces continuelles traverses l'on reconnaîtra facilement le nœud ou l'intrigue. Le dénoûment aussi ne sera pas moins évident si l'on considère qu'après beaucoup de poursuites contre Rodrigue, Chimène s'étant offerte pour femme à quiconque lui en apporterait la tête, don Sanche se présente, et que le roi non-seulement n'ordonne point de plus grande peine à Rodrigue pour la mort du comte que de se battre une fois, mais encore, contre l'attente de tous, oblige Chimène d'épouser celui des deux qui sortira vainqueur du combat. Maintenant si ce dénoûment est selon l'art ou non, c'est une autre question qui se videra en son lieu; tant y a[1] qu'il se fait avec surprise, et qu'ainsi l'intrigue ni le démêlement ne manquent point à cette pièce. Aussi l'observateur même est contraint de le reconnaître peu de temps après, lorsqu'en blâmant les épisodes détachés il dit que l'auteur a eu d'autant moins de raison d'en mettre un si grand nombre dans *le Cid*, que « le sujet en étant mixte, il n'en avait aucun besoin, » conformément à ce qu'il venait de dire parlant du sujet mixte, « qu'étant assez intrigué de soi, il ne recherche presque « aucun embellissement. » Si donc le sujet du *Cid* se peut dire mauvais, nous ne croyons pas que ce soit pour ce qu'il n'a pas de nœud, mais pour ce qu'il n'est pas vraisemblable. L'observateur, à la vérité, a bien touché cette raison, mais c'a été hors de sa place, quand il a voulu prouver « qu'il choquait les principales règles dramatiques. »

A ce que nous pouvons juger des sentiments d'Aristote sur la matière du vraisemblable, il n'en reconnaît que de deux genres, le commun et l'extraordinaire. Le commun comprend les choses qui arrivent ordinairement aux hommes, selon leurs conditions, leurs âges, leurs mœurs et leurs passions, comme il est vraisemblable qu'un marchand cherche le gain, qu'un enfant fasse des imprudences, qu'un prodigue tombe en misère, et qu'un homme en colère coure à la vengeance, et tous les effets qui ont accoutumé d'en procéder. L'extraordinaire embrasse les choses qui arrivent rarement et outre le vraisemblable ordinaire, comme qu'un habile méchant soit trompé, qu'un homme fort soit vaincu. Dans cet extraordinaire entrent tous les accidents qui surprennent, et qu'on attribue à la fortune, pourvu qu'ils naissent de l'enchaînement des choses qui arrivent d'ordinaire. Telle est l'aventure d'Hécube, qui, par une rencontre extraordinaire, vit jeter par la mer le corps de son fils sur le rivage où elle était allée pour laver celui de sa fille. Or, qu'une mère aille laver le corps de sa fille sur le rivage, et que la mer y en jette un autre, ce sont deux choses qui, considérées séparément, n'ont rien qui ne soit ordinaire; mais qu'au même lieu et au même temps qu'une mère lave le corps de sa fille elle voie arriver celui de son fils, qu'elle croyait plein de vie et en sûreté, c'est un accident tout à fait étrange, et dans lequel deux choses communes en produisent une extraordinaire et merveilleuse. Hors de ces deux genres, il ne se fait rien qu'on puisse ranger sous le vraisemblable; et, s'il arrive quelque événement qui ne soit pas compris sous eux, il s'appelle simplement possible, comme il est possible que celui qui a toujours vécu en homme de bien commette un crime vo-

---

[1] On devrait dire une forme assez belle. (V.)
[2] Ce nœud n'est pas toujours un accident inopiné; souvent il est formé par les combats des passions. Cette manière est la plus heureuse et la plus difficile. (V.)

[1] *Tant y a* est devenu une expression basse, et ne l'était point alors. (V.)

iontalrement. Et une telle action ne peut servir de sujet à la poésie narrative ni à la représentative; puisque, si le possible est leur propre matière, il ne l'est pourtant que lorsqu'il est vraisemblable ou nécessaire. Mais le vraisemblable, tant le commun que l'extraordinaire, doit avoir cela de particulier que, soit par la première notion de l'esprit, soit par réflexion sur toutes les parties dont il résulte, lorsque le poëte l'expose aux auditeurs et aux spectateurs, ils se portent à croire, sans autre preuve, qu'il ne contient rien que de vrai, pour ce qu'ils ne voient rien qui y répugne. Quant à la raison qui fait que le vraisemblable, plutôt que le vrai, est assigné pour partage à la poésie épique et dramatique, c'est que cet art ayant pour fin le plaisir utile, il y conduit bien plus facilement les hommes par le vraisemblable, qui ne trouve point de résistance en eux, que par le vrai, qui pourrait être si étrange et si incroyable, qu'ils refuseraient de s'en laisser persuader, et de suivre leur guide sur sa seule foi. Mais comme plusieurs choses sont requises pour rendre une action vraisemblable, et qu'il y faut garder la bienséance du temps, du lieu, des conditions, des âges, des mœurs et des passions, la principale entre toutes est que dans le poëme chacun agisse conformément aux mœurs qui lui ont été attribuées, et que, par exemple, un méchant ne fasse point de bons desseins. Ce qui fait désirer une si exacte observation de ces lois, est qu'il n'y a point d'autre voie pour produire le merveilleux, qui ravit l'âme d'étonnement et de plaisir, et qui est le parfait moyen dont la bonne poésie se sert pour être utile.

Sur ce fondement, nous disons que le sujet du *Cid* est défectueux en sa plus essentielle partie, pour ce qu'il manque de l'un et de l'autre vraisemblable, et du commun et de l'extraordinaire : car ni la bienséance des mœurs d'une fille introduite comme vertueuse[1] n'y est gardée par le poëte, lorsqu'elle se résout à épouser celui qui a tué son père; ni la fortune, par un accident imprévu, et qui naît de l'enchaînement des choses vraisemblables, n'en fait point le démêlement : au contraire, la fille consent à ce mariage par la seule violence que lui fait son amour; et le dénoûment de l'intrigue n'est fondé que sur l'injustice inopinée de Fernand, qui vient ordonner un mariage que, par raison, il ne devait pas seulement proposer. Nous avouons bien que la vérité de cette aventure combat en faveur du poëte, et le rend plus excusable que si c'était un sujet inventé. Mais nous maintenons que toutes les vérités ne sont pas bonnes pour le théâtre, et qu'il en est de quelques-unes comme de ces crimes énormes dont les juges font brûler les procès avec les criminels. Il y a des vérités monstrueuses, ou qu'il faut supprimer pour le bien de la société, ou que, si on ne les peut tenir cachées, il faut se contenter de remarquer comme des choses étranges[1].

C'est principalement en ces rencontres que le poëte a droit de préférer la vraisemblance à la vérité, et de travailler plutôt sur un sujet feint et raisonnable que sur un véritable qui ne soit pas conforme à la raison. Que s'il est obligé de traiter une matière historique de cette nature, c'est alors qu'il la doit réduire aux termes de la bienséance, sans avoir égard à la vérité, et qu'il la doit plutôt changer tout entière que de lui laisser rien qui soit incompatible avec les règles de son art, lequel se proposant l'idée universelle des choses, épure des défauts et des irrégularités particulières que l'histoire, par la sévérité de ses lois, est contrainte d'y souffrir : de sorte qu'il y aurait eu, sans comparaison, moins d'inconvénient dans la disposition du *Cid* de feindre contre la vérité, ou que le comte ne se fût pas trouvé à la fin véritable père de Chimène[2], ou que, contre l'opinion de tout le monde, il ne fût pas mort de sa blessure, ou que le salut du roi et du royaume eût absolument dépendu de ce mariage[3], pour compenser la violence qu'elle souffrait la nature en cette occasion par le bien que le prince et son État en recevraient : tout cela, disons-nous, aurait été plus pardonnable que de porter sur la scène l'événement tout pur et tout scandaleux, comme l'histoire le fournissait; mais le plus expédient eût été de n'en faire point de poëme dramatique, puisqu'il était trop connu pour l'altérer en un point si essentiel, et de trop mauvais exemple pour l'exposer à la vue du peuple sans l'avoir auparavant rectifié.

Au reste, l'observateur, qui avec raison trouve à redire au peu de vraisemblance du mariage de Chimène, ne confirme pas sa bonne cause, comme il le croit, par la signification prétendue du terme de *fable*, duquel se sert Aristote pour nommer le sujet des poëmes dramatiques; et cette erreur lui est commune avec quelques-uns des commentateurs de ce philosophe, qui se sont figuré que, par le mot de *fable*, la vérité est entièrement bannie du théâtre, et

---

[1] Avec le respect que j'ai pour l'Académie, il me semble, comme au public, qu'il n'est point du tout contre la vraisemblance qu'un roi promette pour époux le vengeur de la patrie à une fille qui, malgré elle, aime éperdument ce héros, surtout si l'on considère que son duel avec le comte de Gormas était en ce temps-là regardé de tout le monde comme l'action d'un brave homme, dont il n'a pu se dispenser. (V.) — Voltaire ménageait alors l'Académie, dont il faisait partie, et à qui il avait dédié ce commentaire. Cette Académie, quelque modération qu'elle mît dans ses Observations, ne s'était cependant chargée de les faire que pour servir la passion du cardinal de Richelieu contre Corneille : aussi Voltaire, qui n'était pas encore académicien, et qui aurait dû mépriser ce titre, parle-t-il avec une franchise plus noble de cette singulière anecdote dans son *Discours sur l'Envie* :

Ah! qu'il nous faut chérir ce trait plein de justice
D'un critique modeste, et d'un vrai bel esprit,
Qui, lorsque Richelieu follement entreprit
De rabaisser du *Cid* la naissante merveille,
Tandis que Chapelain osait juger Corneille,
Chargé de condamner cet ouvrage imparfait,
Dit, pour tout jugement : « Je voudrais l'avoir fait. »
C'est ainsi qu'un grand cœur sait penser d'un grand homme. (P.)

[1] Malgré l'apparente modération de ce jugement de l'Académie, c'était être d'accord avec Scudéri dans sa principale objection, que de comparer le sujet du *Cid* à ces vérités monstrueuses qu'il faut supprimer pour le bien de la société, ou à ces crimes énormes dont les juges font brûler les procès avec les criminels. Il était difficile de servir la passion du cardinal de Richelieu avec plus de lâcheté : Scudéri lui-même n'avait rien dit de plus violent. (P.)

[2] Si le comte n'eût pas été le père de Chimène, c'est cela qui eût fait un roman contre la vraisemblance, et qui eût détruit tout l'intérêt. (V.)

[3] Cette idée, que le salut de l'État eût dépendu du mariage de Chimène, me paraît très-belle; mais il eût fallu changer toute la construction du poëme. (V.)

qu'il est défendu au poëte de toucher à l'histoire et de s'en servir pour matière, à cause qu'elle ne souffre point qu'on l'altère pour la réduire à la vraisemblance.

En cela, nous estimons qu'ils n'ont pas assez considéré quel est le sens d'Aristote, qui sans doute par ce mot de *fable* n'a voulu dire autre chose que le sujet, et n'a point entendu ce qui nécessairement devait être fabuleux, mais seulement ce qu'il n'importait pas qui fût vrai, pourvu qu'il fût vraisemblable. Sa *Poétique* nous en fournit la preuve dans ce passage exprès, où il dit que le *poëte pour traiter des choses avenues, ne serait pas estimé moins poëte* [1], *pour ce que rien n'empêche que quelques-unes de ces choses ne soient telles qu'il est vraisemblable qu'elles soient avenues;* et encore en plusieurs autres lieux où il a voulu que le sujet tragique ou épique fût véritable en gros, ou estimé tel, et n'y a désiré, ce semble, autre chose, sinon que le détail n'en fût point connu, afin que le poëte le pût suppléer par son invention, et du moins en cette partie mériter le nom de poëte : et certes ce serait une doctrine bien étrange si, pour demeurer dans la signification littérale du mot de *fable*, on voulait faire passer pour choses fabuleuses ces aventures des Médée, des Œdipe, des Oreste, etc., que toute l'antiquité nous donne pour de véritables histoires en ce qui regarde le gros de l'événement, bien que dans le détail il y puisse avoir des opinions différentes.

De celles-là qui sont estimées pures fables, il n'y en a pas une, quelque bizarre et extravagante qu'elle soit, qui n'ait été déguisée de la sorte par les sages du vieux temps, pour la rendre plus utile aux peuples : et c'est ce qui nous fait dire, dans un sentiment contraire à celui de l'observateur, que le poëte ne doit pas craindre de commettre un sacrilège en changeant la vérité de l'histoire. Nous sommes confirmés dans cette créance par le plus religieux des poëtes, qui, corrompant l'histoire, a fait Didon peu chaste, sans autre nécessité que d'embellir son poëme d'un épisode admirable, et d'obliger les Romains aux dépens des Carthaginois ; et qui, pour la constitution essentielle de son ouvrage, a feint son Énée zélé pour le salut de sa patrie, et victorieux de tous les héros du pays latin, quoiqu'il se trouve des historiens qui rapportent que ce fut l'un des traîtres qui vendirent Troie aux Grecs, et que d'autres assurent encore que Mézence le tua et en remporta les dépouilles.

Ainsi l'observateur, selon notre avis, ne conclut pas bien quand il dit que *le Cid n'est pas un bon sujet de poëme dramatique, pour ce qu'étant historique, et par conséquent véritable, il ne pouvait être changé ni rendu propre au théâtre;* d'autant que si Virgile, par exemple, a bien fait d'une honnête femme une impudique sans qu'il fût nécessaire, il aurait bien pu être permis à un autre de faire, pour l'utilité publique, d'un mariage extravagant un fait qui fût raisonnable, en y apportant les ajustements, et y prenant les biais qui en pouvaient corriger les défauts.

Nous savons bien que quelques-uns ont blâmé Virgile

[1] Avec la permission d'Aristote, le vraisemblable ne suffirait pas. On n'est point du tout poëte pour traiter un sujet vraisemblable ; on ne l'est que quand on l'embellit. (V.)

d'en avoir usé de la sorte : mais outre que nous doutons si l'opinion de ces censeurs est recevable, et s'ils connaissaient autant que lui jusqu'où s'étend la juridiction de la poésie, nous croyons encore que, s'ils l'ont blâmé, ce n'a pas été d'avoir simplement altéré l'histoire, mais de l'avoir altérée de bien en mal ; de manière qu'ils ne l'ont pas accusé proprement d'avoir péché contre l'art, en changeant la vérité, mais contre les bonnes mœurs, en diffamant une personne qui avait mieux aimé mourir que de vivre diffamée : il en fût arrivé tout au contraire dans le changement qu'on eût pu faire au sujet du *Cid*, puisqu'on eût corrigé les mauvaises mœurs qui se trouvent dans l'histoire, et qu'on les eût rendues bonnes pour la poésie, pour l'utilité du public.

L'objection que fait l'observateur ensuite nous semble très-considérable ; car un des principaux préceptes de la poésie imitatrice est de ne se point charger de tant de matières, qu'elles ne laissent pas le moyen d'employer les ornements qui lui sont nécessaires, et de donner à l'action qu'elle se propose d'imiter toute l'étendue qu'elle doit avoir. Et certes, l'auteur ne peut nier ici que l'art ne lui ait manqué, lorsqu'il a compris tant d'actions remarquables dans l'espace de vingt-quatre heures, et qu'il n'a pu autrement fournir les cinq actes de sa pièce qu'en entassant tant de choses l'une sur l'autre en si peu de temps. Mais si nous estimons qu'on l'ait bien repris pour la multitude des actions employées dans ce poëme, nous croyons qu'il y a eu encore plus de sujet de le reprendre pour avoir fait consentir Chimène à épouser Rodrigue [1] le jour même qu'il avait tué le comte. Cela surpasse toute sorte de créance, et ne peut vraisemblablement tomber dans l'âme non-seulement d'une fille sage, mais d'une qui serait la plus dépouillée d'honneur et d'humanité.

En ceci, il ne s'agit pas simplement d'assembler plusieurs aventures diverses et grandes en un si petit espace de temps, mais de faire entrer dans un même esprit et dans moins de vingt-quatre heures deux pensées si opposées l'une à l'autre, comme sont la poursuite de la mort d'un père et le consentement d'épouser son meurtrier, et d'accorder en un même jour deux choses qui ne se pouvaient souffrir dans toute une vie. L'auteur espagnol a moins péché en cet endroit contre la bienséance, faisant passer quelques jours entre cette poursuite et ce consentement. Et le français, qui a voulu se renfermer dans la règle des vingt-quatre heures, pour éviter une faute, est tombé dans une autre, et, de crainte de pécher contre les règles de l'art, a mieux aimé pécher contre celles de la nature.

Tout ce que l'observateur dit après ceci de la juste grandeur que doit avoir un poëme pour donner du plaisir à l'esprit sans lui donner de la peine, contient une bonne et solide doctrine, fondée sur l'autorité d'Aristote, ou, pour mieux dire, sur celle de la raison. Mais l'application ne nous en semble pas juste, lorsqu'il explique cette gran-

[1] Il semble qu'elle épouse Rodrigue le jour même que Rodrigue a tué son père. Non : elle consent le jour même à ne plus solliciter la mort de Rodrigue, et elle laisse entendre seulement qu'un jour elle pourra obéir au roi en épousant Rodrigue, sans donner une parole positive. Il me semble que cet art de Corneille méritait les plus grands éloges. (V.)

jour plutôt du temps que des matières, et qu'il veut que le *Cid* soit d'une grandeur excessive, parce qu'il comprend en un jour des actions qui se sont faites dans le cours de plusieurs années, au lieu d'essayer à faire voir qu'il comprend plus d'actions que l'esprit n'en peut regarder d'une vue. Ainsi, tant qu'il ait prouvé que le sujet du *Cid* est trop diffus pour n'embarrasser pas la mémoire, nous n'estimons point qu'il pèche en excès de grandeur pour avoir ramassé en un seul jour les actions de plusieurs années, s'il est vraisemblable qu'elles puissent être avenues en un seul jour.

Mais que ce soit l'abondance des matières plutôt que l'étendue du temps qui travaille l'esprit et fasse le poëme dramatique trop grand, il est aisé de le juger par l'épique, qui peut embrasser une entière révolution solaire et la suite des quatre saisons, sans que la mémoire ait de la peine à le concevoir distinctement, et qui néanmoins pourrait lui sembler trop vaste, si le nombre des aventures y engendrait confusion et ne le laissait pas voir d'une seule vue. A la vérité, Aristote a prescrit le temps des pièces de théâtre, et n'a donné aux actions qui en font le sujet que l'espace compris entre le lever et le coucher du soleil. Néanmoins, quand il a établi une règle si judicieuse, il l'a fait pour des raisons bien éloignées de celles qu'allègue en ce lieu l'observateur. Mais comme c'est une des plus curieuses questions de la poésie, et qu'il n'est point nécessaire de la vider en cette occasion, nous remettons à la traiter dans l'art poétique que nous avons dessein de faire.

Quant à celle qui a été proposée par quelques-uns, si le poëte est condamnable pour avoir fait arriver en un même temps des choses avenues en des temps différents, nous estimons qu'il ne l'est point, s'il le fait avec jugement, et en des matières ou peu connues ou peu importantes. Le poëte ne considère dans l'histoire que la vraisemblance des événements, sans se rendre esclave des circonstances qui en accompagnent la vérité; de manière que, pourvu qu'il soit vraisemblable que plusieurs actions se soient aussi bien pu faire conjointement que séparément, il est libre au poëte de les rapprocher, si par ce moyen il peut rendre son ouvrage plus merveilleux.

Il ne faut point d'autre preuve de cette doctrine que l'exemple de Virgile dans sa *Didon*, qui, selon tous les chronologistes, naquit plus de deux cents ans après Énée; si l'on ne veut encore ajouter celui du Tasse, dans le Renaud de sa *Hiérusalem*, lequel ne pouvait être né qu'à peine lorsque mourut Godefroi de Bouillon. Les fautes d'Æschyle et de Buchanan, bien remarquées par Heinsius dans la *Niobé* et dans le *Jephté*, ne concluent rien contre ce que nous maintenons. Car si nous croyons que le poëte, comme maître du temps, peut allonger ou accourcir celui des actions qui composent son sujet, c'est toujours à condition qu'il demeure dans les termes de la vraisemblance, et qu'il ne viole point le respect dû aux choses sacrées. Nous ne lui permettons de rien faire qui répugne au sens commun et à l'usage, comme de supposer Niobé attachée trois jours entiers sans dire une seule parole sur le tombeau de ses enfants; moins encore approuvons-nous qu'il entreprenne contre le texte de l'Écriture, dont les moindres syllabes sont trop saintes pour souffrir aucun des changements que le poëte aurait droit de faire dans les histoires profanes, comme d'abréger, d'autorité privée, les deux mois que la fille du Galaadite avait demandés pour aller pleurer sa virginité dans les montagnes.

L'observateur, après cela, passe à l'examen des mœurs attribuées à Chimène, et les condamne. En quoi nous sommes entièrement de son côté; car au moins ne peut-on nier qu'elle ne soit, contre la bienséance de son sexe, amante trop sensible, et fille trop dénaturée. Quelque violence que lui pût faire sa passion, il est certain qu'elle ne devait point se relâcher dans la vengeance de la mort de son père, et moins encore se résoudre à épouser celui qui l'avait fait mourir. En ceci, il faut avouer que ses mœurs sont du moins scandaleuses, si en effet elles ne sont dépravées. Ces pernicieux exemples rendent l'ouvrage notablement défectueux, et s'écartent du but de la poésie, qui veut être utile. Ce n'est pas que cette utilité ne se puisse produire par des mœurs qui soient mauvaises; mais, pour la produire par de mauvaises mœurs, il faut qu'à la fin elles soient punies, et non récompensées, comme elles le sont en cet ouvrage. Nous parlerions ici de leur inégalité, qui est un vice dans l'art, qui n'a point été remarqué par l'observateur, s'il ne suffisait de ce qu'il a dit pour nous faire approuver sa censure. Nous n'entendons pas néanmoins condamner Chimène de ce qu'elle aime le meurtrier de son père, puisque son engagement avec Rodrigue avait précédé la mort du comte, et qu'il n'est pas en la puissance d'une personne de cesser d'aimer quand il lui plaît. Nous la blâmons seulement de ce que son amour l'emporte sur son devoir, et qu'en même temps qu'elle poursuit Rodrigue, elle fait des vœux en sa faveur; nous la blâmons seulement de ce qu'ayant fait en son absence un bon dessein de

Le poursuivre, le perdre et mourir après lui,

sitôt qu'il se présente à elle, quoique teint du sang de son père, elle le souffre en son logis et dans sa chambre même, ne le fait point arrêter, l'excuse de ce qu'il a entrepris contre le comte, lui témoigne que pour cela elle ne laisse pas de l'aimer, lui donne presque à entendre qu'elle ne le poursuit que pour en être plus estimée, et enfin souhaite que les juges ne lui accordent pas la vengeance qu'elle leur demande. C'est trop clairement trahir ses obligations naturelles en faveur de sa passion; c'est trop ouvertement chercher une couverture à ses désirs, et c'est faire bien moins le personnage de fille que d'amante. Elle pouvait sans doute aimer encore Rodrigue après ce malheur, puisque son crime n'était que d'avoir réparé le déshonneur de sa maison; elle le devait même en quelque sorte pour relever sa propre gloire; lorsque, après une longue agitation, elle eût donné l'avantage à son honneur sur une amour si violente et si juste que la sienne; et la beauté qu'eût produite dans l'ouvrage une si belle victoire de l'honneur sur l'amour eût été d'autant plus grande qu'elle eût été plus raisonnable [1].

---

[1] Une chose assez singulière, mais très-vraie, c'est que, si Chimène avait continué à poursuivre Rodrigue après qu'il a sauvé Séville et qu'il a pardonné à don Sanche, cela eût été froid et ridicule. Si jamais on fait une pièce dans ce goût, je réponds de la chute. Les mêmes sentiments qui charmèrent l'Espagne charmèrent ensuite la France. (V.)

Aussi n'est-ce pas le combat de ces deux mouvements que nous désapprouvons; nous n'y trouvons à dire, sinon qu'il se termine autrement qu'il ne devrait, et qu'au lieu de tenir au moins ces deux intérêts en balance, celui à qui le dessus demeure est celui qui raisonnablement devait succomber. Que s'il eût pu être permis au poëte de faire que l'un de ces deux amants préférât son amour à son devoir, on peut dire qu'il eût été plus excusable d'attribuer cette faute à Rodrigue qu'à Chimène; Rodrigue était un homme, et son sexe, qui est comme en possession de fermer les yeux à toutes considérations pour se satisfaire en matière d'amour, eût rendu son action moins étrange et moins insupportable.

Mais au contraire Rodrigue, lorsqu'il y va de la vengeance de son père, témoigne que son devoir l'emporte absolument sur son amour, et oublie Chimène, ou ne la considère plus. Il ne lui suffit pas de vouloir vaincre le comte pour venger l'affront fait à sa race; il agit encore comme ayant dessein de lui ôter la vie, bien que sa mort ne fût pas nécessaire pour sa satisfaction. Il pouvait respecter le comte en faveur de sa fille, sans rien diminuer de la haine qu'il était désormais obligé d'avoir pour lui; et puisque, par cette même loi d'honneur qui l'engageait au ressentiment, il y avait plus de gloire à le vaincre qu'à le tuer, il devait aller au combat avec le seul désir d'en remporter l'avantage et le dessein de l'épargner autant qu'il lui serait possible, afin que, dans la chaleur de la vengeance qu'il ne pouvait refuser à son père, il rendît ce respect à Chimène de considérer encore le sien, et que par ce moyen il conservât l'espérance de la pouvoir un jour épouser.

Cependant ce même Rodrigue, devenu ennemi de sa maîtresse, ennemi de soi-même, et plus aveugle de colère que d'amour, ne voit plus rien que son affront, et ne songe plus qu'à sa vengeance. Dans son transport, il fait des choses qu'il n'était pas obligé de faire, et, sans nécessité, cesse d'être amant pour paraître seulement homme d'honneur. Chimène, au contraire, quoique, pour venger la mort de son père, elle dût faire plus que Rodrigue n'avait fait pour venger l'affront du sien, puisque son sexe exigeait d'elle une sévérité plus grande, et qu'il n'y avait que la mort de Rodrigue qui pût expier celle du comte, poursuit lâchement [1] cette mort, craint d'en obtenir l'arrêt; et le soin qu'elle devait avoir de son honneur, cède entièrement au souvenir qu'elle a de son amour.

Si maintenant on nous allègue pour sa défense que cette passion de Chimène a été le principal agrément de la pièce, et ce qui lui a excité le plus d'applaudissement, nous répondrons que ce n'est pas pour ce qu'elle est bonne, mais pour ce que, quelque mauvaise qu'elle soit, elle est heureusement exprimée; ses puissants mouvements, joints à ses vives et naïves expressions, ont bien pu faire estimer ce qui en effet serait estimable si c'était une pièce séparée, et qui ne fût point une partie d'un tout qui ne la peut souffrir; en un mot, elle a assez d'éclat et de charmes pour avoir fait oublier les règles [2] à ceux qui ne les savent guère bien, ou à qui elles ne sont guère présentes.

[1] Aujourd'hui on dirait *faiblement*. (V.)
[2] Il me semble qu'il ne s'agit pas ici des règles, mais des mœurs. (V.)

Ensuite de cet examen, l'observateur fait l'anatomie du poëme, pour en montrer les particuliers défauts et les divers manquements de bienséance. Mais il nous semble qu'il ouvre mal cette carrière, et nous croyons que sa première remarque n'est pas juste lorsqu'il trouve à redire que le comte juge avantageusement de Sanche: car Rodrigue et Sanche ayant été tous deux supposés du plus noble sang de Castille, le comte avait raison de penser qu'ils imiteraient également la valeur de leurs ancêtres; il n'était pas obligé de prévoir que l'un d'eux serait assez lâche pour vouloir racheter sa vie en acceptant la condition de la part de son vainqueur. Ce n'est pas ici le lieu de reprocher au poëte la faute qu'il fait faire à don Sanche vers la fin de la pièce; et cette faute ayant été postérieure à ce que dit maintenant le comte, nous l'estimons vainement alléguée pour condamner la bonne opinion que raisonnablement il devait avoir de don Sanche avant qu'il l'eût commise.

La seconde objection nous semble considérable, et nous croyons avec l'observateur qu'Elvire, simple suivante de Chimène, n'était pas une personne avec qui le comte dût avoir cet entretien, principalement en ce qui regardait l'élection que l'on allait faire d'un gouverneur pour l'infant de Castille, et la part qu'il y pensait avoir. En cela le poëte a montré, sinon peu d'invention, au moins beaucoup de négligence, puisque, s'il eût feint suivante du comte et compagne de sa fille, il eût pu rendre plus excusable le discours que le comte lui fait. Nous trouvons encore que l'observateur l'eût pu raisonnablement reprendre d'avoir fait l'ouverture de toute la pièce par une suivante; ce qui nous semble peu digne de la gravité du sujet, et seulement supportable dans le comique.

Quant à la troisième, nous pourrions croire, d'un côté, que le comte, de quelque sorte qu'il parle de lui-même, ne devrait point passer pour fanfaron, puisque l'histoire et la propre confession de don Diègue lui donnent le titre de l'un des vaillants hommes qui fussent alors en Espagne: ainsi du moins n'est-il pas fanfaron, si l'on prend ce mot au sens que l'observateur l'a pris, lorsqu'il l'a accompagné de celui de capitan de la farce, de qui la valeur est toute sur la langue; si bien que les discours où il s'emporte seraient plutôt des effets de la présomption d'un vieux soldat que des fanfaronneries [2] d'un capitan de farce, et des vanités d'un homme vaillant, que des artifices d'un poltron pour couvrir le défaut de son courage. D'autre côté, les hyperboles excessives, et qui sont véritablement de théâtre, dont tout le rôle de ce comte est rempli, et l'insupportable audace avec laquelle il parle du roi son maître, qui, à le bien considérer, ne l'avait point trop maltraité en préférant don Diègue à lui, nous font croire que le nom de fanfaron lui est bien dû, que l'observateur le lui a donné avec justice. Et en effet, il le mérite, si nous prenons ce

[1] Je ne crois pas que, dans les temps de la chevalerie, ce fût une lâcheté; rien n'était plus commun que des chevaliers qui, ayant été désarmés, allaient porter leurs armes à la maîtresse du vainqueur. L'action de don Sanche ne parut point du tout lâche en Espagne, où l'on était encore enthousiasmé de la chevalerie. (V.)
[2] Il faut remarquer que les fanfaronnades de tous les capitans de comédie étaient alors portées à un excès de ridicule si outré, que le comte de Gormas, tout fanfaron qu'il est, paraît modeste en comparaison. (V.)

mot dans l'autre signification où il est reçu parmi nous, c'est-à-dire homme de cœur, mais qui ne fait de bonnes actions que pour en tirer avantage, et qui méprise chacun, et n'estime que soi-même.

La scène qui suit nous semble condamnée sans fondement; car la relation qu'Elvire y fait à Chimène de ce qu'elle vient d'entendre est très-succincte, et ne tombe point sous le genre de celles qui se doivent plutôt faire *derrière les rideaux* que sur la scène : elle est même nécessaire[1] pour faire paraître Chimène dès le commencement de la pièce, pour faire connaître au spectateur la passion qu'elle a pour Rodrigue, et pour faire entendre que don Diègue la doit demander en mariage pour son fils.

Quant à la troisième, nous sommes entièrement de l'avis de l'observateur, et tenons tout l'épisode de l'infante condamnable; car ce personnage n'y contribue en rien ni à la conclusion, ni à la rupture de ce mariage, et ne sert qu'à représenter une passion niaise, qui d'ailleurs est peu séante à une princesse, étant conçue pour un jeune homme qui n'avait encore donné aucun témoignage de sa valeur. Ce n'est pas que nous ignorions que tous les épisodes, quoique non nécessaires, ne sont pas pour cela bannis de la poésie; mais nous savons aussi qu'ils ne sont estimés que dans la poésie épique, que la dramatique ne les souffre que fort courts, et qu'elle n'en reçoit point de cette nature qui règnent dans toute la pièce. La plupart de ce que l'observateur dit ensuite pour appuyer sa censure touchant la liaison des épisodes avec le sujet principal est pure doctrine d'Aristote, et très-conforme au bon sens; mais nous sommes bien éloignés de croire avec lui que don Sanche soit du nombre de ces personnes épisodiques qui ne font aucun effet dans le poëme. Et certes, il est malaisé de s'imaginer quelle raison il a eue de prendre une telle opinion, ayant pu remarquer que don Sanche est rival de don Rodrigue en l'amour[2] de Chimène; qu'après la mort du comte, il la sert auprès du roi, pour essayer d'acquérir ses bonnes grâces; et qu'enfin il se bat pour elle contre Rodrigue, et demeure vaincu. Si bien que les actions de don Sanche sont mêlées dans toutes les principales du poëme; et la dernière, qui est celle du combat, ne se fait pas simplement, afin qu'il soit battu, comme prétend l'observateur, mais afin que, par le désavantage qu'il y reçoit, Rodrigue puisse être purgé de la mort du comte, et en même temps obtenir Chimène. L'objection semble plus forte contre Arias, qui sans doute a moins de part dans le sujet que don Sanche : toutefois on ne peut pas dire absolument que ce personnage y soit aussi peu nécessaire que l'infante; car, en le bannissant, il faudrait bannir des tragédies tous les conseillers des princes, et condamner généralement tous les poëtes anciens et modernes qui les y ont introduits; outre que sur la fin il sert de juge au camp lorsque les deux rivaux se battent. Ainsi il ne peut passer pour être entièrement inutile, comme l'observateur l'assure. Il est vrai qu'encore qu'on entende bien ce qui amène dans la première scène du second acte, et que cela ne mérite point de censure, l'observateur toutefois, selon notre avis, ne laisse pas de reprendre en ce lieu le poëte avec raison; car, au lieu que le roi envoie Arias vers le comte pour le porter à satisfaire don Diègue, il fallait qu'il lui envoyât des gardes, pour empêcher la suite que pourrait causer le ressentiment de cette offense, et pour l'obliger, de puissance absolue, à la réparer avec une satisfaction digne de la personne offensée.

La faute de jugement que l'observateur remarque dans la troisième scène nous semble bien remarquée[3]; et encore qu'à considérer l'endroit favorablement, Chimène n'y veuille pas dire que Rodrigue n'est pas gentilhomme s'il ne se venge du comte, mais seulement qu'elle a grand sujet de craindre qu'étant né gentilhomme, il ne se puisse résoudre à souffrir un tel affront sans en rechercher la vengeance; il faut avouer néanmoins que le poëte se fût bien passé de faire dire à Chimène qu'elle serait honteuse pour Rodrigue, s'il lui obéissait. Elle ne devait point balancer les sentiments de son amour avec ceux de la nature, ni la part qu'elle prenait à l'honneur de son amant avec l'intérêt qu'elle devait prendre à la vie de son père. Quelque honte qu'il y eût pour Rodrigue à ne se point venger, ce n'était point à elle à la considérer, puisqu'il y avait plus à perdre pour elle, s'il entreprenait cette vengeance, que s'il ne l'entreprenait pas. En l'un, son père pouvait être tué; en l'autre, son amant pouvait être blâmé : ces deux choses étaient trop inégales pour entrer en comparaison dans l'esprit de Chimène; et elle ne devait point songer à la conservation de l'honneur de Rodrigue, lorsqu'il ne se pouvait conserver que par la perte de la vie ou de l'honneur du comté. D'ailleurs, si elle avait jugé Rodrigue digne de son affection, elle l'avait sans doute cru généreux, et par conséquent elle devait penser qu'il eût fait une action plus grande et plus difficile de sacrifier ses ressentiments à la passion qu'il avait pour elle que de les contenter au préjudice de cette même passion : ainsi il ne lui aurait point été honteux, au moins à l'égard de Chimène, d'observer la défense qu'elle lui eût pu faire de se battre. Peut-être que la cour n'en eût pas jugé si favorablement; mais Chimène, ayant tant d'intérêt à désirer qu'il fît une action une lâcheté, ne devait point alors avoir assez de tranquilité d'esprit pour en considérer les suites. Dans le péril où était son père, sa première pensée devait être que, si son amant l'aimait assez, il respecterait celui à qui elle était obligée de la naissance, et relâcherait plutôt quelque chose de cette vaine ombre d'honneur que de se résoudre à perdre son affection, et l'espérance de la posséder en le tuant. La réflexion qu'elle fait sur ce qu'étant né gentilhomme, il ne pouvait sans honte manquer à poursuivre sa vengeance, ayant semblé belle au poëte, il l'a employée en deux endroits de cette pièce, mais moins à propos en l'un qu'en l'autre; elle était excellente dans la bouche de Rodrigue, lorsqu'il veut justifier son action envers Chimène, disant qu'*un homme sans honneur ne la méritait pas*; mais

---

[1] Donc les comédiens ont eu très-grand tort de retrancher cette scène. (V.)
[2] On ne dirait point aujourd'hui *rival en l'amour*. (V.)
[3] Il faut, je crois, considérer le temps où se passe l'action; c'était celui où l'on attachait autant de honte à ne se pas battre en pareil cas qu'à trahir sa patrie et à faire les actions les plus basses : il était bien plus déshonorant de ne pas tirer raison d'un affront que de voler sur le grand chemin; car, dans ce siècle, presque tous les seigneurs de fief rançonnaient les passants. *Notandi sunt tibi mores* : ajoutez *tempora*. (V.)

elle nous semble mauvaise dans celle de Chimène, laquelle, se doutant que Rodrigue préférait l'honneur de sa maison à son amour, devait plutôt dire qu'*un homme sans amour ne la méritait pas*. Nous croyons donc que le poète a principalement failli en ce qu'il fait entrer sans nécessité et sans utilité, parmi la juste crainte de Chimène, la considération de la part qu'elle devait prendre au déshonneur de Rodrigue.

Quant à l'objection suivante, qu'elle devait pleurer enfermée chez elle, au lieu d'aller demander justice, nous ne l'approuvons point, et estimons que le poëte eût manqué, s'il lui eût fait verser des larmes inutiles dans sa chambre, étant même si proche du logis du roi, où elle pouvait obtenir la vengeance de la mort de son père. Si elle eût tardé un moment à l'aller demander, on eût eu raison de soupçonner qu'elle prenait du temps pour délibérer si elle la demanderait, et qu'ainsi l'intérêt de son amant lui était autant ou plus considérable que celui de son père. Aussi l'observateur, n'insistant point sur cette censure, semble la condamner lui-même tacitement. En un mot, soit qu'elle voulût perdre Rodrigue, soit qu'elle ne le voulût pas, elle était toujours obligée de témoigner qu'elle en avait l'intention, et de partir en ce même instant afin de le poursuivre. Maintenant, si elle avait ce désir ou non, c'est une question qui se videra dans la suite; mais en ce lieu il a été inutile de la mettre en avant, et, quelque chose que l'observateur en puisse ailleurs conclure, il n'en conclut rien ici qui lui soit avantageux.

La première scène du troisième acte doit être examinée avec plus d'attention, comme celle qui est attaquée avec plus d'apparence de justice. Et certes, il n'est pas peu étrange que Rodrigue, après avoir tué le comte, aille dans sa maison, de propos délibéré, pour voir sa fille, ne pouvant douter que désormais sa vue ne lui dût être en horreur, et que se présenter volontairement à elle en tel lieu ne fût comme tuer son père une seconde fois : ce dessein néanmoins n'est pas ce que nous y trouvons de moins vraisemblable; car un amant peut être agité d'une passion si violente, qu'encore qu'il ait fort offensé sa maîtresse, il ne pourra pas s'empêcher de la voir, ou pour se contenter lui-même, ou pour essayer de lui faire satisfaction de la faute qu'il aura commise contre elle. Ce qui nous y semble plus difficile à croire, est que ce même amant, sans être accompagné de personne, et sans avoir alors intelligence avec la suivante, entre dans le logis de celui qu'il vient de tuer, passe jusqu'à la chambre de sa fille, et ne rencontre aucun de ses domestiques qui l'arrête en chemin : cela toutefois se pourrait encore excuser sur le trouble où était la famille après la mort du comte, sur l'obscurité de la nuit qui empêchait de connaître ceux qui vraisemblablement venaient chez Chimène pour l'assister dans son affliction, et sur l'imprudence naturelle aux amants, qui suivent aveuglément leurs passions, sans vouloir regarder les inconvénients qui en peuvent arriver. Et en effet, nous serions aucunement satisfaits si le poëte, pour sa décharge, avait fait couler, dans le discours que Rodrigue tient à Elvire, quelques-unes de ces considérations, sans les laisser deviner au spectateur.

Mais ce qui nous en semble inexcusable, est que Rodrigue vient chez sa maîtresse, non pas pour lui demander pardon de ce qu'il a été contraint de faire pour son honneur, mais pour lui en demander la punition de sa main; car s'il croyait l'avoir méritée, et qu'en effet il fût venu en ce lieu à dessein de mourir pour la satisfaire, puisqu'il n'y avait point d'apparence de s'imaginer sérieusement que Chimène se résolût à faire cette vengeance avec ses mains propres, il ne devait point différer à se donner lui-même le coup qu'elle lui aurait si raisonnablement refusé : c'était montrer évidemment qu'il ne voulait pas mourir, de prendre un si mauvais expédient pour mourir, et de ne s'aviser pas que la mort qu'il se fût donnée lui-même, dans les termes d'amant de théâtre, comme elle lui eût été plus facile, lui eût été aussi plus glorieuse. Il pouvait lui demander la mort, mais il ne la pouvait pas espérer; et, se la voyant déniée, il ne se devait point retirer de devant elle sans faire au moins quelque démonstration de se la vouloir donner, et prévenir au moins en apparence celle qu'il dit assez lâchement qu'il va attendre de la main du bourreau.

Nous estimons donc que cette scène, et la quatrième du même acte, qui en est une suite, sont principalement défectueuses, en ce que Rodrigue va chez Chimène dans la créance déraisonnable de recevoir par sa main la punition de son crime, et en ce que, ne l'ayant pu obtenir d'elle, il aime mieux la recevoir de la main du ministre de la justice que de la sienne même. S'il fût allé vers Chimène dans la résolution de mourir en sa présence, de quelque sorte que ce pût être, nous croyons que non-seulement ces deux scènes seraient fort belles pour tout ce qu'elles contiennent de pathétique, mais encore que ce qui manque à la conduite serait, sinon fort régulier, au moins fort supportable.

Quant à ce qui suit, nous tombons d'accord qu'il eût été bienséant que Chimène en cette occasion eût eu quelques dames de ses amies auprès d'elle pour la consoler : mais comme cette assistance eût empêché ce qui se passe dans les scènes suivantes, nous ne croyons pas aussi qu'elle fût nécessaire absolument : car une personne autant affligée que l'était Chimène pouvait aussitôt désirer la solitude que souffrir la compagnie. Et ce qu'Elvire dit, *qu'elle reviendra du palais bien accompagnée*, ne donne point de lieu à la contradiction que prétend l'observateur, pour ce que *revenir accompagnée* n'est pas *demeurer accompagnée*; et, supposé qu'elle voulût demeurer seule, il n'y a pas d'apparence de croire que ceux qui l'auraient reconduite du palais chez elle y voulussent passer la nuit contre sa volonté : mais c'est encore une de ces choses que le poëte devait adroitement faire entendre, afin de lever tout scrupule de ce côté-là, et de ne point donner la peine au spectateur de la suppléer pour lui. Ce que nous estimons de plus répréhensible, et que l'observateur n'a pas voulu reprendre, est qu'Elvire n'ait point suivi Chimène au logis du roi, et que Chimène en soit revenue avec don Sanche sans aucune femme.

Les troisième et quatrième scènes nous semblent fort belles, si l'on excepte ce que nous y avons remarqué touchant la conduite. Les pointes et les traits dont elles sont semées pour la plupart ont leur source dans la nature de la chose; et nous trouvons que Rodrigue n'y fait qu'une faute notable, lorsqu'il dit à Chimène avec tant de rudesse qu'il ne se repent point d'avoir tué son père, au lieu de s'en excuser avec humilité sur l'obligation qu'il avait de venger l'honneur du sien. Nous trouvons aussi que Chimène n'y en fait qu'une, mais qui est grande, de ne tenir pas ferme dans la belle résolution de *perdre Rodrigue et de mourir après lui*, et de se relâcher jusqu'à dire que, dans la poursuite qu'elle fait de sa mort, elle souhaite de ne rien pouvoir. Elle eût pu confesser à Elvire et à Rodrigue même qu'elle avait une violente passion pour lui; mais elle leur devait dire en même temps qu'elle lui était moins obligée qu'à son honneur; que, dans la plus grande véhémence de son amour, elle agirait contre lui avec plus d'ardeur, et qu'après qu'elle aurait satisfait à son devoir, elle satisferait à son affection, et trouverait bien le moyen de le suivre; sa passion n'eût pas été moins tendre, et eût été plus généreuse.

L'observateur reprend, dans la cinquième scène, *que don Diègue sorte seul et de nuit pour aller chercher son fils par la ville, laissant force gentilshommes chez lui, et leur manquant de civilité*. Mais en ce qui regarde l'incivilité, nous croyons que la répréhension n'est pas juste, pour ce que les mouvements naturels et les sentiments de père dans une occasion comme celle-ci ne considèrent point ces petits devoirs de bienséance extérieure, et emportent violemment ceux qui en sont possédés, sans que l'on s'avise d'y trouver à redire. Nous croyons bien que cette sortie de don Diègue eût été justement reprise par une autre raison, si l'on eût dit qu'il n'y avait aucune apparence que, ce grand nombre d'amis étant chez don Diègue, ils le dussent laisser sortir seul et à telle heure pour aller chercher son fils; car l'ordre voulait que, ne rencontrant pas Rodrigue en son logis, ils empêchassent ce vieillard de sortir, et le relevassent de la peine que le poëte lui faisait prendre; de sorte qu'on peut dire avec raison que ce n'est pas don Diègue qui manque de civilité envers ces gentilshommes, mais que ce sont eux-mêmes qui en manquent envers lui. Quant à la supputation que l'observateur fait ensuite du nombre excessif de ces gentilshommes, elle est bien introduite avec grâce et esprit, mais sans solidité, à notre avis, et seulement pour rendre ridicule ce qui ne l'est pas; car, premièrement, ces *cinq cents amis* pouvaient n'être pas tous *gentilshommes*, et c'était assez qu'ils fussent soldats pour être compris sous le nom d'*amis*, ainsi que don Diègue les appelle, et non pas gentilshommes; en second lieu, vouloir qu'il y en eût une bonne quantité de neutres, et un quatrième parti de ceux qui ne bougeaient[1] d'auprès de la personne du roi, ce n'est pas se souvenir qu'en matière de querelles de grands, la cour se partage toujours sans qu'il en demeure guère de neutres que ceux qui sont méprisables à l'un et à l'autre parti. Si bien que la cour de Fernand pouvait être plus petite que celle des rois d'Espagne de présent, et ne laisser pas d'être composée, à un besoin, de mille gentilshommes, principalement en un temps où il y avait guerre avec les Maures, ainsi que peu après l'observateur même le dit.

Et quoiqu'il soit vrai, comme il le remarque fort bien, que ces cinq cents amis de Rodrigue étaient plutôt assemblés par le poëte contre les Maures que contre le comte, nous croyons que, n'y ayant nulle répugnance qu'ils soient employés contre tous les deux, le poëte serait plutôt digne de louange que de blâme d'avoir inventé cette assemblée de gens, en apparence contre le comte, et en effet contre les Maures : car une des beautés du poëme dramatique est que ce qui a été imaginé et introduit pour une chose serve à la fin pour une autre.

La première scène du quatrième acte nous semble reprise avec peu de fondement, puisqu'il est vrai que ni l'amour de Chimène, ni l'inquiétude qu'il lui cause, ne sont pas ce qu'il y a de répréhensible en effet, mais seulement le témoignage qu'elle donne en quelques autres lieux du poëme que son amour l'emporte sur son devoir. Or, en celui-ci le contraire paraît, et l'agitation de ses pensées finit comme elle doit.

La seconde a le défaut que remarque l'observateur, touchant l'inutilité de l'infante; et l'on ne peut pas dire qu'elle y est utile en quelque sorte comme celle qui flatté la passion de Chimène, et qui sert à lui faire montrer de plus en plus cette occasion Fernand avec la résolution de perdre son amant : car Chimène eût pu témoigner aussi bien cette résolution en parlant à Elvire qu'en parlant à l'infante, laquelle agit en cette occasion sans aucune nécessité.

Dans la troisième, l'observateur s'étonne que les commandements du roi aient été mal exécutés. Mais, comme il est assez ordinaire que les bons ordres soient mal suivis, il n'y avait rien de si raisonnable que de supposer en faveur de Rodrigue qu'en cette occasion Fernand eût été servi avec négligence. Toutefois ce n'est pas par cette raison que le poëte se peut défendre, la véritable étant que le roi n'avait point donné d'ordre pour résister aux Maures, de peur de mettre la ville en trop grande alarme. Il est vrai que l'excuse est pire que la faute, pour ce qu'il y aurait moins d'inconvénient que le roi fût mal obéi ayant donné de bons ordres, que non pas qu'il pérît faute d'en avoir donné aucun. Si bien qu'encore que l'objection par là demeure nulle en ce lieu, il nous semble néanmoins qu'elle eût été bonne et solide dans la sixième scène du second acte où l'on pouvait reprocher à Fernand, avec beaucoup de justice, qu'il savait mal garder ses places, de négliger ainsi les bons avis qui lui étaient donnés, et de prendre le parti le moins assuré dans une nouvelle qui ne lui importait pas moins que de sa ruine.

Ce qui suit du mauvais soin de don Fernand, qui devait tenir le port fermé avec une chaîne, serait une répréhension fort judicieuse, supposé que Séville eût un port si étroit d'embouchure, qu'une chaîne l'eût pu clore aisément; car il nous semble aussi que l'auteur estime, faisant dire en un lieu :

Les Maures et la mer entrèrent dans le port;

et en un autre, distinguant le fleuve du port :

Et la terre, et le fleuve, et leur flotte, et le port.

Mais Séville étant assez avant dans la terre, et n'ayant pour havre que le Guadalquivir, qui ne se peut commodément fermer d'une chaîne, à cause de sa grande largeur, on peut dire que c'était assez que Rodrigue fît la garde au port, et qu'en ce lieu l'observateur désire une chose peu possible, quoique l'auteur lui en ait donné sujet par son expression. Pour le reste, nous croyons que la flotte des

---

[1] *Bougeaient* est devenu depuis trop familier. (V.)

Maures a pu ancrer, afin que leur descente se fît avec ordre; parce que, en cas de retraite, si elle eût été si pressée qu'ils n'eussent pas eu le loisir de lever les ancres, en coupant les câbles ils se mettaient en état de la faire avec autant de promptitude que s'ils ne les eussent point jetées. C'est ainsi, ou avec peu de différence, qu'Énée en use quand il coupe le câble qui tenait son vaisseau attaché au rivage, plutôt que de l'envoyer détacher, dans la crainte qu'il avait qu'en retardant un peu sa sortie du port, Didon n'eût assez de temps pour le retenir par force dans Carthage.

Pour la cinquième scène, il nous semble qu'elle peut être justement reprise; mais ce n'est pas absolument, comme dit l'observateur, parce que le roi y fait un personnage moins sérieux qu'on ne devait attendre de sa dignité et de son âge, lorsque, pour reconnaître le sentiment de Chimène, il lui assure que Rodrigue est mort au combat : car cela se pourrait bien défendre par l'exemple de plusieurs grands princes [1], qui n'ont pas fait difficulté d'user de feinte dans leurs jugements quand ils ont voulu découvrir une vérité cachée. Nous tenons cette scène principalement répréhensible en ce que Chimène y veut déguiser au roi la passion qu'elle a pour Rodrigue, quoiqu'il n'y eût pas sujet de le faire, et qu'elle-même eût témoigné déjà auparavant avoir une contraire intention. Cela se justifie clairement par la quatrième scène du troisième acte, où elle dit à son amant qu'elle veut bien qu'on sache son inclination, *afin que sa gloire en soit plus élevée quand on verra qu'elle le poursuit encore qu'elle l'adore.* Ce discours nous paraît contredire à celui que le poëte lui fait tenir maintenant pour celer son amour au roi, *qu'on se pâme de joie ainsi que de tristesse.* Et c'était sur cette contradiction que nous estimons que l'observateur eût été fondé à le reprendre en ce lieu. En effet, il eût beaucoup mieux valu la faire persévérer dans la résolution de laisser connaître son amour, et lui faire dire que la mort de Rodrigue lui pouvait bien être sensible, puisqu'elle avait de l'affection pour lui, mais qu'elle lui était agréable, puisque son devoir l'avait obligée à la poursuivre, et que maintenant elle n'avait plus rien à désirer que le tombeau, après avoir obtenu des Maures ce que le roi semblait ne lui vouloir pas accorder.

Quant à l'ordonnance de Fernand pour le mariage de Chimène avec celui de ses deux amants qui sortirait vainqueur du combat, on ne saurait nier qu'elle ne soit très-inique [2], et que Chimène ne fasse une très-grande faute de ne refuser pas ouvertement d'y obéir. Rodrigue lui-même n'eût osé porter jusqu'à là ses prétentions, et ce combat ne pouvait servir au plus qu'à lui faire obtenir l'absolution de la mort du comte. Que si le roi le voulait récompenser du grand service qu'il venait d'en recevoir, il fallait que ce fût du sien, et non pas d'une chose qui n'était point à lui, et que les lois de la nature avaient mise hors de sa puissance. En tout cas, s'il lui voulait faire épouser Chimène, il fallait qu'il employât envers elle la persuasion plutôt que le commandement. Or, cette ordonnance déraisonnable et précipitée, et par conséquent peu vraisemblable, est d'autant plus digne de blâme qu'elle fait le dénoûment de la pièce, et qu'elle le fait mauvais et contre l'art. En tous les autres lieux du poëme cette bizarrerie eût fait un fâcheux effet; mais en celui-ci elle en gâte l'édifice, et le rend défectueux en sa partie la plus essentielle, le mettant sous le genre de ceux qu'Aristote condamne, pour ce qu'ils *se nouent bien et se dénouent mal.*

La première scène du cinquième acte nous semble très-digne de censure, parce que Rodrigue retourne chez Chimène, non plus de nuit, comme l'autre fois que les ténèbres favorisaient aucunement sa témérité, mais en plein jour, avec bien plus de péril et de scandale. Elle nous semble encore digne de réprehension, parce que l'entretien qu'ils y ont ensemble est si ruineux pour l'honneur de Chimène, et découvre tellement l'avantage que sa passion a pris sur elle, que nous n'estimons pas qu'il y ait guère de chose plus blâmable en toute la pièce. Il est vrai que Rodrigue y fait ce qu'un amant désespéré était obligé de faire, et qu'il y demeure bien plus dans les termes de la bienséance qu'il n'avait fait la première fois. Mais Chimène, au contraire, y abandonne tout ce qui lui restait de pudeur, et, oubliant son devoir pour contenter sa passion, persuade clairement Rodrigue de vaincre celui qui s'exposait volontairement à la mort pour sa querelle, et qu'elle avait accepté pour son défenseur. Et ce qui la rend plus coupable encore, est qu'elle ne l'exhorte pas tant à bien combattre pour la crainte qu'il ne meure que pour l'espérance de l'épouser s'il ne mourait point. Nous laissons à part l'ingratitude et l'inhumanité qu'elle fait paraître en sollicitant le déshonneur de don Sanche, qui sont de mauvaises qualités pour un principal personnage. Cette scène donc a toute l'imperfection qu'elle saurait avoir, si l'on considère la matière comme faisant une partie essentielle de ce poëme; mais en récompense, la considérant à part, et détachée du sujet, la passion qu'elle contient nous semble fort bien touchée et fort bien conduite, et les expressions dignes de beaucoup de louanges.

Les seconde et troisième scènes ont leur défaut accoutumé de la superfluité de l'infante, et font languir le théâtre par le peu qu'elles contribuent à la principale aventure. Il est vrai pourtant qu'elles ne manquent pas de beaux mouvements, et que, si elles étaient nécessaires, elles se pourraient dire belles.

Nous croyons la quatrième moins inutile que ne le prétend l'observateur, puisqu'elle découvre l'inquiétude de Chimène durant le combat de ses amants, et qu'elle sert à lui faire regagner un peu de la réputation qu'elle avait perdue dans la première.

Pour la cinquième, outre qu'elle donne juste sujet à l'observateur de remarquer le peu de temps que Rodrigue a eu pour ce combat, lequel se devant faire en la place publique, et par la permission du roi, demandait beaucoup de cérémonies, elle a encore le défaut d'action que don

---

[1] Oui, plusieurs grands princes ont pu employer de pareilles feintes, mais elles n'en sont pas moins puériles au théâtre; elles tiennent beaucoup plus du comique que du tragique. (V.)
Il ne faudrait pas cependant, sous prétexte d'ennoblir la tragédie, en exclure ce qui est simple et naturel. Peut-être a-t-on porté trop loin cette fausse délicatesse, qui peut nuire à la vérité. Il nous semble que nos poëtes et nos acteurs prêtent souvent à leurs personnages un appareil trop théâtral. Il ne faut ni dégrader la nature, ni trop s'en éloigner. (P.)

[2] Inique sans doute, mais très-conforme à l'usage du temps. (V.)

Sanche y vient faire, de présenter son épée à Chimène, suivant la condition que lui a imposée le vainqueur. Puis, pour achever de la rendre tout à fait mauvaise, au lieu que la surprise qui trouble Chimène devait être courte, le poëte l'a étendue jusques à dégoûter les spectateurs les plus patients, qui ne se peuvent assez étonner de ce que don Sanche ne l'éclaircisse pas du succès de son combat avec une parole, laquelle il lui pouvait bien dire, puisqu'il lui peut bien demander audience deux ou trois fois pour l'en éclaircir : à quoi l'on peut ajouter qu'il y a beaucoup d'injustice dans le transport de Chimène contre lui, qui l'avait servie et obligée ; et que, si elle eût fait paraître sa douleur avec plus de tendresse et de civilité, elle eût plus excité de compassion qu'elle ne fait par sa violence. D'ailleurs, il y pourrait avoir encore à redire, à ce qu'ayant promis solennellement d'épouser celui qui la vengerait de Rodrigue, maintenant qu'elle croit que don Sanche l'en a vengée, elle tranche nettement qu'elle ne lui tiendra point parole, et le paye d'injures et de refus, au lieu de se plaindre de sa mauvaise fortune, qui lui a ravi, par son propre ministère, celui qu'elle aimait, et qui la livre à celui qu'elle ne pouvait souffrir.

Dans la sixième scène, où elle avoue au roi qu'elle aime Rodrigue, nous ne la blâmons pas, comme fait l'observateur, de ce qu'elle l'avoue, mais de ce qu'oubliant la résolution qu'elle avait faite, dans la quatrième scène du troisième acte, de ne point celer sa passion, pour sa plus grande gloire, elle semble l'avoir voulu dissimuler jusqu'alors, et par conséquent l'avoir jugée criminelle. Par cette inégalité de Chimène, le poëte fait douter s'il a connu l'importance de ce qu'il lui avait fait dire lui-même :

Voyant que je l'adore, et que je le poursuis ;

et laisse soupçonner qu'il ait mis cette généreuse pensée dans sa bouche plutôt comme une fleur non nécessaire que comme la plus essentielle chose qui servît à la constitution de son sujet.

Dans la suivante, nous trouvons qu'il lui fait faire une faute bien plus remarquable, en ce que, sans autre raison que celle de son amour, elle consent à l'injuste ordonnance de Fernand, c'est-à-dire à épouser celui qui avait tué son père. Le poëte, voulant que ce poëme finît heureusement, pour suivre les règles de la tragi-comédie, fait encore en cet endroit que Chimène foule aux pieds celles que la nature a établies, et dont le mépris et la transgression doivent donner de l'horreur aux ignorants et aux habiles.

Quant au théâtre, il n'y a personne à qui il ne soit évident qu'il est mal entendu dans ce poëme, et qu'une même scène y représente plusieurs lieux. Il est vrai que c'est un défaut que l'on trouve en la plupart de nos poëmes dramatiques [1], et auquel il semble que la négligence des poëtes ait accoutumé les spectateurs. Mais l'auteur de celui-ci s'é-

tant mis si à l'étroit pour y faire rencontrer l'unité du jour, devait bien aussi s'efforcer d'y faire rencontrer celle du lieu, qui est bien autant nécessaire que l'autre, et, faute d'être observée avec soin, produit dans l'esprit des spectateurs autant ou plus de confusion et d'obscurité.

A l'examen de ce que l'observateur appelle *conduite*, succède celui de la versification, laquelle ayant été reprise sans grand fondement en beaucoup de lieux, et passée pour bonne en beaucoup d'autres où il y avait grand sujet de la condamner, nous avons jugé nécessaire, pour la satisfaction du public, de montrer en quoi la censure des vers a été bonne ou mauvaise, et en quoi l'observateur eût eu encore juste raison de les reprendre. Toutefois nous n'avons pas cru qu'il nous fallût arrêter à tous ceux qui n'ont d'autre défaut que d'être faibles et rampants ; le nombre desquels est trop grand et trop facile à connaître pour y employer notre temps.

SENTIMENTS DE L'ACADÉMIE
SUR LES VERS DU CID.

ACTE PREMIER.
SCÈNE PREMIÈRE.

Entre tous ces amants dont la jeune ferveur.

Ce mot de *ferveur* est plus propre pour la dévotion que pour l'amour ; mais, supposé qu'il fût aussi bon en cet endroit qu'*ardeur* ou *désir*, *jeune* s'y accommoderait fort bien, contre l'avis de l'observateur.

Ce n'est pas que Chimène écoute leurs soupirs,
Ou d'un regard propice anime leurs désirs.

La remarque de l'observateur n'est pas considérable, qui juge qu'il fallait dire *ou que d'un regard propice elle anime*, etc., parce que ces deux vers ne contiennent pas deux sens différents pour obliger à dire *ou qu'elle anime*.

Elle n'ôte à pas un, ni donne l'espérance.

Il fallait *ni ne donne* ; et l'omission de ce *ne*, avec la transposition de *pas un*, qui devait être à la fin, font que la phrase n'est pas française.

Don Rodrigue surtout n'a trait en son visage
Qui d'un homme de cœur ne soit la haute image.

C'est une hyperbole excessive [2] de dire que chaque trait d'un visage soit une image ; et *haute* n'est pas une épithète

---

[1] C'est aussi souvent le défaut des décorateurs et des comédiens. Une action se passe, tantôt dans le vestibule d'un palais, tantôt dans l'intérieur, sans blesser l'unité de lieu ; mais le décorateur blesse la vraisemblance en ne représentant pas ce vestibule et cet appartement. Ce serait un soulagement pour l'esprit et un plaisir pour les yeux de changer la scène à mesure que les personnages sont supposés passer d'un lieu à un autre dans la même enceinte. (V.)

[1] Peut-être faudrait-il laisser plus de liberté à la poésie, à l'exemple de tous nos voisins. Ce vers serait fort beau :

Je ne vous ai ravi ni donné la couronne :

Il est très-français : *ni n'ai donné* le gâterait. (V.)

[2] *N'a trait en son visage* est familier : mais l'hyperbole n'est peut-être pas trop forte ; car il serait très-permis de dire : *tous les traits de son visage annoncent un héros*. (V.)

propre en ce lieu; outre que *surtout* est mal placé; ce qui l'a fait paraître bas à l'observateur.

A passé pour merveille.

Cette façon de parler a été mal reprise par l'observateur [1].

Ses rides sur son front ont gravé ses exploits.

Les rides marquent les années, mais ne gravent point les exploits.

L'heure à présent m'appelle au conseil qui s'assemble.

A présent est bas et inutile, comme a remarqué l'observateur; et *qui s'assemble* n'est pas inutile, comme il l'a cru.

SCÈNE II.

Et que tout se dispose à leurs contentements.

Il eût été mieux *à leur contentement*.

Deux mots dont tous vos sens doivent être charmés.

Cela est mal repris par l'observateur, parce qu'en poésie tous les sens signifient le sens intérieur, c'est-à-dire de l'âme, et que dans une extrême joie les sens extérieurs même sont comme charmés.

Puis-je à de tels discours donner quelque croyance?

Il valait mieux dire *à ce discours*; car n'ayant dit que *deux mots*, on ne peut pas dire qu'elle ait fait des discours.

SCÈNE III.

L'informer avec soin comme va son amour.

L'observateur a bien repris cet endroit; il fallait dire *vous informer d'elle.*

Madame, toutefois.

En cet hémistiche, *toutefois* est mal placé.

Mets la main sur mon cœur,
Et vois comme il se trouble au nom de son vainqueur.

En tout cet endroit, le nom de Rodrigue n'a point été prononcé : elle veut peut-être entendre son nom par *ce jeune chevalier*; mais il le désigne seulement, et ne le nomme pas.

Mais je n'en veux point suivre où ma gloire s'engage :

Ce dernier mot ne dit pas assez pour signifier *ma gloire court fortune*.

A pousser des soupirs pour ce que je dédaigne.

Dédaigne dit trop pour sa passion, car en effet elle l'estimait; elle voulait dire *pour ce que je devrais dédaigner*.

Je le crains et souhaite.

L'usage veut qu'on répète l'article *le*, d'autant plus que les deux verbes sont de signification fort différente, et qu'autrement le mot de *souhaite*, sans l'article, fait attendre quelque chose ensuite.

Ma gloire et mon amour ont tous deux tant d'appas,
Que je meurs s'il s'achève et ne s'achève pas.

Le premier vers ne s'entend point, et le second est bien repris par l'observateur : il fallait dire *s'il s'achève et s'il ne s'achève pas*, parce que cet *et* conjoint ce qui se doit séparer.

A vos esprits flottants.

L'observateur a mal repris cet endroit, pour ce que les passions sont comme des vents qui agitent l'esprit, et donnent lieu à la métaphore; et quant au pluriel *esprits*, il se peut fort bien mettre en poésie pour signifier l'*esprit*.

Pour souffrir la vertu si longtemps au supplice.

Cette expression n'est pas achevée : on ne dit point *souffrir quelqu'un au supplice*, mais bien *souffrir que quelqu'un soit au supplice*; outre qu'*être au supplice* laisse une fâcheuse image en l'esprit.

Ma plus douce espérance est de perdre l'espoir.

Ce vers est beau, et l'observateur l'a mal repris, pour ce qu'elle ne pouvait rien espérer de plus avantageux pour sa guérison que de voir Rodrigue tellement lié à Chimène, qu'elle n'eût plus lieu d'espérer sa possession.

Par vos commandements Chimène vous vient voir.

Ce vers est bas, et la façon de parler n'est pas française, pour ce qu'on ne dit point *un tel vous vient voir par vos commandements*.

Cet hyménée à trois également importe.

Ce vers est mal tourné; et *à trois* après *hyménée*, dans le repos du vers, fait un fort mauvais effet.

SCÈNE IV.

Vous élève en un rang.

Cela n'est pas français : il fallait dire *élever à un rang*.

Mais le roi m'a trouvé plus propre à son désir.

Ce n'est pas bien parler de dire *plus propre à son désir*; il fallait dire *plus propre à son service*, ou bien *plus selon son désir*.

Instruisez-le d'exemple.

Cela n'est pas français : il fallait dire *instruisez-le par l'exemple de* [1], etc.

Ressouvenez et *enseignez* ne sont pas de bonnes rimes.

Ordonner une armée.

Ce n'est pas bien parler français, quelque sens qu'on lui veuille donner, et ne signifie point ni mettre une armée en bataille, ni établir dans une armée l'ordre qui y est nécessaire [2].

---

[1] *A passé pour merveille* ne se dirait pas aujourd'hui, parce que cette expression est triviale. (V.)
Elle peut l'être devenue, mais alors elle ne l'était pas. (P.)

[1] *Instruire d'exemple* me paraît faire un très-bel effet en poésie; cette expression même semble y être devenue d'usage :
Il m'instruisait d'exemple au grand art des héros. (V.)

[2] Puisqu'on ne peut rendre ce mot que par périphrase, il vaut

Sans moi, vous passeriez bientôt sous d'autres lois ;
Et, si vous ne m'aviez, vous n'auriez plus de rois.

Il y a contradiction en ces deux vers ; car, par la même raison qu'ils passeraient sous d'autres lois, ils pourraient avoir d'autres rois.

Le prince, pour essai de générosité.

L'observateur reprend mal cet endroit, en ce qu'il dit qu'il y a quelque consonnance d'*essai* avec *générosité* ; car il n'y en a point.

Gagnerait des combats...

L'observateur a repris cette façon de parler avec quelque fondement, pour ce qu'on ne saurait dire qu'improprement *gagner des combats*[1].

Parlons-en mieux, le roi...

L'observateur a repris ce vers avec trop de rigueur pour avoir la césure mauvaise ; car cela se souffre quelquefois aux vers de théâtre, et même en quelques lieux a de la grâce dans les interlocutions, pourvu que l'on en use rarement.

Le premier dont ma race ait vu rougir son front.

L'observateur a eu raison de remarquer qu'on ne peut dire *le front d'une race*[2].

Mon âme est satisfaite,
Et mes yeux à ma main reprochent ta défaite.

Il y a contradiction en ces deux vers, de dire en même temps que son âme soit satisfaite, et que ses yeux reprochent à sa main une défaite honteuse, et qui par conséquent lui doit donner du déplaisir[3].

SCÈNE V.

Nouvelle dignité fatale à mon bonheur...
Faut-il de votre éclat voir triompher le comte ?

Triompher de l'éclat d'une dignité, ce sont de belles paroles qui ne signifient rien[4].

Qui tombe sur mon chef...

L'observateur est trop rigoureux de reprendre ce mot de *chef*[5] qui n'est point tant hors d'usage qu'il le dit.

SCÈNE VI.

Je le remets au tien pour venger et punir.

Venger et punir est trop vague ; car on ne sait qui doit être vengé, ni qui doit être puni.

Au surplus...

Ce terme est bien repris par l'observateur pour être bas ; mais la faute est légère.

Se faire un beau rempart de mille funérailles.

L'observateur a bien repris cet endroit ; car le mot de *funérailles* ne signifie point des corps morts[1].

Plus l'offenseur est cher...

L'observateur a quelque fondement en sa réprehension de dire que ce mot *offenseur* n'est pas en usage ; toutefois, étant à souhaiter qu'il y fût pour opposer à *offensé*, cette hardiesse n'est pas condamnable.

SCÈNE VII.

L'un échauffe mon cœur, l'autre retient mon bras.

Échauffer est un verbe trop commun à toutes les deux passions[2] ; il en fallait un qui fût propre à la vengeance, et qui la distinguât de l'amour ; et même le mot de *flamme*, qui suit, semble le désirer plutôt pour la maîtresse que pour le père.

A mon aveuglement rendez un peu de jour.

L'observateur n'a pas bien repris en cet endroit, pour ce que l'on peut dire l'*aveuglement* pour l'*esprit aveugle*.

Je dois à ma maîtresse aussi bien qu'à mon père.

Je dois est trop vague[3] ; il devait être déterminé à quelque chose qui exprimât ce qu'il doit.

Allons, mon âme...

L'observateur n'a pas eu raison de blâmer cette façon de parler, pour ce qu'elle est en usage, et que l'on parle souvent à soi en s'adressant à une des principales parties de soi-même, comme l'*âme* et le *cœur*.

Et puisqu'il faut mourir.

Ces paroles ne sont pas une exclamation, comme le remarque l'observateur, et ont un fort bon sens, puisqu'elles veulent dire que Rodrigue étant réduit à la nécessité de mourir quoi qu'il pût arriver, il aime mieux mourir sans offenser Chimène qu'après l'avoir offensée.

Dont mon âme égarée.

L'observateur n'a pas bien repris ce mot *égarée*, qui n'est point inutile, marquant le trouble de l'esprit.

Allons, mon bras...

L'observateur devait plutôt reprendre *allons, mon bras*, qu'*allons, mon âme*[4], pour ce qu'encore que le bras se puisse quelquefois prendre pour la personne, il ne s'accorde pas bien avec *aller*.

---

mieux que la périphrase ; il répond à *ordinare* ; il est plus énergique qu'*arranger, disposer*. (V.)

[1] Si on gagne des batailles, pourquoi ne gagnerait-on pas des combats ? (V.)

[2] Pourquoi, si on anime tout en poésie, une race ne pourrait-elle pas rougir ? pourquoi ne lui pas donner un front comme des sentiments ? (V.)

[3] Y a-t-il contradiction ? Je suis satisfait, je suis vengé ; mais je l'ai été trop aisément. (V.)

[4] N'est-il pas permis en poésie de triompher de l'éclat des grandeurs ? (V.)

[5] Ce mot a vieilli. (V.)

[1] *Funérailles* alors signifiait *funus*, et n'était pas uniquement attaché à l'idée d'enterrement. (V.)

[2] *Échauffe* n'est pas mauvais ; *anime* serait plus noble. (V.)

[3] L'usage s'est depuis déclaré pour Corneille. On dit très-bien :
Je dois à la nature encor plus qu'à l'amour. (V.)

[4] Une âme va-t-elle mieux qu'un bras ? (V.)

PIÈCES CONCERNANT LE CID.

Dois-je pas à mon père avant qu'à ma maîtresse?

Il fait la même faute qu'auparavant; il devait déterminer ce qu'il devait.

Je rendrai mon sang pur comme je l'ai reçu.

L'observateur n'a pas bien repris cet endroit; car, métaphoriquement, le sang qui a été reçu des aïeux est souillé par les mauvaises actions, et ce vers est fort beau.

ACTE SECOND.
SCÈNE PREMIÈRE.

Quand je lui fis l'affront.

Il n'a pu dire *je lui fis*; car l'action vient d'être faite : il fallait dire *quand je lui ai fait*, puisqu'il ne s'était point passé de nuit entre deux.

Ce grand courage, grandeur de l'offense, grand crime, et quelque grand qu'il fût.

L'observateur est trop rigoureux de reprendre ces répétitions, dont la première n'est pas considérable, étant éloignée de cinq vers; et en la seconde la répétition de *quelque grand qu'il fût* est entièrement nécessaire, et a même de la grâce.

Qui passent le commun des satisfactions.

Cette façon de parler est des plus basses, et peu française.

Sont plus que suffisants.

L'observateur l'a bien repris, non pas en ce qu'il dit que cette façon de parler ne signifie rien, car elle est aisément entendue, mais en ce qu'elle est basse.

SCÈNE II.

Sais-tu que ce vieillard fut la même vertu,
La vaillance et l'honneur de son temps? Le sais-tu?

On ne doit parler ainsi que d'un homme mort; car don Diègue étant vivant, son fils devait croire qu'il était encore la vertu et l'honneur de son temps; il devait dire *est la même vertu*, etc.

Le comte répond *peut-être*; mais c'est mal répondu, car absolument on doit savoir ou non quelque chose [1].

... Cette ardeur que dans les yeux je porte,
Sais-tu que c'est son sang?

Une ardeur ne peut être appelée sang, par métaphore ni autrement [2].

A quatre pas d'ici je te le fais savoir.

Après avoir dit ces mots, le grand discours qui suit jusqu'à la fin de la scène est hors de saison [3].

SCÈNE III.

Elle a fait trop de bruit pour ne pas s'accorder.

L'observateur a mal repris cet endroit, car on dit *s'accorder* pour *être accordé*.

Et tu sais que mon âme...

Cela est mal dit: mais, pour *fera l'impossible*, l'observateur l'a mal repris; car l'usage a reçu *faire l'impossible* pour dire *faire tout ce qui est possible*.

Les affronts à l'honneur ne se réparent point.

On dit bien *faire affront à quelqu'un*, mais non pas *faire affront à l'honneur de quelqu'un* [1].

Les hommes valeureux le sont du premier coup.

L'observateur n'a pas eu sujet de reprendre la bassesse du vers, ni la phrase *du premier coup*; mais il le devait reprendre comme impropre en ce lieu, puisqu'il se dit d'une action, et non d'une habitude.

Quel comble à mon ennui!

Cette phrase n'est pas française [2].

SCÈNE V.

Vous laissez choir ainsi ce glorieux courage.

Contre l'opinion de l'observateur, ce mot de *choir* [3] n'est point si fort impropre en ce lieu qu'il ne se puisse supporter : celui d'*abattre* eût été sans doute meilleur et plus dans l'usage.

Si dessous sa valeur ce grand guerrier s'abat.

L'observateur a mal repris *s'abat*, et il n'y a point d'équivoque vicieuse avec *sabbat*; mais il devait remarquer qu'il fallait dire *est abattu* et non pas *s'abat*.

Et ses nobles journées
Porter delà les mers ses hautes destinées.

L'observateur a bien repris *ses nobles journées* : car on ne dit point *les journées d'un homme* [4] pour exprimer les combats qu'il a faits; mais on dit bien *la journée d'un tel lieu*, pour dire la bataille qui s'y est donnée; et il devait encore ajouter que de nobles journées qui portent de hautes destinées au delà des mers font une confusion de belles paroles qui n'ont aucun sens raisonnable.

Arborer ses lauriers

est bien repris par l'observateur, pour ce que l'on ne peut pas dire *arborer un arbre* : le mot d'*arborer* ne se prend que pour des choses que l'on plante figurément en façon d'arbres, comme des étendards [5].

---

[1] Cette censure détruirait toute poésie : on dit très-bien *il outrage mon amour, ma gloire*. (V.)
[2] On dit : *C'est le comble de ma douleur, de ma joie*. Si ces tours n'étaient pas admis, il ne faudrait plus faire de vers. (V.)
[3] *Choir* n'est plus d'usage. (V.)
[4] On disait alors *les journées d'un homme*; et il en est resté cette façon de parler triviale : *Il a tant fait par ses journées :* mais c'est dans le style comique. (V.)
[5] *Arborer ses lauriers* ne veut pas dire *mettre les lauriers en terre pour les faire croître, planter des lauriers*; mais, comme on coupait des branches de laurier en l'honneur des vainqueurs, c'était les leur porter en triomphe, les montrer de loin comme s'ils étaient des arbres véritables. Ces figures ne sont-elles pas permises dans la poésie? (V.)

---

[1] Cette faute est de l'espagnol. (V.)
[2] Si un homme pouvait dire de lui qu'il a de l'ardeur dans les yeux, y aurait-il une faute à dire que cette ardeur vient de son père, que c'est le sang de son père? n'est-ce pas le sang qui, plus ou moins animé, rend les yeux vifs ou éteints? (V.)
[3] Cependant on entend les vers suivants avec plaisir; et *la valeur n'attend pas le nombre des années* est devenu un proverbe. (V.)

Mais, madame, voyez où vous portez son bras.

Cette façon de parler est si hardie, qu'elle en est obscure.

Je veux que ce combat demeure pour certain.

Outre que cette phrase est basse, elle est mauvaise, et l'auteur n'exprime pas bien par là *je veux que ce combat se soit fait.*

Votre esprit va-t-il point bien vite pour sa main?

Cette pointe est mauvaise.

Que veux-tu? je suis folle, et mon esprit s'égare;
Mais c'est le moindre mal que l'amour me prépare.

Il y a de la contradiction dans le sens de ces vers; car comment l'amour lui peut-il préparer un mal qu'elle sent déjà? Elle pouvait bien dire *c'est un petit mal en comparaison de ceux que l'amour me prépare.*

SCÈNE VI.

Je l'ai de votre part longtemps entretenu.

On dit bien *je lui ai parlé de votre part,* ou bien *je l'ai entretenu de ce que vous m'avez commandé de lui dire de votre part;* mais on ne peut dire *je l'ai entretenu de votre part.*

On l'a pris tout bouillant encor de sa querelle[1].

On ne peut dire *bouillant d'une querelle*[2], comme on dit *bouillant de colère.*

J'obéis, et me tais; mais, de grâce, encor, sire,
Deux mots en sa défense.

Après avoir dit *j'obéis et me tais,* il ne devait point continuer de parler; car ce n'est point se vouloir taire que de demander à dire deux mots en sa défense.

Et c'est contre ce mot qu'a résisté le comte.

Résister contre un mot n'est pas bien parler français: il eût pu dire *s'obstiner sur un mot.*

Il trouve en son devoir un peu trop de rigueur,
Et vous obéirait, s'il avait moins de cœur.

Don Sanche pèche fort contre le jugement en cet endroit[3], d'oser dire au roi que le comte trouve trop de rigueur à lui rendre le respect qu'il lui doit, et encore plus quand il ajoute qu'il y aurait de la lâcheté à lui obéir.

Commandez que son bras, nourri dans les armes.

On ne peut dire *un bras nourri dans les alarmes;* et il a mal pris en ce lieu la partie pour le tout.

Vous perdez le respect; mais je pardonne à l'âge,
Et j'estime l'ardeur en un jeune courage.

[1] Je ne crois pas qu'on puisse trouver la moindre faute dans ce vers. (V.)
[2] Tout bouillant encor de sa querelle me semble très-poétique, très-énergique et très-bon. (V.)
[3] Qu'on fasse attention aux mœurs de ce temps-là, à la fierté des seigneurs, au peu de pouvoir des rois, et on verra que ceux qui rédigèrent ces remarques avaient une autre idée de la puissance royale que les guerriers du treizième siècle. (V.)

Le roi estime sans raison cette ardeur qui fait perdre le respect à don Sanche; c'était beaucoup de lui pardonner.

A quelques sentiments que son orgueil m'oblige,
Sa perte m'affaiblit, et son trépas m'afflige.

Toutes les parties de ce raisonnement sont mal rangées; car il fallait dire, *à quelque ressentiment que son orgueil m'ait obligé*[1], *son trépas m'afflige à cause que*[2] *sa perte m'affaiblit.*

SCÈNE VII.

Par cette triste bouche elle empruntait ma voix.

Chimène paraît trop subtile en tout cet endroit pour une affligée[3].

Moi, dont les longs travaux ont acquis tant de gloire,
Moi, que jadis partout a suivi la victoire.

Don Diègue devait exprimer ses sentiments devant son roi avec plus de modestie[4].

L'orgueil dans votre cour l'a fait presque à vos yeux,
Et souillé sans respect l'honneur de ma vieillesse.

Il fallait dire *et a souillé,* car *l'a fait* ne peut pas régir *souillé.*

Du crime glorieux qui cause nos débats,
Sire, j'en suis la tête; il n'en est que le bras.

On peut bien donner une tête et des bras à quelques corps figurés, comme, par exemple, à une armée; mais non pas à des actions, comme des crimes, qui ne peuvent avoir ni têtes ni bras[5].

Et, loin de murmurer d'un injuste décret,
Mourant sans déshonneur, je mourrai sans regret.

Il offense le roi, le croyant capable de faire un décret injuste; mais il pouvait dire, *loin d'accuser d'injustice le décret de ma mort.*

Qu'un meurtrier périsse.

Ce mot de *meurtrier,* qu'il répète souvent, le faisant de trois syllabes, n'est que de deux[6].

ACTE TROISIÈME,

SCÈNE PREMIÈRE.

ELVIRE.
Jamais un meurtrier en fit-il son refuge?

[1] M'oblige ne peut-il pas très-bien être substitué à m'ait obligé. (V.)
[2] A cause que ferait tout languir, et le roi peut très-bien s'affliger de la perte d'un homme qui l'a servi longtemps, sans même songer qu'il pouvait servir encore. Ce sentiment est bien plus noble. (V.)
[3] Ce défaut est de l'espagnol; et en effet ces subtilités, ces recherches d'esprit, ces déclamations, refroidissent beaucoup le sentiment. (V.)
[4] Oui, dans nos mœurs; oui, dans les règles de nos cours, mais non pas dans les temps de la chevalerie. (V.
[5] Cette faute est de l'espagnol. (V.)
[6] Meurtrier, sanglier, etc. sont de trois syllabes: ce serait faire une contraction très-vicieuse, et prononcer sanglier, meurtrer, que de réduire ces trois syllabes très-distinctes à deux. (V.)

RODRIGUE.
Jamais un meurtrier s'offrit-il à son juge?

Soit que Rodrigue veuille consentir au sens d'Elvire, soit qu'il y veuille contrarier [1], il y a grande obscurité en ce vers, et il semble qu'il conviendrait mieux au discours d'Elvire qu'au sien.

SCÈNE II.

Employez mon épée à punir le coupable;
Employez mon amour à venger cette mort.

La bienséance eût été mieux observée s'il se fût mis en devoir de venger Chimène sans lui en demander la permission [2].

SCÈNE III.

Pleurez, pleurez, mes yeux, et fondez-vous en eau.

Cet endroit n'est pas bien repris par l'observateur; car cette phrase *fondez-vous en eau* ne donne aucune vilaine idée, comme il dit. Il eût été mieux, à la vérité, de dire *fondez-vous en larmes*; et, à bien considérer ce qui suit, encore qu'il semble y avoir quelque confusion, toutefois il ne s'y trouve point trois moitiés comme il l'estime.

Si je pleure ma perte, et la main qui l'a faite.

On ne peut dire *la main qui a fait la perte*, pour dire *la main qui l'a causée*; car c'est Chimène qui a fait la perte, et non pas la main de Rodrigue. Ce n'est pas bien dit aussi *je pleure la main*, pour dire *je pleure de ce que c'est cette main qui a fait le mal*.

Mais en ce dur combat de colère et de flamme.

Flamme en ce lieu est trop vague pour désigner l'*amour*, l'opposant à *colère*, où il y a du feu aussi bien qu'en l'amour.

Il déchire mon cœur sans partager mon âme.

L'observateur l'a bien repris, car cela ne veut dire sinon *il déchire mon cœur sans le déchirer*.

Et quoi que mon amour ait sur moi de pouvoir.

Cette façon de parler n'est pas française; il fallait dire *quelque pouvoir que mon amour ait sur moi*.

Rodrigue m'est bien cher, son intérêt m'afflige.

Ce mot d'*intérêt* étant commun au bien et au mal, ne s'accorde pas justement avec *afflige*, qui n'est que pour le mal; il fallait dire *son intérêt me touche*, ou *sa peine m'afflige*.

Mon cœur prend son parti; mais, contre leur effort,
Je sais que je suis fille, et que mon père est mort.

C'est mal parler de dire *contre leur effort je sais que je* suis fille, pour dire *j'oppose à leur effort la considération que je suis fille, et que mon père est mort*.

Quoi! j'aurai vu mourir mon père entre mes bras!

Elle avait dit auparavant qu'il était mort [1] quand elle arriva sur le lieu.

N'en pressez point d'effet.

Il fallait dire *l'effet*.

SCÈNE IV.

Soûlez-vous du plaisir de m'empêcher de vivre.

Cette phrase *empêcher de vivre* est trop faible pour dire *de me faire mourir*, principalement en lui présentant son épée afin qu'elle le tue.

Quoi! du sang de mon père encor toute trempée!

L'observateur est trop rigoureux de reprendre ce vers à cause du semblable qui est en un autre lieu: ce n'est point stérilité, si l'on n'en veut accuser Homère et Virgile, qui répètent plusieurs fois de mêmes vers.

Sans quitter l'envie.

L'observateur ne devait point reprendre cette phrase, qui se peut souffrir.

Et veux, tant que j'expire.

Cela n'est pas français pour dire *jusqu'à tant que j'expire*.

D'avoir fui l'infamie.

Fui est de deux syllabes [2].
Perdu et *éperdu* ne peuvent rimer, à cause que l'un est le simple, et l'autre le composé [3].

Aux traits de ton amour, ni de ton désespoir.

Ce vers est beau, et a été mal repris par l'observateur; et *effets* au lieu de *traits* n'y serait pas bien, comme il pense.

Va, je ne te hais point.
RODRIGUE.
Tu le dois.

Ces termes *tu le dois* sont équivoques [4]; on pourrait entendre *tu dois ne me point haïr*: toutefois la passion est si belle en cet endroit, que l'esprit se porte de lui-même au sens de l'auteur.

Malgré des feux si beaux qui rompent ma colère.

Il passe mal d'une métaphore à une autre, et ce verbe *rompre* ne s'accommode pas avec *feux*.

---

[1] Le comte venait d'expirer quand Chimène a été témoin de ce spectacle; elle est très-bien fondée à dire: *Je l'ai vu mourir entre mes bras*. Ce n'est pas assurément une hyperbole trop forte, c'est le langage de la douleur. (V.)

[2] *Fui* est d'une seule syllabe, comme *lui*, *bruit*, *cuit*. (V.)

[3] *Perdu* et *éperdu* signifient deux choses absolument différentes, laissons aux poëtes la liberté de faire rimer ces mots. Il n'y a pas assez de rimes dans le genre noble, pour en diminuer encore le nombre. (V.)

[4] Non assurément, ils ne sont point équivoques, le sens est si clair, qu'il est impossible de s'y méprendre; et, si c'est une licence en poésie, c'est une très-belle licence. (V.)

---

[1] *Y contrarier*. Ce verbe ne se dit plus avec le datif; on dit *contrarier une opinion*, *s'y opposer*, *la contredire*, etc. (V.)

[2] Point du tout: ce n'était pas l'usage de la chevalerie; il fallait qu'un champion fût avoué par sa dame; et, de plus, don Sanche ne devait pas s'exposer à déplaire à sa maîtresse, s'il était vainqueur d'un homme que Chimène eût encore aimé. (V.)

Vigueur, vainqueur, trompeur et *peur*.

L'observateur a tort d'accuser ces rimes d'être fausses : il voulait dire seulement qu'elles sont trop proches les unes des autres ; ce qui n'est pas considérable

SCÈNE V.

Mes ennuis cessés.

L'observateur a mal repris cet endroit. *cessés* est bien dit en poésie pour *apaisés* ou *finis*.

SCÈNE VI.

Où fut jadis l'affront.

L'observateur a bien repris en ce lieu le mot *jadis*, qui marque un temps trop éloigné.

L'honneur vous en est dû ; les cieux me sont témoins
Qu'étant sorti de vous, je ne pouvais pas moins.

Il prend hors de propos *les cieux à témoins* en ce lieu.

L'amour n'est qu'un plaisir, et l'honneur un devoir.

Il fallait dire *l'amour n'est qu'un plaisir, l'honneur est un devoir*[1] ; car *n'est que* ici ne régit pas *en devoir* ; autrement il semblerait que, contre son intention, il les voulût mépriser l'un et l'autre.

Et vous m'osez pousser à la honte du change !

Ce n'est point bien parler, pour dire *vous me conseillez de changer* ; on ne dit point *pousser à la honte*[2].

La flotte..... vient surprendre la ville.

Il fallait dire *vient pour surprendre*, pour ce que celui qui parle est dans la ville, et est assuré qu'il ne sera point surpris, puisqu'il sait l'entreprise, sans être d'intelligence avec les ennemis.

Et le peuple en alarmes.

Il fallait dire *en alarme* au singulier[3]

Venaient m'offrir leur vie à venger ma querelle.

Il eût été bon de dire *venaient s'offrir à venger ma querelle* ; mais disant *venaient m'offrir leur vie*, il fallait dire *pour venger ma querelle*.

ACTE QUATRIÈME.

SCÈNE III.

Qu'il devienne l'effroi de Grenade et Tolède.

Il fallait répéter le *de*, et dire *de Grenade et de Tolède*[4].

Épargne ma honte.

Cela ne signifie rien, car *honte* n'est pas bien pour *pudeur* ou *modestie*.

Et le sang qui m'anime.

L'observateur n'a pas bien repris cet endroit, puisque tous les poëtes ont usé de cette façon de parler, qui est belle.

Sollicita mon âme encor toute troublée.

Sollicita mon âme seulement n'est pas assez dire ; il fallait ajouter de quoi elle avait été sollicitée.

Leur brigade était prête.

Contre l'avis de l'observateur, le mot de *brigade* se peut prendre pour un plus grand nombre que de *cinq cents*. Il est vrai qu'en terme de guerre on n'appelle *brigade* que ce qui est pris d'un plus grand corps ; et quelquefois on peut appeler *brigade* la moitié d'une armée que l'on détache pour quelque effet ; mais en terme de poésie on prend *brigade* pour *troupe*, de quelque façon que ce soit[1].

Et paraître à la cour eût hasardé ma tête.

Il fallait dire *e'eût été hasarder ma tête* ; car on ne peut faire un substantif de *paraître* pour régir *eût hasardé*[2].

Marcher en si bon équipage.

L'observateur a eu raison de dire qu'il eût été mieux de mettre *en bon ordre* qu'*en bon équipage* ; car ils allaient au combat, et non pas en voyage ; mais il a tort de dire que le mot *équipage* soit vilain.

J'en cache les deux tiers aussitôt qu'arrivés.

Cette façon de parler n'est pas française[3] ; il fallait dire *aussitôt qu'ils furent arrivés*, ou *ils furent cachés aussitôt qu'arrivés*.

Les autres au signal de nos vaisseaux répondent.

Ce vers est si mal rangé, qu'on ne sait si c'est le *signal des vaisseaux*, ou si *des vaisseaux on répond au signal*.

Et leurs terreurs s'oublient.

L'observateur n'a pas plus de raison de condamner *s'oublient* que *s'accorder*, comme il a été remarqué auparavant.

Rétablit leur désordre.

On ne dit point *rétablir le désordre*, mais bien *rétablir l'ordre*.

Nous laissent pour adieux des cris épouvantables[4].

---

[1] C'est encore ici la même observation : il y a peut-être un léger défaut de grammaire ; mais la force, la vérité, la clarté du sens, font disparaître ce défaut. (V.)

[2] Le mot de *pousser* n'est pas noble ; mais il serait beau de dire : *Vous me forcez à la honte, vous m'entraînez dans la honte*. (V.)

[3] On dit mieux *en alarmes* au pluriel qu'au singulier en poésie. (V.)

[4] Il y a bien des occasions où le poëte est obligé de supprimer ce *de*. (V.)

---

[1] La moitié d'une armée, un gros détachement même, n'est point appelé *brigade* ; et ce mot *brigade* n'est plus d'usage en poésie. (V.)

[2] Il nous semble que cette licence devrait être permise aux poëtes en faveur de la précision, et que cet exemple même en donne la pensée. (V.)

[3] *Aussitôt qu'arrivés* est bien plus fort, plus énergique, plus beau en poésie que cette expression, aussi languissante que régulière, *aussitôt qu'ils furent arrivés*. (V.)

[4] Malgré la critique de l'Académie, ce vers nous paraît irréprochable. (P.)

On ne dit point *laisser un adieu*, ni *laisser des cris*, mais bien *dire adieu, et jeter des cris;* outre que les vaincus ne disent jamais adieu aux vainqueurs.

SCÈNE IV.

Contrefaites le triste.

L'observateur n'a pas eu raison de reprendre cette façon de parler, qui est en usage; mais il est vrai qu'elle est basse dans la bouche du roi [1].

SCÈNE V.

Si de nos ennemis Rodrigue a le dessus,
Il est mort à nos yeux des coups qu'il a reçus.

Quand un homme *est mort*, on ne peut dire qu'*il a le dessus* des ennemis, mais bien *il a eu* [2].

Reprends ton allégresse.

Le roi proposerait mal à propos à Chimène qu'elle reprît son *allégresse*, si elle n'avait fait paraître plus d'amour pour Rodrigue que de ressentiment pour la mort de son père.

Le chef, au lieu de fleurs, couronné de lauriers.

L'observateur n'a pas eu sujet de blâmer l'auteur d'avoir parlé huit ou dix fois de *lauriers* dans un poëme de si longue étendue.

Sire, ôtez ces faveurs qui terniraient sa gloire.

Cela n'est pas bien dit pour signifier *ne lui faites point de ces faveurs qui terniraient sa gloire;* car on ne peut dire *ôter des faveurs* que celles que peut donner ou ôter une maîtresse; mais ce n'est pas ainsi que s'entendent *les faveurs* en ce lieu.

ACTE CINQUIÈME.

SCÈNE PREMIÈRE.

Mon amour vous le doit, et mon cœur qui soupire
N'ose sans votre aveu sortir de votre empire.

Cette expression *qui soupire* est imparfaite; il fallait dire *qui soupire pour vous :* et par le second vers il semble qu'il demande plutôt permission de changer d'amour que de mourir [3].

Va combattre don Sanche, et déjà désespère.

Il eût été plus à propos d'ajouter à *désespère* ou *de la victoire*, ou *de vaincre;* car le mot *désespère* semble ne dire pas assez tout seul.

Quand mon honneur y va.

Cette phrase a déjà été reprise; il fallait dire *quand il y va de mon honneur.*

SCÈNE II.

Faut-il que mon cœur se prépare,
S'il ne peut obtenir dessus mon sentiment?

Cela est mal dit pour exprimer *mon cœur ne peut obtenir de lui-même;* car il distingue le cœur du sentiment, qui en ce lieu ne sont que la même chose.

SCÈNE III.

Que ce jeune seigneur endosse le harnois.

L'observateur ne devait pas reprendre cette phrase, qui n'est point hors d'usage, comme les termes qu'il allègue [1].

Puisse l'autoriser à paraître apaisée.

Ce vers ne signifie pas bien *puisse lui donner lieu de s'apaiser, sans qu'il y aille de son honneur* [2].

SCÈNE IV.

Et mes plus doux souhaits sont pleins d'un repentir.

Il fallait mettre plutôt *pleins de repentir;* car le mot de *pleins* ne s'accorde pas avec *un;* et puis le repentir n'est point dans les souhaits, il peut suivre les souhaits : il fallait dire *sont suivis de repentir.*

Mon devoir est trop fort et ma perte trop grande;
Et ce n'est pas assez pour leur faire la loi.

On peut bien dire *faire la loi à un devoir* pour dire *le surmonter,* et non pas *à une perte.*

Et le ciel, ennuyé de vous être si doux.

Cela dit trop pour une personne dont on a tué le père le jour précédent.

De son côté me penche.

Il fallait dire *me fasse pencher :* ce verbe n'est point actif, mais neutre.

SCÈNE V.

Madame, à vos genoux j'apporte cette épée.

On peut bien *apporter une épée aux pieds* de quelqu'un, mais non pas *aux genoux* [3].

Ministre déloyal de mon rigoureux sort.

Don Sanche n'était point *déloyal,* puisqu'il n'avait fait que ce qu'elle lui avait permis de faire, et qu'il ne lui avait manqué de foi en nulle chose.

Le cinquième article des observations comprend les lar-

---

[1] Elle est basse dans la bouche de tout personnage tragique. (V.)

[2] On peut encore observer qu'*avoir le dessus des ennemis* est une expression trop populaire. (V.)

[3] On pourrait dire encore qu'un cœur qui n'ose sortir du monde et de l'empire de sa maîtresse sans l'ordre de la dame, est une idée romanesque qui éteint dans cet endroit la chaleur de la passion, et que tout ce qui est guindé, recherché, affecté, est froid. (V.)

[1] On endossait effectivement alors le harnois : les chevaliers portaient cinquante livres de fer au moins. Cette mode ayant fini, *endosser le harnois* a cessé d'être en usage. Boileau a dit *dormir en plein champ le harnois sur le dos;* mais c'est dans une satire. (V.)

[2] Cette critique paraît trop sévère : il me semble que l'auteur dit ce qu'on lui reproche de n'avoir pas dit. (V.)

[3] On apporte aux genoux comme aux pieds. (V.)

cins [1] de l'auteur, qui sont ponctuellement ceux que l'observateur a remarqués : mais il faut tomber d'accord que ces traductions ne font pas toute la beauté de la pièce; car, outre que nous remarquerons qu'en bien peu de choses imitées il est demeuré au-dessous de l'original, et qu'il en a rendu quelques-unes meilleures qu'elles n'étaient, nous trouvons encore qu'il y a ajouté beaucoup de pensées qui ne cèdent en rien à celles du premier auteur.

Tels sont les sentiments de l'Académie française, qu'elle met au jour plutôt pour rendre témoignage de ce qu'elle pense sur le Cid que pour donner aux autres des règles de ce qu'ils en doivent croire. Elle s'imagine bien qu'elle n'a pas absolument satisfait ni l'auteur, dont elle marque les défauts, ni l'observateur, dont elle n'approuve pas toutes les censures, ni le peuple, dont elle combat les premiers suffrages; mais elle s'est résolue, dès le commencement, à n'avoir point d'autre but que de satisfaire à son devoir; elle a bien voulu renoncer à la complaisance, pour ne pas trahir la vérité; et, de peur de tomber dans la faute dont elle accuse ici le poëte, elle a moins songé à plaire qu'à profiter. Son équitable sévérité ne laissera pas de contenter ceux qui aimeront mieux le plaisir d'une véritable connaissance que celui d'une douce illusion, et qui n'apporteront pas tant de soin pour s'empêcher d'être utilement trompés, qu'ils semblent en avoir pris jusqu'à cette heure pour se laisser tromper agréablement. S'il est ainsi, elle se croit assez récompensée de son travail. Comme elle cherche leur instruction, et non pas sa gloire, elle ne demande pas qu'ils prononcent en public contre eux-mêmes; il lui suffit qu'ils se condamnent en particulier, et qu'ils se rendent en secret à leur propre raison. Cette même raison leur dira ce que nous leur disons, sitôt qu'elle pourra reprendre sa première liberté; et, secouant le joug qu'elle s'était laissé mettre par surprise, elle éprouvera qu'il n'y a que les fausses et imparfaites beautés qui soient proprement de courtes tyrannies : car les passions violentes bien exprimées font souvent en ceux qui les voient une partie de l'effet qu'elles font en ceux qui les ressentent véritablement : elles ôtent à tous la liberté de l'esprit, et font que les uns se plaisent à voir représenter les fautes que les autres se plaisent à commettre. Ce sont ces puissants mouvements qui ont tiré des spectateurs du Cid cette grande approbation, et qui doivent aussi la faire excuser. L'auteur s'est facilement rendu maître de leur âme après y avoir excité le trouble et l'émotion : leur esprit, flatté par quelques endroits agréables, est devenu aisément flatteur de tout le reste; et les charmes éclatants de quelques parties leur ont donné de l'amour pour tout le corps. S'ils eussent été moins ingénieux, ils eussent été moins sensibles; ils eussent vu les défauts que nous voyons en cette pièce, s'ils ne se fussent point trop arrêtés à en regarder les beautés; et si on leur peut faire quelque reproche, au moins n'est-ce pas celui qu'un ancien poëte faisait aux Thébains, quand il disait qu'ils étaient trop grossiers pour être trompés : et sans mentir, les savants même doivent souffrir avec quelque indulgence les irrégularités d'un ouvrage qui n'aurait pas eu le bonheur d'agréer si fort au commun, s'il n'avait des grâces qui ne sont pas communes; il devait penser que, l'abus étant si grand dans la plupart de nos poëmes dramatiques, il y aurait peut-être trop de rigueur à condamner absolument un homme pour n'avoir pas surmonté la faiblesse ou la négligence de son siècle, et à estimer qu'il n'aurait rien fait du tout, parce qu'il n'aurait point fait de miracles. Toutefois ce qui l'excuse ne le justifie pas, et les fautes même des anciens, qui semblent devoir être respectées pour leur vieillesse, ou, si on l'ose dire, pour leur immortalité, ne peuvent pas défendre les siennes. Il est vrai que celles-là ne sont presque considérées qu'avec révérence, d'autant que les unes, étant faites devant les règles, sont nées libres et hors de leur juridiction; et que les autres, par une longue durée, ont comme acquis une prescription légitime. Mais cette faveur, qui à peine met à couvert ces grands hommes, ne passe point jusqu'à leurs successeurs. Ceux qui viennent après eux héritent bien de leurs richesses, mais non pas de leurs priviléges; et les vices d'Euripide ou de Sénèque ne sauraient faire approuver ceux de Guillem de Castro. L'exemple de cet auteur espagnol serait peut-être plus favorable à notre auteur français, qui, s'étant comme engagé à marcher sur ses pas, semblait le devoir suivre également parmi les épines et parmi les fleurs, et ne le pouvoir abandonner, quelque bon ou mauvais chemin qu'il tînt, sans une espèce d'infidélité. Mais outre que les fautes sont estimées volontaires, quand on se les rend nécessaires volontairement, et que, lorsqu'on choisit une servitude, on la doit au moins choisir belle, il a bien fait voir lui-même, par la liberté qu'il s'est donnée de changer plusieurs endroits de ce poëme, qu'en ce qui regarde la poésie on demeure encore libre après cette sujétion. Il n'en est pas de même dans l'histoire, qu'on est obligé de rendre telle qu'on la reçoit : il faut que la créance qu'on lui donne soit aveugle; et la déférence que l'historien doit à la vérité le dispense de celle que le poëte doit à la bienséance. Mais comme cette vérité a peu de crédit dans l'art des beaux mensonges, nous pensons qu'à son tour elle y doit céder à la bienséance; qu'être inventeur et imitateur n'est ici qu'une même chose, et que le poëte français qui nous a donné le Cid est coupable de toutes les fautes qu'il n'y a pas corrigées. Après tout, il faut avouer qu'encore qu'il ait fait choix d'une matière défectueuse, il n'a pas laissé de faire éclater en beaucoup d'endroits de si beaux sentiments et de si belles paroles, qu'il a en quelque sorte imité le ciel [2], qui, en la dispensation de ses trésors et de ses grâces, donne indifféremment la beauté du corps aux méchantes âmes et aux bonnes. Il faut confesser qu'il y a semé un bon nombre de vers excellents, et qui semblent, avec quelque justice, demander grâce pour ceux qui ne le sont pas : aussi les aurions-nous remarqués particulièrement, comme nous avons fait les autres, n'était qu'ils se découvrent assez d'eux-mêmes, et que d'ailleurs nous craindrions qu'en les ôtant de leur situation, nous ne leur

---

[1] Le mot larcins est dur. Traduire les beautés d'un ouvrage étranger, enrichir sa patrie, et l'avouer, est-ce là un larcin? (V.)

[2] Cette imitation du ciel fait voir qu'on était éloigné de la véritable éloquence, et qu'on cherchait de l'esprit à quelque prix que ce fût. (V.)

ôtassions une partie de leur grâce, et que, commettant une espèce d'injustice pour vouloir être trop justes, nous ne diminuassions leurs beautés à force de les vouloir faire paraître. Ce qu'il y a de mauvais dans l'ouvrage n'a pas laissé même de produire de bons effets, puisqu'il a donné lieu aux observations qui ont été faites dessus, et qui sont remplies de beaucoup de savoir et d'élégance. De sorte que l'on peut dire que ses défauts lui ont été utiles, et que, sans y penser, il a profité aux lieux où il n'a su plaire. Enfin, nous concluons qu'encore que le sujet du *Cid* ne soit pas bon, qu'il pèche dans son dénoûment, qu'il soit chargé d'épisodes inutiles, que la bienséance y manque en beaucoup de lieux, aussi bien que la bonne disposition du théâtre, et qu'il y ait beaucoup de vers bas et de façons de parler impures; néanmoins [1] la naïveté et la véhémence de ses passions, la force et la délicatesse de plusieurs de ses pensées, et cet agrément inexplicable qui se mêle dans tous ses défauts, lui ont acquis un rang considérable entre les poëmes français de ce genre qui ont le plus donné de satisfaction. Si son auteur ne doit pas toute sa réputation à son mérite, il ne la doit pas toute à son bonheur; et la nature lui a été assez libérale pour excuser la fortune si elle lui a été prodigue.

VII.

PRÉFACE HISTORIQUE
DE VOLTAIRE
SUR LE CID.

Lorsque Corneille donna *le Cid*, les Espagnols avaient, sur tous les théâtres de l'Europe, la même influence que dans les affaires publiques; leur goût dominait ainsi que leur politique : et même, en Italie, leurs comédies ou leurs tragi-comédies obtenaient la préférence chez une nation qui avait l'*Aminte* et le *Pastor fido*, et qui, étant la première qui eût cultivé les arts, semblait plutôt faite pour donner des lois à la littérature que pour en recevoir.

Il est vrai que, dans presque toutes ces tragédies espagnoles, il y avait toujours quelques scènes de bouffonneries. Cet usage infecta l'Angleterre. Il n'y a guère de tragédies de Shakespeare où l'on ne trouve des plaisanteries d'hommes grossiers à côté du sublime des héros. A quoi attribuer une mode si extravagante et si honteuse pour l'esprit humain, qu'à la coutume des princes mêmes qui entretenaient toujours des bouffons auprès d'eux; coutume digne de barbares, qui sentaient le besoin des plaisirs de l'esprit, et qui étaient incapables d'en avoir; coutume même qui a duré jusqu'à nos temps, lorsqu'on en reconnaissait

la turpitude? Jamais ce vice n'avilit la scène française; il se glissa seulement dans nos premiers opéras, qui, n'étant pas des ouvrages réguliers, semblaient permettre cette indécence; mais bientôt l'élégant Quinault purgea l'opéra de cette bassesse.

Quoi qu'il en soit, on se piquait alors de savoir l'espagnol, comme on se fait honneur aujourd'hui de parler français. C'était la langue des cours de Vienne, de Bavière, de Bruxelles, de Naples et de Milan : la Ligue l'avait introduite en France, et le mariage de Louis XIII avec la fille de Philippe III avait tellement mis l'espagnol à la mode, qu'il était alors presque honteux aux gens de lettres de l'ignorer. La plupart de nos comédies étaient imitées du théâtre de Madrid.

Un secrétaire de la reine Marie de Médicis, nommé *Chalons*, retiré à Rouen dans sa vieillesse, conseilla à Corneille d'apprendre l'espagnol, et lui proposa d'abord le sujet du *Cid*. L'Espagne avait deux tragédies du *Cid* : l'une de Diamante, intitulée *el Honrador de su padre*, qui était la plus ancienne; l'autre, *el Cid*, de Guillem de Castro, qui était la plus en vogue : on voyait dans toutes les deux une infante amoureuse du Cid, et un bouffon appelé *le valet gracieux*, personnages également ridicules : mais tous les sentiments généreux et tendres dont Corneille a fait un si bel usage sont dans ces deux originaux.

Je n'avais pu encore déterrer *le Cid* de Diamante quand je donnai la première édition des commentaires de Corneille; je marquerai dans celle-ci les principaux endroits qu'il traduisit de cet auteur espagnol.

C'est une chose, à mon avis, très-remarquable, que, depuis la renaissance des lettres en Europe, depuis que le théâtre était cultivé, on n'eût encore rien produit de véritablement intéressant sur la scène, et qui fit verser des larmes, si on en excepte quelques scènes attendrissantes du *Pastor fido* et du *Cid* espagnol. Les pièces italiennes du seizième siècle étaient de belles déclamations, imitées du grec; mais les déclamations ne touchent point le cœur. Les pièces espagnoles étaient des tissus d'aventures incroyables: les Anglais avaient encore pris ce goût. On n'avait point su encore parler au cœur chez aucune nation. Cinq ou six endroits très-touchants, mais noyés dans la foule des irrégularités de Guillem de Castro, furent sentis par Corneille, comme on découvre un sentier couvert de ronces et d'épines.

Il sut faire du *Cid* espagnol une pièce moins irrégulière et non moins touchante. Le sujet du *Cid* est le mariage de Rodrigue avec Chimène. Ce mariage est un point d'histoire presque aussi célèbre en Espagne que celui d'Andromaque avec Pyrrhus chez les Grecs; et c'était en cela même que consistait une grande partie de l'intérêt de la pièce. L'authenticité de l'histoire rendait tolérable aux spectateurs un dénoûment qu'il n'aurait pas été peut-être permis de feindre; et l'amour de Chimène, qui eût été odieux, s'il n'avait commencé qu'après la mort de son père, devenait aussi touchant qu'excusable, puisqu'elle aimait déjà Rodrigue avant cette mort, et par l'ordre de son père même.

On ne connaissait point encore, avant *le Cid* de Corneille, ce combat des passions qui déchire le cœur, et devant lequel toutes les autres beautés de l'art ne sont que

---

[1] Ces dernières lignes sont un aveu assez fort du mérite du *Cid*. On en doit conclure que les beautés y surpassent les défauts, et que, par le jugement de l'Académie, Scudéri est beaucoup plus condamné que Corneille. (V.)
— Nous pensons, au contraire, que l'Académie, en décidant que le sujet du *Cid* était manifestement contre les bonnes mœurs, accordait à Scudéri tout l'avantage de cette dispute. (P.)

des beautés inanimées. On sait quel succès eut *le Cid*, et quel enthousiasme il produisit dans la nation : on sait aussi les contradictions et les dégoûts qu'essuya Corneille.

Il était, comme on sait, un des cinq auteurs qui travaillaient aux pièces du cardinal de Richelieu. Ces cinq auteurs étaient Rotrou, l'Étoile, Colletet, Bois-Robert et Corneille, admis le dernier dans cette société. Il n'avait trouvé d'amitié et d'estime que dans Rotrou, qui sentait son mérite : les autres n'en avaient pas assez pour lui rendre justice. Scudéri écrivait contre lui avec le fiel de la jalousie humiliée et avec le ton de la supériorité. Un Claveret, qui avait fait une comédie intitulée *la Place Royale*, sur le même sujet que Corneille, se répandit en invectives grossières. Mairet lui-même s'avilit jusqu'à écrire contre Corneille avec la même amertume. Mais ce qui l'affligea, et ce qui pouvait priver la France des chefs-d'œuvre dont il l'enrichit depuis, ce fut de voir le cardinal, son protecteur, se mettre avec chaleur à la tête de tous ses ennemis.

Le cardinal, à la fin de 1635, un an avant les représentations du *Cid*, avait donné dans le Palais-Cardinal, aujourd'hui le Palais-Royal, la comédie des *Tuileries*, dont il avait arrangé lui-même toutes les scènes. Corneille, plus docile à son génie que souple aux volontés d'un premier ministre, crut devoir changer quelque chose dans le troisième acte qui lui fut confié. Cette liberté estimable fut envenimée par deux de ses confrères, et déplut beaucoup au cardinal, qui lui dit *qu'il fallait avoir un esprit de suite*. Il entendait par esprit de suite la soumission qui suit aveuglément les ordres d'un supérieur. Cette anecdote était fort connue des derniers princes de la maison de Vendôme, petits-fils de César de Vendôme, qui avait assisté à la représentation de cette pièce du cardinal.

Le premier ministre vit donc les défauts du *Cid* avec les yeux d'un homme mécontent de l'auteur, et ses yeux se fermèrent trop sur les beautés. Il était si entier dans son sentiment, que, quand on lui apporta les premières esquisses du travail de l'Académie sur *le Cid*, et quand il vit que l'Académie, avec un ménagement aussi poli qu'encourageant pour les arts et pour le grand Corneille, comparait les contestations présentes à celles que la *Jérusalem délivrée* et le *Pastor fido* avaient fait naître, il mit en marge, de sa main : « L'applaudissement et le blâme du *Cid* n'est « qu'entre les doctes et les ignorants, au lieu que les « contestations sur les deux autres pièces ont été entre les « gens d'esprit. »

Qu'il me soit permis de hasarder une réflexion. Je crois que le cardinal de Richelieu avait raison, en ne considérant que les irrégularités de la pièce, l'inutilité et l'inconvenance du rôle de l'infante, le rôle faible du roi, le rôle encore plus faible de don Sanche, et quelques autres défauts. Son grand sens lui faisait voir clairement toutes ces fautes ; et c'est en quoi il me paraît plus qu'excusable.

Je ne sais s'il était possible qu'un homme occupé des intérêts de l'Europe, des factions de la France, et des intrigues plus épineuses de la cour, un cœur ulcéré par les ingratitudes et endurci par les vengeances, sentît le charme des scènes de Rodrigue et de Chimène ; il voyait que Rodrigue avait très-grand tort d'aller chez sa maîtresse après avoir tué son père ; et quand on est trop fortement choqué de voir ensemble deux personnes qu'on croit ne devoir pas se chercher, on peut n'être pas ému de ce qu'elles disent.

Je suis donc persuadé que le cardinal de Richelieu était de bonne foi. Remarquons encore que cette âme altière, qui voulait absolument que l'Académie condamnât *le Cid*, continua sa faveur à l'auteur, et que même Corneille eut le malheureux avantage de travailler deux ans après à l'*Aveugle de Smyrne*, tragi-comédie des cinq auteurs, dont le canevas était encore du premier ministre.

Il y a une scène de baisers dans cette pièce ; et l'auteur du canevas avait reproché à Chimène un amour toujours combattu par son devoir. Il est à croire que le cardinal de Richelieu n'avait pas ordonné cette scène, et qu'il fut plus indulgent envers Colletet, qui la fit, qu'il ne l'avait été envers Corneille.

Quant au jugement que l'Académie fut obligée de prononcer entre Corneille et Scudéri, et qu'elle intitula modestement *Sentiments de l'Académie sur le Cid*, j'ose dire que jamais on ne s'est conduit avec plus de noblesse, de politesse et de prudence, et que jamais on n'a jugé avec plus de goût. Rien n'était plus noble que de rendre justice aux beautés du *Cid*, malgré la volonté décidée du maître du royaume.

La politesse avec laquelle elle reprend les défauts est égale à celle du style ; et il y eut une très-grande prudence à se conduire de façon que ni le cardinal de Richelieu, ni Corneille, ni même Scudéri, n'eurent au fond sujet de se plaindre.

Je prendrai la liberté de faire quelques notes sur le jugement de l'Académie comme sur la pièce ; mais je crois devoir les prévenir ici par une seule : c'est sur ces paroles de l'Académie, *encore que le sujet du Cid ne soit pas bon*. Je crois que l'Académie entendait que le mariage, ou du moins la promesse de mariage entre le meurtrier et la fille du mort, n'est pas un bon sujet pour une pièce morale, que nos bienséances en sont blessées. Cet aveu de ce corps éclairé satisfaisait à la fois la raison et le cardinal de Richelieu, qui croyait le sujet défectueux. Mais l'Académie n'a pas prétendu que le sujet ne fût pas très-intéressant et très-tragique ; et quand on songe que ce mariage est un point d'histoire célèbre, on ne peut que louer Corneille d'avoir réduit ce mariage à une simple promesse d'épouser Chimène : c'est en quoi il me semble que Corneille a observé les bienséances beaucoup plus que ne le pensaient ceux qui n'étaient pas instruits de l'histoire.

La conduite de l'Académie, composée de gens de lettres, est d'autant plus remarquable, que le déchaînement de presque tous les auteurs était plus violent ; c'est une chose curieuse de voir comme il est traité dans la lettre sous le nom d'Ariste.

« Pauvre esprit qui, voulant paraître admirable à cha« cun, se rend ridicule à tout le monde, et qui, le plus in« grat des hommes, n'a jamais reconnu les obligations qu'il « a à Sénèque et à Guillem de Castro, à l'un desquels il est « redevable de son *Cid*, et à l'autre de sa *Médée* ! Il reste « maintenant à parler de ses autres pièces, qui peuvent « passer pour farces, et dont les titres seuls faisaient rire « autrefois les plus sages et les plus sérieux : il a fait voir « une *Mélite*, *la Galerie du Palais* et *la Place Royale* : ce « qui nous faisait espérer que Mondori annoncerait bientôt

« *le Cimetière Saint-Jean, la Samaritaine* et *la Place aux*
« *Veaux*. L'humeur vile de cet auteur et la bassesse de son
« âme, etc. »

On voit, par cet échantillon de plus de cent brochures faites contre Corneille, qu'il y avait, comme aujourd'hui, un certain nombre d'hommes que le mérite d'autrui rend si furieux, qu'ils ne connaissent plus ni raison ni bienséance : c'est une espèce de rage qui attaque les petits auteurs, et surtout ceux qui n'ont point eu d'éducation. Dans une pièce de vers contre lui, on fit parler ainsi Guillem de Castro :

Donc, fier de mon plumage, en Corneille d'Horace,
Ne prétends plus voler plus haut que le Parnasse.
Ingrat, rends-moi mon *Cid* jusques au dernier mot :
Après tu connaîtras, Corneille déplumée,
Que l'esprit le plus vain est souvent le plus sot,
Et qu'enfin tu me dois toute ta renommée.

Mairet, l'auteur de *la Sophonisbe*, qui avait au moins la gloire d'avoir fait la première pièce régulière que nous eussions en France, sembla perdre cette gloire en écrivant contre Corneille des personnalités odieuses. Il faut avouer que Corneille répondit très-aigrement à tous ses ennemis. La querelle même alla si loin entre lui et Mairet, que le cardinal de Richelieu interposa entre eux son autorité. Voici ce qu'il fit écrire à Mairet par l'abbé de Bois-Robert :

« A Charonne, 5 octobre 1637.

« Vous lirez le reste de ma lettre comme un ordre que
« je vous envoie par le commandement de Son Éminence.
« Je ne vous cèlerai pas qu'elle s'est fait lire, avec un plaisir
« extrême, tout ce qui s'est fait sur le sujet du *Cid* ; et par-
« ticulièrement une lettre qu'elle a vue de vous lui a plu
« jusqu'à un tel point, qu'elle lui a fait naître l'envie de
« voir tout le reste. Tant qu'elle n'a connu dans les écrits
« des uns et des autres que des contestations d'esprit agréa-
« bles et des railleries innocentes, je vous avoue qu'elle a
« pris bonne part au divertissement ; mais quand elle a re-
« connu que dans ces contestations naissaient enfin des in-
« jures, des outrages et des menaces, elle a pris aussitôt
« la résolution d'en arrêter le cours. Pour cet effet, quoi-
« qu'elle n'ait point vu le libelle que vous attribuez à
« M. Corneille, présupposant, par votre réponse que je lui
« lus hier au soir, qu'il devait être l'agresseur, elle m'a
« commandé de lui remontrer le tort qu'il se faisait, et de
« lui défendre de sa part de ne plus faire de réponse, s'il
« ne voulait lui déplaire ; mais, d'ailleurs, craignant que
« des tacites menaces que vous lui faites, vous ou quelqu'un
« de vos amis n'en viennent aux effets, qui tireraient des
« suites ruineuses à l'un et à l'autre, elle m'a commandé
« de vous écrire que, si vous voulez avoir la continuation
« de ses bonnes grâces, vous mettiez toutes vos injures sous
« le pied, et ne vous souveniez plus que de votre ancienne
« amitié, que j'ai charge de renouveler sur la table de ma
« chambre, à Paris, quand vous serez tous rassemblés.
« Jusqu'ici j'ai parlé par la bouche de Son Éminence ; mais,
« pour vous dire ingénument ce que je pense de toutes vos
« procédures, j'estime que vous avez suffisamment puni
« le pauvre M. Corneille de ses vanités, et que ses faibles
« défenses ne demandaient pas des armes si fortes et si
« pénétrantes que les vôtres ; vous verrez un de ces jours

« son *Cid* assez mal mené par les sentiments de l'Acadé-
« mie. »

L'Académie trompa les espérances de Bois-Robert. On voit évidemment, par cette lettre, que le cardinal de Richelieu voulait humilier Corneille, mais qu'en qualité de premier ministre, il ne voulait pas qu'une dispute littéraire dégénérât en querelle personnelle.

Pour laver la France du reproche que les étrangers pourraient lui faire, que *le Cid* n'attira à son auteur que des injures et des dégoûts, je joindrai ici une partie de la lettre que le célèbre Balzac écrivait à Scudéri, en réponse à la critique du *Cid* que Scudéri lui avait envoyée.

..... « Considérez néanmoins, monsieur, que toute la
« France entre en cause avec lui, et que peut-être il n'y a
« pas un de ces juges dont vous êtes convenus ensemble qui
« n'ait loué ce que vous désirez qu'il condamne : de sorte
« que, quand vos arguments seraient invincibles, et que vo-
« tre adversaire y acquiescerait, il aurait toujours de quoi
« se consoler glorieusement de la perte de son procès, et
« vous dire que c'est quelque chose de plus d'avoir satisfait
« tout un royaume que d'avoir fait une pièce régulière. Il
« n'y a point d'architecte d'Italie qui ne trouve des défauts
« à la structure de Fontainebleau, et qui ne l'appelle un
« monstre de pierre : ce monstre, néanmoins, est la belle
« demeure des rois, et la cour y loge commodément. Il y a
« des beautés parfaites qui sont effacées par d'autres beau-
« tés qui ont plus d'agrément et moins de perfection ; et
« parce que l'acquis n'est pas si noble que le naturel, ni le
« travail des hommes que les dons du ciel, on vous pourrait
« encore dire que savoir l'art de plaire ne vaut pas tant que
« savoir plaire sans art. Aristote blâme la *Fleur d'Agathon*,
« quoiqu'il dise qu'elle fut agréable ; et l'*Œdipe* peut-être
« n'agréait pas, quoique Aristote l'approuve. Or s'il est
« vrai que la satisfaction des spectateurs soit la fin que se
« proposent les spectacles, et que les maîtres même du mé-
« tier aient quelquefois appelé de *César* au peuple, le *Cid*
« du poëte français ayant plu aussi bien que la *Fleur* du
« poëte grec, ne serait-il point vrai qu'il a obtenu la fin de
« la représentation, et qu'il est arrivé à son but, encore que
« ce ne soit pas par le chemin d'Aristote, et par les adres-
« ses de sa Poétique ? Mais vous dites, monsieur, qu'il a
« ébloui les yeux du monde, et vous l'accusez de charme
« et d'enchantement : je connais beaucoup de gens qui fe-
« raient vanité d'une telle accusation ; et vous me confes-
« serez vous-même que, si la magie était une chose per-
« mise, ce serait une chose excellente : ce serait, à vrai
« dire, une belle chose de pouvoir faire des prodiges inno-
« cemment, de faire voir le soleil quand il est nuit, d'ap-
« prêter des festins sans viandes ni officiers, de changer en
« pistoles les feuilles de chêne, et le verre en diamants ;
« c'est ce que vous reprochez à l'auteur du *Cid*, qui, vous
« avouant qu'il a violé les règles de l'art, vous oblige de lui
« avouer qu'il a un secret, qu'il a mieux réussi que l'art
« même ; et ne vous niant pas qu'il a trompé toute la cour
« et tout le peuple, ne vous laisse conclure de là, sinon qu'il
« est plus fin que toute la cour et tout le peuple, et que la
« tromperie qui s'étend à un si grand nombre de person-
« nes est moins une fraude qu'une conquête. Cela étant,
« monsieur, je ne doute point que messieurs de l'Académie
« ne se trouvent bien empêchés dans le jugement de votre

« procès, et que, d'un côté, vos raisons ne les ébranlent,
« et de l'autre, l'approbation publique ne les retienne. Je
« serais en la même peine, si j'étais en la même délibéra-
« tion, et si de bonne fortune je ne venais de trouver votre
« arrêt dans les registres de l'antiquité. Il a été prononcé,
« il y a plus de quinze cents ans, par un philosophe de la
« famille stoïque, mais un philosophe dont la dureté n'était
« pas impénétrable à la joie, de qui il nous reste des jeux
« et des tragédies, qui vivait sous le règne d'un empereur
« poëte et comédien, au siècle des vers et de la musique.
« Voici les termes de cet authentique arrêt, et je vous les
« laisse interpréter à vos dames, pour lesquelles vous avez
« bien entrepris une plus longue et plus difficile traduc-
« tion : *Illud multum ne primo aspectu oculos occupasse,
« etiamsi contemplatio diligens inveniura est quod ar-
« guat. Si me interrogas, major ille est qui judicium abs-
« tulit quàm qui meruit.* Votre adversaire y trouve son
« compte par ce favorable mot de *major est*, et vous avez aussi
« ce que vous pouvez désirer, ne désirant rien, à mon avis,
« que de prouver que *judicium abstuli*. Ainsi vous l'em-
« portez dans le cabinet, et il a gagné au théâtre. Si le *Cid*
« est coupable, c'est d'un crime qui a eu récompense; s'il
« est puni, ce sera après avoir triomphé. S'il faut que Pla-
« ton le bannisse de sa république, il faut qu'il le couronne
« de fleurs en le bannissant, et ne le traite point plus mal
« qu'il a traité autrefois Homère. Si Aristote trouve quel-
« que chose à désirer en sa conduite, il doit le laisser jouir
« de sa bonne fortune, et ne pas condamner un dessein
« que le succès a justifié. Vous êtes trop bon pour en vou-
« loir davantage : vous savez qu'on apporte souvent du
« tempérament aux lois, et que l'équité conserve ce que la
« justice pourrait ruiner. N'insistez point sur cette exacte
« et rigoureuse justice. Ne vous attachez point avec tant
« de scrupule à la souveraine raison : qui voudrait la con-
« tenter et satisfaire à sa régularité, serait obligé de lui
« bâtir un plus beau monde que celui-ci; il faudrait lui
« faire une nouvelle nature des choses, et lui aller chercher
« des idées au-dessus du ciel. Je parle, monsieur, pour mon
« intérêt; si vous la croyez, vous ne trouverez rien qui
« mérite d'être aimé, et par conséquent je suis en hasard
« de perdre vos bonnes grâces, bien qu'elles me soient ex-
« trêmement chères, et que je sois passionnément, mon-
« sieur, votre, etc. »

C'est ainsi que Balzac, retiré du monde, et plus impartial qu'un autre, écrivait à Scudéri son ami, et osait lui
dire la vérité. Balzac, tout ampoulé qu'il était dans ses lettres, avait beaucoup d'érudition et de goût, connaissait
l'éloquence des vers, et avait introduit en France celle de
la prose. Il rendit justice aux beautés du *Cid*; et ce témoignage fait honneur à Balzac et à Corneille.

FIN DES PIÈCES CONCERNANT LE CID.

PIÈCES
RELATIVES A CORNEILLE.

I.

EXTRAIT DU DISCOURS

PRONONCÉ PAR RACINE

A L'ACADÉMIE FRANÇAISE,

LE 2 JANVIER 1685, JOUR DE LA RÉCEPTION DE THOMAS CORNEILLE, CHOISI POUR REMPLACER PIERRE CORNEILLE, SON FRÈRE.

L'Académie a regardé la mort de M. Corneille comme un des plus rudes coups qui la pût frapper. Car bien que, depuis un an, une longue maladie nous eût privés de sa présence, et que nous eussions perdu en quelque sorte l'espérance de le revoir jamais dans nos assemblées, toutefois il vivait, et l'Académie, dont il était le doyen, avait au moins la consolation de voir dans la liste où sont les noms de tous ceux qui la composent, de voir, dis-je, immédiatement au-dessous du nom sacré de son auguste protecteur, le fameux nom de Corneille.

Et qui d'entre nous ne s'applaudirait pas en lui-même, et ne ressentirait pas un secret plaisir d'avoir pour confrère un homme de ce mérite? Vous, monsieur, qui non-seulement étiez son frère, mais qui avez couru longtemps une même carrière avec lui, vous savez les obligations que lui a notre poésie; vous savez en quel état se trouvait la scène française lorsqu'il commença à travailler. Quel désordre! quelle irrégularité! nul goût, nulle connaissance des véritables beautés du théâtre; les auteurs aussi ignorants que les spectateurs; la plupart des sujets extravagants et dénués de vraisemblance; point de mœurs, point de caractères; la diction encore plus vicieuse que l'action, et dont les pointes et de misérables jeux de mots faisaient le principal ornement; en un mot, toutes les règles de l'art, celles même de l'honnêteté et de la bienséance, partout violées.

Dans cette enfance, ou, pour mieux dire, dans ce chaos du poëme dramatique parmi nous, votre illustre frère, après avoir quelque temps cherché le bon chemin, et lutté, si je l'ose ainsi dire, contre le mauvais goût de son siècle; enfin, inspiré d'un génie extraordinaire, et aidé de la lecture des anciens, fit voir sur la scène la raison, mais la raison accompagnée de toute la pompe, de tous les ornements dont notre langue est capable; accorda heureusement la vraisemblance et le merveilleux, et laissa bien loin derrière lui tout ce qu'il avait de rivaux, dont la plupart désespérant de l'atteindre, et n'osant plus entreprendre de lui disputer le prix, se bornèrent à combattre la voix publique déclarée pour lui, et essayèrent en vain, par leurs discours et par leurs frivoles critiques, de rabaisser un mérite qu'ils ne pouvaient égaler.

La scène retentit encore des acclamations qu'excitèrent à leur naissance le *Cid*, *Horace*, *Cinna*, *Pompée*, tous ces chefs-d'œuvre représentés depuis sur tant de théâtres, traduits en tant de langues, et qui vivront à jamais dans la bouche des hommes. A dire le vrai, où trouvera-t-on un poëte qui ait possédé à la fois tant de grands talents, tant d'excellentes parties, l'art, la force, le jugement, l'esprit? Quelle noblesse, quelle économie dans les sujets! quelle véhémence dans les passions! quelle gravité dans les sentiments! quelle dignité, et en même temps quelle prodigieuse variété dans les caractères! combien de rois, de princes, de héros de toutes nations nous a-t-il représentés, toujours tels qu'ils doivent être, toujours uniformes avec eux-mêmes, et jamais ne se ressemblant les uns aux autres! Parmi tout cela une magnificence d'expression proportionnée aux maîtres du monde qu'il fait souvent parler, capable néanmoins de s'abaisser quand il veut, et de descendre jusqu'aux plus simples naïvetés du comique, où il est encore inimitable; enfin, ce qui lui est surtout particulier, une certaine force, une certaine élévation qui surprend, qui enlève, et qui rend jusqu'à ses défauts, si on lui en peut reprocher quelques-uns, plus estimables que les vertus des autres : personnage véritablement né pour la gloire de son pays; comparable, je ne dis pas à tout ce que l'ancienne Rome a eu d'excellents tragiques, puisqu'elle confesse elle-même qu'en ce genre elle n'a pas été fort heureuse; mais aux Eschyle, aux Sophocle, aux Euripide, dont la fameuse Athènes ne s'honore pas moins que des Thémistocle, des Périclès, des Alcibiade, qui vivaient en même temps qu'eux.

Oui, monsieur, que l'ignorance rabaisse tant qu'elle voudra l'éloquence et la poésie, et traite les habiles écrivains de gens inutiles dans les États, nous ne craindrons point de dire, à l'avantage des lettres et de ce corps fameux dont vous faites maintenant partie, que, du moment que des esprits sublimes, passant de bien loin les bornes communes, se distinguent, s'immortalisent par des chefs-d'œuvre, comme ceux de monsieur votre frère; quelque étrange inégalité que, durant leur vie, la fortune mette entre eux et les plus grands héros, après leur mort cette différence cesse. La postérité, qui se plaît, qui s'instruit dans les ouvrages qu'ils lui ont laissés, ne fait point de difficulté de les égaler à tout ce qu'il y a de plus considérable parmi les hommes, fait marcher de pair l'excellent poëte et le grand capitaine. Le même siècle qui se glorifie aujourd'hui d'avoir produit Auguste ne se glorifie guère moins d'avoir produit Horace et Virgile. Ainsi, lorsque, dans les âges suivants, on parlera avec étonnement des victoires prodigieuses et de toutes les grandes choses qui rendront notre siècle l'admiration de tous les siècles à venir, Corneille, n'en doutons point, Corneille tiendra sa place parmi toutes ces merveilles. La France se souviendra avec plaisir que, sous le règne du plus grand de ses rois, a fleuri le plus grand de ses poëtes. On croira même ajouter quelque chose à la gloire de notre auguste monarque, lorsqu'on dira qu'il a estimé, qu'il a honoré de ses bienfaits cet excellent génie; que même deux jours avant sa mort, et lorsqu'il ne lui restait plus qu'un rayon de connaissance, il lui envoya encore des marques de sa libéralité, et qu'enfin les dernières paroles de Corneille ont été des remerciments pour Louis le Grand.

Voilà, monsieur, comme la postérité parlera de votre illustre frère; voilà une partie des excellentes qualités qui l'ont fait connaître à toute l'Europe : il en avait d'autres qui, bien que moins éclatantes aux yeux du public, ne sont peut-être pas moins dignes de nos louanges; je veux dire, homme de probité et de piété, bon père de famille, bon parent, bon ami. Vous le savez, vous qui avez toujours été uni avec lui d'une amitié qu'aucun intérêt; non pas même aucune émulation pour la gloire, n'a pu altérer. Mais ce qui nous touche de plus près, c'est qu'il était encore un très-bon académicien. Il aimait, il cultivait nos exercices : il y apportait surtout cet esprit de douceur, d'égalité, de déférence même, si nécessaire pour entretenir l'union dans les compagnies. L'a-t-on jamais vu se préférer à aucun de ses confrères? L'a-t-on jamais vu vouloir tirer ici aucun avantage des applaudissements qu'il recevait dans le public? Au contraire, après avoir paru en maître, et, pour ainsi dire, régné sur la scène, il venait, disciple docile, chercher à s'instruire dans nos assemblées; laissait, pour me servir de ses propres termes, laissait ses lauriers à la porte de l'Académie, toujours prêt à soumettre son opinion à l'avis d'autrui; et de tous tant que nous sommes, le plus modeste à parler, à prononcer, je dis même sur des matières de poésie.

C'est ainsi qu'un grand cœur sait penser d'un grand homme.
VOLTAIRE.

II.

NOTICE

ÉCRITE PAR THOMAS CORNEILLE[1].

Rouen a été la patrie du fameux Pierre Corneille, qu'on nomme ordinairement le grand Corneille, né le 6 de juin 1606. Il était fils de Pierre Corneille, maître particulier des eaux et forêts en la vicomté de Rouen, et de Marthe le Pesant, alliée à plusieurs familles fort considérables de la ville.

Une aventure galante lui fit prendre le dessein de faire une comédie, pour y employer un sonnet qu'il avait fait pour une demoiselle qu'il aimait. Cette pièce, dans laquelle il est traitée toute l'aventure, et qu'il intitula *Mélite*, eut un succès extraordinaire dans un temps où l'on ne représentait que des pièces de Hardy, dont le style était très-dur. Elle fut suivie de cinq ou six autres de même genre, après lesquelles il fit paraître *le Cid*, en 1636. Ce fut dans cette même année que le feu roi, voulant reconnaître les services que Pierre Corneille, son père, lui avait rendus dans l'exercice de sa charge, lui donna des lettres de noblesse; et il ne faut point douter que le mérite du fils n'ait beaucoup contribué à lui faire avoir cette glorieuse récompense.

Le Cid, qu'on représente encore souvent avec de nom-

---

[1] Extraite du *Dictionnaire universel géographique et historique* de Th. Corneille, au mot *Rouen*.

breuses assemblées, depuis soixante-douze ans qu'il a commencé d'être connu, fut suivi des *Horaces*, de *Cinna*, de *Polyeucte*, de *Rodogune*, d'*Héraclius*, et de plusieurs autres pièces, par lesquelles leur auteur s'est acquis une réputation qui préservera toujours son nom de l'oubli. Elle ne s'est pas seulement répandue en France, mais aussi par toute l'Europe.

Tout Paris a vu un cabinet de pierres de rapport, fait à Florence, et donné en présent au cardinal Mazarin. On avait placé aux quatre coins les portraits des quatre plus grands poëtes du monde, Homère et Virgile, chez les anciens; le Tasse et Corneille, chez les modernes.

La noblesse des sentiments que le grand Corneille a fait entrer dans les divers caractères de ses héros, et surtout en ce qui regarde les Romains, l'a fait regarder comme un homme inimitable; et quand il serait vrai que quelqu'un de ses concurrents l'eût égalé, il a cet avantage que, s'étant élevé par lui-même, sans avoir eu aucun modèle qui fût bon à suivre, il ne doit la gloire qu'il s'est acquise qu'à la force et à la bonté de son génie.

Il a toujours eu beaucoup de religion et de piété. Comme il lisait fort souvent quelques chapitres de l'Imitation de Jésus-Christ, il en traduisit en vers français les vingt premiers, qu'il fit imprimer pour essayer le goût du public. Ils furent reçus avec un applaudissement général; et l'empressement qu'on témoigna d'en avoir la suite, lui fit entreprendre la traduction de l'ouvrage entier. On peut dire qu'il n'y a rien de plus beau dans son genre.

L'usage des sacrements auquel on l'a toujours vu porté, lui faisait mener une vie très-régulière, et son plus grand soin était d'édifier sa famille par ses bons exemples. Il récitait tous les jours le bréviaire romain, ce qu'il a fait sans discontinuer pendant les trente dernières années de sa vie.

Il mourut le dimanche premier jour d'octobre 1684. Il avait eu la douleur de perdre un fils, lieutenant de cavalerie, qui fut tué au siége de Grave en 1677, et il en laissa deux vivants, l'un gentilhomme ordinaire chez le roi, et l'autre abbé d'Aigues-vives. Ils moururent l'un et l'autre sur la fin du siècle.

III.

LETTRE DE BALZAC

A CORNEILLE [1],

SUR CINNA.

Monsieur,

J'ai senti un notable soulagement depuis l'arrivée de votre paquet, et je crie miracle dès le commencement de ma lettre. Votre *Cinna* guérit les malades; il fait que les paralytiques battent des mains; il rend la parole à un muet; ce serait trop peu de dire à un enrhumé. En effet, j'avais perdu la parole avec la voix; et, puisque je les recouvre l'une et l'autre par votre moyen, il est bien juste que je les emploie toutes deux à votre gloire, et à dire sans cesse : *La belle chose!* Vous avez peur néanmoins d'être de ceux qui sont accablés par la majesté des sujets qu'ils traitent, et ne pensez pas avoir apporté assez de force pour soutenir la grandeur romaine. Quoique cette modestie me plaise, elle ne me persuade pas, et je m'y oppose pour l'intérêt de la vérité. Vous êtes trop subtil examinateur d'une composition universellement approuvée; et s'il était vrai qu'en quelqu'une de ses parties vous eussiez senti quelque faiblesse, ce serait un secret entre vos muses et vous, car je vous assure que personne ne l'a reconnue. La faiblesse serait de notre expression, et non pas de votre pensée; elle viendrait du défaut des instruments, et non pas de la faute de l'ouvrier : il faudrait en accuser l'incapacité de notre langue.

Vous nous faites voir Rome tout ce qu'elle peut être à Paris, et ne l'avez point brisée en la remuant. Ce n'est point une Rome de Cassiodore [1], et aussi déchirée qu'elle était au siècle des Théodoric; c'est une Rome de Tite-Live, et aussi pompeuse qu'elle était au temps des premiers Césars. Vous avez même trouvé ce qu'elle avait perdu dans les ruines de la république, cette noble et magnanime fierté; et il se voit bien quelques passables traducteurs de ses paroles et de ses locutions, mais vous êtes le vrai et le fidèle interprète de son esprit et de son courage : je dis plus, monsieur, vous êtes souvent son pédagogue, et l'avertissez de la bienséance quand elle ne s'en souvient pas. Vous êtes le réformateur du vieux temps, s'il a besoin d'embellissement ou d'appui. Aux endroits où Rome est de brique, vous la rebâtissez de marbre; quand vous trouvez du vide, vous le remplissez d'un chef-d'œuvre; et je prends garde que ce que vous prêtez à l'histoire est toujours meilleur que ce que vous empruntez d'elle.

La femme d'Horace et la maîtresse de Cinna, qui sont vos deux véritables enfantements, et les deux pures créatures de votre esprit, ne sont-elles pas aussi les principaux ornements de vos deux poëmes? Et qu'est-ce que la sainte antiquité a produit de vigoureux et de ferme dans le sexe faible, qui soit comparable à ces nouvelles héroïnes que vous avez mises au monde, à ces Romaines de votre façon? Je ne m'ennuie point, depuis quinze jours, de considérer celle que j'ai reçue la dernière.

Je l'ai fait admirer à tous les habiles de notre province : nos orateurs et nos poëtes en disent merveilles; mais un docteur de mes voisins, qui se met d'ordinaire sur le haut style, en parle certes d'une étrange sorte, et il n'y a point de mal que vous sachiez jusqu'où vous avez porté son esprit. Il se contentait, le premier jour, de dire que votre Émilie était la rivale de Caton et de Brutus dans la passion de la liberté [2]. A cette heure, il va bien plus loin; tantôt

---

[1] Les étrangers verront dans cette lettre quelle était l'éloquence de ce temps-là. Il n'est guère concevable peut-être que l'éloquence soit le partage d'une lettre familière; et, comme dit M. l'abbé d'Olivet, Balzac écrivait une lettre comme Lingendes faisait un sermon ou un panégyrique; il s'étudiait à prodiguer les figures. (V.)

[1] Pourquoi parler de Théodoric et de Cassiodore, quand il s'agit d'Auguste? (V.)
[2] Au style et aux sentiments de cette lettre, on voit que dès lors la passion de la liberté n'était pas étrangère aux Français,

il la nomme la possédée du démon de la république, et quelquefois la belle, la raisonnable, la sainte¹ et l'adorable furie. Voilà d'étranges paroles sur le sujet de votre Romaine; mais elles ne sont pas sans fondement. Elle inspire, en effet, toute la conjuration, et donne chaleur au parti, par le feu qu'elle jette dans l'âme du chef; elle entreprend, en se vengeant², de venger toute la terre; elle veut sacrifier à son père une victime qui serait trop grande pour Jupiter même. C'est, à mon gré, une personne si excellente, que je pense dire peu à son avantage, de dire que vous êtes beaucoup plus heureux en votre race que Pompée n'a été en la sienne, et que votre fille Émilie vaut, sans comparaison, davantage que Cinna son petit-fils. Si celui-ci même a plus de vertu que n'a cru Sénèque, c'est pour être tombé entre vos mains, et à cause que vous avez pris soin de lui. Il vous est obligé de son mérite, comme à Auguste de sa dignité. L'empereur le fit consul, et vous l'avez fait *honnête homme*³ ; mais vous l'avez pu faire par les lois d'un art qui polit et orne la vérité, qui permet de favoriser en imitant; qui quelquefois se propose le semblable, et quelquefois le meilleur. J'en dirais trop si j'en disais davantage. Je ne veux pas commencer une dissertation; je veux finir une lettre, et conclure par les protestations ordinaires, mais très-sincères et très-véritables, que je suis,

MONSIEUR,

Votre très-humble serviteur,
BALZAC.

IV.

IN PRÆSTANTISSIMI POETÆ GALLICI

CORNELII

COMŒDIAM, QUÆ INSCRIBITUR MENDAX⁴.

Gravi cothurno torvus, orchestrá truci
Dudum cruentus, Galliæ justus stupor,
Audivit et vatum decus Cornelius.
Laudem poëtæ num mereret comici

---

et qu'elle avait essayé de lutter contre le despotisme de Richelieu. (P.)
¹ Voilà une plaisante épithète que celle de *sainte*, donnée par ce docteur à Émilie. (V.)
² Il parait qu'en effet Émilie était regardée comme le premier personnage de la pièce, et que, dans les commencements, on n'imaginait pas que l'intérêt pût tomber sur Auguste. (V.)
³ C'est donc Cinna qu'on regardait comme l'honnête homme de la pièce, parce qu'il avait voulu venger la liberté publique. En ce cas, il fallait qu'on ne regardât la clémence d'Auguste que comme un trait de politique conseillé par Livie.
Dans les premiers mouvements des esprits émus par un poëme tel que *Cinna*, on est frappé et ébloui de la beauté des détails, on est longtemps sans former un jugement précis sur le fond de l'ouvrage. (V.)
⁴ Conformément à l'intention exprimée par Corneille dans son *Avis au lecteur*, qui précède la comédie du *Menteur*, et ainsi que nous l'avons annoncé tome I, page 8, nous donnons ici les épigrammes latine et française faites sur cette comédie par M. de Zuylichem, à qui il dédia plus tard *Don Sanche d'Aragon*.

PIÈCES RELATIVES A CORNEILLE.

Pari nitore et elegantiá, fuit
Qui disputaret, et negarunt inscii;
Et mos gerendus insciis semel fuit.
Et, ecce, gessit, mentiendi gratiá
Facetiisque, quas Terentius, pater
Amœnitatum, quas Menander, quas merum
Nectar deorum Plautus et mortalium,
Si sæculo reddantur, agnoscant suas,
Et quas negare non graventur non suas.
Tandem poëta est : fraude, fuco, fabulá,
Mendace scená vindicavit se sibi.
Cui Stagitæ venit in mentem, putas,
Quis quá prœivit supputator algebrá,
Quis cogitavit illud Euclides prior,
Probare rem verissimam mendacio?

CONSTANTER. 1645.

V.

A M. CORNEILLE,

SUR SA COMÉDIE, LE MENTEUR.

Eh bien, ce beau *Menteur*, cette pièce fameuse,
Qui étonne le Rhin, et fait rougir la Meuse,
Et le Tage et le Pô, et le Tibre romain,
De n'avoir rien produit d'égal à cette main,
A ce Plaute réné, à ce nouveau Térence;
La trouve-t-on si loin ou de l'indifférence,
Ou du juste mépris des savants d'aujourd'hui?
Je tiens, tout au rebours, qu'elle a besoin d'appui,
De grâce, de pitié, de faveur affétée,
D'extrême charité, de louange empruntée.
Elle est plate, elle est fade, elle manque de sel,
De pointe et de vigueur; et n'y a carrousel
Où la rage et le vin n'enfantent des Corneilles
Capables de fournir de plus fortes merveilles.
Qu'ai-je dit? ah! Corneille, aime mon repentir;
Ton excellent *Menteur* m'a porté à mentir.
Il m'a rendu le faux si doux et si aimable,
Que, sans m'en aviser, j'ai vu le véritable
Ruiné de crédit, et ai cru constamment
N'y avoir plus d'honneur qu'à mentir vaillamment.
Après tout, le moyen de s'en pouvoir dédire?
A moins que d'en mentir, je n'en pouvais rien dire;
La plus haute pensée au bas de sa valeur
Devenait injustice et injure à l'auteur.
Qu'importe donc qu'on mente, ou que d'un faible éloge
A toi et ton *Menteur* faussement on déroge?
Qu'importe que les dieux se trouvent irrités
De mensonges ou bien de fausses vérités?

CONSTANTER.

VI.

RÉPONSE DE VOLTAIRE
A UN DÉTRACTEUR DE CORNEILLE.

Comme on achevait cette édition (de 1764, 12 vol. in-8°), il est tombé entre les mains de l'éditeur je ne sais quel livre intitulé *Réflexions morales, politiques, historiques et littéraires sur le théâtre*, sans nom d'auteur; à Avignon, chez Marc Chave, imprimeur et libraire.

L'auteur paraît être un de ces fanatiques qui commencent depuis quelque temps à lever la tête, et qui se déclarent les ennemis des rois, des lois, des usages et des beaux-arts. Cet homme pousse la démence jusqu'à traiter Corneille d'impie. Il dit que le parallèle continuel que Corneille fait des hommes avec les dieux fait tout le sublime de ses pièces. Il anathématise ces beaux vers que Cornélie, dans *la Mort de Pompée*, adresse aux cendres de son mari :

Oui, je jure des dieux la puissance suprême,
Et, pour dire encor plus, je jure par vous-même,
Car vous êtes plus cher à ce cœur affligé, etc. ;

et voici comme cet homme s'exprime : « Mettre des
« dres au-dessus de la puissance des dieux qu'on adore,
« est-il rien de plus faux et de plus insensé? Cette pensée
« tournée et retournée est répétée en mille endroits dans
« les tragédies de Corneille. Ce fou qui, aux Petites-
« Maisons, se disait le Père éternel, et cet autre qui se
« croyait Jupiter, ne parlaient pas plus follement, etc. »

Il faut voir quel est ici le fou, si c'est le grand Corneille ou son détracteur. Ce pauvre homme n'a pas compris que, *pour dire encor plus*, ne signifie pas, et ne peut signifier que la cendre de Pompée est au-dessus de la Divinité, mais que la cendre de son époux est plus chère à Cornélie que les dieux qui n'ont pas secouru Pompée. Ce sentiment qui échappe à une douleur excessive n'a jamais déplu à personne. Le détracteur prétend-il qu'on doive sur le théâtre adorer dévotement Jupiter et Vénus? que prétend-il? que veut-il? et qui de Corneille ou de lui mérite les Petites-Maisons? Laissons ces misérables compiler des déclamations ignorées. Le mépris qu'on a pour eux est égal au respect qu'on a pour le grand Corneille.

VII.

LE MÊME
A UN ACADÉMICIEN.

Vous me reprochez, monsieur, de n'avoir pas assez étendu ma critique dans mes commentaires sur plusieurs vers de Corneille; vous voudriez que j'eusse examiné plus sévèrement les fautes contre la langue et contre le goût; vous blâmez ces vers-ci dans *Pompée*[1] :

Qu'il eût voulu souffrir qu'un bonheur de mes armes

[1] Acte III, scène IV.

Eût vaincu ses soupçons, dissipé ses alarmes...
Prenez donc en ces lieux liberté tout entière.

J'avoue que je devais remarquer les deux premiers vers, qu'*un bonheur des armes* ne peut se dire, et qu'*un bonheur des armes qui eût vaincu des soupçons* n'est pas tolérable. Mais il y a tant de fautes de cette espèce, que j'ai craint de charger trop les commentaires. J'ai laissé quelquefois au lecteur le soin d'observer par lui-même les beautés et les défauts.

Prenez donc en ces lieux liberté tout entière

ne me paraît point un vers assez défectueux pour en faire une note. Vous avez trouvé trop de déclamation, trop de répétitions dans le rôle de Cornélie. Il me semble que je l'indique assez.

Je ne puis blâmer avec la même rigueur que vous ce que Cornélie dit au cinquième acte, en tenant l'urne de Pompée dans ses mains :

N'attendez pas de moi de regrets ni de larmes;
Un grand cœur à ses maux applique d'autres charmes.
Les faibles déplaisirs s'amusent à parler,
Et quiconque se plaint cherche à se consoler.

Il est vrai qu'en général on ne doit point dire de soi qu'on a un grand cœur; il est vrai qu'aujourd'hui on n'applique point de charmes à des maux; il est encore vrai que quand on parle assez longtemps, on ne doit point dire que les faibles déplaisirs s'amusent à parler : mais voici ce qui m'a déterminé à ne point critiquer ces vers. Il m'a paru que Cornélie s'impose ici le devoir de montrer un grand cœur, plutôt qu'elle ne se vante d'en avoir un.

Appliquer des charmes à des maux m'a paru bien, parce que dans ces temps-là ce qu'on appelait charmes, la magie, était extrêmement en vogue, et que même Sextus Pompée, fils de Cornélie, fut très-connu pour avoir employé les prétendus secrets des sortiléges. *Les faibles déplaisirs s'amusent à parler*, semble signifier ici, *s'amusent à se plaindre*, et Cornélie s'excite à la vengeance.

Je n'ai point repris ces vers :

Mettant leur haine bas me sauvent aujourd'hui
Par la moitié qu'en terre il a reçu de lui.

Je conviens avec vous qu'ils sont mauvais; mais ayant déjà remarqué la même faute dans *Polyeucte*, je n'ai pas cru devoir y revenir dans les notes sur *Pompée*.

Si vous me reprochez trop d'indulgence, vous savez que d'autres ont trouvé dans mes remarques trop de sévérité; mais je vous assure que je n'ai songé ni à être indulgent ni à être difficile. J'ai examiné les ouvrages que je commentais sans égard ni au temps où ils ont été faits, ni au nom qu'ils portent, ni à la nation dont est l'auteur. Quiconque cherche la vérité ne doit être d'aucun pays. Les beaux morceaux de Corneille m'ont paru au-dessus de tout ce qui s'est jamais fait dans ce genre chez aucun peuple de la terre : je ne pense point ainsi parce que je suis né en France, mais parce que je suis juste. Aucun de mes compatriotes n'a jamais rendu plus de justice que moi aux étrangers; je peux me tromper, mais c'est assurément sans vouloir me tromper.

Le même esprit d'impartialité me fait convenir des extrêmes défauts de Corneille comme de ses grandes beautés. Vous avez raison de dire que ses dernières tragédies sont très-mauvaises, et qu'il y a de grandes fautes dans ses meilleures. C'est précisément ce qui me prouve combien il est sublime, puisque tant de défauts n'ont diminué ni son mérite ni sa gloire. Je crois, de plus, qu'il y a des sujets qui ont par eux-mêmes des défauts absolument insurmontables : par exemple, il me semble qu'il était impossible de faire cinq actes de la tragédie des *Horaces* sans des longueurs et des additions inutiles. Je dis la même chose de *Pompée* ; et il me paraît évident que l'on ne pouvait faire le beau cinquième acte de *Rodogune* sans gâter le caractère de la princesse qui donne le nom à la pièce.

Joignez à tous ces obstacles, qui naissent presque toujours du sujet même, la prodigieuse difficulté d'être précis et éloquent en vers dans notre langue. Songez combien nous avons peu de rimes dans le monde. Sentez quelles peines extrêmes on éprouve à éviter la monotonie dans nos vers, qui marchent toujours deux à deux, qui souffrent très-peu d'inversions, et qui ne permettent aucun enjambement.

Considérez encore la gêne des bienséances, celle de lier les scènes de façon que le théâtre ne reste jamais vide ; celle de ne faire ni entrer ni sortir aucun acteur sans raison. Voyez combien nous sommes asservis à des lois que les autres nations n'ont pas connues ; vous verrez alors quel est le mérite de Corneille d'avoir eu du moins des beautés qu'aucune nation n'a, je crois, égalées. Mais aussi vous voyez qu'il n'est guère possible d'atteindre à la perfection. Les difficultés de l'art, et les limites de l'esprit, se montrent partout. Si quelque pièce entière approche de cette perfection, à laquelle il est à peine permis à l'homme de prétendre, c'est peut-être, comme je l'ai dit, la tragédie d'*Athalie*, c'est celle d'*Iphigénie*. J'ai toujours pensé que ce sont là les deux chefs-d'œuvre de la France, comme j'ai pensé que le rôle de *Phèdre* était le plus beau de tous les rôles, sans faire aucun tort au grand mérite du petit nombre des autres ouvrages qui sont restés en possession du théâtre. Ce mérite est si rare, et cet art est si difficile, qu'il faut avouer que depuis Racine nous n'avons rien eu de véritablement beau.

Par quelle fatalité faut-il que presque tous les arts dégénèrent dès qu'il y a eu de grands modèles ? Vous n'êtes content, monsieur, d'aucune des pièces de théâtre qu'on a faites depuis quatre-vingts ans ; voilà presque un siècle entier de perdu. Je suis malheureusement de votre avis : je vois quelques morceaux, quelques lambeaux de vers épars çà et là dans nos pièces modernes, mais je ne vois aucun bon ouvrage. J'oserai convenir avec vous hardiment qu'il y a une tragédie d'*Œdipe*, qui est mieux reçue au théâtre que celle de Corneille ; mais je crois avec la même ingénuité que cette pièce ne vaut pas grand'chose, parce qu'il y a de la déclamation, et que le froid ressouvenir des anciennes amours de Philoctète et de Jocaste me paraît insupportable.

Toutes les autres pièces du même auteur me semblent très-médiocres ; et la preuve en est que j'en oublie volontiers tous les vers, pour ne m'occuper que de ceux de Racine et de Corneille.

J'ai fait toute ma vie une étude assidue de l'art dramatique ; cela seul m'a mis en droit de commenter les tragédies d'un grand maître. J'ai toujours remarqué que le peintre le plus médiocre se connaissait quelquefois mieux en tableaux qu'aucun des amateurs qui n'ont jamais manié le pinceau.

C'est sur ce fondement que je me suis cru autorisé à dire ce que je pensais sur les ouvrages dramatiques que j'ai commentés, et de mettre sous les yeux des objets de comparaison. Tantôt je fais voir comment un Espagnol et un Anglais ont traité à peu près les mêmes sujets que Corneille. Tantôt je tire des exemples de l'inimitable Racine. Quelquefois je cite des morceaux de Quinault, dans lequel je trouve, en dépit de Boileau, un mérite très-supérieur.

Je n'ai pu dire que mon sentiment. Ce n'est point ici un vain discours d'appareil, dans lequel on n'ose expliquer ses idées, de peur de choquer les idées de la multitude ; mais, en exposant ce que j'ai cru vrai, je n'ai en effet exposé que des doutes que chaque lecteur pourra résoudre.

J'ai toujours souhaité, en voyant la tragédie de *Cinna*, que puisque Cinna a des remords, il les eût immédiatement après la scène où Auguste lui dit :

> Cinna, par vos conseils je retiendrai l'empire ;
> Mais je le retiendrai pour vous en faire part.

Je n'ai pensé ainsi qu'en interrogeant mon propre cœur ; il m'a semblé que si j'avais conspiré contre un prince, et si ce prince m'avait accablé de bienfaits dans le temps même de la conspiration, ce serait alors même que j'aurais éprouvé un violent repentir.

Si d'autres lecteurs pensent autrement, je ne puis que les laisser dans leur opinion ; mais je sens qu'il ne m'est pas possible de leur sacrifier la mienne.

J'observerai encore avec vous qu'il y a quelquefois un peu d'arbitraire dans la préférence qu'on donne à certains ouvrages sur d'autres. Tel homme préférera *Cinna*, tel autre *Andromaque* ; ce choix dépend du caractère du juge. Un politique s'occupera de *Cinna* plus volontiers ; un homme plein de sentiment sera beaucoup plus touché d'*Andromaque*. Il en est de même dans tous les arts : ce qui se rapproche le plus de nos mœurs est toujours ce qui nous plaît davantage.

Ainsi, monsieur, quand je vous dis que les tragédies d'*Athalie* et d'*Iphigénie* me paraissent les plus parfaites, je ne prétends point dire que vous deviez avoir moins de plaisir à celles qui seront plus de votre goût. Je prétends seulement que dans ces deux pièces il y a moins de défauts contre l'art que dans aucune autre ; que la magnificence de la poésie y répand ses charmes avec moins d'enflure, et avec plus d'élégance que dans les pièces d'aucun autre auteur ; que jamais plus de difficultés n'ont produit plus de beautés : mais, comme il y a des beautés de différente espèce, celles qui seront le plus conformes à votre manière de penser seront toujours celles qui devront faire le plus d'effet sur vous.

Je m'en suis entièrement rapporté à vous sur tout ce qui regarde la grammaire : c'est un article sur lequel il ne peut guère y avoir deux avis ; mais, pour ce qui regarde le goût, je ne peux faire autre chose que de conserver le mien, et de respecter celui des autres.

Je suis, etc.

VIII.

LETTRE

SUR LA FAMILLE DE CORNEILLE[1].

Monsieur,

La bienfaisance entre si nécessairement dans le caractère de l'homme de lettres et de l'honnête homme, que si vous aviez eu les instructions que j'ai sur la personne de M. Corneille, actuellement existant, et l'héritier le plus proche, du côté des Corneille, de feu M. de Fontenelle, je ne doute pas que vous n'en eussiez fait usage. Le nom de Corneille respecté de toute l'Europe, révéré de tous les Français, presque adoré sur notre Parnasse, eût aisément obtenu en faveur d'un de ses parents ce degré d'affection que l'on dût à tout ce qui nous en retrace la précieuse idée. Tenir au grand Corneille, c'est tenir, selon moi, à l'*Euripide*, au *Sophocle* de la France, au nom le plus célèbre qu'on puisse imaginer. Si les tombeaux des hommes illustres nous inspirent, malgré le plus grand intervalle des temps, une si grande vénération; si l'on a vu ces hommes prodiguer l'or pour se procurer la plume ou la lampe qui avaient servi à des savants de Rome ou d'Athènes; enfin, si le nom seul de Pindare sauva toute sa famille, et la maison où il était né, de la fureur d'Alexandre et du pillage de Thèbes, quel effet n'eût pas produit sur vous, monsieur, un Corneille existant, et qui, en remontant à ses pères, se trouve une tige commune avec *Pierre*, avec *Thomas Corneille*, avec *M. de Fontenelle* votre héros? avec quel plaisir ne l'auriez-vous pas tiré de l'obscurité où vous l'annoncez, si vous en aviez trouvé le moyen? Oui, monsieur, j'en suis très-persuadé, pensant aussi noblement que vous le faites, on vous eût vu, comme Alexandre, révérer dans M. *Corneille sans fortune*, et presque réduit au sort d'*Abdolonyme*, le sang des héros de notre poésie, des souverains de l'empire des lettres. Pour moi, je vous l'avoue, je crains que l'obscurité où nous laissons l'héritier d'un si grand nom, un homme allié au Cid, à Cinna, à Pompée, à Sertorius, etc., par le grand Corneille père de ces héros, je crains, dis-je, que cette obscurité ne soit plus humiliante pour la nation que pour lui. Ne pensez pas que l'enthousiasme m'entraîne, et que ce ne soit ici qu'un brillant paradoxe. Non, monsieur, je regarde ce que je dis comme une vérité certaine, et de sentiment pour quiconque pense d'une manière assez juste pour révérer le mérite, et tout ce qui nous en rappelle l'image. Parcourez les plus grands noms qu'ait jamais eus la France, je doute qu'ils soient aussi généralement connus que celui de *Corneille*. Il est

[1] Cette lettre de Dreux du Radier, éditeur des opuscules de Fontenelle, se trouve dans le *Conservateur* (novembre 1757).

des gens qui ignorent encore ceux des du Guesclin, des Dunois, peut-être ceux des Turenne, des Catinat; mais je ne crois pas qu'il en soit qui ignorent le nom des Corneille; au moins ne s'en trouvera-t-il point qui connaissent les uns sans connaître les autres. L'Europe n'a point de langue qui ne se soit essayée d'exprimer les sentiments et les pensées de Pierre Corneille. Elle n'a point de théâtre où ses héros n'aient paru, point de société de savants où l'on n'ait élevé un autel à sa mémoire. Je vous l'avouerai, monsieur, lorsque le Corneille existant m'a fait part du tribut qu'il avait été obligé de payer, malgré son nom, à l'état presque indigent où il est réduit, auprès de certaines personnes qui devaient, à toutes sortes de titres, respecter jusqu'à sa misère, je n'ai pu m'empêcher de le venger par le plus vif de tous les mépris contre des âmes assez ignobles pour fermer les yeux à tout ce qu'annonce un si grand nom. Misérables esclaves des dehors de la fortune qui ne les a peut-être flattés eux-mêmes que parce qu'elle est aveugle! Mais M. Corneille eût obtenu l'hommage dû à sa naissance, si l'on n'en eût pas douté. Le doute même devait le mettre à l'abri de l'insulte: il s'agit de dissiper ce doute; c'est ce que je vais faire, en vous donnant ici un exposé abrégé de sa généalogie. Je le tirerai des pièces originales que m'a remises entre les mains M. Corneille, celui que vous n'avez pu faire connaître. Vous y verrez, monsieur, que François Corneille est cousin germain de Pierre Corneille, surnommé le *Grand*; de Thomas et de Marthe, mère de M. de Fontenelle; et que par conséquent le sang donne a Jean-François son fils, cousin issu de germain de ce dernier, des droits incontestables à sa succession, étant son plus proche parent du côté des Corneille, à l'abri desquels son nom a pris un vol si élevé.

Généalogie de François Corneille II du nom, seul mâle existant de ce nom.

N. Corneille de Rouen et son épouse eurent trois enfants de leur mariage:

Pierre I, maître des eaux et forêts de la vicomté de Rouen;

Pierre I, avocat au parlement de Rouen, secrétaire de la chambre du roi;

Guillaume, mort avant 1675.

Pierre I, maître des eaux et forêts de Rouen, anobli en 1636 pour les services rendus à l'État, épousa Marthe le Pesant, d'une famille distinguée, et qu'on croit être la même que celle de MM. le Pesant de Bois-Guilbert. Il eut de ce mariage trois enfants:

Pierre II, surnommé le *Grand*;
Thomas;
Marthe.

Pierre le *Grand*, écuyer, père de notre poésie, restaurateur de notre théâtre; cet homme qui est pour la France ce qu'Homère a été pour la Grèce, Virgile pour Rome, le Tasse pour l'Italie, né à Rouen le 6 juin 1606, mort doyen de l'Académie française le 1ᵉʳ octobre 1684, épousa N.....

dont il eut trois garçons : le premier tué à la bataille de Grave en 1677, et mort sans postérité; le second, gentilhomme ordinaire de la chambre du roi, aussi mort sans postérité; le troisième, abbé d'Aigues-vives, près de Tours, mort en 1699; et une fille, Marthe Corneille, de laquelle descendent les sieurs de Guénebaud.

Thomas Corneille, écuyer, sieur de l'Ile, frère de Pierre le Grand, fils de Pierre I, eut de son mariage avec N..... un fils et une fille :
François Corneille,
N. Corneille.
De *François* est issue une demoiselle, femme de N.... comte de la Tour du Pin, duquel mariage sont issus un brigadier des armées du roi et M. l'abbé de la Tour du Pin.
De N..... Corneille, épouse du vicomte de Marsilly, sont issus mesdemoiselles de Marsilly, et un fils, vicomte de Marsilly.

Marthe Corneille, sœur de Pierre le Grand et de Thomas, épousa en 1653 ou environ, François le Bouvier[1] de Fontenelle, écuyer, avocat au parlement de Rouen, duquel mariage sont nés trois fils morts sans alliance :
Joseph-Alexis le Bouvier, chanoine de l'église de Rouen, né en 1655, mort à Rouen le 7 novembre 1741;
N. le Bouvier, prêtre, mort à Rouen en..... âgé d'environ quatre-vingt-dix ans;
Bernard le Bouvier, écuyer, sieur de Fontenelle, doyen de l'Académie Française, et d'une partie des Académies de l'Europe, né le 11 février 1657, baptisé le 14, et tenu sur les fonts par Thomas Corneille son oncle, mort le dimanche 9 janvier 1757, âgé de cent ans moins quelques jours.

Pierre I, avocat au parlement de Rouen, secrétaire de la chambre du roi, frère du maître des eaux et forêts, oncle du grand Corneille, de Thomas et de Marthe, mort le 29 juillet 1675, épousa Catherine de Melun (sœur d'Anne, femme de Pierre Lormel, avocat au parlement de Rouen), duquel mariage naquirent cinq enfants :
Pierre Corneille II, mort à l'hôtel royal des Invalides le 29 juin 1728, âgé de soixante-neuf ans, suivant le certificat du 11 novembre;
N. Corneille, morte religieuse;
N. Corneille, morte demoiselle de compagnie de la princesse de..... ;
Marie Corneille, qui est morte sans postérité du sieur Delaunay, capitaine des vivres à Noyon en Picardie : elle avait été baptisée le 7 mars 1660;
François Corneille, né le 1er janvier 1662, inhumé le jeudi 15 octobre 1722, dans la paroisse de *Huetz*, diocèse et élection d'Évreux, où il s'était retiré[2]; l'inhumation est faite, suivant l'extrait mortuaire, par M. Corneille, curé de *Caillouet*, du consentement et à la réquisition du curé de Huetz.

François Corneille, fils de Pierre, secrétaire de la chambre du roi, cousin germain de Pierre le Grand, de Thomas et de Marthe, oncle, à la mode de Bretagne, de M. de Fontenelle, épousa en premières noces, le 6 décembre 1694, Catherine de Saint-Jorre, de la paroisse de Saint-Aquilin, diocèse d'Évreux, morte sans enfants; — en secondes noces, François Corneille épousa Marie Lamembray, d'une bonne famille d'Évreux, morte âgée d'environ quarante ans, le 2 septembre 1712.
De ce dernier mariage sont nées trois filles :
N. Corneille, épouse du sieur Circy, demeurant à Saint-André proche Évreux, morte sans enfants en 1742;
Marie-Françoise Corneille, mariée en premières noces à René Maigret, duquel mariage sont issus trois enfants : Marie-Françoise Maigret, Marthe Maigret, et un fils René Maigret.
En secondes noces, Marie-Françoise Corneille a épousé le sieur Hébert, vivant de son bien à Prez, près d'Évreux, dont il n'y a point d'enfants.
Marthe Corneille, née le 1er mai 1705, et mariée à Georges-Joachim-Alexandre, marchand mercier, rue de la Tixeranderie, cul-de-sac Saint-Faron; point d'enfants.
En troisièmes noces, François Corneille a épousé Marguerite Tabouret (en 1713, le 24 octobre). De ce mariage sont nés :
Marguerite Corneille, morte jeune;
Jean-François Corneille, né le 24 octobre 1714[1], qui, de son mariage avec Marie-Louise Bosset, a une fille;
Marie-Françoise Corneille, née le 22 avril 1742;
Guillaume Corneille, receveur du chapitre d'Évreux, qui de son mariage avec N......, a eu cinq enfants. On m'assure qu'il ne reste que des filles établies aux environs d'Évreux.

Par ce tableau généalogique, vous voyez que M. Jean-François Corneille, seul mâle de ce nom, a des droits constants à la succession de feu M. de Fontenelle, en qualité de petit-fils de Pierre Corneille, frère du maître des eaux et forêts de la vicomté de Rouen, et oncle de Marthe Corneille, mère de M. de Fontenelle. François Corneille, père de Jean-François, était cousin germain de Marthe, et était oncle, à la mode de Bretagne, de M. de Fontenelle; et notre Corneille existant est évidemment cousin issu de germain de M. de Fontenelle. A ce titre, et par le droit du sang, Jean-François Corneille est héritier des propres des Corneilles, si l'on n'oppose des moyens d'exclusion que je ne connais pas. A l'égard des acquêts et des meubles, si

---

[1] Ou mieux *Lebouier* ou *Lebouyer*. (On le trouve ainsi écrit dans d'anciens papiers de la famille.)
[2] Il avait été longtemps soldat, et il était alors garde-chasse.

[1] Élevé dans le métier de vannier, à Évreux. S'étant rendu à Paris vers la fin de 1756, pour se faire connaître de Fontenelle, il ne put y parvenir, et fut pris pour un bâtard. Il obtint en 1757 une petite commission sous un mouleur de bois, à 24 liv. par mois. Ensuite il fut commis au bois carré, à 600 liv. En 1780, M. Piarron de Chamousset, inspecteur général des hôpitaux militaires, lui a procuré une commission dans les hôpitaux de l'armée.

Jean-François Corneille est le parent le plus proche, il doit y succéder; c'est à ceux qui prétendent l'exclure à prouver une parenté plus prochaine du défunt. Je n'entrerai point ici dans la question de la validité du testament et de la réduction des legs faits par le défunt en 1752, à quatre-vingt-seize ans, âge où, malgré les priviléges que la nature semblait avoir accordés à M. de Fontenelle avec tant de profusion, elle ne l'avait pourtant pas exempté de toutes ses faiblesses. Si M. Corneille se pourvoit contre ce testament ou réduction de legs, ce sera à son défenseur à faire valoir les lois de la nature, *jura sanguinis quæ nullo jure dirimi possunt;* l'âge du testateur, le nom de Corneille oublié, un parent de ce nom inhumainement rejeté, tandis que des étrangers, des valets, des porteurs de chaises, y sont traités avec tant de bonté et de générosité.

J'ai l'honneur d'être, etc.

Ce 25 août 1757.

FIN.

OEUVRES CHOISIES

DE

TH. CORNEILLE.

ÉLOGE DE THOMAS CORNEILLE,

PRONONCÉ PAR DE BOZE, DANS L'ACADÉMIE ROYALE DES INSCRIPTIONS ET BELLES-LETTRES,

A LA RENTRÉE PUBLIQUE D'APRÈS PAQUES, 1710.

Thomas Corneille naquit à Rouen, le 20 août 1625, de Pierre Corneille, avocat du roi à la table de marbre, et de Marthe le Pesant, fille d'un maître des comptes, de qui sont aussi descendus MM. le Pesant de Bois-Guilbert, dont l'un est conseiller en la grand'chambre du parlement de Rouen ; l'autre, lieutenant-général et président au présidial de la même ville.

Le jeune Corneille fit ses classes aux Jésuites ; et il y a apparence qu'il les fit bien. Ce que l'on en sait de plus particulier, c'est qu'étant en rhétorique il composa en vers latins une pièce [1] que son régent trouva si fort à son gré, qu'il l'adopta, et la substitua à celle qu'il devait faire représenter par ses écoliers pour la distribution des prix de l'année. Quand il eut fini ses études, il vint à Paris [2], où l'exemple de Pierre Corneille, son frère aîné, le tourna du côté du théâtre ; exemple qui, pour être suivi, demandait une affinité de génie que les liaisons du sang ne donnent point, et que l'on ne compte guère entre les titres de famille.

Son début fut heureux, et *Timocrate*, une de ses premières tragédies, eut un si grand succès, qu'on la joua de suite pendant six mois. Le roi vint exprès au Marais pour en voir la représentation ; et le zèle de quelques amis de M. Corneille alla jusqu'à lui vouloir persuader d'en rester là, comme s'il n'y avait rien à ajouter à la gloire qu'il avait acquise, ou qu'on eût beaucoup risqué à la vouloir soutenir par de nouvelles productions. Mais *Laodice, Camma, Darius, Annibal* et *Stilicon*, qu'il donna ensuite, ne reçurent pas moins d'applaudissements que *Timocrate*, et ce fut sans doute avec justice, puisque Pierre Corneille lui-même disait qu'il aurait voulu les avoir faites. Il n'y avait alors que M. Corneille dont nous parlons qui pût mériter la jalousie de son frère, et il n'y avait peut-être que ce frère qui fût assez généreux pour l'avouer.

De ce tragique sublime, M. Corneille passa à des caractères qui, plus naturels, ou plus à la portée de nos mœurs, quoique toujours héroïques, n'avaient cependant pas encore été placés sur la scène française. *Ariane* et le *Comte d'Essex*, écrits dans ce goût, enlevèrent tous les suffrages dès qu'ils parurent ; et le public, que l'on accuse de se rétracter si aisément, ne s'est pas même refroidi après trente à quarante ans d'examen. *Ariane* et le *Comte d'Essex* sont toujours demandés ; on en sait les plus beaux endroits par cœur ; ils plaisent comme s'ils avaient le mérite de la nouveauté ; on y verse des larmes comme s'ils avaient encore l'avantage de la surprise.

Le comique prit aussi des beautés singulières entre les mains de M. Corneille ; il commença par mettre au théâtre quantité de pièces espagnoles dont on ne croyait pas qu'il fût possible de conserver l'esprit et le sel, si l'on voulait les dégager des licences et des fictions qui leur sont particulières, et que notre scène n'admet point. De ce comique ingénieux, mais outré, il a su, dans l'*Inconnu* et dans plusieurs autres pièces, revenir à un comique simple, instructif et gracieux, qui les a déjà presque fait survivre au siècle qui les a vues naître [1].

Il s'exerça encore à la poésie chantante ; et nous avons de lui trois opéras qui ne le cèdent à aucun ouvrage de ce genre.

Les Œuvres dramatiques de Corneille sont imprimées en recueil, suivant l'ordre des temps. On en a fait plusieurs éditions à Paris, en province et dans les pays étrangers. Celles de Paris sont des années 1682, 1692, 1709 ; cette dernière, qui est la plus exacte, est aussi la plus ample : mais elle le serait

---

[1] On croit que c'était une comédie.
[2] Le 7 octobre 1662, Pierre et Thomas Corneille donnèrent procuration à un de leurs cousins pour gérer leurs biens. Ils quittaient Rouen, et transféraient leur domicile à Paris. Dès lors, Th. Corneille se fit appeler Corneille de l'Ile, pour se distinguer de son frère ; et c'est toujours sous ce nom que les frères Parfait le désignent dans leur *Histoire du Théâtre français*.

[1] Plus je sonde Corneille le cadet, et plus je l'examine, plus il me paraît estimable ; il l'est même plus qu'on ne se l'imagine, surtout par rapport à l'invention et à la disposition des sujets ; jamais homme, à mon avis, n'a mieux possédé l'art de bien conduire une pièce de théâtre. (DESTOUCHES.)

bien davantage, si Corneille y avait voulu joindre tout ce qu'on sait qu'il a fait paraître sous d'autres noms. Ce recueil ne laisse pas d'être immense; et le cours d'une aussi longue vie que la sienne semble à peine y avoir pu suffire. Quarante pièces de théâtre au moins [1] n'ont cependant emporté qu'une petite partie de son temps; et, ce qui est peut-être encore plus heureux, il n'y a presque donné que celui de sa jeunesse.

La traduction de quelques livres des *Métamorphoses* et des *Épîtres héroïques* d'Ovide venait d'acquérir à M. de Corneille ce qui lui restait à prétendre des honneurs de la poésie, quand il perdit son illustre frère, le grand Corneille [2]; car pourquoi ne le nommerions-nous pas avec le public le grand Corneille, dans l'éloge d'un frère qui s'était lui-même fait une douce habitude de l'appeler ainsi?

La mort d'un frère, quand elle n'est pas prématurée, ne touche la plupart des hommes que par un triste retour sur eux-mêmes. Ils mesurent l'intervalle, ils supputent les moments qu'ils croient leur rester; ce calcul les effraye, et la nature, qui suit toujours ses faiblesses, mais qui est souvent habile à les couvrir, met sur le compte de la tendresse une douleur causée par l'amour-propre. Il n'en était pas ainsi de ceux dont nous parlons. Outre que Pierre Corneille était de vingt ans plus âgé que son frère, il y avait entre eux la plus parfaite union que l'on puisse imaginer, union qui les a quelquefois confondus aux yeux de leurs contemporains, et qui imposera d'autant plus à la postérité, qu'elle aura de nouveaux sujets de s'y méprendre.

Une estime réciproque, des inclinations et des travaux à peu près semblables, les engagements de la fortune, ceux même du hasard, tout semblait avoir concouru à les unir. Nous en rapporterons un exemple qui paraîtra peut-être singulier. Ils avaient épousé les deux sœurs, en qui il se trouvait la même différence d'âge qui était entre eux. Il y avait des enfants de part et d'autre, et en pareil nombre. Ce n'était qu'une même maison, qu'un même domestique [3]. Enfin, après plus de vingt-cinq ans de mariage, les deux frères n'avaient pas encore songé à faire le partage des biens de leurs femmes, biens situés en Normandie, dont elles étaient originaires, comme eux;

et ce partage ne fut fait que par une nécessité indispensable, à la mort de Pierre Corneille.

L'Académie française, à qui la perte de ce grand homme fut également sensible, crut ne la pouvoir mieux réparer que par le choix d'un frère qui lui était cher, et qui marchait glorieusement sur ses traces. On eût dit qu'il s'agissait d'une succession qui ne regardait que lui. Il fut élu tout d'une voix [1], et cet honneur, qui semblait achever le parallèle des deux frères, fut seul capable de suspendre les larmes de M. Corneille. On ne peut marquer plus de reconnaissance, ni la marquer plus éloquemment qu'il le fit dans le discours [2] qu'il prononça le jour de sa réception. Mais ce qui relève infiniment le mérite de cette journée, c'est la manière dont M. Racine, alors directeur de l'Académie, répondit à ce discours. Après avoir décrit cette espèce de chaos où se trouvait le poëme dramatique quand M. Corneille l'aîné, à force de lutter contre le mauvais goût de son temps, ramena enfin la raison sur la scène, et l'y fit paraître accompagnée de toute la pompe et de tous les ornements dont elle était susceptible, il dit, en s'adressant au nouvel académicien: « Vous auriez pu bien mieux que « moi, monsieur, lui rendre les justes honneurs qu'il « mérite, si vous n'eussiez appréhendé qu'en faisant « l'éloge d'un frère avec qui vous avez tant de confor- « mité, il ne semblât que vous fissiez votre propre « éloge. » Il ajoute que « c'est une si heureuse confor- « mité qui lui a concilié toutes les voix pour remplir « sa place, et pour rendre à l'Académie, avec le même « nom, le même esprit, le même enthousiasme, la « même modestie et les mêmes vertus. » Quel poids ces paroles n'avaient-elles point dans la bouche de M. Racine! Il parlait de ses rivaux.

L'utilité publique devint alors l'objet particulier des travaux de M. Corneille. Il entreprit de donner une nouvelle édition des *Remarques de Vaugelas* avec des notes qui faciliteraient l'intelligence de chaque article, et qui expliqueraient les changements arrivés dans la langue depuis que ces remarques avaient été faites.

L'ouvrage parut en 2 vol. in-12, au commencement de l'année 1687; et M. Corneille, qui jusque-là n'avait peut-être passé que pour poëte, fut bientôt reconnu pour un excellent grammairien. On admira surtout comment un homme qui s'était exercé toute

---

[1] Voyez à la suite de cet *Éloge* la liste générale des ouvrages de Th. Corneille.
[2] Il mourut, dans la nuit du 30 septembre au 1er octobre 1684, à soixante-dix-huit ans.
[3] La distance qui était entre l'esprit des deux Corneille n'en mit aucune dans leur cœur. Ils étaient extrêmement unis, et logeaient ensemble. Comme Thomas travaillait bien plus facilement que Pierre, quand celui-ci cherchait une rime, il levait une trappe, et la demandait à Thomas, qui la lui donnait aussitôt. (VOISENON.)

[1] Bayle, dans ses *Nouvelles de la République des lettres* (janvier 1685), prétend que Racine, alors directeur de l'Académie, apporta quelques retards à la réception de Th. Corneille, et qu'il demanda et obtint une surséance de quinze jours, parce que le duc du Maine témoignait quelque envie d'appartenir à ce corps illustre.
[2] Voyez ce discours à la suite du *Comte d'Essex*. Nous y avons joint un extrait de la réponse de Racine.

sa vie sur des sujets pompeux ou amusants, et qui les avait toujours traités avec une certaine facilité qui faisait le principal caractère de son esprit, était entré tout d'un coup, et avec tant de précision, dans ce détail épineux de particules et de constructions, que l'on peut en quelque sorte appeler l'anatomie du langage.

Le succès de cette entreprise le conduisit à quelque chose de plus grand. L'Académie française faisait imprimer son Dictionnaire, où elle n'avait pas jugé à propos de rapporter les termes des arts et des sciences, qui, quoique plus ignorés que les simples termes de la langue, demandaient au fond une discussion qui était moins de son objet. M. Corneille se chargea d'en faire un Dictionnaire particulier [1], en manière de supplément, et y travailla avec une telle assiduité, qu'il parut en 1694, en même temps que celui de l'Académie, quoiqu'il fût de même en 2 vol. *in-fol.* Le public les a reçus avec une égale reconnaissance; et les mettant toujours à la suite l'un de l'autre, il s'explique assez en faveur de M. Corneille, pour nous dispenser d'en dire davantage.

Trois ans après, c'est-à-dire en 1697, il donna une traduction en vers des quinze livres des *Métamorphoses*, dont il n'avait autrefois publié que les six premiers. De tous les ouvrages qui nous restent des anciens poëtes, il n'y en a point dont la matière soit plus diversifiée, et dont l'utilité soit plus connue : aussi presque toutes les nations se sont empressées à le traduire; les Grecs même n'ont pas dédaigné de le mettre en vers dans leur langue. Mais Ovide, qui s'arrête volontiers sur les endroits de la fable qui présentent des images riantes à la poésie, passe légèrement sur beaucoup de circonstances que personne peut-être n'ignorait de son temps, et que très-peu de gens savent aujourd'hui.

M. Corneille y a suppléé par le commentaire du monde le plus ingénieux; il a inséré dans ces sortes d'endroits quelques vers surnuméraires, qui, répandant un nouveau jour sur la fable, en continuent si bien le sens, qu'on a peine à s'apercevoir qu'ils y soient ajoutés. C'est là le premier avantage : voici le second. Ces vers sont imprimés d'un caractère différent, et on peut les passer sans interrompre la liaison naturelle de ce qui précède et de ce qui suit. Ainsi il y a des notes pour ceux qui en ont besoin; c'est une traduction simple pour les autres, et un agrément particulier pour tous.

Quand il plut au roi d'augmenter par un nouveau règlement l'Académie des inscriptions, M. Corneille y fut appelé comme un sujet des plus utiles et des plus zélés : il l'était en effet. Son âge déjà fort avancé ne l'empêchait point de se rendre très-régulièrement aux assemblées. Il perdit la vue bientôt après; mais cet accident si fâcheux ne diminua rien de son assiduité. D'autres infirmités succédant insensiblement à la perte de ses yeux, on le déchargea des travaux de l'Académie, dont l'entrée, droit de suffrage, et toutes les autres prérogatives lui furent conservées sous le titre de vétéran.

M. Corneille, tout aveugle qu'il était, et accablé sous le poids des années, ne laissa pas de faire encore d'heureux efforts en faveur du public. Il lui donna d'abord les nouvelles observations de l'Académie française sur *Vaugelas*, qu'il avait exactement recueillies. Il mit ensuite sous la presse son grand *Dictionnaire géographique*, qui l'occupait depuis quinze ans, et qui n'a été achevé d'imprimer qu'un an avant sa mort. Ce recueil, qui est en trois volumes *in-folio*, est le plus ample que nous ayons en ce genre. Il contient non-seulement une infinité d'articles que l'on chercherait en vain dans les autres dictionnaires; mais on y trouve de plus, dans les articles communs, des circonstances et des particularités qui, les rendant beaucoup plus étendus, les rendent beaucoup plus curieux. Il en corrigea lui-même toutes les épreuves; il avait dressé exprès un lecteur, dont il s'était rendu la prononciation si familière, qu'à l'entendre lire il jugeait parfaitement des moindres fautes qui s'étaient glissées dans la ponctuation ou dans l'orthographe.

Dès que l'impression de cet ouvrage fut achevée, M. Corneille se retira à Andelys, petite ville de Normandie, où il avait du bien. Il y mourut la nuit du 8 au 9 du mois de décembre dernier 1709, âgé de quatre-vingt-quatre ans trois mois et quelques jours [1].

Il avait joui toute sa vie, si l'on en excepte les cinq ou six dernières années, d'une santé égale et robuste, malgré son application continuelle au travail. Il est vrai que personne ne travaillait avec tant de facilité. On dit qu'*Ariane*, sa tragédie favorite, ne lui avait coûté que dix-sept jours [2], et qu'il n'en avait donné que vingt-deux à quelques autres. Il était d'une conversation aisée, ses expressions vives et naturelles la rendaient légère sur quelque sujet qu'elle roulât. Il avait conservé une politesse surprenante jusque dans ces derniers temps où l'âge semblait devoir l'affranchir de beaucoup d'attentions; et à cette

---

[1] On regarde généralement ce *Dictionnaire* comme le germe de l'*Encyclopédie*.

[1] Il laissa une fille, qui épousa M. de Marsilly, et un fils nommé *François*, dont la fille fut mariée avec le comte de la Tour du Pin. (*Biogr. univ.*)

[2] On rapporte dans la *Bibliothèque des théâtres* qu'*Ariane* fut faite en quarante jours. Je ne suis pas étonné de cette rapidité dans un homme qui a l'habitude des vers, et qui est plein de son sujet. (VOLT.) — De Visé, dans le *Mercure galant* de janvier 1710 dit aussi qu'*Ariane* fut faite en quarante jours.

politesse il joignait un cœur tendre qui se livrait aisément à ceux qu'il sentait être du même caractère.

Pénétré des vérités de la religion, il en remplissait les devoirs avec la dernière exactitude, mais sans aucune affectation. Très-sincèrement modeste, il n'avait jamais voulu profiter des occasions favorables de se montrer à la cour, ni chez les grands; et toujours empressé à louer le mérite d'autrui, on l'a vu plusieurs fois se dérober aux applaudissements que le sien lui attirait. Il aimait sur toutes choses une vie tranquille, quelque obscure qu'elle pût être, bienfaisant d'ailleurs, généreux, libéral même dans la plus médiocre fortune. Tous ceux qui l'ont connu le regrettent, comme si la mort l'eût enlevé à la fleur de son âge; car la vertu ne vieillit point.

FIN DE L'ÉLOGE.

LISTE GÉNÉRALE
DES
OUVRAGES DE TH. CORNEILLE.

POËMES DRAMATIQUES[1].

1647.

I. * LES ENGAGEMENTS DU HASARD, comédie en cinq actes et en vers.

Sujet emprunté à Caldéron.

1648.

II. * LE FEINT ASTROLOGUE, comédie en cinq actes et en vers.

Sujet également imité de Caldéron. A la fin du quatrième acte, Mendoce, vieux domestique de Léonard, se plaint à Philippin, valet de D. Fernand, des malheurs attachés à la domesticité, et lui explique en ces termes les expédients dont il se sert pour corriger la fortune :

> Le moyen, en servant, d'amasser un teston?
> Remplit-on le gousset sans le tour du bâton,
> Et pouvons-nous avoir de quoi faire débauche
> Sans ces menus profits qui nous viennent à gauche?
> Tu sais que de l'argent qui tombe en notre main,
> Selon l'occasion on retient le douzain,
> Et que peu de valets en font quelque scrupule.
> PHILIPPIN.
> C'est-à-dire, en deux mots, que tu ferres la mule?

[1] Ceux dont le titre est précédé d'un astérisque sont les seuls avoués par l'auteur.

Philippin lui conseille de retourner vite en son pays; s'il veut éviter d'*apprendre à danser sous la corde*, et lui offre comme un prompt moyen de transport une mule enchantée, sur laquelle il traversera les airs.

> MENDOCE.
> Et qui me conduira?
> Si j'allais m'égarer!
> PHILIPPIN.
> Oh! la vision bleue!
> Quelque diable follet suivra ta mule en queue.
> MENDOCE.
> Il est donc, Philippin, des diables muletiers?
> PHILIPPIN.
> Doutes-tu qu'il n'en soit presque de tous métiers?
> Il en est de sergents; il en est de notaires,
> Il en est de barbiers comme d'apothicaires;
> Il en est de greffiers; il en est de voleurs;
> Il en est de dévots et de monopoleurs;
> Il en est de tout poil; il en est de tous âges;
> Il en est d'usuriers et de prêteurs sur gages,
> De souffleurs d'alchimie et de rogneurs d'écus;
> Il en est de jaloux, et même de cocus.
> MENDOCE.
> De cocus!
> PHILIPPIN.
> Sans cela d'où leur viendraient les cornes?
> Il en est de lourdauds, de hargneux et de mornes;
> Il en est d'enjoués; il en est de grondants,
> De danseurs sur la corde et d'arracheurs de dents;
> Il en est de village; il en est du grand monde;
> Il en est à la mode; il en est à la fronde.
> Enfin, que te dirai-je? Il en est de galants,
> De bretteurs, de filous et de passe-volants;
> Il en est de mutins; il en est d'admirables;
> Il en est de méchants ainsi que tous les diables.
> Mais c'est trop s'arrêter : voici le mien venu :
> Monte.

Acte V, sc. VII.

1650.

III. * D. BERTRAND DE CIGARRAL, comédie en cinq actes et en vers.

Dans le portrait que Guzman fait de son maître, on trouve ces deux vers.

> Goutteux ce que doit l'être un goutteux d'origine,
> Toujours vers le poignet muni de la plus fine.

Acte I, sc. II.

Le dernier pourrait aujourd'hui être mal entendu. Voici l'interprétation que D. Bertrand lui-même en donne un peu plus loin. Il présente sa main sans gant à Isabelle, qui pousse un cri en la voyant. Ce n'est rien, reprend-il aussitôt,

> Ce n'est qu'un peu de gale;
> Je tâche à lui jouer pourtant d'un mauvais tour;
> Je me frotte d'onguent cinq ou six fois par jour :
> Il ne me coûte rien, moi-même j'en sais faire;
> Mais elle est à l'épreuve, et comme héréditaire.
> Si nous avons lignée, elle en pourra tenir;
> Mon père en mon jeune âge eut soin de m'en fournir;
> Ma mère, mon aïeul, mes oncles et mes tantes,
> Ont été de tout temps et *galants* et *galantes*.

C'est un droit de famille où chacun a sa part :
Quand un de nous en manque, il passe pour bâtard.
Acte II, sc. v.

1651.

IV. * L'Amour a la mode, comédie en cinq actes et en vers.

On peut regarder le personnage d'Oronte comme l'original, ou du moins comme l'esquisse des petits-maîtres et des hommes à bonne fortune qu'on a depuis mis sur la scène. Le passage suivant appuiera cette remarque.

CLITON.

Plus je vous examine, et plus je vous admire :
Tantôt l'œil vif et gai, vous faites le galant ;
Tantôt morne et pensif, vous faites le dolent.
Ici, l'air enjoué, vous faites des merveilles ;
Là, de soupirs aigus vous percez les oreilles ;
Je m'y laisse duper moi-même assez souvent :
Vous pleurez, vous riez, et tout cela du vent.
Quels tours de passe-passe !

ORONTE.
Et mon humeur t'étonne ?

CLITON.

Je n'en connus jamais de plus caméléone :
Chaque objet lui fait prendre un jeu tout différent.

ORONTE.

C'est ainsi que l'amour jamais ne me surprend ;
Je le brave, et par là rendant ses ruses vaines,
J'en goûte les douceurs, sans en sentir les peines.

CLITON.

Quoi ! donner tout ensemble, et reprendre son cœur,
C'est amour ?

ORONTE.
C'est amour, Cliton, et du meilleur.

CLITON.

Mais l'amour, n'est-ce pas une ardeur inquiète ?
(Car je suis Grec, depuis que j'en tiens pour Lisette)
Un frisson tout de flamme, un accident confus
Qui brouille la cervelle et rend l'esprit perclus ?
Une peine qui plaît encor qu'elle incommode ?

ORONTE.

C'est l'amour du vieux temps ; il n'est plus à la mode.

CLITON.

Il n'est plus à la mode ?

ORONTE.
Il est lourd et grossier.

CLITON.

Que faut-il faire donc pour le modifier ?

ORONTE.

Ma conduite aisément te lèvera ce doute :
Examine-la bien.

CLITON.
Ma foi, je n'y vois goutte.

Si vous voulez m'instruire, il faut mieux s'expliquer.

ORONTE.

Écoute pour cela ce qu'il faut pratiquer :
Avoir pour tous objets la même complaisance,
Savoir aimer par cœur, et sans que l'on y pense,
Et conter par coutume et pour se divertir ;
Se plaindre d'un grand mal, et n'en point ressentir,
En faire adroitement le visage interprète,
N'avertir point son cœur de quoi que l'on promette,
D'un mensonge au besoin faire une vérité,
Se montrer quelquefois à demi transporté,
Parler des passions, des soupirs et des flammes ;
Et pour ne risquer rien, en pratiquant les femmes,
Les adorer en gros, toutes confusément
Et les mésestimer toutes séparément.
Voilà la bonne règle.
Acte IV, sc. I.

« Peut-être que quelques-uns condamneront ces maximes ; mais aussi je me persuade que si cette façon d'aimer n'est pas la plus parfaite, elle est toujours la plus commode, et que pour vivre en estime parmi les dames il suffit bien souvent de faire porter à la galanterie les livrées de l'amour : c'est un genre de politique dont je m'imagine que l'usage doit être reçu chez toutes les nations. » *Epître dédicatoire de l'auteur.*)

1653.

V. * Le Berger extravagant, pastorale burlesque en cinq actes et en vers.

VI. * Le Charme de la voix, comédie en cinq actes et en vers.

« Je n'appellerai point du jugement du public sur cette comédie. Il peut se laisser surprendre dans les approbations qu'il donne, et ces tumultueux applaudissements qu'une première émotion lui fait quelquefois accorder d'abord à ce qu'il n'a pas bien examiné, ne sont pas toujours d'infaillibles garants de la véritable beauté de nos poëmes. Mais il arrive rarement qu'il condamne ce qui mérite d'être approuvé, et puisqu'il s'est déclaré contre celui-ci, je dois être persuadé qu'il avait raison de le faire.... J'ai rendu si religieusement jusqu'ici ce que j'ai cru devoir aux auteurs Espagnols qui m'ont servi de guides dans les sujets comiques qui ont paru de moi sur la scène avec quelque succès, qu'on ne doit pas trouver étrange si, leur en ayant fait partager la gloire, je refuse de me charger de toute la honte qui a suivi le malheur de ce dernier : puisqu'en effet j'eusse peut-être moins failli si je ne me fusse pas attaché si étroitement à la conduite de D. Augustin Moreto, qui l'a traité dans sa langue, sous le titre de *Lo que puedo la apprehension.* » (*Epître dédicatoire de l'auteur.*)

Ce langage plein de franchise et de naïveté peut servir de modèle aux auteurs dramatiques dont les espérances ne sont pas couronnées du succès.

1654.

VII. * Les Illustres ennemis, comédie en cinq actes et en vers.

La même année, on représenta deux autres pièces portant le même titre : l'une de Scarron, et l'autre de Bois-Robert. « L'Écolier de Salamanque [1], dit

---

[1] C'est le titre qu'il donna à sa pièce.

Scarron, dans son *Épître dédicatoire*, est un des plus beaux sujets espagnols qui aient paru sur le Théâtre français depuis la belle comédie du *Cid*. Il donna dans la vue à deux écrivains de réputation, en même temps qu'à moi; ces redoutables concurrents ne m'empêchèrent point de le traiter. Le dessein que j'avais, il y a longtemps, de dédier une comédie à V. A. R. me rendit comme un lion, et je crus que, travaillant pour son divertissement, je pouvais mesurer ma plume avec celle de quelque poëte héroïque, fût-il du premier ordre, et de ceux qui chaussent le cothurne à tous les jours. »

1655.

VIII. * Le Geôlier de soi-même, comédie en cinq actes et en vers.

Dans cette pièce, jouée longtemps sous le titre de *Jodelet prince*, Th. Corneille semble avoir voulu imiter Cervantes. Du moins son personnage principal offre plusieurs traits de ressemblance avec Sancho Pança, gouverneur de l'île de Barataria. On en jugera par la scène suivante.

Jodelet, revêtu du costume et des armes de Frédéric, prince de Sicile, est arrêté et conduit devant le roi de Naples. Là, il dit, en s'adressant aux soldats qui l'entourent :

Oui, ce lieu pour mon gîte est assez agréable;
Bon soir et bonne nuit, allez-vous-en au diable.
Tout habillé de fer et par bas et par haut,
Vous m'avez fait, je crois, galoper comme il faut;
Mais un jour peut venir où je veux qu'on me pende
Si plus cher qu'au marché vous n'en payez l'amende.
Une chaise, quelqu'un, je suis las, dépêchez.

LE ROI.
Levez, levez le masque; en vain vous vous cachez :
Trop superbe ennemi, l'on connaît qui vous êtes.

JODELET.
M'amène-t-on ici pour me conter sornettes?...
Qu'on me désenharnache, ou qu'on me fasse seoir :
La charge est lourde.

LE ROI.
    Enfin, sachez mieux vous connaître,
Et, prince, répondez à la gloire de l'être.
La peur d'un juste arrêt vous doit toucher trop peu,
Pour en faire à nos yeux un si bas désaveu;
Soutenez ce grand titre, et, bravant ma puissance,
Remplissez hautement l'heur de votre naissance.

JODELET.
Apprenez à vous taire, ou parlez sagement :
Je ne sache en ma race aucun forlignement.
Pour qui donc me prend-on?

LE ROI.
    La feinte est inutile;
Et nous connaissons trop le prince de Sicile.

JODELET.
Et que m'importe à moi si vous le connaissez?

LE ROI.
Vous nommer Frédéric, c'est vous en dire assez;
A cet illustre nom cessez de faire injure.

OCTAVE, *écuyer du prince de Sicile, bas*.
A l'erreur qui les trompe ajoutons l'imposture.
(*haut.*)
Ah! seigneur, ah! mon maître; oh! qu'il m'eût été doux
En autre lieu qu'ici d'embrasser vos genoux!
Mais puisque la fortune, à vous nuire obstinée,
A trahi le secret de votre destinée,
Et que j'ai pour mon prince une vie à donner...

JODELET.
Que diable celui-ci me vient-il jargonner?
Moi, prince? moi, son maître?

OCTAVE.
    Ah, seigneur!

JODELET.
     Je vous prie,
L'honneur cède au profit : trêve de seigneurie.

OCTAVE.
Quoi! seigneur, votre Octave...

JODELET.
    Achevons en un mot;
Eh bien, Octave, soit : Octave n'est qu'un sot.

ENRIQUE, *officier du roi de Naples*.
Quoi! prince...

JODELET.
  Vous avez les visières mal nettes.

LE ROI.
Savez-vous en quels lieux, et devant qui vous êtes?

JODELET.
Devant vous à peu près.

LE ROI.
    Tremblez donc!

JODELET.
     Et pourquoi?
Si je suis devant vous, vous êtes devant moi.

ENRIQUE.
C'est le roi qui vous parle.

JODELET.
    Ah! qu'il ne vous déplaise :
Le roi voit maintenant jouter tout à son aise;
Je sais ce qui se passe, et je le vais trouver.

LE ROI.
Qu'après sa trahison il m'ose encor braver,
Et joigne impunément le mépris à l'injure!

JODELET.
Vous m'accuseriez donc de quelque forfaiture?

ENRIQUE.
Voyez votre équipage, il parle contre vous.

JODELET.
Ah! je m'en doutais bien, vous êtes des filous;
Et pour mieux m'escroquer toute ma braverie...

LE ROI.
Cessez une si basse et froide raillerie.
Pour la dernière fois, prince...

JODELET.
    Cela va bien.
Prince! je le suis donc sans que j'en sache rien?

ENRIQUE.
Songez qu'un si haut rang que donne la naissance...

JODELET.
Je sais qu'être marquis est de ma compétence;
Mais, prince!

LE ROI.
  Quoi! toujours...

JODELET.
    Eh bien, rien n'est gâté :
Je consens, pour vous plaire, à la principauté.
Tout coup vaille.

LE ROI.
Non, non, suivez votre caprice;
D'une si lâche feinte appuyez l'artifice.
Attendant que le temps nous en fasse raison,
Je veux que ce château lui serve de prison.
JODELET.
Ma foi, je n'y vois goutte : ils ont beau haranguer,
Eux, ou moi, nous avons le don d'extravaguer.
Je ne me trompe point : je me tâte et retâte,
Et sous d'autres habits je sens la même pâte.
Oui, tous mes tâtements sont ici superflus,
Je suis encor moi-même, ou jamais ne le fus;
Je suis ce que je suis, en soit ce qui peut être.
Mais pourquoi m'obstiner à ne le point connaître?
Puisque chacun ici, d'une commune voix,
Soutient que je suis prince, il faut que je le sois.
On est plus grand seigneur quelquefois qu'on ne pense[1].
Tâchons de rappeler notre réminiscence.
ENRIQUE.
Quoi, seigneur!
JODELET.
Je le suis : il n'est rien de plus vrai;
C'est par votre suffrage, et je m'en souviendrai....
OCTAVE.
Seigneur, soutenez mieux l'éclat de votre gloire.
JODELET.
Ah! tu me parles, toi que le diable a tenté
De joindre la maîtrise à la principauté.
Mais me connais-tu bien, et n'est-ce point adresse?
OCTAVE.
Depuis plus de vingt ans je suis à votre altesse.
JODELET.
En quelle qualité?
OCTAVE.
De votre confident.
JODELET.
Confident ordinaire, ou bien par accident?
OCTAVE.
Autre que moi jamais n'eut part à cette gloire.
JODELET.
Quelle preuve en as-tu pour me le faire croire?
OCTAVE.
Seigneur, il vous souvient qu'un jour, sans mon secours,
Un cruel sanglier eût terminé vos jours?
Il vous souvient de plus que le roi votre père...
JODELET.
Ma foi, s'il m'en souvient, il ne m'en souvient guère[2].
Ai-je autrefois aimé la chasse au sanglier?
OCTAVE.
Je me tais par respect.
JODELET.
Bon! c'est s'humilier.
Mon nom est?
OCTAVE.
Frédéric.
JODELET.
Prince de?
OCTAVE.
De Sicile.
JODELET.
Ce que c'est que d'avoir la mémoire labile[3] :
Je l'oubliais déjà.

[1] Voltaire a dit :

On est plus criminel quelquefois qu'on ne pense.
ŒDIPE, Acte IV, sc. I.

[2] Ce vers est devenu populaire.
[3] *Fugitive.* De *labi, labor.*

ENRIQUE.
Seigneur, permettez-moi
D'exécuter enfin les volontés du roi.
JODELET.
Du roi?
ENRIQUE.
Quoi! doutez-vous que ce ne fût lui-même?
JODELET.
Qu'il soit roi tout de bon, ou bien par stratagème,
Pourvu qu'on m'obéisse, il m'importe fort peu.
Allons donc promptement ; grande chère et beau feu :
C'est là son ordre exprès.
Acte II, sc. VII.

1656.

IX. * TIMOCRATE, tragédie en cinq actes et en vers.

Cette pièce eut quatre-vingts représentations. Comme les acteurs étaient fatigués de jouer toujours la même pièce, un d'eux s'avança sur le bord du théâtre, et dit aux spectateurs : « Messieurs, vous ne vous lassez point d'entendre *Timocrate*; pour nous, nous sommes las de le jouer. Nous courons risque d'oublier nos autres pièces : trouvez bon que nous ne le représentions plus. »

« *Timocrate* n'est connu que comme un exemple de ces grandes fortunes passagères qui accusent le goût d'un siècle, et qui étonnent l'âge suivant. Les comédiens se lassèrent de le jouer, avant que le public se lassât de le voir ; et ce qui n'est pas moins extraordinaire, c'est que depuis ils n'aient jamais essayé de le reprendre. Quand on essaie de le lire, on ne peut imaginer ce qui lui procura cette vogue prodigieuse. Le sujet est tiré du roman de *Cléopâtre*, et c'est en effet une de ces aventures merveilleuses qu'on ne peut trouver que dans les romans. Le héros de la pièce joue un double personnage : sous le nom de Timocrate, il est l'ennemi de la reine d'Argos, et l'assiége dans sa capitale ; sous celui de Cléomène, il est son défenseur et l'amant de sa fille. Il est assiégeant et assiégé ; il est vainqueur et vaincu. Cette singularité, qui est vraiment très-extraordinaire, a pu exciter une sorte de curiosité qui peut-être fit le succès de la pièce, surtout si le rôle était joué par un acteur aimé du public. Au reste, cette curiosité est la seule espèce d'intérêt qui existe dans cette pièce, où le héros n'est jamais en danger. On imagine bien que cette intrigue fait naître beaucoup d'incidents qui ne sont guère vraisemblables, mais qui ne sont pas amenés sans art. » (LA HARPE.)

1657.

X. * BÉRÉNICE, tragédie en cinq actes et en vers.

Ce sujet n'est point le même que celui qui fut

traité concurremment par Racine et P. Corneille, en 1670.

1658.

XI.* La Mort de l'empereur Commode, tragédie en cinq actes et en vers.

Louis XIV alla voir jouer cette pièce au Marais, et quelque temps après la fit représenter sur le théâtre du Louvre.

1659.

XII.* Darius, tragédie en cinq actes et en vers.

1660.

XIII.* Stilicon, tragédie en cinq actes et en vers.

Loret, gazetier burlesque du temps, rend compte du succès de cette pièce, en ces termes :

« Stilicon, histoire romaine,
Ayant paru cette semaine,
Admirablement, sur ma foi,
Aux grands comédiens du roi
Ouvrage du jeune Corneille,
Me fit mardi crier merveille.
Ce ne fut pas moi seulement
Qui montrai du contentement :
Car cette pièce dramatique
A l'approbation publique,
Et surtout des plus raffinés
Qui se piquent d'avoir du nez.
On voit dans l'intrigue et sa suite
Une incontestable conduite ;
Et le tout si bien démêlé,
Que j'en fus très-émerveillé.
Outre la beauté du spectacle,
Chaque vers est presque un miracle ;
Enfin Corneille le cadet
A si bien poussé son bidet,
Sur ce sujet extraordinaire,
Qu'on dirait que monsieur son frère
En vers n'a jamais mieux paru.
Toi qui la vis, l'eusses-tu cru ?
¹ En me jouant, j'ai voulu mettre
Lussetu-cru dans cette lettre,
A la fin de chaque couplet,
Tant que l'ouvrage fût complet ;
Si bien qu'en toutes les matières
Par des différentes manières,
J'ai fait entrer ce mot bourra :
Oh ! cher lecteur, l'eusses-tu cru ? »
(*Muse historique*, 31 janvier 1660.)

Fontenelle, dans ses *Réflexions sur la poésie dramatique*, a remarqué qu'« un des grands secrets pour piquer la curiosité, c'est de rendre l'événement incertain. » Il faut pour cela, ajoute-t-il, que le nœud

¹ Ces huit derniers vers ne sont rapportés ici que pour donner une idée de l'esprit et de la manière de l'auteur.

soit tel qu'on ait de la peine à en prévoir le dénoûment, et que le dénoûment soit douteux jusqu'à la fin, et s'il se peut, jusques à la dernière scène. Lorsque Zénon est tué au moment qu'il va en secret donner avis de la conjuration à l'empereur, Honorius voit clairement que Stilicon ou Eucherius, ses deux favoris, sont les chefs de la conjuration, parce qu'ils étaient les seuls qui sussent que l'empereur devait donner une audience secrète à Zénon. Voilà un nœud qui met Honorius, Stilicon et Eucherius dans une situation très-embarrassante ; et il est très-difficile d'imaginer comment ils en sortiront. Qui pourrait laisser la pièce en cet endroit-là ? Tout ce qui serre le nœud davantage, tout ce qui le rend plus malaisé à dénouer, ne peut manquer de faire un bel effet. Il faudrait même, s'il se pouvait, faire craindre aux spectateurs que le nœud ne se pût pas dénouer heureusement. »

XIV.* Le Galant doublé, comédie en cinq actes et en vers.

Sujet espagnol.

1661.

XV.* Camma, tragédie en cinq actes et en vers.

« *Camma* et *Stilicon*, qui eurent du succès pendant longtemps, n'ont d'autre mérite qu'une intrigue assez bien entendue, quoique compliquée. Ce mérite est bien faible quand l'intrigue n'attache que l'esprit, et qu'il n'y a rien pour le cœur ; et c'est le vice capital de ces deux ouvrages : ils manquent de cet intérêt qui doit toujours animer la tragédie. Il n'y a ni passions, ni mouvements, ni caractères ; les héros et les scélérats sont également sans physionomie ; ils dissertent et ils combinent ; voilà tout. Les situations étonnent quelquefois, mais n'attachent pas. » (La Harpe.)

L'action de *Camma* est rapportée par Plutarque, dans son chapitre *des vertueux faicts des femmes*.

XVI.* Pyrrhus, roi d'Épire, tragédie en cinq actes et en vers.

Crébillon a depuis traité le même sujet. Voyez le second volume des œuvres de ce grand poëte, qui fait partie de la *Collection des classiques français*.

1662.

XVII.* Maximien, tragédie en cinq actes et en vers.

« Th. Corneille a traité à sa manière la prétendue conspiration de Maximien-Hercule contre Constantin. Fausta se trouve, dans cette pièce, entre son mari et son père : ce qui produit des situations fort touchantes. Le complot est très-intrigué, et c'est une de ces pièces dans le goût de *Camma* et de *Timocrate*. Elle eut beaucoup de succès dans son temps ; mais elle est tombée dans l'oubli avec presque toutes les pièces de Th. Corneille, parce que l'intrigue trop compliquée ne laisse pas aux passions le temps de paraître, parce que les vers en sont faibles ; en un mot, parce qu'elle manque de cette éloquence qui seule fait passer à la postérité les ouvrages de prose et de vers.

« Le rôle de Maximien n'est cependant pas sans beautés, et la manière dont il se tue eut autrefois un très-grand succès.

Pour monter dans ce trône où tu remplis ma place...
J'avais songé d'abord à te faire tomber :
Voilà pour me punir d'avoir manqué ta chute,
Et comme je prononce, et comme j'exécute.
Acte V, sc. dernière.

« Ces vers et cette mort furent fort bien reçus, et la pièce eut plus de trente représentations. » (VOLTAIRE.)

XVIII. * PERSÉE ET DÉMÉTRIUS, tragédie en cinq actes et en vers.

Loret, que nous avons déjà cité, assure que cette tragédie eut un grand succès. L'abbé d'Aubignac prétend au contraire qu'elle fut abandonnée dès les premières représentations.

1666.

XIX. * ANTIOCHUS, tragédie en cinq actes et en vers.

« La plupart des auditeurs ont paru assez satisfaits de la représentation de ce poëme. J'aurais mauvaise grâce de regarder ceux qui s'y sont mal divertis comme des censeurs trop sévères ou des critiques désintéressés.... » (*Avertissement de l'auteur.*)

1668.

XX. * LAODICE, REINE DE CAPPADOCE, tragédie en cinq actes et en vers.

« Le sujet de cette tragédie est tiré du trente-septième livre de Justin. Ceux qui auront la curiosité de l'y chercher, connaîtront ce que j'ai ajouté à l'histoire pour l'accommoder à notre théâtre. L'action principale y est si forte, qu'elle m'a contraint d'affaiblir les épisodes, et de négliger beaucoup d'ornements pour laisser à Laodice toute l'étendue de son caractère. La matière était belle pour l'ambition, et je ne doute point qu'un autre n'en eût fait voir des peintures plus achevées. Pour moi, j'avoue que mes forces n'ont pu aller plus loin, et que je ne demande l'indulgence dont j'ai besoin pour cet ouvrage, qu'après avoir employé tous mes soins pour adoucir les défauts dont je n'ai pu entièrement le purger. » (*Préface de l'auteur.*)

XXI. * LE BARON D'ALBIKRAC, comédie en cinq actes et en vers.

C'est une des meilleures pièces de Th. Corneille.

1669.

XXII. * LA MORT D'ANNIBAL, tragédie en cinq actes et en vers.

Trop d'épisodes, beaucoup d'intrigues, peu d'action, nul caractère.

1670.

XXIII. * LA COMTESSE D'ORGUEIL, comédie en cinq actes et en vers.

1672.

XXIV. * ARIANE, tragédie en cinq actes et en vers.

Ariane, le *Festin de Pierre* et le *Comte d'Essex*, entrent dans la composition de ce volume.

XXV. * THÉODAT, tragédie en cinq actes et en vers.

De Visé s'exprime ainsi sur *Théodat* : « Cet ouvrage aurait eu un très-grand succès, si la fortune avait été un effet du mérite ; mais comme ce ne sont plus les ouvrages qui cabalent, il ne faut pas s'étonner si cette pièce, qui eut l'approbation des connaisseurs, n'a pas été aussi suivie que les autres pièces du même auteur. » (*Mercure galant*, 1672.)

1673.

XXVI. * LA MORT D'ACHILLE, tragédie en cinq actes et en vers.

XXVII. LE COMÉDIEN POETE, comédie en cinq actes et en vers, faite en communauté avec Montfleury.

1674.

XXVIII. * D. CÉSAR D'AVALOS, comédie en cinq actes et en vers.

1675.

XXIX. * CIRCÉ, tragédie en cinq actes et en vers, ornée de machines, de changements de théâtre, et de musique, précédée d'un prologue.

« Le sujet de cette pièce est tiré du quatorzième

livre des *Métamorphoses* d'Ovide. Glaucus, de simple pêcheur qu'il était, ayant été changé en dieu marin, devint éperdument amoureux de Scylla, fille de Phorcus; et ne pouvant toucher son cœur, il alla implorer le secours de Circé, qui prit parti pour elle, et employa tout le pouvoir de ses charmes pour s'en faire aimer. Le dépit de n'avoir pu en venir à bout porta si loin son ressentiment, que pour se venger elle empoisonna une fontaine où Scylla avait accoutumé de s'aller baigner. Cette malheureuse nymphe ne s'y fut pas sitôt plongée, qu'elle vit naître des chiens qui, s'attachant à son corps, l'effrayèrent par leurs aboiements, et l'horreur qu'elle eut d'elle-même dans ce déplorable état fut si forte, qu'elle s'alla précipiter dans la mer où elle fut changée en un rocher qui a conservé son nom, et contre qui les flots se brisant imitent, par le bruit qu'ils font, les aboiements des chiens qui avaient fait son supplice. Je n'ai rien ajouté à cette fable que Mélicerte aimé de Scylla, et cette même Scylla changée en Néréide après tous ses malheurs, pour avoir lieu de finir par un spectacle de réjouissance. » (*Argument de l'auteur*.)

Circé eut d'abord un très-grand succès. Elle fut reprise en 1705, mais elle n'eut alors que sept représentations.

XXX. * L'INCONNU, comédie en cinq actes et en vers, précédée d'un prologue en vers libres, mêlée d'ornements et de musique.

Les représentations de cette pièce furent toujours très-suivies. En 1679, l'auteur ajouta dans le divertissement une chanson qui ne se trouve dans aucune édition de ses œuvres, et qui pourtant mérite d'être conservée. La voici :

LE BAVOLET.

Ne frippez poan mon bavolet,
 C'est aujordy dimanche
Je vous le dis tout net,
J'ai des éplingues sur ma manche;
 Ma main pese autant qu'al' est blanche,
 Et vous gagnerez un soufflet :
Ne frippez poan mon bavolet,
 C'est aujordy dimanche.
Attendez à demain que je vase [1] à la ville,
 J'aurai mes vieux habits;
  Et les lundis
Je ne sis pas si difficile.
 Mais à présent, tout franc,
Si vous faites l'impartinent,
Si vous gâtez mon linge blanc;
Je vous barrai [2] comme il faut de la hâte;
Je vous battrai, pincerai, piquerai

---

[1] Que j'aille.
[2] Pour *vous baillerai*.

Je vous mordrai, grugerai, pillerai
Menu, menu, menu comme la chair à pâte
Hom! voyez-vous, j'avons une tarrible tâte
Que je eachons sous not' bonnet.
Ne frippez poan mon bavolet.
C'est aujordy dimanche.

L'Inconnu, repris en 1703, eut encore vingt-neuf représentations consécutives.

1676.

XXXI. LE TRIOMPHE DES DAMES, comédie en cinq actes, mêlée d'ornements, avec l'explication du combat à la barrière et de toutes les devises.

La maladie de Mlle Molière (Armande Béjart), qui jouait le principal rôle de cette comédie, en interrompit les représentations.

Un *bourgeois niais*, nommé Vignolet, étant prié de danser, s'en excuse en chantant les paroles suivantes :

Si Claudine
Ma voisine
S'imagine
Sur ma mine
Que je ne suis bon à rien :
Qu'en cachette
La follette
Me permette
La fleurette,
Elle s'en trouvera bien.

Le courage
Qui m'engage
Lui présage
Qu'à mon âge
Je sais parler comme il faut :
Qu'on s'explique,
Pour duplique
Ma réplique
Fait la nique
A qui me croit en défaut.

La représentation d'un carrousel forme le fond de cette pièce.

1677.

XXXII. * LE FESTIN DE PIERRE, comédie en cinq actes et en vers.

Voyez ci-après.

1678.

XXXIII. * LE COMTE D'ESSEX, tragédie en cinq actes et en vers.

Voyez ci-après.

1679.

XXXIV. LA DEVINERESSE, ou MADAME JOBIN, comédie en cinq actes et en prose, faite en communauté avec de Visé.

Jouée et imprimée d'abord avec le double titre des

Faux enchantements, la *Devineresse* eut quarante-sept représentations, dans sa nouveauté: ce qu'il faut peut-être attribuer à quelques allusions avec des événements qui épouvantaient alors la France, et qui inspirent encore aujourd'hui la plus profonde horreur. Un écrivain à peu près contemporain les rapporte en ces termes:

« Il arriva cette année (1679) une chose d'autant plus extraordinaire, qu'on n'avait jamais rien vu de semblable: ce fut l'établissement de la Chambre ardente contre les sorciers et les empoisonneurs. Depuis l'invention diabolique de la marquise de Brainvilliers[1], le poison était devenu si commun, que les femmes s'en servaient ordinairement pour se défaire de leurs maris, et les maris de leurs femmes, et les enfants pour avoir la succession de leurs pères et mères: tellement qu'on l'appelait la *poudre de succession*. Plusieurs personnes de marque en furent soupçonnées; mais rien n'éclata jusqu'à l'aventure que je vais rapporter. Une certaine sage-femme[2], qui se mêlait de maléfice, avait été mise en prison avec un homme[3] qui en était aussi soupçonné. Outre la *poudre de succession* que la première avait donnée à plusieurs personnes, elle était accusée non-seulement d'avoir suffoqué, mais d'avoir réduit en cendres un grand nombre d'enfants nés hors mariage. Cette femme, voyant qu'il n'y avait plus d'espérance de sauver sa vie, accusa, pour gagner du temps, plusieurs dames et seigneurs de la cour, que la Chambre ardente résolut de faire arrêter. Mais comme elle en donna premièrement avis au roi, Sa Majesté eut la bonté d'en faire avertir quelques-uns, afin qu'ils s'éloignassent, s'ils étaient coupables........ La sage-femme eut la main percée d'un fer chaud, puis coupée, et fut ensuite brûlée vive, le 22 février de l'année suivante. » (*Histoire du règne de Louis XIV*, par H. P. de Limiers, tom. IV, pag. 18, 19 et 20.)

1681.

XXXV. LA PIERRE PHILOSOPHALE, comédie en cinq actes et en prose, mêlée de vers, faite en communauté avec de Visé.

1682.

XXXVI. LES DAMES VENGÉES, OU LA DUPE DE SOI-MÊME, comédie en cinq actes et en prose.

---

[1] Marie-Marguerite d'Aubray, femme du marquis de Brainvilliers, fut décapitée et brûlée en Grève l'an 1676, pour ses empoisonnements.
[2] La Voisin.
[3] Nommé le Sage. On dit que c'était un ecclésiastique.

1686.

XXXVII. LE BARON DES FONDRIÈRES, comédie en cinq actes.

Non imprimée, représentée une seule fois et sans succès. On y fit le premier usage des sifflets. Les frères Parfait, de qui nous empruntons ces détails, ne disent pas si *le Baron des Fondrières* était en vers ou en prose.

1695.

XXXVIII. * BRADAMANTE, tragédie en cinq actes et en vers.

« Cette tragédie, dont le sujet est emprunté à l'Arioste, eut douze représentations. Malgré ce succès, l'auteur sentit que le temps était venu de quitter une carrière où il avait si longtemps et si honorablement combattu. Il s'exprime ainsi dans son *Avis au lecteur:* « Si j'ai pu chercher à me satisfaire en composant cet ouvrage, j'ai peut-être eu tort de l'exposer au public, puisqu'il pouvait n'être pas du goût de tout le monde.... Mais c'est une faute que mes amis m'ont fait faire, et dans laquelle je me garderai bien de tomber à l'avenir, quelques idées favorables que me pût prêter l'histoire. S'il est un âge qui semble permettre ces sortes d'amusements, il en est un autre qui demande que l'on songe à la retraite. »

On croit que Th. Corneille prit part aux opéras de *Psyché* et de *Bellérophon*, de FONTENELLE; et aux comédies du *Deuil* et de la *Dame invisible*, d'HAUTEROCHE.

La *Biographie universelle* lui attribue encore un opéra intitulé *Médée*.

OEUVRES DIVERSES.

1° Sept héroïdes et sept élégies d'Ovide, traduites en vers; Paris, 1670, in-12.

2° Des observations sur les remarques grammaticales de Vaugelas; Paris, 1687, 2 vol. in-12.

3° Un *Dictionnaire des Arts et des Sciences*, pour servir de supplément au *Dictionnaire de l'Académie*; Paris, 1694, 2 vol. in-fol.

4° Les *Métamorphoses d'Ovide*, mises en vers français; Paris, 1697 et 1700, 3 vol. in-12.

« Cette traduction n'est pas sans mérite, et de « Saint-Ange en a connu le prix, puisqu'il en a em- « prunté douze à quinze cents vers. » (*Biographie universelle.*) — Pour donner une idée du travail de

Thomas Corneille, nous en rapporterons quelques passages à la fin de ce volume.

5° Les *Observations de l'Académie sur les remarques* de M. de Vaugelas; Paris, 1704, in-4°.

6° Un *Dictionnaire universel géographique et historique*; Paris, 1708, 3 vol. in-fol.

« Les dictionnaires sont d'une si grande utilité, qu'il serait à souhaiter que l'on en fît de particuliers sur chacune des matières qui n'ont été traitées dans aucun de ceux qui ont paru jusqu'à présent, ni dans leur juste étendue, ni avec assez d'exactes recherches. Ceux qui se sont adonnés à l'étude des belles-lettres dès leurs premières années y trouveraient des extraits qui leur fourniraient un prompt secours pour rappeler en leur mémoire ce qu'ils ont lu autrefois dans un ample détail; et ceux que de pénibles emplois, ou le soin de leurs affaires, mettent hors d'état de faire de longues lectures, y puiseraient du moins une connaissance superficielle de beaucoup de choses qu'il n'est pas permis d'ignorer entièrement.... Je n'ose rien demander pour moi. Un homme entré dans la quatre-vingt-quatrième année de son âge n'a guère sujet d'espérer de vivre encore assez pour prendre soin de la seconde édition d'un si long ouvrage. Quoiqu'il m'ait coûté plus de quinze ans d'un travail très-assidu, et presque sans aucun relâche, je sais qu'il est bien éloigné d'être dans l'état de perfection où il pourra être mis si des personnes plus habiles que je ne suis veulent bien un jour y mettre la main après moi, et le purger des fautes qui peuvent m'être échappées. » (*Préface de l'auteur.*)

7° On doit enfin à Thomas Corneille une édition augmentée de l'*Histoire de la Monarchie française sous le règne de Louis XIV*, par de Riencourt; Paris, 1697, 3 vol. in-12.

ARIANE,

TRAGÉDIE. — 1672.

PERSONNAGES.

ŒNARUS, roi de Naxe.
THÉSÉE, fils d'Ægée, roi d'Athènes.
PIRITHOÜS, fils d'Ixion, roi des Lapithes.
ARIANE, fille de Minos, roi de Crète.
PHÈDRE, sœur d'Ariane.
NÉRINE, confidente d'Ariane.
ARCAS, Naxian, confident d'Œnarus.

La scène est dans l'île de Naxe.

ACTE PREMIER.

SCÈNE PREMIÈRE.

ŒNARUS, ARCAS.

ŒNARUS.

Je le confesse, Arcas, ma faiblesse redouble[2] ;
Je ne puis voir ici Pirithoüs sans trouble.
Quelques maux où ma flamme ait dû me préparer,
C'était toujours beaucoup que les voir différer.
La princesse avait beau m'étaler sa constance,
Son hymen reculé flattait mon espérance ;
Et si Thésée avait et son cœur et sa foi,
Contre elle, contre lui, le temps était pour moi.
De ce faible secours Pirithoüs me prive ;
Par lui de mon malheur l'instant fatal arrive.
Cet ami, si longtemps de Thésée attendu,
Pour partager sa joie en ces lieux s'est rendu ;
Il vient être témoin du bonheur de sa flamme.
Ainsi plus de remise ; il faut m'arracher l'âme,
Et me soumettre enfin au tourment sans égal
De voir tout ce que j'aime au pouvoir d'un rival.

ARCAS.

Ariane vous charme, et sans doute elle est belle[1] ;
Mais seigneur, quand l'amour vous a parlé pour elle,
Avez-vous ignoré que déjà d'autres feux
La mettaient hors d'état de répondre à vos vœux ?

---

[1] *Ariane* eut un succès prodigieux et balança beaucoup la réputation de *Bajazet* de Racine, qu'on jouait en même temps, quoique assurément *Ariane* n'approche pas de *Bajazet* ; mais le sujet était heureux. Les hommes, tout ingrats qu'ils sont, s'intéressent toujours à une femme tendre abandonnée par un ingrat ; et les femmes qui se retrouvent dans cette peinture pleurent sur elles-mêmes. Presque personne n'examine à la représentation si la pièce est bien faite et bien écrite : on est touché ; on a eu du plaisir pendant une heure : ce plaisir même est rare ; et l'examen n'est que pour les connaisseurs. (V.)

[2] Ce rôle d'Œnarus est visiblement imité de celui d'Antiochus dans *Bérénice*, et c'est une mauvaise copie d'un original défectueux par lui-même. De pareils personnages ne peuvent être supportés qu'à l'aide d'une versification toujours élégante, et de ces nuances de sentiment que Racine seul a connues. Le confident d'Œnarus avoue que sans doute Ariane est *belle*. Œnarus a vu Thésée rendre *quelques soins à Mégiste et à Cyano* ; cela l'a flatté *du côté d'Ariane*. C'est un amour de comédie, dans le style négligé de la comédie. (V.)

[1] Ce vers, et tous ceux qui sont dans ce goût, prouvent assez ce que dit Riccoboni, que la tragédie en France est la fille du roman. Il n'y a rien de grand, de noble, de tragique, à aimer une femme parce qu'*elle est belle*. Il faudrait du moins relever ces petitesses par l'élégance de la poésie. Que le lecteur dépouille seulement de la rime les vers suivants : *Vous sûtes que Thésée avait, par le secours d'Ariane, évité les détours du labyrinthe en Crète, et que, pour reconnaître un si fidèle amour, il fuyait avec elle, vainqueur du Minotaure. Quelle espérance vous laissaient des nœuds si bien formés ?* Voyez non-seulement combien ce discours est sec et languissant, mais à quel point il pèche contre la régularité. *Éviter les détours du labyrinthe en Crète.* Thésée n'évita pas les détours du labyrinthe en Crète, puisqu'il fallait nécessairement passer par ces détours. La difficulté n'était pas de les éviter, mais de sortir en ne les évitant pas. Virgile dit :

Hic labor ille domûs, et inextricabilis error *.

Ovide dit :

Ducit in errorem variarum ambage viarum **.

Racine dit :

*Par vous aurait péri le monstre de la Crète,
Malgré tous les détours de sa vaste retraite :
Pour en développer l'embarras incertain
Ma sœur du fil fatal eût armé votre main* ***.

Voilà des images, voilà de la poésie, et telle qu'il la faut dans le style tragique. (V.)

* *Æneid.* VI, 27.
** *Métamorph.* VIII, 162.
*** *Phèdre*, acte II, sc. v.

Sitôt que dans cette île, où les vents la poussèrent,
Aux yeux de votre cour ses beautés éclatèrent,
Vous sûtes que Thésée avait par son secours
Du labyrinthe en Crète évité les détours,
Et, que, pour reconnaître une amour si fidèle [1],
Vainqueur du Minotaure, il fuyait avec elle.
Quel espoir vous laissaient des nœuds si bien formés [2] ?
Ils étaient l'un de l'autre également charmés :
Chacun d'eux l'avouait ; et vous-même en cette île,
Contre le fier Minos leur promettant asile,
Vous les pressiez d'abord d'avancer l'heureux jour
Qui devait par l'hymen couronner leur amour.

ŒNARUS. [peine

Que n'ont-ils pu me croire ! ils m'auraient vu sans
Consentir à ces nœuds dont l'image me gêne.
Quoique alors Ariane eût les mêmes appas,
On résiste aisément quand on n'espère pas ;
Et du moins je n'eusse eu, pour sauver ma franchise,
Qu'à vaincre de mes sens la première surprise.
Mais si mon triste cœur à l'amour s'est rendu,
Thésée en est la cause, et lui seul m'a perdu.
Sans songer quels honneurs l'attendent dans Athènes,
Ici depuis trois mois il languit dans ses chaînes ;
Et quoi que dans l'hymen il dût trouver d'appas,
Pirithoüs absent, il ne les goûtait pas.
Pour en choisir le jour il a fallu l'attendre.
C'est beaucoup d'amitié pour un amour si tendre.
Ces délais démentaient un cœur bien enflammé.
Et qui n'aurait pas cru qu'il n'aurait point aimé ?
Voilà sur quoi mon âme, à l'espoir enhardie,
S'est peut-être en secret un peu trop applaudie.
Les plus charmants objets qui brillent dans ma cour
Semblaient chercher Thésée, et briguer son amour.
Il rendait quelques soins à Mégiste, à Cyane ;
Tout cela me flattait du côté d'Ariane ;
Et j'allais quelquefois jusqu'à m'imaginer
Qu'il dédaignait un bien qu'il n'osait me donner.

ARCAS.

Dans l'étroite amitié qui depuis tant d'années
De deux amis si chers unit les destinées,
Il n'est pas surprenant que, malgré de beaux feux,
Thésée ait jusqu'ici refusé d'être heureux :
C'est de quoi mieux goûter le fruit de sa victoire,
Qu'avoir Pirithoüs pour témoin de sa gloire.
Mais, seigneur, Ariane a-t-elle en son amant
Blâmé pour un ami ce trop [1] d'empressement ?
En avez-vous trouvé plus d'accès auprès d'elle ?

ŒNARUS.

C'est là ma peine, Arcas : Ariane est fidèle.
Mes languissants regards, mes inquiets soupirs,
N'ont que trop de ma flamme expliqué les désirs.
C'était peu ; j'ai parlé. Mais pour l'heureux Thésée
D'un feu si violent son âme est embrasée,
Qu'elle a toujours depuis appliqué tous ses soins
A fuir l'occasion de me voir sans témoins.
Phèdre sa sœur, qui sait les peines que j'endure,
Soulage en m'écoutant ma funeste aventure ;
Et comme il ne faut rien pour flatter un amant,
Je m'obstine par elle, et chéris mon tourment.

ARCAS.

Avec un tel secours vous êtes moins à plaindre.
Mais Phèdre est sans amour, et d'un mérite à craindre :
Vous la voyez souvent ; et j'admire, seigneur,
Que sa beauté n'ait rien qui touche votre cœur.

ŒNARUS.

Vois par là de l'amour le bizarre caprice.
Phèdre dans sa beauté n'a rien qui n'éblouisse ;
Les charmes de sa sœur sont à peine aussi doux ;
Je n'ai qu'à dire un mot pour en être l'époux :
Cependant, quoique aimable, et peut-être plus belle,
Je la vois, je lui parle, et ne sens rien pour elle.
Non, ce n'est ni par choix, ni par raison d'aimer,
Qu'en voyant ce qui plaît on se laisse enflammer :
D'un aveugle penchant le charme imperceptible [2]

---

[1] On ne reconnaît point un amour comme on reconnaît un service, un bienfait. *Si fidèle* n'est pas le mot propre. Ce n'est point comme fidèle, c'est comme passionnée qu'Ariane donna le fil à Thésée. (V.)

[2] Un nœud est-il bien formé parce qu'on s'enfuit avec une femme ? Cette expression lâche, triviale, vague, n'exprime pas ce qu'on doit exprimer. Examinez ainsi tous les vers, vous n'en trouverez que très-peu qui résistent à une critique exacte. Cette négligence dans le style, ou plutôt cette platitude, n'est presque pas remarquée au théâtre : elle est sauvée par la rapidité de la déclamation ; et c'est ce qui encourage tant d'auteurs à se négliger, à employer des termes impropres, à mettre presque toujours le boursouflé à la place du naturel, à rimer en épithètes, à remplir leurs vers de solécismes, ou de façons de parler obscures qui sont pires que des solécismes : pour peu qu'il y ait dans leurs pièces deux ou trois situations intéressantes, ils sont contents. Nous avons déjà dit que nous n'avons pas depuis Racine une tragédie bien écrite d'un bout à l'autre. (V.)

[1] L'édition de 1706 porte :

Blâmé pour un ami ce *peu* d'empressement.

C'est évidemment une faute d'impression.

[2] Ces vers sont une imitation de *Rodogune* [*] :

Il est des nœuds secrets, il est des sympathies,
Dont par le doux rapport les âmes assorties...

Et de ces vers de *la Suite du Menteur* [**] :

Quand les arrêts du ciel nous ont faits l'un pour l'autre,
Lise, c'est un accord bientôt fait que le nôtre, etc.

Redisons toujours que ces vers d'idylle, ces petites maximes d'amour, conviennent peu au dialogue de la tragédie ; que toute maxime doit échapper au sentiment du personnage ; qu'il peut par les expressions de son amour, dire rapidement un mot qui devienne maxime ; mais non pas être un parleur d'amour. C'est

[*] Acte I, scène V.
[**] Acte IV, sc. 1. — Voyez aussi *l'Illusion comique*, acte III, sc. 1.

Frappe, saisit, entraîne, et rend un cœur sensible ;
Et par une secrète et nécessaire loi,
On se livre à l'amour sans qu'on sache pourquoi.
Je l'éprouve au supplice où le ciel me condamne.
Tout me parle pour Phèdre, et tout contre Ariane ;
Et, quoi que sur le choix ma raison ait de jour,
L'une a ma seule estime, et l'autre mon amour.

ARCAS.

Mais d'un pareil amour n'êtes-vous pas le maître ?
Qui peut tout ose tout.

ŒNARUS.
Que me fais-tu connaître !
L'ayant reçue ici, j'aurais la lâcheté
De violer les droits de l'hospitalité !
Quand je m'y résoudrais, quel espoir pour ma flamme ?
En la tyrannisant, toucherais-je son âme ?
Thésée est un héros fameux par tant d'exploits,
Qu'auprès d'elle en mérite il efface les rois.
Son cœur est tout à lui, j'en connais la constance :
Et nous ferions en vain agir la violence.
Ainsi par mon respect, au défaut d'être aimé,
Méritons jusqu'au bout de m'en voir estimé.
Par d'illustres efforts les grands cœurs se connaissent ;
Et malgré mon amour... Mais les princes paraissent.

SCÈNE II.

ŒNARUS, THÉSÉE, PIRITHOUS, ARCAS.

ŒNARUS.

Enfin voici ce jour si longtemps attendu :
Pirithoüs dans Naxe à Thésée est rendu ;

ici qu'il ne sera pas inutile d'observer encore que *ces lieux communs de morale lubrique*, que Despréaux a tant reprochés à Quinault, se trouvent dans des ariettes détachées, où elles sont bien placées, et que jamais le personnage de la scène ne prononce une maxime qu'à propos, tantôt pour faire pressentir sa passion, tantôt pour la déguiser. Ces maximes sont toujours courtes, naturelles, bien exprimées, convenables au personnage et à sa situation ; mais, quand une fois la passion domine, alors plus de ces sentences amoureuses. Arcabone dit à son frère :

Vous m'avez enseigné la science terrible
Des noirs enchantements qui font pâlir le jour ;
Enseignez-moi, s'il est possible,
Le secret d'éviter les charmes de l'amour.

Elle ne cherche point à discuter la difficulté de vaincre cette passion, à prouver que l'amour triomphe des cœurs les plus durs. Armide ne s'amuse point à dire en vers faibles :

Non, ce n'est ni par choix, ni par raison d'aimer,
Qu'en voyant ce qui plaît on se laisse enflammer.

Elle dit, en voyant Renaud :

Achevons... Je frémis... Vengeons-nous... Je soupire.

L'amour parle en elle, et elle n'est point parleuse d'amour. (V.)

CORNEILLE. — TOME II.

Et quand un heureux sort permet qu'il le revoie,
Il n'est pas malaisé de juger de sa joie.
Après un tel bonheur rien ne manque à sa foi.

PIRITHOUS.

Cette joie est encor plus sensible pour moi,
Seigneur ; et plus Thésée a pendant mon absence
D'un destin rigoureux souffert la violence,
Plus c'est pour ma tendresse un aimable transport
D'embrasser un ami dont j'ai pleuré la mort.
Qui l'eût cru[1], que, du sort le choix illégitime
L'ayant au Minotaure envoyé pour victime,
Il dût, par un triomphe, à jamais glorieux,
Affranchir son pays d'un tribut odieux ?
Sur le bruit qui rendait ces nouvelles certaines,
L'espoir de son retour m'attira dans Athènes ;
Et par un ordre exprès ce fut là que je sus
Qu'il attendait ici son cher Pirithoüs.
Soudain je vole à Naxe, où de sa renommée
Mon âme à le revoir est d'autant plus charmée,
Que, tout comblé qu'il est des faveurs d'un grand roi,
Même zèle toujours l'intéresse pour moi.

ŒNARUS.

Que Thésée est heureux ! Tandis qu'il peut attendre
Tous les biens que promet l'amitié la plus tendre,
Du plus parfait amour les favorables nœuds
N'ont rien qu'un bel objet n'abandonne à ses vœux.

THÉSÉE.

Il ne faut pas juger sur ce qu'on voit paraître, [être.
Seigneur : on n'est heureux qu'autant qu'on le croit
Vous m'accablez de biens ; et quand je vous dois tant,
Ne pouvant m'acquitter, je ne vis point content.

ŒNARUS.

Ce que j'ai fait pour vous vaut peu que l'on y pense.
Mais si j'en attendais quelque reconnaissance,
Prince, me dussiez-vous et la vie et l'honneur,
Il serait un moyen...

THÉSÉE.
Quel ? achevez, Seigneur.
J'offre tout ; et déjà mon cœur cède à la joie
De penser...

ŒNARUS.
Vous voulez en vain que je le croie.
Cessez d'avoir pour moi des soins trop empressés ;
il vous en coûterait plus que vous ne pensez.

THÉSÉE.
Doutez-vous de mon zèle ? et...

ŒNARUS.
Non ; je me condamne.
Aimez Pirithoüs, possédez Ariane.
Un ami si parfait... de si charmants appas[2]...

---

[1] Ce passage rappelle les premières paroles que Pilade adresse à Oreste dans *Andromaque*. La pièce de Racine parut cinq ans avant *Ariane*, et *Ariane* cinq ans avant *Phèdre*.

[2] Qui ne sent dans toute cette scène, et surtout en cet endroit

ARIANE, ACTE I, SCÈNE III.

J'en dis trop. C'est à vous à ne m'entendre pas :
Ma gloire le veut, prince, et je vous le demande.

SCÈNE III.

PIRITHOUS, THÉSÉE.

PIRITHOUS.

Je ne sais si le roi ne veut pas qu'on l'entende ;
Mais au nom d'Ariane un peu trop de chaleur
Me fait craindre pour vous le trouble de son cœur.
Songez-y. S'il fallait qu'épris d'amour pour elle...

THÉSÉE.

Sa passion est forte, et ne m'est pas nouvelle ;
Je la sus dès l'instant qu'il s'en laissa charmer :
Mais ce n'est pas un mal qui me doive alarmer.

PIRITHOUS.

Il est vrai qu'Ariane aurait lieu de se plaindre,
Si, chéri sans réserve, elle vous voyait craindre.
Je viens de lui parler, et je ne vis jamais
Pour un illustre amant de plus ardents souhaits.
C'est un amour pour vous si fort, si pur, si tendre,
Que, quoique pour vous plaire il fallût entreprendre,
Son cœur, de cette gloire uniquement charmé...

THÉSÉE.

Hélas! et que ne puis-je en être moins aimé!
Je ne me verrais pas dans l'état déplorable
Où me réduit sans cesse un amour qui m'accable,
Un amour qui ne montre à mes sens désolés...
Le puis-je dire?

PIRITHOUS.

O dieux! est-ce vous qui parlez?
Ariane en beauté partout si renommée,
Aimant avec excès, ne serait point aimée!
Vous seriez insensible à de si doux appas!

THÉSÉE.

Ils ont de quoi toucher ; je ne l'ignore pas[1] :
Ma raison, qui toujours s'intéresse pour elle,
Me dit qu'elle est aimable, et mes yeux qu'elle est belle.

L'amour sur leur rapport tâche de m'ébranler.
Mais, quand le cœur se tait, l'amour a beau parler ;
Pour engager ce cœur les amorces sont vaines[1],
S'il ne court de lui-même au-devant de ses chaînes,
Et ne confond d'abord, par ses doux embarras,
Tous les raisonnements d'aimer ou n'aimer pas.

PIRITHOUS.

Mais vous souvenez-vous que, pour sauver Thésée,
La fidèle Ariane à tout s'est exposée?
Par là du labyrinthe heureusement tiré...

THÉSÉE.

Il est vrai ; tout sans elle était désespéré :
Du succès attendu son adresse suivie,
Malgré le sort jaloux, m'a conservé la vie ;
Je la dois à ses soins. Mais par quelle rigueur
Vouloir que je la paye aux dépens de mon cœur?
Ce n'est pas qu'en secret l'ardeur d'un si beau zèle
Contre ma dureté n'ait combattu pour elle :
Touché de son amour, confus de son éclat,
Je me suis mille fois reproché d'être ingrat ;
Mille fois j'ai rougi de ce que j'ose faire.
Mais mon ingratitude est un mal nécessaire :
Et l'on s'efforce en vain par d'assidus combats,
A disposer d'un cœur qui ne se donne pas.

PIRITHOUS.

Votre mérite est grand, et peut l'avoir charmée ;
Mais quand elle vous aime elle se croit aimée.
Ainsi vos vœux d'abord auront flatté sa foi,
Et vous aurez juré....

THÉSÉE.

Qui n'eût fait comme moi?
Pour me suivre Ariane abandonnait son père ;
Je lui devais la vie ; elle avait de quoi plaire ;
Mon cœur sans passion me laissait présumer
Qu'il prendrait, à mon choix, l'habitude d'aimer.
Par là ce qu'il donnait à la reconnaissance
De l'amour auprès d'elle eut l'entière apparence.
Pour payer ce qu'au sien je voyais être dû,
Mille devoirs... Hélas! c'est ce qui m'a perdu.
Je les rendais d'un air à me tromper moi-même,
A croire que déjà ma flamme était extrême,
Lorsqu'un trouble secret me fit apercevoir
Que souvent, pour aimer, c'est peu que le vouloir.
Phèdre à mes yeux surpris à toute heure exposée..

PIRITHOUS.

Quoi! la sœur d'Ariane a fait changer Thésée?

THÉSÉE.

Oui, je l'aime ; et telle est cette brûlante ardeur,
Qu'il n'est rien qui la puisse arracher de mon cœur.
Sa beauté, pour qui seule en secret je soupire,
M'a fait voir de l'amour jusqu'où s'étend l'empire ;
Je l'ai connu par elle, et ne m'en sens charmé

---

la pusillanimité de ce rôle? *Avec ces charmants appas!* Pourquoi ce pauvre roi dit-il ainsi son secret à Thésée? On laisse échapper les sentiments de son cœur devant sa maîtresse, mais non pas devant son rival. (V.)

[1] Ces vers, qui sont d'un bouquet à Iris, et *Ariane en beauté partout si renommée*, et *l'amour qui tâche d'ébranler Thésée sur le rapport de ses yeux*, et *cet amour qui a beau parler quand le cœur se tait*, font de Thésée un héros de *Clélie*. Les raisonnements d'aimer ou n'aimer pas achèvent de gâter cette scène, qui d'ailleurs est bien conduite ; mais ce n'est pas assez qu'une scène soit raisonnable ; ce n'est que remplir un devoir indispensable : et quand il n'est question que d'amour, tout est froid et petit sans le style de Racine. Cette scène surtout manque de force ; les combats du cœur y étaient nécessaires. Thésée, perfide envers une princesse à qui il doit sa vie et sa gloire, devrait avoir plus de remords. (V.)

[1] VAR. Pour engager ce cœur ses amorces sont vaines.

Que depuis que je l'aime et que j'en suis aimé.
PIRITHOUS.
Elle vous aime?
THÉSÉE.
Autant que je le puis attendre
Dans l'intérêt du sang qu'une sœur lui fait prendre.
Comme depuis longtemps l'amitié qui les joint [point,
Forme entre elles des nœuds que l'amour ne rompt
Elle a quelquefois peine à contraindre son âme
De laisser sans scrupule agir toute sa flamme;
Et voudrait, pour montrer ce qu'elle sent pour moi,
Qu'Ariane eût cessé de prétendre à ma foi.
Cependant, pour ôter toute la défiance
Qu'aurait donné le cours de notre intelligence,
Naxe a peu de beautés pour qui des soins rendus
Ne me semblent coûter quelques soupirs perdus :
Cyane, Æglé, Mégiste, ont part à cet hommage.
Ariane le voit, et n'en prend point d'ombrage;
Rien n'alarme son cœur : tant ce que je lui doi
Contre ma trahison lui répond de ma foi!
PIRITHOUS.
Ces devoirs partagés ont trop d'indifférence
Pour vous faire aisément soupçonner d'inconstance.
Mais, quand depuis trois mois vous m'avez attendu,
Ne vous déclarant point, qu'avez-vous prétendu?
THÉSÉE.
Flatter l'espoir du roi, donner temps à sa flamme
De pouvoir, malgré lui, tyranniser son âme,
Gagner l'esprit de Phèdre, et me débarrasser
D'un hymen dont peut-être on m'aurait fait presser.
PIRITHOUS.
Mais me voici dans Naxe; et, quoi qu'on puisse faire,
Votre infidélité ne saurait plus se taire.
Quel prétexte auriez-vous encore à différer?
THÉSÉE.
Je me suis trop contraint, il faut me déclarer.
Quoi que doive Ariane en ressentir de peine,
Il faut lui découvrir que son hymen me gêne,
Et, pour punir mon crime et se venger de moi,
La porter, s'il se peut, à faire choix du roi.
Vous seul, car de quel front lui confesser moi-même
Qu'en moi c'est un ingrat, un parjure qu'elle aime?...
Non, vous lui peindrez mieux l'embarras de mon cœur.
Parlez; mais gardez bien de lui nommer sa sœur.
Savoir qu'une rivale ait mon âme charmée,
La chercher, la trouver dans une sœur aimée,
Ce serait un supplice, après mon changement,
A faire tout oser à son ressentiment.
Ménagez sa douleur pour la rendre plus lente :
Avouez-lui l'amour, mais cachez-lui l'amante.
Sur qui que ses soupçons puissent ailleurs tomber,
Phèdre à sa défiance est seule à dérober.
PIRITHOUS.
Je tairai ce qu'il faut; mais comme je condamne

Votre ingrate conduite au regard d'Ariane,
N'attendez point de moi que pour vous dégager
Je lui parle du feu qui vous porte à changer.
C'est un aveu honteux qu'un autre lui peut faire.
Cependant, mon secours vous étant nécessaire,
Si sur l'hymen du roi je puis être écouté,
J'appuierai le projet dont je vous vois flatté.
Phèdre vient, je vous laisse.
THÉSÉE.
O trop charmante vue!

SCÈNE IV.

THÉSÉE, PHÈDRE.

THÉSÉE.
Eh bien, à quoi, madame, êtes-vous résolue?
Je n'ai plus de prétexte à cacher mon secret.
Ne verrez-vous jamais mon amour qu'à regret?
Et quand Pirithoüs, que je feignais d'attendre,
Me contraint à l'éclat qu'il m'a fallu suspendre,
M'aimerez-vous si peu, que, pour le retarder,
Vous me disiez encor que c'est trop hasarder?
PHÈDRE.
Vous pouvez là-dessus vous répondre vous-même[1].
Prince, je vous l'ai dit, il est vrai, je vous aime;
Et, quand d'un cœur bien né la gloire est le secours,
L'avoir dit une fois, c'est le dire toujours.
Je n'examine point si je pouvais sans blâme
Au feu qui m'a surprise abandonner mon âme;
Peut-être à m'en défendre aurais-je trouvé jour :
Mais il entre souvent du destin dans l'amour;
Et, dût-il m'en coûter un éternel martyre,
Le destin l'a voulu, c'est à moi d'y souscrire.
J'aime donc; mais, malgré l'appât flatteur et doux
Des tendres sentiments qui me parlent pour vous,
Je ne puis oublier qu'Ariane exilée
S'est, pour vos intérêts, elle-même immolée;
Qu'aucun amour jamais n'eut tant de fermeté;
Qu'ayant tout fait pour vous, elle a tout mérité;
Et plus l'instant approche où cette infortunée,
Après un long espoir, doit être abandonnée,
Plus un secret remords trouve à me reprocher
Que je lui vole un bien qui lui coûte si cher. [ge;
Vous lui devez ce cœur dont vous m'offrez l'homma-
Vous lui devez la foi que votre amour m'engage;
Vous lui devez ces vœux que déjà tant de fois...

[1] Phèdre devait là-dessus parler avec plus d'élégance. Cette scène est ennuyeuse, et l'amour de Phèdre et de Thésée déplaît à tout le monde. L'ennui vient de ce qu'on sait qu'ils s'aiment et qu'ils sont d'accord; ils n'ont plus rien alors d'intéressant à se dire. Cette scène pouvait être belle; mais quand Phèdre dit *que la gloire est le secours d'un cœur bien né*, et qu'avoir dit *une fois qu'on aime*, c'est le *dire toujours*; on ne croit pas entendre une tragédie. (V.)

THÉSÉE.
Ah! ne me parlez plus de ce que je lui dois.
Pour elle contre vous qu'ai-je oublié de faire?
Quels efforts! J'ai tâché de l'aimer pour vous plaire;
C'est mon crime, et peut-être il m'en faudrait haïr;
Mais vous m'en donniez l'ordre, il fallait obéir.
Il fallait me la peindre aimable, jeune et belle,
Voir son pays quitté, mes jours sauvés par elle :
C'était de quoi sans doute assujettir mes vœux
A n'aimer qu'à lui plaire, à m'en tenir heureux.
Mais son mérite en vain semblait fixer ma flamme;
Un tendre souvenir frappait soudain mon âme :
Dès le moindre retour vers un charme si doux,
Je cédais au penchant qui m'entraîne vers vous,
Et sentais dissiper par cette ardeur nouvelle
Tous les projets d'amour que j'avais faits pour elle.

PHÈDRE.
J'aurais de ces combats affranchi votre cœur
Si j'eusse eu pour rivale une autre qu'une sœur;
Mais trahir l'amitié dont on la voit sans cesse...
Non, Thésée; elle m'aime avec trop de tendresse.
D'un supplice si rude il faut la garantir;
Sans doute elle en mourrait, je n'y puis consentir.
Rendez-lui votre amour, cet amour qui sans elle
Aurait peut-être dû me demeurer fidèle;
Cet amour qui toujours trop propre à me charmer,
N'ose...

THÉSÉE.
Apprenez-moi donc à ne vous plus aimer,
A briser ces liens où mon âme asservie
A mis tout ce qui fait le bonheur de ma vie.
Ces feux dont ma raison ne saurait triompher,
Apprenez-moi comment on les peut étouffer,
Comment on peut du cœur bannir la chère image....
Mais à quel sentiment ma passion m'engage!
Si la douceur d'aimer a pour vous quelque appas,
Me pourriez-vous apprendre à ne vous aimer pas?

PHÈDRE.
Il en est un moyen que ma gloire envisage :
Il faut de votre cœur arracher cette image.
Ma vue étant pour vous un mal contagieux,
Pour dégager ce cœur commencez par les yeux.
Fuyez de mes regards la trop flatteuse amorce;
Plus vous les souffrirez, plus ils auront de force.
Ce n'est qu'en s'éloignant qu'on pare de tels coups :
Si le triomphe est rude, il est digne de vous.
Il est beau d'étouffer ce qui peut trop nous plaire;
D'immoler à sa gloire...

THÉSÉE.
Et le pourriez-vous faire?
Ces traits qu'en votre cœur mon amour a tracés,
Quand vous me verrez moins, seront-ils effacés?
Oublirez-vous sitôt cet ardent sacrifice?...

PHÈDRE.
Cruel! pourquoi vouloir accroître mon supplice[1]?
M'accable-t-il si peu qu'il y faille ajouter
Les plaintes d'un amour que je n'ose écouter?
Puisque mon fier devoir le condamne à se taire,
Laissez-moi me cacher que vous m'avez su plaire :
Laissez-moi déguiser à mes chagrins jaloux [vous
Qu'il n'est point d'heur pour moi, point de repos sans
C'est trop : déjà mon cœur, à ma gloire infidèle,
De mes sens mutinés suit le parti rebelle;
Il se trouble, il s'emporte; et dès que je vous vois,
Ma tremblante vertu ne répond plus de moi.

THÉSÉE.
Ah! puisqu'en ma faveur l'amour fait ce miracle,
Oubliez qu'une sœur y voudra mettre obstacle.
Pourquoi, pour l'épargner, trahir un si beau feu?

PHÈDRE.
Mais sur quoi vous flatter d'obtenir son aveu?
Sachant que vous m'aimez...

THÉSÉE.
C'est ce qu'il lui faut taire.
Sa fuite de Minos allume la colère :
Pour s'en mettre à couvert elle a besoin d'appui.
Le roi l'aime; faisons qu'elle s'attache à lui,
Et qu'acceptant sa main au défaut de la mienne
Elle souffre en ces lieux qu'un trône la soutienne.
Quand un nouvel amour, par l'hymen établi,
M'aura par l'habitude attiré son oubli,
Qu'elle verra pour moi son mépris nécessaire,
Nous pourrons de nos feux découvrir le mystère.
Mais, prêt à la porter à ce grand changement,
J'ai besoin de vous voir enhardir un amant;
De voir que dans vos yeux, quand ce projet me flatte,
En faveur de l'amour un peu de joie éclate;
Que, contre vos frayeurs rassurant votre esprit,
Elle efface...

PHÈDRE.
Allez, prince; on vous aime, il suffit.
Peut-être que sur moi la crainte a trop d'empire.
Suivez ce qu'en secret votre cœur vous inspire;
Et de quoi que le mien puisse encore s'alarmer,
N'écoutez que l'amour, si vous savez aimer.

ACTE SECOND.

SCÈNE PREMIÈRE.
ARIANE, NÉRINE.

NÉRINE.
Le roi de ce refus eût eu lieu de se plaindre,

[1] VAR. Cruel! pourquoi chercher à croître mon supplice?

Madame; vous devez un moment vous contraindre;
Et, quoiqu'en l'écoutant vous ne puissiez douter
Que c'est son amour seul qu'il vous faut écouter,
Votre hymen, dont enfin l'heureux moment s'avance,
Semble vous obliger à cette complaisance.
Il vous perd, et la plainte a de quoi soulager.

ARIANE.

Ja sais qu'avec le roi j'ai tout à ménager;
J'aurais tort de l'aigrir. L'asile qu'il nous prête
Contre la violence assure ma retraite.
D'ailleurs, tant de respect accompagne ses vœux,
Que souvent j'ai regret qu'il ne puisse être heureux.
Mais quand d'un premier feu l'âme tout occupée [1]
Ne trouve de douceur qu'aux traits qui l'ont frappée,
C'est un sujet d'ennui qui ne peut s'exprimer,
Qu'un amant qu'on néglige, et qui parle d'aimer.
Pour m'en rendre la peine à souffrir plus aisée [2],
Tandis que le roi vient, parle-moi de Thésée :
Peins-moi bien quel honneur je reçois de sa foi;
Peins-moi bien tout l'amour dont il brûle pour moi;
Offre-s-en à mes yeux la plus sensible image.

NÉRINE.

Je crois que de son cœur vous avez tout l'hommage;
Mais au point que de lui je vois vos sens charmés,
C'est beaucoup s'il vous aime autant que vous l'aimez.

ARIANE.

Et puis-je trop l'aimer, quand, tout brillant de gloire,
Mille fameux exploits l'offrent à ma mémoire?
De cent monstres par lui l'univers dégagé
Se voit d'un mauvais sang heureusement purgé.
Combien, ainsi qu'Hercule, a-t-il pris de victimes!

Combien vengé de morts! combien puni de crimes!
Procuste et Cercyon, la terreur des humains,
N'ont-ils pas succombé sous ses vaillantes mains?
Ce n'est point le vanter que ce qu'on m'entend dire;
Tout le monde le sait, tout le monde l'admire :
Mais c'est peu; je voudrais que tout ce que je voi
S'en entretînt sans cesse, en parlât comme moi.
J'aime Phèdre; tu sais combien elle m'est chère [1] :
Si quelque chose en elle a de quoi me déplaire,
C'est de voir son esprit, de froideur combattu,
Négliger entre nous de louer sa vertu.
Quand je dis qu'il s'acquiert une gloire immortelle,
Elle applaudit, m'approuve : et qui ferait moins qu'elle?
Mais enfin d'elle-même on ne l'entend jamais
De ce charmant héros élever les hauts faits :
Il faut en leur faveur expliquer son silence.

NÉRINE.

Je ne m'étonne point de cette indifférence :
N'ayant jamais aimé, son cœur ne conçoit pas [2]...

ARIANE.

Elle évite peut-être un cruel embarras.
L'amour n'a bien souvent qu'une douceur trompeuse :
Mais vivre indifférente, est-ce une vie heureuse [3]?

NÉRINE.

Apprenez-le du roi, qui, de vous trop charmé,
Ne souffrirait pas tant s'il n'avait point aimé.

SCÈNE II.

OENARUS, ARIANE, NÉRINE.

OENARUS.

Ne vous offensez point, princesse incomparable [4],

---

[1] On voit dans ces vers quelque chose du style de Pierre Corneille : ce sont des maximes générales : elles sont justes; mais disons toujours que les grandes passions ne s'expriment point en maximes. J'ai déjà remarqué que vous n'en trouvez pas un seul exemple dans Racine. *Trouver de la douceur à des traits*, n'est pas élégant. *C'est un sujet d'ennui qui ne peut s'exprimer*, est de la prose de comédie. *Un amant qui parle d'aimer*, est un pléonasme faible. (V.)

[2] Le premier vers est prosaïque et mal fait. *Parle-moi de Thésée tandis que le roi vient.* Ce vers ne me paraît pas assez passionné; ce *tandis que le roi vient*, semble dire, *parle-moi de Thésée en attendant*. Observez comme Hermione, dans *Andromaque**, dit la même chose avec plus de sentiment et d'élégance :

> Ah! qu'Oreste à son gré m'impute ses douleurs,
> N'avons-nous d'entretien que celui de ses pleurs?
> Pyrrhus revient à nous! Eh bien! chère Cléone,
> Conçois-tu les transports de l'heureuse Hermione?
> Sais-tu quel est Pyrrhus? t'es-tu fait raconter
> Le nombre des exploits?... Mais qui les peut compter?
> Intrépide, et partout suivi de la victoire, etc.

Cela est bien supérieur aux *cent monstres dont l'univers a été dégagé par Thésée*, et qui *se voit purgé d'un mauvais sang*, à ces *victimes prises par Thésée et par Hercule*, etc. (V.)

* Acte III, sc. IV.

---

[1] Ce sentiment d'Ariane me paraît bien naturel, et en même temps du plus grand art. Le spectateur sent avec un extrême plaisir les raisons du silence de Phèdre. (V.)

[2] Ce sentiment est encore très-touchant, quoique le mot d'*embarras* soit trop faible. (V.)

[3] Ce vers serait fort plat, si Ariane parlait d'elle-même; mais elle parle de sa sœur; elle la plaint de ne point aimer, tandis qu'en effet elle aime Thésée. On est déjà bien vivement intéressé. (V.)

[4] OEnarus joue ici le rôle de l'Antiochus de *Bérénice*; mais il est bien moins raisonnable et bien moins touchant : il a le ridicule de parler d'amour à une princesse dont il sait que Thésée est idolâtré, et qu'il croit que Thésée adore; et il ne l'a aimée que depuis qu'il a été témoin de leurs amours. Antiochus, au contraire, a aimé Bérénice avant qu'elle se fût déclarée pour Titus, et il ne lui parle que lorsqu'il va la quitter pour jamais. Ce qui rend surtout OEnarus très-inférieur à Antiochus, c'est la manière dont il parle. Thésée a du mérite, et il l'a dit cent fois. *Les sens ravis d'OEnarus ont cédé à l'amour dès qu'il a vu Ariane.* Il fallait n'en parler plus, il l'a fait par respect, il n'a point changé d'âme; il a langui d'amour tout consumé. Il demande, pour *flatter son martyre*, un mot *favorable*, et un sincère *soupir*. Ariane répond qu'elle n'est point ingrate, que Thésée se trouve *adoré dans son cœur*, que dès la *première fois elle l'a déclaré*, et répète encore,

Si, prêt à succomber au malheur qui m'accable,
Pour la dernière fois j'ai tâché d'obtenir
La triste liberté de vous entretenir.
Je la demande entière; et, quoi que puisse dire
Ce feu qui malgré vous prend sur moi trop d'empire,
Vous pouvez sans scrupule en voir mon cœur atteint,
Quand, pour prix de mes maux, je ne veux qu'être

ARIANE.   [plaint.

Je connais tout l'amour dont votre âme est éprise.
Son excès m'a souvent causé de la surprise;
Et vous ne direz rien que mon cœur interdit
Pour vous-même avant vous ne se soit déjà dit.
Tant d'ardeur méritait que ce cœur, plus sensible
A l'offre de vos vœux, ne fût pas inflexible,
Que d'un si noble hommage il se trouvât charmé;
Mais, quand je vous ai vu, Thésée était aimé:
Vous savez son mérite, et le prix qu'il me coûte.
Après cela, seigneur, parlez, je vous écoute.

ŒNARUS.

Thésée a du mérite, et, je l'ai dit cent fois,
Votre amour eût eu peine à faire un plus beau choix.
Partout sa gloire éclate; on l'estime, on l'honore.
Il vous aime, ou plutôt, madame, il vous adore;
Vous le dire à toute heure est son soin le plus doux:
Et qui pourrait moins faire étant aimé de vous?
Après cette justice à sa flamme rendue,
La mienne par pitié sera-t-elle entendue?
Je ne vous redis point que tous mes sens ravis
Cédèrent à l'amour sitôt que je vous vis:
Vous l'avez déjà su par l'aveu téméraire
Que de ma passion j'osai d'abord vous faire.
Il fallut, pour cesser de vous être suspect,
Ne vous en parler plus: je l'ai fait par respect.
Pour ne vous aigrir pas, d'un rigoureux silence
Je me suis imposé la dure violence;
Et s'il m'est échappé d'en soupirer tout bas,
C'était bien m'en punir que ne m'écouter pas.
Tant de rigueur n'a pu diminuer ma flamme.
Pour vous voir sans pitié, je n'ai point changé d'âme.
J'ai souffert, j'ai langui, d'amour tout consumé¹,
Madame, et tout cela sans espoir d'être aimé;
Par vos seuls intérêts vous m'avez été chère:
J'ai regardé l'amour sans chercher le salaire;
Et même, en ce funeste et dernier entretien,
Prêt peut-être à mourir, je ne demande rien.
Rendez Thésée heureux; vous l'aimez, il vous aime:
Mais songez, en plaignant mon infortune extrême,
Que vos bienfaits n'ont point sollicité ma foi;
Que vous n'avez rien fait, rien hasardé pour moi,
Et que lorsque mon cœur dispose de ma vie,
C'est sans vous la devoir qu'il vous la sacrifie.
Pour prix du pur amour qui le fait soupirer,
S'il était quelque grâce où je pusse aspirer,
Je vous demanderais, pour flatter mon martyre,
Qu'au moins quand je vous perds vous daignassiez me dire
Que, sans ce premier feu pour vous si plein d'appas,
J'aurais pu par mes soins ne vous déplaire pas.
Pour adoucir les maux où votre hymen m'expose,
Ce que j'ose exiger sans doute est peu de chose;
Mais un mot favorable, un sincère soupir,
Est tout pour qui ne veut que l'entendre, et mourir.

ARIANE.

Seigneur, tant de vertu dans votre amour éclate,
Qu'il faut vous l'avouer, je ne suis point ingrate.
Mon cœur se sent touché de ce que je vous doi,
Et voudrait être à vous s'il pouvait être à moi:
Mais il perdrait le prix dont vous le croyez être
Si l'infidélité vous en rendait le maître.
Thésée y règne seul, et s'y trouve adoré.
Dès la première fois je vous l'ai déclaré;
Dès la première fois...

ŒNARUS.

C'en est assez, madame;
Thésée a mérité que vous payiez sa flamme.
Pour lui Pirithoüs arrivé dans ma cour
Va presser votre hymen; choisissez-en le jour.
S'il faut que je donne ordre à l'apprêt nécessaire,
Parlez; il me suffit que ce sera vous plaire:
J'exécuterai tout. Peut-être il serait mieux
De vouloir épargner ce supplice à mes yeux.
Que doit faire le coup, si l'image me tue!
Mais je me priverais par là de votre vue.
C'est ce qui peut surtout aigrir mon désespoir;
Et j'aime mieux mourir que cesser de vous voir.

SCÈNE III.

ŒNARUS, THÉSÉE, ARIANE, NÉRINE.

ŒNARUS.   [taire¹

Prince, mon trouble parle; et, quand je voudrais

---

dès la première fois, comme si c'était un beau discours à répéter. Ce dialogue, trop négligé, devait être écrit avec la plus grande finesse. On ne s'aperçoit pas de ces défauts à la représentation; ils choquent à la lecture. (V.)

¹ Racine a depuis employé les mêmes idées; mais quelle vivacité et quel coloris il a su leur donner! Voyez la déclaration de Phèdre à Hippolyte, acte II, sc. v.

¹ On ne doit, ce me semble, faire un pareil aveu que quand il est absolument nécessaire. Aucune raison ne doit engager ŒEnarus à se déclarer le rival de Thésée. Antiochus, dans *Bérénice*, ne fait un pareil aveu qu'à la fin du cinquième acte; et c'est en quoi il y a un très-grand art. Le style d'ŒEnarus met le comble à l'insipidité de son rôle; il adore *les charmes de son amour,* il en fait *l'aveu au point de l'hymen!* Il dit que *c'est montrer assez ce qu'est un si beau feu,* et qu'il est *trahi par sa vertu.* Comment est-il trahi par sa vertu, puisqu'il renonce à un si beau feu, et qu'il va préparer le mariage de Thésée et d'Ariane? (V.)

ARIANE, ACTE II, SCÈNE IV.

Le supplice où m'expose un destin trop contraire,
De mes yeux interdits la confuse langueur
Trahirait malgré moi le secret de mon cœur.
J'aime ; et de cet amour dont j'adore les charmes
La princesse est l'objet. N'en prenez point d'alarmes :
Au point de votre hymen vous en faire l'aveu,
C'est vous montrer assez ce qu'est un si beau feu.
De tous ses mouvements ma raison me rend maître.
L'effort est grand, sans doute ; on en souffre ; et peut-
Un rival tel que moi, par sa vertu trahi,   [être
Mérite d'être plaint, et non d'être haï [1].
C'est tout ce qu'il prétend pour prix de sa victoire,
Ce malheureux rival qui s'immole à sa gloire.
Vos soupçons auraient pu faire outrage à ma foi,
S'ils s'étaient avec vous expliqués avant moi :
C'est en les prévenant que je me justifie.
Ne considérez point le malheur de ma vie.
L'hymen depuis longtemps attire tous vos vœux ;
J'y consens, dès demain vous pouvez être heureux.
Pirithoüs présent n'y laisse plus d'obstacle ;
Ma cour, qui vous honore, attend ce grand spectacle :
Ordonnez-en la pompe ; et, dans un sort si doux,
Quoi que j'aie à souffrir, ne regardez que vous.
Adieu, madame.

SCÈNE IV.

THÉSÉE, ARIANE, NÉRINE.

THÉSÉE.
Il faut l'avouer à sa gloire,
Sa vertu va plus loin que je n'aurais pu croire.
Au bonheur d'un rival lui-même consentir !

ARIANE.
L'honneur à cet effort a dû l'assujettir.
Qu'eût-il fait ? Il sait trop que mon amour extrême,
En s'attachant à vous, n'a cherché que vous-même ;
Et qu'ayant tout quitté pour vous prouver ma foi,
Mille trônes offerts ne pourraient rien sur moi.

THÉSÉE.
Tant d'amour me confond ; et plus je vois, madame,
Que je dois...

ARIANE.
Apprenez un projet de ma flamme [2].

Pour m'attacher à vous par de plus fermes nœuds,
J'ai dans Pirithoüs trouvé ce que je veux.
Vous l'aimez chèrement ; il faut que l'hyménée
De ma sœur avec lui joigne la destinée,
Et que nous partagions ce que pour les grands cœurs
L'amour et l'amitié font naître de douceurs.
Ma sœur a du mérite ; elle est aimable et belle [1],
Suit mes conseils en tout ; et je vous réponds d'elle.
Voyez Pirithoüs, et tâchez d'obtenir
Que par elle avec nous il consente à s'unir.

THÉSÉE.
L'offre de cet hymen rendra sa joie extrême :
Mais, madame, le roi.... Vous savez qu'il vous aime.
S'il faut...

ARIANE.
Je vous entends : le roi trop combattu
Peut laisser à l'amour séduire sa vertu.
Cet inquiet souci ne saurait me déplaire ;
Et, pour le dissiper, je sais ce qu'il faut faire.

THÉSÉE.
C'en est trop... Mon cœur... Dieux !

ARIANE.
Que ce trouble m'est doux !
Ce qu'il vous fait sentir, je me le dis pour vous.
Je me dis...

THÉSÉE.
Plût aux dieux ! vous sauriez la contrainte...

ARIANE.
Encore un coup, perdez cette jalouse crainte :
J'en connais le remède ; et, si l'on m'ose aimer,
Vous n'aurez pas longtemps à vous en alarmer.

THÉSÉE.
Minos peut vous poursuivre, et si de sa vengeance...

ARIANE.
Et n'ai-je pas en vous une sûre défense ?

THÉSÉE.
Elle est sûre, il est vrai ; mais...

ARIANE.
Achevez.

THÉSÉE.
J'attends...

ARIANE.
Ce désordre me gêne, et dure trop longtemps.
Expliquez-vous enfin.

THÉSÉE.
Je le veux, et ne l'ose ;
A mes propres souhaits moi-même je m'oppose ;
Je poursuis un aveu que je crains d'obtenir.
Il faut parler pourtant : c'est trop me retenir.

---

[1] Dans l'édition de 1706, on lit :
. . . . et non pas d'être haï.
Cette incorrection typographique n'existe pas dans les éditions précédentes.

[2] Ce dessein d'Ariane d'unir une sœur qu'elle aime à l'ami de Thésée, tandis que cette sœur lui prépare la plus cruelle trahison, forme une situation très-belle et très-intéressante ; c'est là connaître l'art de la tragédie et du dialogue ; c'est même une espèce de coup de théâtre. L'embarras de Thésée et l'extrême honte d'Ariane attachent le spectateur le plus indifférent : les vers, à la vérité, sont faibles. (V.)

[1] Ma sœur a du mérite ; elle est aimable et belle.... —
L'offre de cet hymen rendra sa joie extrême, etc.
sont des expressions trop négligées ; mais la scène par elle-même est excellente. (V.)

Vous m'aimez, et peut-être une plus digne flamme
N'a jamais eu de quoi toucher une grande âme.
Tout mon sang aurait peine à m'acquitter vers vous;
Et cependant le sort, de ma gloire jaloux,
Par une tyrannie à vos désirs funeste...
Adieu : Pirithoüs vous peut dire le reste.
Sans l'amour qui du roi vous soumet les États,
Je vous conseillerais de ne l'apprendre pas.

SCÈNE V.

ARIANE, PIRITHOUS, NÉRINE.

ARIANE.
Quel est ce grand secret, prince? et par quel mystère
Vouloir me l'expliquer, et tout à coup se taire?

PIRITHOUS.
Ne me demandez rien : il sort tout interdit,
Madame, et par son trouble il vous en a trop dit,

ARIANE.
Je vous comprends tous deux. Vous arrivez d'Athè-
Du sang dont je suis née on n'y veut point de reines; [nes[1] :
Et le peuple indigné refuse à ce héros
D'admettre dans son lit la fille de Minos.
Qu'après la mort d'Égée il soit toujours le même,
Qu'il m'ôte, s'il le peut, l'honneur du rang suprême ;
Trône, sceptre, grandeurs, sont des biens superflus;
Thésée étant à moi, je ne veux rien de plus.
Son amour paye assez ce que le mien me coûte;
Le reste est peu de chose.

PIRITHOUS.
Il vous aime, sans doute.
Et comment pourrait-il avoir le cœur si bas[2]

Que tenir tout de vous, et ne vous aimer pas?
Mais, madame, ce n'est que des âmes communes
Que l'amour s'autorise à régler les fortunes.
Qu'Athènes se déclare ou pour ou contre vous,
Vous avez de Minos à craindre le courroux;
Et l'hymen seul du roi peut sans incertitude
Vous ôter là-dessus tout lieu d'inquiétude.
Il vous aime; et de vous Naxe prenant la loi
Calmera...

ARIANE.
Vous voulez que j'épouse le roi?
Certes, l'avis est rare! et, si j'ose vous croire,
Un noble changement me va combler de gloire!
Me connaissez-vous bien?

PIRITHOUS.
Les moindres lâchetés[1]
Sont pour votre grand cœur des crimes détestés ;
Vous avez pour la gloire une ardeur sans pareille :
Mais, madame, je sais ce que je vous conseille;
Et si vous me croyez, quels que soient mes avis,
Vous vous trouverez bien de les avoir suivis.

ARIANE.
Qui? moi les suivre? moi qui voudrais pour Thésée[2]
A cent et cent périls voir ma vie exposée?
Dieux! quel étonnement serait au sien égal,
S'il savait qu'un ami parlât pour son rival,
S'il savait qu'il voulût lui ravir ce qu'il aime!

PIRITHOUS.
Vous le consulterez; n'en croyez que lui-même.

ARIANE.
Quoi! si l'offre d'un trône avait pu m'éblouir,
Je lui demanderais si je dois le trahir,
Si je dois l'exposer au plus cruel martyre
Qu'un amant...

PIRITHOUS.
Je n'ai dit que ce que j'ai dû dire.

---

[1] Ariane tombe dans la même méprise que Bérénice, qui impute au trouble de Titus un tout autre sujet que le véritable. Il vaudrait mieux peut-être qu'Ariane demandât à Pirithoüs si les Athéniens ne s'opposent pas à son mariage avec Thésée, plutôt que de soupçonner tout d'un coup qu'ils s'y opposent. Mais enfin cette méprise ne servant qu'à faire éclater davantage l'amour d'Ariane, intéresse beaucoup pour elle. (V.)

[2] Et comment pourrait-il avoir le cœur si bas
Que tenir tout de vous, et ne vous aimer pas?

Ces deux vers sont imités de ces deux-ci, de Sévère, dans *Polyeucte*[1] :

Un homme aimé de vous; mais quel cœur assez bas
Aurait pu vous connaître, et ne vous aimer pas?

Ce mot *bas* n'est pas tolérable, ni dans la bouche de Sévère, ni dans celle de Pirithoüs. Un homme n'est point du tout *bas*, pour connaître une femme et ne la pas aimer; et ce n'est point à Pirithoüs à dire que son ami aurait le cœur *bas*, s'il n'aimait pas Ariane. De plus, ce n'est point une bassesse d'être perfide en amour. Chaque chose a son nom propre; et sans la convenance des termes il n'y a rien de beau. (V.) — Remarquez que Voltaire lui-même a dit :

Qui peut avoir un cœur assez traître, assez bas
Pour feindre tant d'amour, et ne le sentir pas?

Zaïre, Acte IV, sc. III.

* Acte IV, sc. V.

[1] Cette impropriété de termes déplaît à quiconque aime la justesse dans les discours. Le mot de *lâcheté* ne convient pas plus que celui de *bas*; et l'*ardeur sans pareille pour la gloire* est déplacée quand il s'agit d'amour. Cette scène ressemble encore à celle où Antiochus vient annoncer à Bérénice qu'elle doit renoncer à Titus ; mais il y a bien plus d'art à faire apprendre le malheur de Bérénice par son amant même, qu'à faire instruire Ariane de sa disgrâce par un homme qui n'y a nul intérêt. (V.)

[2] . . . . Moi qui voudrais pour Thésée
A cent et cent périls voir ma vie exposée.

Cela est encore imité de Racine :

Moi, dont vous connaissez le trouble et les tourments,
Quand vous ne me quittez que pour quelques moments,
Moi qui mourrais le jour qu'on voudrait m'interdire
De vous...*

Cela vaut mieux que *cent et cent périls*, mais la situation est très-touchante, et c'est presque toujours la situation qui fait le succès au théâtre. (V.)

* *Bérénice*, Acte II, sc. IV.

Vous y penserez mieux; et peut-être qu'un jour
Vous prendrez un peu moins le parti de l'amour.
Adieu, madame.
ARIANE.
Il dit ce qu'il faut qu'il me dise!
Demeurez. Avec moi c'est en vain qu'on déguise :
Vous en avez trop dit pour ne me pas tirer
D'un doute dont mon cœur commence à soupirer.
J'en tremble, et c'est pour moi la plus sensible atteinte.
Éclaircissez ce doute, et dissipez ma crainte :
Autrement je croirai qu'une nouvelle ardeur
Rend Thésée infidèle, et me vole son cœur;
Que pour un autre objet, sans souci de sa gloire...
PIRITHOÜS.
Je me tais; c'est à vous à voir ce qu'il faut croire.
ARIANE.
Ce qu'il faut croire! ah dieux! vous me désespérez.
Je verrais à mes vœux d'autres vœux préférés!
Thésée à me quitter... Mais quel soupçon j'écoute!
Non, non, Pirithoüs, on vous trompe, sans doute.
Il m'aime; et s'il m'en faut séparer quelque jour,
Je pleurerai sa mort, et non pas son amour.
PIRITHOÜS.
Souvent ce qui nous plaît, par une erreur fatale...
ARIANE.
Parlez plus clairement : ai-je quelque rivale?
Thésée a-t-il changé? viole-t-il sa foi?
PIRITHOÜS.
Mon silence déjà s'est expliqué pour moi;
Par là je vous dis tout. Vos ennuis me font peine;
Mais quand leur seul remède est de vous faire reine,
N'oubliez point qu'à Naxe on veut vous couronner;
C'est le meilleur conseil qu'on vous puisse donner.
Ma présence commence à vous être importune :
Je me retire.

SCÈNE VI.

ARIANE, NÉRINE.

ARIANE.
As-tu conçu mon infortune?
Il n'en faut point douter, je suis trahie. Hélas[1],
Nérine!
NÉRINE.
Je vous plains.

[1] Il manque peut-être à cette scène de la gradation dans la douleur, et de la force dans les sentiments. Ariane ne doit point dire *qu'elle regrette cette raison barbare*. La raison ne s'oppose point du tout à sa juste douleur; et ce n'est pas ainsi que le désespoir s'exprime : c'est le poëte qui fait là une petite digression sur la *raison barbare;* ce n'est point Ariane. Thomas Corneille imitait souvent de son frère ce grand défaut, qui consiste à vouloir raisonner quand il faut sentir. (V.)

ARIANE.
Qui ne me plaindrait pas?
Tu le sais, tu l'as vu, j'ai tout fait pour Thésée;
Seule à son mauvais sort je me suis opposée :
Et quand je me dois tout promettre de sa foi,
Thésée a de l'amour pour une autre que moi!
Une autre passion dans son cœur a pu naître!
J'ai mal ouï, Nérine, et cela ne peut être.
Ce serait trahir tout, raison, gloire, équité.
Thésée a trop de cœur pour tant de lâcheté,
Pour croire qu'à ma mort son injustice aspire.
NÉRINE.
Pirithoüs ne dit que ce qu'il lui fait dire :
Et quand il a voulu l'attendre si longtemps,
Ce n'était qu'un prétexte à ses feux inconstants;
Il nourrissait dès lors l'ardeur qui le domine.
ARIANE.
Ah! que me fais-tu voir, trop cruelle Nérine?
Sur le gouffre des maux qui me vont abîmer,
Pourquoi m'ouvrir les yeux quand je les veux fermer?
Hélas! il est donc vrai que mon âme abusée
N'adorait qu'un ingrat en adorant Thésée!
Dieux, contre un tel ennui soutenez ma raison;
Elle cède à l'horreur de cette trahison :
Je la sens qui déjà... Mais quand elle s'égare,
Pourquoi la regretter cette raison barbare,
Qui ne peut plus servir qu'à me faire mieux voir
Le sujet de ma rage et de mon désespoir?
Quoi! Nérine, pour prix de l'amour le plus tendre...

SCÈNE VII.

ARIANE, PHÈDRE, NÉRINE.

ARIANE. [dre[1]?
Ah! ma sœur, savez-vous ce qu'on vient de m'appren-
Vous avez cru Thésée un héros tout parfait[2];
Vous l'estimiez, sans doute; et qui ne l'eût pas fait?
N'attendez plus de foi, plus d'honneur : tout chancelle,
Tout doit être suspect; Thésée est infidèle.
PHÈDRE.
Quoi! Thésée...
ARIANE.
Oui, ma sœur, après ce qu'il me doit,

[1] Chère Œnone, sais-tu ce que je viens d'apprendre?
Phèdre, Acte IV, sc. vi.

La situation est la même. Phèdre vient d'apprendre de la bouche de Thésée qu'Hippolyte, *ce tigre que jamais elle n'aborda sans crainte*, s'est rendu aux charmes d'Aricie.

[2] Vous avez cru Thésée un héros tout parfait.
.... Et qui ne l'eût pas fait?... Tout chancelle, etc.

Voilà des expressions bien étranges; il n'était plus permis d'écrire avec tant de négligence, après les modèles que Thomas Corneille avait devant les yeux. (V.)

Me quitter est le prix que ma flamme en reçoit ;
Il me trahit. Au point que sa foi violée
Doit avoir irrité mon âme désolée,
J'ai honte, en vous contant l'excès de mes malheurs,
Que mon ressentiment s'exhale par mes pleurs.
Son sang devrait payer la douleur qui me presse [1].
C'est là, ma sœur, c'est là, sans pitié, sans tendresse,
Comme après un forfait si noir, si peu commun,
On traite les ingrats ; et Thésée en est un.
Mais quoi qu'à ma vengeance un fier dépit suggère,
Mon amour est encor plus fort que ma colère.
Ma main tremble ; et malgré son parjure odieux,
Je vois toujours en lui ce que j'aime le mieux.

PHÈDRE.

Un revers si cruel vous rend sans doute à plaindre ;
Et vous voyant souffrir ce qu'on n'a pas dû craindre,
On conçoit aisément jusqu'où le désespoir...

ARIANE.

Ah ! qu'on est éloigné de le bien concevoir !
Pour pénétrer l'horreur du tourment de mon âme,
Il faudrait qu'on sentît même ardeur, même flamme ;
Qu'avec même tendresse on eût donné sa foi :
Et personne jamais n'a tant aimé que moi.
Se peut-il qu'un héros d'une vertu sublime
Souille ainsi... Quelquefois le remords suit le crime.
Si le sien lui faisait sentir ces durs combats....
Ma sœur, au nom des dieux, ne m'abandonnez pas ;
Je sais que vous m'aimez, et vous le devez faire.
Vous m'avez dès l'enfance été toujours si chère,
Que cette inébranlable et fidèle amitié
Mérite bien de vous au moins quelque pitié.
Allez trouver... hélas ! dirai-je mon parjure ?
Peignez-lui bien l'excès du tourment que j'endure :
Prenez, pour l'arracher à son nouveau penchant,
Ce que les plus grands maux offrent de plus touchant.
Dites-lui qu'à son feu j'immolerais ma vie,
S'il pouvait vivre heureux après m'avoir trahie.
D'un juste et long remords avancez-lui les coups.
Enfin, ma sœur, enfin, je n'espère qu'en vous [2].
Le ciel m'inspira bien, quand par l'amour séduite [3]
Je vous fis malgré vous accompagner ma fuite :
Il semble que dès lors il me faisait prévoir
Le funeste besoin que j'en devais avoir.
Sans vous, à mes malheurs où chercher du remède ?

PHÈDRE.

Je vais mander Thésée ; et si son cœur ne cède,
Madame, en lui parlant, vous devez présumer...

ARIANE.

Hélas ! et plût au ciel que vous sussiez aimer [1],
Que vous pussiez savoir, par votre expérience,
Jusqu'où d'un fort amour s'étend la violence !
Pour émouvoir l'ingrat, pour fléchir sa rigueur,
Vous trouveriez bien mieux le chemin de son cœur [2] ;
Vous auriez plus d'adresse à lui faire l'image
De mes confus transports de douleur et de rage :
Tous les traits en seraient plus vivement tracés.
N'importe ; essayez tout : parlez, priez, pressez.
Au défaut de l'amour, puisqu'il n'a pu vous plaire,
Votre amitié pour moi fera ce qu'il faut faire.
Allez, ma sœur ; courez empêcher mon trépas.
Toi, viens, suis-moi, Nérine, et ne me quitte pas.

ACTE TROISIÈME.

SCÈNE PREMIÈRE [3].

PIRITHOÜS, PHÈDRE.

PIRITHOÜS.

Ce serait perdre temps, il ne faut plus prétendre

---

[1] Pour parler ainsi, Ariane devait être plus sûre de l'infidélité de Thésée. Ce que lui a dit Pirithoüs n'est point assez clair pour la convaincre de son malheur ; elle devait demander des éclaircissements à Pirithoüs ; elle devait même chercher Thésée. L'amour aime à se flatter ; le doute, l'agitation, le trouble, devaient être plus marqués. Phèdre se présente ici d'elle-même ; c'était à sa sœur à la faire prier de venir. Phèdre ne doit point dire : *Quoi ! Thésée....* Feindre en cette occasion de l'étonnement, c'est un artifice qui rend Phèdre odieuse. (V.)

[2] Va trouver de ma part ce jeune ambitieux....
Presse, pleure, gémis, peins-lui Phèdre mourante ;
Ne rougis point de prendre une voix suppliante,
Je t'avoûrai de tout ; je n'espère qu'en ici.
  Phèdre, Acte III, sc. 1.

[3] Voilà quatre vers dignes de Racine. (V.)

[1] Ce vers est encore fort beau, et par le naturel dont il est, et par la situation. Elle souhaite que sa sœur connaisse l'amour ; et, pour son malheur, Phèdre ne le connaît que trop. Il serait à souhaiter que les vers suivants fussent dignes de celui-là. (V.)

[2] Aricie a trouvé le chemin de son cœur.
  Phèdre, Acte IV, sc. VI.

[3] Cette scène est une de celles qui devaient être traitées avec le plus d'art et d'élégance. C'est le mérite de bien dire qui seul peut donner du prix à ces dialogues, où l'on ne peut dire que des choses communes. Que serait *Aricie*, que serait *Atalide*, si l'auteur n'avait employé tous les charmes de la diction pour faire valoir un fonds médiocre ? C'est là ce que la poésie a de plus difficile ; c'est elle qui orne les moindres objets.

Qui dit sans s'avilir les plus petites choses,
Fait des plus secs chardons des œillets et des roses.

In tenui labor, at tenuis non gloria *.

Ce rôle de Phèdre était très-délicat à traiter ; quelque chose qu'elle dise pour se justifier, elle est coupable ; et dès qu'e

* VIRG. *Georg.* IV, 6.

Que rien touche Thésée, et le force à se rendre.
J'admire encor, madame, avec quelle vertu
Vous avez de nouveau si longtemps combattu.
Par son manque de foi, contre vous-même armée,
Vous avez fait paraître une sœur opprimée;
Vous avez essayé par un tendre retour
De ramener son cœur vers son premier amour;
Et prière, et menace, et fierté de courage,
Tout vient pour le fléchir d'être mis en usage.
Mais, sur ce changement qui semble vous gêner,
L'ingratitude en vain vous le fait condamner :
Vos yeux rendent pour lui ce crime nécessaire;
Et s'il cède aux remords quelquefois pour vous plaire,
Quoi que vous ait promis ce repentir confus,
Sitôt qu'il vous regarde il ne s'en souvient plus.

PHÈDRE.

Les dieux me sont témoins que de son injustice
Je souffre malgré moi qu'il me rende complice.
Ce qu'il doit à ma sœur méritait que sa foi
Se fît de l'aimer seule une sévère loi;
Et quand des longs ennuis où ce refus l'expose
Par ma facilité je me trouve la cause,
Il n'est peine, supplice, où, pour l'en garantir,
La pitié de ses maux ne me fît consentir.
L'amour que j'ai pour lui me noircit peu vers elle :
Je l'ai pris sans songer à le rendre infidèle;
Ou plutôt j'ai senti tout mon cœur s'enflammer
Avant que de savoir si je voulais aimer.
Mais si ce feu trop prompt n'eut rien de volontaire,
Il dépendait de moi de parler, ou me taire.
J'ai parlé, c'est mon crime; et Thésée applaudi
A l'infidélité par là s'est enhardi.
Ah! qu'on se défend mal auprès de ce qu'on aime!
Ses regards m'expliquaient sa passion extrême;
Les miens à la flatter s'échappaient malgré moi :
N'était-ce pas assez pour corrompre sa foi?
J'eus beau vouloir régler son âme trop charmée,
Il fallut voir sa flamme, et souffrir d'être aimée;
J'en craignis le péril, il me sut éblouir.
Que de faiblesse! Il faut l'empêcher d'en jouir,
Combattre incessamment son infidèle audace.
Allez, Pirithoüs; revoyez-le, de grâce :
De peur qu'en mon amour il prenne trop d'appui,
Otez-lui tout espoir que je puisse être à lui.

J'ai déjà beaucoup dit, dites-lui plus encore.

PIRITHOÜS.

Nous avancerions peu, madame; il vous adore [1] :
Et quand, pour l'étonner à force de refus,
Vous vous obstineriez à ne l'écouter plus,
Son âme toute à vous n'en serait pas plus prête
A suivre d'autres lois, et changer de conquête.
Quoique le coup soit rude, achevons de frapper.
Pour servir Ariane, il faut la détromper,
Il faut lui faire voir qu'une flamme nouvelle
Ayant détruit l'amour que Thésée eut pour elle,
Sa sûreté l'oblige à ne pas dédaigner
La gloire d'un hymen qui la fera régner.
Le roi l'aime, et son trône est pour elle un asile.

PHÈDRE.

Quoi! je la trahirais, elle qui, trop facile [2],
Trop aveugle à m'aimer, se confie à ma foi
Pour toucher un amant qui la quitte pour moi!
Et quand elle saurait que par mes faibles charmes,
Pour lui percer le cœur, j'aurais prêté des armes,
Je pourrais à ses yeux lâchement exposer
Les criminels appas qui la font mépriser!
Je pourrais soutenir le sensible reproche
Qu'un trop juste courroux...

PIRITHOÜS.

                Voyez qu'elle s'approche.
Parlons : son intérêt nous oblige à bannir
Tout l'espoir que son feu tâche d'entretenir.

SCÈNE II.

ARIANE, PIRITHOÜS, PHÈDRE, NÉRINE.

ARIANE.

Eh bien! ma sœur, Thésée est-il inexorable?
N'avez-vous pu surprendre un soupir favorable?
Et quand au repentir on le porte à céder [3],

---

fait l'aveu de sa passion à Thésée, on ne peut la regarder que comme une perfide qui cherche à pallier sa trahison. Cependant il y a beaucoup d'art et de bienséance dans les reproches qu'elle se fait, et dans la résolution qu'elle semble prendre :

 Que de faiblesse! Il faut l'empêcher d'en jouir,
 Combattre incessamment son infidèle audace.
 Allez, Pirithoüs, revoyez-le, de grâce.

Et, si les vers étaient meilleurs, ce sentiment rendrait Phèdre supportable. (V.)

[1] Le personnage de Pirithoüs est un peu lâche. Est-ce à lui d'encourager Phèdre dans sa perfidie? (V.)

[2] L'art du dialogue exige qu'on réponde précisément à ce que l'interlocuteur a dit. Ce n'est que dans une grande passion, dans l'excès d'un grand malheur, qu'on doit ne pas observer cette règle : l'âme alors est toute remplie de ce qui l'occupe, et non de ce qu'on lui dit : c'est alors qu'il est beau de ne pas bien répondre; mais ici Pirithoüs ouvre à Phèdre la voie la plus convenable et la plus honnête de réussir dans sa passion : cette passion même doit la forcer à répondre à l'ouverture de Pirithoüs. (V.)

[3] Ces scènes sont trop faiblement écrites : mais le plus grand défaut est la nécessité malheureuse où l'auteur met Phèdre de ne faire que tromper. Il fallait un coup de l'art pour ennoblir ce rôle. Peut-être si Phèdre avait pu espérer qu'Ariane épouserait le roi de Naxe; si, sur cette espérance, elle s'était engagée avec Thésée, alors étant moins coupable elle serait beaucoup plus intéressante. Ariane, d'ailleurs, ne dit pas toujours ce qu'elle doit dire; elle se sert du mot de *rage*; elle veut

Croit-il que mon amour ose trop demander?
PHÈDRE.
Madame, j'ai tout fait pour ébranler son âme;
J'ai peint son changement lâche, odieux, infâme.
Pirithoüs lui-même est témoin des efforts
Par où j'ai cru pouvoir le contraindre au remords.
Il connaît et son crime et son ingratitude;
Il s'en hait; il en sent la peine la plus rude;
Ses ennuis de vos maux égalent la rigueur :
Mais l'amour en tyran dispose de son cœur;
Et le destin, plus fort que sa reconnaissance,
Malgré ce qu'il vous doit, l'entraîne à l'inconstance.
ARIANE.
Quelle excuse! et pour moi qu'il rend peu de combat!
Il hait l'ingratitude, et se plaît d'être ingrat!
Puisqu'en sa dureté son lâche cœur demeure,
Ma sœur, il ne sait point qu'il faudra que j'en meure;
Vous avez oublié de bien marquer l'horreur
Du fatal désespoir qui règne dans mon cœur;
Vous avez oublié, pour bien peindre ma rage,
D'assembler tous les maux dont on connaît l'image :
Il y serait sensible, et ne pourrait souffrir
Que qui sauva ses jours fût forcée à mourir.
PHÈDRE.
Si vous saviez pour vous ce qu'a fait ma tendresse,
Vous soupçonneriez moins...
ARIANE.
J'ai tort, je le confesse;
Mais, dans un mal sous qui la constance est à bout,
On s'égare, on s'emporte, et l'on s'en prend à tout.
PIRITHOUS.
Madame, de ces maux à qui la raison cède,
Le temps, qui calme tout, est l'unique remède;
C'est par lui seul...
ARIANE.
Les coups n'en sont guère importants,
Quand on peut se résoudre à s'en remettre au temps.
Thésée est insensible à l'ennui qui me touche!
Il y consent! Je veux l'apprendre de sa bouche.
Je l'attendrai, ma sœur; qu'il vienne.
PIRITHOUS.
Je crains bien
Que vous ne vous plaigniez de ce triste entretien.
Voir un ingrat qu'on aime, et le voir inflexible,
C'est de tous les ennuis l'ennui le plus sensible [1].
Vous en souffrirez trop; et pour peu de souci...
ARIANE.
Allez, ma sœur, de grâce, et l'envoyez ici.

[1] qu'on peigne bien *sa rage*. Ce n'est pas ainsi qu'on cherche à attendrir son amant. (V.)

.... *Ingrato homine nihil infensius est.*
PLAUT. in *Bucchid.* Acte III, sc. 1r.

SCÈNE III.
ARIANE, PIRITHOUS, NÉRINE.
PIRITHOUS.
Par ce que je vous dis, ne croyez pas, madame [1],
Que je veuille applaudir à sa nouvelle flamme.
Sachant ce qu'il devait au généreux amour
Qui vous fit tout oser pour lui sauver le jour,
Je partageai dès lors l'heureuse destinée
Qu'à ses vœux les plus doux offrait votre hyménée.
Et je venais ici, plein de ressentiment,
Rendre grâce à l'amante, en embrassant l'amant.
Jugez de ma surprise à le voir infidèle,
A voir que vers une autre une autre ardeur l'appelle,
Et qu'il ne m'attendait que pour vous annoncer
L'injustice où l'amour se plaît à le forcer.
ARIANE.
Et ne devais-je pas, quoi qu'il me fît entendre,
Pénétrer les raisons qui vous faisaient attendre,
Et juger qu'en un cœur épris d'un feu constant,
L'amour à l'amitié ne défère pas tant?
Ah! quand il est ardent, qu'aisément il s'abuse!
Il croit ce qu'il souhaite, et prend tout pour excuse
Si Thésée avait peu de ces empressements
Qu'une sensible ardeur inspire aux vrais amants,
Je croyais que son âme, au-dessus du vulgaire,
Dédaignait de l'amour la conduite ordinaire,
Et qu'en sa passion garder tant de repos,
C'était suivre en aimant la route des héros.
Je faisais plus; j'allais jusqu'à voir sans alarmes
Que des beautés de Naxe il estimât les charmes;
Et ne pouvais penser qu'ayant reçu sa foi,
Quelques vœux égarés pussent rien contre moi.
Mais enfin, puisque rien pour lui n'est plus à taire,
Quel est ce rare objet que son choix me préfère?
PIRITHOUS.
C'est ce que de son cœur je ne puis arracher.
ARIANE.
Ma colère est suspecte, il faut me le cacher.
PIRITHOUS.
J'ignore ce qu'il craint; mais, lorsqu'il vous outrage,
Sachez que d'un grand roi vous recevez l'hommage :
Il vous offre son trône; et, malgré le destin,
Votre malheur par là trouve une heureuse fin.
Tout vous porte, madame, à ce grand hyménée.
Pourriez-vous demeurer errante, abandonnée?
Déjà la Crète cherche à se venger de vous;
Et Minos...
ARIANE.
J'en crains peu le plus ardent courroux.

[1] Cette scène est inutile, et par là devient languissante au théâtre. Pirithoüs ne fait que redire en vers faibles ce qu'il a déjà dit; et Ariane dit des choses trop vagues. (V.)

ARIANE, ACTE III, SCÈNE IV.

Qu'il s'arme contre moi, que j'en sois poursuivie;
Sans ce que j'aime, hélas! que faire de la vie?
Aux décrets de mon sort achevons d'obéir.
Thésée avec le ciel conspire à me trahir :
Rompre un si grand projet, ce serait lui déplaire.
L'ingrat veut que je meure, il faut le satisfaire,
Et lui laisser sentir, pour double châtiment,
Le remords de ma perte et de son changement.

PIRITHOÜS.
Le voici qui paraît. N'épargnez rien, madame,
Pour rentrer dans vos droits, pour regagner son âme;
Et si l'espoir en vain s'obstine à vous flatter,
Songez ce qu'offre un trône à qui peut y monter.

SCÈNE IV.

ARIANE, THÉSÉE, NÉRINE.

ARIANE.
Approchez-vous, Thésée, et perdez cette crainte [1].
Pourquoi dans vos regards marquer tant de contrain-
Et m'aborder ainsi, quand rien ne vous confond, [te,
Le trouble dans les yeux, et la rougeur au front?
Un héros tel que vous, à qui la gloire est chère [2],
Quoi qu'il fasse, ne fait que ce qu'il voit à faire;
Et si ce qu'on m'a dit a quelque vérité,
Vous cessez de m'aimer, je l'aurai mérité.
Le changement est grand, mais il est légitime,
Je le crois : seulement apprenez-moi mon crime,
Et d'où vient qu'exposée à de si rudes coups,
Ariane n'est plus ce qu'elle fut pour vous.

THÉSÉE.
Ah! pourquoi le penser? Elle est toujours la même;
Même zèle toujours suit mon respect extrême [1];
Et le temps dans mon cœur n'affaiblira jamais
Le pressant souvenir de ses rares bienfaits :
M'en acquitter vers elle est ma plus forte envie.
Oui, madame, ordonnez de mon sang, de ma vie :
Si la fin vous en plaît, le sort me sera doux
Par qui j'obtiendrai l'heur de la perdre pour vous.

ARIANE.
Si quand je vous connus la fin eût pu m'en plaire,
Le destin la voulait, je l'aurais laissé faire.
Par moi, par mon amour, le labyrinthe ouvert
Vous fit fuir le trépas à vos regards offert :
Et quand à votre foi cet amour s'abandonne,
Des sermens de respect sont le prix qu'on lui donne!
Par ce soin de vos jours qui m'a fait tout quitter [2],
N'aspirais-je à rien plus qu'à me voir respecter?
Un service pareil veut un autre salaire.
C'est le cœur, le cœur seul, qui peut y satisfaire :
Il a seul pour mes vœux ce qui peut les borner;
C'est lui seul...

THÉSÉE.
Je voudrais vous le pouvoir donner :

---

[1] Cette scène est très-touchante au théâtre, du moins de la part d'Ariane; elle le serait encore davantage, si Ariane n'était pas tout à fait sûre de son malheur. Il faut toujours faire durer cette incertitude le plus qu'on peut; c'est elle qui est l'âme de la tragédie. L'auteur l'a si bien senti, qu'Ariane semble encore douter du changement de Thésée, quand elle doit en être sûre. *Pourquoi m'aborder,* dit-elle, *la rougeur au front, quand rien ne vous confond? et si ce qu'on m'a dit a quelque vérité.* C'est s'exprimer en doutant, et c'est ce qui est dans la nature; mais il ne fallait donc pas que, dans les scènes précédentes, on l'eût instruite positivement qu'elle était abandonnée. (V.)

[2] Un héros tel que vous, à qui la gloire est chère,
Quoi qu'il fasse, ne fait que ce qu'il voit à faire.

Voilà de mauvais vers, et ceux-ci ne sont pas meilleurs :

Et que s'est-il offert que je pusse tenter,
Qu'en ta faveur ma flamme ait craint d'exécuter?

Mais aussi il y a des vers très-heureux, comme :

. . . . Éblouis-moi si bien,
Que je puisse penser que tu ne me dois rien.
Je te suis ; mène-moi dans quelque île déserte.
Tu n'as qu'à dire un mot, ce crime est effacé.
Tu le vois, c'en est fait, je n'ai plus de colère.

Mais surtout :

Remène-moi, barbare, aux lieux où tu m'as prise,

est admirable. Le cœur humain est surtout bien développé et bien peint quand Ariane dit à Thésée : *Ote-toi de mes yeux, je ne veux pas avoir l'affront que tu me quittes;* et que, dans le moment même, elle est au désespoir qu'il prenne congé d'elle. Il y a beaucoup de vers dignes de Racine, et entièrement dans son goût. Ceux-ci, par exemple :

As-tu vu quelle joie a paru dans ses yeux?

Combien il est sorti satisfait de ma haine?
Que de mépris!...

Cette césure interrompue au second pied, c'est-à-dire au bout de quatre syllabes, fait un effet charmant sur l'oreille et sur le cœur. Ces finesses de l'art furent introduites par Racine, et il n'y a que les connaisseurs qui en sentent le prix. (V.)

[1] Thésée ne peut guère répondre par ses protestations vagues de reconnaissance; mais c'est alors que la beauté de la diction doit réparer le vice du sujet, et qu'il faut tâcher de dire d'une manière singulière des choses communes. Tous les sentimens d'Ariane, dans cette scène, sont naturels et attendrissants; on ne pourrait leur reprocher qu'une diction un peu prosaïque et négligée. (V.) — Thomas Corneille avait près de cinquante ans quand il composa son *Ariane.* Ce n'est pas quand nous éprouvons le plus la violence des passions que nous en jugeons le mieux la peinture. Nous connaissons peu notre cœur quand il nous tourmente : c'est avec le calme des réflexions et l'intérêt des souvenirs que nous pouvons y lire notre propre histoire, et alors nous apprécions mieux que jamais le poëte qui paraît la savoir aussi bien que nous; alors aussi les écrivains dramatiques savent la traiter. Il est très-rare qu'un jeune auteur commence par une pièce où l'amour domine. Corneille avait trente ans quand il fit *le Cid.* Racine avait fait les *Frères ennemis* et *Alexandre* avant *Andromaque*; et ce qui est prodigieux, c'est de l'avoir fait à vingt-sept ans. Voltaire en avait près de quarante quand il donna *Zaïre*. (LA H.)

[2] VAR. Par ce soin de vos jours qui m'a tout quitter.

Mais ce cœur, malgré moi, vit sous un autre empire :
Je le sens à regret ; je rougis à le dire ;
Et quand je plains vos feux par ma flamme déçus,
Je hais mon injustice, et ne puis rien de plus.

ARIANE.

Tu ne peux rien de plus ! Qu'aurais-tu fait, parjure,
Si, quand tu vins du monstre éprouver l'aventure,
Abandonnant ta vie à ta seule valeur,
Je me fusse arrêtée à plaindre ton malheur ?
Pour mériter ce cœur qui pouvait seul me plaire,
Si j'ai peu fait pour toi, que fallait-il plus faire ?
Et que s'est-il offert que je pusse tenter,
Qu'en ta faveur ma flamme ait craint d'exécuter ?
Pour te sauver le jour dont ta rigueur me prive,
Ai-je pris à regret le nom de fugitive ?
La mer, les vents, l'exil, ont-ils pu m'étonner ?
Te suivre, c'était plus que me voir couronner.
Fatigues, peines, maux, j'aimais tout par leur cause.
Dis-moi que non, ingrat, si ta lâcheté l'ose ;
Et, désavouant tout, éblouis-moi si bien,
Que je puisse penser que tu ne me dois rien.

THÉSÉE.

Comment désavouer ce que l'honneur me presse
De voir, d'examiner, de me dire sans cesse ?
Si, par mon changement, je trompe votre choix,
C'est sans rien oublier de ce que je vous dois.
Ainsi joignez au nom de traître et de parjure
Tout l'éclat que produit la plus sanglante injure :
Ce que vous me direz n'aura point la rigueur
Des reproches secrets qui déchirent mon cœur[1].
Mais pourquoi, m'accusant, redoubler ces atteintes[2] ?
Madame, croyez-moi, je ne vaux pas vos plaintes.
L'oubli, l'indifférence, et vos plus fiers mépris
De mon manque de foi doivent être le prix.
A monter sur le trône un grand roi vous invite ;
Vengez-vous, en l'aimant, d'un lâche qui vous quitte.
Quoi qu'aujourd'hui pour moi l'inconstance ait de doux,
Vous perdant pour jamais je perdrai plus que vous.

ARIANE.

Quelle perte, grands dieux ! quand elle est volontaire !
Périsse tout, s'il faut cesser de t'être chère !

---

[1] Racine avait exprimé les mêmes idées dans ce passage d'*Andromaque* :

> Après cela, madame, éclatez contre un traître,
> Qui l'est avec douleur, et qui pourtant veut l'être.
> Pour moi, loin de contraindre un si juste courroux
> Il me soulagera peut-être autant que vous.
> Donnez-moi tous les noms destinés aux parjures :
> Je crains votre silence et non pas vos injures ;
> Et mon cœur soulevant mille secrets témoins,
> M'en dira d'autant plus que vous m'en direz moins.
>   Acte IV, sc. v.

C'est Pyrrhus qui parle à Hermione.

[2] VAR. Mais pourquoi m'accusant, en croître les atteintes ?

Qu'ai-je à faire du trône et de la main d'un roi ?
De l'univers entier je ne voulais que toi.
Pour toi, pour m'attacher à ta seule personne,
J'ai tout abandonné, repos, gloire, couronne ;
Et quand ces mêmes biens ici me sont offerts,
Que je puis en jouir, c'est toi seul que je perds !
Pour voir leur impuissance à réparer ta perte,
Je te suis ; mène-moi dans quelque île déserte,
Où, renonçant à tout, je me laisse charmer
De l'unique douceur de te voir, de t'aimer :
Là, possédant ton cœur, ma gloire est sans seconde ;
Ce cœur me sera plus que l'empire du monde.
Point de ressentiment de ton crime passé ;
Tu n'as qu'à dire un mot, ce crime est effacé.
C'en est fait, tu le vois, je n'ai plus de colère[1].

THÉSÉE.

Un si beau feu m'accable, il devrait seul me plaire ;
Mais telle est de l'amour la tyrannique ardeur...

ARIANE.

Va, tu me répondras des transports de mon cœur :
Si ma flamme sur toi n'avait qu'un faible empire,
Si tu la dédaignais, il fallait me le dire,
Et ne pas m'engager, par un trompeur espoir,
A te laisser sur moi prendre tant de pouvoir.
C'est là surtout, c'est là ce qui souille ta gloire :
Tu t'es plu sans m'aimer à me le faire croire ;
Tes indignes serments sur mon crédule esprit...

THÉSÉE.

Quand je vous les ai faits, j'ai cru ce que j'ai dit ;
Je partais glorieux d'être votre conquête :
Mais enfin, dans ces lieux poussé par la tempête,
J'ai trop vu ce qu'à voir me conviait l'amour ;
J'ai trop...

ARIANE.

Naxe te change ! Ah ! funeste séjour !
Dans Naxe, tu le sais, un roi, grand, magnanime,
Pour moi, dès qu'il me vit, prit une tendre estime :
Il soumit à mes vœux et son trône et sa foi :
Quoi qu'il ait pu m'offrir, ai-je fait comme toi ?
Si tu n'es point touché de ma douleur extrême,
Rends-moi ton cœur, ingrat, par pitié de toi-même.
Je ne demande point quelle est cette beauté
Qui semble te contraindre à l'infidélité :
Si tu crois quelque honte à la faire connaître,
Ton secret est à toi ; mais, qui qu'elle puisse être,
Pour gagner ton estime et mériter ta foi,
Peut-être elle n'a pas plus de charmes que moi.

---

[1] Ceux qui parlent avec mépris d'un ouvrage où l'on trouve des beautés de cette nature, ne savent pas apparemment qu'un seul morceau, rempli de cette vérité de sentiment et d'expression qui est l'éloquence tragique, vaut cent fois mieux qu'une pièce entière composée de situations d'emprunt maladroitement assemblées, et d'hémistiches froidement recousus. (LA H.)

Elle n'a pas du moins cette ardeur toute pure
Qui m'a fait pour te suivre étouffer la nature;
Ces beaux feux qui, volant d'abord à ton secours,
Pour te sauver la vie ont exposé mes jours;
Et si de mon amour ce tendre sacrifice
De ta légèreté ne rompt point l'injustice,
Pour ce nouvel objet, ne lui devant pas tant,
Par où présumes-tu pouvoir être constant?
A peine son hymen aura payé ta flamme[1],
Qu'un violent remords viendra saisir ton âme :
Tu ne pourras plus voir ton crime sans effroi ;
Et qui sait ce qu'alors tu sentiras pour moi?
Qui sait par quel retour ton ardeur refroidie
Te fera détester ta lâche perfidie?
Tu verras de mes feux les transports éclatants ;
Tu les regretteras ; il ne sera plus temps.
Ne précipite rien; quelque amour qui t'appelle,
Prends conseil de ta gloire avant qu'être infidèle.
Vois Ariane en pleurs : Ariane autrefois,
Tout aimable à tes yeux, méritait bien ton choix :
Elle n'a point changé, d'où vient que ton cœur change?

THÉSÉE.

Par un amour forcé qui sous ses lois me range.
Je le crois comme vous, le ciel est juste ; un jour
Vous me verrez puni de ce perfide amour :
Mais à sa violence il faut que ma foi cède.
Je vous l'ai déjà dit, c'est un mal sans remède.

ARIANE.

Ah! c'est trop; puisque rien ne te saurait toucher,
Parjure, oublie un feu qui dut t'être si cher.
Je ne demande plus que ta lâcheté cesse,
Je rougis d'avoir pu m'en souffrir la bassesse :
Tire-moi seulement d'un séjour odieux,
Où tout me désespère, où tout blesse mes yeux ;
Et, pour faciliter ta coupable entreprise,
Remène-moi, barbare, aux lieux où tu m'as prise.
La Crète, où pour toi seul je me suis fait haïr,
Me plaira mieux que Naxe, où tu m'oses trahir.

THÉSÉE.

Vous remener en Crète! Oubliez-vous, madame,
Ce qu'est pour vous un père, et quel courroux l'enflam-
Songez-vous quels ennuis vous y sont apprêtés? [me?

ARIANE.

Laisse-les-moi souffrir, je les ai mérités ;
Mais de ton faux amour les feintes concertées,
Tes noires trahisons, les ai-je méritées?
Et ce qu'en ta faveur il m'a plu d'immoler
Te rend-il cette foi que tu veux violer?
Vaine et fausse pitié! quand ma mort peut te plaire,
Tu crains pour moi les maux que j'ai voulu me faire,
Ces maux qu'ont tant hâtés mes plus tendres souhaits ;

[1] VAR. A peine ton hymen aura payé sa flamme.

Et tu ne trembles point de ceux que tu me fais!
N'espère pas pourtant éviter le supplice
Que toujours après soi fait suivre l'injustice.
Tu romps ce que l'amour forma de plus beaux nœuds ;
Tu m'arraches le cœur. J'en mourrai; tu le veux :
Mais, quitte des ennuis où m'enchaîne la vie,
Crois déjà, crois me voir, de ma douleur suivie,
Dans le fond de ton âme armer, pour te punir,
Ce qu'a de plus funeste un fatal souvenir,
Et te dire d'un ton et d'un regard sévère :
« J'ai tout fait, tout osé pour t'aimer, pour te plaire ;
« J'ai trahi mon pays, et mon père, et mon roi :
« Cependant vois le prix, ingrat, que j'en reçoi! »

THÉSÉE.

Ah! si mon changement doit causer votre perte,
Frappez, prenez ma vie, elle vous est offerte ;
Prévenez par ce coup le forfait odieux
Qu'un amour trop aveugle...

ARIANE.

Ote-toi de mes yeux :
De ta constance ailleurs va montrer les mérites ;
Je ne veux pas avoir l'affront que tu me quittes.

THÉSÉE.

Madame...

ARIANE.

Ote-toi, dis-je, et me laisse en pouvoir
De te haïr autant que je le crois devoir.

SCÈNE V.

ARIANE, NÉRINE.

ARIANE.

Il sort, Nérine. Hélas!

NÉRINE.

Qu'aurait fait sa présence,
Qu'accroître de vos maux la triste violence?

ARIANE.

M'avoir ainsi quittée, et partout me trahir!

NÉRINE.

Vous l'avez commandé.

ARIANE.

Devait-il obéir?

NÉRINE.

Que vouliez-vous qu'il fît? vous pressiez sa retraite.

ARIANE.

Qu'il sût en s'emportant ce que l'amour souhaite,
Et qu'à mon désespoir souffrant un libre cours
Il s'entendît chasser, et demeurât toujours.
Quoique sa trahison et m'accable et me tue,
Au moins j'aurais joui du plaisir de sa vue
Mais il ne saurait plus souffrir la mienne. Ah dieux !
As-tu vu quelle joie a paru dans ses yeux,

Combien il est sorti satisfait de ma haine?
Que de mépris!

NÉRINE.
　　　　Son crime auprès de vous le gêne,
Madame; et n'ayant point d'excuse à vous donner,
S'il vous fuit, j'y vois peu de quoi vous étonner :
Il s'épargne une peine à peu d'autres égale.

ARIANE.
M'en voir trahie! Il faut découvrir ma rivale.
Examine avec moi. De toute cette cour
Qui crois-tu la plus propre à donner de l'amour?
Est-ce Mégiste, Æglé, qui le rend infidèle?
De tout ce qu'il y voit Cyane est la plus belle :
Il lui parle souvent; mais, pour m'ôter sa foi,
Doit-elle être à ses yeux plus aimable que moi?
Vains et faibles appas qui m'aviez trop flattée,
Voilà votre pouvoir, un lâche m'a quittée!
Mais si d'un autre amour il se laisse éblouir,
Peut-être il n'aura pas la douceur d'en jouir :
Il verra ce que c'est que de me percer l'âme.
Allons, Nérine, allons; je suis amante et femme :
Il veut ma mort, j'y cours; mais, avant que mourir,
Je ne sais qui des deux aura plus à souffrir.

ACTE QUATRIÈME.

SCÈNE PREMIÈRE.

OENARUS, PHÈDRE.

OENARUS.
Un si grand changement ne peut trop me surprendre[1];
J'en ai la certitude, et ne le puis comprendre,
Après ce pur amour dont il suivait la loi,
Thésée à ce qu'il aime ose manquer de foi!
Dans la rigueur du coup je ne vois qu'avec crainte
Ce qu'au cœur d'Ariane il doit porter d'atteinte
J'en tremble; et si tantôt, lui peignant mon amour,
Je voulais être plaint, je la plains à son tour.

Perdre un bien qui jamais ne permit d'espérance
N'est qu'un mal dont le temps calme la violence;
Mais voir un bel espoir tout à coup avorter
Passe tous les malheurs qu'on ait à redouter :
C'est du courroux du ciel la plus funeste preuve.

PHÈDRE.
Ariane, seigneur, en fait la triste épreuve;
Et si de ses ennuis vous n'arrêtez le cours,
J'ignore, pour le rompre, où chercher du secours.
Son cœur est accablé d'une douleur mortelle.

OENARUS.
Vous ne savez que trop l'amour que j'ai pour elle;
Il veut, il offre tout : mais, hélas! je crains bien
Que cet amour ne parle, et qu'il n'obtienne rien.
Si Thésée a changé j'en serai responsable :　[ble;
C'est dans ma cour qu'il trouve un autre objet aima-
Et sans doute on voudra que je sois le garant
De l'hommage inconnu que sa flamme lui rend.

PHÈDRE.
Je doute qu'Ariane, encore que méprisée,
Veuille par votre hymen se venger de Thésée;
Et si ce changement vous permet d'espérer,
Il ne faut pas, seigneur, vous y trop assurer.
Mais quoi qu'elle résolve après la perfidie
Qui doit tenir pour lui sa flamme refroidie,
Qu'elle accepte vos vœux, ou refuse vos soins,
La gloire vous oblige à ne l'aimer pas moins.
Vous lui pouvez toujours servir d'appui fidèle,
Et c'est ce que je viens vous demander pour elle :
Si la Crète vous force à d'injustes combats,
Au courroux de Minos ne l'abandonnez pas;
Vous savez les périls où sa fuite l'expose.

OENARUS.
Ah! pour l'en garantir il n'est rien que je n'ose,
Madame : et vous verrez mon trône trébucher,
Avant que je néglige un intérêt si cher.
Plût aux dieux que ce soin la tînt seule inquiète!

PHÈDRE.
Voyez dans quels ennuis ce changement la jette :
Son visage vous parle, et sa triste langueur
Vous fait lire en ses yeux ce que souffre son cœur.

SCÈNE II.

OENARUS, ARIANE, PHÈDRE, NÉRINE.

OENARUS.
Madame, je ne sais si l'ennui qui vous touche[1]

---

[1] Cette scène d'OEnarus et de Phèdre est une de celles qui refroidissent le plus la pièce; on le sent assez. Ce roi, qui sait le dernier ce qui se passe dans sa cour, et qui dit que, *voir un bel espoir tout à coup avorter passe tous les malheurs qu'on ait à redouter*, et que *c'est du courroux du ciel la preuve la plus funeste*, paraît un roi assez méprisable; mais quand il dit qu'il sera responsable de ce que Thésée aime probablement dans sa cour quelque fille d'honneur, et qu'on voudra qu'il soit le garant de cet hommage inconnu, on ne peut lui pardonner ces discours indignes d'un prince. Ce que lui dit Phèdre est plus froid encore. Toutes les scènes où Ariane ne paraît pas sont absolument manquées. (V.)

[1] On ne peut parler plus mal. Il ne sait si l'ennui qui touche Ariane doit *lui ouvrir pour la plaindre, ou lui fermer la bouche*; il doit en partager les coups, quoi qui la blesse; il sent le changement *qui trompe la flamme d'Ariane, et il le met au rang des plus noirs attentats*; et le ciel lui est témoin, si Ariane en doute, qu'il voudrait racheter de son sang ce

Doit m'ouvrir pour vous plaindre ou me fermer la bou-
Après les sentiments que j'ai fait voir pour vous, [che :
Je dois, quoi qui vous blesse, en partager les coups.
Mais si j'ose assurer que, jusqu'au fond de l'âme,
Je sens le changement qui trompe [1] votre flamme,
Que je le mets au rang des plus noirs attentats,
J'aime, il m'ôte un rival, vous ne me croirez pas.
Il est certain pourtant, et le ciel qui m'écoute
M'en sera le témoin si votre cœur en doute,
Que si de tout mon sang je pouvais racheter
Ce que...

ARIANE.
Cessez, seigneur, de me le protester.
S'il dépendait de vous de me rendre Thésée,
La gloire y trouverait votre âme disposée ;
Je le crois de ce cœur qui sut tout m'immoler :
Aussi veux-je avec vous ne rien dissimuler.

J'aimai, seigneur ; après mon infortune extrême,
Il me serait honteux de dire encor que j'aime.
Ce n'est pas que le cœur qu'un vrai mérite émeut
Cesse d'être sensible au moment qu'il le veut.
Le mien fut à Thésée, et je l'en croyais digne :
Ses vertus à mes yeux étaient d'un prix insigne ;
Rien ne brillait en lui que de grand, de parfait ;
Il feignait de m'aimer, je l'aimais en effet ;
Et comme d'une foi qui sert à me confondre
Ce qu'il doit à ma flamme eut lieu de me répondre,
Malgré l'ingratitude ordinaire aux amants,
D'autres que moi peut-être auraient cru ses serments.
Je m'immolais entière à l'ardeur d'un pur zèle ;
Cet effort valait bien qu'il fût toujours fidèle.
Sa perfidie enfin n'a plus rien de secret,
Il la fait éclater, je la vois à regret.
C'est d'abord un ennui qui ronge, qui dévore,
J'en ai déjà souffert, j'en puis souffrir encore :
Mais quand à n'aimer plus un grand cœur se résout,
Le vouloir, c'est assez pour en venir à bout.
Quoi qu'un pareil triomphe ait de dur, de funeste,
On s'arrache à soi-même, et le temps fait le reste.

Voilà l'état, seigneur, où ma triste raison
A mis enfin mon âme après sa trahison.
Vous avez su tantôt, par un aveu sincère,
Que sans lui votre amour eût eu de quoi me plaire ;
Et que mon cœur, touché du respect de vos feux,
S'il ne m'eût pas aimée, eût accepté vos vœux.

Puisqu'il me rend à moi, je vous tiendrai parole ;
Mais après ce qu'il faut que ma gloire s'immole,
Étouffant un amour et si tendre et si doux,
Je ne vous réponds pas d'en prendre autant pour vous.
Ce sont des traits de feu que le temps seul imprime.
J'ai pour votre vertu la plus parfaite estime ;
Et, pour être en état de remplir votre espoir,
Cette estime suffit à qui sait son devoir.

ŒNARUS.
Ah ! pour la mériter, si le plus pur hommage...

ARIANE.
Seigneur, dispensez-moi d'en ouïr davantage.
J'ai tous les sens encor de trouble embarrassés :
Ma main dépend de vous, ce vous doit être assez ;
Mais, pour vous la donner, j'avouerai ma faiblesse.
J'ai besoin qu'un ingrat par son hymen m'en presse.
Tant que je le verrais en pouvoir d'être à moi,
Je prétendrais en vain disposer de ma foi :
Un feu bien allumé ne s'éteint qu'avec peine.
Le parjure Thésée a mérité ma haine ;
Mon cœur veut être à vous, et ne peut mieux choisir :
Mais s'il me voit, me parle, il peut s'en ressaisir.
L'amour par le remords aisément se désarme :
Il ne faut quelquefois qu'un soupir, qu'une larme ;
Et du plus fier courroux quoi qu'on se soit promis,
On ne tient pas longtemps contre un amant soumis.
Ce sont vos intérêts. Que, sans m'en vouloir croire,
Thésée à ses désirs abandonne sa gloire :
Dès que d'un autre objet je le verrai l'époux,
Si vous m'aimez encor, seigneur, je suis à vous.
Mon cœur de votre hymen se fait un heur suprême,
Et c'est ce que je veux lui déclarer moi-même.
Qu'on le fasse venir ; allez, Nérine. Ainsi,
De mon cœur, de ma foi, n'ayez aucun souci :
Après ce que j'ai dit, vous en êtes le maître.

ŒNARUS.
Ah ! madame, par où puis-je assez reconnaître...

ARIANE.
Seigneur, un peu de trêve ; en l'état où je suis,
J'ai comblé votre espoir, c'est tout ce que je puis.

SCÈNE III.

ARIANE, PHÈDRE.

PHÈDRE.
Ce retour me surprend. Tantôt contre Thésée
Du plus ardent courroux vous étiez embrasée,
Et déjà la raison a calmé ce transport ?

ARIANE.
Que ferais-je, ma sœur ? c'est un arrêt du sort.
Thésée a résolu d'achever son parjure ;
Il veut me voir souffrir ; je me tais, et j'endure.

---

que.... Ariane fait fort bien de l'interrompre ; mais le mauvais style d'Œnarus la gagne. L'espérance qu'elle donne à Œnarus de l'épouser dès qu'elle connaîtra sa rivale heureuse est d'un très-grand artifice. Son dessein est de tuer cette rivale, c'est devant Phèdre qu'elle explique l'intérêt qu'elle a de connaître la personne qui lui enlève Thésée ; et l'embarras de Phèdre ferait un très-grand plaisir au spectateur, si le rôle de Phèdre était plus animé et mieux écrit. (V.)

[1] VAR. Je sens le changement qui trahit votre flamme.

PHÈDRE.
Mais vous, répondez-vous d'oublier aisément
Ce que sa passion eut pour vous de charmant?
D'avoir à d'autres vœux un cœur si peu contraire,
Que...
ARIANE.
Je n'ai rien promis que je ne veuille faire.
Qu'il s'engage à l'hymen, j'épouserai le roi.
PHÈDRE.
Quoi! par votre aveu même il donnera sa foi?
Et lorsque son amour a tant reçu du vôtre,
Vous le verrez sans peine entre les bras d'une autre?
ARIANE.
Entre les bras d'une autre [1] ! Avant ce coup, ma sœur,
J'aime, je suis trahie, on connaîtra mon cœur.
Tant de périls bravés, tant d'amour, tant de zèle,
M'auront fait mériter les soins d'un infidèle!
A ma honte partout ma flamme aura fait bruit,
Et ma lâche rivale en cueillera le fruit.
J'y donnerai bon ordre. Il faut, pour la connaître,
Empêcher, s'il se peut, ma fureur de paraître :
Moins l'amour outragé fait voir d'emportement,
Plus, quand le coup approche, il frappe sûrement.
C'est par là qu'affectant une douleur aisée,
Je feins de consentir à l'hymen de Thésée;
A savoir son secret j'intéresse le roi.
Pour l'apprendre, ma sœur, travaillez avec moi;
Car je ne doute pas qu'une amitié sincère
Contre sa trahison n'arme votre colère,
Que vous ne ressentiez tout ce que sent mon cœur.
PHÈDRE.
Madame, vous savez...
ARIANE.
Je vous connais, ma sœur.
Aussi c'est seulement en vous ouvrant mon âme
Que dans son désespoir je soulage ma flamme.
Que de projets trahis! Sans cet indigne abus,
J'arrêtais votre hymen avec Pirithoüs;
Et de mon amitié cette marque nouvelle
Vous doit faire encor plus haïr mon infidèle.
Sur le bruit qu'aura fait son changement d'amour,
Sachez adroitement ce qu'on dit à la cour;

Voyez Æglé, Mégiste, et parlez d'Ariane.
Mais surtout prenez soin d'entretenir Cyane;
C'est elle qui d'abord a frappé mon esprit.
Vous savez que l'amour aisément se trahit :
Observez ses regards, son trouble, son silence.
PHÈDRE.
J'y prends trop d'intérêt pour manquer de prudence.
Dans l'ardeur de venger tant de droits violés,
C'est donc cette rivale à qui vous en voulez?
ARIANE.
Pour porter sur l'ingrat un coup vraiment terrible,
Il faut frapper par là; c'est son endroit sensible [1].
Vous-même, jugez-en. Elle me fait trahir;
Par elle je perds tout : la puis-je assez haïr?
Puis-je assez consentir à tout ce que la rage
M'offre de plus sanglant pour venger mon outrage?
Rien, après ce forfait, ne me doit retenir ;
Ma sœur, il est de ceux qu'on ne peut trop punir.
Si Thésée, oubliant une amour ordinaire,
M'avait manqué de foi dans la cour de mon père,
Quoi que pût le dépit en secret m'ordonner,
Cette infidélité serait à pardonner.
Ma rivale, dirais-je, a pu sans injustice
D'un cœur qui fut à moi chérir le sacrifice ;
La douceur d'être aimée ayant touché le sien,
Elle a dû préférer son intérêt au mien.
Mais étrangère ici, pour l'avoir osé croire,
J'ai sacrifié tout, jusqu'au soin de ma gloire;
Et pour ce qu'a quitté ma trop crédule foi [2],

---

[1] Voilà de la vraie passion. La fureur d'une amante trahie éclate ici d'une manière très-naturelle. On souhaiterait seulement que Thomas Corneille n'eût point, dans cet endroit, imité son frère, qui débite des maximes quand il faut que le sentiment parle. Ariane dit :

Moins l'amour outragé fait voir d'emportement,
Plus, quand le coup approche, il frappe sûrement.

Il semble qu'elle débite une loi du code de l'amour pour s'y conformer. Voilà de ces fautes dans lesquelles Racine ne tombe pas. D'ailleurs tous les discours d'Ariane sont passionnés, comme ils doivent l'être; mais la diction ne répond pas aux sentiments, et c'est un défaut capital. (V.)

[1] Cette expression ridicule, et cette autre, qui est un plat solécisme, *elle me fait trahir*; et celle-ci, *consentir à ce que la rage a de plus sanglant*, sont du style le plus incorrect et le plus lâche. Cependant, à la représentation, le public ne sent point ces fautes; la situation entraîne : une excellente actrice glisse sur ces sottises, et ne vous fait apercevoir que les beautés de sentiment. Telle est l'illusion du théâtre, tout passe quand le sujet est intéressant. Il n'y a que le seul Racine qui soutienne constamment l'épreuve de la lecture. (V.)

[2] Et pour ce qu'a quitté ma trop crédule foi,
Je n'avais que ce cœur que je croyais à moi.
Je le prends, on me l'ôte : il n'est rien que n'essaye
La fureur qui m'anime, afin qu'on me le paye.

On ne peut guère faire de plus mauvais vers. L'auteur veut, dans cette scène, imiter ces beaux vers d'*Andromaque* :

Je percerai le cœur que je n'ai pu toucher;
Et mes sanglantes mains, sur moi-même tournées,
Aussitôt, malgré lui, joindront nos destinées,
Et, tout ingrat qu'il est, il me sera plus doux
De mourir avec lui que de vivre avec vous [*].

Thomas Corneille imite visiblement cet endroit, en faisant dire à Ariane :

Tout perfide qu'il est, ma mort suivra la sienne ;
Et sur mon propre sang l'ardeur de nous unir
Me le fera venger aussitôt que punir.

Quoique Thomas Corneille eût pris son frère pour son modèle;

[*] Acte IV, sc. III.

ARIANE, ACTE IV, SCÈNE III.

Je n'avais que ce cœur que je croyais à moi.
Je le perds, on me l'ôte : il n'est rien que n'essaye
La fureur qui m'anime, afin qu'on me le paye.
J'en mettrai haut le prix, c'est à lui d'y penser.

PHÈDRE.

Ce revers est sensible, il faut le confesser :
Mais, quand vous connaîtrez celle qu'il vous préfère,
Pour venger votre amour que prétendez-vous faire ?

ARIANE.

L'aller trouver, la voir, et de ma propre main
Lui mettre, lui plonger un poignard dans le sein[1].
Mais, pour mieux adoucir les peines que j'endure,
Je veux porter le coup aux yeux de mon parjure,
Et qu'en son cœur les miens pénètrent à loisir
Ce qu'aura de mortel son affreux déplaisir.
Alors ma passion trouvera de doux charmes
A jouir de ses pleurs comme il fait de mes larmes;
Alors il me dira si se voir lâchement

on voit que, malgré lui, il ne pouvait s'empêcher de chercher à suivre Racine, quand il s'agissait de faire parler les passions. Cependant il se peut faire, et même il arrive souvent, que deux auteurs, ayant à traiter les mêmes situations, expriment les mêmes sentiments et les mêmes pensées; la nature se fait également entendre à l'un et à l'autre. Racine faisait jouer *Bajazet* à peu près dans le temps que Corneille donnait *Ariane*. Il fait dire à Roxane [*] :

<blockquote>
Quel surcroît de vengeance et de douceur nouvelle,
De le montrer bientôt pâle et mort devant elle !
De voir sur cet objet ses regards arrêtés,
Me payer les plaisirs que je leur ai prêtés !
</blockquote>

Ariane dit, dans un mouvement à peu près semblable :

<blockquote>
Vous figurez-vous bien son désespoir extrême,
Quand, dégouttante encor du sang de ce qu'il aime,
Ma main, offerte au roi dans ce fatal instant,
Bravera jusqu'au bout la douleur qui l'attend ?
</blockquote>

Voyez combien ce demi-vers, *Bravera jusqu'au bout*, gâte cette tirade. Que veut dire, *braver une douleur qui attend quelqu'un ?* Un seul mauvais vers de cette espèce corrompt tout le plaisir que les sentiments les plus naturels peuvent donner. C'est surtout dans la peinture des passions qu'il faut que le style soit pur, et qu'il n'y ait pas un seul mot qui embarrasse l'esprit; car alors le cœur n'est plus touché. Ariane s'écarte malheureusement de la nature à la fin de cette scène; c'est ce qui achève de la défigurer. Elle dit qu'*elle doit donner à son cœur une cruelle gêne*. Son cœur, dit-elle, l'a trahie, en lui faisant prendre un amour trop indigne. Il faut qu'elle trahisse son cœur à son tour; elle punira ce cœur de ce qu'il n'a pas connu qu'il parlait pour un traître en parlant pour Thésée. C'est là le comble du mauvais goût. Un style lâche est presque pardonnable en comparaison de ces froids jeux d'esprit dans lesquels on s'étudie à mal écrire. (V.)

[1] Une jeune fille qui veut tremper ses mains dans le sang est plus odieuse qu'intéressante. Cette férocité est malheureusement naturelle : il y en a plusieurs exemples dans le théâtre grec; mais elle n'est point dans les mœurs françaises, et je ne la trouve point théâtrale. Toute cette scène me paraît affaiblir la pitié qu'on pourrait avoir pour Ariane. (GEOFFROY.)

[*] Acte IV, sc. v. — Remarquez que *Bajazet* fut représenté trois mois avant *Ariane*.

Arracher ce qu'on aime est un léger tourment.

PHÈDRE.

Mais, sans l'autoriser à vous être infidèle,
Cette rivale a pu le voir brûler pour elle;
Elle a peine à ses vœux peut-être à consentir.

ARIANE.

Point de pardon, ma sœur; il fallait m'avertir:
Son silence fait voir qu'elle a part au parjure.
Enfin il faut du sang pour laver mon injure.
De Thésée, il est vrai, je puis percer le cœur;
Mais, si je m'y résous, vous n'avez plus de sœur.
Vous aurez beau vouloir que mon bras se retienne,
Tout perfide qu'il est ma mort suivra la sienne;
Et sur mon propre sang l'ardeur de nous unir
Me le fera venger aussitôt que punir[1].
Non, non; un sort trop doux suivrait sa perfidie,
Si mes ressentiments se bornaient à sa vie :
Portons, portons plus loin l'ardeur de l'accabler,
Et donnons, s'il se peut, aux ingrats à trembler.
Vous figurez-vous bien son désespoir extrême,
Quand, dégouttante encor du sang de ce qu'il aime,
Ma main, offerte au roi dans ce fatal instant,
Bravera jusqu'au bout la douleur qui l'attend ?
C'est en vain de son cœur qu'il croit m'avoir chassée :
Je n'y suis pas peut-être encor tout effacée;
Et ce sera de quoi mieux combler son ennui,
Que de vivre à ses yeux pour un autre que lui.

PHÈDRE.

Mais pour aimer le roi vous sentez-vous dans l'âme...

ARIANE.

Et le moyen, ma sœur, qu'un autre objet m'enflamme,
Jamais soit qu'on se trompe ou réussisse au choix,
Les fortes passions ne touchent qu'une fois :
Ainsi l'hymen du roi me tiendra lieu de peine.
Mais je dois à mon cœur cette cruelle gêne :
C'est lui qui m'a fait prendre un trop indigne amour :
Il m'a trahie; il faut le trahir à mon tour.
Oui, je le punirai de n'avoir pu connaître
Qu'en parlant pour Thésée il parlait pour un traître,

[1] Vous le voulez, j'y cours, ma parole est donnée,
Mais ma main aussitôt contre mon sein tournée,
Aux mânes d'un tel prince immolant votre amant,
A mon crime forcé joindra mon châtiment,
Et par cette action dans l'autre confondue,
Recouvrera ma gloire aussitôt que perdue.
Cinna, Acte III, sc. IV.

Ces vers ont été imités depuis par Racine, qui a dit dans *Andromaque* :

... Je percerai le cœur que je n'ai pu toucher;
Et mes sanglantes mains, sur moi-même tournées,
Aussitôt, malgré lui, joindront nos destinées;
Et, tout ingrat qu'il est, il me sera plus doux
De mourir avec lui que de vivre avec vous.
Acte IV, sc. III.

43.

D'avoir.... Mais le voici. Contraignons-nous si bien,
Que de mon artifice il ne soupçonne rien.

SCÈNE IV.

ARIANE, THÉSÉE, PHÈDRE, NÉRINE.

ARIANE.

Enfin à la raison mon courroux rend les armes.
De l'amour aisément on ne vainc pas les charmes [1].
Si c'était un effort qui dépendît de nous,
Je regretterais moins ce que je perds en vous.
Il vous force à changer; il faut que j'y consente.
Au moins c'est de vos soins une marque obligeante,
Que, par ces nouveaux feux ne pouvant être à moi,
Vous preniez intérêt à me donner au roi.
Son trône est un appui qui flatte ma disgrâce;
Mais ce n'est que par vous que j'y puis prendre place.
Si l'infidélité ne vous peut étonner,
J'en veux avoir l'exemple, et non pas le donner. [tre :
C'est peu qu'aux yeux de tous vous brûliez pour une au-
Tout ce que peut ma main, c'est d'imiter la vôtre,
Lorsque, par votre hymen m'ayant rendu ma foi,
Vous m'aurez mise en droit de disposer de moi.
Pour me faire jouir des biens qu'on me prépare,
C'est à vous de hâter le coup qui nous sépare;
Votre intérêt le veut encor plus que le mien.

THÉSÉE.

Madame, je n'ai pas...

ARIANE.

Ne me répliquez rien.
Si ma perte est un mal dont votre cœur soupire,
Vos remords trouveront le temps de me le dire;
Et cependant ma sœur, qui peut vous écouter,
Saura ce qu'il vous reste encore à consulter.

SCÈNE V.

PHÈDRE, THÉSÉE.

THÉSÉE.

Le ciel à mon amour serait-il favorable
Jusqu'à rendre sitôt Ariane exorable?
Madame, quel bonheur qu'après tant de soupirs
Je pusse sans contrainte expliquer mes désirs,
Vous peindre en liberté ce que pour vous m'inspire...

PHÈDRE.

Renfermez-le, de grâce, et craignez d'en trop dire.
Vous voyez que j'observe, avant que vous parler,
Qu'aucun témoin ici ne se puisse couler.
Un grand calme à vos yeux commence de paraître.
Tremblez, prince, tremblez; l'orage est près de naître.
Tout ce que vous pouvez vous figurer d'horreur
Des violents projets de l'amour en fureur
N'est qu'un faible crayon de la secrète rage
Qui possède Ariane et trouble son courage.
L'aveu qu'à votre hymen elle semble donner,
Vers le piège tendu cherche à vous entraîner.
C'est par là qu'elle croit découvrir sa rivale;
Et, dans les vifs transports que sa vengeance étale,
Plus le sang nous unit, plus son ressentiment,
Quand je serai connue, aura d'emportement.
Rien ne m'en peut sauver, ma mort est assurée.
Tout à l'heure avec moi sa haine l'a jurée :
J'en ai reçu l'arrêt. Ainsi, le fort amour
Souvent sans le savoir mettant sa flamme au jour,
Mon sang doit s'apprêter à laver son outrage.
Vous l'avez voulu, prince; achevez votre ouvrage.

THÉSÉE.

A quoi que son courroux puisse être disposé,
Il est pour s'en défendre un moyen bien aisé [1].
Ce calme qu'elle affecte afin de me surprendre
Ne me fait que trop voir ce que j'en dois attendre.
La foudre gronde, il faut vous mettre hors d'état
D'en ouïr la menace et d'en craindre l'éclat.
Fuyons d'ici, madame; et venez dans Athènes,
Par un heureux hymen, voir la fin de nos peines.
J'ai mon vaisseau tout prêt. Dès cette même nuit,
Nous pouvons de ces lieux disparaître sans bruit.
Quand même pour vos jours nous n'aurions rien à craindre,
Assez d'autres raisons nous y doivent contraindre.

---

[1] Je n'insiste pas sur ce mot *vainc*, qui ne doit jamais entrer dans les vers, ni même dans la prose. On doit éviter tous les mots dont le son est désagréable, et qui ne sont qu'un reste de l'ancienne barbarie. Mais on ne voit pas trop ce que veut dire Ariane : *S'il dépendait de nous de vaincre les charmes de l'amour, je regretterais moins ce que je perds en vous.* Cela ne se joint point à ce vers : *Il nous force à changer, il faut que j'y consente.* Il y a une logique secrète qui doit régner dans tout ce qu'on dit et même dans les passions les plus violentes. Sans cette logique, on ne parle qu'au hasard, on débite des vers qui ne sont que des vers; le bon sens doit animer jusqu'au délire de l'amour. Thésée joue partout un rôle désagréable, et ici plus qu'ailleurs. Un héros qui, dans une scène, ne dit que ces trois mots, *Madame, je n'ai pas...* ferait mieux de ne rien dire du tout. (V.)

[1] Il ne trouve, pour défendre sa maîtresse, de meilleur moyen que de s'enfuir; il dit que la foudre gronde, parce qu'Ariane veut se venger de sa rivale. Ce n'est pas là le vrai Thésée. *Il veut, dès cette même nuit, de ces lieux disparaître sans bruit :* c'est un propos de comédie. La scène en général est mal écrite, et il y a des vers qu'on ne peut supporter, comme, par exemple, celui-ci :

  Je la tue, et c'est vous qui me le faites faire.

Mais il y en a aussi d'heureux et de naturels, auxquels tout l'art de Racine ne pourrait rien ajouter :

  Et qui me répondra que vous serez fidèle?
  Votre légèreté peut me laisser ailleurs, etc.

La scène finit mal. *Donnez l'ordre qu'il faut, je serai prêt à tout.* C'était là qu'on attendait quelques combats du cœur, quelques remords, et surtout de beaux vers qui rendissent le rôle de Phèdre plus supportable. (V.)

Ariane, forcée à renoncer à moi,
N'aura plus de prétexte à refuser le roi :
Pour son propre intérêt, il faut s'éloigner d'elle.

PHÈDRE.
Et qui me répondra que vous serez fidèle ?

THÉSÉE.
Ma foi, que ni le temps, ni le ciel en courroux...

PHÈDRE.
Ma sœur l'avait reçue en fuyant avec vous.

THÉSÉE.
L'emmener avec moi fut un coup nécessaire :
Il fallait la sauver de la fureur d'un père;
Et la reconnaissance eut part seule aux serments
Par qui mon cœur du sien paya les sentiments :
Ce cœur violenté n'aimait qu'avec étude.
Et, quand il entrerait un peu d'ingratitude
Dans ce manque de foi qui vous semble odieux,
Pourquoi me reprocher un crime de vos yeux ?
L'habitude à les voir me fit de l'inconstance
Une nécessité dont rien ne me dispense;
Et si j'ai trop flatté cette crédule sœur,
Vous en êtes complice aussi bien que mon cœur.
Vous voyant auprès d'elle, et mon amour extrême
Ne pouvant avec vous s'expliquer par vous-même,
Ce que je lui disais d'engageant et de doux ,
Vous ne saviez que trop qu'il s'adressait à vous.
Je n'examinais point, en vous ouvrant mon âme,
Si c'était d'Ariane entretenir la flamme;
Je songeais seulement à vous marquer ma foi,
Je me faisais entendre, et c'était tout pour moi.

PHÈDRE. [mes!
Dieux! qu'elle en souffrira! que d'ennuis! que de lar-
Je sens naître en mon cœur les plus rudes alarmes [1] :
Il voit avec horreur ce qui doit arriver.
Cependant j'ai trop fait pour ne pas achever;
Ces foudroyants regards, ces accablants reproches,
Dont par son désespoir je vois les coups si proches,
Pour moi, pour une sœur, sont plus à redouter
Que cette triste mort qu'elle croit m'apprêter.
Elle a su votre amour, elle saura le reste.
De ses pleurs, de ses cris, fuyons l'éclat funeste;
Je vois bien qu'il le faut. Mais, las!...

THÉSÉE.
Vous soupirez?

PHÈDRE.
Oui, prince, je veux trop ce que vous désirez.
Elle se fie à moi, cette sœur; elle m'aime;
C'est une ardeur sincère, une tendresse extrême;
Jamais son amitié ne me refusa rien :
Pour l'en récompenser je lui vole son bien,
Je l'expose aux rigueurs du sort le plus sévère,
Je la tue; et c'est vous qui me le faites faire!

[1] VAR. J'en sens naître en mon cœur les plus rudes alarmes

Pourquoi vous ai-je aimé?

THÉSÉE.
Vous en repentez-vous ?

PHÈDRE.
Je ne sais. Pour mon cœur il n'est rien de plus doux:
Mais, vous le remarquez, ce cœur tremble, soupire;
Et perdant une sœur, si j'ose encor le dire,
Vous la laissez dans Naxe en proie à ses douleurs;
Votre légèreté me peut laisser ailleurs.
Qui voudra plaindre alors les ennuis de ma vie
Sur l'exemple éclatant d'Ariane trahie?
Je l'aurai bien voulu. Mais c'en est fait; partons.

THÉSÉE.
En vain...

PHÈDRE.
Le temps se perd quand nous en consultons.
Si vous blâmez la crainte où ce soupçon me livre,
J'en répare l'outrage en m'offrant à vous suivre.
Puisqu'à ce grand effort ma flamme se résout,
Donnez l'ordre qu'il faut, je serai prête à tout.

ACTE CINQUIÈME.

SCÈNE PREMIÈRE.

ARIANE, NÉRINE.

NÉRINE.
Un peu plus de pouvoir, madame, sur vous-même.
A quoi sert ce transport, ce désespoir extrême?
Vous avez, dans un trouble à nul autre pareil,
Prévenu ce matin le lever du soleil :
Dans le palais, errante, interdite, abattue,
Vous avez laissé voir la douleur qui vous tue :
Ce ne sont que soupirs, que larmes, que sanglots.

ARIANE.
On me trahit, Nérine; où trouver du repos?
Quoi! ce parfait amour dont mon âme ravie
Ne croyait voir la fin qu'en celle de ma vie,
Ces feux, ces tendres feux pour moi trop allumés,
Dans le cœur d'un ingrat sont déjà consumés!
Thésée avec plaisir a pu les voir éteindre!
Ma mort n'est qu'un malheur qui ne vaut pas le crain-
Et ce parjure amant qui se rit de ma foi, [dre [1];

[1] Cette expression n'est pas française; c'est un reste des mauvaises façons de parler de l'ancien temps, que Thomas Corneille se permettait rarement. Il y a beaucoup d'art à jeter dans cette scène quelques légers soupçons sur Phèdre, et à les détruire. On ne peut mieux préparer le coup mortel qu'Ariane recevra quand elle apprendra que Thésée est parti avec sa sœur. Il est

ARIANE, ACTE V, SCÈNE II.

Quoiqu'il vive toujours, ne vivra plus pour moi !
Que fait Pirithoüs? viendra-t-il?
NÉRINE.
Oui, madame;
Je l'ai fait avertir.
ARIANE.
Quels combats dans mon âme !
NÉRINE.
Pirithoüs viendra; mais ce transport jaloux
Qu'attend-il de sa vue? et que lui direz-vous?
ARIANE.
Dans l'excès étonnant de mon cruel martyre,
Hélas! demandes-tu ce que je pourrai dire?
Dût ma douleur sans cesse avoir le même cours,
Se plaint-on trop souvent de ce qu'on sent toujours?
Tu dis donc qu'hier au soir chacun avec murmure
Parlait diversement de ma triste aventure,
Que la jeune Cyane est celle que l'on croit
Que Thésée...
NÉRINE.
On la nomme à cause qu'il la voit :
Mais qu'en pouvoir juger? il voit Phèdre de même;
Et cependant, madame, est-ce Phèdre qu'il aime?
ARIANE.
Que n'a-t-il pu l'aimer ! Phèdre l'aurait connu,
Et par là mon malheur eût été prévenu.
De sa flamme par elle aussitôt avertie,
Dans sa première ardeur je l'aurais amortie.
Par où vaincre d'ailleurs les rebuts de ma sœur?
NÉRINE.
En vain il aurait cru pouvoir toucher son cœur;
Je le sais : mais enfin quand un amant sait plaire,
Qui consent à l'ouïr peut aimer et se taire.
ARIANE.
Je soupçonnerais Phèdre, elle de qui les pleurs
Semblaient en s'embarquant présager nos malheurs!
Avant que la résoudre à seconder ma fuite,
A quoi, pour la gagner, ne fus-je pas réduite!
Combien de résistance et d'obstinés refus !
NÉRINE.
Vous n'avez rien, madame, à craindre là-dessus.
Je connais sa tendresse; elle est pour vous si forte,
Qu'elle mourrait plutôt...
ARIANE.
Je veux la voir, n'importe.
Va, fais-lui promptement savoir que je l'attends;
Dis-lui que le sommeil l'arrête trop longtemps,
Que je sens ma douleur croître par son absence.

vrai que le style est bien négligé; l'intérêt se soutient, et c'est beaucoup; mais les oreilles délicates ne peuvent supporter :

Que la jeune Cyane est celle que l'on croit
Que Thésée.... On la nomme à cause qu'il la voit.

Un tel style gâte les choses les plus intéressantes. (V.)

Qu'elle est heureuse, hélas! dans son indifférence!
Son repos n'est troublé d'aucun mortel souci.
Pirithoüs paraît, fais-la venir ici.

SCÈNE II.

ARIANE, PIRITHOUS.

ARIANE.
Eh bien! puis-je accepter la main qui m'est offerte?
Le roi s'empresse-t-il à réparer ma perte?
Et, pour me laisser libre à payer son amour,
De l'hymen de Thésée a-t-on choisi le jour?
PIRITHOUS.
Le roi sur ce projet entretint hier Thésée;
Mais il trouva son âme encor mal disposée.
Il est pour les ingrats de rigoureux instants;
Thésée en fit l'épreuve, et demanda du temps.
ARIANE.
Différer d'être heureux après son inconstance,
C'est montrer en aimant bien peu d'impatience;
Et ce nouvel objet dont son cœur est épris
Y doit pour son amour croire trop de mépris.
Pour moi, je l'avoûrai, sa trahison me fâche;
Mais puisqu'en me quittant il lui plaît d'être lâche,
Si je dois être au roi, je voudrais que sa main
Eût pu déjà fixer mon destin incertain.
L'irrésolution m'embarrasse et me gêne.
PIRITHOUS.
Si l'on m'avait dit vrai, vous seriez hors de peine¹;
Mais, madame, je puis être mal averti.
ARIANE.
Et de quoi, prince?
PIRITHOUS.
On dit que Thésée est parti.
Par là vous seriez libre.
ARIANE.
Ah! que viens-je d'entendre?
Il est parti, dit-on?
PIRITHOUS.
Ce bruit doit vous surprendre.
ARIANE.
Il est parti! Le ciel me trahirait toujours!
Mais non ; que deviendraient ses nouvelles amours?
Ferait-il cet outrage à l'objet qui l'enflamme?
L'abandonnerait-il?
PIRITHOUS.
Je ne sais; mais, madame,
Un vaisseau cette nuit s'est échappé du port.
ARIANE.
Ce n'est pas lui, sans doute; on le soupçonne à tort.

¹ Pirithoüs est ici plus petit que jamais. L'intime ami de Thésée ne sait rien de ce qui se passe, et ne joue qu'un personnage de valet. (V.)

Peut-il être parti sans que le roi le sache,
Sans que Pirithoüs, à qui rien ne se cache,
Sans qu'enfin... Mais de quoi me voudrais-je étonner?
Que ne peut-il pas faire? il m'ose abandonner,
Oublier un amour qui, toujours trop fidèle,
M'oblige encor pour lui...

SCÈNE III.

ARIANE, PIRITHOUS, NÉRINE.

ARIANE, *à Nérine.*
Que fait ma sœur? vient elle[1]?
Avec quelle surprise elle va recevoir
La nouvelle d'un coup qui confond mon espoir,
D'un coup par qui ma haine à languir est forcée!
NÉRINE.
Madame, j'ai longtemps...
ARIANE.
Où l'as-tu donc laissée?
Parle.
NÉRINE.
De tous côtés j'ai couru vainement;
On ne la trouve point dans son appartement.
ARIANE.
On ne la trouve point! Quoi! si matin! Je tremble.
Tant de maux à mes yeux viennent s'offrir ensemble,
Que, stupide, égarée, en ce trouble importun,
De crainte d'en trop voir, je n'en regarde aucun.
N'as-tu rien ouï dire?
NÉRINE.
On parle de Thésée.
On veut que cette nuit, voyant la fuite aisée...
ARIANE.
O nuit! ô trahison dont la double noirceur
Passe tout.... Mais pourquoi m'alarmer de ma sœur?
Sa tendresse pour moi, l'intérêt de sa gloire,
Sa vertu, tout enfin me défend de rien croire[2].
Cependant contre moi quand tout prend son parti,
Elle ne paraît point, et Thésée est parti[3]!
Qu'on la cherche; c'est trop languir dans ce supplice;
Je m'en sens accablée, il est temps qu'il finisse.
Quoique mon cœur rejette un doute injurieux,
Il a besoin, ce cœur, du secours de mes yeux.
La moindre inquiétude est trop tard apaisée.

SCÈNE IV.

ARIANE, PIRITHOUS, ARCAS, NÉRINE.

ARCAS, *à Pirithoüs.*
Seigneur, je vous apporte un billet de Thésée.
ARIANE.
Donnez, je le verrai. Par qui l'a-t-on reçu?
D'où l'a-t-on envoyé? Qu'a-t-on fait? Qu'a-t-on su?
Il est parti, Nérine. Ah! trop funeste marque!
ARCAS.
On vient de voir au port arriver une barque;
C'est de là qu'est venu le billet que voici.
ARIANE.
Lisons: mon amour tremble à se voir éclairci[1].
Thésée à Pirithoüs.
« Pardonnez une fuite où l'amour me condamne;
« Je pars sans vous en avertir.
« Phèdre du même amour n'a pu se garantir;
« Elle fuit avec moi. Prenez soin d'Ariane. »
Prenez soin d'Ariane! Il viole sa foi[2],
Me désespère, et veut qu'on prenne soin de moi!
PIRITHOUS. [dre...
Madame, en vos malheurs, qui font peine à compren-
ARIANE.
Laissez-moi; je ne veux vous voir ni vous entendre.
C'est vous, Pirithoüs, dont le funeste abord,
Toujours fatal pour moi, précipite ma mort.
PIRITHOUS.
J'ignore...
ARIANE.
Allez au roi porter cette nouvelle:
Nérine me demeure, il me suffira d'elle.
PIRITHOUS.
D'un départ si secret le roi sera surpris.
ARIANE.
Sans son ordre, Thésée eût-il rien entrepris?
Son aveu l'autorise; et de ses injustices,
Le roi, vous et les dieux, vous êtes tous complices[3].

---

[1] Cette scène est véritablement intéressante; elle montre bien qu'il faut toujours jusqu'à la fin de l'inquiétude et de l'incertitude au théâtre. (V.)
[2] J'ai vu *Ariane* pour la Champmeslé seule. Cette comédie est fade; les comédiens sont maudits*; mais quand la Champmeslé arrive, on entend un murmure, tout le monde est ravi, et l'on pleure de son désespoir. (Mme DE SÉVIGNÉ, 1er avril 1672.)
[3] Ce sont là de ces vers que la situation seule rend excellents; les moindres ornements les affaibliraient. Il y en a quelques-uns de cette espèce dans *Ariane*; c'est un très-grand mérite : tant il est vrai que le naturel est toujours ce qui plaît le plus. (V.)

* Par les comédiens maudits, il faut entendre les autres personnages de la pièce, et non les acteurs qui la représentent.

---

[1] Tout le commencement de cette scène a été imité par Voltaire. Voyez *Zaïre*, Acte IV, sc. IV et V.
[2] Cette répétition des mots du billet de Thésée, *Prenez soin d'Ariane*, est excellente. *Il viole sa foi, me désespère*, etc. est faible et lâche. C'est de sa sœur qu'elle doit parler: elle savait bien déjà que Thésée avait violé sa foi. *Il me désespère* est un terme vague. Ariane ne dit pas ce qu'elle doit dire, ainsi le mauvais est souvent à côté du bon, et le goût consiste à démêler ces nuances. (V.)
[3] Ce vers passe pour être beau; il le serait en effet, si les dieux avaient eu quelque part à la pièce, si quelque oracle

SCÈNE V.

ARIANE, NÉRINE.

ARIANE.

Ah, Nérine[1] !

NÉRINE.

Madame, après ce que je voi,
Je l'avoue, il n'est plus ni d'honneur ni de foi :
Sur les plus saints devoirs l'injustice l'emporte.
Que de chagrins !

ARIANE.

Tu vois, ma douleur est si forte,
Que, succombant aux maux qu'on me fait découvrir,
Je demeure insensible à force de souffrir.
Enfin d'un fol espoir je suis désabusée ;
Pour moi, pour mon amour, il n'est plus de Thésée.
Le temps au repentir aurait pu le forcer ;
Mais c'en est fait, Nérine, il n'y faut plus penser.
Hélas ! qui l'aurait cru, quand son injuste flamme
Par l'ennui de le perdre accablait tant mon âme,
Qu'en ce terrible excès de peine et de douleurs
Je ne connusse encor que mes moindres malheurs ?
Une rivale au moins pour soulager ma peine[2]
M'offrait en la perdant de quoi plaire à ma haine ;
Je promettais son sang à mes bouillants transports[3].
Mais je trouve à briser les liens les plus forts ;
Et, quand dans une sœur, après ce noir outrage,
Je découvre en tremblant la cause de ma rage,
Ma rivale et mon traître, aidés de mon erreur,
Triomphent par leur fuite, et bravent ma fureur !
Nérine, entres-tu bien, lorsque le ciel m'accable,
Dans tout ce qu'a mon sort d'affreux, d'épouvantable ?
La rivale sur qui tombe cette fureur,
C'est Phèdre, cette Phèdre à qui j'ouvrais mon cœur !
Quand je lui faisais voir ma peine sans égale,
Quand j'en marquais l'horreur, c'était à ma rivale !
La perfide, abusant de ma tendre amitié,
Montrait de ma disgrâce une fausse pitié,
Et, jouissant des maux que j'aimais à lui peindre,
Elle en était la cause, et feignait de me plaindre !
C'est là mon désespoir. Pour avoir trop parlé,
Je perds ce que déjà je tenais immolé.
Je l'ai portée à fuir, et, par mon imprudence,
Moi-même je me suis dérobé ma vengeance.
Dérobé ma vengeance ! A quoi pensé-je ? Ah dieux !
L'ingrate ! On la verrait triompher à mes yeux !
C'est trop de patience en de si rudes peines.
Allons, partons, Nérine, et volons vers Athènes,
Mettons un prompt obstacle à ce qu'on lui promet.
Elle n'est pas encore où son espoir la met.
Sa mort, sa seule mort, mais une mort cruelle....

NÉRINE.

Calmez cette douleur : où vous emporte-t-elle ?
Madame, songez-vous que tous ces vains projets
Par l'éclat de vos cris s'entendent au palais ?

ARIANE.

Qu'importe que partout mes plaintes soient ouïes ?
On connaît, on a vu des amantes trahies,
A d'autres quelquefois on a manqué de foi :
Mais, Nérine, jamais il n'en fut comme moi.
Par cette tendre ardeur dont j'ai chéri Thésée,
Avais-je mérité de m'en voir méprisée ?
De tout ce que j'ai fait considère le fruit.
Quand je fuis pour lui seul, c'est moi seule qu'il fuit.
Pour lui seul je dédaigne une couronne offerte :
En séduisant ma sœur, il conspire ma perte.
De ma foi chaque jour ce sont gages nouveaux :
Je le comble de biens, il m'accable de maux[1] ;

---

avait trompé Ariane : il faut avouer que *les dieux* viennent là assez inutilement pour remplir le vers, et pour frapper l'oreille de la multitude ; mais ce vers fait toujours effet. (V.)

[1] Cette simple exclamation est très-touchante. On se peint à soi-même Ariane plongée dans une douleur qu'elle n'a pas la force d'exprimer. Mais lorsque, le moment d'après, elle dit que sa *douleur est si forte*, *que*, *succombant aux maux qu'on lui fait découvrir*, *elle demeure insensible à force de souffrir*, ce n'est plus la douleur d'Ariane qui parle, c'est l'esprit du poëte. Il me paraît qu'Ariane raisonne trop, et qu'elle ne raisonne pas assez bien. (V.)

[2] VAR. Une rivale au moins s'offrait lors à ma haine,
Contre qui mon courroux croyait s'armer sans peine.
Son sang flattait déjà mes plus bouillants transports...

[3] L'un n'est pas opposé à l'autre. Le poëte ne s'exprime pas comme il le doit ; il veut dire, *J'espérais me venger d'une rivale*, *et cette rivale est ma sœur*; *elle fuit avec mon amant*, *et tous deux bravent ma vengeance*. Il y a là une douzaine de vers fort mal faits ; mais rien n'est plus beau que ceux-ci :

La perfide, abusant de ma tendre amitié,
Montrait de ma disgrâce une fausse pitié !
Et, jouissant des maux que j'aimais à lui peindre,
Elle en était la cause, et feignait de me plaindre !

Voyez comme, dans ces quatre vers, tout est naturel et aisé, comme il n'y a aucun mot inutile, ou hors de sa place. (V.)

[1] Il est naturel à la douleur de se répandre en plaintes ; la loquacité même lui est permise, mais c'est à condition qu'on ne dira rien que de juste, et qu'on ne se plaindra point vaguement, et en termes impropres. Ariane n'a pas comblé Thésée de biens ; il faut qu'elle exprime sa situation, et non pas qu'elle dise faiblement qu'on l'accable de maux. Comment peut-elle dire que Thésée évite sa rencontre par la honte qu'il a de sa perfidie dans le temps que Thésée est parti avec Phèdre ? Comment peut-elle dire qu'il faudra bien enfin qu'il se montre ? Ariane, en se plaignant ainsi, sèche les larmes des connaisseurs qui s'attendrissaient pour elle. Elle a beau dire, par un retour sur soi-même, *à quel lâche espoir mon trouble me réduit !* ce trouble n'a point dû lui faire oublier que sa sœur lui a enlevé son amant, et qu'ils voguent tous deux vers Athènes ; bien au contraire, c'est sur cette fuite que tous ses emportements et tout son désespoir doivent être fondés. Les vers qu'elle débita ne sont pas assez bien faits :

La peur d'en faire trop serait hors de saison.
.... Si je demeure aimée.... où mon cœur se ravale.

Et par une rigueur jusqu'au bout poursuivie,
Quand j'empêche sa mort, il m'arrache la vie.
Après l'indigne éclat d'un procédé si noir,
Je ne m'étonne plus qu'il craigne de me voir :
La honte qu'il en a lui fait fuir ma rencontre.
Mais enfin à mes yeux il faudra qu'il se montre :
Nous verrons s'il tiendra contre ce qu'il me doit;
Mes larmes parleront : c'en est fait s'il les voit.
Ne les contraignons plus, et par cette faiblesse
De son cœur étonné surprenons la tendresse.
Ayant à mon amour immolé ma raison,
La peur d'en faire trop serait hors de saison.
Plus d'égard à ma gloire; approuvée ou blâmée,
J'aurai tout fait pour moi, si je demeure aimée....
Mais à quel lâche espoir mon trouble me réduit!
Si j'aime encor Thésée, oublié-je qu'il fuit?
Peut-être en ce moment aux pieds de ma rivale
Il rit des vains projets où mon cœur se ravale. [moi
Tous deux peut-être¹.... Ah ! ciel, Nérine, empêche-
D'ouïr ce que j'entends, de voir ce que je voi.
Leur triomphe me tue, et toute possédée
De cette assassinante et trop funeste idée,
Quelques bras que contre eux ma haine puisse unir,
Je souffre plus encor qu'elle ne peut punir.

SCÈNE VI.

ŒNARUS, ARIANE, PIRITHOUS, NÉRINE,
ARCAS.

ŒNARUS.

Je ne viens point, madame, opposer à vos plaintes
De faux raisonnements ou d'injustes contraintes²;
Je viens vous protester que tout ce qu'en ma cour...

ARIANE.

Je sais ce que je dois, seigneur, à votre amour;
Je connais même à quoi ma parole m'engage :
Mais...

ŒNARUS.

A vos déplaisirs épargnons cette image.

De cette assassinante et trop funeste idée,
Quelques bras que contre eux ma haine puisse unir,
Je souffre plus encor qu'elle ne peut punir, etc.   (V.)

¹ . . . . Ils s'aimeront toujours !
Au moment que je parle, ah ! mortelle pensée !
Ils bravent la fureur d'une amante insensée.
Malgré ce même exil qui va les écarter,
Ils font mille serments de ne se plus quitter.
                    Phèdre, Acte IV, sc. VI.

² Ce pauvre prince de Naxe, qui ne vient point opposer d'*injustes contraintes* et de *faux raisonnements*, et qui ne finit jamais sa phrase, achève son rôle aussi mal qu'il l'a commencé. Enfin, dans cette pièce, il n'y a qu'Ariane. C'est une tragédie faible, dans laquelle il y a des morceaux très-naturels et très-touchants, et quelques-uns même très-bien écrits. (V.)

Vous répondriez mal d'un cœur...

ARIANE.

Comment, hélas !
Répondrais-je de moi ? Je ne me connais pas.

ŒNARUS.

Si du secours du temps ma foi favorisée
Peut mériter qu'un jour vous oubliiez Thésée...

ARIANE.

Si j'oublîrai Thésée ? Ah dieux ! mon lâche cœur
Nourrirait pour Thésée une honteuse ardeur !
Thésée encor sur moi garderait quelque empire !
Je dois haïr Thésée, et voudrais m'en dédire !
Oui, Thésée à jamais sentira mon courroux;
Et si c'est pour vos vœux quelque chose de doux,
Je jure par les dieux, par ces dieux qui peut-être
S'uniront avec moi pour me venger d'un traître,
Que j'oublîrai Thésée ; et que, pour m'émouvoir,
Remords, larmes, soupirs, manqueront de pouvoir.

PIRITHOUS.

Madame, si j'osais...

ARIANE.

Non, parjure Thésée,
Ne crois pas que jamais je puisse être apaisée;
Ton amour y ferait des efforts superflus.
Le plus grand de mes maux est de ne t'aimer plus.
Mais après ton forfait, ta noire perfidie,
Pourvu qu'à te gêner le remords s'étudie,
Qu'il te livre sans cesse à de secrets bourreaux,
C'est peu pour m'étonner que le plus grand des maux.
J'ai trop gémi, j'ai trop pleuré tes injustices;
Tu m'as bravée : il faut qu'à ton tour tu gémisses¹.

¹ Ovide et Catulle, le premier dans ses *Héroïdes*, le second dans les *Noces de Thétis et de Pélée*, ont essayé de peindre le désespoir qui s'empara d'Ariane lorsqu'elle se vit abandonnée par Thésée. Il serait trop long de transcrire ici la pièce d'Ovide ; mais nous rapporterons le passage de Catulle, qui nous représente Ariane plus accablée de sa douleur qu'occupée du soin de se venger.

. . . . . . Fluentisono prospectans littore Diæ,
Thesea cedentem celeri cum classe tuetur
Indomitos in corde gerens Ariadna furores :
Necdum etiam sese, quæ visit, visere credit,
Utpote fallaci quæ tum primum excita somno
Desertam in sola miseram se cernit arena.
Immemor at juvenis fugiens pellit vada remis,
Irrita ventosæ linquens promissa procellæ :
Quem procul ex alga mœstis Minois ocellis,
Saxea ut effigies Bacchantis prospicit Evæ :
Prospicit, et magnis curarum fluctuat undis,
Non flavo retinens subtilem vertice mitram,
Non contecta levi velatum pectus amictu,
Non tereti strophio luctantes vincta papillas ;
Omnia quæ toto delapsa e corpore passim,
Ipsius ante pedes fluctus salis alludebant.
Sed neque tum mitræ, neque tum fluitantis amictus
Illa vicem curans, toto ex te pectore, Theseu,
Toto animo, tota pendebat perdita mente.
    De Nuptiis Pelei et Theticlos, v. 5¹.

Mais quelle est mon erreur! Dieux! je menace en l'air.
L'ingrat se donne ailleurs quand je crois lui parler.
Il goûte la douceur de ses nouvelles chaînes.
Si vous m'aimez, seigneur, suivons-le dans Athènes.
Avant que ma rivale y puisse triompher,
Partons; portons-y plus que la flamme et le fer.
Que par vous la perfide entre mes mains livrée
Puisse voir ma fureur de son sang enivrée.
Par ce terrible éclat signalez ce grand jour,
Et méritez ma main en vengeant mon amour.

ŒNARUS.

Consultons-en le temps, madame, et s'il faut faire...

ARIANE.

Le temps! Mon désespoir souffre-t-il qu'on diffère?
Puisque tout m'abandonne, il est pour mon secours
Une plus sûre voie, et des moyens plus courts.

(*Elle se jette sur l'épée de Pirithoüs.*)

Tu m'arrêtes, cruel!

NÉRINE.

Que faites-vous, madame?

ARIANE, *à Nérine*. [âme.

Soutiens-moi; je succombe aux transports de mon
Si dans mes déplaisirs tu veux me secourir,
Ajoute à ma faiblesse, et me laisse mourir.

ŒNARUS.

Elle semble pâmer. Qu'on la secoure vite.
Sa douleur est un mal qu'un prompt remède irrite;
Et c'en serait sans doute accroître les efforts, [ports[1].
Qu'opposer quelque obstacle à ses premiers trans-

sant que la Didon de Virgile*; car Didon a bien moins fait pour Énée, et n'est point trahie par sa sœur : elle n'éprouve point d'infidélité, et il n'y avait peut-être pas là de quoi se brûler. Il est inutile d'ajouter que le sujet vaut mieux que celui de *Médée*. Une empoisonneuse, une meurtrière, ne peut toucher des cœurs et des esprits bien faits. Thomas Corneille fut plus heureux dans le choix de ce sujet, que son frère ne le fut dans aucun des siens depuis *Rodogune*; mais je doute avec Pierre Corneille eût mieux fait le rôle d'Ariane que son frère. On peut remarquer, en lisant cette tragédie, qu'il y a moins de solécismes et moins d'obscurité que dans les dernières pièces de Pierre Corneille. Le cadet n'avait pas la force et la profondeur du génie de l'aîné; mais il parlait sa langue avec plus de pureté, quoiqu'avec plus de faiblesse. C'était d'ailleurs un homme d'un très-grand mérite, et d'une vaste littérature; et si vous exceptez Racine, auquel il ne faut comparer personne, il était le seul de son temps qui fût digne d'être le premier au-dessous de son frère. (V.) — Thésée et le roi de Naxe (Œnarus) jouent un triste rôle dans cette tragédie; Phèdre et Pirithoüs, qui sont à peu près ce qu'ils doivent être, ne peuvent pas en jouer un bien considérable; mais Ariane remplit la pièce, et la beauté de son rôle supplée à la faiblesse de tous les autres. La rivalité de Phèdre est conduite avec art, et la marche du drame est simple, claire et sage. Ariane est, de toutes les amantes abandonnées, celle qui inspire le plus de compassion, parce qu'il est impossible d'aimer de meilleure foi et d'éprouver une ingratitude plus odieuse. La conduite de Thésée n'a aucune excuse, au lieu que celle de Titus, dans *Bérénice*, et d'Énée, dans *Didon*, a du moins des motifs probables. Enfin, ce qui rend Ariane encore plus à plaindre, elle est trahie par une sœur qu'elle aime et à qui elle se confie comme à une autre elle-même. Toutes ces circonstances sont si douloureuses, qu'il n'y aurait point au théâtre d'amour plus parfait qu'*Ariane*, si le style était celui de *Bérénice*. Cependant il s'en faut de beaucoup que, même dans cette partie, il soit sans beautés : les sentiments sont presque toujours vrais, l'expression a quelquefois la même vérité et le même naturel; et, pour tout dire en un mot, il y a quelques endroits dignes de la plume de Racine. (LA HARPE.)

---

[1] Cette pièce est au rang de celles qu'on joue souvent, lorsqu'une actrice veut se distinguer par un rôle capable de la faire valoir. La situation est très-touchante. Une femme qui a tout fait pour Thésée, qui l'a tiré du plus grand péril, qui s'est sacrifiée pour lui, qui se croit aimée, qui mérite de l'être, qui se voit trahie par sa sœur et abandonnée par son amant, est un des plus heureux sujets de l'antiquité. Il est bien plus intéres-

* Voltaire trouve ce sujet plus heureux et plus intéressant que celui de *Didon*, parce que Ariane a plus fait pour Thésée que Didon pour Énée, parce que Didon n'est point trahie par sa sœur et n'éprouve pas une véritable infidélité : il se peut qu'Ariane soit encore plus malheureuse; mais Didon prête plus à la scène. Énée est en quelque sorte forcé d'immoler son amour à la religion et à la gloire; Thésée est odieux et vil; son ingratitude n'a point d'excuse : on souffre de voir jouer un rôle si bas à l'un des plus fameux héros de l'antiquité. (GEOFFROY.)

FIN D'ARIANE.

LE FESTIN DE PIERRE.

COMÉDIE. — 1677.

AVIS.

Cette pièce, dont les comédiens donnent tous les ans plusieurs représentations, est la même que feu M. de Molière fit jouer en prose peu de temps avant sa mort[2]. Quelques personnes qui ont tout pouvoir sur moi m'ayant engagé à la mettre en vers, je me réservai la liberté d'adoucir certaines expressions qui avaient blessé les scrupuleux. J'ai suivi la prose assez exactement dans tout le reste, à l'exception des scènes du troisième et du cinquième acte, où j'ai fait parler des femmes. Ce sont scènes ajoutées à cet excellent original, et dont les défauts ne doivent point être imputés au célèbre auteur sous le nom duquel cette comédie est toujours représentée.

PERSONNAGES.

D. LOUIS, père de D. Juan.
D. JUAN.
ELVIRE, ayant épousé D. JUAN.
D. CARLOS, frère d'Elvire.
ALONZE, ami de D. Carlos.
THÉRÈSE, tante de Léonor.
LÉONOR, demoiselle de campagne.
PASCALE, nourrice de Léonor.
CHARLOTTE, paysanne.
MATHURINE, autre paysanne.
PIERROT, paysan.
M. DIMANCHE, marchand.
LA RAMÉE, valet de chambre de D. Juan.
GUSMAN, domestique d'Elvire.
SGANARELLE, valet de D. Juan.
LA VIOLETTE, laquais.
LA STATUE DU COMMANDEUR[3].

---

[1] *Le Festin de Pierre* est imité d'une comédie espagnole de Tirso de Molina, intitulée *el Combidado di Piedra* (le Convié de Pierre). Dès 1659, ce sujet avait été traité par de Villiers; et en 1661 il le fut encore par Dorimon, toujours sous le même titre, et toujours avec succès. Ce titre, sur le sens duquel on n'est pas d'accord, peut s'expliquer en admettant que le commandeur tué par D. Juan se nommait D. Pèdre; c'est du moins le seul moyen de justifier la rime de ces deux vers de Boileau :

A tous ces beaux discours j'étais comme une pierre,
Ou comme la statue est au festin de Pierre.
SAT. III, v. 129.

En supposant que cette rime ait besoin de justification.
[2] Molière fit jouer sa pièce en 1665. Il mourut en 1673.
[3] Thomas Corneille n'a pas indiqué le lieu où se passe l'action. Suivant Molière, la scène est en Sicile.

ACTE PREMIER.

SCÈNE PREMIÈRE.

SGANARELLE, GUSMAN.

SGANARELLE, *prenant du tabac, et en offrant à Gusman.*

Quoi qu'en dise Aristote, et sa digne[1] cabale,
Le tabac est divin[2], il n'est rien qui l'égale;
Et par les fainéants, pour fuir l'oisiveté,
Jamais amusement ne fut mieux inventé.
Ne saurait-on que dire, on prend la tabatière;
Soudain à gauche, à droit, par devant, par derrière,
Gens de toutes façons, connus, et non connus,
Pour y demander part sont les très-bien venus.
Mais c'est peu qu'à donner instruisant la jeunesse
Le tabac l'accoutume à faire ainsi largesse,
C'est dans la médecine un remède nouveau;
Il purge, réjouit, conforte le cerveau;
De toute noire humeur promptement le délivre;
Et qui vit sans tabac n'est pas digne de vivre.
O tabac! ô tabac! mes plus chères amours!...
Mais reprenons un peu notre premier discours.
Si bien, mon cher Gusman, qu'Elvire ta maîtresse
Pour Don Juan mon maître a pris tant de tendresse
Qu'apprenant son départ, l'excès de son ennui
L'a fait mettre en campgne et courir après lui.
Le soin de le chercher est obligeant, sans doute;
C'est aimer fortement : mais tout voyage coûte,
Et j'ai peur, s'il te faut expliquer mon souci,
Qu'on n'indemnise mal des frais de celui-ci.

---

[1] Toutes les éditions modernes portent :
. . . . et sa *docte* cabale.
[2] On sait que cette plante fut apportée en France par Nicot, ambassadeur de François II à la cour de Madrid. Catherine de Médicis en favorisa l'usage, et les médecins, pour flatter cette reine, attribuèrent au tabac des guérisons miraculeuses, et lui donnèrent les qualifications pompeuses d'*herbe à la reine*, d'*herbe sainte*, d'*herbe sacrée*. Les disputes duraient encore du temps de Molière, qui prêta à Sganarelle le langage de son siècle. (M. AIMÉ-MARTIN.)

GUSMAN.
Et la raison encor? Dis-moi, je te conjure,
D'où te vient une peur de si mauvais augure?
Ton maître là-dessus t'a-t-il ouvert son cœur?
T'a-t-il fait remarquer pour nous quelque froideur
Qui d'un départ si prompt...
SGANARELLE.
Je n'en sais point les causes.
Mais, Gusman, à peu près je vois le train des choses,
Et sans que Don Juan m'ait rien dit de cela,
Tout franc, je gagerais que l'affaire va là.
Je pourrais me tromper, mais j'ai peine à le croire.
GUSMAN.
Quoi! ton maître ferait cette tache à sa gloire?
Il trahirait Elvire, et d'un crime si bas...
SGANARELLE.
Il est trop jeune encore; il n'oserait!
GUSMAN.
Hélas!
Ni d'un si lâche tour l'infamie éternelle,
Ni de sa qualité...
SGANARELLE.
La raison en est belle!
Sa qualité! C'est là ce qui l'arrêterait!
GUSMAN.
Tant de vœux...
SGANARELLE.
Rien pour lui n'est trop chaud ni trop froid.
Vœux, serments, sans scrupule il met tout en usage.
GUSMAN.
Mais ne songe-t-il pas à l'hymen qui l'engage?
Croit-il le pouvoir rompre?
SGANARELLE.
Et! mon pauvre Gusman,
Te ne sais pas encor quel homme est Don Juan.
GUSMAN.
S'il est ce que tu dis, le moyen de connaître
De tous les scélérats le plus grand, le plus traître?
Le moyen de penser qu'après tant de serments,
Tant de transports d'amour, d'ardeur, d'empresse-
De protestations des plus passionnées, [ments,
De larmes, de soupirs, d'assurances données,
Il ait réduit Elvire à sortir du couvent[1],
A venir l'épouser; et tout cela, du vent?
SGANARELLE.
Il s'embarrasse peu de pareilles affaires,
Ce sont des tours d'esprit qui lui sont ordinaires;
Et si tu connaissais le pèlerin, crois-moi,

Tu ferais peu de fond sur le don de sa foi.
Ce n'est pas que je sache avec pleine assurance
Que déjà pour Elvire il soit ce que je pense:
Pour un dessein secret en ces lieux appelé,
Depuis son arrivée il ne m'a point parlé.
Mais, par précaution, je puis ici te dire
Qu'il n'est devoirs si saints dont il ne s'ose rire;
Que c'est un endurci dans la fange plongé,
Un chien, un hérétique, un turc, un enragé;
Qu'il n'a ni foi ni loi; que tout ce qui le tente...
GUSMAN.
Quoi! le ciel ni l'enfer n'ont rien qui l'épouvante?
SGANARELLE.
Bon! parlez-lui du ciel, il répond d'un souris;
Parlez-lui de l'enfer, il met le diable au pis;
Et, parce qu'il est jeune, il croit qu'il est en âge
Où la vertu sied moins que le libertinage.
Remontrance, reproche, autant de temps perdu.
Il cherche avec ardeur ce qu'il voit défendu;
Et, ne refusant rien à madame Nature,
Il est ce qu'on appelle un pourceau d'Épicure.
Ainsi ne me dis point sur sa légèreté
Qu'Elvire par l'hymen se trouve en sûreté.
C'est peu par bon contrat qu'il en ait fait sa femme;
Pour en venir à bout, et contenter sa flamme,
Avec elle, au besoin, par ce même contrat,
Il aurait épousé toi, son chien et son chat.
C'est un piège qu'il tend partout à chaque belle:
Paysanne, bourgeoise, et dame, et demoiselle,
Tout le charme; et d'abord, pour leur donner leçon,
Un mariage fait lui semble une chanson.
Toujours objets nouveaux, toujours nouvelles flam-
Et si je te disais combien il a de femmes, [mes;
Tu serais convaincu que ce n'est point en vain
Qu'on le croit l'épouseur de tout le genre humain.
GUSMAN.
Quel abominable homme!
SGANARELLE.
Et plus qu'abominable.
Il se moque de tout, ne craint ni dieu ni diable;
Et je ne doute point, comme il est sans retour,
Qu'il ne soit par la foudre écrasé quelque jour.
Il le mérite bien; et s'il le faut tout dire,
Depuis qu'en le servant je souffre le martyre,
J'en ai vu tant d'horreurs, que j'avoue aujourd'hui
Qu'il vaudrait mieux cent fois être au diable qu'à lui
GUSMAN.
Que ne le quittes-tu?
SGANARELLE.
Le quitter! comment faire?
Un grand seigneur méchant est une étrange affaire.
Vois-tu, si j'avais fui, j'aurais beau me cacher,
Jusque dans l'enfer même il viendrait me chercher.
La crainte me retient; et, ce qui me désole,

---

[1] On lit *convent* dans l'édition de 1704: c'est ainsi qu'on écrivit et qu'on prononça d'abord ce mot formé de *conventus*. Cependant la même édition porte *couvent*, dans la scène II du troisième acte, ce qui annonce que la prononciation et l'orthographe de ce nom commençaient dès lors à se fixer.

C'est qu'il faut avec lui faire souvent l'idole,
Louer ce qu'on déteste, et, de peur du bâton,
Approuver ce qu'il fait, et chanter sur son ton.
Je crois dans ce palais le voir qui se promène :
C'est lui. Prends garde, au moins...

GUSMAN.

Ne t'en mets point en peine.

SGANARELLE.

Je t'ai conté sa vie un peu légèrement;
C'est à toi là-dessus de te taire; autrement...

GUSMAN, *s'en allant.*

Ne crains rien.

SCÈNE II.

D. JUAN, SGANARELLE.

D. JUAN.

Avec qui parlais-tu? pourrait-ce être
Le bonhomme Gusman? J'ai cru le reconnaître.

SGANARELLE.

Vous avez fort bien cru; c'était lui-même.

D. JUAN.

Il vient
Demander quelle affaire en ces lieux nous retient?

SGANARELLE.

Il est un peu surpris de ce que, sans rien dire,
Vous avez pu sitôt abandonner Elvire.

D. JUAN.

Que lui fais-tu penser d'un départ si prompt?

SGANARELLE.

Moi?
Rien du tout; ce n'est point mon affaire.

D. JUAN.

Mais toi,
Qu'en penses-tu?

SGANARELLE.

Je crois, sans trop juger en bête,
Que vous avez encor quelque amourette en tête.

D. JUAN.

Tu le crois?

SGANARELLE.

Oui.

D. JUAN.

Ma foi! tu crois juste; et mon cœur
Pour un objet nouveau sent la plus forte ardeur.

SGANARELLE.

Eh, mon Dieu! j'entrevois d'abord ce qui s'y passe.
Votre cœur n'aime point à demeurer en place;
Et, sans lui faire tort sur la fidélité,
C'est le plus grand coureur qui jamais ait été.
Tout est de votre goût; brune ou blonde, n'importe.

D. JUAN.

Et n'ai-je pas raison d'en user de la sorte?

SGANARELLE.

Eh! monsieur...

D. JUAN.

Quoi?

SGANARELLE.

Sans doute, il est aisé de voir
Que vous avez raison, si voulez l'avoir;
Mais si, comme on n'est pas bon juge dans sa cause,
Vous ne le vouliez pas, ce serait autre chose.

D. JUAN.

Hé bien, je te permets de parler librement.

SGANARELLE.

En ce cas, je vous dis très-sérieusement
Qu'on trouve fort vilain qu'allant de belle en belle
Vous fassiez vanité partout d'être infidèle.

D. JUAN.

Quoi! si d'un bel objet je suis d'abord touché,
Tu veux que pour toujours j'y demeure attaché;
Qu'un éternel amour de ma foi lui réponde,
Et me laisse sans yeux pour le reste du monde!
Le rare et doux plaisir qui se trouve en aimant,
S'il faut s'ensevelir dans un attachement,
Renoncer pour lui seul à toute autre tendresse,
Et vouloir sottement mourir dès sa jeunesse!
Va, crois-moi, la constance était bonne jadis,
Où les leçons d'aimer venaient des Amadis;
Mais à présent on suit des lois plus naturelles;
On aime sans façon tout ce qu'on voit de belles;
Et l'amour qu'en nos cœurs la première a produit
N'ôte rien aux appas de celle qui la suit.
Pour moi, qui ne saurais faire l'inexorable,
Je me donne partout où je trouve l'aimable;
Et tout ce qu'une belle a sur moi de pouvoir
Ne me rend point ailleurs incapable de voir.
Sans me vouloir piquer du nom d'amant fidèle,
J'ai des yeux pour une autre aussi bien que pour elle;
Et dès qu'un beau visage a demandé mon cœur,
Je ne puis me résoudre à l'armer de rigueur.
Ravi de voir qu'il cède à la douce contrainte
Qui d'abord laisse en lui toute autre flamme éteinte
Je l'abandonne aux traits dont il aime les coups,
Et si j'en avais cent, je les donnerais tous.

SGANARELLE.

Vous êtes libéral.

D. JUAN.

Que de douceurs charmantes
Font goûter aux amants les passions naissantes!
Si pour chaque beauté je m'enflamme aisément,
Le vrai plaisir d'aimer est dans le changement :
Il consiste à pouvoir, par d'empressés hommages,
Forcer d'un jeune cœur les scrupuleux ombrages,
A désarmer sa crainte, à voir, de jour en jour,
Par cent petits progrès avancer notre amour;
A vaincre doucement la pudeur innocente

Qu'oppose à nos désirs une âme chancelante,
Et la réduire enfin, à force de parler,
A se laisser conduire où nous voulons aller.
Mais, quand on a vaincu, la passion expire,
Ne souhaitant plus rien, on n'a plus rien à dire ;
A l'amour satisfait tout son charme est ôté ;
Et nous nous endormons dans sa tranquillité,
Si quelque objet nouveau, par sa conquête à faire,
Ne réveille en nos cœurs l'ambition de plaire.
Enfin, j'aime en amour les exploits différents,
Et j'ai sur ce sujet l'ardeur des conquérants,
Qui, sans cesse courant de victoire en victoire,
Ne peuvent se résoudre à voir borner leur gloire.
De mes vastes désirs le vol précipité
Par cent objets vaincus ne peut être arrêté :
Je sens mon cœur plus loin capable de s'étendre ;
Et je souhaiterais, comme fit Alexandre,
Qu'il fût un autre monde encore à découvrir,
Où je pusse en amour chercher à conquérir [1].

SGANARELLE.
Comme vous débitez ! ma foi, je vous admire !
Votre langue...

D. JUAN.
Qu'as-tu là-dessus à me dire ?

SGANARELLE.
A vous dire, moi ? J'ai... Mais, que dirais-je ? Rien ;
Car, quoi que vous disiez, vous le tournez si bien,
Que, sans avoir raison, il semble, à vous entendre,
Qu'on soit, quand vous parlez, obligé de se rendre.
J'avais, pour disputer, des raisons dans l'esprit...
Je veux une autre fois les mettre par écrit :
Avec vous, sans cela, je n'aurais qu'à me taire ;
Vous me brouilleriez tout.

D. JUAN.
Tu ne saurais mieux faire.

SGANARELLE.
Mais, monsieur, par hasard, me serait-il permis
De vous dire qu'à moi, comme à tous vos amis,
Votre genre de vie un tant soit peu fait peine ?

D. JUAN.
Le fat ! Et quelle vie est-ce donc que je mène ?

SGANARELLE.
Fort bonne assurément ; mais enfin... quelquefois...
Par exemple, vous voir marier tous les mois !

D. JUAN.
Est-il rien de plus doux, rien qui soit plus capable...

[1] Après avoir vu ce que le valet pense du maître, on aime à voir ce que D. Juan pense de lui-même. Ces deux portraits observés de deux points de vue si différents, offrent cependant l'image du même homme ; mais dans l'un on sent l'effet que produit la présence du vice sur une âme timide, tandis que l'autre nous montre le vice se complaisant dans ses œuvres. Tel est l'aveuglement de D. Juan, qu'il se vante de ses crimes sans se croire criminel, et qu'il pense n'exciter que l'admiration au moment où il n'excite que l'horreur. (M. AIMÉ-MARTIN.)

SGANARELLE.
Il est vrai, je conçois cela fort agréable ;
Et c'est, si sans péché j'en avais le pouvoir,
Un divertissement que je voudrais avoir ;
Mais sans aucun respect pour les plus saints mystè- [res...

D. JUAN.
Ne t'embarrasse point, ce sont là mes affaires.

SGANARELLE.
On doit craindre le ciel ; et jamais libertin
N'a fait encor, dit-on, qu'une méchante fin.

D. JUAN.
Je hais la remontrance, et, quand on s'y hasarde...

SGANARELLE.
Oh ! ce n'est pas à vous que j'en fais ; Dieu m'en garde !
J'aurais tort de vouloir vous donner des leçons :
Si vous vous égarez, vous avez vos raisons ;
Et quand vous faites mal, comme c'est l'ordinaire,
Du moins vous savez bien qu'il vous plaît de le faire.
Bon cela : mais il est certains impertinents,
Adroits, de fort esprit, hardis, entreprenants,
Qui, sans savoir pourquoi, traitent de ridicules
Les plus justes motifs des plus sages scrupules ;
Et qui font vanité de ne trembler de rien,
Par l'entêtement seul que cela leur sied bien.
Si j'avais, par malheur, un tel maître : « Ame crasse, »
Lui dirais-je tout net, le regardant en face,
« Osez-vous bien ainsi braver à tous moments
« Ce que l'enfer pour vous amasse de tourments ?
« Un rien, un mirmidon, un petit ver de terre,
« Au ciel impunément croit déclarer la guerre.
« Allez, malheur cent fois à qui vous applaudit !
« C'est bien à vous (je parle au maître que j'ai dit)
« A vouloir vous railler des choses les plus saintes ;
« A secouer le joug des plus louables craintes !
« Pour avoir de grands biens et de la qualité,
« Une perruque blonde, être propre, ajusté, [de,
« Tout en couleur de feu, pensez-vous... (prenez gar-
Ce n'est pas vous, au moins, que tout ceci regarde ;)
« Pensez-vous en avoir plus de droit d'éclater
« Contre les vérités dont vous osez douter ?
« De moi, votre valet, apprenez, je vous prie,
« Qu'en vain les libertins de tout font raillerie,
« Que le ciel tôt ou tard, pour leur punition... »

D. JUAN.
Paix.

SGANARELLE.
Çà, voyons : de quoi serait-il question ?

D. JUAN.
De te dire en deux mots qu'une flamme nouvelle
Ici, sans t'en parler, m'a fait suivre une belle.

SGANARELLE.
Et n'y craignez-vous rien pour ce commandeur mort ?

D. JUAN.
Je l'ai si bien tué ! chacun le sait.

SGANARELLE.
D'accord,
On ne peut rien de mieux; et, s'il osait s'en plaindre,
Il aurait tort : mais...
D. JUAN.
Quoi?
SGANARELLE.
Ses parents sont à craindre.
D. JUAN.
Laissons là tes frayeurs, et songeons seulement
A ce qui me peut faire un destin tout charmant.
Celle qui me réduit à soupirer pour elle
Est une fiancée aimable, jeune, belle;
Et conduite en ces lieux, où j'ai suivi ses pas,
Par l'heureux à qui sont destinés tant d'appas.
Je la vis par hasard, et j'eus cet avantage
Dans le temps qu'ils songeaient à faire leur voyage.
Il faut te l'avouer; jamais jusqu'à ce jour
Je n'ai vu deux amants se montrer tant d'amour.
De leurs cœurs trop unis la tendresse visible,
Me frappant tout à coup, rendit le mien sensible;
Et, les voyant céder aux transports les plus doux,
Si je devins amant, je fus amant jaloux.
Oui, je ne pus souffrir, sans un dépit extrême,
Qu'ils s'aimassent autant que l'un et l'autre s'aime.
Ce bizarre chagrin alluma mes désirs :
Je me fis un plaisir de troubler leurs plaisirs,
De rompre adroitement l'étroite intelligence
Dont mon cœur délicat se faisait une offense.
N'ayant pu réussir, plus amoureux toujours,
C'est au dernier remède, enfin, que j'ai recours :
Cet époux prétendu, dont le bonheur me blesse,
Doit aujourd'hui sur mer régaler sa maîtresse;
Sans t'en avoir rien dit, j'ai dans mes intérêts [prêts;
Quelques gens qu'au besoin nous trouverons tout
Ils auront une barque où la belle enlevée
Rendra de mon amour la victoire achevée.
SGANARELLE.
Ah! monsieur!
D. JUAN.
Hé?
SGANARELLE.
C'est là le prendre comme il faut :
Vous faites bien.
D. JUAN.
L'amour n'est pas un grand défaut.
SGANARELLE.
Sottise! il n'est rien tel que de se satisfaire.
(à part.)
La méchante âme[1]!

D. JUAN.
Allons songer à cette affaire :
Voici l'heure à peu près où ceux... Mais qu'est-ceci?
Tu ne m'avais pas dit qu'Elvire était ici!
SGANARELLE.
Savais-je que sitôt vous la verriez paraître!

SCÈNE III.

ELVIRE, D. JUAN, SGANARELLE, GUSMAN.

ELVIRE.
Don Juan voudra-t-il encor me reconnaître?
Et puis-je me flatter que le soin que j'ai pris...
D. JUAN.
Madame, à dire vrai, j'en suis un peu surpris;
Rien ne devait ici presser votre voyage.
ELVIRE.
J'y viens faire, sans doute, un méchant personnage;
Et, par ce froid accueil, je commence de voir
L'erreur où m'avait mise un trop crédule espoir.
J'admire ma faiblesse, et l'imprudence extrême
Qui m'a fait consentir à me tromper moi-même,
A démentir mes yeux sur une trahison
Où mon cœur refusait de croire ma raison.
Oui, pour vous, contre moi, ma tendresse séduite,
Quoi qu'on pût m'opposer, excusait votre fuite :
Cent soupçons, qui devaient alarmer mon amour,
Avaient beau contre vous me parler chaque jour,
A vous justifier toujours trop favorable,
J'en rejetais la voix qui vous rendait coupable;
Et je ne regardais, dans ce trouble odieux,
Que ce qui vous peignait innocent à mes yeux.
Mais un accueil si froid et si plein de surprise
M'apprend trop ce qu'il faut que pour vous je me dise;
Je n'ai plus à douter qu'un honteux repentir
Ne vous ait, sans rien dire, obligé de partir. [trême,
J'en veux pourtant, j'en veux, dans mon malheur ex-
Entendre les raisons de votre bouche même.
Parlez donc, et sachons par où j'ai mérité
Ce qu'ose contre moi votre infidélité.
D. JUAN.
Si mon éloignement m'a fait croire infidèle,
J'ai mes raisons, madame; et voilà Sganarelle
Qui vous dira pourquoi...
SGANARELLE.
Je le dirai? Fort bien!

[1] Sganarelle est auprès de D. Juan ce que Sancho Pança est auprès de D. Quichotte; il ne cesse de condamner les entreprises téméraires de son maître, et cependant il s'y prête malgré lui, par faiblesse et par complaisance : c'est un caractère de valet plaisant, original. Sa simplicité, sa bonhomie, sa naïveté forment un contraste charmant avec la fausseté et la scélératesse de don Juan. (GEOFFROY.)

D. JUAN.

Il sait...

SGANARELLE.

Moi? s'il vous plaît, monsieur, je ne sais rien.

ELVIRE.

Eh bien, qu'il parle; il faut souffrir tout pour plaire.

D. JUAN.

Allons, parle à madame; il ne faut point se taire.

SGANARELLE.

Vous vous moquez, monsieur.

ELVIRE, *à Sganarelle.*

Puisqu'on le veut ainsi,
Approchez, et voyons ce mystère éclairci.
Quoi! tous deux interdits! Est-ce là pour confondre...

D. JUAN.

Tu ne répondras pas?

SGANARELLE.

Je n'ai rien à répondre.

D. JUAN.

Veux-tu parler? te dis-je.

SGANARELLE.

Eh bien, allons tout doux.
Madame...

ELVIRE.

Quoi?

SGANARELLE, *à D. Juan.*

Monsieur...

D. JUAN.

Redoute mon courroux.

SGANARELLE.

Madame, un autre monde, avec quelque autre chose,
Comme les conquérants, Alexandre est la cause
Qui nous a fait en hâte, et sans vous dire adieu,
Décamper l'un et l'autre, et venir en ce lieu.
Voilà pour vous, monsieur, tout ce que je puis faire.

ELVIRE.

Vous plaît-il, Don Juan, m'éclaircir ce mystère?

D. JUAN.

Madame, à dire vrai, pour ne pas abuser[1]...

ELVIRE.

Ah! que vous savez peu l'art de vous déguiser!
Pour un homme de cour, qui doit, avec étude,
De feindre, de tromper, avoir pris l'habitude,
Demeurer interdit, c'est mal faire valoir
La noble effronterie où je vous devrais voir.
Que ne me jurez-vous que vous êtes le même,
Que vous m'aimez toujours autant que je vous aime;
Et que la seule mort, dégageant votre foi,
Rompra l'attachement que vous avez pour moi?
Que ne me dites-vous qu'une affaire importante

[1] D. Juan n'éprouve aucun embarras; mais il veut humilier Elvire, et s'amuse de la confusion de Sganarelle; c'est toujours le même caractère. Le malaise de ces deux personnages est pour lui une situation agréable. (M. AIMÉ-MARTIN.)

A causé le départ dont j'ai pris l'épouvante;
Que, si de son secret j'ai lieu de m'offenser,
Vous avez craint les pleurs qu'il m'aurait fait verser;
Qu'ici d'un long séjour ne pouvant vous défendre,
Je n'ai qu'à vous quitter, et vous aller attendre;
Que vous me rejoindrez avec l'empressement
Qu'a pour ce qu'il adore un véritable amant;
Et qu'éloigné de moi l'ardeur qui vous enflamme
Vous rend ce qu'est un corps séparé de son âme?
Voilà par où du moins vous me feriez douter
D'un oubli que mes feux devraient peu redouter.

D. JUAN.

Madame, puisqu'il faut parler avec franchise,
Apprenez ce qu'en vain mon trouble vous déguise.
Je ne vous dirai point que mes empressements
Vous conservent toujours les mêmes sentiments,
Et que, loin de vos yeux, ma juste impatience
Pour le plus grand des maux me fait compter l'absen- [ce :
Si j'ai pu me résoudre à fuir, à vous quitter,
Je n'ai pris ce dessein que pour vous éviter.
Non mon cœur encor, trop touché de vos charmes,
N'ait le même penchant à vous rendre les armes;
Mais un pressant scrupule, à qui j'ai dû céder,
M'ouvrant les yeux de l'âme, a su m'intimider,
Et fait voir qu'avec vous, quelque amour qui m'engage
Je ne puis, sans péché, demeurer davantage.
J'ai fait réflexion que, pour vous épouser,
Moi-même trop longtemps j'ai voulu m'abuser;
Que je vous ai forcée à faire au ciel l'injure
De rompre en ma faveur une sainte clôture
Où par des vœux sacrés vous aviez entrepris
De garder pour le monde un éternel mépris.
Sur ces réflexions, un repentir sincère
M'a fait appréhender la céleste colère :
J'ai cru que votre hymen, trop mal autorisé,
N'était pour tous les deux qu'un crime déguisé;
Et que je ne pouvais en éviter les peines
Qu'en tâchant de vous rendre à vos premières chaînes.
N'en doutez point : voilà, quoique avec mille ennuis,
Et pourquoi je m'éloigne, et pourquoi je vous fuis.
Par un frivole amour voudriez-vous, madame,
Combattre le remords qui déchire mon âme,
Et qu'en vous retenant j'attirasse sur nous
Du ciel toujours vengeur l'implacable courroux?

ELVIRE.

Ah! scélérat, ton cœur, aussi lâche que traître,
Commence tout entier à se faire connaître;
Et ce qui me confond dans tout ce que j'attends[1],
Je le connais enfin, lorsqu'il n'en est plus temps.
Mais sache, à me tromper quand ce cœur s'étudie,
Que ta perte suivra ta noire perfidie;

[1] Les éditions modernes portent :
.... Dans tout ce que j'entends.

Et que ce même ciel, dont tu t'oses railler,
A me venger de toi voudra bien travailler.
        SGANARELLE, *bas.*
Se peut-il qu'il résiste, et que rien ne l'étonne?
        (*haut.*)
Monsieur...
        D. JUAN.
      De fausseté je vois qu'on me soupçonne;
Mais, madame...
        ELVIRE.
        Il suffit; je t'ai trop écouté;
En ouïr davantage est une lâcheté :
Et, quoi qu'on ait à dire, il faut qu'on se surmonte,
Pour ne se faire pas trop expliquer sa honte.
Ne te figure point qu'on en reproches en l'air
Mon courroux contre toi veuille ici s'exhaler;
Tout ce qu'il peut avoir d'ardeur, de violence,
Se réserve à mieux faire éclater ma vengeance.
Je te le dis encor, le ciel, armé pour moi,
Punira tôt ou tard ton manquement de foi;
Et si tu ne crains point sa justice blessée,
Crains du moins la fureur d'une femme offensée.
     (*Elle sort, et D. Juan la regarde partir.*)
        SGANARELLE.
Il ne dit mot, il rêve, et les yeux sur les siens...
Hélas! si le remords le pouvait prendre!
        D. JUAN.
              Viens;
Il est temps d'achever l'amoureuse entreprise
Qui me livre l'objet dont mon âme est éprise.
Suis-moi [1].
        SGANARELLE, *à part.*
    Le détestable! A quel maître maudit,
Malgré moi, si longtemps, mon malheur m'asservit!

ACTE SECOND.

SCÈNE PREMIÈRE.

CHARLOTTE, PIERROT.

        CHARLOTTE.
Notre-dinse, Piarrot, pour les tirer de peine
Tu t'es là rencontré bian à point.

        PIERROT.
        Oh! marguienne!
Sans nous, c'en était fait.
        CHARLOTTE.
        Je le crois bian.
        PIERROT.
              Vois-tu?
Il ne s'en fallait pas l'époisseur d'un fétu,
Tou deux de se nayer eussiont fait la sottise.
        CHARLOTTE.
C'est don l'vent d'à matin...
        PIERROT.
        Aga [1], quien, sans feintise,
Je te vas tout fin drait conter par le menu
Comme, en n'y pensant pas, le hasard est venu.
Il aviont bian besoin d'un œil comme le nôtre,
Qui les vît de tout loin; car c'est moi, com' s' dit l'autre,
Qui les ai le premier avisés. Tanquia don,
Sur le bord de la mar bian leu prend que j'équion,
Où de tarre Gros-Jean me jetait une motte,
Tout en batifolant; car, com' tu sais, Charlotte,
Pour v'nir batifoler Gros-Jean ne charche qu'où;
Et moi, par fouas aussi, je batifole itou.
En batifolant don, j'ai fait l'apercevance
D'un grouillement su gliau, sans voir la différence
De c' qui pouvait grouiller : ça grouillait à tous coups,
Et, grouillant par secousse, allait comme envars nous.
J'étas embarrassé; c' n'était point stratagème,
Et tout comm' je te vois, je voyas ça de même,
Aussi fixiblement; et pis tout d'un coup, quien,
Je voyas qu'après ça je ne voyas plus rien.
Hé, Gros-Jean, c'ai-je fait, stanpendant que je somme
A niaiser parmi nous, je pens' que v'là de zomme
Qui nagiant tout là-bas. Bon, c' m'a-t-i fait, vrament,
T'auras de queuque chat vu le trépassement;
T'as la veu' trouble. Oh bien, c'ai-je fait, t'as biau dire,
Je n'ai point la veu' trouble, et c' n'est point jeu pour rire.
C'est là de zomme. Point, c' m'a-t-i fait, c' n'en est pas,
Piarrot, t'as la barlue. Oh! j'ai c' que tu voudras,
C'ai-je fait; mais gageons que j' n'ai point la barlue,
Et qu' ça qu'en voit là-bas, c'ai-je fait, qui remue,
C'est de zomme, vois-tu, qui nageont vars ici.
Gag' que non, c' m'a-t-i fait. Oh! margué, gag' que si.
Dix sous. Oh! c' m'a-t-i fait, je le veux bian, marguienne;
Quien, mets argent su jeu, v'là le mien. Palsanguienne,
Je n'ai fait là-dessus l'étourdi, ni le fou,
J'ai bravement bouté par tarre mé dix sou,
Quatre pièce tapée, et le restant en double :

---

[1] Le personnage de D. Juan possède toutes les qualités qui frappent à la scène; il se montre et se développe d'acte en acte avec une perversité toujours égale et des attitudes sans cesse variées : tour à tour séducteur perfide, amant infidèle, époux adultère, débiteur insolvable, duelliste audacieux, seigneur insolent, maître tyrannique, railleur cruel, fils dénaturé, athée téméraire et redoutable hypocrite. Mais ce dernier crime ne se signale en lui que vers la fin de la pièce, pour combler la mesure de ses crimes, et lui servir à les couvrir tous; les autres éclatent dans ses faits et dans ses paroles durant le cours entier de la fable. (M. AIMÉ-MARTIN.)

[1] Interjection admirative, encore usitée parmi le peuple, dans quelques provinces de France. Ce mot est une abréviation de *agardez*; qui s'employait autrefois pour *regardez, voyez un peu.*

Jarnigué, je varron si j'avon la veu' trouble,
C'ai-je fait, les boutant... plus hardiment enfin
Que si j'eusse avalé queuque varre de vin;
Car j' sis hasardeux, moi : qu'en me mette en boutade,
Je vas, sans tant d'raisons, tout à la débandade.
Je savas bian pourtant c' que j' faisas d'en par là :
Queuque niais! Enfin don, j' non pas putôt mis, v'là
Que j' voyons tout à plain com' deu zomme à la nage
Nous faision signe; et moi, sans rien dir' davantage,
De prendre le zenjeux. Allon, Gros-Jean, allon,
C'ai-je fait, vois-tu pas comme i nou zappelon?
I s' vont nayer. Tant mieux, c' m'a-t-i fait, je m'en gausse.
I m'ant fait pardre. Adon, le tirant pa lé chausse,
J' l'ai si bian sarmoné, qu'à la parfin vars eux
J'avon dans une barque avironné tou deux;
Et pis, cahin caha, j'on tant fait que je somme
Venus tout contre; et pis j' les avons tirés, comme
Ils aviont quasi bu déjà pu que de jeu.
Et pis j' le zon cheu nous menés auprès du feu,
Où je l' zon vus tou nus sécher leu zoupelande;
Et pis il en est v'nu deux autres de leu bande,
Qui s'équian, vois-tu bian, sauvés tous seuls; et pis
Mathurine est venue à voir leu biau zabits;
Et pis i liont conté qu'al n'était pas tant sotte,
Qu'al avait du malin dans l'œil; et pis, Charlotte,
V' là tout com' ça s'est fait pour te l' dire en un mot.

CHARLOTTE.
Et ne m' disais-tu pas qu' glien avait un, Piarrot,
Qu'était bian pu mieux fait que tretous?

PIERROT.
C'est le maître,
Queuque bian gros monsieur, dé pu gros qui puisse
Car i n'a que du dor par ilà, par ici; [être;
Et ceux qui le sarvont sont dé monsieus aussi.
Stanpendant, si j' n'eûme été là, palsanguienné,
Il en tenait.

CHARLOTTE.
Ardé¹ un peu.

PIERROT.
Jamais, marguienne,
Tout gros monsieur qu'il est, il n'en fût revenu.

CHARLOTTE.
Et cheu toi, dis, Piarrot, est-il encore tout nu?

PIERROT.
Nannain : tou devant nou, qui le regardion faire,
I l'avon rhabillé. Monguieu, combian d'affaire!
J' n'avais vu s'habiller jamais de courtisans,
Ni leu zangingorniaux : je me pardrais dedans.
Pour lé zy faire entré, comme n'en lé balotte!
J'étas tout ébobi de voir ça. Quien, Charlotte,
Quand i sont zabillés y vous zan tout à point
De grands cheveux touffus, mais qui ne tenont point
A leu tête, et pis v'là tout d'un coup qui l'y passe,

¹ Autre abréviation de *regarder*.

I boutont ça tout comme un bonnet de filasse.
Leu chemise, qu'à voir j'étas tout étourdi,
Ant dé manche, où tou deux j'entrerions tout brandi.
En de glieu d'haut de chausse ils ant sartaine histoire
Qui ne leu vient que là. J'auras bian de quoi boire,
Si j'avas tout l'argent dé lisets de dessu.
Glien a tant, glien a tant, qu'an n'en saurait voir pu.
I n'ant jusqu'au collet, qui n' va point en darrière,
Et qui leu pen devant, bâti d'une manière
Que je n' te l' saurais dire, et si j' l'ai vu de près,
Il ant au bout dé bras d'autres petits collets,
Aveu dé passements faits de dentale blanche,
Qui, veniant par le bout, faison le tour dé manche

CHARLOTTE.
I faut que j'aille voir, Piarrot.

PIERROT.
Oh! si te plaît,
J'ai queuq' chose à te dire.

CHARLOTTE.
Eh bian, dis quesque c'est?

PIERROT.
Vois-tu, Charlotte i faut qu'aveu toi, com' s' dit l'autre.
Je débonde mon cœur, il irait trop du nôtre,
Quand je somme pour être à nou deux tou de bon,
Si je n' me plaignas pas.

CHARLOTTE.
Quement? Quesqu'iglia don?

PIERROT.
Iglia que franchement tu me chagraignes l'âme.

CHARLOTTE.
Et d'où vient?

PIERROT.
Tatigué, tu dois être ma femme,
Et tu ne m'aimes pas.

CHARLOTTE.
Ah! ah! n'est-ce que ça?

PIERROT.
Vian çà.
Non, c' n'est qu' ça; stanpendant c'est bian assez.

CHARLOTTE.
Monguieu! toujou, Piarrot, tu m' dis la même chose.

PIERROT.
Si j' te la dis toujou, c'est toi qu'en es la cause;
Et si tu me faisais queuquefouas autrement,
J' te diras autre chose.

CHARLOTTE.
Appren-moi donc quement
Tu voudrais que j' te fisse.

PIERROT.
Oh! je veux que tu m'aime.

CHARLOTTE.
Esque je n' t'aime pas?

PIERROT.
Non, tu fais tou de même
Que si j' n'avion point fait no zacordaille; et si

LE FESTIN DE PIERRE, ACTE II, SCÈNE II.

J' n'ai rien à me r'procher là-dessus, Dieu marci.
Das qu'i passe un marcier, tout aussitôt j' t'ajette
Lé pu jolis lacets qui soient dans sa banette ;
Pour t'aller dénicher dé marle, j'ne sai zou,
Tou les jours je m'azarde à me rompre le cou ;
Je fais jouer pour toi lé vielleu zà ta fête :
Et tout ça, contre un mur c'est me cogné la tête ;
J' n'y gagne rien. Vois-tu ? ça n'est ni biau ni bon,
De n' vouloir pas aimer les gens qui nou zamon.

CHARLOTTE.
Monguieu ! je t'aime aussi ; de quoi te mettre en peine ?

PIERROT.
Oui, tu m'aimes ; mais c'est d'une belle déguaine.

CHARLOTTE.
Qu'es don qu' tu veux qu'en fasse ?

PIERROT.
Oh ! je veux que tout haut
L'en fasse ce qu'en fait pour aimer comme i faut.

CHARLOTTE.
J' t'aime aussi comme i faut ; pourquoi don qu' tu t'é-

PIERROT.   [tonne ?
Non, ça s' voit quand il est ; et toujou zau parsonne,
Quand c'est tout d' bon qu'on aime, en leu fait en passant
Mil' p'tite singerie. Hé ! sis-je un innocent ?
Margué, j' ne veux que voir com' la grosse Thomasse
Fait au jeune Robain ; al' n' tien jamais en place,
Tant al' n'est assotée ; et dès qu'al' l' voit passer,
Al' n'attend point qu'i vienne, al' s'en court l'agacer,
Li jett' son chapiau bas, et toujou, sans reproche,
Li fait exprès queuqu' niche, ou baille une taloche :
Et darnairment encor que su zun escabiau
Il regardait danser, al' s'en fut bian et biau
Li tirer de dessous, et l' mit à la renvarse. [me barce.
Jarni, v'là c' qu' c'est qu'aimer ; mais, margué, l'en
Quand dret comme un piquet j' voi que tu viens, par-
Tu n' me dis jamais mot ; et j'ai biau t'entincher, [cher,
En glieu de m' faire présent d'un' bonne égratignure,
De m' bailler queuque coup, ou d' voir par aventure
Si j' sis point chatouilleux, tu te grates les doigts ;
Et t'es la toujou comme un' vrai souche de bois.
T'es trop fraide, vois-tu : ventregué ! ça me choque.

CHARLOTTE.
C'est mon imeur, Piarrot ; que veux-tu ?

PIERROT.
Tu te moque.
Quand l'en aime les gens, l'en en baille toujou
Queuqu' petit' signifiance.

CHARLOTTE.
Oh ! cherche donc par où.
S' tu penses qu'à t'aimer queuque autre soit pu promp-
Va l'aimer, j' te l'accorde.   [te,

PIERROT.
Hé bian, v'là pas mon compte ?

Tatigué, s' tu m'aimais, m' dirais-tu ça ?

CHARLOTTE.
Pourquoi
M' viens-tu tarabuster toujou l'esprit ?

PIERROT.
Dis-moi,
Queu mal t' fais-je à vouloir que tu m' fasses paraître
Un peu pu d'amiquié ?

CHARLOTTE.
Va, ça m' viendra peut-être.
Ne me presse point tant, et laisse faire.

PIERROT.
Hé bian,
Touche don là, Charlotte, et d' bon cœur.

CHARLOTTE.
Hé bian quian.

PIERROT.
Promets qu' tu tâchera zà m'aimer davantage.

CHARLOTTE.
Est-ce là ce monsieu ?

PIERROT.
Oui, le v'là.

CHARLOTTE.
Queu dommage
Qu'il eût éténayé ! Qu'il est genti !

PIERROT.
Je vas
Boire chopeine : agieu, je ne tarderai pas.

SCÈNE II.

D. JUAN, SGANARELLE, CHARLOTTE.

D. JUAN.
Il n'y faut plus penser, c'en est fait, Sganarelle ;
La force entre mes bras allait mettre la belle,
Lorsque ce coup de vent, difficile à prévoir,
Renversant notre barque, a trompé mon espoir.
Si par là de mon feu l'espérance est frivole,
L'aimable paysanne aisément m'en console ;
Et c'est une conquête assez pleine d'appas,
Qui dans l'occasion ne m'échappera pas.
Déjà par cent douceurs j'ai jeté dans son âme
Des dispositions à bien traiter ma flamme :
On se plaît à m'entendre, et je puis espérer
Qu'ici je n'aurai pas longtemps à soupirer.

SGANARELLE.
Ah ! monsieur, je frémis à vous entendre dire.
Quoi ! des bras de la mort quand le ciel nous retire,
Au lieu de mériter, par quelque amendement,
Les bontés qu'il répand sur nous incessamment ;
Au lieu de renoncer aux folles amourettes,
Qui déjà tant de fois... Paix, coquin que vous êtes :
Monsieur sait ce qu'il fait ; et vous ne savez, vous,
Ce que vous dites.

44.

D. JUAN.
Ah! que vois-je auprès de nous?
SGANARELLE.
Qu'est-ce?
D. JUAN.
Tourne les yeux, Sganarelle, et condamne
La surprise où me met cette autre paysanne.
D'où sort-elle? peut-on rien voir de plus charmant?
Celle-ci vaut bien l'autre, et mieux.
SGANARELLE.
Assurément.
D. JUAN.
Il faut que je lui parle.
SGANARELLE.
Autre pièce nouvelle.
D. JUAN.
L'agréable rencontre! Et d'où me vient, la belle,
L'inespéré bonheur de trouver en ces lieux,
Sous cet habit rustique, un chef-d'œuvre des cieux?
CHARLOTTE.
Hé! monsieu...
D. JUAN.
Il n'est point un plus joli visage.
CHARLOTTE.
Monsieu...
D. JUAN.
Demeurez-vous, ma belle, en ce village?
CHARLOTTE.
Oui, monsieu.
D. JUAN.
Votre nom?
CHARLOTTE.
Charlotte, à vous servir,
Si j'en étais capable.
D. JUAN.
Ah! je me sens ravir.
Qu'elle est belle, et qu'au cœur sa vue est dangereuse!
Pour moi...
CHARLOTTE.
Vous me rendez, monsieur, toute honteuse.
D. JUAN.
Honteuse d'ouïr dire ici vos vérités!
Sganarelle, as-tu vu jamais tant de beautés? [ne!
Tournez-vous, s'il vous plaît. Que sa taille est mignon-
Haussez un peu la tête. Ah! l'aimable personne!
Cette bouche, ces yeux!... Ouvrez-les tout à fait.
Qu'ils sont beaux! Et vos dents? Il n'est rien si parfait.
Ces lèvres ont surtout un vermeil que j'admire.
J'en suis charmé.
CHARLOTTE.
Monsieu, cela vous plaît à dire:
Et je ne sais si c'est pour vous railler de moi.
D. JUAN.
Me railler de vous? Non, j'ai trop de bonne foi.

Regarde cette main plus blanche que l'ivoire,
Sganarelle: peut-on...
CHARLOTTE.
Fi, monsieu al est noire
Tout comm' e n' sais quoi.
D. JUAN.
Laissez-la-moi baiser.
CHARLOTTE
C'est trop d'honneur pour moi; j' n'ôrois vous refu-
Mais si j'eus' su tout ça devant votre arrivée, [ser;
Exprès aveu du son je m' la serais lavée.
D. JUAN.
Vous n'êtes point encor mariée?
CHARLOTTE
Oh! non pas,
Mais je dois bientôt l'être au fils du grand Lucas:
Il se nomme Piarrot, C'est ma tante Phlipotte
Qui nous fait marier.
D. JUAN.
Quoi! vous, belle Charlotte,
D'un simple paysan être la femme? Non:
Il vous faut autre chose; et je crois tout de bon
Que le ciel m'a conduit exprès dans ce village
Pour rompre cet injuste et honteux mariage:
Car enfin je vous aime; et malgré les jaloux,
Pourvu que je vous plaise, il ne tiendra qu'à vous
Qu'on ne trouve moyen de vous faire paraître
Dans l'éclat des honneurs où vous méritez d'être.
Cet amour est bien prompt, je l'avoûrai; mais, quoi!
Vos beautés tout d'un coup ont triomphé de moi;
Et je vous aime autant, Charlotte, en un quart d'heure,
Qu'on aimerait une autre en six mois.
CHARLOTTE.
Oui?
D. JUAN.
Je meure
S'il est rien de plus vrai!
CHARLOTTE.
Monsieu, je voudrais bien
Que ça fût tout comm' ça; car vous ne m' dites rien
Qui ne m' fasse assé zaise, et j'aurais bian envie
De n' vous mécroire point: mais j'ai toute ma vie
Entendu dire à ceux qui savon bian c' que c'est,
Qu'il n'est point de monsieu qui ne soit toujou prêt
A tromper queuque fille, à moins qu'al' n'y regarde.
D. JUAN.
Suis-je de ces gens-là? Non, Charlotte.
SGANARELLE.
Il n'a garde.
D. JUAN.
Le temps vous fera voir comme j'en veux user.
CHARLOTTE.
Aussi je n' voudrais pas me laisser abuser,
Voyez-vous si j' sis pauvre, et native au village,

J'ai d' l'honneur tout autant qu'on en ait à mon âge :
Et pour tout l'or du monde on n' me pourrait tenter,
Si j' pensais qu'en m'aimant l'en me l' voulût ôter.
D. JUAN.
Je voudrais vous l'ôter, moi ? ce soupçon m'offense.
Croyez que pour cela j'ai trop de conscience ;
Et que, si vos appas m'ont su d'abord charmer,
Ce n'est qu'en tout honneur que je vous veux aimer.
Pour vous le faire voir, apprenez que dans l'âme
J'ai formé le dessein de vous faire ma femme :
J'en donne ma parole ; et pour vous, au besoin,
L'homme que vous voyez en sera le témoin.
CHARLOTTE.
Vous m' vouriez épouser, moi ?
D. JUAN.
Cela vous étonne ?
Demandez au témoin que mon amour vous donne :
Il me connaît.
SGANARELLE.
Très-fort. Ne craignez rien : allez,
Il vous épousera cent fois, si vous voulez ;
J'en réponds.
D. JUAN.
Eh bien donc, pour le prix de ma flamme,
Ne consentez-vous pas à devenir ma femme ?
CHARLOTTE.
I faudrait à ma tante en dire un petit mot,
Pour qu'al' en fût contente : al' aime bian Piarrot.
D. JUAN.
Je dirai ce qu'il faut, et m'en rendrai le maître.
Touchez là seulement, pour me faire connaître
Que de votre côté vous voulez bien de moi.
CHARLOTTE.
J' n'en veux que trop ; mais vous ?
D. JUAN.
Je vous donne ma foi ;
Et deux petits baisers vont vous servir de gage....
CHARLOTTE.
O ! monsieur, attendez qu' j'ons fait le mariage ;
Après ça, voyez-vous, je vous baiserai tant
Que vous n'erez qu'à dire.
D. JUAN.
Ah ! me voilà content.
Tout ce que vous voulez, je le veux pour vous plaire ;
Donnez-moi seulement votre main.
CHARLOTTE.
Pourquoi faire ?
D. JUAN.
Il faut que cent baisers vous marquent l'intérêt...

SCÈNE III.

D. JUAN, CHARLOTTE, PIERROT, SGANARELLE.

PIERROT.
Tout doucement, monsieur, tenez-vous si vous plaît ;
Vous pourriez, v's échauffant, gagner la purésie.
D. JUAN.
D'où cet impertinent nous vient-il ?
PIERROT.
Oh ! jarnie !
J'vous dis qu'ou vous tegniais, et qu'i n'est pas besoin
Qu'ou vegniais courtisé nos femmes de si loin.
D. JUAN, *le poussant*.
Ah ! que de bruit !
PIERROT.
Margué ! je n' nou zémouvon guère
Pour cé pousseu de gens !
CHARLOTTE.
Piarrot, laisse-le faire.
PIERROT.
Quement ! que j' le laiss' faire ? Et je ne l' veux pas, moi.
D. JUAN.
Ah !
PIERROT.
Parc' qu'il est monsieu, i s'en viendra, je croi,
Caresser à not' barbe ici nos zaccordées !
Pargué ! j'en sis d'avis, que j' vous l' zayon gardées !
Allez-v' s' en caresser lé vôtres.
D. JUAN, *lui donnant plusieurs soufflets*.
Hé !
PIERROT.
Hé ! margué,
N' vous avisé pas trop de m' frapper : jarnigué !
Ventregué ! tatigué ! voyez un peu la chance
D' venir battre les gens ! c' n'est pas la récompense
D' vous être allé tantôt sauvé d'être nayé !
J' vous devions laisser boire. Il est bien employé !
CHARLOTTE.
Va, ne te fâche point, Piarrot.
PIERROT.
Oh ! palsanguienne !
I m' plaît de me fâcher, et t'es une vilaine
D'endurer qu'en t' cajole.
CHARLOTTE.
Il me veut épouser,
Et tu n' te devrais pas si fort colériser.
C' n'est pas c' qu' tu penses, da.
PIERROT.
Jarni, tu m'es promise.
CHARLOTTE.
Ça n'y fait rian, Piarrot, tu n' m'as pas encor prise.
S' tu m'aimes comme i faut, s'ras-tu pas tout joyeux

De m' voir madame?
PIERROT.
Non, j'aimerais cent fois mieux
Te voir crever, qu' non pas qu'un autre t'eût. Marguen-
CHARLOTTE.
Laiss'-moi que je la sois, et n' te mets point en peine :
Je te ferai cheux nous apporter des œufs frais,
Du beurre...
PIERROT.
Palsangué! je gnien port'rai jamais,
Quand tu m'en f'rais payer deux fois autant. Acoute :
C'est donc com' ça qu' tu fais ? si j'eusse eu qu'euq' doute,
Je m' s'ras bian empêché de le tirer de gliau,
Et j' gli aurais baillé putôt un chinfreniau
D'un bon coup d'aviron sur la tête.
D. JUAN.
Hé?
PIERROT, *s'éloignant.*
Personne
N' me fait peur.
D. JUAN.
Attendez, j'aime assez qu'on raisonne!
PIERROT, *s'éloignant toujours.*
Je m' gobarg' de tout, moi.
D. JUAN.
Voyons un peu cela.
PIERROT.
J'en avon bien vu d'autre.
D. JUAN.
Ouais!
SGANARELLE.
Monsieur, laissez là
Ce pauvre diable : à quoi peut servir de le battre?
Vous voyez bien qu'il est obstiné comme quatre.
Va, mon pauvre garçon, va-t'en, retire-toi,
Et ne lui dis plus rien.
PIERROT.
Et j' li veux dire, moi.
D. JUAN, *donnant un soufflet à Sganarelle, croyant le donner à Pierrot qui se baisse.*
Ah! je vous apprendrai...
SGANARELLE.
Peste soit du maroufle!
D. JUAN.
Voilà ta charité.
PIERROT.
Je m' ris d' queuqu' vent qui souffle,
Et j' m'en vas à ta tante en lâcher quatre mots;
Laisse faire.
(*Il s'en va.*)
D. JUAN.
A la fin il nous laisse en repos,
Et je puis à la joie abandonner mon âme.
Que de ravissements quand vous serez ma femme!
Sera-t-il un bonheur égal au mien?
SGANARELLE, *voyant Mathurine.*
Ah! ah!
Voici l'autre.

SCÈNE IV.

D. JUAN, CHARLOTTE, MATHURINE, SGANARELLE.

MATHURINE.
Monsieu, qu'es' don q'ou faites là?
Es' q'ou parlez d'amour à Charlotte?
D. JUAN, *à Mathurine.*
Au contraire;
C'est qu'elle m'aime; et moi, comme je suis sincère,
Je lui dis que déjà vous possédez mon cœur.
CHARLOTTE.
Qu'es' don que vous veut la Mathurine?
D. JUAN, *à Charlotte.*
Elle a peur
Que je ne vous épouse; et je viens de lui dire
Que je vous l'ai promis.
MATHURINE.
Quoi! Charlotte, es' pour rire?
D. JUAN, *à Mathurine.*
Tout ce que vous direz ne servira de rien?
Elle me veut à mer.
CHARLOTTE.
Mathurine, est-il bien
D'empêcher que monsieu...
D. JUAN, *à Charlotte.*
Vous voyez qu'elle enrage.
MATHURINE.
Oh! je n'empêche rien, il m'a déjà...
D. JUAN, *à Charlotte.*
Je gage
Qu'elle vous soutiendra qu'elle a reçu ma foi.
CHARLOTTE.
Je n' pensais pas...
D. JUAN, *à Mathurine.*
Gageons qu'elle dira de moi
Que j'aurai fait serment de la prendre pour femme.
MATHURINE.
Vous v'nez un peu trop tard.
CHARLOTTE.
Vous le dites.
MATHURINE.
Tredame!
Pourquoi me disputer?
CHARLOTTE.
Pisqu' monsieur me veut bien
MATHURINE.
C'est moi qu'i veut putôt.

LE FESTIN DE PIERRE, ACTE II, SCÈNE IV.

CHARLOTTE.
Oh! pourtant j' n'en crois rien.
MATHURINE.
I m'a vu la première, et m' l'a dit : qu'i réponde.
CHARLOTTE.
Si v's a vu la première, i m'a vu la seconde,
Et m' veut épouser.
MATHURINE.
Bon!...
D. JUAN, *à Mathurine*.
Hé! que vous ai-je dit?
MATHURINE.
C'est moi qu'il épous'ra. Voyez le bel esprit!
D. JUAN, *à Charlotte*.
N'ai-je pas deviné? La folle! je l'admire.
CHARLOTTE.
Si j' n'avons pas raison, le v'là qu'est pour le dire :
I sait notre querelle.
MATHURINE.
Oui, puisqu'i sait c' qu'en est,
Qu'i nous juge.
CHARLOTTE.
Monsieu, jugé-nous, s'i vous plaît :
Laqueule est parmi nous...
MATHURINE.
Gageons q' c'est moi qu'il aime.
Vou zallez voir.
CHARLOTTE.
Tant mieux : vou zallez voir vou-même.
MATHURINE.
Dites.
CHARLOTTE.
Parlez.
D. JUAN.
Comment! est-ce pour vous moquer?
Quel besoin avez-vous de me faire expliquer?
A l'une de vous deux j'ai promis mariage;
J'en demeure d'accord : en faut-il davantage?
Et chacune de vous, dans un débat si prompt,
Ne sait-elle pas bien comme les choses vont?
Celle à qui je me suis engagé doit peu craindre
Ce que, pour l'étonner, l'autre s'obstine à feindre;
Et tous ces vains propos ne sont qu'à mépriser,
Pourvu que je sois prêt toujours à l'épouser.
Qui va de bonne foi hait les discours frivoles;
J'ai promis des effets, laissons là les paroles.
C'est par eux que je songe à vous mettre d'accord;
Et l'on saura bientôt qui de vous deux a tort,
Puisqu'en me mariant je dois faire connaître
Pour laquelle l'amour dans mon cœur a su naître.
(*à Mathurine*.)
Laissez-la se flatter, je n'adore que vous.
(*à Charlotte*.)
Ne la détrompez point, je serai votre époux.

(*à Mathurine*.)
Il n'est charmes si vifs que n'effacent les vôtres.
(*à Charlotte*.)
Quand on a vu vos yeux, on n'en peut souffrir d'autres.
Une affaire me presse, et je cours l'achever;
Adieu : dans un moment je viens vous retrouver.
CHARLOTTE.
C'est moi qui li plaît mieux, au moins.
MATHURINE.
Pourtant je pense
Que je l'épouseron.
SGANARELLE.
Je plains votre innocence,
Pauvres jeunes brebis, qui pour trop croire un fou
Vous-mêmes vous jetez dans la gueule du loup!
Croyez-moi toutes deux, ne soyez pas si promptes
A vous laisser ainsi duper par de beaux contes.
Songez à vos oisons, c'est le plus assuré.
D. JUAN, *revenant*.
D'où vient que Sganarelle est ici demeuré?
SGANARELLE.
Mon maître n'est qu'un fourbe, et tout ce qu'il débite
Fadaise; il ne promet que pour aller plus vite.
Parlant de mariage, il cherche à vous tromper.
Il en épouse autant qu'il en peut attraper;
(*Il aperçoit D. Juan qui l'écoute*.)
Et... Cela n'est pas vrai : si l'on vient vous le dire,
Répondez hardiment qu'on se plaît à médire ;
Que mon maître n'est fourbe en aucune action,
Qu'il n'épouse jamais qu'à bonne intention,
Qu'il n'abuse personne, et que s'il dit qu'il aime...
Ah! tenez, le voilà; sachez-le de lui-même.
D. JUAN, *à Sganarelle*.
Oui!
SGANARELLE.
Le monde est si plein, monsieur, de médisants,
Que, comme on parle mal surtout des courtisans,
Je leur faisais entendre à toutes deux, pour cause,
Que, si quelqu'un de vous leur disait quelque chose,
Il fallait n'en rien croire; et que de suborneur...
D. JUAN.
Sganarelle!...
SGANARELLE.
Oui, mon maître est un homme d'honneur,
Je le garantis tel.
D. JUAN.
Hom!
SGANARELLE.
Ce seront des bêtes,
Ceux qui tiendront de lui des discours malhonnêtes.

SCÈNE V.

D. JUAN, LA RAMÉE, CHARLOTTE, MATHURINE, SGANARELLE.

LA RAMÉE.

Je viens vous avertir, monsieur, qu'ici pour vous
Il ne fait pas fort bon.

SGANARELLE.

Ah! monsieur, sauvons-nous.

D. JUAN.

Qu'est-ce?

LA RAMÉE.

Dans un moment doivent ic descendre
Douze hommes à cheval commandés pour vous pren-
Ils ont dépeint vos traits à ceux qui me l'ont dit.[dre;
Songez à vous.

SGANARELLE.

Pourquoi s'aller perdre à crédit?
Tirons-nous promptement, monsieur.

D. JUAN.

Adieu, les belles;
Celle que j'aime aura demain de mes nouvelles.

MATHURINE, *s'en allant.*

C'est à moi qu'i promet, Charlotte.

CHARLOTTE, *s'en allant.*

Oh! c'est à moi.

D. JUAN.

Il faut céder : la force est une étrange loi.
Viens; pour ne risquer rien, usons de stratagème;
Tu prendras mes habits.

SGANARELLE.

Moi, monsieur?

D. JUAN.

Oui, toi-même.

SGANARELLE.

Monsieur, vous vous moquez. Comment sous vos ha-
M'aller faire tuer! [bits

D. JUAN.

Tu mets la chose au pis.
Mais, dis-moi, lâche, dis, quand cela devrait être,
N'est-on pas glorieux de mourir pour son maître?

SGANARELLE.

(*à part.*)

Serviteur à la gloire.... O ciel! fais qu'aujourd'hui
Sganarelle, en fuyant, ne soit pas pris pour lui!

ACTE TROISIÈME.

SCÈNE PREMIÈRE.

D. JUAN, SGANARELLE, *habillé en médecin.*

SGANARELLE.

Avouez qu'au besoin j'ai l'imaginative
Aussi prompte d'aller que personne qui vive.
Votre premier dessein n'était point à propos.
Sous ce déguisement, j'ai l'esprit en repos.
Après tout, ces habits nous cachent l'un et l'autre
Beaucoup mieux qu'on n'eût pu me cacher sous le vô-
J'en regardais le risque avec quelque souci. [tre;
Tout franc, il me choquait.

D. JUAN.

Te voilà bien ainsi.
Où diable as-tu donc pris ce grotesque équipage?

SGANARELLE.

Il vient d'un médecin qui l'avait mis en gage :
Quoique vieux, j'ai donné de l'argent pour l'avoir.
Mais, monsieur, savez-vous quel en est le pouvoir?
Il me fait saluer des gens que je rencontre,
Et passer pour docteur partout où je me montre :
Ainsi qu'un habile homme on me vient consulter.

D. JUAN.

Comment donc?

SGANARELLE.

Mon savoir va bientôt éclater.
Déjà six paysans, autant de paysannes,
Accoutumés sans doute à parler à des ânes,
M'ont sur différents maux demandé mon avis.

D. JUAN.

Et qu'as-tu répondu?

SGANARELLE.

Moi?

D. JUAN.

Tu t'es trouvé pris?

SGANARELLE.

Pas trop. Sans m'étonner, de l'habit que je porte
J'ai soutenu l'honneur, et raisonné de sorte
Que, sur mon ordonnance, aucun d'eux n'a douté
Qu'il n'eût entre les mains un trésor de santé.

D. JUAN.

Et comment as-tu pu bâtir tes ordonnances?

SGANARELLE.

Ma foi! j'ai ramassé beaucoup d'impertinences,
Mêlé casse, opium, rhubarbe, ET CÆTERA,
Tout par drachme : et le mal aille comme il pourra,
Que m'importe?

D. JUAN.

Fort bien. Ce que tu viens de dire
Me réjouit.

SGANARELLE.

Et si, pour vous faire mieux rire,
Par hasard (car enfin quelquefois que sait-on?)
Mes malades venaient à guérir?

D. JUAN.

Pourquoi non?
Les autres médecins, que les sages méprisent,
Dupent-ils moins que toi dans tout ce qu'ils nous disent?
Et, pour quelques grands mots que nous n'entendons pas,

Ont-ils aux guérisons plus de part que tu n'as?
Crois-moi, tu peux comme eux, quoi qu'on s'en per-
Profiter, s'il avient, du bonheur du malade, [suade,
Et voir attribuer au seul pouvoir de l'art
Ce qu'avec la nature aura fait le hasard.

SGANARELLE.
Oh! jusqu'où vous poussez votre humeur libertine!
Je ne vous croyais pas impie en médecine.

D. JUAN.
Il n'est point parmi nous d'erreur plus grande.

SGANARELLE.
Quoi!
Pour un art tout divin vous n'avez point de foi!
La casse, le séné, ni le vin émétique [1]...

D. JUAN.
La peste soit le fou!

SGANARELLE.
Vous êtes hérétique,
Monsieur. Songez-vous bien quel bruit, depuis un
Fait le vin émétique? [temps,

D. JUAN.
Oui, pour certaines gens.

SGANARELLE.
Ses miracles partout ont vaincu les scrupules:
Leur force a converti jusqu'aux plus incrédules:
Et, sans aller plus loin, moi qui vous parle, moi,
J'en ai vu des effets si surprenants...

D. JUAN.
En quoi?

SGANARELLE.
Tout peut être nié, si sa vertu se nie.
Depuis six jours un homme était à l'agonie,
Les plus experts docteurs n'y connaissaient plus rien;
Il avait mis à bout la médecine.

D. JUAN.
Eh bien?

SGANARELLE.
Recours à l'émétique. Il en prend pour leur plaire:
Soudain...

D. JUAN.
Le grand miracle! Il réchappe?

SGANARELLE.
Au contraire,
Il en meurt.

D. JUAN.
Merveilleux moyen de le guérir!

[1] En 1658, Louis XIV tomba malade à Calais, et son état parut si alarmant qu'on ne balança pas à le mettre entre les mains d'un célèbre empirique d'Abbeville. Ce médecin sauva la vie du roi en lui administrant le vin émétique, remède alors peu connu. Une cure si merveilleuse mit le vin émétique à la mode, et devint l'objet des disputes des savants. La faculté se divisa en deux camps ennemis; on écrivit pour et contre ce remède avec une égale fureur, et c'est dans ces circonstances que Molière se présenta sur le champ de bataille pour se moquer de tous les combattants. (M. AIMÉ-MARTIN.)

SGANARELLE.
Comment! depuis six jours il ne pouvait mourir;
Et, dès qu'il en a pris, le voilà qui trépasse!
Vit on jamais remède avoir plus d'efficace?

D. JUAN.
Tu raisonnes fort juste.

SGANARELLE.
Il est vrai, cet habit
Sur le raisonnement m'inspire de l'esprit;
Et si, sur certains points où je voudrais vous mettre,
La dispute...

D. JUAN.
Une fois je veux te la permettre.

SGANARELLE.
Errez en médecine autant qu'il vous plaira,
La seule faculté s'en scandalisera;
Mais sur le reste, là, que le cœur se déploie.
Que croyez-vous?

D. JUAN.
Je crois ce qu'il faut que je croie.

SGANARELLE.
Bon. Parlons doucement et sans nous échauffer.
Le ciel...

D. JUAN.
Laissons cela.

SGANARELLE.
C'est fort bien dit. L'enfer...

D. JUAN.
Laissons cela, te dis-je.

SGANARELLE.
Il n'est pas nécessaire
De vous expliquer mieux; votre réponse est claire.
Malheur si l'esprit fort s'y trouvait oublié!
Voilà ce que vous sert d'avoir étudié;
Temps perdu. Quant à moi, personne ne peut dire
Que l'on m'ait rien appris: je sais à peine lire,
Et j'ai de l'ignorance à fond; mais, franchement,
Avec mon petit sens, mon petit jugement,
Je vois, je comprends mieux ce que je dois comprendre,
Que vos livres jamais ne pourraient me l'apprendre.
Ce monde où je me trouve, et ce soleil qui luit,
Sont-ce des champignons venus en une nuit?
Se sont-ils faits tout seuls? Cette masse de pierre
Qui s'élève en rochers, ces arbres, cette terre,
Ce ciel planté là-haut, est-ce que tout cela
S'est bâti de soi-même? et vous, seriez-vous là
Sans votre père, à qui le sien fut nécessaire
Pour devenir le vôtre? Ainsi, de père en père,
Allant jusqu'au premier, qui veut-on qui l'ait fait
Ce premier? Et dans l'homme, ouvrage si parfait,
Tous ces os agencés l'un dans l'autre, cette âme,
Ces veines, ce poumon, ce cœur, ce foie... Oh! dame,
Parlez à votre tour, comme les autres font;

Je ne puis disputer, si l'on ne m'interrompt.
Vous vous taisez exprès, et c'est belle malice.
D. JUAN.
Ton raisonnement charme, et j'attends qu'il finisse.
SGANARELLE.
Mon raisonnement est, monsieur, quoi qu'il en soit,
Que l'homme est admirable en tout, et qu'on y voit
Certains ingrédients que, plus on les contemple,
Moins on peut expliquer... D'où vient que... Par
N'est-il pas merveilleux que je sois ici, moi, [exemple,
Et qu'en la tête, là, j'aie un je ne sais quoi
Qui fait qu'en un moment, sans en savoir les causes,
Je pense, s'il le faut, cent différentes choses,
Et ne me mêle point d'ajuster les ressorts
Que ce je ne sais quoi fait mouvoir dans mon corps?
Je veux lever un doigt, deux, trois, la main entière;
Aller à droite, à gauche, en avant, en arrière...
D. JUAN, *apercevant Léonor.*
Ah! Sganarelle, vois. Peut-on, sans s'étonner...
SGANARELLE.
Voilà ce qu'il vous faut, monsieur, pour raisonner.
Vous n'êtes point muet en voyant une belle.
D. JUAN.
Celle-ci me ravit.
SGANARELLE.
Vraiment!
D. JUAN.
Que cherche-t-elle?
SGANARELLE.
Vous devriez déjà l'être allé demander.

SCÈNE II.
D. JUAN, LÉONOR, SGANARELLE.

D. JUAN.
Quel bien plus grand le ciel pouvait-il m'accorder?
Présenter à mes yeux, dans un lieu si sauvage,
La plus belle personne...
LÉONOR.
Oh! point, monsieur.
D. JUAN.
Je gage
Que vous n'avez encor que quatorze ans au plus.
SGANARELLE, *à don Juan.*
C'est comme il vous les faut.
LÉONOR.
Quatorze ans? je les eus
Le dernier de juillet.
SGANARELLE, *bas.*
O ma pauvre innocente!
D. JUAN.
Mais que cherchiez-vous là?
LÉONOR.
Des herbes pour ma tante.
C'est pour faire un remède; elle en prend très-souvent.
D. JUAN.
Veut-elle consulter un homme fort savant?
Monsieur est médecin.
LÉONOR.
Ce serait là sa joie.
SGANARELLE, *d'un ton grave.*
Où son mal lui tient-il? est-ce à la rate, au foie?
LÉONOR.
Sous des arbres assise, elle prend l'air là-bas;
Allons le savoir d'elle.
D. JUAN.
Hé, ne nous pressons pas.
(*à Sganarelle.*)
Qu'elle est propre à causer une flamme amoureuse!
LÉONOR.
Il faudra que je sois pourtant religieuse.
D. JUAN.
Ah! quel meurtre! Et d'où vient? Est-ce que vous avez
Tant de vocation...
LÉONOR.
Pas trop : mais vous savez
Qu'on menace une fille; et qu'il faut, sans murmure...
D. JUAN.
C'est cela qui vous tient?
LÉONOR.
Et puis, ma tante assure
Que je ne suis point propre au mariage.
D. JUAN.
Vous?
Elle se moque. Allez, faites choix d'un époux;
Je vous garantis, moi, s'il faut que j'en réponde,
Propre à vous marier plus que fille du monde.
Monsieur le médecin s'y connaît; et je veux
Que lui-même...
SGANARELLE, *lui tâtant le pouls.*
Voyons. Le cas n'est point douteux,
Mariez-vous; il faut vous mettre deux ensemble,
Sinon il vous viendra malencombre.
LÉONOR.
Ah! je tremble.
Et quel mal est-ce là que vous nommez!
SGANARELLE.
Un mal
Qui consume en six mois l'humide radical;
Mal terrible, astringent, vaporeux...
LÉONOR.
Je suis morte.
SGANARELLE.
Mal surtout qui s'augmente au couvent.
LÉONOR.
Il n'importe,
On ne laissera pas de m'y mettre.

D. JUAN.
Et pourquoi?
LÉONOR.
A cause de ma sœur qu'on aime plus que moi;
On la mariera mieux, quand on n'aura plus qu'elle.
D. JUAN.
Vous êtes pour cela trop aimable et trop belle.
Non, je ne puis souffrir cet excès de rigueur;
Et dès demain, pour faire enrager votre sœur,
Je veux vous épouser : en serez-vous contente?
LÉONOR.
Eh, mon Dieu! n'allez pas en rien dire à ma tante.
Sitôt que du couvent elle voit que je ris,
Deux soufflets me sont sûrs; et ce serait bien pis,
Si vous alliez pour moi parler de mariage.
D. JUAN.
Hé bien, marions-nous en secret : je m'engage,
Puisqu'elle vous maltraite, à vous mettre en état
De ne rien craindre d'elle.
SGANARELLE.
Et par un bon contrat :
Ce n'est point à demi que monsieur fait les choses.
D. JUAN.
J'avais, pour fuir l'hymen, d'assez puissantes causes;
Mais, pour vous faire entrer au couvent malgré vous,
Savoir qu'à la menace on ajoute les coups,
C'est un acte inhumain, dont je me rends coupable,
Si je ne vous épouse.
SGANARELLE.
Il est fort charitable :
Voyez! se marier pour vous ôter l'ennui
D'être religieuse! Attendez tout de lui.
LÉONOR.
Si j'osais m'assurer...
SGANARELLE.
C'est une bagatelle
Que ce qu'il vous promet. Sa bonté naturelle
Va si loin, qu'il est prêt, pour faire trêve aux coups,
D'épouser, s'il le faut, votre tante avec vous.
LÉONOR.
Ah! qu'il n'en fasse rien; elle est si dégoûtante...
Mais, moi, suis-je assez belle...
D. JUAN.
Ah ciel! toute charmante.
Quelle douceur pour moi de vivre sous vos lois!
Non, ce qui fait l'hymen n'est pas de notre choix,
J'en suis trop convaincu; je vous connais à peine,
Et tout à coup je cède à l'amour qui m'entraîne.
LÉONOR.
Je voudrais qu'il fût vrai; car ma tante, et la peur
Que me fait le couvent...
D. JUAN.
Ah! connaissez mon cœur.
Voulez-vous que ma foi, pour preuve indubitable,
Vous fasse le serment le plus épouvantable?
Que le ciel...
LÉONOR.
Je vous crois, ne jurez point.
D. JUAN.
Eh bien?
LÉONOR.
Mais, pour nous marier sans que l'on en sût rien,
Si la chose pressait, comment faudrait-il faire?
D. JUAN.
Il faudrait avec moi venir chez un notaire,
Signer le mariage; et quand tout serait fait,
Nous laisserions gronder votre tante.
SGANARELLE.
En effet,
Quand une chose est faite, elle n'est pas à faire.
LÉONOR.
Oh! ma tante et ma sœur seront bien en colère;
Car j'aurai, pour ma part, plus de vingt mille écus :
Bien des gens me l'ont dit.
D. JUAN.
Vous me rendez confus.
Pensez-vous que ce soit votre bien qui m'engage?
Ce sont les agréments de ce charmant visage,
Cette bouche, ces yeux; enfin, soyez à moi,
Et je renonce au reste.
SGANARELLE.
Il est de bonne foi.
Vos écus sont pour lui des beautés peu touchantes.
LÉONOR.
J'ai dans le bourg voisin une de mes parentes
Qui veut qu'on me marie, et qui m'a toujours dit
Que, si quelqu'un m'aimait...
D. JUAN.
C'est avoir de l'esprit.
LÉONOR.
Elle enverrait chercher de bon cœur le notaire.
Si nous allions chez elle!
D. JUAN.
Eh bien, il le faut faire.
Me voilà prêt, allons.
LÉONOR.
Mais quoi! seule avec vous?
D. JUAN.
Venir avecque moi, c'est suivre votre époux.
Est-ce un scrupule à faire après la foi promise?
LÉONOR.
Pas trop; mais j'ai toujours...
D. JUAN.
Vous verrez ma franchise.
LÉONOR.
Du moins...
D. JUAN.
Par où faut-il vous mener?

LÉONOR.
Par ici.
Mais quel malheur !
D. JUAN.
Comment ?
LÉONOR.
Ma tante que voici...
D. JUAN, à part.
Le fâcheux contre-temps ! Qui diable nous l'amène ?
SGANARELLE, à part.
Ma foi ! c'en était fait sans cela.
D. JUAN.
Quelle peine !
LÉONOR.
Sans rien dire venez m'attendre ici ce soir ;
Je m'y rendrai.

SCÈNE III.

THÉRÈSE, LÉONOR, D. JUAN, SGANARELLE.

THÉRÈSE, à Léonor.
Vraiment ! j'aime assez à vous voir,
Impudente ! Il vous faut parler avec des hommes !
SGANARELLE, à Thérèse.
Vous ne savez pas bien, madame, qui nous sommes.
LÉONOR.
Est-ce faire du mal, quand c'est à bonne fin ?
Ce monsieur-là m'a dit qu'il était médecin ;
Et je lui demandais si, pour guérir votre asthme,
Il ne savait pas...
SGANARELLE.
Oui, j'ai certain cataplasme
Qui, posé lorsqu'on tombe en suffocation,
Facilite aussitôt la respiration.
THÉRÈSE.
Hé, mon Dieu ! là-dessus j'ai vu les plus habiles ;
Leurs remèdes me sont remèdes inutiles.
SGANARELLE.
Je le crois. La plupart des plus grands médecins
Ne sont bons qu'à venir visiter des bassins :
Mais pour moi, qui vais droit au souverain dictame,
Je guéris de tous maux ; et je voudrais, madame,
Que votre asthme vous tînt du haut jusques au bas ;
Trois jours mon cataplasme, il n'y paraîtrait pas.
THÉRÈSE.
Hélas ! que vous feriez une admirable cure !
SGANARELLE.
Je parle hardiment, mais ma parole est sûre.
Demandez à monsieur. Outre l'asthme, il avait
Un bolus au côté, qui toujours s'élevait.
Du diaphragme impur l'humeur trop réunie
Le mettait tous les ans dix fois à l'agonie ;
En huit jours je vous ai balayé tout cela ;
Nettoyé l'impur, et... Regardez, le voilà
Aussi frais, aussi plein de vigueur énergique,
Que s'il n'avait jamais eu tache d'asthmatique.
THÉRÈSE.
Son teint est frais, sans doute, et d'un vif éclatant.
SGANARELLE.
Çà, voyons votre pouls. Il est intermittent,
La palpitation du poumon s'y dénote.
THÉRÈSE.
Quelquefois...
SGANARELLE.
Votre langue ? Elle n'est pas tant sotte.
En-dessous ; levez-la. L'asthme y paraît marqué.
Ah ! si mon cataplasme était vite appliqué...
THÉRÈSE.
Où donc l'applique-t-on ?
SGANARELLE, *lui parlant avec action, pour l'empêcher de voir que don Juan entretient tout bas Léonor.*
Tout droit sur la partie
Où la force de l'asthme est le plus départie.
Comme l'obstruction se fait de ce côté,
Il faut, autant qu'on peut, la mettre en liberté ;
Car, selon que d'abord la chaleur restringente
A pu se ramasser, la partie est souffrante,
Et laisse à respirer le conduit plus étroit.
Or est-il que le chaud ne vient jamais du froid :
Par conséquent ; sitôt que dans une famille
Vous voyez que le mal prend cours...
THÉRÈSE, *à Léonor*.
Petite fille,
Passez de ce côté.
SGANARELLE, *continuant*.
Ne différez jamais.
D. JUAN, *bas à Léonor*.
Vous viendrez donc ce soir ?
LÉONOR.
Oui, je vous le promets.
SGANARELLE.
A vous cataplasmer commencez de bonne heure.
En quel lieu faites-vous ici votre demeure ?
THÉRÈSE.
Vous voyez ma maison.
SGANARELLE, *tirant sa tabatière*.
Dans trois heures d'ici,
Prenez dans un œuf frais de cette poudre-ci ;
Et du reste du jour ne parlez à personne.
Voilà, jusqu'à demain, ce que je vous ordonne ;
Je ne manquerai pas à me rendre chez vous.
THÉRÈSE.
Venez : vous faites seul mon espoir le plus doux.
Allons, petite fille, aidez-moi.

LÉONOR.

Çà, ma tante.

SCÈNE IV.
D. JUAN, SGANARELLE.

SGANARELLE.

Qu'en dites-vous, monsieur?

D. JUAN.

La rencontre est plaisante!

SGANARELLE.

M'érigeant en docteur, j'ai là, fort à propos,
Pour amuser la tante, étalé de grands mots.

D. JUAN.

Où diable as-tu pêché ce jargon?

SGANARELLE.

Laissez faire;
J'ai servi quelque temps chez un apothicaire :
S'il faut jaser encore je suis médecin né.
Mais ce tabac en poudre à la vieille donné?

D. JUAN.

Sa nièce est fort aimable, et doit ici se rendre
Quand le jour...

SGANARELLE.

Quoi! monsieur, vous l'y viendrez attendre?

D. JUAN.

Oui, sans doute.

SGANARELLE.

Et de là, vous, l'épouseur banal,
Vous irez lui passer un écrit nuptial?

D. JUAN.

Souffrir, faute d'un mot, qu'elle échappe à ma flamme!

SGANARELLE.

Quel diable de métier! toujours femme sur femme!

D. JUAN.

En vain pour moi ton zèle y voit de l'embarras.
Les femmes n'en font point.

SGANARELLE.

Je ne vous comprends pas;
Mille gens, dont je vois partout qu'on se contente,
En ont souvent trop d'une, et vous en prenez trente.

D. JUAN.

Je ne me pique pas aussi de les garder;
Le grand nombre, en ce cas, pourrait m'incommoder.

SGANARELLE.

Pourquoi? Vous en feriez un sérail... Mais je tremble!
Quel cliquetis, monsieur! Ah!

D. JUAN.

Trois hommes ensemble
En attaquent un seul! il faut le secourir.

SGANARELLE, *seul sur le théâtre*.

Voilà l'humeur de l'homme. Où s'en va-t-il courir?
S'aller faire échiner, sans qu'il soit nécessaire!
Quels grands coups il allonge! Il faut le laisser faire.

Le plus sûr cependant est de m'aller cacher;
S'il a besoin de moi, qu'il vienne me chercher.

SCÈNE V.
D. CARLOS, D. JUAN.

D. CARLOS.

Ces voleurs, par leur fuite, ont fait assez connaître
Qu'où votre bras se montre on n'ose plus paraître;
Et je ne puis nier qu'à cet heureux secours,
Si je respire encor, je ne doive mes jours : [ce...
Ainsi, monsieur, souffrez que, pour vous rendre grâ-

D. JUAN.

J'ai fait ce que vous-même auriez fait en ma place;
Et prendre ce parti contre leur lâcheté
Était plutôt devoir que générosité.
Mais d'où vous êtes-vous attiré leur poursuite?

D. CARLOS.

Je m'étais, par malheur, écarté de ma suite;
Ils m'ont rencontré seul, et mon cheval tué
A leur infâme audace a fort contribué.
Sans vous, j'étais perdu.

D. JUAN.

Vous allez à la ville?

D. CARLOS.

Non; certains intérêts...

D. JUAN.

Vous peut-on être utile?

D. CARLOS.

Cette offre met le comble à ce que je vous doi.
Une affaire d'honneur, très-sensible pour moi,
M'oblige dans ces lieux à tenir la campagne.

D. JUAN.

Je suis à vous; souffrez que je vous accompagne.
Mais puis-je demander, sans me rendre indiscret,
Quel outrage reçu...

D. CARLOS.

Ce n'est plus un secret;
Et je ne dois songer, dans le bruit de l'offense,
Qu'à faire promptement éclater ma vengeance.
Une sœur, qu'au couvent j'avais fait élever,
Depuis quatre ou cinq jours s'est laissée enlever.
Un don Juan Giron est l'auteur de l'injure :
Il a pris cette route, au moins on m'en assure;
Et je viens l'y chercher, sur ce que j'en ai su.

D. JUAN.

Et le connaissez-vous?

D. CARLOS.

Je ne l'ai jamais vu,
Mais j'amène avec moi des gens qui le connaissent;
Et par ses actions, telles qu'elles paraissent,
Je crois, sans passion, qu'il peut être permis...

D. JUAN.

N'en dites point de mal, il est de mes amis.

D. CARLOS.
Après un tel aveu, j'aurais tort d'en rien dire;
Mais lorsque mon honneur à la vengeance aspire,
Malgré cette amitié, j'ose espérer de vous...
D. JUAN.
Je sais ce que se doit un si juste courroux;
Et, pour vous épargner des peines inutiles,
Quels que soient vos desseins, je les rendrai faciles.
Si d'aimer don Juan je ne puis m'empêcher,
C'est sans avoir servi jamais à le cacher :
D'un enlèvement fait avecque trop d'audace
Vous demandez raison, il faut qu'il vous la fasse.
D. CARLOS.
Et comment me la faire?
D. JUAN.
Il est homme de cœur :
Vous pouvez là-dessus consulter votre honneur;
Pour se battre avec vous, quand vous aurez su prendre
Le lieu, l'heure et le jour, il viendra vous attendre.
Vous répondre de lui, c'est vous en dire assez.
D. CARLOS.
Cette assurance est douce à des cœurs offensés;
Mais je vous avoûrai que, vous devant la vie,
Je ne puis, sans douleur, vous voir de la partie.
D. JUAN.
Une telle amitié nous a joints jusqu'ici,
Que, s'il se bat, il faut que je me batte aussi :
Notre union le veut.
D. CARLOS.
Et c'est dont je soupire.
Faut-il, quand je vous dois le jour que je respire,
Que j'aie à me venger, et qu'il vous soit permis
D'aimer le plus mortel de tous mes ennemis[1] !

SCÈNE VI.

D. CARLOS, D. JUAN, ALONZE.

ALONZE, *à un valet.*
Fais boire nos chevaux, et que l'on nous attende.
Par où donc... Mais, ô ciel! que ma surprise est grande!
D. CARLOS, *à Alonze.*
D'où vient qu'ainsi sur nous vos regards attachés...
ALONZE.
Voilà votre ennemi, celui que vous cherchez,
Don Juan.
D. CARLOS.
Don Juan!

[1] Cette situation dramatique, empruntée au théâtre espagnol, a été souvent reproduite par les poëtes français. Bois-Robert et Scarron la transportèrent sur notre scène sous le titre des *Généreux ennemis*, et Thomas Corneille sous celui des *Illustres ennemis*. Le Sage en a fait un des épisodes les plus intéressants de son *Diable boiteux*, et Beaumarchais un des plus heureux incidents de son *Eugénie*.

D. JUAN.
Oui, je renonce à feindre;
L'avantage du nombre est peu pour m'y contraindre.
Je suis ce Don Juan dont le trépas juré...
ALONZE, *à D. Carlos.*
Voulez-vous...
D. CARLOS.
Arrêtez. M'étant seul égaré
Des lâches m'ont surpris, et je lui dois la vie,
Qui par eux, sans son bras, m'aurait été ravie.
Don Juan, vous voyez, malgré tout mon courroux,
Que je vous rends le bien que j'ai reçu de vous :
Jugez par là du reste; et si de mon offense,
Pour payer un bienfait, je suspens la vengeance,
Croyez que ce délai ne fera qu'augmenter
Le vif ressentiment que j'ai fait éclater.
Je ne demande point qu'ici, sans plus attendre,
Vous preniez le parti que vous avez à prendre :
Pour m'acquitter vers vous, je veux bien vous laisser,
Quoi que vous résolviez, le loisir d'y penser.
Sur l'outrage reçu, qu'en vain on voudrait taire,
Vous savez quels moyens peuvent me satisfaire :
Il en est de sanglants, il en est de plus doux.
Voyez-les, consultez; le choix dépend de vous.
Mais enfin, quel qu'il soit, souvenez-vous, de grâce,
Qu'il faut que mon affront par Don Juan s'efface,
Que ce seul intérêt m'a conduit en ce lieu,
Que vous m'avez pour lui donné parole. Adieu.
ALONZE.
Quoi! monsieur...
D. CARLOS.
Suivez-moi.
ALONZE.
Faut-il...
D. CARLOS.
Notre querelle
Se doit vider ailleurs.

SCÈNE VII.

D. JUAN, SGANARELLE.

D. JUAN.
Holà, ho, Sganarelle!
SGANARELLE, *derrière le théâtre.*
Qui va là?
D. JUAN.
Viendras-tu?
SGANARELLE.
Tout à l'heure. Ah! c'est vous?
D. JUAN.
Coquin, quand je me bats, tu te sauves des coups?
SGANARELLE.
J'étais allé, monsieur, ici près, d'où j'arrive :

Cet habit est, je crois, de vertu purgative;
Le porter, c'est autant qu'avoir pris...

D. JUAN.

Effronté!
D'un voile honnête, au moins, couvre ta lâcheté.

SGANARELLE.

D'un vaillant homme mort la gloire se publie;
Mais j'en fais moins de cas que d'un poltron en vie.

D. JUAN.

Sais-tu pour qui mon bras vient de s'employer?

SGANARELLE.

Non.

D. JUAN.

Pour un frère d'Elvire.

SGANARELLE.

Un frère? Tout de bon?

D. JUAN.

J'ai regret de nous voir ainsi brouillés ensemble;
Il paraît honnête homme.

SGANARELLE.

Ah! monsieur, il me semble
Qu'en rendant un peu plus de justice à sa sœur...

D. JUAN.

Ma passion pour elle est usée en mon cœur,
Et les objets nouveaux le rendent si sensible,
Qu'avec l'engagement il est incompatible.
D'ailleurs, ayant pris femme en vingt lieux différents,
Tu sais pour le secret les détours que je prends :
A ne point éclater, toutes je les engage;
Et si l'une en public avait quelque avantage,
Les autres parleraient, et tout serait perdu.

SGANARELLE.

Vous pourriez bien alors, monsieur, être pendu.

D. JUAN.

Maraud!

SGANARELLE.

Je vous entends; il serait plus honnête,
Pour mieux vous ennoblir, qu'on vous coupât la tête;
Mais c'est toujours mourir.

D. JUAN, *voyant un tombeau sur lequel est une statue.*

Quel ouvrage nouveau
Vois-je paraître ici?

SGANARELLE.

Bon! et c'est le tombeau
Où votre commandeur, qui pour lui le fit faire,
Grâce à vous, gît plus tôt qu'il n'était nécessaire.

D. JUAN.

On ne m'avait pas dit qu'il fût de ce côté.
Allons le voir.

SGANARELLE.

Pourquoi cette civilité?
Laissons-le là, monsieur; aussi bien il me semble
Que vous ne devez pas être trop bien ensemble.

D. JUAN.

C'est pour faire la paix que je cherche à le voir :
Et, s'il est galant homme, il doit nous recevoir.
Entrons.

SGANARELLE.

Ah! que ce marbre est beau! Ne lui déplaise,
Il s'est là, pour un mort, logé fort à son aise.

D. JUAN.

J'admire cette aveugle et sotte vanité.
Un homme, en son vivant, se sera contenté
D'un bâtiment fort simple; et le visionnaire
En veut un tout pompeux quand il n'en a que faire.

SGANARELLE.

Voyez-vous sa statue, et comme il tient sa main?

D. JUAN.

Parbleu! le voilà bien en empereur romain.

SGANARELLE.

Il me fait quasi peur. Quels regards il nous jette!
C'est pour nous obliger, je pense, à la retraite;
Sans doute qu'à nous voir il prend peu de plaisir.

D. JUAN.

Si de venir dîner il avait le loisir,
Je le régalerais. De ma part, Sganarelle,
Va l'en prier.

SGANARELLE.

Lui?

D. JUAN.

Cours.

SGANARELLE.

La prière est nouvelle!
Un mort! Vous moquez-vous?

D. JUAN.

Fais ce que je t'ai dit.

SGANARELLE.

Le pauvre homme, monsieur, a perdu l'appétit.

D. JUAN.

Si tu n'y vas...

SGANARELLE.

J'y vais... Que faut-il que je dise?

D. JUAN.

Que je l'attends chez moi.

SGANARELLE.

Je ris de ma sottise;
Mais mon maître le veut. Monsieur le commandeur,
D. Juan voudrait bien avoir chez lui l'honneur
De vous faire un régal. Y viendrez-vous?
(*La statue baisse la tête; et Sganarelle, tombant sur les genoux, s'écrie :*)
A l'aide!

D. JUAN.

Qu'est ce? qu'as-tu? Dis-donc.

SGANARELLE.

Je suis mort, sans remède.
La statue...

D. JUAN.

Eh bien, quoi? Que veux-tu dire?

SGANARELLE.

Hélas!
La statue...

D. JUAN.

Enfin donc, tu ne parleras pas?

SGANARELLE.

Je parle! et je vous dis, monsieur, que la statue...

D. JUAN.

Encor?

SGANARELLE.

Sa tête...

D. JUAN.

Eh bien?

SGANARELLE.

Vers moi s'est abattue.
Elle m'a fait...

D. JUAN.

Coquin!

SGANARELLE.

Si je ne vous dis vrai,
Vous pouvez lui parler, pour en faire l'essai :
Peut-être...

D. JUAN.

Viens, maraud, puisqu'il faut que j'en rie,
Viens être convaincu de ta poltronnerie :
Prends garde. Commandeur, te rendras-tu chez moi?
Je t'attends à dîner.

(*La statue baisse encore la tête.*)

SGANARELLE.

Vous en tenez, ma foi!
Voilà mes esprits forts, qui ne veulent rien croire.
Disputons à présent, j'ai gagné la victoire.

D. JUAN, *après avoir rêvé un moment.*

Allons, sortons d'ici.

SGANARELLE.

Sortons. Je vous promets,
Quand j'en serai dehors, de n'y rentrer jamais.

ACTE QUATRIÈME.

SCÈNE PREMIÈRE.

D. JUAN, SGANARELLE.

D. JUAN.

Cesse de raisonner sur une bagatelle :
Un faux rapport des yeux n'est pas chose nouvelle;
Et souvent il ne faut qu'une simple vapeur

Pour faire ce qu'en toi j'imputais à la peur.
La vue en est troublée, et je tiens ridicule.

SGANARELLE.

Quoi! là-dessus encor vous êtes incrédule?
Et ce que de nos yeux, de ces yeux que voilà,
Tous deux nous avons vu, vous le démentez? Là,
Traitez-moi d'ignorant, d'impertinent, de bête,
Il n'est rien de plus vrai que ce signe de tête;
Et je ne doute point que, pour vous convertir,
Le ciel, qui de l'enfer cherche à vous garantir,
N'ait rendu tout exprès ce dernier témoignage.

D. JUAN.

Écoute. S'il t'échappe un seul mot davantage
Sur tes moralités, je vais faire venir
Quatre hommes des plus forts, te bien faire tenir,
Afin qu'un nerf de bœuf à loisir te réponde.
M'entends-tu? dis.

SGANARELLE.

Fort bien, monsieur, le mieux du monde :
Vous vous expliquez net; c'est là ce qui me plaît.
D'autres ont des détours, qu'on ne sait ce que c'est;
Mais vous, en quatre mots vous vous faites entendre,
Vous dites tout; rien n'est si facile à comprendre.

D. JUAN.

Qu'on me fasse dîner le plus tôt qu'on pourra.
Un siége.

SGANARELLE, *à la Violette.*

Va savoir quand monsieur dînera;
Dépêche.

SCÈNE II.

D. LOUIS, D. JUAN, SGANARELLE, LA VIOLETTE.

D. JUAN.

Que veut-on?

LA VIOLETTE.

C'est monsieur votre père.

D. JUAN.

Ah! que cette visite était peu nécessaire!
Quels contes de nouveau me vient-il débiter?
Qu'il a de temps à perdre!

SGANARELLE.

Il le faut écouter.

D. LOUIS.

Ma présence vous choque, et je vois que sans peine
Vous pourriez vous passer d'un père qui vous gêne.
Tous deux, à dire vrai, par plus d'une raison,
Nous nous incommodons d'une étrange façon :
Et, si vous êtes las d'ouïr mes remontrances,
Je suis bien las aussi de vos extravagances.
Ah! que d'aveuglement, quand, raisonnant en fous,

Nous voulons que le ciel soit moins sage que nous;
Quand, sur ce qu'il connaît qui nous est nécessaire,
Nos imprudents désirs ne le laissent pas faire,
Et qu'à force de vœux nous tâchons d'obtenir
Ce qui nous est donné souvent pour nous punir!
La naissance d'un fils fut ma plus forte envie;
Mes souhaits en faisaient tout le bien de ma vie;
Et ce fils que j'obtiens est fléau rigoureux
De ces jours que par lui je croyais rendre heureux.
De quel œil, dites-moi, pensez-vous que je voie
Ces commerces honteux qui seuls font votre joie;
Ce scandaleux amas de viles actions
Qu'entassent chaque jour vos folles passions;
Ce long enchaînement de méchantes affaires
Où du prince pour vous les grâces nécessaires
Ont épuisé déjà tout ce qu'auprès de lui
Mes services pouvaient m'avoir acquis d'appui?
Ah! fils, indigne fils, quelle est votre bassesse
D'avoir de vos aïeux démenti la noblesse;
D'avoir osé ternir, par tant de lâchetés,
Le glorieux éclat du sang dont vous sortez.
De ce sang que l'histoire en mille endroits renomme!
Et qu'avez-vous donc fait pour être gentilhomme?
Si ce titre ne peut vous être contesté,
Pensez-vous avoir droit d'en tirer vanité,
Et qu'il ait rien en vous qui puisse être estimable,
Quand vos déréglements l'y rendent méprisable?
Non, non, de nos aïeux on a beau faire cas,
La naissance n'est rien où la vertu n'est pas [1];
Aussi ne pouvons-nous avoir part à leur gloire,
Qu'autant que nous faisons honneur à leur mémoire.
L'éclat que leur conduite a répandu sur nous
Des mêmes sentiments nous doit rendre jaloux;
C'est un engagement dont rien ne nous dispense
De marcher sur les pas qu'a tracés leur prudence,
D'être à les imiter attachés, prompts, ardents,
Si nous voulons passer pour leurs vrais descendants.
Ainsi de ces héros que nos histoires louent
Vous descendez en vain, lorsqu'ils vous désavouent,
Et que ce qu'ils ont fait et d'illustre et de grand
N'a pu de votre cœur leur être un sûr garant.
Loin d'être de leur sang, loin que l'on vous en compte,
L'éclat n'en rejaillit sur vous qu'à votre honte;
Et c'est comme un flambeau qui, devant vous porté,
Fait de vos actions mieux voir l'indignité.
Enfin, si la noblesse est un précieux titre,
Sachez que la vertu en doit être l'arbitre; [cis...
Qu'il n'est point de grands noms qui, sans elle obscur-

D. JUAN.

Monsieur, vous seriez mieux si vous parliez assis.

[1] Ce vers est de Molière. Son tour précis et énergique a été souvent imité depuis.

CORNEILLE. — TOME II.

D. LOUIS.

Je ne veux pas m'asseoir, insolent. J'ai beau dire,
Ma remontrance est vaine, et tu n'en fais que rire.
C'est trop : si jusqu'ici, dans mon cœur, malgré moi,
La tendresse de père a combattu pour toi,
Je l'étouffe; aussi bien il est temps que j'efface
La honte de te voir déshonorer ma race;
Et qu'arrêtant le cours de tes déréglements
Je prévienne du ciel les justes châtiments :
J'en mourrai; mais je dois mon bras à sa colère.

SCÈNE III.

D. JUAN, SGANARELLE.

D. JUAN.

Mourez quand vous voudrez, il ne m'importe guère.
Ah! que sur ce jargon, qu'à toute heure j'entends,
Les pères sont fâcheux qui vivent trop longtemps!

SGANARELLE.

Monsieur...

D. JUAN.

Quelle sottise à moi, quand je l'écoute!

SGANARELLE.

Vous avez tort.

D. JUAN.

J'ai tort?

SGANARELLE.

Eh!

D. JUAN.

J'ai tort?

SGANARELLE.

Oui, sans doute.
Vous avez très-grand tort de l'avoir écouté
Avec tant de douceur et tant d'honnêteté.
Le chassant au milieu de sa sotte harangue,
Vous lui deviez apprendre à mieux régler sa langue.
A-t-on jamais rien vu de plus impertinent?
Un père contre un fils faire l'entreprenant!
Lui venir dire au nez que l'honneur le convie
A mener dans le monde une louable vie!
Le faire souvenir qu'étant d'un noble sang
Il ne devrait rien faire indigne de son rang!
Les beaux enseignements! C'est bien ce que doit suivre
Un homme tel que vous, qui sait comme il faut vivre.
De votre patience on se doit étonner.
Pour moi, je vous l'aurais envoyé promener.

SCÈNE IV.

D. JUAN, LA VIOLETTE, SGANARELLE.

LA VIOLETTE.

Votre marchand est là, monsieur.

45

D. JUAN.
Qui?
LA VIOLETTE.
Ce grand homme...
Monsieur Dimanche.
SGANARELLE.
Peste! un créancier assomme.
De quoi s'avise-t-il d'être si diligent
A venir chez les gens demander de l'argent?
Que ne lui disais-tu que monsieur dîne en ville?
LA VIOLETTE.
Vraiment oui, c'est un homme à croire bien facile.
Malgré ce que j'ai dit, il a voulu s'asseoir
Là dedans pour l'attendre.
SGANARELLE.
Eh bien, jusques au soir
Qu'il y demeure.
D. JUAN.
Non, fais qu'il entre, au contraire.
Je ne tarderai pas longtemps à m'en défaire.
Lorsque des créanciers cherchent à nous parler,
Je trouve qu'il est mal de se faire celer.
Leurs visites ayant une fort juste cause,
Il les faut, tout au moins, payer de quelque chose;
Et, sans leur rien donner, je ne manque jamais
A les faire de moi retourner satisfaits.

SCÈNE V.

D. JUAN, M. DIMANCHE, SGANARELLE.

D. JUAN.
Bonjour, monsieur Dimanche. Eh! que ce m'est de joie
De pouvoir... Ne souffrez jamais qu'on vous renvoie.
J'ai bien grondé mes gens, qui, sans doute, ont eu tort
De n'avoir pas voulu vous faire entrer d'abord.
Ils ont ordre aujourd'hui de n'ouvrir à personne;
Mais ce n'est pas pour vous que cet ordre se donne,
Et vous êtes en droit, quand vous venez chez moi,
De n'y trouver jamais rien de fermé.
M. DIMANCHE.
Je croi,
Monsieur, qu'il...
D. JUAN.
Les coquins! Voyez, laisser attendre
Monsieur Dimanche seul! Oh! je leur veux apprendre
A connaître les gens.
M. DIMANCHE.
Cela n'est rien.
D. JUAN.
Comment!
Quand je suis dans ma chambre, oser effrontément
Dire à monsieur Dimanche, au meilleur...
M. DIMANCHE.
Sans colère,
Monsieur; une autre fois ils craindront de le faire.
J'étais venu..
D. JUAN.
Jamais ils ne font autrement.
Çà, pour monsieur Dimanche un siége promptement.
M. DIMANCHE.
Je suis dans mon devoir.
D. JUAN.
Debout! Que je l'endure?
Non, vous serez assis [1].
M. DIMANCHE.
Monsieur, je vous conjure...
D. JUAN.
Apportez. Je vous aime, et je vous vois d'un œil...
Otez-moi ce pliant, et donnez un fauteuil.
M. DIMANCHE.
Je n'ai garde, monsieur, de...
D. JUAN.
Je le dis encore,
Au point que je vous aime et que je vous honore,
Je ne souffrirai point qu'on mette entre nous deux
Aucune différence.
M. DIMANCHE.
Ah, monsieur!
D. JUAN.
Je le veux.
Allons, asseyez-vous.
M. DIMANCHE.
Comme le temps empire...
D. JUAN.
Mettez-vous là.
M. DIMANCHE.
Monsieur, je n'ai qu'un mot à dire.
J'étais...
D. JUAN.
Mettez-vous là, vous dis-je.
M. DIMANCHE.
Je suis bien.
D. JUAN.
Non, si vous n'êtes là, je n'écouterai rien.
M. DIMANCHE, *s'asseyant dans un fauteuil.*
C'est pour vous obéir. Sans le besoin extrême...
D. JUAN.
Parbleu! monsieur Dimanche, avouez-le vous-même,
Vous vous portez bien.
M. DIMANCHE.
Oui, mieux depuis quelques mois,
Que je n'avais pas fait. Je suis...
D. JUAN.
Plus je vous vois,

[1] Dans quelques éditions de Molière on fait dire à D. Juan : « Je veux que vous soyez assis *contre* moi. » C'est évidemment une incorrection typographique, et tout ce passage prouve qu'il faut lire « *comme* moi. »

Plus j'admire sur vous certain vif qui s'épanche.
Quel teint!

M. DIMANCHE.

Je viens, monsieur...

D. JUAN.

Et madame Dimanche,
Comment se porte-t-elle?

M. DIMANCHE.

Assez bien, Dieu merci.
Je viens vous...

D. JUAN.

Du ménage elle a tout le souci.
C'est une brave femme.

M. DIMANCHE.

Elle est votre servante.
J'étais...

D. JUAN.

Elle a bien lieu d'avoir l'âme contente.
Que ses enfants sont beaux! La petite Louison,
Hé?

M. DIMANCHE.

C'est l'enfant gâté, monsieur, de la maison.
Je...

D. JUAN.

Rien n'est si joli.

M. DIMANCHE.

Monsieur, je...

D. JUAN.

Que je l'aime!
Et le petit Colin, est-il encore de même?
Fait-il toujours grand bruit avecque son tambour?

M. DIMANCHE.

Oui, monsieur, on en est étourdi tout le jour.
Je venais...

D. JUAN.

Et Brusquet, est-ce à son ordinaire?
L'aimable petit chien pour ne pouvoir se taire!
Mord-il toujours les gens aux jambes?

M. DIMANCHE.

A ravir.
C'est pis que ce n'était; nous n'en saurions chevir[1] :
Et quand il ne voit pas notre petite fille...

D. JUAN.

Je prends tant d'intérêt à toute la famille,
Qu'on doit peu s'étonner si je m'informe ainsi
De tout l'un après l'autre.

M. DIMANCHE.

Oh! je vous compte aussi
Parmi ceux qui nous font...

D. JUAN.

Allons donc, je vous prie,
Touchez, monsieur Dimanche.

[1] Venir à *chef*, venir à bout de quelque chose.

M. DIMANCHE.

Ah!

D. JUAN.

Mais, sans raillerie,
M'aimez-vous un peu? Là.

M. DIMANCHE.

Très-humble serviteur.

D. JUAN.

Parbleu! je suis à vous aussi de tout mon cœur.

M. DIMANCHE.

Vous me rendez confus. Je...

D. JUAN.

Pour votre service,
Il n'est rien qu'avec joie en tout temps je ne fisse.

M. DIMANCHE.

C'est trop d'honneur pour moi; mais, monsieur, s'il
Je viens pour...   [vous plaît,

D. JUAN.

Et cela, sans aucun intérêt;
Croyez-le.

M. DIMANCHE.

Je n'ai point mérité cette grâce.
Mais...

D. JUAN.

Servir mes amis n'a rien qui m'embarrasse.

M. DIMANCHE.

Si vous...

D. JUAN, *se levant.*

Monsieur Dimanche, ho çà, de bonne foi,
Vous n'avez point dîné; dînez avecque moi.
Vous voilà tout porté.

M. DIMANCHE.

Non, monsieur, une affaire
Me rappelle chez nous, et m'y rend nécessaire.

D. JUAN.

Vite, allons, ma calèche.

M. DIMANCHE.

Ah! c'est trop de moitié.

D. JUAN.

Dépêchons.

M. DIMANCHE.

Non, monsieur.

D. JUAN.

Vous n'irez point à pié.

M. DIMANCHE.

Monsieur, j'y vais toujours.

D. JUAN.

La résistance est vaine.
Vous m'êtes venu voir, je veux qu'on vous remène.

M. DIMANCHE.

J'avais là...

D. JUAN.

Tenez-moi pour votre serviteur.

M. DIMANCHE.

Je voulais...

D. JUAN.
Je le suis, et votre débiteur.
M. DIMANCHE.
Ah! monsieur!
D. JUAN.
Je n'en fais un secret à personne;
Et de ce que je dois j'ai la mémoire bonne.
M. DIMANCHE.
Si vous me...
D. JUAN.
Voulez-vous que je descende en bas,
Que je vous reconduise?
M. DIMANCHE.
Ah! je ne le vaux pas.
Mais...
D. JUAN.
Embrassez-moi donc; c'est d'une amitié pure
Qu'une seconde fois ici je vous conjure
D'être persuadé qu'envers et contre tous
Il n'est rien qu'au besoin je ne fisse pour vous [1].
(*D. Juan se retire.*)
SGANARELLE, *reconduisant M. Dimanche.*
Vous avez en monsieur un ami véritable,
Un...
M. DIMANCHE.
De civilités il est vrai qu'il m'accable,
Et j'en suis si confus, que je ne sais comment
Lui pouvoir demander ce qu'il me doit.
SGANARELLE.
Vraiment,
Quand on parle de vous, il ne faut que l'entendre!
Comme lui tous ses gens ont pour vous le cœur tendre;
Et pour vous le montrer, ah! que ne vous vient-on
Donner quelque nasarde, ou des coups de bâton!
Vous verriez de quel air...
M. DIMANCHE.
Je le crois, Sganarelle;
Mais, pour lui, mille écus sont une bagatelle;
Et deux mots dits par vous...
SGANARELLE.
Allez, ne craignez rien;
Vous en dût-il vingt mille, il vous les paîrait bien.
M. DIMANCHE.
Mais vous, vous me devez aussi, pour votre compte...
SGANARELLE.
Fi! parler de cela! N'avez-vous point de honte?
M. DIMANCHE.
Comment?

SGANARELLE.
Ne sais-je pas que je vous dois?
M. DIMANCHE.
Si tous...
SGANARELLE.
Allez, monsieur Dimanche, on vous attend chez vous.
M. DIMANCHE.
Mais mon argent?
SGANARELLE.
Eh bien, je dois : qui doit s'oblige.
M. DIMANCHE.
Je veux...
SGANARELLE.
Ah!
M. DIMANCHE.
J'entends...
SGANARELLE.
Bon!
M. DIMANCHE.
Mais...
SGANARELLE.
Fi!
M. DIMANCHE.
Je...
SGANARELLE.
Fi! vous dis-je.

SCÈNE VI.

D. JUAN, SGANARELLE, ELVIRE.

SGANARELLE.
Nous en voilà défaits.
D. JUAN.
Et fort civilement.
A-t-il lieu de s'en plaindre?
SGANARELLE.
Il aurait tort. Comment!
D. JUAN.
N'ai-je pas...
SGANARELLE.
Ceux qui font les fautes, qu'ils les boivent.
Est-ce aux gens comme vous à payer ce qu'ils doivent?
D. JUAN.
Qu'on sache si bientôt le dîner sera prêt.
(*A Elvire qu'il voit entrer.*)
Quoi! vous encor, madame! En deux mots, s'il vous
J'ai hâte.   [plaît,
ELVIRE.
Dans l'ennui dont mon âme est atteinte,
Vous craignez ma douleur; mais perdez cette crainte.
Je ne viens pas ici pleine de ce courroux
Que je n'ai que trop fait éclater devant vous.
Par un premier hymen une autre vous possède;

---

[1] Cette scène est un chef-d'œuvre de comique qui n'a point vieilli; elle est toujours neuve, et les mœurs qu'elle peint sont encore dans toute leur force, si ce n'est peut-être que les débiteurs ne font pas aujourd'hui tant de politesse à leurs créanciers. (GEOFFROY.)

On m'a tout éclairci : c'est un mal sans remède ;
Et je me ferais tort de vouloir disputer
Ce que contre les lois je ne puis emporter.
J'ai sans doute à rougir, malgré mon innocence,
D'avoir cru mon amour avec tant d'imprudence,
Qu'en vous donnant la main j'ai reçu votre foi,
Sans voir si vous étiez en pouvoir d'être à moi.
Ce dessein avait beau me sembler téméraire,
Je cherchais le secret par la crainte d'un frère ;
Et le tendre penchant qui me fit tout oser,
Sur vos serments trompeurs servit à m'abuser.
Le crime est pour vous seul, puisque, enfin éclaircie,
Je songe à satisfaire à ma gloire noircie,
Et que, ne vous pouvant conserver pour époux,
J'éteins la folle ardeur qui m'attachait à vous.
Non qu'un juste remords l'étouffe dans mon âme
Jusques à n'y laisser aucun reste de flamme :
Mais ce reste n'est plus qu'un amour épuré ;
C'est un feu dont pour vous mon cœur est éclairé,
Un feu purgé de tout, une sainte tendresse,
Qu'au commerce des sens nul désir n'intéresse,
Qui n'agit que pour vous.

SGANARELLE.
Ah !

D. JUAN.
Tu pleures, je croi ;
Ton cœur est attendri.

SGANARELLE.
Monsieur, pardonnez-moi.

ELVIRE.
C'est ce parfait amour qui m'engage à vous dire
Ce qu'aujourd'hui le ciel pour votre bien m'inspire,
Le ciel dont la bonté cherche à vous secourir,
Prêt à choir dans l'abîme où je vous vois courir.
Oui, Don Juan, je sais par quel amas de crimes
Vos peines, qu'il résout, lui semblent légitimes ;
Et je viens de sa part, vous dire que pour vous
Sa clémence a fait place à son juste courroux ;
Que, las de vous attendre, il tient la foudre prête,
Qui, depuis si longtemps, menace votre tête ;
Qu'il est encore en vous, par un prompt repentir,
De trouver les moyens de vous en garantir ;
Et que, pour éviter un malheur si funeste,
Ce jour, ce jour peut-être est le seul qui vous reste.

SGANARELLE.
Monsieur !

ELVIRE.
Pour moi, qui sors de mon aveuglement,
Je n'ai plus à la terre aucun attachement :
Ma retraite est conclue ; et c'est là que sans cesse
Mes larmes tâcheront d'effacer ma faiblesse.
Heureuse si je puis, par mon austérité,
Obtenir le pardon de ma crédulité !
Mais dans cette retraite, où l'on meurt à soi-même,

J'aurais, je vous l'avoue, une douleur extrême
Qu'un homme à qui j'ai cru pouvoir innocemment
De mes plus tendres vœux donner l'empressement
Devînt, par un revers aux méchants redoutable,
Des vengeances du ciel l'exemple épouvantable.

SGANARELLE.
Monsieur, encore un coup...

ELVIRE.
De grâce, accordez-moi
Ce que doit mériter l'état où je me voi.
Votre salut fait seul mes plus fortes alarmes :
Ne le refusez point à mes vœux, à mes larmes ;
Et, si votre intérêt ne vous saurait toucher,
Au crime, en ma faveur, daignez vous arracher,
Et m'épargner l'ennui d'avoir pour vous à craindre
Le courroux que jamais le ciel ne laisse éteindre.

SGANARELLE.
La pauvre femme !

ELVIRE.
Enfin, si le faux nom d'époux
M'a fait tout oublier pour vivre tout à vous ;
Si je vous ait fait voir la plus forte tendresse
Qui jamais d'un cœur noble ait été la maîtresse,
Tout le prix que j'en veux, c'est de vous voir songer
Au bonheur que pour vous je tâche à ménager.

SGANARELLE.
Cœur de tigre !

ELVIRE.
Voyez que tout est périssable ;
Examinez la peine infaillible au coupable ;
Et de votre salut faites-vous une loi,
Ou pour l'amour de vous, ou pour l'amour de moi.
C'est à ce but qu'il faut que tous vos désirs tendent,
Et ce que de nouveau mes larmes vous demandent.
Si ces larmes sont peu, j'ose vous en presser
Par tout ce qui jamais vous put intéresser.
Après cette prière, adieu, je me retire.
Songez à vous : c'est tout ce que j'avais à dire.

D. JUAN.
J'ai fort prêté l'oreille à ce pieux discours,
Madame ; avecque moi demeurez quelques jours :
Peut-être, en me parlant, vous me toucherez l'âme.

ELVIRE.
Demeurer avec vous, n'étant point votre femme !
Je vous ai découvert de grandes vérités.
Don Juan, craignez tout, si vous n'en profitez.

SCÈNE VII.

D. JUAN, SGANARELLE, SUITE.

SGANARELLE.
La laisser partir sans...

D. JUAN.
Sais-tu bien, Sganarelle,

Que mon cœur s'est encor presque senti pour elle?
Ses larmes, son chagrin, sa résolution,
Tout cela m'a fait naître un peu d'émotion.
Dans son air languissant je l'ai trouvée aimable.

SGANARELLE.
Et tout ce qu'elle a dit n'a point été capable...

D. JUAN.
Vite, à dîner.

SGANARELLE.
Fort bien.

D. JUAN.
Pourquoi me regarder?
Va, va, je vais bientôt songer à m'amender.

SGANARELLE.
Ma foi! n'en riez point; rien n'est si nécessaire
Que de se convertir.

D. JUAN.
C'est ce que je veux faire.
Encor vingt ou trente ans des plaisirs les plus doux,
Toujours en joie; et puis nous penserons à nous.

SGANARELLE.
Voilà des libertins l'ordinaire langage;
Mais la mort...

D. JUAN.
Hem?

SGANARELLE. [rage!
Qu'on serve. Ah! bon! monsieur, cou-
Grande chère, tandis que nous nous portons bien.
(Il prend un morceau dans un des plats qu'on
apporte, et le met dans sa bouche.)

D. JUAN.
Quelle enflure est-ce là? Parle, dis, qu'as-tu?

SGANARELLE.
Rien.

D. JUAN.
Attends, montre. Sa joue est toute contrefaite:
C'est une fluxion; qu'on cherche une lancette.
Le pauvre garçon! Vite: il le faut secourir.
Si cet abcès rentrait, il en pourrait mourir.
Qu'on le perce; il est mûr. Ah! coquin que vous êtes,
Vous osez donc...

SGANARELLE.
Ma foi, sans chercher de défaites,
Je voulais voir, monsieur, si votre cuisinier
N'avait point trop poivré ce ragoût: le dernier
L'était en diable; aussi vous n'en mangeâtes guère.

D. JUAN.
Puisque la faim te presse, il faut la satisfaire.
Fais-toi donner un siége, et mange avecque moi;
Aussi bien, cela fait, j'aurai besoin de toi.
Mets-toi là.

SGANARELLE, *prenant un siége.*
Volontiers; j'y tiendrai bien ma place.

D. JUAN.
Mange donc.

SGANARELLE.
Vous serez content. De votre grâce,
Vous m'avez fait partir sans déjeuner; ainsi
J'ai l'appétit, monsieur, bien ouvert, Dieu merci.

D. JUAN.
Je le vois.

SGANARELLE.
Quand j'ai faim, je mange comme trente.
Tâtez-moi de cela, la sauce est excellente.
Si j'avais ce chapon, je le mènerais loin.
(*à la Violette qui lui veut donner une assiette
blanche.*)
Tout doux, petit compère, il n'en est pas besoin;
Rengaînez. Vertubleu! pour lever les assiettes,
Vous êtes bien soigneux d'en présenter de nettes.
Et vous, monsieur Picard, trêve de compliment:
Je n'ai point encor soif.

D. JUAN.
Va, dîne posément.

SGANARELLE.
C'est bien dit.

D. JUAN.
Chante-moi quelque chanson à boire.

SGANARELLE.
Bientôt, monsieur; laissons travailler la mâchoire.
Quand j'aurai dit trois mots à chacun de ces plats...
Qui diable frappe ainsi?

D. JUAN, *à un laquais.*
Dis que je n'y suis pas.

SGANARELLE.
Attendez, j'aime mieux l'aller dire moi-même.
Ah, monsieur!

D. JUAN.
D'où te vient cette frayeur extrême?

SGANARELLE, *baissant la tête.*
C'est le...

D. JUAN.
Quoi?

SGANARELLE.
Je suis mort.

D. JUAN.
Veux-tu pas t'expliquer?

SGANARELLE.
Du faiseur de... tantôt vous pensiez vous moquer:
Avancez, il est là; c'est lui qui vous demande.

D. JUAN.
Allons le recevoir.

SGANARELLE.
Si j'y vais, qu'on me pende.

D. JUAN.
Quoi! d'un rien ton courage est sitôt abattu!

SGANARELLE.
Ah! pauvre Sganarelle, où te cacheras-tu?

SCÈNE VIII.

D. JUAN, LA STATUE DU COMMANDEUR, SGANARELLE, SUITE.

D. JUAN.

Une chaise, un couvert. Je te suis redevable
(*à Sganarelle.*)
D'être si ponctuel. Viens te remettre à table.

SGANARELLE.

J'ai mangé comme un chancre, et je n'ai plus de faim.

D. JUAN, *au Commandeur*.

Si de t'avoir ici j'eusse été plus certain,
Un repas mieux réglé t'aurait marqué mon zèle.
A boire. A ta santé, Commandeur. Sganarelle,
Je te la porte. Allons, qu'on lui donne du vin.
Bois.

SGANARELLE.

Je ne bois jamais quand il est si matin.

D. JUAN.

Chante ; le Commandeur te voudra bien entendre.

SGANARELLE.

Je suis trop enrhumé.

LA STATUE.

Laisse-le s'en défendre.
C'en est assez, je suis content de ton repas.
Le temps fuit, la mort vient et tu n'y penses pas.

D. JUAN.

Ces avertissements me sont peu nécessaires.
Chantons ; une autre fois nous parlerons d'affaires.

LA STATUE.

Peut-être une autre fois tu le voudras trop tard :
Mais, puisque tu veux bien en courir le hasard,
Dans mon tombeau, ce soir, à souper je t'engage.
Promets-moi d'y venir ; auras-tu ce courage ?

D. JUAN.

Oui ; Sganarelle et moi, nous irons.

SGANARELLE.

Moi ! non pas.

D. JUAN.

Poltron !

SGANARELLE.

Jamais par jour je ne fais qu'un repas.

LA STATUE.

Adieu.

D. JUAN.

Jusqu'à ce soir.

LA STATUE.

Je t'attends.

SGANARELLE.

Misérable !
Où me veut-il mener ?

D. JUAN.

J'irai, fût-ce le diable.

Je veux voir comme on est régalé chez les morts.

SGANARELLE.

Pour cent coups de bâton que n'en suis-je dehors ?!

ACTE CINQUIÈME.

SCÈNE PREMIÈRE.

D. LOUIS, D. JUAN, SGANARELLE.

D. LOUIS.

Ne m'abusez-vous point ? et serait-il possible
Que votre cœur, ce cœur si longtemps inflexible,
Si longtemps en aveugle au crime abandonné,
Eût rompu les liens dont il fut enchaîné ?
Qu'un pareil changement me va causer de joie !
Mais, encore une fois, faut-il que je le croie ?
Et se peut-il qu'enfin le ciel m'ait accordé
Ce qu'avec tant d'ardeur j'ai toujours demandé ?

D. JUAN.

Oui, monsieur ; ce retour dont j'étais si peu digne,
Nous est de ses bontés un témoignage insigne.
Je ne suis plus ce fils dont les lâches désirs
N'eurent pour seul objet que d'infâmes plaisirs ;
Le ciel, dont la clémence est pour moi sans seconde,
M'a fait voir tout à coup les vains abus du monde ;
Tout à coup de sa voix l'attrait victorieux
A pénétré mon âme et dessillé mes yeux ;
Et je vois, par l'effet dont sa grâce est suivie,
Avec autant d'horreur les taches de ma vie,
Que j'eus d'emportement pour tout ce que mes sens
Trouvaient à me flatter d'appas éblouissants.
Quand j'ose rappeler l'excès abominable
Des désordres honteux dont je me sens coupable,
Je frémis, et m'étonne, en m'y voyant courir,
Comme le ciel a pu si longtemps me souffrir ;
Comme cent et cent fois il n'a pas sur ma tête
Lancé l'affreux carreau qu'aux méchants il apprête.
L'amour, qui tint pour moi son courroux suspendu,
M'apprend à ses bontés quel sacrifice est dû.
Il l'attend et ne veut que ce cœur infidèle,
Ce cœur jusqu'à ce jour à ses ordres rebelle.
Enfin, et vos soupirs l'ont sans doute obtenu ;

---

[1] Molière, en écrivant *le Festin de Pierre*, ne put se dispenser d'adopter le merveilleux qui en faisait alors le principal mérite aux yeux du peuple : sans la statue, sans le fantôme, sans le souterrain enflammé, sans la descente de D. Juan aux enfers, il n'y avait point de succès à espérer. Mais en payant ce tribut au goût du vulgaire, Molière a déployé tout son génie pour réduire aux règles de l'art et du bon sens la majeure partie de l'ouvrage où il n'entre rien de surnaturel. (GEOFFROY.)

De mes égaremens me voilà revenu.
Plus de remise. Il faut qu'aux yeux de tout le monde
A mes folles erreurs mon repentir réponde;
Que j'efface, en changeant mes criminels désirs,
L'empressement fatal que j'eus pour les plaisirs,
Et tâche à réparer, par une ardeur égale,
Ce que mes passions ont causé de scandale.
C'est à quoi tous mes vœux aujourd'hui sont portés;
Et je devrai beaucoup, monsieur à vos bontés,
Si, dans le changement où ce retour m'engage,
Vous me daignez choisir quelque saint personnage
Qui, me servant de guide, ait soin de me montrer
A bien suivre la route où je m'en vais entrer.

D. LOUIS.

Ah! qu'aisément un fils trouve le cœur d'un père
Prêt, au moindre remords, à calmer sa colère [1]!
Quels que soient les chagrins que par vous j'ai reçus,
Vous vous en repentez, je ne m'en souviens plus.
Tout vous porte à gagner cette grande victoire;
L'intérêt du salut, celui de votre gloire.
Combattez, et surtout ne vous relâchez pas.
Mais, dans cette campagne, où s'adressent vos pas?
J'ai sorti de la ville exprès pour une affaire
Où dès hier ma présence était fort nécessaire,
Et j'ai voulu marcher un moment au retour;
Mon carrosse m'attend à ce premier détour:
Venez.

D. JUAN.

Non, aujourd'hui souffrez-moi l'avantage
D'un peu de solitude au prochain ermitage.
C'est là que, retiré, loin du monde et du bruit,
Pour m'offrir mieux au ciel, je veux passer la nuit.
Ma peine y finira. Tout ce qui m'en peut faire
Dans ce détachement qui m'est si nécessaire,
C'est que, pour mes plaisirs, je me suis fait prêter
Des sommes que je suis hors d'état d'acquitter.
Faute de rendre, il est des gens qui me maudissent,
Qui font...

D. LOUIS.

Que là-dessus vos scrupules finissent.
Je paîrai tout, mon fils, et prétends de mon bien
Vous donner...

D. JUAN.

Ah! pour moi je ne demande rien:
Pourvu que par mes pleurs mes fautes réparées...

D. LOUIS.

O consolations! douceurs inespérées!
Tous mes vœux sont enfin heureusement remplis;
Grâce aux bontés du ciel, j'ai retrouvé mon fils,
Il se rend à la voix qui vers lui le rappelle.
Je cours à votre mère en porter la nouvelle.

[1] Térence a dit:
Pro peccato magno paulum supplici est satis patri.
Andr. Acte V, sc. III.

Adieu, prenez courage; et, si vous persistez,
N'attendez plus que joie et que prospérités.

SCÈNE II.

D. JUAN, SGANARELLE.

SGANARELLE, *en pleurant.*

Monsieur.

D. JUAN.

Qu'est-ce!

SGANARELLE.

Ah!

D. JUAN.

Comment! tu pleures?

SGANARELLE.

C'est de joie
De vous voir embrasser enfin la bonne voie:
Jamais encor, je crois, je n'en ai tant senti.
Ah! quel plaisir ce m'est de vous voir converti!
Le ciel a bien pour vous exaucé mon envie.
Franchement, vous meniez une diable de vie.
Mais, à tout péché grâce; il n'en faut plus parler.
L'ermitage est-il loin où vous voulez aller?

D. JUAN.

Hé?

SGANARELLE.

Serait-ce là-bas vers cet endroit sauvage?

D. JUAN.

Peste soit du benêt avec son ermitage!

SGANARELLE.

Pourquoi? Frère Pacôme est un homme de bien;
Et je crois qu'avec lui vous ne perdriez rien.

D. JUAN.

Parbleu! tu me ravis! Quoi! tu me crois sincère
Dans un conte forgé pour attraper mon père!

SGANARELLE.

[lons-nous?
Comment! vous ne... Monsieur, c'est... Où donc al-

D. JUAN.

La belle de tantôt m'a donné rendez-vous.
Voici l'heure, et j'y vais; c'est là mon ermitage.

SGANARELLE.

La retraite sera méritoire. Ah! j'enrage.

D. JUAN.

Elle est jolie, oui.

SGANARELLE.

Mais l'aller chercher si loin?

D. JUAN.

Elle m'a touché l'âme; et s'il était besoin,
Pour ne la manquer pas, j'irais jusques à Rome.

SGANARELLE.

Belle conversion! Ah! quel homme! quel homme!
Vous l'attendrez en vain, elle ne viendra pas.

D. JUAN.

Je crois qu'elle viendra, moi.

SGANARELLE.

Tant pis.

D. JUAN.

En tout cas,
Ma peine au rendez-vous ne sera point perdue :
C'est où du commandeur on a mis la statue;
Il nous a conviés à souper, on verra
Comment, s'il nous reçoit, il s'en acquittera.

SGANARELLE.

Souper avec un mort tué par vous?

D. JUAN.

N'importe;
J'ai promis : sur la peur ma promesse l'emporte.

SGANARELLE.

Et si la belle vient, et se laisse emmener?

D. JUAN.

Oh! ma foi, la statue ira se promener :
Je préfère à tout mort une jeune vivante.

SGANARELLE.

Mais voir une statue et mouvante et parlante,
N'est-ce pas...

D. JUAN.

Il est vrai, c'est quelque chose; en vain
Je ferais là-dessus un jugement certain :
Pour ne s'y point méprendre, il en faut voir la suite.
Cependant, si j'ai feint de changer de conduite,
Si j'ai dit que j'allais me déchirer le cœur,
D'une vie exemplaire embrasser la rigueur,
C'est un pur stratagème, un ressort nécessaire,
Par où ma politique, éblouissant mon père,
Me va mettre à couvert de divers embarras
Dont, sans lui, mes amis ne me tireraient pas.
Si l'on m'en inquiète, il obtiendra ma grâce.
Tu vois comme déjà ma première grimace
L'a porté de lui-même à se vouloir charger
Des dettes dont par lui je me vais dégager.

SGANARELLE.

Mais, n'étant point dévot, par quelle effronterie
De la dévotion faire une momerie?

D. JUAN.

Il est des gens de bien, et vraiment vertueux;
Tout méchant que je suis, j'ai du respect pour eux :
Mais si l'on n'en peut trop élever les mérites,
Parmi ces gens de bien il est mille hypocrites
Qui ne se contrefont que pour en profiter;
Et pour mes intérêts je veux les imiter.

SGANARELLE.

Ah! quel homme! quel homme!

D. JUAN.

Il n'est rien si commode,
Vois-tu? L'hypocrisie est un vice à la mode;
Et quand de ses couleurs un vice est revêtu,
Sous l'appui de la mode, il passe pour vertu.
Sur tout ce qu'à jouer il est de personnages,
Celui d'homme de bien a de grands avantages :
C'est un art grimacier dont les détours flatteurs
Cachent sous un beau voile un amas d'imposteurs.
On a beau découvrir que ce n'est qu'un faux zèle,
L'imposture est reçue, on ne peut rien contre elle;
La censure voudrait y mordre vainement.
Contre tout autre vice on parle hautement,
Chacun a liberté d'en faire voir le piége :
Mais, pour l'hypocrisie, elle a son priviége,
Qui, sous le masque adroit d'un visage emprunté,
Lui fait tout entreprendre avec impunité.
Flattant ceux du parti plus qu'aucun redoutable,
On se fait d'un grand corps le membre inséparable :
C'est alors qu'on est sûr de ne succomber pas.
Quiconque en blesse l'un, les a tous sur les bras;
Et ceux même qu'on sait que le ciel seul occupe,
Des singes de leurs mœurs sont l'ordinaire dupe :
A quoi que leur malice ait pu se dispenser,
Leur appui leur est sûr, s'ils l'ont vu grimacer.
Ah! combien j'en connais qui, par ce stratagème,
Après avoir vécu dans un désordre extrême,
S'armant du bouclier de la religion,
Ont r'habillé sans bruit leur dépravation,
Et pris droit, au milieu de tout ce que nous sommes,
D'être sous ce manteau les plus méchants des hommes!
On a beau les connaître, et savoir ce qu'ils sont,
Trouver lieu de scandale aux intrigues qu'ils ont,
Toujours même crédit : un maintien doux, honnête,
Quelques roulements d'yeux, des baissements de tête,
Trois ou quatre soupirs mêlés dans un discours,
Sont, pour tout rajuster, d'un merveilleux secours [1].
C'est sous un tel abri qu'assurant mes affaires,
Je veux de mes censeurs duper les plus sévères :
Je ne quitterai point mes pratiques d'amour,
J'aurai soin seulement d'éviter le grand jour,
Et saurai, ne voyant en public que des prudes,
Garder à petit bruit mes douces habitudes.
Si je suis découvert dans mes plaisirs secrets,
Tout le corps en chaleur prendra mes intérêts;
Et, sans me remuer, je verrai la cabale
Me mettre hautement à couvert du scandale.
C'est là le vrai moyen d'oser impunément
Permettre à mes désirs un plein emportement :
Des actions d'autrui je ferai le critique,
Médirai saintement, et, d'un ton pacifique
Applaudissant à tout ce qui sera blâmé,

---

[1] Cette peinture de l'hypocrisie suffirait pour nous donner une idée de la facilité et du talent prodigieux de Thomas Corneille. Ses vers n'ôtent rien à la prose énergique de Molière; ils réfléchissent tout, excepté peut-être cette pensée si heureusement exprimée par l'auteur du *Tartufe*, et que le traducteur a sans doute craint d'affaiblir en la pliant au joug de la rime : « L'hypocrisie est un vice priviégié, qui, de sa main, ferme la bouche à tout le monde, et jouit en repos d'une impunité souveraine. »

Ne croirai que moi seul digne d'être estimé.
S'il faut que d'intérêt quelque affaire se passe,
Fût-ce veuve, orphelin, point d'accord, point de grâce;
Et, pour peu qu'on me choque, ardent à me venger,
Jamais rien au pardon ne pourra m'obliger.
J'aurai tout doucement le zèle charitable
De nourrir une haine irréconciliable :
Et quand on me viendra porter à la douceur,
Des intérêts du ciel je ferai le vengeur :
Le prenant pour garant du soin de sa querelle,
J'appuîrai de mon cœur la malice infidèle;
Et, selon qu'on m'aura plus ou moins respecté,
Je damnerai les gens de mon autorité.
C'est ainsi que l'on peut, dans le siècle où nous som- [mes,
Profiter sagement des faiblesses des hommes,
Et qu'un esprit bien fait, s'il craint les mécontents,
Se doit accommoder aux vices de son temps.

SGANARELLE.

Qu'entends-je? C'en est fait, monsieur, et je le quitte;
Il ne vous manquait plus que vous faire hypocrite :
Vous êtes de tout point achevé, je le voi.
Assommez-moi de coups, percez-moi, tuez-moi,
Il faut que je vous parle, il faut que je vous dise :
« Tant va la cruche à l'eau, qu'enfin elle se brise. »
Et, comme dit fort bien en moindre ou pareil cas
Un auteur renommé que je ne connais pas,
Un oiseau sur la branche est proprement l'exemple
De l'homme qu'en pécheur ici-bas je contemple.
La branche est attachée à l'arbre, qui produit,
Selon qu'il est planté, de bon ou mauvais fruit.
Le fruit, s'il est mauvais, nuit plus qu'il ne profite;
Ce qui nuit vers la mort nous fait aller plus vite :
La mort est une loi d'un usage important;
Qui peut vivre sans loi vit en brute; et partant
Ramassez; ce sont là preuves indubitables
Qui font que vous irez, monsieur, à tous les diables.

D. JUAN.

Le beau raisonnement!

SGANARELLE.

Ne vous rendez donc pas;
Soyez damné tout seul, car, pour moi, je suis las...

D. JUAN, *apercevant Léonor.*

N'avais-je pas raison? Regarde, Sganarelle;
Vient-on au rendez-vous?

SCÈNE III.

D. JUAN, LÉONOR, PASCALE, SGANARELLE.

D. JUAN.

Que de joie! Ah! ma belle,
Vous voilà! Je tremblais que, par quelque embarras,
Vous ne pussiez sortir.

LÉONOR.

Oh! point. Mais n'est-ce pas
Monsieur le médecin que je vois là?

D. JUAN.

Lui-même.
Il a pris cet habit, mais c'est par stratagème,
Pour certain langoureux, chez qui je l'ai mené,
Contre les médecins de tout temps déchaîné :
Il n'en veut voir aucun; et monsieur, sans rien dire,
A reconnu son mal, dont il ne fait que rire.
Certaine herbe déjà l'a fort diminué.

LÉONOR.

Ma tante a pris sa poudre.

SGANARELLE, *gravement, à Léonor.*

A-t-elle éternué?

LÉONOR.

Je ne sais; car soudain, sans vouloir voir personne,
Elle s'est mise au lit.

SGANARELLE.

La chaleur est fort bonne
Pour ces sortes de maux.

LÉONOR.

Oh! je crois bien cela.

D. JUAN.

Et qui donc avec vous nous amenez-vous là?

LÉONOR.

C'est ma nourrice. Ah! si vous saviez, elle m'aime...

D. JUAN.

Vous avez fort bien fait, et ma joie est extrême
Que, quand je vous épouse, elle soit caution...

PASCALE.

Vous faites là, monsieur, une bonne action.
Pour entrer au couvent la pauvre créature
Tous les jours de soufflets avait pleine mesure;
C'était pitié....

D. JUAN.

Bientôt, Dieu merci, la voilà
Exempte, en m'épousant, de tous ces chagrins-là.

LÉONOR.

Monsieur...

D. JUAN.

C'est à mes yeux la plus aimable fille...

PASCALE.

Jamais vous n'en pouviez prendre une plus gentille,
Qui vous pût mieux... Enfin, traitez-la doucement;
Vous en aurez, monsieur, bien du contentement.

D. JUAN.

Je le crois. Mais allons, sans tarder davantage,
Dresser tout ce qu'il faut pour notre mariage :
Je veux faire en forme, et qu'il n'y manque rien.

PASCALE.

Eh! vous n'y perdrez pas; ma fille a de bon bien.
Quand son père mourut, il avait des pistoles
Plus gros...

D. JUAN.
Ne perdons point le temps à des paroles.
Allons, venez, ma belle. Ah! que j'ai de bonheur!
Vous allez être à moi.

LÉONOR.
Ce m'est beaucoup d'honneur.

SGANARELLE, *bas, à Pascale.*
Il cherche à la duper; gardez qu'il ne l'emmène.
C'est un fourbe.

PASCALE.
Comment?

SGANARELLE, *bas.*
A plus d'une douzaine...
(*haut, se voyant observé par D. Juan.*)
Ah! l'honnête homme! Allez, votre fille aujourd'hui
Aurait eu beau chercher pour trouver mieux que lui.
Il a de l'amitié... Croyez-moi, qu'une femme
Sera la bien... Et puis il la fera grand' dame.

D. JUAN, *à Léonor.*
Ne nous arrêtons point, ma belle; j'aurais peur
Que quelqu'un ne survînt.

SGANARELLE, *bas, à Pascale.*
C'est le plus grand trompeur...

PASCALE, *à D. Juan.*
Où donc nous menez-vous?

D. JUAN.
Tout droit chez un notaire.

PASCALE.
Non, monsieur; dans le bourg il serait nécessaire
D'aller chez sa cousine, afin qu'étant témoin
De votre foi donnée...

D. JUAN.
Il n'en est pas besoin;
Monsieur le médecin, et vous, devez suffire.

LÉONOR, *à Pascale.*
Sommes-nous pas d'accord?

D. JUAN.
Il ne faut plus qu'écrire.
Quand ils auront signé tous deux avecque nous
C'est comme si...

PASCALE.
Non, non, sa cousine y doit être.

SGANARELLE, *bas, à Pascale.*
Fort bien.

LÉONOR.
Quelque amitié qu'elle m'ait fait paraître,
Si chez elle il n'est pas nécessaire d'aller,
Ne disons rien: peut-être elle voudrait parler.

D. JUAN.
Oui, quand on veut tenir une affaire secrète,
Moins on a de témoins, plus la chose est bien faite.

PASCALE.
Mon Dieu! tout comme ailleurs, chez elle sans éclat,
Les notaires du bourg dresseront le contrat.

SGANARELLE.
Pourquoi vous défier? Monsieur a-t-il la mine
(*bas, à Pascale.*)
D'être un fourbe? Voyez... Ferme, chez la cousine.

D. JUAN, *à Léonor.*
Au hasard de l'entendre enfin nous quereller,
Avançons.

PASCALE, *arrêtant Léonor.*
Ce n'est point par là qu'il faut aller.
Vous n'êtes pas encore où vous pensez, beau sire.

D. JUAN, *à Léonor.*
Doublons le pas ensemble: il faut la laisser dire.

SCÈNE IV.

LA STATUE DU COMMANDEUR, D. JUAN, LÉONOR, PASCALE, SGANARELLE.

LA STATUE, *prenant D. Juan par le bras.*
Arrête, Don Juan.

LÉONOR.
Ah! qu'est-ce que je vois?
Sauvons-nous vite, hélas!

D. JUAN, *tâchant à se défaire de la statue.*
Ma belle, attendez-moi,
Je ne vous quitte point.

LA STATUE.
Encore un coup, demeure;
Tu résistes en vain.

SGANARELLE.
Voici ma dernière heure;
C'en est fait.

D. JUAN, *à la statue.*
Laisse-moi.

SGANARELLE.
Je suis à vos genoux,
Madame la statue: ayez pitié de nous.

LA STATUE.
Je t'attendais ce soir à souper.

D. JUAN.
Je t'en quitte:
On me demande ailleurs.

LA STATUE.
Tu n'iras pas si vite
L'arrêt en est donné; tu touches au moment
Où le ciel va punir ton endurcissement.
Tremble.

D. JUAN.
Tu me fais tort quand tu m'en crois capable:
Je ne sais ce que c'est que trembler.

SGANARELLE.
Détestable!

LA STATUE.
Je t'ai dit, dès tantôt, que tu ne songeais pas

Que la mort chaque jour s'avançait à grands pas.
Au lieu d'y réfléchir tu retournes au crime ;
Et t'ouvres à toute heure abîme sur abîme.
Après avoir en vain si longtemps attendu,
Le ciel se lasse : prends, voilà ce qui t'est dû.

(*La statue embrasse D. Juan ; et, un moment après, tous deux sont abîmés.*)

D. JUAN.

Je brûle, et c'est trop tard que mon âme interdite...
Ciel !

SGANARELLE.

Il est englouti ! je cours me rendre ermite.
L'exemple est étonnant pour tous les scélérats ;
Malheur à qui le voit, et n'en profite pas[1] !

---

[1] La pièce de Molière eut peu de succès dans l'origine. Elle avait deux défauts alors essentiels : elle était trop raisonnable et trop sage ; ensuite elle était écrite en prose ; et dans ce temps-là on avait une singulière aversion pour les pièces en cinq actes et en prose. C'est ce préjugé qui causa la chute de l'*Avare*. Pour que le *Don Juan* de Molière obtint un accueil digne de son auteur, il fallut que Thomas Corneille le traduisît en vers. Ce qui a pu contribuer aussi à la disgrâce du *Festin de Pierre* de Molière, c'est ce vigoureux portrait de l'hypocrisie*, qui annonçait le peintre du *Tartufe*, et qui jeta sans doute l'alarme dans le parti des faux dévots, alors très-nombreux et très-puissants. (GEOFFROY.)

* *Voy.* la scène II de l'acte V.

FIN DU FESTIN DE PIERRE.

LE COMTE D'ESSEX,

TRAGÉDIE. — 1678.

AU LECTEUR.

Il y a trente ou quarante ans que feu M. de la Calprenède traita le sujet du comte d'Essex, et le traita avec beaucoup de succès[2]. Ce que je me suis hasardé à faire après lui semble n'avoir point déplu; et la matière est si heureuse par la pitié qui en est inséparable, qu'elle n'a pas laissé examiner mes fautes avec toute la sévérité que j'avais à craindre. Il est certain que le comte d'Essex eut grande part aux bonnes grâces d'Élisabeth. Il était naturellement ambitieux. Les services qu'il avait rendus à l'Angleterre lui enflèrent le courage. Ses ennemis l'accusèrent d'intelligence avec le comte de Tyron, que les rebelles d'Irlande avaient pris pour chef. Les soupçons qu'on en eut lui firent ôter le commandement de l'armée. Ce changement le piqua. Il vint à Londres, révolta le peuple, fut pris, condamné; et, ayant toujours refusé de demander grâce, il eut la tête coupée le 25 février 1601. Voilà ce que l'histoire m'a fourni. J'ai été surpris qu'on m'ait imputé de l'avoir falsifiée, parce que je ne me suis point servi de l'incident d'une bague qu'on prétend que la reine avait donnée au comte d'Essex pour gage d'un pardon certain, quelque crime qu'il pût jamais commettre contre l'État; mais je suis persuadé que cette bague est de l'invention de M. de la Calprenède; du moins je n'en ai rien lu dans aucun historien. Cambdenus, qui a fait un gros volume de la seule vie d'Élisabeth, n'en parle point; et c'est une particularité que je me serais cru en pouvoir de supprimer quand même je l'aurais trouvée dans son histoire.

PRÉCIS DE L'ÉVÉNEMENT

SUR LEQUEL EST FONDÉE LA TRAGÉDIE DU COMTE D'ESSEX.

Élisabeth, reine d'Angleterre, qui régna avec beaucoup de bonheur et de prudence, eut pour base de sa conduite, depuis qu'elle fut sur le trône, le dessein de ne se jamais donner de mari, et de ne se soumettre jamais à un amant. Elle aimait à plaire, et elle n'était pas insensible. Robert Dudley, fils du duc de Northumberland, lui inspira d'abord quelque inclination, et fut regardé quelque temps comme un favori déclaré, sans qu'il fût un amant heureux.

Le comte de Leicester succéda dans la faveur à Dudley; et enfin, après la mort de Leicester, Robert d'Évreux, comte d'Essex, fut dans ses bonnes grâces. Il était fils d'un comte d'Essex, créé par la reine comte-maréchal d'Irlande : cette famille était originaire de Normandie, comme le nom d'Évreux le témoigne assez. Ce n'est pas que la ville d'Évreux eût jamais appartenu à cette maison; elle avait été érigée en comté par Richard I, duc de Normandie, pour un de ses fils, nommé Robert, archevêque de Rouen, qui, étant archevêque, se maria solennellement à une demoiselle nommée Herlève. De ce mariage, que l'usage approuvait alors, naquit une fille, qui porta le comté d'Évreux dans la maison de Montfort. Philippe-Auguste acquit Évreux en 1200 par une transaction; ce comté fut depuis réuni à la couronne, et cédé ensuite en pleine propriété, en 1651, par Louis XIV, à la maison de la Tour d'Auvergne de Bouillon. La maison d'Essex, en Angleterre, descendait d'un officier subalterne, natif d'Évreux, qui suivit Guillaume le Bâtard à la conquête de l'Angleterre, et qui prit le nom de la ville où il était né. Jamais Évreux n'appartint à cette famille, comme quelques-uns l'ont cru. Le premier de cette maison qui fut comte d'Essex fut Gauthier d'Évreux, père du favori d'Élisabeth; et ce favori, nommé Guillaume, laissa un fils, qui fut fort malheureux, et dans qui la race s'éteignit.

Cette petite observation n'est que pour ceux qui aiment

---

[1] La mort du comte d'Essex a été le sujet de quelques tragédies, tant en France qu'en Angleterre. La Calprenède fut le premier qui mit ce sujet sur la scène, en 1638. Sa pièce eut un très-grand succès[*]. L'abbé Boyer, longtemps après, traita ce sujet différemment en 1672. Sa pièce était plus régulière, mais elle était froide, et elle tomba. Thomas Corneille, en 1678, donna sa tragédie du *Comte d'Essex* : elle est la seule qu'on joue encore quelquefois. Aucun de ces trois auteurs ne s'est attaché scrupuleusement à l'histoire.

Pictoribus atque poetis
Quidlibet audendi semper fuit æqua potestas[**].

Mais cette liberté a ses bornes, comme toute autre espèce de liberté. (V.)

[2] Le *Comte d'Essex* de la Calprenède parut en 1638. Thomas Corneille lui a fait plusieurs emprunts. Nous aurons soin de les signaler dans le cours de la pièce, et de rapporter les passages imités.

[*] Ce succès était mérité. On en pourra juger par nos citations.
[**] HORAT. *de Art. poet.* v. 9.

les recherches historiques, et n'a aucun rapport avec la tragédie que nous examinerons.

Le jeune Guillaume, comte d'Essex, qui fait le sujet de la pièce, s'étant un jour présenté devant la reine, lorsqu'elle allait se promener dans un jardin, il se trouva un endroit rempli de fange sur le passage; Essex détacha sur-le-champ un manteau broché d'or qu'il portait, et l'étendit sous les pieds de la reine. Elle fut touchée de cette galanterie. Celui qui la faisait était d'une figure noble et aimable; il parut à la cour avec beaucoup d'éclat. La reine, âgée de cinquante-huit ans, prit bientôt pour lui un goût que son âge mettait à l'abri des soupçons : il était aussi brillant par son courage et par la hauteur de son esprit que par sa bonne mine. Il demanda la permission d'aller conquérir, à ses dépens, un canton de l'Irlande, et se signala souvent en volontaire. Il fit revivre l'ancien esprit de la chevalerie, portant toujours à son bonnet un gant de la reine Élisabeth. C'est lui qui, commandant les troupes anglaises au siège de Rouen, proposa un duel à l'amiral de Villars-Brancas, qui défendait la place, pour lui prouver, disait-il dans son cartel, que sa maîtresse était plus belle que celle de l'amiral. Il fallait qu'il entendît par là quelque autre dame que la reine Élisabeth, dont l'âge et le grand nez n'avaient pas de puissants charmes. L'amiral lui répondit qu'il se souciait fort peu que sa maîtresse fût belle ou laide, et qu'il l'empêcherait bien d'entrer dans Rouen. Il défendit très-bien la place, et se moqua de lui.

La reine le fit grand-maître de l'artillerie, lui donna l'ordre de la Jarretière, et enfin le mit de son conseil privé. Il y eut quelque temps le premier crédit; mais il ne fit jamais rien de mémorable; et, lorsqu'en 1599 il alla en Irlande contre les rebelles, à la tête d'une armée de plus de vingt mille hommes, il laissa dépérir entièrement cette armée, qui devait subjuguer l'Irlande en se montrant. Obligé de rendre compte d'une si mauvaise conduite devant le conseil, il ne répondit que par des bravades qui n'auraient pas même convenu après une campagne heureuse. La reine, qui avait encore pour lui quelque bonté, se contenta de lui ôter sa place au conseil, de suspendre l'exercice de ses autres dignités, et de lui défendre la cour. Elle avait alors soixante-huit ans. Il est ridicule d'imaginer que l'amour pût avoir la moindre part dans cette aventure. Le comte conspira indignement contre sa bienfaitrice; mais sa conspiration fut celle d'un homme sans jugement. Il crut que Jacques, roi d'Écosse, héritier naturel d'Élisabeth, pourrait le secourir, et venir détrôner la reine. Il se flatta d'avoir un parti dans Londres; on le vit dans les rues, suivi de quelques insensés attachés à sa fortune, tenter inutilement de soulever le peuple. On le saisit, ainsi que plusieurs de ses complices. Il fut condamné et exécuté selon les lois, sans être plaint de personne. On prétend qu'il était devenu dévot dans sa prison, et qu'un malheureux prédicant presbytérien lui ayant persuadé qu'il serait damné, s'il n'accusait pas tous ceux qui avaient part à son crime, il eut la lâcheté d'être leur délateur, et de déshonorer ainsi la fin de sa vie. Le goût qu'Élisabeth avait eu autrefois pour lui, et dont il était en effet très-peu digne, a servi de prétexte à des romans et à des tragédies. On a prétendu qu'elle avait hésité à signer l'arrêt de mort que les pairs du royaume avaient prononcé contre lui. Ce qui est sûr, c'est qu'elle le signa; rien n'est plus avéré, et cela seul dément les romans et les tragédies.

(VOLT.)

PERSONNAGES.

ÉLISABETH, reine d'Angleterre.
LA DUCHESSE D'IRTON, aimée du comte d'Essex.
LE COMTE D'ESSEX.
CÉCILE, ennemi du comte d'Essex.
LE COMTE DE SALSBURY[1], ami du comte d'Essex.
CROMMER, capitaine des gardes de la reine.
TILNEY, confidente d'Élisabeth.
SUITE.

La scène est à Londres.

ACTE PREMIER.

SCÈNE PREMIÈRE.

LE COMTE D'ESSEX, LE COMTE DE SALSBURY.

LE COMTE D'ESSEX.

Non, mon cher Salsbury, vous n'avez rien à craindre;
Quel que soit son courroux, l'amour saura l'éteindre;
Et dans l'état funeste où m'a plongé le sort,
Je suis trop malheureux pour obtenir la mort.
Non qu'il ne me soit dur qu'on permette à l'envie
D'attaquer lâchement la gloire de ma vie :
Un homme tel que moi, sur l'appui de son nom,
Devrait comme du crime être exempt du soupçon.
Mais enfin cent exploits et sur mer et sur terre
M'ont fait connaître assez à toute l'Angleterre,
Et j'ai trop bien servi pour pouvoir redouter
Ce que mes ennemis ont osé m'imputer.
Ainsi, quand l'imposture aurait surpris la reine,
L'intérêt de l'État rend ma grâce certaine;
Et l'on ne sait que trop, par ce qu'a fait mon bras,
Que qui perd mes pareils ne les recouvre pas.

SALSBURY.

Je sais ce que de vous, par plus d'une victoire,
L'Angleterre a reçu de surcroît à sa gloire :
Vos services sont grands, et jamais potentat
N'a sur un bras plus ferme appuyé son État.

---

[1] Il n'y eut point de Salsbury (Salisbury) mêlé dans l'affaire du comte d'Essex. Son principal complice était un comte de Southampton; mais apparemment que le premier nom parut plus sonore à l'auteur, ou plutôt il n'était pas au fait de l'histoire d'Angleterre. (V.)

Mais, malgré vos exploits, malgré votre vaillance,
Ne vous aveuglez point sur trop de confiance :
Plus la reine, au mérite égalant ses bienfaits,
Vous a mis en état de ne tomber jamais,
Plus vous devez trembler que trop d'orgueil n'éteigne
Un amour qu'avec honte elle voit qu'on dédaigne.
Pour voir votre faveur tout à coup expirer,
La main qui vous soutient n'a qu'à se retirer [1].
Et quelle sûreté le plus rare service
Donne-t-il à qui marche au bord du précipice ?
Un faux pas y fait choir ; mille fameux revers
D'exemples étonnants ont rempli l'univers.
Souffrez à l'amitié qui nous unit ensemble...

LE COMTE D'ESSEX.

Tout a tremblé sous moi, vous voulez que je tremble ?
L'imposture m'attaque, il est vrai ; mais ce bras
Rend l'Angleterre à craindre aux plus puissants États.
Il a tout fait pour elle, et j'ai sujet de croire
Que la longue faveur où m'a mis tant de gloire
De mes vils ennemis viendra sans peine à bout :
Elle me coûte assez pour en attendre tout.

SALSBURY.

L'État fleurit par vous, par vous on le redoute :
Mais enfin, quelque sang que sa gloire vous coûte,
Comme un sujet doit tout, s'il s'oublie une fois,
On regarde son crime, et non pas ses exploits.
On veut que vos amis, par de sourdes intrigues
Se soient mêlés pour vous de cabales, de ligues ;
Qu'au comte de Tyron ayant souvent écrit
Vous ayez ménagé ce dangereux esprit ;
Et qu'avec l'Irlandais appuyant sa querelle
Vous preniez le parti de ce peuple rebelle :
On produit des témoins, et l'indice est puissant.

LE COMTE D'ESSEX.

Et que peut leur rapport si je suis innocent ?
Le comte de Tyron, que la reine appréhende,
Voudrait rentrer en grâce, y remettre l'Irlande ;
Et je croirais servir l'État plus que jamais,
Si mon avis suivi pouvait faire sa paix.
Comme il hait les méchants, il me serait utile
A chasser un Coban, un Raleigh, un Cécile [2],
Un tas d'hommes sans nom, qui, lâchement flatteurs,
Des désordres publics font gloire d'être auteurs :
Par eux tout périra. La reine, qu'ils séduisent, [sent :
Ne veut pas que contre eux les gens de bien l'instrui-
Maîtres de son esprit ils lui font approuver
Tout ce qui peut servir à les mieux élever.
Leur grandeur se formant par la chute des autres...

SALSBURY.

Ils ont leurs intérêts, ne parlons que des vôtres.
Depuis quatre ou cinq jours, sur quels justes projets
Avez-vous de la reine assiégé le palais,
Lorsque le duc d'Irton épousant Henriette [1]...

LE COMTE D'ESSEX.

Ah ! faute irréparable, et que trop tard j'ai faite !
Au lieu d'un peuple lâche et prompt à s'étonner,
Que n'ai-je eu pour secours une armée à mener !
Par le fer, par le feu, par tout ce qui peut être,
J'aurais de ce palais voulu me rendre maître.
C'en est fait ; biens, trésors, rangs, dignités, emploi,
Ce dessein m'a manqué, tout est perdu pour moi.

SALSBURY.

Que m'apprend ce transport ?

LE COMTE D'ESSEX.

Qu'une flamme secrète
Unissait mon destin à celui d'Henriette,
Et que de mon amour son jeune cœur charmé
Ne me déguisait pas que j'en étais aimé.

SALSBURY.

Le duc d'Irton l'épouse, elle vous abandonne ;
Et vous pouvez penser...

LE COMTE D'ESSEX.

Son hymen vous étonne ;
Mais enfin apprenez par quels motifs secrets
Elle s'est immolée à mes seuls intérêts.
Confidente à la fois et fille de la reine,
Elle avait su vers moi le penchant qui l'entraîne.
Pour elle chaque jour réduite à me parler [2],
Elle a voulu me vaincre, et n'a pu m'ébranler ;

---

[1] Pierre Corneille avait dit :
  Et pour te faire choir, je n'aurais aujourd'hui
  Qu'à retirer la main qui seule est ton appui.
  Cinna, Acte V, sc I.

[2] Robert Cecil, lord Burleigh, fils de William Cecil, lord Burleigh, principal ministre d'État sous Élisabeth, fut depuis comte de Salisbury. Il s'en fallait beaucoup que ce fût un homme sans nom. L'auteur ne devait pas faire d'un comte de Salisbury un confident du comte d'Essex, puisque le véritable comte de Salisbury était ce même Cecil, son ennemi personnel, un des seigneurs qui le condamnèrent. Walter Raleigh était un vice-amiral, célèbre par ses grandes actions et par son génie, et dont le mérite solide était fort supérieur au brillant du comte d'Essex. Il n'y eut jamais de Coban, mais bien un lord Cobham, d'une des plus illustres maisons du pays, qui, sous le roi Jacques I, fut mis en prison pour une conspiration vraie ou prétendue. Il n'est pas permis de falsifier à ce point une histoire si récente, et de traiter avec tant d'indignité des hommes de la plus grande naissance et du plus grand mérite. Les personnes instruites en sont révoltées, sans que les ignorants y trouvent beaucoup de plaisir. (V.)

[1] Il n'y a jamais eu ni duc d'Irton, ni aucun homme de ce nom à la cour de Londres. Il est bon de savoir que, dans ce temps-là, on n'accordait le titre de duc qu'aux seigneurs alliés des rois et des reines. (V.)

[2] Il semblerait qu'Élisabeth fût une Roxane, qui, n'osant entretenir le comte d'Essex, lui fit parler d'amour, sous le nom d'une Atalide. Quand on sait que la reine d'Angleterre était presque septuagénaire, ces petites intrigues, ces petites sollicitations amoureuses deviennent bien extraordinaires. Quant au style, il est faible, mais clair, et entièrement dans le genre médiocre. (V.)

Et, voyant son amour, où j'étais trop sensible,
Me donner pour la reine un dédain invincible,
Pour m'en ôter la cause en m'ôtant tout espoir,
Elle s'est mariée.... Hé! qui l'eût pu prévoir?
Sans cesse, en condamnant mes froideurs pour la [reine,
Elle me préparait à cette affreuse peine;
Mais, après la menace, un tendre et prompt retour
Me mettait en repos sur la foi de l'amour :
Enfin, par mon absence à me perdre enhardie,
Elle a contre elle-même usé de perfidie.
Elle m'aimait, sans doute, et n'a donné sa foi
Qu'en m'arrachant un cœur qui devait être à moi.
A ce funeste avis, quelles rudes alarmes!
Pour rompre son hymen j'ai fait prendre les armes;
En tumulte au palais je suis vite accouru;
Dans toute sa fureur mon transport a paru.
J'allais sauver un bien qu'on m'ôtait par surprise;
Mais, averti trop tard, j'ai manqué l'entreprise;
Le duc, unique objet de ce transport jaloux,
De l'aimable Henriette était déjà l'époux.
Si j'ai trop éclaté, si l'on m'en fait un crime,
Je mourrai de l'amour innocente victime;
Malheureux de savoir qu'après ce vain effort
Le duc toujours heureux jouira de ma mort.

SALSBURY.
Cette jeune duchesse a mérité, sans doute,
Les cruels déplaisirs que sa perte vous coûte,
Mais dans l'heureux succès que vos soins avaient eu,
Aimé d'elle en secret, pourquoi vous être tu?
La reine dont pour vous la tendresse infinie
Prévient jusqu'aux souhaits...

LE COMTE D'ESSEX.
                     C'est là sa tyrannie.
Et que me sert, hélas! cet excès de faveur,
Qui ne me laisse pas disposer de mon cœur?
Toujours trop aimé d'elle, il m'a fallu contraindre
Cet amour qu'Henriette eut beau vouloir éteindre.
Pour ne hasarder pas un objet si charmant,
De la sœur de Suffolk je me feignis amant[1].
Soudain son implacable et jalouse colère
Éloigna de mes yeux et la sœur et le frère.

---

[1] Il n'y avait pas plus de sœur de Suffolk que de duc d'Irton. Le comte d'Essex était marié. L'intrigue de la tragédie n'est qu'un roman; le grand point est que ce roman puisse intéresser. On demande jusqu'à quel point il est permis de falsifier l'histoire dans un poëme? Je ne crois pas qu'on puisse changer, sans déplaire, les faits ni même les caractères connus du public. Un auteur qui représenterait César battu à Pharsale, serait aussi ridicule que celui qui, dans un opéra, introduisait César sur la scène, chantant *alla fuga, a lo scampo, signori*. Mais quand les événements qu'on traite sont ignorés d'une nation, l'auteur en est absolument le maître. Presque personne en France, du temps de Thomas Corneille, n'était instruit de l'histoire d'Angleterre : aujourd'hui un poëte devrait être plus circonspect. (V.)

Tous deux, quoique sans crime, exilés de la cour,
M'apprirent encor mieux à cacher mon amour.
Vous en voyez la suite, et mon malheur extrême.
Quel supplice! un rival possède ce que j'aime!
L'ingrate au duc d'Irton a pu se marier!
Ah ciel!

SALSBURY.
Elle est coupable, il la faut oublier.

LE COMTE D'ESSEX.
L'oublier! et ce cœur en deviendrait capable!
Ah! non, non; voyons-la cette belle coupable.
Je l'attends en ce lieu. Depuis le triste jour
Que son funeste hymen a trahi mon amour,
N'ayant pu lui parler, je viens enfin lui dire...

SALSBURY.
La voici qui paraît. Adieu, je me retire.
Quoi que vous attendiez d'un si cher entretien,
Songez qu'on veut vous perdre, et ne négligez rien.

SCÈNE II.

LA DUCHESSE, LE COMTE D'ESSEX.

LA DUCHESSE.
J'ai causé vos malheurs; et le trouble où vous êtes
M'apprend de mon hymen les plaintes que vous faites;
Je me les fais pour vous. Vous m'aimiez, et jamais
Un si beau feu n'eut droit de remplir mes souhaits :
Tout ce que peut l'amour avoir de fort, de tendre,
Je l'ai vu dans les soins qu'il vous a fait me rendre.
Votre cœur tout à moi méritait que le mien
Du plaisir d'être à vous fît son unique bien;
C'est à quoi son penchant l'aurait porté sans peine.
Mais vous vous êtes fait trop aimer de la reine :
Tant de biens répandus sur vous jusqu'à ce jour,
Payant ce qu'on vous doit, déclarent son amour.
Cet amour est jaloux; qui le blesse est coupable;
C'est un crime qui rend sa perte inévitable :
La vôtre aurait suivi. Trop aveugle pour moi,
Du précipice ouvert vous n'aviez point d'effroi.
Il a fallu prêter une aide à la faiblesse
Qui de vos sens charmés se rendait la maîtresse :
Tant que vous m'eussiez vue en pouvoir d'être à vous,
Vous auriez dédaigné ce qu'eût pu son courroux.
Mille ennemis secrets qui cherchent à vous nuire,
Attaquant votre gloire, auraient pu vous détruire;
Et d'un crime d'amour leur indigne attentat
Vous eût dans son esprit fait un crime d'État.
Pour ôter contre vous tout prétexte à l'envie,
J'ai dû vous immoler le repos de ma vie.
A votre sûreté mon hymen importait.
Il fallait vous trahir; mon cœur y résistait :
J'ai déchiré ce cœur, afin de l'y contraindre.
Plaignez-vous là-dessus, si vous osez vous plaindre

LE COMTE D'ESSEX.

Oui, je me plains, madame; et vous croyez en vain
Pouvoir justifier ce barbare dessein.
Si vous m'aviez aimé, vous auriez par vous-même
Connu que l'on perd tout quand on perd ce qu'on aime,
Et que l'affreux supplice où vous me condamniez
Surpassait tous les maux dont vous vous étonniez.
Votre dure pitié, par le coup qui m'accable, [ble.
Pour craindre un faux malheur, m'en fait un vérita-
Et que peut me servir le destin le plus doux?
Avais-je à souhaiter un autre bien que vous?
Je méritais peut-être, en dépit de la reine,
Qu'à me le conserver vous prissiez quelque peine.
Un autre eût refusé d'immoler un amant;
Vous avez cru devoir en user autrement.
Mon cœur veut révérer la main qui le déchire;
Mais, encore une fois j'oserai vous le dire,
Pour moi contre ce cœur votre bras s'est armé.
Vous ne l'auriez pas fait, si vous m'aviez aimé.

LA DUCHESSE.

Ah! comte, plût au ciel, pour finir mon supplice,
Qu'un semblable reproche eût un peu de justice!
Je ne sentirais pas avec tant de rigueur
Tout mon repos céder aux troubles de mon cœur.
Pour vous au plus haut point ma flamme était montée;
Je n'en dois point rougir, vous l'aviez méritée;
Et le comte d'Essex, si grand, si renommé,
M'aimant avec excès, pouvait bien être aimé.
C'est pour dire : j'ai beau n'être plus à moi-même,
Avec la même ardeur je sens que je vous aime,
Et que le changement où m'engage un époux,
Malgré ce que je dois, ne peut rien contre vous.
Jugez combien mon sort est plus dur que le vôtre :
Vous n'êtes point forcé de brûler pour une autre;
Et quand vous me perdez, si c'est perdre un grand bien,
Du moins, en m'oubliant, vous pouvez n'aimer rien.
Mais c'est peu que mon cœur, dans ma disgrâce extrê-
Pour suivre son devoir s'arrache à ce qu'il aime; [me,
Il faut, par un effort pire que le trépas,
Qu'il tâche à se donner à ce qu'il n'aime pas.
Si la nécessité de vaincre pour ma gloire
Vous fait voir quels combats doit coûter la victoire,
Si vous en concevez la fatale rigueur,
Ne m'ôtez pas le fruit des peines de mon cœur.
C'est pour vous conserver les bontés de la reine
Que j'ai voulu me rendre à moi-même inhumaine;
De son amour pour vous elle m'a fait témoin :
Ménagez-en l'appui, vous en avez besoin.
Pour noircir, abaisser vos plus rares services,
Aux traits de l'imposture on joint mille artifices;
Et l'honneur vous engage à ne rien oublier
Pour repousser l'outrage, et vous justifier.

LE COMTE D'ESSEX.

Et me justifier? moi! Ma seule innocence
Contre mes envieux doit prendre ma défense.
D'elle-même on verra l'imposture avorter,
Et je me ferais tort si j'en pouvais douter.

LA DUCHESSE.

Vous êtes grand, fameux, et jamais la victoire
N'a d'un sujet illustre assuré mieux la gloire;
Mais, plus dans un haut rang la faveur vous a mis,
Plus la crainte de choir vous doit rendre soumis.
Outre qu'avec l'Irlande on vous croit des pratiques,
Vous êtes accusé de révoltes publiques.
Avoir à main armée investi le palais....

LE COMTE D'ESSEX.

O malheur pour l'amour à n'oublier jamais!
Vous épousez le duc, je l'apprends, et ma flamme
Ne peut vous empêcher de devenir sa femme.
Que ne sus-je plus tôt que vous m'alliez trahir!
En vain on vous aurait ordonné d'obéir :
J'aurais... Mais c'en est fait. Quoi que la reine pense,
Je tairai les raisons de cette violence.
De mon amour pour vous le mystère éclairci,
Pour combler mes malheurs, vous bannirait d'ici.

LA DUCHESSE.

Mais vous ne songez pas que la reine soupçonne
Qu'un complot si hardi regardait sa couronne.
Des témoins contre vous en secret écoutés
Font pour vrais attentats passer des faussetés.
Raleigh prend leur rapport; et le lâche Cécile...

LE COMTE D'ESSEX.

L'un et l'autre eut toujours l'âme basse et servile.
Mais leur malice en vain conspire mon trépas;
La reine me connaît, et ne les croira pas.

LA DUCHESSE.

Ne vous y fiez point; de vos froideurs pour elle
Le chagrin lui tient lieu d'une injure mortelle :
C'est par son ordre exprès qu'on s'informe, s'instruit.

LE COMTE D'ESSEX.

L'orage, quel qu'il soit, ne fera que du bruit :
La menace en est vaine et trouble peu mon âme.

LA DUCHESSE.

Et si l'on vous arrête?

LE COMTE D'ESSEX.

On n'oserait, madame[1] :
Si l'on avait tenté ce dangereux éclat,
Le coup qui le peut suivre entraînerait l'État.

LA DUCHESSE.

Quoique votre personne à la reine soit chère,
Gardez, en la bravant, d'augmenter sa colère.
Elle veut vous parler; et, si vous l'irritez,

---

[1] C'est la réponse que fit le duc de Guise le Balafré à un billet, dans lequel on l'avertissait que Henri III devait le faire saisir; il mit au bas du billet : *on n'oserait*. Cette réponse pouvait convenir au duc de Guise, qui était alors aussi puissant que son souverain; et non au comte d'Essex, déchu alors de tous ses emplois. Mais les spectateurs n'y regardent pas de si près. (V.)

Je ne vous réponds pas de toutes ses bontés.
C'est pour vous avertir de ce qu'il vous faut craindre,
Qu'à ce triste entretien j'ai voulu me contraindre.
Du trouble de mes sens mon devoir alarmé
Me défend de revoir ce que j'ai trop aimé ;
Mais, m'étant fait déjà l'effort le plus funeste
Pour conserver vos jours je dois faire le reste,
Et ne permettre plus...

LE COMTE D'ESSEX.

Ah! pour les conserver
Il était un moyen plus facile à trouver ;
C'était en m'épargnant l'effroyable supplice
Où vous prévoyiez... Ciel ! quelle est votre injustice!
Vous redoutez ma perte, et ne la craigniez pas
Quand vous avez signé l'arrêt de mon trépas.
Cet amour où mon cœur tout entier s'abandonne...

LA DUCHESSE.

Comte, n'y pensez plus, ma gloire vous l'ordonne.
Le refus d'un hymen par la reine arrêté
Eût de notre secret trahi la sûreté.
L'orage est violent ; pour calmer sa furie,
Contraignez ce grand cœur, c'est moi qui vous en prie ;
Et quand le mien pour vous soupire encor tout bas,
Souvenez-vous de moi, mais ne me voyez pas.
Un penchant si flatteur... Adieu, je m'embarrasse ;
Et Cécile qui vient me fait quitter la place.

SCÈNE III.

LE COMTE D'ESSEX, CÉCILE.

CÉCILE.

La reine m'a chargé de vous faire savoir
Que vous vous teniez prêt dans une heure à la voir.
Comme votre conduite a pu lui faire naître
Quelques légers soupçons que vous devez connaître,
C'est à vous de penser aux moyens d'obtenir
Que son cœur alarmé consente à les bannir ;
Et je ne doute pas qu'il ne vous soit facile
De rendre à son esprit une assiette tranquille.
Sur quelque impression qu'il ait pu s'émouvoir,
L'innocence auprès d'elle eut toujours tout pouvoir.
Je n'ai pu refuser cet avis à l'estime
Que j'ai pour un héros qui doit haïr le crime,
Et me tiendrais heureux que sa sincérité
Contre vos ennemis fît votre sûreté.

LE COMTE D'ESSEX.

Ce zèle me surprend, il est et noble et rare ;
Et comme à m'accabler peut-être on se prépare,
Je vois qu'en mon malheur il doit m'être bien doux
De pouvoir espérer un juge tel que vous ;
J'en connais la vertu. Mais achevez, de grâce,
Vous devez être instruit de tout ce qui se passe.
Ma haine à vos amis étant à redouter,

Quels crimes pour me perdre osent-ils inventer ?
Et, près d'être accusé, sur quelles impostures
Ai-je pour y répondre à prendre des mesures ?
Rien ne vous est caché ; parlez, je suis discret,
Et j'ai quelque intérêt à garder le secret.

CÉCILE.

C'est reconnaître mal le zèle qui m'engage
A vous donner avis de prévenir l'orage.
Si l'orgueil qui vous porte à des projets trop hauts
Fait parmi vos vertus connaître des défauts,
Ceux qui pour l'Angleterre en redoutent la suite
Ont droit de condamner votre aveugle conduite.
Quoique leur sentiment soit différent du mien,
Ce sont gens sans reproche, et qui ne craignent rien.

LE COMTE D'ESSEX.

Ces zélés pour l'État ont mérité sans doute
Que, sans mal juger d'eux, la reine les écoute ;
J'y crois de la justice, et qu'enfin il en est
Qui, parlant contre moi, parlent sans intérêt.
Mais Raleigh, mais Coban, mais vous-même peut-être,
Vous en avez beaucoup à me déclarer traître.
Tant qu'on me laissera dans le poste où je suis,
Vos avares desseins seront toujours détruits.
Je vous empêcherai d'augmenter vos fortunes
Par le redoublement des misères communes ;
Et le peuple, réduit à gémir, endurer,
Trouvera, malgré vous, peut-être à respirer.

CÉCILE.

Ce que ces derniers jours nous vous avons vu faire
Montre assez qu'en effet vous êtes populaire.
Mais, dans quelque haut rang que vous soyez placé,
Souvent le plus heureux s'y trouve renversé :
Ce poste a ses périls.

LE COMTE D'ESSEX.

Je l'avouerai sans feindre,
Comme il est élevé, tout m'y paraît à craindre :
Mais, quoique dangereux pour qui fait un faux pas,
Peut-être encore sitôt je ne tomberai pas,
Et j'aurai tout loisir, après de longs outrages,
D'apprendre qui je suis à des flatteurs à gages[1],
Qui, me voyant du crime ennemi trop constant,
Ne peuvent s'élever qu'en me précipitant.

CÉCILE.

Sur un avis donné...

LE COMTE D'ESSEX.

L'avis m'est favorable :
Mais comme l'amitié vous rend si charitable,
Depuis quand et sur quoi vous croyez-vous permis
De penser que le temps ait pu nous rendre amis ?
Est-ce que l'on m'a vu, par d'indignes faiblesses,

---

[1] On ne peut guère traiter ainsi un principal ministre d'État ; toutes les expressions du comte d'Essex sont peu mesurées, et ne sont pas assez nobles. (V.)

Aimer les lâchetés, appuyer des bassesses,
Et prendre le parti de ces hommes sans foi
Qui de l'art de trahir font leur unique emploi?

CÉCILE.

Je souffre par raison un discours qui m'outrage;
Mais, réduit à céder, au moins j'ai l'avantage
Que la reine, craignant les plus grands attentats,
Vous traite de coupable, et ne m'accuse pas.

LE COMTE D'ESSEX.

Je sais que contre moi vous animez la reine.
Peut-être à la séduire aurez-vous quelque peine;
Et, quand j'aurai parlé, tel qui noircit ma foi
Pour obtenir sa grâce aura besoin de moi.

CÉCILE, seul.

Agissons, il est temps; c'est trop faire l'esclave.
Perdons un orgueilleux dont le mépris nous brave;
Et ne balançons plus, puisqu'il faut éclater,
A prévenir le coup qu'il cherche à nous porter.

ACTE SECOND.

SCÈNE PREMIÈRE.

ÉLISABETH, TILNEY.

ÉLISABETH.

En vain tu crois tromper la douleur qui m'accable;
C'est parce qu'il me hait qu'il s'est rendu coupable;
Et la belle Suffolk, refusée à ses vœux,
Lui fait joindre le crime au mépris de mes feux.
Pour le justifier, ne dis point qu'il ignore
Jusqu'où va le poison dont l'ardeur me dévore :
Il a trop de ma bouche, il a trop de mes yeux[1]
Appris qu'il est, l'ingrat, ce que j'aime le mieux.
Quand j'ai blâmé son choix, n'était-ce pas lui dire
Que je veux que son cœur pour moi seule soupire?
Et mes confus regards n'ont-ils pas expliqué
Ce que par mes refus j'avais déjà marqué?
Oui, de ma passion il sait la violence;
Mais l'exil de Suffolk l'arme pour sa vengeance :
Au crime pour lui plaire il s'ose abandonner,
Et n'en veut à mes jours que pour la couronner[1].

TILNEY.

Quelques justes soupçons que vous en puissiez pren-
J'ai peine contre vous à ne le pas défendre : [dre,
L'État qu'il a sauvé, sa vertu, son grand cœur,
Sa gloire, ses exploits, tout parle en sa faveur.
Il est vrai qu'à vos yeux Suffolk cause sa peine;
Mais, madame, un sujet doit-il aimer sa reine[2]?
Et quand l'amour naîtrait, a-t-il à triompher
Où le respect, plus fort, combat pour l'étouffer?

ÉLISABETH.

Ah! contre la surprise où nous jettent ses charmes,
La majesté du rang n'a que de faibles armes.
L'amour, par le respect dans un cœur enchaîné,
Devient plus violent, plus il se voit gêné. [dre,
Mais le comte, en m'aimant, n'aurait eu rien à crain-
Je lui donnais sujet de ne se point contraindre[3];
Et c'est de quoi rougir, qu'après tant de bonté
Ses froideurs soient le prix que j'en aie mérité.

TILNEY.

Mais je veux qu'à vous seule il cherche enfin à plaire;
De cette passion que faut-il qu'il espère?

ÉLISABETH.

Ce qu'il faut qu'il espère? Et qu'en puis-je espérer,
Que la douceur de voir, d'aimer, de soupirer?
Triste et bizarre orgueil qui m'ôte à ce que j'aime!
Mon bonheur, mon repos s'immole au rang suprême,
Et je mourrais cent fois plutôt que faire un roi
Qui, dans le trône assis, fût au-dessous de moi.
Je sais que c'est beaucoup que vouloir que son âme
Brûle à jamais pour moi d'une inutile flamme,

---

[1] Je n'examine point si ces vers sont mauvais. Une reine telle qu'Élisabeth, presque décrépite, qui parle du poison qui dévore son cœur, et de ce que ses yeux et sa bouche ont dit à son ingrat, est un personnage comique. C'est là peut-être un des plus grands exemples du défaut qu'on a si souvent reproché à notre nation, de changer la tragédie en roman amoureux. S'il s'agissait d'une jeune reine, ce roman serait tolérable, et on ne peut attribuer le succès de cette pièce qu'à l'ignorance où était le parterre de l'âge d'Élisabeth. Tout ce qu'on peut vouloir raisonnablement dire, c'est qu'autrefois elle avait eu de l'inclination pour Essex; mais alors il n'y aurait eu rien d'intéressant. L'intérêt ne peut donc subsister qu'aux dépens de la vraisemblance. Qu'en doit-on conclure? que l'aventure du comte d'Essex est un sujet mal choisi. (V.)

[1] Quelle était donc cette jeune Suffolk que ce comte d'Essex voulait ainsi couronner? Il n'y en avait point alors; et comment le comte d'Essex aurait-il donné la couronne d'Angleterre? Il fallait au moins expliquer une chose si peu vraisemblable, et lui donner quelque couleur. Voilà une jeune Suffolk tombée des nues, qu'Essex veut faire reine d'Angleterre, sans qu'on sache pourquoi ni par quels moyens. Une chose si importante ne devait pas être dite en passant. La reine se plaint qu'on en veut à ses jours; cela est bien plus grave, et elle n'y insiste pas; elle n'en parle que comme d'un petit incident. Cela n'est pas dans la nature; mais telle est la force du préjugé, que le peuple aima cette tragédie, sans considérer autre chose que l'amour d'une reine et l'orgueil d'un héros infortuné, quoique Élisabeth n'eût point été en effet amoureuse, et qu'Essex n'eût pas été un héros du premier ordre. Aussi cet ouvrage, qui séduisait le peuple, ne fut jamais du goût des connaisseurs. (V.)

[2] Il est bien question de savoir s'il est permis ou non à un sujet d'avoir de l'amour pour sa reine, quand un sujet est accusé d'un crime d'État si grand! Ces mauvais vers servent encore à faire voir combien il faut d'art pour développer les ressorts du cœur humain, quel choix de mots, quels tours délicats, quelle finesse on doit employer. (V.)

[3] Quelles faibles et prosaïques expressions! et que veut dire une femme quand elle avoue qu'elle n'a point donné à son amant sujet de se contraindre avec elle? (V.)

Qu'aimer sans espérance est un cruel ennui ;
Mais la part que j'y prends doit l'adoucir pour lui ;
Et lorsque par mon rang je suis tyrannisée,
Qu'il le sait, qu'il le voit, la souffrance est aisée.
Qu'il me plaigne, se plaigne, et, content de m'aimer...
Mais, que dis-je ? d'une autre il s'est laissé charmer ;
Et tant d'aveuglement suit l'ardeur qui l'entraîne,
Que, pour la satisfaire, il veut perdre sa reine.
Qu'il craigne cependant de me trop irriter ;
Je contrains ma colère à ne pas éclater :
Mais quelquefois l'amour qu'un long mépris outrage,
Las enfin de souffrir, se convertit en rage ;
Et je ne réponds pas...

SCÈNE II.

ÉLISABETH, LA DUCHESSE, TILNEY.

ÉLISABETH.
Eh bien, duchesse, à quoi
Ont pu servir les soins que vous prenez pour moi ?
Avez-vous vu le comte, et se rend-il traitable ?

LA DUCHESSE.
Il fait voir un respect pour vous inviolable ;
Et si vos intérêts ont besoin de son bras,
Commandez, le péril ne l'étonnera pas :
Mais il ne peut souffrir sans quelque impatience
Qu'on ose auprès de vous noircir son innocence.
Le crime, l'attentat, sont des noms pleins d'horreur
Qui mettent dans son âme une noble fureur.
Il se plaint qu'on l'accuse, et que sa reine écoute
Ce que des imposteurs...

ÉLISABETH.
Je lui fais tort, sans doute :
Quand jusqu'en mon palais il ose m'assiéger,
Sa révolte n'est rien, je la dois négliger ;
Et ce qu'avec l'Irlande il a d'intelligence
Marque dans ses projets la plus haute innocence !
Ciel ! faut-il que ce cœur, qui se sent déchirer,
Contre un sujet ingrat tremble à se déclarer ;
Que, ma mort qu'il résout me demandant la sienne,
Une indigne pitié m'étonne, me retienne ;
Et que toujours trop faible, après sa lâcheté,
Je n'ose mettre enfin ma gloire en sûreté ?
Si l'amour une fois laisse place à la haine,
Il verra ce que c'est que d'outrager sa reine [1] ;

Il verra ce que c'est que de s'être caché
Cet amour où pour lui mon cœur s'est relâché.
J'ai souffert jusqu'ici ; malgré ses injustices,
J'ai toujours contre moi fait parler ses services :
Mais, puisque son orgueil va jusqu'aux attentats,
Il faut en l'abaissant étonner les ingrats ;
Il faut à l'univers, qui me voit, me contemple,
D'une juste rigueur donner un grand exemple :
Il cherche à m'y contraindre, il le veut, c'est assez.

LA DUCHESSE.
Quoi ! pour ses ennemis vous vous intéressez,
Madame ? ignorez-vous que l'éclat de sa vie
Contre le rang qu'il tient arme en secret l'envie ?
Coupable en apparence...

ÉLISABETH.
Ah ! dites en effet :
Les témoins sont ouïs, son procès est tout fait [2] ;
Et si je veux enfin cesser de le défendre,
L'arrêt ne dépend plus que de le faire entendre.
Qu'il y songe ; autrement...

LA DUCHESSE.
Eh quoi ! ne peut-on pas
L'avoir rendu suspect sur de faux attentats ?

ÉLISABETH.
Ah ! plût au ciel ! Mais non, les preuves sont trop fortes.

---

[1] Il est clair que si Essex a conspiré contre la vie d'Élisabeth, elle ne doit pas se borner à dire : *Il verra ce que c'est que d'outrager sa reine*, et s'il s'en est tenu *à s'être caché cet amour où pour lui le cœur d'Élisabeth est attaché*, elle ne doit pas dire qu'il a conspiré sa mort. Ce n'est point ici une amante désespérée, qui dit à son amant infidèle *qu'il la tue* ; c'est une vieille et grande reine qui dit positivement qu'on a voulu la détrôner et la tuer. Elle ne dit donc point du tout ce qu'elle doit dire ; elle ne parle ni en amante abandonnée, ni en reine contre laquelle on conspire ; elle mêle ensemble ces deux attentats si différents l'un de l'autre ; elle dit : *J'ai souffert jusqu'ici malgré ses injustices.* L'injustice était un peu forte, de vouloir lui ôter la vie. *Il faut en l'abaissant étonner les ingrats.* Quoi ! elle prétend qu'Essex est coupable de haute trahison, de lèse-majesté au premier chef, et elle se contente de dire qu'*il faut l'abaisser*, qu'*il faut étonner les ingrats* ! J'avoue que tous ces termes, si mal mesurés, si peu convenables à la situation, et qui ne disent rien que de vague, cette obscurité, cette incertitude, ne me permettent pas de prendre le moindre intérêt à ces personnages. Le lecteur, le spectateur éclairé veut savoir précisément de quoi il s'agit. Il est tenté d'interrompre la reine Élisabeth, et de lui dire : De quoi vous plaignez-vous ? Expliquez-vous nettement. Le comte d'Essex a-t-il voulu vous poignarder, se faire reconnaître roi d'Angleterre en épousant la sœur de ce Suffolk ? Développez-nous donc comment un dessein si atroce et si fou a pu se former ; comment votre général de l'artillerie, dépossédé par vous, comment un simple gentilhomme s'est mis dans la tête de vous succéder. Cela vaut bien la peine d'être expliqué. Ce que vous dites est aussi incroyable que vos lamentations de n'être point aimée à l'âge de près de soixante et dix ans sont ridicules. J'ajouterais encore : Parlez en plus beaux vers, si vous voulez me toucher. (V.)

[2] Ce n'est pas la peine d'écrire en vers quand on se permet un style si commun ; ce n'est là que rimer de la prose triviale. Il y a dans cette scène quelques mouvements de passion, quelques combats du cœur ; mais qu'ils sont mal exprimés ! Il semble qu'on ait applaudi, dans cette pièce plutôt ce que les acteurs devaient dire, que ce qu'ils disent, plutôt leur situation que leurs discours. C'est ce qui arrive souvent dans les ouvrages fondés sur les passions ; le cœur du spectateur s'y prête à l'état des personnages, et n'examine point. Ainsi tous les jours nous nous attendrissons à la vue des personnes malheureuses, sans faire attention à la manière dont elles expriment leurs infortunes. (V.)

N'a-t-il pas du palais voulu forcer les portes ?
Si le peuple qu'en foule il avait attiré
Eût appuyé sa rage, il s'en fût emparé :
Plus de trône pour moi, l'ingrat s'en rendait maître.

LA DUCHESSE.

On n'est pas criminel toujours pour le paraître.
Mais je veux qu'il le soit, ce cœur de lui charmé
Résoudra-t-il sa mort ? Vous l'avez tant aimé !

ÉLISABETH.

Ah ! cachez-moi l'amour qu'alluma trop d'estime ;
M'en faire souvenir, c'est redoubler son crime.
A ma honte, il est vrai, je le dois confesser,
Je sentis, j'eus pour lui... Mais que sert d'y penser ?
Suffolk me l'a ravi ; Suffolk, qu'il me préfère,
Lui demande mon sang ; le lâche veut lui plaire.
Ah ! pourquoi dans les maux où l'amour m'exposait,
N'ai-je fait que bannir celle qui les causait ?
Il fallait, il fallait à plus de violence
Contre cette rivale enhardir ma vengeance.
Ma douceur a nourri son criminel espoir.

LA DUCHESSE.

Mais cet amour sur elle eut-il quelque pouvoir ?
Vous a-t-elle trahie, et d'une âme infidèle
Excité contre vous...

ÉLISABETH.

          Je souffre tout par elle :
Elle s'est fait aimer, elle m'a fait haïr ;
Et c'est avoir plus fait cent fois que me trahir.

LA DUCHESSE.

Je n'ose m'opposer... Mais Cécile s'avance.

SCÈNE III.

ÉLISABETH, LA DUCHESSE, CÉCILE, TILNEY.

CÉCILE.

On ne pouvait user de plus de diligence,
Madame : on a du comte examiné le seing ;
Les écrits sont de lui, nous connaissons sa main.
Sur un secours offert toute l'Irlande est prête
A faire au premier ordre éclater la tempête ;
Et vous verrez dans peu renverser tout l'État,
Si vous ne prévenez cet horrible attentat.

ÉLISABETH, *à la duchesse.*

Garderez-vous encor le zèle qui l'excuse ?
Vous le voyez.

LA DUCHESSE.

     Je vois que Cécile l'accuse ;
Dans un projet coupable il le fait affermi [1] :

Mais j'en connais la cause, il est son ennemi.

CÉCILE.

Moi, son ennemi ?

LA DUCHESSE.

       Vous.

CÉCILE.

          Oui, je le suis des traîtres
Dont l'orgueil téméraire attente sur leurs maîtres ;
Et tant qu'entre mes mains leur salut sera mis,
Je ferai vanité de n'avoir point d'amis.

LA DUCHESSE.

Le comte cependant n'a pas si peu de gloire
Que vous dussiez sitôt en perdre la mémoire :
L'État pour qui cent fois on vit armer son bras,
Lui doit peut-être assez pour ne l'oublier pas.

CÉCILE.

S'il s'est voulu d'abord montrer sujet fidèle,
La reine a bien payé ce qu'il a fait pour elle ;
Et plus elle estima ses rares qualités,
Plus elle doit punir qui trahit ses bontés.

LA DUCHESSE.

Si le comte périt, quoi que l'envie en pense,
Le coup qui le perdra punira l'innocence.
Jamais du moindre crime...

ÉLISABETH.

          Eh bien ! on le verra.

(*à Cécile.*)

Assemblez le conseil ; il en décidera.
Vous attendrez mon ordre.

SCÈNE IV.

ÉLISABETH, LA DUCHESSE, TILNEY.

LA DUCHESSE.

          Ah ! que voulez-vous faire,
Madame ? en croirez-vous toute votre colère ?
Le comte...

ÉLISABETH.

     Pour ses jours n'ayez aucun souci.
Voici l'heure donnée, il se va rendre ici.
L'amour que j'eus pour lui le fait son premier juge ;
Il peut y rencontrer un assuré refuge :
Mais si dans son orgueil il ose persister,
S'il brave cet amour, il doit tout redouter.
Je suis lasse de voir...

TILNEY.

        Le comte est là, madame.

ÉLISABETH.

Qu'il entre. Quels combats troublent déjà mon âme !

---

[1] On ne peut guère écrire plus mal. Mais le rôle de Cécile est plus mauvais que ce style ; il est froid, il est subalterne. Quand on veut peindre de tels hommes, il faut employer les couleurs dont Racine a peint Narcisse. (V.)

C'est lui de mes bontés qui doit chercher l'appui,
Le péril le regarde; et je crains plus que lui.

SCÈNE V.

ÉLISABETH, LE COMTE D'ESSEX, LA DUCHESSE, TILNEY.

ÉLISABETH.

Comte, j'ai tout appris, et je vous parle instruite[1]
De l'abîme où vous jette une aveugle conduite;
J'en sais l'égarement, et par quels intérêts
Vous avez jusqu'au trône élevé vos projets.
Vous voyez qu'en faveur de ma première estime
Nommant égarement le plus énorme crime,
Il ne tiendra qu'à vous que de vos attentats
Votre reine aujourd'hui ne se souvienne pas.
Pour un si grand effort qu'elle offre de se faire,
Tout ce qu'elle demande est un aveu sincère :
S'il fait peine à l'orgueil qui vous fit trop oser,
Songez qu'on risque tout à me le refuser;
Que quand trop de bonté fait agir ma clémence,
Qui l'ose dédaigner doit craindre ma vengeance.
Que j'ai la foudre en main pour qui monte trop haut,
Et qu'un mot prononcé vous met sur l'échafaud.

LE COMTE D'ESSEX.

Madame, vous pouvez résoudre de ma peine.
Je connais ce que doit un sujet à sa reine,
Et sais trop que le trône où le ciel vous fait seoir[2]
Vous donne sur ma vie un absolu pouvoir :
Quoi que d'elle par vous la calomnie ordonne,
Elle m'est odieuse, et je vous l'abandonne;
Dans l'état déplorable où sont réduits mes jours,
Ce sera m'obliger que d'en rompre le cours.
Mais ma gloire, qu'attaque une lâche imposture,
Sans indignation n'en peut souffrir l'injure :
Elle est assez à moi pour me laisser en droit
De voir avec douleur l'affront qu'elle reçoit.
Si de quelque attentat vous avez à vous plaindre,
Si pour l'État tremblant la suite en est à craindre[1],
C'est à voir des flatteurs s'efforcer aujourd'hui,
En me rendant suspect, d'en abattre l'appui.

ÉLISABETH.

La fierté qui vous fait étaler vos services
Donne de la vertu d'assez faibles indices;
Et, si vous m'en croyez, vous chercherez en moi
Un moyen plus certain...

LE COMTE D'ESSEX.

Madame, je le voi,
Des traîtres, des méchants accoutumés au crime[2],
M'ont par leurs faussetés arraché votre estime;
Et toute ma vertu contre leur lâcheté
S'offre en vain pour garant de ma fidélité.
Si de la démentir j'avais été capable,
Sans rien craindre de vous, vous m'auriez vu coupa- [ble,
C'est au trône, où peut-être on m'eût laissé monter,
Que je me fusse mis en pouvoir d'éclater.
J'aurais, en m'élevant à ce degré sublime,
Justifié ma faute en commettant le crime,
Et la ligue qui cherche à me perdre innocent,
N'eût vu mes attentats qu'en les applaudissant.

ÉLISABETH.

Et n'as-tu pas, perfide, armant la populace,
Essayé, mais en vain, de te mettre en ma place?
Mon palais investi ne te convainc-t-il pas
Du plus grand, du plus noir de tous les attentats?
Mais, dis-moi, car enfin le courroux qui m'anime
Ne peut faire céder ma tendresse à ton crime;
Et si par sa noirceur je tâche à t'étonner,
Je ne te la fais voir que pour te pardonner :
Pourquoi vouloir ma perte? et qu'avait fait la reine[3]

---

[1] Cette scène était aussi difficile à faire que le fonds en est tragique. C'est un sujet accusé d'avoir trahi sa souveraine, comme Cinna; c'est un amant convaincu d'être ingrat envers sa souveraine, comme Bajazet. Ces deux situations sont violentes; mais l'une fait tort à l'autre. Deux accusations, deux caractères, deux embarras à soutenir à la fois, demandent le plus grand art. Élisabeth est ici reine et amante, fière et tendre, indignée en qualité de souveraine, et outragée dans son cœur. L'entrevue est donc très-intéressante. Le dialogue répond-il à l'importance et à l'intérêt de la scène? (V.)

[2] *Notandi sunt tibi mores*[*].
Le costume n'est pas observé ici. Le trône où le ciel fait seoir Élisabeth ne lui donne un pouvoir absolu sur la vie de personne, encore moins sur celle d'un pair du royaume. Cette maxime serait peut-être convenable dans Maroc ou dans Ispahan, mais elle est absolument fausse à Londres. (V.)

[*] HORAT. *de Arte poet.* v. 156.

[1] Cette tirade, écrite d'un style prosaïque et froid, en prose rimée, finit par une rodomontade qu'on excuse, parce que le poète suppose que le comte d'Essex est un grand homme qui a sauvé l'Angleterre. Mais, en général, il est toujours beaucoup plus beau de faire sentir ses services que de les étaler, de laisser juger ce qu'on est plutôt que de le dire, et quand on est forcé de le dire pour repousser la calomnie, il faut le dire en très-beaux vers. (V.)

[2] C'est se défendre trop vaguement. Il n'est ni grand, ni tragique, ni décent de répondre ainsi; la vérité de l'histoire dément trop ces accusations générales et ces vaines récriminations. Tout d'un coup il se contredit lui-même; il se rend coupable par ces vers, d'ailleurs très faibles :

C'est au trône où peut-être on m'eût laissé monter,
Que je me fusse mis en pouvoir d'éclater.

Le lord Essex au trône! De quel droit? comment? sur quelle apparence? par quels moyens? La reine Élisabeth devait ici l'interrompre; elle devait être surprise d'une telle folie. Quoi! un membre ordinaire de la chambre haute, convaincu d'avoir voulu en vain exciter une sédition, ose dire qu'il pouvait se faire roi! Si la chose dont il se vante si imprudemment est fausse, la reine ne peut voir en lui qu'un homme réellement fou; si elle est vraie, ce n'est pas là le temps de lui parler d'amour. (V.)

[3] Élisabeth, dans ce couplet, ne fait autre chose que de donner au comte d'Essex des espérances de l'épouser. Est-ce ainsi qu'Élisabeth aurait répondu à un grand-maître de l'artillerie

Qui dût à sa ruine intéresser ta haine?
Peut-être ai-je pour toi montré quelque rigueur,
Lorsque j'ai mis obstacle au penchant de ton cœur.
Suffolk t'avait charmé; mais si tu peux te plaindre
Qu'apprenant cet amour j'ai tâché de l'éteindre,
Songe à quel prix, ingrat, et par combien d'honneurs
Mon estime a sur toi répandu mes faveurs.
C'est peu dire qu'estime, et tu l'as pu connaître :
Un sentiment plus fort de mon cœur fut le maître.
Tant de princes, de rois, de héros méprisés,
Pour qui, cruel, pour qui les ai-je refusés?
Leur hymen eût, sans doute, acquis à mon empire
Ce comble de puissance où l'on sait que j'aspire :
Mais, quoi qu'il m'assurât, ce qui m'ôtait à toi
Ne pouvait rien avoir de sensible pour moi.
Ton cœur, dont je tenais la conquête si chère,
Était l'unique bien capable de me plaire;
Et si l'orgueil du trône eût pu me le souffrir,
Je t'eusse offert ma main afin de l'acquérir.
Espère, et tâche à vaincre un scrupule de gloire,
Qui, combattant mes vœux, s'oppose à ta victoire :
Mérite par tes soins que mon cœur adouci
Consente à n'en plus croire un importun souci :
Fais qu'à ma passion je m'abandonne entière;
Que cette Élisabeth si hautaine, si fière,
Elle à qui l'univers ne saurait reprocher
Qu'on ait vu son orgueil jamais se relâcher,
Cesse enfin, pour te mettre où son amour t'appelle,
De croire qu'un sujet ne soit pas digne d'elle.
Quelquefois à céder ma fierté se résout;
Que sais-tu si le temps n'en viendra pas à bout?
Que sais-tu...

LE COMTE D'ESSEX.

Non, madame, et je puis vous le dire,
L'estime de ma reine à mes vœux doit suffire;
Si l'amour la portait à des projets trop bas,
Je trahirais sa gloire à ne l'empêcher pas.

ÉLISABETH.

Ah! je vois trop jusqu'où la tienne se ravale :
Le trône te plairait, mais avec ma rivale [1].

---

hors d'exercice, à un conseiller privé hors de charge, qui lui aurait fait entendre qu'il n'avait tenu qu'à ce conseiller privé de se mettre sur le trône d'Angleterre? Élisabeth, à soixante et huit ans, pouvait-elle parler ainsi? Cette idée choquante se présente toujours au lecteur instruit. (V.)

[1] Cette rivale imaginaire, qu'on ne voit point, rend les reproches d'Élisabeth aussi peu convenables que les discours d'Essex sont inconséquents. Si cette Suffolk a quelques droits au trône, si Essex a conspiré pour la faire reine, Élisabeth a donc dû s'assurer d'elle. Thomas Corneille a bien senti en général que la rivalité doit exciter la colère, que l'intérêt d'une couronne et celui d'une passion doivent produire des mouvements au théâtre; mais ces mouvements ne peuvent toucher quand ils ne sont pas fondés. Une conspiration, une reine en danger d'être détrônée, une amante sacrifiée, sont assurément des sujets tragiques; ils cessent de l'être dès que tout porte à faux. (V.)

Quelque appât qu'ait pour toi l'ardeur qui te séduit,
Prends-y garde, ta mort en peut être le fruit.

LE COMTE D'ESSEX.

En perdant votre appui je me vois sans défense.
Mais la mort n'a jamais étonné l'innocence;
Et si, pour contenter quelque ennemi secret,
Vous souhaitez mon sang, je l'offre sans regret.

ÉLISABETH.

Va, c'en est fait; il faut contenter ton envie.
A ton lâche destin j'abandonne ta vie,
Et consens, puisqu'en vain je tâche à te sauver,
Que sans voir... Tremble, ingrat, que je n'ose achever.
Ma bonté, qui toujours s'obstine à te défendre,
Pour la dernière fois cherche à se faire entendre.
Tandis qu'encor pour toi je veux bien l'écouter,
Le pardon t'est offert, tu le peux accepter.
Mais si...

LE COMTE D'ESSEX.

J'accepterais un pardon! moi, madame [1]!

ÉLISABETH.

Il blesse, je le vois, la fierté de ton âme;
Mais, s'il te fait souffrir, il fallait prendre soin
D'empêcher que jamais tu n'en eusses besoin;
Il fallait, ne suivant que de justes maximes;
Rejeter...

LE COMTE D'ESSEX.

Il est vrai, j'ai commis de grands crimes [2];

---

[1] Cela est beau, et digne de Pierre Corneille. Ce vers est sublime, parce que le sentiment est grand, et qu'il est exprimé avec simplicité. Mais quand on sait qu'Essex était véritablement coupable, et que sa conduite avait été celle d'un insensé, cette belle réponse n'a plus la même force. (V.)

[2]   LE COMTE D'ESSEX.
Juste Dieu! se peut-il qu'une princesse endure
Une si détestable et si lâche imposture,
Et que pour récompense à ma fidélité
Je reçoive ce prix de Votre Majesté?
Doncques cette importante et fameuse victoire
Qui d'un sceptre penchant a relevé la gloire,
Qui du sang espagnol a fait rougir les eaux,
Et de tant de butin enrichi vos vaisseaux;
La prise de Cadix au milieu d'un naufrage;
Mille preuves encor de zèle et de courage,
Ma jeunesse et mon sang que j'employai pour vous,
Ne me devaient promettre un traitement plus doux?
. . . .
Ce procédé m'étonne, et cette ingratitude
Afflige mon esprit d'une peine plus rude,
Que si pour m'enlever je voyais mille morts.
Mais je suis, grâce à Dieu, libre de tous remords;
J'ai bien vécu, madame, et si j'ai quelque honte,
C'est d'avoir trop servi.

    ÉLISABETH.
               Bien, bien, monsieur le comte,
J'ai failli contre l'ordre et les formalités;
Mais on vous traitera comme vous méritez.
Vous pouvez à loisir prouver votre innocence :
La loi vous en accorde une entière puissance;
Allez y travailler, et mettez-y du soin,
N'oubliez rien pour vous, tout vous fera besoin,
Innocent ou coupable, on vous rendra justice.

Et ce que sur les mers mon bras a fait pour vous
Me rend digne en effet de tout votre courroux.
Vous le savez, madame; et l'Espagne confuse[1]
Justifie un vainqueur que l'Angleterre accuse.
Ce n'est pas pour vanter mes trop heureux exploits
Qu'à l'éclat qu'ils ont fait j'ose joindre ma voix :
Tout autre, pour sa reine employant son courage,
En même occasion eût eu même avantage.
Mon bonheur a tout fait, je le crois : mais enfin
Ce bonheur eût ailleurs assuré mon destin;
Ailleurs, si l'imposture eût conspiré ma honte,
On n'aurait pas souffert qu'on osât...

ÉLISABETH.

Eh bien, comte,
Il faut faire juger dans la rigueur des lois
La récompense due à ces rares exploits :
Si j'ai mal reconnu vos importants services,
Vos juges n'auront pas les mêmes injustices;
Et vous recevrez d'eux ce qu'auront mérité
Tant de preuves de zèle et de fidélité.

SCÈNE VI.

LA DUCHESSE, LE COMTE D'ESSEX.

LA DUCHESSE.

Ah! comte, voulez-vous, en dépit de la reine,
De vos accusateurs servir l'injuste haine?
Et ne voyez-vous pas que vous êtes perdu[2],
Si vous souffrez l'arrêt qui peut être rendu?
Quels juges avez-vous pour y trouver asile?
Ce sont vos ennemis, c'est Raleigh, c'est Cécile;

> Mais n'attendez de moi ni grâce, ni supplice,
> Je serai juste et neutre, et les barons anglais
> Traiteront votre affaire à la rigueur des lois
> LA CALPRENÈDE, Acte I, sc. 1.

[1] En effet, le comte d'Essex était entré dans Cadix quand l'amiral Howard, sous qui il servait, battit la flotte espagnole dans ces parages. C'était le seul service un peu signalé que le comte d'Essex eût jamais rendu. Il n'y avait pas là de quoi se faire tant valoir. Tel est l'inconvénient de choisir un sujet de tragédie dans un temps et chez un peuple si voisins de nous. Aujourd'hui que l'on est plus éclairé, on connaît la reine Élisabeth et le comte d'Essex, et on sait trop que l'un et l'autre n'étaient point ce que la tragédie les représente, et qu'ils n'ont rien dit de ce qu'on leur fait dire. Il n'en est pas ainsi de la fable de Bajazet traitée par Racine : on ne peut l'accuser d'avoir falsifié une histoire connue; personne ne sait ce qu'était Roxane : l'histoire ne parle ni d'Atalide, ni du vizir Acomat. Racine était en droit de créer ses personnages. (V.)

[2] Assurément le comte d'Essex est perdu, s'il est condamné et exécuté; mais quelles façons de parler, *souffrir un arrêt! avoir des juges pour y trouver asile!* La duchesse prétendue d'Irton est une femme vertueuse et sage, qui n'a voulu ni se perdre auprès d'Élisabeth en aimant le comte, ni épouser son amant. Ce caractère serait beau, s'il était animé, s'il servait au nœud de la pièce : elle ne fait là qu'office d'ami; ce n'est pas assez pour le théâtre. (V.)

Et pouvez-vous penser qu'en ce péril pressant
Qui cherche votre mort vous déclare innocent?

LE COMTE D'ESSEX.

Quoi! sans m'intéresser pour ma gloire flétrie,
Je me verrai traiter de traître à ma patrie?
S'il est dans ma conduite une ombre d'attentat,
Votre hymen fit mon crime, il touche peu l'État :
Vous savez là-dessus quelle est mon innocence;
Et ma gloire avec vous étant en assurance,
Ce que mes ennemis en voudront présumer,
Quoi qu'ose leur fureur, ne saurait m'alarmer.
Leur imposture enfin se verra découverte;
Et, tout méchants qu'ils sont, s'ils résolvent ma perte,
Assemblés pour l'arrêt qui doit me condamner,
Ils trembleront peut-être avant que le donner.

LA DUCHESSE.

Si l'éclat qu'au palais mon hymen vous fit faire
Me faisait craindre seul un arrêt trop sévère,
Je pourrais de ce crime affranchir votre foi
En déclarant l'amour que vous eûtes pour moi :
Mais des témoins ouïs sur ce qu'avec l'Irlande
On veut que vous ayez...

LE COMTE D'ESSEX.

La faute n'est pas grande;
Et pourvu que nos feux, à la reine cachés,
Laissent à mes jours seuls mes malheurs attachés...

LA DUCHESSE.

Quoi! vous craignez l'éclat de nos flammes secrètes?
Ce péril vous étonne? et c'est vous qui le faites!
La reine, qui se rend sans rien examiner,
Si vous y consentez, vous veut tout pardonner.
C'est vous qui, refusant...

LE COMTE D'ESSEX.

N'en parlons plus, madame :
Qui reçoit un pardon souffre un soupçon infâme;
Et j'ai le cœur trop haut pour pouvoir m'abaisser
A l'indigne prière où l'on veut me forcer.

LA DUCHESSE.

Ah! si de quelque espoir je puis flatter ma peine,
Je vois bien qu'il le faut mettre tout en la reine.
Par de nouveaux efforts je veux encor pour vous
Tâcher, malgré vous-même, à vaincre son courroux;
Mais, si je n'obtiens rien, songez que votre vie,
Depuis longtemps en butte aux fureurs de l'envie,
Me coûte assez déjà pour ne mériter pas
Que, cherchant à mourir, vous causiez mon trépas.
C'est vous en dire trop. Adieu, comte.

LE COMTE D'ESSEX.

Ah! madame,
Après que vous avez désespéré ma flamme,
Par quels soins de mes jours... Quoi! me quitter ainsi!

SCÈNE VII[1].

LE COMTE D'ESSEX, CROMMER, SUITE.

CROMMER.
C'est avec déplaisir que je parais ici ;
Mais un ordre cruel, dont tout mon cœur soupire...

LE COMTE D'ESSEX.
Quelque fâcheux qu'il soit, vous pouvez me le dire.

CROMMER.
J'ai charge...

LE COMTE D'ESSEX.
Eh bien, de quoi? parlez sans hésiter.

CROMMER.
De prendre votre épée, et de vous arrêter.

LE COMTE D'ESSEX.
Mon épée?

CROMMER.
A cet ordre il faut que j'obéisse.

SCÈNE VI.

LE COMTE DE SOUBTANTONNE, LE COMTE D'ESSEX, LE CAPITAINE DES GARDES.

LE COMTE DE SOUBTANTONNE.
Mais que veulent ces gens?

LE COMTE D'ESSEX.
Quel dessein vous amène?

LE CAPITAINE.
Je vous fais prisonnier de la part de la reine.
Suivez-moi, s'il vous plaît.

LE COMTE D'ESSEX.
Vous vous moquez de nous.

LE CAPITAINE.
La reine a commandé qu'on se saisît de vous.
Je ne fais que ma charge.

LE COMTE D'ESSEX.
Ah! tu te dois méprendre.

LE CAPITAINE.
Je vous connais fort bien.

LE COMTE D'ESSEX.
Oses-tu l'entreprendre?
Insolent, et sais-tu que tu te prends à moi?
Ah! ne m'irrite plus ; ami, retire-toi ;
C'est me presser par trop ; si tu n'es las de vivre,
Ne m'importune plus.

LE CAPITAINE.
Messieurs, il nous faut suivre ;
J'obéis à la reine, et je fais mon devoir.

LE COMTE D'ESSEX.
Ah! ne me presse plus, ou je te ferai voir...

LE CAPITAINE.
Monsieur, vous vous nuisez par cette résistance,
Et vous me porterez à quelque violence,
Dont je serai marri ; mais vous m'y contraignez.

LE COMTE DE SOUBTANTONNE.
Il nous faut obéir.

LE COMTE D'ESSEX.
Vous régnez, vous régnez,
Superbe Élisabeth ; mais vous serez trompée.
Tu nous prends au palais et seuls et sans épée :
Oui, oui, nous te suivrons ; mais je me souviendrai
Du bien que tu nous fais, et je te le rendrai.

LA CALPRENÈDE, Acte I.

LE COMTE D'ESSEX.
Mon épée? Et l'outrage est joint à l'injustice?

CROMMER.
Ce n'est pas sans raison que vous vous étonnez ;
J'obéis à regret, mais je le dois.

LE COMTE D'ESSEX, *lui donnant son épée.*
Prenez.
Vous avez dans vos mains ce que toute la terre
A vu plus d'une fois utile à l'Angleterre.
Marchons : quelque douleur que j'en puisse sentir,
La reine veut se perdre, il faut y consentir.

ACTE TROISIÈME.

SCÈNE PREMIÈRE.

ÉLISABETH, CÉCILE, TILNEY.

ÉLISABETH.
Le comte est condamné?

CÉCILE.
C'est à regret, madame,
Qu'on voit son nom terni par un arrêt infâme :
Ses juges l'en ont plaint ; mais tous l'ont à la fois
Connu si criminel, qu'ils n'ont eu qu'une voix.
Comme pour affaiblir toutes nos procédures
Ses reproches d'abord m'ont accablé d'injures ;
Ravi, s'il se pouvait, de le favoriser,
J'ai de son jugement voulu me récuser.
La loi le défendait ; et c'est malgré moi-même
Que j'ai dit mon avis dans le conseil suprême,
Qui, confus des noirceurs de son lâche attentat,
A cru devoir sa tête au repos de l'État.

ÉLISABETH.
Ainsi sa perfidie a paru manifeste?

CÉCILE.
Le coup pour vous, madame, allait être funeste :
Du comte de Tyron, de l'Irlandais suivi,
Il en voulait au trône, et vous l'aurait ravi.

---

[1] Ces vers et la situation frappent ; on n'examine pas si *toute la terre* est un mot un peu oiseux amené pour rimer à l'Angleterre, si cette épée a été si utile : on est touché. Mais lorsque Essex ajoute :

Quelque douleur que j'en puisse sentir,
La reine veut se perdre, il faut y consentir,

tout homme un peu instruit se révolte contre une bravade si déplacée. En quoi! comment Élisabeth est-elle perdue, si on arrête un fou insolent qui a couru dans les rues de Londres, et qui a voulu ameuter la populace, sans avoir pu seulement se faire suivre de dix misérables? (V.)

ÉLISABETH.
Ah! je l'ai trop connu, lorsque la populace
Seconda contre moi son insolente audace :
A m'ôter la couronne il croyait l'engager.
Quelle excuse à ce crime? et par où s'en purger?
Qu'a-t-il répondu?

CÉCILE.
Lui? qu'il n'avait rien à dire;
Que, pour toute défense, il nous devait suffire
De voir ses grands exploits pour lui s'intéresser;
Et que sur ces témoins on pouvait prononcer.

ÉLISABETH.
Que d'orgueil! Quoi! tout prêt à voir lancer la foudre,
Au moindre repentir il ne peut se résoudre!
Soumis à ma vengeance, il brave mon pouvoir!
Il ose...

CÉCILE.
Sa fierté ne se peut concevoir :
On eût dit, à le voir plein de sa propre estime,
Que ses juges étaient coupables de son crime,
Et qu'ils craignaient pour lui, dans ce pas hasardeux,
Ce qu'il avait l'orgueil de ne pas craindre d'eux.

ÉLISABETH.
Cependant il faudra que cet orgueil s'abaisse.
Il voit, il voit l'état où son crime le laisse :
Le plus ferme s'ébranle après l'arrêt donné.

CÉCILE.
Un coup si rigoureux ne l'a point étonné.
Comme alors on conserve une inutile audace,
J'ai voulu le réduire à vous demander grâce.
Que ne m'a-t-il point dit! J'en rougis, et me tais.

ÉLISABETH.
Ah! quoiqu'il la demande, il ne l'aura jamais.
De moi tantôt, sans peine, il l'aurait obtenue :
J'étais encor pour lui de bonté prévenue;
Je voyais à regret qu'il voulût me forcer
A souhaiter l'arrêt qu'on vient de prononcer;
Mon bras, lent à punir, suspendait la tempête :
Il me pousse à l'éclat, il paira de sa tête.
Donnez bien ordre à tout. Pour empêcher sa mort,
Le peuple qui la craint, peut faire quelque effort;
Il s'en est fait aimer : prévenez ces alarmes; [mes;
Dans les lieux les moins sûrs faites prendre les ar-
N'oubliez rien. Allez.

CÉCILE.
Vous connaissez ma foi.
Je réponds des mutins, reposez-vous sur moi.

SCÈNE II.

ÉLISABETH, TILNEY.

ÉLISABETH.
Enfin, perfide, enfin ta perte est résolue [1];
C'en est fait, malgré moi, toi-même l'as conclue.
De ma lâche pitié tu craignais les effets :
Plus de grâce, tes vœux vont être satisfaits.
Ma tendresse emportait une indigne victoire,
Je l'étouffe : il est temps d'avoir soin de ma gloire;
Il est temps que mon cœur, justement irrité,
Instruise l'univers de toute ma fierté.
Quoi! de ce cœur séduit appuyant l'injustice,
De tes noirs attentats tu l'auras fait complice;
J'en saurai le coup près d'éclater, le verrai [2],
Tu m'auras dédaignée; et je le souffrirai!
Non, puisqu'en moi toujours l'amante te fit peine,
Tu le veux, pour te plaire il faut paraître reine,
Et reprendre l'orgueil que j'osais oublier
Pour permettre à l'amour de te justifier.

TILNEY.
A croire cet orgueil peut-être un peu trop prompte,
Vous avez consenti qu'on ait jugé le comte.
On vient de prononcer l'arrêt de son trépas;
Chacun tremble pour lui, mais il ne mourra pas.

ÉLISABETH.
Il ne mourra pas, lui? Non, crois-moi, tu t'abuses :
Tu sais son attentat; est-ce que tu l'excuses?
Et que de son arrêt, blâmant l'indignité,
Tu crois qu'il soit injuste ou trop précipité?
Penses-tu, quand l'ingrat contre moi se déclare,
Qu'il n'ait pas mérité la mort qu'on lui prépare,
Et que je venge trop, en le laissant périr,
Ce que par ses dédains l'amour m'a fait souffrir?

TILNEY.
Que cet arrêt soit juste ou donné par l'envie.
Vous l'aimez, cet amour lui sauvera la vie,
Il tient vos jours aux siens si fortement unis,

---

[1] C'est assez balancé, le conseil en est pris;
De son ingratitude il recevra le prix.
Oui, tu mourras, perfide, et je serai vengée.
Non, ne t'abuse plus; ma flamme est bien changée;
Et si tu vis ce cœur brûler d'un feu plus doux,
Tu ne le verras plus qu'embrasé de courroux :
Toute ma passion, en rage convertie,
Me rendra désormais ton juge et ta partie;
Et méprisant les droits qui te restaient sur moi,
Tu sauras le pouvoir qui me reste sur toi.
La Calprenède, Acte I, sc. iv.

[2] Il n'est pas permis de faire de tels vers. Presque tout ce que dit Élisabeth manque de convenance, de force et d'élégance; mais le public voit une reine qui a fait condamner à la mort un homme qu'elle aime; on s'attendrit : on est indulgent au théâtre sur la versification, du moins on l'était encore du temps de Thomas Corneille. (V.)

LE COMTE D'ESSEX, ACTE III, SCÈNE II.

Que par le même coup on les verrait finis.
Votre aveugle colère en vain vous le déguise :
Vous pleureriez la mort que vous auriez permise ;
Et le sanglant éclat qui suivrait ce courroux
Vengerait vos malheurs moins sur lui que sur vous.

ÉLISABETH.

Ah! cruelle, pourquoi fais-tu trembler ma haine?
Est-ce une passion indigne d'une reine?
Et l'amour qui me veut empêcher de régner
Ne se lasse-t-il point de se voir dédaigner?
Que me sert qu'au dehors, redoutable ennemie,
Je rende par la paix ma puissance affermie,
Si mon cœur, au dedans tristement déchiré,
Ne peut jouir du calme où j'ai tant aspiré?
Mon bonheur semble avoir enchaîné la victoire ;
J'ai triomphé partout; tout parle de ma gloire ;
Et d'un sujet ingrat ma pressante bonté
Ne peut, même en priant, réduire la fierté!
Par son fatal arrêt plus que lui condamnée,
A quoi te résous-tu, princesse infortunée!
Laisseras-tu périr, sans pitié, sans secours,
Le soutien de ta gloire, et l'appui de tes jours?

TILNEY.

Ne pouvez-vous pas tout? Vous pleurez!

ÉLISABETH.

Oui, je pleure,
Et sens bien que s'il meurt, il faudra que je meure.
O vous, rois que pour lui ma flamme a négligés [1],
Jetez les yeux sur moi, vous êtes bien vengés.
Une reine intrépide au milieu des alarmes,
Tremblante pour l'amour, ose verser des larmes!
Encor s'il était sûr que ces pleurs répandus,
En me faisant rougir, ne fussent pas perdus ;
Que le lâche, pressé du vif remords que donne...
Qu'en penses-tu? dis-moi. Le plus hardi s'étonne ;
L'image de la mort, dont l'appareil est prêt,
Fait croire tout permis pour en changer l'arrêt.
Réduit à voir sa tête expier son offense,
Doutes-tu qu'il ne veuille implorer ma clémence?
Que, sûr que mes bontés passent ses attentats...[2]

TILNEY.

Il doit y recourir : mais s'il ne le fait pas?

Le comte est fier, madame.

ÉLISABETH.

Ah! tu me désespères.
Quoi qu'osent contre moi ses projets téméraires,
Dût l'État par ma chute en être renversé,
Qu'il fléchisse, il suffit, j'oublierai le passé :
Mais quand tout attachée à retenir la foudre
Je frémis de le perdre, et tremble à m'y résoudre,
Si, me bravant toujours, il ose m'y forcer,
Moi reine, lui sujet, puis-je m'en dispenser [1]?
Sauvons-le malgré lui. Parle et fais qu'il te croie ;
Vois-le, mais cache-lui que c'est moi qui t'envoie [2];
Et ménageant ma gloire en t'expliquant pour moi,
Peins-lui mon cœur sensible à ce que je lui doi :
Fais-lui voir qu'à regret j'abandonne sa tête,
Qu'au plus faible remords sa grâce est toute prête
Et si, pour l'ébranler, il faut aller plus loin,
Du soin de mon amour fais ton unique soin ;
Laisse, laisse ma gloire, et dis-lui que je l'aime,
Tout coupable qu'il est, cent fois plus que moi-même;
Qu'il n'a, s'il veut finir mes déplorables jours,
Qu'à souffrir que des siens on arrête le cours.
Presse, prie, offre tout pour fléchir son courage.
Enfin, si pour ta reine un vrai zèle t'engage,
Par crainte, par amour, par pitié de mon sort,
Obtiens qu'il se pardonne, et l'arrache à la mort :
L'empêchant de périr, tu m'auras bien servie.
Je ne te dis plus rien, il y va de ma vie.

---

[1] Ce sont là des vers heureux. Si la pièce était écrite de ce style, elle serait bonne malgré ses défauts ; car quelle critique pourrait faire tort à un ouvrage intéressant par le fond, et éloquent dans les détails ? (V.)

[2] Ce vers ne signifie rien. Non-seulement le sens en est interrompu par ces points qu'on appelle poursuivants ; mais il serait difficile de le remplir. C'est une très-grande négligence de ne point finir sa phrase, sa période, et de se laisser ainsi interrompre, surtout quand le personnage qui interrompt est un subalterne, qui manque aux bienséances en coupant la parole à son supérieur. Thomas Corneille est sujet à ce défaut dans toutes ses pièces. Au reste, ce défaut n'empêchera jamais un ouvrage d'être intéressant et pathétique ; mais un auteur soigneux de bien écrire doit éviter cette négligence. (V.)

[1] Il me semble qu'il y a toujours quelque chose de louche, de confus, de vague, dans tout ce que les personnages de cette tragédie disent et font. Que toute action soit claire, toute intrigue bien connue, tout sentiment bien développé ; ce sont là des règles inviolables. Mais ici que veut le comte d'Essex ? que veut Élisabeth? quel est le crime du comte? est-il accusé faussement? est il coupable? Si la reine le croit innocent, elle doit prendre sa défense ; s'il est reconnu criminel, est-il raisonnable que la confidente dise qu'il n'implorera jamais sa grâce, qu'il est trop fier? La fierté est très-convenable à un guerrier vertueux et innocent, non à un homme convaincu de haute trahison. *Qu'il fléchisse*, dit la reine. Est-ce bien là le sentiment qui doit l'occuper, si elle l'aime? Quand il aura fléchi, quand il aura obtenu sa grâce, Élisabeth en sera-t-elle plus aimée? *Je l'aime*, dit la reine, *cent fois plus que moi-même*. Ah! madame, si vous avez la tête tournée à ce point, si votre passion est si grande, examinez donc l'affaire de votre amant, et ne souffrez pas que ses ennemis l'accablent et le persécutent injustement sous votre nom, comme il est dit, quoique faussement, dans toute la pièce. (V.)

[2] Visite cet ingrat, et fais, s'il est possible,
Qu'à tant d'affection il se rende sensible ;
Qu'il dépouille pour moi cet orgueil indompté ;
Et que sa repentance implore ma bonté.
Dis que j'oublierai tout ; oui, dis-lui, quoi qu'il fasse,
Qu'il sait bien le moyen pour obtenir sa grâce,
Qu'il sait trop le pouvoir qu'il a sur mon esprit,
Et que ce grand courroux dont mon âme s'aigrit
Est un visible effet de cet amour extrême
Qui me le fait chérir à l'égal de moi-même
Mais surtout ne mets point mon bonheur au hasard,
Et dissimule bien que ce soit de ma part.

LA CALPRENÈDE, Acte II, sc II.

Ne perds point de temps, cours, et me laisse écouter
Ce que pour sa défense un ami vient tenter.

SCÈNE III.

ÉLISABETH, SALSBURY.

SALSBURY.

Madame, pardonnez à ma douleur extrême,
Si, paraissant ici pour un autre moi-même,
Tremblant, saisi d'effroi pour vous, pour vos États,
J'ose vous conjurer de ne vous perdre pas.
Je n'examine point quel peut être le crime;
Mais si l'arrêt donné vous semble légitime,
Vous le paraîtra-t-il quand vous daignerez voir.
Par un funeste coup quelle tête il fait choir?
C'est ce fameux héros dont cent fois la victoire
Par les plus grands exploits a consacré la gloire,
Dont partout le destin fut si noble et si beau,
Qu'on livre entre les mains d'un infâme bourreau.
Après qu'à sa valeur que chacun idolâtre
L'univers avec pompe a servi de théâtre,
Pourrez-vous consentir qu'un échafaud dressé
Montre à tous de quel prix il est récompensé?
Quand je viens vous marquer son mérite et sa peine,
Ce n'est point seulement l'amitié qui m'amène;
C'est l'État désolé, c'est votre cour en pleurs,
Qui, perdant son appui, tremble de ses malheurs.
Je sais qu'en sa conduite il eut quelque imprudence;
Mais le crime toujours ne suit pas l'apparence;
Et dans le rang illustre où ses vertus l'ont mis,
Estimé de sa reine, il a des ennemis.
Pour lui, pour vous, pour nous, craignez les artifices
De ceux qui de sa mort se rendent les complices;
Songez que la clémence a toujours eu ses droits [2],

Et qu'elle est la vertu la plus digne des rois.

ÉLISABETH.

Comte de Salsbury, j'estime votre zèle,
J'aime à vous voir ami généreux et fidèle,
Et loue en vous l'ardeur que ce noble intérêt
Vous donne à murmurer d'un équitable arrêt:
J'en sens, ainsi que vous, une douleur extrême;
Mais je dois à l'État encor plus qu'à moi-même.
Si j'ai laissé du comte éclaircir le forfait,
C'est lui qui m'a forcée à tout ce que j'ai fait:
Prête à tout oublier, s'il m'avouait son crime,
On le sait, j'ai voulu lui rendre mon estime;
Ma bonté n'a servi qu'à redoubler l'orgueil
Qui des ambitieux est l'ordinaire écueil.
Des soins qu'il m'a vu prendre à détourner l'orage,
Quoique sûr d'y périr, il s'est fait un outrage:
Si sa tête me fait raison de sa fierté,
C'est sa faute; il aura ce qu'il a mérité.

SALSBURY.

Il mérite, sans doute, une honteuse peine [1],
Quand sa fierté combat les bontés de sa reine:
Si quelque chose en lui vous peut, vous doit blesser,
C'est l'orgueil de ce cœur qu'il ne peut abaisser,
Cet orgueil qu'il veut croire au péril de sa vie;
Mais, pour être trop fier, vous a-t-il moins servie?
Vous a-t-il moins montré dans cent et cent combats
Que pour vous il n'est rien d'impossible à son bras?
Par son sang prodigué, par l'éclat de sa gloire,
Daignez, s'il vous en reste encor quelque mémoire,
Accorder au malheur qui l'accable aujourd'hui
Le pardon qu'à genoux je demande pour lui:
Songez que, si jamais il vous fut nécessaire,
Ce qu'il a déjà fait, il peut encor le faire [2];
Et que nos ennemis, tremblants, désespérés,
N'ont jamais mieux vaincu que quand vous le perdez.

ÉLISABETH.

Je le perds à regret: mais enfin je suis reine;
Il est sujet, coupable, et digne de sa peine.
L'arrêt est prononcé, comte; et tout l'univers
Va sur lui, j'en suis sûr, tenir les yeux ouverts.
Quand sa seule fierté, dont vous blâmez l'audace,
M'aurait fait souhaiter qu'il m'eût demandé grâce;
Si par là de la mort il a pu s'affranchir,
Dédaignant de le faire, est-ce à moi de fléchir?
Est-ce à moi d'endurer qu'un sujet téméraire

---

[1] La scène du prétendu comte de Salsbury avec la reine a quelque chose de touchant; mais il reste toujours cette incertitude et cet embarras qui font peine. On ne sait pas précisément de quoi il s'agit. *Le crime ne suit pas toujours l'apparence. Craignez les injustices de ceux qui de sa mort se rendent les complices.* La reine doit donc alors, séduite par sa passion, penser comme Salsbury, croire Essex innocent, mettre ses accusateurs entre les mains de la justice, et faire condamner celui qui sera trouvé coupable. Mais après que Salsbury a dit que les injustices rendent complices les juges du comte d'Essex, il parle à la reine de clémence; il dit que *la clémence a toujours eu ses droits*, et *qu'elle est la vertu la plus digne des rois*. Il avoue donc que le comte d'Essex est criminel. À laquelle de ces deux idées faudra-t-il s'arrêter? à quoi faudra-t-il se fixer? La reine répond qu'Essex est trop fier, que *c'est l'ordinaire écueil des ambitieux*, qu'*il s'est fait un outrage des soins qu'elle a pris pour détourner l'orage*, et que *si la tête du comte fait raison à la reine de sa fierté, c'est sa faute.* Le spectateur a pu passer de tels discours, le lecteur est moins indulgent. (V.)

[2] . . . . . . La clémence est la plus belle marque
Qui fasse à l'univers connaître un vrai monarque.
Cinna, Acte III, sc. IV.

---

[1] Pourquoi mérite-t-il une honteuse peine s'il n'est que fier? Il la mérite, s'il a conspiré, si, comme Cécile l'a dit, *du comte de Tyron, de l'Irlandais suivi, il en voulait au trône*, et qu'il *l'aurait ravi*. On ne sait jamais à quoi s'en tenir dans cette pièce; ni la conspiration du comte d'Essex, ni les sentiments d'Élisabeth ne sont jamais assez éclaircis. (V.)

[2] Ce qu'il a fait pour elle il peut encor le faire.
Horace, Acte V, sc. III.

LE COMTE D'ESSEX, ACTE III, SCÈNE IV.

A d'impuissants éclats réduise ma colère,
Et qu'il puisse, à ma honte, apprendre à l'avenir
Que je connus son crime, et n'osai le punir?

SALSBURY.

On parle de révolte et de ligues secrètes;
Mais, madame, on se sert de lettres contrefaites [1] :
Les témoins, par Cécile, ouïs, examinés,
Sont témoins que peut-être on aura subornés.
Le comte les récuse; et quand je les soupçonne...

ÉLISABETH.

Le comte est condamné; si son arrêt l'étonne,
S'il a pour l'affaiblir quelque chose à tenter,
Qu'il rentre en son devoir, on pourra l'écouter.
Allez. Mon juste orgueil, que son audace irrite,
Peut faire grâce encor; faites qu'il la mérite.

SCÈNE IV.

ÉLISABETH, LA DUCHESSE.

ÉLISABETH.

Venez, venez, duchesse, et plaignez mes ennuis.
Je cherche à pardonner, je le veux, je le puis,
Et je tremble toujours qu'un obstiné coupable
Lui-même contre moi ne soit inexorable.
Ciel, qui me fis un cœur et si noble et si grand,
Ne le devais-tu pas former indifférent?
Fallait-il qu'un ingrat, aussi fier que sa reine,
Me donnant tant d'amour, fût digne de ma haine?
Ou, si tu résolvais de m'en laisser trahir,
Pourquoi ne m'as-tu pas permis de le haïr?
Si ce funeste arrêt n'ébranle point le comte,
Je ne puis éviter ou ma perte ou ma honte :
Je péris par sa mort; et, le voulant sauver,
Le lâche impunément aura su me braver [2].
Que je suis malheureuse!

LA DUCHESSE.

On est sans doute à plaindre
Quand on hait la rigueur et qu'on s'y voit contraindre :
Mais si le comte osait, tout condamné qu'il est,
Plutôt que son pardon accepter son arrêt,
Au moins de ses desseins, sans le dernier supplice,
La prison vous pourrait...

ÉLISABETH.

Non, je veux qu'il fléchisse;
Il y va de ma gloire, il faut qu'il cède [1].

LA DUCHESSE.

Hélas!
Je crains qu'à vos bontés il ne se rende pas;
Que, voulant abaisser ce courage invincible,
Vos efforts...

ÉLISABETH.

Ah! j'en sais un moyen infaillible.
Rien n'égale en horreur ce que j'en souffrirai;
C'est le plus grand des maux; peut-être j'en mourrai :
Mais si toujours d'orgueil son audace est suivie,
Il faudra le sauver aux dépens de ma vie,
M'y voilà résolue. O vœux mal exaucés!
O mon cœur! est-ce ainsi que vous me trahissez?

LA DUCHESSE.

Votre pouvoir est grand; mais je connais le comte;
Il voudra...

ÉLISABETH.

Je ne puis le vaincre qu'à ma honte;
Je le sais : mais enfin je vaincrai sans effort,
Et vous allez vous-même en demeurer d'accord.

---

[1] Il est bien étrange que Salsbury dise qu'on a contrefait l'écriture du comte d'Essex, et que la reine ne songe pas à examiner une chose si importante. Elle doit assurément s'en éclaircir, et comme amante, et comme reine. Elle ne répond pas seulement à cette ouverture qu'elle devait saisir, et qui demandait l'examen le plus prompt et le plus exact; elle répète encore en d'autres mots que le comte est trop fier. (V.)

[2] Élisabeth devait dire à sa confidente, la duchesse prétendue d'Irton : *Savez-vous ce que le comte de Salsbury vient de m'apprendre? Essex n'est point coupable. Il assure que les lettres qu'on lui impute sont contrefaites. Il a récusé les faux témoins que Cécile aposte contre lui. Je dois justice au moindre de mes sujets, encore plus à un homme que j'aime. Mon devoir, mes sentiments, me forcent à chercher tous les moyens possibles de constater son innocence.* Au lieu de parler d'une manière si naturelle et si juste, elle appelle Essex *lâche*. Ce mot *lâche* n'est pas compatible avec *braver* : elle ne dit rien de ce qu'elle doit dire. (V.)

[1] Élisabeth s'obstine toujours à cette seule idée, qui ne paraît guère convenable; car lorsqu'il s'agit de la vie de ce qu'on aime, on sent bien d'autres alarmes. Voici ce qui a probablement engagé Thomas Corneille à faire le fondement de sa pièce de cette persévérance de la reine à vouloir que le comte d'Essex s'humilie. Elle lui avait ôté précédemment toutes ses charges après sa mauvaise conduite en Irlande; elle avait même poussé l'emportement honteux de la colère jusqu'à lui donner un soufflet. Le comte s'était retiré à la campagne; il avait demandé humblement pardon par écrit, et il disait dans sa lettre, *qu'il était pénitent comme Nabuchodonosor, et qu'il mangeait du foin*. La reine alors n'avait voulu que l'humilier, et il pouvait espérer son rétablissement. Ce fut alors qu'il imagina pouvoir profiter de la vieillesse de la reine pour soulever le peuple, qu'il crut qu'on pourrait faire venir d'Écosse le roi Jacques, successeur naturel d'Élisabeth, et qu'il forma une conspiration aussi mal dirigée que criminelle. Il fut pris précisément en flagrant délit, condamné et exécuté avec ses complices; il n'était plus alors question de *fierté*. Cette scène de la duchesse d'Irton avec Élisabeth a quelque ressemblance avec celle d'Atalide avec Roxane. La duchesse avoue qu'elle est aimée du comte d'Essex, comme Atalide avoue qu'elle est aimée de Bajazet. La duchesse est plus vertueuse, mais moins intéressante; et ce qui ôte tout intérêt à cette scène de la duchesse avec la reine, c'est qu'on n'y parle que d'une intrigue passée; c'est que la reine a cessé, dans les scènes précédentes, de penser à cette prétendue Suffolk dont elle a cru le comte d'Essex amoureux; c'est qu'en fin la duchesse d'Irton étant mariée, Élisabeth ne peut plus être jalouse avec bienséance; mais surtout une jalousie d'Élisabeth, à son âge, ne peut être touchante. Il en faut toujours revenir là; c'est le grand vice du sujet. L'amour n'est fait ni pour les vieux, ni pour les vieilles. (V.)

Il adore Suffolk; c'est elle qui l'engage
A lui faire raison d'un exil qui l'outrage.
Quoi que coûte à mon cœur ce funeste dessein,
Je veux, je souffrirai qu'il lui donne la main;
Et l'ingrat, qui m'oppose une fierté rebelle,
Sûr enfin d'être heureux, voudra vivre pour elle.

LA DUCHESSE.
Si par là seulement vous croyez le toucher,
Apprenez un secret qu'il ne faut plus cacher.
De l'amour de Suffolk vainement alarmée,
Vous la punîtes trop; il ne l'a point aimée :
C'est moi seule, ce sont mes criminels appas
Qui surprirent son cœur que je n'attaquais pas.
Par devoir, par respect, j'eus beau vouloir éteindre
Un feu dont vous deviez avoir tant à vous plaindre;
Confuse de ses vœux j'eus beau lui résister :
Comme l'amour se flatte, il voulut se flatter :
Il crut que la pitié pourrait tout sur votre âme,
Que le temps vous rendrait favorable à sa flamme;
Et quoique enfin pour lui Suffolk fût sans appas,
Il feignit de l'aimer pour ne m'exposer pas.
Son exil étonna cet amour téméraire;
Mais, si mon intérêt le força de se taire,
Son cœur, dont la contrainte irritait les désirs,
Ne m'en donna pas moins ses plus ardents soupirs.
Par moi qui l'usurpai vous en fûtes bannie;
Je vous nuisis, madame, et je m'en suis punie.
Pour vous rendre les vœux que j'osais détourner,
On demanda ma main, je la voulus donner.
Éloigné de la cour, il sut cette nouvelle,
Il revient furieux, rend le peuple rebelle,
S'en fait suivre au palais dans le moment fatal
Que l'hymen me livrait au pouvoir d'un rival;
Il venait l'empêcher, et c'est ce qu'il vous cache.
Voilà par où le crime à sa gloire s'attache.
On traite de révolte un fier emportement,
Pardonnable peut-être aux ennuis d'un amant :
S'il semble un attentat, s'il en a l'apparence,
L'aveu que je vous fais prouve son innocence.
Enfin, madame, enfin, par tout ce qui jamais
Put surprendre, toucher, enflammer vos souhaits;
Par les plus tendres vœux dont vous fûtes capable,
Par lui-même, pour vous l'objet le plus aimable,
Sur des témoins suspects qui n'ont pu l'étonner,
Ses juges à la mort l'ont osé condamner.
Accordez-moi ses jours pour prix du sacrifice
Qui m'arrachant à lui vous a rendu justice;
Mon cœur en souffre assez pour mériter de vous
Contre un si cher coupable un peu moins de courroux.

ÉLISABETH.
Ai-je bien entendu ? le perfide vous aime,
Me dédaigne, me brave; et, contraire à moi-même,
Je vous assurerais, en l'osant secourir,
La douceur d'être aimée et de me voir souffrir !

Non, il faut qu'il périsse, et que je sois vengée;
Je dois ce coup funeste à ma flamme outragée :
Il a trop mérité l'arrêt qui le punit;
Innocent ou coupable, il vous aime, il suffit.
S'il n'a point de vrai crime, ainsi qu'on le veut croire,
Sur le crime apparent je sauverai ma gloire [1];
Et la raison d'État, en le privant du jour,
Servira de prétexte à la raison d'amour.

LA DUCHESSE.
Juste ciel ! vous pourriez vous immoler sa vie !
Je ne me repens point de vous avoir servie;
Mais, hélas ! qu'ai-je pu faire plus contre moi,
Pour le rendre à sa reine, et rejeter sa foi ?
Tout parlait, m'assurait de son amour extrême;
Pour mieux me l'arracher, qu'auriez-vous fait vous-même ?

ÉLISABETH.
Moins que vous; pour lui seul, quoi qu'il fût arrivé,
Toujours tout mon amour se serait conservé.
En vain de moi tout autre eût eu l'âme charmée,
Point d'hymen. Mais enfin je ne suis point aimée;
Mon cœur de ses dédains ne peut venir à bout;
Et dans ce désespoir, qui peut tout ose tout [2].

LA DUCHESSE.
Ah ! faites-lui paraître un cœur plus magnanime.
Ma sévère vertu lui doit-elle être un crime ?
Et l'aide qu'à vos feux j'ai cru devoir offrir
Vous le fait-elle voir plus digne de périr ?

ÉLISABETH.
J'ai tort, je le confesse; et, quoique je m'emporte,
Je sens que ma tendresse est toujours la plus forte.
Ciel, qui m'as réservée à des malheurs sans fin,
Il ne manquait donc plus à mon cruel destin
Que de ne souffrir pas, dans cette ardeur fatale,
Que je fusse en pouvoir de haïr ma rivale!
Ah ! que de la vertu les charmes sont puissants !
Duchesse, c'en est fait, qu'il vive, j'y consens.
Par un même intérêt, vous craignez, et je tremble.
Pour lui, contre lui-même, unissons-nous ensemble,
Tirons-le du péril qui ne peut l'alarmer,

---

[1] On voit assez quel est ici le défaut de style, et ce que c'est qu'une gloire sauvée sur un crime apparent. Mais pourquoi Élisabeth est-elle plus fâchée contre la dame prétendue d'Irton que contre la dame prétendue de Suffolk? Que lui importe d'être négligée pour l'une ou pour l'autre? Elle n'est point aimée, cela doit lui suffire. La fin de cette scène paraît belle, elle est passionnée et attendrissante. Il serait pourtant à désirer qu'Élisabeth ne dît pas toujours la même chose; elle recommande, tantôt à Tilney, tantôt à Salsbury, tantôt à Irton, d'engager le comte d'Essex à n'être plus *fier*, et à demander grâce. C'est là le seul sentiment dominant; c'est là le seul nœud. Il ne tenait qu'à elle de pardonner, et alors il n'y avait plus de pièce. On doit, autant qu'on le peut, donner aux personnages des sentiments qu'ils doivent nécessairement avoir dans la situation où ils se trouvent. (V.)

[2] La même pensée se trouve déjà dans *Ariane*, Acte I, sc. 1, où elle est exprimée de la même manière.

Toutes deux pour le voir, toutes deux pour l'aimer.
Un prix bien inégal nous en paîra la peine;
Vous aurez tout son cœur, je n'aurai que sa haine :
Mais n'importe, il vivra, son crime est pardonné;
Je m'oppose à sa mort. Mais l'arrêt est donné,
L'Angleterre le sait, la terre tout entière
D'une juste surprise en fera la matière.
Ma gloire, dont toujours il s'est rendu l'appui,
Veut qu'il demande grâce; obtenez-le de lui.
Vous avez sur son cœur une entière puissance.
Allez; pour le soumettre usez de violence.
Sauvez-le, sauvez-moi : dans le trouble où je suis,
M'en reposer sur vous est tout ce que je puis.

━━━

ACTE QUATRIÈME.

SCÈNE PREMIÈRE.

LE COMTE D'ESSEX, TILNEY.

LE COMTE D'ESSEX.

Je dois beaucoup, sans doute, au souci qui t'amène;
Mais enfin tu pouvais t'épargner cette peine.
Si l'arrêt qui me perd te semble à redouter,
J'aime mieux le souffrir que de le mériter [1].

TILNEY.

De cette fermeté souffrez que je vous blâme.
Quoique la mort jamais n'ébranle une grande âme,
Quand il nous la faut voir par des arrêts sanglants
Dans son triste appareil approcher à pas lents...

LE COMTE D'ESSEX.

Je ne le cèle point, je croyais que la reine
A me sacrifier dût avoir quelque peine.
Entrant dans le palais sans peur d'être arrêté,

J'en faisais pour ma vie un lieu de sûreté.
Non qu'enfin, si mon sang a tant de quoi lui plaire,
Je voie avec regret qu'on l'osé satisfaire;
Mais, pour verser ce sang tant de fois répandu,
Peut-être un échafaud ne m'était-il pas dû.
Pour elle il fut le prix de plus d'une victoire :
Elle veut l'oublier, j'ai regret à sa gloire;
J'ai regret qu'aveuglée elle attire sur soi
La honte qu'elle croit faire tomber sur moi.
Le ciel m'en est témoin, jamais sujet fidèle
N'eut pour sa souveraine un cœur si plein de zèle [1].
Je l'ai fait éclater en cent et cent combats;
On aura beau le taire, ils ne le tairont pas.
Si j'ai fait mon devoir quand je l'ai bien servie,
Du moins je méritais qu'elle eût soin de ma vie.
Pour la voir contre moi si fièrement s'armer,
Le crime n'est pas grand de n'avoir pu l'aimer.
Le penchant fut toujours un mal inévitable :
S'il entraîne le cœur, le sort en est coupable;
Et toute autre, oubliant un si léger chagrin,
Ne m'aurait pas puni des fautes du destin.

TILNEY.

Vos froideurs, je l'avoue, ont irrité la reine;
Mais daignez l'adoucir, et sa colère est vaine.
Pour trop croire un orgueil dont l'éclat lui déplaît,
C'est vous-même, c'est vous qui donnez votre arrêt.
Par vous, dit-on, l'Irlande à l'attentat s'anime :
Que le crime soit faux, il est connu pour crime;
Et quand pour vous sauver elle vous tend les bras,
Sa gloire veut au moins que vous fassiez un pas,
Que vous...

LE COMTE D'ESSEX.

Ah! s'il est vrai qu'elle songe à sa gloire,
Pour garantir son nom d'une tache trop noire,
Il est d'autres moyens où l'équité consent,
Que de se relâcher à perdre un innocent.
On ose m'accuser : que sa colère accable
Des témoins subornés qui me rendent coupable.
Cécile les entend, et les a suscités;
Raleigh leur a fourni toutes leurs faussetés.
Que Raleigh, que Cécile, et ceux qui leur ressemblent,
Ces infâmes sous qui tout les gens de bien tremblent,
Par la main d'un bourreau, comme ils l'ont mérité,
Lavent dans leur vil sang leur infidélité :
Alors en répandant ce sang vraiment coupable,
La reine aura fait rendre un arrêt équitable :
Alors de sa rigueur le foudroyant éclat,
Affermissant sa gloire, aura sauvé l'État.

---

[1] Voilà donc le comte d'Essex qui proteste nettement de son innocence. Élisabeth, dans cette supposition de l'auteur, est donc inexcusable d'avoir fait condamner le comte : la duchesse d'Irton s'est donc très-mal conduite en n'éclaircissant pas la reine. Il est condamné sur de faux témoignages; et la reine, qui l'adore, ne s'est pas mise en peine de se faire rendre compte des pièces du procès, qu'on lui a dit vingt fois être fausses. Une telle négligence n'est pas naturelle; c'est un défaut capital. Faites toujours penser et dire à vos personnages ce qu'ils doivent dire et penser; faites-les agir comme il doivent agir. L'amour seul d'Élisabeth, dira-t-on, l'aura forcée à mettre Essex entre les mains de la justice. Mais ce même amour devait lui faire examiner un arrêt qu'on suppose injuste; elle n'est pas assez furieuse d'amour pour qu'on l'excuse. Essex n'est pas assez passionné pour sa duchesse, sa duchesse n'est pas assez passionnée pour lui. Tous les rôles paraissent manqués dans cette tragédie, et cependant elle a eu du succès. Quelle en est la raison? Je le répète, la situation des personnages, attendrissante par elle-même, et l'ignorance où le parterre a été longtemps. (V.)

[1] Je serais bien marri d'avoir fâché la reine,
Qu'aucun de mes pensers eût mérité sa haine,
Et que j'eusse entrepris contre ce que je doi
Une action indigne et des miens et de moi :
Entre tous ses sujets je suis le plus fidèle.
LA CALPRENÈDE, Acte II, sc. V.

Mais sur moi, qui maintiens la grandeur souveraine,
Du crime des méchants faire tomber la peine !
Souffrir que contre moi des écrits contrefaits...
Non, la postérité ne le croira jamais :
Jamais on ne pourra se mettre en la pensée
Que de ce qu'on me doit la mémoire effacée
Ait laissé l'imposture en pouvoir d'accabler...
Mais la reine le voit, et le voit sans trembler :
Le péril de l'État n'a rien qui l'inquiète.
Je dois être content, puisqu'elle est satisfaite,
Et ne point m'ébranler d'un indigne trépas
Qui lui coûte sa gloire et ne l'étonne pas.

TILNEY.
Et ne l'étonne pas ! Elle s'en désespère,
Blâme votre rigueur, condamne sa colère.
Pour rendre à son esprit le calme qu'elle attend,
Un mot à prononcer vous coûterait-il tant ?

LE COMTE D'ESSEX.
Je crois que de ma mort le coup lui sera rude,
Qu'elle s'accusera d'un peu d'ingratitude.
Je n'ai pas, on le sait, mérité mes malheurs :
Mais le temps adoucit les plus vives douleurs.
De ses tristes remords si ma perte est suivie,
Elle souffrirait plus à me laisser la vie.
Faible à vaincre ce cœur qui lui devient suspect,
Je ne pourrais pour elle avoir que du respect ;
Tout rempli de l'objet qui s'en est rendu maître,
Si je suis criminel, je voudrais toujours l'être :
Et, sans doute, il est mieux qu'en me privant du jour
Sa haine, quoique injuste, éteigne son amour.

TILNEY.
Quoi ! je n'obtiendrai rien ?

LE COMTE D'ESSEX.
    Tu redoubles ma peine.
C'est assez.

TILNEY.
Mais enfin que dirai-je à la reine ?

LE COMTE D'ESSEX.
Qu'on vient de m'avertir que l'échafaud est prêt ;
Qu'on doit dans un moment exécuter l'arrêt ;
Et qu'innocent d'ailleurs je tiens cette mort chère
Qui me fera bientôt cesser de lui déplaire.

TILNEY.
Je vais la retrouver : mais, encore une fois,
Par ce que vous devez...

LE COMTE D'ESSEX
        Je sais ce que je dois.
Adieu. Puisque ma gloire à ton zèle s'oppose,
De mes derniers moments souffre que je dispose ;
Il m'en reste assez peu pour me laisser au moins
La triste liberté d'en jouir sans témoins.

SCÈNE II.

LE COMTE D'ESSEX.

O fortune ! ô grandeur ! dont l'amorce flatteuse [1]
Surprend, touche, éblouit une âme ambitieuse,
De tant d'honneurs reçus c'est donc là tout le fruit !
Un long temps les amasse, un moment les détruit.
Tout ce que le destin le plus digne d'envie
Peut attacher de gloire à la plus belle vie,
J'ai pu me le promettre, et, pour le mériter,
Il n'est projet si haut qu'on ne m'ait vu tenter ;
Cependant aujourd'hui (se peut-il qu'on le croie ?)
C'est sur un échafaud que la reine m'envoie ! [faits...
C'est là qu'aux yeux de tous m'imputant des for-

SCÈNE III.

LE COMTE D'ESSEX, SALSBURY.

LE COMTE D'ESSEX.
Eh bien, de ma faveur vous voyez les effets [2].
Ce fier comte d'Essex, dont la haute fortune
Attirait de flatteurs une foule importune,
Qui vit de son bonheur tout l'univers jaloux,
Abattu, condamné, le reconnaissez-vous ?
Des lâches, des méchants, victime infortunée,
J'ai bien en un moment changé de destinée !
Tout passe : et qui m'eût dit, après ce qu'on m'a vu,
Que je l'eusse éprouvé, je ne l'aurais pas cru.

SALSBURY.
Quoique vous éprouviez que tout change, tout passe,
Rien ne change pour vous si vous vous faites grâce.
Je viens de voir la reine, et ce qu'elle m'a dit
Montre assez que pour vous l'amour toujours agit ;
Votre seule fierté, qu'elle voudrait abattre [3],

---

[1] Cette scène, ce monologue est encore une des raisons du succès. Ces réflexions naturelles sur la fragilité des grandeurs humaines plaisent, quoique faiblement écrites. Un grand seigneur qu'on va mener à l'échafaud intéresse toujours le public ; et la représentation de ces aventures, sans aucun secours de la poésie, fait le même effet à peu près que la vérité même. (V.)

[2] Ce vers naturel devient sublime, parce que le comte d'Essex et Salsbury supposent tous ceux que c'est en effet la faveur de la reine qui le conduit à la mort. Le succès est encore ici dans la situation seule. En vain Thomas imite faiblement ces vers de son frère :

Enfin tout ce qu'adore en ma haute fortune
D'un courtisan flatteur la présence importune *.

En vain il s'étend en lieux communs et vagues : *Qui vit de son bonheur tout l'univers jaloux*, etc. En vain il affaiblit le pathétique du moment par ces mauvais vers : *Tout passe : et qui m'eût dit, après ce qu'on m'a vu* : le pathétique de la chose subsiste malgré lui, et le parterre est touché. (V.)

[3] Cette fierté de la reine, qui lutte sans cesse contre la fierté

* *Cinna*, Acte I, sc x.

S'oppose à ses bontés, s'obstine à les combattre.
Contraignez-vous : un mot qui marque un cœur sou-
Vous va mettre au-dessus de tous vos ennemis. [mis

LE COMTE D'ESSEX.

Quoi! quand leur imposture indignement m'accable,
Pour les justifier je me rendrai coupable?
Et, par mon lâche aveu, l'univers étonné
Apprendra qu'ils m'auront justement condamné!

SALSBURY.

En lui parlant pour vous, j'ai peint votre innocence;
Mais enfin elle cherche une aide à sa clémence.
C'est votre reine ; et quand, pour fléchir son courroux,
Elle ne veut qu'un mot, le refuserez-vous?

LE COMTE D'ESSEX.

Oui, puisque enfin ce mot rendrait ma honte extrême.
J'ai vécu glorieux, et je mourrai de même,
Toujours inébranlable, et dédaignant toujours
De mériter l'arrêt qui va finir mes jours.

SALSBURY.

Vous mourrez glorieux! Ah, ciel! pouvez-vous croire
Que sur un échafaud vous sauviez votre gloire!
Qu'il ne soit pas honteux à qui s'est vu si haut...

LE COMTE D'ESSEX.

Le crime fait la honte, et non pas l'échafaud [1];
Ou si dans mon arrêt quelque infamie éclate,
Elle est, lorsque je meurs, pour une reine ingrate
Qui, voulant oublier cent preuves de ma foi,
Ne mérita jamais un sujet tel que moi [2].

Mais la mort m'étant plus à souhaiter qu'à craindre,
Sa rigueur me fait grâce, et j'ai tort de m'en plaindre.
Après avoir perdu ce que j'aimais le mieux,
Confus, désespéré, le jour m'est odieux.
A quoi me servirait cette vie importune,
Qu'à m'en faire toujours mieux sentir l'infortune?
Pour la seule duchesse il m'aurait été doux
De passer [1]... Mais, hélas! un autre est son époux,
Un autre dont l'amour, moins tendre, moins fidèle...
Mais elle doit savoir mon malheur : qu'en dit-elle?
Me flaté-je en croyant qu'un reste d'amitié
Lui fera de mon sort prendre quelque pitié?
Privé de son amour pour moi si plein de charmes,
Je voudrais bien du moins avoir part à ses larmes.
Cette austère vertu qui soutient son devoir
Semble à mes tristes vœux en défendre l'espoir :
Cependant, contre moi qu'elle ose entreprendre,
Je les paye assez cher pour y pouvoir prétendre,
Et l'on peut, sans se faire un trop honteux effort,
Pleurer un malheureux dont on cause la mort.

SALSBURY.

Quoi! ce parfait amour, cette pure tendresse
Qui vous fit si longtemps vivre pour la duchesse,
Quand vous pouvez prévoir ce qu'elle en doit souffrir,
Ne vous arrache point de dessein de mourir!
Pour vous avoir aimé, voyez ce que lui coûte
Le cruel sacrifice...

LE COMTE D'ESSEX.

Elle m'aima, sans doute;
Et sans la reine, hélas! j'ai lieu de présumer
Qu'elle eût fait à jamais son bonheur de m'aimer.
Tout ce qu'un bel objet d'un cœur vraiment fidèle
Peut attendre d'amour, je le sentis pour elle:
Et peut-être mes soins, ma constance, ma foi,
Méritaient les soupirs qu'elle a perdus pour moi.

---

d'Essex, est toujours le sujet de la tragédie. C'est une illusion qui ne laisse pas de plaire au public. Cependant si cette fierté seule agit, c'est un pur caprice de la part d'Élisabeth et du comte d'Essex. *Je veux qu'il me demande pardon ; je ne veux pas demander pardon*, voilà la pièce. Il semble qu'alors le spectateur oublie qu'Élisabeth est extravagante, si elle veut qu'on lui demande pardon d'un crime imaginaire ; qu'elle est injuste et barbare de ne pas examiner ce crime, avant d'exiger qu'on lui demande pardon. On oublie l'essentiel pour ne s'occuper que de ces sentiments de fierté, qui séduisent presque toujours. (V.)

[1] Ce vers a passé en proverbe, et a été quelquefois cité à propos dans des occasions funestes. (V.) — D'Artigny, dans ses *Mémoires de Littérature*, t. I, pag. 305, et après lui l'auteur de la Notice sur Thomas Corneille, insérée dans la *Biographie universelle*, prétendent que ce vers fameux est imité de Tertullien. Nous avons vainement cherché dans l'orateur chrétien la phrase latine citée par d'Artigny ; mais nous l'avons trouvée dans le passage suivant, tiré de saint Augustin : Jam enim nescio quoties disputando et scribendo monstravimus non eos posse habere martyrum mortem, quia christianorum non habent vitam ; CUM MARTYREM NON FACIAT POENA, SED CAUSA. (*Epist.* 204.) Ajoutons que Coeffeteau a dit, en 1610, dans son oraison funèbre de Henri IV : « Jamais le genre de mort ne déshonore la vie d'un homme, si ce n'est ses crimes. »

[2] Ou Essex est ici le fou le plus insolent, ou l'homme le plus innocent. Sûrement, il n'est coupable dans la tragédie d'aucun des crimes dont on l'accuse. C'est ici un héros; c'est un homme dont le destin de l'Angleterre a dépendu ; c'est l'appui d'Élisabeth. Elle est donc en ce cas une femme détestable, qui fait couper le cou au premier homme du pays, parce qu'il a aimé une autre femme qu'elle. Que deviennent alors ses irrésolutions, ses tendresses, ses remords, ses agitations? Rien de tout cela ne doit être dans son caractère. (V.)

CORNEILLE. — TOME II.

[1] Je ne relève point cette réticence à ce mot de *passer*, figure si mal à propos prodiguée. La réticence ne convient que quand on craint ou qu'on rougit d'achever ce qu'on a commencé. Le grand défaut, c'est que les amours du comte d'Essex et de la duchesse, mariée à un autre, ont été trop légèrement touchés, ont à peine effleuré le cœur. On ne voit pas non plus pourquoi le comte veut mourir sans être justifié, lui qui se croit entièrement innocent. On ne voit pas pourquoi, étant calomnié par les prétendus faussaires, Cecil et Raleigh, qu'il déteste, il n'instruit pas la reine du crime de faux qu'il leur impute. Comment se peut-il qu'un homme si fier, pouvant d'un mot se venger des ennemis qui l'écrasent, néglige de dire ce mot? Cela n'est pas dans la nature. Aime-t-il assez la duchesse d'Irton? est-il assez furieux, est-il assez enivré de sa passion, pour déclarer qu'il aime mieux être décapité que de vivre sans elle? Il aurait donc fallu lui donner dans la pièce toutes les fureurs de l'amour, qu'il n'a pas eues. L'excès de la passion peut excuser tout ; et si le comte d'Essex était un jeune homme, comme le Ladislas de Rotrou, toujours emporté par un amour violent, il ferait un très-grand effet. Il fait paraître au moins quelques touches, quelques nuances légères de ces grands traits nécessaires à la vraie tragédie, et par là il peut intéresser. C'est un crayon faible et peu correct ; mais c'est le crayon de ce qui affecte le plus le cœur humain. (V.)

Nulle félicité n'eût égalé la nôtre :
Le ciel y met obstacle, elle vit pour un autre ;
Un autre a tout le bien que je crus acquérir ;
L'hymen le rend heureux : c'est à moi de mourir.

SALSBURY.

Ah ! si, pour satisfaire à cette injuste envie,
Il vous doit être doux d'abandonner la vie,
Perdez-la : mais au moins que ce soit en héros ;
Allez de votre sang faire rougir les flots,
Allez dans les combats où l'honneur vous appelle ;
Cherchez, suivez la gloire, et périssez pour elle.
C'est là qu'à vos pareils il est beau d'affronter
Ce qu'ailleurs le plus ferme a lieu de redouter.

LE COMTE D'ESSEX.

Quand contre un monde entier armé pour ma défaite
J'irais seul défier la mort que je souhaite,
Vers elle j'aurais beau m'avancer sans effroi,
Je suis si malheureux qu'elle fuirait de moi.
Puisqu'ici sûrement elle m'offre son aide,
Pourquoi de mes malheurs différer le remède ?
Pourquoi, lâche et timide, arrêtant le courroux...

SCÈNE IV.

SALSBURY, LE COMTE D'ESSEX, LA
DUCHESSE, SUITE DE LA DUCHESSE.

SALSBURY.

Venez, venez, madame, on a besoin de vous[1].
Le comte veut périr ; raison, justice, gloire,
Amitié, rien ne peut l'obliger à me croire.
Contre son désespoir si vous vous déclarez,
Il cédera, sans doute, et vous triompherez.

---

[1] Un héros condamné, un ami qui le pleure ; une maîtresse qui se désespère, forment un tableau bien touchant. Il y manque le coloris. Que cette scène eût été belle, si elle avait été bien traitée ! Préparez quand vous voulez toucher. N'interrompez jamais les assauts que vous livrez au cœur. Voilà le comte d'Essex qui veut mourir, parce qu'il ne peut vivre avec la duchesse d'Irton ; il lui dit :

Mais vivre, et voir sans cesse un rival odieux.
Ah ! madame, à ce nom je deviens furieux.

Ce sont là de bien mauvais vers, il est vrai. Il ne faut pas dire *je deviens furieux* ; il faut faire voir qu'on l'est. Mais si cet Essex avait, dans les premiers actes, parlé en effet avec fureur de ce rival *odieux* ; s'il avait été *furieux* en effet ; si l'amour emporté et tragique avait déployé en lui tous les sentiments de cette passion fatale ; si la duchesse les avait partagés, que de beautés alors, que d'intérêt, et que de larmes ! Mais ce n'est que par manière d'acquit qu'ils parlent de leurs amours. Ne passez point ainsi d'un objet à un autre, si vous voulez toucher. Cette interruption est nécessaire dans l'histoire, admise dans le poëme épique, dont la longueur exige de la variété ; réprouvée dans la tragédie, qui ne doit présenter qu'un objet, quoique résultant de plusieurs objets ; qu'une passion dominante, qu'un intérêt principal. L'unité en tout y est une loi fondamentale. (V.)

Désarmez sa fierté, la victoire est facile ;
Accablé d'un arrêt qu'il peut rendre inutile,
Je vous laisse avec lui prendre soin de ses jours,
Et cours voir s'il n'est point ailleurs d'autres secours.
(*Il sort.*)

LE COMTE D'ESSEX.

Quelle gloire, madame, et combien doit l'envie
Se plaindre du bonheur des restes de ma vie,
Puisque avant que je meure on me souffre en ce lieu
La douceur de vous voir, et de vous dire adieu !
Le destin qui m'abat n'eût osé me poursuivre,
Si le ciel m'eût pour vous rendu digne de vivre.
Ce malheur me fait seul mériter le trépas,
Il en donne l'arrêt, je n'en murmure pas ;
Je cours l'exécuter, quelque dur qu'il puisse être,
Trop content si ma mort vous fait assez connaître
Que jusques à ce jour jamais cœur enflammé
N'avait en se donnant si fortement aimé.

LA DUCHESSE.

Si cet amour fut tel que je l'ai voulu croire,
Je le connaîtrai mieux quand, tout à votre gloire,
Dérobant votre tête à vos persécuteurs,
Vous vivrez redoutable à d'infâmes flatteurs.
C'est par le souvenir d'une ardeur si parfaite
Que, tremblant des périls où mon malheur vous jette,
J'ose vous demander, dans un si juste effroi,
Que vous sauviez des jours que j'ai comptés à moi.
Douceur trop peu goûtée, et pour jamais finie !
J'en faisais vanité ; le ciel m'en a punie.
Sa rigueur s'étudie assez à m'accabler,
Sans que la vôtre encor cherche à la redoubler.

LE COMTE D'ESSEX.

De mes jours, il est vrai, l'excès de ma tendresse
En vous les consacrant vous rendit la maîtresse :
Je vous donnai sur eux un pouvoir absolu,
Et vous l'auriez encor si vous l'aviez voulu.
Mais, dans une disgrâce en mille maux fertile,
Qu'ai-je à faire d'un bien qui vous est inutile ?
Qu'ai-je à faire d'un bien que le choix d'un époux
Ne vous laissera plus regarder comme à vous ?
Je l'aimais pour vous seule ; et votre hymen funeste
Pour prolonger ma vie en a détruit le reste.
Ah ! madame, quel coup ! Si je ne puis souffrir
L'injurieux pardon qu'on s'obstine à m'offrir,
Ne dites point, hélas ! que j'ai l'âme trop fière ;
Vous m'avez à la mort condamné la première ;
Et refusant ma grâce, amant infortuné,
J'exécute l'arrêt que vous avez donné.

LA DUCHESSE.

Cruel ! est-ce donc peu qu'à moi-même arrachée,
A vos seuls intérêts je me sois attachée ?
Pour voir jusqu'où sur moi s'étend votre pouvoir,
Voulez-vous triompher encor de mon devoir ?

Il chancelle, et je sens qu'en ses rudes alarmes
Il ne peut mettre obstacle à de honteuses larmes,
Qui, de mes tristes yeux s'apprêtant à couler,
Auront pour vous fléchir plus de force à parler.
Quoiqu'elles soient l'effet d'un sentiment trop tendre,
Si vous en profitez, je veux bien les répandre.
Par ces pleurs, que peut-être en ce funeste jour
Je donne à la pitié beaucoup moins qu'à l'amour;
Par ce cœur pénétré de tout ce que la crainte
Pour l'objet le plus cher y peut porter d'atteinte;
Enfin, par ces serments tant de fois répétés
De suivre aveuglément toutes mes volontés,
Sauvez-vous, sauvez-moi du coup qui me menace.
Si vous êtes soumis, la reine vous fait grâce;
Sa bonté, qu'elle est prête à vous faire éprouver,
Ne veut...

LE COMTE D'ESSEX.

Ah! qui vous perd n'a rien à conserver.
Si vous aviez flatté l'espoir qui m'abandonne,
Si n'étant point à moi, vous n'étiez à personne,
Et qu'au moins votre amour moins cruel à mes feux
M'eût épargné l'horreur de voir un autre heureux,
Pour vous garder ce cœur où vous seule avez place,
Cent fois, quoique innocent, j'aurais demandé grâce.
Mais vivre, et voir sans cesse un rival odieux...
Ah! madame, à ce nom je deviens furieux :
De quelque emportement si ma rage est suivie,
Il peut être permis à qui sort de la vie.

LA DUCHESSE.

Vous sortez de la vie! Ah! si ce n'est pour vous,
Vivez pour vos amis, pour la reine, pour tous;
Vivez pour m'affranchir d'un péril qui m'étonne;
Si c'est peu de prier, je le veux, je l'ordonne.

LE COMTE D'ESSEX.

Cessez en l'ordonnant, cessez de vous trahir;
Vous m'estimeriez moins, si j'osais obéir :
Je n'ai pas mérité le revers qui m'accable;
Mais je meurs innocent, et je vivrais coupable. [lieux
Toujours plein d'un amour dont sans cesse en tous
Le triste accablement paraîtrait à vos yeux,
Je tâcherais d'ôter votre cœur, vos tendresses,
A l'heureux... Mais pourquoi ces indignes faiblesses?
Voyons, voyons, madame, accomplir sans effroi
Les ordres que le ciel a donnés contre moi :
S'il souffre qu'on m'immole aux fureurs de l'envie,
Du moins il ne peut voir de tache dans ma vie :
Tout le temps qu'à mes jours il avait destiné,
C'est vous et mon pays à qui je l'ai donné.
Votre hymen, des malheurs pour moi le plus insigne,
M'a fait voir que de vous je n'ai pas été digne,
Que j'eus tort quand j'osai prétendre à votre foi :
Et mon ingrat pays est indigne de moi.
J'ai prodigué pour lui cette vie, il me l'ôte;
Un jour, peut-être, un jour il connaîtra sa faute;

Il verra par les maux qu'on lui fera souffrir...
(*Crommer paraît avec de la suite.*)
Mais, madame, il est temps que je songe à mourir;
On s'avance, et je vois sur ces tristes visages
De ce qu'on veut de moi de pressants témoignages.
Partons, me voilà prêt. Adieu, madame : il faut,
Pour contenter la reine, aller sur l'échafaud.

LA DUCHESSE.

Sur l'échafaud! Ah, ciel! quoi! pour toucher votre âme
La pitié.... Soutiens-moi....

LE COMTE D'ESSEX.

Vous me plaignez, madame!
Veuille le juste ciel, pour prix de vos bontés,
Vous combler et de gloire et de prospérités,
Et répandre sur vous tout l'éclat qu'à ma vie,
Par un arrêt honteux, ôte aujourd'hui l'envie!
Avancez, je vous suis. [1] Prenez soin de ses jours;
L'état où je la laisse a besoin de secours.

ACTE CINQUIÈME.

SCÈNE PREMIÈRE.

ÉLISABETH, TILNEY.

ÉLISABETH.

L'approche de la mort n'a rien qui l'intimide!
Prêt à sentir le coup il demeure intrépide!
Et l'ingrat dédaignant mes bontés pour appui [2],
Peut ne s'étonner pas quand je tremble pour lui!
Ciel!... Mais, en lui parlant, as-tu bien su lui peindre
Et tout ce que je puis, et tout ce qu'il doit craindre?
Sait-il quels durs ennuis mon triste cœur ressent?
Que dit-il?

TILNEY.

Que toujours il vécut innocent,
Et que si l'imposture a pu se faire croire,
Il aime mieux périr que de trahir sa gloire.

ÉLISABETH.

Aux dépens de la mienne, il veut, le lâche, il veut [3]

---

[1] Il parle à une suivante de la duchesse.
(*Note de l'auteur.*)
[2] Elle se plaint toujours, et en mauvais vers, de cet ingrat qui dédaigne ses bontés pour appui, et qui ne veut pas demander pardon. C'est toujours le même sentiment sans aucune variété. Ce n'est pas là sans doute où l'unité est une perfection. Conservez l'unité dans le caractère, mais variez-la par mille nuances, tantôt par des soupçons, par des craintes, par des espérances, par des réconciliations et des ruptures, tantôt par un incident qui donne à tout une face nouvelle. (V.)
[3] Elle appelle deux fois *lâche* cet homme si fier. Elle voulait, dit-elle, pour se faire aimer, l'envoyer à l'échafaud, seulement

Montrer que sur sa reine il connaît ce qu'il peut.
De cent crimes nouveaux fût sa fierté suivie,
Il sait que mon amour prendra soin de sa vie.
Pour vaincre son orgueil prompte à tout employer,
Jusque sur l'échafaud je voulais l'envoyer,
Pour dernière espérance essayer ce remède :
Mais la honte est trop forte, il vaut mieux que je cède,
Que sur moi, sur ma gloire, un changement si prompt
D'un arrêt mal donné fasse tomber l'affront.
Cependant, quand pour lui j'agis contre moi-même,
Pour qui le conserver? pour la duchesse? Il l'aime.

TILNEY.
La duchesse?

ÉLISABETH.
Oui, Suffolk fut un nom emprunté
Pour cacher un amour qui n'a point éclaté.
La duchesse l'aima, mais sans m'être infidèle,
Son hymen l'a fait voir : je ne me plains point d'elle.
Ce fut pour l'empêcher, que, courant au palais,
Jusques à la révolte il poussa ses projets.
Quoique l'emportement ne fût pas légitime,
L'ardeur de s'élever n'eut point de part au crime;
Et l'Irlandais par lui, dit-on, favorisé,
L'a pu rendre suspect d'un accord supposé.
Il a des ennemis, l'imposture a ses ruses;
Et quelquefois l'envie... Ah! faible, tu l'excuses !
Quand aucun attentat n'aurait noirci sa foi,
Qu'il serait innocent, peut-il l'être pour toi?
N'est-il pas, n'est-il pas ce sujet téméraire [1]
Qui, faisant son malheur d'avoir trop su te plaire,
S'obstine à préférer une honteuse fin
Aux honneurs dont ta flamme eût comblé son destin?
C'en est trop; puisqu'il aime à périr, qu'il périsse.

SCÈNE II.
ÉLISABETH, TILNEY, LA DUCHESSE.

LA DUCHESSE.
Ah! grâce pour le comte! on le mène au supplice.

ÉLISABETH.
Au supplice?

LA DUCHESSE.
Oui, madame; et je crains bien, hélas!
Que ce moment ne soit celui de son trépas.

ÉLISABETH, à Tilney.
Qu'on l'empêche : cours, vole et fais qu'on le ramène.
Je veux, je veux qu'il vive [1]. Enfin, superbe reine,
Son invincible orgueil te réduit à céder!
Sans qu'il demande rien, tu veux tout accorder!
Il vivra, sans qu'il doive à la moindre prière
Ces jours qu'il n'emploira qu'à te rendre moins fière,
Qu'à te faire mieux voir l'indigne abaissement
Où te porte un amour qu'il brave impunément!
Tu n'es plus cette reine autrefois grande, auguste :
Ton cœur s'est fait esclave; obéis, il est juste [2].
Cessez de soupirer, duchesse, je me rends.
Mes bontés de ses jours vous sont de sûrs garants.
C'est fait, je lui pardonne.

LA DUCHESSE.
Ah! que je crains, madame,
Que son malheur trop tard ait attendri votre âme!
Une secrète horreur me le fait pressentir.
J'étais dans la prison, d'où je l'ai vu sortir;
La douleur, qui des sens m'avait ôté l'usage,
M'a du temps près de vous fait perdre l'avantage;
Et ce qui doit surtout augmenter mon souci,
J'ai rencontré Coban à quelques pas d'ici.
De votre cabinet, quand je me suis montrée,
Il a presque voulu me défendre l'entrée.
Sans doute il n'était là qu'afin de détourner
Les avis qu'il a craint qu'on ne vous vînt donner.
Il hait le comte, et prête au parti qui l'accable
Contre ce malheureux un secours redoutable.
On vous aura surprise; et telle est de mon sort...

ÉLISABETH.
Ah! si ses ennemis avaient hâté sa mort,
Il n'est ressentiment, ni vengeance assez prompte
Qui me pût...

SCÈNE III.
ÉLISABETH, LA DUCHESSE, CÉCILE.

ÉLISABETH.
Approchez : qu'avez-vous fait du comte?
On le mène à la mort, m'a-t-on dit.

---

pour lui faire peur; c'est là un excellent moyen d'inspirer de la tendresse. (V.)

[1] Que le mot propre est nécessaire! et que sans lui tout languit ou révolte! Peut-on appeler sujet téméraire un homme qui ne peut avoir de l'amour pour une vieille reine? Le dégoût est-il une témérité? Essex est téméraire d'ailleurs, mais non pas en amour, non pas parce qu'il aime mieux mourir que d'aimer la reine. Ces répétitions, *n'est-il pas, n'est-il pas,* ne doivent être employées que bien rarement, et dans les cas où la passion effrénée s'occupe de quelque grande image. (V.)

[1] Si l'arrêt est donné, va dire qu'on diffère;
Que l'on attende encor ma volonté dernière,
Et qu'on ne hâte point cette exécution,
Qu'on ne soit assuré de mon intention.
Quoi qu'il ait entrepris, et quoi qu'il m'en arrive,
Quoi qu'il ait conspiré, je veux, je veux qu'il vive.
LA CALPRENÈDE, Acte IV, sc. I.

[2] Ce vers est parfait, et ce retour de l'indignation à la clémence est bien naturel. C'est une belle péripétie, une belle fin de tragédie, quand on passe de la crainte à la pitié, de la rigueur au pardon, et qu'ensuite on retombe, par un accident nouveau, mais vraisemblable, dans l'abîme dont on vient de sortir. (V.)

LE COMTE D'ESSEX, ACTE V, SCÈNE IV.

CÉCILE.

Son trépas
Importe à votre gloire ainsi qu'à vos États ;
Et l'on ne peut trop tôt prévenir par sa peine
Ceux qu'un appui si fort à la révolte entraîne.

ÉLISABETH.

Ah ! je commence à voir que mon seul intérêt
N'a pas fait l'équité de ce cruel arrêt. [donne,
Quoi ! l'on sait que, tremblante à souffrir qu'on le
Je ne veux qu'éprouver si sa fierté s'étonne ;
C'est moi sur cet arrêt que l'on doit consulter ;
Et, sans que je le signe, on l'ose exécuter [1] !
Je viens d'envoyer l'ordre afin que l'on arrête ;
S'il arrive trop tard, on paîra de sa tête :
Et de l'injure faite à ma gloire, à l'État,
D'autre sang, mais plus vil, expîra l'attentat [2].

CÉCILE.

Cette perte pour vous sera d'abord amère ;
Mais vous verrez bientôt qu'elle était nécessaire.

ÉLISABETH.

Qu'elle était nécessaire ! Otez-vous de mes yeux,
Lâche, dont j'ai trop cru l'avis pernicieux.
La douleur où je suis ne peut plus se contraindre :
Le comte par sa mort vous laisse tout à craindre ;
Tremblez pour votre sang, si l'on répand le sien.

CÉCILE.

Ayant fait mon devoir, je puis ne craindre rien,
Madame ; et quand le temps vous aura fait connaître
Qu'en punissant le comte on n'a puni qu'un traître,
Qu'un sujet infidèle...

ÉLISABETH.

Il était moins que toi,
Qui, t'armant contre lui, t'es armé contre moi.
J'ouvre trop tard les yeux pour voir ton entreprise.
Tu m'as par tes conseils honteusement surprise :
Tu m'en feras raison.

CÉCILE.

Ces violents éclats...

ÉLISABETH.

Va, sors de ma présence, et ne réplique pas.

SCÈNE IV.

ÉLISABETH, LA DUCHESSE.

ÉLISABETH.

Duchesse, on m'a trompée ; et mon âme interdite
Veut en vain s'affranchir de l'horreur qui l'agite.
Ce que je viens d'entendre explique mon malheur.
Ces témoins écoutés avec tant de chaleur,
L'arrêt sitôt rendu, cette peine si prompte,
Tout m'apprend, me fait voir l'innocence du comte ;
Et, pour joindre à mes maux un tourment infini,
Peut-être je l'apprends après qu'il est puni. [peine,
Durs, mais trop vains remords ! pour commencer ma
Traitez-moi de rivale, et croyez votre haine ;
Condamnez, détestez ma barbare rigueur :
Par mon aveugle amour je vous coûte son cœur ;
Et mes jaloux transports, favorisant l'envie,
Peut-être encore, hélas ! vous coûteront sa vie.

---

[1] C'est ce qui peut arriver en France, où les cours de justice sont en possession, depuis longtemps, de faire exécuter les citoyens sans en avertir le souverain, selon l'ancien usage qui subsiste encore dans presque toute l'Europe ; mais c'est ce qui n'arrive jamais en Angleterre ; il faut absolument ce qu'on appelle le *death-warrant*, (la garantie de mort.) La signature du monarque est indispensable, et il n'y a pas un seul exemple du contraire, excepté dans les temps de trouble où le souverain n'était pas reconnu. C'est un fait public qu'Élisabeth signa l'arrêt rendu par les pairs contre le comte d'Essex. Le droit de la fiction ne s'étend pas jusqu'à contredire sur le théâtre les lois d'une nation si voisine de nous, et surtout la loi la plus sage, la plus humaine, qui laisse à la clémence le temps de désarmer la sévérité, et quelquefois l'injustice. (V.)

[2] Le sang de Cecil n'était point vil ; mais enfin on peut le supposer, et la faute est légère. Cette injure faite à la mémoire d'un très-grand ministre peut se pardonner. Il est permis à l'auteur de représenter Élisabeth égarée, qui permet tout à sa douleur. C'est à peu près la situation d'Hermione qui a demandé vengeance, et qui est au désespoir d'être vengée. Mais que cette imitation est faible ! qu'elle est dépourvue de passion, d'éloquence, et de génie ! Tout est animé dans le cinquième acte où Racine présente Hermione furieuse d'avoir été obéie ; tout est languissant dans Élisabeth. Il n'y a rien de plus sublime et de plus passionné tout ensemble que la réponse d'Hermione, *Qui te l'a dit ?* Aussi Hermione a-t-elle été vivement agitée d'amour, de jalousie et de colère pendant toute la pièce. Élisabeth a été un peu froide. Sans cette chaleur que la seule nature donne aux véritables poëtes, il n'y a point de bonne tragédie. Tout ce qu'on peut dire de l'*Essex* de Thomas Corneille, c'est que la pièce est médiocre, et par l'intrigue, et par le style ; mais il y a quelque intérêt, quelques vers heureux ; et on l'a joué longtemps sur le même théâtre où l'on représentait *Cinna* et *Andromaque*. Les acteurs, et surtout ceux de province, aimaient à faire le rôle du comte d'Essex, à paraître avec une jarretière brodée au-dessus du genou, et un grand ruban bleu en bandoulière. Le comte d'Essex, donné pour un héros du premier ordre, persécuté par l'envie, ne laisse pas d'en imposer. Enfin le nombre des bonnes tragédies est si petit chez toutes les nations du monde, que celles qui ne sont pas absolument mauvaises attirent toujours des spectateurs quand de bons acteurs les font valoir. On a fait environ mille tragédies depuis Mairet et Rotrou. Combien en est-il resté qui puissent avoir le sceau de l'immortalité, et qu'on puisse citer comme des modèles ? Il n'y en a pas une vingtaine. Nous avons une collection intitulée : *Recueil des meilleures pièces de théâtre, en douze volumes* ; et dans ce recueil on ne trouve que le seul *Venceslas* qu'on représente encore, en faveur de la première scène et du quatrième acte, qui sont en effet de très-beaux morceaux. Tant de pièces, ou refusées au théâtre depuis cent ans, ou qui n'y ont paru qu'une ou deux fois, ou qui n'ont point été imprimées, ou qui l'ayant été sont oubliées, prouvent assez la prodigieuse difficulté de cet art. Il faut rassembler dans un même lieu, une même journée, des hommes et des femmes au-dessus du commun, qui, par des intérêts divers, concourent à un même intérêt, à une même action. Il faut intéresser des spectateurs de tout rang et de tout âge, depuis la première scène jusqu'à la dernière ; tout doit être écrit en vers, sans qu'on puisse s'en permettre ni de durs, ni de plats, ni de forcés, ni d'obscurs. (V.)

SCÈNE V.

ÉLISABETH, LA DUCHESSE, TILNEY.

ÉLISABETH.

Quoi! déjà de retour! As-tu tout arrêté?
A-t-on reçu mon ordre? est-il exécuté?

TILNEY.

Madame...

ÉLISABETH.

Tes regards augmentent mes alarmes.
Qu'est-ce donc? qu'a-t-on fait?

TILNEY.

Jugez-en par mes larmes.

ÉLISABETH.

Par tes larmes! Je crains le plus grand des malheurs.
Ma flamme t'est connue, et tu verses des pleurs!
Aurait-on, quand l'amour veut que le comte obtienne...
Ne m'apprends point sa mort, si tu ne veux la mienne.
Mais d'une âme égarée inutile transport!
C'en sera fait, sans doute?

TILNEY.

Oui, madame.

ÉLISABETH.

Il est mort!
Et tu l'as pu souffrir?

TILNEY.

Le cœur saisi d'alarmes,
J'ai couru; mais partout je n'ai vu que des larmes.
Ses ennemis, madame, ont tout précipité :
Déjà ce triste arrêt était exécuté;
Et sa perte, si dure à votre âme affligée,
Permise malgré vous, ne peut qu'être vengée.

ÉLISABETH.

Enfin ma barbarie en est venue à bout!
Duchesse, à vos douleurs je dois permettre tout.
Plaignez-vous, éclatez : ce que vous pourrez dire
Peut-être avancera la mort que je désire.

LA DUCHESSE.

Je cède à la douleur, je ne puis le céler;
Mais mon cruel devoir me défend de parler; [mes
Et, comme il m'est honteux de montrer par mes lar-
Qu'en vain de mon amour il combattait les charmes,
Je vais pleurer ailleurs, après ces rudes coups,
Ce que je n'ai perdu que par vous, et pour vous.

SCÈNE VI.

ÉLISABETH, SALSBURY, TILNEY.

ÉLISABETH.

Le comte ne vit plus! O reine! injuste reine!
Si ton amour le perd, qu'eût pu faire ta haine?
Non, le plus fier tyran, par le sang affermi...
(*Le comte de Salsbury entre.*)
Eh bien, c'en est donc fait! vous n'avez plus d'ami!

SALSBURY.

Madame, vous venez de perdre dans le comte
Le plus grand...

ÉLISABETH.

Je le sais, et le sais à ma honte.
Mais si vous avez cru que je voulais sa mort,
Vous avez de mon cœur mal connu le transport.
Contre moi, contre tous, pour lui sauver la vie,
Il fallait tout oser; vous m'eussiez bien servie.
Et ne jugiez-vous pas que ma triste fierté
Mendiait pour ma gloire un peu de sûreté?
Votre faible amitié ne l'a pas entendue;
Vous l'avez laissé faire, et vous m'avez perdue.
Me faisant avertir de ce qui s'est passé,
Vous nous sauviez tous deux.

SALSBURY.

Hélas! qui l'eût pensé?
Jamais effet si prompt ne suivit la menace.
N'ayant pu le résoudre à vous demander grâce,
J'assemblais ses amis pour venir à vos pieds, [biez,
Vous montrer par sa mort dans quels maux vous tom-
Quand mille cris confus nous sont un sûr indice
Du dessein qu'on a pris de hâter son supplice.
Je dépêche aussitôt vers vous de tous côtés.

ÉLISABETH.

Ah! le lâche Coban les a tous arrêtés.
Je vois la trahison.

SALSBURY.

Pour moi, sans me connaître,
Tout plein de ma douleur, n'en étant plus le maître,
J'avance et cours vers lui d'un pas précipité.
Au pied de l'échafaud je le trouve arrêté.
Il me voit, il m'embrasse; et, sans que rien l'étonne,
« Quoiqu'à tort, me dit-il, la reine me soupçonne,
« Voyez-la de ma part, et lui faites savoir
« Que rien n'ayant jamais ébranlé mon devoir,
« Si contre ses bontés j'ai fait voir quelque audace,
« Ce n'est point par fierté que j'ai refusé grâce.
« Las de vivre, accablé des plus mortels ennuis,
« En courant à la mort, ce sont eux que je fuis;
« Et s'il m'en peut rester quand je l'aurai soufferte,
« C'est de voir que, déjà triomphant de ma perte,
« Mes lâches ennemis lui feront éprouver... »
On ne lui donne pas le loisir d'achever :
On veut sur l'échafaud qu'il paraisse. Il y monte;
Comme il se dit sans crime, il y paraît sans honte;
Et, saluant le peuple, il le voit tout en pleurs
Plus vivement que lui ressentir ses malheurs.
Je tâche cependant d'obtenir qu'on diffère
Tant que vous ayez su ce que l'on ose faire.
Je pousse mille cris pour me faire écouter;

Mes cris hâtent le coup que je pense arrêter.
Il se met à genoux ; déjà le fer s'apprête ;
D'un visage intrépide il présente sa tête,
Qui du tronc séparée...

ÉLISABETH.

Ah! ne dites plus rien :
Je le sens, son trépas sera suivi du mien [1].
Fière de tant d'honneurs, c'est par lui que je règne [2] ;
C'est par lui qu'il n'est rien où ma grandeur n'atteigne ;
Par lui, par sa valeur, ou tremblants, ou défaits,
Les plus grands potentats m'ont demandé la paix ;
Et j'ai pu me résoudre... Ah ! remords inutile !
Il meurt, et par toi seule, ô reine trop facile !
Après que tu dois tout à ses fameux exploits,
De son sang pour l'État répandu tant de fois,
Qui jamais eût pensé qu'un arrêt si funeste
Dût sur un échafaud faire verser le reste?
Sur un échafaud, ciel ! quelle horreur ! quel revers !
Allons, comte ; et du moins aux yeux de l'univers
Faisons que d'un infâme et rigoureux supplice
Les honneurs du tombeau réparent l'injustice.
Si le ciel à mes vœux peut se laisser toucher,
Vous n'aurez pas longtemps à me le reprocher [3].

---

[1] Oui, je l'ai trop appris ; et de quelque faiblesse
Que ton affection condamne ma tristesse,
Sache que mon esprit est déjà résolu
A souffrir le trépas que lui-même a voulu.
LA CALPRENÈDE, Acte V, scène ii.

[2] Rien ne prouve mieux l'ignorance où le public était alors de l'histoire de ses voisins. Il ne serait pas permis aujourd'hui de dire qu'Élisabeth régnait par le comte d'Essex, qui venait de laisser détruire honteusement en Irlande la seule armée qu'on lui eût jamais confiée. Il n'y a guère rien de plus mauvais que la dernière tirade d'Elisabeth : *Les plus grands potentats par Essex tremblants lui ont demandé la paix, après qu'elle doit tout à ses fameux exploits, Qui eût jamais pensé qu'il dût mourir sur un échafaud? Quel revers!* On voit assez que ces froides réflexions font tout languir ; mais le dernier vers est fort beau, parce qu'il est touchant et passionné. (V.)

[3] Dans le plan de l'auteur, le comte d'Essex est évidemment coupable, sinon de conspiration contre l'État, au moins d'une révolte ouverte, puisqu'il a soulevé le peuple et attaqué le palais les armes à la main. Il n'y a point de monarchie où ce ne soit un crime capital : comment donc peut-il parler sans cesse de son innocence ? Il prétend, il est vrai, n'avoir eu d'autre projet que d'empêcher le mariage d'Henriette sa maîtresse avec le duc d'Irton ; mais outre qu'on ne voit pas bien que ce soulèvement pût empêcher le mariage, lui-même se croit obligé, pour l'honneur de la duchesse d'Irton, de cacher les motifs de son entreprise ; la reine les ignore : personne n'en est instruit, excepté son confident Salsbury. Pourquoi donc, criminel dans le fait, et tout au plus excusable dans l'intention qu'on ne sait pas, tient-il le langage altier d'un homme qui serait irréprochable ? Pourquoi s'obstiner à ne pas demander à la reine le pardon d'une faute réelle ? Pourquoi dire que cette démarche, la seule qu'Élisabeth exige de lui, le perdrait d'honneur ? Il n'y a que l'innocence qui puisse se déshonorer en demandant grâce ; mais pour lui tout l'oblige à la demander quand on veut bien la lui promettre. C'est pourtant cette faute essentielle qui fait le nœud de la pièce : l'auteur l'a palliée jusqu'à un certain point, non pas aux yeux des connaisseurs, mais du moins à ceux de la multitude, en supposant une cabale acharnée contre Essex, et qui lui prête des complots qu'il n'a point formés, des intelligences criminelles qu'il n'a pas, des lettres qu'il n'a point écrites ; tandis que d'un autre côté on nous entretient continuellement des grands services qu'il a rendus, des grandes obligations que lui a l'Angleterre et qu'Élisabeth elle-même avoue. Ce tableau en impose et produit une sorte d'illusion qui fait oublier qu'il était bien plus simple que ses ennemis se bornassent au seul attentat qu'il ne peut pas désavouer, et qui suffit pour sa condamnation. Mais s'il a tort de se refuser avec tant de hauteur à recourir à la clémence de la reine, on ne voit pas mieux pourquoi, dans les dispositions où elle est à son égard, elle s'obstine aussi à exiger qu'il demande grâce, et à faire dépendre de cette soumission la vie d'un sujet qu'elle aime, et l'honneur de sa couronne. En quoi cet honneur serait-il compromis, dans le cas où le souvenir des services du comte la déterminerait à oublier sa faute ? Ce motif n'est-il pas suffisant, et a-t-il quelque chose qui dégrade la souveraineté ? L'intrigue n'est donc appuyée que sur des ressorts faux qui amènent des déclamations. Voilà ce que la critique ne peut excuser dans cet ouvrage ; mais en même temps elle avoue que le rôle du comte d'Essex, tel que le poëte l'a présenté, ne laisse pas d'avoir de l'intérêt. Nous avons vu ce qu'il est aux yeux de la raison ; il est juste de montrer sous quels rapports il parvient quelquefois à toucher le cœur. C'est l'amour seul, et un amour malheureux, qui lui a fait commettre une faute, et la haine en profite pour le perdre, en y joignant des attentats supposés. Sous ce point de vue, sa disgrâce est d'autant plus digne de pitié, que la conduite de ses ennemis excite plus d'indignation. La délicatesse qui l'empêche d'avouer que son amour pour la duchesse d'Irton est la seule cause de son imprudente révolte, sert encore à le rendre intéressant ; c'est une scène touchante, que celle où la duchesse prend le parti de révéler sa faiblesse à Élisabeth, et la passion que le comte a pour elle. Cette même Élisabeth, qui d'abord ne paraît sa rivale que lorsqu'elle veut absolument qu'Essex l'aime sans aucune espérance, nous émeut et nous attendrit quand elle dit à sa rivale :

Duchesse, c'en est fait : qu'il vive, j'y consens...

Enfin, les spectateurs se prêtent à l'idée qu'on leur donne du comte d'Essex, plaignent en lui l'abaissement d'une grande fortune, une disgrâce qu'on leur fait paraître injuste et cruelle, et qui est supportée avec un grand courage. La pitié a donc fait réussir cet ouvrage, malgré les défauts du plan et la faiblesse du style, et rien ne prouve mieux combien ce ressort est puissant, puisque, même avec une exécution si médiocre, il peut racheter tant de fautes. (LA H.)

FIN DU COMTE D'ESSEX.

DISCOURS, LETTRES, ETC.

DISCOURS ACADÉMIQUES.

I[1].

Messieurs,

J'ai souhaité avec tant d'ardeur l'honneur que je reçois aujourd'hui, et mes empressements à vous le demander vous l'ont marquée en tant de rencontres, que vous ne pouvez douter que je ne le regarde comme une chose qui, en remplissant tous mes désirs, me met en état de n'en plus former. En effet, messieurs, jusqu'où pourrait aller mon ambition, si elle n'était pas entièrement satisfaite? M'accorder une place parmi vous, c'est me la donner dans la plus illustre compagnie où les belles-lettres aient jamais ouvert l'entrée.

Pour bien concevoir de quel prix elle est, je n'ai qu'à jeter les yeux sur tant de grands hommes : élevés aux premières dignités de l'Église et de la robe, comblés des honneurs du ministère, la splendeur de la naissance, l'élévation du rang, tout cela n'a pu leur persuader que rien ne manquait à leur mérite. Ils en ont cherché l'accomplissement dans les avantages que l'esprit peut procurer à ceux en qui l'on voit les rares talents, qui sont votre heureux partage; et pour perfectionner ce qui les mettait au-dessus de vous, ils font gloire de vous demander des places qui vous égalent à eux. Mais, messieurs, il n'y a point lieu d'en être surpris. On aspire naturellement à s'acquérir l'immortalité, et où peut-on plus sûrement l'acquérir que dans une compagnie où toutes les belles connaissances se trouvent ramassées, pour communiquer à ceux qui ont l'honneur d'y entrer ce qu'elles ont de solide, de délicat et de digne d'être su? car, dans les sciences même, il y a des choses qu'on peut négliger comme inutiles, et je ne sais si ce n'est point un défaut dans un savant homme que

[1] Prononcé le 2 janvier 1685 devant l'Académie française, qui venait de recevoir Th. Corneille à la place de son frère, mort le 1ᵉʳ octobre de l'année précédente.

de l'être trop. Plusieurs de ceux à qui l'on donne ce nom ne doivent peut-être qu'au bonheur de leur mémoire ce qui les met au rang des savants. Ils ont beaucoup lu; ils ont travaillé à s'imprimer fortement tout ce qu'ils ont lu, et chargés de l'indigeste et confus amas de ce qu'ils ont retenu sur chaque matière, ce sont des bibliothèques vivantes, prêtes à fournir diverses recherches sur tout ce qui peut tomber en dispute; mais ces richesses, semées dans un fonds qui ne produit rien de soi, les laissent souvent dans l'indigence. Aucune lumière qui vienne d'eux ne débrouille ce chaos. Ils disent de grandes choses qui ne leur coûtent que la peine de les dire, et, avec tout leur savoir étranger, on pourrait avoir sujet de demander s'ils ont de l'esprit.

Ce n'est point, messieurs, ce qu'on trouve parmi vous. La plus profonde érudition s'y rencontre, mais dépouillée de ce qu'elle a ordinairement d'épineux et de sauvage. La philosophie, la théologie, l'éloquence, la poésie, l'histoire, et les autres connaissances qui font éclater les dons que l'esprit reçoit de la nature, vous les possédez dans ce qu'elles ont de plus sublime; tout vous en est familier; vous les maniez comme il vous plaît, mais en grands maîtres, toujours avec agrément, toujours avec politesse; et si dans les chefs-d'œuvre qui partent de vous, et qui sont les modèles les plus parfaits qu'on se puisse proposer dans toute sorte de genre d'écrire, vous tirez quelque utilité de vos lectures, si vous vous servez de quelques pensées des auteurs pour mettre les vôtres dans un plus beau jour, ces pensées tiennent toujours plus de vous que de ceux qui vous les prêtent, vous trouvez moyen de les embellir par le tour heureux que vous leur donnez. Ce sont, à la vérité, des diamants; mais vous les taillez, vous les enchâssez avec tant d'art, que la manière de les mettre en œuvre passe tout le prix qu'ils ont d'eux-mêmes.

Si des excellents ouvrages dont chacun de vous grossit la matière selon son génie particulier, je viens à ce grand et laborieux travail qui fait le sujet de vos assemblées, et pour lequel vous unissez tous les jours vos soins, quelles louanges, messieurs, ne doit-on pas vous donner pour cette constante application avec laquelle vous vous attachez à développer ce qu'on peut dire qui fait l'essence de l'homme!

L'homme n'est homme principalement que par ce qu'il pense : ce qu'il conçoit au dedans il a besoin de le produire au dehors ; et en travaillant à nous apprendre à quel usage chaque mot est destiné, vous cherchez à nous donner des moyens certains de montrer ce que nous sommes. Par ce secours, attendu de tout le monde avec tant d'impatience, ceux qui sont assez heureux pour penser juste auront la même justesse à s'exprimer ; et si le public doit tirer tant d'avantages de vos savantes et judicieuses décisions, que n'en doivent point attendre ceux qui, étant reçus dans ces conférences où vous répandez vos lumières si abondamment, peuvent les puiser jusque dans leur source?

Je me vois présentement de ce nombre heureux, et, dans la possession de ce bonheur, j'ai peine à m'imaginer que je ne m'abuse pas ; je le répète, messieurs, une place parmi vous donne tant de gloire, et je la connais d'un si grand prix, que si le succès de quelques ouvrages que le public a reçus de moi assez favorablement, m'a fait croire quelquefois que vous ne désapprouviez pas l'ambitieux sentiment qui me portait à la demander, j'ai désespéré de pouvoir jamais en être digne, quand les obstacles qui m'ont jusqu'ici empêché de l'obtenir, m'ont fait examiner avec plus d'attention quelles grandes qualités il faut avoir pour réussir dans une entreprise si relevée. Les illustres concurrents qui ont emporté vos suffrages toutes les fois que j'ai osé y prétendre, m'ont ouvert les yeux sur mes espérances trop présomptueuses. En me montrant ce mérite consommé qui les a fait recevoir sitôt qu'ils se sont offerts, ils m'ont fait voir ce que je devais tâcher d'acquérir pour être en état de leur ressembler. J'ai rendu justice à votre discernement, et me la rendant en même temps à moi-même, j'ai employé tous mes soins à ne me pas laisser inutiles les fameux exemples que vous m'avez proposés.

J'avoue, messieurs, que quand, après tant d'épreuves, vous m'avez fait la grâce de jeter les yeux sur moi, vous m'auriez mis en péril de me permettre la vanité la plus condamnable, si je ne m'étais pas assez fortement étudié pour n'oublier pas ce que je suis. Je me serais peut-être flatté qu'enfin vous m'auriez trouvé les qualités que vous souhaitez dans des académiciens, d'un goût exquis, d'une pénétration entière, parfaitement éclairés, en un mot, tels que vous êtes ; mais, messieurs, l'honneur qu'il vous a plu de me faire, quelque grand qu'il soit, ne m'aveugle point. Plus votre consentement à me l'accorder a été prompt, et, si je l'ose dire, unanime, plus je vois par quel motif vous avez accompagné votre choix d'une distinction si peu ordinaire. Ce que mes défauts me défendaient d'espérer de vous, vous l'avez donné à la mémoire d'un homme que vous regardiez comme un des principaux ornements de votre corps. L'estime particulière que vous avez toujours eue pour lui m'attire celle dont vous me donnez des marques si obligeantes. Sa perte vous a touchés, et pour le faire revivre parmi vous autant qu'il vous est possible, vous avez voulu me faire remplir sa place, ne doutant point que la qualité de frère qui l'a fait plus d'une fois solliciter en ma faveur, ne l'eût engagé à m'inspirer les sentiments d'admiration qu'il avait pour toute votre illustre compagnie : ainsi, messieurs, vous l'avez cherché en moi, et n'y pouvant trouver son mérite, vous vous êtes contentés d'y trouver son nom.

Jamais une perte si considérable ne pouvait être plus imparfaitement réparée ; mais pour vous rendre l'inégalité du changement plus supportable, songez, messieurs, que lorsqu'un siècle a produit un homme aussi extraordinaire qu'il était, il arrive rarement que le même siècle en produise d'autres capables de l'égaler. Il est vrai que celui où nous vivons est le siècle des miracles, et j'ai sans doute à rougir d'avoir si mal profité de tant de leçons que j'ai reçues de sa propre bouche par cette pratique continuelle que me donnait avec lui la plus parfaite union qu'on ait jamais vue entre deux frères, quand d'heureux génies qui ont été privés de cet avantage, se sont élevés avec tant de gloire, que tout ce qui a paru d'eux a été le charme de la cour et du public. Cependant, quand même l'on pourrait dire que quelqu'un l'eût surpassé, lui qu'on a mis tant de fois au-dessus des anciens, il serait toujours très-vrai que le théâtre français lui doit tout l'éclat où nous le voyons. Je n'ose, messieurs, vous en dire rien de plus. Sa perte, qui vous est sensible à tous, est si particulière pour moi, que j'ai peine à soutenir les tristes idées qu'elle me présente. J'ajouterai seulement qu'une des choses qui vous doit le plus faire chérir sa mémoire, c'est l'attachement que je lui ai toujours remarqué pour tout ce qui regardait les intérêts de l'Académie. Il montrait par là combien il avait d'estime pour tous les illustres qui la composent, et reconnaissait en même temps les bienfaits dont il avait été honoré par M. le cardinal de Richelieu qui en est le fondateur. Ce grand ministre, tout couvert de gloire qu'il était par le florissant état où il avait mis la France, se répondit moins de l'éternelle durée de son nom, pour avoir exécuté avec des succès presque incroyables les ordres reçus de Louis le Juste, que pour avoir établi la célèbre compagnie dont vous soutenez l'honneur avec tant d'éclat. Il n'employa ni le bronze, ni l'airain pour leur confier les différentes merveilles qui rendent fameux le temps de son ministère; il s'en reposa sur votre reconnaissance, et se tint plus assuré d'atteindre par vous jusqu'à la postérité la plus reculée, que par les desseins de l'hérésie renversée, et par l'orgueil si souvent humilié d'une maison fière de la longue suite d'empereurs qu'il y a plus de deux siècles qu'elle donne à l'Allemagne. Sa mort vous fut un coup rude, elle vous laissait dans un état qui vous donnait tout à craindre; mais vous étiez réservés à des honneurs éclatants, et en attendant que le temps en fût venu, un des plus grands chanceliers de France qu'il y ait eus, prit soin de vous consoler de cette perte. L'amour qu'il avait pour les belles-lettres lui inspira le dessein de vous attirer chez lui. Vous y reçûtes tous les adoucissements que vous pouviez espérer, dans votre douleur, d'un protecteur zélé pour vos avantages. Mais, messieurs, jusqu'où n'allèrent-ils point quand le roi lui-même vous logeant dans son palais, et vous approchant de sa personne sacrée, vous honora de sa grâce et de sa protection? Votre fortune est bien glorieuse, mais n'a-t-elle rien qui vous étonne? L'ardeur qui vous porte à reconnaître les bontés d'un si grand prince, quelque pressée qu'elle soit par les miracles continuels de sa vie, n'est-elle point arrêtée par l'impuissance de vous exprimer? Quoique notre langue abonde en ses paroles, et que toutes les richesses vous en soient connues, vous la trouvez sans doute stérile, quand, voulant vous en servir pour expliquer ces miracles, vous portez votre imagination au delà de ce qu'elle peut vous fournir sur une si vaste matière. Si c'est un malheur pour vous de ne pouvoir satisfaire votre zèle par des expressions qui égalent ce que l'envie elle-même ne peut se défendre d'admirer, au moins vous en pouvez être consolés par le plaisir de connaître que, quelque faibles que puissent être ces expressions, la gloire du roi n'y aurait rien perdu. Ce n'est que pour relever les actions médiocres qu'on a besoin d'éloquence. Les ornements, si nécessaires à celles qui ne brillent point par elles-mêmes, sont inutiles pour les exploits surprenants qui approchent du prodige, et qui étant crus parce qu'on en est témoin, ne laissent pas de nous paraître incroyables.

Quand vous diriez seulement : « Louis le Grand a
« soumis une province entière en huit jours, dans la
« plus forte rigueur de l'hiver. En vingt-quatre heu-
« res il s'est rendu maître de quatre villes assiégées
« tout à la fois. Il a pris soixante places en une seule
« campagne. Il a résisté lui seul aux puissances les
« plus redoutables de l'Europe, liguées ensemble
« pour empêcher ses conquêtes. Il a rétabli ses alliés
« après avoir imposé la paix, faisant marcher la jus-
« tice pour toutes armes; il s'est fait ouvrir en un

« même jour les portes de Strasbourg et de Casal,
« qui l'ont reconnu pour leur souverain. » Cela est tout simple, cela est uni; mais cela remplit l'esprit de si grandes choses, qu'il embrasse incontinent tout ce qu'on n'explique pas; et je doute que ce grand panégyrique qui a coûté tant de soins à Pline le Jeune, fasse autant pour la gloire de Trajan que ce peu de mots, tout dénués qu'ils soient de ce fard qui embellit les objets, serait capable de faire pour celle de notre auguste monarque.

Il est vrai, messieurs, qu'il n'en serait pas de même si vous vouliez faire la peinture des rares vertus du roi. Où trouveriez-vous des termes pour représenter dignement cette grandeur d'âme qui, l'élevant au-dessus de tout ce qu'il y a de plus noble, de plus héroïque et de plus parfait, c'est-à-dire de lui-même, le fait renoncer à des avantages que d'autres que lui rechercheraient aux dépens de toutes choses? Aucune entreprise ne lui a manqué pour se tenir assuré de réussir dans les conquêtes les plus importantes; il n'a qu'à vouloir tout ce qu'il peut. La victoire qui l'a suivi en tous lieux ravit son cœur par ses plus doux charmes. Il a tout vaincu; il veut la vaincre elle-même, et il se sert pour cela des armes d'une modération qui n'a point d'exemple; il s'arrête au milieu de ses triomphes, il offre la paix, il en prescrit les conditions, et ces conditions se trouvent si justes, que ses ennemis sont obligés de les accepter. La jalousie où les met la gloire qu'il a d'être seul arbitre du destin du monde, leur fait chercher des difficultés pour troubler le calme qu'il a rétabli. On lui déclare de nouveau la guerre. Cette déclaration ne l'ébranle point : il offre la paix encore une fois; et comme il sait que la trêve n'a aucunes suites qui en peuvent autoriser la rupture, il laisse le choix de l'une ou de l'autre. Les ennemis balancent longtemps sur la résolution qu'ils doivent prendre; il voit que leur avantage est de consentir à ce qu'il leur offre; pour les y forcer, il attaque Luxembourg. Cette place, imprenable pour tout autre, se rend en un mois, et aurait moins résisté, si, pour épargner le sang de ses officiers et de ses soldats, ce sage monarque n'eût ordonné que l'on fit le siège dans toutes les formes. La victoire, qui cherche toujours à l'éblouir, lui fait voir que cette prise lui répond de celle de toutes les places du Pays-Bas espagnol. Elle parle, sans qu'elle puisse se faire écouter; il persiste dans ses propositions de trêve; elle est enfin acceptée, et voilà l'Europe dans un plein repos.

Que de merveilles renferme cette grandeur d'âme, dont j'ai osé faire une faible ébauche! C'est à vous, messieurs, à traiter cette matière dans toute son étendue. Si notre langue ne vous prête point de quoi lui donner assez de poids et de force, vous suppléerez à cette stérilité par le talent merveilleux que vous avez de faire sentir plus que vous ne dites. Il faut de grands traits pour les grandes choses que le Roi a faites, de ces traits qui montrent tout d'une seule vue, et qui offrent à l'imagination ce que les ombres du tableau nous cachent. Quand vous parlerez de sa vigilance exacte et toujours active pour ce qui regarde le bien de ses peuples, la gloire de ses États, et la majesté du trône, de ce zèle ardent et infatigable, qui lui fait donner ses plus grands soins à détruire entièrement l'hérésie, et à rétablir le culte de Dieu dans toute sa pureté, et enfin de tant d'autres qualités augustes, que le ciel a voulu unir en lui pour le rendre le plus grand de tous les hommes, si vous trouvez la matière inépuisable, votre adresse à exécuter heureusement les plus hauts desseins, vous fera choisir des expressions si vives, qu'elles nous feront entrer tout d'un coup dans tout ce que vous voudrez nous faire entendre. Par l'ouverture qu'elles donneront à notre esprit, nos réflexions nous mèneront jusqu'où vous entreprendrez de les faire aller; et c'est ainsi que vous remplirez parfaitement toute la grandeur de votre sujet.

Quel bonheur pour moi, messieurs, de pouvoir m'instruire sous de si grands maîtres! Mes soins assidus à me trouver dans ces assemblées pour y profiter de vos leçons, vous feront connaître que si l'honneur que vous m'avez fait passe de beaucoup mon peu de mérite, du moins vous ne pouviez le répandre sur une personne qui le reçût avec des sentiments plus respectueux et plus remplis de reconnaissance [1].

[1] Racine, qui remplissait alors les fonctions de directeur de l'Académie française, fut chargé de répondre au remerciment de Th. Corneille. Il s'en acquitta d'une manière digne de lui, et rendit un éclatant hommage aux deux illustres frères. Son discours renferme le passage suivant :
« Oui, monsieur, que l'ignorance rabaisse tant qu'elle voudra l'éloquence et la poésie, et traite les babiles écrivains de gens inutiles dans les États, nous ne craindrons point de le dire à l'avantage des lettres et de ce corps fameux dont vous faites maintenant partie, du moment que des esprits sublimes, passant de bien loin les bornes communes, se distinguent, s'immortalisent par des chefs-d'œuvre, comme ceux de monsieur votre frère, quelque étrange inégalité que, durant leur vie, la fortune mette entre eux et les plus grands héros, après leur mort cette différence cesse. La postérité, qui se plaît, qui s'instruit dans les ouvrages qu'ils lui ont laissés, ne fait point de difficulté de les égaler à tout ce qu'il y a de plus considérable parmi les hommes, fait marcher de pair l'excellent poëte et le grand capitaine. Le même siècle qui se glorifie aujourd'hui d'avoir produit Auguste, ne se glorifie guère moins d'avoir produit Horace et Virgile. Ainsi, lorsque, dans les âges suivants, on parlera avec étonnement des victoires prodigieuses et de toutes les grandes choses qui rendront notre siècle l'admiration de tous les siècles à venir, Corneille, n'en doutons point, Corneille tiendra sa place parmi toutes ces merveilles. La France se souviendra avec plaisir que sous le règne du plus grand de ses rois a fleuri le plus grand de ses poëtes.... Voilà, monsieur,

II [1].

Monsieur,

Nous sommes traités vous et moi bien différemment dans le même jour : l'Académie a besoin d'un digne sujet pour remplir le nombre qui lui est prescrit par ses statuts; pleine de discernement, n'ayant en vue que le seul mérite, et dans l'entière liberté de ses suffrages, elle vous choisit pour vous donner, non-seulement une place dans son corps, mais celle d'un magistrat éclairé qui, dans une noble concurrence, ayant eu l'honneur d'être déclaré doyen du conseil d'État par le jugement même de Sa Majesté, faisait son plus grand plaisir de se dérober à ses importantes fonctions pour nous venir quelquefois faire part de ses lumières. Que pouvait-il arriver de plus glorieux pour vous? Dans le même temps, cette même Académie change d'officiers selon sa coutume. Le sort, qui décide de leur choix, n'aurait pu qu'être applaudi, s'il eût fait tomber sur tout autre que sur moi; et quoique incapable de soutenir le poids qu'il impose, c'est moi qui le dois porter. Il est vrai qu'il a fait voir sa justice par l'illustre M. l'abbé Testu, directeur qu'il nous a donné. La joie que chacun de nous en fit paraître lui marqua assez que le hasard n'avait fait que s'accommoder à nos souhaits, et que, je n'en saurais douter, vous ne le pûtes apprendre sans vous sentir aussitôt flatté de ce qui aurait saisi le cœur le plus détaché de l'amour-propre. La qualité de chef de la compagnie l'engageant dans la place qu'il occupe à vous répondre pour elle, il vous aurait été doux qu'un homme dont l'éloquence s'est fait admirer en tant d'actions publiques, vous eût fait connaître sur quels sentiments d'estime pour vous l'Académie s'est déterminée à se déclarer en votre faveur. Son peu de santé l'ayant obligé à s'en reposer sur moi, vous prive de cette gloire; et quand le désir de répondre dignement à l'honneur que j'ai de porter ici la parole à son défaut, pourrait m'animer assez pour me donner la force d'esprit qui me serait nécessaire dans un si glorieux poste, ce que je vous suis [2] me fermant la bouche sur toutes les cho-

comme la postérité parlera de votre illustre frère.... Vous auriez pu, bien mieux que moi, lui rendre ici les justes honneurs qu'il mérite, si vous n'eussiez peut-être appréhendé, avec raison, qu'en faisant l'éloge d'un frère avec qui vous avez d'ailleurs tant de conformité, il ne semblât que vous faisiez votre propre éloge. C'est cette conformité que nous avons tous eue en vue lorsque, tout d'une voix, nous vous avons appelé pour remplir sa place, persuadés que nous sommes que nous retrouverons en vous, non-seulement son nom, son même esprit, son même enthousiasme, mais encore sa même modestie, sa même vertu, son même zèle pour l'Académie. »

[1] Prononcé par Th. Corneille, devant l'Académie française, le 5 mai 1691, jour de la réception de Fontenelle.
[2] On sait que Th. Corneille était oncle de Fontenelle.

ses qui seraient trop à votre avantage, vous ne devez attendre de moi qu'un épanchement de cœur qui vous fasse voir la part que je prends au bonheur qui vous arrive, et non des louanges.

M'abandonnerai-je à ce qu'ils m'inspirent? La proximité du sang, la tendre amitié que j'ai pour vous, la supériorité que me donne l'âge: tout semble me le permettre, et vous le devez souffrir; j'irai jusques à vous donner des conseils, au lieu de vous dire que celui qui a si bien fait parler les morts, n'était pas indigne d'entrer en commerce avec d'illustres vivants; au lieu de vous applaudir sur cet agréable arrangement de différents mondes dont vous nous avez offert le spectacle, sur cet art si difficile, et qu'il me paraît que le public trouve en vous si naturel, de donner de l'agrément aux matières les plus sèches, je vous dirai que quelque gloire que vous aient acquise, dès vos plus jeunes années, les talents qui vous distinguent, vous devez les regarder, non pas comme des dons assez forts de la nature pour vous faire atteindre, sans autre secours que de vous-même, à la perfection du mérite que je vous souhaite, mais comme d'heureuses dispositions qui vous y peuvent conduire. Cherchez avec soin, pour y parvenir, les lumières qui vous manquent. Le choix qu'on a fait de vous vous met en état de les puiser dans leur source.

En effet, rien ne vous les peut fournir si abondamment que les conférences d'une compagnie où, si vous m'en exceptez, vous ne trouverez que de ces génies sublimes à qui l'immortalité est due. Tout ce qu'on peut acquérir de connaissances utiles pour les belles-lettres, l'éloquence, la poésie, l'art de bien traiter l'histoire, ils le possèdent dans le degré le plus éminent; et quand un peu de pratique vous aura facilité les moyens de connaître à fond tout le mérite de ces célèbres modernes, peut-être serez-vous autorisé, je ne dis pas à les préférer, mais à ne les pas trouver indignes d'être comparés aux anciens.

Ce n'est pas que quelque juste que cette louange puisse être pour eux, ils ne la regardent comme une louange qui ne leur saurait appartenir. Ils ne l'écoutent qu'avec répugnance, et la vénération que l'on doit à ceux qui nous ont tracé la voie dans le chemin de l'esprit, s'il m'est permis de me servir de ces termes, prévaut en eux contre eux-mêmes en faveur de ces grands hommes dont les excellents ouvrages, toujours admirés de toutes les nations, ont passé jusqu'à nous, malgré un nombre infini d'années, comme des originaux qu'on ne peut trop estimer. Mais pourquoi nous sera-t-il défendu de croire que dans les arts et dans les sciences les modernes puissent aller aussi loin que les anciens, puisqu'il est certain, en matière de héros, que toute l'antiquité,

cette antiquité si vénérable, n'a rien que l'on puisse comparer à celui de notre siècle?

Quel amas de gloire se présente à vous, messieurs, à la simple idée que je vous en donne! N'entrons point dans cette foule d'actions brillantes: l'éclat trop vif ne peut que nous éblouir. N'examinons point tous ces surprenants prodiges dont chaque année de son règne se trouve marquée. Les César, les Alexandre ont besoin que l'on rappelle tout ce qu'ils ont fait pendant leur vie, pour paraître dignes de leur réputation; mais il n'en est pas de même de Louis le Grand. Quand nous pourrions oublier cette longue suite d'événements merveilleux qui sont l'effet d'une intelligence incompréhensible, l'hérésie détruite, la protection qu'il donne seul aux rois opprimés, trois batailles gagnées encore depuis peu dans une même campagne, il nous suffirait de regarder ce qu'il vient de faire, pour demeurer convaincus qu'il est le plus grand de tous les hommes.

Sûr des conquêtes qu'il voudra tenter, il donne la paix à toute l'Europe. L'envie en frémit, la jalousie qui saisit des puissances redoutables, ne peut souffrir le triomphe que lui assure une si haute vertu. Sa grandeur les blesse: il faut l'affaiblir. Un nombre infini de princes, qui ne possèdent encore leurs États que parce qu'il a dédaigné de les attaquer, osent oublier ce qu'ils lui doivent, pour entrer dans une ligue, où ils s'imaginent que leurs forces jointes seront en état d'ébranler une puissance qui a jusque-là résisté à tout. Que les ennemis de la chrétienté se ressaisissent de tout un royaume qu'ils n'ont perdu que par cette paix qui a donné lieu aux avantages qu'on a remportés sur eux, n'importe: il n'y a rien qui ne soit à préférer au chagrin insupportable de voir ce monarque jouir de sa gloire. Les alliés se résolvent à prendre les armes, et des princes catholiques, l'Espagne même, que sa sévère inquisition rend si renommée sur son exactitude à punir les moindres fautes qui puissent blesser la religion, ne font point difficulté de renouveler la guerre, pour appuyer les desseins d'un prince à qui toutes les religions paraissent indifférentes, pourvu qu'il nuise à la véritable; qui, pour se placer au trône, ose violer les plus saintes lois de la nature, et qui ne s'est rendu redoutable que parce qu'il a trouvé autant d'aveuglement dans ceux qui l'élèvent, qu'il y a d'injustice dans tous les projets qu'il forme.

Voyons les fruits de cette union: des pertes continuelles, et tous les jours des malheurs à craindre, plus grands que ceux qu'ils ont déjà éprouvés. Il faut pourtant faire un dernier effort pour arrêter les gémissements des peuples, à qui de dures exactions font ouvrir les yeux sur leur esclavage. On marque le lieu et le temps d'une assemblée. Des souverains, que la grandeur de leur caractère devait retenir, y viennent de toutes parts rendre de honteux hommages à ce téméraire ambitieux, que le crime a couronné, et qui n'est au-dessus d'eux qu'autant qu'ils ont bien voulu l'y mettre. Il les entretient d'espérances chimériques. Leur formidable puissance ne trouvera rien qui lui puisse résister. S'ils l'en osent croire, le roi, qui veut demeurer tranquille, ne se fait plus un plaisir d'aller animer ses armées par sa présence; et dès que le temps sera venu d'entrer en campagne, ils sont assurés de nous accabler.

Il est vrai que le roi garde beaucoup de tranquillité; mais qu'ils ne s'y trompent pas : son repos est agissant, son calme l'emporte sur toute l'inquiétude de leur vigilance, et la règle des saisons n'est point une règle pour ce qu'il lui plaît de faire. Nos ennemis consument le temps à examiner ce qu'ils doivent entreprendre, et Louis est près d'exécuter. Il n'a point fait de menaces, mais ses ordres sont donnés, il part; Mons est investi, ses plus forts remparts ne peuvent tenir en sa présence, et en peu de jours sa prise nous délivre des alarmes où il nous jetait en s'exposant.

Que de glorieuses circonstances relèvent cette conquête! C'est peu qu'elle soit rapide; c'est peu qu'elle ne nous coûte aucune perte qu'on puisse trouver considérable : elle se fait aux yeux même de ce chef de tant de ligues, qui avait juré la ruine de la France. Il devait nous venir attaquer : on va au-devant de lui, et il ne saurait défendre la plus importante place qu'on pouvait ôter à ses alliés. S'il ose approcher, c'est seulement pour voir de plus près l'heureux triomphe de son auguste ennemi.

Nos avantages ne sont pas moins grands du côté de l'Italie; une des places qui vient d'y être conquise avait bravé, il y a cent cinquante ans, les efforts de deux armées, et dès la première attaque de nos troupes elle est forcée de capituler : gloire partout pour le roi, confusion pour ses ennemis. Ils se retirent tout couverts de honte; le roi revient couronné par la victoire, et la campagne s'ouvrira dans sa saison. Quelles merveilles n'avons-nous pas lieu de croire qu'elle produira, quand nous voyons celles qui l'ont précédée!

Voilà, messieurs, une brillante matière pour employer vos rares talents; vous avez une occasion bien avantageuse de les faire voir dans toute leur force, si pourtant il vous est possible de trouver des expressions qui répondent à la grandeur du sujet. Quelques soins que nous prenions à chercher l'usage de tous les mots de la langue, nous ne saurions nous cacher que les actions du roi sont au-dessus de toute sorte de termes. Nous croyons les grandes choses qu'il a faites, parce que nos yeux en ont été les témoins; mais sur le rapport que nous en ferons, quoique imparfait, quoique faible, quoique infiniment au-dessous de ce que nous voudrons dire, la postérité ne les croira pas.

Vous nous aiderez de vos lumières, vous, monsieur, que l'Académie reçoit en société pour le travail qu'elle a entrepris. Elle pense avec plaisir que vous lui serez utile; je lui ai répondu de votre zèle, et j'espère que vos soins à dégager ma parole lui feront connaître qu'elle ne s'est point trompée dans son choix.

LETTRES INÉDITES.

LETTRES A L'ABBÉ DE PURE [1].

I.

A Rouen, ce 19 de mai 1658.

Monsieur,

J'appris hier, à mon retour de la campagne, où j'ai passé huit jours, les nouvelles obligations que je vous ai, par le riche présent que vous m'avez fait; et si la haute estime que j'ai pour tout ce qui part de vous, et la satisfaction que j'ai reçue de la lecture de vos trois premières parties de *la Précieuse* [2], m'en firent d'abord attendre une entière de cette conclusion, mon frère, qui l'avait lu et admiré, m'en fut un garant assuré pour en tenir le jugement moins suspect que la modestie avec laquelle vous me préparez à souffrir des défauts qu'il n'y a pu remarquer. C'est par lui que je sais déjà avec quelle délicatesse et de termes et de pensées vous continuez à examiner les questions les plus subtiles de l'amour, surtout en voulant établir l'union pure des esprits exempts de la faiblesse qui nous impose la nécessité du mariage. Il avoue qu'il n'en connaît pas tout la fin, et il se persuade que l'interruption d'Eulalie, qui se plaint de voir employer son nom dans un roman, n'est pas le seul endroit qui ait ses secrets réservés. Mais il trouve tant de liberté d'esprit dans la manière agréable dont vous traitez vos idées les plus mystérieuses, qu'il voit partout sujet d'admirer l'heureuse fécondité de votre génie, et me laisse dans la certitude que je n'y rencontrerai rien

---

[1] Michel de Pure, à qui Boileau a donné une triste célébrité, mourut en 1680. Quelle que soit la médiocrité de ses écrits, on se souviendra toujours qu'il fut lié avec les deux Corneille.
[2] C'est le titre d'un roman de l'abbé de Pure.

qui ne me satisfasse pleinement, si j'en excepte la première page qui me défend d'espérer une plus ample suite d'un ouvrage si galant, après cette quatrième partie. Voilà, monsieur, tout ce que je vous dirai aujourd'hui là-dessus, car vous me dispenserez de faire une réponse précise à la belle et obligeante lettre que vous m'avez fait l'honneur de m'écrire. Elle porte ce merveilleux caractère qui ne vous permettra jamais de vous déguiser; mais elle ne me persuade pas; et quelque défiance que vous preniez plaisir à témoigner de vous-même, vous connaissez trop bien ce que vous valez pour appréhender la critique la plus rigoureuse. Si quelque scrupule vous embarrasse, vous n'avez qu'à vous consulter pour en sortir; et quand vous aurez subi votre propre censure, vous êtes assuré de l'approbation du public. Cependant je me réjouis du secret que vous avez trouvé de me faire faire des souhaits pour les avantages de MM. de l'hôtel de Bourgogne. J'apprends que vous leur donnez une pièce de théâtre[1] qu'ils se préparent à représenter dans peu de temps. J'en attends le succès avec impatience, et je me le figure déjà aussi glorieux que je le souhaite, non pas tant à cause que vos amis les plus éclairés publient qu'ils n'ont rien vu de plus achevé, que parce que je suis convaincu qu'il ne peut rien partir de vous qui n'en soit digne.

Le mariage de mademoiselle le Ravon, si précipité, est une aventure assez surprenante; mais pour moi, je n'y en vois pas davantage qu'au voyage de M. de Beauchâteau[2] en Angleterre. Il a voulu produire son cher fils à l'altesse protectrice; et elle s'est lassée du veuvage. Je m'imagine que ses camarades ont été assez alarmés de son dessein, dans l'appréhension qu'elle ne choisît pas un mari d'assez bonne humeur pour lui souffrir encore la comédie. Nous attendons ici les deux beautés que vous croyez devoir disputer cet hiver d'éclat avec la sienne. Au moins ai-je remarqué en mademoiselle Rejac grande envie de jouer à Paris; et je ne doute point qu'au sortir d'ici cette troupe n'y aille passer le reste de l'année. Je voudrais qu'elle voulût faire alliance avec le Marais : elle en pourrait changer la destinée. Je ne sais si le temps pourra faire ce miracle; mais je sais que ses changements n'auront rien d'assez fort pour diminuer l'ardeur avec laquelle je chercherai, toute ma vie, les occasions de vous témoigner avec quelle passion je suis,

MONSIEUR,

Votre très-humble et très-
obéissant serviteur,
CORNEILLE.

Mon frère vous est infiniment obligé de l'honneur de votre souvenir, et vous assure pour moi de ses très-humbles services.

II.

A Rouen, ce 4 d'avril 1659.

MONSIEUR,

Ne croyez pas que je sois assez téméraire pour m'engager à plus que je ne puis en songeant à vous attirer à un combat dont je sais que je ne pourrai me tirer qu'avec honte. Nos forces ne sont point égales, et l'heureuse facilité que vous avez à faire de belles et merveilleuses lettres ne me laisse aucune envie d'entrer en différend avec vous. Ainsi, dispensez-moi de vous faire un compliment étudié pour vous prier d'agréer le mauvais présent que je vous fais. Ce sont deux pièces de théâtre qui vous ont fait écrire de plus belles choses que vous n'y en remarquerez. Je vous les envoie et l'aurais fait même sans les accompagner d'une lettre, si je n'avais eu une grâce à vous demander : c'est, monsieur, de souffrir que je vous en adresse pour deux de nos plus illustres amis, MM. de Brébœuf[1] et Lucas[2], et d'avoir la bonté de les leur faire tenir de ma part. Après cela je fais retraite, et ne trouve rien à souhaiter, pourvu que vous soyez persuadé autant que je le souhaite de la passion avec laquelle je suis,

MONSIEUR,

Votre très-humble et très-
obéissant serviteur,
CORNEILLE.

J'apprends que les trois troupes se maintiennent à Paris. Je ne sais ce qui arrivera des deux faibles, mais je vais commencer à travailler au hasard. Tiendrez-vous parole à mademoiselle des Urlis[3]?

---

[1] *Ostorius*, tragédie aussi faiblement conçue que faiblement écrite, et qui n'eut aucun succès. Boileau, dans son dialogue intitulé *les Héros de Roman*, fait dire à Pluton : « Je ne me souviens point d'avoir jamais nulle part lu ce nom-là dans l'histoire; » et aucun de ses nombreux commentateurs n'a remarqué que l'abbé de Pure avait pris son sujet dans Tacite. *Annal.* liv. XII.

[2] François Châtelet de Beauchâteau était gentilhomme. Il embrassa la carrière du théâtre en 1643, y joua avec succès les premiers rôles, et mourut en 1665. Son fils, dont il est question ici, se fit connaître dès l'âge de huit ans par plusieurs petites pièces de vers, qui ont été recueillies et publiées en 1657, in-4°.

[1] Le traducteur de *la Pharsale*.
[2] Père du célèbre voyageur de ce nom.
[3] Mademoiselle des Urlis était femme de Brécourt, auteur et acteur de la troupe de Molière.

Mon frère vous assure de ses services et a donné charge à M. Courbé de vous porter son *OEdipe*.

III.

A Rouen, ce 1er de décembre 1659.

Monsieur,

Il n'est point un ami plus obligeant que vous, et je ne saurais assez vous remercier du soin que vous vous êtes donné de voir M. Magnon en ma faveur. Je vous l'aurais néanmoins épargné, si j'eusse prévu que M. de la Coste eût dû vous écrire sur le bruit qui courait d'un double *Stilicon*. J'en ai assez bien jugé pour avoir toujours cru que c'était une fausse alarme, et vous m'auriez rendu un mauvais office auprès de M. Magnon [1], si vous lui aviez laissé croire que j'eusse besoin de l'assurance qu'il me donne pour n'appréhender pas le péril de la contrefaçon. Je reçois sa lettre comme une civilité obligeante, et je lui ferais tort, si, doutant qu'il fût capable de se manquer à soi-même, je me persuadais que la considération de mes intérêts eût contribué quelque chose à l'éloigner d'une entreprise qu'on lui a faussement imputée. J'ai cru devoir abandonner le sujet de *Stratonice* qui me plaisait fort, seulement à cause que M. Quinault était plus avancé de deux cents vers que moi [2], et je n'ai rien fait, en cette rencontre, que ce que je m'imagine qu'un autre ferait pour moi dans une pareille occasion. J'ai eu bien de la joie de ce que vous avez écrit d'Oreste et de Pilade, et suis fâché en même temps que la haute opinion que M. de la Cleville avait du jeu de MM. de Bourbon n'ait pas été remplie avantageusement pour lui. Tout le monde dit qu'ils ont joué détestablement sa pièce; et le grand monde qu'ils ont eu à leur farce des *Précieuses* [3], après l'avoir quittée, fait bien connaître qu'ils ne sont propres qu'à soutenir de pareilles bagatelles, et que la plus forte pièce tomberait entre leurs mains.

M. de Sourdéac fait toujours travailler à la machine, et j'espère qu'elle paraîtra à Paris sur la fin de janvier. J'y serai auparavant pour *Stilicon* [4], et c'est là que je me réserve à vous mieux exprimer de bouche combien je me tiens votre obligé, et à quel point je suis,

Monsieur,

Votre très-humble et très-obéissant serviteur,
CORNEILLE.

[1] Jean Magnon, auteur de plusieurs tragédies, fut assassiné en 1662. Il avait été le camarade et l'ami de Molière.
[2] La *Stratonice* de Quinault parut le 2 janvier 1660.
[3] *Les Précieuses ridicules* de Molière furent jouées pour la première fois le 18 novembre 1659.
[4] *Stilicon* fut représenté au commencement de l'année 1660.

IV.

A Rouen, ce 20 de juillet....

Monsieur,

Vous devez avoir été bien surpris de mon silence après le beau présent que vous m'avez fait; mais vous le serez encore davantage, quand je vous dirai que je le reçois présentement, et que sans un de mes amis qui m'a fait savoir qu'il avait vu un paquet pour moi écrit sur le livre du messager, il aurait encore longtemps demeuré entre ses mains. M. de Luyne [1], qui l'en a chargé, n'a point songé à m'en donner avis par la poste, et cette négligence de sa part me rendrait coupable auprès de vous, si vous ne me rendiez assez de justice pour croire que j'ai autant de reconnaissance pour les grâces que vous me faites, que d'estime pour toutes les productions de votre esprit. Il y a longtemps que j'admire celles dont vous avez gratifié le public, et je ne doute point que cette dernière ne remplisse l'attente de tout le monde. Si je pouvais obtenir de moi-même de différer un jour à vous témoigner combien je me trouve sensible à ce surcroît d'obligation que vous voulez que je vous aie, je vous rendrais compte de toutes les beautés que je suis assuré de découvrir dans la lecture de cet ouvrage; mais après la confusion que j'ai de vous avoir donné lieu pendant dix jours de me soupçonner d'avoir peu de soin de me rendre digne de vos bontés, il n'y a pas moyen de ne vous pas remercier sur l'heure. J'ai seulement lu votre épître en hâte, à laquelle vous avez donné cet air galant qui fait l'âme des belles choses, et je me prépare à voir votre livre avec plus de plaisir que ne fera M. Ch... s'il jette les yeux sur votre préface. Comme j'en ai trouvé deux dans le paquet, j'ai cru que vous en destiniez un à mon frère, quoique vous ne m'en parliez point dans votre lettre, et il me charge de vous en faire ses compliments. J'ai bien de la joie de la résolution où vous êtes de donner votre pièce à MM. du Marais. Pourvu que Lafleur [2] y ait grand emploi, elle ne peut manquer

[1] Libraire.
[2] Cet auteur succéda à Montfleury dans l'emploi des rois, et joua d'original le rôle d'Acomat dans *Bajazet*.

de réussir hautement. On l'admire ici, et on est fort satisfait du reste de la troupe. Je ne laisse pas de douter si ce sera la même chose à Paris, et si les deux nouveaux acteurs y seront traités avec autant d'indulgence qu'ils le sont ici. Vous les examinerez et résoudrez alors plus fortement de toutes choses, car quelque attachement que j'aie pour cette compagnie, j'ai un respect pour vous qui ne me permet pas de vous rien demander contre vos intérêts. C'est ce que vous conjure de croire,

Monsieur,

Votre très-humble et très-obéissant serviteur,
CORNEILLE.

J'ai fait deux actes d'une pièce dont je ne suis pas très-satisfait ; mais il est trop tard pour prendre un autre dessein.

EXTRAIT
DES
MÉTAMORPHOSES D'OVIDE,

TRADUITES EN VERS

PAR TH. CORNEILLE.

PRÉFACE.

Il y a plus de vingt ans[1] que je fis paraître la traduction en vers français des six premiers livres des *Métamorphoses* d'Ovide. Elle fut reçue assez favorablement pour m'obliger à ne la pas laisser imparfaite. Le travail avait de quoi m'étonner par sa longueur, et il avait des difficultés qui ne pouvaient être surmontées que par le temps, qui a coutume de faire venir à bout de toutes les choses qu'on entreprend. Un autre, sans doute, aurait beaucoup mieux imité que moi les grâces de l'original. J'ai travaillé selon mon faible génie, et j'ai cru ne pouvoir rien faire de mieux que de garder pendant plusieurs années la traduction entière de ce grand ouvrage, pour être plus en état d'en connaître les défauts, parce qu'on se pardonne ordinairement beaucoup de choses dans la chaleur de la composition. Si je me suis quelquefois donné la liberté d'étendre quelques endroits, ç'a été sans avoir mêlé mes pensées à celles de mon auteur ; mais j'ai cru qu'il pouvait m'être permis de ne point tant chercher la brièveté du style que le repos du vers le plus agréable à l'oreille, et j'en ai fait d'autant moins de scrupule que toutes les fables dont il a fait le tissu de son admirable poëme étant différentes les unes des autres, je les ai regardées comme autant de chapitres où le lecteur se peut arrêter, sans qu'il soit obligé de se souvenir de ce qu'il a lu, pour entendre ce qui lui reste encore à lire. Je me suis particulièrement attaché à ne rien omettre ; et pour n'y laisser aucune obscurité, j'ai ajouté de temps en temps un vers ou deux qui expliquent ce qui a besoin de commentaire dans l'original, mais sans rien changer dans la pensée. J'ai encore plus fait. J'ai employé plusieurs vers en divers endroits pour donner l'intelligence parfaite de certaines fables, comme dans celle d'Érichthon[1], où je n'ai pas cru que ce fût assez de dire que c'était un enfant né sans mère, si je ne faisais connaître le mystère de cette naissance. Ovide écrivait dans un temps où ces matières étaient si généralement connues, qu'il lui suffisait d'en dire un mot pour se faire entendre, ce qui l'obligeait à s'arrêter sur ce qui lui semblait le plus riant pour la poésie. Ainsi, dans la fable de Danaé[2], il s'est contenté de dire que Jupiter avait eu d'elle un fils appelé Persée ; et dans celle d'Andromède[3], que Persée voyant cette infortunée princesse attachée à un rocher, prête à être dévorée d'un monstre, résolut de le combattre pour l'en garantir ; et il m'a paru bon d'expliquer comment Jupiter avait été obligé de se changer en pluie d'or pour voir Danaé, et par quelle injure reçue les Néréides avaient obtenu de Neptune qu'il envoyât un monstre marin pour ravager le royaume de Céphée. Il est assez difficile de deviner ce qu'Ovide a prétendu faire entendre sur la fin du quatrième livre, quand faisant raconter au même Persée de quelle manière il était venu à bout de couper la tête à Méduse, il ne lui fait rien dire autre chose, sinon qu'étant arrivé en un lieu environné de hautes murailles, où demeuraient deux sœurs qui n'avaient qu'un œil qu'elles se prêtaient tour à tour, il eut l'adresse de le dérober en avançant sa main dans l'instant que l'une croyait le donner à l'autre, et que de là il se rendit au palais de Méduse par des chemins entrecoupés de rochers et de forêts. On ne connaît rien à ces deux sœurs, et on ne voit point ce que cet œil dérobé devait contribuer à sa victoire, en sorte que cet endroit serait demeuré obscur si je n'avais expliqué la fable des Grecs qui n'est peut-être connue que de fort peu de personnes ; mais, afin que l'on remarque ce que j'ai cru devoir prêter à Ovide, j'ai fait imprimer en caractère italique tout

---

[1] Cette préface fut imprimée en 1697. Dès 1669, Thomas Corneille avait livré au public les deux premiers livres de sa traduction.

[1] *Voyez* le liv II, v. 553, dans Ovide.
[2] Liv. IV.   [3] *Ibid.*

ce qui n'est point dans l'original. Je me suis assujetti dans tout le reste à n'exprimer que ce que dit mon auteur. J'ai pourtant changé quelque chose dans un endroit [1] où il semble se contredire lui-même. C'est dans le reproche qu'il fait faire par Penthée aux vieillards de Thèbes, qui, après s'être exilés de Tyr, leur patrie, et avoir passé de vastes mers pour venir bâtir leur nouvelle ville, ont la lâcheté de se vouloir soumettre à Bacchus. Tous ceux qui avaient suivi Cadmus, quand Agénor lui ordonna d'aller chercher sa sœur Europe, avaient péri, ou par les morsures, ou par l'haleine empestée du serpent de Mars ; et Cadmus étant resté seul de cette défaite, c'est à lui seul que j'ai cru que Penthée pouvait adresser la parole. J'aurais encore quelques légères remarques à faire sur de pareilles difficultés, mais il ne sera pas malaisé de concevoir la raison qui m'a fait transposer ou changer quelques vers, partout où l'on s'apercevra qu'il y aura du changement ou de la transposition.

Je ne parle point des anachronismes. Plusieurs tiennent qu'il ne faut point observer d'ordre de temps dans les fables, et il y a grande apparence qu'Ovide était de ce sentiment, puisqu'en traitant l'aventure de Phaëton [2], il dit que les étoiles de l'Ourse, échauffées pour la première fois des rayons dont il était environné dans le char du soleil son père, tâchèrent inutilement de se plonger dans la mer pour s'en garantir. Cependant Calisto n'avait point encore été changée en astre, puisque nous voyons par la suite [3] que Jupiter ne prit de l'amour pour elle que lorsqu'il alla réparer dans l'Arcadie les désordres que l'embrasement du monde, causé par Phaëton, y avait produits....

Ce serait ici le lieu de parler de différentes beautés que l'on admire dans l'original, et qui ont fait acquérir au fameux Ovide une gloire qui portera son nom jusque dans la postérité la plus éloignée ; mais qui ne les connaît pas, et quelle nation ne s'est pas empressée à traduire les *Métamorphoses*? Les Grecs même, qui se vantent d'avoir ouvert le chemin des sciences à toute la terre, et de n'avoir eu besoin du secours d'aucun autre peuple pour les acquérir, n'ont pas dédaigné de les mettre en vers dans leur langue, tant ce merveilleux ouvrage leur a paru digne d'être lu, comme étant un parfait modèle de tout ce qui est à imiter ou à fuir dans la vie humaine et dans la civile. Cela est si vrai, que si l'on examine bien les fables, on reconnaîtra qu'elles contiennent non-seulement ce qu'il y a de plus excellent dans les plus nobles sciences, mais encore les plus beaux secrets de la morale, de la physique, et même de la politique. C'est ce

qui a fait dire à Platon que les sages de l'antiquité avaient voulu qu'elles fussent le premier lait que l'on fît sucer aux hommes, qui devaient les considérer comme un aliment qui passe dans l'esprit sans peine, et qui, l'entretenant agréablement, le rend enfin capable d'une plus solide nourriture.

En effet, quelles grandes utilités ne tire-t-on pas de la connaissance de la fable qui nous donne de si belles instructions de morale, en nous apprenant à nous gouverner dans l'une et dans l'autre fortune, en détournant notre esprit des passions déréglées par les exemples qu'elle nous propose des malheurs arrivés à ceux qui s'y sont abandonnés, et en nous enseignant la crainte de Dieu, crainte salutaire, qui vaut seule toutes les vertus ensemble !

L'ENVIE [1].

Au fond d'une vallée étroite, obscure, affreuse,
Que cache de deux monts la cime sourcilleuse,
Est un antre lugubre, où d'un sang infecté
Croupit de jour en jour la noire humidité :
Jamais par ses rayons le soleil ne la sèche ; [che;
Le vent pour s'y couler cherche en vain quelque brè-
Point pour lui de passage : un froid toujours cuisant
Y fait avec la nuit régner un air pesant.
L'horreur en est extrême, et de ces lieux funèbres,
Comme aucun feu jamais n'a percé les ténèbres,
Sitôt qu'on s'en approche, on sent de toutes parts
La dégoûtante odeur des plus sales brouillards.
Pallas, que la colère a fait partir sur l'heure,
Voit à peine de loin cette horrible demeure,
Qu'elle frémit, s'arrête et dédaignant d'entrer,
Pour se faire obéir, ne veut que se montrer.
Elle vient à la porte, et son bras qui s'avance
N'emploie à la toucher que le bout de sa lance :
La porte cède, s'ouvre, et soudain un faux jour
Pénètre la noirceur de ce triste séjour.
L'Envie avidement, ainsi qu'à l'ordinaire,
Dévorait au dedans de la chair de vipère,
Et par cet aliment digne de sa fureur,
De ses jaloux chagrins entretenait l'horreur.

INVIDIA.

... Domus est imis in vallibus antri
Abdita, sole carens, non ulli pervia vento ;
Tristis, et ignavi plenissima frigoris ; et quæ
Igne vacet semper, caligine semper abundet.
Huc ubi pervenit belli metuenda virago,
Constitit ante domum (neque enim succedere tectis
Fas habet), et postes extrema cuspide pulsat.
Concussæ patuere fores. Videt intus edentem

---

[1] Ovid. lib. III, 538. [2] Liv. II. [3] Ibid. § XI.

[1] Ovid. lib. II, 781.

Pallas qui l'aperçoit en détourne la vue.
Elle, à qui rien ne plaît, lentement se remue :
Et venant recevoir son ordre à pas rampants,
Ne cesse qu'à regret de ronger ses serpents.
L'éclat que la déesse emprunte de ses armes
Est pour elle un sujet de soupirs et de larmes ;
Elle en gémit de rage, et ce gémissement
Fait sur elle à Pallas jeter l'œil un moment.
Qu'elle la voit hideuse! une pâleur extrême
Semble avoir peint la mort sur son visage blême.
A force de maigreur, aride, consumé,
Son corps est moins un corps qu'un squelette animé.
De ses yeux enfoncés la prunelle égarée
Ne lui laisse rien voir d'une vue assurée ;
L'écume est dans sa bouche, et ses jaunâtres dents
Par leur rouille font voir la noirceur du dedans.
Sa poitrine, qu'elle aime à tenir découverte,
Moite du fiel qui l'enfle, en paraît toute verte ;
Son cœur même en regorge, et, par un noir destin,
Sa langue a pour sucer toujours quelque venin.
On lui voit pour la joie une haine mortelle,
Et comme la douleur est toujours avec elle,
Elle ne rit jamais, si les malheurs d'autrui
Ne lui font par hasard suspendre son ennui.
Mille cruels soucis dont elle est travaillée
A toute heure, en tout temps, la tiennent éveillée;
Et son chagrin sans cesse allant au plus haut point,
Le sommeil est un dieu qu'elle ne connaît point.
Si quelque heureux succès a frappé ses oreilles,
Ce sont des désespoirs, des rages sans pareilles :
Elle en sèche, languit, et son esprit jaloux
Des traits qu'il fait lancer sent les plus rudes coups.
Ainsi par là toujours livrée à sa malice,
Elle-même est sa peine et son propre supplice,
Et, portant au murmure un cœur toujours ouvert,
Elle ne fait souffrir qu'après qu'elle a souffert.
Quoique jamais Pallas ne la vît qu'avec peine,
L'ardeur de se venger l'emporta sur sa haine,
Et pour punir Aglaure, et troubler son repos,
Elle se contraignit à lui dire ces mots :

« Des filles de Cécrops l'une a su me déplaire ;
Ma vengeance me presse, il faut la satisfaire :
Va, cours de ton venin infecter ses esprits,
Aglaure en est le nom ; je commande, obéis. »
A ces mots, repoussant la terre de sa lance,
En hâte vers le ciel, d'un saut elle s'élance.
L'Envie en désespère, et d'un œil de travers
Lui voit prendre son vol par le milieu des airs.
Si tourmenter Aglaure a pour elle des charmes,
C'est faire triompher la déesse des armes ;
Et l'une à satisfaire étouffe dans son cœur
Ce que l'autre à punir lui promet de douceur.
Elle en laisse échapper quelques plaintes chagrines,
Puis s'arme d'un bâton entortillé d'épines,
Et d'un nuage épais couvrant son corps affreux,
S'en fait contre le jour un voile ténébreux.
Partout où sa fureur détourne ce nuage,
Quel horrible dégât! quel funeste ravage!
Ce qu'elle en fait exprès exhaler de vapeurs
Consume également les herbes et les fleurs.
De son souffle malin les plaines sont gâtées,
Les arbres desséchés, les moissons infectées,
Et l'empestée odeur de ses sales poisons
Souille rivières, prés, bois, villes et maisons.
Sa course enfin s'achève ; elle découvre Athènes,
Et c'est là plus qu'ailleurs que redoublent ses peines.
Tant de biens que le ciel y daigne renfermer,
Tant d'excellents esprits qui s'y font estimer,
Les douceurs de la paix, les plaisirs du bel âge
N'offrent à son esprit qu'une odieuse image ;
Elle y voudrait trouver les plus sanglants malheurs,
Et pleure de n'y voir aucun sujet de pleurs.
Aussi se dérobant à tout ce qui la blesse,
Elle court accomplir l'ordre de la déesse,
Au palais de Cécrops s'avance promptement,
Et va chercher Aglaure en son appartement.
Là, ce monstre hideux, toujours de nuire avide,
Sur la princesse à peine étend sa main livide,
Qu'elle languit, frissonne, et sent dans sa langueur
Mille aiguillons piquants qui lui percent le cœur.

Vipereas carnes, vitiorum alimenta suorum,
Invidiam : visaque oculos avertit ; at illa
Surgit humo pigra, semesarumque relinquit
Corpora serpentum, passuque incedit inerti.
Utque deam vidit, formaque armisque decoram,
Ingemuit, vultumque ima ad suspiria duxit.
Pallor in ore sedet ; macies in corpore toto ;
Nusquam recta acies ; livent rubigine dentes ;
Pectora felle virent ; lingua est suffusa veneno.
Risus abest, nisi quem visi movere dolores.
Nec fruitur somno vigilacibus excita curis ;
Sed videt ingratos, intabescitque videndo,
Successus hominum ; carpitque et carpitur una,
Suppliciumque suum est. Quamvis tamen oderat illam,
Talibus affata est breviter Tritonia dictis :

« Infice tabe tua natarum Cecropis unam,
Sic opus est, Aglauros ea est. » Haud plura locuta
Fugit, et impressa tellurem reppulit hasta.
Illa deam obliquo fugientem lumine cernens,
Murmura parva dedit ; successurumque Minervæ
Induluit ; baculumque capit, quod spinea totum
Vincula cingebant ; adopertaque nubibus atris,
Quacunque ingreditur, florentia proterit arva,
Exuritque herbas, et summa cacumina carpit ;
Afflatuque suo populos, urbesque, domosque
Polluit, et tandem Tritonida conspicit arcem,
Ingeniis, opibusque, et festa pace virentem ;
Vixque tenet lacrymas, quia nil lacrymabile cernit.
Sed postquam thalamos intravit Cecrope natæ
Jussa facit, pectusque manu ferrugine tinctâ
Tangit, et hamatis præcordia sentibus implet ;

Le vent contagieux de sa brûlante haleine,
Se coulant dans sa bouche, entre dans chaque veine,
Et son sang que corrompt ce souffle envenimé
Répand partout l'ardeur dont il est consumé.
Pour hâter sa douleur elle fait toutes choses,
Tâche d'en avancer les effets par les causes,
Et d'une pleine vue à son esprit blessé
Etale avidement le triomphe d'Hersé.
Elle lui peint Mercure avec tout l'avantage
Qui peut combler de gloire un heureux mariage,
Et doublant les objets pour la mieux éblouir,
Lui fait voir mille biens dont sa sœur va jouir.
La malheureuse Aglaure en a l'âme saisie
De la plus inquiète et vive jalousie.
Rien ne peut dissiper l'ennui de cet amour,
Elle y rêve la nuit, elle y rêve le jour,
Et le feu dévorant du poison qui la tue
Fait qu'insensiblement tout son corps diminue,
Comme se fond la glace en ces temps ambigus
Où le soleil se montre et puis ne paraît plus.
Elle a beau faire effort pour vaincre cette rage,
Ce qui doit la calmer l'irrite davantage,
Et plus l'heureuse Hersé lui paraît comme sœur,
Plus l'envie est ardente à lui ronger le cœur.

HIPPOLYTE [1].

Si le nom d'Hippolyte est venu jusqu'à vous,
Vous devez avoir su par quel chagrin jaloux
Thésée, écoutant trop la haine opiniâtre
Qui possédait le cœur d'une indigne marâtre,
Consentit à donner contre un fils malheureux

Inspiratque nocens virus, piceumque per ossa
Dissipat, et medio spargit pulmone venenum.
Neve mali spatium causæ per latius errent,
Germanam ante oculos, fortunatumque sororis
Conjugium, pulchraque deum sub imagine ponit,
Cunctaque magna facit. Quibus irritata, dolore
Cecropis occulto mordetur; et anxia nocte,
Anxia luce gemit, lentaque miserrima tabe
Liquitur, ut glacies incerto saucia sole :
Felicisque bonis non secius uritur Herses,
Quam quum spinosis ignis supponitur herbis;
Quæ neque dant flammas, lenique vapore cremantur.

(Lib. II, 761.)

HIPPOLYTUS.

Fando aliquem Hippolytum vestras, puto, contigit aures,
Credulitate patris, sceleratæ fraude novercæ

[1] Lib., XV, 497.

L'arrêt le plus injuste et le plus rigoureux.
Vous aurez plaint ce fils d'un arrêt si funeste;
Mais pourrez-vous assez vous étonner du reste?
Ce sont événements si peu dignes de foi,
Que quand je les raconte à peine je les crois,
Moi qui sous d'autres traits suis ce même Hippolyte
Qu'on chargea de l'horreur que l'inceste mérite.
Phèdre, ma belle-mère, éprise d'une ardeur
Qu'en vain je m'efforçai d'arracher de son cœur,
Par ses honteux désirs lassa ma patience;
Et comme elle ne put vaincre ma résistance,
Soit que de son dépit l'impétueux transport
Pour punir mes refus lui demandât ma mort,
Soit que pour m'empêcher de découvrir son crime
Sa gloire lui fît voir ma perte légitime,
Elle osa m'imputer, en m'accusant au roi,
Le détestable amour qu'elle avait pris pour moi.
Du sang auprès de lui la voix m'est inutile;
Malgré mon innocence, il me chasse, il m'exile,
Et forme contre moi tout ce qu'on fit jamais
Contre un fier ennemi d'exécrables souhaits.
Je marche vers Trézène, et lorsqu'en ce voyage,
De la mer de Corinthe atteignant le rivage,
J'y fais rouler mon char, je vois cet élément
Par des flots amassés s'enfler en un moment.
D'une montagne d'eau qui commence à s'étendre
D'affreux mugissements se font d'abord entendre.
Sur le sommet qui s'ouvre un horrible taureau,
Découvert jusqu'aux flancs, se montre hors de l'eau;
De ses larges naseaux, de sa gueule béante
Sortent de gros bouillons d'une mer écumante.
Ceux qui m'accompagnaient en sont épouvantés :
Je les vois s'éloigner et fuir de tous côtés.
Tandis que la frayeur les disperse et les guide,
A ce terrible aspect je demeure intrépide,
Et l'exil que me cause un rapport lâche et faux
Ne me laisse rien voir de plus grand que mes maux.
Mais cette fermeté qui soutient mon courage

Occubuisse neci. Mirabere, vixque probabo :
Sed tamen ille ego sum. Me Pasiphaeia quondam
Tentatum frustra, patrium temerasse cubile,
Quod voluit, finxit voluisse, et crimine verso,
Indiciine metu magis, offensane repulsæ,
Arguit : immeritumque pater projecit ab urbe,
Hostilique caput prece detestatur euntis.
Pittheam profugo curru Trœzena petebam,
Jamque Corinthiaci carpebam littora ponti,
Quum mare surrexit, cumulusque immanis aquarum
In montis speciem curvari et crescere visus,
Et dare mugitus, summoque cacumine findi.
Corniger hinc taurus ruptis expellitur undis,
Pectoribusque tenus molles erectus in auras,
Naribus et patulo partem maris evomit ore.
Corda pavent comitum : mihi mens interrita mansit,
Exsiliis contenta suis; quum colla feroces

Dans un si grand péril m'est un faible avantage.
Mes chevaux tout à coup s'emportent malgré moi;
Apercevant le monstre ils bondissent d'effroi,
Et prenant vers le roc une course rapide
Mettent leur force à fuir ce qui les intimide.
Je me penche en arrière, et roidissant la main
Je fais ce que je puis pour les soumettre au frein.
Leur fougue m'eût cédé; mais quand je les gourmande,
Une roue, et c'est là tout ce que j'appréhende,
Va donner contre un arbre, et par l'effort qu'ils font
Hors de l'essieu jetée, elle éclate et se rompt.
Ce choc me met par terre, et telle est ma disgrâce
Que je trouve une rêne où mon pied s'embarrasse.
Ainsi par mes chevaux avec le char tiré
Sur des cailloux pointus dont je suis déchiré, [chent;
Mon corps s'ouvre, et partout mes entrailles s'atta-
Rencontrant des buissons, ces buissons les arrachent.
Le char contre un rocher quelquefois est conduit,
Et l'on entend mes os s'y briser à grand bruit.
Dans ce terrible état dont encor je frissonne,
Lasse de résister mon âme m'abandonne;
Mes membres mutilés, dans leur sanglant dehors
N'avaient rien qu'on eût pris pour le reste d'un corps;
Ce n'était qu'une large et profonde ouverture;
Chaque blessure entrait dans une autre blessure;
Et jamais tant de morts dures à soutenir
Pour causer une mort n'avaient paru s'unir. [tes,
  Voyez, nymphe, voyez, quelles que soient vos plain-
Si vous avez senti de pareilles atteintes,
Et si le coup fatal qui vous réduit aux pleurs
A rien qu'on puisse dire égal à mes malheurs.

<small>
Ad freta convertunt, arrectisque auribus horrent
Quadrupedes, monstrique metu turbantur, et altis
Præcipitant currum scopulis. Ego ducere vana
Frena manu, spumis albentibus oblita, luctor,
Et retro lentas tendo resupinus habenas.
Nec vires tamen has rabies superasset equorum,
Ni rota, perpetuum qua circumvertitur axem,
Stipitis occursu fracta ac disjecta fuisset.
Excutior curru : lorisque tenentibus artus
Viscera viva trahi, nervos in stirpe teneri.

  Membra rapi partim, partim reprensa relinqui,
Ossa gravem dare fracta sonum fessamque videres
Exhalari animam, nullasque in corpore partes,
Noscere quas posses; unumque erat omnia vulnus.
  Num potes, aut audes cladi componere nostræ,
Nympha, tuam?. . . . .
                                       (Lib. XV, 497.)
</small>

TABLE

DES MATIÈRES CONTENUES DANS CE VOLUME.

	Pages.
Œdipe, tragédie.	1
Vers présentés à Monseigneur le procureur général Fouquet, surintendant des finances	ibid.
Au Lecteur	2
Examen d'Œdipe	32
La Conquête de la Toison d'or, tragédie	34
Argument	ibid.
Prologue	35
Examen de la Toison d'or	64
Sertorius, tragédie	66
Au Lecteur	ibid.
Sophonisbe, tragédie	104
Au Lecteur	ibid.
Othon, tragédie	132
Au Lecteur	ibid.
Agésilas, tragédie	161
Au Lecteur	ibid.
Attila, roi des Huns, tragédie	188
Au Lecteur	ibid.
Tite et Bérénice, comédie héroïque	212
Pulchérie, comédie héroïque	236
Au Lecteur	ibid.
Suréna, général des Parthes, tragédie	260
Au Lecteur	ibid.
Psyché, tragédie-ballet	283
Prologue	ibid.
L'Imitation de Jésus-Christ, traduite et paraphrasée en vers français	310
Au souverain pontife Alexandre VII	ibid.
Au Lecteur	311

LIVRE PREMIER.

Chapitre premier. De l'Imitation de Jésus-Christ, et du mépris de toutes les vanités du monde	312
Chap. II. Du peu d'estime de soi-même	313
Chap. III. De la doctrine de la vérité	313
Chap. IV. De la prudence en sa conduite	316
Chap. V. De la lecture de l'Écriture sainte	ibid.
Chap. VI. Des affections désordonnées	317
Chap. VII. Qu'il faut fuir la vaine espérance et la présomption	ibid.
Chap. VIII. Qu'il faut éviter la trop grande familiarité	318
Chap. IX. De l'obéissance et de la subjétion	319
Chap. X. Qu'il faut se garder de la superfluité des paroles	ibid.
Chap. XI. Qu'il faut tâcher d'acquérir la paix intérieure, et de profiter de la vie spirituelle	320

	Pages.
Chap. XII. Des utilités de l'adversité	321
Chap. XIII. De la résistance aux tentations	ibid.
Chap. XIV. Qu'il faut éviter le jugement téméraire.	323
Chap. XV. Des œuvres faites par la charité	324
Chap. XVI. Comme il faut supporter d'autrui	ibid.
Chap. XVII. De la vie monastique	325
Chap. XVIII. Des exemples des saints Pères	326
Chap. XIX. Des exercices du bon religieux	327
Chap. XX. De l'amour de la solitude et du silence	328
Chap. XXI. De la componction du cœur	330
Chap. XXII. Des considérations de la misère humaine	332
Chap. XXIII. De la méditation de la mort	334
Chap. XXIV. Du jugement et des peines du péché.	337
Chap. XXV. Du fervent amendement de toute la vie.	339

LIVRE SECOND.

Chapitre premier. De la conversation intérieure	341
Chap. II. De l'humble soumission	344
Chap. III. De l'homme pacifique	345
Chap. IV. De la pureté du cœur, et de la simplicité de l'intention	346
Chap. V. De la considération de soi-même	347
Chap. VI. Des joies de la bonne conscience	ibid.
Chap. VII. De l'amour de Jésus-Christ par-dessus toutes choses	349
Chap. VIII. De l'amitié familière de Jésus-Christ	350
Chap. IX. Du manquement de toute sorte de consolations	351
Chap. X. De la reconnaissance pour les grâces de Dieu	354
Chap. XI. Du petit nombre de ceux qui aiment la croix de Jésus-Christ	355
Chap. XII. Du chemin royal de la sainte croix	356

LIVRE TROISIÈME.

Chapitre premier. De l'entretien intérieur de Jésus-Christ avec l'âme fidèle	360
Chap. II. Que la vérité parle au dedans du cœur sans aucun bruit de paroles	ibid.
Chap. III. Qu'il faut écouter les paroles de Dieu avec humilité	361
Oraison pour obtenir de Dieu la grâce de la dévotion	363
Chap. IV. Qu'il faut marcher devant Dieu en esprit de vérité et d'humilité	ibid.
Chap. V. Des merveilleux effets de l'amour divin	365
Chap. VI. Des épreuves du véritable amour	366

TABLE DES MATIÈRES.

Chap. VII. Qu'il faut cacher la grâce de la dévotion sous l'humilité. 368
Chap. VIII. Du peu d'estime de soi-même en la présence de Dieu 370
Chap. IX. Qu'il faut rapporter tout à Dieu comme à notre dernière fin 371
Chap. X. Qu'il y a beaucoup de douceur a mépriser le monde pour servir Dieu 372
Chap. XI. Qu'il faut examiner soigneusement les désirs du cœur, et prendre peine à les modérer ... 373
Chap. XII. Comme il se faut faire à la patience, et combattre les passions 374
Chap. XIII. De l'obéissance de l'humble sujet, à l'exemple de Jésus-Christ 375
Chap. XIV. De la considération des secrets jugements de Dieu, de peur que nous n'entrions en vanité pour nos bonnes actions 376
Chap. XV. Comme il faut nous comporter et parler à Dieu en tous nos souhaits 377
Oraison pour faire le bon plaisir de Dieu 378
Chap. XVI. Que les véritables consolations ne se doivent chercher qu'en Dieu 379
Chap. XVII. Qu'il faut nous reposer en Dieu de tout le soin de nous-mêmes .... ibid.
Chap. XVIII. Qu'il faut souffrir avec patience les misères temporelles, à l'exemple de Jésus-Christ .. 380
Chap. XIX. De la véritable patience 381
Chap. XX. De l'aveu de la propre infirmité, et des misères de cette vie 383
Chap. XXI. Qu'il faut se reposer en Dieu par-dessus tous les biens et tous les dons de la nature et de la grâce 384
Chap. XXII. Qu'il faut conserver le souvenir de la multitude des bienfaits de Dieu 386
Chap. XXIII. De quatre points fort importants pour acquérir la paix 388
Oraison contre les mauvaises pensées .... ibid.
Oraison pour obtenir l'illumination de l'âme 389
Chap. XXIV. Qu'il ne faut point avoir de curiosité pour les actions d'autrui 390
Chap. XXV. En quoi consiste la véritable paix .. ibid.
Chap. XXVI. Des excellences de l'âme libre 391
Chap. XXVII. Que l'amour-propre nous détourne du souverain bien 392
Oraison pour obtenir la pureté du cœur 393
Chap. XXVIII. Contre les langues médisantes ... 394
Chap. XXIX. Comment il faut invoquer Dieu, et le bénir aux approches de la tribulation ..... ibid.
Chap. XXX. Comme il faut demander le secours de Dieu 395
Chap. XXXI. Du mépris de toutes les créatures pour s'élever au Créateur 396
Chap. XXXII. Qu'il faut renoncer à soi-même et à toute sorte de convoitises 398
Chap. XXXIII. De l'instabilité du cœur, et de l'intention finale qu'il faut dresser vers Dieu .... ibid.
Chap. XXXIV. Que celui qui aime Dieu le goûte en toutes choses et par-dessus toutes choses ... 399

Chap. XXXV. Que durant cette vie on n'est jamais en sûreté contre les tentations 400
Chap. XXXVI. Contre les vains jugements des hommes 401
Chap. XXXVII. De la pure et entière résignation de soi-même pour obtenir la liberté du cœur .. 402
Chap. XXXVIII. De la bonne conduite aux choses extérieures, et du recours à Dieu dans les périls . 403
Chap. XXXIX. Que l'homme ne doit point s'attacher avec empressement à ses affaires 404
Chap. XL. Que l'homme n'a rien de bon de soi-même, et ne se peut glorifier d'aucune chose .... ibid.
Chap. XLI. Du mépris de tous les honneurs 406
Chap. XLII. Qu'il ne faut point fonder sa paix sur les hommes, mais sur Dieu, et s'anéantir en soi-même .... ibid.
Chap. XLIII. Contre la vaine science du siècle, et de la vraie étude du chrétien 407
Chap. XLIV. Qu'il ne faut point s'embarrasser des choses extérieures 408
Chap. XLV. Qu'il ne faut pas croire toutes personnes, et qu'il est aisé de s'échapper en paroles ... 409
Chap. XLVI. De la confiance qu'il faut avoir en Dieu quand on est attaqué de paroles 410
Chap. XLVII. Que pour la vie éternelle il faut endurer les choses les plus fâcheuses 412
Chap. XLVIII. Du jour de l'éternité, et des angoisses de cette vie 413
Chap. XLIX. Du désir de la vie éternelle, et combien d'avantages sont promis à ceux qui combattent 415
Chap. L. Comment un homme désolé doit se remettre entre les mains de Dieu 417
Chap. LI. Qu'il faut nous appliquer aux actions extérieures et ravalées, quand nous ne pouvons nous élever aux plus hautes 419
Chap. LII. Que l'homme ne se doit point estimer digne de consolation, mais plutôt de châtiment ... ibid.
Chap. LIII. Que la grâce de Dieu est incompatible avec le goût des choses terrestres 420
Chap. LIV. Des divers mouvements de la nature et de la grâce 421
Chap. LV. De la corruption de la nature et de l'efficacité de la grâce 424
Chap. LVI. Que nous devons renoncer à nous-mêmes, et imiter Jésus-Christ en portant notre croix .. 426
Chap. LVII. Que l'homme ne doit pas perdre courage quand il tombe en quelques défauts 427
Chap. LVIII. Qu'il ne faut point vouloir pénétrer les hauts mystères, ni examiner les secrets jugements de Dieu 428
Chap. LIX. Qu'il faut mettre en Dieu seul tout notre espoir et toute notre confiance 430

LIVRE QUATRIÈME.
DU TRÈS-SAINT SACREMENT DE L'AUTEL.

Préface 431
Chapitre Premier. Avec quel respect il faut recevoir le corps de Jésus-Christ 432

TABLE DES MATIÈRES.

	Pages.
Chap. II. Que le sacrement de l'autel nous découvre une grande bonté et un grand amour de Dieu	434
Chap. III. Qu'il est utile de communier souvent	436
Chap. IV. Que ceux qui communient dévotement en reçoivent de grands biens	437
Chap. V. De la dignité du sacrement, et de l'état du sacerdoce	439
Chap. VI. Préparation à s'exercer avant la communion	440
Chap. VII. De l'examen de sa conscience, et du propos de s'amender	441
Chap. VIII. De l'oblation de Jésus-Christ en la croix, et de la propre résignation	442
Chap. IX. Qu'il faut nous offrir à Dieu avec tout ce qui est en nous ; et prier pour tout le monde	ibid.
Chap. X. Qu'il ne faut pas aisément quitter la sainte communion	444
Chap. XI. Que le corps de Jésus-Christ et la sainte Écriture sont entièrement nécessaires à l'âme fidèle	446
Chap. XII. Qu'il faut se préparer avec grand soin à la communion	448
Chap. XIII. Que l'âme dévote doit s'efforcer de tout son cœur à s'unir à Jésus-Christ dans le sacrement	449
Chap. XIV. De l'ardent désir de quelques dévots pour le sacré corps de Jésus-Christ	450
Chap. XV. Que la grâce de la dévotion s'acquiert par l'humilité, et par l'abnégation de soi-même	451
Chap. XVI. Que nous devons découvrir toutes nos nécessités à Jésus-Christ	452
Chap. XVII. Du désir ardent de recevoir Jésus-Christ	453
Chap. XVIII. Que l'homme ne doit point approfondir le mystère du saint sacrement avec curiosité, mais soumettre ses sens à la foi	454

POÉSIES DIVERSES.

I. A Monsieur D. L. T.	456
II. Ode sur un prompt amour	457
III. Sonnet à monseigneur le cardinal de Richelieu	ibid.
IV. Sonnet pour M. D. V., envoyant un galand à madame C. D. L.	458
V. Madrigal pour un masque donnant une boîte de cerises, etc.	ibid.
VI. Épitaphe de Didon, traduite d'Ausone	ibid.
VII. Mascarade des Enfants gâtés	ibid.
VIII. Récit pour le ballet du château de Bissêtre	459
IX. Épigramme pour M. L. C. D. F.	ibid.
X. Stances sur une absence en temps de pluie	ibid.
XI. Sonnet	ibid.
XII. Madrigal	ibid.
XIII. Épigrammes traduites d'Owen	461
XIV. Dialogue	ibid.
XV. Chanson	462
XVI. Chanson	ibid.
XVII. Excuse à Ariste	463
XVIII. Rondeau	464
XIX. Sonnet à monseigneur de Guise	465

	Pages.
XX. Vers sur le cardinal de Richelieu	465
XXI. Remercîment à M. le cardinal Mazarin	ibid.
XXII. Sonnet à maître Adam Billaut	466
XXIII. Inscriptions	467
XXIV. A M. de Bois-Robert, sur ses Épîtres	469
XXV. La Tulipe, madrigal	ibid.
XXVI. La Fleur d'oranger, madrigal	ibid.
XXVII. L'Immortelle blanche, madrigal	470
XXVIII. Épitaphe d'Élisabeth Ranquet	ibid.
XXIX. La Poésie à la Peinture	ibid.
XXX. Sonnet	471
XXXI. Sonnet	ibid.
XXXII. Épigramme	472
XXXIII. Jalousie	ibid.
XXXIV. Bagatelle	ibid.
XXXV. Stances	473
XXXVI. Sonnet	ibid.
XXXVII. Sur le Départ de madame la marquise de B. A. T.	474
XXXVIII. Madrigal pour une dame qui représentait la Nuit, etc.	475
XXXIX. Élégie	ibid.
XL. Sonnet	476
XLI. Sonnet	ibid.
XLII. Stances	477
XLIII. Stance à la Reine	ibid.
XLIV. Sonnet	ibid.
XLV. Sonnet perdu au jeu	ibid.
XLVI. Chanson	478
XLVII. Stances	ibid.
XLVIII. Madrigal à mademoiselle Serment	ibid.
XLIX. Madrigal	479
L. Stances	ibid.
LI. Épigramme	ibid.
LII. Rondeau	ibid.
LIII. Remercîment au Roi	ibid.
LIV. Plainte de la France à Rome	481
LV. Ode au R. P. Delidel	482
LVI. Imitation d'une ode latine adressée à M. Pélisson	483
LVII. Défense des Fables dans la poésie	484
LVIII. Billet à M. Pélisson	485
LIX. Vers sur la pompe du pont Notre-Dame	ibid.
LX. Pour la fontaine des Quatre-Nations	ibid.
LXI. Sur le canal du Languedoc	ibid.
LXII. Au roi, sur sa libéralité envers les marchands de la ville de Paris	ibid.
LXIII. Au Roi, sur *Cinna*, *Pompée*, *Horace*, etc.	487
LXIV. Au Roi	ibid.
LXV. A Monseigneur, sur son mariage	488

POEMES SUR LES VICTOIRES DU ROI.

I. Poëme traduit du latin	490
II. Au Roi, sur son retour de Flandre	493
III. Traduction et Imitations de l'épigramme latine de M. de Montmor	494
IV. Au Roi, sur sa conquête de la Franche-Conté	495
V. Au Roi, sur le rétablissement de la foi catholique en Hollande	ibid.

TABLE DES MATIÈRES.

VI. Traduction d'une inscription latine pour l'arsenal de Brest 495
VII. Les Victoires du Roi sur les États de Hollande. 496
VIII. Sonnet sur la prise de Maëstricht 500
IX. Au Roi, sur son départ pour l'armée en 1676 . . ibid.
X. Vers présentés au Roi, sur sa campagne de 1676 501
XI. Sur les victoires du Roi en l'année 1677 502
XII. Au Roi, sur la paix de 1678 .... ibid.

LOUANGES DE LA SAINTE VIERGE.

Au Lecteur 504

PSAUMES, CANTIQUES ET HYMNES TRADUITS.

Psaumes 513
Cantique des Trois Enfants 539
Hymnes 541

POÉSIES LATINES.

I. Petri Cornelii, rothomagensis, excusatio 542
II. Regi, pro domitis Sequanis 543
III. Regi pro restituta apud Batavos catholica fide . . ibid.

DISCOURS, LETTRES ET AUTRES ŒUVRES EN PROSE.

Au Lecteur 545
Premier Discours sur l'utilité et sur les parties du poëme dramatique 547
Second Discours sur la tragédie et sur les moyens de la traiter selon le vraisemblable ou le nécessaire . 560
Troisième Discours sur les trois unités d'action, de jour et de lieu 575
Discours à l'Académie 584
Préfaces de l'Imitation de Jésus-Christ 585

LETTRES DE CORNEILLE.

I. A M. d'Argenson 588
II. A M. l'abbé de Pure 589
III. Au même .... ibid.
IV. Au même 590
V. Au même 591
VI. A M. de Saint-Évremond .... ibid.

PIÈCES CONCERNANT LE CID.

I. Récit de la conduite tenue par l'Académie, etc. . 592
II. Observations de M. de Scudéri sur le Cid 594
III. Lettre apologétique de Corneille, etc. 605
IV. Preuves des passages allégués dans les Observations sur le Cid par M. de Scudéri, etc. ... 607
V. Lettre de M. de Scudéri à l'Académie française . 608
VI. Sentiments de l'Académie française sur la tragi-comédie du Cid 609
— Sur les vers du Cid 620
VII. Préface historique de Voltaire sur le Cid ... 629

PIÈCES RELATIVES A CORNEILLE.

I. Extrait du Discours prononcé par Racine à l'Académie française, etc. 632
II. Notice écrite par Thomas Corneille 633
III. Lettre de Balzac à Corneille, sur Cinna 634
IV. In præstantissimi poëtæ gallici Cornelii comœdiam, quæ inscribitur Mendax 635
V. A M. Corneille, sur le Menteur .... ibid.
VI. Réponse de Voltaire à un détracteur de Corneille 636
VII. Le même à un académicien .... ibid.
VIII. Lettre sur la famille de Corneille 638

ŒUVRES CHOISIES
DE THOMAS CORNEILLE.

Éloge de Thomas Corneille, par de Boze 643
Liste générale des ouvrages de Thomas Corneille . . 646
Ariane, tragédie 655
Le Festin de Pierre, comédie 683
Le comte d'Essex, tragédie 717
Au Lecteur .... ibid.
Précis de l'événement sur lequel est fondée la tragédie du comte d'Essex .... ibid.
Discours, lettres, etc. 744
Discours académiques .... ibid.
Lettres inédites 749
Extrait des Métamorphoses d'Ovide, traduites en vers par Th. Corneille 752

FIN.

www.ingramcontent.com/pod-product-compliance
Lightning Source LLC
Chambersburg PA
CBHW070056020526
44112CB00034B/1285